Wichtige Steuergesetze

Aktivieren Sie dieses Buch kostenlos in der NWB Datenbank!

Mit dem Kauf dieses Buches haben Sie zusätzlich jederzeit kostenfreien Zugriff auf die tagesaktuellen Gesetzestexte in der NWB Datenbank. Einfach den Freischaltcode eingeben und Sie können sofort die praktischen Recherchefunktionen nutzen.

▶ **Ihr Freischaltcode:** EXBOUIBC

So einfach aktivieren Sie die Inhalte:

1. Rufen Sie die Seite **www.nwb.de/go/online-buch** auf.
2. Geben Sie Ihren Freischaltcode ein und folgen Sie dem Anmeldedialog.
3. Fertig!

Die NWB Datenbank – alle digitalen Inhalte aus unserem Verlagsprogramm in einem System!

Wichtige Steuergesetze

mit Durchführungsverordnungen

59. Auflage

Stand: 1. Januar 2010

Bearbeitet von der NWB Redaktion

nwb TEXTAUSGABE

ISBN 978-3-482-**60451**-5 – 59. Auflage 2010

Satz: Griebsch & Rochol Druck GmbH & Co. KG, Hamm
Druck: CPI Books, Ulm

Vorwort

Unsere Textausgabe „Wichtige Steuergesetze“ stellt jene Steuergesetze und die zugehörigen Durchführungsverordnungen nach dem neuesten Stand zusammen, die in der praktischen Arbeit besonders häufig gebraucht werden. Gleichzeitig ist die „Textausgabe“ als Lehrausgabe für Studienzwecke bestimmt.

Im Rahmen der „NWB Textausgaben“ sind folgende Ausgaben erschienen:

1. Deutsche Steuergesetze (Verlags-Nr. 5332);
2. Deutsche Wirtschaftsgesetze (Verlags-Nr. 5954);
3. Deutsche Steuerrichtlinien (Verlags-Nr. 5994);
4. Wichtige Steuerrichtlinien (Verlags-Nr. 5285);
5. Wichtige Gesetze des Wirtschaftsprivatrechts (Verlags-Nr. 6046);
6. Wichtige Wirtschaftsgesetze (Verlags-Nr. 5875);
7. Wichtige Arbeitsgesetze (Verlags-Nr. 5319);
8. Wichtige Wirtschaftsverwaltungs- und Gewerbegesetze (Verlags-Nr. 5952);
9. Wirtschaftsgesetze für Wirtschaftsschulen und die kaufmännische Ausbildung (Verlags-Nr. 5271);
10. Wichtige Rechtstexte Europäisches Wirtschaftsverwaltungsrecht (Verlags-Nr. 5858);
11. Wichtige Rechtstexte Europäisches Wirtschaftsprivatrecht (Verlags-Nr. 5953);
12. Wichtige Wirtschaftsgesetze für Bachelor I (Verlags-Nr. 5959);
13. Wichtige Wirtschaftsgesetze für Bachelor II (Verlags-Nr. 5960).

Die Textausgabe „Wichtige Steuergesetze“ entspricht in 59. Auflage dem Stand vom 1. Januar 2010. Sämtliche bis zu diesem Zeitpunkt ergangenen Rechtsänderungen sind berücksichtigt. Das gilt insbesondere für die Änderungen aufgrund des Gesetzes zur Beschleunigung des Wirtschaftswachstums (Wachstumsbeschleunigungsgesetz), des Begleitgesetzes zur zweiten Föderalismusreform und des Gesetzes über die Internetversteigerung in der Zwangsvollstreckung und zur Änderung anderer Gesetze.

Soweit nach der letzten amtlichen Neufassung eines Gesetzes amtliche Änderungen oder Ergänzungen dieses Gesetzes vorgenommen worden sind, wurden diese in die letzte amtliche Fassung eingearbeitet; der Text erhielt in diesem Fall die Bezeichnung „Nichtamtliche Fassung“ oder den Vermerk „mit späteren Änderungen“.

Zum leichteren Auffinden eines bestimmten Gesetzes enthält die Sammlung auf der vorderen Umschlagseite eine Griffleiste mit den Abkürzungen der abgedruckten Texte in fortlaufender Reihenfolge; durch einfaches Aufblättern des Buchblocks ergibt sich mittels der schwarzen Randmarkierungen ein direkter Zugriff.

Um die inhaltlichen Änderungen oder Ergänzungen gegenüber der Vorauflage schneller erfassen zu können, wurden die geänderten bzw. ergänzten Textteile eines Gesetzes durch einen senkrechten Strich am Seitenrand hervorgehoben.

Die Zusammenstellung der Texte hat die Redaktion des Verlages vorgenommen. Wir hoffen, dass die Sammlung den Wünschen der Praxis entspricht. Anregungen und Hinweise sind uns jederzeit willkommen.

Herne, im Januar 2010 — Redaktion und Verlag

Inhaltsverzeichnis

Abgabenordnung (AO)

v. 1. 10. 2002 (BGBl I S. 3869, ber. 2003 I S. 61) mit späteren Änderungen

Die amtliche Neufassung der AO v. 1. 10. 2002 (BGBl I 3869, ber. 2003 I 61) wurde inzwischen geändert durch Art. 8c Zweites Gesetz für moderne Dienstleistungen am Arbeitsmarkt v. 23. 12. 2002 (BGBl I 4621); Art. 9 Gesetz zum Abbau von Steuervergünstigungen und Ausnahmeregelungen (Steuervergünstigungsabbaugesetz – StVergAbG) v. 16. 5. 2003 (BGBl I 660); Art. 6 Gesetz zur Förderung von Kleinunternehmern und zur Verbesserung der Unternehmensfinanzierung (Kleinunternehmerförderungsgesetz) v. 31. 7. 2003 (BGBl I 1550); Art. 8 Zweites Gesetz zur Änderung steuerlicher Vorschriften (Steueränderungsgesetz 2003 – StÄndG 2003) v. 15. 12. 2003 (BGBl I 2645); Art. 57 Drittes Gesetz für moderne Dienstleistungen am Arbeitsmarkt v. 23. 12. 2003 (BGBl I 2848); Art. 2 Gesetz zur Förderung der Steuerehrlichkeit v. 23. 12. 2003 (BGBl I 2928); Art. 31 Viertes Gesetz für moderne Dienstleistungen am Arbeitsmarkt v. 24. 12. 2003 (BGBl I 2954); Art. 47 Gesetz zur Einordnung des Sozialhilferechts in das Sozialgesetzbuch v. 27. 12. 2003 (BGBl I 3022); Art. 1a Gesetz zur Förderung der Ausbildung und Beschäftigung schwerbehinderter Menschen v. 23. 4. 2004 (BGBl I 606); Art. 4 Abs. 57 Gesetz zur Modernisierung des Kostenrechts (Kostenrechtsmodernisierungsgesetz – KostRMoG) v. 5. 5. 2004 (BGBl I 718); Art. 1 Gesetz zur Änderung der AO und weiterer Gesetze v. 21. 7. 2004 (BGBl I 1753); Art. 12g Abs. 11 Erstes Gesetz zur Modernisierung der Justiz (1. Justizmodernisierungsgesetz) v. 24. 8. 2004 (BGBl I 2198, ber. 2300); Art. 28 Gesetz zur Organisationsreform in der gesetzlichen Rentenversicherung (RVOrgG) v. 9. 12. 2004 (BGBl I 3242); Art. 8 Gesetz zur Umsetzung von EU-Richtlinien in nationales Steuerrecht und zur Änderung weiterer Vorschriften (Richtlinien-Umsetzungsgesetz – EURLUmsG) v. 9. 12. 2004 (BGBl I 3310, ber. 3843); Art. 13 Gesetz über die Verwendung elektronischer Kommunikationsformen in der Justiz (Justizkommunikationsgesetz – JKomG) v. 22. 3. 2005 (BGBl I 837, ber. 2022); Art. 27 Gesetz zur Umbenennung des Bundesgrenzschutzes in Bundespolizei v. 21. 6. 2005 (BGBl I 1818); Art. 2 Abs. 13 Gesetz zur Novellierung des Verwaltungszustellungsrechts v. 12. 8. 2005 (BGBl I 2354); Art. 4 Abs. 22 Gesetz zur Neuorganisation der Bundesfinanzverwaltung und zur Schaffung eines Refinanzierungsregisters v. 22. 9. 2005 (BGBl I 2809); Art. 3 Gesetz zur Eindämmung missbräuchlicher Steuergestaltungen v. 28. 4. 2006 (BGBl I 1095); Art. 9 Steueränderungsgesetz 2007 (StÄndG 2007) v. 19. 7. 2006 (BGBl I 1652); Art. 6 Erstes Gesetz zum Abbau bürokratischer Hemmnisse insbesondere in der mittelständischen Wirtschaft v. 22. 8. 2006 (BGBl I 1970); Art. 18 Föderalismusreform-Begleitgesetz v. 5. 9. 2006 (BGBl I 2098); Art. 10 Jahressteuergesetz 2007 (JStG 2007) v. 13. 12. 2006 (BGBl I 2878); Art. 8 Gesetz zur Änderung des Passgesetzes und weiterer Vorschriften v. 20. 7. 2007 (BGBl I 1566); Art. 6 Unternehmensteuerreformgesetz 2008 v. 14. 8. 2007 (BGBl I 1912); Art. 5 Zweites Gesetz zum Abbau bürokratischer Hemmnisse insbesondere in der mittelständischen Wirtschaft v. 7. 9. 2007 (BGBl I 2246); Art. 5 Gesetz zur weiteren Stärkung des bürgerschaftlichen Engagements v. 10. 10. 2007 (BGBl I 2332); Art. 5 Zweites Gesetz zur Änderung des FVG und anderer Gesetze v. 13. 12. 2007 (BGBl I 2897); Art. 14 Jahressteuergesetz 2008 (JStG 2008) v. 20. 12. 2007 (BGBl I 3150); Art. 3 Gesetz zur Neuregelung der Telekommunikationsüberwachung und anderer verdeckter Ermittlungsmaßnahmen sowie zur Umsetzung der Richtlinie 2006/24/EG v. 21. 12. 2007 (BGBl I 3198); Art. 4 Achtes Gesetz zur Änderung des StBerG v. 8. 4. 2008 (BGBl I 666); Art. 7a Gesetz zur Ergänzung der Bekämpfung der Geldwäsche und der Terrorismusfinanzierung (Geldwäschebekämpfungsergänzungsgesetz – GwBekErgG) v. 13. 8. 2008 (BGBl I 1690, ber. 2009 I 816); Art. 23 Gesetz zur Modernisierung des GmbH-Rechts und zur Bekämpfung von Missbräuchen (MoMiG) v. 23. 10. 2008 (BGBl I 2026); Art. 89 Gesetz zur Reform des Verfahrens in Familiensachen und in den Angelegenheiten der freiwilligen Gerichtsbarkeit (FGG-Reformgesetz – FGG-RG) v. 17. 12. 2008 (BGBl I 2586); Art. 10 Jahressteuergesetz 2009 (JStG 2009) v. 19. 12. 2008 (BGBl I 2794); Art. 10 Gesetz zur Modernisierung und Entbürokratisierung des Steuerverfahrens (Steuerbürokratieabbaugesetz) v. 20. 12. 2008 (BGBl I 2850); Art. 3 Gesetz zur Fortführung der Gesetzeslage 2006 bei der Entfernungspauschale v. 20. 4. 2009 (BGBl I 774); Art. 13 Abs. 9 Gesetz zur Modernisierung des Bilanzrechts (Bilanzrechtsmodernisierungsgesetz – BilMoG) v. 25. 5. 2009 (BGBl I 1102); Art. 4 und 7 Abs. 3 Gesetz zur Reform des Kontopfändungsschutzes v. 7. 7. 2009 (BGBl I 1707), Änderungen durch vorgenanntes Gesetz treten erst am 1. 7. 2010 bzw. 1. 1. 2012 in Kraft und sind in Fußnoten ausgewiesen; Art. 2 Gesetz zur Reform der Sachaufklärung in der Zwangsvollstreckung v. 29. 7. 2009 (BGBl I 2258), Änderungen durch vorgenanntes Gesetz treten erst am 1. 1. 2013 in Kraft und werden in späteren Auflagen berücksichtigt; Art. 3 Gesetz zur Bekämpfung der Steuerhinterziehung (Steuerhinterziehungsbekämpfungsgesetz) v. 29. 7. 2009 (BGBl I 2302); Art. 2 Gesetz über die Internetversteigerung in der Zwangsvollstreckung und zur Änderung anderer Gesetze v. 30. 7. 2009 (BGBl I 2474).

Nichtamtliche Fassung

Inhaltsübersicht

AO

Erster Teil: Einleitende Vorschriften

Erster Abschnitt: Anwendungsbereich

§ 1 Anwendungsbereich

(1) [1]Dieses Gesetz gilt für alle Steuern einschließlich der Steuervergütungen, die durch Bundesrecht oder Recht der Europäischen Gemeinschaften geregelt sind, soweit sie durch Bundesfinanzbehörden oder durch Landesfinanzbehörden verwaltet werden. [2]Es ist nur vorbehaltlich des Rechts der Europäischen Gemeinschaften anwendbar.

(2) Für die Realsteuern gelten, soweit ihre Verwaltung den Gemeinden übertragen worden ist, die folgenden Vorschriften dieses Gesetzes entsprechend:

1. die Vorschriften des Ersten, Zweiten und Vierten Abschnitts des Ersten Teils (Anwendungsbereich, Steuerliche Begriffsbestimmungen, Steuergeheimnis),
2. die Vorschriften des Zweiten Teils (Steuerschuldrecht),
3. die Vorschriften des Dritten Teils mit Ausnahme der §§ 82 bis 84 (Allgemeine Verfahrensvorschriften),
4. die Vorschriften des Vierten Teils (Durchführung der Besteuerung),
5. die Vorschriften des Fünften Teils (Erhebungsverfahren),
6. die §§ 351 und 361 Abs. 1 Satz 2 und Abs. 3,
7. die Vorschriften des Achten Teils (Straf- und Bußgeldvorschriften, Straf- und Bußgeldverfahren).

(3) [1]Auf steuerliche Nebenleistungen sind die Vorschriften dieses Gesetzes vorbehaltlich des Rechts der Europäischen Gemeinschaften sinngemäß anwendbar. [2]Der Dritte bis Sechste Abschnitt des Vierten Teils gilt jedoch nur, soweit dies besonders bestimmt wird.

§ 2 Vorrang völkerrechtlicher Vereinbarungen

Verträge mit anderen Staaten im Sinne des Artikels 59 Abs. 2 Satz 1 des Grundgesetzes über die Besteuerung gehen, soweit sie unmittelbar anwendbares innerstaatliches Recht geworden sind, den Steuergesetzen vor.

Zweiter Abschnitt: Steuerliche Begriffsbestimmungen

§ 3[1)] Steuern, steuerliche Nebenleistungen

(1) Steuern sind Geldleistungen, die nicht eine Gegenleistung für eine besondere Leistung darstellen und von einem öffentlich-rechtlichen Gemeinwesen zur Erzielung von Einnahmen allen auferlegt werden, bei denen der Tatbestand zutrifft, an den das Gesetz die Leistungspflicht knüpft; die Erzielung von Einnahmen kann Nebenzweck sein.

(2) Realsteuern sind die Grundsteuer und die Gewerbesteuer.

(3) Einfuhr- und Ausfuhrabgaben nach Artikel 4 Nr. 10 und 11 des Zollkodexes sind Steuern im Sinne dieses Gesetzes.

(4) Steuerliche Nebenleistungen sind Verzögerungsgelder (§ 146 Abs. 2b), Verspätungszuschläge (§ 152), Zuschläge gemäß § 162 Abs. 4, Zinsen (§§ 233 bis 237), Säumniszuschläge (§ 240), Zwangsgelder (§ 329) und Kosten (§§ 89, 178, 178a und §§ 337 bis 345) sowie Zinsen im Sinne des Zollkodexes.

(5) [1]Das Aufkommen der Zinsen auf Einfuhr- und Ausfuhrabgaben im Sinne des Artikels 4 Nr. 10 und 11 des Zollkodexes steht dem Bund zu. [2]Das Aufkommen der übrigen Zinsen steht den jeweils steuerberechtigten Körperschaften zu. [3]Das Aufkommen der Kosten im Sinne des § 89 steht jeweils der Körperschaft zu, deren Behörde für die Erteilung der verbindlichen Auskunft zuständig ist. [4]Das Aufkommen der Kosten im Sinne

1) **Anm. d. Red.:** § 3 Abs. 4 i. d. F. des Art. 10 Nr. 2 JStG 2009 v. 19. 12. 2008 (BGBl I 2794); Abs. 5 i. d. F. des Art. 10 Nr. 3 JStG 2007 v. 13. 12. 2006 (BGBl I 2878).

des § 178a steht dem Bund und den jeweils verwaltenden Körperschaften je zur Hälfte zu. [5]Die übrigen steuerlichen Nebenleistungen fließen den verwaltenden Körperschaften zu.

§ 4 Gesetz

Gesetz ist jede Rechtsnorm.

§ 5 Ermessen

Ist die Finanzbehörde ermächtigt, nach ihrem Ermessen zu handeln, hat sie ihr Ermessen entsprechend dem Zweck der Ermächtigung auszuüben und die gesetzlichen Grenzen des Ermessens einzuhalten.

§ 6[1)] Behörden, Finanzbehörden

(1) Behörde ist jede Stelle, die Aufgaben der öffentlichen Verwaltung wahrnimmt.

(2) Finanzbehörden im Sinne dieses Gesetzes sind die folgenden im Gesetz über die Finanzverwaltung genannten Bundes- und Landesfinanzbehörden:

1. das Bundesministerium der Finanzen und die für die Finanzverwaltung zuständigen obersten Landesbehörden als oberste Behörden,
2. die Bundesmonopolverwaltung für Branntwein und das Bundeszentralamt für Steuern als Bundesoberbehörden,
3. Rechenzentren als Landesoberbehörden,
4. die Bundesfinanzdirektionen, die Oberfinanzdirektionen und das Zollkriminalamt als Mittelbehörden,

4a. die nach dem Finanzverwaltungsgesetz oder nach Landesrecht an Stelle einer Oberfinanzdirektion eingerichteten Landesfinanzbehörden,

5. die Hauptzollämter einschließlich ihrer Dienststellen, die Zollfahndungsämter, die Finanzämter und die besonderen Landesfinanzbehörden als örtliche Behörden,
6. Familienkassen,
7. die zentrale Stelle im Sinne des § 81 des Einkommensteuergesetzes und
8. die Deutsche Rentenversicherung Knappschaft-Bahn-See/Verwaltungsstelle Cottbus (§ 40a Abs. 6 des Einkommensteuergesetzes).

§ 7 Amtsträger

Amtsträger ist, wer nach deutschem Recht

1. Beamter oder Richter (§ 11 Abs. 1 Nr. 3 des Strafgesetzbuchs) ist,
2. in einem sonstigen öffentlich-rechtlichen Amtsverhältnis steht oder
3. sonst dazu bestellt ist, bei einer Behörde oder bei einer sonstigen Stelle oder in deren Auftrag Aufgaben der öffentlichen Verwaltung wahrzunehmen.

§ 8 Wohnsitz

Einen Wohnsitz hat jemand dort, wo er eine Wohnung unter Umständen innehat, die darauf schließen lassen, dass er die Wohnung beibehalten und benutzen wird.

§ 9 Gewöhnlicher Aufenthalt

[1]Den gewöhnlichen Aufenthalt hat jemand dort, wo er sich unter Umständen aufhält, die erkennen lassen, dass er an diesem Ort oder in diesem Gebiet nicht nur vorübergehend verweilt. [2]Als gewöhnlicher Aufenthalt im Geltungsbereich dieses Gesetzes ist stets und von Beginn an ein zeitlich zusammenhängender Aufenthalt von mehr als sechs

1) **Anm. d. Red.:** § 6 Abs. 2 i. d. F. des Art. 5 Nr. 1 Zweites Gesetz zur Änderung des FVG und anderer Gesetze v. 13. 12. 2007 (BGBl I 2897).

Monaten Dauer anzusehen; kurzfristige Unterbrechungen bleiben unberücksichtigt. [3]Satz 2 gilt nicht, wenn der Aufenthalt ausschließlich zu Besuchs-, Erholungs-, Kur- oder ähnlichen privaten Zwecken genommen wird und nicht länger als ein Jahr dauert.

§ 10 Geschäftsleitung

Geschäftsleitung ist der Mittelpunkt der geschäftlichen Oberleitung.

§ 11 Sitz

Den Sitz hat eine Körperschaft, Personenvereinigung oder Vermögensmasse an dem Ort, der durch Gesetz, Gesellschaftsvertrag, Satzung, Stiftungsgeschäft oder dergleichen bestimmt ist.

§ 12 Betriebstätte

[1]Betriebstätte ist jede feste Geschäftseinrichtung oder Anlage, die der Tätigkeit eines Unternehmens dient. [2]Als Betriebstätten sind insbesondere anzusehen:

1. die Stätte der Geschäftsleitung,
2. Zweigniederlassungen,
3. Geschäftsstellen,
4. Fabrikations- oder Werkstätten,
5. Warenlager,
6. Ein- oder Verkaufsstellen,
7. Bergwerke, Steinbrüche oder andere stehende, örtlich fortschreitende oder schwimmende Stätten der Gewinnung von Bodenschätzen,
8. Bauausführungen oder Montagen, auch örtlich fortschreitende oder schwimmende, wenn
   a) die einzelne Bauausführung oder Montage oder
   b) eine von mehreren zeitlich nebeneinander bestehenden Bauausführungen oder Montagen oder
   c) mehrere ohne Unterbrechung aufeinander folgende Bauausführungen oder Montagen

   länger als sechs Monate dauern.

§ 13 Ständiger Vertreter

[1]Ständiger Vertreter ist eine Person, die nachhaltig die Geschäfte eines Unternehmens besorgt und dabei dessen Sachweisungen unterliegt. [2]Ständiger Vertreter ist insbesondere eine Person, die für ein Unternehmen nachhaltig

1. Verträge abschließt oder vermittelt oder Aufträge einholt oder
2. einen Bestand von Gütern oder Waren unterhält und davon Auslieferungen vornimmt.

§ 14 Wirtschaftlicher Geschäftsbetrieb

[1]Ein wirtschaftlicher Geschäftsbetrieb ist eine selbständige nachhaltige Tätigkeit, durch die Einnahmen oder andere wirtschaftliche Vorteile erzielt werden und die über den Rahmen einer Vermögensverwaltung hinausgeht. [2]Die Absicht, Gewinn zu erzielen, ist nicht erforderlich. [3]Eine Vermögensverwaltung liegt in der Regel vor, wenn Vermögen genutzt, zum Beispiel Kapitalvermögen verzinslich angelegt oder unbewegliches Vermögen vermietet oder verpachtet wird.

§ 15 Angehörige

(1) Angehörige sind:

1. der Verlobte,
2. der Ehegatte,

3. Verwandte und Verschwägerte gerader Linie,
4. Geschwister,
5. Kinder der Geschwister,
6. Ehegatten der Geschwister und Geschwister der Ehegatten,
7. Geschwister der Eltern,
8. Personen, die durch ein auf längere Dauer angelegtes Pflegeverhältnis mit häuslicher Gemeinschaft wie Eltern und Kind miteinander verbunden sind (Pflegeeltern und Pflegekinder).

(2) Angehörige sind die in Absatz 1 aufgeführten Personen auch dann, wenn

1. in den Fällen der Nummern 2, 3 und 6 die die Beziehung begründende Ehe nicht mehr besteht;
2. in den Fällen der Nummern 3 bis 7 die Verwandtschaft oder Schwägerschaft durch Annahme als Kind erloschen ist;
3. im Fall der Nummer 8 die häusliche Gemeinschaft nicht mehr besteht, sofern die Personen weiterhin wie Eltern und Kind miteinander verbunden sind.

Dritter Abschnitt: Zuständigkeit der Finanzbehörden

§ 16 Sachliche Zuständigkeit

Die sachliche Zuständigkeit der Finanzbehörden richtet sich, soweit nichts anderes bestimmt ist, nach dem Gesetz über die Finanzverwaltung.

§ 17 Örtliche Zuständigkeit

Die örtliche Zuständigkeit richtet sich, soweit nichts anderes bestimmt ist, nach den folgenden Vorschriften.

§ 18[1] Gesonderte Feststellungen

(1) Für die gesonderten Feststellungen nach § 180 ist örtlich zuständig:

1. bei Betrieben der Land- und Forstwirtschaft, bei Grundstücken, Betriebsgrundstücken und Mineralgewinnungsrechten das Finanzamt, in dessen Bezirk der Betrieb, das Grundstück, das Betriebsgrundstück, das Mineralgewinnungsrecht oder, wenn sich der Betrieb, das Grundstück, das Betriebsgrundstück oder das Mineralgewinnungsrecht auf die Bezirke mehrerer Finanzämter erstreckt, der wertvollste Teil liegt (Lagefinanzamt),
2. bei gewerblichen Betrieben mit Geschäftsleitung im Geltungsbereich dieses Gesetzes das Finanzamt, in dessen Bezirk sich die Geschäftsleitung befindet, bei gewerblichen Betrieben ohne Geschäftsleitung im Geltungsbereich dieses Gesetzes das Finanzamt, in dessen Bezirk eine Betriebstätte – bei mehreren Betriebstätten die wirtschaftlich bedeutendste – unterhalten wird (Betriebsfinanzamt),
3. bei Einkünften aus selbständiger Arbeit das Finanzamt, von dessen Bezirk aus die Tätigkeit vorwiegend ausgeübt wird,
4. bei einer Beteiligung mehrerer Personen an anderen Einkünften als Einkünften aus Land- und Forstwirtschaft, aus Gewerbebetrieb oder aus selbständiger Arbeit, die nach § 180 Abs. 1 Nr. 2 Buchstabe a gesondert festgestellt werden, das Finanzamt, von dessen Bezirk die Verwaltung dieser Einkünfte ausgeht, oder, wenn diese im Geltungsbereich dieses Gesetzes nicht feststellbar sind, das Finanzamt, in dessen Bezirk sich der wertvollste Teil des Vermögens, aus dem die gemeinsamen Einkünfte fließen, befindet. [2]Dies gilt sinngemäß auch bei einer gesonderten Feststellung nach § 180 Abs. 1 Nr. 3 oder nach § 180 Abs. 2.

1) **Anm. d. Red.:** § 18 Abs. 1 i. d. F. des Art. 10 Nr. 1 Steuerbürokratieabbaugesetz v. 20. 12. 2008 (BGBl I 2850).

(2) [1]Ist eine gesonderte Feststellung mehreren Steuerpflichtigen gegenüber vorzunehmen und lässt sich nach Absatz 1 die örtliche Zuständigkeit nicht bestimmen, so ist jedes Finanzamt örtlich zuständig, das nach den §§ 19 oder 20 für die Steuern vom Einkommen und Vermögen eines Steuerpflichtigen zuständig ist, dem ein Anteil an dem Gegenstand der Feststellung zuzurechnen ist. [2]Soweit dieses Finanzamt auf Grund einer Verordnung nach § 17 Abs. 2 Satz 3 und 4 des Finanzverwaltungsgesetzes sachlich nicht für die gesonderte Feststellung zuständig ist, tritt an seine Stelle das sachlich zuständige Finanzamt.

§ 19[1)] Steuern vom Einkommen und Vermögen natürlicher Personen

(1) [1]Für die Besteuerung natürlicher Personen nach dem Einkommen und Vermögen ist das Finanzamt örtlich zuständig, in dessen Bezirk der Steuerpflichtige seinen Wohnsitz oder in Ermangelung eines Wohnsitzes seinen gewöhnlichen Aufenthalt hat (Wohnsitzfinanzamt). [2]Bei mehrfachem Wohnsitz im Geltungsbereich des Gesetzes ist der Wohnsitz maßgebend, an dem sich der Steuerpflichtige vorwiegend aufhält; bei mehrfachem Wohnsitz eines verheirateten Steuerpflichtigen, der von seinem Ehegatten nicht dauernd getrennt lebt, ist der Wohnsitz maßgebend, an dem sich die Familie vorwiegend aufhält. [3]Für die nach § 1 Abs. 2 des Einkommensteuergesetzes und nach § 1 Abs. 2 des Vermögensteuergesetzes unbeschränkt steuerpflichtigen Personen ist das Finanzamt örtlich zuständig, in dessen Bezirk sich die zahlende öffentliche Kasse befindet; das Gleiche gilt in den Fällen des § 1 Abs. 3 des Einkommensteuergesetzes bei Personen, die die Voraussetzungen des § 1 Abs. 2 Satz 1 Nr. 1 und 2 des Einkommensteuergesetzes erfüllen, und in den Fällen des § 1a Abs. 2 des Einkommensteuergesetzes.

(2) [1]Liegen die Voraussetzungen des Absatzes 1 nicht vor, so ist das Finanzamt örtlich zuständig, in dessen Bezirk sich das Vermögen des Steuerpflichtigen und, wenn dies für mehrere Finanzämter zutrifft, in dessen Bezirk sich der wertvollste Teil des Vermögens befindet. [2]Hat der Steuerpflichtige kein Vermögen im Geltungsbereich des Gesetzes, so ist das Finanzamt örtlich zuständig, in dessen Bezirk die Tätigkeit im Geltungsbereich des Gesetzes vorwiegend ausgeübt oder verwertet wird oder worden ist.

(3) [1]Gehören zum Bereich der Wohnsitzgemeinde mehrere Finanzämter und übt ein Steuerpflichtiger mit Einkünften aus Land- und Forstwirtschaft, Gewerbebetrieb oder freiberuflicher Tätigkeit diese Tätigkeit innerhalb der Wohnsitzgemeinde, aber im Bezirk eines anderen Finanzamts als dem des Wohnsitzfinanzamts aus, so ist abweichend von Absatz 1 jenes Finanzamt zuständig, wenn es nach § 18 Abs. 1 Nr. 1, 2 oder 3 für eine gesonderte Feststellung dieser Einkünfte zuständig wäre. [2]Einkünfte aus Gewinnanteilen sind bei Anwendung des Satzes 1 nur dann zu berücksichtigen, wenn sie die einzigen Einkünfte des Steuerpflichtigen im Sinne des Satzes 1 sind.

(4) Steuerpflichtige, die zusammen zu veranlagen sind oder zusammen veranlagt werden können, sind bei Anwendung des Absatzes 3 so zu behandeln, als seien ihre Einkünfte von einem Steuerpflichtigen bezogen worden.

(5) [1]Durch Rechtsverordnung der Landesregierung kann bestimmt werden, dass als Wohnsitzgemeinde im Sinne des Absatzes 3 ein Gebiet gilt, das mehrere Gemeinden umfasst, soweit dies mit Rücksicht auf die Wirtschafts- oder Verkehrsverhältnisse, den Aufbau der Verwaltungsbehörden oder andere örtliche Bedürfnisse zweckmäßig erscheint. [2]Die Landesregierung kann die Ermächtigung auf die für die Finanzverwaltung zuständige oberste Landesbehörde übertragen.

(6) [1]Das Bundesministerium der Finanzen kann zur Sicherstellung der Besteuerung von Personen, die nach § 1 Abs. 4 des Einkommensteuergesetzes beschränkt steuerpflichtig sind und Einkünfte im Sinne von § 49 Abs. 1 Nr. 7 und 10 des Einkommensteuergesetzes beziehen, durch Rechtsverordnung mit Zustimmung des Bundesrates einer Finanzbehörde die örtliche Zuständigkeit für den Geltungsbereich des Gesetzes übertragen. [2]Satz 1 gilt auch in den Fällen, in denen ein Antrag nach § 1 Abs. 3 des Einkommensteuergesetzes gestellt wird.

1) **Anm. d. Red.:** § 19 Abs. 6 i. d. F. des Art. 10 Nr. 3 JStG 2009 v. 19. 12. 2008 (BGBl I 2794).

§ 20 Steuern vom Einkommen und Vermögen der Körperschaften, Personenvereinigungen, Vermögensmassen

(1) Für die Besteuerung von Körperschaften, Personenvereinigungen und Vermögensmassen nach dem Einkommen und Vermögen ist das Finanzamt örtlich zuständig, in dessen Bezirk sich die Geschäftsleitung befindet.

(2) Befindet sich die Geschäftsleitung nicht im Geltungsbereich des Gesetzes oder lässt sich der Ort der Geschäftsleitung nicht feststellen, so ist das Finanzamt örtlich zuständig, in dessen Bezirk die Steuerpflichtige ihren Sitz hat.

(3) Ist weder die Geschäftsleitung noch der Sitz im Geltungsbereich des Gesetzes, so ist das Finanzamt örtlich zuständig, in dessen Bezirk sich Vermögen der Steuerpflichtigen und, wenn dies für mehrere Finanzämter zutrifft, das Finanzamt, in dessen Bezirk sich der wertvollste Teil des Vermögens befindet.

(4) Befindet sich weder die Geschäftsleitung noch der Sitz noch Vermögen der Steuerpflichtigen im Geltungsbereich des Gesetzes, so ist das Finanzamt örtlich zuständig, in dessen Bezirk die Tätigkeit im Geltungsbereich des Gesetzes vorwiegend ausgeübt oder verwertet wird oder worden ist.

§ 20a[1] Steuern vom Einkommen bei Bauleistungen

(1) [1]Abweichend von §§ 19 und 20 ist für die Besteuerung von Unternehmen, die Bauleistungen im Sinne von § 48 Abs. 1 Satz 3 des Einkommensteuergesetzes erbringen, das Finanzamt zuständig, das für die Besteuerung der entsprechenden Umsätze nach § 21 Abs. 1 zuständig ist, wenn der Unternehmer seinen Wohnsitz oder das Unternehmen seine Geschäftsleitung oder seinen Sitz außerhalb des Geltungsbereiches des Gesetzes hat. [2]Das gilt auch abweichend von den §§ 38 bis 42f des Einkommensteuergesetzes beim Steuerabzug vom Arbeitslohn.

(2) [1]Für die Verwaltung der Lohnsteuer in den Fällen der Arbeitnehmerüberlassung durch ausländische Verleiher nach § 38 Abs. 1 Satz 1 Nr. 2 des Einkommensteuergesetzes ist das Finanzamt zuständig, das für die Besteuerung der entsprechenden Umsätze nach § 21 Abs. 1 zuständig ist. [2]Satz 1 gilt nur, wenn die überlassene Person im Baugewerbe eingesetzt ist.

(3) Für die Besteuerung von Personen, die von Unternehmen im Sinne des Absatzes 1 oder 2 im Inland beschäftigt werden, kann abweichend von § 19 das Bundesministerium der Finanzen durch Rechtsverordnung mit Zustimmung des Bundesrates die örtliche Zuständigkeit einem Finanzamt für den Geltungsbereich des Gesetzes übertragen.

§ 21[2] Umsatzsteuer

(1) [1]Für die Umsatzsteuer mit Ausnahme der Einfuhrumsatzsteuer ist das Finanzamt zuständig, von dessen Bezirk aus der Unternehmer sein Unternehmen im Geltungsbereich des Gesetzes ganz oder vorwiegend betreibt. [2]Das Bundesministerium der Finanzen kann zur Sicherstellung der Besteuerung durch Rechtsverordnung mit Zustimmung des Bundesrates für Unternehmer, die Wohnsitz, Sitz oder Geschäftsleitung außerhalb des Geltungsbereiches dieses Gesetzes haben, die örtliche Zuständigkeit einer Finanzbehörde für den Geltungsbereich des Gesetzes übertragen.

(2) Für die Umsatzsteuer von Personen, die keine Unternehmer sind, ist das Finanzamt zuständig, das auch für die Besteuerung nach dem Einkommen zuständig ist (§§ 19 und 20); in den Fällen des § 180 Abs. 1 Nr. 2 Buchstabe a ist das Finanzamt für die Umsatzsteuer zuständig, das auch für die gesonderte Feststellung zuständig ist (§ 18).

1) **Anm. d. Red.:** § 20a Abs. 1 i. d. F. des Art. 8 Nr. 2 EURLUmsG v. 9. 12. 2004 (BGBl I 3310).

2) **Anm. d. Red.:** § 21 Abs. 1 i. d. F. des Art. 9 Nr. 2 StVergAbG v. 16. 5. 2003 (BGBl I 660).

§ 22 Realsteuern

(1) [1]Für die Festsetzung und Zerlegung der Steuermessbeträge ist bei der Grundsteuer das Lagefinanzamt (§ 18 Abs. 1 Nr. 1) und bei der Gewerbesteuer das Betriebsfinanzamt (§ 18 Abs. 1 Nr. 2) örtlich zuständig. [2]Abweichend von Satz 1 ist für die Festsetzung und Zerlegung der Gewerbesteuermessbeträge bei Unternehmen, die Bauleistungen im Sinne von § 48 Abs. 1 Satz 3 des Einkommensteuergesetzes erbringen, das Finanzamt zuständig, das für die Besteuerung der entsprechenden Umsätze nach § 21 Abs. 1 zuständig ist, wenn der Unternehmer seinen Wohnsitz oder das Unternehmen seine Geschäftsleitung oder seinen Sitz außerhalb des Geltungsbereiches des Gesetzes hat.

(2) [1]Soweit die Festsetzung, Erhebung und Beitreibung von Realsteuern den Finanzämtern obliegt, ist dafür das Finanzamt örtlich zuständig, zu dessen Bezirk die hebeberechtigte Gemeinde gehört. [2]Gehört eine hebeberechtigte Gemeinde zu den Bezirken mehrerer Finanzämter, so ist von diesen Finanzämtern das Finanzamt örtlich zuständig, das nach Absatz 1 zuständig ist oder zuständig wäre, wenn im Geltungsbereich dieses Gesetzes nur die in der hebeberechtigten Gemeinde liegenden Teile des Betriebs, des Grundstücks oder des Betriebsgrundstücks vorhanden wären.

(3) Absatz 2 gilt sinngemäß, soweit einem Land nach Artikel 106 Abs. 6 Satz 3 des Grundgesetzes das Aufkommen der Realsteuern zusteht.

§ 23 Einfuhr- und Ausfuhrabgaben und Verbrauchsteuern

(1) Für die Einfuhr- und Ausfuhrabgaben im Sinne des Artikels 4 Nr. 10 und 11 des Zollkodexes und Verbrauchsteuern ist das Hauptzollamt örtlich zuständig, in dessen Bezirk der Tatbestand verwirklicht wird, an den das Gesetz die Steuer knüpft.

(2) [1]Örtlich zuständig ist ferner das Hauptzollamt, von dessen Bezirk aus der Steuerpflichtige sein Unternehmen betreibt. [2]Wird das Unternehmen von einem nicht zum Geltungsbereich des Gesetzes gehörenden Ort aus betrieben, so ist das Hauptzollamt zuständig, in dessen Bezirk der Unternehmer seine Umsätze im Geltungsbereich des Gesetzes ganz oder vorwiegend bewirkt.

(3) Werden Einfuhr- und Ausfuhrabgaben im Sinne des Artikels 4 Nr. 10 und 11 des Zollkodexes und Verbrauchsteuern im Zusammenhang mit einer Steuerstraftat oder einer Steuerordnungswidrigkeit geschuldet, so ist auch das Hauptzollamt örtlich zuständig, das für die Strafsache oder die Bußgeldsache zuständig ist.

§ 24 Ersatzzuständigkeit

Ergibt sich die örtliche Zuständigkeit nicht aus anderen Vorschriften, so ist die Finanzbehörde zuständig, in deren Bezirk der Anlass für die Amtshandlung hervortritt.

§ 25 Mehrfache örtliche Zuständigkeit

[1]Sind mehrere Finanzbehörden zuständig, so entscheidet die Finanzbehörde, die zuerst mit der Sache befasst worden ist, es sei denn, die zuständigen Finanzbehörden einigen sich auf eine andere zuständige Finanzbehörde oder die gemeinsame fachlich zuständige Aufsichtsbehörde bestimmt, dass eine andere örtlich zuständige Finanzbehörde zu entscheiden hat. [2]Fehlt eine gemeinsame Aufsichtsbehörde, so treffen die fachlich zuständigen Aufsichtsbehörden die Entscheidung gemeinsam.

§ 26[1)] Zuständigkeitswechsel

[1]Geht die örtliche Zuständigkeit durch eine Veränderung der sie begründenden Umstände von einer Finanzbehörde auf eine andere Finanzbehörde über, so tritt der Wechsel der Zuständigkeit in dem Zeitpunkt ein, in dem eine der beiden Finanzbehörden hiervon erfährt. [2]Die bisher zuständige Finanzbehörde kann ein Verwaltungsverfahren fortführen, wenn dies unter Wahrung der Interessen der Beteiligten der einfachen und zweck-

1) **Anm. d. Red.:** § 26 i. d. F. des Art. 14 Nr. 1 JStG 2008 v. 20. 12. 2007 (BGBl I 3150).

mäßigen Durchführung des Verfahrens dient und die nunmehr zuständige Finanzbehörde zustimmt. [3]Ein Zuständigkeitswechsel nach Satz 1 tritt so lange nicht ein, wie

1. über einen Insolvenzantrag noch nicht entschieden wurde,
2. ein eröffnetes Insolvenzverfahren noch nicht aufgehoben wurde oder
3. sich eine Personengesellschaft oder eine juristische Person in Liquidation befindet.

§ 27[1)] Zuständigkeitsvereinbarung

[1]Im Einvernehmen mit der Finanzbehörde, die nach den Vorschriften der Steuergesetze örtlich zuständig ist, kann eine andere Finanzbehörde die Besteuerung übernehmen, wenn der Betroffene zustimmt. [2]Eine der Finanzbehörden nach Satz 1 kann den Betroffenen auffordern, innerhalb einer angemessenen Frist die Zustimmung zu erklären. [3]Die Zustimmung gilt als erteilt, wenn der Betroffene nicht innerhalb dieser Frist widerspricht. [4]Der Betroffene ist auf die Wirkung seines Schweigens ausdrücklich hinzuweisen.

§ 28 Zuständigkeitsstreit

(1) [1]Die gemeinsame fachlich zuständige Aufsichtsbehörde entscheidet über die örtliche Zuständigkeit, wenn sich mehrere Finanzbehörden für zuständig oder für unzuständig halten oder wenn die Zuständigkeit aus anderen Gründen zweifelhaft ist. [2]§ 25 Satz 2 gilt entsprechend.

(2) § 5 Abs. 1 Nr. 7 des Gesetzes über die Finanzverwaltung bleibt unberührt.

§ 29 Gefahr im Verzug

[1]Bei Gefahr im Verzug ist für unaufschiebbare Maßnahmen jede Finanzbehörde örtlich zuständig, in deren Bezirk der Anlass für die Amtshandlung hervortritt. [2]Die sonst örtlich zuständige Behörde ist unverzüglich zu unterrichten.

Vierter Abschnitt: Steuergeheimnis

§ 30 Steuergeheimnis

(1) Amtsträger haben das Steuergeheimnis zu wahren.

(2) Ein Amtsträger verletzt das Steuergeheimnis, wenn er

1. Verhältnisse eines anderen, die ihm
   a) in einem Verwaltungsverfahren, einem Rechnungsprüfungsverfahren oder einem gerichtlichen Verfahren in Steuersachen,
   b) in einem Strafverfahren wegen einer Steuerstraftat oder einem Bußgeldverfahren wegen einer Steuerordnungswidrigkeit,
   c) aus anderem Anlass durch Mitteilung einer Finanzbehörde oder durch die gesetzlich vorgeschriebene Vorlage eines Steuerbescheids oder einer Bescheinigung über die bei der Besteuerung getroffenen Feststellungen

   bekannt geworden sind, oder
2. ein fremdes Betriebs- oder Geschäftsgeheimnis, das ihm in einem der in Nummer 1 genannten Verfahren bekannt geworden ist,

unbefugt offenbart oder verwertet oder

3. nach Nummer 1 oder Nummer 2 geschützte Daten im automatisierten Verfahren unbefugt abruft, wenn sie für eines der in Nummer 1 genannten Verfahren in einer Datei gespeichert sind.

---

1) **Anm. d. Red.:** § 27 i. d. F. des Art. 8 Nr. 2 StÄndG 2003 v. 15. 12. 2003 (BGBl I 2645).

(3) Den Amtsträgern stehen gleich

1. die für den öffentlichen Dienst besonders Verpflichteten (§ 11 Abs. 1 Nr. 4 des Strafgesetzbuchs),

1a. die in § 193 Abs. 2 des Gerichtsverfassungsgesetzes genannten Personen,

2. amtlich zugezogene Sachverständige,

3. die Träger von Ämtern der Kirchen und anderen Religionsgemeinschaften, die Körperschaften des öffentlichen Rechts sind.

(4) Die Offenbarung der nach Absatz 2 erlangten Kenntnisse ist zulässig, soweit

1. sie der Durchführung eines Verfahrens im Sinne des Absatzes 2 Nr. 1 Buchstaben a und b dient,

2. sie durch Gesetz ausdrücklich zugelassen ist,

3. der Betroffene zustimmt,

4. sie der Durchführung eines Strafverfahrens wegen einer Tat dient, die keine Steuerstraftat ist, und die Kenntnisse

   a) in einem Verfahren wegen einer Steuerstraftat oder Steuerordnungswidrigkeit erlangt worden sind; dies gilt jedoch nicht für solche Tatsachen, die der Steuerpflichtige in Unkenntnis der Einleitung des Strafverfahrens oder des Bußgeldverfahrens offenbart hat oder die bereits vor Einleitung des Strafverfahrens oder des Bußgeldverfahrens im Besteuerungsverfahren bekannt geworden sind, oder

   b) ohne Bestehen einer steuerlichen Verpflichtung oder unter Verzicht auf ein Auskunftsverweigerungsrecht erlangt worden sind,

5. für sie ein zwingendes öffentliches Interesse besteht; ein zwingendes öffentliches Interesse ist namentlich gegeben, wenn

   a) Verbrechen und vorsätzliche schwere Vergehen gegen Leib und Leben oder gegen den Staat und seine Einrichtungen verfolgt werden oder verfolgt werden sollen,

   b) Wirtschaftsstraftaten verfolgt werden oder verfolgt werden sollen, die nach ihrer Begehungsweise oder wegen des Umfangs des durch sie verursachten Schadens geeignet sind, die wirtschaftliche Ordnung erheblich zu stören oder das Vertrauen der Allgemeinheit auf die Redlichkeit des geschäftlichen Verkehrs oder auf die ordnungsgemäße Arbeit der Behörden und der öffentlichen Einrichtungen erheblich zu erschüttern, oder

   c) die Offenbarung erforderlich ist zur Richtigstellung in der Öffentlichkeit verbreiteter unwahrer Tatsachen, die geeignet sind, das Vertrauen in die Verwaltung erheblich zu erschüttern; die Entscheidung trifft die zuständige oberste Finanzbehörde im Einvernehmen mit dem Bundesministerium der Finanzen; vor der Richtigstellung soll der Steuerpflichtige gehört werden.

(5) Vorsätzlich falsche Angaben des Betroffenen dürfen den Strafverfolgungsbehörden gegenüber offenbart werden.

(6) [1]Der automatisierte Abruf von Daten, die für eines der in Absatz 2 Nr. 1 genannten Verfahren in einer Datei gespeichert sind, ist nur zulässig, soweit er der Durchführung eines Verfahrens im Sinne des Absatzes 2 Nr. 1 Buchstaben a und b oder der zulässigen Weitergabe von Daten dient. [2]Zur Wahrung des Steuergeheimnisses kann das Bundesministerium der Finanzen durch Rechtsverordnung mit Zustimmung des Bundesrates bestimmen, welche technischen und organisatorischen Maßnahmen gegen den unbefugten Abruf von Daten zu treffen sind. [3]Insbesondere kann es nähere Regelungen treffen über die Art der Daten, deren Abruf zulässig ist, sowie über den Kreis der Amtsträger, die zum Abruf solcher Daten berechtigt sind. [4]Die Rechtsverordnungen bedürfen nicht der Zustimmung des Bundesrates, soweit sie Einfuhr- und Ausfuhrabgaben und Verbrauchsteuern, mit Ausnahme der Biersteuer, betreffen.

§ 30a Schutz von Bankkunden

(1) Bei der Ermittlung des Sachverhalts (§ 88) haben die Finanzbehörden auf das Vertrauensverhältnis zwischen den Kreditinstituten und deren Kunden besonders Rücksicht zu nehmen.

(2) Die Finanzbehörden dürfen von den Kreditinstituten zum Zweck der allgemeinen Überwachung die einmalige oder periodische Mitteilung von Konten bestimmter Art oder bestimmter Höhe nicht verlangen.

(3) [1]Die Guthabenkonten oder Depots, bei deren Errichtung eine Legitimationsprüfung nach § 154 Abs. 2 vorgenommen worden ist, dürfen anlässlich der Außenprüfung bei einem Kreditinstitut nicht zwecks Nachprüfung der ordnungsmäßigen Versteuerung festgestellt oder abgeschrieben werden. [2]Die Ausschreibung von Kontrollmitteilungen soll insoweit unterbleiben.

(4) In Vordrucken für Steuererklärungen soll die Angabe der Nummern von Konten und Depots, die der Steuerpflichtige bei Kreditinstituten unterhält, nicht verlangt werden, soweit nicht steuermindernde Ausgaben oder Vergünstigungen geltend gemacht werden oder die Abwicklung des Zahlungsverkehrs mit dem Finanzamt dies bedingt.

(5) [1]Für Auskunftsersuchen an Kreditinstitute gilt § 93. [2]Ist die Person des Steuerpflichtigen bekannt und gegen ihn kein Verfahren wegen einer Steuerstraftat oder einer Steuerordnungswidrigkeit eingeleitet, soll auch im Verfahren nach § 208 Abs. 1 Satz 1 ein Kreditinstitut erst um Auskunft und Vorlage von Urkunden gebeten werden, wenn ein Auskunftsersuchen an den Steuerpflichtigen nicht zum Ziele führt oder keinen Erfolg verspricht.

§ 31[1)] Mitteilung von Besteuerungsgrundlagen

(1) [1]Die Finanzbehörden sind verpflichtet, Besteuerungsgrundlagen, Steuermessbeträge und Steuerbeträge an Körperschaften des öffentlichen Rechts einschließlich der Religionsgemeinschaften, die Körperschaften des öffentlichen Rechts sind, zur Festsetzung von solchen Abgaben mitzuteilen, die an diese Besteuerungsgrundlagen, Steuermessbeträge oder Steuerbeträge anknüpfen. [2]Die Mitteilungspflicht besteht nicht, soweit deren Erfüllung mit einem unverhältnismäßigen Aufwand verbunden wäre. [3]Die Finanzbehörden dürfen Körperschaften des öffentlichen Rechts auf Ersuchen Namen und Anschriften ihrer Mitglieder, die dem Grunde nach zur Entrichtung von Abgaben im Sinne des Satzes 1 verpflichtet sind, sowie die von der Finanzbehörde für die Körperschaft festgesetzten Abgaben übermitteln, soweit die Kenntnis dieser Daten zur Erfüllung von in der Zuständigkeit der Körperschaft liegenden öffentlichen Aufgaben erforderlich ist und überwiegende schutzwürdige Interessen des Betroffenen nicht entgegenstehen.

(2) [1]Die Finanzbehörden sind verpflichtet, die nach § 30 geschützten Verhältnisse des Betroffenen den Trägern der gesetzlichen Sozialversicherung, der Bundesagentur für Arbeit und der Künstlersozialkasse mitzuteilen, soweit die Kenntnis dieser Verhältnisse für die Feststellung der Versicherungspflicht oder die Festsetzung von Beiträgen einschließlich der Künstlersozialabgabe erforderlich ist oder der Betroffene einen Antrag auf Mitteilung stellt. [2]Die Mitteilungspflicht besteht nicht, soweit deren Erfüllung mit einem unverhältnismäßigen Aufwand verbunden wäre.

(3) Die für die Verwaltung der Grundsteuer zuständigen Behörden sind berechtigt, die nach § 30 geschützten Namen und Anschriften von Grundstückseigentümern, die bei der Verwaltung der Grundsteuer bekannt geworden sind, zur Verwaltung anderer Abgaben sowie zur Erfüllung sonstiger öffentlicher Aufgaben zu verwenden oder den hierfür zuständigen Gerichten, Behörden oder juristischen Personen des öffentlichen Rechts auf Ersuchen mitzuteilen, soweit nicht überwiegende schutzwürdige Interessen des Betroffenen entgegenstehen.

---

1) **Anm. d. Red.:** § 31 Abs. 1 i. d. F. des Art. 8 Nr. 3 EURLUmsG v. 9. 12. 2004 (BGBl I 3310); Abs. 2 i. d. F. des Art. 57 Drittes Gesetz für moderne Dienstleistungen am Arbeitsmarkt v. 23. 12. 2003 (BGBl I 2848).

§ 31a Mitteilungen zur Bekämpfung der illegalen Beschäftigung und des Leistungsmissbrauchs

(1) Die Offenbarung der nach § 30 geschützten Verhältnisse des Betroffenen ist zulässig, soweit sie

1. für die Durchführung eines Strafverfahrens, eines Bußgeldverfahrens oder eines anderen gerichtlichen oder Verwaltungsverfahrens mit dem Ziel
   a) der Bekämpfung von illegaler Beschäftigung oder Schwarzarbeit oder
   b) der Entscheidung
      aa) über Erteilung, Rücknahme oder Widerruf einer Erlaubnis nach dem Arbeitnehmerüberlassungsgesetz oder
      bb) über Bewilligung, Gewährung, Rückforderung, Erstattung, Weitergewährung oder Belassen einer Leistung aus öffentlichen Mitteln

   oder
2. für die Geltendmachung eines Anspruchs auf Rückgewähr einer Leistung aus öffentlichen Mitteln

erforderlich ist.

(2) [1]Die Finanzbehörden sind in den Fällen des Absatzes 1 verpflichtet, der zuständigen Stelle die jeweils benötigten Tatsachen mitzuteilen. [2]In den Fällen des Absatzes 1 Nr. 1 Buchstabe b und Nr. 2 erfolgt die Mitteilung auch auf Antrag des Betroffenen. [3]Die Mitteilungspflicht nach den Sätzen 1 und 2 besteht nicht, soweit deren Erfüllung mit einem unverhältnismäßigen Aufwand verbunden wäre.

§ 31b[1)] Mitteilungen zur Bekämpfung der Geldwäsche und der Terrorismusfinanzierung

[1]Die Offenbarung der nach § 30 geschützten Verhältnisse des Betroffenen ist zulässig, soweit sie der Durchführung eines Strafverfahrens wegen einer Straftat nach § 261 des Strafgesetzbuches oder der Bekämpfung der Terrorismusfinanzierung im Sinne des § 1 Abs. 2 des Geldwäschegesetzes dient. [2]Die Finanzbehörden haben Tatsachen, die darauf schließen lassen, dass eine Straftat nach § 261 des Strafgesetzbuches oder eine Terrorismusfinanzierung im Sinne des § 1 Abs. 2 des Geldwäschegesetzes begangen oder versucht wurde oder wird, unverzüglich den zuständigen Strafverfolgungsbehörden und in Kopie dem Bundeskriminalamt – Zentralstelle für Verdachtsanzeigen – mitzuteilen.

Fünfter Abschnitt: Haftungsbeschränkung für Amtsträger

§ 32 Haftungsbeschränkung für Amtsträger

Wird infolge der Amts- oder Dienstpflichtverletzung eines Amtsträgers

1. eine Steuer oder eine steuerliche Nebenleistung nicht, zu niedrig oder zu spät festgesetzt, erhoben oder beigetrieben oder
2. eine Steuererstattung oder Steuervergütung zu Unrecht gewährt oder
3. eine Besteuerungsgrundlage oder eine Steuerbeteiligung nicht, zu niedrig oder zu spät festgesetzt,

so kann er nur in Anspruch genommen werden, wenn die Amts- oder Dienstpflichtverletzung mit einer Strafe bedroht ist.

1) **Anm. d. Red.:** § 31b i. d. F. des Art. 7a GwBekErgG v. 13. 8. 2008 (BGBl I 1690).

Zweiter Teil: Steuerschuldrecht

Erster Abschnitt: Steuerpflichtiger

§ 33 Steuerpflichtiger

(1) Steuerpflichtiger ist, wer eine Steuer schuldet, für eine Steuer haftet, eine Steuer für Rechnung eines Dritten einzubehalten und abzuführen hat, wer eine Steuererklärung abzugeben, Sicherheit zu leisten, Bücher und Aufzeichnungen zu führen oder andere ihm durch die Steuergesetze auferlegte Verpflichtungen zu erfüllen hat.

(2) Steuerpflichtiger ist nicht, wer in einer fremden Steuersache Auskunft zu erteilen, Urkunden vorzulegen, ein Sachverständigengutachten zu erstatten oder das Betreten von Grundstücken, Geschäfts- und Betriebsräumen zu gestatten hat.

§ 34 Pflichten der gesetzlichen Vertreter und der Vermögensverwalter

(1) [1]Die gesetzlichen Vertreter natürlicher und juristischer Personen und die Geschäftsführer von nicht rechtsfähigen Personenvereinigungen und Vermögensmassen haben deren steuerliche Pflichten zu erfüllen. [2]Sie haben insbesondere dafür zu sorgen, dass die Steuern aus den Mitteln entrichtet werden, die sie verwalten.

(2) [1]Soweit nicht rechtsfähige Personenvereinigungen ohne Geschäftsführer sind, haben die Mitglieder oder Gesellschafter die Pflichten im Sinne des Absatzes 1 zu erfüllen. [2]Die Finanzbehörde kann sich an jedes Mitglied oder jeden Gesellschafter halten. [3]Für nicht rechtsfähige Vermögensmassen gelten die Sätze 1 und 2 mit der Maßgabe, dass diejenigen, denen das Vermögen zusteht, die steuerlichen Pflichten zu erfüllen haben.

(3) Steht eine Vermögensverwaltung anderen Personen als den Eigentümern des Vermögens oder deren gesetzlichen Vertretern zu, so haben die Vermögensverwalter die in Absatz 1 bezeichneten Pflichten, soweit ihre Verwaltung reicht.

§ 35 Pflichten des Verfügungsberechtigten

Wer als Verfügungsberechtigter im eigenen oder fremden Namen auftritt, hat die Pflichten eines gesetzlichen Vertreters (§ 34 Abs. 1), soweit er sie rechtlich und tatsächlich erfüllen kann.

§ 36 Erlöschen der Vertretungsmacht

Das Erlöschen der Vertretungsmacht oder der Verfügungsmacht lässt die nach den §§ 34 und 35 entstandenen Pflichten unberührt, soweit diese den Zeitraum betreffen, in dem die Vertretungsmacht oder Verfügungsmacht bestanden hat und soweit der Verpflichtete sie erfüllen kann.

Zweiter Abschnitt: Steuerschuldverhältnis

§ 37 Ansprüche aus dem Steuerschuldverhältnis

(1) Ansprüche aus dem Steuerschuldverhältnis sind der Steueranspruch, der Steuervergütungsanspruch, der Haftungsanspruch, der Anspruch auf eine steuerliche Nebenleistung, der Erstattungsanspruch nach Absatz 2 sowie die in Einzelsteuergesetzen geregelten Steuererstattungsansprüche.

(2) [1]Ist eine Steuer, eine Steuervergütung, ein Haftungsbetrag oder eine steuerliche Nebenleistung ohne rechtlichen Grund gezahlt oder zurückgezahlt worden, so hat derjenige, auf dessen Rechnung die Zahlung bewirkt worden ist, an den Leistungsempfänger einen Anspruch auf Erstattung des gezahlten oder zurückgezahlten Betrags. [2]Dies gilt auch dann, wenn der rechtliche Grund für die Zahlung oder Rückzahlung später wegfällt. [3]Im Fall der Abtretung, Verpfändung oder Pfändung richtet sich der Anspruch auch gegen den Abtretenden, Verpfänder oder Pfändungsschuldner.

AO

§ 38 Entstehung der Ansprüche aus dem Steuerschuldverhältnis

Die Ansprüche aus dem Steuerschuldverhältnis entstehen, sobald der Tatbestand verwirklicht ist, an den das Gesetz die Leistungspflicht knüpft.

§ 39 Zurechnung

(1) Wirtschaftsgüter sind dem Eigentümer zuzurechnen.

(2) Abweichend von Absatz 1 gelten die folgenden Vorschriften:

1. [1]Übt ein anderer als der Eigentümer die tatsächliche Herrschaft über ein Wirtschaftsgut in der Weise aus, dass er den Eigentümer im Regelfall für die gewöhnliche Nutzungsdauer von der Einwirkung auf das Wirtschaftsgut wirtschaftlich ausschließen kann, so ist ihm das Wirtschaftsgut zuzurechnen. [2]Bei Treuhandverhältnissen sind die Wirtschaftsgüter dem Treugeber, beim Sicherungseigentum dem Sicherungsgeber und beim Eigenbesitz dem Eigenbesitzer zuzurechnen.
2. Wirtschaftsgüter, die mehreren zur gesamten Hand zustehen, werden den Beteiligten anteilig zugerechnet, soweit eine getrennte Zurechnung für die Besteuerung erforderlich ist.

§ 40 Gesetz- oder sittenwidriges Handeln

Für die Besteuerung ist es unerheblich, ob ein Verhalten, das den Tatbestand eines Steuergesetzes ganz oder zum Teil erfüllt, gegen ein gesetzliches Gebot oder Verbot oder gegen die guten Sitten verstößt.

§ 41 Unwirksame Rechtsgeschäfte

(1) [1]Ist ein Rechtsgeschäft unwirksam oder wird es unwirksam, so ist dies für die Besteuerung unerheblich, soweit und solange die Beteiligten das wirtschaftliche Ergebnis dieses Rechtsgeschäfts gleichwohl eintreten und bestehen lassen. [2]Dies gilt nicht, soweit sich aus den Steuergesetzen etwas anderes ergibt.

(2) [1]Scheingeschäfte und Scheinhandlungen sind für die Besteuerung unerheblich. [2]Wird durch ein Scheingeschäft ein anderes Rechtsgeschäft verdeckt, so ist das verdeckte Rechtsgeschäft für die Besteuerung maßgebend.

§ 42[1)] Missbrauch von rechtlichen Gestaltungsmöglichkeiten

(1) [1]Durch Missbrauch von Gestaltungsmöglichkeiten des Rechts kann das Steuergesetz nicht umgangen werden. [2]Ist der Tatbestand einer Regelung in einem Einzelsteuergesetz erfüllt, die der Verhinderung von Steuerumgehungen dient, so bestimmen sich die Rechtsfolgen nach jener Vorschrift. [3]Anderenfalls entsteht der Steueranspruch beim Vorliegen eines Missbrauchs im Sinne des Absatzes 2 so, wie er bei einer den wirtschaftlichen Vorgängen angemessenen rechtlichen Gestaltung entsteht.

(2) [1]Ein Missbrauch liegt vor, wenn eine unangemessene rechtliche Gestaltung gewählt wird, die beim Steuerpflichtigen oder einem Dritten im Vergleich zu einer angemessenen Gestaltung zu einem gesetzlich nicht vorgesehenen Steuervorteil führt. [2]Dies gilt nicht, wenn der Steuerpflichtige für die gewählte Gestaltung außersteuerliche Gründe nachweist, die nach dem Gesamtbild der Verhältnisse beachtlich sind.

§ 43 Steuerschuldner, Steuervergütungsgläubiger

[1]Die Steuergesetze bestimmen, wer Steuerschuldner oder Gläubiger einer Steuervergütung ist. [2]Sie bestimmen auch, ob ein Dritter die Steuer für Rechnung des Steuerschuldners zu entrichten hat.

---

1) **Anm. d. Red.:** § 42 i. d. F. des Art. 14 Nr. 2 JStG 2008 v. 20. 12. 2007 (BGBl I 3150).

§ 44 Gesamtschuldner

(1) [1]Personen, die nebeneinander dieselbe Leistung aus dem Steuerschuldverhältnis schulden oder für sie haften oder die zusammen zu einer Steuer zu veranlagen sind, sind Gesamtschuldner. [2]Soweit nichts anderes bestimmt ist, schuldet jeder Gesamtschuldner die gesamte Leistung.

(2) [1]Die Erfüllung durch einen Gesamtschuldner wirkt auch für die übrigen Schuldner. [2]Das Gleiche gilt für die Aufrechnung und für eine geleistete Sicherheit. [3]Andere Tatsachen wirken nur für und gegen den Gesamtschuldner, in dessen Person sie eintreten. [4]Die Vorschriften der §§ 268 bis 280 über die Beschränkung der Vollstreckung in den Fällen der Zusammenveranlagung bleiben unberührt.

§ 45 Gesamtrechtsnachfolge

(1) [1]Bei Gesamtrechtsnachfolge gehen die Forderungen und Schulden aus dem Steuerschuldverhältnis auf den Rechtsnachfolger über. [2]Dies gilt jedoch bei der Erbfolge nicht für Zwangsgelder.

(2) [1]Erben haben für die aus dem Nachlass zu entrichtenden Schulden nach den Vorschriften des bürgerlichen Rechts über die Haftung des Erben für Nachlassverbindlichkeiten einzustehen. [2]Vorschriften, durch die eine steuerrechtliche Haftung der Erben begründet wird, bleiben unberührt.

§ 46 Abtretung, Verpfändung, Pfändung

(1) Ansprüche auf Erstattung von Steuern, Haftungsbeträgen, steuerlichen Nebenleistungen und auf Steuervergütungen können abgetreten, verpfändet und gepfändet werden.

(2) Die Abtretung wird jedoch erst wirksam, wenn sie der Gläubiger in der nach Absatz 3 vorgeschriebenen Form der zuständigen Finanzbehörde nach Entstehung des Anspruchs anzeigt.

(3) [1]Die Abtretung ist der zuständigen Finanzbehörde unter Angabe des Abtretenden, des Abtretungsempfängers sowie der Art und Höhe des abgetretenen Anspruchs und des Abtretungsgrundes auf einem amtlich vorgeschriebenen Vordruck anzuzeigen. [2]Die Anzeige ist vom Abtretenden und vom Abtretungsempfänger zu unterschreiben.

(4) [1]Der geschäftsmäßige Erwerb von Erstattungs- oder Vergütungsansprüchen zum Zweck der Einziehung oder sonstigen Verwertung auf eigene Rechnung ist nicht zulässig. [2]Dies gilt nicht für die Fälle der Sicherungsabtretung. [3]Zum geschäftsmäßigen Erwerb und zur geschäftsmäßigen Einziehung der zur Sicherung abgetretenen Ansprüche sind nur Unternehmen befugt, denen das Betreiben von Bankgeschäften erlaubt ist.

(5) Wird der Finanzbehörde die Abtretung angezeigt, so müssen Abtretender und Abtretungsempfänger der Finanzbehörde gegenüber die angezeigte Abtretung gegen sich gelten lassen, auch wenn sie nicht erfolgt oder nicht wirksam oder wegen Verstoßes gegen Absatz 4 nichtig ist.

(6) [1]Ein Pfändungs- und Überweisungsbeschluss oder eine Pfändungs- und Einziehungsverfügung dürfen nicht erlassen werden, bevor der Anspruch entstanden ist. [2]Ein entgegen diesem Verbot erwirkter Pfändungs- und Überweisungsbeschluss oder erwirkte Pfändungs- und Einziehungsverfügung sind nichtig. [3]Die Vorschriften der Absätze 2 bis 5 sind auf die Verpfändung sinngemäß anzuwenden.

(7) Bei Pfändung eines Erstattungs- oder Vergütungsanspruchs gilt die Finanzbehörde, die über den Anspruch entschieden oder zu entscheiden hat, als Drittschuldner im Sinne der §§ 829, 845 der Zivilprozessordnung.

§ 47 Erlöschen

Ansprüche aus dem Steuerschuldverhältnis erlöschen insbesondere durch Zahlung (§§ 224, 224a, 225), Aufrechnung (§ 226), Erlass (§§ 163, 227), Verjährung (§§ 169 bis 171,

§§ 228 bis 232), ferner durch Eintritt der Bedingung bei auflösend bedingten Ansprüchen.

§ 48 Leistung durch Dritte, Haftung Dritter

(1) Leistungen aus dem Steuerschuldverhältnis gegenüber der Finanzbehörde können auch durch Dritte bewirkt werden.

(2) Dritte können sich vertraglich verpflichten, für Leistungen im Sinne des Absatzes 1 einzustehen.

§ 49 Verschollenheit

Bei Verschollenheit gilt für die Besteuerung der Tag als Todestag, mit dessen Ablauf der Beschluss über die Todeserklärung des Verschollenen rechtskräftig wird.

§ 50 Erlöschen und Unbedingtwerden der Verbrauchsteuer, Übergang der bedingten Verbrauchsteuerschuld

(1) Werden nach den Verbrauchsteuergesetzen Steuervergünstigungen unter der Bedingung gewährt, dass verbrauchsteuerpflichtige Waren einer besonderen Zweckbestimmung zugeführt werden, so erlischt die Steuer nach Maßgabe der Vergünstigung ganz oder teilweise, wenn die Bedingung eintritt oder wenn die Waren untergehen, ohne dass vorher die Steuer unbedingt geworden ist.

(2) Die bedingte Steuerschuld geht jeweils auf den berechtigten Erwerber über, wenn die Waren vom Steuerschuldner vor Eintritt der Bedingung im Rahmen der vorgesehenen Zweckbestimmung an ihn weitergegeben werden.

(3) Die Steuer wird unbedingt,

1. wenn die Waren entgegen der vorgesehenen Zweckbestimmung verwendet werden oder ihr nicht mehr zugeführt werden können. [2]Kann der Verbleib der Waren nicht festgestellt werden, so gelten sie als nicht der vorgesehenen Zweckbestimmung zugeführt, wenn der Begünstigte nicht nachweist, dass sie ihr zugeführt worden sind,
2. in sonstigen gesetzlich bestimmten Fällen.

Dritter Abschnitt: Steuerbegünstigte Zwecke

§ 51[1)] Allgemeines

(1) [1]Gewährt das Gesetz eine Steuervergünstigung, weil eine Körperschaft ausschließlich und unmittelbar gemeinnützige, mildtätige oder kirchliche Zwecke (steuerbegünstigte Zwecke) verfolgt, so gelten die folgenden Vorschriften. [2]Unter Körperschaften sind die Körperschaften, Personenvereinigungen und Vermögensmassen im Sinne des Körperschaftsteuergesetzes zu verstehen. [3]Funktionale Untergliederungen (Abteilungen) von Körperschaften gelten nicht als selbstständige Steuersubjekte.

(2) Werden die steuerbegünstigten Zwecke im Ausland verwirklicht, setzt die Steuervergünstigung voraus, dass natürliche Personen, die ihren Wohnsitz oder ihren gewöhnlichen Aufenthalt im Geltungsbereich dieses Gesetzes haben, gefördert werden oder die Tätigkeit der Körperschaft neben der Verwirklichung der steuerbegünstigten Zwecke auch zum Ansehen der Bundesrepublik Deutschland im Ausland beitragen kann.

(3) [1]Eine Steuervergünstigung setzt zudem voraus, dass die Körperschaft nach ihrer Satzung und bei ihrer tatsächlichen Geschäftsführung keine Bestrebungen im Sinne des § 4 des Bundesverfassungsschutzgesetzes fördert und dem Gedanken der Völkerverständigung nicht zuwiderhandelt. [2]Bei Körperschaften, die im Verfassungsschutzbericht des Bundes oder eines Landes als extremistische Organisation aufgeführt sind, ist widerlegbar davon auszugehen, dass die Voraussetzungen des Satzes 1 nicht erfüllt sind. [3]Die Finanzbehörde teilt Tatsachen, die den Verdacht von Bestrebungen im Sinne des § 4 des

1) **Anm. d. Red.:** § 51 i. d. F. des Art. 10 Nr. 4 JStG 2009 v. 19. 12. 2008 (BGBl I 2794).

Bundesverfassungsschutzgesetzes oder des Zuwiderhandelns gegen den Gedanken der Völkerverständigung begründen, der Verfassungsschutzbehörde mit.

§ 52[1)] Gemeinnützige Zwecke

(1) [1]Eine Körperschaft verfolgt gemeinnützige Zwecke, wenn ihre Tätigkeit darauf gerichtet ist, die Allgemeinheit auf materiellem, geistigem oder sittlichem Gebiet selbstlos zu fördern. [2]Eine Förderung der Allgemeinheit ist nicht gegeben, wenn der Kreis der Personen, dem die Förderung zugute kommt, fest abgeschlossen ist, zum Beispiel Zugehörigkeit zu einer Familie oder zur Belegschaft eines Unternehmens, oder infolge seiner Abgrenzung, insbesondere nach räumlichen oder beruflichen Merkmalen, dauernd nur klein sein kann. [3]Eine Förderung der Allgemeinheit liegt nicht allein deswegen vor, weil eine Körperschaft ihre Mittel einer Körperschaft des öffentlichen Rechts zuführt.

(2) [1]Unter den Voraussetzungen des Absatzes 1 sind als Förderung der Allgemeinheit anzuerkennen:

1. die Förderung von Wissenschaft und Forschung;
2. die Förderung der Religion;
3. die Förderung des öffentlichen Gesundheitswesens und der öffentlichen Gesundheitspflege, insbesondere die Verhütung und Bekämpfung von übertragbaren Krankheiten, auch durch Krankenhäuser im Sinne des § 67, und von Tierseuchen;
4. die Förderung der Jugend- und Altenhilfe;
5. die Förderung von Kunst und Kultur;
6. die Förderung des Denkmalschutzes und der Denkmalpflege;
7. die Förderung der Erziehung, Volks- und Berufsbildung einschließlich der Studentenhilfe;
8. die Förderung des Naturschutzes und der Landschaftspflege im Sinne des Bundesnaturschutzgesetzes und der Naturschutzgesetze der Länder, des Umweltschutzes, des Küstenschutzes und des Hochwasserschutzes;
9. die Förderung des Wohlfahrtswesens, insbesondere der Zwecke der amtlich anerkannten Verbände der freien Wohlfahrtspflege (§ 23 der Umsatzsteuer-Durchführungsverordnung), ihrer Unterverbände und ihrer angeschlossenen Einrichtungen und Anstalten;
10. die Förderung der Hilfe für politisch, rassisch oder religiös Verfolgte, für Flüchtlinge, Vertriebene, Aussiedler, Spätaussiedler, Kriegsopfer, Kriegshinterbliebene, Kriegsbeschädigte und Kriegsgefangene, Zivilbeschädigte und Behinderte sowie Hilfe für Opfer von Straftaten; Förderung des Andenkens an Verfolgte, Kriegs- und Katastrophenopfer; Förderung des Suchdienstes für Vermisste;
11. die Förderung der Rettung aus Lebensgefahr;
12. die Förderung des Feuer-, Arbeits-, Katastrophen- und Zivilschutzes sowie der Unfallverhütung;
13. die Förderung internationaler Gesinnung, der Toleranz auf allen Gebieten der Kultur und des Völkerverständigungsgedankens;
14. die Förderung des Tierschutzes;
15. die Förderung der Entwicklungszusammenarbeit;
16. die Förderung von Verbraucherberatung und Verbraucherschutz;
17. die Förderung der Fürsorge für Strafgefangene und ehemalige Strafgefangene;
18. die Förderung der Gleichberechtigung von Frauen und Männern;
19. die Förderung des Schutzes von Ehe und Familie;
20. die Förderung der Kriminalprävention;

---

1) **Anm. d. Red.:** § 52 Abs. 2 i. d. F. des Art. 5 Nr. 1 Gesetz zur weiteren Stärkung des bürgerschaftlichen Engagements v. 10. 10. 2007 (BGBl I 2332).

21. die Förderung des Sports (Schach gilt als Sport);
22. die Förderung der Heimatpflege und Heimatkunde;
23. die Förderung der Tierzucht, der Pflanzenzucht, der Kleingärtnerei, des traditionellen Brauchtums einschließlich des Karnevals, der Fastnacht und des Faschings, der Soldaten- und Reservistenbetreuung, des Amateurfunkens, des Modellflugs und des Hundesports;
24. die allgemeine Förderung des demokratischen Staatswesens im Geltungsbereich dieses Gesetzes; hierzu gehören nicht Bestrebungen, die nur bestimmte Einzelinteressen staatsbürgerlicher Art verfolgen oder die auf den kommunalpolitischen Bereich beschränkt sind;
25. die Förderung des bürgerschaftlichen Engagements zugunsten gemeinnütziger, mildtätiger und kirchlicher Zwecke.

[2]Sofern der von der Körperschaft verfolgte Zweck nicht unter Satz 1 fällt, aber die Allgemeinheit auf materiellem, geistigem oder sittlichem Gebiet entsprechend selbstlos gefördert wird, kann dieser Zweck für gemeinnützig erklärt werden. [3]Die obersten Finanzbehörden der Länder haben jeweils eine Finanzbehörde im Sinne des Finanzverwaltungsgesetzes zu bestimmen, die für Entscheidungen nach Satz 2 zuständig ist.

§ 53[1)] Mildtätige Zwecke

Eine Körperschaft verfolgt mildtätige Zwecke, wenn ihre Tätigkeit darauf gerichtet ist, Personen selbstlos zu unterstützen,

1. die infolge ihres körperlichen, geistigen oder seelischen Zustands auf die Hilfe anderer angewiesen sind oder
2. deren Bezüge nicht höher sind als das Vierfache des Regelsatzes der Sozialhilfe im Sinne des § 28 des Zwölften Buches Sozialgesetzbuch; beim Alleinstehenden oder Haushaltsvorstand tritt an die Stelle des Vierfachen das Fünffache des Regelsatzes. [2]Dies gilt nicht für Personen, deren Vermögen zur nachhaltigen Verbesserung ihres Unterhalts ausreicht und denen zugemutet werden kann, es dafür zu verwenden. [3]Bei Personen, deren wirtschaftliche Lage aus besonderen Gründen zu einer Notlage geworden ist, dürfen die Bezüge oder das Vermögen die genannten Grenzen übersteigen. [4]Bezüge im Sinne dieser Vorschrift sind
   a) Einkünfte im Sinne des § 2 Abs. 1 des Einkommensteuergesetzes und
   b) andere zur Bestreitung des Unterhalts bestimmte oder geeignete Bezüge,

   die der Alleinstehende oder der Haushaltsvorstand und die sonstigen Haushaltsangehörigen haben. [5]Zu den Bezügen zählen nicht Leistungen der Sozialhilfe, Leistungen zur Sicherung des Lebensunterhalts nach dem Zweiten Buch Sozialgesetzbuch und bis zur Höhe der Leistungen der Sozialhilfe Unterhaltsleistungen an Personen, die ohne die Unterhaltsleistungen sozialhilfeberechtigt wären oder Anspruch auf Leistungen zur Sicherung des Lebensunterhalts nach dem Zweiten Buch Sozialgesetzbuch hätten. [6]Unterhaltsansprüche sind zu berücksichtigen.

§ 54 Kirchliche Zwecke

(1) Eine Körperschaft verfolgt kirchliche Zwecke, wenn ihre Tätigkeit darauf gerichtet ist, eine Religionsgemeinschaft, die Körperschaft des öffentlichen Rechts ist, selbstlos zu fördern.

(2) Zu diesen Zwecken gehören insbesondere die Errichtung, Ausschmückung und Unterhaltung von Gotteshäusern und kirchlichen Gemeindehäusern, die Abhaltung von Gottesdiensten, die Ausbildung von Geistlichen, die Erteilung von Religionsunterricht, die Beerdigung und die Pflege des Andenkens der Toten, ferner die Verwaltung des Kir-

---

1) **Anm. d. Red.:** § 53 Nr. 2 Satz 1 i. d. F. des Art. 47 Gesetz zur Einordnung des Sozialhilferechts in das Sozialgesetzbuch v. 27. 12. 2003 (BGBl I 3022), Satz 5 i. d. F. des Art. 31 Viertes Gesetz für moderne Dienstleistungen am Arbeitsmarkt v. 24. 12. 2003 (BGBl I 2954).

chenvermögens, die Besoldung der Geistlichen, Kirchenbeamten und Kirchendiener, die Alters- und Behindertenversorgung für diese Personen und die Versorgung ihrer Witwen und Waisen.

§ 55[1] Selbstlosigkeit

(1) Eine Förderung oder Unterstützung geschieht selbstlos, wenn dadurch nicht in erster Linie eigenwirtschaftliche Zwecke – zum Beispiel gewerbliche Zwecke oder sonstige Erwerbszwecke – verfolgt werden und wenn die folgenden Voraussetzungen gegeben sind:

1. [1]Mittel der Körperschaft dürfen nur für die satzungsmäßigen Zwecke verwendet werden. [2]Die Mitglieder oder Gesellschafter (Mitglieder im Sinne dieser Vorschriften) dürfen keine Gewinnanteile und in ihrer Eigenschaft als Mitglieder auch keine sonstigen Zuwendungen aus Mitteln der Körperschaft erhalten. [3]Die Körperschaft darf ihre Mittel weder für die unmittelbare noch für die mittelbare Unterstützung oder Förderung politischer Parteien verwenden.
2. Die Mitglieder dürfen bei ihrem Ausscheiden oder bei Auflösung oder Aufhebung der Körperschaft nicht mehr als ihre eingezahlten Kapitalanteile und den gemeinen Wert ihrer geleisteten Sacheinlagen zurückerhalten.
3. Die Körperschaft darf keine Person durch Ausgaben, die dem Zweck der Körperschaft fremd sind, oder durch unverhältnismäßig hohe Vergütungen begünstigen.
4. [1]Bei Auflösung oder Aufhebung der Körperschaft oder bei Wegfall ihres bisherigen Zwecks darf das Vermögen der Körperschaft, soweit es die eingezahlten Kapitalanteile der Mitglieder und den gemeinen Wert der von den Mitgliedern geleisteten Sacheinlagen übersteigt, nur für steuerbegünstigte Zwecke verwendet werden (Grundsatz der Vermögensbindung). [2]Diese Voraussetzung ist auch erfüllt, wenn das Vermögen einer anderen steuerbegünstigten Körperschaft oder einer Körperschaft des öffentlichen Rechts für steuerbegünstigte Zwecke übertragen werden soll.
5. [1]Die Körperschaft muss ihre Mittel grundsätzlich zeitnah für ihre steuerbegünstigten satzungsmäßigen Zwecke verwenden. [2]Verwendung in diesem Sinne ist auch die Verwendung der Mittel für die Anschaffung oder Herstellung von Vermögensgegenständen, die satzungsmäßigen Zwecken dienen. [3]Eine zeitnahe Mittelverwendung ist gegeben, wenn die Mittel spätestens in dem auf den Zufluss folgenden Kalender- oder Wirtschaftsjahr für die steuerbegünstigten satzungsmäßigen Zwecke verwendet werden.

(2) Bei der Ermittlung des gemeinen Werts (Absatz 1 Nr. 2 und 4) kommt es auf die Verhältnisse zu dem Zeitpunkt an, in dem die Sacheinlagen geleistet worden sind.

(3) Die Vorschriften, die die Mitglieder der Körperschaft betreffen (Absatz 1 Nr. 1, 2 und 4), gelten bei Stiftungen für die Stifter und ihre Erben, bei Betrieben gewerblicher Art von Körperschaften des öffentlichen Rechts für die Körperschaft sinngemäß, jedoch mit der Maßgabe, dass bei Wirtschaftsgütern, die nach § 6 Absatz 1 Nummer 4 Satz 4 des Einkommensteuergesetzes aus einem Betriebsvermögen zum Buchwert entnommen worden sind, an die Stelle des gemeinen Werts der Buchwert der Entnahme tritt.

§ 56 Ausschließlichkeit

Ausschließlichkeit liegt vor, wenn eine Körperschaft nur ihre steuerbegünstigten satzungsmäßigen Zwecke verfolgt.

§ 57 Unmittelbarkeit

(1) [1]Eine Körperschaft verfolgt unmittelbar ihre steuerbegünstigten satzungsmäßigen Zwecke, wenn sie selbst diese Zwecke verwirklicht. [2]Das kann auch durch Hilfspersonen geschehen, wenn nach den Umständen des Falls, insbesondere nach den rechtlichen und

---

1) **Anm. d. Red.:** § 55 Abs. 3 i. d. F. des Art. 3 Gesetz zur Fortführung der Gesetzeslage 2006 bei der Entfernungspauschale v. 20. 4. 2009 (BGBl I 774).

tatsächlichen Beziehungen, die zwischen der Körperschaft und der Hilfsperson bestehen, das Wirken der Hilfsperson wie eigenes Wirken der Körperschaft anzusehen ist.

(2) Eine Körperschaft, in der steuerbegünstigte Körperschaften zusammengefasst sind, wird einer Körperschaft, die unmittelbar steuerbegünstigte Zwecke verfolgt, gleichgestellt.

§ 58[1] Steuerlich unschädliche Betätigungen

Die Steuervergünstigung wird nicht dadurch ausgeschlossen, dass

1. eine Körperschaft Mittel für die Verwirklichung der steuerbegünstigten Zwecke einer anderen Körperschaft oder für die Verwirklichung steuerbegünstigter Zwecke durch eine Körperschaft des öffentlichen Rechts beschafft; die Beschaffung von Mitteln für eine unbeschränkt steuerpflichtige Körperschaft des privaten Rechts setzt voraus, dass diese selbst steuerbegünstigt ist,
2. eine Körperschaft ihre Mittel teilweise einer anderen, ebenfalls steuerbegünstigten Körperschaft oder einer Körperschaft des öffentlichen Rechts zur Verwendung zu steuerbegünstigten Zwecken zuwendet,
3. eine Körperschaft ihre Arbeitskräfte anderen Personen, Unternehmen, Einrichtungen oder einer Körperschaft des öffentlichen Rechts für steuerbegünstigte Zwecke zur Verfügung stellt,
4. eine Körperschaft ihr gehörende Räume einer anderen, ebenfalls steuerbegünstigten Körperschaft oder einer Körperschaft des öffentlichen Rechts zur Nutzung zu steuerbegünstigten Zwecken überlässt,
5. eine Stiftung einen Teil, jedoch höchstens ein Drittel ihres Einkommens dazu verwendet, um in angemessener Weise den Stifter und seine nächsten Angehörigen zu unterhalten, ihre Gräber zu pflegen und ihr Andenken zu ehren,
6. eine Körperschaft ihre Mittel ganz oder teilweise einer Rücklage zuführt, soweit dies erforderlich ist, um ihre steuerbegünstigten satzungsmäßigen Zwecke nachhaltig erfüllen zu können,
7. a) eine Körperschaft höchstens ein Drittel des Überschusses der Einnahmen über die Unkosten aus Vermögensverwaltung und darüber hinaus höchstens 10 Prozent ihrer sonstigen nach § 55 Abs. 1 Nr. 5 zeitnah zu verwendenden Mittel einer freien Rücklage zuführt,
   b) eine Körperschaft Mittel zum Erwerb von Gesellschaftsrechten zur Erhaltung der prozentualen Beteiligung an Kapitalgesellschaften ansammelt oder im Jahr des Zuflusses verwendet; diese Beträge sind auf die nach Buchstabe a in demselben Jahr oder künftig zulässigen Rücklagen anzurechnen,
8. eine Körperschaft gesellige Zusammenkünfte veranstaltet, die im Vergleich zu ihrer steuerbegünstigten Tätigkeit von untergeordneter Bedeutung sind,
9. ein Sportverein neben dem unbezahlten auch den bezahlten Sport fördert,
10. eine von einer Gebietskörperschaft errichtete Stiftung zur Erfüllung ihrer steuerbegünstigten Zwecke Zuschüsse an Wirtschaftsunternehmen vergibt,
11. eine Körperschaft folgende Mittel ihrem Vermögen zuführt:
    a) Zuwendungen von Todes wegen, wenn der Erblasser keine Verwendung für den laufenden Aufwand der Körperschaft vorgeschrieben hat,
    b) Zuwendungen, bei denen der Zuwendende ausdrücklich erklärt, dass sie zur Ausstattung der Körperschaft mit Vermögen oder zur Erhöhung des Vermögens bestimmt sind,

---

1) **Anm. d. Red.:** § 58 Nr. 1 i. d. F. des Art. 1 Gesetz zur Änderung der AO und weiterer Gesetze v. 21. 7. 2004 (BGBl I 1753); Nr. 3 und 4 i. d. F. des Art. 5 Nr. 2 Gesetz zur weiteren Stärkung des bürgerschaftlichen Engagements v. 10. 10. 2007 (BGBl I 2332); Nr. 7 i. d. F. des Art. 10 Nr. 17 JStG 2007 v. 13. 12. 2006 (BGBl I 2878).

c) Zuwendungen auf Grund eines Spendenaufrufs der Körperschaft, wenn aus dem Spendenaufruf ersichtlich ist, dass Beträge zur Aufstockung des Vermögens erbeten werden,

d) Sachzuwendungen, die ihrer Natur nach zum Vermögen gehören,

12. eine Stiftung im Jahr ihrer Errichtung und in den zwei folgenden Kalenderjahren Überschüsse aus der Vermögensverwaltung und die Gewinne aus wirtschaftlichen Geschäftsbetrieben (§ 14) ganz oder teilweise ihrem Vermögen zuführt.

§ 59 Voraussetzung der Steuervergünstigung

Die Steuervergünstigung wird gewährt, wenn sich aus der Satzung, dem Stiftungsgeschäft oder der sonstigen Verfassung (Satzung im Sinne dieser Vorschriften) ergibt, welchen Zweck die Körperschaft verfolgt, dass dieser Zweck den Anforderungen der §§ 52 bis 55 entspricht und dass er ausschließlich und unmittelbar verfolgt wird; die tatsächliche Geschäftsführung muss diesen Satzungsbestimmungen entsprechen.

§ 60[1)] Anforderungen an die Satzung

(1) [1]Die Satzungszwecke und die Art ihrer Verwirklichung müssen so genau bestimmt sein, dass auf Grund der Satzung geprüft werden kann, ob die satzungsmäßigen Voraussetzungen für Steuervergünstigungen gegeben sind. [2]Die Satzung muss die in der Anlage 1 bezeichneten Festlegungen enthalten.

(2) Die Satzung muss den vorgeschriebenen Erfordernissen bei der Körperschaftsteuer und bei der Gewerbesteuer während des ganzen Veranlagungs- oder Bemessungszeitraums, bei den anderen Steuern im Zeitpunkt der Entstehung der Steuer entsprechen.

§ 61[2)] Satzungsmäßige Vermögensbindung

(1) Eine steuerlich ausreichende Vermögensbindung (§ 55 Abs. 1 Nr. 4) liegt vor, wenn der Zweck, für den das Vermögen bei Auflösung oder Aufhebung der Körperschaft oder bei Wegfall ihres bisherigen Zwecks verwendet werden soll, in der Satzung so genau bestimmt ist, dass auf Grund der Satzung geprüft werden kann, ob der Verwendungszweck steuerbegünstigt ist.

(2) (weggefallen)

(3) [1]Wird die Bestimmung über die Vermögensbindung nachträglich so geändert, dass sie den Anforderungen des § 55 Abs. 1 Nr. 4 nicht mehr entspricht, so gilt sie von Anfang an als steuerlich nicht ausreichend. [2]§ 175 Abs. 1 Satz 1 Nr. 2 ist mit der Maßgabe anzuwenden, dass Steuerbescheide erlassen, aufgehoben oder geändert werden können, soweit sie Steuern betreffen, die innerhalb der letzten zehn Kalenderjahre vor der Änderung der Bestimmung über die Vermögensbindung entstanden sind.

§ 62[3)] (weggefallen)

§ 63 Anforderungen an die tatsächliche Geschäftsführung

(1) Die tatsächliche Geschäftsführung der Körperschaft muss auf die ausschließliche und unmittelbare Erfüllung der steuerbegünstigten Zwecke gerichtet sein und den Bestimmungen entsprechen, die die Satzung über die Voraussetzungen für Steuervergünstigungen enthält.

(2) Für die tatsächliche Geschäftsführung gilt sinngemäß § 60 Abs. 2, für eine Verletzung der Vorschrift über die Vermögensbindung § 61 Abs. 3.

---

1) **Anm. d. Red.:** § 60 Abs. 1 i. d. F. des Art. 10 Nr. 5 JStG 2009 v. 19. 12. 2008 (BGBl I 2794).

2) **Anm. d. Red.:** § 61 Abs. 2 weggefallen gem. Art. 5 Nr. 3 Gesetz zur weiteren Stärkung des bürgerschaftlichen Engagements v. 10. 10. 2007 (BGBl I 2332).

3) **Anm. d. Red.:** § 62 weggefallen gem. Art. 10 Nr. 6 JStG 2009 v. 19. 12. 2008 (BGBl I 2794).

(3) Die Körperschaft hat den Nachweis, dass ihre tatsächliche Geschäftsführung den Erfordernissen des Absatzes 1 entspricht, durch ordnungsmäßige Aufzeichnungen über ihre Einnahmen und Ausgaben zu führen.

(4) [1]Hat die Körperschaft Mittel angesammelt, ohne dass die Voraussetzungen des § 58 Nr. 6 und 7 vorliegen, kann das Finanzamt ihr eine Frist für die Verwendung der Mittel setzen. [2]Die tatsächliche Geschäftsführung gilt als ordnungsgemäß im Sinne des Absatzes 1, wenn die Körperschaft die Mittel innerhalb der Frist für steuerbegünstigte Zwecke verwendet.

§ 64[1)] Steuerpflichtige wirtschaftliche Geschäftsbetriebe

(1) Schließt das Gesetz die Steuervergünstigung insoweit aus, als ein wirtschaftlicher Geschäftsbetrieb (§ 14) unterhalten wird, so verliert die Körperschaft die Steuervergünstigung für die dem Geschäftsbetrieb zuzuordnenden Besteuerungsgrundlagen (Einkünfte, Umsätze, Vermögen), soweit der wirtschaftliche Geschäftsbetrieb kein Zweckbetrieb (§§ 65 bis 68) ist.

(2) Unterhält die Körperschaft mehrere wirtschaftliche Geschäftsbetriebe, die keine Zweckbetriebe (§§ 65 bis 68) sind, werden diese als ein wirtschaftlicher Geschäftsbetrieb behandelt.

(3) Übersteigen die Einnahmen einschließlich Umsatzsteuer aus wirtschaftlichen Geschäftsbetrieben, die keine Zweckbetriebe sind, insgesamt nicht 35 000 Euro im Jahr, so unterliegen die diesen Geschäftsbetrieben zuzuordnenden Besteuerungsgrundlagen nicht der Körperschaftsteuer und der Gewerbesteuer.

(4) Die Aufteilung einer Körperschaft in mehrere selbständige Körperschaften zum Zweck der mehrfachen Inanspruchnahme der Steuervergünstigung nach Absatz 3 gilt als Missbrauch von rechtlichen Gestaltungsmöglichkeiten im Sinne des § 42.

(5) Überschüsse aus der Verwertung unentgeltlich erworbenen Altmaterials außerhalb einer ständig dafür vorgehaltenen Verkaufsstelle, die der Körperschaftsteuer und der Gewerbesteuer unterliegen, können in Höhe des branchenüblichen Reingewinns geschätzt werden.

(6) Bei den folgenden steuerpflichtigen wirtschaftlichen Geschäftsbetrieben kann der Besteuerung ein Gewinn von 15 Prozent der Einnahmen zugrunde gelegt werden:

1. Werbung für Unternehmen, die im Zusammenhang mit der steuerbegünstigten Tätigkeit einschließlich Zweckbetrieben stattfindet,
2. Totalisatorbetriebe,
3. Zweite Fraktionierungsstufe der Blutspendedienste.

§ 65 Zweckbetrieb

Ein Zweckbetrieb ist gegeben, wenn

1. der wirtschaftliche Geschäftsbetrieb in seiner Gesamtrichtung dazu dient, die steuerbegünstigten satzungsmäßigen Zwecke der Körperschaft zu verwirklichen,
2. die Zwecke nur durch einen solchen Geschäftsbetrieb erreicht werden können und
3. der wirtschaftliche Geschäftsbetrieb zu nicht begünstigten Betrieben derselben oder ähnlicher Art nicht in größerem Umfang in Wettbewerb tritt, als es bei Erfüllung der steuerbegünstigten Zwecke unvermeidbar ist.

§ 66 Wohlfahrtspflege

(1) Eine Einrichtung der Wohlfahrtspflege ist ein Zweckbetrieb, wenn sie in besonderem Maß den in § 53 genannten Personen dient.

---

1) **Anm. d. Red.:** § 64 Abs. 3 i. d. F. des Art. 5 Nr. 4 Gesetz zur weiteren Stärkung des bürgerschaftlichen Engagements v. 10. 10. 2007 (BGBl I 2332); Abs. 6 i. d. F. des Art. 10 Nr. 17 JStG 2007 v. 13. 12. 2006 (BGBl I 2878).

(2) [1]Wohlfahrtspflege ist die planmäßige, zum Wohle der Allgemeinheit und nicht des Erwerbs wegen ausgeübte Sorge für notleidende oder gefährdete Mitmenschen. [2]Die Sorge kann sich auf das gesundheitliche, sittliche, erzieherische oder wirtschaftliche Wohl erstrecken und Vorbeugung oder Abhilfe bezwecken.

(3) [1]Eine Einrichtung der Wohlfahrtspflege dient in besonderem Maße den in § 53 genannten Personen, wenn diesen mindestens zwei Drittel ihrer Leistungen zugute kommen. [2]Für Krankenhäuser gilt § 67.

§ 67[1)] Krankenhäuser

(1) Ein Krankenhaus, das in den Anwendungsbereich des Krankenhausentgeltgesetzes oder der Bundespflegesatzverordnung fällt, ist ein Zweckbetrieb, wenn mindestens 40 Prozent der jährlichen Belegungstage oder Berechnungstage auf Patienten entfallen, bei denen nur Entgelte für allgemeine Krankenhausleistungen (§ 7 des Krankenhausentgeltgesetzes, § 10 der Bundespflegesatzverordnung) berechnet werden.

(2) Ein Krankenhaus, das nicht in den Anwendungsbereich des Krankenhausentgeltgesetzes oder der Bundespflegesatzverordnung fällt, ist ein Zweckbetrieb, wenn mindestens 40 Prozent der jährlichen Belegungstage oder Berechnungstage auf Patienten entfallen, bei denen für die Krankenhausleistungen kein höheres Entgelt als nach Absatz 1 berechnet wird.

§ 67a[2)] Sportliche Veranstaltungen

(1) [1]Sportliche Veranstaltungen eines Sportvereins sind ein Zweckbetrieb, wenn die Einnahmen einschließlich Umsatzsteuer insgesamt 35 000 Euro im Jahr nicht übersteigen. [2]Der Verkauf von Speisen und Getränken sowie die Werbung gehören nicht zu den sportlichen Veranstaltungen.

(2) [1]Der Sportverein kann dem Finanzamt bis zur Unanfechtbarkeit des Körperschaftsteuerbescheids erklären, dass er auf die Anwendung des Absatzes 1 Satz 1 verzichtet. [2]Die Erklärung bindet den Sportverein für mindestens fünf Veranlagungszeiträume.

(3) [1]Wird auf die Anwendung des Absatzes 1 Satz 1 verzichtet, sind sportliche Veranstaltungen eines Sportvereins ein Zweckbetrieb, wenn

1. kein Sportler des Vereins teilnimmt, der für seine sportliche Betätigung oder für die Benutzung seiner Person, seines Namens, seines Bildes oder seiner sportlichen Betätigung zu Werbezwecken von dem Verein oder einem Dritten über eine Aufwandsentschädigung hinaus Vergütungen oder andere Vorteile erhält und
2. kein anderer Sportler teilnimmt, der für die Teilnahme an der Veranstaltung von dem Verein oder einem Dritten im Zusammenwirken mit dem Verein über eine Aufwandsentschädigung hinaus Vergütungen oder andere Vorteile erhält.

[2]Andere sportliche Veranstaltungen sind ein steuerpflichtiger wirtschaftlicher Geschäftsbetrieb. [3]Dieser schließt die Steuervergünstigung nicht aus, wenn die Vergütungen oder andere Vorteile ausschließlich aus wirtschaftlichen Geschäftsbetrieben, die nicht Zweckbetriebe sind, oder von Dritten geleistet werden.

§ 68[3)] Einzelne Zweckbetriebe

Zweckbetriebe sind auch:

1. a) Alten-, Altenwohn- und Pflegeheime, Erholungsheime, Mahlzeitendienste, wenn sie in besonderem Maß den in § 53 genannten Personen dienen (§ 66 Abs. 3),
   b) Kindergärten, Kinder-, Jugend- und Studentenheime, Schullandheime und Jugendherbergen,

---

1) **Anm. d. Red.:** § 67 i. d. F. des Art. 10 Nr. 7 und 17 JStG 2007 v. 13. 12. 2006 (BGBl I 2878).

2) **Anm. d. Red.:** § 67a Abs. 1 i. d. F. des Art. 5 Nr. 5 Gesetz zur weiteren Stärkung des bürgerschaftlichen Engagements v. 10. 10. 2007 (BGBl I 2332).

3) **Anm. d. Red.:** § 68 Nr. 2 und 3 i. d. F. des Art. 10 Nr. 17 JStG 2007 v. 13. 12. 2006 (BGBl I 2878).

2. a) landwirtschaftliche Betriebe und Gärtnereien, die der Selbstversorgung von Körperschaften dienen und dadurch die sachgemäße Ernährung und ausreichende Versorgung von Anstaltsangehörigen sichern,
   b) andere Einrichtungen, die für die Selbstversorgung von Körperschaften erforderlich sind, wie Tischlereien, Schlossereien,

   wenn die Lieferungen und sonstigen Leistungen dieser Einrichtungen an Außenstehende dem Wert nach 20 Prozent der gesamten Lieferungen und sonstigen Leistungen des Betriebs – einschließlich der an die Körperschaften selbst bewirkten – nicht übersteigen,
3. a) Werkstätten für behinderte Menschen, die nach den Vorschriften des Dritten Buches Sozialgesetzbuch förderungsfähig sind und Personen Arbeitsplätze bieten, die wegen ihrer Behinderung nicht auf dem allgemeinen Arbeitsmarkt tätig sein können,
   b) Einrichtungen für Beschäftigungs- und Arbeitstherapie, in denen behinderte Menschen aufgrund ärztlicher Indikationen außerhalb eines Beschäftigungsverhältnisses zum Träger der Therapieeinrichtung mit dem Ziel behandelt werden, körperliche oder psychische Grundfunktionen zum Zwecke der Wiedereingliederung in das Alltagsleben wiederherzustellen oder die besonderen Fähigkeiten und Fertigkeiten auszubilden, zu fördern und zu trainieren, die für eine Teilnahme am Arbeitsleben erforderlich sind, und
   c) Integrationsprojekte im Sinne des § 132 Abs. 1 des Neunten Buches Sozialgesetzbuch, wenn mindestens 40 Prozent der Beschäftigten besonders betroffene schwerbehinderte Menschen im Sinne des § 132 Abs. 1 des Neunten Buches Sozialgesetzbuch sind,
4. Einrichtungen, die zur Durchführung der Blindenfürsorge und zur Durchführung der Fürsorge für Körperbehinderte unterhalten werden,
5. Einrichtungen der Fürsorgeerziehung und der freiwilligen Erziehungshilfe,
6. von den zuständigen Behörden genehmigte Lotterien und Ausspielungen, wenn der Reinertrag unmittelbar und ausschließlich zur Förderung mildtätiger, kirchlicher oder gemeinnütziger Zwecke verwendet wird,
7. kulturelle Einrichtungen, wie Museen, Theater, und kulturelle Veranstaltungen, wie Konzerte, Kunstausstellungen; dazu gehört nicht der Verkauf von Speisen und Getränken,
8. Volkshochschulen und andere Einrichtungen, soweit sie selbst Vorträge, Kurse und andere Veranstaltungen wissenschaftlicher oder belehrender Art durchführen; dies gilt auch, soweit die Einrichtungen den Teilnehmern dieser Veranstaltungen selbst Beherbergung und Beköstigung gewähren,
9. Wissenschafts- und Forschungseinrichtungen, deren Träger sich überwiegend aus Zuwendungen der öffentlichen Hand oder Dritter oder aus der Vermögensverwaltung finanziert. [2]Der Wissenschaft und Forschung dient auch die Auftragsforschung. [3]Nicht zum Zweckbetrieb gehören Tätigkeiten, die sich auf die Anwendung gesicherter wissenschaftlicher Erkenntnisse beschränken, die Übernahme von Projektträgerschaften sowie wirtschaftliche Tätigkeiten ohne Forschungsbezug.

Vierter Abschnitt: Haftung

§ 69 Haftung der Vertreter

[1]Die in den §§ 34 und 35 bezeichneten Personen haften, soweit Ansprüche aus dem Steuerschuldverhältnis (§ 37) infolge vorsätzlicher oder grob fahrlässiger Verletzung der ihnen auferlegten Pflichten nicht oder nicht rechtzeitig festgesetzt oder erfüllt oder soweit infolgedessen Steuervergütungen oder Steuererstattungen ohne rechtlichen Grund gezahlt werden. [2]Die Haftung umfasst auch die infolge der Pflichtverletzung zu zahlenden Säumniszuschläge.

§ 70 Haftung des Vertretenen

(1) Wenn die in den §§ 34 und 35 bezeichneten Personen bei Ausübung ihrer Obliegenheiten eine Steuerhinterziehung oder eine leichtfertige Steuerverkürzung begehen oder an einer Steuerhinterziehung teilnehmen und hierdurch Steuerschuldner oder Haftende werden, so haften die Vertretenen, soweit sie nicht Steuerschuldner sind, für die durch die Tat verkürzten Steuern und die zu Unrecht gewährten Steuervorteile.

(2) [1]Absatz 1 ist nicht anzuwenden bei Taten gesetzlicher Vertreter natürlicher Personen, wenn diese aus der Tat des Vertreters keinen Vermögensvorteil erlangt haben. [2]Das Gleiche gilt, wenn die Vertretenen denjenigen, der die Steuerhinterziehung oder die leichtfertige Steuerverkürzung begangen hat, sorgfältig ausgewählt und beaufsichtigt haben.

§ 71 Haftung des Steuerhinterziehers und des Steuerhehlers

Wer eine Steuerhinterziehung oder eine Steuerhehlerei begeht oder an einer solchen Tat teilnimmt, haftet für die verkürzten Steuern und die zu Unrecht gewährten Steuervorteile sowie für die Zinsen nach § 235.

§ 72 Haftung bei Verletzung der Pflicht zur Kontenwahrheit

Wer vorsätzlich oder grob fahrlässig der Vorschrift des § 154 Abs. 3 zuwiderhandelt, haftet, soweit dadurch die Verwirklichung von Ansprüchen aus dem Steuerschuldverhältnis beeinträchtigt wird.

§ 73 Haftung bei Organschaft

[1]Eine Organgesellschaft haftet für solche Steuern des Organträgers, für welche die Organschaft zwischen ihnen steuerlich von Bedeutung ist. [2]Den Steuern stehen die Ansprüche auf Erstattung von Steuervergütungen gleich.

§ 74 Haftung des Eigentümers von Gegenständen

(1) [1]Gehören Gegenstände, die einem Unternehmen dienen, nicht dem Unternehmer, sondern einer an dem Unternehmen wesentlich beteiligten Person, so haftet der Eigentümer der Gegenstände mit diesen für diejenigen Steuern des Unternehmens, bei denen sich die Steuerpflicht auf den Betrieb des Unternehmens gründet. [2]Die Haftung erstreckt sich jedoch nur auf die Steuern, die während des Bestehens der wesentlichen Beteiligung entstanden sind. [3]Den Steuern stehen die Ansprüche auf Erstattung von Steuervergütungen gleich.

(2) [1]Eine Person ist an dem Unternehmen wesentlich beteiligt, wenn sie unmittelbar oder mittelbar zu mehr als einem Viertel am Grund- oder Stammkapital oder am Vermögen des Unternehmens beteiligt ist. [2]Als wesentlich beteiligt gilt auch, wer auf das Unternehmen einen beherrschenden Einfluss ausübt und durch sein Verhalten dazu beiträgt, dass fällige Steuern im Sinne des Absatzes 1 Satz 1 nicht entrichtet werden.

§ 75 Haftung des Betriebsübernehmers

(1) [1]Wird ein Unternehmen oder ein in der Gliederung eines Unternehmens gesondert geführter Betrieb im Ganzen übereignet, so haftet der Erwerber für Steuern, bei denen sich die Steuerpflicht auf den Betrieb des Unternehmens gründet, und für Steuerabzugsbeträge, vorausgesetzt, dass die Steuern seit dem Beginn des letzten, vor der Übereignung liegenden Kalenderjahrs entstanden sind und bis zum Ablauf von einem Jahr nach Anmeldung des Betriebs durch den Erwerber festgesetzt oder angemeldet werden. [2]Die Haftung beschränkt sich auf den Bestand des übernommenen Vermögens. [3]Den Steuern stehen die Ansprüche auf Erstattung von Steuervergütungen gleich.

(2) Absatz 1 gilt nicht für Erwerbe aus einer Insolvenzmasse und für Erwerbe im Vollstreckungsverfahren.

§ 76 Sachhaftung

(1) Verbrauchsteuerpflichtige Waren und einfuhr- und ausfuhrabgabenpflichtige Waren dienen ohne Rücksicht auf die Rechte Dritter als Sicherheit für die darauf ruhenden Steuern (Sachhaftung).

(2) Die Sachhaftung entsteht bei einfuhr- und ausfuhrabgaben- oder verbrauchsteuerpflichtigen Waren, wenn nichts anderes vorgeschrieben ist, mit ihrem Verbringen in den Geltungsbereich dieses Gesetzes, bei verbrauchsteuerpflichtigen Waren auch mit Beginn ihrer Gewinnung oder Herstellung.

(3) [1]Solange die Steuer nicht entrichtet ist, kann die Finanzbehörde die Waren mit Beschlag belegen. [2]Als Beschlagnahme genügt das Verbot an den, der die Waren im Gewahrsam hat, über sie zu verfügen.

(4) [1]Die Sachhaftung erlischt mit der Steuerschuld. [2]Sie erlischt ferner mit der Aufhebung der Beschlagnahme oder dadurch, dass die Waren mit Zustimmung der Finanzbehörde in einen steuerlich nicht beschränkten Verkehr übergehen.

(5) Von der Geltendmachung der Sachhaftung wird abgesehen, wenn die Waren dem Verfügungsberechtigten abhanden gekommen sind und die verbrauchsteuerpflichtigen Waren in einen Herstellungsbetrieb aufgenommen oder die einfuhr- und ausfuhrabgabenpflichtigen Waren eine zollrechtliche Bestimmung erhalten.

§ 77 Duldungspflicht

(1) Wer kraft Gesetzes verpflichtet ist, eine Steuer aus Mitteln, die seiner Verwaltung unterliegen, zu entrichten, ist insoweit verpflichtet, die Vollstreckung in dieses Vermögen zu dulden.

(2) [1]Wegen einer Steuer, die als öffentliche Last auf Grundbesitz ruht, hat der Eigentümer die Zwangsvollstreckung in den Grundbesitz zu dulden. [2]Zugunsten der Finanzbehörde gilt als Eigentümer, wer als solcher im Grundbuch eingetragen ist. [3]Das Recht des nicht eingetragenen Eigentümers, die ihm gegen die öffentliche Last zustehenden Einwendungen geltend zu machen, bleibt unberührt.

Dritter Teil: Allgemeine Verfahrensvorschriften

Erster Abschnitt: Verfahrensgrundsätze

1. Unterabschnitt: Beteiligung am Verfahren

§ 78 Beteiligte

Beteiligte sind

1. Antragsteller und Antragsgegner,
2. diejenigen, an die die Finanzbehörde den Verwaltungsakt richten will oder gerichtet hat,
3. diejenigen, mit denen die Finanzbehörde einen öffentlich-rechtlichen Vertrag schließen will oder geschlossen hat.

§ 79 Handlungsfähigkeit

(1) Fähig zur Vornahme von Verfahrenshandlungen sind:

1. natürliche Personen, die nach bürgerlichem Recht geschäftsfähig sind,

2. natürliche Personen, die nach bürgerlichem Recht in der Geschäftsfähigkeit beschränkt sind, soweit sie für den Gegenstand des Verfahrens durch Vorschriften des bürgerlichen Rechts als geschäftsfähig oder durch Vorschriften des öffentlichen Rechts als handlungsfähig anerkannt sind,
3. juristische Personen, Vereinigungen oder Vermögensmassen durch ihre gesetzlichen Vertreter oder durch besonders Beauftragte,
4. Behörden durch ihre Leiter, deren Vertreter oder Beauftragte.

(2) Betrifft ein Einwilligungsvorbehalt nach § 1903 des Bürgerlichen Gesetzbuchs den Gegenstand des Verfahrens, so ist ein geschäftsfähiger Betreuter nur insoweit zur Vornahme von Verfahrenshandlungen fähig, als er nach den Vorschriften des bürgerlichen Rechts ohne Einwilligung des Betreuers handeln kann oder durch Vorschriften des öffentlichen Rechts als handlungsfähig anerkannt ist.

(3) Die §§ 53 und 55 der Zivilprozessordnung gelten entsprechend.

§ 80[1)] Bevollmächtigte und Beistände

(1) [1]Ein Beteiligter kann sich durch einen Bevollmächtigten vertreten lassen. [2]Die Vollmacht ermächtigt zu allen das Verwaltungsverfahren betreffenden Verfahrenshandlungen, sofern sich aus ihrem Inhalt nicht etwas anderes ergibt; sie ermächtigt nicht zum Empfang von Steuererstattungen und Steuervergütungen. [3]Der Bevollmächtigte hat auf Verlangen seine Vollmacht schriftlich nachzuweisen. [4]Ein Widerruf der Vollmacht wird der Behörde gegenüber erst wirksam, wenn er ihr zugeht.

(2) Die Vollmacht wird weder durch den Tod des Vollmachtgebers noch durch eine Veränderung in seiner Handlungsfähigkeit oder seiner gesetzlichen Vertretung aufgehoben; der Bevollmächtigte hat jedoch, wenn er für den Rechtsnachfolger im Verwaltungsverfahren auftritt, dessen Vollmacht auf Verlangen schriftlich beizubringen.

(3) [1]Ist für das Verfahren ein Bevollmächtigter bestellt, so soll sich die Behörde an ihn wenden. [2]Sie kann sich an den Beteiligten selbst wenden, soweit er zur Mitwirkung verpflichtet ist. [3]Wendet sich die Finanzbehörde an den Beteiligten, so soll der Bevollmächtigte verständigt werden.

(4) [1]Ein Beteiligter kann zu Verhandlungen und Besprechungen mit einem Beistand erscheinen. [2]Das von dem Beistand Vorgetragene gilt als von dem Beteiligten vorgebracht, soweit dieser nicht unverzüglich widerspricht.

(5) Bevollmächtigte und Beistände sind zurückzuweisen, wenn sie geschäftsmäßig Hilfe in Steuersachen leisten, ohne dazu befugt zu sein; dies gilt nicht für Notare und Patentanwälte.

(6) [1]Bevollmächtigte und Beistände können vom Vortrag zurückgewiesen werden, wenn sie hierzu ungeeignet sind; vom mündlichen Vortrag können sie nur zurückgewiesen werden, wenn sie zum sachgemäßen Vortrag nicht fähig sind. [2]Dies gilt nicht für die in § 3 Nr. 1 und in § 4 Nr. 1 und 2 des Steuerberatungsgesetzes bezeichneten natürlichen Personen.

(7) (weggefallen)

(8) [1]Die Zurückweisung nach den Absätzen 5 und 6 ist auch dem Beteiligten, dessen Bevollmächtigter oder Beistand zurückgewiesen wird, mitzuteilen. [2]Verfahrenshandlungen des zurückgewiesenen Bevollmächtigten oder Beistands, die dieser nach der Zurückweisung vornimmt, sind unwirksam.

---

1) **Anm. d. Red.:** § 80 Abs. 7 weggefallen, Abs. 8 i. d. F. des Art. 4 Nr. 1 Gesetz v. 8. 4. 2008 (BGBl I 666).

§ 81[1] Bestellung eines Vertreters von Amts wegen

(1) Ist ein Vertreter nicht vorhanden, so hat das Betreuungsgericht, für einen minderjährigen Beteiligten das Familiengericht auf Ersuchen der Finanzbehörde einen geeigneten Vertreter zu bestellen

1. für einen Beteiligten, dessen Person unbekannt ist,
2. für einen abwesenden Beteiligten, dessen Aufenthalt unbekannt ist oder der an der Besorgung seiner Angelegenheiten verhindert ist,
3. für einen Beteiligten ohne Aufenthalt im Geltungsbereich dieses Gesetzes, wenn er der Aufforderung der Finanzbehörde, einen Vertreter zu bestellen, innerhalb der ihm gesetzten Frist nicht nachgekommen ist,
4. für einen Beteiligten, der infolge einer psychischen Krankheit oder körperlichen, geistigen oder seelischen Behinderung nicht in der Lage ist, in dem Verwaltungsverfahren selbst tätig zu werden,
5. bei herrenlosen Sachen, auf die sich das Verfahren bezieht, zur Wahrung der sich in Bezug auf die Sache ergebenden Rechte und Pflichten.

(2) Für die Bestellung des Vertreters ist in den Fällen des Absatzes 1 Nr. 4 das Betreuungsgericht, für einen minderjährigen Beteiligten das Familiengericht zuständig, in dessen Bezirk der Beteiligte seinen gewöhnlichen Aufenthalt (§ 272 Abs. 1 Nr. 2 des Gesetzes über das Verfahren in Familiensachen und in den Angelegenheiten der freiwilligen Gerichtsbarkeit) hat; im Übrigen ist das Gericht zuständig, in dessen Bezirk die ersuchende Finanzbehörde ihren Sitz hat.

(3) [1]Der Vertreter hat gegen den Rechtsträger der Finanzbehörde, die um seine Bestellung ersucht hat, Anspruch auf eine angemessene Vergütung und auf die Erstattung seiner baren Auslagen. [2]Die Finanzbehörde kann von dem Vertretenen Ersatz ihrer Aufwendungen verlangen. [3]Sie bestimmt die Vergütung und stellt die Auslagen und Aufwendungen fest.

(4) Im Übrigen gelten für die Bestellung und für das Amt des Vertreters in den Fällen des Absatzes 1 Nr. 4 die Vorschriften über die Betreuung, in den übrigen Fällen die Vorschriften über die Pflegschaft entsprechend.

2. Unterabschnitt: Ausschließung und Ablehnung von Amtsträgern und anderen Personen

§ 82 Ausgeschlossene Personen

(1) [1]In einem Verwaltungsverfahren darf für eine Finanzbehörde nicht tätig werden,

1. wer selbst Beteiligter ist,
2. wer Angehöriger (§ 15) eines Beteiligten ist,
3. wer einen Beteiligten kraft Gesetzes oder Vollmacht allgemein oder in diesem Verfahren vertritt,
4. wer Angehöriger (§ 15) einer Person ist, die für einen Beteiligten in diesem Verfahren Hilfe in Steuersachen leistet,
5. wer bei einem Beteiligten gegen Entgelt beschäftigt ist oder bei ihm als Mitglied des Vorstands, des Aufsichtsrats oder eines gleichartigen Organs tätig ist; dies gilt nicht für den, dessen Anstellungskörperschaft Beteiligte ist,
6. wer außerhalb seiner amtlichen Eigenschaft in der Angelegenheit ein Gutachten abgegeben hat oder sonst tätig geworden ist.

---

1) **Anm. d. Red.:** § 81 Abs. 1 und 2 i. d. F. des Art. 89 Nr. 1 und 2 FGG-RG v. 17. 12. 2008 (BGBl I 2586).

[2]Dem Beteiligten steht gleich, wer durch die Tätigkeit oder durch die Entscheidung einen unmittelbaren Vorteil oder Nachteil erlangen kann. [3]Dies gilt nicht, wenn der Vor- oder Nachteil nur darauf beruht, dass jemand einer Berufs- oder Bevölkerungsgruppe angehört, deren gemeinsame Interessen durch die Angelegenheit berührt werden.

(2) Wer nach Absatz 1 ausgeschlossen ist, darf bei Gefahr im Verzug unaufschiebbare Maßnahmen treffen.

(3) [1]Hält sich ein Mitglied eines Ausschusses für ausgeschlossen oder bestehen Zweifel, ob die Voraussetzungen des Absatzes 1 gegeben sind, ist dies dem Vorsitzenden des Ausschusses mitzuteilen. [2]Der Ausschuss entscheidet über den Ausschluss. [3]Der Betroffene darf an dieser Entscheidung nicht mitwirken. [4]Das ausgeschlossene Mitglied darf bei der weiteren Beratung und Beschlussfassung nicht zugegen sein.

§ 83 Besorgnis der Befangenheit

(1) [1]Liegt ein Grund vor, der geeignet ist, Misstrauen gegen die Unparteilichkeit des Amtsträgers zu rechtfertigen oder wird von einem Beteiligten das Vorliegen eines solchen Grundes behauptet, so hat der Amtsträger den Leiter der Behörde oder den von ihm Beauftragten zu unterrichten und sich auf dessen Anordnung der Mitwirkung zu enthalten. [2]Betrifft die Besorgnis der Befangenheit den Leiter der Behörde, so trifft diese Anordnung die Aufsichtsbehörde, sofern sich der Behördenleiter nicht selbst einer Mitwirkung enthält.

(2) Bei Mitgliedern eines Ausschusses ist sinngemäß nach § 82 Abs. 3 zu verfahren.

§ 84 Ablehnung von Mitgliedern eines Ausschusses

[1]Jeder Beteiligte kann ein Mitglied eines in einem Verwaltungsverfahren tätigen Ausschusses ablehnen, das in diesem Verwaltungsverfahren nicht tätig werden darf (§ 82) oder bei dem die Besorgnis der Befangenheit besteht (§ 83). [2]Eine Ablehnung vor einer mündlichen Verhandlung ist schriftlich oder zur Niederschrift zu erklären. [3]Die Erklärung ist unzulässig, wenn sich der Beteiligte, ohne den ihm bekannten Ablehnungsgrund geltend zu machen, in eine mündliche Verhandlung eingelassen hat. [4]Für die Entscheidung über die Ablehnung gilt § 82 Abs. 3 Sätze 2 bis 4. [5]Die Entscheidung über das Ablehnungsgesuch kann nur zusammen mit der Entscheidung angefochten werden, die das Verfahren vor dem Ausschuss abschließt.

3. Unterabschnitt: Besteuerungsgrundsätze, Beweismittel

I. Allgemeines

§ 85 Besteuerungsgrundsätze

[1]Die Finanzbehörden haben die Steuern nach Maßgabe der Gesetze gleichmäßig festzusetzen und zu erheben. [2]Insbesondere haben sie sicherzustellen, dass Steuern nicht verkürzt, zu Unrecht erhoben oder Steuererstattungen und Steuervergütungen nicht zu Unrecht gewährt oder versagt werden.

§ 86 Beginn des Verfahrens

[1]Die Finanzbehörde entscheidet nach pflichtgemäßem Ermessen, ob und wann sie ein Verwaltungsverfahren durchführt. [2]Dies gilt nicht, wenn die Finanzbehörde auf Grund von Rechtsvorschriften

1. von Amts wegen oder auf Antrag tätig werden muss,
2. nur auf Antrag tätig werden darf und ein Antrag nicht vorliegt.

§ 87[1] Amtssprache

(1) Die Amtssprache ist deutsch.

(2) [1]Werden bei einer Finanzbehörde in einer fremden Sprache Anträge gestellt oder Eingaben, Belege, Urkunden oder sonstige Dokumente vorgelegt, kann die Finanzbehörde verlangen, dass unverzüglich eine Übersetzung vorgelegt wird. [2]In begründeten Fällen kann die Vorlage einer beglaubigten oder von einem öffentlich bestellten oder beeidigten Dolmetscher oder Übersetzer angefertigten Übersetzung verlangt werden. [3]Wird die verlangte Übersetzung nicht unverzüglich vorgelegt, so kann die Finanzbehörde auf Kosten des Beteiligten selbst eine Übersetzung beschaffen. [4]Hat die Finanzbehörde Dolmetscher oder Übersetzer herangezogen, erhalten diese eine Vergütung in entsprechender Anwendung des Justizvergütungs- und -entschädigungsgesetzes.

(3) Soll durch eine Anzeige, einen Antrag oder die Abgabe einer Willenserklärung eine Frist in Lauf gesetzt werden, innerhalb deren die Finanzbehörde in einer bestimmten Weise tätig werden muss, und gehen diese in einer fremden Sprache ein, so beginnt der Lauf der Frist erst mit dem Zeitpunkt, in dem der Finanzbehörde eine Übersetzung vorliegt.

(4) [1]Soll durch eine Anzeige, einen Antrag oder eine Willenserklärung, die in fremder Sprache eingehen, zugunsten eines Beteiligten eine Frist gegenüber der Finanzbehörde gewahrt, ein öffentlich-rechtlicher Anspruch geltend gemacht oder eine Leistung begehrt werden, so gelten die Anzeige, der Antrag oder die Willenserklärung als zum Zeitpunkt des Eingangs bei der Finanzbehörde abgegeben, wenn auf Verlangen der Finanzbehörde innerhalb einer von dieser zu setzenden angemessenen Frist eine Übersetzung vorgelegt wird. [2]Andernfalls ist der Zeitpunkt des Eingangs der Übersetzung maßgebend, soweit sich nicht aus zwischenstaatlichen Vereinbarungen etwas anderes ergibt. [3]Auf diese Rechtsfolge ist bei der Fristsetzung hinzuweisen.

§ 87a[2] Elektronische Kommunikation

(1) [1]Die Übermittlung elektronischer Dokumente ist zulässig, soweit der Empfänger hierfür einen Zugang eröffnet. [2]Ein elektronisches Dokument ist zugegangen, sobald die für den Empfang bestimmte Einrichtung es in für den Empfänger bearbeitbarer Weise aufgezeichnet hat. [3]Übermittelt die Finanzbehörde Daten, die dem Steuergeheimnis unterliegen, sind diese Daten mit einem geeigneten Verfahren zu verschlüsseln.

(2) [1]Ist ein der Finanzbehörde übermitteltes elektronisches Dokument für sie zur Bearbeitung nicht geeignet, hat sie dies dem Absender unter Angabe der für sie geltenden technischen Rahmenbedingungen unverzüglich mitzuteilen. [2]Macht ein Empfänger geltend, er könne das von der Finanzbehörde übermittelte elektronische Dokument nicht bearbeiten, hat sie es ihm erneut in einem geeigneten elektronischen Format oder als Schriftstück zu übermitteln.

(3) [1]Eine durch Gesetz für Anträge, Erklärungen oder Mitteilungen an die Finanzbehörden angeordnete Schriftform kann, soweit nicht durch Gesetz etwas anderes bestimmt ist, durch die elektronische Form ersetzt werden. [2]In diesem Fall ist das elektronische Dokument mit einer qualifizierten elektronischen Signatur nach dem Signaturgesetz zu versehen. [3]Die Signierung mit einem Pseudonym ist nicht zulässig.

(4) [1]Eine durch Gesetz für Verwaltungsakte oder sonstige Maßnahmen der Finanzbehörden angeordnete Schriftform kann, soweit nicht durch Gesetz etwas anderes bestimmt ist, durch die elektronische Form ersetzt werden. [2]In diesem Fall ist das elektronische Dokument mit einer qualifizierten elektronischen Signatur nach dem Signaturgesetz zu versehen. [3]Für von der Finanzbehörde aufzunehmende Niederschriften gilt Satz 1 nur, wenn dies durch Gesetz ausdrücklich zugelassen ist.

(5) [1]Ist ein elektronisches Dokument Gegenstand eines Beweises, wird der Beweis durch Vorlegung oder Übermittlung der Datei angetreten; befindet diese sich nicht im

---

1) **Anm. d. Red.:** § 87 Abs. 2 i. d. F. des Art. 4 Abs. 57 Nr. 1 KostRMoG v. 5. 5. 2004 (BGBl I 718).

2) **Anm. d. Red.:** § 87a Abs. 6 i. d. F. des Art. 10 Nr. 8 JStG 2007 v. 13. 12. 2006 (BGBl I 2878).

Besitz des Steuerpflichtigen oder der Finanzbehörde, gilt § 97 Abs. 1 und 3 entsprechend. [2]Der Anschein der Echtheit eines mit einer qualifizierten elektronischen Signatur nach dem Signaturgesetz übermittelten Dokuments, der sich auf Grund der Prüfung nach dem Signaturgesetz ergibt, kann nur durch Tatsachen erschüttert werden, die ernstliche Zweifel daran begründen, dass das Dokument mit dem Willen des Signaturschlüssel-Inhabers übermittelt worden ist.

(6) [1]Das Bundesministerium der Finanzen kann durch Rechtsverordnung mit Zustimmung des Bundesrates für die Fälle der Absätze 3 und 4 neben der qualifizierten elektronischen Signatur bis zum 31. Dezember 2011 auch ein anderes sicheres Verfahren zulassen, das die Authentizität und die Integrität des übermittelten elektronischen Dokuments sicherstellt. [2]Einer Zustimmung des Bundesrates bedarf es nicht, soweit Verbrauchsteuern mit Ausnahme der Biersteuer betroffen sind. [3]Die Verwendung des anderen sicheren Verfahrens ist zu evaluieren.

§ 88[1)] Untersuchungsgrundsatz

(1) [1]Die Finanzbehörde ermittelt den Sachverhalt von Amts wegen. [2]Sie bestimmt Art und Umfang der Ermittlungen; an das Vorbringen und an die Beweisanträge der Beteiligten ist sie nicht gebunden. [3]Der Umfang dieser Pflichten richtet sich nach den Umständen des Einzelfalls.

(2) Die Finanzbehörde hat alle für den Einzelfall bedeutsamen, auch die für die Beteiligten günstigen Umstände zu berücksichtigen.

(3) [1]Zur Sicherstellung einer gleichmäßigen und gesetzmäßigen Festsetzung und Erhebung der Steuern kann das Bundesministerium der Finanzen durch Rechtsverordnung mit Zustimmung des Bundesrates Anforderungen an Art und Umfang der Ermittlungen bei Einsatz automatischer Einrichtungen bestimmen. [2]Einer Zustimmung des Bundesrates bedarf es nicht, soweit Verbrauchsteuern mit Ausnahme der Biersteuer betroffen sind.

§ 88a Sammlung von geschützten Daten

[1]Soweit es zur Sicherstellung einer gleichmäßigen Festsetzung und Erhebung der Steuern erforderlich ist, dürfen die Finanzbehörden nach § 30 geschützte Daten auch für Zwecke künftiger Verfahren im Sinne des § 30 Abs. 2 Nr. 1 Buchstabe a und b, insbesondere zur Gewinnung von Vergleichswerten, in Dateien oder Akten sammeln und verwenden. [2]Eine Verwendung ist nur für Verfahren im Sinne des § 30 Abs. 2 Nr. 1 Buchstabe a und b zulässig.

§ 89[2)] Beratung, Auskunft

(1) [1]Die Finanzbehörde soll die Abgabe von Erklärungen, die Stellung von Anträgen oder die Berichtigung von Erklärungen oder Anträgen anregen, wenn diese offensichtlich nur versehentlich oder aus Unkenntnis unterblieben oder unrichtig abgegeben oder gestellt worden sind. [2]Sie erteilt, soweit erforderlich, Auskunft über die den Beteiligten im Verwaltungsverfahren zustehenden Rechte und die ihnen obliegenden Pflichten.

(2) [1]Die Finanzämter und das Bundeszentralamt für Steuern können auf Antrag verbindliche Auskünfte über die steuerliche Beurteilung von genau bestimmten, noch nicht verwirklichten Sachverhalten erteilen, wenn daran im Hinblick auf die erheblichen steuerlichen Auswirkungen ein besonderes Interesse besteht. [2]Zuständig für die Erteilung einer verbindlichen Auskunft ist die Finanzbehörde, die bei Verwirklichung des dem Antrag zugrunde liegenden Sachverhalts örtlich zuständig sein würde. [3]Bei Antrag-

---

1) **Anm. d. Red.:** § 88 Abs. 3 angefügt gem. Art. 10 Nr. 2 Steuerbürokratieabbaugesetz v. 20. 12. 2008 (BGBl I 2850).

2) **Anm. d. Red.:** § 89 Abs. 1 i. d. F. des Art. 18 Nr. 1 Föderalismusreform-Begleitgesetz v. 5. 9. 2006 (BGBl I 2098); Abs. 2 i. d. F., Abs. 3 bis 5 angefügt gem. Art. 10 Nr. 9 JStG 2007 v. 13. 12. 2006 (BGBl I 2878).

stellern, für die im Zeitpunkt der Antragstellung nach den §§ 18 bis 21 keine Finanzbehörde zuständig ist, ist auf dem Gebiet der Steuern, die von den Landesfinanzbehörden im Auftrag des Bundes verwaltet werden, abweichend von Satz 2 das Bundeszentralamt für Steuern zuständig; in diesem Fall bindet die verbindliche Auskunft auch die Finanzbehörde, die bei der Verwirklichung des der Auskunft zugrunde liegenden Sachverhalts zuständig ist. [4]Das Bundesministerium der Finanzen wird ermächtigt, mit Zustimmung des Bundesrates durch Rechtsverordnung nähere Bestimmungen zu Form, Inhalt und Voraussetzungen des Antrages auf Erteilung einer verbindlichen Auskunft und zur Reichweite der Bindungswirkung zu treffen.

(3) [1]Für die Bearbeitung von Anträgen auf Erteilung einer verbindlichen Auskunft nach Absatz 2 werden Gebühren nach den Absätzen 4 und 5 erhoben. [2]Die Gebühr ist vom Antragsteller innerhalb eines Monats nach Bekanntgabe ihrer Festsetzung zu entrichten. [3]Die Finanzbehörde kann die Entscheidung über den Antrag bis zur Entrichtung der Gebühr zurückstellen. [4]Wird ein Antrag auf Erteilung einer verbindlichen Auskunft vor Bekanntgabe der Entscheidung der Finanzbehörde zurückgenommen, kann die Gebühr ermäßigt werden.

(4) [1]Die Gebühren werden nach dem Wert berechnet, den die verbindliche Auskunft für den Antragsteller hat (Gegenstandswert). [2]Der Antragsteller soll den Gegenstandswert und die für seine Bestimmung erheblichen Umstände in seinem Antrag auf Erteilung einer verbindlichen Auskunft darlegen. [3]Die Finanzbehörde soll der Gebührenfestsetzung den vom Antragsteller erklärten Gegenstandswert zugrunde legen, soweit dies nicht zu einem offensichtlich unzutreffenden Ergebnis führt. [4]Ist der Gegenstandswert auch nicht durch Schätzung bestimmbar, ist eine Zeitgebühr zu berechnen; sie beträgt 50 Euro je angefangene halbe Stunde und mindestens 100 Euro.

(5) [1]Wenn sich die Gebühren nach dem Gegenstandswert richten, bestimmt sich die Gebühr in entsprechender Anwendung des § 34 des Gerichtskostengesetzes. [2]Der Gegenstandswert beträgt mindestens 5 000 Euro.

§ 90[1)] Mitwirkungspflichten der Beteiligten

(1) [1]Die Beteiligten sind zur Mitwirkung bei der Ermittlung des Sachverhalts verpflichtet. [2]Sie kommen der Mitwirkungspflicht insbesondere dadurch nach, dass sie die für die Besteuerung erheblichen Tatsachen vollständig und wahrheitsgemäß offen legen und die ihnen bekannten Beweismittel angeben. [3]Der Umfang dieser Pflichten richtet sich nach den Umständen des Einzelfalls.

(2) [1]Ist ein Sachverhalt zu ermitteln und steuerrechtlich zu beurteilen, der sich auf Vorgänge außerhalb des Geltungsbereichs dieses Gesetzes bezieht, so haben die Beteiligten diesen Sachverhalt aufzuklären und die erforderlichen Beweismittel zu beschaffen. [2]Sie haben dabei alle für sie bestehenden rechtlichen und tatsächlichen Möglichkeiten auszuschöpfen. [3]Bestehen objektiv erkennbare Anhaltspunkte für die Annahme, dass der Steuerpflichtige über Geschäftsbeziehungen zu Finanzinstituten in einem Staat oder Gebiet verfügt, mit dem kein Abkommen besteht, das die Erteilung von Auskünften entsprechend Artikel 26 des Musterabkommens der OECD zur Vermeidung der Doppelbesteuerung auf dem Gebiet der Steuern vom Einkommen und vom Vermögen in der Fassung von 2005 vorsieht, oder der Staat oder das Gebiet keine Auskünfte in einem vergleichbaren Umfang erteilt oder keine Bereitschaft zu einer entsprechenden Auskunftserteilung besteht, hat der Steuerpflichtige nach Aufforderung der Finanzbehörde die Richtigkeit und Vollständigkeit seiner Angaben an Eides statt zu versichern und die Finanzbehörde zu bevollmächtigen, in seinem Namen mögliche Auskunftsansprüche gegenüber den von der Finanzbehörde benannten Kreditinstituten außergerichtlich und gerichtlich geltend zu machen; die Versicherung an Eides statt kann nicht nach § 328 erzwungen werden. [4]Ein Beteiligter kann sich nicht darauf berufen, dass er Sachverhalte

1) **Anm. d. Red.:** § 90 Abs. 2 i. d. F. des Art. 3 Nr. 2 Steuerhinterziehungsbekämpfungsgesetz v. 29. 7. 2009 (BGBl I 2302); Abs. 3 i. d. F. des Art. 6 Nr. 1 Unternehmensteuerreformgesetz 2008 v. 14. 8. 2007 (BGBl I 1912).

nicht aufklären oder Beweismittel nicht beschaffen kann, wenn er sich nach Lage des Falls bei der Gestaltung seiner Verhältnisse die Möglichkeit dazu hätte beschaffen oder einräumen lassen können.

(3) [1]Bei Sachverhalten, die Vorgänge mit Auslandsbezug betreffen, hat ein Steuerpflichtiger über die Art und den Inhalt seiner Geschäftsbeziehungen mit nahe stehenden Personen im Sinne des § 1 Abs. 2 des Außensteuergesetzes Aufzeichnungen zu erstellen. [2]Die Aufzeichnungspflicht umfasst auch die wirtschaftlichen und rechtlichen Grundlagen für eine den Grundsatz des Fremdvergleichs beachtende Vereinbarung von Preisen und anderen Geschäftsbedingungen mit den Nahestehenden. [3]Bei außergewöhnlichen Geschäftsvorfällen sind die Aufzeichnungen zeitnah zu erstellen. [4]Die Aufzeichnungspflichten gelten entsprechend für Steuerpflichtige, die für die inländische Besteuerung Gewinne zwischen ihrem inländischen Unternehmen und dessen ausländischer Betriebsstätte aufzuteilen oder den Gewinn der inländischen Betriebsstätte ihres ausländischen Unternehmens zu ermitteln haben. [5]Um eine einheitliche Rechtsanwendung sicherzustellen, wird das Bundesministerium der Finanzen ermächtigt, mit Zustimmung des Bundesrates durch Rechtsverordnung Art, Inhalt und Umfang der zu erstellenden Aufzeichnungen zu bestimmen. [6]Die Finanzbehörde soll die Vorlage von Aufzeichnungen in der Regel nur für die Durchführung einer Außenprüfung verlangen. [7]Die Vorlage richtet sich nach § 97 mit der Maßgabe, dass Absatz 2 dieser Vorschrift keine Anwendung findet. [8]Sie hat jeweils auf Anforderung innerhalb einer Frist von 60 Tagen zu erfolgen. [9]Soweit Aufzeichnungen über außergewöhnliche Geschäftsvorfälle vorzulegen sind, beträgt die Frist 30 Tage. [10]In begründeten Einzelfällen kann die Vorlagefrist verlängert werden.

§ 91 Anhörung Beteiligter

(1) [1]Bevor ein Verwaltungsakt erlassen wird, der in Rechte eines Beteiligten eingreift, soll diesem Gelegenheit gegeben werden, sich zu den für die Entscheidung erheblichen Tatsachen zu äußern. [2]Dies gilt insbesondere, wenn von dem in der Steuererklärung erklärten Sachverhalt zuungunsten des Steuerpflichtigen wesentlich abgewichen werden soll.

(2) Von der Anhörung kann abgesehen werden, wenn sie nach den Umständen des Einzelfalls nicht geboten ist, insbesondere wenn

1. eine sofortige Entscheidung wegen Gefahr im Verzug oder im öffentlichen Interesse notwendig erscheint,
2. durch die Anhörung die Einhaltung einer für die Entscheidung maßgeblichen Frist in Frage gestellt würde,
3. von den tatsächlichen Angaben eines Beteiligten, die dieser in einem Antrag oder einer Erklärung gemacht hat, nicht zu seinen Ungunsten abgewichen werden soll,
4. die Finanzbehörde eine Allgemeinverfügung oder gleichartige Verwaltungsakte in größerer Zahl oder Verwaltungsakte mit Hilfe automatischer Einrichtungen erlassen will,
5. Maßnahmen in der Vollstreckung getroffen werden sollen.

(3) Eine Anhörung unterbleibt, wenn ihr ein zwingendes öffentliches Interesse entgegensteht.

§ 92 Beweismittel

[1]Die Finanzbehörde bedient sich der Beweismittel, die sie nach pflichtgemäßem Ermessen zur Ermittlung des Sachverhalts für erforderlich hält. [2]Sie kann insbesondere

1. Auskünfte jeder Art von den Beteiligten und anderen Personen einholen,
2. Sachverständige zuziehen,
3. Urkunden und Akten beiziehen,
4. den Augenschein einnehmen.

II. Beweis durch Auskünfte und Sachverständigengutachten

§ 93[1)] Auskunftspflicht der Beteiligten und anderer Personen

(1) [1]Die Beteiligten und andere Personen haben der Finanzbehörde die zur Feststellung eines für die Besteuerung erheblichen Sachverhalts erforderlichen Auskünfte zu erteilen. [2]Dies gilt auch für nicht rechtsfähige Vereinigungen, Vermögensmassen, Behörden und Betriebe gewerblicher Art der Körperschaften des öffentlichen Rechts. [3]Andere Personen als die Beteiligten sollen erst dann zur Auskunft angehalten werden, wenn die Sachverhaltsaufklärung durch die Beteiligten nicht zum Ziel führt oder keinen Erfolg verspricht.

(2) [1]In dem Auskunftsersuchen ist anzugeben, worüber Auskünfte erteilt werden sollen und ob die Auskunft für die Besteuerung des Auskunftspflichtigen oder für die Besteuerung anderer Personen angefordert wird. [2]Auskunftsersuchen haben auf Verlangen des Auskunftspflichtigen schriftlich zu ergehen.

(3) [1]Die Auskünfte sind wahrheitsgemäß nach bestem Wissen und Gewissen zu erteilen. [2]Auskunftspflichtige, die nicht aus dem Gedächtnis Auskunft geben können, haben Bücher, Aufzeichnungen, Geschäftspapiere und andere Urkunden, die ihnen zur Verfügung stehen, einzusehen und, soweit nötig, Aufzeichnungen daraus zu entnehmen.

(4) [1]Der Auskunftspflichtige kann die Auskunft schriftlich, elektronisch, mündlich oder fernmündlich erteilen. [2]Die Finanzbehörde kann verlangen, dass der Auskunftspflichtige schriftlich Auskunft erteilt, wenn dies sachdienlich ist.

(5) [1]Die Finanzbehörde kann anordnen, dass der Auskunftspflichtige eine mündliche Auskunft an Amtsstelle erteilt. [2]Hierzu ist sie insbesondere dann befugt, wenn trotz Aufforderung eine schriftliche Auskunft nicht erteilt worden ist oder eine schriftliche Auskunft nicht zu einer Klärung des Sachverhalts geführt hat. [3]Absatz 2 Satz 1 gilt entsprechend.

(6) [1]Auf Antrag des Auskunftspflichtigen ist über die mündliche Auskunft an Amtsstelle eine Niederschrift aufzunehmen. [2]Die Niederschrift soll den Namen der anwesenden Personen, den Ort, den Tag und den wesentlichen Inhalt der Auskunft enthalten. [3]Sie soll von dem Amtsträger, dem die mündliche Auskunft erteilt wird, und dem Auskunftspflichtigen unterschrieben werden. [4]Den Beteiligten ist eine Abschrift der Niederschrift zu überlassen.

(7) [1]Ein automatisierter Abruf von Kontoinformationen nach § 93b ist nur zulässig, soweit

1. der Steuerpflichtige eine Steuerfestsetzung nach § 32d Abs. 6 des Einkommensteuergesetzes beantragt oder
2. die Kapitalerträge in den Fällen des § 2 Abs. 5b Satz 2 des Einkommensteuergesetzes einzubeziehen sind

und der Abruf in diesen Fällen zur Festsetzung der Einkommensteuer erforderlich ist oder er erforderlich ist

3. zur Feststellung von Einkünften nach den §§ 20 und 23 Abs. 1 des Einkommensteuergesetzes in Veranlagungszeiträumen bis einschließlich des Jahres 2008 oder
4. zur Erhebung von bundesgesetzlich geregelten Steuern

oder

5. der Steuerpflichtige zustimmt.

[2]In diesen Fällen darf die Finanzbehörde oder in den Fällen des § 1 Abs. 2 die Gemeinde das Bundeszentralamt für Steuern ersuchen, bei den Kreditinstituten einzelne Daten aus den nach § 93b Abs. 1 zu führenden Dateien abzurufen; in den Fällen des Satzes 1 Nr. 1 bis 4 darf ein Abrufersuchen nur dann erfolgen, wenn ein Auskunftsersuchen an den Steuerpflichtigen nicht zum Ziel geführt hat oder keinen Erfolg verspricht.

---

1) **Anm. d. Red.:** § 93 Abs. 7 bis 10 i. d. F. des Art. 6 Nr. 2 Unternehmensteuerreformgesetz 2008 v. 14. 8. 2007 (BGBl I 1912).

(8) [1]Die für die Verwaltung

1. der Grundsicherung für Arbeitsuchende nach dem Zweiten Buch Sozialgesetzbuch,
2. der Sozialhilfe nach dem Zwölften Buch Sozialgesetzbuch,
3. der Ausbildungsförderung nach dem Bundesausbildungsförderungsgesetz,
4. der Aufstiegsfortbildungsförderung nach dem Aufstiegsfortbildungsförderungsgesetz und
5. des Wohngeldes nach dem Wohngeldgesetz

zuständigen Behörden dürfen das Bundeszentralamt für Steuern ersuchen, bei den Kreditinstituten die in § 93b Abs. 1 bezeichneten Daten abzurufen, soweit dies zur Überprüfung des Vorliegens der Anspruchsvoraussetzungen erforderlich ist und ein vorheriges Auskunftsersuchen an den Betroffenen nicht zum Ziel geführt hat oder keinen Erfolg verspricht. [2]Für andere Zwecke ist ein Abrufersuchen an das Bundeszentralamt für Steuern hinsichtlich der in § 93b Abs. 1 bezeichneten Daten nur zulässig, soweit dies durch ein Bundesgesetz ausdrücklich zugelassen ist.

(9) [1]Vor einem Abrufersuchen nach Absatz 7 oder Absatz 8 ist der Betroffene auf die Möglichkeit eines Kontenabrufs hinzuweisen; dies kann auch durch ausdrücklichen Hinweis in amtlichen Vordrucken und Merkblättern geschehen. [2]Nach Durchführung eines Kontenabrufs ist der Betroffene vom Ersuchenden über die Durchführung zu benachrichtigen. [3]Ein Hinweis nach Satz 1 erster Halbsatz und eine Benachrichtigung nach Satz 2 unterbleiben, soweit

1. sie die ordnungsgemäße Erfüllung der in der Zuständigkeit des Ersuchenden liegenden Aufgaben gefährden würden,
2. sie die öffentliche Sicherheit oder Ordnung gefährden oder sonst dem Wohle des Bundes oder eines Landes Nachteile bereiten würden oder
3. die Tatsache des Kontenabrufs nach einer Rechtsvorschrift oder seinem Wesen nach, insbesondere wegen der überwiegenden berechtigten Interessen eines Dritten, geheim gehalten werden muss

und deswegen das Interesse des Betroffenen zurücktreten muss; § 19 Abs. 5 und 6 des Bundesdatenschutzgesetzes in der Fassung der Bekanntmachung vom 14. Januar 2003 (BGBl I S. 66), das zuletzt durch Artikel 1 des Gesetzes vom 22. August 2006 (BGBl I S. 1970) geändert worden ist, in der jeweils geltenden Fassung gilt entsprechend, soweit gesetzlich nichts anderes bestimmt ist.

(10) Ein Abrufersuchen nach Absatz 7 oder Absatz 8 und dessen Ergebnis sind vom Ersuchenden zu dokumentieren.

§ 93a[1)] Allgemeine Mitteilungspflichten

(1) [1]Zur Sicherung der Besteuerung (§ 85) kann die Bundesregierung durch Rechtsverordnung mit Zustimmung des Bundesrates Behörden und andere öffentliche Stellen verpflichten,

1. Verwaltungsakte, die die Versagung oder Einschränkung einer steuerlichen Vergünstigung zur Folge haben oder dem Betroffenen steuerpflichtige Einnahmen ermöglichen,
2. Subventionen und ähnliche Förderungsmaßnahmen sowie
3. Anhaltspunkte für Schwarzarbeit, unerlaubte Arbeitnehmerüberlassung oder unerlaubte Ausländerbeschäftigung

den Finanzbehörden mitzuteilen. [2]Durch Rechtsverordnung kann auch bestimmt werden, dass bei Zahlungen von Behörden und anderen öffentlichen Stellen sowie von öffentlich-rechtlichen Rundfunkanstalten der Zahlungsempfänger zur Erleichterung seiner steuerlichen Aufzeichnungs- und Erklärungspflichten über die Summe der jährlichen Zahlungen sowie über die Auffassung der Finanzbehörden zu den daraus entste-

1) **Anm. d. Red.:** § 93a Abs. 1 und 2 i. d. F. des Art. 10 Nr. 7 JStG 2009 v. 19. 12. 2008 (BGBl I 2794).

henden Steuerpflichten zu unterrichten ist; der zuständigen Finanzbehörde sind der Empfänger, der Rechtsgrund, die Höhe und der Zeitpunkt der Zahlungen mitzuteilen. [3]Die Verpflichtung der Behörden, anderer öffentlicher Stellen und der Rundfunkanstalten zu Mitteilungen, Auskünften, Anzeigen und zur Amtshilfe auf Grund anderer Vorschriften bleibt unberührt.

(2) Schuldenverwaltungen, Kreditinstitute, Betriebe gewerblicher Art von juristischen Personen des öffentlichen Rechts im Sinne des Körperschaftsteuergesetzes, öffentliche Beteiligungsunternehmen ohne Hoheitsbefugnisse, Berufskammern und Versicherungsunternehmen sind von der Mitteilungspflicht ausgenommen.

(3) [1]In der Rechtsverordnung sind die mitteilenden Stellen, die Verpflichtung zur Unterrichtung der Betroffenen, die mitzuteilenden Angaben und die für die Entgegennahme der Mitteilungen zuständigen Finanzbehörden näher zu bestimmen sowie der Umfang, der Zeitpunkt und das Verfahren der Mitteilung zu regeln. [2]In der Rechtsverordnung können Ausnahmen von der Mitteilungspflicht, insbesondere für Fälle geringer steuerlicher Bedeutung, zugelassen werden.

§ 93b[1] Automatisierter Abruf von Kontoinformationen

(1) Kreditinstitute haben die nach § 24c Abs. 1 des Kreditwesengesetzes zu führende Datei auch für Abrufe nach § 93 Abs. 7 und 8 zu führen.

(2) Das Bundeszentralamt für Steuern darf in den Fällen des § 93 Abs. 7 und 8 auf Ersuchen bei den Kreditinstituten einzelne Daten aus den nach Absatz 1 zu führenden Dateien im automatisierten Verfahren abrufen und sie an den Ersuchenden übermitteln.

(3) Die Verantwortung für die Zulässigkeit des Datenabrufs und der Datenübermittlung trägt der Ersuchende.

(4) § 24c Abs. 1 Satz 2 bis 6, Abs. 4 bis 8 des Kreditwesengesetzes gilt entsprechend.

§ 94 Eidliche Vernehmung

(1) [1]Hält die Finanzbehörde mit Rücksicht auf die Bedeutung der Auskunft oder zur Herbeiführung einer wahrheitsgemäßen Auskunft die Beeidigung einer anderen Person als eines Beteiligten für geboten, so kann sie das für den Wohnsitz oder den Aufenthaltsort der zu beeidigenden Person zuständige Finanzgericht um die eidliche Vernehmung ersuchen. [2]Befindet sich der Wohnsitz oder der Aufenthaltsort der zu beeidigenden Person nicht am Sitz eines Finanzgerichts oder eines besonders errichteten Senats, so kann auch das zuständige Amtsgericht um die eidliche Vernehmung ersucht werden.

(2) [1]In dem Ersuchen hat die Finanzbehörde den Gegenstand der Vernehmung sowie die Namen und Anschriften der Beteiligten anzugeben. [2]Das Gericht hat die Beteiligten und die ersuchende Finanzbehörde von den Terminen zu benachrichtigen. [3]Die Beteiligten und die ersuchende Finanzbehörde sind berechtigt, während der Vernehmung Fragen zu stellen.

(3) Das Gericht entscheidet über die Rechtmäßigkeit der Verweigerung des Zeugnisses oder der Eidesleistung.

§ 95 Versicherung an Eides statt

(1) [1]Die Finanzbehörde kann den Beteiligten auffordern, dass er die Richtigkeit von Tatsachen, die er behauptet, an Eides statt versichert. [2]Eine Versicherung an Eides statt soll nur gefordert werden, wenn andere Mittel zur Erforschung der Wahrheit nicht vorhanden sind, zu keinem Ergebnis geführt haben oder einen unverhältnismäßigen Aufwand erfordern. [3]Von eidesunfähigen Personen im Sinne des § 393 der Zivilprozessordnung darf eine eidesstattliche Versicherung nicht verlangt werden.

---

1) **Anm. d. Red.:** § 93b eingefügt gem. Art. 2 Nr. 3 Gesetz zur Förderung der Steuerehrlichkeit v. 23. 12. 2003 (BGBl I 2928); nunmehr i. d. F. des Art. 6 Nr. 3 Unternehmensteuerreformgesetz 2008 v. 14. 8. 2007 (BGBl I 1912).

(2) [1]Die Versicherung an Eides statt wird von der Finanzbehörde zur Niederschrift aufgenommen. [2]Zur Aufnahme sind der Behördenleiter, sein ständiger Vertreter sowie Angehörige des öffentlichen Dienstes befugt, welche die Befähigung zum Richteramt haben oder die Voraussetzungen des § 110 Satz 1 des Deutschen Richtergesetzes erfüllen. [3]Andere Angehörige des öffentlichen Dienstes kann der Behördenleiter oder sein ständiger Vertreter hierzu allgemein oder im Einzelfall schriftlich ermächtigen.

(3) [1]Die Angaben, deren Richtigkeit versichert werden soll, sind schriftlich festzustellen und dem Beteiligten mindestens eine Woche vor Aufnahme der Versicherung mitzuteilen. [2]Die Versicherung besteht darin, dass der Beteiligte unter Wiederholung der behaupteten Tatsachen erklärt: „Ich versichere an Eides statt, dass ich nach bestem Wissen die reine Wahrheit gesagt und nichts verschwiegen habe". [3]Bevollmächtigte und Beistände des Beteiligten sind berechtigt, an der Aufnahme der Versicherung an Eides statt teilzunehmen.

(4) [1]Vor der Aufnahme der Versicherung an Eides statt ist der Beteiligte über die Bedeutung der eidesstattlichen Versicherung und die strafrechtlichen Folgen einer unrichtigen oder unvollständigen eidesstattlichen Versicherung zu belehren. [2]Die Belehrung ist in der Niederschrift zu vermerken.

(5) [1]Die Niederschrift hat ferner die Namen der anwesenden Personen sowie den Ort und den Tag der Niederschrift zu enthalten. [2]Die Niederschrift ist dem Beteiligten, der die eidesstattliche Versicherung abgibt, zur Genehmigung vorzulesen oder auf Verlangen zur Durchsicht vorzulegen. [3]Die erteilte Genehmigung ist zu vermerken und von dem Beteiligten zu unterschreiben. [4]Die Niederschrift ist sodann von dem Amtsträger, der die Versicherung an Eides statt aufgenommen hat, sowie von dem Schriftführer zu unterschreiben.

(6) Die Versicherung an Eides statt kann nicht nach § 328 erzwungen werden.

§ 96 Hinzuziehung von Sachverständigen

(1) [1]Die Finanzbehörde bestimmt, ob ein Sachverständiger zuzuziehen ist. [2]Soweit nicht Gefahr im Verzug vorliegt, hat sie die Person, die sie zum Sachverständigen ernennen will, den Beteiligten vorher bekannt zu geben.

(2) [1]Die Beteiligten können einen Sachverständigen wegen Besorgnis der Befangenheit ablehnen, wenn ein Grund vorliegt, der geeignet ist, Zweifel an seiner Unparteilichkeit zu rechtfertigen oder wenn von seiner Tätigkeit die Verletzung eines Geschäfts- oder Betriebsgeheimnisses oder Schaden für die geschäftliche Tätigkeit eines Beteiligten zu befürchten ist. [2]Die Ablehnung ist der Finanzbehörde gegenüber unverzüglich nach Bekanntgabe der Person des Sachverständigen, jedoch spätestens innerhalb von zwei Wochen unter Glaubhaftmachung der Ablehnungsgründe geltend zu machen. [3]Nach diesem Zeitpunkt ist die Ablehnung nur zulässig, wenn glaubhaft gemacht wird, dass der Ablehnungsgrund vorher nicht geltend gemacht werden konnte. [4]Über die Ablehnung entscheidet die Finanzbehörde, die den Sachverständigen ernannt hat oder ernennen will. [5]Das Ablehnungsgesuch hat keine aufschiebende Wirkung.

(3) [1]Der zum Sachverständigen Ernannte hat der Ernennung Folge zu leisten, wenn er zur Erstattung von Gutachten der erforderlichen Art öffentlich bestellt ist oder wenn er die Wissenschaft, die Kunst oder das Gewerbe, deren Kenntnis Voraussetzung der Begutachtung ist, öffentlich zum Erwerb ausübt oder wenn er zur Ausübung derselben öffentlich bestellt oder ermächtigt ist. [2]Zur Erstattung des Gutachtens ist auch derjenige verpflichtet, der sich hierzu der Finanzbehörde gegenüber bereit erklärt hat.

(4) Der Sachverständige kann die Erstattung des Gutachtens unter Angabe der Gründe wegen Besorgnis der Befangenheit ablehnen.

(5) Angehörige des öffentlichen Dienstes sind als Sachverständige nur dann zuzuziehen, wenn sie die nach dem Dienstrecht erforderliche Genehmigung erhalten.

(6) Die Sachverständigen sind auf die Vorschriften über die Wahrung des Steuergeheimnisses hinzuweisen.

(7) [1]Das Gutachten ist regelmäßig schriftlich zu erstatten. [2]Die mündliche Erstattung des Gutachtens kann zugelassen werden. [3]Die Beeidigung des Gutachtens darf nur gefordert werden, wenn die Finanzbehörde dies mit Rücksicht auf die Bedeutung des Gutachtens für geboten hält. [4]Ist der Sachverständige für die Erstattung von Gutachten der betreffenden Art im Allgemeinen beeidigt, so genügt die Berufung auf den geleisteten Eid; sie kann auch in einem schriftlichen Gutachten erklärt werden. [5]Anderenfalls gilt für die Beeidigung § 94 sinngemäß.

III. Beweis durch Urkunden und Augenschein

§ 97 Vorlage von Urkunden

(1) [1]Die Finanzbehörde kann von den Beteiligten und anderen Personen die Vorlage von Büchern, Aufzeichnungen, Geschäftspapieren und anderen Urkunden zur Einsicht und Prüfung verlangen. [2]Dabei ist anzugeben, ob die Urkunden für die Besteuerung des zur Vorlage Aufgeforderten oder für die Besteuerung anderer Personen benötigt werden. [3]§ 93 Abs. 1 Satz 2 gilt entsprechend.

(2) [1]Die Vorlage von Büchern, Aufzeichnungen, Geschäftspapieren und anderen Urkunden soll in der Regel erst dann verlangt werden, wenn der Vorlagepflichtige eine Auskunft nicht erteilt hat, wenn die Auskunft unzureichend ist oder Bedenken gegen ihre Richtigkeit bestehen. [2]Diese Einschränkungen gelten nicht gegenüber dem Beteiligten, soweit dieser eine steuerliche Vergünstigung geltend macht, oder wenn die Finanzbehörde eine Außenprüfung nicht durchführen will oder wegen der erheblichen steuerlichen Auswirkungen eine baldige Klärung für geboten hält.

(3) [1]Die Finanzbehörde kann die Vorlage der in Absatz 1 genannten Urkunden an Amtsstelle verlangen oder sie bei dem Vorlagepflichtigen einsehen, wenn dieser einverstanden ist oder die Urkunden für eine Vorlage an Amtsstelle ungeeignet sind. [2]§ 147 Abs. 5 gilt entsprechend.

§ 98 Einnahme des Augenscheins

(1) Führt die Finanzbehörde einen Augenschein durch, so ist das Ergebnis aktenkundig zu machen.

(2) Bei der Einnahme des Augenscheins können Sachverständige zugezogen werden.

§ 99 Betreten von Grundstücken und Räumen

(1) [1]Die von der Finanzbehörde mit der Einnahme des Augenscheins betrauten Amtsträger und die nach den §§ 96 und 98 zugezogenen Sachverständigen sind berechtigt, Grundstücke, Räume, Schiffe, umschlossene Betriebsvorrichtungen und ähnliche Einrichtungen während der üblichen Geschäfts- und Arbeitszeit zu betreten, soweit dies erforderlich ist, um im Besteuerungsinteresse Feststellungen zu treffen. [2]Die betroffenen Personen sollen angemessene Zeit vorher benachrichtigt werden. [3]Wohnräume dürfen gegen den Willen des Inhabers nur zur Verhütung dringender Gefahren für die öffentliche Sicherheit und Ordnung betreten werden.

(2) Maßnahmen nach Absatz 1 dürfen nicht zu dem Zweck angeordnet werden, nach unbekannten Gegenständen zu forschen.

§ 100 Vorlage von Wertsachen

(1) [1]Der Beteiligte und andere Personen haben der Finanzbehörde auf Verlangen Wertsachen (Geld, Wertpapiere, Kostbarkeiten) vorzulegen, soweit dies erforderlich ist, um im Besteuerungsinteresse Feststellungen über ihre Beschaffenheit und ihren Wert zu treffen. [2]§ 98 Abs. 2 ist anzuwenden.

(2) Die Vorlage von Wertsachen darf nicht angeordnet werden, um nach unbekannten Gegenständen zu forschen.

IV. Auskunfts- und Vorlageverweigerungsrechte

§ 101 Auskunfts- und Eidesverweigerungsrecht der Angehörigen

(1) [1]Die Angehörigen (§ 15) eines Beteiligten können die Auskunft verweigern, soweit sie nicht selbst als Beteiligte über ihre eigenen steuerlichen Verhältnisse auskunftspflichtig sind oder die Auskunftspflicht für einen Beteiligten zu erfüllen haben. [2]Die Angehörigen sind über das Auskunftsverweigerungsrecht zu belehren. [3]Die Belehrung ist aktenkundig zu machen.

(2) [1]Die in Absatz 1 genannten Personen haben ferner das Recht, die Beeidigung ihrer Auskunft zu verweigern. [2]Absatz 1 Sätze 2 und 3 gelten entsprechend.

§ 102[1)] Auskunftsverweigerungsrecht zum Schutz bestimmter Berufsgeheimnisse

(1) Die Auskunft können ferner verweigern:

1. Geistliche über das, was ihnen in ihrer Eigenschaft als Seelsorger anvertraut worden oder bekannt geworden ist,
2. Mitglieder des Bundestages, eines Landtages oder einer zweiten Kammer über Personen, die ihnen in ihrer Eigenschaft als Mitglieder dieser Organe oder denen sie in dieser Eigenschaft Tatsachen anvertraut haben, sowie über diese Tatsachen selbst,
3. a) Verteidiger,

   b) Rechtsanwälte, Patentanwälte, Notare, Steuerberater, Wirtschaftsprüfer, Steuerbevollmächtigte, vereidigte Buchprüfer,

   c) Ärzte, Zahnärzte, Psychologische Psychotherapeuten, Kinder- und Jugendlichenpsychotherapeuten, Apotheker und Hebammen,

   über das, was ihnen in dieser Eigenschaft anvertraut worden oder bekannt geworden ist,
4. Personen, die bei der Vorbereitung, Herstellung oder Verbreitung von periodischen Druckwerken oder Rundfunksendungen berufsmäßig mitwirken oder mitgewirkt haben, über die Person des Verfassers, Einsenders oder Gewährsmanns von Beiträgen und Unterlagen sowie über die ihnen im Hinblick auf ihre Tätigkeit gemachten Mitteilungen, soweit es sich um Beiträge, Unterlagen und Mitteilungen für den redaktionellen Teil handelt; § 160 bleibt unberührt.

(2) [1]Den im Absatz 1 Nr. 1 bis 3 genannten Personen stehen ihre Gehilfen und die Personen gleich, die zur Vorbereitung auf den Beruf an der berufsmäßigen Tätigkeit teilnehmen. [2]Über die Ausübung des Rechts dieser Hilfspersonen, die Auskunft zu verweigern, entscheiden die im Absatz 1 Nr. 1 bis 3 genannten Personen, es sei denn, dass diese Entscheidung in absehbarer Zeit nicht herbeigeführt werden kann.

(3) [1]Die in Absatz 1 Nr. 3 genannten Personen dürfen die Auskunft nicht verweigern, wenn sie von der Verpflichtung zur Verschwiegenheit entbunden sind. [2]Die Entbindung von der Verpflichtung zur Verschwiegenheit gilt auch für die Hilfspersonen.

(4) [1]Die gesetzlichen Anzeigepflichten der Notare und die Mitteilungspflichten der in Absatz 1 Nr. 3 Buchstabe b bezeichneten Personen nach der Zinsinformationsverordnung vom 26. Januar 2004 (BGBl I S. 128), die zuletzt durch Artikel 4 Abs. 28 des Gesetzes vom 22. September 2005 (BGBl I S. 2809) geändert worden ist, in der jeweils geltenden Fassung bleiben unberührt. [2]Soweit die Anzeigepflichten bestehen, sind die Notare auch zur Vorlage von Urkunden und zur Erteilung weiterer Auskünfte verpflichtet.

---

1) **Anm. d. Red.:** § 102 Abs. 4 i. d. F. des Art. 6 Nr. 4 Unternehmensteuerreformgesetz 2008 v. 14. 8. 2007 (BGBl I 1912).

§ 103 Auskunftsverweigerungsrecht bei Gefahr der Verfolgung wegen einer Straftat oder einer Ordnungswidrigkeit

[1]Personen, die nicht Beteiligte und nicht für einen Beteiligten auskunftspflichtig sind, können die Auskunft auf solche Fragen verweigern, deren Beantwortung sie selbst oder einen ihrer Angehörigen (§ 15) der Gefahr strafgerichtlicher Verfolgung oder eines Verfahrens nach dem Gesetz über Ordnungswidrigkeiten aussetzen würde. [2]Über das Recht, die Auskunft zu verweigern, sind sie zu belehren. [3]Die Belehrung ist aktenkundig zu machen.

§ 104 Verweigerung der Erstattung eines Gutachtens und der Vorlage von Urkunden

(1) [1]Soweit die Auskunft verweigert werden darf, kann auch die Erstattung eines Gutachtens und die Vorlage von Urkunden oder Wertsachen verweigert werden. [2]§ 102 Abs. 4 Satz 2 bleibt unberührt.

(2) [1]Nicht verweigert werden kann die Vorlage von Urkunden und Wertsachen, die für den Beteiligten aufbewahrt werden, soweit der Beteiligte bei eigenem Gewahrsam zur Vorlage verpflichtet wäre. [2]Für den Beteiligten aufbewahrt werden auch die für ihn geführten Geschäftsbücher und sonstigen Aufzeichnungen.

§ 105 Verhältnis der Auskunfts- und Vorlagepflicht zur Schweigepflicht öffentlicher Stellen

(1) Die Verpflichtung der Behörden oder sonstiger öffentlicher Stellen einschließlich der Deutschen Bundesbank, der Staatsbanken und der Schuldenverwaltungen sowie der Organe und Bediensteten dieser Stellen zur Verschwiegenheit gilt nicht für ihre Auskunfts- und Vorlagepflicht gegenüber den Finanzbehörden.

(2) Absatz 1 gilt nicht, soweit die Behörden und die mit postdienstlichen Verrichtungen betrauten Personen gesetzlich verpflichtet sind, das Brief-, Post- und Fernmeldegeheimnis zu wahren.

§ 106 Beschränkung der Auskunfts- und Vorlagepflicht bei Beeinträchtigung des staatlichen Wohls

Eine Auskunft oder die Vorlage von Urkunden darf nicht gefordert werden, wenn die zuständige oberste Bundes- oder Landesbehörde erklärt, dass die Auskunft oder Vorlage dem Wohl des Bundes oder eines Landes erhebliche Nachteile bereiten würde.

V. Entschädigung der Auskunftspflichtigen und der Sachverständigen

§ 107[1)] Entschädigung der Auskunftspflichtigen und der Sachverständigen

[1]Auskunftspflichtige und Sachverständige, die die Finanzbehörde zu Beweiszwecken herangezogen hat, erhalten auf Antrag eine Entschädigung oder Vergütung in entsprechender Anwendung des Justizvergütungs- und -entschädigungsgesetzes. [2]Dies gilt nicht für die Beteiligten und für die Personen, die für die Beteiligten die Auskunftspflicht zu erfüllen haben.

4. Unterabschnitt: Fristen, Termine, Wiedereinsetzung

§ 108 Fristen und Termine

(1) Für die Berechnung von Fristen und für die Bestimmung von Terminen gelten die §§ 187 bis 193 des Bürgerlichen Gesetzbuchs entsprechend, soweit nicht durch die Absätze 2 bis 5 etwas anderes bestimmt ist.

1) **Anm. d. Red.:** § 107 Satz 1 i. d. F. des Art. 4 Abs. 57 Nr. 2 KostRMoG v. 5. 5. 2004 (BGBl I 718).

(2) Der Lauf einer Frist, die von einer Behörde gesetzt wird, beginnt mit dem Tag, der auf die Bekanntgabe der Frist folgt, außer wenn dem Betroffenen etwas anderes mitgeteilt wird.

(3) Fällt das Ende einer Frist auf einen Sonntag, einen gesetzlichen Feiertag oder einen Sonnabend, so endet die Frist mit dem Ablauf des nächstfolgenden Werktags.

(4) Hat eine Behörde Leistungen nur für einen bestimmten Zeitraum zu erbringen, so endet dieser Zeitraum auch dann mit dem Ablauf seines letzten Tages, wenn dieser auf einen Sonntag, einen gesetzlichen Feiertag oder einen Sonnabend fällt.

(5) Der von einer Behörde gesetzte Termin ist auch dann einzuhalten, wenn er auf einen Sonntag, gesetzlichen Feiertag oder Sonnabend fällt.

(6) Ist eine Frist nach Stunden bestimmt, so werden Sonntage, gesetzliche Feiertage oder Sonnabende mitgerechnet.

§ 109 Verlängerung von Fristen

(1) [1]Fristen zur Einreichung von Steuererklärungen und Fristen, die von einer Finanzbehörde gesetzt sind, können verlängert werden. [2]Sind solche Fristen bereits abgelaufen, so können sie rückwirkend verlängert werden, insbesondere wenn es unbillig wäre, die durch den Fristablauf eingetretenen Rechtsfolgen bestehen zu lassen.

(2) Die Finanzbehörde kann die Verlängerung der Frist von einer Sicherheitsleistung abhängig machen oder sonst nach § 120 mit einer Nebenbestimmung verbinden.

§ 110 Wiedereinsetzung in den vorigen Stand

(1) [1]War jemand ohne Verschulden verhindert, eine gesetzliche Frist einzuhalten, so ist ihm auf Antrag Wiedereinsetzung in den vorigen Stand zu gewähren. [2]Das Verschulden eines Vertreters ist dem Vertretenen zuzurechnen.

(2) [1]Der Antrag ist innerhalb eines Monats nach Wegfall des Hindernisses zu stellen. [2]Die Tatsachen zur Begründung des Antrags sind bei der Antragstellung oder im Verfahren über den Antrag glaubhaft zu machen. [3]Innerhalb der Antragsfrist ist die versäumte Handlung nachzuholen. [4]Ist dies geschehen, so kann Wiedereinsetzung auch ohne Antrag gewährt werden.

(3) Nach einem Jahr seit dem Ende der versäumten Frist kann die Wiedereinsetzung nicht mehr beantragt oder die versäumte Handlung nicht mehr nachgeholt werden, außer wenn dies vor Ablauf der Jahresfrist infolge höherer Gewalt unmöglich war.

(4) Über den Antrag auf Wiedereinsetzung entscheidet die Finanzbehörde, die über die versäumte Handlung zu befinden hat.

5. Unterabschnitt: Rechts- und Amtshilfe

§ 111 Amtshilfepflicht

(1) [1]Alle Gerichte und Behörden haben die zur Durchführung der Besteuerung erforderliche Amtshilfe zu leisten. [2]§ 102 bleibt unberührt.

(2) Amtshilfe liegt nicht vor, wenn

1. Behörden einander innerhalb eines bestehenden Weisungsverhältnisses Hilfe leisten,
2. die Hilfeleistung in Handlungen besteht, die der ersuchten Behörde als eigene Aufgabe obliegen.

(3) Schuldenverwaltungen, Kreditinstitute sowie Betriebe gewerblicher Art der Körperschaften des öffentlichen Rechts fallen nicht unter diese Vorschrift.

(4) Auf dem Gebiet der Zollverwaltung erstreckt sich die Amtshilfepflicht auch auf diejenigen dem öffentlichen Verkehr oder dem öffentlichen Warenumschlag dienenden Unternehmen, die das Bundesministerium der Finanzen als Zollhilfsorgane besonders bestellt hat, und auf die Bediensteten dieser Unternehmen.

(5) Die §§ 105 und 106 sind entsprechend anzuwenden.

§ 112 Voraussetzungen und Grenzen der Amtshilfe

(1) Eine Finanzbehörde kann um Amtshilfe insbesondere dann ersuchen, wenn sie

1. aus rechtlichen Gründen die Amtshandlung nicht selbst vornehmen kann,
2. aus tatsächlichen Gründen, besonders weil die zur Vornahme der Amtshandlung erforderlichen Dienstkräfte oder Einrichtungen fehlen, die Amtshandlung nicht selbst vornehmen kann,
3. zur Durchführung ihrer Aufgaben auf die Kenntnis von Tatsachen angewiesen ist, die ihr unbekannt sind und die sie selbst nicht ermitteln kann,
4. zur Durchführung ihrer Aufgaben Urkunden oder sonstige Beweismittel benötigt, die sich im Besitz der ersuchten Behörde befinden,
5. die Amtshandlung nur mit wesentlich größerem Aufwand vornehmen könnte als die ersuchte Behörde.

(2) Die ersuchte Behörde darf Hilfe nicht leisten, wenn sie hierzu aus rechtlichen Gründen nicht in der Lage ist.

(3) Die ersuchte Behörde braucht Hilfe nicht zu leisten, wenn

1. eine andere Behörde die Hilfe wesentlich einfacher oder mit wesentlich geringerem Aufwand leisten kann,
2. sie die Hilfe nur mit unverhältnismäßig großem Aufwand leisten könnte,
3. sie unter Berücksichtigung der Aufgaben der ersuchenden Finanzbehörde durch den Umfang der Hilfeleistung die Erfüllung ihrer eigenen Aufgaben ernstlich gefährden würde.

(4) Die ersuchte Behörde darf die Hilfe nicht deshalb verweigern, weil sie das Ersuchen aus anderen als den in Absatz 3 genannten Gründen oder weil sie die mit der Amtshilfe zu verwirklichende Maßnahme für unzweckmäßig hält.

(5) [1]Hält die ersuchte Behörde sich zur Hilfe nicht für verpflichtet, so teilt sie der ersuchenden Finanzbehörde ihre Auffassung mit. [2]Besteht diese auf der Amtshilfe, so entscheidet über die Verpflichtung zur Amtshilfe die gemeinsame fachlich zuständige Aufsichtsbehörde oder, sofern eine solche nicht besteht, die für die ersuchte Behörde fachlich zuständige Aufsichtsbehörde.

§ 113 Auswahl der Behörde

Kommen für die Amtshilfe mehrere Behörden in Betracht, so soll nach Möglichkeit eine Behörde der untersten Verwaltungsstufe des Verwaltungszweigs ersucht werden, dem die ersuchende Finanzbehörde angehört.

§ 114 Durchführung der Amtshilfe

(1) Die Zulässigkeit der Maßnahme, die durch die Amtshilfe verwirklicht werden soll, richtet sich nach dem für die ersuchende Finanzbehörde, die Durchführung der Amtshilfe nach dem für die ersuchte Behörde geltenden Recht.

(2) [1]Die ersuchende Finanzbehörde trägt gegenüber der ersuchten Behörde die Verantwortung für die Rechtmäßigkeit der zu treffenden Maßnahme. [2]Die ersuchte Behörde ist für die Durchführung der Amtshilfe verantwortlich.

§ 115 Kosten der Amtshilfe

(1) [1]Die ersuchende Finanzbehörde hat der ersuchten Behörde für die Amtshilfe keine Verwaltungsgebühr zu entrichten. [2]Auslagen hat sie der ersuchten Behörde auf Anforderung zu erstatten, wenn sie im Einzelfall 25 Euro übersteigen. [3]Leisten Behörden desselben Rechtsträgers einander Amtshilfe, so werden die Auslagen nicht erstattet.

(2) Nimmt die ersuchte Behörde zur Durchführung der Amtshilfe eine kostenpflichtige Amtshandlung vor, so stehen ihr die von einem Dritten hierfür geschuldeten Kosten (Verwaltungsgebühren, Benutzungsgebühren und Auslagen) zu.

§ 116[1)] Anzeige von Steuerstraftaten

(1) [1]Gerichte und die Behörden von Bund, Ländern und kommunalen Trägern der öffentlichen Verwaltung, die nicht Finanzbehörden sind, haben Tatsachen, die sie dienstlich erfahren und die auf eine Steuerstraftat schließen lassen, dem Bundeszentralamt für Steuern oder, soweit bekannt, den für das Steuerstrafverfahren zuständigen Finanzbehörden mitzuteilen. [2]Soweit die für das Steuerstrafverfahren zuständigen Finanzbehörden nicht bereits erkennbar unmittelbar informiert worden sind, teilt das Bundeszentralamt für Steuern ihnen diese Tatsachen mit. [3]Die für das Steuerstrafverfahren zuständigen Finanzbehörden, ausgenommen die Behörden der Bundeszollverwaltung, übermitteln die Mitteilung an das Bundeszentralamt für Steuern, soweit dieses nicht bereits erkennbar unmittelbar in Kenntnis gesetzt worden ist.

(2) § 105 Abs. 2 gilt entsprechend.

§ 117 Zwischenstaatliche Rechts- und Amtshilfe in Steuersachen

(1) Die Finanzbehörden können zwischenstaatliche Rechts- und Amtshilfe nach Maßgabe des deutschen Rechts in Anspruch nehmen.

(2) Die Finanzbehörden können zwischenstaatliche Rechts- und Amtshilfe auf Grund innerstaatlich anwendbarer völkerrechtlicher Vereinbarungen, innerstaatlich anwendbarer Rechtsakte der Europäischen Gemeinschaften sowie des EG-Amtshilfe-Gesetzes leisten.

(3) [1]Die Finanzbehörden können nach pflichtgemäßem Ermessen zwischenstaatliche Rechts- und Amtshilfe auf Ersuchen auch in anderen Fällen leisten, wenn

1. die Gegenseitigkeit verbürgt ist,
2. der ersuchende Staat gewährleistet, dass die übermittelten Auskünfte und Unterlagen nur für Zwecke seines Besteuerungs- oder Steuerstrafverfahrens (einschließlich Ordnungswidrigkeitenverfahren) verwendet werden, und dass die übermittelten Auskünfte und Unterlagen nur solchen Personen, Behörden oder Gerichten zugänglich gemacht werden, die mit der Bearbeitung der Steuersache oder Verfolgung der Steuerstraftat befasst sind,
3. der ersuchende Staat zusichert, dass er bereit ist, bei den Steuern vom Einkommen, Ertrag und Vermögen eine mögliche Doppelbesteuerung im Verständigungswege durch eine sachgerechte Abgrenzung der Besteuerungsgrundlagen zu vermeiden und
4. die Erledigung des Ersuchens die Souveränität, die Sicherheit, die öffentliche Ordnung oder andere wesentliche Interessen des Bundes oder seiner Gebietskörperschaften nicht beeinträchtigt und keine Gefahr besteht, dass dem inländischen Beteiligten ein mit dem Zweck der Rechts- und Amtshilfe nicht zu vereinbarender Schaden entsteht, falls ein Handels-, Industrie-, Gewerbe- oder Berufsgeheimnis oder ein Geschäftsverfahren, das auf Grund des Ersuchens offenbart werden soll, preisgegeben wird.

[2]Soweit die zwischenstaatliche Rechts- und Amtshilfe Steuern betrifft, die von den Landesfinanzbehörden verwaltet werden, entscheidet das Bundesministerium der Finanzen im Einvernehmen mit der zuständigen obersten Landesbehörde.

(4) [1]Bei der Durchführung der Rechts- und Amtshilfe richten sich die Befugnisse der Finanzbehörden sowie die Rechte und Pflichten der Beteiligten und anderer Personen nach den für Steuern im Sinne von § 1 Abs. 1 geltenden Vorschriften. [2]§ 114 findet entsprechende Anwendung. [3]Bei der Übermittlung von Auskünften und Unterlagen gilt für inländische Beteiligte § 91 entsprechend; soweit die Rechts- und Amtshilfe Steuern betrifft, die von den Landesfinanzbehörden verwaltet werden, hat eine Anhörung des inländischen Beteiligten abweichend von § 91 Abs. 1 stets stattzufinden, es sei denn, die Umsatzsteuer ist betroffen oder es liegt eine Ausnahme nach § 91 Abs. 2 oder 3 vor.

1) **Anm. d. Red.:** § 116 Abs. 1 i. d. F. des Art. 14 Nr. 3 JStG 2008 v. 20. 12. 2007 (BGBl I 3150).

(5) Das Bundesministerium der Finanzen wird ermächtigt, zur Förderung der zwischenstaatlichen Zusammenarbeit durch Rechtsverordnung mit Zustimmung des Bundesrates völkerrechtliche Vereinbarungen über die gegenseitige Rechts- und Amtshilfe auf dem Gebiete des Zollwesens in Kraft zu setzen, wenn sich die darin übernommenen Verpflichtungen im Rahmen der nach diesem Gesetz zulässigen zwischenstaatlichen Rechts- und Amtshilfe halten.

Zweiter Abschnitt: Verwaltungsakte

§ 118 Begriff des Verwaltungsakts

[1]Verwaltungsakt ist jede Verfügung, Entscheidung oder andere hoheitliche Maßnahme, die eine Behörde zur Regelung eines Einzelfalls auf dem Gebiet des öffentlichen Rechts trifft und die auf unmittelbare Rechtswirkung nach außen gerichtet ist. [2]Allgemeinverfügung ist ein Verwaltungsakt, der sich an einen nach allgemeinen Merkmalen bestimmten oder bestimmbaren Personenkreis richtet oder die öffentlich-rechtliche Eigenschaft einer Sache oder ihre Benutzung durch die Allgemeinheit betrifft.

§ 119 Bestimmtheit und Form des Verwaltungsakts

(1) Ein Verwaltungsakt muss inhaltlich hinreichend bestimmt sein.

(2) [1]Ein Verwaltungsakt kann schriftlich, elektronisch, mündlich oder in anderer Weise erlassen werden. [2]Ein mündlicher Verwaltungsakt ist schriftlich zu bestätigen, wenn hieran ein berechtigtes Interesse besteht und der Betroffene dies unverzüglich verlangt.

(3) [1]Ein schriftlich oder elektronisch erlassener Verwaltungsakt muss die erlassende Behörde erkennen lassen. [2]Ferner muss er die Unterschrift oder die Namenswiedergabe des Behördenleiters, seines Vertreters oder seines Beauftragten enthalten; dies gilt nicht für einen Verwaltungsakt, der formularmäßig oder mit Hilfe automatischer Einrichtungen erlassen wird. [3]Ist für einen Verwaltungsakt durch Gesetz eine Schriftform angeordnet, so muss bei einem elektronischen Verwaltungsakt auch das der Signatur zugrunde liegende qualifizierte Zertifikat oder ein zugehöriges qualifiziertes Attributzertifikat die erlassende Behörde erkennen lassen.

§ 120 Nebenbestimmungen zum Verwaltungsakt

(1) Ein Verwaltungsakt, auf den ein Anspruch besteht, darf mit einer Nebenbestimmung nur versehen werden, wenn sie durch Rechtsvorschrift zugelassen ist oder wenn sie sicherstellen soll, dass die gesetzlichen Voraussetzungen des Verwaltungsakts erfüllt werden.

(2) Unbeschadet des Absatzes 1 darf ein Verwaltungsakt nach pflichtgemäßem Ermessen erlassen werden mit

1. einer Bestimmung, nach der eine Vergünstigung oder Belastung zu einem bestimmten Zeitpunkt beginnt, endet oder für einen bestimmten Zeitraum gilt (Befristung),
2. einer Bestimmung, nach der der Eintritt oder der Wegfall einer Vergünstigung oder einer Belastung von dem ungewissen Eintritt eines zukünftigen Ereignisses abhängt (Bedingung),
3. einem Vorbehalt des Widerrufs

oder verbunden werden mit

4. einer Bestimmung, durch die dem Begünstigten ein Tun, Dulden oder Unterlassen vorgeschrieben wird (Auflage),
5. einem Vorbehalt der nachträglichen Aufnahme, Änderung oder Ergänzung einer Auflage.

(3) Eine Nebenbestimmung darf dem Zweck des Verwaltungsakts nicht zuwiderlaufen.

§ 121 Begründung des Verwaltungsakts

(1) Ein schriftlicher, elektronischer sowie ein schriftlich oder elektronisch bestätigter Verwaltungsakt ist mit einer Begründung zu versehen, soweit dies zu seinem Verständnis erforderlich ist.

(2) Einer Begründung bedarf es nicht,

1. soweit die Finanzbehörde einem Antrag entspricht oder einer Erklärung folgt und der Verwaltungsakt nicht in Rechte eines anderen eingreift,
2. soweit demjenigen, für den der Verwaltungsakt bestimmt ist oder der von ihm betroffen wird, die Auffassung der Finanzbehörde über die Sach- und Rechtslage bereits bekannt oder auch ohne Begründung für ihn ohne weiteres erkennbar ist,
3. wenn die Finanzbehörde gleichartige Verwaltungsakte in größerer Zahl oder Verwaltungsakte mit Hilfe automatischer Einrichtungen erlässt und die Begründung nach den Umständen des Einzelfalls nicht geboten ist,
4. wenn sich dies aus einer Rechtsvorschrift ergibt,
5. wenn eine Allgemeinverfügung öffentlich bekannt gegeben wird.

§ 122 Bekanntgabe des Verwaltungsakts

(1) [1]Ein Verwaltungsakt ist demjenigen Beteiligten bekannt zu geben, für den er bestimmt ist oder der von ihm betroffen wird. [2]§ 34 Abs. 2 ist entsprechend anzuwenden. [3]Der Verwaltungsakt kann auch gegenüber einem Bevollmächtigten bekannt gegeben werden.

(2) Ein schriftlicher Verwaltungsakt, der durch die Post übermittelt wird, gilt als bekannt gegeben

1. bei einer Übermittlung im Inland am dritten Tage nach der Aufgabe zur Post,
2. bei einer Übermittlung im Ausland einen Monat nach der Aufgabe zur Post,

außer wenn er nicht oder zu einem späteren Zeitpunkt zugegangen ist; im Zweifel hat die Behörde den Zugang des Verwaltungsakts und den Zeitpunkt des Zugangs nachzuweisen.

(2a) Ein elektronisch übermittelter Verwaltungsakt gilt am dritten Tage nach der Absendung als bekannt gegeben, außer wenn er nicht oder zu einem späteren Zeitpunkt zugegangen ist; im Zweifel hat die Behörde den Zugang des Verwaltungsakts und den Zeitpunkt des Zugangs nachzuweisen.

(3) [1]Ein Verwaltungsakt darf öffentlich bekannt gegeben werden, wenn dies durch Rechtsvorschrift zugelassen ist. [2]Eine Allgemeinverfügung darf auch dann öffentlich bekannt gegeben werden, wenn eine Bekanntgabe an die Beteiligten untunlich ist.

(4) [1]Die öffentliche Bekanntgabe eines Verwaltungsakts wird dadurch bewirkt, dass sein verfügender Teil ortsüblich bekannt gemacht wird. [2]In der ortsüblichen Bekanntmachung ist anzugeben, wo der Verwaltungsakt und seine Begründung eingesehen werden können. [3]Der Verwaltungsakt gilt zwei Wochen nach dem Tag der ortsüblichen Bekanntmachung als bekannt gegeben. [4]In einer Allgemeinverfügung kann ein hiervon abweichender Tag, jedoch frühestens der auf die Bekanntmachung folgende Tag bestimmt werden.

(5) [1]Ein Verwaltungsakt wird zugestellt, wenn dies gesetzlich vorgeschrieben ist oder behördlich angeordnet wird. [2]Die Zustellung richtet sich nach den Vorschriften des Verwaltungszustellungsgesetzes.

(6) Die Bekanntgabe eines Verwaltungsakts an einen Beteiligten zugleich mit Wirkung für und gegen andere Beteiligte ist zulässig, soweit die Beteiligten einverstanden sind; diese Beteiligten können nachträglich eine Abschrift des Verwaltungsakts verlangen.

(7) [1]Betreffen Verwaltungsakte Ehegatten oder Ehegatten mit ihren Kindern oder Alleinstehende mit ihren Kindern, so reicht es für die Bekanntgabe an alle Beteiligten aus, wenn ihnen eine Ausfertigung unter ihrer gemeinsamen Anschrift übermittelt wird. [2]Die Verwaltungsakte sind den Beteiligten einzeln bekannt zu geben, soweit sie dies bean-

tragt haben oder soweit der Finanzbehörde bekannt ist, dass zwischen ihnen ernstliche Meinungsverschiedenheiten bestehen.

§ 123 Bestellung eines Empfangsbevollmächtigten

[1]Ein Beteiligter ohne Wohnsitz oder gewöhnlichen Aufenthalt, Sitz oder Geschäftsleitung im Inland hat der Finanzbehörde auf Verlangen innerhalb einer angemessenen Frist einen Empfangsbevollmächtigten im Inland zu benennen. [2]Unterlässt er dies, so gilt ein an ihn gerichtetes Schriftstück einen Monat nach der Aufgabe zur Post und ein elektronisch übermitteltes Dokument am dritten Tage nach der Absendung als zugegangen. [3]Dies gilt nicht, wenn feststeht, dass das Schriftstück oder das elektronische Dokument den Empfänger nicht oder zu einem späteren Zeitpunkt erreicht hat. [4]Auf die Rechtsfolgen der Unterlassung ist der Beteiligte hinzuweisen.

§ 124 Wirksamkeit des Verwaltungsakts

(1) [1]Ein Verwaltungsakt wird gegenüber demjenigen, für den er bestimmt ist oder der von ihm betroffen wird, in dem Zeitpunkt wirksam, in dem er ihm bekannt gegeben wird. [2]Der Verwaltungsakt wird mit dem Inhalt wirksam, mit dem er bekannt gegeben wird.

(2) Ein Verwaltungsakt bleibt wirksam, solange und soweit er nicht zurückgenommen, widerrufen, anderweitig aufgehoben oder durch Zeitablauf oder auf andere Weise erledigt ist.

(3) Ein nichtiger Verwaltungsakt ist unwirksam.

§ 125 Nichtigkeit des Verwaltungsakts

(1) Ein Verwaltungsakt ist nichtig, soweit er an einem besonders schwerwiegenden Fehler leidet und dies bei verständiger Würdigung aller in Betracht kommenden Umstände offenkundig ist.

(2) Ohne Rücksicht auf das Vorliegen der Voraussetzungen des Absatzes 1 ist ein Verwaltungsakt nichtig,

1. der schriftlich oder elektronisch erlassen worden ist, die erlassende Finanzbehörde aber nicht erkennen lässt,
2. den aus tatsächlichen Gründen niemand befolgen kann,
3. der die Begehung einer rechtswidrigen Tat verlangt, die einen Straf- oder Bußgeldtatbestand verwirklicht,
4. der gegen die guten Sitten verstößt.

(3) Ein Verwaltungsakt ist nicht schon deshalb nichtig, weil

1. Vorschriften über die örtliche Zuständigkeit nicht eingehalten worden sind,
2. eine nach § 82 Abs. 1 Satz 1 Nr. 2 bis 6 und Satz 2 ausgeschlossene Person mitgewirkt hat,
3. ein durch Rechtsvorschrift zur Mitwirkung berufener Ausschuss den für den Erlass des Verwaltungsakts vorgeschriebenen Beschluss nicht gefasst hat oder nicht beschlussfähig war,
4. die nach einer Rechtsvorschrift erforderliche Mitwirkung einer anderen Behörde unterblieben ist.

(4) Betrifft die Nichtigkeit nur einen Teil des Verwaltungsakts, so ist er im Ganzen nichtig, wenn der nichtige Teil so wesentlich ist, dass die Finanzbehörde den Verwaltungsakt ohne den nichtigen Teil nicht erlassen hätte.

(5) Die Finanzbehörde kann die Nichtigkeit jederzeit von Amts wegen feststellen; auf Antrag ist sie festzustellen, wenn der Antragsteller hieran ein berechtigtes Interesse hat.

§ 126 Heilung von Verfahrens- und Formfehlern

(1) Eine Verletzung von Verfahrens- oder Formvorschriften, die nicht den Verwaltungsakt nach § 125 nichtig macht, ist unbeachtlich, wenn

1. der für den Verwaltungsakt erforderliche Antrag nachträglich gestellt wird,
2. die erforderliche Begründung nachträglich gegeben wird,
3. die erforderliche Anhörung eines Beteiligten nachgeholt wird,
4. der Beschluss eines Ausschusses, dessen Mitwirkung für den Erlass des Verwaltungsakts erforderlich ist, nachträglich gefasst wird,
5. die erforderliche Mitwirkung einer anderen Behörde nachgeholt wird.

(2) Handlungen nach Absatz 1 Nr. 2 bis 5 können bis zum Abschluss der Tatsacheninstanz eines finanzgerichtlichen Verfahrens nachgeholt werden.

(3) [1]Fehlt einem Verwaltungsakt die erforderliche Begründung oder ist die erforderliche Anhörung eines Beteiligten vor Erlass des Verwaltungsakts unterblieben und ist dadurch die rechtzeitige Anfechtung des Verwaltungsakts versäumt worden, so gilt die Versäumung der Einspruchsfrist als nicht verschuldet. [2]Das für die Wiedereinsetzungsfrist nach § 110 Abs. 2 maßgebende Ereignis tritt im Zeitpunkt der Nachholung der unterlassenen Verfahrenshandlung ein.

§ 127 Folgen von Verfahrens- und Formfehlern

Die Aufhebung eines Verwaltungsakts, der nicht nach § 125 nichtig ist, kann nicht allein deshalb beansprucht werden, weil er unter Verletzung von Vorschriften über das Verfahren, die Form oder die örtliche Zuständigkeit zustande gekommen ist, wenn keine andere Entscheidung in der Sache hätte getroffen werden können.

§ 128 Umdeutung eines fehlerhaften Verwaltungsakts

(1) Ein fehlerhafter Verwaltungsakt kann in einen anderen Verwaltungsakt umgedeutet werden, wenn er auf das gleiche Ziel gerichtet ist, von der erlassenden Finanzbehörde in der geschehenen Verfahrensweise und Form rechtmäßig hätte erlassen werden können und wenn die Voraussetzungen für dessen Erlass erfüllt sind.

(2) [1]Absatz 1 gilt nicht, wenn der Verwaltungsakt, in den der fehlerhafte Verwaltungsakt umzudeuten wäre, der erkennbaren Absicht der erlassenden Finanzbehörde widerspräche oder seine Rechtsfolgen für den Betroffenen ungünstiger wären als die des fehlerhaften Verwaltungsakts. [2]Eine Umdeutung ist ferner unzulässig, wenn der fehlerhafte Verwaltungsakt nicht zurückgenommen werden dürfte.

(3) Eine Entscheidung, die nur als gesetzlich gebundene Entscheidung ergehen kann, kann nicht in eine Ermessensentscheidung umgedeutet werden.

(4) § 91 ist entsprechend anzuwenden.

§ 129 Offenbare Unrichtigkeiten beim Erlass eines Verwaltungsakts

[1]Die Finanzbehörde kann Schreibfehler, Rechenfehler und ähnliche offenbare Unrichtigkeiten, die beim Erlass eines Verwaltungsakts unterlaufen sind, jederzeit berichtigen. [2]Bei berechtigtem Interesse des Beteiligten ist zu berichtigen. [3]Wird zu einem schriftlich ergangenen Verwaltungsakt die Berichtigung begehrt, ist die Finanzbehörde berechtigt, die Vorlage des Schriftstücks zu verlangen, das berichtigt werden soll.

§ 130 Rücknahme eines rechtswidrigen Verwaltungsakts

(1) Ein rechtswidriger Verwaltungsakt kann, auch nachdem er unanfechtbar geworden ist, ganz oder teilweise mit Wirkung für die Zukunft oder für die Vergangenheit zurückgenommen werden.

(2) Ein Verwaltungsakt, der ein Recht oder einen rechtlich erheblichen Vorteil begründet oder bestätigt hat (begünstigender Verwaltungsakt), darf nur dann zurückgenommen werden, wenn

1. er von einer sachlich unzuständigen Behörde erlassen worden ist,
2. er durch unlautere Mittel wie arglistige Täuschung, Drohung oder Bestechung erwirkt worden ist,
3. ihn der Begünstigte durch Angaben erwirkt hat, die in wesentlicher Beziehung unrichtig oder unvollständig waren,
4. seine Rechtswidrigkeit dem Begünstigten bekannt oder infolge grober Fahrlässigkeit nicht bekannt war.

(3) [1]Erhält die Finanzbehörde von Tatsachen Kenntnis, welche die Rücknahme eines rechtswidrigen begünstigenden Verwaltungsakts rechtfertigen, so ist die Rücknahme nur innerhalb eines Jahres seit dem Zeitpunkt der Kenntnisnahme zulässig. [2]Dies gilt nicht im Fall des Absatzes 2 Nr. 2.

(4) Über die Rücknahme entscheidet nach Unanfechtbarkeit des Verwaltungsakts die nach den Vorschriften über die örtliche Zuständigkeit zuständige Finanzbehörde; dies gilt auch dann, wenn der zurückzunehmende Verwaltungsakt von einer anderen Finanzbehörde erlassen worden ist; § 26 Satz 2 bleibt unberührt.

§ 131 Widerruf eines rechtmäßigen Verwaltungsakts

(1) Ein rechtmäßiger nicht begünstigender Verwaltungsakt kann, auch nachdem er unanfechtbar geworden ist, ganz oder teilweise mit Wirkung für die Zukunft widerrufen werden, außer wenn ein Verwaltungsakt gleichen Inhalts erneut erlassen werden müsste oder aus anderen Gründen ein Widerruf unzulässig ist.

(2) [1]Ein rechtmäßiger begünstigender Verwaltungsakt darf, auch nachdem er unanfechtbar geworden ist, ganz oder teilweise mit Wirkung für die Zukunft nur widerrufen werden,
1. wenn der Widerruf durch Rechtsvorschrift zugelassen oder im Verwaltungsakt vorbehalten ist,
2. wenn mit dem Verwaltungsakt eine Auflage verbunden ist und der Begünstigte diese nicht oder nicht innerhalb einer ihm gesetzten Frist erfüllt hat,
3. wenn die Finanzbehörde auf Grund nachträglich eingetretener Tatsachen berechtigt wäre, den Verwaltungsakt nicht zu erlassen, und wenn ohne den Widerruf das öffentliche Interesse gefährdet würde.

[2]§ 130 Abs. 3 gilt entsprechend.

(3) Der widerrufene Verwaltungsakt wird mit dem Wirksamwerden des Widerrufs unwirksam, wenn die Finanzbehörde keinen späteren Zeitpunkt bestimmt.

(4) Über den Widerruf entscheidet nach Unanfechtbarkeit des Verwaltungsakts die nach den Vorschriften über die örtliche Zuständigkeit zuständige Finanzbehörde; dies gilt auch dann, wenn der zu widerrufende Verwaltungsakt von einer anderen Finanzbehörde erlassen worden ist.

§ 132 Rücknahme, Widerruf, Aufhebung und Änderung im Rechtsbehelfsverfahren

[1]Die Vorschriften über Rücknahme, Widerruf, Aufhebung und Änderung von Verwaltungsakten gelten auch während eines Einspruchsverfahrens und während eines finanzgerichtlichen Verfahrens. [2]§ 130 Abs. 2 und 3 und § 131 Abs. 2 und 3 stehen der Rücknahme und dem Widerruf eines von einem Dritten angefochtenen begünstigenden Verwaltungsakts während des Einspruchsverfahrens oder des finanzgerichtlichen Verfahrens nicht entgegen, soweit dadurch dem Einspruch oder der Klage abgeholfen wird.

§ 133 Rückgabe von Urkunden und Sachen

[1]Ist ein Verwaltungsakt unanfechtbar widerrufen oder zurückgenommen oder ist seine Wirksamkeit aus einem anderen Grund nicht oder nicht mehr gegeben, so kann die Finanzbehörde die auf Grund dieses Verwaltungsakts erteilten Urkunden oder Sachen, die zum Nachweis der Rechte aus dem Verwaltungsakt oder zu deren Ausübung bestimmt

sind, zurückfordern. [2]Der Inhaber und, sofern er nicht der Besitzer ist, auch der Besitzer dieser Urkunden oder Sachen sind zu ihrer Herausgabe verpflichtet. [3]Der Inhaber oder der Besitzer kann jedoch verlangen, dass ihm die Urkunden oder Sachen wieder ausgehändigt werden, nachdem sie von der Finanzbehörde als ungültig gekennzeichnet sind; dies gilt nicht bei Sachen, bei denen eine solche Kennzeichnung nicht oder nicht mit der erforderlichen Offensichtlichkeit oder Dauerhaftigkeit möglich ist.

Vierter Teil: Durchführung der Besteuerung

Erster Abschnitt: Erfassung der Steuerpflichtigen

1. Unterabschnitt: Personenstands- und Betriebsaufnahme

§ 134[1] Personenstands- und Betriebsaufnahme

(1) [1]Zur Erfassung von Personen und Unternehmen, die der Besteuerung unterliegen, können die Gemeinden für die Finanzbehörden eine Personenstands- und Betriebsaufnahme durchführen. [2]Die Gemeinden haben hierbei die Befugnisse nach den §§ 328 bis 335.

(2) Die Personenstandsaufnahme erstreckt sich nicht auf diejenigen Angehörigen der Bundeswehr, der Bundespolizei und der Polizei, die in Dienstunterkünften untergebracht sind und keine andere Wohnung haben.

(3) [1]Die Landesregierungen bestimmen durch Rechtsverordnung den Zeitpunkt der Erhebungen. [2]Sie können den Umfang der Erhebungen (§ 135) auf bestimmte Gemeinden und bestimmte Angaben beschränken. [3]Die Landesregierungen können diese Ermächtigung durch Rechtsverordnung auf die obersten Finanzbehörden übertragen.

(4) [1]Mit der Personenstands- und Betriebsaufnahme können die Gemeinden für ihre Zwecke besondere Erhebungen verbinden, soweit für diese Erhebungen eine Rechtsgrundlage besteht. [2]Für solche Erhebungen gilt Absatz 1 Satz 2 nicht.

§ 135 Mitwirkungspflicht bei der Personenstands- und Betriebsaufnahme

(1) [1]Die Grundstückseigentümer sind verpflichtet, bei der Durchführung der Personenstands- und Betriebsaufnahme Hilfe zu leisten. [2]Sie haben insbesondere die Personen anzugeben, die auf dem Grundstück eine Wohnung, Wohnräume, eine Betriebstätte, Lagerräume oder sonstige Geschäftsräume haben.

(2) Die Wohnungsinhaber und die Untermieter haben über sich und über die zu ihrem Haushalt gehörenden Personen auf den amtlichen Vordrucken die Angaben zu machen, die für die Personenstands- und Betriebsaufnahme notwendig sind, insbesondere über Namen, Familienstand, Geburtstag und Geburtsort, Religionszugehörigkeit, Wohnsitz, Erwerbstätigkeit oder Beschäftigung, Betriebstätten.

(3) Die Inhaber von Betriebstätten, Lagerräumen oder sonstigen Geschäftsräumen haben über den Betrieb, der in diesen Räumen ausgeübt wird, die Angaben zu machen, die für die Betriebsaufnahme notwendig sind und in den amtlichen Vordrucken verlangt werden, insbesondere über Art und Größe des Betriebs und über die Betriebsinhaber.

§ 136 Änderungsmitteilungen für die Personenstandsaufnahme

Die Meldebehörden haben die ihnen nach den Vorschriften über das Meldewesen der Länder bekannt gewordenen Änderungen in den Angaben nach § 135 dem zuständigen Finanzamt mitzuteilen.

---

1) **Anm. d. Red.:** § 134 Abs. 2 i. d. F. des Art. 27 Gesetz zur Umbenennung des Bundesgrenzschutzes in Bundespolizei v. 21. 6. 2005 (BGBl I 1818).

AO

2. Unterabschnitt: Anzeigepflichten

§ 137 Steuerliche Erfassung von Körperschaften, Vereinigungen und Vermögensmassen

(1) Steuerpflichtige, die nicht natürliche Personen sind, haben dem nach § 20 zuständigen Finanzamt und den für die Erhebung der Realsteuern zuständigen Gemeinden die Umstände anzuzeigen, die für die steuerliche Erfassung von Bedeutung sind, insbesondere die Gründung, den Erwerb der Rechtsfähigkeit, die Änderung der Rechtsform, die Verlegung der Geschäftsleitung oder des Sitzes und die Auflösung.

(2) Die Mitteilungen sind innerhalb eines Monats seit dem meldepflichtigen Ereignis zu erstatten.

§ 138[1)] Anzeigen über die Erwerbstätigkeit

(1) [1]Wer einen Betrieb der Land- und Forstwirtschaft, einen gewerblichen Betrieb oder eine Betriebstätte eröffnet, hat dies nach amtlich vorgeschriebenem Vordruck der Gemeinde mitzuteilen, in der der Betrieb oder die Betriebstätte eröffnet wird; die Gemeinde unterrichtet unverzüglich das nach § 22 Abs. 1 zuständige Finanzamt von dem Inhalt der Mitteilung. [2]Ist die Festsetzung der Realsteuern den Gemeinden nicht übertragen worden, so tritt an die Stelle der Gemeinde das nach § 22 Abs. 2 zuständige Finanzamt. [3]Wer eine freiberufliche Tätigkeit aufnimmt, hat dies dem nach § 19 zuständigen Finanzamt mitzuteilen. [4]Das Gleiche gilt für die Verlegung und die Aufgabe eines Betriebs, einer Betriebstätte oder einer freiberuflichen Tätigkeit.

(1a) Unternehmer im Sinne des § 2 des Umsatzsteuergesetzes können ihre Anzeigepflichten nach Absatz 1 zusätzlich bei der für die Umsatzbesteuerung zuständigen Finanzbehörde elektronisch erfüllen.

(1b) [1]Durch Rechtsverordnung kann das Bundesministerium der Finanzen mit Zustimmung des Bundesrates zur Vereinfachung des Besteuerungsverfahrens bestimmen, dass Unternehmer im Sinne des § 2 des Umsatzsteuergesetzes anlässlich der Aufnahme der beruflichen oder gewerblichen Tätigkeit der Finanzbehörde zusätzlich zu den Anzeigen nach den Absätzen 1 und 1a auch Auskunft über die für die Besteuerung erheblichen rechtlichen und tatsächlichen Verhältnisse nach amtlich vorgeschriebenem Datensatz durch Datenfernübertragung zu erteilen haben. [2]In der Rechtsverordnung kann bestimmt werden, unter welchen Voraussetzungen auf eine elektronische Übermittlung verzichtet werden kann. [3]§ 150 Abs. 6 Satz 3 und 4 gilt entsprechend.

(2) Steuerpflichtige mit Wohnsitz, gewöhnlichem Aufenthalt, Geschäftsleitung oder Sitz im Geltungsbereich dieses Gesetzes haben dem nach den §§ 18 bis 20 zuständigen Finanzamt nach amtlich vorgeschriebenem Vordruck mitzuteilen:

1. die Gründung und den Erwerb von Betrieben und Betriebstätten im Ausland;
2. die Beteiligung an ausländischen Personengesellschaften oder deren Aufgabe oder Änderung;
3. den Erwerb von Beteiligungen an einer Körperschaft, Personenvereinigung oder Vermögensmasse im Sinne des § 2 Nr. 1 des Körperschaftsteuergesetzes, wenn damit unmittelbar eine Beteiligung von mindestens 10 Prozent oder mittelbar eine Beteiligung von mindestens 25 Prozent am Kapital oder am Vermögen der Körperschaft, Personenvereinigung oder Vermögensmasse erreicht wird oder wenn die Summe der Anschaffungskosten aller Beteiligungen mehr als 150 000 Euro beträgt.

(3) Die Mitteilungen sind innerhalb eines Monats nach dem meldepflichtigen Ereignis zu erstatten.

---

1) **Anm. d. Red.:** § 138 Abs. 1 i. d. F. des Art. 8 Nr. 3 StÄndG 2003 v. 15. 12. 2003 (BGBl I 2645); Abs. 1a eingefügt gem. Art. 9 Nr. 4 StVergAbG v. 16. 5. 2003 (BGBl I 660); Abs. 1b eingefügt gem. Art. 10 Nr. 3 Steuerbürokratieabbaugesetz v. 20. 12. 2008 (BGBl I 2850); Abs. 2 i. d. F. des Art. 10 Nr. 17 JStG 2007 v. 13. 12. 2006 (BGBl I 2878).

§ 139 Anmeldung von Betrieben in besonderen Fällen

(1) [1]Wer Waren gewinnen oder herstellen will, an deren Gewinnung, Herstellung, Entfernung aus dem Herstellungsbetrieb oder Verbrauch innerhalb des Herstellungsbetriebs eine Verbrauchsteuerpflicht geknüpft ist, hat dies der zuständigen Finanzbehörde vor Eröffnung des Betriebs anzumelden. [2]Das Gleiche gilt für den, der ein Unternehmen betreiben will, bei dem besondere Verkehrsteuern anfallen.

(2) [1]Durch Rechtsverordnung können Bestimmungen über den Zeitpunkt, die Form und den Inhalt der Anmeldung getroffen werden. [2]Die Rechtsverordnung erlässt die Bundesregierung, soweit es sich um Verkehrsteuern handelt, im Übrigen das Bundesministerium der Finanzen. [3]Die Rechtsverordnung des Bundesministeriums der Finanzen bedarf der Zustimmung des Bundesrates nur, soweit sie die Biersteuer betrifft.

3. Unterabschnitt[1]: Identifikationsmerkmal

§ 139a[2] Identifikationsmerkmal

(1) [1]Das Bundeszentralamt für Steuern teilt jedem Steuerpflichtigen zum Zwecke der eindeutigen Identifizierung in Besteuerungsverfahren ein einheitliches und dauerhaftes Merkmal (Identifikationsmerkmal) zu, das bei Anträgen, Erklärungen oder Mitteilungen gegenüber Finanzbehörden anzugeben ist. [2]Es besteht aus einer Ziffernfolge, die nicht aus anderen Daten über den Steuerpflichtigen gebildet oder abgeleitet werden darf; die letzte Stelle ist eine Prüfziffer. [3]Natürliche Personen erhalten eine Identifikationsnummer, wirtschaftlich Tätige eine Wirtschafts-Identifikationsnummer. [4]Der Steuerpflichtige ist über die Zuteilung eines Identifikationsmerkmals unverzüglich zu unterrichten.

(2) Steuerpflichtiger im Sinne dieses Unterabschnitts ist jeder, der nach einem Steuergesetz steuerpflichtig ist.

(3) Wirtschaftlich Tätige im Sinne dieses Unterabschnitts sind:

1. natürliche Personen, die wirtschaftlich tätig sind,
2. juristische Personen,
3. Personenvereinigungen.

§ 139b[3] Identifikationsnummer

(1) [1]Eine natürliche Person darf nicht mehr als eine Identifikationsnummer erhalten. [2]Jede Identifikationsnummer darf nur einmal vergeben werden.

(2) [1]Die Finanzbehörden dürfen die Identifikationsnummer nur erheben und verwenden, soweit dies zur Erfüllung ihrer gesetzlichen Aufgaben erforderlich ist oder eine Rechtsvorschrift die Erhebung oder Verwendung der Identifikationsnummer ausdrücklich erlaubt oder anordnet. [2]Andere öffentliche oder nicht öffentliche Stellen dürfen

1. die Identifikationsnummer nur erheben oder verwenden, soweit dies für Datenübermittlungen zwischen ihnen und den Finanzbehörden erforderlich ist oder eine Rechtsvorschrift die Erhebung oder Verwendung der Identifikationsnummer ausdrücklich erlaubt oder anordnet,

---

1) **Anm. d. Red.:** Unterabschnittsüberschrift eingefügt gem. Art. 8 Nr. 4 StÄndG 2003 v. 15. 12. 2003 (BGBl I 2645).

2) **Anm. d. Red.:** § 139a eingefügt gem. Art. 8 Nr. 4 StÄndG 2003 v. 15. 12. 2003 (BGBl I 2645); Abs. 1 i. d. F. des Art. 4 Nr. 22 Gesetz zur Neuorganisation der Bundesfinanzverwaltung und zur Schaffung eines Refinanzierungsregisters v. 22. 9. 2005 (BGBl I 2809).

3) **Anm. d. Red.:** § 139b eingefügt gem. Art. 8 Nr. 4 StÄndG 2003 v. 15. 12. 2003 (BGBl I 2645); Abs. 3, 5 bis 8 i. d. F. des Art. 14 Nr. 4 JStG 2008 v. 20. 12. 2007 (BGBl I 3150); Abs. 4 i. d. F. des Art. 8 Nr. 4 EURLUmsG v. 9. 12. 2004 (BGBl I 3310); Abs. 9 i. d. F. des Art. 4 Nr. 22 Gesetz zur Neuorganisation der Bundesfinanzverwaltung und zur Schaffung eines Refinanzierungsregisters v. 22. 9. 2005 (BGBl I 2809).

AO

2. ihre Dateien nur insoweit nach der Identifikationsnummer ordnen oder für den Zugriff erschließen, als dies für regelmäßige Datenübermittlungen zwischen ihnen und den Finanzbehörden erforderlich ist.

[3]Vertragsbestimmungen und Einwilligungserklärungen, die darauf gerichtet sind, eine nach den vorstehenden Bestimmungen nicht zulässige Erhebung oder Verwendung der Identifikationsnummer zu ermöglichen, sind unwirksam.

(3) Das Bundeszentralamt für Steuern speichert zu natürlichen Personen folgende Daten:

1. Identifikationsnummer,
2. Wirtschafts-Identifikationsnummern,
3. Familienname,
4. frühere Namen,
5. Vornamen,
6. Doktorgrad,
7. (weggefallen)
8. Tag und Ort der Geburt,
9. Geschlecht,
10. gegenwärtige oder letzte bekannte Anschrift,
11. zuständige Finanzbehörden,
12. Übermittlungssperren nach dem Melderechtsrahmengesetz und den Meldegesetzen der Länder,
13. Sterbetag.

(4) Die in Absatz 3 aufgeführten Daten werden gespeichert, um

1. sicherzustellen, dass eine Person nur eine Identifikationsnummer erhält und eine Identifikationsnummer nicht mehrfach vergeben wird,
2. die Identifikationsnummer eines Steuerpflichtigen festzustellen,
3. zu erkennen, welche Finanzbehörden für einen Steuerpflichtigen zuständig sind,
4. Daten, die auf Grund eines Gesetzes oder nach über- und zwischenstaatlichem Recht entgegenzunehmen sind, an die zuständigen Stellen weiterleiten zu können,
5. den Finanzbehörden die Erfüllung der ihnen durch Rechtsvorschrift zugewiesenen Aufgaben zu ermöglichen.

(5) [1]Die in Absatz 3 aufgeführten Daten dürfen nur für die in Absatz 4 genannten Zwecke verwendet werden. [2]Übermittlungssperren nach dem Melderechtsrahmengesetz und den Meldegesetzen der Länder sind zu beachten und im Fall einer zulässigen Datenübermittlung ebenfalls zu übermitteln. [3]Der Dritte, an den die Daten übermittelt werden, hat die Übermittlungssperren ebenfalls zu beachten.

(6) [1]Zum Zwecke der erstmaligen Zuteilung der Identifikationsnummer übermitteln die Meldebehörden dem Bundeszentralamt für Steuern für jeden in ihrem Zuständigkeitsbereich mit alleiniger Wohnung oder Hauptwohnung im Melderegister registrierten Einwohner folgende Daten:

1. Familienname,
2. frühere Namen,
3. Vornamen,
4. Doktorgrad,
5. (weggefallen)
6. Tag und Ort der Geburt,
7. Geschlecht,
8. gegenwärtige Anschrift der alleinigen Wohnung oder der Hauptwohnung,
9. Tag des Ein- und Auszugs,

10. Übermittlungssperren nach dem Melderechtsrahmengesetz und den Meldegesetzen der Länder.

[2]Hierzu haben die Meldebehörden jedem in ihrem Zuständigkeitsbereich mit alleiniger Wohnung oder Hauptwohnung registrierten Einwohner ein Vorläufiges Bearbeitungsmerkmal zu vergeben. [3]Dieses übermitteln sie zusammen mit den Daten nach Satz 1 an das Bundeszentralamt für Steuern. [4]Die Übermittlung der Daten nach Satz 1 erfolgt ab dem Zeitpunkt der Einführung des Identifikationsmerkmals, der durch Rechtsverordnung des Bundesministeriums der Finanzen auf Grund von Artikel 97 § 5 Satz 1 des Einführungsgesetzes zur Abgabenordnung bestimmt wird. [5]Das Bundeszentralamt für Steuern teilt der zuständigen Meldebehörde die dem Steuerpflichtigen zugeteilte Identifikationsnummer zur Speicherung im Melderegister unter Angabe des Vorläufigen Bearbeitungsmerkmals mit und löscht das Vorläufige Bearbeitungsmerkmal anschließend. [6]Die Daten nach Satz 1 Nr. 9 sind spätestens mit Ablauf des der Übermittlung durch die Meldebehörden folgenden Kalendermonats zu löschen.

(7) [1]Die Meldebehörden haben im Falle der Speicherung einer Geburt im Melderegister sowie im Falle der Speicherung einer Person, für die bisher keine Identifikationsnummer zugeteilt worden ist, dem Bundeszentralamt für Steuern die Daten nach Absatz 6 Satz 1 zum Zwecke der Zuteilung der Identifikationsnummer zu übermitteln. [2]Absatz 6 Satz 2 bis 6 gilt entsprechend.

(8) Die Meldebehörde teilt dem Bundeszentralamt für Steuern Änderungen der in Absatz 6 Satz 1 Nr. 1 bis 10 bezeichneten Daten sowie bei Sterbefällen den Sterbetag unter Angabe der Identifikationsnummer oder, sofern diese noch nicht zugeteilt wurde, unter Angabe des Vorläufigen Bearbeitungsmerkmals mit.

(9) Das Bundeszentralamt für Steuern unterrichtet die Meldebehörden, wenn ihm konkrete Anhaltspunkte für die Unrichtigkeit der ihm von den Meldebehörden übermittelten Daten vorliegen.

§ 139c[1)] Wirtschafts-Identifikationsnummer

(1) [1]Die Wirtschafts-Identifikationsnummer wird auf Anforderung der zuständigen Finanzbehörde vergeben. [2]Sie beginnt mit den Buchstaben „DE". [3]Jede Wirtschafts-Identifikationsnummer darf nur einmal vergeben werden.

(2) [1]Die Finanzbehörden dürfen die Wirtschafts-Identifikationsnummer nur erheben und verwenden, soweit dies zur Erfüllung ihrer gesetzlichen Aufgaben erforderlich ist oder eine Rechtsvorschrift dies erlaubt oder anordnet. [2]Andere öffentliche oder nicht öffentliche Stellen dürfen die Wirtschafts-Identifikationsnummer nur erheben oder verwenden, soweit dies zur Erfüllung ihrer Aufgaben oder Geschäftszwecke oder für Datenübermittlungen zwischen ihnen und den Finanzbehörden erforderlich ist. [3]Soweit die Wirtschafts-Identifikationsnummer andere Nummern ersetzt, bleiben Rechtsvorschriften, die eine Übermittlung durch die Finanzbehörden an andere Behörden regeln, unberührt.

(3) Das Bundeszentralamt für Steuern speichert zu natürlichen Personen, die wirtschaftlich tätig sind, folgende Daten:

1. Wirtschafts-Identifikationsnummer,
2. Identifikationsnummer,
3. Firma (§§ 17 ff. des Handelsgesetzbuchs) oder Name des Unternehmens,
4. frühere Firmennamen oder Namen des Unternehmens,
5. Rechtsform,
6. Wirtschaftszweignummer,

1) **Anm. d. Red.:** § 139c eingefügt gem. Art. 8 Nr. 4 StÄndG 2003 v. 15. 12. 2003 (BGBl I 2645); Abs. 1 und 6 i. d. F. des Art. 8 Nr. 5 EURLUmsG v. 9. 12. 2004 (BGBl I 3310); Abs. 3 bis 5 i. d. F. des Art. 4 Nr. 22 Gesetz zur Neuorganisation der Bundesfinanzverwaltung und zur Schaffung eines Refinanzierungsregisters v. 22. 9. 2005 (BGBl I 2809).

7. amtlicher Gemeindeschlüssel,
8. Anschrift des Unternehmens, Firmensitz,
9. Handelsregistereintrag (Registergericht, Datum und Nummer der Eintragung),
10. Datum der Betriebseröffnung oder Zeitpunkt der Aufnahme der Tätigkeit,
11. Datum der Betriebseinstellung oder Zeitpunkt der Beendigung der Tätigkeit,
12. zuständige Finanzbehörden.

(4) Das Bundeszentralamt für Steuern speichert zu juristischen Personen folgende Daten:

1. Wirtschafts-Identifikationsnummer,
2. Identifikationsmerkmale der gesetzlichen Vertreter,
3. Firma (§§ 17 ff. des Handelsgesetzbuchs),
4. frühere Firmennamen,
5. Rechtsform,
6. Wirtschaftszweignummer,
7. amtlicher Gemeindeschlüssel,
8. Sitz gemäß § 11, insbesondere Ort der Geschäftsleitung,
9. Datum des Gründungsaktes,
10. Handels-, Genossenschafts- oder Vereinsregistereintrag (Registergericht, Datum und Nummer der Eintragung),
11. Datum der Betriebseröffnung oder Zeitpunkt der Aufnahme der Tätigkeit,
12. Datum der Betriebseinstellung oder Zeitpunkt der Beendigung der Tätigkeit,
13. Zeitpunkt der Auflösung,
14. Datum der Löschung im Register,
15. verbundene Unternehmen,
16. zuständige Finanzbehörden.

(5) Das Bundeszentralamt für Steuern speichert zu Personenvereinigungen folgende Daten:

1. Wirtschafts-Identifikationsnummer,
2. Identifikationsmerkmale der gesetzlichen Vertreter,
3. Identifikationsmerkmale der Beteiligten,
4. Firma (§§ 17 ff. des Handelsgesetzbuchs) oder Name der Personenvereinigung,
5. frühere Firmennamen oder Namen der Personenvereinigung,
6. Rechtsform,
7. Wirtschaftszweignummer,
8. amtlicher Gemeindeschlüssel,
9. Sitz gemäß § 11, insbesondere Ort der Geschäftsleitung,
10. Datum des Gesellschaftsvertrags,
11. Handels- oder Partnerschaftsregistereintrag (Registergericht, Datum und Nummer der Eintragung),
12. Datum der Betriebseröffnung oder Zeitpunkt der Aufnahme der Tätigkeit,
13. Datum der Betriebseinstellung oder Zeitpunkt der Beendigung der Tätigkeit,
14. Zeitpunkt der Auflösung,
15. Zeitpunkt der Beendigung,
16. Datum der Löschung im Register,
17. verbundene Unternehmen,
18. zuständige Finanzbehörden.

(6) Die Speicherung der in den Absätzen 3 bis 5 aufgeführten Daten erfolgt, um

1. sicherzustellen, dass eine vergebene Wirtschafts-Identifikationsnummer nicht noch einmal für einen anderen wirtschaftlich Tätigen verwendet wird,
2. für einen wirtschaftlich Tätigen die vergebene Wirtschafts-Identifikationsnummer festzustellen,
3. zu erkennen, welche Finanzbehörden zuständig sind,
4. Daten, die auf Grund eines Gesetzes oder nach über- und zwischenstaatlichem Recht entgegenzunehmen sind, an die zuständigen Stellen weiterleiten zu können,
5. den Finanzbehörden die Erfüllung der ihnen durch Rechtsvorschrift zugewiesenen Aufgaben zu ermöglichen.

(7) Die in Absatz 3 aufgeführten Daten dürfen nur für die in Absatz 6 genannten Zwecke verwendet werden, es sei denn, eine Rechtsvorschrift sieht eine andere Verwendung ausdrücklich vor.

§ 139d[1)] Verordnungsermächtigung

Die Bundesregierung bestimmt durch Rechtsverordnung mit Zustimmung des Bundesrates:

1. organisatorische und technische Maßnahmen zur Wahrung des Steuergeheimnisses, insbesondere zur Verhinderung eines unbefugten Zugangs zu Daten, die durch § 30 geschützt sind,
2. Richtlinien zur Vergabe der Identifikationsnummer nach § 139b und der Wirtschafts-Identifikationsnummer nach § 139c,
3. Fristen, nach deren Ablauf die nach §§ 139b und 139c gespeicherten Daten zu löschen sind, sowie
4. die Form und das Verfahren der Datenübermittlungen nach § 139b Abs. 6 bis 9.

Zweiter Abschnitt: Mitwirkungspflichten

1. Unterabschnitt: Führung von Büchern und Aufzeichnungen

§ 140 Buchführungs- und Aufzeichnungspflichten nach anderen Gesetzen

Wer nach anderen Gesetzen als den Steuergesetzen Bücher und Aufzeichnungen zu führen hat, die für die Besteuerung von Bedeutung sind, hat die Verpflichtungen, die ihm nach den anderen Gesetzen obliegen, auch für die Besteuerung zu erfüllen.

§ 141[2)] Buchführungspflicht bestimmter Steuerpflichtiger

(1) [1]Gewerbliche Unternehmer sowie Land- und Forstwirte, die nach den Feststellungen der Finanzbehörde für den einzelnen Betrieb

1. Umsätze einschließlich der steuerfreien Umsätze, ausgenommen die Umsätze nach § 4 Nr. 8 bis 10 des Umsatzsteuergesetzes, von mehr als 500 000 Euro im Kalenderjahr oder
2. (weggefallen)
3. selbstbewirtschaftete land- und forstwirtschaftliche Flächen mit einem Wirtschaftswert (§ 46 des Bewertungsgesetzes) von mehr als 25 000 Euro oder
4. einen Gewinn aus Gewerbebetrieb von mehr als 50 000 Euro im Wirtschaftsjahr oder

1) **Anm. d. Red.:** § 139d eingefügt gem. Art. 8 Nr. 4 StÄndG 2003 v. 15. 12. 2003 (BGBl I 2645); Nr. 4 i. d. F. des Art. 10 Nr. 11 JStG 2007 v. 13. 12. 2006 (BGBl I 2878).

2) **Anm. d. Red.:** § 141 Abs. 1 i. d. F. des Art. 13 Abs. 9 BilMoG v. 25. 5. 2009 (BGBl I 1102). — Der Gesetzgeber hat offensichtlich übersehen, den § 141 Abs. 4 der Änderung des Abs. 1 Nr. 5 (für Gewinne der Kj, die nach dem 31. 12. 2007 beginnen) anzupassen.

5. einen Gewinn aus Land- und Forstwirtschaft von mehr als 50 000 Euro im Kalenderjahr

gehabt haben, sind auch dann verpflichtet, für diesen Betrieb Bücher zu führen und auf Grund jährlicher Bestandsaufnahmen Abschlüsse zu machen, wenn sich eine Buchführungspflicht nicht aus § 140 ergibt. [2]Die §§ 238, 240, 241, 242 Abs. 1 und die §§ 243 bis 256 des Handelsgesetzbuchs gelten sinngemäß, sofern sich nicht aus den Steuergesetzen etwas anderes ergibt. [3]Bei der Anwendung der Nummer 3 ist der Wirtschaftswert aller vom Land- und Forstwirt selbstbewirtschafteten Flächen maßgebend, unabhängig davon, ob sie in seinem Eigentum stehen oder nicht. [4]Bei Land- und Forstwirten, die nach Nummern 1, 3 oder 5 zur Buchführung verpflichtet sind, braucht sich die Bestandsaufnahme nicht auf das stehende Holz zu erstrecken.

(2) [1]Die Verpflichtung nach Absatz 1 ist vom Beginn des Wirtschaftsjahrs an zu erfüllen, das auf die Bekanntgabe der Mitteilung folgt, durch die die Finanzbehörde auf den Beginn dieser Verpflichtung hingewiesen hat. [2]Die Verpflichtung endet mit dem Ablauf des Wirtschaftsjahrs, das auf das Wirtschaftsjahr folgt, in dem die Finanzbehörde feststellt, dass die Voraussetzungen nach Absatz 1 nicht mehr vorliegen.

(3) [1]Die Buchführungspflicht geht auf denjenigen über, der den Betrieb im Ganzen zur Bewirtschaftung als Eigentümer oder Nutzungsberechtigter übernimmt. [2]Ein Hinweis nach Absatz 2 auf den Beginn der Buchführungspflicht ist nicht erforderlich.

(4) Absatz 1 Nr. 5 in der vorstehenden Fassung ist erstmals auf den Gewinn des Kalenderjahrs 1980 anzuwenden.

§ 142 Ergänzende Vorschriften für Land- und Forstwirte

[1]Land- und Forstwirte, die nach § 141 Abs. 1 Nr. 1, 3 oder 5 zur Buchführung verpflichtet sind, haben neben den jährlichen Bestandsaufnahmen und den jährlichen Abschlüssen ein Anbauverzeichnis zu führen. [2]In dem Anbauverzeichnis ist nachzuweisen, mit welchen Fruchtarten die selbstbewirtschafteten Flächen im abgelaufenen Wirtschaftsjahr bestellt waren.

§ 143 Aufzeichnung des Wareneingangs

(1) Gewerbliche Unternehmer müssen den Wareneingang gesondert aufzeichnen.

(2) [1]Aufzuzeichnen sind alle Waren einschließlich der Rohstoffe, unfertigen Erzeugnisse, Hilfsstoffe und Zutaten, die der Unternehmer im Rahmen seines Gewerbebetriebs zur Weiterveräußerung oder zum Verbrauch entgeltlich oder unentgeltlich, für eigene oder für fremde Rechnung, erwirbt; dies gilt auch dann, wenn die Waren vor der Weiterveräußerung oder dem Verbrauch be- oder verarbeitet werden sollen. [2]Waren, die nach Art des Betriebs üblicherweise für den Betrieb zur Weiterveräußerung oder zum Verbrauch erworben werden, sind auch dann aufzuzeichnen, wenn sie für betriebsfremde Zwecke verwendet werden.

(3) Die Aufzeichnungen müssen die folgenden Angaben enthalten:

1. den Tag des Wareneingangs oder das Datum der Rechnung,
2. den Namen oder die Firma und die Anschrift des Lieferers,
3. die handelsübliche Bezeichnung der Ware,
4. den Preis der Ware,
5. einen Hinweis auf den Beleg.

§ 144[1)] Aufzeichnung des Warenausgangs

(1) Gewerbliche Unternehmer, die nach der Art ihres Geschäftsbetriebs Waren regelmäßig an andere gewerbliche Unternehmer zur Weiterveräußerung oder zum Verbrauch

1) **Anm. d. Red.:** § 144 Abs. 4 i. d. F. des Art. 8 Nr. 5 StÄndG 2003 v. 15. 12. 2003 (BGBl I 2645).

als Hilfsstoffe liefern, müssen den erkennbar für diese Zwecke bestimmten Warenausgang gesondert aufzeichnen.

(2) [1]Aufzuzeichnen sind auch alle Waren, die der Unternehmer

1. auf Rechnung (auf Ziel, Kredit, Abrechnung oder Gegenrechnung), durch Tausch oder unentgeltlich liefert, oder
2. gegen Barzahlung liefert, wenn die Ware wegen der abgenommenen Menge zu einem Preis veräußert wird, der niedriger ist als der übliche Preis für Verbraucher.

[2]Dies gilt nicht, wenn die Ware erkennbar nicht zur gewerblichen Weiterverwendung bestimmt ist.

(3) Die Aufzeichnungen müssen die folgenden Angaben enthalten:

1. den Tag des Warenausgangs oder das Datum der Rechnung,
2. den Namen oder die Firma und die Anschrift des Abnehmers,
3. die handelsübliche Bezeichnung der Ware,
4. den Preis der Ware,
5. einen Hinweis auf den Beleg.

(4) [1]Der Unternehmer muss über jeden Ausgang der in den Absätzen 1 und 2 genannten Waren einen Beleg erteilen, der die in Absatz 3 bezeichneten Angaben sowie seinen Namen oder die Firma und seine Anschrift enthält. [2]Dies gilt insoweit nicht, als nach § 14 Abs. 2 des Umsatzsteuergesetzes 1999 durch die dort bezeichneten Leistungsempfänger eine Gutschrift erteilt wird oder auf Grund des § 14 Abs. 6 des Umsatzsteuergesetzes 1999 Erleichterungen gewährt werden.

(5) Die Absätze 1 bis 4 gelten auch für Land- und Forstwirte, die nach § 141 buchführungspflichtig sind.

§ 145 Allgemeine Anforderungen an Buchführung und Aufzeichnungen

(1) [1]Die Buchführung muss so beschaffen sein, dass sie einem sachverständigen Dritten innerhalb angemessener Zeit einen Überblick über die Geschäftsvorfälle und über die Lage des Unternehmens vermitteln kann. [2]Die Geschäftsvorfälle müssen sich in ihrer Entstehung und Abwicklung verfolgen lassen.

(2) Aufzeichnungen sind so vorzunehmen, dass der Zweck, den sie für die Besteuerung erfüllen sollen, erreicht wird.

§ 146[1)] Ordnungsvorschriften für die Buchführung und für Aufzeichnungen

(1) [1]Die Buchungen und die sonst erforderlichen Aufzeichnungen sind vollständig, richtig, zeitgerecht und geordnet vorzunehmen. [2]Kasseneinnahmen und Kassenausgaben sollen täglich festgehalten werden.

(2) [1]Bücher und die sonst erforderlichen Aufzeichnungen sind im Geltungsbereich dieses Gesetzes zu führen und aufzubewahren. [2]Dies gilt nicht, soweit für Betriebstätten außerhalb des Geltungsbereichs dieses Gesetzes nach dortigem Recht eine Verpflichtung besteht, Bücher und Aufzeichnungen zu führen, und diese Verpflichtung erfüllt wird. [3]In diesem Fall sowie bei Organgesellschaften außerhalb des Geltungsbereichs dieses Gesetzes müssen die Ergebnisse der dortigen Buchführung in die Buchführung des hiesigen Unternehmens übernommen werden, soweit sie für die Besteuerung von Bedeutung sind. [4]Dabei sind die erforderlichen Anpassungen an die steuerrechtlichen Vorschriften im Geltungsbereich dieses Gesetzes vorzunehmen und kenntlich zu machen.

(2a) [1]Abweichend von Absatz 2 Satz 1 kann die zuständige Finanzbehörde auf schriftlichen Antrag des Steuerpflichtigen bewilligen, dass elektronische Bücher und sonstige erforderliche elektronische Aufzeichnungen in einem Mitgliedstaat der Europäischen Union geführt und aufbewahrt werden. [2]Dasselbe gilt für einen anderen Staat, auf den

1) **Anm. d. Red.:** § 146 Abs. 2a und 2b eingefügt gem. Art. 10 Nr. 8 JStG 2009 v. 19. 12. 2008 (BGBl I 2794).

das Abkommen über den Europäischen Wirtschaftsraum vom 3. Januar 1994 (ABl EG Nr. L 1 S. 3) in der jeweils geltenden Fassung Anwendung findet, mit dem eine Rechtsvereinbarung über Amtshilfe besteht, deren Anwendungsbereich mit dem

1. der Richtlinie 77/799/EWG des Rates vom 19. Dezember 1977 über die gegenseitige Amtshilfe zwischen den zuständigen Behörden der Mitgliedstaaten im Bereich der direkten Steuern (ABl EG Nr. L 336 S. 15) sowie
2. der Verordnung (EG) Nr. 1798/2003 des Rates vom 7. Oktober 2003 über die Zusammenarbeit der Verwaltungsbehörden auf dem Gebiet der Mehrwertsteuer und zur Aufhebung der Verordnung (EWG) Nr. 218/92 (ABl EU Nr. L 264 S. 1)

in der jeweils geltenden Fassung vergleichbar ist. [3]Voraussetzungen sind, dass

1. der Steuerpflichtige die Zustimmung zur Durchführung eines Zugriffs auf elektronische Bücher und sonstige erforderliche elektronische Aufzeichnungen der zuständigen Stelle des Staates, in den die elektronischen Bücher und Aufzeichnungen verlagert werden sollen, vorlegt,
2. der Steuerpflichtige der zuständigen Finanzbehörde den Standort des Datenverarbeitungssystems und bei Beauftragung eines Dritten dessen Namen und Anschrift mitteilt,
3. der Steuerpflichtige seinen sich aus den §§ 90, 93, 97, 140 bis 147 und 200 Abs. 1 und 2 ergebenden Pflichten ordnungsgemäß nachgekommen ist und
4. der Datenzugriff nach § 147 Abs. 6 in vollem Umfang möglich ist.

[4]Eine Änderung der unter Satz 3 Nr. 1 und 2 benannten Umstände ist der zuständigen Finanzbehörde unverzüglich mitzuteilen. [5]Liegen die Voraussetzungen der Sätze 1 und 2 oder Satz 3 Nr. 1 oder Nr. 2 nicht vor, kann die zuständige Finanzbehörde die Führung und Aufbewahrung elektronischer Bücher und sonstiger erforderlicher elektronischer Aufzeichnungen außerhalb des Geltungsbereichs dieses Gesetzes nur bewilligen, wenn die Besteuerung hierdurch nicht beeinträchtigt wird. [6]Fällt der Bewilligungsgrund weg, hat die zuständige Finanzbehörde die Bewilligung zu widerrufen und die unverzügliche Rückverlagerung der elektronischen Bücher und sonstigen erforderlichen elektronischen Aufzeichnungen in den Geltungsbereich dieses Gesetzes zu verlangen; den Vollzug hat der Steuerpflichtige nachzuweisen.

(2b) Kommt der Steuerpflichtige der Aufforderung zur Rückverlagerung seiner elektronischen Buchführung oder seinen Pflichten nach Absatz 2a Satz 4, zur Einräumung des Datenzugriffs nach § 147 Abs. 6, zur Erteilung von Auskünften oder zur Vorlage angeforderter Unterlagen im Sinne des § 200 Abs. 1 im Rahmen einer Außenprüfung innerhalb einer ihm bestimmten angemessenen Frist nach Bekanntgabe durch die zuständige Finanzbehörde nicht nach oder hat er seine elektronische Buchführung ohne Bewilligung der zuständigen Finanzbehörde ins Ausland verlagert, kann ein Verzögerungsgeld von 2 500 Euro bis 250 000 Euro festgesetzt werden.

(3) [1]Die Buchungen und die sonst erforderlichen Aufzeichnungen sind in einer lebenden Sprache vorzunehmen. [2]Wird eine andere als die deutsche Sprache verwendet, so kann die Finanzbehörde Übersetzungen verlangen. [3]Werden Abkürzungen, Ziffern, Buchstaben oder Symbole verwendet, muss im Einzelfall deren Bedeutung eindeutig festliegen.

(4) [1]Eine Buchung oder eine Aufzeichnung darf nicht in einer Weise verändert werden, dass der ursprüngliche Inhalt nicht mehr feststellbar ist. [2]Auch solche Veränderungen dürfen nicht vorgenommen werden, deren Beschaffenheit es ungewiss lässt, ob sie ursprünglich oder erst später gemacht worden sind.

(5) [1]Die Bücher und die sonst erforderlichen Aufzeichnungen können auch in der geordneten Ablage von Belegen bestehen oder auf Datenträgern geführt werden, soweit diese Formen der Buchführung einschließlich des dabei angewandten Verfahrens den Grundsätzen ordnungsmäßiger Buchführung entsprechen; bei Aufzeichnungen, die allein nach den Steuergesetzen vorzunehmen sind, bestimmt sich die Zulässigkeit des angewendeten Verfahrens nach dem Zweck, den die Aufzeichnungen für die Besteuerung erfüllen sollen. [2]Bei der Führung der Bücher und der sonst erforderlichen Aufzeichnun-

gen auf Datenträgern muss insbesondere sichergestellt sein, dass während der Dauer der Aufbewahrungsfrist die Daten jederzeit verfügbar sind und unverzüglich lesbar gemacht werden können. [3]Dies gilt auch für die Befugnisse der Finanzbehörde nach § 147 Abs. 6. [4]Absätze 1 bis 4 gelten sinngemäß.

(6) Die Ordnungsvorschriften gelten auch dann, wenn der Unternehmer Bücher und Aufzeichnungen, die für die Besteuerung von Bedeutung sind, führt, ohne hierzu verpflichtet zu sein.

§ 147[1)] Ordnungsvorschriften für die Aufbewahrung von Unterlagen

(1) Die folgenden Unterlagen sind geordnet aufzubewahren:

1. Bücher und Aufzeichnungen, Inventare, Jahresabschlüsse, Lageberichte, die Eröffnungsbilanz sowie die zu ihrem Verständnis erforderlichen Arbeitsanweisungen und sonstigen Organisationsunterlagen,
2. die empfangenen Handels- oder Geschäftsbriefe,
3. Wiedergaben der abgesandten Handels- oder Geschäftsbriefe,
4. Buchungsbelege,

4a. Unterlagen, die einer mit Mitteln der Datenverarbeitung abgegebenen Zollanmeldung nach Artikel 77 Abs. 1 in Verbindung mit Artikel 62 Abs. 2 Zollkodex beizufügen sind, sofern die Zollbehörden nach Artikel 77 Abs. 2 Satz 1 Zollkodex auf ihre Vorlage verzichtet oder sie nach erfolgter Vorlage zurückgegeben haben,

5. sonstige Unterlagen, soweit sie für die Besteuerung von Bedeutung sind.

(2) Mit Ausnahme der Jahresabschlüsse, der Eröffnungsbilanz und der Unterlagen nach Absatz 1 Nr. 4a können die in Absatz 1 aufgeführten Unterlagen auch als Wiedergabe auf einem Bildträger oder auf anderen Datenträgern aufbewahrt werden, wenn dies den Grundsätzen ordnungsmäßiger Buchführung entspricht und sichergestellt ist, dass die Wiedergabe oder die Daten

1. mit den empfangenen Handels- oder Geschäftsbriefen und den Buchungsbelegen bildlich und mit den anderen Unterlagen inhaltlich übereinstimmen, wenn sie lesbar gemacht werden,
2. während der Dauer der Aufbewahrungsfrist jederzeit verfügbar sind, unverzüglich lesbar gemacht und maschinell ausgewertet werden können.

(3) [1]Die in Absatz 1 Nr. 1, 4 und 4a aufgeführten Unterlagen sind zehn Jahre, die sonstigen in Absatz 1 aufgeführten Unterlagen sechs Jahre aufzubewahren, sofern nicht in anderen Steuergesetzen kürzere Aufbewahrungsfristen zugelassen sind. [2]Kürzere Aufbewahrungsfristen nach außersteuerlichen Gesetzen lassen die in Satz 1 bestimmte Frist unberührt. [3]Die Aufbewahrungsfrist läuft jedoch nicht ab, soweit und solange die Unterlagen für Steuern von Bedeutung sind, für welche die Festsetzungsfrist noch nicht abgelaufen ist; § 169 Abs. 2 Satz 2 gilt nicht.

(4) Die Aufbewahrungsfrist beginnt mit dem Schluss des Kalenderjahrs, in dem die letzte Eintragung in das Buch gemacht, das Inventar, die Eröffnungsbilanz, der Jahresabschluss oder der Lagebericht aufgestellt, der Handels- oder Geschäftsbrief empfangen oder abgesandt worden oder der Buchungsbeleg entstanden ist, ferner die Aufzeichnung vorgenommen worden ist oder die sonstigen Unterlagen entstanden sind.

(5) Wer aufzubewahrende Unterlagen in der Form einer Wiedergabe auf einem Bildträger oder auf anderen Datenträgern vorlegt, ist verpflichtet, auf seine Kosten diejenigen Hilfsmittel zur Verfügung zu stellen, die erforderlich sind, um die Unterlagen lesbar zu machen; auf Verlangen der Finanzbehörde hat er auf seine Kosten die Unterlagen unverzüglich ganz oder teilweise auszudrucken oder ohne Hilfsmittel lesbare Reproduktionen beizubringen.

(6) [1]Sind die Unterlagen nach Absatz 1 mit Hilfe eines Datenverarbeitungssystems erstellt worden, hat die Finanzbehörde im Rahmen einer Außenprüfung das Recht, Ein-

1) **Anm. d. Red.:** § 147 Abs. 1 bis 3 i. d. F. des Art. 8 Nr. 6 StÄndG 2003 v. 15. 12. 2003 (BGBl I 2645).

sicht in die gespeicherten Daten zu nehmen und das Datenverarbeitungssystem zur Prüfung dieser Unterlagen zu nutzen. [2]Sie kann im Rahmen einer Außenprüfung auch verlangen, dass die Daten nach ihren Vorgaben maschinell ausgewertet oder ihr die gespeicherten Unterlagen und Aufzeichnungen auf einem maschinell verwertbaren Datenträger zur Verfügung gestellt werden. [3]Die Kosten trägt der Steuerpflichtige.

§ 147a[1)] Vorschriften für die Aufbewahrung von Aufzeichnungen und Unterlagen bestimmter Steuerpflichtiger

[1]Steuerpflichtige, bei denen die Summe der positiven Einkünfte nach § 2 Absatz 1 Nummer 4 bis 7 des Einkommensteuergesetzes (Überschusseinkünfte) mehr als 500 000 Euro im Kalenderjahr beträgt, haben die Aufzeichnungen und Unterlagen über die den Überschusseinkünften zu Grunde liegenden Einnahmen und Werbungskosten sechs Jahre aufzubewahren. [2]Im Falle der Zusammenveranlagung sind für die Feststellung des Überschreitens des Betrags von 500 000 Euro die Summe der positiven Einkünfte nach Satz 1 eines jeden Ehegatten maßgebend. [3]Die Verpflichtung nach Satz 1 ist vom Beginn des Kalenderjahrs an zu erfüllen, das auf das Kalenderjahr folgt, in dem die Summe der positiven Einkünfte im Sinne des Satzes 1 mehr als 500 000 Euro beträgt. [4]Die Verpflichtung nach Satz 1 endet mit Ablauf des fünften aufeinanderfolgenden Kalenderjahrs, in dem die Voraussetzungen des Satzes 1 nicht erfüllt sind. [5]§ 147 Absatz 2, Absatz 3 Satz 3 und die Absätze 4 bis 6 gelten entsprechend. [6]Die Sätze 1 bis 3 und 5 gelten entsprechend in den Fällen, in denen die zuständige Finanzbehörde den Steuerpflichtigen für die Zukunft zur Aufbewahrung der in Satz 1 genannten Aufzeichnungen und Unterlagen verpflichtet, weil er seinen Mitwirkungspflichten nach § 90 Absatz 2 Satz 3 nicht nachgekommen ist.

§ 148 Bewilligung von Erleichterungen

[1]Die Finanzbehörden können für einzelne Fälle oder für bestimmte Gruppen von Fällen Erleichterungen bewilligen, wenn die Einhaltung der durch die Steuergesetze begründeten Buchführungs-, Aufzeichnungs- und Aufbewahrungspflichten Härten mit sich bringt und die Besteuerung durch die Erleichterung nicht beeinträchtigt wird. [2]Erleichterungen nach Satz 1 können rückwirkend bewilligt werden. [3]Die Bewilligung kann widerrufen werden.

2. Unterabschnitt: Steuererklärungen

§ 149 Abgabe der Steuererklärungen

(1) [1]Die Steuergesetze bestimmen, wer zur Abgabe einer Steuererklärung verpflichtet ist. [2]Zur Abgabe einer Steuererklärung ist auch verpflichtet, wer hierzu von der Finanzbehörde aufgefordert wird. [3]Die Aufforderung kann durch öffentliche Bekanntmachung erfolgen. [4]Die Verpflichtung zur Abgabe einer Steuererklärung bleibt auch dann bestehen, wenn die Finanzbehörde die Besteuerungsgrundlagen geschätzt hat (§ 162).

(2) [1]Soweit die Steuergesetze nichts anderes bestimmen, sind Steuererklärungen, die sich auf ein Kalenderjahr oder einen gesetzlich bestimmten Zeitpunkt beziehen, spätestens fünf Monate danach abzugeben. [2]Bei Steuerpflichtigen, die den Gewinn aus Land- und Forstwirtschaft nach einem vom Kalenderjahr abweichenden Wirtschaftsjahr ermitteln, endet die Frist nicht vor Ablauf des dritten Monats, der auf den Schluss des in dem Kalenderjahr begonnenen Wirtschaftsjahrs folgt.

---

1) **Anm. d. Red.:** § 147a eingefügt gem. Art. 3 Nr. 3 Steuerhinterziehungsbekämpfungsgesetz v. 29. 7. 2009 (BGBl I 2302).

§ 150[1] Form und Inhalt der Steuererklärungen

(1) [1]Die Steuererklärungen sind nach amtlich vorgeschriebenem Vordruck abzugeben, soweit nicht eine mündliche Steuererklärung zugelassen ist. [2]§ 87a ist nur anwendbar, soweit auf Grund eines Gesetzes oder einer nach Absatz 6 erlassenen Rechtsverordnung die Steuererklärung auf maschinell verwertbarem Datenträger oder durch Datenfernübertragung übermittelt werden darf. [3]Der Steuerpflichtige hat in der Steuererklärung die Steuer selbst zu berechnen, soweit dies gesetzlich vorgeschrieben ist (Steueranmeldung).

(2) [1]Die Angaben in den Steuererklärungen sind wahrheitsgemäß nach bestem Wissen und Gewissen zu machen. [2]Dies ist, wenn der Vordruck dies vorsieht, schriftlich zu versichern.

(3) [1]Ordnen die Steuergesetze an, dass der Steuerpflichtige die Steuererklärung eigenhändig zu unterschreiben hat, so ist die Unterzeichnung durch einen Bevollmächtigten nur dann zulässig, wenn der Steuerpflichtige infolge seines körperlichen oder geistigen Zustands oder durch längere Abwesenheit an der Unterschrift gehindert ist. [2]Die eigenhändige Unterschrift kann nachträglich verlangt werden, wenn der Hinderungsgrund weggefallen ist.

(4) [1]Den Steuererklärungen müssen die Unterlagen beigefügt werden, die nach den Steuergesetzen vorzulegen sind. [2]Dritte Personen sind verpflichtet, hierfür erforderliche Bescheinigungen auszustellen.

(5) [1]In die Vordrucke der Steuererklärung können auch Fragen aufgenommen werden, die zur Ergänzung der Besteuerungsunterlagen für Zwecke einer Statistik nach dem Gesetz über Steuerstatistiken erforderlich sind. [2]Die Finanzbehörden können ferner von Steuerpflichtigen Auskünfte verlangen, die für die Durchführung des Bundesausbildungsförderungsgesetzes erforderlich sind. [3]Die Finanzbehörden haben bei der Überprüfung der Angaben dieselben Befugnisse wie bei der Aufklärung der für die Besteuerung erheblichen Verhältnisse.

(6) [1]Zur Erleichterung und Vereinfachung des automatisierten Besteuerungsverfahrens kann das Bundesministerium der Finanzen durch Rechtsverordnung mit Zustimmung des Bundesrates bestimmen, dass Steuererklärungen oder sonstige für das Besteuerungsverfahren erforderliche Daten ganz oder teilweise auf maschinell verwertbaren Datenträgern oder durch Datenfernübertragung übermittelt werden können. [2]Einer Zustimmung des Bundesrates bedarf es nicht, soweit Verbrauchsteuern mit Ausnahme der Biersteuer betroffen sind. [3]Dabei können insbesondere geregelt werden:

1. die Voraussetzungen für die Anwendung des Verfahrens,
2. das Nähere über Form, Inhalt, Verarbeitung und Sicherung der zu übermittelnden Daten,
3. die Art und Weise der Übermittlung der Daten,
4. die Zuständigkeit für die Entgegennahme der zu übermittelnden Daten,
5. die Mitwirkungspflichten Dritter und deren Haftung für Steuern oder Steuervorteile, die auf Grund unrichtiger Erhebung, Verarbeitung oder Übermittlung der Daten verkürzt oder erlangt werden,
6. der Umfang und die Form der für dieses Verfahren erforderlichen besonderen Erklärungspflichten des Steuerpflichtigen.

[4]Zur Regelung der Datenübermittlung kann in der Rechtsverordnung auf Veröffentlichungen sachverständiger Stellen verwiesen werden; hierbei sind das Datum der Veröffentlichung, die Bezugsquelle und eine Stelle zu bezeichnen, bei der die Veröffentlichung archivmäßig gesichert niedergelegt ist.

1) **Anm. d. Red.:** § 150 Abs. 7 und 8 angefügt gem. Art. 10 Nr. 4 Steuerbürokratieabbaugesetz v. 20. 12. 2008 (BGBl I 2850).

(7)[1] [1]Ordnen die Steuergesetze an, dass der Steuerpflichtige die Steuererklärung nach amtlich vorgeschriebenem Datensatz durch Datenfernübertragung zu übermitteln hat, ist der Datensatz mit einer qualifizierten elektronischen Signatur nach dem Signaturgesetz zu versehen. [2]Zur Erleichterung und Vereinfachung des automatisierten Besteuerungsverfahrens kann das Bundesministerium der Finanzen durch Rechtsverordnung mit Zustimmung des Bundesrates

1. *das Nähere über Form, Inhalt, Verarbeitung und Sicherung der zu übermittelnden Daten,*
2. *die Art und Weise der Übermittlung der Daten,*
3. *die Zuständigkeit für die Entgegennahme der zu übermittelnden Daten,*
4. *die Mitwirkungspflichten Dritter und deren Haftung für Steuern oder Steuervorteile, die auf Grund unrichtiger Erhebung, Verarbeitung oder Übermittlung der Daten verkürzt oder erlangt werden,*
5. *den Umfang und die Form der für dieses Verfahren erforderlichen besonderen Erklärungspflichten des Steuerpflichtigen*

bestimmen sowie

6. *im Benehmen mit dem Bundesministerium des Innern anstelle der qualifizierten elektronischen Signatur ein anderes sicheres Verfahren, das die Authentizität und die Integrität des übermittelten elektronischen Dokuments sicherstellt, und*
7. *Ausnahmen von der Pflicht zur Verwendung einer qualifizierten elektronischen Signatur oder eines anderen sicheren Verfahrens nach Nummer 6*

zulassen. [3]Einer Zustimmung des Bundesrates bedarf es nicht, soweit Verbrauchsteuern mit Ausnahme der Biersteuer betroffen sind. [4]Zur Regelung der Datenübermittlung kann in der Rechtsverordnung auf Veröffentlichungen sachverständiger Stellen verwiesen werden; hierbei sind das Datum der Veröffentlichung, die Bezugsquelle und eine Stelle zu bezeichnen, bei der die Veröffentlichung archivmäßig gesichert niedergelegt ist.

(8) [1]Ordnen die Steuergesetze an, dass die Finanzbehörde auf Antrag zur Vermeidung unbilliger Härten auf eine Übermittlung der Steuererklärung nach amtlich vorgeschriebenem Datensatz durch Datenfernübertragung verzichten kann, ist einem solchen Antrag zu entsprechen, wenn eine Erklärungsabgabe nach amtlich vorgeschriebenem Datensatz durch Datenfernübertragung für den Steuerpflichtigen wirtschaftlich oder persönlich unzumutbar ist. [2]Dies ist insbesondere der Fall, wenn die Schaffung der technischen Möglichkeiten für eine Datenfernübertragung des amtlich vorgeschriebenen Datensatzes nur mit einem nicht unerheblichen finanziellen Aufwand möglich wäre oder wenn der Steuerpflichtige nach seinen individuellen Kenntnissen und Fähigkeiten nicht oder nur eingeschränkt in der Lage ist, die Möglichkeiten der Datenfernübertragung zu nutzen.

§ 151 Aufnahme der Steuererklärung an Amtsstelle

Steuererklärungen, die schriftlich abzugeben sind, können bei der zuständigen Finanzbehörde zur Niederschrift erklärt werden, wenn die Schriftform dem Steuerpflichtigen nach seinen persönlichen Verhältnissen nicht zugemutet werden kann, insbesondere, wenn er nicht in der Lage ist, eine gesetzlich vorgeschriebene Selbstberechnung der Steuer vorzunehmen oder durch einen Dritten vornehmen zu lassen.

§ 152[2] Verspätungszuschlag

(1) [1]Gegen denjenigen, der seiner Verpflichtung zur Abgabe einer Steuererklärung nicht oder nicht fristgemäß nachkommt, kann ein Verspätungszuschlag festgesetzt werden. [2]Von der Festsetzung eines Verspätungszuschlags ist abzusehen, wenn die Versäum-

1) **Anm. d. Red.:** § 150 Abs. 7 ist gem. Art. 97 § 10a Abs. 1 EGAO erstmals anzuwenden für Besteuerungszeiträume, die nach dem 31. 12. 2010 beginnen.

2) **Anm. d. Red.:** § 152 Abs. 2 i. d. F. des Art. 10 Nr. 17 JStG 2007 v. 13. 12. 2006 (BGBl I 2878).

nis entschuldbar erscheint. [3]Das Verschulden eines gesetzlichen Vertreters oder eines Erfüllungsgehilfen steht dem eigenen Verschulden gleich.

(2) [1]Der Verspätungszuschlag darf 10 Prozent der festgesetzten Steuer oder des festgesetzten Messbetrags nicht übersteigen und höchstens 25 000 Euro betragen. [2]Bei der Bemessung des Verspätungszuschlags sind neben seinem Zweck, den Steuerpflichtigen zur rechtzeitigen Abgabe der Steuererklärung anzuhalten, die Dauer der Fristüberschreitung, die Höhe des sich aus der Steuerfestsetzung ergebenden Zahlungsanspruchs, die aus der verspäteten Abgabe der Steuererklärung gezogenen Vorteile sowie das Verschulden und die wirtschaftliche Leistungsfähigkeit des Steuerpflichtigen zu berücksichtigen.

(3) Der Verspätungszuschlag ist regelmäßig mit der Steuer oder dem Steuermessbetrag festzusetzen.

(4) Bei Steuererklärungen für gesondert festzustellende Besteuerungsgrundlagen gelten die Absätze 1 bis 3 mit der Maßgabe, dass bei Anwendung des Absatzes 2 Satz 1 die steuerlichen Auswirkungen zu schätzen sind.

(5) [1]Das Bundesministerium der Finanzen kann zum Verspätungszuschlag, insbesondere über die Festsetzung im automatisierten Besteuerungsverfahren, allgemeine Verwaltungsvorschriften mit Zustimmung des Bundesrates erlassen. [2]Diese können auch bestimmen, unter welchen Voraussetzungen von der Festsetzung eines Verspätungszuschlags abgesehen werden soll. [3]Die allgemeinen Verwaltungsvorschriften bedürfen nicht der Zustimmung des Bundesrates, soweit sie Einfuhr- und Ausfuhrabgaben und Verbrauchsteuern betreffen.

§ 153 Berichtigung von Erklärungen

(1) [1]Erkennt ein Steuerpflichtiger nachträglich vor Ablauf der Festsetzungsfrist,

1. dass eine von ihm oder für ihn abgegebene Erklärung unrichtig oder unvollständig ist und dass es dadurch zu einer Verkürzung von Steuern kommen kann oder bereits gekommen ist oder
2. dass eine durch Verwendung von Steuerzeichen oder Steuerstemplern zu entrichtende Steuer nicht in der richtigen Höhe entrichtet worden ist,

so ist er verpflichtet, dies unverzüglich anzuzeigen und die erforderliche Richtigstellung vorzunehmen. [2]Die Verpflichtung trifft auch den Gesamtrechtsnachfolger eines Steuerpflichtigen und die nach den §§ 34 und 35 für den Gesamtrechtsnachfolger oder den Steuerpflichtigen handelnden Personen.

(2) Die Anzeigepflicht besteht ferner, wenn die Voraussetzungen für eine Steuerbefreiung, Steuerermäßigung oder sonstige Steuervergünstigung nachträglich ganz oder teilweise wegfallen.

(3) Wer Waren, für die eine Steuervergünstigung unter einer Bedingung gewährt worden ist, in einer Weise verwenden will, die der Bedingung nicht entspricht, hat dies vorher der Finanzbehörde anzuzeigen.

3. Unterabschnitt: Kontenwahrheit

§ 154 Kontenwahrheit

(1) Niemand darf auf einen falschen oder erdichteten Namen für sich oder einen Dritten ein Konto errichten oder Buchungen vornehmen lassen, Wertsachen (Geld, Wertpapiere, Kostbarkeiten) in Verwahrung geben oder verpfänden oder sich ein Schließfach geben lassen.

(2) [1]Wer ein Konto führt, Wertsachen verwahrt oder als Pfand nimmt oder ein Schließfach überlässt, hat sich zuvor Gewissheit über die Person und Anschrift des Verfügungsberechtigten zu verschaffen und die entsprechenden Angaben in geeigneter Form, bei Konten auf dem Konto, festzuhalten. [2]Er hat sicherzustellen, dass er jederzeit Auskunft darüber geben kann, über welche Konten oder Schließfächer eine Person verfügungsberechtigt ist.

(3) Ist gegen Absatz 1 verstoßen worden, so dürfen Guthaben, Wertsachen und der Inhalt eines Schließfachs nur mit Zustimmung des für die Einkommen- und Körperschaftsteuer des Verfügungsberechtigten zuständigen Finanzamts herausgegeben werden.

Dritter Abschnitt: Festsetzungs- und Feststellungsverfahren

1. Unterabschnitt: Steuerfestsetzung

I. Allgemeine Vorschriften

§ 155 Steuerfestsetzung

(1) [1]Die Steuern werden, soweit nichts anderes vorgeschrieben ist, von der Finanzbehörde durch Steuerbescheid festgesetzt. [2]Steuerbescheid ist der nach § 122 Abs. 1 bekannt gegebene Verwaltungsakt. [3]Dies gilt auch für die volle oder teilweise Freistellung von einer Steuer und für die Ablehnung eines Antrags auf Steuerfestsetzung.

(2) Ein Steuerbescheid kann erteilt werden, auch wenn ein Grundlagenbescheid noch nicht erlassen wurde.

(3) [1]Schulden mehrere Steuerpflichtige eine Steuer als Gesamtschuldner, so können gegen sie zusammengefasste Steuerbescheide ergehen. [2]Mit zusammengefassten Steuerbescheiden können Verwaltungsakte über steuerliche Nebenleistungen oder sonstige Ansprüche, auf die dieses Gesetz anzuwenden ist, gegen einen oder mehrere der Steuerpflichtigen verbunden werden. [3]Das gilt auch dann, wenn festgesetzte Steuern, steuerliche Nebenleistungen oder sonstige Ansprüche nach dem zwischen den Steuerpflichtigen bestehenden Rechtsverhältnis nicht von allen Beteiligten zu tragen sind.

(4) Die für die Steuerfestsetzung geltenden Vorschriften sind auf die Festsetzung einer Steuervergütung sinngemäß anzuwenden.

§ 156 Absehen von Steuerfestsetzung

(1) [1]Das Bundesministerium der Finanzen kann zur Vereinfachung der Verwaltung durch Rechtsverordnung bestimmen, dass Steuern und steuerliche Nebenleistungen nicht festgesetzt werden, wenn der Betrag, der festzusetzen ist, einen durch diese Rechtsverordnung zu bestimmenden Betrag voraussichtlich nicht übersteigt; der zu bestimmende Betrag darf 10 Euro nicht überschreiten. [2]Die Rechtsverordnung bedarf nicht der Zustimmung des Bundesrates, soweit sie Einfuhr- und Ausfuhrabgaben und Verbrauchsteuern, mit Ausnahme der Biersteuer, betrifft.

(2) Die Festsetzung von Steuern und steuerlichen Nebenleistungen kann unterbleiben, wenn feststeht, dass die Einziehung keinen Erfolg haben wird, oder wenn die Kosten der Einziehung einschließlich der Festsetzung außer Verhältnis zu dem Betrag stehen.

§ 157 Form und Inhalt der Steuerbescheide

(1) [1]Steuerbescheide sind schriftlich zu erteilen, soweit nichts anderes bestimmt ist. [2]Schriftliche Steuerbescheide müssen die festgesetzte Steuer nach Art und Betrag bezeichnen und angeben, wer die Steuer schuldet. [3]Ihnen ist außerdem eine Belehrung darüber beizufügen, welcher Rechtsbehelf zulässig ist und binnen welcher Frist und bei welcher Behörde er einzulegen ist.

(2) Die Feststellung der Besteuerungsgrundlagen bildet einen mit Rechtsbehelfen nicht selbständig anfechtbaren Teil des Steuerbescheids, soweit die Besteuerungsgrundlagen nicht gesondert festgestellt werden.

§ 158 Beweiskraft der Buchführung

Die Buchführung und die Aufzeichnungen des Steuerpflichtigen, die den Vorschriften der §§ 140 bis 148 entsprechen, sind der Besteuerung zugrunde zu legen, soweit nach den Umständen des Einzelfalls kein Anlass ist, ihre sachliche Richtigkeit zu beanstanden.

§ 159 Nachweis der Treuhänderschaft

(1) [1]Wer behauptet, dass er Rechte, die auf seinen Namen lauten, oder Sachen, die er besitzt, nur als Treuhänder, Vertreter eines anderen oder Pfandgläubiger innehabe oder besitze, hat auf Verlangen nachzuweisen, wem die Rechte oder Sachen gehören; anderenfalls sind sie ihm regelmäßig zuzurechnen. [2]Das Recht der Finanzbehörde, den Sachverhalt zu ermitteln, wird dadurch nicht eingeschränkt.

(2) § 102 bleibt unberührt.

§ 160 Benennung von Gläubigern und Zahlungsempfängern

(1) [1]Schulden und andere Lasten, Betriebsausgaben, Werbungskosten und andere Ausgaben sind steuerlich regelmäßig nicht zu berücksichtigen, wenn der Steuerpflichtige dem Verlangen der Finanzbehörde nicht nachkommt, die Gläubiger oder die Empfänger genau zu benennen. [2]Das Recht der Finanzbehörde, den Sachverhalt zu ermitteln, bleibt unberührt.

(2) § 102 bleibt unberührt.

§ 161 Fehlmengen bei Bestandsaufnahmen

[1]Ergeben sich bei einer vorgeschriebenen oder amtlich durchgeführten Bestandsaufnahme Fehlmengen an verbrauchsteuerpflichtigen Waren, so wird vermutet, dass hinsichtlich der Fehlmengen eine Verbrauchsteuer entstanden oder eine bedingt entstandene Verbrauchsteuer unbedingt geworden ist, soweit nicht glaubhaft gemacht wird, dass die Fehlmengen auf Umstände zurückzuführen sind, die eine Steuer nicht begründen oder eine bedingte Steuer nicht unbedingt werden lassen. [2]Die Steuer gilt im Zweifel im Zeitpunkt der Bestandsaufnahme als entstanden oder unbedingt geworden.

§ 162[1)] Schätzung von Besteuerungsgrundlagen

(1) [1]Soweit die Finanzbehörde die Besteuerungsgrundlagen nicht ermitteln oder berechnen kann, hat sie sie zu schätzen. [2]Dabei sind alle Umstände zu berücksichtigen, die für die Schätzung von Bedeutung sind.

(2) [1]Zu schätzen ist insbesondere dann, wenn der Steuerpflichtige über seine Angaben keine ausreichenden Aufklärungen zu geben vermag oder weitere Auskunft oder eine Versicherung an Eides statt verweigert oder seine Mitwirkungspflicht nach § 90 Abs. 2 verletzt. [2]Das Gleiche gilt, wenn der Steuerpflichtige Bücher oder Aufzeichnungen, die er nach den Steuergesetzen zu führen hat, nicht vorlegen kann, wenn die Buchführung oder die Aufzeichnungen der Besteuerung nicht nach § 158 zugrunde gelegt werden oder wenn tatsächliche Anhaltspunkte für die Unrichtigkeit oder Unvollständigkeit der vom Steuerpflichtigen gemachten Angaben zu steuerpflichtigen Einnahmen oder Betriebsvermögensmehrungen bestehen und der Steuerpflichtige die Zustimmung nach § 93 Abs. 7 Satz 1 Nr. 5 nicht erteilt. [3]Hat der Steuerpflichtige seine Mitwirkungspflichten nach § 90 Absatz 2 Satz 3 verletzt, so wird widerlegbar vermutet, dass steuerpflichtige Einkünfte in Staaten oder Gebieten im Sinne des § 90 Absatz 2 Satz 3 vorhanden oder höher als die erklärten Einkünfte sind.

(3) [1]Verletzt ein Steuerpflichtiger seine Mitwirkungspflichten nach § 90 Abs. 3 dadurch, dass er die Aufzeichnungen nicht vorlegt, oder sind vorgelegte Aufzeichnungen im Wesentlichen unverwertbar oder wird festgestellt, dass der Steuerpflichtige Aufzeichnungen im Sinne des § 90 Abs. 3 Satz 3 nicht zeitnah erstellt hat, so wird widerlegbar vermutet, dass seine im Inland steuerpflichtigen Einkünfte, zu deren Ermittlung die Aufzeichnungen im Sinne des § 90 Abs. 3 dienen, höher als die von ihm erklärten Einkünfte sind. [2]Hat in solchen Fällen die Finanzbehörde eine Schätzung vorzunehmen und

1) **Anm. d. Red.:** § 162 Abs. 2 i. d. F. des Art. 3 Nr. 4 Steuerhinterziehungsbekämpfungsgesetz v. 29. 7. 2009 (BGBl I 2302); Abs. 3 i. d. F. des Art. 6 Nr. 5 Unternehmensteuerreformgesetz 2008 v. 14. 8. 2007 (BGBl I 1912); Abs. 4 i. d. F. des Art. 10 Nr. 17 JStG 2007 v. 13. 12. 2006 (BGBl I 2878); Abs. 5 i. d. F. des Art. 9 Nr. 5 StVergAbG v. 16. 5. 2003 (BGBl I 660).

können diese Einkünfte nur innerhalb eines bestimmten Rahmens, insbesondere nur auf Grund von Preisspannen bestimmt werden, kann dieser Rahmen zu Lasten des Steuerpflichtigen ausgeschöpft werden. [3]Bestehen trotz Vorlage verwertbarer Aufzeichnungen durch den Steuerpflichtigen Anhaltspunkte dafür, dass seine Einkünfte bei Beachtung des Fremdvergleichsgrundsatzes höher wären als die auf Grund der Aufzeichnungen erklärten Einkünfte, und können entsprechende Zweifel deswegen nicht aufgeklärt werden, weil eine ausländische, nahe stehende Person ihre Mitwirkungspflichten nach § 90 Abs. 2 oder ihre Auskunftspflichten nach § 93 Abs. 1 nicht erfüllt, ist Satz 2 entsprechend anzuwenden.

(4) [1]Legt ein Steuerpflichtiger Aufzeichnungen im Sinne des § 90 Abs. 3 nicht vor oder sind vorgelegte Aufzeichnungen im Wesentlichen unverwertbar, ist ein Zuschlag von 5 000 Euro festzusetzen. [2]Der Zuschlag beträgt mindestens 5 Prozent und höchstens 10 Prozent des Mehrbetrags der Einkünfte, der sich nach einer Berichtigung auf Grund der Anwendung des Absatzes 3 ergibt, wenn sich danach ein Zuschlag von mehr als 5 000 Euro ergibt. [3]Bei verspäteter Vorlage von verwertbaren Aufzeichnungen beträgt der Zuschlag bis zu 1 000 000 Euro, mindestens jedoch 100 Euro für jeden vollen Tag der Fristüberschreitung. [4]Soweit den Finanzbehörden Ermessen hinsichtlich der Höhe des Zuschlags eingeräumt ist, sind neben dessen Zweck, den Steuerpflichtigen zur Erstellung und fristgerechten Vorlage der Aufzeichnungen im Sinne des § 90 Abs. 3 anzuhalten, insbesondere die von ihm gezogenen Vorteile und bei verspäteter Vorlage auch die Dauer der Fristüberschreitung zu berücksichtigen. [5]Von der Festsetzung eines Zuschlags ist abzusehen, wenn die Nichterfüllung der Pflichten nach § 90 Abs. 3 entschuldbar erscheint oder ein Verschulden nur geringfügig ist. [6]Das Verschulden eines gesetzlichen Vertreters oder eines Erfüllungsgehilfen steht dem eigenen Verschulden gleich. [7]Der Zuschlag ist regelmäßig nach Abschluss der Außenprüfung festzusetzen.

(5) In den Fällen des § 155 Abs. 2 können die in einem Grundlagenbescheid festzustellenden Besteuerungsgrundlagen geschätzt werden.

§ 163 Abweichende Festsetzung von Steuern aus Billigkeitsgründen

[1]Steuern können niedriger festgesetzt werden und einzelne Besteuerungsgrundlagen, die die Steuern erhöhen, können bei der Festsetzung der Steuer unberücksichtigt bleiben, wenn die Erhebung der Steuer nach Lage des einzelnen Falls unbillig wäre. [2]Mit Zustimmung des Steuerpflichtigen kann bei Steuern vom Einkommen zugelassen werden, dass einzelne Besteuerungsgrundlagen, soweit sie die Steuer erhöhen, bei der Steuerfestsetzung erst zu einer späteren Zeit und, soweit sie die Steuer mindern, schon zu einer früheren Zeit berücksichtigt werden. [3]Die Entscheidung über die abweichende Festsetzung kann mit der Steuerfestsetzung verbunden werden.

§ 164 Steuerfestsetzung unter Vorbehalt der Nachprüfung

(1) [1]Die Steuern können, solange der Steuerfall nicht abschließend geprüft ist, allgemein oder im Einzelfall unter dem Vorbehalt der Nachprüfung festgesetzt werden, ohne dass dies einer Begründung bedarf. [2]Die Festsetzung einer Vorauszahlung ist stets eine Steuerfestsetzung unter Vorbehalt der Nachprüfung.

(2) [1]Solange der Vorbehalt wirksam ist, kann die Steuerfestsetzung aufgehoben oder geändert werden. [2]Der Steuerpflichtige kann die Aufhebung oder Änderung der Steuerfestsetzung jederzeit beantragen. [3]Die Entscheidung hierüber kann jedoch bis zur abschließenden Prüfung des Steuerfalls, die innerhalb angemessener Frist vorzunehmen ist, hinausgeschoben werden.

(3) [1]Der Vorbehalt der Nachprüfung kann jederzeit aufgehoben werden. [2]Die Aufhebung steht einer Steuerfestsetzung ohne Vorbehalt der Nachprüfung gleich; § 157 Abs. 1 Satz 1 und 3 gilt sinngemäß. [3]Nach einer Außenprüfung ist der Vorbehalt aufzuheben, wenn sich Änderungen gegenüber der Steuerfestsetzung unter Vorbehalt der Nachprüfung nicht ergeben.

(4) [1]Der Vorbehalt der Nachprüfung entfällt, wenn die Festsetzungsfrist abläuft. [2]§ 169 Abs. 2 Satz 2 und § 171 Abs. 7, 8 und 10 sind nicht anzuwenden.

§ 165[1] Vorläufige Steuerfestsetzung, Aussetzung der Steuerfestsetzung

(1) [1]Soweit ungewiss ist, ob die Voraussetzungen für die Entstehung einer Steuer eingetreten sind, kann sie vorläufig festgesetzt werden. [2]Diese Regelung ist auch anzuwenden, wenn

1. ungewiss ist, ob und wann Verträge mit anderen Staaten über die Besteuerung (§ 2), die sich zugunsten des Steuerpflichtigen auswirken, für die Steuerfestsetzung wirksam werden,
2. das Bundesverfassungsgericht die Unvereinbarkeit eines Steuergesetzes mit dem Grundgesetz festgestellt hat und der Gesetzgeber zu einer Neuregelung verpflichtet ist,
3. die Vereinbarkeit eines Steuergesetzes mit höherrangigem Recht Gegenstand eines Verfahrens bei dem Gerichtshof der Europäischen Gemeinschaften, dem Bundesverfassungsgericht oder einem obersten Bundesgericht ist oder
4. die Auslegung eines Steuergesetzes Gegenstand eines Verfahrens bei dem Bundesfinanzhof ist.

[3]Umfang und Grund der Vorläufigkeit sind anzugeben. [4]Unter den Voraussetzungen der Sätze 1 und 2 kann die Steuerfestsetzung auch gegen oder ohne Sicherheitsleistung ausgesetzt werden.

(2) [1]Soweit die Finanzbehörde eine Steuer vorläufig festgesetzt hat, kann sie die Festsetzung aufheben oder ändern. [2]Wenn die Ungewissheit beseitigt ist, ist eine vorläufige Steuerfestsetzung aufzuheben, zu ändern oder für endgültig zu erklären; eine ausgesetzte Steuerfestsetzung ist nachzuholen. [3]In den Fällen des Absatzes 1 Satz 2 Nr. 4 endet die Ungewissheit, sobald feststeht, dass die Grundsätze der Entscheidung des Bundesfinanzhofs über den entschiedenen Einzelfall hinaus allgemein anzuwenden sind. [4]In den Fällen des Absatzes 1 Satz 2 muss eine vorläufige Steuerfestsetzung nach Satz 2 nur auf Antrag des Steuerpflichtigen für endgültig erklärt werden, wenn sie nicht aufzuheben oder zu ändern ist.

(3) Die vorläufige Steuerfestsetzung kann mit einer Steuerfestsetzung unter Vorbehalt der Nachprüfung verbunden werden.

§ 166 Drittwirkung der Steuerfestsetzung

Ist die Steuer dem Steuerpflichtigen gegenüber unanfechtbar festgesetzt, so hat dies neben einem Gesamtrechtsnachfolger auch gegen sich gelten zu lassen, wer in der Lage gewesen wäre, den gegen den Steuerpflichtigen erlassenen Bescheid als dessen Vertreter, Bevollmächtigter oder kraft eigenen Rechts anzufechten.

§ 167[2] Steueranmeldung, Verwendung von Steuerzeichen oder Steuerstemplern

(1) [1]Ist eine Steuer auf Grund gesetzlicher Verpflichtung anzumelden (§ 150 Abs. 1 Satz 3), so ist eine Festsetzung der Steuer nach § 155 nur erforderlich, wenn die Festsetzung zu einer abweichenden Steuer führt oder der Steuer- oder Haftungsschuldner die Steueranmeldung nicht abgibt. [2]Satz 1 gilt sinngemäß, wenn die Steuer auf Grund gesetzlicher Verpflichtung durch Verwendung von Steuerzeichen oder Steuerstemplern zu entrichten ist. [3]Erkennt der Steuer- oder Haftungsschuldner nach Abschluss einer Außenprüfung im Sinne des § 193 Abs. 2 Nr. 1 seine Zahlungsverpflichtung schriftlich an, steht das Anerkenntnis einer Steueranmeldung gleich.

(2) [1]Steueranmeldungen gelten auch dann als rechtzeitig abgegeben, wenn sie fristgerecht bei der zuständigen Kasse eingehen. [2]Dies gilt nicht für Einfuhr- und Ausfuhrabgaben und Verbrauchsteuern.

1) **Anm. d. Red.:** § 165 Abs. 1 und 2 i. d. F. des Art. 10 Nr. 5 Steuerbürokratieabbaugesetz v. 20. 12. 2008 (BGBl I 2850).

2) **Anm. d. Red.:** § 167 Abs. 1 i. d. F. des Art. 8 Nr. 7 StÄndG 2003 v. 15. 12. 2003 (BGBl I 2645).

§ 168 Wirkung einer Steueranmeldung

[1]Eine Steueranmeldung steht einer Steuerfestsetzung unter Vorbehalt der Nachprüfung gleich. [2]Führt die Steueranmeldung zu einer Herabsetzung der bisher zu entrichtenden Steuer oder zu einer Steuervergütung, so gilt Satz 1 erst, wenn die Finanzbehörde zustimmt. [3]Die Zustimmung bedarf keiner Form.

II. Festsetzungsverjährung

§ 169[1)] Festsetzungsfrist

(1) [1]Eine Steuerfestsetzung sowie ihre Aufhebung oder Änderung sind nicht mehr zulässig, wenn die Festsetzungsfrist abgelaufen ist. [2]Dies gilt auch für die Berichtigung wegen offenbarer Unrichtigkeit nach § 129. [3]Die Frist ist gewahrt, wenn vor Ablauf der Festsetzungsfrist

1. der Steuerbescheid den Bereich der für die Steuerfestsetzung zuständigen Finanzbehörde verlassen hat oder
2. bei öffentlicher Zustellung die Benachrichtigung nach § 10 Abs. 2 Satz 1 des Verwaltungszustellungsgesetzes bekannt gemacht oder veröffentlicht wird.

(2) [1]Die Festsetzungsfrist beträgt:

1. ein Jahr
   für Verbrauchsteuern und Verbrauchsteuervergütungen,
2. vier Jahre
   für Steuern und Steuervergütungen, die keine Steuern oder Steuervergütungen im Sinne der Nummer 1 oder Einfuhr- und Ausfuhrabgaben im Sinne des Artikels 4 Nr. 10 und 11 des Zollkodexes sind.

[2]Die Festsetzungsfrist beträgt zehn Jahre, soweit eine Steuer hinterzogen, und fünf Jahre, soweit sie leichtfertig verkürzt worden ist. [3]Dies gilt auch dann, wenn die Steuerhinterziehung oder leichtfertige Steuerverkürzung nicht durch den Steuerschuldner oder eine Person begangen worden ist, deren er sich zur Erfüllung seiner steuerlichen Pflichten bedient, es sei denn, der Steuerschuldner weist nach, dass er durch die Tat keinen Vermögensvorteil erlangt hat und dass sie auch nicht darauf beruht, dass er die im Verkehr erforderlichen Vorkehrungen zur Verhinderung von Steuerverkürzungen unterlassen hat.

§ 170 Beginn der Festsetzungsfrist

(1) Die Festsetzungsfrist beginnt mit Ablauf des Kalenderjahrs, in dem die Steuer entstanden ist oder eine bedingt entstandene Steuer unbedingt geworden ist.

(2) [1]Abweichend von Absatz 1 beginnt die Festsetzungsfrist, wenn

1. eine Steuererklärung oder eine Steueranmeldung einzureichen oder eine Anzeige zu erstatten ist, mit Ablauf des Kalenderjahrs, in dem die Steuererklärung, die Steueranmeldung oder die Anzeige eingereicht wird, spätestens jedoch mit Ablauf des dritten Kalenderjahrs, das auf das Kalenderjahr folgt, in dem die Steuer entstanden ist, es sei denn, dass die Festsetzungsfrist nach Absatz 1 später beginnt,
2. eine Steuer durch Verwendung von Steuerzeichen oder Steuerstemplern zu zahlen ist, mit Ablauf des Kalenderjahrs, in dem für den Steuerfall Steuerzeichen oder Steuerstempler verwendet worden sind, spätestens jedoch mit Ablauf des dritten Kalenderjahrs, das auf das Kalenderjahr folgt, in dem die Steuerzeichen oder Steuerstempler hätten verwendet werden müssen.

[2]Dies gilt nicht für Verbrauchsteuern, ausgenommen die Stromsteuer.

---

1) **Anm. d. Red.:** § 169 Abs. 1 Satz 3 Nr. 2 i. d. F. des Art. 2 Abs. 13 Nr. 1 Gesetz zur Novellierung des Verwaltungszustellungsrechts v. 12. 8. 2005 (BGBl I 2354).

(3) Wird eine Steuer oder eine Steuervergütung nur auf Antrag festgesetzt, so beginnt die Frist für die Aufhebung oder Änderung dieser Festsetzung oder ihrer Berichtigung nach § 129 nicht vor Ablauf des Kalenderjahrs, in dem der Antrag gestellt wird.

(4) Wird durch Anwendung des Absatzes 2 Nr. 1 auf die Vermögensteuer oder die Grundsteuer der Beginn der Festsetzungsfrist hinausgeschoben, so wird der Beginn der Festsetzungsfrist für die folgenden Kalenderjahre des Hauptveranlagungszeitraums jeweils um die gleiche Zeit hinausgeschoben.

(5) Für die Erbschaftsteuer (Schenkungsteuer) beginnt die Festsetzungsfrist nach den Absätzen 1 oder 2

1. bei einem Erwerb von Todes wegen nicht vor Ablauf des Kalenderjahrs, in dem der Erwerber Kenntnis von dem Erwerb erlangt hat,
2. bei einer Schenkung nicht vor Ablauf des Kalenderjahrs, in dem der Schenker gestorben ist oder die Finanzbehörde von der vollzogenen Schenkung Kenntnis erlangt hat,
3. bei einer Zweckzuwendung unter Lebenden nicht vor Ablauf des Kalenderjahrs, in dem die Verpflichtung erfüllt worden ist.

(6) Für die Wechselsteuer beginnt die Festsetzungsfrist nicht vor Ablauf des Kalenderjahrs, in dem der Wechsel fällig geworden ist.

§ 171 Ablaufhemmung

(1) Die Festsetzungsfrist läuft nicht ab, solange die Steuerfestsetzung wegen höherer Gewalt innerhalb der letzten sechs Monate des Fristlaufs nicht erfolgen kann.

(2) Ist beim Erlass eines Steuerbescheids eine offenbare Unrichtigkeit unterlaufen, so endet die Festsetzungsfrist insoweit nicht vor Ablauf eines Jahres nach Bekanntgabe dieses Steuerbescheids.

(3) Wird vor Ablauf der Festsetzungsfrist außerhalb eines Einspruchs- oder Klageverfahrens ein Antrag auf Steuerfestsetzung oder auf Aufhebung oder Änderung einer Steuerfestsetzung oder ihrer Berichtigung nach § 129 gestellt, so läuft die Festsetzungsfrist insoweit nicht ab, bevor über den Antrag unanfechtbar entschieden worden ist.

(3a) [1]Wird ein Steuerbescheid mit einem Einspruch oder einer Klage angefochten, so läuft die Festsetzungsfrist nicht ab, bevor über den Rechtsbehelf unanfechtbar entschieden ist; dies gilt auch, wenn der Rechtsbehelf erst nach Ablauf der Festsetzungsfrist eingelegt wird. [2]Der Ablauf der Festsetzungsfrist ist hinsichtlich des gesamten Steueranspruchs gehemmt; dies gilt nicht, soweit der Rechtsbehelf unzulässig ist. [3]In den Fällen des § 100 Abs. 1 Satz 1, Abs. 2 Satz 2, Abs. 3 Satz 1, § 101 der Finanzgerichtsordnung ist über den Rechtsbehelf erst dann unanfechtbar entschieden, wenn ein auf Grund der genannten Vorschriften erlassener Steuerbescheid unanfechtbar geworden ist.

(4) [1]Wird vor Ablauf der Festsetzungsfrist mit einer Außenprüfung begonnen oder wird deren Beginn auf Antrag des Steuerpflichtigen hinausgeschoben, so läuft die Festsetzungsfrist für die Steuern, auf die sich die Außenprüfung erstreckt oder im Fall der Hinausschiebung der Außenprüfung erstrecken sollte, nicht ab, bevor die auf Grund der Außenprüfung zu erlassenden Steuerbescheide unanfechtbar geworden sind oder nach Bekanntgabe der Mitteilung nach § 202 Abs. 1 Satz 3 drei Monate verstrichen sind. [2]Dies gilt nicht, wenn eine Außenprüfung unmittelbar nach ihrem Beginn für die Dauer von mehr als sechs Monaten aus Gründen unterbrochen wird, die die Finanzbehörde zu vertreten hat. [3]Die Festsetzungsfrist endet spätestens, wenn seit Ablauf des Kalenderjahrs, in dem die Schlussbesprechung stattgefunden hat, oder, wenn sie unterblieben ist, seit Ablauf des Kalenderjahrs, in dem die letzten Ermittlungen im Rahmen der Außenprüfung stattgefunden haben, die in § 169 Abs. 2 genannten Fristen verstrichen sind; eine Ablaufhemmung nach anderen Vorschriften bleibt unberührt.

(5) [1]Beginnen die Zollfahndungsämter oder die mit der Steuerfahndung betrauten Dienststellen der Landesfinanzbehörden vor Ablauf der Festsetzungsfrist beim Steuerpflichtigen mit Ermittlungen der Besteuerungsgrundlagen, so läuft die Festsetzungsfrist insoweit nicht ab, bevor die auf Grund der Ermittlungen zu erlassenden Steuerbescheide

unanfechtbar geworden sind; Absatz 4 Satz 2 gilt sinngemäß. [2]Das Gleiche gilt, wenn dem Steuerpflichtigen vor Ablauf der Festsetzungsfrist die Einleitung des Steuerstrafverfahrens oder des Bußgeldverfahrens wegen einer Steuerordnungswidrigkeit bekannt gegeben worden ist; § 169 Abs. 1 Satz 3 gilt sinngemäß.

(6) [1]Ist bei Steuerpflichtigen eine Außenprüfung im Geltungsbereich dieses Gesetzes nicht durchführbar, wird der Ablauf der Festsetzungsfrist auch durch sonstige Ermittlungshandlungen im Sinne des § 92 gehemmt, bis die auf Grund dieser Ermittlungen erlassenen Steuerbescheide unanfechtbar geworden sind. [2]Die Ablaufhemmung tritt jedoch nur dann ein, wenn der Steuerpflichtige vor Ablauf der Festsetzungsfrist auf den Beginn der Ermittlungen nach Satz 1 hingewiesen worden ist; § 169 Abs. 1 Satz 3 gilt sinngemäß.

(7) In den Fällen des § 169 Abs. 2 Satz 2 endet die Festsetzungsfrist nicht, bevor die Verfolgung der Steuerstraftat oder der Steuerordnungswidrigkeit verjährt ist.

(8) [1]Ist die Festsetzung einer Steuer nach § 165 ausgesetzt oder die Steuer vorläufig festgesetzt worden, so endet die Festsetzungsfrist nicht vor dem Ablauf eines Jahres, nachdem die Ungewissheit beseitigt ist und die Finanzbehörde hiervon Kenntnis erhalten hat. [2]In den Fällen des § 165 Abs. 1 Satz 2 endet die Festsetzungsfrist nicht vor Ablauf von zwei Jahren, nachdem die Ungewissheit beseitigt ist und die Finanzbehörde hiervon Kenntnis erlangt hat.

(9) Erstattet der Steuerpflichtige vor Ablauf der Festsetzungsfrist eine Anzeige nach den §§ 153, 371 und 378 Abs. 3, so endet die Festsetzungsfrist nicht vor Ablauf eines Jahres nach Eingang der Anzeige.

(10) [1]Soweit für die Festsetzung einer Steuer ein Feststellungsbescheid, ein Steuermessbescheid oder ein anderer Verwaltungsakt bindend ist (Grundlagenbescheid), endet die Festsetzungsfrist nicht vor Ablauf von zwei Jahren nach Bekanntgabe des Grundlagenbescheids. [2]Ist der Ablauf der Festsetzungsfrist hinsichtlich des Teils der Steuer, für den der Grundlagenbescheid nicht bindend ist, nach Absatz 4 gehemmt, endet die Festsetzungsfrist für den Teil der Steuer, für den der Grundlagenbescheid bindend ist, nicht vor Ablauf der nach Absatz 4 gehemmten Frist.

(11) [1]Ist eine geschäftsunfähige oder in der Geschäftsfähigkeit beschränkte Person ohne gesetzlichen Vertreter, so endet die Festsetzungsfrist nicht vor Ablauf von sechs Monaten nach dem Zeitpunkt, in dem die Person unbeschränkt geschäftsfähig wird oder der Mangel der Vertretung aufhört. [2]Dies gilt auch, soweit für eine Person ein Betreuer bestellt und ein Einwilligungsvorbehalt nach § 1903 des Bürgerlichen Gesetzbuchs angeordnet ist, der Betreuer jedoch verstorben oder auf andere Weise weggefallen oder aus rechtlichen Gründen an der Vertretung des Betreuten verhindert ist.

(12) Richtet sich die Steuer gegen einen Nachlass, so endet die Festsetzungsfrist nicht vor dem Ablauf von sechs Monaten nach dem Zeitpunkt, in dem die Erbschaft von dem Erben angenommen oder das Insolvenzverfahren über den Nachlass eröffnet wird oder von dem an die Steuer gegen einen Vertreter festgesetzt werden kann.

(13) Wird vor Ablauf der Festsetzungsfrist eine noch nicht festgesetzte Steuer im Insolvenzverfahren angemeldet, so läuft die Festsetzungsfrist insoweit nicht vor Ablauf von drei Monaten nach Beendigung des Insolvenzverfahrens ab.

(14) Die Festsetzungsfrist für einen Steueranspruch endet nicht, soweit ein damit zusammenhängender Erstattungsanspruch nach § 37 Abs. 2 noch nicht verjährt ist (§ 228).

III. Bestandskraft

§ 172[1] Aufhebung und Änderung von Steuerbescheiden

(1) [1]Ein Steuerbescheid darf, soweit er nicht vorläufig oder unter dem Vorbehalt der Nachprüfung ergangen ist, nur aufgehoben oder geändert werden,

1) **Anm. d. Red.:** § 172 Abs. 3 angefügt gem. Art. 10 Nr. 12 JStG 2007 v. 13. 12. 2006 (BGBl I 2878).

1. wenn er Verbrauchsteuern betrifft,
2. wenn er andere Steuern als Einfuhr- oder Ausfuhrabgaben im Sinne des Artikels 4 Nr. 10 und 11 des Zollkodexes oder Verbrauchsteuern betrifft,
   a) soweit der Steuerpflichtige zustimmt oder seinem Antrag der Sache nach entsprochen wird; dies gilt jedoch zugunsten des Steuerpflichtigen nur, soweit er vor Ablauf der Einspruchsfrist zugestimmt oder den Antrag gestellt hat oder soweit die Finanzbehörde einem Einspruch oder einer Klage abhilft,
   b) soweit er von einer sachlich unzuständigen Behörde erlassen worden ist,
   c) soweit er durch unlautere Mittel wie arglistige Täuschung, Drohung oder Bestechung erwirkt worden ist,
   d) soweit dies sonst gesetzlich zugelassen ist; die §§ 130 und 131 gelten nicht.

[2]Dies gilt auch dann, wenn der Steuerbescheid durch Einspruchsentscheidung bestätigt oder geändert worden ist. [3]In den Fällen des Satzes 2 ist Satz 1 Nr. 2 Buchstabe a ebenfalls anzuwenden, wenn der Steuerpflichtige vor Ablauf der Klagefrist zugestimmt oder den Antrag gestellt hat; Erklärungen und Beweismittel, die nach § 364b Abs. 2 in der Einspruchsentscheidung nicht berücksichtigt wurden, dürfen hierbei nicht berücksichtigt werden.

(2) Absatz 1 gilt auch für einen Verwaltungsakt, durch den ein Antrag auf Erlass, Aufhebung oder Änderung eines Steuerbescheids ganz oder teilweise abgelehnt wird.

(3) [1]Anhängige, außerhalb eines Einspruchs- oder Klageverfahrens gestellte Anträge auf Aufhebung oder Änderung einer Steuerfestsetzung, die eine vom Gerichtshof der Europäischen Gemeinschaften, vom Bundesverfassungsgericht oder vom Bundesfinanzhof entschiedene Rechtsfrage betreffen und denen nach dem Ausgang des Verfahrens vor diesen Gerichten nicht entsprochen werden kann, können durch Allgemeinverfügung insoweit zurückgewiesen werden. [2]§ 367 Abs. 2b Satz 2 bis 6 gilt entsprechend.

§ 173 Aufhebung oder Änderung von Steuerbescheiden wegen neuer Tatsachen oder Beweismittel

(1) Steuerbescheide sind aufzuheben oder zu ändern,

1. soweit Tatsachen oder Beweismittel nachträglich bekannt werden, die zu einer höheren Steuer führen,
2. soweit Tatsachen oder Beweismittel nachträglich bekannt werden, die zu einer niedrigeren Steuer führen und den Steuerpflichtigen kein grobes Verschulden daran trifft, dass die Tatsachen oder Beweismittel erst nachträglich bekannt werden. [2]Das Verschulden ist unbeachtlich, wenn die Tatsachen oder Beweismittel in einem unmittelbaren oder mittelbaren Zusammenhang mit Tatsachen oder Beweismitteln im Sinne der Nummer 1 stehen.

(2) [1]Abweichend von Absatz 1 können Steuerbescheide, soweit sie auf Grund einer Außenprüfung ergangen sind, nur aufgehoben oder geändert werden, wenn eine Steuerhinterziehung oder eine leichtfertige Steuerverkürzung vorliegt. [2]Dies gilt auch in den Fällen, in denen eine Mitteilung nach § 202 Abs. 1 Satz 3 ergangen ist.

§ 174 Widerstreitende Steuerfestsetzungen

(1) [1]Ist ein bestimmter Sachverhalt in mehreren Steuerbescheiden zuungunsten eines oder mehrerer Steuerpflichtiger berücksichtigt worden, obwohl er nur einmal hätte berücksichtigt werden dürfen, so ist der fehlerhafte Steuerbescheid auf Antrag aufzuheben oder zu ändern. [2]Ist die Festsetzungsfrist für diese Steuerfestsetzung bereits abgelaufen, so kann der Antrag noch bis zum Ablauf eines Jahres gestellt werden, nachdem der letzte der betroffenen Steuerbescheide unanfechtbar geworden ist. [3]Wird der Antrag rechtzeitig gestellt, steht der Aufhebung oder Änderung des Steuerbescheids insoweit keine Frist entgegen.

(2) [1]Absatz 1 gilt sinngemäß, wenn ein bestimmter Sachverhalt in unvereinbarer Weise mehrfach zugunsten eines oder mehrerer Steuerpflichtiger berücksichtigt worden ist;

ein Antrag ist nicht erforderlich. [2]Der fehlerhafte Steuerbescheid darf jedoch nur dann geändert werden, wenn die Berücksichtigung des Sachverhalts auf einen Antrag oder eine Erklärung des Steuerpflichtigen zurückzuführen ist.

(3) [1]Ist ein bestimmter Sachverhalt in einem Steuerbescheid erkennbar in der Annahme nicht berücksichtigt worden, dass er in einem anderen Steuerbescheid zu berücksichtigen sei, und stellt sich diese Annahme als unrichtig heraus, so kann die Steuerfestsetzung, bei der die Berücksichtigung des Sachverhalts unterblieben ist, insoweit nachgeholt, aufgehoben oder geändert werden. [2]Die Nachholung, Aufhebung oder Änderung ist nur zulässig bis zum Ablauf der für die andere Steuerfestsetzung geltenden Festsetzungsfrist.

(4) [1]Ist auf Grund irriger Beurteilung eines bestimmten Sachverhalts ein Steuerbescheid ergangen, der auf Grund eines Rechtsbehelfs oder sonst auf Antrag des Steuerpflichtigen durch die Finanzbehörde zu seinen Gunsten aufgehoben oder geändert wird, so können aus dem Sachverhalt nachträglich durch Erlass oder Änderung eines Steuerbescheids die richtigen steuerlichen Folgerungen gezogen werden. [2]Dies gilt auch dann, wenn der Steuerbescheid durch das Gericht aufgehoben oder geändert wird. [3]Der Ablauf der Festsetzungsfrist ist unbeachtlich, wenn die steuerlichen Folgerungen innerhalb eines Jahres nach Aufhebung oder Änderung des fehlerhaften Steuerbescheids gezogen werden. [4]War die Festsetzungsfrist bereits abgelaufen, als der später aufgehobene oder geänderte Steuerbescheid erlassen wurde, gilt dies nur unter den Voraussetzungen des Absatzes 3 Satz 1.

(5) [1]Gegenüber Dritten gilt Absatz 4, wenn sie an dem Verfahren, das zur Aufhebung oder Änderung des fehlerhaften Steuerbescheids geführt hat, beteiligt waren. [2]Ihre Hinzuziehung oder Beiladung zu diesem Verfahren ist zulässig.

§ 175[1)] Aufhebung oder Änderung von Steuerbescheiden in sonstigen Fällen

(1) [1]Ein Steuerbescheid ist zu erlassen, aufzuheben oder zu ändern,

1. soweit ein Grundlagenbescheid (§ 171 Abs. 10), dem Bindungswirkung für diesen Steuerbescheid zukommt, erlassen, aufgehoben oder geändert wird,
2. soweit ein Ereignis eintritt, das steuerliche Wirkung für die Vergangenheit hat (rückwirkendes Ereignis).

[2]In den Fällen des Satzes 1 Nr. 2 beginnt die Festsetzungsfrist mit Ablauf des Kalenderjahrs, in dem das Ereignis eintritt.

(2) [1]Als rückwirkendes Ereignis gilt auch der Wegfall einer Voraussetzung für eine Steuervergünstigung, wenn gesetzlich bestimmt ist, dass diese Voraussetzung für eine bestimmte Zeit gegeben sein muss, oder wenn durch Verwaltungsakt festgestellt worden ist, dass sie die Grundlage für die Gewährung der Steuervergünstigung bildet. [2]Die nachträgliche Erteilung oder Vorlage einer Bescheinigung oder Bestätigung gilt nicht als rückwirkendes Ereignis.

§ 175a Umsetzung von Verständigungsvereinbarungen

[1]Ein Steuerbescheid ist zu erlassen, aufzuheben oder zu ändern, soweit dies zur Umsetzung einer Verständigungsvereinbarung oder eines Schiedsspruchs nach einem Vertrag im Sinne des § 2 geboten ist. [2]Die Festsetzungsfrist endet insoweit nicht vor Ablauf eines Jahres nach dem Wirksamwerden der Verständigungsvereinbarung oder des Schiedsspruchs.

§ 176 Vertrauensschutz bei der Aufhebung und Änderung von Steuerbescheiden

(1) [1]Bei der Aufhebung oder Änderung eines Steuerbescheids darf nicht zuungunsten des Steuerpflichtigen berücksichtigt werden, dass

1) **Anm. d. Red.:** § 175 Abs. 2 i. d. F. des Art. 8 Nr. 6 EURLUmsG v. 9. 12. 2004 (BGBl I 3310).

1. das Bundesverfassungsgericht die Nichtigkeit eines Gesetzes feststellt, auf dem die bisherige Steuerfestsetzung beruht,
2. ein oberster Gerichtshof des Bundes eine Norm, auf der die bisherige Steuerfestsetzung beruht, nicht anwendet, weil er sie für verfassungswidrig hält,
3. sich die Rechtsprechung eines obersten Gerichtshofes des Bundes geändert hat, die bei der bisherigen Steuerfestsetzung von der Finanzbehörde angewandt worden ist.

[2]Ist die bisherige Rechtsprechung bereits in einer Steuererklärung oder einer Steueranmeldung berücksichtigt worden, ohne dass das für die Finanzbehörde erkennbar war, so gilt Nummer 3 nur, wenn anzunehmen ist, dass die Finanzbehörde bei Kenntnis der Umstände die bisherige Rechtsprechung angewandt hätte.

(2) Bei der Aufhebung oder Änderung eines Steuerbescheids darf nicht zuungunsten des Steuerpflichtigen berücksichtigt werden, dass eine allgemeine Verwaltungsvorschrift der Bundesregierung, einer obersten Bundes- oder Landesbehörde von einem obersten Gerichtshof des Bundes als nicht mit dem geltenden Recht in Einklang stehend bezeichnet worden ist.

§ 177 Berichtigung von materiellen Fehlern

(1) Liegen die Voraussetzungen für die Aufhebung oder Änderung eines Steuerbescheids zuungunsten des Steuerpflichtigen vor, so sind, soweit die Änderung reicht, zugunsten und zuungunsten des Steuerpflichtigen solche materiellen Fehler zu berichtigen, die nicht Anlass der Aufhebung oder Änderung sind.

(2) Liegen die Voraussetzungen für die Aufhebung oder Änderung eines Steuerbescheids zugunsten des Steuerpflichtigen vor, so sind, soweit die Änderung reicht, zuungunsten und zugunsten des Steuerpflichtigen solche materiellen Fehler zu berichtigen, die nicht Anlass der Aufhebung oder Änderung sind.

(3) Materielle Fehler im Sinne der Absätze 1 und 2 sind alle Fehler einschließlich offenbarer Unrichtigkeiten im Sinne des § 129, die zur Festsetzung einer Steuer führen, die von der kraft Gesetzes entstandenen Steuer abweicht.

(4) § 164 Abs. 2, § 165 Abs. 2 und § 176 bleiben unberührt.

IV. Kosten

§ 178[1] Kosten bei besonderer Inanspruchnahme der Zollbehörden

(1) Die Behörden der Bundeszollverwaltung sowie die Behörden, denen die Wahrnehmung von Aufgaben der Bundeszollverwaltung übertragen worden ist, können für eine besondere Inanspruchnahme oder Leistung (kostenpflichtige Amtshandlung) Gebühren erheben und die Erstattung von Auslagen verlangen.

(2) Eine besondere Inanspruchnahme oder Leistung im Sinne des Absatzes 1 liegt insbesondere vor bei

1. Amtshandlungen außerhalb des Amtsplatzes und außerhalb der Öffnungszeiten, soweit es sich nicht um Maßnahmen der Steueraufsicht handelt,
2. Amtshandlungen, die zu einer Dienstерschwernis führen, weil sie antragsgemäß zu einer bestimmten Zeit vorgenommen werden sollen,
3. Untersuchungen von Waren, wenn
   a) sie durch einen Antrag auf Erteilung einer verbindlichen Zolltarifauskunft, Gewährung einer Steuervergütung oder sonstigen Vergünstigungen veranlasst sind oder

1) **Anm. d. Red.:** § 178 Abs. 2 Nr. 6 i. d. F., Nr. 8 angefügt gem. Art. 8 Nr. 8 StÄndG 2003 v. 15. 12. 2003 (BGBl I 2645); Abs. 4 i. d. F. des Art. 14 Nr. 5 JStG 2008 v. 20. 12. 2007 (BGBl I 3150).

b) bei Untersuchungen von Amts wegen Angaben oder Einwendungen des Verfügungsberechtigten sich als unrichtig oder unbegründet erweisen oder

c) die untersuchten Waren den an sie gestellten Anforderungen nicht entsprechen,

4. Überwachungsmaßnahmen in Betrieben und bei Betriebsvorgängen, wenn sie durch Zuwiderhandlungen gegen die zur Sicherung des Steueraufkommens erlassenen Rechtsvorschriften veranlasst sind,
5. amtlichen Bewachungen und Begleitungen von Beförderungsmitteln oder Waren,
6. Verwahrung von Nichtgemeinschaftswaren,
7. Schreibarbeiten (Fertigung von Schriftstücken, Abschriften und Ablichtungen), die auf Antrag ausgeführt werden,
8. Vernichtung oder Zerstörung von Waren, die von Amts wegen oder auf Antrag vorgenommen wird.

(3) Das Bundesministerium der Finanzen wird ermächtigt, durch Rechtsverordnung, die der Zustimmung des Bundesrates nicht bedarf, die kostenpflichtigen Amtshandlungen näher festzulegen, die für sie zu erhebenden Kosten nach dem auf sie entfallenden durchschnittlichen Verwaltungsaufwand zu bemessen und zu pauschalieren sowie die Voraussetzungen zu bestimmen, unter denen von ihrer Erhebung wegen Geringfügigkeit, zur Vermeidung von Härten oder aus ähnlichen Gründen ganz oder teilweise abgesehen werden kann.

(4) [1]Auf die Festsetzung der Kosten sind die für Verbrauchsteuern geltenden Vorschriften entsprechend anzuwenden. [2]Die §§ 18 bis 22 des Verwaltungskostengesetzes gelten für diese Kosten nicht.

§ 178a[1)] Kosten bei besonderer Inanspruchnahme der Finanzbehörden

(1) [1]Das Bundeszentralamt für Steuern erhebt für die Bearbeitung eines Antrags auf Durchführung eines Verständigungsverfahrens nach einem Vertrag im Sinne des § 2 zur einvernehmlichen Besteuerung von noch nicht verwirklichten Geschäften eines Steuerpflichtigen mit nahe stehenden Personen im Sinne des § 1 des Außensteuergesetzes oder zur zukünftigen einvernehmlichen Gewinnaufteilung zwischen einem inländischen Unternehmen und seiner ausländischen Betriebsstätte oder zur zukünftigen einvernehmlichen Gewinnermittlung einer inländischen Betriebsstätte eines ausländischen Unternehmens (Vorabverständigungsverfahren) Gebühren, die vor Eröffnung des Vorabverständigungsverfahrens durch das Bundeszentralamt für Steuern festzusetzen sind. [2]Diese Eröffnung geschieht durch die Versendung des ersten Schriftsatzes an den anderen Staat. [3]Hat ein Antrag Vorabverständigungsverfahren mit mehreren Staaten zum Ziel, ist für jedes Verfahren eine Gebühr festzusetzen und zu entrichten. [4]Das Vorabverständigungsverfahren wird erst eröffnet, wenn die Gebührenfestsetzung unanfechtbar geworden und die Gebühr entrichtet ist; wird ein Herabsetzungsantrag nach Absatz 4 gestellt, muss auch darüber unanfechtbar entschieden sein.

(2) [1]Die Gebühr beträgt 20 000 Euro (Grundgebühr) für jeden Antrag im Sinne des Absatzes 1; der Antrag eines Organträgers im Sinne des § 14 Abs. 1 des Körperschaftsteuergesetzes, der entsprechende Geschäfte seiner Organgesellschaften mit umfasst, gilt als ein Antrag. [2]Stellt der Antragsteller einer bereits abgeschlossenen Verständigungsvereinbarung einen Antrag auf Verlängerung der Geltungsdauer, beträgt die Gebühr 15 000 Euro (Verlängerungsgebühr). [3]Ändert der Antragsteller seinen Antrag vor der Entscheidung über den ursprünglichen Antrag oder stellt er während der Laufzeit der Verständigungsvereinbarung einen Antrag auf Änderung der Verständigungsvereinbarung, wird eine zusätzliche Gebühr von 10 000 Euro für jeden Änderungsantrag erhoben (Änderungsgebühr); dies gilt nicht, wenn die Änderung vom Bundeszentralamt für Steuern oder vom anderen Staat veranlasst worden ist.

(3) Sofern die Summe der von dem Vorabverständigungsverfahren erfassten Geschäftsvorfälle die Beträge des § 6 Abs. 2 Satz 1 der Gewinnabgrenzungsaufzeichnungs-

1) **Anm. d. Red.:** § 178a eingefügt gem. Art. 10 Nr. 13 JStG 2007 v. 13. 12. 2006 (BGBl I 2878).

verordnung vom 13. November 2003 (BGBl I S. 2296) voraussichtlich nicht überschreitet, beträgt die Grundgebühr 10 000 Euro, die Verlängerungsgebühr 7 500 Euro und die Änderungsgebühr 5 000 Euro.

(4) [1]Das Bundeszentralamt für Steuern kann die Gebühr nach Absatz 2 oder 3 auf Antrag herabsetzen, wenn deren Entrichtung für den Steuerpflichtigen eine unbillige Härte bedeutet und das Bundeszentralamt für Steuern ein besonderes Interesse der Finanzbehörden an der Durchführung des Vorabverständigungsverfahrens feststellt. [2]Der Antrag ist vor Eröffnung des Vorabverständigungsverfahrens zu stellen; ein später gestellter Antrag ist unzulässig.

(5) Im Fall der Rücknahme oder Ablehnung des Antrags, oder wenn das Vorabverständigungsverfahren scheitert, wird die unanfechtbar festgesetzte Gebühr nicht erstattet.

2. Unterabschnitt: Gesonderte Feststellung von Besteuerungsgrundlagen, Festsetzung von Steuermessbeträgen

I. Gesonderte Feststellungen

§ 179 Feststellung von Besteuerungsgrundlagen

(1) Abweichend von § 157 Abs. 2 werden die Besteuerungsgrundlagen durch Feststellungsbescheid gesondert festgestellt, soweit dies in diesem Gesetz oder sonst in den Steuergesetzen bestimmt ist.

(2) [1]Ein Feststellungsbescheid richtet sich gegen den Steuerpflichtigen, dem der Gegenstand der Feststellung bei der Besteuerung zuzurechnen ist. [2]Die gesonderte Feststellung wird gegenüber mehreren Beteiligten einheitlich vorgenommen, wenn dies gesetzlich bestimmt ist oder der Gegenstand der Feststellung mehreren Personen zuzurechnen ist. [3]Ist eine dieser Personen an dem Gegenstand der Feststellung nur über eine andere Person beteiligt, so kann insoweit eine besondere gesonderte Feststellung vorgenommen werden.

(3) Soweit in einem Feststellungsbescheid eine notwendige Feststellung unterblieben ist, ist sie in einem Ergänzungsbescheid nachzuholen.

§ 180 Gesonderte Feststellung von Besteuerungsgrundlagen

(1) Gesondert festgestellt werden insbesondere:

1. die Einheitswerte nach Maßgabe des Bewertungsgesetzes,
2. a) die einkommensteuerpflichtigen und körperschaftsteuerpflichtigen Einkünfte und mit ihnen im Zusammenhang stehende andere Besteuerungsgrundlagen, wenn an den Einkünften mehrere Personen beteiligt sind und die Einkünfte diesen Personen steuerlich zuzurechnen sind,
   b) in anderen als den in Buchstabe a genannten Fällen die Einkünfte aus Land- und Forstwirtschaft, Gewerbebetrieb oder einer freiberuflichen Tätigkeit, wenn nach den Verhältnissen zum Schluss des Gewinnermittlungszeitraums das für die gesonderte Feststellung zuständige Finanzamt nicht auch für die Steuern vom Einkommen zuständig ist,
3. der Wert der vermögensteuerpflichtigen Wirtschaftsgüter (§§ 114 bis 117a des Bewertungsgesetzes) und der Wert der Schulden und sonstigen Abzüge (§ 118 des Bewertungsgesetzes), wenn die Wirtschaftsgüter, Schulden und sonstigen Abzüge mehreren Personen zuzurechnen sind und die Feststellungen für die Besteuerung von Bedeutung sind.

(2) [1]Zur Sicherstellung einer einheitlichen Rechtsanwendung bei gleichen Sachverhalten und zur Erleichterung des Besteuerungsverfahrens kann das Bundesministerium der Finanzen durch Rechtsverordnung mit Zustimmung des Bundesrates bestimmen, dass in anderen als den in Absatz 1 genannten Fällen Besteuerungsgrundlagen gesondert und

für mehrere Personen einheitlich festgestellt werden. [2]Dabei können insbesondere geregelt werden

1. der Gegenstand und der Umfang der gesonderten Feststellung,
2. die Voraussetzungen für das Feststellungsverfahren,
3. die örtliche Zuständigkeit der Finanzbehörden,
4. die Bestimmung der am Feststellungsverfahren beteiligten Personen (Verfahrensbeteiligte) und der Umfang ihrer steuerlichen Pflichten und Rechte einschließlich der Vertretung Beteiligter durch andere Beteiligte,
5. die Bekanntgabe von Verwaltungsakten an die Verfahrensbeteiligten und Empfangsbevollmächtigte,
6. die Zulässigkeit, der Umfang und die Durchführung von Außenprüfungen zur Ermittlung der Besteuerungsgrundlagen.

[3]Durch Rechtsverordnung kann das Bundesministerium der Finanzen mit Zustimmung des Bundesrates bestimmen, dass Besteuerungsgrundlagen, die sich erst später auswirken, zur Sicherung der späteren zutreffenden Besteuerung gesondert und für mehrere Personen einheitlich festgestellt werden; Satz 2 gilt entsprechend. [4]Die Rechtsverordnungen bedürfen nicht der Zustimmung des Bundesrates, soweit sie Einfuhr- und Ausfuhrabgaben und Verbrauchsteuern, mit Ausnahme der Biersteuer, betreffen.

(3) [1]Absatz 1 Nr. 2 Buchstabe a gilt nicht, wenn

1. nur eine der an den Einkünften beteiligten Personen mit ihren Einkünften im Geltungsbereich dieses Gesetzes einkommensteuerpflichtig oder körperschaftsteuerpflichtig ist oder
2. es sich um einen Fall von geringer Bedeutung handelt, insbesondere weil die Höhe des festgestellten Betrags und die Aufteilung feststehen. [2]Dies gilt sinngemäß auch für die Fälle des Absatzes 1 Nr. 2 Buchstabe b und Nr. 3.

[2]Das nach § 18 Abs. 1 Nr. 4 zuständige Finanzamt kann durch Bescheid feststellen, dass eine gesonderte Feststellung nicht durchzuführen ist. [3]Der Bescheid gilt als Steuerbescheid.

(4) Absatz 1 Nr. 2 Buchstabe a gilt ferner nicht für Arbeitsgemeinschaften, deren alleiniger Zweck in der Erfüllung eines einzigen Werkvertrages oder Werklieferungsvertrages besteht.

(5) Absatz 1 Nr. 2, Absätze 2 und 3 sind entsprechend anzuwenden, soweit

1. die nach einem Abkommen zur Vermeidung der Doppelbesteuerung von der Bemessungsgrundlage ausgenommenen Einkünfte bei der Festsetzung der Steuern der beteiligten Personen von Bedeutung sind oder
2. Steuerabzugsbeträge und Körperschaftsteuer auf die festgesetzte Steuer anzurechnen sind.

§ 181[1)] Verfahrensvorschriften für die gesonderte Feststellung, Feststellungsfrist, Erklärungspflicht

(1) [1]Für die gesonderte Feststellung gelten die Vorschriften über die Durchführung der Besteuerung sinngemäß. [2]Steuererklärung im Sinne des § 170 Abs. 2 Nr. 1 ist die Erklärung zur gesonderten Feststellung. [3]Wird eine Erklärung zur gesonderten Feststellung nach § 180 Abs. 2 ohne Aufforderung durch die Finanzbehörde abgegeben, gilt § 170 Abs. 3 sinngemäß.

(2) [1]Eine Erklärung zur gesonderten Feststellung hat abzugeben, wem der Gegenstand der Feststellung ganz oder teilweise zuzurechnen ist. [2]Erklärungspflichtig sind insbesondere

1) **Anm. d. Red.:** § 181 Abs. 2a eingefügt gem. Art. 10 Nr. 6 Steuerbürokratieabbaugesetz v. 20. 12. 2008 (BGBl I 2850).

1. in den Fällen des § 180 Abs. 1 Nr. 2 Buchstabe a jeder Feststellungsbeteiligte, dem ein Anteil an den einkommen- oder körperschaftsteuerpflichtigen Einkünften zuzurechnen ist;
2. in den Fällen des § 180 Abs. 1 Nr. 2 Buchstabe b der Unternehmer;
3. in den Fällen des § 180 Abs. 1 Nr. 3 jeder Feststellungsbeteiligte, dem ein Anteil an den Wirtschaftsgütern, Schulden oder sonstigen Abzügen zuzurechnen ist;
4. in den Fällen des § 180 Abs. 1 Nr. 2 Buchstabe a und Nr. 3 auch die in § 34 bezeichneten Personen.

[3]Hat ein Erklärungspflichtiger eine Erklärung zur gesonderten Feststellung abgegeben, sind andere Beteiligte insoweit von der Erklärungspflicht befreit.

(2a)[1] *[1]Die Erklärung zur gesonderten Feststellung nach § 180 Abs. 1 Nr. 2 ist nach amtlich vorgeschriebenem Datensatz durch Datenfernübertragung zu übermitteln. [2]Auf Antrag kann die Finanzbehörde zur Vermeidung unbilliger Härten auf eine elektronische Übermittlung verzichten; in diesem Fall ist die Erklärung zur gesonderten Feststellung nach amtlich vorgeschriebenem Vordruck abzugeben und vom Erklärungspflichtigen eigenhändig zu unterschreiben.*

(3) [1]Die Frist für die gesonderte Feststellung von Einheitswerten (Feststellungsfrist) beginnt mit Ablauf des Kalenderjahrs, auf dessen Beginn die Hauptfeststellung, die Fortschreibung, die Nachfeststellung oder die Aufhebung eines Einheitswerts vorzunehmen ist. [2]Ist eine Erklärung zur gesonderten Feststellung des Einheitswerts abzugeben, beginnt die Feststellungsfrist mit Ablauf des Kalenderjahrs, in dem die Erklärung eingereicht wird, spätestens jedoch mit Ablauf des dritten Kalenderjahrs, das auf das Kalenderjahr folgt, auf dessen Beginn die Einheitswertfeststellung vorzunehmen oder aufzuheben ist. [3]Wird der Beginn der Feststellungsfrist nach Satz 2 hinausgeschoben, wird der Beginn der Feststellungsfrist für die weiteren Feststellungszeitpunkte des Hauptfeststellungszeitraums jeweils um die gleiche Zeit hinausgeschoben.

(4) In den Fällen des Absatzes 3 beginnt die Feststellungsfrist nicht vor Ablauf des Kalenderjahrs, auf dessen Beginn der Einheitswert erstmals steuerlich anzuwenden ist.

(5) [1]Eine gesonderte Feststellung kann auch nach Ablauf der für sie geltenden Feststellungsfrist insoweit erfolgen, als die gesonderte Feststellung für eine Steuerfestsetzung von Bedeutung ist, für die die Festsetzungsfrist im Zeitpunkt der gesonderten Feststellung noch nicht abgelaufen ist; hierbei bleibt § 171 Abs. 10 außer Betracht. [2]Hierauf ist im Feststellungsbescheid hinzuweisen. [3]§ 169 Abs. 1 Satz 3 gilt sinngemäß.

§ 182 Wirkungen der gesonderten Feststellung

(1) [1]Feststellungsbescheide sind, auch wenn sie noch nicht unanfechtbar sind, für andere Feststellungsbescheide, für Steuermessbescheide, für Steuerbescheide und für Steueranmeldungen (Folgebescheide) bindend, soweit die in den Feststellungsbescheiden getroffenen Feststellungen für diese Folgebescheide von Bedeutung sind. [2]Satz 1 gilt entsprechend bei Feststellungen nach § 180 Abs. 5 Nr. 2 für Verwaltungsakte, die die Verwirklichung der Ansprüche aus dem Steuerschuldverhältnis betreffen; wird ein Feststellungsbescheid nach § 180 Abs. 5 Nr. 2 erlassen, aufgehoben oder geändert, ist ein Verwaltungsakt, für den dieser Feststellungsbescheid Bindungswirkung entfaltet, in entsprechender Anwendung des § 175 Abs. 1 Satz 1 Nr. 1 zu korrigieren.

(2) [1]Ein Feststellungsbescheid über einen Einheitswert (§ 180 Abs. 1 Nr. 1) wirkt auch gegenüber dem Rechtsnachfolger, auf den der Gegenstand der Feststellung nach dem Feststellungszeitpunkt mit steuerlicher Wirkung übergeht. [2]Tritt die Rechtsnachfolge jedoch ein, bevor der Feststellungsbescheid ergangen ist, so wirkt er gegen den Rechtsnachfolger nur dann, wenn er ihm bekannt gegeben wird. [3]Die Sätze 1 und 2 gelten für gesonderte sowie gesonderte und einheitliche Feststellungen von Besteuerungsgrundlagen, die sich erst später auswirken, nach der Verordnung über die gesonderte Feststel-

1) **Anm. d. Red.:** § 181 Abs. 2a ist gem. Art. 97 § 10a Abs. 2 EGAO erstmals anzuwenden für Feststellungszeiträume, die nach dem 31. 12. 2010 beginnen.

lung von Besteuerungsgrundlagen nach § 180 Abs. 2 der Abgabenordnung vom 19. Dezember 1986 (BGBl I S. 2663), entsprechend.

(3) Erfolgt eine gesonderte Feststellung gegenüber mehreren Beteiligten einheitlich (§ 179 Abs. 2 Satz 2) und ist ein Beteiligter im Feststellungsbescheid unrichtig bezeichnet worden, weil Rechtsnachfolge eingetreten ist, kann dies durch besonderen Bescheid gegenüber dem Rechtsnachfolger berichtigt werden.

§ 183 Empfangsbevollmächtigte bei der einheitlichen Feststellung

(1) [1]Richtet sich ein Feststellungsbescheid gegen mehrere Personen, die an dem Gegenstand der Feststellung als Gesellschafter oder Gemeinschafter beteiligt sind (Feststellungsbeteiligte), so sollen sie einen gemeinsamen Empfangsbevollmächtigten bestellen, der ermächtigt ist, für sie alle Verwaltungsakte und Mitteilungen in Empfang zu nehmen, die mit dem Feststellungsverfahren und dem anschließenden Verfahren über einen Einspruch zusammenhängen. [2]Ist ein gemeinsamer Empfangsbevollmächtigter nicht vorhanden, so gilt ein zur Vertretung der Gesellschaft oder des Feststellungsbeteiligten oder ein zur Verwaltung des Gegenstands der Feststellung Berechtigter als Empfangsbevollmächtigter. [3]Anderenfalls kann die Finanzbehörde die Beteiligten auffordern, innerhalb einer bestimmten angemessenen Frist einen Empfangsbevollmächtigten zu benennen. [4]Hierbei ist ein Beteiligter vorzuschlagen und darauf hinzuweisen, dass diesem die in Satz 1 genannten Verwaltungsakte und Mitteilungen mit Wirkung für und gegen alle Beteiligten bekannt gegeben werden, soweit nicht ein anderer Empfangsbevollmächtigter benannt wird. [5]Bei der Bekanntgabe an den Empfangsbevollmächtigten ist darauf hinzuweisen, dass die Bekanntgabe mit Wirkung für und gegen alle Feststellungsbeteiligten erfolgt.

(2) [1]Absatz 1 ist insoweit nicht anzuwenden, als der Finanzbehörde bekannt ist, dass die Gesellschaft oder Gemeinschaft nicht mehr besteht, dass ein Beteiligter aus der Gesellschaft oder der Gemeinschaft ausgeschieden ist oder dass zwischen den Beteiligten ernstliche Meinungsverschiedenheiten bestehen. [2]Ist nach Satz 1 Einzelbekanntgabe erforderlich, so sind dem Beteiligten der Gegenstand der Feststellung, die alle Beteiligten betreffenden Besteuerungsgrundlagen, sein Anteil, die Zahl der Beteiligten und die ihn persönlich betreffenden Besteuerungsgrundlagen bekannt zu geben. [3]Bei berechtigtem Interesse ist dem Beteiligten der gesamte Inhalt des Feststellungsbescheids mitzuteilen.

(3) [1]Ist ein Empfangsbevollmächtigter nach Absatz 1 Satz 1 vorhanden, können Feststellungsbescheide ihm gegenüber auch mit Wirkung für einen in Absatz 2 Satz 1 genannten Beteiligten bekannt gegeben werden, soweit und solange dieser Beteiligte oder der Empfangsbevollmächtigte nicht widersprochen hat. [2]Der Widerruf der Vollmacht wird der Finanzbehörde gegenüber erst wirksam, wenn er ihr zugeht.

(4) Wird eine wirtschaftliche Einheit Ehegatten oder Ehegatten mit ihren Kindern oder Alleinstehenden mit ihren Kindern zugerechnet und haben die Beteiligten keinen gemeinsamen Empfangsbevollmächtigten bestellt, so gelten für die Bekanntgabe von Feststellungsbescheiden über den Einheitswert die Regelungen über zusammengefasste Bescheide in § 122 Abs. 7 entsprechend.

II. Festsetzung von Steuermessbeträgen

§ 184 Festsetzung von Steuermessbeträgen

(1) [1]Steuermessbeträge, die nach den Steuergesetzen zu ermitteln sind, werden durch Steuermessbescheid festgesetzt. [2]Mit der Festsetzung der Steuermessbeträge wird auch über die persönliche und sachliche Steuerpflicht entschieden. [3]Die Vorschriften über die Durchführung der Besteuerung sind sinngemäß anzuwenden. [4]Ferner sind § 182 Abs. 1 und für Grundsteuermessbescheide auch Abs. 2 und § 183 sinngemäß anzuwenden.

(2) [1]Die Befugnis, Realsteuermessbeträge festzusetzen, schließt auch die Befugnis zu Maßnahmen nach § 163 Satz 1 ein, soweit für solche Maßnahmen in einer allgemeinen

Verwaltungsvorschrift der Bundesregierung oder einer obersten Landesfinanzbehörde Richtlinien aufgestellt worden sind. [2]Eine Maßnahme nach § 163 Satz 2 wirkt, soweit sie die gewerblichen Einkünfte als Grundlage für die Festsetzung der Steuer vom Einkommen beeinflusst, auch für den Gewerbeertrag als Grundlage für die Festsetzung des Gewerbesteuermessbetrags.

(3) Die Finanzbehörden teilen den Inhalt des Steuermessbescheids sowie die nach Absatz 2 getroffenen Maßnahmen den Gemeinden mit, denen die Steuerfestsetzung (der Erlass des Realsteuerbescheids) obliegt.

3. Unterabschnitt: Zerlegung und Zuteilung

§ 185 Geltung der allgemeinen Vorschriften

Auf die in den Steuergesetzen vorgesehene Zerlegung von Steuermessbeträgen sind die für die Steuermessbeträge geltenden Vorschriften entsprechend anzuwenden, soweit im Folgenden nichts anderes bestimmt ist.

§ 186 Beteiligte

Am Zerlegungsverfahren sind beteiligt:

1. der Steuerpflichtige,
2. die Steuerberechtigten, denen ein Anteil an dem Steuermessbetrag zugeteilt worden ist oder die einen Anteil beanspruchen. [2]Soweit die Festsetzung der Steuer dem Steuerberechtigten nicht obliegt, tritt an seine Stelle die für die Festsetzung der Steuer zuständige Behörde.

§ 187 Akteneinsicht

Die beteiligten Steuerberechtigten können von der zuständigen Finanzbehörde Auskunft über die Zerlegungsgrundlagen verlangen und durch ihre Amtsträger Einsicht in die Zerlegungsunterlagen nehmen.

§ 188 Zerlegungsbescheid

(1) Über die Zerlegung ergeht ein schriftlicher Bescheid (Zerlegungsbescheid), der den Beteiligten bekannt zu geben ist, soweit sie betroffen sind.

(2) [1]Der Zerlegungsbescheid muss die Höhe des zu zerlegenden Steuermessbetrags angeben und bestimmen, welche Anteile den beteiligten Steuerberechtigten zugeteilt werden. [2]Er muss ferner die Zerlegungsgrundlagen angeben.

§ 189 Änderung der Zerlegung

[1]Ist der Anspruch eines Steuerberechtigten auf einen Anteil am Steuermessbetrag nicht berücksichtigt und auch nicht zurückgewiesen worden, so wird die Zerlegung von Amts wegen oder auf Antrag geändert oder nachgeholt. [2]Ist der bisherige Zerlegungsbescheid gegenüber denjenigen Steuerberechtigten, die an dem Zerlegungsverfahren bereits beteiligt waren, unanfechtbar geworden, so dürfen bei der Änderung der Zerlegung nur solche Änderungen vorgenommen werden, die sich aus der nachträglichen Berücksichtigung der bisher übergangenen Steuerberechtigten ergeben. [3]Eine Änderung oder Nachholung der Zerlegung unterbleibt, wenn ein Jahr vergangen ist, seitdem der Steuermessbescheid unanfechtbar geworden ist, es sei denn, dass der übergangene Steuerberechtigte die Änderung oder Nachholung der Zerlegung vor Ablauf des Jahres beantragt hatte.

§ 190 Zuteilungsverfahren

[1]Ist ein Steuermessbetrag in voller Höhe einem Steuerberechtigten zuzuteilen, besteht aber Streit darüber, welchem Steuerberechtigten der Steuermessbetrag zusteht, so entscheidet die Finanzbehörde auf Antrag eines Beteiligten durch Zuteilungsbescheid. [2]Die für das Zerlegungsverfahren geltenden Vorschriften sind entsprechend anzuwenden.

4. Unterabschnitt: Haftung

§ 191[1)] Haftungsbescheide, Duldungsbescheide

(1) [1]Wer kraft Gesetzes für eine Steuer haftet (Haftungsschuldner), kann durch Haftungsbescheid, wer kraft Gesetzes verpflichtet ist, die Vollstreckung zu dulden, kann durch Duldungsbescheid in Anspruch genommen werden. [2]Die Anfechtung wegen Ansprüchen aus dem Steuerschuldverhältnis außerhalb des Insolvenzverfahrens erfolgt durch Duldungsbescheid, soweit sie nicht im Wege der Einrede nach § 9 des Anfechtungsgesetzes geltend zu machen ist; bei der Berechnung von Fristen nach den §§ 3 und 4 des Anfechtungsgesetzes steht der Erlass eines Duldungsbescheids der gerichtlichen Geltendmachung der Anfechtung nach § 7 Abs. 1 des Anfechtungsgesetzes gleich. [3]Die Bescheide sind schriftlich zu erteilen.

(2) Bevor gegen einen Rechtsanwalt, Patentanwalt, Notar, Steuerberater, Steuerbevollmächtigten, Wirtschaftsprüfer oder vereidigten Buchprüfer wegen einer Handlung im Sinne des § 69, die er in Ausübung seines Berufs vorgenommen hat, ein Haftungsbescheid erlassen wird, gibt die Finanzbehörde der zuständigen Berufskammer Gelegenheit, die Gesichtspunkte vorzubringen, die von ihrem Standpunkt für die Entscheidung von Bedeutung sind.

(3) [1]Die Vorschriften über die Festsetzungsfrist sind auf den Erlass von Haftungsbescheiden entsprechend anzuwenden. [2]Die Festsetzungsfrist beträgt vier Jahre, in den Fällen des § 70 bei Steuerhinterziehung zehn Jahre, bei leichtfertiger Steuerverkürzung fünf Jahre, in den Fällen des § 71 zehn Jahre. [3]Die Festsetzungsfrist beginnt mit Ablauf des Kalenderjahrs, in dem der Tatbestand verwirklicht worden ist, an den das Gesetz die Haftungsfolge knüpft. [4]Ist die Steuer, für die gehaftet wird, noch nicht festgesetzt worden, so endet die Festsetzungsfrist für den Haftungsbescheid nicht vor Ablauf der für die Steuerfestsetzung geltenden Festsetzungsfrist; andernfalls gilt § 171 Abs. 10 sinngemäß. [5]In den Fällen der §§ 73 und 74 endet die Festsetzungsfrist nicht, bevor die gegen den Steuerschuldner festgesetzte Steuer verjährt (§ 228) ist.

(4) Ergibt sich die Haftung nicht aus den Steuergesetzen, so kann ein Haftungsbescheid ergehen, solange die Haftungsansprüche nach dem für sie maßgebenden Recht noch nicht verjährt sind.

(5) [1]Ein Haftungsbescheid kann nicht mehr ergehen,

1. soweit die Steuer gegen den Steuerschuldner nicht festgesetzt worden ist und wegen Ablaufs der Festsetzungsfrist auch nicht mehr festgesetzt werden kann,
2. soweit die gegen den Steuerschuldner festgesetzte Steuer verjährt ist oder die Steuer erlassen worden ist.

[2]Dies gilt nicht, wenn die Haftung darauf beruht, dass der Haftungsschuldner Steuerhinterziehung oder Steuerhehlerei begangen hat.

§ 192 Vertragliche Haftung

Wer sich auf Grund eines Vertrags verpflichtet hat, für die Steuer eines anderen einzustehen, kann nur nach den Vorschriften des bürgerlichen Rechts in Anspruch genommen werden.

1) **Anm. d. Red.:** § 191 Abs. 1 i. d. F. des Art. 23 MoMiG v. 23. 10. 2008 (BGBl I 2026).

Vierter Abschnitt: Außenprüfung

1. Unterabschnitt: Allgemeine Vorschriften

§ 193[1] Zulässigkeit einer Außenprüfung

(1) Eine Außenprüfung ist zulässig bei Steuerpflichtigen, die einen gewerblichen oder land- und forstwirtschaftlichen Betrieb unterhalten, die freiberuflich tätig sind und bei Steuerpflichtigen im Sinne des § 147a.

(2) Bei anderen als den in Absatz 1 bezeichneten Steuerpflichtigen ist eine Außenprüfung zulässig,

1. soweit sie die Verpflichtung dieser Steuerpflichtigen betrifft, für Rechnung eines anderen Steuern zu entrichten oder Steuern einzubehalten und abzuführen,
2. wenn die für die Besteuerung erheblichen Verhältnisse der Aufklärung bedürfen und eine Prüfung an Amtsstelle nach Art und Umfang des zu prüfenden Sachverhalts nicht zweckmäßig ist oder
3. wenn ein Steuerpflichtiger seinen Mitwirkungspflichten nach § 90 Absatz 2 Satz 3 nicht nachkommt.

§ 194 Sachlicher Umfang einer Außenprüfung

(1) [1]Die Außenprüfung dient der Ermittlung der steuerlichen Verhältnisse des Steuerpflichtigen. [2]Sie kann eine oder mehrere Steuerarten, einen oder mehrere Besteuerungszeiträume umfassen oder sich auf bestimmte Sachverhalte beschränken. [3]Die Außenprüfung bei einer Personengesellschaft umfasst die steuerlichen Verhältnisse der Gesellschafter insoweit, als diese Verhältnisse für die zu überprüfenden einheitlichen Feststellungen von Bedeutung sind. [4]Die steuerlichen Verhältnisse anderer Personen können insoweit geprüft werden, als der Steuerpflichtige verpflichtet war oder verpflichtet ist, für Rechnung dieser Personen Steuern zu entrichten oder Steuern einzubehalten und abzuführen; dies gilt auch dann, wenn etwaige Steuernachforderungen den anderen Personen gegenüber geltend zu machen sind.

(2) Die steuerlichen Verhältnisse von Gesellschaftern und Mitgliedern sowie von Mitgliedern der Überwachungsorgane können über die in Absatz 1 geregelten Fälle hinaus in die bei einer Gesellschaft durchzuführende Außenprüfung einbezogen werden, wenn dies im Einzelfall zweckmäßig ist.

(3) Werden anlässlich einer Außenprüfung Verhältnisse anderer als der in Absatz 1 genannten Personen festgestellt, so ist die Auswertung der Feststellungen insoweit zulässig, als ihre Kenntnis für die Besteuerung dieser anderen Personen von Bedeutung ist oder die Feststellungen eine unerlaubte Hilfeleistung in Steuersachen betreffen.

§ 195 Zuständigkeit

[1]Außenprüfungen werden von den für die Besteuerung zuständigen Finanzbehörden durchgeführt. [2]Sie können andere Finanzbehörden mit der Außenprüfung beauftragen. [3]Die beauftragte Finanzbehörde kann im Namen der zuständigen Finanzbehörde die Steuerfestsetzung vornehmen und verbindliche Zusagen (§§ 204 bis 207) erteilen.

§ 196 Prüfungsanordnung

Die Finanzbehörde bestimmt den Umfang der Außenprüfung in einer schriftlich zu erteilenden Prüfungsanordnung mit Rechtsbehelfsbelehrung (§ 356).

---

1) **Anm. d. Red.:** § 193 i. d. F. des Art. 3 Nr. 5 Steuerhinterziehungsbekämpfungsgesetz v. 29. 7. 2009 (BGBl I 2302).

§ 197 Bekanntgabe der Prüfungsanordnung

(1) [1]Die Prüfungsanordnung sowie der voraussichtliche Prüfungsbeginn und die Namen der Prüfer sind dem Steuerpflichtigen, bei dem die Außenprüfung durchgeführt werden soll, angemessene Zeit vor Beginn der Prüfung bekannt zu geben, wenn der Prüfungszweck dadurch nicht gefährdet wird. [2]Der Steuerpflichtige kann auf die Einhaltung der Frist verzichten. [3]Soll die Prüfung nach § 194 Abs. 2 auf die steuerlichen Verhältnisse von Gesellschaftern und Mitgliedern sowie von Mitgliedern der Überwachungsorgane erstreckt werden, so ist die Prüfungsanordnung insoweit auch diesen Personen bekannt zu geben.

(2) Auf Antrag der Steuerpflichtigen soll der Beginn der Außenprüfung auf einen anderen Zeitpunkt verlegt werden, wenn dafür wichtige Gründe glaubhaft gemacht werden.

§ 198 Ausweispflicht, Beginn der Außenprüfung

[1]Die Prüfer haben sich bei Erscheinen unverzüglich auszuweisen. [2]Der Beginn der Außenprüfung ist unter Angabe von Datum und Uhrzeit aktenkundig zu machen.

§ 199 Prüfungsgrundsätze

(1) Der Außenprüfer hat die tatsächlichen und rechtlichen Verhältnisse, die für die Steuerpflicht und für die Bemessung der Steuer maßgebend sind (Besteuerungsgrundlagen), zugunsten wie zuungunsten des Steuerpflichtigen zu prüfen.

(2) Der Steuerpflichtige ist während der Außenprüfung über die festgestellten Sachverhalte und die möglichen steuerlichen Auswirkungen zu unterrichten, wenn dadurch Zweck und Ablauf der Prüfung nicht beeinträchtigt werden.

§ 200 Mitwirkungspflichten des Steuerpflichtigen

(1) [1]Der Steuerpflichtige hat bei der Feststellung der Sachverhalte, die für die Besteuerung erheblich sein können, mitzuwirken. [2]Er hat insbesondere Auskünfte zu erteilen, Aufzeichnungen, Bücher, Geschäftspapiere und andere Urkunden zur Einsicht und Prüfung vorzulegen, die zum Verständnis der Aufzeichnungen erforderlichen Erläuterungen zu geben und die Finanzbehörde bei Ausübung ihrer Befugnisse nach § 147 Abs. 6 zu unterstützen. [3]Sind der Steuerpflichtige oder die von ihm benannten Personen nicht in der Lage, Auskünfte zu erteilen, oder sind die Auskünfte zur Klärung des Sachverhalts unzureichend oder versprechen Auskünfte des Steuerpflichtigen keinen Erfolg, so kann der Außenprüfer auch andere Betriebsangehörige um Auskunft ersuchen. [4]§ 93 Abs. 2 Satz 2 und § 97 Abs. 2 gelten nicht.

(2) [1]Die in Absatz 1 genannten Unterlagen hat der Steuerpflichtige in seinen Geschäftsräumen oder, soweit ein zur Durchführung der Außenprüfung geeigneter Geschäftsraum nicht vorhanden ist, in seinen Wohnräumen oder an Amtsstelle vorzulegen. [2]Ein zur Durchführung der Außenprüfung geeigneter Raum oder Arbeitsplatz sowie die erforderlichen Hilfsmittel sind unentgeltlich zur Verfügung zu stellen.

(3) [1]Die Außenprüfung findet während der üblichen Geschäfts- oder Arbeitszeit statt. [2]Die Prüfer sind berechtigt, Grundstücke und Betriebsräume zu betreten und zu besichtigen. [3]Bei der Betriebsbesichtigung soll der Betriebsinhaber oder sein Beauftragter hinzugezogen werden.

§ 201 Schlussbesprechung

(1) [1]Über das Ergebnis der Außenprüfung ist eine Besprechung abzuhalten (Schlussbesprechung), es sei denn, dass sich nach dem Ergebnis der Außenprüfung keine Änderung der Besteuerungsgrundlagen ergibt oder dass der Steuerpflichtige auf die Besprechung verzichtet. [2]Bei der Schlussbesprechung sind insbesondere strittige Sachverhalte sowie die rechtliche Beurteilung der Prüfungsfeststellungen und ihre steuerlichen Auswirkungen zu erörtern.

(2) Besteht die Möglichkeit, dass auf Grund der Prüfungsfeststellungen ein Straf- oder Bußgeldverfahren durchgeführt werden muss, soll der Steuerpflichtige darauf hingewiesen werden, dass die straf- oder bußgeldrechtliche Würdigung einem besonderen Verfahren vorbehalten bleibt.

§ 202 Inhalt und Bekanntgabe des Prüfungsberichts

(1) [1]Über das Ergebnis der Außenprüfung ergeht ein schriftlicher Bericht (Prüfungsbericht). [2]Im Prüfungsbericht sind die für die Besteuerung erheblichen Prüfungsfeststellungen in tatsächlicher und rechtlicher Hinsicht sowie die Änderungen der Besteuerungsgrundlagen darzustellen. [3]Führt die Außenprüfung zu keiner Änderung der Besteuerungsgrundlagen, so genügt es, wenn dies dem Steuerpflichtigen schriftlich mitgeteilt wird.

(2) Die Finanzbehörde hat dem Steuerpflichtigen auf Antrag den Prüfungsbericht vor seiner Auswertung zu übersenden und ihm Gelegenheit zu geben, in angemessener Zeit dazu Stellung zu nehmen.

§ 203 Abgekürzte Außenprüfung

(1) [1]Bei Steuerpflichtigen, bei denen die Finanzbehörde eine Außenprüfung in regelmäßigen Zeitabständen nach den Umständen des Falls nicht für erforderlich hält, kann sie eine abgekürzte Außenprüfung durchführen. [2]Die Prüfung hat sich auf die wesentlichen Besteuerungsgrundlagen zu beschränken.

(2) [1]Der Steuerpflichtige ist vor Abschluss der Prüfung darauf hinzuweisen, inwieweit von den Steuererklärungen oder den Steuerfestsetzungen abgewichen werden soll. [2]Die steuerlich erheblichen Prüfungsfeststellungen sind dem Steuerpflichtigen spätestens mit den Steuerbescheiden schriftlich mitzuteilen. [3]§ 201 Abs. 1 und § 202 Abs. 2 gelten nicht.

2. Unterabschnitt: Verbindliche Zusagen auf Grund einer Außenprüfung

§ 204 Voraussetzung der verbindlichen Zusage

Im Anschluss an eine Außenprüfung soll die Finanzbehörde dem Steuerpflichtigen auf Antrag verbindlich zusagen, wie ein für die Vergangenheit geprüfter und im Prüfungsbericht dargestellter Sachverhalt in Zukunft steuerrechtlich behandelt wird, wenn die Kenntnis der künftigen steuerrechtlichen Behandlung für die geschäftlichen Maßnahmen des Steuerpflichtigen von Bedeutung ist.

§ 205 Form der verbindlichen Zusage

(1) Die verbindliche Zusage wird schriftlich erteilt und als verbindlich gekennzeichnet.

(2) Die verbindliche Zusage muss enthalten:

1. den ihr zugrunde gelegten Sachverhalt; dabei kann auf den im Prüfungsbericht dargestellten Sachverhalt Bezug genommen werden,
2. die Entscheidung über den Antrag und die dafür maßgebenden Gründe,
3. eine Angabe darüber, für welche Steuern und für welchen Zeitraum die verbindliche Zusage gilt.

§ 206 Bindungswirkung

(1) Die verbindliche Zusage ist für die Besteuerung bindend, wenn sich der später verwirklichte Sachverhalt mit dem der verbindlichen Zusage zugrunde gelegten Sachverhalt deckt.

(2) Absatz 1 gilt nicht, wenn die verbindliche Zusage zuungunsten des Antragstellers dem geltenden Recht widerspricht.

§ 207 Außerkrafttreten, Aufhebung und Änderung der verbindlichen Zusage

(1) Die verbindliche Zusage tritt außer Kraft, wenn die Rechtsvorschriften, auf denen die Entscheidung beruht, geändert werden.

(2) Die Finanzbehörde kann die verbindliche Zusage mit Wirkung für die Zukunft aufheben oder ändern.

(3) Eine rückwirkende Aufhebung oder Änderung der verbindlichen Zusage ist nur zulässig, falls der Steuerpflichtige zustimmt oder wenn die Voraussetzungen des § 130 Abs. 2 Nr. 1 oder 2 vorliegen.

Fünfter Abschnitt: Steuerfahndung (Zollfahndung)

§ 208 Steuerfahndung (Zollfahndung)

(1) [1]Aufgabe der Steuerfahndung (Zollfahndung) ist

1. die Erforschung von Steuerstraftaten und Steuerordnungswidrigkeiten,
2. die Ermittlung der Besteuerungsgrundlagen in den in Nummer 1 bezeichneten Fällen,
3. die Aufdeckung und Ermittlung unbekannter Steuerfälle.

[2]Die mit der Steuerfahndung betrauten Dienststellen der Landesfinanzbehörden und die Zollfahndungsämter haben außer den Befugnissen nach § 404 Satz 2 erster Halbsatz auch die Ermittlungsbefugnisse, die den Finanzämtern (Hauptzollämtern) zustehen. [3]In den Fällen der Nummern 2 und 3 gelten die Einschränkungen des § 93 Abs. 1 Satz 3, Abs. 2 Satz 2 und des § 97 Abs. 2 und 3 nicht; § 200 Abs. 1 Satz 1 und 2, Abs. 2, Abs. 3 Satz 1 und 2 gilt sinngemäß, § 393 Abs. 1 bleibt unberührt.

(2) Unabhängig von Absatz 1 sind die mit der Steuerfahndung betrauten Dienststellen der Landesfinanzbehörden und die Zollfahndungsämter zuständig

1. für steuerliche Ermittlungen einschließlich der Außenprüfung auf Ersuchen der zuständigen Finanzbehörde,
2. für die ihnen sonst im Rahmen der Zuständigkeit der Finanzbehörden übertragenen Aufgaben.

(3) Die Aufgaben und Befugnisse der Finanzämter (Hauptzollämter) bleiben unberührt.

Sechster Abschnitt: Steueraufsicht in besonderen Fällen

§ 209 Gegenstand der Steueraufsicht

(1) Der Warenverkehr über die Grenze und in den Freizonen und Freilagern sowie die Gewinnung und Herstellung, Lagerung, Beförderung und gewerbliche Verwendung verbrauchsteuerpflichtiger Waren und der Handel mit verbrauchsteuerpflichtigen Waren unterliegen der zollamtlichen Überwachung (Steueraufsicht).

(2) Der Steueraufsicht unterliegen ferner:

1. der Versand, die Ausfuhr, Lagerung, Verwendung, Vernichtung, Veredelung, Umwandlung und sonstige Bearbeitung oder Verarbeitung von Waren in einem Verbrauchsteuerverfahren,

2. die Herstellung und Ausfuhr von Waren, für die ein Erlass, eine Erstattung oder Vergütung von Verbrauchsteuer beansprucht wird.

(3) Andere Sachverhalte unterliegen der Steueraufsicht, wenn es gesetzlich bestimmt ist.

§ 210 Befugnisse der Finanzbehörde

(1) Die von der Finanzbehörde mit der Steueraufsicht betrauten Amtsträger sind berechtigt, Grundstücke und Räume von Personen, die eine gewerbliche oder berufliche Tätigkeit selbständig ausüben und denen ein der Steueraufsicht unterliegender Sachverhalt zuzurechnen ist, während der Geschäfts- und Arbeitszeiten zu betreten, um Prüfungen vorzunehmen oder sonst Feststellungen zu treffen, die für die Besteuerung erheblich sein können (Nachschau).

(2) [1]Der Nachschau unterliegen ferner Grundstücke und Räume von Personen, denen ein der Steueraufsicht unterliegender Sachverhalt zuzurechnen ist ohne zeitliche Einschränkung, wenn Tatsachen die Annahme rechtfertigen, dass sich dort Schmuggelwaren oder nicht ordnungsgemäß versteuerte verbrauchsteuerpflichtige Waren befinden oder dort sonst gegen Vorschriften oder Anordnungen verstoßen wird, deren Einhaltung durch die Steueraufsicht gesichert werden soll. [2]Bei Gefahr im Verzug ist eine Durchsuchung von Wohn- und Geschäftsräumen auch ohne richterliche Anordnung zulässig.

(3) [1]Die von der Finanzbehörde mit der Steueraufsicht betrauten Amtsträger sind ferner berechtigt, im Rahmen von zeitlich und örtlich begrenzten Kontrollen, Schiffe und andere Fahrzeuge, die nach ihrer äußeren Erscheinung gewerblichen Zwecken dienen, anzuhalten. [2]Die Betroffenen haben sich auszuweisen und Auskunft über die mitgeführten Waren zu geben; sie haben insbesondere Frachtbriefe und sonstige Beförderungspapiere, auch nicht steuerlicher Art, vorzulegen. [3]Ergeben sich dadurch oder auf Grund sonstiger Tatsachen Anhaltspunkte, dass verbrauchsteuerpflichtige Waren mitgeführt werden, können die Amtsträger die mitgeführten Waren überprüfen und alle Feststellungen treffen, die für eine Besteuerung dieser Waren erheblich sein können. [4]Die Betroffenen haben die Herkunft der verbrauchsteuerpflichtigen Waren anzugeben, die Entnahme von unentgeltlichen Proben zu dulden und die erforderliche Hilfe zu leisten.

(4) [1]Wenn Feststellungen bei Ausübung der Steueraufsicht hierzu Anlass geben, kann ohne vorherige Prüfungsanordnung (§ 196) zu einer Außenprüfung nach § 193 übergegangen werden. [2]Auf den Übergang zur Außenprüfung wird schriftlich hingewiesen.

(5) [1]Wird eine Nachschau in einem Dienstgebäude oder einer nicht allgemein zugänglichen Einrichtung oder Anlage der Bundeswehr erforderlich, so wird die vorgesetzte Dienststelle der Bundeswehr um ihre Durchführung ersucht. [2]Die Finanzbehörde ist zur Mitwirkung berechtigt. [3]Ein Ersuchen ist nicht erforderlich, wenn die Nachschau in Räumen vorzunehmen ist, die ausschließlich von anderen Personen als Soldaten bewohnt werden.

§ 211 Pflichten des Betroffenen

(1) [1]Wer von einer Maßnahme der Steueraufsicht betroffen wird, hat den Amtsträgern auf Verlangen Aufzeichnungen, Bücher, Geschäftspapiere und andere Urkunden über die der Steueraufsicht unterliegenden Sachverhalte und über den Bezug und den Absatz verbrauchsteuerpflichtiger Waren vorzulegen, Auskünfte zu erteilen und die zur Durchführung der Steueraufsicht sonst erforderlichen Hilfsdienste zu leisten. [2]§ 200 Abs. 2 Satz 2 gilt sinngemäß.

(2) Die Pflichten nach Absatz 1 gelten auch dann, wenn bei einer gesetzlich vorgeschriebenen Nachversteuerung verbrauchsteuerpflichtiger Waren in einem der Steueraufsicht unterliegenden Betrieb oder Unternehmen festgestellt werden soll, an welche Empfänger und in welcher Menge nachsteuerpflichtige Waren geliefert worden sind.

(3) Vorkehrungen, die die Ausübung der Steueraufsicht hindern oder erschweren, sind unzulässig.

§ 212 Durchführungsvorschriften

(1) Das Bundesministerium der Finanzen kann durch Rechtsverordnung zur näheren Bestimmung der im Rahmen der Steueraufsicht zu erfüllenden Pflichten anordnen, dass

1. bestimmte Handlungen nur in Räumen vorgenommen werden dürfen, die der Finanzbehörde angemeldet sind oder deren Benutzung für diesen Zweck von der Finanzbehörde besonders genehmigt ist,
2. Räume, Fahrzeuge, Geräte, Gefäße und Leitungen, die der Herstellung, Bearbeitung, Verarbeitung, Lagerung, Beförderung oder Messung steuerpflichtiger Waren dienen oder dienen können, auf Kosten des Betriebsinhabers in bestimmter Weise einzurichten, herzurichten, zu kennzeichnen oder amtlich zu verschließen sind,
3. der Überwachung unterliegende Waren in bestimmter Weise behandelt, bezeichnet, gelagert, verpackt, versandt oder verwendet werden müssen,
4. der Handel mit steuerpflichtigen Waren besonders überwacht wird, wenn der Händler zugleich Hersteller der Waren ist,
5. über die Betriebsvorgänge und über die steuerpflichtigen Waren sowie über die zu ihrer Herstellung verwendeten Einsatzstoffe, Fertigungsstoffe, Hilfsstoffe und Zwischenerzeugnisse in bestimmter Weise Anschreibungen zu führen und die Bestände festzustellen sind,
6. Bücher, Aufzeichnungen und sonstige Unterlagen in bestimmter Weise aufzubewahren sind,
7. Vorgänge und Maßnahmen in Betrieben oder Unternehmen, die für die Besteuerung von Bedeutung sind, der Finanzbehörde anzumelden sind,
8. von steuerpflichtigen Waren, von Waren, für die ein Erlass, eine Erstattung oder Vergütung von Verbrauchsteuern beansprucht wird, von Stoffen, die zur Herstellung dieser Waren bestimmt sind, sowie von Umschließungen dieser Waren unentgeltlich Proben entnommen werden dürfen oder unentgeltlich Muster zu hinterlegen sind.

(2) Die Rechtsverordnung bedarf, außer wenn sie die Biersteuer betrifft, nicht der Zustimmung des Bundesrates.

§ 213 Besondere Aufsichtsmaßnahmen

[1]Betriebe oder Unternehmen, deren Inhaber oder deren leitende Angehörige wegen Steuerhinterziehung, versuchter Steuerhinterziehung oder wegen der Teilnahme an einer solchen Tat rechtskräftig bestraft worden sind, dürfen auf ihre Kosten besonderen Aufsichtsmaßnahmen unterworfen werden, wenn dies zur Gewährleistung einer wirksamen Steueraufsicht erforderlich ist. [2]Insbesondere dürfen zusätzliche Anschreibungen und Meldepflichten, der sichere Verschluss von Räumen, Behältnissen und Geräten sowie ähnliche Maßnahmen vorgeschrieben werden.

§ 214 Beauftragte

[1]Wer sich zur Erfüllung steuerlicher Pflichten, die ihm auf Grund eines der Steueraufsicht unterliegenden Sachverhalts obliegen, durch einen mit der Wahrnehmung dieser Pflichten beauftragten Angehörigen seines Betriebs oder Unternehmens vertreten lässt, bedarf der Zustimmung der Finanzbehörde. [2]Dies gilt nicht für die Vertretung in Einfuhrabgabensachen im Sinne von Artikel 4 Nr. 10 des Zollkodexes und § 1 Abs. 1 Satz 3 des Zollverwaltungsgesetzes im Zusammenhang mit dem Erhalt einer zollrechtlichen Bestimmung im Sinne von Artikel 4 Nr. 15 des Zollkodexes.

§ 215 Sicherstellung im Aufsichtsweg

(1) [1]Die Finanzbehörde kann durch Wegnahme, Anbringen von Siegeln oder durch Verfügungsverbot sicherstellen:

1. verbrauchsteuerpflichtige Waren, die ein Amtsträger vorfindet
   a) in Herstellungsbetrieben oder anderen anmeldepflichtigen Räumen, die der Finanzbehörde nicht angemeldet sind,

b) im Handel ohne eine den Steuergesetzen entsprechende Verpackung, Bezeichnung, Kennzeichnung oder ohne vorschriftsmäßige Steuerzeichen,

2. Waren, die im grenznahen Raum oder in Gebieten, die der Grenzaufsicht unterliegen, aufgefunden werden, wenn sie weder offenbar Gemeinschaftswaren noch den Umständen nach in den zollrechtlich freien Verkehr überführt worden sind,
3. die Umschließungen der in den Nummern 1 und 2 genannten Waren,
4. Geräte, die zur Herstellung von verbrauchsteuerpflichtigen Waren bestimmt sind und die sich in einem der Finanzbehörde nicht angemeldeten Herstellungsbetrieb befinden.

[2]Die Sicherstellung ist auch zulässig, wenn die Sachen zunächst in einem Strafverfahren beschlagnahmt und dann der Finanzbehörde zur Verfügung gestellt worden sind.

(2) [1]Über die Sicherstellung ist eine Niederschrift aufzunehmen. [2]Die Sicherstellung ist den betroffenen Personen (Eigentümer, Besitzer) mitzuteilen, soweit sie bekannt sind.

§ 216[1)] Überführung in das Eigentum des Bundes

(1) [1]Nach § 215 sichergestellte Sachen sind in das Eigentum des Bundes überzuführen, sofern sie nicht nach § 375 Abs. 2 eingezogen werden. [2]Für Fundgut gilt dies nur, wenn kein Eigentumsanspruch geltend gemacht wird.

(2) [1]Die Überführung sichergestellter Sachen in das Eigentum des Bundes ist den betroffenen Personen mitzuteilen. [2]Ist eine betroffene Person nicht bekannt, so gilt § 10 Abs. 2 des Verwaltungszustellungsgesetzes sinngemäß.

(3) [1]Der Eigentumsübergang wird wirksam, sobald der von der Finanzbehörde erlassene Verwaltungsakt unanfechtbar ist. [2]Bei Sachen, die mit dem Grund und Boden verbunden sind, geht das Eigentum unter der Voraussetzung des Satzes 1 mit der Trennung über. [3]Rechte Dritter an einer sichergestellten Sache bleiben bestehen. [4]Das Erlöschen dieser Rechte kann jedoch angeordnet werden, wenn der Dritte leichtfertig dazu beigetragen hat, dass die in das Eigentum des Bundes überführte Sache der Sicherstellung unterlag oder er sein Recht an der Sache in Kenntnis der Umstände erwarb, welche die Sicherstellung veranlasst haben.

(4) [1]Sichergestellte Sachen können schon vor der Überführung in das Eigentum des Bundes veräußert werden, wenn ihr Verderb oder eine wesentliche Minderung ihres Werts droht oder ihre Aufbewahrung, Pflege oder Erhaltung mit unverhältnismäßig großen Kosten oder Schwierigkeiten verbunden ist; zu diesem Zweck dürfen auch Sachen, die mit dem Grund und Boden verbunden sind, von diesem getrennt werden. [2]Der Erlös tritt an die Stelle der Sachen. [3]Die Notveräußerung wird nach den Vorschriften dieses Gesetzes über die Verwertung gepfändeter Sachen durchgeführt. [4]Die betroffenen Personen sollen vor der Anordnung der Veräußerung gehört werden. [5]Die Anordnung sowie Zeit und Ort der Veräußerung sind ihnen, soweit tunlich, mitzuteilen.

(5) [1]Sichergestellte oder bereits in das Eigentum des Bundes überführte Sachen werden zurückgegeben, wenn die Umstände, die die Sicherstellung veranlasst haben, dem Eigentümer nicht zuzurechnen sind oder wenn die Überführung in das Eigentum des Bundes als eine unbillige Härte für die Betroffenen erscheint. [2]Gutgläubige Dritte, deren Rechte durch die Überführung in das Eigentum des Bundes erloschen oder beeinträchtigt sind, werden aus dem Erlös der Sachen angemessen entschädigt. [3]Im Übrigen kann eine Entschädigung gewährt werden, soweit es eine unbillige Härte wäre, sie zu versagen.

§ 217 Steuerhilfspersonen

Zur Feststellung von Tatsachen, die zoll- oder verbrauchsteuerrechtlich erheblich sind, kann die Finanzbehörde Personen, die vom Ergebnis der Feststellung nicht selbst betroffen werden, als Steuerhilfspersonen bestellen.

---

1) **Anm. d. Red.:** § 216 Abs. 2 i. d. F. des Art. 2 Abs. 13 Nr. 2 Gesetz zur Novellierung des Verwaltungszustellungsrechts v. 12. 8. 2005 (BGBl I 2354).

Fünfter Teil: Erhebungsverfahren

Erster Abschnitt: Verwirklichung, Fälligkeit und Erlöschen von Ansprüchen aus dem Steuerschuldverhältnis

1. Unterabschnitt: Verwirklichung und Fälligkeit von Ansprüchen aus dem Steuerschuldverhältnis

§ 218 Verwirklichung von Ansprüchen aus dem Steuerschuldverhältnis

(1) [1]Grundlage für die Verwirklichung von Ansprüchen aus dem Steuerschuldverhältnis (§ 37) sind die Steuerbescheide, die Steuervergütungsbescheide, die Haftungsbescheide und die Verwaltungsakte, durch die steuerliche Nebenleistungen festgesetzt werden; bei den Säumniszuschlägen genügt die Verwirklichung des gesetzlichen Tatbestands (§ 240). [2]Die Steueranmeldungen (§ 168) stehen den Steuerbescheiden gleich.

(2) [1]Über Streitigkeiten, die die Verwirklichung der Ansprüche im Sinne des Absatzes 1 betreffen, entscheidet die Finanzbehörde durch Verwaltungsakt. [2]Dies gilt auch, wenn die Streitigkeit einen Erstattungsanspruch (§ 37 Abs. 2) betrifft.

§ 219 Zahlungsaufforderung bei Haftungsbescheiden

[1]Wenn nichts anderes bestimmt ist, darf ein Haftungsschuldner auf Zahlung nur in Anspruch genommen werden, soweit die Vollstreckung in das bewegliche Vermögen des Steuerschuldners ohne Erfolg geblieben oder anzunehmen ist, dass die Vollstreckung aussichtslos sein würde. [2]Diese Einschränkung gilt nicht, wenn die Haftung darauf beruht, dass der Haftungsschuldner Steuerhinterziehung oder Steuerhehlerei begangen hat oder gesetzlich verpflichtet war, Steuern einzubehalten und abzuführen oder zu Lasten eines anderen zu entrichten.

§ 220 Fälligkeit

(1) Die Fälligkeit von Ansprüchen aus dem Steuerschuldverhältnis richtet sich nach den Vorschriften der Steuergesetze.

(2) [1]Fehlt es an einer besonderen gesetzlichen Regelung über die Fälligkeit, so wird der Anspruch mit seiner Entstehung fällig, es sei denn, dass in einem nach § 254 erforderlichen Leistungsgebot eine Zahlungsfrist eingeräumt worden ist. [2]Ergibt sich der Anspruch in den Fällen des Satzes 1 aus der Festsetzung von Ansprüchen aus dem Steuerschuldverhältnis, so tritt die Fälligkeit nicht vor Bekanntgabe der Festsetzung ein.

§ 221 Abweichende Fälligkeitsbestimmung

[1]Hat ein Steuerpflichtiger eine Verbrauchsteuer oder die Umsatzsteuer mehrfach nicht rechtzeitig entrichtet, so kann die Finanzbehörde verlangen, dass die Steuer jeweils zu einem von der Finanzbehörde zu bestimmenden, vor der gesetzlichen Fälligkeit aber nach Entstehung der Steuer liegenden Zeitpunkt entrichtet wird. [2]Das Gleiche gilt, wenn die Annahme begründet ist, dass der Eingang einer Verbrauchsteuer oder der Umsatzsteuer gefährdet ist; an Stelle der Vorverlegung der Fälligkeit kann auch Sicherheitsleistung verlangt werden. [3]In den Fällen des Satzes 1 ist die Vorverlegung der Fälligkeit nur zulässig, wenn sie dem Steuerpflichtigen für den Fall erneuter nicht rechtzeitiger Entrichtung angekündigt worden ist.

§ 222 Stundung

[1]Die Finanzbehörden können Ansprüche aus dem Steuerschuldverhältnis ganz oder teilweise stunden, wenn die Einziehung bei Fälligkeit eine erhebliche Härte für den Schuldner bedeuten würde und der Anspruch durch die Stundung nicht gefährdet erscheint. [2]Die Stundung soll in der Regel nur auf Antrag und gegen Sicherheitsleistung gewährt werden. [3]Steueransprüche gegen den Steuerschuldner können nicht gestundet werden, soweit ein Dritter (Entrichtungspflichtiger) die Steuer für Rechnung des Steu-

erschuldners zu entrichten, insbesondere einzubehalten und abzuführen hat. [4]Die Stundung des Haftungsanspruchs gegen den Entrichtungspflichtigen ist ausgeschlossen, soweit er Steuerabzugsbeträge einbehalten oder Beträge, die eine Steuer enthalten, eingenommen hat.

§ 223 Zahlungsaufschub

Bei Einfuhr- und Ausfuhrabgaben und Verbrauchsteuern kann die Zahlung fälliger Beträge auf Antrag des Steuerschuldners gegen Sicherheitsleistung hinausgeschoben werden, soweit die Steuergesetze dies bestimmen.

2. Unterabschnitt: Zahlung, Aufrechnung, Erlass

§ 224[1)] Leistungsort, Tag der Zahlung

(1) [1]Zahlungen an Finanzbehörden sind an die zuständige Kasse zu entrichten. [2]Außerhalb des Kassenraums können Zahlungsmittel nur einem Amtsträger übergeben werden, der zur Annahme von Zahlungsmitteln außerhalb des Kassenraums besonders ermächtigt worden ist und sich hierüber ausweisen kann.

(2) Eine wirksam geleistete Zahlung gilt als entrichtet:

1. bei Übergabe oder Übersendung von Zahlungsmitteln am Tag des Eingangs, bei Hingabe oder Übersendung von Schecks jedoch drei Tage nach dem Tag des Eingangs,
2. bei Überweisung oder Einzahlung auf ein Konto der Finanzbehörde und bei Einzahlung mit Zahlschein oder Postanweisung an dem Tag, an dem der Betrag der Finanzbehörde gutgeschrieben wird,
3. bei Vorliegen einer Einzugsermächtigung am Fälligkeitstag.

(3) [1]Zahlungen der Finanzbehörden sind unbar zu leisten. [2]Das Bundesministerium der Finanzen und die für die Finanzverwaltung zuständigen obersten Landesbehörden können für ihre Geschäftsbereiche Ausnahmen zulassen. [3]Als Tag der Zahlung gilt bei Überweisung oder Zahlungsanweisung der dritte Tag nach der Hingabe oder Absendung des Auftrags an das Kreditinstitut oder, wenn der Betrag nicht sofort abgebucht werden soll, der dritte Tag nach der Abbuchung.

(4) [1]Die zuständige Kasse kann für die Übergabe von Zahlungsmitteln gegen Quittung geschlossen werden. [2]Absatz 2 Nr. 1 gilt entsprechend, wenn bei der Schließung von Kassen nach Satz 1 am Ort der Kasse eine oder mehrere Zweiganstalten der Deutschen Bundesbank oder, falls solche am Ort der Kasse nicht bestehen, ein oder mehrere Kreditinstitute ermächtigt werden, für die Kasse Zahlungsmittel gegen Quittung anzunehmen.

§ 224a Hingabe von Kunstgegenständen an Zahlungs statt

(1) [1]Schuldet ein Steuerpflichtiger Erbschaft- oder Vermögensteuer, kann durch öffentlich-rechtlichen Vertrag zugelassen werden, dass an Zahlungs statt das Eigentum an Kunstgegenständen, Kunstsammlungen, wissenschaftlichen Sammlungen, Bibliotheken, Handschriften und Archiven dem Land, dem das Steueraufkommen zusteht, übertragen wird, wenn an deren Erwerb wegen ihrer Bedeutung für Kunst, Geschichte oder Wissenschaft ein öffentliches Interesse besteht. [2]Die Übertragung des Eigentums nach Satz 1 gilt nicht als Veräußerung im Sinne des § 13 Abs. 1 Nr. 2 Satz 2 des Erbschaftsteuergesetzes.

(2) [1]Der Vertrag nach Absatz 1 bedarf der Schriftform; die elektronische Form ist ausgeschlossen. [2]Der Steuerpflichtige hat das Vertragsangebot an die örtlich zuständige Finanzbehörde zu richten. [3]Zuständig für den Vertragsabschluss ist die oberste Finanzbehörde des Landes, dem das Steueraufkommen zusteht. [4]Der Vertrag wird erst mit der Zustimmung der für kulturelle Angelegenheiten zuständigen obersten Landesbehörde wirksam; diese Zustimmung wird von der obersten Finanzbehörde eingeholt.

---

1) **Anm. d. Red.:** § 224 Abs. 2 Nr. 1 i. d. F. des Art. 10 Nr. 14 JStG 2007 v. 13. 12. 2006 (BGBl I 2878).

(3) Kommt ein Vertrag zustande, erlischt die Steuerschuld in der im Vertrag vereinbarten Höhe am Tag der Übertragung des Eigentums an das Land, dem das Steueraufkommen zusteht.

(4) [1]Solange nicht feststeht, ob ein Vertrag zustande kommt, kann der Steueranspruch nach § 222 gestundet werden. [2]Kommt ein Vertrag zustande, ist für die Dauer der Stundung auf die Erhebung von Stundungszinsen zu verzichten.

§ 225 Reihenfolge der Tilgung

(1) Schuldet ein Steuerpflichtiger mehrere Beträge und reicht bei freiwilliger Zahlung der gezahlte Betrag nicht zur Tilgung sämtlicher Schulden aus, so wird die Schuld getilgt, die der Steuerpflichtige bei der Zahlung bestimmt.

(2) [1]Trifft der Steuerpflichtige keine Bestimmung, so werden mit einer freiwilligen Zahlung, die nicht sämtliche Schulden deckt, zunächst die Geldbußen, sodann nacheinander die Zwangsgelder, die Steuerabzugsbeträge, die übrigen Steuern, die Kosten, die Verspätungszuschläge, die Zinsen und die Säumniszuschläge getilgt. [2]Innerhalb dieser Reihenfolge sind die einzelnen Schulden nach ihrer Fälligkeit zu ordnen; bei gleichzeitig fällig gewordenen Beträgen und bei den Säumniszuschlägen bestimmt die Finanzbehörde die Reihenfolge der Tilgung.

(3) Wird die Zahlung im Verwaltungsweg erzwungen (§ 249) und reicht der verfügbare Betrag nicht zur Tilgung aller Schulden aus, derentwegen die Vollstreckung oder die Verwertung der Sicherheiten erfolgt ist, so bestimmt die Finanzbehörde die Reihenfolge der Tilgung.

§ 226 Aufrechnung

(1) Für die Aufrechnung mit Ansprüchen aus dem Steuerschuldverhältnis sowie für die Aufrechnung gegen diese Ansprüche gelten sinngemäß die Vorschriften des bürgerlichen Rechts, soweit nichts anderes bestimmt ist.

(2) Mit Ansprüchen aus dem Steuerschuldverhältnis kann nicht aufgerechnet werden, wenn sie durch Verjährung oder Ablauf einer Ausschlussfrist erloschen sind.

(3) Die Steuerpflichtigen können gegen Ansprüche aus dem Steuerschuldverhältnis nur mit unbestrittenen oder rechtskräftig festgestellten Gegenansprüchen aufrechnen.

(4) Für die Aufrechnung gilt als Gläubiger oder Schuldner eines Anspruchs aus dem Steuerschuldverhältnis auch die Körperschaft, die die Steuer verwaltet.

§ 227 Erlass

Die Finanzbehörden können Ansprüche aus dem Steuerschuldverhältnis ganz oder zum Teil erlassen, wenn deren Einziehung nach Lage des einzelnen Falls unbillig wäre; unter den gleichen Voraussetzungen können bereits entrichtete Beträge erstattet oder angerechnet werden.

3. Unterabschnitt: Zahlungsverjährung

§ 228 Gegenstand der Verjährung, Verjährungsfrist

[1]Ansprüche aus dem Steuerschuldverhältnis unterliegen einer besonderen Zahlungsverjährung. [2]Die Verjährungsfrist beträgt fünf Jahre.

§ 229 Beginn der Verjährung

(1) [1]Die Verjährung beginnt mit Ablauf des Kalenderjahrs, in dem der Anspruch erstmals fällig geworden ist. [2]Sie beginnt jedoch nicht vor Ablauf des Kalenderjahrs, in dem die Festsetzung eines Anspruchs aus dem Steuerschuldverhältnis, ihre Aufhebung, Änderung oder Berichtigung nach § 129 wirksam geworden ist, aus der sich der Anspruch ergibt; eine Steueranmeldung steht einer Steuerfestsetzung gleich.

(2) Ist ein Haftungsbescheid ohne Zahlungsaufforderung ergangen, so beginnt die Verjährung mit Ablauf des Kalenderjahrs, in dem der Haftungsbescheid wirksam geworden ist.

§ 230 Hemmung der Verjährung

Die Verjährung ist gehemmt, solange der Anspruch wegen höherer Gewalt innerhalb der letzten sechs Monate der Verjährungsfrist nicht verfolgt werden kann.

§ 231[1)] Unterbrechung der Verjährung

(1) [1]Die Verjährung wird unterbrochen durch schriftliche Geltendmachung des Anspruches, durch Zahlungsaufschub, durch Stundung, durch Aussetzung der Vollziehung, durch Aussetzung der Verpflichtung des Zollschuldners zur Abgabenentrichtung, durch Sicherheitsleistung, durch Vollstreckungsaufschub, durch eine Vollstreckungsmaßnahme, durch Anmeldung im Insolvenzverfahren, durch Aufnahme in einen Insolvenzplan oder einen gerichtlichen Schuldenbereinigungsplan, durch Einbeziehung in ein Verfahren, das die Restschuldbefreiung für den Schuldner zum Ziel hat, und durch Ermittlungen der Finanzbehörde nach dem Wohnsitz oder dem Aufenthaltsort des Zahlungspflichtigen. [2]§ 169 Abs. 1 Satz 3 gilt sinngemäß.

(2) [1]Die Unterbrechung der Verjährung durch Zahlungsaufschub, durch Stundung, durch Aussetzung der Vollziehung, durch Aussetzung der Verpflichtung des Zollschuldners zur Abgabenentrichtung, durch Sicherheitsleistung, durch Vollstreckungsaufschub, durch eine Vollstreckungsmaßnahme, die zu einem Pfändungspfandrecht, einer Zwangshypothek oder einem sonstigen Vorzugsrecht auf Befriedigung führt, durch Anmeldung im Insolvenzverfahren, durch Aufnahme in einen Insolvenzplan oder einen gerichtlichen Schuldenbereinigungsplan oder durch Einbeziehung in ein Verfahren, das die Restschuldbefreiung für den Schuldner zum Ziel hat, dauert fort, bis der Zahlungsaufschub, die Stundung, die Aussetzung der Vollziehung, die Aussetzung der Verpflichtung des Zollschuldners zur Abgabenentrichtung oder der Vollstreckungsaufschub abgelaufen, die Sicherheit, das Pfändungspfandrecht, die Zwangshypothek oder ein sonstiges Vorzugsrecht auf Befriedigung erloschen, das Insolvenzverfahren beendet ist, der Insolvenzplan oder der gerichtliche Schuldenbereinigungsplan erfüllt oder hinfällig wird, die Restschuldbefreiung wirksam wird oder das Verfahren, das die Restschuldbefreiung zum Ziel hat, vorzeitig beendet wird. [2]Wird gegen die Finanzbehörde ein Anspruch geltend gemacht, so endet die hierdurch eingetretene Unterbrechung der Verjährung nicht, bevor über den Anspruch rechtskräftig entschieden worden ist.

(3) Mit Ablauf des Kalenderjahrs, in dem die Unterbrechung geendet hat, beginnt eine neue Verjährungsfrist.

(4) Die Verjährung wird nur in Höhe des Betrags unterbrochen, auf den sich die Unterbrechungshandlung bezieht.

§ 232 Wirkung der Verjährung

Durch die Verjährung erlöschen der Anspruch aus dem Steuerschuldverhältnis und die von ihm abhängenden Zinsen.

Zweiter Abschnitt: Verzinsung, Säumniszuschläge

1. Unterabschnitt: Verzinsung

§ 233 Grundsatz

[1]Ansprüche aus dem Steuerschuldverhältnis (§ 37) werden nur verzinst, soweit dies gesetzlich vorgeschrieben ist. [2]Ansprüche auf steuerliche Nebenleistungen (§ 3 Abs. 4) und die entsprechenden Erstattungsansprüche werden nicht verzinst.

---

1) **Anm. d. Red.:** § 231 Abs. 1 und 2 i. d. F. des Art. 8 Nr. 9 StÄndG 2003 v. 15. 12. 2003 (BGBl I 2645).

AO

§ 233a Verzinsung von Steuernachforderungen und Steuererstattungen

(1) [1]Führt die Festsetzung der Einkommen-, Körperschaft-, Vermögen-, Umsatz- oder Gewerbesteuer zu einem Unterschiedsbetrag im Sinne des Absatzes 3, ist dieser zu verzinsen. [2]Dies gilt nicht für die Festsetzung von Vorauszahlungen und Steuerabzugsbeträgen.

(2) [1]Der Zinslauf beginnt 15 Monate nach Ablauf des Kalenderjahrs, in dem die Steuer entstanden ist. [2]Er beginnt für die Einkommen- und Körperschaftsteuer 21 Monate nach diesem Zeitpunkt, wenn die Einkünfte aus Land- und Forstwirtschaft bei der erstmaligen Steuerfestsetzung die anderen Einkünfte überwiegen. [3]Er endet mit Ablauf des Tages, an dem die Steuerfestsetzung wirksam wird.

(2a) Soweit die Steuerfestsetzung auf der Berücksichtigung eines rückwirkenden Ereignisses (§ 175 Abs. 1 Satz 1 Nr. 2 und Abs. 2) oder auf einem Verlustabzug nach § 10d Abs. 1 des Einkommensteuergesetzes beruht, beginnt der Zinslauf abweichend von Absatz 2 Satz 1 und 2 15 Monate nach Ablauf des Kalenderjahres, in dem das rückwirkende Ereignis eingetreten oder der Verlust entstanden ist.

(3) [1]Maßgebend für die Zinsberechnung ist die festgesetzte Steuer, vermindert um die anzurechnenden Steuerabzugsbeträge, um die anzurechnende Körperschaftsteuer und um die bis zum Beginn des Zinslaufs festgesetzten Vorauszahlungen (Unterschiedsbetrag). [2]Bei der Vermögensteuer ist als Unterschiedsbetrag für die Zinsberechnung die festgesetzte Steuer, vermindert um die festgesetzten Vorauszahlungen oder die bisher festgesetzte Jahressteuer, maßgebend. [3]Ein Unterschiedsbetrag zugunsten des Steuerpflichtigen ist nur bis zur Höhe des zu erstattenden Betrags zu verzinsen; die Verzinsung beginnt frühestens mit dem Tag der Zahlung.

(4) Die Festsetzung der Zinsen soll mit der Steuerfestsetzung verbunden werden.

(5) [1]Wird die Steuerfestsetzung aufgehoben, geändert oder nach § 129 berichtigt, ist eine bisherige Zinsfestsetzung zu ändern; Gleiches gilt, wenn die Anrechnung von Steuerbeträgen zurückgenommen, widerrufen oder nach § 129 berichtigt wird. [2]Maßgebend für die Zinsberechnung ist der Unterschiedsbetrag zwischen der festgesetzten Steuer und der vorher festgesetzten Steuer, jeweils vermindert um die anzurechnenden Steuerabzugsbeträge und um die anzurechnende Körperschaftsteuer. [3]Dem sich hiernach ergebenden Zinsbetrag sind bisher festzusetzende Zinsen hinzuzurechnen; bei einem Unterschiedsbetrag zugunsten des Steuerpflichtigen entfallen darauf festgesetzte Zinsen. [4]Im Übrigen gilt Absatz 3 Satz 3 entsprechend.

(6) Die Absätze 1 bis 5 gelten bei der Durchführung des Lohnsteuer-Jahresausgleichs entsprechend.

(7) [1]Bei Anwendung des Absatzes 2a gelten die Absätze 3 und 5 mit der Maßgabe, dass der Unterschiedsbetrag in Teil-Unterschiedsbeträge mit jeweils gleichem Zinslaufbeginn aufzuteilen ist; für jeden Teil-Unterschiedsbetrag sind Zinsen gesondert und in der zeitlichen Reihenfolge der Teil-Unterschiedsbeträge zu berechnen, beginnend mit den Zinsen auf den Teil-Unterschiedsbetrag mit dem ältesten Zinslaufbeginn. [2]Ergibt sich ein Teil-Unterschiedsbetrag zugunsten des Steuerpflichtigen, entfallen auf diesen Betrag festgesetzte Zinsen frühestens ab Beginn des für diesen Teil-Unterschiedsbetrag maßgebenden Zinslaufs; Zinsen für den Zeitraum bis zum Beginn des Zinslaufs dieses Teil-Unterschiedsbetrags bleiben endgültig bestehen. [3]Dies gilt auch, wenn zuvor innerhalb derselben Zinsberechnung Zinsen auf einen Teil-Unterschiedsbetrag zuungunsten des Steuerpflichtigen berechnet worden sind.

§ 234 Stundungszinsen

(1) [1]Für die Dauer einer gewährten Stundung von Ansprüchen aus dem Steuerschuldverhältnis werden Zinsen erhoben. [2]Wird der Steuerbescheid nach Ablauf der Stundung aufgehoben, geändert oder nach § 129 berichtigt, so bleiben die bis dahin entstandenen Zinsen unberührt.

(2) Auf die Zinsen kann ganz oder teilweise verzichtet werden, wenn ihre Erhebung nach Lage des einzelnen Falls unbillig wäre.

(3) Zinsen nach § 233a, die für denselben Zeitraum festgesetzt wurden, sind anzurechnen.

§ 235 Verzinsung von hinterzogenen Steuern

(1) [1]Hinterzogene Steuern sind zu verzinsen. [2]Zinsschuldner ist derjenige, zu dessen Vorteil die Steuern hinterzogen worden sind. [3]Wird die Steuerhinterziehung dadurch begangen, dass ein anderer als der Steuerschuldner seine Verpflichtung, einbehaltene Steuern an die Finanzbehörde abzuführen oder Steuern zu Lasten eines anderen zu entrichten, nicht erfüllt, so ist dieser Zinsschuldner.

(2) [1]Der Zinslauf beginnt mit dem Eintritt der Verkürzung oder der Erlangung des Steuervorteils, es sei denn, dass die hinterzogenen Beträge ohne die Steuerhinterziehung erst später fällig geworden wären. [2]In diesem Fall ist der spätere Zeitpunkt maßgebend.

(3) [1]Der Zinslauf endet mit der Zahlung der hinterzogenen Steuern. [2]Für eine Zeit, für die ein Säumniszuschlag verwirkt, die Zahlung gestundet oder die Vollziehung ausgesetzt ist, werden Zinsen nach dieser Vorschrift nicht erhoben. [3]Wird der Steuerbescheid nach Ende des Zinslaufs aufgehoben, geändert oder nach § 129 berichtigt, so bleiben die bis dahin entstandenen Zinsen unberührt.

(4) Zinsen nach § 233a, die für denselben Zeitraum festgesetzt wurden, sind anzurechnen.

§ 236 Prozesszinsen auf Erstattungsbeträge

(1) [1]Wird durch eine rechtskräftige gerichtliche Entscheidung oder auf Grund einer solchen Entscheidung eine festgesetzte Steuer herabgesetzt oder eine Steuervergütung gewährt, so ist der zu erstattende oder zu vergütende Betrag vorbehaltlich des Absatzes 3 vom Tag der Rechtshängigkeit an bis zum Auszahlungstag zu verzinsen. [2]Ist der zu erstattende Betrag erst nach Eintritt der Rechtshängigkeit entrichtet worden, so beginnt die Verzinsung mit dem Tag der Zahlung.

(2) Absatz 1 ist entsprechend anzuwenden, wenn

1. sich der Rechtsstreit durch Aufhebung oder Änderung des angefochtenen Verwaltungsakts oder durch Erlass des beantragten Verwaltungsakts erledigt oder
2. eine rechtskräftige gerichtliche Entscheidung oder ein unanfechtbarer Verwaltungsakt, durch den sich der Rechtsstreit erledigt hat,
   a) zur Herabsetzung der in einem Folgebescheid festgesetzten Steuer,
   b) zur Herabsetzung der Gewerbesteuer nach Änderung des Gewerbesteuermessbetrags

   führt.

(3) Ein zu erstattender oder zu vergütender Betrag wird nicht verzinst, soweit dem Beteiligten die Kosten des Rechtsbehelfs nach § 137 Satz 1 der Finanzgerichtsordnung auferlegt worden sind.

(4) Zinsen nach § 233a, die für denselben Zeitraum festgesetzt wurden, sind anzurechnen.

(5) Ein Zinsbescheid ist nicht aufzuheben oder zu ändern, wenn der Steuerbescheid nach Abschluss des Rechtsbehelfsverfahrens aufgehoben, geändert oder nach § 129 berichtigt wird.

§ 237 Zinsen bei Aussetzung der Vollziehung

(1) [1]Soweit ein Einspruch oder eine Anfechtungsklage gegen einen Steuerbescheid, eine Steueranmeldung oder einen Verwaltungsakt, der einen Steuervergütungsbescheid aufhebt oder ändert, oder gegen eine Einspruchsentscheidung über einen dieser Verwaltungsakte endgültig keinen Erfolg gehabt hat, ist der geschuldete Betrag, hinsichtlich dessen die Vollziehung des angefochtenen Verwaltungsakts ausgesetzt wurde, zu verzinsen. [2]Satz 1 gilt entsprechend, wenn nach Einlegung eines förmlichen außergerichtlichen oder gerichtlichen Rechtsbehelfs gegen einen Grundlagenbescheid (§ 171 Abs. 10) oder

eine Rechtsbehelfsentscheidung über einen Grundlagenbescheid die Vollziehung eines Folgebescheids ausgesetzt wurde.

(2) [1]Zinsen werden erhoben vom Tag des Eingangs des außergerichtlichen Rechtsbehelfs bei der Behörde, deren Verwaltungsakt angefochten wird, oder vom Tag der Rechtshängigkeit beim Gericht an bis zum Tag, an dem die Aussetzung der Vollziehung endet. [2]Ist die Vollziehung erst nach dem Eingang des außergerichtlichen Rechtsbehelfs oder erst nach der Rechtshängigkeit ausgesetzt worden, so beginnt die Verzinsung mit dem Tag, an dem die Wirkung der Aussetzung der Vollziehung beginnt.

(3) Absätze 1 und 2 sind entsprechend anzuwenden, wenn nach Aussetzung der Vollziehung des Einkommensteuerbescheids, des Körperschaftsteuerbescheids oder eines Feststellungsbescheids die Vollziehung eines Gewerbesteuermessbescheids oder Gewerbesteuerbescheids ausgesetzt wird.

(4) § 234 Abs. 2 und 3 gelten entsprechend.

(5) Ein Zinsbescheid ist nicht aufzuheben oder zu ändern, wenn der Steuerbescheid nach Abschluss des Rechtsbehelfsverfahrens aufgehoben, geändert oder nach § 129 berichtigt wird.

§ 238[1)] Höhe und Berechnung der Zinsen

(1) [1]Die Zinsen betragen für jeden Monat einhalb Prozent. [2]Sie sind von dem Tag an, an dem der Zinslauf beginnt, nur für volle Monate zu zahlen; angefangene Monate bleiben außer Ansatz. [3]Erlischt der zu verzinsende Anspruch durch Aufrechnung, gilt der Tag, an dem die Schuld des Aufrechnenden fällig wird, als Tag der Zahlung.

(2) Für die Berechnung der Zinsen wird der zu verzinsende Betrag jeder Steuerart auf den nächsten durch 50 Euro teilbaren Betrag abgerundet.

§ 239 Festsetzung der Zinsen

(1) [1]Auf die Zinsen sind die für die Steuern geltenden Vorschriften entsprechend anzuwenden, jedoch beträgt die Festsetzungsfrist ein Jahr. [2]Die Festsetzungsfrist beginnt:

1. in den Fällen des § 233a mit Ablauf des Kalenderjahrs, in dem die Steuer festgesetzt, aufgehoben, geändert oder nach § 129 berichtigt worden ist,
2. in den Fällen des § 234 mit Ablauf des Kalenderjahrs, in dem die Stundung geendet hat,
3. in den Fällen des § 235 mit Ablauf des Kalenderjahrs, in dem die Festsetzung der hinterzogenen Steuern unanfechtbar geworden ist, jedoch nicht vor Ablauf des Kalenderjahrs, in dem ein eingeleitetes Strafverfahren rechtskräftig abgeschlossen worden ist,
4. in den Fällen des § 236 mit Ablauf des Kalenderjahrs, in dem die Steuer erstattet oder die Steuervergütung ausgezahlt worden ist,
5. in den Fällen des § 237 mit Ablauf des Kalenderjahrs, in dem ein Einspruch oder eine Anfechtungsklage endgültig erfolglos geblieben ist.

[3]Die Festsetzungsfrist läuft in den Fällen des § 233a nicht ab, solange die Steuerfestsetzung, ihre Aufhebung, ihre Änderung oder ihre Berichtigung nach § 129 noch zulässig ist.

(2) [1]Zinsen sind auf volle Euro zum Vorteil des Steuerpflichtigen gerundet festzusetzen. [2]Sie werden nur dann festgesetzt, wenn sie mindestens 10 Euro betragen.

1) **Anm. d. Red.:** § 238 Abs. 1 i. d. F. des Art. 10 Nr. 17 JStG 2007 v. 13. 12. 2006 (BGBl I 2878).

2. Unterabschnitt: Säumniszuschläge

§ 240[1] Säumniszuschläge

(1) [1]Wird eine Steuer nicht bis zum Ablauf des Fälligkeitstages entrichtet, so ist für jeden angefangenen Monat der Säumnis ein Säumniszuschlag von 1 Prozent des abgerundeten rückständigen Steuerbetrags zu entrichten; abzurunden ist auf den nächsten durch 50 Euro teilbaren Betrag. [2]Das Gleiche gilt für zurückzuzahlende Steuervergütungen und Haftungsschulden, soweit sich die Haftung auf Steuern und zurückzuzahlende Steuervergütungen erstreckt. [3]Die Säumnis nach Satz 1 tritt nicht ein, bevor die Steuer festgesetzt oder angemeldet worden ist. [4]Wird die Festsetzung einer Steuer oder Steuervergütung aufgehoben, geändert oder nach § 129 berichtigt, so bleiben die bis dahin verwirkten Säumniszuschläge unberührt; das Gleiche gilt, wenn ein Haftungsbescheid zurückgenommen, widerrufen oder nach § 129 berichtigt wird. [5]Erlischt der Anspruch durch Aufrechnung, bleiben Säumniszuschläge unberührt, die bis zur Fälligkeit der Schuld des Aufrechnenden entstanden sind.

(2) Säumniszuschläge entstehen nicht bei steuerlichen Nebenleistungen.

(3) [1]Ein Säumniszuschlag wird bei einer Säumnis bis zu drei Tagen nicht erhoben. [2]Dies gilt nicht bei Zahlung nach § 224 Abs. 2 Nr. 1.

(4) [1]In den Fällen der Gesamtschuld entstehen Säumniszuschläge gegenüber jedem säumigen Gesamtschuldner. [2]Insgesamt ist jedoch kein höherer Säumniszuschlag zu entrichten als verwirkt worden wäre, wenn die Säumnis nur bei einem Gesamtschuldner eingetreten wäre.

Dritter Abschnitt: Sicherheitsleistung

§ 241 Art der Sicherheitsleistung

(1) Wer nach den Steuergesetzen Sicherheit zu leisten hat, kann diese erbringen

1. durch Hinterlegung von im Geltungsbereich dieses Gesetzes umlaufenden Zahlungsmitteln bei der zuständigen Finanzbehörde,
2. durch Verpfändung der in Absatz 2 genannten Wertpapiere, die von dem zur Sicherheitsleistung Verpflichteten der Deutschen Bundesbank oder einem Kreditinstitut zur Verwahrung anvertraut worden sind, das zum Depotgeschäft zugelassen ist, wenn dem Pfandrecht keine anderen Rechte vorgehen. [2]Die Haftung der Wertpapiere für Forderungen des Verwahrers für ihre Verwahrung und Verwaltung bleibt unberührt. [3]Der Verpfändung von Wertpapieren steht die Verpfändung von Anteilen an einem Sammelbestand nach § 6 des Depotgesetzes in der im Bundesgesetzblatt Teil III, Gliederungsnummer 4130-1, veröffentlichten bereinigten Fassung, zuletzt geändert durch Artikel 1 des Gesetzes vom 17. Juli 1985 (BGBl I S. 1507), gleich,
3. durch eine mit der Übergabe des Sparbuchs verbundene Verpfändung von Spareinlagen bei einem Kreditinstitut, das im Geltungsbereich dieses Gesetzes zum Einlagengeschäft zugelassen ist, wenn dem Pfandrecht keine anderen Rechte vorgehen,
4. durch Verpfändung von Forderungen, die in einem Schuldbuch des Bundes, eines Sondervermögens des Bundes oder eines Landes eingetragen sind, wenn dem Pfandrecht keine anderen Rechte vorgehen,
5. durch Bestellung von
   a) erstrangigen Hypotheken, Grund- oder Rentenschulden an Grundstücken oder Erbbaurechten, die im Geltungsbereich dieses Gesetzes belegen sind,
   b) erstrangigen Schiffshypotheken an Schiffen, Schiffsbauwerken oder Schwimmdocks, die in einem im Geltungsbereich dieses Gesetzes geführten Schiffsregister oder Schiffsbauregister eingetragen sind,

---

1) **Anm. d. Red.:** § 240 Abs. 1 i. d. F. des Art. 10 Nr. 17 JStG 2007 v. 13. 12. 2006 (BGBl I 2878); Abs. 3 i. d. F. des Art. 8 Nr. 10 StÄndG 2003 v. 15. 12. 2003 (BGBl I 2645).

6. durch Verpfändung von Forderungen, für die eine erstrangige Verkehrshypothek an einem im Geltungsbereich dieses Gesetzes belegenen Grundstück oder Erbbaurecht besteht, oder durch Verpfändung von erstrangigen Grundschulden oder Rentenschulden an im Geltungsbereich dieses Gesetzes belegenen Grundstücken oder Erbbaurechten, wenn an den Forderungen, Grundschulden oder Rentenschulden keine vorgehenden Rechte bestehen,
7. durch Schuldversprechen, Bürgschaft oder Wechselverpflichtungen eines tauglichen Steuerbürgen (§ 244).

(2) Wertpapiere im Sinne von Absatz 1 Nr. 2 sind

1. Schuldverschreibungen des Bundes, eines Sondervermögens des Bundes, eines Landes, einer Gemeinde oder eines Gemeindeverbands,
2. Schuldverschreibungen zwischenstaatlicher Einrichtungen, denen der Bund Hoheitsrechte übertragen hat, wenn sie im Geltungsbereich dieses Gesetzes zum amtlichen Börsenhandel zugelassen sind,
3. Schuldverschreibungen der Deutschen Genossenschaftsbank, der Deutschen Siedlungs- und Landesrentenbank, der Deutschen Ausgleichsbank, der Kreditanstalt für Wiederaufbau und der Landwirtschaftlichen Rentenbank,
4. Pfandbriefe, Kommunalobligationen und verwandte Schuldverschreibungen,
5. Schuldverschreibungen, deren Verzinsung und Rückzahlung vom Bund oder von einem Land gewährleistet werden.

(3) Ein unter Steuerverschluss befindliches Lager steuerpflichtiger Waren gilt als ausreichende Sicherheit für die darauf lastende Steuer.

§ 242 Wirkung der Hinterlegung von Zahlungsmitteln

[1]Zahlungsmittel, die nach § 241 Abs. 1 Nr. 1 hinterlegt werden, gehen in das Eigentum der Körperschaft über, der die Finanzbehörde angehört, bei der sie hinterlegt worden sind. [2]Die Forderung auf Rückzahlung ist nicht zu verzinsen. [3]Mit der Hinterlegung erwirbt die Körperschaft, deren Forderung durch die Hinterlegung gesichert werden soll, ein Pfandrecht an der Forderung auf Rückerstattung der hinterlegten Zahlungsmittel.

§ 243 Verpfändung von Wertpapieren

[1]Die Sicherheitsleistung durch Verpfändung von Wertpapieren nach § 241 Abs. 1 Nr. 2 ist nur zulässig, wenn der Verwahrer die Gewähr für die Umlauffähigkeit übernimmt. [2]Die Übernahme dieser Gewähr umfasst die Haftung dafür,

1. dass das Rückforderungsrecht des Hinterlegers durch gerichtliche Sperre und Beschlagnahme nicht beschränkt ist,
2. dass die anvertrauten Wertpapiere in den Sammellisten aufgerufener Wertpapiere nicht als gestohlen oder als verloren gemeldet und weder mit Zahlungssperre belegt noch zur Kraftloserklärung aufgeboten oder für kraftlos erklärt worden sind,
3. dass die Wertpapiere auf den Inhaber lauten, oder, falls sie auf den Namen ausgestellt sind, mit Blankoindossament versehen und auch sonst nicht gesperrt sind, und dass die Zinsscheine und die Erneuerungsscheine bei den Stücken sind.

§ 244[1)] Taugliche Steuerbürgen

(1) [1]Schuldversprechen und Bürgschaften nach dem Bürgerlichen Gesetzbuch sowie Wechselverpflichtungen aus Artikel 28 oder 78 des Wechselgesetzes sind als Sicherheit nur geeignet, wenn sie von Personen abgegeben oder eingegangen worden sind, die

1) **Anm. d. Red.:** § 244 i. d. F. des Art. 5 Nr. 2 Zweites Gesetz zur Änderung des FVG und anderer Gesetze v. 13. 12. 2007 (BGBl I 2897).

1. ein der Höhe der zu leistenden Sicherheit angemessenes Vermögen besitzen und
2. ihren allgemeinen oder einen vereinbarten Gerichtsstand im Geltungsbereich dieses Gesetzes haben.

[2]Bürgschaften müssen den Verzicht auf die Einrede der Vorausklage nach § 771 des Bürgerlichen Gesetzbuchs enthalten. [3]Schuldversprechen und Bürgschaftserklärungen sind schriftlich zu erteilen; die elektronische Form ist ausgeschlossen. [4]Sicherungsgeber und Sicherungsnehmer dürfen nicht wechselseitig füreinander Sicherheit leisten und auch nicht wirtschaftlich miteinander verflochten sein. [5]Über die Annahme von Bürgschaftserklärungen in den Verfahren nach dem A.T.A.-Übereinkommen vom 6. Dezember 1961 (BGBl 1965 II S. 948) und dem TIR-Übereinkommen vom 14. November 1975 (BGBl 1979 II S. 445) in ihren jeweils gültigen Fassungen entscheidet das Bundesministerium der Finanzen. [6]Über die Annahme von Bürgschaftserklärungen über Einzelsicherheiten in Form von Sicherheitstiteln nach der Verordnung (EWG) Nr. 2454/93 der Kommission vom 2. Juli 1993 mit Durchführungsvorschriften zu der Verordnung (EWG) 2913/92 des Rates zur Festlegung des Zollkodexes der Gemeinschaften (ABl EG Nr. L 253 S. 1) und dem Übereinkommen vom 20. Mai 1987 über ein gemeinsames Versandverfahren (ABl EG Nr. L 226 S. 2) in ihren jeweils gültigen Fassungen entscheidet die Bundesfinanzdirektion Nord.

(2) [1]Die Bundesfinanzdirektion kann Kreditinstitute und geschäftsmäßig für andere Sicherheit leistende Versicherungsunternehmen allgemein als Steuerbürge zulassen, wenn sie im Geltungsbereich dieses Gesetzes zum Geschäftsbetrieb befugt sind. [2]Für die Zulassung ist die Bundesfinanzdirektion zuständig, in deren Bezirk sich der Sitz des Unternehmens befindet. [3]Bei ausländischen Unternehmen, die eine Niederlassung im Geltungsbereich dieses Gesetzes haben, bestimmt sich die Zuständigkeit nach dem Ort der Niederlassung, bei mehreren Niederlassungen nach dem Ort der wirtschaftlich bedeutendsten; besteht keine Niederlassung, ist die Bundesfinanzdirektion zuständig, in deren Bezirk erstmalig eine Bürgschaft übernommen werden soll. [4]Bei der Zulassung ist ein Höchstbetrag festzusetzen (Bürgschaftssumme). [5]Die gesamten Verbindlichkeiten aus Schuldversprechen, Bürgschaften und Wechselverpflichtungen, die der Steuerbürge gegenüber der Finanzverwaltung übernommen hat, dürfen nicht über die Bürgschaftssumme hinausgehen.

§ 245 Sicherheitsleistung durch andere Werte

[1]Andere als die in § 241 bezeichneten Sicherheiten kann die Finanzbehörde nach ihrem Ermessen annehmen. [2]Vorzuziehen sind Vermögensgegenstände, die größere Sicherheit bieten oder bei Eintritt auch außerordentlicher Verhältnisse ohne erhebliche Schwierigkeit und innerhalb angemessener Frist verwertet werden können.

§ 246 Annahmewerte

[1]Die Finanzbehörde bestimmt nach ihrem Ermessen, zu welchen Werten Gegenstände als Sicherheit anzunehmen sind. [2]Der Annahmewert darf jedoch den bei einer Verwertung zu erwartenden Erlös abzüglich der Kosten der Verwertung nicht übersteigen. [3]Er darf bei den in § 241 Abs. 1 Nr. 2 und 4 aufgeführten Gegenständen und bei beweglichen Sachen, die nach § 245 als Sicherheit angenommen werden, nicht unter den in § 234 Abs. 3, § 236 und § 237 Satz 1 des Bürgerlichen Gesetzbuchs genannten Werten liegen.

§ 247 Austausch von Sicherheiten

Wer nach den §§ 241 bis 245 Sicherheit geleistet hat, ist berechtigt, die Sicherheit oder einen Teil davon durch eine andere nach den §§ 241 bis 244 geeignete Sicherheit zu ersetzen.

§ 248 Nachschusspflicht

Wird eine Sicherheit unzureichend, so ist sie zu ergänzen oder es ist anderweitige Sicherheit zu leisten.

AO

Sechster Teil: Vollstreckung

Erster Abschnitt: Allgemeine Vorschriften

§ 249 Vollstreckungsbehörden

(1) [1]Die Finanzbehörden können Verwaltungsakte, mit denen eine Geldleistung, eine sonstige Handlung, eine Duldung oder Unterlassung gefordert wird, im Verwaltungsweg vollstrecken. [2]Dies gilt auch für Steueranmeldungen (§ 168). [3]Vollstreckungsbehörden sind die Finanzämter und die Hauptzollämter; § 328 Abs. 1 Satz 3 bleibt unberührt.

(2) [1]Zur Vorbereitung der Vollstreckung können die Finanzbehörden die Vermögens- und Einkommensverhältnisse des Vollstreckungsschuldners ermitteln. [2]Die Finanzbehörde darf ihr bekannte, nach § 30 geschützte Daten, die sie bei der Vollstreckung wegen Steuern und steuerlicher Nebenleistungen verwenden darf, auch bei der Vollstreckung wegen anderer Geldleistungen als Steuern und steuerlicher Nebenleistungen verwenden.

§ 250 Vollstreckungsersuchen

(1) [1]Soweit eine Vollstreckungsbehörde auf Ersuchen einer anderen Vollstreckungsbehörde Vollstreckungsmaßnahmen ausführt, tritt sie an die Stelle der anderen Vollstreckungsbehörde. [2]Für die Vollstreckbarkeit des Anspruchs bleibt die ersuchende Vollstreckungsbehörde verantwortlich.

(2) [1]Hält sich die ersuchte Vollstreckungsbehörde für unzuständig oder hält sie die Handlung, um die sie ersucht worden ist, für unzulässig, so teilt sie ihre Bedenken der ersuchenden Vollstreckungsbehörde mit. [2]Besteht diese auf der Ausführung des Ersuchens und lehnt die ersuchte Vollstreckungsbehörde die Ausführung ab, so entscheidet die Aufsichtsbehörde der ersuchten Vollstreckungsbehörde.

§ 251[1)] Vollstreckbare Verwaltungsakte

(1) [1]Verwaltungsakte können vollstreckt werden, soweit nicht ihre Vollziehung ausgesetzt oder die Vollziehung durch Einlegung eines Rechtsbehelfs gehemmt ist (§ 361; § 69 der Finanzgerichtsordnung). [2]Einfuhr- und Ausfuhrabgabenbescheide können außerdem nur vollstreckt werden, soweit die Verpflichtung des Zollschuldners zur Abgabenentrichtung nicht ausgesetzt ist (Artikel 222 Abs. 2 des Zollkodexes).

(2) [1]Unberührt bleiben die Vorschriften der Insolvenzordnung sowie § 79 Abs. 2 des Bundesverfassungsgerichtsgesetzes. [2]Die Finanzbehörde ist berechtigt, in den Fällen des § 201 Abs. 2, §§ 257 und 308 Abs. 1 der Insolvenzordnung gegen den Schuldner im Verwaltungsweg zu vollstrecken.

(3) Macht die Finanzbehörde im Insolvenzverfahren einen Anspruch aus dem Steuerschuldverhältnis als Insolvenzforderung geltend, so stellt sie erforderlichenfalls die Insolvenzforderung durch schriftlichen Verwaltungsakt fest.

§ 252 Vollstreckungsgläubiger

Im Vollstreckungsverfahren gilt die Körperschaft als Gläubigerin der zu vollstreckenden Ansprüche, der die Vollstreckungsbehörde angehört.

§ 253 Vollstreckungsschuldner

Vollstreckungsschuldner ist derjenige, gegen den sich ein Vollstreckungsverfahren nach § 249 richtet.

1) **Anm. d. Red.:** § 251 Abs. 1 i. d. F. des Art. 8 Nr. 11 StÄndG 2003 v. 15. 12. 2003 (BGBl I 2645).

§ 254 Voraussetzungen für den Beginn der Vollstreckung

(1) [1]Soweit nichts anderes bestimmt ist, darf die Vollstreckung erst beginnen, wenn die Leistung fällig ist und der Vollstreckungsschuldner zur Leistung oder Duldung oder Unterlassung aufgefordert worden ist (Leistungsgebot) und seit der Aufforderung mindestens eine Woche verstrichen ist. [2]Das Leistungsgebot kann mit dem zu vollstreckenden Verwaltungsakt verbunden werden. [3]Ein Leistungsgebot ist auch dann erforderlich, wenn der Verwaltungsakt gegen den Vollstreckungsschuldner wirkt, ohne ihm bekannt gegeben zu sein. [4]Soweit der Vollstreckungsschuldner eine von ihm auf Grund einer Steueranmeldung geschuldete Leistung nicht erbracht hat, bedarf es eines Leistungsgebots nicht.

(2) [1]Eines Leistungsgebots wegen der Säumniszuschläge und Zinsen bedarf es nicht, wenn sie zusammen mit der Steuer beigetrieben werden. [2]Dies gilt sinngemäß für die Vollstreckungskosten, wenn sie zusammen mit dem Hauptanspruch beigetrieben werden.

§ 255 Vollstreckung gegen juristische Personen des öffentlichen Rechts

(1) [1]Gegen den Bund oder ein Land ist die Vollstreckung nicht zulässig. [2]Im Übrigen ist die Vollstreckung gegen juristische Personen des öffentlichen Rechts, die der Staatsaufsicht unterliegen, nur mit Zustimmung der betreffenden Aufsichtsbehörde zulässig. [3]Die Aufsichtsbehörde bestimmt den Zeitpunkt der Vollstreckung und die Vermögensgegenstände, in die vollstreckt werden kann.

(2) Gegenüber öffentlich-rechtlichen Kreditinstituten gelten die Beschränkungen des Absatzes 1 nicht.

§ 256 Einwendungen gegen die Vollstreckung

Einwendungen gegen den zu vollstreckenden Verwaltungsakt sind außerhalb des Vollstreckungsverfahrens mit den hierfür zugelassenen Rechtsbehelfen zu verfolgen.

§ 257 Einstellung und Beschränkung der Vollstreckung

(1) Die Vollstreckung ist einzustellen oder zu beschränken, sobald

1. die Vollstreckbarkeitsvoraussetzungen des § 251 Abs. 1 weggefallen sind,
2. der Verwaltungsakt, aus dem vollstreckt wird, aufgehoben wird,
3. der Anspruch auf die Leistung erloschen ist,
4. die Leistung gestundet worden ist.

(2) [1]In den Fällen des Absatzes 1 Nr. 2 und 3 sind bereits getroffene Vollstreckungsmaßnahmen aufzuheben. [2]Ist der Verwaltungsakt durch eine gerichtliche Entscheidung aufgehoben worden, so gilt dies nur, soweit die Entscheidung unanfechtbar geworden ist und nicht auf Grund der Entscheidung ein neuer Verwaltungsakt zu erlassen ist. [3]Im Übrigen bleiben die Vollstreckungsmaßnahmen bestehen, soweit nicht ihre Aufhebung ausdrücklich angeordnet worden ist.

§ 258 Einstweilige Einstellung oder Beschränkung der Vollstreckung

Soweit im Einzelfall die Vollstreckung unbillig ist, kann die Vollstreckungsbehörde sie einstweilen einstellen oder beschränken oder eine Vollstreckungsmaßnahme aufheben.

Zweiter Abschnitt: Vollstreckung wegen Geldforderungen

1. Unterabschnitt: Allgemeine Vorschriften

§ 259 Mahnung

[1]Der Vollstreckungsschuldner soll in der Regel vor Beginn der Vollstreckung mit einer Zahlungsfrist von einer Woche gemahnt werden. [2]Als Mahnung gilt auch ein Postnachnahmeauftrag. [3]Einer Mahnung bedarf es nicht, wenn der Vollstreckungsschuldner vor

Eintritt der Fälligkeit an die Zahlung erinnert wird. [4]An die Zahlung kann auch durch öffentliche Bekanntmachung allgemein erinnert werden.

§ 260 Angabe des Schuldgrundes

Im Vollstreckungsauftrag oder in der Pfändungsverfügung ist für die beizutreibenden Geldbeträge der Schuldgrund anzugeben.

§ 261 Niederschlagung

Ansprüche aus dem Steuerschuldverhältnis dürfen niedergeschlagen werden, wenn feststeht, dass die Einziehung keinen Erfolg haben wird, oder wenn die Kosten der Einziehung außer Verhältnis zu dem Betrag stehen.

§ 262 Rechte Dritter

(1) [1]Behauptet ein Dritter, dass ihm am Gegenstand der Vollstreckung ein die Veräußerung hinderndes Recht zustehe, oder werden Einwendungen nach den §§ 772 bis 774 der Zivilprozessordnung erhoben, so ist der Widerspruch gegen die Vollstreckung erforderlichenfalls durch Klage vor den ordentlichen Gerichten geltend zu machen. [2]Als Dritter gilt auch, wer zur Duldung der Vollstreckung in ein Vermögen, das von ihm verwaltet wird, verpflichtet ist, wenn er geltend macht, dass ihm gehörende Gegenstände von der Vollstreckung betroffen seien. [3]Welche Rechte die Veräußerung hindern, bestimmt sich nach bürgerlichem Recht.

(2) Für die Einstellung der Vollstreckung und die Aufhebung von Vollstreckungsmaßnahmen gelten die §§ 769 und 770 der Zivilprozessordnung.

(3) [1]Die Klage ist ausschließlich bei dem Gericht zu erheben, in dessen Bezirk die Vollstreckung erfolgt. [2]Wird die Klage gegen die Körperschaft, der die Vollstreckungsbehörde angehört, und gegen den Vollstreckungsschuldner gerichtet, so sind sie Streitgenossen.

§ 263 Vollstreckung gegen Ehegatten

Für die Vollstreckung gegen Ehegatten sind die Vorschriften der §§ 739, 740, 741, 743, 744a und 745 der Zivilprozessordnung entsprechend anzuwenden.

§ 264 Vollstreckung gegen Nießbraucher

Für die Vollstreckung in Gegenstände, die dem Nießbrauch an einem Vermögen unterliegen, ist die Vorschrift des § 737 der Zivilprozessordnung entsprechend anzuwenden.

§ 265 Vollstreckung gegen Erben

Für die Vollstreckung gegen Erben sind die Vorschriften der §§ 1958, 1960 Abs. 3, § 1961 des Bürgerlichen Gesetzbuchs sowie der §§ 747, 748, 778, 779, 781 bis 784 der Zivilprozessordnung entsprechend anzuwenden.

§ 266 Sonstige Fälle beschränkter Haftung

Die Vorschriften der §§ 781 bis 784 der Zivilprozessordnung sind auf die nach § 1489 des Bürgerlichen Gesetzbuchs eintretende beschränkte Haftung, die Vorschrift des § 781 der Zivilprozessordnung ist auf die nach den §§ 1480, 1504 und 2187 des Bürgerlichen Gesetzbuchs eintretende beschränkte Haftung entsprechend anzuwenden.

§ 267 Vollstreckungsverfahren gegen nicht rechtsfähige Personenvereinigungen

[1]Bei nicht rechtsfähigen Personenvereinigungen, die als solche steuerpflichtig sind, genügt für die Vollstreckung in deren Vermögen ein vollstreckbarer Verwaltungsakt gegen die Personenvereinigung. [2]Dies gilt entsprechend für Zweckvermögen und sonstige einer juristischen Person ähnliche steuerpflichtige Gebilde.

2. Unterabschnitt: Aufteilung einer Gesamtschuld

§ 268 Grundsatz

Sind Personen Gesamtschuldner, weil sie zusammen zu einer Steuer vom Einkommen oder zur Vermögensteuer veranlagt worden sind, so kann jeder von ihnen beantragen, dass die Vollstreckung wegen dieser Steuern jeweils auf den Betrag beschränkt wird, der sich nach Maßgabe der §§ 269 bis 278 bei einer Aufteilung der Steuern ergibt.

§ 269 Antrag

(1) Der Antrag ist bei dem im Zeitpunkt der Antragstellung für die Besteuerung nach dem Einkommen oder dem Vermögen zuständigen Finanzamt schriftlich zu stellen oder zur Niederschrift zu erklären.

(2) [1]Der Antrag kann frühestens nach Bekanntgabe des Leistungsgebots gestellt werden. [2]Nach vollständiger Tilgung der rückständigen Steuer ist der Antrag nicht mehr zulässig. [3]Der Antrag muss alle Angaben enthalten, die zur Aufteilung der Steuer erforderlich sind, soweit sich diese Angaben nicht aus der Steuererklärung ergeben.

§ 270 Allgemeiner Aufteilungsmaßstab

[1]Die rückständige Steuer ist nach dem Verhältnis der Beträge aufzuteilen, die sich bei getrennter Veranlagung nach Maßgabe des § 26a des Einkommensteuergesetzes und der §§ 271 bis 276 ergeben würden. [2]Dabei sind die tatsächlichen und rechtlichen Feststellungen maßgebend, die der Steuerfestsetzung bei der Zusammenveranlagung zugrunde gelegt worden sind, soweit nicht die Anwendung der Vorschriften über die getrennte Veranlagung zu Abweichungen führt.

§ 271 Aufteilungsmaßstab für die Vermögensteuer

Die Vermögensteuer ist wie folgt aufzuteilen:

1. Für die Berechnung des Vermögens und der Vermögensteuer der einzelnen Gesamtschuldner ist vorbehaltlich der Abweichungen in den Nummern 2 und 3 von den Vorschriften des Bewertungsgesetzes und des Vermögensteuergesetzes in der Fassung auszugehen, die der Zusammenveranlagung zugrunde gelegen hat.
2. Wirtschaftsgüter eines Ehegatten, die bei der Zusammenveranlagung als land- und forstwirtschaftliches Vermögen oder als Betriebsvermögen dem anderen Ehegatten zugerechnet worden sind, werden als eigenes land- und forstwirtschaftliches Vermögen oder als eigenes Betriebsvermögen behandelt.
3. Schulden, die nicht mit bestimmten, einem Gesamtschuldner zugerechneten Wirtschaftsgütern in wirtschaftlichem Zusammenhang stehen, werden bei den einzelnen Gesamtschuldnern nach gleichen Teilen abgesetzt, soweit sich ein bestimmter Schuldner nicht feststellen lässt.

§ 272 Aufteilungsmaßstab für Vorauszahlungen

(1) [1]Die rückständigen Vorauszahlungen sind im Verhältnis der Beträge aufzuteilen, die sich bei einer getrennten Festsetzung der Vorauszahlungen ergeben würden. [2]Ein Antrag auf Aufteilung von Vorauszahlungen gilt zugleich als Antrag auf Aufteilung der weiteren im gleichen Veranlagungszeitraum fällig werdenden Vorauszahlungen und einer etwaigen Abschlusszahlung. [3]Nach Durchführung der Veranlagung ist eine abschließende Aufteilung vorzunehmen. [4]Aufzuteilen ist die gesamte Steuer abzüglich der Beträge, die nicht in die Aufteilung der Vorauszahlungen einbezogen worden sind. [5]Dabei sind jedem Gesamtschuldner die von ihm auf die aufgeteilten Vorauszahlungen entrichteten Beträge anzurechnen. [6]Ergibt sich eine Überzahlung gegenüber dem Aufteilungsbetrag, so ist der überzahlte Betrag zu erstatten.

(2) Werden die Vorauszahlungen erst nach der Veranlagung aufgeteilt, so wird der für die veranlagte Steuer geltende Aufteilungsmaßstab angewendet.

§ 273 Aufteilungsmaßstab für Steuernachforderungen

(1) Führt die Änderung einer Steuerfestsetzung oder ihre Berichtigung nach § 129 zu einer Steuernachforderung, so ist die aus der Nachforderung herrührende rückständige Steuer im Verhältnis der Mehrbeträge aufzuteilen, die sich bei einem Vergleich der berichtigten getrennten Veranlagungen mit den früheren getrennten Veranlagungen ergeben.

(2) Der in Absatz 1 genannte Aufteilungsmaßstab ist nicht anzuwenden, wenn die bisher festgesetzte Steuer noch nicht getilgt ist.

§ 274 Besonderer Aufteilungsmaßstab

[1]Abweichend von den §§ 270 bis 273 kann die rückständige Steuer nach einem von den Gesamtschuldnern gemeinschaftlich vorgeschlagenen Maßstab aufgeteilt werden, wenn die Tilgung sichergestellt ist. [2]Der gemeinschaftliche Vorschlag ist schriftlich einzureichen oder zur Niederschrift zu erklären; er ist von allen Gesamtschuldnern zu unterschreiben.

§ 275 Abrundung

[1]Der aufzuteilende Betrag ist auf volle Euro abzurunden. [2]Die errechneten aufgeteilten Beträge sind so auf den nächsten durch 10 Cent teilbaren Betrag auf- oder abzurunden, dass ihre Summe mit dem der Aufteilung zugrunde liegenden Betrag übereinstimmt.

§ 276 Rückständige Steuer, Einleitung der Vollstreckung

(1) Wird der Antrag vor Einleitung der Vollstreckung bei der Finanzbehörde gestellt, so ist die im Zeitpunkt des Eingangs des Aufteilungsantrags geschuldete Steuer aufzuteilen.

(2) Wird der Antrag nach Einleitung der Vollstreckung gestellt, so ist die im Zeitpunkt der Einleitung der Vollstreckung geschuldete Steuer, derentwegen vollstreckt wird, aufzuteilen.

(3) Steuerabzugsbeträge und getrennt festgesetzte Vorauszahlungen sind in die Aufteilung auch dann einzubeziehen, wenn sie vor der Stellung des Antrags entrichtet worden sind.

(4) Zur rückständigen Steuer gehören auch Säumniszuschläge, Zinsen und Verspätungszuschläge.

(5) Die Vollstreckung gilt mit der Ausfertigung der Rückstandsanzeige als eingeleitet.

(6) [1]Zahlungen, die in den Fällen des Absatzes 1 nach Antragstellung, in den Fällen des Absatzes 2 nach Einleitung der Vollstreckung von einem Gesamtschuldner geleistet worden sind oder die nach Absatz 3 in die Aufteilung einzubeziehen sind, werden dem Schuldner angerechnet, der sie geleistet hat oder für den sie geleistet worden sind. [2]Ergibt sich dabei eine Überzahlung gegenüber dem Aufteilungsbetrag, so ist der überzahlte Betrag zu erstatten.

§ 277 Vollstreckung

Solange nicht über den Antrag auf Beschränkung der Vollstreckung unanfechtbar entschieden ist, dürfen Vollstreckungsmaßnahmen nur soweit durchgeführt werden, als dies zur Sicherung des Anspruchs erforderlich ist.

§ 278[1)] Beschränkung der Vollstreckung

(1) Nach der Aufteilung darf die Vollstreckung nur nach Maßgabe der auf die einzelnen Schuldner entfallenden Beträge durchgeführt werden.

1) **Anm. d. Red.:** § 278 Abs. 2 i. d. F. des Art. 10 Nr. 9 JStG 2009 v. 19. 12. 2008 (BGBl I 2794).

(2) [1]Werden einem Steuerschuldner von einer mit ihm zusammen veranlagten Person in oder nach dem Veranlagungszeitraum, für den noch Steuerrückstände bestehen, unentgeltlich Vermögensgegenstände zugewendet, so kann der Empfänger bis zum Ablauf des zehnten Kalenderjahres nach dem Zeitpunkt des Ergehens des Aufteilungsbescheids über den sich nach Absatz 1 ergebenden Betrag hinaus bis zur Höhe des gemeinen Werts dieser Zuwendung für die Steuer in Anspruch genommen werden. [2]Dies gilt nicht für gebräuchliche Gelegenheitsgeschenke.

§ 279 Form und Inhalt des Aufteilungsbescheids

(1) [1]Über den Antrag auf Beschränkung der Vollstreckung ist nach Einleitung der Vollstreckung durch schriftlichen Bescheid (Aufteilungsbescheid) gegenüber den Beteiligten einheitlich zu entscheiden. [2]Eine Entscheidung ist jedoch nicht erforderlich, wenn keine Vollstreckungsmaßnahmen ergriffen oder bereits ergriffene Vollstreckungsmaßnahmen wieder aufgehoben werden.

(2) [1]Der Aufteilungsbescheid hat die Höhe der auf jeden Gesamtschuldner entfallenden anteiligen Steuer zu enthalten; ihm ist eine Belehrung beizufügen, welcher Rechtsbehelf zulässig ist und binnen welcher Frist und bei welcher Behörde er einzulegen ist. [2]Er soll ferner enthalten:

1. die Höhe der aufzuteilenden Steuer,
2. den für die Berechnung der rückständigen Steuer maßgebenden Zeitpunkt,
3. die Höhe der Besteuerungsgrundlagen, die den einzelnen Gesamtschuldnern zugerechnet worden sind, wenn von den Angaben der Gesamtschuldner abgewichen ist,
4. die Höhe der bei getrennter Veranlagung (§ 270) auf den einzelnen Gesamtschuldner entfallenden Steuer,
5. die Beträge, die auf die aufgeteilte Steuer des Gesamtschuldners anzurechnen sind.

§ 280 Änderung des Aufteilungsbescheids

(1) Der Aufteilungsbescheid kann außer in den Fällen des § 129 nur geändert werden, wenn

1. nachträglich bekannt wird, dass die Aufteilung auf unrichtigen Angaben beruht und die rückständige Steuer infolge falscher Aufteilung ganz oder teilweise nicht beigetrieben werden konnte,
2. sich die rückständige Steuer durch Aufhebung oder Änderung der Steuerfestsetzung oder ihre Berichtigung nach § 129 erhöht oder vermindert.

(2) Nach Beendigung der Vollstreckung ist eine Änderung des Aufteilungsbescheids oder seine Berichtigung nach § 129 nicht mehr zulässig.

3. Unterabschnitt: Vollstreckung in das bewegliche Vermögen

I. Allgemeines

§ 281 Pfändung

(1) Die Vollstreckung in das bewegliche Vermögen erfolgt durch Pfändung.

(2) Die Pfändung darf nicht weiter ausgedehnt werden, als es zur Deckung der beizutreibenden Geldbeträge und der Kosten der Vollstreckung erforderlich ist.

(3) Die Pfändung unterbleibt, wenn die Verwertung der pfändbaren Gegenstände einen Überschuss über die Kosten der Vollstreckung nicht erwarten lässt.

§ 282 Wirkung der Pfändung

(1) Durch die Pfändung erwirbt die Körperschaft, der die Vollstreckungsbehörde angehört, ein Pfandrecht an dem gepfändeten Gegenstand.

(2) Das Pfandrecht gewährt ihr im Verhältnis zu anderen Gläubigern dieselben Rechte wie ein Pfandrecht im Sinne des Bürgerlichen Gesetzbuchs; es geht Pfand- und Vorzugsrechten vor, die im Insolvenzverfahren diesem Pfandrecht nicht gleichgestellt sind.

(3) Das durch eine frühere Pfändung begründete Pfandrecht geht demjenigen vor, das durch eine spätere Pfändung begründet wird.

§ 283 Ausschluss von Gewährleistungsansprüchen

Wird ein Gegenstand auf Grund der Pfändung veräußert, so steht dem Erwerber wegen eines Mangels im Recht oder wegen eines Mangels der veräußerten Sache ein Anspruch auf Gewährleistung nicht zu.

§ 284 Eidesstattliche Versicherung

(1) Der Vollstreckungsschuldner hat der Vollstreckungsbehörde auf Verlangen ein Verzeichnis seines Vermögens vorzulegen und für seine Forderungen den Grund und die Beweismittel zu bezeichnen, wenn

1. die Vollstreckung in das bewegliche Vermögen nicht zu einer vollständigen Befriedigung geführt hat,
2. anzunehmen ist, dass durch die Vollstreckung in das bewegliche Vermögen eine vollständige Befriedigung nicht zu erlangen sein wird,
3. der Vollstreckungsschuldner die Durchsuchung (§ 287) verweigert hat oder
4. der Vollziehungsbeamte den Vollstreckungsschuldner wiederholt in seinen Wohn- und Geschäftsräumen nicht angetroffen hat, nachdem er einmal die Vollstreckung mindestens zwei Wochen vorher angekündigt hatte; dies gilt nicht, wenn der Vollstreckungsschuldner seine Abwesenheit genügend entschuldigt und den Grund glaubhaft macht.

(2) [1]Aus dem Vermögensverzeichnis müssen auch ersichtlich sein

1. die in den letzten zwei Jahren vor dem ersten zur Abgabe der eidesstattlichen Versicherung anberaumten Termin vorgenommenen entgeltlichen Veräußerungen des Schuldners an eine nahe stehende Person (§ 138 der Insolvenzordnung);
2. die in den letzten vier Jahren vor dem ersten zur Abgabe der eidesstattlichen Versicherung anberaumten Termin von dem Schuldner vorgenommenen unentgeltlichen Leistungen, sofern sie sich nicht auf gebräuchliche Gelegenheitsgeschenke geringen Werts richteten.

[2]Sachen, die nach § 811 Abs. 1 Nr. 1, 2 der Zivilprozessordnung der Pfändung offensichtlich nicht unterworfen sind, brauchen in dem Vermögensverzeichnis nicht angegeben zu werden, es sei denn, dass eine Austauschpfändung in Betracht kommt.

(3) [1]Der Vollstreckungsschuldner hat zu Protokoll an Eides statt zu versichern, dass er die von ihm verlangten Angaben nach bestem Wissen und Gewissen richtig und vollständig gemacht habe. [2]Die Vollstreckungsbehörde kann von der Abnahme der eidesstattlichen Versicherung absehen.

(4) [1]Ein Vollstreckungsschuldner, der die in dieser Vorschrift oder die in § 807 der Zivilprozessordnung bezeichnete eidesstattliche Versicherung abgegeben hat, ist, wenn die Abgabe der eidesstattlichen Versicherung in dem Schuldnerverzeichnis (§ 915 der Zivilprozessordnung) noch nicht gelöscht ist, in den ersten drei Jahren nach ihrer Abgabe zur nochmaligen eidesstattlichen Versicherung nur verpflichtet, wenn anzunehmen ist, dass er später Vermögen erworben hat oder dass ein bisher bestehendes Arbeitsverhältnis mit ihm aufgelöst worden ist. [2]Der in Absatz 1 genannten Voraussetzungen bedarf es nicht. [3]Die Vollstreckungsbehörde hat von Amts wegen festzustellen, ob im Schuldnerverzeichnis eine Eintragung darüber besteht, dass der Vollstreckungsschuldner innerhalb der letzten drei Jahre eine eidesstattliche Versicherung abgegeben hat.

(5) [1]Für die Abnahme der eidesstattlichen Versicherung ist die Vollstreckungsbehörde zuständig, in deren Bezirk sich der Wohnsitz oder Aufenthaltsort des Vollstreckungsschuldners befindet. [2]Liegen diese Voraussetzungen bei der Vollstreckungsbehörde, die

die Vollstreckung betreibt, nicht vor, so kann sie die eidesstattliche Versicherung abnehmen, wenn der Vollstreckungsschuldner zu ihrer Abgabe bereit ist.

(6) [1]Die Ladung zu dem Termin zur Abgabe der eidesstattlichen Versicherung ist dem Vollstreckungsschuldner selbst zuzustellen. [2]Wird gegen die Anordnung der Abgabe der eidesstattlichen Versicherung ein Rechtsbehelf eingelegt und begründet, ist der Vollstreckungsschuldner erst nach Unanfechtbarkeit der Entscheidung über den Rechtsbehelf zur Abgabe der eidesstattlichen Versicherung verpflichtet. [3]Dies gilt nicht, wenn und soweit die Einwendungen bereits in einem früheren Verfahren unanfechtbar zurückgewiesen worden sind.

(7) [1]Nach der Abgabe der eidesstattlichen Versicherung hat die Vollstreckungsbehörde dem nach § 899 Abs. 1 der Zivilprozessordnung zuständigen Amtsgericht Namen, Vornamen, Geburtstag und Anschrift des Vollstreckungsschuldners sowie den Tag der Abgabe der eidesstattlichen Versicherung zur Aufnahme in das Schuldnerverzeichnis mitzuteilen und eine beglaubigte Abschrift des Vermögensverzeichnisses zu übersenden. [2]Die §§ 915a bis 915h der Zivilprozessordnung sind anzuwenden.

(8) [1]Ist der Vollstreckungsschuldner ohne ausreichende Entschuldigung in dem zur Abgabe der eidesstattlichen Versicherung anberaumten Termin vor der in Absatz 5 Satz 1 bezeichneten Vollstreckungsbehörde nicht erschienen oder verweigert er ohne Grund die Vorlage des Vermögensverzeichnisses oder die Abgabe der eidesstattlichen Versicherung, so kann die Vollstreckungsbehörde, die die Vollstreckung betreibt, das nach § 899 Abs. 1 der Zivilprozessordnung zuständige Amtsgericht um Anordnung der Haft zur Erzwingung der eidesstattlichen Versicherung ersuchen. [2]Die §§ 901, 902, 904 bis 906, 909 Abs. 1 Satz 2, Abs. 2, §§ 910 und 913 bis 915h der Zivilprozessordnung sind sinngemäß anzuwenden. [3]Die Verhaftung des Vollstreckungsschuldners erfolgt durch einen Gerichtsvollzieher. [4]§ 292 gilt sinngemäß. [5]Nach der Verhaftung des Vollstreckungsschuldners kann die eidesstattliche Versicherung von dem nach § 902 der Zivilprozessordnung zuständigen Gerichtsvollzieher abgenommen werden, wenn sich der Sitz der in Absatz 5 bezeichneten Vollstreckungsbehörde nicht im Bezirk des für den Gerichtsvollzieher zuständigen Amtsgerichts befindet oder wenn die Abnahme der eidesstattlichen Versicherung durch die Vollstreckungsbehörde nicht möglich ist. [6]Absatz 3 Satz 2 gilt entsprechend.

(9) Der Beschluss des Amtsgerichts, der das Ersuchen der Vollstreckungsbehörde um Anordnung der Haft ablehnt, unterliegt der Beschwerde nach den §§ 567 bis 577 der Zivilprozessordnung.

II. Vollstreckung in Sachen

§ 285[1)] Vollziehungsbeamte

(1) Die Vollstreckungsbehörde führt die Vollstreckung in bewegliche Sachen durch Vollziehungsbeamte aus.

(2) Dem Vollstreckungsschuldner und Dritten gegenüber wird der Vollziehungsbeamte zur Vollstreckung durch schriftlichen oder elektronischen Auftrag der Vollstreckungsbehörde ermächtigt; der Auftrag ist auf Verlangen vorzuzeigen.

§ 286 Vollstreckung in Sachen

(1) Sachen, die im Gewahrsam des Vollstreckungsschuldners sind, pfändet der Vollziehungsbeamte dadurch, dass er sie in Besitz nimmt.

(2) [1]Andere Sachen als Geld, Kostbarkeiten und Wertpapiere sind im Gewahrsam des Vollstreckungsschuldners zu lassen, wenn die Befriedigung hierdurch nicht gefährdet wird. [2]Bleiben die Sachen im Gewahrsam des Vollstreckungsschuldners, so ist die Pfändung nur wirksam, wenn sie durch Anlegung von Siegeln oder in sonstiger Weise ersichtlich gemacht ist.

1) **Anm. d. Red.:** § 285 Abs. 2 i. d. F. des Art. 10 Nr. 10 JStG 2009 v. 19. 12. 2008 (BGBl I 2794).

(3) Der Vollziehungsbeamte hat dem Vollstreckungsschuldner die Pfändung mitzuteilen.

(4) Diese Vorschriften gelten auch für die Pfändung von Sachen im Gewahrsam eines Dritten, der zu ihrer Herausgabe bereit ist.

§ 287 Befugnisse des Vollziehungsbeamten

(1) Der Vollziehungsbeamte ist befugt, die Wohn- und Geschäftsräume sowie die Behältnisse des Vollstreckungsschuldners zu durchsuchen, soweit dies der Zweck der Vollstreckung erfordert.

(2) Er ist befugt, verschlossene Türen und Behältnisse öffnen zu lassen.

(3) Wenn er Widerstand findet, kann er Gewalt anwenden und hierzu um Unterstützung durch Polizeibeamte nachsuchen.

(4) [1]Die Wohn- und Geschäftsräume des Vollstreckungsschuldners dürfen ohne dessen Einwilligung nur auf Grund einer richterlichen Anordnung durchsucht werden. [2]Dies gilt nicht, wenn die Einholung der Anordnung den Erfolg der Durchsuchung gefährden würde. [3]Für die richterliche Anordnung einer Durchsuchung ist das Amtsgericht zuständig, in dessen Bezirk die Durchsuchung vorgenommen werden soll.

(5) [1]Willigt der Vollstreckungsschuldner in die Durchsuchung ein, oder ist eine Anordnung gegen ihn nach Absatz 4 Satz 1 ergangen oder nach Absatz 4 Satz 2 entbehrlich, so haben Personen, die Mitgewahrsam an den Wohn- oder Geschäftsräumen des Vollstreckungsschuldners haben, die Durchsuchung zu dulden. [2]Unbillige Härten gegenüber Mitgewahrsaminhabern sind zu vermeiden.

(6) Die Anordnung nach Absatz 4 ist bei der Vollstreckung vorzuzeigen.

§ 288 Zuziehung von Zeugen

Wird bei einer Vollstreckungshandlung Widerstand geleistet oder ist bei einer Vollstreckungshandlung in den Wohn- oder Geschäftsräumen des Vollstreckungsschuldners weder der Vollstreckungsschuldner noch eine Person, die zu seiner Familie gehört oder bei ihm beschäftigt ist, gegenwärtig, so hat der Vollziehungsbeamte zwei Erwachsene oder einen Gemeinde- oder Polizeibeamten als Zeugen zuzuziehen.

§ 289[1)] Zeit der Vollstreckung

(1) Zur Nachtzeit (§ 758a Abs. 2 der Zivilprozessordnung) sowie an Sonntagen und staatlich anerkannten allgemeinen Feiertagen darf eine Vollstreckungshandlung nur mit schriftlicher oder elektronischer Erlaubnis der Vollstreckungsbehörde vorgenommen werden.

(2) Die Erlaubnis ist auf Verlangen bei der Vollstreckungshandlung vorzuzeigen.

§ 290 Aufforderungen und Mitteilungen des Vollziehungsbeamten

Die Aufforderungen und die sonstigen Mitteilungen, die zu den Vollstreckungshandlungen gehören, sind vom Vollziehungsbeamten mündlich zu erlassen und vollständig in die Niederschrift aufzunehmen; können sie mündlich nicht erlassen werden, so hat die Vollstreckungsbehörde demjenigen, an den die Aufforderung oder Mitteilung zu richten ist, eine Abschrift der Niederschrift zu senden.

---

1) **Anm. d. Red.:** § 289 i. d. F. des Art. 10 Nr. 11 JStG 2009 v. 19. 12. 2008 (BGBl I 2794).

§ 291[1)] Niederschrift

(1) Der Vollziehungsbeamte hat über jede Vollstreckungshandlung eine Niederschrift aufzunehmen.

(2) Die Niederschrift muss enthalten:

1. Ort und Zeit der Aufnahme,
2. den Gegenstand der Vollstreckungshandlung unter kurzer Erwähnung der Vorgänge,
3. die Namen der Personen, mit denen verhandelt worden ist,
4. die Unterschriften der Personen und die Bemerkung, dass nach Vorlesung oder Vorlegung zur Durchsicht und nach Genehmigung unterzeichnet sei,
5. die Unterschrift des Vollziehungsbeamten.

(3) Hat einem der Erfordernisse unter Absatz 2 Nr. 4 nicht genügt werden können, so ist der Grund anzugeben.

(4) [1]Die Niederschrift kann auch elektronisch erstellt werden. [2]Absatz 2 Nr. 4 und 5 sowie § 87a Abs. 4 Satz 2 gelten nicht.

§ 292 Abwendung der Pfändung

(1) Der Vollstreckungsschuldner kann die Pfändung nur abwenden, wenn er den geschuldeten Betrag an den Vollziehungsbeamten zahlt oder nachweist, dass ihm eine Zahlungsfrist bewilligt worden ist oder dass die Schuld erloschen ist.

(2) Absatz 1 gilt entsprechend, wenn der Vollstreckungsschuldner eine Entscheidung vorlegt, aus der sich die Unzulässigkeit der vorzunehmenden Pfändung ergibt oder wenn er eine Post- oder Bankquittung vorlegt, aus der sich ergibt, dass er den geschuldeten Betrag eingezahlt hat.

§ 293 Pfand- und Vorzugsrechte Dritter

(1) [1]Der Pfändung einer Sache kann ein Dritter, der sich nicht im Besitz der Sache befindet, auf Grund eines Pfand- oder Vorzugsrechts nicht widersprechen. [2]Er kann jedoch vorzugsweise Befriedigung aus dem Erlös verlangen ohne Rücksicht darauf, ob seine Forderung fällig ist oder nicht.

(2) [1]Für eine Klage auf vorzugsweise Befriedigung ist ausschließlich zuständig das ordentliche Gericht, in dessen Bezirk gepfändet worden ist. [2]Wird die Klage gegen die Körperschaft, der die Vollstreckungsbehörde angehört, und gegen den Vollstreckungsschuldner gerichtet, so sind sie Streitgenossen.

§ 294 Ungetrennte Früchte

(1) [1]Früchte, die vom Boden noch nicht getrennt sind, können gepfändet werden, solange sie nicht durch Vollstreckung in das unbewegliche Vermögen in Beschlag genommen worden sind. [2]Sie dürfen nicht früher als einen Monat vor der gewöhnlichen Zeit der Reife gepfändet werden.

(2) Ein Gläubiger, der ein Recht auf Befriedigung aus dem Grundstück hat, kann der Pfändung nach § 262 widersprechen, wenn nicht für einen Anspruch gepfändet ist, der bei der Vollstreckung in das Grundstück vorgeht.

---

1) **Anm. d. Red.:** § 291 Abs. 4 angefügt gem. Art. 10 Nr. 12 JStG 2009 v. 19. 12. 2008 (BGBl I 2794).

§ 295 Unpfändbarkeit von Sachen

[1]Die §§ 811 bis 812 und 813 Abs. 1 bis 3 der Zivilprozessordnung sowie die Beschränkungen und Verbote, die nach anderen gesetzlichen Vorschriften für die Pfändung von Sachen bestehen, gelten entsprechend. [2]An die Stelle des Vollstreckungsgerichts tritt die Vollstreckungsbehörde.

§ 296[1)] Verwertung

(1) [1]Die gepfändeten Sachen sind auf schriftliche Anordnung der Vollstreckungsbehörde öffentlich zu versteigern. [2]Eine öffentliche Versteigerung ist

1. die Versteigerung vor Ort oder
2. die allgemein zugängliche Versteigerung im Internet über die Plattform www.zoll-auktion.de.

[3]Die Versteigerung erfolgt in der Regel durch den Vollziehungsbeamten. [4]§ 292 gilt entsprechend.

(2) Bei Pfändung von Geld gilt die Wegnahme als Zahlung des Vollstreckungsschuldners.

§ 297 Aussetzung der Verwertung

Die Vollstreckungsbehörde kann die Verwertung gepfändeter Sachen unter Anordnung von Zahlungsfristen zeitweilig aussetzen, wenn die alsbaldige Verwertung unbillig wäre.

§ 298[2)] Versteigerung

(1) Die gepfändeten Sachen dürfen nicht vor Ablauf einer Woche seit dem Tag der Pfändung versteigert werden, sofern sich nicht der Vollstreckungsschuldner mit einer früheren Versteigerung einverstanden erklärt oder diese erforderlich ist, um die Gefahr einer beträchtlichen Wertverringerung abzuwenden oder unverhältnismäßige Kosten längerer Aufbewahrung zu vermeiden.

(2) [1]Zeit und Ort der Versteigerung sind öffentlich bekannt zu machen; dabei sind die Sachen, die versteigert werden sollen, im Allgemeinen zu bezeichnen. [2]Auf Ersuchen der Vollstreckungsbehörde hat ein Gemeindebediensteter oder ein Polizeibeamter der Versteigerung beizuwohnen. [3]Die Sätze 1 und 2 gelten nicht für eine Versteigerung nach § 296 Absatz 1 Satz 2 Nummer 2.

(3) § 1239 Absatz 1 Satz 1 des Bürgerlichen Gesetzbuchs gilt entsprechend; bei der Versteigerung vor Ort (§ 296 Absatz 1 Satz 2 Nummer 1) ist auch § 1239 Absatz 2 des Bürgerlichen Gesetzbuchs entsprechend anzuwenden.

§ 299[3)] Zuschlag

(1) [1]Bei der Versteigerung vor Ort (§ 296 Absatz 1 Satz 2 Nummer 1) soll dem Zuschlag an den Meistbietenden ein dreimaliger Aufruf vorausgehen. [2]Bei einer Versteigerung im Internet (§ 296 Absatz 1 Satz 2 Nummer 2) ist der Zuschlag der Person erteilt, die am Ende der Versteigerung das höchste Gebot abgegeben hat, es sei denn, die Versteigerung wird vorzeitig abgebrochen; sie ist von dem Zuschlag zu benachrichtigen. [3]§ 156 des Bürgerlichen Gesetzbuchs gilt entsprechend.

---

1) **Anm. d. Red.:** § 296 Abs. 1 i. d. F. des Art. 2 Nr. 1 Gesetz über die Internetversteigerung in der Zwangsvollstreckung und zur Änderung anderer Gesetze v. 30. 7. 2009 (BGBl I 2474).

2) **Anm. d. Red.:** § 298 Abs. 2 und 3 i. d. F. des Art. 2 Nr. 2 Gesetz über die Internetversteigerung in der Zwangsvollstreckung und zur Änderung anderer Gesetze v. 30. 7. 2009 (BGBl I 2474).

3) **Anm. d. Red.:** § 299 Abs. 1 und 2 i. d. F. des Art. 2 Nr. 3 Gesetz über die Internetversteigerung in der Zwangsvollstreckung und zur Änderung anderer Gesetze v. 30. 7. 2009 (BGBl I 2474).

(2) [1]Die Aushändigung einer zugeschlagenen Sache darf nur gegen bare Zahlung geschehen. [2]Bei einer Versteigerung im Internet darf die zugeschlagene Sache auch ausgehändigt werden, wenn die Zahlung auf dem Konto der Finanzbehörde gutgeschrieben ist. [3]Wird die zugeschlagene Sache übersandt, so gilt die Aushändigung mit der Übergabe an die zur Ausführung der Versendung bestimmte Person als bewirkt.

(3) [1]Hat der Meistbietende nicht zu der in den Versteigerungsbedingungen bestimmten Zeit oder in Ermangelung einer solchen Bestimmung nicht vor dem Schluss des Versteigerungstermins die Aushändigung gegen Zahlung des Kaufgeldes verlangt, so wird die Sache anderweitig versteigert. [2]Der Meistbietende wird zu einem weiteren Gebot nicht zugelassen; er haftet für den Ausfall, auf den Mehrerlös hat er keinen Anspruch.

(4) [1]Wird der Zuschlag dem Gläubiger erteilt, so ist dieser von der Verpflichtung zur baren Zahlung so weit befreit, als der Erlös nach Abzug der Kosten der Vollstreckung zu seiner Befriedigung zu verwenden ist. [2]Soweit der Gläubiger von der Verpflichtung zur baren Zahlung befreit ist, gilt der Betrag als von dem Schuldner an den Gläubiger gezahlt.

§ 300 Mindestgebot

(1) [1]Der Zuschlag darf nur auf ein Gebot erteilt werden, das mindestens die Hälfte des gewöhnlichen Verkaufswerts der Sache erreicht (Mindestgebot). [2]Der gewöhnliche Verkaufswert und das Mindestgebot sollen bei dem Ausbieten bekannt gegeben werden.

(2) [1]Wird der Zuschlag nicht erteilt, weil ein das Mindestgebot erreichendes Gebot nicht abgegeben worden ist, so bleibt das Pfandrecht bestehen. [2]Die Vollstreckungsbehörde kann jederzeit einen neuen Versteigerungstermin bestimmen oder eine anderweitige Verwertung der gepfändeten Sachen nach § 305 anordnen. [3]Wird die anderweitige Verwertung angeordnet, so gilt Absatz 1 entsprechend.

(3) [1]Gold- und Silbersachen dürfen auch nicht unter ihrem Gold- oder Silberwert zugeschlagen werden. [2]Wird ein den Zuschlag gestattendes Gebot nicht abgegeben, so können die Sachen auf Anordnung der Vollstreckungsbehörde aus freier Hand verkauft werden. [3]Der Verkaufspreis darf den Gold- oder Silberwert und die Hälfte des gewöhnlichen Verkaufswerts nicht unterschreiten.

§ 301[1)] Einstellung der Versteigerung

(1) Die Versteigerung wird eingestellt, sobald der Erlös zur Deckung der beizutreibenden Beträge einschließlich der Kosten der Vollstreckung ausreicht.

(2) [1]Die Empfangnahme des Erlöses durch den versteigernden Beamten gilt als Zahlung des Vollstreckungsschuldners, es sei denn, dass der Erlös hinterlegt wird (§ 308 Abs. 4). [2]Als Zahlung im Sinne von Satz 1 gilt bei einer Versteigerung im Internet auch der Eingang des Erlöses auf dem Konto der Finanzbehörde.

§ 302 Wertpapiere

Gepfändete Wertpapiere, die einen Börsen- oder Marktpreis haben, sind aus freier Hand zum Tageskurs zu verkaufen; andere Wertpapiere sind nach den allgemeinen Vorschriften zu versteigern.

§ 303 Namenspapiere

Lautet ein gepfändetes Wertpapier auf einen Namen, so ist die Vollstreckungsbehörde berechtigt, die Umschreibung auf den Namen des Käufers oder, wenn es sich um ein auf einen Namen umgeschriebenes Inhaberpapier handelt, die Rückverwandlung in ein Inhaberpapier zu erwirken und die hierzu erforderlichen Erklärungen an Stelle des Vollstreckungsschuldners abzugeben.

---

1) **Anm. d. Red.:** § 301 Abs. 2 i. d. F. des Art. 2 Nr. 4 Gesetz über die Internetversteigerung in der Zwangsvollstreckung und zur Änderung anderer Gesetze v. 30. 7. 2009 (BGBl I 2474).

§ 304 Versteigerung ungetrennter Früchte

[1]Gepfändete Früchte, die vom Boden noch nicht getrennt sind, dürfen erst nach der Reife versteigert werden. [2]Der Vollziehungsbeamte hat sie abernten zu lassen, wenn er sie nicht vor der Trennung versteigert.

§ 305 Besondere Verwertung

Auf Antrag des Vollstreckungsschuldners oder aus besonderen Zweckmäßigkeitsgründen kann die Vollstreckungsbehörde anordnen, dass eine gepfändete Sache in anderer Weise oder an einem anderen Ort, als in den vorstehenden Paragraphen bestimmt ist, zu verwerten oder durch eine andere Person als den Vollziehungsbeamten zu versteigern sei.

§ 306 Vollstreckung in Ersatzteile von Luftfahrzeugen

(1) Für die Vollstreckung in Ersatzteile, auf die sich ein Registerpfandrecht an einem Luftfahrzeug nach § 71 des Gesetzes über Rechte an Luftfahrzeugen erstreckt, gilt § 100 des Gesetzes über Rechte an Luftfahrzeugen; an die Stelle des Gerichtsvollziehers tritt der Vollziehungsbeamte.

(2) Absatz 1 gilt für die Vollstreckung in Ersatzteile, auf die sich das Recht an einem ausländischen Luftfahrzeug erstreckt, mit der Maßgabe, dass die Vorschriften des § 106 Abs. 1 Nr. 2 und Abs. 4 des Gesetzes über Rechte an Luftfahrzeugen zu berücksichtigen sind.

§ 307 Anschlusspfändung

(1) [1]Zur Pfändung bereits gepfändeter Sachen genügt die in die Niederschrift aufzunehmende Erklärung des Vollziehungsbeamten, dass er die Sache für die zu bezeichnende Forderung pfändet. [2]Dem Vollstreckungsschuldner ist die weitere Pfändung mitzuteilen.

(2) [1]Ist die erste Pfändung für eine andere Vollstreckungsbehörde oder durch einen Gerichtsvollzieher erfolgt, so ist dieser Vollstreckungsbehörde oder dem Gerichtsvollzieher eine Abschrift der Niederschrift zu übersenden. [2]Die gleiche Pflicht hat ein Gerichtsvollzieher, der eine Sache pfändet, die bereits im Auftrag einer Vollstreckungsbehörde gepfändet ist.

§ 308 Verwertung bei mehrfacher Pfändung

(1) Wird dieselbe Sache mehrfach durch Vollziehungsbeamte oder durch Vollziehungsbeamte und Gerichtsvollzieher gepfändet, so begründet ausschließlich die erste Pfändung die Zuständigkeit zur Versteigerung.

(2) Betreibt ein Gläubiger die Versteigerung, so wird für alle beteiligten Gläubiger versteigert.

(3) Der Erlös wird nach der Reihenfolge der Pfändungen oder nach abweichender Vereinbarung der beteiligten Gläubiger verteilt.

(4) [1]Reicht der Erlös zur Deckung der Forderungen nicht aus und verlangt ein Gläubiger, für den die zweite oder eine spätere Pfändung erfolgt ist, ohne Zustimmung der übrigen beteiligten Gläubiger eine andere Verteilung als nach der Reihenfolge der Pfändungen, so ist die Sachlage unter Hinterlegung des Erlöses dem Amtsgericht, in dessen Bezirk gepfändet ist, anzuzeigen. [2]Der Anzeige sind die Schriftstücke, die sich auf das Verfahren beziehen, beizufügen. [3]Für das Verteilungsverfahren gelten die §§ 873 bis 882 der Zivilprozessordnung.

(5) Wird für verschiedene Gläubiger gleichzeitig gepfändet, so finden die Vorschriften der Absätze 2 bis 4 mit der Maßgabe Anwendung, dass der Erlös nach dem Verhältnis der Forderungen verteilt wird.

III. Vollstreckung in Forderungen und andere Vermögensrechte

§ 309[1)2)] Pfändung einer Geldforderung

(1) [1]Soll eine Geldforderung gepfändet werden, so hat die Vollstreckungsbehörde dem Drittschuldner schriftlich zu verbieten, an den Vollstreckungsschuldner zu zahlen, und dem Vollstreckungsschuldner schriftlich zu gebieten, sich jeder Verfügung über die Forderung, insbesondere ihrer Einziehung, zu enthalten (Pfändungsverfügung). [2]Die elektronische Form ist ausgeschlossen.

(2) [1]Die Pfändung ist bewirkt, wenn die Pfändungsverfügung dem Drittschuldner zugestellt ist. [2]Die an den Drittschuldner zuzustellende Pfändungsverfügung soll den beizutreibenden Geldbetrag nur in einer Summe, ohne Angabe der Steuerarten und der Zeiträume, für die er geschuldet wird, bezeichnen. [3]Die Zustellung ist dem Vollstreckungsschuldner mitzuteilen.

§ 310 Pfändung einer durch Hypothek gesicherten Forderung

(1) [1]Zur Pfändung einer Forderung, für die eine Hypothek besteht, ist außer der Pfändungsverfügung die Aushändigung des Hypothekenbriefs an die Vollstreckungsbehörde erforderlich. [2]Die Übergabe gilt als erfolgt, wenn der Vollziehungsbeamte den Brief wegnimmt. [3]Ist die Erteilung des Hypothekenbriefs ausgeschlossen, so muss die Pfändung in das Grundbuch eingetragen werden; die Eintragung erfolgt auf Grund der Pfändungsverfügung auf Ersuchen der Vollstreckungsbehörde.

(2) Wird die Pfändungsverfügung vor der Übergabe des Hypothekenbriefs oder der Eintragung der Pfändung dem Drittschuldner zugestellt, so gilt die Pfändung diesem gegenüber mit der Zustellung als bewirkt.

(3) [1]Diese Vorschriften gelten nicht, soweit Ansprüche auf die in § 1159 des Bürgerlichen Gesetzbuchs bezeichneten Leistungen gepfändet werden. [2]Das Gleiche gilt bei einer Sicherungshypothek im Fall des § 1187 des Bürgerlichen Gesetzbuchs von der Pfändung der Hauptforderung.

§ 311 Pfändung einer durch Schiffshypothek oder Registerpfandrecht an einem Luftfahrzeug gesicherten Forderung

(1) Die Pfändung einer Forderung, für die eine Schiffshypothek besteht, bedarf der Eintragung in das Schiffsregister oder das Schiffsbauregister.

(2) Die Pfändung einer Forderung, für die ein Registerpfandrecht an einem Luftfahrzeug besteht, bedarf der Eintragung in das Register für Pfandrechte an Luftfahrzeugen.

---

1) **Anm. d. Red.:** § 309 wird gem. Art. 4 Nr. 1 i. V. mit Art. 10 Abs. 1 Gesetz zur Reform des Kontopfändungsschutzes v. 7. 7. 2009 (BGBl I 1707) mit Wirkung v. 1. 7. 2010 folgender Abs. 3 angefügt:
„(3) [1]Bei Pfändung des Guthabens eines Kontos des Vollstreckungsschuldners bei einem Kreditinstitut gilt § 833a der Zivilprozessordnung entsprechend. [2]§ 833a Abs. 2 Satz 1 Nr. 2 und Satz 3 der Zivilprozessordnung gilt mit der Maßgabe, dass Anträge bei dem nach § 828 Abs. 2 der Zivilprozessordnung zuständigen Vollstreckungsgericht zu stellen sind."

2) **Anm. d. Red.:** § 309 Abs. 3 wird gem. Art. 7 Abs. 3 Nr. 1 i. V. mit Art. 10 Abs. 2 Satz 1 Gesetz zur Reform des Kontopfändungsschutzes v. 7. 7. 2009 (BGBl I 1707) mit Wirkung v. 1. 1. 2012 wie folgt gefasst:
„(3) [1]Bei Pfändung des Guthabens eines Kontos des Vollstreckungsschuldners bei einem Kreditinstitut gelten die §§ 833a und 850l der Zivilprozessordnung entsprechend. [2]§ 850l der Zivilprozessordnung gilt mit der Maßgabe, dass Anträge bei dem nach § 828 Abs. 2 der Zivilprozessordnung zuständigen Vollstreckungsgericht zu stellen sind."

(3) [1]Die Pfändung nach den Absätzen 1 und 2 wird auf Grund der Pfändungsverfügung auf Ersuchen der Vollstreckungsbehörde eingetragen. [2]§ 310 Abs. 2 gilt entsprechend.

(4) [1]Die Absätze 1 bis 3 sind nicht anzuwenden, soweit es sich um die Pfändung der Ansprüche auf die in § 53 des Gesetzes über Rechte an eingetragenen Schiffen und Schiffsbauwerken und auf die in § 53 des Gesetzes über Rechte an Luftfahrzeugen bezeichneten Leistungen handelt. [2]Das Gleiche gilt, wenn bei einer Schiffshypothek für eine Forderung aus einer Schuldverschreibung auf den Inhaber, aus einem Wechsel oder aus einem anderen durch Indossament übertragbaren Papier die Hauptforderung gepfändet ist.

(5) Für die Pfändung von Forderungen, für die ein Recht an einem ausländischen Luftfahrzeug besteht, gilt § 106 Abs. 1 Nr. 3 und Abs. 5 des Gesetzes über Rechte an Luftfahrzeugen.

§ 312 Pfändung einer Forderung aus indossablen Papieren

Forderungen aus Wechseln und anderen Papieren, die durch Indossament übertragen werden können, werden dadurch gepfändet, dass der Vollziehungsbeamte die Papiere in Besitz nimmt.

§ 313 Pfändung fortlaufender Bezüge

(1) Das Pfandrecht, das durch die Pfändung einer Gehaltsforderung oder einer ähnlichen in fortlaufenden Bezügen bestehenden Forderung erworben wird, erstreckt sich auch auf die Beträge, die später fällig werden.

(2) [1]Die Pfändung eines Diensteinkommens trifft auch das Einkommen, das der Vollstreckungsschuldner bei Versetzung in ein anderes Amt, Übertragung eines neuen Amts oder einer Gehaltserhöhung zu beziehen hat. [2]Dies gilt nicht bei Wechsel des Dienstherrn.

(3) Endet das Arbeits- oder Dienstverhältnis und begründen Vollstreckungsschuldner und Drittschuldner innerhalb von neun Monaten ein solches neu, so erstreckt sich die Pfändung auf die Forderung aus dem neuen Arbeits- oder Dienstverhältnis.

§ 314[1)] Einziehungsverfügung

(1) [1]Die Vollstreckungsbehörde ordnet die Einziehung der gepfändeten Forderung an. [2]§ 309 Abs. 2 gilt entsprechend.

(2) Die Einziehungsverfügung kann mit der Pfändungsverfügung verbunden werden.

(3) Wird die Einziehung eines bei einem Geldinstitut gepfändeten Guthabens eines Vollstreckungsschuldners, der eine natürliche Person ist, angeordnet, so gilt § 835 Abs. 3 Satz 2 der Zivilprozessordnung entsprechend.

§ 315 Wirkung der Einziehungsverfügung

(1) [1]Die Einziehungsverfügung ersetzt die förmlichen Erklärungen des Vollstreckungsschuldners, von denen nach bürgerlichem Recht die Berechtigung zur Einziehung abhängt. [2]Sie genügt auch bei einer Forderung, für die eine Hypothek, Schiffshypothek

---

1) **Anm. d. Red.:** § 314 wird gem. Art. 4 Nr. 2 i. V. mit Art. 10 Abs. 1 Gesetz zur Reform des Kontopfändungsschutzes v. 7. 7. 2009 (BGBl I 1707) mit Wirkung v. 1. 7. 2010 folgender Abs. 4 angefügt:
„(4) Wird die Einziehung einer gepfändeten nicht wiederkehrend zahlbaren Vergütung eines Vollstreckungsschuldners, der eine natürliche Person ist, für persönlich geleistete Arbeiten oder Dienste oder sonstige Einkünfte, die kein Arbeitslohn sind, angeordnet, so gilt § 835 Abs. 4 der Zivilprozessordnung entsprechend."

oder ein Registerpfandrecht an einem Luftfahrzeug besteht. [3]Zugunsten des Drittschuldners gilt eine zu Unrecht ergangene Einziehungsverfügung dem Vollstreckungsschuldner gegenüber solange als rechtmäßig, bis sie aufgehoben ist und der Drittschuldner hiervon erfährt.

(2) [1]Der Vollstreckungsschuldner ist verpflichtet, die zur Geltendmachung der Forderung nötige Auskunft zu erteilen und die über die Forderung vorhandenen Urkunden herauszugeben. [2]Erteilt der Vollstreckungsschuldner die Auskunft nicht, ist er auf Verlangen der Vollstreckungsbehörde verpflichtet, sie zu Protokoll zu geben und seine Angaben an Eides statt zu versichern. [3]Die Vollstreckungsbehörde kann die eidesstattliche Versicherung der Lage der Sache entsprechend ändern. [4]§ 284 Abs. 5, 6, 8 und 9 gilt sinngemäß. [5]Die Vollstreckungsbehörde kann die Urkunden durch den Vollziehungsbeamten wegnehmen lassen oder ihre Herausgabe nach den §§ 328 bis 335 erzwingen.

(3) [1]Werden die Urkunden nicht vorgefunden, so hat der Vollstreckungsschuldner auf Verlangen der Vollstreckungsbehörde zu Protokoll an Eides statt zu versichern, dass er die Urkunden nicht besitze, auch nicht wisse, wo sie sich befinden. [2]Absatz 2 Satz 3 und 4 gilt entsprechend.

(4) Hat ein Dritter die Urkunde, so kann die Vollstreckungsbehörde auch den Anspruch des Vollstreckungsschuldners auf Herausgabe geltend machen.

§ 316[1)2)] Erklärungspflicht des Drittschuldners

(1) [1]Auf Verlangen der Vollstreckungsbehörde hat ihr der Drittschuldner binnen zwei Wochen, von der Zustellung der Pfändungsverfügung an gerechnet, zu erklären:

1. ob und inwieweit er die Forderung als begründet anerkenne und bereit sei, zu zahlen,
2. ob und welche Ansprüche andere Personen an die Forderung erheben,
3. ob und wegen welcher Ansprüche die Forderung bereits für andere Gläubiger gepfändet sei.

[2]Die Erklärung des Drittschuldners zu Nummer 1 gilt nicht als Schuldanerkenntnis.

(2) [1]Die Aufforderung zur Abgabe dieser Erklärung kann in die Pfändungsverfügung aufgenommen werden. [2]Der Drittschuldner haftet der Vollstreckungsbehörde für den Schaden, der aus der Nichterfüllung seiner Verpflichtung entsteht. [3]Er kann zur Abgabe der Erklärung durch ein Zwangsgeld angehalten werden; § 334 ist nicht anzuwenden.

(3) Die §§ 841 bis 843 der Zivilprozessordnung sind anzuwenden.

---

1) **Anm. d. Red.:** § 316 Abs. 1 wird gem. Art. 4 Nr. 3 i. V. mit Art. 10 Abs. 1 Gesetz zur Reform des Kontopfändungsschutzes v. 7. 7. 2009 (BGBl I 1707) mit Wirkung v. 1. 7. 2010 wie folgt geändert:

a) In Nr. 3 wird am Ende der Punkt durch einen Strichpunkt ersetzt.

b) Folgende Nr. 4 und 5 werden angefügt:

„4. ob innerhalb der letzten zwölf Monate im Hinblick auf das Konto, dessen Guthaben gepfändet worden ist, eine Pfändung nach § 833a Abs. 2 der Zivilprozessordnung aufgehoben oder die Unpfändbarkeit des Guthabens angeordnet worden ist, und

5. ob es sich bei dem Konto, dessen Guthaben gepfändet worden ist, um ein Pfändungsschutzkonto im Sinne von § 850k Abs. 7 der Zivilprozessordnung handelt."

2) **Anm. d. Red.:** In § 316 Abs. 1 Nr. 4 werden gem. Art. 7 Abs. 3 Nr. 2 i. V. mit Art. 10 Abs. 2 Satz 1 Gesetz zur Reform des Kontopfändungsschutzes v. 7. 7. 2009 (BGBl I 1707) mit Wirkung v. 1. 1. 2012 die Wörter „eine Pfändung nach § 833a Abs. 2 der Zivilprozessordnung aufgehoben oder" durch die Wörter „nach § 850l der Zivilprozessordnung" ersetzt.

§ 317 Andere Art der Verwertung

[1]Ist die gepfändete Forderung bedingt oder betagt oder ihre Einziehung schwierig, so kann die Vollstreckungsbehörde anordnen, dass sie in anderer Weise zu verwerten ist; § 315 Abs. 1 gilt entsprechend. [2]Der Vollstreckungsschuldner ist vorher zu hören, sofern nicht eine Bekanntgabe außerhalb des Geltungsbereichs des Gesetzes oder eine öffentliche Bekanntmachung erforderlich ist.

§ 318[1)] Ansprüche auf Herausgabe oder Leistung von Sachen

(1) Für die Vollstreckung in Ansprüche auf Herausgabe oder Leistung von Sachen gelten außer den §§ 309 bis 317 die nachstehenden Vorschriften.

(2) [1]Bei der Pfändung eines Anspruchs, der eine bewegliche Sache betrifft, ordnet die Vollstreckungsbehörde an, dass die Sache an den Vollziehungsbeamten herauszugeben sei. [2]Die Sache wird wie eine gepfändete Sache verwertet.

(3) [1]Bei Pfändung eines Anspruchs, der eine unbewegliche Sache betrifft, ordnet die Vollstreckungsbehörde an, dass die Sache an einen Treuhänder herauszugeben sei, den das Amtsgericht der belegenen Sache auf Antrag der Vollstreckungsbehörde bestellt. [2]Ist der Anspruch auf Übertragung des Eigentums gerichtet, so ist dem Treuhänder als Vertreter des Vollstreckungsschuldners aufzulassen. [3]Mit dem Übergang des Eigentums auf den Vollstreckungsschuldner erlangt die Körperschaft, der die Vollstreckungsbehörde angehört, eine Sicherungshypothek für die Forderung. [4]Der Treuhänder hat die Eintragung der Sicherungshypothek zu bewilligen. [5]Die Vollstreckung in die herausgegebene Sache wird nach den Vorschriften über die Vollstreckung in unbewegliche Sachen bewirkt.

(4) Absatz 3 gilt entsprechend, wenn der Anspruch ein im Schiffsregister eingetragenes Schiff, ein Schiffsbauwerk oder Schwimmdock, das im Schiffsbauregister eingetragen ist oder in dieses Register eingetragen werden kann, oder ein Luftfahrzeug betrifft, das in der Luftfahrzeugrolle eingetragen ist oder nach Löschung in der Luftfahrzeugrolle noch in dem Register für Pfandrechte an Luftfahrzeugen eingetragen ist.

(5) [1]Dem Treuhänder ist auf Antrag eine Entschädigung zu gewähren. [2]Die Entschädigung darf die nach der Zwangsverwalterordnung festzusetzende Vergütung nicht übersteigen.

§ 319 Unpfändbarkeit von Forderungen

Beschränkungen und Verbote, die nach §§ 850 bis 852 der Zivilprozessordnung und anderen gesetzlichen Bestimmungen für die Pfändung von Forderungen und Ansprüchen bestehen, gelten sinngemäß.

§ 320 Mehrfache Pfändung einer Forderung

(1) Ist eine Forderung durch mehrere Vollstreckungsbehörden oder durch eine Vollstreckungsbehörde und ein Gericht gepfändet, so sind die §§ 853 bis 856 der Zivilprozessordnung und § 99 Abs. 1 Satz 1 des Gesetzes über Rechte an Luftfahrzeugen entsprechend anzuwenden.

(2) Fehlt es an einem Amtsgericht, das nach den §§ 853 und 854 der Zivilprozessordnung zuständig wäre, so ist bei dem Amtsgericht zu hinterlegen, in dessen Bezirk die Vollstreckungsbehörde ihren Sitz hat, deren Pfändungsverfügung dem Drittschuldner zuerst zugestellt worden ist.

§ 321 Vollstreckung in andere Vermögensrechte

(1) Für die Vollstreckung in andere Vermögensrechte, die nicht Gegenstand der Vollstreckung in das unbewegliche Vermögen sind, gelten die vorstehenden Vorschriften entsprechend.

---

1) **Anm. d. Red.:** § 318 Abs. 5 i. d. F. des Art. 8 Nr. 7 EURLUmsG v. 9. 12. 2004 (BGBl I 3310).

(2) Ist kein Drittschuldner vorhanden, so ist die Pfändung bewirkt, wenn dem Vollstreckungsschuldner das Gebot, sich jeder Verfügung über das Recht zu enthalten, zugestellt ist.

(3) Ein unveräußerliches Recht ist, wenn nichts anderes bestimmt ist, insoweit pfändbar, als die Ausübung einem anderen überlassen werden kann.

(4) Die Vollstreckungsbehörde kann bei der Vollstreckung in unveräußerliche Rechte, deren Ausübung einem anderen überlassen werden kann, besondere Anordnungen erlassen, insbesondere bei der Vollstreckung in Nutzungsrechte eine Verwaltung anordnen; in diesem Fall wird die Pfändung durch Übergabe der zu benutzenden Sache an den Verwalter bewirkt, sofern sie nicht durch Zustellung der Pfändungsverfügung schon vorher bewirkt ist.

(5) Ist die Veräußerung des Rechts zulässig, so kann die Vollstreckungsbehörde die Veräußerung anordnen.

(6) Für die Vollstreckung in eine Reallast, eine Grundschuld oder eine Rentenschuld gelten die Vorschriften über die Vollstreckung in eine Forderung, für die eine Hypothek besteht.

(7) Die §§ 858 bis 863 der Zivilprozessordnung gelten sinngemäß.

4. Unterabschnitt: Vollstreckung in das unbewegliche Vermögen

§ 322 Verfahren

(1) [1]Der Vollstreckung in das unbewegliche Vermögen unterliegen außer den Grundstücken die Berechtigungen, für welche die sich auf Grundstücke beziehenden Vorschriften gelten, die im Schiffsregister eingetragenen Schiffe, die Schiffsbauwerke und Schwimmdocks, die im Schiffsbauregister eingetragen sind oder in dieses Register eingetragen werden können, sowie die Luftfahrzeuge, die in der Luftfahrzeugrolle eingetragen sind oder nach Löschung in der Luftfahrzeugrolle noch in dem Register für Pfandrechte an Luftfahrzeugen eingetragen sind. [2]Auf die Vollstreckung sind die für die gerichtliche Zwangsvollstreckung geltenden Vorschriften, namentlich die §§ 864 bis 871 der Zivilprozessordnung und das Gesetz über die Zwangsversteigerung und die Zwangsverwaltung anzuwenden. [3]Bei Stundung und Aussetzung der Vollziehung geht eine im Wege der Vollstreckung eingetragene Sicherungshypothek jedoch nur dann nach § 868 der Zivilprozessordnung auf den Eigentümer über und erlischt eine Schiffshypothek oder ein Registerpfandrecht an einem Luftfahrzeug jedoch nur dann nach § 870a Abs. 3 der Zivilprozessordnung sowie § 99 Abs. 1 des Gesetzes über Rechte an Luftfahrzeugen, wenn zugleich die Aufhebung der Vollstreckungsmaßnahme angeordnet wird.

(2) Für die Vollstreckung in ausländische Schiffe gilt § 171 des Gesetzes über die Zwangsversteigerung und die Zwangsverwaltung, für die Vollstreckung in ausländische Luftfahrzeuge § 106 Abs. 1, 2 des Gesetzes über Rechte an Luftfahrzeugen sowie die §§ 171h bis 171n des Gesetzes über die Zwangsversteigerung und die Zwangsverwaltung.

(3) [1]Die für die Vollstreckung in das unbewegliche Vermögen erforderlichen Anträge des Gläubigers stellt die Vollstreckungsbehörde. [2]Sie hat hierbei zu bestätigen, dass die gesetzlichen Voraussetzungen für die Vollstreckung vorliegen. [3]Diese Fragen unterliegen nicht der Beurteilung des Vollstreckungsgerichts oder des Grundbuchamts. [4]Anträge auf Eintragung einer Sicherungshypothek, einer Schiffshypothek oder eines Registerpfandrechts an einem Luftfahrzeug sind Ersuchen im Sinne des § 38 der Grundbuchordnung und des § 45 der Schiffsregisterordnung.

(4) Zwangsversteigerung und Zwangsverwaltung soll die Vollstreckungsbehörde nur beantragen, wenn festgestellt ist, dass der Geldbetrag durch Vollstreckung in das bewegliche Vermögen nicht beigetrieben werden kann.

(5) Soweit der zu vollstreckende Anspruch gemäß § 10 Abs. 1 Nr. 3 des Gesetzes über die Zwangsversteigerung und die Zwangsverwaltung den Rechten am Grundstück im Rang vorgeht, kann eine Sicherungshypothek unter der aufschiebenden Bedingung in das Grundbuch eingetragen werden, dass das Vorrecht wegfällt.

§ 323 Vollstreckung gegen den Rechtsnachfolger

[1]Ist nach § 322 eine Sicherungshypothek, eine Schiffshypothek oder ein Registerpfandrecht an einem Luftfahrzeug eingetragen worden, so bedarf es zur Zwangsversteigerung aus diesem Recht nur dann eines Duldungsbescheids, wenn nach der Eintragung dieses Rechts ein Eigentumswechsel eingetreten ist. [2]Satz 1 gilt sinngemäß für die Zwangsverwaltung aus einer nach § 322 eingetragenen Sicherungshypothek.

5. Unterabschnitt: Arrest

§ 324 Dinglicher Arrest

(1) [1]Zur Sicherung der Vollstreckung von Geldforderungen nach den §§ 249 bis 323 kann die für die Steuerfestsetzung zuständige Finanzbehörde den Arrest in das bewegliche oder unbewegliche Vermögen anordnen, wenn zu befürchten ist, dass sonst die Beitreibung vereitelt oder wesentlich erschwert wird. [2]Sie kann den Arrest auch dann anordnen, wenn die Forderung noch nicht zahlenmäßig feststeht oder wenn sie bedingt oder betagt ist. [3]In der Arrestanordnung ist ein Geldbetrag zu bestimmen, bei dessen Hinterlegung die Vollziehung des Arrestes gehemmt und der vollzogene Arrest aufzuheben ist.

(2) [1]Die Arrestanordnung ist zuzustellen. [2]Sie muss begründet und von dem anordnenden Bediensteten unterschrieben sein. [3]Die elektronische Form ist ausgeschlossen.

(3) [1]Die Vollziehung der Arrestanordnung ist unzulässig, wenn seit dem Tag, an dem die Anordnung unterzeichnet worden ist, ein Monat verstrichen ist. [2]Die Vollziehung ist auch schon vor der Zustellung an den Arrestschuldner zulässig, sie ist jedoch ohne Wirkung, wenn die Zustellung nicht innerhalb einer Woche nach der Vollziehung und innerhalb eines Monats seit der Unterzeichnung erfolgt. [3]Bei Zustellung im Ausland und öffentlicher Zustellung gilt § 169 Abs. 1 Satz 3 entsprechend. [4]Auf die Vollziehung des Arrestes finden die §§ 930 bis 932 der Zivilprozessordnung sowie § 99 Abs. 2 und § 106 Abs. 1, 3 und 5 des Gesetzes über Rechte an Luftfahrzeugen entsprechende Anwendung; an die Stelle des Arrestgerichts und des Vollstreckungsgerichts tritt die Vollstreckungsbehörde, an die Stelle des Gerichtsvollziehers der Vollziehungsbeamte. [5]Soweit auf die Vorschriften über die Pfändung verwiesen wird, sind die entsprechenden Vorschriften dieses Gesetzes anzuwenden.

§ 325 Aufhebung des dinglichen Arrestes

Die Arrestanordnung ist aufzuheben, wenn nach ihrem Erlass Umstände bekannt werden, die die Arrestanordnung nicht mehr gerechtfertigt erscheinen lassen.

§ 326 Persönlicher Sicherheitsarrest

(1) [1]Auf Antrag der für die Steuerfestsetzung zuständigen Finanzbehörde kann das Amtsgericht einen persönlichen Sicherheitsarrest anordnen, wenn er erforderlich ist, um die gefährdete Vollstreckung in das Vermögen des Pflichtigen zu sichern. [2]Zuständig ist das Amtsgericht, in dessen Bezirk die Finanzbehörde ihren Sitz hat oder sich der Pflichtige befindet.

(2) In dem Antrag hat die für die Steuerfestsetzung zuständige Finanzbehörde den Anspruch nach Art und Höhe sowie die Tatsachen anzugeben, die den Arrestgrund ergeben.

(3) [1]Für die Anordnung, Vollziehung und Aufhebung des persönlichen Sicherheitsarrestes gelten § 128 Abs. 4 und die §§ 922 bis 925, 927, 929, 933, 934 Abs. 1, 3 und 4 der Zivilprozessordnung sinngemäß. [2]§ 911 der Zivilprozessordnung ist nicht anzuwenden.

(4) Für Zustellungen gelten die Vorschriften der Zivilprozessordnung.

6. Unterabschnitt: Verwertung von Sicherheiten

§ 327 Verwertung von Sicherheiten

[1]Werden Geldforderungen, die im Verwaltungsverfahren vollstreckbar sind (§ 251), bei Fälligkeit nicht erfüllt, kann sich die Vollstreckungsbehörde aus den Sicherheiten befriedigen, die sie zur Sicherung dieser Ansprüche erlangt hat. [2]Die Sicherheiten werden nach den Vorschriften dieses Abschnitts verwertet. [3]Die Verwertung darf erst erfolgen, wenn dem Vollstreckungsschuldner die Verwertungsabsicht bekannt gegeben und seit der Bekanntgabe mindestens eine Woche verstrichen ist.

Dritter Abschnitt: Vollstreckung wegen anderer Leistungen als Geldforderungen

1. Unterabschnitt: Vollstreckung wegen Handlungen, Duldungen oder Unterlassungen

§ 328 Zwangsmittel

(1) [1]Ein Verwaltungsakt, der auf Vornahme einer Handlung oder auf Duldung oder Unterlassung gerichtet ist, kann mit Zwangsmitteln (Zwangsgeld, Ersatzvornahme, unmittelbarer Zwang) durchgesetzt werden. [2]Für die Erzwingung von Sicherheiten gilt § 336. [3]Vollstreckungsbehörde ist die Behörde, die den Verwaltungsakt erlassen hat.

(2) [1]Es ist dasjenige Zwangsmittel zu bestimmen, durch das der Pflichtige und die Allgemeinheit am wenigsten beeinträchtigt werden. [2]Das Zwangsmittel muss in einem angemessenen Verhältnis zu seinem Zweck stehen.

§ 329 Zwangsgeld

Das einzelne Zwangsgeld darf 25 000 Euro nicht übersteigen.

§ 330 Ersatzvornahme

Wird die Verpflichtung, eine Handlung vorzunehmen, deren Vornahme durch einen anderen möglich ist (vertretbare Handlung), nicht erfüllt, so kann die Vollstreckungsbehörde einen anderen mit der Vornahme der Handlung auf Kosten des Pflichtigen beauftragen.

§ 331 Unmittelbarer Zwang

Führen das Zwangsgeld oder die Ersatzvornahme nicht zum Ziel oder sind sie untunlich, so kann die Finanzbehörde den Pflichtigen zur Handlung, Duldung oder Unterlassung zwingen oder die Handlung selbst vornehmen.

§ 332 Androhung der Zwangsmittel

(1) [1]Die Zwangsmittel müssen schriftlich angedroht werden. [2]Wenn zu besorgen ist, dass dadurch der Vollzug des durchzusetzenden Verwaltungsakts vereitelt wird, genügt es, die Zwangsmittel mündlich oder auf andere nach der Lage gebotene Weise anzudrohen. [3]Zur Erfüllung der Verpflichtung ist eine angemessene Frist zu bestimmen.

(2) [1]Die Androhung kann mit dem Verwaltungsakt verbunden werden, durch den die Handlung, Duldung oder Unterlassung aufgegeben wird. [2]Sie muss sich auf ein bestimmtes Zwangsmittel beziehen und für jede einzelne Verpflichtung getrennt ergehen. [3]Zwangsgeld ist in bestimmter Höhe anzudrohen.

(3) [1]Eine neue Androhung wegen derselben Verpflichtung ist erst dann zulässig, wenn das zunächst angedrohte Zwangsmittel erfolglos ist. [2]Wird vom Pflichtigen ein Dulden oder Unterlassen gefordert, so kann das Zwangsmittel für jeden Fall der Zuwiderhandlung angedroht werden.

(4) Soll die Handlung durch Ersatzvornahme ausgeführt werden, so ist in der Androhung der Kostenbetrag vorläufig zu veranschlagen.

§ 333 Festsetzung der Zwangsmittel

Wird die Verpflichtung innerhalb der Frist, die in der Androhung bestimmt ist, nicht erfüllt oder handelt der Pflichtige der Verpflichtung zuwider, so setzt die Finanzbehörde das Zwangsmittel fest.

§ 334 Ersatzzwangshaft

(1) [1]Ist ein gegen eine natürliche Person festgesetztes Zwangsgeld uneinbringlich, so kann das Amtsgericht auf Antrag der Finanzbehörde nach Anhörung des Pflichtigen Ersatzzwangshaft anordnen, wenn bei Androhung des Zwangsgelds hierauf hingewiesen worden ist. [2]Ordnet das Amtsgericht Ersatzzwangshaft an, so hat es einen Haftbefehl auszufertigen, in dem die antragstellende Behörde, der Pflichtige und der Grund der Verhaftung zu bezeichnen sind.

(2) [1]Das Amtsgericht entscheidet nach pflichtgemäßem Ermessen durch Beschluss. [2]Örtlich zuständig ist das Amtsgericht, in dessen Bezirk der Pflichtige seinen Wohnsitz oder in Ermangelung eines Wohnsitzes seinen gewöhnlichen Aufenthalt hat. [3]Der Beschluss des Amtsgerichts unterliegt der Beschwerde nach den §§ 567 bis 577 der Zivilprozessordnung.

(3) [1]Die Ersatzzwangshaft beträgt mindestens einen Tag, höchstens zwei Wochen. [2]Die Vollziehung der Ersatzzwangshaft richtet sich nach den §§ 904 bis 906, 909 und 910 der Zivilprozessordnung und den §§ 171 bis 175 des Strafvollzugsgesetzes.

(4) Ist der Anspruch auf das Zwangsgeld verjährt, so darf die Haft nicht mehr vollstreckt werden.

§ 335 Beendigung des Zwangsverfahrens

Wird die Verpflichtung nach Festsetzung des Zwangsmittels erfüllt, so ist der Vollzug einzustellen.

2. Unterabschnitt: Erzwingung von Sicherheiten

§ 336 Erzwingung von Sicherheiten

(1) Wird die Verpflichtung zur Leistung von Sicherheiten nicht erfüllt, so kann die Finanzbehörde geeignete Sicherheiten pfänden.

(2) [1]Der Erzwingung der Sicherheit muss eine schriftliche Androhung vorausgehen. [2]Die §§ 262 bis 323 sind entsprechend anzuwenden.

Vierter Abschnitt: Kosten

§ 337[1)] Kosten der Vollstreckung

(1) [1]Im Vollstreckungsverfahren werden Kosten (Gebühren und Auslagen) erhoben. [2]Schuldner dieser Kosten ist der Vollstreckungsschuldner.

(2) [1]Für das Mahnverfahren werden keine Kosten erhoben. [2]Jedoch hat der Vollstreckungsschuldner die Kosten zu tragen, die durch einen Postnachnahmeauftrag (§ 259 Satz 2) entstehen.

§ 338 Gebührenarten

Im Vollstreckungsverfahren werden Pfändungsgebühren (§ 339), Wegnahmegebühren (§ 340) und Verwertungsgebühren (§ 341) erhoben.

1) **Anm. d. Red.:** § 337 Abs. 1 i. d. F. des Art. 8 Nr. 8 EURLUmsG v. 9. 12. 2004 (BGBl I 3310).

§ 339[1)] Pfändungsgebühr

(1) Die Pfändungsgebühr wird erhoben für die Pfändung von beweglichen Sachen, von Tieren, von Früchten, die vom Boden noch nicht getrennt sind, von Forderungen und von anderen Vermögensrechten.

(2) Die Gebühr entsteht:

1. sobald der Vollziehungsbeamte Schritte zur Ausführung des Vollstreckungsauftrags unternommen hat,
2. mit der Zustellung der Verfügung, durch die eine Forderung oder ein anderes Vermögensrecht gepfändet werden soll.

(3) Die Gebühr beträgt 20 Euro.

(4) [1]Die Gebühr wird auch erhoben, wenn

1. die Pfändung durch Zahlung an den Vollziehungsbeamten abgewendet wird,
2. auf andere Weise Zahlung geleistet wird, nachdem sich der Vollziehungsbeamte an Ort und Stelle begeben hat,
3. ein Pfändungsversuch erfolglos geblieben ist, weil pfändbare Gegenstände nicht vorgefunden wurden, oder
4. die Pfändung in den Fällen des § 281 Abs. 3 dieses Gesetzes sowie der §§ 812 und 851b Abs. 1 der Zivilprozessordnung unterbleibt.

[2]Wird die Pfändung auf andere Weise abgewendet, wird keine Gebühr erhoben.

§ 340[2)] Wegnahmegebühr

(1) [1]Die Wegnahmegebühr wird für die Wegnahme beweglicher Sachen einschließlich Urkunden in den Fällen der §§ 310, 315 Abs. 2 Satz 5, §§ 318, 321, 331 und 336 erhoben. [2]Dies gilt auch dann, wenn der Vollstreckungsschuldner an den zur Vollstreckung erschienenen Vollziehungsbeamten freiwillig leistet.

(2) § 339 Abs. 2 Nr. 1 ist entsprechend anzuwenden.

(3) [1]Die Höhe der Wegnahmegebühr beträgt 20 Euro. [2]Die Gebühr wird auch erhoben, wenn die in Absatz 1 bezeichneten Sachen nicht aufzufinden sind.

(4) (weggefallen)

§ 341[3)] Verwertungsgebühr

(1) Die Verwertungsgebühr wird für die Versteigerung und andere Verwertung von Gegenständen erhoben.

(2) Die Gebühr entsteht, sobald der Vollziehungsbeamte oder ein anderer Beauftragter Schritte zur Ausführung des Verwertungsauftrags unternommen hat.

(3) Die Gebühr beträgt 40 Euro.

| (4) Wird die Verwertung abgewendet (§ 296 Abs. 1 Satz 4), ist eine Gebühr von 20 Euro zu erheben.

1) **Anm. d. Red.:** § 339 i. d. F. des Art. 8 Nr. 9 EURLUmsG v. 9. 12. 2004 (BGBl I 3310).

2) **Anm. d. Red.:** § 340 Abs. 3 i. d. F., Abs. 4 weggefallen gem. Art. 8 Nr. 10 EURLUmsG v. 9. 12. 2004 (BGBl I 3310).

3) **Anm. d. Red.:** § 341 Abs. 3 i. d. F. des Art. 8 Nr. 11 EURLUmsG v. 9. 12. 2004 (BGBl I 3310); Abs. 4 i. d. F. des Art. 2 Nr. 5 Gesetz über die Internetversteigerung in der Zwangsvollstreckung und zur Änderung anderer Gesetze v. 30. 7. 2009 (BGBl I 2474).

§ 342[1] Mehrheit von Schuldnern

(1) Wird gegen mehrere Schuldner vollstreckt, so sind die Gebühren, auch wenn der Vollziehungsbeamte bei derselben Gelegenheit mehrere Vollstreckungshandlungen vornimmt, von jedem Vollstreckungsschuldner zu erheben.

(2) [1]Wird gegen Gesamtschuldner wegen der Gesamtschuld bei derselben Gelegenheit vollstreckt, so werden Pfändungs-, Wegnahme- und Verwertungsgebühren nur einmal erhoben. [2]Die in Satz 1 bezeichneten Personen schulden die Gebühren als Gesamtschuldner.

§ 343 (weggefallen)

§ 344[2] Auslagen

(1) Als Auslagen werden erhoben:

1. Schreibauslagen für nicht von Amts wegen zu erteilende oder per Telefax übermittelte Abschriften; die Schreibauslagen betragen für jede Seite unabhängig von der Art der Herstellung 0,50 Euro. [2]Werden anstelle von Abschriften elektronisch gespeicherte Dateien überlassen, betragen die Auslagen 2,50 Euro je Datei,
2. Entgelte für Post- und Telekommunikationsdienstleistungen, ausgenommen die Entgelte für Telefondienstleistungen im Orts- und Nahbereich,
3. Entgelte für Zustellungen durch die Post mit Zustellungsurkunde; wird durch die Behörde zugestellt (§ 5 des Verwaltungszustellungsgesetzes), so werden 7,50 Euro erhoben,
4. Kosten, die durch öffentliche Bekanntmachung entstehen,
5. an die zum Öffnen von Türen und Behältnissen sowie an die zur Durchsuchung von Vollstreckungsschuldnern zugezogenen Personen zu zahlende Beträge,
6. Kosten für die Beförderung, Verwahrung und Beaufsichtigung gepfändeter Sachen, Kosten für die Aberntung gepfändeter Früchte und Kosten für die Verwahrung, Fütterung, Pflege und Beförderung gepfändeter Tiere,
7. Beträge, die in entsprechender Anwendung des Justizvergütungs- und -entschädigungsgesetzes an Auskunftspersonen und Sachverständige (§ 107) sowie Beträge, die an Treuhänder (§ 318 Abs. 5) zu zahlen sind,

7a. Kosten, die von einem Kreditinstitut erhoben werden, weil ein Scheck des Vollstreckungsschuldners nicht eingelöst wurde,

7b. Kosten für die Umschreibung eines auf einen Namen lautenden Wertpapiers oder für die Wiederinkurssetzung eines Inhaberpapiers,

8. andere Beträge, die auf Grund von Vollstreckungsmaßnahmen an Dritte zu zahlen sind, insbesondere Beträge, die bei der Ersatzvornahme oder beim unmittelbaren Zwang an Beauftragte und an Hilfspersonen gezahlt werden, und sonstige durch Ausführung des unmittelbaren Zwanges oder Anwendung der Ersatzzwangshaft entstandene Kosten.

(2) Steuern, die die Finanzbehörde auf Grund von Vollstreckungsmaßnahmen schuldet, sind als Auslagen zu erheben.

(3) [1]Werden Sachen oder Tiere, die bei mehreren Vollstreckungsschuldnern gepfändet worden sind, in einem einheitlichen Verfahren abgeholt und verwertet, so werden die Auslagen, die in diesem Verfahren entstehen, auf die beteiligten Vollstreckungsschuldner verteilt. [2]Dabei sind die besonderen Umstände des einzelnen Falls, vor allem Wert, Umfang und Gewicht der Gegenstände, zu berücksichtigen.

---

1) **Anm. d. Red.:** § 342 Abs. 2 i. d. F. des Art. 8 Nr. 12 EURLUmsG v. 9. 12. 2004 (BGBl I 3310).

2) **Anm. d. Red.:** § 344 i. d. F. des Art. 8 Nr. 13 EURLUmsG v. 9. 12. 2004 (BGBl I 3310).

§ 345 Reisekosten und Aufwandsentschädigungen

Im Vollstreckungsverfahren sind die Reisekosten des Vollziehungsbeamten und Auslagen, die durch Aufwandsentschädigungen abgegolten werden, von dem Vollstreckungsschuldner nicht zu erstatten.

§ 346 Unrichtige Sachbehandlung, Festsetzungsfrist

(1) Kosten, die bei richtiger Behandlung der Sache nicht entstanden wären, sind nicht zu erheben.

(2) [1]Die Frist für den Ansatz der Kosten und für die Aufhebung und Änderung des Kostenansatzes beträgt ein Jahr. [2]Sie beginnt mit Ablauf des Kalenderjahrs, in dem die Kosten entstanden sind. [3]Einem vor Ablauf der Frist gestellten Antrag auf Aufhebung oder Änderung kann auch nach Ablauf der Frist entsprochen werden.

Siebenter Teil: Außergerichtliches Rechtsbehelfsverfahren

Erster Abschnitt: Zulässigkeit

§ 347 Statthaftigkeit des Einspruchs

(1) [1]Gegen Verwaltungsakte

1. in Abgabenangelegenheiten, auf die dieses Gesetz Anwendung findet,
2. in Verfahren zur Vollstreckung von Verwaltungsakten in anderen als den in Nummer 1 bezeichneten Angelegenheiten, soweit die Verwaltungsakte durch Bundesfinanzbehörden oder Landesfinanzbehörden nach den Vorschriften dieses Gesetzes zu vollstrecken sind,
3. in öffentlich-rechtlichen und berufsrechtlichen Angelegenheiten, auf die dieses Gesetz nach § 164a des Steuerberatungsgesetzes Anwendung findet,
4. in anderen durch die Finanzbehörden verwalteten Angelegenheiten, soweit die Vorschriften über die außergerichtlichen Rechtsbehelfe durch Gesetz für anwendbar erklärt worden sind oder erklärt werden,

ist als Rechtsbehelf der Einspruch statthaft. [2]Der Einspruch ist außerdem statthaft, wenn geltend gemacht wird, dass in den in Satz 1 bezeichneten Angelegenheiten über einen vom Einspruchsführer gestellten Antrag auf Erlass eines Verwaltungsakts ohne Mitteilung eines zureichenden Grundes binnen angemessener Frist sachlich nicht entschieden worden ist.

(2) Abgabenangelegenheiten sind alle mit der Verwaltung der Abgaben einschließlich der Abgabenvergütungen oder sonst mit der Anwendung der abgabenrechtlichen Vorschriften durch die Finanzbehörden zusammenhängenden Angelegenheiten einschließlich der Maßnahmen der Bundesfinanzbehörden zur Beachtung der Verbote und Beschränkungen für den Warenverkehr über die Grenze; den Abgabenangelegenheiten stehen die Angelegenheiten der Verwaltung der Finanzmonopole gleich.

(3) Die Vorschriften des Siebenten Teils finden auf das Straf- und Bußgeldverfahren keine Anwendung.

§ 348[1] Ausschluss des Einspruchs

Der Einspruch ist nicht statthaft

1. gegen Einspruchsentscheidungen (§ 367),
2. bei Nichtentscheidung über einen Einspruch,
3. gegen Verwaltungsakte der obersten Finanzbehörden des Bundes und der Länder, außer wenn ein Gesetz das Einspruchsverfahren vorschreibt,

---

1) **Anm. d. Red.:** § 348 Nr. 4 i. d. F., Nr. 5 weggefallen gem. Art. 4 Nr. 2 Gesetz v. 8. 4. 2008 (BGBl I 666); Nr. 6 angefügt gem. Art. 10 Nr. 15 JStG 2007 v. 13. 12. 2006 (BGBl I 2878).

4. gegen Entscheidungen in Angelegenheiten des Zweiten und Sechsten Abschnitts des Zweiten Teils des Steuerberatungsgesetzes,
5. (weggefallen)
6. in den Fällen des § 172 Abs. 3.

§ 349 (weggefallen)

§ 350 Beschwer

Befugt, Einsprüche einzulegen, ist nur, wer geltend macht, durch einen Verwaltungsakt oder dessen Unterlassung beschwert zu sein.

§ 351 Bindungswirkung anderer Verwaltungsakte

(1) Verwaltungsakte, die unanfechtbare Verwaltungsakte ändern, können nur insoweit angegriffen werden, als die Änderung reicht, es sei denn, dass sich aus den Vorschriften über die Aufhebung und Änderung von Verwaltungsakten etwas anderes ergibt.

(2) Entscheidungen in einem Grundlagenbescheid (§ 171 Abs. 10) können nur durch Anfechtung dieses Bescheids, nicht auch durch Anfechtung des Folgebescheids, angegriffen werden.

§ 352 Einspruchsbefugnis bei der einheitlichen Feststellung

(1) Gegen Bescheide über die einheitliche und gesonderte Feststellung von Besteuerungsgrundlagen können Einspruch einlegen:

1. zur Vertretung berufene Geschäftsführer oder, wenn solche nicht vorhanden sind, der Einspruchsbevollmächtigte im Sinne des Absatzes 2;
2. wenn Personen nach Nummer 1 nicht vorhanden sind, jeder Gesellschafter, Gemeinschafter oder Mitberechtigte, gegen den der Feststellungsbescheid ergangen ist oder zu ergehen hätte;
3. auch wenn Personen nach Nummer 1 vorhanden sind, ausgeschiedene Gesellschafter, Gemeinschafter oder Mitberechtigte, gegen die der Feststellungsbescheid ergangen ist oder zu ergehen hätte;
4. soweit es sich darum handelt, wer an dem festgestellten Betrag beteiligt ist und wie dieser sich auf die einzelnen Beteiligten verteilt, jeder, der durch die Feststellungen hierzu berührt wird;
5. soweit es sich um eine Frage handelt, die einen Beteiligten persönlich angeht, jeder, der durch die Feststellungen über die Frage berührt wird.

(2) [1]Einspruchsbefugt im Sinne des Absatzes 1 Nr. 1 ist der gemeinsame Empfangsbevollmächtigte im Sinne des § 183 Abs. 1 Satz 1 oder des § 6 Abs. 1 Satz 1 der Verordnung über die gesonderte Feststellung von Besteuerungsgrundlagen nach § 180 Abs. 2 der Abgabenordnung vom 19. Dezember 1986 (BGBl I S. 2663). [2]Haben die Feststellungsbeteiligten keinen gemeinsamen Empfangsbevollmächtigten bestellt, ist einspruchsbefugt im Sinne des Absatzes 1 Nr. 1 der nach § 183 Abs. 1 Satz 2 fingierte oder der nach § 183 Abs. 1 Satz 3 bis 5 oder nach § 6 Abs. 1 Satz 3 bis 5 der Verordnung über die gesonderte Feststellung von Besteuerungsgrundlagen nach § 180 Abs. 2 der Abgabenordnung von der Finanzbehörde bestimmte Empfangsbevollmächtigte; dies gilt nicht für Feststellungsbeteiligte, die gegenüber der Finanzbehörde der Einspruchsbefugnis des Empfangsbevollmächtigten widersprechen. [3]Die Sätze 1 und 2 sind nur anwendbar, wenn die Beteiligten in der Feststellungserklärung oder in der Aufforderung zur Benennung eines Empfangsbevollmächtigten über die Einspruchsbefugnis des Empfangsbevollmächtigten belehrt worden sind.

§ 353 Einspruchsbefugnis des Rechtsnachfolgers

Wirkt ein Feststellungsbescheid, ein Grundsteuermessbescheid oder ein Zerlegungs- oder Zuteilungsbescheid über einen Grundsteuermessbetrag gegenüber dem Rechtsnachfolger, ohne dass er diesem bekannt gegeben worden ist (§ 182 Abs. 2, § 184 Abs. 1 Satz 4, §§ 185 und 190), so kann der Rechtsnachfolger nur innerhalb der für den Rechtsvorgänger maßgebenden Einspruchsfrist Einspruch einlegen.

§ 354 Einspruchsverzicht

(1) [1]Auf Einlegung eines Einspruchs kann nach Erlass des Verwaltungsakts verzichtet werden. [2]Der Verzicht kann auch bei Abgabe einer Steueranmeldung für den Fall ausgesprochen werden, dass die Steuer nicht abweichend von der Steueranmeldung festgesetzt wird. [3]Durch den Verzicht wird der Einspruch unzulässig.

(1a) [1]Soweit Besteuerungsgrundlagen für ein Verständigungs- oder ein Schiedsverfahren nach einem Vertrag im Sinne des § 2 von Bedeutung sein können, kann auf die Einlegung eines Einspruchs insoweit verzichtet werden. [2]Die Besteuerungsgrundlage, auf die sich der Verzicht beziehen soll, ist genau zu bezeichnen.

(2) [1]Der Verzicht ist gegenüber der zuständigen Finanzbehörde schriftlich oder zur Niederschrift zu erklären; er darf keine weiteren Erklärungen enthalten. [2]Wird nachträglich die Unwirksamkeit des Verzichts geltend gemacht, so gilt § 110 Abs. 3 sinngemäß.

Zweiter Abschnitt: Verfahrensvorschriften

§ 355 Einspruchsfrist

(1) [1]Der Einspruch nach § 347 Abs. 1 Satz 1 ist innerhalb eines Monats nach Bekanntgabe des Verwaltungsakts einzulegen. [2]Ein Einspruch gegen eine Steueranmeldung ist innerhalb eines Monats nach Eingang der Steueranmeldung bei der Finanzbehörde, in den Fällen des § 168 Satz 2 innerhalb eines Monats nach Bekanntwerden der Zustimmung, einzulegen.

(2) Der Einspruch nach § 347 Abs. 1 Satz 2 ist unbefristet.

§ 356 Rechtsbehelfsbelehrung

(1) Ergeht ein Verwaltungsakt schriftlich oder elektronisch, so beginnt die Frist für die Einlegung des Einspruchs nur, wenn der Beteiligte über den Einspruch und die Finanzbehörde, bei der er einzulegen ist, deren Sitz und die einzuhaltende Frist in der für den Verwaltungsakt verwendeten Form belehrt worden ist.

(2) [1]Ist die Belehrung unterblieben oder unrichtig erteilt, so ist die Einlegung des Einspruchs nur binnen eines Jahres seit Bekanntgabe des Verwaltungsakts zulässig, es sei denn, dass die Einlegung vor Ablauf der Jahresfrist infolge höherer Gewalt unmöglich war oder schriftlich oder elektronisch darüber belehrt wurde, dass ein Einspruch nicht gegeben sei. [2]§ 110 Abs. 2 gilt für den Fall höherer Gewalt sinngemäß.

§ 357 Einlegung des Einspruchs

(1) [1]Der Einspruch ist schriftlich einzureichen oder zur Niederschrift zu erklären. [2]Es genügt, wenn aus dem Schriftstück hervorgeht, wer den Einspruch eingelegt hat. [3]Einlegung durch Telegramm ist zulässig. [4]Unrichtige Bezeichnung des Einspruchs schadet nicht.

(2) [1]Der Einspruch ist bei der Behörde anzubringen, deren Verwaltungsakt angefochten wird oder bei der ein Antrag auf Erlass eines Verwaltungsakts gestellt worden ist. [2]Ein Einspruch, der sich gegen die Feststellung von Besteuerungsgrundlagen oder gegen die Festsetzung eines Steuermessbetrags richtet, kann auch bei der zur Erteilung des Steuerbescheids zuständigen Behörde angebracht werden. [3]Ein Einspruch, der sich gegen einen Verwaltungsakt richtet, den eine Behörde auf Grund gesetzlicher Vorschrift für die zuständige Finanzbehörde erlassen hat, kann auch bei der zuständigen Finanzbehörde angebracht werden. [4]Die schriftliche Anbringung bei einer anderen Behörde ist unschädlich, wenn der Einspruch vor Ablauf der Einspruchsfrist einer der Behörden übermittelt wird, bei der er nach den Sätzen 1 bis 3 angebracht werden kann.

(3) [1]Bei der Einlegung soll der Verwaltungsakt bezeichnet werden, gegen den der Einspruch gerichtet ist. [2]Es soll angegeben werden, inwieweit der Verwaltungsakt angefochten und seine Aufhebung beantragt wird. [3]Ferner sollen die Tatsachen, die zur Begründung dienen, und die Beweismittel angeführt werden.

§ 358 Prüfung der Zulässigkeitsvoraussetzungen

[1]Die zur Entscheidung über den Einspruch berufene Finanzbehörde hat zu prüfen, ob der Einspruch zulässig, insbesondere in der vorgeschriebenen Form und Frist eingelegt ist. [2]Mangelt es an einem dieser Erfordernisse, so ist der Einspruch als unzulässig zu verwerfen.

§ 359 Beteiligte

Beteiligte am Verfahren sind:

1. wer den Einspruch eingelegt hat (Einspruchsführer),
2. wer zum Verfahren hinzugezogen worden ist.

§ 360[1)] Hinzuziehung zum Verfahren

(1) [1]Die zur Entscheidung über den Einspruch berufene Finanzbehörde kann von Amts wegen oder auf Antrag andere hinzuziehen, deren rechtliche Interessen nach den Steuergesetzen durch die Entscheidung berührt werden, insbesondere solche, die nach den Steuergesetzen neben dem Steuerpflichtigen haften. [2]Vor der Hinzuziehung ist derjenige zu hören, der den Einspruch eingelegt hat.

(2) Wird eine Abgabe für einen anderen Abgabenberechtigten verwaltet, so kann dieser nicht deshalb hinzugezogen werden, weil seine Interessen als Abgabenberechtigter durch die Entscheidung berührt werden.

(3) [1]Sind an dem streitigen Rechtsverhältnis Dritte derart beteiligt, dass die Entscheidung auch ihnen gegenüber nur einheitlich ergehen kann, so sind sie hinzuzuziehen. [2]Dies gilt nicht für Mitberechtigte, die nach § 352 nicht befugt sind, Einspruch einzulegen.

(4) Wer zum Verfahren hinzugezogen worden ist, kann dieselben Rechte geltend machen, wie derjenige, der den Einspruch eingelegt hat.

(5) [1]Kommt nach Absatz 3 die Hinzuziehung von mehr als 50 Personen in Betracht, kann die Finanzbehörde anordnen, dass nur solche Personen hinzugezogen werden, die dies innerhalb einer bestimmten Frist beantragen. [2]Von einer Einzelbekanntgabe der Anordnung kann abgesehen werden, wenn die Anordnung im elektronischen Bundesanzeiger bekannt gemacht und außerdem in Tageszeitungen veröffentlicht wird, die in dem Bereich verbreitet sind, in dem sich die Entscheidung voraussichtlich auswirken wird. [3]Die Frist muss mindestens drei Monate seit Veröffentlichung im elektronischen Bundesanzeiger betragen. [4]In der Veröffentlichung in Tageszeitungen ist mitzuteilen, an welchem Tage die Frist abläuft. [5]Für die Wiedereinsetzung in den vorigen Stand wegen Versäumung der Frist gilt § 110 entsprechend. [6]Die Finanzbehörde soll Personen, die von der Entscheidung erkennbar in besonderem Maße betroffen werden, auch ohne Antrag hinzuziehen.

§ 361 Aussetzung der Vollziehung

(1) [1]Durch Einlegung des Einspruchs wird die Vollziehung des angefochtenen Verwaltungsakts vorbehaltlich des Absatzes 4 nicht gehemmt, insbesondere die Erhebung einer Abgabe nicht aufgehalten. [2]Entsprechendes gilt bei Anfechtung von Grundlagenbescheiden für die darauf beruhenden Folgebescheide.

(2) [1]Die Finanzbehörde, die den angefochtenen Verwaltungsakt erlassen hat, kann die Vollziehung ganz oder teilweise aussetzen; § 367 Abs. 1 Satz 2 gilt sinngemäß. [2]Auf An-

1) **Anm. d. Red.:** § 360 Abs. 5 i. d. F. des Art. 13 JKomG v. 22. 3. 2005 (BGBl I 837).

trag soll die Aussetzung erfolgen, wenn ernstliche Zweifel an der Rechtmäßigkeit des angefochtenen Verwaltungsakts bestehen oder wenn die Vollziehung für den Betroffenen eine unbillige, nicht durch überwiegende öffentliche Interessen gebotene Härte zur Folge hätte. [3]Ist der Verwaltungsakt schon vollzogen, tritt an die Stelle der Aussetzung der Vollziehung die Aufhebung der Vollziehung. [4]Bei Steuerbescheiden sind die Aussetzung und die Aufhebung der Vollziehung auf die festgesetzte Steuer, vermindert um die anzurechnenden Steuerabzugsbeträge, um die anzurechnende Körperschaftsteuer und um die festgesetzten Vorauszahlungen, beschränkt; dies gilt nicht, wenn die Aussetzung oder Aufhebung der Vollziehung zur Abwendung wesentlicher Nachteile nötig erscheint. [5]Die Aussetzung kann von einer Sicherheitsleistung abhängig gemacht werden.

(3) [1]Soweit die Vollziehung eines Grundlagenbescheids ausgesetzt wird, ist auch die Vollziehung eines Folgebescheids auszusetzen. [2]Der Erlass eines Folgebescheids bleibt zulässig. [3]Über eine Sicherheitsleistung ist bei der Aussetzung eines Folgebescheids zu entscheiden, es sei denn, dass bei der Aussetzung der Vollziehung des Grundlagenbescheids die Sicherheitsleistung ausdrücklich ausgeschlossen worden ist.

(4) [1]Durch Einlegung eines Einspruchs gegen die Untersagung des Gewerbebetriebs oder der Berufsausübung wird die Vollziehung des angefochtenen Verwaltungsakts gehemmt. [2]Die Finanzbehörde, die den Verwaltungsakt erlassen hat, kann die hemmende Wirkung durch besondere Anordnung ganz oder zum Teil beseitigen, wenn sie es im öffentlichen Interesse für geboten hält; sie hat das öffentliche Interesse schriftlich zu begründen. [3]§ 367 Abs. 1 Satz 2 gilt sinngemäß.

(5) Gegen die Ablehnung der Aussetzung der Vollziehung kann das Gericht nur nach § 69 Abs. 3 und 5 Satz 3 der Finanzgerichtsordnung angerufen werden.

§ 362 Rücknahme des Einspruchs

(1) [1]Der Einspruch kann bis zur Bekanntgabe der Entscheidung über den Einspruch zurückgenommen werden. [2]§ 357 Abs. 1 und 2 gilt sinngemäß.

(1a) [1]Soweit Besteuerungsgrundlagen für ein Verständigungs- oder ein Schiedsverfahren nach einem Vertrag im Sinne des § 2 von Bedeutung sein können, kann der Einspruch hierauf begrenzt zurückgenommen werden. [2]§ 354 Abs. 1a Satz 2 gilt entsprechend.

(2) [1]Die Rücknahme hat den Verlust des eingelegten Einspruchs zur Folge. [2]Wird nachträglich die Unwirksamkeit der Rücknahme geltend gemacht, so gilt § 110 Abs. 3 sinngemäß.

§ 363[1)] Aussetzung und Ruhen des Verfahrens

(1) Hängt die Entscheidung ganz oder zum Teil von dem Bestehen oder Nichtbestehen eines Rechtsverhältnisses ab, das den Gegenstand eines anhängigen Rechtsstreits bildet oder von einem Gericht oder einer Verwaltungsbehörde festzustellen ist, kann die Finanzbehörde die Entscheidung bis zur Erledigung des anderen Rechtsstreits oder bis zur Entscheidung des Gerichts oder der Verwaltungsbehörde aussetzen.

(2) [1]Die Finanzbehörde kann das Verfahren mit Zustimmung des Einspruchsführers ruhen lassen, wenn das aus wichtigen Gründen zweckmäßig erscheint. [2]Ist wegen der Verfassungsmäßigkeit einer Rechtsnorm oder wegen einer Rechtsfrage ein Verfahren bei dem Europäischen Gerichtshof, dem Bundesverfassungsgericht oder einem obersten Bundesgericht anhängig und wird der Einspruch hierauf gestützt, ruht das Einspruchsverfahren insoweit; dies gilt nicht, soweit nach § 165 Abs. 1 Satz 2 Nr. 3 oder Nr. 4 die Steuer vorläufig festgesetzt wurde. [3]Mit Zustimmung der obersten Finanzbehörde kann durch öffentlich bekannt zu gebende Allgemeinverfügung für bestimmte Gruppen gleichgelagerter Fälle angeordnet werden, dass Einspruchsverfahren insoweit auch in anderen als den in den Sätzen 1 und 2 genannten Fällen ruhen. [4]Das Einspruchsverfah-

1) **Anm. d. Red.:** § 363 Abs. 2 i. d. F. des Art. 10 Nr. 7 Steuerbürokratieabbaugesetz v. 20. 12. 2008 (BGBl I 2850).

ren ist fortzusetzen, wenn der Einspruchsführer dies beantragt oder die Finanzbehörde dies dem Einspruchsführer mitteilt.

(3) Wird ein Antrag auf Aussetzung oder Ruhen des Verfahrens abgelehnt oder die Aussetzung oder das Ruhen des Verfahrens widerrufen, kann die Rechtswidrigkeit der Ablehnung oder des Widerrufs nur durch Klage gegen die Einspruchsentscheidung geltend gemacht werden.

§ 364 Mitteilung der Besteuerungsunterlagen

Den Beteiligten sind, soweit es noch nicht geschehen ist, die Unterlagen der Besteuerung auf Antrag oder, wenn die Begründung des Einspruchs dazu Anlass gibt, von Amts wegen mitzuteilen.

§ 364a Erörterung des Sach- und Rechtsstands

(1) [1]Auf Antrag eines Einspruchsführers soll die Finanzbehörde vor Erlass einer Einspruchsentscheidung den Sach- und Rechtsstand erörtern. [2]Weitere Beteiligte können hierzu geladen werden, wenn die Finanzbehörde dies für sachdienlich hält. [3]Die Finanzbehörde kann auch ohne Antrag eines Einspruchsführers diesen und weitere Beteiligte zu einer Erörterung laden.

(2) [1]Von einer Erörterung mit mehr als zehn Beteiligten kann die Finanzbehörde absehen. [2]Bestellen die Beteiligten innerhalb einer von der Finanzbehörde bestimmten angemessenen Frist einen gemeinsamen Vertreter, soll der Sach- und Rechtsstand mit diesem erörtert werden.

(3) [1]Die Beteiligten können sich durch einen Bevollmächtigten vertreten lassen. [2]Sie können auch persönlich zur Erörterung geladen werden, wenn die Finanzbehörde dies für sachdienlich hält.

(4) Das Erscheinen kann nicht nach § 328 erzwungen werden.

§ 364b Fristsetzung

(1) Die Finanzbehörde kann dem Einspruchsführer eine Frist setzen

1. zur Angabe der Tatsachen, durch deren Berücksichtigung oder Nichtberücksichtigung er sich beschwert fühlt,
2. zur Erklärung über bestimmte klärungsbedürftige Punkte,
3. zur Bezeichnung von Beweismitteln oder zur Vorlage von Urkunden, soweit er dazu verpflichtet ist.

(2) [1]Erklärungen und Beweismittel, die erst nach Ablauf der nach Absatz 1 gesetzten Frist vorgebracht werden, sind nicht zu berücksichtigen. [2]§ 367 Abs. 2 Satz 2 bleibt unberührt. [3]Bei Überschreitung der Frist gilt § 110 entsprechend.

(3) Der Einspruchsführer ist mit der Fristsetzung über die Rechtsfolgen nach Absatz 2 zu belehren.

§ 365 Anwendung von Verfahrensvorschriften

(1) Für das Verfahren über den Einspruch gelten im Übrigen die Vorschriften sinngemäß, die für den Erlass des angefochtenen oder des begehrten Verwaltungsakts gelten.

(2) In den Fällen des § 93 Abs. 5, des § 96 Abs. 7 Satz 2 und der §§ 98 bis 100 ist den Beteiligten und ihren Bevollmächtigten und Beiständen (§ 80) Gelegenheit zu geben, an der Beweisaufnahme teilzunehmen.

(3) [1]Wird der angefochtene Verwaltungsakt geändert oder ersetzt, so wird der neue Verwaltungsakt Gegenstand des Einspruchsverfahrens. [2]Satz 1 gilt entsprechend, wenn

1. ein Verwaltungsakt nach § 129 berichtigt wird oder
2. ein Verwaltungsakt an die Stelle eines angefochtenen unwirksamen Verwaltungsakts tritt.

§ 366 Form, Inhalt und Bekanntgabe der Einspruchsentscheidung

Die Einspruchsentscheidung ist schriftlich zu erteilen, zu begründen, mit einer Rechtsbehelfsbelehrung zu versehen und den Beteiligten bekannt zu geben.

§ 367[1)] Entscheidung über den Einspruch

(1) [1]Über den Einspruch entscheidet die Finanzbehörde, die den Verwaltungsakt erlassen hat, durch Einspruchsentscheidung. [2]Ist für den Steuerfall nachträglich eine andere Finanzbehörde zuständig geworden, so entscheidet diese Finanzbehörde; § 26 Satz 2 bleibt unberührt.

(2) [1]Die Finanzbehörde, die über den Einspruch entscheidet, hat die Sache in vollem Umfang erneut zu prüfen. [2]Der Verwaltungsakt kann auch zum Nachteil des Einspruchsführers geändert werden, wenn dieser auf die Möglichkeit einer verbösernden Entscheidung unter Angabe von Gründen hingewiesen und ihm Gelegenheit gegeben worden ist, sich hierzu zu äußern. [3]Einer Einspruchsentscheidung bedarf es nur insoweit, als die Finanzbehörde dem Einspruch nicht abhilft.

(2a) [1]Die Finanzbehörde kann vorab über Teile des Einspruchs entscheiden, wenn dies sachdienlich ist. [2]Sie hat in dieser Entscheidung zu bestimmen, hinsichtlich welcher Teile Bestandskraft nicht eintreten soll.

(2b) [1]Anhängige Einsprüche, die eine vom Gerichtshof der Europäischen Gemeinschaften, vom Bundesverfassungsgericht oder vom Bundesfinanzhof entschiedene Rechtsfrage betreffen und denen nach dem Ausgang des Verfahrens vor diesen Gerichten nicht abgeholfen werden kann, können durch Allgemeinverfügung insoweit zurückgewiesen werden. [2]Sachlich zuständig für den Erlass der Allgemeinverfügung ist die oberste Finanzbehörde. [3]Die Allgemeinverfügung ist im Bundessteuerblatt und auf den Internetseiten des Bundesministeriums der Finanzen zu veröffentlichen. [4]Sie gilt am Tag nach der Herausgabe des Bundessteuerblattes, in dem sie veröffentlicht wird, als bekannt gegeben. [5]Abweichend von § 47 Abs. 1 der Finanzgerichtsordnung endet die Klagefrist mit Ablauf eines Jahres nach dem Tag der Bekanntgabe. [6]§ 63 Abs. 1 Nr. 1 der Finanzgerichtsordnung gilt auch, soweit ein Einspruch durch eine Allgemeinverfügung nach Satz 1 zurückgewiesen wurde.

(3) [1]Richtet sich der Einspruch gegen einen Verwaltungsakt, den eine Behörde auf Grund gesetzlicher Vorschrift für die zuständige Finanzbehörde erlassen hat, so entscheidet die zuständige Finanzbehörde über den Einspruch. [2]Auch die für die zuständige Finanzbehörde handelnde Behörde ist berechtigt, dem Einspruch abzuhelfen.

§ 368 (weggefallen)

Achter Teil: Straf- und Bußgeldvorschriften, Straf- und Bußgeldverfahren

Erster Abschnitt: Strafvorschriften

§ 369 Steuerstraftaten

(1) Steuerstraftaten (Zollstraftaten) sind:

1. Taten, die nach den Steuergesetzen strafbar sind,
2. der Bannbruch,
3. die Wertzeichenfälschung und deren Vorbereitung, soweit die Tat Steuerzeichen betrifft,
4. die Begünstigung einer Person, die eine Tat nach den Nummern 1 bis 3 begangen hat.

---

1) **Anm. d. Red.:** § 367 Abs. 2a und 2b eingefügt gem. Art. 10 Nr. 16 JStG 2007 v. 13. 12. 2006 (BGBl I 2878).

(2) Für Steuerstraftaten gelten die allgemeinen Gesetze über das Strafrecht, soweit die Strafvorschriften der Steuergesetze nichts anderes bestimmen.

§ 370[1] Steuerhinterziehung

(1) Mit Freiheitsstrafe bis zu fünf Jahren oder mit Geldstrafe wird bestraft, wer

1. den Finanzbehörden oder anderen Behörden über steuerlich erhebliche Tatsachen unrichtige oder unvollständige Angaben macht,
2. die Finanzbehörden pflichtwidrig über steuerlich erhebliche Tatsachen in Unkenntnis lässt oder
3. pflichtwidrig die Verwendung von Steuerzeichen oder Steuerstemplern unterlässt

und dadurch Steuern verkürzt oder für sich oder einen anderen nicht gerechtfertigte Steuervorteile erlangt.

(2) Der Versuch ist strafbar.

(3) [1]In besonders schweren Fällen ist die Strafe Freiheitsstrafe von sechs Monaten bis zu zehn Jahren. [2]Ein besonders schwerer Fall liegt in der Regel vor, wenn der Täter

1. in großem Ausmaß Steuern verkürzt oder nicht gerechtfertigte Steuervorteile erlangt,
2. seine Befugnisse oder seine Stellung als Amtsträger missbraucht,
3. die Mithilfe eines Amtsträgers ausnutzt, der seine Befugnisse oder seine Stellung missbraucht,
4. unter Verwendung nachgemachter oder verfälschter Belege fortgesetzt Steuern verkürzt oder nicht gerechtfertigte Steuervorteile erlangt, oder
5. als Mitglied einer Bande, die sich zur fortgesetzten Begehung von Taten nach Absatz 1 verbunden hat, Umsatz- oder Verbrauchssteuern verkürzt oder nicht gerechtfertigte Umsatz- oder Verbrauchssteuervorteile erlangt.

(4) [1]Steuern sind namentlich dann verkürzt, wenn sie nicht, nicht in voller Höhe oder nicht rechtzeitig festgesetzt werden; dies gilt auch dann, wenn die Steuer vorläufig oder unter Vorbehalt der Nachprüfung festgesetzt wird oder eine Steueranmeldung einer Steuerfestsetzung unter Vorbehalt der Nachprüfung gleichsteht. [2]Steuervorteile sind auch Steuervergütungen; nicht gerechtfertigte Steuervorteile sind erlangt, soweit sie zu Unrecht gewährt oder belassen werden. [3]Die Voraussetzungen der Sätze 1 und 2 sind auch dann erfüllt, wenn die Steuer, auf die sich die Tat bezieht, aus anderen Gründen hätte ermäßigt oder der Steuervorteil aus anderen Gründen hätte beansprucht werden können.

(5) Die Tat kann auch hinsichtlich solcher Waren begangen werden, deren Einfuhr, Ausfuhr oder Durchfuhr verboten ist.

(6) [1]Die Absätze 1 bis 5 gelten auch dann, wenn sich die Tat auf Einfuhr- oder Ausfuhrabgaben bezieht, die von einem anderen Mitgliedstaat der Europäischen Gemeinschaften verwaltet werden oder die einem Mitgliedstaat der Europäischen Freihandelsassoziation oder einem mit dieser assoziierten Staat zustehen. [2]Das Gleiche gilt, wenn sich die Tat auf Umsatzsteuern oder auf harmonisierte Verbrauchsteuern für die in Artikel 3 Abs. 1 der Richtlinie 92/12/EWG des Rates vom 25. Februar 1992 (ABl EG Nr. L 76 S. 1) genannten Waren bezieht, die von einem anderen Mitgliedstaat der Europäischen Gemeinschaften verwaltet werden. [3]Die in Satz 2 bezeichneten Taten werden nur verfolgt, wenn die Gegenseitigkeit zur Zeit der Tat verbürgt und dies in einer Rechtsverordnung nach Satz 4 festgestellt ist. [4]Das Bundesministerium der Finanzen wird ermächtigt, mit Zustimmung des Bundesrates in einer Rechtsverordnung festzustellen, im Hinblick auf welche Mitgliedstaaten der Europäischen Gemeinschaften Taten im Sinne des Satzes 2 wegen Verbürgung der Gegenseitigkeit zu verfolgen sind.

---

1) **Anm. d. Red.**: § 370 Abs. 3 i. d. F. des Art. 3 Nr. 2 Gesetz zur Neuregelung der Telekommunikationsüberwachung und anderer verdeckter Ermittlungsmaßnahmen sowie zur Umsetzung der Richtlinie 2006/24/EG v. 21. 12. 2007 (BGBl I 3198).

(7) Die Absätze 1 bis 6 gelten unabhängig von dem Recht des Tatortes auch für Taten, die außerhalb des Geltungsbereiches dieses Gesetzes begangen werden.

§ 370a[1] (weggefallen)

§ 371 Selbstanzeige bei Steuerhinterziehung

(1) Wer in den Fällen des § 370 unrichtige oder unvollständige Angaben bei der Finanzbehörde berichtigt oder ergänzt oder unterlassene Angaben nachholt, wird insoweit straffrei.

(2) Straffreiheit tritt nicht ein, wenn

1. vor der Berichtigung, Ergänzung oder Nachholung
   a) ein Amtsträger der Finanzbehörde zur steuerlichen Prüfung oder zur Ermittlung einer Steuerstraftat oder einer Steuerordnungswidrigkeit erschienen ist oder
   b) dem Täter oder seinem Vertreter die Einleitung des Straf- oder Bußgeldverfahrens wegen der Tat bekannt gegeben worden ist oder
2. die Tat im Zeitpunkt der Berichtigung, Ergänzung oder Nachholung ganz oder zum Teil bereits entdeckt war und der Täter dies wusste oder bei verständiger Würdigung der Sachlage damit rechnen musste.

(3) Sind Steuerverkürzungen bereits eingetreten oder Steuervorteile erlangt, so tritt für einen an der Tat Beteiligten Straffreiheit nur ein, soweit er die zu seinen Gunsten hinterzogenen Steuern innerhalb der ihm bestimmten angemessenen Frist entrichtet.

(4) [1]Wird die in § 153 vorgesehene Anzeige rechtzeitig und ordnungsmäßig erstattet, so wird ein Dritter, der die in § 153 bezeichneten Erklärungen abzugeben unterlassen oder unrichtig oder unvollständig abgegeben hat, strafrechtlich nicht verfolgt, es sei denn, dass ihm oder seinem Vertreter vorher die Einleitung eines Straf- oder Bußgeldverfahrens wegen der Tat bekannt gegeben worden ist. [2]Hat der Dritte zum eigenen Vorteil gehandelt, so gilt Absatz 3 entsprechend.

§ 372 Bannbruch

(1) Bannbruch begeht, wer Gegenstände entgegen einem Verbot einführt, ausführt oder durchführt.

(2) Der Täter wird nach § 370 Abs. 1, 2 bestraft, wenn die Tat nicht in anderen Vorschriften als Zuwiderhandlung gegen ein Einfuhr-, Ausfuhr- oder Durchfuhrverbot mit Strafe oder mit Geldbuße bedroht ist.

§ 373[2] Gewerbsmäßiger, gewaltsamer und bandenmäßiger Schmuggel

(1) [1]Wer gewerbsmäßig Einfuhr- oder Ausfuhrabgaben hinterzieht oder gewerbsmäßig durch Zuwiderhandlungen gegen Monopolvorschriften Bannbruch begeht, wird mit Freiheitsstrafe von sechs Monaten bis zu zehn Jahren bestraft. [2]In minder schweren Fällen ist die Strafe Freiheitsstrafe bis zu fünf Jahren oder Geldstrafe.

(2) Ebenso wird bestraft, wer

1. eine Hinterziehung von Einfuhr- oder Ausfuhrabgaben oder einen Bannbruch begeht, bei denen er oder ein anderer Beteiligter eine Schusswaffe bei sich führt,
2. eine Hinterziehung von Einfuhr- oder Ausfuhrabgaben oder einen Bannbruch begeht, bei denen er oder ein anderer Beteiligter eine Waffe oder sonst ein Werkzeug

1) **Anm. d. Red.:** § 370a weggefallen gem. Art. 3 Nr. 3 Gesetz zur Neuregelung der Telekommunikationsüberwachung und anderer verdeckter Ermittlungsmaßnahmen sowie zur Umsetzung der Richtlinie 2006/24/EG v. 21. 12. 2007 (BGBl I 3198).

2) **Anm. d. Red.:** § 373 i. d. F. des Art. 3 Nr. 4 Gesetz zur Neuregelung der Telekommunikationsüberwachung und anderer verdeckter Ermittlungsmaßnahmen sowie zur Umsetzung der Richtlinie 2006/24/EG v. 21. 12. 2007 (BGBl I 3198).

oder Mittel bei sich führt, um den Widerstand eines anderen durch Gewalt oder Drohung mit Gewalt zu verhindern oder zu überwinden, oder

3. als Mitglied einer Bande, die sich zur fortgesetzten Begehung der Hinterziehung von Einfuhr- oder Ausfuhrabgaben oder des Bannbruchs verbunden hat, eine solche Tat begeht.

(3) Der Versuch ist strafbar.

(4) § 370 Abs. 6 Satz 1 und Abs. 7 gilt entsprechend.

§ 374[1] Steuerhehlerei

(1) Wer Erzeugnisse oder Waren, hinsichtlich deren Verbrauchsteuern oder Einfuhr- und Ausfuhrabgaben im Sinne des Artikels 4 Nr. 10 und 11 des Zollkodexes hinterzogen oder Bannbruch nach § 372 Abs. 2, § 373 begangen worden ist, ankauft oder sonst sich oder einem Dritten verschafft, sie absetzt oder abzusetzen hilft, um sich oder einen Dritten zu bereichern, wird mit Freiheitsstrafe bis zu fünf Jahren oder mit Geldstrafe bestraft.

(2) [1]Handelt der Täter gewerbsmäßig oder als Mitglied einer Bande, die sich zur fortgesetzten Begehung von Straftaten nach Absatz 1 verbunden hat, so ist die Strafe Freiheitsstrafe von sechs Monaten bis zu zehn Jahren. [2]In minder schweren Fällen ist die Strafe Freiheitsstrafe bis zu fünf Jahren oder Geldstrafe.

(3) Der Versuch ist strafbar.

(4) § 370 Abs. 6 Satz 1 und Abs. 7 gilt entsprechend.

§ 375 Nebenfolgen

(1) Neben einer Freiheitsstrafe von mindestens einem Jahr wegen

1. Steuerhinterziehung,
2. Bannbruchs nach § 372 Abs. 2, § 373,
3. Steuerhehlerei oder
4. Begünstigung einer Person, die eine Tat nach den Nummern 1 bis 3 begangen hat,

kann das Gericht die Fähigkeit, öffentliche Ämter zu bekleiden, und die Fähigkeit, Rechte aus öffentlichen Wahlen zu erlangen, aberkennen (§ 45 Abs. 2 des Strafgesetzbuchs).

(2) [1]Ist eine Steuerhinterziehung, ein Bannbruch nach § 372 Abs. 2, § 373 oder eine Steuerhehlerei begangen worden, so können

1. die Erzeugnisse, Waren und andere Sachen, auf die sich die Hinterziehung von Verbrauchsteuer oder Einfuhr- und Ausfuhrabgaben im Sinne des Artikels 4 Nr. 10 und 11 des Zollkodexes, der Bannbruch oder die Steuerhehlerei bezieht, und
2. die Beförderungsmittel, die zur Tat benutzt worden sind,

eingezogen werden. [2]§ 74a des Strafgesetzbuchs ist anzuwenden.

§ 376[2] Verfolgungsverjährung

(1) In den in § 370 Abs. 3 Satz 2 Nr. 1 bis 5 genannten Fällen besonders schwerer Steuerhinterziehung beträgt die Verjährungsfrist zehn Jahre.

(2) Die Verjährung der Verfolgung einer Steuerstraftat wird auch dadurch unterbrochen, dass dem Beschuldigten die Einleitung des Bußgeldverfahrens bekannt gegeben oder diese Bekanntgabe angeordnet wird.

---

1) **Anm. d. Red.:** § 374 i. d. F. des Art. 3 Nr. 5 Gesetz zur Neuregelung der Telekommunikationsüberwachung und anderer verdeckter Ermittlungsmaßnahmen sowie zur Umsetzung der Richtlinie 2006/24/EG v. 21. 12. 2007 (BGBl I 3198).

2) **Anm. d. Red.:** § 376 i. d. F. des Art. 10 Nr. 13 JStG 2009 v. 19. 12. 2008 (BGBl I 2794).

Zweiter Abschnitt: Bußgeldvorschriften

§ 377 Steuerordnungswidrigkeiten

(1) Steuerordnungswidrigkeiten (Zollordnungswidrigkeiten) sind Zuwiderhandlungen, die nach den Steuergesetzen mit Geldbuße geahndet werden können.

(2) Für Steuerordnungswidrigkeiten gelten die Vorschriften des Ersten Teils des Gesetzes über Ordnungswidrigkeiten, soweit die Bußgeldvorschriften der Steuergesetze nichts anderes bestimmen.

§ 378 Leichtfertige Steuerverkürzung

(1) [1]Ordnungswidrig handelt, wer als Steuerpflichtiger oder bei Wahrnehmung der Angelegenheiten eines Steuerpflichtigen eine der in § 370 Abs. 1 bezeichneten Taten leichtfertig begeht. [2]§ 370 Abs. 4 bis 7 gilt entsprechend.

(2) Die Ordnungswidrigkeit kann mit einer Geldbuße bis zu fünfzigtausend Euro geahndet werden.

(3) [1]Eine Geldbuße wird nicht festgesetzt, soweit der Täter unrichtige oder unvollständige Angaben bei der Finanzbehörde berichtigt oder ergänzt oder unterlassene Angaben nachholt, bevor ihm oder seinem Vertreter die Einleitung eines Straf- oder Bußgeldverfahrens wegen der Tat bekannt gegeben worden ist. [2]§ 371 Abs. 3 und 4 gilt entsprechend.

§ 379[1)] Steuergefährdung

(1) [1]Ordnungswidrig handelt, wer vorsätzlich oder leichtfertig

1. Belege ausstellt, die in tatsächlicher Hinsicht unrichtig sind,
2. Belege gegen Entgelt in den Verkehr bringt oder
3. nach Gesetz buchungs- oder aufzeichnungspflichtige Geschäftsvorfälle oder Betriebsvorgänge nicht oder in tatsächlicher Hinsicht unrichtig verbucht oder verbuchen lässt

und dadurch ermöglicht, Steuern zu verkürzen oder nicht gerechtfertigte Steuervorteile zu erlangen. [2]Satz 1 Nr. 1 gilt auch dann, wenn Einfuhr- und Ausfuhrabgaben verkürzt werden können, die von einem anderen Mitgliedstaat der Europäischen Gemeinschaften verwaltet werden oder die einem Staat zustehen, der für Waren aus den Europäischen Gemeinschaften auf Grund eines Assoziations- oder Präferenzabkommens eine Vorzugsbehandlung gewährt; § 370 Abs. 7 gilt entsprechend. [3]Das Gleiche gilt, wenn sich die Tat auf Umsatzsteuern bezieht, die von einem anderen Mitgliedstaat der Europäischen Gemeinschaften verwaltet werden.

(2) Ordnungswidrig handelt, wer vorsätzlich oder leichtfertig

1. der Mitteilungspflicht nach § 138 Abs. 2 nicht, nicht vollständig oder nicht rechtzeitig nachkommt,
2. die Pflicht zur Kontenwahrheit nach § 154 Abs. 1 verletzt.

(3) Ordnungswidrig handelt, wer vorsätzlich oder fahrlässig einer Auflage nach § 120 Abs. 2 Nr. 4 zuwiderhandelt, die einem Verwaltungsakt für Zwecke der besonderen Steueraufsicht (§§ 209 bis 217) beigefügt worden ist.

(4) Die Ordnungswidrigkeit kann mit einer Geldbuße bis zu fünftausend Euro geahndet werden, wenn die Handlung nicht nach § 378 geahndet werden kann.

§ 380 Gefährdung der Abzugsteuern

(1) Ordnungswidrig handelt, wer vorsätzlich oder leichtfertig seiner Verpflichtung, Steuerabzugsbeträge einzubehalten und abzuführen, nicht, nicht vollständig oder nicht rechtzeitig nachkommt.

1) **Anm. d. Red.:** § 379 Abs. 1 i. d. F. des Art. 3 Gesetz zur Eindämmung missbräuchlicher Steuergestaltungen v. 28. 4. 2006 (BGBl I 1095).

(2) Die Ordnungswidrigkeit kann mit einer Geldbuße bis zu fünfundzwanzigtausend Euro geahndet werden, wenn die Handlung nicht nach § 378 geahndet werden kann.

§ 381 Verbrauchsteuergefährdung

(1) Ordnungswidrig handelt, wer vorsätzlich oder leichtfertig Vorschriften der Verbrauchsteuergesetze oder der dazu erlassenen Rechtsverordnungen

1. über die zur Vorbereitung, Sicherung oder Nachprüfung der Besteuerung auferlegten Pflichten,
2. über Verpackung und Kennzeichnung verbrauchsteuerpflichtiger Erzeugnisse oder Waren, die solche Erzeugnisse enthalten, oder über Verkehrs- oder Verwendungsbeschränkungen für solche Erzeugnisse oder Waren oder
3. über den Verbrauch unversteuerter Waren in den Freihäfen

zuwiderhandelt, soweit die Verbrauchsteuergesetze oder die dazu erlassenen Rechtsverordnungen für einen bestimmten Tatbestand auf diese Bußgeldvorschrift verweisen.

(2) Die Ordnungswidrigkeit kann mit einer Geldbuße bis zu fünftausend Euro geahndet werden, wenn die Handlung nicht nach § 378 geahndet werden kann.

§ 382 Gefährdung der Einfuhr- und Ausfuhrabgaben

(1) Ordnungswidrig handelt, wer als Pflichtiger oder bei der Wahrnehmung der Angelegenheiten eines Pflichtigen vorsätzlich oder fahrlässig Zollvorschriften, den dazu erlassenen Rechtsverordnungen oder den Verordnungen des Rates oder der Kommission der Europäischen Gemeinschaften zuwiderhandelt, die

1. für die zollamtliche Erfassung des Warenverkehrs über die Grenze des Zollgebiets der Europäischen Gemeinschaft sowie über die Freizonengrenzen,
2. für die Überführung von Waren in ein Zollverfahren und dessen Durchführung oder für die Erlangung einer sonstigen zollrechtlichen Bestimmung von Waren,
3. für die Freizonen, den grenznahen Raum sowie die darüber hinaus der Grenzaufsicht unterworfenen Gebiete

gelten, soweit die Zollvorschriften, die dazu oder die auf Grund von Absatz 4 erlassenen Rechtsverordnungen für einen bestimmten Tatbestand auf diese Bußgeldvorschrift verweisen.

(2) Absatz 1 ist auch anzuwenden, soweit die Zollvorschriften und die dazu erlassenen Rechtsverordnungen für Verbrauchsteuern sinngemäß gelten.

(3) Die Ordnungswidrigkeit kann mit einer Geldbuße bis zu fünftausend Euro geahndet werden, wenn die Handlung nicht nach § 378 geahndet werden kann.

(4) Das Bundesministerium der Finanzen kann durch Rechtsverordnungen die Tatbestände der Verordnungen des Rates der Europäischen Union oder der Kommission der Europäischen Gemeinschaften, die nach den Absätzen 1 bis 3 als Ordnungswidrigkeiten mit Geldbuße geahndet werden können, bezeichnen, soweit dies zur Durchführung dieser Rechtsvorschriften erforderlich ist und die Tatbestände Pflichten zur Gestellung, Vorführung, Lagerung oder Behandlung von Waren, zur Abgabe von Erklärungen oder Anzeigen, zur Aufnahme von Niederschriften sowie zur Ausfüllung oder Vorlage von Zolldokumenten oder zur Aufnahme von Vermerken in solchen Dokumenten betreffen.

§ 383 Unzulässiger Erwerb von Steuererstattungs- und Vergütungsansprüchen

(1) Ordnungswidrig handelt, wer entgegen § 46 Abs. 4 Satz 1 Erstattungs- oder Vergütungsansprüche erwirbt.

(2) Die Ordnungswidrigkeit kann mit einer Geldbuße bis zu fünfzigtausend Euro geahndet werden.

§ 383a[1] Zweckwidrige Verwendung des Identifikationsmerkmals nach § 139a

(1) Ordnungswidrig handelt, wer als nicht öffentliche Stelle vorsätzlich oder leichtfertig entgegen § 139b Abs. 2 Satz 2 Nr. 1 und § 139c Abs. 2 Satz 2 die Identifikationsnummer nach § 139b oder die Wirtschaftsidentifikationsnummer nach § 139c Abs. 3 für andere als die zugelassenen Zwecke erhebt oder verwendet, oder entgegen § 139b Abs. 2 Satz 2 Nr. 2 seine Dateien nach der Identifikationsnummer für andere als die zugelassenen Zwecke ordnet oder für den Zugriff erschließt.

(2) Die Ordnungswidrigkeit kann mit einer Geldbuße bis zu zehntausend Euro geahndet werden.

§ 384 Verfolgungsverjährung

Die Verfolgung von Steuerordnungswidrigkeiten nach den §§ 378 bis 380 verjährt in fünf Jahren.

Dritter Abschnitt: Strafverfahren

1. Unterabschnitt: Allgemeine Vorschriften

§ 385 Geltung von Verfahrensvorschriften

(1) Für das Strafverfahren wegen Steuerstraftaten gelten, soweit die folgenden Vorschriften nichts anderes bestimmen, die allgemeinen Gesetze über das Strafverfahren, namentlich die Strafprozessordnung, das Gerichtsverfassungsgesetz und das Jugendgerichtsgesetz.

(2) Die für Steuerstraftaten geltenden Vorschriften dieses Abschnitts, mit Ausnahme des § 386 Abs. 2 sowie der §§ 399 bis 401, sind bei dem Verdacht einer Straftat, die unter Vorspiegelung eines steuerlich erheblichen Sachverhalts gegenüber der Finanzbehörde oder einer anderen Behörde auf die Erlangung von Vermögensvorteilen gerichtet ist und kein Steuerstrafgesetz verletzt, entsprechend anzuwenden.

§ 386[2] Zuständigkeit der Finanzbehörde bei Steuerstraftaten

(1) [1]Bei dem Verdacht einer Steuerstraftat ermittelt die Finanzbehörde den Sachverhalt. [2]Finanzbehörde im Sinne dieses Abschnitts sind das Hauptzollamt, das Finanzamt, das Bundeszentralamt für Steuern und die Familienkasse.

(2) Die Finanzbehörde führt das Ermittlungsverfahren in den Grenzen des § 399 Abs. 1 und der §§ 400, 401 selbständig durch, wenn die Tat

1. ausschließlich eine Steuerstraftat darstellt oder
2. zugleich andere Strafgesetze verletzt und deren Verletzung Kirchensteuern oder andere öffentlich-rechtliche Abgaben betrifft, die an Besteuerungsgrundlagen, Steuermessbeträge oder Steuerbeträge anknüpfen.

(3) Absatz 2 gilt nicht, sobald gegen einen Beschuldigten wegen der Tat ein Haftbefehl oder ein Unterbringungsbefehl erlassen ist.

(4) [1]Die Finanzbehörde kann die Strafsache jederzeit an die Staatsanwaltschaft abgeben. [2]Die Staatsanwaltschaft kann die Strafsache jederzeit an sich ziehen. [3]In beiden Fällen kann die Staatsanwaltschaft im Einvernehmen mit der Finanzbehörde die Strafsache wieder an die Finanzbehörde abgeben.

§ 387 Sachlich zuständige Finanzbehörde

(1) Sachlich zuständig ist die Finanzbehörde, welche die betroffene Steuer verwaltet.

---

1) **Anm. d. Red.:** § 383a eingefügt gem. Art. 8 Nr. 14 EURLUmsG v. 9. 12. 2004 (BGBl I 3310).

2) **Anm. d. Red.:** § 386 Abs. 1 i. d. F. des Art. 4 Nr. 22 Gesetz zur Neuorganisation der Bundesfinanzverwaltung und zur Schaffung eines Refinanzierungsregisters v. 22. 9. 2005 (BGBl I 2809).

(2) [1]Die Zuständigkeit nach Absatz 1 kann durch Rechtsverordnung einer Finanzbehörde für den Bereich mehrerer Finanzbehörden übertragen werden, soweit dies mit Rücksicht auf die Wirtschafts- oder Verkehrsverhältnisse, den Aufbau der Verwaltungsbehörden oder andere örtliche Bedürfnisse zweckmäßig erscheint. [2]Die Rechtsverordnung erlässt, soweit die Finanzbehörde eine Landesbehörde ist, die Landesregierung, im Übrigen das Bundesministerium der Finanzen. [3]Die Rechtsverordnung des Bundesministeriums der Finanzen bedarf nicht der Zustimmung des Bundesrates. [4]Die Landesregierung kann die Ermächtigung auf die für die Finanzverwaltung zuständige oberste Landesbehörde übertragen.

§ 388 Örtlich zuständige Finanzbehörde

(1) Örtlich zuständig ist die Finanzbehörde,

1. in deren Bezirk die Steuerstraftat begangen oder entdeckt worden ist,
2. die zur Zeit der Einleitung des Strafverfahrens für die Abgabenangelegenheiten zuständig ist oder
3. in deren Bezirk der Beschuldigte zur Zeit der Einleitung des Strafverfahrens seinen Wohnsitz hat.

(2) [1]Ändert sich der Wohnsitz des Beschuldigten nach Einleitung des Strafverfahrens, so ist auch die Finanzbehörde örtlich zuständig, in deren Bezirk der neue Wohnsitz liegt. [2]Entsprechendes gilt, wenn sich die Zuständigkeit der Finanzbehörde für die Abgabenangelegenheit ändert.

(3) Hat der Beschuldigte im räumlichen Geltungsbereich dieses Gesetzes keinen Wohnsitz, so wird die Zuständigkeit auch durch den gewöhnlichen Aufenthaltsort bestimmt.

§ 389 Zusammenhängende Strafsachen

[1]Für zusammenhängende Strafsachen, die einzeln nach § 388 zur Zuständigkeit verschiedener Finanzbehörden gehören würden, ist jede dieser Finanzbehörden zuständig. [2]§ 3 der Strafprozessordnung gilt entsprechend.

§ 390 Mehrfache Zuständigkeit

(1) Sind nach den §§ 387 bis 389 mehrere Finanzbehörden zuständig, so gebührt der Vorzug der Finanzbehörde, die wegen der Tat zuerst ein Strafverfahren eingeleitet hat.

(2) [1]Auf Ersuchen dieser Finanzbehörde hat eine andere zuständige Finanzbehörde die Strafsache zu übernehmen, wenn dies für die Ermittlungen sachdienlich erscheint. [2]In Zweifelsfällen entscheidet die Behörde, der die ersuchte Finanzbehörde untersteht.

§ 391 Zuständiges Gericht

(1) [1]Ist das Amtsgericht sachlich zuständig, so ist örtlich zuständig das Amtsgericht, in dessen Bezirk das Landgericht seinen Sitz hat. [2]Im vorbereitenden Verfahren gilt dies, unbeschadet einer weitergehenden Regelung nach § 58 Abs. 1 des Gerichtsverfassungsgesetzes, nur für die Zustimmung des Gerichts nach § 153 Abs. 1 und § 153a Abs. 1 der Strafprozessordnung.

(2) [1]Die Landesregierung kann durch Rechtsverordnung die Zuständigkeit abweichend von Absatz 1 Satz 1 regeln, soweit dies mit Rücksicht auf die Wirtschafts- oder Verkehrsverhältnisse, den Aufbau der Verwaltungsbehörden oder andere örtliche Bedürfnisse zweckmäßig erscheint. [2]Die Landesregierung kann diese Ermächtigung auf die Landesjustizverwaltung übertragen.

(3) Strafsachen wegen Steuerstraftaten sollen beim Amtsgericht einer bestimmten Abteilung zugewiesen werden.

(4) Die Absätze 1 bis 3 gelten auch, wenn das Verfahren nicht nur Steuerstraftaten zum Gegenstand hat; sie gelten jedoch nicht, wenn dieselbe Handlung eine Straftat nach dem

Betäubungsmittelgesetz darstellt, und nicht für Steuerstraftaten, welche die Kraftfahrzeugsteuer betreffen.

§ 392[1] Verteidigung

(1) Abweichend von § 138 Abs. 1 der Strafprozessordnung können auch Steuerberater, Steuerbevollmächtigte, Wirtschaftsprüfer und vereidigte Buchprüfer zu Verteidigern gewählt werden, soweit die Finanzbehörde das Strafverfahren selbständig durchführt; im Übrigen können sie die Verteidigung nur in Gemeinschaft mit einem Rechtsanwalt oder einem Rechtslehrer an einer deutschen Hochschule im Sinne des Hochschulrahmengesetzes mit Befähigung zum Richteramt führen.

(2) § 138 Abs. 2 der Strafprozessordnung bleibt unberührt.

§ 393[2] Verhältnis des Strafverfahrens zum Besteuerungsverfahren

(1) [1]Die Rechte und Pflichten der Steuerpflichtigen und der Finanzbehörde im Besteuerungsverfahren und im Strafverfahren richten sich nach den für das jeweilige Verfahren geltenden Vorschriften. [2]Im Besteuerungsverfahren sind jedoch Zwangsmittel (§ 328) gegen den Steuerpflichtigen unzulässig, wenn er dadurch gezwungen würde, sich selbst wegen einer von ihm begangenen Steuerstraftat oder Steuerordnungswidrigkeit zu belasten. [3]Dies gilt stets, soweit gegen ihn wegen einer solchen Tat das Strafverfahren eingeleitet worden ist. [4]Der Steuerpflichtige ist hierüber zu belehren, soweit dazu Anlass besteht.

(2) [1]Soweit der Staatsanwaltschaft oder dem Gericht in einem Strafverfahren aus den Steuerakten Tatsachen oder Beweismittel bekannt werden, die der Steuerpflichtige der Finanzbehörde vor Einleitung des Strafverfahrens oder in Unkenntnis der Einleitung des Strafverfahrens in Erfüllung steuerrechtlicher Pflichten offenbart hat, dürfen diese Kenntnisse gegen ihn nicht für die Verfolgung einer Tat verwendet werden, die keine Steuerstraftat ist. [2]Dies gilt nicht für Straftaten, an deren Verfolgung ein zwingendes öffentliches Interesse (§ 30 Abs. 4 Nr. 5) besteht.

(3) [1]Erkenntnisse, die die Finanzbehörde oder die Staatsanwaltschaft rechtmäßig im Rahmen strafrechtlicher Ermittlungen gewonnen hat, dürfen im Besteuerungsverfahren verwendet werden. [2]Dies gilt auch für Erkenntnisse, die dem Brief-, Post- und Fernmeldegeheimnis unterliegen, soweit die Finanzbehörde diese rechtmäßig im Rahmen eigener strafrechtlicher Ermittlungen gewonnen hat oder soweit nach den Vorschriften der Strafprozessordnung Auskunft an die Finanzbehörden erteilt werden darf.

§ 394[3] Übergang des Eigentums

[1]Hat ein Unbekannter, der bei einer Steuerstraftat auf frischer Tat betroffen wurde, aber entkommen ist, Sachen zurückgelassen und sind diese Sachen beschlagnahmt oder sonst sichergestellt worden, weil sie eingezogen werden können, so gehen sie nach Ablauf eines Jahres in das Eigentum des Staates über, wenn der Eigentümer der Sachen unbekannt ist und die Finanzbehörde durch eine öffentliche Bekanntmachung auf den drohenden Verlust des Eigentums hingewiesen hat. [2]§ 10 Abs. 2 Satz 1 des Verwaltungszustellungsgesetzes ist mit der Maßgabe anzuwenden, dass anstelle einer Benachrichtigung der Hinweis nach Satz 1 bekannt gemacht oder veröffentlicht wird. [3]Die Frist beginnt mit dem Aushang der Bekanntmachung.

---

1) **Anm. d. Red.:** § 392 Abs. 1 i. d. F. des Art. 12g Abs. 11 Nr. 1 1. Justizmodernisierungsgesetz v. 24. 8. 2004 (BGBl I 2198).

2) **Anm. d. Red.:** § 393 Abs. 3 angefügt gem. Art. 14 Nr. 6 JStG 2008 v. 20. 12. 2007 (BGBl I 3150).

3) **Anm. d. Red.:** § 394 i. d. F. des Art. 2 Abs. 13 Nr. 3 Gesetz zur Novellierung des Verwaltungszustellungsrechts v. 12. 8. 2005 (BGBl I 2354).

§ 395 Akteneinsicht der Finanzbehörde

[1]Die Finanzbehörde ist befugt, die Akten, die dem Gericht vorliegen oder im Fall der Erhebung der Anklage vorzulegen wären, einzusehen sowie beschlagnahmte oder sonst sichergestellte Gegenstände zu besichtigen. [2]Die Akten werden der Finanzbehörde auf Antrag zur Einsichtnahme übersandt.

§ 396 Aussetzung des Verfahrens

(1) Hängt die Beurteilung der Tat als Steuerhinterziehung davon ab, ob ein Steueranspruch besteht, ob Steuern verkürzt oder ob nicht gerechtfertigte Steuervorteile erlangt sind, so kann das Strafverfahren ausgesetzt werden, bis das Besteuerungsverfahren rechtskräftig abgeschlossen ist.

(2) Über die Aussetzung entscheidet im Ermittlungsverfahren die Staatsanwaltschaft, im Verfahren nach Erhebung der öffentlichen Klage das Gericht, das mit der Sache befasst ist.

(3) Während der Aussetzung des Verfahrens ruht die Verjährung.

2. Unterabschnitt: Ermittlungsverfahren

I. Allgemeines

§ 397[1] Einleitung des Strafverfahrens

(1) Das Strafverfahren ist eingeleitet, sobald die Finanzbehörde, die Polizei, die Staatsanwaltschaft, eine ihrer Ermittlungspersonen oder der Strafrichter eine Maßnahme trifft, die erkennbar darauf abzielt, gegen jemanden wegen einer Steuerstraftat strafrechtlich vorzugehen.

(2) Die Maßnahme ist unter Angabe des Zeitpunkts unverzüglich in den Akten zu vermerken.

(3) Die Einleitung des Strafverfahrens ist dem Beschuldigten spätestens mitzuteilen, wenn er dazu aufgefordert wird, Tatsachen darzulegen oder Unterlagen vorzulegen, die im Zusammenhang mit der Straftat stehen, derer er verdächtig ist.

§ 398 Einstellung wegen Geringfügigkeit

[1]Die Staatsanwaltschaft kann von der Verfolgung einer Steuerhinterziehung, bei der nur eine geringwertige Steuerverkürzung eingetreten ist oder nur geringwertige Steuervorteile erlangt sind, auch ohne Zustimmung des für die Eröffnung des Hauptverfahrens zuständigen Gerichts absehen, wenn die Schuld des Täters als gering anzusehen wäre und kein öffentliches Interesse an der Verfolgung besteht. [2]Dies gilt für das Verfahren wegen einer Steuerhehlerei nach § 374 und einer Begünstigung einer Person, die eine der in § 375 Abs. 1 Nr. 1 bis 3 genannten Taten begangen hat, entsprechend.

II. Verfahren der Finanzbehörde bei Steuerstraftaten

§ 399[2] Rechte und Pflichten der Finanzbehörde

(1) Führt die Finanzbehörde das Ermittlungsverfahren auf Grund des § 386 Abs. 2 selbständig durch, so nimmt sie die Rechte und Pflichten wahr, die der Staatsanwaltschaft im Ermittlungsverfahren zustehen.

(2) [1]Ist einer Finanzbehörde nach § 387 Abs. 2 die Zuständigkeit für den Bereich mehrerer Finanzbehörden übertragen, so bleiben das Recht und die Pflicht dieser Finanzbe-

1) **Anm. d. Red.:** § 397 Abs. 1 i. d. F. des Art. 12g Abs. 11 Nr. 2 1. Justizmodernisierungsgesetz v. 24. 8. 2004 (BGBl I 2198).

2) **Anm. d. Red.:** § 399 Abs. 2 i. d. F. des Art. 12g Abs. 11 Nr. 3 1. Justizmodernisierungsgesetz v. 24. 8. 2004 (BGBl I 2198).

hörden unberührt, bei dem Verdacht einer Steuerstraftat den Sachverhalt zu erforschen und alle unaufschiebbaren Anordnungen zu treffen, um die Verdunkelung der Sache zu verhüten. [2]Sie können Beschlagnahmen, Notveräußerungen, Durchsuchungen, Untersuchungen und sonstige Maßnahmen nach den für Ermittlungspersonen der Staatsanwaltschaft geltenden Vorschriften der Strafprozessordnung anordnen.

§ 400 Antrag auf Erlass eines Strafbefehls

Bieten die Ermittlungen genügenden Anlass zur Erhebung der öffentlichen Klage, so beantragt die Finanzbehörde beim Richter den Erlass eines Strafbefehls, wenn die Strafsache zur Behandlung im Strafbefehlsverfahren geeignet erscheint; ist dies nicht der Fall, so legt die Finanzbehörde die Akten der Staatsanwaltschaft vor.

§ 401 Antrag auf Anordnung von Nebenfolgen im selbständigen Verfahren

Die Finanzbehörde kann den Antrag stellen, die Einziehung oder den Verfall selbständig anzuordnen oder eine Geldbuße gegen eine juristische Person oder eine Personenvereinigung selbständig festzusetzen (§§ 440, 442 Abs. 1, § 444 Abs. 3 der Strafprozessordnung).

III. Stellung der Finanzbehörde im Verfahren der Staatsanwaltschaft

§ 402 Allgemeine Rechte und Pflichten der Finanzbehörde

(1) Führt die Staatsanwaltschaft das Ermittlungsverfahren durch, so hat die sonst zuständige Finanzbehörde dieselben Rechte und Pflichten wie die Behörden des Polizeidienstes nach der Strafprozessordnung sowie die Befugnisse nach § 399 Abs. 2 Satz 2.

(2) Ist einer Finanzbehörde nach § 387 Abs. 2 die Zuständigkeit für den Bereich mehrerer Finanzbehörden übertragen, so gilt Absatz 1 für jede dieser Finanzbehörden.

§ 403 Beteiligung der Finanzbehörde

(1) [1]Führt die Staatsanwaltschaft oder die Polizei Ermittlungen durch, die Steuerstraftaten betreffen, so ist die sonst zuständige Finanzbehörde befugt, daran teilzunehmen. [2]Ort und Zeit der Ermittlungshandlungen sollen ihr rechtzeitig mitgeteilt werden. [3]Dem Vertreter der Finanzbehörde ist zu gestatten, Fragen an Beschuldigte, Zeugen und Sachverständige zu stellen.

(2) Absatz 1 gilt sinngemäß für solche richterlichen Verhandlungen, bei denen auch der Staatsanwaltschaft die Anwesenheit gestattet ist.

(3) Der sonst zuständigen Finanzbehörde sind die Anklageschrift und der Antrag auf Erlass eines Strafbefehls mitzuteilen.

(4) Erwägt die Staatsanwaltschaft, das Verfahren einzustellen, so hat sie die sonst zuständige Finanzbehörde zu hören.

IV. Steuer- und Zollfahndung

§ 404[1)] Steuer- und Zollfahndung

[1]Die Zollfahndungsämter und die mit der Steuerfahndung betrauten Dienststellen der Landesfinanzbehörden sowie ihre Beamten haben im Strafverfahren wegen Steuerstraftaten dieselben Rechte und Pflichten wie die Behörden und Beamten des Polizeidienstes nach den Vorschriften der Strafprozessordnung. [2]Die in Satz 1 bezeichneten Stellen haben die Befugnisse nach § 399 Abs. 2 Satz 2 sowie die Befugnis zur Durchsicht der Papiere des von der Durchsuchung Betroffenen (§ 110 Abs. 1 der Strafprozessordnung); ihre Beamten sind Ermittlungspersonen der Staatsanwaltschaft.

1) **Anm. d. Red.:** § 404 Satz 2 i. d. F. des Art. 12g Abs. 11 Nr. 4 1. Justizmodernisierungsgesetz v. 24. 8. 2004 (BGBl I 2198).

V. Entschädigung der Zeugen und der Sachverständigen

§ 405[1] Entschädigung der Zeugen und der Sachverständigen

[1]Werden Zeugen und Sachverständige von der Finanzbehörde zu Beweiszwecken herangezogen, so erhalten sie eine Entschädigung oder Vergütung nach dem Justizvergütungs- und -entschädigungsgesetz. [2]Dies gilt auch in den Fällen des § 404.

3. Unterabschnitt: Gerichtliches Verfahren

§ 406 Mitwirkung der Finanzbehörde im Strafbefehlsverfahren und im selbständigen Verfahren

(1) Hat die Finanzbehörde den Erlass eines Strafbefehls beantragt, so nimmt sie die Rechte und Pflichten der Staatsanwaltschaft wahr, solange nicht nach § 408 Abs. 3 Satz 2 der Strafprozessordnung Hauptverhandlung anberaumt oder Einspruch gegen den Strafbefehl erhoben wird.

(2) Hat die Finanzbehörde den Antrag gestellt, die Einziehung oder den Verfall selbständig anzuordnen oder eine Geldbuße gegen eine juristische Person oder eine Personenvereinigung selbständig festzusetzen (§ 401), so nimmt sie die Rechte und Pflichten der Staatsanwaltschaft wahr, solange nicht mündliche Verhandlung beantragt oder vom Gericht angeordnet wird.

§ 407 Beteiligung der Finanzbehörde in sonstigen Fällen

(1) [1]Das Gericht gibt der Finanzbehörde Gelegenheit, die Gesichtspunkte vorzubringen, die von ihrem Standpunkt für die Entscheidung von Bedeutung sind. [2]Dies gilt auch, wenn das Gericht erwägt, das Verfahren einzustellen. [3]Der Termin zur Hauptverhandlung und der Termin zur Vernehmung durch einen beauftragten oder ersuchten Richter (§§ 223, 233 der Strafprozessordnung) werden der Finanzbehörde mitgeteilt. [4]Ihr Vertreter erhält in der Hauptverhandlung auf Verlangen das Wort. [5]Ihm ist zu gestatten, Fragen an Angeklagte, Zeugen und Sachverständige zu richten.

(2) Das Urteil und andere das Verfahren abschließende Entscheidungen sind der Finanzbehörde mitzuteilen.

4. Unterabschnitt: Kosten des Verfahrens

§ 408 Kosten des Verfahrens

[1]Notwendige Auslagen eines Beteiligten im Sinne des § 464a Abs. 2 Nr. 2 der Strafprozessordnung sind im Strafverfahren wegen einer Steuerstraftat auch die gesetzlichen Gebühren und Auslagen eines Steuerberaters, Steuerbevollmächtigten, Wirtschaftsprüfers oder vereidigten Buchprüfers. [2]Sind Gebühren und Auslagen gesetzlich nicht geregelt, so können sie bis zur Höhe der gesetzlichen Gebühren und Auslagen eines Rechtsanwalts erstattet werden.

Vierter Abschnitt: Bußgeldverfahren

§ 409 Zuständige Verwaltungsbehörde

[1]Bei Steuerordnungswidrigkeiten ist zuständige Verwaltungsbehörde im Sinne des § 36 Abs. 1 Nr. 1 des Gesetzes über Ordnungswidrigkeiten die nach § 387 Abs. 1 sachlich zuständige Finanzbehörde. [2]§ 387 Abs. 2 gilt entsprechend.

§ 410 Ergänzende Vorschriften für das Bußgeldverfahren

(1) Für das Bußgeldverfahren gelten außer den verfahrensrechtlichen Vorschriften des Gesetzes über Ordnungswidrigkeiten entsprechend:

1) **Anm. d. Red.:** § 405 Satz 1 i. d. F. des Art. 4 Abs. 57 Nr. 3 KostRMoG v. 5. 5. 2004 (BGBl I 718).

1. die §§ 388 bis 390 über die Zuständigkeit der Finanzbehörde,
2. § 391 über die Zuständigkeit des Gerichts,
3. § 392 über die Verteidigung,
4. § 393 über das Verhältnis des Strafverfahrens zum Besteuerungsverfahren,
5. § 396 über die Aussetzung des Verfahrens,
6. § 397 über die Einleitung des Strafverfahrens,
7. § 399 Abs. 2 über die Rechte und Pflichten der Finanzbehörde,
8. die §§ 402, 403 Abs. 1, 3 und 4 über die Stellung der Finanzbehörde im Verfahren der Staatsanwaltschaft,
9. § 404 Satz 1 und Satz 2 erster Halbsatz über die Steuer- und Zollfahndung,
10. § 405 über die Entschädigung der Zeugen und der Sachverständigen,
11. § 407 über die Beteiligung der Finanzbehörde und
12. § 408 über die Kosten des Verfahrens.

(2) Verfolgt die Finanzbehörde eine Steuerstraftat, die mit einer Steuerordnungswidrigkeit zusammenhängt (§ 42 Abs. 1 Satz 2 des Gesetzes über Ordnungswidrigkeiten), so kann sie in den Fällen des § 400 beantragen, den Strafbefehl auf die Steuerordnungswidrigkeit zu erstrecken.

§ 411 Bußgeldverfahren gegen Rechtsanwälte, Steuerberater, Steuerbevollmächtigte, Wirtschaftsprüfer oder vereidigte Buchprüfer

Bevor gegen einen Rechtsanwalt, Steuerberater, Steuerbevollmächtigten, Wirtschaftsprüfer oder vereidigten Buchprüfer wegen einer Steuerordnungswidrigkeit, die er in Ausübung seines Berufs bei der Beratung in Steuersachen begangen hat, ein Bußgeldbescheid erlassen wird, gibt die Finanzbehörde der zuständigen Berufskammer Gelegenheit, die Gesichtspunkte vorzubringen, die von ihrem Standpunkt für die Entscheidung von Bedeutung sind.

§ 412 Zustellung, Vollstreckung, Kosten

(1) [1]Für das Zustellungsverfahren gelten abweichend von § 51 Abs. 1 Satz 1 des Gesetzes über Ordnungswidrigkeiten die Vorschriften des Verwaltungszustellungsgesetzes auch dann, wenn eine Landesfinanzbehörde den Bescheid erlassen hat. [2]§ 51 Abs. 1 Satz 2 und Absatz 2 bis 5 des Gesetzes über Ordnungswidrigkeiten bleibt unberührt.

(2) [1]Für die Vollstreckung von Bescheiden der Finanzbehörden in Bußgeldverfahren gelten abweichend von § 90 Abs. 1 und 4, § 108 Abs. 2 des Gesetzes über Ordnungswidrigkeiten die Vorschriften des Sechsten Teils dieses Gesetzes. [2]Die übrigen Vorschriften des Neunten Abschnitts des Zweiten Teils des Gesetzes über Ordnungswidrigkeiten bleiben unberührt.

(3) Für die Kosten des Bußgeldverfahrens gilt § 107 Abs. 4 des Gesetzes über Ordnungswidrigkeiten auch dann, wenn eine Landesfinanzbehörde den Bußgeldbescheid erlassen hat; an Stelle des § 19 des Verwaltungskostengesetzes gelten § 227 und § 261 dieses Gesetzes.

Neunter Teil: Schlussvorschriften

§ 413 Einschränkung von Grundrechten

Die Grundrechte auf körperliche Unversehrtheit und Freiheit der Person (Artikel 2 Abs. 2 des Grundgesetzes), des Briefgeheimnisses sowie des Post- und Fernmeldegeheimnisses (Artikel 10 des Grundgesetzes) und der Unverletzlichkeit der Wohnung (Artikel 13 des Grundgesetzes) werden nach Maßgabe dieses Gesetzes eingeschränkt.

§ 414 (gegenstandslos)

§ 415 (Inkrafttreten)

Anlage 1[1)] (zu § 60)

Mustersatzung für Vereine, Stiftungen, Betriebe gewerblicher Art von juristischen Personen des öffentlichen Rechts, geistliche Genossenschaften und Kapitalgesellschaften

(nur aus steuerlichen Gründen notwendige Bestimmungen)

§ 1

Der – Die – ... (Körperschaft) mit Sitz in ... verfolgt ausschließlich und unmittelbar – gemeinnützige – mildtätige – kirchliche – Zwecke (nicht verfolgte Zwecke streichen) im Sinne des Abschnitts „Steuerbegünstigte Zwecke" der Abgabenordnung.

Zweck der Körperschaft ist ... (z. B. die Förderung von Wissenschaft und Forschung, Jugend- und Altenhilfe, Erziehung, Volks- und Berufsbildung, Kunst und Kultur, Landschaftspflege, Umweltschutz, des öffentlichen Gesundheitswesens, des Sports, Unterstützung hilfsbedürftiger Personen).

Der Satzungszweck wird verwirklicht insbesondere durch ... (z. B. Durchführung wissenschaftlicher Veranstaltungen und Forschungsvorhaben, Vergabe von Forschungsaufträgen, Unterhaltung einer Schule, einer Erziehungsberatungsstelle, Pflege von Kunstsammlungen, Pflege des Liedgutes und des Chorgesanges, Errichtung von Naturschutzgebieten, Unterhaltung eines Kindergartens, Kinder-, Jugendheimes, Unterhaltung eines Altenheimes, eines Erholungsheimes, Bekämpfung des Drogenmissbrauchs, des Lärms, Förderung sportlicher Übungen und Leistungen).

§ 2

Die Körperschaft ist selbstlos tätig; sie verfolgt nicht in erster Linie eigenwirtschaftliche Zwecke.

§ 3

Mittel der Körperschaft dürfen nur für die satzungsmäßigen Zwecke verwendet werden. Die Mitglieder erhalten keine Zuwendungen aus Mitteln der Körperschaft.

§ 4

Es darf keine Person durch Ausgaben, die dem Zweck der Körperschaft fremd sind, oder durch unverhältnismäßig hohe Vergütungen begünstigt werden.

§ 5

Bei Auflösung oder Aufhebung der Körperschaft oder bei Wegfall steuerbegünstigter Zwecke fällt das Vermögen der Körperschaft

1. an – den – die – das – ... (Bezeichnung einer juristischen Person des öffentlichen Rechts oder einer anderen steuerbegünstigten Körperschaft), – der – die – das – es unmittelbar und ausschließlich für gemeinnützige, mildtätige oder kirchliche Zwecke zu verwenden hat.

   oder

2. an eine juristische Person des öffentlichen Rechts oder eine andere steuerbegünstigte Körperschaft zwecks Verwendung für ... (Angabe eines bestimmten gemeinnützigen,

---

1) **Anm. d. Red.:** Anlage 1 angefügt gem. Art. 10 Nr. 14 JStG 2009 v. 19. 12. 2008 (BGBl I 2794).

mildtätigen oder kirchlichen Zwecks, z. B. Förderung von Wissenschaft und Forschung, Erziehung, Volks- und Berufsbildung, der Unterstützung von Personen, die im Sinne von § 53 der Abgabenordnung wegen ... bedürftig sind, Unterhaltung des Gotteshauses in ...).

Weitere Hinweise

Bei **Betrieben gewerblicher Art von juristischen Personen des öffentlichen Rechts, bei den von einer juristischen Person des öffentlichen Rechts verwalteten unselbständigen Stiftungen und bei geistlichen Genossenschaften** (Orden, Kongregationen) ist folgende Bestimmung aufzunehmen:

§ 3 Abs. 2:

„Der – die – das ... erhält bei Auflösung oder Aufhebung der Körperschaft oder bei Wegfall steuerbegünstigter Zwecke nicht mehr als – seine – ihre – eingezahlten Kapitalanteile und den gemeinen Wert seiner – ihrer – geleisteten Sacheinlagen zurück."

Bei **Stiftungen** ist diese Bestimmung nur erforderlich, wenn die Satzung dem Stifter einen Anspruch auf Rückgewähr von Vermögen einräumt. Fehlt die Regelung, wird das eingebrachte Vermögen wie das übrige Vermögen behandelt.

Bei **Kapitalgesellschaften** sind folgende ergänzende Bestimmungen in die Satzung aufzunehmen:

1. § 3 Abs. 1 Satz 2:

   „Die Gesellschafter dürfen keine Gewinnanteile und auch keine sonstigen Zuwendungen aus Mitteln der Körperschaft erhalten."

2. § 3 Abs. 2:

   „Sie erhalten bei ihrem Ausscheiden oder bei Auflösung der Körperschaft oder bei Wegfall steuerbegünstigter Zwecke nicht mehr als ihre eingezahlten Kapitalanteile und den gemeinen Wert ihrer geleisteten Sacheinlagen zurück."

3. § 5:

   „Bei Auflösung der Körperschaft oder bei Wegfall steuerbegünstigter Zwecke fällt das Vermögen der Körperschaft, soweit es die eingezahlten Kapitalanteile der Gesellschafter und den gemeinen Wert der von den Gesellschaftern geleisteten Sacheinlagen übersteigt, ...".

§ 3 Abs. 2 und der Satzteil „soweit es die eingezahlten Kapitalanteile der Gesellschafter und den gemeinen Wert der von den Gesellschaftern geleisteten Sacheinlagen übersteigt," in § 5 sind nur erforderlich, wenn die Satzung einen Anspruch auf Rückgewähr von Vermögen einräumt.

Finanzgerichtsordnung (FGO)

v. 28. 3. 2001 (BGBl I S. 443, ber. S. 2262, 2002 I S. 679) mit späteren Änderungen

Die amtliche Neufassung der FGO v. 28. 3. 2001 (BGBl I 443, ber. 2262, 2002 I 679) wurde inzwischen geändert durch Art. 2 Abs. 19 Zustellungsreformgesetz (ZustRG) v. 25. 6. 2001 (BGBl I 1206); Art. 9 Gesetz zur Anpassung der Formvorschriften des Privatrechts und anderer Vorschriften an den modernen Rechtsgeschäftsverkehr v. 13. 7. 2001 (BGBl I 1542); Art. 6 Gesetz zur Änderung des FVG und anderer Gesetze v. 14. 12. 2001 (BGBl I 3714); Art. 11 Steueränderungsgesetz 2001 (StÄndG 2001) v. 20. 12. 2001 (BGBl I 3794); Art. 5 Steuerverkürzungsbekämpfungsgesetz (StVBG) v. 19. 12. 2001 (BGBl I 3922); Art. 4 Abs. 27 Gesetz zur Modernisierung des Kostenrechts (Kostenrechtsmodernisierungsgesetz – KostRMoG) v. 5. 5. 2004 (BGBl I 718); Art. 7 Erstes Gesetz zur Modernisierung der Justiz (1. Justizmodernisierungsgesetz) v. 24. 8. 2004 (BGBl I 2198, ber. 2300); Art. 10 Gesetz über die Rechtsbehelfe bei Verletzung des Anspruchs auf rechtliches Gehör (Anhörungsrügengesetz) v. 9. 12. 2004 (BGBl I 3220); Art. 7 Gesetz zur Vereinfachung und Vereinheitlichung der Verfahrensvorschriften zur Wahl und Berufung ehrenamtlicher Richter v. 21. 12. 2004 (BGBl I 3599); Art. 3 Gesetz über die Verwendung elektronischer Kommunikationsformen in der Justiz (Justizkommunikationsgesetz – JKomG) v. 22. 3. 2005 (BGBl I 837, ber. 2022); Art. 10 Föderalismusreform-Begleitgesetz v. 5. 9. 2006 (BGBl I 2098); Art. 14 Gesetz zur Neuregelung des Rechtsberatungsrechts v. 12. 12. 2007 (BGBl I 2840); Art. 6 Gesetz zur Modernisierung von Verfahren im anwaltlichen und notariellen Berufsrecht, zur Errichtung einer Schlichtungsstelle der Rechtsanwaltschaft sowie zur Änderung sonstiger Vorschriften v. 30. 7. 2009 (BGBl I 2449). — Die Überschriften der Paragraphen wurden von der Redaktion hinzugesetzt.

Nichtamtliche Fassung

Inhaltsübersicht

Zweiter Teil: Verfahren

Abschnitt I: Klagearten, Klagebefugnis, Klagevoraussetzungen, Klageverzicht

Abschnitt II: Allgemeine Verfahrensvorschriften

Abschnitt III: Verfahren im ersten Rechtszug

Abschnitt IV: Urteile und andere Entscheidungen

Abschnitt V: Rechtsmittel und Wiederaufnahme des Verfahrens

Unterabschnitt 1: Revision

Erster Teil: Gerichtsverfassung

Abschnitt I: Gerichte

§ 1 Unabhängigkeit der Gerichte

Die Finanzgerichtsbarkeit wird durch unabhängige, von den Verwaltungsbehörden getrennte, besondere Verwaltungsgerichte ausgeübt.

§ 2 Arten der Gerichte

Gerichte der Finanzgerichtsbarkeit sind
in den Ländern die Finanzgerichte als obere Landesgerichte,
im Bund der Bundesfinanzhof mit dem Sitz in München.

§ 3 Errichtung und Aufhebung von Finanzgerichten

(1) Durch Gesetz werden angeordnet

1. die Errichtung und Aufhebung eines Finanzgerichts,

2. die Verlegung eines Gerichtssitzes,
3. Änderungen in der Abgrenzung der Gerichtsbezirke,
4. die Zuweisung einzelner Sachgebiete an ein Finanzgericht für die Bezirke mehrerer Finanzgerichte,
5. die Errichtung einzelner Senate des Finanzgerichts an anderen Orten,
6. der Übergang anhängiger Verfahren auf ein anderes Gericht bei Maßnahmen nach den Nummern 1, 3 und 4, wenn sich die Zuständigkeit nicht nach den bisher geltenden Vorschriften richten soll.

(2) Mehrere Länder können die Errichtung eines gemeinsamen Finanzgerichts oder gemeinsamer Senate eines Finanzgerichts oder die Ausdehnung von Gerichtsbezirken über die Landesgrenzen hinaus, auch für einzelne Sachgebiete, vereinbaren.

§ 4 Anwendung des Gerichtsverfassungsgesetzes

Für die Gerichte der Finanzgerichtsbarkeit gelten die Vorschriften des Zweiten Titels des Gerichtsverfassungsgesetzes entsprechend.

§ 5 Organisation der Finanzgerichte

(1) [1]Das Finanzgericht besteht aus dem Präsidenten, den Vorsitzenden Richtern und weiteren Richtern in erforderlicher Anzahl. [2]Von der Ernennung eines Vorsitzenden Richters kann abgesehen werden, wenn bei einem Gericht nur ein Senat besteht.

(2) [1]Bei den Finanzgerichten werden Senate gebildet. [2]Zoll-, Verbrauchsteuer- und Finanzmonopolsachen sind in besonderen Senaten zusammenzufassen.

(3) [1]Die Senate entscheiden in der Besetzung mit drei Richtern und zwei ehrenamtlichen Richtern, soweit nicht ein Einzelrichter entscheidet. [2]Bei Beschlüssen außerhalb der mündlichen Verhandlung und bei Gerichtsbescheiden (§ 90a) wirken die ehrenamtlichen Richter nicht mit.

(4) [1]Die Länder können durch Gesetz die Mitwirkung von zwei ehrenamtlichen Richtern an den Entscheidungen des Einzelrichters vorsehen. [2]Absatz 3 Satz 2 bleibt unberührt.

§ 6 Einzelrichter

(1) Der Senat kann den Rechtsstreit einem seiner Mitglieder als Einzelrichter zur Entscheidung übertragen, wenn
1. die Sache keine besonderen Schwierigkeiten tatsächlicher oder rechtlicher Art aufweist und
2. die Rechtssache keine grundsätzliche Bedeutung hat.

(2) Der Rechtsstreit darf dem Einzelrichter nicht übertragen werden, wenn bereits vor dem Senat mündlich verhandelt worden ist, es sei denn, dass inzwischen ein Vorbehalts-, Teil- oder Zwischenurteil ergangen ist.

(3) [1]Der Einzelrichter kann nach Anhörung der Beteiligten den Rechtsstreit auf den Senat zurückübertragen, wenn sich aus einer wesentlichen Änderung der Prozesslage ergibt, dass die Rechtssache grundsätzliche Bedeutung hat oder die Sache besondere Schwierigkeiten tatsächlicher oder rechtlicher Art aufweist. [2]Eine erneute Übertragung auf den Einzelrichter ist ausgeschlossen.

(4) [1]Beschlüsse nach den Absätzen 1 und 3 sind unanfechtbar. [2]Auf eine unterlassene Übertragung kann die Revision nicht gestützt werden.

§§ 7 bis 9 (weggefallen)

§ 10 Organisation des Bundesfinanzhofs

(1) Der Bundesfinanzhof besteht aus dem Präsidenten und aus den Vorsitzenden Richtern und weiteren Richtern in erforderlicher Anzahl.

(2) [1]Beim Bundesfinanzhof werden Senate gebildet. [2]§ 5 Abs. 2 Satz 2 gilt sinngemäß.

(3) Die Senate des Bundesfinanzhofs entscheiden in der Besetzung von fünf Richtern, bei Beschlüssen außerhalb der mündlichen Verhandlung in der Besetzung von drei Richtern.

§ 11 Zuständigkeit des Großen Senats

(1) Bei dem Bundesfinanzhof wird ein Großer Senat gebildet.

(2) Der Große Senat entscheidet, wenn ein Senat in einer Rechtsfrage von der Entscheidung eines anderen Senats oder des Großen Senats abweichen will.

(3) [1]Eine Vorlage an den Großen Senat ist nur zulässig, wenn der Senat, von dessen Entscheidung abgewichen werden soll, auf Anfrage des erkennenden Senats erklärt hat, dass er an seiner Rechtsauffassung festhält. [2]Kann der Senat, von dessen Entscheidung abgewichen werden soll, wegen einer Änderung des Geschäftsverteilungsplanes mit der Rechtsfrage nicht mehr befasst werden, tritt der Senat an seine Stelle, der nach dem Geschäftsverteilungsplan für den Fall, in dem abweichend entschieden wurde, nunmehr zuständig wäre. [3]Über die Anfrage und die Antwort entscheidet der jeweilige Senat durch Beschluss in der für Urteile erforderlichen Besetzung.

(4) Der erkennende Senat kann eine Frage von grundsätzlicher Bedeutung dem Großen Senat zur Entscheidung vorlegen, wenn das nach seiner Auffassung zur Fortbildung des Rechts oder zur Sicherung einer einheitlichen Rechtsprechung erforderlich ist.

(5) [1]Der Große Senat besteht aus dem Präsidenten und je einem Richter der Senate, in denen der Präsident nicht den Vorsitz führt. [2]Bei einer Verhinderung des Präsidenten tritt ein Richter aus dem Senat, dem er angehört, an seine Stelle.

(6) [1]Die Mitglieder und die Vertreter werden durch das Präsidium für ein Geschäftsjahr bestellt. [2]Den Vorsitz im Großen Senat führt der Präsident, bei Verhinderung das dienstälteste Mitglied. [3]Bei Stimmengleichheit gibt die Stimme des Vorsitzenden den Ausschlag.

(7) [1]Der Große Senat entscheidet nur über die Rechtsfrage. [2]Er kann ohne mündliche Verhandlung entscheiden. [3]Seine Entscheidung ist in der vorliegenden Sache für den erkennenden Senat bindend.

§ 12 Geschäftsstelle

[1]Bei jedem Gericht wird eine Geschäftsstelle eingerichtet. [2]Sie wird mit der erforderlichen Anzahl von Urkundsbeamten besetzt.

§ 13 Rechts- und Amtshilfe

Alle Gerichte und Verwaltungsbehörden leisten den Gerichten der Finanzgerichtsbarkeit Rechts- und Amtshilfe.

Abschnitt II: Richter

§ 14 Richter auf Lebenszeit

(1) Die Richter werden auf Lebenszeit ernannt, soweit nicht in § 15 Abweichendes bestimmt ist.

(2) Die Richter des Bundesfinanzhofs müssen das 35. Lebensjahr vollendet haben.

§ 15 Richter auf Probe

Bei den Finanzgerichten können Richter auf Probe oder Richter kraft Auftrags verwendet werden.

Abschnitt III: Ehrenamtliche Richter

§ 16 Stellung

Der ehrenamtliche Richter wirkt bei der mündlichen Verhandlung und der Urteilsfindung mit gleichen Rechten wie der Richter mit.

§ 17[1] Voraussetzungen für die Berufung

[1]Der ehrenamtliche Richter muss Deutscher sein. [2]Er soll das 25. Lebensjahr vollendet und seinen Wohnsitz oder seine gewerbliche oder berufliche Niederlassung innerhalb des Gerichtsbezirks haben.

§ 18 Ausschlussgründe

(1) Vom Amt des ehrenamtlichen Richters sind ausgeschlossen

1. Personen, die infolge Richterspruchs die Fähigkeit zur Bekleidung öffentlicher Ämter nicht besitzen oder wegen einer vorsätzlichen Tat zu einer Freiheitsstrafe von mehr als sechs Monaten oder innerhalb der letzten zehn Jahre wegen einer Steuer- oder Monopolstraftat verurteilt worden sind, soweit es sich nicht um eine Tat handelt, für die das nach der Verurteilung geltende Gesetz nur noch Geldbuße androht,
2. Personen, gegen die Anklage wegen einer Tat erhoben ist, die den Verlust der Fähigkeit zur Bekleidung öffentlicher Ämter zur Folge haben kann,
3. Personen, die nicht das Wahlrecht zu den gesetzgebenden Körperschaften des Landes besitzen.

(2) Personen, die in Vermögensverfall geraten sind, sollen nicht zu ehrenamtlichen Richtern berufen werden.

§ 19 Unvereinbarkeit

Zum ehrenamtlichen Richter können nicht berufen werden

1. Mitglieder des Bundestages, des Europäischen Parlaments, der gesetzgebenden Körperschaften eines Landes, der Bundesregierung oder einer Landesregierung,
2. Richter,
3. Beamte und Angestellte der Steuerverwaltungen des Bundes und der Länder,
4. Berufssoldaten und Soldaten auf Zeit,
5. Rechtsanwälte, Notare, Patentanwälte, Steuerberater, Vorstandsmitglieder von Steuerberatungsgesellschaften, die nicht Steuerberater sind, ferner Steuerbevollmächtigte, Wirtschaftsprüfer, vereidigte Buchprüfer und Personen, die fremde Rechtsangelegenheiten geschäftsmäßig besorgen.

§ 20[2] Ablehnung der Berufung

(1) Die Berufung zum Amt des ehrenamtlichen Richters dürfen ablehnen

1. Geistliche und Religionsdiener,
2. Schöffen und andere ehrenamtliche Richter,
3. Personen, die zwei Amtsperioden lang als ehrenamtliche Richter beim Finanzgericht tätig gewesen sind,
4. Ärzte, Krankenpfleger, Hebammen,
5. Apothekenleiter, die kein pharmazeutisches Personal beschäftigen,
6. Personen, die die Regelaltersgrenze nach dem Sechsten Buch Sozialgesetzbuch erreicht haben.

---

1) **Anm. d. Red.:** § 17 Satz 2 i. d. F. des Art. 7 Nr. 1 Gesetz v. 21. 12. 2004 (BGBl I 3599).

2) **Anm. d. Red.:** § 20 Abs. 1 Nr. 3 i. d. F. des Art. 7 Nr. 2 Gesetz v. 21. 12. 2004 (BGBl I 3599), Nr. 6 i. d. F. des Art. 6 Nr. 1 Gesetz v. 30. 7. 2009 (BGBl I 2449).

(2) In besonderen Härtefällen kann außerdem auf Antrag von der Übernahme des Amtes befreit werden.

§ 21 Amtsentbindung

(1) Ein ehrenamtlicher Richter ist von seinem Amt zu entbinden, wenn er

1. nach den §§ 17 bis 19 nicht berufen werden konnte oder nicht mehr berufen werden kann oder
2. einen Ablehnungsgrund nach § 20 Abs. 1 geltend macht oder
3. seine Amtspflichten gröblich verletzt hat oder
4. die zur Ausübung seines Amtes erforderlichen geistigen oder körperlichen Fähigkeiten nicht mehr besitzt oder
5. seinen Wohnsitz oder seine gewerbliche oder berufliche Niederlassung im Gerichtsbezirk aufgibt.

(2) In besonderen Härtefällen kann außerdem auf Antrag von der weiteren Ausübung des Amtes entbunden werden.

(3) [1]Die Entscheidung trifft der vom Präsidium für jedes Geschäftsjahr im Voraus bestimmte Senat in den Fällen des Absatzes 1 Nr. 1, 3 und 4 auf Antrag des Präsidenten des Finanzgerichts, in den Fällen des Absatzes 1 Nr. 2 und 5 und des Absatzes 2 auf Antrag des ehrenamtlichen Richters. [2]Die Entscheidung ergeht durch Beschluss nach Anhörung des ehrenamtlichen Richters.

(4) Absatz 3 gilt sinngemäß in den Fällen des § 20 Abs. 2.

(5) Auf Antrag des ehrenamtlichen Richters ist die Entscheidung nach Absatz 3 aufzuheben, wenn Anklage nach § 18 Nr. 2 erhoben war und der Angeschuldigte rechtskräftig außer Verfolgung gesetzt oder freigesprochen worden ist.

§ 22[1)] Wahl

Die ehrenamtlichen Richter werden für jedes Finanzgericht auf fünf Jahre durch einen Wahlausschuss nach Vorschlagslisten (§ 25) gewählt.

§ 23[2)] Wahlausschuss

(1) Bei jedem Finanzgericht wird ein Ausschuss zur Wahl der ehrenamtlichen Richter bestellt.

(2) [1]Der Ausschuss besteht aus dem Präsidenten des Finanzgerichts als Vorsitzendem, einem durch die Oberfinanzdirektion zu bestimmenden Beamten der Landesfinanzverwaltung und sieben Vertrauensleuten, die die Voraussetzungen zur Berufung als ehrenamtlicher Richter erfüllen. [2]Die Vertrauensleute, ferner sieben Vertreter werden auf fünf Jahre vom Landtag oder von einem durch ihn bestimmten Landtagsausschuss oder nach Maßgabe der Landesgesetze gewählt. [3]In den Fällen des § 3 Abs. 2 und bei Bestehen eines Finanzgerichts für die Bezirke mehrerer Oberfinanzdirektionen innerhalb eines Landes richtet sich die Zuständigkeit der Oberfinanzdirektion für die Bestellung des Beamten der Landesfinanzverwaltung sowie des Landes für die Wahl der Vertrauensleute nach dem Sitz des Finanzgerichts. [4]Die Landesgesetzgebung kann in diesen Fällen vorsehen, dass jede beteiligte Oberfinanzdirektion einen Beamten der Finanzverwaltung in den Ausschuss entsendet und dass jedes beteiligte Land mindestens zwei Vertrauensleute bestellt. [5]In Fällen, in denen ein Land nach § 2a Abs. 1 des Finanzverwaltungsgesetzes auf Mittelbehörden verzichtet hat, ist für die Bestellung des Beamten der Landesfinanzverwaltung die oberste Landesbehörde im Sinne des § 2 Abs. 1 Nr. 1 des Finanzverwaltungsgesetzes zuständig.

---

1) **Anm. d. Red.:** § 22 i. d. F. des Art. 7 Nr. 3 Gesetz v. 21. 12. 2004 (BGBl I 3599).

2) **Anm. d. Red.:** § 23 Abs. 2 i. d. F. des Art. 7 Nr. 4 Gesetz v. 21. 12. 2004 (BGBl I 3599).

(3) Der Ausschuss ist beschlussfähig, wenn wenigstens der Vorsitzende, ein Vertreter der Finanzverwaltung und drei Vertrauensleute anwesend sind.

§ 24 Bestimmung der Anzahl

Die für jedes Finanzgericht erforderliche Anzahl von ehrenamtlichen Richtern wird durch den Präsidenten so bestimmt, dass voraussichtlich jeder zu höchstens zwölf ordentlichen Sitzungstagen im Jahre herangezogen wird.

§ 25[1)] Vorschlagsliste

[1]Die Vorschlagsliste der ehrenamtlichen Richter wird in jedem fünften Jahr durch den Präsidenten des Finanzgerichts aufgestellt. [2]Er soll zuvor die Berufsvertretungen hören. [3]In die Vorschlagsliste soll die doppelte Anzahl der nach § 24 zu wählenden ehrenamtlichen Richter aufgenommen werden.

§ 26 Wahlverfahren

(1) Der Ausschuss wählt aus den Vorschlagslisten mit einer Mehrheit von mindestens zwei Dritteln der Stimmen die erforderliche Anzahl von ehrenamtlichen Richtern.

(2) Bis zur Neuwahl bleiben die bisherigen ehrenamtlichen Richter im Amt.

§ 27 Reihenfolge der Heranziehung

(1) [1]Das Präsidium des Finanzgerichts bestimmt vor Beginn des Geschäftsjahrs durch Aufstellung einer Liste die Reihenfolge, in der die ehrenamtlichen Richter heranzuziehen sind. [2]Für jeden Senat ist eine Liste aufzustellen, die mindestens zwölf Namen enthalten muss.

(2) Für die Heranziehung von Vertretern bei unvorhergesehener Verhinderung kann eine Hilfsliste ehrenamtlicher Richter aufgestellt werden, die am Gerichtssitz oder in seiner Nähe wohnen.

§ 28 (weggefallen)

§ 29[2)] Entschädigung

Der ehrenamtliche Richter und der Vertrauensmann (§ 23) erhalten eine Entschädigung nach dem Justizvergütungs- und -entschädigungsgesetz.

§ 30 Ordnungsstrafen

(1) [1]Gegen einen ehrenamtlichen Richter, der sich ohne genügende Entschuldigung zu einer Sitzung nicht rechtzeitig einfindet oder der sich seinen Pflichten auf andere Weise entzieht, kann ein Ordnungsgeld festgesetzt werden. [2]Zugleich können ihm die durch sein Verhalten verursachten Kosten auferlegt werden.

(2) [1]Die Entscheidung trifft der Vorsitzende. [2]Er kann sie bei nachträglicher Entschuldigung ganz oder zum Teil aufheben.

Abschnitt IV: Gerichtsverwaltung

§ 31 Dienstaufsicht

Der Präsident des Gerichts übt die Dienstaufsicht über die Richter, Beamten, Angestellten und Arbeiter aus.

1) **Anm. d. Red.:** § 25 Satz 1 und 3 i. d. F. des Art. 7 Nr. 5 Gesetz v. 21. 12. 2004 (BGBl I 3599).

2) **Anm. d. Red.:** § 29 i. d. F. des Art. 4 Abs. 27 KostRMoG v. 5. 5. 2004 (BGBl I 718).

§ 32 Verbot der Übertragung von Verwaltungsgeschäften

Dem Gericht dürfen keine Verwaltungsgeschäfte außerhalb der Gerichtsverwaltung übertragen werden.

Abschnitt V: Finanzrechtsweg und Zuständigkeit

Unterabschnitt 1: Finanzrechtsweg

§ 33 Zulässigkeit des Finanzrechtswegs

(1) Der Finanzrechtsweg ist gegeben

1. in öffentlich-rechtlichen Streitigkeiten über Abgabenangelegenheiten, soweit die Abgaben der Gesetzgebung des Bundes unterliegen und durch Bundesfinanzbehörden oder Landesfinanzbehörden verwaltet werden,
2. in öffentlich-rechtlichen Streitigkeiten über die Vollziehung von Verwaltungsakten in anderen als den in Nummer 1 bezeichneten Angelegenheiten, soweit die Verwaltungsakte durch Bundesfinanzbehörden oder Landesfinanzbehörden nach den Vorschriften der Abgabenordnung zu vollziehen sind,
3. in öffentlich-rechtlichen und berufsrechtlichen Streitigkeiten über Angelegenheiten, die durch den Ersten Teil, den Zweiten und den Sechsten Abschnitt des Zweiten Teils und den Ersten Abschnitt des Dritten Teils des Steuerberatungsgesetzes geregelt werden,
4. in anderen als den in den Nummern 1 bis 3 bezeichneten öffentlich-rechtlichen Streitigkeiten, soweit für diese durch Bundesgesetz oder Landesgesetz der Finanzrechtsweg eröffnet ist.

(2) Abgabenangelegenheiten im Sinne dieses Gesetzes sind alle mit der Verwaltung der Abgaben einschließlich der Abgabenvergütungen oder sonst mit der Anwendung der abgabenrechtlichen Vorschriften durch die Finanzbehörden zusammenhängenden Angelegenheiten einschließlich der Maßnahmen der Bundesfinanzbehörden zur Beachtung der Verbote und Beschränkungen für den Warenverkehr über die Grenze; den Abgabenangelegenheiten stehen die Angelegenheiten der Verwaltung der Finanzmonopole gleich.

(3) Die Vorschriften dieses Gesetzes finden auf das Straf- und Bußgeldverfahren keine Anwendung.

§ 34 (weggefallen)

Unterabschnitt 2: Sachliche Zuständigkeit

§ 35 Zuständigkeit der Finanzgerichte

Das Finanzgericht entscheidet im ersten Rechtszug über alle Streitigkeiten, für die der Finanzrechtsweg gegeben ist.

§ 36 Zuständigkeit des Bundesfinanzhofs

Der Bundesfinanzhof entscheidet über das Rechtsmittel

1. der Revision gegen Urteile des Finanzgerichts und gegen Entscheidungen, die Urteilen des Finanzgerichts gleichstehen,
2. der Beschwerde gegen andere Entscheidungen des Finanzgerichts, des Vorsitzenden oder des Berichterstatters.

§ 37 (weggefallen)

Unterabschnitt 3: Örtliche Zuständigkeit

§ 38 Örtliche Zuständigkeit des Finanzgerichts

(1) Örtlich zuständig ist das Finanzgericht, in dessen Bezirk die Behörde, gegen welche die Klage gerichtet ist, ihren Sitz hat.

(2) [1]Ist die in Absatz 1 bezeichnete Behörde eine oberste Finanzbehörde, so ist das Finanzgericht zuständig, in dessen Bezirk der Kläger seinen Wohnsitz, seine Geschäftsleitung oder seinen gewöhnlichen Aufenthalt hat; bei Zöllen, Verbrauchsteuern und Monopolabgaben ist das Finanzgericht zuständig, in dessen Bezirk ein Tatbestand verwirklicht wird, an den das Gesetz die Abgabe knüpft. [2]Hat der Kläger im Bezirk der obersten Finanzbehörde keinen Wohnsitz, keine Geschäftsleitung und keinen gewöhnlichen Aufenthalt, so findet Absatz 1 Anwendung.

(3) Befindet sich der Sitz einer Finanzbehörde außerhalb ihres Bezirks, so richtet sich die örtliche Zuständigkeit abweichend von Absatz 1 nach der Lage des Bezirks.

§ 39 Bestimmung des Finanzgerichts durch den Bundesfinanzhof

(1) Das zuständige Finanzgericht wird durch den Bundesfinanzhof bestimmt,

1. wenn das an sich zuständige Finanzgericht in einem einzelnen Fall an der Ausübung der Gerichtsbarkeit rechtlich oder tatsächlich verhindert ist,
2. wenn es wegen der Grenzen verschiedener Gerichtsbezirke ungewiss ist, welches Finanzgericht für den Rechtsstreit zuständig ist,
3. wenn verschiedene Finanzgerichte sich rechtskräftig für zuständig erklärt haben,
4. wenn verschiedene Finanzgerichte, von denen eines für den Rechtsstreit zuständig ist, sich rechtskräftig für unzuständig erklärt haben,
5. wenn eine örtliche Zuständigkeit nach § 38 nicht gegeben ist.

(2) [1]Jeder am Rechtsstreit Beteiligte und jedes mit dem Rechtsstreit befasste Finanzgericht kann den Bundesfinanzhof anrufen. [2]Dieser kann ohne mündliche Verhandlung entscheiden.

Zweiter Teil: Verfahren

Abschnitt I: Klagearten, Klagebefugnis, Klagevoraussetzungen, Klageverzicht

§ 40 Anfechtungsklage, Verpflichtungsklage

(1) Durch Klage kann die Aufhebung, in den Fällen des § 100 Abs. 2 auch die Änderung eines Verwaltungsakts (Anfechtungsklage) sowie die Verurteilung zum Erlass eines abgelehnten oder unterlassenen Verwaltungsakts (Verpflichtungsklage) oder zu einer anderen Leistung begehrt werden.

(2) Soweit gesetzlich nichts anderes bestimmt ist, ist die Klage nur zulässig, wenn der Kläger geltend macht, durch den Verwaltungsakt oder durch die Ablehnung oder Unterlassung eines Verwaltungsakts oder einer anderen Leistung in seinen Rechten verletzt zu sein.

(3) Verwaltet eine Finanzbehörde des Bundes oder eines Landes eine Abgabe ganz oder teilweise für andere Abgabenberechtigte, so können diese in den Fällen Klage erheben, in denen der Bund oder das Land die Abgabe oder einen Teil der Abgabe unmittelbar oder mittelbar schulden würde.

§ 41 Feststellungsklage

(1) Durch Klage kann die Feststellung des Bestehens oder Nichtbestehens eines Rechtsverhältnisses oder der Nichtigkeit eines Verwaltungsakts begehrt werden, wenn der Kläger ein berechtigtes Interesse an der baldigen Feststellung hat (Feststellungsklage).

(2) [1]Die Feststellung kann nicht begehrt werden, soweit der Kläger seine Rechte durch Gestaltungs- oder Leistungsklage verfolgen kann oder hätte verfolgen können. [2]Dies gilt nicht, wenn die Feststellung der Nichtigkeit eines Verwaltungsakts begehrt wird.

§ 42 Unanfechtbare Verwaltungsakte

Auf Grund der Abgabenordnung erlassene Änderungs- und Folgebescheide können nicht in weiterem Umfang angegriffen werden, als sie in dem außergerichtlichen Vorverfahren angefochten werden können.

§ 43 Verbindung von Klagen

Mehrere Klagebegehren können vom Kläger in einer Klage zusammen verfolgt werden, wenn sie sich gegen denselben Beklagten richten, im Zusammenhang stehen und dasselbe Gericht zuständig ist.

§ 44 Außergerichtlicher Rechtsbehelf

(1) In den Fällen, in denen ein außergerichtlicher Rechtsbehelf gegeben ist, ist die Klage vorbehaltlich der §§ 45 und 46 nur zulässig, wenn das Vorverfahren über den außergerichtlichen Rechtsbehelf ganz oder zum Teil erfolglos geblieben ist.

(2) Gegenstand der Anfechtungsklage nach einem Vorverfahren ist der ursprüngliche Verwaltungsakt in der Gestalt, die er durch die Entscheidung über den außergerichtlichen Rechtsbehelf gefunden hat.

§ 45 Sprungklage

(1) [1]Die Klage ist ohne Vorverfahren zulässig, wenn die Behörde, die über den außergerichtlichen Rechtsbehelf zu entscheiden hat, innerhalb eines Monats nach Zustellung der Klageschrift dem Gericht gegenüber zustimmt. [2]Hat von mehreren Berechtigten einer einen außergerichtlichen Rechtsbehelf eingelegt, ein anderer unmittelbar Klage erhoben, ist zunächst über den außergerichtlichen Rechtsbehelf zu entscheiden.

(2) [1]Das Gericht kann eine Klage, die nach Absatz 1 ohne Vorverfahren erhoben worden ist, innerhalb von drei Monaten nach Eingang der Akten der Behörde bei Gericht, spätestens innerhalb von sechs Monaten nach Klagezustellung, durch Beschluss an die zuständige Behörde zur Durchführung des Vorverfahrens abgeben, wenn eine weitere Sachaufklärung notwendig ist, die nach Art oder Umfang erhebliche Ermittlungen erfordert, und die Abgabe auch unter Berücksichtigung der Belange der Beteiligten sachdienlich ist. [2]Der Beschluss ist unanfechtbar.

(3) Stimmt die Behörde im Fall des Absatzes 1 nicht zu oder gibt das Gericht die Klage nach Absatz 2 ab, ist die Klage als außergerichtlicher Rechtsbehelf zu behandeln.

(4) Die Klage ist außerdem ohne Vorverfahren zulässig, wenn die Rechtswidrigkeit der Anordnung eines dinglichen Arrests geltend gemacht wird.

§ 46 Untätigkeitsklage

(1) [1]Ist über einen außergerichtlichen Rechtsbehelf ohne Mitteilung eines zureichenden Grundes in angemessener Frist sachlich nicht entschieden worden, so ist die Klage abweichend von § 44 ohne vorherigen Abschluss des Vorverfahrens zulässig. [2]Die Klage kann nicht vor Ablauf von sechs Monaten seit Einlegung des außergerichtlichen Rechtsbehelfs erhoben werden, es sei denn, dass wegen besonderer Umstände des Falles eine kürzere Frist geboten ist. [3]Das Gericht kann das Verfahren bis zum Ablauf einer von ihm bestimmten Frist, die verlängert werden kann, aussetzen; wird dem außergerichtlichen Rechtsbehelf innerhalb dieser Frist stattgegeben oder der beantragte Verwaltungsakt innerhalb dieser Frist erlassen, so ist der Rechtsstreit in der Hauptsache als erledigt anzusehen.

(2) Absatz 1 Satz 2 und 3 gilt für die Fälle sinngemäß, in denen geltend gemacht wird, dass eine der in § 348 Nr. 3 und 4 der Abgabenordnung genannten Stellen über einen An-

trag auf Vornahme eines Verwaltungsakts ohne Mitteilung eines zureichenden Grundes in angemessener Frist sachlich nicht entschieden hat.

§ 47[1] Frist für die Erhebung der Anfechtungsklage

(1) [1]Die Frist für die Erhebung der Anfechtungsklage beträgt einen Monat; sie beginnt mit der Bekanntgabe der Entscheidung über den außergerichtlichen Rechtsbehelf, in den Fällen des § 45 und in den Fällen, in denen ein außergerichtlicher Rechtsbehelf nicht gegeben ist, mit der Bekanntgabe des Verwaltungsakts. [2]Dies gilt für die Verpflichtungsklage sinngemäß, wenn der Antrag auf Vornahme des Verwaltungsakts abgelehnt worden ist.

(2) [1]Die Frist für die Erhebung der Klage gilt als gewahrt, wenn die Klage bei der Behörde, die den angefochtenen Verwaltungsakt oder die angefochtene Entscheidung erlassen oder den Beteiligten bekannt gegeben hat oder die nachträglich für den Steuerfall zuständig geworden ist, innerhalb der Frist angebracht oder zur Niederschrift gegeben wird. [2]Die Behörde hat die Klageschrift in diesem Fall unverzüglich dem Gericht zu übermitteln.

(3) Absatz 2 gilt sinngemäß bei einer Klage, die sich gegen die Feststellung von Besteuerungsgrundlagen oder gegen die Festsetzung eines Steuermessbetrags richtet, wenn sie bei der Stelle angebracht wird, die zur Erteilung des Steuerbescheids zuständig ist.

§ 48 Klagebefugnis

(1) Gegen Bescheide über die einheitliche und gesonderte Feststellung von Besteuerungsgrundlagen können Klage erheben:

1. zur Vertretung berufene Geschäftsführer oder, wenn solche nicht vorhanden sind, der Klagebevollmächtigte im Sinne des Absatzes 2;
2. wenn Personen nach Nummer 1 nicht vorhanden sind, jeder Gesellschafter, Gemeinschafter oder Mitberechtigte, gegen den der Feststellungsbescheid ergangen ist oder zu ergehen hätte;
3. auch wenn Personen nach Nummer 1 vorhanden sind, ausgeschiedene Gesellschafter, Gemeinschafter oder Mitberechtigte, gegen die der Feststellungsbescheid ergangen ist oder zu ergehen hätte;
4. soweit es sich darum handelt, wer an dem festgestellten Betrag beteiligt ist und wie dieser sich auf die einzelnen Beteiligten verteilt, jeder, der durch die Feststellungen hierzu berührt wird;
5. soweit es sich um eine Frage handelt, die einen Beteiligten persönlich angeht, jeder, der durch die Feststellungen über die Frage berührt wird.

(2) [1]Klagebefugt im Sinne des Absatzes 1 Nr. 1 ist der gemeinsame Empfangsbevollmächtigte im Sinne des § 183 Abs. 1 Satz 1 der Abgabenordnung oder des § 6 Abs. 1 Satz 1 der Verordnung über die gesonderte Feststellung von Besteuerungsgrundlagen nach § 180 Abs. 2 der Abgabenordnung vom 19. Dezember 1986 (BGBl I S. 2663). [2]Haben die Feststellungsbeteiligten keinen gemeinsamen Empfangsbevollmächtigten bestellt, ist klagebefugt im Sinne des Absatzes 1 Nr. 1 der nach § 183 Abs. 1 Satz 2 der Abgabenordnung fingierte oder der nach § 183 Abs. 1 Satz 3 bis 5 der Abgabenordnung oder nach § 6 Abs. 1 Satz 3 bis 5 der Verordnung über die gesonderte Feststellung von Besteuerungsgrundlagen nach § 180 Abs. 2 der Abgabenordnung von der Finanzbehörde bestimmte Empfangsbevollmächtigte; dies gilt nicht für Feststellungsbeteiligte, die gegenüber der Finanzbehörde der Klagebefugnis des Empfangsbevollmächtigten widersprechen. [3]Die Sätze 1 und 2 sind nur anwendbar, wenn die Beteiligten spätestens bei Erlass der Einspruchsentscheidung über die Klagebefugnis des Empfangsbevollmächtigten belehrt worden sind.

1) **Anm. d. Red.:** § 47 Abs. 2 i. d. F. des Art. 3 Nr. 1 JKomG v. 22. 3. 2005 (BGBl I 837).

§ 49 (weggefallen)

§ 50 Klageverzicht

(1) [1]Auf die Erhebung der Klage kann nach Erlass des Verwaltungsakts verzichtet werden. [2]Der Verzicht kann auch bei Abgabe einer Steueranmeldung ausgesprochen werden, wenn er auf den Fall beschränkt wird, dass die Steuer nicht abweichend von der Steueranmeldung festgesetzt wird. [3]Eine trotz des Verzichts erhobene Klage ist unzulässig.

(1a) [1]Soweit Besteuerungsgrundlagen für ein Verständigungs- oder ein Schiedsverfahren nach einem Vertrag im Sinne des § 2 der Abgabenordnung von Bedeutung sein können, kann auf die Erhebung der Klage insoweit verzichtet werden. [2]Die Besteuerungsgrundlage, auf die sich der Verzicht beziehen soll, ist genau zu bezeichnen.

(2) [1]Der Verzicht ist gegenüber der zuständigen Behörde schriftlich oder zur Niederschrift zu erklären; er darf keine weiteren Erklärungen enthalten. [2]Wird nachträglich die Unwirksamkeit des Verzichts geltend gemacht, so gilt § 56 Abs. 3 sinngemäß.

Abschnitt II: Allgemeine Verfahrensvorschriften

§ 51 Ausschließung und Ablehnung der Gerichtspersonen

(1) [1]Für die Ausschließung und Ablehnung der Gerichtspersonen gelten die §§ 41 bis 49 der Zivilprozessordnung sinngemäß. [2]Gerichtspersonen können auch abgelehnt werden, wenn von ihrer Mitwirkung die Verletzung eines Geschäfts- oder Betriebsgeheimnisses oder Schaden für die geschäftliche Tätigkeit eines Beteiligten zu besorgen ist.

(2) Von der Ausübung des Amtes als Richter, als ehrenamtlicher Richter oder als Urkundsbeamter ist auch ausgeschlossen, wer bei dem vorausgegangenen Verwaltungsverfahren mitgewirkt hat.

(3) Besorgnis der Befangenheit nach § 42 der Zivilprozessordnung ist stets dann begründet, wenn der Richter oder ehrenamtliche Richter der Vertretung einer Körperschaft angehört oder angehört hat, deren Interessen durch das Verfahren berührt werden.

§ 52 Öffentlichkeit, Sitzungspolizei, Beratung, Abstimmung

(1) Die §§ 169, 171b bis 197 des Gerichtsverfassungsgesetzes über die Öffentlichkeit, Sitzungspolizei, Gerichtssprache, Beratung und Abstimmung gelten sinngemäß.

(2) Die Öffentlichkeit ist auch auszuschließen, wenn ein Beteiligter, der nicht Finanzbehörde ist, es beantragt.

(3) Bei der Abstimmung und Beratung dürfen auch die zu ihrer steuerrechtlichen Ausbildung beschäftigten Personen zugegen sein, soweit sie die Befähigung zum Richteramt besitzen und soweit der Vorsitzende ihre Anwesenheit gestattet.

§ 52a[1)] Elektronisches Dokument

(1) [1]Die Beteiligten können dem Gericht elektronische Dokumente übermitteln, soweit dies für den jeweiligen Zuständigkeitsbereich durch Rechtsverordnung der Bundesregierung oder der Landesregierungen zugelassen worden ist. [2]Die Rechtsverordnung bestimmt den Zeitpunkt, von dem an Dokumente an ein Gericht elektronisch übermittelt werden können, sowie die Art und Weise, in der elektronische Dokumente einzureichen sind. [3]Für Dokumente, die einem schriftlich zu unterzeichnenden Schriftstück gleichstehen, ist eine qualifizierte elektronische Signatur nach § 2 Nr. 3 des Signaturgesetzes vorzuschreiben. [4]Neben der qualifizierten elektronischen Signatur kann auch ein anderes sicheres Verfahren zugelassen werden, das die Authentizität und die Integrität des übermittelten elektronischen Dokuments sicherstellt. [5]Die Landesregierungen können die Ermächtigung auf die für die Finanzgerichtsbarkeit zuständigen obersten Landesbehörden übertragen. [6]Die Zulassung der elektronischen Übermittlung kann auf einzelne Ge-

1) **Anm. d. Red.:** § 52a eingefügt gem. Art. 3 Nr. 2 JKomG v. 22. 3. 2005 (BGBl I 837).

richte oder Verfahren beschränkt werden. [7]Die Rechtsverordnung der Bundesregierung bedarf nicht der Zustimmung des Bundesrates.

(2) [1]Ein elektronisches Dokument ist dem Gericht zugegangen, wenn es in der nach Absatz 1 Satz 1 bestimmten Art und Weise übermittelt worden ist und wenn die für den Empfang bestimmte Einrichtung es aufgezeichnet hat. [2]Die Vorschriften dieses Gesetzes über die Beifügung von Abschriften für die übrigen Beteiligten finden keine Anwendung. [3]Genügt das Dokument nicht den Anforderungen, ist dies dem Absender unter Angabe der für das Gericht geltenden technischen Rahmenbedingungen unverzüglich mitzuteilen.

(3) Soweit eine handschriftliche Unterzeichnung durch den Richter oder den Urkundsbeamten der Geschäftsstelle vorgeschrieben ist, genügt dieser Form die Aufzeichnung als elektronisches Dokument, wenn die verantwortenden Personen am Ende des Dokuments ihren Namen hinzufügen und das Dokument mit einer qualifizierten elektronischen Signatur nach § 2 Nr. 3 des Signaturgesetzes versehen.

§ 52b[1)] Elektronische Akte

(1) [1]Die Prozessakten können elektronisch geführt werden. [2]Die Bundesregierung und die Landesregierungen bestimmen jeweils für ihren Bereich durch Rechtsverordnung den Zeitpunkt, von dem an die Prozessakten elektronisch geführt werden. [3]In der Rechtsverordnung sind die organisatorisch-technischen Rahmenbedingungen für die Bildung, Führung und Verwahrung der elektronischen Akten festzulegen. [4]Die Landesregierungen können die Ermächtigung auf die für die Finanzgerichtsbarkeit zuständigen obersten Landesbehörden übertragen. [5]Die Zulassung der elektronischen Akte kann auf einzelne Gerichte oder Verfahren beschränkt werden. [6]Die Rechtsverordnung der Bundesregierung bedarf nicht der Zustimmung des Bundesrates.

(2) Dokumente, die nicht der Form entsprechen, in der die Akte geführt wird, sind in die entsprechende Form zu übertragen und in dieser Form zur Akte zu nehmen, soweit die Rechtsverordnung nach Absatz 1 nichts anderes bestimmt.

(3) Die Originaldokumente sind mindestens bis zum rechtskräftigen Abschluss des Verfahrens aufzubewahren.

(4) [1]Ist ein in Papierform eingereichtes Dokument in ein elektronisches Dokument übertragen worden, muss dieses den Vermerk enthalten, wann und durch wen die Übertragung vorgenommen worden ist. [2]Ist ein elektronisches Dokument in die Papierform überführt worden, muss der Ausdruck den Vermerk enthalten, welches Ergebnis die Integritätsprüfung des Dokuments ausweist, wen die Signaturprüfung als Inhaber der Signatur ausweist und welchen Zeitpunkt die Signaturprüfung für die Anbringung der Signatur ausweist.

(5) Dokumente, die nach Absatz 2 hergestellt sind, sind für das Verfahren zugrunde zu legen, soweit kein Anlass besteht, an der Übereinstimmung mit dem eingereichten Dokument zu zweifeln.

§ 53[2)] Zustellung

(1) Anordnungen und Entscheidungen, durch die eine Frist in Lauf gesetzt wird, sowie Terminbestimmungen und Ladungen sind den Beteiligten zuzustellen, bei Verkündung jedoch nur, wenn es ausdrücklich vorgeschrieben ist.

(2) Zugestellt wird von Amts wegen nach den Vorschriften der Zivilprozessordnung.

(3) [1]Wer seinen Wohnsitz oder seinen Sitz nicht im Geltungsbereich dieses Gesetzes hat, hat auf Verlangen einen Zustellungsbevollmächtigten zu bestellen. [2]Geschieht dies nicht, so gilt eine Sendung mit der Aufgabe zur Post als zugestellt, selbst wenn sie als unbestellbar zurückkommt.

---

1) **Anm. d. Red.:** § 52b eingefügt gem. Art. 3 Nr. 2 JKomG v. 22. 3. 2005 (BGBl I 837).

2) **Anm. d. Red.:** § 53 Abs. 2 i. d. F. des Art. 2 Abs. 19 ZustRG v. 25. 6. 2001 (BGBl I 1206).

§ 54 Fristen

(1) Der Lauf einer Frist beginnt, soweit nichts anderes bestimmt ist, mit der Bekanntgabe des Verwaltungsakts oder der Entscheidung oder mit dem Zeitpunkt, an dem die Bekanntgabe als bewirkt gilt.

(2) Für die Fristen gelten die Vorschriften der §§ 222, 224 Abs. 2 und 3, §§ 225 und 226 der Zivilprozessordnung.

§ 55[1] Belehrung über Frist

(1) Die Frist für einen Rechtsbehelf beginnt nur zu laufen, wenn der Beteiligte über den Rechtsbehelf, die Behörde oder das Gericht, bei denen der Rechtsbehelf anzubringen ist, den Sitz und die einzuhaltende Frist schriftlich oder elektronisch belehrt worden ist.

(2) [1]Ist die Belehrung unterblieben oder unrichtig erteilt, so ist die Einlegung des Rechtsbehelfs nur innerhalb eines Jahres seit Bekanntgabe im Sinne des § 54 Abs. 1 zulässig, es sei denn, dass die Einlegung vor Ablauf der Jahresfrist infolge höherer Gewalt unmöglich war oder eine schriftliche oder elektronische Belehrung dahin erfolgt ist, dass ein Rechtsbehelf nicht gegeben sei. [2]§ 56 Abs. 2 gilt für den Fall höherer Gewalt sinngemäß.

§ 56[2] Wiedereinsetzung in den vorigen Stand

(1) Wenn jemand ohne Verschulden verhindert war, eine gesetzliche Frist einzuhalten, so ist ihm auf Antrag Wiedereinsetzung in den vorigen Stand zu gewähren.

(2) [1]Der Antrag ist binnen zwei Wochen nach Wegfall des Hindernisses zu stellen; bei Versäumung der Frist zur Begründung der Revision oder der Nichtzulassungsbeschwerde beträgt die Frist einen Monat. [2]Die Tatsachen zur Begründung des Antrags sind bei der Antragstellung oder im Verfahren über den Antrag glaubhaft zu machen. [3]Innerhalb der Antragsfrist ist die versäumte Rechtshandlung nachzuholen. [4]Ist dies geschehen, so kann Wiedereinsetzung auch ohne Antrag gewährt werden.

(3) Nach einem Jahr seit dem Ende der versäumten Frist kann Wiedereinsetzung nicht mehr beantragt oder ohne Antrag bewilligt werden, außer wenn der Antrag vor Ablauf der Jahresfrist infolge höherer Gewalt unmöglich war.

(4) Über den Antrag auf Wiedereinsetzung entscheidet das Gericht, das über die versäumte Rechtshandlung zu befinden hat.

(5) Die Wiedereinsetzung ist unanfechtbar.

§ 57 Beteiligte am Verfahren

Beteiligte am Verfahren sind

1. der Kläger,
2. der Beklagte,
3. der Beigeladene,
4. die Behörde, die dem Verfahren beigetreten ist (§ 122 Abs. 2).

§ 58 Prozessfähigkeit

(1) Fähig zur Vornahme von Verfahrenshandlungen sind

1. die nach dem bürgerlichen Recht Geschäftsfähigen,
2. die nach dem bürgerlichen Recht in der Geschäftsfähigkeit Beschränkten, soweit sie durch Vorschriften des bürgerlichen oder öffentlichen Rechts für den Gegenstand des Verfahrens als geschäftsfähig anerkannt sind.

---

1) **Anm. d. Red.:** § 55 i. d. F. des Art. 3 Nr. 3 JKomG v. 22. 3. 2005 (BGBl I 837).

2) **Anm. d. Red.:** § 56 Abs. 2 i. d. F. des Art. 7 Nr. 0 1. Justizmodernisierungsgesetz v. 24. 8. 2004 (BGBl I 2198).

(2) [1]Für rechtsfähige und nichtrechtsfähige Personenvereinigungen, für Personen, die geschäftsunfähig oder in der Geschäftsfähigkeit beschränkt sind, für alle Fälle der Vermögensverwaltung und für andere einer juristischen Person ähnliche Gebilde, die als solche der Besteuerung unterliegen, sowie bei Wegfall eines Steuerpflichtigen handeln die nach dem bürgerlichen Recht dazu befugten Personen. [2]Die §§ 53 bis 58 der Zivilprozessordnung gelten sinngemäß.

(3) Betrifft ein Einwilligungsvorbehalt nach § 1903 des Bürgerlichen Gesetzbuchs den Gegenstand des Verfahrens, so ist ein geschäftsfähiger Betreuter nur insoweit zur Vornahme von Verfahrenshandlungen fähig, als er nach den Vorschriften des bürgerlichen Rechts ohne Einwilligung des Betreuers handeln kann oder durch Vorschriften des öffentlichen Rechts als handlungsfähig anerkannt ist.

§ 59 Streitgenossenschaft

Die Vorschriften der §§ 59 bis 63 der Zivilprozessordnung über die Streitgenossenschaft sind sinngemäß anzuwenden.

§ 60 Beiladung

(1) [1]Das Finanzgericht kann von Amts wegen oder auf Antrag andere beiladen, deren rechtliche Interessen nach den Steuergesetzen durch die Entscheidung berührt werden, insbesondere solche, die nach den Steuergesetzen neben dem Steuerpflichtigen haften. [2]Vor der Beiladung ist der Steuerpflichtige zu hören, wenn er am Verfahren beteiligt ist.

(2) Wird eine Abgabe für einen anderen Abgabenberechtigten verwaltet, so kann dieser nicht deshalb beigeladen werden, weil seine Interessen als Abgabenberechtigter durch die Entscheidung berührt werden.

(3) [1]Sind an dem streitigen Rechtsverhältnis Dritte derart beteiligt, dass die Entscheidung auch ihnen gegenüber nur einheitlich ergehen kann, so sind sie beizuladen (notwendige Beiladung). [2]Dies gilt nicht für Mitberechtigte, die nach § 48 nicht klagebefugt sind.

(4) [1]Der Beiladungsbeschluss ist allen Beteiligten zuzustellen. [2]Dabei sollen der Stand der Sache und der Grund der Beiladung angegeben werden.

(5) Die als Mitberechtigte Beigeladenen können aufgefordert werden, einen gemeinsamen Zustellungsbevollmächtigten zu benennen.

(6) [1]Der Beigeladene kann innerhalb der Anträge eines als Kläger oder Beklagter Beteiligten selbständig Angriffs- und Verteidigungsmittel geltend machen und alle Verfahrenshandlungen wirksam vornehmen. [2]Abweichende Sachanträge kann er nur stellen, wenn eine notwendige Beiladung vorliegt.

§ 60a[1)] Einschränkung der Beiladung

[1]Kommt nach § 60 Abs. 3 die Beiladung von mehr als 50 Personen in Betracht, kann das Gericht durch Beschluss anordnen, dass nur solche Personen beigeladen werden, die dies innerhalb einer bestimmten Frist beantragen. [2]Der Beschluss ist unanfechtbar. [3]Er ist im elektronischen Bundesanzeiger bekannt zu machen. [4]Er muss außerdem in Tageszeitungen veröffentlicht werden, die in dem Bereich verbreitet sind, in dem sich die Entscheidung voraussichtlich auswirken wird. [5]Die Bekanntmachung kann zusätzlich in einem von dem Gericht für Bekanntmachungen bestimmten Informations- und Kommunikationssystem erfolgen. [6]Die Frist muss mindestens drei Monate seit Veröffentlichung im elektronischen Bundesanzeiger betragen. [7]In der Veröffentlichung in Tageszeitungen ist mitzuteilen, an welchem Tage die Frist abläuft. [8]Für die Wiedereinsetzung in den vorigen Stand wegen Versäumung der Frist gilt § 56 entsprechend. [9]Das Gericht soll Personen, die von der Entscheidung erkennbar in besonderem Maße betroffen werden, auch ohne Antrag beiladen.

1) **Anm. d. Red.:** § 60a i. d. F. des Art. 3 Nr. 4 JKomG v. 22. 3. 2005 (BGBl I 837).

§ 61 (weggefallen)

§ 62[1] Bevollmächtigte und Beistände

(1) Die Beteiligten können vor dem Finanzgericht den Rechtsstreit selbst führen.

(2) [1]Die Beteiligten können sich durch einen Rechtsanwalt, Steuerberater, Steuerbevollmächtigten, Wirtschaftsprüfer oder vereidigten Buchprüfer als Bevollmächtigten vertreten lassen; zur Vertretung berechtigt sind auch Gesellschaften im Sinne des § 3 Nr. 2 und 3 des Steuerberatungsgesetzes, die durch solche Personen handeln. [2]Darüber hinaus sind als Bevollmächtigte vor dem Finanzgericht vertretungsbefugt nur

1. Beschäftigte des Beteiligten oder eines mit ihm verbundenen Unternehmens (§ 15 des Aktiengesetzes); Behörden und juristische Personen des öffentlichen Rechts einschließlich der von ihnen zur Erfüllung ihrer öffentlichen Aufgaben gebildeten Zusammenschlüsse können sich auch durch Beschäftigte anderer Behörden oder juristischer Personen des öffentlichen Rechts einschließlich der von ihnen zur Erfüllung ihrer öffentlichen Aufgaben gebildeten Zusammenschlüsse vertreten lassen,
2. volljährige Familienangehörige (§ 15 der Abgabenordnung, § 11 des Lebenspartnerschaftsgesetzes), Personen mit Befähigung zum Richteramt und Streitgenossen, wenn die Vertretung nicht im Zusammenhang mit einer entgeltlichen Tätigkeit steht,
3. Personen und Vereinigungen im Sinne des § 3a des Steuerberatungsgesetzes im Rahmen ihrer Befugnisse nach § 3a des Steuerberatungsgesetzes,
4. landwirtschaftliche Buchstellen im Rahmen ihrer Befugnisse nach § 4 Nr. 8 des Steuerberatungsgesetzes,
5. Lohnsteuerhilfevereine im Rahmen ihrer Befugnisse nach § 4 Nr. 11 des Steuerberatungsgesetzes,
6. Gewerkschaften und Vereinigungen von Arbeitgebern sowie Zusammenschlüsse solcher Verbände für ihre Mitglieder oder für andere Verbände oder Zusammenschlüsse mit vergleichbarer Ausrichtung und deren Mitglieder,
7. juristische Personen, deren Anteile sämtlich im wirtschaftlichen Eigentum einer der in Nummer 6 bezeichneten Organisationen stehen, wenn die juristische Person ausschließlich die Rechtsberatung und Prozessvertretung dieser Organisation und ihrer Mitglieder oder anderer Verbände oder Zusammenschlüsse mit vergleichbarer Ausrichtung und deren Mitglieder entsprechend deren Satzung durchführt, und wenn die Organisation für die Tätigkeit der Bevollmächtigten haftet.

[3]Bevollmächtigte, die keine natürlichen Personen sind, handeln durch ihre Organe und mit der Prozessvertretung beauftragten Vertreter.

(3) [1]Das Gericht weist Bevollmächtigte, die nicht nach Maßgabe des Absatzes 2 vertretungsbefugt sind, durch unanfechtbaren Beschluss zurück. [2]Prozesshandlungen eines nicht vertretungsbefugten Bevollmächtigten und Zustellungen oder Mitteilungen an diesen Bevollmächtigten sind bis zu seiner Zurückweisung wirksam. [3]Das Gericht kann den in Absatz 2 Satz 2 bezeichneten Bevollmächtigten durch unanfechtbaren Beschluss die weitere Vertretung untersagen, wenn sie nicht in der Lage sind, das Sach- und Streitverhältnis sachgerecht darzustellen.

(4) [1]Vor dem Bundesfinanzhof müssen sich die Beteiligten durch Prozessbevollmächtigte vertreten lassen. [2]Dies gilt auch für Prozesshandlungen, durch die ein Verfahren vor dem Bundesfinanzhof eingeleitet wird. [3]Als Bevollmächtigte sind nur die in Absatz 2 Satz 1 bezeichneten Personen und Gesellschaften zugelassen. [4]Behörden und juristische Personen des öffentlichen Rechts einschließlich der von ihnen zur Erfüllung ihrer öffentlichen Aufgaben gebildeten Zusammenschlüsse können sich durch eigene Beschäftigte mit Befähigung zum Richteramt oder durch Beschäftigte mit Befähigung zum Richteramt anderer Behörden oder juristischer Personen des öffentlichen Rechts einschließlich

1) **Anm. d. Red.:** § 62 Abs. 1, 3 bis 7 i. d. F. des Art. 14 Nr. 1 Gesetz zur Neuregelung des Rechtsberatungsrechts v. 12. 12. 2007 (BGBl I 2840); Abs. 2 i. d. F. des Art. 6 Nr. 2 Gesetz v. 30. 7. 2009 (BGBl I 2449).

der von ihnen zur Erfüllung ihrer öffentlichen Aufgaben gebildeten Zusammenschlüsse vertreten lassen. [5]Ein Beteiligter, der nach Maßgabe des Satzes 3 zur Vertretung berechtigt ist, kann sich selbst vertreten.

(5) [1]Richter dürfen nicht als Bevollmächtigte vor dem Gericht auftreten, dem sie angehören. [2]Ehrenamtliche Richter dürfen, außer in den Fällen des Absatzes 2 Satz 2 Nr. 1, nicht vor einem Spruchkörper auftreten, dem sie angehören. [3]Absatz 3 Satz 1 und 2 gilt entsprechend.

(6) [1]Die Vollmacht ist schriftlich zu den Gerichtsakten einzureichen. [2]Sie kann nachgereicht werden; hierfür kann das Gericht eine Frist bestimmen. [3]Der Mangel der Vollmacht kann in jeder Lage des Verfahrens geltend gemacht werden. [4]Das Gericht hat den Mangel der Vollmacht von Amts wegen zu berücksichtigen, wenn nicht als Bevollmächtigter eine in Absatz 2 Satz 1 bezeichnete Person oder Gesellschaft auftritt. [5]Ist ein Bevollmächtigter bestellt, sind die Zustellungen oder Mitteilungen des Gerichts an ihn zu richten.

(7) [1]In der Verhandlung können die Beteiligten mit Beiständen erscheinen. [2]Beistand kann sein, wer in Verfahren, in denen die Beteiligten den Rechtsstreit selbst führen können, als Bevollmächtigter zur Vertretung in der Verhandlung befugt ist. [3]Das Gericht kann andere Personen als Beistand zulassen, wenn dies sachdienlich ist und hierfür nach den Umständen des Einzelfalls ein Bedürfnis besteht. [4]Absatz 3 Satz 1 und 3 und Absatz 5 gelten entsprechend. [5]Das von dem Beistand Vorgetragene gilt als von dem Beteiligten vorgebracht, soweit es nicht von diesem sofort widerrufen oder berichtigt wird.

§ 62a[1)] (weggefallen)

Abschnitt III: Verfahren im ersten Rechtszug

§ 63 Passivlegitimation

(1) Die Klage ist gegen die Behörde zu richten,

1. die den ursprünglichen Verwaltungsakt erlassen oder
2. die den beantragten Verwaltungsakt oder die andere Leistung unterlassen oder abgelehnt hat oder
3. der gegenüber die Feststellung des Bestehens oder Nichtbestehens eines Rechtsverhältnisses oder der Nichtigkeit eines Verwaltungsakts begehrt wird.

(2) Ist vor Erlass der Entscheidung über den Einspruch eine andere als die ursprünglich zuständige Behörde für den Steuerfall örtlich zuständig geworden, so ist die Klage zu richten

1. gegen die Behörde, welche die Einspruchsentscheidung erlassen hat,
2. wenn über einen Einspruch ohne Mitteilung eines zureichenden Grundes in angemessener Frist sachlich nicht entschieden worden ist (§ 46), gegen die Behörde, die im Zeitpunkt der Klageerhebung für den Steuerfall örtlich zuständig ist.

(3) Hat eine Behörde, die auf Grund gesetzlicher Vorschrift berechtigt ist, für die zuständige Behörde zu handeln, den ursprünglichen Verwaltungsakt erlassen oder den beantragten Verwaltungsakt oder die andere Leistung unterlassen oder abgelehnt, so ist die Klage gegen die zuständige Behörde zu richten.

§ 64 Form der Klageerhebung

(1) Die Klage ist bei dem Gericht schriftlich oder zur Niederschrift des Urkundsbeamten der Geschäftsstelle zu erheben.

1) **Anm. d. Red.:** § 62a weggefallen gem. Art. 14 Nr. 2 Gesetz zur Neuregelung des Rechtsberatungsrechts v. 12. 12. 2007 (BGBl I 2840).

(2) Der Klage sollen Abschriften für die übrigen Beteiligten beigefügt werden; § 77 Abs. 2 gilt sinngemäß.

§ 65[1] Inhalt der Klage

(1) [1]Die Klage muss den Kläger, den Beklagten, den Gegenstand des Klagebegehrens, bei Anfechtungsklagen auch den Verwaltungsakt und die Entscheidung über den außergerichtlichen Rechtsbehelf bezeichnen. [2]Sie soll einen bestimmten Antrag enthalten. [3]Die zur Begründung dienenden Tatsachen und Beweismittel sollen angegeben werden. [4]Der Klage soll die Urschrift oder eine Abschrift des angefochtenen Verwaltungsakts und der Einspruchsentscheidung beigefügt werden.

(2) [1]Entspricht die Klage diesen Anforderungen nicht, hat der Vorsitzende oder der nach § 21g des Gerichtsverfassungsgesetzes zuständige Berufsrichter (Berichterstatter) den Kläger zu der erforderlichen Ergänzung innerhalb einer bestimmten Frist aufzufordern. [2]Er kann dem Kläger für die Ergänzung eine Frist mit ausschließender Wirkung setzen, wenn es an einem der in Absatz 1 Satz 1 genannten Erfordernisse fehlt. [3]Für die Wiedereinsetzung in den vorigen Stand wegen Versäumung der Frist gilt § 56 entsprechend.

§ 66 Rechtshängigkeit

Durch Erhebung der Klage wird die Streitsache rechtshängig.

§ 67 Klageänderung

(1) Eine Änderung der Klage ist zulässig, wenn die übrigen Beteiligten einwilligen oder das Gericht die Änderung für sachdienlich hält; § 68 bleibt unberührt.

(2) Die Einwilligung des Beklagten in die Änderung der Klage ist anzunehmen, wenn er sich, ohne ihr zu widersprechen, in einem Schriftsatz oder in einer mündlichen Verhandlung auf die geänderte Klage eingelassen hat.

(3) Die Entscheidung, dass eine Änderung der Klage nicht vorliegt oder zuzulassen ist, ist nicht selbständig anfechtbar.

§ 68[2] Änderung des angefochtenen Verwaltungsakts

[1]Wird der angefochtene Verwaltungsakt nach Bekanntgabe der Einspruchsentscheidung geändert oder ersetzt, so wird der neue Verwaltungsakt Gegenstand des Verfahrens. [2]Ein Einspruch gegen den neuen Verwaltungsakt ist insoweit ausgeschlossen. [3]Die Finanzbehörde hat dem Gericht, bei dem das Verfahren anhängig ist, eine Abschrift des neuen Verwaltungsakts zu übermitteln. [4]Satz 1 gilt entsprechend, wenn

1. ein Verwaltungsakt nach § 129 der Abgabenordnung berichtigt wird oder
2. ein Verwaltungsakt an die Stelle eines angefochtenen unwirksamen Verwaltungsakts tritt.

§ 69 Aussetzung der Vollziehung

(1) [1]Durch Erhebung der Klage wird die Vollziehung des angefochtenen Verwaltungsakts vorbehaltlich des Absatzes 5 nicht gehemmt, insbesondere die Erhebung einer Abgabe nicht aufgehalten. [2]Entsprechendes gilt bei Anfechtung von Grundlagenbescheiden für die darauf beruhenden Folgebescheide.

(2) [1]Die zuständige Finanzbehörde kann die Vollziehung ganz oder teilweise aussetzen. [2]Auf Antrag soll die Aussetzung erfolgen, wenn ernstliche Zweifel an der Rechtmäßigkeit des angefochtenen Verwaltungsakts bestehen oder wenn die Vollziehung für den Betroffenen eine unbillige, nicht durch überwiegende öffentliche Interessen gebotene Härte zur Folge hätte. [3]Die Aussetzung kann von einer Sicherheitsleistung abhängig gemacht

---

1) **Anm. d. Red.:** § 65 Abs. 2 i. d. F. des Art. 3 Nr. 6 JKomG v. 22. 3. 2005 (BGBl I 837).

2) **Anm. d. Red.:** § 68 Satz 3 i. d. F. des Art. 3 Nr. 7 JKomG v. 22. 3. 2005 (BGBl I 837).

werden. [4]Soweit die Vollziehung eines Grundlagenbescheides ausgesetzt wird, ist auch die Vollziehung eines Folgebescheides auszusetzen. [5]Der Erlass eines Folgebescheides bleibt zulässig. [6]Über eine Sicherheitsleistung ist bei der Aussetzung eines Folgebescheides zu entscheiden, es sei denn, dass bei der Aussetzung der Vollziehung des Grundlagenbescheides die Sicherheitsleistung ausdrücklich ausgeschlossen worden ist. [7]Ist der Verwaltungsakt schon vollzogen, tritt an die Stelle der Aussetzung der Vollziehung die Aufhebung der Vollziehung. [8]Bei Steuerbescheiden sind die Aussetzung und die Aufhebung der Vollziehung auf die festgesetzte Steuer, vermindert um die anzurechnenden Steuerabzugsbeträge, um die anzurechnende Körperschaftsteuer und um die festgesetzten Vorauszahlungen, beschränkt; dies gilt nicht, wenn die Aussetzung oder Aufhebung der Vollziehung zur Abwendung wesentlicher Nachteile nötig erscheint.

(3) [1]Auf Antrag kann das Gericht der Hauptsache die Vollziehung ganz oder teilweise aussetzen; Absatz 2 Satz 2 bis 6 und § 100 Abs. 2 Satz 2 gelten sinngemäß. [2]Der Antrag kann schon vor Erhebung der Klage gestellt werden. [3]Ist der Verwaltungsakt im Zeitpunkt der Entscheidung schon vollzogen, kann das Gericht ganz oder teilweise die Aufhebung der Vollziehung, auch gegen Sicherheit, anordnen. [4]Absatz 2 Satz 8 gilt entsprechend. [5]In dringenden Fällen kann der Vorsitzende entscheiden.

(4) [1]Der Antrag nach Absatz 3 ist nur zulässig, wenn die Behörde einen Antrag auf Aussetzung der Vollziehung ganz oder zum Teil abgelehnt hat. [2]Das gilt nicht, wenn

1. die Finanzbehörde über den Antrag ohne Mitteilung eines zureichenden Grundes in angemessener Frist sachlich nicht entschieden hat oder
2. eine Vollstreckung droht.

(5) [1]Durch Erhebung der Klage gegen die Untersagung des Gewerbebetriebes oder der Berufsausübung wird die Vollziehung des angefochtenen Verwaltungsakts gehemmt. [2]Die Behörde, die den Verwaltungsakt erlassen hat, kann die hemmende Wirkung durch besondere Anordnung ganz oder zum Teil beseitigen, wenn sie es im öffentlichen Interesse für geboten hält; sie hat das öffentliche Interesse schriftlich zu begründen. [3]Auf Antrag kann das Gericht der Hauptsache die hemmende Wirkung wiederherstellen, wenn ernstliche Zweifel an der Rechtmäßigkeit des Verwaltungsakts bestehen. [4]In dringenden Fällen kann der Vorsitzende entscheiden.

(6) [1]Das Gericht der Hauptsache kann Beschlüsse über Anträge nach den Absätzen 3 und 5 Satz 3 jederzeit ändern oder aufheben. [2]Jeder Beteiligte kann die Änderung oder Aufhebung wegen veränderter oder im ursprünglichen Verfahren ohne Verschulden nicht geltend gemachter Umstände beantragen.

(7) Lehnt die Behörde die Aussetzung der Vollziehung ab, kann das Gericht nur nach den Absätzen 3 und 5 Satz 3 angerufen werden.

§ 70 Sachliche und örtliche Zuständigkeit des Gerichts

[1]Für die sachliche und örtliche Zuständigkeit gelten die §§ 17 bis 17b des Gerichtsverfassungsgesetzes entsprechend. [2]Beschlüsse entsprechend § 17a Abs. 2 und 3 des Gerichtsverfassungsgesetzes sind unanfechtbar.

§ 71[1] Zustellung der Klageschrift

(1) [1]Die Klageschrift ist dem Beklagten von Amts wegen zuzustellen. [2]Zugleich mit der Zustellung der Klage ist der Beklagte aufzufordern, sich schriftlich oder zur Niederschrift des Urkundsbeamten der Geschäftsstelle zu äußern. [3]Hierfür kann eine Frist gesetzt werden.

(2) Die beteiligte Finanzbehörde hat die den Streitfall betreffenden Akten nach Empfang der Klageschrift an das Gericht zu übermitteln.

1) **Anm. d. Red.:** § 71 Abs. 2 i. d. F. des Art. 3 Nr. 7 JKomG v. 22. 3. 2005 (BGBl I 837).

§ 72[1] Klagerücknahme

(1) [1]Der Kläger kann seine Klage bis zur Rechtskraft des Urteils zurücknehmen. [2]Nach Schluss der mündlichen Verhandlung, bei Verzicht auf die mündliche Verhandlung und nach Ergehen eines Gerichtsbescheides ist die Rücknahme nur mit Einwilligung des Beklagten möglich. [3]Die Einwilligung gilt als erteilt, wenn der Klagerücknahme nicht innerhalb von zwei Wochen seit Zustellung des die Rücknahme enthaltenden Schriftsatzes widersprochen wird; das Gericht hat auf diese Folge hinzuweisen.

(1a) [1]Soweit Besteuerungsgrundlagen für ein Verständigungs- oder ein Schiedsverfahren nach einem Vertrag im Sinne des § 2 der Abgabenordnung von Bedeutung sein können, kann die Klage hierauf begrenzt zurückgenommen werden. [2]§ 50 Abs. 1a Satz 2 gilt entsprechend.

(2) [1]Die Rücknahme hat bei Klagen, deren Erhebung an eine Frist gebunden ist, den Verlust der Klage zur Folge. [2]Wird die Klage zurückgenommen, so stellt das Gericht das Verfahren durch Beschluss ein. [3]Wird nachträglich die Unwirksamkeit der Klagerücknahme geltend gemacht, so gilt § 56 Abs. 3 sinngemäß.

§ 73 Verbindung mehrerer Verfahren

(1) [1]Das Gericht kann durch Beschluss mehrere bei ihm anhängige Verfahren zu gemeinsamer Verhandlung und Entscheidung verbinden und wieder trennen. [2]Es kann anordnen, dass mehrere in einem Verfahren zusammengefasste Klagegegenstände in getrennten Verfahren verhandelt und entschieden werden.

(2) Ist die Klage von jemandem erhoben, der wegen dieses Klagegegenstands nach § 60 Abs. 3 zu einem anderen Verfahren beizuladen wäre, so wird die notwendige Beiladung des Klägers dadurch ersetzt, dass die beiden Verfahren zu gemeinsamer Verhandlung und einheitlicher Entscheidung verbunden werden.

§ 74 Aussetzung der Verhandlung

Das Gericht kann, wenn die Entscheidung des Rechtsstreits ganz oder zum Teil von dem Bestehen oder Nichtbestehen eines Rechtsverhältnisses abhängt, das den Gegenstand eines anderen anhängigen Rechtsstreits bildet oder von einer Verwaltungsbehörde festzustellen ist, anordnen, dass die Verhandlung bis zur Erledigung des anderen Rechtsstreits oder bis zur Entscheidung der Verwaltungsbehörde auszusetzen sei.

§ 75 Mitteilung der Besteuerungsgrundlagen

Den Beteiligten sind, soweit es noch nicht geschehen ist, die Unterlagen der Besteuerung auf Antrag oder, wenn der Inhalt der Klageschrift dazu Anlass gibt, von Amts wegen mitzuteilen.

§ 76[2] Erforschung des Sachverhalts durch das Gericht

(1) [1]Das Gericht erforscht den Sachverhalt von Amts wegen. [2]Die Beteiligten sind dabei heranzuziehen. [3]Sie haben ihre Erklärungen über tatsächliche Umstände vollständig und der Wahrheit gemäß abzugeben und sich auf Anforderung des Gerichts zu den von den anderen Beteiligten vorgebrachten Tatsachen zu erklären. [4]§ 90 Abs. 2, § 93 Abs. 3 Satz 2, § 97 Abs. 1 und 3, §§ 99, 100 der Abgabenordnung gelten sinngemäß. [5]Das Gericht ist an das Vorbringen und an die Beweisanträge der Beteiligten nicht gebunden.

(2) Der Vorsitzende hat darauf hinzuwirken, dass Formfehler beseitigt, sachdienliche Anträge gestellt, unklare Anträge erläutert, ungenügende tatsächliche Angaben ergänzt, ferner alle für die Feststellung und Beurteilung des Sachverhalts wesentlichen Erklärungen abgegeben werden.

---

1) **Anm. d. Red.:** § 72 Abs. 1 i. d. F. des Art. 7 Nr. 0a 1. Justizmodernisierungsgesetz v. 24. 8. 2004 (BGBl I 2198).

2) **Anm. d. Red.:** § 76 Abs. 4 i. d. F. des Art. 10 Föderalismusreform-Begleitgesetz v. 5. 9. 2006 (BGBl I 2098).

(3) [1]Erklärungen und Beweismittel, die erst nach Ablauf der von der Finanzbehörde nach § 364b Abs. 1 der Abgabenordnung gesetzten Frist im Einspruchsverfahren oder im finanzgerichtlichen Verfahren vorgebracht werden, kann das Gericht zurückweisen und ohne weitere Ermittlungen entscheiden. [2]§ 79b Abs. 3 gilt entsprechend.

(4) Die Verpflichtung der Finanzbehörde zur Ermittlung des Sachverhalts (§§ 88, 89 Abs. 1 der Abgabenordnung) wird durch das finanzgerichtliche Verfahren nicht berührt.

§ 77[1)] Schriftsätze

(1) [1]Die Beteiligten sollen zur Vorbereitung der mündlichen Verhandlung Schriftsätze einreichen. [2]Hierzu kann der Vorsitzende sie unter Fristsetzung auffordern. [3]Den Schriftsätzen sollen Abschriften für die übrigen Beteiligten beigefügt werden. [4]Die Schriftsätze sind den Beteiligten von Amts wegen zu übermitteln.

(2) [1]Den Schriftsätzen sind die Urkunden, auf die Bezug genommen wird, in Urschrift oder in Abschrift ganz oder im Auszug beizufügen. [2]Sind die Urkunden dem Gegner bereits bekannt oder sehr umfangreich, so genügt die genaue Bezeichnung mit dem Anerbieten, Einsicht bei Gericht zu gewähren.

§ 77a[2)] (weggefallen)

§ 78[3)] Akteneinsicht

(1) Die Beteiligten können die Gerichtsakte und die dem Gericht vorgelegten Akten einsehen.

(2) [1]Beteiligte können sich auf ihre Kosten durch die Geschäftsstelle Ausfertigungen, Auszüge, Ausdrucke und Abschriften erteilen lassen. [2]Nach dem Ermessen des Vorsitzenden kann Bevollmächtigten, die zu den in § 3 Nr. 1 und § 4 Nr. 1 und 2 des Steuerberatungsgesetzes bezeichneten natürlichen Personen gehören, der elektronische Zugriff auf den Inhalt der Akten gestattet oder der Inhalt der Akten elektronisch übermittelt werden. [3]§ 79a Abs. 4 gilt entsprechend. [4]Bei einem elektronischen Zugriff auf den Inhalt der Akten ist sicherzustellen, dass der Zugriff nur durch den Bevollmächtigten erfolgt. [5]Für die Übermittlung von elektronischen Dokumenten ist die Gesamtheit der Dokumente mit einer qualifizierten elektronischen Signatur nach § 2 Nr. 3 des Signaturgesetzes zu versehen und gegen unbefugte Kenntnisnahme zu schützen.

(3) Die Entwürfe zu Urteilen, Beschlüssen und Verfügungen, die Arbeiten zu ihrer Vorbereitung, ferner die Dokumente, die Abstimmungen oder Ordnungsstrafen des Gerichts betreffen, werden weder vorgelegt noch abschriftlich mitgeteilt.

§ 79[4)] Vorbereitung der mündlichen Verhandlung

(1) [1]Der Vorsitzende oder der Berichterstatter hat schon vor der mündlichen Verhandlung alle Anordnungen zu treffen, die notwendig sind, um den Rechtsstreit möglichst in einer mündlichen Verhandlung zu erledigen. [2]Er kann insbesondere

1. die Beteiligten zur Erörterung des Sach- und Streitstandes und zur gütlichen Beilegung des Rechtsstreits laden;
2. den Beteiligten die Ergänzung oder Erläuterung ihrer vorbereitenden Schriftsätze, die Vorlegung von Urkunden, die Übermittlung von elektronischen Dokumenten und die Vorlegung von anderen zur Niederlegung bei Gericht geeigneten Gegenständen aufgeben, insbesondere eine Frist zur Erklärung über bestimmte klärungsbedürftige Punkte setzen;

---

1) **Anm. d. Red.:** § 77 Abs. 1 i. d. F. des Art. 3 Nr. 7 JKomG v. 22. 3. 2005 (BGBl I 837).

2) **Anm. d. Red.:** § 77a weggefallen gem. Art. 3 Nr. 8 JKomG v. 22. 3. 2005 (BGBl I 837).

3) **Anm. d. Red.:** § 78 i. d. F. des Art. 3 Nr. 9 JKomG v. 22. 3. 2005 (BGBl I 837).

4) **Anm. d. Red.:** § 79 Abs. 1 Satz 2 Nr. 2 und 4 i. d. F. des Art. 3 Nr. 10 JKomG v. 22. 3. 2005 (BGBl I 837).

3. Auskünfte einholen;
4. die Vorlage von Urkunden oder die Übermittlung von elektronischen Dokumenten anordnen;
5. das persönliche Erscheinen der Beteiligten anordnen; § 80 gilt entsprechend;
6. Zeugen und Sachverständige zur mündlichen Verhandlung laden.

(2) Die Beteiligten sind von jeder Anordnung zu benachrichtigen.

(3) [1]Der Vorsitzende oder der Berichterstatter kann einzelne Beweise erheben. [2]Dies darf nur insoweit geschehen, als es zur Vereinfachung der Verhandlung vor dem Gericht sachdienlich und von vornherein anzunehmen ist, dass das Gericht das Beweisergebnis auch ohne unmittelbaren Eindruck von dem Verlauf der Beweisaufnahme sachgemäß zu würdigen vermag.

§ 79a[1)] Entscheidung des Vorsitzenden im vorbereitenden Verfahren

(1) Der Vorsitzende entscheidet, wenn die Entscheidung im vorbereitenden Verfahren ergeht,
1. über die Aussetzung und das Ruhen des Verfahrens;
2. bei Zurücknahme der Klage, auch über einen Antrag auf Prozesskostenhilfe;
3. bei Erledigung des Rechtsstreits in der Hauptsache, auch über einen Antrag auf Prozesskostenhilfe;
4. über den Streitwert;
5. über Kosten;
6. über die Beiladung.

(2) [1]Der Vorsitzende kann ohne mündliche Verhandlung durch Gerichtsbescheid (§ 90a) entscheiden. [2]Dagegen ist nur der Antrag auf mündliche Verhandlung innerhalb eines Monats nach Zustellung des Gerichtsbescheides gegeben.

(3) Im Einverständnis der Beteiligten kann der Vorsitzende auch sonst anstelle des Senats entscheiden.

(4) Ist ein Berichterstatter bestellt, so entscheidet dieser anstelle des Vorsitzenden.

§ 79b[2)] Fristsetzung zur Angabe von Tatsachen

(1) [1]Der Vorsitzende oder der Berichterstatter kann dem Kläger eine Frist setzen zur Angabe der Tatsachen, durch deren Berücksichtigung oder Nichtberücksichtigung im Verwaltungsverfahren er sich beschwert fühlt. [2]Die Fristsetzung nach Satz 1 kann mit der Fristsetzung nach § 65 Abs. 2 Satz 2 verbunden werden.

(2) Der Vorsitzende oder der Berichterstatter kann einem Beteiligten unter Fristsetzung aufgeben, zu bestimmten Vorgängen
1. Tatsachen anzugeben oder Beweismittel zu bezeichnen,
2. Urkunden oder andere bewegliche Sachen vorzulegen oder elektronische Dokumente zu übermitteln, soweit der Beteiligte dazu verpflichtet ist.

(3) [1]Das Gericht kann Erklärungen und Beweismittel, die erst nach Ablauf einer nach den Absätzen 1 und 2 gesetzten Frist vorgebracht werden, zurückweisen und ohne weitere Ermittlungen entscheiden, wenn
1. ihre Zulassung nach der freien Überzeugung des Gerichts die Erledigung des Rechtsstreits verzögern würde und
2. der Beteiligte die Verspätung nicht genügend entschuldigt und
3. der Beteiligte über die Folgen einer Fristversäumnis belehrt worden ist.

---

1) **Anm. d. Red.:** § 79a Abs. 1 Nr. 2 und 3 i. d. F., Nr. 6 angefügt gem. Art. 7 Nr. 1 1. Justizmodernisierungsgesetz v. 24. 8. 2004 (BGBl I 2198).

2) **Anm. d. Red.:** § 79b Abs. 2 Nr. 2 i. d. F. des Art. 3 Nr. 11 JKomG v. 22. 3. 2005 (BGBl I 837).

[2]Der Entschuldigungsgrund ist auf Verlangen des Gerichts glaubhaft zu machen. [3]Satz 1 gilt nicht, wenn es mit geringem Aufwand möglich ist, den Sachverhalt auch ohne Mitwirkung des Beteiligten zu ermitteln.

§ 80 Persönliches Erscheinen

(1) [1]Das Gericht kann das persönliche Erscheinen eines Beteiligten anordnen. [2]Für den Fall des Ausbleibens kann es Ordnungsgeld wie gegen einen im Vernehmungstermin nicht erschienenen Zeugen androhen. [3]Bei schuldhaftem Ausbleiben setzt das Gericht durch Beschluss das angedrohte Ordnungsgeld fest. [4]Androhung und Festsetzung des Ordnungsgelds können wiederholt werden.

(2) Ist Beteiligter eine juristische Person oder eine Vereinigung, so ist das Ordnungsgeld dem nach Gesetz oder Satzung Vertretungsberechtigten anzudrohen und gegen ihn festzusetzen.

(3) Das Gericht kann einer beteiligten öffentlich-rechtlichen Körperschaft oder Behörde aufgeben, zur mündlichen Verhandlung einen Beamten oder Angestellten zu entsenden, der mit einem schriftlichen Nachweis über die Vertretungsbefugnis versehen und über die Sach- und Rechtslage ausreichend unterrichtet ist.

§ 81 Beweiserhebung

(1) [1]Das Gericht erhebt Beweis in der mündlichen Verhandlung. [2]Es kann insbesondere Augenschein einnehmen, Zeugen, Sachverständige und Beteiligte vernehmen und Urkunden heranziehen.

(2) Das Gericht kann in geeigneten Fällen schon vor der mündlichen Verhandlung durch eines seiner Mitglieder als beauftragten Richter Beweis erheben lassen oder durch Bezeichnung der einzelnen Beweisfragen ein anderes Gericht um die Beweisaufnahme ersuchen.

§ 82[1)] Verfahren bei der Beweisaufnahme

Soweit die §§ 83 bis 89 nicht abweichende Vorschriften enthalten, sind auf die Beweisaufnahme die §§ 358 bis 371, 372 bis 377, 380 bis 382, 386 bis 414 und 450 bis 494 der Zivilprozessordnung sinngemäß anzuwenden.

§ 83 Benachrichtigung der Beteiligten

[1]Die Beteiligten werden von allen Beweisterminen benachrichtigt und können der Beweisaufnahme beiwohnen. [2]Sie können an Zeugen und Sachverständige sachdienliche Fragen richten. [3]Wird eine Frage beanstandet, so entscheidet das Gericht.

§ 84 Zeugnisverweigerungsrecht

(1) Für das Recht zur Verweigerung des Zeugnisses und die Pflicht zur Belehrung über das Zeugnisverweigerungsrecht gelten die §§ 101 bis 103 der Abgabenordnung sinngemäß.

(2) Wer als Angehöriger zur Verweigerung des Zeugnisses berechtigt ist, kann die Ableistung des Eides verweigern.

§ 85[2)] Pflichten der Zeugen

[1]Zeugen, die nicht aus dem Gedächtnis aussagen können, haben Dokumente und Geschäftsbücher, die ihnen zur Verfügung stehen, einzusehen und, soweit nötig, Aufzeichnungen daraus zu entnehmen. [2]Die Vorschriften der § 97 Abs. 1 und 3, §§ 99, 100, 104 der Abgabenordnung gelten sinngemäß.

1) **Anm. d. Red.:** § 82 i. d. F. des Art. 3 Nr. 12 JKomG v. 22. 3. 2005 (BGBl I 837).

2) **Anm. d. Red.:** § 85 Satz 1 i. d. F. des Art. 3 Nr. 13 JKomG v. 22. 3. 2005 (BGBl I 837).

§ 86[1] Vorlage- und Auskunftspflicht der Behörden

(1) Behörden sind zur Vorlage von Urkunden und Akten, zur Übermittlung elektronischer Dokumente und zu Auskünften verpflichtet, soweit nicht durch das Steuergeheimnis (§ 30 der Abgabenordnung) geschützte Verhältnisse Dritter unbefugt offenbart werden.

(2) Wenn das Bekanntwerden von Urkunden, elektronischer Dokumente oder Akten oder von Auskünften dem Wohle des Bundes oder eines deutschen Landes Nachteile bereiten würde oder wenn die Vorgänge aus anderen Gründen als nach Absatz 1 nach einem Gesetz oder ihrem Wesen nach geheim gehalten werden müssen, kann die zuständige oberste Aufsichtsbehörde die Vorlage von Urkunden oder Akten, die Übermittlung elektronischer Dokumente und die Erteilung der Auskünfte verweigern.

(3) [1]Auf Antrag eines Beteiligten stellt der Bundesfinanzhof in den Fällen der Absätze 1 und 2 ohne mündliche Verhandlung durch Beschluss fest, ob die Verweigerung der Vorlage der Urkunden oder Akten, der Übermittlung elektronischer Dokumente oder die Verweigerung der Erteilung von Auskünften rechtmäßig ist. [2]Der Antrag ist bei dem für die Hauptsache zuständigen Gericht zu stellen. [3]Auf Aufforderung des Bundesfinanzhofs hat die oberste Aufsichtsbehörde die verweigerten Dokumente oder Akten vorzulegen oder zu übermitteln oder ihm die verweigerten Auskünfte zu erteilen. [4]Sie ist zu diesem Verfahren beizuladen. [5]Das Verfahren unterliegt den Vorschriften des materiellen Geheimschutzes. [6]Können diese nicht eingehalten werden oder macht die zuständige oberste Aufsichtsbehörde geltend, dass besondere Gründe der Geheimhaltung oder des Geheimschutzes einer Übergabe oder Übermittlung der Dokumente oder der Akten an den Bundesfinanzhof entgegenstehen, wird die Vorlage nach Satz 3 dadurch bewirkt, dass die Dokumente oder Akten dem Bundesfinanzhof in von der obersten Aufsichtsbehörde bestimmten Räumlichkeiten zur Verfügung gestellt werden. [7]Für die nach Satz 3 vorgelegten oder übermittelten Dokumente oder Akten und für die gemäß Satz 6 geltend gemachten besonderen Gründe gilt § 78 nicht. [8]Die Mitglieder des Bundesfinanzhofs sind zur Geheimhaltung verpflichtet; die Entscheidungsgründe dürfen Art und Inhalt der geheim gehaltenen Dokumente oder Akten und Auskünfte nicht erkennen lassen. [9]Für das nichtrichterliche Personal gelten die Regelungen des personellen Geheimschutzes.

§ 87 Zeugnis von Behörden und Verbänden

Wenn von Behörden, von Verbänden und Vertretungen von Betriebs- oder Berufszweigen, von geschäftlichen oder gewerblichen Unternehmungen, Gesellschaften oder Anstalten Zeugnis begehrt wird, ist das Ersuchen, falls nicht bestimmte Personen als Zeugen in Betracht kommen, an den Vorstand oder an die Geschäfts- oder Betriebsleitung zu richten.

§ 88 Ablehnung von Sachverständigen

Die Beteiligten können Sachverständige auch ablehnen, wenn von deren Heranziehung eine Verletzung eines Geschäfts- oder Betriebsgeheimnisses oder Schaden für ihre geschäftliche Tätigkeit zu befürchten ist.

§ 89[2] Erzwingung der Vorlage von Urkunden

Für die Erzwingung einer gesetzlich vorgeschriebenen Vorlage von Urkunden und elektronischen Dokumenten gelten § 380 der Zivilprozessordnung und § 255 der Abgabenordnung sinngemäß.

1) **Anm. d. Red.:** § 86 i. d. F. des Art. 3 Nr. 14 JKomG v. 22. 3. 2005 (BGBl I 837).

2) **Anm. d. Red.:** § 89 i. d. F. des Art. 3 Nr. 15 JKomG v. 22. 3. 2005 (BGBl I 837).

§ 90 Grundsatz der mündlichen Verhandlung

(1) [1]Das Gericht entscheidet, soweit nichts anderes bestimmt ist, auf Grund mündlicher Verhandlung. [2]Entscheidungen des Gerichts, die nicht Urteile sind, können ohne mündliche Verhandlung ergehen.

(2) Mit Einverständnis der Beteiligten kann das Gericht ohne mündliche Verhandlung entscheiden.

§ 90a Entscheidung durch Gerichtsbescheid

(1) Das Gericht kann in geeigneten Fällen ohne mündliche Verhandlung durch Gerichtsbescheid entscheiden.

(2) [1]Die Beteiligten können innerhalb eines Monats nach Zustellung des Gerichtsbescheides mündliche Verhandlung beantragen. [2]Hat das Finanzgericht in dem Gerichtsbescheid die Revision zugelassen, können sie auch Revision einlegen. [3]Wird von beiden Rechtsbehelfen Gebrauch gemacht, findet mündliche Verhandlung statt.

(3) Der Gerichtsbescheid wirkt als Urteil; wird rechtzeitig mündliche Verhandlung beantragt, gilt er als nicht ergangen.

(4) Wird mündliche Verhandlung beantragt, kann das Gericht in dem Urteil von einer weiteren Darstellung des Tatbestands und der Entscheidungsgründe absehen, soweit es der Begründung des Gerichtsbescheides folgt und dies in seiner Entscheidung feststellt.

§ 91 Ladung der Beteiligten

(1) [1]Sobald der Termin zur mündlichen Verhandlung bestimmt ist, sind die Beteiligten mit einer Ladungsfrist von mindestens zwei Wochen, beim Bundesfinanzhof von mindestens vier Wochen, zu laden. [2]In dringenden Fällen kann der Vorsitzende die Frist abkürzen.

(2) Bei der Ladung ist darauf hinzuweisen, dass beim Ausbleiben eines Beteiligten auch ohne ihn verhandelt und entschieden werden kann.

(3) Das Gericht kann Sitzungen auch außerhalb des Gerichtssitzes abhalten, wenn dies zur sachdienlichen Erledigung notwendig ist.

(4) § 227 Abs. 3 Satz 1 der Zivilprozessordnung ist nicht anzuwenden.

§ 91a Mündliche Verhandlung per Videokonferenz

(1) [1]Den am Verfahren Beteiligten sowie ihren Bevollmächtigten und Beiständen kann auf Antrag gestattet werden, sich während einer mündlichen Verhandlung an einem anderen Ort aufzuhalten und dort Verfahrenshandlungen vorzunehmen. [2]Die mündliche Verhandlung wird zeitgleich in Bild und Ton an den Ort, an dem sich die Beteiligten, Bevollmächtigten und Beistände aufhalten, und in das Sitzungszimmer übertragen. [3]Eine Aufzeichnung findet nicht statt.

(2) Absatz 1 gilt entsprechend für Erörterungstermine (§ 79 Abs. 1 Satz 2 Nr. 1).

§ 92 Gang der Verhandlung

(1) Der Vorsitzende eröffnet und leitet die mündliche Verhandlung.

(2) Nach Aufruf der Sache trägt der Vorsitzende oder der Berichterstatter den wesentlichen Inhalt der Akten vor.

(3) Hierauf erhalten die Beteiligten das Wort, um ihre Anträge zu stellen und zu begründen.

§ 93 Erörterung der Streitsache

(1) Der Vorsitzende hat die Streitsache mit den Beteiligten tatsächlich und rechtlich zu erörtern.

(2) [1]Der Vorsitzende hat jedem Mitglied des Gerichts auf Verlangen zu gestatten, Fragen zu stellen. [2]Wird eine Frage beanstandet, so entscheidet das Gericht.

(3) [1]Nach Erörterung der Streitsache erklärt der Vorsitzende die mündliche Verhandlung für geschlossen. [2]Das Gericht kann die Wiedereröffnung beschließen.

§ 93a Vernehmung von Zeugen und Sachverständigen per Videokonferenz

(1) [1]Im Einverständnis mit den am Verfahren Beteiligten kann das Gericht anordnen, dass sich ein Zeuge oder ein Sachverständiger während der Vernehmung an einem anderen Ort aufhält. [2]Die Aussage wird zeitgleich in Bild und Ton in das Sitzungszimmer übertragen. [3]Ist Beteiligten, Bevollmächtigten und Beiständen nach § 91a gestattet worden, sich an einem anderen Ort aufzuhalten, so wird die Aussage zeitgleich in Bild und Ton auch an diesen Ort übertragen. [4]Die Aussage soll aufgezeichnet werden, wenn zu besorgen ist, dass der Zeuge oder Sachverständige in einer weiteren mündlichen Verhandlung nicht vernommen werden kann und die Aufzeichnung zur Erforschung des Sachverhalts erforderlich ist.

(2) [1]Die Aufzeichnung darf nur innerhalb des Verfahrens verwendet werden, für das sie gefertigt worden ist. [2]Das Recht zur Verweigerung des Zeugnisses nach § 84 ist hierbei zu wahren. [3]§ 78 Abs. 1 findet mit der Maßgabe entsprechende Anwendung, dass die Einsicht ausschließlich bei der Geschäftsstelle erfolgt; Kopien werden nicht erteilt. [4]Sobald die Aufzeichnung nicht mehr benötigt wird, spätestens nach rechtskräftigem Abschluss des Verfahrens, ist sie zu löschen.

§ 94 Niederschrift

Für die Niederschrift gelten die §§ 159 bis 165 der Zivilprozessordnung entsprechend.

§ 94a[1)] Verfahren nach billigem Ermessen

[1]Das Gericht kann sein Verfahren nach billigem Ermessen bestimmen, wenn der Streitwert bei einer Klage, die eine Geldleistung oder einen hierauf gerichteten Verwaltungsakt betrifft, fünfhundert Euro nicht übersteigt. [2]Auf Antrag eines Beteiligten muss mündlich verhandelt werden. [3]Das Gericht entscheidet über die Klage durch Urteil; § 76 über den Untersuchungsgrundsatz und § 79a Abs. 2, § 90a über den Gerichtsbescheid bleiben unberührt.

Abschnitt IV: Urteile und andere Entscheidungen

§ 95 Urteil

Über die Klage wird, soweit nichts anderes bestimmt ist, durch Urteil entschieden.

§ 96 Freie Beweiswürdigung, Urteilsinhalt

(1) [1]Das Gericht entscheidet nach seiner freien, aus dem Gesamtergebnis des Verfahrens gewonnenen Überzeugung; die §§ 158, 160, 162 der Abgabenordnung gelten sinngemäß. [2]Das Gericht darf über das Klagebegehren nicht hinausgehen, ist aber an die Fassung der Anträge nicht gebunden. [3]In dem Urteil sind die Gründe anzugeben, die für die richterliche Überzeugung leitend gewesen sind.

(2) Das Urteil darf nur auf Tatsachen und Beweisergebnisse gestützt werden, zu denen die Beteiligten sich äußern konnten.

§ 97 Zwischenurteil über Klagezulässigkeit

Über die Zulässigkeit der Klage kann durch Zwischenurteil vorab entschieden werden.

---

1) **Anm. d. Red.:** Gem. der amtlichen Anmerkung zu § 94a in der Neufassung der FGO v. 28. 3. 2001 (BGBl I 443) wurde die Angabe „tausend Deutsche Mark“ durch die Angabe „fünfhundert Euro“ ersetzt.

§ 98 Teilurteil

Ist nur ein Teil des Streitgegenstands zur Entscheidung reif, so kann das Gericht ein Teilurteil erlassen.

§ 99 Vorabentscheidung durch Zwischenurteil

(1) Ist bei einer Leistungsklage oder einer Anfechtungsklage gegen einen Verwaltungsakt ein Anspruch nach Grund und Betrag strittig, so kann das Gericht durch Zwischenurteil über den Grund vorab entscheiden.

(2) Das Gericht kann durch Zwischenurteil über eine entscheidungserhebliche Sach- oder Rechtsfrage vorab entscheiden, wenn dies sachdienlich ist und nicht der Kläger oder der Beklagte widerspricht.

§ 100 Aufhebung und Änderung angefochtener Verwaltungsakte

(1) [1]Soweit ein angefochtener Verwaltungsakt rechtswidrig und der Kläger dadurch in seinen Rechten verletzt ist, hebt das Gericht den Verwaltungsakt und die etwaige Entscheidung über den außergerichtlichen Rechtsbehelf auf; die Finanzbehörde ist an die rechtliche Beurteilung gebunden, die der Aufhebung zugrunde liegt, an die tatsächliche so weit, als nicht neu bekannt werdende Tatsachen und Beweismittel eine andere Beurteilung rechtfertigen. [2]Ist der Verwaltungsakt schon vollzogen, so kann das Gericht auf Antrag auch aussprechen, dass und wie die Finanzbehörde die Vollziehung rückgängig zu machen hat. [3]Dieser Ausspruch ist nur zulässig, wenn die Behörde dazu in der Lage und diese Frage spruchreif ist. [4]Hat sich der Verwaltungsakt vorher durch Zurücknahme oder anders erledigt, so spricht das Gericht auf Antrag durch Urteil aus, dass der Verwaltungsakt rechtswidrig gewesen ist, wenn der Kläger ein berechtigtes Interesse an dieser Feststellung hat.

(2) [1]Begehrt der Kläger die Änderung eines Verwaltungsakts, der einen Geldbetrag festsetzt oder eine darauf bezogene Feststellung trifft, kann das Gericht den Betrag in anderer Höhe festsetzen oder die Feststellung durch eine andere ersetzen. [2]Erfordert die Ermittlung des festzusetzenden oder festzustellenden Betrags einen nicht unerheblichen Aufwand, kann das Gericht die Änderung des Verwaltungsakts durch Angabe der zu Unrecht berücksichtigten oder nicht berücksichtigten tatsächlichen oder rechtlichen Verhältnisse so bestimmen, dass die Behörde den Betrag auf Grund der Entscheidung errechnen kann. [3]Die Behörde teilt den Beteiligten das Ergebnis der Neuberechnung unverzüglich formlos mit; nach Rechtskraft der Entscheidung ist der Verwaltungsakt mit dem geänderten Inhalt neu bekannt zu geben.

(3) [1]Hält das Gericht eine weitere Sachaufklärung für erforderlich, kann es, ohne in der Sache selbst zu entscheiden, den Verwaltungsakt und die Entscheidung über den außergerichtlichen Rechtsbehelf aufheben, soweit nach Art oder Umfang die noch erforderlichen Ermittlungen erheblich sind und die Aufhebung auch unter Berücksichtigung der Belange der Beteiligten sachdienlich ist. [2]Satz 1 gilt nicht, soweit der Steuerpflichtige seiner Erklärungspflicht nicht nachgekommen ist und deshalb die Besteuerungsgrundlagen geschätzt worden sind. [3]Auf Antrag kann das Gericht bis zum Erlass des neuen Verwaltungsakts eine einstweilige Regelung treffen, insbesondere bestimmen, dass Sicherheiten geleistet werden oder ganz oder zum Teil bestehen bleiben und Leistungen zunächst nicht zurückgewährt werden müssen. [4]Der Beschluss kann jederzeit geändert oder aufgehoben werden. [5]Eine Entscheidung nach Satz 1 kann nur binnen sechs Monaten seit Eingang der Akten der Behörde bei Gericht ergehen.

(4) Kann neben der Aufhebung eines Verwaltungsakts eine Leistung verlangt werden, so ist im gleichen Verfahren auch die Verurteilung zur Leistung zulässig.

§ 101 Urteil auf Erlass eines Verwaltungsakts

[1]Soweit die Ablehnung oder Unterlassung eines Verwaltungsakts rechtswidrig und der Kläger dadurch in seinen Rechten verletzt ist, spricht das Gericht die Verpflichtung der Finanzbehörde aus, den begehrten Verwaltungsakt zu erlassen, wenn die Sache spruch-

reif ist. ²Andernfalls spricht es die Verpflichtung aus, den Kläger unter Beachtung der Rechtsauffassung des Gerichts zu bescheiden.

§ 102[1] Nachprüfung der Ermessensentscheidung

¹Soweit die Finanzbehörde ermächtigt ist, nach ihrem Ermessen zu handeln oder zu entscheiden, prüft das Gericht auch, ob der Verwaltungsakt oder die Ablehnung oder Unterlassung des Verwaltungsakts rechtswidrig ist, weil die gesetzlichen Grenzen des Ermessens überschritten sind oder von dem Ermessen in einer dem Zweck der Ermächtigung nicht entsprechenden Weise Gebrauch gemacht ist. ²Die Finanzbehörde kann ihre Ermessenserwägungen hinsichtlich des Verwaltungsaktes bis zum Abschluss der Tatsacheninstanz eines finanzgerichtlichen Verfahrens ergänzen.

§ 103 Urteil durch beteiligte Richter

Das Urteil kann nur von den Richtern und ehrenamtlichen Richtern gefällt werden, die an der dem Urteil zugrunde liegenden Verhandlung teilgenommen haben.

§ 104[2] Verkündung und Zustellung des Urteils

(1) ¹Das Urteil wird, wenn eine mündliche Verhandlung stattgefunden hat, in der Regel in dem Termin, in dem die mündliche Verhandlung geschlossen wird, verkündet, in besonderen Fällen in einem sofort anzuberaumenden Termin, der nicht über zwei Wochen hinaus angesetzt werden soll. ²Das Urteil wird durch Verlesung der Formel verkündet; es ist den Beteiligten zuzustellen.

(2) Statt der Verkündung ist die Zustellung des Urteils zulässig; dann ist das Urteil binnen zwei Wochen nach der mündlichen Verhandlung der Geschäftsstelle zu übermitteln.

(3) Entscheidet das Gericht ohne mündliche Verhandlung, so wird die Verkündung durch Zustellung an die Beteiligten ersetzt.

§ 105[3] Form und Inhalt des Urteils

(1) ¹Das Urteil ergeht im Namen des Volkes. ²Es ist schriftlich abzufassen und von den Richtern, die bei der Entscheidung mitgewirkt haben, zu unterzeichnen. ³Ist ein Richter verhindert, seine Unterschrift beizufügen, so wird dies mit dem Hinderungsgrund vom Vorsitzenden oder, wenn er verhindert ist, vom dienstältesten beisitzenden Richter unter dem Urteil vermerkt. ⁴Der Unterschrift der ehrenamtlichen Richter bedarf es nicht.

(2) Das Urteil enthält

1. die Bezeichnung der Beteiligten, ihrer gesetzlichen Vertreter und der Bevollmächtigten nach Namen, Beruf, Wohnort und ihrer Stellung im Verfahren,
2. die Bezeichnung des Gerichts und die Namen der Mitglieder, die bei der Entscheidung mitgewirkt haben,
3. die Urteilsformel,
4. den Tatbestand,
5. die Entscheidungsgründe,
6. die Rechtsmittelbelehrung.

(3) ¹Im Tatbestand ist der Sach- und Streitstand unter Hervorhebung der gestellten Anträge seinem wesentlichen Inhalt nach gedrängt darzustellen. ²Wegen der Einzelheiten soll auf Schriftsätze, Protokolle und andere Unterlagen verwiesen werden, soweit sich aus ihnen der Sach- und Streitstand ausreichend ergibt.

---

1) **Anm. d. Red.:** § 102 i. d. F. des Art. 11 StÄndG 2001 v. 20. 12. 2001 (BGBl I 3794).

2) **Anm. d. Red.:** § 104 Abs. 2 i. d. F. des Art. 3 Nr. 16 JKomG v. 22. 3. 2005 (BGBl I 837).

3) **Anm. d. Red.:** § 105 Abs. 4 und 6 i. d. F. des Art. 3 Nr. 17 JKomG v. 22. 3. 2005 (BGBl I 837).

(4) [1]Ein Urteil, das bei der Verkündung noch nicht vollständig abgefasst war, ist vor Ablauf von zwei Wochen, vom Tag der Verkündung an gerechnet, vollständig abgefasst der Geschäftsstelle zu übermitteln. [2]Kann dies ausnahmsweise nicht geschehen, so ist innerhalb dieser zwei Wochen das von den Richtern unterschriebene Urteil ohne Tatbestand, Entscheidungsgründe und Rechtsmittelbelehrung der Geschäftsstelle zu übermitteln. [3]Tatbestand, Entscheidungsgründe und Rechtsmittelbelehrung sind alsbald nachträglich niederzulegen, von den Richtern besonders zu unterschreiben und der Geschäftsstelle zu übermitteln.

(5) Das Gericht kann von einer weiteren Darstellung der Entscheidungsgründe absehen, soweit es der Begründung des Verwaltungsakts oder der Entscheidung über den außergerichtlichen Rechtsbehelf folgt und dies in seiner Entscheidung feststellt.

(6) [1]Der Urkundsbeamte der Geschäftsstelle hat auf dem Urteil den Tag der Zustellung und im Fall des § 104 Abs. 1 Satz 1 den Tag der Verkündung zu vermerken und diesen Vermerk zu unterschreiben. [2]Werden die Akten elektronisch geführt, hat der Urkundsbeamte der Geschäftsstelle den Vermerk in einem gesonderten Dokument festzuhalten. [3]Das Dokument ist mit dem Urteil untrennbar zu verbinden.

§ 106 Gerichtsbescheid

Die §§ 104 und 105 gelten für Gerichtsbescheide sinngemäß.

§ 107[1] Berichtigung des Urteils

(1) Schreibfehler, Rechenfehler und ähnliche offenbare Unrichtigkeiten im Urteil sind jederzeit vom Gericht zu berichtigen.

(2) [1]Über die Berichtigung kann ohne mündliche Verhandlung entschieden werden. [2]Der Berichtigungsbeschluss wird auf dem Urteil und den Ausfertigungen vermerkt. [3]Ist das Urteil elektronisch abgefasst, ist auch der Beschluss elektronisch abzufassen und mit dem Urteil untrennbar zu verbinden.

§ 108[2] Antrag auf Tatbestandsberichtigung

(1) Enthält der Tatbestand des Urteils andere Unrichtigkeiten oder Unklarheiten, so kann die Berichtigung binnen zwei Wochen nach Zustellung des Urteils beantragt werden.

(2) [1]Das Gericht entscheidet ohne Beweisaufnahme durch Beschluss. [2]Der Beschluss ist unanfechtbar. [3]Bei der Entscheidung wirken nur die Richter mit, die beim Urteil mitgewirkt haben. [4]Ist ein Richter verhindert, so gibt bei Stimmengleichheit die Stimme des Vorsitzenden den Ausschlag. [5]Der Berichtigungsbeschluss wird auf dem Urteil und den Ausfertigungen vermerkt. [6]Ist das Urteil elektronisch abgefasst, ist auch der Beschluss elektronisch abzufassen und mit dem Urteil untrennbar zu verbinden.

§ 109 Nachträgliche Urteilsergänzung

(1) Wenn ein nach dem Tatbestand von einem Beteiligten gestellter Antrag oder die Kostenfolge bei der Entscheidung ganz oder zum Teil übergangen ist, so ist auf Antrag das Urteil durch nachträgliche Entscheidung zu ergänzen.

(2) [1]Die Entscheidung muss binnen zwei Wochen nach Zustellung des Urteils beantragt werden. [2]Die mündliche Verhandlung hat nur den nicht erledigten Teil des Rechtsstreits zum Gegenstand.

§ 110 Rechtskraft der Urteile

(1) [1]Rechtskräftige Urteile binden, soweit über den Streitgegenstand entschieden worden ist,

1) **Anm. d. Red.:** § 107 Abs. 2 i. d. F. des Art. 3 Nr. 18 JKomG v. 22. 3. 2005 (BGBl I 837).

2) **Anm. d. Red.:** § 108 Abs. 2 i. d. F. des Art. 3 Nr. 19 JKomG v. 22. 3. 2005 (BGBl I 837).

1. die Beteiligten und ihre Rechtsnachfolger,
2. in den Fällen des § 48 Abs. 1 Nr. 1 die nicht klageberechtigten Gesellschafter oder Gemeinschafter und
3. im Fall des § 60a die Personen, die einen Antrag auf Beiladung nicht oder nicht fristgemäß gestellt haben.

[2]Die gegen eine Finanzbehörde ergangenen Urteile wirken auch gegenüber der öffentlich-rechtlichen Körperschaft, der die beteiligte Finanzbehörde angehört.

(2) Die Vorschriften der Abgabenordnung und anderer Steuergesetze über die Rücknahme, Widerruf, Aufhebung und Änderung von Verwaltungsakten sowie über die Nachforderung von Steuern bleiben unberührt, soweit sich aus Absatz 1 Satz 1 nichts anderes ergibt.

§§ 111 und 112 (weggefallen)

§ 113 Beschlüsse

(1) Für Beschlüsse gelten § 96 Abs. 1 Satz 1 und 2, § 105 Abs. 2 Nr. 6, §§ 107 bis 109 sinngemäß.

(2) [1]Beschlüsse sind zu begründen, wenn sie durch Rechtsmittel angefochten werden können oder über einen Rechtsbehelf entscheiden. [2]Beschlüsse über die Aussetzung der Vollziehung (§ 69 Abs. 3 und 5) und über einstweilige Anordnungen (§ 114 Abs. 1), Beschlüsse nach Erledigung des Rechtsstreits in der Hauptsache (§ 138) sowie Beschlüsse, in denen ein Antrag auf Bewilligung von Prozesskostenhilfe zurückgewiesen wird (§ 142), sind stets zu begründen. [3]Beschlüsse, die über ein Rechtsmittel entscheiden, bedürfen keiner weiteren Begründung, soweit das Gericht das Rechtsmittel aus den Gründen der angefochtenen Entscheidung als unbegründet zurückweist.

§ 114 Einstweilige Anordnung

(1) [1]Auf Antrag kann das Gericht, auch schon vor Klageerhebung, eine einstweilige Anordnung in Bezug auf den Streitgegenstand treffen, wenn die Gefahr besteht, dass durch eine Veränderung des bestehenden Zustands die Verwirklichung eines Rechts des Antragstellers vereitelt oder wesentlich erschwert werden könnte. [2]Einstweilige Anordnungen sind auch zur Regelung eines vorläufigen Zustands in Bezug auf ein streitiges Rechtsverhältnis zulässig, wenn diese Regelung, vor allem bei dauernden Rechtsverhältnissen, um wesentliche Nachteile abzuwenden oder drohende Gewalt zu verhindern oder aus anderen Gründen nötig erscheint.

(2) [1]Für den Erlass einstweiliger Anordnungen ist das Gericht der Hauptsache zuständig. [2]Dies ist das Gericht des ersten Rechtszugs. [3]In dringenden Fällen kann der Vorsitzende entscheiden.

(3) Für den Erlass einstweiliger Anordnungen gelten die §§ 920, 921, 923, 926, 928 bis 932, 938, 939, 941 und 945 der Zivilprozessordnung sinngemäß.

(4) Das Gericht entscheidet durch Beschluss.

(5) Die Vorschriften der Absätze 1 bis 3 gelten nicht für die Fälle des § 69.

Abschnitt V: Rechtsmittel und Wiederaufnahme des Verfahrens

Unterabschnitt 1: Revision

§ 115 Zulassung der Revision

(1) Gegen das Urteil des Finanzgerichts (§ 36 Nr. 1) steht den Beteiligten die Revision an den Bundesfinanzhof zu, wenn das Finanzgericht oder auf Beschwerde gegen die Nichtzulassung der Bundesfinanzhof sie zugelassen hat.

(2) Die Revision ist nur zuzulassen, wenn

1. die Rechtssache grundsätzliche Bedeutung hat,

2. die Fortbildung des Rechts oder die Sicherung einer einheitlichen Rechtsprechung eine Entscheidung des Bundesfinanzhofs erfordert oder
3. ein Verfahrensmangel geltend gemacht wird und vorliegt, auf dem die Entscheidung beruhen kann.

(3) Der Bundesfinanzhof ist an die Zulassung gebunden.

§ 116 Nichtzulassung der Revision

(1) Die Nichtzulassung der Revision kann durch Beschwerde angefochten werden.

(2) [1]Die Beschwerde ist innerhalb eines Monats nach Zustellung des vollständigen Urteils bei dem Bundesfinanzhof einzulegen. [2]Sie muss das angefochtene Urteil bezeichnen. [3]Der Beschwerdeschrift soll eine Ausfertigung oder Abschrift des Urteils, gegen das Revision eingelegt werden soll, beigefügt werden.

(3) [1]Die Beschwerde ist innerhalb von zwei Monaten nach der Zustellung des vollständigen Urteils zu begründen. [2]Die Begründung ist bei dem Bundesfinanzhof einzureichen. [3]In der Begründung müssen die Voraussetzungen des § 115 Abs. 2 dargelegt werden. [4]Die Begründungsfrist kann von dem Vorsitzenden auf einen vor ihrem Ablauf gestellten Antrag um einen weiteren Monat verlängert werden.

(4) Die Einlegung der Beschwerde hemmt die Rechtskraft des Urteils.

(5) [1]Der Bundesfinanzhof entscheidet über die Beschwerde durch Beschluss. [2]Der Beschluss soll kurz begründet werden; von einer Begründung kann abgesehen werden, wenn sie nicht geeignet ist, zur Klärung der Voraussetzungen beizutragen, unter denen eine Revision zuzulassen ist, oder wenn der Beschwerde stattgegeben wird. [3]Mit der Ablehnung der Beschwerde durch den Bundesfinanzhof wird das Urteil rechtskräftig.

(6) Liegen die Voraussetzungen des § 115 Abs. 2 Nr. 3 vor, kann der Bundesfinanzhof in dem Beschluss das angefochtene Urteil aufheben und den Rechtsstreit zur anderweitigen Verhandlung und Entscheidung zurückverweisen.

(7) [1]Wird der Beschwerde gegen die Nichtzulassung der Revision stattgegeben, so wird das Beschwerdeverfahren als Revisionsverfahren fortgesetzt, wenn nicht der Bundesfinanzhof das angefochtene Urteil nach Absatz 6 aufhebt; der Einlegung einer Revision durch den Beschwerdeführer bedarf es nicht. [2]Mit der Zustellung der Entscheidung beginnt für den Beschwerdeführer die Revisionsbegründungsfrist, für die übrigen Beteiligten die Revisions- und die Revisionsbegründungsfrist. [3]Auf Satz 1 und 2 ist in dem Beschluss hinzuweisen.

§ 117 (weggefallen)

§ 118 Revisionsgründe

(1) [1]Die Revision kann nur darauf gestützt werden, dass das angefochtene Urteil auf der Verletzung von Bundesrecht beruhe. [2]Soweit im Fall des § 33 Abs. 1 Nr. 4 die Vorschriften dieses Unterabschnitts durch Landesgesetz für anwendbar erklärt werden, kann die Revision auch darauf gestützt werden, dass das angefochtene Urteil auf der Verletzung von Landesrecht beruhe.

(2) Der Bundesfinanzhof ist an die in dem angefochtenen Urteil getroffenen tatsächlichen Feststellungen gebunden, es sei denn, dass in Bezug auf diese Feststellungen zulässige und begründete Revisionsgründe vorgebracht sind.

(3) [1]Wird die Revision auf Verfahrensmängel gestützt und liegt nicht zugleich eine der Voraussetzungen des § 115 Abs. 2 Nr. 1 und 2 vor, so ist nur über die geltend gemachten Verfahrensmängel zu entscheiden. [2]Im Übrigen ist der Bundesfinanzhof an die geltend gemachten Revisionsgründe nicht gebunden.

§ 119 Absolute Revisionsgründe

Ein Urteil ist stets als auf der Verletzung von Bundesrecht beruhend anzusehen, wenn

1. das erkennende Gericht nicht vorschriftsmäßig besetzt war,

2. bei der Entscheidung ein Richter mitgewirkt hat, der von der Ausübung des Richteramts kraft Gesetzes ausgeschlossen oder wegen Besorgnis der Befangenheit mit Erfolg abgelehnt war,
3. einem Beteiligten das rechtliche Gehör versagt war,
4. ein Beteiligter im Verfahren nicht nach Vorschrift des Gesetzes vertreten war, außer wenn er der Prozessführung ausdrücklich oder stillschweigend zugestimmt hat,
5. das Urteil auf eine mündliche Verhandlung ergangen ist, bei der die Vorschriften über die Öffentlichkeit des Verfahrens verletzt worden sind, oder
6. die Entscheidung nicht mit Gründen versehen ist.

§ 120[1)] Einlegung der Revision

(1) [1]Die Revision ist bei dem Bundesfinanzhof innerhalb eines Monats nach Zustellung des vollständigen Urteils schriftlich einzulegen. [2]Die Revision muss das angefochtene Urteil bezeichnen. [3]Eine Ausfertigung oder Abschrift des Urteils soll beigefügt werden, sofern dies nicht schon nach § 116 Abs. 2 Satz 3 geschehen ist. [4]Satz 3 gilt nicht im Falle der elektronischen Revisionseinlegung.

(2) [1]Die Revision ist innerhalb von zwei Monaten nach Zustellung des vollständigen Urteils zu begründen; im Fall des § 116 Abs. 7 beträgt die Begründungsfrist für den Beschwerdeführer einen Monat nach Zustellung des Beschlusses über die Zulassung der Revision. [2]Die Begründung ist bei dem Bundesfinanzhof einzureichen. [3]Die Frist kann auf einen vor ihrem Ablauf gestellten Antrag von dem Vorsitzenden verlängert werden.

(3) Die Begründung muss enthalten:

1. die Erklärung, inwieweit das Urteil angefochten und dessen Aufhebung beantragt wird (Revisionsanträge);
2. die Angabe der Revisionsgründe, und zwar
   a) die bestimmte Bezeichnung der Umstände, aus denen sich die Rechtsverletzung ergibt;
   b) soweit die Revision darauf gestützt wird, dass das Gesetz in Bezug auf das Verfahren verletzt sei, die Bezeichnung der Tatsachen, die den Mangel ergeben.

§ 121 Verfahrensvorschriften

[1]Für das Revisionsverfahren gelten die Vorschriften über das Verfahren im ersten Rechtszug und die Vorschriften über Urteile und andere Entscheidungen entsprechend, soweit sich aus den Vorschriften über die Revision nichts anderes ergibt. [2]§ 79a über die Entscheidung durch den vorbereitenden Richter und § 94a über das Verfahren nach billigem Ermessen sind nicht anzuwenden. [3]Erklärungen und Beweismittel, die das Finanzgericht nach § 79b zu Recht zurückgewiesen hat, bleiben auch im Revisionsverfahren ausgeschlossen.

§ 122 Beteiligte am Revisionsverfahren

(1) Beteiligter am Verfahren über die Revision ist, wer am Verfahren über die Klage beteiligt war.

(2) [1]Betrifft das Verfahren eine auf Bundesrecht beruhende Abgabe oder eine Rechtsstreitigkeit über Bundesrecht, so kann das Bundesministerium der Finanzen dem Verfahren beitreten. [2]Betrifft das Verfahren eine von den Landesfinanzbehörden verwaltete Abgabe oder eine Rechtsstreitigkeit über Landesrecht, so steht dieses Recht auch der zuständigen obersten Landesbehörde zu. [3]Der Senat kann die zuständigen Stellen zum Beitritt auffordern. [4]Mit ihrem Beitritt erlangt die Behörde die Rechtsstellung eines Beteiligten.

---

1) **Anm. d. Red.:** § 120 Abs. 1 i. d. F. des Art. 3 Nr. 20 JKomG v. 22. 3. 2005 (BGBl I 837).

§ 123 Unzulässigkeit der Klageänderung

(1) [1]Klageänderungen und Beiladungen sind im Revisionsverfahren unzulässig. [2]Das gilt nicht für Beiladungen nach § 60 Abs. 3 Satz 1.

(2) [1]Ein im Revisionsverfahren nach § 60 Abs. 3 Satz 1 Beigeladener kann Verfahrensmängel nur innerhalb von zwei Monaten nach Zustellung des Beiladungsbeschlusses rügen. [2]Die Frist kann auf einen vor ihrem Ablauf gestellten Antrag von dem Vorsitzenden verlängert werden.

§ 124 Prüfung der Zulässigkeit

(1) [1]Der Bundesfinanzhof prüft, ob die Revision statthaft und ob sie in der gesetzlichen Form und Frist eingelegt und begründet worden ist. [2]Mangelt es an einem dieser Erfordernisse, so ist die Revision unzulässig.

(2) Der Beurteilung der Revision unterliegen auch diejenigen Entscheidungen, die dem Endurteil vorausgegangen sind, sofern sie nicht nach den Vorschriften dieses Gesetzes unanfechtbar sind.

§ 125 Zurücknahme der Revision

(1) [1]Die Revision kann bis zur Rechtskraft des Urteils zurückgenommen werden. [2]Nach Schluss der mündlichen Verhandlung, bei Verzicht auf die mündliche Verhandlung und nach Ergehen eines Gerichtsbescheides ist die Rücknahme nur mit Einwilligung des Revisionsbeklagten möglich.

(2) Die Zurücknahme bewirkt den Verlust des eingelegten Rechtsmittels.

§ 126 Entscheidung über die Revision

(1) Ist die Revision unzulässig, so verwirft der Bundesfinanzhof sie durch Beschluss.

(2) Ist die Revision unbegründet, so weist der Bundesfinanzhof sie zurück.

(3) [1]Ist die Revision begründet, so kann der Bundesfinanzhof

1. in der Sache selbst entscheiden oder
2. das angefochtene Urteil aufheben und die Sache zur anderweitigen Verhandlung und Entscheidung zurückverweisen.

[2]Der Bundesfinanzhof verweist den Rechtsstreit zurück, wenn der in dem Revisionsverfahren nach § 123 Abs. 1 Satz 2 Beigeladene ein berechtigtes Interesse daran hat.

(4) Ergeben die Entscheidungsgründe zwar eine Verletzung des bestehenden Rechts, stellt sich die Entscheidung selbst aber aus anderen Gründen als richtig dar, so ist die Revision zurückzuweisen.

(5) Das Gericht, an das die Sache zur anderweitigen Verhandlung und Entscheidung zurückverwiesen ist, hat seiner Entscheidung die rechtliche Beurteilung des Bundesfinanzhofs zugrunde zu legen.

(6) [1]Die Entscheidung über die Revision bedarf keiner Begründung, soweit der Bundesfinanzhof Rügen von Verfahrensmängeln nicht für durchgreifend erachtet. [2]Das gilt nicht für Rügen nach § 119 und, wenn mit der Revision ausschließlich Verfahrensmängel geltend gemacht werden, für Rügen, auf denen die Zulassung der Revision beruht.

§ 126a Entscheidung bei unbegründeter Revision

[1]Der Bundesfinanzhof kann über die Revision in der Besetzung von fünf Richtern durch Beschluss entscheiden, wenn er einstimmig die Revision für unbegründet und eine mündliche Verhandlung nicht für erforderlich hält. [2]Die Beteiligten sind vorher zu hören. [3]Der Beschluss soll eine kurze Begründung enthalten; dabei sind die Voraussetzungen dieses Verfahrens festzustellen. [4]§ 126 Abs. 6 gilt entsprechend.

§ 127[1] Zurückverweisung

Ist während des Revisionsverfahrens ein neuer oder geänderter Verwaltungsakt Gegenstand des Verfahrens geworden (§§ 68, 123 Satz 2), so kann der Bundesfinanzhof das angefochtene Urteil aufheben und die Sache zur anderweitigen Verhandlung und Entscheidung an das Finanzgericht zurückverweisen.

Unterabschnitt 2[2]: Beschwerde, Erinnerung, Anhörungsrüge

§ 128 Beschwerde

(1) Gegen die Entscheidungen des Finanzgerichts, des Vorsitzenden oder des Berichterstatters, die nicht Urteile oder Gerichtsbescheide sind, steht den Beteiligten und den sonst von der Entscheidung Betroffenen die Beschwerde an den Bundesfinanzhof zu, soweit nicht in diesem Gesetz etwas anderes bestimmt ist.

(2) Prozessleitende Verfügungen, Aufklärungsanordnungen, Beschlüsse über die Vertagung oder die Bestimmung einer Frist, Beweisbeschlüsse, Beschlüsse nach den §§ 91a und 93a, Beschlüsse über die Ablehnung von Beweisanträgen, über Verbindung und Trennung von Verfahren und Ansprüchen und über die Ablehnung von Gerichtspersonen, Sachverständigen und Dolmetschern, Einstellungsbeschlüsse nach Klagerücknahme sowie Beschlüsse im Verfahren der Prozesskostenhilfe können nicht mit der Beschwerde angefochten werden.

(3) [1]Gegen die Entscheidung über die Aussetzung der Vollziehung nach § 69 Abs. 3 und 5 und über einstweilige Anordnungen nach § 114 Abs. 1 steht den Beteiligten die Beschwerde nur zu, wenn sie in der Entscheidung zugelassen worden ist. [2]Für die Zulassung gilt § 115 Abs. 2 entsprechend.

(4) [1]In Streitigkeiten über Kosten ist die Beschwerde nicht gegeben. [2]Das gilt nicht für die Beschwerde gegen die Nichtzulassung der Revision.

§ 129 Einlegung der Beschwerde

(1) Die Beschwerde ist beim Finanzgericht schriftlich oder zur Niederschrift des Urkundsbeamten der Geschäftsstelle innerhalb von zwei Wochen nach Bekanntgabe der Entscheidung einzulegen.

(2) Die Beschwerdefrist ist auch gewahrt, wenn die Beschwerde innerhalb der Frist beim Bundesfinanzhof eingeht.

§ 130 Abhilfe oder Vorlage beim Bundesfinanzhof

(1) Hält das Finanzgericht, der Vorsitzende oder der Berichterstatter, dessen Entscheidung angefochten wird, die Beschwerde für begründet, so ist ihr abzuhelfen; sonst ist sie unverzüglich dem Bundesfinanzhof vorzulegen.

(2) Das Finanzgericht soll die Beteiligten von der Vorlage der Beschwerde in Kenntnis setzen.

§ 131 Aufschiebende Wirkung

(1) [1]Die Beschwerde hat nur dann aufschiebende Wirkung, wenn sie die Festsetzung eines Ordnungs- oder Zwangsmittels zum Gegenstand hat. [2]Das Finanzgericht, der Vorsitzende oder der Berichterstatter, dessen Entscheidung angefochten wird, kann auch sonst bestimmen, dass die Vollziehung der angefochtenen Entscheidung einstweilen auszusetzen ist.

(2) Die §§ 178 und 181 Abs. 2 des Gerichtsverfassungsgesetzes bleiben unberührt.

---

1) **Anm. d. Red.:** Redaktioneller Fehler des Gesetzgebers bei Verweis auf nicht vorhandenen § 123 Satz 2 FGO.

2) **Anm. d. Red.:** Überschrift i. d. F. des Art. 10 Nr. 1 Anhörungsrügengesetz v. 9. 12. 2004 (BGBl I 3220).

§ 132 Entscheidung über die Beschwerde

Über die Beschwerde entscheidet der Bundesfinanzhof durch Beschluss.

§ 133 Antrag auf Entscheidung des Gerichts

(1) [1]Gegen die Entscheidung des beauftragten oder ersuchten Richters oder des Urkundsbeamten kann innerhalb von zwei Wochen nach Bekanntgabe die Entscheidung des Finanzgerichts beantragt werden. [2]Der Antrag ist schriftlich oder zur Niederschrift des Urkundsbeamten der Geschäftsstelle des Gerichts zu stellen. [3]Die §§ 129 bis 131 gelten sinngemäß.

(2) Im Verfahren vor dem Bundesfinanzhof gilt Absatz 1 für Entscheidungen des beauftragten oder ersuchten Richters oder des Urkundsbeamten der Geschäftsstelle sinngemäß.

§ 133a[1)] Abhilfe bei Verletzung des Anspruchs auf rechtliches Gehör

(1) [1]Auf die Rüge eines durch eine gerichtliche Entscheidung beschwerten Beteiligten ist das Verfahren fortzuführen, wenn

1. ein Rechtsmittel oder ein anderer Rechtsbehelf gegen die Entscheidung nicht gegeben ist und
2. das Gericht den Anspruch dieses Beteiligten auf rechtliches Gehör in entscheidungserheblicher Weise verletzt hat.

[2]Gegen eine der Endentscheidung vorausgehende Entscheidung findet die Rüge nicht statt.

(2) [1]Die Rüge ist innerhalb von zwei Wochen nach Kenntnis von der Verletzung des rechtlichen Gehörs zu erheben; der Zeitpunkt der Kenntniserlangung ist glaubhaft zu machen. [2]Nach Ablauf eines Jahres seit Bekanntgabe der angegriffenen Entscheidung kann die Rüge nicht mehr erhoben werden. [3]Formlos mitgeteilte Entscheidungen gelten mit dem dritten Tage nach Aufgabe zur Post als bekannt gegeben. [4]Die Rüge ist schriftlich oder zur Niederschrift des Urkundsbeamten der Geschäftsstelle bei dem Gericht zu erheben, dessen Entscheidung angegriffen wird. [5]Die Rüge muss die angegriffene Entscheidung bezeichnen und das Vorliegen der in Absatz 1 Satz 1 Nr. 2 genannten Voraussetzungen darlegen.

(3) Den übrigen Beteiligten ist, soweit erforderlich, Gelegenheit zur Stellungnahme zu geben.

(4) [1]Ist die Rüge nicht statthaft oder nicht in der gesetzlichen Form oder Frist erhoben, so ist sie als unzulässig zu verwerfen. [2]Ist die Rüge unbegründet, weist das Gericht sie zurück. [3]Die Entscheidung ergeht durch unanfechtbaren Beschluss. [4]Der Beschluss soll kurz begründet werden.

(5) [1]Ist die Rüge begründet, so hilft ihr das Gericht ab, indem es das Verfahren fortführt, soweit dies aufgrund der Rüge geboten ist. [2]Das Verfahren wird in die Lage zurückversetzt, in der es sich vor dem Schluss der mündlichen Verhandlung befand. [3]In schriftlichen Verfahren tritt an die Stelle des Schlusses der mündlichen Verhandlung der Zeitpunkt, bis zu dem Schriftsätze eingereicht werden können. [4]Für den Ausspruch des Gerichts ist § 343 der Zivilprozessordnung entsprechend anzuwenden.

(6) § 131 Abs. 1 Satz 2 ist entsprechend anzuwenden.

---

1) **Anm. d. Red.:** § 133a eingefügt gem. Art. 10 Nr. 2 Anhörungsrügengesetz v. 9. 12. 2004 (BGBl I 3220); Abs. 2 i. d. F. des Art. 14 Nr. 2 Gesetz zur Neuregelung des Rechtsberatungsrechts v. 12. 12. 2007 (BGBl I 2840).

Unterabschnitt 3: Wiederaufnahme des Verfahrens

§ 134 Wiederaufnahme des Verfahrens

Ein rechtskräftig beendetes Verfahren kann nach den Vorschriften des Vierten Buchs der Zivilprozessordnung wieder aufgenommen werden.

Dritter Teil: Kosten und Vollstreckung

Abschnitt I: Kosten

§ 135 Kostenpflichtige

(1) Der unterliegende Beteiligte trägt die Kosten des Verfahrens.

(2) Die Kosten eines ohne Erfolg eingelegten Rechtsmittels fallen demjenigen zur Last, der das Rechtsmittel eingelegt hat.

(3) Dem Beigeladenen können Kosten nur auferlegt werden, soweit er Anträge gestellt oder Rechtsmittel eingelegt hat.

(4) Die Kosten des erfolgreichen Wiederaufnahmeverfahrens können der Staatskasse auferlegt werden, soweit sie nicht durch das Verschulden eines Beteiligten entstanden sind.

(5) [1]Besteht der kostenpflichtige Teil aus mehreren Personen, so haften diese nach Kopfteilen. [2]Bei erheblicher Verschiedenheit ihrer Beteiligung kann nach Ermessen des Gerichts die Beteiligung zum Maßstab genommen werden.

§ 136 Kompensation der Kosten

(1) [1]Wenn ein Beteiligter teils obsiegt, teils unterliegt, so sind die Kosten gegeneinander aufzuheben oder verhältnismäßig zu teilen. [2]Sind die Kosten gegeneinander aufgehoben, so fallen die Gerichtskosten jedem Teil zur Hälfte zur Last. [3]Einem Beteiligten können die Kosten ganz auferlegt werden, wenn der andere nur zu einem geringen Teil unterlegen ist.

(2) Wer einen Antrag, eine Klage, ein Rechtsmittel oder einen anderen Rechtsbehelf zurücknimmt, hat die Kosten zu tragen.

(3) Kosten, die durch einen Antrag auf Wiedereinsetzung in den vorigen Stand entstehen, fallen dem Antragsteller zur Last.

§ 137[1)] Anderweitige Auferlegung der Kosten

[1]Einem Beteiligten können die Kosten ganz oder teilweise auch dann auferlegt werden, wenn er obsiegt hat, die Entscheidung aber auf Tatsachen beruht, die er früher hätte geltend machen oder beweisen können und sollen. [2]Kosten, die durch Verschulden eines Beteiligten entstanden sind, können diesem auferlegt werden. [3]Berücksichtigt das Gericht nach § 76 Abs. 3 Erklärungen und Beweismittel, die im Einspruchsverfahren nach § 364b der Abgabenordnung rechtmäßig zurückgewiesen wurden, sind dem Kläger insoweit die Kosten aufzuerlegen.

§ 138[2)] Kostenentscheidung bei Hauptsacheerledigung

(1) Ist der Rechtsstreit in der Hauptsache erledigt, so entscheidet das Gericht nach billigem Ermessen über die Kosten des Verfahrens durch Beschluss; der bisherige Sach- und Streitstand ist zu berücksichtigen.

1) **Anm. d. Red.:** § 137 i. d. F. des Art. 5 StVBG v. 19. 12. 2001 (BGBl I 3922).

2) **Anm. d. Red.:** § 138 Abs. 3 angefügt gem. Art. 7 Nr. 2 1. Justizmodernisierungsgesetz v. 24. 8. 2004 (BGBl I 2198).

(2) [1]Soweit ein Rechtsstreit dadurch erledigt wird, dass dem Antrag des Steuerpflichtigen durch Rücknahme oder Änderung des angefochtenen Verwaltungsakts stattgegeben oder dass im Fall der Untätigkeitsklage gemäß § 46 Abs. 1 Satz 3 Halbsatz 2 innerhalb der gesetzten Frist dem außergerichtlichen Rechtsbehelf stattgegeben oder der beantragte Verwaltungsakt erlassen wird, sind die Kosten der Behörde aufzuerlegen. [2]§ 137 gilt sinngemäß.

(3) Der Rechtsstreit ist auch in der Hauptsache erledigt, wenn der Beklagte der Erledigungserklärung des Klägers nicht innerhalb von zwei Wochen seit Zustellung des die Erledigungserklärung enthaltenden Schriftsatzes widerspricht und er vom Gericht auf diese Folge hingewiesen worden ist.

§ 139 Erstattungsfähige Kosten

(1) Kosten sind die Gerichtskosten (Gebühren und Auslagen) und die zur zweckentsprechenden Rechtsverfolgung oder Rechtsverteidigung notwendigen Aufwendungen der Beteiligten einschließlich der Kosten des Vorverfahrens.

(2) Die Aufwendungen der Finanzbehörden sind nicht zu erstatten.

(3) [1]Gesetzlich vorgesehene Gebühren und Auslagen eines Bevollmächtigten oder Beistands, der nach den Vorschriften des Steuerberatungsgesetzes zur geschäftsmäßigen Hilfeleistung in Steuersachen befugt ist, sind stets erstattungsfähig. [2]Aufwendungen für einen Bevollmächtigten oder Beistand, für den Gebühren und Auslagen gesetzlich nicht vorgesehen sind, können bis zur Höhe der gesetzlichen Gebühren und Auslagen der Rechtsanwälte erstattet werden. [3]Soweit ein Vorverfahren geschwebt hat, sind die Gebühren und Auslagen erstattungsfähig, wenn das Gericht die Zuziehung eines Bevollmächtigten oder Beistands für das Vorverfahren für notwendig erklärt. [4]Steht der Bevollmächtigte oder Beistand in einem Angestelltenverhältnis zu einem Beteiligten, so werden die durch seine Zuziehung entstandenen Gebühren nicht erstattet.

(4) Die außergerichtlichen Kosten des Beigeladenen sind nur erstattungsfähig, wenn das Gericht sie aus Billigkeit der unterliegenden Partei oder der Staatskasse auferlegt.

§§ 140 und 141 (weggefallen)

§ 142 Prozesskostenhilfe

(1) Die Vorschriften der Zivilprozessordnung über die Prozesskostenhilfe gelten sinngemäß.

(2) Einem Beteiligten, dem Prozesskostenhilfe bewilligt worden ist, kann auch ein Steuerberater beigeordnet werden.

§ 143 Kostenentscheidung

(1) Das Gericht hat im Urteil oder, wenn das Verfahren in anderer Weise beendet worden ist, durch Beschluss über die Kosten zu entscheiden.

(2) Wird eine Sache vom Bundesfinanzhof an das Finanzgericht zurückverwiesen, so kann diesem die Entscheidung über die Kosten des Verfahrens übertragen werden.

§ 144 Kostenentscheidung bei Rücknahme eines Rechtsbehelfs

Ist ein Rechtsbehelf seinem vollen Umfang nach zurückgenommen worden, so wird über die Kosten des Verfahrens nur entschieden, wenn ein Beteiligter Kostenerstattung beantragt.

§ 145 Anfechtung der Kostenentscheidung

Die Anfechtung der Entscheidung über die Kosten ist unzulässig, wenn nicht gegen die Entscheidung in der Hauptsache ein Rechtsmittel eingelegt wird.

§§ 146 bis 148 (weggefallen)

§ 149 Festsetzung der zu erstattenden Aufwendungen

(1) Die den Beteiligten zu erstattenden Aufwendungen werden auf Antrag von dem Urkundsbeamten des Gerichts des ersten Rechtszugs festgesetzt.

(2) [1]Gegen die Festsetzung ist die Erinnerung an das Gericht gegeben. [2]Die Frist für die Einlegung der Erinnerung beträgt zwei Wochen. [3]Über die Zulässigkeit der Erinnerung sind die Beteiligten zu belehren.

(3) Der Vorsitzende des Gerichts oder das Gericht können anordnen, dass die Vollstreckung einstweilen auszusetzen ist.

(4) Über die Erinnerung entscheidet das Gericht durch Beschluss.

Abschnitt II: Vollstreckung

§ 150[1] Anwendung der Bestimmungen der Abgabenordnung

[1]Soll zugunsten des Bundes, eines Landes, eines Gemeindeverbands, einer Gemeinde oder einer Körperschaft, Anstalt oder Stiftung des öffentlichen Rechts als Abgabenberechtigte vollstreckt werden, so richtet sich die Vollstreckung nach den Bestimmungen der Abgabenordnung, soweit nicht durch Gesetz etwas anderes bestimmt ist. [2]Vollstreckungsbehörden sind die Finanzämter und Hauptzollämter. [3]Für die Vollstreckung gilt § 69 sinngemäß.

§ 151 Anwendung der Bestimmungen der Zivilprozessordnung

(1) [1]Soll gegen den Bund, ein Land, einen Gemeindeverband, eine Gemeinde, eine Körperschaft, eine Anstalt oder Stiftung des öffentlichen Rechts vollstreckt werden, so gilt für die Zwangsvollstreckung das Achte Buch der Zivilprozessordnung sinngemäß; § 150 bleibt unberührt. [2]Vollstreckungsgericht ist das Finanzgericht.

(2) Vollstreckt wird

1. aus rechtskräftigen und aus vorläufig vollstreckbaren gerichtlichen Entscheidungen,
2. aus einstweiligen Anordnungen,
3. aus Kostenfestsetzungsbeschlüssen.

(3) Urteile auf Anfechtungs- und Verpflichtungsklagen können nur wegen der Kosten für vorläufig vollstreckbar erklärt werden.

(4) Für die Vollstreckung können den Beteiligten auf ihren Antrag Ausfertigungen des Urteils ohne Tatbestand und ohne Entscheidungsgründe erteilt werden, deren Zustellung in den Wirkungen der Zustellung eines vollständigen Urteils gleichsteht.

§ 152 Vollstreckung wegen Geldforderung

(1) [1]Soll im Fall des § 151 wegen einer Geldforderung vollstreckt werden, so verfügt das Vollstreckungsgericht auf Antrag des Gläubigers die Vollstreckung. [2]Es bestimmt die vorzunehmenden Vollstreckungsmaßnahmen und ersucht die zuständigen Stellen um deren Vornahme. [3]Die ersuchte Stelle ist verpflichtet, dem Ersuchen nach den für sie geltenden Vollstreckungsvorschriften nachzukommen.

(2) [1]Das Gericht hat vor Erlass der Vollstreckungsverfügung die Behörde oder bei Körperschaften, Anstalten und Stiftungen des öffentlichen Rechts, gegen die vollstreckt werden soll, die gesetzlichen Vertreter von der beabsichtigten Vollstreckung zu benachrichtigen mit der Aufforderung, die Vollstreckung innerhalb einer vom Gericht zu bemessenden Frist abzuwenden. [2]Die Frist darf einen Monat nicht übersteigen.

1) **Anm. d. Red.:** § 150 Satz 2 i. d. F. des Art. 3 Nr. 21 JKomG v. 22. 3. 2005 (BGBl I 837).

(3) [1]Die Vollstreckung ist unzulässig in Sachen, die für die Erfüllung öffentlicher Aufgaben unentbehrlich sind oder deren Veräußerung ein öffentliches Interesse entgegensteht. [2]Über Einwendungen entscheidet das Gericht nach Anhörung der zuständigen Aufsichtsbehörde oder bei obersten Bundes- oder Landesbehörden des zuständigen Ministers.

(4) Für öffentlich-rechtliche Kreditinstitute gelten die Absätze 1 bis 3 nicht.

(5) Der Ankündigung der Vollstreckung und der Einhaltung einer Wartefrist bedarf es nicht, wenn es sich um den Vollzug einer einstweiligen Anordnung handelt.

§ 153 Verzicht auf Vollstreckungsklausel

In den Fällen der §§ 150, 152 Abs. 1 bis 3 bedarf es einer Vollstreckungsklausel nicht.

§ 154[1)] Zwangsgeld

[1]Kommt die Finanzbehörde in den Fällen des § 100 Abs. 1 Satz 2 und der §§ 101 und 114 der ihr im Urteil oder in der einstweiligen Anordnung auferlegten Verpflichtung nicht nach, so kann das Gericht des ersten Rechtszugs auf Antrag unter Fristsetzung gegen sie ein Zwangsgeld bis eintausend Euro durch Beschluss androhen, nach fruchtlosem Fristablauf festsetzen und von Amts wegen vollstrecken. [2]Das Zwangsgeld kann wiederholt angedroht, festgesetzt und vollstreckt werden.

Vierter Teil: Übergangs- und Schlussbestimmungen

§ 155 Anwendung des Gerichtsverfassungsgesetzes und der Zivilprozessordnung

Soweit dieses Gesetz keine Bestimmungen über das Verfahren enthält, sind das Gerichtsverfassungsgesetz und, soweit die grundsätzlichen Unterschiede der beiden Verfahrensarten es nicht ausschließen, die Zivilprozessordnung sinngemäß anzuwenden.

§ 156[2)] Anwendung des § 6 des Einführungsgesetzes zum Gerichtsverfassungsgesetz

§ 6 des Einführungsgesetzes zum Gerichtsverfassungsgesetz gilt entsprechend.

§ 157 Nichtigkeitserklärung von Landesrecht

[1]Hat das Verfassungsgericht eines Landes die Nichtigkeit von Landesrecht festgestellt oder Vorschriften des Landesrechts für nichtig erklärt, so bleiben vorbehaltlich einer besonderen gesetzlichen Regelung durch das Land die nicht mehr anfechtbaren Entscheidungen der Gerichte der Finanzgerichtsbarkeit, die auf der für nichtig erklärten Norm beruhen, unberührt. [2]Die Vollstreckung aus einer solchen Entscheidung ist unzulässig. [3]§ 767 der Zivilprozessordnung gilt sinngemäß.

§ 158 Zuständigkeit bei eidlicher Vernehmung und Beeidigung

[1]Die eidliche Vernehmung eines Auskunftspflichtigen nach § 94 der Abgabenordnung oder die Beeidigung eines Sachverständigen nach § 96 Abs. 7 Satz 5 der Abgabenordnung durch das Finanzgericht findet vor dem dafür im Geschäftsverteilungsplan bestimmten Richter statt. [2]Über die Rechtmäßigkeit einer Verweigerung des Zeugnisses, des Gutachtens oder der Eidesleistung entscheidet das Finanzgericht durch Beschluss.

---

1) **Anm. d. Red.:** Gem. der amtlichen Anmerkung zu § 154 in der Neufassung der FGO v. 28. 3. 2001 (BGBl I 443) wurde die Angabe „zweitausend Deutsche Mark“ durch die Angabe „eintausend Euro“ ersetzt.

2) **Anm. d. Red.:** § 156 eingefügt gem. Art. 7 Nr. 6 Gesetz v. 21. 12. 2004 (BGBl I 3599).

§ 159 (weggefallen)

§ 160 Beteiligung und Beiladung bei Fällen des § 33 Abs. 1 Nr. 4

Soweit der Finanzrechtsweg auf Grund des § 33 Abs. 1 Nr. 4 eröffnet wird, können die Beteiligung am Verfahren und die Beiladung durch Gesetz abweichend von den Vorschriften dieses Gesetzes geregelt werden.

§ 161 (Aufhebung von Vorschriften)

§§ 162 bis 183 (weggefallen)

§ 184 (Inkrafttreten; Überleitungsvorschriften)

Grundgesetz für die Bundesrepublik Deutschland (GG)

v. 23. 5. 1949 (BGBl S. 1) mit späteren Änderungen

Das Grundgesetz v. 23. 5. 1949 (BGBl 1) wurde mehrfach geändert; zuletzt durch Art. 1 Gesetz zur Änderung des Grundgesetzes (Artikel 91c, 91d, 104b, 109, 109a, 115 und 143d) v. 29. 7. 2009 (BGBl I S. 2248). – Die Überschriften der Artikel wurden von der Redaktion hinzugefügt.

Auszug

Präambel

[1]Im Bewusstsein seiner Verantwortung vor Gott und den Menschen,

von dem Willen beseelt, als gleichberechtigtes Glied in einem vereinten Europa dem Frieden der Welt zu dienen, hat sich das Deutsche Volk kraft seiner verfassungsgebenden Gewalt dieses Grundgesetz gegeben.

[2]Die Deutschen in den Ländern Baden-Württemberg, Bayern, Berlin, Brandenburg, Bremen, Hamburg, Hessen, Mecklenburg-Vorpommern, Niedersachsen, Nordrhein-Westfalen, Rheinland-Pfalz, Saarland, Sachsen, Sachsen-Anhalt, Schleswig-Holstein und Thüringen haben in freier Selbstbestimmung die Einheit und Freiheit Deutschlands vollendet. [3]Damit gilt dieses Grundgesetz für das gesamte Deutsche Volk.

I. Die Grundrechte

Artikel 1 Menschenwürde, Grundrechtsbindung der staatlichen Gewalt

(1) [1]Die Würde des Menschen ist unantastbar. [2]Sie zu achten und zu schützen ist Verpflichtung aller staatlichen Gewalt.

(2) Das Deutsche Volk bekennt sich darum zu unverletzlichen und unveräußerlichen Menschenrechten als Grundlage jeder menschlichen Gemeinschaft, des Friedens und der Gerechtigkeit in der Welt.

(3) Die nachfolgenden Grundrechte binden Gesetzgebung, vollziehende Gewalt und Rechtsprechung als unmittelbar geltendes Recht.

Artikel 2 Handlungsfreiheit, Freiheit der Person

(1) Jeder hat das Recht auf die freie Entfaltung seiner Persönlichkeit, soweit er nicht die Rechte anderer verletzt und nicht gegen die verfassungsmäßige Ordnung oder das Sittengesetz verstößt.

(2) [1]Jeder hat das Recht auf Leben und körperliche Unversehrtheit. [2]Die Freiheit der Person ist unverletzlich. [3]In diese Rechte darf nur auf Grund eines Gesetzes eingegriffen werden.

Artikel 3 Gleichheit vor dem Gesetz

(1) Alle Menschen sind vor dem Gesetz gleich.

(2) [1]Männer und Frauen sind gleichberechtigt. [2]Der Staat fördert die tatsächliche Durchsetzung der Gleichberechtigung von Frauen und Männern und wirkt auf die Beseitigung bestehender Nachteile hin.

(3) [1]Niemand darf wegen seines Geschlechtes, seiner Abstammung, seiner Rasse, seiner Sprache, seiner Heimat und Herkunft, seines Glaubens, seiner religiösen oder politischen Anschauungen benachteiligt oder bevorzugt werden. [2]Niemand darf wegen seiner Behinderung benachteiligt werden.

Artikel 4 Glaubens-, Gewissens- und Bekenntnisfreiheit

(1) Die Freiheit des Glaubens, des Gewissens und die Freiheit des religiösen und weltanschaulichen Bekenntnisses sind unverletzlich.

(2) Die ungestörte Religionsausübung wird gewährleistet.

(3) [1]Niemand darf gegen sein Gewissen zum Kriegsdienst mit der Waffe gezwungen werden. [2]Das Nähere regelt ein Bundesgesetz.

Artikel 5 Meinungsfreiheit

(1) [1]Jeder hat das Recht, seine Meinung in Wort, Schrift und Bild frei zu äußern und zu verbreiten und sich aus allgemein zugänglichen Quellen ungehindert zu unterrichten. [2]Die Pressefreiheit und die Freiheit der Berichterstattung durch Rundfunk und Film werden gewährleistet. [3]Eine Zensur findet nicht statt.

(2) Diese Rechte finden ihre Schranken in den Vorschriften der allgemeinen Gesetze, den gesetzlichen Bestimmungen zum Schutze der Jugend und in dem Recht der persönlichen Ehre.

(3) [1]Kunst und Wissenschaft, Forschung und Lehre sind frei. [2]Die Freiheit der Lehre entbindet nicht von der Treue zur Verfassung.

Artikel 6 Ehe und Familie, nichteheliche Kinder

(1) Ehe und Familie stehen unter dem besonderen Schutz der staatlichen Ordnung.

(2) [1]Pflege und Erziehung der Kinder sind das natürliche Recht der Eltern und die zuvörderst ihnen obliegende Pflicht. [2]Über ihre Betätigung wacht die staatliche Gemeinschaft.

(3) Gegen den Willen der Erziehungsberechtigten dürfen Kinder nur aufgrund eines Gesetzes von der Familie getrennt werden, wenn die Erziehungsberechtigten versagen oder wenn die Kinder aus anderen Gründen zu verwahrlosen drohen.

(4) Jede Mutter hat Anspruch auf den Schutz und die Fürsorge der Gemeinschaft.

(5) Den unehelichen Kindern sind durch die Gesetzgebung die gleichen Bedingungen für ihre leibliche und seelische Entwicklung und ihre Stellung in der Gesellschaft zu schaffen wie den ehelichen Kindern.

Artikel 7 Schulwesen

(1) Das gesamte Schulwesen steht unter der Aufsicht des Staates.

(2) Die Erziehungsberechtigten haben das Recht, über die Teilnahme des Kindes am Religionsunterricht zu bestimmen.

(3) [1]Der Religionsunterricht ist in den öffentlichen Schulen mit Ausnahme der bekenntnisfreien Schulen ordentliches Lehrfach. [2]Unbeschadet des staatlichen Aufsichtsrechtes wird der Religionsunterricht in Übereinstimmung mit den Grundsätzen der Religionsgemeinschaften erteilt. [3]Kein Lehrer darf gegen seinen Willen verpflichtet werden, Religionsunterricht zu erteilen.

(4) [1]Das Recht zur Errichtung von privaten Schulen wird gewährleistet. [2]Private Schulen als Ersatz für öffentliche Schulen bedürfen der Genehmigung des Staates und unterstehen den Landesgesetzen. [3]Die Genehmigung ist zu erteilen, wenn die privaten Schulen in ihren Lehrzielen und Einrichtungen sowie in der wissenschaftlichen Ausbildung ihrer Lehrkräfte nicht hinter den öffentlichen Schulen zurückstehen und eine Sonderung der Schüler nach den Besitzverhältnissen der Eltern nicht gefördert wird. [4]Die Genehmigung ist zu versagen, wenn die wirtschaftliche und rechtliche Stellung der Lehrkräfte nicht genügend gesichert ist.

(5) Eine private Volksschule ist nur zuzulassen, wenn die Unterrichtsverwaltung ein besonderes pädagogisches Interesse anerkennt oder, auf Antrag von Erziehungsberechtigten, wenn sie als Gemeinschaftsschule, als Bekenntnis- oder Weltanschauungsschule errichtet werden soll und eine öffentliche Volksschule dieser Art in der Gemeinde nicht besteht.

(6) Vorschulen bleiben aufgehoben.

Artikel 8 Versammlungsfreiheit

(1) Alle Deutschen haben das Recht, sich ohne Anmeldung oder Erlaubnis friedlich und ohne Waffen zu versammeln.

(2) Für Versammlungen unter freiem Himmel kann dieses Recht durch Gesetz oder aufgrund eines Gesetzes beschränkt werden.

Artikel 9 Vereinigungsfreiheit

(1) Alle Deutschen haben das Recht, Vereine und Gesellschaften zu bilden.

(2) Vereinigungen, deren Zwecke oder deren Tätigkeit den Strafgesetzen zuwiderlaufen oder die sich gegen die verfassungsmäßige Ordnung oder gegen den Gedanken der Völkerverständigung richten, sind verboten.

(3) [1]Das Recht, zur Wahrung und Förderung der Arbeits- und Wirtschaftsbedingungen Vereinigungen zu bilden, ist für jedermann und für alle Berufe gewährleistet. [2]Abreden, die dieses Recht einschränken oder zu behindern suchen, sind nichtig, hierauf gerichtete Maßnahmen sind rechtswidrig. [3]Maßnahmen nach den Artikeln 12a, 35 Abs. 2 und 3, Artikel 87a Abs. 4 und Artikel 91 dürfen sich nicht gegen Arbeitskämpfe richten, die zur Wahrung und Förderung der Arbeits- und Wirtschaftsbedingungen von Vereinigungen im Sinne des Satzes 1 geführt werden.

Artikel 10 Post- und Fernmeldegeheimnis

(1) Das Briefgeheimnis sowie das Post- und Fernmeldegeheimnis sind unverletzlich.

(2) [1]Beschränkungen dürfen nur aufgrund eines Gesetzes angeordnet werden. [2]Dient die Beschränkung dem Schutze der freiheitlichen demokratischen Grundordnung oder des Bestandes oder der Sicherung des Bundes oder eines Landes, so kann das Gesetz bestimmen, dass sie dem Betroffenen nicht mitgeteilt wird und dass an die Stelle des Rechtsweges die Nachprüfung durch von der Volksvertretung bestellte Organe und Hilfsorgane tritt.

Artikel 11 Freizügigkeit

(1) Alle Deutschen genießen Freizügigkeit im ganzen Bundesgebiet.

(2) Dieses Recht darf nur durch Gesetz oder aufgrund eines Gesetzes und nur für die Fälle eingeschränkt werden, in denen eine ausreichende Lebensgrundlage nicht vorhanden ist und der Allgemeinheit daraus besondere Lasten entstehen würden oder in denen es zur Abwehr einer drohenden Gefahr für den Bestand oder die freiheitliche demokratische Grundordnung des Bundes oder eines Landes, zur Bekämpfung von Seuchengefahr, Naturkatastrophen oder besonders schweren Unglücksfällen, zum Schutze der Jugend vor Verwahrlosung oder um strafbaren Handlungen vorzubeugen, erforderlich ist.

Artikel 12 Berufsfreiheit, Verbot der Zwangsarbeit

(1) [1]Alle Deutschen haben das Recht, Beruf, Arbeitsplatz und Ausbildungsstätte frei zu wählen. [2]Die Berufsausübung kann durch Gesetz oder aufgrund eines Gesetzes geregelt werden.

(2) Niemand darf zu einer bestimmten Arbeit gezwungen werden, außer im Rahmen einer herkömmlichen allgemeinen, für alle gleichen öffentlichen Dienstleistungspflicht.

(3) Zwangsarbeit ist nur bei einer gerichtlich angeordneten Freiheitsentziehung zulässig.

Artikel 12a Wehr- und Dienstpflicht

(1) Männer können vom vollendeten achtzehnten Lebensjahr an zum Dienst in den Streitkräften, im Bundesgrenzschutz oder in einem Zivilschutzverband verpflichtet werden.

(2) [1]Wer aus Gewissensgründen den Kriegsdienst mit der Waffe verweigert, kann zu einem Ersatzdienst verpflichtet werden. [2]Die Dauer des Ersatzdienstes darf die Dauer des

Wehrdienstes nicht übersteigen. [3]Das Nähere regelt ein Gesetz, das die Freiheit der Gewissensentscheidung nicht beeinträchtigen darf und auch eine Möglichkeit des Ersatzdienstes vorsehen muss, die in keinem Zusammenhang mit den Verbänden der Streitkräfte und des Bundesgrenzschutzes steht.

(3) [1]Wehrpflichtige, die nicht zu einem Dienst nach Absatz 1 oder 2 herangezogen sind, können im Verteidigungsfalle durch Gesetz oder aufgrund eines Gesetzes zu zivilen Dienstleistungen für Zwecke der Verteidigung einschließlich des Schutzes der Zivilbevölkerung in Arbeitsverhältnisse verpflichtet werden; Verpflichtungen in öffentlich-rechtliche Dienstverhältnisse sind nur zur Wahrnehmung polizeilicher Aufgaben oder solcher hoheitlichen Aufgaben der öffentlichen Verwaltung, die nur in einem öffentlich-rechtlichen Dienstverhältnis erfüllt werden können, zulässig. [2]Arbeitsverhältnisse nach Satz 1 können bei den Streitkräften, im Bereich ihrer Versorgung sowie bei der öffentlichen Verwaltung begründet werden; Verpflichtungen in Arbeitsverhältnisse im Bereiche der Versorgung der Zivilbevölkerung sind nur zulässig, um ihren lebensnotwendigen Bedarf zu decken oder ihren Schutz sicherzustellen.

(4) [1]Kann im Verteidigungsfalle der Bedarf an zivilen Dienstleistungen im zivilen Sanitäts- und Heilwesen sowie in der ortsfesten militärischen Lazarettorganisation nicht auf freiwilliger Grundlage gedeckt werden, so können Frauen vom vollendeten achtzehnten bis zum vollendeten fünfundfünfzigsten Lebensjahr durch Gesetz oder aufgrund eines Gesetzes zu derartigen Dienstleistungen herangezogen werden. [2]Sie dürfen auf keinen Fall zum Dienst mit der Waffe verpflichtet werden.

(5) [1]Für die Zeit vor dem Verteidigungsfalle können Verpflichtungen nach Absatz 3 nur nach Maßgabe des Artikels 80a Abs. 1 begründet werden. [2]Zur Vorbereitung auf Dienstleistungen nach Absatz 3, für die besondere Kenntnisse oder Fertigkeiten erforderlich sind, kann durch Gesetz oder aufgrund eines Gesetzes die Teilnahme an Ausbildungsveranstaltungen zur Pflicht gemacht werden. [3]Satz 1 findet insoweit keine Anwendung.

(6) [1]Kann im Verteidigungsfalle der Bedarf an Arbeitskräften für die in Absatz 3 Satz 2 genannten Bereiche auf freiwilliger Grundlage nicht gedeckt werden, so kann zur Sicherung dieses Bedarfs die Freiheit der Deutschen, die Ausübung eines Berufs oder den Arbeitsplatz aufzugeben, durch Gesetz oder aufgrund eines Gesetzes eingeschränkt werden. [2]Vor Eintritt des Verteidigungsfalles gilt Absatz 5 Satz 1 entsprechend.

Artikel 13 Unverletzlichkeit der Wohnung, akustische Überwachung

(1) Die Wohnung ist unverletzlich.

(2) Durchsuchungen dürfen nur durch den Richter, bei Gefahr im Verzuge auch durch die in den Gesetzen vorgesehenen anderen Organe angeordnet und nur in der dort vorgeschriebenen Form durchgeführt werden.

(3) [1]Begründen bestimmte Tatsachen den Verdacht, dass jemand eine durch Gesetz einzeln bestimmte besonders schwere Straftat begangen hat, so dürfen zur Verfolgung der Tat aufgrund richterlicher Anordnung technische Mittel zur akustischen Überwachung von Wohnungen, in denen der Beschuldigte sich vermutlich aufhält, eingesetzt werden, wenn die Erforschung des Sachverhalts auf andere Weise unverhältnismäßig erschwert oder aussichtslos wäre. [2]Die Maßnahme ist zu befristen. [3]Die Anordnung erfolgt durch einen mit drei Richtern besetzten Spruchkörper. [4]Bei Gefahr im Verzuge kann sie auch durch einen einzelnen Richter getroffen werden.

(4) [1]Zur Abwehr dringender Gefahren für die öffentliche Sicherheit, insbesondere einer gemeinen Gefahr oder einer Lebensgefahr, dürfen technische Mittel zur Überwachung von Wohnungen nur aufgrund richterlicher Anordnung eingesetzt werden. [2]Bei Gefahr im Verzuge kann die Maßnahme auch durch eine andere gesetzlich bestimmte Stelle angeordnet werden; eine richterliche Entscheidung ist unverzüglich nachzuholen.

(5) [1]Sind technische Mittel ausschließlich zum Schutze der bei einem Einsatz in Wohnungen tätigen Personen vorgesehen, kann die Maßnahme durch eine gesetzlich bestimmte Stelle angeordnet werden. [2]Eine anderweitige Verwertung der hierbei erlangten Erkenntnisse ist nur zum Zwecke der Strafverfolgung oder der Gefahrenabwehr und

nur zulässig, wenn zuvor die Rechtmäßigkeit der Maßnahme richterlich festgestellt ist; bei Gefahr im Verzuge ist die richterliche Entscheidung unverzüglich nachzuholen.

(6) [1]Die Bundesregierung unterrichtet den Bundestag jährlich über den nach Absatz 3 sowie über den im Zuständigkeitsbereich des Bundes nach Absatz 4 und, soweit richterlich überprüfungsbedürftig, nach Absatz 5 erfolgten Einsatz technischer Mittel. [2]Ein vom Bundestag gewähltes Gremium übt auf der Grundlage dieses Berichts die parlamentarische Kontrolle aus. [3]Die Länder gewährleisten eine gleichwertige parlamentarische Kontrolle.

(7) Eingriffe und Beschränkungen dürfen im Übrigen nur zur Abwehr einer gemeinen Gefahr oder einer Lebensgefahr für einzelne Personen, aufgrund eines Gesetzes auch zur Verhütung dringender Gefahren für die öffentliche Sicherheit und Ordnung, insbesondere zur Behebung der Raumnot, zur Bekämpfung von Seuchengefahr oder zum Schutze gefährdeter Jugendlicher vorgenommen werden.

Artikel 14 Eigentum, Erbrecht, Enteignung

(1) [1]Das Eigentum und das Erbrecht werden gewährleistet. [2]Inhalt und Schranken werden durch die Gesetze bestimmt.

(2) [1]Eigentum verpflichtet. [2]Sein Gebrauch soll zugleich dem Wohle der Allgemeinheit dienen.

(3) [1]Eine Enteignung ist nur zum Wohle der Allgemeinheit zulässig. [2]Sie darf nur durch Gesetz oder aufgrund eines Gesetzes erfolgen, das Art und Ausmaß der Entschädigung regelt. [3]Die Entschädigung ist unter gerechter Abwägung der Interessen der Allgemeinheit und der Beteiligten zu bestimmen. [4]Wegen der Höhe der Entschädigung steht im Streitfalle der Rechtsweg vor den ordentlichen Gerichten offen.

Artikel 15 Vergesellschaftung

[1]Grund und Boden, Naturschätze und Produktionsmittel können zum Zwecke der Vergesellschaftung durch ein Gesetz, das Art und Ausmaß der Entschädigung regelt, in Gemeineigentum oder in andere Formen der Gemeinwirtschaft überführt werden. [2]Für die Entschädigung gilt Artikel 14 Abs. 3 Satz 3 und 4 entsprechend.

Artikel 16 Staatsangehörigkeit, Auslieferung

(1) [1]Die deutsche Staatsangehörigkeit darf nicht entzogen werden. [2]Der Verlust der Staatsangehörigkeit darf nur aufgrund eines Gesetzes und gegen den Willen des Betroffenen nur dann eintreten, wenn der Betroffene dadurch nicht staatenlos wird.

(2) [1]Kein Deutscher darf an das Ausland ausgeliefert werden. [2]Durch Gesetz kann eine abweichende Regelung für Auslieferungen an einen Mitgliedstaat der Europäischen Union oder an einen internationalen Gerichtshof getroffen werden, soweit rechtsstaatliche Grundsätze gewahrt sind.

Artikel 16a Regelung des Asylrechts

(1) Politisch Verfolgte genießen Asylrecht.

(2) [1]Auf Absatz 1 kann sich nicht berufen, wer aus einem Mitgliedstaat der Europäischen Gemeinschaften oder aus einem anderen Drittstaat einreist, in dem die Anwendung des Abkommens über die Rechtsstellung der Flüchtlinge und der Konvention zum Schutze der Menschenrechte und Grundfreiheiten sichergestellt ist. [2]Die Staaten außerhalb der Europäischen Gemeinschaften, auf die die Voraussetzungen des Satzes 1 zutreffen, werden durch Gesetz, das der Zustimmung des Bundesrates bedarf, bestimmt. [3]In den Fällen des Satzes 1 können aufenthaltsbeendende Maßnahmen unabhängig von einem hiergegen eingelegten Rechtsbehelf vollzogen werden.

(3) [1]Durch Gesetz, das der Zustimmung des Bundesrates bedarf, können Staaten bestimmt werden, bei denen aufgrund der Rechtslage, der Rechtsanwendung und der allgemeinen politischen Verhältnisse gewährleistet erscheint, dass dort weder politische Verfolgung noch unmenschliche oder erniedrigende Bestrafung oder Behandlung statt-

findet. [2]Es wird vermutet, dass ein Ausländer aus einem solchen Staat nicht verfolgt wird, solange er nicht Tatsachen vorträgt, die die Annahme begründen, dass er entgegen dieser Vermutung politisch verfolgt wird.

(4) [1]Die Vollziehung aufenthaltsbeendender Maßnahmen wird in den Fällen des Absatzes 3 und in anderen Fällen, die offensichtlich unbegründet sind oder als offensichtlich unbegründet gelten, durch das Gericht nur ausgesetzt, wenn ernstliche Zweifel an der Rechtmäßigkeit der Maßnahme bestehen; der Prüfungsumfang kann eingeschränkt werden und verspätetes Vorbringen unberücksichtigt bleiben. [2]Das Nähere ist durch Gesetz zu bestimmen.

(5) Die Absätze 1 bis 4 stehen völkerrechtlichen Verträgen von Mitgliedstaaten der Europäischen Gemeinschaften untereinander und mit dritten Staaten nicht entgegen, die unter Beachtung der Verpflichtungen aus dem Abkommen über die Rechtsstellung der Flüchtlinge und der Konvention zum Schutze der Menschenrechte und Grundfreiheiten, deren Anwendung in den Vertragsstaaten sichergestellt sein muss, Zuständigkeitsregelungen für die Prüfung von Asylbegehren einschließlich der gegenseitigen Anerkennung von Asylentscheidungen treffen.

Artikel 17 Petitionsrecht

Jedermann hat das Recht, sich einzeln oder in Gemeinschaft mit anderen schriftlich mit Bitten oder Beschwerden an die zuständigen Stellen und an die Volksvertretung zu wenden.

Artikel 17a Einschränkung einzelner Grundrechte durch Gesetze für Zwecke der Verteidigung und über Ersatzdienst

(1) Gesetze über Wehrdienst und Ersatzdienst können bestimmen, dass für die Angehörigen der Streitkräfte und des Ersatzdienstes während der Zeit des Wehr- oder Ersatzdienstes das Grundrecht, seine Meinung in Wort, Schrift und Bild frei zu äußern und zu verbreiten (Artikel 5 Abs. 1 Satz 1 erster Halbsatz), das Grundrecht der Versammlungsfreiheit (Artikel 8) und das Petitionsrecht (Artikel 17), soweit es das Recht gewährt, Bitten oder Beschwerden in Gemeinschaft mit anderen vorzubringen, eingeschränkt werden.

(2) Gesetze, die der Verteidigung einschließlich des Schutzes der Zivilbevölkerung dienen, können bestimmen, dass die Grundrechte der Freizügigkeit (Artikel 11) und der Unverletzlichkeit der Wohnung (Artikel 13) eingeschränkt werden.

Artikel 18 Verwirkung von Grundrechten

[1]Wer die Freiheit der Meinungsäußerung, insbesondere die Pressefreiheit (Artikel 5 Abs. 1), die Lehrfreiheit (Artikel 5 Abs. 3), die Versammlungsfreiheit (Artikel 8), die Vereinigungsfreiheit (Artikel 9), das Brief-, Post- und Fernmeldegeheimnis (Artikel 10), das Eigentum (Artikel 14) oder das Asylrecht (Artikel 16a) zum Kampfe gegen die freiheitliche demokratische Grundordnung missbraucht, verwirkt diese Grundrechte. [2]Die Verwirkung und ihr Ausmaß werden durch das Bundesverfassungsgericht ausgesprochen.

Artikel 19 Einschränkung von Grundrechten

(1) [1]Soweit nach diesem Grundgesetz ein Grundrecht durch Gesetz oder aufgrund eines Gesetzes eingeschränkt werden kann, muss das Gesetz allgemein und nicht nur für den Einzelfall gelten. [2]Außerdem muss das Gesetz das Grundrecht unter Angabe des Artikels nennen.

(2) In keinem Falle darf ein Grundrecht in seinem Wesensgehalt angetastet werden.

(3) Die Grundrechte gelten auch für inländische juristische Personen, soweit sie ihrem Wesen nach auf diese anwendbar sind.

(4) [1]Wird jemand durch die öffentliche Gewalt in seinen Rechten verletzt, so steht ihm der Rechtsweg offen. [2]Soweit eine andere Zuständigkeit nicht begründet ist, ist der ordentliche Rechtsweg gegeben. [3]Artikel 10 Abs. 2 Satz 2 bleibt unberührt.

II. Der Bund und die Länder

Artikel 20 Grundlagen staatlicher Ordnung, Widerstandsrecht

(1) Die Bundesrepublik Deutschland ist ein demokratischer und sozialer Bundesstaat.

(2) [1]Alle Staatsgewalt geht vom Volke aus. [2]Sie wird vom Volke in Wahlen und Abstimmungen und durch besondere Organe der Gesetzgebung, der vollziehenden Gewalt und der Rechtsprechung ausgeübt.

(3) Die Gesetzgebung ist an die verfassungsmäßige Ordnung, die vollziehende Gewalt und die Rechtsprechung sind an Gesetz und Recht gebunden.

(4) Gegen jeden, der es unternimmt, diese Ordnung zu beseitigen, haben alle Deutschen das Recht zum Widerstand, wenn andere Abhilfe nicht möglich ist.

Artikel 28 Bundesgarantie für die Landesverfassungen, Gewährleistung der kommunalen Selbstverwaltung

(1) [1]Die verfassungsmäßige Ordnung in den Ländern muss den Grundsätzen des republikanischen, demokratischen und sozialen Rechtsstaates im Sinne dieses Grundgesetzes entsprechen. [2]In den Ländern, Kreisen und Gemeinden muss das Volk eine Vertretung haben, die aus allgemeinen, unmittelbaren, freien, gleichen und geheimen Wahlen hervorgegangen ist. [3]Bei Wahlen in Kreisen und Gemeinden sind auch Personen, die die Staatsangehörigkeit eines Mitgliedstaates der Europäischen Gemeinschaft besitzen, nach Maßgabe von Recht der Europäischen Gemeinschaft wahlberechtigt und wählbar. [4]In Gemeinden kann an die Stelle einer gewählten Körperschaft die Gemeindeversammlung treten.

(2) [1]Den Gemeinden muss das Recht gewährleistet sein, alle Angelegenheiten der örtlichen Gemeinschaft im Rahmen der Gesetze in eigener Verantwortung zu regeln. [2]Auch die Gemeindeverbände haben im Rahmen ihres gesetzlichen Aufgabenbereiches nach Maßgabe der Gesetze das Recht der Selbstverwaltung. [3]Die Gewährleistung der Selbstverwaltung umfasst auch die Grundlagen der finanziellen Eigenverantwortung; zu diesen Grundlagen gehört eine den Gemeinden mit Hebesatzrecht zustehende wirtschaftskraftbezogene Steuerquelle.

(3) Der Bund gewährleistet, dass die verfassungsmäßige Ordnung der Länder den Grundrechten und den Bestimmungen der Absätze 1 und 2 entspricht.

V. Der Bundespräsident

Artikel 59 Völkerrechtliche Vertretung des Bundes

(1) [1]Der Bundespräsident vertritt den Bund völkerrechtlich. [2]Er schließt im Namen des Bundes die Verträge mit auswärtigen Staaten. [3]Er beglaubigt und empfängt die Gesandten.

(2) [1]Verträge, welche die politischen Beziehungen des Bundes regeln oder sich auf Gegenstände der Bundesgesetzgebung beziehen, bedürfen der Zustimmung oder der Mitwirkung der jeweils für die Bundesgesetzgebung zuständigen Körperschaften in der Form eines Bundesgesetzes. [2]Für Verwaltungsabkommen gelten die Vorschriften über die Bundesverwaltung entsprechend.

VII. Die Gesetzgebung des Bundes

Artikel 72 Konkurrierende Gesetzgebung des Bundes

(1) Im Bereich der konkurrierenden Gesetzgebung haben die Länder die Befugnis zur Gesetzgebung, solange und soweit der Bund von seiner Gesetzgebungszuständigkeit nicht durch Gesetz Gebrauch gemacht hat.

(2) Auf den Gebieten des Artikels 74 Abs. 1 Nr. 4, 7, 11, 13, 15, 19a, 20, 22, 25 und 26 hat der Bund das Gesetzgebungsrecht, wenn und soweit die Herstellung gleichwertiger

Lebensverhältnisse im Bundesgebiet oder die Wahrung der Rechts- oder Wirtschaftseinheit im gesamtstaatlichen Interesse eine bundesgesetzliche Regelung erforderlich macht.

(3) [1]Hat der Bund von seiner Gesetzgebungszuständigkeit Gebrauch gemacht, können die Länder durch Gesetz hiervon abweichende Regelungen treffen über:

1. das Jagdwesen (ohne das Recht der Jagdscheine);
2. den Naturschutz und die Landschaftspflege (ohne die allgemeinen Grundsätze des Naturschutzes, das Recht des Artenschutzes oder des Meeresnaturschutzes);
3. die Bodenverteilung;
4. die Raumordnung;
5. den Wasserhaushalt (ohne stoff- oder anlagenbezogene Regelungen);
6. die Hochschulzulassung und die Hochschulabschlüsse.

[2]Bundesgesetze auf diesen Gebieten treten frühestens sechs Monate nach ihrer Verkündung in Kraft, soweit nicht mit Zustimmung des Bundesrates anderes bestimmt ist. [3]Auf den Gebieten des Satzes 1 geht im Verhältnis von Bundes- und Landesrecht das jeweils spätere Gesetz vor.

(4) Durch Bundesgesetz kann bestimmt werden, dass eine bundesgesetzliche Regelung, für die eine Erforderlichkeit im Sinne des Absatzes 2 nicht mehr besteht, durch Landesrecht ersetzt werden kann.

Artikel 80 Erlass von Rechtsverordnungen

(1) [1]Durch Gesetz können die Bundesregierung, ein Bundesminister oder die Landesregierungen ermächtigt werden, Rechtsverordnungen zu erlassen. [2]Dabei müssen Inhalt, Zweck und Ausmaß der erteilten Ermächtigung im Gesetze bestimmt werden. [3]Die Rechtsgrundlage ist in der Verordnung anzugeben. [4]Ist durch Gesetz vorgesehen, dass eine Ermächtigung weiter übertragen werden kann, so bedarf es zur Übertragung der Ermächtigung einer Rechtsverordnung.

(2) Der Zustimmung des Bundesrates bedürfen, vorbehaltlich anderweitiger bundesgesetzlicher Regelung, Rechtsverordnungen der Bundesregierung oder eines Bundesministers über Grundsätze und Gebühren für die Benutzung der Einrichtungen des Postwesens und der Telekommunikation, über die Grundsätze der Erhebung des Entgelts für die Benutzung der Einrichtungen der Eisenbahnen des Bundes, über den Bau und Betrieb der Eisenbahnen, sowie Rechtsverordnungen aufgrund von Bundesgesetzen, die der Zustimmung des Bundesrates bedürfen oder die von den Ländern im Auftrage des Bundes oder als eigene Angelegenheit ausgeführt werden.

(3) Der Bundesrat kann der Bundesregierung Vorlagen für den Erlass von Rechtsverordnungen zuleiten, die seiner Zustimmung bedürfen.

(4) Soweit durch Bundesgesetz oder aufgrund von Bundesgesetzen Landesregierungen ermächtigt werden, Rechtsverordnungen zu erlassen, sind die Länder zu einer Regelung auch durch Gesetz befugt.

IX. Die Rechtsprechung

Artikel 92 Rechtsprechende Gewalt

Die rechtsprechende Gewalt ist den Richtern anvertraut; sie wird durch das Bundesverfassungsgericht, durch die in diesem Grundgesetz vorgesehenen Bundesgerichte und durch die Gerichte der Länder ausgeübt.

Artikel 93 Zuständigkeit des Bundesverfassungsgerichts

(1) Das Bundesverfassungsgericht entscheidet:

1. über die Auslegung dieses Grundgesetzes aus Anlass von Streitigkeiten über den Umfang der Rechte und Pflichten eines obersten Bundesorgans oder anderer Betei-

ligter, die durch dieses Grundgesetz oder in der Geschäftsordnung eines obersten Bundesorgans mit eigenen Rechten ausgestattet sind;

2. bei Meinungsverschiedenheiten oder Zweifeln über die förmliche und sachliche Vereinbarkeit von Bundesrecht oder Landesrecht mit diesem Grundgesetze oder die Vereinbarkeit von Landesrecht mit sonstigem Bundesrechte auf Antrag der Bundesregierung, einer Landesregierung oder eines Viertels der Mitglieder des Bundestages;

2a. bei Meinungsverschiedenheiten, ob ein Gesetz den Voraussetzungen des Artikels 72 Abs. 2 entspricht, auf Antrag des Bundesrates, einer Landesregierung oder der Volksvertretung eines Landes;

3. bei Meinungsverschiedenheiten über Rechte und Pflichten des Bundes und der Länder, insbesondere bei der Ausführung von Bundesrecht durch die Länder und bei der Ausübung der Bundesaufsicht;

4. in anderen öffentlich-rechtlichen Streitigkeiten zwischen dem Bunde und den Ländern, zwischen verschiedenen Ländern oder innerhalb eines Landes, soweit nicht ein anderer Rechtsweg gegeben ist;

4a. über Verfassungsbeschwerden, die von jedermann mit der Behauptung erhoben werden können, durch die öffentliche Gewalt in einem seiner Grundrechte oder in einem seiner in Artikel 20 Abs. 4, 33, 38, 101, 103 und 104 enthaltenen Rechte verletzt zu sein;

4b. über Verfassungsbeschwerden von Gemeinden und Gemeindeverbänden wegen Verletzung des Rechts auf Selbstverwaltung nach Artikel 28 durch ein Gesetz, bei Landesgesetzen jedoch nur, soweit nicht Beschwerde beim Landesverfassungsgericht erhoben werden kann;

5. in den übrigen in diesem Grundgesetze vorgesehenen Fällen.

(2) [1]Das Bundesverfassungsgericht entscheidet außerdem auf Antrag des Bundesrates, einer Landesregierung oder der Volksvertretung eines Landes, ob im Falle des Artikels 72 Abs. 4 die Erforderlichkeit für eine bundesgesetzliche Regelung nach Artikel 72 Abs. 2 nicht mehr besteht oder Bundesrecht in den Fällen des Artikels 125a Abs. 2 Satz 1 nicht mehr erlassen werden könnte. [2]Die Feststellung, dass die Erforderlichkeit entfallen ist oder Bundesrecht nicht mehr erlassen werden könnte, ersetzt ein Bundesgesetz nach Artikel 72 Abs. 4 oder nach Artikel 125a Abs. 2 Satz 2. [3]Der Antrag nach Satz 1 ist nur zulässig, wenn eine Gesetzesvorlage nach Artikel 72 Abs. 4 oder nach Artikel 125a Abs. 2 Satz 2 im Bundestag abgelehnt oder über sie nicht innerhalb eines Jahres beraten und Beschluss gefasst oder wenn eine entsprechende Gesetzesvorlage im Bundesrat abgelehnt worden ist.

(3) Das Bundesverfassungsgericht wird ferner in den ihm sonst durch Bundesgesetz zugewiesenen Fällen tätig.

Artikel 94 Organisation des Bundesverfassungsgerichts

(1) [1]Das Bundesverfassungsgericht besteht aus Bundesrichtern und anderen Mitgliedern. [2]Die Mitglieder des Bundesverfassungsgerichts werden je zur Hälfte vom Bundestage und vom Bundesrate gewählt. [3]Sie dürfen weder dem Bundestage, dem Bundesrate, der Bundesregierung noch entsprechenden Organen eines Landes angehören.

(2) [1]Ein Bundesgesetz regelt seine Verfassung und das Verfahren und bestimmt, in welchen Fällen seine Entscheidungen Gesetzeskraft haben. [2]Es kann für Verfassungsbeschwerden die vorherige Erschöpfung des Rechtsweges zur Voraussetzung machen und ein besonderes Annahmeverfahren vorsehen.

Artikel 95 Oberste Gerichtshöfe des Bundes, Gemeinsamer Senat

(1) Für die Gebiete der ordentlichen, der Verwaltungs-, der Finanz-, der Arbeits- und der Sozialgerichtsbarkeit errichtet der Bund als oberste Gerichtshöfe den Bundesgerichtshof, das Bundesverwaltungsgericht, den Bundesfinanzhof, das Bundesarbeitsgericht und das Bundessozialgericht.

(2) Über die Berufung der Richter dieser Gerichte entscheidet der für das jeweilige Sachgebiet zuständige Bundesminister gemeinsam mit einem Richterwahlausschuss, der aus den für das jeweilige Sachgebiet zuständigen Ministern der Länder und einer gleichen Anzahl von Mitgliedern besteht, die vom Bundestage gewählt werden.

(3) [1]Zur Wahrung der Einheitlichkeit der Rechtsprechung ist ein Gemeinsamer Senat der in Absatz 1 genannten Gerichte zu bilden. [2]Das Nähere regelt ein Bundesgesetz.

Artikel 100 Verfassungswidrige Gesetze

(1) [1]Hält ein Gericht ein Gesetz, auf dessen Gültigkeit es bei der Entscheidung ankommt, für verfassungswidrig, so ist das Verfahren auszusetzen und, wenn es sich um die Verletzung der Verfassung eines Landes handelt, die Entscheidung des für Verfassungsstreitigkeiten zuständigen Gerichtes des Landes, wenn es sich um die Verletzung dieses Grundgesetzes handelt, die Entscheidung des Bundesverfassungsgerichtes einzuholen. [2]Dies gilt auch, wenn es sich um die Verletzung dieses Grundgesetzes durch Landesrecht oder um die Unvereinbarkeit eines Landesgesetzes mit einem Bundesgesetze handelt.

(2) Ist in einem Rechtsstreite zweifelhaft, ob eine Regel des Völkerrechtes Bestandteil des Bundesrechtes ist und ob sie unmittelbar Rechte und Pflichten für den Einzelnen erzeugt (Artikel 25), so hat das Gericht die Entscheidung des Bundesverfassungsgerichtes einzuholen.

(3) Will das Verfassungsgericht eines Landes bei der Auslegung des Grundgesetzes von einer Entscheidung des Bundesverfassungsgerichtes oder des Verfassungsgerichtes eines anderen Landes abweichen, so hat das Verfassungsgericht die Entscheidung des Bundesverfassungsgerichtes einzuholen.

Artikel 103 Rechtliches Gehör, Verbot rückwirkender Strafgesetze und der Doppelbestrafung

(1) Vor Gericht hat jedermann Anspruch auf rechtliches Gehör.

(2) Eine Tat kann nur bestraft werden, wenn die Strafbarkeit gesetzlich bestimmt war, bevor die Tat begangen wurde.

(3) Niemand darf wegen derselben Tat aufgrund der allgemeinen Strafgesetze mehrmals bestraft werden.

X. Das Finanzwesen

Artikel 104a Verteilung der Ausgaben auf Bund und Länder; Finanzhilfen

(1) Der Bund und die Länder tragen gesondert die Ausgaben, die sich aus der Wahrnehmung ihrer Aufgaben ergeben, soweit dieses Grundgesetz nichts anderes bestimmt.

(2) Handeln die Länder im Auftrage des Bundes, trägt der Bund die sich daraus ergebenden Ausgaben.

(3) [1]Bundesgesetze, die Geldleistungen gewähren und von den Ländern ausgeführt werden, können bestimmen, dass die Geldleistungen ganz oder zum Teil vom Bund getragen werden. [2]Bestimmt das Gesetz, dass der Bund die Hälfte der Ausgaben oder mehr trägt, wird es im Auftrage des Bundes durchgeführt.

(4) Bundesgesetze, die Pflichten der Länder zur Erbringung von Geldleistungen, geldwerten Sachleistungen oder vergleichbaren Dienstleistungen gegenüber Dritten begründen und von den Ländern als eigene Angelegenheit oder nach Absatz 3 Satz 2 im Auftrag des Bundes ausgeführt werden, bedürfen der Zustimmung des Bundesrates, wenn daraus entstehende Ausgaben von den Ländern zu tragen sind.

(5) [1]Der Bund und die Länder tragen die bei ihren Behörden entstehenden Verwaltungsausgaben und haften im Verhältnis zueinander für eine ordnungsgemäße Verwaltung. [2]Das Nähere bestimmt ein Bundesgesetz, das der Zustimmung des Bundesrates bedarf.

(6) [1]Bund und Länder tragen nach der innerstaatlichen Zuständigkeits- und Aufgabenverteilung die Lasten einer Verletzung von supranationalen oder völkerrechtlichen Verpflichtungen Deutschlands. [2]In Fällen länderübergreifender Finanzkorrekturen der Europäischen Union tragen Bund und Länder diese Lasten im Verhältnis 15 zu 85. [3]Die Ländergesamtheit trägt in diesen Fällen solidarisch 35 vom Hundert der Gesamtlasten entsprechend einem allgemeinen Schlüssel; 50 vom Hundert der Gesamtlasten tragen die Länder, die die Lasten verursacht haben, anteilig entsprechend der Höhe der erhaltenen Mittel. [4]Das Nähere regelt ein Bundesgesetz, das der Zustimmung des Bundesrates bedarf.

GG

Artikel 104b Finanzhilfen für Investitionen der Länder und Gemeinden

(1) [1]Der Bund kann, soweit dieses Grundgesetz ihm Gesetzgebungsbefugnisse verleiht, den Ländern Finanzhilfen für besonders bedeutsame Investitionen der Länder und der Gemeinden (Gemeindeverbände) gewähren, die

1. zur Abwehr einer Störung des gesamtwirtschaftlichen Gleichgewichts oder
2. zum Ausgleich unterschiedlicher Wirtschaftskraft im Bundesgebiet oder
3. zur Förderung des wirtschaftlichen Wachstums

erforderlich sind. [2]Abweichend von Satz 1 kann der Bund im Falle von Naturkatastrophen oder außergewöhnlichen Notsituationen, die sich der Kontrolle des Staates entziehen und die staatliche Finanzlage erheblich beeinträchtigen, auch ohne Gesetzgebungsbefugnisse Finanzhilfen gewähren.

(2) [1]Das Nähere, insbesondere die Arten der zu fördernden Investitionen, wird durch Bundesgesetz, das der Zustimmung des Bundesrates bedarf, oder auf Grund des Bundeshaushaltsgesetzes durch Verwaltungsvereinbarung geregelt. [2]Die Mittel sind befristet zu gewähren und hinsichtlich ihrer Verwendung in regelmäßigen Zeitabständen zu überprüfen. [3]Die Finanzhilfen sind im Zeitablauf mit fallenden Jahresbeträgen zu gestalten.

(3) Bundestag, Bundesregierung und Bundesrat sind auf Verlangen über die Durchführung der Maßnahmen und die erzielten Verbesserungen zu unterrichten.

Artikel 105 Gesetzgebungskompetenz

(1) Der Bund hat die ausschließliche Gesetzgebung über die Zölle und Finanzmonopole.

(2) Der Bund hat die konkurrierende Gesetzgebung über die übrigen Steuern, wenn ihm das Aufkommen dieser Steuern ganz oder zum Teil zusteht oder die Voraussetzungen des Artikels 72 Abs. 2 vorliegen.

(2a) [1]Die Länder haben die Befugnis zur Gesetzgebung über die örtlichen Verbrauch- und Aufwandsteuern, solange und soweit sie nicht bundesgesetzlich geregelten Steuern gleichartig sind. [2]Sie haben die Befugnis zur Bestimmung des Steuersatzes bei der Grunderwerbsteuer.

(3) Bundesgesetze über Steuern, deren Aufkommen den Ländern oder den Gemeinden (Gemeindeverbänden) ganz oder zum Teil zufließt, bedürfen der Zustimmung des Bundesrates.

Artikel 106 Verteilung des Steueraufkommens

(1) Der Ertrag der Finanzmonopole und das Aufkommen der folgenden Steuern stehen dem Bund zu:

1. die Zölle,
2. die Verbrauchsteuern, soweit sie nicht nach Absatz 2 den Ländern, nach Absatz 3 Bund und Ländern gemeinsam oder nach Absatz 6 den Gemeinden zustehen,

3. die Straßengüterverkehrsteuer, die Kraftfahrzeugsteuer und sonstige auf motorisierte Verkehrsmittel bezogene Verkehrsteuern,
4. die Kapitalverkehrsteuern, die Versicherungsteuer und die Wechselsteuer,
5. die einmaligen Vermögensabgaben und die zur Durchführung des Lastenausgleichs erhobenen Ausgleichsabgaben,
6. die Ergänzungsabgabe zur Einkommensteuer und zur Körperschaftsteuer,
7. Abgaben im Rahmen der Europäischen Gemeinschaften.

(2) Das Aufkommen der folgenden Steuern steht den Ländern zu:

1. die Vermögensteuer,
2. die Erbschaftsteuer,
3. die Verkehrsteuern, soweit sie nicht nach Absatz 1 dem Bund oder nach Absatz 3 Bund und Ländern gemeinsam zustehen,
4. die Biersteuer,
5. die Abgabe von Spielbanken.

(3) [1]Das Aufkommen der Einkommensteuer, der Körperschaftsteuer und der Umsatzsteuer steht dem Bund und den Ländern gemeinsam zu (Gemeinschaftsteuern), soweit das Aufkommen der Einkommensteuer nicht nach Absatz 5 und das Aufkommen der Umsatzsteuer nicht nach Absatz 5a den Gemeinden zugewiesen wird. [2]Am Aufkommen der Einkommensteuer und der Körperschaftsteuer sind der Bund und die Länder je zur Hälfte beteiligt. [3]Die Anteile von Bund und Ländern an der Umsatzsteuer werden durch Bundesgesetz, das der Zustimmung des Bundesrates bedarf, festgesetzt. [4]Bei der Festsetzung ist von folgenden Grundsätzen auszugehen:

1. [1]Im Rahmen der laufenden Einnahmen haben der Bund und die Länder gleichmäßig Anspruch auf Deckung ihrer notwendigen Ausgaben. [2]Dabei ist der Umfang der Ausgaben unter Berücksichtigung einer mehrjährigen Finanzplanung zu ermitteln.
2. Die Deckungsbedürfnisse des Bundes und der Länder sind so aufeinander abzustimmen, dass ein billiger Ausgleich erzielt, eine Überbelastung der Steuerpflichtigen vermieden und die Einheitlichkeit der Lebensverhältnisse im Bundesgebiet gewahrt wird.

[5]Zusätzlich werden in die Festsetzung der Anteile von Bund und Ländern an der Umsatzsteuer Steuermindereinnahmen einbezogen, die den Ländern ab 1. Januar 1996 aus der Berücksichtigung von Kindern im Einkommensteuerrecht entstehen. [6]Das Nähere bestimmt das Bundesgesetz nach Satz 3.

(4) [1]Die Anteile von Bund und Ländern an der Umsatzsteuer sind neu festzusetzen, wenn sich das Verhältnis zwischen den Einnahmen und Ausgaben des Bundes und der Länder wesentlich anders entwickelt; Steuermindereinnahmen, die nach Absatz 3 Satz 5 in die Festsetzung der Umsatzsteueranteile zusätzlich einbezogen werden, bleiben hierbei unberücksichtigt. [2]Werden den Ländern durch Bundesgesetz zusätzliche Ausgaben auferlegt oder Einnahmen entzogen, so kann die Mehrbelastung durch Bundesgesetz, das der Zustimmung des Bundesrates bedarf, auch mit Finanzzuweisungen des Bundes ausgeglichen werden, wenn sie auf einen kurzen Zeitraum begrenzt ist. [3]In dem Gesetz sind die Grundsätze für die Bemessung dieser Finanzzuweisungen und für ihre Verteilung auf die Länder zu bestimmen.

(5) [1]Die Gemeinden erhalten einen Anteil an dem Aufkommen der Einkommensteuer, der von den Ländern an ihre Gemeinden auf der Grundlage der Einkommensteuerleistungen ihrer Einwohner weiterzuleiten ist. [2]Das Nähere bestimmt ein Bundesgesetz, das der Zustimmung des Bundesrates bedarf. [3]Es kann bestimmen, dass die Gemeinden Hebesätze für den Gemeindeanteil festsetzen.

(5a) [1]Die Gemeinden erhalten ab dem 1. Januar 1998 einen Anteil an dem Aufkommen der Umsatzsteuer. [2]Er wird von den Ländern auf der Grundlage eines orts- und wirtschaftsbezogenen Schlüssels an ihre Gemeinden weitergeleitet. [3]Das Nähere wird durch Bundesgesetz, das der Zustimmung des Bundesrates bedarf, bestimmt.

(6) [1]Das Aufkommen der Grundsteuer und Gewerbesteuer steht den Gemeinden, das Aufkommen der örtlichen Verbrauch- und Aufwandsteuern steht den Gemeinden oder nach Maßgabe der Landesgesetzgebung den Gemeindeverbänden zu. [2]Den Gemeinden ist das Recht einzuräumen, die Hebesätze der Grundsteuer und Gewerbesteuer im Rahmen der Gesetze festzusetzen. [3]Bestehen in einem Land keine Gemeinden, so steht das Aufkommen der Grundsteuer und Gewerbesteuer sowie der örtlichen Verbrauch- und Aufwandsteuern dem Land zu. [4]Bund und Länder können durch eine Umlage an dem Aufkommen der Gewerbesteuer beteiligt werden. [5]Das Nähere über die Umlage bestimmt ein Bundesgesetz, das der Zustimmung des Bundesrates bedarf. [6]Nach Maßgabe der Landesgesetzgebung können die Grundsteuer und Gewerbesteuer sowie der Gemeindeanteil vom Aufkommen der Einkommensteuer und der Umsatzsteuer als Bemessungsgrundlagen für Umlagen zugrunde gelegt werden.

(7) [1]Von dem Länderanteil am Gesamtaufkommen der Gemeinschaftsteuern fließt den Gemeinden und Gemeindeverbänden insgesamt ein von der Landesgesetzgebung zu bestimmender Hundertsatz zu. [2]Im Übrigen bestimmt die Landesgesetzgebung, ob und inwieweit das Aufkommen der Landessteuern den Gemeinden (Gemeindeverbänden) zufließt.

(8) [1]Veranlasst der Bund in einzelnen Ländern oder Gemeinden (Gemeindeverbänden) besondere Einrichtungen, die diesen Ländern oder Gemeinden (Gemeindeverbänden) unmittelbar Mehrausgaben oder Mindereinnahmen (Sonderbelastungen) verursachen, gewährt der Bund den erforderlichen Ausgleich, wenn und soweit den Ländern oder Gemeinden (Gemeindeverbänden) nicht zugemutet werden kann, die Sonderbelastungen zu tragen. [2]Entschädigungsleistungen Dritter und finanzielle Vorteile, die diesen Ländern oder Gemeinden (Gemeindeverbänden) als Folge der Einrichtungen erwachsen, werden bei dem Ausgleich berücksichtigt.

(9) Als Einnahmen und Ausgaben der Länder im Sinne dieses Artikels gelten auch die Einnahmen und Ausgaben der Gemeinden (Gemeindeverbände).

Artikel 106a Ausgleich für den öffentlichen Personennahverkehr

[1]Den Ländern steht ab 1. Januar 1996 für den öffentlichen Personennahverkehr ein Betrag aus dem Steueraufkommen des Bundes zu. [2]Das Nähere regelt ein Bundesgesetz, das der Zustimmung des Bundesrates bedarf. [3]Der Betrag nach Satz 1 bleibt bei der Bemessung der Finanzkraft nach Artikel 107 Abs. 2 unberücksichtigt.

Artikel 106b Übertragung der Kraftfahrzeugsteuer

[1]Den Ländern steht ab dem 1. Juli 2009 infolge der Übertragung der Kraftfahrzeugsteuer auf den Bund ein Betrag aus dem Steueraufkommen des Bundes zu. [2]Das Nähere regelt ein Bundesgesetz, das der Zustimmung des Bundesrates bedarf.

Artikel 107 Finanzausgleich

(1) [1]Das Aufkommen der Landessteuern und der Länderanteil am Aufkommen der Einkommensteuer und der Körperschaftsteuer stehen den einzelnen Ländern insoweit zu, als die Steuer von den Finanzbehörden in ihrem Gebiet vereinnahmt werden (örtliches Aufkommen). [2]Durch Bundesgesetz, das der Zustimmung des Bundesrates bedarf, sind für die Körperschaftsteuer und die Lohnsteuer nähere Bestimmungen über die Abgrenzung sowie über Art und Umfang der Zerlegung des örtlichen Aufkommens zu treffen. [3]Das Gesetz kann auch Bestimmungen über die Abgrenzung und Zerlegung des örtlichen Aufkommens anderer Steuern treffen. [4]Der Länderanteil am Aufkommen der Umsatzsteuer steht den einzelnen Ländern nach Maßgabe ihrer Einwohnerzahl zu; für einen Teil, höchstens jedoch für ein Viertel dieses Länderanteils, können durch Bundesgesetz, das der Zustimmung des Bundesrates bedarf, Ergänzungsanteile für die Länder vorgesehen werden, deren Einnahmen aus den Landessteuern, aus der Einkommensteuer und

der Körperschaftsteuer und nach Artikel 106b je Einwohner unter dem Durchschnitt der Länder liegen; bei der Grunderwerbsteuer ist die Steuerkraft einzubeziehen.

(2) [1]Durch das Gesetz ist sicherzustellen, dass die unterschiedliche Finanzkraft der Länder angemessen ausgeglichen wird; hierbei sind die Finanzkraft und der Finanzbedarf der Gemeinden (Gemeindeverbände) zu berücksichtigen. [2]Die Voraussetzungen für die Ausgleichsansprüche der ausgleichsberechtigten Länder und für die Ausgleichsverbindlichkeiten der ausgleichspflichtigen Länder sowie die Maßstäbe für die Höhe der Ausgleichsleistungen sind in dem Gesetz zu bestimmen. [3]Es kann auch bestimmen, dass der Bund aus seinen Mitteln leistungsschwachen Ländern Zuweisungen zur ergänzenden Deckung ihres allgemeinen Finanzbedarfs (Ergänzungszuweisungen) gewährt.

Artikel 108 Finanzverwaltung

(1) [1]Zölle, Finanzmonopole, die bundesgesetzlich geregelten Verbrauchsteuern einschließlich der Einfuhrumsatzsteuer, die Kraftfahrzeugsteuer und sonstige auf motorisierte Verkehrsmittel bezogene Verkehrsteuern ab dem 1. Juli 2009 sowie die Abgaben im Rahmen der Europäischen Gemeinschaften werden durch Bundesfinanzbehörden verwaltet. [2]Der Aufbau dieser Behörden wird durch Bundesgesetz geregelt. [3]Soweit Mittelbehörden eingerichtet sind, werden deren Leiter im Benehmen mit den Landesregierungen bestellt.

(2) [1]Die übrigen Steuern werden durch Landesfinanzbehörden verwaltet. [2]Der Aufbau dieser Behörden und die einheitliche Ausbildung der Beamten können durch Bundesgesetz mit Zustimmung des Bundesrates geregelt werden. [3]Soweit Mittelbehörden eingerichtet sind, werden deren Leiter im Einvernehmen mit der Bundesregierung bestellt.

(3) [1]Verwalten die Landesfinanzbehörden Steuern, die ganz oder zum Teil dem Bund zufließen, so werden sie im Auftrage des Bundes tätig. [2]Artikel 85 Abs. 3 und 4 gilt mit der Maßgabe, dass an die Stelle der Bundesregierung der Bundesminister der Finanzen tritt.

(4) [1]Durch Bundesgesetz, das der Zustimmung des Bundesrates bedarf, kann bei der Verwaltung von Steuern ein Zusammenwirken von Bundes- und Landesfinanzbehörden sowie für Steuern, die unter Absatz 1 fallen, die Verwaltung durch Landesfinanzbehörden und für andere Steuern die Verwaltung durch Bundesfinanzbehörden vorgesehen werden, wenn und soweit dadurch der Vollzug der Steuergesetze erheblich verbessert oder erleichtert wird. [2]Für die den Gemeinden (Gemeindeverbänden) allein zufließenden Steuern kann die den Landesfinanzbehörden zustehende Verwaltung durch die Länder ganz oder zum Teil den Gemeinden (Gemeindeverbänden) übertragen werden.

(5) [1]Das von den Bundesfinanzbehörden anzuwendende Verfahren wird durch Bundesgesetz geregelt. [2]Das von den Landesfinanzbehörden und in den Fällen des Absatzes 4 Satz 2 von den Gemeinden (Gemeindeverbänden) anzuwendende Verfahren kann durch Bundesgesetz mit Zustimmung des Bundesrates geregelt werden.

(6) Die Finanzgerichtsbarkeit wird durch Bundesgesetz einheitlich geregelt.

(7) Die Bundesregierung kann allgemeine Verwaltungsvorschriften erlassen, und zwar mit Zustimmung des Bundesrates, soweit die Verwaltung den Landesfinanzbehörden oder Gemeinden (Gemeindeverbänden) obliegt.

Artikel 109 Haushaltstrennung in Bund und Ländern

(1) Bund und Länder sind in ihrer Haushaltswirtschaft selbständig und voneinander unabhängig.

(2) Bund und Länder erfüllen gemeinsam die Verpflichtungen der Bundesrepublik Deutschland aus Rechtsakten der Europäischen Gemeinschaft auf Grund des Artikels 104 des Vertrags zur Gründung der Europäischen Gemeinschaft zur Einhaltung der Haushaltsdisziplin und tragen in diesem Rahmen den Erfordernissen des gesamtwirtschaftlichen Gleichgewichts Rechnung.

(3) [1]Die Haushalte von Bund und Ländern sind grundsätzlich ohne Einnahmen aus Krediten auszugleichen. [2]Bund und Länder können Regelungen zur im Auf- und Ab-

schwung symmetrischen Berücksichtigung der Auswirkungen einer von der Normallage abweichenden konjunkturellen Entwicklung sowie eine Ausnahmeregelung für Naturkatastrophen oder außergewöhnliche Notsituationen, die sich der Kontrolle des Staates entziehen und die staatliche Finanzlage erheblich beeinträchtigen, vorsehen. [3]Für die Ausnahmeregelung ist eine entsprechende Tilgungsregelung vorzusehen. [4]Die nähere Ausgestaltung regelt für den Haushalt des Bundes Artikel 115 mit der Maßgabe, dass Satz 1 entsprochen ist, wenn die Einnahmen aus Krediten 0,35 vom Hundert im Verhältnis zum nominalen Bruttoinlandsprodukt nicht überschreiten. [5]Die nähere Ausgestaltung für die Haushalte der Länder regeln diese im Rahmen ihrer verfassungsrechtlichen Kompetenzen mit der Maßgabe, dass Satz 1 nur dann entsprochen ist, wenn keine Einnahmen aus Krediten zugelassen werden.

GG

(4) Durch Bundesgesetz, das der Zustimmung des Bundesrates bedarf, können für Bund und Länder gemeinsam geltende Grundsätze für das Haushaltsrecht, für eine konjunkturgerechte Haushaltswirtschaft und für eine mehrjährige Finanzplanung aufgestellt werden.

(5) [1]Sanktionsmaßnahmen der Europäischen Gemeinschaft im Zusammenhang mit den Bestimmungen in Artikel 104 des Vertrags zur Gründung der Europäischen Gemeinschaft zur Einhaltung der Haushaltsdisziplin tragen Bund und Länder im Verhältnis 65 zu 35. [2]Die Ländergesamtheit trägt solidarisch 35 vom Hundert der auf die Länder entfallenden Lasten entsprechend ihrer Einwohnerzahl; 65 vom Hundert der auf die Länder entfallenden Lasten tragen die Länder entsprechend ihrem Verursachungsbeitrag. [3]Das Nähere regelt ein Bundesgesetz, das der Zustimmung des Bundesrates bedarf.

Artikel 109a Vermeidung von Haushaltsnotlagen

[1]Zur Vermeidung von Haushaltsnotlagen regelt ein Bundesgesetz, das der Zustimmung des Bundesrates bedarf,

1. die fortlaufende Überwachung der Haushaltswirtschaft von Bund und Ländern durch ein gemeinsames Gremium (Stabilitätsrat),
2. die Voraussetzungen und das Verfahren zur Feststellung einer drohenden Haushaltsnotlage,
3. die Grundsätze zur Aufstellung und Durchführung von Sanierungsprogrammen zur Vermeidung von Haushaltsnotlagen.

[2]Die Beschlüsse des Stabilitätsrats und die zugrunde liegenden Beratungsunterlagen sind zu veröffentlichen.

Artikel 110 Haushaltsplan des Bundes

(1) [1]Alle Einnahmen und Ausgaben des Bundes sind in den Haushaltsplan einzustellen; bei Bundesbetrieben und bei Sondervermögen brauchen nur die Zuführungen oder die Ablieferungen eingestellt zu werden. [2]Der Haushaltsplan ist in Einnahme und Ausgabe auszugleichen.

(2) [1]Der Haushaltsplan wird für ein oder mehrere Rechnungsjahre, nach Jahren getrennt, vor Beginn des ersten Rechnungsjahres durch das Haushaltsgesetz festgestellt. [2]Für Teile des Haushaltsplanes kann vorgesehen werden, dass sie für unterschiedliche Zeiträume, nach Rechnungsjahren getrennt, gelten.

(3) Die Gesetzesvorlage nach Absatz 2 Satz 1 sowie Vorlagen zur Änderung des Haushaltsgesetzes und des Haushaltsplanes werden gleichzeitig mit der Zuleitung an den Bundesrat beim Bundestage eingebracht; der Bundesrat ist berechtigt, innerhalb von sechs Wochen, bei Änderungsvorlagen innerhalb von drei Wochen, zu den Vorlagen Stellung zu nehmen.

(4) [1]In das Haushaltsgesetz dürfen nur Vorschriften aufgenommen werden, die sich auf die Einnahmen und die Ausgaben des Bundes und auf den Zeitraum beziehen, für den das Haushaltsgesetz beschlossen wird. [2]Das Haushaltsgesetz kann vorschreiben, dass die Vorschriften erst mit der Verkündung des nächsten Haushaltsgesetzes oder bei Ermächtigung nach Artikel 115 zu einem späteren Zeitpunkt außer Kraft treten.

Artikel 111 Ausgaben vor Genehmigung des Haushaltsplans

(1) Ist bis zum Schluss eines Rechnungsjahres der Haushaltsplan für das folgende Jahr nicht durch Gesetz festgestellt, so ist bis zu seinem Inkrafttreten die Bundesregierung ermächtigt, alle Ausgaben zu leisten, die nötig sind,

a) um gesetzlich bestehende Einrichtungen zu erhalten und gesetzlich beschlossene Maßnahmen durchzuführen,

b) um die rechtlich begründeten Verpflichtungen des Bundes zu erfüllen,

c) um Bauten, Beschaffungen und sonstige Leistungen fortzusetzen oder Beihilfen für diese Zwecke weiter zu gewähren, sofern durch den Haushaltsplan eines Vorjahres bereits Beträge bewilligt worden sind.

(2) Soweit nicht auf besonderem Gesetze beruhende Einnahmen aus Steuern, Abgaben und sonstigen Quellen oder die Betriebsmittelrücklage die Ausgaben unter Absatz 1 decken, darf die Bundesregierung die zur Aufrechterhaltung der Wirtschaftsführung erforderlichen Mittel bis zur Höhe eines Viertels der Endsumme des abgelaufenen Haushaltsplanes im Wege des Kredits flüssig machen.

Artikel 112 Über- und außerplanmäßige Ausgaben

[1]Überplanmäßige und außerplanmäßige Ausgaben bedürfen der Zustimmung des Bundesministers der Finanzen. [2]Sie darf nur im Falle eines unvorhergesehenen und unabweisbaren Bedürfnisses erteilt werden. [3]Näheres kann durch Bundesgesetz bestimmt werden.

Artikel 113 Ausgabenerhöhungen oder Einnahmeminderungen

(1) [1]Gesetze, welche die von der Bundesregierung vorgeschlagenen Ausgaben des Haushaltsplanes erhöhen oder neue Ausgaben in sich schließen oder für die Zukunft mit sich bringen, bedürfen der Zustimmung der Bundesregierung. [2]Das Gleiche gilt für Gesetze, die Einnahmeminderungen in sich schließen oder für die Zukunft mit sich bringen. [3]Die Bundesregierung kann verlangen, dass der Bundestag die Beschlussfassung über solche Gesetze aussetzt. [4]In diesem Fall hat die Bundesregierung innerhalb von sechs Wochen dem Bundestage eine Stellungnahme zuzuleiten.

(2) Die Bundesregierung kann innerhalb von vier Wochen, nachdem der Bundestag das Gesetz beschlossen hat, verlangen, dass der Bundestag erneut Beschluss fasst.

(3) [1]Ist das Gesetz nach Artikel 78 zustande gekommen, kann die Bundesregierung ihre Zustimmung nur innerhalb von sechs Wochen und nur dann versagen, wenn sie vorher das Verfahren nach Absatz 1 Satz 3 und 4 oder nach Absatz 2 eingeleitet hat. [2]Nach Ablauf dieser Frist gilt die Zustimmung als erteilt.

Artikel 114 Rechnungslegung, Rechnungsprüfung

(1) Der Bundesminister der Finanzen hat dem Bundestage und dem Bundesrate über alle Einnahmen und Ausgaben sowie über das Vermögen und die Schulden im Laufe des nächsten Rechnungsjahres zur Entlastung der Bundesregierung Rechnung zu legen.

(2) [1]Der Bundesrechnungshof, dessen Mitglieder richterliche Unabhängigkeit besitzen, prüft die Rechnung sowie die Wirtschaftlichkeit und Ordnungsmäßigkeit der Haushalts- und Wirtschaftsführung. [2]Er hat außer der Bundesregierung unmittelbar dem Bundestage und dem Bundesrate jährlich zu berichten. [3]Im Übrigen werden die Befugnisse des Bundesrechnungshofes durch Bundesgesetz geregelt.

Artikel 115 Kreditbeschaffung

(1) Die Aufnahmen von Krediten sowie die Übernahme von Bürgschaften, Garantien oder sonstigen Gewährleistungen, die zu Ausgaben in künftigen Rechnungsjahren führen können, bedürfen einer der Höhe nach bestimmten oder bestimmbaren Ermächtigung durch Bundesgesetz.

(2) [1]Einnahmen und Ausgaben sind grundsätzlich ohne Einnahmen aus Krediten auszugleichen. [2]Diesem Grundsatz ist entsprochen, wenn die Einnahmen aus Krediten 0,35 vom Hundert im Verhältnis zum nominalen Bruttoinlandsprodukt nicht überschreiten. [3]Zusätzlich sind bei einer von der Normallage abweichenden konjunkturellen Entwicklung die Auswirkungen auf den Haushalt im Auf- und Abschwung symmetrisch zu berücksichtigen. [4]Abweichungen der tatsächlichen Kreditaufnahme von der nach den Sätzen 1 bis 3 zulässigen Kreditobergrenze werden auf einem Kontrollkonto erfasst; Belastungen, die den Schwellenwert von 1,5 vom Hundert im Verhältnis zum nominalen Bruttoinlandsprodukt überschreiten, sind konjunkturgerecht zurückzuführen. [5]Näheres, insbesondere die Bereinigung der Einnahmen und Ausgaben um finanzielle Transaktionen und das Verfahren zur Berechnung der Obergrenze der jährlichen Nettokreditaufnahme unter Berücksichtigung der konjunkturellen Entwicklung auf der Grundlage eines Konjunkturbereinigungsverfahrens sowie die Kontrolle und den Ausgleich von Abweichungen der tatsächlichen Kreditaufnahme von der Regelgrenze, regelt ein Bundesgesetz. [6]Im Falle von Naturkatastrophen oder außergewöhnlichen Notsituationen, die sich der Kontrolle des Staates entziehen und die staatliche Finanzlage erheblich beeinträchtigen, können diese Kreditobergrenzen auf Grund eines Beschlusses der Mehrheit der Mitglieder des Bundestages überschritten werden. [7]Der Beschluss ist mit einem Tilgungsplan zu verbinden. [8]Die Rückführung der nach Satz 6 aufgenommenen Kredite hat binnen eines angemessenen Zeitraumes zu erfolgen.

Vertrag über die Arbeitsweise der Europäischen Union (AEUV)

in der konsolidierten Fassung des Vertrags von Lissabon v. 9. 5. 2008 (ABl EU Nr. C 115 S. 47)[1)]

Auszug

Erster Teil: Grundsätze

Artikel 1

(1) Dieser Vertrag regelt die Arbeitsweise der Union und legt die Bereiche, die Abgrenzung und die Einzelheiten der Ausübung ihrer Zuständigkeiten fest.

(2) Dieser Vertrag und der Vertrag über die Europäische Union bilden die Verträge, auf die sich die Union gründet. Diese beiden Verträge, die rechtlich gleichrangig sind, werden als „die Verträge" bezeichnet.

Titel I: Arten und Bereiche der Zuständigkeit der Union

Artikel 2

(1) Übertragen die Verträge der Union für einen bestimmten Bereich eine ausschließliche Zuständigkeit, so kann nur die Union gesetzgeberisch tätig werden und verbindliche Rechtsakte erlassen; die Mitgliedstaaten dürfen in einem solchen Fall nur tätig werden, wenn sie von der Union hierzu ermächtigt werden, oder um Rechtsakte der Union durchzuführen.

(2) Übertragen die Verträge der Union für einen bestimmten Bereich eine mit den Mitgliedstaaten geteilte Zuständigkeit, so können die Union und die Mitgliedstaaten in diesem Bereich gesetzgeberisch tätig werden und verbindliche Rechtsakte erlassen. Die Mitgliedstaaten nehmen ihre Zuständigkeit wahr, sofern und soweit die Union ihre Zuständigkeit nicht ausgeübt hat. Die Mitgliedstaaten nehmen ihre Zuständigkeit erneut wahr, sofern und soweit die Union entschieden hat, ihre Zuständigkeit nicht mehr auszuüben.

(3) Die Mitgliedstaaten koordinieren ihre Wirtschafts- und Beschäftigungspolitik im Rahmen von Regelungen nach Maßgabe dieses Vertrags, für deren Festlegung die Union zuständig ist.

(4) Die Union ist nach Maßgabe des Vertrags über die Europäische Union dafür zuständig, eine gemeinsame Außen- und Sicherheitspolitik einschließlich der schrittweisen Festlegung einer gemeinsamen Verteidigungspolitik zu erarbeiten und zu verwirklichen.

(5) In bestimmten Bereichen ist die Union nach Maßgabe der Verträge dafür zuständig, Maßnahmen zur Unterstützung, Koordinierung oder Ergänzung der Maßnahmen der Mitgliedstaaten durchzuführen, ohne dass dadurch die Zuständigkeit der Union für diese Bereiche an die Stelle der Zuständigkeit der Mitgliedstaaten tritt.

Die verbindlichen Rechtsakte der Union, die aufgrund der diese Bereiche betreffenden Bestimmungen der Verträge erlassen werden, dürfen keine Harmonisierung der Rechtsvorschriften der Mitgliedstaaten beinhalten.

(6) Der Umfang der Zuständigkeiten der Union und die Einzelheiten ihrer Ausübung ergeben sich aus den Bestimmungen der Verträge zu den einzelnen Bereichen.

---

1) **Anm. d. Red.:** Der Vertrag von Lissabon ist am 1. 12. 2009 für die Bundesrepublik Deutschland in Kraft getreten (BGBl II 1223) und löst damit den EG-Vertrag in der konsolidierten Fassung des Vertrags von Nizza ab.

Artikel 3

(1) Die Union hat ausschließliche Zuständigkeit in folgenden Bereichen:

a) Zollunion,

b) Festlegung der für das Funktionieren des Binnenmarkts erforderlichen Wettbewerbsregeln,

c) Währungspolitik für die Mitgliedstaaten, deren Währung der Euro ist,

d) Erhaltung der biologischen Meeresschätze im Rahmen der gemeinsamen Fischereipolitik,

e) gemeinsame Handelspolitik.

(2) Die Union hat ferner die ausschließliche Zuständigkeit für den Abschluss internationaler Übereinkünfte, wenn der Abschluss einer solchen Übereinkunft in einem Gesetzgebungsakt der Union vorgesehen ist, wenn er notwendig ist, damit sie ihre interne Zuständigkeit ausüben kann, oder soweit er gemeinsame Regeln beeinträchtigen oder deren Tragweite verändern könnte.

Artikel 4

(1) Die Union teilt ihre Zuständigkeit mit den Mitgliedstaaten, wenn ihr die Verträge außerhalb der in den Artikeln 3 und 6 genannten Bereiche eine Zuständigkeit übertragen.

(2) Die von der Union mit den Mitgliedstaaten geteilte Zuständigkeit erstreckt sich auf die folgenden Hauptbereiche:

a) Binnenmarkt,

b) Sozialpolitik hinsichtlich der in diesem Vertrag genannten Aspekte,

c) wirtschaftlicher, sozialer und territorialer Zusammenhalt,

d) Landwirtschaft und Fischerei, ausgenommen die Erhaltung der biologischen Meeresschätze,

e) Umwelt,

f) Verbraucherschutz,

g) Verkehr,

h) transeuropäische Netze,

i) Energie,

j) Raum der Freiheit, der Sicherheit und des Rechts,

k) gemeinsame Sicherheitsanliegen im Bereich der öffentlichen Gesundheit hinsichtlich der in diesem Vertrag genannten Aspekte.

(3) In den Bereichen Forschung, technologische Entwicklung und Raumfahrt erstreckt sich die Zuständigkeit der Union darauf, Maßnahmen zu treffen, insbesondere Programme zu erstellen und durchzuführen, ohne dass die Ausübung dieser Zuständigkeit die Mitgliedstaaten hindert, ihre Zuständigkeit auszuüben.

(4) In den Bereichen Entwicklungszusammenarbeit und humanitäre Hilfe erstreckt sich die Zuständigkeit der Union darauf, Maßnahmen zu treffen und eine gemeinsame Politik zu verfolgen, ohne dass die Ausübung dieser Zuständigkeit die Mitgliedstaaten hindert, ihre Zuständigkeit auszuüben.

Artikel 5

(1) Die Mitgliedstaaten koordinieren ihre Wirtschaftspolitik innerhalb der Union. Zu diesem Zweck erlässt der Rat Maßnahmen; insbesondere beschließt er die Grundzüge dieser Politik. Für die Mitgliedstaaten, deren Währung der Euro ist, gelten besondere Regelungen.

(2) Die Union trifft Maßnahmen zur Koordinierung der Beschäftigungspolitik der Mitgliedstaaten, insbesondere durch die Festlegung von Leitlinien für diese Politik.

(3) Die Union kann Initiativen zur Koordinierung der Sozialpolitik der Mitgliedstaaten ergreifen.

Artikel 6

Die Union ist für die Durchführung von Maßnahmen zur Unterstützung, Koordinierung oder Ergänzung der Maßnahmen der Mitgliedstaaten zuständig. Diese Maßnahmen mit europäischer Zielsetzung können in folgenden Bereichen getroffen werden:

a) Schutz und Verbesserung der menschlichen Gesundheit,

b) Industrie,

c) Kultur,

d) Tourismus,

e) allgemeine und berufliche Bildung, Jugend und Sport,

f) Katastrophenschutz,

g) Verwaltungszusammenarbeit.

Titel II: Allgemein geltende Bestimmungen

Artikel 7

Die Union achtet auf die Kohärenz zwischen ihrer Politik und ihren Maßnahmen in den verschiedenen Bereichen und trägt dabei unter Einhaltung des Grundsatzes der begrenzten Einzelermächtigung ihren Zielen in ihrer Gesamtheit Rechnung.

Artikel 8 (ex-Artikel 3 Absatz 2 EGV)*)

Bei allen ihren Tätigkeiten wirkt die Union darauf hin, Ungleichheiten zu beseitigen und die Gleichstellung von Männern und Frauen zu fördern.

Artikel 9

Bei der Festlegung und Durchführung ihrer Politik und ihrer Maßnahmen trägt die Union den Erfordernissen im Zusammenhang mit der Förderung eines hohen Beschäftigungsniveaus, mit der Gewährleistung eines angemessenen sozialen Schutzes, mit der Bekämpfung der sozialen Ausgrenzung sowie mit einem hohen Niveau der allgemeinen und beruflichen Bildung und des Gesundheitsschutzes Rechnung.

Artikel 10

Bei der Festlegung und Durchführung ihrer Politik und ihrer Maßnahmen zielt die Union darauf ab, Diskriminierungen aus Gründen des Geschlechts, der Rasse, der ethnischen Herkunft, der Religion oder der Weltanschauung, einer Behinderung, des Alters oder der sexuellen Ausrichtung zu bekämpfen.

Artikel 11 (ex-Artikel 6 EGV)

Die Erfordernisse des Umweltschutzes müssen bei der Festlegung und Durchführung der Unionspolitiken und -maßnahmen insbesondere zur Förderung einer nachhaltigen Entwicklung einbezogen werden.

Artikel 12 (ex-Artikel 153 Absatz 2 EGV)

Den Erfordernissen des Verbraucherschutzes wird bei der Festlegung und Durchführung der anderen Unionspolitiken und -maßnahmen Rechnung getragen.

*) **Amtl. Anm.:** Dieser Verweis hat lediglich hinweisenden Charakter. Zur Vertiefung vgl. die Übereinstimmungstabellen für die Entsprechung zwischen bisheriger und neuer Nummerierung der Verträge.

Artikel 13

Bei der Festlegung und Durchführung der Politik der Union in den Bereichen Landwirtschaft, Fischerei, Verkehr, Binnenmarkt, Forschung, technologische Entwicklung und Raumfahrt tragen die Union und die Mitgliedstaaten den Erfordernissen des Wohlergehens der Tiere als fühlende Wesen in vollem Umfang Rechnung; sie berücksichtigen hierbei die Rechts- und Verwaltungsvorschriften und die Gepflogenheiten der Mitgliedstaaten insbesondere in Bezug auf religiöse Riten, kulturelle Traditionen und das regionale Erbe.

Artikel 14 (ex-Artikel 16 EGV)

Unbeschadet des Artikels 4 des Vertrags über die Europäische Union und der Artikel 93, 106 und 107 dieses Vertrags und in Anbetracht des Stellenwerts, den Dienste von allgemeinem wirtschaftlichem Interesse innerhalb der gemeinsamen Werte der Union einnehmen, sowie ihrer Bedeutung bei der Förderung des sozialen und territorialen Zusammenhalts tragen die Union und die Mitgliedstaaten im Rahmen ihrer jeweiligen Befugnisse im Anwendungsbereich der Verträge dafür Sorge, dass die Grundsätze und Bedingungen, insbesondere jene wirtschaftlicher und finanzieller Art, für das Funktionieren dieser Dienste so gestaltet sind, dass diese ihren Aufgaben nachkommen können. Diese Grundsätze und Bedingungen werden vom Europäischen Parlament und vom Rat durch Verordnungen gemäß dem ordentlichen Gesetzgebungsverfahren festgelegt, unbeschadet der Zuständigkeit der Mitgliedstaaten, diese Dienste im Einklang mit den Verträgen zur Verfügung zu stellen, in Auftrag zu geben und zu finanzieren.

Artikel 15 (ex-Artikel 255 EGV)

(1) Um eine verantwortungsvolle Verwaltung zu fördern und die Beteiligung der Zivilgesellschaft sicherzustellen, handeln die Organe, Einrichtungen und sonstigen Stellen der Union unter weitestgehender Beachtung des Grundsatzes der Offenheit.

(2) Das Europäische Parlament tagt öffentlich; dies gilt auch für den Rat, wenn er über Entwürfe zu Gesetzgebungsakten berät oder abstimmt.

(3) Jeder Unionsbürger sowie jede natürliche oder juristische Person mit Wohnsitz oder satzungsgemäßem Sitz in einem Mitgliedstaat hat das Recht auf Zugang zu Dokumenten der Organe, Einrichtungen und sonstigen Stellen der Union, unabhängig von der Form der für diese Dokumente verwendeten Träger, vorbehaltlich der Grundsätze und Bedingungen, die nach diesem Absatz festzulegen sind.

Die allgemeinen Grundsätze und die aufgrund öffentlicher oder privater Interessen geltenden Einschränkungen für die Ausübung dieses Rechts auf Zugang zu Dokumenten werden vom Europäischen Parlament und vom Rat durch Verordnungen gemäß dem ordentlichen Gesetzgebungsverfahren festgelegt.

Die Organe, Einrichtungen oder sonstigen Stellen gewährleisten die Transparenz ihrer Tätigkeit und legen gemäß den in Unterabsatz 2 genannten Verordnungen in ihrer Geschäftsordnung Sonderbestimmungen hinsichtlich des Zugangs zu ihren Dokumenten fest.*)

Dieser Absatz gilt für den Gerichtshof der Europäischen Union, die Europäische Zentralbank und die Europäische Investitionsbank nur dann, wenn sie Verwaltungsaufgaben wahrnehmen.

Das Europäische Parlament und der Rat sorgen dafür, dass die Dokumente, die die Gesetzgebungsverfahren betreffen, nach Maßgabe der in Unterabsatz 2 genannten Verordnungen öffentlich zugänglich gemacht werden.

*) **Amtl. Anm.:** Dieser Unterabsatz ist Gegenstand eines laufenden Berichtigungsverfahrens.

Artikel 16 (ex-Artikel 286 EGV)

(1) Jede Person hat das Recht auf Schutz der sie betreffenden personenbezogenen Daten.

(2) Das Europäische Parlament und der Rat erlassen gemäß dem ordentlichen Gesetzgebungsverfahren Vorschriften über den Schutz natürlicher Personen bei der Verarbeitung personenbezogener Daten durch die Organe, Einrichtungen und sonstigen Stellen der Union sowie durch die Mitgliedstaaten im Rahmen der Ausübung von Tätigkeiten, die in den Anwendungsbereich des Unionsrechts fallen, und über den freien Datenverkehr. Die Einhaltung dieser Vorschriften wird von unabhängigen Behörden überwacht.

Die auf der Grundlage dieses Artikels erlassenen Vorschriften lassen die spezifischen Bestimmungen des Artikels 39 des Vertrags über die Europäische Union unberührt.

Artikel 17

(1) Die Union achtet den Status, den Kirchen und religiöse Vereinigungen oder Gemeinschaften in den Mitgliedstaaten nach deren Rechtsvorschriften genießen, und beeinträchtigt ihn nicht.

(2) Die Union achtet in gleicher Weise den Status, den weltanschauliche Gemeinschaften nach den einzelstaatlichen Rechtsvorschriften genießen.

(3) Die Union pflegt mit diesen Kirchen und Gemeinschaften in Anerkennung ihrer Identität und ihres besonderen Beitrags einen offenen, transparenten und regelmäßigen Dialog.

Zweiter Teil: Nichtdiskriminierung und Unionsbürgerschaft

Artikel 18 (ex-Artikel 12 EGV)

Unbeschadet besonderer Bestimmungen der Verträge ist in ihrem Anwendungsbereich jede Diskriminierung aus Gründen der Staatsangehörigkeit verboten.

Das Europäische Parlament und der Rat können gemäß dem ordentlichen Gesetzgebungsverfahren Regelungen für das Verbot solcher Diskriminierungen treffen.

Artikel 19 (ex-Artikel 13 EGV)

(1) Unbeschadet der sonstigen Bestimmungen der Verträge kann der Rat im Rahmen der durch die Verträge auf die Union übertragenen Zuständigkeiten gemäß einem besonderen Gesetzgebungsverfahren und nach Zustimmung des Europäischen Parlaments einstimmig geeignete Vorkehrungen treffen, um Diskriminierungen aus Gründen des Geschlechts, der Rasse, der ethnischen Herkunft, der Religion oder der Weltanschauung, einer Behinderung, des Alters oder der sexuellen Ausrichtung zu bekämpfen.

(2) Abweichend von Absatz 1 können das Europäische Parlament und der Rat gemäß dem ordentlichen Gesetzgebungsverfahren die Grundprinzipien für Fördermaßnahmen der Union unter Ausschluss jeglicher Harmonisierung der Rechts- und Verwaltungsvorschriften der Mitgliedstaaten zur Unterstützung der Maßnahmen festlegen, die die Mitgliedstaaten treffen, um zur Verwirklichung der in Absatz 1 genannten Ziele beizutragen.

Artikel 20 (ex-Artikel 17 EGV)

(1) Es wird eine Unionsbürgerschaft eingeführt. Unionsbürger ist, wer die Staatsangehörigkeit eines Mitgliedstaats besitzt. Die Unionsbürgerschaft tritt zur nationalen Staatsbürgerschaft hinzu, ersetzt sie aber nicht.

(2) Die Unionsbürgerinnen und Unionsbürger haben die in den Verträgen vorgesehenen Rechte und Pflichten. Sie haben unter anderem

a) das Recht, sich im Hoheitsgebiet der Mitgliedstaaten frei zu bewegen und aufzuhalten;

b) in dem Mitgliedstaat, in dem sie ihren Wohnsitz haben, das aktive und passive Wahlrecht bei den Wahlen zum Europäischen Parlament und bei den Kommunalwahlen, wobei für sie dieselben Bedingungen gelten wie für die Angehörigen des betreffenden Mitgliedstaats;
c) im Hoheitsgebiet eines Drittlandes, in dem der Mitgliedstaat, dessen Staatsangehörigkeit sie besitzen, nicht vertreten ist, Recht auf Schutz durch die diplomatischen und konsularischen Behörden eines jeden Mitgliedstaats unter denselben Bedingungen wie Staatsangehörige dieses Staates;
d) das Recht, Petitionen an das Europäische Parlament zu richten und sich an den Europäischen Bürgerbeauftragten zu wenden, sowie das Recht, sich in einer der Sprachen der Verträge an die Organe und die beratenden Einrichtungen der Union zu wenden und eine Antwort in derselben Sprache zu erhalten.

Diese Rechte werden unter den Bedingungen und innerhalb der Grenzen ausgeübt, die in den Verträgen und durch die in Anwendung der Verträge erlassenen Maßnahmen festgelegt sind.

Artikel 21 (ex-Artikel 18 EGV)

(1) Jeder Unionsbürger hat das Recht, sich im Hoheitsgebiet der Mitgliedstaaten vorbehaltlich der in den Verträgen und in den Durchführungsvorschriften vorgesehenen Beschränkungen und Bedingungen frei zu bewegen und aufzuhalten.

(2) Erscheint zur Erreichung dieses Ziels ein Tätigwerden der Union erforderlich und sehen die Verträge hierfür keine Befugnisse vor, so können das Europäische Parlament und der Rat gemäß dem ordentlichen Gesetzgebungsverfahren Vorschriften erlassen, mit denen die Ausübung der Rechte nach Absatz 1 erleichtert wird.

(3) Zu den gleichen wie den in Absatz 1 genannten Zwecken kann der Rat, sofern die Verträge hierfür keine Befugnisse vorsehen, gemäß einem besonderen Gesetzgebungsverfahren Maßnahmen erlassen, die die soziale Sicherheit oder den sozialen Schutz betreffen. Der Rat beschließt einstimmig nach Anhörung des Europäischen Parlaments.

Artikel 22 (ex-Artikel 19 EGV)

(1) Jeder Unionsbürger mit Wohnsitz in einem Mitgliedstaat, dessen Staatsangehörigkeit er nicht besitzt, hat in dem Mitgliedstaat, in dem er seinen Wohnsitz hat, das aktive und passive Wahlrecht bei Kommunalwahlen, wobei für ihn dieselben Bedingungen gelten wie für die Angehörigen des betreffenden Mitgliedstaats. Dieses Recht wird vorbehaltlich der Einzelheiten ausgeübt, die vom Rat einstimmig gemäß einem besonderen Gesetzgebungsverfahren und nach Anhörung des Europäischen Parlaments festgelegt werden; in diesen können Ausnahmeregelungen vorgesehen werden, wenn dies aufgrund besonderer Probleme eines Mitgliedstaats gerechtfertigt ist.

(2) Unbeschadet des Artikels 223 Absatz 1 und der Bestimmungen zu dessen Durchführung besitzt jeder Unionsbürger mit Wohnsitz in einem Mitgliedstaat, dessen Staatsangehörigkeit er nicht besitzt, in dem Mitgliedstaat, in dem er seinen Wohnsitz hat, das aktive und passive Wahlrecht bei den Wahlen zum Europäischen Parlament, wobei für ihn dieselben Bedingungen gelten wie für die Angehörigen des betreffenden Mitgliedstaats. Dieses Recht wird vorbehaltlich der Einzelheiten ausgeübt, die vom Rat einstimmig gemäß einem besonderen Gesetzgebungsverfahren und nach Anhörung des Europäischen Parlaments festgelegt werden; in diesen können Ausnahmeregelungen vorgesehen werden, wenn dies aufgrund besonderer Probleme eines Mitgliedstaats gerechtfertigt ist.

Artikel 23 (ex-Artikel 20 EGV)

Jeder Unionsbürger genießt im Hoheitsgebiet eines dritten Landes, in dem der Mitgliedstaat, dessen Staatsangehörigkeit er besitzt, nicht vertreten ist, den diplomatischen und konsularischen Schutz eines jeden Mitgliedstaats unter denselben Bedingungen wie Staatsangehörige dieses Staates. Die Mitgliedstaaten treffen die notwendigen Vorkehrungen und leiten die für diesen Schutz erforderlichen internationalen Verhandlungen ein.

Der Rat kann gemäß einem besonderen Gesetzgebungsverfahren und nach Anhörung des Europäischen Parlaments Richtlinien zur Festlegung der notwendigen Koordinierungs- und Kooperationsmaßnahmen zur Erleichterung dieses Schutzes erlassen.

Artikel 24 (ex-Artikel 21 EGV)

Die Bestimmungen über die Verfahren und Bedingungen, die für eine Bürgerinitiative im Sinne des Artikels 11 des Vertrags über die Europäische Union gelten, einschließlich der Mindestzahl der Mitgliedstaaten, aus denen die Bürgerinnen und Bürger, die diese Initiative ergreifen, kommen müssen, werden vom Europäischen Parlament und vom Rat gemäß dem ordentlichen Gesetzgebungsverfahren durch Verordnungen festgelegt.

Jeder Unionsbürger besitzt das Petitionsrecht beim Europäischen Parlament nach Artikel 227.

Jeder Unionsbürger kann sich an den nach Artikel 228 eingesetzten Bürgerbeauftragten wenden.

Jeder Unionsbürger kann sich schriftlich in einer der in Artikel 55 Absatz 1 des Vertrags über die Europäische Union genannten Sprachen an jedes Organ oder an jede Einrichtung wenden, die in dem vorliegenden Artikel oder in Artikel 13 des genannten Vertrags genannt sind, und eine Antwort in derselben Sprache erhalten.

Artikel 25 (ex-Artikel 22 EGV)

Die Kommission erstattet dem Europäischen Parlament, dem Rat und dem Wirtschafts- und Sozialausschuss alle drei Jahre über die Anwendung dieses Teils Bericht. In dem Bericht wird der Fortentwicklung der Union Rechnung getragen.

Auf dieser Grundlage kann der Rat unbeschadet der anderen Bestimmungen der Verträge zur Ergänzung der in Artikel 20 Absatz 2 aufgeführten Rechte einstimmig gemäß einem besonderen Gesetzgebungsverfahren nach Zustimmung des Europäischen Parlaments Bestimmungen erlassen. Diese Bestimmungen treten nach Zustimmung der Mitgliedstaaten im Einklang mit ihren jeweiligen verfassungsrechtlichen Vorschriften in Kraft.

Dritter Teil: Die internen Politiken und Maßnahmen der Union

Titel VII: Gemeinsame Regeln betreffend Wettbewerb, Steuerfragen und Angleichung der Rechtsvorschriften

Kapitel 2: Steuerliche Vorschriften

Artikel 110 (ex-Artikel 90 EGV)

Die Mitgliedstaaten erheben auf Waren aus anderen Mitgliedstaaten weder unmittelbar noch mittelbar höhere inländische Abgaben gleich welcher Art, als gleichartige inländische Waren unmittelbar oder mittelbar zu tragen haben.

Die Mitgliedstaaten erheben auf Waren aus anderen Mitgliedstaaten keine inländischen Abgaben, die geeignet sind, andere Produktionen mittelbar zu schützen.

Artikel 111 (ex-Artikel 91 EGV)

Werden Waren in das Hoheitsgebiet eines Mitgliedstaats ausgeführt, so darf die Rückvergütung für inländische Abgaben nicht höher sein als die auf die ausgeführten Waren mittelbar oder unmittelbar erhobenen inländischen Abgaben.

Artikel 112 (ex-Artikel 92 EGV)

Für Abgaben außer Umsatzsteuern, Verbrauchsabgaben und sonstigen indirekten Steuern sind Entlastungen und Rückvergütungen bei der Ausfuhr nach anderen Mitgliedstaaten sowie Ausgleichsabgaben bei der Einfuhr aus den Mitgliedstaaten nur zulässig, soweit der Rat sie vorher auf Vorschlag der Kommission für eine begrenzte Frist genehmigt hat.

Artikel 113 (ex-Artikel 93 EGV)

Der Rat erlässt gemäß einem besonderen Gesetzgebungsverfahren und nach Anhörung des Europäischen Parlaments und des Wirtschafts- und Sozialausschusses einstimmig die Bestimmungen zur Harmonisierung der Rechtsvorschriften über die Umsatzsteuern, die Verbrauchsabgaben und sonstige indirekte Steuern, soweit diese Harmonisierung für die Errichtung und das Funktionieren des Binnenmarkts und die Vermeidung von Wettbewerbsverzerrungen notwendig ist.

Sechster Teil: Institutionelle Bestimmungen und Finanzvorschriften

Titel I: Vorschriften über die Organe

Kapitel 1: Die Organe

Abschnitt 5: Der Gerichtshof der Europäischen Union

Artikel 256 (ex-Artikel 225 EGV)

(1) Das Gericht ist für Entscheidungen im ersten Rechtszug über die in den Artikeln 263, 265, 268, 270 und 272 genannten Klagen zuständig, mit Ausnahme derjenigen Klagen, die einem nach Artikel 257 gebildeten Fachgericht übertragen werden, und der Klagen, die gemäß der Satzung dem Gerichtshof vorbehalten sind. In der Satzung kann vorgesehen werden, dass das Gericht für andere Kategorien von Klagen zuständig ist.

Gegen die Entscheidungen des Gerichts aufgrund dieses Absatzes kann nach Maßgabe der Bedingungen und innerhalb der Grenzen, die in der Satzung vorgesehen sind, beim Gerichtshof ein auf Rechtsfragen beschränktes Rechtsmittel eingelegt werden.

(2) Das Gericht ist für Entscheidungen über Rechtsmittel gegen die Entscheidungen der Fachgerichte zuständig.

Die Entscheidungen des Gerichts aufgrund dieses Absatzes können nach Maßgabe der Bedingungen und innerhalb der Grenzen, die in der Satzung vorgesehen sind, in Ausnahmefällen vom Gerichtshof überprüft werden, wenn die ernste Gefahr besteht, dass die Einheit oder Kohärenz des Unionsrechts berührt wird.

(3) Das Gericht ist in besonderen in der Satzung festgelegten Sachgebieten für Vorabentscheidungen nach Artikel 267 zuständig.

Wenn das Gericht der Auffassung ist, dass eine Rechtssache eine Grundsatzentscheidung erfordert, die die Einheit oder die Kohärenz des Unionsrechts berühren könnte, kann es die Rechtssache zur Entscheidung an den Gerichtshof verweisen.

Die Entscheidungen des Gerichts über Anträge auf Vorabentscheidung können nach Maßgabe der Bedingungen und innerhalb der Grenzen, die in der Satzung vorgesehen sind, in Ausnahmefällen vom Gerichtshof überprüft werden, wenn die ernste Gefahr besteht, dass die Einheit oder die Kohärenz des Unionsrechts berührt wird.

Artikel 263 (ex-Artikel 230 EGV)

Der Gerichtshof der Europäischen Union überwacht die Rechtmäßigkeit der Gesetzgebungsakte sowie der Handlungen des Rates, der Kommission und der Europäischen Zentralbank, soweit es sich nicht um Empfehlungen oder Stellungnahmen handelt, und der Handlungen des Europäischen Parlaments und des Europäischen Rates mit Rechtswirkung gegenüber Dritten. Er überwacht ebenfalls die Rechtmäßigkeit der Handlungen der Einrichtungen oder sonstigen Stellen der Union mit Rechtswirkung gegenüber Dritten.

Zu diesem Zweck ist der Gerichtshof der Europäischen Union für Klagen zuständig, die ein Mitgliedstaat, das Europäische Parlament, der Rat oder die Kommission wegen Unzuständigkeit, Verletzung wesentlicher Formvorschriften, Verletzung der Verträge oder einer bei seiner Durchführung anzuwendenden Rechtsnorm oder wegen Ermessensmissbrauchs erhebt.

Der Gerichtshof der Europäischen Union ist unter den gleichen Voraussetzungen zuständig für Klagen des Rechnungshofs, der Europäischen Zentralbank und des Ausschusses der Regionen, die auf die Wahrung ihrer Rechte abzielen.

Jede natürliche oder juristische Person kann unter den Bedingungen nach den Absätzen 1 und 2 gegen die an sie gerichteten oder sie unmittelbar und individuell betreffenden Handlungen sowie gegen Rechtsakte mit Verordnungscharakter, die sie unmittelbar betreffen und keine Durchführungsmaßnahmen nach sich ziehen, Klage erheben.

In den Rechtsakten zur Gründung von Einrichtungen und sonstigen Stellen der Union können besondere Bedingungen und Einzelheiten für die Erhebung von Klagen von natürlichen oder juristischen Personen gegen Handlungen dieser Einrichtungen und sonstigen Stellen vorgesehen werden, die eine Rechtswirkung gegenüber diesen Personen haben.

Die in diesem Artikel vorgesehenen Klagen sind binnen zwei Monaten zu erheben; diese Frist läuft je nach Lage des Falles von der Bekanntgabe der betreffenden Handlung, ihrer Mitteilung an den Kläger oder in Ermangelung dessen von dem Zeitpunkt an, zu dem der Kläger von dieser Handlung Kenntnis erlangt hat.

Artikel 265 (ex-Artikel 232 EGV)

Unterlässt es das Europäische Parlament, der Europäische Rat, der Rat, die Kommission oder die Europäische Zentralbank unter Verletzung der Verträge, einen Beschluss zu fassen, so können die Mitgliedstaaten und die anderen Organe der Union beim Gerichtshof der Europäischen Union Klage auf Feststellung dieser Vertragsverletzung erheben. Dieser Artikel gilt entsprechend für die Einrichtungen und sonstigen Stellen der Union, die es unterlassen, tätig zu werden.

Diese Klage ist nur zulässig, wenn das in Frage stehende Organ, die in Frage stehende Einrichtung oder sonstige Stelle zuvor aufgefordert worden ist, tätig zu werden. Hat es bzw. sie binnen zwei Monaten nach dieser Aufforderung nicht Stellung genommen, so kann die Klage innerhalb einer weiteren Frist von zwei Monaten erhoben werden.

Jede natürliche oder juristische Person kann nach Maßgabe der Absätze 1 und 2 vor dem Gerichtshof Beschwerde darüber führen, dass ein Organ oder eine Einrichtung oder sonstige Stelle der Union es unterlassen hat, einen anderen Akt als eine Empfehlung oder eine Stellungnahme an sie zu richten.

Artikel 267 (ex-Artikel 234 EGV)

Der Gerichtshof der Europäischen Union entscheidet im Wege der Vorabentscheidung

a) über die Auslegung der Verträge,

b) über die Gültigkeit und die Auslegung der Handlungen der Organe, Einrichtungen oder sonstigen Stellen der Union,

Wird eine derartige Frage einem Gericht eines Mitgliedstaats gestellt und hält dieses Gericht eine Entscheidung darüber zum Erlass seines Urteils für erforderlich, so kann es diese Frage dem Gerichtshof zur Entscheidung vorlegen.

Wird eine derartige Frage in einem schwebenden Verfahren bei einem einzelstaatlichen Gericht gestellt, dessen Entscheidungen selbst nicht mehr mit Rechtsmitteln des innerstaatlichen Rechts angefochten werden können, so ist dieses Gericht zur Anrufung des Gerichtshofs verpflichtet.

Wird eine derartige Frage in einem schwebenden Verfahren, das eine inhaftierte Person betrifft, bei einem einzelstaatlichen Gericht gestellt, so entscheidet der Gerichtshof innerhalb kürzester Zeit.

Kapitel 2: Rechtsakte der Union, Annahmeverfahren und sonstige Vorschriften

Abschnitt 1: Die Rechtsakte der Union

Artikel 288 (ex-Artikel 249 EGV)

Für die Ausübung der Zuständigkeiten der Union nehmen die Organe Verordnungen, Richtlinien, Beschlüsse, Empfehlungen und Stellungnahmen an.

Die Verordnung hat allgemeine Geltung. Sie ist in allen ihren Teilen verbindlich und gilt unmittelbar in jedem Mitgliedstaat.

Die Richtlinie ist für jeden Mitgliedstaat, an den sie gerichtet wird, hinsichtlich des zu erreichenden Ziels verbindlich, überlässt jedoch den innerstaatlichen Stellen die Wahl der Form und der Mittel.

Beschlüsse sind in allen ihren Teilen verbindlich. Sind sie an bestimmte Adressaten gerichtet, so sind sie nur für diese verbindlich.

Die Empfehlungen und Stellungnahmen sind nicht verbindlich.

Einkommensteuergesetz (EStG)

v. 8. 10. 2009 (BGBl I S. 3369, ber. S. 3862) mit späteren Änderungen

Die amtliche Neufassung des EStG v. 8. 10. 2009 (BGBl I 3369, ber. 3862) wurde inzwischen geändert durch Art. 1 Gesetz zur Beschleunigung des Wirtschaftswachstums (Wachstumsbeschleunigungsgesetz) v. 22. 12. 2009 (BGBl I 3950). – **Zur Anwendung siehe §§ 52, 52a, 56 und 57.**

Nichtamtliche Fassung

Inhaltsübersicht

3. Steuerermäßigung bei Einkünften aus Gewerbebetrieb

4. Steuerermäßigung bei Aufwendungen für haushaltsnahe Beschäftigungsverhältnisse und für die Inanspruchnahme haushaltsnaher Dienstleistungen

5. Steuerermäßigung bei Belastung mit Erbschaftsteuer

VI. Steuererhebung

1. Erhebung der Einkommensteuer

2. Steuerabzug vom Arbeitslohn (Lohnsteuer)

3. Steuerabzug vom Kapitalertrag (Kapitalertragsteuer)

4. Veranlagung von Steuerpflichtigen mit steuerabzugspflichtigen Einkünften

VII. Steuerabzug bei Bauleistungen

VIII. Besteuerung beschränkt Steuerpflichtiger

IX. Sonstige Vorschriften, Bußgeld-, Ermächtigungs- und Schlussvorschriften

I. Steuerpflicht

§ 1 Steuerpflicht

(1) [1]Natürliche Personen, die im Inland einen Wohnsitz oder ihren gewöhnlichen Aufenthalt haben, sind unbeschränkt einkommensteuerpflichtig. [2]Zum Inland im Sinne dieses Gesetzes gehört auch der der Bundesrepublik Deutschland zustehende Anteil am Festlandsockel, soweit dort Naturschätze des Meeresgrundes und des Meeresuntergrundes erforscht oder ausgebeutet werden oder dieser der Energieerzeugung unter Nutzung erneuerbarer Energien dient.

(2) [1]Unbeschränkt einkommensteuerpflichtig sind auch deutsche Staatsangehörige, die

1. im Inland weder einen Wohnsitz noch ihren gewöhnlichen Aufenthalt haben und
2. zu einer inländischen juristischen Person des öffentlichen Rechts in einem Dienstverhältnis stehen und dafür Arbeitslohn aus einer inländischen öffentlichen Kasse beziehen,

sowie zu ihrem Haushalt gehörende Angehörige, die die deutsche Staatsangehörigkeit besitzen oder keine Einkünfte oder nur Einkünfte beziehen, die ausschließlich im Inland einkommensteuerpflichtig sind. [2]Dies gilt nur für natürliche Personen, die in dem Staat, in dem sie ihren Wohnsitz oder ihren gewöhnlichen Aufenthalt haben, lediglich in einem der beschränkten Einkommensteuerpflicht ähnlichen Umfang zu einer Steuer vom Einkommen herangezogen werden.

ESt G

(3)[1)] [1]Auf Antrag werden auch natürliche Personen als unbeschränkt einkommensteuerpflichtig behandelt, die im Inland weder einen Wohnsitz noch ihren gewöhnlichen Aufenthalt haben, soweit sie inländische Einkünfte im Sinne des § 49 haben. [2]Dies gilt nur, wenn ihre Einkünfte im Kalenderjahr mindestens zu 90 Prozent der deutschen Einkommensteuer unterliegen oder die nicht der deutschen Einkommensteuer unterliegenden Einkünfte den Grundfreibetrag nach § 32a Absatz 1 Satz 2 Nummer 1 nicht übersteigen; dieser Betrag ist zu kürzen, soweit es nach den Verhältnissen im Wohnsitzstaat des Steuerpflichtigen notwendig und angemessen ist. [3]Inländische Einkünfte, die nach einem Abkommen zur Vermeidung der Doppelbesteuerung nur der Höhe nach beschränkt besteuert werden dürfen, gelten hierbei als nicht der deutschen Einkommensteuer unterliegend. [4]Unberücksichtigt bleiben bei der Ermittlung der Einkünfte nach Satz 2 nicht der deutschen Einkommensteuer unterliegende Einkünfte, die im Ausland nicht besteuert werden, soweit vergleichbare Einkünfte im Inland steuerfrei sind. [5]Weitere Voraussetzung ist, dass die Höhe der nicht der deutschen Einkommensteuer unterliegenden Einkünfte durch eine Bescheinigung der zuständigen ausländischen Steuerbehörde nachgewiesen wird. [6]Der Steuerabzug nach § 50a ist ungeachtet der Sätze 1 bis 4 vorzunehmen.

(4) Natürliche Personen, die im Inland weder einen Wohnsitz noch ihren gewöhnlichen Aufenthalt haben, sind vorbehaltlich der Absätze 2 und 3 und des § 1a beschränkt einkommensteuerpflichtig, wenn sie inländische Einkünfte im Sinne des § 49 haben.

§ 1a

(1)[2)] Für Staatsangehörige eines Mitgliedstaates der Europäischen Union oder eines Staates, auf den das Abkommen über den Europäischen Wirtschaftsraum anwendbar ist, die nach § 1 Absatz 1 unbeschränkt einkommensteuerpflichtig sind oder die nach § 1 Absatz 3 als unbeschränkt einkommensteuerpflichtig zu behandeln sind, gilt bei Anwendung von § 10 Absatz 1 Nummer 1 und 1a und § 26 Absatz 1 Satz 1 Folgendes:

1. Unterhaltsleistungen an den geschiedenen oder dauernd getrennt lebenden Ehegatten (§ 10 Absatz 1 Nummer 1) sind auch dann als Sonderausgaben abziehbar, wenn der Empfänger nicht unbeschränkt einkommensteuerpflichtig ist. [2]Voraussetzung ist, dass der Empfänger seinen Wohnsitz oder gewöhnlichen Aufenthalt im Hoheitsgebiet eines anderen Mitgliedstaates der Europäischen Union oder eines Staates hat, auf den das Abkommen über den Europäischen Wirtschaftsraum Anwendung findet. [3]Weitere Voraussetzung ist, dass die Besteuerung der Unterhaltszahlungen beim Empfänger durch eine Bescheinigung der zuständigen ausländischen Steuerbehörde nachgewiesen wird;

1a. auf besonderen Verpflichtungsgründen beruhende Versorgungsleistungen (§ 10 Absatz 1 Nummer 1a) sind auch dann als Sonderausgaben abziehbar, wenn der Emp-

1) **Anm. d. Red.:** Zur Anwendung des § 1 Abs. 3 siehe § 52 Abs. 1a.

2) **Anm. d. Red.:** Zur Anwendung des § 1a Abs. 1 siehe § 52 Abs. 2.

fänger nicht unbeschränkt einkommensteuerpflichtig ist. [2]Nummer 1 Satz 2 und 3 gilt entsprechend;

2. der nicht dauernd getrennt lebende Ehegatte ohne Wohnsitz oder gewöhnlichen Aufenthalt im Inland wird auf Antrag für die Anwendung des § 26 Absatz 1 Satz 1 als unbeschränkt einkommensteuerpflichtig behandelt. [2]Nummer 1 Satz 2 gilt entsprechend. [3]Bei Anwendung des § 1 Absatz 3 Satz 2 ist auf die Einkünfte beider Ehegatten abzustellen und der Grundfreibetrag nach § 32a Absatz 1 Satz 2 Nummer 1 zu verdoppeln.

(2) Für unbeschränkt einkommensteuerpflichtige Personen im Sinne des § 1 Absatz 2, die die Voraussetzungen des § 1 Absatz 3 Satz 2 bis 5 erfüllen, und für unbeschränkt einkommensteuerpflichtige Personen im Sinne des § 1 Absatz 3, die die Voraussetzungen des § 1 Absatz 2 Satz 1 Nummer 1 und 2 erfüllen und an einem ausländischen Dienstort tätig sind, gilt die Regelung des Absatzes 1 Nummer 2 entsprechend mit der Maßgabe, dass auf Wohnsitz oder gewöhnlichen Aufenthalt im Staat des ausländischen Dienstortes abzustellen ist.

II. Einkommen

1. Sachliche Voraussetzungen für die Besteuerung

§ 2 Umfang der Besteuerung, Begriffsbestimmungen

(1) [1]Der Einkommensteuer unterliegen

1. Einkünfte aus Land- und Forstwirtschaft,
2. Einkünfte aus Gewerbebetrieb,
3. Einkünfte aus selbständiger Arbeit,
4. Einkünfte aus nichtselbständiger Arbeit,
5. Einkünfte aus Kapitalvermögen,
6. Einkünfte aus Vermietung und Verpachtung,
7. sonstige Einkünfte im Sinne des § 22,

die der Steuerpflichtige während seiner unbeschränkten Einkommensteuerpflicht oder als inländische Einkünfte während seiner beschränkten Einkommensteuerpflicht erzielt. [2]Zu welcher Einkunftsart die Einkünfte im einzelnen Fall gehören, bestimmt sich nach den §§ 13 bis 24.

(2)[1)] [1]Einkünfte sind

1. bei Land- und Forstwirtschaft, Gewerbebetrieb und selbständiger Arbeit der Gewinn (§§ 4 bis 7k),
2. bei den anderen Einkunftsarten der Überschuss der Einnahmen über die Werbungskosten (§§ 8 bis 9a).

[2]Bei Einkünften aus Kapitalvermögen tritt § 20 Absatz 9 vorbehaltlich der Regelung in § 32d Absatz 2 an die Stelle der §§ 9 und 9a.

(3) Die Summe der Einkünfte, vermindert um den Altersentlastungsbetrag, den Entlastungsbetrag für Alleinerziehende und den Abzug nach § 13 Absatz 3, ist der Gesamtbetrag der Einkünfte.

(4) Der Gesamtbetrag der Einkünfte, vermindert um die Sonderausgaben und die außergewöhnlichen Belastungen, ist das Einkommen.

(5) [1]Das Einkommen, vermindert um die Freibeträge nach § 32 Absatz 6 und um die sonstigen vom Einkommen abzuziehenden Beträge, ist das zu versteuernde Einkommen; dieses bildet die Bemessungsgrundlage für die tarifliche Einkommensteuer. [2]Knüpfen andere Gesetze an den Begriff des zu versteuernden Einkommens an, ist für deren Zweck

1) **Anm. d. Red.:** Zur Anwendung des § 2 Abs. 2, 5a, 5b und 6 siehe § 52a Abs. 2.

das Einkommen in allen Fällen des § 32 um die Freibeträge nach § 32 Absatz 6 zu vermindern.

(5a)[1] Knüpfen außersteuerliche Rechtsnormen an die in den vorstehenden Absätzen definierten Begriffe (Einkünfte, Summe der Einkünfte, Gesamtbetrag der Einkünfte, Einkommen, zu versteuerndes Einkommen) an, erhöhen sich für deren Zwecke diese Größen um die nach § 32d Absatz 1 und nach § 43 Absatz 5 zu besteuernden Beträge sowie um die nach § 3 Nummer 40 steuerfreien Beträge und mindern sich um die nach § 3c Absatz 2 nicht abziehbaren Beträge.

(5b)[1] [1]Soweit Rechtsnormen dieses Gesetzes an die in den vorstehenden Absätzen definierten Begriffe (Einkünfte, Summe der Einkünfte, Gesamtbetrag der Einkünfte, Einkommen, zu versteuerndes Einkommen) anknüpfen, sind Kapitalerträge nach § 32d Absatz 1 und § 43 Absatz 5 nicht einzubeziehen. [2]Satz 1 gilt nicht in den Fällen

1. des § 10b Absatz 1, wenn der Steuerpflichtige dies beantragt, sowie
2. des § 32 Absatz 4 Satz 2, des § 32d Absatz 2 und 6, des § 33 Absatz 3 und des § 33a Absatz 1 Satz 4 und Absatz 2 Satz 2.

(6)[1] [1]Die tarifliche Einkommensteuer, vermindert um die anzurechnenden ausländischen Steuern und die Steuerermäßigungen, vermehrt um die Steuer nach § 32d Absatz 3 und 4, die Steuer nach § 34c Absatz 5 und den Zuschlag nach § 3 Absatz 4 Satz 2 des Forstschäden-Ausgleichsgesetzes in der Fassung der Bekanntmachung vom 26. August 1985 (BGBl I S. 1756), das zuletzt durch Artikel 18 des Gesetzes vom 19. Dezember 2008 (BGBl I S. 2794) geändert worden ist, in der jeweils geltenden Fassung, ist die festzusetzende Einkommensteuer. [2]Wurde der Gesamtbetrag der Einkünfte in den Fällen des § 10a Absatz 2 um Sonderausgaben nach § 10a Absatz 1 gemindert, ist für die Ermittlung der festzusetzenden Einkommensteuer der Anspruch auf Zulage nach Abschnitt XI der tariflichen Einkommensteuer hinzuzurechnen; bei der Ermittlung der dem Steuerpflichtigen zustehenden Zulage bleibt die Erhöhung der Grundzulage nach § 84 Satz 2 außer Betracht. [3]Wird das Einkommen in den Fällen des § 31 um die Freibeträge nach § 32 Absatz 6 gemindert, ist der Anspruch auf Kindergeld nach Abschnitt X der tariflichen Einkommensteuer hinzuzurechnen.

(7) [1]Die Einkommensteuer ist eine Jahressteuer. [2]Die Grundlagen für ihre Festsetzung sind jeweils für ein Kalenderjahr zu ermitteln. [3]Besteht während eines Kalenderjahres sowohl unbeschränkte als auch beschränkte Einkommensteuerpflicht, so sind die während der beschränkten Einkommensteuerpflicht erzielten inländischen Einkünfte in eine Veranlagung zur unbeschränkten Einkommensteuerpflicht einzubeziehen.

§ 2a[2] Negative Einkünfte mit Bezug zu Drittstaaten

(1) [1]Negative Einkünfte

1. aus einer in einem Drittstaat belegenen land- und forstwirtschaftlichen Betriebsstätte,
2. aus einer in einem Drittstaat belegenen gewerblichen Betriebsstätte,
3. a) aus dem Ansatz des niedrigeren Teilwerts eines zu einem Betriebsvermögen gehörenden Anteils an einer Drittstaaten-Körperschaft oder
   b) aus der Veräußerung oder Entnahme eines zu einem Betriebsvermögen gehörenden Anteils an einer Drittstaaten-Körperschaft oder aus der Auflösung oder Herabsetzung des Kapitals einer Drittstaaten-Körperschaft,
4. in den Fällen des § 17 bei einem Anteil an einer Drittstaaten-Kapitalgesellschaft,
5. aus der Beteiligung an einem Handelsgewerbe als stiller Gesellschafter und aus partiarischen Darlehen, wenn der Schuldner Wohnsitz, Sitz oder Geschäftsleitung in einem Drittstaat hat,

1) **Anm. d. Red.:** Zur Anwendung des § 2 Abs. 2, 5a, 5b und 6 siehe § 52a Abs. 2.

2) **Anm. d. Red.:** Zur Anwendung des § 2a siehe § 52 Abs. 3.

6. a) aus der Vermietung oder der Verpachtung von unbeweglichem Vermögen oder von Sachinbegriffen, wenn diese in einem Drittstaat belegen sind, oder

   b) aus der entgeltlichen Überlassung von Schiffen, sofern der Überlassende nicht nachweist, dass diese ausschließlich oder fast ausschließlich in einem anderen Staat als einem Drittstaat eingesetzt worden sind, es sei denn, es handelt sich um Handelsschiffe, die

      aa) von einem Vercharterer ausgerüstet überlassen oder

      bb) an in einem anderen als in einem Drittstaat ansässige Ausrüster, die die Voraussetzungen des § 510 Absatz 1 des Handelsgesetzbuchs erfüllen, überlassen oder

      cc) insgesamt nur vorübergehend an in einem Drittstaat ansässige Ausrüster, die die Voraussetzungen des § 510 Absatz 1 des Handelsgesetzbuchs erfüllen, überlassen

   worden sind, oder

   c) aus dem Ansatz des niedrigeren Teilwerts oder der Übertragung eines zu einem Betriebsvermögen gehörenden Wirtschaftsguts im Sinne der Buchstaben a und b,

7. a) aus dem Ansatz des niedrigeren Teilwerts, der Veräußerung oder Entnahme eines zu einem Betriebsvermögen gehörenden Anteils an

   b) aus der Auflösung oder Herabsetzung des Kapitals,

   c) in den Fällen des § 17 bei einem Anteil an

   einer Körperschaft mit Sitz oder Geschäftsleitung in einem anderen Staat als einem Drittstaat, soweit die negativen Einkünfte auf einen der in den Nummern 1 bis 6 genannten Tatbestände zurückzuführen sind,

dürfen nur mit positiven Einkünften der jeweils selben Art und, mit Ausnahme der Fälle der Nummer 6 Buchstabe b, aus demselben Staat, in den Fällen der Nummer 7 auf Grund von Tatbeständen der jeweils selben Art aus demselben Staat, ausgeglichen werden; sie dürfen auch nicht nach § 10d abgezogen werden. [2]Den negativen Einkünften sind Gewinnminderungen gleichgestellt. [3]Soweit die negativen Einkünfte nicht nach Satz 1 ausgeglichen werden können, mindern sie die positiven Einkünfte der jeweils selben Art, die der Steuerpflichtige in den folgenden Veranlagungszeiträumen aus demselben Staat, in den Fällen der Nummer 7 auf Grund von Tatbeständen der jeweils selben Art aus demselben Staat, erzielt. [4]Die Minderung ist nur insoweit zulässig, als die negativen Einkünfte in den vorangegangenen Veranlagungszeiträumen nicht berücksichtigt werden konnten (verbleibende negative Einkünfte). [5]Die am Schluss eines Veranlagungszeitraums verbleibenden negativen Einkünfte sind gesondert festzustellen; § 10d Absatz 4 gilt sinngemäß.

(2) [1]Absatz 1 Satz 1 Nummer 2 ist nicht anzuwenden, wenn der Steuerpflichtige nachweist, dass die negativen Einkünfte aus einer gewerblichen Betriebsstätte in einem Drittstaat stammen, die ausschließlich oder fast ausschließlich die Herstellung oder Lieferung von Waren, außer Waffen, die Gewinnung von Bodenschätzen sowie die Bewirkung gewerblicher Leistungen zum Gegenstand hat, soweit diese nicht in der Errichtung oder dem Betrieb von Anlagen, die dem Fremdenverkehr dienen, oder in der Vermietung oder der Verpachtung von Wirtschaftsgütern einschließlich der Überlassung von Rechten, Plänen, Mustern, Verfahren, Erfahrungen und Kenntnissen bestehen; das unmittelbare Halten einer Beteiligung von mindestens einem Viertel am Nennkapital einer Kapitalgesellschaft, die ausschließlich oder fast ausschließlich die vorgenannten Tätigkeiten zum Gegenstand hat, sowie die mit dem Halten der Beteiligung in Zusammenhang stehende Finanzierung gilt als Bewirkung gewerblicher Leistungen, wenn die Kapitalgesellschaft weder ihre Geschäftsleitung noch ihren Sitz im Inland hat. [2]Absatz 1 Satz 1 Nummer 3 und 4 ist nicht anzuwenden, wenn der Steuerpflichtige nachweist, dass die in Satz 1 genannten Voraussetzungen bei der Körperschaft entweder seit ihrer Gründung oder während der letzten fünf Jahre vor und in dem Veranlagungszeitraum vorgelegen haben, in dem die negativen Einkünfte bezogen werden.

(2a) [1]Bei der Anwendung der Absätze 1 und 2 sind

1. als Drittstaaten die Staaten anzusehen, die nicht Mitgliedstaaten der Europäischen Union sind;
2. Drittstaaten-Körperschaften und Drittstaaten-Kapitalgesellschaften solche, die weder ihre Geschäftsleitung noch ihren Sitz in einem Mitgliedstaat der Europäischen Union haben.

[2]Bei Anwendung des Satzes 1 sind den Mitgliedstaaten der Europäischen Union die Staaten gleichgestellt, auf die das Abkommen über den Europäischen Wirtschaftsraum anwendbar ist, sofern zwischen der Bundesrepublik Deutschland und dem anderen Staat auf Grund der Richtlinie 77/799/EWG des Rates vom 19. Dezember 1977 über die gegenseitige Amtshilfe zwischen den zuständigen Behörden der Mitgliedstaaten im Bereich der direkten Steuern und der Mehrwertsteuer (ABl EG Nr. L 336 S. 15), die zuletzt durch die Richtlinie 2006/98/EWG des Rates vom 20. November 2006 (ABl EU Nr. L 363 S. 129) geändert worden ist, in der jeweils geltenden Fassung oder einer vergleichbaren zwei- oder mehrseitigen Vereinbarung Auskünfte erteilt werden, die erforderlich sind, um die Besteuerung durchzuführen.

EStG

2. Steuerfreie Einnahmen

§3

Steuerfrei sind

1. a) Leistungen aus einer Krankenversicherung, aus einer Pflegeversicherung und aus der gesetzlichen Unfallversicherung,
   b) Sachleistungen und Kinderzuschüsse aus den gesetzlichen Rentenversicherungen einschließlich der Sachleistungen nach dem Gesetz über die Alterssicherung der Landwirte,
   c) Übergangsgeld nach dem Sechsten Buch Sozialgesetzbuch und Geldleistungen nach den §§ 10, 36 bis 39 des Gesetzes über die Alterssicherung der Landwirte,
   d) das Mutterschaftsgeld nach dem Mutterschutzgesetz, der Reichsversicherungsordnung und dem Gesetz über die Krankenversicherung der Landwirte, die Sonderunterstützung für im Familienhaushalt beschäftigte Frauen, der Zuschuss zum Mutterschaftsgeld nach dem Mutterschutzgesetz sowie der Zuschuss bei Beschäftigungsverboten für die Zeit vor oder nach einer Entbindung sowie für den Entbindungstag während einer Elternzeit nach beamtenrechtlichen Vorschriften;
2. das Arbeitslosengeld, das Teilarbeitslosengeld, das Kurzarbeitergeld, das Winterausfallgeld, die Arbeitslosenhilfe, der Zuschuss zum Arbeitsentgelt, das Übergangsgeld, das Unterhaltsgeld, die Eingliederungshilfe, das Überbrückungsgeld, der Gründungszuschuss, der Existenzgründungszuschuss nach dem Dritten Buch Sozialgesetzbuch oder dem Arbeitsförderungsgesetz sowie das aus dem Europäischen Sozialfonds finanzierte Unterhaltsgeld und die aus Landesmitteln ergänzten Leistungen aus dem Europäischen Sozialfonds zur Aufstockung des Überbrückungsgeldes nach dem Dritten Buch Sozialgesetzbuch oder dem Arbeitsförderungsgesetz und die übrigen Leistungen nach dem Dritten Buch Sozialgesetzbuch oder dem Arbeitsförderungsgesetz und den entsprechenden Programmen des Bundes und der Länder, soweit sie Arbeitnehmern oder Arbeitsuchenden oder zur Förderung der Ausbildung oder Fortbildung der Empfänger gewährt werden, sowie Leistungen auf Grund der in § 141m Absatz 1 und § 141n Absatz 2 des Arbeitsförderungsgesetzes oder § 187 und § 208 Absatz 2 des Dritten Buches Sozialgesetzbuch genannten Ansprüche, Leistungen auf Grund der in § 115 Absatz 1 des Zehnten Buches Sozialgesetzbuch in Verbindung mit § 117 Absatz 4 Satz 1 oder § 134 Absatz 4, § 160 Absatz 1 Satz 1 und § 166a des Arbeitsförderungsgesetzes oder in Verbindung mit § 143 Absatz 3 oder § 198 Satz 2 Nummer 6, § 335 Absatz 3 des Dritten Buches Sozialgesetzbuch genannten Ansprüche, wenn über das Vermögen des ehemaligen Arbeitgebers des Arbeitslosen das Konkursverfahren, Gesamtvollstreckungsverfahren oder Insolvenzverfahren eröffnet worden ist oder einer der Fälle des § 141b Absatz 3 des Arbeitsför-

derungsgesetzes oder des § 183 Absatz 1 Nummer 2 oder 3 des Dritten Buches Sozialgesetzbuch vorliegt, und der Altersübergangsgeld-Ausgleichsbetrag nach § 249e Absatz 4a des Arbeitsförderungsgesetzes in der bis zum 31. Dezember 1997 geltenden Fassung;

2a. die Arbeitslosenbeihilfe und die Arbeitslosenhilfe nach dem Soldatenversorgungsgesetz;

2b. Leistungen zur Sicherung des Lebensunterhalts und zur Eingliederung in Arbeit nach dem Zweiten Buch Sozialgesetzbuch;

3. a) Rentenabfindungen nach § 107 des Sechsten Buches Sozialgesetzbuch, nach § 21 des Beamtenversorgungsgesetzes oder entsprechendem Landesrecht und nach § 43 des Soldatenversorgungsgesetzes in Verbindung mit § 21 des Beamtenversorgungsgesetzes,

   b) Beitragserstattungen an den Versicherten nach den §§ 210 und 286d des Sechsten Buches Sozialgesetzbuch sowie nach den §§ 204, 205 und 207 des Sechsten Buches Sozialgesetzbuch, Beitragserstattungen nach den §§ 75 und 117 des Gesetzes über die Alterssicherung der Landwirte und nach § 26 des Vierten Buches Sozialgesetzbuch,

   c) Leistungen aus berufsständischen Versorgungseinrichtungen, die den Leistungen nach den Buchstaben a und b entsprechen,

   d) Kapitalabfindungen und Ausgleichszahlungen nach § 48 des Beamtenversorgungsgesetzes oder entsprechendem Landesrecht und nach den §§ 28 bis 35 und 38 des Soldatenversorgungsgesetzes;

4. bei Angehörigen der Bundeswehr, der Bundespolizei, des Zollfahndungsdienstes, der Bereitschaftspolizei der Länder, der Vollzugspolizei und der Berufsfeuerwehr der Länder und Gemeinden und bei Vollzugsbeamten der Kriminalpolizei des Bundes, der Länder und Gemeinden

   a) der Geldwert der ihnen aus Dienstbeständen überlassenen Dienstkleidung,

   b) Einkleidungsbeihilfen und Abnutzungsentschädigungen für die Dienstkleidung der zum Tragen oder Bereithalten von Dienstkleidung Verpflichteten und für dienstlich notwendige Kleidungsstücke der Vollzugsbeamten der Kriminalpolizei, und der Zollfahndungsbeamten,

   c) im Einsatz gewährte Verpflegung oder Verpflegungszuschüsse,

   d) der Geldwert der auf Grund gesetzlicher Vorschriften gewährten Heilfürsorge;

5. die Geld- und Sachbezüge sowie die Heilfürsorge, die Soldaten auf Grund des § 1 Absatz 1 Satz 1 des Wehrsoldgesetzes und Zivildienstleistende auf Grund des § 35 des Zivildienstgesetzes erhalten;

6. Bezüge, die auf Grund gesetzlicher Vorschriften aus öffentlichen Mitteln versorgungshalber an Wehrdienstbeschädigte und Zivildienstbeschädigte oder ihre Hinterbliebenen, Kriegsbeschädigte, Kriegshinterbliebene und ihnen gleichgestellte Personen gezahlt werden, soweit es sich nicht um Bezüge handelt, die auf Grund der Dienstzeit gewährt werden;

7. Ausgleichsleistungen nach dem Lastenausgleichsgesetz, Leistungen nach dem Flüchtlingshilfegesetz, dem Bundesvertriebenengesetz, dem Reparationsschädengesetz, dem Vertriebenenzuwendungsgesetz, dem NS-Verfolgtenentschädigungsgesetz sowie Leistungen nach dem Entschädigungsgesetz und nach dem Ausgleichsleistungsgesetz, soweit sie nicht Kapitalerträge im Sinne des § 20 Absatz 1 Nummer 7 und Absatz 2 sind;

8. Geldrenten, Kapitalentschädigungen und Leistungen im Heilverfahren, die auf Grund gesetzlicher Vorschriften zur Wiedergutmachung nationalsozialistischen Unrechts gewährt werden. [2]Die Steuerpflicht von Bezügen aus einem aus Wiedergutmachungsgründen neu begründeten oder wieder begründeten Dienstverhältnis sowie von Bezügen aus einem früheren Dienstverhältnis, die aus Wiedergutmachungsgründen neu gewährt oder wieder gewährt werden, bleibt unberührt;

9. Erstattungen nach § 23 Absatz 2 Satz 1 Nummer 3 und 4 sowie nach § 39 Absatz 4 Satz 2 des Achten Buches Sozialgesetzbuch;
10. Einnahmen einer Gastfamilie für die Aufnahme eines behinderten oder von Behinderung bedrohten Menschen nach § 2 Absatz 1 des Neunten Buches Sozialgesetzbuch zur Pflege, Betreuung, Unterbringung und Verpflegung, die auf Leistungen eines Leistungsträgers nach dem Sozialgesetzbuch beruhen. [2]Für Einnahmen im Sinne des Satzes 1, die nicht auf Leistungen eines Leistungsträgers nach dem Sozialgesetzbuch beruhen, gilt Entsprechendes bis zur Höhe der Leistungen nach dem Zwölften Buch Sozialgesetzbuch. [3]Überschreiten die auf Grund der in Satz 1 bezeichneten Tätigkeit bezogenen Einnahmen der Gastfamilie den steuerfreien Betrag, dürfen die mit der Tätigkeit in unmittelbarem wirtschaftlichen Zusammenhang stehenden Ausgaben abweichend von § 3c nur insoweit als Betriebsausgaben abgezogen werden, als sie den Betrag der steuerfreien Einnahmen übersteigen;
11. Bezüge aus öffentlichen Mitteln oder aus Mitteln einer öffentlichen Stiftung, die wegen Hilfsbedürftigkeit oder als Beihilfe zu dem Zweck bewilligt werden, die Erziehung oder Ausbildung, die Wissenschaft oder Kunst unmittelbar zu fördern. [2]Darunter fallen nicht Kinderzuschläge und Kinderbeihilfen, die auf Grund der Besoldungsgesetze, besonderer Tarife oder ähnlicher Vorschriften gewährt werden. [3]Voraussetzung für die Steuerfreiheit ist, dass der Empfänger mit den Bezügen nicht zu einer bestimmten wissenschaftlichen oder künstlerischen Gegenleistung oder zu einer bestimmten Arbeitnehmertätigkeit verpflichtet wird. [4]Den Bezügen aus öffentlichen Mitteln wegen Hilfsbedürftigkeit gleichgestellt sind Beitragsermäßigungen und Prämienrückzahlungen eines Trägers der gesetzlichen Krankenversicherung für nicht in Anspruch genommene Beihilfeleistungen;
12. aus einer Bundeskasse oder Landeskasse gezahlte Bezüge, die in einem Bundesgesetz oder Landesgesetz oder einer auf bundesgesetzlicher oder landesgesetzlicher Ermächtigung beruhenden Bestimmung oder von der Bundesregierung oder einer Landesregierung als Aufwandsentschädigung festgesetzt sind und als Aufwandsentschädigung im Haushaltsplan ausgewiesen werden. [2]Das Gleiche gilt für andere Bezüge, die als Aufwandsentschädigung aus öffentlichen Kassen an öffentliche Dienste leistende Personen gezahlt werden, soweit nicht festgestellt wird, dass sie für Verdienstausfall oder Zeitverlust gewährt werden oder den Aufwand, der dem Empfänger erwächst, offenbar übersteigen;
13.[1] die aus öffentlichen Kassen gezahlten Reisekostenvergütungen, Umzugskostenvergütungen und Trennungsgelder. [2]Die als Reisekostenvergütungen gezahlten Vergütungen für Verpflegungsmehraufwendungen sind nur insoweit steuerfrei, als sie die Pauschbeträge nach § 4 Absatz 5 Satz 1 Nummer 5 nicht übersteigen; Trennungsgelder sind nur insoweit steuerfrei, als sie die nach § 9 Absatz 1 Satz 3 Nummer 5 und Absatz 5 sowie § 4 Absatz 5 Satz 1 Nummer 5 abziehbaren Aufwendungen nicht übersteigen;
14. Zuschüsse eines Trägers der gesetzlichen Rentenversicherung zu den Aufwendungen eines Rentners für seine Krankenversicherung und von dem gesetzlichen Rentenversicherungsträger getragene Anteile (§ 249a des Fünften Buches Sozialgesetzbuch) an den Beiträgen für die gesetzliche Krankenversicherung;
15. (weggefallen)
16.[2] die Vergütungen, die Arbeitnehmer außerhalb des öffentlichen Dienstes von ihrem Arbeitgeber zur Erstattung von Reisekosten, Umzugskosten oder Mehraufwendungen bei doppelter Haushaltsführung erhalten, soweit sie die beruflich veranlassten Mehraufwendungen, bei Verpflegungsmehraufwendungen die Pauschbeträge nach § 4 Absatz 5 Satz 1 Nummer 5 und bei Familienheimfahrten mit dem eigenen oder außerhalb des Dienstverhältnisses zur Nutzung überlassenen Kraftfahrzeug die Pauschbeträge nach § 9 Absatz 1 Satz 3 Nummer 4 nicht übersteigen; Vergütungen

1) **Anm. d. Red.:** Zur Anwendung des § 3 Nr. 13 siehe § 52 Abs. 4a Satz 4.
2) **Anm. d. Red.:** Zur Anwendung des § 3 Nr. 16 siehe § 52 Abs. 4a Satz 4.

 EStG

zur Erstattung von Mehraufwendungen bei doppelter Haushaltsführung sind nur insoweit steuerfrei, als sie die nach § 9 Absatz 1 Satz 3 Nummer 5 und Absatz 5 sowie § 4 Absatz 5 Satz 1 Nummer 5 abziehbaren Aufwendungen nicht übersteigen;

17. Zuschüsse zum Beitrag nach § 32 des Gesetzes über die Alterssicherung der Landwirte;

18. das Aufgeld für ein an die Bank für Vertriebene und Geschädigte (Lastenausgleichsbank) zugunsten des Ausgleichsfonds (§ 5 des Lastenausgleichsgesetzes) gegebenes Darlehen, wenn das Darlehen nach § 7f des Gesetzes in der Fassung der Bekanntmachung vom 15. September 1953 (BGBl I S. 1355) im Jahr der Hingabe als Betriebsausgabe abzugsfähig war;

19. Entschädigungen auf Grund des Gesetzes über die Entschädigung ehemaliger deutscher Kriegsgefangener;

20. die aus öffentlichen Mitteln des Bundespräsidenten aus sittlichen oder sozialen Gründen gewährten Zuwendungen an besonders verdiente Personen oder ihre Hinterbliebenen;

21. Zinsen aus Schuldbuchforderungen im Sinne des § 35 Absatz 1 des Allgemeinen Kriegsfolgengesetzes in der im Bundesgesetzblatt Teil III, Gliederungsnummer 653-1, veröffentlichten bereinigten Fassung;

22. der Ehrensold, der auf Grund des Gesetzes über Titel, Orden und Ehrenzeichen in der im Bundesgesetzblatt Teil III, Gliederungsnummer 1132-1, veröffentlichten bereinigten Fassung, zuletzt geändert durch Gesetz vom 24. April 1986 (BGBl I S. 560), gewährt wird;

23. die Leistungen nach dem Häftlingshilfegesetz, dem Strafrechtlichen Rehabilitierungsgesetz, dem Verwaltungsrechtlichen Rehabilitierungsgesetz und dem Beruflichen Rehabilitierungsgesetz;

24. Leistungen, die auf Grund des Bundeskindergeldgesetzes gewährt werden;

25. Entschädigungen nach dem Infektionsschutzgesetz vom 20. Juli 2000 (BGBl I S. 1045);

26.[1] Einnahmen aus nebenberuflichen Tätigkeiten als Übungsleiter, Ausbilder, Erzieher, Betreuer oder vergleichbaren nebenberuflichen Tätigkeiten, aus nebenberuflichen künstlerischen Tätigkeiten oder der nebenberuflichen Pflege alter, kranker oder behinderter Menschen im Dienst oder im Auftrag einer juristischen Person des öffentlichen Rechts, die in einem Mitgliedstaat der Europäischen Union oder in einem Staat belegen ist, auf den das Abkommen über den Europäischen Wirtschaftsraum Anwendung findet, oder einer unter § 5 Absatz 1 Nummer 9 des Körperschaftsteuergesetzes fallenden Einrichtung zur Förderung gemeinnütziger, mildtätiger und kirchlicher Zwecke (§§ 52 bis 54 der Abgabenordnung) bis zur Höhe von insgesamt 2 100 Euro im Jahr. [2]Überschreiten die Einnahmen für die in Satz 1 bezeichneten Tätigkeiten den steuerfreien Betrag, dürfen die mit den nebenberuflichen Tätigkeiten in unmittelbarem wirtschaftlichen Zusammenhang stehenden Ausgaben abweichend von § 3c nur insoweit als Betriebsausgaben oder Werbungskosten abgezogen werden, als sie den Betrag der steuerfreien Einnahmen übersteigen;

26a.[2] Einnahmen aus nebenberuflichen Tätigkeiten im Dienst oder Auftrag einer juristischen Person des öffentlichen Rechts, die in einem Mitgliedstaat der Europäischen Union oder in einem Staat belegen ist, auf den das Abkommen über den Europäischen Wirtschaftsraum Anwendung findet, oder einer unter § 5 Absatz 1 Nummer 9 des Körperschaftsteuergesetzes fallenden Einrichtung zur Förderung gemeinnütziger, mildtätiger und kirchlicher Zwecke (§§ 52 bis 54 der Abgabenordnung) bis zur Höhe von insgesamt 500 Euro im Jahr. [2]Die Steuerbefreiung ist ausgeschlossen, wenn für die Einnahmen aus der Tätigkeit – ganz oder teilweise – eine Steuerbefreiung nach § 3 Nummer 12 oder 26 gewährt wird. [3]Überschreiten die Einnahmen für

1) **Anm. d. Red.:** Zur Anwendung des § 3 Nr. 26 siehe § 52 Abs. 4b.

2) **Anm. d. Red.:** Zur Anwendung des § 3 Nr. 26a siehe § 52 Abs. 4b.

die in Satz 1 bezeichneten Tätigkeiten den steuerfreien Betrag, dürfen die mit den nebenberuflichen Tätigkeiten in unmittelbarem wirtschaftlichen Zusammenhang stehenden Ausgaben abweichend von § 3c nur insoweit als Betriebsausgaben oder Werbungskosten abgezogen werden, als sie den Betrag der steuerfreien Einnahmen übersteigen;

27. der Grundbetrag der Produktionsaufgaberente und das Ausgleichsgeld nach dem Gesetz zur Förderung der Einstellung der landwirtschaftlichen Erwerbstätigkeit bis zum Höchstbetrag von 18 407 Euro;

28. die Aufstockungsbeträge im Sinne des § 3 Absatz 1 Nummer 1 Buchstabe a sowie die Beiträge und Aufwendungen im Sinne des § 3 Absatz 1 Nummer 1 Buchstabe b und des § 4 Absatz 2 des Altersteilzeitgesetzes, die Zuschläge, die versicherungsfrei Beschäftigte im Sinne des § 27 Absatz 1 Nummer 1 bis 3 des Dritten Buches Sozialgesetzbuch zur Aufstockung der Bezüge bei Altersteilzeit nach beamtenrechtlichen Vorschriften oder Grundsätzen erhalten sowie die Zahlungen des Arbeitgebers zur Übernahme der Beiträge im Sinne des § 187a des Sechsten Buches Sozialgesetzbuch, soweit sie 50 Prozent der Beiträge nicht übersteigen;

EStG

29. das Gehalt und die Bezüge,
    a) die die diplomatischen Vertreter ausländischer Staaten, die ihnen zugewiesenen Beamten und die in ihren Diensten stehenden Personen erhalten. [2]Dies gilt nicht für deutsche Staatsangehörige oder für im Inland ständig ansässige Personen;
    b) der Berufskonsuln, der Konsulatsangehörigen und ihres Personals, soweit sie Angehörige des Entsendestaates sind. [2]Dies gilt nicht für Personen, die im Inland ständig ansässig sind oder außerhalb ihres Amtes oder Dienstes einen Beruf, ein Gewerbe oder eine andere gewinnbringende Tätigkeit ausüben;

30. Entschädigungen für die betriebliche Benutzung von Werkzeugen eines Arbeitnehmers (Werkzeuggeld), soweit sie die entsprechenden Aufwendungen des Arbeitnehmers nicht offensichtlich übersteigen;

31. die typische Berufskleidung, die der Arbeitgeber seinem Arbeitnehmer unentgeltlich oder verbilligt überlässt; dasselbe gilt für eine Barablösung eines nicht nur einzelvertraglichen Anspruchs auf Gestellung von typischer Berufskleidung, wenn die Barablösung betrieblich veranlasst ist und die entsprechenden Aufwendungen des Arbeitnehmers nicht offensichtlich übersteigt;

32. die unentgeltliche oder verbilligte Sammelbeförderung eines Arbeitnehmers zwischen Wohnung und Arbeitsstätte mit einem vom Arbeitgeber gestellten Beförderungsmittel, soweit die Sammelbeförderung für den betrieblichen Einsatz des Arbeitnehmers notwendig ist;

33. zusätzlich zum ohnehin geschuldeten Arbeitslohn erbrachte Leistungen des Arbeitgebers zur Unterbringung und Betreuung von nicht schulpflichtigen Kindern der Arbeitnehmer in Kindergärten oder vergleichbaren Einrichtungen;

34.[1] zusätzlich zum ohnehin geschuldeten Arbeitslohn erbrachte Leistungen des Arbeitgebers zur Verbesserung des allgemeinen Gesundheitszustands und der betrieblichen Gesundheitsförderung, die hinsichtlich Qualität, Zweckbindung und Zielgerichtetheit den Anforderungen der §§ 20 und 20a des Fünften Buches Sozialgesetzbuch genügen, soweit sie 500 Euro im Kalenderjahr nicht übersteigen;

35. die Einnahmen der bei der Deutsche Post AG, Deutsche Postbank AG oder Deutsche Telekom AG beschäftigten Beamten, soweit die Einnahmen ohne Neuordnung des Postwesens und der Telekommunikation nach den Nummern 11 bis 13 und 64 steuerfrei wären;

36. Einnahmen für Leistungen zur Grundpflege oder hauswirtschaftlichen Versorgung bis zur Höhe des Pflegegeldes nach § 37 des Elften Buches Sozialgesetzbuch, wenn diese Leistungen von Angehörigen des Pflegebedürftigen oder von anderen Personen, die damit eine sittliche Pflicht im Sinne des § 33 Absatz 2 gegenüber dem

1) **Anm. d. Red.**: Zur Anwendung des § 3 Nr. 34 siehe § 52 Abs. 4c.

Pflegebedürftigen erfüllen, erbracht werden. [2]Entsprechendes gilt, wenn der Pflegebedürftige Pflegegeld aus privaten Versicherungsverträgen nach den Vorgaben des Elften Buches Sozialgesetzbuch oder eine Pauschalbeihilfe nach Beihilfevorschriften für häusliche Pflege erhält;

37. der Unterhaltsbeitrag und der Maßnahmebeitrag nach dem Aufstiegsfortbildungsförderungsgesetz, soweit sie als Zuschuss geleistet werden;

38. Sachprämien, die der Steuerpflichtige für die persönliche Inanspruchnahme von Dienstleistungen von Unternehmen unentgeltlich erhält, die diese zum Zwecke der Kundenbindung im allgemeinen Geschäftsverkehr in einem jedermann zugänglichen planmäßigen Verfahren gewähren, soweit der Wert der Prämien 1 080 Euro im Kalenderjahr nicht übersteigt;

39. der Vorteil des Arbeitnehmers im Rahmen eines gegenwärtigen Dienstverhältnisses aus der unentgeltlichen oder verbilligten Überlassung von Vermögensbeteiligungen im Sinne des § 2 Absatz 1 Nummer 1 Buchstabe a, b und d bis l und Absatz 2 bis 5 des Fünften Vermögensbildungsgesetzes in der Fassung der Bekanntmachung vom 4. März 1994 (BGBl I S. 406), zuletzt geändert durch Artikel 2 des Gesetzes vom 7. März 2009 (BGBl I S. 451), in der jeweils geltenden Fassung, am Unternehmen des Arbeitgebers, soweit der Vorteil insgesamt 360 Euro im Kalenderjahr nicht übersteigt. [2]Voraussetzung für die Steuerfreiheit nach Satz 1 ist, dass

    a) die Vermögensbeteiligung als freiwillige Leistung zusätzlich zum ohnehin geschuldeten Arbeitslohn überlassen und nicht auf bestehende oder künftige Ansprüche angerechnet wird und

    b) die Beteiligung mindestens allen Arbeitnehmern offensteht, die im Zeitpunkt der Bekanntgabe des Angebots ein Jahr oder länger ununterbrochen in einem gegenwärtigen Dienstverhältnis zum Unternehmen stehen.

    [3]Als Unternehmen des Arbeitgebers im Sinne des Satzes 1 gilt auch ein Unternehmen im Sinne des § 18 des Aktiengesetzes. [4]Als Wert der Vermögensbeteiligung ist der gemeine Wert anzusetzen;

40.[1] 40 Prozent

    a) der Betriebsvermögensmehrungen oder Einnahmen aus der Veräußerung oder der Entnahme von Anteilen an Körperschaften, Personenvereinigungen und Vermögensmassen, deren Leistungen beim Empfänger zu Einnahmen im Sinne des § 20 Absatz 1 Nummer 1 und 9 gehören, oder an einer Organgesellschaft im Sinne der §§ 14, 17 oder 18 des Körperschaftsteuergesetzes, oder aus deren Auflösung oder Herabsetzung von deren Nennkapital oder aus dem Ansatz eines solchen Wirtschaftsguts mit dem Wert, der sich nach § 6 Absatz 1 Nummer 2 Satz 3 ergibt, soweit sie zu den Einkünften aus Land- und Forstwirtschaft, aus Gewerbebetrieb oder aus selbständiger Arbeit gehören. [2]Dies gilt nicht, soweit der Ansatz des niedrigeren Teilwerts in vollem Umfang zu einer Gewinnminderung geführt hat und soweit diese Gewinnminderung nicht durch Ansatz eines Werts, der sich nach § 6 Absatz 1 Nummer 2 Satz 3 ergibt, ausgeglichen worden ist. [3]Satz 1 gilt außer für Betriebsvermögensmehrungen aus dem Ansatz mit dem Wert, der sich nach § 6 Absatz 1 Nummer 2 Satz 3 ergibt, ebenfalls nicht, soweit Abzüge nach § 6b oder ähnliche Abzüge voll steuerwirksam vorgenommen worden sind,

    b) des Veräußerungspreises im Sinne des § 16 Absatz 2, soweit er auf die Veräußerung von Anteilen an Körperschaften, Personenvereinigungen und Vermögensmassen entfällt, deren Leistungen beim Empfänger zu Einnahmen im Sinne des § 20 Absatz 1 Nummer 1 und 9 gehören, oder an einer Organgesellschaft im Sinne der §§ 14, 17 oder 18 des Körperschaftsteuergesetzes. [2]Satz 1 ist in den Fällen des § 16 Absatz 3 entsprechend anzuwenden. [3]Buchstabe a Satz 3 gilt entsprechend,

    c) des Veräußerungspreises oder des gemeinen Werts im Sinne des § 17 Absatz 2. [2]Satz 1 ist in den Fällen des § 17 Absatz 4 entsprechend anzuwenden,

1) **Anm. d. Red.:** Zur Anwendung des § 3 Nr. 40 siehe § 52 Abs. 4d und § 52a Abs. 3.

d) der Bezüge im Sinne des § 20 Absatz 1 Nummer 1 und der Einnahmen im Sinne des § 20 Absatz 1 Nummer 9. [2]Dies gilt für sonstige Bezüge im Sinne des § 20 Absatz 1 Nummer 1 Satz 2 und der Einnahmen im Sinne des § 20 Absatz 1 Nummer 9 zweiter Halbsatz nur, soweit sie das Einkommen der leistenden Körperschaft nicht gemindert haben (§ 8 Absatz 3 Satz 2 des Körperschaftsteuergesetzes). [3]Satz 1 Buchstabe d Satz 2 gilt nicht, soweit die verdeckte Gewinnausschüttung das Einkommen einer dem Steuerpflichtigen nahe stehenden Person erhöht hat und § 32a des Körperschaftsteuergesetzes auf die Veranlagung dieser nahe stehenden Person keine Anwendung findet,

e) der Bezüge im Sinne des § 20 Absatz 1 Nummer 2,

f) der besonderen Entgelte oder Vorteile im Sinne des § 20 Absatz 3, die neben den in § 20 Absatz 1 Nummer 1 und Absatz 2 Satz 1 Nummer 2 Buchstabe a bezeichneten Einnahmen oder an deren Stelle gewährt werden,

g) des Gewinns aus der Veräußerung von Dividendenscheinen und sonstigen Ansprüchen im Sinne des § 20 Absatz 2 Satz 1 Nummer 2 Buchstabe a,

h) des Gewinns aus der Abtretung von Dividendenansprüchen oder sonstigen Ansprüchen im Sinne des § 20 Absatz 2 Satz 1 Nummer 2 Buchstabe a in Verbindung mit § 20 Absatz 2 Satz 2,

i) der Bezüge im Sinne des § 22 Nummer 1 Satz 2, soweit diese von einer nicht von der Körperschaftsteuer befreiten Körperschaft, Personenvereinigung oder Vermögensmasse stammen.

[2]Dies gilt für Satz 1 Buchstabe d bis h nur in Verbindung mit § 20 Absatz 8. [3]Satz 1 Buchstabe a, b und d bis h ist nicht anzuwenden für Anteile, die bei Kreditinstituten und Finanzdienstleistungsinstituten nach § 1a des Kreditwesengesetzes dem Handelsbuch zuzurechnen sind; Gleiches gilt für Anteile, die von Finanzunternehmen im Sinne des Gesetzes über das Kreditwesen mit dem Ziel der kurzfristigen Erzielung eines Eigenhandelserfolges erworben werden. [4]Satz 3 zweiter Halbsatz gilt auch für Kreditinstitute, Finanzdienstleistungsinstitute und Finanzunternehmen mit Sitz in einem anderen Mitgliedstaat der Europäischen Gemeinschaft oder in einem anderen Vertragsstaat des EWR-Abkommens;

40a.[1] 40 Prozent der Vergütungen im Sinne des § 18 Absatz 1 Nummer 4;

41.[2] a) Gewinnausschüttungen, soweit für das Kalenderjahr oder Wirtschaftsjahr, in dem sie bezogen werden, oder für die vorangegangenen sieben Kalenderjahre oder Wirtschaftsjahre aus einer Beteiligung an derselben ausländischen Gesellschaft Hinzurechnungsbeträge (§ 10 Absatz 2 des Außensteuergesetzes) der Einkommensteuer unterlegen haben, § 11 Absatz 1 und 2 des Außensteuergesetzes in der Fassung des Artikels 12 des Gesetzes vom 21. Dezember 1993 (BGBl I S. 2310) nicht anzuwenden war und der Steuerpflichtige dies nachweist; § 3c Absatz 2 gilt entsprechend;

b) Gewinne aus der Veräußerung eines Anteils an einer ausländischen Kapitalgesellschaft sowie aus deren Auflösung oder Herabsetzung ihres Kapitals, soweit für das Kalenderjahr oder Wirtschaftsjahr, in dem sie bezogen werden, oder für die vorangegangenen sieben Kalenderjahre oder Wirtschaftsjahre aus einer Beteiligung an derselben ausländischen Gesellschaft Hinzurechnungsbeträge (§ 10 Absatz 2 des Außensteuergesetzes) der Einkommensteuer unterlegen haben, § 11 Absatz 1 und 2 des Außensteuergesetzes in der Fassung des Artikels 12 des Gesetzes vom 21. Dezember 1993 (BGBl I S. 2310) nicht anzuwenden war, der Steuerpflichtige dies nachweist und der Hinzurechnungsbetrag ihm nicht als Gewinnanteil zugeflossen ist.

[2]Die Prüfung, ob Hinzurechnungsbeträge der Einkommensteuer unterlegen haben, erfolgt im Rahmen der gesonderten Feststellung nach § 18 des Außensteuergesetzes;

1) **Anm. d. Red.:** Zur Anwendung des § 3 Nr. 40a siehe § 52 Abs. 4e.
2) **Anm. d. Red.:** Zur Anwendung des § 3 Nr. 41 siehe § 52 Abs. 4f.

42. die Zuwendungen, die auf Grund des Fulbright-Abkommens gezahlt werden;
43. der Ehrensold für Künstler sowie Zuwendungen aus Mitteln der Deutschen Künstlerhilfe, wenn es sich um Bezüge aus öffentlichen Mitteln handelt, die wegen der Bedürftigkeit des Künstlers gezahlt werden;
44. Stipendien, die unmittelbar aus öffentlichen Mitteln oder von zwischenstaatlichen oder überstaatlichen Einrichtungen, denen die Bundesrepublik Deutschland als Mitglied angehört, zur Förderung der Forschung oder zur Förderung der wissenschaftlichen oder künstlerischen Ausbildung oder Fortbildung gewährt werden. [2]Das Gleiche gilt für Stipendien, die zu den in Satz 1 bezeichneten Zwecken von einer Einrichtung, die von einer Körperschaft des öffentlichen Rechts errichtet ist oder verwaltet wird, oder von einer Körperschaft, Personenvereinigung oder Vermögensmasse im Sinne des § 5 Absatz 1 Nummer 9 des Körperschaftsteuergesetzes gegeben werden. [3]Voraussetzung für die Steuerfreiheit ist, dass
    a) die Stipendien einen für die Erfüllung der Forschungsaufgabe oder für die Bestreitung des Lebensunterhalts und die Deckung des Ausbildungsbedarfs erforderlichen Betrag nicht übersteigen und nach den von dem Geber erlassenen Richtlinien vergeben werden,
    b) der Empfänger im Zusammenhang mit dem Stipendium nicht zu einer bestimmten wissenschaftlichen oder künstlerischen Gegenleistung oder zu einer bestimmten Arbeitnehmertätigkeit verpflichtet ist;
45. die Vorteile des Arbeitnehmers aus der privaten Nutzung von betrieblichen Personalcomputern und Telekommunikationsgeräten;
46. Bergmannsprämien nach dem Gesetz über Bergmannsprämien;
47. Leistungen nach § 14a Absatz 4 und § 14b des Arbeitsplatzschutzgesetzes;
48. Leistungen nach dem Unterhaltssicherungsgesetz, soweit sie nicht nach dessen § 15 Absatz 1 Satz 2 steuerpflichtig sind;
49. laufende Zuwendungen eines früheren alliierten Besatzungssoldaten an seine im Geltungsbereich des Grundgesetzes ansässige Ehefrau, soweit sie auf diese Zuwendungen angewiesen ist;
50. die Beträge, die der Arbeitnehmer vom Arbeitgeber erhält, um sie für ihn auszugeben (durchlaufende Gelder), und die Beträge, durch die Auslagen des Arbeitnehmers für den Arbeitgeber ersetzt werden (Auslagenersatz);
51. Trinkgelder, die anlässlich einer Arbeitsleistung dem Arbeitnehmer von Dritten freiwillig und ohne dass ein Rechtsanspruch auf sie besteht, zusätzlich zu dem Betrag gegeben werden, der für diese Arbeitsleistung zu zahlen ist;
52. (weggefallen)
53. die Übertragung von Wertguthaben nach § 7f Absatz 1 Satz 1 Nummer 2 des Vierten Buches Sozialgesetzbuch auf die Deutsche Rentenversicherung Bund. [2]Die Leistungen aus dem Wertguthaben durch die Deutsche Rentenversicherung Bund gehören zu den Einkünften aus nichtselbständiger Arbeit im Sinne des § 19. [3]Von ihnen ist Lohnsteuer einzubehalten;
54. Zinsen aus Entschädigungsansprüchen für deutsche Auslandsbonds im Sinne der §§ 52 bis 54 des Bereinigungsgesetzes für deutsche Auslandsbonds in der im Bundesgesetzblatt Teil III, Gliederungsnummer 4139-2, veröffentlichten bereinigten Fassung, soweit sich die Entschädigungsansprüche gegen den Bund oder die Länder richten. [2]Das Gleiche gilt für die Zinsen aus Schuldverschreibungen und Schuldbuchforderungen, die nach den §§ 9, 10 und 14 des Gesetzes zur näheren Regelung der Entschädigungsansprüche für Auslandsbonds in der im Bundesgesetzblatt Teil III, Gliederungsnummer 4139-3, veröffentlichten bereinigten Fassung vom Bund oder von den Ländern für Entschädigungsansprüche erteilt oder eingetragen werden;
55. der in den Fällen des § 4 Absatz 2 Nummer 2 und Absatz 3 des Betriebsrentengesetzes vom 19. Dezember 1974 (BGBl I S. 3610), das zuletzt durch Artikel 8 des Gesetzes

vom 5. Juli 2004 (BGBl I S. 1427) geändert worden ist, in der jeweils geltenden Fassung geleistete Übertragungswert nach § 4 Absatz 5 des Betriebsrentengesetzes, wenn die betriebliche Altersversorgung beim ehemaligen und neuen Arbeitgeber über einen Pensionsfonds, eine Pensionskasse oder ein Unternehmen der Lebensversicherung durchgeführt wird. [2]Satz 1 gilt auch, wenn der Übertragungswert vom ehemaligen Arbeitgeber oder von einer Unterstützungskasse an den neuen Arbeitgeber oder eine andere Unterstützungskasse geleistet wird. [3]Die Leistungen des neuen Arbeitgebers, der Unterstützungskasse, des Pensionsfonds, der Pensionskasse oder des Unternehmens der Lebensversicherung auf Grund des Betrags nach Satz 1 und 2 gehören zu den Einkünften, zu denen die Leistungen gehören würden, wenn die Übertragung nach § 4 Absatz 2 Nummer 2 und Absatz 3 des Betriebsrentengesetzes nicht stattgefunden hätte;

EStG

55a.[1] die nach § 10 des Versorgungsausgleichsgesetzes vom 3. April 2009 (BGBl I S. 700) in der jeweils geltenden Fassung (interne Teilung) durchgeführte Übertragung von Anrechten für die ausgleichsberechtigte Person zu Lasten von Anrechten der ausgleichspflichtigen Person. [2]Die Leistungen aus diesen Anrechten gehören bei der ausgleichsberechtigten Person zu den Einkünften, zu denen die Leistungen bei der ausgleichspflichtigen Person gehören würden, wenn die interne Teilung nicht stattgefunden hätte;

55b.[2] der nach § 14 des Versorgungsausgleichsgesetzes (externe Teilung) geleistete Ausgleichswert zur Begründung von Anrechten für die ausgleichsberechtigte Person zu Lasten von Anrechten der ausgleichspflichtigen Person, soweit Leistungen aus diesen Anrechten zu steuerpflichtigen Einkünften nach den §§ 19, 20 und 22 führen würden. [2]Satz 1 gilt nicht, soweit Leistungen, die auf dem begründeten Anrecht beruhen, bei der ausgleichsberechtigten Person zu Einkünften nach § 20 Absatz 1 Nummer 6 oder § 22 Nummer 1 Satz 3 Buchstabe a Doppelbuchstabe bb führen würden. [3]Der Versorgungsträger der ausgleichspflichtigen Person hat den Versorgungsträger der ausgleichsberechtigten Person über die für die Besteuerung der Leistungen erforderlichen Grundlagen zu informieren. [4]Dies gilt nicht, wenn der Versorgungsträger der ausgleichsberechtigten Person die Grundlagen bereits kennt oder aus den bei ihm vorhandenen Daten feststellen kann und dieser Umstand dem Versorgungsträger der ausgleichspflichtigen Person mitgeteilt worden ist;

56. Zuwendungen des Arbeitgebers nach § 19 Absatz 1 Satz 1 Nummer 3 Satz 1 aus dem ersten Dienstverhältnis an eine Pensionskasse zum Aufbau einer nicht kapitalgedeckten betrieblichen Altersversorgung, bei der eine Auszahlung der zugesagten Alters-, Invaliditäts- oder Hinterbliebenenversorgung in Form einer Rente oder eines Auszahlungsplans (§ 1 Absatz 1 Satz 1 Nummer 4 des Altersvorsorgeverträge-Zertifizierungsgesetzes) vorgesehen ist, soweit diese Zuwendungen im Kalenderjahr 1 Prozent der Beitragsbemessungsgrenze in der allgemeinen Rentenversicherung nicht übersteigen. [2]Der in Satz 1 genannte Höchstbetrag erhöht sich ab 1. Januar 2014 auf 2 Prozent, ab 1. Januar 2020 auf 3 Prozent und ab 1. Januar 2025 auf 4 Prozent der Beitragsbemessungsgrenze in der allgemeinen Rentenversicherung. [3]Die Beträge nach den Sätzen 1 und 2 sind jeweils um die nach § 3 Nummer 63 Satz 1, 3 oder Satz 4 steuerfreien Beträge zu mindern;

57. die Beträge, die die Künstlersozialkasse zugunsten des nach dem Künstlersozialversicherungsgesetz Versicherten aus dem Aufkommen von Künstlersozialabgabe und Bundeszuschuss an einen Träger der Sozialversicherung oder an den Versicherten zahlt;

58. das Wohngeld nach dem Wohngeldgesetz, die sonstigen Leistungen aus öffentlichen Haushalten oder Zweckvermögen zur Senkung der Miete oder Belastung im Sinne des § 11 Absatz 2 Nummer 4 des Wohngeldgesetzes sowie öffentliche Zuschüsse zur Deckung laufender Aufwendungen und Zinsvorteile bei Darlehen, die aus öffent-

1) **Anm. d. Red.:** Zur Anwendung des § 3 Nr. 55a siehe § 52 Abs. 36 Satz 12.

2) **Anm. d. Red.:** Zur Anwendung des § 3 Nr. 55b siehe § 52 Abs. 36 Satz 12.

lichen Haushalten gewährt werden, für eine zu eigenen Wohnzwecken genutzte Wohnung im eigenen Haus oder eine zu eigenen Wohnzwecken genutzte Eigentumswohnung, soweit die Zuschüsse und Zinsvorteile die Vorteile aus einer entsprechenden Förderung mit öffentlichen Mitteln nach dem Zweiten Wohnungsbaugesetz, dem Wohnraumförderungsgesetz oder einem Landesgesetz zur Wohnraumförderung nicht überschreiten, der Zuschuss für die Wohneigentumsbildung in innerstädtischen Altbauquartieren nach den Regelungen zum Stadtumbau Ost in den Verwaltungsvereinbarungen über die Gewährung von Finanzhilfen des Bundes an die Länder nach Artikel 104a Absatz 4 des Grundgesetzes zur Förderung städtebaulicher Maßnahmen;

59. die Zusatzförderung nach § 88e des Zweiten Wohnungsbaugesetzes und nach § 51f des Wohnungsbaugesetzes für das Saarland und Geldleistungen, die ein Mieter zum Zwecke der Wohnkostenentlastung nach dem Wohnraumförderungsgesetz oder einem Landesgesetz zur Wohnraumförderung erhält, soweit die Einkünfte dem Mieter zuzurechnen sind, und die Vorteile aus einer mietweisen Wohnungsüberlassung im Zusammenhang mit einem Arbeitsverhältnis, soweit sie die Vorteile aus einer entsprechenden Förderung nach dem Zweiten Wohnungsbaugesetz, nach dem Wohnraumförderungsgesetz oder einem Landesgesetz zur Wohnraumförderung nicht überschreiten;

60. Leistungen aus öffentlichen Mitteln an Arbeitnehmer des Steinkohlen-, Pechkohlen- und Erzbergbaues, des Braunkohlentiefbaues und der Eisen- und Stahlindustrie aus Anlass von Stilllegungs-, Einschränkungs-, Umstellungs- oder Rationalisierungsmaßnahmen;

61. Leistungen nach § 4 Absatz 1 Nummer 2, § 7 Absatz 3, §§ 9, 10 Absatz 1, §§ 13, 15 des Entwicklungshelfer-Gesetzes;

62. Ausgaben des Arbeitgebers für die Zukunftssicherung des Arbeitnehmers, soweit der Arbeitgeber dazu nach sozialversicherungsrechtlichen oder anderen gesetzlichen Vorschriften oder nach einer auf gesetzlicher Ermächtigung beruhenden Bestimmung verpflichtet ist, und es sich nicht um Zuwendungen oder Beiträge des Arbeitgebers nach den Nummern 56 und 63 handelt. [2]Den Ausgaben des Arbeitgebers für die Zukunftssicherung, die auf Grund gesetzlicher Verpflichtung geleistet werden, werden gleichgestellt Zuschüsse des Arbeitgebers zu den Aufwendungen des Arbeitnehmers

    a) für eine Lebensversicherung,

    b) für die freiwillige Versicherung in der gesetzlichen Rentenversicherung,

    c) für eine öffentlich-rechtliche Versicherungs- oder Versorgungseinrichtung seiner Berufsgruppe,

    wenn der Arbeitnehmer von der Versicherungspflicht in der gesetzlichen Rentenversicherung befreit worden ist. [3]Die Zuschüsse sind nur insoweit steuerfrei, als sie insgesamt bei Befreiung von der Versicherungspflicht in der allgemeinen Rentenversicherung die Hälfte und bei Befreiung von der Versicherungspflicht in der knappschaftlichen Rentenversicherung zwei Drittel der Gesamtaufwendungen des Arbeitnehmers nicht übersteigen und nicht höher sind als der Betrag, der als Arbeitgeberanteil bei Versicherungspflicht in der allgemeinen Rentenversicherung oder in der knappschaftlichen Rentenversicherung zu zahlen wäre. [4]Die Sätze 2 und 3 gelten sinngemäß für Beiträge des Arbeitgebers zu einer Pensionskasse, wenn der Arbeitnehmer bei diesem Arbeitgeber nicht im Inland beschäftigt ist und der Arbeitgeber keine Beiträge zur gesetzlichen Rentenversicherung im Inland leistet; Beiträge des Arbeitgebers zu einer Rentenversicherung auf Grund gesetzlicher Verpflichtung sind anzurechnen;

63.[1] Beiträge des Arbeitgebers aus dem ersten Dienstverhältnis an einen Pensionsfonds, eine Pensionskasse oder für eine Direktversicherung zum Aufbau einer kapitalge-

1) **Anm. d. Red.:** Zur Anwendung des § 3 Nr. 63 siehe § 52 Abs. 6.

deckten betrieblichen Altersversorgung, bei der eine Auszahlung der zugesagten Alters-, Invaliditäts- oder Hinterbliebenenversorgungsleistungen in Form einer Rente oder eines Auszahlungsplans (§ 1 Absatz 1 Satz 1 Nummer 4 des Altersvorsorgeverträge-Zertifizierungsgesetzes vom 26. Juni 2001 (BGBl I S. 1310, 1322), das zuletzt durch Artikel 7 des Gesetzes vom 5. Juli 2004 (BGBl I S. 1427) geändert worden ist, in der jeweils geltenden Fassung) vorgesehen ist, soweit die Beiträge im Kalenderjahr 4 Prozent der Beitragsbemessungsgrenze in der allgemeinen Rentenversicherung nicht übersteigen. [2]Dies gilt nicht, soweit der Arbeitnehmer nach § 1a Absatz 3 des Betriebsrentengesetzes verlangt hat, dass die Voraussetzungen für eine Förderung nach § 10a oder Abschnitt XI erfüllt werden. [3]Der Höchstbetrag nach Satz 1 erhöht sich um 1 800 Euro, wenn die Beiträge im Sinne des Satzes 1 auf Grund einer Versorgungszusage geleistet werden, die nach dem 31. Dezember 2004 erteilt wurde. [4]Aus Anlass der Beendigung des Dienstverhältnisses geleistete Beiträge im Sinne des Satzes 1 sind steuerfrei, soweit sie 1 800 Euro vervielfältigt mit der Anzahl der Kalenderjahre, in denen das Dienstverhältnis des Arbeitnehmers zu dem Arbeitgeber bestanden hat, nicht übersteigen; der vervielfältigte Betrag vermindert sich um die nach den Sätzen 1 und 3 steuerfreien Beiträge, die der Arbeitgeber in dem Kalenderjahr, in dem das Dienstverhältnis beendet wird, und in den sechs vorangegangenen Kalenderjahren erbracht hat; Kalenderjahre vor 2005 sind dabei jeweils nicht zu berücksichtigen;

ESt**G**

64.[*] bei Arbeitnehmern, die zu einer inländischen juristischen Person des öffentlichen Rechts in einem Dienstverhältnis stehen und dafür Arbeitslohn aus einer inländischen öffentlichen Kasse beziehen, die Bezüge für eine Tätigkeit im Ausland insoweit, als sie den Arbeitslohn übersteigen, der dem Arbeitnehmer bei einer gleichwertigen Tätigkeit am Ort der zahlenden öffentlichen Kasse zustehen würde. [2]Satz 1 gilt auch, wenn das Dienstverhältnis zu einer anderen Person besteht, die den Arbeitslohn entsprechend den im Sinne des Satzes 1 geltenden Vorschriften ermittelt, der Arbeitslohn aus einer öffentlichen Kasse gezahlt wird und ganz oder im Wesentlichen aus öffentlichen Mitteln aufgebracht wird. [3]Bei anderen für einen begrenzten Zeitraum in das Ausland entsandten Arbeitnehmern, die dort einen Wohnsitz oder gewöhnlichen Aufenthalt haben, ist der ihnen von einem inländischen Arbeitgeber gewährte Kaufkraftausgleich steuerfrei, soweit er den für vergleichbare Auslandsdienstbezüge nach § 54 des Bundesbesoldungsgesetzes zulässigen Betrag nicht übersteigt;

65.[1] a) Beiträge des Trägers der Insolvenzsicherung (§ 14 des Betriebsrentengesetzes) zugunsten eines Versorgungsberechtigten und seiner Hinterbliebenen an eine Pensionskasse oder ein Unternehmen der Lebensversicherung zur Ablösung von Verpflichtungen, die der Träger der Insolvenzsicherung im Sicherungsfall gegenüber dem Versorgungsberechtigten und seinen Hinterbliebenen hat,

b) Leistungen zur Übernahme von Versorgungsleistungen oder unverfallbaren Versorgungsanwartschaften durch eine Pensionskasse oder ein Unternehmen der Lebensversicherung in den in § 4 Absatz 4 des Betriebsrentengesetzes bezeichneten Fällen und

c) der Erwerb von Ansprüchen durch den Arbeitnehmer gegenüber einem Dritten im Fall der Eröffnung des Insolvenzverfahrens oder in den Fällen des § 7 Absatz 1 Satz 4 des Betriebsrentengesetzes, soweit der Dritte neben dem Arbeitgeber für die Erfüllung von Ansprüchen auf Grund bestehender Versorgungsverpflichtungen oder Versorgungsanwartschaften gegenüber dem Arbeitnehmer und dessen Hinterbliebenen einsteht; dies gilt entsprechend, wenn der Dritte für Wertguthaben aus einer Vereinbarung über die Altersteilzeit nach dem Altersteilzeitgesetz vom 23. Juli 1996 (BGBl I S. 1078), zuletzt geändert durch Artikel 234 der Verord-

*) **Amtl. Anm.:** Gemäß Artikel 15 Absatz 80 Nummer 2 in Verbindung mit Artikel 17 Absatz 9 des Gesetzes vom 5. Februar 2009 (BGBl I S. 160, 462) wird am 1. Juli 2010 in § 3 Nummer 64 Satz 3 die Angabe „§ 54 des Bundesbesoldungsgesetzes“ durch die Angabe „§ 55 des Bundesbesoldungsgesetzes“ ersetzt.

1) **Anm. d. Red.:** Zur Anwendung des § 3 Nr. 65 siehe § 52 Abs. 7.

nung vom 31. Oktober 2006 (BGBl I S. 2407), in der jeweils geltenden Fassung oder auf Grund von Wertguthaben aus einem Arbeitszeitkonto in den im ersten Halbsatz genannten Fällen für den Arbeitgeber einsteht.

[2]In den Fällen nach Buchstabe a, b und c gehören die Leistungen der Pensionskasse, des Unternehmens der Lebensversicherung oder des Dritten zu den Einkünften, zu denen jene Leistungen gehören würden, die ohne Eintritt eines Falles nach Buchstabe a, b und c zu erbringen wären. [3]Soweit sie zu den Einkünften aus nichtselbständiger Arbeit im Sinne des § 19 gehören, ist von ihnen Lohnsteuer einzubehalten. [4]Für die Erhebung der Lohnsteuer gelten die Pensionskasse, das Unternehmen der Lebensversicherung oder der Dritte als Arbeitgeber und der Leistungsempfänger als Arbeitnehmer;

66. Leistungen eines Arbeitgebers oder einer Unterstützungskasse an einen Pensionsfonds zur Übernahme bestehender Versorgungsverpflichtungen oder Versorgungsanwartschaften durch den Pensionsfonds, wenn ein Antrag nach § 4d Absatz 3 oder § 4e Absatz 3 gestellt worden ist;

67. das Erziehungsgeld nach dem Bundeserziehungsgeldgesetz und vergleichbare Leistungen der Länder, das Elterngeld nach dem Bundeselterngeld- und Elternzeitgesetz und vergleichbare Leistungen der Länder sowie Leistungen für Kindererziehung an Mütter der Geburtsjahrgänge vor 1921 nach den §§ 294 bis 299 des Sechsten Buches Sozialgesetzbuch und die Zuschläge nach den §§ 50a bis 50e des Beamtenversorgungsgesetzes oder den §§ 70 bis 74 des Soldatenversorgungsgesetzes;

68. die Hilfen nach dem Gesetz über die Hilfe für durch Anti-D-Immunprophylaxe mit dem Hepatitis-C-Virus infizierte Personen vom 2. August 2000 (BGBl I S. 1270);

69. die von der Stiftung „Humanitäre Hilfe für durch Blutprodukte HIV-infizierte Personen" nach dem HIV-Hilfegesetz vom 24. Juli 1995 (BGBl I S. 972) gewährten Leistungen;

70. die Hälfte

    a) der Betriebsvermögensmehrungen oder Einnahmen aus der Veräußerung von Grund und Boden und Gebäuden, die am 1. Januar 2007 mindestens fünf Jahre zum Anlagevermögen eines inländischen Betriebsvermögens des Steuerpflichtigen gehören, wenn diese auf Grund eines nach dem 31. Dezember 2006 und vor dem 1. Januar 2010 rechtswirksam abgeschlossenen obligatorischen Vertrages an eine REIT-Aktiengesellschaft oder einen Vor-REIT veräußert werden,

    b) der Betriebsvermögensmehrungen, die auf Grund der Eintragung eines Steuerpflichtigen in das Handelsregister als REIT-Aktiengesellschaft im Sinne des REIT-Gesetzes vom 28. Mai 2007 (BGBl I S. 914) durch Anwendung des § 13 Absatz 1 und 3 Satz 1 des Körperschaftsteuergesetzes auf Grund und Boden und Gebäude entstehen, wenn diese Wirtschaftsgüter vor dem 1. Januar 2005 angeschafft oder hergestellt wurden, und die Schlussbilanz im Sinne des § 13 Absatz 1 und 3 des Körperschaftsteuergesetzes auf einen Zeitpunkt vor dem 1. Januar 2010 aufzustellen ist.

    [2]Satz 1 ist nicht anzuwenden,

    a) wenn der Steuerpflichtige den Betrieb veräußert oder aufgibt und der Veräußerungsgewinn nach § 34 besteuert wird,

    b) soweit der Steuerpflichtige von den Regelungen der §§ 6b und 6c Gebrauch macht,

    c) soweit der Ansatz des niedrigeren Teilwerts in vollem Umfang zu einer Gewinnminderung geführt hat und soweit diese Gewinnminderung nicht durch den Ansatz eines Werts, der sich nach § 6 Absatz 1 Nummer 1 Satz 4 ergibt, ausgeglichen worden ist,

    d) wenn im Fall des Satzes 1 Buchstabe a der Buchwert zuzüglich der Veräußerungskosten den Veräußerungserlös oder im Fall des Satzes 1 Buchstabe b der Buchwert den Teilwert übersteigt. [2]Ermittelt der Steuerpflichtige den Gewinn nach § 4 Absatz 3, treten an die Stelle des Buchwerts die Anschaffungs- oder Herstellungskosten verringert um die vorgenommenen Absetzungen für Abnutzung oder Substanzverringerung,

e) soweit vom Steuerpflichtigen in der Vergangenheit Abzüge bei den Anschaffungs- oder Herstellungskosten von Wirtschaftsgütern im Sinne des Satzes 1 nach § 6b oder ähnliche Abzüge voll steuerwirksam vorgenommen worden sind,

f) wenn es sich um eine Übertragung im Zusammenhang mit Rechtsvorgängen handelt, die dem Umwandlungssteuergesetz unterliegen und die Übertragung zu einem Wert unterhalb des gemeinen Werts erfolgt.

[3]Die Steuerbefreiung entfällt rückwirkend, wenn

a) innerhalb eines Zeitraums von vier Jahren seit dem Vertragsschluss im Sinne des Satzes 1 Buchstabe a der Erwerber oder innerhalb eines Zeitraums von vier Jahren nach dem Stichtag der Schlussbilanz im Sinne des Satzes 1 Buchstabe b die REIT-Aktiengesellschaft den Grund und Boden oder das Gebäude veräußert,

b) innerhalb eines Zeitraums von vier Jahren seit dem Vertragsschluss im Sinne des Satzes 1 Buchstabe a der Vor-REIT oder ein anderer Vor-REIT als sein Gesamtrechtsnachfolger nicht als REIT-Aktiengesellschaft in das Handelsregister eingetragen wird,

c) die REIT-Aktiengesellschaft innerhalb eines Zeitraums von vier Jahren seit dem Vertragsschluss im Sinne des Satzes 1 Buchstabe a oder nach dem Stichtag der Schlussbilanz im Sinne des Satzes 1 Buchstabe b in keinem Veranlagungszeitraum die Voraussetzungen für die Steuerbefreiung erfüllt,

d) die Steuerbefreiung der REIT-Aktiengesellschaft innerhalb eines Zeitraums von vier Jahren seit dem Vertragsschluss im Sinne des Satzes 1 Buchstabe a oder nach dem Stichtag der Schlussbilanz im Sinne des Satzes 1 Buchstabe b endet,

e) das Bundeszentralamt für Steuern dem Erwerber im Sinne des Satzes 1 Buchstabe a den Status als Vor-REIT im Sinne des § 2 Satz 4 des REIT-Gesetzes vom 28. Mai 2007 (BGBl I S. 914) bestandskräftig aberkannt hat.

[4]Die Steuerbefreiung entfällt auch rückwirkend, wenn die Wirtschaftsgüter im Sinne des Satzes 1 Buchstabe a vom Erwerber an den Veräußerer oder eine ihm nahe stehende Person im Sinne des § 1 Absatz 2 des Außensteuergesetzes überlassen werden und der Veräußerer oder eine ihm nahe stehende Person im Sinne des § 1 Absatz 2 des Außensteuergesetzes nach Ablauf einer Frist von zwei Jahren seit Eintragung des Erwerbers als REIT-Aktiengesellschaft in das Handelsregister an dieser mittelbar oder unmittelbar zu mehr als 50 Prozent beteiligt ist. [5]Der Grundstückserwerber haftet für die sich aus dem rückwirkenden Wegfall der Steuerbefreiung ergebenden Steuern.

§ 3a (weggefallen)

§ 3b Steuerfreiheit von Zuschlägen für Sonntags-, Feiertags- oder Nachtarbeit

(1) Steuerfrei sind Zuschläge, die für tatsächlich geleistete Sonntags-, Feiertags- oder Nachtarbeit neben dem Grundlohn gezahlt werden, soweit sie

1. für Nachtarbeit 25 Prozent,
2. vorbehaltlich der Nummern 3 und 4 für Sonntagsarbeit 50 Prozent,
3. vorbehaltlich der Nummer 4 für Arbeit am 31. Dezember ab 14 Uhr und an den gesetzlichen Feiertagen 125 Prozent,
4. für Arbeit am 24. Dezember ab 14 Uhr, am 25. und 26. Dezember sowie am 1. Mai 150 Prozent

des Grundlohns nicht übersteigen.

(2) [1]Grundlohn ist der laufende Arbeitslohn, der dem Arbeitnehmer bei der für ihn maßgebenden regelmäßigen Arbeitszeit für den jeweiligen Lohnzahlungszeitraum zusteht; er ist in einen Stundenlohn umzurechnen und mit höchstens 50 Euro anzusetzen.

[2]Nachtarbeit ist die Arbeit in der Zeit von 20 Uhr bis 6 Uhr. [3]Sonntagsarbeit und Feiertagsarbeit ist die Arbeit in der Zeit von 0 Uhr bis 24 Uhr des jeweiligen Tages. [4]Die gesetzlichen Feiertage werden durch die am Ort der Arbeitsstätte geltenden Vorschriften bestimmt.

(3) Wenn die Nachtarbeit vor 0 Uhr aufgenommen wird, gilt abweichend von den Absätzen 1 und 2 Folgendes:

1. Für Nachtarbeit in der Zeit von 0 Uhr bis 4 Uhr erhöht sich der Zuschlagssatz auf 40 Prozent,
2. als Sonntagsarbeit und Feiertagsarbeit gilt auch die Arbeit in der Zeit von 0 Uhr bis 4 Uhr des auf den Sonntag oder Feiertag folgenden Tages.

§ 3c Anteilige Abzüge

(1) Ausgaben dürfen, soweit sie mit steuerfreien Einnahmen in unmittelbarem wirtschaftlichen Zusammenhang stehen, nicht als Betriebsausgaben oder Werbungskosten abgezogen werden; Absatz 2 bleibt unberührt.

(2)[1)] [1]Betriebsvermögensminderungen, Betriebsausgaben, Veräußerungskosten oder Werbungskosten, die mit den dem § 3 Nummer 40 zugrunde liegenden Betriebsvermögensmehrungen oder Einnahmen oder mit Vergütungen nach § 3 Nummer 40a in wirtschaftlichem Zusammenhang stehen, dürfen unabhängig davon, in welchem Veranlagungszeitraum die Betriebsvermögensmehrungen oder Einnahmen anfallen, bei der Ermittlung der Einkünfte nur zu 60 Prozent abgezogen werden; Entsprechendes gilt, wenn bei der Ermittlung der Einkünfte der Wert des Betriebsvermögens oder des Anteils am Betriebsvermögen oder die Anschaffungs- oder Herstellungskosten oder der an deren Stelle tretende Wert mindernd zu berücksichtigen sind. [2]Satz 1 gilt auch für Wertminderungen des Anteils an einer Organgesellschaft, die nicht auf Gewinnausschüttungen zurückzuführen sind. [3]§ 8b Absatz 10 des Körperschaftsteuergesetzes gilt sinngemäß.

(3) Betriebsvermögensminderungen, Betriebsausgaben oder Veräußerungskosten, die mit den Betriebsvermögensmehrungen oder Einnahmen im Sinne des § 3 Nummer 70 in wirtschaftlichem Zusammenhang stehen, dürfen unabhängig davon, in welchem Veranlagungszeitraum die Betriebsvermögensmehrungen oder Einnahmen anfallen, nur zur Hälfte abgezogen werden.

3. Gewinn

§ 4 Gewinnbegriff im Allgemeinen

(1)[2)] [1]Gewinn ist der Unterschiedsbetrag zwischen dem Betriebsvermögen am Schluss des Wirtschaftsjahres und dem Betriebsvermögen am Schluss des vorangegangenen Wirtschaftsjahres, vermehrt um den Wert der Entnahmen und vermindert um den Wert der Einlagen. [2]Entnahmen sind alle Wirtschaftsgüter (Barentnahmen, Waren, Erzeugnisse, Nutzungen und Leistungen), die der Steuerpflichtige dem Betrieb für sich, für seinen Haushalt oder für andere betriebsfremde Zwecke im Laufe des Wirtschaftsjahres entnommen hat. [3]Einer Entnahme für betriebsfremde Zwecke steht der Ausschluss oder die Beschränkung des Besteuerungsrechts der Bundesrepublik Deutschland hinsichtlich des Gewinns aus der Veräußerung oder der Nutzung eines Wirtschaftsguts gleich. [4]Satz 3 gilt nicht für Anteile an einer Europäischen Gesellschaft oder Europäischen Genossenschaft in den Fällen

1. einer Sitzverlegung der Europäischen Gesellschaft nach Artikel 8 der Verordnung (EG) Nr. 2157/2001 des Rates vom 8. Oktober 2001 über das Statut der Europäischen Gesellschaft (SE) (ABl EG Nr. L 294 S. 1), zuletzt geändert durch die Verordnung (EG) Nr. 885/2004 des Rates vom 26. April 2004 (ABl EU Nr. L 168 S. 1), und

1) **Anm. d. Red.:** Zur Anwendung des § 3c Abs. 2 siehe § 52 Abs. 8a und § 52a Abs. 4.

2) **Anm. d. Red.:** Zur Anwendung des § 4 Abs. 1 siehe § 52 Abs. 8b.

2. einer Sitzverlegung der Europäischen Genossenschaft nach Artikel 7 der Verordnung (EG) Nr. 1435/2003 des Rates vom 22. Juli 2003 über das Statut der Europäischen Genossenschaft (SCE) (ABl EU Nr. L 207 S. 1).

[5]Ein Wirtschaftsgut wird nicht dadurch entnommen, dass der Steuerpflichtige zur Gewinnermittlung nach § 13a übergeht. [6]Eine Änderung der Nutzung eines Wirtschaftsguts, die bei Gewinnermittlung nach Satz 1 keine Entnahme ist, ist auch bei Gewinnermittlung nach § 13a keine Entnahme. [7]Einlagen sind alle Wirtschaftsgüter (Bareinzahlungen und sonstige Wirtschaftsgüter), die der Steuerpflichtige dem Betrieb im Laufe des Wirtschaftsjahres zugeführt hat; einer Einlage steht die Begründung des Besteuerungsrechts der Bundesrepublik Deutschland hinsichtlich des Gewinns aus der Veräußerung eines Wirtschaftsguts gleich. [8]Bei der Ermittlung des Gewinns sind die Vorschriften über die Betriebsausgaben, über die Bewertung und über die Absetzung für Abnutzung oder Substanzverringerung zu befolgen.

ESt**G**

(2)[1)] [1]Der Steuerpflichtige darf die Vermögensübersicht (Bilanz) auch nach ihrer Einreichung beim Finanzamt ändern, soweit sie den Grundsätzen ordnungsmäßiger Buchführung unter Befolgung der Vorschriften dieses Gesetzes nicht entspricht; diese Änderung ist nicht zulässig, wenn die Vermögensübersicht (Bilanz) einer Steuerfestsetzung zugrunde liegt, die nicht mehr aufgehoben oder geändert werden kann. [2]Darüber hinaus ist eine Änderung der Vermögensübersicht (Bilanz) nur zulässig, wenn sie in einem engen zeitlichen und sachlichen Zusammenhang mit einer Änderung nach Satz 1 steht und soweit die Auswirkung der Änderung nach Satz 1 auf den Gewinn reicht.

(3)[2)] [1]Steuerpflichtige, die nicht auf Grund gesetzlicher Vorschriften verpflichtet sind, Bücher zu führen und regelmäßig Abschlüsse zu machen, und die auch keine Bücher führen und keine Abschlüsse machen, können als Gewinn den Überschuss der Betriebseinnahmen über die Betriebsausgaben ansetzen. [2]Hierbei scheiden Betriebseinnahmen und Betriebsausgaben aus, die im Namen und für Rechnung eines anderen vereinnahmt und verausgabt werden (durchlaufende Posten). [3]Die Vorschriften über die Bewertungsfreiheit für geringwertige Wirtschaftsgüter (§ 6 Absatz 2), die Bildung eines Sammelpostens (§ 6 Absatz 2a) und über die Absetzung für Abnutzung oder Substanzverringerung sind zu befolgen. [4]Die Anschaffungs- oder Herstellungskosten für nicht abnutzbare Wirtschaftsgüter des Anlagevermögens, für Anteile an Kapitalgesellschaften, für Wertpapiere und vergleichbare nicht verbriefte Forderungen und Rechte, für Grund und Boden sowie Gebäude des Umlaufvermögens sind erst im Zeitpunkt des Zuflusses des Veräußerungserlöses oder bei Entnahme im Zeitpunkt der Entnahme als Betriebsausgaben zu berücksichtigen. [5]Die Wirtschaftsgüter des Anlagevermögens und Wirtschaftsgüter des Umlaufvermögens im Sinne des Satzes 4 sind unter Angabe des Tages der Anschaffung oder Herstellung und der Anschaffungs- oder Herstellungskosten oder des an deren Stelle getretenen Werts in besondere, laufend zu führende Verzeichnisse aufzunehmen.

(4) Betriebsausgaben sind die Aufwendungen, die durch den Betrieb veranlasst sind.

(4a)[3)] [1]Schuldzinsen sind nach Maßgabe der Sätze 2 bis 4 nicht abziehbar, wenn Überentnahmen getätigt worden sind. [2]Eine Überentnahme ist der Betrag, um den die Entnahmen die Summe des Gewinns und der Einlagen des Wirtschaftsjahres übersteigen. [3]Die nicht abziehbaren Schuldzinsen werden typisiert mit 6 Prozent der Überentnahme des Wirtschaftsjahres zuzüglich der Überentnahmen vorangegangener Wirtschaftsjahre und abzüglich der Beträge, um die in den vorangegangenen Wirtschaftsjahren der Gewinn und die Einlagen die Entnahmen überstiegen haben (Unterentnahmen), ermittelt; bei der Ermittlung der Überentnahme ist vom Gewinn ohne Berücksichtigung der nach Maßgabe dieses Absatzes nicht abziehbaren Schuldzinsen auszugehen. [4]Der sich dabei ergebende Betrag, höchstens jedoch der um 2 050 Euro verminderte Betrag der im Wirtschaftsjahr angefallenen Schuldzinsen, ist dem Gewinn hinzuzurechnen. [5]Der Abzug von Schuldzinsen für Darlehen zur Finanzierung von Anschaffungs- oder Herstellungs-

---

1) **Anm. d. Red.:** Zur Anwendung des § 4 Abs. 2 siehe § 52 Abs. 9.

2) **Anm. d. Red.:** Zur Anwendung des § 4 Abs. 3 siehe § 52 Abs. 10.

3) **Anm. d. Red.:** Zur Anwendung des § 4 Abs. 4a siehe § 52 Abs. 11.

kosten von Wirtschaftsgütern des Anlagevermögens bleibt unberührt. [6]Die Sätze 1 bis 5 sind bei Gewinnermittlung nach § 4 Absatz 3 sinngemäß anzuwenden; hierzu sind Entnahmen und Einlagen gesondert aufzuzeichnen.

(5) [1]Die folgenden Betriebsausgaben dürfen den Gewinn nicht mindern:

1.[1)] Aufwendungen für Geschenke an Personen, die nicht Arbeitnehmer des Steuerpflichtigen sind. [2]Satz 1 gilt nicht, wenn die Anschaffungs- oder Herstellungskosten der dem Empfänger im Wirtschaftsjahr zugewendeten Gegenstände insgesamt 35 Euro nicht übersteigen;

2.[2)] Aufwendungen für die Bewirtung von Personen aus geschäftlichem Anlass, soweit sie 70 Prozent der Aufwendungen übersteigen, die nach der allgemeinen Verkehrsauffassung als angemessen anzusehen und deren Höhe und betriebliche Veranlassung nachgewiesen sind. [2]Zum Nachweis der Höhe und der betrieblichen Veranlassung der Aufwendungen hat der Steuerpflichtige schriftlich die folgenden Angaben zu machen: Ort, Tag, Teilnehmer und Anlass der Bewirtung sowie Höhe der Aufwendungen. [3]Hat die Bewirtung in einer Gaststätte stattgefunden, so genügen Angaben zu dem Anlass und den Teilnehmern der Bewirtung; die Rechnung über die Bewirtung ist beizufügen;

3. Aufwendungen für Einrichtungen des Steuerpflichtigen, soweit sie der Bewirtung, Beherbergung oder Unterhaltung von Personen, die nicht Arbeitnehmer des Steuerpflichtigen sind, dienen (Gästehäuser) und sich außerhalb des Orts eines Betriebs des Steuerpflichtigen befinden;

4. Aufwendungen für Jagd oder Fischerei, für Segeljachten oder Motorjachten sowie für ähnliche Zwecke und für die hiermit zusammenhängenden Bewirtungen;

5. Mehraufwendungen für die Verpflegung des Steuerpflichtigen, soweit in den folgenden Sätzen nichts anderes bestimmt ist. [2]Wird der Steuerpflichtige vorübergehend von seiner Wohnung und dem Mittelpunkt seiner dauerhaft angelegten betrieblichen Tätigkeit entfernt betrieblich tätig, ist für jeden Kalendertag, an dem der Steuerpflichtige wegen dieser vorübergehenden Tätigkeit von seiner Wohnung und seinem Tätigkeitsmittelpunkt

   a) 24 Stunden abwesend ist, ein Pauschbetrag von 24 Euro,

   b) weniger als 24 Stunden, aber mindestens 14 Stunden abwesend ist, ein Pauschbetrag von 12 Euro,

   c) weniger als 14 Stunden, aber mindestens 8 Stunden abwesend ist, ein Pauschbetrag von 6 Euro

   abzuziehen; eine Tätigkeit, die nach 16 Uhr begonnen und vor 8 Uhr des nachfolgenden Kalendertags beendet wird, ohne dass eine Übernachtung stattfindet, ist mit der gesamten Abwesenheitsdauer dem Kalendertag der überwiegenden Abwesenheit zuzurechnen. [3]Wird der Steuerpflichtige bei seiner individuellen betrieblichen Tätigkeit typischerweise nur an ständig wechselnden Tätigkeitsstätten oder auf einem Fahrzeug tätig, gilt Satz 2 entsprechend; dabei ist allein die Dauer der Abwesenheit von der Wohnung maßgebend. [4]Bei einer Tätigkeit im Ausland treten an die Stelle der Pauschbeträge nach Satz 2 länderweise unterschiedliche Pauschbeträge, die für die Fälle der Buchstaben a, b und c mit 120, 80 und 40 Prozent der höchsten Auslandstagegelder nach dem Bundesreisekostengesetz vom Bundesministerium der Finanzen im Einvernehmen mit den obersten Finanzbehörden der Länder aufgerundet auf volle Euro festgesetzt werden; dabei bestimmt sich der Pauschbetrag nach dem Ort, den der Steuerpflichtige vor 24 Uhr Ortszeit zuletzt erreicht, oder, wenn dieser Ort im Inland liegt, nach dem letzten Tätigkeitsort im Ausland. [5]Bei einer längerfristigen vorübergehenden Tätigkeit an derselben Tätigkeitsstätte beschränkt sich der pauschale Abzug nach Satz 2 auf die ersten drei Monate. [6]Die Abzugsbeschränkung nach Satz 1, die Pauschbeträge nach den Sätzen 2 und 4 sowie die Dreimonatsfrist

1) **Anm. d. Red.:** Zur Anwendung des § 4 Abs. 5 Satz 1 Nr. 1 siehe § 52 Abs. 12 Satz 1.

2) **Anm. d. Red.:** Zur Anwendung des § 4 Abs. 5 Satz 1 Nr. 2 siehe § 52 Abs. 12 Satz 2.

nach Satz 5 gelten auch für den Abzug von Verpflegungsmehraufwendungen bei einer aus betrieblichem Anlass begründeten doppelten Haushaltsführung; dabei ist für jeden Kalendertag innerhalb der Dreimonatsfrist, an dem gleichzeitig eine Tätigkeit im Sinne des Satzes 2 oder 3 ausgeübt wird, nur der jeweils höchste in Betracht kommende Pauschbetrag abzuziehen und die Dauer einer Tätigkeit im Sinne des Satzes 2 an dem Beschäftigungsort, der zur Begründung der doppelten Haushaltsführung geführt hat, auf die Dreimonatsfrist anzurechnen, wenn sie ihr unmittelbar vorausgegangen ist;

6.[1] Aufwendungen für die Wege des Steuerpflichtigen zwischen Wohnung und Betriebsstätte und für Familienheimfahrten, soweit in den folgenden Sätzen nichts anderes bestimmt ist. [2]Zur Abgeltung dieser Aufwendungen ist § 9 Absatz 1 Satz 3 Nummer 4 und 5 Satz 1 bis 6 und Absatz 2 entsprechend anzuwenden. [3]Bei der Nutzung eines Kraftfahrzeugs dürfen die Aufwendungen in Höhe des positiven Unterschiedsbetrags zwischen 0,03 Prozent des inländischen Listenpreises im Sinne des § 6 Absatz 1 Nummer 4 Satz 2 des Kraftfahrzeugs im Zeitpunkt der Erstzulassung je Kalendermonat für jeden Entfernungskilometer und dem sich nach § 9 Absatz 1 Satz 3 Nummer 4 oder Absatz 2 ergebenden Betrag sowie Aufwendungen für Familienheimfahrten in Höhe des positiven Unterschiedsbetrags zwischen 0,002 Prozent des inländischen Listenpreises im Sinne des § 6 Absatz 1 Nummer 4 Satz 2 für jeden Entfernungskilometer und dem sich nach § 9 Absatz 1 Satz 3 Nummer 5 Satz 4 bis 6 oder Absatz 2 ergebenden Betrag den Gewinn nicht mindern; ermittelt der Steuerpflichtige die private Nutzung des Kraftfahrzeugs nach § 6 Absatz 1 Nummer 4 Satz 1 oder Satz 3, treten an die Stelle des mit 0,03 oder 0,002 Prozent des inländischen Listenpreises ermittelten Betrags für Fahrten zwischen Wohnung und Betriebsstätte und für Familienheimfahrten die auf diese Fahrten entfallenden tatsächlichen Aufwendungen;

6a. (weggefallen)

6b. Aufwendungen für ein häusliches Arbeitszimmer sowie die Kosten der Ausstattung. [2]Dies gilt nicht, wenn das Arbeitszimmer den Mittelpunkt der gesamten betrieblichen und beruflichen Betätigung bildet;

7. andere als die in den Nummern 1 bis 6 und 6b bezeichneten Aufwendungen, die die Lebensführung des Steuerpflichtigen oder anderer Personen berühren, soweit sie nach allgemeiner Verkehrsauffassung als unangemessen anzusehen sind;

8. von einem Gericht oder einer Behörde im Geltungsbereich dieses Gesetzes oder von Organen der Europäischen Gemeinschaften festgesetzte Geldbußen, Ordnungsgelder und Verwarnungsgelder. [2]Dasselbe gilt für Leistungen zur Erfüllung von Auflagen oder Weisungen, die in einem berufsgerichtlichen Verfahren erteilt werden, soweit die Auflagen oder Weisungen nicht lediglich der Wiedergutmachung des durch die Tat verursachten Schadens dienen. [3]Die Rückzahlung von Ausgaben im Sinne der Sätze 1 und 2 darf den Gewinn nicht erhöhen. [4]Das Abzugsverbot für Geldbußen gilt nicht, soweit der wirtschaftliche Vorteil, der durch den Gesetzesverstoß erlangt wurde, abgeschöpft worden ist, wenn die Steuern vom Einkommen und Ertrag, die auf den wirtschaftlichen Vorteil entfallen, nicht abgezogen worden sind; Satz 3 ist insoweit nicht anzuwenden;

8a. Zinsen auf hinterzogene Steuern nach § 235 der Abgabenordnung;

9. Ausgleichszahlungen, die in den Fällen der §§ 14, 17 und 18 des Körperschaftsteuergesetzes an außenstehende Anteilseigner geleistet werden;

10. die Zuwendung von Vorteilen sowie damit zusammenhängende Aufwendungen, wenn die Zuwendung der Vorteile eine rechtswidrige Handlung darstellt, die den Tatbestand eines Strafgesetzes oder eines Gesetzes verwirklicht, das die Ahndung mit einer Geldbuße zulässt. [2]Gerichte, Staatsanwaltschaften oder Verwaltungsbehörden haben Tatsachen, die sie dienstlich erfahren und die den Verdacht einer Tat im Sinne des Satzes 1 begründen, der Finanzbehörde für Zwecke des Besteue-

1) **Anm. d. Red.:** Zur Anwendung des § 4 Abs. 5 Satz 1 Nr. 6 siehe § 52 Abs. 12 Satz 8.

ESTG

rungsverfahrens und zur Verfolgung von Steuerstraftaten und Steuerordnungswidrigkeiten mitzuteilen. [3]Die Finanzbehörde teilt Tatsachen, die den Verdacht einer Straftat oder einer Ordnungswidrigkeit im Sinne des Satzes 1 begründen, der Staatsanwaltschaft oder der Verwaltungsbehörde mit. [4]Diese unterrichten die Finanzbehörde von dem Ausgang des Verfahrens und den zugrunde liegenden Tatsachen;

11.[1)] Aufwendungen, die mit unmittelbaren oder mittelbaren Zuwendungen von nicht einlagefähigen Vorteilen an natürliche oder juristische Personen oder Personengesellschaften zur Verwendung in Betrieben in tatsächlichem oder wirtschaftlichem Zusammenhang stehen, deren Gewinn nach § 5a Absatz 1 ermittelt wird;

12. Zuschläge nach § 162 Absatz 4 der Abgabenordnung.

[2]Das Abzugsverbot gilt nicht, soweit die in den Nummern 2 bis 4 bezeichneten Zwecke Gegenstand einer mit Gewinnabsicht ausgeübten Betätigung des Steuerpflichtigen sind. [3]§ 12 Nummer 1 bleibt unberührt.

(5a) (weggefallen)

(5b)[2)] Die Gewerbesteuer und die darauf entfallenden Nebenleistungen sind keine Betriebsausgaben.

(6) Aufwendungen zur Förderung staatspolitischer Zwecke (§ 10b Absatz 2) sind keine Betriebsausgaben.

(7) [1]Aufwendungen im Sinne des Absatzes 5 Satz 1 Nummer 1 bis 4, 6b und 7 sind einzeln und getrennt von den sonstigen Betriebsausgaben aufzuzeichnen. [2]Soweit diese Aufwendungen nicht bereits nach Absatz 5 vom Abzug ausgeschlossen sind, dürfen sie bei der Gewinnermittlung nur berücksichtigt werden, wenn sie nach Satz 1 besonders aufgezeichnet sind.

(8) Für Erhaltungsaufwand bei Gebäuden in Sanierungsgebieten und städtebaulichen Entwicklungsbereichen sowie bei Baudenkmalen gelten die §§ 11a und 11b entsprechend.

§ 4a Gewinnermittlungszeitraum, Wirtschaftsjahr

(1) [1]Bei Land- und Forstwirten und bei Gewerbetreibenden ist der Gewinn nach dem Wirtschaftsjahr zu ermitteln. [2]Wirtschaftsjahr ist

1. bei Land- und Forstwirten der Zeitraum vom 1. Juli bis zum 30. Juni. [2]Durch Rechtsverordnung kann für einzelne Gruppen von Land- und Forstwirten ein anderer Zeitraum bestimmt werden, wenn das aus wirtschaftlichen Gründen erforderlich ist;
2. bei Gewerbetreibenden, deren Firma im Handelsregister eingetragen ist, der Zeitraum, für den sie regelmäßig Abschlüsse machen. [2]Die Umstellung des Wirtschaftsjahres auf einen vom Kalenderjahr abweichenden Zeitraum ist steuerlich nur wirksam, wenn sie im Einvernehmen mit dem Finanzamt vorgenommen wird;
3. bei anderen Gewerbetreibenden das Kalenderjahr. [2]Sind sie gleichzeitig buchführende Land- und Forstwirte, so können sie mit Zustimmung des Finanzamts den nach Nummer 1 maßgebenden Zeitraum als Wirtschaftsjahr für den Gewerbebetrieb bestimmen, wenn sie für den Gewerbebetrieb Bücher führen und für diesen Zeitraum regelmäßig Abschlüsse machen.

(2) Bei Land- und Forstwirten und bei Gewerbetreibenden, deren Wirtschaftsjahr vom Kalenderjahr abweicht, ist der Gewinn aus Land- und Forstwirtschaft oder aus Gewerbebetrieb bei der Ermittlung des Einkommens in folgender Weise zu berücksichtigen:

1. [1]Bei Land- und Forstwirten ist der Gewinn des Wirtschaftsjahres auf das Kalenderjahr, in dem das Wirtschaftsjahr beginnt, und auf das Kalenderjahr, in dem das Wirtschaftsjahr endet, entsprechend dem zeitlichen Anteil aufzuteilen. [2]Bei der Auftei-

1) **Anm. d. Red.:** Zur Anwendung des § 4 Abs. 5 Satz 1 Nr. 11 siehe § 52 Abs. 12 Satz 6.

2) **Anm. d. Red.:** Zur Anwendung des § 4 Abs. 5b siehe § 52 Abs. 12 Satz 7.

lung sind Veräußerungsgewinne im Sinne des § 14 auszuscheiden und dem Gewinn des Kalenderjahres hinzuzurechnen, in dem sie entstanden sind;

2. bei Gewerbetreibenden gilt der Gewinn des Wirtschaftsjahres als in dem Kalenderjahr bezogen, in dem das Wirtschaftsjahr endet.

§ 4b Direktversicherung

[1]Der Versicherungsanspruch aus einer Direktversicherung, die von einem Steuerpflichtigen aus betrieblichem Anlass abgeschlossen wird, ist dem Betriebsvermögen des Steuerpflichtigen nicht zuzurechnen, soweit am Schluss des Wirtschaftsjahres hinsichtlich der Leistungen des Versicherers die Person, auf deren Leben die Lebensversicherung abgeschlossen ist, oder ihre Hinterbliebenen bezugsberechtigt sind. [2]Das gilt auch, wenn der Steuerpflichtige die Ansprüche aus dem Versicherungsvertrag abgetreten oder beliehen hat, sofern er sich der bezugsberechtigten Person gegenüber schriftlich verpflichtet, sie bei Eintritt des Versicherungsfalls so zu stellen, als ob die Abtretung oder Beleihung nicht erfolgt wäre.

§ 4c Zuwendungen an Pensionskassen

(1) [1]Zuwendungen an eine Pensionskasse dürfen von dem Unternehmen, das die Zuwendungen leistet (Trägerunternehmen), als Betriebsausgaben abgezogen werden, soweit sie auf einer in der Satzung oder im Geschäftsplan der Kasse festgelegten Verpflichtung oder auf einer Anordnung der Versicherungsaufsichtsbehörde beruhen oder der Abdeckung von Fehlbeträgen bei der Kasse dienen. [2]Soweit die allgemeinen Versicherungsbedingungen und die fachlichen Geschäftsunterlagen im Sinne des § 5 Absatz 3 Nummer 2 Halbsatz 2 des Versicherungsaufsichtsgesetzes nicht zum Geschäftsplan gehören, gelten diese als Teil des Geschäftsplans.

(2) Zuwendungen im Sinne des Absatzes 1 dürfen als Betriebsausgaben nicht abgezogen werden, soweit die Leistungen der Kasse, wenn sie vom Trägerunternehmen unmittelbar erbracht würden, bei diesem nicht betrieblich veranlasst wären.

§ 4d Zuwendungen an Unterstützungskassen

(1)[1)] [1]Zuwendungen an eine Unterstützungskasse dürfen von dem Unternehmen, das die Zuwendungen leistet (Trägerunternehmen), als Betriebsausgaben abgezogen werden, soweit die Leistungen der Kasse, wenn sie vom Trägerunternehmen unmittelbar erbracht würden, bei diesem betrieblich veranlasst wären und sie die folgenden Beträge nicht übersteigen:

1. bei Unterstützungskassen, die lebenslänglich laufende Leistungen gewähren:
   a) das Deckungskapital für die laufenden Leistungen nach der dem Gesetz als Anlage 1[2)] beigefügten Tabelle. [2]Leistungsempfänger ist jeder ehemalige Arbeitnehmer des Trägerunternehmens, der von der Unterstützungskasse Leistungen erhält; soweit die Kasse Hinterbliebenenversorgung gewährt, ist Leistungsempfänger der Hinterbliebene eines ehemaligen Arbeitnehmers des Trägerunternehmens, der von der Kasse Leistungen erhält. [3]Dem ehemaligen Arbeitnehmer stehen andere Personen gleich, denen Leistungen der Alters-, Invaliditäts- oder Hinterbliebenenversorgung aus Anlass ihrer ehemaligen Tätigkeit für das Trägerunternehmen zugesagt worden sind;
   b) in jedem Wirtschaftsjahr für jeden Leistungsanwärter,
      aa) wenn die Kasse nur Invaliditätsversorgung oder nur Hinterbliebenenversorgung gewährt, jeweils 6 Prozent,
      bb) wenn die Kasse Altersversorgung mit oder ohne Einschluss von Invaliditätsversorgung oder Hinterbliebenenversorgung gewährt, 25 Prozent

1) **Anm. d. Red.:** Zur Anwendung des § 4d Abs. 1 siehe § 52 Abs. 12a.

2) **Anm. d. Red.:** Wiedergegeben im Anschluss an § 99.

der jährlichen Versorgungsleistungen, die der Leistungsanwärter oder, wenn nur Hinterbliebenenversorgung gewährt wird, dessen Hinterbliebene nach den Verhältnissen am Schluss des Wirtschaftsjahres der Zuwendung im letzten Zeitpunkt der Anwartschaft, spätestens zum Zeitpunkt des Erreichens der Regelaltersgrenze der gesetzlichen Rentenversicherung erhalten können. [2]Leistungsanwärter ist jeder Arbeitnehmer oder ehemalige Arbeitnehmer des Trägerunternehmens, der von der Unterstützungskasse schriftlich zugesagte Leistungen erhalten kann und am Schluss des Wirtschaftsjahres, in dem die Zuwendung erfolgt, das 27. Lebensjahr vollendet hat; soweit die Kasse nur Hinterbliebenenversorgung gewährt, gilt als Leistungsanwärter jeder Arbeitnehmer oder ehemalige Arbeitnehmer des Trägerunternehmens, der am Schluss des Wirtschaftsjahres, in dem die Zuwendung erfolgt, das 27. Lebensjahr vollendet hat und dessen Hinterbliebene die Hinterbliebenenversorgung erhalten können. [3]Das Trägerunternehmen kann bei der Berechnung nach Satz 1 statt des dort maßgebenden Betrags den Durchschnittsbetrag der von der Kasse im Wirtschaftsjahr an Leistungsempfänger im Sinne des Buchstabens a Satz 2 gewährten Leistungen zugrunde legen. [4]In diesem Fall sind Leistungsanwärter im Sinne des Satzes 2 nur die Arbeitnehmer oder ehemaligen Arbeitnehmer des Trägerunternehmens, die am Schluss des Wirtschaftsjahres, in dem die Zuwendung erfolgt, das 50. Lebensjahr vollendet haben. [5]Dem Arbeitnehmer oder ehemaligen Arbeitnehmer als Leistungsanwärter stehen andere Personen gleich, denen schriftlich Leistungen der Alters-, Invaliditäts- oder Hinterbliebenenversorgung aus Anlass ihrer Tätigkeit für das Trägerunternehmen zugesagt worden sind;

c) den Betrag des Beitrages, den die Kasse an einen Versicherer zahlt, soweit sie sich die Mittel für ihre Versorgungsleistungen, die der Leistungsanwärter oder Leistungsempfänger nach den Verhältnissen am Schluss des Wirtschaftsjahres der Zuwendung erhalten kann, durch Abschluss einer Versicherung verschafft. [2]Bei Versicherungen für einen Leistungsanwärter ist der Abzug des Beitrages nur zulässig, wenn der Leistungsanwärter die in Buchstabe b Satz 2 und 5 genannten Voraussetzungen erfüllt, die Versicherung für die Dauer bis zu dem Zeitpunkt abgeschlossen ist, für den erstmals Leistungen der Altersversorgung vorgesehen sind, mindestens jedoch bis zu dem Zeitpunkt, an dem der Leistungsanwärter das 55. Lebensjahr vollendet hat, und während dieser Zeit jährlich Beiträge gezahlt werden, die der Höhe nach gleich bleiben oder steigen. [3]Das Gleiche gilt für Leistungsanwärter, die das 27. Lebensjahr noch nicht vollendet haben, für Leistungen der Invaliditäts- oder Hinterbliebenenversorgung, für Leistungen der Altersversorgung unter der Voraussetzung, dass die Leistungsanwartschaft bereits unverfallbar ist. [4]Ein Abzug ist ausgeschlossen, wenn die Ansprüche aus der Versicherung der Sicherung eines Darlehens dienen. [5]Liegen die Voraussetzungen der Sätze 1 bis 4 vor, sind die Zuwendungen nach den Buchstaben a und b in dem Verhältnis zu vermindern, in dem die Leistungen der Kasse durch die Versicherung gedeckt sind;

d) den Betrag, den die Kasse einem Leistungsanwärter im Sinne des Buchstabens b Satz 2 und 5 vor Eintritt des Versorgungsfalls als Abfindung für künftige Versorgungsleistungen gewährt, den Übertragungswert nach § 4 Absatz 5 des Betriebsrentengesetzes oder den Betrag, den sie an einen anderen Versorgungsträger zahlt, der eine ihr obliegende Versorgungsverpflichtung übernommen hat.

[2]Zuwendungen dürfen nicht als Betriebsausgaben abgezogen werden, wenn das Vermögen der Kasse ohne Berücksichtigung künftiger Versorgungsleistungen am Schluss des Wirtschaftsjahres das zulässige Kassenvermögen übersteigt. [3]Bei der Ermittlung des Vermögens der Kasse ist am Schluss des Wirtschaftsjahres vorhandener Grundbesitz mit 200 Prozent der Einheitswerte anzusetzen, die zu dem Feststellungszeitpunkt maßgebend sind, der dem Schluss des Wirtschaftsjahres folgt; Ansprüche aus einer Versicherung sind mit dem Wert des geschäftsplanmäßigen Deckungskapitals zuzüglich der Guthaben aus Beitragsrückerstattung am Schluss des Wirtschaftsjahres anzusetzen, und das übrige Vermögen ist mit dem gemeinen Wert

am Schluss des Wirtschaftsjahres zu bewerten. [4]Zulässiges Kassenvermögen ist die Summe aus dem Deckungskapital für alle am Schluss des Wirtschaftsjahres laufenden Leistungen nach der dem Gesetz als Anlage 1[1)] beigefügten Tabelle für Leistungsempfänger im Sinne des Satzes 1 Buchstabe a und dem Achtfachen der nach Satz 1 Buchstabe b abzugsfähigen Zuwendungen. [5]Soweit sich die Kasse die Mittel für ihre Leistungen durch Abschluss einer Versicherung verschafft, ist, wenn die Voraussetzungen für den Abzug des Beitrages nach Satz 1 Buchstabe c erfüllt sind, zulässiges Kassenvermögen der Wert des geschäftsplanmäßigen Deckungskapitals aus der Versicherung am Schluss des Wirtschaftsjahres; in diesem Fall ist das zulässige Kassenvermögen nach Satz 4 in dem Verhältnis zu vermindern, in dem die Leistungen der Kasse durch die Versicherung gedeckt sind. [6]Soweit die Berechnung des Deckungskapitals nicht zum Geschäftsplan gehört, tritt an die Stelle des geschäftsplanmäßigen Deckungskapitals der nach § 176 Absatz 3 des Gesetzes über den Versicherungsvertrag berechnete Zeitwert, beim zulässigen Kassenvermögen ohne Berücksichtigung des Guthabens aus Beitragsrückerstattung. [7]Gewährt eine Unterstützungskasse anstelle von lebenslänglich laufenden Leistungen eine einmalige Kapitalleistung, so gelten 10 Prozent der Kapitalleistung als Jahresbetrag einer lebenslänglich laufenden Leistung;

2. bei Kassen, die keine lebenslänglich laufenden Leistungen gewähren, für jedes Wirtschaftsjahr 0,2 Prozent der Lohn- und Gehaltssumme des Trägerunternehmens, mindestens jedoch den Betrag der von der Kasse in einem Wirtschaftsjahr erbrachten Leistungen, soweit dieser Betrag höher ist als die in den vorangegangenen fünf Wirtschaftsjahren vorgenommenen Zuwendungen abzüglich der in dem gleichen Zeitraum erbrachten Leistungen. [2]Diese Zuwendungen dürfen nicht als Betriebsausgaben abgezogen werden, wenn das Vermögen der Kasse am Schluss des Wirtschaftsjahres das zulässige Kassenvermögen übersteigt. [3]Als zulässiges Kassenvermögen kann 1 Prozent der durchschnittlichen Lohn- und Gehaltssumme der letzten drei Jahre angesetzt werden. [4]Hat die Kasse bereits 10 Wirtschaftsjahre bestanden, darf das zulässige Kassenvermögen zusätzlich die Summe der in den letzten zehn Wirtschaftsjahren gewährten Leistungen nicht übersteigen. [5]Für die Bewertung des Vermögens der Kasse gilt Nummer 1 Satz 3 entsprechend. [6]Bei der Berechnung der Lohn- und Gehaltssumme des Trägerunternehmens sind Löhne und Gehälter von Personen, die von der Kasse keine nicht lebenslänglich laufenden Leistungen erhalten können, auszuscheiden.

[2]Gewährt eine Kasse lebenslänglich laufende und nicht lebenslänglich laufende Leistungen, so gilt Satz 1 Nummer 1 und 2 nebeneinander. [3]Leistet ein Trägerunternehmen Zuwendungen an mehrere Unterstützungskassen, so sind diese Kassen bei der Anwendung der Nummern 1 und 2 als Einheit zu behandeln.

(2) [1]Zuwendungen im Sinne des Absatzes 1 sind von dem Trägerunternehmen in dem Wirtschaftsjahr als Betriebsausgaben abzuziehen, in dem sie geleistet werden. [2]Zuwendungen, die bis zum Ablauf eines Monats nach Aufstellung oder Feststellung der Bilanz des Trägerunternehmens für den Schluss eines Wirtschaftsjahres geleistet werden, können von dem Trägerunternehmen noch für das abgelaufene Wirtschaftsjahr durch eine Rückstellung gewinnmindernd berücksichtigt werden. [3]Übersteigen die in einem Wirtschaftsjahr geleisteten Zuwendungen die nach Absatz 1 abzugsfähigen Beträge, so können die übersteigenden Beträge im Wege der Rechnungsabgrenzung auf die folgenden drei Wirtschaftsjahre vorgetragen und im Rahmen der für diese Wirtschaftsjahre abzugsfähigen Beträge als Betriebsausgaben behandelt werden. [4]§ 5 Absatz 1 Satz 2 ist nicht anzuwenden.

(3) [1]Abweichend von Absatz 1 Satz 1 Nummer 1 Satz 1 Buchstabe d und Absatz 2 können auf Antrag die insgesamt erforderlichen Zuwendungen an die Unterstützungskasse für den Betrag, den die Kasse an einen Pensionsfonds zahlt, der eine ihr obliegende Versorgungsverpflichtung ganz oder teilweise übernommen hat, nicht im Wirtschaftsjahr der Zuwendung, sondern erst in den dem Wirtschaftsjahr der Zuwendung folgenden

1) **Anm. d. Red.:** Wiedergegeben im Anschluss an § 99.

zehn Wirtschaftsjahren gleichmäßig verteilt als Betriebsausgaben abgezogen werden. [2]Der Antrag ist unwiderruflich; der jeweilige Rechtsnachfolger ist an den Antrag gebunden.

§ 4e[1] Beiträge an Pensionsfonds

(1) Beiträge an einen Pensionsfonds im Sinne des § 112 des Versicherungsaufsichtsgesetzes dürfen von dem Unternehmen, das die Beiträge leistet (Trägerunternehmen), als Betriebsausgaben abgezogen werden, soweit sie auf einer festgelegten Verpflichtung beruhen oder der Abdeckung von Fehlbeträgen bei dem Fonds dienen.

(2) Beiträge im Sinne des Absatzes 1 dürfen als Betriebsausgaben nicht abgezogen werden, soweit die Leistungen des Fonds, wenn sie vom Trägerunternehmen unmittelbar erbracht würden, bei diesem nicht betrieblich veranlasst wären.

(3) [1]Der Steuerpflichtige kann auf Antrag die insgesamt erforderlichen Leistungen an einen Pensionsfonds zur teilweisen oder vollständigen Übernahme einer bestehenden Versorgungsverpflichtung oder Versorgungsanwartschaft durch den Pensionsfonds erst in den dem Wirtschaftsjahr der Übertragung folgenden zehn Wirtschaftsjahren gleichmäßig verteilt als Betriebsausgaben abziehen. [2]Der Antrag ist unwiderruflich; der jeweilige Rechtsnachfolger ist an den Antrag gebunden. [3]Ist eine Pensionsrückstellung nach § 6a gewinnerhöhend aufzulösen, ist Satz 1 mit der Maßgabe anzuwenden, dass die Leistungen an den Pensionsfonds im Wirtschaftsjahr der Übertragung in Höhe der aufgelösten Rückstellung als Betriebsausgaben abgezogen werden können; der die aufgelöste Rückstellung übersteigende Betrag ist in den dem Wirtschaftsjahr der Übertragung folgenden zehn Wirtschaftsjahren gleichmäßig verteilt als Betriebsausgaben abzuziehen. [4]Satz 3 gilt entsprechend, wenn es im Zuge der Leistungen des Arbeitgebers an den Pensionsfonds zu Vermögensübertragungen einer Unterstützungskasse an den Arbeitgeber kommt.

§ 4f (weggefallen)

§ 4g Bildung eines Ausgleichspostens bei Entnahme nach § 4 Absatz 1 Satz 3

(1) [1]Ein unbeschränkt Steuerpflichtiger kann in Höhe des Unterschiedsbetrags zwischen dem Buchwert und dem nach § 6 Absatz 1 Nummer 4 Satz 1 zweiter Halbsatz anzusetzenden Wert eines Wirtschaftsguts des Anlagevermögens auf Antrag einen Ausgleichsposten bilden, soweit das Wirtschaftsgut infolge seiner Zuordnung zu einer Betriebsstätte desselben Steuerpflichtigen in einem anderen Mitgliedstaat der Europäischen Union gemäß § 4 Absatz 1 Satz 3 als entnommen gilt. [2]Der Ausgleichsposten ist für jedes Wirtschaftsgut getrennt auszuweisen. [3]Das Antragsrecht kann für jedes Wirtschaftsjahr nur einheitlich für sämtliche Wirtschaftsgüter ausgeübt werden. [4]Der Antrag ist unwiderruflich. [5]Die Vorschriften des Umwandlungssteuergesetzes bleiben unberührt.

(2) [1]Der Ausgleichsposten ist im Wirtschaftsjahr der Bildung und in den vier folgenden Wirtschaftsjahren zu jeweils einem Fünftel gewinnerhöhend aufzulösen. [2]Er ist in vollem Umfang gewinnerhöhend aufzulösen,

1. wenn das als entnommen geltende Wirtschaftsgut aus dem Betriebsvermögen des Steuerpflichtigen ausscheidet,
2. wenn das als entnommen geltende Wirtschaftsgut aus der Besteuerungshoheit der Mitgliedstaaten der Europäischen Union ausscheidet oder
3. wenn die stillen Reserven des als entnommen geltenden Wirtschaftsguts im Ausland aufgedeckt werden oder in entsprechender Anwendung der Vorschriften des deutschen Steuerrechts hätten aufgedeckt werden müssen.

(3) [1]Wird die Zuordnung eines Wirtschaftsguts zu einer anderen Betriebsstätte des Steuerpflichtigen in einem anderen Mitgliedstaat der Europäischen Union im Sinne des

1) **Anm. d. Red.:** Zur Anwendung des § 4e siehe § 52 Abs. 12b.

Absatzes 1 innerhalb der tatsächlichen Nutzungsdauer, spätestens jedoch vor Ablauf von fünf Jahren nach Änderung der Zuordnung, aufgehoben, ist der für dieses Wirtschaftsgut gebildete Ausgleichsposten ohne Auswirkungen auf den Gewinn aufzulösen und das Wirtschaftsgut mit den fortgeführten Anschaffungskosten, erhöht um zwischenzeitlich gewinnerhöhend berücksichtigte Auflösungsbeträge im Sinne der Absätze 2 und 5 Satz 2 und um den Unterschiedsbetrag zwischen dem Rückführungswert und dem Buchwert im Zeitpunkt der Rückführung, höchstens jedoch mit dem gemeinen Wert, anzusetzen. [2]Die Aufhebung der geänderten Zuordnung ist ein Ereignis im Sinne des § 175 Absatz 1 Nummer 2 der Abgabenordnung.

(4) [1]Die Absätze 1 bis 3 finden entsprechende Anwendung bei der Ermittlung des Überschusses der Betriebseinnahmen über die Betriebsausgaben gemäß § 4 Absatz 3. [2]Wirtschaftsgüter, für die ein Ausgleichsposten nach Absatz 1 gebildet worden ist, sind in ein laufend zu führendes Verzeichnis aufzunehmen. [3]Der Steuerpflichtige hat darüber hinaus Aufzeichnungen zu führen, aus denen die Bildung und Auflösung der Ausgleichsposten hervorgeht. [4]Die Aufzeichnungen nach den Sätzen 2 und 3 sind der Steuererklärung beizufügen.

EStG

(5) [1]Der Steuerpflichtige ist verpflichtet, der zuständigen Finanzbehörde die Entnahme oder ein Ereignis im Sinne des Absatzes 2 unverzüglich anzuzeigen. [2]Kommt der Steuerpflichtige dieser Anzeigepflicht, seinen Aufzeichnungspflichten nach Absatz 4 oder seinen sonstigen Mitwirkungspflichten im Sinne des § 90 der Abgabenordnung nicht nach, ist der Ausgleichsposten dieses Wirtschaftsguts gewinnerhöhend aufzulösen.

§ 4h[1)2)] Betriebsausgabenabzug für Zinsaufwendungen (Zinsschranke)

(1) [1]Zinsaufwendungen eines Betriebs sind abziehbar in Höhe des Zinsertrags, darüber hinaus nur bis zur Höhe des verrechenbaren EBITDA. [2]Das verrechenbare EBITDA ist 30 Prozent des um die Zinsaufwendungen und um die nach § 6 Absatz 2 Satz 1 abzuziehenden, nach § 6 Absatz 2a Satz 2 gewinnmindernd aufzulösenden und nach § 7 abgesetzten Beträge erhöhten und um die Zinserträge verminderten maßgeblichen Gewinns. [3]Soweit das verrechenbare EBITDA die um die Zinserträge geminderten Zinsaufwendungen des Betriebs übersteigt, ist es in die folgenden fünf Wirtschaftsjahre vorzutragen (EBITDA-Vortrag); ein EBITDA-Vortrag entsteht nicht in Wirtschaftsjahren, in denen Absatz 2 die Anwendung von Absatz 1 Satz 1 ausschließt. [4]Zinsaufwendungen, die nach Satz 1 nicht abgezogen werden können, sind bis zur Höhe der EBITDA-Vorträge aus vorangegangenen Wirtschaftsjahren abziehbar und mindern die EBITDA-Vorträge in ihrer zeitlichen Reihenfolge. [5]Danach verbleibende nicht abziehbare Zinsaufwendungen sind in die folgenden Wirtschaftsjahre vorzutragen (Zinsvortrag). [6]Sie erhöhen die Zinsaufwendungen dieser Wirtschaftsjahre, nicht aber den maßgeblichen Gewinn.

(2) [1]Absatz 1 Satz 1 ist nicht anzuwenden, wenn

a) der Betrag der Zinsaufwendungen, soweit er den Betrag der Zinserträge übersteigt, weniger als drei Millionen Euro beträgt,

b) der Betrieb nicht oder nur anteilmäßig zu einem Konzern gehört oder

c) der Betrieb zu einem Konzern gehört und seine Eigenkapitalquote am Schluss des vorangegangenen Abschlussstichtages gleich hoch oder höher ist als die des Konzerns (Eigenkapitalvergleich). [2]Ein Unterschreiten der Eigenkapitalquote des Konzerns um bis zu zwei Prozentpunkte ist unschädlich.

[3]Eigenkapitalquote ist das Verhältnis des Eigenkapitals zur Bilanzsumme; sie bemisst sich nach dem Konzernabschluss, der den Betrieb umfasst, und ist für den Betrieb auf der Grundlage des Jahresabschlusses oder Einzelabschlusses zu ermitteln. [4]Wahlrechte sind im Konzernabschluss und im Jahresabschluss oder Einzelabschluss einheitlich auszuüben; bei gesellschaftsrechtlichen Kündigungsrechten ist insoweit mindestens

1) **Anm. d. Red.:** § 4h Abs. 1, 2, 4 und 5 i. d. F. des Art. 1 Nr. 1 Wachstumsbeschleunigungsgesetz v. 22. 12. 2009 (BGBl I 3950).

2) **Anm. d. Red.:** Zur Anwendung des § 4h siehe § 52 Abs. 12d.

das Eigenkapital anzusetzen, das sich nach den Vorschriften des Handelsgesetzbuchs ergeben würde. [5]Bei der Ermittlung der Eigenkapitalquote des Betriebs ist das Eigenkapital um einen im Konzernabschluss enthaltenen Firmenwert, soweit er auf den Betrieb entfällt, und um die Hälfte von Sonderposten mit Rücklagenanteil (§ 273 des Handelsgesetzbuchs) zu erhöhen sowie um das Eigenkapital, das keine Stimmrechte vermittelt – mit Ausnahme von Vorzugsaktien –, die Anteile an anderen Konzerngesellschaften und um Einlagen der letzten sechs Monate vor dem maßgeblichen Abschlussstichtag, soweit ihnen Entnahmen oder Ausschüttungen innerhalb der ersten sechs Monate nach dem maßgeblichen Abschlussstichtag gegenüberstehen, zu kürzen. [6]Die Bilanzsumme ist um Kapitalforderungen zu kürzen, die nicht im Konzernabschluss ausgewiesen sind und denen Verbindlichkeiten im Sinne des Absatzes 3 in mindestens gleicher Höhe gegenüberstehen. [7]Sonderbetriebsvermögen ist dem Betrieb der Mitunternehmerschaft zuzuordnen, soweit es im Konzernvermögen enthalten ist.

[8]Die für den Eigenkapitalvergleich maßgeblichen Abschlüsse sind einheitlich nach den International Financial Reporting Standards (IFRS) zu erstellen. [9]Hiervon abweichend können Abschlüsse nach dem Handelsrecht eines Mitgliedstaats der Europäischen Union verwendet werden, wenn kein Konzernabschluss nach den IFRS zu erstellen und offen zu legen ist und für keines der letzten fünf Wirtschaftsjahre ein Konzernabschluss nach den IFRS erstellt wurde; nach den Generally Accepted Accounting Principles der Vereinigten Staaten von Amerika (US-GAAP) aufzustellende und offen zu legende Abschlüsse sind zu verwenden, wenn kein Konzernabschluss nach den IFRS oder dem Handelsrecht eines Mitgliedstaats der Europäischen Union zu erstellen und offen zu legen ist. [10]Der Konzernabschluss muss den Anforderungen an die handelsrechtliche Konzernrechnungslegung genügen oder die Voraussetzungen erfüllen, unter denen ein Abschluss nach den §§ 291 und 292 des Handelsgesetzbuchs befreiende Wirkung hätte. [11]Wurde der Jahresabschluss oder Einzelabschluss nicht nach denselben Rechnungslegungsstandards wie der Konzernabschluss aufgestellt, ist die Eigenkapitalquote des Betriebs in einer Überleitungsrechnung nach den für den Konzernabschluss geltenden Rechnungslegungsstandards zu ermitteln. [12]Die Überleitungsrechnung ist einer prüferischen Durchsicht zu unterziehen. [13]Auf Verlangen der Finanzbehörde ist der Abschluss oder die Überleitungsrechnung des Betriebs durch einen Abschlussprüfer zu prüfen, der die Voraussetzungen des § 319 des Handelsgesetzbuchs erfüllt.

[14]Ist ein dem Eigenkapitalvergleich zugrunde gelegter Abschluss unrichtig und führt der zutreffende Abschluss zu einer Erhöhung der nach Absatz 1 nicht abziehbaren Zinsaufwendungen, ist ein Zuschlag entsprechend § 162 Absatz 4 Satz 1 und 2 der Abgabenordnung festzusetzen. [15]Bemessungsgrundlage für den Zuschlag sind die nach Absatz 1 nicht abziehbaren Zinsaufwendungen. [16]§ 162 Absatz 4 Satz 4 bis 6 der Abgabenordnung gilt sinngemäß.

[2]Ist eine Gesellschaft, bei der der Gesellschafter als Mitunternehmer anzusehen ist, unmittelbar oder mittelbar einer Körperschaft nachgeordnet, gilt für die Gesellschaft § 8a Absatz 2 und 3 des Körperschaftsteuergesetzes entsprechend.

(3) [1]Maßgeblicher Gewinn ist der nach den Vorschriften dieses Gesetzes mit Ausnahme des Absatzes 1 ermittelte steuerpflichtige Gewinn. [2]Zinsaufwendungen sind Vergütungen für Fremdkapital, die den maßgeblichen Gewinn gemindert haben. [3]Zinserträge sind Erträge aus Kapitalforderungen jeder Art, die den maßgeblichen Gewinn erhöht haben. [4]Die Auf- und Abzinsung unverzinslicher oder niedrig verzinslicher Verbindlichkeiten oder Kapitalforderungen führen ebenfalls zu Zinserträgen oder Zinsaufwendungen. [5]Ein Betrieb gehört zu einem Konzern, wenn er nach dem für die Anwendung des Absatzes 2 Satz 1 Buchstabe c zugrunde gelegten Rechnungslegungsstandard mit einem oder mehreren anderen Betrieben konsolidiert wird oder werden könnte. [6]Ein Betrieb gehört für Zwecke des Absatzes 2 auch zu einem Konzern, wenn seine Finanz- und Geschäftspolitik mit einem oder mehreren anderen Betrieben einheitlich bestimmt werden kann.

| (4) [1]Der EBITDA-Vortrag und der Zinsvortrag sind gesondert festzustellen. [2]Zuständig ist das für die gesonderte Feststellung des Gewinns und Verlusts der Gesellschaft zu-

ständige Finanzamt, im Übrigen das für die Besteuerung zuständige Finanzamt. [3]§ 10d Absatz 4 gilt sinngemäß. [4]Feststellungsbescheide sind zu erlassen, aufzuheben oder zu ändern, soweit sich die nach Satz 1 festzustellenden Beträge ändern.

(5) [1]Bei Aufgabe oder Übertragung des Betriebs gehen ein nicht verbrauchter EBITDA-Vortrag und ein nicht verbrauchter Zinsvortrag unter. [2]Scheidet ein Mitunternehmer aus einer Gesellschaft aus, gehen der EBITDA-Vortrag und der Zinsvortrag anteilig mit der Quote unter, mit der der ausgeschiedene Gesellschafter an der Gesellschaft beteiligt war. [3]§ 8c des Körperschaftsteuergesetzes ist auf den Zinsvortrag einer Gesellschaft entsprechend anzuwenden, soweit an dieser unmittelbar oder mittelbar eine Körperschaft als Mitunternehmer beteiligt ist.

§ 5 Gewinn bei Kaufleuten und bei bestimmten anderen Gewerbetreibenden

(1) [1]Bei Gewerbetreibenden, die auf Grund gesetzlicher Vorschriften verpflichtet sind, Bücher zu führen und regelmäßig Abschlüsse zu machen, oder die ohne eine solche Verpflichtung Bücher führen und regelmäßig Abschlüsse machen, ist für den Schluss des Wirtschaftsjahres das Betriebsvermögen anzusetzen (§ 4 Absatz 1 Satz 1), das nach den handelsrechtlichen Grundsätzen ordnungsmäßiger Buchführung auszuweisen ist, es sei denn, im Rahmen der Ausübung eines steuerlichen Wahlrechts wird oder wurde ein anderer Ansatz gewählt. [2]Voraussetzung für die Ausübung steuerlicher Wahlrechte ist, dass die Wirtschaftsgüter, die nicht mit dem handelsrechtlich maßgeblichen Wert in der steuerlichen Gewinnermittlung ausgewiesen werden, in besondere, laufend zu führende Verzeichnisse aufgenommen werden. [3]In den Verzeichnissen sind der Tag der Anschaffung oder Herstellung, die Anschaffungs- oder Herstellungskosten, die Vorschrift des ausgeübten steuerlichen Wahlrechts und die vorgenommenen Abschreibungen nachzuweisen.

(1a)[1)] [1]Posten der Aktivseite dürfen nicht mit Posten der Passivseite verrechnet werden. [2]Die Ergebnisse der in der handelsrechtlichen Rechnungslegung zur Absicherung finanzwirtschaftlicher Risiken gebildeten Bewertungseinheiten sind auch für die steuerliche Gewinnermittlung maßgeblich.

(2) Für immaterielle Wirtschaftsgüter des Anlagevermögens ist ein Aktivposten nur anzusetzen, wenn sie entgeltlich erworben wurden.

(2a) Für Verpflichtungen, die nur zu erfüllen sind, soweit künftig Einnahmen oder Gewinne anfallen, sind Verbindlichkeiten oder Rückstellungen erst anzusetzen, wenn die Einnahmen oder Gewinne angefallen sind.

(3) [1]Rückstellungen wegen Verletzung fremder Patent-, Urheber- oder ähnlicher Schutzrechte dürfen erst gebildet werden, wenn

1. der Rechtsinhaber Ansprüche wegen der Rechtsverletzung geltend gemacht hat oder
2. mit einer Inanspruchnahme wegen der Rechtsverletzung ernsthaft zu rechnen ist.

[2]Eine nach Satz 1 Nummer 2 gebildete Rückstellung ist spätestens in der Bilanz des dritten auf ihre erstmalige Bildung folgenden Wirtschaftsjahres gewinnerhöhend aufzulösen, wenn Ansprüche nicht geltend gemacht worden sind.

(4) Rückstellungen für die Verpflichtung zu einer Zuwendung anlässlich eines Dienstjubiläums dürfen nur gebildet werden, wenn das Dienstverhältnis mindestens zehn Jahre bestanden hat, das Dienstjubiläum das Bestehen eines Dienstverhältnisses von mindestens 15 Jahren voraussetzt, die Zusage schriftlich erteilt ist und soweit der Zuwendungsberechtigte seine Anwartschaft nach dem 31. Dezember 1992 erwirbt.

(4a)[2)] [1]Rückstellungen für drohende Verluste aus schwebenden Geschäften dürfen nicht gebildet werden. [2]Das gilt nicht für Ergebnisse nach Absatz 1a Satz 2.

1) **Anm. d. Red.:** Zur Anwendung des § 5 Abs. 1a siehe § 52 Abs. 12e.

2) **Anm. d. Red.:** Zur Anwendung des § 5 Abs. 4a siehe § 52 Abs. 13.

(4b)[1] [1]Rückstellungen für Aufwendungen, die in künftigen Wirtschaftsjahren als Anschaffungs- oder Herstellungskosten eines Wirtschaftsguts zu aktivieren sind, dürfen nicht gebildet werden. [2]Rückstellungen für die Verpflichtung zur schadlosen Verwertung radioaktiver Reststoffe sowie ausgebauter oder abgebauter radioaktiver Anlagenteile dürfen nicht gebildet werden, soweit Aufwendungen im Zusammenhang mit der Bearbeitung oder Verarbeitung von Kernbrennstoffen stehen, die aus der Aufarbeitung bestrahlter Kernbrennstoffe gewonnen worden sind und keine radioaktiven Abfälle darstellen.

(5) [1]Als Rechnungsabgrenzungsposten sind nur anzusetzen

1. auf der Aktivseite Ausgaben vor dem Abschlussstichtag, soweit sie Aufwand für eine bestimmte Zeit nach diesem Tag darstellen;
2. auf der Passivseite Einnahmen vor dem Abschlussstichtag, soweit sie Ertrag für eine bestimmte Zeit nach diesem Tag darstellen.

[2]Auf der Aktivseite sind ferner anzusetzen

1. als Aufwand berücksichtigte Zölle und Verbrauchsteuern, soweit sie auf am Abschlussstichtag auszuweisende Wirtschaftsgüter des Vorratsvermögens entfallen,
2. als Aufwand berücksichtigte Umsatzsteuer auf am Abschlussstichtag auszuweisende Anzahlungen.

(6) Die Vorschriften über die Entnahmen und die Einlagen, über die Zulässigkeit der Bilanzänderung, über die Betriebsausgaben, über die Bewertung und über die Absetzung für Abnutzung oder Substanzverringerung sind zu befolgen.

§ 5a Gewinnermittlung bei Handelsschiffen im internationalen Verkehr

(1) [1]Anstelle der Ermittlung des Gewinns nach § 4 Absatz 1 oder § 5 ist bei einem Gewerbebetrieb mit Geschäftsleitung im Inland der Gewinn, soweit er auf den Betrieb von Handelsschiffen im internationalen Verkehr entfällt, auf unwiderruflichen Antrag des Steuerpflichtigen nach der in seinem Betrieb geführten Tonnage zu ermitteln, wenn die Bereederung dieser Handelsschiffe im Inland durchgeführt wird. [2]Der im Wirtschaftsjahr erzielte Gewinn beträgt pro Tag des Betriebs für jedes im internationalen Verkehr betriebene Handelsschiff für jeweils volle 100 Nettotonnen (Nettoraumzahl)

0,92 Euro	bei einer Tonnage bis zu 1 000 Nettotonnen,
0,69 Euro	für die 1 000 Nettotonnen übersteigende Tonnage bis zu 10 000 Nettotonnen,
0,46 Euro	für die 10 000 Nettotonnen übersteigende Tonnage bis zu 25 000 Nettotonnen,
0,23 Euro	für die 25 000 Nettotonnen übersteigende Tonnage.

(2) [1]Handelsschiffe werden im internationalen Verkehr betrieben, wenn eigene oder gecharterte Seeschiffe, die im Wirtschaftsjahr überwiegend in einem inländischen Seeschiffsregister eingetragen sind, in diesem Wirtschaftsjahr überwiegend zur Beförderung von Personen oder Gütern im Verkehr mit oder zwischen ausländischen Häfen, innerhalb eines ausländischen Hafens oder zwischen einem ausländischen Hafen und der Hohen See eingesetzt werden. [2]Zum Betrieb von Handelsschiffen im internationalen Verkehr gehören auch ihre Vercharterung, wenn sie vom Vercharterer ausgerüstet worden sind, und die unmittelbar mit ihrem Einsatz oder ihrer Vercharterung zusammenhängenden Neben- und Hilfsgeschäfte einschließlich der Veräußerung der Handelsschiffe und der unmittelbar ihrem Betrieb dienenden Wirtschaftsgüter. [3]Der Einsatz und die Vercharterung von gecharterten Handelsschiffen gilt nur dann als Betrieb von Handelsschiffen im internationalen Verkehr, wenn gleichzeitig eigene oder ausgerüstete Handelsschiffe im internationalen Verkehr betrieben werden. [4]Sind gecharterte Handelsschiffe nicht in einem inländischen Seeschiffsregister eingetragen, gilt Satz 3 unter der weiteren Voraussetzung, dass im Wirtschaftsjahr die Nettotonnage der gecharterten Handelsschiffe das Dreifache der nach den Sätzen 1 und 2 im internationalen Verkehr

1) **Anm. d. Red.:** Zur Anwendung des § 5 Abs. 4b siehe § 52 Abs. 14.

betriebenen Handelsschiffe nicht übersteigt; für die Berechnung der Nettotonnage sind jeweils die Nettotonnen pro Schiff mit der Anzahl der Betriebstage nach Absatz 1 zu vervielfältigen. [5]Dem Betrieb von Handelsschiffen im internationalen Verkehr ist gleichgestellt, wenn Seeschiffe, die im Wirtschaftsjahr überwiegend in einem inländischen Seeschiffsregister eingetragen sind, in diesem Wirtschaftsjahr überwiegend außerhalb der deutschen Hoheitsgewässer zum Schleppen, Bergen oder zur Aufsuchung von Bodenschätzen eingesetzt werden; die Sätze 2 bis 4 sind sinngemäß anzuwenden.

(3)[1)] [1]Der Antrag auf Anwendung der Gewinnermittlung nach Absatz 1 ist im Wirtschaftsjahr der Anschaffung oder Herstellung des Handelsschiffs (Indienststellung) mit Wirkung ab Beginn dieses Wirtschaftsjahres zu stellen. [2]Vor Indienststellung des Handelsschiffs durch den Betrieb von Handelsschiffen im internationalen Verkehr erwirtschaftete Gewinne sind in diesem Fall nicht zu besteuern; Verluste sind weder ausgleichsfähig noch verrechenbar. [3]Bereits erlassene Steuerbescheide sind insoweit zu ändern. [4]Das gilt auch dann, wenn der Steuerbescheid unanfechtbar geworden ist; die Festsetzungsfrist endet insoweit nicht, bevor die Festsetzungsfrist für den Veranlagungszeitraum abgelaufen ist, in dem der Gewinn erstmals nach Absatz 1 ermittelt wird. [5]Wird der Antrag auf Anwendung der Gewinnermittlung nach Absatz 1 nicht nach Satz 1 im Wirtschaftsjahr der Anschaffung oder Herstellung des Handelsschiffs (Indienststellung) gestellt, kann er erstmals in dem Wirtschaftsjahr gestellt werden, das jeweils nach Ablauf eines Zeitraumes von zehn Jahren, vom Beginn des Jahres der Indienststellung gerechnet, endet. [6]Die Sätze 2 bis 4 sind insoweit nicht anwendbar. [7]Der Steuerpflichtige ist an die Gewinnermittlung nach Absatz 1 vom Beginn des Wirtschaftsjahres an, in dem er den Antrag stellt, zehn Jahre gebunden. [8]Nach Ablauf dieses Zeitraumes kann er den Antrag mit Wirkung für den Beginn jedes folgenden Wirtschaftsjahres bis zum Ende des Jahres unwiderruflich zurücknehmen. [9]An die Gewinnermittlung nach allgemeinen Vorschriften ist der Steuerpflichtige ab dem Beginn des Wirtschaftsjahres, in dem er den Antrag zurücknimmt, zehn Jahre gebunden.

(4) [1]Zum Schluss des Wirtschaftsjahres, das der erstmaligen Anwendung des Absatzes 1 vorangeht (Übergangsjahr), ist für jedes Wirtschaftsgut, das unmittelbar dem Betrieb von Handelsschiffen im internationalen Verkehr dient, der Unterschiedsbetrag zwischen Buchwert und Teilwert in ein besonderes Verzeichnis aufzunehmen. [2]Der Unterschiedsbetrag ist gesondert und bei Gesellschaften im Sinne des § 15 Absatz 1 Satz 1 Nummer 2 einheitlich festzustellen. [3]Der Unterschiedsbetrag nach Satz 1 ist dem Gewinn hinzuzurechnen:

1. in den dem letzten Jahr der Anwendung des Absatzes 1 folgenden fünf Wirtschaftsjahren jeweils in Höhe von mindestens einem Fünftel,
2. in dem Jahr, in dem das Wirtschaftsgut aus dem Betriebsvermögen ausscheidet oder in dem es nicht mehr unmittelbar dem Betrieb von Handelsschiffen im internationalen Verkehr dient,
3. in dem Jahr des Ausscheidens eines Gesellschafters hinsichtlich des auf ihn entfallenden Anteils.

[4]Die Sätze 1 bis 3 sind entsprechend anzuwenden, wenn der Steuerpflichtige Wirtschaftsgüter des Betriebsvermögens dem Betrieb von Handelsschiffen im internationalen Verkehr zuführt.

(4a) [1]Bei Gesellschaften im Sinne des § 15 Absatz 1 Satz 1 Nummer 2 tritt für die Zwecke dieser Vorschrift an die Stelle des Steuerpflichtigen die Gesellschaft. [2]Der nach Absatz 1 ermittelte Gewinn ist den Gesellschaftern entsprechend ihrem Anteil am Gesellschaftsvermögen zuzurechnen. [3]Vergütungen im Sinne des § 15 Absatz 1 Satz 1 Nummer 2 und Satz 2 sind hinzuzurechnen.

(5)[2)] [1]Gewinne nach Absatz 1 umfassen auch Einkünfte nach § 16. [2]§§ 34, 34c Absatz 1 bis 3 und § 35 sind nicht anzuwenden. [3]Rücklagen nach den §§ 6b und 6d sind beim

---

1) **Anm. d. Red.:** Zur Anwendung des § 5a Abs. 3 siehe § 52 Abs. 15 Sätze 1 bis 4.

2) **Anm. d. Red.:** Zur Anwendung des § 5a Abs. 5 siehe § 52 Abs. 15 Sätze 5 und 6.

Übergang zur Gewinnermittlung nach Absatz 1 dem Gewinn im Erstjahr hinzuzurechnen; bis zum Übergang in Anspruch genommene Investitionsabzugsbeträge nach § 7g Absatz 1 sind nach Maßgabe des § 7g Absatz 3 rückgängig zu machen. [4]Für die Anwendung des § 15a ist der nach § 4 Absatz 1 oder § 5 ermittelte Gewinn zugrunde zu legen.

(6) In der Bilanz zum Schluss des Wirtschaftsjahres, in dem Absatz 1 letztmalig angewendet wird, ist für jedes Wirtschaftsgut, das unmittelbar dem Betrieb von Handelsschiffen im internationalen Verkehr dient, der Teilwert anzusetzen.

§ 5b[1] Elektronische Übermittlung von Bilanzen sowie Gewinn- und Verlustrechnungen

(1) [1]Wird der Gewinn nach § 4 Absatz 1, § 5 oder § 5a ermittelt, so ist der Inhalt der Bilanz sowie der Gewinn- und Verlustrechnung nach amtlich vorgeschriebenem Datensatz durch Datenfernübertragung zu übermitteln. [2]Enthält die Bilanz Ansätze oder Beträge, die den steuerlichen Vorschriften nicht entsprechen, so sind diese Ansätze oder Beträge durch Zusätze oder Anmerkungen den steuerlichen Vorschriften anzupassen und nach amtlich vorgeschriebenem Datensatz durch Datenfernübertragung zu übermitteln. [3]Der Steuerpflichtige kann auch eine den steuerlichen Vorschriften entsprechende Bilanz nach amtlich vorgeschriebenem Datensatz durch Datenfernübertragung übermitteln. [4]§ 150 Absatz 7 der Abgabenordnung gilt entsprechend. [5]Im Fall der Eröffnung des Betriebs sind die Sätze 1 bis 4 für den Inhalt der Eröffnungsbilanz entsprechend anzuwenden.

(2) [1]Auf Antrag kann die Finanzbehörde zur Vermeidung unbilliger Härten auf eine elektronische Übermittlung verzichten. [2]§ 150 Absatz 8 der Abgabenordnung gilt entsprechend.

§ 6[2] Bewertung

(1)[3] Für die Bewertung der einzelnen Wirtschaftsgüter, die nach § 4 Absatz 1 oder nach § 5 als Betriebsvermögen anzusetzen sind, gilt das Folgende:

1. [1]Wirtschaftsgüter des Anlagevermögens, die der Abnutzung unterliegen, sind mit den Anschaffungs- oder Herstellungskosten oder dem an deren Stelle tretenden Wert, vermindert um die Absetzungen für Abnutzung, erhöhte Absetzungen, Sonderabschreibungen, Abzüge nach § 6b und ähnliche Abzüge, anzusetzen. [2]Ist der Teilwert auf Grund einer voraussichtlich dauernden Wertminderung niedriger, so kann dieser angesetzt werden. [3]Teilwert ist der Betrag, den ein Erwerber des ganzen Betriebs im Rahmen des Gesamtkaufpreises für das einzelne Wirtschaftsgut ansetzen würde; dabei ist davon auszugehen, dass der Erwerber den Betrieb fortführt. [4]Wirtschaftsgüter, die bereits am Schluss des vorangegangenen Wirtschaftsjahres zum Anlagevermögen des Steuerpflichtigen gehört haben, sind in den folgenden Wirtschaftsjahren gemäß Satz 1 anzusetzen, es sei denn, der Steuerpflichtige weist nach, dass ein niedrigerer Teilwert nach Satz 2 angesetzt werden kann.

1a.[4] [1]Zu den Herstellungskosten eines Gebäudes gehören auch Aufwendungen für Instandsetzungs- und Modernisierungsmaßnahmen, die innerhalb von drei Jahren nach der Anschaffung des Gebäudes durchgeführt werden, wenn die Aufwendungen ohne die Umsatzsteuer 15 Prozent der Anschaffungskosten des Gebäudes übersteigen (anschaffungsnahe Herstellungskosten). [2]Zu diesen Aufwendungen gehören nicht die Aufwendungen für Erweiterungen im Sinne des § 255 Absatz 2 Satz 1 des

1) **Anm. d. Red.:** Zur Anwendung des § 5b siehe § 52 Abs. 15a; erstmals anzuwenden für Wirtschaftsjahre, die nach dem 31. 12. 2010 beginnen.

2) **Anm. d. Red.:** § 6 Abs. 2 und 2a i. d. F. des Art. 1 Nr. 2 Wachstumsbeschleunigungsgesetz v. 22. 12. 2009 (BGBl I 3950).

3) **Anm. d. Red.:** Zur Anwendung des § 6 Abs. 1 siehe § 52 Abs. 16 Sätze 1 bis 13.

4) **Anm. d. Red.:** Zur Anwendung des § 6 Abs. 1 Nr. 1a siehe § 52 Abs. 16 Sätze 7 bis 9.

Handelsgesetzbuchs sowie Aufwendungen für Erhaltungsarbeiten, die jährlich üblicherweise anfallen.

2. [1]Andere als die in Nummer 1 bezeichneten Wirtschaftsgüter des Betriebs (Grund und Boden, Beteiligungen, Umlaufvermögen) sind mit den Anschaffungs- oder Herstellungskosten oder dem an deren Stelle tretenden Wert, vermindert um Abzüge nach § 6b und ähnliche Abzüge, anzusetzen. [2]Ist der Teilwert (Nummer 1 Satz 3) auf Grund einer voraussichtlich dauernden Wertminderung niedriger, so kann dieser angesetzt werden. [3]Nummer 1 Satz 4 gilt entsprechend.

2a. [1]Steuerpflichtige, die den Gewinn nach § 5 ermitteln, können für den Wertansatz gleichartiger Wirtschaftsgüter des Vorratsvermögens unterstellen, dass die zuletzt angeschafften oder hergestellten Wirtschaftsgüter zuerst verbraucht oder veräußert worden sind, soweit dies den handelsrechtlichen Grundsätzen ordnungsmäßiger Buchführung entspricht. [2]Der Vorratsbestand am Schluss des Wirtschaftsjahres, das der erstmaligen Anwendung der Bewertung nach Satz 1 vorangeht, gilt mit seinem Bilanzansatz als erster Zugang des neuen Wirtschaftsjahres. [3]Von der Verbrauchs- oder Veräußerungsfolge nach Satz 1 kann in den folgenden Wirtschaftsjahren nur mit Zustimmung des Finanzamts abgewichen werden.

2b.[1)] [1]Steuerpflichtige, die in den Anwendungsbereich des § 340 des Handelsgesetzbuchs fallen, haben die zu Handelszwecken erworbenen Finanzinstrumente, die nicht in einer Bewertungseinheit im Sinn des § 5 Absatz 1a Satz 2 abgebildet werden, mit dem beizulegenden Zeitwert abzüglich eines Risikoabschlages (§ 340e Absatz 3 des Handelsgesetzbuchs) zu bewerten. [2]Nummer 2 Satz 2 ist nicht anzuwenden.

3. [1]Verbindlichkeiten sind unter sinngemäßer Anwendung der Vorschriften der Nummer 2 anzusetzen und mit einem Zinssatz von 5,5 Prozent abzuzinsen. [2]Ausgenommen von der Abzinsung sind Verbindlichkeiten, deren Laufzeit am Bilanzstichtag weniger als zwölf Monate beträgt, und Verbindlichkeiten, die verzinslich sind oder auf einer Anzahlung oder Vorausleistung beruhen.

3a.[2)] Rückstellungen sind höchstens insbesondere unter Berücksichtigung folgender Grundsätze anzusetzen:

   a) bei Rückstellungen für gleichartige Verpflichtungen ist auf der Grundlage der Erfahrungen in der Vergangenheit aus der Abwicklung solcher Verpflichtungen die Wahrscheinlichkeit zu berücksichtigen, dass der Steuerpflichtige nur zu einem Teil der Summe dieser Verpflichtungen in Anspruch genommen wird;

   b) Rückstellungen für Sachleistungsverpflichtungen sind mit den Einzelkosten und den angemessenen Teilen der notwendigen Gemeinkosten zu bewerten;

   c) künftige Vorteile, die mit der Erfüllung der Verpflichtung voraussichtlich verbunden sein werden, sind, soweit sie nicht als Forderung zu aktivieren sind, bei ihrer Bewertung wertmindernd zu berücksichtigen;

   d) Rückstellungen für Verpflichtungen, für deren Entstehen im wirtschaftlichen Sinne der laufende Betrieb ursächlich ist, sind zeitanteilig in gleichen Raten anzusammeln. [2]Rückstellungen für gesetzliche Verpflichtungen zur Rücknahme und Verwertung von Erzeugnissen, die vor Inkrafttreten entsprechender gesetzlicher Verpflichtungen in Verkehr gebracht worden sind, sind zeitanteilig in gleichen Raten bis zum Beginn der jeweiligen Erfüllung anzusammeln; Buchstabe e ist insoweit nicht anzuwenden. [3]Rückstellungen für die Verpflichtung, ein Kernkraftwerk stillzulegen, sind ab dem Zeitpunkt der erstmaligen Nutzung bis zum Zeitpunkt, in dem mit der Stilllegung begonnen werden muss, zeitanteilig in gleichen Raten anzusammeln; steht der Zeitpunkt der Stilllegung nicht fest, beträgt der Zeitraum für die Ansammlung 25 Jahre;

   e) Rückstellungen für Verpflichtungen sind mit einem Zinssatz von 5,5 Prozent abzuzinsen; Nummer 3 Satz 2 ist entsprechend anzuwenden. [2]Für die Abzinsung von

---

1) **Anm. d. Red.:** Zur Anwendung des § 6 Abs. 1 Nr. 2b siehe § 52 Abs. 16 Satz 10.

2) **Anm. d. Red.:** Zur Anwendung des § 6 Abs. 1 Nr. 3a siehe § 52 Abs. 16 Satz 10.

Rückstellungen für Sachleistungsverpflichtungen ist der Zeitraum bis zum Beginn der Erfüllung maßgebend. [3]Für die Abzinsung von Rückstellungen für die Verpflichtung, ein Kernkraftwerk stillzulegen, ist der sich aus Buchstabe d Satz 3 ergebende Zeitraum maßgebend; und

f) bei der Bewertung sind die Wertverhältnisse am Bilanzstichtag maßgebend; künftige Preis- und Kostensteigerungen dürfen nicht berücksichtigt werden.

4.[1)] [1]Entnahmen des Steuerpflichtigen für sich, für seinen Haushalt oder für andere betriebsfremde Zwecke sind mit dem Teilwert anzusetzen; in den Fällen des § 4 Absatz 1 Satz 3 ist die Entnahme mit dem gemeinen Wert anzusetzen. [2]Die private Nutzung eines Kraftfahrzeugs, das zu mehr als 50 Prozent betrieblich genutzt wird, ist für jeden Kalendermonat mit 1 Prozent des inländischen Listenpreises im Zeitpunkt der Erstzulassung zuzüglich der Kosten für Sonderausstattung einschließlich Umsatzsteuer anzusetzen. [3]Die private Nutzung kann abweichend von Satz 2 mit den auf die Privatfahrten entfallenden Aufwendungen angesetzt werden, wenn die für das Kraftfahrzeug insgesamt entstehenden Aufwendungen durch Belege und das Verhältnis der privaten zu den übrigen Fahrten durch ein ordnungsgemäßes Fahrtenbuch nachgewiesen werden. [4]Wird ein Wirtschaftsgut unmittelbar nach seiner Entnahme einer nach § 5 Absatz 1 Nummer 9 des Körperschaftsteuergesetzes von der Körperschaftsteuer befreiten Körperschaft, Personenvereinigung oder Vermögensmasse oder einer juristischen Person des öffentlichen Rechts zur Verwendung für steuerbegünstigte Zwecke im Sinne des § 10b Absatz 1 Satz 1 unentgeltlich überlassen, so kann die Entnahme mit dem Buchwert angesetzt werden. [5]Satz 4 gilt nicht für die Entnahme von Nutzungen und Leistungen.

5.[2)] [1]Einlagen sind mit dem Teilwert für den Zeitpunkt der Zuführung anzusetzen; sie sind jedoch höchstens mit den Anschaffungs- oder Herstellungskosten anzusetzen, wenn das zugeführte Wirtschaftsgut

a) innerhalb der letzten drei Jahre vor dem Zeitpunkt der Zuführung angeschafft oder hergestellt worden ist,

b) ein Anteil an einer Kapitalgesellschaft ist und der Steuerpflichtige an der Gesellschaft im Sinne des § 17 Absatz 1 oder Absatz 6 beteiligt ist; § 17 Absatz 2 Satz 5 gilt entsprechend, oder

c) ein Wirtschaftsgut im Sinne des § 20 Absatz 2 ist.

[2]Ist die Einlage ein abnutzbares Wirtschaftsgut, so sind die Anschaffungs- oder Herstellungskosten um Absetzungen für Abnutzung zu kürzen, die auf den Zeitraum zwischen der Anschaffung oder Herstellung des Wirtschaftsguts und der Einlage entfallen. [3]Ist die Einlage ein Wirtschaftsgut, das vor der Zuführung aus einem Betriebsvermögen des Steuerpflichtigen entnommen worden ist, so tritt an die Stelle der Anschaffungs- oder Herstellungskosten der Wert, mit dem die Entnahme angesetzt worden ist, und an die Stelle des Zeitpunkts der Anschaffung oder Herstellung der Zeitpunkt der Entnahme.

5a. In den Fällen des § 4 Absatz 1 Satz 7 zweiter Halbsatz ist das Wirtschaftsgut mit dem gemeinen Wert anzusetzen.

6. Bei Eröffnung eines Betriebs ist Nummer 5 entsprechend anzuwenden.

7. Bei entgeltlichem Erwerb eines Betriebs sind die Wirtschaftsgüter mit dem Teilwert, höchstens jedoch mit den Anschaffungs- oder Herstellungskosten anzusetzen.

(2)[3)] [1]Die Anschaffungs- oder Herstellungskosten oder der nach Absatz 1 Nummer 5 bis 6 an deren Stelle tretende Wert von abnutzbaren beweglichen Wirtschaftsgütern des Anlagevermögens, die einer selbständigen Nutzung fähig sind, können im Wirtschaftsjahr der Anschaffung, Herstellung oder Einlage des Wirtschaftsguts oder der Eröffnung des Betriebs in voller Höhe als Betriebsausgaben abgezogen werden, wenn

1) **Anm. d. Red.:** Zur Anwendung des § 6 Abs. 1 Nr. 4 siehe § 52 Abs. 16 Sätze 11 bis 13.

2) **Anm. d. Red.:** Zur Anwendung des § 6 Abs. 1 Nr. 5 siehe § 52a Abs. 5.

3) **Anm. d. Red.:** Zur Anwendung des § 6 Abs. 2 siehe § 52 Abs. 16 Satz 14.

die Anschaffungs- oder Herstellungskosten, vermindert um einen darin enthaltenen Vorsteuerbetrag (§ 9b Absatz 1), oder der nach Absatz 1 Nummer 5 bis 6 an deren Stelle tretende Wert für das einzelne Wirtschaftsgut 410 Euro nicht übersteigen. [2]Ein Wirtschaftsgut ist einer selbständigen Nutzung nicht fähig, wenn es nach seiner betrieblichen Zweckbestimmung nur zusammen mit anderen Wirtschaftsgütern des Anlagevermögens genutzt werden kann und die in den Nutzungszusammenhang eingefügten Wirtschaftsgüter technisch aufeinander abgestimmt sind. [3]Das gilt auch, wenn das Wirtschaftsgut aus dem betrieblichen Nutzungszusammenhang gelöst und in einen anderen betrieblichen Nutzungszusammenhang eingefügt werden kann. [4]Wirtschaftsgüter im Sinne des Satzes 1, deren Wert 150 Euro übersteigt, sind unter Angabe des Tages der Anschaffung, Herstellung oder Einlage des Wirtschaftsguts oder der Eröffnung des Betriebs und der Anschaffungs- oder Herstellungskosten oder des nach Absatz 1 Nummer 5 bis 6 an deren Stelle tretenden Werts in ein besonderes, laufend zu führendes Verzeichnis aufzunehmen. [5]Das Verzeichnis braucht nicht geführt zu werden, wenn diese Angaben aus der Buchführung ersichtlich sind.

(2a)[1] [1]Abweichend von Absatz 2 Satz 1 kann für die abnutzbaren beweglichen Wirtschaftsgüter des Anlagevermögens, die einer selbständigen Nutzung fähig sind, im Wirtschaftsjahr der Anschaffung, Herstellung oder Einlage des Wirtschaftsguts oder der Eröffnung des Betriebs ein Sammelposten gebildet werden, wenn die Anschaffungs- oder Herstellungskosten, vermindert um einen darin enthaltenen Vorsteuerbetrag (§ 9b Absatz 1), oder der nach Absatz 1 Nummer 5 bis 6 an deren Stelle tretende Wert für das einzelne Wirtschaftsgut 150 Euro, aber nicht 1 000 Euro übersteigen. [2]Der Sammelposten ist im Wirtschaftsjahr der Bildung und den folgenden vier Wirtschaftsjahren mit jeweils einem Fünftel gewinnmindernd aufzulösen. [3]Scheidet ein Wirtschaftsgut im Sinne des Satzes 1 aus dem Betriebsvermögen aus, wird der Sammelposten nicht vermindert. [4]Die Anschaffungs- oder Herstellungskosten oder der nach Absatz 1 Nummer 5 bis 6 an deren Stelle tretende Wert von abnutzbaren beweglichen Wirtschaftsgütern des Anlagevermögens, die einer selbständigen Nutzung fähig sind, können im Wirtschaftsjahr der Anschaffung, Herstellung oder Einlage des Wirtschaftsguts oder der Eröffnung des Betriebs in voller Höhe als Betriebsausgaben abgezogen werden, wenn die Anschaffungs- oder Herstellungskosten, vermindert um einen darin enthaltenen Vorsteuerbetrag (§ 9b Absatz 1), oder der nach Absatz 1 Nummer 5 bis 6 an deren Stelle tretende Wert für das einzelne Wirtschaftsgut 150 Euro nicht übersteigen. [5]Die Sätze 1 bis 3 sind für alle in einem Wirtschaftsjahr angeschafften, hergestellten oder eingelegten Wirtschaftsgüter einheitlich anzuwenden.

(3) [1]Wird ein Betrieb, ein Teilbetrieb oder der Anteil eines Mitunternehmers an einem Betrieb unentgeltlich übertragen, so sind bei der Ermittlung des Gewinns des bisherigen Betriebsinhabers (Mitunternehmers) die Wirtschaftsgüter mit den Werten anzusetzen, die sich nach den Vorschriften über die Gewinnermittlung ergeben; dies gilt auch bei der unentgeltlichen Aufnahme einer natürlichen Person in ein bestehendes Einzelunternehmen sowie bei der unentgeltlichen Übertragung eines Teils eines Mitunternehmeranteils auf eine natürliche Person. [2]Satz 1 ist auch anzuwenden, wenn der bisherige Betriebsinhaber (Mitunternehmer) Wirtschaftsgüter, die weiterhin zum Betriebsvermögen derselben Mitunternehmerschaft gehören, nicht überträgt, sofern der Rechtsnachfolger den übernommenen Mitunternehmeranteil über einen Zeitraum von mindestens fünf Jahren nicht veräußert oder aufgibt. [3]Der Rechtsnachfolger ist an die in Satz 1 genannten Werte gebunden.

(4) Wird ein einzelnes Wirtschaftsgut außer in den Fällen der Einlage (§ 4 Absatz 1 Satz 7) unentgeltlich in das Betriebsvermögen eines anderen Steuerpflichtigen übertragen, gilt sein gemeiner Wert für das aufnehmende Betriebsvermögen als Anschaffungskosten.

1) **Anm. d. Red.**: Zur Anwendung des § 6 Abs. 2a siehe § 52 Abs. 16 Satz 14.

(5)[1] [1]Wird ein einzelnes Wirtschaftsgut von einem Betriebsvermögen in ein anderes Betriebsvermögen desselben Steuerpflichtigen überführt, ist bei der Überführung der Wert anzusetzen, der sich nach den Vorschriften über die Gewinnermittlung ergibt, sofern die Besteuerung der stillen Reserven sichergestellt ist. [2]Satz 1 gilt auch für die Überführung aus einem eigenen Betriebsvermögen des Steuerpflichtigen in dessen Sonderbetriebsvermögen bei einer Mitunternehmerschaft und umgekehrt sowie für die Überführung zwischen verschiedenen Sonderbetriebsvermögen desselben Steuerpflichtigen bei verschiedenen Mitunternehmerschaften. [3]Satz 1 gilt entsprechend, soweit ein Wirtschaftsgut

1. unentgeltlich oder gegen Gewährung oder Minderung von Gesellschaftsrechten aus einem Betriebsvermögen des Mitunternehmers in das Gesamthandsvermögen einer Mitunternehmerschaft und umgekehrt,
2. unentgeltlich oder gegen Gewährung oder Minderung von Gesellschaftsrechten aus dem Sonderbetriebsvermögen eines Mitunternehmers in das Gesamthandsvermögen derselben Mitunternehmerschaft oder einer anderen Mitunternehmerschaft, an der er beteiligt ist, und umgekehrt oder
3. unentgeltlich zwischen den jeweiligen Sonderbetriebsvermögen verschiedener Mitunternehmer derselben Mitunternehmerschaft

übertragen wird. [4]Wird das nach Satz 3 übertragene Wirtschaftsgut innerhalb einer Sperrfrist veräußert oder entnommen, ist rückwirkend auf den Zeitpunkt der Übertragung der Teilwert anzusetzen, es sei denn, die bis zur Übertragung entstandenen stillen Reserven sind durch Erstellung einer Ergänzungsbilanz dem übertragenden Gesellschafter zugeordnet worden; diese Sperrfrist endet drei Jahre nach Abgabe der Steuererklärung des Übertragenden für den Veranlagungszeitraum, in dem die in Satz 3 bezeichnete Übertragung erfolgt ist. [5]Der Teilwert ist auch anzusetzen, soweit in den Fällen des Satzes 3 der Anteil einer Körperschaft, Personenvereinigung oder Vermögensmasse an dem Wirtschaftsgut unmittelbar oder mittelbar begründet wird oder dieser sich erhöht. [6]Soweit innerhalb von sieben Jahren nach der Übertragung des Wirtschaftsguts nach Satz 3 der Anteil einer Körperschaft, Personenvereinigung oder Vermögensmasse an dem übertragenen Wirtschaftsgut aus einem anderen Grund unmittelbar oder mittelbar begründet wird oder dieser sich erhöht, ist rückwirkend auf den Zeitpunkt der Übertragung ebenfalls der Teilwert anzusetzen.

(6)[2] [1]Wird ein einzelnes Wirtschaftsgut im Wege des Tausches übertragen, bemessen sich die Anschaffungskosten nach dem gemeinen Wert des hingegebenen Wirtschaftsguts. [2]Erfolgt die Übertragung im Wege der verdeckten Einlage, erhöhen sich die Anschaffungskosten der Beteiligung an der Kapitalgesellschaft um den Teilwert des eingelegten Wirtschaftsguts. [3]In den Fällen des Absatzes 1 Nummer 5 Satz 1 Buchstabe a erhöhen sich die Anschaffungskosten im Sinne des Satzes 2 um den Einlagewert des Wirtschaftsguts. [4]Absatz 5 bleibt unberührt.

(7) Im Fall des § 4 Absatz 3 sind bei der Bemessung der Absetzungen für Abnutzung oder Substanzverringerung die sich bei Anwendung der Absätze 3 bis 6 ergebenden Werte als Anschaffungskosten zugrunde zu legen.

§ 6a Pensionsrückstellung

(1) Für eine Pensionsverpflichtung darf eine Rückstellung (Pensionsrückstellung) nur gebildet werden, wenn und soweit

1. der Pensionsberechtigte einen Rechtsanspruch auf einmalige oder laufende Pensionsleistungen hat,
2. die Pensionszusage keine Pensionsleistungen in Abhängigkeit von künftigen gewinnabhängigen Bezügen vorsieht und keinen Vorbehalt enthält, dass die Pensionsanwartschaft oder die Pensionsleistung gemindert oder entzogen werden kann, oder ein solcher Vorbehalt sich nur auf Tatbestände erstreckt, bei deren Vorliegen nach

1) **Anm. d. Red.**: Zur Anwendung des § 6 Abs. 5 siehe § 52 Abs. 16a.

2) **Anm. d. Red.**: Zur Anwendung des § 6 Abs. 6 siehe § 52 Abs. 16 Satz 15.

allgemeinen Rechtsgrundsätzen unter Beachtung billigen Ermessens eine Minderung oder ein Entzug der Pensionsanwartschaft oder der Pensionsleistung zulässig ist, und

3. die Pensionszusage schriftlich erteilt ist; die Pensionszusage muss eindeutige Angaben zu Art, Form, Voraussetzungen und Höhe der in Aussicht gestellten künftigen Leistungen enthalten.

(2)[1] Eine Pensionsrückstellung darf erstmals gebildet werden

1. vor Eintritt des Versorgungsfalls für das Wirtschaftsjahr, in dem die Pensionszusage erteilt wird, frühestens jedoch für das Wirtschaftsjahr, bis zu dessen Mitte der Pensionsberechtigte das 27. Lebensjahr vollendet oder für das Wirtschaftsjahr, in dessen Verlauf die Pensionsanwartschaft gemäß den Vorschriften des Betriebsrentengesetzes unverfallbar wird,
2. nach Eintritt des Versorgungsfalls für das Wirtschaftsjahr, in dem der Versorgungsfall eintritt.

(3)[2] [1]Eine Pensionsrückstellung darf höchstens mit dem Teilwert der Pensionsverpflichtung angesetzt werden. [2]Als Teilwert einer Pensionsverpflichtung gilt

1. vor Beendigung des Dienstverhältnisses des Pensionsberechtigten der Barwert der künftigen Pensionsleistungen am Schluss des Wirtschaftsjahres abzüglich des sich auf denselben Zeitpunkt ergebenden Barwerts betragsmäßig gleich bleibender Jahresbeträge, bei einer Entgeltumwandlung im Sinne von § 1 Absatz 2 des Betriebsrentengesetzes mindestens jedoch der Barwert der gemäß den Vorschriften des Betriebsrentengesetzes unverfallbaren künftigen Pensionsleistungen am Schluss des Wirtschaftsjahres. [2]Die Jahresbeträge sind so zu bemessen, dass am Beginn des Wirtschaftsjahres, in dem das Dienstverhältnis begonnen hat, ihr Barwert gleich dem Barwert der künftigen Pensionsleistungen ist; die künftigen Pensionsleistungen sind dabei mit dem Betrag anzusetzen, der sich nach den Verhältnissen am Bilanzstichtag ergibt. [3]Es sind die Jahresbeträge zugrunde zu legen, die vom Beginn des Wirtschaftsjahres, in dem das Dienstverhältnis begonnen hat, bis zu dem in der Pensionszusage vorgesehenen Zeitpunkt des Eintritts des Versorgungsfalls rechnungsmäßig aufzubringen sind. [4]Erhöhungen oder Verminderungen der Pensionsleistungen nach dem Schluss des Wirtschaftsjahres, die hinsichtlich des Zeitpunktes ihres Wirksamwerdens oder ihres Umfangs ungewiss sind, sind bei der Berechnung des Barwerts der künftigen Pensionsleistungen und der Jahresbeträge erst zu berücksichtigen, wenn sie eingetreten sind. [5]Wird die Pensionszusage erst nach dem Beginn des Dienstverhältnisses erteilt, so ist die Zwischenzeit für die Berechnung der Jahresbeträge nur insoweit als Wartezeit zu behandeln, als sie in der Pensionszusage als solche bestimmt ist. [6]Hat das Dienstverhältnis schon vor der Vollendung des 27. Lebensjahres des Pensionsberechtigten bestanden, so gilt es als zu Beginn des Wirtschaftsjahres begonnen, bis zu dessen Mitte der Pensionsberechtigte das 27. Lebensjahr vollendet; in diesem Fall gilt für davor liegende Wirtschaftsjahre als Teilwert der Barwert der gemäß den Vorschriften des Betriebsrentengesetzes unverfallbaren künftigen Pensionsleistungen am Schluss des Wirtschaftsjahres;
2. nach Beendigung des Dienstverhältnisses des Pensionsberechtigten unter Aufrechterhaltung seiner Pensionsanwartschaft oder nach Eintritt des Versorgungsfalls der Barwert der künftigen Pensionsleistungen am Schluss des Wirtschaftsjahres; Nummer 1 Satz 4 gilt sinngemäß.

[3]Bei der Berechnung des Teilwerts der Pensionsverpflichtung sind ein Rechnungszinsfuß von 6 Prozent und die anerkannten Regeln der Versicherungsmathematik anzuwenden.

(4) [1]Eine Pensionsrückstellung darf in einem Wirtschaftsjahr höchstens um den Unterschied zwischen dem Teilwert der Pensionsverpflichtung am Schluss des Wirtschaftsjahres und am Schluss des vorangegangenen Wirtschaftsjahres erhöht werden. [2]Soweit der

1) **Anm. d. Red.:** Zur Anwendung des § 6a Abs. 2 siehe § 52 Abs. 16b und 17.

2) **Anm. d. Red.:** Zur Anwendung des § 6a Abs. 3 siehe § 52 Abs. 16b und 17.

Unterschiedsbetrag auf der erstmaligen Anwendung neuer oder geänderter biometrischer Rechnungsgrundlagen beruht, kann er nur auf mindestens drei Wirtschaftsjahre gleichmäßig verteilt der Pensionsrückstellung zugeführt werden; Entsprechendes gilt beim Wechsel auf andere biometrische Rechnungsgrundlagen. [3]In dem Wirtschaftsjahr, in dem mit der Bildung einer Pensionsrückstellung frühestens begonnen werden darf (Erstjahr), darf die Rückstellung bis zur Höhe des Teilwerts der Pensionsverpflichtung am Schluss des Wirtschaftsjahres gebildet werden; diese Rückstellung kann auf das Erstjahr und die beiden folgenden Wirtschaftsjahre gleichmäßig verteilt werden. [4]Erhöht sich in einem Wirtschaftsjahr gegenüber dem vorangegangenen Wirtschaftsjahr der Barwert der künftigen Pensionsleistungen um mehr als 25 Prozent, so kann die für dieses Wirtschaftsjahr zulässige Erhöhung der Pensionsrückstellung auf dieses Wirtschaftsjahr und die beiden folgenden Wirtschaftsjahre gleichmäßig verteilt werden. [5]Am Schluss des Wirtschaftsjahres, in dem das Dienstverhältnis des Pensionsberechtigten unter Aufrechterhaltung seiner Pensionsanwartschaft endet oder der Versorgungsfall eintritt, darf die Pensionsrückstellung stets bis zur Höhe des Teilwerts der Pensionsverpflichtung gebildet werden; die für dieses Wirtschaftsjahr zulässige Erhöhung der Pensionsrückstellung kann auf dieses Wirtschaftsjahr und die beiden folgenden Wirtschaftsjahre gleichmäßig verteilt werden. [6]Satz 2 gilt in den Fällen der Sätze 3 bis 5 entsprechend.

(5) Die Absätze 3 und 4 gelten entsprechend, wenn der Pensionsberechtigte zu dem Pensionsverpflichteten in einem anderen Rechtsverhältnis als einem Dienstverhältnis steht.

§ 6b[1)] Übertragung stiller Reserven bei der Veräußerung bestimmter Anlagegüter

(1) [1]Steuerpflichtige, die

Grund und Boden,

Aufwuchs auf Grund und Boden mit dem dazugehörigen Grund und Boden, wenn der Aufwuchs zu einem land- und forstwirtschaftlichen Betriebsvermögen gehört,

Gebäude oder Binnenschiffe

veräußern, können im Wirtschaftsjahr der Veräußerung von den Anschaffungs- oder Herstellungskosten der in Satz 2 bezeichneten Wirtschaftsgüter, die im Wirtschaftsjahr der Veräußerung oder im vorangegangenen Wirtschaftsjahr angeschafft oder hergestellt worden sind, einen Betrag bis zur Höhe des bei der Veräußerung entstandenen Gewinns abziehen. [2]Der Abzug ist zulässig bei den Anschaffungs- oder Herstellungskosten von

1. Grund und Boden,
   soweit der Gewinn bei der Veräußerung von Grund und Boden entstanden ist,
2. Aufwuchs auf Grund und Boden mit dem dazugehörigen Grund und Boden, wenn der Aufwuchs zu einem land- und forstwirtschaftlichen Betriebsvermögen gehört,
   soweit der Gewinn bei der Veräußerung von Grund und Boden oder der Veräußerung von Aufwuchs auf Grund und Boden mit dem dazugehörigen Grund und Boden entstanden ist,
3. Gebäuden,
   soweit der Gewinn bei der Veräußerung von Grund und Boden, von Aufwuchs auf Grund und Boden mit dem dazugehörigen Grund und Boden oder Gebäuden entstanden ist, oder
4. Binnenschiffen,
   soweit der Gewinn bei der Veräußerung von Binnenschiffen entstanden ist.

[3]Der Anschaffung oder Herstellung von Gebäuden steht ihre Erweiterung, ihr Ausbau oder ihr Umbau gleich. [4]Der Abzug ist in diesem Fall nur von dem Aufwand für die Erweiterung, den Ausbau oder den Umbau der Gebäude zulässig.

---

1) **Anm. d. Red.:** Zur Anwendung des § 6b siehe § 52 Abs. 18, 18a und 18b.

(2) [1]Gewinn im Sinne des Absatzes 1 Satz 1 ist der Betrag, um den der Veräußerungspreis nach Abzug der Veräußerungskosten den Buchwert übersteigt, mit dem das veräußerte Wirtschaftsgut im Zeitpunkt der Veräußerung anzusetzen gewesen wäre. [2]Buchwert ist der Wert, mit dem ein Wirtschaftsgut nach § 6 anzusetzen ist.

(3) [1]Soweit Steuerpflichtige den Abzug nach Absatz 1 nicht vorgenommen haben, können sie im Wirtschaftsjahr der Veräußerung eine den steuerlichen Gewinn mindernde Rücklage bilden. [2]Bis zur Höhe dieser Rücklage können sie von den Anschaffungs- oder Herstellungskosten der in Absatz 1 Satz 2 bezeichneten Wirtschaftsgüter, die in den folgenden vier Wirtschaftsjahren angeschafft oder hergestellt worden sind, im Wirtschaftsjahr ihrer Anschaffung oder Herstellung einen Betrag unter Berücksichtigung der Einschränkungen des Absatzes 1 Satz 2 bis 4 abziehen. [3]Die Frist von vier Jahren verlängert sich bei neu hergestellten Gebäuden auf sechs Jahre, wenn mit ihrer Herstellung vor dem Schluss des vierten auf die Bildung der Rücklage folgenden Wirtschaftsjahres begonnen worden ist. [4]Die Rücklage ist in Höhe des abgezogenen Betrags gewinnerhöhend aufzulösen. [5]Ist eine Rücklage am Schluss des vierten auf ihre Bildung folgenden Wirtschaftsjahres noch vorhanden, so ist sie in diesem Zeitpunkt gewinnerhöhend aufzulösen, soweit nicht ein Abzug von den Herstellungskosten von Gebäuden in Betracht kommt, mit deren Herstellung bis zu diesem Zeitpunkt begonnen worden ist; ist die Rücklage am Schluss des sechsten auf ihre Bildung folgenden Wirtschaftsjahres noch vorhanden, so ist sie in diesem Zeitpunkt gewinnerhöhend aufzulösen.

(4) [1]Voraussetzung für die Anwendung der Absätze 1 und 3 ist, dass

1. der Steuerpflichtige den Gewinn nach § 4 Absatz 1 oder § 5 ermittelt,
2. die veräußerten Wirtschaftsgüter im Zeitpunkt der Veräußerung mindestens sechs Jahre ununterbrochen zum Anlagevermögen einer inländischen Betriebsstätte gehört haben,
3. die angeschafften oder hergestellten Wirtschaftsgüter zum Anlagevermögen einer inländischen Betriebsstätte gehören,
4. der bei der Veräußerung entstandene Gewinn bei der Ermittlung des im Inland steuerpflichtigen Gewinns nicht außer Ansatz bleibt und
5. der Abzug nach Absatz 1 und die Bildung und Auflösung der Rücklage nach Absatz 3 in der Buchführung verfolgt werden können.

[2]Der Abzug nach den Absätzen 1 und 3 ist bei Wirtschaftsgütern, die zu einem land- und forstwirtschaftlichen Betrieb gehören oder der selbständigen Arbeit dienen, nicht zulässig, wenn der Gewinn bei der Veräußerung von Wirtschaftsgütern eines Gewerbebetriebs entstanden ist.

(5) An die Stelle der Anschaffungs- oder Herstellungskosten im Sinne des Absatzes 1 tritt in den Fällen, in denen das Wirtschaftsgut im Wirtschaftsjahr vor der Veräußerung angeschafft oder hergestellt worden ist, der Buchwert am Schluss des Wirtschaftsjahres der Anschaffung oder Herstellung.

(6) [1]Ist ein Betrag nach Absatz 1 oder 3 abgezogen worden, so tritt für die Absetzungen für Abnutzung oder Substanzverringerung oder in den Fällen des § 6 Absatz 2 und Absatz 2a im Wirtschaftsjahr des Abzugs der verbleibende Betrag an die Stelle der Anschaffungs- oder Herstellungskosten. [2]In den Fällen des § 7 Absatz 4 Satz 1 und Absatz 5 sind die um den Abzugsbetrag nach Absatz 1 oder 3 geminderten Anschaffungs- oder Herstellungskosten maßgebend.

(7) Soweit eine nach Absatz 3 Satz 1 gebildete Rücklage gewinnerhöhend aufgelöst wird, ohne dass ein entsprechender Betrag nach Absatz 3 abgezogen wird, ist der Gewinn des Wirtschaftsjahres, in dem die Rücklage aufgelöst wird, für jedes volle Wirtschaftsjahr, in dem die Rücklage bestanden hat, um 6 Prozent des aufgelösten Rücklagenbetrags zu erhöhen.

(8) [1]Werden Wirtschaftsgüter im Sinne des Absatzes 1 zum Zweck der Vorbereitung oder Durchführung von städtebaulichen Sanierungs- oder Entwicklungsmaßnahmen an einen der in Satz 3 bezeichneten Erwerber übertragen, sind die Absätze 1 bis 7 mit der Maßgabe anzuwenden, dass

1. die Fristen des Absatzes 3 Satz 2, 3 und 5 sich jeweils um drei Jahre verlängern und
2. an die Stelle der in Absatz 4 Nummer 2 bezeichneten Frist von sechs Jahren eine Frist von zwei Jahren tritt.

[2]Erwerber im Sinne des Satzes 1 sind Gebietskörperschaften, Gemeindeverbände, Verbände im Sinne des § 166 Absatz 4 des Baugesetzbuchs, Planungsverbände nach § 205 des Baugesetzbuchs, Sanierungsträger nach § 157 des Baugesetzbuchs, Entwicklungsträger nach § 167 des Baugesetzbuchs sowie Erwerber, die städtebauliche Sanierungsmaßnahmen als Eigentümer selbst durchführen (§ 147 Absatz 2 und § 148 Absatz 1 Baugesetzbuch).

(9) Absatz 8 ist nur anzuwenden, wenn die nach Landesrecht zuständige Behörde bescheinigt, dass die Übertragung der Wirtschaftsgüter zum Zweck der Vorbereitung oder Durchführung von städtebaulichen Sanierungs- oder Entwicklungsmaßnahmen an einen der in Absatz 8 Satz 2 bezeichneten Erwerber erfolgt ist.

(10) [1]Steuerpflichtige, die keine Körperschaften, Personenvereinigungen oder Vermögensmassen sind, können Gewinne aus der Veräußerung von Anteilen an Kapitalgesellschaften bis zu einem Betrag von 500 000 Euro auf die im Wirtschaftsjahr der Veräußerung oder in den folgenden zwei Wirtschaftsjahren angeschafften Anteile an Kapitalgesellschaften oder angeschafften oder hergestellten abnutzbaren beweglichen Wirtschaftsgüter oder auf die im Wirtschaftsjahr der Veräußerung oder in den folgenden vier Wirtschaftsjahren angeschafften oder hergestellten Gebäude nach Maßgabe der Sätze 2 bis 10 übertragen. [2]Wird der Gewinn im Jahr der Veräußerung auf Gebäude oder abnutzbare bewegliche Wirtschaftsgüter übertragen, so kann ein Betrag bis zur Höhe des bei der Veräußerung entstandenen und nicht nach § 3 Nummer 40 Satz 1 Buchstabe a und b in Verbindung mit § 3c Absatz 2 steuerbefreiten Betrags von den Anschaffungs- oder Herstellungskosten für Gebäude oder abnutzbare bewegliche Wirtschaftsgüter abgezogen werden. [3]Wird der Gewinn im Jahr der Veräußerung auf Anteile an Kapitalgesellschaften übertragen, mindern sich die Anschaffungskosten der Anteile an Kapitalgesellschaften in Höhe des Veräußerungsgewinns einschließlich des nach § 3 Nummer 40 Satz 1 Buchstabe a und b in Verbindung mit § 3c Absatz 2 steuerbefreiten Betrags. [4]Absatz 2, Absatz 4 Satz 1 Nummer 1, 2, 3, 5 und Satz 2 sowie Absatz 5 sind sinngemäß anzuwenden. [5]Soweit Steuerpflichtige den Abzug nach den Sätzen 1 bis 4 nicht vorgenommen haben, können sie eine Rücklage nach Maßgabe des Satzes 1 einschließlich des nach § 3 Nummer 40 Satz 1 Buchstabe a und b in Verbindung mit § 3c Absatz 2 steuerbefreiten Betrags bilden. [6]Bei der Auflösung der Rücklage gelten die Sätze 2 und 3 sinngemäß. [7]Im Fall des Satzes 2 ist die Rücklage in gleicher Höhe um den nach § 3 Nummer 40 Satz 1 Buchstabe a und b in Verbindung mit § 3c Absatz 2 steuerbefreiten Betrag aufzulösen. [8]Ist eine Rücklage am Schluss des vierten auf ihre Bildung folgenden Wirtschaftsjahres noch vorhanden, so ist sie in diesem Zeitpunkt gewinnerhöhend aufzulösen. [9]Soweit der Abzug nach Satz 6 nicht vorgenommen wurde, ist der Gewinn des Wirtschaftsjahres, in dem die Rücklage aufgelöst wird, für jedes volle Wirtschaftsjahr, in dem die Rücklage bestanden hat, um 6 Prozent des nicht nach § 3 Nummer 40 Satz 1 Buchstabe a und b in Verbindung mit § 3c Absatz 2 steuerbefreiten aufgelösten Rücklagenbetrags zu erhöhen. [10]Für die zum Gesamthandsvermögen von Personengesellschaften oder Gemeinschaften gehörenden Anteile an Kapitalgesellschaften gelten die Sätze 1 bis 9 nur, soweit an den Personengesellschaften und Gemeinschaften keine Körperschaften, Personenvereinigungen oder Vermögensmassen beteiligt sind.

§ 6c[1)] Übertragung stiller Reserven bei der Veräußerung bestimmter Anlagegüter bei der Ermittlung des Gewinns nach § 4 Absatz 3 oder nach Durchschnittssätzen

(1) [1]§ 6b mit Ausnahme des § 6b Absatz 4 Nummer 1 ist entsprechend anzuwenden, wenn der Gewinn nach § 4 Absatz 3 oder die Einkünfte aus Land- und Forstwirtschaft nach Durchschnittssätzen ermittelt werden. [2]Soweit nach § 6b Absatz 3 eine Rücklage

1) **Anm. d. Red.:** Zur Anwendung des § 6c siehe § 52 Abs. 19.

gebildet werden kann, ist ihre Bildung als Betriebsausgabe (Abzug) und ihre Auflösung als Betriebseinnahme (Zuschlag) zu behandeln; der Zeitraum zwischen Abzug und Zuschlag gilt als Zeitraum, in dem die Rücklage bestanden hat.

(2) [1]Voraussetzung für die Anwendung des Absatzes 1 ist, dass die Wirtschaftsgüter, bei denen ein Abzug von den Anschaffungs- oder Herstellungskosten oder von dem Wert nach § 6b Absatz 5 vorgenommen worden ist, in besondere, laufend zu führende Verzeichnisse aufgenommen werden. [2]In den Verzeichnissen sind der Tag der Anschaffung oder Herstellung, die Anschaffungs- oder Herstellungskosten, der Abzug nach § 6b Absatz 1 und 3 in Verbindung mit Absatz 1, die Absetzungen für Abnutzung, die Abschreibungen sowie die Beträge nachzuweisen, die nach § 6b Absatz 3 in Verbindung mit Absatz 1 als Betriebsausgaben (Abzug) oder Betriebseinnahmen (Zuschlag) behandelt worden sind.

§ 6d[1] Euroumrechnungsrücklage

(1) [1]Ausleihungen, Forderungen und Verbindlichkeiten im Sinne des Artikels 43 des Einführungsgesetzes zum Handelsgesetzbuch, die auf Währungseinheiten der an der Europäischen Währungsunion teilnehmenden anderen Mitgliedstaaten oder auf die ECU im Sinne des Artikels 2 der Verordnung (EG) Nr. 1103/97 des Rates vom 17. Juni 1997 (ABl EG Nr. L 162 S. 1) lauten, sind am Schluss des ersten nach dem 31. Dezember 1998 endenden Wirtschaftsjahres mit dem vom Rat der Europäischen Union gemäß Artikel 109l Absatz 4 Satz 1 des EG-Vertrages unwiderruflich festgelegten Umrechnungskurs umzurechnen und mit dem sich danach ergebenden Wert anzusetzen. [2]Der Gewinn, der sich aus diesem jeweiligen Ansatz für das einzelne Wirtschaftsgut ergibt, kann in eine den steuerlichen Gewinn mindernde Rücklage eingestellt werden. [3]Die Rücklage ist gewinnerhöhend aufzulösen, soweit das Wirtschaftsgut, aus dessen Bewertung sich der in die Rücklage eingestellte Gewinn ergeben hat, aus dem Betriebsvermögen ausscheidet. [4]Die Rücklage ist spätestens am Schluss des fünften nach dem 31. Dezember 1998 endenden Wirtschaftsjahres gewinnerhöhend aufzulösen.

(2) [1]In die Euroumrechnungsrücklage gemäß Absatz 1 Satz 2 können auch Erträge eingestellt werden, die sich aus der Aktivierung von Wirtschaftsgütern auf Grund der unwiderruflichen Festlegung der Umrechnungskurse ergeben. [2]Absatz 1 Satz 3 gilt entsprechend.

(3) Die Bildung und Auflösung der jeweiligen Rücklage müssen in der Buchführung verfolgt werden können.

§ 7 Absetzung für Abnutzung oder Substanzverringerung

(1)[2] [1]Bei Wirtschaftsgütern, deren Verwendung oder Nutzung durch den Steuerpflichtigen zur Erzielung von Einkünften sich erfahrungsgemäß auf einen Zeitraum von mehr als einem Jahr erstreckt, ist jeweils für ein Jahr der Teil der Anschaffungs- oder Herstellungskosten abzusetzen, der bei gleichmäßiger Verteilung dieser Kosten auf die Gesamtdauer der Verwendung oder Nutzung auf ein Jahr entfällt (Absetzung für Abnutzung in gleichen Jahresbeträgen). [2]Die Absetzung bemisst sich hierbei nach der betriebsgewöhnlichen Nutzungsdauer des Wirtschaftsguts. [3]Als betriebsgewöhnliche Nutzungsdauer des Geschäfts- oder Firmenwerts eines Gewerbebetriebs oder eines Betriebs der Land- und Forstwirtschaft gilt ein Zeitraum von 15 Jahren. [4]Im Jahr der Anschaffung oder Herstellung des Wirtschaftsguts vermindert sich für dieses Jahr der Absetzungsbetrag nach Satz 1 um jeweils ein Zwölftel für jeden vollen Monat, der dem Monat der Anschaffung oder Herstellung vorangeht. [5]Bei Wirtschaftsgütern, die nach einer Verwendung zur Erzielung von Einkünften im Sinne des § 2 Absatz 1 Nummer 4 bis 7 in ein Betriebsvermögen eingelegt worden sind, mindern sich die Anschaffungs- oder Herstellungskosten um die Absetzungen für Abnutzung oder Substanzverringerung, Sonderabschreibungen oder erhöhte Absetzungen, die bis zum Zeitpunkt der Einlage vorgenommen worden

1) **Anm. d. Red.:** Zur Anwendung des § 6d siehe § 52 Abs. 20.

2) **Anm. d. Red.:** Zur Anwendung des § 7 Abs. 1 siehe § 52 Abs. 21.

sind. [6]Bei beweglichen Wirtschaftsgütern des Anlagevermögens, bei denen es wirtschaftlich begründet ist, die Absetzung für Abnutzung nach Maßgabe der Leistung des Wirtschaftsguts vorzunehmen, kann der Steuerpflichtige dieses Verfahren statt der Absetzung für Abnutzung in gleichen Jahresbeträgen anwenden, wenn er den auf das einzelne Jahr entfallenden Umfang der Leistung nachweist. [7]Absetzungen für außergewöhnliche technische oder wirtschaftliche Abnutzung sind zulässig; soweit der Grund hierfür in späteren Wirtschaftsjahren entfällt, ist in den Fällen der Gewinnermittlung nach § 4 Absatz 1 oder nach § 5 eine entsprechende Zuschreibung vorzunehmen.

(2) [1]Bei beweglichen Wirtschaftsgütern des Anlagevermögens, die nach dem 31. Dezember 2008 und vor dem 1. Januar 2011 angeschafft oder hergestellt worden sind, kann der Steuerpflichtige statt der Absetzung für Abnutzung in gleichen Jahresbeträgen die Absetzung für Abnutzung in fallenden Jahresbeträgen bemessen. [2]Die Absetzung für Abnutzung in fallenden Jahresbeträgen kann nach einem unveränderlichen Prozentsatz vom jeweiligen Buchwert (Restwert) vorgenommen werden; der dabei anzuwendende Prozentsatz darf höchstens das Zweieinhalbfache des bei der Absetzung für Abnutzung in gleichen Jahresbeträgen in Betracht kommenden Prozentsatzes betragen und 25 Prozent nicht übersteigen. [3]Absatz 1 Satz 4 und § 7a Absatz 8 gelten entsprechend. [4]Bei Wirtschaftsgütern, bei denen die Absetzung für Abnutzung in fallenden Jahresbeträgen bemessen wird, sind Absetzungen für außergewöhnliche technische oder wirtschaftliche Abnutzung nicht zulässig.

(3) [1]Der Übergang von der Absetzung für Abnutzung in fallenden Jahresbeträgen zur Absetzung für Abnutzung in gleichen Jahresbeträgen ist zulässig. [2]In diesem Fall bemisst sich die Absetzung für Abnutzung vom Zeitpunkt des Übergangs an nach dem dann noch vorhandenen Restwert und der Restnutzungsdauer des einzelnen Wirtschaftsguts. [3]Der Übergang von der Absetzung für Abnutzung in gleichen Jahresbeträgen zur Absetzung für Abnutzung in fallenden Jahresbeträgen ist nicht zulässig.

(4)[1)] [1]Bei Gebäuden sind abweichend von Absatz 1 als Absetzung für Abnutzung die folgenden Beträge bis zur vollen Absetzung abzuziehen:

1. bei Gebäuden, soweit sie zu einem Betriebsvermögen gehören und nicht Wohnzwecken dienen und für die der Bauantrag nach dem 31. März 1985 gestellt worden ist, jährlich 3 Prozent,
2. bei Gebäuden, soweit sie die Voraussetzungen der Nummer 1 nicht erfüllen und die
   a) nach dem 31. Dezember 1924 fertiggestellt worden sind, jährlich 2 Prozent,
   b) vor dem 1. Januar 1925 fertiggestellt worden sind, jährlich 2,5 Prozent

der Anschaffungs- oder Herstellungskosten; Absatz 1 Satz 5 gilt entsprechend. [2]Beträgt die tatsächliche Nutzungsdauer eines Gebäudes in den Fällen des Satzes 1 Nummer 1 weniger als 33 Jahre, in den Fällen des Satzes 1 Nummer 2 Buchstabe a weniger als 50 Jahre, in den Fällen des Satzes 1 Nummer 2 Buchstabe b weniger als 40 Jahre, so können anstelle der Absetzungen nach Satz 1 die der tatsächlichen Nutzungsdauer entsprechenden Absetzungen für Abnutzung vorgenommen werden. [3]Absatz 1 letzter Satz bleibt unberührt. [4]Bei Gebäuden im Sinne der Nummer 2 rechtfertigt die für Gebäude im Sinne der Nummer 1 geltende Regelung weder die Anwendung des Absatzes 1 letzter Satz noch den Ansatz des niedrigeren Teilwerts (§ 6 Absatz 1 Nummer 1 Satz 2).

(5)[2)] [1]Bei im Inland belegenen Gebäuden, die vom Steuerpflichtigen hergestellt oder bis zum Ende des Jahres der Fertigstellung angeschafft worden sind, können abweichend von Absatz 4 als Absetzung für Abnutzung die folgenden Beträge abgezogen werden:

1. bei Gebäuden im Sinne des Absatzes 4 Satz 1 Nummer 1, die vom Steuerpflichtigen auf Grund eines vor dem 1. Januar 1994 gestellten Bauantrags hergestellt oder auf Grund eines vor diesem Zeitpunkt rechtswirksam abgeschlossenen obligatorischen Vertrags angeschafft worden sind,

1) **Anm. d. Red.:** Zur Anwendung des § 7 Abs. 4 siehe § 52 Abs. 21b.

2) **Anm. d. Red.:** Zur Anwendung des § 7 Abs. 5 siehe § 56.

– im Jahr der Fertigstellung und in den folgenden 3 Jahren	jeweils	10	Prozent,
– in den darauf folgenden 3 Jahren	jeweils	5	Prozent,
– in den darauf folgenden 18 Jahren	jeweils	2,5	Prozent,

2. bei Gebäuden im Sinne des Absatzes 4 Satz 1 Nummer 2, die vom Steuerpflichtigen auf Grund eines vor dem 1. Januar 1995 gestellten Bauantrags hergestellt oder auf Grund eines vor diesem Zeitpunkt rechtswirksam abgeschlossenen obligatorischen Vertrags angeschafft worden sind,

– im Jahr der Fertigstellung und in den folgenden 7 Jahren	jeweils	5	Prozent,
– in den darauf folgenden 6 Jahren	jeweils	2,5	Prozent,
– in den darauf folgenden 36 Jahren	jeweils	1,25	Prozent,

ESt G

3. bei Gebäuden im Sinne des Absatzes 4 Satz 1 Nummer 2, soweit sie Wohnzwecken dienen, die vom Steuerpflichtigen

   a) auf Grund eines nach dem 28. Februar 1989 und vor dem 1. Januar 1996 gestellten Bauantrags hergestellt oder nach dem 28. Februar 1989 auf Grund eines nach dem 28. Februar 1989 und vor dem 1. Januar 1996 rechtswirksam abgeschlossenen obligatorischen Vertrags angeschafft worden sind,

– im Jahr der Fertigstellung und in den folgenden 3 Jahren	jeweils	7	Prozent,
– in den darauf folgenden 6 Jahren	jeweils	5	Prozent,
– in den darauf folgenden 6 Jahren	jeweils	2	Prozent,
– in den darauf folgenden 24 Jahren	jeweils	1,25	Prozent,

   b) auf Grund eines nach dem 31. Dezember 1995 und vor dem 1. Januar 2004 gestellten Bauantrags hergestellt oder auf Grund eines nach dem 31. Dezember 1995 und vor dem 1. Januar 2004 rechtswirksam abgeschlossenen obligatorischen Vertrags angeschafft worden sind,

– im Jahr der Fertigstellung und in den folgenden 7 Jahren	jeweils	5	Prozent,
– in den darauf folgenden 6 Jahren	jeweils	2,5	Prozent,
– in den darauf folgenden 36 Jahren	jeweils	1,25	Prozent,

   c) auf Grund eines nach dem 31. Dezember 2003 und vor dem 1. Januar 2006 gestellten Bauantrags hergestellt oder auf Grund eines nach dem 31. Dezember 2003 und vor dem 1. Januar 2006 rechtswirksam abgeschlossenen obligatorischen Vertrags angeschafft worden sind,

– im Jahr der Fertigstellung und in den folgenden 9 Jahren	jeweils	4	Prozent,
– in den darauf folgenden 8 Jahren	jeweils	2,5	Prozent,
– in den darauf folgenden 32 Jahren	jeweils	1,25	Prozent

der Anschaffungs- oder Herstellungskosten. [2]Im Fall der Anschaffung kann Satz 1 nur angewendet werden, wenn der Hersteller für das veräußerte Gebäude weder Absetzungen für Abnutzung nach Satz 1 vorgenommen noch erhöhte Absetzungen oder Sonderabschreibungen in Anspruch genommen hat. [3]Absatz 1 Satz 4 gilt nicht.

(5a) Die Absätze 4 und 5 sind auf Gebäudeteile, die selbständige unbewegliche Wirtschaftsgüter sind, sowie auf Eigentumswohnungen und auf im Teileigentum stehende Räume entsprechend anzuwenden.

(6) Bei Bergbauunternehmen, Steinbrüchen und anderen Betrieben, die einen Verbrauch der Substanz mit sich bringen, ist Absatz 1 entsprechend anzuwenden; dabei sind Absetzungen nach Maßgabe des Substanzverzehrs zulässig (Absetzung für Substanzverringerung).

§ 7a Gemeinsame Vorschriften für erhöhte Absetzungen und Sonderabschreibungen

(1) [1]Werden in dem Zeitraum, in dem bei einem Wirtschaftsgut erhöhte Absetzungen oder Sonderabschreibungen in Anspruch genommen werden können (Begünstigungszeitraum), nachträgliche Herstellungskosten aufgewendet, so bemessen sich vom Jahr der Entstehung der nachträglichen Herstellungskosten an bis zum Ende des Begünstigungszeitraums die Absetzungen für Abnutzung, erhöhten Absetzungen und Sonderabschreibungen nach den um die nachträglichen Herstellungskosten erhöhten Anschaffungs- oder Herstellungskosten. [2]Entsprechendes gilt für nachträgliche Anschaffungskosten. [3]Werden im Begünstigungszeitraum die Anschaffungs- oder Herstellungskosten eines Wirtschaftsguts nachträglich gemindert, so bemessen sich vom Jahr der Minderung an bis zum Ende des Begünstigungszeitraums die Absetzungen für Abnutzung, erhöhten Absetzungen und Sonderabschreibungen nach den geminderten Anschaffungs- oder Herstellungskosten.

(2) [1]Können bei einem Wirtschaftsgut erhöhte Absetzungen oder Sonderabschreibungen bereits für Anzahlungen auf Anschaffungskosten oder für Teilherstellungskosten in Anspruch genommen werden, so sind die Vorschriften über erhöhte Absetzungen und Sonderabschreibungen mit der Maßgabe anzuwenden, dass an die Stelle der Anschaffungs- oder Herstellungskosten die Anzahlungen auf Anschaffungskosten oder die Teilherstellungskosten und an die Stelle des Jahres der Anschaffung oder Herstellung das Jahr der Anzahlung oder Teilherstellung treten. [2]Nach Anschaffung oder Herstellung des Wirtschaftsguts sind erhöhte Absetzungen oder Sonderabschreibungen nur zulässig, soweit sie nicht bereits für Anzahlungen auf Anschaffungskosten oder für Teilherstellungskosten in Anspruch genommen worden sind. [3]Anzahlungen auf Anschaffungskosten sind im Zeitpunkt der tatsächlichen Zahlung aufgewendet. [4]Werden Anzahlungen auf Anschaffungskosten durch Hingabe eines Wechsels geleistet, so sind sie in dem Zeitpunkt aufgewendet, in dem dem Lieferanten durch Diskontierung oder Einlösung des Wechsels das Geld tatsächlich zufließt. [5]Entsprechendes gilt, wenn anstelle von Geld ein Scheck hingegeben wird.

(3) Bei Wirtschaftsgütern, bei denen erhöhte Absetzungen in Anspruch genommen werden, müssen in jedem Jahr des Begünstigungszeitraums mindestens Absetzungen in Höhe der Absetzungen für Abnutzung nach § 7 Absatz 1 oder 4 berücksichtigt werden.

(4) Bei Wirtschaftsgütern, bei denen Sonderabschreibungen in Anspruch genommen werden, sind die Absetzungen für Abnutzung nach § 7 Absatz 1 oder 4 vorzunehmen.

(5) Liegen bei einem Wirtschaftsgut die Voraussetzungen für die Inanspruchnahme von erhöhten Absetzungen oder Sonderabschreibungen auf Grund mehrerer Vorschriften vor, so dürfen erhöhte Absetzungen oder Sonderabschreibungen nur auf Grund einer dieser Vorschriften in Anspruch genommen werden.

(6) Erhöhte Absetzungen oder Sonderabschreibungen sind bei der Prüfung, ob die in § 141 Absatz 1 Nummer 4 und 5 der Abgabenordnung bezeichneten Buchführungsgrenzen überschritten sind, nicht zu berücksichtigen.

(7) [1]Ist ein Wirtschaftsgut mehreren Beteiligten zuzurechnen und sind die Voraussetzungen für erhöhte Absetzungen oder Sonderabschreibungen nur bei einzelnen Beteiligten erfüllt, so dürfen die erhöhten Absetzungen und Sonderabschreibungen nur anteilig für diese Beteiligten vorgenommen werden. [2]Die erhöhten Absetzungen oder Sonderabschreibungen dürfen von den Beteiligten, bei denen die Voraussetzungen dafür erfüllt sind, nur einheitlich vorgenommen werden.

(8) [1]Erhöhte Absetzungen oder Sonderabschreibungen sind bei Wirtschaftsgütern, die zu einem Betriebsvermögen gehören, nur zulässig, wenn sie in ein besonderes, laufend zu führendes Verzeichnis aufgenommen werden, das den Tag der Anschaffung oder Herstellung, die Anschaffungs- oder Herstellungskosten, die betriebsgewöhnliche Nutzungsdauer und die Höhe der jährlichen Absetzungen für Abnutzung, erhöhten Absetzungen und Sonderabschreibungen enthält. [2]Das Verzeichnis braucht nicht geführt zu werden, wenn diese Angaben aus der Buchführung ersichtlich sind.

(9) Sind für ein Wirtschaftsgut Sonderabschreibungen vorgenommen worden, so bemessen sich nach Ablauf des maßgebenden Begünstigungszeitraums die Absetzungen für Abnutzung bei Gebäuden und bei Wirtschaftsgütern im Sinne des § 7 Absatz 5a nach dem Restwert und dem nach § 7 Absatz 4 unter Berücksichtigung der Restnutzungsdauer maßgebenden Prozentsatz, bei anderen Wirtschaftsgütern nach dem Restwert und der Restnutzungsdauer.

§ 7b[1] Erhöhte Absetzungen für Einfamilienhäuser, Zweifamilienhäuser und Eigentumswohnungen

(1) [1]Bei im Inland belegenen Einfamilienhäusern, Zweifamilienhäusern und Eigentumswohnungen, die zu mehr als 66²/₃ Prozent Wohnzwecken dienen und die vor dem 1. Januar 1987 hergestellt oder angeschafft worden sind, kann abweichend von § 7 Absatz 4 und 5 der Bauherr im Jahr der Fertigstellung und in den sieben folgenden Jahren jeweils bis zu 5 Prozent der Herstellungskosten oder ein Erwerber im Jahr der Anschaffung und in den sieben folgenden Jahren jeweils bis zu 5 Prozent der Anschaffungskosten absetzen. [2]Nach Ablauf dieser acht Jahre sind als Absetzung für Abnutzung bis zur vollen Absetzung jährlich 2,5 Prozent des Restwerts abzuziehen; § 7 Absatz 4 Satz 2 gilt entsprechend. [3]Übersteigen die Herstellungskosten oder die Anschaffungskosten bei einem Einfamilienhaus oder einer Eigentumswohnung 200 000 Deutsche Mark, bei einem Zweifamilienhaus 250 000 Deutsche Mark, bei einem Anteil an einem dieser Gebäude oder einer Eigentumswohnung den entsprechenden Teil von 200 000 Deutsche Mark oder von 250 000 Deutsche Mark, so ist auf den übersteigenden Teil der Herstellungskosten oder der Anschaffungskosten § 7 Absatz 4 anzuwenden. [4]Satz 1 ist nicht anzuwenden, wenn der Steuerpflichtige das Einfamilienhaus, Zweifamilienhaus, die Eigentumswohnung oder einen Anteil an einem dieser Gebäude oder an einer Eigentumswohnung

1. von seinem Ehegatten anschafft und bei den Ehegatten die Voraussetzungen des § 26 Absatz 1 vorliegen;
2. anschafft und im zeitlichen Zusammenhang mit der Anschaffung an den Veräußerer ein Einfamilienhaus, Zweifamilienhaus oder eine Eigentumswohnung oder einen Anteil an einem dieser Gebäude oder an einer Eigentumswohnung veräußert; das gilt auch, wenn das veräußerte Gebäude, die veräußerte Eigentumswohnung oder der veräußerte Anteil dem Ehegatten des Steuerpflichtigen zuzurechnen war und bei den Ehegatten im Zeitpunkt der Anschaffung und im Zeitpunkt der Veräußerung die Voraussetzungen des § 26 Absatz 1 vorliegen;
3. nach einer früheren Veräußerung durch ihn wieder anschafft; das gilt auch, wenn das Gebäude, die Eigentumswohnung oder der Anteil im Zeitpunkt der früheren Veräußerung dem Ehegatten des Steuerpflichtigen zuzurechnen war und bei den Ehegatten die Voraussetzungen des § 26 Absatz 1 vorliegen.

(2) [1]Absatz 1 gilt entsprechend für Herstellungskosten, die für Ausbauten und Erweiterungen an einem Einfamilienhaus, Zweifamilienhaus oder an einer Eigentumswohnung aufgewendet worden sind und der Ausbau oder die Erweiterung vor dem 1. Januar 1987 fertig gestellt worden ist, wenn das Einfamilienhaus, Zweifamilienhaus oder die Eigentumswohnung vor dem 1. Januar 1964 fertig gestellt und nicht nach dem 31. Dezember 1976 angeschafft worden ist. [2]Weitere Voraussetzung ist, dass das Gebäude oder die Eigentumswohnung im Inland belegen ist und die ausgebauten oder neu hergestellten Gebäudeteile zu mehr als 80 Prozent Wohnzwecken dienen. [3]Nach Ablauf des Zeitraums, in dem nach Satz 1 erhöhte Absetzungen vorgenommen werden können, ist der Restwert den Anschaffungs- oder Herstellungskosten des Gebäudes oder dem an deren Stelle tretenden Wert hinzuzurechnen; die weiteren Absetzungen für Abnutzung sind einheitlich für das gesamte Gebäude nach dem sich hiernach ergebenden Betrag und dem für das Gebäude maßgebenden Prozentsatz zu bemessen.

(3) [1]Der Bauherr kann erhöhte Absetzungen, die er im Jahr der Fertigstellung und in den zwei folgenden Jahren nicht ausgenutzt hat, bis zum Ende des dritten auf das Jahr

1) **Anm. d. Red.:** Zur Anwendung des § 7b siehe § 57 Abs. 2.

der Fertigstellung folgenden Jahres nachholen. [2]Nachträgliche Herstellungskosten, die bis zum Ende des dritten auf das Jahr der Fertigstellung folgenden Jahres entstehen, können abweichend von § 7a Absatz 1 vom Jahr ihrer Entstehung an so behandelt werden, als wären sie bereits im ersten Jahr des Begünstigungszeitraums entstanden. [3]Die Sätze 1 und 2 gelten für den Erwerber eines Einfamilienhauses, eines Zweifamilienhauses oder einer Eigentumswohnung und bei Ausbauten und Erweiterungen im Sinne des Absatzes 2 entsprechend.

(4) [1]Zum Gebäude gehörende Garagen sind ohne Rücksicht auf ihre tatsächliche Nutzung als Wohnzwecken dienend zu behandeln, soweit in ihnen nicht mehr als ein Personenkraftwagen für jede in dem Gebäude befindliche Wohnung untergestellt werden kann. [2]Räume für die Unterstellung weiterer Kraftwagen sind stets als nicht Wohnzwecken dienend zu behandeln.

(5) [1]Erhöhte Absetzungen nach den Absätzen 1 und 2 kann der Steuerpflichtige nur für ein Einfamilienhaus oder für ein Zweifamilienhaus oder für eine Eigentumswohnung oder für den Ausbau oder die Erweiterung eines Einfamilienhauses, eines Zweifamilienhauses oder einer Eigentumswohnung in Anspruch nehmen. [2]Ehegatten, bei denen die Voraussetzungen des § 26 Absatz 1 vorliegen, können erhöhte Absetzungen nach den Absätzen 1 und 2 für insgesamt zwei der in Satz 1 bezeichneten Gebäude, Eigentumswohnungen, Ausbauten oder Erweiterungen in Anspruch nehmen. [3]Den erhöhten Absetzungen nach den Absätzen 1 und 2 stehen die erhöhten Absetzungen nach § 7b in der jeweiligen Fassung ab Inkrafttreten des Gesetzes vom 16. Juni 1964 (BGBl I S. 353) und nach § 15 Absatz 1 bis 4 des Berlinförderungsgesetzes in der Fassung des Gesetzes vom 11. Juli 1977 (BGBl I S. 1213) gleich. [4]Ist das Einfamilienhaus, das Zweifamilienhaus oder die Eigentumswohnung (Erstobjekt) dem Steuerpflichtigen nicht bis zum Ablauf des Begünstigungszeitraums zuzurechnen, so kann der Steuerpflichtige abweichend von den Sätzen 1 bis 3 erhöhte Absetzungen bei einem weiteren Einfamilienhaus, Zweifamilienhaus oder einer weiteren Eigentumswohnung im Sinne des Absatzes 1 Satz 1 (Folgeobjekt) in Anspruch nehmen, wenn er das Folgeobjekt innerhalb eines Zeitraums von zwei Jahren vor und drei Jahren nach Ablauf des Veranlagungszeitraums, in dem ihm das Erstobjekt letztmals zugerechnet worden ist, anschafft oder herstellt; Entsprechendes gilt bei einem Ausbau oder einer Erweiterung eines Einfamilienhauses, Zweifamilienhauses oder einer Eigentumswohnung. [5]Im Fall des Satzes 4 ist der Begünstigungszeitraum für das Folgeobjekt um die Anzahl der Veranlagungszeiträume zu kürzen, in denen das Erstobjekt dem Steuerpflichtigen zugerechnet worden ist; hat der Steuerpflichtige das Folgeobjekt in einem Veranlagungszeitraum, in dem ihm das Erstobjekt noch zuzurechnen ist, hergestellt oder angeschafft oder einen Ausbau oder eine Erweiterung vorgenommen, so beginnt der Begünstigungszeitraum für das Folgeobjekt abweichend von Absatz 1 mit Ablauf des Veranlagungszeitraums, in dem das Erstobjekt dem Steuerpflichtigen letztmals zugerechnet worden ist.

(6) [1]Ist ein Einfamilienhaus, ein Zweifamilienhaus oder eine Eigentumswohnung mehreren Steuerpflichtigen zuzurechnen, so ist Absatz 5 mit der Maßgabe anzuwenden, dass der Anteil des Steuerpflichtigen an einem dieser Gebäude oder an einer Eigentumswohnung, einem Einfamilienhaus, einem Zweifamilienhaus oder einer Eigentumswohnung gleichsteht; Entsprechendes gilt bei dem Ausbau oder der Erweiterung von Einfamilienhäusern, Zweifamilienhäusern oder Eigentumswohnungen, die mehreren Steuerpflichtigen zuzurechnen sind. [2]Satz 1 ist nicht anzuwenden, wenn ein Einfamilienhaus, ein Zweifamilienhaus oder eine Eigentumswohnung ausschließlich dem Steuerpflichtigen und seinem Ehegatten zuzurechnen ist und bei den Ehegatten die Voraussetzungen des § 26 Absatz 1 vorliegen.

(7) Der Bauherr von Kaufeigenheimen, Trägerkleinsiedlungen und Kaufeigentumswohnungen kann abweichend von Absatz 5 für alle von ihm vor dem 1. Januar 1987 erstellten Kaufeigenheime, Trägerkleinsiedlungen und Kaufeigentumswohnungen im Jahr der Fertigstellung und im folgenden Jahr erhöhte Absetzungen bis zu jeweils 5 Prozent vornehmen.

(8) Führt eine nach § 7c begünstigte Baumaßnahme dazu, dass das bisher begünstigte Objekt kein Einfamilienhaus, Zweifamilienhaus und keine Eigentumswohnung mehr

ist, kann der Steuerpflichtige die erhöhten Absetzungen nach den Absätzen 1 und 2 bei Vorliegen der übrigen Voraussetzungen für den restlichen Begünstigungszeitraum unter Einbeziehung der Herstellungskosten für die Baumaßnahme nach § 7c in Anspruch nehmen, soweit er diese Herstellungskosten nicht in die Bemessungsgrundlage nach § 7c einbezogen hat.

§ 7c[1] Erhöhte Absetzungen für Baumaßnahmen an Gebäuden zur Schaffung neuer Mietwohnungen

(1) Bei Wohnungen im Sinne des Absatzes 2, die durch Baumaßnahmen an Gebäuden im Inland hergestellt worden sind, können abweichend von § 7 Absatz 4 und 5 im Jahr der Fertigstellung und in den folgenden vier Jahren Absetzungen jeweils bis zu 20 Prozent der Bemessungsgrundlage vorgenommen werden.

(2) Begünstigt sind Wohnungen,

1. für die der Bauantrag nach dem 2. Oktober 1989 gestellt worden ist oder, falls ein Bauantrag nicht erforderlich ist, mit deren Herstellung nach diesem Zeitpunkt begonnen worden ist,
2. die vor dem 1. Januar 1996 fertiggestellt worden sind und
3. für die keine Mittel aus öffentlichen Haushalten unmittelbar oder mittelbar gewährt werden.

(3) [1]Bemessungsgrundlage sind die Aufwendungen, die dem Steuerpflichtigen durch die Baumaßnahme entstanden sind, höchstens jedoch 60 000 Deutsche Mark je Wohnung. [2]Sind durch die Baumaßnahmen Gebäudeteile hergestellt worden, die selbständige unbewegliche Wirtschaftsgüter sind, gilt für die Herstellungskosten, für die keine Absetzungen nach Absatz 1 vorgenommen werden, § 7 Absatz 4; § 7b Absatz 8 bleibt unberührt.

(4) Die erhöhten Absetzungen können nur in Anspruch genommen werden, wenn die Wohnung vom Zeitpunkt der Fertigstellung bis zum Ende des Begünstigungszeitraums fremden Wohnzwecken dient.

(5) [1]Nach Ablauf des Begünstigungszeitraums ist ein Restwert den Anschaffungs- oder Herstellungskosten des Gebäudes oder dem an deren Stelle tretenden Wert hinzuzurechnen; die weiteren Absetzungen für Abnutzung sind einheitlich für das gesamte Gebäude nach dem sich hiernach ergebenden Betrag und dem für das Gebäude maßgebenden Prozentsatz zu bemessen. [2]Satz 1 ist auf Gebäudeteile, die selbständige unbewegliche Wirtschaftsgüter sind, und auf Eigentumswohnungen entsprechend anzuwenden.

§ 7d[2] Erhöhte Absetzungen für Wirtschaftsgüter, die dem Umweltschutz dienen

(1) [1]Bei abnutzbaren beweglichen und unbeweglichen Wirtschaftsgütern des Anlagevermögens, bei denen die Voraussetzungen des Absatzes 2 vorliegen und die nach dem 31. Dezember 1974 und vor dem 1. Januar 1991 angeschafft oder hergestellt worden sind, können abweichend von § 7 im Wirtschaftsjahr der Anschaffung oder Herstellung bis zu 60 Prozent und in den folgenden Wirtschaftsjahren bis zur vollen Absetzung jeweils bis zu 10 Prozent der Anschaffungs- oder Herstellungskosten abgesetzt werden. [2]Nicht in Anspruch genommene erhöhte Absetzungen können nachgeholt werden. [3]Nachträgliche Anschaffungs- oder Herstellungskosten, die vor dem 1. Januar 1991 entstanden sind, können abweichend von § 7a Absatz 1 so behandelt werden, als wären sie im Wirtschaftsjahr der Anschaffung oder Herstellung entstanden.

(2) Die erhöhten Absetzungen nach Absatz 1 können nur in Anspruch genommen werden, wenn

1) **Anm. d. Red.:** Zur Anwendung des § 7c siehe § 57 Abs. 1.
2) **Anm. d. Red.:** Zur Anwendung des § 7d siehe § 57 Abs. 2.

1. die Wirtschaftsgüter in einem im Inland belegenen Betrieb des Steuerpflichtigen unmittelbar und zu mehr als 70 Prozent dem Umweltschutz dienen und
2. die von der Landesregierung bestimmte Stelle bescheinigt, dass
   a) die Wirtschaftsgüter zu dem in Nummer 1 bezeichneten Zweck bestimmt und geeignet sind und
   b) die Anschaffung oder Herstellung der Wirtschaftsgüter im öffentlichen Interesse erforderlich ist.

(3) [1]Die Wirtschaftsgüter dienen dem Umweltschutz, wenn sie dazu verwendet werden,

1. a) den Anfall von Abwasser oder
   b) Schädigungen durch Abwasser oder
   c) Verunreinigungen der Gewässer durch andere Stoffe als Abwasser oder
   d) Verunreinigungen der Luft oder
   e) Lärm oder Erschütterungen

   zu verhindern, zu beseitigen oder zu verringern oder
2. Abfälle nach den Grundsätzen des Abfallbeseitigungsgesetzes zu beseitigen.

[2]Die Anwendung des Satzes 1 ist nicht dadurch ausgeschlossen, dass die Wirtschaftsgüter zugleich für Zwecke des innerbetrieblichen Umweltschutzes verwendet werden.

(4) [1]Die Absätze 1 bis 3 sind auf nach dem 31. Dezember 1974 und vor dem 1. Januar 1991 entstehende nachträgliche Herstellungskosten bei Wirtschaftsgütern, die dem Umweltschutz dienen und die vor dem 1. Januar 1975 angeschafft oder hergestellt worden sind, mit der Maßgabe entsprechend anzuwenden, dass im Wirtschaftsjahr der Fertigstellung der nachträglichen Herstellungsarbeiten erhöhte Absetzungen bis zur vollen Höhe der nachträglichen Herstellungskosten vorgenommen werden können. [2]Das Gleiche gilt, wenn bei Wirtschaftsgütern, die nicht dem Umweltschutz dienen, nachträgliche Herstellungskosten nach dem 31. Dezember 1974 und vor dem 1. Januar 1991 dadurch entstehen, dass ausschließlich aus Gründen des Umweltschutzes Veränderungen vorgenommen werden.

(5) [1]Die erhöhten Absetzungen nach Absatz 1 können bereits für Anzahlungen auf Anschaffungskosten und für Teilherstellungskosten in Anspruch genommen werden. [2]§ 7a Absatz 2 ist mit der Maßgabe anzuwenden, dass die Summe der erhöhten Absetzungen 60 Prozent der bis zum Ende des jeweiligen Wirtschaftsjahres insgesamt aufgewendeten Anzahlungen oder Teilherstellungskosten nicht übersteigen darf. [3]Satz 1 gilt in den Fällen des Absatzes 4 sinngemäß.

(6) Die erhöhten Absetzungen nach den Absätzen 1 bis 5 werden unter der Bedingung gewährt, dass die Voraussetzung des Absatzes 2 Nummer 1

1. in den Fällen des Absatzes 1 mindestens fünf Jahre nach der Anschaffung oder Herstellung der Wirtschaftsgüter,
2. in den Fällen des Absatzes 4 Satz 1 mindestens fünf Jahre nach Beendigung der nachträglichen Herstellungsarbeiten

erfüllt wird.

(7) [1]Steuerpflichtige, die nach dem 31. Dezember 1974 und vor dem 1. Januar 1991 durch Hingabe eines Zuschusses zur Finanzierung der Anschaffungs- oder Herstellungskosten von abnutzbaren Wirtschaftsgütern im Sinne des Absatzes 2 ein Recht auf Mitbenutzung dieser Wirtschaftsgüter erwerben, können bei diesem Recht abweichend von § 7 erhöhte Absetzungen nach Maßgabe des Absatzes 1 oder 4 Satz 1 vornehmen. [2]Die erhöhten Absetzungen können nur in Anspruch genommen werden, wenn der Empfänger

1. den Zuschuss unverzüglich und unmittelbar zur Finanzierung der Anschaffung oder Herstellung der Wirtschaftsgüter oder der nachträglichen Herstellungsarbeiten bei den Wirtschaftsgütern verwendet und

2. dem Steuerpflichtigen bestätigt, dass die Voraussetzung der Nummer 1 vorliegt und dass für die Wirtschaftsgüter oder die nachträglichen Herstellungsarbeiten eine Bescheinigung nach Absatz 2 Nummer 2 erteilt ist.

[3]Absatz 6 gilt sinngemäß.

(8) [1]Die erhöhten Absetzungen nach den Absätzen 1 bis 7 können nicht für Wirtschaftsgüter in Anspruch genommen werden, die in Betrieben oder Betriebsstätten verwendet werden, die in den letzten zwei Jahren vor dem Beginn des Kalenderjahres, in dem das Wirtschaftsgut angeschafft oder hergestellt worden ist, errichtet worden sind. [2]Die Verlagerung von Betrieben oder Betriebsstätten gilt nicht als Errichtung im Sinne des Satzes 1, wenn die in Absatz 2 Nummer 2 bezeichnete Behörde bestätigt, dass die Verlagerung im öffentlichen Interesse aus Gründen des Umweltschutzes erforderlich ist.

§ 7e (weggefallen)

§ 7f[1)] Bewertungsfreiheit für abnutzbare Wirtschaftsgüter des Anlagevermögens privater Krankenhäuser

(1) Steuerpflichtige, die im Inland ein privates Krankenhaus betreiben, können unter den Voraussetzungen des Absatzes 2 bei abnutzbaren Wirtschaftsgütern des Anlagevermögens, die dem Betrieb dieses Krankenhauses dienen, im Jahr der Anschaffung oder Herstellung und in den vier folgenden Jahren Sonderabschreibungen vornehmen, und zwar

1. bei beweglichen Wirtschaftsgütern des Anlagevermögens bis zur Höhe von insgesamt 50 Prozent,
2. bei unbeweglichen Wirtschaftsgütern des Anlagevermögens bis zur Höhe von insgesamt 30 Prozent

der Anschaffungs- oder Herstellungskosten.

(2) Die Abschreibungen nach Absatz 1 können nur in Anspruch genommen werden, wenn bei dem privaten Krankenhaus im Jahr der Anschaffung oder Herstellung der Wirtschaftsgüter und im Jahr der Inanspruchnahme der Abschreibungen die in § 67 Absatz 1 oder 2 der Abgabenordnung bezeichneten Voraussetzungen erfüllt sind.

(3) Die Abschreibungen nach Absatz 1 können bereits für Anzahlungen auf Anschaffungskosten und für Teilherstellungskosten in Anspruch genommen werden.

(4) [1]Die Abschreibungen nach den Absätzen 1 und 3 können nur für Wirtschaftsgüter in Anspruch genommen werden, die der Steuerpflichtige vor dem 1. Januar 1996 bestellt oder herzustellen begonnen hat. [2]Als Beginn der Herstellung gilt bei Baumaßnahmen, für die eine Baugenehmigung erforderlich ist, der Zeitpunkt, in dem der Bauantrag gestellt worden ist.

§ 7g[2)] Investitionsabzugsbeträge und Sonderabschreibungen zur Förderung kleiner und mittlerer Betriebe

(1) [1]Steuerpflichtige können für die künftige Anschaffung oder Herstellung eines abnutzbaren beweglichen Wirtschaftsguts des Anlagevermögens bis zu 40 Prozent der voraussichtlichen Anschaffungs- oder Herstellungskosten gewinnmindernd abziehen (Investitionsabzugsbetrag). [2]Der Investitionsabzugsbetrag kann nur in Anspruch genommen werden, wenn

1. der Betrieb am Schluss des Wirtschaftsjahres, in dem der Abzug vorgenommen wird, die folgenden Größenmerkmale nicht überschreitet:

---

1) **Anm. d. Red.:** Zur Anwendung des § 7f siehe § 57 Abs. 1.

2) **Anm. d. Red.:** Zur Anwendung des § 7g siehe § 52 Abs. 23 und § 57 Abs. 1.

a) bei Gewerbebetrieben oder der selbständigen Arbeit dienenden Betrieben, die ihren Gewinn nach § 4 Absatz 1 oder § 5 ermitteln, ein Betriebsvermögen von 235 000 Euro *[für VZ 2010: 335 000 Euro]*[1)];

b) bei Betrieben der Land- und Forstwirtschaft einen Wirtschaftswert oder einen Ersatzwirtschaftswert von 125 000 Euro *[für VZ 2010: 175 000 Euro]*[1)] oder

c) bei Betrieben im Sinne der Buchstaben a und b, die ihren Gewinn nach § 4 Absatz 3 ermitteln, ohne Berücksichtigung des Investitionsabzugsbetrags einen Gewinn von 100 000 Euro *[für VZ 2010: 200 000 Euro]*[1)];

2. der Steuerpflichtige beabsichtigt, das begünstigte Wirtschaftsgut voraussichtlich

a) in den dem Wirtschaftsjahr des Abzugs folgenden drei Wirtschaftsjahren anzuschaffen oder herzustellen;

b) mindestens bis zum Ende des dem Wirtschaftsjahr der Anschaffung oder Herstellung folgenden Wirtschaftsjahres in einer inländischen Betriebsstätte des Betriebs ausschließlich oder fast ausschließlich betrieblich zu nutzen und

3. der Steuerpflichtige das begünstigte Wirtschaftsgut in den beim Finanzamt einzureichenden Unterlagen seiner Funktion nach benennt und die Höhe der voraussichtlichen Anschaffungs- oder Herstellungskosten angibt.

[3]Abzugsbeträge können auch dann in Anspruch genommen werden, wenn dadurch ein Verlust entsteht oder sich erhöht. [4]Die Summe der Beträge, die im Wirtschaftsjahr des Abzugs und in den drei vorangegangenen Wirtschaftsjahren nach Satz 1 insgesamt abgezogen und nicht nach Absatz 2 hinzugerechnet oder nach Absatz 3 oder 4 rückgängig gemacht wurden, darf je Betrieb 200 000 Euro nicht übersteigen.

(2) [1]Im Wirtschaftsjahr der Anschaffung oder Herstellung des begünstigten Wirtschaftsguts ist der für dieses Wirtschaftsgut in Anspruch genommene Investitionsabzugsbetrag in Höhe von 40 Prozent der Anschaffungs- oder Herstellungskosten gewinnerhöhend hinzuzurechnen; die Hinzurechnung darf den nach Absatz 1 abgezogenen Betrag nicht übersteigen. [2]Die Anschaffungs- oder Herstellungskosten des Wirtschaftsguts können in dem in Satz 1 genannten Wirtschaftsjahr um bis zu 40 Prozent, höchstens jedoch um die Hinzurechnung nach Satz 1, gewinnmindernd herabgesetzt werden; die Bemessungsgrundlage für die Absetzungen für Abnutzung, erhöhten Absetzungen und Sonderabschreibungen sowie die Anschaffungs- oder Herstellungskosten im Sinne von § 6 Absatz 2 und 2a verringern sich entsprechend.

(3) [1]Soweit der Investitionsabzugsbetrag nicht bis zum Ende des dritten auf das Wirtschaftsjahr des Abzugs folgenden Wirtschaftsjahres nach Absatz 2 hinzugerechnet wurde, ist der Abzug nach Absatz 1 rückgängig zu machen. [2]Wurde der Gewinn des maßgebenden Wirtschaftsjahres bereits einer Steuerfestsetzung oder einer gesonderten Feststellung zugrunde gelegt, ist der entsprechende Steuer- oder Feststellungsbescheid insoweit zu ändern. [3]Das gilt auch dann, wenn der Steuer- oder Feststellungsbescheid bestandskräftig geworden ist; die Festsetzungsfrist endet insoweit nicht, bevor die Festsetzungsfrist für den Veranlagungszeitraum abgelaufen ist, in dem das dritte auf das Wirtschaftsjahr des Abzugs folgende Wirtschaftsjahr endet.

(4) [1]Wird in den Fällen des Absatzes 2 das Wirtschaftsgut nicht bis zum Ende des dem Wirtschaftsjahr der Anschaffung oder Herstellung folgenden Wirtschaftsjahres in einer inländischen Betriebsstätte des Betriebs ausschließlich oder fast ausschließlich betrieblich genutzt, sind der Abzug nach Absatz 1 sowie die Herabsetzung der Anschaffungs- oder Herstellungskosten, die Verringerung der Bemessungsgrundlage und die Hinzurechnung nach Absatz 2 rückgängig zu machen. [2]Wurden die Gewinne der maßgebenden Wirtschaftsjahre bereits Steuerfestsetzungen oder gesonderten Feststellungen zugrunde gelegt, sind die entsprechenden Steuer- oder Feststellungsbescheide insoweit zu ändern. [3]Das gilt auch dann, wenn die Steuer- oder Feststellungsbescheide bestandskräftig geworden sind; die Festsetzungsfristen enden insoweit nicht, bevor die Festset-

1) **Anm. d. Red.:** Zur Anwendung des § 7g Abs. 1 Satz 2 Nr. 1 siehe § 52 Abs. 23 Satz 5, in dem der für VZ 2010 anzuwendende (hier kursiv abgebildete) Wert wiedergegeben wird.

zungsfrist für den Veranlagungszeitraum abgelaufen ist, in dem die Voraussetzungen des Absatzes 1 Satz 2 Nummer 2 Buchstabe b erstmals nicht mehr vorliegen. [4]§ 233a Absatz 2a der Abgabenordnung ist nicht anzuwenden.

(5) Bei abnutzbaren beweglichen Wirtschaftsgütern des Anlagevermögens können unter den Voraussetzungen des Absatzes 6 im Jahr der Anschaffung oder Herstellung und in den vier folgenden Jahren neben den Absetzungen für Abnutzung nach § 7 Absatz 1 oder Absatz 2 Sonderabschreibungen bis zu insgesamt 20 Prozent der Anschaffungs- oder Herstellungskosten in Anspruch genommen werden.

(6) Die Sonderabschreibungen nach Absatz 5 können nur in Anspruch genommen werden, wenn

1. der Betrieb zum Schluss des Wirtschaftsjahres, das der Anschaffung oder Herstellung vorangeht, die Größenmerkmale des Absatzes 1 Satz 2 Nummer 1 nicht überschreitet, und
2. das Wirtschaftsgut im Jahr der Anschaffung oder Herstellung und im darauf folgenden Wirtschaftsjahr in einer inländischen Betriebsstätte des Betriebs des Steuerpflichtigen ausschließlich oder fast ausschließlich betrieblich genutzt wird; Absatz 4 gilt entsprechend.

(7) Bei Personengesellschaften und Gemeinschaften sind die Absätze 1 bis 6 mit der Maßgabe anzuwenden, dass an die Stelle des Steuerpflichtigen die Gesellschaft oder die Gemeinschaft tritt.

ESt G

§ 7h Erhöhte Absetzungen bei Gebäuden in Sanierungsgebieten und städtebaulichen Entwicklungsbereichen

(1)[1)] [1]Bei einem im Inland belegenen Gebäude in einem förmlich festgelegten Sanierungsgebiet oder städtebaulichen Entwicklungsbereich kann der Steuerpflichtige abweichend von § 7 Absatz 4 und 5 im Jahr der Herstellung und in den folgenden sieben Jahren jeweils bis zu 9 Prozent und in den folgenden vier Jahren jeweils bis zu 7 Prozent der Herstellungskosten für Modernisierungs- und Instandsetzungsmaßnahmen im Sinne des § 177 des Baugesetzbuchs absetzen. [2]Satz 1 ist entsprechend anzuwenden auf Herstellungskosten für Maßnahmen, die der Erhaltung, Erneuerung und funktionsgerechten Verwendung eines Gebäudes im Sinne des Satzes 1 dienen, das wegen seiner geschichtlichen, künstlerischen oder städtebaulichen Bedeutung erhalten bleiben soll, und zu deren Durchführung sich der Eigentümer neben bestimmten Modernisierungsmaßnahmen gegenüber der Gemeinde verpflichtet hat. [3]Der Steuerpflichtige kann die erhöhten Absetzungen im Jahr des Abschlusses der Maßnahme und in den folgenden elf Jahren auch für Anschaffungskosten in Anspruch nehmen, die auf Maßnahmen im Sinne der Sätze 1 und 2 entfallen, soweit diese nach dem rechtswirksamen Abschluss eines obligatorischen Erwerbsvertrags oder eines gleichstehenden Rechtsakts durchgeführt worden sind. [4]Die erhöhten Absetzungen können nur in Anspruch genommen werden, soweit die Herstellungs- oder Anschaffungskosten durch Zuschüsse aus Sanierungs- oder Entwicklungsförderungsmitteln nicht gedeckt sind. [5]Nach Ablauf des Begünstigungszeitraums ist ein Restwert den Herstellungs- oder Anschaffungskosten des Gebäudes oder dem an deren Stelle tretenden Wert hinzuzurechnen; die weiteren Absetzungen für Abnutzung sind einheitlich für das gesamte Gebäude nach dem sich hiernach ergebenden Betrag und dem für das Gebäude maßgebenden Prozentsatz zu bemessen.

(2) [1]Der Steuerpflichtige kann die erhöhten Absetzungen nur in Anspruch nehmen, wenn er durch eine Bescheinigung der zuständigen Gemeindebehörde die Voraussetzungen des Absatzes 1 für das Gebäude und die Maßnahmen nachweist. [2]Sind ihm Zuschüsse aus Sanierungs- oder Entwicklungsförderungsmitteln gewährt worden, so hat die Bescheinigung auch deren Höhe zu enthalten; werden ihm solche Zuschüsse nach Ausstellung der Bescheinigung gewährt, so ist diese entsprechend zu ändern.

1) **Anm. d. Red.:** Zur Anwendung des § 7h Abs. 1 siehe § 52 Abs. 23a.

(3) Die Absätze 1 und 2 sind auf Gebäudeteile, die selbständige unbewegliche Wirtschaftsgüter sind, sowie auf Eigentumswohnungen und auf im Teileigentum stehende Räume entsprechend anzuwenden.

§ 7i Erhöhte Absetzungen bei Baudenkmalen

(1)[1] [1]Bei einem im Inland belegenen Gebäude, das nach den jeweiligen landesrechtlichen Vorschriften ein Baudenkmal ist, kann der Steuerpflichtige abweichend von § 7 Absatz 4 und 5 im Jahr der Herstellung und in den folgenden sieben Jahren jeweils bis zu 9 Prozent und in den folgenden vier Jahren jeweils bis zu 7 Prozent der Herstellungskosten für Baumaßnahmen, die nach Art und Umfang zur Erhaltung des Gebäudes als Baudenkmal oder zu seiner sinnvollen Nutzung erforderlich sind, absetzen. [2]Eine sinnvolle Nutzung ist nur anzunehmen, wenn das Gebäude in der Weise genutzt wird, dass die Erhaltung der schützenswerten Substanz des Gebäudes auf die Dauer gewährleistet ist. [3]Bei einem im Inland belegenen Gebäudeteil, das nach den jeweiligen landesrechtlichen Vorschriften ein Baudenkmal ist, sind die Sätze 1 und 2 entsprechend anzuwenden. [4]Bei einem im Inland belegenen Gebäude oder Gebäudeteil, das für sich allein nicht die Voraussetzungen für ein Baudenkmal erfüllt, aber Teil einer Gebäudegruppe oder Gesamtanlage ist, die nach den jeweiligen landesrechtlichen Vorschriften als Einheit geschützt ist, kann der Steuerpflichtige die erhöhten Absetzungen von den Herstellungskosten für Baumaßnahmen vornehmen, die nach Art und Umfang zur Erhaltung des schützenswerten äußeren Erscheinungsbildes der Gebäudegruppe oder Gesamtanlage erforderlich sind. [5]Der Steuerpflichtige kann die erhöhten Absetzungen im Jahr des Abschlusses der Baumaßnahme und in den folgenden elf Jahren auch für Anschaffungskosten in Anspruch nehmen, die auf Baumaßnahmen im Sinne der Sätze 1 bis 4 entfallen, soweit diese nach dem rechtswirksamen Abschluss eines obligatorischen Erwerbsvertrags oder eines gleichstehenden Rechtsakts durchgeführt worden sind. [6]Die Baumaßnahmen müssen in Abstimmung mit der in Absatz 2 bezeichneten Stelle durchgeführt worden sein. [7]Die erhöhten Absetzungen können nur in Anspruch genommen werden, soweit die Herstellungs- oder Anschaffungskosten nicht durch Zuschüsse aus öffentlichen Kassen gedeckt sind. [8]§ 7h Absatz 1 Satz 5 ist entsprechend anzuwenden.

(2) [1]Der Steuerpflichtige kann die erhöhten Absetzungen nur in Anspruch nehmen, wenn er durch eine Bescheinigung der nach Landesrecht zuständigen oder von der Landesregierung bestimmten Stelle die Voraussetzungen des Absatzes 1 für das Gebäude oder Gebäudeteil und für die Erforderlichkeit der Aufwendungen nachweist. [2]Hat eine der für Denkmalschutz oder Denkmalpflege zuständigen Behörden ihm Zuschüsse gewährt, so hat die Bescheinigung auch deren Höhe zu enthalten; werden ihm solche Zuschüsse nach Ausstellung der Bescheinigung gewährt, so ist diese entsprechend zu ändern.

(3) § 7h Absatz 3 ist entsprechend anzuwenden.

§ 7k[2] Erhöhte Absetzungen für Wohnungen mit Sozialbindung

(1) [1]Bei Wohnungen im Sinne des Absatzes 2 können abweichend von § 7 Absatz 4 und 5 im Jahr der Fertigstellung und in den folgenden vier Jahren jeweils bis zu 10 Prozent und in den folgenden fünf Jahren jeweils bis zu 7 Prozent der Herstellungskosten oder Anschaffungskosten abgesetzt werden. [2]Im Fall der Anschaffung ist Satz 1 nur anzuwenden, wenn der Hersteller für die veräußerte Wohnung weder Absetzungen für Abnutzung nach § 7 Absatz 5 vorgenommen noch erhöhte Absetzungen oder Sonderabschreibungen in Anspruch genommen hat. [3]Nach Ablauf dieser zehn Jahre sind als Absetzungen für Abnutzung bis zur vollen Absetzung jährlich $3^1/_3$ Prozent des Restwerts abzuziehen; § 7 Absatz 4 Satz 2 gilt entsprechend.

(2) Begünstigt sind Wohnungen im Inland,

1) **Anm. d. Red.**: Zur Anwendung des § 7i Abs. 1 siehe § 52 Abs. 23b.

2) **Anm. d. Red.**: Zur Anwendung des § 7k siehe § 57 Abs. 1.

1. a) für die der Bauantrag nach dem 28. Februar 1989 gestellt worden ist und die vom Steuerpflichtigen hergestellt worden sind oder

   b) die vom Steuerpflichtigen nach dem 28. Februar 1989 auf Grund eines nach diesem Zeitpunkt rechtswirksam abgeschlossenen obligatorischen Vertrages bis zum Ende des Jahres der Fertigstellung angeschafft worden sind,

2. die vor dem 1. Januar 1996 fertiggestellt worden sind,

3. für die keine Mittel aus öffentlichen Haushalten unmittelbar oder mittelbar gewährt werden,

4. die im Jahr der Anschaffung oder Herstellung und in den folgenden neun Jahren (Verwendungszeitraum) dem Steuerpflichtigen zu fremden Wohnzwecken dienen und

5. für die der Steuerpflichtige für jedes Jahr des Verwendungszeitraums, in dem er die Wohnungen vermietet hat, durch eine Bescheinigung nachweist, dass die Voraussetzungen des Absatzes 3 vorliegen.

(3) [1]Die Bescheinigung nach Absatz 2 Nummer 5 ist von der nach § 3 des Wohnungsbindungsgesetzes zuständigen Stelle, im Saarland von der durch die Landesregierung bestimmten Stelle (zuständigen Stelle), nach Ablauf des jeweiligen Jahres des Begünstigungszeitraums für Wohnungen zu erteilen,

1. a) die der Steuerpflichtige nur an Personen vermietet hat, für die

   aa) eine Bescheinigung über die Wohnberechtigung nach § 5 des Wohnungsbindungsgesetzes, im Saarland eine Mieteranerkennung, dass die Voraussetzungen des § 14 des Wohnungsbaugesetzes für das Saarland erfüllt sind, ausgestellt worden ist, oder

   bb) eine Bescheinigung ausgestellt worden ist, dass sie die Voraussetzungen des § 88a Absatz 1 Buchstabe b des Zweiten Wohnungsbaugesetzes, im Saarland des § 51b Absatz 1 Buchstabe b des Wohnungsbaugesetzes für das Saarland, erfüllen,

   und wenn die Größe der Wohnung die in dieser Bescheinigung angegebene Größe nicht übersteigt, oder

   b) für die der Steuerpflichtige keinen Mieter im Sinne des Buchstabens a gefunden hat und für die ihm die zuständige Stelle nicht innerhalb von sechs Wochen nach seiner Anforderung einen solchen Mieter nachgewiesen hat,

   und

2. bei denen die Höchstmiete nicht überschritten worden ist. [2]Die Landesregierungen werden ermächtigt, die Höchstmiete in Anlehnung an die Beträge nach § 72 Absatz 3 des Zweiten Wohnungsbaugesetzes, im Saarland unter Berücksichtigung der Besonderheiten des Wohnungsbaugesetzes für das Saarland durch Rechtsverordnung festzusetzen. [3]In der Rechtsverordnung ist eine Erhöhung der Mieten in Anlehnung an die Erhöhung der Mieten im öffentlich geförderten sozialen Wohnungsbau zuzulassen. [4]§ 4 des Gesetzes zur Regelung der Miethöhe bleibt unberührt.

[2]Bei Wohnungen, für die der Bauantrag nach dem 31. Dezember 1992 gestellt worden ist und die vom Steuerpflichtigen hergestellt worden sind oder die vom Steuerpflichtigen auf Grund eines nach dem 31. Dezember 1992 rechtswirksam abgeschlossenen obligatorischen Vertrages angeschafft worden sind, gilt Satz 1 Nummer 1 Buchstabe a mit der Maßgabe, dass der Steuerpflichtige die Wohnungen nur an Personen vermietet hat, die im Jahr der Fertigstellung zu ihm in einem Dienstverhältnis gestanden haben, und ist Satz 1 Nummer 1 Buchstabe b nicht anzuwenden.

4. Überschuss der Einnahmen über die Werbungskosten

§ 8 Einnahmen

(1) Einnahmen sind alle Güter, die in Geld oder Geldeswert bestehen und dem Steuerpflichtigen im Rahmen einer der Einkunftsarten des § 2 Absatz 1 Satz 1 Nummer 4 bis 7 zufließen.

(2)[1] [1]Einnahmen, die nicht in Geld bestehen (Wohnung, Kost, Waren, Dienstleistungen und sonstige Sachbezüge), sind mit den um übliche Preisnachlässe geminderten üblichen Endpreisen am Abgabeort anzusetzen. [2]Für die private Nutzung eines betrieblichen Kraftfahrzeugs zu privaten Fahrten gilt § 6 Absatz 1 Nummer 4 Satz 2 entsprechend. [3]Kann das Kraftfahrzeug auch für Fahrten zwischen Wohnung und Arbeitsstätte genutzt werden, erhöht sich der Wert in Satz 2 für jeden Kalendermonat um 0,03 Prozent des Listenpreises im Sinne des § 6 Absatz 1 Nummer 4 Satz 2 für jeden Kilometer der Entfernung zwischen Wohnung und Arbeitsstätte. [4]Der Wert nach den Sätzen 2 und 3 kann mit dem auf die private Nutzung und die Nutzung zu Fahrten zwischen Wohnung und Arbeitsstätte entfallenden Teil der gesamten Kraftfahrzeugaufwendungen angesetzt werden, wenn die durch das Kraftfahrzeug insgesamt entstehenden Aufwendungen durch Belege und das Verhältnis der privaten Fahrten und der Fahrten zwischen Wohnung und Arbeitsstätte zu den übrigen Fahrten durch ein ordnungsgemäßes Fahrtenbuch nachgewiesen werden. [5]Die Nutzung des Kraftfahrzeugs zu einer Familienheimfahrt im Rahmen einer doppelten Haushaltsführung ist mit 0,002 Prozent des Listenpreises im Sinne des § 6 Absatz 1 Nummer 4 Satz 2 für jeden Kilometer der Entfernung zwischen dem Ort des eigenen Hausstands und dem Beschäftigungsort anzusetzen; dies gilt nicht, wenn für diese Fahrt ein Abzug von Werbungskosten nach § 9 Absatz 1 Satz 3 Nummer 5 Satz 3 und 4 in Betracht käme; Satz 4 ist sinngemäß anzuwenden. [6]Bei Arbeitnehmern, für deren Sachbezüge durch Rechtsverordnung nach § 17 Absatz 1 Satz 1 Nummer 4 des Vierten Buches Sozialgesetzbuch Werte bestimmt worden sind, sind diese Werte maßgebend. [7]Die Werte nach Satz 6 sind auch bei Steuerpflichtigen anzusetzen, die nicht der gesetzlichen Rentenversicherungspflicht unterliegen. [8]Die oberste Finanzbehörde eines Landes kann mit Zustimmung des Bundesministeriums der Finanzen für weitere Sachbezüge der Arbeitnehmer Durchschnittswerte festsetzen. [9]Sachbezüge, die nach Satz 1 zu bewerten sind, bleiben außer Ansatz, wenn die sich nach Anrechnung der vom Steuerpflichtigen gezahlten Entgelte ergebenden Vorteile insgesamt 44 Euro im Kalendermonat nicht übersteigen.

(3) [1]Erhält ein Arbeitnehmer auf Grund seines Dienstverhältnisses Waren oder Dienstleistungen, die vom Arbeitgeber nicht überwiegend für den Bedarf seiner Arbeitnehmer hergestellt, vertrieben oder erbracht werden und deren Bezug nicht nach § 40 pauschal versteuert wird, so gelten als deren Werte abweichend von Absatz 2 die um 4 Prozent geminderten Endpreise, zu denen der Arbeitgeber oder der dem Abgabeort nächstansässige Abnehmer die Waren oder Dienstleistungen fremden Letztverbrauchern im allgemeinen Geschäftsverkehr anbietet. [2]Die sich nach Abzug der vom Arbeitnehmer gezahlten Entgelte ergebenden Vorteile sind steuerfrei, soweit sie aus dem Dienstverhältnis insgesamt 1 080 Euro im Kalenderjahr nicht übersteigen.

§ 9[2] Werbungskosten

(1) [1]Werbungskosten sind Aufwendungen zur Erwerbung, Sicherung und Erhaltung der Einnahmen. [2]Sie sind bei der Einkunftsart abzuziehen, bei der sie erwachsen sind. [3]Werbungskosten sind auch

1. Schuldzinsen und auf besonderen Verpflichtungsgründen beruhende Renten und dauernde Lasten, soweit sie mit einer Einkunftsart in wirtschaftlichem Zusammen-

---

1) **Anm. d. Red.:** Zur Anwendung des § 8 Abs. 2 siehe § 52 Abs. 23c.

2) **Anm. d. Red.:** § 9 Abs. 1 i. d. F. des Art. 1 Nr. 3 Wachstumsbeschleunigungsgesetz v. 22. 12. 2009 (BGBl I 3950).

hang stehen. [2]Bei Leibrenten kann nur der Anteil abgezogen werden, der sich nach § 22 Nummer 1 Satz 3 Buchstabe a Doppelbuchstabe bb ergibt;

2. Steuern vom Grundbesitz, sonstige öffentliche Abgaben und Versicherungsbeiträge, soweit solche Ausgaben sich auf Gebäude oder auf Gegenstände beziehen, die dem Steuerpflichtigen zur Einnahmeerzielung dienen;
3. Beiträge zu Berufsständen und sonstigen Berufsverbänden, deren Zweck nicht auf einen wirtschaftlichen Geschäftsbetrieb gerichtet ist;
4.[1)] Aufwendungen des Arbeitnehmers für die Wege zwischen Wohnung und regelmäßiger Arbeitsstätte. [2]Zur Abgeltung dieser Aufwendungen ist für jeden Arbeitstag, an dem der Arbeitnehmer die regelmäßige Arbeitsstätte aufsucht, eine Entfernungspauschale für jeden vollen Kilometer der Entfernung zwischen Wohnung und regelmäßiger Arbeitsstätte von 0,30 Euro anzusetzen, höchstens jedoch 4 500 Euro im Kalenderjahr; ein höherer Betrag als 4 500 Euro ist anzusetzen, soweit der Arbeitnehmer einen eigenen oder ihm zur Nutzung überlassenen Kraftwagen benutzt. [3]Die Entfernungspauschale gilt nicht für Flugstrecken und Strecken mit steuerfreier Sammelbeförderung nach § 3 Nummer 32. [4]Für die Bestimmung der Entfernung ist die kürzeste Straßenverbindung zwischen Wohnung und regelmäßiger Arbeitsstätte maßgebend; eine andere als die kürzeste Straßenverbindung kann zugrunde gelegt werden, wenn diese offensichtlich verkehrsgünstiger ist und vom Arbeitnehmer regelmäßig für die Wege zwischen Wohnung und regelmäßiger Arbeitsstätte benutzt wird. [5]Nach § 8 Absatz 3 steuerfreie Sachbezüge für Fahrten zwischen Wohnung und regelmäßiger Arbeitsstätte mindern den nach Satz 2 abziehbaren Betrag; ist der Arbeitgeber selbst der Verkehrsträger, ist der Preis anzusetzen, den ein dritter Arbeitgeber an den Verkehrsträger zu entrichten hätte. [6]Hat ein Arbeitnehmer mehrere Wohnungen, so sind die Wege von einer Wohnung, die nicht der regelmäßigen Arbeitsstätte am nächsten liegt, nur zu berücksichtigen, wenn sie den Mittelpunkt der Lebensinteressen des Arbeitnehmers bildet und nicht nur gelegentlich aufgesucht wird;
5.[2)] notwendige Mehraufwendungen, die einem Arbeitnehmer wegen einer aus beruflichem Anlass begründeten doppelten Haushaltsführung entstehen, und zwar unabhängig davon, aus welchen Gründen die doppelte Haushaltsführung beibehalten wird. [2]Eine doppelte Haushaltsführung liegt nur vor, wenn der Arbeitnehmer außerhalb des Ortes, in dem er einen eigenen Hausstand unterhält, beschäftigt ist und auch am Beschäftigungsort wohnt. [3]Aufwendungen für die Wege vom Beschäftigungsort zum Ort des eigenen Hausstands und zurück (Familienheimfahrten) können jeweils nur für eine Familienheimfahrt wöchentlich abgezogen werden. [4]Zur Abgeltung der Aufwendungen für eine Familienheimfahrt ist eine Entfernungspauschale von 0,30 Euro für jeden vollen Kilometer der Entfernung zwischen dem Ort des eigenen Hausstands und dem Beschäftigungsort anzusetzen. [5]Nummer 4 Satz 3 bis 5 ist entsprechend anzuwenden. [6]Aufwendungen für Familienheimfahrten mit einem dem Steuerpflichtigen im Rahmen einer Einkunftsart überlassenen Kraftfahrzeug werden nicht berücksichtigt;
6. Aufwendungen für Arbeitsmittel, zum Beispiel für Werkzeuge und typische Berufskleidung. [2]Nummer 7 bleibt unberührt;
7.[3)] Absetzungen für Abnutzung und für Substanzverringerung und erhöhte Absetzungen. [2]§ 6 Absatz 2 Satz 1 bis 3 ist in Fällen der Anschaffung oder Herstellung von Wirtschaftsgütern entsprechend anzuwenden.

(2) [1]Durch die Entfernungspauschalen sind sämtliche Aufwendungen abgegolten, die durch die Wege zwischen Wohnung und regelmäßiger Arbeitsstätte und durch die Familienheimfahrten veranlasst sind. [2]Aufwendungen für die Benutzung öffentlicher Ver-

ESiG

1) **Anm. d. Red.:** Zur Anwendung des § 9 Abs. 1 Satz 3 Nr. 4 siehe § 52 Abs. 23d Satz 1.

2) **Anm. d. Red.:** Zur Anwendung des § 9 Abs. 1 Satz 3 Nr. 5 siehe § 52 Abs. 12 Satz 5, Abs. 23d Sätze 1 und 2.

3) **Anm. d. Red.:** Zur Anwendung des § 9 Abs. 1 Satz 3 Nr. 7 siehe § 52 Abs. 23d Satz 3.

kehrsmittel können angesetzt werden, soweit sie den als Entfernungspauschale abziehbaren Betrag übersteigen. [3]Behinderte Menschen,

1. deren Grad der Behinderung mindestens 70 beträgt,
2. deren Grad der Behinderung weniger als 70, aber mindestens 50 beträgt und die in ihrer Bewegungsfähigkeit im Straßenverkehr erheblich beeinträchtigt sind,

können anstelle der Entfernungspauschalen die tatsächlichen Aufwendungen für die Wege zwischen Wohnung und regelmäßiger Arbeitsstätte und für die Familienheimfahrten ansetzen. [4]Die Voraussetzungen der Nummern 1 und 2 sind durch amtliche Unterlagen nachzuweisen.

(3) Absatz 1 Satz 3 Nummer 4 und 5 und Absatz 2 gelten bei den Einkunftsarten im Sinne des § 2 Absatz 1 Satz 1 Nummer 5 bis 7 entsprechend.

(4) (weggefallen)

(5)[1] [1]§ 4 Absatz 5 Satz 1 Nummer 1 bis 5, 6b bis 8a, 10, 12 und Absatz 6 sowie § 9c Absatz 1 und 3 gelten sinngemäß. [2]§ 6 Absatz 1 Nummer 1a gilt entsprechend.

§ 9a[2] Pauschbeträge für Werbungskosten

[1]Für Werbungskosten sind bei der Ermittlung der Einkünfte die folgenden Pauschbeträge abzuziehen, wenn nicht höhere Werbungskosten nachgewiesen werden:

1. a) von den Einnahmen aus nichtselbständiger Arbeit vorbehaltlich Buchstabe b:

   ein Arbeitnehmer-Pauschbetrag von 920 Euro; daneben sind Aufwendungen nach § 9c Absatz 1 und 3 gesondert abzuziehen;

   b) von den Einnahmen aus nichtselbständiger Arbeit, soweit es sich um Versorgungsbezüge im Sinne des § 19 Absatz 2 handelt:

   ein Pauschbetrag von 102 Euro;
2. (weggefallen)
3. von den Einnahmen im Sinne des § 22 Nummer 1, 1a und 5:

   ein Pauschbetrag von insgesamt 102 Euro.

[2]Der Pauschbetrag nach Satz 1 Nummer 1 Buchstabe b darf nur bis zur Höhe der um den Versorgungsfreibetrag einschließlich des Zuschlags zum Versorgungsfreibetrag (§ 19 Absatz 2) geminderten Einnahmen, die Pauschbeträge nach Satz 1 Nummer 1 Buchstabe a und Nummer 3 dürfen nur bis zur Höhe der Einnahmen abgezogen werden.

4a. Umsatzsteuerrechtlicher Vorsteuerabzug

§ 9b

(1) Der Vorsteuerbetrag nach § 15 des Umsatzsteuergesetzes gehört, soweit er bei der Umsatzsteuer abgezogen werden kann, nicht zu den Anschaffungs- oder Herstellungskosten des Wirtschaftsguts, auf dessen Anschaffung oder Herstellung er entfällt.

(2) Wird der Vorsteuerabzug nach § 15a des Umsatzsteuergesetzes berichtigt, so sind die Mehrbeträge als Betriebseinnahmen oder Einnahmen, die Minderbeträge als Betriebsausgaben oder Werbungskosten zu behandeln; die Anschaffungs- oder Herstellungskosten bleiben unberührt.

---

1) **Anm. d. Red.:** Zur Anwendung des § 9 Abs. 5 siehe § 52 Abs. 23d Satz 4.

2) **Anm. d. Red.:** Zur Anwendung des § 9a siehe § 52a Abs. 6.

4b. Kinderbetreuungskosten

§ 9c[1)] Kinderbetreuungskosten

(1) [1]Aufwendungen für Dienstleistungen zur Betreuung eines zum Haushalt des Steuerpflichtigen gehörenden Kindes im Sinne des § 32 Absatz 1, die wegen einer Erwerbstätigkeit des Steuerpflichtigen anfallen, können bei Kindern, die das 14. Lebensjahr noch nicht vollendet haben oder wegen einer vor Vollendung des 25. Lebensjahres eingetretenen körperlichen, geistigen oder seelischen Behinderung außerstande sind, sich selbst zu unterhalten, in Höhe von zwei Dritteln der Aufwendungen, höchstens 4 000 Euro je Kind, bei der Ermittlung der Einkünfte aus Land- und Forstwirtschaft, Gewerbebetrieb oder selbständiger Arbeit wie Betriebsausgaben abgezogen werden. [2]Im Fall des Zusammenlebens der Elternteile gilt Satz 1 nur, wenn beide Elternteile erwerbstätig sind.

(2) [1]Nicht erwerbsbedingte Aufwendungen für Dienstleistungen zur Betreuung eines zum Haushalt des Steuerpflichtigen gehörenden Kindes im Sinne des § 32 Absatz 1 können bei Kindern, die das 14. Lebensjahr noch nicht vollendet haben oder wegen einer vor Vollendung des 25. Lebensjahres eingetretenen körperlichen, geistigen oder seelischen Behinderung außerstande sind, sich selbst zu unterhalten, in Höhe von zwei Dritteln der Aufwendungen, höchstens 4 000 Euro je Kind, als Sonderausgaben abgezogen werden, wenn der Steuerpflichtige sich in Ausbildung befindet, körperlich, geistig oder seelisch behindert oder krank ist. [2]Erwachsen die Aufwendungen wegen Krankheit des Steuerpflichtigen, muss die Krankheit innerhalb eines zusammenhängenden Zeitraums von mindestens drei Monaten bestanden haben, es sei denn, der Krankheitsfall tritt unmittelbar im Anschluss an eine Erwerbstätigkeit oder Ausbildung ein. [3]Bei zusammenlebenden Eltern ist Satz 1 nur dann anzuwenden, wenn bei beiden Elternteilen die Voraussetzungen nach Satz 1 vorliegen oder ein Elternteil erwerbstätig ist und der andere Elternteil sich in Ausbildung befindet, körperlich, geistig oder seelisch behindert oder krank ist. [4]Aufwendungen für Dienstleistungen zur Betreuung eines zum Haushalt des Steuerpflichtigen gehörenden Kindes im Sinne des § 32 Absatz 1 können bei Kindern, die das dritte Lebensjahr vollendet, das sechste Lebensjahr aber noch nicht vollendet haben, in Höhe von zwei Dritteln der Aufwendungen, höchstens 4 000 Euro je Kind, als Sonderausgaben abgezogen werden, wenn sie weder nach Absatz 1 noch nach Satz 1 zu berücksichtigen sind.

(3) [1]Die Absätze 1 und 2 gelten nicht für Aufwendungen für Unterricht, die Vermittlung besonderer Fähigkeiten sowie für sportliche und andere Freizeitbetätigungen. [2]Ist das zu betreuende Kind nicht nach § 1 Absatz 1 oder Absatz 2 unbeschränkt einkommensteuerpflichtig, ist der in den Absätzen 1 und 2 genannte Betrag zu kürzen, soweit es nach den Verhältnissen im Wohnsitzstaat des Kindes notwendig und angemessen ist. [3]Voraussetzung für den Abzug der Aufwendungen nach den Absätzen 1 und 2 ist, dass der Steuerpflichtige für die Aufwendungen eine Rechnung erhalten hat und die Zahlung auf das Konto des Erbringers der Leistung erfolgt ist.

5. Sonderausgaben

§ 10

(1) Sonderausgaben sind die folgenden Aufwendungen, wenn sie weder Betriebsausgaben noch Werbungskosten sind oder wie Betriebsausgaben oder Werbungskosten behandelt werden:

1. Unterhaltsleistungen an den geschiedenen oder dauernd getrennt lebenden unbeschränkt einkommensteuerpflichtigen Ehegatten, wenn der Geber dies mit Zustimmung des Empfängers beantragt, bis zu 13 805 Euro im Kalenderjahr. [2]Der Höchstbetrag nach Satz 1 erhöht sich um den Betrag der im jeweiligen Veranlagungszeitraum nach Absatz 1 Nummer 3 für die Absicherung des geschiedenen oder dauernd

1) **Anm. d. Red.:** Zur Anwendung des § 9c siehe § 52 Abs. 23e.

getrennt lebenden unbeschränkt einkommensteuerpflichtigen Ehegatten aufgewandten Beiträge. [3]Der Antrag kann jeweils nur für ein Kalenderjahr gestellt und nicht zurückgenommen werden. [4]Die Zustimmung ist mit Ausnahme der nach § 894 Absatz 1 der Zivilprozessordnung als erteilt geltenden bis auf Widerruf wirksam. [5]Der Widerruf ist vor Beginn des Kalenderjahres, für das die Zustimmung erstmals nicht gelten soll, gegenüber dem Finanzamt zu erklären. [6]Die Sätze 1 bis 5 gelten für Fälle der Nichtigkeit oder der Aufhebung der Ehe entsprechend;

1a.[1] auf besonderen Verpflichtungsgründen beruhende, lebenslange und wiederkehrende Versorgungsleistungen, die nicht mit Einkünften in wirtschaftlichem Zusammenhang stehen, die bei der Veranlagung außer Betracht bleiben, wenn der Empfänger unbeschränkt einkommensteuerpflichtig ist. [2]Dies gilt nur für

a) Versorgungsleistungen im Zusammenhang mit der Übertragung eines Mitunternehmeranteils an einer Personengesellschaft, die eine Tätigkeit im Sinne der §§ 13, 15 Absatz 1 Satz 1 Nummer 1 oder des § 18 Absatz 1 ausübt,

b) Versorgungsleistungen im Zusammenhang mit der Übertragung eines Betriebs oder Teilbetriebs, sowie

c) Versorgungsleistungen im Zusammenhang mit der Übertragung eines mindestens 50 Prozent betragenden Anteils an einer Gesellschaft mit beschränkter Haftung, wenn der Übergeber als Geschäftsführer tätig war und der Übernehmer diese Tätigkeit nach der Übertragung übernimmt.

[3]Satz 2 gilt auch für den Teil der Versorgungsleistungen, der auf den Wohnteil eines Betriebs der Land- und Forstwirtschaft entfällt;

1b. Leistungen auf Grund eines schuldrechtlichen Versorgungsausgleichs, soweit die ihnen zu Grunde liegenden Einnahmen beim Ausgleichsverpflichteten der Besteuerung unterliegen;

2.[2] a) Beiträge zu den gesetzlichen Rentenversicherungen oder landwirtschaftlichen Alterskassen sowie zu berufsständischen Versorgungseinrichtungen, die den gesetzlichen Rentenversicherungen vergleichbare Leistungen erbringen;

b) Beiträge des Steuerpflichtigen zum Aufbau einer eigenen kapitalgedeckten Altersversorgung, wenn der Vertrag nur die Zahlung einer monatlichen auf das Leben des Steuerpflichtigen bezogenen lebenslangen Leibrente nicht vor Vollendung des 60. Lebensjahres oder die ergänzende Absicherung des Eintritts der Berufsunfähigkeit (Berufsunfähigkeitsrente), der verminderten Erwerbsfähigkeit (Erwerbsminderungsrente) oder von Hinterbliebenen (Hinterbliebenenrente) vorsieht; Hinterbliebene in diesem Sinne sind der Ehegatte des Steuerpflichtigen und die Kinder, für die er Anspruch auf Kindergeld oder auf einen Freibetrag nach § 32 Absatz 6 hat; der Anspruch auf Waisenrente darf längstens für den Zeitraum bestehen, in dem der Rentenberechtigte die Voraussetzungen für die Berücksichtigung als Kind im Sinne des § 32 erfüllt; die genannten Ansprüche dürfen nicht vererblich, nicht übertragbar, nicht beleihbar, nicht veräußerbar und nicht kapitalisierbar sein und es darf darüber hinaus kein Anspruch auf Auszahlungen bestehen.

[2]Zu den Beiträgen nach den Buchstaben a und b ist der nach § 3 Nummer 62 steuerfreie Arbeitgeberanteil zur gesetzlichen Rentenversicherung und ein diesem gleichgestellter steuerfreier Zuschuss des Arbeitgebers hinzuzurechnen. [3]Beiträge nach § 168 Absatz 1 Nummer 1b oder 1c oder nach § 172 Absatz 3 oder 3a des Sechsten Buches Sozialgesetzbuch werden abweichend von Satz 2 nur auf Antrag des Steuerpflichtigen hinzugerechnet;

3. Beiträge zu

a) Krankenversicherungen, soweit diese zur Erlangung eines durch das Zwölfte Buch Sozialgesetzbuch bestimmten sozialhilfegleichen Versorgungsniveaus erfor-

1) **Anm. d. Red.:** Zur Anwendung des § 10 Abs. 1 Nr. 1a siehe § 52 Abs. 23f.

2) **Anm. d. Red.:** Zur Anwendung des § 10 Abs. 1 Nr. 2 siehe § 52 Abs. 24 Satz 1.

derlich sind. [2]Für Beiträge zur gesetzlichen Krankenversicherung sind dies die nach dem Dritten Titel des Ersten Abschnitts des Achten Kapitels des Fünften Buches Sozialgesetzbuch oder die nach dem Sechsten Abschnitt des Zweiten Gesetzes über die Krankenversicherung der Landwirte festgesetzten Beiträge. [3]Für Beiträge zu einer privaten Krankenversicherung sind dies die Beitragsanteile, die auf Vertragsleistungen entfallen, die, mit Ausnahme der auf das Krankengeld entfallenden Beitragsanteile, in Art, Umfang und Höhe den Leistungen nach dem Dritten Kapitel des Fünften Buches Sozialgesetzbuch vergleichbar sind, auf die ein Anspruch besteht; § 12 Absatz 1d des Versicherungsaufsichtsgesetzes in der Fassung der Bekanntmachung vom 17. Dezember 1992 (BGBl 1993 I S. 2), das zuletzt durch Artikel 4 und 6 Absatz 2 des Gesetzes vom 17. Oktober 2008 (BGBl I S. 1982) geändert worden ist, gilt entsprechend. [4]Wenn sich aus den Krankenversicherungsbeiträgen nach Satz 2 ein Anspruch auf Krankengeld oder ein Anspruch auf eine Leistung, die anstelle von Krankengeld gewährt wird, ergeben kann, ist der jeweilige Beitrag um 4 Prozent zu vermindern;

b) gesetzlichen Pflegeversicherungen (soziale Pflegeversicherung und private Pflege-Pflichtversicherung).

[2]Als eigene Beiträge des Steuerpflichtigen werden auch die vom Steuerpflichtigen im Rahmen der Unterhaltsverpflichtung getragenen eigenen Beiträge im Sinne des Buchstaben a oder des Buchstaben b eines Kindes behandelt, für das ein Anspruch auf einen Freibetrag nach § 32 Absatz 6 oder auf Kindergeld besteht. [3]Hat der Steuerpflichtige in den Fällen des Absatzes 1 Nummer 1 eigene Beiträge im Sinne des Buchstaben a oder des Buchstaben b zum Erwerb einer Krankenversicherung oder gesetzlichen Pflegeversicherung für einen geschiedenen oder dauernd getrennt lebenden unbeschränkt einkommensteuerpflichtigen Ehegatten geleistet, dann werden diese abweichend von Satz 1 als eigene Beiträge des geschiedenen oder dauernd getrennt lebenden unbeschränkt einkommensteuerpflichtigen Ehegatten behandelt;

3a. Beiträge zu Kranken- und Pflegeversicherungen, soweit diese nicht nach Nummer 3 zu berücksichtigen sind; Beiträge zu Versicherungen gegen Arbeitslosigkeit, zu Erwerbs- und Berufsunfähigkeitsversicherungen, die nicht unter Nummer 2 Satz 1 Buchstabe b fallen, zu Unfall- und Haftpflichtversicherungen sowie zu Risikoversicherungen, die nur für den Todesfall eine Leistung vorsehen; Beiträge zu Versicherungen im Sinne des § 10 Absatz 1 Nummer 2 Buchstabe b Doppelbuchstabe bb bis dd in der am 31. Dezember 2004 geltenden Fassung, wenn die Laufzeit dieser Versicherungen vor dem 1. Januar 2005 begonnen hat und ein Versicherungsbeitrag bis zum 31. Dezember 2004 entrichtet wurde; § 10 Absatz 1 Nummer 2 Satz 2 bis 6 und Absatz 2 Satz 2 in der am 31. Dezember 2004 geltenden Fassung ist in diesen Fällen weiter anzuwenden;

4.[1] gezahlte Kirchensteuer; dies gilt vorbehaltlich § 32d Absatz 2 und 6 nicht für die nach § 51a Absatz 2b bis 2d erhobene Kirchensteuer;

5. und 6. (weggefallen)

7.[2] Aufwendungen für die eigene Berufsausbildung bis zu 4 000 Euro im Kalenderjahr. [2]Bei Ehegatten, die die Voraussetzungen des § 26 Absatz 1 Satz 1 erfüllen, gilt Satz 1 für jeden Ehegatten. [3]Zu den Aufwendungen im Sinne des Satzes 1 gehören auch Aufwendungen für eine auswärtige Unterbringung. [4]§ 4 Absatz 5 Satz 1 Nummer 5 und 6b, § 9 Absatz 1 Satz 3 Nummer 4 und 5 und Absatz 2 sind bei der Ermittlung der Aufwendungen anzuwenden;

8. (weggefallen)

9.[3] 30 Prozent des Entgelts, höchstens 5 000 Euro, das der Steuerpflichtige für ein Kind, für das er Anspruch auf einen Freibetrag nach § 32 Absatz 6 oder auf Kindergeld

---

1) **Anm. d. Red.**: Zur Anwendung des § 10 Abs. 1 Nr. 4 siehe § 52a Abs. 7.

2) **Anm. d. Red.**: Zur Anwendung des § 10 Abs. 1 Nr. 7 siehe § 52 erster Abs. 24a.

3) **Anm. d. Red.**: Zur Anwendung des § 10 Abs. 1 Nr. 9 siehe § 52 zweiter Abs. 24a.

hat, für dessen Besuch einer Schule in freier Trägerschaft oder einer überwiegend privat finanzierten Schule entrichtet, mit Ausnahme des Entgelts für Beherbergung, Betreuung und Verpflegung. [2]Voraussetzung ist, dass die Schule in einem Mitgliedstaat der Europäischen Union oder in einem Staat belegen ist, auf den das Abkommen über den Europäischen Wirtschaftsraum Anwendung findet, und die Schule zu einem von dem zuständigen inländischen Ministerium eines Landes, von der Kultusministerkonferenz der Länder oder von einer inländischen Zeugnisanerkennungsstelle anerkannten oder einem inländischen Abschluss an einer öffentlichen Schule als gleichwertig anerkannten allgemein bildenden oder berufsbildenden Schul-, Jahrgangs- oder Berufsabschluss führt. [3]Der Besuch einer anderen Einrichtung, die auf einen Schul-, Jahrgangs- oder Berufsabschluss im Sinne des Satzes 2 ordnungsgemäß vorbereitet, steht einem Schulbesuch im Sinne des Satzes 1 gleich. [4]Der Besuch einer Deutschen Schule im Ausland steht dem Besuch einer solchen Schule gleich, unabhängig von ihrer Belegenheit. [5]Der Höchstbetrag nach Satz 1 wird für jedes Kind, bei dem die Voraussetzungen vorliegen, je Elternpaar nur einmal gewährt.

(2)[1)] [1]Voraussetzung für den Abzug der in Absatz 1 Nummern 2, 3 und 3a bezeichneten Beträge (Vorsorgeaufwendungen) ist, dass sie

1. nicht in unmittelbarem wirtschaftlichen Zusammenhang mit steuerfreien Einnahmen stehen; steuerfreie Zuschüsse zu einer Kranken- oder Pflegeversicherung stehen insgesamt in unmittelbarem wirtschaftlichen Zusammenhang mit den Vorsorgeaufwendungen im Sinne des Absatzes 1 Nummer 3,
2. a) an Versicherungsunternehmen, die ihren Sitz oder ihre Geschäftsleitung in einem Mitgliedstaat der Europäischen Gemeinschaft oder einem anderen Vertragsstaat des Europäischen Wirtschaftsraums haben und das Versicherungsgeschäft im Inland betreiben dürfen, und Versicherungsunternehmen, denen die Erlaubnis zum Geschäftsbetrieb im Inland erteilt ist,
   b) an berufsständische Versorgungseinrichtungen,
   c) an einen Sozialversicherungsträger oder
   d) an einen Anbieter im Sinne des § 80

   geleistet werden.

[2]Vorsorgeaufwendungen nach Absatz 1 Nummer 2 Buchstabe b werden nur berücksichtigt, wenn

1. die Beiträge zugunsten eines Vertrags geleistet wurden, der nach § 5a des Altersvorsorgeverträge-Zertifizierungsgesetzes zertifiziert ist, wobei die Zertifizierung Grundlagenbescheid im Sinne des § 171 Absatz 10 der Abgabenordnung ist, und
2. der Steuerpflichtige gegenüber dem Anbieter in die Datenübermittlung nach Absatz 2a eingewilligt hat.

[3]Vorsorgeaufwendungen nach Absatz 1 Nummer 3 werden nur berücksichtigt, wenn der Steuerpflichtige gegenüber dem Versicherungsunternehmen, dem Träger der gesetzlichen Kranken- und Pflegeversicherung oder der Künstlersozialkasse in die Datenübermittlung nach Absatz 2a eingewilligt hat; die Einwilligung gilt als erteilt, wenn die Beiträge mit der elektronischen Lohnsteuerbescheinigung (§ 41b Absatz 1 Satz 2) oder der Rentenbezugsmitteilung (§ 22a Absatz 1 Satz 1 Nummer 5) übermittelt werden. [4]Sind die übermittelten Daten nach Satz 2 Nummer 2 unzutreffend und werden sie daher nach Bekanntgabe des Steuerbescheids vom Anbieter aufgehoben oder korrigiert, kann der Steuerbescheid insoweit geändert werden. [5]Werden die Daten innerhalb der Frist nach Satz 2 Nummer 2 und erstmalig nach Bekanntgabe des Steuerbescheids übermittelt, kann der Steuerbescheid ebenfalls insoweit geändert werden.

(2a) [1]Der Steuerpflichtige hat in die Datenübermittlung nach Absatz 2 gegenüber der übermittelnden Stelle schriftlich einzuwilligen, spätestens bis zum Ablauf des zweiten Kalenderjahres, das auf das Beitragsjahr (Kalenderjahr, in dem die Beiträge geleistet worden sind) folgt; übermittelnde Stelle ist bei Vorsorgeaufwendungen nach Absatz 1

1) **Anm. d. Red.:** Zur Anwendung des § 10 Abs. 2 siehe § 52 Abs. 24 Satz 2.

Nummer 2 Buchstabe b der Anbieter, bei Vorsorgeaufwendungen nach Absatz 1 Nummer 3 das Versicherungsunternehmen, der Träger der gesetzlichen Kranken- und Pflegeversicherung oder die Künstlersozialkasse. [2]Die Einwilligung gilt auch für die folgenden Beitragsjahre, es sei denn, der Steuerpflichtige widerruft diese schriftlich gegenüber der übermittelnden Stelle. [3]Der Widerruf muss vor Beginn des Beitragsjahres, für das die Einwilligung erstmals nicht mehr gelten soll, der übermittelnden Stelle vorliegen. [4]Die übermittelnde Stelle hat bei Vorliegen einer Einwilligung

1. nach Absatz 2 Satz 2 Nummer 2 die Höhe der im jeweiligen Beitragsjahr geleisteten und erstatteten Beiträge nach Absatz 1 Nummer 2 Buchstabe b und die Zertifizierungsnummer,
2. nach Absatz 2 Satz 3 die Höhe der im jeweiligen Beitragsjahr geleisteten und erstatteten Beiträge nach Absatz 1 Nummer 3, soweit diese nicht mit der elektronischen Lohnsteuerbescheinigung oder der Rentenbezugsmitteilung zu übermitteln sind,

unter Angabe der Vertrags- oder Versicherungsdaten, des Datums der Einwilligung und der Identifikationsnummer (§ 139b der Abgabenordnung) nach amtlich vorgeschriebenem Datensatz durch Datenfernübertragung an die zentrale Stelle (§ 81) bis zum 28. Februar des dem Beitragsjahr folgenden Kalenderjahres zu übermitteln. [5]§ 22a Absatz 2 gilt entsprechend. [6]Wird die Einwilligung nach Ablauf des Beitragsjahres, jedoch innerhalb der in Satz 1 genannten Frist abgegeben, sind die Daten bis zum Ende des folgenden Kalendervierteljahres zu übermitteln. [7]Stellt die übermittelnde Stelle fest, dass

1. die an die zentrale Stelle übermittelten Daten unzutreffend sind oder
2. der zentralen Stelle ein Datensatz übermittelt wurde, obwohl die Voraussetzungen hierfür nicht vorlagen,

ist dies unverzüglich durch Übermittlung eines Datensatzes an die zentrale Stelle zu korrigieren oder zu stornieren. [8]Ein Steuerbescheid kann geändert werden, soweit Daten nach den Sätzen 4, 6 oder Satz 7 übermittelt wurden. [9]Die übermittelnde Stelle hat den Steuerpflichtigen über die Höhe der nach den Sätzen 4, 6 oder Satz 7 übermittelten Beiträge für das Beitragsjahr zu unterrichten. [10]§ 150 Absatz 6 der Abgabenordnung gilt entsprechend. [11]Das Bundeszentralamt für Steuern kann die bei Vorliegen der Einwilligung nach Absatz 2 Satz 3 zu übermittelnden Daten prüfen; die §§ 193 bis 203 der Abgabenordnung sind sinngemäß anzuwenden. [12]Wer vorsätzlich oder grob fahrlässig eine unzutreffende Höhe der Beiträge im Sinne des Absatzes 1 Nummer 3 übermittelt, haftet für die entgangene Steuer. [13]Diese ist mit 30 Prozent des zu hoch ausgewiesenen Betrags anzusetzen.

(3) [1]Vorsorgeaufwendungen nach Absatz 1 Nummer 2 Satz 2 sind bis zu 20 000 Euro zu berücksichtigen. [2]Bei zusammenveranlagten Ehegatten verdoppelt sich der Höchstbetrag. [3]Der Höchstbetrag nach Satz 1 oder 2 ist bei Steuerpflichtigen, die

1. Arbeitnehmer sind und die während des ganzen oder eines Teils des Kalenderjahres
   a) in der gesetzlichen Rentenversicherung versicherungsfrei oder auf Antrag des Arbeitgebers von der Versicherungspflicht befreit waren und denen für den Fall ihres Ausscheidens aus der Beschäftigung auf Grund des Beschäftigungsverhältnisses eine lebenslängliche Versorgung oder an deren Stelle eine Abfindung zusteht oder die in der gesetzlichen Rentenversicherung nachzuversichern sind oder
   b) nicht der gesetzlichen Rentenversicherungspflicht unterliegen, eine Berufstätigkeit ausgeübt und im Zusammenhang damit auf Grund vertraglicher Vereinbarungen Anwartschaftsrechte auf eine Altersversorgung erworben haben, oder
2. Einkünfte im Sinne des § 22 Nummer 4 erzielen und die ganz oder teilweise ohne eigene Beitragsleistung einen Anspruch auf Altersversorgung erwerben,

um den Betrag zu kürzen, der, bezogen auf die Einnahmen aus der Tätigkeit, die die Zugehörigkeit zum genannten Personenkreis begründen, dem Gesamtbeitrag (Arbeitgeber- und Arbeitnehmeranteil) zur allgemeinen Rentenversicherung entspricht. [4]Im Kalenderjahr 2005 sind 60 Prozent der nach den Sätzen 1 bis 3 ermittelten Vorsorgeaufwendungen anzusetzen. [5]Der sich danach ergebende Betrag, vermindert um den nach § 3 Nummer 62 steuerfreien Arbeitgeberanteil zur gesetzlichen Rentenversicherung und einen diesem gleichgestellten steuerfreien Zuschuss des Arbeitgebers, ist als Sonderausgabe abziehbar. [6]Der Prozentsatz in Satz 4 erhöht sich in den folgenden Kalenderjahren bis zum Kalenderjahr 2025 um je 2 Prozentpunkte je Kalenderjahr. [7]Beiträge nach § 168 Absatz 1 Nummer 1b oder 1c oder nach § 172 Absatz 3 oder 3a des Sechsten Buches Sozialgesetzbuch vermindern den abziehbaren Betrag nach Satz 5 nur, wenn der Steuerpflichtige die Hinzurechnung dieser Beiträge zu den Vorsorgeaufwendungen nach § 10 Absatz 1 Nummer 2 Satz 3 beantragt hat.

(4) [1]Vorsorgeaufwendungen im Sinne des Absatzes 1 Nummer 3 und 3a können je Kalenderjahr insgesamt bis 2 800 Euro abgezogen werden. [2]Der Höchstbetrag beträgt 1 900 Euro bei Steuerpflichtigen, die ganz oder teilweise ohne eigene Aufwendungen einen Anspruch auf vollständige oder teilweise Erstattung oder Übernahme von Krankheitskosten haben oder für deren Krankenversicherung Leistungen im Sinne des § 3 Nummer 9, 14, 57 oder 62 erbracht werden. [3]Bei zusammen veranlagten Ehegatten bestimmt sich der gemeinsame Höchstbetrag aus der Summe der jedem Ehegatten unter den Voraussetzungen von Satz 1 und 2 zustehenden Höchstbeträge. [4]Übersteigen die Vorsorgeaufwendungen im Sinne des Absatzes 1 Nummer 3 die nach den Sätzen 1 bis 3 zu berücksichtigenden Vorsorgeaufwendungen, sind diese abzuziehen und ein Abzug von Vorsorgeaufwendungen im Sinne des Absatzes 1 Nummer 3a scheidet aus.

(4a) [1]Ist in den Kalenderjahren 2005 bis 2019 der Abzug der Vorsorgeaufwendungen nach Absatz 1 Nummer 2 Buchstabe a, Absatz 1 Nummer 3 und Nummer 3a in der für das Kalenderjahr 2004 geltenden Fassung des § 10 Absatz 3[1)] mit folgenden Höchstbeträgen für den Vorwegabzug

Kalenderjahr	Vorwegabzug für den Steuerpflichtigen	Vorwegabzug im Fall der Zusammenveranlagung von Ehegatten
2005	3 068	6 136
2006	3 068	6 136
2007	3 068	6 136
2008	3 068	6 136
2009	3 068	6 136
2010	3 068	6 136
2011	2 700	5 400
2012	2 400	4 800
2013	2 100	4 200
2014	1 800	3 600

1) **Anm. d. Red.:** § 10 Abs. 3 in der für das Kalenderjahr 2004 geltenden Fassung lautet:
(3) Für Vorsorgeaufwendungen gelten je Kalenderjahr folgende Höchstbeträge:
1. ein Grundhöchstbetrag von 1 334 Euro,
   im Fall der Zusammenveranlagung von Ehegatten von 2 668 Euro;
2. ein Vorwegabzug von 3 068 Euro,
   im Fall der Zusammenveranlagung von Ehegatten von 6 136 Euro.
   [2]Diese Beträge sind zu kürzen um 16 Prozent der Summe der Einnahmen
   a) aus nichtselbständiger Arbeit im Sinne des § 19 ohne Versorgungsbezüge im Sinne des § 19 Absatz 2, wenn für die Zukunftssicherung des Steuerpflichtigen Leistungen im Sinne des § 3 Nummer 62 erbracht werden oder der Steuerpflichtige zum Personenkreis des § 10c Absatz 3 Nummer 1 oder 2 gehört, und
   b) aus der Ausübung eines Mandats im Sinne des § 22 Nummer 4;
3. für Beiträge nach Absatz 1 Nummer 2 Buchstabe c ein zusätzlicher Höchstbetrag von 184 Euro für Steuerpflichtige, die nach dem 31. Dezember 1957 geboren sind;
4. Vorsorgeaufwendungen, die die nach den Nummern 1 bis 3 abziehbaren Beträge übersteigen, können zur Hälfte, höchstens bis zu 50 Prozent des Grundhöchstbetrags abgezogen werden (hälftiger Höchstbetrag).

Kalenderjahr	Vorwegabzug für den Steuerpflichtigen	Vorwegabzug im Fall der Zusammenveranlagung von Ehegatten
2015	1 500	3 000
2016	1 200	2 400
2017	900	1 800
2018	600	1 200
2019	300	600

zuzüglich des Erhöhungsbetrags nach Satz 3 günstiger, ist der sich danach ergebende Betrag anstelle des Abzugs nach Absatz 3 und 4 anzusetzen. [2]Mindestens ist bei Anwendung des Satzes 1 der Betrag anzusetzen, der sich ergeben würde, wenn zusätzlich noch die Vorsorgeaufwendungen nach Absatz 1 Nummer 2 Buchstabe b in die Günstigerprüfung einbezogen werden würden; der Erhöhungsbetrag nach Satz 3 ist nicht hinzuzurechnen. [3]Erhöhungsbetrag sind die Beiträge nach Absatz 1 Nummer 2 Buchstabe b, soweit sie nicht den um die Beiträge nach Absatz 1 Nummer 2 Buchstabe a und den nach § 3 Nummer 62 steuerfreien Arbeitgeberanteil zur gesetzlichen Rentenversicherung und einen diesem gleichgestellten steuerfreien Zuschuss verminderten Höchstbetrag nach Absatz 3 Satz 1 bis 3 überschreiten; Absatz 3 Satz 4 und 6 gilt entsprechend.

(5)[1] Durch Rechtsverordnung wird bezogen auf den Versicherungstarif bestimmt, wie der nicht abziehbare Teil der Beiträge zum Erwerb eines Krankenversicherungsschutzes im Sinne des Absatzes 1 Nummer 3 Buchstabe a Satz 3 durch einheitliche prozentuale Abschläge auf die zugunsten des jeweiligen Tarifs gezahlte Prämie zu ermitteln ist, soweit der nicht abziehbare Beitragsteil nicht bereits als gesonderter Tarif oder Tarifbaustein ausgewiesen wird.

§ 10a Zusätzliche Altersvorsorge

(1)[2] [1]In der gesetzlichen Rentenversicherung Pflichtversicherte können Altersvorsorgebeiträge (§ 82) zuzüglich der dafür nach Abschnitt XI zustehenden Zulage jährlich bis zu 2 100 Euro als Sonderausgaben abziehen; das Gleiche gilt für

1. Empfänger von Besoldung nach dem Bundesbesoldungsgesetz oder einem Landesbesoldungsgesetz,
2. Empfänger von Amtsbezügen aus einem Amtsverhältnis, deren Versorgungsrecht die entsprechende Anwendung des § 69e Absatz 3 und 4 des Beamtenversorgungsgesetzes vorsieht,
3. die nach § 5 Absatz 1 Satz 1 Nummer 2 und 3 des Sechsten Buches Sozialgesetzbuch versicherungsfrei Beschäftigten, die nach § 6 Absatz 1 Satz 1 Nummer 2 oder nach § 230 Absatz 2 Satz 2 des Sechsten Buches Sozialgesetzbuch von der Versicherungspflicht befreiten Beschäftigten, deren Versorgungsrecht die entsprechende Anwendung des § 69e Absatz 3 und 4 des Beamtenversorgungsgesetzes vorsieht,
4. Beamte, Richter, Berufssoldaten und Soldaten auf Zeit, die ohne Besoldung beurlaubt sind, für die Zeit einer Beschäftigung, wenn während der Beurlaubung die Gewährleistung einer Versorgungsanwartschaft unter den Voraussetzungen des § 5 Absatz 1 Satz 1 des Sechsten Buches Sozialgesetzbuch auf diese Beschäftigung erstreckt wird, und
5. Steuerpflichtige im Sinne der Nummern 1 bis 4, die beurlaubt sind und deshalb keine Besoldung, Amtsbezüge oder Entgelt erhalten, sofern sie eine Anrechnung von Kindererziehungszeiten nach § 56 des Sechsten Buches Sozialgesetzbuch in An-

1) **Anm. d. Red.:** Zur Anwendung des § 10 Abs. 5 siehe § 52 Abs. 24b.

2) **Anm. d. Red.:** Zur Anwendung des § 10a Abs. 1 siehe § 52 Abs. 24c Satz 1.

spruch nehmen könnten, wenn die Versicherungsfreiheit in der gesetzlichen Rentenversicherung nicht bestehen würde,

wenn sie spätestens bis zum Ablauf des zweiten Kalenderjahres, das auf das Beitragsjahr (§ 88) folgt, gegenüber der zuständigen Stelle (§ 81a) schriftlich eingewilligt haben, dass diese der zentralen Stelle (§ 81) jährlich mitteilt, dass der Steuerpflichtige zum begünstigten Personenkreis gehört, dass die zuständige Stelle der zentralen Stelle die für die Ermittlung des Mindesteigenbeitrags (§ 86) und die Gewährung der Kinderzulage (§ 85) erforderlichen Daten übermittelt und die zentrale Stelle diese Daten für das Zulageverfahren verwenden darf. [2]Bei der Erteilung der Einwilligung ist der Steuerpflichtige darauf hinzuweisen, dass er die Einwilligung vor Beginn des Kalenderjahres, für das sie erstmals nicht mehr gelten soll, gegenüber der zuständigen Stelle widerrufen kann. [3]Versicherungspflichtige nach dem Gesetz über die Alterssicherung der Landwirte sowie Personen, die wegen Arbeitslosigkeit bei einer inländischen Agentur für Arbeit als Arbeitsuchende gemeldet sind und der Versicherungspflicht in der Rentenversicherung nicht unterliegen, weil sie eine Leistung nach dem Zweiten Buch Sozialgesetzbuch nur wegen des zu berücksichtigenden Einkommens oder Vermögens nicht beziehen, stehen Pflichtversicherten gleich. [4]Die Sätze 1 und 2 gelten entsprechend für Steuerpflichtige, die nicht zum begünstigten Personenkreis nach Satz 1 oder 3 gehören und eine Rente wegen voller Erwerbsminderung oder Erwerbsunfähigkeit oder eine Versorgung wegen Dienstunfähigkeit aus einem der in Satz 1 oder 3 genannten Alterssicherungssysteme beziehen, wenn unmittelbar vor dem Bezug der entsprechenden Leistungen der Leistungsbezieher einer der in Satz 1 oder 3 genannten begünstigten Personengruppen angehörte; dies gilt nicht, wenn der Steuerpflichtige das 67. Lebensjahr vollendet hat. [5]Bei der Ermittlung der dem Steuerpflichtigen zustehenden Zulage nach Satz 1 bleibt die Erhöhung der Grundzulage nach § 84 Satz 2 außer Betracht.

(1a) [1]Sofern eine Zulagenummer (§ 90 Absatz 1 Satz 2) durch die zentrale Stelle oder eine Versicherungsnummer nach § 147 des Sechsten Buches Sozialgesetzbuch noch nicht vergeben ist, haben die in Absatz 1 Satz 1 Nummer 1 bis 5 genannten Steuerpflichtigen über die zuständige Stelle eine Zulagenummer bei der zentralen Stelle zu beantragen. [2]Für Empfänger einer Versorgung im Sinne des Absatzes 1 Satz 4 gilt Satz 1 entsprechend.

(2) [1]Ist der Sonderausgabenabzug nach Absatz 1 für den Steuerpflichtigen günstiger als der Anspruch auf die Zulage nach Abschnitt XI, erhöht sich die unter Berücksichtigung des Sonderausgabenabzugs ermittelte tarifliche Einkommensteuer um den Anspruch auf Zulage. [2]In den anderen Fällen scheidet der Sonderausgabenabzug aus. [3]Die Günstigerprüfung wird von Amts wegen vorgenommen.

(2a) [1]Der Sonderausgabenabzug setzt voraus, dass der Steuerpflichtige gegenüber dem Anbieter (übermittelnde Stelle) in die Datenübermittlung nach Absatz 5 Satz 1 eingewilligt hat. [2]§ 10 Absatz 2a Satz 1 bis Satz 3 gilt entsprechend. [3]In den Fällen des Absatzes 3 Satz 2 und 3 ist die Einwilligung nach Satz 1 von beiden Ehegatten abzugeben. [4]Hat der Zulageberechtigte den Anbieter nach § 89 Absatz 1a bevollmächtigt, gilt die Einwilligung nach Satz 1 als erteilt. [5]Eine Einwilligung nach Satz 1 gilt auch für das jeweilige Beitragsjahr als erteilt, für das dem Anbieter ein Zulageantrag nach § 89 für den mittelbar Zulageberechtigten (§ 79 Satz 2) vorliegt.

(3) [1]Der Abzugsbetrag nach Absatz 1 steht im Fall der Veranlagung von Ehegatten nach § 26 Absatz 1 jedem Ehegatten unter den Voraussetzungen des Absatzes 1 gesondert zu. [2]Gehört nur ein Ehegatte zu dem nach Absatz 1 begünstigten Personenkreis und ist der andere Ehegatte nach § 79 Satz 2 zulageberechtigt, sind bei dem nach Absatz 1 abzugsberechtigten Ehegatten die von beiden Ehegatten geleisteten Altersvorsorgebeiträge und die dafür zustehenden Zulagen bei der Anwendung der Absätze 1 und 2 zu berücksichtigen. [3]Gehören beide Ehegatten zu dem nach Absatz 1 begünstigten Personenkreis und liegt ein Fall der Veranlagung nach § 26 Absatz 1 vor, ist bei der Günstigerprüfung nach Absatz 2 der Anspruch auf Zulage beider Ehegatten anzusetzen.

(4) [1]Im Fall des Absatzes 2 Satz 1 stellt das Finanzamt die über den Zulageanspruch nach Abschnitt XI hinausgehende Steuerermäßigung gesondert fest und teilt diese der zentralen Stelle (§ 81) mit; § 10d Absatz 4 Satz 3 bis 5 gilt entsprechend. [2]Sind Altersvor-

sorgebeiträge zugunsten von mehreren Verträgen geleistet worden, erfolgt die Zurechnung im Verhältnis der nach Absatz 1 berücksichtigten Altersvorsorgebeiträge. [3]Ehegatten ist der nach Satz 1 festzustellende Betrag auch im Fall der Zusammenveranlagung jeweils getrennt zuzurechnen; die Zurechnung erfolgt im Verhältnis der nach Absatz 1 berücksichtigten Altersvorsorgebeiträge. [4]Werden Altersvorsorgebeiträge nach Absatz 3 Satz 2 berücksichtigt, die der nach § 79 Satz 2 zulageberechtigte Ehegatte zugunsten eines auf seinen Namen lautenden Vertrages geleistet hat, ist die hierauf entfallende Steuerermäßigung dem Vertrag zuzurechnen, zu dessen Gunsten die Altersvorsorgebeiträge geleistet wurden. [5]Die Übermittlung an die zentrale Stelle erfolgt unter Angabe der Vertragsnummer und der Identifikationsnummer (§ 139b der Abgabenordnung) sowie der Zulage- oder Versicherungsnummer nach § 147 des Sechsten Buches Sozialgesetzbuch.

ESt G

(5)[1)] [1]Die übermittelnde Stelle hat bei Vorliegen einer Einwilligung nach Absatz 2a die Höhe der im jeweiligen Beitragsjahr zu berücksichtigenden Altersvorsorgebeiträge unter Angabe der Vertragsdaten, des Datums der Einwilligung nach Absatz 2a, der Identifikationsnummer (§ 139b der Abgabenordnung) sowie der Zulage- oder der Versicherungsnummer nach § 147 des Sechsten Buches Sozialgesetzbuch nach amtlich vorgeschriebenem Datensatz durch Datenfernübertragung an die zentrale Stelle bis zum 28. Februar des dem Beitragsjahr folgenden Kalenderjahres zu übermitteln. [2]§ 10 Absatz 2a Satz 6 bis 8 und § 22a Absatz 2 gelten entsprechend. [3]Die Übermittlung erfolgt auch dann, wenn im Fall der mittelbaren Zulageberechtigung keine Altersvorsorgebeiträge geleistet worden sind. [4]Die übrigen Voraussetzungen für den Sonderausgabenabzug nach den Absätzen 1 bis 3 werden im Wege der Datenerhebung und des automatisierten Datenabgleichs nach § 91 überprüft.

§ 10b Steuerbegünstigte Zwecke

(1)[2)] [1]Zuwendungen (Spenden und Mitgliedsbeiträge) zur Förderung steuerbegünstigter Zwecke im Sinne der §§ 52 bis 54 der Abgabenordnung an eine inländische juristische Person des öffentlichen Rechts oder an eine inländische öffentliche Dienststelle oder an eine nach § 5 Absatz 1 Nummer 9 des Körperschaftsteuergesetzes steuerbefreite Körperschaft, Personenvereinigung oder Vermögensmasse können insgesamt bis zu

1. 20 Prozent des Gesamtbetrags der Einkünfte oder
2. 4 Promille der Summe der gesamten Umsätze und der im Kalenderjahr aufgewendeten Löhne und Gehälter

als Sonderausgaben abgezogen werden. [2]Abziehbar sind auch Mitgliedsbeiträge an Körperschaften, die Kunst und Kultur gemäß § 52 Absatz 2 Nummer 5 der Abgabenordnung fördern, soweit es sich nicht um Mitgliedsbeiträge nach Satz 3 Nummer 2 handelt, auch wenn den Mitgliedern Vergünstigungen gewährt werden. [3]Nicht abziehbar sind Mitgliedsbeiträge an Körperschaften, die

1. den Sport (§ 52 Absatz 2 Nummer 21 der Abgabenordnung),
2. kulturelle Betätigungen, die in erster Linie der Freizeitgestaltung dienen,
3. die Heimatpflege und Heimatkunde (§ 52 Absatz 2 Nummer 22 der Abgabenordnung) oder
4. Zwecke im Sinne des § 52 Absatz 2 Nummer 23 der Abgabenordnung

fördern. [4]Abziehbare Zuwendungen, die die Höchstbeträge nach Satz 1 überschreiten oder die den um die Beträge nach § 10 Absatz 3 und 4, § 10c und § 10d verminderten Gesamtbetrag der Einkünfte übersteigen, sind im Rahmen der Höchstbeträge in den folgenden Veranlagungszeiträumen als Sonderausgaben abzuziehen. [5]§ 10d Absatz 4 gilt entsprechend.

---

1) **Anm. d. Red.:** Zur Anwendung des § 10a Abs. 5 siehe § 52 Abs. 24d.

2) **Anm. d. Red.:** Zur Anwendung des § 10b Abs. 1 siehe § 52 Abs. 24e.

(1a)[1] [1]Spenden in den Vermögensstock einer Stiftung des öffentlichen Rechts oder einer nach § 5 Absatz 1 Nummer 9 des Körperschaftsteuergesetzes steuerbefreiten Stiftung des privaten Rechts können auf Antrag des Steuerpflichtigen im Veranlagungszeitraum der Zuwendung und in den folgenden neun Veranlagungszeiträumen bis zu einem Gesamtbetrag von 1 Million Euro zusätzlich zu den Höchstbeträgen nach Absatz 1 Satz 1 abgezogen werden. [2]Der besondere Abzugsbetrag nach Satz 1 bezieht sich auf den gesamten Zehnjahreszeitraum und kann der Höhe nach innerhalb dieses Zeitraums nur einmal in Anspruch genommen werden. [3]§ 10d Absatz 4 gilt entsprechend.

(2) [1]Zuwendungen an politische Parteien im Sinne des § 2 des Parteiengesetzes sind bis zur Höhe von insgesamt 1 650 Euro und im Fall der Zusammenveranlagung von Ehegatten bis zur Höhe von insgesamt 3 300 Euro im Kalenderjahr abzugsfähig. [2]Sie können nur insoweit als Sonderausgaben abgezogen werden, als für sie nicht eine Steuerermäßigung nach § 34g gewährt worden ist.

(3) [1]Als Zuwendung im Sinne dieser Vorschrift gilt auch die Zuwendung von Wirtschaftsgütern mit Ausnahme von Nutzungen und Leistungen. [2]Ist das Wirtschaftsgut unmittelbar vor seiner Zuwendung einem Betriebsvermögen entnommen worden, so darf bei der Ermittlung der Zuwendungshöhe der bei der Entnahme angesetzte Wert nicht überschritten werden. [3]Ansonsten bestimmt sich die Höhe der Zuwendung nach dem gemeinen Wert des zugewendeten Wirtschaftsguts, wenn dessen Veräußerung im Zeitpunkt der Zuwendung keinen Besteuerungstatbestand erfüllen würde. [4]In allen übrigen Fällen dürfen bei der Ermittlung der Zuwendungshöhe die fortgeführten Anschaffungs- oder Herstellungskosten nur überschritten werden, soweit eine Gewinnrealisierung stattgefunden hat. [5]Aufwendungen zugunsten einer Körperschaft, die zum Empfang steuerlich abziehbarer Zuwendungen berechtigt ist, können nur abgezogen werden, wenn ein Anspruch auf die Erstattung der Aufwendungen durch Vertrag oder Satzung eingeräumt und auf die Erstattung verzichtet worden ist. [6]Der Anspruch darf nicht unter der Bedingung des Verzichts eingeräumt worden sein.

(4) [1]Der Steuerpflichtige darf auf die Richtigkeit der Bestätigung über Spenden und Mitgliedsbeiträge vertrauen, es sei denn, dass er die Bestätigung durch unlautere Mittel oder falsche Angaben erwirkt hat oder dass ihm die Unrichtigkeit der Bestätigung bekannt oder infolge grober Fahrlässigkeit nicht bekannt war. [2]Wer vorsätzlich oder grob fahrlässig eine unrichtige Bestätigung ausstellt oder wer veranlasst, dass Zuwendungen nicht zu den in der Bestätigung angegebenen steuerbegünstigten Zwecken verwendet werden, haftet für die entgangene Steuer. [3]Diese ist mit 30 Prozent des zugewendeten Betrags anzusetzen. [4]In den Fällen des Satzes 2 zweite Alternative (Veranlasserhaftung) ist vorrangig der Zuwendungsempfänger (inländische juristische Person des öffentlichen Rechts oder inländische öffentliche Dienststelle oder nach § 5 Absatz 1 Nummer 9 des Körperschaftsteuergesetzes steuerbefreite Körperschaft, Personenvereinigung oder Vermögensmasse) in Anspruch zu nehmen; die in diesen Fällen für den Zuwendungsempfänger handelnden natürlichen Personen sind nur in Anspruch zu nehmen, wenn die entgangene Steuer nicht nach § 47 der Abgabenordnung erloschen ist und Vollstreckungsmaßnahmen gegen den Zuwendungsempfänger nicht erfolgreich sind. [5]Die Festsetzungsfrist für Haftungsansprüche nach Satz 2 läuft nicht ab, solange die Festsetzungsfrist für von dem Empfänger der Zuwendung geschuldete Körperschaftsteuer für den Veranlagungszeitraum nicht abgelaufen ist, in dem die unrichtige Bestätigung ausgestellt worden ist oder veranlasst wurde, dass die Zuwendung nicht zu den in der Bestätigung angegebenen steuerbegünstigten Zwecken verwendet worden ist; § 191 Absatz 5 der Abgabenordnung ist nicht anzuwenden.

§ 10c Sonderausgaben-Pauschbetrag

[1]Für Sonderausgaben nach den §§ 9c und 10 Absatz 1 Nummer 1, 1a, 4, 7 und 9 und nach § 10b wird ein Pauschbetrag von 36 Euro abgezogen (Sonderausgaben-Pauschbetrag), wenn der Steuerpflichtige nicht höhere Aufwendungen nachweist. [2]Im Fall der

1) **Anm. d. Red.:** Zur Anwendung des § 10b Abs. 1a siehe § 52 Abs. 24e Sätze 1 und 2.

Zusammenveranlagung von Ehegatten verdoppelt sich der Sonderausgaben-Pauschbetrag.

§ 10d[1] Verlustabzug

(1) [1]Negative Einkünfte, die bei der Ermittlung des Gesamtbetrags der Einkünfte nicht ausgeglichen werden, sind bis zu einem Betrag von 511 500 Euro, bei Ehegatten, die nach den §§ 26, 26b zusammenveranlagt werden, bis zu einem Betrag von 1 023 000 Euro vom Gesamtbetrag der Einkünfte des unmittelbar vorangegangenen Veranlagungszeitraums vorrangig vor Sonderausgaben, außergewöhnlichen Belastungen und sonstigen Abzugsbeträgen abzuziehen (Verlustrücktrag). [2]Dabei wird der Gesamtbetrag der Einkünfte des unmittelbar vorangegangenen Veranlagungszeitraums um die Begünstigungsbeträge nach § 34a Absatz 3 Satz 1 gemindert. [3]Ist für den unmittelbar vorangegangenen Veranlagungszeitraum bereits ein Steuerbescheid erlassen worden, so ist er insoweit zu ändern, als der Verlustrücktrag zu gewähren oder zu berichtigen ist. [4]Das gilt auch dann, wenn der Steuerbescheid unanfechtbar geworden ist; die Festsetzungsfrist endet insoweit nicht, bevor die Festsetzungsfrist für den Veranlagungszeitraum abgelaufen ist, in dem die negativen Einkünfte nicht ausgeglichen werden. [5]Auf Antrag des Steuerpflichtigen ist ganz oder teilweise von der Anwendung des Satzes 1 abzusehen. [6]Im Antrag ist die Höhe des Verlustrücktrags anzugeben.

(2) [1]Nicht ausgeglichene negative Einkünfte, die nicht nach Absatz 1 abgezogen worden sind, sind in den folgenden Veranlagungszeiträumen bis zu einem Gesamtbetrag der Einkünfte von 1 Million Euro unbeschränkt, darüber hinaus bis zu 60 Prozent des 1 Million Euro übersteigenden Gesamtbetrags der Einkünfte vorrangig vor Sonderausgaben, außergewöhnlichen Belastungen und sonstigen Abzugsbeträgen abzuziehen (Verlustvortrag). [2]Bei Ehegatten, die nach §§ 26, 26b zusammenveranlagt werden, tritt an die Stelle des Betrags von 1 Million Euro ein Betrag von 2 Millionen Euro. [3]Der Abzug ist nur insoweit zulässig, als die Verluste nicht nach Absatz 1 abgezogen worden sind und in den vorangegangenen Veranlagungszeiträumen nicht nach Satz 1 und 2 abgezogen werden konnten.

(3) (weggefallen)

(4) [1]Der am Schluss eines Veranlagungszeitraums verbleibende Verlustvortrag ist gesondert festzustellen. [2]Verbleibender Verlustvortrag sind die bei der Ermittlung des Gesamtbetrags der Einkünfte nicht ausgeglichenen negativen Einkünfte, vermindert um die nach Absatz 1 abgezogenen und die nach Absatz 2 abziehbaren Beträge und vermehrt um den auf den Schluss des vorangegangenen Veranlagungszeitraums festgestellten verbleibenden Verlustvortrag. [3]Zuständig für die Feststellung ist das für die Besteuerung zuständige Finanzamt. [4]Feststellungsbescheide sind zu erlassen, aufzuheben oder zu ändern, soweit sich die nach Satz 2 zu berücksichtigenden Beträge ändern und deshalb der entsprechende Steuerbescheid zu erlassen, aufzuheben oder zu ändern ist. [5]Satz 4 ist entsprechend anzuwenden, wenn der Erlass, die Aufhebung oder die Änderung des Steuerbescheids mangels steuerlicher Auswirkungen unterbleibt. [6]Die Feststellungsfrist endet nicht, bevor die Festsetzungsfrist für den Veranlagungszeitraum abgelaufen ist, auf dessen Schluss der verbleibende Verlustvortrag gesondert festzustellen ist; § 181 Absatz 5 der Abgabenordnung ist nur anzuwenden, wenn die zuständige Finanzbehörde die Feststellung des Verlustvortrags pflichtwidrig unterlassen hat.

§ 10e[2] Steuerbegünstigung der zu eigenen Wohnzwecken genutzten Wohnung im eigenen Haus

(1) [1]Der Steuerpflichtige kann von den Herstellungskosten einer Wohnung in einem im Inland belegenen eigenen Haus oder einer im Inland belegenen eigenen Eigentumswohnung zuzüglich der Hälfte der Anschaffungskosten für den dazugehörenden Grund und Boden (Bemessungsgrundlage) im Jahr der Fertigstellung und in den drei folgenden Jah-

1) **Anm. d. Red.:** Zur Anwendung des § 10d siehe § 52 Abs. 25 und § 57 Abs. 4.

2) **Anm. d. Red.:** Zur Anwendung des § 10e siehe § 52 Abs. 26 und § 57 Abs. 1.

ren jeweils bis zu 6 Prozent, höchstens jeweils 10 124 Euro, und in den vier darauffolgenden Jahren jeweils bis zu 5 Prozent, höchstens jeweils 8 437 Euro, wie Sonderausgaben abziehen. [2]Voraussetzung ist, dass der Steuerpflichtige die Wohnung hergestellt und in dem jeweiligen Jahr des Zeitraums nach Satz 1 (Abzugszeitraum) zu eigenen Wohnzwecken genutzt hat und die Wohnung keine Ferienwohnung oder Wochenendwohnung ist. [3]Eine Nutzung zu eigenen Wohnzwecken liegt auch vor, wenn Teile einer zu eigenen Wohnzwecken genutzten Wohnung unentgeltlich zu Wohnzwecken überlassen werden. [4]Hat der Steuerpflichtige die Wohnung angeschafft, so sind die Sätze 1 bis 3 mit der Maßgabe anzuwenden, dass an die Stelle des Jahres der Fertigstellung das Jahr der Anschaffung und an die Stelle der Herstellungskosten die Anschaffungskosten treten; hat der Steuerpflichtige die Wohnung nicht bis zum Ende des zweiten auf das Jahr der Fertigstellung folgenden Jahres angeschafft, kann er von der Bemessungsgrundlage im Jahr der Anschaffung und in den drei folgenden Jahren höchstens jeweils 4 602 Euro und in den vier darauffolgenden Jahren höchstens jeweils 3 835 Euro abziehen. [5]§ 6b Absatz 6 gilt sinngemäß. [6]Bei einem Anteil an der zu eigenen Wohnzwecken genutzten Wohnung kann der Steuerpflichtige den entsprechenden Teil der Abzugsbeträge nach Satz 1 wie Sonderausgaben abziehen. [7]Werden Teile der Wohnung nicht zu eigenen Wohnzwecken genutzt, ist die Bemessungsgrundlage um den auf den nicht zu eigenen Wohnzwecken entfallenden Teil zu kürzen. [8]Satz 4 ist nicht anzuwenden, wenn der Steuerpflichtige die Wohnung oder einen Anteil daran von seinem Ehegatten anschafft und bei den Ehegatten die Voraussetzungen des § 26 Absatz 1 vorliegen.

(2) Absatz 1 gilt entsprechend für Herstellungskosten zu eigenen Wohnzwecken genutzter Ausbauten und Erweiterungen an einer im Inland belegenen, zu eigenen Wohnzwecken genutzten Wohnung.

(3) [1]Der Steuerpflichtige kann die Abzugsbeträge nach den Absätzen 1 und 2, die er in einem Jahr des Abzugszeitraums nicht ausgenutzt hat, bis zum Ende des Abzugszeitraums abziehen. [2]Nachträgliche Herstellungskosten oder Anschaffungskosten, die bis zum Ende des Abzugszeitraums entstehen, können vom Jahr ihrer Entstehung an für die Veranlagungszeiträume, in denen der Steuerpflichtige Abzugsbeträge nach den Absätzen 1 und 2 hätte abziehen können, so behandelt werden, als wären sie zu Beginn des Abzugszeitraums entstanden.

(4) [1]Die Abzugsbeträge nach den Absätzen 1 und 2 kann der Steuerpflichtige nur für eine Wohnung oder für einen Ausbau oder eine Erweiterung abziehen. [2]Ehegatten, bei denen die Voraussetzungen des § 26 Absatz 1 vorliegen, können die Abzugsbeträge nach den Absätzen 1 und 2 für insgesamt zwei der in Satz 1 bezeichneten Objekte abziehen, jedoch nicht gleichzeitig für zwei in räumlichem Zusammenhang belegene Objekte, wenn bei den Ehegatten im Zeitpunkt der Herstellung oder Anschaffung der Objekte die Voraussetzungen des § 26 Absatz 1 vorliegen. [3]Den Abzugsbeträgen stehen die erhöhten Absetzungen nach § 7b in der jeweiligen Fassung ab Inkrafttreten des Gesetzes vom 16. Juni 1964 (BGBl I S. 353) und nach § 15 Absatz 1 bis 4 des Berlinförderungsgesetzes in der jeweiligen Fassung ab Inkrafttreten des Gesetzes vom 11. Juli 1977 (BGBl I S. 1213) gleich. [4]Nutzt der Steuerpflichtige die Wohnung im eigenen Haus oder die Eigentumswohnung (Erstobjekt) nicht bis zum Ablauf des Abzugszeitraums zu eigenen Wohnzwecken und kann er deshalb die Abzugsbeträge nach den Absätzen 1 und 2 nicht mehr in Anspruch nehmen, so kann er die Abzugsbeträge nach Absatz 1 bei einer weiteren Wohnung im Sinne des Absatzes 1 Satz 1 (Folgeobjekt) in Anspruch nehmen, wenn er das Folgeobjekt innerhalb von zwei Jahren vor und drei Jahren nach Ablauf des Veranlagungszeitraums, in dem er das Erstobjekt letztmals zu eigenen Wohnzwecken genutzt hat, anschafft oder herstellt; Entsprechendes gilt bei einem Ausbau oder einer Erweiterung einer Wohnung. [5]Im Fall des Satzes 4 ist der Abzugszeitraum für das Folgeobjekt um die Anzahl der Veranlagungszeiträume zu kürzen, in denen der Steuerpflichtige für das Erstobjekt die Abzugsbeträge nach den Absätzen 1 und 2 hätte abziehen können; hat der Steuerpflichtige das Folgeobjekt in einem Veranlagungszeitraum, in dem er das Erstobjekt noch zu eigenen Wohnzwecken genutzt hat, hergestellt oder angeschafft oder ausgebaut oder erweitert, so beginnt der Abzugszeitraum für das Folgeobjekt mit Ablauf des Veranlagungszeitraums, in dem der Steuerpflichtige das Erst-

objekt letztmals zu eigenen Wohnzwecken genutzt hat. [6]Für das Folgeobjekt sind die Prozentsätze der vom Erstobjekt verbliebenen Jahre maßgebend. [7]Dem Erstobjekt im Sinne des Satzes 4 steht ein Erstobjekt im Sinne des § 7b Absatz 5 Satz 4 sowie des § 15 Absatz 1 und des § 15b Absatz 1 des Berlinförderungsgesetzes gleich. [8]Ist für den Steuerpflichtigen Objektverbrauch nach den Sätzen 1 bis 3 eingetreten, kann er die Abzugsbeträge nach den Absätzen 1 und 2 für ein weiteres, in dem in Artikel 3 des Einigungsvertrages genannten Gebiet belegenes Objekt abziehen, wenn der Steuerpflichtige oder dessen Ehegatte, bei denen die Voraussetzungen des § 26 Absatz 1 vorliegen, in dem in Artikel 3 des Einigungsvertrages genannten Gebiet zugezogen ist und

1. seinen ausschließlichen Wohnsitz in diesem Gebiet zu Beginn des Veranlagungszeitraums hat oder ihn im Laufe des Veranlagungszeitraums begründet oder
2. bei mehrfachem Wohnsitz einen Wohnsitz in diesem Gebiet hat und sich dort überwiegend aufhält.

ESt G

[9]Voraussetzung für die Anwendung des Satzes 8 ist, dass die Wohnung im eigenen Haus oder die Eigentumswohnung vor dem 1. Januar 1995 hergestellt oder angeschafft oder der Ausbau oder die Erweiterung vor diesem Zeitpunkt fertig gestellt worden ist. [10]Die Sätze 2 und 4 bis 6 sind für im Satz 8 bezeichnete Objekte sinngemäß anzuwenden.

(5) [1]Sind mehrere Steuerpflichtige Eigentümer einer zu eigenen Wohnzwecken genutzten Wohnung, so ist Absatz 4 mit der Maßgabe anzuwenden, dass der Anteil des Steuerpflichtigen an der Wohnung einer Wohnung gleichsteht; Entsprechendes gilt bei dem Ausbau oder bei der Erweiterung einer zu eigenen Wohnzwecken genutzten Wohnung. [2]Satz 1 ist nicht anzuwenden, wenn Eigentümer der Wohnung der Steuerpflichtige und sein Ehegatte sind und bei den Ehegatten die Voraussetzungen des § 26 Absatz 1 vorliegen. [3]Erwirbt im Fall des Satzes 2 ein Ehegatte infolge Erbfalls einen Miteigentumsanteil an der Wohnung hinzu, so kann er die auf diesen Anteil entfallenden Abzugsbeträge nach den Absätzen 1 und 2 weiter in der bisherigen Höhe abziehen; Entsprechendes gilt, wenn im Fall des Satzes 2 während des Abzugszeitraums die Voraussetzungen des § 26 Absatz 1 wegfallen und ein Ehegatte den Anteil des anderen Ehegatten an der Wohnung erwirbt.

(5a) [1]Die Abzugsbeträge nach den Absätzen 1 und 2 können nur für die Veranlagungszeiträume in Anspruch genommen werden, in denen der Gesamtbetrag der Einkünfte 61 355 Euro, bei nach § 26b zusammenveranlagten Ehegatten 122 710 Euro nicht übersteigt. [2]Eine Nachholung von Abzugsbeträgen nach Absatz 3 Satz 1 ist nur für Veranlagungszeiträume möglich, in denen die in Satz 1 genannten Voraussetzungen vorgelegen haben; Entsprechendes gilt für nachträgliche Herstellungskosten oder Anschaffungskosten im Sinne des Absatzes 3 Satz 2.

(6) [1]Aufwendungen des Steuerpflichtigen, die bis zum Beginn der erstmaligen Nutzung einer Wohnung im Sinne des Absatzes 1 zu eigenen Wohnzwecken entstehen, unmittelbar mit der Herstellung oder Anschaffung des Gebäudes oder der Eigentumswohnung oder der Anschaffung des dazugehörenden Grund und Bodens zusammenhängen, nicht zu den Herstellungskosten oder Anschaffungskosten der Wohnung oder zu den Anschaffungskosten des Grund und Bodens gehören und die im Fall der Vermietung oder Verpachtung der Wohnung als Werbungskosten abgezogen werden könnten, können wie Sonderausgaben abgezogen werden. [2]Wird eine Wohnung bis zum Beginn der erstmaligen Nutzung zu eigenen Wohnzwecken vermietet oder zu eigenen beruflichen oder eigenen betrieblichen Zwecken genutzt und sind die Aufwendungen Werbungskosten oder Betriebsausgaben, können sie nicht wie Sonderausgaben abgezogen werden. [3]Aufwendungen nach Satz 1, die Erhaltungsaufwand sind und im Zusammenhang mit der Anschaffung des Gebäudes oder der Eigentumswohnung stehen, können insgesamt nur bis zu 15 Prozent der Anschaffungskosten des Gebäudes oder der Eigentumswohnung, höchstens bis zu 15 Prozent von 76 694 Euro, abgezogen werden. [4]Die Sätze 1 und 2 gelten entsprechend bei Ausbauten und Erweiterungen an einer zu Wohnzwecken genutzten Wohnung.

(6a) [1]Nimmt der Steuerpflichtige Abzugsbeträge für ein Objekt nach den Absätzen 1 oder 2 in Anspruch oder ist er auf Grund des Absatzes 5a zur Inanspruchnahme von Abzugsbeträgen für ein solches Objekt nicht berechtigt, so kann er die mit diesem Objekt in wirtschaftlichem Zusammenhang stehenden Schuldzinsen, die für die Zeit der Nutzung zu eigenen Wohnzwecken entstehen, im Jahr der Herstellung oder Anschaffung und in den beiden folgenden Kalenderjahren bis zur Höhe von jeweils 12 000 Deutsche Mark wie Sonderausgaben abziehen, wenn er das Objekt vor dem 1. Januar 1995 fertiggestellt oder vor diesem Zeitpunkt bis zum Ende des Jahres der Fertigstellung angeschafft hat. [2]Soweit der Schuldzinsenabzug nach Satz 1 nicht in vollem Umfang im Jahr der Herstellung oder Anschaffung in Anspruch genommen werden kann, kann er in dem dritten auf das Jahr der Herstellung oder Anschaffung folgenden Kalenderjahr nachgeholt werden. [3]Absatz 1 Satz 6 gilt sinngemäß.

(7) [1]Sind mehrere Steuerpflichtige Eigentümer einer zu eigenen Wohnzwecken genutzten Wohnung, so können die Abzugsbeträge nach den Absätzen 1 und 2 und die Aufwendungen nach den Absätzen 6 und 6a gesondert und einheitlich festgestellt werden. [2]Die für die gesonderte Feststellung von Einkünften nach § 180 Absatz 1 Nummer 2 Buchstabe a der Abgabenordnung geltenden Vorschriften sind entsprechend anzuwenden.

§ 10f Steuerbegünstigung für zu eigenen Wohnzwecken genutzte Baudenkmale und Gebäude in Sanierungsgebieten und städtebaulichen Entwicklungsbereichen

(1)[1)] [1]Der Steuerpflichtige kann Aufwendungen an einem eigenen Gebäude im Kalenderjahr des Abschlusses der Baumaßnahme und in den neun folgenden Kalenderjahren jeweils bis zu 9 Prozent wie Sonderausgaben abziehen, wenn die Voraussetzungen des § 7h oder des § 7i vorliegen. [2]Dies gilt nur, soweit er das Gebäude in dem jeweiligen Kalenderjahr zu eigenen Wohnzwecken nutzt und die Aufwendungen nicht in die Bemessungsgrundlage nach § 10e oder dem Eigenheimzulagengesetz einbezogen hat. [3]Für Zeiträume, für die der Steuerpflichtige erhöhte Absetzungen von Aufwendungen nach § 7h oder § 7i abgezogen hat, kann er für diese Aufwendungen keine Abzugsbeträge nach Satz 1 in Anspruch nehmen. [4]Eine Nutzung zu eigenen Wohnzwecken liegt auch vor, wenn Teile einer zu eigenen Wohnzwecken genutzten Wohnung unentgeltlich zu Wohnzwecken überlassen werden.

(2)[2)] [1]Der Steuerpflichtige kann Erhaltungsaufwand, der an einem eigenen Gebäude entsteht und nicht zu den Betriebsausgaben oder Werbungskosten gehört, im Kalenderjahr des Abschlusses der Maßnahme und in den neun folgenden Kalenderjahren jeweils bis zu 9 Prozent wie Sonderausgaben abziehen, wenn die Voraussetzungen des § 11a Absatz 1 in Verbindung mit § 7h Absatz 2 oder des § 11b Satz 1 oder 2 in Verbindung mit § 7i Absatz 1 Satz 2 und Absatz 2 vorliegen. [2]Dies gilt nur, soweit der Steuerpflichtige das Gebäude in dem jeweiligen Kalenderjahr zu eigenen Wohnzwecken nutzt und diese Aufwendungen nicht nach § 10e Absatz 6 oder § 10i abgezogen hat. [3]Soweit der Steuerpflichtige das Gebäude während des Verteilungszeitraums zur Einkunftserzielung nutzt, ist der noch nicht berücksichtigte Teil des Erhaltungsaufwands im Jahr des Übergangs zur Einkunftserzielung wie Sonderausgaben abzuziehen. [4]Absatz 1 Satz 4 ist entsprechend anzuwenden.

(3) [1]Die Abzugsbeträge nach den Absätzen 1 und 2 kann der Steuerpflichtige nur bei einem Gebäude in Anspruch nehmen. [2]Ehegatten, bei denen die Voraussetzungen des § 26 Absatz 1 vorliegen, können die Abzugsbeträge nach den Absätzen 1 und 2 bei insgesamt zwei Gebäuden abziehen. [3]Gebäuden im Sinne der Absätze 1 und 2 stehen Gebäude gleich, für die Abzugsbeträge nach § 52 Absatz 21 Satz 6 in Verbindung mit § 51 Absatz 1 Nummer 2 Buchstabe x oder Buchstabe y des Einkommensteuergesetzes 1987 in der Fassung der Bekanntmachung vom 27. Februar 1987 (BGBl I S. 657) in Anspruch genommen worden sind; Entsprechendes gilt für Abzugsbeträge nach § 52 Absatz 21 Satz 7.

---

1) **Anm. d. Red.:** Zur Anwendung des § 10f Abs. 1 siehe § 52 Abs. 27 Sätze 1 und 2.

2) **Anm. d. Red.:** Zur Anwendung des § 10f Abs. 2 siehe § 52 Abs. 27 Satz 3.

(4) [1]Sind mehrere Steuerpflichtige Eigentümer eines Gebäudes, so ist Absatz 3 mit der Maßgabe anzuwenden, dass der Anteil des Steuerpflichtigen an einem solchen Gebäude dem Gebäude gleichsteht. [2]Erwirbt ein Miteigentümer, der für seinen Anteil bereits Abzugsbeträge nach Absatz 1 oder Absatz 2 abgezogen hat, einen Anteil an demselben Gebäude hinzu, kann er für danach von ihm durchgeführte Maßnahmen im Sinne der Absätze 1 oder 2 auch die Abzugsbeträge nach den Absätzen 1 und 2 in Anspruch nehmen, die auf den hinzuerworbenen Anteil entfallen. [3]§ 10e Absatz 5 Satz 2 und 3 sowie Absatz 7 ist sinngemäß anzuwenden.

(5) Die Absätze 1 bis 4 sind auf Gebäudeteile, die selbständige unbewegliche Wirtschaftsgüter sind, und auf Eigentumswohnungen entsprechend anzuwenden.

§ 10g[1)] Steuerbegünstigung für schutzwürdige Kulturgüter, die weder zur Einkunftserzielung noch zu eigenen Wohnzwecken genutzt werden

(1) [1]Der Steuerpflichtige kann Aufwendungen für Herstellungs- und Erhaltungsmaßnahmen an eigenen schutzwürdigen Kulturgütern im Inland, soweit sie öffentliche oder private Zuwendungen oder etwaige aus diesen Kulturgütern erzielte Einnahmen übersteigen, im Kalenderjahr des Abschlusses der Maßnahme und in den neun folgenden Kalenderjahren jeweils bis zu 9 Prozent wie Sonderausgaben abziehen. [2]Kulturgüter im Sinne des Satzes 1 sind

1. Gebäude oder Gebäudeteile, die nach den jeweiligen landesrechtlichen Vorschriften ein Baudenkmal sind,
2. Gebäude oder Gebäudeteile, die für sich allein nicht die Voraussetzungen für ein Baudenkmal erfüllen, aber Teil einer nach den jeweiligen landesrechtlichen Vorschriften als Einheit geschützten Gebäudegruppe oder Gesamtanlage sind,
3. gärtnerische, bauliche und sonstige Anlagen, die keine Gebäude oder Gebäudeteile und nach den jeweiligen landesrechtlichen Vorschriften unter Schutz gestellt sind,
4. Mobiliar, Kunstgegenstände, Kunstsammlungen, wissenschaftliche Sammlungen, Bibliotheken oder Archive, die sich seit mindestens 20 Jahren im Besitz der Familie des Steuerpflichtigen befinden oder in das Verzeichnis national wertvollen Kulturgutes oder das Verzeichnis national wertvoller Archive eingetragen sind und deren Erhaltung wegen ihrer Bedeutung für Kunst, Geschichte oder Wissenschaft im öffentlichen Interesse liegt,

wenn sie in einem den Verhältnissen entsprechenden Umfang der wissenschaftlichen Forschung oder der Öffentlichkeit zugänglich gemacht werden, es sei denn, dem Zugang stehen zwingende Gründe des Denkmal- oder Archivschutzes entgegen. [3]Die Maßnahmen müssen nach Maßgabe der geltenden Bestimmungen der Denkmal- und Archivpflege erforderlich und in Abstimmung mit der in Absatz 3 genannten Stelle durchgeführt worden sein; bei Aufwendungen für Herstellungs- und Erhaltungsmaßnahmen an Kulturgütern im Sinne des Satzes 2 Nummer 1 und 2 ist § 7i Absatz 1 Satz 1 bis 4 sinngemäß anzuwenden.

(2) [1]Die Abzugsbeträge nach Absatz 1 Satz 1 kann der Steuerpflichtige nur in Anspruch nehmen, soweit er die schutzwürdigen Kulturgüter im jeweiligen Kalenderjahr weder zur Erzielung von Einkünften im Sinne des § 2 noch Gebäude oder Gebäudeteile zu eigenen Wohnzwecken nutzt und die Aufwendungen nicht nach § 10e Absatz 6, § 10h Satz 3 oder § 10i abgezogen hat. [2]Für Zeiträume, für die der Steuerpflichtige von Aufwendungen Absetzungen für Abnutzung, erhöhte Absetzungen, Sonderabschreibungen oder Beträge nach § 10e Absatz 1 bis 5, den §§ 10f, 10h, § 15b des Berlinförderungsgesetzes oder § 7 des Fördergebietsgesetzes abgezogen hat, kann er für diese Aufwendungen keine Abzugsbeträge nach Absatz 1 Satz 1 in Anspruch nehmen; Entsprechendes gilt, wenn der Steuerpflichtige für Aufwendungen die Eigenheimzulage nach dem Eigenheimzulagengesetz in Anspruch genommen hat. [3]Soweit die Kulturgüter während des Zeitraums nach Absatz 1 Satz 1 zur Einkunftserzielung genutzt werden, ist der noch

1) **Anm. d. Red.**: Zur Anwendung des § 10g siehe § 52 Abs. 27a.

nicht berücksichtigte Teil der Aufwendungen, die auf Erhaltungsarbeiten entfallen, im Jahr des Übergangs zur Einkunftserzielung wie Sonderausgaben abzuziehen.

(3) [1]Der Steuerpflichtige kann den Abzug vornehmen, wenn er durch eine Bescheinigung der nach Landesrecht zuständigen oder von der Landesregierung bestimmten Stelle die Voraussetzungen des Absatzes 1 für das Kulturgut und für die Erforderlichkeit der Aufwendungen nachweist. [2]Hat eine der für Denkmal- oder Archivpflege zuständigen Behörden ihm Zuschüsse gewährt, so hat die Bescheinigung auch deren Höhe zu enthalten; werden ihm solche Zuschüsse nach Ausstellung der Bescheinigung gewährt, so ist diese entsprechend zu ändern.

(4) [1]Die Absätze 1 bis 3 sind auf Gebäudeteile, die selbständige unbewegliche Wirtschaftsgüter sind, sowie auf Eigentumswohnungen und im Teileigentum stehende Räume entsprechend anzuwenden. [2]§ 10e Absatz 7 gilt sinngemäß.

§ 10h[1)] Steuerbegünstigung der unentgeltlich zu Wohnzwecken überlassenen Wohnung im eigenen Haus

[1]Der Steuerpflichtige kann von den Aufwendungen, die ihm durch Baumaßnahmen zur Herstellung einer Wohnung entstanden sind, im Jahr der Fertigstellung und in den drei folgenden Jahren jeweils bis zu 6 Prozent, höchstens jeweils 10 124 Euro, und in den vier darauffolgenden Jahren jeweils bis zu 5 Prozent, höchstens jeweils 8 437 Euro, wie Sonderausgaben abziehen. [2]Voraussetzung ist, dass

1. der Steuerpflichtige nach dem 30. September 1991 den Bauantrag gestellt oder mit der Herstellung begonnen hat,
2. die Baumaßnahmen an einem Gebäude im Inland durchgeführt worden sind, in dem der Steuerpflichtige im jeweiligen Jahr des Zeitraums nach Satz 1 eine eigene Wohnung zu eigenen Wohnzwecken nutzt,
3. die Wohnung keine Ferienwohnung oder Wochenendwohnung ist,
4. der Steuerpflichtige die Wohnung insgesamt im jeweiligen Jahr des Zeitraums nach Satz 1 voll unentgeltlich an einen Angehörigen im Sinne des § 15 Absatz 1 Nummer 3 und 4 der Abgabenordnung auf Dauer zu Wohnzwecken überlassen hat und
5. der Steuerpflichtige die Aufwendungen nicht in die Bemessungsgrundlage nach den §§ 10e, 10f Absatz 1, §§ 10g, 52 Absatz 21 Satz 6 oder nach § 7 des Fördergebietsgesetzes einbezogen hat.

[3]§ 10e Absatz 1 Satz 5 und 6, Absatz 3, 5a, 6 und 7 gilt sinngemäß.

§ 10i[2)] Vorkostenabzug bei einer nach dem Eigenheimzulagengesetz begünstigten Wohnung

(1) [1]Der Steuerpflichtige kann nachstehende Vorkosten wie Sonderausgaben abziehen:

1. eine Pauschale von 1 790 Euro im Jahr der Fertigstellung oder Anschaffung, wenn er für die Wohnung im Jahr der Herstellung oder Anschaffung oder in einem der zwei folgenden Jahre eine Eigenheimzulage nach dem Eigenheimzulagengesetz in Anspruch nimmt, und
2. Erhaltungsaufwendungen bis zu 11 504 Euro, die
   a) bis zum Beginn der erstmaligen Nutzung einer Wohnung zu eigenen Wohnzwecken entstanden sind oder
   b) bis zum Ablauf des auf das Jahr der Anschaffung folgenden Kalenderjahres entstanden sind, wenn der Steuerpflichtige eine von ihm bisher als Mieter genutzte Wohnung anschafft.

[2]Die Erhaltungsaufwendungen nach Satz 1 Nummer 2 müssen unmittelbar mit der Herstellung oder Anschaffung des Gebäudes oder der Eigentumswohnung zusammenhän-

1) **Anm. d. Red.:** Zur Anwendung des § 10h siehe § 52 Abs. 28.

2) **Anm. d. Red.:** Zur Anwendung des § 10i siehe § 52 Abs. 29.

gen, dürfen nicht zu den Herstellungskosten oder Anschaffungskosten der Wohnung oder zu den Anschaffungskosten des Grund und Bodens gehören und müssten im Fall der Vermietung und Verpachtung der Wohnung als Werbungskosten abgezogen werden können. [3]Wird eine Wohnung bis zum Beginn der erstmaligen Nutzung zu eigenen Wohnzwecken vermietet oder zu eigenen beruflichen oder eigenen betrieblichen Zwecken genutzt und sind die Erhaltungsaufwendungen Werbungskosten oder Betriebsausgaben, können sie nicht wie Sonderausgaben abgezogen werden. [4]Bei einem Anteil an der zu eigenen Wohnzwecken genutzten Wohnung kann der Steuerpflichtige den entsprechenden Teil der Abzugsbeträge nach Satz 1 wie Sonderausgaben abziehen. [5]Die vorstehenden Sätze gelten entsprechend bei Ausbauten und Erweiterungen an einer zu eigenen Wohnzwecken genutzten Wohnung.

(2) [1]Sind mehrere Steuerpflichtige Eigentümer einer zu eigenen Wohnzwecken genutzten Wohnung, können die Aufwendungen nach Absatz 1 gesondert und einheitlich festgestellt werden. [2]Die für die gesonderte Feststellung von Einkünften nach § 180 Absatz 1 Nummer 2 Buchstabe a der Abgabenordnung geltenden Vorschriften sind entsprechend anzuwenden.

6. Vereinnahmung und Verausgabung

§ 11[1)]

(1) [1]Einnahmen sind innerhalb des Kalenderjahres bezogen, in dem sie dem Steuerpflichtigen zugeflossen sind. [2]Regelmäßig wiederkehrende Einnahmen, die dem Steuerpflichtigen kurze Zeit vor Beginn oder kurze Zeit nach Beendigung des Kalenderjahres, zu dem sie wirtschaftlich gehören, zugeflossen sind, gelten als in diesem Kalenderjahr bezogen. [3]Der Steuerpflichtige kann Einnahmen, die auf einer Nutzungsüberlassung im Sinne des Absatzes 2 Satz 3 beruhen, insgesamt auf den Zeitraum gleichmäßig verteilen, für den die Vorauszahlung geleistet wird. [4]Für Einnahmen aus nichtselbständiger Arbeit gilt § 38a Absatz 1 Satz 2 und 3 und § 40 Absatz 3 Satz 2. [5]Die Vorschriften über die Gewinnermittlung (§ 4 Absatz 1, § 5) bleiben unberührt.

(2) [1]Ausgaben sind für das Kalenderjahr abzusetzen, in dem sie geleistet worden sind. [2]Für regelmäßig wiederkehrende Ausgaben gilt Absatz 1 Satz 2 entsprechend. [3]Werden Ausgaben für eine Nutzungsüberlassung von mehr als fünf Jahren im Voraus geleistet, sind sie insgesamt auf den Zeitraum gleichmäßig zu verteilen, für den die Vorauszahlung geleistet wird. [4]Satz 3 ist auf ein Damnum oder Disagio nicht anzuwenden, soweit dieses marktüblich ist. [5]§ 42 der Abgabenordnung bleibt unberührt. [6]Die Vorschriften über die Gewinnermittlung (§ 4 Absatz 1, § 5) bleiben unberührt.

§ 11a Sonderbehandlung von Erhaltungsaufwand bei Gebäuden in Sanierungsgebieten und städtebaulichen Entwicklungsbereichen

(1) [1]Der Steuerpflichtige kann durch Zuschüsse aus Sanierungs- oder Entwicklungsförderungsmitteln nicht gedeckten Erhaltungsaufwand für Maßnahmen im Sinne des § 177 des Baugesetzbuchs an einem im Inland belegenen Gebäude in einem förmlich festgelegten Sanierungsgebiet oder städtebaulichen Entwicklungsbereich auf zwei bis fünf Jahre gleichmäßig verteilen. [2]Satz 1 ist entsprechend anzuwenden auf durch Zuschüsse aus Sanierungs- oder Entwicklungsförderungsmitteln nicht gedeckten Erhaltungsaufwand für Maßnahmen, die der Erhaltung, Erneuerung und funktionsgerechten Verwendung eines Gebäudes im Sinne des Satzes 1 dienen, das wegen seiner geschichtlichen, künstlerischen oder städtebaulichen Bedeutung erhalten bleiben soll, und zu deren Durchführung sich der Eigentümer neben bestimmten Modernisierungsmaßnahmen gegenüber der Gemeinde verpflichtet hat.

(2) [1]Wird das Gebäude während des Verteilungszeitraums veräußert, ist der noch nicht berücksichtigte Teil des Erhaltungsaufwands im Jahr der Veräußerung als Betriebsausgaben oder Werbungskosten abzusetzen. [2]Das Gleiche gilt, wenn ein nicht zu einem Be-

1) **Anm. d. Red.:** Zur Anwendung des § 11 siehe § 52 Abs. 30.

triebsvermögen gehörendes Gebäude in ein Betriebsvermögen eingebracht oder wenn ein Gebäude aus dem Betriebsvermögen entnommen oder wenn ein Gebäude nicht mehr zur Einkunftserzielung genutzt wird.

(3) Steht das Gebäude im Eigentum mehrerer Personen, ist der in Absatz 1 bezeichnete Erhaltungsaufwand von allen Eigentümern auf den gleichen Zeitraum zu verteilen.

(4) § 7h Absatz 2 und 3 ist entsprechend anzuwenden.

§ 11b Sonderbehandlung von Erhaltungsaufwand bei Baudenkmalen

[1]Der Steuerpflichtige kann durch Zuschüsse aus öffentlichen Kassen nicht gedeckten Erhaltungsaufwand für ein im Inland belegenes Gebäude oder Gebäudeteil, das nach den jeweiligen landesrechtlichen Vorschriften ein Baudenkmal ist, auf zwei bis fünf Jahre gleichmäßig verteilen, soweit die Aufwendungen nach Art und Umfang zur Erhaltung des Gebäudes oder Gebäudeteils als Baudenkmal oder zu seiner sinnvollen Nutzung erforderlich und die Maßnahmen in Abstimmung mit der in § 7i Absatz 2 bezeichneten Stelle vorgenommen worden sind. [2]Durch Zuschüsse aus öffentlichen Kassen nicht gedeckten Erhaltungsaufwand für ein im Inland belegenes Gebäude oder Gebäudeteil, das für sich allein nicht die Voraussetzungen für ein Baudenkmal erfüllt, aber Teil einer Gebäudegruppe oder Gesamtanlage ist, die nach den jeweiligen landesrechtlichen Vorschriften als Einheit geschützt ist, kann der Steuerpflichtige auf zwei bis fünf Jahre gleichmäßig verteilen, soweit die Aufwendungen nach Art und Umfang zur Erhaltung des schützenswerten äußeren Erscheinungsbildes der Gebäudegruppe oder Gesamtanlage erforderlich und die Maßnahmen in Abstimmung mit der in § 7i Absatz 2 bezeichneten Stelle vorgenommen worden sind. [3]§ 7h Absatz 3 und § 7i Absatz 1 Satz 2 und Absatz 2 sowie § 11a Absatz 2 und 3 sind entsprechend anzuwenden.

7. Nicht abzugsfähige Ausgaben

§ 12

Soweit in den §§ 9c, 10 Absatz 1 Nummer 1, 2 bis 4, 7 und 9, §§ 10a, 10b und den §§ 33 bis 33b nichts anderes bestimmt ist, dürfen weder bei den einzelnen Einkunftsarten noch vom Gesamtbetrag der Einkünfte abgezogen werden

1. die für den Haushalt des Steuerpflichtigen und für den Unterhalt seiner Familienangehörigen aufgewendeten Beträge. [2]Dazu gehören auch die Aufwendungen für die Lebensführung, die die wirtschaftliche oder gesellschaftliche Stellung des Steuerpflichtigen mit sich bringt, auch wenn sie zur Förderung des Berufs oder der Tätigkeit des Steuerpflichtigen erfolgen;
2. freiwillige Zuwendungen, Zuwendungen auf Grund einer freiwillig begründeten Rechtspflicht und Zuwendungen an eine gegenüber dem Steuerpflichtigen oder seinem Ehegatten gesetzlich unterhaltsberechtigte Person oder deren Ehegatten, auch wenn diese Zuwendungen auf einer besonderen Vereinbarung beruhen;
3. die Steuern vom Einkommen und sonstige Personensteuern sowie die Umsatzsteuer für Umsätze, die Entnahmen sind, und die Vorsteuerbeträge auf Aufwendungen, für die das Abzugsverbot der Nummer 1 oder des § 4 Absatz 5 Satz 1 Nummer 1 bis 5, 7 oder Absatz 7 gilt; das gilt auch für die auf diese Steuern entfallenden Nebenleistungen;
4. in einem Strafverfahren festgesetzte Geldstrafen, sonstige Rechtsfolgen vermögensrechtlicher Art, bei denen der Strafcharakter überwiegt, und Leistungen zur Erfüllung von Auflagen oder Weisungen, soweit die Auflagen oder Weisungen nicht lediglich der Wiedergutmachung des durch die Tat verursachten Schadens dienen;
5. Aufwendungen des Steuerpflichtigen für seine erstmalige Berufsausbildung und für ein Erststudium, wenn diese nicht im Rahmen eines Dienstverhältnisses stattfinden.

8. Die einzelnen Einkunftsarten

a) Land- und Forstwirtschaft (§ 2 Absatz 1 Satz 1 Nummer 1)

§ 13 Einkünfte aus Land- und Forstwirtschaft

(1) Einkünfte aus Land- und Forstwirtschaft sind

1. Einkünfte aus dem Betrieb von Landwirtschaft, Forstwirtschaft, Weinbau, Gartenbau und aus allen Betrieben, die Pflanzen und Pflanzenteile mit Hilfe der Naturkräfte gewinnen. [2]Zu diesen Einkünften gehören auch die Einkünfte aus der Tierzucht und Tierhaltung, wenn im Wirtschaftsjahr

für die ersten 20 Hektar	nicht mehr als 10	Vieheinheiten,
für die nächsten 10 Hektar	nicht mehr als 7	Vieheinheiten,
für die nächsten 20 Hektar	nicht mehr als 6	Vieheinheiten,
für die nächsten 50 Hektar	nicht mehr als 3	Vieheinheiten
und für die weitere Fläche	nicht mehr als 1,5	Vieheinheiten

je Hektar der vom Inhaber des Betriebs regelmäßig landwirtschaftlich genutzten Flächen erzeugt oder gehalten werden. [3]Die Tierbestände sind nach dem Futterbedarf in Vieheinheiten umzurechnen. [4]§ 51 Absatz 2 bis 5 des Bewertungsgesetzes ist anzuwenden. [5]Die Einkünfte aus Tierzucht und Tierhaltung einer Gesellschaft, bei der die Gesellschafter als Unternehmer (Mitunternehmer) anzusehen sind, gehören zu den Einkünften im Sinne des Satzes 1, wenn die Voraussetzungen des § 51a des Bewertungsgesetzes erfüllt sind und andere Einkünfte der Gesellschafter aus dieser Gesellschaft zu den Einkünften aus Land- und Forstwirtschaft gehören;
2. Einkünfte aus sonstiger land- und forstwirtschaftlicher Nutzung (§ 62 Bewertungsgesetz);
3. Einkünfte aus Jagd, wenn diese mit dem Betrieb einer Landwirtschaft oder einer Forstwirtschaft im Zusammenhang steht;
4. Einkünfte von Hauberg-, Wald-, Forst- und Laubgenossenschaften und ähnlichen Realgemeinden im Sinne des § 3 Absatz 2 des Körperschaftsteuergesetzes.

(2) Zu den Einkünften im Sinne des Absatzes 1 gehören auch

1. Einkünfte aus einem land- und forstwirtschaftlichen Nebenbetrieb. [2]Als Nebenbetrieb gilt ein Betrieb, der dem land- und forstwirtschaftlichen Hauptbetrieb zu dienen bestimmt ist;
2. der Nutzungswert der Wohnung des Steuerpflichtigen, wenn die Wohnung die bei Betrieben gleicher Art übliche Größe nicht überschreitet und das Gebäude oder der Gebäudeteil nach den jeweiligen landesrechtlichen Vorschriften ein Baudenkmal ist;
3. die Produktionsaufgaberente nach dem Gesetz zur Förderung der Einstellung der landwirtschaftlichen Erwerbstätigkeit.

(3) [1]Die Einkünfte aus Land- und Forstwirtschaft werden bei der Ermittlung des Gesamtbetrags der Einkünfte nur berücksichtigt, soweit sie den Betrag von 670 Euro übersteigen. [2]Satz 1 ist nur anzuwenden, wenn die Summe der Einkünfte 30 700 Euro nicht übersteigt. [3]Im Fall der Zusammenveranlagung von Ehegatten verdoppeln sich die Beträge der Sätze 1 und 2.

(4) [1]Absatz 2 Nummer 2 findet nur Anwendung, sofern im Veranlagungszeitraum 1986 bei einem Steuerpflichtigen für die von ihm zu eigenen Wohnzwecken oder zu Wohnzwecken des Altenteilers genutzte Wohnung die Voraussetzungen für die Anwendung des § 13 Absatz 2 Nummer 2 des Einkommensteuergesetzes in der Fassung der Bekanntmachung vom 16. April 1997 (BGBl I S. 821) vorlagen. [2]Der Steuerpflichtige kann für einen Veranlagungszeitraum nach dem Veranlagungszeitraum 1998 unwiderruflich beantragen, dass Absatz 2 Nummer 2 ab diesem Veranlagungszeitraum nicht mehr angewendet wird. [3]§ 52 Absatz 21 Satz 4 und 6 des Einkommensteuergesetzes in der Fassung der Bekanntmachung vom 16. April 1997 (BGBl I S. 821) ist entsprechend anzuwenden. [4]Im Fall des Satzes 2 gelten die Wohnung des Steuerpflichtigen und die Altenteilerwohnung

sowie der dazugehörende Grund und Boden zu dem Zeitpunkt als entnommen, bis zu dem Absatz 2 Nummer 2 letztmals angewendet wird. [5]Der Entnahmegewinn bleibt außer Ansatz. [6]Werden

1. die Wohnung und der dazugehörende Grund und Boden entnommen oder veräußert, bevor sie nach Satz 4 als entnommen gelten, oder
2. eine vor dem 1. Januar 1987 einem Dritten entgeltlich zur Nutzung überlassene Wohnung und der dazugehörende Grund und Boden für eigene Wohnzwecke oder für Wohnzwecke eines Altenteilers entnommen,

bleibt der Entnahme- oder Veräußerungsgewinn ebenfalls außer Ansatz; Nummer 2 ist nur anzuwenden, soweit nicht Wohnungen vorhanden sind, die Wohnzwecken des Eigentümers des Betriebs oder Wohnzwecken eines Altenteilers dienen und die unter Satz 4 oder unter Nummer 1 fallen.

(5) Wird Grund und Boden dadurch entnommen, dass auf diesem Grund und Boden die Wohnung des Steuerpflichtigen oder eine Altenteilerwohnung errichtet wird, bleibt der Entnahmegewinn außer Ansatz; der Steuerpflichtige kann die Regelung nur für eine zu eigenen Wohnzwecken genutzte Wohnung und für eine Altenteilerwohnung in Anspruch nehmen.

(6) [1]Werden einzelne Wirtschaftsgüter eines land- und forstwirtschaftlichen Betriebs auf einen der gemeinschaftlichen Tierhaltung dienenden Betrieb im Sinne des § 34 Absatz 6a des Bewertungsgesetzes einer Erwerbs- und Wirtschaftsgenossenschaft oder eines Vereins gegen Gewährung von Mitgliedsrechten übertragen, so ist die auf den dabei entstehenden Gewinn entfallende Einkommensteuer auf Antrag in jährlichen Teilbeträgen zu entrichten. [2]Der einzelne Teilbetrag muss mindestens ein Fünftel dieser Steuer betragen.

(7)[1)] § 15 Absatz 1 Satz 1 Nummer 2, Absatz 1a, Absatz 2 Satz 2 und 3, §§ 15a und 15b sind entsprechend anzuwenden.

§ 13a[2)] Ermittlung des Gewinns aus Land- und Forstwirtschaft nach Durchschnittssätzen

(1) [1]Der Gewinn ist für einen Betrieb der Land- und Forstwirtschaft nach den Absätzen 3 bis 6 zu ermitteln, wenn

1. der Steuerpflichtige nicht auf Grund gesetzlicher Vorschriften verpflichtet ist, Bücher zu führen und regelmäßig Abschlüsse zu machen, und
2. die selbst bewirtschaftete Fläche der landwirtschaftlichen Nutzung (§ 34 Absatz 2 Nummer 1 Buchstabe a des Bewertungsgesetzes) ohne Sonderkulturen (§ 52 des Bewertungsgesetzes) nicht 20 Hektar überschreitet und
3. die Tierbestände insgesamt 50 Vieheinheiten (Anlage 1 zum Bewertungsgesetz) nicht übersteigen und
4. der Wert der selbst bewirtschafteten Sondernutzungen nach Absatz 5 nicht mehr als 2 000 Deutsche Mark je Sondernutzung beträgt.

[2]Der Gewinn ist letztmalig für das Wirtschaftsjahr nach Durchschnittssätzen zu ermitteln, das nach Bekanntgabe der Mitteilung endet, durch die die Finanzbehörde auf den Beginn der Buchführungspflicht (§ 141 Absatz 2 der Abgabenordnung) oder den Wegfall einer anderen Voraussetzung des Satzes 1 hingewiesen hat.

(2) [1]Auf Antrag des Steuerpflichtigen ist für einen Betrieb im Sinne des Absatzes 1 der Gewinn für vier aufeinander folgende Wirtschaftsjahre nicht nach den Absätzen 3 bis 6 zu ermitteln. [2]Wird der Gewinn eines dieser Wirtschaftsjahre durch den Steuerpflichtigen nicht durch Betriebsvermögensvergleich oder durch Vergleich der Betriebseinnahmen mit den Betriebsausgaben ermittelt, ist der Gewinn für den gesamten Zeitraum von vier Wirtschaftsjahren nach den Absätzen 3 bis 6 zu ermitteln. [3]Der Antrag ist bis zur

1) **Anm. d. Red.:** Zur Anwendung des § 13 Abs. 7 siehe § 52 Abs. 30a.

2) **Anm. d. Red.:** Zur Anwendung des § 13a siehe § 52 Abs. 31.

Abgabe der Steuererklärung, jedoch spätestens zwölf Monate nach Ablauf des ersten Wirtschaftsjahres, auf das er sich bezieht, schriftlich zu stellen. [4]Er kann innerhalb dieser Frist zurückgenommen werden.

(3) [1]Durchschnittssatzgewinn ist die Summe aus

1. dem Grundbetrag (Absatz 4),
2. den Zuschlägen für Sondernutzungen (Absatz 5),
3. den nach Absatz 6 gesondert zu ermittelnden Gewinnen,
4. den vereinnahmten Miet- und Pachtzinsen,
5. den vereinnahmten Kapitalerträgen, die sich aus Kapitalanlagen von Veräußerungserlösen im Sinne des Absatzes 6 Satz 1 Nummer 2 ergeben.

[2]Abzusetzen sind verausgabte Pachtzinsen und diejenigen Schuldzinsen und dauernden Lasten, die Betriebsausgaben sind. [3]Die abzusetzenden Beträge dürfen insgesamt nicht zu einem Verlust führen.

(4) [1]Die Höhe des Grundbetrags richtet sich bei der landwirtschaftlichen Nutzung ohne Sonderkulturen nach dem Hektarwert (§ 40 Absatz 1 Satz 3 des Bewertungsgesetzes) der selbst bewirtschafteten Fläche. [2]Je Hektar der landwirtschaftlichen Nutzung sind anzusetzen

1. bei einem Hektarwert
   bis 300 Deutsche Mark — 205 Euro,
2. bei einem Hektarwert
   über 300 Deutsche Mark
   bis 500 Deutsche Mark — 307 Euro,
3. bei einem Hektarwert
   über 500 Deutsche Mark
   bis 1 000 Deutsche Mark — 358 Euro,
4. bei einem Hektarwert
   über 1 000 Deutsche Mark
   bis 1 500 Deutsche Mark — 410 Euro,
5. bei einem Hektarwert
   über 1 500 Deutsche Mark
   bis 2 000 Deutsche Mark — 461 Euro,
6. bei einem Hektarwert
   über 2 000 Deutsche Mark — 512 Euro.

(5) [1]Als Sondernutzungen gelten die in § 34 Absatz 2 Nummer 1 Buchstabe b bis e des Bewertungsgesetzes genannten Nutzungen, die in § 34 Absatz 2 Nummer 2 des Bewertungsgesetzes genannten Wirtschaftsgüter, die Nebenbetriebe (§ 34 Absatz 2 Nummer 3 Bewertungsgesetz) und die Sonderkulturen (§ 52 Bewertungsgesetz). [2]Die Werte der Sondernutzungen sind aus den jeweils zuletzt festgestellten Einheitswerten oder den nach § 125 des Bewertungsgesetzes ermittelten Ersatzwirtschaftswerten abzuleiten. [3]Bei Sondernutzungen, deren Werte jeweils 500 Deutsche Mark übersteigen, ist für jede Sondernutzung ein Zuschlag von 512 Euro zu machen. [4]Satz 3 ist bei der forstwirtschaftlichen Nutzung nicht anzuwenden.

(6) [1]In den Durchschnittssatzgewinn sind über die nach den Absätzen 4 und 5 zu ermittelnden Beträge hinaus auch Gewinne, soweit sie insgesamt 1 534 Euro übersteigen, einzubeziehen aus

1. der forstwirtschaftlichen Nutzung,
2. der Veräußerung oder Entnahme von Grund und Boden und Gebäuden sowie der im Zusammenhang mit einer Betriebsumstellung stehenden Veräußerung oder Entnahme von Wirtschaftsgütern des übrigen Anlagevermögens,

3. Dienstleistungen und vergleichbaren Tätigkeiten, sofern diese dem Bereich der Land- und Forstwirtschaft zugerechnet und nicht für andere Betriebe der Land- und Forstwirtschaft erbracht werden,
4. der Auflösung von Rücklagen nach § 6c und von Rücklagen für Ersatzbeschaffung.

[2]Bei der Ermittlung der Gewinne nach Satz 1 Nummer 1 und 2 ist § 4 Absatz 3 entsprechend anzuwenden. [3]Der Gewinn aus den in Nummer 3 genannten Tätigkeiten beträgt 35 Prozent der Einnahmen.

§ 14 Veräußerung des Betriebs

[1]Zu den Einkünften aus Land- und Forstwirtschaft gehören auch Gewinne, die bei der Veräußerung eines land- oder forstwirtschaftlichen Betriebs oder Teilbetriebs oder eines Anteils an einem land- und forstwirtschaftlichen Betriebsvermögen erzielt werden. [2]§ 16 gilt entsprechend mit der Maßgabe, dass der Freibetrag nach § 16 Absatz 4 nicht zu gewähren ist, wenn der Freibetrag nach § 14a Absatz 1 gewährt wird.

§ 14a[1] Vergünstigungen bei der Veräußerung bestimmter land- und forstwirtschaftlicher Betriebe

(1) [1]Veräußert ein Steuerpflichtiger nach dem 30. Juni 1970 und vor dem 1. Januar 2001 seinen land- und forstwirtschaftlichen Betrieb im Ganzen, so wird auf Antrag der Veräußerungsgewinn (§ 16 Absatz 2) nur insoweit zur Einkommensteuer herangezogen, als er den Betrag von 150 000 Deutsche Mark übersteigt, wenn

1. der für den Zeitpunkt der Veräußerung maßgebende Wirtschaftswert (§ 46 des Bewertungsgesetzes) des Betriebs 40 000 Deutsche Mark nicht übersteigt,
2. die Einkünfte des Steuerpflichtigen im Sinne des § 2 Absatz 1 Satz 1 Nummer 2 bis 7 in den dem Veranlagungszeitraum der Veräußerung vorangegangenen beiden Veranlagungszeiträumen jeweils den Betrag von 35 000 Deutsche Mark nicht überstiegen haben. [2]Bei Ehegatten, die nicht dauernd getrennt leben, gilt Satz 1 mit der Maßgabe, dass die Einkünfte beider Ehegatten zusammen jeweils 70 000 Deutsche Mark nicht überstiegen haben.

[2]Ist im Zeitpunkt der Veräußerung ein nach Nummer 1 maßgebender Wirtschaftswert nicht festgestellt oder sind bis zu diesem Zeitpunkt die Voraussetzungen für eine Wertfortschreibung erfüllt, so ist der Wert maßgebend, der sich für den Zeitpunkt der Veräußerung als Wirtschaftswert ergeben würde.

(2) [1]Der Anwendung des Absatzes 1 und des § 34 Absatz 1 steht nicht entgegen, wenn die zum land- und forstwirtschaftlichen Vermögen gehörenden Gebäude mit dem dazugehörigen Grund und Boden nicht mitveräußert werden. [2]In diesem Fall gelten die Gebäude mit dem dazugehörigen Grund und Boden als entnommen. [3]Der Freibetrag kommt auch dann in Betracht, wenn zum Betrieb ein forstwirtschaftlicher Teilbetrieb gehört und dieser nicht mitveräußert, sondern als eigenständiger Betrieb vom Steuerpflichtigen fortgeführt wird. [4]In diesem Fall ermäßigt sich der Freibetrag auf den Teil, der dem Verhältnis des tatsächlich entstandenen Veräußerungsgewinns zu dem bei einer Veräußerung des ganzen land- und forstwirtschaftlichen Betriebs erzielbaren Veräußerungsgewinn entspricht.

(3) [1]Als Veräußerung gilt auch die Aufgabe des Betriebs, wenn

1. die Voraussetzungen des Absatzes 1 erfüllt sind und
2. der Steuerpflichtige seinen land- und forstwirtschaftlichen Betrieb zum Zweck der Strukturverbesserung abgegeben hat und dies durch eine Bescheinigung der nach Landesrecht zuständigen Stelle nachweist.

[2]§ 16 Absatz 3 Satz 4 und 5 gilt entsprechend.

(4) [1]Veräußert oder entnimmt ein Steuerpflichtiger nach dem 31. Dezember 1979 und vor dem 1. Januar 2006 Teile des zu einem land- und forstwirtschaftlichen Betrieb gehö-

1) **Anm. d. Red.:** Zur Anwendung des § 14a siehe § 52 Abs. 32 und § 57 Abs. 3.

renden Grund und Bodens, so wird der bei der Veräußerung oder der Entnahme entstehende Gewinn auf Antrag nur insoweit zur Einkommensteuer herangezogen, als er den Betrag von 61 800 Euro übersteigt. [2]Satz 1 ist nur anzuwenden, wenn

1. der Veräußerungspreis nach Abzug der Veräußerungskosten oder der Grund und Boden innerhalb von zwölf Monaten nach der Veräußerung oder Entnahme in sachlichem Zusammenhang mit der Hoferbfolge oder Hofübernahme zur Abfindung weichender Erben verwendet wird und
2. das Einkommen des Steuerpflichtigen ohne Berücksichtigung des Gewinns aus der Veräußerung oder Entnahme und des Freibetrags in dem dem Veranlagungszeitraum der Veräußerung oder Entnahme vorangegangenen Veranlagungszeitraum den Betrag von 18 000 Euro nicht überstiegen hat; bei Ehegatten, die nach den §§ 26, 26b zusammen veranlagt werden, erhöht sich der Betrag von 18 000 Euro auf 36 000 Euro.

ESt G

[3]Übersteigt das Einkommen den Betrag von 18 000 Euro, so vermindert sich der Betrag von 61 800 Euro nach Satz 1 je angefangene 250 Euro des übersteigenden Einkommens um 10 300 Euro; bei Ehegatten, die nach den §§ 26, 26b zusammen veranlagt werden und deren Einkommen den Betrag von 36 000 Euro übersteigt, vermindert sich der Betrag von 61 800 Euro nach Satz 1 je angefangene 500 Euro des übersteigenden Einkommens um 10 300 Euro. [4]Werden mehrere weichende Erben abgefunden, so kann der Freibetrag mehrmals, jedoch insgesamt nur einmal je weichender Erbe geltend gemacht werden, auch wenn die Abfindung in mehreren Schritten oder durch mehrere Inhaber des Betriebs vorgenommen wird. [5]Weichender Erbe ist, wer gesetzlicher Erbe eines Inhabers eines land- und forstwirtschaftlichen Betriebs ist oder bei gesetzlicher Erbfolge wäre, aber nicht zur Übernahme des Betriebs berufen ist; eine Stellung als Mitunternehmer des Betriebs bis zur Auseinandersetzung steht einer Behandlung als weichender Erbe nicht entgegen, wenn sich die Erben innerhalb von zwei Jahren nach dem Erbfall auseinandersetzen. [6]Ist ein zur Übernahme des Betriebs berufener Miterbe noch minderjährig, beginnt die Frist von zwei Jahren mit Eintritt der Volljährigkeit.

(5) [1]Veräußert ein Steuerpflichtiger nach dem 31. Dezember 1985 und vor dem 1. Januar 2001 Teile des zu einem land- und forstwirtschaftlichen Betrieb gehörenden Grund und Bodens, so wird der bei der Veräußerung entstehende Gewinn auf Antrag nur insoweit zur Einkommensteuer herangezogen, als er den Betrag von 90 000 Deutsche Mark übersteigt, wenn

1. der Steuerpflichtige den Veräußerungspreis nach Abzug der Veräußerungskosten zur Tilgung von Schulden verwendet, die zu dem land- und forstwirtschaftlichen Betrieb gehören und vor dem 1. Juli 1985 bestanden haben, und
2. die Voraussetzungen des Absatzes 4 Satz 2 Nummer 2 erfüllt sind.

[2]Übersteigt das Einkommen den Betrag von 35 000 Deutsche Mark, so vermindert sich der Betrag von 90 000 Deutsche Mark nach Satz 1 für jede angefangenen 500 Deutsche Mark des übersteigenden Einkommens um 15 000 Deutsche Mark; bei Ehegatten, die nach den §§ 26, 26b zusammen veranlagt werden und bei denen das Einkommen den Betrag von 70 000 Deutsche Mark übersteigt, vermindert sich der Betrag von 90 000 Deutsche Mark nach Satz 1 für jede angefangenen 1 000 Deutsche Mark des übersteigenden Einkommens um 15 000 Deutsche Mark. [3]Der Freibetrag von höchstens 90 000 Deutsche Mark wird für alle Veräußerungen im Sinne des Satzes 1 insgesamt nur einmal gewährt.

(6) Verwendet der Steuerpflichtige den Veräußerungspreis oder entnimmt er den Grund und Boden nur zum Teil zu den in den Absätzen 4 und 5 angegebenen Zwecken, so ist nur der entsprechende Teil des Gewinns aus der Veräußerung oder Entnahme steuerfrei.

(7) Auf die Freibeträge nach Absatz 4 in dieser Fassung sind die Freibeträge, die nach Absatz 4 in den vor dem 1. Januar 1986 geltenden Fassungen gewährt worden sind, anzurechnen.

b) Gewerbebetrieb (§ 2 Absatz 1 Satz 1 Nummer 2)

§ 15 Einkünfte aus Gewerbebetrieb

(1) [1]Einkünfte aus Gewerbebetrieb sind

1. Einkünfte aus gewerblichen Unternehmen. [2]Dazu gehören auch Einkünfte aus gewerblicher Bodenbewirtschaftung, z. B. aus Bergbauunternehmen und aus Betrieben zur Gewinnung von Torf, Steinen und Erden, soweit sie nicht land- oder forstwirtschaftliche Nebenbetriebe sind;
2. die Gewinnanteile der Gesellschafter einer Offenen Handelsgesellschaft, einer Kommanditgesellschaft und einer anderen Gesellschaft, bei der der Gesellschafter als Unternehmer (Mitunternehmer) des Betriebs anzusehen ist, und die Vergütungen, die der Gesellschafter von der Gesellschaft für seine Tätigkeit im Dienst der Gesellschaft oder für die Hingabe von Darlehen oder für die Überlassung von Wirtschaftsgütern bezogen hat. [2]Der mittelbar über eine oder mehrere Personengesellschaften beteiligte Gesellschafter steht dem unmittelbar beteiligten Gesellschafter gleich; er ist als Mitunternehmer des Betriebs der Gesellschaft anzusehen, an der er mittelbar beteiligt ist, wenn er und die Personengesellschaften, die seine Beteiligung vermitteln, jeweils als Mitunternehmer der Betriebe der Personengesellschaften anzusehen sind, an denen sie unmittelbar beteiligt sind;
3. die Gewinnanteile der persönlich haftenden Gesellschafter einer Kommanditgesellschaft auf Aktien, soweit sie nicht auf Anteile am Grundkapital entfallen, und die Vergütungen, die der persönlich haftende Gesellschafter von der Gesellschaft für seine Tätigkeit im Dienst der Gesellschaft oder für die Hingabe von Darlehen oder für die Überlassung von Wirtschaftsgütern bezogen hat.

[2]Satz 1 Nummer 2 und 3 gilt auch für Vergütungen, die als nachträgliche Einkünfte (§ 24 Nummer 2) bezogen werden. [3]§ 13 Absatz 5 gilt entsprechend, sofern das Grundstück im Veranlagungszeitraum 1986 zu einem gewerblichen Betriebsvermögen gehört hat.

(1a)[1)] [1]In den Fällen des § 4 Absatz 1 Satz 4 ist der Gewinn aus einer späteren Veräußerung der Anteile ungeachtet der Bestimmungen eines Abkommens zur Vermeidung der Doppelbesteuerung in der gleichen Art und Weise zu besteuern, wie die Veräußerung dieser Anteile an der Europäischen Gesellschaft oder Europäischen Genossenschaft zu besteuern gewesen wäre, wenn keine Sitzverlegung stattgefunden hätte. [2]Dies gilt auch, wenn später die Anteile verdeckt in eine Kapitalgesellschaft eingelegt werden, die Europäische Gesellschaft oder Europäische Genossenschaft aufgelöst wird oder wenn ihr Kapital herabgesetzt und zurückgezahlt wird oder wenn Beträge aus dem steuerlichen Einlagekonto im Sinne des § 27 des Körperschaftsteuergesetzes ausgeschüttet oder zurückgezahlt werden.

(2) [1]Eine selbständige nachhaltige Betätigung, die mit der Absicht, Gewinn zu erzielen, unternommen wird und sich als Beteiligung am allgemeinen wirtschaftlichen Verkehr darstellt, ist Gewerbebetrieb, wenn die Betätigung weder als Ausübung von Land- und Forstwirtschaft noch als Ausübung eines freien Berufs noch als eine andere selbständige Arbeit anzusehen ist. [2]Eine durch die Betätigung verursachte Minderung der Steuern vom Einkommen ist kein Gewinn im Sinne des Satzes 1. [3]Ein Gewerbebetrieb liegt, wenn seine Voraussetzungen im Übrigen gegeben sind, auch dann vor, wenn die Gewinnerzielungsabsicht nur ein Nebenzweck ist.

(3)[2)] Als Gewerbebetrieb gilt in vollem Umfang die mit Einkünfteerzielungsabsicht unternommene Tätigkeit

1. einer offenen Handelsgesellschaft, einer Kommanditgesellschaft oder einer anderen Personengesellschaft, wenn die Gesellschaft auch eine Tätigkeit im Sinne des Absatzes 1 Nummer 1 ausübt oder gewerbliche Einkünfte im Sinne des Absatzes 1 Satz 1 Nummer 2 bezieht,

---

1) **Anm. d. Red.:** Zur Anwendung des § 15 Abs. 1a siehe § 52 Abs. 30a Satz 2.

2) **Anm. d. Red.:** Zur Anwendung des § 15 Abs. 3 siehe § 52 Abs. 32a.

2. einer Personengesellschaft, die keine Tätigkeit im Sinne des Absatzes 1 Satz 1 Nummer 1 ausübt und bei der ausschließlich eine oder mehrere Kapitalgesellschaften persönlich haftende Gesellschafter sind und nur diese oder Personen, die nicht Gesellschafter sind, zur Geschäftsführung befugt sind (gewerblich geprägte Personengesellschaft). [2]Ist eine gewerblich geprägte Personengesellschaft als persönlich haftender Gesellschafter an einer anderen Personengesellschaft beteiligt, so steht für die Beurteilung, ob die Tätigkeit dieser Personengesellschaft als Gewerbebetrieb gilt, die gewerblich geprägte Personengesellschaft einer Kapitalgesellschaft gleich.

(4)[1)] [1]Verluste aus gewerblicher Tierzucht oder gewerblicher Tierhaltung dürfen weder mit anderen Einkünften aus Gewerbebetrieb noch mit Einkünften aus anderen Einkunftsarten ausgeglichen werden; sie dürfen auch nicht nach § 10d abgezogen werden. [2]Die Verluste mindern jedoch nach Maßgabe des § 10d die Gewinne, die der Steuerpflichtige in dem unmittelbar vorangegangenen und in den folgenden Wirtschaftsjahren aus gewerblicher Tierzucht oder gewerblicher Tierhaltung erzielt hat oder erzielt. [3]Die Sätze 1 und 2 gelten entsprechend für Verluste aus Termingeschäften, durch die der Steuerpflichtige einen Differenzausgleich oder einen durch den Wert einer veränderlichen Bezugsgröße bestimmten Geldbetrag oder Vorteil erlangt. [4]Satz 3 gilt nicht für die Geschäfte, die zum gewöhnlichen Geschäftsbetrieb bei Kreditinstituten, Finanzdienstleistungsinstituten und Finanzunternehmen im Sinne des Gesetzes über das Kreditwesen gehören oder die der Absicherung von Geschäften des gewöhnlichen Geschäftsbetriebs dienen. [5]Satz 4 gilt nicht, wenn es sich um Geschäfte handelt, die der Absicherung von Aktiengeschäften dienen, bei denen der Veräußerungsgewinn nach § 3 Nummer 40 Satz 1 Buchstabe a und b in Verbindung mit § 3c Absatz 2 teilweise steuerfrei ist, oder die nach § 8b Absatz 2 des Körperschaftsteuergesetzes bei der Ermittlung des Einkommens außer Ansatz bleiben. [6]Verluste aus stillen Gesellschaften, Unterbeteiligungen oder sonstigen Innengesellschaften an Kapitalgesellschaften, bei denen der Gesellschafter oder Beteiligte als Mitunternehmer anzusehen ist, dürfen weder mit Einkünften aus Gewerbebetrieb noch aus anderen Einkunftsarten ausgeglichen werden; sie dürfen auch nicht nach § 10d abgezogen werden. [7]Die Verluste mindern jedoch nach Maßgabe des § 10d die Gewinne, die der Gesellschafter oder Beteiligte in dem unmittelbar vorangegangenen Wirtschaftsjahr oder in den folgenden Wirtschaftsjahren aus derselben stillen Gesellschaft, Unterbeteiligung oder sonstigen Innengesellschaft bezieht. [8]Die Sätze 6 und 7 gelten nicht, soweit der Verlust auf eine natürliche Person als unmittelbar oder mittelbar beteiligter Mitunternehmer entfällt.

§ 15a[2)] Verluste bei beschränkter Haftung

(1) [1]Der einem Kommanditisten zuzurechnende Anteil am Verlust der Kommanditgesellschaft darf weder mit anderen Einkünften aus Gewerbebetrieb noch mit Einkünften aus anderen Einkunftsarten ausgeglichen werden, soweit ein negatives Kapitalkonto des Kommanditisten entsteht oder sich erhöht; er darf insoweit auch nicht nach § 10d abgezogen werden. [2]Haftet der Kommanditist am Bilanzstichtag den Gläubigern der Gesellschaft auf Grund des § 171 Absatz 1 des Handelsgesetzbuchs, so können abweichend von Satz 1 Verluste des Kommanditisten bis zur Höhe des Betrags, um den die im Handelsregister eingetragene Einlage des Kommanditisten seine geleistete Einlage übersteigt, auch ausgeglichen oder abgezogen werden, soweit durch den Verlust ein negatives Kapitalkonto entsteht oder sich erhöht. [3]Satz 2 ist nur anzuwenden, wenn derjenige, dem der Anteil zuzurechnen ist, im Handelsregister eingetragen ist, das Bestehen der Haftung nachgewiesen wird und eine Vermögensminderung auf Grund der Haftung nicht durch Vertrag ausgeschlossen oder nach Art und Weise des Geschäftsbetriebs unwahrscheinlich ist.

(1a) [1]Nachträgliche Einlagen führen weder zu einer nachträglichen Ausgleichs- oder Abzugsfähigkeit eines vorhandenen verrechenbaren Verlustes noch zu einer Ausgleichs-

1) **Anm. d. Red.:** Zur Anwendung des § 15 Abs. 4 siehe § 52 Abs. 32b.

2) **Anm. d. Red.:** Zur Anwendung des § 15a siehe § 52 Abs. 33.

oder Abzugsfähigkeit des dem Kommanditisten zuzurechnenden Anteils am Verlust eines zukünftigen Wirtschaftsjahres, soweit durch den Verlust ein negatives Kapitalkonto des Kommanditisten entsteht oder sich erhöht. [2]Nachträgliche Einlagen im Sinne des Satzes 1 sind Einlagen, die nach Ablauf eines Wirtschaftsjahres geleistet werden, in dem ein nicht ausgleichs- oder abzugsfähiger Verlust im Sinne des Absatzes 1 entstanden oder ein Gewinn im Sinne des Absatzes 3 Satz 1 zugerechnet worden ist.

(2) [1]Soweit der Verlust nach den Absätzen 1 und 1a nicht ausgeglichen oder abgezogen werden darf, mindert er die Gewinne, die dem Kommanditisten in späteren Wirtschaftsjahren aus seiner Beteiligung an der Kommanditgesellschaft zuzurechnen sind. [2]Der verrechenbare Verlust, der nach Abzug von einem Veräußerungs- oder Aufgabegewinn verbleibt, ist im Zeitpunkt der Veräußerung oder Aufgabe des gesamten Mitunternehmeranteils oder der Betriebsveräußerung oder -aufgabe bis zur Höhe der nachträglichen Einlagen im Sinne des Absatzes 1a ausgleichs- oder abzugsfähig.

(3) [1]Soweit ein negatives Kapitalkonto des Kommanditisten durch Entnahmen entsteht oder sich erhöht (Einlageminderung) und soweit nicht auf Grund der Entnahmen eine nach Absatz 1 Satz 2 zu berücksichtigende Haftung besteht oder entsteht, ist dem Kommanditisten der Betrag der Einlageminderung als Gewinn zuzurechnen. [2]Der nach Satz 1 zuzurechnende Betrag darf den Betrag der Anteile am Verlust der Kommanditgesellschaft nicht übersteigen, der im Wirtschaftsjahr der Einlageminderung und in den zehn vorangegangenen Wirtschaftsjahren ausgleichs- oder abzugsfähig gewesen ist. [3]Wird der Haftungsbetrag im Sinne des Absatzes 1 Satz 2 gemindert (Haftungsminderung) und sind im Wirtschaftsjahr der Haftungsminderung und den zehn vorangegangenen Wirtschaftsjahren Verluste nach Absatz 1 Satz 2 ausgleichs- oder abzugsfähig gewesen, so ist dem Kommanditisten der Betrag der Haftungsminderung, vermindert um auf Grund der Haftung tatsächlich geleistete Beträge, als Gewinn zuzurechnen; Satz 2 gilt sinngemäß. [4]Die nach den Sätzen 1 bis 3 zuzurechnenden Beträge mindern die Gewinne, die dem Kommanditisten im Wirtschaftsjahr der Zurechnung oder in späteren Wirtschaftsjahren aus seiner Beteiligung an der Kommanditgesellschaft zuzurechnen sind.

(4) [1]Der nach Absatz 1 nicht ausgleichs- oder abzugsfähige Verlust eines Kommanditisten, vermindert um die nach Absatz 2 abzuziehenden und vermehrt um die nach Absatz 3 hinzuzurechnenden Beträge (verrechenbarer Verlust), ist jährlich gesondert festzustellen. [2]Dabei ist von dem verrechenbaren Verlust des vorangegangenen Wirtschaftsjahres auszugehen. [3]Zuständig für den Erlass des Feststellungsbescheids ist das für die gesonderte Feststellung des Gewinns und Verlustes der Gesellschaft zuständige Finanzamt. [4]Der Feststellungsbescheid kann nur insoweit angegriffen werden, als der verrechenbare Verlust gegenüber dem verrechenbaren Verlust des vorangegangenen Wirtschaftsjahres sich verändert hat. [5]Die gesonderten Feststellungen nach Satz 1 können mit der gesonderten und einheitlichen Feststellung der einkommensteuerpflichtigen und körperschaftsteuerpflichtigen Einkünfte verbunden werden. [6]In diesen Fällen sind die gesonderten Feststellungen des verrechenbaren Verlustes einheitlich durchzuführen.

(5) Absatz 1 Satz 1, Absatz 1a, 2 und 3 Satz 1, 2 und 4 sowie Absatz 4 gelten sinngemäß für andere Unternehmer, soweit deren Haftung der eines Kommanditisten vergleichbar ist, insbesondere für

1. stille Gesellschafter einer stillen Gesellschaft im Sinne des § 230 des Handelsgesetzbuchs, bei der der stille Gesellschafter als Unternehmer (Mitunternehmer) anzusehen ist,
2. Gesellschafter einer Gesellschaft im Sinne des Bürgerlichen Gesetzbuchs, bei der der Gesellschafter als Unternehmer (Mitunternehmer) anzusehen ist, soweit die Inanspruchnahme des Gesellschafters für Schulden in Zusammenhang mit dem Betrieb durch Vertrag ausgeschlossen oder nach Art und Weise des Geschäftsbetriebs unwahrscheinlich ist,
3. Gesellschafter einer ausländischen Personengesellschaft, bei der der Gesellschafter als Unternehmer (Mitunternehmer) anzusehen ist, soweit die Haftung des Gesellschafters für Schulden in Zusammenhang mit dem Betrieb der eines Kommanditis-

ten oder eines stillen Gesellschafters entspricht oder soweit die Inanspruchnahme des Gesellschafters für Schulden in Zusammenhang mit dem Betrieb durch Vertrag ausgeschlossen oder nach Art und Weise des Geschäftsbetriebs unwahrscheinlich ist,

4. Unternehmer, soweit Verbindlichkeiten nur in Abhängigkeit von Erlösen oder Gewinnen aus der Nutzung, Veräußerung oder sonstigen Verwertung von Wirtschaftsgütern zu tilgen sind,
5. Mitreeder einer Reederei im Sinne des § 489 des Handelsgesetzbuchs, bei der der Mitreeder als Unternehmer (Mitunternehmer) anzusehen ist, wenn die persönliche Haftung des Mitreeders für die Verbindlichkeiten der Reederei ganz oder teilweise ausgeschlossen oder soweit die Inanspruchnahme des Mitreeders für Verbindlichkeiten der Reederei nach Art und Weise des Geschäftsbetriebs unwahrscheinlich ist.

§ 15b[1] Verluste im Zusammenhang mit Steuerstundungsmodellen

(1) [1]Verluste im Zusammenhang mit einem Steuerstundungsmodell dürfen weder mit Einkünften aus Gewerbebetrieb noch mit Einkünften aus anderen Einkunftsarten ausgeglichen werden; sie dürfen auch nicht nach § 10d abgezogen werden. [2]Die Verluste mindern jedoch die Einkünfte, die der Steuerpflichtige in den folgenden Wirtschaftsjahren aus derselben Einkunftsquelle erzielt. [3]§ 15a ist insoweit nicht anzuwenden.

(2) [1]Ein Steuerstundungsmodell im Sinne des Absatzes 1 liegt vor, wenn auf Grund einer modellhaften Gestaltung steuerliche Vorteile in Form negativer Einkünfte erzielt werden sollen. [2]Dies ist der Fall, wenn dem Steuerpflichtigen auf Grund eines vorgefertigten Konzepts die Möglichkeit geboten werden soll, zumindest in der Anfangsphase der Investition Verluste mit übrigen Einkünften zu verrechnen. [3]Dabei ist es ohne Belang, auf welchen Vorschriften die negativen Einkünfte beruhen.

(3) Absatz 1 ist nur anzuwenden, wenn innerhalb der Anfangsphase das Verhältnis der Summe der prognostizierten Verluste zur Höhe des gezeichneten und nach dem Konzept auch aufzubringenden Kapitals oder bei Einzelinvestoren des eingesetzten Eigenkapitals 10 Prozent übersteigt.

(4) [1]Der nach Absatz 1 nicht ausgleichsfähige Verlust ist jährlich gesondert festzustellen. [2]Dabei ist von dem verrechenbaren Verlust des Vorjahres auszugehen. [3]Der Feststellungsbescheid kann nur insoweit angegriffen werden, als der verrechenbare Verlust gegenüber dem verrechenbaren Verlust des Vorjahres sich verändert hat. [4]Handelt es sich bei dem Steuerstundungsmodell um eine Gesellschaft oder Gemeinschaft im Sinne des § 180 Absatz 1 Nummer 2 Buchstabe a der Abgabenordnung, ist das für die gesonderte und einheitliche Feststellung der einkommensteuerpflichtigen und körperschaftsteuerpflichtigen Einkünfte aus dem Steuerstundungsmodell zuständige Finanzamt für den Erlass des Feststellungsbescheids nach Satz 1 zuständig; anderenfalls ist das Betriebsfinanzamt (§ 18 Absatz 1 Nummer 2 der Abgabenordnung) zuständig. [5]Handelt es sich bei dem Steuerstundungsmodell um eine Gesellschaft oder Gemeinschaft im Sinne des § 180 Absatz 1 Nummer 2 Buchstabe a der Abgabenordnung, können die gesonderten Feststellungen nach Satz 1 mit der gesonderten und einheitlichen Feststellung der einkommensteuerpflichtigen und körperschaftsteuerpflichtigen Einkünfte aus dem Steuerstundungsmodell verbunden werden; in diesen Fällen sind die gesonderten Feststellungen nach Satz 1 einheitlich durchzuführen.

§ 16[2] Veräußerung des Betriebs

(1) [1]Zu den Einkünften aus Gewerbebetrieb gehören auch Gewinne, die erzielt werden bei der Veräußerung

1. des ganzen Gewerbebetriebs oder eines Teilbetriebs. [2]Als Teilbetrieb gilt auch die das gesamte Nennkapital umfassende Beteiligung an einer Kapitalgesellschaft; im

1) **Anm. d. Red.:** Zur Anwendung des § 15b siehe § 52 Abs. 33a.

2) **Anm. d. Red.:** Zur Anwendung des § 16 siehe § 52 Abs. 34.

Fall der Auflösung der Kapitalgesellschaft ist § 17 Absatz 4 Satz 3 sinngemäß anzuwenden;

2. des gesamten Anteils eines Gesellschafters, der als Unternehmer (Mitunternehmer) des Betriebs anzusehen ist (§ 15 Absatz 1 Satz 1 Nummer 2);
3. des gesamten Anteils eines persönlich haftenden Gesellschafters einer Kommanditgesellschaft auf Aktien (§ 15 Absatz 1 Satz 1 Nummer 3).

[2]Gewinne, die bei der Veräußerung eines Teils eines Anteils im Sinne von Satz 1 Nummer 2 oder 3 erzielt werden, sind laufende Gewinne.

(2) [1]Veräußerungsgewinn im Sinne des Absatzes 1 ist der Betrag, um den der Veräußerungspreis nach Abzug der Veräußerungskosten den Wert des Betriebsvermögens (Absatz 1 Satz 1 Nummer 1) oder den Wert des Anteils am Betriebsvermögen (Absatz 1 Satz 1 Nummer 2 und 3) übersteigt. [2]Der Wert des Betriebsvermögens oder des Anteils ist für den Zeitpunkt der Veräußerung nach § 4 Absatz 1 oder nach § 5 zu ermitteln. [3]Soweit auf der Seite des Veräußerers und auf der Seite des Erwerbers dieselben Personen Unternehmer oder Mitunternehmer sind, gilt der Gewinn insoweit jedoch als laufender Gewinn.

(3) [1]Als Veräußerung gilt auch die Aufgabe des Gewerbebetriebs sowie eines Anteils im Sinne des Absatzes 1 Satz 1 Nummer 2 oder Nummer 3. [2]Werden im Zuge der Realteilung einer Mitunternehmerschaft Teilbetriebe, Mitunternehmeranteile oder einzelne Wirtschaftsgüter in das jeweilige Betriebsvermögen der einzelnen Mitunternehmer übertragen, so sind bei der Ermittlung des Gewinns der Mitunternehmerschaft die Wirtschaftsgüter mit den Werten anzusetzen, die sich nach den Vorschriften über die Gewinnermittlung ergeben, sofern die Besteuerung der stillen Reserven sichergestellt ist; der übernehmende Mitunternehmer ist an diese Werte gebunden. [3]Dagegen ist für den jeweiligen Übertragungsvorgang rückwirkend der gemeine Wert anzusetzen, soweit bei einer Realteilung, bei der einzelne Wirtschaftsgüter übertragen worden sind, zum Buchwert übertragener Grund und Boden, übertragene Gebäude oder andere übertragene wesentliche Betriebsgrundlagen innerhalb einer Sperrfrist nach der Übertragung veräußert oder entnommen werden; diese Sperrfrist endet drei Jahre nach Abgabe der Steuererklärung der Mitunternehmerschaft für den Veranlagungszeitraum der Realteilung. [4]Satz 2 ist bei einer Realteilung, bei der einzelne Wirtschaftsgüter übertragen werden, nicht anzuwenden, soweit die Wirtschaftsgüter unmittelbar oder mittelbar auf eine Körperschaft, Personenvereinigung oder Vermögensmasse übertragen werden; in diesem Fall ist bei der Übertragung der gemeine Wert anzusetzen. [5]Soweit einzelne dem Betrieb gewidmete Wirtschaftsgüter im Rahmen der Aufgabe des Betriebs veräußert werden und soweit auf der Seite des Veräußerers und auf der Seite des Erwerbers dieselben Personen Unternehmer oder Mitunternehmer sind, gilt der Gewinn aus der Aufgabe des Gewerbebetriebs als laufender Gewinn. [6]Werden die einzelnen dem Betrieb gewidmeten Wirtschaftsgüter im Rahmen der Aufgabe des Betriebs veräußert, so sind die Veräußerungspreise anzusetzen. [7]Werden die Wirtschaftsgüter nicht veräußert, so ist der gemeine Wert im Zeitpunkt der Aufgabe anzusetzen. [8]Bei Aufgabe eines Gewerbebetriebs, an dem mehrere Personen beteiligt waren, ist für jeden einzelnen Beteiligten der gemeine Wert der Wirtschaftsgüter anzusetzen, die er bei der Auseinandersetzung erhalten hat.

(4) [1]Hat der Steuerpflichtige das 55. Lebensjahr vollendet oder ist er im sozialversicherungsrechtlichen Sinne dauernd berufsunfähig, so wird der Veräußerungsgewinn auf Antrag zur Einkommensteuer nur herangezogen, soweit er 45 000 Euro übersteigt. [2]Der Freibetrag ist dem Steuerpflichtigen nur einmal zu gewähren. [3]Er ermäßigt sich um den Betrag, um den der Veräußerungsgewinn 136 000 Euro übersteigt.

(5) Werden bei einer Realteilung, bei der Teilbetriebe auf einzelne Mitunternehmer übertragen werden, Anteile an einer Körperschaft, Personenvereinigung oder Vermögensmasse unmittelbar oder mittelbar von einem nicht von § 8b Absatz 2 des Körperschaftsteuergesetzes begünstigten Steuerpflichtigen auf einen von § 8b Absatz 2 des Körperschaftsteuergesetzes begünstigten Mitunternehmer übertragen, ist abweichend von Absatz 3 Satz 2 rückwirkend auf den Zeitpunkt der Realteilung der gemeine Wert anzusetzen, wenn der übernehmende Mitunternehmer die Anteile innerhalb eines Zeitraums von sieben Jahren nach der Realteilung unmittelbar oder mittelbar veräußert oder durch

einen Vorgang nach § 22 Absatz 1 Satz 6 Nummer 1 bis 5 des Umwandlungssteuergesetzes weiter überträgt; § 22 Absatz 2 Satz 3 des Umwandlungssteuergesetzes gilt entsprechend.

§ 17[1] Veräußerung von Anteilen an Kapitalgesellschaften

(1) [1]Zu den Einkünften aus Gewerbebetrieb gehört auch der Gewinn aus der Veräußerung von Anteilen an einer Kapitalgesellschaft, wenn der Veräußerer innerhalb der letzten fünf Jahre am Kapital der Gesellschaft unmittelbar oder mittelbar zu mindestens 1 Prozent beteiligt war. [2]Die verdeckte Einlage von Anteilen an einer Kapitalgesellschaft in eine Kapitalgesellschaft steht der Veräußerung der Anteile gleich. [3]Anteile an einer Kapitalgesellschaft sind Aktien, Anteile an einer Gesellschaft mit beschränkter Haftung, Genussscheine oder ähnliche Beteiligungen und Anwartschaften auf solche Beteiligungen. [4]Hat der Veräußerer den veräußerten Anteil innerhalb der letzten fünf Jahre vor der Veräußerung unentgeltlich erworben, so gilt Satz 1 entsprechend, wenn der Veräußerer zwar nicht selbst, aber der Rechtsvorgänger oder, sofern der Anteil nacheinander unentgeltlich übertragen worden ist, einer der Rechtsvorgänger innerhalb der letzten fünf Jahre im Sinne von Satz 1 beteiligt war.

ESTG

(2) [1]Veräußerungsgewinn im Sinne des Absatzes 1 ist der Betrag, um den der Veräußerungspreis nach Abzug der Veräußerungskosten die Anschaffungskosten übersteigt. [2]In den Fällen des Absatzes 1 Satz 2 tritt an die Stelle des Veräußerungspreises der Anteile ihr gemeiner Wert. [3]Weist der Veräußerer nach, dass ihm die Anteile bereits im Zeitpunkt der Begründung der unbeschränkten Steuerpflicht nach § 1 Absatz 1 zuzurechnen waren und dass der bis zu diesem Zeitpunkt entstandene Vermögenszuwachs auf Grund gesetzlicher Bestimmungen des Wegzugsstaats im Wegzugsstaat einer der Steuer nach § 6 des Außensteuergesetzes vergleichbaren Steuer unterlegen hat, tritt an die Stelle der Anschaffungskosten der Wert, den der Wegzugsstaat bei der Berechnung der der Steuer nach § 6 des Außensteuergesetzes vergleichbaren Steuer angesetzt hat, höchstens jedoch der gemeine Wert. [4]Satz 3 ist in den Fällen des § 6 Absatz 3 des Außensteuergesetzes nicht anzuwenden. [5]Hat der Veräußerer den veräußerten Anteil unentgeltlich erworben, so sind als Anschaffungskosten des Anteils die Anschaffungskosten des Rechtsvorgängers maßgebend, der den Anteil zuletzt entgeltlich erworben hat. [6]Ein Veräußerungsverlust ist nicht zu berücksichtigen, soweit er auf Anteile entfällt,

a) die der Steuerpflichtige innerhalb der letzten fünf Jahre unentgeltlich erworben hatte. [2]Dies gilt nicht, soweit der Rechtsvorgänger anstelle des Steuerpflichtigen den Veräußerungsverlust hätte geltend machen können;
b) die entgeltlich erworben worden sind und nicht innerhalb der gesamten letzten fünf Jahre zu einer Beteiligung des Steuerpflichtigen im Sinne von Absatz 1 Satz 1 gehört haben. [2]Dies gilt nicht für innerhalb der letzten fünf Jahre erworbene Anteile, deren Erwerb zur Begründung einer Beteiligung des Steuerpflichtigen im Sinne von Absatz 1 Satz 1 geführt hat oder die nach Begründung der Beteiligung im Sinne von Absatz 1 Satz 1 erworben worden sind.

(3) [1]Der Veräußerungsgewinn wird zur Einkommensteuer nur herangezogen, soweit er den Teil von 9 060 Euro übersteigt, der dem veräußerten Anteil an der Kapitalgesellschaft entspricht. [2]Der Freibetrag ermäßigt sich um den Betrag, um den der Veräußerungsgewinn den Teil von 36 100 Euro übersteigt, der dem veräußerten Anteil an der Kapitalgesellschaft entspricht.

(4) [1]Als Veräußerung im Sinne des Absatzes 1 gilt auch die Auflösung einer Kapitalgesellschaft, die Kapitalherabsetzung, wenn das Kapital zurückgezahlt wird, und die Ausschüttung oder Zurückzahlung von Beträgen aus dem steuerlichen Einlagekonto im Sinne des § 27 des Körperschaftsteuergesetzes. [2]In diesen Fällen ist als Veräußerungspreis der gemeine Wert des dem Steuerpflichtigen zugeteilten oder zurückgezahlten Vermögens der Kapitalgesellschaft anzusehen. [3]Satz 1 gilt nicht, soweit die Bezüge nach § 20 Absatz 1 Nummer 1 oder 2 zu den Einnahmen aus Kapitalvermögen gehören.

1) **Anm. d. Red.:** Zur Anwendung des § 17 siehe § 52 Abs. 34a.

(5) [1]Die Beschränkung oder der Ausschluss des Besteuerungsrechts der Bundesrepublik Deutschland hinsichtlich des Gewinns aus der Veräußerung der Anteile an einer Kapitalgesellschaft im Fall der Verlegung des Sitzes oder des Orts der Geschäftsleitung der Kapitalgesellschaft in einen anderen Staat stehen der Veräußerung der Anteile zum gemeinen Wert gleich. [2]Dies gilt nicht in den Fällen der Sitzverlegung einer Europäischen Gesellschaft nach Artikel 8 der Verordnung (EG) Nr. 2157/2001 und der Sitzverlegung einer anderen Kapitalgesellschaft in einen anderen Mitgliedstaat der Europäischen Union. [3]In diesen Fällen ist der Gewinn aus einer späteren Veräußerung der Anteile ungeachtet der Bestimmungen eines Abkommens zur Vermeidung der Doppelbesteuerung in der gleichen Art und Weise zu besteuern, wie die Veräußerung dieser Anteile zu besteuern gewesen wäre, wenn keine Sitzverlegung stattgefunden hätte. [4]§ 15 Absatz 1a Satz 2 ist entsprechend anzuwenden.

(6) Als Anteile im Sinne des Absatzes 1 Satz 1 gelten auch Anteile an Kapitalgesellschaften, an denen der Veräußerer innerhalb der letzten fünf Jahre am Kapital der Gesellschaft nicht unmittelbar oder mittelbar zu mindestens 1 Prozent beteiligt war, wenn

1. die Anteile auf Grund eines Einbringungsvorgangs im Sinne des Umwandlungssteuergesetzes, bei dem nicht der gemeine Wert zum Ansatz kam, erworben wurden und
2. zum Einbringungszeitpunkt für die eingebrachten Anteile die Voraussetzungen von Absatz 1 Satz 1 erfüllt waren oder die Anteile auf einer Sacheinlage im Sinne von § 20 Absatz 1 des Umwandlungssteuergesetzes vom 7. Dezember 2006 (BGBl I S. 2782, 2791) in der jeweils geltenden Fassung beruhen.

(7) Als Anteile im Sinne des Absatzes 1 Satz 1 gelten auch Anteile an einer Genossenschaft einschließlich der Europäischen Genossenschaft.

c) Selbständige Arbeit (§ 2 Absatz 1 Satz 1 Nummer 3)

§ 18

(1) Einkünfte aus selbständiger Arbeit sind

1. Einkünfte aus freiberuflicher Tätigkeit. [2]Zu der freiberuflichen Tätigkeit gehören die selbständig ausgeübte wissenschaftliche, künstlerische, schriftstellerische, unterrichtende oder erzieherische Tätigkeit, die selbständige Berufstätigkeit der Ärzte, Zahnärzte, Tierärzte, Rechtsanwälte, Notare, Patentanwälte, Vermessungsingenieure, Ingenieure, Architekten, Handelschemiker, Wirtschaftsprüfer, Steuerberater, beratenden Volks- und Betriebswirte, vereidigten Buchprüfer, Steuerbevollmächtigten, Heilpraktiker, Dentisten, Krankengymnasten, Journalisten, Bildberichterstatter, Dolmetscher, Übersetzer, Lotsen und ähnlicher Berufe. [3]Ein Angehöriger eines freien Berufs im Sinne der Sätze 1 und 2 ist auch dann freiberuflich tätig, wenn er sich der Mithilfe fachlich vorgebildeter Arbeitskräfte bedient; Voraussetzung ist, dass er auf Grund eigener Fachkenntnisse leitend und eigenverantwortlich tätig wird. [4]Eine Vertretung im Fall vorübergehender Verhinderung steht der Annahme einer leitenden und eigenverantwortlichen Tätigkeit nicht entgegen;
2. Einkünfte der Einnehmer einer staatlichen Lotterie, wenn sie nicht Einkünfte aus Gewerbebetrieb sind;
3. Einkünfte aus sonstiger selbständiger Arbeit, z. B. Vergütungen für die Vollstreckung von Testamenten, für Vermögensverwaltung und für die Tätigkeit als Aufsichtsratsmitglied;
4. Einkünfte, die ein Beteiligter an einer vermögensverwaltenden Gesellschaft oder Gemeinschaft, deren Zweck im Erwerb, Halten und in der Veräußerung von Anteilen an Kapitalgesellschaften besteht, als Vergütung für Leistungen zur Förderung des Gesellschafts- oder Gemeinschaftszwecks erzielt, wenn der Anspruch auf die Vergütung unter der Voraussetzung eingeräumt worden ist, dass die Gesellschafter oder Gemeinschafter ihr eingezahltes Kapital vollständig zurückerhalten haben; § 15 Absatz 3 ist nicht anzuwenden.

(2) Einkünfte nach Absatz 1 sind auch dann steuerpflichtig, wenn es sich nur um eine vorübergehende Tätigkeit handelt.

(3) [1]Zu den Einkünften aus selbständiger Arbeit gehört auch der Gewinn, der bei der Veräußerung des Vermögens oder eines selbständigen Teils des Vermögens oder eines Anteils am Vermögen erzielt wird, das der selbständigen Arbeit dient. [2]§ 16 Absatz 1 Satz 1 Nummer 1 und 2 und Absatz 1 Satz 2 sowie Absatz 2 bis 4 gilt entsprechend.

(4)[1)] [1]§ 13 Absatz 5 gilt entsprechend, sofern das Grundstück im Veranlagungszeitraum 1986 zu einem der selbständigen Arbeit dienenden Betriebsvermögen gehört hat. [2]§ 15 Absatz 1 Satz 1 Nummer 2, Absatz 1a, Absatz 2 Satz 2 und 3, §§ 15a und 15b sind entsprechend anzuwenden.

ESt G

d) Nichtselbständige Arbeit (§ 2 Absatz 1 Satz 1 Nummer 4)

§ 19

(1) [1]Zu den Einkünften aus nichtselbständiger Arbeit gehören

1. Gehälter, Löhne, Gratifikationen, Tantiemen und andere Bezüge und Vorteile für eine Beschäftigung im öffentlichen oder privaten Dienst;
2.[2)] Wartegelder, Ruhegelder, Witwen- und Waisengelder und andere Bezüge und Vorteile aus früheren Dienstleistungen, auch soweit sie von Arbeitgebern ausgleichspflichtiger Personen an ausgleichsberechtigte Personen infolge einer nach § 10 oder § 14 des Versorgungsausgleichsgesetzes durchgeführten Teilung geleistet werden;
3. laufende Beiträge und laufende Zuwendungen des Arbeitgebers aus einem bestehenden Dienstverhältnis an einen Pensionsfonds, eine Pensionskasse oder für eine Direktversicherung für eine betriebliche Altersversorgung. [2]Zu den Einkünften aus nichtselbständiger Arbeit gehören auch Sonderzahlungen, die der Arbeitgeber neben den laufenden Beiträgen und Zuwendungen an eine solche Versorgungseinrichtung leistet, mit Ausnahme der Zahlungen des Arbeitgebers zur Erfüllung der Solvabilitätsvorschriften nach den §§ 53c und 114 des Versicherungsaufsichtsgesetzes, Zahlungen des Arbeitgebers in der Rentenbezugszeit nach § 112 Absatz 1a des Versicherungsaufsichtsgesetzes oder Sanierungsgelder; Sonderzahlungen des Arbeitgebers sind insbesondere Zahlungen an eine Pensionskasse anlässlich
   a) seines Ausscheidens aus einer nicht im Wege der Kapitaldeckung finanzierten betrieblichen Altersversorgung oder
   b) des Wechsels von einer nicht im Wege der Kapitaldeckung zu einer anderen nicht im Wege der Kapitaldeckung finanzierten betrieblichen Altersversorgung.

   [3]Von Sonderzahlungen im Sinne des Satzes 2 Buchstabe b ist bei laufenden und wiederkehrenden Zahlungen entsprechend dem periodischen Bedarf nur auszugehen, soweit die Bemessung der Zahlungsverpflichtungen des Arbeitgebers in das Versorgungssystem nach dem Wechsel die Bemessung der Zahlungsverpflichtung zum Zeitpunkt des Wechsels übersteigt. [4]Sanierungsgelder sind Sonderzahlungen des Arbeitgebers an eine Pensionskasse anlässlich der Systemumstellung einer nicht im Wege der Kapitaldeckung finanzierten betrieblichen Altersversorgung auf der Finanzierungs- oder Leistungsseite, die der Finanzierung der zum Zeitpunkt der Umstellung bestehenden Versorgungsverpflichtungen oder Versorgungsanwartschaften dienen; bei laufenden und wiederkehrenden Zahlungen entsprechend dem periodischen Bedarf ist nur von Sanierungsgeldern auszugehen, soweit die Bemessung der Zahlungsverpflichtungen des Arbeitgebers in das Versorgungssystem nach der Systemumstellung die Bemessung der Zahlungsverpflichtung zum Zeitpunkt der Systemumstellung übersteigt.

[2]Es ist gleichgültig, ob es sich um laufende oder um einmalige Bezüge handelt und ob ein Rechtsanspruch auf sie besteht.

---

1) **Anm. d. Red.**: Zur Anwendung des § 18 Abs. 4 siehe § 52 Abs. 30a Satz 2 und Abs. 34b.

2) **Anm. d. Red.**: Zur Anwendung des § 19 Abs. 1 Satz 1 Nr. 2 siehe § 52 Abs. 36 Satz 12.

(2) [1]Von Versorgungsbezügen bleiben ein nach einem Prozentsatz ermittelter, auf einen Höchstbetrag begrenzter Betrag (Versorgungsfreibetrag) und ein Zuschlag zum Versorgungsfreibetrag steuerfrei. [2]Versorgungsbezüge sind

1. das Ruhegehalt, Witwen- oder Waisengeld, der Unterhaltsbeitrag oder ein gleichartiger Bezug
   a) auf Grund beamtenrechtlicher oder entsprechender gesetzlicher Vorschriften,
   b) nach beamtenrechtlichen Grundsätzen von Körperschaften, Anstalten oder Stiftungen des öffentlichen Rechts oder öffentlich-rechtlichen Verbänden von Körperschaften

   oder
2. in anderen Fällen Bezüge und Vorteile aus früheren Dienstleistungen wegen Erreichens einer Altersgrenze, verminderter Erwerbsfähigkeit oder Hinterbliebenenbezüge; Bezüge wegen Erreichens einer Altersgrenze gelten erst dann als Versorgungsbezüge, wenn der Steuerpflichtige das 63. Lebensjahr oder, wenn er schwerbehindert ist, das 60. Lebensjahr vollendet hat.

[3]Der maßgebende Prozentsatz, der Höchstbetrag des Versorgungsfreibetrags und der Zuschlag zum Versorgungsfreibetrag sind der nachstehenden Tabelle zu entnehmen:

Jahr des Versorgungsbeginns	Versorgungsfreibetrag		Zuschlag zum Versorgungsfreibetrag in Euro
	in % der Versorgungsbezüge	Höchstbetrag in Euro	
bis 2005	40,0	3 000	900
ab 2006	38,4	2 880	864
2007	36,8	2 760	828
2008	35,2	2 640	792
2009	33,6	2 520	756
2010	32,0	2 400	720
2011	30,4	2 280	684
2012	28,8	2 160	648
2013	27,2	2 040	612
2014	25,6	1 920	576
2015	24,0	1 800	540
2016	22,4	1 680	504
2017	20,8	1 560	468
2018	19,2	1 440	432
2019	17,6	1 320	396
2020	16,0	1 200	360
2021	15,2	1 140	342
2022	14,4	1 080	324
2023	13,6	1 020	306
2024	12,8	960	288
2025	12,0	900	270
2026	11,2	840	252
2027	10,4	780	234
2028	9,6	720	216
2029	8,8	660	198
2030	8,0	600	180
2031	7,2	540	162

Jahr des Versorgungsbeginns	Versorgungsfreibetrag		Zuschlag zum Versorgungsfreibetrag in Euro
	in % der Versorgungsbezüge	Höchstbetrag in Euro	
2032	6,4	480	144
2033	5,6	420	126
2034	4,8	360	108
2035	4,0	300	90
2036	3,2	240	72
2037	2,4	180	54
2038	1,6	120	36
2039	0,8	60	18
2040	0,0	0	0

[4]Bemessungsgrundlage für den Versorgungsfreibetrag ist

a) bei Versorgungsbeginn vor 2005
das Zwölffache des Versorgungsbezugs für Januar 2005,

b) bei Versorgungsbeginn ab 2005
das Zwölffache des Versorgungsbezugs für den ersten vollen Monat,

jeweils zuzüglich voraussichtlicher Sonderzahlungen im Kalenderjahr, auf die zu diesem Zeitpunkt ein Rechtsanspruch besteht. [5]Der Zuschlag zum Versorgungsfreibetrag darf nur bis zur Höhe der um den Versorgungsfreibetrag geminderten Bemessungsgrundlage berücksichtigt werden. [6]Bei mehreren Versorgungsbezügen mit unterschiedlichem Bezugsbeginn bestimmen sich der insgesamt berücksichtigungsfähige Höchstbetrag des Versorgungsfreibetrags und der Zuschlag zum Versorgungsfreibetrag nach dem Jahr des Beginns des ersten Versorgungsbezugs. [7]Folgt ein Hinterbliebenenbezug einem Versorgungsbezug, bestimmen sich der Prozentsatz, der Höchstbetrag des Versorgungsfreibetrags und der Zuschlag zum Versorgungsfreibetrag für den Hinterbliebenenbezug nach dem Jahr des Beginns des Versorgungsbezugs. [8]Der nach den Sätzen 3 bis 7 berechnete Versorgungsfreibetrag und Zuschlag zum Versorgungsfreibetrag gelten für die gesamte Laufzeit des Versorgungsbezugs. [9]Regelmäßige Anpassungen des Versorgungsbezugs führen nicht zu einer Neuberechnung. [10]Abweichend hiervon sind der Versorgungsfreibetrag und der Zuschlag zum Versorgungsfreibetrag neu zu berechnen, wenn sich der Versorgungsbezug wegen Anwendung von Anrechnungs-, Ruhens-, Erhöhungs- oder Kürzungsregelungen erhöht oder vermindert. [11]In diesen Fällen sind die Sätze 3 bis 7 mit dem geänderten Versorgungsbezug als Bemessungsgrundlage im Sinne des Satzes 4 anzuwenden; im Kalenderjahr der Änderung sind der höchste Versorgungsfreibetrag und Zuschlag zum Versorgungsfreibetrag maßgebend. [12]Für jeden vollen Kalendermonat, für den keine Versorgungsbezüge gezahlt werden, ermäßigen sich der Versorgungsfreibetrag und der Zuschlag zum Versorgungsfreibetrag in diesem Kalenderjahr um je ein Zwölftel.

e) Kapitalvermögen (§ 2 Absatz 1 Satz 1 Nummer 5)

§ 20

(1) Zu den Einkünften aus Kapitalvermögen gehören

1.[1] Gewinnanteile (Dividenden), Ausbeuten und sonstige Bezüge aus Aktien, Genussrechten, mit denen das Recht am Gewinn und Liquidationserlös einer Kapitalgesell-

1) **Anm. d. Red.:** Zur Anwendung des § 20 Abs. 1 Nr. 1 siehe § 52 Abs. 36 Sätze 1, 2 und 6.

schaft verbunden ist, aus Anteilen an Gesellschaften mit beschränkter Haftung, an Erwerbs- und Wirtschaftsgenossenschaften sowie an bergbautreibenden Vereinigungen, die die Rechte einer juristischen Person haben. [2]Zu den sonstigen Bezügen gehören auch verdeckte Gewinnausschüttungen. [3]Die Bezüge gehören nicht zu den Einnahmen, soweit sie aus Ausschüttungen einer Körperschaft stammen, für die Beträge aus dem steuerlichen Einlagekonto im Sinne des § 27 des Körperschaftsteuergesetzes als verwendet gelten. [4]Als sonstige Bezüge gelten auch Einnahmen, die anstelle der Bezüge im Sinne des Satzes 1 von einem anderen als dem Anteilseigner nach Absatz 5 bezogen werden, wenn die Aktien mit Dividendenberechtigung erworben, aber ohne Dividendenanspruch geliefert werden;

2.[1)] Bezüge, die nach der Auflösung einer Körperschaft oder Personenvereinigung im Sinne der Nummer 1 anfallen und die nicht in der Rückzahlung von Nennkapital bestehen; Nummer 1 Satz 3 gilt entsprechend. [2]Gleiches gilt für Bezüge, die auf Grund einer Kapitalherabsetzung oder nach der Auflösung einer unbeschränkt steuerpflichtigen Körperschaft oder Personenvereinigung im Sinne der Nummer 1 anfallen und die als Gewinnausschüttung im Sinne des § 28 Absatz 2 Satz 2 und 4 des Körperschaftsteuergesetzes gelten;

3. (weggefallen)

4.[2)] Einnahmen aus der Beteiligung an einem Handelsgewerbe als stiller Gesellschafter und aus partiarischen Darlehen, es sei denn, dass der Gesellschafter oder Darlehensgeber als Mitunternehmer anzusehen ist. [2]Auf Anteile des stillen Gesellschafters am Verlust des Betriebes sind § 15 Absatz 4 Satz 6 bis 8 und § 15a sinngemäß anzuwenden;

5. Zinsen aus Hypotheken und Grundschulden und Renten aus Rentenschulden. [2]Bei Tilgungshypotheken und Tilgungsgrundschulden ist nur der Teil der Zahlungen anzusetzen, der als Zins auf den jeweiligen Kapitalrest entfällt;

6.[3)] der Unterschiedsbetrag zwischen der Versicherungsleistung und der Summe der auf sie entrichteten Beiträge (Erträge) im Erlebensfall oder bei Rückkauf des Vertrags bei Rentenversicherungen mit Kapitalwahlrecht, soweit nicht die lebenslange Rentenzahlung gewählt und erbracht wird, und bei Kapitalversicherungen mit Sparanteil, wenn der Vertrag nach dem 31. Dezember 2004 abgeschlossen worden ist. [2]Wird die Versicherungsleistung nach Vollendung des 60. Lebensjahres des Steuerpflichtigen und nach Ablauf von zwölf Jahren seit dem Vertragsabschluss ausgezahlt, ist die Hälfte des Unterschiedsbetrags anzusetzen. [3]Bei entgeltlichem Erwerb des Anspruchs auf die Versicherungsleistung treten die Anschaffungskosten an die Stelle der vor dem Erwerb entrichteten Beiträge. [4]Die Sätze 1 bis 3 sind auf Erträge aus fondsgebundenen Lebensversicherungen, auf Erträge im Erlebensfall bei Rentenversicherungen ohne Kapitalwahlrecht, soweit keine lebenslange Rentenzahlung vereinbart und erbracht wird, und auf Erträge bei Rückkauf des Vertrages bei Rentenversicherungen ohne Kapitalwahlrecht entsprechend anzuwenden. [5]Ist in einem Versicherungsvertrag eine gesonderte Verwaltung von speziell für diesen Vertrag zusammengestellten Kapitalanlagen vereinbart, die nicht auf öffentlich vertriebene Investmentfondsanteile oder Anlagen, die die Entwicklung eines veröffentlichten Indexes abbilden, beschränkt ist, und kann der wirtschaftlich Berechtigte unmittelbar oder mittelbar über die Veräußerung der Vermögensgegenstände und die Wiederanlage der Erlöse bestimmen (vermögensverwaltender Versicherungsvertrag), sind die dem Versicherungsunternehmen zufließenden Erträge dem wirtschaftlich Berechtigten aus dem Versicherungsvertrag zuzurechnen; Sätze 1 bis 4 sind nicht anzuwenden. [6]Satz 2 ist nicht anzuwenden, wenn

1) **Anm. d. Red.:** Zur Anwendung des § 20 Abs. 1 Nr. 2 siehe § 52 Abs. 36 Sätze 1 und 2.

2) **Anm. d. Red.:** Zur Anwendung des § 20 Abs. 1 Nr. 4 siehe § 52 Abs. 36a und 37d.

3) **Anm. d. Red.:** Zur Anwendung des § 20 Abs. 1 Nr. 6 siehe § 52 Abs. 36 Sätze 3 bis 5, 7 bis 11.

a) in einem Kapitallebensversicherungsvertrag mit vereinbarter laufender Beitragszahlung in mindestens gleichbleibender Höhe bis zum Zeitpunkt des Erlebensfalls die vereinbarte Leistung bei Eintritt des versicherten Risikos weniger als 50 Prozent der Summe der für die gesamte Vertragsdauer zu zahlenden Beiträge beträgt und

b) bei einem Kapitallebensversicherungsvertrag die vereinbarte Leistung bei Eintritt des versicherten Risikos das Deckungskapital oder den Zeitwert der Versicherung spätestens fünf Jahre nach Vertragsabschluss nicht um mindestens 10 Prozent des Deckungskapitals, des Zeitwerts oder der Summe der gezahlten Beiträge übersteigt. [2]Dieser Prozentsatz darf bis zum Ende der Vertragslaufzeit in jährlich gleichen Schritten auf Null sinken;

7.[1] Erträge aus sonstigen Kapitalforderungen jeder Art, wenn die Rückzahlung des Kapitalvermögens oder ein Entgelt für die Überlassung des Kapitalvermögens zur Nutzung zugesagt oder geleistet worden ist, auch wenn die Höhe der Rückzahlung oder des Entgelts von einem ungewissen Ereignis abhängt. [2]Dies gilt unabhängig von der Bezeichnung und der zivilrechtlichen Ausgestaltung der Kapitalanlage;

8. Diskontbeträge von Wechseln und Anweisungen einschließlich der Schatzwechsel;

9.[2] Einnahmen aus Leistungen einer nicht von der Körperschaftsteuer befreiten Körperschaft, Personenvereinigung oder Vermögensmasse im Sinne des § 1 Absatz 1 Nummer 3 bis 5 des Körperschaftsteuergesetzes, die Gewinnausschüttungen im Sinne der Nummer 1 wirtschaftlich vergleichbar sind, soweit sie nicht bereits zu den Einnahmen im Sinne der Nummer 1 gehören; Nummer 1 Satz 2, 3 und Nummer 2 gelten entsprechend;

10.[3] a) Leistungen eines nicht von der Körperschaftsteuer befreiten Betriebs gewerblicher Art im Sinne des § 4 des Körperschaftsteuergesetzes mit eigener Rechtspersönlichkeit, die zu mit Gewinnausschüttungen im Sinne der Nummer 1 Satz 1 wirtschaftlich vergleichbaren Einnahmen führen; Nummer 1 Satz 2, 3 und Nummer 2 gelten entsprechend;

b) der nicht den Rücklagen zugeführte Gewinn und verdeckte Gewinnausschüttungen eines nicht von der Körperschaftsteuer befreiten Betriebs gewerblicher Art im Sinne des § 4 des Körperschaftsteuergesetzes ohne eigene Rechtspersönlichkeit, der den Gewinn durch Betriebsvermögensvergleich ermittelt oder Umsätze einschließlich der steuerfreien Umsätze, ausgenommen die Umsätze nach § 4 Nummer 8 bis 10 des Umsatzsteuergesetzes, von mehr als 350 000 Euro im Kalenderjahr oder einen Gewinn von mehr als 30 000 Euro im Wirtschaftsjahr hat, sowie der Gewinn im Sinne des § 22 Absatz 4 des Umwandlungssteuergesetzes.[2]Die Auflösung der Rücklagen zu Zwecken außerhalb des Betriebs gewerblicher Art führt zu einem Gewinn im Sinne des Satzes 1; in Fällen der Einbringung nach dem Sechsten und des Formwechsels nach dem Achten Teil des Umwandlungssteuergesetzes gelten die Rücklagen als aufgelöst. [3]Bei dem Geschäft der Veranstaltung von Werbesendungen der inländischen öffentlich-rechtlichen Rundfunkanstalten gelten drei Viertel des Einkommens im Sinne des § 8 Absatz 1 Satz 3 des Körperschaftsteuergesetzes als Gewinn im Sinne des Satzes 1. [4]Die Sätze 1 und 2 sind bei wirtschaftlichen Geschäftsbetrieben der von der Körperschaftsteuer befreiten Körperschaften, Personenvereinigungen oder Vermögensmassen entsprechend anzuwenden. [5]Nummer 1 Satz 3 gilt entsprechend;

1) **Anm. d. Red.**: Zur Anwendung des § 20 Abs. 1 Nr. 7 siehe § 52a Abs. 8.
2) **Anm. d. Red.**: Zur Anwendung des § 20 Abs. 1 Nr. 9 siehe § 52 Abs. 37.
3) **Anm. d. Red.**: Zur Anwendung des § 20 Abs. 1 Nr. 10 siehe § 52 Abs. 37a.

11.[1] Stillhalterprämien, die für die Einräumung von Optionen vereinnahmt werden; schließt der Stillhalter ein Glattstellungsgeschäft ab, mindern sich die Einnahmen aus den Stillhalterprämien um die im Glattstellungsgeschäft gezahlten Prämien.

(2)[2] [1]Zu den Einkünften aus Kapitalvermögen gehören auch

1. der Gewinn aus der Veräußerung von Anteilen an einer Körperschaft im Sinne des Absatzes 1 Nummer 1. [2]Anteile an einer Körperschaft sind auch Genussrechte im Sinne des Absatzes 1 Nummer 1, den Anteilen im Sinne des Absatzes 1 Nummer 1 ähnliche Beteiligungen und Anwartschaften auf Anteile im Sinne des Absatzes 1 Nummer 1;
2. der Gewinn aus der Veräußerung
   a) von Dividendenscheinen und sonstigen Ansprüchen durch den Inhaber des Stammrechts, wenn die dazugehörigen Aktien oder sonstigen Anteile nicht mitveräußert werden. [2]Diese Besteuerung tritt an die Stelle der Besteuerung nach Absatz 1;
   b) von Zinsscheinen und Zinsforderungen durch den Inhaber oder ehemaligen Inhaber der Schuldverschreibung, wenn die dazugehörigen Schuldverschreibungen nicht mitveräußert werden. [2]Entsprechendes gilt für die Einlösung von Zinsscheinen und Zinsforderungen durch den ehemaligen Inhaber der Schuldverschreibung.

   [2]Satz 1 gilt sinngemäß für die Einnahmen aus der Abtretung von Dividenden- oder Zinsansprüchen oder sonstigen Ansprüchen im Sinne des Satzes 1, wenn die dazugehörigen Anteilsrechte oder Schuldverschreibungen nicht in einzelnen Wertpapieren verbrieft sind. [3]Satz 2 gilt auch bei der Abtretung von Zinsansprüchen aus Schuldbuchforderungen, die in ein öffentliches Schuldbuch eingetragen sind;
3. der Gewinn
   a) bei Termingeschäften, durch die der Steuerpflichtige einen Differenzausgleich oder einen durch den Wert einer veränderlichen Bezugsgröße bestimmten Geldbetrag oder Vorteil erlangt;
   b) aus der Veräußerung eines als Termingeschäft ausgestalteten Finanzinstruments;
4. der Gewinn aus der Veräußerung von Wirtschaftsgütern, die Erträge im Sinne des Absatzes 1 Nummer 4 erzielen;
5. der Gewinn aus der Übertragung von Rechten im Sinne des Absatzes 1 Nummer 5;
6. der Gewinn aus der Veräußerung von Ansprüchen auf eine Versicherungsleistung im Sinne des Absatzes 1 Nummer 6. [2]Das Versicherungsunternehmen hat nach Kenntniserlangung von einer Veräußerung unverzüglich Mitteilung an das für den Steuerpflichtigen zuständige Finanzamt zu machen und auf Verlangen des Steuerpflichtigen eine Bescheinigung über die Höhe der entrichteten Beiträge im Zeitpunkt der Veräußerung zu erteilen;
7. der Gewinn aus der Veräußerung von sonstigen Kapitalforderungen jeder Art im Sinne des Absatzes 1 Nummer 7;
8. der Gewinn aus der Übertragung oder Aufgabe einer die Einnahmen im Sinne des Absatzes 1 Nummer 9 vermittelnden Rechtsposition.

[2]Als Veräußerung im Sinne des Satzes 1 gilt auch die Einlösung, Rückzahlung, Abtretung oder verdeckte Einlage in eine Kapitalgesellschaft; in den Fällen von Satz 1 Nummer 4 gilt auch die Vereinnahmung eines Auseinandersetzungsguthabens als Veräußerung. [3]Die Anschaffung oder Veräußerung einer unmittelbaren oder mittelbaren Beteiligung an einer Personengesellschaft gilt als Anschaffung oder Veräußerung der anteiligen Wirtschaftsgüter.

---

1) **Anm. d. Red.:** Zur Anwendung des § 20 Abs. 1 Nr. 11 siehe § 52a Abs. 9.

2) **Anm. d. Red.:** Zur Anwendung des § 20 Abs. 2 siehe § 52a Abs. 10 Sätze 1 bis 9.

(3)[1] Zu den Einkünften aus Kapitalvermögen gehören auch besondere Entgelte oder Vorteile, die neben den in den Absätzen 1 und 2 bezeichneten Einnahmen oder an deren Stelle gewährt werden.

(4)[1] [1]Gewinn im Sinne des Absatzes 2 ist der Unterschied zwischen den Einnahmen aus der Veräußerung nach Abzug der Aufwendungen, die im unmittelbaren sachlichen Zusammenhang mit dem Veräußerungsgeschäft stehen, und den Anschaffungskosten; bei nicht in Euro getätigten Geschäften sind die Einnahmen im Zeitpunkt der Veräußerung und die Anschaffungskosten im Zeitpunkt der Anschaffung in Euro umzurechnen. [2]In den Fällen der verdeckten Einlage tritt an die Stelle der Einnahmen aus der Veräußerung der Wirtschaftsgüter ihr gemeiner Wert; der Gewinn ist für das Kalenderjahr der verdeckten Einlage anzusetzen. [3]Ist ein Wirtschaftsgut im Sinne des Absatzes 2 in das Privatvermögen durch Entnahme oder Betriebsaufgabe überführt worden, tritt an die Stelle der Anschaffungskosten der nach § 6 Absatz 1 Nummer 4 oder § 16 Absatz 3 angesetzte Wert. [4]In den Fällen des Absatzes 2 Satz 1 Nummer 6 gelten die entrichteten Beiträge im Sinne des Absatzes 1 Nummer 6 Satz 1 als Anschaffungskosten; ist ein entgeltlicher Erwerb vorausgegangen, gelten auch die nach dem Erwerb entrichteten Beiträge als Anschaffungskosten. [5]Gewinn bei einem Termingeschäft ist der Differenzausgleich oder der durch den Wert einer veränderlichen Bezugsgröße bestimmte Geldbetrag oder Vorteil abzüglich der Aufwendungen, die im unmittelbaren sachlichen Zusammenhang mit dem Termingeschäft stehen. [6]Bei unentgeltlichem Erwerb sind dem Einzelrechtsnachfolger für Zwecke dieser Vorschrift die Anschaffung, die Überführung des Wirtschaftsguts in das Privatvermögen, der Erwerb eines Rechts aus Termingeschäften oder die Beiträge im Sinne des Absatzes 1 Nummer 6 Satz 1 durch den Rechtsvorgänger zuzurechnen. [7]Bei vertretbaren Wertpapieren, die einem Verwahrer zur Sammelverwahrung im Sinne des § 5 des Depotgesetzes in der Fassung der Bekanntmachung vom 11. Januar 1995 (BGBl I S. 34), das zuletzt durch Artikel 4 des Gesetzes vom 5. April 2004 (BGBl I S. 502) geändert worden ist, in der jeweils geltenden Fassung anvertraut worden sind, ist zu unterstellen, dass die zuerst angeschafften Wertpapiere zuerst veräußert wurden.

(4a)[1] [1]Werden Anteile an einer Körperschaft, Vermögensmasse oder Personenvereinigung, die weder ihre Geschäftsleitung noch ihren Sitz im Inland hat, gegen Anteile an einer anderen Körperschaft, Vermögensmasse oder Personenvereinigung, die weder ihre Geschäftsleitung noch ihren Sitz im Inland hat, getauscht und wird der Tausch auf Grund gesellschaftsrechtlicher Maßnahmen vollzogen, die von den beteiligten Unternehmen ausgehen, treten abweichend von Absatz 2 Satz 1 und § 13 Absatz 2 des Umwandlungssteuergesetzes die übernommenen Anteile steuerlich an die Stelle der bisherigen Anteile, wenn das Recht der Bundesrepublik Deutschland hinsichtlich der Besteuerung des Gewinns aus der Veräußerung der erhaltenen Anteile nicht ausgeschlossen oder beschränkt ist oder die Mitgliedstaaten der Europäischen Union bei einer Verschmelzung Artikel 8 der Richtlinie 90/434/EWG anzuwenden haben; in diesem Fall ist der Gewinn aus einer späteren Veräußerung der erworbenen Anteile ungeachtet der Bestimmungen eines Abkommens zur Vermeidung der Doppelbesteuerung in der gleichen Art und Weise zu besteuern, wie die Veräußerung der Anteile an der übertragenden Körperschaft zu besteuern wäre, und § 15 Absatz 1a Satz 2 entsprechend anzuwenden. [2]Erhält der Steuerpflichtige in den Fällen des Satzes 1 zusätzlich zu den Anteilen eine Gegenleistung, gilt diese als Ertrag im Sinne des Absatzes 1 Nummer 1. [3]Besitzt bei sonstigen Kapitalforderungen im Sinne des Absatzes 1 Nummer 7 der Inhaber das Recht, bei Fälligkeit anstelle der Rückzahlung des Nominalbetrags vom Emittenten die Lieferung einer vorher festgelegten Anzahl von Wertpapieren zu verlangen oder besitzt der Emittent das Recht, bei Fälligkeit dem Inhaber anstelle der Rückzahlung des Nominalbetrags eine vorher festgelegte Anzahl von Wertpapieren anzudienen und machen der Inhaber der Forderung oder der Emittent von diesem Recht Gebrauch, ist abweichend von Absatz 4 Satz 1 das Entgelt für den Erwerb der Forderung als Veräußerungspreis der Forderung und als Anschaffungskosten der erhaltenen Wertpapiere anzusetzen. [4]Werden Bezugsrechte veräußert oder ausgeübt, die nach § 186 des Aktiengesetzes, § 55 des Gesetzes

1) **Anm. d. Red.:** Zur Anwendung des § 20 Abs. 3 bis 9 siehe § 52a Abs. 10 Satz 10.

ESt**G**

betreffend die Gesellschaften mit beschränkter Haftung oder eines vergleichbaren ausländischen Rechts einen Anspruch auf Abschluss eines Zeichnungsvertrags begründen, wird der Teil der Anschaffungskosten der Altanteile, der auf das Bezugsrecht entfällt, bei der Ermittlung des Gewinns nach Absatz 4 Satz 1 mit 0 Euro angesetzt. [5]Werden einem Steuerpflichtigen Anteile im Sinne des Absatzes 2 Satz 1 Nummer 1 zugeteilt, ohne dass dieser eine gesonderte Gegenleistung zu entrichten hat, werden der Ertrag und die Anschaffungskosten dieser Anteile mit 0 Euro angesetzt, wenn die Voraussetzungen der Sätze 3 und 4 nicht vorliegen und die Ermittlung der Höhe des Kapitalertrags nicht möglich ist. [6]Soweit es auf die steuerliche Wirksamkeit einer Kapitalmaßnahme im Sinne der vorstehenden Sätze 1 bis 5 ankommt, ist auf den Zeitpunkt der Einbuchung in das Depot des Steuerpflichtigen abzustellen.

(5)[1)] [1]Einkünfte aus Kapitalvermögen im Sinne des Absatzes 1 Nummer 1 und 2 erzielt der Anteilseigner. [2]Anteilseigner ist derjenige, dem nach § 39 der Abgabenordnung die Anteile an dem Kapitalvermögen im Sinne des Absatzes 1 Nummer 1 im Zeitpunkt des Gewinnverteilungsbeschlusses zuzurechnen sind. [3]Sind einem Nießbraucher oder Pfandgläubiger die Einnahmen im Sinne des Absatzes 1 Nummer 1 oder 2 zuzurechnen, gilt er als Anteilseigner.

(6)[1)] [1]Verbleibende positive Einkünfte aus Kapitalvermögen sind nach der Verrechnung im Sinne des § 43a Absatz 3 zunächst mit Verlusten aus privaten Veräußerungsgeschäften nach Maßgabe des § 23 Absatz 3 Satz 9 und 10 zu verrechnen. [2]Verluste aus Kapitalvermögen dürfen nicht mit Einkünften aus anderen Einkunftsarten ausgeglichen werden; sie dürfen auch nicht nach § 10d abgezogen werden. [3]Die Verluste mindern jedoch die Einkünfte, die der Steuerpflichtige in den folgenden Veranlagungszeiträumen aus Kapitalvermögen erzielt. [4]§ 10d Absatz 4 ist sinngemäß anzuwenden. [5]Verluste aus Kapitalvermögen im Sinne des Absatzes 2 Satz 1 Nummer 1 Satz 1, die aus der Veräußerung von Aktien entstehen, dürfen nur mit Gewinnen aus Kapitalvermögen im Sinne des Absatzes 2 Satz 1 Nummer 1 Satz 1, die aus der Veräußerung von Aktien entstehen, ausgeglichen werden; die Sätze 3 und 4 gelten sinngemäß. [6]Verluste aus Kapitalvermögen, die der Kapitalertragsteuer unterliegen, dürfen nur verrechnet werden oder mindern die Einkünfte, die der Steuerpflichtige in den folgenden Veranlagungszeiträumen aus Kapitalvermögen erzielt, wenn eine Bescheinigung im Sinne des § 43a Absatz 3 Satz 4 vorliegt.

(7)[1)] [1]§ 15b ist sinngemäß anzuwenden. [2]Ein vorgefertigtes Konzept im Sinne des § 15b Absatz 2 Satz 2 liegt auch vor, wenn die positiven Einkünfte nicht der tariflichen Einkommensteuer unterliegen.

(8)[1)] [1]Soweit Einkünfte der in den Absätzen 1, 2 und 3 bezeichneten Art zu den Einkünften aus Land- und Forstwirtschaft, aus Gewerbebetrieb, aus selbständiger Arbeit oder aus Vermietung und Verpachtung gehören, sind sie diesen Einkünften zuzurechnen. [2]Absatz 4a findet insoweit keine Anwendung.

(9)[1)] [1]Bei der Ermittlung der Einkünfte aus Kapitalvermögen ist als Werbungskosten ein Betrag von 801 Euro abzuziehen (Sparer-Pauschbetrag); der Abzug der tatsächlichen Werbungskosten ist ausgeschlossen. [2]Ehegatten, die zusammen veranlagt werden, wird ein gemeinsamer Sparer-Pauschbetrag von 1 602 Euro gewährt. [3]Der gemeinsame Sparer-Pauschbetrag ist bei der Einkunftsermittlung bei jedem Ehegatten je zur Hälfte abzuziehen; sind die Kapitalerträge eines Ehegatten niedriger als 801 Euro, so ist der anteilige Sparer-Pauschbetrag insoweit, als er die Kapitalerträge dieses Ehegatten übersteigt, bei dem anderen Ehegatten abzuziehen. [4]Der Sparer-Pauschbetrag und der gemeinsame Sparer-Pauschbetrag dürfen nicht höher sein als die nach Maßgabe des Absatzes 6 verrechneten Kapitalerträge.

1) **Anm. d. Red.:** Zur Anwendung des § 20 Abs. 3 bis 9 siehe § 52a Abs. 10 Satz 10.

f) Vermietung und Verpachtung (§ 2 Absatz 1 Satz 1 Nummer 6)

§ 21

(1)[1] [1]Einkünfte aus Vermietung und Verpachtung sind

1. Einkünfte aus Vermietung und Verpachtung von unbeweglichem Vermögen, insbesondere von Grundstücken, Gebäuden, Gebäudeteilen, Schiffen, die in ein Schiffsregister eingetragen sind, und Rechten, die den Vorschriften des bürgerlichen Rechts über Grundstücke unterliegen (z. B. Erbbaurecht, Mineralgewinnungsrecht);
2. Einkünfte aus Vermietung und Verpachtung von Sachinbegriffen, insbesondere von beweglichem Betriebsvermögen;
3. Einkünfte aus zeitlich begrenzter Überlassung von Rechten, insbesondere von schriftstellerischen, künstlerischen und gewerblichen Urheberrechten, von gewerblichen Erfahrungen und von Gerechtigkeiten und Gefällen;
4. Einkünfte aus der Veräußerung von Miet- und Pachtzinsforderungen, auch dann, wenn die Einkünfte im Veräußerungspreis von Grundstücken enthalten sind und die Miet- oder Pachtzinsen sich auf einen Zeitraum beziehen, in dem der Veräußerer noch Besitzer war.

[2]§§ 15a und 15b sind sinngemäß anzuwenden.

(2) Beträgt das Entgelt für die Überlassung einer Wohnung zu Wohnzwecken weniger als 56 Prozent der ortsüblichen Marktmiete, so ist die Nutzungsüberlassung in einen entgeltlichen und einen unentgeltlichen Teil aufzuteilen.

(3) Einkünfte der in den Absätzen 1 und 2 bezeichneten Art sind Einkünften aus anderen Einkunftsarten zuzurechnen, soweit sie zu diesen gehören.

g) Sonstige Einkünfte (§ 2 Absatz 1 Satz 1 Nummer 7)

§ 22 Arten der sonstigen Einkünfte

Sonstige Einkünfte sind

1.[2] Einkünfte aus wiederkehrenden Bezügen, soweit sie nicht zu den in § 2 Absatz 1 Nummer 1 bis 6 bezeichneten Einkunftsarten gehören; § 15b ist sinngemäß anzuwenden. [2]Werden die Bezüge freiwillig oder auf Grund einer freiwillig begründeten Rechtspflicht oder einer gesetzlich unterhaltsberechtigten Person gewährt, so sind sie nicht dem Empfänger zuzurechnen; dem Empfänger sind dagegen zuzurechnen
   a) Bezüge, die von einer Körperschaft, Personenvereinigung oder Vermögensmasse außerhalb der Erfüllung steuerbegünstigter Zwecke im Sinne der §§ 52 bis 54 der Abgabenordnung gewährt werden, und
   b) Bezüge im Sinne des § 1 der Verordnung über die Steuerbegünstigung von Stiftungen, die an die Stelle von Familienfideikommissen getreten sind, in der im Bundesgesetzblatt Teil III, Gliederungsnummer 611-4-3, veröffentlichten bereinigten Fassung.

   [3]Zu den in Satz 1 bezeichneten Einkünften gehören auch
   a) Leibrenten und andere Leistungen,
      aa) die aus den gesetzlichen Rentenversicherungen, den landwirtschaftlichen Alterskassen, den berufsständischen Versorgungseinrichtungen und aus Rentenversicherungen im Sinne des § 10 Absatz 1 Nummer 2 Buchstabe b erbracht werden, soweit sie jeweils der Besteuerung unterliegen. [2]Bemessungsgrundlage für den der Besteuerung unterliegenden Anteil ist der Jahresbetrag der Rente. [3]Der der Besteuerung unterliegende Anteil ist nach dem Jahr des

1) **Anm. d. Red.:** Zur Anwendung des § 21 Abs. 1 siehe § 52 Abs. 37e.

2) **Anm. d. Red.:** Zur Anwendung des § 22 Nr. 1 siehe § 52 Abs. 38 Sätze 1 und 2.

Rentenbeginns und dem in diesem Jahr maßgebenden Prozentsatz aus der nachstehenden Tabelle zu entnehmen:

Jahr des Rentenbeginns	Besteuerungsanteil in %	Jahr des Rentenbeginns	Besteuerungsanteil in %
bis 2005	50	2023	83
ab 2006	52	2024	84
2007	54	2025	85
2008	56	2026	86
2009	58	2027	87
2010	60	2028	88
2011	62	2029	89
2012	64	2030	90
2013	66	2031	91
2014	68	2032	92
2015	70	2033	93
2016	72	2034	94
2017	74	2035	95
2018	76	2036	96
2019	78	2037	97
2020	80	2038	98
2021	81	2039	99
2022	82	2040	100

[4]Der Unterschiedsbetrag zwischen dem Jahresbetrag der Rente und dem der Besteuerung unterliegenden Anteil der Rente ist der steuerfreie Teil der Rente. [5]Dieser gilt ab dem Jahr, das dem Jahr des Rentenbeginns folgt, für die gesamte Laufzeit des Rentenbezugs. [6]Abweichend hiervon ist der steuerfreie Teil der Rente bei einer Veränderung des Jahresbetrags der Rente in dem Verhältnis anzupassen, in dem der veränderte Jahresbetrag der Rente zum Jahresbetrag der Rente steht, der der Ermittlung des steuerfreien Teils der Rente zugrunde liegt. [7]Regelmäßige Anpassungen des Jahresbetrags der Rente führen nicht zu einer Neuberechnung und bleiben bei einer Neuberechnung außer Betracht. [8]Folgen nach dem 31. Dezember 2004 Renten aus derselben Versicherung einander nach, gilt für die spätere Rente Satz 3 mit der Maßgabe, dass sich der Prozentsatz nach dem Jahr richtet, das sich ergibt, wenn die Laufzeit der vorhergehenden Renten von dem Jahr des Beginns der späteren Rente abgezogen wird; der Prozentsatz kann jedoch nicht niedriger bemessen werden als der für das Jahr 2005;

bb) die nicht solche im Sinne des Doppelbuchstaben aa sind und bei denen in den einzelnen Bezügen Einkünfte aus Erträgen des Rentenrechts enthalten sind. [2]Dies gilt auf Antrag auch für Leibrenten und andere Leistungen, soweit diese auf bis zum 31. Dezember 2004 geleisteten Beiträgen beruhen, welche oberhalb des Betrags des Höchstbeitrags zur gesetzlichen Rentenversicherung gezahlt wurden; der Steuerpflichtige muss nachweisen, dass der Betrag des Höchstbeitrags mindestens zehn Jahre überschritten wurde; soweit hiervon im Versorgungsausgleich übertragene Rentenanwartschaften betroffen sind, gilt § 4 Absatz 1 des Versorgungsausgleichsgesetzes entsprechend. [3]Als Ertrag des Rentenrechts gilt für die gesamte Dauer des Rentenbezugs der Unterschiedsbetrag zwischen dem Jahresbetrag der Rente und dem Betrag, der sich bei gleichmäßiger Verteilung des Kapitalwerts der Rente auf ihre voraussichtliche Laufzeit ergibt; dabei ist der Kapitalwert nach dieser Laufzeit zu berechnen. [4]Der Ertrag des Rentenrechts (Ertragsanteil) ist aus der nachstehenden Tabelle zu entnehmen:

Bei Beginn der Rente vollendetes Lebensjahr des Rentenberechtigten	Ertragsanteil in %	Bei Beginn der Rente vollendetes Lebensjahr des Rentenberechtigten	Ertragsanteil in %
0 bis 1	59	51 bis 52	29
2 bis 3	58	53	28
4 bis 5	57	54	27
6 bis 8	56	55 bis 56	26
9 bis 10	55	57	25
11 bis 12	54	58	24
13 bis 14	53	59	23
15 bis 16	52	60 bis 61	22
17 bis 18	51	62	21
19 bis 20	50	63	20
21 bis 22	49	64	19
23 bis 24	48	65 bis 66	18
25 bis 26	47	67	17
27	46	68	16
28 bis 29	45	69 bis 70	15
30 bis 31	44	71	14
32	43	72 bis 73	13
33 bis 34	42	74	12
35	41	75	11
36 bis 37	40	76 bis 77	10
38	39	78 bis 79	9
39 bis 40	38	80	8
41	37	81 bis 82	7
42	36	83 bis 84	6
43 bis 44	35	85 bis 87	5
45	34	88 bis 91	4
46 bis 47	33	92 bis 93	3
48	32	94 bis 96	2
49	31	ab 97	1
50	30		

[5]Die Ermittlung des Ertrags aus Leibrenten, die vor dem 1. Januar 1955 zu laufen begonnen haben, und aus Renten, deren Dauer von der Lebenszeit mehrerer Personen oder einer anderen Person als des Rentenberechtigten abhängt, sowie aus Leibrenten, die auf eine bestimmte Zeit beschränkt sind, wird durch eine Rechtsverordnung bestimmt;

b) Einkünfte aus Zuschüssen und sonstigen Vorteilen, die als wiederkehrende Bezüge gewährt werden;

1a. Einkünfte aus Unterhaltsleistungen, soweit sie nach § 10 Absatz 1 Nummer 1 vom Geber abgezogen werden können;

1b. Einkünfte aus Versorgungsleistungen, soweit sie beim Zahlungsverpflichteten nach § 10 Absatz 1 Nummer 1a als Sonderausgaben abgezogen werden können;

1c. Einkünfte aus Leistungen auf Grund eines schuldrechtlichen Versorgungsausgleichs, soweit sie beim Ausgleichsverpflichteten nach § 10 Absatz 1 Nummer 1b als Sonderausgaben abgezogen werden können;

2. Einkünfte aus privaten Veräußerungsgeschäften im Sinne des § 23;

3.[1] Einkünfte aus Leistungen, soweit sie weder zu anderen Einkunftsarten (§ 2 Absatz 1 Satz 1 Nummer 1 bis 6) noch zu den Einkünften im Sinne der Nummern 1, 1a, 2 oder 4 gehören, z. B. Einkünfte aus gelegentlichen Vermittlungen und aus der Vermietung beweglicher Gegenstände. [2]Solche Einkünfte sind nicht einkommensteuerpflichtig, wenn sie weniger als 256 Euro im Kalenderjahr betragen haben. [3]Übersteigen die Werbungskosten die Einnahmen, so darf der übersteigende Betrag bei Ermittlung des Einkommens nicht ausgeglichen werden; er darf auch nicht nach § 10d abgezogen werden. [4]Die Verluste mindern jedoch nach Maßgabe des § 10d die Einkünfte, die der Steuerpflichtige in dem unmittelbar vorangegangenen Veranlagungszeitraum oder in den folgenden Veranlagungszeiträumen aus Leistungen im Sinne des Satzes 1 erzielt hat oder erzielt; § 10d Absatz 4 gilt entsprechend. [5]Verluste aus Leistungen im Sinne des § 22 Nummer 3 in der bis zum 31. Dezember 2008 anzuwendenden Fassung können abweichend von Satz 3 auch mit Einkünften aus Kapitalvermögen im Sinne des § 20 Absatz 1 Nummer 11 ausgeglichen werden. [6]Sie mindern abweichend von Satz 4 nach Maßgabe des § 10d auch die Einkünfte, die der Steuerpflichtige in den folgenden Veranlagungszeiträumen aus § 20 Absatz 1 Nummer 11 erzielt;

4.[2] Entschädigungen, Amtszulagen, Zuschüsse zu Kranken- und Pflegeversicherungsbeiträgen, Übergangsgelder, Überbrückungsgelder, Sterbegelder, Versorgungsabfindungen, Versorgungsbezüge, die auf Grund des Abgeordnetengesetzes oder des Europaabgeordnetengesetzes, sowie vergleichbare Bezüge, die auf Grund der entsprechenden Gesetze der Länder gezahlt werden, und die Entschädigungen, das Übergangsgeld, das Ruhegehalt und die Hinterbliebenenversorgung, die auf Grund des Abgeordnetenstatuts des Europäischen Parlaments von der Europäischen Union gezahlt werden. [2]Werden zur Abgeltung des durch das Mandat veranlassten Aufwandes Aufwandsentschädigungen gezahlt, so dürfen die durch das Mandat veranlassten Aufwendungen nicht als Werbungskosten abgezogen werden. [3]Wahlkampfkosten zur Erlangung eines Mandats im Bundestag, im Europäischen Parlament oder im Parlament eines Landes dürfen nicht als Werbungskosten abgezogen werden. [4]Es gelten entsprechend

a) für Nachversicherungsbeiträge auf Grund gesetzlicher Verpflichtung nach den Abgeordnetengesetzen im Sinne des Satzes 1 und für Zuschüsse zu Kranken- und Pflegeversicherungsbeiträgen § 3 Nummer 62,

b) für Versorgungsbezüge § 19 Absatz 2 nur bezüglich des Versorgungsfreibetrags; beim Zusammentreffen mit Versorgungsbezügen im Sinne des § 19 Absatz 2 Satz 2 bleibt jedoch insgesamt höchstens ein Betrag in Höhe des Versorgungsfreibetrags nach § 19 Absatz 2 Satz 3 im Veranlagungszeitraum steuerfrei,

c) für das Übergangsgeld, das in einer Summe gezahlt wird, und für die Versorgungsabfindung § 34 Absatz 1,

d) für die Gemeinschaftssteuer, die auf die Entschädigungen, das Übergangsgeld, das Ruhegehalt und die Hinterbliebenenversorgung auf Grund des Abgeordnetenstatuts des Europäischen Parlaments von der Europäischen Union erhoben wird, § 34c Absatz 1; dabei sind die im ersten Halbsatz genannten Einkünfte für die entsprechende Anwendung des § 34c Absatz 1 wie ausländische Einkünfte und die Gemeinschaftssteuer wie eine der deutschen Einkommensteuer entsprechende ausländische Steuer zu behandeln;

1) **Anm. d. Red.:** Zur Anwendung des § 22 Nr. 3 siehe § 52 Abs. 38 Satz 3 und § 52a Abs. 10a.

2) **Anm. d. Red.:** Zur Anwendung des § 22 Nr. 4 siehe § 57 Abs. 5.

5.[1] Leistungen aus Altersvorsorgeverträgen, Pensionsfonds, Pensionskassen und Direktversicherungen. [2]Soweit die Leistungen nicht auf Beiträgen, auf die § 3 Nummer 63, § 10a oder Abschnitt XI angewendet wurde, nicht auf Zulagen im Sinne des Abschnitts XI, nicht auf Zahlungen im Sinne des § 92a Absatz 2 Satz 4 Nummer 1 und des § 92a Absatz 3 Satz 9 Nummer 2, nicht auf steuerfreien Leistungen nach § 3 Nummer 66 und nicht auf Ansprüchen beruhen, die durch steuerfreie Zuwendungen nach § 3 Nummer 56 oder die durch die nach § 3 Nummer 55b Satz 1 steuerfreie Leistung aus einem im Versorgungsausgleich begründeten Anrecht erworben wurden,

a) ist bei lebenslangen Renten sowie bei Berufsunfähigkeits-, Erwerbsminderungs- und Hinterbliebenenrenten Nummer 1 Satz 3 Buchstabe a entsprechend anzuwenden,

b) ist bei Leistungen aus Versicherungsverträgen, Pensionsfonds, Pensionskassen und Direktversicherungen, die nicht solche nach Buchstabe a sind, § 20 Absatz 1 Nummer 6 in der jeweils für den Vertrag geltenden Fassung entsprechend anzuwenden,

c) unterliegt bei anderen Leistungen der Unterschiedsbetrag zwischen der Leistung und der Summe der auf sie entrichteten Beiträge der Besteuerung; § 20 Absatz 1 Nummer 6 Satz 2 gilt entsprechend.

[3]In den Fällen des § 93 Absatz 1 Satz 1 und 2 gilt das ausgezahlte geförderte Altersvorsorgevermögen nach Abzug der Zulagen im Sinne des Abschnitts XI als Leistung im Sinne des Satzes 2. [4]Als Leistung im Sinne des Satzes 1 gilt auch der Verminderungsbetrag nach § 92a Absatz 2 Satz 5 und der Auflösungsbetrag nach § 92a Absatz 3 Satz 5. [5]Der Auflösungsbetrag nach § 92a Absatz 2 Satz 6 wird zu 70 Prozent als Leistung nach Satz 1 erfasst. [6]Tritt nach dem Beginn der Auszahlungsphase der Fall des § 92a Absatz 3 Satz 1 ein, dann ist

a) innerhalb eines Zeitraums bis zum zehnten Jahr nach dem Beginn der Auszahlungsphase das Eineinhalbfache,

b) innerhalb eines Zeitraums zwischen dem zehnten und 20. Jahr nach dem Beginn der Auszahlungsphase das Einfache

des nach Satz 5 noch nicht erfassten Auflösungsbetrags als Leistung nach Satz 1 zu erfassen; § 92a Absatz 3 Satz 9 gilt entsprechend mit der Maßgabe, dass als noch nicht zurückgeführter Betrag im Wohnförderkonto der noch nicht erfasste Auflösungsbetrag gilt. [7]Bei erstmaligem Bezug von Leistungen, in den Fällen des § 93 Absatz 1 sowie bei Änderung der im Kalenderjahr auszuzahlenden Leistung hat der Anbieter (§ 80) nach Ablauf des Kalenderjahres dem Steuerpflichtigen nach amtlich vorgeschriebenem Vordruck den Betrag der im abgelaufenen Kalenderjahr zugeflossenen Leistungen im Sinne der Sätze 1 bis 6 je gesondert mitzuteilen. [8]In den Fällen des § 92a Absatz 2 Satz 10 erster Halbsatz erhält der Steuerpflichtige die Angaben nach Satz 7 von der zentralen Stelle (§ 81). [9]Werden dem Steuerpflichtigen Abschluss- und Vertriebskosten eines Altersvorsorgevertrages erstattet, gilt der Erstattungsbetrag als Leistung im Sinne des Satzes 1.

§ 22a[2] Rentenbezugsmitteilungen an die zentrale Stelle

(1) [1]Die Träger der gesetzlichen Rentenversicherung, der Spitzenverband der landwirtschaftlichen Sozialversicherung für die Träger der Alterssicherung der Landwirte, die berufsständischen Versorgungseinrichtungen, die Pensionskassen, die Pensionsfonds, die Versicherungsunternehmen, die Unternehmen, die Verträge im Sinne des § 10 Absatz 1 Nummer 2 Buchstabe b anbieten, und die Anbieter im Sinne des § 80 (Mitteilungspflichtige) haben der zentralen Stelle (§ 81) bis zum 1. März des Jahres, das auf das Jahr folgt, in dem eine Leibrente oder andere Leistung nach § 22 Nummer 1 Satz 3 Buch-

1) **Anm. d. Red.**: Zur Anwendung des § 22 Nr. 5 siehe § 52 Abs. 34c.

2) **Anm. d. Red.**: Zur Anwendung des § 22a siehe § 52 Abs. 38a.

stabe a und § 22 Nummer 5 einem Leistungsempfänger zugeflossen ist, folgende Daten zu übermitteln (Rentenbezugsmitteilung):

1. Identifikationsnummer (§ 139b der Abgabenordnung), Familienname, Vorname und Geburtsdatum des Leistungsempfängers;
2. je gesondert den Betrag der Leibrenten und anderen Leistungen im Sinne des § 22 Nummer 1 Satz 3 Buchstabe a Doppelbuchstabe aa, bb Satz 4 und Doppelbuchstabe bb Satz 5 in Verbindung mit § 55 Absatz 2 der Einkommensteuer-Durchführungsverordnung sowie im Sinne des § 22 Nummer 5. [2]Der im Betrag der Rente enthaltene Teil, der ausschließlich auf einer Anpassung der Rente beruht, ist gesondert mitzuteilen;
3. Zeitpunkt des Beginns und des Endes des jeweiligen Leistungsbezugs; folgen nach dem 31. Dezember 2004 Renten aus derselben Versicherung einander nach, ist auch die Laufzeit der vorhergehenden Renten mitzuteilen;
4. Bezeichnung und Anschrift des Mitteilungspflichtigen;
5. die Beiträge im Sinne des § 10 Absatz 1 Nummer 3 Buchstabe a Satz 1 und 2 und Buchstabe b, soweit diese vom Mitteilungspflichtigen an die Träger der gesetzlichen Kranken- und Pflegeversicherung abgeführt werden;
6. die dem Leistungsempfänger zustehenden Beitragszuschüsse nach § 106 des Sechsten Buches Sozialgesetzbuch.

[2]Die Datenübermittlung hat nach amtlich vorgeschriebenem Datensatz durch Datenfernübertragung zu erfolgen. [3]Im Übrigen ist § 150 Absatz 6 der Abgabenordnung entsprechend anzuwenden.

(2) [1]Der Leistungsempfänger hat dem Mitteilungspflichtigen seine Identifikationsnummer mitzuteilen. [2]Teilt der Leistungsempfänger die Identifikationsnummer dem Mitteilungspflichtigen trotz Aufforderung nicht mit, übermittelt das Bundeszentralamt für Steuern dem Mitteilungspflichtigen auf dessen Anfrage die Identifikationsnummer des Leistungsempfängers; weitere Daten dürfen nicht übermittelt werden. [3]In der Anfrage dürfen nur die in § 139b Absatz 3 der Abgabenordnung genannten Daten des Leistungsempfängers angegeben werden, soweit sie dem Mitteilungspflichtigen bekannt sind. [4]Die Anfrage des Mitteilungspflichtigen und die Antwort des Bundeszentralamtes für Steuern sind über die zentrale Stelle zu übermitteln. [5]Die zentrale Stelle führt eine ausschließlich automatisierte Prüfung der ihr übermittelten Daten daraufhin durch, ob sie vollständig und schlüssig sind und ob das vorgeschriebene Datenformat verwendet worden ist. [6]Sie speichert die Daten des Leistungsempfängers nur für Zwecke dieser Prüfung bis zur Übermittlung an das Bundeszentralamt für Steuern oder an den Mitteilungspflichtigen. [7]Die Daten sind für die Übermittlung zwischen der zentralen Stelle und dem Bundeszentralamt für Steuern zu verschlüsseln. [8]Für die Anfrage gilt Absatz 1 Satz 2 und 3 entsprechend. [9]Der Mitteilungspflichtige darf die Identifikationsnummer nur verwenden, soweit dies für die Erfüllung der Mitteilungspflicht nach Absatz 1 Satz 1 erforderlich ist.

(3) Der Mitteilungspflichtige hat den Leistungsempfänger jeweils darüber zu unterrichten, dass die Leistung der zentralen Stelle mitgeteilt wird.

(4) [1]Die zentrale Stelle (§ 81) kann bei den Mitteilungspflichtigen ermitteln, ob sie ihre Pflichten nach Absatz 1 Satz 1 erfüllt haben. [2]Die §§ 193 bis 203 der Abgabenordnung gelten sinngemäß. [3]Auf Verlangen der zentralen Stelle haben die Mitteilungspflichtigen ihre Unterlagen, soweit sie im Ausland geführt und aufbewahrt werden, verfügbar zu machen.

§ 23[1] Private Veräußerungsgeschäfte

(1) [1]Private Veräußerungsgeschäfte (§ 22 Nummer 2) sind

1. Veräußerungsgeschäfte bei Grundstücken und Rechten, die den Vorschriften des bürgerlichen Rechts über Grundstücke unterliegen (z. B. Erbbaurecht, Mineralge-

1) **Anm. d. Red.:** Zur Anwendung des § 23 siehe § 52a Abs. 11.

winnungsrecht), bei denen der Zeitraum zwischen Anschaffung und Veräußerung nicht mehr als zehn Jahre beträgt. [2]Gebäude und Außenanlagen sind einzubeziehen, soweit sie innerhalb dieses Zeitraums errichtet, ausgebaut oder erweitert werden; dies gilt entsprechend für Gebäudeteile, die selbständige unbewegliche Wirtschaftsgüter sind, sowie für Eigentumswohnungen und im Teileigentum stehende Räume. [3]Ausgenommen sind Wirtschaftsgüter, die im Zeitraum zwischen Anschaffung oder Fertigstellung und Veräußerung ausschließlich zu eigenen Wohnzwecken oder im Jahr der Veräußerung und in den beiden vorangegangenen Jahren zu eigenen Wohnzwecken genutzt wurden;

2. Veräußerungsgeschäfte bei anderen Wirtschaftsgütern, bei denen der Zeitraum zwischen Anschaffung und Veräußerung nicht mehr als ein Jahr beträgt. [2]Bei Wirtschaftsgütern im Sinne von Nummer 2 Satz 1, aus deren Nutzung als Einkunftsquelle zumindest in einem Kalenderjahr Einkünfte erzielt werden, erhöht sich der Zeitraum auf zehn Jahre.

[2]Als Anschaffung gilt auch die Überführung eines Wirtschaftsguts in das Privatvermögen des Steuerpflichtigen durch Entnahme oder Betriebsaufgabe. [3]Bei unentgeltlichem Erwerb ist dem Einzelrechtsnachfolger für Zwecke dieser Vorschrift die Anschaffung oder die Überführung des Wirtschaftsguts in das Privatvermögen durch den Rechtsvorgänger zuzurechnen. [4]Die Anschaffung oder Veräußerung einer unmittelbaren oder mittelbaren Beteiligung an einer Personengesellschaft gilt als Anschaffung oder Veräußerung der anteiligen Wirtschaftsgüter. [5]Als Veräußerung im Sinne des Satzes 1 Nummer 1 gilt auch

1. die Einlage eines Wirtschaftsguts in das Betriebsvermögen, wenn die Veräußerung aus dem Betriebsvermögen innerhalb eines Zeitraums von zehn Jahren seit Anschaffung des Wirtschaftsguts erfolgt, und
2. die verdeckte Einlage in eine Kapitalgesellschaft.

(2) Einkünfte aus privaten Veräußerungsgeschäften der in Absatz 1 bezeichneten Art sind den Einkünften aus anderen Einkunftsarten zuzurechnen, soweit sie zu diesen gehören.

(3) [1]Gewinn oder Verlust aus Veräußerungsgeschäften nach Absatz 1 ist der Unterschied zwischen Veräußerungspreis einerseits und den Anschaffungs- oder Herstellungskosten und den Werbungskosten andererseits. [2]In den Fällen des Absatzes 1 Satz 5 Nummer 1 tritt an die Stelle des Veräußerungspreises der für den Zeitpunkt der Einlage nach § 6 Absatz 1 Nummer 5 angesetzte Wert, in den Fällen des Absatzes 1 Satz 5 Nummer 2 der gemeine Wert. [3]In den Fällen des Absatzes 1 Satz 2 tritt an die Stelle der Anschaffungs- oder Herstellungskosten der nach § 6 Absatz 1 Nummer 4 oder § 16 Absatz 3 angesetzte Wert. [4]Die Anschaffungs- oder Herstellungskosten mindern sich um Absetzungen für Abnutzung, erhöhte Absetzungen und Sonderabschreibungen, soweit sie bei der Ermittlung der Einkünfte im Sinne des § 2 Absatz 1 Satz 1 Nummer 4 bis 7 abgezogen worden sind. [5]Gewinne bleiben steuerfrei, wenn der aus den privaten Veräußerungsgeschäften erzielte Gesamtgewinn im Kalenderjahr weniger als 600 Euro betragen hat. [6]In den Fällen des Absatzes 1 Satz 5 Nummer 1 sind Gewinne oder Verluste für das Kalenderjahr, in dem der Preis für die Veräußerung aus dem Betriebsvermögen zugeflossen ist, in den Fällen des Absatzes 1 Satz 5 Nummer 2 für das Kalenderjahr der verdeckten Einlage anzusetzen. [7]Verluste dürfen nur bis zur Höhe des Gewinns, den der Steuerpflichtige im gleichen Kalenderjahr aus privaten Veräußerungsgeschäften erzielt hat, ausgeglichen werden; sie dürfen nicht nach § 10d abgezogen werden. [8]Die Verluste mindern jedoch nach Maßgabe des § 10d die Einkünfte, die der Steuerpflichtige in dem unmittelbar vorangegangenen Veranlagungszeitraum oder in den folgenden Veranlagungszeiträumen aus privaten Veräußerungsgeschäften nach Absatz 1 erzielt hat oder erzielt; § 10d Absatz 4 gilt entsprechend. [9]Verluste aus privaten Veräußerungsgeschäften im Sinne des § 23 in der bis zum 31. Dezember 2008 anzuwendenden Fassung können abweichend von Satz 7 auch mit Einkünften aus Kapitalvermögen im Sinne des § 20 Absatz 2 in der Fas-

sung des Artikels 1 des Gesetzes vom 14. August 2007 (BGBl I S. 1912) ausgeglichen werden. [10]Sie mindern abweichend von Satz 8 nach Maßgabe des § 10d auch die Einkünfte, die der Steuerpflichtige in den folgenden Veranlagungszeiträumen aus § 20 Absatz 2 in der Fassung des Artikels 1 des Gesetzes vom 14. August 2007 (BGBl I S. 1912) erzielt.

h) Gemeinsame Vorschriften

§ 24

Zu den Einkünften im Sinne des § 2 Absatz 1 gehören auch

1. Entschädigungen, die gewährt worden sind
   a) als Ersatz für entgangene oder entgehende Einnahmen oder
   b) für die Aufgabe oder Nichtausübung einer Tätigkeit, für die Aufgabe einer Gewinnbeteiligung oder einer Anwartschaft auf eine solche;
   c) als Ausgleichszahlungen an Handelsvertreter nach § 89b des Handelsgesetzbuchs;
2. Einkünfte aus einer ehemaligen Tätigkeit im Sinne des § 2 Absatz 1 Satz 1 Nummer 1 bis 4 oder aus einem früheren Rechtsverhältnis im Sinne des § 2 Absatz 1 Satz 1 Nummer 5 bis 7, und zwar auch dann, wenn sie dem Steuerpflichtigen als Rechtsnachfolger zufließen;
3. Nutzungsvergütungen für die Inanspruchnahme von Grundstücken für öffentliche Zwecke sowie Zinsen auf solche Nutzungsvergütungen und auf Entschädigungen, die mit der Inanspruchnahme von Grundstücken für öffentliche Zwecke zusammenhängen.

§ 24a Altersentlastungsbetrag

[1]Der Altersentlastungsbetrag ist bis zu einem Höchstbetrag im Kalenderjahr ein nach einem Prozentsatz ermittelter Betrag des Arbeitslohns und der positiven Summe der Einkünfte, die nicht solche aus nichtselbständiger Arbeit sind. [2]Bei der Bemessung des Betrags bleiben außer Betracht:

1. Versorgungsbezüge im Sinne des § 19 Absatz 2;
2. Einkünfte aus Leibrenten im Sinne des § 22 Nummer 1 Satz 3 Buchstabe a;
3. Einkünfte im Sinne des § 22 Nummer 4 Satz 4 Buchstabe b;
4. Einkünfte im Sinne des § 22 Nummer 5 Satz 1, soweit § 52 Absatz 34c anzuwenden ist;
5. Einkünfte im Sinne des § 22 Nummer 5 Satz 2 Buchstabe a.

[3]Der Altersentlastungsbetrag wird einem Steuerpflichtigen gewährt, der vor dem Beginn des Kalenderjahres, in dem er sein Einkommen bezogen hat, das 64. Lebensjahr vollendet hatte. [4]Im Fall der Zusammenveranlagung von Ehegatten zur Einkommensteuer sind die Sätze 1 bis 3 für jeden Ehegatten gesondert anzuwenden. [5]Der maßgebende Prozentsatz und der Höchstbetrag des Altersentlastungsbetrags sind der nachstehenden Tabelle zu entnehmen:

Das auf die Vollendung des 64. Lebensjahres folgende Kalenderjahr	Altersentlastungsbetrag	
	in % der Einkünfte	Höchstbetrag in Euro
2005	40,0	1 900
2006	38,4	1 824
2007	36,8	1 748
2008	35,2	1 672
2009	33,6	1 596
2010	32,0	1 520
2011	30,4	1 444

Das auf die Vollendung des 64. Lebensjahres folgende Kalenderjahr	Altersentlastungsbetrag	
	in % der Einkünfte	Höchstbetrag in Euro
2012	28,8	1 368
2013	27,2	1 292
2014	25,6	1 216
2015	24,0	1 140
2016	22,4	1 064
2017	20,8	988
2018	19,2	912
2019	17,6	836
2020	16,0	760
2021	15,2	722
2022	14,4	684
2023	13,6	646
2024	12,8	608
2025	12,0	570
2026	11,2	532
2027	10,4	494
2028	9,6	456
2029	8,8	418
2030	8,0	380
2031	7,2	342
2032	6,4	304
2033	5,6	266
2034	4,8	228
2035	4,0	190
2036	3,2	152
2037	2,4	114
2038	1,6	76
2039	0,8	38
2040	0,0	0

§ 24b Entlastungsbetrag für Alleinerziehende

(1) [1]Allein stehende Steuerpflichtige können einen Entlastungsbetrag in Höhe von 1 308 Euro im Kalenderjahr von der Summe der Einkünfte abziehen, wenn zu ihrem Haushalt mindestens ein Kind gehört, für das ihnen ein Freibetrag nach § 32 Absatz 6 oder Kindergeld zusteht. [2]Die Zugehörigkeit zum Haushalt ist anzunehmen, wenn das Kind in der Wohnung des allein stehenden Steuerpflichtigen gemeldet ist. [3]Ist das Kind bei mehreren Steuerpflichtigen gemeldet, steht der Entlastungsbetrag nach Satz 1 demjenigen Alleinstehenden zu, der die Voraussetzungen auf Auszahlung des Kindergeldes nach § 64 Absatz 2 Satz 1 erfüllt oder erfüllen würde in Fällen, in denen nur ein Anspruch auf einen Freibetrag nach § 32 Absatz 6 besteht.

(2) [1]Allein stehend im Sinne des Absatzes 1 sind Steuerpflichtige, die nicht die Voraussetzungen für die Anwendung des Splitting-Verfahrens (§ 26 Absatz 1) erfüllen oder verwitwet sind und keine Haushaltsgemeinschaft mit einer anderen volljährigen Person bilden, es sei denn, für diese steht ihnen ein Freibetrag nach § 32 Absatz 6 oder Kindergeld zu oder es handelt sich um ein Kind im Sinne des § 63 Absatz 1 Satz 1, das einen Dienst nach § 32 Absatz 5 Satz 1 Nummer 1 und 2 leistet oder eine Tätigkeit nach § 32 Absatz 5

Satz 1 Nummer 3 ausübt. ²Ist die andere Person mit Haupt- oder Nebenwohnsitz in der Wohnung des Steuerpflichtigen gemeldet, wird vermutet, dass sie mit dem Steuerpflichtigen gemeinsam wirtschaftet (Haushaltsgemeinschaft). ³Diese Vermutung ist widerlegbar, es sei denn, der Steuerpflichtige und die andere Person leben in einer eheähnlichen Gemeinschaft oder in einer eingetragenen Lebenspartnerschaft.

(3) Für jeden vollen Kalendermonat, in dem die Voraussetzungen des Absatzes 1 nicht vorgelegen haben, ermäßigt sich der Entlastungsbetrag um ein Zwölftel.

III. Veranlagung

§ 25 Veranlagungszeitraum, Steuererklärungspflicht

(1)[1] Die Einkommensteuer wird nach Ablauf des Kalenderjahres (Veranlagungszeitraum) nach dem Einkommen veranlagt, das der Steuerpflichtige in diesem Veranlagungszeitraum bezogen hat, soweit nicht nach § 43 Absatz 5 und § 46 eine Veranlagung unterbleibt.

(2) (weggefallen)

(3) ¹Der Steuerpflichtige hat für den abgelaufenen Veranlagungszeitraum eine Einkommensteuererklärung abzugeben. ²Ehegatten haben für den Fall der Zusammenveranlagung (§ 26b) eine gemeinsame Einkommensteuererklärung abzugeben. ³Wählt einer der Ehegatten die getrennte Veranlagung (§ 26a) oder wählen beide Ehegatten die besondere Veranlagung für den Veranlagungszeitraum der Eheschließung (§ 26c), hat jeder der Ehegatten eine Einkommensteuererklärung abzugeben. ⁴Der Steuerpflichtige hat die Einkommensteuererklärung eigenhändig zu unterschreiben. ⁵Eine gemeinsame Einkommensteuererklärung ist von beiden Ehegatten eigenhändig zu unterschreiben.

(4)[2] ¹Die Erklärung nach Absatz 3 ist nach amtlich vorgeschriebenem Datensatz durch Datenfernübertragung zu übermitteln, wenn Einkünfte nach § 2 Absatz 1 Satz 1 Nummer 1 bis 3 erzielt werden und es sich nicht um einen der Veranlagungsfälle gemäß § 46 Absatz 2 Nummer 2 bis 8 handelt. ²Auf Antrag kann die Finanzbehörde zur Vermeidung unbilliger Härten auf eine Übermittlung durch Datenfernübertragung verzichten.

§ 26 Veranlagung von Ehegatten

(1) ¹Ehegatten, die beide unbeschränkt einkommensteuerpflichtig im Sinne des § 1 Absatz 1 oder 2 oder des § 1a sind und nicht dauernd getrennt leben und bei denen diese Voraussetzungen zu Beginn des Veranlagungszeitraums vorgelegen haben oder im Laufe des Veranlagungszeitraums eingetreten sind, können zwischen getrennter Veranlagung (§ 26a) und Zusammenveranlagung (§ 26b) wählen; für den Veranlagungszeitraum der Eheschließung können sie stattdessen die besondere Veranlagung nach § 26c wählen. ²Eine Ehe, die im Laufe des Veranlagungszeitraums aufgelöst worden ist, bleibt für die Anwendung des Satzes 1 unberücksichtigt, wenn einer der Ehegatten in demselben Veranlagungszeitraum wieder geheiratet hat und bei ihm und dem neuen Ehegatten die Voraussetzungen des Satzes 1 ebenfalls vorliegen. ³Satz 2 gilt nicht, wenn eine Ehe durch Tod aufgelöst worden ist und die Ehegatten der neuen Ehe die besondere Veranlagung nach § 26c wählen.

(2) ¹Ehegatten werden getrennt veranlagt, wenn einer der Ehegatten getrennte Veranlagung wählt. ²Ehegatten werden zusammen veranlagt oder – für den Veranlagungszeitraum der Eheschließung – nach § 26c veranlagt, wenn beide Ehegatten die betreffende Veranlagungsart wählen. ³Die zur Ausübung der Wahl erforderlichen Erklärungen sind beim Finanzamt schriftlich oder zu Protokoll abzugeben.

(3) Werden die nach Absatz 2 erforderlichen Erklärungen nicht abgegeben, so wird unterstellt, dass die Ehegatten die Zusammenveranlagung wählen.

1) **Anm. d. Red.:** Zur Anwendung des § 25 Abs. 1 siehe § 52a Abs. 13.

2) **Anm. d. Red.:** Zur Anwendung des § 25 Abs. 4 siehe § 52 Abs. 39: erstmals anzuwenden für Einkommensteuererklärungen, die für den VZ 2011 abzugeben sind.

§ 26a Getrennte Veranlagung von Ehegatten

(1) [1]Bei getrennter Veranlagung von Ehegatten in den in § 26 bezeichneten Fällen sind jedem Ehegatten die von ihm bezogenen Einkünfte zuzurechnen. [2]Einkünfte eines Ehegatten sind nicht allein deshalb zum Teil dem anderen Ehegatten zuzurechnen, weil dieser bei der Erzielung der Einkünfte mitgewirkt hat.

(2) [1]Sonderausgaben nach § 9c und außergewöhnliche Belastungen (§§ 33 bis 33b) werden in Höhe des bei einer Zusammenveranlagung in Betracht kommenden Betrags bei beiden Veranlagungen jeweils zur Hälfte abgezogen, wenn die Ehegatten nicht gemeinsam eine andere Aufteilung beantragen. [2]Die nach § 33b Absatz 5 übertragbaren Pauschbeträge stehen den Ehegatten insgesamt nur einmal zu; sie werden jedem Ehegatten zur Hälfte gewährt. [3]Die nach § 34f zu gewährende Steuerermäßigung steht den Ehegatten in dem Verhältnis zu, in dem sie erhöhte Absetzungen nach § 7b oder Abzugsbeträge nach § 10e Absatz 1 bis 5 oder nach § 15b des Berlinförderungsgesetzes in Anspruch nehmen. [4]Die nach § 35a zu gewährende Steuerermäßigung steht den Ehegatten jeweils zur Hälfte zu, wenn die Ehegatten nicht gemeinsam eine andere Aufteilung beantragen.

(3) Die Anwendung des § 10d für den Fall des Übergangs von der getrennten Veranlagung zur Zusammenveranlagung und von der Zusammenveranlagung zur getrennten Veranlagung, wenn bei beiden Ehegatten nicht ausgeglichene Verluste vorliegen, wird durch Rechtsverordnung der Bundesregierung mit Zustimmung des Bundesrates geregelt.

§ 26b Zusammenveranlagung von Ehegatten

Bei der Zusammenveranlagung von Ehegatten werden die Einkünfte, die die Ehegatten erzielt haben, zusammengerechnet, den Ehegatten gemeinsam zugerechnet und, soweit nichts anderes vorgeschrieben ist, die Ehegatten sodann gemeinsam als Steuerpflichtiger behandelt.

§ 26c Besondere Veranlagung für den Veranlagungszeitraum der Eheschließung

(1) [1]Bei besonderer Veranlagung für den Veranlagungszeitraum der Eheschließung werden Ehegatten so behandelt, als ob sie diese Ehe nicht geschlossen hätten. [2]§ 12 Nummer 2 bleibt unberührt. [3]§ 26a Absatz 1 gilt sinngemäß.

(2) Bei der besonderen Veranlagung ist das Verfahren nach § 32a Absatz 5 anzuwenden, wenn der zu veranlagende Ehegatte zu Beginn des Veranlagungszeitraums verwitwet war und bei ihm die Voraussetzungen des § 32a Absatz 6 Nummer 1 vorgelegen hatten.

§ 27 (weggefallen)

§ 28 Besteuerung bei fortgesetzter Gütergemeinschaft

Bei fortgesetzter Gütergemeinschaft gelten Einkünfte, die in das Gesamtgut fallen, als Einkünfte des überlebenden Ehegatten, wenn dieser unbeschränkt steuerpflichtig ist.

§§ 29 und 30 (weggefallen)

IV. Tarif

§ 31 Familienleistungsausgleich

[1]Die steuerliche Freistellung eines Einkommensbetrags in Höhe des Existenzminimums eines Kindes einschließlich der Bedarfe für Betreuung und Erziehung oder Ausbildung wird im gesamten Veranlagungszeitraum entweder durch die Freibeträge nach § 32 Absatz 6 oder durch Kindergeld nach Abschnitt X bewirkt. [2]Soweit das Kindergeld dafür nicht erforderlich ist, dient es der Förderung der Familie. [3]Im laufenden Kalenderjahr wird Kindergeld als Steuervergütung monatlich gezahlt. [4]Bewirkt der Anspruch auf Kindergeld für den gesamten Veranlagungszeitraum die nach Satz 1 gebotene steuerliche

Freistellung nicht vollständig und werden deshalb bei der Veranlagung zur Einkommensteuer die Freibeträge nach § 32 Absatz 6 vom Einkommen abgezogen, erhöht sich die unter Abzug dieser Freibeträge ermittelte tarifliche Einkommensteuer um den Anspruch auf Kindergeld für den gesamten Veranlagungszeitraum; bei nicht zusammenveranlagten Eltern wird der Kindergeldanspruch im Umfang des Kinderfreibetrags angesetzt. [5]Satz 4 gilt entsprechend für mit dem Kindergeld vergleichbare Leistungen nach § 65. [6]Besteht nach ausländischem Recht Anspruch auf Leistungen für Kinder, wird dieser insoweit nicht berücksichtigt, als er das inländische Kindergeld übersteigt.

§ 32[1)] Kinder, Freibeträge für Kinder

(1) Kinder sind

1. im ersten Grad mit dem Steuerpflichtigen verwandte Kinder,
2.[2)] Pflegekinder (Personen, mit denen der Steuerpflichtige durch ein familienähnliches, auf längere Dauer berechnetes Band verbunden ist, sofern er sie nicht zu Erwerbszwecken in seinen Haushalt aufgenommen hat und das Obhuts- und Pflegeverhältnis zu den Eltern nicht mehr besteht).

(2) [1]Besteht bei einem angenommenen Kind das Kindschaftsverhältnis zu den leiblichen Eltern weiter, ist es vorrangig als angenommenes Kind zu berücksichtigen. [2]Ist ein im ersten Grad mit dem Steuerpflichtigen verwandtes Kind zugleich ein Pflegekind, ist es vorrangig als Pflegekind zu berücksichtigen.

(3) Ein Kind wird in dem Kalendermonat, in dem es lebend geboren wurde, und in jedem folgenden Kalendermonat, zu dessen Beginn es das 18. Lebensjahr noch nicht vollendet hat, berücksichtigt.

(4) [1]Ein Kind, das das 18. Lebensjahr vollendet hat, wird berücksichtigt, wenn es

1. noch nicht das 21. Lebensjahr vollendet hat, nicht in einem Beschäftigungsverhältnis steht und bei einer Agentur für Arbeit im Inland als Arbeitsuchender gemeldet ist oder
2.[3)] noch nicht das 25. Lebensjahr vollendet hat und
   a) für einen Beruf ausgebildet wird oder
   b) sich in einer Übergangszeit von höchstens vier Monaten befindet, die zwischen zwei Ausbildungsabschnitten oder zwischen einem Ausbildungsabschnitt und der Ableistung des gesetzlichen Wehr- oder Zivildienstes, einer vom Wehr- oder Zivildienst befreienden Tätigkeit als Entwicklungshelfer oder als Dienstleistender im Ausland nach § 14b des Zivildienstgesetzes oder der Ableistung eines freiwilligen Dienstes im Sinne des Buchstaben d liegt, oder
   c) eine Berufsausbildung mangels Ausbildungsplatzes nicht beginnen oder fortsetzen kann oder
   d) ein freiwilliges soziales Jahr oder ein freiwilliges ökologisches Jahr im Sinne des Jugendfreiwilligendienstegesetzes oder einen Freiwilligendienst im Sinne des Beschlusses Nr. 1719/2006/EG des Europäischen Parlaments und des Rates vom 15. November 2006 zur Einführung des Programms „Jugend in Aktion" (ABl EU Nr. L 327 S. 30) oder einen anderen Dienst im Ausland im Sinne von § 14b des Zivildienstgesetzes oder einen entwicklungspolitischen Freiwilligendienst „weltwärts" im Sinne der Richtlinie des Bundesministeriums für wirtschaftliche Zusammenarbeit und Entwicklung vom 1. August 2007 (BAnz 2008 S. 1297) oder einen Freiwilligendienst aller Generationen im Sinne von § 2 Absatz 1a des Siebten Buches Sozialgesetzbuch leistet oder

1) **Anm. d. Red.:** § 32 Abs. 6 i. d. F. des Art. 1 Nr. 4 Wachstumsbeschleunigungsgesetz v. 22. 12. 2009 (BGBl I 3950).

2) **Anm. d. Red.:** Zur Anwendung des § 32 Abs. 1 Nr. 2 siehe § 52 Abs. 40 Satz 1.

3) **Anm. d. Red.:** Zur Anwendung des § 32 Abs. 4 Satz 1 Nr. 2 siehe § 52 Abs. 40 Sätze 2 bis 7.

3.[1] wegen körperlicher, geistiger oder seelischer Behinderung außerstande ist, sich selbst zu unterhalten; Voraussetzung ist, dass die Behinderung vor Vollendung des 25. Lebensjahres eingetreten ist.

²Nach Satz 1 Nummer 1 und 2 wird ein Kind nur berücksichtigt, wenn es Einkünfte und Bezüge, die zur Bestreitung des Unterhalts oder der Berufsausbildung bestimmt oder geeignet sind, von nicht mehr als 8 004 Euro im Kalenderjahr hat. ³Dieser Betrag ist zu kürzen, soweit es nach den Verhältnissen im Wohnsitzstaat des Kindes notwendig und angemessen ist. ⁴Zu den Bezügen gehören auch steuerfreie Gewinne nach den §§ 14, 16 Absatz 4, § 17 Absatz 3 und § 18 Absatz 3, die nach § 19 Absatz 2 steuerfrei bleibenden Einkünfte sowie Sonderabschreibungen und erhöhte Absetzungen, soweit sie die höchstmöglichen Absetzungen für Abnutzung nach § 7 übersteigen[2]. ⁵Bezüge, die für besondere Ausbildungszwecke bestimmt sind, bleiben hierbei außer Ansatz; Entsprechendes gilt für Einkünfte, soweit sie für solche Zwecke verwendet werden. ⁶Liegen die Voraussetzungen nach Satz 1 Nummer 1 oder 2 nur in einem Teil des Kalendermonats vor, sind Einkünfte und Bezüge nur insoweit anzusetzen, als sie auf diesen Teil entfallen. ⁷Für jeden Kalendermonat, in dem die Voraussetzungen nach Satz 1 Nummer 1 oder 2 an keinem Tag vorliegen, ermäßigt sich der Betrag nach Satz 2 oder 3 um ein Zwölftel. ⁸Einkünfte und Bezüge des Kindes, die auf diese Kalendermonate entfallen, bleiben außer Ansatz. ⁹Ein Verzicht auf Teile der zustehenden Einkünfte und Bezüge steht der Anwendung der Sätze 2, 3 und 7 nicht entgegen. ¹⁰Nicht auf Euro lautende Beträge sind entsprechend dem für Ende September des Jahres vor dem Veranlagungszeitraum von der Europäischen Zentralbank bekannt gegebenen Referenzkurs umzurechnen.

(5)[3] ¹In den Fällen des Absatzes 4 Satz 1 Nummer 1 oder Nummer 2 Buchstabe a und b wird ein Kind, das

1. den gesetzlichen Grundwehrdienst oder Zivildienst geleistet hat, oder
2. sich anstelle des gesetzlichen Grundwehrdienstes freiwillig für die Dauer von nicht mehr als drei Jahren zum Wehrdienst verpflichtet hat, oder
3. eine vom gesetzlichen Grundwehrdienst oder Zivildienst befreiende Tätigkeit als Entwicklungshelfer im Sinne des § 1 Absatz 1 des Entwicklungshelfer-Gesetzes ausgeübt hat,

für einen der Dauer dieser Dienste oder der Tätigkeit entsprechenden Zeitraum, höchstens für die Dauer des inländischen gesetzlichen Grundwehrdienstes oder bei anerkannten Kriegsdienstverweigerern für die Dauer des inländischen gesetzlichen Zivildienstes über das 21. oder 25. Lebensjahr hinaus berücksichtigt. ²Wird der gesetzliche Grundwehrdienst oder Zivildienst in einem Mitgliedstaat der Europäischen Union oder einem Staat, auf den das Abkommen über den Europäischen Wirtschaftsraum Anwendung findet, geleistet, so ist die Dauer dieses Dienstes maßgebend. ³Absatz 4 Satz 2 bis 10 gilt entsprechend.

(6) ¹Bei der Veranlagung zur Einkommensteuer wird für jedes zu berücksichtigende Kind des Steuerpflichtigen ein Freibetrag von 2 184 Euro für das sächliche Existenzminimum des Kindes (Kinderfreibetrag) sowie ein Freibetrag von 1 320 Euro für den Betreuungs- und Erziehungs- oder Ausbildungsbedarf des Kindes vom Einkommen abgezogen. ²Bei Ehegatten, die nach den §§ 26, 26b zusammen zur Einkommensteuer veranlagt werden, verdoppeln sich die Beträge nach Satz 1, wenn das Kind zu beiden Ehegatten in einem Kindschaftsverhältnis steht. ³Die Beträge nach Satz 2 stehen dem Steuerpflichtigen auch dann zu, wenn

1. der andere Elternteil verstorben oder nicht unbeschränkt einkommensteuerpflichtig ist oder
2. der Steuerpflichtige allein das Kind angenommen hat oder das Kind nur zu ihm in einem Pflegekindschaftsverhältnis steht.

---

1) **Anm. d. Red.:** Zur Anwendung des § 32 Abs. 4 Satz 1 Nr. 3 siehe § 52 Abs. 40 Satz 8.

2) **Anm. d. Red.:** Zur Anwendung des § 32 Abs. 4 Satz 4 siehe § 52a Abs. 14.

3) **Anm. d. Red.:** Zur Anwendung des § 32 Abs. 5 siehe § 52 Abs. 40 Satz 9.

[4]Für ein nicht nach § 1 Absatz 1 oder 2 unbeschränkt einkommensteuerpflichtiges Kind können die Beträge nach den Sätzen 1 bis 3 nur abgezogen werden, soweit sie nach den Verhältnissen seines Wohnsitzstaates notwendig und angemessen sind. [5]Für jeden Kalendermonat, in dem die Voraussetzungen für einen Freibetrag nach den Sätzen 1 bis 4 nicht vorliegen, ermäßigen sich die dort genannten Beträge um ein Zwölftel. [6]Abweichend von Satz 1 wird bei einem unbeschränkt einkommensteuerpflichtigen Elternpaar, bei dem die Voraussetzungen des § 26 Absatz 1 Satz 1 nicht vorliegen, auf Antrag eines Elternteils der dem anderen Elternteil zustehende Kinderfreibetrag auf ihn übertragen, wenn er, nicht jedoch der andere Elternteil seiner Unterhaltspflicht gegenüber dem Kind für das Kalenderjahr im Wesentlichen nachkommt; bei minderjährigen Kindern wird der dem Elternteil, in dessen Wohnung das Kind nicht gemeldet ist, zustehende Freibetrag für den Betreuungs- und Erziehungs- oder Ausbildungsbedarf auf Antrag des anderen Elternteils auf diesen übertragen. [7]Die den Eltern nach den Sätzen 1 bis 6 zustehenden Freibeträge können auf Antrag auch auf einen Stiefelternteil oder Großelternteil übertragen werden, wenn dieser das Kind in seinen Haushalt aufgenommen hat; dies kann auch mit Zustimmung des berechtigten Elternteils geschehen, die nur für künftige Kalenderjahre widerrufen werden kann.

§ 32a Einkommensteuertarif

(1)[1] [1]Die tarifliche Einkommensteuer bemisst sich nach dem zu versteuernden Einkommen. [2]Sie beträgt vorbehaltlich der §§ 32b, 32d, 34, 34a, 34b und 34c jeweils in Euro für zu versteuernde Einkommen

1. bis 7 834 Euro *[ab VZ 2010: bis 8 004 Euro]* (Grundfreibetrag):
   0;
2. von 7 835 Euro bis 13 139 Euro *[ab VZ 2010: von 8 005 Euro bis 13 469 Euro]*:
   $(939{,}68 \cdot y + 1\,400) \cdot y$ *[ab VZ 2010:* $(912{,}17 \cdot y + 1\,400) \cdot y$*]*;
3. von 13 140 Euro bis 52 551 Euro *[ab VZ 2010: von 13 470 Euro bis 52 881 Euro]*:
   $(228{,}74 \cdot z + 2\,397) \cdot z + 1\,007$ *[ab VZ 2010:* $(228{,}74 \cdot z + 2\,397) \cdot z + 1\,038$*]*;
4. von 52 552 Euro bis 250 400 Euro *[ab VZ 2010: von 52 882 Euro bis 250 730 Euro]*:
   $0{,}42 \cdot x - 8\,064$ *[ab VZ 2010:* $0{,}42 \cdot x - 8\,172$*]*;
5. von 250 401 Euro an *[ab VZ 2010: von 250 731 Euro an]*:
   $0{,}45 \cdot x - 15\,576$ *[ab VZ 2010:* $0{,}45 \cdot x - 15\,694$*]*.

[3]„y" ist ein Zehntausendstel des 7 834 Euro *[ab VZ 2010: 8 004 Euro]* übersteigenden Teils des auf einen vollen Euro-Betrag abgerundeten zu versteuernden Einkommens. [4]„z" ist ein Zehntausendstel des 13 139 Euro *[ab VZ 2010: 13 469 Euro]* übersteigenden Teils des auf einen vollen Euro-Betrag abgerundeten zu versteuernden Einkommens. [5]„x" ist das auf einen vollen Euro-Betrag abgerundete zu versteuernde Einkommen. [6]Der sich ergebende Steuerbetrag ist auf den nächsten vollen Euro-Betrag abzurunden.

(2) bis (4) (weggefallen)

(5) Bei Ehegatten, die nach den §§ 26, 26b zusammen zur Einkommensteuer veranlagt werden, beträgt die tarifliche Einkommensteuer vorbehaltlich der §§ 32b, 32d, 34, 34a, 34b und 34c das Zweifache des Steuerbetrags, der sich für die Hälfte ihres gemeinsam zu versteuernden Einkommens nach Absatz 1 ergibt (Splitting-Verfahren).

(6) [1]Das Verfahren nach Absatz 5 ist auch anzuwenden zur Berechnung der tariflichen Einkommensteuer für das zu versteuernde Einkommen

1. bei einem verwitweten Steuerpflichtigen für den Veranlagungszeitraum, der dem Kalenderjahr folgt, in dem der Ehegatte verstorben ist, wenn der Steuerpflichtige und sein verstorbener Ehegatte im Zeitpunkt seines Todes die Voraussetzungen des § 26 Absatz 1 Satz 1 erfüllt haben,
2. bei einem Steuerpflichtigen, dessen Ehe in dem Kalenderjahr, in dem er sein Einkommen bezogen hat, aufgelöst worden ist, wenn in diesem Kalenderjahr

1) **Anm. d. Red.:** Zur Anwendung des § 32a Abs. 1 siehe § 52 Abs. 41, in dem die ab VZ 2010 anzuwendende (hier kursiv abgebildete) Fassung wiedergegeben wird.

a) der Steuerpflichtige und sein bisheriger Ehegatte die Voraussetzungen des § 26 Absatz 1 Satz 1 erfüllt haben,

b) der bisherige Ehegatte wieder geheiratet hat und

c) der bisherige Ehegatte und dessen neuer Ehegatte ebenfalls die Voraussetzungen des § 26 Absatz 1 Satz 1 erfüllen.

[2]Dies gilt nicht, wenn eine Ehe durch Tod aufgelöst worden ist und die Ehegatten der neuen Ehe die besondere Veranlagung nach § 26c wählen.

[2]Voraussetzung für die Anwendung des Satzes 1 ist, dass der Steuerpflichtige nicht nach den §§ 26, 26a getrennt zur Einkommensteuer veranlagt wird.

§ 32b[1)] Progressionsvorbehalt

(1) [1]Hat ein zeitweise oder während des gesamten Veranlagungszeitraums unbeschränkt Steuerpflichtiger oder ein beschränkt Steuerpflichtiger, auf den § 50 Absatz 2 Satz 2 Nummer 4 Anwendung findet,

1. a) Arbeitslosengeld, Teilarbeitslosengeld, Zuschüsse zum Arbeitsentgelt, Kurzarbeitergeld, Winterausfallgeld, Insolvenzgeld, Arbeitslosenhilfe, Übergangsgeld, Altersübergangsgeld, Altersübergangsgeld-Ausgleichsbetrag, Unterhaltsgeld als Zuschuss, Eingliederungshilfe nach dem Dritten Buch Sozialgesetzbuch oder dem Arbeitsförderungsgesetz, das aus dem Europäischen Sozialfonds finanzierte Unterhaltsgeld sowie Leistungen nach § 10 des Dritten Buches Sozialgesetzbuch, die dem Lebensunterhalt dienen; Insolvenzgeld, das nach § 188 Absatz 1 des Dritten Buches Sozialgesetzbuch einem Dritten zusteht, ist dem Arbeitnehmer zuzurechnen,

   b) Krankengeld, Mutterschaftsgeld, Verletztengeld, Übergangsgeld oder vergleichbare Lohnersatzleistungen nach dem Fünften, Sechsten oder Siebten Buch Sozialgesetzbuch, der Reichsversicherungsordnung, dem Gesetz über die Krankenversicherung der Landwirte oder dem Zweiten Gesetz über die Krankenversicherung der Landwirte,

   c) Mutterschaftsgeld, Zuschuss zum Mutterschaftsgeld, die Sonderunterstützung nach dem Mutterschutzgesetz sowie den Zuschuss bei Beschäftigungsverboten für die Zeit vor oder nach einer Entbindung sowie für den Entbindungstag während einer Elternzeit nach beamtenrechtlichen Vorschriften,

   d) Arbeitslosenbeihilfe oder Arbeitslosenhilfe nach dem Soldatenversorgungsgesetz,

   e) Entschädigungen für Verdienstausfall nach dem Infektionsschutzgesetz vom 20. Juli 2000 (BGBl I S. 1045),

   f) Versorgungskrankengeld oder Übergangsgeld nach dem Bundesversorgungsgesetz,

   g) nach § 3 Nummer 28 steuerfreie Aufstockungsbeträge oder Zuschläge,

   h) Verdienstausfallentschädigung nach dem Unterhaltssicherungsgesetz,

   i) (weggefallen)

   j) Elterngeld nach dem Bundeselterngeld- und Elternzeitgesetz oder

2. ausländische Einkünfte, die im Veranlagungszeitraum nicht der deutschen Einkommensteuer unterlegen haben; dies gilt nur für Fälle der zeitweisen unbeschränkten Steuerpflicht einschließlich der in § 2 Absatz 7 Satz 3 geregelten Fälle; ausgenommen sind Einkünfte, die nach einem sonstigen zwischenstaatlichen Übereinkommen im Sinne der Nummer 4 steuerfrei sind und die nach diesem Übereinkommen nicht unter dem Vorbehalt der Einbeziehung bei der Berechnung der Einkommensteuer stehen,

3. Einkünfte, die nach einem Abkommen zur Vermeidung der Doppelbesteuerung steuerfrei sind,

1) **Anm. d. Red.:** Zur Anwendung des § 32b siehe § 52 Abs. 43a.

4. Einkünfte, die nach einem sonstigen zwischenstaatlichen Übereinkommen unter dem Vorbehalt der Einbeziehung bei der Berechnung der Einkommensteuer steuerfrei sind,
5. Einkünfte, die bei Anwendung von § 1 Absatz 3 oder § 1a oder § 50 Absatz 2 Satz 2 Nummer 4 im Veranlagungszeitraum bei der Ermittlung des zu versteuernden Einkommens unberücksichtigt bleiben, weil sie nicht der deutschen Einkommensteuer oder einem Steuerabzug unterliegen; ausgenommen sind Einkünfte, die nach einem sonstigen zwischenstaatlichen Übereinkommen im Sinne der Nummer 4 steuerfrei sind und die nach diesem Übereinkommen nicht unter dem Vorbehalt der Einbeziehung bei der Berechnung der Einkommensteuer stehen,

bezogen, so ist auf das nach § 32a Absatz 1 zu versteuernde Einkommen ein besonderer Steuersatz anzuwenden. [2]Satz 1 Nummer 3 gilt nicht für Einkünfte

1. aus einer anderen als in einem Drittstaat belegenen land- und forstwirtschaftlichen Betriebsstätte,
2. aus einer anderen als in einem Drittstaat belegenen gewerblichen Betriebsstätte, die nicht die Voraussetzungen des § 2a Absatz 2 Satz 1 erfüllt,
3. aus der Vermietung oder der Verpachtung von unbeweglichem Vermögen oder von Sachinbegriffen, wenn diese in einem anderen Staat als in einem Drittstaat belegen sind, oder
4. aus der entgeltlichen Überlassung von Schiffen, sofern diese ausschließlich oder fast ausschließlich in einem anderen als einem Drittstaat eingesetzt worden sind, es sei denn, es handelt sich um Handelsschiffe, die
   a) von einem Vercharterer ausgerüstet überlassen oder
   b) an in einem anderen als in einem Drittstaat ansässige Ausrüster, die die Voraussetzungen des § 510 Absatz 1 des Handelsgesetzbuchs erfüllen, überlassen oder
   c) insgesamt nur vorübergehend an in einem Drittstaat ansässige Ausrüster, die die Voraussetzungen des § 510 Absatz 1 des Handelsgesetzbuchs erfüllen, überlassen

   worden sind, oder
5. aus dem Ansatz des niedrigeren Teilwerts oder der Übertragung eines zu einem Betriebsvermögen gehörenden Wirtschaftsguts im Sinne der Nummern 3 und 4.

[3]§ 2a Absatz 2a gilt entsprechend.

(1a) Als unmittelbar von einem unbeschränkt Steuerpflichtigen bezogene ausländische Einkünfte im Sinne des Absatzes 1 Nummer 3 gelten auch die ausländischen Einkünfte, die eine Organgesellschaft im Sinne des § 14 oder des § 17 des Körperschaftsteuergesetzes bezogen hat und die nach einem Abkommen zur Vermeidung der Doppelbesteuerung steuerfrei sind, in dem Verhältnis, in dem dem unbeschränkt Steuerpflichtigen das Einkommen der Organgesellschaft bezogen auf das gesamte Einkommen der Organgesellschaft im Veranlagungszeitraum zugerechnet wird.

(2) [1]Der besondere Steuersatz nach Absatz 1 ist der Steuersatz, der sich ergibt, wenn bei der Berechnung der Einkommensteuer das nach § 32a Absatz 1 zu versteuernde Einkommen vermehrt oder vermindert wird um

1. im Fall des Absatzes 1 Nummer 1 die Summe der Leistungen nach Abzug des Arbeitnehmer-Pauschbetrags (§ 9a Satz 1 Nummer 1), soweit er nicht bei der Ermittlung der Einkünfte aus nichtselbständiger Arbeit abziehbar ist;
2. im Fall des Absatzes 1 Nummer 2 bis 5 die dort bezeichneten Einkünfte, wobei die darin enthaltenen außerordentlichen Einkünfte mit einem Fünftel zu berücksichtigen sind. [2]Bei der Ermittlung der Einkünfte im Fall des Absatzes 1 Nummer 2 bis 5
   a) ist der Arbeitnehmer-Pauschbetrag (§ 9a Satz 1 Nummer 1 Buchstabe a) abzuziehen, soweit er nicht bei der Ermittlung der Einkünfte aus nichtselbständiger Arbeit abziehbar ist;
   b) sind Werbungskosten nur insoweit abzuziehen, als sie zusammen mit den bei der Ermittlung der Einkünfte aus nichtselbständiger Arbeit abziehbaren Werbungs-

kosten den Arbeitnehmer-Pauschbetrag (§ 9a Satz 1 Nummer 1 Buchstabe a) übersteigen.

[2]Ist der für die Berechnung des besonderen Steuersatzes maßgebende Betrag höher als 250 000 Euro und sind im zu versteuernden Einkommen Einkünfte im Sinne des § 2 Absatz 1 Satz 1 Nummer 1 bis 3 enthalten, ist für den Anteil dieser Einkünfte am zu versteuernden Einkommen der Steuersatz im Sinne des Satzes 1 nach § 32a mit der Maßgabe zu berechnen, dass in Absatz 1 Satz 2 die Angabe „§ 32b" und die Nummer 5 entfallen sowie die Nummer 4 in folgender Fassung anzuwenden ist:

„4. von 52 152 Euro an: 0,42 · x - 7 914."

[3]Für die Bemessung des Anteils im Sinne des Satzes 2 gilt § 32c Absatz 1 Satz 2 und 3 entsprechend.

ESt**G**

(3) [1]Die Träger der Sozialleistungen im Sinne des Absatzes 1 Nummer 1 haben die Daten über die im Kalenderjahr gewährten Leistungen sowie die Dauer des Leistungszeitraums für jeden Empfänger bis zum 28. Februar des Folgejahres nach amtlich vorgeschriebenem Datensatz durch amtlich bestimmte Datenfernübertragung zu übermitteln, soweit die Leistungen nicht auf der Lohnsteuerbescheinigung (§ 41b Absatz 1 Satz 2 Nummer 5) auszuweisen sind; § 41b Absatz 2 und § 22a Absatz 2 gelten entsprechend. [2]Der Empfänger der Leistungen ist entsprechend zu informieren und auf die steuerliche Behandlung dieser Leistungen und seine Steuererklärungspflicht hinzuweisen. [3]In den Fällen des § 188 Absatz 1 des Dritten Buches Sozialgesetzbuch ist Empfänger des an Dritte ausgezahlten Insolvenzgeldes der Arbeitnehmer, der seinen Arbeitsentgeltanspruch übertragen hat.

§ 32c[1)] Tarifbegrenzung bei Gewinneinkünften

(1) [1]Sind in dem zu versteuernden Einkommen Einkünfte im Sinne des § 2 Absatz 1 Nummer 1 bis 3 (Gewinneinkünfte) enthalten, ist von der tariflichen Einkommensteuer nach § 32a ein Entlastungsbetrag für den Anteil dieser Einkünfte am zu versteuernden Einkommen abzuziehen. [2]Dieser Anteil bemisst sich nach dem Verhältnis der Gewinneinkünfte zur Summe der Einkünfte. [3]Er beträgt höchstens 100 Prozent. [4]Einkünfte, die nach den §§ 34, 34b ermäßigt besteuert werden, gelten nicht als Gewinneinkünfte im Sinne der Sätze 1 und 2.

(2) [1]Zur Ermittlung des Entlastungsbetrags im Sinne des Absatzes 1 wird der nach Absatz 1 Satz 2 ermittelte Anteilssatz auf den Teil des zu versteuernden Einkommens angewandt, der 250 000 Euro übersteigt. [2]Der Entlastungsbetrag beträgt 3 Prozent dieses Betrags. [3]Der Entlastungsbetrag ist auf den nächsten vollen Euro-Betrag aufzurunden.

(3) [1]Bei Ehegatten, die zusammen zur Einkommensteuer veranlagt werden, beträgt der Entlastungsbetrag das Zweifache des Entlastungsbetrags, der sich für die Hälfte ihres gemeinsam zu versteuernden Einkommens nach den Absätzen 1 und 2 ergibt. [2]Die Ehegatten sind bei der Verhältnisrechnung nach Absatz 1 Satz 2 gemeinsam als Steuerpflichtiger zu behandeln. [3]Satz 1 gilt entsprechend bei Steuerpflichtigen, deren Einkommensteuer nach § 32a Absatz 6 zu ermitteln ist.

(4) Die Absätze 1 bis 3 sind nicht anzuwenden, wenn der Steuersatz nach § 32b zu ermitteln ist.

§ 32d[2)] Gesonderter Steuertarif für Einkünfte aus Kapitalvermögen

(1) [1]Die Einkommensteuer für Einkünfte aus Kapitalvermögen, die nicht unter § 20 Absatz 8 fallen, beträgt 25 Prozent. [2]Die Steuer nach Satz 1 vermindert sich um die nach Maßgabe des Absatzes 5 anrechenbaren ausländischen Steuern. [3]Im Fall der Kirchen-

1) **Anm. d. Red.:** Zur Anwendung des § 32c siehe § 52 Abs. 44.

2) **Anm. d. Red.:** Zur Anwendung des § 32d siehe § 52a Abs. 15.

steuerpflicht ermäßigt sich die Steuer nach den Sätzen 1 und 2 um 25 Prozent der auf die Kapitalerträge entfallenden Kirchensteuer. [4]Die Einkommensteuer beträgt damit

$$\frac{e - 4q}{4 + k}.$$

[5]Dabei sind „e" die nach den Vorschriften des § 20 ermittelten Einkünfte, „q" die nach Maßgabe des Absatzes 5 anrechenbare ausländische Steuer und „k" der für die Kirchensteuer erhebende Religionsgesellschaft (Religionsgemeinschaft) geltende Kirchensteuersatz.

(2) Absatz 1 gilt nicht

1. für Kapitalerträge im Sinne des § 20 Absatz 1 Nummer 4 und 7 sowie Absatz 2 Satz 1 Nummer 4 und 7,
   a) wenn Gläubiger und Schuldner einander nahe stehende Personen sind,
   b) wenn sie von einer Kapitalgesellschaft oder Genossenschaft an einen Anteilseigner gezahlt werden, der zu mindestens 10 Prozent an der Gesellschaft oder Genossenschaft beteiligt ist. [2]Dies gilt auch, wenn der Gläubiger der Kapitalerträge eine dem Anteilseigner nahe stehende Person ist, oder
   c) soweit ein Dritter die Kapitalerträge schuldet und diese Kapitalanlage im Zusammenhang mit einer Kapitalüberlassung an einen Betrieb des Gläubigers steht. [2]Dies gilt entsprechend, wenn Kapital überlassen wird
      aa) an eine dem Gläubiger der Kapitalerträge nahestehende Person oder
      bb) an eine Personengesellschaft, bei der der Gläubiger der Kapitalerträge oder eine diesem nahestehende Person als Mitunternehmer beteiligt ist oder
      cc) an eine Kapitalgesellschaft oder Genossenschaft, an der der Gläubiger der Kapitalerträge oder eine diesem nahestehende Person zu mindestens 10 Prozent beteiligt ist,

      sofern der Dritte auf den Gläubiger oder eine diesem nahestehende Person zurückgreifen kann. [3]Ein Zusammenhang ist anzunehmen, wenn die Kapitalanlage und die Kapitalüberlassung auf einem einheitlichen Plan beruhen. [4]Hiervon ist insbesondere dann auszugehen, wenn die Kapitalüberlassung in engem zeitlichen Zusammenhang mit einer Kapitalanlage steht oder die jeweiligen Zinsvereinbarungen miteinander verknüpft sind. [5]Von einem Zusammenhang ist jedoch nicht auszugehen, wenn die Zinsvereinbarungen marktüblich sind oder die Anwendung des Absatzes 1 beim Steuerpflichtigen zu keinem Belastungsvorteil führt. [6]Die Sätze 1 bis 5 gelten sinngemäß, wenn das überlassene Kapital vom Gläubiger der Kapitalerträge für die Erzielung von Einkünften im Sinne des § 2 Absatz 1 Satz 1 Nummer 4, 6 und 7 eingesetzt wird.

   [2]Insoweit findet § 20 Absatz 6 und 9 keine Anwendung;
2. für Kapitalerträge im Sinne des § 20 Absatz 1 Nummer 6 Satz 2. [2]Insoweit findet § 20 Absatz 6 keine Anwendung;
3. auf Antrag für Kapitalerträge im Sinne des § 20 Absatz 1 Nummer 1 und 2 aus einer Beteiligung an einer Kapitalgesellschaft, wenn der Steuerpflichtige im Veranlagungszeitraum, für den der Antrag erstmals gestellt wird, unmittelbar oder mittelbar
   a) zu mindestens 25 Prozent an der Kapitalgesellschaft beteiligt ist oder
   b) zu mindestens 1 Prozent an der Kapitalgesellschaft beteiligt und beruflich für diese tätig ist.

   [2]Insoweit finden § 3 Nummer 40 Satz 2 und § 20 Absatz 6 und 9 keine Anwendung. [3]Der Antrag gilt für die jeweilige Beteiligung erstmals für den Veranlagungszeitraum, für den er gestellt worden ist. [4]Er ist spätestens zusammen mit der Einkommensteuererklärung für den jeweiligen Veranlagungszeitraum zu stellen und gilt, solange er nicht widerrufen wird, auch für die folgenden vier Veranlagungszeiträume, ohne dass die Antragsvoraussetzungen erneut zu belegen sind. [5]Die Widerrufserklä-

rung muss dem Finanzamt spätestens mit der Steuererklärung für den Veranlagungszeitraum zugehen, für den die Sätze 1 bis 4 erstmals nicht mehr angewandt werden sollen. [6]Nach einem Widerruf ist ein erneuter Antrag des Steuerpflichtigen für diese Beteiligung an der Kapitalgesellschaft nicht mehr zulässig.

(3) [1]Steuerpflichtige Kapitalerträge, die nicht der Kapitalertragsteuer unterlegen haben, hat der Steuerpflichtige in seiner Einkommensteuererklärung anzugeben. [2]Für diese Kapitalerträge erhöht sich die tarifliche Einkommensteuer um den nach Absatz 1 ermittelten Betrag.

(4) Der Steuerpflichtige kann mit der Einkommensteuererklärung für Kapitalerträge, die der Kapitalertragsteuer unterlegen haben, eine Steuerfestsetzung entsprechend Absatz 3 Satz 2 insbesondere in Fällen eines nicht vollständig ausgeschöpften Sparer-Pauschbetrags, einer Anwendung der Ersatzbemessungsgrundlage nach § 43a Absatz 2 Satz 7, eines noch nicht im Rahmen des § 43a Absatz 3 berücksichtigten Verlusts, eines Verlustvortrags nach § 20 Absatz 6 und noch nicht berücksichtigter ausländischer Steuern, zur Überprüfung des Steuereinbehalts dem Grund oder der Höhe nach oder zur Anwendung von Absatz 1 Satz 3 beantragen.

ESt G

(5) [1]In den Fällen der Absätze 3 und 4 ist bei unbeschränkt Steuerpflichtigen, die mit ausländischen Kapitalerträgen in dem Staat, aus dem die Kapitalerträge stammen, zu einer der deutschen Einkommensteuer entsprechenden Steuer herangezogen werden, die auf ausländische Kapitalerträge festgesetzte und gezahlte und um einen entstandenen Ermäßigungsanspruch gekürzte ausländische Steuer, jedoch höchstens 25 Prozent ausländische Steuer auf den einzelnen Kapitalertrag, auf die deutsche Steuer anzurechnen. [2]Soweit in einem Abkommen zur Vermeidung der Doppelbesteuerung die Anrechnung einer ausländischen Steuer einschließlich einer als gezahlt geltenden Steuer auf die deutsche Steuer vorgesehen ist, gilt Satz 1 entsprechend. [3]Die ausländischen Steuern sind nur bis zur Höhe der auf die im jeweiligen Veranlagungszeitraum bezogenen Kapitalerträge im Sinne des Satzes 1 entfallenden deutschen Steuer anzurechnen.

(6) [1]Auf Antrag des Steuerpflichtigen werden anstelle der Anwendung der Absätze 1, 3 und 4 die nach § 20 ermittelten Kapitaleinkünfte den Einkünften im Sinne des § 2 hinzugerechnet und der tariflichen Einkommensteuer unterworfen, wenn dies zu einer niedrigeren Einkommensteuer führt (Günstigerprüfung). [2]Absatz 5 ist mit der Maßgabe anzuwenden, dass die nach dieser Vorschrift ermittelten ausländischen Steuern auf die zusätzliche tarifliche Einkommensteuer anzurechnen sind, die auf die hinzugerechneten Kapitaleinkünfte entfällt. [3]Der Antrag kann für den jeweiligen Veranlagungszeitraum nur einheitlich für sämtliche Kapitalerträge gestellt werden. [4]Bei zusammenveranlagten Ehegatten kann der Antrag nur für sämtliche Kapitalerträge beider Ehegatten gestellt werden.

§ 33 Außergewöhnliche Belastungen

(1) Erwachsen einem Steuerpflichtigen zwangsläufig größere Aufwendungen als der überwiegenden Mehrzahl der Steuerpflichtigen gleicher Einkommensverhältnisse, gleicher Vermögensverhältnisse und gleichen Familienstands (außergewöhnliche Belastung), so wird auf Antrag die Einkommensteuer dadurch ermäßigt, dass der Teil der Aufwendungen, der die dem Steuerpflichtigen zumutbare Belastung (Absatz 3) übersteigt, vom Gesamtbetrag der Einkünfte abgezogen wird.

(2) [1]Aufwendungen erwachsen dem Steuerpflichtigen zwangsläufig, wenn er sich ihnen aus rechtlichen, tatsächlichen oder sittlichen Gründen nicht entziehen kann und soweit die Aufwendungen den Umständen nach notwendig sind und einen angemessenen Betrag nicht übersteigen. [2]Aufwendungen, die zu den Betriebsausgaben, Werbungskosten oder Sonderausgaben gehören oder unter § 9 Absatz 5 oder § 9c fallen, bleiben dabei außer Betracht; das gilt für Aufwendungen im Sinne des § 10 Absatz 1 Nummer 7 und 9 nur insoweit, als sie als Sonderausgaben abgezogen werden können. [3]Aufwendungen, die durch Diätverpflegung entstehen, können nicht als außergewöhnliche Belastung berücksichtigt werden.

(3) [1]Die zumutbare Belastung beträgt

bei einem Gesamtbetrag der Einkünfte	bis 15 340 EUR	über 15 340 EUR bis 51 130 EUR	über 51 130 EUR
1. bei Steuerpflichtigen, die keine Kinder haben und bei denen die Einkommensteuer			
a) nach § 32a Absatz 1,	5	6	7
b) nach § 32a Absatz 5 oder 6 (Splitting-Verfahren)	4	5	6
zu berechnen ist;			
2. bei Steuerpflichtigen mit			
a) einem Kind oder zwei Kindern,	2	3	4
b) drei oder mehr Kindern	1	1	2
	Prozent des Gesamtbetrags der Einkünfte.		

[2]Als Kinder des Steuerpflichtigen zählen die, für die er Anspruch auf einen Freibetrag nach § 32 Absatz 6 oder auf Kindergeld hat.

§ 33a Außergewöhnliche Belastung in besonderen Fällen

(1) [1]Erwachsen einem Steuerpflichtigen Aufwendungen für den Unterhalt und eine etwaige Berufsausbildung einer dem Steuerpflichtigen oder seinem Ehegatten gegenüber gesetzlich unterhaltsberechtigten Person, so wird auf Antrag die Einkommensteuer dadurch ermäßigt, dass die Aufwendungen bis zu 8 004 Euro im Kalenderjahr vom Gesamtbetrag der Einkünfte abgezogen werden. [2]Der Höchstbetrag nach Satz 1 erhöht sich um den Betrag der im jeweiligen Veranlagungszeitraum nach § 10 Absatz 1 Nummer 3 für die Absicherung der unterhaltsberechtigten Person aufgewandten Beiträge; dies gilt nicht für Kranken- und Pflegeversicherungsbeiträge, die bereits nach § 10 Absatz 1 Nummer 3 Satz 1 anzusetzen sind. [3]Der gesetzlich unterhaltsberechtigten Person gleichgestellt ist eine Person, wenn bei ihr zum Unterhalt bestimmte inländische öffentliche Mittel mit Rücksicht auf die Unterhaltsleistungen des Steuerpflichtigen gekürzt werden. [4]Voraussetzung ist, dass weder der Steuerpflichtige noch eine andere Person Anspruch auf einen Freibetrag nach § 32 Absatz 6 oder auf Kindergeld für die unterhaltene Person hat und die unterhaltene Person kein oder nur ein geringes Vermögen besitzt. [5]Hat die unterhaltene Person andere Einkünfte oder Bezüge, so vermindert sich die Summe der nach Satz 1 und Satz 2 ermittelten Beträge um den Betrag, um den diese Einkünfte und Bezüge den Betrag von 624 Euro im Kalenderjahr übersteigen, sowie um die von der unterhaltenen Person als Ausbildungshilfe aus öffentlichen Mitteln oder von Förderungseinrichtungen, die hierfür öffentliche Mittel erhalten, bezogenen Zuschüsse; zu den Bezügen gehören auch die in § 32 Absatz 4 Satz 4 genannten. [6]Ist die unterhaltene Person nicht unbeschränkt einkommensteuerpflichtig, so können die Aufwendungen nur abgezogen werden, soweit sie nach den Verhältnissen des Wohnsitzstaates der unterhaltenen Person notwendig und angemessen sind, höchstens jedoch der Betrag, der sich nach den Sätzen 1 bis 5 ergibt; ob der Steuerpflichtige zum Unterhalt gesetzlich verpflichtet ist, ist nach inländischen Maßstäben zu beurteilen. [7]Werden die Aufwendungen für eine unterhaltene Person von mehreren Steuerpflichtigen getragen, so wird bei jedem der Teil des sich hiernach ergebenden Betrags abgezogen, der seinem Anteil am Gesamtbetrag der Leistungen entspricht.

(2) [1]Zur Abgeltung des Sonderbedarfs eines sich in Berufsausbildung befindenden, auswärtig untergebrachten, volljährigen Kindes, für das Anspruch auf einen Freibetrag nach § 32 Absatz 6 oder Kindergeld besteht, kann der Steuerpflichtige einen Freibetrag in Höhe von 924 Euro je Kalenderjahr vom Gesamtbetrag der Einkünfte abziehen. [2]Dieser Freibetrag vermindert sich um die eigenen Einkünfte und Bezüge im Sinne des § 32

Absatz 4 Satz 2 und 4 des Kindes, soweit diese 1 848 Euro im Kalenderjahr übersteigen, sowie um die von dem Kind als Ausbildungshilfe aus öffentlichen Mitteln oder von Förderungseinrichtungen, die hierfür öffentliche Mittel erhalten, bezogenen Zuschüsse. [3]Für ein nicht unbeschränkt einkommensteuerpflichtiges Kind mindern sich die vorstehenden Beträge nach Maßgabe des Absatzes 1 Satz 5. [4]Erfüllen mehrere Steuerpflichtige für dasselbe Kind die Voraussetzungen nach Satz 1, so kann der Freibetrag insgesamt nur einmal abgezogen werden. [5]Jedem Elternteil steht grundsätzlich die Hälfte des Abzugsbetrags nach den Sätzen 1 bis 3 zu. [6]Auf gemeinsamen Antrag der Eltern ist eine andere Aufteilung möglich.

(3) [1]Für jeden vollen Kalendermonat, in dem die in den Absätzen 1 und 2 bezeichneten Voraussetzungen nicht vorgelegen haben, ermäßigen sich die dort bezeichneten Beträge um je ein Zwölftel. [2]Eigene Einkünfte und Bezüge der unterhaltenen Person oder des Kindes, die auf diese Kalendermonate entfallen, vermindern die nach Satz 1 ermäßigten Höchstbeträge und Freibeträge nicht. [3]Als Ausbildungshilfe bezogene Zuschüsse mindern nur die zeitanteiligen Höchstbeträge und Freibeträge der Kalendermonate, für die die Zuschüsse bestimmt sind.

(4) In den Fällen der Absätze 1 und 2 kann wegen der in diesen Vorschriften bezeichneten Aufwendungen der Steuerpflichtige eine Steuerermäßigung nach § 33 nicht in Anspruch nehmen.

§ 33b Pauschbeträge für behinderte Menschen, Hinterbliebene und Pflegepersonen

(1) [1]Wegen der Aufwendungen für die Hilfe bei den gewöhnlichen und regelmäßig wiederkehrenden Verrichtungen des täglichen Lebens, für die Pflege sowie für einen erhöhten Wäschebedarf können behinderte Menschen unter den Voraussetzungen des Absatzes 2 anstelle einer Steuerermäßigung nach § 33 einen Pauschbetrag nach Absatz 3 geltend machen (Behinderten-Pauschbetrag). [2]Das Wahlrecht kann für die genannten Aufwendungen im jeweiligen Veranlagungszeitraum nur einheitlich ausgeübt werden.

(2) Die Pauschbeträge erhalten

1. behinderte Menschen, deren Grad der Behinderung auf mindestens 50 festgestellt ist;
2. behinderte Menschen, deren Grad der Behinderung auf weniger als 50, aber mindestens auf 25 festgestellt ist, wenn
   a) dem behinderten Menschen wegen seiner Behinderung nach gesetzlichen Vorschriften Renten oder andere laufende Bezüge zustehen, und zwar auch dann, wenn das Recht auf die Bezüge ruht oder der Anspruch auf die Bezüge durch Zahlung eines Kapitals abgefunden worden ist, oder
   b) die Behinderung zu einer dauernden Einbuße der körperlichen Beweglichkeit geführt hat oder auf einer typischen Berufskrankheit beruht.

(3) [1]Die Höhe des Pauschbetrags richtet sich nach dem dauernden Grad der Behinderung. [2]Als Pauschbeträge werden gewährt bei einem Grad der Behinderung

von 25	und	30	310	Euro,
von 35	und	40	430	Euro,
von 45	und	50	570	Euro,
von 55	und	60	720	Euro,
von 65	und	70	890	Euro,
von 75	und	80	1 060	Euro,
von 85	und	90	1 230	Euro,
von 95	und	100	1 420	Euro.

[3]Für behinderte Menschen, die hilflos im Sinne des Absatzes 6 sind, und für Blinde erhöht sich der Pauschbetrag auf 3 700 Euro.

(4) [1]Personen, denen laufende Hinterbliebenenbezüge bewilligt worden sind, erhalten auf Antrag einen Pauschbetrag von 370 Euro (Hinterbliebenen-Pauschbetrag), wenn die Hinterbliebenenbezüge geleistet werden

1. nach dem Bundesversorgungsgesetz oder einem anderen Gesetz, das die Vorschriften des Bundesversorgungsgesetzes über Hinterbliebenenbezüge für entsprechend anwendbar erklärt, oder
2. nach den Vorschriften über die gesetzliche Unfallversicherung oder
3. nach den beamtenrechtlichen Vorschriften an Hinterbliebene eines an den Folgen eines Dienstunfalls verstorbenen Beamten oder
4. nach den Vorschriften des Bundesentschädigungsgesetzes über die Entschädigung für Schäden an Leben, Körper oder Gesundheit.

[2]Der Pauschbetrag wird auch dann gewährt, wenn das Recht auf die Bezüge ruht oder der Anspruch auf die Bezüge durch Zahlung eines Kapitals abgefunden worden ist.

(5) [1]Steht der Behinderten-Pauschbetrag oder der Hinterbliebenen-Pauschbetrag einem Kind zu, für das der Steuerpflichtige Anspruch auf einen Freibetrag nach § 32 Absatz 6 oder auf Kindergeld hat, so wird der Pauschbetrag auf Antrag auf den Steuerpflichtigen übertragen, wenn ihn das Kind nicht in Anspruch nimmt. [2]Dabei ist der Pauschbetrag grundsätzlich auf beide Elternteile je zur Hälfte aufzuteilen. [3]Auf gemeinsamen Antrag der Eltern ist eine andere Aufteilung möglich. [4]In diesen Fällen besteht für Aufwendungen, für die der Behinderten-Pauschbetrag gilt, kein Anspruch auf eine Steuerermäßigung nach § 33.

(6)[1)] [1]Wegen der außergewöhnlichen Belastungen, die einem Steuerpflichtigen durch die Pflege einer Person erwachsen, die nicht nur vorübergehend hilflos ist, kann er anstelle einer Steuerermäßigung nach § 33 einen Pauschbetrag von 924 Euro im Kalenderjahr geltend machen (Pflege-Pauschbetrag), wenn er dafür keine Einnahmen erhält. [2]Zu diesen Einnahmen zählt unabhängig von der Verwendung nicht das von den Eltern eines behinderten Kindes für dieses Kind empfangene Pflegegeld. [3]Hilflos im Sinne des Satzes 1 ist eine Person, wenn sie für eine Reihe von häufig und regelmäßig wiederkehrenden Verrichtungen zur Sicherung ihrer persönlichen Existenz im Ablauf eines jeden Tages fremder Hilfe dauernd bedarf. [4]Diese Voraussetzungen sind auch erfüllt, wenn die Hilfe in Form einer Überwachung oder einer Anleitung zu den in Satz 3 genannten Verrichtungen erforderlich ist oder wenn die Hilfe zwar nicht dauernd geleistet werden muss, jedoch eine ständige Bereitschaft zur Hilfeleistung erforderlich ist. [5]Voraussetzung ist, dass der Steuerpflichtige die Pflege im Inland entweder in seiner Wohnung oder in der Wohnung des Pflegebedürftigen persönlich durchführt. [6]Wird ein Pflegebedürftiger von mehreren Steuerpflichtigen im Veranlagungszeitraum gepflegt, wird der Pauschbetrag nach der Zahl der Pflegepersonen, bei denen die Voraussetzungen der Sätze 1 bis 5 vorliegen, geteilt.

(7) Die Bundesregierung wird ermächtigt, durch Rechtsverordnung mit Zustimmung des Bundesrates zu bestimmen, wie nachzuweisen ist, dass die Voraussetzungen für die Inanspruchnahme der Pauschbeträge vorliegen.

§ 34[2)] Außerordentliche Einkünfte

(1) [1]Sind in dem zu versteuernden Einkommen außerordentliche Einkünfte enthalten, so ist die auf alle im Veranlagungszeitraum bezogenen außerordentlichen Einkünfte entfallende Einkommensteuer nach den Sätzen 2 bis 4 zu berechnen. [2]Die für die außerordentlichen Einkünfte anzusetzende Einkommensteuer beträgt das Fünffache des Unterschiedsbetrags zwischen der Einkommensteuer für das um diese Einkünfte verminderte zu versteuernde Einkommen (verbleibendes zu versteuerndes Einkommen) und der Einkommensteuer für das verbleibende zu versteuernde Einkommen zuzüglich eines Fünftels dieser Einkünfte. [3]Ist das verbleibende zu versteuernde Einkommen negativ

1) **Anm. d. Red.:** Zur Anwendung des § 33b Abs. 6 siehe § 52 Abs. 46a.

2) **Anm. d. Red.:** Zur Anwendung des § 34 siehe § 52 Abs. 47.

und das zu versteuernde Einkommen positiv, so beträgt die Einkommensteuer das Fünffache der auf ein Fünftel des zu versteuernden Einkommens entfallenden Einkommensteuer. [4]Die Sätze 1 bis 3 gelten nicht für außerordentliche Einkünfte im Sinne des Absatzes 2 Nummer 1, wenn der Steuerpflichtige auf diese Einkünfte ganz oder teilweise § 6b oder § 6c anwendet.

(2) Als außerordentliche Einkünfte kommen nur in Betracht:

1. Veräußerungsgewinne im Sinne der §§ 14, 14a Absatz 1, der §§ 16 und 18 Absatz 3 mit Ausnahme des steuerpflichtigen Teils der Veräußerungsgewinne, die nach § 3 Nummer 40 Buchstabe b in Verbindung mit § 3c Absatz 2 teilweise steuerbefreit sind;
2. Entschädigungen im Sinne des § 24 Nummer 1;
3. Nutzungsvergütungen und Zinsen im Sinne des § 24 Nummer 3, soweit sie für einen Zeitraum von mehr als drei Jahren nachgezahlt werden;
4. Vergütungen für mehrjährige Tätigkeiten; mehrjährig ist eine Tätigkeit, soweit sie sich über mindestens zwei Veranlagungszeiträume erstreckt und einen Zeitraum von mehr als zwölf Monaten umfasst;
5. Einkünfte aus außerordentlichen Holznutzungen im Sinne des § 34b Absatz 1 Nummer 1.

ESfG

(3)[1)] [1]Sind in dem zu versteuernden Einkommen außerordentliche Einkünfte im Sinne des Absatzes 2 Nummer 1 enthalten, so kann auf Antrag abweichend von Absatz 1 die auf den Teil dieser außerordentlichen Einkünfte, der den Betrag von insgesamt 5 Millionen Euro nicht übersteigt, entfallende Einkommensteuer nach einem ermäßigten Steuersatz bemessen werden, wenn der Steuerpflichtige das 55. Lebensjahr vollendet hat oder wenn er im sozialversicherungsrechtlichen Sinne dauernd berufsunfähig ist. [2]Der ermäßigte Steuersatz beträgt 56 Prozent des durchschnittlichen Steuersatzes, der sich ergäbe, wenn die tarifliche Einkommensteuer nach dem gesamten zu versteuernden Einkommen zuzüglich der dem Progressionsvorbehalt unterliegenden Einkünfte zu bemessen wäre, mindestens jedoch 16 Prozent *[ab VZ 2005: 15 Prozent]*. [3]Auf das um die in Satz 1 genannten Einkünfte verminderte zu versteuernde Einkommen (verbleibendes zu versteuerndes Einkommen) sind vorbehaltlich des Absatzes 1 die allgemeinen Tarifvorschriften anzuwenden. [4]Die Ermäßigung nach den Sätzen 1 bis 3 kann der Steuerpflichtige nur einmal im Leben in Anspruch nehmen. [5]Erzielt der Steuerpflichtige in einem Veranlagungszeitraum mehr als einen Veräußerungs- oder Aufgabegewinn im Sinne des Satzes 1, kann er die Ermäßigung nach den Sätzen 1 bis 3 nur für einen Veräußerungs- oder Aufgabegewinn beantragen. [6]Absatz 1 Satz 4 ist entsprechend anzuwenden.

§ 34a[2)] Begünstigung der nicht entnommenen Gewinne

(1) [1]Sind in dem zu versteuernden Einkommen nicht entnommene Gewinne aus Land- und Forstwirtschaft, Gewerbebetrieb oder selbständiger Arbeit (§ 2 Absatz 1 Satz 1 Nummer 1 bis 3) im Sinne des Absatzes 2 enthalten, ist die Einkommensteuer für diese Gewinne auf Antrag des Steuerpflichtigen ganz oder teilweise mit einem Steuersatz von 28,25 Prozent zu berechnen; dies gilt nicht, soweit für die Gewinne der Freibetrag nach § 16 Absatz 4 oder die Steuerermäßigung nach § 34 Absatz 3 in Anspruch genommen wird oder es sich um Gewinne im Sinne des § 18 Absatz 1 Nummer 4 handelt. [2]Der Antrag nach Satz 1 ist für jeden Betrieb oder Mitunternehmeranteil für jeden Veranlagungszeitraum gesondert bei dem für die Einkommensbesteuerung zuständigen Finanzamt zu stellen. [3]Bei Mitunternehmeranteilen kann der Steuerpflichtige den Antrag nur stellen, wenn sein Anteil am nach § 4 Absatz 1 Satz 1 oder § 5 ermittelten Gewinn mehr als 10 Prozent beträgt oder 10 000 Euro übersteigt. [4]Der Antrag kann bis zur Unanfechtbarkeit des Einkommensteuerbescheids für den nächsten Veranlagungszeitraum vom

1) **Anm. d. Red.:** Zur Anwendung des § 34 Abs. 3 Satz 2 siehe § 52 Abs. 47 Satz 6, in dem die ab VZ 2005 anzuwendende Fassung wiedergegeben wird. Der Gesetzgeber hat offensichtlich aufgrund eines redaktionellen Versehens übersehen, eine Anpassung des § 34 Abs. 3 Satz 2 hinsichtlich der ab VZ 2005 anzuwendenden Fassung, die hier kursiv wiedergegeben wird, vorzunehmen.

2) **Anm. d. Red.:** Zur Anwendung des § 34a siehe § 52 Abs. 48.

Steuerpflichtigen ganz oder teilweise zurückgenommen werden; der Einkommensteuerbescheid ist entsprechend zu ändern. [5]Die Festsetzungsfrist endet insoweit nicht, bevor die Festsetzungsfrist für den nächsten Veranlagungszeitraum abgelaufen ist.

(2) Der nicht entnommene Gewinn des Betriebs oder Mitunternehmeranteils ist der nach § 4 Absatz 1 Satz 1 oder § 5 ermittelte Gewinn vermindert um den positiven Saldo der Entnahmen und Einlagen des Wirtschaftsjahres.

(3) [1]Der Begünstigungsbetrag ist der im Veranlagungszeitraum nach Absatz 1 Satz 1 auf Antrag begünstigte Gewinn. [2]Der Begünstigungsbetrag des Veranlagungszeitraums, vermindert um die darauf entfallende Steuerbelastung nach Absatz 1 und den darauf entfallenden Solidaritätszuschlag, vermehrt um den nachversteuerungspflichtigen Betrag des Vorjahres und den auf diesen Betrieb oder Mitunternehmeranteil nach Absatz 5 übertragenen nachversteuerungspflichtigen Betrag, vermindert um den Nachversteuerungsbetrag im Sinne des Absatzes 4 und den auf einen anderen Betrieb oder Mitunternehmeranteil nach Absatz 5 übertragenen nachversteuerungspflichtigen Betrag, ist der nachversteuerungspflichtige Betrag des Betriebs oder Mitunternehmeranteils zum Ende des Veranlagungszeitraums. [3]Dieser ist für jeden Betrieb oder Mitunternehmeranteil jährlich gesondert festzustellen.

(4) [1]Übersteigt der positive Saldo der Entnahmen und Einlagen des Wirtschaftsjahres bei einem Betrieb oder Mitunternehmeranteil den nach § 4 Absatz 1 Satz 1 oder § 5 ermittelten Gewinn (Nachversteuerungsbetrag), ist vorbehaltlich Absatz 5 eine Nachversteuerung durchzuführen, soweit zum Ende des vorangegangenen Veranlagungszeitraums ein nachversteuerungspflichtiger Betrag nach Absatz 3 festgestellt wurde. [2]Die Einkommensteuer auf den Nachversteuerungsbetrag beträgt 25 Prozent. [3]Der Nachversteuerungsbetrag ist um die Beträge, die für die Erbschaftsteuer (Schenkungsteuer) anlässlich der Übertragung des Betriebs oder Mitunternehmeranteils entnommen wurden, zu vermindern.

(5) [1]Die Übertragung oder Überführung eines Wirtschaftsguts nach § 6 Absatz 5 Satz 1 bis 3 führt unter den Voraussetzungen des Absatzes 4 zur Nachversteuerung. [2]Eine Nachversteuerung findet nicht statt, wenn der Steuerpflichtige beantragt, den nachversteuerungspflichtigen Betrag in Höhe des Buchwerts des übertragenen oder überführten Wirtschaftsguts, höchstens jedoch in Höhe des Nachversteuerungsbetrags, den die Übertragung oder Überführung des Wirtschaftsguts ausgelöst hätte, auf den anderen Betrieb oder Mitunternehmeranteil zu übertragen.

(6) [1]Eine Nachversteuerung des nachversteuerungspflichtigen Betrags nach Absatz 4 ist durchzuführen

1. in den Fällen der Betriebsveräußerung oder -aufgabe im Sinne der §§ 14, 16 Absatz 1 und 3 sowie des § 18 Absatz 3,
2. in den Fällen der Einbringung eines Betriebs oder Mitunternehmeranteils in eine Kapitalgesellschaft oder eine Genossenschaft sowie in den Fällen des Formwechsels einer Personengesellschaft in eine Kapitalgesellschaft oder Genossenschaft,
3. wenn der Gewinn nicht mehr nach § 4 Absatz 1 Satz 1 oder § 5 ermittelt wird oder
4. wenn der Steuerpflichtige dies beantragt.

[2]In den Fällen der Nummern 1 und 2 ist die nach Absatz 4 geschuldete Einkommensteuer auf Antrag des Steuerpflichtigen oder seines Rechtsnachfolgers in regelmäßigen Teilbeträgen für einen Zeitraum von höchstens zehn Jahren seit Eintritt der ersten Fälligkeit zinslos zu stunden, wenn ihre alsbaldige Einziehung mit erheblichen Härten für den Steuerpflichtigen verbunden wäre.

(7) [1]In den Fällen der unentgeltlichen Übertragung eines Betriebs oder Mitunternehmeranteils nach § 6 Absatz 3 hat der Rechtsnachfolger den nachversteuerungspflichtigen Betrag fortzuführen. [2]In den Fällen der Einbringung eines Betriebs oder Mitunternehmeranteils zu Buchwerten nach § 24 des Umwandlungssteuergesetzes geht der für den eingebrachten Betrieb oder Mitunternehmeranteil festgestellte nachversteuerungspflichtige Betrag auf den neuen Mitunternehmeranteil über.

(8) Negative Einkünfte dürfen nicht mit ermäßigt besteuerten Gewinnen im Sinne von Absatz 1 Satz 1 ausgeglichen werden; sie dürfen insoweit auch nicht nach § 10d abgezogen werden.

(9) [1]Zuständig für den Erlass der Feststellungsbescheide über den nachversteuerungspflichtigen Betrag ist das für die Einkommensbesteuerung zuständige Finanzamt. [2]Die Feststellungsbescheide können nur insoweit angegriffen werden, als sich der nachversteuerungspflichtige Betrag gegenüber dem nachversteuerungspflichtigen Betrag des Vorjahres verändert hat. [3]Die gesonderten Feststellungen nach Satz 1 können mit dem Einkommensteuerbescheid verbunden werden.

(10) [1]Sind Einkünfte aus Land- und Forstwirtschaft, Gewerbebetrieb oder selbständiger Arbeit nach § 180 Absatz 1 Nummer 2 Buchstabe a oder b der Abgabenordnung gesondert festzustellen, können auch die Höhe der Entnahmen und Einlagen sowie weitere für die Tarifermittlung nach den Absätzen 1 bis 7 erforderliche Besteuerungsgrundlagen gesondert festgestellt werden. [2]Zuständig für die gesonderten Feststellungen nach Satz 1 ist das Finanzamt, das für die gesonderte Feststellung nach § 180 Absatz 1 Nummer 2 der Abgabenordnung zuständig ist. [3]Die gesonderten Feststellungen nach Satz 1 können mit der Feststellung nach § 180 Absatz 1 Nummer 2 der Abgabenordnung verbunden werden. [4]Die Feststellungsfrist für die gesonderte Feststellung nach Satz 1 endet nicht vor Ablauf der Feststellungsfrist für die Feststellung nach § 180 Absatz 1 Nummer 2 der Abgabenordnung.

ESt G

(11) [1]Der Bescheid über die gesonderte Feststellung des nachversteuerungspflichtigen Betrags ist zu erlassen, aufzuheben oder zu ändern, soweit der Steuerpflichtige einen Antrag nach Absatz 1 stellt oder diesen ganz oder teilweise zurücknimmt und sich die Besteuerungsgrundlagen im Einkommensteuerbescheid ändern. [2]Dies gilt entsprechend, wenn der Erlass, die Aufhebung oder Änderung des Einkommensteuerbescheids mangels steuerlicher Auswirkung unterbleibt. [3]Die Feststellungsfrist endet nicht, bevor die Festsetzungsfrist für den Veranlagungszeitraum abgelaufen ist, auf dessen Schluss der nachversteuerungspflichtige Betrag des Betriebs oder Mitunternehmeranteils gesondert festzustellen ist.

§ 34b Steuersätze bei außerordentlichen Einkünften aus Forstwirtschaft

(1) Zu den außerordentlichen Einkünften aus Holznutzungen gehören:

1. Einkünfte aus Holznutzungen, die aus wirtschaftlichen Gründen erfolgt sind (außerordentliche Holznutzungen). [2]Sie liegen nur insoweit vor, als die gesamte Holznutzung abzüglich der Holznutzung infolge höherer Gewalt den Nutzungssatz (Absatz 4 Nummer 1) übersteigt. [3]Bei der Berechnung der zu begünstigenden außerordentlichen Holznutzungen des laufenden Wirtschaftsjahres sind die eingesparten Nutzungen der letzten drei Wirtschaftsjahre in Abzug zu bringen. [4]Die Differenz zwischen Nutzungssatz und geringerer tatsächlicher Nutzung eines Wirtschaftsjahres stellt die eingesparte Nutzung dar;
2. Einkünfte aus Holznutzungen infolge höherer Gewalt (Kalamitätsnutzungen). [2]Sie sind durch Eis-, Schnee-, Windbruch oder Windwurf, Erdbeben, Bergrutsch, Insektenfraß, Brand oder durch Naturereignisse mit vergleichbaren Folgen verursacht. [3]Hierzu gehören nicht die Schäden, die in der Forstwirtschaft regelmäßig entstehen.

(2) Bei der Ermittlung der außerordentlichen Einkünfte aus Holznutzungen sind

1. die persönlichen und sachlichen Verwaltungskosten, Grundsteuer und Zwangsbeiträge, soweit sie zu den festen Betriebsausgaben gehören, bei den Einnahmen aus ordentlichen Holznutzungen und Holznutzungen infolge höherer Gewalt, die innerhalb des Nutzungssatzes (Absatz 4 Nummer 1) anfallen, zu berücksichtigen. [2]Sie sind entsprechend der Höhe der Einnahmen aus den bezeichneten Holznutzungen auf diese zu verteilen;
2. die anderen Betriebsausgaben entsprechend der Höhe der Einnahmen aus allen Holznutzungsarten auf diese zu verteilen.

(3) [1]Die Einkommensteuer bemisst sich

1. für die zu begünstigenden außerordentlichen Holznutzungen im Sinne des Absatzes 1 Nummer 1 nach § 34 Absatz 1;
2. für die Kalamitätsnutzungen im Sinne des Absatzes 1 Nummer 2, soweit sie den Nutzungssatz (Absatz 4 Nummer 1) übersteigen, nach der Hälfte des durchschnittlichen Steuersatzes, der sich ergäbe, wenn die tarifliche Einkommensteuer nach dem gesamten zu versteuernden Einkommen zuzüglich der dem Progressionsvorbehalt unterliegenden Einkünfte zu bemessen wäre;
3. für Kalamitätsnutzungen im Sinne des Absatzes 1 Nummer 2, soweit sie den doppelten Nutzungssatz übersteigen, nach dem halben Steuersatz der Nummer 2.

[2]Treffen verschiedene Holznutzungsarten innerhalb eines Wirtschaftsjahres zusammen, sind diese auf die Kalamitätsnutzungen und auf die übrigen Holznutzungen aufzuteilen. [3]Sind die übrigen Holznutzungen nicht geringer als der Nutzungssatz, sind die ermäßigten Steuersätze des Satzes 1 Nummer 2 und 3 auf die gesamten Kalamitätsnutzungen anzuwenden. [4]Sind die übrigen Holznutzungen geringer als der Nutzungssatz, ergibt sich ein Restbetrag, um den die Kalamitätsnutzungen zu mindern sind. [5]Die ermäßigten Steuersätze des Satzes 1 Nummer 2 und 3 finden in diesem Fall nur Anwendung auf die Einkünfte aus den geminderten Kalamitätsnutzungen.

(4) Außerordentliche Einkünfte aus Holznutzungen sind nur unter den folgenden Voraussetzungen anzuerkennen:

1. auf Grund eines amtlich anerkannten Betriebsgutachtens oder durch ein Betriebswerk muss periodisch für zehn Jahre ein Nutzungssatz festgesetzt sein. [2]Dieser muss den Nutzungen entsprechen, die unter Berücksichtigung der vollen Ertragsfähigkeit des Waldes in Festmetern nachhaltig erzielbar sind;
2. die in einem Wirtschaftsjahr erzielten verschiedenen Nutzungen müssen mengenmäßig nachgewiesen werden;
3. Schäden infolge höherer Gewalt müssen unverzüglich nach Feststellung des Schadensfalls dem zuständigen Finanzamt mitgeteilt werden.

V. Steuerermäßigungen

1. Steuerermäßigung bei ausländischen Einkünften

§ 34c

(1)[1)] [1]Bei unbeschränkt Steuerpflichtigen, die mit ausländischen Einkünften in dem Staat, aus dem die Einkünfte stammen, zu einer der deutschen Einkommensteuer entsprechenden Steuer herangezogen werden, ist die festgesetzte und gezahlte und um einen entstandenen Ermäßigungsanspruch gekürzte ausländische Steuer auf die deutsche Einkommensteuer anzurechnen, die auf die Einkünfte aus diesem Staat entfällt; das gilt nicht für Einkünfte aus Kapitalvermögen, auf die § 32d Absatz 1 und 3 bis 6 anzuwenden ist. [2]Die auf die ausländischen Einkünfte nach Satz 1 erster Halbsatz entfallende deutsche Einkommensteuer ist in der Weise zu ermitteln, dass die sich bei der Veranlagung des zu versteuernden Einkommens, einschließlich der ausländischen Einkünfte, nach den §§ 32a, 32b, 34, 34a und 34b ergebende deutsche Einkommensteuer im Verhältnis dieser ausländischen Einkünfte zur Summe der Einkünfte aufgeteilt wird. [3]Bei der Ermittlung des zu versteuernden Einkommens, der Summe der Einkünfte und der ausländischen Einkünfte sind die Einkünfte nach Satz 1 zweiter Halbsatz nicht zu berücksichtigen; bei der Ermittlung der ausländischen Einkünfte sind die ausländischen Einkünfte nicht zu berücksichtigen, die in dem Staat, aus dem sie stammen, nach dessen Recht nicht besteuert werden. [4]Gehören ausländische Einkünfte der in § 34d Nummer 3, 4, 6, 7 und 8 Buchstabe c genannten Art zum Gewinn eines inländischen Betriebes, sind bei ihrer Ermittlung Betriebsausgaben und Betriebsvermögensminderungen abzuziehen, die

1) **Anm. d. Red.:** Zur Anwendung des § 34c Abs. 1 siehe § 52 Abs. 49 Sätze 1 und 2.

mit den diesen Einkünften zugrunde liegenden Einnahmen in wirtschaftlichem Zusammenhang stehen. [5]Die ausländischen Steuern sind nur insoweit anzurechnen, als sie auf die im Veranlagungszeitraum bezogenen Einkünfte entfallen.

(2) Statt der Anrechnung (Absatz 1) ist die ausländische Steuer auf Antrag bei der Ermittlung der Einkünfte abzuziehen, soweit sie auf ausländische Einkünfte entfällt, die nicht steuerfrei sind.

(3) Bei unbeschränkt Steuerpflichtigen, bei denen eine ausländische Steuer vom Einkommen nach Absatz 1 nicht angerechnet werden kann, weil die Steuer nicht der deutschen Einkommensteuer entspricht oder nicht in dem Staat erhoben wird, aus dem die Einkünfte stammen, oder weil keine ausländischen Einkünfte vorliegen, ist die festgesetzte und gezahlte und um einen entstandenen Ermäßigungsanspruch gekürzte ausländische Steuer bei der Ermittlung der Einkünfte abzuziehen, soweit sie auf Einkünfte entfällt, die der deutschen Einkommensteuer unterliegen.

(4) (weggefallen)

(5) Die obersten Finanzbehörden der Länder oder die von ihnen beauftragten Finanzbehörden können mit Zustimmung des Bundesministeriums der Finanzen die auf ausländische Einkünfte entfallende deutsche Einkommensteuer ganz oder zum Teil erlassen oder in einem Pauschbetrag festsetzen, wenn es aus volkswirtschaftlichen Gründen zweckmäßig ist oder die Anwendung des Absatzes 1 besonders schwierig ist.

(6)[1)] [1]Die Absätze 1 bis 3 sind vorbehaltlich der Sätze 2 bis 6 nicht anzuwenden, wenn die Einkünfte aus einem ausländischen Staat stammen, mit dem ein Abkommen zur Vermeidung der Doppelbesteuerung besteht. [2]Soweit in einem Abkommen zur Vermeidung der Doppelbesteuerung die Anrechnung einer ausländischen Steuer auf die deutsche Einkommensteuer vorgesehen ist, sind Absatz 1 Satz 2 bis 5 und Absatz 2 entsprechend auf die nach dem Abkommen anzurechnende ausländische Steuer anzuwenden; das gilt nicht für Einkünfte, auf die § 32d Absatz 1 und 3 bis 6 anzuwenden ist; bei nach dem Abkommen als gezahlt geltenden ausländischen Steuerbeträgen sind Absatz 1 Satz 3 und Absatz 2 nicht anzuwenden. [3]Absatz 1 Satz 3 gilt auch dann entsprechend, wenn die Einkünfte in dem ausländischen Staat nach dem Abkommen zur Vermeidung der Doppelbesteuerung mit diesem Staat nicht besteuert werden können. [4]Bezieht sich ein Abkommen zur Vermeidung der Doppelbesteuerung nicht auf eine Steuer vom Einkommen dieses Staates, so sind die Absätze 1 und 2 entsprechend anzuwenden. [5]In den Fällen des § 50d Absatz 9 sind die Absätze 1 bis 3 und Satz 6 entsprechend anzuwenden. [6]Absatz 3 ist anzuwenden, wenn der Staat, mit dem ein Abkommen zur Vermeidung der Doppelbesteuerung besteht, Einkünfte besteuert, die nicht aus diesem Staat stammen, es sei denn, die Besteuerung hat ihre Ursache in einer Gestaltung, für die wirtschaftliche oder sonst beachtliche Gründe fehlen, oder das Abkommen gestattet dem Staat die Besteuerung dieser Einkünfte.

(7) Durch Rechtsverordnung können Vorschriften erlassen werden über

1. die Anrechnung ausländischer Steuern, wenn die ausländischen Einkünfte aus mehreren fremden Staaten stammen,
2. den Nachweis über die Höhe der festgesetzten und gezahlten ausländischen Steuern,
3. die Berücksichtigung ausländischer Steuern, die nachträglich erhoben oder zurückgezahlt werden.

§ 34d Ausländische Einkünfte

Ausländische Einkünfte im Sinne des § 34c Absatz 1 bis 5 sind

1. Einkünfte aus einer in einem ausländischen Staat betriebenen Land- und Forstwirtschaft (§§ 13 und 14) und Einkünfte der in den Nummern 3, 4, 6, 7 und 8 Buchstabe c genannten Art, soweit sie zu den Einkünften aus Land- und Forstwirtschaft gehören;

1) **Anm. d. Red.:** Zur Anwendung des § 34c Abs. 6 siehe § 52 Abs. 49 Sätze 1 und 3.

2. Einkünfte aus Gewerbebetrieb (§§ 15 und 16),
   a) die durch eine in einem ausländischen Staat belegene Betriebsstätte oder durch einen in einem ausländischen Staat tätigen ständigen Vertreter erzielt werden, und Einkünfte der in den Nummern 3, 4, 6, 7 und 8 Buchstabe c genannten Art, soweit sie zu den Einkünften aus Gewerbebetrieb gehören,
   b) die aus Bürgschafts- und Avalprovisionen erzielt werden, wenn der Schuldner Wohnsitz, Geschäftsleitung oder Sitz in einem ausländischen Staat hat, oder
   c) die durch den Betrieb eigener oder gecharterter Seeschiffe oder Luftfahrzeuge aus Beförderungen zwischen ausländischen oder von ausländischen zu inländischen Häfen erzielt werden, einschließlich der Einkünfte aus anderen mit solchen Beförderungen zusammenhängenden, sich auf das Ausland erstreckenden Beförderungsleistungen;
3. Einkünfte aus selbständiger Arbeit (§ 18), die in einem ausländischen Staat ausgeübt oder verwertet wird oder worden ist, und Einkünfte der in den Nummern 4, 6, 7 und 8 Buchstabe c genannten Art, soweit sie zu den Einkünften aus selbständiger Arbeit gehören;
4. Einkünfte aus der Veräußerung von
   a) Wirtschaftsgütern, die zum Anlagevermögen eines Betriebs gehören, wenn die Wirtschaftsgüter in einem ausländischen Staat belegen sind,
   b) Anteilen an Kapitalgesellschaften, wenn die Gesellschaft Geschäftsleitung oder Sitz in einem ausländischen Staat hat;
5. Einkünfte aus nichtselbständiger Arbeit (§ 19), die in einem ausländischen Staat ausgeübt oder, ohne im Inland ausgeübt zu werden oder worden zu sein, in einem ausländischen Staat verwertet wird oder worden ist, und Einkünfte, die von ausländischen öffentlichen Kassen mit Rücksicht auf ein gegenwärtiges oder früheres Dienstverhältnis gewährt werden. [2]Einkünfte, die von inländischen öffentlichen Kassen einschließlich der Kassen der Deutschen Bundesbahn und der Deutschen Bundesbank mit Rücksicht auf ein gegenwärtiges oder früheres Dienstverhältnis gewährt werden, gelten auch dann als inländische Einkünfte, wenn die Tätigkeit in einem ausländischen Staat ausgeübt wird oder worden ist;
6. Einkünfte aus Kapitalvermögen (§ 20), wenn der Schuldner Wohnsitz, Geschäftsleitung oder Sitz in einem ausländischen Staat hat oder das Kapitalvermögen durch ausländischen Grundbesitz gesichert ist;
7. Einkünfte aus Vermietung und Verpachtung (§ 21), soweit das unbewegliche Vermögen oder die Sachinbegriffe in einem ausländischen Staat belegen oder die Rechte zur Nutzung in einem ausländischen Staat überlassen worden sind;
8. sonstige Einkünfte im Sinne des § 22, wenn
   a) der zur Leistung der wiederkehrenden Bezüge Verpflichtete Wohnsitz, Geschäftsleitung oder Sitz in einem ausländischen Staat hat,
   b) bei privaten Veräußerungsgeschäften die veräußerten Wirtschaftsgüter in einem ausländischen Staat belegen sind,
   c) bei Einkünften aus Leistungen einschließlich der Einkünfte aus Leistungen im Sinne des § 49 Absatz 1 Nummer 9 der zur Vergütung der Leistung Verpflichtete Wohnsitz, Geschäftsleitung oder Sitz in einem ausländischen Staat hat.

2. Steuerermäßigung bei Einkünften aus Land- und Forstwirtschaft

§ 34e

(1) [1]Die tarifliche Einkommensteuer ermäßigt sich in den Veranlagungszeiträumen 1999 und 2000 vorbehaltlich des Absatzes 2 um die Einkommensteuer, die auf den Gewinn dieser Veranlagungszeiträume aus einem land- und forstwirtschaftlichen Betrieb

entfällt, höchstens jedoch um 1 000 Deutsche Mark, wenn der Gewinn der in diesen Veranlagungszeiträumen beginnenden Wirtschaftsjahre weder geschätzt noch nach § 13a ermittelt worden ist und den Betrag von 40 000 Deutsche Mark nicht übersteigt. [2]Beträgt der Gewinn mehr als 40 000 Deutsche Mark, so vermindert sich der Höchstbetrag für die Steuerermäßigung um 10 Prozent des Betrags, um den der Gewinn den Betrag von 40 000 Deutsche Mark übersteigt. [3]Sind an einem solchen land- und forstwirtschaftlichen Betrieb mehrere Steuerpflichtige beteiligt, so ist der Höchstbetrag für die Steuerermäßigung auf die Beteiligten nach ihrem Beteiligungsverhältnis aufzuteilen. [4]Die Anteile der Beteiligten an dem Höchstbetrag für die Steuerermäßigung sind gesondert festzustellen (§ 179 der Abgabenordnung).

(2) [1]Die Steuerermäßigung darf beim Steuerpflichtigen nicht mehr als insgesamt 1 000 Deutsche Mark betragen. [2]Die auf den Gewinn des Veranlagungszeitraums nach Absatz 1 Satz 1 entfallende Einkommensteuer bemisst sich nach dem durchschnittlichen Steuersatz der tariflichen Einkommensteuer; dabei ist dieser Gewinn um den Teil des Freibetrags nach § 13 Absatz 3 zu kürzen, der dem Verhältnis des Gewinns zu den Einkünften des Steuerpflichtigen aus Land- und Forstwirtschaft vor Abzug des Freibetrags entspricht. [3]Werden Ehegatten nach den §§ 26, 26b zusammen veranlagt, wird die Steuerermäßigung jedem der Ehegatten gewährt, soweit sie Inhaber oder Mitinhaber verschiedener land- und forstwirtschaftlicher Betriebe im Sinne des Absatzes 1 Satz 1 sind.

2a. Steuerermäßigung für Steuerpflichtige mit Kindern bei Inanspruchnahme erhöhter Absetzungen für Wohngebäude oder der Steuerbegünstigungen für eigengenutztes Wohneigentum

§ 34f

(1) [1]Bei Steuerpflichtigen, die erhöhte Absetzungen nach § 7b oder nach § 15 des Berlinförderungsgesetzes in Anspruch nehmen, ermäßigt sich die tarifliche Einkommensteuer, vermindert um die sonstigen Steuerermäßigungen mit Ausnahme der §§ 34g und 35, auf Antrag um je 600 Deutsche Mark für das zweite und jedes weitere Kind des Steuerpflichtigen oder seines Ehegatten. [2]Voraussetzung ist,

1. dass der Steuerpflichtige das Objekt, bei einem Zweifamilienhaus mindestens eine Wohnung, zu eigenen Wohnzwecken nutzt oder wegen des Wechsels des Arbeitsortes nicht zu eigenen Wohnzwecken nutzen kann und
2. dass es sich einschließlich des ersten Kindes um Kinder im Sinne des § 32 Absatz 1 bis 5 oder 6 Satz 7 handelt, die zum Haushalt des Steuerpflichtigen gehören oder in dem für die erhöhten Absetzungen maßgebenden Begünstigungszeitraum gehört haben, wenn diese Zugehörigkeit auf Dauer angelegt ist oder war.

(2) [1]Bei Steuerpflichtigen, die die Steuerbegünstigung nach § 10e Absatz 1 bis 5 oder nach § 15b des Berlinförderungsgesetzes in Anspruch nehmen, ermäßigt sich die tarifliche Einkommensteuer, vermindert um die sonstigen Steuerermäßigungen mit Ausnahme des § 34g, auf Antrag um je 512 Euro für jedes Kind des Steuerpflichtigen oder seines Ehegatten im Sinne des § 32 Absatz 1 bis 5 oder 6 Satz 7. [2]Voraussetzung ist, dass das Kind zum Haushalt des Steuerpflichtigen gehört oder in dem für die Steuerbegünstigung maßgebenden Zeitraum gehört hat, wenn diese Zugehörigkeit auf Dauer angelegt ist oder war.

(3)[1)] [1]Bei Steuerpflichtigen, die die Steuerbegünstigung nach § 10e Absatz 1, 2, 4 und 5 in Anspruch nehmen, ermäßigt sich die tarifliche Einkommensteuer, vermindert um die sonstigen Steuerermäßigungen, auf Antrag um je 512 Euro für jedes Kind des Steuerpflichtigen oder seines Ehegatten im Sinne des § 32 Absatz 1 bis 5 oder 6 Satz 7. [2]Voraussetzung ist, dass das Kind zum Haushalt des Steuerpflichtigen gehört oder in dem für

1) **Anm. d. Red.:** Zur Anwendung des § 34f Abs. 3 siehe § 52 Abs. 50 Satz 1 und § 57 Abs. 6.

die Steuerbegünstigung maßgebenden Zeitraum gehört hat, wenn diese Zugehörigkeit auf Dauer angelegt ist oder war. [3]Soweit sich der Betrag der Steuerermäßigung nach Satz 1 bei der Ermittlung der festzusetzenden Einkommensteuer nicht steuerentlastend auswirkt, ist er von der tariflichen Einkommensteuer der zwei vorangegangenen Veranlagungszeiträume abzuziehen. [4]Steuerermäßigungen, die nach den Sätzen 1 und 3 nicht berücksichtigt werden können, können bis zum Ende des Abzugszeitraums im Sinne des § 10e und in den zwei folgenden Veranlagungszeiträumen abgezogen werden. [5]Ist für einen Veranlagungszeitraum bereits ein Steuerbescheid erlassen worden, so ist er insoweit zu ändern, als die Steuerermäßigung nach den Sätzen 3 und 4 zu gewähren oder zu berichtigen ist; die Verjährungsfristen enden insoweit nicht, bevor die Verjährungsfrist für den Veranlagungszeitraum abgelaufen ist, für den die Steuerermäßigung nach Satz 1 beantragt worden ist.

(4)[1)] [1]Die Steuerermäßigungen nach den Absätzen 2 oder 3 kann der Steuerpflichtige insgesamt nur bis zur Höhe der Bemessungsgrundlage der Abzugsbeträge nach § 10e Absatz 1 oder 2 in Anspruch nehmen. [2]Die Steuerermäßigung nach den Absätzen 1, 2 und 3 Satz 1 kann der Steuerpflichtige im Kalenderjahr nur für ein Objekt in Anspruch nehmen.

2b. Steuerermäßigung bei Zuwendungen an politische Parteien und an unabhängige Wählervereinigungen

§ 34g

[1]Die tarifliche Einkommensteuer, vermindert um die sonstigen Steuerermäßigungen mit Ausnahme des § 34f Absatz 3, ermäßigt sich bei Zuwendungen an

1. politische Parteien im Sinne des § 2 des Parteiengesetzes und
2. Vereine ohne Parteicharakter, wenn
   a) der Zweck des Vereins ausschließlich darauf gerichtet ist, durch Teilnahme mit eigenen Wahlvorschlägen an Wahlen auf Bundes-, Landes- oder Kommunalebene bei der politischen Willensbildung mitzuwirken, und
   b) der Verein auf Bundes-, Landes- oder Kommunalebene bei der jeweils letzten Wahl wenigstens ein Mandat errungen oder der zuständigen Wahlbehörde oder dem zuständigen Wahlorgan angezeigt hat, dass er mit eigenen Wahlvorschlägen auf Bundes-, Landes- oder Kommunalebene an der jeweils nächsten Wahl teilnehmen will.

   [2]Nimmt der Verein an der jeweils nächsten Wahl nicht teil, wird die Ermäßigung nur für die bis zum Wahltag an ihn geleisteten Beiträge und Spenden gewährt. [3]Die Ermäßigung für Beiträge und Spenden an den Verein wird erst wieder gewährt, wenn er sich mit eigenen Wahlvorschlägen an einer Wahl beteiligt hat. [4]Die Ermäßigung wird in diesem Fall nur für Beiträge und Spenden gewährt, die nach Beginn des Jahres, in dem die Wahl stattfindet, geleistet werden.

[2]Die Ermäßigung beträgt 50 Prozent der Ausgaben, höchstens jeweils 825 Euro für Ausgaben nach den Nummern 1 und 2, im Fall der Zusammenveranlagung von Ehegatten höchstens jeweils 1 650 Euro. [3]§ 10b Absatz 3 und 4 gilt entsprechend.

3. Steuerermäßigung bei Einkünften aus Gewerbebetrieb

§ 35[2)]

(1) [1]Die tarifliche Einkommensteuer, vermindert um die sonstigen Steuerermäßigungen mit Ausnahme der §§ 34f, 34g und 35a, ermäßigt sich, soweit sie anteilig auf im zu

1) **Anm. d. Red.:** Zur Anwendung des § 34f Abs. 4 siehe § 52 Abs. 50.

2) **Anm. d. Red.:** Zur Anwendung des § 35 siehe § 52 Abs. 50a.

versteuernden Einkommen enthaltene gewerbliche Einkünfte entfällt (Ermäßigungshöchstbetrag),

1. bei Einkünften aus gewerblichen Unternehmen im Sinne des § 15 Absatz 1 Satz 1 Nummer 1

   um das 3,8-fache des jeweils für den dem Veranlagungszeitraum entsprechenden Erhebungszeitraum nach § 14 des Gewerbesteuergesetzes für das Unternehmen festgesetzten Steuermessbetrags (Gewerbesteuer-Messbetrag); Absatz 2 Satz 5 ist entsprechend anzuwenden;

2. bei Einkünften aus Gewerbebetrieb als Mitunternehmer im Sinne des § 15 Absatz 1 Satz 1 Nummer 2 oder als persönlich haftender Gesellschafter einer Kommanditgesellschaft auf Aktien im Sinne des § 15 Absatz 1 Satz 1 Nummer 3

   um das 3,8-fache des jeweils für den dem Veranlagungszeitraum entsprechenden Erhebungszeitraum festgesetzten anteiligen Gewerbesteuer-Messbetrags.

[2]Der Ermäßigungshöchstbetrag ist wie folgt zu ermitteln:

$$\frac{\text{Summe der positiven gewerblichen Einkünfte}}{\text{Summe aller positiven Einkünfte}} \cdot \text{geminderte tarifliche Steuer.}$$

[3]Gewerbliche Einkünfte im Sinne der Sätze 1 und 2 sind die der Gewerbesteuer unterliegenden Gewinne und Gewinnanteile, soweit sie nicht nach anderen Vorschriften von der Steuerermäßigung nach § 35 ausgenommen sind. [4]Geminderte tarifliche Steuer ist die tarifliche Steuer nach Abzug von Beträgen auf Grund der Anwendung zwischenstaatlicher Abkommen und nach Anrechnung der ausländischen Steuern nach § 34c Absatz 1 und 6 dieses Gesetzes und § 12 des Außensteuergesetzes. [5]Der Abzug des Steuerermäßigungsbetrags ist auf die tatsächlich zu zahlende Gewerbesteuer beschränkt.

(2) [1]Bei Mitunternehmerschaften im Sinne des § 15 Absatz 1 Satz 1 Nummer 2 oder bei Kommanditgesellschaften auf Aktien im Sinne des § 15 Absatz 1 Satz 1 Nummer 3 ist der Betrag des Gewerbesteuer-Messbetrags, die tatsächlich zu zahlende Gewerbesteuer und der auf die einzelnen Mitunternehmer oder auf die persönlich haftenden Gesellschafter entfallende Anteil gesondert und einheitlich festzustellen. [2]Der Anteil eines Mitunternehmers am Gewerbesteuer-Messbetrag richtet sich nach seinem Anteil am Gewinn der Mitunternehmerschaft nach Maßgabe des allgemeinen Gewinnverteilungsschlüssels; Vorabgewinnanteile sind nicht zu berücksichtigen. [3]Wenn auf Grund der Bestimmungen in einem Abkommen zur Vermeidung der Doppelbesteuerung bei der Festsetzung des Gewerbesteuer-Messbetrags für eine Mitunternehmerschaft nur der auf einen Teil der Mitunternehmer entfallende anteilige Gewerbeertrag berücksichtigt wird, ist der Gewerbesteuer-Messbetrag nach Maßgabe des allgemeinen Gewinnverteilungsschlüssels in voller Höhe auf diese Mitunternehmer entsprechend ihrer Anteile am Gewerbeertrag der Mitunternehmerschaft aufzuteilen. [4]Der anteilige Gewerbesteuer-Messbetrag ist als Prozentsatz mit zwei Nachkommastellen gerundet zu ermitteln. [5]Bei der Feststellung nach Satz 1 sind anteilige Gewerbesteuer-Messbeträge, die aus einer Beteiligung an einer Mitunternehmerschaft stammen, einzubeziehen.

(3) [1]Zuständig für die gesonderte Feststellung nach Absatz 2 ist das für die gesonderte Feststellung der Einkünfte zuständige Finanzamt. [2]Für die Ermittlung der Steuerermäßigung nach Absatz 1 sind die Festsetzung des Gewerbesteuer-Messbetrags, die Feststellung des Anteils an dem festzusetzenden Gewerbesteuer-Messbetrag nach Absatz 2 Satz 1 und die Festsetzung der Gewerbesteuer Grundlagenbescheide. [3]Für die Ermittlung des anteiligen Gewerbesteuer-Messbetrags nach Absatz 2 sind die Festsetzung des Gewerbesteuer-Messbetrags und die Festsetzung des anteiligen Gewerbesteuer-Messbetrags aus der Beteiligung an einer Mitunternehmerschaft Grundlagenbescheide.

(4) Für die Aufteilung und die Feststellung der tatsächlich zu zahlenden Gewerbesteuer bei Mitunternehmerschaften im Sinne des § 15 Absatz 1 Satz 1 Nummer 2 und bei Kommanditgesellschaften auf Aktien im Sinne des § 15 Absatz 1 Satz 1 Nummer 3 gelten die Absätze 2 und 3 entsprechend.

4. Steuerermäßigung bei Aufwendungen für haushaltsnahe Beschäftigungsverhältnisse und für die Inanspruchnahme haushaltsnaher Dienstleistungen

§ 35a[1] Steuerermäßigung bei Aufwendungen für haushaltsnahe Beschäftigungsverhältnisse, haushaltsnahe Dienstleistungen und Handwerkerleistungen

(1) Für haushaltsnahe Beschäftigungsverhältnisse, bei denen es sich um eine geringfügige Beschäftigung im Sinne des § 8a des Vierten Buches Sozialgesetzbuch handelt, ermäßigt sich die tarifliche Einkommensteuer, vermindert um die sonstigen Steuerermäßigungen, auf Antrag um 20 Prozent, höchstens 510 Euro, der Aufwendungen des Steuerpflichtigen.

(2) [1]Für andere als in Absatz 1 aufgeführte haushaltsnahe Beschäftigungsverhältnisse oder für die Inanspruchnahme von haushaltsnahen Dienstleistungen, die nicht Dienstleistungen nach Absatz 3 sind, ermäßigt sich die tarifliche Einkommensteuer, vermindert um die sonstigen Steuerermäßigungen, auf Antrag um 20 Prozent, höchstens 4 000 Euro, der Aufwendungen des Steuerpflichtigen. [2]Die Steuerermäßigung kann auch in Anspruch genommen werden für die Inanspruchnahme von Pflege- und Betreuungsleistungen sowie für Aufwendungen, die einem Steuerpflichtigen wegen der Unterbringung in einem Heim oder zur dauernden Pflege erwachsen, soweit darin Kosten für Dienstleistungen enthalten sind, die mit denen einer Hilfe im Haushalt vergleichbar sind.

(3) Für die Inanspruchnahme von Handwerkerleistungen für Renovierungs-, Erhaltungs- und Modernisierungsmaßnahmen, mit Ausnahme der nach dem CO_2-Gebäudesanierungsprogramm der KfW Förderbank geförderten Maßnahmen, ermäßigt sich die tarifliche Einkommensteuer, vermindert um die sonstigen Steuerermäßigungen, auf Antrag um 20 Prozent, höchstens 1 200 Euro, der Aufwendungen des Steuerpflichtigen.

(4) [1]Die Steuerermäßigung nach den Absätzen 1 bis 3 kann nur in Anspruch genommen werden, wenn das Beschäftigungsverhältnis, die Dienstleistung oder die Handwerkerleistung in einem in der Europäischen Union oder dem Europäischen Wirtschaftsraum liegenden Haushalt des Steuerpflichtigen oder – bei Pflege- und Betreuungsleistungen – der gepflegten oder betreuten Person ausgeübt oder erbracht wird. [2]In den Fällen des Absatzes 2 Satz 2 zweiter Halbsatz ist Voraussetzung, dass das Heim oder der Ort der dauernden Pflege in der Europäischen Union oder dem Europäischen Wirtschaftsraum liegt.

(5) [1]Die Steuerermäßigungen nach den Absätzen 1 bis 3 können nur in Anspruch genommen werden, soweit die Aufwendungen nicht Betriebsausgaben oder Werbungskosten darstellen oder unter § 9c fallen und soweit sie nicht als außergewöhnliche Belastung berücksichtigt worden sind. [2]Der Abzug von der tariflichen Einkommensteuer nach den Absätzen 2 und 3 gilt nur für Arbeitskosten. [3]Voraussetzung für die Inanspruchnahme der Steuerermäßigung für haushaltsnahe Dienstleistungen nach Absatz 2 oder für Handwerkerleistungen nach Absatz 3 ist, dass der Steuerpflichtige für die Aufwendungen eine Rechnung erhalten hat und die Zahlung auf das Konto des Erbringers der Leistung erfolgt ist. [4]Leben zwei Alleinstehende in einem Haushalt zusammen, können sie die Höchstbeträge nach den Absätzen 1 bis 3 insgesamt jeweils nur einmal in Anspruch nehmen.

5. Steuerermäßigung bei Belastung mit Erbschaftsteuer

§ 35b[2] Steuerermäßigung bei Belastung mit Erbschaftsteuer

[1]Sind bei der Ermittlung des Einkommens Einkünfte berücksichtigt worden, die im Veranlagungszeitraum oder in den vorangegangenen vier Veranlagungszeiträumen als

1) **Anm. d. Red.:** Zur Anwendung des § 35a siehe § 52 Abs. 50b.

2) **Anm. d. Red.:** Zur Anwendung des § 35b siehe § 50c.

Erwerb von Todes wegen der Erbschaftsteuer unterlegen haben, so wird auf Antrag die um sonstige Steuerermäßigungen gekürzte tarifliche Einkommensteuer, die auf diese Einkünfte entfallt, um den in Satz 2 bestimmten Prozentsatz ermäßigt. 2Der Prozentsatz bestimmt sich nach dem Verhältnis, in dem die festgesetzte Erbschaftsteuer zu dem Betrag steht, der sich ergibt, wenn dem steuerpflichtigen Erwerb (§ 10 Absatz 1 des Erbschaftsteuer- und Schenkungsteuergesetzes) die Freibeträge nach den §§ 16 und 17 und der steuerfreie Betrag nach § 5 des Erbschaftsteuer- und Schenkungsteuergesetzes hinzugerechnet werden. 3Die Sätze 1 und 2 gelten nicht, soweit Erbschaftsteuer nach § 10 Absatz 1 Nummer 1a abgezogen wird.

VI. Steuererhebung

1. Erhebung der Einkommensteuer

§ 36 Entstehung und Tilgung der Einkommensteuer

(1) Die Einkommensteuer entsteht, soweit in diesem Gesetz nichts anderes bestimmt ist, mit Ablauf des Veranlagungszeitraums.

(2)[1] Auf die Einkommensteuer werden angerechnet:

1. die für den Veranlagungszeitraum entrichteten Einkommensteuer-Vorauszahlungen (§ 37);
2. die durch Steuerabzug erhobene Einkommensteuer, soweit sie auf die bei der Veranlagung erfassten Einkünfte oder auf die nach § 3 Nummer 40 dieses Gesetzes oder nach § 8b Absatz 1 und 6 Satz 2 des Körperschaftsteuergesetzes bei der Ermittlung des Einkommens außer Ansatz bleibenden Bezüge entfällt und nicht die Erstattung beantragt oder durchgeführt worden ist. 2Die durch Steuerabzug erhobene Einkommensteuer wird nicht angerechnet, wenn die in § 45a Absatz 2 oder Absatz 3 bezeichnete Bescheinigung nicht vorgelegt worden ist. 3In den Fällen des § 8b Absatz 6 Satz 2 des Körperschaftsteuergesetzes ist es für die Anrechnung ausreichend, wenn die Bescheinigung nach § 45a Absatz 2 und 3 vorgelegt wird, die dem Gläubiger der Kapitalerträge ausgestellt worden ist.

(3)[2] 1Die Steuerbeträge nach Absatz 2 Nummer 2 sind auf volle Euro aufzurunden. 2Bei den durch Steuerabzug erhobenen Steuern ist jeweils die Summe der Beträge einer einzelnen Abzugsteuer aufzurunden.

(4) 1Wenn sich nach der Abrechnung ein Überschuss zuungunsten des Steuerpflichtigen ergibt, hat der Steuerpflichtige (Steuerschuldner) diesen Betrag, soweit er den fällig gewordenen, aber nicht entrichteten Einkommensteuer-Vorauszahlungen entspricht, sofort, im Übrigen innerhalb eines Monats nach Bekanntgabe des Steuerbescheids zu entrichten (Abschlusszahlung). 2Wenn sich nach der Abrechnung ein Überschuss zugunsten des Steuerpflichtigen ergibt, wird dieser dem Steuerpflichtigen nach Bekanntgabe des Steuerbescheids ausgezahlt. 3Bei Ehegatten, die nach den §§ 26, 26b zusammen zur Einkommensteuer veranlagt worden sind, wirkt die Auszahlung an einen Ehegatten auch für und gegen den anderen Ehegatten.

§ 37 Einkommensteuer-Vorauszahlung

(1) 1Der Steuerpflichtige hat am 10. März, 10. Juni, 10. September und 10. Dezember Vorauszahlungen auf die Einkommensteuer zu entrichten, die er für den laufenden Veranlagungszeitraum voraussichtlich schulden wird. 2Die Einkommensteuer-Vorauszahlung entsteht jeweils mit Beginn des Kalendervierteljahres, in dem die Vorauszahlungen zu entrichten sind, oder, wenn die Steuerpflicht erst im Laufe des Kalendervierteljahres begründet wird, mit Begründung der Steuerpflicht.

(2) (weggefallen)

---

1) **Anm. d. Red.:** Zur Anwendung des § 36 Abs. 2 siehe § 52 Abs. 50d.

2) **Anm. d. Red.:** Zur Anwendung des § 36 Abs. 3 siehe § 52 Abs. 50d.

(3)[1] ¹Das Finanzamt setzt die Vorauszahlungen durch Vorauszahlungsbescheid fest. ²Die Vorauszahlungen bemessen sich grundsätzlich nach der Einkommensteuer, die sich nach Anrechnung der Steuerabzugsbeträge (§ 36 Absatz 2 Nummer 2) bei der letzten Veranlagung ergeben hat. ³Das Finanzamt kann bis zum Ablauf des auf den Veranlagungszeitraum folgenden 15. Kalendermonats die Vorauszahlungen an die Einkommensteuer anpassen, die sich für den Veranlagungszeitraum voraussichtlich ergeben wird; dieser Zeitraum verlängert sich auf 21 Monate, wenn die Einkünfte aus Land- und Forstwirtschaft bei der erstmaligen Steuerfestsetzung die anderen Einkünfte voraussichtlich überwiegen werden. ⁴Bei der Anwendung der Sätze 2 und 3 bleiben Aufwendungen im Sinne des § 9c Absatz 2 und 3, des § 10 Absatz 1 Nummer 1, 1a, 1b, 4, 7 und 9, der §§ 10b und 33 sowie die abziehbaren Beträge nach § 33a, wenn die Aufwendungen und abziehbaren Beträge insgesamt 600 Euro nicht übersteigen, außer Ansatz. ⁵Die Steuerermäßigung nach § 34a bleibt außer Ansatz. ⁶Bei der Anwendung der Sätze 2 und 3 bleibt der Sonderausgabenabzug nach § 10a Absatz 1 außer Ansatz. ⁷Außer Ansatz bleiben bis zur Anschaffung oder Fertigstellung der Objekte im Sinne des § 10e Absatz 1 und 2 und § 10h auch die Aufwendungen, die nach § 10e Absatz 6 und § 10h Satz 3 wie Sonderausgaben abgezogen werden; Entsprechendes gilt auch für Aufwendungen, die nach § 10i für nach dem Eigenheimzulagengesetz begünstigte Objekte wie Sonderausgaben abgezogen werden. ⁸Negative Einkünfte aus der Vermietung oder Verpachtung eines Gebäudes im Sinne des § 21 Absatz 1 Satz 1 Nummer 1 werden bei der Festsetzung der Vorauszahlungen nur für Kalenderjahre berücksichtigt, die nach der Anschaffung oder Fertigstellung dieses Gebäudes beginnen. ⁹Wird ein Gebäude vor dem Kalenderjahr seiner Fertigstellung angeschafft, tritt an die Stelle der Anschaffung die Fertigstellung. ¹⁰Satz 8 gilt nicht für negative Einkünfte aus der Vermietung oder Verpachtung eines Gebäudes, für das erhöhte Absetzungen nach den §§ 14a, 14c oder 14d des Berlinförderungsgesetzes oder Sonderabschreibungen nach § 4 des Fördergebietsgesetzes in Anspruch genommen werden. ¹¹Satz 8 gilt für negative Einkünfte aus der Vermietung oder Verpachtung eines anderen Vermögensgegenstands im Sinne des § 21 Absatz 1 Satz 1 Nummer 1 bis 3 entsprechend mit der Maßgabe, dass an die Stelle der Anschaffung oder Fertigstellung die Aufnahme der Nutzung durch den Steuerpflichtigen tritt. ¹²In den Fällen des § 31, in denen die gebotene steuerliche Freistellung eines Einkommensbetrags in Höhe des Existenzminimums eines Kindes durch das Kindergeld nicht in vollem Umfang bewirkt wird, bleiben bei der Anwendung der Sätze 2 und 3 Freibeträge nach § 32 Absatz 6 und zu verrechnendes Kindergeld außer Ansatz.

(4) ¹Bei einer nachträglichen Erhöhung der Vorauszahlungen ist die letzte Vorauszahlung für den Veranlagungszeitraum anzupassen. ²Der Erhöhungsbetrag ist innerhalb eines Monats nach Bekanntgabe des Vorauszahlungsbescheids zu entrichten.

(5) ¹Vorauszahlungen sind nur festzusetzen, wenn sie mindestens 400 Euro im Kalenderjahr und mindestens 100 Euro für einen Vorauszahlungszeitpunkt betragen. ²Festgesetzte Vorauszahlungen sind nur zu erhöhen, wenn sich der Erhöhungsbetrag im Fall des Absatzes 3 Satz 2 bis 5 für einen Vorauszahlungszeitpunkt auf mindestens 100 Euro, im Fall des Absatzes 4 auf mindestens 5 000 Euro beläuft.

§ 37a Pauschalierung der Einkommensteuer durch Dritte

(1) ¹Das Finanzamt kann auf Antrag zulassen, dass das Unternehmen, das Sachprämien im Sinne des § 3 Nummer 38 gewährt, die Einkommensteuer für den Teil der Prämien, der nicht steuerfrei ist, pauschal erhebt. ²Bemessungsgrundlage der pauschalen Einkommensteuer ist der gesamte Wert der Prämien, die den im Inland ansässigen Steuerpflichtigen zufließen. ³Der Pauschsteuersatz beträgt 2,25 Prozent.

(2) ¹Auf die pauschale Einkommensteuer ist § 40 Absatz 3 sinngemäß anzuwenden. ²Das Unternehmen hat die Prämienempfänger von der Steuerübernahme zu unterrichten.

1) **Anm. d. Red.:** Zur Anwendung des § 37 Abs. 3 siehe § 52 Abs. 50f.

(3) [1]Über den Antrag entscheidet das Betriebsstättenfinanzamt des Unternehmens (§ 41a Absatz 1 Satz 1 Nummer 1). [2]Hat das Unternehmen mehrere Betriebsstättenfinanzämter, so ist das Finanzamt der Betriebsstätte zuständig, in der die für die pauschale Besteuerung maßgebenden Prämien ermittelt werden. [3]Die Genehmigung zur Pauschalierung wird mit Wirkung für die Zukunft erteilt und kann zeitlich befristet werden; sie erstreckt sich auf alle im Geltungszeitraum ausgeschütteten Prämien.

(4) Die pauschale Einkommensteuer gilt als Lohnsteuer und ist von dem Unternehmen in der Lohnsteuer-Anmeldung der Betriebsstätte im Sinne des Absatzes 3 anzumelden und spätestens am zehnten Tag nach Ablauf des für die Betriebsstätte maßgebenden Lohnsteuer-Anmeldungszeitraums an das Betriebsstättenfinanzamt abzuführen.

§ 37b Pauschalierung der Einkommensteuer bei Sachzuwendungen

(1) [1]Steuerpflichtige können die Einkommensteuer einheitlich für alle innerhalb eines Wirtschaftsjahres gewährten

1. betrieblich veranlassten Zuwendungen, die zusätzlich zur ohnehin vereinbarten Leistung oder Gegenleistung erbracht werden, und
2. Geschenke im Sinne des § 4 Absatz 5 Satz 1 Nummer 1,

die nicht in Geld bestehen, mit einem Pauschsteuersatz von 30 Prozent erheben. [2]Bemessungsgrundlage der pauschalen Einkommensteuer sind die Aufwendungen des Steuerpflichtigen einschließlich Umsatzsteuer; bei Zuwendungen an Arbeitnehmer verbundener Unternehmen ist Bemessungsgrundlage mindestens der sich nach § 8 Absatz 3 Satz 1 ergebende Wert. [3]Die Pauschalierung ist ausgeschlossen,

1. soweit die Aufwendungen je Empfänger und Wirtschaftsjahr oder
2. wenn die Aufwendungen für die einzelne Zuwendung

den Betrag von 10 000 Euro übersteigen.

(2) [1]Absatz 1 gilt auch für betrieblich veranlasste Zuwendungen an Arbeitnehmer des Steuerpflichtigen, soweit sie nicht in Geld bestehen und zusätzlich zum ohnehin geschuldeten Arbeitslohn erbracht werden. [2]In den Fällen des § 8 Absatz 2 Satz 2 bis 8, Absatz 3, § 40 Absatz 2 sowie in Fällen, in denen Vermögensbeteiligungen überlassen werden, ist Absatz 1 nicht anzuwenden; Entsprechendes gilt, soweit die Zuwendungen nach § 40 Absatz 1 pauschaliert worden sind. [3]§ 37a Absatz 1 bleibt unberührt.

(3) [1]Die pauschal besteuerten Sachzuwendungen bleiben bei der Ermittlung der Einkünfte des Empfängers außer Ansatz. [2]Auf die pauschale Einkommensteuer ist § 40 Absatz 3 sinngemäß anzuwenden. [3]Der Steuerpflichtige hat den Empfänger von der Steuerübernahme zu unterrichten.

(4) [1]Die pauschale Einkommensteuer gilt als Lohnsteuer und ist von dem die Sachzuwendung gewährenden Steuerpflichtigen in der Lohnsteuer-Anmeldung der Betriebsstätte nach § 41 Absatz 2 anzumelden und spätestens am zehnten Tag nach Ablauf des für die Betriebsstätte maßgebenden Lohnsteuer-Anmeldungszeitraums an das Betriebsstättenfinanzamt abzuführen. [2]Hat der Steuerpflichtige mehrere Betriebsstätten im Sinne des Satzes 1, so ist das Finanzamt der Betriebsstätte zuständig, in der die für die pauschale Besteuerung maßgebenden Sachbezüge ermittelt werden.

2. Steuerabzug vom Arbeitslohn (Lohnsteuer)

§ 38 Erhebung der Lohnsteuer

(1) [1]Bei Einkünften aus nichtselbständiger Arbeit wird die Einkommensteuer durch Abzug vom Arbeitslohn erhoben (Lohnsteuer), soweit der Arbeitslohn von einem Arbeitgeber gezahlt wird, der

1. im Inland einen Wohnsitz, seinen gewöhnlichen Aufenthalt, seine Geschäftsleitung, seinen Sitz, eine Betriebsstätte oder einen ständigen Vertreter im Sinne der §§ 8 bis 13 der Abgabenordnung hat (inländischer Arbeitgeber) oder

2. einem Dritten (Entleiher) Arbeitnehmer gewerbsmäßig zur Arbeitsleistung im Inland überlässt, ohne inländischer Arbeitgeber zu sein (ausländischer Verleiher).

[2]Inländischer Arbeitgeber im Sinne des Satzes 1 ist in den Fällen der Arbeitnehmerentsendung auch das in Deutschland ansässige aufnehmende Unternehmen, das den Arbeitslohn für die ihm geleistete Arbeit wirtschaftlich trägt; Voraussetzung hierfür ist nicht, dass das Unternehmen dem Arbeitnehmer den Arbeitslohn im eigenen Namen und für eigene Rechnung auszahlt. [3]Der Lohnsteuer unterliegt auch der im Rahmen des Dienstverhältnisses von einem Dritten gewährte Arbeitslohn, wenn der Arbeitgeber weiß oder erkennen kann, dass derartige Vergütungen erbracht werden; dies ist insbesondere anzunehmen, wenn Arbeitgeber und Dritter verbundene Unternehmen im Sinne von § 15 des Aktiengesetzes sind.

(2) [1]Der Arbeitnehmer ist Schuldner der Lohnsteuer. [2]Die Lohnsteuer entsteht in dem Zeitpunkt, in dem der Arbeitslohn dem Arbeitnehmer zufließt.

(3) [1]Der Arbeitgeber hat die Lohnsteuer für Rechnung des Arbeitnehmers bei jeder Lohnzahlung vom Arbeitslohn einzubehalten. [2]Bei juristischen Personen des öffentlichen Rechts hat die öffentliche Kasse, die den Arbeitslohn zahlt, die Pflichten des Arbeitgebers. [3]In den Fällen der nach § 7f Absatz 1 Satz 1 Nummer 2 des Vierten Buches Sozialgesetzbuch an die Deutsche Rentenversicherung Bund übertragenen Wertguthaben hat die Deutsche Rentenversicherung Bund bei Inanspruchnahme des Wertguthabens die Pflichten des Arbeitgebers.

(3a) [1]Soweit sich aus einem Dienstverhältnis oder einem früheren Dienstverhältnis tarifvertragliche Ansprüche des Arbeitnehmers auf Arbeitslohn unmittelbar gegen einen Dritten mit Wohnsitz, Geschäftsleitung oder Sitz im Inland richten und von diesem durch die Zahlung von Geld erfüllt werden, hat der Dritte die Pflichten des Arbeitgebers. [2]In anderen Fällen kann das Finanzamt zulassen, dass ein Dritter mit Wohnsitz, Geschäftsleitung oder Sitz im Inland die Pflichten des Arbeitgebers im eigenen Namen erfüllt. [3]Voraussetzung ist, dass der Dritte

1. sich hierzu gegenüber dem Arbeitgeber verpflichtet hat,
2. den Lohn auszahlt oder er nur Arbeitgeberpflichten für von ihm vermittelte Arbeitnehmer übernimmt und
3. die Steuererhebung nicht beeinträchtigt wird.

[4]Die Zustimmung erteilt das Betriebsstättenfinanzamt des Dritten auf dessen Antrag im Einvernehmen mit dem Betriebsstättenfinanzamt des Arbeitgebers; sie darf mit Nebenbestimmungen versehen werden, die die ordnungsgemäße Steuererhebung sicherstellen und die Überprüfung des Lohnsteuerabzugs nach § 42f erleichtern sollen. [5]Die Zustimmung kann mit Wirkung für die Zukunft widerrufen werden. [6]In den Fällen der Sätze 1 und 2 sind die das Lohnsteuerverfahren betreffenden Vorschriften mit der Maßgabe anzuwenden, dass an die Stelle des Arbeitgebers der Dritte tritt; der Arbeitgeber ist von seinen Pflichten befreit, soweit der Dritte diese Pflichten erfüllt hat. [7]Erfüllt der Dritte die Pflichten des Arbeitgebers, kann er den Arbeitslohn, der einem Arbeitnehmer in demselben Lohnabrechnungszeitraum aus mehreren Dienstverhältnissen zufließt, für die Lohnsteuerermittlung und in der Lohnsteuerbescheinigung zusammenrechnen.

(4) [1]Wenn der vom Arbeitgeber geschuldete Barlohn zur Deckung der Lohnsteuer nicht ausreicht, hat der Arbeitnehmer dem Arbeitgeber den Fehlbetrag zur Verfügung zu stellen oder der Arbeitgeber einen entsprechenden Teil der anderen Bezüge des Arbeitnehmers zurückzubehalten. [2]Soweit der Arbeitnehmer seiner Verpflichtung nicht nachkommt und der Arbeitgeber den Fehlbetrag nicht durch Zurückbehaltung von anderen Bezügen des Arbeitnehmers aufbringen kann, hat der Arbeitgeber dies dem Betriebsstättenfinanzamt (§ 41a Absatz 1 Satz 1 Nummer 1) anzuzeigen. [3]Der Arbeitnehmer hat dem Arbeitgeber die von einem Dritten gewährten Bezüge (Absatz 1 Satz 3) am Ende des jeweiligen Lohnzahlungszeitraums anzugeben; wenn der Arbeitnehmer keine Angabe oder eine erkennbar unrichtige Angabe macht, hat der Arbeitgeber dies dem Betriebsstättenfinanzamt anzuzeigen. [4]Das Finanzamt hat die zu wenig erhobene Lohnsteuer vom Arbeitnehmer nachzufordern.

§ 38a Höhe der Lohnsteuer

(1) [1]Die Jahreslohnsteuer bemisst sich nach dem Arbeitslohn, den der Arbeitnehmer im Kalenderjahr bezieht (Jahresarbeitslohn). [2]Laufender Arbeitslohn gilt in dem Kalenderjahr als bezogen, in dem der Lohnzahlungszeitraum endet; in den Fällen des § 39b Absatz 5 Satz 1 tritt der Lohnabrechnungszeitraum an die Stelle des Lohnzahlungszeitraums. [3]Arbeitslohn, der nicht als laufender Arbeitslohn gezahlt wird (sonstige Bezüge), wird in dem Kalenderjahr bezogen, in dem er dem Arbeitnehmer zufließt.

(2) Die Jahreslohnsteuer wird nach dem Jahresarbeitslohn so bemessen, dass sie der Einkommensteuer entspricht, die der Arbeitnehmer schuldet, wenn er ausschließlich Einkünfte aus nichtselbständiger Arbeit erzielt.

(3) [1]Vom laufenden Arbeitslohn wird die Lohnsteuer jeweils mit dem auf den Lohnzahlungszeitraum fallenden Teilbetrag der Jahreslohnsteuer erhoben, die sich bei Umrechnung des laufenden Arbeitslohns auf einen Jahresarbeitslohn ergibt. [2]Von sonstigen Bezügen wird die Lohnsteuer mit dem Betrag erhoben, der zusammen mit der Lohnsteuer für den laufenden Arbeitslohn des Kalenderjahres und für etwa im Kalenderjahr bereits gezahlte sonstige Bezüge die voraussichtliche Jahreslohnsteuer ergibt.

(4) Bei der Ermittlung der Lohnsteuer werden die Besteuerungsgrundlagen des Einzelfalls durch die Einreihung der Arbeitnehmer in Steuerklassen (§ 38b), Ausstellung von entsprechenden Lohnsteuerkarten (§ 39) sowie Feststellung von Freibeträgen und Hinzurechnungsbeträgen (§ 39a) berücksichtigt.

§ 38b Lohnsteuerklassen

[1]Für die Durchführung des Lohnsteuerabzugs werden unbeschränkt einkommensteuerpflichtige Arbeitnehmer in Steuerklassen eingereiht. [2]Dabei gilt Folgendes:

1. In die Steuerklasse I gehören Arbeitnehmer, die
   a) ledig sind,
   b) verheiratet, verwitwet oder geschieden sind und bei denen die Voraussetzungen für die Steuerklasse III oder IV nicht erfüllt sind;
2. in die Steuerklasse II gehören die unter Nummer 1 bezeichneten Arbeitnehmer, wenn bei ihnen der Entlastungsbetrag für Alleinerziehende (§ 24b) zu berücksichtigen ist;
3. in die Steuerklasse III gehören Arbeitnehmer,
   a) die verheiratet sind, wenn beide Ehegatten unbeschränkt einkommensteuerpflichtig sind und nicht dauernd getrennt leben und
      aa) der Ehegatte des Arbeitnehmers keinen Arbeitslohn bezieht oder
      bb) der Ehegatte des Arbeitnehmers auf Antrag beider Ehegatten in die Steuerklasse V eingereiht wird,
   b) die verwitwet sind, wenn sie und ihr verstorbener Ehegatte im Zeitpunkt seines Todes unbeschränkt einkommensteuerpflichtig waren und in diesem Zeitpunkt nicht dauernd getrennt gelebt haben, für das Kalenderjahr, das dem Kalenderjahr folgt, in dem der Ehegatte verstorben ist,
   c) deren Ehe aufgelöst worden ist, wenn
      aa) im Kalenderjahr der Auflösung der Ehe beide Ehegatten unbeschränkt einkommensteuerpflichtig waren und nicht dauernd getrennt gelebt haben und
      bb) der andere Ehegatte wieder geheiratet hat, von seinem neuen Ehegatten nicht dauernd getrennt lebt und er und sein neuer Ehegatte unbeschränkt einkommensteuerpflichtig sind,

      für das Kalenderjahr, in dem die Ehe aufgelöst worden ist;
4. in die Steuerklasse IV gehören Arbeitnehmer, die verheiratet sind, wenn beide Ehegatten unbeschränkt einkommensteuerpflichtig sind und nicht dauernd getrennt leben und der Ehegatte des Arbeitnehmers ebenfalls Arbeitslohn bezieht;

EStG

5. in die Steuerklasse V gehören die unter Nummer 4 bezeichneten Arbeitnehmer, wenn der Ehegatte des Arbeitnehmers auf Antrag beider Ehegatten in die Steuerklasse III eingereiht wird;
6. die Steuerklasse VI gilt bei Arbeitnehmern, die nebeneinander von mehreren Arbeitgebern Arbeitslohn beziehen, für die Einbehaltung der Lohnsteuer vom Arbeitslohn aus dem zweiten und weiteren Dienstverhältnis.

[3]Als unbeschränkt einkommensteuerpflichtig im Sinne der Nummern 3 und 4 gelten nur Personen, die die Voraussetzungen des § 1 Absatz 1 oder 2 oder des § 1a erfüllen.

§ 39 Lohnsteuerkarte

(1) [1]Die Gemeinden haben den nach § 1 Absatz 1 unbeschränkt einkommensteuerpflichtigen Arbeitnehmern für jedes Kalenderjahr unentgeltlich eine Lohnsteuerkarte nach amtlich vorgeschriebenem Muster auszustellen und zu übermitteln, letztmalig für das Kalenderjahr 2010. [2]Steht ein Arbeitnehmer nebeneinander bei mehreren Arbeitgebern in einem Dienstverhältnis, so hat die Gemeinde eine entsprechende Anzahl Lohnsteuerkarten unentgeltlich auszustellen und zu übermitteln. [3]Wenn eine Lohnsteuerkarte verlorengegangen, unbrauchbar geworden oder zerstört worden ist, hat die Gemeinde eine Ersatz-Lohnsteuerkarte auszustellen. [4]Hierfür kann die ausstellende Gemeinde von dem Arbeitnehmer eine Gebühr bis 5 Euro erheben; das Verwaltungskostengesetz ist anzuwenden. [5]Die Gemeinde hat die Ausstellung einer Ersatz-Lohnsteuerkarte dem für den Arbeitnehmer örtlich zuständigen Finanzamt unverzüglich mitzuteilen.

(2) [1]Für die Ausstellung der Lohnsteuerkarte ist die Gemeinde örtlich zuständig, in deren Bezirk der Arbeitnehmer am 20. September des dem Kalenderjahr, für das die Lohnsteuerkarte gilt, vorangehenden Jahres oder erstmals nach diesem Stichtag seine Hauptwohnung oder in Ermangelung einer Wohnung seinen gewöhnlichen Aufenthalt hatte. [2]Bei verheirateten Arbeitnehmern gilt als Hauptwohnung die Hauptwohnung der Familie oder in Ermangelung einer solchen die Hauptwohnung des älteren Ehegatten, wenn beide Ehegatten unbeschränkt einkommensteuerpflichtig sind und nicht dauernd getrennt leben.

(3) [1]Die Gemeinde hat auf der Lohnsteuerkarte insbesondere einzutragen:

1. die Steuerklasse (§ 38b) in Buchstaben,
2. die Zahl der Kinderfreibeträge bei den Steuerklassen I bis IV, und zwar für jedes nach § 1 Absatz 1 unbeschränkt einkommensteuerpflichtige Kind im Sinne des § 32 Absatz 1 Nummer 1 und Absatz 3
   a) den Zähler 0,5, wenn dem Arbeitnehmer der Kinderfreibetrag nach § 32 Absatz 6 Satz 1 zusteht, oder
   b) den Zähler 1, wenn dem Arbeitnehmer der Kinderfreibetrag zusteht, weil
      aa) die Voraussetzungen des § 32 Absatz 6 Satz 2 vorliegen,
      bb) der andere Elternteil vor dem Beginn des Kalenderjahres verstorben ist (§ 32 Absatz 6 Satz 3 Nummer 1) oder
      cc) der Arbeitnehmer allein das Kind angenommen hat (§ 32 Absatz 6 Satz 3 Nummer 2),
3. auf den Lohnsteuerkarten für 2009 und 2010 die Identifikationsnummer (§ 139b der Abgabenordnung) des Arbeitnehmers.

[2]Für die Eintragung der Steuerklasse III ist das Finanzamt zuständig, wenn der Ehegatte des Arbeitnehmers nach § 1a Absatz 1 Nummer 2 als unbeschränkt einkommensteuerpflichtig zu behandeln ist.

(3a) [1]Soweit dem Arbeitnehmer Kinderfreibeträge nach § 32 Absatz 1 bis 6 zustehen, die nicht nach Absatz 3 von der Gemeinde auf der Lohnsteuerkarte einzutragen sind, ist vorbehaltlich des § 39a Absatz 1 Nummer 6 die auf der Lohnsteuerkarte eingetragene Zahl der Kinderfreibeträge sowie im Fall des § 38b Nummer 2 die Steuerklasse vom Finanzamt auf Antrag zu ändern. [2]Das Finanzamt kann auf nähere Angaben des Arbeitnehmers verzichten, wenn der Arbeitnehmer höchstens die auf seiner Lohnsteuerkarte für das vorangegangene Kalenderjahr eingetragene Zahl der Kinderfreibeträge beantragt und versichert, dass sich die maßgebenden Verhältnisse nicht wesentlich geändert haben. [3]In den Fällen des § 32 Absatz 6 Satz 6 gelten die Sätze 1 und 2 nur, wenn nach den tatsächlichen Verhältnissen zu erwarten ist, dass die Voraussetzungen auch im Laufe des Kalenderjahres bestehen bleiben. [4]Der Antrag kann nur nach amtlich vorgeschriebenem Vordruck gestellt werden.

(3b) [1]Für die Eintragungen nach den Absätzen 3 und 3a sind die Verhältnisse zu Beginn des Kalenderjahres maßgebend, für das die Lohnsteuerkarte gilt. [2]Auf Antrag des Arbeitnehmers kann eine für ihn ungünstigere Steuerklasse oder Zahl der Kinderfreibeträge auf der Lohnsteuerkarte eingetragen werden. [3]In den Fällen der Steuerklassen III und IV sind bei der Eintragung der Zahl der Kinderfreibeträge auch Kinder des Ehegatten zu berücksichtigen. [4]Die Eintragungen sind die gesonderte Feststellung von Besteuerungsgrundlagen im Sinne des § 179 Absatz 1 der Abgabenordnung, die unter dem Vorbehalt der Nachprüfung steht. [5]Den Eintragungen braucht eine Belehrung über den zulässigen Rechtsbehelf nicht beigefügt zu werden.

ESt G

(4) [1]Der Arbeitnehmer ist verpflichtet, die Eintragung der Steuerklasse und der Zahl der Kinderfreibeträge auf der Lohnsteuerkarte umgehend ändern zu lassen, wenn die Eintragung auf der Lohnsteuerkarte von den Verhältnissen zu Beginn des Kalenderjahres zugunsten des Arbeitnehmers abweicht oder in den Fällen, in denen die Steuerklasse II bescheinigt ist, die Voraussetzungen für die Berücksichtigung des Entlastungsbetrags für Alleinerziehende (§ 24b) im Laufe des Kalenderjahres entfallen; dies gilt nicht, wenn eine Änderung als Folge einer nach Absatz 3a Satz 3 durchgeführten Übertragung des Kinderfreibetrags in Betracht kommt. [2]Die Änderung von Eintragungen im Sinne des Absatzes 3 ist bei der Gemeinde, die Änderung von Eintragungen im Sinne des Absatzes 3a beim Finanzamt zu beantragen. [3]Kommt der Arbeitnehmer seiner Verpflichtung nicht nach, so hat die Gemeinde oder das Finanzamt die Eintragung von Amts wegen zu ändern; der Arbeitnehmer hat die Lohnsteuerkarte der Gemeinde oder dem Finanzamt auf Verlangen vorzulegen. [4]Unterbleibt die Änderung der Eintragung, hat das Finanzamt zu wenig erhobene Lohnsteuer vom Arbeitnehmer nachzufordern, wenn diese 10 Euro übersteigt; hierzu hat die Gemeinde dem Finanzamt die Fälle mitzuteilen, in denen eine von ihr vorzunehmende Änderung unterblieben ist.

(5) [1]Treten bei einem Arbeitnehmer im Laufe des Kalenderjahres, für das die Lohnsteuerkarte gilt, die Voraussetzungen für eine ihm günstigere Steuerklasse oder höhere Zahl der Kinderfreibeträge ein, so kann der Arbeitnehmer bis zum 30. November bei der Gemeinde, in den Fällen des Absatzes 3a beim Finanzamt die Änderung der Eintragung beantragen. [2]Die Änderung ist mit Wirkung von dem Tage an vorzunehmen, an dem erstmals die Voraussetzungen für die Änderung vorlagen. [3]Ehegatten, die beide in einem Dienstverhältnis stehen, können im Laufe des Kalenderjahres einmal, spätestens bis zum 30. November, bei der Gemeinde beantragen, die auf ihren Lohnsteuerkarten eingetragenen Steuerklassen in andere nach § 38b Satz 2 Nummer 3 bis 5 in Betracht kommende Steuerklassen zu ändern. [4]Die Gemeinde hat die Änderung mit Wirkung vom Beginn des auf die Antragstellung folgenden Kalendermonats an vorzunehmen.

(5a) [1]Ist ein Arbeitnehmer, für den eine Lohnsteuerkarte ausgestellt worden ist, zu Beginn des Kalenderjahres beschränkt einkommensteuerpflichtig oder im Laufe des Kalenderjahres beschränkt einkommensteuerpflichtig geworden, hat er dies dem Finanzamt unter Vorlage der Lohnsteuerkarte unverzüglich anzuzeigen. [2]Das Finanzamt hat die Lohnsteuerkarte vom Zeitpunkt des Eintritts der beschränkten Einkommensteuerpflicht an ungültig zu machen. [3]Absatz 3b Satz 4 und 5 gilt sinngemäß. [4]Unterbleibt die Anzeige, hat das Finanzamt zu wenig erhobene Lohnsteuer vom Arbeitnehmer nachzufordern, wenn diese 10 Euro übersteigt.

(6) [1]Die Gemeinden sind insoweit, als sie Lohnsteuerkarten auszustellen, Eintragungen auf den Lohnsteuerkarten vorzunehmen und zu ändern haben, örtliche Landesfinanzbehörden. [2]Sie sind insoweit verpflichtet, den Anweisungen des örtlich zuständigen Finanzamts nachzukommen. [3]Das Finanzamt kann erforderlichenfalls Verwaltungsakte, für die eine Gemeinde sachlich zuständig ist, selbst erlassen. [4]Der Arbeitnehmer,

der Arbeitgeber oder andere Personen dürfen die Eintragung auf der Lohnsteuerkarte nicht ändern oder ergänzen.

§ 39a Freibetrag und Hinzurechnungsbetrag

(1) Auf der Lohnsteuerkarte wird als vom Arbeitslohn abzuziehender Freibetrag die Summe der folgenden Beträge eingetragen:

1. Werbungskosten, die bei den Einkünften aus nichtselbständiger Arbeit anfallen, soweit sie den Arbeitnehmer-Pauschbetrag (§ 9a Satz 1 Nummer 1 Buchstabe a) oder bei Versorgungsbezügen den Pauschbetrag (§ 9a Satz 1 Nummer 1 Buchstabe b) übersteigen,
2. Sonderausgaben im Sinne des § 9c Absatz 2 und 3 und des § 10 Absatz 1 Nummer 1, 1a, 1b, 4, 7 und 9 und des § 10b, soweit sie den Sonderausgaben-Pauschbetrag von 36 Euro übersteigen,
3. der Betrag, der nach den §§ 33, 33a und 33b Absatz 6 wegen außergewöhnlicher Belastungen zu gewähren ist,
4. die Pauschbeträge für behinderte Menschen und Hinterbliebene (§ 33b Absatz 1 bis 5),
5. die folgenden Beträge, wie sie nach § 37 Absatz 3 bei der Festsetzung von Einkommensteuer-Vorauszahlungen zu berücksichtigen sind:
   a) die Beträge, die nach § 10d Absatz 2, §§ 10e, 10f, 10g, 10h, 10i, nach § 15b des Berlinförderungsgesetzes oder nach § 7 des Fördergebietsgesetzes abgezogen werden können,
   b) die negative Summe der Einkünfte im Sinne des § 2 Absatz 1 Satz 1 Nummer 1 bis 3, 6 und 7 und der negativen Einkünfte im Sinne des § 2 Absatz 1 Satz 1 Nummer 5,
   c) das Vierfache der Steuerermäßigung nach den §§ 34f und 35a,
6. die Freibeträge nach § 32 Absatz 6 für jedes Kind im Sinne des § 32 Absatz 1 bis 4, für das kein Anspruch auf Kindergeld besteht. [2]Soweit für diese Kinder Kinderfreibeträge nach § 39 Absatz 3 auf der Lohnsteuerkarte eingetragen worden sind, ist die eingetragene Zahl der Kinderfreibeträge entsprechend zu vermindern,
7. ein Betrag auf der Lohnsteuerkarte für ein zweites oder weiteres Dienstverhältnis insgesamt bis zur Höhe des auf volle Euro abgerundeten zu versteuernden Jahresbetrags nach § 39b Absatz 2 Satz 5, bis zu dem nach der Steuerklasse des Arbeitnehmers, die für den Lohnsteuerabzug vom Arbeitslohn aus dem ersten Dienstverhältnis anzuwenden ist, Lohnsteuer nicht zu erheben ist. [2]Voraussetzung ist, dass der Jahresarbeitslohn aus dem ersten Dienstverhältnis den nach Satz 1 maßgebenden Eingangsbetrag unterschreitet und dass in Höhe des Betrags zugleich auf der Lohnsteuerkarte für das erste Dienstverhältnis ein dem Arbeitslohn hinzuzurechnender Betrag (Hinzurechnungsbetrag) eingetragen wird. [3]Soll auf der Lohnsteuerkarte für das erste Dienstverhältnis auch ein Freibetrag nach den Nummern 1 bis 6 eingetragen werden, so ist nur der diesen Freibetrag übersteigende Betrag als Hinzurechnungsbetrag einzutragen; ist der Freibetrag höher als der Hinzurechnungsbetrag, so ist nur der den Hinzurechnungsbetrag übersteigende Freibetrag einzutragen,
8. der Entlastungsbetrag für Alleinerziehende (§ 24b) bei Verwitweten, die nicht in Steuerklasse II gehören.

(2) [1]Die Gemeinde hat nach Anweisung des Finanzamts die Pauschbeträge für behinderte Menschen und Hinterbliebene bei der Ausstellung der Lohnsteuerkarten von Amts wegen einzutragen; dabei ist der Freibetrag durch Aufteilung in Monatsfreibeträge, erforderlichenfalls Wochen- und Tagesfreibeträge, jeweils auf das Kalenderjahr gleichmäßig zu verteilen. [2]Der Arbeitnehmer kann beim Finanzamt die Eintragung des nach Absatz 1 insgesamt in Betracht kommenden Freibetrags beantragen. [3]Der Antrag kann nur nach amtlich vorgeschriebenem Vordruck bis zum 30. November des Kalenderjahres gestellt werden, für das die Lohnsteuerkarte gilt. [4]Der Antrag ist hinsichtlich eines Freibetrags aus der Summe der nach Absatz 1 Nummer 1 bis 3 und 8 in Betracht kommenden

Aufwendungen und Beträge unzulässig, wenn die Aufwendungen im Sinne des § 9, soweit sie den Arbeitnehmer-Pauschbetrag übersteigen, die Aufwendungen im Sinne des § 9c Absatz 2 und 3 und des § 10 Absatz 1 Nummer 1, 1a, 1b, 4, 7 und 9, der §§ 10b und 33 sowie die abziehbaren Beträge nach den §§ 24b, 33a und 33b Absatz 6 insgesamt 600 Euro nicht übersteigen. [5]Das Finanzamt kann auf nähere Angaben des Arbeitnehmers verzichten, wenn der Arbeitnehmer höchstens den auf seiner Lohnsteuerkarte für das vorangegangene Kalenderjahr eingetragenen Freibetrag beantragt und versichert, dass sich die maßgebenden Verhältnisse nicht wesentlich geändert haben. [6]Das Finanzamt hat den Freibetrag durch Aufteilung in Monatsfreibeträge, erforderlichenfalls Wochen- und Tagesfreibeträge, jeweils auf die der Antragstellung folgenden Monate des Kalenderjahres gleichmäßig zu verteilen. [7]Abweichend hiervon darf ein Freibetrag, der im Monat Januar eines Kalenderjahres beantragt wird, mit Wirkung vom 1. Januar dieses Kalenderjahres an eingetragen werden. [8]Die Sätze 5 bis 7 gelten für den Hinzurechnungsbetrag nach Absatz 1 Nummer 7 entsprechend.

ESt G

(3) [1]Für Ehegatten, die beide unbeschränkt einkommensteuerpflichtig sind und nicht dauernd getrennt leben, ist jeweils die Summe der nach Absatz 1 Nummer 2 bis 5 und 8 in Betracht kommenden Beträge gemeinsam zu ermitteln; der in Absatz 1 Nummer 2 genannte Betrag ist zu verdoppeln. [2]Für die Anwendung des Absatzes 2 Satz 4 ist die Summe der für beide Ehegatten in Betracht kommenden Aufwendungen im Sinne des § 9, soweit sie jeweils den Arbeitnehmer-Pauschbetrag übersteigen, und der Aufwendungen im Sinne des § 9c Absatz 2 und 3 und des § 10 Absatz 1 Nummer 1, 1a, 1b, 4, 7 und 9, der §§ 10b und 33 sowie der abziehbaren Beträge nach den §§ 24b, 33a und 33b Absatz 6 maßgebend. [3]Die nach Satz 1 ermittelte Summe ist je zur Hälfte auf die Ehegatten aufzuteilen, wenn für jeden Ehegatten eine Lohnsteuerkarte ausgeschrieben worden ist und die Ehegatten keine andere Aufteilung beantragen. [4]Für einen Arbeitnehmer, dessen Ehe in dem Kalenderjahr, für das die Lohnsteuerkarte gilt, aufgelöst worden ist und dessen bisheriger Ehegatte in demselben Kalenderjahr wieder geheiratet hat, sind die nach Absatz 1 in Betracht kommenden Beträge ausschließlich auf Grund der in seiner Person erfüllten Voraussetzungen zu ermitteln. [5]Satz 1 zweiter Halbsatz ist auch anzuwenden, wenn die tarifliche Einkommensteuer nach § 32a Absatz 6 zu ermitteln ist.

(4) [1]Die Eintragung eines Freibetrags oder eines Hinzurechnungsbetrags auf der Lohnsteuerkarte ist die gesonderte Feststellung einer Besteuerungsgrundlage im Sinne des § 179 Absatz 1 der Abgabenordnung, die unter dem Vorbehalt der Nachprüfung steht. [2]Der Eintragung braucht eine Belehrung über den zulässigen Rechtsbehelf nicht beigefügt zu werden. [3]Ein mit einer Belehrung über den zulässigen Rechtsbehelf versehener schriftlicher Bescheid ist jedoch zu erteilen, wenn dem Antrag des Arbeitnehmers nicht in vollem Umfang entsprochen wird. [4]§ 153 Absatz 2 der Abgabenordnung ist nicht anzuwenden.

(5) Ist zu wenig Lohnsteuer erhoben worden, weil auf der Lohnsteuerkarte ein Freibetrag unzutreffend eingetragen worden ist, hat das Finanzamt den Fehlbetrag vom Arbeitnehmer nachzufordern, wenn er 10 Euro übersteigt.

§ 39b Durchführung des Lohnsteuerabzugs für unbeschränkt einkommensteuerpflichtige Arbeitnehmer

(1) [1]Für die Durchführung des Lohnsteuerabzugs hat der unbeschränkt einkommensteuerpflichtige Arbeitnehmer seinem Arbeitgeber vor Beginn des Kalenderjahres oder beim Eintritt in das Dienstverhältnis eine Lohnsteuerkarte vorzulegen. [2]Der Arbeitgeber hat die Lohnsteuerkarte während des Dienstverhältnisses aufzubewahren. [3]Er hat sie dem Arbeitnehmer während des Kalenderjahres zur Vorlage beim Finanzamt oder bei der Gemeinde vorübergehend zu überlassen sowie innerhalb angemessener Frist nach Beendigung des Dienstverhältnisses herauszugeben. [4]Der Arbeitgeber darf die auf der Lohnsteuerkarte eingetragenen Merkmale nur für die Einbehaltung der Lohnsteuer verwerten; er darf sie ohne Zustimmung des Arbeitnehmers nur offenbaren, soweit dies gesetzlich zugelassen ist.

(2) [1]Für die Einbehaltung der Lohnsteuer vom laufenden Arbeitslohn hat der Arbeitgeber die Höhe des laufenden Arbeitslohns im Lohnzahlungszeitraum festzustellen und

auf einen Jahresarbeitslohn hochzurechnen. [2]Der Arbeitslohn eines monatlichen Lohnzahlungszeitraums ist mit zwölf, der Arbeitslohn eines wöchentlichen Lohnzahlungszeitraums mit $^{360}/_{7}$ und der Arbeitslohn eines täglichen Lohnzahlungszeitraums mit 360 zu vervielfältigen. [3]Von dem hochgerechneten Jahresarbeitslohn sind ein etwaiger Versorgungsfreibetrag (§ 19 Absatz 2) und Altersentlastungsbetrag (§ 24a) abzuziehen. [4]Außerdem ist der hochgerechnete Jahresarbeitslohn um einen etwaigen auf der Lohnsteuerkarte des Arbeitnehmers für den Lohnzahlungszeitraum eingetragenen Freibetrag (§ 39a Absatz 1) oder Hinzurechnungsbetrag (§ 39a Absatz 1 Nummer 7), vervielfältigt unter sinngemäßer Anwendung von Satz 2, zu vermindern oder zu erhöhen. [5]Der so verminderte oder erhöhte hochgerechnete Jahresarbeitslohn, vermindert um

1. den Arbeitnehmer-Pauschbetrag (§ 9a Satz 1 Nummer 1 Buchstabe a) oder bei Versorgungsbezügen den Pauschbetrag (§ 9a Satz 1 Nummer 1 Buchstabe b) und den Zuschlag zum Versorgungsfreibetrag (§ 19 Absatz 2) in den Steuerklassen I bis V,
2. den Sonderausgaben-Pauschbetrag (§ 10c Satz 1) in den Steuerklassen I bis V,
3. eine Vorsorgepauschale aus den Teilbeträgen
   a) für die Rentenversicherung bei Arbeitnehmern, die in der gesetzlichen Rentenversicherung pflichtversichert oder von der gesetzlichen Rentenversicherung nach § 6 Absatz 1 Nummer 1 des Sechsten Buches Sozialgesetzbuch befreit sind, in den Steuerklassen I bis VI in Höhe des Betrags, der bezogen auf den Arbeitslohn 50 Prozent des Beitrags in der allgemeinen Rentenversicherung unter Berücksichtigung der jeweiligen Beitragsbemessungsgrenzen entspricht,
   b) für die Krankenversicherung bei Arbeitnehmern, die in der gesetzlichen Krankenversicherung versichert sind, in den Steuerklassen I bis VI in Höhe des Betrags, der bezogen auf den Arbeitslohn unter Berücksichtigung der Beitragsbemessungsgrenze und den ermäßigten Beitragssatz (§ 243 des Fünften Buches Sozialgesetzbuch) dem Arbeitnehmeranteil eines pflichtversicherten Arbeitnehmers entspricht,
   c) für die Pflegeversicherung bei Arbeitnehmern, die in der sozialen Pflegeversicherung versichert sind, in den Steuerklassen I bis VI in Höhe des Betrags, der bezogen auf den Arbeitslohn unter Berücksichtigung der Beitragsbemessungsgrenze und den bundeseinheitlichen Beitragssatz dem Arbeitnehmeranteil eines pflichtversicherten Arbeitnehmers entspricht, erhöht um den Beitragszuschlag des Arbeitnehmers nach § 55 Absatz 3 des Elften Buches Sozialgesetzbuch, wenn die Voraussetzungen dafür vorliegen,
   d) für die Krankenversicherung und für die private Pflege-Pflichtversicherung bei Arbeitnehmern, die nicht unter Buchstabe b und c fallen, in den Steuerklassen I bis V in Höhe der dem Arbeitgeber mitgeteilten Beiträge im Sinne des § 10 Absatz 1 Nummer 3, etwaig vervielfältigt unter sinngemäßer Anwendung von Satz 2 auf einen Jahresbetrag, vermindert um den Betrag, der bezogen auf den Arbeitslohn unter Berücksichtigung der Beitragsbemessungsgrenze und den ermäßigten Beitragssatz in der gesetzlichen Krankenversicherung sowie den bundeseinheitlichen Beitragssatz in der sozialen Pflegeversicherung dem Arbeitgeberanteil für einen pflichtversicherten Arbeitnehmer entspricht, wenn der Arbeitgeber gesetzlich verpflichtet ist, Zuschüsse zu den Kranken- und Pflegeversicherungsbeiträgen des Arbeitnehmers zu leisten;

   [2]Entschädigungen im Sinne des § 24 Nummer 1 sind bei Anwendung der Buchstaben a bis c nicht zu berücksichtigen; mindestens ist für die Summe der Teilbeträge nach den Buchstaben b und c oder für den Teilbetrag nach Buchstabe d ein Betrag in Höhe von 12 Prozent des Arbeitslohns, höchstens 1 900 Euro in den Steuerklassen I, II, IV, V, VI und höchstens 3 000 Euro in der Steuerklasse III anzusetzen,
4. den Entlastungsbetrag für Alleinerziehende (§ 24b) in der Steuerklasse II,

ergibt den zu versteuernden Jahresbetrag. [6]Für den zu versteuernden Jahresbetrag ist die Jahreslohnsteuer in den Steuerklassen I, II und IV nach § 32a Absatz 1 sowie in der Steuerklasse III nach § 32a Absatz 5 zu berechnen. [7]In den Steuerklassen V und VI ist die Jahreslohnsteuer zu berechnen, die sich aus dem Zweifachen des Unterschiedsbetrags zwischen dem Steuerbetrag für das Eineinviertelfache und dem Steuerbetrag für das Dreiviertelfache des zu versteuernden Jahresbetrags nach § 32a Absatz 1 ergibt; die Jahreslohnsteuer beträgt jedoch mindestens 14 Prozent des Jahresbetrags, für den 9 225 Euro *[ab VZ 2010: 9 429 Euro]*[1] übersteigenden Teil des Jahresbetrags höchstens 42 Prozent und für den 26 276 Euro *[ab VZ 2010: 26 441 Euro]*[1] übersteigenden Teil des zu versteuernden Jahresbetrags jeweils 42 Prozent sowie für den 200 320 Euro *[ab VZ 2010: 200 584 Euro]*[1] übersteigenden Teil des zu versteuernden Jahresbetrags jeweils 45 Prozent. [8]Für die Lohnsteuerberechnung ist die auf der Lohnsteuerkarte eingetragene Steuerklasse maßgebend. [9]Die monatliche Lohnsteuer ist 1/12, die wöchentliche Lohnsteuer sind 7/360 und die tägliche Lohnsteuer ist 1/360 der Jahreslohnsteuer. [10]Bruchteile eines Cents, die sich bei der Berechnung nach den Sätzen 2 und 9 ergeben, bleiben jeweils außer Ansatz. [11]Die auf den Lohnzahlungszeitraum entfallende Lohnsteuer ist vom Arbeitslohn einzubehalten. [12]Das Betriebsstättenfinanzamt kann allgemein oder auf Antrag zulassen, dass die Lohnsteuer unter den Voraussetzungen des § 42b Absatz 1 nach dem voraussichtlichen Jahresarbeitslohn ermittelt wird, wenn gewährleistet ist, dass die zutreffende Jahreslohnsteuer (§ 38a Absatz 2) nicht unterschritten wird.

ESt**G**

(3)[2] [1]Für die Einbehaltung der Lohnsteuer von einem sonstigen Bezug hat der Arbeitgeber den voraussichtlichen Jahresarbeitslohn ohne den sonstigen Bezug festzustellen. [2]Hat der Arbeitnehmer Lohnsteuerbescheinigungen aus früheren Dienstverhältnissen des Kalenderjahres nicht vorgelegt, so ist bei der Ermittlung des voraussichtlichen Jahresarbeitslohns der Arbeitslohn für Beschäftigungszeiten bei früheren Arbeitgebern mit dem Betrag anzusetzen, der sich ergibt, wenn der laufende Arbeitslohn im Monat der Zahlung des sonstigen Bezugs entsprechend der Beschäftigungsdauer bei früheren Arbeitgebern hochgerechnet wird. [3]Der voraussichtliche Jahresarbeitslohn ist um den Versorgungsfreibetrag (§ 19 Absatz 2) und den Altersentlastungsbetrag (§ 24a), wenn die Voraussetzungen für den Abzug dieser Beträge jeweils erfüllt sind, sowie nach Maßgabe der Eintragungen auf der Lohnsteuerkarte um einen etwaigen Jahresfreibetrag zu vermindern und um einen etwaigen Jahreshinzurechnungsbetrag zu erhöhen. [4]Für den so ermittelten Jahresarbeitslohn (maßgebender Jahresarbeitslohn) ist die Lohnsteuer nach Maßgabe des Absatzes 2 Satz 5 bis 7 zu ermitteln. [5]Außerdem ist die Jahreslohnsteuer für den maßgebenden Jahresarbeitslohn unter Einbeziehung des sonstigen Bezugs zu ermitteln. [6]Dabei ist der sonstige Bezug, soweit es sich nicht um einen sonstigen Bezug im Sinne des Satzes 9 handelt, um den Versorgungsfreibetrag und den Altersentlastungsbetrag zu vermindern, wenn die Voraussetzungen für den Abzug dieser Beträge jeweils erfüllt sind und soweit sie nicht bei der Steuerberechnung für den maßgebenden Jahresarbeitslohn berücksichtigt worden sind. [7]Für die Lohnsteuerberechnung ist die auf der Lohnsteuerkarte eingetragene Steuerklasse maßgebend. [8]Der Unterschiedsbetrag zwischen den ermittelten Jahreslohnsteuerbeträgen ist die Lohnsteuer, die vom sonstigen Bezug einzubehalten ist. [9]Die Lohnsteuer ist bei einem sonstigen Bezug im Sinne des § 34 Absatz 1 und 2 Nummer 2 und 4 in der Weise zu ermäßigen, dass der sonstige Bezug bei der Anwendung des Satzes 5 mit einem Fünftel anzusetzen und der Unterschiedsbetrag im Sinne des Satzes 8 zu verfünffachen ist; § 34 Absatz 1 Satz 3 ist sinngemäß anzuwenden. [10]Ein sonstiger Bezug im Sinne des § 34 Absatz 1 und 2 Nummer 4 ist bei der Anwendung des Satzes 4 in die Bemessungsgrundlage für die Vorsorgepauschale nach Absatz 2 Satz 5 Nummer 3 einzubeziehen.

(4) In den Kalenderjahren 2010 bis 2024 ist Absatz 2 Satz 5 Nummer 3 Buchstabe a mit der Maßgabe anzuwenden, dass im Kalenderjahr 2010 der ermittelte Betrag auf 40 Prozent begrenzt und dieser Prozentsatz in jedem folgenden Kalenderjahr um je 4 Prozentpunkte erhöht wird.

(5) [1]Wenn der Arbeitgeber für den Lohnzahlungszeitraum lediglich Abschlagszahlungen leistet und eine Lohnabrechnung für einen längeren Zeitraum (Lohnabrechnungszeitraum) vornimmt, kann er den Lohnabrechnungszeitraum als Lohnzahlungszeitraum

1) **Anm. d. Red.:** Zur Anwendung des § 39b Abs. 2 Satz 7 siehe § 52 Abs. 51, in dem die ab VZ 2010 anzuwendende (hier kursiv abgebildete) Fassung wiedergegeben wird.

2) **Anm. d. Red.:** Zur Anwendung des § 39b Abs. 3 siehe § 52 Abs. 51a.

behandeln und die Lohnsteuer abweichend von § 38 Absatz 3 bei der Lohnabrechnung einbehalten. [2]Satz 1 gilt nicht, wenn der Lohnabrechnungszeitraum fünf Wochen übersteigt oder die Lohnabrechnung nicht innerhalb von drei Wochen nach dessen Ablauf erfolgt. [3]Das Betriebsstättenfinanzamt kann anordnen, dass die Lohnsteuer von den Abschlagszahlungen einzubehalten ist, wenn die Erhebung der Lohnsteuer sonst nicht gesichert erscheint. [4]Wenn wegen einer besonderen Entlohnungsart weder ein Lohnzahlungszeitraum noch ein Lohnabrechnungszeitraum festgestellt werden kann, gilt als Lohnzahlungszeitraum die Summe der tatsächlichen Arbeitstage oder Arbeitswochen.

(6) [1]Ist nach einem Abkommen zur Vermeidung der Doppelbesteuerung der von einem Arbeitgeber (§ 38) gezahlte Arbeitslohn von der Lohnsteuer freizustellen, so erteilt das Betriebsstättenfinanzamt auf Antrag des Arbeitnehmers oder des Arbeitgebers eine entsprechende Bescheinigung. [2]Der Arbeitgeber hat diese Bescheinigung als Beleg zum Lohnkonto (§ 41 Absatz 1) aufzubewahren.

(7) (weggefallen)

(8) Das Bundesministerium der Finanzen hat im Einvernehmen mit den obersten Finanzbehörden der Länder auf der Grundlage der Absätze 2 und 3 einen Programmablaufplan für die maschinelle Berechnung der Lohnsteuer aufzustellen und bekannt zu machen.

§ 39c Durchführung des Lohnsteuerabzugs ohne Lohnsteuerkarte

(1) [1]Solange der unbeschränkt einkommensteuerpflichtige Arbeitnehmer dem Arbeitgeber eine Lohnsteuerkarte schuldhaft nicht vorlegt oder die Rückgabe der ihm ausgehändigten Lohnsteuerkarte schuldhaft verzögert, hat der Arbeitgeber die Lohnsteuer nach der Steuerklasse VI zu ermitteln. [2]Weist der Arbeitnehmer nach, dass er die Nichtvorlage oder verzögerte Rückgabe der Lohnsteuerkarte nicht zu vertreten hat, so hat der Arbeitgeber für die Lohnsteuerberechnung die ihm bekannten Familienverhältnisse des Arbeitnehmers zugrunde zu legen.

(2) [1]Der Arbeitgeber kann die Lohnsteuer von dem Arbeitslohn für den Monat Januar eines Kalenderjahres abweichend von Absatz 1 auf Grund der Eintragungen auf der Lohnsteuerkarte für das vorhergehende Kalenderjahr ermitteln, wenn der Arbeitnehmer eine Lohnsteuerkarte für das neue Kalenderjahr bis zur Lohnabrechnung nicht vorgelegt hat. [2]Nach Vorlage der Lohnsteuerkarte ist die Lohnsteuerermittlung für den Monat Januar zu überprüfen und erforderlichenfalls zu ändern. [3]Legt der Arbeitnehmer bis zum 31. März keine Lohnsteuerkarte vor, ist nachträglich Absatz 1 anzuwenden. [4]Die zu wenig oder zu viel einbehaltene Lohnsteuer ist jeweils bei der nächsten Lohnabrechnung auszugleichen.

(3) [1]Für Arbeitnehmer, die nach § 1 Absatz 2 unbeschränkt einkommensteuerpflichtig sind, hat der Arbeitgeber die Lohnsteuer unabhängig von einer Lohnsteuerkarte zu ermitteln. [2]Dabei ist die Steuerklasse maßgebend, die nach § 39 Absatz 3 bis 5 auf einer Lohnsteuerkarte des Arbeitnehmers einzutragen wäre. [3]Auf Antrag des Arbeitnehmers erteilt das Betriebsstättenfinanzamt (§ 41a Absatz 1 Satz 1 Nummer 1) über die maßgebende Steuerklasse, die Zahl der Kinderfreibeträge und einen etwa in Betracht kommenden Freibetrag oder Hinzurechnungsbetrag (§ 39a) eine Bescheinigung, für die die Vorschriften über die Eintragung auf der Lohnsteuerkarte sinngemäß anzuwenden sind.

(4) [1]Arbeitnehmer, die nach § 1 Absatz 3 als unbeschränkt einkommensteuerpflichtig behandelt werden, haben ihrem Arbeitgeber vor Beginn des Kalenderjahres oder beim Eintritt in das Dienstverhältnis eine Bescheinigung vorzulegen. [2]Die Bescheinigung wird auf Antrag des Arbeitnehmers vom Betriebsstättenfinanzamt (§ 41a Absatz 1 Satz 1 Nummer 1) des Arbeitgebers erteilt. [3]In die Bescheinigung, für die die Vorschriften über die Eintragung auf der Lohnsteuerkarte sinngemäß anzuwenden sind, trägt das Finanzamt die maßgebende Steuerklasse, die Zahl der Kinderfreibeträge und einen etwa in Betracht kommenden Freibetrag oder Hinzurechnungsbetrag (§ 39a) ein. [4]Ist der Arbeitnehmer gleichzeitig bei mehreren inländischen Arbeitgebern tätig, ist für die Erteilung jeder weiteren Bescheinigung das Betriebsstättenfinanzamt zuständig, das die erste Bescheinigung ausgestellt hat. [5]Bei Ehegatten, die beide Arbeitslohn von einem inländi-

schen Arbeitgeber beziehen, ist für die Erteilung der Bescheinigungen das Betriebsstättenfinanzamt des älteren Ehegatten zuständig.

(5) In den Fällen des § 38 Absatz 3a Satz 1 kann der Dritte die Lohnsteuer für einen sonstigen Bezug mit 20 Prozent unabhängig von einer Lohnsteuerkarte ermitteln, wenn der maßgebende Jahresarbeitslohn nach § 39b Absatz 3 zuzüglich des sonstigen Bezugs 10 000 Euro nicht übersteigt; bei der Feststellung des maßgebenden Jahresarbeitslohns sind nur die Lohnzahlungen des Dritten zu berücksichtigen.

§ 39d Durchführung des Lohnsteuerabzugs für beschränkt einkommensteuerpflichtige Arbeitnehmer

(1) [1]Für die Durchführung des Lohnsteuerabzugs werden beschränkt einkommensteuerpflichtige Arbeitnehmer in die Steuerklasse I eingereiht. [2]§ 38b Satz 2 Nummer 6 ist anzuwenden. [3]Das Betriebsstättenfinanzamt (§ 41a Absatz 1 Satz 1 Nummer 1) erteilt auf Antrag des Arbeitnehmers über die maßgebende Steuerklasse eine Bescheinigung, für die die Vorschriften über die Eintragungen auf der Lohnsteuerkarte mit der Maßgabe sinngemäß anzuwenden sind, dass der Arbeitnehmer eine Änderung der Bescheinigung bis zum Ablauf des Kalenderjahres, für das sie gilt, beim Finanzamt beantragen kann.

(2) [1]In die nach Absatz 1 zu erteilende Bescheinigung trägt das Finanzamt für einen Arbeitnehmer, bei dem § 50 Absatz 1 Satz 4 anzuwenden ist, auf Antrag Folgendes ein:

1. Werbungskosten, die bei den Einkünften aus nichtselbständiger Arbeit anfallen (§ 9), soweit sie den Arbeitnehmer-Pauschbetrag (§ 9a Satz 1 Nummer 1 Buchstabe a) oder bei Versorgungsbezügen den Pauschbetrag (§ 9a Satz 1 Nummer 1 Buchstabe b) übersteigen,
2. Sonderausgaben im Sinne des § 10b, soweit sie den Sonderausgaben-Pauschbetrag (§ 10c) übersteigen, und die wie Sonderausgaben abziehbaren Beträge nach § 10e oder § 10i, jedoch erst nach Fertigstellung oder Anschaffung des begünstigten Objekts oder nach Fertigstellung der begünstigten Maßnahme,
3. den Freibetrag oder den Hinzurechnungsbetrag nach § 39a Absatz 1 Nummer 7.

[2]Der Antrag kann nur nach amtlich vorgeschriebenem Vordruck bis zum Ablauf des Kalenderjahres gestellt werden, für das die Bescheinigung gilt. [3]Das Finanzamt hat die Summe der eingetragenen Beträge durch Aufteilung in Monatsbeträge, erforderlichenfalls Wochen- und Tagesbeträge, jeweils auf die voraussichtliche Dauer des Dienstverhältnisses im Kalenderjahr gleichmäßig zu verteilen. [4]§ 39a Absatz 4 und 5 ist sinngemäß anzuwenden.

(3) [1]Der Arbeitnehmer hat die nach Absatz 1 erteilte Bescheinigung seinem Arbeitgeber vor Beginn des Kalenderjahres oder beim Eintritt in das Dienstverhältnis vorzulegen. [2]Der Arbeitgeber hat die Bescheinigung aufzubewahren. [3]§ 39b Absatz 1 Satz 3 und 4 gilt sinngemäß. [4]Der Arbeitgeber hat im Übrigen den Lohnsteuerabzug nach Maßgabe des § 39b Absatz 2 bis 6, des § 39c Absatz 1, 2 und 5 und des § 41c durchzuführen; dabei tritt die nach Absatz 1 erteilte Bescheinigung an die Stelle der Lohnsteuerkarte. [5]§ 41b ist sinngemäß anzuwenden.

§ 39e Elektronische Lohnsteuerabzugsmerkmale

(1) Das Finanzamt teilt die nach den §§ 39 bis 39d sowie nach § 39f von ihm festzustellenden Lohnsteuerabzugsmerkmale dem Bundeszentralamt für Steuern zum Zweck der Bereitstellung für den automatisierten Abruf durch den Arbeitgeber mit.

(2) [1]Für jeden Steuerpflichtigen speichert das Bundeszentralamt für Steuern zum Zweck der Bereitstellung automatisiert abrufbarer Lohnsteuerabzugsmerkmale für den Arbeitgeber folgende Daten zu den in § 139b Absatz 3 der Abgabenordnung genannten Daten hinzu:

1. rechtliche Zugehörigkeit zu einer steuererhebenden Religionsgemeinschaft sowie Datum des Eintritts und Austritts,
2. melderechtlicher Familienstand und bei Verheirateten die Identifikationsnummer des Ehegatten,

3. Kinder mit ihrer Identifikationsnummer und soweit bekannt die Rechtsstellung und Zuordnung der Kinder zu den Eltern sowie die Identifikationsnummer des anderen Elternteils,
4. Familienstand für die Bereitstellung von elektronischen Lohnsteuerabzugsmerkmalen und gewählte Steuerklassen (§ 38b), Zahl der Lohnsteuerkarten und beantragte ungünstigere Steuerklasse und Angaben zu Kinderfreibeträgen (§ 39), Freibetrag und Hinzurechnungsbetrag (§§ 39a, 39d), Faktor (§ 39f), amtlicher Gemeindeschlüssel der Wohnsitzgemeinde,
5. Höhe der Beiträge für eine Krankenversicherung und für eine private Pflege-Pflichtversicherung (§ 10 Absatz 1 Nummer 3, § 39b Absatz 2 Satz 5 Nummer 3 Buchstabe d), wenn der Steuerpflichtige dies beantragt.

[2]Die nach Landesrecht für das Meldewesen zuständigen Behörden (Meldebehörden) haben dem Bundeszentralamt für Steuern unter Angabe der Identifikationsnummer die in Satz 1 Nummer 1 bis 3 bezeichneten Daten und deren Änderungen im Melderegister mitzuteilen, in den Fällen der Nummer 3 bis das Kind das 18. Lebensjahr vollendet hat.

(3) [1]Das Bundeszentralamt für Steuern hält die Identifikationsnummer, den Tag der Geburt, Merkmale für den Kirchensteuerabzug und folgende Lohnsteuerabzugsmerkmale des Arbeitnehmers zum unentgeltlichen automatisierten Abruf durch den Arbeitgeber nach amtlich vorgeschriebenem Datensatz bereit: Steuerklasse (§ 38b) in Zahlen, die Zahl der Kinderfreibeträge (§ 39), Freibetrag und Hinzurechnungsbetrag (§§ 39a, 39d) sowie den Faktor (§ 39f), Teilbetrag der Vorsorgepauschale für die Krankenversicherung und private Pflege-Pflichtversicherung (§ 39b Absatz 2 Satz 5 Nummer 3 Buchstabe d). [2]Bezieht ein Arbeitnehmer nebeneinander von mehreren Arbeitgebern Arbeitslohn, so sind für jedes weitere Dienstverhältnis elektronische Lohnsteuerabzugsmerkmale zu bilden. [3]Das Bundeszentralamt für Steuern führt die elektronischen Lohnsteuerabzugsmerkmale des Arbeitnehmers zum Zweck ihrer Bereitstellung nach Satz 1 mit der Wirtschafts-Identifikationsnummer (§ 139c der Abgabenordnung) des Arbeitgebers zusammen.

(4) [1]Der Arbeitnehmer hat seinem Arbeitgeber bei Eintritt in das Dienstverhältnis zum Zweck des Abrufs der Lohnsteuerabzugsmerkmale seine Identifikationsnummer sowie den Tag seiner Geburt mitzuteilen. [2]Der Arbeitgeber hat bei Beginn des Dienstverhältnisses die Lohnsteuerabzugsmerkmale für den Arbeitnehmer beim Bundeszentralamt für Steuern durch Datenfernübertragung abzurufen und sie in das Lohnkonto für den Arbeitnehmer zu übernehmen. [3]Zur Plausibilitätsprüfung der Identifikationsnummer hält das Bundeszentralamt für Steuern für den Arbeitgeber entsprechende Regeln zum Abruf bereit. [4]Für den Abruf der Lohnsteuerabzugsmerkmale hat sich der Arbeitgeber zu authentifizieren und seine Wirtschafts-Identifikationsnummer sowie die Identifikationsnummer und den Tag der Geburt des Arbeitnehmers mitzuteilen. [5]Der Arbeitgeber hat die Beendigung des Dienstverhältnisses unverzüglich dem Bundeszentralamt für Steuern mitzuteilen. [6]Beauftragt der Arbeitgeber einen Dritten mit der Durchführung des Lohnsteuerabzugs, hat sich der Dritte für den Datenabruf zu authentifizieren und zusätzlich seine Wirtschafts-Identifikationsnummer mitzuteilen.

(5) [1]Auf die elektronischen Lohnsteuerabzugsmerkmale sind die für die Lohnsteuerkarte geltenden Schutzvorschriften entsprechend anzuwenden. [2]Wer Lohnsteuerabzugsmerkmale vorsätzlich oder leichtfertig für andere Zwecke als die Durchführung des Lohn- und Kirchensteuerabzugs verwendet, handelt ordnungswidrig; § 50f Absatz 2 ist anzuwenden.

(6) Die abgerufenen Lohnsteuerabzugsmerkmale sind vom Arbeitgeber für die Durchführung des Lohnsteuerabzugs des Arbeitnehmers anzuwenden bis ihm das Bundeszentralamt für Steuern geänderte Lohnsteuerabzugsmerkmale zum Abruf bereitstellt und die Bereitstellung mitteilt oder der Arbeitgeber dem Bundeszentralamt für Steuern die Beendigung des Dienstverhältnisses anzeigt.

(7) [1]Die elektronischen Lohnsteuerabzugsmerkmale werden erstmals für die Durchführung des Lohnsteuerabzugs gebildet. [2]Der Steuerpflichtige kann beim Wohnsitzfinanzamt (§ 19 der Abgabenordnung) beantragen, dass für ihn keine elektronischen

Lohnsteuerabzugsmerkmale mehr gebildet werden. [3]Erstmalig gebildete oder geänderte elektronische Lohnsteuerabzugsmerkmale sind dem Arbeitnehmer auf Antrag mitzuteilen oder elektronisch bereitzustellen. [4]Werden dem Arbeitnehmer elektronische Lohnsteuerabzugsmerkmale bekannt, die zu seinen Gunsten von den tatsächlichen Verhältnissen abweichen, so ist er verpflichtet, sie ändern zu lassen.

(8) [1]Auf Antrag des Arbeitgebers kann das Betriebsstättenfinanzamt zur Vermeidung unbilliger Härten zulassen, dass der Arbeitgeber nicht am Abrufverfahren teilnimmt. [2]Dem Antrag eines Arbeitgebers ohne maschinelle Lohnabrechnung, der ausschließlich Arbeitnehmer im Rahmen einer geringfügigen Beschäftigung in seinem Privathaushalt im Sinne des § 8a des Vierten Buches Sozialgesetzbuch beschäftigt, ist stattzugeben. [3]Der Arbeitgeber hat dem Antrag unter Angabe seiner Wirtschafts-Identifikationsnummer ein Verzeichnis der beschäftigten Arbeitnehmer mit Angabe der jeweiligen Identifikationsnummer und des Geburtsdatums des Arbeitnehmers beizufügen. [4]Der Antrag ist nach amtlich vorgeschriebenem Vordruck zu stellen. [5]Das Betriebsstättenfinanzamt übermittelt dem Arbeitgeber für die Durchführung des Lohnsteuerabzugs für ein Kalenderjahr eine arbeitgeberbezogene Bescheinigung mit den Lohnsteuerabzugsmerkmalen für den Arbeitnehmer. [6]Absatz 5 ist entsprechend anzuwenden.

ESTG

(9) [1]Die elektronischen Lohnsteuerabzugsmerkmale sind für die Durchführung des Lohnsteuerabzugs ab 2011 anzuwenden. [2]Die Gemeinden haben die Lohnsteuerkarte nach § 39 letztmals für das Kalenderjahr 2010 auszustellen und zu übermitteln. [3]Auf den Lohnsteuerkarten für 2009 und 2010 ist zusätzlich die Identifikationsnummer des Arbeitnehmers einzutragen. [4]Das Bundeszentralamt für Steuern errichtet unverzüglich die Datei der elektronischen Lohnsteuerabzugsmerkmale und das Verfahren für den Abruf durch den Arbeitgeber zum Zweck der Durchführung des Lohnsteuerabzugs ab 2011. [5]Die Meldebehörden übermitteln die Daten gemäß Absatz 2 dem Bundeszentralamt für Steuern in dem mit ihm abzustimmenden Verfahren und zur Einführung der elektronischen Lohnsteuerabzugsmerkmale für jeden Steuerpflichtigen unter Angabe der Identifikationsnummer die im Melderegister gespeicherten Daten nach Absatz 2 Satz 1 Nummer 1 bis 3 sowie die in § 2 Absatz 2 Nummer 2 des Melderechtsrahmengesetzes in der Fassung der Bekanntmachung vom 19. April 2002 (BGBl I S. 1342), das zuletzt durch Artikel 26b des Gesetzes vom 20. Dezember 2007 (BGBl I S. 3150) geändert worden ist, in der jeweils geltenden Fassung, bezeichneten Daten; für die Datenübermittlung zur Einführung der elektronischen Lohnsteuerabzugsmerkmale gilt § 39 Absatz 6 entsprechend. [6]Für die Datenübermittlung gilt § 6 Absatz 2a der Zweiten Bundesmeldedatenübermittlungsverordnung vom 31. Juli 1995 (BGBl I S. 1011), die zuletzt durch Artikel 19 des Gesetzes vom 20. Dezember 2007 (BGBl I S. 3150) geändert worden ist, in der jeweils geltenden Fassung, entsprechend. [7]Das Bundesministerium der Finanzen kann im Einvernehmen mit dem Bundesministerium des Innern und den obersten Finanzbehörden der Länder Beginn und Zeitpunkt der erstmaligen Übermittlung nach Absatz 2 sowie den Beginn und die Frist für die Datenübermittlung nach Satz 5 durch ein im Bundessteuerblatt zu veröffentlichendes Schreiben mitteilen.

(10) [1]Das Bundesministerium der Finanzen kann den Zeitpunkt des erstmaligen Datenabrufs durch den Arbeitgeber durch ein im Bundessteuerblatt zu veröffentlichendes Schreiben mitteilen. [2]Zur Prüfung und zum Nachweis der Funktionsfähigkeit der Verfahren zur Bildung, Speicherung und Übermittlung, Änderung, Bereitstellung sowie zum Abruf der elektronischen Lohnsteuerabzugsmerkmale können die elektronischen Lohnsteuerabzugsmerkmale vor 2010 gebildet, gespeichert und genutzt werden. [3]Zur Erprobung der in Satz 2 genannten Verfahren können das Bundeszentralamt für Steuern und die an der Erprobung teilnehmenden Arbeitgeber die Regelungen der Absätze 1 bis 6 und Absatz 7 Satz 1 im Kalenderjahr 2010 anwenden. [4]Das Bundesministerium der Finanzen hat auf die Möglichkeit der Erprobung des Verfahrens der elektronischen Lohnsteuerabzugsmerkmale durch ein im Bundessteuerblatt zu veröffentlichendes Schreiben hinzuweisen. [5]Das Bundeszentralamt für Steuern kann mit Zustimmung des Bundesministeriums der Finanzen die an der Erprobung teilnehmenden Arbeitgeber auswählen. [6]Ist bei der Erprobung oder dem Einsatz des Verfahrens der elektronischen Lohnsteuerabzugsmerkmale die Wirtschafts-Identifikationsnummer noch nicht oder nicht

vollständig eingeführt, tritt die Umsatzsteuer-Identifikationsnummer (§ 27a des Umsatzsteuergesetzes) an die Stelle der Wirtschafts-Identifikationsnummer.

(11) Die beim Bundeszentralamt für Steuern nach Absatz 2 Satz 1 gespeicherten Daten können auch zur Prüfung und Durchführung der Einkommensbesteuerung (§ 2) des Steuerpflichtigen für Veranlagungszeiträume ab 2005 verwendet werden.

§ 39f[1] Faktorverfahren anstelle Steuerklassenkombination III/V

(1) [1]Bei Ehegatten, die in die Steuerklasse IV gehören (§ 38b Satz 2 Nummer 4), hat das Finanzamt auf Antrag beider Ehegatten nach § 39a anstelle der Steuerklassenkombination III/V (§ 38b Satz 2 Nummer 5) auf der Lohnsteuerkarte jeweils die Steuerklasse IV in Verbindung mit einem Faktor zur Ermittlung der Lohnsteuer einzutragen, wenn der Faktor kleiner als 1 ist. [2]Der Faktor ist Y : X und vom Finanzamt mit drei Nachkommastellen ohne Rundung zu berechnen. [3]„Y“ ist die voraussichtliche Einkommensteuer für beide Ehegatten nach dem Splittingverfahren (§ 32a Absatz 5) unter Berücksichtigung der in § 39b Absatz 2 genannten Abzugsbeträge. [4]„X“ ist die Summe der voraussichtlichen Lohnsteuer bei Anwendung der Steuerklasse IV für jeden Ehegatten. [5]In die Bemessungsgrundlage für Y werden jeweils neben den Jahresarbeitslöhnen der ersten Dienstverhältnisse zusätzlich nur Beträge einbezogen, die nach § 39a Absatz 1 Nummer 1 bis 6 als Freibetrag auf der Lohnsteuerkarte eingetragen werden könnten; Freibeträge werden neben dem Faktor nicht eingetragen. [6]In den Fällen des § 39a Absatz 1 Nummer 7 sind bei der Ermittlung von Y und X die Hinzurechnungsbeträge zu berücksichtigen; die Hinzurechnungsbeträge sind zusätzlich auf der Lohnsteuerkarte für das erste Dienstverhältnis einzutragen. [7]Arbeitslöhne aus zweiten und weiteren Dienstverhältnissen (Steuerklasse VI) sind im Faktorverfahren nicht zu berücksichtigen.

(2) Für die Einbehaltung der Lohnsteuer vom Arbeitslohn hat der Arbeitgeber Steuerklasse IV und den Faktor anzuwenden.

(3) [1]§ 39 Absatz 5 Satz 3 und 4 gilt sinngemäß. [2]§ 39a ist anzuwenden mit der Maßgabe, dass ein Antrag nach amtlich vorgeschriebenem Vordruck (§ 39a Absatz 2) nur erforderlich ist, wenn bei der Faktorermittlung zugleich Beträge nach § 39a Absatz 1 Nummer 1 bis 6 berücksichtigt werden sollen.

(4) Das Faktorverfahren ist im Programmablaufplan für die maschinelle Berechnung der Lohnsteuer (§ 39b Absatz 8) zu berücksichtigen.

§ 40 Pauschalierung der Lohnsteuer in besonderen Fällen

(1) [1]Das Betriebsstättenfinanzamt (§ 41a Absatz 1 Satz 1 Nummer 1) kann auf Antrag des Arbeitgebers zulassen, dass die Lohnsteuer mit einem unter Berücksichtigung der Vorschriften des § 38a zu ermittelnden Pauschsteuersatz erhoben wird, soweit

1. von dem Arbeitgeber sonstige Bezüge in einer größeren Zahl von Fällen gewährt werden oder
2. in einer größeren Zahl von Fällen Lohnsteuer nachzuerheben ist, weil der Arbeitgeber die Lohnsteuer nicht vorschriftsmäßig einbehalten hat.

[2]Bei der Ermittlung des Pauschsteuersatzes ist zu berücksichtigen, dass die in Absatz 3 vorgeschriebene Übernahme der pauschalen Lohnsteuer durch den Arbeitgeber für den Arbeitnehmer eine in Geldeswert bestehende Einnahme im Sinne des § 8 Absatz 1 darstellt (Nettosteuersatz). [3]Die Pauschalierung ist in den Fällen des Satzes 1 Nummer 1 ausgeschlossen, soweit der Arbeitgeber einem Arbeitnehmer sonstige Bezüge von mehr als 1 000 Euro im Kalenderjahr gewährt. [4]Der Arbeitgeber hat dem Antrag eine Berechnung beizufügen, aus der sich der durchschnittliche Steuersatz unter Zugrundelegung der durchschnittlichen Jahresarbeitslöhne und der durchschnittlichen Jahreslohnsteuer in jeder Steuerklasse für diejenigen Arbeitnehmer ergibt, denen die Bezüge gewährt werden sollen oder gewährt worden sind.

1) **Anm. d. Red.:** Zur Anwendung des § 39f siehe § 52 Abs. 52.

(2)[1] [1]Abweichend von Absatz 1 kann der Arbeitgeber die Lohnsteuer mit einem Pauschsteuersatz von 25 Prozent erheben, soweit er

1. arbeitstäglich Mahlzeiten im Betrieb an die Arbeitnehmer unentgeltlich oder verbilligt abgibt oder Barzuschüsse an ein anderes Unternehmen leistet, das arbeitstäglich Mahlzeiten an die Arbeitnehmer unentgeltlich oder verbilligt abgibt. [2]Voraussetzung ist, dass die Mahlzeiten nicht als Lohnbestandteile vereinbart sind,
2. Arbeitslohn aus Anlass von Betriebsveranstaltungen zahlt,
3. Erholungsbeihilfen gewährt, wenn diese zusammen mit Erholungsbeihilfen, die in demselben Kalenderjahr früher gewährt worden sind, 156 Euro für den Arbeitnehmer, 104 Euro für dessen Ehegatten und 52 Euro für jedes Kind nicht übersteigen und der Arbeitgeber sicherstellt, dass die Beihilfen zu Erholungszwecken verwendet werden,
4. Vergütungen für Verpflegungsmehraufwendungen anlässlich einer Tätigkeit im Sinne des § 4 Absatz 5 Satz 1 Nummer 5 Satz 2 bis 4 zahlt, soweit diese die dort bezeichneten Pauschbeträge um nicht mehr als 100 Prozent übersteigen,
5. den Arbeitnehmern zusätzlich zum ohnehin geschuldeten Arbeitslohn unentgeltlich oder verbilligt Personalcomputer übereignet; das gilt auch für Zubehör und Internetzugang. [2]Das Gleiche gilt für Zuschüsse des Arbeitgebers, die zusätzlich zum ohnehin geschuldeten Arbeitslohn zu den Aufwendungen des Arbeitnehmers für die Internetnutzung gezahlt werden.

[2]Der Arbeitgeber kann die Lohnsteuer mit einem Pauschsteuersatz von 15 Prozent für Sachbezüge in Form der unentgeltlichen oder verbilligten Beförderung eines Arbeitnehmers zwischen Wohnung und Arbeitsstätte und für zusätzlich zum ohnehin geschuldeten Arbeitslohn geleistete Zuschüsse zu den Aufwendungen des Arbeitnehmers für Fahrten zwischen Wohnung und Arbeitsstätte erheben, soweit diese Bezüge den Betrag nicht übersteigen, den der Arbeitnehmer nach § 9 Absatz 1 Satz 3 Nummer 4 und Absatz 2 als Werbungskosten geltend machen könnte, wenn die Bezüge nicht pauschal besteuert würden. [3]Die nach Satz 2 pauschal besteuerten Bezüge mindern die nach § 9 Absatz 1 Satz 3 Nummer 4 und Absatz 2 abziehbaren Werbungskosten; sie bleiben bei der Anwendung des § 40a Absatz 1 bis 4 außer Ansatz.

(3) [1]Der Arbeitgeber hat die pauschale Lohnsteuer zu übernehmen. [2]Er ist Schuldner der pauschalen Lohnsteuer; auf den Arbeitnehmer abgewälzte pauschale Lohnsteuer gilt als zugeflossener Arbeitslohn und mindert nicht die Bemessungsgrundlage. [3]Der pauschal besteuerte Arbeitslohn und die pauschale Lohnsteuer bleiben bei einer Veranlagung zur Einkommensteuer und beim Lohnsteuer-Jahresausgleich außer Ansatz. [4]Die pauschale Lohnsteuer ist weder auf die Einkommensteuer noch auf die Jahreslohnsteuer anzurechnen.

§ 40a Pauschalierung der Lohnsteuer für Teilzeitbeschäftigte und geringfügig Beschäftigte

(1) [1]Der Arbeitgeber kann unter Verzicht auf die Vorlage einer Lohnsteuerkarte bei Arbeitnehmern, die nur kurzfristig beschäftigt werden, die Lohnsteuer mit einem Pauschsteuersatz von 25 Prozent des Arbeitslohns erheben. [2]Eine kurzfristige Beschäftigung liegt vor, wenn der Arbeitnehmer bei dem Arbeitgeber gelegentlich, nicht regelmäßig wiederkehrend beschäftigt wird, die Dauer der Beschäftigung 18 zusammenhängende Arbeitstage nicht übersteigt und

1. der Arbeitslohn während der Beschäftigungsdauer 62 Euro durchschnittlich je Arbeitstag nicht übersteigt oder
2. die Beschäftigung zu einem unvorhersehbaren Zeitpunkt sofort erforderlich wird.

(2) Der Arbeitgeber kann unter Verzicht auf die Vorlage einer Lohnsteuerkarte die Lohnsteuer einschließlich Solidaritätszuschlag und Kirchensteuern (einheitliche

1) **Anm. d. Red.:** Zur Anwendung des § 40 Abs. 2 siehe § 52 Abs. 52a.

ESTG

Pauschsteuer) für das Arbeitsentgelt aus geringfügigen Beschäftigungen im Sinne des § 8 Absatz 1 Nummer 1 oder des § 8a des Vierten Buches Sozialgesetzbuch, für das er Beiträge nach § 168 Absatz 1 Nummer 1b oder 1c (geringfügig versicherungspflichtig Beschäftigte) oder nach § 172 Absatz 3 oder 3a (versicherungsfrei geringfügig Beschäftigte) des Sechsten Buches Sozialgesetzbuch zu entrichten hat, mit einem einheitlichen Pauschsteuersatz in Höhe von insgesamt 2 Prozent des Arbeitsentgelts erheben.

(2a) Hat der Arbeitgeber in den Fällen des Absatzes 2 keine Beiträge nach § 168 Absatz 1 Nummer 1b oder 1c oder nach § 172 Absatz 3 oder 3a des Sechsten Buches Sozialgesetzbuch zu entrichten, kann er unter Verzicht auf die Vorlage einer Lohnsteuerkarte die Lohnsteuer mit einem Pauschsteuersatz in Höhe von 20 Prozent des Arbeitsentgelts erheben.

(3) [1]Abweichend von den Absätzen 1 und 2a kann der Arbeitgeber unter Verzicht auf die Vorlage einer Lohnsteuerkarte bei Aushilfskräften, die in Betrieben der Land- und Forstwirtschaft im Sinne des § 13 Absatz 1 Nummer 1 bis 4 ausschließlich mit typisch land- oder forstwirtschaftlichen Arbeiten beschäftigt werden, die Lohnsteuer mit einem Pauschsteuersatz von 5 Prozent des Arbeitslohns erheben. [2]Aushilfskräfte im Sinne dieser Vorschrift sind Personen, die für die Ausführung und für die Dauer von Arbeiten, die nicht ganzjährig anfallen, beschäftigt werden; eine Beschäftigung mit anderen land- und forstwirtschaftlichen Arbeiten ist unschädlich, wenn deren Dauer 25 Prozent der Gesamtbeschäftigungsdauer nicht überschreitet. [3]Aushilfskräfte sind nicht Arbeitnehmer, die zu den land- und forstwirtschaftlichen Fachkräften gehören oder die der Arbeitgeber mehr als 180 Tage im Kalenderjahr beschäftigt.

(4) Die Pauschalierungen nach den Absätzen 1 und 3 sind unzulässig

1. bei Arbeitnehmern, deren Arbeitslohn während der Beschäftigungsdauer durchschnittlich je Arbeitsstunde 12 Euro übersteigt,
2. bei Arbeitnehmern, die für eine andere Beschäftigung von demselben Arbeitgeber Arbeitslohn beziehen, der nach den §§ 39b bis 39d dem Lohnsteuerabzug unterworfen wird.

(5) Auf die Pauschalierungen nach den Absätzen 1 bis 3 ist § 40 Absatz 3 anzuwenden.

(6) [1]Für die Erhebung der einheitlichen Pauschsteuer nach Absatz 2 ist die Deutsche Rentenversicherung Knappschaft-Bahn-See/Verwaltungsstelle Cottbus zuständig. [2]Die Regelungen zum Steuerabzug vom Arbeitslohn sind entsprechend anzuwenden. [3]Für die Anmeldung, Abführung und Vollstreckung der einheitlichen Pauschsteuer gelten dabei die Regelungen für die Beiträge nach § 168 Absatz 1 Nummer 1b oder 1c oder nach § 172 Absatz 3 oder 3a des Sechsten Buches Sozialgesetzbuch. [4]Die Deutsche Rentenversicherung Knappschaft-Bahn-See/Verwaltungsstelle Cottbus hat die einheitliche Pauschsteuer auf die erhebungsberechtigten Körperschaften aufzuteilen; dabei entfallen aus Vereinfachungsgründen 90 Prozent der einheitlichen Pauschsteuer auf die Lohnsteuer, 5 Prozent auf den Solidaritätszuschlag und 5 Prozent auf die Kirchensteuern. [5]Die erhebungsberechtigten Kirchen haben sich auf eine Aufteilung des Kirchensteueranteils zu verständigen und diesen der Deutschen Rentenversicherung Knappschaft-Bahn-See/Verwaltungsstelle Cottbus mitzuteilen. [6]Die Deutsche Rentenversicherung Knappschaft-Bahn-See/Verwaltungsstelle Cottbus ist berechtigt, die einheitliche Pauschsteuer nach Absatz 2 zusammen mit den Sozialversicherungsbeiträgen beim Arbeitgeber einzuziehen.

§ 40b Pauschalierung der Lohnsteuer bei bestimmten Zukunftssicherungsleistungen

(1)[1] Der Arbeitgeber kann die Lohnsteuer von den Zuwendungen zum Aufbau einer nicht kapitalgedeckten betrieblichen Altersversorgung an eine Pensionskasse mit einem Pauschsteuersatz von 20 Prozent der Zuwendungen erheben.

1) **Anm. d. Red.:** Zur Anwendung des § 40b Abs. 1 siehe § 52 Abs. 52b Sätze 1 und 2.

(2)[1)] [1]Absatz 1 gilt nicht, soweit die zu besteuernden Zuwendungen des Arbeitgebers für den Arbeitnehmer 1 752 Euro im Kalenderjahr übersteigen oder nicht aus seinem ersten Dienstverhältnis bezogen werden. [2]Sind mehrere Arbeitnehmer gemeinsam in der Pensionskasse versichert, so gilt als Zuwendung für den einzelnen Arbeitnehmer der Teilbetrag, der sich bei einer Aufteilung der gesamten Zuwendungen durch die Zahl der begünstigten Arbeitnehmer ergibt, wenn dieser Teilbetrag 1 752 Euro nicht übersteigt; hierbei sind Arbeitnehmer, für die Zuwendungen von mehr als 2 148 Euro im Kalenderjahr geleistet werden, nicht einzubeziehen. [3]Für Zuwendungen, die der Arbeitgeber für den Arbeitnehmer aus Anlass der Beendigung des Dienstverhältnisses erbracht hat, vervielfältigt sich der Betrag von 1 752 Euro mit der Anzahl der Kalenderjahre, in denen das Dienstverhältnis des Arbeitnehmers zu dem Arbeitgeber bestanden hat; in diesem Fall ist Satz 2 nicht anzuwenden. [4]Der vervielfältigte Betrag vermindert sich um die nach Absatz 1 pauschal besteuerten Zuwendungen, die der Arbeitgeber in dem Kalenderjahr, in dem das Dienstverhältnis beendet wird, und in den sechs vorangegangenen Kalenderjahren erbracht hat.

ESfG

(3) Von den Beiträgen für eine Unfallversicherung des Arbeitnehmers kann der Arbeitgeber die Lohnsteuer mit einem Pauschsteuersatz von 20 Prozent der Beiträge erheben, wenn mehrere Arbeitnehmer gemeinsam in einem Unfallversicherungsvertrag versichert sind und der Teilbetrag, der sich bei einer Aufteilung der gesamten Beiträge nach Abzug der Versicherungsteuer durch die Zahl der begünstigten Arbeitnehmer ergibt, 62 Euro im Kalenderjahr nicht übersteigt.

(4)[2)] In den Fällen des § 19 Absatz 1 Satz 1 Nummer 3 Satz 2 hat der Arbeitgeber die Lohnsteuer mit einem Pauschsteuersatz in Höhe von 15 Prozent der Sonderzahlungen zu erheben.

(5) [1]§ 40 Absatz 3 ist anzuwenden. [2]Die Anwendung des § 40 Absatz 1 Satz 1 Nummer 1 auf Bezüge im Sinne des Absatzes 1, des Absatzes 3 und des Absatzes 4 ist ausgeschlossen.

§ 41 Aufzeichnungspflichten beim Lohnsteuerabzug

(1) [1]Der Arbeitgeber hat am Ort der Betriebsstätte (Absatz 2) für jeden Arbeitnehmer und jedes Kalenderjahr ein Lohnkonto zu führen. [2]In das Lohnkonto sind die für den Lohnsteuerabzug und die Lohnsteuerzerlegung erforderlichen Merkmale aus der Lohnsteuerkarte oder aus einer entsprechenden Bescheinigung zu übernehmen. [3]Bei jeder Lohnzahlung für das Kalenderjahr, für das das Lohnkonto gilt, sind im Lohnkonto die Art und Höhe des gezahlten Arbeitslohns einschließlich der steuerfreien Bezüge sowie die einbehaltene oder übernommene Lohnsteuer einzutragen; an die Stelle der Lohnzahlung tritt in den Fällen des § 39b Absatz 5 Satz 1 die Lohnabrechnung. [4]Ferner sind das Kurzarbeitergeld, das Schlechtwettergeld, das Winterausfallgeld, der Zuschuss zum Mutterschaftsgeld nach dem Mutterschutzgesetz, der Zuschuss bei Beschäftigungsverboten für die Zeit vor oder nach einer Entbindung sowie für den Entbindungstag während einer Elternzeit nach beamtenrechtlichen Vorschriften, die Entschädigungen für Verdienstausfall nach dem Infektionsschutzgesetz vom 20. Juli 2000 (BGBl I S. 1045) sowie die nach § 3 Nummer 28 steuerfreien Aufstockungsbeträge oder Zuschläge einzutragen. [5]Ist während der Dauer des Dienstverhältnisses in anderen Fällen als in denen des Satzes 4 der Anspruch auf Arbeitslohn für mindestens fünf aufeinander folgende Arbeitstage im Wesentlichen weggefallen, so ist dies jeweils durch Eintragung des Großbuchstabens U zu vermerken. [6]Hat der Arbeitgeber die Lohnsteuer von einem sonstigen Bezug im ersten Dienstverhältnis berechnet und ist dabei der Arbeitslohn aus früheren Dienstverhältnissen des Kalenderjahres außer Betracht geblieben, so ist dies durch Eintragung des Großbuchstabens S zu vermerken. [7]Die Bundesregierung wird ermächtigt, durch Rechtsverordnung mit Zustimmung des Bundesrates vorzuschreiben, welche Einzelangaben im Lohnkonto aufzuzeichnen sind. [8]Dabei können für Arbeitnehmer mit ge-

1) **Anm. d. Red.:** Zur Anwendung des § 40b Abs. 2 siehe § 52 Abs. 52b Sätze 1 und 2.

2) **Anm. d. Red.:** Zur Anwendung des § 40b Abs. 4 siehe § 52 Abs. 52b Satz 3.

ringem Arbeitslohn und für die Fälle der §§ 40 bis 40b Aufzeichnungserleichterungen sowie für steuerfreie Bezüge Aufzeichnungen außerhalb des Lohnkontos zugelassen werden. [9]Die Lohnkonten sind bis zum Ablauf des sechsten Kalenderjahres, das auf die zuletzt eingetragene Lohnzahlung folgt, aufzubewahren.

(2) [1]Betriebsstätte ist der Betrieb oder Teil des Betriebs des Arbeitgebers, in dem der für die Durchführung des Lohnsteuerabzugs maßgebende Arbeitslohn ermittelt wird. [2]Wird der maßgebende Arbeitslohn nicht in dem Betrieb oder einem Teil des Betriebs des Arbeitgebers oder nicht im Inland ermittelt, so gilt als Betriebsstätte der Mittelpunkt der geschäftlichen Leitung des Arbeitgebers im Inland; im Fall des § 38 Absatz 1 Satz 1 Nummer 2 gilt als Betriebsstätte der Ort im Inland, an dem die Arbeitsleistung ganz oder vorwiegend stattfindet. [3]Als Betriebsstätte gilt auch der inländische Heimathafen deutscher Handelsschiffe, wenn die Reederei im Inland keine Niederlassung hat.

§ 41a Anmeldung und Abführung der Lohnsteuer

(1) [1]Der Arbeitgeber hat spätestens am zehnten Tag nach Ablauf eines jeden Lohnsteuer-Anmeldungszeitraums

1. dem Finanzamt, in dessen Bezirk sich die Betriebsstätte (§ 41 Absatz 2) befindet (Betriebsstättenfinanzamt), eine Steuererklärung einzureichen, in der er die Summen der im Lohnsteuer-Anmeldungszeitraum einzubehaltenden und zu übernehmenden Lohnsteuer angibt (Lohnsteuer-Anmeldung),
2. die im Lohnsteuer-Anmeldungszeitraum insgesamt einbehaltene und übernommene Lohnsteuer an das Betriebsstättenfinanzamt abzuführen.

[2]Die Lohnsteuer-Anmeldung ist nach amtlich vorgeschriebenem Datensatz durch Datenfernübertragung nach Maßgabe der Steuerdaten-Übermittlungsverordnung zu übermitteln. [3]Auf Antrag kann das Finanzamt zur Vermeidung unbilliger Härten auf eine elektronische Übermittlung verzichten; in diesem Fall ist die Lohnsteuer-Anmeldung nach amtlich vorgeschriebenem Vordruck abzugeben und vom Arbeitgeber oder von einer zu seiner Vertretung berechtigten Person zu unterschreiben. [4]Der Arbeitgeber wird von der Verpflichtung zur Abgabe weiterer Lohnsteuer-Anmeldungen befreit, wenn er Arbeitnehmer, für die er Lohnsteuer einzubehalten oder zu übernehmen hat, nicht mehr beschäftigt und das dem Finanzamt mitteilt.

(2) [1]Lohnsteuer-Anmeldungszeitraum ist grundsätzlich der Kalendermonat. [2]Lohnsteuer-Anmeldungszeitraum ist das Kalendervierteljahr, wenn die abzuführende Lohnsteuer für das vorangegangene Kalenderjahr mehr als 1 000 Euro, aber nicht mehr als 4 000 Euro betragen hat; Lohnsteuer-Anmeldungszeitraum ist das Kalenderjahr, wenn die abzuführende Lohnsteuer für das vorangegangene Kalenderjahr nicht mehr als 1 000 Euro betragen hat. [3]Hat die Betriebsstätte nicht während des ganzen vorangegangenen Kalenderjahres bestanden, so ist die für das vorangegangene Kalenderjahr abzuführende Lohnsteuer für die Feststellung des Lohnsteuer-Anmeldungszeitraums auf einen Jahresbetrag umzurechnen. [4]Wenn die Betriebsstätte im vorangegangenen Kalenderjahr noch nicht bestanden hat, ist die auf einen Jahresbetrag umgerechnete für den ersten vollen Kalendermonat nach der Eröffnung der Betriebsstätte abzuführende Lohnsteuer maßgebend.

(3) [1]Die oberste Finanzbehörde des Landes kann bestimmen, dass die Lohnsteuer nicht dem Betriebsstättenfinanzamt, sondern einer anderen öffentlichen Kasse anzumelden und an diese abzuführen ist; die Kasse erhält insoweit die Stellung einer Landesfinanzbehörde. [2]Das Betriebsstättenfinanzamt oder die zuständige andere öffentliche Kasse können anordnen, dass die Lohnsteuer abweichend von dem nach Absatz 1 maßgebenden Zeitpunkt anzumelden und abzuführen ist, wenn die Abführung der Lohnsteuer nicht gesichert erscheint.

(4) [1]Arbeitgeber, die eigene oder gecharterte Handelsschiffe betreiben, dürfen vom Gesamtbetrag der anzumeldenden und abzuführenden Lohnsteuer einen Betrag von 40 Prozent der Lohnsteuer der auf solchen Schiffen in einem zusammenhängenden Arbeitsverhältnis von mehr als 183 Tagen beschäftigten Besatzungsmitglieder abziehen und einbehalten. [2]Die Handelsschiffe müssen in einem inländischen Seeschiffsregister eingetra-

gen sein, die deutsche Flagge führen und zur Beförderung von Personen oder Gütern im Verkehr mit oder zwischen ausländischen Häfen, innerhalb eines ausländischen Hafens oder zwischen einem ausländischen Hafen und der Hohen See betrieben werden. [3]Die Sätze 1 und 2 sind entsprechend anzuwenden, wenn Seeschiffe im Wirtschaftsjahr überwiegend außerhalb der deutschen Hoheitsgewässer zum Schleppen, Bergen oder zur Aufsuchung von Bodenschätzen oder zur Vermessung von Energielagerstätten unter dem Meeresboden eingesetzt werden. [4]Ist für den Lohnsteuerabzug die Lohnsteuer nach der Steuerklasse V oder VI zu ermitteln, so bemisst sich der Betrag nach Satz 1 nach der Lohnsteuer der Steuerklasse I.

§ 41b Abschluss des Lohnsteuerabzugs

(1)[1] [1]Bei Beendigung eines Dienstverhältnisses oder am Ende des Kalenderjahres hat der Arbeitgeber das Lohnkonto des Arbeitnehmers abzuschließen. [2]Auf Grund der Eintragungen im Lohnkonto hat der Arbeitgeber spätestens bis zum 28. Februar des Folgejahres nach amtlich vorgeschriebenem Datensatz auf elektronischem Weg nach Maßgabe der Steuerdaten-Übermittlungsverordnung vom 28. Januar 2003 (BGBl I S. 139), zuletzt geändert durch Artikel 1 der Verordnung vom 26. Juni 2007 (BGBl I S. 1185), in der jeweils geltenden Fassung, insbesondere folgende Angaben zu übermitteln (elektronische Lohnsteuerbescheinigung):

1. Name, Vorname, Geburtsdatum und Anschrift des Arbeitnehmers, die auf der Lohnsteuerkarte oder der entsprechenden Bescheinigung eingetragenen Besteuerungsmerkmale, den amtlichen Schlüssel der Gemeinde, die die Lohnsteuerkarte ausgestellt hat, die Bezeichnung und die Nummer des Finanzamts, an das die Lohnsteuer abgeführt worden ist sowie die Steuernummer des Arbeitgebers,
2. die Dauer des Dienstverhältnisses während des Kalenderjahres sowie die Anzahl der nach § 41 Absatz 1 Satz 6 vermerkten Großbuchstaben U,
3. die Art und Höhe des gezahlten Arbeitslohns sowie den nach § 41 Absatz 1 Satz 7 vermerkten Großbuchstaben S,
4. die einbehaltene Lohnsteuer, den Solidaritätszuschlag und die Kirchensteuer,
5. das Kurzarbeitergeld, das Schlechtwettergeld, das Winterausfallgeld, den Zuschuss zum Mutterschaftsgeld nach dem Mutterschutzgesetz, die Entschädigungen für Verdienstausfall nach dem Infektionsschutzgesetz vom 20. Juli 2000 (BGBl I S. 1045), zuletzt geändert durch Artikel 11 § 3 des Gesetzes vom 6. August 2002 (BGBl I S. 3082), in der jeweils geltenden Fassung, sowie die nach § 3 Nummer 28 steuerfreien Aufstockungsbeträge oder Zuschläge,
6. die auf die Entfernungspauschale anzurechnenden steuerfreien Arbeitgeberleistungen für Fahrten zwischen Wohnung und Arbeitsstätte,
7. die pauschal besteuerten Arbeitgeberleistungen für Fahrten zwischen Wohnung und Arbeitsstätte,
8. (weggefallen)
9. für die steuerfreie Sammelbeförderung nach § 3 Nummer 32 den Großbuchstaben F,
10. die nach § 3 Nummer 13 und 16 steuerfrei gezahlten Verpflegungszuschüsse und Vergütungen bei doppelter Haushaltsführung,
11. Beiträge zu den gesetzlichen Rentenversicherungen und an berufsständische Versorgungseinrichtungen, getrennt nach Arbeitgeber- und Arbeitnehmeranteil,
12. die nach § 3 Nummer 62 gezahlten Zuschüsse zur Kranken- und Pflegeversicherung,
13. die Beiträge des Arbeitnehmers zur gesetzlichen Krankenversicherung und zur sozialen Pflegeversicherung,
14. die Beiträge des Arbeitnehmers zur Arbeitslosenversicherung,

1) **Anm. d. Red.:** Zur Anwendung des § 41b Abs. 1 siehe § 52 Abs. 52c.

15. den nach § 39b Absatz 2 Satz 5 Nummer 3 Buchstabe d berücksichtigten Teilbetrag der Vorsorgepauschale.

[3]Der Arbeitgeber hat dem Arbeitnehmer einen nach amtlich vorgeschriebenem Muster gefertigten Ausdruck der elektronischen Lohnsteuerbescheinigung mit Angabe des lohnsteuerlichen Ordnungsmerkmals (Absatz 2) auszuhändigen oder elektronisch bereitzustellen. [4]Wenn das Dienstverhältnis vor Ablauf des Kalenderjahres beendet wird, hat der Arbeitgeber dem Arbeitnehmer die Lohnsteuerkarte auszuhändigen. [5]Nach Ablauf des Kalenderjahres darf der Arbeitgeber die Lohnsteuerkarte nur aushändigen, wenn sie eine Lohnsteuerbescheinigung enthält und der Arbeitnehmer zur Einkommensteuer veranlagt wird. [6]Dem Arbeitnehmer nicht ausgehändigte Lohnsteuerkarten ohne Lohnsteuerbescheinigungen kann der Arbeitgeber vernichten; nicht ausgehändigte Lohnsteuerkarten mit Lohnsteuerbescheinigungen hat er dem Betriebsstättenfinanzamt einzureichen.

(2) [1]Für die Datenübermittlung nach Absatz 1 Satz 2 hat der Arbeitgeber aus dem Namen, Vornamen und Geburtsdatum des Arbeitnehmers ein Ordnungsmerkmal nach amtlich festgelegter Regel für den Arbeitnehmer zu bilden und zu verwenden. [2]Das lohnsteuerliche Ordnungsmerkmal darf nur erhoben, gebildet, verarbeitet oder genutzt werden für die Zuordnung der elektronischen Lohnsteuerbescheinigung oder sonstiger für das Besteuerungsverfahren erforderlicher Daten zu einem bestimmten Steuerpflichtigen und für Zwecke des Besteuerungsverfahrens. [3]Nach Vergabe der Identifikationsnummer (§ 139b der Abgabenordnung) hat der Arbeitgeber für die Datenübermittlung anstelle des lohnsteuerlichen Ordnungsmerkmals die Identifikationsnummer des Arbeitnehmers zu verwenden. [4]Das Bundesministerium der Finanzen teilt den Zeitpunkt der erstmaligen Verwendung durch ein im Bundessteuerblatt zu veröffentlichendes Schreiben mit. [5]Der nach Maßgabe der Steuerdaten-Übermittlungsverordnung authentifizierte Arbeitgeber kann die Identifikationsnummer des Arbeitnehmers für die Übermittlung der Lohnsteuerbescheinigung 2010 beim Bundeszentralamt für Steuern erheben. [6]Das Bundeszentralamt für Steuern teilt dem Arbeitgeber die Identifikationsnummer des Arbeitnehmers mit, sofern die übermittelten Daten mit den nach § 139b Absatz 3 der Abgabenordnung beim Bundeszentralamt für Steuern gespeicherten Daten übereinstimmen. [7]Die Anfrage des Arbeitgebers und die Antwort des Bundeszentralamtes für Steuern sind über die zentrale Stelle (§ 81) zu übermitteln. [8]§ 22a Absatz 2 Satz 5 bis 8 ist entsprechend anzuwenden.

(3) [1]Ein Arbeitgeber ohne maschinelle Lohnabrechnung, der ausschließlich Arbeitnehmer im Rahmen einer geringfügigen Beschäftigung in seinem Privathaushalt im Sinne des § 8a des Vierten Buches Sozialgesetzbuch beschäftigt und keine elektronische Lohnsteuerbescheinigung erteilt, hat anstelle der elektronischen Lohnsteuerbescheinigung eine entsprechende Lohnsteuerbescheinigung auf der Lohnsteuerkarte des Arbeitnehmers zu erteilen. [2]Liegt dem Arbeitgeber eine Lohnsteuerkarte des Arbeitnehmers nicht vor, hat er die Lohnsteuerbescheinigung nach amtlich vorgeschriebenem Muster zu erteilen. [3]Der Arbeitgeber hat dem Arbeitnehmer die Lohnsteuerbescheinigung auszuhändigen, wenn das Dienstverhältnis vor Ablauf des Kalenderjahres beendet wird oder der Arbeitnehmer zur Einkommensteuer veranlagt wird. [4]In den übrigen Fällen hat der Arbeitgeber die Lohnsteuerbescheinigung dem Betriebsstättenfinanzamt einzureichen.

(4) Die Absätze 1 bis 3 gelten nicht für Arbeitnehmer, soweit sie Arbeitslohn bezogen haben, der nach den §§ 40 bis 40b pauschal besteuert worden ist.

§ 41c Änderung des Lohnsteuerabzugs

(1) [1]Der Arbeitgeber ist berechtigt, bei der jeweils nächstfolgenden Lohnzahlung bisher erhobene Lohnsteuer zu erstatten oder noch nicht erhobene Lohnsteuer nachträglich einzubehalten,

1. wenn ihm der Arbeitnehmer eine Lohnsteuerkarte mit Eintragungen vorlegt, die auf einen Zeitpunkt vor Vorlage der Lohnsteuerkarte zurückwirken, oder
2. wenn er erkennt, dass er die Lohnsteuer bisher nicht vorschriftsmäßig einbehalten hat; dies gilt auch bei rückwirkender Gesetzesänderung.

[2]In den Fällen des Satzes 1 Nummer 2 ist der Arbeitgeber jedoch verpflichtet, wenn ihm dies wirtschaftlich zumutbar ist.

(2) [1]Die zu erstattende Lohnsteuer ist dem Betrag zu entnehmen, den der Arbeitgeber für seine Arbeitnehmer insgesamt an Lohnsteuer einbehalten oder übernommen hat. [2]Wenn die zu erstattende Lohnsteuer aus dem Betrag nicht gedeckt werden kann, der insgesamt an Lohnsteuer einzubehalten oder zu übernehmen ist, wird der Fehlbetrag dem Arbeitgeber auf Antrag vom Betriebsstättenfinanzamt ersetzt.

(3) [1]Nach Ablauf des Kalenderjahres oder, wenn das Dienstverhältnis vor Ablauf des Kalenderjahres endet, nach Beendigung des Dienstverhältnisses, ist die Änderung des Lohnsteuerabzugs nur bis zur Übermittlung oder Ausschreibung der Lohnsteuerbescheinigung zulässig. [2]Bei Änderung des Lohnsteuerabzugs nach Ablauf des Kalenderjahres ist die nachträglich einzubehaltende Lohnsteuer nach dem Jahresarbeitslohn zu ermitteln. [3]Eine Erstattung von Lohnsteuer ist nach Ablauf des Kalenderjahres nur im Wege des Lohnsteuer-Jahresausgleichs nach § 42b zulässig.

ESt G

(4) [1]Der Arbeitgeber hat die Fälle, in denen er die Lohnsteuer nach Absatz 1 nicht nachträglich einbehält oder die Lohnsteuer nicht nachträglich einbehalten kann, weil

1. Eintragungen auf der Lohnsteuerkarte eines Arbeitnehmers, die nach Beginn des Dienstverhältnisses vorgenommen worden sind, auf einen Zeitpunkt vor Beginn des Dienstverhältnisses zurückwirken,
2. der Arbeitnehmer vom Arbeitgeber Arbeitslohn nicht mehr bezieht oder
3. der Arbeitgeber nach Ablauf des Kalenderjahres bereits die Lohnsteuerbescheinigung übermittelt oder ausgeschrieben hat,

dem Betriebsstättenfinanzamt unverzüglich anzuzeigen. [2]Das Finanzamt hat die zu wenig erhobene Lohnsteuer vom Arbeitnehmer nachzufordern, wenn der nachzufordernde Betrag 10 Euro übersteigt. [3]§ 42d bleibt unberührt.

§§ 42 und 42a (weggefallen)

§ 42b Lohnsteuer-Jahresausgleich durch den Arbeitgeber

(1) [1]Der Arbeitgeber ist berechtigt, seinen unbeschränkt einkommensteuerpflichtigen Arbeitnehmern, die während des abgelaufenen Kalenderjahres (Ausgleichsjahr) ständig in einem Dienstverhältnis gestanden haben, die für das Ausgleichsjahr einbehaltene Lohnsteuer insoweit zu erstatten, als sie die auf den Jahresarbeitslohn entfallende Jahreslohnsteuer übersteigt (Lohnsteuer-Jahresausgleich). [2]Er ist zur Durchführung des Lohnsteuer-Jahresausgleichs verpflichtet, wenn er am 31. Dezember des Ausgleichsjahres mindestens zehn Arbeitnehmer beschäftigt. [3]Voraussetzung für den Lohnsteuer-Jahresausgleich ist, dass dem Arbeitgeber die Lohnsteuerkarte und Lohnsteuerbescheinigungen aus etwaigen vorangegangenen Dienstverhältnissen vorliegen. [4]Der Arbeitgeber darf den Lohnsteuer-Jahresausgleich nicht durchführen, wenn

1. der Arbeitnehmer es beantragt oder
2. der Arbeitnehmer für das Ausgleichsjahr oder für einen Teil des Ausgleichsjahres nach den Steuerklassen V oder VI zu besteuern war oder
3. der Arbeitnehmer für einen Teil des Ausgleichsjahres nach den Steuerklassen II, III oder IV zu besteuern war oder

3a. bei der Lohnsteuerberechnung ein Freibetrag oder Hinzurechnungsbetrag zu berücksichtigen war oder

3b. das Faktorverfahren angewandt wurde oder

4. der Arbeitnehmer im Ausgleichsjahr Kurzarbeitergeld, Schlechtwettergeld, Winterausfallgeld, Zuschuss zum Mutterschaftsgeld nach dem Mutterschutzgesetz, Zuschuss bei Beschäftigungsverboten für die Zeit vor oder nach einer Entbindung sowie für den Entbindungstag während einer Elternzeit nach beamtenrechtlichen Vorschriften, Entschädigungen für Verdienstausfall nach dem Infektionsschutzgesetz vom 20. Juli 2000 (BGBl I S. 1045) oder nach § 3 Nummer 28 steuerfreie Aufstockungsbeträge oder Zuschläge bezogen hat oder

4a. die Anzahl der im Lohnkonto oder in der Lohnsteuerbescheinigung eingetragenen Großbuchstaben U mindestens eins beträgt oder

5. für den Arbeitnehmer im Ausgleichsjahr im Rahmen der Vorsorgepauschale jeweils nur zeitweise Beträge nach § 39b Absatz 2 Satz 5 Nummer 3 Buchstabe a bis d oder der Beitragszuschlag nach § 39b Absatz 2 Satz 5 Nummer 3 Buchstabe c berücksichtigt wurden oder

6. der Arbeitnehmer im Ausgleichsjahr ausländische Einkünfte aus nichtselbständiger Arbeit bezogen hat, die nach einem Abkommen zur Vermeidung der Doppelbesteuerung oder unter Progressionsvorbehalt nach § 34c Absatz 5 von der Lohnsteuer freigestellt waren.

(2) [1]Für den Lohnsteuer-Jahresausgleich hat der Arbeitgeber den Jahresarbeitslohn aus dem zu ihm bestehenden Dienstverhältnis und nach den Lohnsteuerbescheinigungen aus etwaigen vorangegangenen Dienstverhältnissen festzustellen. [2]Dabei bleiben Bezüge im Sinne des § 34 Absatz 1 und 2 Nummer 2 und 4 außer Ansatz, wenn der Arbeitnehmer nicht jeweils die Einbeziehung in den Lohnsteuer-Jahresausgleich beantragt. [3]Vom Jahresarbeitslohn sind der etwa in Betracht kommende Versorgungsfreibetrag und Zuschlag zum Versorgungsfreibetrag und der etwa in Betracht kommende Altersentlastungsbetrag abzuziehen. [4]Für den so geminderten Jahresarbeitslohn ist nach Maßgabe der auf der Lohnsteuerkarte zuletzt eingetragenen Steuerklasse die Jahreslohnsteuer nach § 39b Absatz 2 Satz 6 und 7 zu ermitteln. [5]Den Betrag, um den die sich hiernach ergebende Jahreslohnsteuer die Lohnsteuer unterschreitet, die von dem zugrunde gelegten Jahresarbeitslohn insgesamt erhoben worden ist, hat der Arbeitgeber dem Arbeitnehmer zu erstatten. [6]Bei der Ermittlung der insgesamt erhobenen Lohnsteuer ist die Lohnsteuer auszuscheiden, die von den nach Satz 2 außer Ansatz gebliebenen Bezügen einbehalten worden ist.

(3) [1]Der Arbeitgeber darf den Lohnsteuer-Jahresausgleich frühestens bei der Lohnabrechnung für den letzten im Ausgleichsjahr endenden Lohnzahlungszeitraum, spätestens bei der Lohnabrechnung für den letzten Lohnzahlungszeitraum, der im Monat März des dem Ausgleichsjahr folgenden Kalenderjahres endet, durchführen. [2]Die zu erstattende Lohnsteuer ist dem Betrag zu entnehmen, den der Arbeitgeber für seine Arbeitnehmer für den Lohnzahlungszeitraum insgesamt an Lohnsteuer erhoben hat. [3]§ 41c Absatz 2 Satz 2 ist anzuwenden.

(4) [1]Der Arbeitgeber hat im Lohnkonto für das Ausgleichsjahr den Inhalt etwaiger Lohnsteuerbescheinigungen aus vorangegangenen Dienstverhältnissen des Arbeitnehmers einzutragen. [2]Im Lohnkonto für das Ausgleichsjahr ist die im Lohnsteuer-Jahresausgleich erstattete Lohnsteuer gesondert einzutragen. [3]In der Lohnsteuerbescheinigung für das Ausgleichsjahr ist der sich nach Verrechnung der erhobenen Lohnsteuer mit der erstatteten Lohnsteuer ergebende Betrag als erhobene Lohnsteuer einzutragen.

§ 42c (weggefallen)

§ 42d Haftung des Arbeitgebers und Haftung bei Arbeitnehmerüberlassung

(1) Der Arbeitgeber haftet

1. für die Lohnsteuer, die er einzubehalten und abzuführen hat,
2. für die Lohnsteuer, die er beim Lohnsteuer-Jahresausgleich zu Unrecht erstattet hat,
3. für die Einkommensteuer (Lohnsteuer), die auf Grund fehlerhafter Angaben im Lohnkonto oder in der Lohnsteuerbescheinigung verkürzt wird,
4. für die Lohnsteuer, die in den Fällen des § 38 Absatz 3a der Dritte zu übernehmen hat.

(2) Der Arbeitgeber haftet nicht, soweit Lohnsteuer nach § 39 Absatz 4 oder § 39a Absatz 5 nachzufordern ist und in den vom Arbeitgeber angezeigten Fällen des § 38 Absatz 4 Satz 2 und 3 und des § 41c Absatz 4.

(3) [1]Soweit die Haftung des Arbeitgebers reicht, sind der Arbeitgeber und der Arbeitnehmer Gesamtschuldner. [2]Das Betriebsstättenfinanzamt kann die Steuerschuld oder

Haftungsschuld nach pflichtgemäßem Ermessen gegenüber jedem Gesamtschuldner geltend machen. [3]Der Arbeitgeber kann auch dann in Anspruch genommen werden, wenn der Arbeitnehmer zur Einkommensteuer veranlagt wird. [4]Der Arbeitnehmer kann im Rahmen der Gesamtschuldnerschaft nur in Anspruch genommen werden,

1. wenn der Arbeitgeber die Lohnsteuer nicht vorschriftsmäßig vom Arbeitslohn einbehalten hat,
2. wenn der Arbeitnehmer weiß, dass der Arbeitgeber die einbehaltene Lohnsteuer nicht vorschriftsmäßig angemeldet hat. [2]Dies gilt nicht, wenn der Arbeitnehmer den Sachverhalt dem Finanzamt unverzüglich mitgeteilt hat.

(4) [1]Für die Inanspruchnahme des Arbeitgebers bedarf es keines Haftungsbescheids und keines Leistungsgebots, soweit der Arbeitgeber

1. die einzubehaltende Lohnsteuer angemeldet hat oder
2. nach Abschluss einer Lohnsteuer-Außenprüfung seine Zahlungsverpflichtung schriftlich anerkennt.

[2]Satz 1 gilt entsprechend für die Nachforderung zu übernehmender pauschaler Lohnsteuer.

(5) Von der Geltendmachung der Steuernachforderung oder Haftungsforderung ist abzusehen, wenn diese insgesamt 10 Euro nicht übersteigt.

(6) [1]Soweit einem Dritten (Entleiher) Arbeitnehmer gewerbsmäßig zur Arbeitsleistung überlassen werden, haftet er mit Ausnahme der Fälle, in denen eine Arbeitnehmerüberlassung nach § 1 Absatz 3 des Arbeitnehmerüberlassungsgesetzes vorliegt, neben dem Arbeitgeber. [2]Der Entleiher haftet nicht, wenn der Überlassung eine Erlaubnis nach § 1 des Arbeitnehmerüberlassungsgesetzes in der Fassung der Bekanntmachung vom 3. Februar 1995 (BGBl I S. 158), das zuletzt durch Artikel 11 Nummer 21 des Gesetzes vom 30. Juli 2004 (BGBl I S. 1950) geändert worden ist, in der jeweils geltenden Fassung zugrunde liegt und soweit er nachweist, dass er den nach § 51 Absatz 1 Nummer 2 Buchstabe d vorgesehenen Mitwirkungspflichten nachgekommen ist. [3]Der Entleiher haftet ferner nicht, wenn er über das Vorliegen einer Arbeitnehmerüberlassung ohne Verschulden irrte. [4]Die Haftung beschränkt sich auf die Lohnsteuer für die Zeit, für die ihm der Arbeitnehmer überlassen worden ist. [5]Soweit die Haftung des Entleihers reicht, sind der Arbeitgeber, der Entleiher und der Arbeitnehmer Gesamtschuldner. [6]Der Entleiher darf auf Zahlung nur in Anspruch genommen werden, soweit die Vollstreckung in das inländische bewegliche Vermögen des Arbeitgebers fehlgeschlagen ist oder keinen Erfolg verspricht; § 219 Satz 2 der Abgabenordnung ist entsprechend anzuwenden. [7]Ist durch die Umstände der Arbeitnehmerüberlassung die Lohnsteuer schwer zu ermitteln, so ist die Haftungsschuld mit 15 Prozent des zwischen Verleiher und Entleiher vereinbarten Entgelts ohne Umsatzsteuer anzunehmen, solange der Entleiher nicht glaubhaft macht, dass die Lohnsteuer, für die er haftet, niedriger ist. [8]Die Absätze 1 bis 5 sind entsprechend anzuwenden. [9]Die Zuständigkeit des Finanzamts richtet sich nach dem Ort der Betriebsstätte des Verleihers.

(7) Soweit der Entleiher Arbeitgeber ist, haftet der Verleiher wie ein Entleiher nach Absatz 6.

(8) [1]Das Finanzamt kann hinsichtlich der Lohnsteuer der Leiharbeitnehmer anordnen, dass der Entleiher einen bestimmten Teil des mit dem Verleiher vereinbarten Entgelts einzubehalten und abzuführen hat, wenn dies zur Sicherung des Steueranspruchs notwendig ist; Absatz 6 Satz 4 ist anzuwenden. [2]Der Verwaltungsakt kann auch mündlich erlassen werden. [3]Die Höhe des einzubehaltenden und abzuführenden Teils des Entgelts bedarf keiner Begründung, wenn der in Absatz 6 Satz 7 genannte Prozentsatz nicht überschritten wird.

(9) [1]Der Arbeitgeber haftet auch dann, wenn ein Dritter nach § 38 Absatz 3a dessen Pflichten trägt. [2]In diesen Fällen haftet der Dritte neben dem Arbeitgeber. [3]Soweit die Haftung des Dritten reicht, sind der Arbeitgeber, der Dritte und der Arbeitnehmer Gesamtschuldner. [4]Absatz 3 Satz 2 bis 4 ist anzuwenden; Absatz 4 gilt auch für die Inanspruchnahme des Dritten. [5]Im Fall des § 38 Absatz 3a Satz 2 beschränkt sich die Haftung

des Dritten auf die Lohnsteuer, die für die Zeit zu erheben ist, für die er sich gegenüber dem Arbeitgeber zur Vornahme des Lohnsteuerabzugs verpflichtet hat; der maßgebende Zeitraum endet nicht, bevor der Dritte seinem Betriebsstättenfinanzamt die Beendigung seiner Verpflichtung gegenüber dem Arbeitgeber angezeigt hat. [6]In den Fällen des § 38 Absatz 3a Satz 7 ist als Haftungsschuld der Betrag zu ermitteln, um den die Lohnsteuer, die für den gesamten Arbeitslohn des Lohnzahlungszeitraums zu berechnen und einzubehalten ist, die insgesamt tatsächlich einbehaltene Lohnsteuer übersteigt. [7]Betrifft die Haftungsschuld mehrere Arbeitgeber, so ist sie bei fehlerhafter Lohnsteuerberechnung nach dem Verhältnis der Arbeitslöhne und für nachträglich zu erfassende Arbeitslohnbeträge nach dem Verhältnis dieser Beträge auf die Arbeitgeber aufzuteilen. [8]In den Fällen des § 38 Absatz 3a ist das Betriebsstättenfinanzamt des Dritten für die Geltendmachung der Steuer- oder Haftungsschuld zuständig.

§ 42e Anrufungsauskunft

[1]Das Betriebsstättenfinanzamt hat auf Anfrage eines Beteiligten darüber Auskunft zu geben, ob und inwieweit im einzelnen Fall die Vorschriften über die Lohnsteuer anzuwenden sind. [2]Sind für einen Arbeitgeber mehrere Betriebsstättenfinanzämter zuständig, so erteilt das Finanzamt die Auskunft, in dessen Bezirk sich die Geschäftsleitung (§ 10 der Abgabenordnung) des Arbeitgebers im Inland befindet. [3]Ist dieses Finanzamt kein Betriebsstättenfinanzamt, so ist das Finanzamt zuständig, in dessen Bezirk sich die Betriebsstätte mit den meisten Arbeitnehmern befindet. [4]In den Fällen der Sätze 2 und 3 hat der Arbeitgeber sämtliche Betriebsstättenfinanzämter, das Finanzamt der Geschäftsleitung und erforderlichenfalls die Betriebsstätte mit den meisten Arbeitnehmern anzugeben sowie zu erklären, für welche Betriebsstätten die Auskunft von Bedeutung ist.

§ 42f[1)] Lohnsteuer-Außenprüfung

(1) Für die Außenprüfung der Einbehaltung oder Übernahme und Abführung der Lohnsteuer ist das Betriebsstättenfinanzamt zuständig.

(2) [1]Für die Mitwirkungspflicht des Arbeitgebers bei der Außenprüfung gilt § 200 der Abgabenordnung. [2]Darüber hinaus haben die Arbeitnehmer des Arbeitgebers dem mit der Prüfung Beauftragten jede gewünschte Auskunft über Art und Höhe ihrer Einnahmen zu geben und auf Verlangen die etwa in ihrem Besitz befindlichen Lohnsteuerkarten sowie die Belege über bereits entrichtete Lohnsteuer vorzulegen. [3]Dies gilt auch für Personen, bei denen es streitig ist, ob sie Arbeitnehmer des Arbeitgebers sind oder waren.

(3) [1]In den Fällen des § 38 Absatz 3a ist für die Außenprüfung das Betriebsstättenfinanzamt des Dritten zuständig; § 195 Satz 2 der Abgabenordnung bleibt unberührt. [2]Die Außenprüfung ist auch beim Arbeitgeber zulässig; dessen Mitwirkungspflichten bleiben neben den Pflichten des Dritten bestehen.

(4) Auf Verlangen des Arbeitgebers können die Außenprüfung und die Prüfung durch die Träger der Rentenversicherung (§ 28p des Vierten Buches Sozialgesetzbuch) zur gleichen Zeit durchgeführt werden.

3. Steuerabzug vom Kapitalertrag (Kapitalertragsteuer)

§ 43[2)] Kapitalerträge mit Steuerabzug

(1) [1]Bei den folgenden inländischen und in den Fällen der Nummern 6, 7 Buchstabe a und Nummern 8 bis 12 sowie Satz 2 auch ausländischen Kapitalerträgen wird die Einkommensteuer durch Abzug vom Kapitalertrag (Kapitalertragsteuer) erhoben:

1) **Anm. d. Red.:** Gem. der amtlichen Anmerkung zu § 42f in der Neufassung des EStG v. 8. 10. 2009 (BGBl I 3369, ber. 3862) wurde Abs. 4 angefügt.

2) **Anm. d. Red.:** Zur Anwendung des § 43 siehe § 52 Abs. 36 Satz 6, Abs. 53 Sätze 1, 2, Abs. 53a und § 52a Abs. 16 Satz 1.

1. Kapitalerträgen im Sinne des § 20 Absatz 1 Nummer 1 und 2. [2]Entsprechendes gilt für Kapitalerträge im Sinne des § 20 Absatz 2 Satz 1 Nummer 2 Buchstabe a und Nummer 2 Satz 2;
2. Zinsen aus Teilschuldverschreibungen, bei denen neben der festen Verzinsung ein Recht auf Umtausch in Gesellschaftsanteile (Wandelanleihen) oder eine Zusatzverzinsung, die sich nach der Höhe der Gewinnausschüttungen des Schuldners richtet (Gewinnobligationen), eingeräumt ist, und Zinsen aus Genussrechten, die nicht in § 20 Absatz 1 Nummer 1 genannt sind. [2]Zu den Gewinnobligationen gehören nicht solche Teilschuldverschreibungen, bei denen der Zinsfuß nur vorübergehend herabgesetzt und gleichzeitig eine von dem jeweiligen Gewinnergebnis des Unternehmens abhängige Zusatzverzinsung bis zur Höhe des ursprünglichen Zinsfußes festgelegt worden ist. [3]Zu den Kapitalerträgen im Sinne des Satzes 1 gehören nicht die Bundesbankgenussrechte im Sinne des § 3 Absatz 1 des Gesetzes über die Liquidation der Deutschen Reichsbank und der Deutschen Golddiskontbank in der im Bundesgesetzblatt Teil III, Gliederungsnummer 7620-6, veröffentlichten bereinigten Fassung, das zuletzt durch das Gesetz vom 17. Dezember 1975 (BGBl I S. 3123) geändert worden ist;
3. Kapitalerträgen im Sinne des § 20 Absatz 1 Nummer 4;
4. Kapitalerträgen im Sinne des § 20 Absatz 1 Nummer 6; § 20 Absatz 1 Nummer 6 Satz 2 und 3 in der am 1. Januar 2008 anzuwendenden Fassung bleiben für Zwecke der Kapitalertragsteuer unberücksichtigt. [2]Der Steuerabzug vom Kapitalertrag ist in den Fällen des § 20 Absatz 1 Nummer 6 Satz 4 in der am 31. Dezember 2004 geltenden Fassung nur vorzunehmen, wenn das Versicherungsunternehmen auf Grund einer Mitteilung des Finanzamts weiß oder infolge der Verletzung eigener Anzeigepflichtungen nicht weiß, dass die Kapitalerträge nach dieser Vorschrift zu den Einkünften aus Kapitalvermögen gehören;
5. (weggefallen)
6. ausländischen Kapitalerträgen im Sinne der Nummer 1;
7. Kapitalerträgen im Sinne des § 20 Absatz 1 Nummer 7, außer bei Kapitalerträgen im Sinne der Nummer 2, wenn
   a) es sich um Zinsen aus Anleihen und Forderungen handelt, die in ein öffentliches Schuldbuch oder in ein ausländisches Register eingetragen oder über die Sammelurkunden im Sinne des § 9a des Depotgesetzes oder Teilschuldverschreibungen ausgegeben sind;
   b) der Schuldner der nicht in Buchstabe a genannten Kapitalerträge ein inländisches Kreditinstitut oder ein inländisches Finanzdienstleistungsinstitut im Sinne des Gesetzes über das Kreditwesen ist. [2]Kreditinstitut in diesem Sinne ist auch die Kreditanstalt für Wiederaufbau, eine Bausparkasse, ein Versicherungsunternehmen für Erträge aus Kapitalanlagen, die mit Einlagegeschäften bei Kreditinstituten vergleichbar sind, die Deutsche Postbank AG, die Deutsche Bundesbank bei Geschäften mit jedermann einschließlich ihrer Betriebsangehörigen im Sinne der §§ 22 und 25 des Gesetzes über die Deutsche Bundesbank und eine inländische Zweigstelle eines ausländischen Kreditinstituts oder eines ausländischen Finanzdienstleistungsinstituts im Sinne der §§ 53 und 53b des Gesetzes über das Kreditwesen, nicht aber eine ausländische Zweigstelle eines inländischen Kreditinstituts oder eines inländischen Finanzdienstleistungsinstituts. [3]Die inländische Zweigstelle gilt anstelle des ausländischen Kreditinstituts oder des ausländischen Finanzdienstleistungsinstituts als Schuldner der Kapitalerträge;

7a. Kapitalerträgen im Sinne des § 20 Absatz 1 Nummer 9;

7b. Kapitalerträgen im Sinne des § 20 Absatz 1 Nummer 10 Buchstabe a;

7c. Kapitalerträgen im Sinne des § 20 Absatz 1 Nummer 10 Buchstabe b;

8. Kapitalerträgen im Sinne des § 20 Absatz 1 Nummer 11;
9. Kapitalerträgen im Sinne des § 20 Absatz 2 Satz 1 Nummer 1 Satz 1 und 2;

ESt G

10. Kapitalerträgen im Sinne des § 20 Absatz 2 Satz 1 Nummer 2 Buchstabe b und Nummer 7;
11. Kapitalerträgen im Sinne des § 20 Absatz 2 Satz 1 Nummer 3;
12. Kapitalerträgen im Sinne des § 20 Absatz 2 Satz 1 Nummer 8.

[2]Dem Steuerabzug unterliegen auch Kapitalerträge im Sinne des § 20 Absatz 3, die neben den in den Nummern 1 bis 12 bezeichneten Kapitalerträgen oder an deren Stelle gewährt werden. [3]Der Steuerabzug ist ungeachtet des § 3 Nummer 40 und des § 8b des Körperschaftsteuergesetzes vorzunehmen. [4]Für Zwecke des Kapitalertragsteuerabzugs gilt die Übertragung eines von einer auszahlenden Stelle verwahrten oder verwalteten Wirtschaftsguts im Sinne des § 20 Absatz 2 auf einen anderen Gläubiger als Veräußerung des Wirtschaftsguts. [5]Satz 4 gilt nicht, wenn der Steuerpflichtige der auszahlenden Stelle mitteilt, dass es sich um eine unentgeltliche Übertragung handelt. [6]Die auszahlende Stelle hat dies dem für sie zuständigen Betriebsstättenfinanzamt anzuzeigen.

(1a) [1]Abweichend von § 13 des Umwandlungssteuergesetzes treten für Zwecke des Kapitalertragsteuerabzugs die Anteile an der übernehmenden Körperschaft steuerlich an die Stelle der Anteile an der übertragenden Körperschaft. [2]Abweichend von § 21 des Umwandlungssteuergesetzes gelten die eingebrachten Anteile zum Zwecke des Kapitalertragsteuerabzugs als mit dem Wert der Anschaffungsdaten veräußert.

(2) [1]Der Steuerabzug ist außer in den Fällen des Absatzes 1 Satz 1 Nummer 7c nicht vorzunehmen, wenn Gläubiger und Schuldner der Kapitalerträge (Schuldner) oder die auszahlende Stelle im Zeitpunkt des Zufließens dieselbe Person sind. [2]Der Steuerabzug ist außerdem nicht vorzunehmen, wenn in den Fällen des Absatzes 1 Satz 1 Nummer 6, 7 und 8 bis 12 Gläubiger der Kapitalerträge ein inländisches Kreditinstitut oder inländisches Finanzdienstleistungsinstitut nach Absatz 1 Satz 1 Nummer 7 Buchstabe b oder eine inländische Kapitalanlagegesellschaft ist. [3]Bei Kapitalerträgen im Sinne des Absatzes 1 Satz 1 Nummer 6 und 8 bis 12 ist ebenfalls kein Steuerabzug vorzunehmen, wenn

1. eine unbeschränkt steuerpflichtige Körperschaft, Personenvereinigung oder Vermögensmasse, die nicht unter Satz 2 oder § 44a Absatz 4 Satz 1 fällt, Gläubigerin der Kapitalerträge ist, oder
2. die Kapitalerträge Betriebseinnahmen eines inländischen Betriebs sind und der Gläubiger der Kapitalerträge dies gegenüber der auszahlenden Stelle nach amtlich vorgeschriebenem Vordruck erklärt; dies gilt entsprechend für Kapitalerträge aus Options- und Termingeschäften im Sinne des Absatzes 1 Satz 1 Nummer 8 und 11, wenn sie zu den Einkünften aus Vermietung und Verpachtung gehören.

[4]Im Fall des § 1 Absatz 1 Nummer 4 und 5 des Körperschaftsteuergesetzes ist Satz 3 Nummer 1 nur anzuwenden, wenn die Körperschaft, Personenvereinigung oder Vermögensmasse durch eine Bescheinigung des für sie zuständigen Finanzamts ihre Zugehörigkeit zu dieser Gruppe von Steuerpflichtigen nachweist. [5]Die Bescheinigung ist unter dem Vorbehalt des Widerrufs auszustellen. [6]Die Fälle des Satzes 3 Nummer 2 hat die auszahlende Stelle gesondert aufzuzeichnen und die Erklärung der Zugehörigkeit der Kapitalerträge zu den Betriebseinnahmen oder zu den Einnahmen aus Vermietung und Verpachtung zehn Jahre aufzubewahren; die Frist beginnt mit dem Schluss des Kalenderjahres, in dem die Erklärung zugegangen ist. [7]Die auszahlende Stelle hat in den Fällen des Satzes 3 Nummer 2 daneben die Konto- oder Depotbezeichnung oder die sonstige Kennzeichnung des Geschäftsvorgangs, Vor- und Zunamen des Gläubigers sowie die Identifikationsnummer nach § 139b der Abgabenordnung bzw. bei Personenmehrheit den Firmennamen und die zugehörige Steuernummer nach amtlich vorgeschriebenem Datensatz zu speichern und durch Datenfernübertragung zu übermitteln. [8]Das Bundesministerium der Finanzen wird den Empfänger der Datenlieferungen sowie den Zeitpunkt der erstmaligen Übermittlung durch ein im Bundessteuerblatt zu veröffentlichendes Schreiben mitteilen.

(3) [1]Kapitalerträge im Sinne des Absatzes 1 Satz 1 Nummer 1 Satz 1 sowie Nummer 2 bis 4 sind inländische, wenn der Schuldner Wohnsitz, Geschäftsleitung oder Sitz im Inland hat; Kapitalerträge im Sinne des Absatzes 1 Satz 1 Nummer 4 sind auch dann inländische, wenn der Schuldner eine Niederlassung im Sinne des § 106, § 110a oder

§ 110d des Versicherungsaufsichtsgesetzes im Inland hat. [2]Kapitalerträge im Sinne des Absatzes 1 Satz 1 Nummer 1 Satz 2 sind inländische, wenn der Schuldner der veräußerten Ansprüche die Voraussetzungen des Satzes 1 erfüllt. [3]Kapitalerträge im Sinne des § 20 Absatz 1 Nummer 1 Satz 4 sind inländische, wenn der Emittent der Aktien Geschäftsleitung oder Sitz im Inland hat. [4]Kapitalerträge im Sinne des Absatzes 1 Satz 1 Nummer 6 sind ausländische, wenn weder die Voraussetzungen nach Satz 1 noch nach Satz 2 vorliegen.

(4) Der Steuerabzug ist auch dann vorzunehmen, wenn die Kapitalerträge beim Gläubiger zu den Einkünften aus Land- und Forstwirtschaft, aus Gewerbebetrieb, aus selbständiger Arbeit oder aus Vermietung und Verpachtung gehören.

(5) [1]Für Kapitalerträge im Sinne des § 20, die der Kapitalertragsteuer unterlegen haben, ist die Einkommensteuer mit dem Steuerabzug abgegolten, soweit nicht der Gläubiger nach § 44 Absatz 1 Satz 7 bis 9 und Absatz 5 in Anspruch genommen werden kann. [2]Dies gilt nicht in Fällen des § 32d Absatz 2 und für Kapitalerträge, die zu den Einkünften aus Land- und Forstwirtschaft, aus Gewerbebetrieb, aus selbständiger Arbeit oder aus Vermietung und Verpachtung gehören. [3]Auf Antrag des Gläubigers werden Kapitalerträge im Sinne des Satzes 1 in die besondere Besteuerung von Kapitalerträgen nach § 32d einbezogen.

§ 43a[1)] Bemessung der Kapitalertragsteuer

(1) [1]Die Kapitalertragsteuer beträgt

1. in den Fällen des § 43 Absatz 1 Satz 1 Nummer 1 bis 4, 6 bis 7a und 8 bis 12 sowie Satz 2:

   25 Prozent des Kapitalertrags;
2. in den Fällen des § 43 Absatz 1 Satz 1 Nummer 7b und 7c:

   15 Prozent des Kapitalertrags.

[2]Im Fall einer Kirchensteuerpflicht ermäßigt sich die Kapitalertragsteuer um 25 Prozent der auf die Kapitalerträge entfallenden Kirchensteuer. [3]§ 32d Absatz 1 Satz 4 und 5 gilt entsprechend.

(2) [1]Dem Steuerabzug unterliegen die vollen Kapitalerträge ohne jeden Abzug. [2]In den Fällen des § 43 Absatz 1 Satz 1 Nummer 9 bis 12 bemisst sich der Steuerabzug nach § 20 Absatz 4 und 4a, wenn die Wirtschaftsgüter von der die Kapitalerträge auszahlenden Stelle erworben oder veräußert und seitdem verwahrt oder verwaltet worden sind. [3]Überträgt der Steuerpflichtige die Wirtschaftsgüter auf ein anderes Depot, hat die abgebende inländische auszahlende Stelle der übernehmenden inländischen auszahlenden Stelle die Anschaffungsdaten mitzuteilen. [4]Satz 3 gilt in den Fällen des § 43 Absatz 1 Satz 5 entsprechend. [5]Handelt es sich bei der abgebenden auszahlenden Stelle um ein Kreditinstitut oder Finanzdienstleistungsinstitut mit Sitz in einem anderen Mitgliedstaat der Europäischen Gemeinschaft, in einem anderen Vertragsstaat des EWR-Abkommens vom 3. Januar 1994 (ABl EG Nr. L 1 S. 3) in der jeweils geltenden Fassung oder in einem anderen Vertragsstaat nach Artikel 17 Absatz 2 Ziffer i der Richtlinie 2003/48/EG vom 3. Juni 2003 im Bereich der Besteuerung von Zinserträgen (ABl EU Nr. L 157 S. 38), kann der Steuerpflichtige den Nachweis nur durch eine Bescheinigung des ausländischen Instituts führen; dies gilt entsprechend für eine in diesem Gebiet belegene Zweigstelle eines inländischen Kreditinstituts oder Finanzdienstleistungsinstituts. [6]In allen anderen Fällen ist ein Nachweis der Anschaffungsdaten nicht zulässig. [7]Sind die Anschaffungsdaten nicht nachgewiesen, bemisst sich der Steuerabzug nach 30 Prozent

1) **Anm. d. Red.:** Zur Anwendung des § 43a siehe § 52 Abs. 53 Sätze 1 und 2, Abs. 55 und § 52a Abs. 16 Satz 2.

der Einnahmen aus der Veräußerung oder Einlösung der Wirtschaftsgüter. [8]In den Fällen des § 43 Absatz 1 Satz 4 gelten der Börsenpreis zum Zeitpunkt der Übertragung zuzüglich Stückzinsen als Einnahmen aus der Veräußerung und die mit dem Depotübertrag verbundenen Kosten als Veräußerungskosten im Sinne des § 20 Absatz 4 Satz 1. [9]Zur Ermittlung des Börsenpreises ist der niedrigste am Vortag der Übertragung im regulierten Markt notierte Kurs anzusetzen; liegt am Vortag eine Notierung nicht vor, so werden die Wirtschaftsgüter mit dem letzten innerhalb von 30 Tagen vor dem Übertragungstag im regulierten Markt notierten Kurs angesetzt; Entsprechendes gilt für Wertpapiere, die im Inland in den Freiverkehr einbezogen sind oder in einem anderen Staat des Europäischen Wirtschaftsraums zum Handel an einem geregelten Markt im Sinne des Artikels 1 Nummer 13 der Richtlinie 93/22/EWG des Rates vom 10. Mai 1993 über Wertpapierdienstleistungen (ABl EG Nr. L 141 S. 27) zugelassen sind. [10]Liegt ein Börsenpreis nicht vor, bemisst sich die Steuer nach 30 Prozent der Anschaffungskosten. [11]Die übernehmende auszahlende Stelle hat als Anschaffungskosten den von der abgebenden Stelle angesetzten Börsenpreis anzusetzen und die bei der Übertragung als Einnahmen aus der Veräußerung angesetzten Stückzinsen nach Absatz 3 zu berücksichtigen. [12]Satz 9 gilt entsprechend. [13]Liegt ein Börsenpreis nicht vor, bemisst sich der Steuerabzug nach 30 Prozent der Einnahmen aus der Veräußerung oder Einlösung der Wirtschaftsgüter. [14]Hat die auszahlende Stelle die Wirtschaftsgüter vor dem 1. Januar 1994 erworben oder veräußert und seitdem verwahrt oder verwaltet, kann sie den Steuerabzug nach 30 Prozent der Einnahmen aus der Veräußerung oder Einlösung der Wertpapiere und Kapitalforderungen bemessen. [15]Abweichend von den Sätzen 2 bis 14 bemisst sich der Steuerabzug bei Kapitalerträgen aus nicht für einen marktmäßigen Handel bestimmten schuldbuchfähigen Wertpapieren des Bundes und der Länder oder bei Kapitalerträgen im Sinne des § 43 Absatz 1 Satz 1 Nummer 7 Buchstabe b aus nicht in Inhaber- oder Orderschuldverschreibungen verbrieften Kapitalforderungen nach dem vollen Kapitalertrag ohne jeden Abzug.

(3) [1]Die auszahlende Stelle hat ausländische Steuern auf Kapitalerträge nach Maßgabe des § 32d Absatz 5 zu berücksichtigen. [2]Sie hat unter Berücksichtigung des § 20 Absatz 6 Satz 5 im Kalenderjahr negative Kapitalerträge einschließlich gezahlter Stückzinsen bis zur Höhe der positiven Kapitalerträge auszugleichen; liegt ein gemeinsamer Freistellungsauftrag im Sinne des § 44a Absatz 2 Satz 1 Nummer 1 in Verbindung mit § 20 Absatz 9 Satz 2 vor, erfolgt ein gemeinsamer Ausgleich. [3]Der nicht ausgeglichene Verlust ist auf das nächste Kalenderjahr zu übertragen. [4]Auf Verlangen des Gläubigers der Kapitalerträge hat sie über die Höhe eines nicht ausgeglichenen Verlusts eine Bescheinigung nach amtlich vorgeschriebenem Muster zu erteilen; der Verlustübertrag entfällt in diesem Fall. [5]Der unwiderrufliche Antrag auf Erteilung der Bescheinigung muss bis zum 15. Dezember des laufenden Jahres der auszahlenden Stelle zugehen. [6]Überträgt der Gläubiger der Kapitalerträge seine im Depot befindlichen Wirtschaftsgüter vollständig auf ein anderes Depot, hat die abgebende auszahlende Stelle der übernehmenden auszahlenden Stelle auf Verlangen des Gläubigers der Kapitalerträge die Höhe des nicht ausgeglichenen Verlusts mitzuteilen; eine Bescheinigung nach Satz 4 darf in diesem Fall nicht erteilt werden. [7]Die vorstehenden Sätze gelten nicht in den Fällen des § 20 Absatz 8 und des § 44 Absatz 1 Satz 4 Nummer 1 Buchstabe a Doppelbuchstabe bb sowie bei Körperschaften, Personenvereinigungen oder Vermögensmassen.

(4) [1]Die Absätze 2 und 3 gelten entsprechend für die das Bundesschuldbuch führende Stelle oder eine Landesschuldenverwaltung als auszahlende Stelle. [2]Werden die Wertpapiere oder Forderungen von einem Kreditinstitut oder einem Finanzdienstleistungsinstitut mit der Maßgabe der Verwahrung und Verwaltung durch die das Bundesschuldbuch führende Stelle oder eine Landesschuldenverwaltung erworben, hat das Kreditinstitut oder das Finanzdienstleistungsinstitut der das Bundesschuldbuch führenden Stelle oder einer Landesschuldenverwaltung zusammen mit den im Schuldbuch einzutragenden Wertpapieren und Forderungen den Erwerbszeitpunkt und die Anschaffungsdaten sowie in Fällen des Absatzes 2 den Erwerbspreis der für einen marktmäßigen Handel bestimmten schuldbuchfähigen Wertpapiere des Bundes oder der Länder und außerdem mitzuteilen, dass es diese Wertpapiere und Forderungen erworben oder veräußert und seitdem verwahrt oder verwaltet hat.

§ 43b[1)] Bemessung der Kapitalertragsteuer bei bestimmten Gesellschaften

(1) [1]Auf Antrag wird die Kapitalertragsteuer für Kapitalerträge im Sinne des § 20 Absatz 1 Nummer 1, die einer Muttergesellschaft, die weder ihren Sitz noch ihre Geschäftsleitung im Inland hat, oder einer in einem anderen Mitgliedstaat der Europäischen Union gelegenen Betriebsstätte dieser Muttergesellschaft, aus Ausschüttungen einer Tochtergesellschaft zufließen, nicht erhoben. [2]Satz 1 gilt auch für Ausschüttungen einer Tochtergesellschaft, die einer in einem anderen Mitgliedstaat der Europäischen Union gelegenen Betriebsstätte einer unbeschränkt steuerpflichtigen Muttergesellschaft zufließen. [3]Ein Zufluss an die Betriebsstätte liegt nur vor, wenn die Beteiligung an der Tochtergesellschaft tatsächlich zu dem Betriebsvermögen der Betriebsstätte gehört. [4]Die Sätze 1 bis 3 gelten nicht für Kapitalerträge im Sinne des § 20 Absatz 1 Nummer 1, die anlässlich der Liquidation oder Umwandlung einer Tochtergesellschaft zufließen.

ESfG

(2) [1]Muttergesellschaft im Sinne des Absatzes 1 ist jede Gesellschaft, die die in der Anlage 2[2)] zu diesem Gesetz bezeichneten Voraussetzungen erfüllt und nach Artikel 3 Absatz 1 Buchstabe a der Richtlinie 90/435/EWG des Rates vom 23. Juli 1990 über das gemeinsame Steuersystem der Mutter- und Tochtergesellschaften verschiedener Mitgliedstaaten (ABl EG Nr. L 225 S. 6, Nr. L 266 S. 20, 1997 Nr. L 16 S. 98), zuletzt geändert durch die Richtlinie 2006/98/EG des Rates vom 20. November 2006 (ABl EU Nr. L 363 S. 129), im Zeitpunkt der Entstehung der Kapitalertragsteuer nach § 44 Absatz 1 Satz 2 nachweislich mindestens zu 15[3)] Prozent unmittelbar am Kapital der Tochtergesellschaft (Mindestbeteiligung) beteiligt ist. [2]Ist die Mindestbeteiligung zu diesem Zeitpunkt nicht erfüllt, ist der Zeitpunkt des Gewinnverteilungsbeschlusses maßgeblich. [3]Tochtergesellschaft im Sinne des Absatzes 1 sowie des Satzes 1 ist jede unbeschränkt steuerpflichtige Gesellschaft, die die in der Anlage 2 zu diesem Gesetz und in Artikel 3 Absatz 1 Buchstabe b der Richtlinie 90/435/EWG bezeichneten Voraussetzungen erfüllt. [4]Weitere Voraussetzung ist, dass die Beteiligung nachweislich ununterbrochen zwölf Monate besteht. [5]Wird dieser Beteiligungszeitraum nach dem Zeitpunkt der Entstehung der Kapitalertragsteuer gemäß § 44 Absatz 1 Satz 2 vollendet, ist die einbehaltene und abgeführte Kapitalertragsteuer nach § 50d Absatz 1 zu erstatten; das Freistellungsverfahren nach § 50d Absatz 2 ist ausgeschlossen.

(2a) Betriebsstätte im Sinne der Absätze 1 und 2 ist eine feste Geschäftseinrichtung in einem anderen Mitgliedstaat der Europäischen Union, durch die die Tätigkeit der Muttergesellschaft ganz oder teilweise ausgeübt wird, wenn das Besteuerungsrecht für die Gewinne dieser Geschäftseinrichtung nach dem jeweils geltenden Abkommen zur Vermeidung der Doppelbesteuerung dem Staat, in dem sie gelegen ist, zugewiesen wird und diese Gewinne in diesem Staat der Besteuerung unterliegen.

(3)[4)] Absatz 1 in Verbindung mit Absatz 2 gilt auch, wenn die Beteiligung der Muttergesellschaft am Kapital der Tochtergesellschaft mindestens 10 Prozent beträgt und der Staat, in dem die Muttergesellschaft nach einem mit einem anderen Mitgliedstaat der Europäischen Union abgeschlossenen Abkommen zur Vermeidung der Doppelbesteuerung als ansässig gilt, dieser Gesellschaft für Ausschüttungen der Tochtergesellschaft eine Steuerbefreiung oder eine Anrechnung der deutschen Körperschaftsteuer auf die Steuer der Muttergesellschaft gewährt und seinerseits Ausschüttungen an eine unbeschränkt steuerpflichtige Muttergesellschaft ab der gleichen Beteiligungshöhe von der Kapitalertragsteuer befreit.

1) **Anm. d. Red.:** Zur Anwendung des § 43b siehe § 52 Abs. 53 Sätze 1 und 2, Abs. 55a, 55c und 55d.

2) **Anm. d. Red.:** Wiedergegeben auf S. 466 ff.

3) **Anm. d. Red.:** Auf Ausschüttungen, die nach dem 31. 12. 2008 zufließen, ist Satz 1 mit „10 Prozent" statt „15 Prozent" anzuwenden (§ 52 Abs. 55c).

4) **Anm. d. Red.:** Abs. 3 ist letztmals auf Ausschüttungen anzuwenden, die vor dem 1. 1. 2009 zugeflossen sind (§ 52 Abs. 55d).

§ 44[1] Entrichtung der Kapitalertragsteuer

(1) [1]Schuldner der Kapitalertragsteuer ist in den Fällen des § 43 Absatz 1 Satz 1 Nummer 1 bis 7b und 8 bis 12 sowie Satz 2 der Gläubiger der Kapitalerträge. [2]Die Kapitalertragsteuer entsteht in dem Zeitpunkt, in dem die Kapitalerträge dem Gläubiger zufließen. [3]In diesem Zeitpunkt haben in den Fällen des § 43 Absatz 1 Satz 1 Nummer 1 bis 4 sowie 7a und 7b der Schuldner der Kapitalerträge, jedoch in den Fällen des § 43 Absatz 1 Satz 1 Nummer 1 Satz 2 die für den Verkäufer der Wertpapiere den Verkaufsauftrag ausführende Stelle im Sinne des Satzes 4 Nummer 1 und in den Fällen des § 20 Absatz 1 Nummer 1 Satz 4 das für den Verkäufer der Aktien den Verkaufsauftrag ausführende inländische Kreditinstitut oder Finanzdienstleistungsinstitut im Sinne des § 43 Absatz 1 Satz 1 Nummer 7 Buchstabe b (den Verkaufsauftrag ausführende Stelle), und in den Fällen des § 43 Absatz 1 Satz 1 Nummer 6, 7 und 8 bis 12 sowie Satz 2 die die Kapitalerträge auszahlende Stelle den Steuerabzug für Rechnung des Gläubigers der Kapitalerträge vorzunehmen. [4]Die die Kapitalerträge auszahlende Stelle ist

1. in den Fällen des § 43 Absatz 1 Satz 1 Nummer 6, 7 Buchstabe a und Nummer 8 bis 12 sowie Satz 2
   a) das inländische Kreditinstitut oder das inländische Finanzdienstleistungsinstitut im Sinne des § 43 Absatz 1 Satz 1 Nummer 7 Buchstabe b, das inländische Wertpapierhandelsunternehmen oder die inländische Wertpapierhandelsbank,
      aa) das die Teilschuldverschreibungen, die Anteile an einer Sammelschuldbuchforderung, die Wertrechte, die Zinsscheine oder sonstigen Wirtschaftsgüter verwahrt oder verwaltet oder deren Veräußerung durchführt und die Kapitalerträge auszahlt oder gutschreibt oder in den Fällen des § 43 Absatz 1 Satz 1 Nummer 11 die Kapitalerträge auszahlt oder gutschreibt,
      bb) das die Kapitalerträge gegen Aushändigung der Zinsscheine oder der Teilschuldverschreibungen einem anderen als einem ausländischen Kreditinstitut oder einem ausländischen Finanzdienstleistungsinstitut auszahlt oder gutschreibt;
   b) der Schuldner der Kapitalerträge in den Fällen des § 43 Absatz 1 Satz 1 Nummer 7 Buchstabe a und Nummer 10 unter den Voraussetzungen des Buchstabens a, wenn kein inländisches Kreditinstitut oder kein inländisches Finanzdienstleistungsinstitut die die Kapitalerträge auszahlende Stelle ist;
2. in den Fällen des § 43 Absatz 1 Satz 1 Nummer 7 Buchstabe b das inländische Kreditinstitut oder das inländische Finanzdienstleistungsinstitut, das die Kapitalerträge als Schuldner auszahlt oder gutschreibt.

[5]Die innerhalb eines Kalendermonats einbehaltene Steuer ist jeweils bis zum zehnten des folgenden Monats an das Finanzamt abzuführen, das für die Besteuerung

1. des Schuldners der Kapitalerträge,
2. der den Verkaufsauftrag ausführenden Stelle oder
3. der die Kapitalerträge auszahlenden Stelle

nach dem Einkommen zuständig ist; bei Kapitalerträgen im Sinne des § 43 Absatz 1 Satz 1 Nummer 1 ist die einbehaltene Steuer, soweit es sich nicht um Kapitalerträge im Sinne des § 20 Absatz 1 Nummer 1 Satz 4 handelt, in dem Zeitpunkt abzuführen, in dem die Kapitalerträge dem Gläubiger zufließen. [6]Dabei ist die Kapitalertragsteuer, die zu demselben Zeitpunkt abzuführen ist, jeweils auf den nächsten vollen Eurobetrag abzurunden. [7]Wenn Kapitalerträge ganz oder teilweise nicht in Geld bestehen (§ 8 Absatz 2) und der in Geld geleistete Kapitalertrag nicht zur Deckung der Kapitalertragsteuer ausreicht, hat der Gläubiger der Kapitalerträge dem zum Steuerabzug Verpflichteten den Fehlbetrag zur Verfügung zu stellen. [8]Soweit der Gläubiger seiner Verpflichtung nicht nachkommt, hat der zum Steuerabzug Verpflichtete dies dem für ihn zuständigen Be-

1) **Anm. d. Red.:** Zur Anwendung des § 44 siehe § 52 Abs. 36 Satz 6, Abs. 53 Sätze 1 bis 3, 5 und Abs. 55e.

triebsstättenfinanzamt anzuzeigen. [9]Das Finanzamt hat die zu wenig erhobene Kapitalertragsteuer vom Gläubiger der Kapitalerträge nachzufordern.

(2) [1]Gewinnanteile (Dividenden) und andere Kapitalerträge im Sinne des § 43 Absatz 1 Satz 1 Nummer 1, deren Ausschüttung von einer Körperschaft beschlossen wird, fließen dem Gläubiger der Kapitalerträge an dem Tag zu (Absatz 1), der im Beschluss als Tag der Auszahlung bestimmt worden ist. [2]Ist die Ausschüttung nur festgesetzt, ohne dass über den Zeitpunkt der Auszahlung ein Beschluss gefasst worden ist, so gilt als Zeitpunkt des Zufließens der Tag nach der Beschlussfassung. [3]Für Kapitalerträge im Sinne des § 20 Absatz 1 Nummer 1 Satz 4 gelten diese Zuflusszeitpunkte entsprechend.

(3) [1]Ist bei Einnahmen aus der Beteiligung an einem Handelsgewerbe als stiller Gesellschafter in dem Beteiligungsvertrag über den Zeitpunkt der Ausschüttung keine Vereinbarung getroffen, so gilt der Kapitalertrag am Tag nach der Aufstellung der Bilanz oder einer sonstigen Feststellung des Gewinnanteils des stillen Gesellschafters, spätestens jedoch sechs Monate nach Ablauf des Wirtschaftsjahres, für das der Kapitalertrag ausgeschüttet oder gutgeschrieben werden soll, als zugeflossen. [2]Bei Zinsen aus partiarischen Darlehen gilt Satz 1 entsprechend.

(4) Haben Gläubiger und Schuldner der Kapitalerträge vor dem Zufließen ausdrücklich Stundung des Kapitalertrags vereinbart, weil der Schuldner vorübergehend zur Zahlung nicht in der Lage ist, so ist der Steuerabzug erst mit Ablauf der Stundungsfrist vorzunehmen.

(5) [1]Die Schuldner der Kapitalerträge, die den Verkaufsauftrag ausführenden Stellen oder die die Kapitalerträge auszahlenden Stellen haften für die Kapitalertragsteuer, die sie einzubehalten und abzuführen haben, es sei denn, sie weisen nach, dass sie die ihnen auferlegten Pflichten weder vorsätzlich noch grob fahrlässig verletzt haben. [2]Der Gläubiger der Kapitalerträge wird nur in Anspruch genommen, wenn

1. der Schuldner, die den Verkaufsauftrag ausführende Stelle oder die die Kapitalerträge auszahlende Stelle die Kapitalerträge nicht vorschriftsmäßig gekürzt hat,
2. der Gläubiger weiß, dass der Schuldner, die den Verkaufsauftrag ausführende Stelle oder die die Kapitalerträge auszahlende Stelle die einbehaltene Kapitalertragsteuer nicht vorschriftsmäßig abgeführt hat, und dies dem Finanzamt nicht unverzüglich mitteilt oder
3. das die Kapitalerträge auszahlende inländische Kreditinstitut oder das inländische Finanzdienstleistungsinstitut die Kapitalerträge zu Unrecht ohne Abzug der Kapitalertragsteuer ausgezahlt hat.

[3]Für die Inanspruchnahme des Schuldners der Kapitalerträge, der den Verkaufsauftrag ausführenden Stelle und der die Kapitalerträge auszahlenden Stelle bedarf es keines Haftungsbescheids, soweit der Schuldner, die den Verkaufsauftrag ausführende Stelle oder die die Kapitalerträge auszahlende Stelle die einbehaltene Kapitalertragsteuer richtig angemeldet hat oder soweit sie ihre Zahlungsverpflichtungen gegenüber dem Finanzamt oder dem Prüfungsbeamten des Finanzamts schriftlich anerkennen.

(6) [1]In den Fällen des § 43 Absatz 1 Satz 1 Nummer 7c gilt die juristische Person des öffentlichen Rechts und die von der Körperschaftsteuer befreite Körperschaft, Personenvereinigung oder Vermögensmasse als Gläubiger und der Betrieb gewerblicher Art und der wirtschaftliche Geschäftsbetrieb als Schuldner der Kapitalerträge. [2]Die Kapitalertragsteuer entsteht, auch soweit sie auf verdeckte Gewinnausschüttungen entfällt, die im abgelaufenen Wirtschaftsjahr vorgenommen worden sind, im Zeitpunkt der Bilanzerstellung; sie entsteht spätestens acht Monate nach Ablauf des Wirtschaftsjahres; in den Fällen des § 20 Absatz 1 Nummer 10 Buchstabe b Satz 2 am Tag nach der Beschlussfassung über die Verwendung und in den Fällen des § 22 Absatz 4 des Umwandlungssteuergesetzes am Tag nach der Veräußerung. [3]Die Kapitalertragsteuer entsteht in den Fällen des § 20 Absatz 1 Nummer 10 Buchstabe b Satz 3 zum Ende des Wirtschaftsjahres. [4]Die Absätze 1 bis 4 und 5 Satz 2 sind entsprechend anzuwenden. [5]Der Schuldner der Kapitalerträge haftet für die Kapitalertragsteuer, soweit sie auf verdeckte Gewinnausschüttungen und auf Veräußerungen im Sinne des § 22 Absatz 4 des Umwandlungssteuergesetzes entfällt.

(7) [1]In den Fällen des § 14 Absatz 3 des Körperschaftsteuergesetzes entsteht die Kapitalertragsteuer in dem Zeitpunkt der Feststellung der Handelsbilanz der Organgesellschaft; sie entsteht spätestens acht Monate nach Ablauf des Wirtschaftsjahres der Organgesellschaft. [2]Die entstandene Kapitalertragsteuer ist an dem auf den Entstehungszeitpunkt nachfolgenden Werktag an das Finanzamt abzuführen, das für die Besteuerung der Organgesellschaft nach dem Einkommen zuständig ist. [3]Im Übrigen sind die Absätze 1 bis 4 entsprechend anzuwenden.

§ 44a[1)] Abstandnahme vom Steuerabzug

(1) Bei Kapitalerträgen im Sinne des § 43 Absatz 1 Satz 1 Nummer 3, 4, 6, 7 und 8 bis 12 sowie Satz 2, die einem unbeschränkt einkommensteuerpflichtigen Gläubiger zufließen, ist der Steuerabzug nicht vorzunehmen,

1. soweit die Kapitalerträge zusammen mit den Kapitalerträgen, für die die Kapitalertragsteuer nach § 44b zu erstatten ist, den Sparer-Pauschbetrag nach § 20 Absatz 9 nicht übersteigen,
2. wenn anzunehmen ist, dass auch für Fälle der Günstigerprüfung nach § 32d Absatz 6 keine Steuer entsteht.

(2) [1]Voraussetzung für die Abstandnahme vom Steuerabzug nach Absatz 1 ist, dass dem nach § 44 Absatz 1 zum Steuerabzug Verpflichteten in den Fällen

1. des Absatzes 1 Nummer 1 ein Freistellungsauftrag des Gläubigers der Kapitalerträge nach amtlich vorgeschriebenem Vordruck oder
2. des Absatzes 1 Nummer 2 eine Nichtveranlagungs-Bescheinigung des für den Gläubiger zuständigen Wohnsitzfinanzamts

vorliegt. [2]In den Fällen des Satzes 1 Nummer 2 ist die Bescheinigung unter dem Vorbehalt des Widerrufs auszustellen. [3]Ihre Geltungsdauer darf höchstens drei Jahre betragen und muss am Schluss eines Kalenderjahres enden. [4]Fordert das Finanzamt die Bescheinigung zurück oder erkennt der Gläubiger, dass die Voraussetzungen für ihre Erteilung weggefallen sind, so hat er dem Finanzamt die Bescheinigung zurückzugeben.

(3) Der nach § 44 Absatz 1 zum Steuerabzug Verpflichtete hat in seinen Unterlagen das Finanzamt, das die Bescheinigung erteilt hat, den Tag der Ausstellung der Bescheinigung und die in der Bescheinigung angegebene Steuer- und Listennummer zu vermerken sowie die Freistellungsaufträge aufzubewahren.

(4) [1]Ist der Gläubiger

1. eine von der Körperschaftsteuer befreite inländische Körperschaft, Personenvereinigung oder Vermögensmasse oder
2. eine inländische juristische Person des öffentlichen Rechts,

so ist der Steuerabzug bei Kapitalerträgen im Sinne des § 43 Absatz 1 Satz 1 Nummer 4, 6, 7 und 8 bis 12 sowie Satz 2 nicht vorzunehmen. [2]Dies gilt auch, wenn es sich bei den Kapitalerträgen um Bezüge im Sinne des § 20 Absatz 1 Nummer 1 und 2 handelt, die der Gläubiger von einer von der Körperschaftsteuer befreiten Körperschaft bezieht. [3]Voraussetzung ist, dass der Gläubiger dem Schuldner oder dem die Kapitalerträge auszahlenden inländischen Kreditinstitut oder inländischen Finanzdienstleistungsinstitut durch eine Bescheinigung des für seine Geschäftsleitung oder seinen Sitz zuständigen Finanzamts nachweist, dass er eine Körperschaft, Personenvereinigung oder Vermögensmasse im Sinne des Satzes 1 Nummer 1 oder 2 ist. [4]Absatz 2 Satz 2 bis 4 und Absatz 3 gelten entsprechend. [5]Die in Satz 3 bezeichnete Bescheinigung wird nicht erteilt, wenn die Kapitalerträge in den Fällen des Satzes 1 Nummer 1 in einem wirtschaftlichen Geschäftsbetrieb anfallen, für den die Befreiung von der Körperschaftsteuer ausgeschlossen ist, oder wenn sie in den Fällen des Satzes 1 Nummer 2 in einem nicht von der Körperschaftsteuer befreiten Betrieb gewerblicher Art anfallen.

1) **Anm. d. Red.:** Zur Anwendung des § 44a siehe § 52 Abs. 53 Sätze 1 und 2, Abs. 55f, 55g und § 52a Abs. 16 Sätze 3 bis 5, Abs. 16a.

(5) [1]Bei Kapitalerträgen im Sinne des § 43 Absatz 1 Satz 1 Nummer 6, 7 und 8 bis 12 sowie Satz 2, die einem unbeschränkt oder beschränkt einkommensteuerpflichtigen Gläubiger zufließen, ist der Steuerabzug nicht vorzunehmen, wenn die Kapitalerträge Betriebseinnahmen des Gläubigers sind und die Kapitalertragsteuer bei ihm auf Grund der Art seiner Geschäfte auf Dauer höher wäre als die gesamte festzusetzende Einkommensteuer oder Körperschaftsteuer. [2]Ist der Gläubiger ein Lebens- oder Krankenversicherungsunternehmen als Organgesellschaft, ist für die Anwendung des Satzes 1 eine bestehende Organschaft im Sinne des § 14 des Körperschaftsteuergesetzes nicht zu berücksichtigen, wenn die beim Organträger anzurechnende Kapitalertragsteuer, einschließlich der Kapitalertragsteuer des Lebens- oder Krankenversicherungsunternehmens, die auf Grund von § 19 Absatz 5 des Körperschaftsteuergesetzes anzurechnen wäre, höher wäre, als die gesamte festzusetzende Körperschaftsteuer. [3]Für die Prüfung der Voraussetzung des Satzes 2 ist auf die Verhältnisse der dem Antrag auf Erteilung einer Bescheinigung im Sinne des Satzes 4 vorangehenden drei Veranlagungszeiträume abzustellen. [4]Die Voraussetzung des Satzes 1 ist durch eine Bescheinigung des für den Gläubiger zuständigen Finanzamts nachzuweisen. [5]Die Bescheinigung ist unter dem Vorbehalt des Widerrufs auszustellen. [6]Die Voraussetzung des Satzes 2 ist gegenüber dem für den Gläubiger zuständigen Finanzamt durch eine Bescheinigung des für den Organträger zuständigen Finanzamts nachzuweisen.

 EStG

(6) [1]Voraussetzung für die Abstandnahme vom Steuerabzug nach den Absätzen 1, 4 und 5 bei Kapitalerträgen im Sinne des § 43 Absatz 1 Satz 1 Nummer 6, 7 und 8 bis 12 sowie Satz 2 ist, dass die Teilschuldverschreibungen, die Anteile an der Sammelschuldbuchforderung, die Wertrechte, die Einlagen und Guthaben oder sonstigen Wirtschaftsgüter im Zeitpunkt des Zufließens der Einnahmen unter dem Namen des Gläubigers der Kapitalerträge bei der die Kapitalerträge auszahlenden Stelle verwahrt oder verwaltet werden. [2]Ist dies nicht der Fall, ist die Bescheinigung nach § 45a Absatz 2 durch einen entsprechenden Hinweis zu kennzeichnen.

(7) [1]Ist der Gläubiger eine inländische

1. Körperschaft, Personenvereinigung oder Vermögensmasse im Sinne des § 5 Absatz 1 Nummer 9 des Körperschaftsteuergesetzes oder
2. Stiftung des öffentlichen Rechts, die ausschließlich und unmittelbar gemeinnützigen oder mildtätigen Zwecken dient, oder
3. juristische Person des öffentlichen Rechts, die ausschließlich und unmittelbar kirchlichen Zwecken dient,

so ist der Steuerabzug bei Kapitalerträgen im Sinne des § 43 Absatz 1 Satz 1 Nummer 7a bis 7c nicht vorzunehmen. [2]Der Steuerabzug vom Kapitalertrag ist außerdem nicht vorzunehmen bei Kapitalerträgen im Sinne des § 43 Absatz 1 Satz 1 Nummer 1, soweit es sich um Erträge aus Anteilen an Gesellschaften mit beschränkter Haftung, Namensaktien nicht börsennotierter Aktiengesellschaften und Anteilen an Erwerbs- und Wirtschaftsgenossenschaften sowie aus Genussrechten handelt, und bei Kapitalerträgen im Sinne des § 43 Absatz 1 Satz 1 Nummer. 2 und 3; Voraussetzung für die Abstandnahme bei Kapitalerträgen aus Genussrechten im Sinne des § 43 Absatz 1 Satz 1 Nummer 1 und Kapitalerträgen im Sinne des § 43 Absatz 1 Satz 1 Nummer 2 ist, dass die Genussrechte und Wirtschaftsgüter im Sinne des § 43 Absatz 1 Satz 1 Nummer 2 nicht sammelverwahrt werden. [3]Bei allen übrigen Kapitalerträgen nach § 43 Absatz 1 Satz 1 Nummer 1 und 2 ist § 44b Absatz 6 sinngemäß anzuwenden. [4]Voraussetzung für die Anwendung der Sätze 1 und 2 ist, dass der Gläubiger durch eine Bescheinigung des für seine Geschäftsleitung oder seinen Sitz zuständigen Finanzamts nachweist, dass er eine Körperschaft, Personenvereinigung oder Vermögensmasse nach Satz 1 ist. [5]Absatz 4 gilt entsprechend.

(8) [1]Ist der Gläubiger

1. eine nach § 5 Absatz 1 mit Ausnahme der Nummer 9 des Körperschaftsteuergesetzes oder nach anderen Gesetzen von der Körperschaftsteuer befreite Körperschaft, Personenvereinigung oder Vermögensmasse oder

2. eine inländische juristische Person des öffentlichen Rechts, die nicht in Absatz 7 bezeichnet ist,

so ist der Steuerabzug bei Kapitalerträgen im Sinne des § 43 Absatz 1 Satz 1 Nummer 1, soweit es sich um Erträge aus Anteilen an Gesellschaften mit beschränkter Haftung, Namensaktien nicht börsennotierter Aktiengesellschaften und Erwerbs- und Wirtschaftsgenossenschaften handelt, sowie von Erträgen aus Genussrechten im Sinne des § 43 Absatz 1 Satz 1 Nummer 1 und Kapitalerträgen im Sinne des § 43 Absatz 1 Satz 1 Nummer 2 und 3 unter der Voraussetzung, dass diese Wirtschaftsgüter nicht sammelverwahrt werden, und bei Kapitalerträgen im Sinne des § 43 Absatz 1 Satz 1 Nummer 7a nur in Höhe von drei Fünfteln vorzunehmen. [2]Bei allen übrigen Kapitalerträgen nach § 43 Absatz 1 Satz 1 Nummer 1 bis 3 ist § 44b Absatz 6 in Verbindung mit Satz 1 sinngemäß anzuwenden (Erstattung von zwei Fünfteln der gesetzlich in § 43a vorgeschriebenen Kapitalertragsteuer). [3]Voraussetzung für die Anwendung des Satzes 1 ist, dass der Gläubiger durch eine Bescheinigung des für seine Geschäftsleitung oder seinen Sitz zuständigen Finanzamts nachweist, dass er eine Körperschaft, Personenvereinigung oder Vermögensmasse im Sinne des Satzes 1 ist. [4]Absatz 4 gilt entsprechend.

(9) [1]Ist der Gläubiger der Kapitalerträge im Sinne des § 43 Absatz 1 Satz 1 Nummer 1 bis 4 eine beschränkt steuerpflichtige Körperschaft im Sinne des § 2 Nummer 1 des Körperschaftsteuergesetzes, so werden zwei Fünftel der einbehaltenen und abgeführten Kapitalertragsteuer erstattet. [2]§ 50d Absatz 1 Satz 3 bis 9, Absatz 3 und 4 ist entsprechend anzuwenden. [3]Der Anspruch auf eine weitergehende Freistellung und Erstattung nach § 50d Absatz 1 in Verbindung mit § 43b oder nach einem Abkommen zur Vermeidung der Doppelbesteuerung bleibt unberührt. [4]Verfahren nach den vorstehenden Sätzen und nach § 50d Absatz 1 soll das Bundeszentralamt für Steuern verbinden.

§ 44b[1)] Erstattung der Kapitalertragsteuer

(1) [1]Bei Kapitalerträgen im Sinne des § 43 Absatz 1 Satz 1 Nummer 1 und 2, die einem unbeschränkt einkommensteuerpflichtigen und in den Fällen des § 44a Absatz 5 auch einem beschränkt einkommensteuerpflichtigen Gläubiger zufließen, wird auf Antrag die einbehaltene und abgeführte Kapitalertragsteuer unter den Voraussetzungen des § 44a Absatz 1 Nummer 2, Absatz 2 Satz 1 Nummer 2 und Absatz 5 in dem dort bestimmten Umfang erstattet. [2]Dem Antrag auf Erstattung sind

a) die Nichtveranlagungs-Bescheinigung nach § 44a Absatz 2 Satz 1 Nummer 2 sowie eine Steuerbescheinigung nach § 45a Absatz 3 oder
b) die Bescheinigung nach § 44a Absatz 5 sowie eine Steuerbescheinigung nach § 45a Absatz 2 oder Absatz 3 beizufügen.

(2) [1]Für die Erstattung ist das Bundeszentralamt für Steuern zuständig. [2]Der Antrag ist nach amtlich vorgeschriebenem Muster zu stellen und zu unterschreiben.

(3) [1]Die Antragsfrist endet am 31. Dezember des Jahres, das dem Kalenderjahr folgt, in dem die Einnahmen zugeflossen sind. [2]Die Frist kann nicht verlängert werden.

(4) Die Erstattung ist ausgeschlossen, wenn die vorgeschriebenen Steuerbescheinigungen nicht vorgelegt oder durch einen Hinweis nach § 44a Absatz 6 Satz 2 gekennzeichnet worden sind.

(5) [1]Ist Kapitalertragsteuer einbehalten oder abgeführt worden, obwohl eine Verpflichtung hierzu nicht bestand, oder hat der Gläubiger dem nach § 44 Absatz 1 zum Steuerabzug Verpflichteten die Bescheinigung nach § 43 Absatz 2 Satz 4, den Freistellungsauftrag, die Nichtveranlagungs-Bescheinigung oder die Bescheinigungen nach § 44a Absatz 4 oder Absatz 5 erst zu einem Zeitpunkt vorgelegt, zu dem die Kapitalertragsteuer bereits abgeführt war, oder nach diesem Zeitpunkt erst die Erklärung nach § 43 Absatz 2 Satz 3 Nummer 2 abgegeben, ist auf Antrag des nach § 44 Absatz 1 zum Steuerabzug Verpflichteten die Steueranmeldung (§ 45a Absatz 1) insoweit zu ändern; stattdessen kann

1) **Anm. d. Red.:** Zur Anwendung des § 44b siehe § 52 Abs. 53 Sätze 1, 2, Abs. 55h und § 52a Abs. 16 Satz 6, Abs. 16a.

der zum Steuerabzug Verpflichtete bei der folgenden Steueranmeldung die abzuführende Kapitalertragsteuer entsprechend kürzen. [2]Erstattungsberechtigt ist der Antragsteller. [3]Die vorstehenden Sätze sind in den Fällen des Absatzes 6 nicht anzuwenden.

(6) [1]Werden Kapitalerträge im Sinne des § 43 Absatz 1 Satz 1 Nummer 1 und 2 durch ein inländisches Kredit- oder Finanzdienstleistungsinstitut im Sinne des § 43 Absatz 1 Satz 1 Nummer 7 Buchstabe b, das die Wertpapiere, Wertrechte oder sonstigen Wirtschaftsgüter unter dem Namen des Gläubigers verwahrt oder verwaltet, als Schuldner der Kapitalerträge oder für Rechnung des Schuldners gezahlt, kann das Kredit- oder Finanzdienstleistungsinstitut die einbehaltene und abgeführte Kapitalertragsteuer dem Gläubiger der Kapitalerträge bis zur Ausstellung einer Steuerbescheinigung, längstens bis zum 31. März des auf den Zufluss der Kapitalerträge folgenden Kalenderjahres, unter den folgenden Voraussetzungen erstatten:

1. dem Kredit- oder Finanzdienstleistungsinstitut wird eine Nichtveranlagungs-Bescheinigung nach § 44a Absatz 2 Satz 1 Nummer 2 für den Gläubiger vorgelegt,
2. dem Kredit- oder Finanzdienstleistungsinstitut wird eine Bescheinigung nach § 44a Absatz 5 für den Gläubiger vorgelegt,
3. dem Kredit- oder Finanzdienstleistungsinstitut wird eine Bescheinigung nach § 44a Absatz 7 Satz 4 für den Gläubiger vorgelegt und eine Abstandnahme war nicht möglich oder
4. dem Kredit- oder Finanzdienstleistungsinstitut wird eine Bescheinigung nach § 44a Absatz 8 Satz 3 für den Gläubiger vorgelegt und die teilweise Abstandnahme war nicht möglich; in diesen Fällen darf die Kapitalertragsteuer nur in Höhe von zwei Fünfteln erstattet werden.

[2]Das erstattende Kredit- oder Finanzdienstleistungsinstitut haftet in sinngemäßer Anwendung des § 44 Absatz 5 für zu Unrecht vorgenommene Erstattungen; für die Zahlungsaufforderung gilt § 219 Satz 2 der Abgabenordnung entsprechend. [3]Das Kredit- oder Finanzdienstleistungsinstitut hat die Summe der Erstattungsbeträge in der Steueranmeldung gesondert anzugeben und von der von ihm abzuführenden Kapitalertragsteuer abzusetzen. [4]Wird dem Kredit- oder Finanzdienstleistungsinstitut ein Freistellungsauftrag erteilt, der auch Kapitalerträge im Sinne des Satzes 1 erfasst, oder führt das Institut einen Verlustausgleich nach § 43a Absatz 3 Satz 2 unter Einbeziehung von Kapitalerträgen im Sinne des Satzes 1 aus, so hat es bis zur Ausstellung der Steuerbescheinigung, längstens bis zum 31. März des auf den Zufluss der Kapitalerträge folgenden Kalenderjahres, die einbehaltene und abgeführte Kapitalertragsteuer auf diese Kapitalerträge zu erstatten; Satz 2 ist entsprechend anzuwenden.

§ 45[1)] Ausschluss der Erstattung von Kapitalertragsteuer

[1]In den Fällen, in denen die Dividende an einen anderen als an den Anteilseigner ausgezahlt wird, ist die Erstattung von Kapitalertragsteuer an den Zahlungsempfänger ausgeschlossen. [2]Satz 1 gilt nicht für den Erwerber eines Dividendenscheins in den Fällen des § 20 Absatz 2 Satz 1 Nummer 2 Buchstabe a. [3]In den Fällen des § 20 Absatz 2 Satz 1 Nummer 2 Buchstabe b ist die Erstattung von Kapitalertragsteuer an den Erwerber von Zinsscheinen nach § 37 Absatz 2 der Abgabenordnung ausgeschlossen.

§ 45a[2)] Anmeldung und Bescheinigung der Kapitalertragsteuer

(1) [1]Die Anmeldung der einbehaltenen Kapitalertragsteuer ist dem Finanzamt innerhalb der in § 44 Absatz 1 oder Absatz 7 bestimmten Frist nach amtlich vorgeschriebenem Vordruck auf elektronischem Weg nach Maßgabe der Steuerdaten-Übermittlungsverordnung zu übermitteln. [2]Satz 1 gilt entsprechend, wenn ein Steuerabzug nicht oder nicht in voller Höhe vorzunehmen ist. [3]Der Grund für die Nichtabführung ist anzugeben. [4]Auf

1) **Anm. d. Red.:** Zur Anwendung des § 45 siehe § 52 Abs. 53 Sätze 1 und 2.

2) **Anm. d. Red.:** Zur Anwendung des § 45a siehe § 52 Abs. 36 Satz 6, Abs. 53 Sätze 1 und 2, Abs. 55i und § 52a Abs. 16 Satz 7.

Antrag kann das Finanzamt zur Vermeidung unbilliger Härten auf eine elektronische Übermittlung verzichten; in diesem Fall ist die Kapitalertragsteuer-Anmeldung von dem Schuldner, der den Verkaufsauftrag ausführenden Stelle, der auszahlenden Stelle oder einer vertretungsberechtigten Person zu unterschreiben.

(2) [1]In den Fällen des § 43 Absatz 1 Satz 1 Nummer 1 bis 4, 7a und 7b sind der Schuldner der Kapitalerträge und in den Fällen des § 43 Absatz 1 Satz 1 Nummer 6, 7 und 8 bis 12 sowie Satz 2 die die Kapitalerträge auszahlende Stelle vorbehaltlich des Absatzes 3 verpflichtet, dem Gläubiger der Kapitalerträge auf Verlangen eine Bescheinigung nach amtlich vorgeschriebenem Muster auszustellen, die die nach § 32d erforderlichen Angaben enthält. [2]Die Bescheinigung braucht nicht unterschrieben zu werden, wenn sie in einem maschinellen Verfahren ausgedruckt worden ist und den Aussteller erkennen lässt. [3]§ 44a Absatz 6 gilt sinngemäß; über die zu kennzeichnenden Bescheinigungen haben die genannten Institute und Unternehmen Aufzeichnungen zu führen. [4]Diese müssen einen Hinweis auf den Buchungsbeleg über die Auszahlung an den Empfänger der Bescheinigung enthalten.

(3) [1]Werden Kapitalerträge für Rechnung des Schuldners durch ein inländisches Kreditinstitut oder ein inländisches Finanzdienstleistungsinstitut gezahlt, so hat anstelle des Schuldners das Kreditinstitut oder das Finanzdienstleistungsinstitut die Bescheinigung zu erteilen. [2]Satz 1 gilt in den Fällen des § 20 Absatz 1 Nummer 1 Satz 4 entsprechend; der Emittent der Aktien gilt insoweit als Schuldner der Kapitalerträge.

(4) [1]Eine Bescheinigung nach Absatz 2 oder Absatz 3 ist auch zu erteilen, wenn in Vertretung des Gläubigers ein Antrag auf Erstattung der Kapitalertragsteuer nach § 44b gestellt worden ist oder gestellt wird. [2]Satz 1 gilt entsprechend, wenn nach § 44a Absatz 8 Satz 1 der Steuerabzug nur nicht in voller Höhe vorgenommen worden ist.

(5) [1]Eine Ersatzbescheinigung darf nur ausgestellt werden, wenn die Urschrift nach den Angaben des Gläubigers abhanden gekommen oder vernichtet ist. [2]Die Ersatzbescheinigung muss als solche gekennzeichnet sein. [3]Über die Ausstellung von Ersatzbescheinigungen hat der Aussteller Aufzeichnungen zu führen.

(6) [1]Eine Bescheinigung, die den Absätzen 2 bis 5 nicht entspricht, hat der Aussteller zurückzufordern und durch eine berichtigte Bescheinigung zu ersetzen. [2]Die berichtigte Bescheinigung ist als solche zu kennzeichnen. [3]Wird die zurückgeforderte Bescheinigung nicht innerhalb eines Monats nach Zusendung der berichtigten Bescheinigung an den Aussteller zurückgegeben, hat der Aussteller das nach seinen Unterlagen für den Empfänger zuständige Finanzamt schriftlich zu benachrichtigen.

(7) [1]Der Aussteller einer Bescheinigung, die den Absätzen 2 bis 5 nicht entspricht, haftet für die auf Grund der Bescheinigung verkürzten Steuern oder zu Unrecht gewährten Steuervorteile. [2]Ist die Bescheinigung nach Absatz 3 durch ein inländisches Kreditinstitut oder ein inländisches Finanzdienstleistungsinstitut auszustellen, so haftet der Schuldner auch, wenn er zum Zweck der Bescheinigung unrichtige Angaben macht. [3]Der Aussteller haftet nicht

1. in den Fällen des Satzes 2,
2. wenn er die ihm nach Absatz 6 obliegenden Verpflichtungen erfüllt hat.

§ 45b[1)] Erstattung von Kapitalertragsteuer auf Grund von Sammelanträgen

(1) [1]Wird in den Fällen des § 44b Absatz 1 der Antrag auf Erstattung von Kapitalertragsteuer in Vertretung des Gläubigers der Kapitalerträge durch einen Vertreter im Sinne des Absatzes 2 gestellt, kann von der Nichtveranlagungs-Bescheinigung nach § 44a Absatz 2 Satz 1 Nummer 2 oder der Bescheinigung nach § 44a Absatz 5 sowie der Steuerbescheinigung nach § 45a Absatz 2 oder 3 abgesehen werden, wenn der Vertreter versichert, dass

1) **Anm. d. Red.:** Zur Anwendung des § 45b siehe § 52 Abs. 53 Sätze 1 und 2, Abs. 55g Satz 3 und § 52a Abs. 16 Satz 8, Abs. 16a.

1. eine Bescheinigung im Sinne des § 45a Absatz 2 oder 3 als ungültig gekennzeichnet oder nach den Angaben des Gläubigers der Kapitalerträge abhanden gekommen oder vernichtet ist,
2. die Wertpapiere oder die Kapitalforderungen im Zeitpunkt des Zufließens der Einnahmen in einem auf den Namen des Vertreters lautenden Wertpapierdepot bei einem inländischen Kreditinstitut oder bei der inländischen Zweigniederlassung eines der in § 53b Absatz 1 oder Absatz 7 des Gesetzes über das Kreditwesen genannten Institute oder Unternehmen verzeichnet waren oder bei Vertretern im Sinne des Absatzes 2 Satz 1 Nummer 3 zu diesem Zeitpunkt der Geschäftsanteil vom Vertreter verwaltet wurde,
3. eine Nichtveranlagungs-Bescheinigung nach § 44a Absatz 2 Satz 1 Nummer 2 oder eine Bescheinigung nach § 44a Absatz 5 vorliegt und
4. die Angaben in dem Antrag wahrheitsgemäß nach bestem Wissen und Gewissen gemacht worden sind.

[2]Über Anträge, in denen ein Vertreter versichert, dass die Bescheinigung im Sinne des § 45a Absatz 2 oder Absatz 3 als ungültig gekennzeichnet oder nach den Angaben des Gläubigers der Kapitalerträge abhanden gekommen oder vernichtet ist, haben die Vertreter Aufzeichnungen zu führen.

(2) [1]Absatz 1 gilt für Anträge, die

1. eine Kapitalgesellschaft in Vertretung ihrer Arbeitnehmer stellt, soweit es sich um Einnahmen aus Anteilen handelt, die den Arbeitnehmern von der Kapitalgesellschaft überlassen worden sind und von ihr, einem inländischen Kreditinstitut oder einer inländischen Zweigniederlassung eines der in § 53b Absatz 1 oder 7 des Gesetzes über das Kreditwesen genannten Institute oder Unternehmen verwahrt werden;
2. der von einer Kapitalgesellschaft bestellte Treuhänder in Vertretung der Arbeitnehmer dieser Kapitalgesellschaft stellt, soweit es sich um Einnahmen aus Anteilen handelt, die den Arbeitnehmern von der Kapitalgesellschaft überlassen worden sind und von dem Treuhänder, einem inländischen Kreditinstitut oder einer inländischen Zweigniederlassung eines der in § 53b Absatz 1 oder 7 des Gesetzes über das Kreditwesen genannten Institute oder Unternehmen verwahrt werden;
3. eine Erwerbs- oder Wirtschaftsgenossenschaft in Vertretung ihrer Mitglieder stellt, soweit es sich um Einnahmen aus Anteilen an dieser Genossenschaft handelt und nicht die Abstandnahme gemäß § 44a Absatz 8 durchgeführt wurde.

[2]Den Arbeitnehmern im Sinne des Satzes 1 Nummer 1 und 2 stehen Arbeitnehmer eines mit der Kapitalgesellschaft verbundenen Unternehmens (§ 15 des Aktiengesetzes) sowie frühere Arbeitnehmer der Kapitalgesellschaft oder eines mit ihr verbundenen Unternehmens gleich. [3]Den von der Kapitalgesellschaft überlassenen Anteilen stehen Aktien gleich, die den Arbeitnehmern bei einer Kapitalerhöhung auf Grund ihres Bezugsrechts aus den von der Kapitalgesellschaft überlassenen Aktien zugeteilt worden sind oder die den Arbeitnehmern auf Grund einer Kapitalerhöhung aus Gesellschaftsmitteln gehören.

(2a) [1]Sammelanträge auf volle oder teilweise Erstattung können auch Gesamthandsgemeinschaften für ihre Mitglieder im Sinne von § 44a Absatz 7 und 8 stellen. [2]Die Absätze 1 und 2 sind entsprechend anzuwenden.

(3) [1]Erkennt der Vertreter des Gläubigers der Kapitalerträge vor Ablauf der Festsetzungsfrist im Sinne der §§ 169 bis 171 der Abgabenordnung, dass die Erstattung ganz oder teilweise zu Unrecht festgesetzt worden ist, so hat er dies dem Bundeszentralamt für Steuern anzuzeigen. [2]Das Bundeszentralamt für Steuern hat die zu Unrecht erstatteten Beträge von dem Gläubiger zurückzufordern, für den sie festgesetzt worden sind. [3]Der Vertreter des Gläubigers haftet für die zurückzuzahlenden Beträge.

(4) [1]§ 44b Absatz 1 bis 4 gilt entsprechend. [2]Die Antragsfrist gilt als gewahrt, wenn der Gläubiger die beantragende Stelle bis zu dem in § 44b Absatz 3 bezeichneten Zeitpunkt schriftlich mit der Antragstellung beauftragt hat.

(5) Die Vollmacht, den Antrag auf Erstattung von Kapitalertragsteuer zu stellen, ermächtigt zum Empfang der Steuererstattung.

§ 45c (weggefallen)

§ 45d Mitteilungen an das Bundeszentralamt für Steuern

(1)[1] [1]Wer nach § 44 Absatz 1 dieses Gesetzes und § 7 des Investmentsteuergesetzes zum Steuerabzug verpflichtet ist oder auf Grund von Sammelanträgen nach § 45b Absatz 1 und 2 die Erstattung von Kapitalertragsteuer beantragt, hat dem Bundeszentralamt für Steuern bis zum 31. Mai des Jahres, das auf das Jahr folgt, in dem die Kapitalerträge den Gläubigern zufließen, folgende Daten zu übermitteln:

1. Vor- und Zunamen sowie das Geburtsdatum der Person – gegebenenfalls auch des Ehegatten –, die den Freistellungsauftrag erteilt hat (Auftraggeber),
2. Anschrift des Auftraggebers,
3. bei den Kapitalerträgen, für die ein Freistellungsauftrag erteilt worden ist,
   a) die Kapitalerträge, bei denen vom Steuerabzug Abstand genommen worden ist oder bei denen auf Grund des Freistellungsauftrags gemäß § 44b Absatz 6 Satz 4 oder gemäß § 7 Absatz 5 Satz 1 des Investmentsteuergesetzes Kapitalertragsteuer erstattet wurde,
   b) die Kapitalerträge, bei denen die Erstattung von Kapitalertragsteuer beim Bundeszentralamt für Steuern beantragt worden ist,
4. Namen und Anschrift des Empfängers des Freistellungsauftrags.

[2]Die Datenübermittlung hat nach amtlich vorgeschriebenem Datensatz auf amtlich vorgeschriebenen maschinell verwertbaren Datenträgern zu erfolgen. [3]Im Übrigen findet § 150 Absatz 6 der Abgabenordnung entsprechende Anwendung. [4]Das Bundeszentralamt für Steuern kann auf Antrag eine Übermittlung nach amtlich vorgeschriebenem Vordruck zulassen, wenn eine Übermittlung nach Satz 2 eine unbillige Härte mit sich bringen würde.

(2) [1]Das Bundeszentralamt für Steuern darf den Sozialleistungsträgern die Daten nach Absatz 1 mitteilen, soweit dies zur Überprüfung des bei der Sozialleistung zu berücksichtigenden Einkommens oder Vermögens erforderlich ist oder der Betroffene zustimmt. [2]Für Zwecke des Satzes 1 ist das Bundeszentralamt für Steuern berechtigt, die ihm von den Sozialleistungsträgern übermittelten Daten mit den vorhandenen Daten nach Absatz 1 im Wege des automatisierten Datenabgleichs zu überprüfen und das Ergebnis den Sozialleistungsträgern mitzuteilen.

(3)[2] [1]Ein inländischer Versicherungsvermittler im Sinne des § 59 Absatz 1 des Versicherungsvertragsgesetzes hat bis zum 30. März des Folgejahres das Zustandekommen eines Vertrages im Sinne des § 20 Absatz 1 Nummer 6 zwischen einer im Inland ansässigen Person und einem Versicherungsunternehmen mit Sitz und Geschäftsleitung im Ausland gegenüber dem Bundeszentralamt für Steuern mitzuteilen; dies gilt nicht, wenn das Versicherungsunternehmen eine Niederlassung im Inland hat oder das Versicherungsunternehmen dem Bundeszentralamt für Steuern bis zu diesem Zeitpunkt das Zustandekommen eines Vertrages angezeigt und den Versicherungsvermittler hierüber in Kenntnis gesetzt hat. [2]Folgende Daten sind zu übermitteln:

1. Vor- und Zunamen sowie das Geburtsdatum, Anschrift und Steueridentifikationsnummer des Versicherungsnehmers,
2. Vertragsnummer oder sonstige Kennzeichnung des Vertrages,
3. Versicherungssumme und Laufzeit,
4. Angabe, ob es sich um einen konventionellen, einen fondsgebundenen oder einen vermögensverwaltenden Versicherungsvertrag handelt.

[3]Die Regelungen des Absatzes 1 Satz 2 bis 4 sind entsprechend anzuwenden.

---

1) **Anm. d. Red.:** Zur Anwendung des § 45d Abs. 1 siehe § 52 Abs. 53 Satz 4 und § 52a Abs. 16a.

2) **Anm. d. Red.:** Zur Anwendung des § 45d Abs. 3 siehe § 52a Abs. 16 Satz 9.

§ 45e Ermächtigung für Zinsinformationsverordnung

[1]Die Bundesregierung wird ermächtigt, durch Rechtsverordnung mit Zustimmung des Bundesrates die Richtlinie 2003/48/EG des Rates vom 3. Juni 2003 (ABl EU Nr. L 157 S. 38) in der jeweils geltenden Fassung im Bereich der Besteuerung von Zinserträgen umzusetzen. [2]§ 45d Absatz 1 Satz 2 bis 4 und Absatz 2 sind entsprechend anzuwenden.

4. Veranlagung von Steuerpflichtigen mit steuerabzugspflichtigen Einkünften

§ 46 Veranlagung bei Bezug von Einkünften aus nichtselbständiger Arbeit

(1) (weggefallen)

(2)[1] Besteht das Einkommen ganz oder teilweise aus Einkünften aus nichtselbständiger Arbeit, von denen ein Steuerabzug vorgenommen worden ist, so wird eine Veranlagung nur durchgeführt,

1. wenn die positive Summe der einkommensteuerpflichtigen Einkünfte, die nicht dem Steuerabzug vom Arbeitslohn zu unterwerfen waren, vermindert um die darauf entfallenden Beträge nach § 13 Absatz 3 und § 24a, oder die positive Summe der Einkünfte und Leistungen, die dem Progressionsvorbehalt unterliegen, jeweils mehr als 410 Euro beträgt;
2. wenn der Steuerpflichtige nebeneinander von mehreren Arbeitgebern Arbeitslohn bezogen hat; das gilt nicht, soweit nach § 38 Absatz 3a Satz 7 Arbeitslohn von mehreren Arbeitgebern für den Lohnsteuerabzug zusammengerechnet worden ist;
3. wenn bei einem Steuerpflichtigen die Summe der beim Steuerabzug vom Arbeitslohn nach § 39b Absatz 2 Satz 5 Nummer 3 Buchstabe b bis d berücksichtigten Teilbeträge der Vorsorgepauschale größer ist als die abziehbaren Vorsorgeaufwendungen nach § 10 Absatz 1 Nummer 3 und Nummer 3a in Verbindung mit Absatz 4;

3a. wenn von Ehegatten, die nach den §§ 26, 26b zusammen zur Einkommensteuer zu veranlagen sind, beide Arbeitslohn bezogen haben und einer für den Veranlagungszeitraum oder einen Teil davon nach der Steuerklasse V oder VI besteuert oder bei Steuerklasse IV der Faktor (§ 39f) eingetragen worden ist;

4. wenn auf der Lohnsteuerkarte eines Steuerpflichtigen ein Freibetrag im Sinne des § 39a Absatz 1 Nummer 1 bis 3, 5 oder 6 eingetragen worden ist; dasselbe gilt für einen Steuerpflichtigen, der zum Personenkreis des § 1 Absatz 2 gehört, wenn diese Eintragungen auf einer Bescheinigung nach § 39c erfolgt sind;

4a. wenn bei einem Elternpaar, bei dem die Voraussetzungen des § 26 Absatz 1 Satz 1 nicht vorliegen,
   a) bis c) (weggefallen)
   d) im Fall des § 33a Absatz 2 Satz 6 das Elternpaar gemeinsam eine Aufteilung des Abzugsbetrags in einem anderen Verhältnis als je zur Hälfte beantragt oder
   e) im Fall des § 33b Absatz 5 Satz 3 das Elternpaar gemeinsam eine Aufteilung des Pauschbetrags für behinderte Menschen oder des Pauschbetrags für Hinterbliebene in einem anderen Verhältnis als je zur Hälfte beantragt.

   [2]Die Veranlagungspflicht besteht für jeden Elternteil, der Einkünfte aus nichtselbständiger Arbeit bezogen hat;

5. wenn bei einem Steuerpflichtigen die Lohnsteuer für einen sonstigen Bezug im Sinne des § 34 Absatz 1 und 2 Nummer 2 und 4 nach § 39b Absatz 3 Satz 9 oder für einen sonstigen Bezug nach § 39c Absatz 5 ermittelt wurde;

5a. wenn der Arbeitgeber die Lohnsteuer von einem sonstigen Bezug berechnet hat und dabei der Arbeitslohn aus früheren Dienstverhältnissen des Kalenderjahres außer Betracht geblieben ist (§ 39b Absatz 3 Satz 2, § 41 Absatz 1 Satz 7, Großbuchstabe S);

1) **Anm. d. Red.:** Zur Anwendung des § 46 Abs. 2 siehe § 52 Abs. 55j.

6. wenn die Ehe des Arbeitnehmers im Veranlagungszeitraum durch Tod, Scheidung oder Aufhebung aufgelöst worden ist und er oder sein Ehegatte der aufgelösten Ehe im Veranlagungszeitraum wieder geheiratet hat;
7. wenn
   a) für einen unbeschränkt Steuerpflichtigen im Sinne des § 1 Absatz 1 auf der Lohnsteuerkarte ein Ehegatte im Sinne des § 1a Absatz 1 Nummer 2 berücksichtigt worden ist oder
   b) für einen Steuerpflichtigen, der zum Personenkreis des § 1 Absatz 3 oder des § 1a gehört, das Betriebsstättenfinanzamt eine Bescheinigung nach § 39c Absatz 4 erteilt hat; dieses Finanzamt ist dann auch für die Veranlagung zuständig;
8. wenn die Veranlagung beantragt wird, insbesondere zur Anrechnung von Lohnsteuer auf die Einkommensteuer. [2]Der Antrag ist durch Abgabe einer Einkommensteuererklärung zu stellen.

(3) [1]In den Fällen des Absatzes 2 ist ein Betrag in Höhe der einkommensteuerpflichtigen Einkünfte, von denen der Steuerabzug vom Arbeitslohn nicht vorgenommen worden ist, vom Einkommen abzuziehen, wenn diese Einkünfte insgesamt nicht mehr als 410 Euro betragen. [2]Der Betrag nach Satz 1 vermindert sich um den Altersentlastungsbetrag, soweit dieser den unter Verwendung des nach § 24a Satz 5 maßgebenden Prozentsatzes zu ermittelnden Anteil des Arbeitslohns mit Ausnahme der Versorgungsbezüge im Sinne des § 19 Absatz 2 übersteigt, und um den nach § 13 Absatz 3 zu berücksichtigenden Betrag.

(4) [1]Kommt nach Absatz 2 eine Veranlagung zur Einkommensteuer nicht in Betracht, so gilt die Einkommensteuer, die auf die Einkünfte aus nichtselbständiger Arbeit entfällt, für den Steuerpflichtigen durch den Lohnsteuerabzug als abgegolten, soweit er nicht für zu wenig erhobene Lohnsteuer in Anspruch genommen werden kann. [2]§ 42b bleibt unberührt.

(5) Durch Rechtsverordnung kann in den Fällen des Absatzes 2 Nummer 1, in denen die einkommensteuerpflichtigen Einkünfte, von denen der Steuerabzug vom Arbeitslohn nicht vorgenommen worden ist, den Betrag von 410 Euro übersteigen, die Besteuerung so gemildert werden, dass auf die volle Besteuerung dieser Einkünfte stufenweise übergeleitet wird.

§ 47 (weggefallen)

VII. Steuerabzug bei Bauleistungen

§ 48[1)] Steuerabzug

(1) [1]Erbringt jemand im Inland eine Bauleistung (Leistender) an einen Unternehmer im Sinne des § 2 des Umsatzsteuergesetzes oder an eine juristische Person des öffentlichen Rechts (Leistungsempfänger), ist der Leistungsempfänger verpflichtet, von der Gegenleistung einen Steuerabzug in Höhe von 15 Prozent für Rechnung des Leistenden vorzunehmen. [2]Vermietet der Leistungsempfänger Wohnungen, so ist Satz 1 nicht auf Bauleistungen für diese Wohnungen anzuwenden, wenn er nicht mehr als zwei Wohnungen vermietet. [3]Bauleistungen sind alle Leistungen, die der Herstellung, Instandsetzung, Instandhaltung, Änderung oder Beseitigung von Bauwerken dienen. [4]Als Leistender gilt auch derjenige, der über eine Leistung abrechnet, ohne sie erbracht zu haben.

(2) [1]Der Steuerabzug muss nicht vorgenommen werden, wenn der Leistende dem Leistungsempfänger eine im Zeitpunkt der Gegenleistung gültige Freistellungsbescheinigung nach § 48b Absatz 1 Satz 1 vorlegt oder die Gegenleistung im laufenden Kalenderjahr den folgenden Betrag voraussichtlich nicht übersteigen wird:

1) **Anm. d. Red.:** Zur Anwendung des § 48 siehe § 52 Abs. 56.

1. 15 000 Euro, wenn der Leistungsempfänger ausschließlich steuerfreie Umsätze nach § 4 Nummer 12 Satz 1 des Umsatzsteuergesetzes ausführt,
2. 5 000 Euro in den übrigen Fällen.

[2]Für die Ermittlung des Betrags sind die für denselben Leistungsempfänger erbrachten und voraussichtlich zu erbringenden Bauleistungen zusammenzurechnen.

(3) Gegenleistung im Sinne des Absatzes 1 ist das Entgelt zuzüglich Umsatzsteuer.

(4) Wenn der Leistungsempfänger den Steuerabzugsbetrag angemeldet und abgeführt hat,

1. ist § 160 Absatz 1 Satz 1 der Abgabenordnung nicht anzuwenden,
2. sind § 42d Absatz 6 und 8 und § 50a Absatz 7 nicht anzuwenden.

ESt G

§ 48a Verfahren

(1) [1]Der Leistungsempfänger hat bis zum zehnten Tag nach Ablauf des Monats, in dem die Gegenleistung im Sinne des § 48 erbracht wird, eine Anmeldung nach amtlich vorgeschriebenem Vordruck abzugeben, in der er den Steuerabzug für den Anmeldungszeitraum selbst zu berechnen hat. [2]Der Abzugsbetrag ist am zehnten Tag nach Ablauf des Anmeldungszeitraums fällig und an das für den Leistenden zuständige Finanzamt für Rechnung des Leistenden abzuführen. [3]Die Anmeldung des Abzugsbetrags steht einer Steueranmeldung gleich.

(2) Der Leistungsempfänger hat mit dem Leistenden unter Angabe

1. des Namens und der Anschrift des Leistenden,
2. des Rechnungsbetrags, des Rechnungsdatums und des Zahlungstags,
3. der Höhe des Steuerabzugs und
4. des Finanzamts, bei dem der Abzugsbetrag angemeldet worden ist,

über den Steuerabzug abzurechnen.

(3) [1]Der Leistungsempfänger haftet für einen nicht oder zu niedrig abgeführten Abzugsbetrag. [2]Der Leistungsempfänger haftet nicht, wenn ihm im Zeitpunkt der Gegenleistung eine Freistellungsbescheinigung (§ 48b) vorgelegen hat, auf deren Rechtmäßigkeit er vertrauen konnte. [3]Er darf insbesondere dann nicht auf eine Freistellungsbescheinigung vertrauen, wenn diese durch unlautere Mittel oder durch falsche Angaben erwirkt wurde und ihm dies bekannt oder infolge grober Fahrlässigkeit nicht bekannt war. [4]Den Haftungsbescheid erlässt das für den Leistenden zuständige Finanzamt.

(4) § 50b gilt entsprechend.

§ 48b Freistellungsbescheinigung

(1) [1]Auf Antrag des Leistenden hat das für ihn zuständige Finanzamt, wenn der zu sichernde Steueranspruch nicht gefährdet erscheint und ein inländischer Empfangsbevollmächtigter bestellt ist, eine Bescheinigung nach amtlich vorgeschriebenem Vordruck zu erteilen, die den Leistungsempfänger von der Pflicht zum Steuerabzug befreit. [2]Eine Gefährdung kommt insbesondere dann in Betracht, wenn der Leistende

1. Anzeigepflichten nach § 138 der Abgabenordnung nicht erfüllt,
2. seiner Auskunfts- und Mitwirkungspflicht nach § 90 der Abgabenordnung nicht nachkommt,
3. den Nachweis der steuerlichen Ansässigkeit durch Bescheinigung der zuständigen ausländischen Steuerbehörde nicht erbringt.

(2) Eine Bescheinigung soll erteilt werden, wenn der Leistende glaubhaft macht, dass keine zu sichernden Steueransprüche bestehen.

(3) In der Bescheinigung sind anzugeben:

1. Name, Anschrift und Steuernummer des Leistenden,
2. Geltungsdauer der Bescheinigung,

3. Umfang der Freistellung sowie der Leistungsempfänger, wenn sie nur für bestimmte Bauleistungen gilt,
4. das ausstellende Finanzamt.

(4) Wird eine Freistellungsbescheinigung aufgehoben, die nur für bestimmte Bauleistungen gilt, ist dies den betroffenen Leistungsempfängern mitzuteilen.

(5) Wenn eine Freistellungsbescheinigung vorliegt, gilt § 48 Absatz 4 entsprechend.

(6) [1]Das Bundeszentralamt für Steuern erteilt dem Leistungsempfänger im Sinne des § 48 Absatz 1 Satz 1 im Wege einer elektronischen Abfrage Auskunft über die beim Bundeszentralamt für Steuern gespeicherten Freistellungsbescheinigungen. [2]Mit dem Antrag auf die Erteilung einer Freistellungsbescheinigung stimmt der Antragsteller zu, dass seine Daten nach § 48b Absatz 3 beim Bundeszentralamt für Steuern gespeichert werden und dass über die gespeicherten Daten an die Leistungsempfänger Auskunft gegeben wird.

§ 48c Anrechnung

(1) [1]Soweit der Abzugsbetrag einbehalten und angemeldet worden ist, wird er auf vom Leistenden zu entrichtende Steuern nacheinander wie folgt angerechnet:
1. die nach § 41a Absatz 1 einbehaltene und angemeldete Lohnsteuer,
2. die Vorauszahlungen auf die Einkommen- oder Körperschaftsteuer,
3. die Einkommen- oder Körperschaftsteuer des Besteuerungs- oder Veranlagungszeitraums, in dem die Leistung erbracht worden ist, und
4. die vom Leistenden im Sinne der §§ 48, 48a anzumeldenden und abzuführenden Abzugsbeträge.

[2]Die Anrechnung nach Satz 1 Nummer 2 kann nur für Vorauszahlungszeiträume innerhalb des Besteuerungs- oder Veranlagungszeitraums erfolgen, in dem die Leistung erbracht worden ist. [3]Die Anrechnung nach Satz 1 Nummer 2 darf nicht zu einer Erstattung führen.

(2) [1]Auf Antrag des Leistenden erstattet das nach § 20a Absatz 1 der Abgabenordnung zuständige Finanzamt den Abzugsbetrag. [2]Die Erstattung setzt voraus, dass der Leistende nicht zur Abgabe von Lohnsteueranmeldungen verpflichtet ist und eine Veranlagung zur Einkommen- oder Körperschaftsteuer nicht in Betracht kommt oder der Leistende glaubhaft macht, dass im Veranlagungszeitraum keine zu sichernden Steueransprüche entstehen werden. [3]Der Antrag ist nach amtlich vorgeschriebenem Muster bis zum Ablauf des zweiten Kalenderjahres zu stellen, das auf das Jahr folgt, in dem der Abzugsbetrag angemeldet worden ist; weitergehende Fristen nach einem Abkommen zur Vermeidung der Doppelbesteuerung bleiben unberührt.

(3) Das Finanzamt kann die Anrechnung ablehnen, soweit der angemeldete Abzugsbetrag nicht abgeführt worden ist und Anlass zu der Annahme besteht, dass ein Missbrauch vorliegt.

§ 48d Besonderheiten im Fall von Doppelbesteuerungsabkommen

(1) [1]Können Einkünfte, die dem Steuerabzug nach § 48 unterliegen, nach einem Abkommen zur Vermeidung der Doppelbesteuerung nicht besteuert werden, so sind die Vorschriften über die Einbehaltung, Abführung und Anmeldung der Steuer durch den Schuldner der Gegenleistung ungeachtet des Abkommens anzuwenden. [2]Unberührt bleibt der Anspruch des Gläubigers der Gegenleistung auf Erstattung der einbehaltenen und abgeführten Steuer. [3]Der Anspruch ist durch Antrag nach § 48c Absatz 2 geltend zu machen. [4]Der Gläubiger der Gegenleistung hat durch eine Bestätigung der für ihn zuständigen Steuerbehörde des anderen Staates nachzuweisen, dass er dort ansässig ist. [5]§ 48b gilt entsprechend. [6]Der Leistungsempfänger kann sich im Haftungsverfahren nicht auf die Rechte des Gläubigers aus dem Abkommen berufen.

(2) Unbeschadet des § 5 Absatz 1 Nummer 2 des Finanzverwaltungsgesetzes liegt die Zuständigkeit für Entlastungsmaßnahmen nach Absatz 1 bei dem nach § 20a der Abgabenordnung zuständigen Finanzamt.

VIII. Besteuerung beschränkt Steuerpflichtiger

§ 49 Beschränkt steuerpflichtige Einkünfte

(1) Inländische Einkünfte im Sinne der beschränkten Einkommensteuerpflicht (§ 1 Absatz 4) sind

1. Einkünfte aus einer im Inland betriebenen Land- und Forstwirtschaft (§§ 13, 14);
2.[1] Einkünfte aus Gewerbebetrieb (§§ 15 bis 17),
   a) für den im Inland eine Betriebsstätte unterhalten wird oder ein ständiger Vertreter bestellt ist,
   b) die durch den Betrieb eigener oder gecharterter Seeschiffe oder Luftfahrzeuge aus Beförderungen zwischen inländischen und von inländischen zu ausländischen Häfen erzielt werden, einschließlich der Einkünfte aus anderen mit solchen Beförderungen zusammenhängenden, sich auf das Inland erstreckenden Beförderungsleistungen,
   c) die von einem Unternehmen im Rahmen einer internationalen Betriebsgemeinschaft oder eines Pool-Abkommens, bei denen ein Unternehmen mit Sitz oder Geschäftsleitung im Inland die Beförderung durchführt, aus Beförderungen und Beförderungsleistungen nach Buchstabe b erzielt werden,
   d) die, soweit sie nicht zu den Einkünften im Sinne der Nummern 3 und 4 gehören, durch im Inland ausgeübte oder verwertete künstlerische, sportliche, artistische, unterhaltende oder ähnliche Darbietungen erzielt werden, einschließlich der Einkünfte aus anderen mit diesen Leistungen zusammenhängenden Leistungen, unabhängig davon, wem die Einnahmen zufließen,
   e) die unter den Voraussetzungen des § 17 erzielt werden, wenn es sich um Anteile an einer Kapitalgesellschaft handelt,
      aa) die ihren Sitz oder ihre Geschäftsleitung im Inland hat oder
      bb) bei deren Erwerb auf Grund eines Antrags nach § 13 Absatz 2 oder § 21 Absatz 2 Satz 3 Nummer 2 des Umwandlungssteuergesetzes nicht der gemeine Wert der eingebrachten Anteile angesetzt worden ist oder auf die § 17 Absatz 5 Satz 2 anzuwenden war, oder
   f) die, soweit sie nicht zu den Einkünften im Sinne des Buchstaben a gehören, durch
      aa) Vermietung und Verpachtung oder
      bb) Veräußerung

      von inländischem unbeweglichem Vermögen, von Sachinbegriffen oder Rechten, die im Inland belegen oder in ein inländisches öffentliches Buch oder Register eingetragen sind oder deren Verwertung in einer inländischen Betriebsstätte oder anderen Einrichtung erfolgt, erzielt werden. [2]Als Einkünfte aus Gewerbebetrieb gelten auch die Einkünfte aus Tätigkeiten im Sinne dieses Buchstabens, die von einer Körperschaft im Sinne des § 2 Nummer 1 des Körperschaftsteuergesetzes erzielt werden, die mit einer Kapitalgesellschaft oder sonstigen juristischen Person im Sinne des § 1 Absatz 1 Nummer 1 bis 3 des Körperschaftsteuergesetzes vergleichbar ist;
3. Einkünfte aus selbständiger Arbeit (§ 18), die im Inland ausgeübt oder verwertet wird oder worden ist, oder für die im Inland eine feste Einrichtung oder eine Betriebsstätte unterhalten wird;

1) **Anm. d. Red.:** Zur Anwendung des § 49 Abs. 1 Nr. 2 siehe § 52 Abs. 57.

ESt G

4. Einkünfte aus nichtselbständiger Arbeit (§ 19), die
   a) im Inland ausgeübt oder verwertet wird oder worden ist,
   b) aus inländischen öffentlichen Kassen einschließlich der Kassen des Bundeseisenbahnvermögens und der Deutschen Bundesbank mit Rücksicht auf ein gegenwärtiges oder früheres Dienstverhältnis gewährt werden, ohne dass ein Zahlungsanspruch gegenüber der inländischen öffentlichen Kasse bestehen muss,
   c) als Vergütung für eine Tätigkeit als Geschäftsführer, Prokurist oder Vorstandsmitglied einer Gesellschaft mit Geschäftsleitung im Inland bezogen werden,
   d) als Entschädigung im Sinne des § 24 Nummer 1 für die Auflösung eines Dienstverhältnisses gezahlt werden, soweit die für die zuvor ausgeübte Tätigkeit bezogenen Einkünfte der inländischen Besteuerung unterlegen haben,
   e) an Bord eines im internationalen Luftverkehr eingesetzten Luftfahrzeugs ausgeübt wird, das von einem Unternehmen mit Geschäftsleitung im Inland betrieben wird;
5.[1] Einkünfte aus Kapitalvermögen im Sinne des
   a) § 20 Absatz 1 Nummer 1 mit Ausnahme der Erträge aus Investmentanteilen im Sinne des § 2 des Investmentsteuergesetzes, Nummer 2, 4, 6, und 9, wenn der Schuldner Wohnsitz, Geschäftsleitung oder Sitz im Inland hat oder wenn es sich um Fälle des § 44 Absatz 1 Satz 4 Nummer 1 Buchstabe a Doppelbuchstabe bb dieses Gesetzes handelt; dies gilt auch für Erträge aus Wandelanleihen und Gewinnobligationen,
   b) § 20 Absatz 1 Nummer 1 in Verbindung mit den §§ 2 und 7 des Investmentsteuergesetzes
      aa) bei Erträgen im Sinne des § 7 Absatz 3 des Investmentsteuergesetzes,
      bb) bei Erträgen im Sinne des § 7 Absatz 1, 2 und 4 des Investmentsteuergesetzes, wenn es sich um Fälle des § 44 Absatz 1 Satz 4 Nummer 1 Buchstabe a Doppelbuchstabe bb dieses Gesetzes handelt,
   c) § 20 Absatz 1 Nummer 5 und 7, wenn
      aa) das Kapitalvermögen durch inländischen Grundbesitz, durch inländische Rechte, die den Vorschriften des bürgerlichen Rechts über Grundstücke unterliegen, oder durch Schiffe, die in ein inländisches Schiffsregister eingetragen sind, unmittelbar oder mittelbar gesichert ist. [2]Ausgenommen sind Zinsen aus Anleihen und Forderungen, die in ein öffentliches Schuldbuch eingetragen oder über die Sammelurkunden im Sinne des § 9a des Depotgesetzes oder Teilschuldverschreibungen ausgegeben sind, oder
      bb) das Kapitalvermögen aus Genussrechten besteht, die nicht in § 20 Absatz 1 Nummer 1 genannt sind,
   d) § 43 Absatz 1 Satz 1 Nummer 7 Buchstabe a, Nummer 9 und 10 sowie Satz 2, wenn sie von einem Schuldner oder von einem inländischen Kreditinstitut oder einem inländischen Finanzdienstleistungsinstitut im Sinne des § 43 Absatz 1 Satz 1 Nummer 7 Buchstabe b einem anderen als einem ausländischen Kreditinstitut oder einem ausländischen Finanzdienstleistungsinstitut
      aa) gegen Aushändigung der Zinsscheine ausgezahlt oder gutgeschrieben werden und die Teilschuldverschreibungen nicht von dem Schuldner, dem inländischen Kreditinstitut oder dem inländischen Finanzdienstleistungsinstitut verwahrt werden oder
      bb) gegen Übergabe der Wertpapiere ausgezahlt oder gutgeschrieben werden und diese vom Kreditinstitut weder verwahrt noch verwaltet werden.

   [2]§ 20 Absatz 3 gilt entsprechend;

1) **Anm. d. Red.:** Zur Anwendung des § 49 Abs. 1 Nr. 5 siehe § 52 Abs. 57a und § 52a Abs. 17.

6. Einkünfte aus Vermietung und Verpachtung (§ 21), soweit sie nicht zu den Einkünften im Sinne der Nummern 1 bis 5 gehören, wenn das unbewegliche Vermögen, die Sachinbegriffe oder Rechte im Inland belegen oder in ein inländisches öffentliches Buch oder Register eingetragen sind oder in einer inländischen Betriebsstätte oder in einer anderen Einrichtung verwertet werden;

7. sonstige Einkünfte im Sinne des § 22 Nummer 1 Satz 3 Buchstabe a, die von den inländischen gesetzlichen Rentenversicherungsträgern, den inländischen landwirtschaftlichen Alterskassen, den inländischen berufsständischen Versorgungseinrichtungen, den inländischen Versicherungsunternehmen oder sonstigen inländischen Zahlstellen gewährt werden;

8.[1] sonstige Einkünfte im Sinne des § 22 Nummer 2, soweit es sich um private Veräußerungsgeschäfte handelt, mit

   a) inländischen Grundstücken oder

   b) inländischen Rechten, die den Vorschriften des bürgerlichen Rechts über Grundstücke unterliegen;

8a. sonstige Einkünfte im Sinne des § 22 Nummer 4;

9. sonstige Einkünfte im Sinne des § 22 Nummer 3, auch wenn sie bei Anwendung dieser Vorschrift einer anderen Einkunftsart zuzurechnen wären, soweit es sich um Einkünfte aus inländischen unterhaltenden Darbietungen, aus der Nutzung beweglicher Sachen im Inland oder aus der Überlassung der Nutzung oder des Rechts auf Nutzung von gewerblichen, technischen, wissenschaftlichen und ähnlichen Erfahrungen, Kenntnissen und Fertigkeiten, zum Beispiel Plänen, Mustern und Verfahren, handelt, die im Inland genutzt werden oder worden sind; dies gilt nicht, soweit es sich um steuerpflichtige Einkünfte im Sinne der Nummern 1 bis 8 handelt;

10. sonstige Einkünfte im Sinne des § 22 Nummer 5 Satz 1, soweit die Leistungen auf Beiträgen, auf die § 3 Nummer 63 angewendet wurde, steuerfreien Leistungen nach § 3 Nummer 66 oder steuerfreien Zuwendungen nach § 3 Nummer 56 beruhen.

(2) Im Ausland gegebene Besteuerungsmerkmale bleiben außer Betracht, soweit bei ihrer Berücksichtigung inländische Einkünfte im Sinne des Absatzes 1 nicht angenommen werden könnten.

(3) [1]Bei Schifffahrt- und Luftfahrtunternehmen sind die Einkünfte im Sinne des Absatzes 1 Nummer 2 Buchstabe b mit 5 Prozent der für diese Beförderungsleistungen vereinbarten Entgelte anzusetzen. [2]Das gilt auch, wenn solche Einkünfte durch eine inländische Betriebsstätte oder einen inländischen ständigen Vertreter erzielt werden (Absatz 1 Nummer 2 Buchstabe a). [3]Das gilt nicht in den Fällen des Absatzes 1 Nummer 2 Buchstabe c oder soweit das deutsche Besteuerungsrecht nach einem Abkommen zur Vermeidung der Doppelbesteuerung ohne Begrenzung des Steuersatzes aufrechterhalten bleibt.

(4) [1]Abweichend von Absatz 1 Nummer 2 sind Einkünfte steuerfrei, die ein beschränkt Steuerpflichtiger mit Wohnsitz oder gewöhnlichem Aufenthalt in einem ausländischen Staat durch den Betrieb eigener oder gecharterter Schiffe oder Luftfahrzeuge aus einem Unternehmen bezieht, dessen Geschäftsleitung sich in dem ausländischen Staat befindet. [2]Voraussetzung für die Steuerbefreiung ist, dass dieser ausländische Staat Steuerpflichtigen mit Wohnsitz oder gewöhnlichem Aufenthalt im Geltungsbereich dieses Gesetzes eine entsprechende Steuerbefreiung für derartige Einkünfte gewährt und dass das Bundesministerium für Verkehr, Bau und Stadtentwicklung die Steuerbefreiung nach Satz 1 für verkehrspolitisch unbedenklich erklärt hat.

1) **Anm. d. Red.:** Zur Anwendung des § 49 Abs. 1 Nr. 8 siehe § 52 Abs. 57 und § 52a Abs. 17.

§ 50[1] Sondervorschriften für beschränkt Steuerpflichtige

(1) [1]Beschränkt Steuerpflichtige dürfen Betriebsausgaben (§ 4 Absatz 4 bis 8) oder Werbungskosten (§ 9) nur insoweit abziehen, als sie mit inländischen Einkünften in wirtschaftlichem Zusammenhang stehen. [2]§ 32a Absatz 1 ist mit der Maßgabe anzuwenden, dass das zu versteuernde Einkommen um den Grundfreibetrag des § 32a Absatz 1 Satz 2 Nummer 1 erhöht wird; dies gilt nicht für Arbeitnehmer, die Einkünfte aus nichtselbständiger Arbeit im Sinne des § 49 Absatz 1 Nummer 4 beziehen. [3]§ 9 Absatz 5 Satz 1, soweit er § 9c Absatz 1 und 3 für anwendbar erklärt, die §§ 9c, 10, 10a, 10c, 16 Absatz 4, die §§ 24b, 32, 32a Absatz 6, die §§ 33, 33a, 33b und 35a sind nicht anzuwenden. [4]Hiervon abweichend sind bei Arbeitnehmern, die Einkünfte aus nichtselbständiger Arbeit im Sinne des § 49 Absatz 1 Nummer 4 beziehen, § 9 Absatz 5 Satz 1, soweit er § 9c Absatz 1 und 3 für anwendbar erklärt, § 10 Absatz 1 Nummer 2 und 3 sowie § 10c anzuwenden, soweit die Aufwendungen auf die Zeit entfallen, in der Einkünfte im Sinne des § 49 Absatz 1 Nummer 4 erzielt wurden. [5]Die Jahres- und Monatsbeträge der Pauschalen nach § 9a Satz 1 Nummer 1 und § 10c ermäßigen sich zeitanteilig, wenn Einkünfte im Sinne des § 49 Absatz 1 Nummer 4 nicht während eines vollen Kalenderjahres oder Kalendermonats zugeflossen sind.

(2)[2] [1]Die Einkommensteuer für Einkünfte, die dem Steuerabzug vom Arbeitslohn oder vom Kapitalertrag oder dem Steuerabzug auf Grund des § 50a unterliegen, gilt bei beschränkt Steuerpflichtigen durch den Steuerabzug als abgegolten. [2]Satz 1 gilt nicht

1. für Einkünfte eines inländischen Betriebs;
2. wenn nachträglich festgestellt wird, dass die Voraussetzungen der unbeschränkten Einkommensteuerpflicht im Sinne des § 1 Absatz 2 oder Absatz 3 oder des § 1a nicht vorgelegen haben; § 39 Absatz 5a ist sinngemäß anzuwenden;
3. in Fällen des § 2 Absatz 7 Satz 3;
4. für Einkünfte aus nichtselbständiger Arbeit im Sinne des § 49 Absatz 1 Nummer 4,
   a) wenn auf Grund des § 39d Absatz 2 eine Eintragung auf der Bescheinigung im Sinne des § 39d Absatz 1 Satz 3 erfolgt ist oder
   b) wenn die Veranlagung zur Einkommensteuer beantragt wird (§ 46 Absatz 2 Nummer 8);
5. für Einkünfte im Sinne des § 50a Absatz 1 Nummer 1, 2 und 4, wenn die Veranlagung zur Einkommensteuer beantragt wird.

[3]In den Fällen des Satzes 2 Nummer 4 erfolgt die Veranlagung durch das Betriebsstättenfinanzamt, das die Bescheinigung nach § 39d Absatz 1 Satz 3 erteilt hat. [4]Bei mehreren Betriebsstättenfinanzämtern ist das Betriebsstättenfinanzamt zuständig, in dessen Bezirk der Arbeitnehmer zuletzt beschäftigt war. [5]Bei Arbeitnehmern mit Steuerklasse VI ist das Betriebsstättenfinanzamt zuständig, in dessen Bezirk der Arbeitnehmer zuletzt unter Anwendung der Steuerklasse I beschäftigt war. [6]Ist keine Bescheinigung nach § 39d Absatz 1 Satz 3 erteilt worden, ist das Betriebsstättenfinanzamt zuständig, in dessen Bezirk der Arbeitnehmer zuletzt beschäftigt war. [7]Satz 2 Nummer 4 Buchstabe b und Nummer 5 gilt nur für Staatsangehörige eines Mitgliedstaats der Europäischen Union oder eines anderen Staates, auf den das Abkommen über den Europäischen Wirtschaftsraum Anwendung findet, die im Hoheitsgebiet eines dieser Staaten ihren Wohnsitz oder gewöhnlichen Aufenthalt haben. [8]*In den Fällen des Satzes 2 Nummer 5 erfolgt die Veranlagung durch das Bundeszentralamt für Steuern.*

---

1) **Anm. d. Red.:** Zur Anwendung des § 50 siehe § 52 Abs. 58.

2) **Anm. d. Red.:** Abs. 2 unter Berücksichtigung des kursiven Satzes 8 ist gem. § 52 Abs. 58 Satz 3 erstmals ab dem Zeitpunkt anzuwenden, der durch eine Rechtsverordnung der Bundesregierung bestimmt wird, die der Zustimmung des Bundesrates bedarf; dieser Zeitpunkt darf nicht vor dem 31. 12. 2011 liegen.

(3) § 34c Absatz 1 bis 3 ist bei Einkünften aus Land- und Forstwirtschaft, Gewerbebetrieb oder selbständiger Arbeit, für die im Inland ein Betrieb unterhalten wird, entsprechend anzuwenden, soweit darin nicht Einkünfte aus einem ausländischen Staat enthalten sind, mit denen der beschränkt Steuerpflichtige dort in einem der unbeschränkten Steuerpflicht ähnlichen Umfang zu einer Steuer vom Einkommen herangezogen wird.

(4) Die obersten Finanzbehörden der Länder oder die von ihnen beauftragten Finanzbehörden können mit Zustimmung des Bundesministeriums der Finanzen die Einkommensteuer bei beschränkt Steuerpflichtigen ganz oder zum Teil erlassen oder in einem Pauschbetrag festsetzen, wenn dies im besonderen öffentlichen Interesse liegt; ein besonderes öffentliches Interesse besteht insbesondere

1. im Zusammenhang mit der inländischen Veranstaltung international bedeutsamer kultureller und sportlicher Ereignisse, um deren Ausrichtung ein internationaler Wettbewerb stattfindet, oder
2. im Zusammenhang mit dem inländischen Auftritt einer ausländischen Kulturvereinigung, wenn ihr Auftritt wesentlich aus öffentlichen Mitteln gefördert wird.

§ 50a[1] Steuerabzug bei beschränkt Steuerpflichtigen

(1) Die Einkommensteuer wird bei beschränkt Steuerpflichtigen im Wege des Steuerabzugs erhoben

1. bei Einkünften, die durch im Inland ausgeübte künstlerische, sportliche, artistische, unterhaltende oder ähnliche Darbietungen erzielt werden, einschließlich der Einkünfte aus anderen mit diesen Leistungen zusammenhängenden Leistungen, unabhängig davon, wem die Einkünfte zufließen (§ 49 Absatz 1 Nummer 2 bis 4 und 9), es sei denn, es handelt sich um Einkünfte aus nichtselbständiger Arbeit, die bereits dem Steuerabzug vom Arbeitslohn nach § 38 Absatz 1 Satz 1 Nummer 1 unterliegen,
2. bei Einkünften aus der inländischen Verwertung von Darbietungen im Sinne der Nummer 1 (§ 49 Absatz 1 Nummer 2 bis 4 und 6),
3. bei Einkünften, die aus Vergütungen für die Überlassung der Nutzung oder des Rechts auf Nutzung von Rechten, insbesondere von Urheberrechten und gewerblichen Schutzrechten, von gewerblichen, technischen, wissenschaftlichen und ähnlichen Erfahrungen, Kenntnissen und Fertigkeiten, zum Beispiel Plänen, Mustern und Verfahren, herrühren (§ 49 Absatz 1 Nummer 2, 3, 6 und 9),
4. bei Einkünften, die Mitgliedern des Aufsichtsrats, Verwaltungsrats, Grubenvorstands oder anderen mit der Überwachung der Geschäftsführung von Körperschaften, Personenvereinigungen und Vermögensmassen im Sinne des § 1 des Körperschaftsteuergesetzes beauftragten Personen sowie von anderen inländischen Personenvereinigungen des privaten und öffentlichen Rechts, bei denen die Gesellschafter nicht als Unternehmer (Mitunternehmer) anzusehen sind, für die Überwachung der Geschäftsführung gewährt werden (§ 49 Absatz 1 Nummer 3).

(2) [1]Der Steuerabzug beträgt 15 Prozent, in den Fällen des Absatzes 1 Nummer 4 beträgt er 30 Prozent der gesamten Einnahmen. [2]Vom Schuldner der Vergütung ersetzte oder übernommene Reisekosten gehören nur insoweit zu den Einnahmen, als die Fahrt- und Übernachtungsauslagen die tatsächlichen Kosten und die Vergütungen für Verpflegungsmehraufwand die Pauschbeträge nach § 4 Absatz 5 Satz 1 Nummer 5 übersteigen. [3]Bei Einkünften im Sinne des Absatzes 1 Nummer 1 wird ein Steuerabzug nicht erhoben, wenn die Einnahmen je Darbietung 250 Euro nicht übersteigen.

1) **Anm. d. Red.:** Zur Anwendung des § 50a siehe § 52 Abs. 58a und 58b.

(3)[1] [1]*Der Schuldner der Vergütung kann von den Einnahmen in den Fällen des Absatzes 1 Nummer 1, 2 und 4 mit ihnen in unmittelbarem wirtschaftlichem Zusammenhang stehende Betriebsausgaben oder Werbungskosten abziehen, die ihm ein beschränkt Steuerpflichtiger in einer für das Bundeszentralamt für Steuern nachprüfbaren Form nachgewiesen hat oder die vom Schuldner der Vergütung übernommen worden sind.* [2]Das gilt nur, wenn der beschränkt Steuerpflichtige Staatsangehöriger eines Mitgliedstaats der Europäischen Union oder eines anderen Staates ist, auf den das Abkommen über den Europäischen Wirtschaftsraum Anwendung findet, und im Hoheitsgebiet eines dieser Staaten seinen Wohnsitz oder gewöhnlichen Aufenthalt hat. [3]Es gilt entsprechend bei einer beschränkt steuerpflichtigen Körperschaft, Personenvereinigung oder Vermögensmasse im Sinne des § 32 Absatz 4 des Körperschaftsteuergesetzes. [4]In diesen Fällen beträgt der Steuerabzug von den nach Abzug der Betriebsausgaben oder Werbungskosten verbleibenden Einnahmen (Nettoeinnahmen), wenn

1. Gläubiger der Vergütung eine natürliche Person ist, 30 Prozent,
2. Gläubiger der Vergütung eine Körperschaft, Personenvereinigung oder Vermögensmasse ist, 15 Prozent.

(4) [1]Hat der Gläubiger einer Vergütung seinerseits Steuern für Rechnung eines anderen beschränkt steuerpflichtigen Gläubigers einzubehalten (zweite Stufe), kann er vom Steuerabzug absehen, wenn seine Einnahmen bereits dem Steuerabzug nach Absatz 2 unterlegen haben. [2]Wenn der Schuldner der Vergütung auf zweiter Stufe Betriebsausgaben oder Werbungskosten nach Absatz 3 geltend macht, die Veranlagung nach § 50 Absatz 2 Satz 2 Nummer 5 beantragt oder die Erstattung der Abzugsteuer nach § 50d Absatz 1 oder einer anderen Vorschrift beantragt, hat er die sich nach Absatz 2 oder Absatz 3 ergebende Steuer zu diesem Zeitpunkt zu entrichten; Absatz 5 gilt entsprechend.

(5)[2] [1]Die Steuer entsteht in dem Zeitpunkt, in dem die Vergütung dem Gläubiger zufließt. [2]In diesem Zeitpunkt hat der Schuldner der Vergütung den Steuerabzug für Rechnung des Gläubigers (Steuerschuldner) vorzunehmen. [3]*Er hat die innerhalb eines Kalendervierteljahres einbehaltene Steuer jeweils bis zum zehnten des dem Kalendervierteljahr folgenden Monats an das Bundeszentralamt für Steuern abzuführen.* [4]Der Schuldner der Vergütung haftet für die Einbehaltung und Abführung der Steuer. [5]Der Steuerschuldner kann in Anspruch genommen werden, wenn der Schuldner der Vergütung den Steuerabzug nicht vorschriftsmäßig vorgenommen hat. [6]Der Schuldner der Vergütung ist verpflichtet, dem Gläubiger auf Verlangen die folgenden Angaben nach amtlich vorgeschriebenem Muster zu bescheinigen:

1. den Namen und die Anschrift des Gläubigers,
2. die Art der Tätigkeit und Höhe der Vergütung in Euro,
3. den Zahlungstag,
4. den Betrag der einbehaltenen und abgeführten Steuer nach Absatz 2 oder Absatz 3.
5. *(weggefallen)*

---

1) **Anm. d. Red.:** Abs. 3 unter Berücksichtigung des kursiven Satzes 1 ist gem. § 52 Abs. 58a Satz 2 erstmals ab dem Zeitpunkt anzuwenden, der durch eine Rechtsverordnung der Bundesregierung bestimmt wird, die der Zustimmung des Bundesrates bedarf; dieser Zeitpunkt darf nicht vor dem 31. 12. 2011 liegen. Satz 1 der Vorfassung lautet: „Der Schuldner der Vergütung kann von den Einnahmen in den Fällen des Absatzes 1 Nummer 1, 2 und 4 mit ihnen in unmittelbarem wirtschaftlichem Zusammenhang stehende Betriebsausgaben oder Werbungskosten abziehen, die ihm ein beschränkt Steuerpflichtiger in einer für das Finanzamt nachprüfbaren Form nachgewiesen hat oder die vom Schuldner der Vergütung übernommen worden sind."

2) **Anm. d. Red.:** Abs. 5 unter Berücksichtigung des kursiven Satzes 3 und ohne des weggefallenen Satzes 6 Nr. 5 ist gem. § 52 Abs. 58a Satz 2 erstmals ab dem Zeitpunkt anzuwenden, der durch eine Rechtsverordnung der Bundesregierung bestimmt wird, die der Zustimmung des Bundesrates bedarf; dieser Zeitpunkt darf nicht vor dem 31. 12. 2011 liegen. Satz 3 der Vorfassung lautet: „Er hat die innerhalb eines Kalendervierteljahres einbehaltene Steuer jeweils bis zum zehnten des dem Kalendervierteljahr folgenden Monats an das für ihn zuständige Finanzamt abzuführen."; weggefallener Satz 6 Nr. 5 der Vorfassung lautet: „5. das Finanzamt, an das die Steuer abgeführt worden ist."

(6) Die Bundesregierung kann durch Rechtsverordnung mit Zustimmung des Bundesrates bestimmen, dass bei Vergütungen für die Nutzung oder das Recht auf Nutzung von Urheberrechten (Absatz 1 Nummer 3), die nicht unmittelbar an den Gläubiger, sondern an einen Beauftragten geleistet werden, anstelle des Schuldners der Vergütung der Beauftragte die Steuer einzubehalten und abzuführen hat und für die Einbehaltung und Abführung haftet.

(7) [1]Das Finanzamt des Vergütungsgläubigers kann anordnen, dass der Schuldner der Vergütung für Rechnung des Gläubigers (Steuerschuldner) die Einkommensteuer von beschränkt steuerpflichtigen Einkünften, soweit diese nicht bereits dem Steuerabzug unterliegen, im Wege des Steuerabzugs einzubehalten und abzuführen hat, wenn dies zur Sicherung des Steueranspruchs zweckmäßig ist. [2]Der Steuerabzug beträgt 25 Prozent der gesamten Einnahmen, bei Körperschaften, Personenvereinigungen oder Vermögensmassen 15 Prozent der gesamten Einnahmen, wenn der Vergütungsgläubiger nicht glaubhaft macht, dass die voraussichtlich geschuldete Steuer niedriger ist. [3]Absatz 5 gilt entsprechend mit der Maßgabe, dass die Steuer bei dem Finanzamt anzumelden und abzuführen ist, das den Steuerabzug angeordnet hat. [4]§ 50 Absatz 2 Satz 1 ist nicht anzuwenden.

 EStG

IX. Sonstige Vorschriften, Bußgeld-, Ermächtigungs- und Schlussvorschriften

§ 50b[1] Prüfungsrecht

[1]Die Finanzbehörden sind berechtigt, Verhältnisse, die für die Anrechnung oder Vergütung von Körperschaftsteuer, für die Anrechnung oder Erstattung von Kapitalertragsteuer, für die Nichtvornahme des Steuerabzugs, für die Ausstellung der Jahresbescheinigung nach § 24c oder für die Mitteilungen an das Bundeszentralamt für Steuern nach § 45e von Bedeutung sind oder der Aufklärung bedürfen, bei den am Verfahren Beteiligten zu prüfen. [2]Die §§ 193 bis 203 der Abgabenordnung gelten sinngemäß.

§ 50c (weggefallen)

§ 50d[2] Besonderheiten im Fall von Doppelbesteuerungsabkommen und der §§ 43b und 50g

(1) [1]Können Einkünfte, die dem Steuerabzug vom Kapitalertrag oder dem Steuerabzug auf Grund des § 50a unterliegen, nach den §§ 43b, 50g oder nach einem Abkommen zur Vermeidung der Doppelbesteuerung nicht oder nur nach einem niedrigeren Steuersatz besteuert werden, so sind die Vorschriften über die Einbehaltung, Abführung und Anmeldung der Steuer ungeachtet der §§ 43b und 50g sowie des Abkommens anzuwenden. [2]Unberührt bleibt der Anspruch des Gläubigers der Kapitalerträge oder Vergütungen auf völlige oder teilweise Erstattung der einbehaltenen und abgeführten oder der auf Grund Haftungsbescheid oder Nachforderungsbescheid entrichteten Steuer. [3]Die Erstattung erfolgt auf Antrag des Gläubigers der Kapitalerträge oder Vergütungen auf der Grundlage eines Freistellungsbescheids; der Antrag ist nach amtlich vorgeschriebenem Vordruck bei dem Bundeszentralamt für Steuern zu stellen. [4]Der zu erstattende Betrag wird nach Bekanntgabe des Freistellungsbescheids ausgezahlt. [5]Hat der Gläubiger der Vergütungen im Sinne des § 50a nach § 50a Absatz 5 Steuern für Rechnung beschränkt steuerpflichtiger Gläubiger einzubehalten, kann die Auszahlung des Erstattungsanspruchs davon abhängig gemacht werden, dass er die Zahlung der von ihm einzubehaltenden Steuer nachweist, hierfür Sicherheit leistet oder unwiderruflich die Zustimmung zur Verrechnung seines Erstattungsanspruchs mit seiner Steuerzahlungsschuld erklärt. [6]Das Bundeszentralamt für Steuern kann zulassen, dass Anträge auf maschinell verwertbaren Datenträgern gestellt werden. [7]Die Frist für den Antrag auf Erstattung be-

1) **Anm. d. Red.:** Zur Anwendung des § 50b siehe § 52 Abs. 58c.

2) **Anm. d. Red.:** Zur Anwendung des § 50d siehe § 52 Abs. 59a.

trägt vier Jahre nach Ablauf des Kalenderjahres, in dem die Kapitalerträge oder Vergütungen bezogen worden sind. [8]Die Frist nach Satz 7 endet nicht vor Ablauf von sechs Monaten nach dem Zeitpunkt der Entrichtung der Steuer. [9]Für die Erstattung der Kapitalertragsteuer gilt § 45 entsprechend. [10]Der Schuldner der Kapitalerträge oder Vergütungen kann sich vorbehaltlich des Absatzes 2 nicht auf die Rechte des Gläubigers aus dem Abkommen berufen.

(1a) [1]Der nach Absatz 1 in Verbindung mit § 50g zu erstattende Betrag ist zu verzinsen. [2]Der Zinslauf beginnt zwölf Monate nach Ablauf des Monats, in dem der Antrag auf Erstattung und alle für die Entscheidung erforderlichen Nachweise vorliegen, frühestens am Tag der Entrichtung der Steuer durch den Schuldner der Kapitalerträge oder Vergütungen. [3]Er endet mit Ablauf des Tages, an dem der Freistellungsbescheid wirksam wird. [4]Wird der Freistellungsbescheid aufgehoben, geändert oder nach § 129 der Abgabenordnung berichtigt, ist eine bisherige Zinsfestsetzung zu ändern. [5]§ 233a Absatz 5 der Abgabenordnung gilt sinngemäß. [6]Für die Höhe und Berechnung der Zinsen gilt § 238 der Abgabenordnung. [7]Auf die Festsetzung der Zinsen ist § 239 der Abgabenordnung sinngemäß anzuwenden. [8]Die Vorschriften dieses Absatzes sind nicht anzuwenden, wenn der Steuerabzug keine abgeltende Wirkung hat (§ 50 Absatz 2).

(2) [1]In den Fällen der §§ 43b, 50a Absatz 1, § 50g kann der Schuldner der Kapitalerträge oder Vergütungen den Steuerabzug nach Maßgabe von § 43b oder § 50g oder des Abkommens unterlassen oder nach einem niedrigeren Steuersatz vornehmen, wenn das Bundeszentralamt für Steuern dem Gläubiger auf Grund eines von ihm nach amtlich vorgeschriebenem Vordruck gestellten Antrags bescheinigt, dass die Voraussetzungen dafür vorliegen (Freistellung im Steuerabzugsverfahren); dies gilt auch bei Kapitalerträgen, die einer nach einem Abkommen zur Vermeidung der Doppelbesteuerung im anderen Vertragsstaat ansässigen Kapitalgesellschaft, die am Nennkapital einer unbeschränkt steuerpflichtigen Kapitalgesellschaft im Sinne des § 1 Absatz 1 Nummer 1 des Körperschaftsteuergesetzes zu mindestens einem Zehntel unmittelbar beteiligt ist und im Staat ihrer Ansässigkeit den Steuern vom Einkommen oder Gewinn unterliegt, ohne davon befreit zu sein, von der unbeschränkt steuerpflichtigen Kapitalgesellschaft zufließen. [2]Die Freistellung kann unter dem Vorbehalt des Widerrufs erteilt und von Auflagen oder Bedingungen abhängig gemacht werden. [3]Sie kann in den Fällen des § 50a Absatz 1 von der Bedingung abhängig gemacht werden, dass die Erfüllung der Verpflichtungen nach § 50a Absatz 5 nachgewiesen werden, soweit die Vergütungen an andere beschränkt Steuerpflichtige weitergeleitet werden. [4]Die Geltungsdauer der Bescheinigung nach Satz 1 beginnt frühestens an dem Tag, an dem der Antrag beim Bundeszentralamt für Steuern eingeht; sie beträgt mindestens ein Jahr und darf drei Jahre nicht überschreiten; der Gläubiger der Kapitalerträge oder der Vergütungen ist verpflichtet, den Wegfall der Voraussetzungen für die Freistellung unverzüglich dem Bundeszentralamt für Steuern mitzuteilen. [5]Voraussetzung für die Abstandnahme vom Steuerabzug ist, dass dem Schuldner der Kapitalerträge oder Vergütungen die Bescheinigung nach Satz 1 vorliegt. [6]Über den Antrag ist innerhalb von drei Monaten zu entscheiden. [7]Die Frist beginnt mit der Vorlage aller für die Entscheidung erforderlichen Nachweise. [8]Bestehende Anmeldeverpflichtungen bleiben unberührt.

(3) [1]Eine ausländische Gesellschaft hat keinen Anspruch auf völlige oder teilweise Entlastung nach Absatz 1 oder Absatz 2, soweit Personen an ihr beteiligt sind, denen die Erstattung oder Freistellung nicht zustände, wenn sie die Einkünfte unmittelbar erzielten, und

1. für die Einschaltung der ausländischen Gesellschaft wirtschaftliche oder sonst beachtliche Gründe fehlen oder
2. die ausländische Gesellschaft nicht mehr als 10 Prozent ihrer gesamten Bruttoerträge des betreffenden Wirtschaftsjahres aus eigener Wirtschaftstätigkeit erzielt oder
3. die ausländische Gesellschaft nicht mit einem für ihren Geschäftszweck angemessen eingerichteten Geschäftsbetrieb am allgemeinen wirtschaftlichen Verkehr teilnimmt.

[2]Maßgebend sind ausschließlich die Verhältnisse der ausländischen Gesellschaft; organisatorische, wirtschaftliche oder sonst beachtliche Merkmale der Unternehmen, die der ausländischen Gesellschaft nahe stehen (§ 1 Absatz 2 des Außensteuergesetzes), bleiben außer Betracht. [3]An einer eigenen Wirtschaftstätigkeit fehlt es, soweit die ausländische Gesellschaft ihre Bruttoerträge aus der Verwaltung von Wirtschaftsgütern erzielt oder ihre wesentlichen Geschäftstätigkeiten auf Dritte überträgt. [4]Die Sätze 1 bis 3 sind nicht anzuwenden, wenn mit der Hauptgattung der Aktien der ausländischen Gesellschaft ein wesentlicher und regelmäßiger Handel an einer anerkannten Börse stattfindet oder für die ausländische Gesellschaft die Vorschriften des Investmentsteuergesetzes gelten.

(4) [1]Der Gläubiger der Kapitalerträge oder Vergütungen im Sinne des § 50a hat nach amtlich vorgeschriebenem Vordruck durch eine Bestätigung der für ihn zuständigen Steuerbehörde des anderen Staates nachzuweisen, dass er dort ansässig ist oder die Voraussetzungen des § 50g Absatz 3 Nummer 5 Buchstabe c erfüllt sind. [2]Das Bundesministerium der Finanzen kann im Einvernehmen mit den obersten Finanzbehörden der Länder erleichterte Verfahren oder vereinfachte Nachweise zulassen.

ESfG

(5) [1]Abweichend von Absatz 2 kann das Bundeszentralamt für Steuern in den Fällen des § 50a Absatz 1 Nummer 3 den Schuldner der Vergütung auf Antrag allgemein ermächtigen, den Steuerabzug zu unterlassen oder nach einem niedrigeren Steuersatz vorzunehmen (Kontrollmeldeverfahren). [2]Die Ermächtigung kann in Fällen geringer steuerlicher Bedeutung erteilt und mit Auflagen verbunden werden. [3]Einer Bestätigung nach Absatz 4 Satz 1 bedarf es im Kontrollmeldeverfahren nicht. [4]Inhalt der Auflage kann die Angabe des Namens, des Wohnortes oder des Ortes des Sitzes oder der Geschäftsleitung des Schuldners und des Gläubigers, der Art der Vergütung, des Bruttobetrags und des Zeitpunkts der Zahlungen sowie des einbehaltenen Steuerbetrags sein. [5]Mit dem Antrag auf Teilnahme am Kontrollmeldeverfahren gilt die Zustimmung des Gläubigers und des Schuldners zur Weiterleitung der Angaben des Schuldners an den Wohnsitz- oder Sitzstaat des Gläubigers als erteilt. [6]Die Ermächtigung ist als Beleg aufzubewahren. [7]Absatz 2 Satz 8 gilt entsprechend.

(6) Soweit Absatz 2 nicht anwendbar ist, gilt Absatz 5 auch für Kapitalerträge im Sinne des § 43 Absatz 1 Satz 1 Nummer 1 und 4, wenn sich im Zeitpunkt der Zahlung des Kapitalertrags der Anspruch auf Besteuerung nach einem niedrigeren Steuersatz ohne nähere Ermittlung feststellen lässt.

(7) Werden Einkünfte im Sinne des § 49 Absatz 1 Nummer 4 aus einer Kasse einer juristischen Person des öffentlichen Rechts im Sinne der Vorschrift eines Abkommens zur Vermeidung der Doppelbesteuerung über den öffentlichen Dienst gewährt, so ist diese Vorschrift bei Bestehen eines Dienstverhältnisses mit einer anderen Person in der Weise auszulegen, dass die Vergütungen für der erstgenannten Person geleistete Dienste gezahlt werden, wenn sie ganz oder im Wesentlichen aus öffentlichen Mitteln aufgebracht werden.

(8) [1]Sind Einkünfte eines unbeschränkt Steuerpflichtigen aus nichtselbständiger Arbeit (§ 19) nach einem Abkommen zur Vermeidung der Doppelbesteuerung von der Bemessungsgrundlage der deutschen Steuer auszunehmen, wird die Freistellung bei der Veranlagung ungeachtet des Abkommens nur gewährt, soweit der Steuerpflichtige nachweist, dass der Staat, dem nach dem Abkommen das Besteuerungsrecht zusteht, auf dieses Besteuerungsrecht verzichtet hat oder dass die in diesem Staat auf die Einkünfte festgesetzten Steuern entrichtet wurden. [2]Wird ein solcher Nachweis erst geführt, nachdem die Einkünfte in eine Veranlagung zur Einkommensteuer einbezogen wurden, ist der Steuerbescheid insoweit zu ändern. [3]§ 175 Absatz 1 Satz 2 der Abgabenordnung ist entsprechend anzuwenden.

(9) [1]Sind Einkünfte eines unbeschränkt Steuerpflichtigen nach einem Abkommen zur Vermeidung der Doppelbesteuerung von der Bemessungsgrundlage der deutschen Steuer auszunehmen, so wird die Freistellung der Einkünfte ungeachtet des Abkommens nicht gewährt, wenn

1. der andere Staat die Bestimmungen des Abkommens so anwendet, dass die Einkünfte in diesem Staat von der Besteuerung auszunehmen sind oder nur zu einem durch das Abkommen begrenzten Steuersatz besteuert werden können, oder

2. die Einkünfte in dem anderen Staat nur deshalb nicht steuerpflichtig sind, weil sie von einer Person bezogen werden, die in diesem Staat nicht auf Grund ihres Wohnsitzes, ständigen Aufenthalts, des Ortes ihrer Geschäftsleitung, des Sitzes oder eines ähnlichen Merkmals unbeschränkt steuerpflichtig ist.

[2]Nummer 2 gilt nicht für Dividenden, die nach einem Abkommen zur Vermeidung der Doppelbesteuerung von der Bemessungsgrundlage der deutschen Steuer auszunehmen sind, es sei denn, die Dividenden sind bei der Ermittlung des Gewinns der ausschüttenden Gesellschaft abgezogen worden. [3]Bestimmungen eines Abkommens zur Vermeidung der Doppelbesteuerung, die die Freistellung von Einkünften in einem weitergehenden Umfang einschränken, sowie Absatz 8 und § 20 Absatz 2 des Außensteuergesetzes bleiben unberührt.

(10) [1]Sind auf Vergütungen im Sinne des § 15 Absatz 1 Satz 1 Nummer 2 Satz 1 zweiter Halbsatz und Nummer 3 zweiter Halbsatz die Vorschriften eines Abkommens zur Vermeidung der Doppelbesteuerung anzuwenden und enthält das Abkommen keine solche Vergütungen betreffende ausdrückliche Regelung, gelten diese Vergütungen für Zwecke der Anwendung des Abkommens ausschließlich als Unternehmensgewinne. [2]Absatz 9 Nummer 1 bleibt unberührt.

§ 50e Bußgeldvorschriften; Nichtverfolgung von Steuerstraftaten bei geringfügiger Beschäftigung in Privathaushalten

(1) [1]Ordnungswidrig handelt, wer vorsätzlich oder leichtfertig entgegen § 45d Absatz 1 Satz 1, § 45d Absatz 3 Satz 1, der nach § 45e erlassenen Rechtsverordnung oder den unmittelbar geltenden Verträgen mit den in Artikel 17 der Richtlinie 2003/48/EG genannten Staaten und Gebieten eine Mitteilung nicht, nicht richtig, nicht vollständig oder nicht rechtzeitig abgibt. [2]Die Ordnungswidrigkeit kann mit einer Geldbuße bis zu fünftausend Euro geahndet werden.

(2) [1]Liegen die Voraussetzungen des § 40a Absatz 2 vor, werden Steuerstraftaten (§§ 369 bis 376 der Abgabenordnung) als solche nicht verfolgt, wenn der Arbeitgeber in den Fällen des § 8a des Vierten Buches Sozialgesetzbuch entgegen § 41a Absatz 1 Nummer 1, auch in Verbindung mit Absatz 2 und 3 und § 51a, und § 40a Absatz 6 Satz 3 dieses Gesetzes in Verbindung mit § 28a Absatz 7 Satz 1 des Vierten Buches Sozialgesetzbuch für das Arbeitsentgelt die Lohnsteuer-Anmeldung und die Anmeldung der einheitlichen Pauschsteuer nicht oder nicht rechtzeitig durchführt und dadurch Steuern verkürzt oder für sich oder einen anderen nicht gerechtfertigte Steuervorteile erlangt. [2]Die Freistellung von der Verfolgung nach Satz 1 gilt auch für den Arbeitnehmer einer in Satz 1 genannten Beschäftigung, der die Finanzbehörde pflichtwidrig über steuerlich erhebliche Tatsachen aus dieser Beschäftigung in Unkenntnis lässt. [3]Die Bußgeldvorschriften der §§ 377 bis 384 der Abgabenordnung bleiben mit der Maßgabe anwendbar, dass § 378 der Abgabenordnung auch bei vorsätzlichem Handeln anwendbar ist.

§ 50f Bußgeldvorschriften

(1) Ordnungswidrig handelt, wer vorsätzlich oder leichtfertig entgegen § 22a Absatz 2 Satz 9 die Identifikationsnummer für andere als die dort genannten Zwecke verwendet.

(2) Die Ordnungswidrigkeit kann mit einer Geldbuße bis zu zehntausend Euro geahndet werden.

§ 50g Entlastung vom Steuerabzug bei Zahlungen von Zinsen und Lizenzgebühren zwischen verbundenen Unternehmen verschiedener Mitgliedstaaten der Europäischen Union

(1) [1]Auf Antrag werden die Kapitalertragsteuer für Zinsen und die Steuer auf Grund des § 50a für Lizenzgebühren, die von einem Unternehmen der Bundesrepublik Deutschland oder einer dort gelegenen Betriebsstätte eines Unternehmens eines anderen Mitgliedstaates der Europäischen Union als Schuldner an ein Unternehmen eines anderen Mitgliedstaates der Europäischen Union oder an eine in einem anderen Mitgliedstaat

der Europäischen Union gelegene Betriebsstätte eines Unternehmens eines Mitgliedstaates der Europäischen Union als Gläubiger gezahlt werden, nicht erhoben. [2]Erfolgt die Besteuerung durch Veranlagung, werden die Zinsen und Lizenzgebühren bei der Ermittlung der Einkünfte nicht erfasst. [3]Voraussetzung für die Anwendung der Sätze 1 und 2 ist, dass der Gläubiger der Zinsen oder Lizenzgebühren ein mit dem Schuldner verbundenes Unternehmen oder dessen Betriebsstätte ist. [4]Die Sätze 1 bis 3 sind nicht anzuwenden, wenn die Zinsen oder Lizenzgebühren an eine Betriebsstätte eines Unternehmens eines Mitgliedstaates der Europäischen Union als Gläubiger gezahlt werden, die in einem Staat außerhalb der Europäischen Union oder im Inland gelegen ist und in der die Tätigkeit des Unternehmens ganz oder teilweise ausgeübt wird.

(2) Absatz 1 ist nicht anzuwenden auf die Zahlung von

1. Zinsen,
   a) die nach deutschem Recht als Gewinnausschüttung behandelt werden (§ 20 Absatz 1 Nummer 1 Satz 2) oder
   b) die auf Forderungen beruhen, die einen Anspruch auf Beteiligung am Gewinn des Schuldners begründen;
2. Zinsen oder Lizenzgebühren, die den Betrag übersteigen, den der Schuldner und der Gläubiger ohne besondere Beziehungen, die zwischen den beiden oder einem von ihnen und einem Dritten auf Grund von Absatz 3 Nummer 5 Buchstabe b bestehen, vereinbart hätten.

(3) Für die Anwendung der Absätze 1 und 2 gelten die folgenden Begriffsbestimmungen und Beschränkungen:

1. [1]Der Gläubiger muss der Nutzungsberechtigte sein. [2]Nutzungsberechtigter ist
   a) ein Unternehmen, wenn es die Einkünfte im Sinne von § 2 Absatz 1 erzielt;
   b) eine Betriebsstätte, wenn
      aa) die Forderung, das Recht oder der Gebrauch von Informationen, auf Grund derer/dessen Zahlungen von Zinsen oder Lizenzgebühren geleistet werden, tatsächlich zu der Betriebsstätte gehört und
      bb) die Zahlungen der Zinsen oder Lizenzgebühren Einkünfte darstellen, auf Grund derer die Gewinne der Betriebsstätte in dem Mitgliedstaat der Europäischen Union, in dem sie gelegen ist, zu einer der in Nummer 5 Buchstabe a Doppelbuchstabe cc genannten Steuer beziehungsweise im Fall Belgiens dem „impôt des non-résidents/belasting der nietverblijfhouders" beziehungsweise im Fall Spaniens dem „Impuesto sobre la Renta de no Residentes" beziehungsweise zu einer mit diesen Steuern identischen oder weitgehend ähnlichen Steuer herangezogen werden, die nach dem jeweiligen Zeitpunkt des Inkrafttretens der Richtlinie 2003/49/EG des Rates vom 3. Juni 2003 über eine gemeinsame Steuerregelung für Zahlungen von Zinsen und Lizenzgebühren zwischen verbundenen Unternehmen verschiedener Mitgliedstaaten (ABl EU Nr. L 157 S. 49), zuletzt geändert durch die Richtlinie 2006/98/EG des Rates vom 20. November 2006 (ABl EU Nr. L 363 S. 129), anstelle der bestehenden Steuern oder ergänzend zu ihnen eingeführt wird.
2. Eine Betriebsstätte gilt nur dann als Schuldner der Zinsen oder Lizenzgebühren, wenn die Zahlung bei der Ermittlung des Gewinns der Betriebsstätte eine steuerlich abzugsfähige Betriebsausgabe ist.
3. Gilt eine Betriebsstätte eines Unternehmens eines Mitgliedstaates der Europäischen Union als Schuldner oder Gläubiger von Zinsen oder Lizenzgebühren, so wird kein anderer Teil des Unternehmens als Schuldner oder Gläubiger der Zinsen oder Lizenzgebühren angesehen.
4. Im Sinne des Absatzes 1 sind
   a) „Zinsen" Einkünfte aus Forderungen jeder Art, auch wenn die Forderungen durch Pfandrechte an Grundstücken gesichert sind, insbesondere Einkünfte aus öffentlichen Anleihen und aus Obligationen einschließlich der damit verbunde-

nen Aufgelder und der Gewinne aus Losanleihen; Zuschläge für verspätete Zahlung und die Rückzahlung von Kapital gelten nicht als Zinsen;

b) „Lizenzgebühren“ Vergütungen jeder Art, die für die Nutzung oder für das Recht auf Nutzung von Urheberrechten an literarischen, künstlerischen oder wissenschaftlichen Werken, einschließlich kinematografischer Filme und Software, von Patenten, Marken, Mustern oder Modellen, Plänen, geheimen Formeln oder Verfahren oder für die Mitteilung gewerblicher, kaufmännischer oder wissenschaftlicher Erfahrungen gezahlt werden; Zahlungen für die Nutzung oder das Recht auf Nutzung gewerblicher, kaufmännischer oder wissenschaftlicher Ausrüstungen gelten als Lizenzgebühren.

5. Die Ausdrücke „Unternehmen eines Mitgliedstaates der Europäischen Union“, „verbundenes Unternehmen“ und „Betriebsstätte“ bedeuten:

a) „Unternehmen eines Mitgliedstaates der Europäischen Union“ jedes Unternehmen, das

aa) eine der in Anlage 3[1] Nummer 1 zu diesem Gesetz aufgeführten Rechtsformen aufweist und

bb) nach dem Steuerrecht eines Mitgliedstaates in diesem Mitgliedstaat ansässig ist und nicht nach einem zwischen dem betreffenden Staat und einem Staat außerhalb der Europäischen Union geschlossenen Abkommen zur Vermeidung der Doppelbesteuerung von Einkünften für steuerliche Zwecke als außerhalb der Gemeinschaft ansässig gilt und

cc) einer der in Anlage 3[1] Nummer 2 zu diesem Gesetz aufgeführten Steuern unterliegt und nicht von ihr befreit ist. [2]Entsprechendes gilt für eine mit diesen Steuern identische oder weitgehend ähnliche Steuer, die nach dem jeweiligen Zeitpunkt des Inkrafttretens der Richtlinie 2003/49/EG des Rates vom 3. Juni 2003 (ABl EU Nr. L 157 S. 49), zuletzt geändert durch die Richtlinie 2006/98/EG des Rates vom 20. November 2006 (ABl EU Nr. L 363 S. 129), anstelle der bestehenden Steuern oder ergänzend zu ihnen eingeführt wird.

[2]Ein Unternehmen ist im Sinne von Doppelbuchstabe bb in einem Mitgliedstaat der Europäischen Union ansässig, wenn es der unbeschränkten Steuerpflicht im Inland oder einer vergleichbaren Besteuerung in einem anderen Mitgliedstaat der Europäischen Union nach dessen Rechtsvorschriften unterliegt.

b) „Verbundenes Unternehmen“ jedes Unternehmen, das dadurch mit einem zweiten Unternehmen verbunden ist, dass

aa) das erste Unternehmen unmittelbar mindestens zu 25 Prozent an dem Kapital des zweiten Unternehmens beteiligt ist oder

bb) das zweite Unternehmen unmittelbar mindestens zu 25 Prozent an dem Kapital des ersten Unternehmens beteiligt ist oder

cc) ein drittes Unternehmen unmittelbar mindestens zu 25 Prozent an dem Kapital des ersten Unternehmens und dem Kapital des zweiten Unternehmens beteiligt ist.

[2]Die Beteiligungen dürfen nur zwischen Unternehmen bestehen, die in einem Mitgliedstaat der Europäischen Union ansässig sind.

c) „Betriebsstätte“ eine feste Geschäftseinrichtung in einem Mitgliedstaat der Europäischen Union, in der die Tätigkeit eines Unternehmens eines anderen Mitgliedstaates der Europäischen Union ganz oder teilweise ausgeübt wird.

(4) [1]Die Entlastung nach Absatz 1 ist zu versagen oder zu entziehen, wenn der hauptsächliche Beweggrund oder einer der hauptsächlichen Beweggründe für Geschäftsvorfälle die Steuervermeidung oder der Missbrauch sind. [2]§ 50d Absatz 3 bleibt unberührt.

1) **Anm. d. Red.:** Die Anlage 3 ist auf S. 469 ff. wiedergegeben.

(5) Entlastungen von der Kapitalertragsteuer für Zinsen und der Steuer auf Grund des § 50a nach einem Abkommen zur Vermeidung der Doppelbesteuerung, die weiter gehen als die nach Absatz 1 gewährten, werden durch Absatz 1 nicht eingeschränkt.

(6) [1]Ist im Fall des Absatzes 1 Satz 1 eines der Unternehmen ein Unternehmen der Schweizerischen Eidgenossenschaft oder ist eine in der Schweizerischen Eidgenossenschaft gelegene Betriebsstätte eines Unternehmens eines anderen Mitgliedstaats der Europäischen Union Gläubiger der Zinsen oder Lizenzgebühren, gelten die Absätze 1 bis 5 entsprechend mit der Maßgabe, dass die Schweizerische Eidgenossenschaft insoweit einem Mitgliedstaat der Europäischen Union gleichgestellt ist. [2]Absatz 3 Nummer 5 Buchstabe a gilt entsprechend mit der Maßgabe, dass ein Unternehmen der Schweizerischen Eidgenossenschaft jedes Unternehmen ist, das

1. eine der folgenden Rechtsformen aufweist:
   - Aktiengesellschaft/société anonyme/società anonima;
   - Gesellschaft mit beschränkter Haftung/société à responsabilité limitée/società a responsabilità limitata;
   - Kommanditaktiengesellschaft/société en commandite par actions/società in accomandita per azioni, und
2. nach dem Steuerrecht der Schweizerischen Eidgenossenschaft dort ansässig ist und nicht nach einem zwischen der Schweizerischen Eidgenossenschaft und einem Staat außerhalb der Europäischen Union geschlossenen Abkommen zur Vermeidung der Doppelbesteuerung von Einkünften für steuerliche Zwecke als außerhalb der Gemeinschaft oder der Schweizerischen Eidgenossenschaft ansässig gilt, und
3. unbeschränkt der schweizerischen Körperschaftsteuer unterliegt, ohne von ihr befreit zu sein.

§ 50h Bestätigung für Zwecke der Entlastung von Quellensteuern in einem anderen Mitgliedstaat der Europäischen Union oder der Schweizerischen Eidgenossenschaft

Auf Antrag hat das Finanzamt, das für die Besteuerung eines Unternehmens der Bundesrepublik Deutschland oder einer dort gelegenen Betriebsstätte eines Unternehmens eines anderen Mitgliedstaats der Europäischen Union im Sinne des § 50g Absatz 3 Nummer 5 oder eines Unternehmens der Schweizerischen Eidgenossenschaft im Sinne des § 50g Absatz 6 Satz 2 zuständig ist, für die Entlastung von der Quellensteuer dieses Staats auf Zinsen oder Lizenzgebühren im Sinne des § 50g zu bescheinigen, dass das empfangende Unternehmen steuerlich im Inland ansässig ist oder die Betriebsstätte im Inland gelegen ist.

§ 51 Ermächtigungen

(1) Die Bundesregierung wird ermächtigt, mit Zustimmung des Bundesrates

1. zur Durchführung dieses Gesetzes Rechtsverordnungen zu erlassen, soweit dies zur Wahrung der Gleichmäßigkeit bei der Besteuerung, zur Beseitigung von Unbilligkeiten in Härtefällen, zur Steuerfreistellung des Existenzminimums oder zur Vereinfachung des Besteuerungsverfahrens erforderlich ist, und zwar:
   a) über die Abgrenzung der Steuerpflicht, die Beschränkung der Steuererklärungspflicht auf die Fälle, in denen eine Veranlagung in Betracht kommt, über die den Einkommensteuererklärungen beizufügenden Unterlagen und über die Beistandspflichten Dritter;
   b) über die Ermittlung der Einkünfte und die Feststellung des Einkommens einschließlich der abzugsfähigen Beträge;
   c) über die Höhe von besonderen Betriebsausgaben-Pauschbeträgen für Gruppen von Betrieben, bei denen hinsichtlich der Besteuerungsgrundlagen annähernd gleiche Verhältnisse vorliegen, wenn der Steuerpflichtige Einkünfte aus Gewerbebetrieb (§ 15) oder selbständiger Arbeit (§ 18) erzielt, in Höhe eines Prozentsat-

zes der Umsätze im Sinne des § 1 Absatz 1 Nummer 1 des Umsatzsteuergesetzes; Umsätze aus der Veräußerung von Wirtschaftsgütern des Anlagevermögens sind nicht zu berücksichtigen. [2]Einen besonderen Betriebsausgaben-Pauschbetrag dürfen nur Steuerpflichtige in Anspruch nehmen, die ihren Gewinn durch Einnahme-Überschussrechnung nach § 4 Absatz 3 ermitteln. [3]Bei der Festlegung der Höhe des besonderen Betriebsausgaben-Pauschbetrags ist der Zuordnung der Betriebe entsprechend der Klassifikation der Wirtschaftszweige, Fassung für Steuerstatistiken, Rechnung zu tragen. [4]Bei der Ermittlung der besonderen Betriebsausgaben-Pauschbeträge sind alle Betriebsausgaben mit Ausnahme der an das Finanzamt gezahlten Umsatzsteuer zu berücksichtigen. [5]Bei der Veräußerung oder Entnahme von Wirtschaftsgütern des Anlagevermögens sind die Anschaffungs- oder Herstellungskosten, vermindert um die Absetzungen für Abnutzung nach § 7 Absatz 1 oder 4 sowie die Veräußerungskosten neben dem besonderen Betriebsausgaben-Pauschbetrag abzugsfähig. [6]Der Steuerpflichtige kann im folgenden Veranlagungszeitraum zur Ermittlung der tatsächlichen Betriebsausgaben übergehen. [7]Wechselt der Steuerpflichtige zur Ermittlung der tatsächlichen Betriebsausgaben, sind die abnutzbaren Wirtschaftsgüter des Anlagevermögens mit ihren Anschaffungs- oder Herstellungskosten, vermindert um die Absetzungen für Abnutzung nach § 7 Absatz 1 oder 4, in ein laufend zu führendes Verzeichnis aufzunehmen. [8]§ 4 Absatz 3 Satz 5 bleibt unberührt. [9]Nach dem Wechsel zur Ermittlung der tatsächlichen Betriebsausgaben ist eine erneute Inanspruchnahme des besonderen Betriebsausgaben-Pauschbetrags erst nach Ablauf der folgenden vier Veranlagungszeiträume zulässig; die §§ 140 und 141 der Abgabenordnung bleiben unberührt;

d) über die Veranlagung, die Anwendung der Tarifvorschriften und die Regelung der Steuerentrichtung einschließlich der Steuerabzüge;

e) über die Besteuerung der beschränkt Steuerpflichtigen einschließlich eines Steuerabzugs;

f) in Fällen, in denen ein Sachverhalt zu ermitteln und steuerrechtlich zu beurteilen ist, der sich auf Vorgänge außerhalb des Geltungsbereichs dieses Gesetzes bezieht, und außerhalb des Geltungsbereichs dieses Gesetzes ansässige Beteiligte oder andere Personen nicht wie bei Vorgängen innerhalb des Geltungsbereichs dieses Gesetzes zur Mitwirkung bei der Ermittlung des Sachverhalts herangezogen werden können, zu bestimmen,

aa) in welchem Umfang Aufwendungen im Sinne des § 4 Absatz 4 oder des § 9 den Gewinn oder den Überschuss der Einnahmen über die Werbungskosten nur unter Erfüllung besonderer Mitwirkungs- und Nachweispflichten mindern dürfen. [2]Die besonderen Mitwirkungs- und Nachweispflichten können sich erstrecken auf

aaa) die Angemessenheit der zwischen nahestehenden Personen im Sinne des § 1 Absatz 2 des Außensteuergesetzes in ihren Geschäftsbeziehungen vereinbarten Bedingungen,

bbb) die Angemessenheit der Gewinnabgrenzung zwischen unselbständigen Unternehmensteilen,

ccc) die Pflicht zur Einhaltung von für nahestehende Personen geltenden Dokumentations- und Nachweispflichten auch bei Geschäftsbeziehungen zwischen nicht nahestehenden Personen,

ddd) die Bevollmächtigung der Finanzbehörde durch den Steuerpflichtigen, in seinem Namen mögliche Auskunftsansprüche gegenüber den von der Finanzbehörde benannten Kreditinstituten außergerichtlich und gerichtlich geltend zu machen;

bb) dass eine ausländische Gesellschaft ungeachtet des § 50d Absatz 3 nur dann einen Anspruch auf völlige oder teilweise Entlastung vom Steuerabzug nach § 50d Absatz 1 und 2 oder § 44a Absatz 9 hat, soweit sie die Ansässigkeit der an ihr unmittelbar oder mittelbar beteiligten natürlichen Personen, deren Anteil unmittelbar oder mittelbar 10 Prozent übersteigt, darlegt und nachweisen kann;

cc) dass § 2 Absatz 5b Satz 1, § 32d Absatz 1 und § 43 Absatz 5 in Bezug auf Einkünfte im Sinne des § 20 Absatz 1 Nummer 1 und die steuerfreien Einnahmen nach § 3 Nummer 40 Satz 1 und 2 nur dann anzuwenden sind, wenn die Finanzbehörde bevollmächtigt wird, im Namen des Steuerpflichtigen mögliche Auskunftsansprüche gegenüber den von der Finanzbehörde benannten Kreditinstituten außergerichtlich und gerichtlich geltend zu machen.

[2]Die besonderen Nachweis- und Mitwirkungspflichten auf Grund dieses Buchstabens gelten nicht, wenn die außerhalb des Geltungsbereichs dieses Gesetzes ansässigen Beteiligten oder andere Personen in einem Staat oder Gebiet ansässig sind, mit dem ein Abkommen besteht, das die Erteilung von Auskünften entsprechend Artikel 26 des Musterabkommens der OECD zur Vermeidung der Doppelbesteuerung auf dem Gebiet der Steuern vom Einkommen und vom Vermögen in der Fassung von 2005 vorsieht oder der Staat oder das Gebiet Auskünfte in einem vergleichbaren Umfang erteilt oder die Bereitschaft zu einer entsprechenden Auskunftserteilung besteht;

2. Vorschriften durch Rechtsverordnung zu erlassen

a) über die sich aus der Aufhebung oder Änderung von Vorschriften dieses Gesetzes ergebenden Rechtsfolgen, soweit dies zur Wahrung der Gleichmäßigkeit bei der Besteuerung oder zur Beseitigung von Unbilligkeiten in Härtefällen erforderlich ist;

b) (weggefallen)

c) über den Nachweis von Zuwendungen im Sinne des § 10b;

d) über Verfahren, die in den Fällen des § 38 Absatz 1 Nummer 2 den Steueranspruch der Bundesrepublik Deutschland sichern oder die sicherstellen, dass bei Befreiungen im Ausland ansässiger Leiharbeitnehmer von der Steuer der Bundesrepublik Deutschland auf Grund von Abkommen zur Vermeidung der Doppelbesteuerung die ordnungsgemäße Besteuerung im Ausland gewährleistet ist. [2]Hierzu kann nach Maßgabe zwischenstaatlicher Regelungen bestimmt werden, dass

aa) der Entleiher in dem hierzu notwendigen Umfang an derartigen Verfahren mitwirkt,

bb) er sich im Haftungsverfahren nicht auf die Freistellungsbestimmungen des Abkommens berufen kann, wenn er seine Mitwirkungspflichten verletzt;

e) bis m) (weggefallen)

n) über Sonderabschreibungen

aa) im Tiefbaubetrieb des Steinkohlen-, Pechkohlen-, Braunkohlen- und Erzbergbaues bei Wirtschaftsgütern des Anlagevermögens unter Tage und bei bestimmten mit dem Grubenbetrieb unter Tage in unmittelbarem Zusammenhang stehenden, der Förderung, Seilfahrt, Wasserhaltung und Wetterführung sowie der Aufbereitung des Minerals dienenden Wirtschaftsgütern des Anlagevermögens über Tage, soweit die Wirtschaftsgüter

für die Errichtung von neuen Förderschachtanlagen, auch in Form von Anschlussschachtanlagen,

für die Errichtung neuer Schächte sowie die Erweiterung des Grubengebäudes und den durch Wasserzuflüsse aus stillliegenden Anlagen bedingten Ausbau der Wasserhaltung bestehender Schachtanlagen,

für Rationalisierungsmaßnahmen in der Hauptschacht-, Blindschacht-, Strecken- und Abbauförderung, im Streckenvortrieb, in der Gewinnung, Versatzwirtschaft, Seilfahrt, Wetterführung und Wasserhaltung sowie in der Aufbereitung,

für die Zusammenfassung von mehreren Förderschachtanlagen zu einer einheitlichen Förderschachtanlage und für den Wiederaufschluss stillliegender Grubenfelder und Feldesteile,

bb) im Tagebaubetrieb des Braunkohlen- und Erzbergbaues bei bestimmten Wirtschaftsgütern des beweglichen Anlagevermögens (Grubenaufschluss, Entwässerungsanlagen, Großgeräte sowie Einrichtungen des Grubenrettungswesens und der ersten Hilfe und im Erzbergbau auch Aufbereitungsanlagen), die

für die Erschließung neuer Tagebaue, auch in Form von Anschlusstagebauen, für Rationalisierungsmaßnahmen bei laufenden Tagebauen,

beim Übergang zum Tieftagebau für die Freilegung und Gewinnung der Lagerstätte und

für die Wiederinbetriebnahme stillgelegter Tagebaue

von Steuerpflichtigen, die den Gewinn nach § 5 ermitteln, vor dem 1. Januar 1990 angeschafft oder hergestellt werden. [2]Die Sonderabschreibungen können bereits für Anzahlungen auf Anschaffungskosten und für Teilherstellungskosten zugelassen werden. [3]Hat der Steuerpflichtige vor dem 1. Januar 1990 die Wirtschaftsgüter bestellt oder mit ihrer Herstellung begonnen, so können die Sonderabschreibungen auch für nach dem 31. Dezember 1989 und vor dem 1. Januar 1991 angeschaffte oder hergestellte Wirtschaftsgüter sowie für vor dem 1. Januar 1991 geleistete Anzahlungen auf Anschaffungskosten und entstandene Teilherstellungskosten in Anspruch genommen werden. [4]Voraussetzung für die Inanspruchnahme der Sonderabschreibungen ist, dass die Förderungswürdigkeit der bezeichneten Vorhaben von der obersten Landesbehörde für Wirtschaft im Einvernehmen mit dem Bundesministerium für Wirtschaft und Technologie bescheinigt worden ist. [5]Die Sonderabschreibungen können im Wirtschaftsjahr der Anschaffung oder Herstellung und in den vier folgenden Wirtschaftsjahren in Anspruch genommen werden, und zwar bei beweglichen Wirtschaftsgütern des Anlagevermögens bis zu insgesamt 50 Prozent, bei unbeweglichen Wirtschaftsgütern des Anlagevermögens bis zu insgesamt 30 Prozent der Anschaffungs- oder Herstellungskosten. [6]Bei den begünstigten Vorhaben im Tagebaubetrieb des Braunkohlen- und Erzbergbaues kann außerdem zugelassen werden, dass die vor dem 1. Januar 1991 aufgewendeten Kosten für den Vorabraum bis zu 50 Prozent als sofort abzugsfähige Betriebsausgaben behandelt werden;

o) (weggefallen)

p) über die Bemessung der Absetzungen für Abnutzung oder Substanzverringerung bei nicht zu einem Betriebsvermögen gehörenden Wirtschaftsgütern, die vor dem 21. Juni 1948 angeschafft oder hergestellt oder die unentgeltlich erworben sind. [2]Hierbei kann bestimmt werden, dass die Absetzungen für Abnutzung oder Substanzverringerung nicht nach den Anschaffungs- oder Herstellungskosten, sondern nach Hilfswerten (am 21. Juni 1948 maßgebender Einheitswert, Anschaffungs- oder Herstellungskosten des Rechtsvorgängers abzüglich der von ihm vorgenommenen Absetzungen, fiktive Anschaffungskosten an einem noch zu bestimmenden Stichtag) zu bemessen sind. [3]Zur Vermeidung von Härten kann zugelassen werden, dass anstelle der Absetzungen für Abnutzung, die nach dem am 21. Juni 1948 maßgebenden Einheitswert zu bemessen sind, der Betrag abgezogen wird, der für das Wirtschaftsgut in dem Veranlagungszeitraum 1947 als Absetzung für Abnutzung geltend gemacht werden konnte. [4]Für das Land Berlin tritt in den Sätzen 1 bis 3 an die Stelle des 21. Juni 1948 jeweils der 1. April 1949;

q) über erhöhte Absetzungen bei Herstellungskosten

aa) für Maßnahmen, die für den Anschluss eines im Inland belegenen Gebäudes an eine Fernwärmeversorgung einschließlich der Anbindung an das Heizsystem erforderlich sind, wenn die Fernwärmeversorgung überwiegend aus Anlagen der Kraft-Wärme-Kopplung, zur Verbrennung von Müll oder zur Verwertung von Abwärme gespeist wird, bb) für den Einbau von Wärmepumpenanlagen, Solaranlagen und Anlagen zur Wärmerückgewinnung in einem im Inland belegenen Gebäude einschließlich der Anbindung an das Heizsystem,

cc) für die Errichtung von Windkraftanlagen, wenn die mit diesen Anlagen erzeugte Energie überwiegend entweder unmittelbar oder durch Verrechnung mit Elektrizitätsbezügen des Steuerpflichtigen von einem Elektrizitätsversorgungsunternehmen zur Versorgung eines im Inland belegenen Gebäudes des Steuerpflichtigen verwendet wird, einschließlich der Anbindung an das Versorgungssystem des Gebäudes,

dd) für die Errichtung von Anlagen zur Gewinnung von Gas, das aus pflanzlichen oder tierischen Abfallstoffen durch Gärung unter Sauerstoffabschluss entsteht, wenn dieses Gas zur Beheizung eines im Inland belegenen Gebäudes des Steuerpflichtigen oder zur Warmwasserbereitung in einem solchen Gebäude des Steuerpflichtigen verwendet wird, einschließlich der Anbindung an das Versorgungssystem des Gebäudes,

ee) für den Einbau einer Warmwasseranlage zur Versorgung von mehr als einer Zapfstelle und einer zentralen Heizungsanlage oder bei einer zentralen Heizungs- und Warmwasseranlage für den Einbau eines Heizkessels, eines Brenners, einer zentralen Steuerungseinrichtung, einer Wärmeabgabeeinrichtung und eine Änderung der Abgasanlage in einem im Inland belegenen Gebäude oder in einer im Inland belegenen Eigentumswohnung, wenn mit dem Einbau nicht vor Ablauf von zehn Jahren seit Fertigstellung dieses Gebäudes begonnen worden ist und der Einbau nach dem 30. Juni 1985 fertiggestellt worden ist; Entsprechendes gilt bei Anschaffungskosten für neue Einzelöfen, wenn keine Zentralheizung vorhanden ist.

[2]Voraussetzung für die Gewährung der erhöhten Absetzungen ist, dass die Maßnahmen vor dem 1. Januar 1992 fertiggestellt worden sind; in den Fällen des Satzes 1 Doppelbuchstabe aa müssen die Gebäude vor dem 1. Juli 1983 fertiggestellt worden sein, es sei denn, dass der Anschluss nicht schon im Zusammenhang mit der Errichtung des Gebäudes möglich war. [3]Die erhöhten Absetzungen dürfen jährlich 10 Prozent der Aufwendungen nicht übersteigen. [4]Sie dürfen nicht gewährt werden, wenn für dieselbe Maßnahme eine Investitionszulage in Anspruch genommen wird. [5]Sind die Aufwendungen Erhaltungsaufwand und entstehen sie bei einer zu eigenen Wohnzwecken genutzten Wohnung im eigenen Haus, für die der Nutzungswert nicht mehr besteuert wird, und liegen in den Fällen des Satzes 1 Doppelbuchstabe aa die Voraussetzungen des Satzes 2 zweiter Halbsatz vor, so kann der Abzug dieser Aufwendungen wie Sonderausgaben mit gleichmäßiger Verteilung auf das Kalenderjahr, in dem die Arbeiten abgeschlossen worden sind, und die neun folgenden Kalenderjahre zugelassen werden, wenn die Maßnahme vor dem 1. Januar 1992 abgeschlossen worden ist;

r) nach denen Steuerpflichtige größere Aufwendungen

aa) für die Erhaltung von nicht zu einem Betriebsvermögen gehörenden Gebäuden, die überwiegend Wohnzwecken dienen,

bb) zur Erhaltung eines Gebäudes in einem förmlich festgelegten Sanierungsgebiet oder städtebaulichen Entwicklungsbereich, die für Maßnahmen im Sinne des § 177 des Baugesetzbuchs sowie für bestimmte Maßnahmen, die der Erhaltung, Erneuerung und funktionsgerechten Verwendung eines Gebäudes dienen, das wegen seiner geschichtlichen, künstlerischen oder städtebaulichen Bedeutung erhalten bleiben soll, und zu deren Durchführung sich der Eigentümer neben bestimmten Modernisierungsmaßnahmen gegenüber der Gemeinde verpflichtet hat, aufgewendet worden sind,

cc) zur Erhaltung von Gebäuden, die nach den jeweiligen landesrechtlichen Vorschriften Baudenkmale sind, soweit die Aufwendungen nach Art und Umfang zur Erhaltung des Gebäudes als Baudenkmal und zu seiner sinnvollen Nutzung erforderlich sind, auf zwei bis fünf Jahre gleichmäßig verteilen können. [2]In den Fällen der Doppelbuchstaben bb und cc ist Voraussetzung, dass der Erhaltungsaufwand vor dem 1. Januar 1990 entstanden ist. [3]In den Fällen von Doppelbuchstabe cc sind die Denkmaleigenschaft des Gebäudes und die Voraussetzung, dass die Aufwendungen nach Art und Umfang zur Erhaltung des Gebäudes als Baudenkmal und zu seiner sinnvollen Nutzung erforderlich sind, durch eine Bescheinigung der nach Landesrecht zuständigen oder von der Landesregierung bestimmten Stelle nachzuweisen;

s) nach denen bei Anschaffung oder Herstellung von abnutzbaren beweglichen und bei Herstellung von abnutzbaren unbeweglichen Wirtschaftsgütern des Anlagevermögens auf Antrag ein Abzug von der Einkommensteuer für den Veranlagungszeitraum der Anschaffung oder Herstellung bis zur Höhe von 7,5 Prozent der Anschaffungs- oder Herstellungskosten dieser Wirtschaftsgüter vorgenommen werden kann, wenn eine Störung des gesamtwirtschaftlichen Gleichgewichts eingetreten ist oder sich abzeichnet, die eine nachhaltige Verringerung der Umsätze oder der Beschäftigung zur Folge hatte oder erwarten lässt, insbesondere bei einem erheblichen Rückgang der Nachfrage nach Investitionsgütern oder Bauleistungen. [2]Bei der Bemessung des von der Einkommensteuer abzugsfähigen Betrags dürfen nur berücksichtigt werden

aa) die Anschaffungs- oder Herstellungskosten von beweglichen Wirtschaftsgütern, die innerhalb eines jeweils festzusetzenden Zeitraums, der ein Jahr nicht übersteigen darf (Begünstigungszeitraum), angeschafft oder hergestellt werden,

bb) die Anschaffungs- oder Herstellungskosten von beweglichen Wirtschaftsgütern, die innerhalb des Begünstigungszeitraums bestellt und angezahlt werden oder mit deren Herstellung innerhalb des Begünstigungszeitraums begonnen wird, wenn sie innerhalb eines Jahres, bei Schiffen innerhalb zweier Jahre nach Ablauf des Begünstigungszeitraums geliefert oder fertiggestellt werden. [2]Soweit bewegliche Wirtschaftsgüter im Sinne des Satzes 1 mit Ausnahme von Schiffen nach Ablauf eines Jahres, aber vor Ablauf zweier Jahre nach dem Ende des Begünstigungszeitraums geliefert oder fertiggestellt werden, dürfen bei Bemessung des Abzugs von der Einkommensteuer die bis zum Ablauf eines Jahres nach dem Ende des Begünstigungszeitraums aufgewendeten Anzahlungen und Teilherstellungskosten berücksichtigt werden,

cc) die Herstellungskosten von Gebäuden, bei denen innerhalb des Begünstigungszeitraums der Antrag auf Baugenehmigung gestellt wird, wenn sie bis zum Ablauf von zwei Jahren nach dem Ende des Begünstigungszeitraums fertiggestellt werden;

dabei scheiden geringwertige Wirtschaftsgüter im Sinne des § 6 Absatz 2 und Wirtschaftsgüter, die in gebrauchtem Zustand erworben werden, aus. [3]Von der Begünstigung können außerdem Wirtschaftsgüter ausgeschlossen werden, für die Sonderabschreibungen, erhöhte Absetzungen oder die Investitionszulage nach § 19 des Berlinförderungsgesetzes in Anspruch genommen werden. [4]In den Fällen des Satzes 2 Doppelbuchstabe bb und cc können bei Bemessung des von der Einkommensteuer abzugsfähigen Betrags bereits die im Begünstigungszeitraum, im Fall des Satzes 2 Doppelbuchstabe bb Satz 2 auch die bis zum Ablauf eines Jahres nach dem Ende des Begünstigungszeitraums aufgewendeten Anzahlungen und Teilherstellungskosten berücksichtigt werden; der Abzug von der Einkommensteuer kann insoweit schon für den Veranlagungszeitraum vorgenommen werden, in dem die Anzahlungen oder Teilherstellungskosten aufgewendet worden sind. [5]Übersteigt der von der Einkommensteuer abzugsfähige Betrag die für den Veranlagungszeitraum der Anschaffung oder Herstellung geschuldete Einkommensteuer, so kann der übersteigende Betrag von der Einkommensteuer für den darauf folgenden Veranlagungszeitraum abgezogen werden. [6]Entsprechendes gilt, wenn in den Fällen des Satzes 2 Doppelbuchstabe bb und cc der Abzug von der Einkommensteuer bereits für Anzahlungen oder Teilherstellungskosten geltend gemacht wird. [7]Der Abzug von der Einkommensteuer darf jedoch die für den Veranlagungszeitraum der Anschaffung oder Herstellung und den folgenden Veranlagungszeitraum insgesamt zu entrichtende Einkommensteuer nicht übersteigen. [8]In den Fällen des Satzes 2 Doppelbuchstabe bb Satz 2 gilt dies mit der Maßgabe, dass an die Stelle des Veranlagungszeitraums der Anschaffung oder Herstellung der Veranlagungszeitraum tritt, in dem zuletzt Anzahlungen oder Teilherstellungskosten aufgewendet worden sind. [9]Werden begünstigte Wirtschaftsgüter von Gesellschaften im Sinne des § 15 Absatz 1 Satz 1 Nummer 2 und 3 angeschafft oder hergestellt, so ist der abzugsfähige Betrag nach dem Verhältnis der Gewinnanteile einschließlich der Vergütungen aufzuteilen. [10]Die Anschaffungs- oder Herstellungskosten der Wirtschaftsgüter, die bei Bemessung des von der Einkommensteuer abzugsfähigen Betrags berücksichtigt worden sind, werden durch den Abzug von der Einkommensteuer nicht gemindert. [11]Rechtsverordnungen auf Grund dieser Ermächtigung bedürfen der Zustimmung des Bundestages. [12]Die Zustimmung gilt als erteilt, wenn der Bundestag nicht binnen vier Wochen nach Eingang der Vorlage der Bundesregierung die Zustimmung verweigert hat;

ESTG

t) (weggefallen)

u) über Sonderabschreibungen bei abnutzbaren Wirtschaftsgütern des Anlagevermögens, die der Forschung oder Entwicklung dienen und nach dem 18. Mai 1983 und vor dem 1. Januar 1990 angeschafft oder hergestellt werden. [2]Voraussetzung für die Inanspruchnahme der Sonderabschreibungen ist, dass die beweglichen Wirtschaftsgüter ausschließlich und die unbeweglichen Wirtschaftsgüter zu mehr als 33 1/3 Prozent der Forschung oder Entwicklung dienen. [3]Die Sonderabschreibungen können auch für Ausbauten und Erweiterungen an bestehenden Gebäuden, Gebäudeteilen, Eigentumswohnungen oder im Teileigentum stehenden Räumen zugelassen werden, wenn die ausgebauten oder neu hergestellten Gebäudeteile zu mehr als 33 1/3 Prozent der Forschung oder Entwicklung dienen. [4]Die Wirtschaftsgüter dienen der Forschung oder Entwicklung, wenn sie verwendet werden

   aa) zur Gewinnung von neuen wissenschaftlichen oder technischen Erkenntnissen und Erfahrungen allgemeiner Art (Grundlagenforschung) oder

   bb) zur Neuentwicklung von Erzeugnissen oder Herstellungsverfahren oder

   cc) zur Weiterentwicklung von Erzeugnissen oder Herstellungsverfahren, soweit wesentliche Änderungen dieser Erzeugnisse oder Verfahren entwickelt werden.

   [5]Die Sonderabschreibungen können im Wirtschaftsjahr der Anschaffung oder Herstellung und in den vier folgenden Wirtschaftsjahren in Anspruch genommen werden, und zwar

   aa) bei beweglichen Wirtschaftsgütern des Anlagevermögens bis zu insgesamt 40 Prozent,

   bb) bei unbeweglichen Wirtschaftsgütern des Anlagevermögens, die zu mehr als 66 2/3 Prozent der Forschung oder Entwicklung dienen, bis zu insgesamt 15 Prozent, die nicht zu mehr als 66 2/3 Prozent, aber zu mehr als 33 1/3 Prozent der Forschung oder Entwicklung dienen, bis zu insgesamt 10 Prozent,

   cc) bei Ausbauten und Erweiterungen an bestehenden Gebäuden, Gebäudeteilen, Eigentumswohnungen oder im Teileigentum stehenden Räumen, wenn die ausgebauten oder neu hergestellten Gebäudeteile zu mehr als 66 2/3 Prozent der Forschung oder Entwicklung dienen, bis zu insgesamt 15 Prozent, zu nicht mehr als 66 2/3 Prozent, aber zu mehr als 33 1/3 Prozent der Forschung oder Entwicklung dienen, bis zu insgesamt 10 Prozent

   der Anschaffungs- oder Herstellungskosten. [6]Sie können bereits für Anzahlungen auf Anschaffungskosten und für Teilherstellungskosten zugelassen werden. [7]Die Sonderabschreibungen sind nur unter der Bedingung zuzulassen, dass die Wirtschaftsgüter und die ausgebauten oder neu hergestellten Gebäudeteile mindestens drei Jahre nach ihrer Anschaffung oder Herstellung in dem erforderlichen

Umfang der Forschung oder Entwicklung in einer inländischen Betriebsstätte des Steuerpflichtigen dienen;

v) (weggefallen)

w) über Sonderabschreibungen bei Handelsschiffen, die auf Grund eines vor dem 25. April 1996 abgeschlossenen Schiffbauvertrags hergestellt, in einem inländischen Seeschiffsregister eingetragen und vor dem 1. Januar 1999 von Steuerpflichtigen angeschafft oder hergestellt worden sind, die den Gewinn nach § 5 ermitteln. [2]Im Fall der Anschaffung eines Handelsschiffes ist weitere Voraussetzung, dass das Schiff vor dem 1. Januar 1996 in ungebrauchtem Zustand vom Hersteller oder nach dem 31. Dezember 1995 auf Grund eines vor dem 25. April 1996 abgeschlossenen Kaufvertrags bis zum Ablauf des vierten auf das Jahr der Fertigstellung folgenden Jahres erworben worden ist. [3]Bei Steuerpflichtigen, die in eine Gesellschaft im Sinne des § 15 Absatz 1 Satz 1 Nummer 2 und Absatz 3 nach Abschluss des Schiffbauvertrags (Unterzeichnung des Hauptvertrags) eingetreten sind, dürfen Sonderabschreibungen nur zugelassen werden, wenn sie der Gesellschaft vor dem 1. Januar 1999 beitreten. [4]Die Sonderabschreibungen können im Wirtschaftsjahr der Anschaffung oder Herstellung und in den vier folgenden Wirtschaftsjahren bis zu insgesamt 40 Prozent der Anschaffungs- oder Herstellungskosten in Anspruch genommen werden. [5]Sie können bereits für Anzahlungen auf Anschaffungskosten und für Teilherstellungskosten zugelassen werden. [6]Die Sonderabschreibungen sind nur unter der Bedingung zuzulassen, dass die Handelsschiffe innerhalb eines Zeitraums von acht Jahren nach ihrer Anschaffung oder Herstellung nicht veräußert werden; für Anteile an einem Handelsschiff gilt dies entsprechend. [7]Die Sätze 1 bis 6 gelten für Schiffe, die der Seefischerei dienen, entsprechend. [8]Für Luftfahrzeuge, die vom Steuerpflichtigen hergestellt oder in ungebrauchtem Zustand vom Hersteller erworben worden sind und die zur gewerbsmäßigen Beförderung von Personen oder Sachen im internationalen Luftverkehr oder zur Verwendung zu sonstigen gewerblichen Zwecken im Ausland bestimmt sind, gelten die Sätze 1 bis 4 und 6 mit der Maßgabe entsprechend, dass an die Stelle der Eintragung in ein inländisches Seeschiffsregister die Eintragung in die deutsche Luftfahrzeugrolle, an die Stelle des Höchstsatzes von 40 Prozent ein Höchstsatz von 30 Prozent und bei der Vorschrift des Satzes 6 an die Stelle des Zeitraums von acht Jahren ein Zeitraum von sechs Jahren treten;

x) über erhöhte Absetzungen bei Herstellungskosten für Modernisierungs- und Instandsetzungsmaßnahmen im Sinne des § 177 des Baugesetzbuchs sowie für bestimmte Maßnahmen, die der Erhaltung, Erneuerung und funktionsgerechten Verwendung eines Gebäudes dienen, das wegen seiner geschichtlichen, künstlerischen oder städtebaulichen Bedeutung erhalten bleiben soll, und zu deren Durchführung sich der Eigentümer neben bestimmten Modernisierungsmaßnahmen gegenüber der Gemeinde verpflichtet hat, die für Gebäude in einem förmlich festgelegten Sanierungsgebiet oder städtebaulichen Entwicklungsbereich aufgewendet worden sind; Voraussetzung ist, dass die Maßnahmen vor dem 1. Januar 1991 abgeschlossen worden sind. [2]Die erhöhten Absetzungen dürfen jährlich 10 Prozent der Aufwendungen nicht übersteigen;

y) über erhöhte Absetzungen für Herstellungskosten an Gebäuden, die nach den jeweiligen landesrechtlichen Vorschriften Baudenkmale sind, soweit die Aufwendungen nach Art und Umfang zur Erhaltung des Gebäudes als Baudenkmal und zu seiner sinnvollen Nutzung erforderlich sind; Voraussetzung ist, dass die Maßnahmen vor dem 1. Januar 1991 abgeschlossen worden sind. [2]Die Denkmaleigenschaft des Gebäudes und die Voraussetzung, dass die Aufwendungen nach Art und Umfang zur Erhaltung des Gebäudes als Baudenkmal und zu seiner sinnvollen Nutzung erforderlich sind, sind durch eine Bescheinigung der nach Landesrecht zuständigen oder von der Landesregierung bestimmten Stelle nachzuweisen. [3]Die erhöhten Absetzungen dürfen jährlich 10 Prozent der Aufwendungen nicht übersteigen;

3. die in § 4a Absatz 1 Satz 2 Nummer 1, § 10 Absatz 5, § 22 Nummer 1 Satz 3 Buchstabe a, § 26a Absatz 3, § 34c Absatz 7, § 46 Absatz 5 und § 50a Absatz 6 vorgesehenen Rechtsverordnungen zu erlassen.

(2) [1]Die Bundesregierung wird ermächtigt, durch Rechtsverordnung Vorschriften zu erlassen, nach denen die Inanspruchnahme von Sonderabschreibungen und erhöhten Absetzungen sowie die Bemessung der Absetzung für Abnutzung in fallenden Jahresbeträgen ganz oder teilweise ausgeschlossen werden können, wenn eine Störung des gesamtwirtschaftlichen Gleichgewichts eingetreten ist oder sich abzeichnet, die erhebliche Preissteigerungen mit sich gebracht hat oder erwarten lässt, insbesondere, wenn die Inlandsnachfrage nach Investitionsgütern oder Bauleistungen das Angebot wesentlich übersteigt. [2]Die Inanspruchnahme von Sonderabschreibungen und erhöhten Absetzungen sowie die Bemessung der Absetzung für Abnutzung in fallenden Jahresbeträgen darf nur ausgeschlossen werden

1. für bewegliche Wirtschaftsgüter, die innerhalb eines jeweils festzusetzenden Zeitraums, der frühestens mit dem Tage beginnt, an dem die Bundesregierung ihren Beschluss über die Verordnung bekannt gibt, und der ein Jahr nicht übersteigen darf, angeschafft oder hergestellt werden. [2]Für bewegliche Wirtschaftsgüter, die vor Beginn dieses Zeitraums bestellt und angezahlt worden sind oder mit deren Herstellung vor Beginn dieses Zeitraums angefangen worden ist, darf jedoch die Inanspruchnahme von Sonderabschreibungen und erhöhten Absetzungen sowie die Bemessung der Absetzung für Abnutzung in fallenden Jahresbeträgen nicht ausgeschlossen werden;
2. für bewegliche Wirtschaftsgüter und für Gebäude, die in dem in Nummer 1 bezeichneten Zeitraum bestellt werden oder mit deren Herstellung in diesem Zeitraum begonnen wird. [2]Als Beginn der Herstellung gilt bei Gebäuden der Zeitpunkt, in dem der Antrag auf Baugenehmigung gestellt wird.

[3]Rechtsverordnungen auf Grund dieser Ermächtigung bedürfen der Zustimmung des Bundestages und des Bundesrates. [4]Die Zustimmung gilt als erteilt, wenn der Bundesrat nicht binnen drei Wochen, der Bundestag nicht binnen vier Wochen nach Eingang der Vorlage der Bundesregierung die Zustimmung verweigert hat.

(3) [1]Die Bundesregierung wird ermächtigt, durch Rechtsverordnung mit Zustimmung des Bundesrates Vorschriften zu erlassen, nach denen die Einkommensteuer einschließlich des Steuerabzugs vom Arbeitslohn, des Steuerabzugs vom Kapitalertrag und des Steuerabzugs bei beschränkt Steuerpflichtigen

1. um höchstens 10 Prozent herabgesetzt werden kann. [2]Der Zeitraum, für den die Herabsetzung gilt, darf ein Jahr nicht übersteigen; er soll sich mit dem Kalenderjahr decken. [3]Voraussetzung ist, dass eine Störung des gesamtwirtschaftlichen Gleichgewichts eingetreten ist oder sich abzeichnet, die eine nachhaltige Verringerung der Umsätze oder der Beschäftigung zur Folge hatte oder erwarten lässt, insbesondere bei einem erheblichen Rückgang der Nachfrage nach Investitionsgütern und Bauleistungen oder Verbrauchsgütern;
2. um höchstens 10 Prozent erhöht werden kann. [2]Der Zeitraum, für den die Erhöhung gilt, darf ein Jahr nicht übersteigen; er soll sich mit dem Kalenderjahr decken. [3]Voraussetzung ist, dass eine Störung des gesamtwirtschaftlichen Gleichgewichts eingetreten ist oder sich abzeichnet, die erhebliche Preissteigerungen mit sich gebracht hat oder erwarten lässt, insbesondere, wenn die Nachfrage nach Investitionsgütern und Bauleistungen oder Verbrauchsgütern das Angebot wesentlich übersteigt.

[2]Rechtsverordnungen auf Grund dieser Ermächtigung bedürfen der Zustimmung des Bundestages.

(4) Das Bundesministerium der Finanzen wird ermächtigt,

1. im Einvernehmen mit den obersten Finanzbehörden der Länder die Vordrucke für
   a) (weggefallen)
   b) die Erklärungen zur Einkommensbesteuerung,

c) die Anträge nach § 39 Absatz 3a sowie die Anträge nach § 39a Absatz 2, in dessen Vordrucke der Antrag nach § 39f einzubeziehen ist,
d) die Lohnsteuer-Anmeldung (§ 41a Absatz 1),
e) die Anmeldung der Kapitalertragsteuer (§ 45a Absatz 1) und den Freistellungsauftrag nach § 44a Absatz 2 Satz 1 Nummer 1,
f) die Anmeldung des Abzugsbetrags (§ 48a),
g) die Erteilung der Freistellungsbescheinigung (§ 48b),
h) die Anmeldung der Abzugsteuer (§ 50a),
i) die Entlastung von der Kapitalertragsteuer und vom Steuerabzug nach § 50a auf Grund von Abkommen zur Vermeidung der Doppelbesteuerung

und die Muster der Lohnsteuerkarte (§ 39), der Bescheinigungen nach den §§ 39c und 39d, des Ausdrucks der elektronischen Lohnsteuerbescheinigung (§ 41b Absatz 1), das Muster der Lohnsteuerbescheinigung nach § 41b Absatz 3 Satz 2, der Anträge auf Erteilung einer Bescheinigung nach den §§ 39c und 39d und der in § 45a Absatz 2 und 3 und § 50a Absatz 5 Satz 7 vorgesehenen Bescheinigungen zu bestimmen;

1a. im Einvernehmen mit den obersten Finanzbehörden der Länder auf der Basis der §§ 32a und 39b einen Programmablaufplan für die Herstellung von Lohnsteuertabellen zur manuellen Berechnung der Lohnsteuer aufzustellen und bekannt zu machen. [2]Der Lohnstufenabstand beträgt bei den Jahrestabellen 36. [3]Die in den Tabellenstufen auszuweisende Lohnsteuer ist aus der Obergrenze der Tabellenstufen zu berechnen und muss an der Obergrenze mit der maschinell berechneten Lohnsteuer übereinstimmen. [4]Die Monats-, Wochen- und Tagestabellen sind aus den Jahrestabellen abzuleiten;

1b. im Einvernehmen mit den obersten Finanzbehörden der Länder den Mindestumfang der nach § 5b elektronisch zu übermittelnden Bilanz und Gewinn- und Verlustrechnung zu bestimmen;

1c. durch Rechtsverordnung zur Durchführung dieses Gesetzes mit Zustimmung des Bundesrates Vorschriften über einen von dem vorgesehenen erstmaligen Anwendungszeitpunkt gemäß § 52 Absatz 15a in der Fassung des Artikels 1 des Gesetzes vom 20. Dezember 2008 (BGBl I S. 2850) abweichenden späteren Anwendungszeitpunkt zu erlassen, wenn bis zum 31. Dezember 2010 erkennbar ist, dass die technischen oder organisatorischen Voraussetzungen für eine Umsetzung der in § 5b Absatz 1 in der Fassung des Artikels 1 des Gesetzes vom 20. Dezember 2008 (BGBl I S. 2850) vorgesehenen Verpflichtung nicht ausreichen;

2. den Wortlaut dieses Gesetzes und der zu diesem Gesetz erlassenen Rechtsverordnungen in der jeweils geltenden Fassung satzweise nummeriert mit neuem Datum und in neuer Paragraphenfolge bekannt zu machen und dabei Unstimmigkeiten im Wortlaut zu beseitigen.

§ 51a[1] Festsetzung und Erhebung von Zuschlagsteuern

(1) Auf die Festsetzung und Erhebung von Steuern, die nach der Einkommensteuer bemessen werden (Zuschlagsteuern), sind die Vorschriften dieses Gesetzes entsprechend anzuwenden.

(2) [1]Bemessungsgrundlage ist die Einkommensteuer, die abweichend von § 2 Absatz 6 unter Berücksichtigung von Freibeträgen nach § 32 Absatz 6 in allen Fällen des § 32 festzusetzen wäre. [2]Zur Ermittlung der Einkommensteuer im Sinne des Satzes 1 ist das zu versteuernde Einkommen um die nach § 3 Nummer 40 steuerfreien Beträge zu erhöhen und um die nach § 3c Absatz 2 nicht abziehbaren Beträge zu mindern. [3]§ 35 ist bei der Ermittlung der festzusetzenden Einkommensteuer nach Satz 1 nicht anzuwenden.

1) **Anm. d. Red.:** § 51a Abs. 2a i. d. F. des Art. 1 Nr. 5 Wachstumsbeschleunigungsgesetz v. 22. 12. 2009 (BGBl I 3950).

(2a) [1]Vorbehaltlich des § 40a Absatz 2 in der Fassung des Gesetzes vom 23. Dezember 2002 (BGBl I S. 4621) ist beim Steuerabzug vom Arbeitslohn Bemessungsgrundlage die Lohnsteuer; beim Steuerabzug vom laufenden Arbeitslohn und beim Jahresausgleich ist die Lohnsteuer maßgebend, die sich ergibt, wenn der nach § 39b Absatz 2 Satz 5 zu versteuernde Jahresbetrag für die Steuerklassen I, II und III um den Kinderfreibetrag von 4 368 Euro sowie den Freibetrag für den Betreuungs- und Erziehungs- oder Ausbildungsbedarf von 2 640 Euro und für die Steuerklasse IV um den Kinderfreibetrag von 2 184 Euro sowie den Freibetrag für den Betreuungs- und Erziehungs- oder Ausbildungsbedarf von 1 320 Euro für jedes Kind vermindert wird, für das eine Kürzung der Freibeträge für Kinder nach § 32 Absatz 6 Satz 4 nicht in Betracht kommt. [2]Bei der Anwendung des § 39b für die Ermittlung der Zuschlagsteuern ist die auf der Lohnsteuerkarte eingetragene Zahl der Kinderfreibeträge maßgebend. [3]Bei Anwendung des § 39f ist beim Steuerabzug vom laufenden Arbeitslohn die Lohnsteuer maßgebend, die sich bei Anwendung des nach § 39f Absatz 1 ermittelten Faktors auf den nach den Sätzen 1 und 2 ermittelten Betrag ergibt.

EStG

(2b)[1)] Wird die Einkommensteuer nach § 43 Absatz 1 durch Abzug vom Kapitalertrag (Kapitalertragsteuer) erhoben, wird die darauf entfallende Kirchensteuer nach dem Kirchensteuersatz der Religionsgemeinschaft, der der Kirchensteuerpflichtige angehört, als Zuschlag zur Kapitalertragsteuer erhoben.

(2c)[1)] [1]Der zur Vornahme des Steuerabzugs verpflichtete Schuldner der Kapitalerträge oder die auszahlende Stelle im Sinne des § 44 Absatz 1 Satz 3 oder in den Fällen des Satzes 2 die Person oder Stelle, die die Auszahlung an den Gläubiger vornimmt, hat die auf die Kapitalertragsteuer nach Absatz 2b entfallende Kirchensteuer auf schriftlichen Antrag des Kirchensteuerpflichtigen hin einzubehalten (Kirchensteuerabzugsverpflichteter). [2]Zahlt der Abzugsverpflichtete die Kapitalerträge nicht unmittelbar an den Gläubiger aus, ist Kirchensteuerabzugsverpflichteter die Person oder Stelle, die die Auszahlung für die Rechnung des Schuldners an den Gläubiger vornimmt; in diesem Fall hat der Kirchensteuerabzugsverpflichtete zunächst die vom Schuldner der Kapitalerträge erhobene Kapitalertragsteuer gemäß § 43a Absatz 1 Satz 3 in Verbindung mit § 32d Absatz 1 Satz 4 und 5 zu ermäßigen und im Rahmen seiner Steueranmeldung nach § 45a Absatz 1 die abzuführende Kapitalertragsteuer entsprechend zu kürzen. [3]Der Antrag nach Satz 1 kann nicht auf Teilbeträge des Kapitalertrags eingeschränkt werden; er kann nicht rückwirkend widerrufen werden. [4]Der Antrag hat die Religionsangehörigkeit des Steuerpflichtigen zu benennen. [5]Der Kirchensteuerabzugsverpflichtete hat den Kirchensteuerabzug getrennt nach Religionsangehörigkeiten an das für ihn zuständige Finanzamt abzuführen. [6]Der abgeführte Steuerabzug ist an die Religionsgemeinschaft weiterzuleiten. [7]§ 44 Absatz 5 ist mit der Maßgabe anzuwenden, dass der Haftungsbescheid von dem für den Kirchensteuerabzugsverpflichteten zuständigen Finanzamt erlassen wird. [8]Satz 6 gilt entsprechend. [9]§ 45a Absatz 2 ist mit der Maßgabe anzuwenden, dass auch die Religionsgemeinschaft angegeben wird. [10]Sind an den Kapitalerträgen mehrere Personen beteiligt, kann der Antrag nach Satz 1 nur gestellt werden, wenn es sich um Ehegatten handelt oder alle Beteiligten derselben Religionsgemeinschaft angehören. [11]Sind an den Kapitalerträgen Ehegatten beteiligt, haben diese für den Antrag nach Satz 1 übereinstimmend zu erklären, in welchem Verhältnis der auf jeden Ehegatten entfallende Anteil der Kapitalerträge zu diesen Erträgen steht. [12]Die Kapitalerträge sind entsprechend diesem Verhältnis aufzuteilen und die Kirchensteuer ist einzubehalten, soweit ein Anteil einem kirchensteuerpflichtigen Ehegatten zuzuordnen ist. [13]Wird das Verhältnis nicht erklärt, wird der Anteil nach dem auf ihn entfallenden Kopfteil ermittelt. [14]Der Kirchensteuerabzugsverpflichtete darf die durch den Kirchensteuerabzug erlangten Daten nur für den Kirchensteuerabzug verwenden; für andere Zwecke darf er sie nur verwenden, soweit der Kirchensteuerpflichtige zustimmt oder dies gesetzlich zugelassen ist.

(2d)[1)] [1]Wird die nach Absatz 2b zu erhebende Kirchensteuer nicht nach Absatz 2c als Kirchensteuerabzug vom Kirchensteuerabzugsverpflichteten einbehalten, wird sie nach Ablauf des Kalenderjahres nach dem Kapitalertragsteuerbetrag veranlagt, der sich er-

1) **Anm. d. Red.:** Zur Anwendung des § 51a Abs. 2b bis 2d siehe § 52a Abs. 18.

gibt, wenn die Steuer auf Kapitalerträge nach § 32d Absatz 1 Satz 4 und 5 errechnet wird; wenn Kirchensteuer als Kirchensteuerabzug nach Absatz 2c erhoben wurde, wird eine Veranlagung auf Antrag des Steuerpflichtigen durchgeführt. [2]Der Abzugsverpflichtete hat dem Kirchensteuerpflichtigen auf dessen Verlangen hin eine Bescheinigung über die einbehaltene Kapitalertragsteuer zu erteilen. [3]Der Kirchensteuerpflichtige hat die erhobene Kapitalertragsteuer zu erklären und die Bescheinigung nach Satz 2 oder nach § 45a Absatz 2 oder 3 vorzulegen.

(2e) [1]Die Auswirkungen der Absätze 2c bis 2d werden unter Beteiligung von Vertretern von Kirchensteuern erhebenden Religionsgemeinschaften und weiteren Sachverständigen durch die Bundesregierung mit dem Ziel überprüft, einen umfassenden verpflichtenden Quellensteuerabzug auf der Grundlage eines elektronischen Informationssystems, das den Abzugsverpflichteten Auskunft über die Zugehörigkeit zu einer Kirchensteuer erhebenden Religionsgemeinschaft gibt, einzuführen. [2]Die Bundesregierung unterrichtet den Bundestag bis spätestens zum 30. Juni 2010 über das Ergebnis.

(3) Ist die Einkommensteuer für Einkünfte, die dem Steuerabzug unterliegen, durch den Steuerabzug abgegolten oder werden solche Einkünfte bei der Veranlagung zur Einkommensteuer oder beim Lohnsteuer-Jahresausgleich nicht erfasst, gilt dies für die Zuschlagsteuer entsprechend.

(4) [1]Die Vorauszahlungen auf Zuschlagsteuern sind gleichzeitig mit den festgesetzten Vorauszahlungen auf die Einkommensteuer zu entrichten; § 37 Absatz 5 ist nicht anzuwenden. [2]Solange ein Bescheid über die Vorauszahlungen auf Zuschlagsteuern nicht erteilt worden ist, sind die Vorauszahlungen ohne besondere Aufforderung nach Maßgabe der für die Zuschlagsteuern geltenden Vorschriften zu entrichten. [3]§ 240 Absatz 1 Satz 3 der Abgabenordnung ist insoweit nicht anzuwenden; § 254 Absatz 2 der Abgabenordnung gilt insoweit sinngemäß.

(5) [1]Mit einem Rechtsbehelf gegen die Zuschlagsteuer kann weder die Bemessungsgrundlage noch die Höhe des zu versteuernden Einkommens angegriffen werden. [2]Wird die Bemessungsgrundlage geändert, ändert sich die Zuschlagsteuer entsprechend.

(6) Die Absätze 1 bis 5 gelten für die Kirchensteuern nach Maßgabe landesrechtlicher Vorschriften.

§ 52[1)] Anwendungsvorschriften

(1) [1]Diese Fassung des Gesetzes ist, soweit in den folgenden Absätzen und § 52a nichts anderes bestimmt ist, erstmals für den Veranlagungszeitraum 2010 anzuwenden. [2]Beim Steuerabzug vom Arbeitslohn gilt Satz 1 mit der Maßgabe, dass diese Fassung erstmals auf den laufenden Arbeitslohn anzuwenden ist, der für einen nach dem 31. Dezember 2009 endenden Lohnzahlungszeitraum gezahlt wird, und auf sonstige Bezüge, die nach dem 31. Dezember 2009 zufließen.

(1a) § 1 Absatz 3 Satz 4 in der Fassung des Artikels 1 des Gesetzes vom 20. Dezember 2007 (BGBl I S. 3150) ist für Staatsangehörige eines Mitgliedstaates der Europäischen Union oder eines Staates, auf den das Abkommen über den Europäischen Wirtschaftsraum anwendbar ist, auf Antrag auch für Veranlagungszeiträume vor 2008 anzuwenden, soweit Steuerbescheide noch nicht bestandskräftig sind.

(2) § 1a Absatz 1 ist für Staatsangehörige eines Mitgliedstaates der Europäischen Union auf Antrag auch für Veranlagungszeiträume vor 1996 anzuwenden, soweit Steuerbescheide noch nicht bestandskräftig sind; für Staatsangehörige und für das Hoheitsgebiet Finnlands, Islands, Norwegens, Österreichs und Schwedens gilt dies ab dem Veranlagungszeitraum 1994.

(3) [1]§ 2a Absatz 1 Satz 1 Nummer 6 Buchstabe b in der Fassung der Bekanntmachung vom 22. Dezember 1999 (BGBl I S. 2601) ist erstmals auf negative Einkünfte eines Steuerpflichtigen anzuwenden, die er aus einer entgeltlichen Überlassung von Schiffen auf

1) **Anm. d. Red.:** § 52 i. d. F. des Art. 1 Nr. 6 Wachstumsbeschleunigungsgesetz v. 22. 12. 2009 (BGBl I 3950).

Grund eines nach dem 31. Dezember 1999 rechtswirksam abgeschlossenen obligatorischen Vertrags oder gleichstehenden Rechtsakts erzielt. [2]§ 2a Absatz 1 bis 2a in der Fassung des Artikels 1 des Gesetzes vom 19. Dezember 2008 (BGBl I S. 2794) ist in allen Fällen anzuwenden, in denen die Steuer noch nicht bestandskräftig festgesetzt ist. [3]Für negative Einkünfte im Sinne des § 2a Absatz 1 und 2, die vor der ab dem 24. Dezember 2008 geltenden Fassung nach § 2a Absatz 1 Satz 5 bestandskräftig gesondert festgestellt wurden, ist § 2a Absatz 1 Satz 3 bis 5 in der vor dem 24. Dezember 2008 geltenden Fassung weiter anzuwenden. [4]§ 2a Absatz 3 und 4 in der Fassung der Bekanntmachung vom 16. April 1997 (BGBl I S. 821) ist letztmals für den Veranlagungszeitraum 1998 anzuwenden. [5]§ 2a Absatz 3 Satz 3, 5 und 6 in der Fassung der Bekanntmachung vom 16. April 1997 (BGBl I S. 821) ist für Veranlagungszeiträume ab 1999 weiter anzuwenden, soweit sich ein positiver Betrag im Sinne des § 2a Absatz 3 Satz 3 ergibt oder soweit eine in einem ausländischen Staat belegene Betriebsstätte im Sinne des § 2a Absatz 4 in der Fassung des Satzes 8 in eine Kapitalgesellschaft umgewandelt, übertragen oder aufgegeben wird. [6]Insoweit ist in § 2a Absatz 3 Satz 5 letzter Halbsatz die Bezeichnung „§ 10d Absatz 3" durch „§ 10d Absatz 4" zu ersetzen. [7]§ 2a Absatz 4 ist für die Veranlagungszeiträume 1999 bis 2005 in der folgenden Fassung anzuwenden:

„(4) Wird eine in einem ausländischen Staat belegene Betriebsstätte

1. in eine Kapitalgesellschaft umgewandelt oder
2. entgeltlich oder unentgeltlich übertragen oder
3. aufgegeben, jedoch die ursprünglich von der Betriebsstätte ausgeübte Geschäftstätigkeit ganz oder teilweise von einer Gesellschaft, an der der inländische Steuerpflichtige zu mindestens 10 Prozent unmittelbar oder mittelbar beteiligt ist, oder von einer ihm nahestehenden Person im Sinne des § 1 Absatz 2 des Außensteuergesetzes in der Fassung der Bekanntmachung vom 20. Dezember 1996 (BGBl I S. 2049) fortgeführt,

so ist ein nach Absatz 3 Satz 1 und 2 abgezogener Verlust, soweit er nach Absatz 3 Satz 3 nicht wieder hinzugerechnet worden ist oder nicht noch hinzuzurechnen ist, im Veranlagungszeitraum der Umwandlung, Übertragung oder Aufgabe in entsprechender Anwendung des Absatzes 3 Satz 3 dem Gesamtbetrag der Einkünfte hinzuzurechnen."

[8]§ 2a Absatz 4 ist für Veranlagungszeiträume ab 2006 in der folgenden Fassung anzuwenden:

„(4) [1]Wird eine in einem ausländischen Staat belegene Betriebsstätte

1. in eine Kapitalgesellschaft umgewandelt oder
2. entgeltlich oder unentgeltlich übertragen oder
3. aufgegeben, jedoch die ursprünglich von der Betriebsstätte ausgeübte Geschäftstätigkeit ganz oder teilweise von einer Gesellschaft, an der der inländische Steuerpflichtige zu mindestens 10 Prozent unmittelbar oder mittelbar beteiligt ist, oder von einer ihm nahe stehenden Person im Sinne des § 1 Absatz 2 des Außensteuergesetzes fortgeführt,

so ist ein nach Absatz 3 Satz 1 und 2 abgezogener Verlust, soweit er nach Absatz 3 Satz 3 nicht wieder hinzugerechnet worden ist oder nicht noch hinzuzurechnen ist, im Veranlagungszeitraum der Umwandlung, Übertragung oder Aufgabe in entsprechender Anwendung des Absatzes 3 Satz 3 dem Gesamtbetrag der Einkünfte hinzuzurechnen. [2]Satz 1 gilt entsprechend bei Beendigung der unbeschränkten Einkommensteuerpflicht (§ 1 Absatz 1) durch Aufgabe des Wohnsitzes oder des gewöhnlichen Aufenthalts oder bei Beendigung der unbeschränkten Körperschaftsteuerpflicht (§ 1 Absatz 1 des Körperschaftsteuergesetzes) durch Verlegung des Sitzes oder des Orts der Geschäftsleitung sowie bei unbeschränkter Einkommensteuerpflicht (§ 1 Absatz 1) oder unbeschränkter Körperschaftsteuerpflicht (§ 1 Absatz 1 des Körperschaftsteuergesetzes) bei Beendigung der Ansässigkeit im Inland auf Grund der Bestimmungen eines Abkommens zur Vermeidung der Doppelbesteuerung."

(4) § 2b in der Fassung der Bekanntmachung vom 19. Oktober 2002 (BGBl I S. 4210, 2003 I S. 179) ist weiterhin für Einkünfte aus einer Einkunftsquelle im Sinne des § 2b

ESt G

anzuwenden, die der Steuerpflichtige nach dem 4. März 1999 und vor dem 11. November 2005 rechtswirksam erworben oder begründet hat.

(4a) [1]§ 3 Nummer 9 in der bis zum 31. Dezember 2005 geltenden Fassung ist weiter anzuwenden für vor dem 1. Januar 2006 entstandene Ansprüche der Arbeitnehmer auf Abfindungen oder für Abfindungen wegen einer vor dem 1. Januar 2006 getroffenen Gerichtsentscheidung oder einer am 31. Dezember 2005 anhängigen Klage, soweit die Abfindungen dem Arbeitnehmer vor dem 1. Januar 2008 zufließen. [2]Gleiches gilt für Abfindungen auf Grund eines vor dem 1. Januar 2006 abgeschlossenen Sozialplans, wenn die Arbeitnehmer in dem zugrunde liegenden und vor dem 1. Januar 2006 vereinbarten Interessenausgleich namentlich bezeichnet worden sind (§ 1 Absatz 5 Satz 1 des Kündigungsschutzgesetzes sowie § 125 der Insolvenzordnung in der jeweils am 31. Dezember 2005 geltenden Fassung); ist eine Abfindung in einem vor dem 25. Dezember 2008 ergangenen Steuerbescheid als steuerpflichtige Einnahme berücksichtigt worden, ist dieser Bescheid insoweit auf Antrag des Arbeitnehmers zu ändern. [3]§ 3 Nummer 10 in der bis zum 31. Dezember 2005 geltenden Fassung ist weiter anzuwenden für Entlassungen vor dem 1. Januar 2006, soweit die Übergangsgelder und Übergangsbeihilfen dem Arbeitnehmer vor dem 1. Januar 2008 zufließen, und für an Soldatinnen auf Zeit und Soldaten auf Zeit gezahlte Übergangsbeihilfen, wenn das Dienstverhältnis vor dem 1. Januar 2006 begründet wurde. [4]§ 3 Nummer 13 und 16 in der Fassung des Gesetzes vom 20. April 2009 (BGBl I S. 774) ist erstmals ab dem Veranlagungszeitraum 2007 anzuwenden.

(4b) § 3 Nummer 26 und 26a in der Fassung des Artikels 1 des Gesetzes vom 19. Dezember 2008 (BGBl I S. 2794) ist in allen Fällen anzuwenden, in denen die Steuer noch nicht bestandskräftig festgesetzt ist.

(4c) § 3 Nummer 34 in der Fassung des Artikels 1 des Gesetzes vom 19. Dezember 2008 (BGBl I S. 2794) ist erstmals auf Leistungen des Arbeitgebers im Kalenderjahr 2008 anzuwenden.

(4d) [1]§ 3 Nummer 40 ist erstmals anzuwenden für

1. Gewinnausschüttungen, auf die bei der ausschüttenden Körperschaft der nach Artikel 3 des Gesetzes vom 23. Oktober 2000 (BGBl I S. 1433) aufgehobene Vierte Teil des Körperschaftsteuergesetzes nicht mehr anzuwenden ist; für die übrigen in § 3 Nummer 40 genannten Erträge im Sinne des § 20 gilt Entsprechendes;
2. Erträge im Sinne des § 3 Nummer 40 Satz 1 Buchstabe a, b, c und j nach Ablauf des ersten Wirtschaftsjahres der Gesellschaft, an der die Anteile bestehen, für das das Körperschaftsteuergesetz in der Fassung des Artikels 3 des Gesetzes vom 23. Oktober 2000 (BGBl I S. 1433) erstmals anzuwenden ist.

[2]§ 3 Nummer 40 Satz 3 und 4 in der am 12. Dezember 2006 geltenden Fassung ist für Anteile, die einbringungsgeboren im Sinne des § 21 des Umwandlungssteuergesetzes in der am 12. Dezember 2006 geltenden Fassung sind, weiter anzuwenden. [3]§ 3 Nummer 40 Satz 1 Buchstabe d in der Fassung des Artikels 1 des Gesetzes vom 13. Dezember 2006 (BGBl I S. 2878) ist erstmals auf Bezüge im Sinne des § 20 Absatz 1 Nummer 1 und auf Einnahmen im Sinne des § 20 Absatz 1 Nummer 9 anzuwenden, die nach dem 18. Dezember 2006 zugeflossen sind.

(4e) [1]§ 3 Nummer 40a in der Fassung des Gesetzes vom 30. Juli 2004 (BGBl I S. 2013) ist auf Vergütungen im Sinne des § 18 Absatz 1 Nummer 4 anzuwenden, wenn die vermögensverwaltende Gesellschaft oder Gemeinschaft nach dem 31. März 2002 und vor dem 1. Januar 2009 gegründet worden ist oder soweit die Vergütungen in Zusammenhang mit der Veräußerung von Anteilen an Kapitalgesellschaften stehen, die nach dem 7. November 2003 und vor dem 1. Januar 2009 erworben worden sind. [2]§ 3 Nummer 40a in der Fassung des Artikels 3 des Gesetzes vom 12. August 2008 (BGBl I S. 1672) ist erstmals auf Vergütungen im Sinne des § 18 Absatz 1 Nummer 4 anzuwenden, wenn die vermögensverwaltende Gesellschaft oder Gemeinschaft nach dem 31. Dezember 2008 gegründet worden ist.

(4f) § 3 Nummer 41 ist erstmals auf Gewinnausschüttungen oder Gewinne aus der Veräußerung eines Anteils an einer ausländischen Kapitalgesellschaft sowie aus deren Auflösung oder Herabsetzung ihres Kapitals anzuwenden, wenn auf die Ausschüttung oder auf die Gewinne aus der Veräußerung § 3 Nummer 40 Buchstabe a, b, c und d des Einkommensteuergesetzes in der Fassung des Artikels 3 des Gesetzes vom 23. Oktober 2000 (BGBl I S. 1433) anwendbar wäre.

(5) (weggefallen)

(6) [1]§ 3 Nummer 63 ist bei Beiträgen für eine Direktversicherung nicht anzuwenden, wenn die entsprechende Versorgungszusage vor dem 1. Januar 2005 erteilt wurde und der Arbeitnehmer gegenüber dem Arbeitgeber für diese Beiträge auf die Anwendung des § 3 Nummer 63 verzichtet hat. [2]Der Verzicht gilt für die Dauer des Dienstverhältnisses; er ist bis zum 30. Juni 2005 oder bei einem späteren Arbeitgeberwechsel bis zur ersten Beitragsleistung zu erklären. [3]§ 3 Nummer 63 Satz 3 und 4 ist nicht anzuwenden, wenn § 40b Absatz 1 und 2 in der am 31. Dezember 2004 geltenden Fassung angewendet wird.

(7) § 3 Nummer 65 in der Fassung des Artikels 1 des Gesetzes vom 13. Dezember 2006 (BGBl I S. 2878) ist in allen Fällen anzuwenden, in denen die Einkommensteuer noch nicht bestandskräftig festgesetzt ist.

(8) (weggefallen)

(8a) [1]§ 3c Absatz 2 ist erstmals auf Aufwendungen anzuwenden, die mit Erträgen im wirtschaftlichen Zusammenhang stehen, auf die § 3 Nummer 40 erstmals anzuwenden ist. [2]§ 3c Absatz 2 Satz 3 und 4 in der am 12. Dezember 2006 geltenden Fassung ist für Anteile, die einbringungsgeboren im Sinne des § 21 des Umwandlungssteuergesetzes in der am 12. Dezember 2006 geltenden Fassung sind, weiter anzuwenden.

(8b) § 4 Absatz 1 in der Fassung des Artikels 1 des Gesetzes vom 7. Dezember 2006 (BGBl I S. 2782) ist erstmals für nach dem 31. Dezember 2005 endende Wirtschaftsjahre anzuwenden.

(9) § 4 Absatz 2 Satz 2 in der Fassung des Gesetzes vom 22. Dezember 1999 (BGBl I S. 2601) ist auch für Veranlagungszeiträume vor 1999 anzuwenden.

(10) [1]§ 4 Absatz 3 Satz 4 ist nicht anzuwenden, soweit die Anschaffungs- oder Herstellungskosten vor dem 1. Januar 1971 als Betriebsausgaben abgesetzt worden sind. [2]§ 4 Absatz 3 Satz 4 und 5 in der Fassung des Artikels 1 des Gesetzes vom 28. April 2006 (BGBl I S. 1095) ist erstmals für Wirtschaftsgüter anzuwenden, die nach dem 5. Mai 2006 angeschafft, hergestellt oder in das Betriebsvermögen eingelegt werden. [3]Die Anschaffungs- oder Herstellungskosten für nicht abnutzbare Wirtschaftsgüter des Anlagevermögens, die vor dem 5. Mai 2006 angeschafft, hergestellt oder in das Betriebsvermögen eingelegt wurden, sind erst im Zeitpunkt des Zuflusses des Veräußerungserlöses oder im Zeitpunkt der Entnahme als Betriebsausgaben zu berücksichtigen.

(11) [1]§ 4 Absatz 4a in der Fassung des Gesetzes vom 22. Dezember 1999 (BGBl I S. 2601) ist erstmals für das Wirtschaftsjahr anzuwenden, das nach dem 31. Dezember 1998 endet. [2]Über- und Unterentnahmen vorangegangener Wirtschaftsjahre bleiben unberücksichtigt. [3]Bei vor dem 1. Januar 1999 eröffneten Betrieben sind im Fall der Betriebsaufgabe bei der Überführung von Wirtschaftsgütern aus dem Betriebsvermögen in das Privatvermögen die Buchwerte nicht als Entnahme anzusetzen; im Fall der Betriebsveräußerung ist nur der Veräußerungsgewinn als Entnahme anzusetzen. [4]Die Aufzeichnungspflichten im Sinne des § 4 Absatz 4a Satz 6 sind erstmals ab dem 1. Januar 2000 zu erfüllen.

(12) [1]§ 4 Absatz 5 Satz 1 Nummer 1 Satz 2 in der Fassung des Artikels 9 des Gesetzes vom 29. Dezember 2003 (BGBl I S. 3076) ist erstmals für Wirtschaftsjahre anzuwenden, die nach dem 31. Dezember 2003 beginnen. [2]§ 4 Absatz 5 Satz 1 Nummer 2 Satz 1 in der Fassung des Artikels 9 des Gesetzes vom 29. Dezember 2003 (BGBl I S. 3076) ist erstmals für Wirtschaftsjahre anzuwenden, die nach dem 31. Dezember 2003 beginnen. [3]§ 4 Absatz 5 Satz 1 Nummer 6 Satz 3 in der Fassung des Artikels 1 des Gesetzes vom 28. April 2006 (BGBl I S. 1095) ist erstmals für Wirtschaftsjahre anzuwenden, die nach dem 31. Dezember 2005 beginnen. [4]§ 4 Absatz 5 Satz 1 Nummer 6a in der Fassung der Bekanntmachung vom 19. Oktober 2002 (BGBl I S. 4210) ist letztmals für den Veranlagungszeitraum 2002 anzuwenden. [5]In den Fällen, in denen die Einkommensteuer für die Veranlagungszeiträume bis einschließlich 2002 noch nicht formell bestandskräftig oder hinsichtlich der Aufwendungen für eine betrieblich veranlasste doppelte Haushaltsfüh-

EStG

rung vorläufig festgesetzt ist, ist § 9 Absatz 1 Satz 3 Nummer 5 in der Fassung des Artikels 1 des Gesetzes vom 15. Dezember 2003 (BGBl I S. 2645) anzuwenden; dies gilt auch für unter dem Vorbehalt der Nachprüfung ergangene Einkommensteuerbescheide für Veranlagungszeiträume bis einschließlich 2002, soweit nicht bereits Festsetzungsverjährung eingetreten ist. [6]§ 4 Absatz 5 Satz 1 Nummer 11 in der Fassung des Artikels 1 des Gesetzes vom 22. Dezember 2003 (BGBl I S. 2840) ist erstmals für das Wirtschaftsjahr anzuwenden, das nach dem 31. Dezember 2003 endet. [7]§ 4 Absatz 5b in der Fassung des Artikels 1 des Gesetzes vom 14. August 2007 (BGBl I S. 1912) gilt erstmals für Gewerbesteuer, die für Erhebungszeiträume festgesetzt wird, die nach dem 31. Dezember 2007 enden. [8]§ 4 Absatz 5 Satz 1 Nummer 6 in der Fassung des Gesetzes vom 20. April 2009 (BGBl I S. 774) ist erstmals ab dem Veranlagungszeitraum 2007 anzuwenden.

(12a) [1]§ 4d Absatz 1 Satz 1 Nummer 1 Satz 1 Buchstabe b Satz 1 in der Fassung des Artikels 1 des Gesetzes vom 19. Dezember 2008 (BGBl I S. 2794) ist erstmals für das Wirtschaftsjahr anzuwenden, das nach dem 31. Dezember 2007 endet. [2]§ 4d Absatz 1 Satz 1 Nummer 1 Satz 1 in der Fassung des Artikels 5 Nummer 1 des Gesetzes vom 10. Dezember 2007 (BGBl I S. 2838) ist erstmals bei nach dem 31. Dezember 2008 zugesagten Leistungen der betrieblichen Altersversorgung anzuwenden.

(12b) § 4e in der Fassung des Artikels 6 des Gesetzes vom 26. Juni 2001 (BGBl I S. 1310) ist erstmals für das Wirtschaftsjahr anzuwenden, das nach dem 31. Dezember 2001 endet.

(12c) (weggefallen)

(12d) [1]§ 4h in der Fassung des Artikels 1 des Gesetzes vom 14. August 2007 (BGBl I S. 1912) ist erstmals für Wirtschaftsjahre anzuwenden, die nach dem 25. Mai 2007 beginnen und nicht vor dem 1. Januar 2008 enden. [2]§ 4h Absatz 5 Satz 3 in der Fassung des Artikels 1 des Gesetzes vom 19. Dezember 2008 (BGBl I S. 2794) ist erstmals auf schädliche Beteiligungserwerbe nach dem 28. November 2008 anzuwenden, deren sämtliche Erwerbe und gleichgestellte Rechtsakte nach dem 28. November 2008 stattfinden. [3]§ 4h Absatz 2 Satz 1 Buchstabe a in der Fassung des Artikels 1 des Gesetzes vom 16. Juli 2009 (BGBl I S. 1959) ist erstmals für Wirtschaftsjahre anzuwenden, die nach dem 25. Mai 2007 beginnen und nicht vor dem 1. Januar 2008 enden. [4]§ 4h Absatz 1, 2 Satz 1 Buchstabe c Satz 2, Absatz 4 Satz 1 und 4 und Absatz 5 Satz 1 und 2 in der Fassung des Artikels 1 des Gesetzes vom 22. Dezember 2009 (BGBl I S. 3950) ist erstmals für Wirtschaftsjahre anzuwenden, die nach dem 31. Dezember 2009 enden. [5]Nach den Grundsätzen des § 4h Absatz 1 Satz 1 bis 3 in der Fassung des Artikels 1 des Gesetzes vom 22. Dezember 2009 (BGBl I S. 3950) zu ermittelnde EBITDA-Vorträge für Wirtschaftsjahre, die nach dem 31. Dezember 2006 beginnen und vor dem 1. Januar 2010 enden, erhöhen auf Antrag das verrechenbare EBITDA des ersten Wirtschaftsjahres, das nach dem 31. Dezember 2009 endet; § 4h Absatz 5 des Einkommensteuergesetzes, § 8a Absatz 1 des Körperschaftsteuergesetzes und § 2 Absatz 4 Satz 1, § 4 Absatz 2 Satz 2, § 9 Satz 3, § 15 Absatz 3, § 20 Absatz 9 des Umwandlungssteuergesetzes in der Fassung des Gesetzes vom 22. Dezember 2009 (BGBl I S. 3950) sind dabei sinngemäß anzuwenden.

(12e) [1]§ 5 Absatz 1a in der Fassung des Artikels 3 des Bilanzrechtsmodernisierungsgesetzes vom 25. Mai 2009 (BGBl I S. 1102) ist erstmals für Wirtschaftsjahre anzuwenden, die nach dem 31. Dezember 2009 beginnen. [2]§ 5 Absatz 1a in der Fassung des Artikels 3 des Bilanzrechtsmodernisierungsgesetzes vom 25. Mai 2009 (BGBl I S. 1102) ist erstmals für Wirtschaftsjahre anzuwenden, die nach dem 31. Dezember 2008 beginnen, wenn das Wahlrecht nach Artikel 66 Absatz 3 Satz 6 des Einführungsgesetzes zum Handelsgesetzbuch in der Fassung des Artikels 2 des Bilanzrechtsmodernisierungsgesetzes vom 25. Mai 2009 (BGBl I S. 1102) ausgeübt wird.

(13) [1]§ 5 Absatz 4a ist erstmals für das Wirtschaftsjahr anzuwenden, das nach dem 31. Dezember 1996 endet. [2]Rückstellungen für drohende Verluste aus schwebenden Geschäften, die am Schluss des letzten vor dem 1. Januar 1997 endenden Wirtschaftsjahres zulässigerweise gebildet worden sind, sind in den Schlussbilanzen des ersten nach dem 31. Dezember 1996 endenden Wirtschaftsjahres und der fünf folgenden Wirtschaftsjahre mit mindestens 25 Prozent im ersten und jeweils mindestens 15 Prozent im zweiten bis sechsten Wirtschaftsjahr gewinnerhöhend aufzulösen.

(14) Soweit Rückstellungen für Aufwendungen, die Anschaffungs- oder Herstellungskosten für ein Wirtschaftsgut sind, in der Vergangenheit gebildet worden sind, sind sie in dem ersten Veranlagungszeitraum, dessen Veranlagung noch nicht bestandskräftig ist, in vollem Umfang aufzulösen.

(15) [1]Für Gewerbebetriebe, in denen der Steuerpflichtige vor dem 1. Januar 1999 bereits Einkünfte aus dem Betrieb von Handelsschiffen im internationalen Verkehr erzielt hat, kann der Antrag nach § 5a Absatz 3 Satz 1 auf Anwendung der Gewinnermittlung nach § 5a Absatz 1 in dem Wirtschaftsjahr, das nach dem 31. Dezember 1998 endet, oder in einem der beiden folgenden Wirtschaftsjahre gestellt werden (Erstjahr). [2]§ 5a Absatz 3 in der Fassung des Artikels 9 des Gesetzes vom 29. Dezember 2003 (BGBl I S. 3076) ist erstmals für das Wirtschaftsjahr anzuwenden, das nach dem 31. Dezember 2005 endet. [3]§ 5a Absatz 3 Satz 1 in der am 31. Dezember 2003 geltenden Fassung ist weiterhin anzuwenden, wenn der Steuerpflichtige im Fall der Anschaffung das Handelsschiff auf Grund eines vor dem 1. Januar 2006 rechtswirksam abgeschlossenen schuldrechtlichen Vertrags oder gleichgestellten Rechtsaktes angeschafft oder im Fall der Herstellung mit der Herstellung des Handelsschiffs vor dem 1. Januar 2006 begonnen hat. [4]In Fällen des Satzes 3 muss der Antrag auf Anwendung des § 5a Absatz 1 spätestens bis zum Ablauf des Wirtschaftsjahres gestellt werden, das vor dem 1. Januar 2008 endet. [5]§ 5a Absatz 5 Satz 3 in der Fassung des Artikels 1 des Gesetzes vom 14. August 2007 (BGBl I S. 1912) ist erstmals für Wirtschaftsjahre anzuwenden, die nach dem 17. August 2007 enden. [6]Soweit Ansparabschreibungen im Sinne von § 7g Absatz 3 in der bis zum 17. August 2007 geltenden Fassung zum Zeitpunkt des Übergangs zur Gewinnermittlung nach § 5a Absatz 1 noch nicht gewinnerhöhend aufgelöst worden sind, ist § 5a Absatz 5 Satz 3 in der bis zum 17. August 2007 geltenden Fassung weiter anzuwenden.

EStG

(15a) § 5b in der Fassung des Artikels 1 des Gesetzes vom 20. Dezember 2008 (BGBl I S. 2850) ist erstmals für Wirtschaftsjahre anzuwenden, die nach dem 31. Dezember 2010 beginnen.

(16) [1]§ 6 Absatz 1 in der Fassung des Artikels 1 des Gesetzes vom 7. Dezember 2006 (BGBl I S. 2782) ist erstmals für nach dem 31. Dezember 2005 endende Wirtschaftsjahre anzuwenden. [2]§ 6 Absatz 1 in der Fassung des Gesetzes vom 24. März 1999 (BGBl I S. 402) ist erstmals für das erste nach dem 31. Dezember 1998 endende Wirtschaftsjahr (Erstjahr) anzuwenden. [3]In Höhe von vier Fünfteln des im Erstjahr durch die Anwendung des § 6 Absatz 1 Nummer 1 und 2 in der Fassung des Gesetzes vom 24. März 1999 (BGBl I S. 402) entstehenden Gewinns kann im Erstjahr eine den steuerlichen Gewinn mindernde Rücklage gebildet werden, die in den dem Erstjahr folgenden vier Wirtschaftsjahren jeweils mit mindestens einem Viertel gewinnerhöhend aufzulösen ist (Auflösungszeitraum). [4]Scheidet ein der Regelung nach den Sätzen 1 bis 3 unterliegendes Wirtschaftsgut im Auflösungszeitraum ganz oder teilweise aus, ist im Wirtschaftsjahr des Ausscheidens der für das Wirtschaftsgut verbleibende Teil der Rücklage nach Satz 3 in vollem Umfang oder teilweise gewinnerhöhend aufzulösen. [5]Soweit ein der Regelung nach den Sätzen 1 bis 3 unterliegendes Wirtschaftsgut im Auflösungszeitraum erneut auf den niedrigeren Teilwert abgeschrieben wird, ist der für das Wirtschaftsgut verbleibende Teil der Rücklage nach Satz 3 in Höhe der Abschreibung gewinnerhöhend aufzulösen. [6]§ 3 Nummer 40 Satz 1 Buchstabe a Satz 2 in der Fassung des Gesetzes vom 23. Oktober 2000 (BGBl I S. 1433) und § 8b Absatz 2 Satz 2 des Körperschaftsteuergesetzes in der Fassung des Gesetzes vom 23. Oktober 2000 (BGBl I S. 1433) sind in den Fällen der Sätze 3 bis 5 entsprechend anzuwenden. [7]§ 6 Absatz 1 Nummer 1a in der Fassung des Artikels 1 des Gesetzes vom 15. Dezember 2003 (BGBl I S. 2645) ist erstmals für Baumaßnahmen anzuwenden, mit denen nach dem 31. Dezember 2003 begonnen wird. [8]Als Beginn gilt bei Baumaßnahmen, für die eine Baugenehmigung erforderlich ist, der Zeitpunkt, in dem der Bauantrag gestellt wird, bei baugenehmigungsfreien Bauvorhaben, für die Bauunterlagen einzureichen sind, der Zeitpunkt, in dem die Bauunterlagen eingereicht werden. [9]Sämtliche Baumaßnahmen im Sinne des § 6 Absatz 1 Nummer 1a Satz 1 an einem Objekt gelten als eine Baumaßnahme im Sinne des Satzes 7. [10]§ 6 Absatz 1 Nummer 2b und 3a Buchstabe f in der Fassung des Artikels 3 des Bilanzrechtsmodernisierungsgesetzes vom 25. Mai 2009 (BGBl I S. 1102) sind erstmals für Wirtschaftsjahre anzuwenden, die nach dem 31. De-

zember 2009 beginnen; § 6 Absatz 1 Nummer 2b und § 6 Absatz 1 Nummer 3a Buchstabe f in der Fassung des Artikels 3 des Bilanzrechtsmodernisierungsgesetzes vom 25. Mai 2009 (BGBl I S. 1102) sind erstmals für Wirtschaftsjahre anzuwenden, die nach dem 31. Dezember 2008 beginnen, wenn das Wahlrecht nach Artikel 66 Absatz 3 Satz 6 des Einführungsgesetzes zum Handelsgesetzbuch in der Fassung des Artikels 2 des Bilanzrechtsmodernisierungsgesetzes vom 25. Mai 2009 (BGBl I S. 1102) ausgeübt wird; für die Hälfte des Gewinns, der sich aus der erstmaligen Anwendung des § 6 Absatz 1 Nummer 2b ergibt, kann eine den Gewinn mindernde Rücklage gebildet werden, die im folgenden Wirtschaftsjahr gewinnerhöhend aufzulösen ist. [11]§ 6 Absatz 1 Nummer 4 Satz 2 in der Fassung des Artikels 1 des Gesetzes vom 28. April 2006 (BGBl I S. 1095) ist erstmals für Wirtschaftsjahre anzuwenden, die nach dem 31. Dezember 2005 beginnen. [12]§ 6 Absatz 1 Nummer 4 Satz 6 in der am 24. Dezember 2008 geltenden Fassung ist letztmalig für das Wirtschaftsjahr anzuwenden, das vor dem 1. Januar 2009 endet. [13]§ 6 Absatz 1 Nummer 4 Satz 6 in der Fassung des Artikels 1 des Gesetzes vom 19. Dezember 2008 (BGBl I S. 2794) ist erstmalig für Wirtschaftsjahre, die nach dem 31. Dezember 2008 beginnen, anzuwenden. [14]§ 6 Absatz 2 und 2a in der Fassung des Artikels 1 des Gesetzes vom 22. Dezember 2009 (BGBl I S. 3950) ist erstmals bei Wirtschaftsgütern anzuwenden, die nach dem 31. Dezember 2009 angeschafft, hergestellt oder in das Betriebsvermögen eingelegt werden. [15]§ 6 Absatz 6 Satz 2 und 3 ist erstmals für Einlagen anzuwenden, die nach dem 31. Dezember 1998 vorgenommen werden.

(16a) [1]§ 6 Absatz 5 Satz 3 bis 5 in der Fassung des Gesetzes vom 20. Dezember 2001 (BGBl I S. 3858) ist erstmals auf Übertragungsvorgänge nach dem 31. Dezember 2000 anzuwenden. [2]§ 6 Absatz 5 Satz 6 in der Fassung des Gesetzes vom 20. Dezember 2001 (BGBl I S. 3858) ist erstmals auf Anteilsbegründungen und Anteilserhöhungen nach dem 31. Dezember 2000 anzuwenden.

(16b) § 6a Absatz 2 Nummer 1 erste Alternative und Absatz 3 Satz 2 Nummer 1 Satz 6 erster Halbsatz in der Fassung des Artikels 6 des Gesetzes vom 26. Juni 2001 (BGBl I S. 1310) ist bei Pensionsverpflichtungen gegenüber Berechtigten anzuwenden, denen der Pensionsverpflichtete erstmals eine Pensionszusage nach dem 31. Dezember 2000 erteilt hat; § 6a Absatz 2 Nummer 1 zweite Alternative sowie § 6a Absatz 3 Satz 2 Nummer 1 Satz 1 und § 6a Absatz 3 Satz 2 Nummer 1 Satz 6 zweiter Halbsatz sind bei Pensionsverpflichtungen anzuwenden, die auf einer nach dem 31. Dezember 2000 vereinbarten Entgeltumwandlung im Sinne von § 1 Absatz 2 des Betriebsrentengesetzes beruhen.

(17) § 6a Absatz 2 Nummer 1 und Absatz 3 Satz 2 Nummer 1 Satz 6 in der Fassung des Artikels 5 Nummer 2 des Gesetzes vom 10. Dezember 2007 (BGBl I S. 2838) ist erstmals bei nach dem 31. Dezember 2008 erteilten Pensionszusagen anzuwenden.

(18) [1]§ 6b in der Fassung des Gesetzes vom 24. März 1999 (BGBl I S. 402) ist erstmals auf Veräußerungen anzuwenden, die nach dem 31. Dezember 1998 vorgenommen werden. [2]Für Veräußerungen, die vor diesem Zeitpunkt vorgenommen worden sind, ist § 6b in der im Veräußerungszeitpunkt geltenden Fassung weiter anzuwenden.

(18a) [1]§ 6b in der Fassung des Artikels 1 des Gesetzes vom 20. Dezember 2001 (BGBl I S. 3858) ist erstmals auf Veräußerungen anzuwenden, die nach dem 31. Dezember 2001 vorgenommen werden. [2]Für Veräußerungen, die vor diesem Zeitpunkt vorgenommen worden sind, ist § 6b in der im Veräußerungszeitpunkt geltenden Fassung weiter anzuwenden.

(18b) [1]§ 6b in der Fassung des Artikels 1 des Gesetzes vom 26. April 2006 (BGBl I S. 1091) ist erstmals auf Veräußerungen nach dem 31. Dezember 2005 und letztmals auf Veräußerungen vor dem 1. Januar 2011 anzuwenden. [2]Für Veräußerungen, die vor diesem Zeitpunkt vorgenommen werden, ist § 6b in der im Veräußerungszeitpunkt geltenden Fassung weiter anzuwenden. [3]§ 6b Absatz 10 Satz 11 in der am 12. Dezember 2006 geltenden Fassung ist für Anteile, die einbringungsgeboren im Sinne des § 21 des Umwandlungssteuergesetzes in der am 12. Dezember 2006 geltenden Fassung sind, weiter anzuwenden.

(19) [1]§ 6c in der Fassung des Gesetzes vom 24. März 1999 (BGBl I S. 402) ist erstmals auf Veräußerungen anzuwenden, die nach dem 31. Dezember 1998 vorgenommen wer-

den. [2]Für Veräußerungen, die vor diesem Zeitpunkt vorgenommen worden sind, ist § 6c in der im Veräußerungszeitpunkt geltenden Fassung weiter anzuwenden.

(20) § 6d ist erstmals für das Wirtschaftsjahr anzuwenden, das nach dem 31. Dezember 1998 endet.

(21) [1]§ 7 Absatz 1 Satz 4 in der Fassung des Gesetzes vom 24. März 1999 (BGBl I S. 402) ist erstmals für Einlagen anzuwenden, die nach dem 31. Dezember 1998 vorgenommen werden. [2]§ 7 Absatz 1 Satz 6 in der Fassung des Gesetzes vom 24. März 1999 (BGBl I S. 402) ist erstmals für das nach dem 31. Dezember 1998 endende Wirtschaftsjahr anzuwenden. [3]§ 7 Absatz 1 Satz 4 in der Fassung des Artikels 9 des Gesetzes vom 29. Dezember 2003 (BGBl I S. 3076) ist erstmals bei Wirtschaftsgütern anzuwenden, die nach dem 31. Dezember 2003 angeschafft oder hergestellt worden sind.

(21a) [1]§ 7 Absatz 2 Satz 2 in der Fassung des Gesetzes vom 23. Oktober 2000 (BGBl I S. 1433) ist erstmals bei Wirtschaftsgütern anzuwenden, die nach dem 31. Dezember 2000 angeschafft oder hergestellt worden sind. [2]Bei Wirtschaftsgütern, die vor dem 1. Januar 2001 angeschafft oder hergestellt worden sind, ist § 7 Absatz 2 Satz 2 des Einkommensteuergesetzes in der Fassung des Gesetzes vom 22. Dezember 1999 (BGBl I S. 2601) weiter anzuwenden. [3]§ 7 Absatz 2 und 3 in der bis zum 31. Dezember 2007 geltenden Fassung ist letztmalig anzuwenden für vor dem 1. Januar 2008 angeschaffte oder hergestellte bewegliche Wirtschaftsgüter.

(21b) [1]Bei Gebäuden, soweit sie zu einem Betriebsvermögen gehören und nicht Wohnzwecken dienen, ist § 7 Absatz 4 Satz 1 und 2 in der Fassung des Gesetzes vom 22. Dezember 1999 (BGBl I S. 2601) weiter anzuwenden, wenn der Steuerpflichtige im Fall der Herstellung vor dem 1. Januar 2001 mit der Herstellung des Gebäudes begonnen hat oder im Fall der Anschaffung das Objekt auf Grund eines vor dem 1. Januar 2001 rechtswirksam abgeschlossenen obligatorischen Vertrags oder gleichstehenden Rechtsakts angeschafft hat. [2]Als Beginn der Herstellung gilt bei Gebäuden, für die eine Baugenehmigung erforderlich ist, der Zeitpunkt, in dem der Bauantrag gestellt wird; bei baugenehmigungsfreien Gebäuden, für die Bauunterlagen einzureichen sind, der Zeitpunkt, in dem die Bauunterlagen eingereicht werden.

(22) § 7a Absatz 6 des Einkommensteuergesetzes 1979 in der Fassung der Bekanntmachung vom 21. Juni 1979 (BGBl I S. 721) ist letztmals für das Wirtschaftsjahr anzuwenden, das dem Wirtschaftsjahr vorangeht, für das § 15a erstmals anzuwenden ist.

(23) [1]§ 7g Absatz 1 bis 4 und 7 in der Fassung des Artikels 1 des Gesetzes vom 14. August 2007 (BGBl I S. 1912) ist erstmals für Wirtschaftsjahre anzuwenden, die nach dem 17. August 2007 enden. [2]§ 7g Absatz 5 und 6 in der Fassung des Artikels 1 des Gesetzes vom 14. August 2007 (BGBl I S. 1912) ist erstmals bei Wirtschaftsgütern anzuwenden, die nach dem 31. Dezember 2007 angeschafft oder hergestellt werden. [3]Bei Ansparabschreibungen, die in vor dem 18. August 2007 endenden Wirtschaftsjahren gebildet worden sind, und Wirtschaftsgütern, die vor dem 1. Januar 2008 angeschafft oder hergestellt worden sind, ist § 7g in der bis zum 17. August 2007 geltenden Fassung weiter anzuwenden. [4]Soweit Ansparabschreibungen noch nicht gewinnerhöhend aufgelöst worden sind, vermindert sich der Höchstbetrag von 200 000 Euro nach § 7g Absatz 1 Satz 4 in der Fassung des Artikels 1 des Gesetzes vom 14. August 2007 (BGBl I S. 1912) um die noch vorhandenen Ansparabschreibungen. [5]In Wirtschaftsjahren, die nach dem 31. Dezember 2008 und vor dem 1. Januar 2011 enden, ist § 7g Absatz 1 Satz 2 Nummer 1 mit der Maßgabe anzuwenden, dass bei Gewerbebetrieben oder der selbständigen Arbeit dienenden Betrieben, die ihren Gewinn nach § 4 Absatz 1 oder § 5 ermitteln, ein Betriebsvermögen von 335 000 Euro, bei Betrieben der Land- und Forstwirtschaft ein Wirtschaftswert oder Ersatzwirtschaftswert von 175 000 Euro und bei Betrieben, die ihren Gewinn nach § 4 Absatz 3 ermitteln, ohne Berücksichtigung von Investitionsabzugsbeträgen ein Gewinn von 200 000 Euro nicht überschritten wird. [6]Bei Wirtschaftsgütern, die nach dem 31. Dezember 2008 und vor dem 1. Januar 2011 angeschafft oder hergestellt werden, ist § 7g Absatz 6 Nummer 1 mit der Maßgabe anzuwenden, dass der Betrieb zum Schluss des Wirtschaftsjahres, das der Anschaffung oder Herstellung vorangeht, die Größenmerkmale des Satzes 5 nicht überschreitet.

(23a) [1]§ 7h Absatz 1 Satz 1 und 3 in der Fassung des Artikels 9 des Gesetzes vom 29. Dezember 2003 (BGBl I S. 3076) sind erstmals für Modernisierungs- und Instandsetzungsmaßnahmen anzuwenden, mit denen nach dem 31. Dezember 2003 begonnen wird. [2]Als Beginn gilt bei Baumaßnahmen, für die eine Baugenehmigung erforderlich ist, der Zeitpunkt, in dem der Bauantrag gestellt wird, bei baugenehmigungsfreien Bauvorhaben, für die Bauunterlagen einzureichen sind, der Zeitpunkt, in dem die Bauunterlagen eingereicht werden.

(23b) [1]§ 7i Absatz 1 Satz 1 und 5 in der Fassung des Artikels 9 des Gesetzes vom 29. Dezember 2003 (BGBl I S. 3076) sind erstmals für Baumaßnahmen anzuwenden, mit denen nach dem 31. Dezember 2003 begonnen wird. [2]Als Beginn gilt bei Baumaßnahmen, für die eine Baugenehmigung erforderlich ist, der Zeitpunkt, in dem der Bauantrag gestellt wird, bei baugenehmigungsfreien Bauvorhaben, für die Bauunterlagen einzureichen sind, der Zeitpunkt, in dem die Bauunterlagen eingereicht werden.

(23c) § 8 Absatz 2 in der Fassung des Gesetzes vom 20. April 2009 (BGBl I S. 774) ist erstmals ab dem Veranlagungszeitraum 2007 anzuwenden.

(23d) [1]§ 9 Absatz 1 Satz 3 Nummer 4 und 5 und Absatz 2 in der Fassung des Gesetzes vom 20. April 2009 (BGBl I S. 774) ist erstmals ab dem Veranlagungszeitraum 2007 anzuwenden. [2]§ 9 Absatz 1 Satz 3 Nummer 5 in der Fassung des Artikels 1 des Gesetzes vom 15. Dezember 2003 (BGBl I S. 2645) ist erstmals ab dem Veranlagungszeitraum 2003 anzuwenden und in Fällen, in denen die Einkommensteuer noch nicht formell bestandskräftig oder hinsichtlich der Aufwendungen für eine beruflich veranlasste doppelte Haushaltsführung vorläufig festgesetzt ist. [3]§ 9 Absatz 1 Satz 3 Nummer 7 Satz 2 in der Fassung des Artikels 1 des Gesetzes vom 22. Dezember 2009 (BGBl I S. 3950) ist erstmals für die im Veranlagungszeitraum 2010 angeschafften oder hergestellten Wirtschaftsgüter anzuwenden. [4]Für die Anwendung des § 9 Absatz 5 Satz 2 in der Fassung des Artikels 1 des Gesetzes vom 15. Dezember 2003 (BGBl I S. 2645) gilt Absatz 16 Satz 7 bis 9 entsprechend.

(23e) § 9c in der Fassung des Artikels 1 des Gesetzes vom 22. Dezember 2008 (BGBl I S. 2955) gilt auch für Kinder, die wegen einer vor dem 1. Januar 2007 in der Zeit ab Vollendung des 25. Lebensjahres und vor Vollendung des 27. Lebensjahres eingetretenen körperlichen, geistigen oder seelischen Behinderung außerstande sind, sich selbst zu unterhalten.

(23f) [1]§ 10 Absatz 1 Nummer 1a in der Fassung des Artikels 1 des Gesetzes vom 20. Dezember 2007 (BGBl I S. 3150) ist auf alle Versorgungsleistungen anzuwenden, die auf nach dem 31. Dezember 2007 vereinbarten Vermögensübertragungen beruhen. [2]Für Versorgungsleistungen, die auf vor dem 1. Januar 2008 vereinbarten Vermögensübertragungen beruhen, gilt dies nur, wenn das übertragene Vermögen nur deshalb einen ausreichenden Ertrag bringt, weil ersparte Aufwendungen mit Ausnahme des Nutzungsvorteils eines zu eigenen Zwecken vom Vermögensübernehmer genutzten Grundstücks zu den Erträgen des Vermögens gerechnet werden.

(24) [1]§ 10 Absatz 1 Nummer 2 Buchstabe b Satz 1 ist für Vertragsabschlüsse nach dem 31. Dezember 2011 mit der Maßgabe anzuwenden, dass der Vertrag die Zahlung der Leibrente nicht vor Vollendung des 62. Lebensjahres vorsehen darf. [2]Für Verträge im Sinne des § 10 Absatz 1 Nummer 2 Buchstabe b, die vor dem 1. Januar 2010 abgeschlossen wurden, und bei Kranken- und Pflegeversicherungen im Sinne des § 10 Absatz 1 Nummer 3, bei denen das Versicherungsverhältnis vor dem 1. Januar 2010 bestanden hat, ist § 10 Absatz 2 Satz 2 Nummer 2 und Satz 3 mit der Maßgabe anzuwenden, dass

1. die erforderliche Einwilligung zur Datenübermittlung als erteilt gilt, wenn die übermittelnde Stelle den Steuerpflichtigen schriftlich darüber informiert, dass vom Vorliegen einer Einwilligung ausgegangen wird, das in Nummer 2 beschriebene Verfahren Anwendung findet und die Daten an die zentrale Stelle übermittelt werden, wenn der Steuerpflichtige dem nicht innerhalb einer Frist von vier Wochen nach Erhalt dieser schriftlichen Information schriftlich widerspricht;
2. die übermittelnde Stelle, wenn die nach § 10 Absatz 2 Satz 2 Nummer 2 oder Satz 3 erforderliche Einwilligung des Steuerpflichtigen vorliegt oder als erteilt gilt, die für

die Datenübermittlung nach § 10 Absatz 2a erforderliche Identifikationsnummer (§ 139b der Abgabenordnung) des Steuerpflichtigen abweichend von § 22a Absatz 2 Satz 1 und 2 beim Bundeszentralamt für Steuern erheben kann. [2]Das Bundeszentralamt für Steuern teilt der übermittelnden Stelle die Identifikationsnummer des Steuerpflichtigen mit, sofern die übermittelten Daten mit den nach § 139b Absatz 3 der Abgabenordnung beim Bundeszentralamt für Steuern gespeicherten Daten übereinstimmen. [3]Stimmen die Daten nicht überein, findet § 22a Absatz 2 Satz 1 und 2 Anwendung.

(24a) § 10 Absatz 1 Nummer 7 Satz 4 in der Fassung des Gesetzes vom 20. April 2009 (BGBl I S. 774) ist erstmals ab dem Veranlagungszeitraum 2007 anzuwenden.

(24a)[1)] [1]§ 10 Absatz 1 Nummer 9 in der Fassung des Artikels 1 des Gesetzes vom 19. Dezember 2008 (BGBl I S. 2794) ist erstmals für den Veranlagungszeitraum 2008 anzuwenden. [2]Für Schulgeldzahlungen an Schulen in freier Trägerschaft oder an überwiegend privat finanzierte Schulen, die in einem anderen Mitgliedstaat der Europäischen Union oder in einem Staat belegen sind, auf den das Abkommen über den Europäischen Wirtschaftsraum Anwendung findet, und die zu einem von dem zuständigen inländischen Ministerium eines Landes, von der Kultusministerkonferenz der Länder oder von einer inländischen Zeugnisanerkennungsstelle anerkannten oder einem inländischen Abschluss an einer öffentlichen Schule als gleichwertig anerkannten allgemein bildenden oder berufsbildenden Schul-, Jahrgangs- oder Berufsabschluss führen, gilt § 10 Absatz 1 Nummer 9 in der Fassung des Artikels 1 Nummer 7 Buchstabe a Doppelbuchstabe cc des Gesetzes vom 13. Dezember 2006 (BGBl I S. 2878) für noch nicht bestandskräftige Steuerfestsetzungen der Veranlagungszeiträume vor 2008 mit der Maßgabe, dass es sich nicht um eine gemäß Artikel 7 Absatz 4 des Grundgesetzes staatlich genehmigte oder nach Landesrecht erlaubte Ersatzschule oder eine nach Landesrecht anerkannte allgemein bildende Ergänzungsschule handeln muss.

(24b) § 10 Absatz 5 in der am 31. Dezember 2009 geltenden Fassung ist auf Beiträge zu Versicherungen im Sinne des § 10 Absatz 1 Nummer 2 Buchstabe b Doppelbuchstabe bb bis dd in der am 31. Dezember 2004 geltenden Fassung weiterhin anzuwenden, wenn die Laufzeit dieser Versicherungen vor dem 1. Januar 2005 begonnen hat und ein Versicherungsbeitrag bis zum 31. Dezember 2004 entrichtet wurde.

(24c) [1]§ 10a Absatz 1 Satz 4 in der Fassung des Artikels 1 des Gesetzes vom 19. Dezember 2008 (BGBl I S. 2794) sowie § 81a Satz 1 Nummer 5 und § 86 Absatz 1 Satz 2 Nummer 4 in der Fassung des Artikels 1 des Gesetzes vom 29. Juli 2008 (BGBl I S. 1509) sind erstmals für den Veranlagungszeitraum 2008 anzuwenden. [2]Für Altersvorsorgeverträge, die vor dem 1. Januar 2008 abgeschlossen wurden, gilt für die Anwendung des § 92a Absatz 1 Satz 1, dass für die Veranlagungszeiträume 2008 und 2009 der Altersvorsorge-Eigenheimbetrag mindestens 10 000 Euro betragen muss.

(24d) [1]§ 10a Absatz 5 Satz 3 in der Fassung des Artikels 1 des Gesetzes vom 20. Dezember 2007 (BGBl I S. 3150) ist auch für Veranlagungszeiträume vor 2008 anzuwenden, soweit

1. sich dies zugunsten des Steuerpflichtigen auswirkt oder
2. die Steuerfestsetzung bei Inkrafttreten des Jahressteuergesetzes 2008 vom 20. Dezember 2007 (BGBl I S. 3150) noch nicht unanfechtbar war oder unter dem Vorbehalt der Nachprüfung stand.

[2]Für Verträge, auf die bereits vor dem 1. Januar 2010 Altersvorsorgebeiträge im Sinne des § 82 eingezahlt wurden, kann die übermittelnde Stelle, wenn die nach § 10a Absatz 2a erforderliche Einwilligung des Steuerpflichtigen vorliegt, die für die Übermittlung der Daten nach § 10a Absatz 5 Satz 1 in der Fassung des Artikels 1 des Gesetzes vom 16. Juli 2009 (BGBl I S. 1959) erforderliche Identifikationsnummer (§ 139b der Ab-

1) **Anm. d. Red.:** Bei der Neufassung des EStG v. 8. 10. 2009 (BGBl I 3369, ber. 3862) ist offensichtlich übersehen worden, den zweiten Abs. 24a, der bei der Änderung durch das Gesetz v. 16. 7. 2009 (BGBl I 2645) unter dieser Bezeichnung eingefügt worden ist, an die bestehende Absatznummerierung anzupassen.

gabenordnung) des Steuerpflichtigen abweichend von § 22a Absatz 2 Satz 1 und 2 beim Bundeszentralamt für Steuern erheben. [3]Das Bundeszentralamt für Steuern teilt dem Anbieter die Identifikationsnummer des Steuerpflichtigen mit, sofern die übermittelten Daten mit den nach § 139b Absatz 3 der Abgabenordnung beim Bundeszentralamt für Steuern gespeicherten Daten übereinstimmen. [4]Stimmen die Daten nicht überein, findet § 22a Absatz 2 Satz 1 und 2 Anwendung.

(24e) [1]§ 10b Absatz 1 Satz 3 und Absatz 1a in der Fassung des Gesetzes vom 14. Juli 2000 (BGBl I S. 1034) sind auf Zuwendungen anzuwenden, die nach dem 31. Dezember 1999 geleistet werden. [2]§ 10b Absatz 1 und 1a in der Fassung des Artikels 1 des Gesetzes vom 10. Oktober 2007 (BGBl I S. 2332) ist auf Zuwendungen anzuwenden, die nach dem 31. Dezember 2006 geleistet werden. [3]Für Zuwendungen, die im Veranlagungszeitraum 2007 geleistet werden, gilt auf Antrag des Steuerpflichtigen § 10b Absatz 1 in der am 26. Juli 2000 geltenden Fassung. [4]§ 10b Absatz 1 Satz 2 in der Fassung des Artikels 1 des Gesetzes vom 19. Dezember 2008 (BGBl I S. 2794) ist auf Mitgliedsbeiträge anzuwenden, die nach dem 31. Dezember 2006 geleistet werden.

(25) [1]Auf den am Schluss des Veranlagungszeitraums 1998 festgestellten verbleibenden Verlustabzug ist § 10d in der Fassung des Gesetzes vom 16. April 1997 (BGBl I S. 821) anzuwenden. [2]Satz 1 ist letztmals für den Veranlagungszeitraum 2003 anzuwenden. [3]§ 10d in der Fassung des Artikels 1 des Gesetzes vom 22. Dezember 2003 (BGBl I S. 2840) ist erstmals für den Veranlagungszeitraum 2004 anzuwenden. [4]Auf den Verlustrücktrag aus dem Veranlagungszeitraum 2004 in den Veranlagungszeitraum 2003 ist § 10d Absatz 1 in der für den Veranlagungszeitraum 2004 geltenden Fassung anzuwenden. [5]§ 10d Absatz 4 Satz 6 in der Fassung des Artikels 1 des Gesetzes vom 13. Dezember 2006 (BGBl I S. 2878) gilt für alle bei Inkrafttreten dieses Gesetzes noch nicht abgelaufenen Feststellungsfristen.

(26) [1]Für nach dem 31. Dezember 1986 und vor dem 1. Januar 1991 hergestellte oder angeschaffte Wohnungen im eigenen Haus oder Eigentumswohnungen sowie in diesem Zeitraum fertig gestellte Ausbauten oder Erweiterungen ist § 10e des Einkommensteuergesetzes 1990 in der Fassung der Bekanntmachung vom 7. September 1990 (BGBl I S. 1898) weiter anzuwenden. [2]Für nach dem 31. Dezember 1990 hergestellte oder angeschaffte Wohnungen im eigenen Haus oder Eigentumswohnungen sowie in diesem Zeitraum fertig gestellte Ausbauten oder Erweiterungen ist § 10e des Einkommensteuergesetzes in der durch Gesetz vom 24. Juni 1991 (BGBl I S. 1322) geänderten Fassung weiter anzuwenden. [3]Abweichend von Satz 2 ist § 10e Absatz 1 bis 5 und 6 bis 7 in der durch Gesetz vom 25. Februar 1992 (BGBl I S. 297) geänderten Fassung erstmals für den Veranlagungszeitraum 1991 bei Objekten im Sinne des § 10e Absatz 1 und 2 anzuwenden, wenn im Fall der Herstellung der Steuerpflichtige nach dem 30. September 1991 den Bauantrag gestellt oder mit der Herstellung begonnen hat oder im Fall der Anschaffung der Steuerpflichtige das Objekt nach dem 30. September 1991 auf Grund eines nach diesem Zeitpunkt rechtswirksam abgeschlossenen obligatorischen Vertrags oder gleichstehenden Rechtsakts angeschafft hat oder mit der Herstellung des Objekts nach dem 30. September 1991 begonnen worden ist. [4]§ 10e Absatz 5a ist erstmals bei in § 10e Absatz 1 und 2 bezeichneten Objekten anzuwenden, wenn im Fall der Herstellung der Steuerpflichtige den Bauantrag nach dem 31. Dezember 1991 gestellt oder, falls ein solcher nicht erforderlich ist, mit der Herstellung nach diesem Zeitpunkt begonnen hat, oder im Fall der Anschaffung der Steuerpflichtige das Objekt auf Grund eines nach dem 31. Dezember 1991 rechtswirksam abgeschlossenen obligatorischen Vertrags oder gleichstehenden Rechtsakts angeschafft hat. [5]§ 10e Absatz 1 Satz 4 in der Fassung des Gesetzes vom 23. Juni 1993 (BGBl I S. 944) und Absatz 6 Satz 3 in der Fassung des Gesetzes vom 21. Dezember 1993 (BGBl I S. 2310) ist erstmals anzuwenden, wenn der Steuerpflichtige das Objekt auf Grund eines nach dem 31. Dezember 1993 rechtswirksam abgeschlossenen obligatorischen Vertrags oder gleichstehenden Rechtsakts angeschafft hat. [6]§ 10e ist letztmals anzuwenden, wenn der Steuerpflichtige im Fall der Herstellung vor dem 1. Januar 1996 mit der Herstellung des Objekts begonnen hat oder im Fall der Anschaffung das Objekt auf Grund eines vor dem 1. Januar 1996 rechtswirksam abgeschlossenen obligatorischen Vertrags oder gleichstehenden Rechtsakts angeschafft hat. [7]Als Beginn der

Herstellung gilt bei Objekten, für die eine Baugenehmigung erforderlich ist, der Zeitpunkt, in dem der Bauantrag gestellt wird; bei baugenehmigungsfreien Objekten, für die Bauunterlagen einzureichen sind, der Zeitpunkt, in dem die Bauunterlagen eingereicht werden.

(27) [1]§ 10f Absatz 1 Satz 1 in der Fassung des Artikels 9 des Gesetzes vom 29. Dezember 2003 (BGBl I S. 3076) ist erstmals für Baumaßnahmen anzuwenden, die nach dem 31. Dezember 2003 begonnen wurden. [2]Als Beginn gilt bei Baumaßnahmen, für die eine Baugenehmigung erforderlich ist, der Zeitpunkt, in dem der Bauantrag gestellt wird, bei baugenehmigungsfreien Bauvorhaben, für die Bauunterlagen einzureichen sind, der Zeitpunkt, in dem die Bauunterlagen eingereicht werden. [3]§ 10f Absatz 2 Satz 1 in der Fassung des Artikels 9 des Gesetzes vom 29. Dezember 2003 (BGBl I S. 3076) ist erstmals auf Erhaltungsaufwand anzuwenden, der nach dem 31. Dezember 2003 entstanden ist.

(27a) [1]§ 10g in der Fassung des Artikels 9 des Gesetzes vom 29. Dezember 2003 (BGBl I S. 3076) ist erstmals auf Aufwendungen anzuwenden, die auf nach dem 31. Dezember 2003 begonnene Herstellungs- und Erhaltungsmaßnahmen entfallen. [2]Als Beginn gilt bei Baumaßnahmen, für die eine Baugenehmigung erforderlich ist, der Zeitpunkt, in dem der Bauantrag gestellt wird, bei baugenehmigungsfreien Bauvorhaben, für die Bauunterlagen einzureichen sind, der Zeitpunkt, in dem die Bauunterlagen eingereicht werden.

(28) [1]§ 10h ist letztmals anzuwenden, wenn der Steuerpflichtige vor dem 1. Januar 1996 mit der Herstellung begonnen hat. [2]Als Beginn der Herstellung gilt bei Baumaßnahmen, für die eine Baugenehmigung erforderlich ist, der Zeitpunkt, in dem der Bauantrag gestellt wird; bei baugenehmigungsfreien Baumaßnahmen, für die Bauunterlagen einzureichen sind, der Zeitpunkt, in dem die Bauunterlagen eingereicht werden.

(29) [1]§ 10i in der Fassung der Bekanntmachung vom 16. April 1997 (BGBl I S. 821) ist letztmals anzuwenden, wenn der Steuerpflichtige im Fall der Herstellung vor dem 1. Januar 1999 mit der Herstellung des Objekts begonnen hat oder im Fall der Anschaffung das Objekt auf Grund eines vor dem 1. Januar 1999 rechtswirksam abgeschlossenen obligatorischen Vertrags oder gleichstehenden Rechtsakts angeschafft hat. [2]Als Beginn der Herstellung gilt bei Objekten, für die eine Baugenehmigung erforderlich ist, der Zeitpunkt, in dem der Bauantrag gestellt wird; bei baugenehmigungsfreien Objekten, für die Bauunterlagen einzureichen sind, der Zeitpunkt, in dem die Bauunterlagen eingereicht werden.

(30) [1]§ 11 Absatz 1 Satz 3 und Absatz 2 Satz 3 in der Fassung des Artikels 1 des Gesetzes vom 9. Dezember 2004 (BGBl I S. 3310) sind im Hinblick auf Erbbauzinsen und andere Entgelte für die Nutzung eines Grundstücks erstmals für Vorauszahlungen anzuwenden, die nach dem 31. Dezember 2003 geleistet wurden. [2]§ 11 Absatz 2 Satz 4 in der Fassung des Artikels 1 des Gesetzes vom 13. Dezember 2006 (BGBl I S. 2878) ist erstmals auf ein Damnum oder Disagio im Zusammenhang mit einem Kredit für ein Grundstück anzuwenden, das nach dem 31. Dezember 2003 geleistet wurde, in anderen Fällen für ein Damnum oder Disagio, das nach dem 31. Dezember 2004 geleistet wurde.

(30a) [1]Für die Anwendung des § 13 Absatz 7 in der Fassung des Artikels 1 des Gesetzes vom 22. Dezember 2005 (BGBl I S. 3683) gilt Absatz 33a entsprechend. [2]§ 13 Absatz 7, § 15 Absatz 1a sowie § 18 Absatz 4 Satz 2 in der Fassung des Artikels 1 des Gesetzes vom 7. Dezember 2006 (BGBl I S. 2782) sind erstmals für nach dem 31. Dezember 2005 endende Wirtschaftsjahre anzuwenden.

(31) [1]§ 13a in der Fassung des Gesetzes vom 19. Dezember 2000 (BGBl I S. 1790) ist erstmals für das Wirtschaftsjahr anzuwenden, das nach dem 31. Dezember 2001 endet. [2]§ 13a in der Fassung des Gesetzes vom 20. Dezember 2001 (BGBl I S. 3794) ist erstmals für Wirtschaftsjahre anzuwenden, die nach dem 31. Dezember 2001 beginnen.

(32) § 14a in der Fassung des Gesetzes vom 19. Dezember 2000 (BGBl I S. 1790) ist erstmals für das Wirtschaftsjahr anzuwenden, das nach dem 31. Dezember 2001 endet.

(32a) § 15 Absatz 3 Nummer 1 in der Fassung des Artikels 1 des Gesetzes vom 13. Dezember 2006 (BGBl I S. 2878) ist auch für Veranlagungszeiträume vor 2006 anzuwenden.

(32b) § 15 Absatz 4 Satz 3 bis 5 ist erstmals auf Verluste anzuwenden, die nach Ablauf des ersten Wirtschaftsjahres der Gesellschaft, auf deren Anteile sich die in § 15 Absatz 4 Satz 4 bezeichneten Geschäfte beziehen, entstehen, für das das Körperschaftsteuergesetz in der Fassung des Artikels 3 des Gesetzes vom 23. Oktober 2000 (BGBl I S. 1433) erstmals anzuwenden ist.

(33) [1]§ 15a ist nicht auf Verluste anzuwenden, soweit sie

1. durch Sonderabschreibungen nach § 82f der Einkommensteuer-Durchführungsverordnung,
2. durch Absetzungen für Abnutzung in fallenden Jahresbeträgen nach § 7 Absatz 2 von den Herstellungskosten oder von den Anschaffungskosten von in ungebrauchtem Zustand vom Hersteller erworbenen Seeschiffen, die in einem inländischen Seeschiffsregister eingetragen sind,

entstehen; Nummer 1 gilt nur bei Schiffen, deren Anschaffungs- oder Herstellungskosten zu mindestens 30 Prozent durch Mittel finanziert werden, die weder unmittelbar noch mittelbar in wirtschaftlichem Zusammenhang mit der Aufnahme von Krediten durch den Gewerbebetrieb stehen, zu dessen Betriebsvermögen das Schiff gehört. [2]§ 15a ist in diesen Fällen erstmals anzuwenden auf Verluste, die in nach dem 31. Dezember 1999 beginnenden Wirtschaftsjahren entstehen, wenn der Schiffbauvertrag vor dem 25. April 1996 abgeschlossen worden ist und der Gesellschafter der Gesellschaft vor dem 1. Januar 1999 beigetreten ist; soweit Verluste, die in dem Betrieb der Gesellschaft entstehen und nach Satz 1 oder nach § 15a Absatz 1 Satz 1 ausgleichsfähig oder abzugsfähig sind, zusammen das Eineinviertelfache der insgesamt geleisteten Einlage übersteigen, ist § 15a auf Verluste anzuwenden, die in nach dem 31. Dezember 1994 beginnenden Wirtschaftsjahren entstehen. [3]Scheidet ein Kommanditist oder ein anderer Mitunternehmer, dessen Haftung der eines Kommanditisten vergleichbar ist und dessen Kapitalkonto in der Steuerbilanz der Gesellschaft auf Grund von ausgleichs- oder abzugsfähigen Verlusten negativ geworden ist, aus der Gesellschaft aus oder wird in einem solchen Fall die Gesellschaft aufgelöst, so gilt der Betrag, den der Mitunternehmer nicht ausgleichen muss, als Veräußerungsgewinn im Sinne des § 16. [4]In Höhe der nach Satz 3 als Gewinn zuzurechnenden Beträge sind bei den anderen Mitunternehmern unter Berücksichtigung der für die Zurechnung von Verlusten geltenden Grundsätze Verlustanteile anzusetzen. [5]Bei der Anwendung des § 15a Absatz 3 sind nur Verluste zu berücksichtigen, auf die § 15a Absatz 1 anzuwenden ist. [6]§ 15a Absatz 1a, 2 Satz 1 und Absatz 5 in der Fassung des Artikels 1 des Gesetzes vom 19. Dezember 2008 (BGBl I S. 2794) sind erstmals auf Einlagen anzuwenden, die nach dem 24. Dezember 2008 getätigt werden.

(33a) [1]§ 15b in der Fassung des Artikels 1 des Gesetzes vom 22. Dezember 2005 (BGBl I S. 3683) ist nur auf Verluste der dort bezeichneten Steuerstundungsmodelle anzuwenden, denen der Steuerpflichtige nach dem 10. November 2005 beigetreten ist oder für die nach dem 10. November 2005 mit dem Außenvertrieb begonnen wurde. [2]Der Außenvertrieb beginnt in dem Zeitpunkt, in dem die Voraussetzungen für die Veräußerung der konkret bestimmbaren Fondsanteile erfüllt sind und die Gesellschaft selbst oder über ein Vertriebsunternehmen mit Außenwirkung an den Markt herangetreten ist. [3]Dem Beginn des Außenvertriebs stehen der Beschluss von Kapitalerhöhungen und die Reinvestition von Erlösen in neue Projekte gleich. [4]Besteht das Steuerstundungsmodell nicht im Erwerb eines Anteils an einem geschlossenen Fonds, ist § 15b in der Fassung des Artikels 1 des Gesetzes vom 22. Dezember 2005 (BGBl I S. 3683) anzuwenden, wenn die Investition nach dem 10. November 2005 rechtsverbindlich getätigt wurde.

(34) [1]§ 16 Absatz 1 in der Fassung des Artikels 1 des Gesetzes vom 20. Dezember 2001 (BGBl I S. 3858) ist erstmals auf Veräußerungen anzuwenden, die nach dem 31. Dezember 2001 erfolgen. [2]§ 16 Absatz 2 Satz 3 und Absatz 3 Satz 2 in der Fassung der Bekanntmachung vom 16. April 1997 (BGBl I S. 821) ist erstmals auf Veräußerungen anzuwenden, die nach dem 31. Dezember 1993 erfolgen. [3]§ 16 Absatz 3 Satz 1 und 2 in der Fassung des Gesetzes vom 24. März 1999 (BGBl I S. 402) ist erstmals auf Veräußerungen und Realteilungen anzuwenden, die nach dem 31. Dezember 1998 erfolgen. [4]§ 16 Absatz 3 Satz 2 bis 4 in der Fassung des Gesetzes vom 20. Dezember 2001 (BGBl I S. 3858) ist erstmals auf Realteilungen nach dem 31. Dezember 2000 anzuwenden. [5]§ 16 Absatz 4 in der

Fassung der Bekanntmachung vom 16. April 1997 (BGBl I S. 821) ist erstmals auf Veräußerungen anzuwenden, die nach dem 31. Dezember 1995 erfolgen; hat der Steuerpflichtige bereits für Veräußerungen vor dem 1. Januar 1996 Veräußerungsfreibeträge in Anspruch genommen, bleiben diese unberücksichtigt. [6]§ 16 Absatz 4 in der Fassung des Gesetzes vom 23. Oktober 2000 (BGBl I S. 1433) ist erstmals auf Veräußerungen und Realteilungen anzuwenden, die nach dem 31. Dezember 2000 erfolgen. [7]§ 16 Absatz 5 in der Fassung des Gesetzes vom 7. Dezember 2006 (BGBl I S. 2782) ist erstmals anzuwenden, wenn die ursprüngliche Übertragung der veräußerten Anteile nach dem 12. Dezember 2006 erfolgt ist.

(34a) [1]§ 17 in der Fassung des Artikels 1 des Gesetzes vom 23. Oktober 2000 (BGBl I S. 1433) ist, soweit Anteile an unbeschränkt körperschaftsteuerpflichtigen Gesellschaften veräußert werden, erstmals auf Veräußerungen anzuwenden, die nach Ablauf des ersten Wirtschaftsjahres der Gesellschaft, deren Anteile veräußert werden, vorgenommen werden, für das das Körperschaftsteuergesetz in der Fassung des Artikels 3 des Gesetzes vom 23. Oktober 2000 (BGBl I S. 1433) erstmals anzuwenden ist; für Veräußerungen, die vor diesem Zeitpunkt vorgenommen werden, ist § 17 in der Fassung des Gesetzes vom 22. Dezember 1999 (BGBl I S. 2601) anzuwenden. [2]§ 17 Absatz 2 Satz 4 in der Fassung des Gesetzes vom 24. März 1999 (BGBl I S. 402) ist auch für Veranlagungszeiträume vor 1999 anzuwenden.

(34b) Für die Anwendung des § 18 Absatz 4 Satz 2 in der Fassung des Artikels 1 des Gesetzes vom 22. Dezember 2005 (BGBl I S. 3683) gilt Absatz 33a entsprechend.

(34c) Wird eine Versorgungsverpflichtung nach § 3 Nummer 66 auf einen Pensionsfonds übertragen und hat der Steuerpflichtige bereits vor dieser Übertragung Leistungen auf Grund dieser Versorgungsverpflichtung erhalten, so sind insoweit auf die Leistungen aus dem Pensionsfonds im Sinne des § 22 Nummer 5 Satz 1 die Beträge nach § 9a Satz 1 Nummer 1 und § 19 Absatz 2 entsprechend anzuwenden; § 9a Satz 1 Nummer 3 ist nicht anzuwenden.

(35) § 19a in der am 31. Dezember 2008 geltenden Fassung ist weiter anzuwenden, wenn

1. die Vermögensbeteiligung vor dem 1. April 2009 überlassen wird oder
2. auf Grund einer am 31. März 2009 bestehenden Vereinbarung ein Anspruch auf die unentgeltliche oder verbilligte Überlassung einer Vermögensbeteiligung besteht sowie die Vermögensbeteiligung vor dem 1. Januar 2016 überlassen wird

und der Arbeitgeber bei demselben Arbeitnehmer im Kalenderjahr nicht § 3 Nummer 39 anzuwenden hat.

(36) [1]§ 20 Absatz 1 Nummer 1 bis 3 in der Fassung des Gesetzes vom 24. März 1999 (BGBl I S. 402) ist letztmals anzuwenden für Ausschüttungen, für die der Vierte Teil des Körperschaftsteuergesetzes nach § 34 Absatz 10a des Körperschaftsteuergesetzes in der Fassung des Artikels 3 des Gesetzes vom 23. Oktober 2000 (BGBl I S. 1433) letztmals anzuwenden ist. [2]§ 20 Absatz 1 Nummer 1 in der Fassung des Gesetzes vom 23. Oktober 2000 (BGBl I S. 1433) und § 20 Absatz 1 Nummer 2 in der Fassung des Artikels 1 des Gesetzes vom 20. Dezember 2001 (BGBl I S. 3858) sind erstmals für Erträge anzuwenden, für die Satz 1 nicht gilt. [3]§ 20 Absatz 1 Nummer 6 in der Fassung des Gesetzes vom 7. September 1990 (BGBl I S. 1898) ist erstmals auf nach dem 31. Dezember 1974 zugeflossene Zinsen aus Versicherungsverträgen anzuwenden, die nach dem 31. Dezember 1973 abgeschlossen worden sind. [4]§ 20 Absatz 1 Nummer 6 in der Fassung des Gesetzes vom 20. Dezember 1996 (BGBl I S. 2049) ist erstmals auf Zinsen aus Versicherungsverträgen anzuwenden, bei denen die Ansprüche nach dem 31. Dezember 1996 entgeltlich erworben worden sind. [5]Für Kapitalerträge aus Versicherungsverträgen, die vor dem 1. Januar 2005 abgeschlossen werden, ist § 20 Absatz 1 Nummer 6 in der am 31. Dezember 2004 geltenden Fassung mit der Maßgabe weiterhin anzuwenden, dass in Satz 3 die Angabe „§ 10 Absatz 1 Nummer 2 Buchstabe b Satz 5" durch die Angabe „§ 10 Absatz 1 Nummer 2 Buchstabe b Satz 6" ersetzt wird. [6]§ 20 Absatz 1 Nummer 1 Satz 4, § 43 Absatz 3, § 44 Absatz 1, 2 und 5 und § 45a Absatz 1 und 3 in der Fassung des Artikels 1 des Gesetzes vom 13. Dezember 2006 (BGBl I S. 2878) sind erstmals auf Verkäufe anzuwen-

den, die nach dem 31. Dezember 2006 getätigt werden. [7]§ 20 Absatz 1 Nummer 6 Satz 1 in der Fassung des Artikels 1 des Gesetzes vom 13. Dezember 2006 (BGBl I S. 2878) ist auf Erträge aus Versicherungsverträgen, die nach dem 31. Dezember 2004 abgeschlossen werden, anzuwenden. [8]§ 20 Absatz 1 Nummer 6 Satz 3 in der Fassung des Artikels 1 des Gesetzes vom 13. Dezember 2006 (BGBl I S. 2878) ist erstmals anzuwenden auf Versicherungsleistungen im Erlebensfall bei Versicherungsverträgen, die nach dem 31. Dezember 2006 abgeschlossen werden, und auf Versicherungsleistungen bei Rückkauf eines Vertrages nach dem 31. Dezember 2006. [9]§ 20 Absatz 1 Nummer 6 Satz 2 ist für Vertragsabschlüsse nach dem 31. Dezember 2011 mit der Maßgabe anzuwenden, dass die Versicherungsleistung nach Vollendung des 62. Lebensjahres des Steuerpflichtigen ausgezahlt wird. [10]§ 20 Absatz 1 Nummer 6 Satz 5 in der Fassung des Artikels 1 des Gesetzes vom 19. Dezember 2008 (BGBl I S. 2794) ist für alle Kapitalerträge anzuwenden, die dem Versicherungsunternehmen nach dem 31. Dezember 2008 zufließen. [11]§ 20 Absatz 1 Nummer 6 Satz 6 in der Fassung des Artikels 1 des Gesetzes vom 19. Dezember 2008 (BGBl I S. 2794) ist für alle Versicherungsverträge anzuwenden, die nach dem 31. März 2009 abgeschlossen werden oder bei denen die erstmalige Beitragsleistung nach dem 31. März 2009 erfolgt. [12]Wird auf Grund einer internen Teilung nach § 10 des Versorgungsausgleichsgesetzes oder einer externen Teilung nach § 14 des Versorgungsausgleichsgesetzes ein Anrecht in Form eines Versicherungsvertrags zugunsten der ausgleichsberechtigten Person begründet, gilt dieser Vertrag insoweit zu dem gleichen Zeitpunkt als abgeschlossen wie derjenige der ausgleichspflichtigen Person.

(36a) Für die Anwendung des § 20 Absatz 1 Nummer 4 Satz 2 in der Fassung des Artikels 1 des Gesetzes vom 22. Dezember 2005 (BGBl I S. 3683) gilt Absatz 33a entsprechend.

(37) § 20 Absatz 1 Nummer 9 ist erstmals auf Einnahmen anzuwenden, die nach Ablauf des ersten Wirtschaftsjahres der Körperschaft, Personenvereinigung oder Vermögensmasse im Sinne von § 1 Absatz 1 Nummer 3 bis 5 des Körperschaftsteuergesetzes erzielt werden, für das das Körperschaftsteuergesetz in der Fassung des Artikels 3 des Gesetzes vom 23. Oktober 2000 (BGBl I S. 1433) erstmals anzuwenden ist.

(37a) [1]§ 20 Absatz 1 Nummer 10 Buchstabe a ist erstmals auf Leistungen anzuwenden, die nach Ablauf des ersten Wirtschaftsjahres des Betriebs gewerblicher Art mit eigener Rechtspersönlichkeit erzielt werden, für das das Körperschaftsteuergesetz in der Fassung des Artikels 3 des Gesetzes vom 23. Oktober 2000 (BGBl I S. 1433) erstmals anzuwenden ist. [2]§ 20 Absatz 1 Nummer 10 Buchstabe b ist erstmals auf Gewinne anzuwenden, die nach Ablauf des ersten Wirtschaftsjahres des Betriebs gewerblicher Art ohne eigene Rechtspersönlichkeit oder des wirtschaftlichen Geschäftsbetriebs erzielt werden, für das das Körperschaftsteuergesetz in der Fassung des Artikels 3 des Gesetzes vom 23. Oktober 2000 (BGBl I S. 1433) erstmals anzuwenden ist. [3]§ 20 Absatz 1 Nummer 10 Buchstabe b Satz 3 ist erstmals für den Veranlagungszeitraum 2001 anzuwenden. [4]§ 20 Absatz 1 Nummer 10 Buchstabe b Satz 1 in der Fassung des Artikels 1 des Gesetzes vom 31. Juli 2003 (BGBl I S. 1550) ist erstmals ab dem Veranlagungszeitraum 2004 anzuwenden. [5]§ 20 Absatz 1 Nummer 10 Buchstabe b Satz 1 in der am 12. Dezember 2006 geltenden Fassung ist für Anteile, die einbringungsgeboren im Sinne des § 21 des Umwandlungssteuergesetzes in der am 12. Dezember 2006 geltenden Fassung sind, weiter anzuwenden. [6]§ 20 Absatz 1 Nummer 10 Buchstabe b Satz 2 zweiter Halbsatz in der Fassung des Artikels 1 des Gesetzes vom 7. Dezember 2006 (BGBl I S. 2782) ist erstmals auf Einbringungen oder Formwechsel anzuwenden, für die das Umwandlungssteuergesetz in der Fassung des Artikels 6 des Gesetzes vom 7. Dezember 2006 (BGBl I S. 2782) anzuwenden ist. [7]§ 20 Absatz 1 Nummer 10 Buchstabe b Satz 2 zweiter Halbsatz ist auf Einbringungen oder Formwechsel, für die das Umwandlungssteuergesetz in der Fassung des Artikels 6 des Gesetzes vom 7. Dezember 2006 (BGBl I S. 2782) noch nicht anzuwenden ist, in der folgenden Fassung anzuwenden:

„in Fällen der Einbringung nach dem Achten und des Formwechsels nach dem Zehnten Teil des Umwandlungssteuergesetzes gelten die Rücklagen als aufgelöst."

[8]§ 20 Absatz 1 Nummer 10 Buchstabe b Satz 3 in der Fassung des Artikels 1 des Gesetzes vom 19. Dezember 2008 (BGBl I S. 2794) ist erstmals für den Veranlagungszeitraum 2009 anzuwenden.

(37b) § 20 Absatz 2 Satz 1 Nummer 4 Sätze 2 und 4 in der Fassung des Gesetzes vom 20. Dezember 2001 (BGBl I S. 3794) ist für alle Veranlagungszeiträume anzuwenden, soweit Steuerbescheide noch nicht bestandskräftig sind.

(37c) § 20 Absatz 2a Satz 1 in der Fassung des Gesetzes vom 24. März 1999 (BGBl I S. 402) ist letztmals anzuwenden für Ausschüttungen, für die der Vierte Teil des Körperschaftsteuergesetzes nach § 34 Absatz 10a des Körperschaftsteuergesetzes in der Fassung des Artikels 3 des Gesetzes vom 23. Oktober 2000 (BGBl I S. 1433) letztmals anzuwenden ist.

EStG

(37d) [1]§ 20 Absatz 1 Nummer 4 Satz 2 und Absatz 2b in der Fassung des Artikels 1 des Gesetzes vom 13. Dezember 2006 (BGBl I S. 2878) ist erstmals für den Veranlagungszeitraum 2006 anzuwenden. [2]Absatz 33a gilt entsprechend.

(37e) Für die Anwendung des § 21 Absatz 1 Satz 2 in der Fassung des Artikels 1 des Gesetzes vom 22. Dezember 2005 (BGBl I S. 3683) gilt Absatz 33a entsprechend.

(38) [1]§ 22 Nummer 1 Satz 2 ist erstmals auf Bezüge anzuwenden, die nach Ablauf des Wirtschaftsjahres der Körperschaft, Personenvereinigung oder Vermögensmasse erzielt werden, die die Bezüge gewährt, für das das Körperschaftsteuergesetz in der Fassung der Bekanntmachung vom 22. April 1999 (BGBl I S. 817), zuletzt geändert durch Artikel 4 des Gesetzes vom 14. Juli 2000 (BGBl I S. 1034), letztmalig anzuwenden ist. [2]Für die Anwendung des § 22 Nummer 1 Satz 1 zweiter Halbsatz in der Fassung des Artikels 1 des Gesetzes vom 22. Dezember 2005 (BGBl I S. 3683) gilt Absatz 33a entsprechend. [3]§ 22 Nummer 3 Satz 4 zweiter Halbsatz in der Fassung des Artikels 1 des Gesetzes vom 13. Dezember 2006 (BGBl I S. 2878) ist auch in den Fällen anzuwenden, in denen am 1. Januar 2007 die Feststellungsfrist noch nicht abgelaufen ist.

(38a) [1]Abweichend von § 22a Absatz 1 Satz 1 kann das Bundeszentralamt für Steuern den Zeitpunkt der erstmaligen Übermittlung von Rentenbezugsmitteilungen durch ein im Bundessteuerblatt zu veröffentlichendes Schreiben mitteilen. [2]Der Mitteilungspflichtige nach § 22a Absatz 1 kann die Identifikationsnummer (§ 139b der Abgabenordnung) eines Leistungsempfängers, dem in den Jahren 2005 bis 2008 Leistungen zugeflossen sind, abweichend von § 22a Absatz 2 Satz 1 und 2 beim Bundeszentralamt für Steuern erheben. [3]Das Bundeszentralamt für Steuern teilt dem Mitteilungspflichtigen die Identifikationsnummer des Leistungsempfängers mit, sofern die übermittelten Daten mit den nach § 139b Absatz 3 der Abgabenordnung beim Bundeszentralamt für Steuern gespeicherten Daten übereinstimmen. [4]Stimmen die Daten nicht überein, findet § 22a Absatz 2 Satz 1 und 2 Anwendung.

(39) § 25 Absatz 4 in der Fassung des Artikels 1 des Gesetzes vom 20. Dezember 2008 (BGBl I S. 2850) ist erstmals für Einkommensteuererklärungen anzuwenden, die für den Veranlagungszeitraum 2011 abzugeben sind.

(40) [1]§ 32 Absatz 1 Nummer 2 in der Fassung des Artikels 1 des Gesetzes vom 15. Dezember 2003 (BGBl I S. 2645) ist in allen Fällen anzuwenden, in denen die Einkommensteuer noch nicht bestandskräftig festgesetzt ist. [2]§ 32 Absatz 4 Satz 1 Nummer 2 Buchstabe d ist für den Veranlagungszeitraum 2000 in der folgenden Fassung anzuwenden:

„d) ein freiwilliges soziales Jahr im Sinne des Gesetzes zur Förderung eines freiwilligen sozialen Jahres, ein freiwilliges ökologisches Jahr im Sinne des Gesetzes zur Förderung eines freiwilligen ökologischen Jahres oder einen Freiwilligendienst im Sinne des Beschlusses Nr. 1686/98/EG des Europäischen Parlaments und des Rates vom 20. Juli 1998 zur Einführung des gemeinschaftlichen Aktionsprogramms „Europäischer Freiwilligendienst für junge Menschen" (ABl EG Nr. L 214 S. 1) oder des Beschlusses Nr. 1031/2000/EG des Europäischen Parlaments und des Rates vom 13. April 2000 zur Einführung des gemeinschaftlichen Aktionsprogramms „Jugend" (ABl EG Nr. L 117 S. 1) leistet oder".

[3]§ 32 Absatz 4 Satz 1 Nummer 2 Buchstabe d in der Fassung des Gesetzes vom 16. August 2001 (BGBl I S. 2074) ist erstmals für den Veranlagungszeitraum 2001 anzuwenden. [4]§ 32

Absatz 4 Satz 1 Nummer 2 Buchstabe d in der Fassung des Artikels 2 Absatz 5 Buchstabe a des Gesetzes vom 16. Mai 2008 (BGBl I S. 842) ist auf Freiwilligendienste im Sinne des Beschlusses Nr. 1719/2006/EG des Europäischen Parlaments und des Rates vom 15. November 2006 zur Einführung des Programms „Jugend in Aktion" (ABl EU Nr. L 327 S. 30), die ab dem 1. Januar 2007 begonnen wurden, ab dem Veranlagungszeitraum 2007 anzuwenden. [5]Die Regelungen des § 32 Absatz 4 Satz 1 Nummer 2 Buchstabe d in der bis zum 31. Dezember 2007 anzuwendenden Fassung sind, bezogen auf die Ableistung eines freiwilligen sozialen Jahres im Sinne des Gesetzes zur Förderung eines freiwilligen sozialen Jahres oder eines freiwilligen ökologischen Jahres im Sinne des Gesetzes zur Förderung eines freiwilligen ökologischen Jahres auch über den 31. Dezember 2007 hinaus anzuwenden, soweit die vorstehend genannten freiwilligen Jahre vor dem 1. Juni 2008 vereinbart oder begonnen wurden und über den 31. Mai 2008 hinausgehen und die Beteiligten nicht die Anwendung der Vorschriften des Jugendfreiwilligendienstegesetzes vereinbaren. [6]§ 32 Absatz 4 Satz 1 Nummer 2 Buchstabe d in der Fassung des Artikels 1 des Gesetzes vom 16. Juli 2009 (BGBl I S. 1959) ist auf einen Freiwilligendienst aller Generationen im Sinne von § 2 Absatz 1a des Siebten Buches Sozialgesetzbuch ab dem Veranlagungszeitraum 2009 anzuwenden. [7]§ 32 Absatz 4 Satz 1 Nummer 2 in der Fassung des Artikels 1 des Gesetzes vom 19. Juli 2006 (BGBl I S. 1652) ist für Kinder, die im Veranlagungszeitraum 2006 das 24. Lebensjahr vollendeten, mit der Maßgabe anzuwenden, dass an die Stelle der Angabe „noch nicht das 25. Lebensjahr vollendet hat" die Angabe „noch nicht das 26. Lebensjahr vollendet hat" tritt; für Kinder, die im Veranlagungszeitraum 2006 das 25. oder 26. Lebensjahr vollendeten, ist § 32 Absatz 4 Satz 1 Nummer 2 weiterhin in der bis zum 31. Dezember 2006 geltenden Fassung anzuwenden. [8]§ 32 Absatz 4 Satz 1 Nummer 3 in der Fassung des Artikels 1 des Gesetzes vom 19. Juli 2006 (BGBl I S. 1652) ist erstmals für Kinder anzuwenden, die im Veranlagungszeitraum 2007 wegen einer vor Vollendung des 25. Lebensjahres eingetretenen körperlichen, geistigen oder seelischen Behinderung außerstande sind, sich selbst zu unterhalten; für Kinder, die wegen einer vor dem 1. Januar 2007 in der Zeit ab der Vollendung des 25. Lebensjahres und vor Vollendung des 27. Lebensjahres eingetretenen körperlichen, geistigen oder seelischen Behinderung außerstande sind, sich selbst zu unterhalten, ist § 32 Absatz 4 Satz 1 Nummer 3 weiterhin in der bis zum 31. Dezember 2006 geltenden Fassung anzuwenden. [9]§ 32 Absatz 5 Satz 1 in der Fassung des Artikels 1 des Gesetzes vom 19. Juli 2006 (BGBl I S. 1652) ist für Kinder, die im Veranlagungszeitraum 2006 das 24. Lebensjahr vollendeten, mit der Maßgabe anzuwenden, dass an die Stelle der Angabe „über das 21. oder 25. Lebensjahr hinaus" die Angabe „über das 21. oder 26. Lebensjahr hinaus" tritt; für Kinder, die im Veranlagungszeitraum 2006 das 25., 26. oder 27. Lebensjahr vollendeten, ist § 32 Absatz 5 Satz 1 weiterhin in der bis zum 31. Dezember 2006 geltenden Fassung anzuwenden. [10]Für die nach § 10 Absatz 1 Nummer 2 Buchstabe b und §§ 10a, 82 begünstigten Verträge, die vor dem 1. Januar 2007 abgeschlossen wurden, gelten für das Vorliegen einer begünstigten Hinterbliebenenversorgung die Altersgrenzen des § 32 in der bis zum 31. Dezember 2006 geltenden Fassung. [11]Dies gilt entsprechend für die Anwendung des § 93 Absatz 1 Satz 3 Buchstabe b.

(41) § 32a Absatz 1 ist ab dem Veranlagungszeitraum 2010 in der folgenden Fassung anzuwenden:

„(1) [1]Die tarifliche Einkommensteuer bemisst sich nach dem zu versteuernden Einkommen. [2]Sie beträgt vorbehaltlich der §§ 32b, 32d, 34, 34a, 34b und 34c jeweils in Euro für zu versteuernde Einkommen

1. bis 8 004 Euro (Grundfreibetrag):
   0;
2. von 8 005 Euro bis 13 469 Euro:
   $(912{,}17 \cdot y + 1\,400) \cdot y$;
3. von 13 470 Euro bis 52 881 Euro:
   $(228{,}74 \cdot z + 2\,397) \cdot z + 1\,038$;
4. von 52 882 Euro bis 250 730 Euro:
   $0{,}42 \cdot x - 8\,172$;

5. von 250 731 Euro an:
0,45 · x - 15 694.

[3]„y“ ist ein Zehntausendstel des 8 004 Euro übersteigenden Teils des auf einen vollen Euro-Betrag abgerundeten zu versteuernden Einkommens. [4]„z“ ist ein Zehntausendstel des 13 469 Euro übersteigenden Teils des auf einen vollen Euro-Betrag abgerundeten zu versteuernden Einkommens. [5]„x“ ist das auf einen vollen Euro-Betrag abgerundete zu versteuernde Einkommen. [6]Der sich ergebende Steuerbetrag ist auf den nächsten vollen Euro-Betrag abzurunden.“

(42) und (43) (weggefallen)

(43a) [1]§ 32b Absatz 1 Nummer 5 in der Fassung des Artikels 1 des Gesetzes vom 20. Dezember 2007 (BGBl I S. 3150) ist bei Staatsangehörigen eines Mitgliedstaates der Europäischen Union oder eines Staates, auf den das Abkommen über den Europäischen Wirtschaftsraum anwendbar ist, die im Hoheitsgebiet eines dieser Staaten ihren Wohnsitz oder gewöhnlichen Aufenthalt haben, auf Antrag auch für Veranlagungszeiträume vor 2008 anzuwenden, soweit Steuerbescheide noch nicht bestandskräftig sind. [2]§ 32b Absatz 1 Satz 2 und 3 in der Fassung des Artikels 1 des Gesetzes vom 19. Dezember 2008 (BGBl I S. 2794) ist erstmals für den Veranlagungszeitraum 2008 anzuwenden. [3]§ 32b Absatz 2 Satz 2 und 3 in der Fassung des Artikels 1 des Gesetzes vom 13. Dezember 2006 (BGBl I S. 2878) ist letztmals für den Veranlagungszeitraum 2007 anzuwenden. [4]Abweichend von § 32b Absatz 3 kann das Bundesministerium der Finanzen den Zeitpunkt der erstmaligen Übermittlung der Mitteilungen durch ein im Bundessteuerblatt zu veröffentlichendes Schreiben mitteilen. [5]Bis zu diesem Zeitpunkt sind § 32b Absatz 3 und 4 in der am 20. Dezember 2003 geltenden Fassung weiter anzuwenden. [6]Der Träger der Sozialleistungen nach § 32b Absatz 1 Nummer 1 darf die Identifikationsnummer (§ 139b der Abgabenordnung) eines Leistungsempfängers, dem im Kalenderjahr vor dem Zeitpunkt der erstmaligen Übermittlung Leistungen zugeflossen sind, abweichend von § 22a Absatz 2 Satz 1 und 2 beim Bundeszentralamt für Steuern erheben. [7]Das Bundeszentralamt für Steuern teilt dem Träger der Sozialleistungen die Identifikationsnummer des Leistungsempfängers mit, sofern die ihm vom Träger der Sozialleistungen übermittelten Daten mit den nach § 139b Absatz 3 der Abgabenordnung beim Bundeszentralamt für Steuern gespeicherten Daten übereinstimmen. [8]Stimmen die Daten nicht überein, findet § 22a Absatz 2 Satz 1 und 2 Anwendung. [9]Die Anfrage des Trägers der Sozialleistungen und die Antwort des Bundeszentralamtes für Steuern sind über die zentrale Stelle (§ 81) zu übermitteln. [10]Die zentrale Stelle führt eine ausschließlich automatisierte Prüfung der ihr übermittelten Daten daraufhin durch, ob sie vollständig und schlüssig sind und ob das vorgeschriebene Datenformat verwendet worden ist.

(44) § 32c in der Fassung des Artikels 1 des Gesetzes vom 13. Dezember 2006 (BGBl I S. 2878) ist letztmals für den Veranlagungszeitraum 2007 anzuwenden.

(45) und (46) (weggefallen)

(46a) § 33b Absatz 6 in der Fassung des Artikels 1 des Gesetzes vom 9. Dezember 2004 (BGBl I S. 3310) ist in allen Fällen anzuwenden, in denen die Einkommensteuer noch nicht bestandskräftig festgesetzt ist.

(47) [1]§ 34 Absatz 1 Satz 1 in der Fassung des Gesetzes vom 23. Oktober 2000 (BGBl I S. 1433) ist erstmals für den Veranlagungszeitraum 1999 anzuwenden. [2]Auf § 34 Absatz 2 Nummer 1 in der Fassung des Gesetzes vom 23. Oktober 2000 (BGBl I S. 1433) ist Absatz 4a in der Fassung des Gesetzes vom 23. Oktober 2000 (BGBl I S. 1433) entsprechend anzuwenden. [3]Satz 2 gilt nicht für die Anwendung des § 34 Absatz 3 in der Fassung des Gesetzes vom 19. Dezember 2000 (BGBl I S. 1812). [4]In den Fällen, in denen nach dem 31. Dezember eines Jahres mit zulässiger steuerlicher Rückwirkung eine Vermögensübertragung nach dem Umwandlungssteuergesetz erfolgt oder ein Veräußerungsgewinn im Sinne des § 34 Absatz 2 Nummer 1 in der Fassung des Gesetzes vom 23. Oktober 2000 (BGBl I S. 1433) erzielt wird, gelten die außerordentlichen Einkünfte als nach dem 31. Dezember dieses Jahres erzielt. [5]§ 34 Absatz 3 Satz 1 in der Fassung des Gesetzes vom 19. Dezember 2000 (BGBl I S. 1812) ist ab dem Veranlagungszeitraum 2002 mit der Maßgabe anzuwenden, dass an die Stelle der Angabe „10 Millionen Deutsche Mark“ die An-

gabe „5 Millionen Euro“ tritt. [6]§ 34 Absatz 3 Satz 2 in der Fassung des Artikels 9 des Gesetzes vom 29. Dezember 2003 (BGBl I S. 3076) ist erstmals für den Veranlagungszeitraum 2004 und ab dem Veranlagungszeitraum 2005 mit der Maßgabe anzuwenden, dass an die Stelle der Angabe „16 Prozent“ die Angabe „15 Prozent“ tritt. [7]Für die Anwendung des § 34 Absatz 3 Satz 4 in der Fassung des Gesetzes vom 19. Dezember 2000 (BGBl I S. 1812) ist die Inanspruchnahme einer Steuerermäßigung nach § 34 in Veranlagungszeiträumen vor dem 1. Januar 2001 unbeachtlich.

(48) § 34a in der Fassung des Artikels 1 des Gesetzes vom 19. Dezember 2008 (BGBl I S. 2794) ist erstmals für den Veranlagungszeitraum 2008 anzuwenden.

(49) [1]§ 34c Absatz 1 Satz 1 bis 3 sowie § 34c Absatz 6 Satz 2 in der Fassung des Artikels 1 des Gesetzes vom 19. Dezember 2008 (BGBl I S. 2794) sind erstmals für den Veranlagungszeitraum 2009 anzuwenden. [2]§ 34c Absatz 1 Satz 2 ist für den Veranlagungszeitraum 2008 in der folgenden Fassung anzuwenden:

„Die auf diese ausländischen Einkünfte entfallende deutsche Einkommensteuer ist in der Weise zu ermitteln, dass die sich bei der Veranlagung des zu versteuernden Einkommens, einschließlich der ausländischen Einkünfte, nach den §§ 32a, 32b, 34, 34a und 34b ergebende deutsche Einkommensteuer im Verhältnis dieser ausländischen Einkünfte zur Summe der Einkünfte aufgeteilt wird.“

[3]§ 34c Absatz 6 Satz 5 in Verbindung mit Satz 1 in der Fassung des Artikels 1 des Gesetzes vom 13. Dezember 2006 (BGBl I S. 2878) ist für alle Veranlagungszeiträume anzuwenden, soweit Steuerbescheide noch nicht bestandskräftig sind.

(50) [1]§ 34f Absatz 3 und 4 Satz 2 in der Fassung des Gesetzes vom 25. Februar 1992 (BGBl I S. 297) ist erstmals anzuwenden bei Inanspruchnahme der Steuerbegünstigung nach § 10e Absatz 1 bis 5 in der Fassung des Gesetzes vom 25. Februar 1992 (BGBl I S. 297). [2]§ 34f Absatz 4 Satz 1 ist erstmals anzuwenden bei Inanspruchnahme der Steuerbegünstigung nach § 10e Absatz 1 bis 5 oder nach § 15b des Berlinförderungsgesetzes für nach dem 31. Dezember 1991 hergestellte oder angeschaffte Objekte.

(50a) [1]§ 35 in der Fassung des Artikels 1 des Gesetzes vom 19. Dezember 2008 (BGBl I S. 2794) ist erstmals für den Veranlagungszeitraum 2008 anzuwenden. [2]Gewerbesteuer-Messbeträge, die Erhebungszeiträumen zuzuordnen sind, die vor dem 1. Januar 2008 enden, sind abweichend von § 35 Absatz 1 Satz 1 nur mit dem 1,8-fachen des Gewerbesteuer-Messbetrags zu berücksichtigen.

(50b) [1]§ 35a in der Fassung des Gesetzes vom 23. Dezember 2002 (BGBl I S. 4621) ist erstmals für im Veranlagungszeitraum 2003 geleistete Aufwendungen anzuwenden, soweit die den Aufwendungen zu Grunde liegenden Leistungen nach dem 31. Dezember 2002 erbracht worden sind. [2]§ 35a in der Fassung des Artikels 1 des Gesetzes vom 13. Dezember 2006 (BGBl I S. 2878) ist erstmals für im Veranlagungszeitraum 2006 geleistete Aufwendungen anzuwenden, soweit die den Aufwendungen zu Grunde liegenden Leistungen nach dem 31. Dezember 2005 erbracht worden sind. [3]§ 35a Absatz 1 Satz 1 und Absatz 2 Satz 1 und 2 in der Fassung des Artikels 1 des Gesetzes vom 20. Dezember 2007 (BGBl I S. 3150) ist in allen Fällen anzuwenden, in denen die Einkommensteuer noch nicht bestandskräftig festgesetzt ist. [4]§ 35a in der Fassung des Artikels 1 des Gesetzes vom 21. Dezember 2008 (BGBl I S. 2896) ist erstmals anzuwenden bei Aufwendungen, die im Veranlagungszeitraum 2009 geleistet und deren zu Grunde liegende Leistungen nach dem 31. Dezember 2008 erbracht worden sind. [5]§ 35a in der Fassung des Artikels 1 des Gesetzes vom 22. Dezember 2008 (BGBl I S. 2955) ist erstmals für im Veranlagungszeitraum 2009 geleistete Aufwendungen anzuwenden, soweit die den Aufwendungen zu Grunde liegenden Leistungen nach dem 31. Dezember 2008 erbracht worden sind.

(50c) § 35b in der Fassung des Artikels 5 des Gesetzes vom 24. Dezember 2008 (BGBl I S. 3018) ist erstmals für den Veranlagungszeitraum 2009 anzuwenden, wenn der Erbfall nach dem 31. Dezember 2008 eingetreten ist.

(50d) [1]§ 36 Absatz 2 Satz 2 Nummer 2 und 3 und Absatz 3 Satz 1 in der Fassung des Gesetzes vom 24. März 1999 (BGBl I S. 402) ist letztmals anzuwenden für Ausschüttungen, für die der Vierte Teil des Körperschaftsteuergesetzes nach § 34 Absatz 10a des Körperschaftsteuergesetzes in der Fassung des Artikels 3 des Gesetzes vom 23. Oktober 2000

(BGBl I S. 1433) letztmals anzuwenden ist. [2]§ 36 Absatz 2 Satz 2 Nummer 2 und Absatz 3 Satz 1 in der Fassung des Gesetzes vom 23. Oktober 2000 (BGBl I S. 1433) ist erstmals für Erträge anzuwenden, für die Satz 1 nicht gilt.

(50e) Die §§ 36a bis 36e in der Fassung des Gesetzes vom 24. März 1999 (BGBl I S. 402) sind letztmals anzuwenden für Ausschüttungen, für die der Vierte Teil des Körperschaftsteuergesetzes nach § 34 Absatz 10a des Körperschaftsteuergesetzes in der Fassung des Artikels 3 des Gesetzes vom 23. Oktober 2000 (BGBl I S. 1433) letztmals anzuwenden ist.

(50f) [1]§ 37 Absatz 3 ist, soweit die erforderlichen Daten nach § 10 Absatz 2 Satz 2 noch nicht nach § 10 Absatz 2a übermittelt wurden, mit der Maßgabe anzuwenden, dass

1. als Beiträge im Sinne des § 10 Absatz 1 Nummer 3 Buchstabe a die für den letzten Veranlagungszeitraum geleisteten Beiträge zugunsten einer privaten Krankenversicherung vermindert um 20 Prozent oder Beiträge zur gesetzlichen Krankenversicherung vermindert um 4 Prozent,
2. als Beiträge im Sinne des § 10 Absatz 1 Nummer 3 Buchstabe b die bei der letzten Veranlagung berücksichtigten Beiträge zugunsten einer gesetzlichen Pflegeversicherung

anzusetzen sind; mindestens jedoch 1 500 Euro. [2]Bemessen sich die Vorauszahlungen auf der Veranlagung des Veranlagungszeitraums 2008, dann sind 1 500 Euro als Beiträge im Sinne des § 10 Absatz 1 Nummer 3 anzusetzen, wenn der Steuerpflichtige keine höheren Beiträge gegenüber dem Finanzamt nachweist. [3]Bei zusammen veranlagten Ehegatten ist der in den Sätzen 1 und 2 genannte Betrag von 1 500 Euro zu verdoppeln.

(51) § 39b Absatz 2 Satz 7 zweiter Halbsatz ist auf den laufenden Arbeitslohn, der für einen nach dem 31. Dezember 2009 endenden Lohnzahlungszeitraum gezahlt wird, und auf sonstige Bezüge, die nach dem 31. Dezember 2009 zufließen, mit der Maßgabe anzuwenden, dass die Zahl „9 225“ durch die Zahl „9 429“, die Zahl „26 276“ durch die Zahl „26 441“ und die Zahl „200 320“ durch die Zahl „200 584“ ersetzt wird.

(51a) § 39b Absatz 3 Satz 10 ist auf sonstige Bezüge, die nach dem 31. Dezember 2008 und vor dem 1. Januar 2010 zufließen, in folgender Fassung anzuwenden:

„Ein sonstiger Bezug im Sinne des § 34 Absatz 1 und 2 Nummer 2 und Nummer 4 ist bei der Anwendung des Satzes 4 in die Bemessungsgrundlage für die Vorsorgepauschale nach Absatz 2 Satz 5 Nummer 3 einzubeziehen.“

(52) § 39f in der Fassung des Artikels 1 des Gesetzes vom 19. Dezember 2008 (BGBl I S. 2794) ist erstmals für den Lohnsteuerabzug 2010 anzuwenden.

(52a) § 40 Absatz 2 Satz 2 und 3 in der Fassung des Gesetzes vom 20. April 2009 (BGBl I S. 774) ist erstmals anzuwenden auf den laufenden Arbeitslohn, der für einen nach dem 31. Dezember 2006 endenden Lohnzahlungszeitraum gezahlt wird, und auf sonstige Bezüge, die nach dem 31. Dezember 2006 zufließen.

(52b) [1]§ 40b Absatz 1 und 2 in der am 31. Dezember 2004 geltenden Fassung ist weiter anzuwenden auf Beiträge für eine Direktversicherung des Arbeitnehmers und Zuwendungen an eine Pensionskasse, die auf Grund einer Versorgungszusage geleistet werden, die vor dem 1. Januar 2005 erteilt wurde. [2]Sofern die Beiträge für eine Direktversicherung die Voraussetzungen des § 3 Nummer 63 erfüllen, gilt dies nur, wenn der Arbeitnehmer nach Absatz 6 gegenüber dem Arbeitgeber für diese Beiträge auf die Anwendung des § 3 Nummer 63 verzichtet hat. [3]§ 40b Absatz 4 in der Fassung des Artikels 1 des Gesetzes vom 13. Dezember 2006 (BGBl I S. 2878) ist erstmals anzuwenden auf Sonderzahlungen, die nach dem 23. August 2006 gezahlt werden.

(52c) § 41b Absatz 1 Satz 2 Satzteil vor Nummer 1 in der Fassung des Artikels 1 des Gesetzes vom 20. Dezember 2007 (BGBl I S. 3150) ist erstmals anzuwenden für Lohnsteuerbescheinigungen von laufendem Arbeitslohn, der für einen nach dem 31. Dezember 2008 endenden Lohnzahlungszeitraum gezahlt wird, und von sonstigen Bezügen, die nach dem 31. Dezember 2008 zufließen.

(53) [1]Die §§ 43 bis 45c in der Fassung des Gesetzes vom 22. Dezember 1999 (BGBl I S. 2601) sind letztmals anzuwenden für Ausschüttungen, für die der Vierte Teil des Körperschaftsteuergesetzes nach § 34 Absatz 10a des Körperschaftsteuergesetzes in der Fas-

sung des Artikels 3 des Gesetzes vom 23. Oktober 2000 (BGBl I S. 1433) letztmals anzuwenden ist. [2]Die §§ 43 bis 45c in der Fassung des Artikels 1 des Gesetzes vom 23. Oktober 2000 (BGBl I S. 1433), dieses wiederum geändert durch Artikel 2 des Gesetzes vom 19. Dezember 2000 (BGBl I S. 1812), sind auf Kapitalerträge anzuwenden, für die Satz 1 nicht gilt. [3]§ 44 Absatz 6 Satz 3 in der Fassung des Gesetzes vom 20. Dezember 2001 (BGBl I S. 3858) ist erstmals für den Veranlagungszeitraum 2001 anzuwenden. [4]§ 45d Absatz 1 Satz 1 in der Fassung des Gesetzes vom 20. Dezember 2001 (BGBl I S. 3794) ist für Mitteilungen auf Grund der Steuerabzugspflicht nach § 18a des Auslandinvestment-Gesetzes auf Kapitalerträge anzuwenden, die den Gläubigern nach dem 31. Dezember 2001 zufließen. [5]§ 44 Absatz 6 in der Fassung des Artikels 1 des Gesetzes vom 13. Dezember 2006 (BGBl I S. 2878) ist erstmals für Kapitalerträge anzuwenden, für die Satz 1 nicht gilt.

(53a) [1]§ 43 Absatz 1 Satz 1 Nummer 1 Satz 2 und Absatz 3 Satz 2 sind erstmals auf Entgelte anzuwenden, die nach dem 31. Dezember 2004 zufließen, es sei denn, die Veräußerung ist vor dem 29. Juli 2004 erfolgt. [2]§ 43 Absatz 1 Satz 1 Nummer 7 Buchstabe b Satz 2 in der Fassung des Artikels 1 des Gesetzes vom 13. Dezember 2006 (BGBl I S. 2878) ist erstmals auf Verträge anzuwenden, die nach dem 31. Dezember 2006 abgeschlossen werden.

(54) Bei der Veräußerung oder Einlösung von Wertpapieren und Kapitalforderungen, die von der das Bundesschuldbuch führenden Stelle oder einer Landesschuldenverwaltung verwahrt oder verwaltet werden können, bemisst sich der Steuerabzug nach den bis zum 31. Dezember 1993 geltenden Vorschriften, wenn sie vor dem 1. Januar 1994 emittiert worden sind; dies gilt nicht für besonders in Rechnung gestellte Stückzinsen.

(55) § 43a Absatz 2 Satz 7 ist erstmals auf Erträge aus Wertpapieren und Kapitalforderungen anzuwenden, die nach dem 31. Dezember 2001 erworben worden sind.

(55a) Die Anlage 2 (zu § 43b) in der Fassung des Artikels 1 des Gesetzes vom 20. Dezember 2007 (BGBl I S. 3150) ist auf Ausschüttungen im Sinne des § 43b anzuwenden, die nach dem 31. Dezember 2006 zufließen.

(55b) (weggefallen)

(55c) § 43b Absatz 2 Satz 1 ist auf Ausschüttungen, die nach dem 31. Dezember 2008 zufließen, mit der Maßgabe anzuwenden, dass an die Stelle der Angabe „15 Prozent" die Angabe „10 Prozent" tritt.

(55d) § 43b Absatz 3 ist letztmals auf Ausschüttungen anzuwenden, die vor dem 1. Januar 2009 zugeflossen sind.

(55e) [1]§ 44 Absatz 1 Satz 5 in der Fassung des Gesetzes vom 21. Juli 2004 (BGBl I S. 1753) ist erstmals auf Ausschüttungen anzuwenden, die nach dem 31. Dezember 2004 erfolgen. [2]§ 44 Absatz 6 Satz 2 und 5 in der am 12. Dezember 2006 geltenden Fassung sind für Anteile, die einbringungsgeboren im Sinne des § 21 des Umwandlungssteuergesetzes in der am 12. Dezember 2006 geltenden Fassung sind, weiter anzuwenden.

(55f) [1]Für die Anwendung des § 44a Absatz 1 Nummer 1 und Absatz 2 Satz 1 Nummer 1 auf Kapitalerträge, die nach dem 31. Dezember 2006 zufließen, gilt Folgendes:

Ist ein Freistellungsauftrag vor dem 1. Januar 2007 unter Beachtung des § 20 Absatz 4 in der bis dahin geltenden Fassung erteilt worden, darf der nach § 44 Absatz 1 zum Steuerabzug Verpflichtete den angegebenen Freistellungsbetrag nur zu 56,37 Prozent berücksichtigen. [2]Sind in dem Freistellungsauftrag der gesamte Sparer-Freibetrag nach § 20 Absatz 4 in der Fassung des Artikels 1 des Gesetzes vom 19. Juli 2006 (BGBl I S. 1652) und der gesamte Werbungskosten-Pauschbetrag nach § 9a Satz 1 Nummer 2 in der Fassung des Artikels 1 des Gesetzes vom 19. Juli 2006 (BGBl I S. 1652) angegeben, ist der Werbungskosten-Pauschbetrag in voller Höhe zu berücksichtigen.

(55g) [1]§ 44a Absatz 7 und 8 in der Fassung des Artikels 1 des Gesetzes vom 15. Dezember 2003 (BGBl I S. 2645) ist erstmals für Ausschüttungen anzuwenden, die nach dem 31. Dezember 2003 erfolgen. [2]Für Ausschüttungen, die vor dem 1. Januar 2004 erfolgen, sind § 44a Absatz 7 und § 44c in der Fassung der Bekanntmachung vom 19. Oktober 2002 (BGBl I S. 4210, 2003 I S. 179) weiterhin anzuwenden. [3]§ 44a Absatz 7 und 8 in der Fassung des Artikels 1 des Gesetzes vom 9. Dezember 2004 (BGBl I S. 3310) und § 45b Absatz 2a sind erstmals auf Ausschüttungen anzuwenden, die nach dem 31. Dezember 2004 erfolgen.

(55h) § 44b Absatz 1 Satz 2 in der Fassung des Artikels 1 des Gesetzes vom 13. Dezember 2006 (BGBl I S. 2878) ist erstmals auf Kapitalerträge anzuwenden, die nach dem 31. Dezember 2006 zufließen.

(55i) § 45a Absatz 4 Satz 2 in der Fassung des Artikels 1 des Gesetzes vom 13. Dezember 2006 (BGBl I S. 2878) ist erstmals ab dem 1. Januar 2007 anzuwenden.

(55j) [1]§ 46 Absatz 2 Nummer 1 in der Fassung des Artikels 1 des Gesetzes vom 13. Dezember 2006 (BGBl I S. 2878) ist auch auf Veranlagungszeiträume vor 2006 anzuwenden. [2]§ 46 Absatz 2 Nummer 8 in der Fassung des Artikels 1 des Gesetzes vom 20. Dezember 2007 (BGBl I S. 3150) ist erstmals für den Veranlagungszeitraum 2005 anzuwenden und in Fällen, in denen am 28. Dezember 2007 über einen Antrag auf Veranlagung zur Einkommensteuer noch nicht bestandskräftig entschieden ist.

(56) § 48 in der Fassung des Gesetzes vom 30. August 2001 (BGBl I S. 2267) ist erstmals auf Gegenleistungen anzuwenden, die nach dem 31. Dezember 2001 erbracht werden.

(57) § 49 Absatz 1 Nummer 2 Buchstabe e und f sowie Nummer 8 in der Fassung des Gesetzes vom 7. Dezember 2006 (BGBl I S. 2782) ist erstmals für den Veranlagungszeitraum 2006 anzuwenden.

(57a) [1]§ 49 Absatz 1 Nummer 5 Buchstabe a in der Fassung des Gesetzes vom 22. Dezember 1999 (BGBl I S. 2601) ist letztmals anzuwenden für Ausschüttungen, für die der Vierte Teil des Körperschaftsteuergesetzes nach § 34 Absatz 10a des Körperschaftsteuergesetzes in der Fassung des Artikels 3 des Gesetzes vom 23. Oktober 2000 (BGBl I S. 1433) letztmals anzuwenden ist. [2]§ 49 Absatz 1 Nummer 5 Buchstabe a in der Fassung des Gesetzes vom 23. Oktober 2000 (BGBl I S. 1433) ist erstmals für Kapitalerträge anzuwenden, für die Satz 1 nicht gilt. [3]§ 49 Absatz 1 Nummer 5 Buchstabe b in der Fassung des Gesetzes vom 22. Dezember 1999 (BGBl I S. 2601) ist letztmals anzuwenden für Ausschüttungen, für die der Vierte Teil des Körperschaftsteuergesetzes nach § 34 Absatz 10a des Körperschaftsteuergesetzes in der Fassung des Artikels 3 des Gesetzes vom 23. Oktober 2000 (BGBl I S. 1433) letztmals anzuwenden ist. [4]Für die Anwendung des § 49 Absatz 1 Nummer 5 Buchstabe a in der Fassung des Gesetzes vom 20. Dezember 2001 (BGBl I S. 3794) gelten bei Kapitalerträgen, die nach dem 31. Dezember 2000 zufließen, die Sätze 1 und 2 entsprechend. [5]§ 49 Absatz 1 Nummer 5 Buchstabe a und b in der Fassung des Artikels 1 des Gesetzes vom 9. Dezember 2004 (BGBl I S. 3310) ist erstmals auf Kapitalerträge, die nach dem 31. Dezember 2003 zufließen, anzuwenden.

(58) [1]§ 50 Absatz 1 in der Fassung des Artikels 1 des Gesetzes vom 20. Dezember 2007 (BGBl I S. 3150) ist bei Staatsangehörigen eines Mitgliedstaates der Europäischen Union oder eines Staates, auf den das Abkommen über den Europäischen Wirtschaftsraum anwendbar ist, die im Hoheitsgebiet eines dieser Staaten ihren Wohnsitz oder gewöhnlichen Aufenthalt haben, auf Antrag auch für Veranlagungszeiträume vor 2008 anzuwenden, soweit Steuerbescheide noch nicht bestandskräftig sind. [2]§ 50 Absatz 5 Satz 2 Nummer 3 in der Fassung der Bekanntmachung vom 19. Oktober 2002 (BGBl I S. 4210; 2003 I S. 179) ist letztmals anzuwenden auf Vergütungen, die vor dem 1. Januar 2009 zufließen. [3]Der Zeitpunkt der erstmaligen Anwendung des § 50 Absatz 2 in der Fassung des Artikels 8 des Gesetzes vom 10. August 2009 (BGBl I S. 2702) wird durch eine Rechtsverordnung der Bundesregierung bestimmt, die der Zustimmung des Bundesrates bedarf; dieser Zeitpunkt darf nicht vor dem 31. Dezember 2011 liegen.

(58a) [1]§ 50a in der Fassung des Artikels 1 des Gesetzes vom 19. Dezember 2008 (BGBl I S. 2794) ist erstmals auf Vergütungen anzuwenden, die nach dem 31. Dezember 2008 zufließen. [2]Der Zeitpunkt der erstmaligen Anwendung des § 50a Absatz 3 und 5 in der Fassung des Artikels 8 des Gesetzes vom 10. August 2009 (BGBl I S. 2702) wird durch eine Rechtsverordnung der Bundesregierung bestimmt, die der Zustimmung des Bundesrates bedarf; dieser Zeitpunkt darf nicht vor dem 31. Dezember 2011 liegen.

(58b) § 50a Absatz 7 Satz 3 in der Fassung des Gesetzes vom 20. Dezember 2001 (BGBl I S. 3794) ist erstmals auf Vergütungen anzuwenden, für die der Steuerabzug nach dem 22. Dezember 2001 angeordnet worden ist.

(58c) § 50b in der Fassung des Artikels 1 des Gesetzes vom 13. Dezember 2006 (BGBl I S. 2878) ist erstmals anzuwenden für Jahresbescheinigungen, die nach dem 31. Dezember 2004 ausgestellt werden.

(59) § 50c in der Fassung des Gesetzes vom 24. März 1999 (BGBl I S. 402) ist weiter anzuwenden, wenn für die Anteile vor Ablauf des ersten Wirtschaftsjahres, für das das Körperschaftsteuergesetz in der Fassung des Artikels 3 des Gesetzes vom 23. Oktober 2000 (BGBl I S. 1433) erstmals anzuwenden ist, ein Sperrbetrag zu bilden war.

(59a) [1]§ 50d in der Fassung des Gesetzes vom 22. Dezember 1999 (BGBl I S. 2601) ist letztmals anzuwenden für Ausschüttungen, für die der Vierte Teil des Körperschaftsteuergesetzes nach § 34 Absatz 10a des Körperschaftsteuergesetzes in der Fassung des Artikels 3 des Gesetzes vom 23. Oktober 2000 (BGBl I S. 1433) letztmals anzuwenden ist. [2]§ 50d in der Fassung des Gesetzes vom 23. Oktober 2000 (BGBl I S. 1433) ist erstmals auf Kapitalerträge anzuwenden, für die Satz 1 nicht gilt. [3]§ 50d in der Fassung des Gesetzes vom 20. Dezember 2001 (BGBl I S. 3794) ist ab 1. Januar 2002 anzuwenden; für Anträge auf die Erteilung von Freistellungsbescheinigungen, die bis zum 31. Dezember 2001 gestellt worden sind, ist § 50d Absatz 2 Satz 4 nicht anzuwenden. [4]§ 50d Absatz 1 in der Fassung des Artikels 1 des Gesetzes vom 15. Dezember 2003 (BGBl I S. 2645) ist ab 1. Januar 2002 anzuwenden. [5]§ 50d Absatz 1, 1a, 2 und 4 in der Fassung des Gesetzes vom 2. Dezember 2004 (BGBl I S. 3112) ist erstmals auf Zahlungen anzuwenden, die nach dem 31. Dezember 2003 erfolgen. [6]§ 50d Absatz 9 Satz 1 Nummer 1 in der Fassung des Artikels 1 des Gesetzes vom 13. Dezember 2006 (BGBl I S. 2878) ist für alle Veranlagungszeiträume anzuwenden, soweit Steuerbescheide noch nicht bestandskräftig sind. [7]§ 50d Absatz 1, 1a, 2 und 5 in der Fassung des Artikels 1 des Gesetzes vom 19. Dezember 2008 (BGBl I S. 2794) ist erstmals auf Vergütungen anzuwenden, die nach dem 31. Dezember 2008 zufließen. [8]§ 50d Absatz 10 in der Fassung des Artikels 1 des Gesetzes vom 19. Dezember 2008 (BGBl I S. 2794) ist in allen Fällen anzuwenden, in denen die Einkommen- und Körperschaftsteuer noch nicht bestandskräftig festgesetzt ist.

(59b) Die Anlage 3 (zu § 50g) in der Fassung des Artikels 1 des Gesetzes vom 20. Dezember 2007 (BGBl I S. 3150) ist auf Zahlungen anzuwenden, die nach dem 31. Dezember 2006 erfolgen.

(59c) § 51 Absatz 4 Nummer 1 in der Fassung des Gesetzes vom 24. März 1999 (BGBl I S. 402) ist letztmals anzuwenden für Ausschüttungen, für die der Vierte Teil des Körperschaftsteuergesetzes nach § 34 Absatz 10a des Körperschaftsteuergesetzes in der Fassung des Artikels 3 des Gesetzes vom 23. Oktober 2000 (BGBl I S. 1433) letztmals anzuwenden ist.

(59d) [1]§ 52 Absatz 8 in der Fassung des Artikels 1 Nummer 59 des Jahressteuergesetzes 1996 vom 11. Oktober 1995 (BGBl I S. 1250) ist nicht anzuwenden. [2]§ 52 Absatz 8 in der Fassung des Artikels 8 Nummer 5 des Dritten Finanzmarktförderungsgesetzes vom 24. März 1998 (BGBl I S. 529) ist in folgender Fassung anzuwenden:

„(8) § 6b Absatz 1 Satz 2 Nummer 5 und Absatz 4 Satz 1 Nummer 2 ist erstmals auf Veräußerungen anzuwenden, die nach dem Inkrafttreten des Artikels 7 des Dritten Finanzmarktförderungsgesetzes vorgenommen werden."

(60) § 55 in der Fassung des Gesetzes vom 24. März 1999 (BGBl I S. 402) ist auch für Veranlagungszeiträume vor 1999 anzuwenden.

(61) Die §§ 62 und 65 in der Fassung des Gesetzes vom 16. Dezember 1997 (BGBl I S. 2970) sind erstmals für den Veranlagungszeitraum 1998 anzuwenden.

(61a) [1]§ 62 Absatz 2 in der Fassung des Gesetzes vom 30. Juli 2004 (BGBl I S. 1950) ist erstmals für den Veranlagungszeitraum 2005 anzuwenden. [2]§ 62 Absatz 2 in der Fassung des Artikels 2 Nummer 2 des Gesetzes vom 13. Dezember 2006 (BGBl I S. 2915) ist in allen Fällen anzuwenden, in denen das Kindergeld noch nicht bestandskräftig festgesetzt ist.

(62) § 66 Absatz 3 in der Fassung der Bekanntmachung vom 16. April 1997 (BGBl I S. 821) ist letztmals für das Kalenderjahr 1997 anzuwenden, so dass Kindergeld auf einen nach dem 31. Dezember 1997 gestellten Antrag rückwirkend längstens bis einschließlich Juli 1997 gezahlt werden kann.

(63) § 73 in der Fassung der Bekanntmachung vom 16. April 1997 (BGBl I S. 821) ist weiter für Kindergeld anzuwenden, das der private Arbeitgeber für Zeiträume vor dem 1. Januar 1999 auszuzahlen hat.

(64) § 86 in der Fassung des Gesetzes vom 15. Januar 2003 ist erstmals für den Veranlagungszeitraum 2002 anzuwenden.

(65) [1]§ 91 Absatz 1 Satz 4 in der Fassung des Artikels 1 des Gesetzes vom 20. Dezember 2007 (BGBl I S. 3150) ist ab Veranlagungszeitraum 2002 anzuwenden. [2]§ 91 Absatz 1 Satz 1 in der Fassung des Artikels 1 des Gesetzes vom 19. Dezember 2008 (BGBl I S. 2794) ist bis zum 31. Dezember 2008 mit der Maßgabe anzuwenden, dass die Wörter „Spitzenverband der landwirtschaftlichen Sozialversicherung" durch die Wörter „Gesamtverband der landwirtschaftlichen Alterskassen" zu ersetzen sind.

§ 52a Anwendungsvorschriften zur Einführung einer Abgeltungsteuer auf Kapitalerträge und Veräußerungsgewinne

(1) Beim Steuerabzug vom Kapitalertrag ist diese Fassung des Gesetzes erstmals auf Kapitalerträge anzuwenden, die dem Gläubiger nach dem 31. Dezember 2008 zufließen, soweit in den folgenden Absätzen nichts anderes bestimmt ist.

(2) § 2 Absatz 2 und 5a bis 6 in der Fassung des Artikels 1 des Gesetzes vom 14. August 2007 (BGBl I S. 1912) ist erstmals ab dem Veranlagungszeitraum 2009 anzuwenden.

(3) [1]§ 3 Nummer 40 Satz 1 und 2 in der Fassung des Artikels 1 des Gesetzes vom 14. August 2007 (BGBl I S. 1912) ist erstmals ab dem Veranlagungszeitraum 2009 anzuwenden. [2]Abweichend von Satz 1 ist § 3 Nummer 40 in der bis zum 31. Dezember 2008 anzuwendenden Fassung bei Veräußerungsgeschäften, bei denen § 23 Absatz 1 Satz 1 Nummer 2 in der bis zum 31. Dezember 2008 anzuwendenden Fassung nach dem 31. Dezember 2008 Anwendung findet, weiterhin anzuwenden.

(4) [1]§ 3c Absatz 2 Satz 1 in der Fassung des Artikels 1 des Gesetzes vom 14. August 2007 (BGBl I S. 1912) ist erstmals ab dem Veranlagungszeitraum 2009 anzuwenden. [2]Abweichend von Satz 1 ist § 3c Absatz 2 Satz 1 in der bis zum 31. Dezember 2008 anzuwendenden Fassung bei Veräußerungsgeschäften, bei denen § 23 Absatz 1 Satz 1 Nummer 2 in der bis zum 31. Dezember 2008 anzuwendenden Fassung nach dem 31. Dezember 2008 Anwendung findet, weiterhin anzuwenden.

(5) § 6 Absatz 1 Nummer 5 Satz 1 Buchstabe c in der Fassung des Artikels 1 des Gesetzes vom 14. August 2007 (BGBl I S. 1912) ist auf Einlagen anzuwenden, die nach dem 31. Dezember 2008 erfolgen.

(6) § 9a in der Fassung des Artikels 1 des Gesetzes vom 14. August 2007 (BGBl I S. 1912) ist erstmals ab dem Veranlagungszeitraum 2009 anzuwenden.

(7) § 10 Absatz 1 Nummer 4 in der Fassung des Artikels 1 des Gesetzes vom 14. August 2007 (BGBl I S. 1912) ist erstmals auf Kapitalerträge anzuwenden, die nach dem 31. Dezember 2008 zufließen und auf die § 51a Absatz 2b bis 2d anzuwenden ist.

(8) § 20 Absatz 1 Nummer 7 in der Fassung des Artikels 1 des Gesetzes vom 14. August 2007 (BGBl I S. 1912) ist vorbehaltlich der Regelungen in Absatz 10 Satz 6 bis 8 erstmals auf Kapitalerträge anzuwenden, die dem Gläubiger nach dem 31. Dezember 2008 zufließen.

(9) § 20 Absatz 1 Nummer 11 in der Fassung des Artikels 1 des Gesetzes vom 14. August 2007 (BGBl I S. 1912) ist erstmals auf nach dem 31. Dezember 2008 zufließende Stillhalterprämien anzuwenden.

(10) [1]§ 20 Absatz 2 Satz 1 Nummer 1 in der Fassung des Artikels 1 des Gesetzes vom 14. August 2007 (BGBl I S. 1912) ist erstmals auf Gewinne aus der Veräußerung von Anteilen anzuwenden, die nach dem 31. Dezember 2008 erworben werden. [2]§ 20 Absatz 2 Satz 1 Nummer 2 in der Fassung des Artikels 1 des Gesetzes vom 14. August 2007 (BGBl I

S. 1912) ist erstmals auf Veräußerungen nach dem 31. Dezember 2008 anzuwenden. [3]§ 20 Absatz 2 Satz 1 Nummer 3 in der Fassung des Artikels 1 des Gesetzes vom 14. August 2007 (BGBl I S. 1912) ist erstmals auf Gewinne aus Termingeschäften anzuwenden, bei denen der Rechtserwerb nach dem 31. Dezember 2008 erfolgt. [4]§ 20 Absatz 2 Satz 1 Nummer 4, 5 und 8 in der Fassung des Artikels 1 des Gesetzes vom 14. August 2007 (BGBl I S. 1912) ist erstmals auf Gewinne anzuwenden, bei denen die zugrunde liegenden Wirtschaftsgüter, Rechte oder Rechtspositionen nach dem 31. Dezember 2008 erworben oder geschaffen werden. [5]§ 20 Absatz 2 Satz 1 Nummer 6 in der Fassung des Artikels 1 des Gesetzes vom 14. August 2007 (BGBl I S. 1912) ist erstmals auf die Veräußerung von Ansprüchen nach dem 31. Dezember 2008 anzuwenden, bei denen der Versicherungsvertrag nach dem 31. Dezember 2004 abgeschlossen wurde; dies gilt auch für Versicherungsverträge, die vor dem 1. Januar 2005 abgeschlossen wurden, sofern bei einem Rückkauf zum Veräußerungszeitpunkt die Erträge nach § 20 Absatz 1 Nummer 6 in der am 31. Dezember 2004 geltenden Fassung steuerpflichtig wären. [6]§ 20 Absatz 2 Satz 1 Nummer 7 in der Fassung des Artikels 1 des Gesetzes vom 14. August 2007 (BGBl I S. 1912) ist erstmals auf nach dem 31. Dezember 2008 zufließende Kapitalerträge aus der Veräußerung sonstiger Kapitalforderungen anzuwenden. [7]Für Kapitalerträge aus Kapitalforderungen, die zum Zeitpunkt des vor dem 1. Januar 2009 erfolgten Erwerbs zwar Kapitalforderungen im Sinne des § 20 Absatz 1 Nummer 7 in der am 31. Dezember 2008 anzuwendenden Fassung, aber nicht Kapitalforderungen im Sinne des § 20 Absatz 2 Satz 1 Nummer 4 in der am 31. Dezember 2008 anzuwendenden Fassung sind, ist § 20 Absatz 2 Satz 1 Nummer 7 nicht anzuwenden; Kapitalforderungen im Sinne des § 20 Absatz 2 Satz 1 Nummer 4 in der am 31. Dezember 2008 anzuwendenden Fassung liegen auch vor, wenn die Rückzahlung nur teilweise garantiert ist oder wenn eine Trennung zwischen Ertrags- und Vermögensebene möglich erscheint. [8]Bei Kapitalforderungen, die zwar nicht die Voraussetzungen von § 20 Absatz 1 Nummer 7 in der am 31. Dezember 2008 anzuwendenden Fassung, aber die Voraussetzungen von § 20 Absatz 1 Nummer 7 in der Fassung des Artikels 1 des Gesetzes vom 14. August 2007 (BGBl I S. 1912) erfüllen, ist § 20 Absatz 2 Satz 1 Nummer 7 in Verbindung mit § 20 Absatz 1 Nummer 7 vorbehaltlich der Regelung in Absatz 11 Satz 4 und 6 auf alle nach dem 30. Juni 2009 zufließenden Kapitalerträge anzuwenden, es sei denn, die Kapitalforderung wurde vor dem 15. März 2007 angeschafft. [9]§ 20 Absatz 2 Satz 2 und 3 in der Fassung des Artikels 1 des Gesetzes vom 14. August 2007 (BGBl I S. 1912) ist erstmals auf Veräußerungen, Einlösungen, Abtretungen oder verdeckte Einlagen nach dem 31. Dezember 2008 anzuwenden. [10]§ 20 Absatz 3 bis 9 in der Fassung des Artikels 1 des Gesetzes vom 19. Dezember 2008 (BGBl I S. 2794) ist erstmals auf nach dem 31. Dezember 2008 zufließende Kapitalerträge anzuwenden.

(10a) § 22 Nummer 3 Satz 5 und 6 in der Fassung des Artikels 1 des Gesetzes vom 19. Dezember 2008 (BGBl I S. 2794) ist letztmals für den Veranlagungszeitraum 2013 anzuwenden.

(11) [1]§ 23 Absatz 1 Satz 1 Nummer 1 in der am 1. Januar 2000 geltenden Fassung und § 23 Absatz 1 Satz 1 Nummer 2 und 3 in der am 1. Januar 1999 geltenden Fassung sind auf Veräußerungsgeschäfte anzuwenden, bei denen die Veräußerung auf einem nach dem 31. Dezember 1998 rechtswirksam abgeschlossenen obligatorischen Vertrag oder gleichstehenden Rechtsakt beruht. [2]§ 23 Absatz 1 Satz 1 Nummer 2 Satz 2 und 3 in der am 16. Dezember 2004 geltenden Fassung ist erstmals für den Veranlagungszeitraum 2005 anzuwenden. [3]§ 23 Absatz 1 Satz 1 Nummer 2 in der Fassung des Artikels 1 des Gesetzes vom 14. August 2007 (BGBl I S. 1912) ist erstmals auf Veräußerungsgeschäfte anzuwenden, bei denen die Wirtschaftsgüter nach dem 31. Dezember 2008 auf Grund eines nach diesem Zeitpunkt rechtswirksam abgeschlossenen obligatorischen Vertrags oder gleichstehenden Rechtsakts angeschafft wurden. [4]§ 23 Absatz 1 Satz 1 Nummer 2 in der am 1. Januar 1999 geltenden Fassung ist letztmals auf Veräußerungsgeschäfte anzuwenden, bei denen die Wirtschaftsgüter vor dem 1. Januar 2009 erworben wurden. [5]§ 23 Absatz 1 Satz 1 Nummer 3 in der am 1. Januar 1999 geltenden Fassung ist letztmals auf Veräußerungsgeschäfte anzuwenden, bei denen die Veräußerung auf einem vor dem 1. Januar 2009 rechtswirksam abgeschlossenen obligatorischen Vertrag oder gleichstehenden Rechtsakt beruht. [6]§ 23 Absatz 1 Satz 1 Nummer 4 ist auf Termingeschäfte anzuwenden, bei denen der Erwerb des Rechts auf einen Differenzausgleich, Geldbetrag oder Vorteil

nach dem 31. Dezember 1998 und vor dem 1. Januar 2009 erfolgt. [7]§ 23 Absatz 1 Satz 5 ist erstmals für Einlagen und verdeckte Einlagen anzuwenden, die nach dem 31. Dezember 1999 vorgenommen werden. [8]§ 23 Absatz 3 Satz 4 in der Fassung des Gesetzes vom 22. Dezember 1999 (BGBl I S. 2601) ist auf Veräußerungsgeschäfte anzuwenden, bei denen der Steuerpflichtige das Wirtschaftsgut nach dem 31. Juli 1995 und vor dem 1. Januar 2009 anschafft oder nach dem 31. Dezember 1998 und vor dem 1. Januar 2009 fertigstellt; § 23 Absatz 3 Satz 4 in der Fassung des Artikels 1 des Gesetzes vom 19. Dezember 2008 (BGBl I S. 2794) ist auf Veräußerungsgeschäfte anzuwenden, bei denen der Steuerpflichtige das Wirtschaftsgut nach dem 31. Dezember 2008 anschafft oder fertigstellt. [9]§ 23 Absatz 1 Satz 2 und 3 sowie § 23 Absatz 3 Satz 3 in der am 12. Dezember 2006 geltenden Fassung sind für Anteile, die einbringungsgeboren im Sinne des § 21 des Umwandlungssteuergesetzes in der am 12. Dezember 2006 geltenden Fassung sind, weiter anzuwenden. [10]§ 23 Absatz 3 Satz 9 zweiter Halbsatz in der Fassung des Artikels 1 des Gesetzes vom 13. Dezember 2006 (BGBl I S. 2878) ist auch in den Fällen anzuwenden, in denen am 1. Januar 2007 die Feststellungsfrist noch nicht abgelaufen ist. [11]§ 23 Absatz 3 Satz 9 und 10 in der Fassung des Artikels 1 des Gesetzes vom 14. August 2007 (BGBl I S. 1912) ist letztmals für den Veranlagungszeitraum 2013 anzuwenden.

ESt G

(12) § 24c ist letztmals für den Veranlagungszeitraum 2008 anzuwenden.

(13) § 25 Absatz 1 in der Fassung des Artikels 1 des Gesetzes vom 14. August 2007 (BGBl I S. 1912) ist erstmals für den Veranlagungszeitraum 2009 anzuwenden.

(14) § 32 Absatz 4 Satz 4 in der Fassung des Artikels 1 des Gesetzes vom 14. August 2007 (BGBl I S. 1912) ist erstmals ab dem Veranlagungszeitraum 2009 anzuwenden.

(15) § 32d in der Fassung des Artikels 1 des Gesetzes vom 19. Dezember 2008 (BGBl I S. 2794) ist erstmals für den Veranlagungszeitraum 2009 anzuwenden.

(16) [1]§ 43 Absatz 3 Satz 1 zweiter Halbsatz in der Fassung des Artikels 1 des Gesetzes vom 19. Dezember 2008 (BGBl I S. 2794) ist erstmals für Kapitalerträge anzuwenden, die dem Gläubiger nach dem 31. Dezember 2009 zufließen. [2]§ 43a Absatz 3 Satz 2 in der Fassung des Artikels 1 des Gesetzes vom 19. Dezember 2008 (BGBl I S. 2794) ist erstmals für Kapitalerträge anzuwenden, die dem Gläubiger nach dem 31. Dezember 2009 zufließen. [3]§ 44a Absatz 8 Satz 1 in der Fassung des Artikels 1 des Gesetzes vom 14. August 2007 (BGBl I S. 1912) und Satz 2 in der Fassung des Artikels 1 des Gesetzes vom 19. Dezember 2008 (BGBl I S. 2794) sind erstmals auf Kapitalerträge anzuwenden, die dem Gläubiger nach dem 31. Dezember 2007 zufließen. [4]Für Kapitalerträge im Sinne des § 43 Absatz 1 Satz 1 Nummer 1, die nach dem 31. Dezember 2007 und vor dem 1. Januar 2009 zufließen, ist er mit der Maßgabe anzuwenden, dass an die Stelle der Wörter „drei Fünftel" die Wörter „drei Viertel" und an die Stelle der Wörter „zwei Fünftel" die Wörter „ein Viertel" treten. [5]§ 44a Absatz 9 in der Fassung des Artikels 1 des Gesetzes vom 19. Dezember 2008 (BGBl I S. 2794) ist erstmals auf Kapitalerträge anzuwenden, die dem Gläubiger nach dem 31. Dezember 2008 zufließen. [6]§ 44b Absatz 1 Satz 1 in der Fassung des Artikels 1 des Gesetzes vom 19. Dezember 2008 (BGBl I S. 2794) ist erstmals für Kapitalerträge anzuwenden, die dem Gläubiger nach dem 31. Dezember 2009 zufließen. [7]§ 45a Absatz 4 Satz 2 in der Fassung des Artikels 1 des Gesetzes vom 20. Dezember 2007 (BGBl I S. 3150) ist erstmals auf Kapitalerträge anzuwenden, die dem Gläubiger nach dem 31. Dezember 2007 zufließen. [8]§ 45b Absatz 1 Satz 1 in der Fassung des Artikels 1 des Gesetzes vom 19. Dezember 2008 (BGBl I S. 2794) ist erstmals für Kapitalerträge anzuwenden, die dem Gläubiger nach dem 31. Dezember 2009 zufließen. [9]§ 45d Absatz 3 ist für Versicherungsverträge anzuwenden, die nach dem 31. Dezember 2008 abgeschlossen werden; die erstmalige Übermittlung hat bis zum 30. März 2011 zu erfolgen.

(16a) § 44a Absatz 7 und 8, § 44b Absatz 5 und 6, § 45b und § 45d Absatz 1 in der Fassung des Artikels 1 des Gesetzes vom 16. Juli 2009 (BGBl I S. 1959) sind erstmals auf Kapitalerträge anzuwenden, die dem Gläubiger nach dem 31. Dezember 2009 zufließen.

(17) § 49 Absatz 1 Nummer 5 Satz 1 Buchstabe d, Satz 2 und Nummer 8 in der Fassung des Artikels 1 des Gesetzes vom 14. August 2007 (BGBl I S. 1912) ist erstmals auf Kapitalerträge anzuwenden, die nach dem 31. Dezember 2008 zufließen.

(18) § 51a Absatz 2b bis 2d in der Fassung des Artikels 1 des Gesetzes vom 14. August 2007 (BGBl I S. 1912) ist erstmals auf nach dem 31. Dezember 2008 zufließende Kapitalerträge anzuwenden.

§ 53 Sondervorschrift zur Steuerfreistellung des Existenzminimums eines Kindes in den Veranlagungszeiträumen 1983 bis 1995

[1]In den Veranlagungszeiträumen 1983 bis 1995 sind in Fällen, in denen die Einkommensteuer noch nicht formell bestandskräftig oder hinsichtlich der Höhe der Kinderfreibeträge vorläufig festgesetzt ist, für jedes bei der Festsetzung berücksichtigte Kind folgende Beträge als Existenzminimum des Kindes steuerfrei zu belassen:

1983	3 732 Deutsche Mark,
1984	3 864 Deutsche Mark,
1985	3 924 Deutsche Mark,
1986	4 296 Deutsche Mark,
1987	4 416 Deutsche Mark,
1988	4 572 Deutsche Mark,
1989	4 752 Deutsche Mark,
1990	5 076 Deutsche Mark,
1991	5 388 Deutsche Mark,
1992	5 676 Deutsche Mark,
1993	5 940 Deutsche Mark,
1994	6 096 Deutsche Mark,
1995	6 168 Deutsche Mark.

[2]Im Übrigen ist § 32 in der für den jeweiligen Veranlagungszeitraum geltenden Fassung anzuwenden. [3]Für die Prüfung, ob die nach Satz 1 und 2 gebotene Steuerfreistellung bereits erfolgt ist, ist das dem Steuerpflichtigen im jeweiligen Veranlagungszeitraum zustehende Kindergeld mit dem auf das bisherige zu versteuernde Einkommen des Steuerpflichtigen in demselben Veranlagungszeitraum anzuwendenden Grenzsteuersatz in einen Freibetrag umzurechnen; dies gilt auch dann, soweit das Kindergeld dem Steuerpflichtigen im Wege eines zivilrechtlichen Ausgleichs zusteht. [4]Die Umrechnung des zustehenden Kindergeldes ist entsprechend dem Umfang der bisher abgezogenen Kinderfreibeträge vorzunehmen. [5]Bei einem unbeschränkt einkommensteuerpflichtigen Elternpaar, bei dem die Voraussetzungen des § 26 Absatz 1 Satz 1 nicht vorliegen, ist eine Änderung der bisherigen Inanspruchnahme des Kinderfreibetrags unzulässig. [6]Erreicht die Summe aus dem bei der bisherigen Einkommensteuerfestsetzung abgezogenen Kinderfreibetrag und dem nach Satz 3 und 4 berechneten Freibetrag nicht den nach Satz 1 und 2 für den jeweiligen Veranlagungszeitraum maßgeblichen Betrag, ist der Unterschiedsbetrag vom bisherigen zu versteuernden Einkommen abzuziehen und die Einkommensteuer neu festzusetzen. [7]Im Zweifel hat der Steuerpflichtige die Voraussetzungen durch Vorlage entsprechender Unterlagen nachzuweisen.

§ 54 (weggefallen)

§ 55[1)] Schlussvorschriften (Sondervorschriften für die Gewinnermittlung nach § 4 oder nach Durchschnittssätzen bei vor dem 1. Juli 1970 angeschafftem Grund und Boden)

(1) [1]Bei Steuerpflichtigen, deren Gewinn für das Wirtschaftsjahr, in das der 30. Juni 1970 fällt, nicht nach § 5 zu ermitteln ist, gilt bei Grund und Boden, der mit Ablauf des 30. Juni 1970 zu ihrem Anlagevermögen gehört hat, als Anschaffungs- oder Herstel-

1) **Anm. d. Red.:** Zur Anwendung des § 55 siehe § 52 Abs. 60.

lungskosten (§ 4 Absatz 3 Satz 4 und § 6 Absatz 1 Nummer 2 Satz 1) das Zweifache des nach den Absätzen 2 bis 4 zu ermittelnden Ausgangsbetrags. [2]Zum Grund und Boden im Sinne des Satzes 1 gehören nicht die mit ihm in Zusammenhang stehenden Wirtschaftsgüter und Nutzungsbefugnisse.

(2) [1]Bei der Ermittlung des Ausgangsbetrags des zum land- und forstwirtschaftlichen Vermögen (§ 33 Absatz 1 Satz 1 des Bewertungsgesetzes in der Fassung der Bekanntmachung vom 10. Dezember 1965 – BGBl I S. 1861 –, zuletzt geändert durch das Bewertungsänderungsgesetz 1971 vom 27. Juli 1971 – BGBl I S. 1157) gehörenden Grund und Bodens ist seine Zuordnung zu den Nutzungen und Wirtschaftsgütern (§ 34 Absatz 2 des Bewertungsgesetzes) am 1. Juli 1970 maßgebend; dabei sind die Hof- und Gebäudeflächen sowie die Hausgärten im Sinne des § 40 Absatz 3 des Bewertungsgesetzes nicht in die einzelne Nutzung einzubeziehen. [2]Es sind anzusetzen:

ESt G

1. bei Flächen, die nach dem Bodenschätzungsgesetz vom 20. Dezember 2007 (BGBl I S. 3150, 3176) in der jeweils geltenden Fassung zu schätzen sind, für jedes katastermäßig abgegrenzte Flurstück der Betrag in Deutsche Mark, der sich ergibt, wenn die für das Flurstück am 1. Juli 1970 im amtlichen Verzeichnis nach § 2 Absatz 2 der Grundbuchordnung (Liegenschaftskataster) ausgewiesene Ertragsmesszahl vervierfacht wird. [2]Abweichend von Satz 1 sind für Flächen der Nutzungsteile

   a) Hopfen, Spargel, Gemüsebau und Obstbau

      2,05 Euro je Quadratmeter,

   b) Blumen- und Zierpflanzenbau sowie Baumschulen

      2,56 Euro je Quadratmeter

   anzusetzen, wenn der Steuerpflichtige dem Finanzamt gegenüber bis zum 30. Juni 1972 eine Erklärung über die Größe, Lage und Nutzung der betreffenden Flächen abgibt,

2. für Flächen der forstwirtschaftlichen Nutzung

   je Quadratmeter 0,51 Euro,

3. für Flächen der weinbaulichen Nutzung der Betrag, der sich unter Berücksichtigung der maßgebenden Lagenvergleichszahl (Vergleichszahl der einzelnen Weinbaulage, § 39 Absatz 1 Satz 3 und § 57 Bewertungsgesetz), die für ausbauende Betriebsweise mit Fassweinerzeugung anzusetzen ist, aus der nachstehenden Tabelle ergibt:

Lagenvergleichszahl	Ausgangsbetrag je Quadratmeter in Euro
bis 20	1,28
21 bis 30	1,79
31 bis 40	2,56
41 bis 50	3,58
51 bis 60	4,09
61 bis 70	4,60
71 bis 100	5,11
über 100	6,39

4. für Flächen der sonstigen land- und forstwirtschaftlichen Nutzung, auf die Nummer 1 keine Anwendung findet,

   je Quadratmeter 0,51 Euro,

5. für Hofflächen, Gebäudeflächen und Hausgärten im Sinne des § 40 Absatz 3 des Bewertungsgesetzes

   je Quadratmeter 2,56 Euro,

6. für Flächen des Geringstlandes

   je Quadratmeter 0,13 Euro,

7. für Flächen des Abbaulandes
   je Quadratmeter 0,26 Euro,
8. für Flächen des Unlandes
   je Quadratmeter 0,05 Euro.

(3) [1]Lag am 1. Juli 1970 kein Liegenschaftskataster vor, in dem Ertragsmesszahlen ausgewiesen sind, so ist der Ausgangsbetrag in sinngemäßer Anwendung des Absatzes 2 Satz 2 Nummer 1 Satz 1 auf der Grundlage der durchschnittlichen Ertragsmesszahl der landwirtschaftlichen Nutzung eines Betriebs zu ermitteln, die die Grundlage für die Hauptfeststellung des Einheitswerts auf den 1. Januar 1964 bildet. [2]Absatz 2 Satz 2 Nummer 1 Satz 2 bleibt unberührt.

(4) Bei nicht zum land- und forstwirtschaftlichen Vermögen gehörenden Grund und Boden ist als Ausgangsbetrag anzusetzen:

1. Für unbebaute Grundstücke der auf den 1. Januar 1964 festgestellte Einheitswert. [2]Wird auf den 1. Januar 1964 kein Einheitswert festgestellt oder hat sich der Bestand des Grundstücks nach dem 1. Januar 1964 und vor dem 1. Juli 1970 verändert, so ist der Wert maßgebend, der sich ergeben würde, wenn das Grundstück nach seinem Bestand vom 1. Juli 1970 und nach den Wertverhältnissen vom 1. Januar 1964 zu bewerten wäre;
2. für bebaute Grundstücke der Wert, der sich nach Nummer 1 ergeben würde, wenn das Grundstück unbebaut wäre.

(5) [1]Weist der Steuerpflichtige nach, dass der Teilwert für Grund und Boden im Sinne des Absatzes 1 am 1. Juli 1970 höher ist als das Zweifache des Ausgangsbetrags, so ist auf Antrag des Steuerpflichtigen der Teilwert als Anschaffungs- oder Herstellungskosten anzusetzen. [2]Der Antrag ist bis zum 31. Dezember 1975 bei dem Finanzamt zu stellen, das für die Ermittlung des Gewinns aus dem Betrieb zuständig ist. [3]Der Teilwert ist gesondert festzustellen. [4]Vor dem 1. Januar 1974 braucht diese Feststellung nur zu erfolgen, wenn ein berechtigtes Interesse des Steuerpflichtigen gegeben ist. [5]Die Vorschriften der Abgabenordnung und der Finanzgerichtsordnung über die gesonderte Feststellung von Besteuerungsgrundlagen gelten entsprechend.

(6) [1]Verluste, die bei der Veräußerung oder Entnahme von Grund und Boden im Sinne des Absatzes 1 entstehen, dürfen bei der Ermittlung des Gewinns in Höhe des Betrags nicht berücksichtigt werden, um den der ausschließlich auf den Grund und Boden entfallende Veräußerungspreis oder der an dessen Stelle tretende Wert nach Abzug der Veräußerungskosten unter dem Zweifachen des Ausgangsbetrags liegt. [2]Entsprechendes gilt bei Anwendung des § 6 Absatz 1 Nummer 2 Satz 2.

(7) Grund und Boden, der nach § 4 Absatz 1 Satz 5 des Einkommensteuergesetzes 1969 nicht anzusetzen war, ist wie eine Einlage zu behandeln; er ist dabei mit dem nach Absatz 1 oder Absatz 5 maßgebenden Wert anzusetzen.

§ 56 Sondervorschriften für Steuerpflichtige in dem in Artikel 3 des Einigungsvertrages genannten Gebiet

Bei Steuerpflichtigen, die am 31. Dezember 1990 einen Wohnsitz oder ihren gewöhnlichen Aufenthalt in dem in Artikel 3 des Einigungsvertrages genannten Gebiet und im Jahre 1990 keinen Wohnsitz oder gewöhnlichen Aufenthalt im bisherigen Geltungsbereich dieses Gesetzes hatten, gilt Folgendes:

§ 7 Absatz 5 ist auf Gebäude anzuwenden, die in dem in Artikel 3 des Einigungsvertrages genannten Gebiet nach dem 31. Dezember 1990 angeschafft oder hergestellt worden sind.

§ 57 Besondere Anwendungsregeln aus Anlass der Herstellung der Einheit Deutschlands

(1) Die §§ 7c, 7f, 7g, 7k und 10e dieses Gesetzes, die §§ 76, 78, 82a und 82f der Einkommensteuer-Durchführungsverordnung sowie die §§ 7 und 12 Absatz 3 des Schutzbau-

gesetzes sind auf Tatbestände anzuwenden, die in dem in Artikel 3 des Einigungsvertrages genannten Gebiet nach dem 31. Dezember 1990 verwirklicht worden sind.

(2) Die §§ 7b und 7d dieses Gesetzes sowie die §§ 81, 82d, 82g und 82i der Einkommensteuer-Durchführungsverordnung sind nicht auf Tatbestände anzuwenden, die in dem in Artikel 3 des Einigungsvertrages genannten Gebiet verwirklicht worden sind.

(3) Bei der Anwendung des § 7g Absatz 2 Nummer 1 und des § 14a Absatz 1 ist in dem in Artikel 3 des Einigungsvertrages genannten Gebiet anstatt vom maßgebenden Einheitswert des Betriebs der Land- und Forstwirtschaft und den darin ausgewiesenen Werten vom Ersatzwirtschaftswert nach § 125 des Bewertungsgesetzes auszugehen.

(4) [1]§ 10d Absatz 1 ist mit der Maßgabe anzuwenden, dass der Sonderausgabenabzug erstmals von dem für die zweite Hälfte des Veranlagungszeitraums 1990 ermittelten Gesamtbetrag der Einkünfte vorzunehmen ist. [2]§ 10d Absatz 2 und 3 ist auch für Verluste anzuwenden, die in dem in Artikel 3 des Einigungsvertrages genannten Gebiet im Veranlagungszeitraum 1990 entstanden sind.

(5) § 22 Nummer 4 ist auf vergleichbare Bezüge anzuwenden, die auf Grund des Gesetzes über Rechtsverhältnisse der Abgeordneten der Volkskammer der Deutschen Demokratischen Republik vom 31. Mai 1990 (GBl I Nr. 30 S. 274) gezahlt worden sind.

(6) § 34f Absatz 3 Satz 3 ist erstmals auf die in dem in Artikel 3 des Einigungsvertrags genannten Gebiet für die zweite Hälfte des Veranlagungszeitraums 1990 festgesetzte Einkommensteuer anzuwenden.

§ 58 Weitere Anwendung von Rechtsvorschriften, die vor Herstellung der Einheit Deutschlands in dem in Artikel 3 des Einigungsvertrages genannten Gebiet gegolten haben

(1) Die Vorschriften über Sonderabschreibungen nach § 3 Absatz 1 des Steueränderungsgesetzes vom 6. März 1990 (GBl I Nr. 17 S. 136) in Verbindung mit § 7 der Durchführungsbestimmung zum Gesetz zur Änderung der Rechtsvorschriften über die Einkommen-, Körperschaft- und Vermögensteuer – Steueränderungsgesetz – vom 16. März 1990 (GBl I Nr. 21 S. 195) sind auf Wirtschaftsgüter weiter anzuwenden, die nach dem 31. Dezember 1989 und vor dem 1. Januar 1991 in dem in Artikel 3 des Einigungsvertrages genannten Gebiet angeschafft oder hergestellt worden sind.

(2) [1]Rücklagen nach § 3 Absatz 2 des Steueränderungsgesetzes vom 6. März 1990 (GBl I Nr. 17 S. 136) in Verbindung mit § 8 der Durchführungsbestimmung zum Gesetz zur Änderung der Rechtsvorschriften über die Einkommen-, Körperschaft- und Vermögensteuer – Steueränderungsgesetz – vom 16. März 1990 (GBl I Nr. 21 S. 195) dürfen, soweit sie zum 31. Dezember 1990 zulässigerweise gebildet worden sind, auch nach diesem Zeitpunkt fortgeführt werden. [2]Sie sind spätestens im Veranlagungszeitraum 1995 gewinn- oder sonst einkünfteerhöhend aufzulösen. [3]Sind vor dieser Auflösung begünstigte Wirtschaftsgüter angeschafft oder hergestellt worden, sind die in Rücklage eingestellten Beträge von den Anschaffungs- oder Herstellungskosten abzuziehen; die Rücklage ist in Höhe des abgezogenen Betrags im Veranlagungszeitraum der Anschaffung oder Herstellung gewinn- oder sonst einkünfteerhöhend aufzulösen

(3) Die Vorschrift über den Steuerabzugsbetrag nach § 9 Absatz 1 der Durchführungsbestimmung zum Gesetz zur Änderung der Rechtsvorschriften über die Einkommen-, Körperschaft- und Vermögensteuer – Steueränderungsgesetz – vom 16. März 1990 (GBl I Nr. 21 S. 195) ist für Steuerpflichtige weiter anzuwenden, die vor dem 1. Januar 1991 in dem in Artikel 3 des Einigungsvertrages genannten Gebiet eine Betriebsstätte begründet haben, wenn sie von dem Tag der Begründung der Betriebsstätte an zwei Jahre lang die Tätigkeit ausüben, die Gegenstand der Betriebsstätte ist.

§§ 59 bis 61 (weggefallen)

X. Kindergeld

§ 62[1)] Anspruchsberechtigte

(1) Für Kinder im Sinne des § 63 hat Anspruch auf Kindergeld nach diesem Gesetz, wer

1. im Inland einen Wohnsitz oder seinen gewöhnlichen Aufenthalt hat oder
2. ohne Wohnsitz oder gewöhnlichen Aufenthalt im Inland
   a) nach § 1 Absatz 2 unbeschränkt einkommensteuerpflichtig ist oder
   b) nach § 1 Absatz 3 als unbeschränkt einkommensteuerpflichtig behandelt wird.

(2) Ein nicht freizügigkeitsberechtigter Ausländer erhält Kindergeld nur, wenn er

1. eine Niederlassungserlaubnis besitzt,
2. eine Aufenthaltserlaubnis besitzt, die zur Ausübung einer Erwerbstätigkeit berechtigt oder berechtigt hat, es sei denn, die Aufenthaltserlaubnis wurde
   a) nach § 16 oder § 17 des Aufenthaltsgesetzes erteilt,
   b) nach § 18 Absatz 2 des Aufenthaltsgesetzes erteilt und die Zustimmung der Bundesagentur für Arbeit darf nach der Beschäftigungsverordnung nur für einen bestimmten Höchstzeitraum erteilt werden,
   c) nach § 23 Absatz 1 des Aufenthaltsgesetzes wegen eines Krieges in seinem Heimatland oder nach den §§ 23a, 24, 25 Absatz 3 bis 5 des Aufenthaltsgesetzes erteilt

   oder
3. eine in Nummer 2 Buchstabe c genannte Aufenthaltserlaubnis besitzt und
   a) sich seit mindestens drei Jahren rechtmäßig, gestattet oder geduldet im Bundesgebiet aufhält und
   b) im Bundesgebiet berechtigt erwerbstätig ist, laufende Geldleistungen nach dem Dritten Buch Sozialgesetzbuch bezieht oder Elternzeit in Anspruch nimmt.

§ 63 Kinder

(1) [1]Als Kinder werden berücksichtigt

1. Kinder im Sinne des § 32 Absatz 1,
2. vom Berechtigten in seinen Haushalt aufgenommene Kinder seines Ehegatten,
3. vom Berechtigten in seinen Haushalt aufgenommene Enkel.

[2]§ 32 Absatz 3 bis 5 gilt entsprechend. [3]Kinder, die weder einen Wohnsitz noch ihren gewöhnlichen Aufenthalt im Inland, in einem Mitgliedstaat der Europäischen Union oder in einem Staat, auf den das Abkommen über den Europäischen Wirtschaftsraum Anwendung findet, haben, werden nicht berücksichtigt, es sei denn, sie leben im Haushalt eines Berechtigten im Sinne des § 62 Absatz 1 Nummer 2 Buchstabe a. [4]Kinder im Sinne von § 2 Absatz 4 Satz 2 des Bundeskindergeldgesetzes werden nicht berücksichtigt.

(2) Die Bundesregierung wird ermächtigt, durch Rechtsverordnung, die nicht der Zustimmung des Bundesrates bedarf, zu bestimmen, dass einem Berechtigten, der im Inland erwerbstätig ist oder sonst seine hauptsächlichen Einkünfte erzielt, für seine in Absatz 1 Satz 3 erster Halbsatz bezeichneten Kinder Kindergeld ganz oder teilweise zu leisten ist, soweit dies mit Rücksicht auf die durchschnittlichen Lebenshaltungskosten für Kinder in deren Wohnsitzstaat und auf die dort gewährten dem Kindergeld vergleichbaren Leistungen geboten ist.

---

1) **Anm. d. Red.:** Zur Anwendung des § 62 siehe § 52 Abs. 61 und 61a.

§ 64 Zusammentreffen mehrerer Ansprüche

(1) Für jedes Kind wird nur einem Berechtigten Kindergeld gezahlt.

(2) [1]Bei mehreren Berechtigten wird das Kindergeld demjenigen gezahlt, der das Kind in seinen Haushalt aufgenommen hat. [2]Ist ein Kind in den gemeinsamen Haushalt von Eltern, einem Elternteil und dessen Ehegatten, Pflegeeltern oder Großeltern aufgenommen worden, so bestimmen diese untereinander den Berechtigten. [3]Wird eine Bestimmung nicht getroffen, so bestimmt das Familiengericht auf Antrag den Berechtigten. [4]Den Antrag kann stellen, wer ein berechtigtes Interesse an der Zahlung des Kindergeldes hat. [5]Lebt ein Kind im gemeinsamen Haushalt von Eltern und Großeltern, so wird das Kindergeld vorrangig einem Elternteil gezahlt; es wird an einen Großelternteil gezahlt, wenn der Elternteil gegenüber der zuständigen Stelle auf seinen Vorrang schriftlich verzichtet hat.

(3) [1]Ist das Kind nicht in den Haushalt eines Berechtigten aufgenommen, so erhält das Kindergeld derjenige, der dem Kind eine Unterhaltsrente zahlt. [2]Zahlen mehrere Berechtigte dem Kind Unterhaltsrenten, so erhält das Kindergeld derjenige, der dem Kind die höchste Unterhaltsrente zahlt. [3]Werden gleich hohe Unterhaltsrenten gezahlt oder zahlt keiner der Berechtigten dem Kind Unterhalt, so bestimmen die Berechtigten untereinander, wer das Kindergeld erhalten soll. [4]Wird eine Bestimmung nicht getroffen, so gilt Absatz 2 Satz 3 und 4 entsprechend.

§ 65[1)] Andere Leistungen für Kinder

(1) [1]Kindergeld wird nicht für ein Kind gezahlt, für das eine der folgenden Leistungen zu zahlen ist oder bei entsprechender Antragstellung zu zahlen wäre:

1. Kinderzulagen aus der gesetzlichen Unfallversicherung oder Kinderzuschüsse aus den gesetzlichen Rentenversicherungen,
2. Leistungen für Kinder, die im Ausland gewährt werden und dem Kindergeld oder einer der unter Nummer 1 genannten Leistungen vergleichbar sind,
3. Leistungen für Kinder, die von einer zwischen- oder überstaatlichen Einrichtung gewährt werden und dem Kindergeld vergleichbar sind.

[2]Soweit es für die Anwendung von Vorschriften dieses Gesetzes auf den Erhalt von Kindergeld ankommt, stehen die Leistungen nach Satz 1 dem Kindergeld gleich. [3]Steht ein Berechtigter in einem Versicherungspflichtverhältnis zur Bundesagentur für Arbeit nach § 24 des Dritten Buches Sozialgesetzbuch oder ist er versicherungsfrei nach § 28 Nummer 1 des Dritten Buches Sozialgesetzbuch oder steht er im Inland in einem öffentlich-rechtlichen Dienst- oder Amtsverhältnis, so wird sein Anspruch auf Kindergeld für ein Kind nicht nach Satz 1 Nummer 3 mit Rücksicht darauf ausgeschlossen, dass sein Ehegatte als Beamter, Ruhestandsbeamter oder sonstiger Bediensteter der Europäischen Gemeinschaften für das Kind Anspruch auf Kinderzulage hat.

(2) Ist in den Fällen des Absatzes 1 Satz 1 Nummer 1 der Bruttobetrag der anderen Leistung niedriger als das Kindergeld nach § 66, wird Kindergeld in Höhe des Unterschiedsbetrags gezahlt, wenn er mindestens 5 Euro beträgt.

§ 66[2)] Höhe des Kindergeldes, Zahlungszeitraum

(1) [1]Das Kindergeld beträgt monatlich für erste und zweite Kinder jeweils 184 Euro, für dritte Kinder 190 Euro und für das vierte und jedes weitere Kind jeweils 215 Euro. [2]Darüber hinaus wird für jedes Kind, für das im Kalenderjahr 2009 mindestens für einen Kalendermonat ein Anspruch auf Kindergeld besteht, für das Kalenderjahr 2009 ein Einmalbetrag in Höhe von 100 Euro gezahlt.

---

1) **Anm. d. Red.:** Zur Anwendung des § 65 siehe § 52 Abs. 61.

2) **Anm. d. Red.:** § 66 Abs. 1 i. d. F. des Art. 1 Nr. 7 Wachstumsbeschleunigungsgesetz v. 22. 12. 2009 (BGBl I 3950).

(2) Das Kindergeld wird monatlich vom Beginn des Monats an gezahlt, in dem die Anspruchsvoraussetzungen erfüllt sind, bis zum Ende des Monats, in dem die Anspruchsvoraussetzungen wegfallen.

§ 67 Antrag

[1]Das Kindergeld ist bei der zuständigen Familienkasse schriftlich zu beantragen. [2]Den Antrag kann außer dem Berechtigten auch stellen, wer ein berechtigtes Interesse an der Leistung des Kindergeldes hat.

§ 68 Besondere Mitwirkungspflichten

(1) [1]Wer Kindergeld beantragt oder erhält, hat Änderungen in den Verhältnissen, die für die Leistung erheblich sind oder über die im Zusammenhang mit der Leistung Erklärungen abgegeben worden sind, unverzüglich der zuständigen Familienkasse mitzuteilen. [2]Ein Kind, das das 18. Lebensjahr vollendet hat, ist auf Verlangen der Familienkasse verpflichtet, an der Aufklärung des für die Kindergeldzahlung maßgebenden Sachverhalts mitzuwirken; § 101 der Abgabenordnung findet insoweit keine Anwendung.

(2) (weggefallen)

(3) Auf Antrag des Berechtigten erteilt die das Kindergeld auszahlende Stelle eine Bescheinigung über das für das Kalenderjahr ausgezahlte Kindergeld.

(4) Die Familienkassen dürfen den die Bezüge im öffentlichen Dienst anweisenden Stellen Auskunft über den für die jeweilige Kindergeldzahlung maßgebenden Sachverhalt erteilen.

§ 69 Überprüfung des Fortbestehens von Anspruchsvoraussetzungen durch Meldedaten-Übermittlung

Die Meldebehörden übermitteln in regelmäßigen Abständen den Familienkassen nach Maßgabe einer auf Grund des § 20 Absatz 1 des Melderechtsrahmengesetzes zu erlassenden Rechtsverordnung die in § 18 Absatz 1 des Melderechtsrahmengesetzes genannten Daten aller Einwohner, zu deren Person im Melderegister Daten von minderjährigen Kindern gespeichert sind, und dieser Kinder, soweit die Daten nach ihrer Art für die Prüfung der Rechtmäßigkeit des Bezuges von Kindergeld geeignet sind.

§ 70 Festsetzung und Zahlung des Kindergeldes

(1) Das Kindergeld nach § 62 wird von den Familienkassen durch Bescheid festgesetzt und ausgezahlt.

(2) [1]Soweit in den Verhältnissen, die für den Anspruch auf Kindergeld erheblich sind, Änderungen eintreten, ist die Festsetzung des Kindergeldes mit Wirkung vom Zeitpunkt der Änderung der Verhältnisse aufzuheben oder zu ändern. [2]Ist die Änderung einer Kindergeldfestsetzung nur wegen einer Anhebung der in § 66 Absatz 1 genannten Kindergeldbeträge erforderlich, kann von der Erteilung eines schriftlichen Änderungsbescheides abgesehen werden.

(3) [1]Materielle Fehler der letzten Festsetzung können durch Neufestsetzung oder durch Aufhebung der Festsetzung beseitigt werden. [2]Neu festgesetzt oder aufgehoben wird mit Wirkung ab dem auf die Bekanntgabe der Neufestsetzung oder der Aufhebung der Festsetzung folgenden Monat. [3]Bei der Neufestsetzung oder Aufhebung der Festsetzung nach Satz 1 ist § 176 der Abgabenordnung entsprechend anzuwenden; dies gilt nicht für Monate, die nach der Verkündung der maßgeblichen Entscheidung eines obersten Gerichtshofes des Bundes beginnen.

(4) Eine Kindergeldfestsetzung ist aufzuheben oder zu ändern, wenn nachträglich bekannt wird, dass die Einkünfte und Bezüge des Kindes den Grenzbetrag nach § 32 Absatz 4 über- oder unterschreiten.

§ 71 (weggefallen)

§ 72 Festsetzung und Zahlung des Kindergeldes an Angehörige des öffentlichen Dienstes

(1) [1]Steht Personen, die

1. in einem öffentlich-rechtlichen Dienst-, Amts- oder Ausbildungsverhältnis stehen, mit Ausnahme der Ehrenbeamten, oder
2. Versorgungsbezüge nach beamten- oder soldatenrechtlichen Vorschriften oder Grundsätzen erhalten oder
3. Arbeitnehmer des Bundes, eines Landes, einer Gemeinde, eines Gemeindeverbandes oder einer sonstigen Körperschaft, einer Anstalt oder einer Stiftung des öffentlichen Rechts sind, einschließlich der zu ihrer Berufsausbildung Beschäftigten,

Kindergeld nach Maßgabe dieses Gesetzes zu, wird es von den Körperschaften, Anstalten oder Stiftungen des öffentlichen Rechts festgesetzt und ausgezahlt. [2]Die genannten juristischen Personen sind insoweit Familienkasse.

(2) Der Deutschen Post AG, der Deutschen Postbank AG und der Deutschen Telekom AG obliegt die Durchführung dieses Gesetzes für ihre jeweiligen Beamten und Versorgungsempfänger in Anwendung des Absatzes 1.

(3) Absatz 1 gilt nicht für Personen, die ihre Bezüge oder Arbeitsentgelt

1. von einem Dienstherrn oder Arbeitgeber im Bereich der Religionsgesellschaften des öffentlichen Rechts oder
2. von einem Spitzenverband der Freien Wohlfahrtspflege, einem diesem unmittelbar oder mittelbar angeschlossenen Mitgliedsverband oder einer einem solchen Verband angeschlossenen Einrichtung oder Anstalt

erhalten.

(4) Die Absätze 1 und 2 gelten nicht für Personen, die voraussichtlich nicht länger als sechs Monate in den Kreis der in Absatz 1 Satz 1 Nummer 1 bis 3 und Absatz 2 Bezeichneten eintreten.

(5) Obliegt mehreren Rechtsträgern die Zahlung von Bezügen oder Arbeitsentgelt (Absatz 1 Satz 1) gegenüber einem Berechtigten, so ist für die Durchführung dieses Gesetzes zuständig:

1. bei Zusammentreffen von Versorgungsbezügen mit anderen Bezügen oder Arbeitsentgelt der Rechtsträger, dem die Zahlung der anderen Bezüge oder des Arbeitsentgelts obliegt;
2. bei Zusammentreffen mehrerer Versorgungsbezüge der Rechtsträger, dem die Zahlung der neuen Versorgungsbezüge im Sinne der beamtenrechtlichen Ruhensvorschriften obliegt;
3. bei Zusammentreffen von Arbeitsentgelt (Absatz 1 Satz 1 Nummer 3) mit Bezügen aus einem der in Absatz 1 Satz 1 Nummer 1 bezeichneten Rechtsverhältnisse der Rechtsträger, dem die Zahlung dieser Bezüge obliegt;
4. bei Zusammentreffen mehrerer Arbeitsentgelte (Absatz 1 Satz 1 Nummer 3) der Rechtsträger, dem die Zahlung des höheren Arbeitsentgelts obliegt oder – falls die Arbeitsentgelte gleich hoch sind – der Rechtsträger, zu dem das zuerst begründete Arbeitsverhältnis besteht.

(6) [1]Scheidet ein Berechtigter im Laufe eines Monats aus dem Kreis der in Absatz 1 Satz 1 Nummer 1 bis 3 Bezeichneten aus oder tritt er im Laufe eines Monats in diesen Kreis ein, so wird das Kindergeld für diesen Monat von der Stelle gezahlt, die bis zum Ausscheiden oder Eintritt des Berechtigten zuständig war. [2]Dies gilt nicht, soweit die Zahlung von Kindergeld für ein Kind in Betracht kommt, das erst nach dem Ausscheiden oder Eintritt bei dem Berechtigten nach § 63 zu berücksichtigen ist. [3]Ist in einem Fall des Satzes 1 das Kindergeld bereits für einen folgenden Monat gezahlt worden, so muss der für diesen Monat Berechtigte die Zahlung gegen sich gelten lassen.

(7) [1]In den Abrechnungen der Bezüge und des Arbeitsentgelts ist das Kindergeld gesondert auszuweisen, wenn es zusammen mit den Bezügen oder dem Arbeitsentgelt ausgezahlt wird. [2]Der Rechtsträger hat die Summe des von ihm für alle Berechtigten ausgezahlten Kindergeldes dem Betrag, den er insgesamt an Lohnsteuer einzubehalten hat, zu entnehmen und bei der nächsten Lohnsteuer-Anmeldung gesondert abzusetzen. [3]Übersteigt das insgesamt ausgezahlte Kindergeld den Betrag, der insgesamt an Lohnsteuer abzuführen ist, so wird der übersteigende Betrag dem Rechtsträger auf Antrag von dem Finanzamt, an das die Lohnsteuer abzuführen ist, aus den Einnahmen der Lohnsteuer ersetzt.

(8) [1]Abweichend von Absatz 1 Satz 1 werden Kindergeldansprüche auf Grund über- oder zwischenstaatlicher Rechtsvorschriften durch die Familienkassen der Bundesagentur für Arbeit festgesetzt und ausgezahlt. [2]Dies gilt auch für Fälle, in denen Kindergeldansprüche sowohl nach Maßgabe dieses Gesetzes als auch auf Grund über- oder zwischenstaatlicher Rechtsvorschriften bestehen.

§ 73 (weggefallen)

§ 74 Zahlung des Kindergeldes in Sonderfällen

(1) [1]Das für ein Kind festgesetzte Kindergeld nach § 66 Absatz 1 kann an das Kind ausgezahlt werden, wenn der Kindergeldberechtigte ihm gegenüber seiner gesetzlichen Unterhaltspflicht nicht nachkommt. [2]Kindergeld kann an Kinder, die bei der Festsetzung des Kindergeldes berücksichtigt werden, bis zur Höhe des Betrags, der sich bei entsprechender Anwendung des § 76 ergibt, ausgezahlt werden. [3]Dies gilt auch, wenn der Kindergeldberechtigte mangels Leistungsfähigkeit nicht unterhaltspflichtig ist oder nur Unterhalt in Höhe eines Betrags zu leisten braucht, der geringer ist als das für die Auszahlung in Betracht kommende Kindergeld. [4]Die Auszahlung kann auch an die Person oder Stelle erfolgen, die dem Kind Unterhalt gewährt.

(2) Für Erstattungsansprüche der Träger von Sozialleistungen gegen die Familienkasse gelten die §§ 102 bis 109 und 111 bis 113 des Zehnten Buches Sozialgesetzbuch entsprechend.

§ 75 Aufrechnung

(1) Mit Ansprüchen auf Rückzahlung von Kindergeld kann die Familienkasse gegen Ansprüche auf laufendes Kindergeld bis zu deren Hälfte aufrechnen, wenn der Leistungsberechtigte nicht nachweist, dass er dadurch hilfebedürftig im Sinne der Vorschriften des Zwölften Buches Sozialgesetzbuch über die Hilfe zum Lebensunterhalt oder im Sinne der Vorschriften des Zweiten Buches Sozialgesetzbuch über die Leistungen zur Sicherung des Lebensunterhalts wird.

(2) Absatz 1 gilt für die Aufrechnung eines Anspruchs auf Erstattung von Kindergeld gegen einen späteren Kindergeldanspruch eines mit dem Erstattungspflichtigen in Haushaltsgemeinschaft lebenden Berechtigten entsprechend, soweit es sich um laufendes Kindergeld für ein Kind handelt, das bei beiden berücksichtigt werden kann oder konnte.

§ 76 Pfändung

[1]Der Anspruch auf Kindergeld kann nur wegen gesetzlicher Unterhaltsansprüche eines Kindes, das bei der Festsetzung des Kindergeldes berücksichtigt wird, gepfändet werden. [2]Für die Höhe des pfändbaren Betrags gilt:

1. [1]Gehört das unterhaltsberechtigte Kind zum Kreis der Kinder, für die dem Leistungsberechtigten Kindergeld gezahlt wird, so ist eine Pfändung bis zu dem Betrag möglich, der bei gleichmäßiger Verteilung des Kindergeldes auf jedes dieser Kinder entfällt. [2]Ist das Kindergeld durch die Berücksichtigung eines weiteren Kindes erhöht, für das einer dritten Person Kindergeld oder dieser oder dem Leistungsberechtigten eine andere Geldleistung für Kinder zusteht, so bleibt der Erhöhungsbetrag

bei der Bestimmung des pfändbaren Betrags des Kindergeldes nach Satz 1 außer Betracht;

2. der Erhöhungsbetrag nach Nummer 1 Satz 2 ist zugunsten jedes bei der Festsetzung des Kindergeldes berücksichtigten unterhaltsberechtigten Kindes zu dem Anteil pfändbar, der sich bei gleichmäßiger Verteilung auf alle Kinder, die bei der Festsetzung des Kindergeldes zugunsten des Leistungsberechtigten berücksichtigt werden, ergibt.

§ 76a*) Kontenpfändung und Pfändung von Bargeld

(1) [1]Wird Kindergeld auf das Konto des Berechtigten oder in den Fällen des § 74 Absatz 1 Satz 1 bis 3 bzw. § 76 auf das Konto des Kindes bei einem Geldinstitut überwiesen, ist die Forderung, die durch die Gutschrift entsteht, für die Dauer von sieben Tagen seit der Gutschrift der Überweisung unpfändbar. [2]Eine Pfändung des Guthabens gilt als mit der Maßgabe ausgesprochen, dass sie das Guthaben in Höhe der in Satz 1 bezeichneten Forderung während der sieben Tage nicht erfasst.

(2) [1]Das Geldinstitut ist dem Schuldner innerhalb der sieben Tage zur Leistung aus dem nach Absatz 1 Satz 2 von der Pfändung nicht erfassten Guthaben nur soweit verpflichtet, als der Schuldner nachweist oder als dem Geldinstitut sonst bekannt ist, dass das Guthaben von der Pfändung nicht erfasst ist. [2]Soweit das Geldinstitut hiernach geleistet hat, gilt Absatz 1 Satz 2 nicht.

(3) [1]Eine Leistung, die das Geldinstitut innerhalb der sieben Tage aus dem nach Absatz 1 Satz 2 von der Pfändung nicht erfassten Guthaben an den Gläubiger bewirkt, ist dem Schuldner gegenüber unwirksam. [2]Das gilt auch für eine Hinterlegung.

(4) Bei Empfängern laufender Kindergeldleistungen sind die in Absatz 1 genannten Forderungen nach Ablauf von sieben Tagen seit der Gutschrift sowie Bargeld insoweit nicht der Pfändung unterworfen, als ihr Betrag dem unpfändbaren Teil der Leistungen für die Zeit von der Pfändung bis zum nächsten Zahlungstermin entspricht.

§ 77 Erstattung von Kosten im Vorverfahren

(1) [1]Soweit der Einspruch gegen die Kindergeldfestsetzung erfolgreich ist, hat die Familienkasse demjenigen, der den Einspruch erhoben hat, die zur zweckentsprechenden

---

*) **Amtl. Anm.:** § 76a gilt gemäß Artikel 5 in Verbindung mit Artikel 10 Absatz 1 des Gesetzes vom 7. Juli 2009 (BGBl I S. 1707) ab 1. Juli 2010 in folgender Fassung, die gemäß Artikel 7 Absatz 4 in Verbindung mit Artikel 10 Absatz 2 des Gesetzes vom 7. Juli 2009 (BGBl I S. 1707) am 1. Januar 2012 aufgehoben wird:

„**§ 76a Kontenpfändung und Pfändung von Bargeld**

(1) [1]Wird Kindergeld auf das Konto des Berechtigten oder in den Fällen des § 74 Absatz 1 Satz 1 bis 3 bzw. § 76 auf das Konto des Kindes bei einem Kreditinstitut überwiesen, ist die Forderung, die durch die Gutschrift entsteht, für die Dauer von 14 Tagen seit der Gutschrift der Überweisung unpfändbar. [2]Eine Pfändung des Guthabens gilt als mit der Maßgabe ausgesprochen, dass sie das Guthaben in Höhe der in Satz 1 bezeichneten Forderung während der 14 Tage nicht erfasst.

(2) [1]Das Kreditinstitut ist dem Schuldner innerhalb der 14 Tage zur Leistung aus dem nach Absatz 1 Satz 2 von der Pfändung nicht erfassten Guthaben nur soweit verpflichtet, als der Schuldner nachweist oder als dem Kreditinstitut sonst bekannt ist, dass das Guthaben von der Pfändung nicht erfasst ist. [2]Soweit das Kreditinstitut hiernach geleistet hat, gilt Absatz 1 Satz 2 nicht.

(3) [1]Eine Leistung, die das Kreditinstitut innerhalb der 14 Tage aus dem nach Absatz 1 Satz 2 von der Pfändung nicht erfassten Guthaben an den Gläubiger bewirkt, ist dem Schuldner gegenüber unwirksam. [2]Das gilt auch für eine Hinterlegung.

(4) Bei Empfängern laufender Kindergeldleistungen sind die in Absatz 1 genannten Forderungen nach Ablauf von 14 Tagen seit der Gutschrift sowie Bargeld insoweit nicht der Pfändung unterworfen, als ihr Betrag dem unpfändbaren Teil der Leistungen für die Zeit von der Pfändung bis zum nächsten Zahlungstermin entspricht.

(5) [1]Pfändungsschutz für Kontoguthaben besteht nach dieser Vorschrift nicht, wenn der Schuldner ein Pfändungsschutzkonto im Sinne von § 850k Absatz 7 der Zivilprozessordnung führt. [2]Hat das Kreditinstitut keine Kenntnis von dem Bestehen eines Pfändungsschutzkontos, leistet es nach den Absätzen 1 bis 4 mit befreiender Wirkung an den Schuldner. [3]Gegenüber dem Gläubiger ist das Kreditinstitut zur Leistung nur verpflichtet, wenn ihm das Bestehen des Pfändungsschutzkontos nachgewiesen ist."

Rechtsverfolgung oder Rechtsverteidigung notwendigen Aufwendungen zu erstatten. [2]Dies gilt auch, wenn der Einspruch nur deshalb keinen Erfolg hat, weil die Verletzung einer Verfahrens- oder Formvorschrift nach § 126 der Abgabenordnung unbeachtlich ist. [3]Aufwendungen, die durch das Verschulden eines Erstattungsberechtigten entstanden sind, hat dieser selbst zu tragen; das Verschulden eines Vertreters ist dem Vertretenen zuzurechnen.

(2) Die Gebühren und Auslagen eines Bevollmächtigten oder Beistandes, der nach den Vorschriften des Steuerberatungsgesetzes zur geschäftsmäßigen Hilfeleistung in Steuersachen befugt ist, sind erstattungsfähig, wenn dessen Zuziehung notwendig war.

(3) [1]Die Familienkasse setzt auf Antrag den Betrag der zu erstattenden Aufwendungen fest. [2]Die Kostenentscheidung bestimmt auch, ob die Zuziehung eines Bevollmächtigten oder Beistandes im Sinne des Absatzes 2 notwendig war.

§ 78 Übergangsregelungen

(1) bis (4) (weggefallen)

(5) [1]Abweichend von § 64 Absatz 2 und 3 steht Berechtigten, die für Dezember 1990 für ihre Kinder Kindergeld in dem in Artikel 3 des Einigungsvertrages genannten Gebiet bezogen haben, das Kindergeld für diese Kinder auch für die folgende Zeit zu, solange sie ihren Wohnsitz oder gewöhnlichen Aufenthalt in diesem Gebiet beibehalten und die Kinder die Voraussetzungen ihrer Berücksichtigung weiterhin erfüllen. [2]§ 64 Absatz 2 und 3 ist insoweit erst für die Zeit vom Beginn des Monats an anzuwenden, in dem ein hierauf gerichteter Antrag bei der zuständigen Stelle eingegangen ist; der hiernach Berechtigte muss die nach Satz 1 geleisteten Zahlungen gegen sich gelten lassen.

XI. Altersvorsorgezulage

§ 79 Zulageberechtigte

[1]Nach § 10a Absatz 1 begünstigte unbeschränkt steuerpflichtige Personen haben Anspruch auf eine Altersvorsorgezulage (Zulage). [2]Liegen bei Ehegatten die Voraussetzungen des § 26 Absatz 1 vor und ist nur ein Ehegatte nach Satz 1 begünstigt, so ist auch der andere Ehegatte zulageberechtigt, wenn ein auf seinen Namen lautender Altersvorsorgevertrag besteht.

§ 80 Anbieter

Anbieter im Sinne dieses Gesetzes sind Anbieter von Altersvorsorgeverträgen gemäß § 1 Absatz 2 des Altersvorsorgeverträge-Zertifizierungsgesetzes sowie die in § 82 Absatz 2 genannten Versorgungseinrichtungen.

§ 81 Zentrale Stelle

Zentrale Stelle im Sinne dieses Gesetzes ist die Deutsche Rentenversicherung Bund.

§ 81a[1)] Zuständige Stelle

[1]Zuständige Stelle ist bei einem

1. Empfänger von Besoldung nach dem Bundesbesoldungsgesetz oder einem Landesbesoldungsgesetz die die Besoldung anordnende Stelle,
2. Empfänger von Amtsbezügen im Sinne des § 10a Absatz 1 Satz 1 Nummer 2 die die Amtsbezüge anordnende Stelle,
3. versicherungsfrei Beschäftigten sowie bei einem von der Versicherungspflicht befreiten Beschäftigten im Sinne des § 10a Absatz 1 Satz 1 Nummer 3 der die Versorgung gewährleistende Arbeitgeber der rentenversicherungsfreien Beschäftigung,

1) **Anm. d. Red.:** Zur Anwendung des § 81a siehe § 52 Abs. 24c Satz 1.

4. Beamten, Richter, Berufssoldaten und Soldaten auf Zeit im Sinne des § 10a Absatz 1 Satz 1 Nummer 4 der zur Zahlung des Arbeitsentgelts verpflichtete Arbeitgeber und
5. Empfänger einer Versorgung im Sinne des § 10a Absatz 1 Satz 4 die die Versorgung anordnende Stelle.

[2]Für die in § 10a Absatz 1 Satz 1 Nummer 5 genannten Steuerpflichtigen gilt Satz 1 entsprechend.

§ 82 Altersvorsorgebeiträge

(1) [1]Geförderte Altersvorsorgebeiträge sind im Rahmen der in § 10a genannten Grenzen

1. Beiträge,
2. Tilgungsleistungen,

die der Zulageberechtigte (§ 79) zugunsten eines auf seinen Namen lautenden Vertrags leistet, der nach § 5 des Altersvorsorgeverträge-Zertifizierungsgesetzes zertifiziert ist (Altersvorsorgevertrag). [2]Die Zertifizierung ist Grundlagenbescheid im Sinne des § 171 Absatz 10 der Abgabenordnung. [3]Als Tilgungsleistungen gelten auch Beiträge, die zugunsten eines Altersvorsorgevertrags im Sinne des § 1 Absatz 1a Satz 1 Nummer 3 des Altersvorsorgeverträge-Zertifizierungsgesetzes erbracht wurden und die zur Tilgung eines im Rahmen des Altersvorsorgevertrags abgeschlossenen Darlehens abgetreten wurden. [4]Im Fall der Übertragung von gefördertem Altersvorsorgevermögen nach § 1 Absatz 1 Satz 1 Nummer 10 Buchstabe b des Altersvorsorgeverträge-Zertifizierungsgesetzes in einen Altersvorsorgevertrag im Sinne des § 1 Absatz 1a Satz 1 Nummer 3 des Altersvorsorgeverträge-Zertifizierungsgesetzes gelten die Beiträge nach Satz 1 Nummer 1 ab dem Zeitpunkt der Übertragung als Tilgungsleistungen nach Satz 3; eine erneute Förderung nach § 10a oder Abschnitt XI erfolgt insoweit nicht. [5]Tilgungsleistungen nach den Sätzen 1 und 3 werden nur berücksichtigt, wenn das zugrunde liegende Darlehen für eine nach dem 31. Dezember 2007 vorgenommene wohnungswirtschaftliche Verwendung im Sinne des § 92a Absatz 1 Satz 1 eingesetzt wurde.

(2) [1]Zu den Altersvorsorgebeiträgen gehören auch

a) die aus dem individuell versteuerten Arbeitslohn des Arbeitnehmers geleisteten Beiträge an einen Pensionsfonds, eine Pensionskasse oder eine Direktversicherung zum Aufbau einer kapitalgedeckten betrieblichen Altersversorgung und
b) Beiträge des Arbeitnehmers und des ausgeschiedenen Arbeitnehmers, die dieser im Fall der zunächst durch Entgeltumwandlung (§ 1a des Betriebsrentengesetzes) finanzierten und nach § 3 Nummer 63 oder § 10a und diesem Abschnitt geförderten kapitalgedeckten betrieblichen Altersversorgung nach Maßgabe des § 1a Absatz 4 und § 1b Absatz 5 Satz 1 Nummer 2 des Betriebsrentengesetzes selbst erbringt,

wenn eine Auszahlung der zugesagten Altersversorgungsleistung in Form einer Rente oder eines Auszahlungsplans (§ 1 Absatz 1 Satz 1 Nummer 4 des Altersvorsorgeverträge-Zertifizierungsgesetzes) vorgesehen ist. [2]Die §§ 3 und 4 des Betriebsrentengesetzes stehen dem vorbehaltlich des § 93 nicht entgegen.

(3) Zu den Altersvorsorgebeiträgen gehören auch die Beitragsanteile, die zur Absicherung der verminderten Erwerbsfähigkeit des Zulageberechtigten und zur Hinterbliebenenversorgung verwendet werden, wenn in der Leistungsphase die Auszahlung in Form einer Rente erfolgt.

(4) Nicht zu den Altersvorsorgebeiträgen zählen

1. Aufwendungen, die vermögenswirksame Leistungen nach dem Fünften Vermögensbildungsgesetz in der Fassung der Bekanntmachung vom 4. März 1994 (BGBl I S. 406), zuletzt geändert durch Artikel 19 des Gesetzes vom 29. Dezember 2003 (BGBl I S. 3076), in der jeweils geltenden Fassung darstellen,
2. prämienbegünstigte Aufwendungen nach dem Wohnungsbau-Prämiengesetz in der Fassung der Bekanntmachung vom 30. Oktober 1997 (BGBl I S. 2678), zuletzt geän-

dert durch Artikel 5 des Gesetzes vom 29. Juli 2008 (BGBl I S. 1509), in der jeweils geltenden Fassung,

3. Aufwendungen, die im Rahmen des § 10 als Sonderausgaben geltend gemacht werden, oder
4. Zahlungen nach § 92a Absatz 2 Satz 4 Nummer 1 und Absatz 3 Satz 9 Nummer 2.

§ 83 Altersvorsorgezulage

In Abhängigkeit von den geleisteten Altersvorsorgebeiträgen wird eine Zulage gezahlt, die sich aus einer Grundzulage (§ 84) und einer Kinderzulage (§ 85) zusammensetzt.

§ 84 Grundzulage

[1]Jeder Zulageberechtigte erhält eine Grundzulage; diese beträgt jährlich 154 Euro. [2]Für Zulageberechtigte nach § 79 Satz 1, die zu Beginn des Beitragsjahres (§ 88) das 25. Lebensjahr noch nicht vollendet haben, erhöht sich die Grundzulage nach Satz 1 um einmalig 200 Euro. [3]Die Erhöhung nach Satz 2 ist für das erste nach dem 31. Dezember 2007 beginnende Beitragsjahr zu gewähren, für das eine Altersvorsorgezulage beantragt wird.

§ 85 Kinderzulage

(1) [1]Die Kinderzulage beträgt für jedes Kind, für das dem Zulageberechtigten Kindergeld ausgezahlt wird, jährlich 185 Euro. [2]Für ein nach dem 31. Dezember 2007 geborenes Kind erhöht sich die Kinderzulage nach Satz 1 auf 300 Euro. [3]Der Anspruch auf Kinderzulage entfällt für den Veranlagungszeitraum, für den das Kindergeld insgesamt zurückgefordert wird. [4]Erhalten mehrere Zulageberechtigte für dasselbe Kind Kindergeld, steht die Kinderzulage demjenigen zu, dem für den ersten Anspruchszeitraum (§ 66 Absatz 2) im Kalenderjahr Kindergeld ausgezahlt worden ist.

(2) [1]Bei Eltern, die die Voraussetzungen des § 26 Absatz 1 erfüllen, wird die Kinderzulage der Mutter zugeordnet, auf Antrag beider Eltern dem Vater. [2]Der Antrag kann für ein abgelaufenes Beitragsjahr nicht zurückgenommen werden.

§ 86[1)] Mindesteigenbeitrag

(1) [1]Die Zulage nach den §§ 84 und 85 wird gekürzt, wenn der Zulageberechtigte nicht den Mindesteigenbeitrag leistet. [2]Dieser beträgt jährlich 4 Prozent der Summe der in dem dem Kalenderjahr vorangegangenen Kalenderjahr

1. erzielten beitragspflichtigen Einnahmen im Sinne des Sechsten Buches Sozialgesetzbuch,
2. bezogenen Besoldung und Amtsbezüge,
3. in den Fällen des § 10a Absatz 1 Satz 1 Nummer 3 und Nummer 4 erzielten Einnahmen, die beitragspflichtig wären, wenn die Versicherungsfreiheit in der gesetzlichen Rentenversicherung nicht bestehen würde und
4. bezogenen Rente wegen voller Erwerbsminderung oder Erwerbsunfähigkeit oder bezogenen Versorgungsbezüge wegen Dienstunfähigkeit in den Fällen des § 10a Absatz 1 Satz 4,

jedoch nicht mehr als die in § 10a Absatz 1 Satz 1 genannten Beträge, vermindert um die Zulage nach den §§ 84 und 85; gehört der Ehegatte zum Personenkreis nach § 79 Satz 2, berechnet sich der Mindesteigenbeitrag des nach § 79 Satz 1 Begünstigten unter Berücksichtigung der den Ehegatten insgesamt zustehenden Zulagen. [3]Auslandsbezogene Bestandteile nach den §§ 52 ff. des Bundesbesoldungsgesetzes oder entsprechender Regelungen eines Landesbesoldungsgesetzes bleiben unberücksichtigt. [4]Als Sockelbetrag sind ab dem Jahr 2005 jährlich 60 Euro zu leisten. [5]Ist der Sockelbetrag höher als der Mindesteigenbeitrag nach Satz 2, so ist der Sockelbetrag als Mindesteigenbeitrag zu leis-

1) **Anm. d. Red.:** Zur Anwendung des § 86 siehe § 52 Abs. 24c Satz 1 und Abs. 64.

ten. [6]Die Kürzung der Zulage ermittelt sich nach dem Verhältnis der Altersvorsorgebeiträge zum Mindesteigenbeitrag.

(2) [1]Ein nach § 79 Satz 2 begünstigter Ehegatte hat Anspruch auf eine ungekürzte Zulage, wenn der zum begünstigten Personenkreis nach § 79 Satz 1 gehörende Ehegatte seinen geförderten Mindesteigenbeitrag unter Berücksichtigung der den Ehegatten insgesamt zustehenden Zulagen erbracht hat. [2]Werden bei einer in der gesetzlichen Rentenversicherung pflichtversicherten Person beitragspflichtige Einnahmen zu Grunde gelegt, die höher sind als das tatsächlich erzielte Entgelt, die Entgeltersatzleistung oder der nach § 19 des Zweiten Buches Sozialgesetzbuch als Arbeitslosengeld II ausgezahlte Betrag, ist das tatsächlich erzielte Entgelt, der Zahlbetrag der Entgeltersatzleistung oder der nach § 19 des Zweiten Buches Sozialgesetzbuch als Arbeitslosengeld II ausgezahlte Betrag für die Berechnung des Mindesteigenbeitrags zu berücksichtigen. [3]Satz 2 gilt auch in den Fällen, in denen im vorangegangenen Jahr keine der in Absatz 1 Satz 2 genannten Beträge bezogen wurden.

ESt G

(3) [1]Für Versicherungspflichtige nach dem Gesetz über die Alterssicherung der Landwirte ist Absatz 1 mit der Maßgabe anzuwenden, dass auch die Einkünfte aus Land- und Forstwirtschaft im Sinne des § 13 des zweiten dem Beitragsjahr vorangegangenen Veranlagungszeitraums als beitragspflichtige Einnahmen des vorangegangenen Kalenderjahres gelten. [2]Negative Einkünfte im Sinne des Satzes 1 bleiben unberücksichtigt, wenn weitere nach Absatz 1 oder Absatz 2 zu berücksichtigende Einnahmen erzielt werden.

(4) Wird nach Ablauf des Beitragsjahres festgestellt, dass die Voraussetzungen für die Gewährung einer Kinderzulage nicht vorgelegen haben, ändert sich dadurch die Berechnung des Mindesteigenbeitrags für dieses Beitragsjahr nicht.

§ 87 Zusammentreffen mehrerer Verträge

(1) [1]Zahlt der nach § 79 Satz 1 Zulageberechtigte Altersvorsorgebeiträge zugunsten mehrerer Verträge, so wird die Zulage nur für zwei dieser Verträge gewährt. [2]Der insgesamt nach § 86 zu leistende Mindesteigenbeitrag muss zugunsten dieser Verträge geleistet worden sein. [3]Die Zulage ist entsprechend dem Verhältnis der auf diese Verträge geleisteten Beiträge zu verteilen.

(2) [1]Der nach § 79 Satz 2 Zulageberechtigte kann die Zulage für das jeweilige Beitragsjahr nicht auf mehrere Altersvorsorgeverträge verteilen. [2]Es ist nur der Altersvorsorgevertrag begünstigt, für den zuerst die Zulage beantragt wird.

§ 88 Entstehung des Anspruchs auf Zulage

Der Anspruch auf die Zulage entsteht mit Ablauf des Kalenderjahres, in dem die Altersvorsorgebeiträge geleistet worden sind (Beitragsjahr).

§ 89 Antrag

(1) [1]Der Zulageberechtigte hat den Antrag auf Zulage nach amtlich vorgeschriebenem Vordruck bis zum Ablauf des zweiten Kalenderjahres, das auf das Beitragsjahr (§ 88) folgt, bei dem Anbieter seines Vertrages einzureichen. [2]Hat der Zulageberechtigte im Beitragsjahr Altersvorsorgebeiträge für mehrere Verträge gezahlt, so hat er mit dem Zulageantrag zu bestimmen, auf welche Verträge die Zulage überwiesen werden soll. [3]Beantragt der Zulageberechtigte die Zulage für mehr als zwei Verträge, so wird die Zulage nur für die zwei Verträge mit den höchsten Altersvorsorgebeiträgen gewährt. [4]Sofern eine Zulagenummer (§ 90 Absatz 1 Satz 2) durch die zentrale Stelle (§ 81) oder eine Versicherungsnummer nach § 147 des Sechsten Buches Sozialgesetzbuch für den nach § 79 Satz 2 berechtigten Ehegatten noch nicht vergeben ist, hat dieser über seinen Anbieter eine Zulagenummer bei der zentralen Stelle zu beantragen. [5]Der Antragsteller ist verpflichtet, dem Anbieter unverzüglich eine Änderung der Verhältnisse mitzuteilen, die zu einer Minderung oder zum Wegfall des Zulageanspruchs führt.

(1a) [1]Der Zulageberechtigte kann den Anbieter seines Vertrages schriftlich bevollmächtigen, für ihn abweichend von Absatz 1 die Zulage für jedes Beitragsjahr zu beantragen. [2]Absatz 1 Satz 5 gilt mit Ausnahme der Mitteilung geänderter beitragspflichtiger

Einnahmen entsprechend. [3]Ein Widerruf der Vollmacht ist bis zum Ablauf des Beitragsjahres, für das der Anbieter keinen Antrag auf Zulage stellen soll, gegenüber dem Anbieter zu erklären.

(2) [1]Der Anbieter ist verpflichtet,

a) die Vertragsdaten,

b) die Versicherungsnummer nach § 147 des Sechsten Buches Sozialgesetzbuch, die Zulagenummer des Zulageberechtigten und dessen Ehegatten oder einen Antrag auf Vergabe einer Zulagenummer eines nach § 79 Satz 2 berechtigten Ehegatten,

c) die vom Zulageberechtigten mitgeteilten Angaben zur Ermittlung des Mindesteigenbeitrags (§ 86),

d) die für die Gewährung der Kinderzulage erforderlichen Daten,

e) die Höhe der geleisteten Altersvorsorgebeiträge und

f) das Vorliegen einer nach Absatz 1a erteilten Vollmacht

als die für die Ermittlung und Überprüfung des Zulageanspruchs und Durchführung des Zulageverfahrens erforderlichen Daten zu erfassen. [2]Er hat die Daten der bei ihm im Laufe eines Kalendervierteljahres eingegangenen Anträge bis zum Ende des folgenden Monats nach amtlich vorgeschriebenem Datensatz durch amtlich bestimmte Datenfernübertragung an die zentrale Stelle zu übermitteln. [3]Dies gilt auch im Fall des Absatzes 1 Satz 5.

(3) [1]Ist der Anbieter nach Absatz 1a Satz 1 bevollmächtigt worden, hat er der zentralen Stelle die nach Absatz 2 Satz 1 erforderlichen Angaben für jedes Kalenderjahr bis zum Ablauf des auf das Beitragsjahr folgenden Kalenderjahres zu übermitteln. [2]Liegt die Bevollmächtigung erst nach dem im Satz 1 genannten Meldetermin vor, hat der Anbieter die Angaben bis zum Ende des folgenden Kalendervierteljahres nach der Bevollmächtigung, spätestens jedoch bis zum Ablauf der in Absatz 1 Satz 1 genannten Antragsfrist, zu übermitteln. [3]Absatz 2 Satz 2 und 3 gilt sinngemäß.

§ 90 Verfahren

(1) [1]Die zentrale Stelle ermittelt auf Grund der von ihr erhobenen oder der ihr übermittelten Daten, ob und in welcher Höhe ein Zulageanspruch besteht. [2]Soweit der zuständige Träger der Rentenversicherung keine Versicherungsnummer vergeben hat, vergibt die zentrale Stelle zur Erfüllung der ihr nach diesem Abschnitt zugewiesenen Aufgaben eine Zulagenummer. [3]Die zentrale Stelle teilt im Fall eines Antrags nach § 10a Absatz 1a der zuständigen Stelle, im Fall eines Antrags nach § 89 Absatz 1 Satz 4 dem Anbieter die Zulagenummer mit; von dort wird sie an den Antragsteller weitergeleitet.

(2) [1]Die zentrale Stelle veranlasst die Auszahlung an den Anbieter zugunsten der Zulageberechtigten durch die zuständige Kasse. [2]Ein gesonderter Zulagenbescheid ergeht vorbehaltlich des Absatzes 4 nicht. [3]Der Anbieter hat die erhaltenen Zulagen unverzüglich den begünstigten Verträgen gutzuschreiben. [4]Zulagen, die nach Beginn der Auszahlungsphase für das Altersvorsorgevermögen von der zentralen Stelle an den Anbieter überwiesen werden, können vom Anbieter an den Anleger ausgezahlt werden. [5]Besteht kein Zulageanspruch, so teilt die zentrale Stelle dies dem Anbieter durch Datensatz mit. [6]Die zentrale Stelle teilt dem Anbieter die Altersvorsorgebeiträge im Sinne des § 82, auf die § 10a oder dieser Abschnitt angewendet wurde, durch Datensatz mit.

(3) [1]Erkennt die zentrale Stelle nachträglich, dass der Zulageanspruch ganz oder teilweise nicht besteht oder weggefallen ist, so hat sie zu Unrecht gutgeschriebene oder ausgezahlte Zulagen zurückzufordern und dies dem Anbieter durch Datensatz mitzuteilen. [2]Bei bestehendem Vertragsverhältnis hat der Anbieter das Konto zu belasten. [3]Die ihm im Kalendervierteljahr mitgeteilten Rückforderungsbeträge hat er bis zum zehnten Tag des dem Kalendervierteljahr folgenden Monats in einem Betrag bei der zentralen Stelle anzumelden und an diese abzuführen. [4]Die Anmeldung nach Satz 3 ist nach amtlich vorgeschriebenem Vordruck abzugeben. [5]Sie gilt als Steueranmeldung im Sinne der Abgabenordnung.

(4) [1]Eine Festsetzung der Zulage erfolgt nur auf besonderen Antrag des Zulageberechtigten. [2]Der Antrag ist schriftlich innerhalb eines Jahres nach Erteilung der Bescheinigung nach § 92 durch den Anbieter vom Antragsteller an den Anbieter zu richten. [3]Der Anbieter leitet den Antrag der zentralen Stelle zur Festsetzung zu. [4]Er hat dem Antrag eine Stellungnahme und die zur Festsetzung erforderlichen Unterlagen beizufügen. [5]Die zentrale Stelle teilt die Festsetzung auch dem Anbieter mit. [6]Im Übrigen gilt Absatz 3 entsprechend.

§ 91 Datenerhebung und Datenabgleich

(1)[1)] [1]Für die Berechnung und Überprüfung der Zulage sowie die Überprüfung des Vorliegens der Voraussetzungen des Sonderausgabenabzugs nach § 10a übermitteln die Träger der gesetzlichen Rentenversicherung, der Spitzenverband der landwirtschaftlichen Sozialversicherung für die Träger der Alterssicherung der Landwirte, die Bundesagentur für Arbeit, die Meldebehörden, die Familienkassen und die Finanzämter der zentralen Stelle auf Anforderung die bei ihnen vorhandenen Daten nach § 89 Absatz 2 durch Datenfernübertragung; für Zwecke der Berechnung des Mindesteigenbeitrags für ein Beitragsjahr darf die zentrale Stelle bei den Trägern der gesetzlichen Rentenversicherung und dem Spitzenverband der landwirtschaftlichen Sozialversicherung für die Träger der Alterssicherung der Landwirte die bei ihnen vorhandenen Daten zu den beitragspflichtigen Einnahmen sowie in den Fällen des § 10a Absatz 1 Satz 4 zur Höhe der bezogenen Rente wegen voller Erwerbsminderung oder Erwerbsunfähigkeit erheben, sofern diese nicht vom Anbieter nach § 89 übermittelt worden sind. [2]Für Zwecke der Überprüfung nach Satz 1 darf die zentrale Stelle die ihr übermittelten Daten mit den ihr nach § 89 Absatz 2 übermittelten Daten automatisiert abgleichen. [3]Führt die Überprüfung zu einer Änderung der ermittelten oder festgesetzten Zulage, ist dies dem Anbieter mitzuteilen. [4]Ergibt die Überprüfung eine Abweichung von dem in der Steuerfestsetzung berücksichtigten Sonderausgabenabzug nach § 10a oder der gesonderten Feststellung nach § 10a Absatz 4, ist dies dem Finanzamt mitzuteilen; die Steuerfestsetzung oder die gesonderte Feststellung ist insoweit zu ändern.

(2) [1]Die zuständige Stelle hat der zentralen Stelle die Daten nach § 10a Absatz 1 Satz 1 zweiter Halbsatz bis zum 31. März des dem Beitragsjahr folgenden Kalenderjahres durch Datenfernübertragung zu übermitteln. [2]Liegt die Einwilligung nach § 10a Absatz 1 Satz 1 zweiter Halbsatz erst nach dem in Satz 1 genannten Meldetermin vor, hat die zuständige Stelle die Daten spätestens bis zum Ende des folgenden Kalendervierteljahres nach Erteilung der Einwilligung nach Maßgabe von Satz 1 zu übermitteln.

§ 92 Bescheinigung

[1]Der Anbieter hat dem Zulageberechtigten jährlich eine Bescheinigung nach amtlich vorgeschriebenem Vordruck zu erteilen über

1. die Höhe der im abgelaufenen Beitragsjahr geleisteten Altersvorsorgebeiträge (Beiträge und Tilgungsleistungen),
2. die im abgelaufenen Beitragsjahr getroffenen, aufgehobenen oder geänderten Ermittlungsergebnisse (§ 90),
3. die Summe der bis zum Ende des abgelaufenen Beitragsjahres dem Vertrag gutgeschriebenen Zulagen,
4. die Summe der bis zum Ende des abgelaufenen Beitragsjahres geleisteten Altersvorsorgebeiträge (Beiträge und Tilgungsleistungen),
5. den Stand des Altersvorsorgevermögens,
6. den Stand des Wohnförderkontos (§ 92a Absatz 2 Satz 1) und
7. die Bestätigung der durch den Anbieter erfolgten Datenübermittlung an die zentrale Stelle im Fall des § 10a Absatz 5 Satz 4.

1) **Anm. d. Red.:** Zur Anwendung des § 91 Abs. 1 siehe § 52 Abs. 65.

[2]In den Fällen des § 92a Absatz 2 Satz 10 erster Halbsatz bedarf es keiner jährlichen Bescheinigung, wenn zu Satz 1 Nummer 1 und 2 keine Angaben erforderlich sind, sich zu Satz 1 Nummer 3 bis 5 keine Änderungen gegenüber der zuletzt erteilten Bescheinigung ergeben und der Anbieter dem Zulageberechtigten eine Bescheinigung ausgestellt hat, in der der jährliche Stand des Wohnförderkontos bis zum Beginn der vereinbarten Auszahlungsphase ausgewiesen wurde. [3]Der Anbieter kann dem Zulageberechtigten mit dessen Einverständnis die Bescheinigung auch elektronisch bereitstellen.

§ 92a Verwendung für eine selbst genutzte Wohnung

(1)[1)] [1]Der Zulageberechtigte kann das in einem Altersvorsorgevertrag gebildete und nach § 10a oder diesem Abschnitt geförderte Kapital bis zu 75 Prozent oder zu 100 Prozent wie folgt verwenden (Altersvorsorge-Eigenheimbetrag):

1. bis zum Beginn der Auszahlungsphase unmittelbar für die Anschaffung oder Herstellung einer Wohnung oder
2. zu Beginn der Auszahlungsphase zur Entschuldung einer Wohnung oder
3. für den Erwerb von Geschäftsanteilen (Pflichtanteilen) an einer eingetragenen Genossenschaft für die Selbstnutzung einer Genossenschaftswohnung.

[2]Eine nach Satz 1 begünstigte Wohnung ist

1. eine Wohnung in einem eigenen Haus oder
2. eine eigene Eigentumswohnung oder
3. eine Genossenschaftswohnung einer eingetragenen Genossenschaft,

wenn diese Wohnung im Inland belegen ist und die Hauptwohnung oder den Mittelpunkt der Lebensinteressen des Zulageberechtigten darstellt. [3]Der Altersvorsorge-Eigenheimbetrag nach Satz 1 gilt nicht als Leistung aus einem Altersvorsorgevertrag, die dem Zulageberechtigten im Zeitpunkt der Auszahlung zufließt. [4]Der Anschaffung einer zu eigenen Wohnzwecken genutzten Wohnung steht die Anschaffung eines eigentumsähnlichen oder lebenslangen Dauerwohnrechts nach § 33 des Wohnungseigentumsgesetzes gleich, soweit Vereinbarungen nach § 39 des Wohnungseigentumsgesetzes getroffen werden.

(2) [1]Der Altersvorsorge-Eigenheimbetrag, die Tilgungsleistungen im Sinne des § 82 Absatz 1 Satz 1 Nummer 2 und die hierfür gewährten Zulagen sind vom jeweiligen Anbieter gesondert zu erfassen (Wohnförderkonto). [2]Beiträge, die nach § 82 Absatz 1 Satz 3 wie Tilgungsleistungen behandelt wurden, sind im Zeitpunkt der unmittelbaren Darlehenstilgung einschließlich der zur Tilgung eingesetzten Zulagen und Erträge in das Wohnförderkonto aufzunehmen; dies gilt nicht, wenn Absatz 3 Satz 8 anzuwenden ist. [3]Nach Ablauf eines Beitragsjahres, letztmals für das Beitragsjahr des Beginns der Auszahlungsphase, ist der sich aus dem Wohnförderkonto ergebende Gesamtbetrag um 2 Prozent zu erhöhen. [4]Das Wohnförderkonto ist zu vermindern um

1. Zahlungen des Zulageberechtigten auf einen auf seinen Namen lautenden zertifizierten Altersvorsorgevertrag nach § 1 Absatz 1 des Altersvorsorgeverträge-Zertifizierungsgesetzes zur Minderung der in das Wohnförderkonto eingestellten Beträge; erfolgt die Einzahlung nicht beim Anbieter, der das Wohnförderkonto führt, hat der Zulageberechtigte dies den Anbietern, in den Fällen des Satzes 10 erster Halbsatz auch der zentralen Stelle mitzuteilen,
2. den Verminderungsbetrag nach Satz 5.

[5]Verminderungsbetrag ist der sich mit Ablauf des Kalenderjahres des Beginns der Auszahlungsphase ergebende Stand des Wohnförderkontos dividiert durch die Anzahl der Jahre bis zur Vollendung des 85. Lebensjahres des Zulageberechtigten; als Beginn der Auszahlungsphase gilt der vom Zulageberechtigten und Anbieter vereinbarte Zeitpunkt, der zwischen der Vollendung des 60. Lebensjahres und des 68. Lebensjahres des Zulageberechtigten liegen muss; ist ein Auszahlungszeitpunkt nicht vereinbart, so gilt die Vollendung des 67. Lebensjahres als Beginn der Auszahlungsphase. [6]Anstelle einer Vermin-

1) **Anm. d. Red.:** Zur Anwendung des § 92a Abs. 1 siehe § 52 Abs. 24c Satz 2.

derung nach Satz 5 kann der Zulageberechtigte zu Beginn der Auszahlungsphase von seinem Anbieter, in den Fällen des Satzes 10 erster Halbsatz von der zentralen Stelle die Auflösung des Wohnförderkontos verlangen (Auflösungsbetrag). [7]Der Anbieter hat bei Einstellung in das Wohnförderkonto die Beträge nach den Sätzen 2 und 4 Nummer 1 und zu Beginn der Auszahlungsphase den vertraglich vorgesehenen Beginn der Auszahlungsphase sowie ein Verlangen nach Satz 6 der zentralen Stelle nach amtlich vorgeschriebenem Datensatz durch Datenfernübertragung mitzuteilen. [8]Wird gefördertes Altersvorsorgevermögen nach § 93 Absatz 2 Satz 1 von einem Anbieter auf einen anderen auf den Namen des Zulageberechtigten lautenden Altersvorsorgevertrag übertragen und wird für den Zulageberechtigten zugleich ein Wohnförderkonto geführt, so ist das Wohnförderkonto beim Anbieter des bisherigen Vertrags zu schließen und vom Anbieter des neuen Altersvorsorgevertrags fortzuführen. [9]Dies gilt entsprechend bei Übertragungen nach § 93 Absatz 1 Satz 4 Buchstabe c und § 93 Absatz 1a. [10]Wurde die Geschäftsbeziehung im Hinblick auf den jeweiligen Altersvorsorgevertrag zwischen dem Zulageberechtigten und dem Anbieter beendet, weil das angesparte Kapital vollständig aus dem Altersvorsorgevertrag entnommen oder das gewährte Darlehen vollständig getilgt wurde, wird das Wohnförderkonto bei diesem Anbieter geschlossen und von der zentralen Stelle weitergeführt; erfolgt eine Zahlung nach Satz 4 Nummer 1 oder nach Absatz 3 Satz 9 Nummer 2, wird das Wohnförderkonto vom Zeitpunkt der Einzahlung vom Anbieter, bei dem die Einzahlung erfolgt, weitergeführt. [11]Der Zulageberechtigte kann abweichend von Satz 10 bestimmen, dass das Wohnförderkonto nicht von der zentralen Stelle weitergeführt, sondern mit dem Wohnförderkonto eines weiteren Anbieters, der ebenfalls ein Wohnförderkonto für den Zulageberechtigten führt, zusammengeführt wird. [12]Der Zulageberechtigte hat dies beiden Anbietern schriftlich mitzuteilen. [13]In den Fällen des Satzes 10 erster Halbsatz teilt der Anbieter dem Zulageberechtigten die beabsichtigte Übertragung des Wohnförderkontos auf die zentrale Stelle mit. [14]Erhält der Anbieter innerhalb von vier Wochen nach Übersendung der Mitteilung nach Satz 13 keine Mitteilung des Zulageberechtigten nach Satz 12, teilt der Anbieter der zentralen Stelle nach amtlich vorgeschriebenem Datensatz durch amtlich bestimmte Datenfernübertragung den Stand des Wohnförderkontos und den Zeitpunkt der Beendigung der Geschäftsbeziehung mit. [15]In den Fällen des Satzes 11 hat der Anbieter die Mitteilung des Satzes 14 ergänzt um die Angaben zu dem neuen Anbieter der zentralen Stelle zu übermitteln. [16]In den Fällen des Satzes 10 zweiter Halbsatz teilt die zentrale Stelle dem Anbieter nach amtlich vorgeschriebenem Datensatz durch amtlich bestimmte Datenfernübertragung den Stand des Wohnförderkontos mit.

(3) [1]Nutzt der Zulageberechtigte die Wohnung im Sinne des Absatzes 1 Satz 2, für die ein Altersvorsorge-Eigenheimbetrag verwendet oder für die eine Tilgungsförderung im Sinne des § 82 Absatz 1 in Anspruch genommen worden ist, nicht nur vorübergehend nicht mehr zu eigenen Wohnzwecken, hat er dies dem Anbieter, in der Auszahlungsphase der zentralen Stelle, unter Angabe des Zeitpunkts der Aufgabe der Selbstnutzung mitzuteilen; eine Aufgabe der Selbstnutzung liegt auch vor, soweit der Zulageberechtigte das Eigentum an der Wohnung aufgibt. [2]In den Fällen des Absatzes 2 Satz 10 erster Halbsatz besteht die Mitteilungspflicht auch in der Zeit bis zum Beginn der Auszahlungsphase gegenüber der zentralen Stelle. [3]Die Mitteilungspflicht gilt entsprechend für den Rechtsnachfolger der begünstigten Wohnung, wenn der Zulageberechtigte stirbt. [4]Die Anzeigepflicht entfällt, wenn das Wohnförderkonto vollständig zurückgeführt worden ist. [5]Im Fall des Satzes 1 gelten bei einem bestehenden Wohnförderkonto die erfassten Beträge als Leistungen aus einem Altersvorsorgevertrag, die dem Zulageberechtigten im Zeitpunkt der Aufgabe zufließen; das Wohnförderkonto ist aufzulösen (Auflösungsbetrag). [6]Verstirbt der Zulageberechtigte, ist der Auflösungsbetrag ihm noch zuzurechnen. [7]Der Anbieter hat den Auflösungsbetrag der zentralen Stelle nach amtlich vorgeschriebenem Datensatz durch Datenfernübertragung unter Angabe des Zeitpunkts der Aufgabe mitzuteilen. [8]Wurde im Fall des Satzes 1 eine Tilgungsförderung nach § 82 Absatz 1 Satz 3 in Anspruch genommen und erfolgte keine Einstellung in das Wohnförderkonto nach Absatz 2 Satz 2, gelten die Tilgungsleistungen sowie die darauf entfallenden Zulagen und Erträge als gefördertes Altersvorsorgevermögen. [9]Die Sätze 5 und 6 sind nicht anzuwenden, wenn

 EStG

1. der Zulageberechtigte einen Betrag in Höhe des noch nicht zurückgeführten Betrags im Wohnförderkonto innerhalb eines Jahres vor und von vier Jahren nach Ablauf des Veranlagungszeitraums, in dem er die Wohnung letztmals zu eigenen Wohnzwecken genutzt hat, für eine weitere Wohnung im Sinne des Absatzes 1 Satz 2 verwendet,
2. der Zulageberechtigte einen Betrag in Höhe des noch nicht zurückgeführten Betrags im Wohnförderkonto innerhalb eines Jahres nach Ablauf des Veranlagungszeitraums, in dem er die Wohnung letztmals zu eigenen Wohnzwecken genutzt hat, auf einen auf seinen Namen lautenden zertifizierten Altersvorsorgevertrag zahlt; Absatz 2 Satz 4 Nummer 1 und Satz 7 ist entsprechend anzuwenden,
3. der Ehegatte des verstorbenen Zulageberechtigten innerhalb eines Jahres Eigentümer der Wohnung wird, er sie zu eigenen Wohnzwecken nutzt und die Ehegatten im Zeitpunkt des Todes des Zulageberechtigten die Voraussetzungen des § 26 Absatz 1 erfüllt haben; in diesem Fall führt der Anbieter das Wohnförderkonto für den überlebenden Ehegatten fort und teilt dies der zentralen Stelle mit,
4. die Ehewohnung auf Grund einer richterlichen Entscheidung nach § 1361b des Bürgerlichen Gesetzbuchs oder nach der Verordnung über die Behandlung der Ehewohnung und des Hausrats dem anderen Ehegatten zugewiesen wird, oder
5. der Zulageberechtigte krankheits- oder pflegebedingt die Wohnung nicht mehr bewohnt, sofern er Eigentümer dieser Wohnung bleibt, sie ihm weiterhin zur Selbstnutzung zur Verfügung steht und sie nicht von Dritten, mit Ausnahme seines Ehegatten, genutzt wird.

[10]In den Fällen des Satzes 9 Nummer 1 und 2 hat der Zulageberechtigte dem Anbieter, in den Fällen des Absatzes 2 Satz 10 erster Halbsatz und in der Auszahlungsphase der zentralen Stelle, die Reinvestitionsabsicht und den Zeitpunkt der Reinvestition oder die Aufgabe der Reinvestitionsabsicht mitzuteilen; in den Fällen des Satzes 9 Nummer 3 und 4 gelten die Sätze 1 bis 8 und Satz 9 Nummer 1 und 2 entsprechend für den Ehegatten, wenn er die Wohnung nicht nur vorübergehend nicht mehr zu eigenen Wohnzwecken nutzt. [11]Satz 5 ist mit der Maßgabe anzuwenden, dass der Eingang der Mitteilung der aufgegebenen Reinvestitionsabsicht als Zeitpunkt der Aufgabe gilt.

(4) [1]Absatz 3 ist auf Antrag des Steuerpflichtigen nicht anzuwenden, wenn er

1. die Wohnung im Sinne des Absatzes 1 Satz 2 auf Grund eines beruflich bedingten Umzugs für die Dauer der beruflich bedingten Abwesenheit nicht selbst nutzt; wird während dieser Zeit mit einer anderen Person ein Nutzungsrecht für diese Wohnung vereinbart, ist diese Vereinbarung von vorneherein entsprechend zu befristen,
2. beabsichtigt, die Selbstnutzung wieder aufzunehmen und
3. die Selbstnutzung spätestens mit der Vollendung seines 67. Lebensjahres aufnimmt.

[2]Der Steuerpflichtige hat den Antrag bei der zentralen Stelle zu stellen und dabei die notwendigen Nachweise zu erbringen. [3]Die zentrale Stelle erteilt dem Steuerpflichtigen einen Bescheid über die Bewilligung des Antrags. [4]Entfällt eine der in Satz 1 genannten Voraussetzungen, ist Absatz 3 mit der Maßgabe anzuwenden, dass bei einem Wegfall der Voraussetzung nach Satz 1 Nummer 1 als Zeitpunkt der Aufgabe der Zeitpunkt des Wegfalls der Voraussetzung und bei einem Wegfall der Voraussetzung nach Satz 1 Nummer 2 oder Nummer 3 der Eingang der Mitteilung des Steuerpflichtigen nach Absatz 3 als Zeitpunkt der Aufgabe gilt, spätestens jedoch die Vollendung des 67. Lebensjahres des Steuerpflichtigen.

§ 92b Verfahren bei Verwendung für eine selbst genutzte Wohnung

(1) [1]Der Zulageberechtigte hat die Verwendung des Kapitals nach § 92a Absatz 1 Satz 1 bei der zentralen Stelle zu beantragen und dabei die notwendigen Nachweise zu erbringen. [2]Er hat zu bestimmen, aus welchen Altersvorsorgeverträgen welche Beträge ausgezahlt werden sollen. [3]Die zentrale Stelle teilt dem Zulageberechtigten durch Bescheid und den Anbietern der in Satz 2 genannten Altersvorsorgeverträge nach amtlich vor-

geschriebenem Datensatz durch Datenfernübertragung mit, welche Beträge förderunschädlich ausgezahlt werden können.

(2) [1]Die Anbieter der in Absatz 1 Satz 2 genannten Altersvorsorgeverträge dürfen den Altersvorsorge-Eigenheimbetrag auszahlen, sobald sie die Mitteilung nach Absatz 1 Satz 3 erhalten haben. [2]Sie haben der zentralen Stelle nach amtlich vorgeschriebenem Datensatz durch Datenfernübertragung Folgendes anzuzeigen:

1. den Auszahlungszeitpunkt und den Auszahlungsbetrag,
2. die Summe der bis zum Auszahlungszeitpunkt dem Altersvorsorgevertrag gutgeschriebenen Zulagen,
3. die Summe der bis zum Auszahlungszeitpunkt geleisteten Altersvorsorgebeiträge und
4. den Stand des geförderten Altersvorsorgevermögens im Zeitpunkt der Auszahlung.

(3) [1]Die zentrale Stelle stellt zu Beginn der Auszahlungsphase und in den Fällen des § 92a Absatz 2 Satz 8 bis 11 sowie Absatz 3 Satz 5 den Stand des Wohnförderkontos, soweit für die Besteuerung erforderlich, den Verminderungsbetrag und den Auflösungsbetrag von Amts wegen gesondert fest. [2]Die zentrale Stelle teilt die Feststellung dem Zulageberechtigten durch Bescheid und dem Anbieter nach amtlich vorgeschriebenem Datensatz durch Datenfernübertragung mit. [3]Der Anbieter hat auf Anforderung der zentralen Stelle die zur Feststellung erforderlichen Unterlagen vorzulegen. [4]Auf Antrag des Zulageberechtigten stellt die zentrale Stelle den Stand des Wohnförderkontos gesondert fest. [5]§ 90 Absatz 4 Satz 2 bis 5 gilt entsprechend.

§ 93 Schädliche Verwendung

(1) [1]Wird gefördertes Altersvorsorgevermögen nicht unter den in § 1 Absatz 1 Satz 1 Nummer 4 und 10 Buchstabe c des Altersvorsorgeverträge-Zertifizierungsgesetzes oder § 1 Absatz 1 Satz 1 Nummer 4, 5 und 10 Buchstabe c des Altersvorsorgeverträge-Zertifizierungsgesetzes in der bis zum 31. Dezember 2004 geltenden Fassung genannten Voraussetzungen an den Zulageberechtigten ausgezahlt (schädliche Verwendung), sind die auf das ausgezahlte geförderte Altersvorsorgevermögen entfallenden Zulagen und die nach § 10a Absatz 4 gesondert festgestellten Beträge (Rückzahlungsbetrag) zurückzuzahlen. [2]Dies gilt auch bei einer Auszahlung nach Beginn der Auszahlungsphase (§ 1 Absatz 1 Satz 1 Nummer 2 des Altersvorsorgeverträge-Zertifizierungsgesetzes) und bei Auszahlungen im Fall des Todes des Zulageberechtigten. [3]Hat der Zulageberechtigte Zahlungen im Sinne des § 92a Absatz 2 Satz 4 Nummer 1 oder § 92a Absatz 3 Satz 9 Nummer 2 geleistet, dann handelt es sich bei dem hierauf beruhenden Altersvorsorgevermögen um gefördertes Altersvorsorgevermögen im Sinne des Satzes 1; der Rückzahlungsbetrag bestimmt sich insoweit nach der für die in das Wohnförderkonto eingestellten Beträge gewährten Förderung. [4]Eine Rückzahlungsverpflichtung besteht nicht für den Teil der Zulagen und der Steuerermäßigung,

a) der auf nach § 1 Absatz 1 Satz 1 Nummer 2 des Altersvorsorgeverträge-Zertifizierungsgesetzes angespartes gefördertes Altersvorsorgevermögen entfällt, wenn es in Form einer Hinterbliebenenrente an die dort genannten Hinterbliebenen ausgezahlt wird; dies gilt auch für Leistungen im Sinne des § 82 Absatz 3 an Hinterbliebene des Steuerpflichtigen;

b) der den Beitragsanteilen zuzuordnen ist, die für die zusätzliche Absicherung der verminderten Erwerbsfähigkeit und eine zusätzliche Hinterbliebenenabsicherung ohne Kapitalbildung verwendet worden sind;

c) der auf gefördertes Altersvorsorgevermögen entfällt, das im Fall des Todes des Zulageberechtigten auf einen auf den Namen des Ehegatten lautenden Altersvorsorgevertrag übertragen wird, wenn die Ehegatten im Zeitpunkt des Todes des Zulageberechtigten die Voraussetzungen des § 26 Absatz 1 erfüllt haben;

d) der auf den Altersvorsorge-Eigenheimbetrag entfällt.

(1a)[1)] [1]Eine schädliche Verwendung liegt nicht vor, wenn gefördertes Altersvorsorgevermögen auf Grund einer internen Teilung nach § 10 des Versorgungsausgleichsgesetzes oder auf Grund einer externen Teilung nach § 14 des Versorgungsausgleichsgesetzes auf einen zertifizierten Altersvorsorgevertrag oder eine nach § 82 Absatz 2 begünstigte betriebliche Altersversorgung übertragen wird. [2]In diesen Fällen teilt die zentrale Stelle der ausgleichspflichtigen Person die Höhe der auf die Ehezeit im Sinne des § 3 Absatz 1 des Versorgungsausgleichsgesetzes entfallenden gesondert festgestellten Beträge nach § 10a Absatz 4 und die ermittelten Zulagen mit. [3]Die entsprechenden Beträge sind monatsweise zuzuordnen. [4]Soweit das während der Ehezeit gebildete geförderte Altersvorsorgevermögen nach Satz 1 übertragen wird, geht die steuerliche Förderung mit allen Rechten und Pflichten auf die ausgleichsberechtigte Person über. [5]Die zentrale Stelle teilt die geänderte Zuordnung der gesondert festgestellten Beträge nach § 10a Absatz 4 sowie der ermittelten Zulagen der ausgleichspflichtigen und der ausgleichsberechtigten Person durch Feststellungsbescheid mit. [6]Nach Eintritt der Unanfechtbarkeit dieses Feststellungsbescheids informiert die zentrale Stelle den Anbieter durch einen Datensatz über die geänderte Zuordnung.

(2) [1]Die Übertragung von gefördertem Altersvorsorgevermögen auf einen anderen auf den Namen des Zulageberechtigten lautenden Altersvorsorgevertrag (§ 1 Absatz 1 Satz 1 Nummer 10 Buchstabe b des Altersvorsorgeverträge-Zertifizierungsgesetzes) stellt keine schädliche Verwendung dar. [2]Dies gilt sinngemäß in den Fällen des § 4 Absatz 2 und 3 des Betriebsrentengesetzes, wenn das geförderte Altersvorsorgevermögen auf eine der in § 82 Absatz 2 Buchstabe a genannten Einrichtungen der betrieblichen Altersversorgung zum Aufbau einer kapitalgedeckten betrieblichen Altersversorgung übertragen und eine lebenslange Altersversorgung im Sinne des § 1 Absatz 1 Satz 1 Nummer 4 des Altersvorsorgeverträge-Zertifizierungsgesetzes oder § 1 Absatz 1 Satz 1 Nummer 4 und 5 des Altersvorsorgeverträge-Zertifizierungsgesetzes in der bis zum 31. Dezember 2004 geltenden Fassung vorgesehen wird. [3]In den übrigen Fällen der Abfindung von Anwartschaften der betrieblichen Altersversorgung gilt dies, soweit das geförderte Altersvorsorgevermögen zugunsten eines auf den Namen des Zulageberechtigten lautenden Altersvorsorgevertrages geleistet wird.

(3) [1]Auszahlungen zur Abfindung einer Kleinbetragsrente zu Beginn der Auszahlungsphase gelten nicht als schädliche Verwendung. [2]Eine Kleinbetragsrente ist eine Rente, die bei gleichmäßiger Verrentung des gesamten zu Beginn der Auszahlungsphase zur Verfügung stehenden Kapitals eine monatliche Rente ergibt, die 1 Prozent der monatlichen Bezugsgröße nach § 18 des Vierten Buches Sozialgesetzbuch nicht übersteigt. [3]Bei der Berechnung dieses Betrags sind alle bei einem Anbieter bestehenden Verträge des Zulageberechtigten insgesamt zu berücksichtigen, auf die nach diesem Abschnitt geförderte Altersvorsorgebeiträge geleistet wurden.

§ 94 Verfahren bei schädlicher Verwendung

(1) [1]In den Fällen des § 93 Absatz 1 hat der Anbieter der zentralen Stelle vor der Auszahlung des geförderten Altersvorsorgevermögens die schädliche Verwendung nach amtlich vorgeschriebenem Datensatz durch amtlich bestimmte Datenfernübertragung anzuzeigen. [2]Die zentrale Stelle ermittelt den Rückzahlungsbetrag und teilt diesen dem Anbieter durch Datensatz mit. [3]Der Anbieter hat den Rückzahlungsbetrag einzubehalten, mit der nächsten Anmeldung nach § 90 Absatz 3 anzumelden und an die zentrale Stelle abzuführen. [4]Der Anbieter hat die einbehaltenen und abgeführten Beträge der zentralen Stelle nach amtlich vorgeschriebenem Datensatz durch amtlich bestimmte Datenfernübertragung mitzuteilen und diese Beträge sowie die dem Vertrag bis zur schädlichen Verwendung gutgeschriebenen Erträge dem Zulageberechtigten zu bescheinigen. [5]In den Fällen des § 93 Absatz 3 gilt Satz 1 entsprechend.

1) **Anm. d. Red.**: Zur Anwendung des § 93 Abs. 1a siehe § 52 Abs. 36 Satz 12.

(2) [1]Eine Festsetzung des Rückzahlungsbetrags erfolgt durch die zentrale Stelle auf besonderen Antrag des Zulageberechtigten oder sofern die Rückzahlung nach Absatz 1 ganz oder teilweise nicht möglich oder nicht erfolgt ist. [2]§ 90 Absatz 4 Satz 2 bis 6 gilt entsprechend. [3]Im Rückforderungsbescheid sind auf den Rückzahlungsbetrag die vom Anbieter bereits einbehaltenen und abgeführten Beträge nach Maßgabe der Bescheinigung nach Absatz 1 Satz 4 anzurechnen. [4]Der Zulageberechtigte hat den verbleibenden Rückzahlungsbetrag innerhalb eines Monats nach Bekanntgabe des Rückforderungsbescheids an die zuständige Kasse zu entrichten. [5]Die Frist für die Festsetzung des Rückzahlungsbetrags beträgt vier Jahre und beginnt mit Ablauf des Kalenderjahres, in dem die Auszahlung im Sinne des § 93 Absatz 1 erfolgt ist.

§ 95 Beendigung der unbeschränkten Einkommensteuerpflicht des Zulageberechtigten

(1) Endet die unbeschränkte Steuerpflicht des Zulageberechtigten durch Aufgabe des inländischen Wohnsitzes oder gewöhnlichen Aufenthalts oder wird für das Beitragsjahr kein Antrag nach § 1 Absatz 3 gestellt, gelten die §§ 93 und 94 entsprechend.

(2) [1]Auf Antrag des Zulageberechtigten ist der Rückzahlungsbetrag (§ 93 Absatz 1 Satz 1) zunächst bis zum Beginn der Auszahlung (§ 1 Absatz 1 Nummer 2 des Altersvorsorgeverträge-Zertifizierungsgesetzes) zu stunden. [2]Die Stundung ist zu verlängern, wenn der Rückzahlungsbetrag mit mindestens 15 Prozent der Leistungen aus dem Altersvorsorgevertrag getilgt wird. [3]Stundungszinsen werden nicht erhoben. [4]Die Stundung endet, wenn das geförderte Altersvorsorgevermögen nicht unter den in § 1 Absatz 1 Satz 1 Nummer 4 des Altersvorsorgeverträge-Zertifizierungsgesetzes genannten Voraussetzungen an den Zulageberechtigten ausgezahlt wird. [5]Der Stundungsantrag ist über den Anbieter an die zentrale Stelle zu richten. [6]Die zentrale Stelle teilt ihre Entscheidung auch dem Anbieter mit.

(3) [1]Wird in den Fällen des Absatzes 1 die unbeschränkte Steuerpflicht erneut begründet oder der Antrag nach § 1 Absatz 3 gestellt, ist bei Stundung des Rückzahlungsbetrags dieser von der zentralen Stelle zu erlassen. [2]Wird die unbeschränkte Steuerpflicht des Zulageberechtigten nach einer Entsendung im Sinne des § 4 des Vierten Buches Sozialgesetzbuch, nach überstaatlichem oder zwischenstaatlichem Recht oder nach einer Zuweisung im Sinne des § 123a des Beamtenrechtsrahmengesetzes oder § 29 des Bundesbeamtengesetzes oder des § 20 des Beamtenstatusgesetzes erneut begründet, ist die Zulage für die Kalenderjahre der Entsendung unter den Voraussetzungen der §§ 79 bis 87 und 89 zu gewähren. [3]Die Zulagen sind nach amtlich vorgeschriebenem Vordruck bis zum Ablauf des zweiten Kalenderjahres zu beantragen, das auf das Kalenderjahr folgt, in dem letztmals keine unbeschränkte Steuerpflicht bestand.

§ 96 Anwendung der Abgabenordnung, allgemeine Vorschriften

(1) [1]Auf die Zulagen und die Rückzahlungsbeträge sind die für Steuervergütungen geltenden Vorschriften der Abgabenordnung entsprechend anzuwenden. [2]Dies gilt nicht für § 163 der Abgabenordnung.

(2) [1]Der Anbieter haftet als Gesamtschuldner neben dem Zulageempfänger für die Zulagen und die nach § 10a Absatz 4 gesondert festgestellten Beträge, die wegen seiner vorsätzlichen oder grob fahrlässigen Pflichtverletzung zu Unrecht gezahlt, nicht einbehalten oder nicht zurückgezahlt worden sind. [2]Für die Inanspruchnahme des Anbieters ist die zentrale Stelle zuständig.

(3) Die zentrale Stelle hat auf Anfrage des Anbieters Auskunft über die Anwendung des Abschnitts XI zu geben.

(4) [1]Die zentrale Stelle kann beim Anbieter ermitteln, ob er seine Pflichten erfüllt hat. [2]Die §§ 193 bis 203 der Abgabenordnung gelten sinngemäß. [3]Auf Verlangen der zentralen Stelle hat der Anbieter ihr Unterlagen, soweit sie im Ausland geführt und aufbewahrt werden, verfügbar zu machen.

(5) Der Anbieter erhält vom Bund oder den Ländern keinen Ersatz für die ihm aus diesem Verfahren entstehenden Kosten.

(6) [1]Der Anbieter darf die im Zulageverfahren bekannt gewordenen Verhältnisse der Beteiligten nur für das Verfahren verwerten. [2]Er darf sie ohne Zustimmung der Beteiligten nur offenbaren, soweit dies gesetzlich zugelassen ist.

(7) [1]Für die Zulage gelten die Strafvorschriften des § 370 Absatz 1 bis 4, der §§ 371, 375 Absatz 1 und des § 376 sowie die Bußgeldvorschriften der §§ 378, 379 Absatz 1 und 4 und der §§ 383 und 384 der Abgabenordnung entsprechend. [2]Für das Strafverfahren wegen einer Straftat nach Satz 1 sowie der Begünstigung einer Person, die eine solche Tat begangen hat, gelten die §§ 385 bis 408, für das Bußgeldverfahren wegen einer Ordnungswidrigkeit nach Satz 1 die §§ 409 bis 412 der Abgabenordnung entsprechend.

§ 97 Übertragbarkeit

[1]Das nach § 10a oder Abschnitt XI geförderte Altersvorsorgevermögen einschließlich seiner Erträge, die geförderten laufenden Altersvorsorgebeiträge und der Anspruch auf die Zulage sind nicht übertragbar. [2]§ 93 Absatz 1a und § 4 des Betriebsrentengesetzes bleiben unberührt.

§ 98 Rechtsweg

In öffentlich-rechtlichen Streitigkeiten über die auf Grund des Abschnitts XI ergehenden Verwaltungsakte ist der Finanzrechtsweg gegeben.

§ 99 Ermächtigung

(1) Das Bundesministerium der Finanzen wird ermächtigt, die Vordrucke für die Anträge nach den §§ 89 und 95 Absatz 3 Satz 3, für die Anmeldung nach § 90 Absatz 3 und für die in den §§ 92 und 94 Absatz 1 Satz 4 vorgesehenen Bescheinigungen und im Einvernehmen mit den obersten Finanzbehörden der Länder die Vordrucke für die nach § 10a Absatz 5 Satz 1 und § 22 Nummer 5 Satz 7 vorgesehenen Bescheinigungen und den Inhalt und Aufbau der für die Durchführung des Zulageverfahrens zu übermittelnden Datensätze zu bestimmen.

(2) [1]Das Bundesministerium der Finanzen wird ermächtigt, im Einvernehmen mit dem Bundesministerium für Arbeit und Soziales und dem Bundesministerium des Innern durch Rechtsverordnung mit Zustimmung des Bundesrates Vorschriften zur Durchführung dieses Gesetzes über das Verfahren für die Ermittlung, Festsetzung, Auszahlung, Rückzahlung und Rückforderung der Zulage sowie die Rückzahlung und Rückforderung der nach § 10a Absatz 4 festgestellten Beträge zu erlassen. [2]Hierzu gehören insbesondere

1. Vorschriften über Aufzeichnungs-, Aufbewahrungs-, Bescheinigungs- und Anzeigepflichten des Anbieters,
2. Grundsätze des vorgesehenen Datenaustausches zwischen den Anbietern, der zentralen Stelle, den Trägern der gesetzlichen Rentenversicherung, der Bundesagentur für Arbeit, den Meldebehörden, den Familienkassen, den zuständigen Stellen und den Finanzämtern und
3. Vorschriften über Mitteilungspflichten, die für die Erteilung der Bescheinigungen nach § 22 Nummer 5 Satz 7 und § 92 erforderlich sind.

Anlage 1 (zu § 4d Absatz 1)

Tabelle für die Errechnung des Deckungskapitals für lebenslänglich laufende Leistungen von Unterstützungskassen

Erreichtes Alter des Leistungsempfängers (Jahre)	Die Jahresbeiträge der laufenden Leistungen sind zu vervielfachen bei Leistungen	
	an männliche Leistungsempfänger mit	an weibliche Leistungsempfänger mit
1	2	3
bis 26	11	17
27 bis 29	12	17
30	13	17
31 bis 35	13	16
36 bis 39	14	16
40 bis 46	14	15
47 und 48	14	14
49 bis 52	13	14
53 bis 56	13	13
57 und 58	13	12
59 und 60	12	12
61 bis 63	12	11
64	11	11
65 bis 67	11	10
68 bis 71	10	9
72 bis 74	9	8
75 bis 77	8	7
78	8	6
79 bis 81	7	6
82 bis 84	6	5
85 bis 87	5	4
88	4	4
89 und 90	4	3
91 bis 93	3	3
94	3	2
95 und älter	2	2

Anlage 2[1] (zu § 43b)

Gesellschaften im Sinne der Richtlinie 90/435/EWG

Gesellschaft im Sinne der genannten Richtlinie ist jede Gesellschaft, die

1. eine der aufgeführten Formen aufweist:
   a) die nach der Verordnung (EG) Nr. 2157/2001 des Rates vom 8. Oktober 2001 über das Statut der Europäischen Gesellschaft (SE) (ABl EG Nr. L 294 S. 1), zuletzt geändert durch die Verordnung (EG) Nr. 1791/2006 des Rates vom 20. November 2006 (ABl EU Nr. L 363 S. 1) und der Richtlinie 2001/86/EG des Rates vom 8. Oktober 2001 zur Ergänzung des Statuts der Europäischen Gesellschaft hinsichtlich der Beteiligung der Arbeitnehmer (ABl EU Nr. L 294 S. 22) gegründeten Gesellschaften sowie die nach der Verordnung (EG) Nr. 1435/2003 des Rates vom 22. Juli 2003 über das Statut der Europäischen Genossenschaft (SCE) (ABl EU Nr. L 207 S. 1, 2007 Nr. L 49 S. 35) und nach der Richtlinie 2003/72/EG des Rates vom 22. Juli 2003 zur Ergänzung des Statuts der Europäischen Genossenschaft hinsichtlich der Beteiligung der Arbeitnehmer (ABl EU Nr. L 207 S. 25) gegründeten Genossenschaften;

   b) Gesellschaften belgischen Rechts mit der Bezeichnung „société anonyme"/„naamloze vennootschap", „société en commandite par actions"/„commanditaire vennootschap op aandelen", „société privée à responsabilité limitée"/„besloten vennootschap met beperkte aansprakelijkheid", „société coopérative à responsabilité limitée"/„coöperatieve vennootschap met beperkte aansprakelijkheid", „société coopérative à responsabilité illimitée"/„coöperatieve vennootschap met onbeperkte aansprakelijkheid", „société en nom collectif"/„vennootschap onder firma", „société en commandite simple"/„gewone commanditaire vennootschap", öffentliche Unternehmen, die eine der genannten Rechtsformen angenommen haben, und andere nach belgischem Recht gegründete Gesellschaften, die der belgischen Körperschaftsteuer unterliegen;

   c) Gesellschaften bulgarischen Rechts mit der Bezeichnung „събирателното дружество", „командитното дружество", „дружеството с ограничена отговорност", „акционерното дружество", „командитното дружество с акции", „неперсонифицирано дружество", „кооперации", „кооперативни съюзи", „държавни предприятия", die nach bulgarischem Recht gegründet wurden und gewerbliche Tätigkeiten ausüben;

   d) Gesellschaften tschechischen Rechts mit der Bezeichnung „akciová společnost", „společnost s ručením omezeným";

   e) Gesellschaften dänischen Rechts mit der Bezeichnung „aktieselskab" oder „anpartsselskab". [2]Weitere nach dem Körperschaftsteuergesetz steuerpflichtige Gesellschaften, soweit ihr steuerbarer Gewinn nach den allgemeinen steuerrechtlichen Bestimmungen für die „aktieselskaber" ermittelt und besteuert wird;

   f) Gesellschaften deutschen Rechts mit der Bezeichnung „Aktiengesellschaft", „Kommanditgesellschaft auf Aktien", „Gesellschaft mit beschränkter Haftung", „Versicherungsverein auf Gegenseitigkeit", „Erwerbs- und Wirtschaftsgenossenschaft", „Betrieb gewerblicher Art von juristischen Personen des öffentlichen Rechts", und andere nach deutschem Recht gegründete Gesellschaften, die der deutschen Körperschaftsteuer unterliegen;

   g) Gesellschaften estnischen Rechts mit der Bezeichnung „täisühing", „usaldusühing", „osaühing", „aktsiaselts", „tulundusühistu";

   h) Gesellschaften griechischen Rechts mit der Bezeichnung „ανώνυμη εταιρεία", „εταιρεία περιορισμένης ευθύνης (Ε.Π.Ε.)" und andere nach griechischem Recht gegründete Gesellschaften, die der griechischen Körperschaftsteuer unterliegen;

1) **Anm. d. Red.:** Zur Anwendung der Anlage 2 siehe § 52 Abs. 55a.

i) Gesellschaften spanischen Rechts mit der Bezeichnung „sociedad anónima", „sociedad comanditaria por acciones", „sociedad de responsabilidad limitada", die öffentlich-rechtlichen Körperschaften, deren Tätigkeit unter das Privatrecht fällt. [2]Andere nach spanischem Recht gegründete Körperschaften, die der spanischen Körperschaftsteuer („impuesto sobre sociedades") unterliegen;

j) Gesellschaften französischen Rechts mit der Bezeichnung „société anonyme", „société en commandite par actions", „société à responsabilité limitée", „sociétés par actions simplifiées", „sociétés d'assurances mutuelles", „caisses d'épargne et de prévoyance", „sociétés civiles", die automatisch der Körperschaftsteuer unterliegen, „coopératives", „unions de coopératives", die öffentlichen Industrie- und Handelsbetriebe und -unternehmen und andere nach französischem Recht gegründete Gesellschaften, die der französischen Körperschaftsteuer unterliegen;

k) nach irischem Recht gegründete oder eingetragene Gesellschaften, gemäß dem Industrial and Provident Societies Act eingetragene Körperschaften, gemäß dem Building Societies Act gegründete „building societies" und „trustee savings banks" im Sinne des Trustee Savings Banks Act von 1989;

l) Gesellschaften italienischen Rechts mit der Bezeichnung „società per azioni", „società in accomandita per azioni", „società a responsabilità limitata", „società cooperative", „società di mutua assicurazione" sowie öffentliche und private Körperschaften, deren Tätigkeit ganz oder überwiegend handelsgewerblicher Art ist;

m) Gesellschaften zyprischen Rechts mit der Bezeichnung „εταιρειες" im Sinne der Einkommensteuergesetze;

n) Gesellschaften lettischen Rechts mit der Bezeichnung „akciju sabiedrība", „sabiedrība ar ierobežotu atbildību";

o) Gesellschaften litauischen Rechts;

p) Gesellschaften luxemburgischen Rechts mit der Bezeichnung „société anonyme", „société en commandite par actions", „société à responsabilité limitée", „société coopérative", „société coopérative organisée comme une société anonyme", „association d'assurances mutuelles", „association d'épargne-pension", „entreprise de nature commerciale, industrielle ou minière de l'Etat, des communes, des syndicats de communes, des établissements publics et des autres personnes morales de droit public" sowie andere nach luxemburgischem Recht gegründete Gesellschaften, die der luxemburgischen Körperschaftsteuer unterliegen;

q) Gesellschaften ungarischen Rechts mit der Bezeichnung „közkereseti társaság", „betéti társaság", „közös vállalat", „korlátolt felelősségű társaság", „részvénytársaság", „egyesülés", „szövetkezet";

r) Gesellschaften maltesischen Rechts mit der Bezeichnung „Kumpaniji ta' Responsabilita' Limitata", „Socjetajiet en comandite li l-kapital tagħhom maqsum f'azzjonijiet";

s) Gesellschaften niederländischen Rechts mit der Bezeichnung „naamloze vennootschap", „besloten vennootschap met beperkte aansprakelijkheid", „Open commanditaire vennootschap", „Coöperatie", „onderlinge waarborgmaatschappij", „Fonds voor gemene rekening", „vereniging op coöperatieve grondslag", „vereniging welke op onderlinge grondslag als verzekeraar of kredietinstelling optreedt" und andere nach niederländischem Recht gegründete Gesellschaften, die der niederländischen Körperschaftsteuer unterliegen;

t) Gesellschaften österreichischen Rechts mit der Bezeichnung „Aktiengesellschaft", „Gesellschaft mit beschränkter Haftung", „Versicherungsvereine auf Gegenseitigkeit", „Erwerbs- und Wirtschaftsgenossenschaften", „Betriebe gewerblicher Art von Körperschaften des öffentlichen Rechts", „Sparkassen" und andere nach österreichischem Recht gegründete Gesellschaften, die der österreichischen Körperschaftsteuer unterliegen;

u) Gesellschaften polnischen Rechts mit der Bezeichnung „spółka akcyjna", „spółka z ograniczoną odpowiedzialnością";

v) die nach portugiesischem Recht gegründeten Handelsgesellschaften oder zivilrechtlichen Handelsgesellschaften, Genossenschaften und öffentlichen Unternehmen;

w) Gesellschaften rumänischen Rechts mit der Bezeichnung „societăţi pe acţiuni“, „societăţi în comandită pe acţiuni“, „societăţi cu răspundere limitată“;

x) Gesellschaften slowenischen Rechts mit der Bezeichnung „delniška družba“, „komanditna družba“, „družba z omejeno odgovornostjo“;

y) Gesellschaften slowakischen Rechts mit der Bezeichnung „akciová spoločnost“, „spoločnost' s ručením obmedzeným“, „komanditná spoločnost“;

z) Gesellschaften finnischen Rechts mit der Bezeichnung „osakeyhtiö“/„aktiebolag“, „osuuskunta“/„andelslag“, „säästöpankki“/„sparbank“ und „vakuutusyhtiö“/„försäkringsbolag“;

aa) Gesellschaften schwedischen Rechts mit der Bezeichnung „aktiebolag“, „försäkringsaktiebolag“, „ekonomiska föreningar“, „sparbanker“, „ömsesidiga försäkringsbolag“;

ab) nach dem Recht des Vereinigten Königreichs gegründeten Gesellschaften;

2. nach dem Steuerrecht eines Mitgliedstaats in Bezug auf den steuerlichen Wohnsitz als in diesem Staat ansässig und auf Grund eines mit einem dritten Staat geschlossenen Doppelbesteuerungsabkommens in Bezug auf den steuerlichen Wohnsitz nicht als außerhalb der Gemeinschaft ansässig betrachtet wird und

3. ohne Wahlmöglichkeit einer der nachstehenden Steuern

- vennootschapsbelasting/impôt des sociétés in Belgien,
- selskabsskat in Dänemark,
- Körperschaftsteuer in Deutschland,
- Yhteisöjen tulovero/inkomstskatten för samfund in Finnland,
- φόρος εισοδήματος νομικών κερδοσκοπικού χαρακτήρα in Griechenland,
- impuesto sobre sociedades in Spanien,
- impôt sur les sociétés in Frankreich,
- corporation tax in Irland,
- imposta sul reddito delle persone giuridiche in Italien,
- impôt sur le revenu des collectivités in Luxemburg,
- vennootschapsbelasting in den Niederlanden,
- Körperschaftsteuer in Österreich,
- imposto sobre o rendimento das pessoas colectivas in Portugal,
- Statlig inkomstskatt in Schweden,
- corporation tax im Vereinigten Königreich,
- Daň z příjmů právnických in der Tschechischen Republik,
- Tulumaks in Estland,
- Φόρος Εισοδήματος in Zypern,
- uzņēmumu ienākuma nodoklis in Lettland,
- Pelno mokestis in Litauen,
- Társasági adó, osztalékadó in Ungarn,
- Taxxa fuq l-income in Malta,
- Podatek dochodowy od osób prawnych in Polen,
- Davek od dobička pravnih oseb in Slowenien,
- daň z príjmov právnických osôb in der Slowakei,
- корпоративен данък in Bulgarien,
- impozit pe profit in Rumänien

oder irgendeiner Steuer, die eine dieser Steuern ersetzt, unterliegt, ohne davon befreit zu sein.

Anlage 3[1] (zu § 50g)

1. Unternehmen im Sinne von § 50g Absatz 3 Nummer 5 Buchstabe a Doppelbuchstabe aa sind:

   a) Gesellschaften belgischen Rechts mit der Bezeichnung:

   „naamloze vennootschap“/„société anonyme“, „commanditaire vennootschap op aandelen“/„société en commandite par actions“, „besloten vennootschap met beperkte aansprakelijkheid“/„société privée à responsabilité limitée“ sowie öffentlich-rechtliche Körperschaften, deren Tätigkeit unter das Privatrecht fällt;

   b) Gesellschaften dänischen Rechts mit der Bezeichnung:

   „aktieselskab“ und „anpartsselskab“;

   c) Gesellschaften deutschen Rechts mit der Bezeichnung:

   „Aktiengesellschaft“, „Kommanditgesellschaft auf Aktien“ und „Gesellschaft mit beschränkter Haftung“;

   d) Gesellschaften griechischen Rechts mit der Bezeichnung:

   „ανώνυμη εταιρία“;

   e) Gesellschaften spanischen Rechts mit der Bezeichnung:

   „sociedad anónima“, „sociedad comanditaria por acciones“, „sociedad de responsabilidad limitada“ sowie öffentlich-rechtliche Körperschaften, deren Tätigkeit unter das Privatrecht fällt;

   f) Gesellschaften französischen Rechts mit der Bezeichnung:

   „société anonyme“, „société en commandite par actions“, „société à responsabilité limitée“ sowie die staatlichen Industrie- und Handelsbetriebe und -unternehmen;

   g) Gesellschaften irischen Rechts mit der Bezeichnung:

   „public companies limited by shares or by guarantee“, „private companies limited by shares or by guarantee“, gemäß den „Industrial and Provident Societies Acts“ eingetragene Einrichtungen oder gemäß den „Building Societies Acts“ eingetragene „building societies“;

   h) Gesellschaften italienischen Rechts mit der Bezeichnung:

   „società per azioni“, „società in accomandita per azioni“, „società a responsabilità limitata“ sowie staatliche und private Industrie- und Handelsunternehmen;

   i) Gesellschaften luxemburgischen Rechts mit der Bezeichnung:

   „société anonyme“, „société en commandite par actions“ und „société à responsabilité limitée“;

   j) Gesellschaften niederländischen Rechts mit der Bezeichnung:

   „naamloze vennootschap“ und „besloten vennootschap met beperkte aansprakelijkheid“;

   k) Gesellschaften österreichischen Rechts mit der Bezeichnung:

   „Aktiengesellschaft“ und „Gesellschaft mit beschränkter Haftung“;

   l) Gesellschaften portugiesischen Rechts in Form von Handelsgesellschaften oder zivilrechtlichen Handelsgesellschaften sowie Genossenschaften und öffentliche Unternehmen;

1) **Anm. d. Red.:** Zur Anwendung der Anlage 3 siehe § 52 Abs. 59b.

m) Gesellschaften finnischen Rechts mit der Bezeichnung:

„osakeyhtiö/aktiebolag“, „osuuskunta/andelslag“, „säästöpankki/sparbank“ und „vakuutusyhtiö/försäkringsbolag“;

n) Gesellschaften schwedischen Rechts mit der Bezeichnung:

„aktiebolag“ und „försäkringsaktiebolag“;

o) nach dem Recht des Vereinigten Königreichs gegründete Gesellschaften;

p) Gesellschaften tschechischen Rechts mit der Bezeichnung:

„akciová společnost“, „společnost s ručením omezeným“, „veřejná obchodní společnost“, „komanditní společnost“, und „družstvo“;

q) Gesellschaften estnischen Rechts mit der Bezeichnung:

„täisühing“, „usaldusühing“, „osaühing“, „aktsiaselts“, und „tulundusühistu“;

r) Gesellschaften zyprischen Rechts, die nach dem Gesellschaftsrecht als Gesellschaften bezeichnet werden, Körperschaften des öffentlichen Rechts und sonstige Körperschaften, die als Gesellschaft im Sinne der Einkommensteuergesetze gelten;

s) Gesellschaften lettischen Rechts mit der Bezeichnung:

„akciju sabiedrība“ und „sabiedrība ar ierobežotu atbildību“;

t) nach dem Recht Litauens gegründete Gesellschaften;

u) Gesellschaften ungarischen Rechts mit der Bezeichnung:

„közkereseti társaság“, „betéti társaság“, „közös vállalat“, „korlátolt felelősségű társaság“, „részvénytársaság“, „egyesülés“, „közhasznú társaság“ und „szövetkezet“;

v) Gesellschaften maltesischen Rechts mit der Bezeichnung:

„Kumpaniji ta' Responsabilita' Limitata“, und „Socjetajiet in akkomandita li l-kapital tagħhom maqsum f'azzjonijiet“;

w) Gesellschaften polnischen Rechts mit der Bezeichnung:

„spółka akcyjna“ und „spółka z ograniczoną odpowiedzialnością“;

x) Gesellschaften slowenischen Rechts mit der Bezeichnung:

„delniška družba“, „komanditna delniška družba“, „komanditna družba“, „družba z omejeno odgovornostjo“ und „družba z neomejeno odgovornostjo“;

y) Gesellschaften slowakischen Rechts mit der Bezeichnung:

„akciová spoločnos“, „spoločnost' s ručením obmedzeným“, „komanditná spoločnos“, „verejná obchodná spoločnos“ und „družstvo“;

aa) Gesellschaften bulgarischen Rechts mit der Bezeichnung:

„събирателното дружество“, „командитното дружество“, „дружеството с ограничена отговорност“, „акционерното дружество“, „командитното дружество с акции“, „кооперации“, „кооперативни съюзи“, „държавни предприятия“, die nach bulgarischem Recht gegründet wurden und gewerbliche Tätigkeiten ausüben;

ab) Gesellschaften rumänischen Rechts mit der Bezeichnung:

„societăţi pe acţiuni“, „societăţi în comandită pe acţiuni“, „societăţi cu răspundere limitată“.

2. Steuern im Sinne von § 50g Absatz 3 Nummer 5 Buchstabe a Doppelbuchstabe cc sind:

– impôt des sociétés/vennootschapsbelasting in Belgien,
– selskabsskat in Dänemark,
– Körperschaftsteuer in Deutschland,
– Φόρος εισοδήματος νομικών προσώπων in Griechenland,
– impuesto sobre sociedades in Spanien,

- impôt sur les sociétés in Frankreich,
- corporation tax in Irland,
- imposta sul reddito delle persone giuridiche in Italien,
- impôt sur le revenu des collectivités in Luxemburg,
- vennootschapsbelasting in den Niederlanden,
- Körperschaftsteuer in Österreich,
- imposto sobre o rendimento da pessoas colectivas in Portugal,
- yhteisöjen tulovero/inkomstskatten för samfund in Finnland,
- statlig inkomstskatt in Schweden,
- corporation tax im Vereinigten Königreich,
- Daň z příjmů právnických osob in der Tschechischen Republik,
- Tulumaks in Estland,
- φόρος εισοδήματος in Zypern,
- Uzņēmumu ienākuma nodoklis in Lettland,
- Pelno mokestis in Litauen,
- Társasági adó in Ungarn,
- Taxxa fuq l-income in Malta,
- Podatek dochodowy od osób prawnych in Polen,
- Davek od dobička pravnih oseb in Slowenien,
- Daň z príjmov právnických osôb in der Slowakei,
- корпоративен данък in Bulgarien,
- impozit pe profit, impozitul pe veniturile obţinute din România de nerezidenţi in Rumänien.

ESłG

Einkommensteuer-Grundtabelle 2010

Seit dem Jahr 2004 wird die Einkommensteuer nach dem auf den nächsten vollen Euro-Betrag abgerundeten zu versteuernden Einkommen berechnet. Der stufenlose Steuertarif hat zur Folge, dass einerseits Einkommensteuertabellen im herkömmlichen Sinn mit Tabellenstufen von 36 Euro, die vom Bundesfinanzministerium zuletzt für die Jahre 2002/2003 erstellt und veröffentlicht worden sind, nicht mehr zur Verfügung stehen, andererseits jeden Einzelwert einbeziehende Einkommensteuertabellen aus Umfangsgründen nicht mehr möglich sind.

Die nichtamtliche, ohne Gewähr wiedergegebene Einkommensteuer-Grundtabelle 2010, gültig ab 1. 1. 2010, wurde auf Basis der vorgegebenen Berechnungsgrundlagen in § 32a Abs. 1 i. V. mit § 52 Abs. 41 EStG i. d. F. des Gesetzes zur Sicherung von Beschäftigung und Stabilität in Deutschland v. 2. 3. 2009 (BGBl I S. 416) erstellt und gibt für die ausgewiesenen zu versteuernden Einkommen die entsprechende Einkommensteuer an. Für Werte, die zwischen bzw. über den ausgewiesenen zu versteuernden Einkommen liegen, kann die Einkommensteuer annäherungsweise geschätzt bzw. elektronisch, z. B. mit Hilfe der CD-ROM TopTabs 2010 (Verlags-Nr. 53330) von H. Poxrucker, berechnet werden. Dieses Programm berücksichtigt die ab 1. 1. 2010 geltende Rechtslage und bietet neben allen Tabellen zur Lohn- und Einkommensteuer (seit 1996) u. v. a. die Möglichkeit der Nettolohn-Berechnung. Die Einkommensteuer-Splittingtabelle 2010 ist wiedergegeben auf S. 482 ff.

Zu versteuerndes Einkommen in €	Einkommensteuer in €	Zu versteuerndes Einkommen in €	Einkommensteuer in €	Zu versteuerndes Einkommen in €	Einkommensteuer in €	Zu versteuerndes Einkommen in €	Einkommensteuer in €
8 004	0	**9 336**	202	**10 632**	430	**11 964**	697
8 040	5	**9 372**	208	**10 668**	437	**12 000**	705
8 076	10	**9 408**	214	**10 704**	444	**12 036**	712
8 112	15			**10 740**	451	**12 072**	720
8 148	20	**9 444**	220	**10 776**	458	**12 108**	728
8 184	25	**9 480**	226	**10 812**	465	**12 144**	735
8 220	30	**9 516**	232	**10 848**	471	**12 180**	743
8 256	35	**9 552**	238			**12 216**	751
8 292	41	**9 588**	244	**10 884**	478	**12 252**	759
8 328	46	**9 624**	250	**10 920**	485	**12 288**	767
		9 660	256	**10 956**	492		
8 364	51	**9 696**	262	**10 992**	499	**12 324**	775
8 400	56	**9 732**	269	**11 028**	506	**12 360**	782
8 436	62	**9 768**	275	**11 064**	513	**12 396**	790
8 472	67			**11 100**	520	**12 432**	798
8 508	72	**9 804**	281	**11 136**	527	**12 468**	806
8 544	78	**9 840**	287	**11 172**	535	**12 504**	814
8 580	83	**9 876**	294	**11 208**	542	**12 540**	822
8 616	89	**9 912**	300			**12 576**	830
8 652	94	**9 948**	306	**11 244**	549	**12 612**	838
8 688	100	**9 984**	312	**11 280**	556	**12 648**	846
		10 020	319	**11 316**	563		
8 724	105	**10 056**	325	**11 352**	570	**12 684**	854
8 760	111	**10 092**	332	**11 388**	578	**12 720**	863
8 796	116	**10 128**	338	**11 424**	585	**12 756**	871
8 832	122			**11 460**	592	**12 792**	879
8 868	127	**10 164**	344	**11 496**	600	**12 828**	887
8 904	133	**10 200**	351	**11 532**	607	**12 864**	895
8 940	139	**10 236**	357	**11 568**	614	**12 900**	904
8 976	144	**10 272**	364			**12 936**	912
9 012	150	**10 308**	370	**11 604**	622	**12 972**	920
9 048	156	**10 344**	377	**11 640**	629	**13 008**	928
		10 380	384	**11 676**	637		
9 084	161	**10 416**	390	**11 712**	644	**13 044**	937
9 120	167	**10 452**	397	**11 748**	652	**13 080**	945
9 156	173	**10 488**	404	**11 784**	659	**13 116**	954
9 192	179			**11 820**	667	**13 152**	962
9 228	185	**10 524**	410	**11 856**	674	**13 188**	970
9 264	190	**10 560**	417	**11 892**	682	**13 224**	979
9 300	196	**10 596**	424	**11 928**	689	**13 260**	987

Zu versteuerndes Einkommen in €	Einkommensteuer in €	Zu versteuerndes Einkommen in €	Einkommensteuer in €	Zu versteuerndes Einkommen in €	Einkommensteuer in €	Zu versteuerndes Einkommen in €	Einkommensteuer in €
13 296	996	**15 312**	1 487	**17 364**	2 006	**19 416**	2 544
13 332	1 004	**15 348**	1 496	**17 400**	2 015	**19 452**	2 554
13 368	1 013	**15 384**	1 505	**17 436**	2 024	**19 488**	2 563
		15 420	1 514	**17 472**	2 034		
13 404	1 021	**15 456**	1 523	**17 508**	2 043	**19 524**	2 573
13 440	1 030	**15 492**	1 532	**17 544**	2 052	**19 560**	2 582
13 476	1 039	**15 528**	1 541	**17 580**	2 062	**19 596**	2 592
13 512	1 048			**17 616**	2 071	**19 632**	2 602
13 548	1 056	**15 564**	1 550	**17 652**	2 080	**19 668**	2 611
13 584	1 065	**15 600**	1 559	**17 688**	2 090	**19 704**	2 621
13 620	1 074	**15 636**	1 568			**19 740**	2 631
13 656	1 082	**15 672**	1 577	**17 724**	2 099	**19 776**	2 640
13 692	1 091	**15 708**	1 586	**17 760**	2 108	**19 812**	2 650
13 728	1 100	**15 744**	1 595	**17 796**	2 118	**19 848**	2 660
		15 780	1 604	**17 832**	2 127		
13 764	1 108	**15 816**	1 613	**17 868**	2 136	**19 884**	2 669
13 800	1 117	**15 852**	1 622	**17 904**	2 146	**19 920**	2 679
13 836	1 126	**15 888**	1 631	**17 940**	2 155	**19 956**	2 689
13 872	1 134			**17 976**	2 164	**19 992**	2 698
13 908	1 143	**15 924**	1 640	**18 012**	2 174	**20 028**	2 708
13 944	1 152	**15 960**	1 649	**18 048**	2 183	**20 064**	2 718
13 980	1 161	**15 996**	1 658			**20 100**	2 728
14 016	1 169	**16 032**	1 667	**18 084**	2 192	**20 136**	2 737
14 052	1 178	**16 068**	1 676	**18 120**	2 202	**20 172**	2 747
14 088	1 187	**16 104**	1 685	**18 156**	2 211	**20 208**	2 757
		16 140	1 694	**18 192**	2 221		
14 124	1 195	**16 176**	1 703	**18 228**	2 230	**20 244**	2 766
14 160	1 204	**16 212**	1 712	**18 264**	2 239	**20 280**	2 776
14 196	1 213	**16 248**	1 721	**18 300**	2 249	**20 316**	2 786
14 232	1 222			**18 336**	2 258	**20 352**	2 796
14 268	1 230	**16 284**	1 730	**18 372**	2 268	**20 388**	2 805
14 304	1 239	**16 320**	1 739	**18 408**	2 277	**20 424**	2 815
14 340	1 248	**16 356**	1 749			**20 460**	2 825
14 376	1 257	**16 392**	1 758	**18 444**	2 287	**20 496**	2 835
14 412	1 266	**16 428**	1 767	**18 480**	2 296	**20 532**	2 845
14 448	1 274	**16 464**	1 776	**18 516**	2 306	**20 568**	2 854
		16 500	1 785	**18 552**	2 315		
14 484	1 283	**16 536**	1 794	**18 588**	2 324	**20 604**	2 864
14 520	1 292	**16 572**	1 803	**18 624**	2 334	**20 640**	2 874
14 556	1 301	**16 608**	1 812	**18 660**	2 343	**20 676**	2 884
14 592	1 310			**18 696**	2 353	**20 712**	2 894
14 628	1 318	**16 644**	1 822	**18 732**	2 362	**20 748**	2 903
14 664	1 327	**16 680**	1 831	**18 768**	2 372	**20 784**	2 913
14 700	1 336	**16 716**	1 840			**20 820**	2 923
14 736	1 345	**16 752**	1 849	**18 804**	2 381	**20 856**	2 933
14 772	1 354	**16 788**	1 858	**18 840**	2 391	**20 892**	2 943
14 808	1 363	**16 824**	1 867	**18 876**	2 400	**20 928**	2 953
		16 860	1 877	**18 912**	2 410		
14 844	1 371	**16 896**	1 886	**18 948**	2 419	**20 964**	2 963
14 880	1 380	**16 932**	1 895	**18 984**	2 429	**21 000**	2 972
14 916	1 389	**16 968**	1 904	**19 020**	2 439	**21 036**	2 982
14 952	1 398			**19 056**	2 448	**21 072**	2 992
14 988	1 407	**17 004**	1 913	**19 092**	2 458	**21 108**	3 002
15 024	1 416	**17 040**	1 923	**19 128**	2 467	**21 144**	3 012
15 060	1 425	**17 076**	1 932			**21 180**	3 022
15 096	1 434	**17 112**	1 941	**19 164**	2 477	**21 216**	3 032
15 132	1 442	**17 148**	1 950	**19 200**	2 486	**21 252**	3 042
15 168	1 451	**17 184**	1 960	**19 236**	2 496	**21 288**	3 052
		17 220	1 969	**19 272**	2 506		
15 204	1 460	**17 256**	1 978	**19 308**	2 515	**21 324**	3 061
15 240	1 469	**17 292**	1 987	**19 344**	2 525	**21 360**	3 071
15 276	1 478	**17 328**	1 997	**19 380**	2 534	**21 396**	3 081

Zu versteuerndes Einkommen in €	Einkommensteuer in €	Zu versteuerndes Einkommen in €	Einkommensteuer in €	Zu versteuerndes Einkommen in €	Einkommensteuer in €	Zu versteuerndes Einkommen in €	Einkommensteuer in €
21 432	3 091	**23 484**	3 668	**25 536**	4 263	**27 552**	4 867
21 468	3 101	**23 520**	3 678	**25 572**	4 274	**27 588**	4 878
21 504	3 111	**23 556**	3 688	**25 608**	4 284	**27 624**	4 889
21 540	3 121	**23 592**	3 698			**27 660**	4 900
21 576	3 131	**23 628**	3 709	**25 644**	4 295	**27 696**	4 911
21 612	3 141	**23 664**	3 719	**25 680**	4 306	**27 732**	4 922
21 648	3 151	**23 700**	3 729	**25 716**	4 316	**27 768**	4 933
		23 736	3 740	**25 752**	4 327		
21 684	3 161	**23 772**	3 750	**25 788**	4 337	**27 804**	4 944
21 720	3 171	**23 808**	3 760	**25 824**	4 348	**27 840**	4 955
21 756	3 181			**25 860**	4 359	**27 876**	4 966
21 792	3 191	**23 844**	3 771	**25 896**	4 369	**27 912**	4 977
21 828	3 201	**23 880**	3 781	**25 932**	4 380	**27 948**	4 988
21 864	3 211	**23 916**	3 791	**25 968**	4 391	**27 984**	4 999
21 900	3 221	**23 952**	3 802			**28 020**	5 010
21 936	3 231	**23 988**	3 812	**26 004**	4 402	**28 056**	5 021
21 972	3 241	**24 024**	3 822	**26 040**	4 412	**28 092**	5 032
22 008	3 251	**24 060**	3 833	**26 076**	4 423	**28 128**	5 043
		24 096	3 843	**26 112**	4 434		
22 044	3 261	**24 132**	3 853	**26 148**	4 444	**28 164**	5 054
22 080	3 271	**24 168**	3 864	**26 184**	4 455	**28 200**	5 065
22 116	3 281			**26 220**	4 466	**28 236**	5 076
22 152	3 291	**24 204**	3 874	**26 256**	4 477	**28 272**	5 087
22 188	3 301	**24 240**	3 885	**26 292**	4 487	**28 308**	5 098
22 224	3 311	**24 276**	3 895	**26 328**	4 498	**28 344**	5 109
22 260	3 321	**24 312**	3 905			**28 380**	5 120
22 296	3 332	**24 348**	3 916	**26 364**	4 509	**28 416**	5 131
22 332	3 342	**24 384**	3 926	**26 400**	4 520	**28 452**	5 142
22 368	3 352	**24 420**	3 937	**26 436**	4 530	**28 488**	5 154
		24 456	3 947	**26 472**	4 541		
22 404	3 362	**24 492**	3 958	**26 508**	4 552	**28 524**	5 165
22 440	3 372	**24 528**	3 968	**26 544**	4 563	**28 560**	5 176
22 476	3 382			**26 580**	4 573	**28 596**	5 187
22 512	3 392	**24 564**	3 979	**26 616**	4 584	**28 632**	5 198
22 548	3 402	**24 600**	3 989	**26 652**	4 595	**28 668**	5 209
22 584	3 412	**24 636**	3 999	**26 688**	4 606	**28 704**	5 220
22 620	3 423	**24 672**	4 010			**28 740**	5 231
22 656	3 433	**24 708**	4 020	**26 724**	4 617	**28 776**	5 243
22 692	3 443	**24 744**	4 031	**26 760**	4 627	**28 812**	5 254
22 728	3 453	**24 780**	4 041	**26 796**	4 638	**28 848**	5 265
		24 816	4 052	**26 832**	4 649		
22 764	3 463	**24 852**	4 062	**26 868**	4 660	**28 884**	5 276
22 800	3 473	**24 888**	4 073	**26 904**	4 671	**28 920**	5 287
22 836	3 483			**26 940**	4 682	**28 956**	5 298
22 872	3 494	**24 924**	4 083	**26 976**	4 692	**28 992**	5 310
22 908	3 504	**24 960**	4 094	**27 012**	4 703	**29 028**	5 321
22 944	3 514	**24 996**	4 104	**27 048**	4 714	**29 064**	5 332
22 980	3 524	**25 032**	4 115			**29 100**	5 343
23 016	3 534	**25 068**	4 126	**27 084**	4 725	**29 136**	5 354
23 052	3 545	**25 104**	4 136	**27 120**	4 736	**29 172**	5 366
23 088	3 555	**25 140**	4 147	**27 156**	4 747	**29 208**	5 377
		25 176	4 157	**27 192**	4 758		
23 124	3 565	**25 212**	4 168	**27 228**	4 769	**29 244**	5 388
23 160	3 575	**25 248**	4 178	**27 264**	4 779	**29 280**	5 399
23 196	3 585			**27 300**	4 790	**29 316**	5 410
23 232	3 596	**25 284**	4 189	**27 336**	4 801	**29 352**	5 422
23 268	3 606	**25 320**	4 199	**27 372**	4 812	**29 388**	5 433
23 304	3 616	**25 356**	4 210	**27 408**	4 823	**29 424**	5 444
23 340	3 626	**25 392**	4 221			**29 460**	5 455
23 376	3 637	**25 428**	4 231	**27 444**	4 834	**29 496**	5 467
23 412	3 647	**25 464**	4 242	**27 480**	4 845	**29 532**	5 478
23 448	3 657	**25 500**	4 252	**27 516**	4 856	**29 568**	5 489

Zu versteuerndes Einkommen in €	Einkommensteuer in €	Zu versteuerndes Einkommen in €	Einkommensteuer in €	Zu versteuerndes Einkommen in €	Einkommensteuer in €	Zu versteuerndes Einkommen in €	Einkommensteuer in €
29 604	5 501	**31 656**	6 154	**33 672**	6 814	**35 724**	7 505
29 640	5 512	**31 692**	6 165	**33 708**	6 826	**35 760**	7 517
29 676	5 523	**31 728**	6 177	**33 744**	6 838	**35 796**	7 530
29 712	5 534			**33 780**	6 850	**35 832**	7 542
29 748	5 546	**31 764**	6 188	**33 816**	6 862	**35 868**	7 554
29 784	5 557	**31 800**	6 200	**33 852**	6 874	**35 904**	7 566
29 820	5 568	**31 836**	6 212	**33 888**	6 886	**35 940**	7 579
29 856	5 580	**31 872**	6 223			**35 976**	7 591
29 892	5 591	**31 908**	6 235	**33 924**	6 898	**36 012**	7 603
29 928	5 602	**31 944**	6 247	**33 960**	6 910	**36 048**	7 616
		31 980	6 258	**33 996**	6 922		
29 964	5 614	**32 016**	6 270	**34 032**	6 934	**36 084**	7 628
30 000	5 625	**32 052**	6 282	**34 068**	6 946	**36 120**	7 641
30 036	5 636	**32 088**	6 293	**34 104**	6 958	**36 156**	7 653
30 072	5 648			**34 140**	6 970	**36 192**	7 665
30 108	5 659	**32 124**	6 305	**34 176**	6 982	**36 228**	7 678
30 144	5 671	**32 160**	6 317	**34 212**	6 994	**36 264**	7 690
30 180	5 682	**32 196**	6 329	**34 248**	7 006	**36 300**	7 702
30 216	5 693	**32 232**	6 340			**36 336**	7 715
30 252	5 705	**32 268**	6 352	**34 284**	7 018	**36 372**	7 727
30 288	5 716	**32 304**	6 364	**34 320**	7 030	**36 408**	7 740
		32 340	6 375	**34 356**	7 042		
30 324	5 727	**32 376**	6 387	**34 392**	7 054	**36 444**	7 752
30 360	5 739	**32 412**	6 399	**34 428**	7 066	**36 480**	7 764
30 396	5 750	**32 448**	6 411	**34 464**	7 078	**36 516**	7 777
30 432	5 762			**34 500**	7 090	**36 552**	7 789
30 468	5 773	**32 484**	6 422	**34 536**	7 102	**36 588**	7 802
30 504	5 785	**32 520**	6 434	**34 572**	7 115	**36 624**	7 814
30 540	5 796	**32 556**	6 446	**34 608**	7 127	**36 660**	7 827
30 576	5 807	**32 592**	6 458			**36 696**	7 839
30 612	5 819	**32 628**	6 470	**34 644**	7 139	**36 732**	7 852
30 648	5 830	**32 664**	6 481	**34 680**	7 151	**36 768**	7 864
		32 700	6 493	**34 716**	7 163		
30 684	5 842	**32 736**	6 505	**34 752**	7 175	**36 804**	7 876
30 720	5 853	**32 772**	6 517	**34 788**	7 187	**36 840**	7 889
30 756	5 865	**32 808**	6 529	**34 824**	7 199	**36 876**	7 901
30 792	5 876			**34 860**	7 212	**36 912**	7 914
30 828	5 888	**32 844**	6 540	**34 896**	7 224	**36 948**	7 926
30 864	5 899	**32 880**	6 552	**34 932**	7 236	**36 984**	7 939
30 900	5 911	**32 916**	6 564	**34 968**	7 248	**37 020**	7 951
30 936	5 922	**32 952**	6 576			**37 056**	7 964
30 972	5 934	**32 988**	6 588	**35 004**	7 260	**37 092**	7 976
31 008	5 945	**33 024**	6 600	**35 040**	7 272	**37 128**	7 989
		33 060	6 611	**35 076**	7 285		
31 044	5 957	**33 096**	6 623	**35 112**	7 297	**37 164**	8 001
31 080	5 968	**33 132**	6 635	**35 148**	7 309	**37 200**	8 014
31 116	5 980	**33 168**	6 647	**35 184**	7 321	**37 236**	8 027
31 152	5 991			**35 220**	7 333	**37 272**	8 039
31 188	6 003	**33 204**	6 659	**35 256**	7 346	**37 308**	8 052
31 224	6 014	**33 240**	6 671	**35 292**	7 358	**37 344**	8 064
31 260	6 026	**33 276**	6 683	**35 328**	7 370	**37 380**	8 077
31 296	6 038	**33 312**	6 695			**37 416**	8 089
31 332	6 049	**33 348**	6 706	**35 364**	7 382	**37 452**	8 102
31 368	6 061	**33 384**	6 718	**35 400**	7 395	**37 488**	8 114
		33 420	6 730	**35 436**	7 407		
31 404	6 072	**33 456**	6 742	**35 472**	7 419	**37 524**	8 127
31 440	6 084	**33 492**	6 754	**35 508**	7 431	**37 560**	8 140
31 476	6 095	**33 528**	6 766	**35 544**	7 444	**37 596**	8 152
31 512	6 107			**35 580**	7 456	**37 632**	8 165
31 548	6 119	**33 564**	6 778	**35 616**	7 468	**37 668**	8 177
31 584	6 130	**33 600**	6 790	**35 652**	7 480	**37 704**	8 190
31 620	6 142	**33 636**	6 802	**35 688**	7 493	**37 740**	8 203

EStG

Zu versteuerndes Einkommen in €	Einkommensteuer in €	Zu versteuerndes Einkommen in €	Einkommensteuer in €	Zu versteuerndes Einkommen in €	Einkommensteuer in €	Zu versteuerndes Einkommen in €	Einkommensteuer in €
37 776	8 215	**39 792**	8 932	**41 844**	9 681	**43 896**	10 449
37 812	8 228	**39 828**	8 945	**41 880**	9 694	**43 932**	10 462
37 848	8 241	**39 864**	8 958	**41 916**	9 707	**43 968**	10 476
		39 900	8 971	**41 952**	9 721		
37 884	8 253	**39 936**	8 984	**41 988**	9 734	**44 004**	10 489
37 920	8 266	**39 972**	8 997	**42 024**	9 747	**44 040**	10 503
37 956	8 279	**40 008**	9 010	**42 060**	9 761	**44 076**	10 517
37 992	8 291			**42 096**	9 774	**44 112**	10 530
38 028	8 304	**40 044**	9 023	**42 132**	9 787	**44 148**	10 544
38 064	8 317	**40 080**	9 036	**42 168**	9 801	**44 184**	10 558
38 100	8 329	**40 116**	9 049			**44 220**	10 572
38 136	8 342	**40 152**	9 062	**42 204**	9 814	**44 256**	10 585
38 172	8 355	**40 188**	9 075	**42 240**	9 827	**44 292**	10 599
38 208	8 367	**40 224**	9 088	**42 276**	9 841	**44 328**	10 613
		40 260	9 101	**42 312**	9 854		
38 244	8 380	**40 296**	9 114	**42 348**	9 867	**44 364**	10 626
38 280	8 393	**40 332**	9 127	**42 384**	9 881	**44 400**	10 640
38 316	8 406	**40 368**	9 140	**42 420**	9 894	**44 436**	10 654
38 352	8 418			**42 456**	9 908	**44 472**	10 668
38 388	8 431	**40 404**	9 153	**42 492**	9 921	**44 508**	10 681
38 424	8 444	**40 440**	9 166	**42 528**	9 934	**44 544**	10 695
38 460	8 456	**40 476**	9 179			**44 580**	10 709
38 496	8 469	**40 512**	9 193	**42 564**	9 948	**44 616**	10 723
38 532	8 482	**40 548**	9 206	**42 600**	9 961	**44 652**	10 736
38 568	8 495	**40 584**	9 219	**42 636**	9 975	**44 688**	10 750
		40 620	9 232	**42 672**	9 988		
38 604	8 507	**40 656**	9 245	**42 708**	10 002	**44 724**	10 764
38 640	8 520	**40 692**	9 258	**42 744**	10 015	**44 760**	10 778
38 676	8 533	**40 728**	9 271	**42 780**	10 029	**44 796**	10 791
38 712	8 546			**42 816**	10 042	**44 832**	10 805
38 748	8 559	**40 764**	9 284	**42 852**	10 055	**44 868**	10 819
38 784	8 571	**40 800**	9 297	**42 888**	10 069	**44 904**	10 833
38 820	8 584	**40 836**	9 311			**44 940**	10 847
38 856	8 597	**40 872**	9 324	**42 924**	10 082	**44 976**	10 860
38 892	8 610	**40 908**	9 337	**42 960**	10 096	**45 012**	10 874
38 928	8 623	**40 944**	9 350	**42 996**	10 109	**45 048**	10 888
		40 980	9 363	**43 032**	10 123		
38 964	8 635	**41 016**	9 376	**43 068**	10 136	**45 084**	10 902
39 000	8 648	**41 052**	9 389	**43 104**	10 150	**45 120**	10 916
39 036	8 661	**41 088**	9 403	**43 140**	10 163	**45 156**	10 930
39 072	8 674			**43 176**	10 177	**45 192**	10 943
39 108	8 687	**41 124**	9 416	**43 212**	10 190	**45 228**	10 957
39 144	8 700	**41 160**	9 429	**43 248**	10 204	**45 264**	10 971
39 180	8 713	**41 196**	9 442			**45 300**	10 985
39 216	8 725	**41 232**	9 455	**43 284**	10 218	**45 336**	10 999
39 252	8 738	**41 268**	9 469	**43 320**	10 231	**45 372**	11 013
39 288	8 751	**41 304**	9 482	**43 356**	10 245	**45 408**	11 027
		41 340	9 495	**43 392**	10 258		
39 324	8 764	**41 376**	9 508	**43 428**	10 272	**45 444**	11 041
39 360	8 777	**41 412**	9 521	**43 464**	10 285	**45 480**	11 054
39 396	8 790	**41 448**	9 535	**43 500**	10 299	**45 516**	11 068
39 432	8 803			**43 536**	10 312	**45 552**	11 082
39 468	8 816	**41 484**	9 548	**43 572**	10 326	**45 588**	11 096
39 504	8 829	**41 520**	9 561	**43 608**	10 340	**45 624**	11 110
39 540	8 841	**41 556**	9 574			**45 660**	11 124
39 576	8 854	**41 592**	9 588	**43 644**	10 353	**45 696**	11 138
39 612	8 867	**41 628**	9 601	**43 680**	10 367	**45 732**	11 152
39 648	8 880	**41 664**	9 614	**43 716**	10 380	**45 768**	11 166
		41 700	9 628	**43 752**	10 394		
39 684	8 893	**41 736**	9 641	**43 788**	10 408	**45 804**	11 180
39 720	8 906	**41 772**	9 654	**43 824**	10 421	**45 840**	11 194
39 756	8 919	**41 808**	9 667	**43 860**	10 435	**45 876**	11 208

Zu versteuerndes Einkommen in €	Einkommensteuer in €	Zu versteuerndes Einkommen in €	Einkommensteuer in €	Zu versteuerndes Einkommen in €	Einkommensteuer in €	Zu versteuerndes Einkommen in €	Einkommensteuer in €
45 912	11 222	**47 964**	12 028	**50 016**	12 853	**52 032**	13 683
45 948	11 236	**48 000**	12 042	**50 052**	12 868	**52 068**	13 698
45 984	11 250	**48 036**	12 056	**50 088**	12 882	**52 104**	13 713
46 020	11 264	**48 072**	12 071			**52 140**	13 728
46 056	11 278	**48 108**	12 085	**50 124**	12 897	**52 176**	13 743
46 092	11 292	**48 144**	12 099	**50 160**	12 912	**52 212**	13 758
46 128	11 306	**48 180**	12 114	**50 196**	12 926	**52 248**	13 773
		48 216	12 128	**50 232**	12 941		
46 164	11 320	**48 252**	12 142	**50 268**	12 956	**52 284**	13 788
46 200	11 334	**48 288**	12 157	**50 304**	12 970	**52 320**	13 803
46 236	11 348			**50 340**	12 985	**52 356**	13 818
46 272	11 362	**48 324**	12 171	**50 376**	13 000	**52 392**	13 833
46 308	11 376	**48 360**	12 186	**50 412**	13 015	**52 428**	13 848
46 344	11 390	**48 396**	12 200	**50 448**	13 029	**52 464**	13 863
46 380	11 404	**48 432**	12 214			**52 500**	13 878
46 416	11 418	**48 468**	12 229	**50 484**	13 044	**52 536**	13 893
46 452	11 432	**48 504**	12 243	**50 520**	13 059	**52 572**	13 908
46 488	11 446	**48 540**	12 257	**50 556**	13 073	**52 608**	13 923
		48 576	12 272	**50 592**	13 088		
46 524	11 460	**48 612**	12 286	**50 628**	13 103	**52 644**	13 938
46 560	11 474	**48 648**	12 301	**50 664**	13 118	**52 680**	13 953
46 596	11 488			**50 700**	13 132	**52 716**	13 968
46 632	11 502	**48 684**	12 315	**50 736**	13 147	**52 752**	13 983
46 668	11 516	**48 720**	12 330	**50 772**	13 162	**52 788**	13 999
46 704	11 531	**48 756**	12 344	**50 808**	13 177	**52 824**	14 014
46 740	11 545	**48 792**	12 358			**52 860**	14 029
46 776	11 559	**48 828**	12 373	**50 844**	13 192	**52 896**	14 044
46 812	11 573	**48 864**	12 387	**50 880**	13 206	**52 932**	14 059
46 848	11 587	**48 900**	12 402	**50 916**	13 221	**52 968**	14 074
		48 936	12 416	**50 952**	13 236		
46 884	11 601	**48 972**	12 431	**50 988**	13 251	**53 004**	14 089
46 920	11 615	**49 008**	12 445	**51 024**	13 266	**53 040**	14 104
46 956	11 629			**51 060**	13 280	**53 076**	14 119
46 992	11 644	**49 044**	12 460	**51 096**	13 295	**53 112**	14 135
47 028	11 658	**49 080**	12 474	**51 132**	13 310	**53 148**	14 150
47 064	11 672	**49 116**	12 489	**51 168**	13 325	**53 184**	14 165
47 100	11 686	**49 152**	12 503			**53 220**	14 180
47 136	11 700	**49 188**	12 518	**51 204**	13 340	**53 256**	14 195
47 172	11 714	**49 224**	12 532	**51 240**	13 355	**53 292**	14 210
47 208	11 729	**49 260**	12 547	**51 276**	13 369	**53 328**	14 225
		49 296	12 561	**51 312**	13 384		
47 244	11 743	**49 332**	12 576	**51 348**	13 399	**53 364**	14 240
47 280	11 757	**49 368**	12 590	**51 384**	13 414	**53 400**	14 256
47 316	11 771			**51 420**	13 429	**53 436**	14 271
47 352	11 785	**49 404**	12 605	**51 456**	13 444	**53 472**	14 286
47 388	11 800	**49 440**	12 619	**51 492**	13 459	**53 508**	14 301
47 424	11 814	**49 476**	12 634	**51 528**	13 474	**53 544**	14 316
47 460	11 828	**49 512**	12 649			**53 580**	14 331
47 496	11 842	**49 548**	12 663	**51 564**	13 488	**53 616**	14 346
47 532	11 856	**49 584**	12 678	**51 600**	13 503	**53 652**	14 361
47 568	11 871	**49 620**	12 692	**51 636**	13 518	**53 688**	14 376
		49 656	12 707	**51 672**	13 533		
47 604	11 885	**49 692**	12 721	**51 708**	13 548	**53 724**	14 392
47 640	11 899	**49 728**	12 736	**51 744**	13 563	**53 760**	14 407
47 676	11 913			**51 780**	13 578	**53 796**	14 422
47 712	11 928	**49 764**	12 751	**51 816**	13 593	**53 832**	14 437
47 748	11 942	**49 800**	12 765	**51 852**	13 608	**53 868**	14 452
47 784	11 956	**49 836**	12 780	**51 888**	13 623	**53 904**	14 467
47 820	11 971	**49 872**	12 795			**53 940**	14 482
47 856	11 985	**49 908**	12 809	**51 924**	13 638	**53 976**	14 497
47 892	11 999	**49 944**	12 824	**51 960**	13 653	**54 012**	14 513
47 928	12 013	**49 980**	12 838	**51 996**	13 668	**54 048**	14 528

EStG

Zu versteuerndes Einkommen in €	Einkommensteuer in €	Zu versteuerndes Einkommen in €	Einkommensteuer in €	Zu versteuerndes Einkommen in €	Einkommensteuer in €	Zu versteuerndes Einkommen in €	Einkommensteuer in €
54 084	14 543	**56 136**	15 405	**58 152**	16 251	**60 204**	17 113
54 120	14 558	**56 172**	15 420	**58 188**	16 266	**60 240**	17 128
54 156	14 573	**56 208**	15 435	**58 224**	16 282	**60 276**	17 143
54 192	14 588			**58 260**	16 297	**60 312**	17 159
54 228	14 603	**56 244**	15 450	**58 296**	16 312	**60 348**	17 174
54 264	14 618	**56 280**	15 465	**58 332**	16 327	**60 384**	17 189
54 300	14 634	**56 316**	15 480	**58 368**	16 342	**60 420**	17 204
54 336	14 649	**56 352**	15 495			**60 456**	17 219
54 372	14 664	**56 388**	15 510	**58 404**	16 357	**60 492**	17 234
54 408	14 679	**56 424**	15 526	**58 440**	16 372	**60 528**	17 249
		56 460	15 541	**58 476**	16 387		
54 444	14 694	**56 496**	15 556	**58 512**	16 403	**60 564**	17 264
54 480	14 709	**56 532**	15 571	**58 548**	16 418	**60 600**	17 280
54 516	14 724	**56 568**	15 586	**58 584**	16 433	**60 636**	17 295
54 552	14 739			**58 620**	16 448	**60 672**	17 310
54 588	14 754	**56 604**	15 601	**58 656**	16 463	**60 708**	17 325
54 624	14 770	**56 640**	15 616	**58 692**	16 478	**60 744**	17 340
54 660	14 785	**56 676**	15 631	**58 728**	16 493	**60 780**	17 355
54 696	14 800	**56 712**	15 647			**60 816**	17 370
54 732	14 815	**56 748**	15 662	**58 764**	16 508	**60 852**	17 385
54 768	14 830	**56 784**	15 677	**58 800**	16 524	**60 888**	17 400
		56 820	15 692	**58 836**	16 539		
54 804	14 845	**56 856**	15 707	**58 872**	16 554	**60 924**	17 416
54 840	14 860	**56 892**	15 722	**58 908**	16 569	**60 960**	17 431
54 876	14 875	**56 928**	15 737	**58 944**	16 584	**60 996**	17 446
54 912	14 891			**58 980**	16 599	**61 032**	17 461
54 948	14 906	**56 964**	15 752	**59 016**	16 614	**61 068**	17 476
54 984	14 921	**57 000**	15 768	**59 052**	16 629	**61 104**	17 491
55 020	14 936	**57 036**	15 783	**59 088**	16 644	**61 140**	17 506
55 056	14 951	**57 072**	15 798			**61 176**	17 521
55 092	14 966	**57 108**	15 813	**59 124**	16 660	**61 212**	17 537
55 128	14 981	**57 144**	15 828	**59 160**	16 675	**61 248**	17 552
		57 180	15 843	**59 196**	16 690		
55 164	14 996	**57 216**	15 858	**59 232**	16 705	**61 284**	17 567
55 200	15 012	**57 252**	15 873	**59 268**	16 720	**61 320**	17 582
55 236	15 027	**57 288**	15 888	**59 304**	16 735	**61 356**	17 597
55 272	15 042			**59 340**	16 750	**61 392**	17 612
55 308	15 057	**57 324**	15 904	**59 376**	16 765	**61 428**	17 627
55 344	15 072	**57 360**	15 919	**59 412**	16 781	**61 464**	17 642
55 380	15 087	**57 396**	15 934	**59 448**	16 796	**61 500**	17 658
55 416	15 102	**57 432**	15 949			**61 536**	17 673
55 452	15 117	**57 468**	15 964	**59 484**	16 811	**61 572**	17 688
55 488	15 132	**57 504**	15 979	**59 520**	16 826	**61 608**	17 703
		57 540	15 994	**59 556**	16 841		
55 524	15 148	**57 576**	16 009	**59 592**	16 856	**61 644**	17 718
55 560	15 163	**57 612**	16 025	**59 628**	16 871	**61 680**	17 733
55 596	15 178	**57 648**	16 040	**59 664**	16 886	**61 716**	17 748
55 632	15 193			**59 700**	16 902	**61 752**	17 763
55 668	15 208	**57 684**	16 055	**59 736**	16 917	**61 788**	17 778
55 704	15 223	**57 720**	16 070	**59 772**	16 932	**61 824**	17 794
55 740	15 238	**57 756**	16 085	**59 808**	16 947	**61 860**	17 809
55 776	15 253	**57 792**	16 100			**61 896**	17 824
55 812	15 269	**57 828**	16 115	**59 844**	16 962	**61 932**	17 839
55 848	15 284	**57 864**	16 130	**59 880**	16 977	**61 968**	17 854
		57 900	16 146	**59 916**	16 992		
55 884	15 299	**57 936**	16 161	**59 952**	17 007	**62 004**	17 869
55 920	15 314	**57 972**	16 176	**59 988**	17 022	**62 040**	17 884
55 956	15 329	**58 008**	16 191	**60 024**	17 038	**62 076**	17 899
55 992	15 344			**60 060**	17 053	**62 112**	17 915
56 028	15 359	**58 044**	16 206	**60 096**	17 068	**62 148**	17 930
56 064	15 374	**58 080**	16 221	**60 132**	17 083	**62 184**	17 945
56 100	15 390	**58 116**	16 236	**60 168**	17 098	**62 220**	17 960

Zu versteuerndes Einkommen in €	Einkommensteuer in €	Zu versteuerndes Einkommen in €	Einkommensteuer in €	Zu versteuerndes Einkommen in €	Einkommensteuer in €	Zu versteuerndes Einkommen in €	Einkommensteuer in €
62 256	17 975	**64 020**	18 716	**65 784**	19 457	**67 548**	20 198
62 292	17 990	**64 056**	18 731	**65 820**	19 472	**67 584**	20 213
62 328	18 005	**64 092**	18 746	**65 856**	19 487	**67 620**	20 228
		64 128	18 761	**65 892**	19 502	**67 656**	20 243
62 364	18 020			**65 928**	19 517	**67 692**	20 258
62 400	18 036	**64 164**	18 776			**67 728**	20 273
62 436	18 051	**64 200**	18 792	**65 964**	19 532		
62 472	18 066	**64 236**	18 807	**66 000**	19 548	**67 764**	20 288
62 508	18 081	**64 272**	18 822	**66 036**	19 563	**67 800**	20 304
62 544	18 096	**64 308**	18 837	**66 072**	19 578	**67 836**	20 319
62 580	18 111	**64 344**	18 852	**66 108**	19 593	**67 872**	20 334
62 616	18 126	**64 380**	18 867	**66 144**	19 608	**67 908**	20 349
62 652	18 141	**64 416**	18 882	**66 180**	19 623	**67 944**	20 364
62 688	18 156	**64 452**	18 897	**66 216**	19 638	**67 980**	20 379
		64 488	18 912	**66 252**	19 653	**68 016**	20 394
62 724	18 172			**66 288**	19 668	**68 052**	20 409
62 760	18 187	**64 524**	18 928			**68 088**	20 424
62 796	18 202	**64 560**	18 943	**66 324**	19 684		
62 832	18 217	**64 596**	18 958	**66 360**	19 699	**68 124**	20 440
62 868	18 232	**64 632**	18 973	**66 396**	19 714	**68 160**	20 455
62 904	18 247	**64 668**	18 988	**66 432**	19 729	**68 196**	20 470
62 940	18 262	**64 704**	19 003	**66 468**	19 744	**68 232**	20 485
62 976	18 277	**64 740**	19 018	**66 504**	19 759	**68 268**	20 500
63 012	18 293	**64 776**	19 033	**66 540**	19 774	**68 304**	20 515
63 048	18 308	**64 812**	19 049	**66 576**	19 789	**68 340**	20 530
		64 848	19 064	**66 612**	19 805	**68 376**	20 545
63 084	18 323			**66 648**	19 820	**68 412**	20 561
63 120	18 338	**64 884**	19 079			**68 448**	20 576
63 156	18 353	**64 920**	19 094	**66 684**	19 835		
63 192	18 368	**64 956**	19 109	**66 720**	19 850	**68 484**	20 591
63 228	18 383	**64 992**	19 124	**66 756**	19 865	**68 520**	20 606
63 264	18 398	**65 028**	19 139	**66 792**	19 880	**68 556**	20 621
63 300	18 414	**65 064**	19 154	**66 828**	19 895	**68 592**	20 636
63 336	18 429	**65 100**	19 170	**66 864**	19 910	**68 628**	20 651
63 372	18 444	**65 136**	19 185	**66 900**	19 926	**68 664**	20 666
63 408	18 459	**65 172**	19 200	**66 936**	19 941	**68 700**	20 682
		65 208	19 215	**66 972**	19 956	**68 736**	20 697
63 444	18 474			**67 008**	19 971	**68 772**	20 712
63 480	18 489	**65 244**	19 230			**68 808**	20 727
63 516	18 504	**65 280**	19 245	**67 044**	19 986		
63 552	18 519	**65 316**	19 260	**67 080**	20 001	**68 844**	20 742
63 588	18 534	**65 352**	19 275	**67 116**	20 016	**68 880**	20 757
63 624	18 550	**65 388**	19 290	**67 152**	20 031	**68 916**	20 772
63 660	18 565	**65 424**	19 306	**67 188**	20 046	**68 952**	20 787
63 696	18 580	**65 460**	19 321	**67 224**	20 062	**68 988**	20 802
63 732	18 595	**65 496**	19 336	**67 260**	20 077	**69 024**	20 818
63 768	18 610	**65 532**	19 351	**67 296**	20 092	**69 060**	20 833
		65 568	19 366	**67 332**	20 107	**69 096**	20 848
63 804	18 625			**67 368**	20 122	**69 132**	20 863
63 840	18 640	**65 604**	19 381			**69 168**	20 878
63 876	18 655	**65 640**	19 396	**67 404**	20 137		
63 912	18 671	**65 676**	19 411	**67 440**	20 152	**69 204**	20 893
63 948	18 686	**65 712**	19 427	**67 476**	20 167	**69 240**	20 908
63 984	18 701	**65 748**	19 442	**67 512**	20 183	**69 276**	20 923

Anmerkung der Redaktion:

Für zu versteuernde Einkommensbeträge zwischen 69 277 € und 250 730 €, die nach der Grundtabelle zu versteuern sind, beläuft sich die Einkommensteuer auf den um 8 172 € verminderten Betrag von 42 % des abgerundeten zu versteuernden Einkommensbetrags. Vgl. § 32a Abs. 1 i. V. mit § 52 Abs. 41 EStG.

Für zu versteuernde Einkommensbeträge von 250 731 € an, die nach der Grundtabelle zu versteuern sind, beläuft sich die Einkommensteuer nach einer weiteren, ab 2007 eingeführten Tarifstufe (hier nur auszugsweise Werte bis 257 895 €) auf den um 15 694 € verminderten Betrag von 45 % des abgerundeten zu versteuernden Einkommensbetrags. Vgl. § 32a Abs. 1 Satz 2 Nr. 5 i. V. mit § 52 Abs. 41 EStG.

Zu versteuern-des Einkommen in €	Einkommensteuer in €	Zu versteuern-des Einkommen in €	Einkommensteuer in €	Zu versteuern-des Einkommen in €	Einkommensteuer in €	Zu versteuern-des Einkommen in €	Einkommensteuer in €
250 731	97 134	**252 531**	97 944	**254 331**	98 754	**256 131**	99 564
250 767	97 151	**252 567**	97 961	**254 367**	98 771	**256 167**	99 581
250 803	97 167	**252 603**	97 977	**254 403**	98 787	**256 203**	99 597
250 839	97 183	**252 639**	97 993	**254 439**	98 803	**256 239**	99 613
250 875	97 199	**252 675**	98 009	**254 475**	98 819	**256 275**	99 629
250 911	97 215	**252 711**	98 025	**254 511**	98 835	**256 311**	99 645
250 947	97 232	**252 747**	98 042	**254 547**	98 852	**256 347**	99 662
250 983	97 248	**252 783**	98 058	**254 583**	98 868	**256 383**	99 678
251 019	97 264	**252 819**	98 074	**254 619**	98 884	**256 419**	99 694
251 055	97 280	**252 855**	98 090	**254 655**	98 900	**256 455**	99 710
251 091	97 296	**252 891**	98 106	**254 691**	98 916	**256 491**	99 726
251 127	97 313	**252 927**	98 123	**254 727**	98 933	**256 527**	99 743
251 163	97 329	**252 963**	98 139	**254 763**	98 949	**256 563**	99 759
251 199	97 345	**252 999**	98 155	**254 799**	98 965	**256 599**	99 775
251 235	97 361	**253 035**	98 171	**254 835**	98 981	**256 635**	99 791
251 271	97 377	**253 071**	98 187	**254 871**	98 997	**256 671**	99 807
251 307	97 394	**253 107**	98 204	**254 907**	99 014	**256 707**	99 824
251 343	97 410	**253 143**	98 220	**254 943**	99 030	**256 743**	99 840
251 379	97 426	**253 179**	98 236	**254 979**	99 046	**256 779**	99 856
251 415	97 442	**253 215**	98 252	**255 015**	99 062	**256 815**	99 872
251 451	97 458	**253 251**	98 268	**255 051**	99 078	**256 851**	99 888
251 487	97 475	**253 287**	98 285	**255 087**	99 095	**256 887**	99 905
251 523	97 491	**253 323**	98 301	**255 123**	99 111	**256 923**	99 921
251 559	97 507	**253 359**	98 317	**255 159**	99 127	**256 959**	99 937
251 595	97 523	**253 395**	98 333	**255 195**	99 143	**256 995**	99 953
251 631	97 539	**253 431**	98 349	**255 231**	99 159	**257 031**	99 969
251 667	97 556	**253 467**	98 366	**255 267**	99 176	**257 067**	99 986
251 703	97 572	**253 503**	98 382	**255 303**	99 192	**257 103**	100 002
251 739	97 588	**253 539**	98 398	**255 339**	99 208	**257 139**	100 018
251 775	97 604	**253 575**	98 414	**255 375**	99 224	**257 175**	100 034
251 811	97 620	**253 611**	98 430	**255 411**	99 240	**257 211**	100 050
251 847	97 637	**253 647**	98 447	**255 447**	99 257	**257 247**	100 067
251 883	97 653	**253 683**	98 463	**255 483**	99 273	**257 283**	100 083
251 919	97 669	**253 719**	98 479	**255 519**	99 289	**257 319**	100 099
251 955	97 685	**253 755**	98 495	**255 555**	99 305	**257 355**	100 115
251 991	97 701	**253 791**	98 511	**255 591**	99 321	**257 391**	100 131
252 027	97 718	**253 827**	98 528	**255 627**	99 338	**257 427**	100 148
252 063	97 734	**253 863**	98 544	**255 663**	99 354	**257 463**	100 164
252 099	97 750	**253 899**	98 560	**255 699**	99 370	**257 499**	100 180
252 135	97 766	**253 935**	98 576	**255 735**	99 386	**257 535**	100 196
252 171	97 782	**253 971**	98 592	**255 771**	99 402	**257 571**	100 212
252 207	97 799	**254 007**	98 609	**255 807**	99 419	**257 607**	100 229
252 243	97 815	**254 043**	98 625	**255 843**	99 435	**257 643**	100 245
252 279	97 831	**254 079**	98 641	**255 879**	99 451	**257 679**	100 261
252 315	97 847	**254 115**	98 657	**255 915**	99 467	**257 715**	100 277
252 351	97 863	**254 151**	98 673	**255 951**	99 483	**257 751**	100 293
252 387	97 880	**254 187**	98 690	**255 987**	99 500	**257 787**	100 310
252 423	97 896	**254 223**	98 706	**256 023**	99 516	**257 823**	100 326
252 459	97 912	**254 259**	98 722	**256 059**	99 532	**257 859**	100 342
252 495	97 928	**254 295**	98 738	**256 095**	99 548	**257 895**	100 358

Einkommensteuer-Splittingtabelle 2010

Seit dem Jahr 2004 wird die Einkommensteuer nach dem auf den nächsten vollen Euro-Betrag abgerundeten zu versteuernden Einkommen berechnet. Der stufenlose Steuertarif hat zur Folge, dass einerseits Einkommensteuertabellen im herkömmlichen Sinn mit Tabellenstufen von 72 Euro, die vom Bundesfinanzministerium zuletzt für die Jahre 2002/2003 erstellt und veröffentlicht worden sind, nicht mehr zur Verfügung stehen, andererseits jeden Einzelwert einbeziehende Einkommensteuertabellen aus Umfangsgründen nicht mehr möglich sind.

Die nichtamtliche, ohne Gewähr wiedergegebene Einkommensteuer-Splittingtabelle 2010, gültig ab 1. 1. 2010, wurde auf Basis der vorgegebenen Berechnungsgrundlagen in § 32a Abs. 1, 5 i. V. mit § 52 Abs. 41 EStG i. d. F. des Gesetzes zur Sicherung von Beschäftigung und Stabilität in Deutschland v. 2. 3. 2009 (BGBl I S. 416) erstellt und gibt für die ausgewiesenen zu versteuernden Einkommen die entsprechende Einkommensteuer an. Für Werte, die zwischen bzw. über den ausgewiesenen zu versteuernden Einkommen liegen, kann die Einkommensteuer annäherungsweise geschätzt bzw. elektronisch, z. B. mit Hilfe der CD-ROM TopTabs 2010 (Verlags-Nr. 53330) von H. Poxrucker, berechnet werden. Dieses Programm berücksichtigt die ab 1. 1. 2010 geltende Rechtslage und bietet neben allen Tabellen zur Lohn- und Einkommensteuer (seit 1996) u. v. a. die Möglichkeit der Nettolohn-Berechnung. Die Einkommensteuer-Grundtabelle 2010 ist wiedergegeben auf S. 473 ff.

Zu versteuerndes Einkommen in €	Einkommensteuer in €	Zu versteuerndes Einkommen in €	Einkommensteuer in €	Zu versteuerndes Einkommen in €	Einkommensteuer in €	Zu versteuerndes Einkommen in €	Einkommensteuer in €
16 009	0	**18 673**	404	**21 265**	860	**23 929**	1 394
16 081	10	**18 745**	416	**21 337**	874	**24 001**	1 410
16 153	20	**18 817**	428	**21 409**	888	**24 073**	1 424
16 225	30			**21 481**	902	**24 145**	1 440
16 297	40	**18 889**	440	**21 553**	916	**24 217**	1 456
16 369	50	**18 961**	452	**21 625**	930	**24 289**	1 470
16 441	60	**19 033**	464	**21 697**	942	**24 361**	1 486
16 513	70	**19 105**	476			**24 433**	1 502
16 585	82	**19 177**	488	**21 769**	956	**24 505**	1 518
16 657	92	**19 249**	500	**21 841**	970	**24 577**	1 534
		19 321	512	**21 913**	984		
16 729	102	**19 393**	524	**21 985**	998	**24 649**	1 550
16 801	112	**19 465**	538	**22 057**	1 012	**24 721**	1 564
16 873	124	**19 537**	550	**22 129**	1 026	**24 793**	1 580
16 945	134			**22 201**	1 040	**24 865**	1 596
17 017	144	**19 609**	562	**22 273**	1 054	**24 937**	1 612
17 089	156	**19 681**	574	**22 345**	1 070	**25 009**	1 628
17 161	166	**19 753**	588	**22 417**	1 084	**25 081**	1 644
17 233	178	**19 825**	600			**25 153**	1 660
17 305	188	**19 897**	612	**22 489**	1 098	**25 225**	1 676
17 377	200	**19 969**	624	**22 561**	1 112	**25 297**	1 692
		20 041	638	**22 633**	1 126		
17 449	210	**20 113**	650	**22 705**	1 140	**25 369**	1 708
17 521	222	**20 185**	664	**22 777**	1 156	**25 441**	1 726
17 593	232	**20 257**	676	**22 849**	1 170	**25 513**	1 742
17 665	244			**22 921**	1 184	**25 585**	1 758
17 737	254	**20 329**	688	**22 993**	1 200	**25 657**	1 774
17 809	266	**20 401**	702	**23 065**	1 214	**25 729**	1 790
17 881	278	**20 473**	714	**23 137**	1 228	**25 801**	1 808
17 953	288	**20 545**	728			**25 873**	1 824
18 025	300	**20 617**	740	**23 209**	1 244	**25 945**	1 840
18 097	312	**20 689**	754	**23 281**	1 258	**26 017**	1 856
		20 761	768	**23 353**	1 274		
18 169	322	**20 833**	780	**23 425**	1 288	**26 089**	1 874
18 241	334	**20 905**	794	**23 497**	1 304	**26 161**	1 890
18 313	346	**20 977**	808	**23 569**	1 318	**26 233**	1 908
18 385	358			**23 641**	1 334	**26 305**	1 924
18 457	370	**21 049**	820	**23 713**	1 348	**26 377**	1 940
18 529	380	**21 121**	834	**23 785**	1 364	**26 449**	1 958
18 601	392	**21 193**	848	**23 857**	1 378	**26 521**	1 974

Zu versteuerndes Einkommen in €	Einkommensteuer in €	Zu versteuerndes Einkommen in €	Einkommensteuer in €	Zu versteuerndes Einkommen in €	Einkommensteuer in €	Zu versteuerndes Einkommen in €	Einkommensteuer in €
26 593	1 992	**30 625**	2 974	**34 729**	4 012	**38 833**	5 088
26 665	2 008	**30 697**	2 992	**34 801**	4 030	**38 905**	5 108
26 737	2 026	**30 769**	3 010	**34 873**	4 048	**38 977**	5 126
		30 841	3 028	**34 945**	4 068		
26 809	2 042	**30 913**	3 046	**35 017**	4 086	**39 049**	5 146
26 881	2 060	**30 985**	3 064	**35 089**	4 104	**39 121**	5 164
26 953	2 078	**31 057**	3 082	**35 161**	4 124	**39 193**	5 184
27 025	2 096			**35 233**	4 142	**39 265**	5 204
27 097	2 112	**31 129**	3 100	**35 305**	4 160	**39 337**	5 222
27 169	2 130	**31 201**	3 118	**35 377**	4 180	**39 409**	5 242
27 241	2 148	**31 273**	3 136			**39 481**	5 262
27 313	2 164	**31 345**	3 154	**35 449**	4 198	**39 553**	5 280
27 385	2 182	**31 417**	3 172	**35 521**	4 216	**39 625**	5 300
27 457	2 200	**31 489**	3 190	**35 593**	4 236	**39 697**	5 320
		31 561	3 208	**35 665**	4 254		
27 529	2 216	**31 633**	3 226	**35 737**	4 272	**39 769**	5 338
27 601	2 234	**31 705**	3 244	**35 809**	4 292	**39 841**	5 358
27 673	2 252	**31 777**	3 262	**35 881**	4 310	**39 913**	5 378
27 745	2 268			**35 953**	4 328	**39 985**	5 396
27 817	2 286	**31 849**	3 280	**36 025**	4 348	**40 057**	5 416
27 889	2 304	**31 921**	3 298	**36 097**	4 366	**40 129**	5 436
27 961	2 322	**31 993**	3 316			**40 201**	5 456
28 033	2 338	**32 065**	3 334	**36 169**	4 384	**40 273**	5 474
28 105	2 356	**32 137**	3 352	**36 241**	4 404	**40 345**	5 494
28 177	2 374	**32 209**	3 370	**36 313**	4 422	**40 417**	5 514
		32 281	3 388	**36 385**	4 442		
28 249	2 390	**32 353**	3 406	**36 457**	4 460	**40 489**	5 532
28 321	2 408	**32 425**	3 424	**36 529**	4 478	**40 561**	5 552
28 393	2 426	**32 497**	3 442	**36 601**	4 498	**40 633**	5 572
28 465	2 444			**36 673**	4 516	**40 705**	5 592
28 537	2 460	**32 569**	3 460	**36 745**	4 536	**40 777**	5 610
28 609	2 478	**32 641**	3 478	**36 817**	4 554	**40 849**	5 630
28 681	2 496	**32 713**	3 498			**40 921**	5 650
28 753	2 514	**32 785**	3 516	**36 889**	4 574	**40 993**	5 670
28 825	2 532	**32 857**	3 534	**36 961**	4 592	**41 065**	5 690
28 897	2 548	**32 929**	3 552	**37 033**	4 612	**41 137**	5 708
		33 001	3 570	**37 105**	4 630		
28 969	2 566	**33 073**	3 588	**37 177**	4 648	**41 209**	5 728
29 041	2 584	**33 145**	3 606	**37 249**	4 668	**41 281**	5 748
29 113	2 602	**33 217**	3 624	**37 321**	4 686	**41 353**	5 768
29 185	2 620			**37 393**	4 706	**41 425**	5 788
29 257	2 636	**33 289**	3 644	**37 465**	4 724	**41 497**	5 806
29 329	2 654	**33 361**	3 662	**37 537**	4 744	**41 569**	5 826
29 401	2 672	**33 433**	3 680			**41 641**	5 846
29 473	2 690	**33 505**	3 698	**37 609**	4 762	**41 713**	5 866
29 545	2 708	**33 577**	3 716	**37 681**	4 782	**41 785**	5 886
29 617	2 726	**33 649**	3 734	**37 753**	4 800	**41 857**	5 906
		33 721	3 754	**37 825**	4 820		
29 689	2 742	**33 793**	3 772	**37 897**	4 838	**41 929**	5 926
29 761	2 760	**33 865**	3 790	**37 969**	4 858	**42 001**	5 944
29 833	2 778	**33 937**	3 808	**38 041**	4 878	**42 073**	5 964
29 905	2 796			**38 113**	4 896	**42 145**	5 984
29 977	2 814	**34 009**	3 826	**38 185**	4 916	**42 217**	6 004
30 049	2 832	**34 081**	3 846	**38 257**	4 934	**42 289**	6 024
30 121	2 850	**34 153**	3 864			**42 361**	6 044
30 193	2 868	**34 225**	3 882	**38 329**	4 954	**42 433**	6 064
30 265	2 884	**34 297**	3 900	**38 401**	4 972	**42 505**	6 084
30 337	2 902	**34 369**	3 920	**38 473**	4 992	**42 577**	6 104
		34 441	3 938	**38 545**	5 012		
30 409	2 920	**34 513**	3 956	**38 617**	5 030	**42 649**	6 122
30 481	2 938	**34 585**	3 974	**38 689**	5 050	**42 721**	6 142
30 553	2 956	**34 657**	3 994	**38 761**	5 068	**42 793**	6 162

Zu versteuerndes Einkommen in €	Einkommensteuer in €	Zu versteuerndes Einkommen in €	Einkommensteuer in €	Zu versteuerndes Einkommen in €	Einkommensteuer in €	Zu versteuerndes Einkommen in €	Einkommensteuer in €
42 865	6 182	**46 969**	7 336	**51 073**	8 526	**55 105**	9 734
42 937	6 202	**47 041**	7 356	**51 145**	8 548	**55 177**	9 756
43 009	6 222	**47 113**	7 376	**51 217**	8 568	**55 249**	9 778
43 081	6 242	**47 185**	7 396			**55 321**	9 800
43 153	6 262	**47 257**	7 418	**51 289**	8 590	**55 393**	9 822
43 225	6 282	**47 329**	7 438	**51 361**	8 612	**55 465**	9 844
43 297	6 302	**47 401**	7 458	**51 433**	8 632	**55 537**	9 866
		47 473	7 480	**51 505**	8 654		
43 369	6 322	**47 545**	7 500	**51 577**	8 674	**55 609**	9 888
43 441	6 342	**47 617**	7 520	**51 649**	8 696	**55 681**	9 910
43 513	6 362			**51 721**	8 718	**55 753**	9 932
43 585	6 382	**47 689**	7 542	**51 793**	8 738	**55 825**	9 954
43 657	6 402	**47 761**	7 562	**51 865**	8 760	**55 897**	9 976
43 729	6 422	**47 833**	7 582	**51 937**	8 782	**55 969**	9 998
43 801	6 442	**47 905**	7 604			**56 041**	10 020
43 873	6 462	**47 977**	7 624	**52 009**	8 804	**56 113**	10 042
43 945	6 482	**48 049**	7 644	**52 081**	8 824	**56 185**	10 064
44 017	6 502	**48 121**	7 666	**52 153**	8 846	**56 257**	10 086
		48 193	7 686	**52 225**	8 868		
44 089	6 522	**48 265**	7 706	**52 297**	8 888	**56 329**	10 108
44 161	6 542	**48 337**	7 728	**52 369**	8 910	**56 401**	10 130
44 233	6 562			**52 441**	8 932	**56 473**	10 152
44 305	6 582	**48 409**	7 748	**52 513**	8 954	**56 545**	10 174
44 377	6 602	**48 481**	7 770	**52 585**	8 974	**56 617**	10 196
44 449	6 622	**48 553**	7 790	**52 657**	8 996	**56 689**	10 218
44 521	6 642	**48 625**	7 810			**56 761**	10 240
44 593	6 664	**48 697**	7 832	**52 729**	9 018	**56 833**	10 262
44 665	6 684	**48 769**	7 852	**52 801**	9 040	**56 905**	10 284
44 737	6 704	**48 841**	7 874	**52 873**	9 060	**56 977**	10 308
		48 913	7 894	**52 945**	9 082		
44 809	6 724	**48 985**	7 916	**53 017**	9 104	**57 049**	10 330
44 881	6 744	**49 057**	7 936	**53 089**	9 126	**57 121**	10 352
44 953	6 764			**53 161**	9 146	**57 193**	10 374
45 025	6 784	**49 129**	7 958	**53 233**	9 168	**57 265**	10 396
45 097	6 804	**49 201**	7 978	**53 305**	9 190	**57 337**	10 418
45 169	6 824	**49 273**	7 998	**53 377**	9 212	**57 409**	10 440
45 241	6 846	**49 345**	8 020			**57 481**	10 462
45 313	6 866	**49 417**	8 040	**53 449**	9 234	**57 553**	10 486
45 385	6 886	**49 489**	8 062	**53 521**	9 254	**57 625**	10 508
45 457	6 906	**49 561**	8 082	**53 593**	9 276	**57 697**	10 530
		49 633	8 104	**53 665**	9 298		
45 529	6 926	**49 705**	8 124	**53 737**	9 320	**57 769**	10 552
45 601	6 946	**49 777**	8 146	**53 809**	9 342	**57 841**	10 574
45 673	6 966			**53 881**	9 364	**57 913**	10 596
45 745	6 988	**49 849**	8 166	**53 953**	9 384	**57 985**	10 620
45 817	7 008	**49 921**	8 188	**54 025**	9 406	**58 057**	10 642
45 889	7 028	**49 993**	8 208	**54 097**	9 428	**58 129**	10 664
45 961	7 048	**50 065**	8 230			**58 201**	10 686
46 033	7 068	**50 137**	8 252	**54 169**	9 450	**58 273**	10 708
46 105	7 090	**50 209**	8 272	**54 241**	9 472	**58 345**	10 732
46 177	7 110	**50 281**	8 294	**54 313**	9 494	**58 417**	10 754
		50 353	8 314	**54 385**	9 516		
46 249	7 130	**50 425**	8 336	**54 457**	9 538	**58 489**	10 776
46 321	7 150	**50 497**	8 356	**54 529**	9 558	**58 561**	10 798
46 393	7 170			**54 601**	9 580	**58 633**	10 820
46 465	7 192	**50 569**	8 378	**54 673**	9 602	**58 705**	10 844
46 537	7 212	**50 641**	8 398	**54 745**	9 624	**58 777**	10 866
46 609	7 232	**50 713**	8 420	**54 817**	9 646	**58 849**	10 888
46 681	7 252	**50 785**	8 442			**58 921**	10 910
46 753	7 274	**50 857**	8 462	**54 889**	9 668	**58 993**	10 934
46 825	7 294	**50 929**	8 484	**54 961**	9 690	**59 065**	10 956
46 897	7 314	**51 001**	8 504	**55 033**	9 712	**59 137**	10 978

Zu versteuerndes Einkommen in €	Einkommensteuer in €	Zu versteuerndes Einkommen in €	Einkommensteuer in €	Zu versteuerndes Einkommen in €	Einkommensteuer in €	Zu versteuerndes Einkommen in €	Einkommensteuer in €
59 209	11 002	**63 313**	12 308	**67 345**	13 628	**71 449**	15 010
59 281	11 024	**63 385**	12 330	**67 417**	13 652	**71 521**	15 034
59 353	11 046	**63 457**	12 354	**67 489**	13 676	**71 593**	15 060
59 425	11 068			**67 561**	13 700	**71 665**	15 084
59 497	11 092	**63 529**	12 376	**67 633**	13 724	**71 737**	15 108
59 569	11 114	**63 601**	12 400	**67 705**	13 748	**71 809**	15 132
59 641	11 136	**63 673**	12 424	**67 777**	13 772	**71 881**	15 158
59 713	11 160	**63 745**	12 446			**71 953**	15 182
59 785	11 182	**63 817**	12 470	**67 849**	13 796	**72 025**	15 206
59 857	11 204	**63 889**	12 494	**67 921**	13 820	**72 097**	15 232
		63 961	12 516	**67 993**	13 844		
59 929	11 228	**64 033**	12 540	**68 065**	13 868	**72 169**	15 256
60 001	11 250	**64 105**	12 564	**68 137**	13 892	**72 241**	15 282
60 073	11 272	**64 177**	12 586	**68 209**	13 916	**72 313**	15 306
60 145	11 296			**68 281**	13 940	**72 385**	15 330
60 217	11 318	**64 249**	12 610	**68 353**	13 964	**72 457**	15 356
60 289	11 342	**64 321**	12 634	**68 425**	13 988	**72 529**	15 380
60 361	11 364	**64 393**	12 658	**68 497**	14 012	**72 601**	15 404
60 433	11 386	**64 465**	12 680			**72 673**	15 430
60 505	11 410	**64 537**	12 704	**68 569**	14 036	**72 745**	15 454
60 577	11 432	**64 609**	12 728	**68 641**	14 060	**72 817**	15 480
		64 681	12 750	**68 713**	14 084		
60 649	11 454	**64 753**	12 774	**68 785**	14 108	**72 889**	15 504
60 721	11 478	**64 825**	12 798	**68 857**	14 132	**72 961**	15 528
60 793	11 500	**64 897**	12 822	**68 929**	14 156	**73 033**	15 554
60 865	11 524			**69 001**	14 180	**73 105**	15 578
60 937	11 546	**64 969**	12 844	**69 073**	14 204	**73 177**	15 604
61 009	11 570	**65 041**	12 868	**69 145**	14 230	**73 249**	15 628
61 081	11 592	**65 113**	12 892	**69 217**	14 254	**73 321**	15 654
61 153	11 614	**65 185**	12 916			**73 393**	15 678
61 225	11 638	**65 257**	12 940	**69 289**	14 278	**73 465**	15 704
61 297	11 660	**65 329**	12 962	**69 361**	14 302	**73 537**	15 728
		65 401	12 986	**69 433**	14 326		
61 369	11 684	**65 473**	13 010	**69 505**	14 350	**73 609**	15 752
61 441	11 706	**65 545**	13 034	**69 577**	14 374	**73 681**	15 778
61 513	11 730	**65 617**	13 058	**69 649**	14 398	**73 753**	15 802
61 585	11 752			**69 721**	14 424	**73 825**	15 828
61 657	11 776	**65 689**	13 080	**69 793**	14 448	**73 897**	15 852
61 729	11 798	**65 761**	13 104	**69 865**	14 472	**73 969**	15 878
61 801	11 822	**65 833**	13 128	**69 937**	14 496	**74 041**	15 902
61 873	11 844	**65 905**	13 152			**74 113**	15 928
61 945	11 868	**65 977**	13 176	**70 009**	14 520	**74 185**	15 952
62 017	11 890	**66 049**	13 200	**70 081**	14 544	**74 257**	15 978
		66 121	13 222	**70 153**	14 570		
62 089	11 914	**66 193**	13 246	**70 225**	14 594	**74 329**	16 002
62 161	11 936	**66 265**	13 270	**70 297**	14 618	**74 401**	16 028
62 233	11 960	**66 337**	13 294	**70 369**	14 642	**74 473**	16 054
62 305	11 982			**70 441**	14 666	**74 545**	16 078
62 377	12 006	**66 409**	13 318	**70 513**	14 692	**74 617**	16 104
62 449	12 028	**66 481**	13 342	**70 585**	14 716	**74 689**	16 128
62 521	12 052	**66 553**	13 366	**70 657**	14 740	**74 761**	16 154
62 593	12 076	**66 625**	13 390			**74 833**	16 178
62 665	12 098	**66 697**	13 412	**70 729**	14 764	**74 905**	16 204
62 737	12 122	**66 769**	13 436	**70 801**	14 790	**74 977**	16 228
		66 841	13 460	**70 873**	14 814		
62 809	12 144	**66 913**	13 484	**70 945**	14 838	**75 049**	16 254
62 881	12 168	**66 985**	13 508	**71 017**	14 862	**75 121**	16 280
62 953	12 190	**67 057**	13 532	**71 089**	14 888	**75 193**	16 304
63 025	12 214			**71 161**	14 912	**75 265**	16 330
63 097	12 238	**67 129**	13 556	**71 233**	14 936	**75 337**	16 354
63 169	12 260	**67 201**	13 580	**71 305**	14 960	**75 409**	16 380
63 241	12 284	**67 273**	13 604	**71 377**	14 986	**75 481**	16 406

Zu versteuerndes Einkommen in €	Einkommensteuer in €	Zu versteuerndes Einkommen in €	Einkommensteuer in €	Zu versteuerndes Einkommen in €	Einkommensteuer in €	Zu versteuerndes Einkommen in €	Einkommensteuer in €
75 553	16 430	**79 585**	17 864	**83 689**	19 362	**87 793**	20 898
75 625	16 456	**79 657**	17 890	**83 761**	19 388	**87 865**	20 924
75 697	16 482	**79 729**	17 916	**83 833**	19 414	**87 937**	20 952
		79 801	17 942	**83 905**	19 442		
75 769	16 506	**79 873**	17 968	**83 977**	19 468	**88 009**	20 978
75 841	16 532	**79 945**	17 994	**84 049**	19 494	**88 081**	21 006
75 913	16 558	**80 017**	18 020	**84 121**	19 522	**88 153**	21 034
75 985	16 582			**84 193**	19 548	**88 225**	21 060
76 057	16 608	**80 089**	18 046	**84 265**	19 574	**88 297**	21 088
76 129	16 634	**80 161**	18 072	**84 337**	19 602	**88 369**	21 116
76 201	16 658	**80 233**	18 098			**88 441**	21 144
76 273	16 684	**80 305**	18 124	**84 409**	19 628	**88 513**	21 170
76 345	16 710	**80 377**	18 150	**84 481**	19 654	**88 585**	21 198
76 417	16 734	**80 449**	18 176	**84 553**	19 682	**88 657**	21 226
		80 521	18 202	**84 625**	19 708		
76 489	16 760	**80 593**	18 228	**84 697**	19 734	**88 729**	21 252
76 561	16 786	**80 665**	18 254	**84 769**	19 762	**88 801**	21 280
76 633	16 812	**80 737**	18 280	**84 841**	19 788	**88 873**	21 308
76 705	16 836			**84 913**	19 816	**88 945**	21 336
76 777	16 862	**80 809**	18 306	**84 985**	19 842	**89 017**	21 362
76 849	16 888	**80 881**	18 332	**85 057**	19 868	**89 089**	21 390
76 921	16 912	**80 953**	18 358			**89 161**	21 418
76 993	16 938	**81 025**	18 386	**85 129**	19 896	**89 233**	21 446
77 065	16 964	**81 097**	18 412	**85 201**	19 922	**89 305**	21 472
77 137	16 990	**81 169**	18 438	**85 273**	19 950	**89 377**	21 500
		81 241	18 464	**85 345**	19 976		
77 209	17 014	**81 313**	18 490	**85 417**	20 004	**89 449**	21 528
77 281	17 040	**81 385**	18 516	**85 489**	20 030	**89 521**	21 556
77 353	17 066	**81 457**	18 542	**85 561**	20 058	**89 593**	21 582
77 425	17 092			**85 633**	20 084	**89 665**	21 610
77 497	17 118	**81 529**	18 568	**85 705**	20 110	**89 737**	21 638
77 569	17 142	**81 601**	18 594	**85 777**	20 138	**89 809**	21 666
77 641	17 168	**81 673**	18 622			**89 881**	21 694
77 713	17 194	**81 745**	18 648	**85 849**	20 164	**89 953**	21 720
77 785	17 220	**81 817**	18 674	**85 921**	20 192	**90 025**	21 748
77 857	17 246	**81 889**	18 700	**85 993**	20 218	**90 097**	21 776
		81 961	18 726	**86 065**	20 246		
77 929	17 270	**82 033**	18 752	**86 137**	20 272	**90 169**	21 804
78 001	17 296	**82 105**	18 778	**86 209**	20 300	**90 241**	21 832
78 073	17 322	**82 177**	18 806	**86 281**	20 326	**90 313**	21 860
78 145	17 348			**86 353**	20 354	**90 385**	21 886
78 217	17 374	**82 249**	18 832	**86 425**	20 380	**90 457**	21 914
78 289	17 400	**82 321**	18 858	**86 497**	20 408	**90 529**	21 942
78 361	17 426	**82 393**	18 884			**90 601**	21 970
78 433	17 450	**82 465**	18 910	**86 569**	20 436	**90 673**	21 998
78 505	17 476	**82 537**	18 938	**86 641**	20 462	**90 745**	22 026
78 577	17 502	**82 609**	18 964	**86 713**	20 490	**90 817**	22 054
		82 681	18 990	**86 785**	20 516		
78 649	17 528	**82 753**	19 016	**86 857**	20 544	**90 889**	22 082
78 721	17 554	**82 825**	19 042	**86 929**	20 570	**90 961**	22 108
78 793	17 580	**82 897**	19 070	**87 001**	20 598	**91 033**	22 136
78 865	17 606			**87 073**	20 624	**91 105**	22 164
78 937	17 632	**82 969**	19 096	**87 145**	20 652	**91 177**	22 192
79 009	17 658	**83 041**	19 122	**87 217**	20 680	**91 249**	22 220
79 081	17 682	**83 113**	19 148			**91 321**	22 248
79 153	17 708	**83 185**	19 176	**87 289**	20 706	**91 393**	22 276
79 225	17 734	**83 257**	19 202	**87 361**	20 734	**91 465**	22 304
79 297	17 760	**83 329**	19 228	**87 433**	20 760	**91 537**	22 332
		83 401	19 256	**87 505**	20 788		
79 369	17 786	**83 473**	19 282	**87 577**	20 816	**91 609**	22 360
79 441	17 812	**83 545**	19 308	**87 649**	20 842	**91 681**	22 388
79 513	17 838	**83 617**	19 334	**87 721**	20 870	**91 753**	22 416

ESt G

Zu versteuern-des Einkommen in €	Einkommensteuer in €	Zu versteuern-des Einkommen in €	Einkommensteuer in €	Zu versteuern-des Einkommen in €	Einkommensteuer in €	Zu versteuern-des Einkommen in €	Einkommensteuer in €
91 825	22 444	**95 929**	24 056	**100 033**	25 706	**104 065**	27 366
91 897	22 472	**96 001**	24 084	**100 105**	25 736	**104 137**	27 396
91 969	22 500	**96 073**	24 112	**100 177**	25 764	**104 209**	27 426
92 041	22 528	**96 145**	24 142			**104 281**	27 456
92 113	22 556	**96 217**	24 170	**100 249**	25 794	**104 353**	27 486
92 185	22 584	**96 289**	24 198	**100 321**	25 824	**104 425**	27 516
92 257	22 612	**96 361**	24 228	**100 393**	25 852	**104 497**	27 546
		96 433	24 256	**100 465**	25 882		
92 329	22 640	**96 505**	24 284	**100 537**	25 912	**104 569**	27 576
92 401	22 668	**96 577**	24 314	**100 609**	25 940	**104 641**	27 606
92 473	22 696			**100 681**	25 970	**104 713**	27 636
92 545	22 724	**96 649**	24 342	**100 753**	26 000	**104 785**	27 666
92 617	22 752	**96 721**	24 372	**100 825**	26 030	**104 857**	27 696
92 689	22 780	**96 793**	24 400	**100 897**	26 058	**104 929**	27 726
92 761	22 808	**96 865**	24 428			**105 001**	27 756
92 833	22 836	**96 937**	24 458	**100 969**	26 088	**105 073**	27 786
92 905	22 864	**97 009**	24 486	**101 041**	26 118	**105 145**	27 816
92 977	22 892	**97 081**	24 514	**101 113**	26 146	**105 217**	27 846
		97 153	24 544	**101 185**	26 176		
93 049	22 920	**97 225**	24 572	**101 257**	26 206	**105 289**	27 876
93 121	22 948	**97 297**	24 602	**101 329**	26 236	**105 361**	27 906
93 193	22 976			**101 401**	26 264	**105 433**	27 936
93 265	23 004	**97 369**	24 630	**101 473**	26 294	**105 505**	27 966
93 337	23 032	**97 441**	24 660	**101 545**	26 324	**105 577**	27 998
93 409	23 062	**97 513**	24 688	**101 617**	26 354	**105 649**	28 028
93 481	23 090	**97 585**	24 716			**105 721**	28 058
93 553	23 118	**97 657**	24 746	**101 689**	26 384	**105 793**	28 088
93 625	23 146	**97 729**	24 774	**101 761**	26 412	**105 865**	28 118
93 697	23 174	**97 801**	24 804	**101 833**	26 442	**105 937**	28 148
		97 873	24 832	**101 905**	26 472		
93 769	23 202	**97 945**	24 862	**101 977**	26 502	**106 009**	28 178
93 841	23 230	**98 017**	24 890	**102 049**	26 532	**106 081**	28 208
93 913	23 258			**102 121**	26 560	**106 153**	28 238
93 985	23 288	**98 089**	24 920	**102 193**	26 590	**106 225**	28 270
94 057	23 316	**98 161**	24 948	**102 265**	26 620	**106 297**	28 300
94 129	23 344	**98 233**	24 978	**102 337**	26 650	**106 369**	28 330
94 201	23 372	**98 305**	25 006			**106 441**	28 360
94 273	23 400	**98 377**	25 036	**102 409**	26 680	**106 513**	28 390
94 345	23 428	**98 449**	25 064	**102 481**	26 710	**106 585**	28 420
94 417	23 458	**98 521**	25 094	**102 553**	26 738	**106 657**	28 450
		98 593	25 122	**102 625**	26 768		
94 489	23 486	**98 665**	25 152	**102 697**	26 798	**106 729**	28 480
94 561	23 514	**98 737**	25 180	**102 769**	26 828	**106 801**	28 512
94 633	23 542			**102 841**	26 858	**106 873**	28 542
94 705	23 570	**98 809**	25 210	**102 913**	26 888	**106 945**	28 572
94 777	23 600	**98 881**	25 238	**102 985**	26 918	**107 017**	28 602
94 849	23 628	**98 953**	25 268	**103 057**	26 948	**107 089**	28 632
94 921	23 656	**99 025**	25 298			**107 161**	28 662
94 993	23 684	**99 097**	25 326	**103 129**	26 976	**107 233**	28 692
95 065	23 712	**99 169**	25 356	**103 201**	27 006	**107 305**	28 722
95 137	23 742	**99 241**	25 384	**103 273**	27 036	**107 377**	28 752
		99 313	25 414	**103 345**	27 066		
95 209	23 770	**99 385**	25 442	**103 417**	27 096	**107 449**	28 784
95 281	23 798	**99 457**	25 472	**103 489**	27 126	**107 521**	28 814
95 353	23 826			**103 561**	27 156	**107 593**	28 844
95 425	23 856	**99 529**	25 502	**103 633**	27 186	**107 665**	28 874
95 497	23 884	**99 601**	25 530	**103 705**	27 216	**107 737**	28 904
95 569	23 912	**99 673**	25 560	**103 777**	27 246	**107 809**	28 934
95 641	23 942	**99 745**	25 590			**107 881**	28 964
95 713	23 970	**99 817**	25 618	**103 849**	27 276	**107 953**	28 994
95 785	23 998	**99 889**	25 648	**103 921**	27 306	**108 025**	29 026
95 857	24 026	**99 961**	25 676	**103 993**	27 336	**108 097**	29 056

Zu versteuerndes Einkommen in €	Einkommensteuer in €	Zu versteuerndes Einkommen in €	Einkommensteuer in €	Zu versteuerndes Einkommen in €	Einkommensteuer in €	Zu versteuerndes Einkommen in €	Einkommensteuer in €
108 169	29 086	**112 273**	30 810	**116 305**	32 502	**120 409**	34 226
108 241	29 116	**112 345**	30 840	**116 377**	32 532	**120 481**	34 256
108 313	29 146	**112 417**	30 870	**116 449**	32 564	**120 553**	34 286
108 385	29 176			**116 521**	32 594	**120 625**	34 318
108 457	29 206	**112 489**	30 900	**116 593**	32 624	**120 697**	34 348
108 529	29 236	**112 561**	30 930	**116 665**	32 654	**120 769**	34 378
108 601	29 268	**112 633**	30 960	**116 737**	32 684	**120 841**	34 408
108 673	29 298	**112 705**	30 990			**120 913**	34 438
108 745	29 328	**112 777**	31 020	**116 809**	32 714	**120 985**	34 468
108 817	29 358	**112 849**	31 052	**116 881**	32 744	**121 057**	34 498
		112 921	31 082	**116 953**	32 774		
108 889	29 388	**112 993**	31 112	**117 025**	32 806	**121 129**	34 528
108 961	29 418	**113 065**	31 142	**117 097**	32 836	**121 201**	34 560
109 033	29 448	**113 137**	31 172	**117 169**	32 866	**121 273**	34 590
109 105	29 478			**117 241**	32 896	**121 345**	34 620
109 177	29 508	**113 209**	31 202	**117 313**	32 926	**121 417**	34 650
109 249	29 540	**113 281**	31 232	**117 385**	32 956	**121 489**	34 680
109 321	29 570	**113 353**	31 262	**117 457**	32 986	**121 561**	34 710
109 393	29 600	**113 425**	31 294			**121 633**	34 740
109 465	29 630	**113 497**	31 324	**117 529**	33 016	**121 705**	34 770
109 537	29 660	**113 569**	31 354	**117 601**	33 048	**121 777**	34 800
		113 641	31 384	**117 673**	33 078		
109 609	29 690	**113 713**	31 414	**117 745**	33 108	**121 849**	34 832
109 681	29 720	**113 785**	31 444	**117 817**	33 138	**121 921**	34 862
109 753	29 750	**113 857**	31 474	**117 889**	33 168	**121 993**	34 892
109 825	29 782			**117 961**	33 198	**122 065**	34 922
109 897	29 812	**113 929**	31 504	**118 033**	33 228	**122 137**	34 952
109 969	29 842	**114 001**	31 536	**118 105**	33 258	**122 209**	34 982
110 041	29 872	**114 073**	31 566	**118 177**	33 288	**122 281**	35 012
110 113	29 902	**114 145**	31 596			**122 353**	35 042
110 185	29 932	**114 217**	31 626	**118 249**	33 320	**122 425**	35 074
110 257	29 962	**114 289**	31 656	**118 321**	33 350	**122 497**	35 104
		114 361	31 686	**118 393**	33 380		
110 329	29 992	**114 433**	31 716	**118 465**	33 410	**122 569**	35 134
110 401	30 024	**114 505**	31 746	**118 537**	33 440	**122 641**	35 164
110 473	30 054	**114 577**	31 776	**118 609**	33 470	**122 713**	35 194
110 545	30 084			**118 681**	33 500	**122 785**	35 224
110 617	30 114	**114 649**	31 808	**118 753**	33 530	**122 857**	35 254
110 689	30 144	**114 721**	31 838	**118 825**	33 562	**122 929**	35 284
110 761	30 174	**114 793**	31 868	**118 897**	33 592	**123 001**	35 316
110 833	30 204	**114 865**	31 898			**123 073**	35 346
110 905	30 234	**114 937**	31 928	**118 969**	33 622	**123 145**	35 376
110 977	30 264	**115 009**	31 958	**119 041**	33 652	**123 217**	35 406
		115 081	31 988	**119 113**	33 682		
111 049	30 296	**115 153**	32 018	**119 185**	33 712	**123 289**	35 436
111 121	30 326	**115 225**	32 050	**119 257**	33 742	**123 361**	35 466
111 193	30 356	**115 297**	32 080	**119 329**	33 772	**123 433**	35 496
111 265	30 386			**119 401**	33 804	**123 505**	35 526
111 337	30 416	**115 369**	32 110	**119 473**	33 834	**123 577**	35 556
111 409	30 446	**115 441**	32 140	**119 545**	33 864	**123 649**	35 588
111 481	30 476	**115 513**	32 170	**119 617**	33 894	**123 721**	35 618
111 553	30 506	**115 585**	32 200			**123 793**	35 648
111 625	30 538	**115 657**	32 230	**119 689**	33 924	**123 865**	35 678
111 697	30 568	**115 729**	32 260	**119 761**	33 954	**123 937**	35 708
		115 801	32 292	**119 833**	33 984		
111 769	30 598	**115 873**	32 322	**119 905**	34 014	**124 009**	35 738
111 841	30 628	**115 945**	32 352	**119 977**	34 044	**124 081**	35 768
111 913	30 658	**116 017**	32 382	**120 049**	34 076	**124 153**	35 798
111 985	30 688			**120 121**	34 106	**124 225**	35 830
112 057	30 718	**116 089**	32 412	**120 193**	34 136	**124 297**	35 860
112 129	30 748	**116 161**	32 442	**120 265**	34 166	**124 369**	35 890
112 201	30 780	**116 233**	32 472	**120 337**	34 196	**124 441**	35 920

Zu versteuern-des Einkommen in €	Einkommensteuer in €	Zu versteuern-des Einkommen in €	Einkommensteuer in €	Zu versteuern-des Einkommen in €	Einkommensteuer in €	Zu versteuern-des Einkommen in €	Einkommensteuer in €
124 513	35 950	**128 041**	37 432	**131 569**	38 914	**135 097**	40 396
124 585	35 980	**128 113**	37 462	**131 641**	38 944	**135 169**	40 426
124 657	36 010	**128 185**	37 492	**131 713**	38 974	**135 241**	40 456
		128 257	37 522	**131 785**	39 004	**135 313**	40 486
124 729	36 040			**131 857**	39 034	**135 385**	40 516
124 801	36 072	**128 329**	37 552			**135 457**	40 546
124 873	36 102	**128 401**	37 584	**131 929**	39 064		
124 945	36 132	**128 473**	37 614	**132 001**	39 096	**135 529**	40 576
125 017	36 162	**128 545**	37 644	**132 073**	39 126	**135 601**	40 608
125 089	36 192	**128 617**	37 674	**132 145**	39 156	**135 673**	40 638
125 161	36 222	**128 689**	37 704	**132 217**	39 186	**135 745**	40 668
125 233	36 252	**128 761**	37 734	**132 289**	39 216	**135 817**	40 698
125 305	36 282	**128 833**	37 764	**132 361**	39 246	**135 889**	40 728
125 377	36 312	**128 905**	37 794	**132 433**	39 276	**135 961**	40 758
		128 977	37 824	**132 505**	39 306	**136 033**	40 788
125 449	36 344			**132 577**	39 336	**136 105**	40 818
125 521	36 374	**129 049**	37 856			**136 177**	40 848
125 593	36 404	**129 121**	37 886	**132 649**	39 368		
125 665	36 434	**129 193**	37 916	**132 721**	39 398	**136 249**	40 880
125 737	36 464	**129 265**	37 946	**132 793**	39 428	**136 321**	40 910
125 809	36 494	**129 337**	37 976	**132 865**	39 458	**136 393**	40 940
125 881	36 524	**129 409**	38 006	**132 937**	39 488	**136 465**	40 970
125 953	36 554	**129 481**	38 036	**133 009**	39 518	**136 537**	41 000
126 025	36 586	**129 553**	38 066	**133 081**	39 548	**136 609**	41 030
126 097	36 616	**129 625**	38 098	**133 153**	39 578	**136 681**	41 060
		129 697	38 128	**133 225**	39 610	**136 753**	41 090
126 169	36 646			**133 297**	39 640	**136 825**	41 122
126 241	36 676	**129 769**	38 158			**136 897**	41 152
126 313	36 706	**129 841**	38 188	**133 369**	39 670		
126 385	36 736	**129 913**	38 218	**133 441**	39 700	**136 969**	41 182
126 457	36 766	**129 985**	38 248	**133 513**	39 730	**137 041**	41 212
126 529	36 796	**130 057**	38 278	**133 585**	39 760	**137 113**	41 242
126 601	36 828	**130 129**	38 308	**133 657**	39 790	**137 185**	41 272
126 673	36 858	**130 201**	38 340	**133 729**	39 820	**137 257**	41 302
126 745	36 888	**130 273**	38 370	**133 801**	39 852	**137 329**	41 332
126 817	36 918	**130 345**	38 400	**133 873**	39 882	**137 401**	41 364
		130 417	38 430	**133 945**	39 912	**137 473**	41 394
126 889	36 948			**134 017**	39 942	**137 545**	41 424
126 961	36 978	**130 489**	38 460			**137 617**	41 454
127 033	37 008	**130 561**	38 490	**134 089**	39 972		
127 105	37 038	**130 633**	38 520	**134 161**	40 002	**137 689**	41 484
127 177	37 068	**130 705**	38 550	**134 233**	40 032	**137 761**	41 514
127 249	37 100	**130 777**	38 580	**134 305**	40 062	**137 833**	41 544
127 321	37 130	**130 849**	38 612	**134 377**	40 092	**137 905**	41 574
127 393	37 160	**130 921**	38 642	**134 449**	40 124	**137 977**	41 604
127 465	37 190	**130 993**	38 672	**134 521**	40 154	**138 049**	41 636
127 537	37 220	**131 065**	38 702	**134 593**	40 184	**138 121**	41 666
		131 137	38 732	**134 665**	40 214	**138 193**	41 696
127 609	37 250			**134 737**	40 244	**138 265**	41 726
127 681	37 280	**131 209**	38 762			**138 337**	41 756
127 753	37 310	**131 281**	38 792	**134 809**	40 274		
127 825	37 342	**131 353**	38 822	**134 881**	40 304	**138 409**	41 786
127 897	37 372	**131 425**	38 854	**134 953**	40 334	**138 481**	41 816
127 969	37 402	**131 497**	38 884	**135 025**	40 366	**138 553**	41 846

ESt G

Anmerkung der Redaktion:

Für zu versteuernde Einkommensbeträge zwischen 138 554 € und 501 461 €, die nach der Splittingtabelle zu versteuern sind, beläuft sich die Einkommensteuer auf den um 16 344 € verminderten Betrag von 42 % des abgerundeten zu versteuernden Einkommensbetrags. Vgl. § 32a Abs. 1, 5 i. V. mit § 52 Abs. 41 EStG.

Für zu versteuernde Einkommensbeträge von 501 462 € an, die nach der Splittingtabelle zu versteuern sind, beläuft sich die Einkommensteuer nach einer weiteren, ab 2007 eingeführten Tarifstufe (hier nur auszugsweise Werte bis 515 790 €) auf den um 31 388 € verminderten Betrag von 45 % des abgerundeten zu versteuernden Einkommensbetrags. Vgl. § 32a Abs. 1 Satz 2 Nr. 5, Abs. 5 i. V. mit § 52 Abs. 41 EStG.

Zu versteuern-des Einkom-men in €	Einkom-mensteuer in €	Zu versteuern-des Einkom-men in €	Einkom-mensteuer in €	Zu versteuern-des Einkom-men in €	Einkom-mensteuer in €	Zu versteuern-des Einkom-men in €	Einkom-mensteuer in €
501 462	194 268	**505 062**	195 888	**508 662**	197 508	**512 262**	199 128
501 534	194 302	**505 134**	195 922	**508 734**	197 542	**512 334**	199 162
501 606	194 334	**505 206**	195 954	**508 806**	197 574	**512 406**	199 194
501 678	194 366	**505 278**	195 986	**508 878**	197 606	**512 478**	199 226
501 750	194 398	**505 350**	196 018	**508 950**	197 638	**512 550**	199 258
501 822	194 430	**505 422**	196 050	**509 022**	197 670	**512 622**	199 290
501 894	194 464	**505 494**	196 084	**509 094**	197 704	**512 694**	199 324
501 966	194 496	**505 566**	196 116	**509 166**	197 736	**512 766**	199 356
502 038	194 528	**505 638**	196 148	**509 238**	197 768	**512 838**	199 388
502 110	194 560	**505 710**	196 180	**509 310**	197 800	**512 910**	199 420
502 182	194 592	**505 782**	196 212	**509 382**	197 832	**512 982**	199 452
502 254	194 626	**505 854**	196 246	**509 454**	197 866	**513 054**	199 486
502 326	194 658	**505 926**	196 278	**509 526**	197 898	**513 126**	199 518
502 398	194 690	**505 998**	196 310	**509 598**	197 930	**513 198**	199 550
502 470	194 722	**506 070**	196 342	**509 670**	197 962	**513 270**	199 582
502 542	194 754	**506 142**	196 374	**509 742**	197 994	**513 342**	199 614
502 614	194 788	**506 214**	196 408	**509 814**	198 028	**513 414**	199 648
502 686	194 820	**506 286**	196 440	**509 886**	198 060	**513 486**	199 680
502 758	194 852	**506 358**	196 472	**509 958**	198 092	**513 558**	199 712
502 830	194 884	**506 430**	196 504	**510 030**	198 124	**513 630**	199 744
502 902	194 916	**506 502**	196 536	**510 102**	198 156	**513 702**	199 776
502 974	194 950	**506 574**	196 570	**510 174**	198 190	**513 774**	199 810
503 046	194 982	**506 646**	196 602	**510 246**	198 222	**513 846**	199 842
503 118	195 014	**506 718**	196 634	**510 318**	198 254	**513 918**	199 874
503 190	195 046	**506 790**	196 666	**510 390**	198 286	**513 990**	199 906
503 262	195 078	**506 862**	196 698	**510 462**	198 318	**514 062**	199 938
503 334	195 112	**506 934**	196 732	**510 534**	198 352	**514 134**	199 972
503 406	195 144	**507 006**	196 764	**510 606**	198 384	**514 206**	200 004
503 478	195 176	**507 078**	196 796	**510 678**	198 416	**514 278**	200 036
503 550	195 208	**507 150**	196 828	**510 750**	198 448	**514 350**	200 068
503 622	195 240	**507 222**	196 860	**510 822**	198 480	**514 422**	200 100
503 694	195 274	**507 294**	196 894	**510 894**	198 514	**514 494**	200 134
503 766	195 306	**507 366**	196 926	**510 966**	198 546	**514 566**	200 166
503 838	195 338	**507 438**	196 958	**511 038**	198 578	**514 638**	200 198
503 910	195 370	**507 510**	196 990	**511 110**	198 610	**514 710**	200 230
503 982	195 402	**507 582**	197 022	**511 182**	198 642	**514 782**	200 262
504 054	195 436	**507 654**	197 056	**511 254**	198 676	**514 854**	200 296
504 126	195 468	**507 726**	197 088	**511 326**	198 708	**514 926**	200 328
504 198	195 500	**507 798**	197 120	**511 398**	198 740	**514 998**	200 360
504 270	195 532	**507 870**	197 152	**511 470**	198 772	**515 070**	200 392
504 342	195 564	**507 942**	197 184	**511 542**	198 804	**515 142**	200 424
504 414	195 598	**508 014**	197 218	**511 614**	198 838	**515 214**	200 458
504 486	195 630	**508 086**	197 250	**511 686**	198 870	**515 286**	200 490
504 558	195 662	**508 158**	197 282	**511 758**	198 902	**515 358**	200 522
504 630	195 694	**508 230**	197 314	**511 830**	198 934	**515 430**	200 554
504 702	195 726	**508 302**	197 346	**511 902**	198 966	**515 502**	200 586
504 774	195 760	**508 374**	197 380	**511 974**	199 000	**515 574**	200 620
504 846	195 792	**508 446**	197 412	**512 046**	199 032	**515 646**	200 652
504 918	195 824	**508 518**	197 444	**512 118**	199 064	**515 718**	200 684
504 990	195 856	**508 590**	197 476	**512 190**	199 096	**515 790**	200 716

Einkommensteuer-Durchführungsverordnung (EStDV)

v. 10. 5. 2000 (BGBl I S. 718) mit späteren Änderungen

Die amtliche Neufassung der EStDV v. 10. 5. 2000 (BGBl I 718) wurde inzwischen geändert durch Art. 7 Gesetz zur weiteren stl. Förderung von Stiftungen v. 14. 7. 2000 (BGBl I 1034); Art. 2 Steuersenkungsgesetz (StSenkG) v. 23. 10. 2000 (BGBl I 1433, 1452); Art. 2 Steuer-Euroglättungsgesetz (StEuglG) v. 19. 12. 2000 (BGBl I 1790); Art. 30 Sozialgesetzbuch – Neuntes Buch – (SGB IX) Rehabilitation und Teilhabe behinderter Menschen v. 19. 6. 2001 (BGBl I 1046, 1116); Art. 322 Siebente Zuständigkeitsanpassungs-Verordnung v. 29. 10. 2001 (BGBl I 2785, 2854, ber. 2002 I 2972); Art. 2 Steueränderungsgesetz 2001 (StÄndG 2001) v. 20. 12. 2001 (BGBl I 3794); Art. 2 Gesetz zur Änderung steuerrechtlicher Vorschriften und zur Errichtung eines Fonds „Aufbauhilfe" (Flutopfersolidaritätsgesetz) v. 19. 9. 2002 (BGBl I 3651); Art. 2 Gesetz zur Förderung von Kleinunternehmern und zur Verbesserung der Unternehmensfinanzierung (Kleinunternehmerförderungsgesetz) v. 31. 7. 2003 (BGBl I 1550); Art. 270 Achte Zuständigkeitsanpassungsverordnung v. 25. 11. 2003 (BGBl I 2304, 2338); Art. 2 Gesetz zur Umsetzung der Protokollerklärung der Bundesregierung zur Vermittlungsempfehlung zum Steuervergünstigungsabbaugesetz v. 22. 12. 2003 (BGBl I 2840); Art. 49 Gesetz zur Einordnung des Sozialhilferechts in das Sozialgesetzbuch v. 27. 12. 2003 (BGBl I 3022); Art. 10 Haushaltsbegleitgesetz 2004 (HBeglG 2004) v. 29. 12. 2003 (BGBl I 3076, ber. 2004 I 69); Art. 2 Abs. 18 Gesetz zur Reform des Geschmacksmusterrechts (Geschmacksmusterreformgesetz) v. 12. 3. 2004 (BGBl I 390); Art. 2 Gesetz zur Neuordnung der einkommensteuerrechtlichen Behandlung von Altersvorsorgeaufwendungen und Altersbezügen (Alterseinkünftegesetz – AltEinkG) v. 5. 7. 2004 (BGBl I 1427); Art. 2 Gesetz zur Umsetzung von EU-Richtlinien in nationales Steuerrecht und zur Änderung weiterer Vorschriften (Richtlinien-Umsetzungsgesetz – EURLUmsG) v. 9. 12. 2004 (BGBl I 3310, ber. 3843); Art. 1 Dreiundzwanzigste Verordnung zur Änderung der EStDV v. 29. 12. 2004 (BGBl I 3884); Art. 372 Neunte Zuständigkeitsanpassungsverordnung v. 31. 10. 2006 (BGBl I 2407, ber. 2007 I 2149); Art. 2 Gesetz über steuerliche Begleitmaßnahmen zur Einführung der Europäischen Gesellschaft und zur Änderung weiterer steuerrechtlicher Vorschriften (SEStEG) v. 7. 12. 2006 (BGBl I 2782, ber. 2007 I 68); Art. 2 Gesetz zur weiteren Stärkung des bürgerschaftlichen Engagements v. 10. 10. 2007 (BGBl I 2332); Art. 1a Jahressteuergesetz 2008 (JStG 2008) v. 20. 12. 2007 (BGBl I 3150); Art. 2 Jahressteuergesetz 2009 (JStG 2009) v. 19. 12. 2008 (BGBl I 2794); Art. 2 Gesetz zur Modernisierung und Entbürokratisierung des Steuerverfahrens (Steuerbürokratieabbaugesetz) v. 20. 12. 2008 (BGBl I 2850); Art. 2 Gesetz zur Sicherung von Beschäftigung und Stabilität in Deutschland v. 2. 3. 2009 (BGBl I 416); Art. 9 Begleitgesetz zur zweiten Föderalismusreform v. 10. 8. 2009 (BGBl I 2702). — **Zur Anwendung siehe § 84 EStDV und § 57 EStG.**

Nichtamtliche Fassung

Inhaltsübersicht

Anlage 5

Verzeichnis der Wirtschaftsgüter des Anlagevermögens über Tage im Sinne des § 81 Abs. 3 Nr. 1

Anlage 6

Verzeichnis der Wirtschaftsgüter des beweglichen Anlagevermögens im Sinne des § 81 Abs. 3 Nr. 2

§§ 1 bis 3 (weggefallen)

Zu § 3 des Gesetzes

§ 4 Steuerfreie Einnahmen

Die Vorschriften der Lohnsteuer-Durchführungsverordnungüber die Steuerpflicht oder die Steuerfreiheit von Einnahmen aus nichtselbständiger Arbeit sind bei der Veranlagung anzuwenden.

§ 5 (weggefallen)

Zu den §§ 4 bis 7 des Gesetzes

§ 6 Eröffnung, Erwerb, Aufgabe und Veräußerung eines Betriebs

(1) Wird ein Betrieb eröffnet oder erworben, so tritt bei der Ermittlung des Gewinns an die Stelle des Betriebsvermögens am Schluss des vorangegangenen Wirtschaftsjahrs das Betriebsvermögen im Zeitpunkt der Eröffnung oder des Erwerbs des Betriebs.

(2) Wird ein Betrieb aufgegeben oder veräußert, so tritt bei der Ermittlung des Gewinns an die Stelle des Betriebsvermögens am Schluss des Wirtschaftsjahrs das Betriebsvermögen im Zeitpunkt der Aufgabe oder der Veräußerung des Betriebs.

§ 7 (weggefallen)

§ 8[1)] Eigenbetrieblich genutzte Grundstücke von untergeordnetem Wert

Eigenbetrieblich genutzte Grundstücksteile brauchen nicht als Betriebsvermögen behandelt zu werden, wenn ihr Wert nicht mehr als ein Fünftel des gemeinen Werts des gesamten Grundstücks und nicht mehr als 20 500 Euro beträgt.

§ 8a (weggefallen)

§ 8b Wirtschaftsjahr

[1]Das Wirtschaftsjahr umfasst einen Zeitraum von zwölf Monaten. [2]Es darf einen Zeitraum von weniger als zwölf Monaten umfassen, wenn

1. ein Betrieb eröffnet, erworben, aufgegeben oder veräußert wird oder
2. ein Steuerpflichtiger von regelmäßigen Abschlüssen auf einen bestimmten Tag zu regelmäßigen Abschlüssen auf einen anderen bestimmten Tag übergeht. [2]Bei Umstellung eines Wirtschaftsjahrs, das mit dem Kalenderjahr übereinstimmt, auf ein vom Kalenderjahr abweichendes Wirtschaftsjahr und bei Umstellung eines vom Kalenderjahr abweichenden Wirtschaftsjahrs auf ein anderes vom Kalenderjahr abweichendes Wirtschaftsjahr gilt dies nur, wenn die Umstellung im Einvernehmen mit dem Finanzamt vorgenommen wird.

1) **Anm. d. Red.:** § 8 i. d. F. des Art. 2 Nr. 1 StEuglG v. 19. 12. 2000 (BGBl I 1790).

§ 8c Wirtschaftsjahr bei Land- und Forstwirten

(1)[1] [1]Als Wirtschaftsjahr im Sinne des § 4a Abs. 1 Nr. 1 des Gesetzes können Betriebe mit

1. einem Futterbauanteil von 80 vom Hundert und mehr der Fläche der landwirtschaftlichen Nutzung den Zeitraum vom 1. Mai bis 30. April,
2. reiner Forstwirtschaft den Zeitraum vom 1. Oktober bis 30. September,
3. reinen Weinbau den Zeitraum vom 1. September bis 31. August

bestimmen. [2]Ein Betrieb der in Satz 1 bezeichneten Art liegt auch dann vor, wenn daneben in geringem Umfang noch eine andere land- und forstwirtschaftliche Nutzung vorhanden ist. [3]Soweit die Oberfinanzdirektionen vor dem 1. Januar 1955 ein anderes als die in § 4a Abs. 1 Nr. 1 des Gesetzes oder in Satz 1 bezeichneten Wirtschaftsjahre festgesetzt haben, kann dieser andere Zeitraum als Wirtschaftsjahr bestimmt werden; dies gilt nicht für den Weinbau.

(2)[2] [1]Gartenbaubetriebe und reine Forstbetriebe können auch das Kalenderjahr als Wirtschaftsjahr bestimmen. [2]Stellt ein Land- und Forstwirt von einem vom Kalenderjahr abweichenden Wirtschaftsjahr auf ein mit dem Kalenderjahr übereinstimmendes Wirtschaftsjahr um, verlängert sich das letzte vom Kalenderjahr abweichende Wirtschaftsjahr um den Zeitraum bis zum Beginn des ersten mit dem Kalenderjahr übereinstimmenden Wirtschaftsjahrs; ein Rumpfwirtschaftsjahr ist nicht zu bilden. [3]Stellt ein Land- und Forstwirt das Wirtschaftsjahr für einen Betrieb mit reinem Weinbau auf ein Wirtschaftsjahr im Sinne des Absatzes 1 Satz 1 Nr. 3 um, gilt Satz 2 entsprechend.

(3) Buchführende Land- und Forstwirte im Sinne des § 4a Abs. 1 Nr. 3 Satz 2 des Gesetzes sind Land- und Forstwirte, die auf Grund einer gesetzlichen Verpflichtung oder ohne eine solche Verpflichtung Bücher führen und regelmäßig Abschlüsse machen.

§ 9 (weggefallen)

§ 9a Anschaffung, Herstellung

Jahr der Anschaffung ist das Jahr der Lieferung, Jahr der Herstellung ist das Jahr der Fertigstellung.

§ 10 Absetzung für Abnutzung im Fall des § 4 Abs. 3 des Gesetzes

(1) [1]Bei nicht in dem in Artikel 3 des Einigungsvertrages genannten Gebiet belegenen Gebäuden, die bereits am 21. Juni 1948 zum Betriebsvermögen gehört haben, sind im Fall des § 4 Abs. 3 des Gesetzes für die Bemessung der Absetzung für Abnutzung als Anschaffungs- oder Herstellungskosten höchstens die Werte zugrunde zu legen, die sich bei sinngemäßer Anwendung des § 16 Abs. 1 des D-Markbilanzgesetzes in der im Bundesgesetzblatt Teil III, Gliederungsnummer 4140-1, veröffentlichten bereinigten Fassung ergeben würden. [2]In dem Teil des Landes Berlin, in dem das Grundgesetz bereits vor dem 3. Oktober 1990 galt, tritt an die Stelle des 21. Juni 1948 der 1. April 1949.

(2) Für Gebäude, die zum Betriebsvermögen eines Betriebs oder einer Betriebsstätte im Saarland gehören, gilt Absatz 1 mit der Maßgabe, dass an die Stelle des 21. Juni 1948 der 6. Juli 1959 sowie an die Stelle des § 16 Abs. 1 des D-Markbilanzgesetzes der § 8 Abs. 1 und der § 11 des D-Markbilanzgesetzes für das Saarland in der im Bundesgesetzblatt Teil III, Gliederungsnummer 4140-2, veröffentlichten bereinigten Fassung treten.

1) **Anm. d. Red.:** Zur Anwendung des § 8c Abs. 1 siehe § 84 Abs. 2 Sätze 1 und 3.

2) **Anm. d. Red.:** Zur Anwendung des § 8c Abs. 2 siehe § 84 Abs. 2.

§ 10a Bemessung der Absetzungen für Abnutzung oder Substanzverringerung bei nicht zu einem Betriebsvermögen gehörenden Wirtschaftsgütern, die der Steuerpflichtige vor dem 21. Juni 1948 angeschafft oder hergestellt hat

(1) [1]Bei nicht zu einem Betriebsvermögen gehörenden, nicht in dem in Artikel 3 des Einigungsvertrages genannten Gebiet belegenen Gebäuden, die der Steuerpflichtige vor dem 21. Juni 1948 angeschafft oder hergestellt hat, sind für die Bemessung der Absetzung für Abnutzung oder Substanzverringerung als Anschaffungs- oder Herstellungskosten der am 21. Juni 1948 maßgebende Einheitswert des Grundstücks, soweit er auf das Gebäude entfällt, zuzüglich der nach dem 20. Juni 1948 aufgewendeten Herstellungskosten zugrunde zu legen. [2]In Reichsmark festgesetzte Einheitswerte sind im Verhältnis von einer Reichsmark zu einer Deutschen Mark umzurechnen.

(2) In dem Teil des Landes Berlin, in dem das Grundgesetz bereits vor dem 3. Oktober 1990 galt, ist Absatz 1 mit der Maßgabe anzuwenden, dass an die Stelle des 21. Juni 1948 der 1. April 1949 und an die Stelle des 20. Juni 1948 der 31. März 1949 treten.

(3) [1]Im Saarland ist Absatz 1 mit der Maßgabe anzuwenden, dass an die Stelle des am 21. Juni 1948 maßgebenden Einheitswerts der letzte in Reichsmark festgesetzte Einheitswert und an die Stelle des 20. Juni 1948 der 19. November 1947 treten. [2]Soweit nach Satz 1 für die Bemessung der Absetzungen für Abnutzung oder Substanzverringerung von Frankenwerten auszugehen ist, sind diese nach dem amtlichen Umrechnungskurs am 6. Juli 1959 in Deutsche Mark umzurechnen.

§§ 11 bis 11b (weggefallen)

§ 11c Absetzung für Abnutzung bei Gebäuden

(1) [1]Nutzungsdauer eines Gebäudes im Sinne des § 7 Abs. 4 Satz 2 des Gesetzes ist der Zeitraum, in dem ein Gebäude voraussichtlich seiner Zweckbestimmung entsprechend genutzt werden kann. [2]Der Zeitraum der Nutzungsdauer beginnt

1. bei Gebäuden, die der Steuerpflichtige vor dem 21. Juni 1948 angeschafft oder hergestellt hat, mit dem 21. Juni 1948;
2. bei Gebäuden, die der Steuerpflichtige nach dem 20. Juni 1948 hergestellt hat, mit dem Zeitpunkt der Fertigstellung;
3. bei Gebäuden, die der Steuerpflichtige nach dem 20. Juni 1948 angeschafft hat, mit dem Zeitpunkt der Anschaffung.

[3]Für im Land Berlin belegene Gebäude treten an die Stelle des 20. Juni 1948 jeweils der 31. März 1949 und an die Stelle des 21. Juni 1948 jeweils der 1. April 1949. [4]Für im Saarland belegene Gebäude treten an die Stelle des 20. Juni 1948 jeweils der 19. November 1947 und an die Stelle des 21. Juni 1948 jeweils der 20. November 1947; soweit im Saarland belegene Gebäude zu einem Betriebsvermögen gehören, treten an die Stelle des 20. Juni 1948 jeweils der 5. Juli 1959 und an die Stelle des 21. Juni 1948 jeweils der 6. Juli 1959.

(2)[1)] [1]Hat der Steuerpflichtige nach § 7 Abs. 4 Satz 3 des Gesetzes bei einem Gebäude eine Absetzung für außergewöhnliche technische oder wirtschaftliche Abnutzung vorgenommen, so bemessen sich die Absetzungen für Abnutzung von dem folgenden Wirtschaftsjahr oder Kalenderjahr an nach den Anschaffungs- oder Herstellungskosten des Gebäudes abzüglich des Betrags der Absetzung für außergewöhnliche technische oder wirtschaftliche Abnutzung. [2]Entsprechendes gilt, wenn der Steuerpflichtige ein zu einem Betriebsvermögen gehörendes Gebäude nach § 6 Abs. 1 Nr. 1 Satz 2 des Gesetzes mit dem niedrigeren Teilwert angesetzt hat. [3]Im Fall der Zuschreibung nach § 7 Abs. 4 Satz 3 des Gesetzes oder der Wertaufholung nach § 6 Abs. 1 Nr. 1 Satz 4 des Gesetzes erhöht sich die Bemessungsgrundlage für die Absetzungen für Abnutzung von dem folgenden

1) **Anm. d. Red.:** Zur Anwendung des § 11c Abs. 2 Satz 3 siehe § 84 Abs. 2a.

Wirtschaftsjahr oder Kalenderjahr an um den Betrag der Zuschreibung oder Wertaufholung.

§ 11d Absetzung für Abnutzung oder Substanzverringerung bei nicht zu einem Betriebsvermögen gehörenden Wirtschaftsgütern, die der Steuerpflichtige unentgeltlich erworben hat

(1) [1]Bei den nicht zu einem Betriebsvermögen gehörenden Wirtschaftsgütern, die der Steuerpflichtige unentgeltlich erworben hat, bemessen sich die Absetzungen für Abnutzung nach den Anschaffungs- oder Herstellungskosten des Rechtsvorgängers oder dem Wert, der beim Rechtsvorgänger an deren Stelle getreten ist oder treten würde, wenn dieser noch Eigentümer wäre, zuzüglich der vom Rechtsnachfolger aufgewendeten Herstellungskosten und nach dem Hundertsatz, der für den Rechtsvorgänger maßgebend sein würde, wenn er noch Eigentümer des Wirtschaftsguts wäre. [2]Absetzungen für Abnutzung durch den Rechtsnachfolger sind nur zulässig, soweit die vom Rechtsvorgänger und vom Rechtsnachfolger zusammen vorgenommenen Absetzungen für Abnutzung, erhöhten Absetzungen und Abschreibungen bei dem Wirtschaftsgut noch nicht zur vollen Absetzung geführt haben. [3]Die Sätze 1 und 2 gelten für die Absetzung für Substanzverringerung und für erhöhte Absetzungen entsprechend.

(2) Bei Bodenschätzen, die der Steuerpflichtige auf einem ihm gehörenden Grundstück entdeckt hat, sind Absetzungen für Substanzverringerung nicht zulässig.

§ 12 (weggefallen)

Zu den §§ 7e und 10a des Gesetzes

§§ 13 und 14 (weggefallen)

Zu § 7b des Gesetzes

§ 15 Erhöhte Absetzungen für Einfamilienhäuser, Zweifamilienhäuser und Eigentumswohnungen

(1) Bauherr ist, wer auf eigene Rechnung und Gefahr ein Gebäude baut oder bauen lässt.

(2) In den Fällen des § 7b des Gesetzes in den vor Inkrafttreten des Gesetzes vom 22. Dezember 1981 (BGBl I S. 1523) geltenden Fassungen und des § 54 des Gesetzes in der Fassung der Bekanntmachung vom 24. Januar 1984 (BGBl I S. 113) ist § 15 der Einkommensteuer-Durchführungsverordnung 1979 (BGBl 1980 I S. 1801), geändert durch die Verordnung vom 11. Juni 1981 (BGBl I S. 526), weiter anzuwenden.

§§ 16 bis 21 (weggefallen)

Zu § 7e des Gesetzes

§§ 22 bis 28 (weggefallen)

Zu § 10 des Gesetzes

§ 29[1)2)] Anzeigepflichten bei Versicherungsverträgen

[1]Bei Versicherungen, deren Laufzeit vor dem 1. Januar 2005 begonnen hat, hat der Sicherungsnehmer nach amtlich vorgeschriebenem Muster dem für die Veranlagung des

1) **Anm. d. Red.:** § 29 i. d. F. des Art. 2 Nr. 1 AltEinkG v. 5. 7. 2004 (BGBl I 1427).

2) **Anm. d. Red.:** Zur Anwendung des § 29 siehe § 84 Abs. 2b und 3.

Versicherungsnehmers nach dem Einkommen zuständigen Finanzamt, bei einem Versicherungsnehmer, der im Inland weder einen Wohnsitz noch seinen gewöhnlichen Aufenthalt hat, dem für die Veranlagung des Sicherungsnehmers zuständigen Finanzamt (§§ 19, 20 der Abgabenordnung) unverzüglich die Fälle anzuzeigen, in denen Ansprüche aus Versicherungsverträgen zur Tilgung oder Sicherung von Darlehen eingesetzt werden. [2]Satz 1 gilt entsprechend für das Versicherungsunternehmen, wenn der Sicherungsnehmer Wohnsitz, Sitz oder Geschäftsleitung im Ausland hat. [3]Werden Ansprüche aus Versicherungsverträgen von Personen, die im Inland einen Wohnsitz oder ihren gewöhnlichen Aufenthalt haben (§ 1 Abs. 1 des Gesetzes), zur Tilgung oder Sicherung von Darlehen eingesetzt, sind die Sätze 1 und 2 nur anzuwenden, wenn die Darlehen den Betrag von 25 565 Euro übersteigen. [4]Der Steuerpflichtige hat dem für seine Veranlagung zuständigen Finanzamt (§ 19 der Abgabenordnung) die Abtretung und die Beleihung unverzüglich anzuzeigen.

§ 30[1)] Nachversteuerung bei Versicherungsverträgen

[1]Eine Nachversteuerung ist durchzuführen, wenn der Sonderausgabenabzug von Beiträgen nach § 10 Abs. 1 Nr. 3 Buchstabe b des Gesetzes zu versagen ist. [2]Zu diesem Zweck ist die Steuer zu berechnen, die festzusetzen gewesen wäre, wenn der Steuerpflichtige die Beiträge nicht geleistet hätte. [3]Der Unterschied zwischen dieser und der festgesetzten Steuer ist als Nachsteuer zu erheben.

§§ 31 bis 44 (weggefallen)

Zu § 10a des Gesetzes

§§ 45 bis 47 (weggefallen)

Zu § 10b des Gesetzes

§§ 48 und 49[2)] (weggefallen)

§ 50[3)4)] Zuwendungsnachweis

(1) Zuwendungen im Sinne der §§ 10b und 34g des Gesetzes dürfen nur abgezogen werden, wenn sie durch eine Zuwendungsbestätigung nachgewiesen werden, die der Empfänger nach amtlich vorgeschriebenem Vordruck ausgestellt hat.

(1a) [1]Der Zuwendende kann den Zuwendungsempfänger bevollmächtigen, die Zuwendungsbestätigung der Finanzbehörde nach amtlich vorgeschriebenem Datensatz durch Datenfernübertragung nach Maßgabe der Steuerdaten-Übermittlungsverordnung zu übermitteln. [2]Der Zuwendende hat dem Zuwendungsempfänger zu diesem Zweck seine Identifikationsnummer (§ 139b der Abgabenordnung) mitzuteilen. [3]Die Vollmacht kann nur mit Wirkung für die Zukunft widerrufen werden. [4]Der Datensatz ist bis zum 28. Februar des Jahres, das auf das Jahr folgt, in dem die Zuwendung geleistet worden ist, an die Finanzbehörde zu übermitteln. [5]Der Zuwendungsempfänger hat dem Zuwendenden die nach Satz 1 übermittelten Daten elektronisch oder auf dessen Wunsch als Ausdruck zur Verfügung zu stellen; in beiden Fällen ist darauf hinzuweisen, dass die Daten der Finanzbehörde übermittelt worden sind.

1) **Anm. d. Red.:** § 30 i. d. F. des Art. 2 Nr. 2 AltEinkG v. 5. 7. 2004 (BGBl I 1427).

2) **Anm. d. Red.:** §§ 48 und 49 weggefallen gem. Art. 2 Nr. 3 Gesetz zur weiteren Stärkung des bürgerschaftlichen Engagements v. 10. 10. 2007 (BGBl I 2332).

3) **Anm. d. Red.:** § 50 Abs. 1a eingefügt gem. Art. 2 Nr. 1 Steuerbürokratieabbaugesetz v. 20. 12. 2008 (BGBl I 2850); Abs. 2 i. d. F. des Art. 2 Nr. 2 Gesetz zur weiteren Stärkung des bürgerschaftlichen Engagements v. 10. 10. 2007 (BGBl I 2332).

4) **Anm. d. Red.:** Zur Anwendung des § 50 siehe § 84 Abs. 3a.

(2) [1]Als Nachweis genügt der Bareinzahlungsbeleg oder die Buchungsbestätigung eines Kreditinstituts, wenn

1. die Zuwendung zur Hilfe in Katastrophenfällen innerhalb eines Zeitraums, den die obersten Finanzbehörden der Länder im Benehmen mit dem Bundesministerium der Finanzen bestimmen, auf ein für den Katastrophenfall eingerichtetes Sonderkonto einer inländischen juristischen Person des öffentlichen Rechts, einer inländischen öffentlichen Dienststelle oder eines inländischen amtlich anerkannten Verbandes der freien Wohlfahrtspflege einschließlich seiner Mitgliedsorganisationen eingezahlt worden ist oder
2. die Zuwendung 200 Euro nicht übersteigt und
   a) der Empfänger eine inländische juristische Person des öffentlichen Rechts oder eine inländische öffentliche Dienststelle ist oder
   b) der Empfänger eine Körperschaft, Personenvereinigung oder Vermögensmasse im Sinne des § 5 Abs. 1 Nr. 9 des Körperschaftsteuergesetzes ist, wenn der steuerbegünstigte Zweck, für den die Zuwendung verwendet wird, und die Angaben über die Freistellung des Empfängers von der Körperschaftsteuer auf einem von ihm hergestellten Beleg aufgedruckt sind und darauf angegeben ist, ob es sich bei der Zuwendung um eine Spende oder einen Mitgliedsbeitrag handelt oder
   c) der Empfänger eine politische Partei im Sinne des § 2 des Parteiengesetzes ist und bei Spenden der Verwendungszweck auf dem vom Empfänger hergestellten Beleg aufgedruckt ist.

[2]Aus der Buchungsbestätigung müssen Name und Kontonummer des Auftraggebers und Empfängers, der Betrag sowie der Buchungstag ersichtlich sein. [3]In den Fällen der Nummer 2 Buchstabe b hat der Zuwendende zusätzlich den vom Zuwendungsempfänger hergestellten Beleg vorzulegen.

(3) Als Nachweis für die Zahlung von Mitgliedsbeiträgen an politische Parteien im Sinne des § 2 des Parteiengesetzes genügt die Vorlage von Bareinzahlungsbelegen, Buchungsbestätigungen oder Beitragsquittungen.

(4) [1]Eine in § 5 Abs. 1 Nr. 9 des Körperschaftsteuergesetzes bezeichnete Körperschaft, Personenvereinigung oder Vermögensmasse hat die Vereinnahmung der Zuwendung und ihre zweckentsprechende Verwendung ordnungsgemäß aufzuzeichnen und ein Doppel der Zuwendungsbestätigung aufzubewahren. [2]Bei Sachzuwendungen und beim Verzicht auf die Erstattung von Aufwand müssen sich aus den Aufzeichnungen auch die Grundlagen für den vom Empfänger bestätigten Wert der Zuwendung ergeben.

Zu § 13 des Gesetzes

§ 51 Ermittlung der Einkünfte bei forstwirtschaftlichen Betrieben

(1) Bei forstwirtschaftlichen Betrieben, die nicht zur Buchführung verpflichtet sind und den Gewinn nicht nach § 4 Abs. 1 des Gesetzes ermitteln, kann zur Abgeltung der Betriebsausgaben auf Antrag ein Pauschsatz von 65 vom Hundert der Einnahmen aus der Holznutzung abgezogen werden.

(2) Der Pauschsatz zur Abgeltung der Betriebsausgaben beträgt 40 vom Hundert, soweit das Holz auf dem Stamm verkauft wird.

(3) Durch die Anwendung der Pauschsätze der Absätze 1 und 2 sind die Betriebsausgaben im Wirtschaftsjahr der Holznutzung einschließlich der Wiederaufforstungskosten unabhängig von dem Wirtschaftsjahr ihrer Entstehung abgegolten.

(4) Diese Regelung gilt nicht für die Ermittlung des Gewinns aus Waldverkäufen.

Zu § 13a des Gesetzes

§ 52 (weggefallen)

Zu § 17 des Gesetzes

§ 53 Anschaffungskosten bestimmter Anteile an Kapitalgesellschaften

[1]Bei Anteilen an einer Kapitalgesellschaft, die vor dem 21. Juni 1948 erworben worden sind, sind als Anschaffungskosten im Sinne des § 17 Abs. 2 des Gesetzes die endgültigen Höchstwerte zugrunde zu legen, mit denen die Anteile in eine steuerliche Eröffnungsbilanz in Deutscher Mark auf den 21. Juni 1948 hätten eingestellt werden können; bei Anteilen, die am 21. Juni 1948 als Auslandsvermögen beschlagnahmt waren, ist bei Veräußerung vor der Rückgabe der Veräußerungserlös und bei Veräußerung nach der Rückgabe der Wert im Zeitpunkt der Rückgabe als Anschaffungskosten maßgebend. [2]Im Land Berlin tritt an die Stelle des 21. Juni 1948 jeweils der 1. April 1949; im Saarland tritt an die Stelle des 21. Juni 1948 für die in § 43 Abs. 1 Ziff. 1 des Gesetzes über die Einführung des deutschen Rechts auf dem Gebiete der Steuern, Zölle und Finanzmonopole im Saarland vom 30. Juni 1959 (BGBl I S. 339) bezeichneten Personen jeweils der 6. Juli 1959.

ESt DV

§ 54[1)] Übersendung von Urkunden durch die Notare

(1)[2)] [1]Die Notare übersenden dem in § 20 der Abgabenordnung bezeichneten Finanzamt eine beglaubigte Abschrift aller auf Grund gesetzlicher Vorschrift aufgenommenen oder beglaubigten Urkunden, die die Gründung, Kapitalerhöhung oder -herabsetzung, Umwandlung oder Auflösung von Kapitalgesellschaften oder die Verfügung über Anteile an Kapitalgesellschaften zum Gegenstand haben. [2]Gleiches gilt für Dokumente, die im Rahmen einer Anmeldung einer inländischen Zweigniederlassung einer Kapitalgesellschaft mit Sitz im Ausland zur Eintragung in das Handelsregister diesem zu übersenden sind.

(2) [1]Die Abschrift ist binnen zwei Wochen, von der Aufnahme oder Beglaubigung der Urkunde ab gerechnet, einzureichen. [2]Sie soll mit der Steuernummer gekennzeichnet sein, mit der die Kapitalgesellschaft bei dem Finanzamt geführt wird. [3]Die Absendung der Urkunde ist auf der zurückbehaltenen Urschrift der Urkunde beziehungsweise auf einer zurückbehaltenen Abschrift zu vermerken.

(3) Den Beteiligten dürfen die Urschrift, eine Ausfertigung oder beglaubigte Abschrift der Urkunde erst ausgehändigt werden, wenn die Abschrift der Urkunde an das Finanzamt abgesandt ist.

(4)[3)] Im Fall der Verfügung über Anteile an Kapitalgesellschaften durch einen Anteilseigner, der nicht nach § 1 Abs. 1 des Gesetzes unbeschränkt steuerpflichtig ist, ist zusätzlich bei dem Finanzamt Anzeige zu erstatten, das bei Beendigung einer zuvor bestehenden unbeschränkten Steuerpflicht des Anteilseigners oder bei unentgeltlichem Erwerb dessen Rechtsvorgängers nach § 19 der Abgabenordnung für die Besteuerung des Anteilseigners zuständig war.

Zu § 22 des Gesetzes

§ 55[4)] Ermittlung des Ertrags aus Leibrenten in besonderen Fällen

(1) Der Ertrag des Rentenrechts ist in den folgenden Fällen auf Grund der in § 22 Nr. 1 Satz 3 Buchstabe a Doppelbuchstabe bb des Gesetzes aufgeführten Tabelle zu ermitteln:

---

1) **Anm. d. Red.:** § 54 Abs. 1 i. d. F. des Art. 1a Nr. 1 JStG 2008 v. 20. 12. 2007 (BGBl I 3150); Abs. 4 angefügt gem. Art. 2 Nr. 1 SEStEG v. 7. 12. 2006 (BGBl I 2782).

2) **Anm. d. Red.:** Zur Anwendung des § 54 Abs. 1 siehe § 84 Abs. 3b Satz 1.

3) **Anm. d. Red.:** Zur Anwendung des § 54 Abs. 4 siehe § 84 Abs. 3b Satz 2.

4) **Anm. d. Red.:** § 55 i. d. F. des Art. 2 Nr. 3 AltEinkG v. 5. 7. 2004 (BGBl I 1427).

1. bei Leibrenten, die vor dem 1. Januar 1955 zu laufen begonnen haben. [2]Dabei ist das vor dem 1. Januar 1955 vollendete Lebensjahr des Rentenberechtigten maßgebend;
2. bei Leibrenten, deren Dauer von der Lebenszeit einer anderen Person als des Rentenberechtigten abhängt. [2]Dabei ist das bei Beginn der Rente, im Fall der Nummer 1 das vor dem 1. Januar 1955 vollendete Lebensjahr dieser Person maßgebend;
3. bei Leibrenten, deren Dauer von der Lebenszeit mehrerer Personen abhängt. [2]Dabei ist das bei Beginn der Rente, im Fall der Nummer 1 das vor dem 1. Januar 1955 vollendete Lebensjahr der ältesten Person maßgebend, wenn das Rentenrecht mit dem Tod des zuerst Sterbenden erlischt, und das Lebensjahr der jüngsten Person, wenn das Rentenrecht mit dem Tod des zuletzt Sterbenden erlischt.

(2) [1]Der Ertrag der Leibrenten, die auf eine bestimmte Zeit beschränkt sind (abgekürzte Leibrenten), ist nach der Lebenserwartung unter Berücksichtigung der zeitlichen Begrenzung zu ermitteln. [2]Der Ertragsanteil ist aus der nachstehenden Tabelle zu entnehmen. [3]Absatz 1 ist entsprechend anzuwenden.

Beschränkung der Laufzeit der Rente auf ... Jahre ab Beginn des Rentenbezugs (ab 1. Januar 1955, falls die Rente vor diesem Zeitpunkt zu laufen begonnen hat)	Der Ertragsanteil beträgt vorbehaltlich der Spalte 3 ... v. H.	Der Ertragsanteil ist der Tabelle in § 22 Nr. 1 Satz 3 Buchstabe a Doppelbuchstabe bb des Gesetzes zu entnehmen, wenn der Rentenberechtigte zu Beginn des Rentenbezugs (vor dem 1. Januar 1955, falls die Rente vor diesem Zeitpunkt zu laufen begonnen hat) das ... te Lebensjahr vollendet hatte
1	2	3
1	0	entfällt
2	1	entfällt
3	2	97
4	4	92
5	5	88
6	7	83
7	8	81
8	9	80
9	10	78
10	12	75
11	13	74
12	14	72
13	15	71
14-15	16	69
16-17	18	67
18	19	65
19	20	64
20	21	63
21	22	62
22	23	60
23	24	59
24	25	58
25	26	57
26	27	55
27	28	54
28	29	53

Beschränkung der Laufzeit der Rente auf ... Jahre ab Beginn des Rentenbezugs (ab 1. Januar 1955, falls die Rente vor diesem Zeitpunkt zu laufen begonnen hat)	Der Ertragsanteil beträgt vorbehaltlich der Spalte 3 ... v. H.	Der Ertragsanteil ist der Tabelle in § 22 Nr. 1 Satz 3 Buchstabe a Doppelbuchstabe bb des Gesetzes zu entnehmen, wenn der Rentenberechtigte zu Beginn des Rentenbezugs (vor dem 1. Januar 1955, falls die Rente vor diesem Zeitpunkt zu laufen begonnen hat) das ... te Lebensjahr vollendet hatte
1	2	3
29-30	30	51
31	31	50
32	32	49
33	33	48
34	34	46
35-36	35	45
37	36	43
38	37	42
39	38	41
40-41	39	39
42	40	38
43-44	41	36
45	42	35
46-47	43	33
48	44	32
49-50	45	30
51-52	46	28
53	47	27
54-55	48	25
56-57	49	23
58-59	50	21
60-61	51	19
62-63	52	17
64-65	53	15
66-67	54	13
68-69	55	11
70-71	56	9
72-74	57	6
75-76	58	4
77-79	59	2
ab 80	Der Ertragsanteil ist immer der Tabelle in § 22 Nr. 1 Satz 3 Buchstabe a Doppelbuchstabe bb des Gesetzes zu entnehmen.	

ESt DV

Zu § 25 des Gesetzes

§ 56[1)2)] Steuererklärungspflicht

[1]Unbeschränkt Steuerpflichtige haben eine jährliche Einkommensteuererklärung für das abgelaufene Kalenderjahr (Veranlagungszeitraum) in den folgenden Fällen abzugeben:

1. Ehegatten, bei denen im Veranlagungszeitraum die Voraussetzungen des § 26 Abs. 1 des Gesetzes vorgelegen haben und von denen keiner die getrennte Veranlagung nach § 26a des Gesetzes oder die besondere Veranlagung nach § 26c des Gesetzes wählt,
   a) wenn keiner der Ehegatten Einkünfte aus nichtselbständiger Arbeit, von denen ein Steuerabzug vorgenommen worden ist, bezogen und der Gesamtbetrag der Einkünfte mehr als das Zweifache des Grundfreibetrages nach § 32a Absatz 1 Satz 2 Nummer 1 des Gesetzes in der jeweils geltenden Fassung betragen hat,
   b) wenn mindestens einer der Ehegatten Einkünfte aus nichtselbständiger Arbeit, von denen ein Steuerabzug vorgenommen worden ist, bezogen hat und eine Veranlagung nach § 46 Abs. 2 Nr. 1 bis 7 des Gesetzes in Betracht kommt,
   c) wenn eine Veranlagung nach § 46 Abs. 2a des Gesetzes in Betracht kommt;
2. Personen, bei denen im Veranlagungszeitraum die Voraussetzungen des § 26 Abs. 1 des Gesetzes nicht vorgelegen haben,
   a) wenn der Gesamtbetrag der Einkünfte den Grundfreibetrag nach § 32a Absatz 1 Satz 2 Nummer 1 des Gesetzes in der jeweils geltenden Fassung überstiegen hat und darin keine Einkünfte aus nichtselbständiger Arbeit, von denen ein Steuerabzug vorgenommen worden ist, enthalten sind,
   b) wenn in dem Gesamtbetrag der Einkünfte Einkünfte aus nichtselbständiger Arbeit, von denen ein Steuerabzug vorgenommen worden ist, enthalten sind und eine Veranlagung nach § 46 Abs. 2 Nr. 1 bis 6 und 7 Buchstabe b des Gesetzes in Betracht kommt,
   c) wenn eine Veranlagung nach § 46 Abs. 2a des Gesetzes in Betracht kommt.

[2]Eine Steuererklärung ist außerdem abzugeben, wenn zum Schluss des vorangegangenen Veranlagungszeitraums ein verbleibender Verlustabzug festgestellt worden ist.

§§ 57 bis 59 (weggefallen)

§ 60[3)] Unterlagen zur Steuererklärung

(1)[4)] [1]*Der Steuererklärung ist eine Abschrift der Bilanz, die auf dem Zahlenwerk der Buchführung beruht, im Fall der Eröffnung des Betriebs auch eine Abschrift der Eröffnungsbilanz beizufügen, wenn der Gewinn nach § 4 Abs. 1, § 5 oder § 5a des Gesetzes ermittelt und auf eine elektronische Übermittlung nach § 5b Abs. 2 des Gesetzes verzichtet wird.* [2]Werden Bücher geführt, die den Grundsätzen der doppelten Buchführung entsprechen, ist eine Gewinn- und Verlustrechnung beizufügen.

(2) [1]Enthält die Bilanz Ansätze oder Beträge, die den steuerlichen Vorschriften nicht entsprechen, so sind diese Ansätze oder Beträge durch Zusätze oder Anmerkungen den

1) **Anm. d. Red.:** § 56 Satz 1 i. d. F. des Art. 2 Gesetz zur Sicherung von Beschäftigung und Stabilität in Deutschland v. 2. 3. 2009 (BGBl I 416).

2) **Anm. d. Red.:** Zur Anwendung des § 56 siehe § 84 Abs. 3c.

3) **Anm. d. Red.:** § 60 Abs. 1 und 4 i. d. F. des Art. 2 Nr. 2 Steuerbürokratieabbaugesetz v. 20. 12. 2008 (BGBl I 2850).

4) **Anm. d. Red.:** Kursiver Abs. 1 Satz 1 ist gem. § 84 Abs. 3d erstmals für Wirtschaftsjahre (Gewinnermittlungszeiträume) anzuwenden, die nach dem 31. 12. 2010 beginnen; Satz 1 der Vorfassung lautet: „Wird der Gewinn nach § 4 Abs. 1, § 5 oder § 5a des Gesetzes ermittelt, so ist der Steuererklärung eine Abschrift der Bilanz, die auf dem Zahlenwerk der Buchführung beruht, im Fall der Eröffnung des Betriebs auch eine Abschrift der Eröffnungsbilanz beizufügen."

steuerlichen Vorschriften anzupassen. [2]Der Steuerpflichtige kann auch eine den steuerlichen Vorschriften entsprechende Bilanz (Steuerbilanz) beifügen.

(3) [1]Liegt ein Anhang, ein Lagebericht oder ein Prüfungsbericht vor, so ist eine Abschrift der Steuererklärung beizufügen. [2]Bei der Gewinnermittlung nach § 5a des Gesetzes ist das besondere Verzeichnis nach § 5a Abs. 4 des Gesetzes der Steuererklärung beizufügen.

(4)[1] [1]Wird der Gewinn nach § 4 Abs. 3 des Gesetzes durch den Überschuss der Betriebseinnahmen über die Betriebsausgaben ermittelt, ist die Einnahmenüberschussrechnung nach amtlich vorgeschriebenem Datensatz durch Datenfernübertragung zu übermitteln. [2]Auf Antrag kann die Finanzbehörde zur Vermeidung unbilliger Härten auf eine elektronische Übermittlung verzichten; in diesem Fall ist der Steuererklärung eine Gewinnermittlung nach amtlich vorgeschriebenem Vordruck beizufügen. [3]§ 150 Abs. 7 und 8 der Abgabenordnung gilt entsprechend.

Zu den §§ 26a bis 26c des Gesetzes

§ 61 Antrag auf anderweitige Verteilung der außergewöhnlichen Belastungen im Fall des § 26a des Gesetzes

[1]Der Antrag auf anderweitige Verteilung der als außergewöhnliche Belastungen vom Gesamtbetrag der Einkünfte abzuziehenden Beträge (§ 26a Abs. 2 des Gesetzes) kann nur von beiden Ehegatten gemeinsam gestellt werden. [2]Kann der Antrag nicht gemeinsam gestellt werden, weil einer der Ehegatten dazu aus zwingenden Gründen nicht in der Lage ist, so kann das Finanzamt den Antrag des anderen Ehegatten als genügend ansehen.

§§ 62 bis 62c (weggefallen)

§ 62d[2] Anwendung des § 10d des Gesetzes bei der Veranlagung von Ehegatten

(1) [1]Im Fall der getrennten Veranlagung von Ehegatten (§ 26a des Gesetzes) kann der Steuerpflichtige den Verlustabzug nach § 10d des Gesetzes auch für Verluste derjenigen Veranlagungszeiträume geltend machen, in denen die Ehegatten nach § 26b des Gesetzes zusammen oder nach § 26c des Gesetzes besonders veranlagt worden sind. [2]Der Verlustabzug kann in diesem Fall nur für Verluste geltend gemacht werden, die der getrennt veranlagte Ehegatte erlitten hat.

(2)[3] [1]Im Fall der Zusammenveranlagung von Ehegatten (§ 26b des Gesetzes) kann der Steuerpflichtige den Verlustabzug nach § 10d des Gesetzes auch für Verluste derjenigen Veranlagungszeiträume geltend machen, in denen die Ehegatten nach § 26a des Gesetzes getrennt oder nach § 26c des Gesetzes besonders veranlagt worden sind. [2]Im Fall der Zusammenveranlagung von Ehegatten (§ 26b des Gesetzes) in einem Veranlagungszeitraum, in den negative Einkünfte nach § 10d Abs. 1 des Gesetzes zurückgetragen werden, sind nach Anwendung des § 10d Abs. 1 des Gesetzes verbleibende negative Einkünfte für den Verlustvortrag nach § 10d Abs. 2 des Gesetzes in Veranlagungszeiträume, in denen eine Zusammenveranlagung nicht stattfindet, auf die Ehegatten nach dem Verhältnis aufzuteilen, in dem die auf den einzelnen Ehegatten entfallenden Verluste im Veranlagungszeitraum der Verlustentstehung zueinander stehen.

---

1) **Anm. d. Red.:** Kursiver Abs. 4 ist gem. § 84 Abs. 3d erstmals für Wirtschaftsjahre (Gewinnermittlungszeiträume) anzuwenden, die nach dem 31. 12. 2010 beginnen; Abs. 4 der Vorfassung lautet:

„(4) Wird der Gewinn nach § 4 Abs. 3 des Gesetzes durch den Überschuss der Betriebseinnahmen über die Betriebsausgaben ermittelt, ist der Steuererklärung eine Gewinnermittlung nach amtlich vorgeschriebenem Vordruck beizufügen."

2) **Anm. d. Red.:** § 62d Abs. 2 i. d. F. des Art. 2 Nr. 1 Gesetz v. 22. 12. 2003 (BGBl I 2840).

3) **Anm. d. Red.:** Zur Anwendung des § 62d Abs. 2 siehe § 84 Abs. 3e.

§ 63 (weggefallen)

Zu § 33 des Gesetzes

§ 64 Mitwirkung der Gesundheitsbehörden beim Nachweis des Gesundheitszustandes für steuerliche Zwecke

Die zuständigen Gesundheitsbehörden haben auf Verlangen des Steuerpflichtigen die für steuerliche Zwecke erforderlichen Gesundheitszeugnisse, Gutachten oder Bescheinigungen auszustellen.

Zu § 33b des Gesetzes

§ 65[1)2)] Nachweis der Behinderung

(1) Den Nachweis einer Behinderung hat der Steuerpflichtige zu erbringen:

1. bei einer Behinderung, deren Grad auf mindestens 50 festgestellt ist, durch Vorlage eines Ausweises nach dem Neunten Buch Sozialgesetzbuch oder eines Bescheides der für die Durchführung des Bundesversorgungsgesetzes zuständigen Behörde,
2. bei einer Behinderung, deren Grad auf weniger als 50, aber mindestens 25 festgestellt ist,
   a) durch eine Bescheinigung der für die Durchführung des Bundesversorgungsgesetzes zuständigen Behörde auf Grund eines Feststellungsbescheids nach § 69 Abs. 1 des Neunten Buches Sozialgesetzbuch, die eine Äußerung darüber enthält, ob die Behinderung zu einer dauernden Einbuße der körperlichen Beweglichkeit geführt hat oder auf einer typischen Berufskrankheit beruht, oder,
   b) wenn ihm wegen seiner Behinderung nach den gesetzlichen Vorschriften Renten oder andere laufende Bezüge zustehen, durch den Rentenbescheid oder den die anderen laufenden Bezüge nachweisenden Bescheid.

(2) [1]Die gesundheitlichen Merkmale „blind" und „hilflos" hat der Steuerpflichtige durch einen Ausweis nach dem Neunten Buch Sozialgesetzbuch, der mit den Merkzeichen „Bl" oder „H" gekennzeichnet ist, oder durch einen Bescheid der für die Durchführung des Bundesversorgungsgesetzes zuständigen Behörde, der die entsprechenden Feststellungen enthält, nachzuweisen. [2]Dem Merkzeichen „H" steht die Einstufung als Schwerstpflegebedürftiger in Pflegestufe III nach dem Elften Buch Sozialgesetzbuch, dem Zwölften Buch Sozialgesetzbuch oder diesen entsprechenden gesetzlichen Bestimmungen gleich; dies ist durch Vorlage des entsprechenden Bescheides nachzuweisen.

(3) Der Steuerpflichtige hat die Unterlagen nach den Absätzen 1 und 2 zusammen mit seiner Steuererklärung oder seinem Antrag auf Lohnsteuerermäßigung der Finanzbehörde vorzulegen.

(4) [1]Ist der behinderte Mensch verstorben und kann sein Rechtsnachfolger die Unterlagen nach den Absätzen 1 und 2 nicht vorlegen, so genügt zum Nachweis eine gutachtliche Stellungnahme von Seiten der für die Durchführung des Bundesversorgungsgesetzes zuständigen Behörde. [2]Diese Stellungnahme hat die Finanzbehörde einzuholen.

§§ 66 und 67 (weggefallen)

---

1) **Anm. d. Red.:** § 65 Abs. 1 und 4 i. d. F. des Art. 30 SGB IX v. 19. 6. 2001 (BGBl I 1046); Abs. 2 i. d. F. des Art. 49 Gesetz zur Einordnung des Sozialhilferechts in das Sozialgesetzbuch v. 27. 12. 2003 (BGBl I 3022).

2) **Anm. d. Red.:** Zur Anwendung des § 65 siehe § 84 Abs. 3f.

Zu § 34b des Gesetzes

§ 68 Betriebsgutachten, Betriebswerk, Nutzungssatz

(1) [1]Das amtlich anerkannte Betriebsgutachten oder das Betriebswerk, das der erstmaligen Festsetzung des Nutzungssatzes zugrunde zu legen ist, muss vorbehaltlich des Absatzes 2 spätestens auf den Anfang des drittletzten Wirtschaftsjahrs aufgestellt worden sein, das dem Wirtschaftsjahr vorangegangen ist, in dem die nach § 34b des Gesetzes zu begünstigenden Holznutzungen angefallen sind. [2]Der Zeitraum von zehn Wirtschaftsjahren, für den der Nutzungssatz maßgebend ist, beginnt mit dem Wirtschaftsjahr, auf dessen Anfang das Betriebsgutachten oder Betriebswerk aufgestellt worden ist.

(2) [1]Bei aussetzenden forstwirtschaftlichen Betrieben genügt es, wenn das Betriebsgutachten oder Betriebswerk auf den Anfang des Wirtschaftsjahrs aufgestellt wird, in dem die nach § 34b des Gesetzes zu begünstigenden Holznutzungen angefallen sind. [2]Der Zeitraum von zehn Jahren, für den der Nutzungssatz maßgebend ist, beginnt mit dem Wirtschaftsjahr, auf dessen Anfang das Betriebsgutachten oder Betriebswerk aufgestellt worden ist.

EStDV

(3) [1]Ein Betriebsgutachten im Sinne des § 34b Abs. 4 Nr. 1 des Gesetzes ist amtlich anerkannt, wenn die Anerkennung von einer Behörde oder einer Körperschaft des öffentlichen Rechts des Landes, in dem der forstwirtschaftliche Betrieb belegen ist, ausgesprochen wird. [2]Die Länder bestimmen, welche Behörden oder Körperschaften des öffentlichen Rechts diese Anerkennung auszusprechen haben.

Zu § 34c des Gesetzes

§ 68a Einkünfte aus mehreren ausländischen Staaten

[1]Die für die Einkünfte aus einem ausländischen Staat festgesetzte und gezahlte und keinem Ermäßigungsanspruch mehr unterliegende ausländische Steuer ist nur bis zur Höhe der deutschen Steuer anzurechnen, die auf die Einkünfte aus diesem ausländischen Staat entfällt. [2]Stammen die Einkünfte aus mehreren ausländischen Staaten, so sind die Höchstbeträge der anrechenbaren ausländischen Steuern für jeden einzelnen ausländischen Staat gesondert zu berechnen.

§ 68b Nachweis über die Höhe der ausländischen Einkünfte und Steuern

[1]Der Steuerpflichtige hat den Nachweis über die Höhe der ausländischen Einkünfte und über die Festsetzung und Zahlung der ausländischen Steuern durch Vorlage entsprechender Urkunden (z. B. Steuerbescheid, Quittung über die Zahlung) zu führen. [2]Sind diese Urkunden in einer fremden Sprache abgefasst, so kann eine beglaubigte Übersetzung in die deutsche Sprache verlangt werden.

§ 69 (weggefallen)

Zu § 46 des Gesetzes

§ 70[1)2)] Ausgleich von Härten in bestimmten Fällen

[1]Betragen in den Fällen des § 46 Abs. 2 Nr. 1 bis 7 des Gesetzes die einkommensteuerpflichtigen Einkünfte, von denen der Steuerabzug vom Arbeitslohn nicht vorgenommen worden ist, insgesamt mehr als 410 Euro, so ist vom Einkommen der Betrag abzuziehen, um den die bezeichneten Einkünfte, vermindert um den auf sie entfallenden Altersentlastungsbetrag (§ 24a des Gesetzes) und den nach § 13 Abs. 3 des Gesetzes zu berücksichtigenden Betrag, niedriger als 820 Euro sind (Härteausgleichsbetrag). [2]Der Härteausgleichsbetrag darf nicht höher sein als die nach Satz 1 verminderten Einkünfte.

§§ 71 und 72 (weggefallen)

---

1) **Anm. d. Red.:** § 70 Satz 1 i. d. F. des Art. 2 Nr. 5 StEuglG v. 19. 12. 2000 (BGBl I 1790).

2) **Anm. d. Red.:** Zur Anwendung des § 70 siehe § 84 Abs. 3g.

Zu § 50 des Gesetzes

§ 73 (weggefallen)

Zu § 50a des Gesetzes

§ 73a[1][2] Begriffsbestimmungen

(1) Inländisch im Sinne des § 50a Abs. 1 Nr. 4 des Gesetzes sind solche Personenvereinigungen, die ihre Geschäftsleitung oder ihren Sitz im Geltungsbereich des Gesetzes haben.

(2) Urheberrechte im Sinne des § 50a Abs. 1 Nr. 3 des Gesetzes sind Rechte, die nach Maßgabe des Urheberrechtsgesetzes vom 9. September 1965 (BGBl I S. 1273), zuletzt geändert durch das Gesetz vom 7. Dezember 2008 (BGBl I S. 2349), in der jeweils geltenden Fassung geschützt sind.

(3) Gewerbliche Schutzrechte im Sinne des § 50a Abs. 1 Nr. 3 des Gesetzes sind Rechte, die nach Maßgabe des Geschmacksmustergesetzes vom 12. März 2004 (BGBl I S. 390), zuletzt geändert durch Artikel 7 des Gesetzes vom 7. Juli 2008 (BGBl I S. 1191), des Patentgesetzes in der Fassung der Bekanntmachung vom 16. Dezember 1980 (BGBl 1981 I S. 1), zuletzt geändert durch Artikel 2 des Gesetzes vom 7. Juli 2008 (BGBl I S. 1191), des Gebrauchsmustergesetzes in der Fassung der Bekanntmachung vom 28. August 1986 (BGBl I S. 1455), zuletzt geändert durch Artikel 3 des Gesetzes vom 7. Juli 2008 (BGBl I S. 1191) und des Markengesetzes vom 25. Oktober 1994 (BGBl I S. 3082; 1995 I S. 156), zuletzt geändert durch Artikel 4 des Gesetzes vom 7. Juli 2008 (BGBl I S. 1191), in der jeweils geltenden Fassung geschützt sind.

§ 73b (weggefallen)

§ 73c[3][4] Zeitpunkt des Zufließens im Sinne des § 50a Abs. 5 Satz 1 des Gesetzes

Die Vergütungen im Sinne des § 50a Abs. 1 des Gesetzes fließen dem Gläubiger zu

1. im Fall der Zahlung, Verrechnung oder Gutschrift:
   bei Zahlung, Verrechnung oder Gutschrift;
2. im Fall der Hinausschiebung der Zahlung wegen vorübergehender Zahlungsunfähigkeit des Schuldners:
   bei Zahlung, Verrechnung oder Gutschrift;
3. im Fall der Gewährung von Vorschüssen:
   bei Zahlung, Verrechnung oder Gutschrift der Vorschüsse.

§ 73d[5][6] Aufzeichnungen, Aufbewahrungspflichten, Steueraufsicht

(1)[7] [1]Der Schuldner der Vergütungen im Sinne des § 50a Abs. 1 des Gesetzes (Schuldner) hat besondere Aufzeichnungen zu führen. [2]Aus den Aufzeichnungen müssen ersichtlich sein:

---

1) **Anm. d. Red.:** § 73a i. d. F. des Art. 2 Nr. 2 JStG 2009 v. 19. 12. 2008 (BGBl I 2794).

2) **Anm. d. Red.:** Zur Anwendung des § 73a siehe § 84 Abs. 3h Satz 1.

3) **Anm. d. Red.:** § 73c i. d. F. des Art. 2 Nr. 3 JStG 2009 v. 19. 12. 2008 (BGBl I 2794).

4) **Anm. d. Red.:** Zur Anwendung des § 73c siehe § 84 Abs. 3h Satz 1.

5) **Anm. d. Red.:** § 73d Überschrift i. d. F. des Art. 2 Nr. 4 JStG 2009 v. 19. 12. 2008 (BGBl I 2794); Abs. 1 i. d. F. des Art. 9 Nr. 1 Begleitgesetz zur zweiten Föderalismusreform v. 10. 8. 2009 (BGBl I 2702).

6) **Anm. d. Red.:** Zur Anwendung des § 73d siehe § 84 Abs. 3h Sätze 1 und 4.

7) **Anm. d. Red.:** Abs. 1 Satz 3 ist gem. § 84 Abs. 3h Satz 4 erstmals ab dem Zeitpunkt anzuwenden, der durch eine Rechtsverordnung der Bundesregierung bestimmt wird, die der Zustimmung des Bundesrates bedarf; dieser Zeitpunkt darf nicht vor dem 31. 12. 2011 liegen. Satz 3 der Vorfassung lautet: „Er hat in Fällen des § 50a Abs. 3 des Gesetzes die von der Bemessungsgrundlage des Steuerabzugs abgezogenen Betriebsausgaben oder Werbungskosten und die Staatsangehörigkeit des beschränkt steuerpflichtigen Gläubigers in einer für das Finanzamt nachprüfbaren Form zu dokumentieren."

1. Name und Wohnung des beschränkt steuerpflichtigen Gläubigers (Steuerschuldners),
2. Höhe der Vergütungen in Euro,
3. Höhe und Art der von der Bemessungsgrundlage des Steuerabzugs abgezogenen Betriebsausgaben oder Werbungskosten,
4. Tag, an dem die Vergütungen dem Steuerschuldner zugeflossen sind,
5. Höhe und Zeitpunkt der Abführung der einbehaltenen Steuer.

[3]Er hat in Fällen des § 50a Abs. 3 des Gesetzes die von der Bemessungsgrundlage des Steuerabzugs abgezogenen Betriebsausgaben oder Werbungskosten und die Staatsangehörigkeit des beschränkt steuerpflichtigen Gläubigers in einer für das Bundeszentralamt für Steuern nachprüfbaren Form zu dokumentieren.

(2) Bei der Veranlagung des Schuldners zur Einkommensteuer (Körperschaftsteuer) und bei Außenprüfungen, die bei dem Schuldner vorgenommen werden, ist auch zu prüfen, ob die Steuern ordnungsmäßig einbehalten und abgeführt worden sind.

EStDV

§ 73e[1)] Einbehaltung, Abführung und Anmeldung der Steuer von Vergütungen im Sinne des § 50a Abs. 1 und 7 des Gesetzes (§ 50a Abs. 5 des Gesetzes)

[1]Der Schuldner hat die innerhalb eines Kalendervierteljahrs einbehaltene Steuer von Vergütungen im Sinne des § 50a Absatz 1 des Gesetzes unter der Bezeichnung „Steuerabzug von Vergütungen im Sinne des § 50a Absatz 1 des Einkommensteuergesetzes" jeweils bis zum zehnten des dem Kalendervierteljahr folgenden Monats an das Bundeszentralamt für Steuern abzuführen. [2]Bis zum gleichen Zeitpunkt hat der Schuldner dem Bundeszentralamt für Steuern eine Steueranmeldung über den Gläubiger, die Höhe der Vergütungen im Sinne des § 50a Absatz 1 des Gesetzes, die Höhe und Art der von der Bemessungsgrundlage des Steuerabzugs abgezogenen Betriebsausgaben oder Werbungskosten und die Höhe des Steuerabzugs zu übersenden. [3]Satz 2 gilt entsprechend, wenn ein Steuerabzug auf Grund der Vorschrift des § 50a Abs. 2 Satz 3 oder Abs. 4 Satz 1 des Gesetzes nicht vorzunehmen ist oder auf Grund eines Abkommens zur Vermeidung der Doppelbesteuerung nicht oder nicht in voller Höhe vorzunehmen ist. [4]Die Steueranmeldung ist nach amtlich vorgeschriebenem Vordruck auf elektronischem Weg zu übermitteln nach Maßgabe der Steuerdaten-Übermittlungsverordnung vom 28. Januar 2003 (BGBl I S. 139), geändert durch die Verordnung vom 20. Dezember 2006 (BGBl I S. 3380), in der jeweils geltenden Fassung. [5]Auf Antrag kann das Bundeszentralamt für Steuern zur Vermeidung unbilliger Härten auf eine elektronische Übermittlung verzichten; in diesem Fall ist die Steueranmeldung vom Schuldner oder von einem zu seiner Vertretung Berechtigten zu unterschreiben. [6]Ist es zweifelhaft, ob der Gläubiger beschränkt oder unbeschränkt steuerpflichtig ist, so darf der Schuldner die Einbehaltung der Steuer nur dann unterlassen, wenn der Gläubiger durch eine Bescheinigung des nach den abgaben-

1) **Anm. d. Red.:** § 73e i. d. F. des Art. 9 Nr. 2 Begleitgesetz zur zweiten Föderalismusreform v. 10. 8. 2009 (BGBl I 2702). – Die Sätze 1, 2 und 5 sind gem. § 84 Abs. 3h Satz 4 erstmals ab dem Zeitpunkt anzuwenden, der durch eine Rechtsverordnung der Bundesregierung bestimmt wird, die der Zustimmung des Bundesrates bedarf; dieser Zeitpunkt darf nicht vor dem 31. 12. 2011 liegen. Sätze 1, 2 und 5 der Vorfassung lauten: „[1]Der Schuldner hat die innerhalb eines Kalendervierteljahrs einbehaltene Steuer von Vergütungen im Sinne des § 50a Abs. 1 des Gesetzes unter der Bezeichnung „Steuerabzug von Vergütungen im Sinne des § 50a Abs. 1 des Einkommensteuergesetzes" jeweils bis zum zehnten des dem Kalendervierteljahr folgenden Monats an das für seine Besteuerung nach dem Einkommen zuständige Finanzamt (Finanzkasse) abzuführen; stimmen Betriebs- und Wohnsitzfinanzamt nicht überein, so ist die einbehaltene Steuer an das Betriebsfinanzamt abzuführen. [2]Bis zum gleichen Zeitpunkt hat der Schuldner dem nach Satz 1 zuständigen Finanzamt eine Steueranmeldung über den Gläubiger, die Höhe der Vergütungen im Sinne des § 50a Abs. 1 des Gesetzes, die Höhe und Art der von der Bemessungsgrundlage des Steuerabzugs abgezogenen Betriebsausgaben oder Werbungskosten und die Höhe des Steuerabzugs zu übersenden. [5]Auf Antrag kann das Finanzamt zur Vermeidung unbilliger Härten auf eine elektronische Übermittlung verzichten; in diesem Fall ist die Steueranmeldung vom Schuldner oder von einem zu seiner Vertretung Berechtigten zu unterschreiben."

rechtlichen Vorschriften für die Besteuerung seines Einkommens zuständigen Finanzamts nachweist, dass er unbeschränkt steuerpflichtig ist. [7]Die Sätze 1, 2, 4 und 5 gelten entsprechend für die Steuer nach § 50a Abs. 7 des Gesetzes mit der Maßgabe, dass die Steuer an das Finanzamt abzuführen und bei dem Finanzamt anzumelden ist, das den Steuerabzug angeordnet hat.

§ 73f[1)2)] Steuerabzug in den Fällen des § 50a Abs. 6 des Gesetzes

[1]Der Schuldner der Vergütungen für die Nutzung oder das Recht auf Nutzung von Urheberrechten im Sinne des § 50a Abs. 1 Nr. 3 des Gesetzes braucht den Steuerabzug nicht vorzunehmen, wenn er diese Vergütungen auf Grund eines Übereinkommens nicht an den beschränkt steuerpflichtigen Gläubiger (Steuerschuldner), sondern an die Gesellschaft für musikalische Aufführungs- und mechanische Vervielfältigungsrechte (Gema) oder an einen anderen Rechtsträger abführt und die obersten Finanzbehörden der Länder mit Zustimmung des Bundesministeriums der Finanzen einwilligen, dass dieser andere Rechtsträger an die Stelle des Schuldners tritt. [2]In diesem Fall hat die Gema oder der andere Rechtsträger den Steuerabzug vorzunehmen; § 50a Abs. 5 des Gesetzes sowie die §§ 73d und 73e gelten entsprechend.

§ 73g[3)] Haftungsbescheid

(1) Ist die Steuer nicht ordnungsmäßig einbehalten oder abgeführt, so hat das Bundeszentralamt für Steuern oder das zuständige Finanzamt die Steuer von dem Schuldner, in den Fällen des § 73f von dem dort bezeichneten Rechtsträger, durch Haftungsbescheid oder von dem Steuerschuldner durch Steuerbescheid anzufordern.

(2) Der Zustellung des Haftungsbescheids an den Schuldner bedarf es nicht, wenn der Schuldner die einbehaltene Steuer dem Bundeszentralamt für Steuern oder dem Finanzamt ordnungsmäßig angemeldet hat (§ 73e) oder wenn er vor dem Bundeszentralamt für Steuern oder dem Finanzamt oder einem Prüfungsbeamten des Bundeszentralamts für Steuern oder des Finanzamts seine Verpflichtung zur Zahlung der Steuer schriftlich anerkannt hat.

Zu § 51 des Gesetzes

§§ 74 bis 80 (weggefallen)

§ 81[4)5)] Bewertungsfreiheit für bestimmte Wirtschaftsgüter des Anlagevermögens im Kohlen- und Erzbergbau

(1) [1]Steuerpflichtige, die den Gewinn nach § 5 des Gesetzes ermitteln, können bei abnutzbaren Wirtschaftsgütern des Anlagevermögens, bei denen die in den Absätzen 2 und

1) **Anm. d. Red.:** § 73f i. d. F. des Art. 2 Nr. 6 JStG 2009 v. 19. 12. 2008 (BGBl I 2794).

2) **Anm. d. Red.:** Zur Anwendung des § 73f siehe § 84 Abs. 3h Satz 1.

3) **Anm. d. Red.:** § 73g i. d. F. des Art. 9 Nr. 3 Begleitgesetz zur zweiten Föderalismusreform v. 10. 8. 2009 (BGBl I 2702). – Die Absätze 1 und 2 sind gem. § 84 Abs. 3h Satz 4 erstmals ab dem Zeitpunkt anzuwenden, der durch eine Rechtsverordnung der Bundesregierung bestimmt wird, die der Zustimmung des Bundesrates bedarf; dieser Zeitpunkt darf nicht vor dem 31. 12. 2011 liegen. Absätze 1 und 2 der Vorfassung lauten:

„(1) Ist die Steuer nicht ordnungsmäßig einbehalten oder abgeführt, so hat das Finanzamt die Steuer von dem Schuldner, in den Fällen des § 73f von dem dort bezeichneten Rechtsträger, durch Haftungsbescheid oder von dem Steuerschuldner durch Steuerbescheid anzufordern.

(2) Der Zustellung des Haftungsbescheids an den Schuldner bedarf es nicht, wenn der Schuldner die einbehaltene Steuer dem Finanzamt ordnungsmäßig angemeldet hat (§ 73e) oder wenn er vor dem Finanzamt oder einem Prüfungsbeamten des Finanzamts seine Verpflichtung zur Zahlung der Steuer schriftlich anerkannt hat."

4) **Anm. d. Red.:** § 81 Abs. 2 i. d. F. des Art. 372 Neunte Zuständigkeitsanpassungsverordnung v. 31. 10. 2006 (BGBl I 2407).

5) **Anm. d. Red.:** Zur Anwendung des § 81 siehe § 57 Abs. 2 EStG.

3 bezeichneten Voraussetzungen vorliegen, im Wirtschaftsjahr der Anschaffung oder Herstellung und in den vier folgenden Wirtschaftsjahren Sonderabschreibungen vornehmen, und zwar

1. bei beweglichen Wirtschaftsgütern des Anlagevermögens bis zur Höhe von insgesamt 50 vom Hundert,
2. bei unbeweglichen Wirtschaftsgütern des Anlagevermögens bis zur Höhe von insgesamt 30 vom Hundert

der Anschaffungs- oder Herstellungskosten. [2]§ 9a gilt entsprechend.

(2) Voraussetzung für die Anwendung des Absatzes 1 ist,

1. dass die Wirtschaftsgüter
   a) im Tiefbaubetrieb des Steinkohlen-, Pechkohlen-, Braunkohlen- und Erzbergbaues
      aa) für die Errichtung von neuen Förderschachtanlagen, auch in der Form von Anschlussschachtanlagen,
      bb) für die Errichtung neuer Schächte sowie die Erweiterung des Grubengebäudes und den durch Wasserzuflüsse aus stillliegenden Anlagen bedingten Ausbau der Wasserhaltung bestehender Schachtanlagen,
      cc) für Rationalisierungsmaßnahmen in der Hauptschacht-, Blindschacht-, Strecken- und Abbauförderung, im Streckenvortrieb, in der Gewinnung, Versatzwirtschaft, Seilfahrt, Wetterführung und Wasserhaltung sowie in der Aufbereitung,
      dd) für die Zusammenfassung von mehreren Förderschachtanlagen zu einer einheitlichen Förderschachtanlage oder
      ee) für den Wiederaufschluss stillliegender Grubenfelder und Feldesteile,
   b) im Tagebaubetrieb des Braunkohlen- und Erzbergbaues
      aa) für die Erschließung neuer Tagebaue, auch in Form von Anschlusstagebauen,
      bb) für Rationalisierungsmaßnahmen bei laufenden Tagebauen,
      cc) beim Übergang zum Tieftagebau für die Freilegung und Gewinnung der Lagerstätte oder
      dd) für die Wiederinbetriebnahme stillgelegter Tagebaue

   angeschafft oder hergestellt werden und
2. dass die Förderungswürdigkeit dieser Vorhaben von der obersten Landesbehörde oder der von ihr bestimmten Stelle im Einvernehmen mit dem Bundesministerium für Wirtschaft und Technologie bescheinigt worden ist.

(3) Die Abschreibungen nach Absatz 1 können nur in Anspruch genommen werden

1. in den Fällen des Absatzes 2 Nr. 1 Buchstabe a bei Wirtschaftsgütern des Anlagevermögens unter Tage und bei den in der Anlage 5 zu dieser Verordnung bezeichneten Wirtschaftsgütern des Anlagevermögens über Tage,
2. in den Fällen des Absatzes 2 Nr. 1 Buchstabe b bei den in der Anlage 6 zu dieser Verordnung bezeichneten Wirtschaftsgütern des beweglichen Anlagevermögens.

(4) Die Abschreibungen nach Absatz 1 können in Anspruch genommen werden bei im Geltungsbereich dieser Verordnung ausschließlich des in Artikel 3 des Einigungsvertrages genannten Gebiets

1. vor dem 1. Januar 1990 angeschafften oder hergestellten Wirtschaftsgütern,
2. a) nach dem 31. Dezember 1989 und vor dem 1. Januar 1991 angeschafften oder hergestellten Wirtschaftsgütern,
   b) vor dem 1. Januar 1991 geleisteten Anzahlungen auf Anschaffungskosten und entstandenen Teilherstellungskosten,

   wenn der Steuerpflichtige vor dem 1. Januar 1990 die Wirtschaftsgüter bestellt oder mit ihrer Herstellung begonnen hat.

(5) Bei den in Absatz 2 Nr. 1 Buchstabe b bezeichneten Vorhaben können die vor dem 1. Januar 1990 im Geltungsbereich dieser Verordnung ausschließlich des in Artikel 3 des Einigungsvertrages genannten Gebiets aufgewendeten Kosten für den Vorabraum bis zu 50 vom Hundert als sofort abzugsfähige Betriebsausgaben behandelt werden.

§ 82 (weggefallen)

§ 82a[1] Erhöhte Absetzungen von Herstellungskosten und Sonderbehandlung von Erhaltungsaufwand für bestimmte Anlagen und Einrichtungen bei Gebäuden

(1) [1]Der Steuerpflichtige kann von den Herstellungskosten

1. für Maßnahmen, die für den Anschluss eines im Inland belegenen Gebäudes an eine Fernwärmeversorgung einschließlich der Anbindung an das Heizsystem erforderlich sind, wenn die Fernwärmeversorgung überwiegend aus Anlagen der Kraft-Wärme-Kopplung, zur Verbrennung von Müll oder zur Verwertung von Abwärme gespeist wird,
2. für den Einbau von Wärmepumpenanlagen, Solaranlagen und Anlagen zur Wärmerückgewinnung in einem im Inland belegenen Gebäude einschließlich der Anbindung an das Heizsystem,
3. für die Errichtung von Windkraftanlagen, wenn die mit diesen Anlagen erzeugte Energie überwiegend entweder unmittelbar oder durch Verrechnung mit Elektrizitätsbezügen des Steuerpflichtigen von einem Elektrizitätsversorgungsunternehmen zur Versorgung eines im Inland belegenen Gebäudes des Steuerpflichtigen verwendet wird, einschließlich der Anbindung an das Versorgungssystem des Gebäudes,
4. für die Errichtung von Anlagen zur Gewinnung von Gas, das aus pflanzlichen oder tierischen Abfallstoffen durch Gärung unter Sauerstoffabschluss entsteht, wenn dieses Gas zur Beheizung eines im Inland belegenen Gebäudes des Steuerpflichtigen oder zur Warmwasserbereitung in einem solchen Gebäude des Steuerpflichtigen verwendet wird, einschließlich der Anbindung an das Versorgungssystem des Gebäudes,
5. für den Einbau einer Warmwasseranlage zur Versorgung von mehr als einer Zapfstelle und einer zentralen Heizungsanlage oder bei einer zentralen Heizungs- und Warmwasseranlage für den Einbau eines Heizkessels, eines Brenners, einer zentralen Steuerungseinrichtung, einer Wärmeabgabeeinrichtung und eine Änderung der Abgasanlage in einem im Inland belegenen Gebäude oder in einer im Inland belegenen Eigentumswohnung, wenn mit der Maßnahme nicht vor Ablauf von zehn Jahren seit Fertigstellung dieses Gebäudes begonnen worden ist,

an Stelle der nach § 7 Abs. 4 oder 5 oder § 7b des Gesetzes zu bemessenden Absetzungen für Abnutzung im Jahr der Herstellung und in den folgenden neun Jahren jeweils bis zu 10 vom Hundert absetzen. [2]Nach Ablauf dieser zehn Jahre ist ein etwa noch vorhandener Restwert den Anschaffungs- oder Herstellungskosten des Gebäudes oder dem an deren Stelle tretenden Wert hinzuzurechnen; die weiteren Absetzungen für Abnutzung sind einheitlich für das gesamte Gebäude nach dem sich hiernach ergebenden Betrag und dem für das Gebäude maßgebenden Hundertsatz zu bemessen. [3]Voraussetzung für die Inanspruchnahme der erhöhten Absetzungen ist, dass das Gebäude in den Fällen der Nummer 1 vor dem 1. Juli 1983 fertig gestellt worden ist; die Voraussetzung entfällt, wenn der Anschluss nicht schon im Zusammenhang mit der Errichtung des Gebäudes möglich war.

(2) Die erhöhten Absetzungen können nicht vorgenommen werden, wenn für dieselbe Maßnahme eine Investitionszulage gewährt wird.

(3) [1]Sind die Aufwendungen für eine Maßnahme im Sinne des Absatzes 1 Erhaltungsaufwand und entstehen sie bei einer zu eigenen Wohnzwecken genutzten Wohnung im

1) **Anm. d. Red.:** Zur Anwendung des § 82a siehe § 84 Abs. 4 EStDV sowie § 57 Abs. 1 EStG.

eigenen Haus, deren Nutzungswert nicht mehr besteuert wird, und liegen in den Fällen des Absatzes 1 Nr. 1 die Voraussetzungen des Absatzes 1 Satz 3 vor, können die Aufwendungen wie Sonderausgaben abgezogen werden; sie sind auf das Jahr, in dem die Arbeiten abgeschlossen worden sind, und die neun folgenden Jahre gleichmäßig zu verteilen. [2]Entsprechendes gilt bei Aufwendungen zur Anschaffung neuer Einzelöfen für eine Wohnung, wenn keine zentrale Heizungsanlage vorhanden ist und die Wohnung seit mindestens zehn Jahren fertig gestellt ist. [3]§ 82b Abs. 2 und 3 gilt entsprechend.

§ 82b[1)2)] Behandlung größeren Erhaltungsaufwands bei Wohngebäuden

(1) [1]Der Steuerpflichtige kann größere Aufwendungen für die Erhaltung von Gebäuden, die im Zeitpunkt der Leistung des Erhaltungsaufwands nicht zu einem Betriebsvermögen gehören und überwiegend Wohnzwecken dienen, abweichend von § 11 Abs. 2 des Gesetzes auf zwei bis fünf Jahre gleichmäßig verteilen. [2]Ein Gebäude dient überwiegend Wohnzwecken, wenn die Grundfläche der Wohnzwecken dienenden Räume des Gebäudes mehr als die Hälfte der gesamten Nutzfläche beträgt. [3]Zum Gebäude gehörende Garagen sind ohne Rücksicht auf ihre tatsächliche Nutzung als Wohnzwecken dienend zu behandeln, soweit in ihnen nicht mehr als ein Personenkraftwagen für jede in dem Gebäude befindliche Wohnung untergestellt werden kann. [4]Räume für die Unterstellung weiterer Kraftwagen sind stets als nicht Wohnzwecken dienend zu behandeln.

(2) [1]Wird das Gebäude während des Verteilungszeitraums veräußert, ist der noch nicht berücksichtigte Teil des Erhaltungsaufwands im Jahr der Veräußerung als Werbungskosten abzusetzen. [2]Das Gleiche gilt, wenn ein Gebäude in ein Betriebsvermögen eingebracht oder nicht mehr zur Einkunftserzielung genutzt wird.

(3) Steht das Gebäude im Eigentum mehrerer Personen, so ist der in Absatz 1 bezeichnete Erhaltungsaufwand von allen Eigentümern auf den gleichen Zeitraum zu verteilen.

§§ 82c bis 82e (weggefallen)

§ 82f Bewertungsfreiheit für Handelsschiffe, für Schiffe, die der Seefischerei dienen, und für Luftfahrzeuge

(1) [1]Steuerpflichtige, die den Gewinn nach § 5 des Gesetzes ermitteln, können bei Handelsschiffen, die in einem inländischen Seeschiffsregister eingetragen sind, im Wirtschaftsjahr der Anschaffung oder Herstellung und in den vier folgenden Wirtschaftsjahren Sonderabschreibungen bis zu insgesamt 40 vom Hundert der Anschaffungs- oder Herstellungskosten vornehmen. [2]§ 9a gilt entsprechend.

(2) Im Fall der Anschaffung eines Handelsschiffs ist Absatz 1 nur anzuwenden, wenn das Handelsschiff vor dem 1. Januar 1996 in ungebrauchtem Zustand vom Hersteller oder nach dem 31. Dezember 1995 bis zum Ablauf des vierten auf das Jahr der Fertigstellung folgenden Jahres erworben worden ist.

(3) [1]Die Inanspruchnahme der Abschreibungen nach Absatz 1 ist nur unter der Bedingung zulässig, dass die Handelsschiffe innerhalb eines Zeitraums von acht Jahren nach ihrer Anschaffung oder Herstellung nicht veräußert werden. [2]Für Anteile an Handelsschiffen gilt dies entsprechend.

(4) Die Abschreibungen nach Absatz 1 können bereits für Anzahlungen auf Anschaffungskosten und für Teilherstellungskosten in Anspruch genommen werden.

(5) [1]Die Abschreibungen nach Absatz 1 können nur in Anspruch genommen werden, wenn das Handelsschiff vor dem 1. Januar 1999 angeschafft oder hergestellt wird und der Kaufvertrag oder Bauvertrag vor dem 25. April 1996 abgeschlossen worden ist. [2]Bei Steuerpflichtigen, die in eine Gesellschaft im Sinne des § 15 Abs. 1 Nr. 2 und Abs. 3 des Einkommensteuergesetzes nach Abschluss des Schiffbauvertrags (Unterzeichnung des

---

1) **Anm. d. Red.:** § 82b eingefügt gem. Art. 10 Nr. 3 HBeglG 2004 v. 29. 12. 2003 (BGBl I 3076).

2) **Anm. d. Red.:** Zur Anwendung des § 82b siehe § 84 Abs. 4a.

ESTDV

Hauptvertrags) eintreten, sind Sonderabschreibungen nur zulässig, wenn sie der Gesellschaft vor dem 1. Januar 1999 beitreten.

(6) [1]Die Absätze 1 bis 5 gelten für Schiffe, die der Seefischerei dienen, entsprechend. [2]Für Luftfahrzeuge, die vom Steuerpflichtigen hergestellt oder in ungebrauchtem Zustand vom Hersteller erworben worden sind und die zur gewerbsmäßigen Beförderung von Personen oder Sachen im internationalen Luftverkehr oder zur Verwendung zu sonstigen gewerblichen Zwecken im Ausland bestimmt sind, gelten die Absätze 1 und 3 bis 5 mit der Maßgabe entsprechend, dass an die Stelle der Eintragung in ein inländisches Seeschiffsregister die Eintragung in die deutsche Luftfahrzeugrolle, an die Stelle des Höchstsatzes von 40 vom Hundert ein Höchstsatz von 30 vom Hundert und bei der Vorschrift des Absatzes 3 an die Stelle des Zeitraums von acht Jahren ein Zeitraum von sechs Jahren treten.

§ 82g[1)] Erhöhte Absetzungen von Herstellungskosten für bestimmte Baumaßnahmen

[1]Der Steuerpflichtige kann von den durch Zuschüsse aus Sanierungs- oder Entwicklungsförderungsmitteln nicht gedeckten Herstellungskosten für Modernisierungs- und Instandsetzungsmaßnahmen im Sinne des § 177 des Baugesetzbuchs sowie für Maßnahmen, die der Erhaltung, Erneuerung und funktionsgerechten Verwendung eines Gebäudes dienen, das wegen seiner geschichtlichen, künstlerischen oder städtebaulichen Bedeutung erhalten bleiben soll, und zu deren Durchführung sich der Eigentümer neben bestimmten Modernisierungsmaßnahmen gegenüber der Gemeinde verpflichtet hat, die für Gebäude in einem förmlich festgelegten Sanierungsgebiet oder städtebaulichen Entwicklungsbereich aufgewendet worden sind, an Stelle der nach § 7 Abs. 4 oder 5 oder § 7b des Gesetzes zu bemessenden Absetzungen für Abnutzung im Jahr der Herstellung und in den neun folgenden Jahren jeweils bis zu 10 vom Hundert absetzen. [2]§ 82a Abs. 1 Satz 2 gilt entsprechend. [3]Satz 1 ist anzuwenden, wenn der Steuerpflichtige eine Bescheinigung der zuständigen Gemeindebehörde vorlegt, dass er Baumaßnahmen im Sinne des Satzes 1 durchgeführt hat; sind ihm Zuschüsse aus Sanierungs- oder Entwicklungsförderungsmitteln gewährt worden, so hat die Bescheinigung auch deren Höhe zu enthalten.

§ 82h (weggefallen)

§ 82i[2)] Erhöhte Absetzungen von Herstellungskosten bei Baudenkmälern

(1) [1]Bei einem Gebäude, das nach den jeweiligen landesrechtlichen Vorschriften ein Baudenkmal ist, kann der Steuerpflichtige von den Herstellungskosten für Baumaßnahmen, die nach Art und Umfang zur Erhaltung des Gebäudes als Baudenkmal und zu seiner sinnvollen Nutzung erforderlich sind und die nach Abstimmung mit der in Absatz 2 bezeichneten Stelle durchgeführt worden sind, an Stelle der nach § 7 Abs. 4 des Gesetzes zu bemessenden Absetzungen für Abnutzung im Jahr der Herstellung und in den neun folgenden Jahren jeweils bis zu 10 vom Hundert absetzen. [2]Eine sinnvolle Nutzung ist nur anzunehmen, wenn das Gebäude in der Weise genutzt wird, dass die Erhaltung der schützenswerten Substanz des Gebäudes auf die Dauer gewährleistet ist. [3]Bei einem Gebäudeteil, der nach den jeweiligen landesrechtlichen Vorschriften ein Baudenkmal ist, sind die Sätze 1 und 2 entsprechend anzuwenden. [4]Bei einem Gebäude, das für sich allein nicht die Voraussetzungen für ein Baudenkmal erfüllt, aber Teil einer Gebäudegruppe oder Gesamtanlage ist, die nach den jeweiligen landesrechtlichen Vorschriften als Einheit geschützt ist, können die erhöhten Absetzungen von den Herstellungskosten der Gebäudeteile und Maßnahmen vorgenommen werden, die nach Art und Umfang zur Erhaltung des schützenswerten Erscheinungsbildes der Gruppe oder Anlage erforderlich sind. [5]§ 82a Abs. 1 Satz 2 gilt entsprechend.

---

1) **Anm. d. Red.:** Zur Anwendung des § 82g siehe § 84 Abs. 6 EStDV sowie § 57 Abs. 2 EStG.

2) **Anm. d. Red.:** Zur Anwendung des § 82i siehe § 84 Abs. 8 EStDV sowie § 57 Abs. 2 EStG.

(2) Die erhöhten Absetzungen können nur in Anspruch genommen werden, wenn der Steuerpflichtige die Voraussetzungen des Absatzes 1 für das Gebäude oder den Gebäudeteil und für die Erforderlichkeit der Herstellungskosten durch eine Bescheinigung der nach Landesrecht zuständigen oder von der Landesregierung bestimmten Stelle nachweist.

§ 83 (weggefallen)

Schlussvorschriften

§ 84[1)] Anwendungsvorschriften

(1) Die vorstehende Fassung dieser Verordnung ist, soweit in den folgenden Absätzen nichts anderes bestimmt ist, erstmals für den Veranlagungszeitraum 2009 anzuwenden.

(1a) § 7 der Einkommensteuer-Durchführungsverordnung 1997 in der Fassung der Bekanntmachung vom 18. Juni 1997 (BGBl I S. 1558) ist letztmals für das Wirtschaftsjahr anzuwenden, das vor dem 1. Januar 1999 endet.

(1b) Die §§ 8 und 8a der Einkommensteuer-Durchführungsverordnung 1986 in der Fassung der Bekanntmachung vom 24. Juli 1986 (BGBl I S. 1239) sind letztmals für das Wirtschaftsjahr anzuwenden, das vor dem 1. Januar 1990 endet.

(2) [1]§ 8c Abs. 1 und 2 Satz 3 in der Fassung dieser Verordnung ist erstmals für Wirtschaftsjahre anzuwenden, die nach dem 31. August 1993 beginnen. [2]§ 8c Abs. 2 Satz 1 und 2 ist erstmals für Wirtschaftsjahre anzuwenden, die nach dem 30. Juni 1990 beginnen. [3]Für Wirtschaftsjahre, die vor dem 1. Mai 1984 begonnen haben, ist § 8c Abs. 1 und 2 der Einkommensteuer-Durchführungsverordnung 1981 in der Fassung der Bekanntmachung vom 23. Juni 1982 (BGBl I S. 700) weiter anzuwenden.

(2a) § 11c Abs. 2 Satz 3 ist erstmals für das nach dem 31. Dezember 1998 endende Wirtschaftsjahr anzuwenden.

(2b) § 29 Abs. 1 ist auch für Veranlagungszeiträume vor 1996 anzuwenden, soweit die Fälle, in denen Ansprüche aus Versicherungsverträgen nach dem 13. Februar 1992 zur Tilgung oder Sicherung von Darlehen eingesetzt wurden, noch nicht angezeigt worden sind.

(3) § 29 Abs. 3 bis 6, §§ 31 und 32 sind in der vor dem 1. Januar 1996 geltenden Fassung für vor diesem Zeitpunkt an Bausparkassen geleistete Beiträge letztmals für den Veranlagungszeitraum 2005 anzuwenden.

(3a) §§ 48, 49 und 50 sowie Anlage 1 in der Fassung der Verordnung vom 10. Dezember 1999 (BGBl I S. 2413) sind erstmals für den Veranlagungszeitraum 2000 anzuwenden.

(3b) [1]§ 54 Abs. 1 Satz 2 in der Fassung des Artikels 1a des Gesetzes vom 20. Dezember 2007 (BGBl I S. 3150) ist erstmals für Vorgänge nach dem 31. Dezember 2007 anzuwenden. [2]§ 54 Abs. 4 in der Fassung des Artikels 2 des Gesetzes vom 7. Dezember 2006 (BGBl I S. 2782) ist erstmals auf Verfügungen über Anteile an Kapitalgesellschaften anzuwenden, die nach dem 31. Dezember 2006 beurkundet werden.

(3c) § 56 in der Fassung des Artikels 10 des Gesetzes vom 29. Dezember 2003 (BGBl I S. 3076) ist erstmals für den Veranlagungszeitraum 2004 anzuwenden.

(3d) § 60 Abs. 1 und 4 in der Fassung des Artikels 2 des Gesetzes vom 20. Dezember 2008 (BGBl I S. 2850) ist erstmals für Wirtschaftsjahre (Gewinnermittlungszeiträume) anzuwenden, die nach dem 31. Dezember 2010 beginnen.

(3e) § 62d Abs. 2 Satz 2 in der Fassung des Artikels 2 des Gesetzes vom 22. Dezember 2003 (BGBl I S. 2840) ist erstmals auf Verluste anzuwenden, die aus dem Veranlagungszeitraum 2004 in den Veranlagungszeitraum 2003 zurückgetragen werden.

1) **Anm. d. Red.:** § 84 i. d. F. des Art. 9 Nr. 4 Begleitgesetz zur zweiten Föderalismusreform v. 10. 8. 2009 (BGBl I 2702).

(3f) § 65 in der durch Gesetz vom 11. Oktober 1995 (BGBl I S. 1250) geänderten Fassung ist erstmals für den Veranlagungszeitraum 1995 anzuwenden.

(3g) § 70 in der Fassung des Gesetzes vom 19. Dezember 2000 (BGBl I S. 1790) ist erstmals ab dem Veranlagungszeitraum 2002 anzuwenden.

(3h) [1]Die §§ 73a, 73c, 73d Abs. 1 sowie die §§ 73e und 73f Satz 1 in der Fassung des Artikels 2 des Gesetzes vom 19. Dezember 2008 (BGBl I S. 2794) sind erstmals auf Vergütungen anzuwenden, die nach dem 31. Dezember 2008 zufließen. [2]Abweichend von Satz 1 ist § 73e Satz 4 und 5 in der Fassung des Artikels 2 des Gesetzes vom 19. Dezember 2008 (BGBl I S. 2794) erstmals auf Vergütungen anzuwenden, die nach dem 31. Dezember 2009 zufließen. [3]§ 73e Satz 4 in der Fassung der Bekanntmachung vom 10. Mai 2000 (BGBl I S. 717) ist letztmals auf Vergütungen anzuwenden, die vor dem 1. Januar 2010 zufließen. [4]Der Zeitpunkt der erstmaligen Anwendung des § 73d Absatz 1 Satz 3, des § 73e Satz 1, 2 und 5 sowie des § 73g Absatz 1 und 2 in der Fassung des Artikels 9 des Gesetzes vom 10. August 2009 (BGBl I S. 2702) wird durch eine Rechtsverordnung der Bundesregierung bestimmt, die der Zustimmung des Bundesrates bedarf; dieser Zeitpunkt darf nicht vor dem 31. Dezember 2011 liegen.

(3i) § 80 der Einkommensteuer-Durchführungsverordnung 1997 in der Fassung der Bekanntmachung vom 18. Juni 1997 (BGBl I S. 1558) ist letztmals für das Wirtschaftsjahr anzuwenden, das vor dem 1. Januar 1999 endet.

(4) [1]§ 82a ist auf Tatbestände anzuwenden, die in dem in Artikel 3 des Einigungsvertrages genannten Gebiet nach dem 31. Dezember 1990 und vor dem 1. Januar 1992 verwirklicht worden sind. [2]Auf Tatbestände, die im Geltungsbereich dieser Verordnung ausschließlich des in Artikel 3 des Einigungsvertrages genannten Gebiets verwirklicht worden sind, ist

1. § 82a Abs. 1 und 2 bei Herstellungskosten für Einbauten von Anlagen und Einrichtungen im Sinne von dessen Absatz 1 Nr. 1 bis 5 anzuwenden, die nach dem 30. Juni 1985 und vor dem 1. Januar 1992 fertig gestellt worden sind,
2. § 82a Abs. 3 Satz 1 ab dem Veranlagungszeitraum 1987 bei Erhaltungsaufwand für Arbeiten anzuwenden, die vor dem 1. Januar 1992 abgeschlossen worden sind,
3. § 82a Abs. 3 Satz 2 ab dem Veranlagungszeitraum 1987 bei Aufwendungen für Einzelöfen anzuwenden, die vor dem 1. Januar 1992 angeschafft worden sind,
4. § 82a Abs. 3 Satz 1 in der Fassung der Bekanntmachung vom 24. Juli 1986 für Veranlagungszeiträume vor 1987 bei Erhaltungsaufwand für Arbeiten anzuwenden, die nach dem 30. Juni 1985 abgeschlossen worden sind,
5. § 82a Abs. 3 Satz 2 in der Fassung der Bekanntmachung vom 24. Juli 1986 für Veranlagungszeiträume vor 1987 bei Aufwendungen für Einzelöfen anzuwenden, die nach dem 30. Juni 1985 angeschafft worden sind,
6. § 82a bei Aufwendungen für vor dem 1. Juli 1985 fertig gestellte Anlagen und Einrichtungen in den vor diesem Zeitpunkt geltenden Fassungen weiter anzuwenden.

(4a) [1]§ 82b der Einkommensteuer-Durchführungsverordnung 1997 in der Fassung der Bekanntmachung vom 18. Juni 1997 (BGBl I S. 1558) ist letztmals auf Erhaltungsaufwand anzuwenden, der vor dem 1. Januar 1999 entstanden ist. [2]§ 82b in der Fassung des Artikels 10 des Gesetzes vom 29. Dezember 2003 (BGBl I S. 3076) ist erstmals auf Erhaltungsaufwand anzuwenden, der nach dem 31. Dezember 2003 entstanden ist.

(4b) § 82d der Einkommensteuer-Durchführungsverordnung 1986 ist auf Wirtschaftsgüter sowie auf ausgebaute und neu hergestellte Gebäudeteile anzuwenden, die im Geltungsbereich dieser Verordnung ausschließlich des in Artikel 3 des Einigungsvertrages genannten Gebiets nach dem 18. Mai 1983 und vor dem 1. Januar 1990 hergestellt oder angeschafft worden sind.

(5) § 82f Abs. 5 und 7 Satz 1 der Einkommensteuer-Durchführungsverordnung 1979 in der Fassung der Bekanntmachung vom 24. September 1980 (BGBl I S. 1801) ist letztmals für das Wirtschaftsjahr anzuwenden, das dem Wirtschaftsjahr vorangeht, für das § 15a des Gesetzes erstmals anzuwenden ist.

(6) [1]§ 82g ist auf Maßnahmen anzuwenden, die nach dem 30. Juni 1987 und vor dem 1. Januar 1991 in dem Geltungsbereich dieser Verordnung ausschließlich des in Artikel 3 des Einigungsvertrages genannten Gebiets abgeschlossen worden sind. [2]Auf Maßnahmen, die vor dem 1. Juli 1987 in dem Geltungsbereich dieser Verordnung ausschließlich des in Artikel 3 des Einigungsvertrages genannten Gebiets abgeschlossen worden sind, ist § 82g in der vor diesem Zeitpunkt geltenden Fassung weiter anzuwenden.

(7) [1]§ 82h in der durch die Verordnung vom 19. Dezember 1988 (BGBl I S. 2301) geänderten Fassung ist erstmals auf Maßnahmen, die nach dem 30. Juni 1987 in dem Geltungsbereich dieser Verordnung ausschließlich des in Artikel 3 des Einigungsvertrages genannten Gebiets abgeschlossen worden sind, und letztmals auf Erhaltungsaufwand, der vor dem 1. Januar 1990 in dem Geltungsbereich dieser Verordnung ausschließlich des in Artikel 3 des Einigungsvertrages genannten Gebiets entstanden ist, mit der Maßgabe anzuwenden, dass der noch nicht berücksichtigte Teil des Erhaltungsaufwands in dem Jahr, in dem das Gebäude letztmals zur Einkunftserzielung genutzt wird, als Betriebsausgaben oder Werbungskosten abzusetzen ist. [2]Auf Maßnahmen, die vor dem 1. Juli 1987 in dem Geltungsbereich dieser Verordnung ausschließlich des in Artikel 3 des Einigungsvertrages genannten Gebiets abgeschlossen worden sind, ist § 82h in der vor diesem Zeitpunkt geltenden Fassung weiter anzuwenden.

 EStDV

(8) § 82i ist auf Herstellungskosten für Baumaßnahmen anzuwenden, die nach dem 31. Dezember 1977 und vor dem 1. Januar 1991 in dem Geltungsbereich dieser Verordnung ausschließlich des in Artikel 3 des Einigungsvertrages genannten Gebiets abgeschlossen worden sind.

(9) § 82k der Einkommensteuer-Durchführungsverordnung 1986 ist auf Erhaltungsaufwand, der vor dem 1. Januar 1990 in dem Geltungsbereich dieser Verordnung ausschließlich des in Artikel 3 des Einigungsvertrages genannten Gebiets entstanden ist, mit der Maßgabe anzuwenden, dass der noch nicht berücksichtigte Teil des Erhaltungsaufwands in dem Jahr, in dem das Gebäude letztmals zur Einkunftserzielung genutzt wird, als Betriebsausgaben oder Werbungskosten abzusetzen ist.

(10) [1]In Anlage 3 (zu § 80 Abs. 1) ist die Nummer 26 erstmals für das Wirtschaftsjahr anzuwenden, das nach dem 31. Dezember 1990 beginnt. [2]Für Wirtschaftsjahre, die vor dem 1. Januar 1991 beginnen, ist die Nummer 26 in Anlage 3 in der vor diesem Zeitpunkt geltenden Fassung anzuwenden.

§ 85 (gegenstandslos)

Anlagen 1 bis 4[1] (weggefallen)

Anlage 5 (zu § 81 Abs. 3 Nr. 1)

Verzeichnis der Wirtschaftsgüter des Anlagevermögens über Tage im Sinne des § 81 Abs. 3 Nr. 1

Die Bewertungsfreiheit des § 81 kann im Tiefbaubetrieb des Steinkohlen-, Pechkohlen-, Braunkohlen- und Erzbergbaues für die Wirtschaftsgüter des Anlagevermögens über Tage in Anspruch genommen werden, die zu den folgenden, mit dem Grubenbetrieb unter Tage in unmittelbarem Zusammenhang stehenden, der Förderung, Seilfahrt, Was-

1) **Anm. d. Red.:** Anlage 1 weggefallen gem. Art. 2 Nr. 3 Gesetz zur weiteren Stärkung des bürgerschaftlichen Engagements v. 10. 10. 2007 (BGBl I 2332).

serhaltung und Wetterführung sowie der Aufbereitung des Minerals dienenden Anlagen und Einrichtungen gehören:

1. Förderanlagen und -einrichtungen einschließlich Schachthalle, Hängebank, Wagenumlauf und Verladeeinrichtungen sowie Anlagen der Berge- und Grubenholzwirtschaft,
2. Anlagen und Einrichtungen der Wetterwirtschaft und Wasserhaltung,
3. Waschkauen sowie Einrichtungen der Grubenlampenwirtschaft, des Grubenrettungswesens und der Ersten Hilfe,
4. Sieberei, Wäsche und sonstige Aufbereitungsanlagen; im Erzbergbau alle der Aufbereitung dienenden Anlagen sowie die Anlagen zum Rösten von Eisenerzen, wenn die Anlagen nicht zu einem Hüttenbetrieb gehören.

Anlage 6 (zu § 81 Abs. 3 Nr. 2)

Verzeichnis der Wirtschaftsgüter des beweglichen Anlagevermögens im Sinne des § 81 Abs. 3 Nr. 2

Die Bewertungsfreiheit des § 81 kann im Tagebaubetrieb des Braunkohlen- und Erzbergbaues für die folgenden Wirtschaftsgüter des beweglichen Anlagevermögens in Anspruch genommen werden:

1. Grubenaufschluss,
2. Entwässerungsanlagen,
3. Großgeräte, die der Lösung, Bewegung und Verkippung der Abraummassen sowie der Förderung und Bewegung des Minerals dienen, soweit sie wegen ihrer besonderen, die Ablagerungs- und Größenverhältnisse des Tagebaubetriebs berücksichtigenden Konstruktion nur für diesen Tagebaubetrieb oder anschließend für andere begünstigte Tagebaubetriebe verwendet werden; hierzu gehören auch Spezialabraum- und -kohlenwagen einschließlich der dafür erforderlichen Lokomotiven sowie Transportbandanlagen mit den Auf- und Übergaben und den dazugehörigen Bunkereinrichtungen mit Ausnahme der Rohkohlenbunker in Kraftwerken, Brikettfabriken oder Versandanlagen, wenn die Wirtschaftsgüter die Voraussetzungen des ersten Halbsatzes erfüllen,
4. Einrichtungen des Grubenrettungswesens und der Ersten Hilfe,
5. Wirtschaftsgüter, die zu den Aufbereitungsanlagen im Erzbergbau gehören, wenn die Aufbereitungsanlagen nicht zu einem Hüttenbetrieb gehören.

Lohnsteuer-Durchführungsverordnung (LStDV)

v. 10. 10. 1989 (BGBl I S. 1849) mit späteren Änderungen

Die amtliche Neufassung der LStDV v. 10. 10. 1989 (BGBl I 1849) wurde inzwischen geändert durch Art. 2 StÄndG 1992 v. 25. 2. 1992 (BGBl I 297); Art. 11 Jahressteuergesetz 1996 (JStG 1996) v. 11. 10. 1995 (BGBl I 1250, 1387, ber. 1996 I 714); Art. 3 Steuerentlastungsgesetz 1999/2000/2002 v. 24. 3. 1999 (BGBl I 402, 483); Art. 3 Steuerbereinigungsgesetz 1999 (StBereinG 1999) v. 22. 12. 1999 (BGBl I 2601); Art. 3 Steuer-Euroglättungsgesetz (StEuglG) v. 19. 12. 2000 (BGBl I 1790); Art. 3 Steueränderungsgesetz 2001 (StÄndG 2001) v. 20. 12. 2001 (BGBl I 3794); Art. 2 Zweites Gesetz zur Änderung steuerlicher Vorschriften (Steueränderungsgesetz 2003 – StÄndG 2003) v. 15. 12. 2003 (BGBl I 2645); Art. 3 Gesetz zur Neuordnung der einkommensteuerrechtlichen Behandlung von Altersvorsorgeaufwendungen und Altersbezügen (Alterseinkünftegesetz – AltEinkG) v. 5. 7. 2004 (BGBl I 1427); Art. 2 Jahressteuergesetz 2007 (JStG 2007) v. 13. 12. 2006 (BGBl I 2878). — **Zur Anwendung siehe § 8.**

Nichtamtliche Fassung

LStDV

§ 1 Arbeitnehmer, Arbeitgeber

(1) [1]Arbeitnehmer sind Personen, die in öffentlichem oder privatem Dienst angestellt oder beschäftigt sind oder waren und die aus diesem Dienstverhältnis oder einem früheren Dienstverhältnis Arbeitslohn beziehen. [2]Arbeitnehmer sind auch die Rechtsnachfolger dieser Personen, soweit sie Arbeitslohn aus dem früheren Dienstverhältnis ihres Rechtsvorgängers beziehen.

(2) [1]Ein Dienstverhältnis (Absatz 1) liegt vor, wenn der Angestellte (Beschäftigte) dem Arbeitgeber (öffentliche Körperschaft, Unternehmer, Haushaltsvorstand) seine Arbeitskraft schuldet. [2]Dies ist der Fall, wenn die tätige Person in der Betätigung ihres geschäftlichen Willens unter der Leitung des Arbeitgebers steht oder im geschäftlichen Organismus des Arbeitgebers dessen Weisungen zu folgen verpflichtet ist.

(3) Arbeitnehmer ist nicht, wer Lieferungen und sonstige Leistungen innerhalb der von ihm selbständig ausgeübten gewerblichen oder beruflichen Tätigkeit im Inland gegen Entgelt ausführt, soweit es sich um die Entgelte für diese Lieferungen und sonstigen Leistungen handelt.

§ 2[1)] Arbeitslohn

(1) [1]Arbeitslohn sind alle Einnahmen, die dem Arbeitnehmer aus dem Dienstverhältnis zufließen. [2]Es ist unerheblich, unter welcher Bezeichnung oder in welcher Form die Einnahmen gewährt werden.

(2) Zum Arbeitslohn gehören auch

1. Einnahmen im Hinblick auf ein künftiges Dienstverhältnis;
2. Einnahmen aus einem früheren Dienstverhältnis, unabhängig davon, ob sie dem zunächst Bezugsberechtigten oder seinem Rechtsnachfolger zufließen. [2]Bezüge, die ganz oder teilweise auf früheren Beitragsleistungen des Bezugsberechtigten oder seines Rechtsvorgängers beruhen, gehören nicht zum Arbeitslohn, es sei denn, dass die Beitragsleistungen Werbungskosten gewesen sind;
3. Ausgaben, die ein Arbeitgeber leistet, um einen Arbeitnehmer oder diesem nahe stehende Personen für den Fall der Krankheit, des Unfalls, der Invalidität, des Alters oder des Todes abzusichern (Zukunftssicherung). [2]Voraussetzung ist, dass der Arbeitnehmer der Zukunftssicherung ausdrücklich oder stillschweigend zustimmt. [3]Ist bei einer Zukunftssicherung für mehrere Arbeitnehmer oder diesen nahe stehende Personen in Form einer Gruppenversicherung oder Pauschalversicherung der für den einzelnen Arbeitnehmer geleistete Teil der Ausgaben nicht in anderer Weise zu ermitteln, so sind die Ausgaben nach der Zahl der gesicherten Arbeitnehmer auf diese aufzuteilen. [4]Nicht zum Arbeitslohn gehören Ausgaben, die nur dazu dienen, dem

1) **Anm. d. Red.:** § 2 Abs. 2 Nr. 3 i. d. F. des Art. 3 Nr. 1 StBereinG 1999 v. 22. 12. 1999 (BGBl I 2601).

Arbeitgeber die Mittel zur Leistung einer dem Arbeitnehmer zugesagten Versorgung zu verschaffen;

4. Entschädigungen, die dem Arbeitnehmer oder seinem Rechtsnachfolger als Ersatz für entgangenen oder entgehenden Arbeitslohn oder für die Aufgabe oder Nichtausübung einer Tätigkeit gewährt werden;
5. besondere Zuwendungen, die auf Grund des Dienstverhältnisses oder eines früheren Dienstverhältnisses gewährt werden, zum Beispiel Zuschüsse im Krankheitsfall;
6. besondere Entlohnungen für Dienste, die über die regelmäßige Arbeitszeit hinaus geleistet werden, wie Entlohnung für Überstunden, Überschichten, Sonntagsarbeit;
7. Lohnzuschläge, die wegen der Besonderheit der Arbeit gewährt werden;
8. Entschädigungen für Nebenämter und Nebenbeschäftigungen im Rahmen eines Dienstverhältnisses.

§ 3[1] (weggefallen)

§ 4[2] Lohnkonto

(1) Der Arbeitgeber hat im Lohnkonto des Arbeitnehmers Folgendes aufzuzeichnen:

1. den Vornamen, den Familiennamen, den Geburtstag, den Wohnort, die Wohnung, den amtlichen Gemeindeschlüssel der Gemeinde, die die Lohnsteuerkarte ausgestellt hat, das Finanzamt, in dessen Bezirk die Lohnsteuerkarte oder die entsprechende Bescheinigung ausgestellt worden ist, sowie die auf der Lohnsteuerkarte oder in einer entsprechenden Bescheinigung eingetragenen allgemeinen Besteuerungsmerkmale und in den Fällen des § 41 Abs. 1 Satz 4 des Einkommensteuergesetzes den Großbuchstaben B. [2]Ändern sich im Laufe des Jahres die auf der Lohnsteuerkarte oder in einer entsprechenden Bescheinigung eingetragenen allgemeinen Besteuerungsmerkmale, so ist auch der Zeitpunkt anzugeben, von dem an die Änderung gilt;
2. den Jahresfreibetrag oder den Jahreshinzurechnungsbetrag sowie den Monatsbetrag, Wochenbetrag oder Tagesbetrag, der auf der Lohnsteuerkarte oder in einer entsprechenden Bescheinigung eingetragen ist, und den Zeitraum, für den die Eintragung gilt;
3. bei einem Arbeitnehmer, der dem Arbeitgeber eine Bescheinigung nach § 39b Abs. 6 des Einkommensteuergesetzes (Freistellungsbescheinigung) vorgelegt hat, einen Hinweis darauf, dass eine Bescheinigung vorliegt, den Zeitraum, für den die Lohnsteuerbefreiung gilt, das Finanzamt, das die Bescheinigung ausgestellt hat, und den Tag der Ausstellung;
4. in den Fällen des § 19 Abs. 2 des Einkommensteuergesetzes die für die zutreffende Berechnung des Versorgungsfreibetrags und des Zuschlags zum Versorgungsfreibetrag erforderlichen Angaben.

(2) Bei jeder Lohnabrechnung ist im Lohnkonto Folgendes aufzuzeichnen:

1. der Tag der Lohnzahlung und der Lohnzahlungszeitraum;
2. in den Fällen des § 41 Abs. 1 Satz 6 des Einkommensteuergesetzes jeweils der Großbuchstabe U;
3. der Arbeitslohn, getrennt nach Barlohn und Sachbezügen, und die davon einbehaltene Lohnsteuer. [2]Dabei sind die Sachbezüge einzeln zu bezeichnen und – unter An-

1) **Anm. d. Red.:** § 3 weggefallen gem. Art. 3 Nr. 1 Steuerentlastungsgesetz 1999/2000/2002 v. 24. 3. 1999 (BGBl I 402).

2) **Anm. d. Red.:** § 4 Abs. 1 Nr. 1 und Abs. 2 Nr. 4 i. d. F., Abs. 4 angefügt gem. Art. 2 Nr. 1 StÄndG 2003 v. 15. 12. 2003 (BGBl I 2645); Abs. 1 Nr. 2 i. d. F. des Art. 3 Nr. 2 StBereinG 1999 v. 22. 12. 1999 (BGBl I 2601), Nr. 4 angefügt gem. Art. 3 Nr. 1 AltEinkG v. 5. 7. 2004 (BGBl I 1427); Abs. 2 Nr. 6 i. d. F., Nr. 7 weggefallen gem. Art. 3 Nr. 2 Steuerentlastungsgesetz 1999/2000/2002 v. 24. 3. 1999 (BGBl I 402), Nr. 8 i. d. F. des Art. 2 Nr. 1 StÄndG 1992 v. 25. 2. 1992 (BGBl I 297); Abs. 3 i. d. F. des Art. 11 JStG 1996 v. 11. 10. 1995 (BGBl I 1250).

gabe des Abgabetags oder bei laufenden Sachbezügen des Abgabezeitraums, des Abgabeorts und des Entgelts – mit dem nach § 8 Abs. 2 oder 3 des Einkommensteuergesetzes maßgebenden und um das Entgelt geminderten Wert zu erfassen. [3]Sachbezüge im Sinne des § 8 Abs. 3 des Einkommensteuergesetzes und Versorgungsbezüge sind jeweils als solche kenntlich zu machen und ohne Kürzung um Freibeträge nach § 8 Abs. 3 oder § 19 Abs. 2 des Einkommensteuergesetzes einzutragen. [4]Trägt der Arbeitgeber im Falle der Nettolohnzahlung die auf den Arbeitslohn entfallende Steuer selbst, ist in jedem Fall der Bruttoarbeitslohn einzutragen, die nach den Nummern 4 bis 8 gesondert aufzuzeichnenden Beträge sind nicht mitzuzählen;

4. steuerfreie Bezüge mit Ausnahme der Vorteile im Sinne des § 3 Nr. 45 des Einkommensteuergesetzes und der Trinkgelder. [2]Das Betriebsstättenfinanzamt kann zulassen, dass auch andere nach § 3 des Einkommensteuergesetzes steuerfreie Bezüge nicht angegeben werden, wenn es sich um Fälle von geringer Bedeutung handelt oder wenn die Möglichkeit zur Nachprüfung in anderer Weise sichergestellt ist;

5. Bezüge, die nach einem Abkommen zur Vermeidung der Doppelbesteuerung oder unter Progressionsvorbehalt nach § 34c Abs. 5 des Einkommensteuergesetzes von der Lohnsteuer freigestellt sind;

6. außerordentliche Einkünfte im Sinne des § 34 Abs. 1 und 2 Nr. 2 und 4 des Einkommensteuergesetzes und die davon nach § 39b Abs. 3 Satz 9 des Einkommensteuergesetzes einbehaltene Lohnsteuer;

7. (weggefallen);

8. Bezüge, die nach den §§ 40 bis 40b des Einkommensteuergesetzes pauschal besteuert worden sind, und die darauf entfallende Lohnsteuer. [2]Lassen sich in den Fällen des § 40 Abs. 1 Nr. 2 und Abs. 2 des Einkommensteuergesetzes die auf den einzelnen Arbeitnehmer entfallenden Beträge nicht ohne weiteres ermitteln, so sind sie in einem Sammelkonto anzuschreiben. [3]Das Sammelkonto muss die folgenden Angaben enthalten: Tag der Zahlung, Zahl der bedachten Arbeitnehmer, Summe der insgesamt gezahlten Bezüge, Höhe der Lohnsteuer sowie Hinweise auf die als Belege zum Sammelkonto aufzubewahrenden Unterlagen, insbesondere Zahlungsnachweise, Bestätigung des Finanzamts über die Zulassung der Lohnsteuerpauschalierung. [4]In den Fällen des § 40a des Einkommensteuergesetzes genügt es, wenn der Arbeitgeber Aufzeichnungen führt, aus denen sich für die einzelnen Arbeitnehmer Name und Anschrift, Dauer der Beschäftigung, Tag der Zahlung, Höhe des Arbeitslohns und in den Fällen des § 40a Abs. 3 des Einkommensteuergesetzes auch die Art der Beschäftigung ergeben. [5]Sind in den Fällen der Sätze 3 und 4 Bezüge nicht mit dem ermäßigten Kirchensteuersatz besteuert worden, so ist zusätzlich der fehlende Kirchensteuerabzug aufzuzeichnen und auf die als Beleg aufzubewahrende Unterlage hinzuweisen, aus der hervorgeht, dass der Arbeitnehmer keiner Religionsgemeinschaft angehört, für die die Kirchensteuer von den Finanzbehörden erhoben wird.

(3) [1]Die Oberfinanzdirektion kann bei Arbeitgebern, die für die Lohnabrechnung ein maschinelles Verfahren anwenden, Ausnahmen von den Vorschriften der Absätze 1 und 2 zulassen, wenn die Möglichkeit zur Nachprüfung in anderer Weise sichergestellt ist. [2]Das Betriebsstättenfinanzamt soll zulassen, dass Sachbezüge im Sinne des § 8 Abs. 2 Satz 9 und Abs. 3 des Einkommensteuergesetzes für solche Arbeitnehmer nicht aufzuzeichnen sind, für die durch betriebliche Regelungen und entsprechende Überwachungsmaßnahmen gewährleistet ist, dass die in § 8 Abs. 2 Satz 9 oder Abs. 3 des Einkommensteuergesetzes genannten Beträge nicht überschritten werden.

(4) [1]In den Fällen des § 38 Abs. 3a des Einkommensteuergesetzes ist ein Lohnkonto vom Dritten zu führen. [2]In den Fällen des § 38 Abs. 3a Satz 2 ist der Arbeitgeber anzugeben und auch der Arbeitslohn einzutragen, der nicht vom Dritten, sondern vom Arbeitgeber selbst gezahlt wird. [3]In den Fällen des § 38 Abs. 3a Satz 7 ist der Arbeitslohn für jedes Dienstverhältnis gesondert aufzuzeichnen.

LStDV

§ 5[1)] Besondere Aufzeichnungs- und Mitteilungspflichten im Rahmen der betrieblichen Altersversorgung

(1) Der Arbeitgeber hat bei Durchführung einer kapitalgedeckten betrieblichen Altersversorgung über einen Pensionsfonds, eine Pensionskasse oder eine Direktversicherung ergänzend zu den in § 4 Abs. 2 Nr. 4 und 8 angeführten Aufzeichnungspflichten gesondert je Versorgungszusage und Arbeitnehmer Folgendes aufzuzeichnen:

1. bei Inanspruchnahme der Steuerbefreiung nach § 3 Nr. 63 Satz 3 des Einkommensteuergesetzes den Zeitpunkt der Erteilung, den Zeitpunkt der Übertragung nach dem „Abkommen zur Übertragung von Direktversicherungen oder Versicherungen in eine Pensionskasse bei Arbeitgeberwechsel" oder nach vergleichbaren Regelungen zur Übertragung von Versicherungen in Pensionskassen oder Pensionsfonds, bei der Änderung einer vor dem 1. Januar 2005 erteilten Versorgungszusage alle Änderungen der Zusage nach dem 31. Dezember 2004;
2. bei Anwendung des § 40b des Einkommensteuergesetzes in der am 31. Dezember 2004 geltenden Fassung den Inhalt der am 31. Dezember 2004 bestehenden Versorgungszusagen, sowie im Fall des § 52 Abs. 6 Satz 1 des Einkommensteuergesetzes die erforderliche Verzichtserklärung und bei der Übernahme einer Versorgungszusage nach § 4 Abs. 2 Nr. 1 des Betriebsrentengesetzes vom 19. Dezember 1974 (BGBl I S. 3610), das zuletzt durch Artikel 2 des Gesetzes vom 29. August 2005 (BGBl I S. 2546) geändert worden ist, in der jeweils geltenden Fassung oder bei einer Übertragung nach dem „Abkommen zur Übertragung von Direktversicherungen oder Versicherungen in eine Pensionskasse bei Arbeitgeberwechsel" oder nach vergleichbaren Regelungen zur Übertragung von Versicherungen in Pensionskassen oder Pensionsfonds im Falle einer vor dem 1. Januar 2005 erteilten Versorgungszusage zusätzlich die Erklärung des ehemaligen Arbeitgebers, dass diese Versorgungszusage vor dem 1. Januar 2005 erteilt und dass diese bis zur Übernahme nicht als Versorgungszusage im Sinne des § 3 Nr. 63 Satz 3 des Einkommensteuergesetzes behandelt wurde.

(2) [1]Der Arbeitgeber hat der Versorgungseinrichtung (Pensionsfonds, Pensionskasse, Direktversicherung), die für ihn die betriebliche Altersversorgung durchführt, spätestens zwei Monate nach Ablauf des Kalenderjahres oder nach Beendigung des Dienstverhältnisses im Laufe des Kalenderjahres gesondert je Versorgungszusage die für den einzelnen Arbeitnehmer geleisteten und

1. nach § 3 Nr. 56 und 63 des Einkommensteuergesetzes steuerfrei belassenen,
2. nach § 40b des Einkommensteuergesetzes in der am 31. Dezember 2004 geltenden Fassung pauschal besteuerten oder
3. individuell besteuerten

Beiträge mitzuteilen. [2]Ferner hat der Arbeitgeber oder die Unterstützungskasse die nach § 3 Nr. 66 des Einkommensteuergesetzes steuerfrei belassenen Leistungen mitzuteilen. [3]Die Mitteilungspflicht des Arbeitgebers oder der Unterstützungskasse kann durch einen Auftragnehmer wahrgenommen werden.

(3) [1]Eine Mitteilung nach Absatz 2 kann unterbleiben, wenn die Versorgungseinrichtung die steuerliche Behandlung der für den einzelnen Arbeitnehmer im Kalenderjahr geleisteten Beiträge bereits kennt oder aus den bei ihr vorhandenen Daten feststellen kann, und dieser Umstand dem Arbeitgeber mitgeteilt worden ist. [2]Unterbleibt die Mitteilung des Arbeitgebers, ohne dass ihm eine entsprechende Mitteilung der Versorgungseinrichtung vorliegt, so hat die Versorgungseinrichtung davon auszugehen, dass es sich insgesamt bis zu den in § 3 Nr. 56 oder 63 des Einkommensteuergesetzes genannten Höchstbeträgen um steuerbegünstigte Beiträge handelt, die in der Auszahlungsphase als Leistungen im Sinne von § 22 Nr. 5 Satz 1 des Einkommensteuergesetzes zu besteuern sind.

1) **Anm. d. Red.:** § 5 eingefügt gem. Art. 2 Nr. 1 JStG 2007 v. 13. 12. 2006 (BGBl I 2878).

§§ 6 und 7[1] (weggefallen)

§ 8[2] Anwendungszeitraum

(1) Die Vorschriften dieser Verordnung in der Fassung des Artikels 2 des Gesetzes vom 13. Dezember 2006 (BGBl I S. 2878) sind erstmals anzuwenden auf laufenden Arbeitslohn, der für einen nach dem 31. Dezember 2006 endenden Lohnzahlungszeitraum gezahlt wird, und auf sonstige Bezüge, die nach dem 31. Dezember 2006 zufließen.

(2) [1]§ 6 Abs. 3 und 4 sowie § 7 in der am 31. Dezember 2001 geltenden Fassung sind weiter anzuwenden im Falle einer schädlichen Verfügung vor dem 1. Januar 2002. [2]Die Nachversteuerung nach § 7 Abs. 1 Satz 1 unterbleibt, wenn der nachzufordernde Betrag 10 Euro nicht übersteigt.

§ 9[3] (weggefallen)

LStDV

1) **Anm. d. Red.:** §§ 6 und 7 weggefallen gem. Art. 3 Nr. 2 StÄndG 2001 v. 20. 12. 2001 (BGBl I 3794).

2) **Anm. d. Red.:** § 8 i. d. F. des Art. 2 Nr. 2 JStG 2007 v. 13. 12. 2006 (BGBl I 2878).

3) **Anm. d. Red.:** § 9 weggefallen gem. Art. 2 Nr. 2 StÄndG 1992 v. 25. 2. 1992 (BGBl I 297).

Verordnung über die sozialversicherungsrechtliche Beurteilung von Zuwendungen des Arbeitgebers als Arbeitsentgelt (Sozialversicherungsentgeltverordnung – SvEV)

v. 21. 12. 2006 (BGBl I S. 3385) mit späteren Änderungen

Die SvEV ist als Art. 1 Verordnung zur Neuordnung der Regelungen über die sozialversicherungsrechtliche Beurteilung von Zuwendungen des Arbeitgebers als Arbeitsentgelt v. 21. 12. 2006 (BGBl I 3385) verkündet worden und am 1. 1. 2007 in Kraft getreten. — Die hier wiedergegebene (nichtamtliche) Fassung berücksichtigt die Änderungen der SvEV durch Art. 2 Verordnung zur Neuordnung der Regelungen über die sozialversicherungsrechtliche Beurteilung von Zuwendungen des Arbeitgebers als Arbeitsentgelt v. 21. 12. 2006 (BGBl I 3385); Art. 2 Gesetz zur Förderung der zusätzlichen Altersvorsorge und zur Änderung des Dritten Buches Sozialgesetzbuch v. 10. 12. 2007 (BGBl I 2838); Art. 19a Gesetz zur Änderung des Vierten Buches Sozialgesetzbuch und anderer Gesetze v. 19. 12. 2007 (BGBl I 3024); Art. 1 Erste Verordnung zur Änderung der Sozialversicherungsentgeltverordnung v. 18. 11. 2008 (BGBl I 2220); Art. 9i Gesetz zur Änderung des Vierten Buches Sozialgesetzbuch, zur Errichtung einer Versorgungsausgleichskasse und anderer Gesetze v. 15. 7. 2009 (BGBl I 1939); Art. 1 Zweite Verordnung zur Änderung der Sozialversicherungsentgeltverordnung v. 19. 10. 2009 (BGBl I 3667).

SvEV

Nichtamtliche Fassung

§ 1[1)] Dem sozialversicherungspflichtigen Arbeitsentgelt nicht zuzurechnende Zuwendungen

(1) [1]Dem Arbeitsentgelt sind nicht zuzurechnen:

1. einmalige Einnahmen, laufende Zulagen, Zuschläge, Zuschüsse sowie ähnliche Einnahmen, die zusätzlich zu Löhnen oder Gehältern gewährt werden, soweit sie lohnsteuerfrei sind; dies gilt nicht für Sonntags-, Feiertags- und Nachtarbeitszuschläge, soweit das Entgelt, auf dem sie berechnet werden, mehr als 25 Euro für jede Stunde beträgt,
2. sonstige Bezüge nach § 40 Abs. 1 Satz 1 Nr. 1 des Einkommensteuergesetzes, die nicht einmalig gezahltes Arbeitsentgelt nach § 23a des Vierten Buches Sozialgesetzbuch sind,
3. Einnahmen nach § 40 Abs. 2 des Einkommensteuergesetzes,
4. Beiträge nach § 40b des Einkommensteuergesetzes in der am 31. Dezember 2004 geltenden Fassung, die zusätzlich zu Löhnen und Gehältern gewährt werden; dies gilt auch für darin enthaltene Beiträge, die aus einer Entgeltumwandlung (§ 1 Abs. 2 Nr. 3 des Betriebsrentengesetzes) stammen,

4a. Zuwendungen nach § 3 Nr. 56 und § 40b des Einkommensteuergesetzes, die zusätzlich zu Löhnen und Gehältern gewährt werden und für die Satz 3 und 4 nichts Abweichendes bestimmen,

5. Beträge nach § 10 des Entgeltfortzahlungsgesetzes,
6. Zuschüsse zum Mutterschaftsgeld nach § 14 des Mutterschutzgesetzes,
7. in den Fällen des § 3 Abs. 3 der vom Arbeitgeber insoweit übernommene Teil des Gesamtsozialversicherungsbeitrags,
8. Zuschüsse des Arbeitgebers zum Kurzarbeitergeld und Saison-Kurzarbeitergeld, soweit sie zusammen mit dem Kurzarbeitergeld 80 Prozent des Unterschiedsbetrages zwischen dem Sollentgelt und dem Ist-Entgelt nach § 179 des Dritten Buches Sozialgesetzbuch nicht übersteigen,

1) **Anm. d. Red.:** § 1 Abs. 1 i. d. F. des Art. 9i Gesetz zur Änderung des Vierten Buches Sozialgesetzbuch, zur Errichtung einer Versorgungsausgleichskasse und anderer Gesetze v. 15. 7. 2009 (BGBl I 1939).

9. steuerfreie Zuwendungen an Pensionskassen, Pensionsfonds oder Direktversicherungen nach § 3 Nr. 63 Satz 1 und 2 des Einkommensteuergesetzes im Kalenderjahr bis zur Höhe von insgesamt 4 Prozent der Beitragsbemessungsgrenze in der allgemeinen Rentenversicherung; dies gilt auch für darin enthaltene Beträge, die aus einer Entgeltumwandlung (§ 1 Abs. 2 Nr. 3 des Betriebsrentengesetzes) stammen,
10. Leistungen eines Arbeitgebers oder einer Unterstützungskasse an einen Pensionsfonds zur Übernahme bestehender Versorgungsverpflichtungen oder Versorgungsanwartschaften durch den Pensionsfonds, soweit diese nach § 3 Nr. 66 des Einkommensteuergesetzes steuerfrei sind,
11. steuerlich nicht belastete Zuwendungen des Beschäftigten zugunsten von durch Naturkatastrophen im Inland Geschädigten aus Arbeitsentgelt einschließlich Wertguthaben,
12. Sanierungsgelder der Arbeitgeber zur Deckung eines finanziellen Fehlbetrages an die Einrichtungen, für die Satz 3 gilt,
13. Sachprämien nach § 37a des Einkommensteuergesetzes,
14. Zuwendungen nach § 37b Abs. 1 des Einkommensteuergesetzes, soweit die Zuwendungen an Arbeitnehmer eines Dritten erbracht werden und diese Arbeitnehmer nicht Arbeitnehmer eines mit dem Zuwendenden verbundenen Unternehmens sind,
15. vom Arbeitgeber getragene oder übernommene Studiengebühren für ein Studium des Beschäftigten, soweit sie steuerrechtlich kein Arbeitslohn sind.

[2]Die in Satz 1 Nr. 2 bis 4 genannten Einnahmen, Beiträge und Zuwendungen sind nicht dem Arbeitsentgelt zuzurechnen, soweit der Arbeitgeber die Lohnsteuer mit einem Pauschsteuersatz erheben kann und er die Lohnsteuer nicht nach den Vorschriften des § 39b, § 39c oder § 39d des Einkommensteuergesetzes erhebt. [3]Die Summe der in Satz 1 Nr. 4a genannten Zuwendungen nach § 3 Nr. 56 und § 40b des Einkommensteuergesetzes, höchstens jedoch monatlich 100 Euro, sind bis zur Höhe von 2,5 Prozent des für ihre Bemessung maßgebenden Entgelts dem Arbeitsentgelt zuzurechnen, wenn die Versorgungsregelung mindestens bis zum 31. Dezember 2000 vor der Anwendung etwaiger Nettobegrenzungsregelungen eine allgemein erreichbare Gesamtversorgung von mindestens 75 Prozent des gesamtversorgungsfähigen Entgelts und nach dem Eintritt des Versorgungsfalles eine Anpassung nach Maßgabe der Entwicklung der Arbeitsentgelte im Bereich der entsprechenden Versorgungsregelung oder gesetzlicher Versorgungsbezüge vorsieht; die dem Arbeitsentgelt zuzurechnenden Beiträge und Zuwendungen vermindern sich um monatlich 13,30 Euro. [4]Satz 3 gilt mit der Maßgabe, dass die Zuwendungen nach § 3 Nr. 56 und § 40b des Einkommensteuergesetzes dem Arbeitsentgelt insoweit zugerechnet werden, als sie in der Summe monatlich 100 Euro übersteigen.

(2) In der gesetzlichen Unfallversicherung und in der Seefahrt sind auch lohnsteuerfreie Zuschläge für Sonntags-, Feiertags- und Nachtarbeit dem Arbeitsentgelt zuzurechnen; dies gilt in der Unfallversicherung nicht für Erwerbseinkommen, das bei einer Hinterbliebenenrente zu berücksichtigen ist.

§ 2[1)] Verpflegung, Unterkunft und Wohnung als Sachbezug

(1) [1]Der Wert der als Sachbezug zur Verfügung gestellten Verpflegung wird auf monatlich 215 Euro festgesetzt. [2]Dieser Wert setzt sich zusammen aus dem Wert für

1. Frühstück von 47 Euro,
2. Mittagessen von 84 Euro und
3. Abendessen von 84 Euro.

(2) [1]Für Verpflegung, die nicht nur dem Beschäftigten, sondern auch seinen nicht bei demselben Arbeitgeber beschäftigten Familienangehörigen zur Verfügung gestellt wird, erhöhen sich die nach Absatz 1 anzusetzenden Werte je Familienangehörigen,

1) **Anm. d. Red.:** § 2 Abs. 1 i. d. F. des Art. 1 Zweite Verordnung zur Änderung der Sozialversicherungsentgeltverordnung v. 19. 10. 2009 (BGBl I 3667); Abs. 3 und 4 i. d. F. des Art. 1 Nr. 2 Erste Verordnung zur Änderung der Sozialversicherungsentgeltverordnung v. 18. 11. 2008 (BGBl I 2220).

1. der das 18. Lebensjahr vollendet hat, um 100 Prozent,
2. der das 14., aber noch nicht das 18. Lebensjahr vollendet hat, um 80 Prozent,
3. der das 7., aber noch nicht das 14. Lebensjahr vollendet hat, um 40 Prozent und
4. der das 7. Lebensjahr noch nicht vollendet hat, um 30 Prozent.

[2]Bei der Berechnung des Wertes ist das Lebensalter des Familienangehörigen im ersten Entgeltabrechnungszeitraum des Kalenderjahres maßgebend. [3]Sind Ehegatten bei demselben Arbeitgeber beschäftigt, sind die Erhöhungswerte nach Satz 1 für Verpflegung der Kinder beiden Ehegatten je zur Hälfte zuzurechnen.

(3) [1]Der Wert einer als Sachbezug zur Verfügung gestellten Unterkunft wird auf monatlich 204 Euro festgesetzt. [2]Der Wert der Unterkunft nach Satz 1 vermindert sich

1. bei Aufnahme des Beschäftigten in den Haushalt des Arbeitgebers oder bei Unterbringung in einer Gemeinschaftsunterkunft um 15 Prozent,
2. für Jugendliche bis zur Vollendung des 18. Lebensjahres und Auszubildende um 15 Prozent und
3. bei der Belegung
   a) mit zwei Beschäftigten um 40 Prozent,
   b) mit drei Beschäftigten um 50 Prozent und
   c) mit mehr als drei Beschäftigten um 60 Prozent.

[3]Ist es nach Lage des einzelnen Falles unbillig, den Wert einer Unterkunft nach Satz 1 zu bestimmen, kann die Unterkunft mit dem ortsüblichen Mietpreis bewertet werden; Absatz 4 Satz 2 gilt entsprechend.

(4) [1]Für eine als Sachbezug zur Verfügung gestellte Wohnung ist als Wert der ortsübliche Mietpreis unter Berücksichtigung der sich aus der Lage der Wohnung zum Betrieb ergebenden Beeinträchtigungen anzusetzen. [2]Ist im Einzelfall die Feststellung des ortsüblichen Mietpreises mit außergewöhnlichen Schwierigkeiten verbunden, kann die Wohnung mit 3,55 Euro je Quadratmeter monatlich, bei einfacher Ausstattung (ohne Sammelheizung oder ohne Bad oder Dusche) mit 2,88 Euro je Quadratmeter monatlich bewertet werden. [3]Bestehen gesetzliche Mietpreisbeschränkungen, sind die durch diese Beschränkungen festgelegten Mietpreise als Werte anzusetzen. [4]Dies gilt auch für die vertraglichen Mietpreisbeschränkungen im sozialen Wohnungsbau, die nach den jeweiligen Förderrichtlinien des Landes für den betreffenden Förderjahrgang sowie für die mit Wohnungsfürsorgemitteln aus öffentlichen Haushalten geförderten Wohnungen vorgesehen sind. [5]Für Energie, Wasser und sonstige Nebenkosten ist der übliche Preis am Abgabeort anzusetzen.

(5) Werden Verpflegung, Unterkunft oder Wohnung verbilligt als Sachbezug zur Verfügung gestellt, ist der Unterschiedsbetrag zwischen dem vereinbarten Preis und dem Wert, der sich bei freiem Bezug nach den Absätzen 1 bis 4 ergeben würde, dem Arbeitsentgelt zuzurechnen.

(6) [1]Bei der Berechnung des Wertes für kürzere Zeiträume als einen Monat ist für jeden Tag ein Dreißigstel der Werte nach den Absätzen 1 bis 5 zugrunde zu legen. [2]Die Prozentsätze der Absätze 2 und 3 sind auf den Tageswert nach Satz 1 anzuwenden. [3]Die Berechnungen werden jeweils auf 2 Dezimalstellen durchgeführt; die zweite Dezimalstelle wird um 1 erhöht, wenn sich in der dritten Dezimalstelle eine der Zahlen 5 bis 9 ergibt.

§ 3 Sonstige Sachbezüge

(1) [1]Werden Sachbezüge, die nicht von § 2 erfasst werden, unentgeltlich zur Verfügung gestellt, ist als Wert für diese Sachbezüge der um übliche Preisnachlässe geminderte übliche Endpreis am Abgabeort anzusetzen. [2]Sind auf Grund des § 8 Abs. 2 Satz 8 des Einkommensteuergesetzes Durchschnittswerte festgesetzt worden, sind diese Werte maßgebend. [3]Findet § 8 Abs. 2 Satz 2, 3, 4 oder 5 oder Abs. 3 Satz 1 des Einkommensteuergesetzes Anwendung, sind die dort genannten Werte maßgebend. [4]§ 8 Abs. 2 Satz 9 des Einkommensteuergesetzes gilt entsprechend.

(2) Werden Sachbezüge, die nicht von § 2 erfasst werden, verbilligt zur Verfügung gestellt, ist als Wert für diese Sachbezüge der Unterschiedsbetrag zwischen dem vereinbarten Preis und dem Wert, der sich bei freiem Bezug nach Absatz 1 ergeben würde, dem Arbeitsentgelt zuzurechnen.

(3) [1]Waren und Dienstleistungen, die vom Arbeitgeber nicht überwiegend für den Bedarf seiner Arbeitnehmer hergestellt, vertrieben oder erbracht werden und die nach § 40 Abs. 1 Satz 1 Nr. 1 des Einkommensteuergesetzes pauschal versteuert werden, können mit dem Durchschnittsbetrag der pauschal versteuerten Waren und Dienstleistungen angesetzt werden; dabei kann der Durchschnittsbetrag des Vorjahres angesetzt werden. [2]Besteht das Beschäftigungsverhältnis nur während eines Teils des Kalenderjahres, ist für jeden Tag des Beschäftigungsverhältnisses der dreihundertsechzigste Teil des Durchschnittswertes nach Satz 1 anzusetzen. [3]Satz 1 gilt nur, wenn der Arbeitgeber den von dem Beschäftigten zu tragenden Teil des Gesamtsozialversicherungsbeitrags übernimmt. [4]Die Sätze 1 bis 3 gelten entsprechend für Sachzuwendungen im Wert von nicht mehr als 80 Euro, die der Arbeitnehmer für Verbesserungsvorschläge sowie für Leistungen in der Unfallverhütung und im Arbeitsschutz erhält. [5]Die mit einem Durchschnittswert angesetzten Sachbezüge, die in einem Kalenderjahr gewährt werden, sind insgesamt dem letzten Entgeltabrechnungszeitraum in diesem Kalenderjahr zuzuordnen.

§ 4[1)] (weggefallen)

1) **Anm. d. Red.:** § 4 weggefallen gem. Art. 2 Nr. 2 i. V. mit Art. 4 Abs. 2 Verordnung zur Neuordnung der Regelungen über die sozialversicherungsrechtliche Beurteilung von Zuwendungen des Arbeitgebers als Arbeitsentgelt v. 21. 12. 2006 (BGBl I 3385).

Solidaritätszuschlaggesetz (SolZG)

v. 15. 10. 2002 (BGBl I S. 4131) mit späteren Änderungen

Die amtliche Neufassung des SolZG v. 15. 10. 2002 (BGBl I 4131) wurde inzwischen geändert durch Art. 8b Zweites Gesetz für moderne Dienstleistungen am Arbeitsmarkt v. 23. 12. 2002 (BGBl I 4621); Art. 14 Jahressteuergesetz 2007 (JStG 2007) v. 13. 12. 2006 (BGBl I 2878); Art. 7 Jahressteuergesetz 2008 (JStG 2008) v. 20. 12. 2007 (BGBl I 3150); Art. 24 Jahressteuergesetz 2009 (JStG 2009) v. 19. 12. 2008 (BGBl I 2794); Art. 5 Gesetz zur Förderung von Familien und haushaltsnahen Dienstleistungen (Familienleistungsgesetz – FamLeistG) v. 22. 12. 2008 (BGBl I 2955); Art. 9 Gesetz zur Beschleunigung des Wirtschaftswachstums (Wachstumsbeschleunigungsgesetz) v. 22. 12. 2009 (BGBl I 3950). — **Zur Anwendung siehe § 6.**

Nichtamtliche Fassung

§ 1 Erhebung eines Solidaritätszuschlags

(1) Zur Einkommensteuer und zur Körperschaftsteuer wird ein Solidaritätszuschlag als Ergänzungsabgabe erhoben.

(2) Auf die Festsetzung und Erhebung des Solidaritätszuschlags sind die Vorschriften des Einkommensteuergesetzes und des Körperschaftsteuergesetzes entsprechend anzuwenden.

(3) Ist die Einkommen- oder Körperschaftsteuer für Einkünfte, die dem Steuerabzug unterliegen, durch den Steuerabzug abgegolten oder werden solche Einkünfte bei der Veranlagung zur Einkommen- oder Körperschaftsteuer oder beim Lohnsteuer-Jahresausgleich nicht erfasst, gilt dies für den Solidaritätszuschlag entsprechend.

(4) [1]Die Vorauszahlungen auf den Solidaritätszuschlag sind gleichzeitig mit den festgesetzten Vorauszahlungen auf die Einkommensteuer oder Körperschaftsteuer zu entrichten; § 37 Abs. 5 des Einkommensteuergesetzes ist nicht anzuwenden. [2]Solange ein Bescheid über die Vorauszahlungen auf den Solidaritätszuschlag nicht erteilt worden ist, sind die Vorauszahlungen ohne besondere Aufforderung nach Maßgabe der für den Solidaritätszuschlag geltenden Vorschriften zu entrichten. [3]§ 240 Abs. 1 Satz 3 der Abgabenordnung ist insoweit nicht anzuwenden; § 254 Abs. 2 der Abgabenordnung gilt insoweit sinngemäß.

(5) [1]Mit einem Rechtsbehelf gegen den Solidaritätszuschlag kann weder die Bemessungsgrundlage noch die Höhe des zu versteuernden Einkommens angegriffen werden. [2]Wird die Bemessungsgrundlage geändert, ändert sich der Solidaritätszuschlag entsprechend.

§ 2[1] Abgabepflicht

Abgabepflichtig sind

1. natürliche Personen, die nach § 1 des Einkommensteuergesetzes einkommensteuerpflichtig sind,
2. natürliche Personen, die nach § 2 des Außensteuergesetzes erweitert beschränkt steuerpflichtig sind,
3. Körperschaften, Personenvereinigungen und Vermögensmassen, die nach § 1 oder § 2 des Körperschaftsteuergesetzes körperschaftsteuerpflichtig sind.

§ 3[2)3)] Bemessungsgrundlage und zeitliche Anwendung

(1) Der Solidaritätszuschlag bemisst sich vorbehaltlich der Absätze 2 bis 5,

1. soweit eine Veranlagung zur Einkommensteuer oder Körperschaftsteuer vorzunehmen ist:

---

1) **Anm. d. Red.:** Zur Anwendung des § 2 siehe § 6 Abs. 1.

2) **Anm. d. Red.:** § 3 Abs. 2a i. d. F. des Art. 9 Nr. 1 Wachstumsbeschleunigungsgesetz v. 22. 12. 2009 (BGBl I 3950).

3) **Anm. d. Red.:** Zur Anwendung des § 3 siehe § 6 Abs. 8 bis 11.

nach der nach Absatz 2 berechneten Einkommensteuer oder der festgesetzten Körperschaftsteuer für Veranlagungszeiträume ab 1998, vermindert um die anzurechnende oder vergütete Körperschaftsteuer, wenn ein positiver Betrag verbleibt;

2. soweit Vorauszahlungen zur Einkommensteuer oder Körperschaftsteuer zu leisten sind:

   nach den Vorauszahlungen auf die Steuer für Veranlagungszeiträume ab 2002;

3. soweit Lohnsteuer zu erheben ist:

   nach der nach Absatz 2a berechneten Lohnsteuer für

   a) laufenden Arbeitslohn, der für einen nach dem 31. Dezember 1997 endenden Lohnzahlungszeitraum gezahlt wird,

   b) sonstige Bezüge, die nach dem 31. Dezember 1997 zufließen;

4. soweit ein Lohnsteuer-Jahresausgleich durchzuführen ist, nach der nach Absatz 2a sich ergebenden Jahreslohnsteuer für Ausgleichsjahre ab 1998;

5. soweit Kapitalertragsteuer oder Zinsabschlag zu erheben ist außer in den Fällen des § 43b des Einkommensteuergesetzes:

   nach der ab 1. Januar 1998 zu erhebenden Kapitalertragsteuer oder dem ab diesem Zeitpunkt zu erhebenden Zinsabschlag;

6. soweit bei beschränkt Steuerpflichtigen ein Steuerabzugsbetrag nach § 50a des Einkommensteuergesetzes zu erheben ist:

   nach dem ab 1. Januar 1998 zu erhebenden Steuerabzugsbetrag.

(2) Bei der Veranlagung zur Einkommensteuer ist Bemessungsgrundlage für den Solidaritätszuschlag die Einkommensteuer, die abweichend von § 2 Abs. 6 des Einkommensteuergesetzes unter Berücksichtigung von Freibeträgen nach § 32 Abs. 6 des Einkommensteuergesetzes in allen Fällen des § 32 des Einkommensteuergesetzes festzusetzen wäre.

(2a) [1]Vorbehaltlich des § 40a Abs. 2 des Einkommensteuergesetzes in der Fassung des Gesetzes vom 23. Dezember 2002 (BGBl I S. 4621) ist beim Steuerabzug vom Arbeitslohn Bemessungsgrundlage die Lohnsteuer; beim Steuerabzug vom laufenden Arbeitslohn und beim Jahresausgleich ist die Lohnsteuer maßgebend, die sich ergibt, wenn der nach § 39b Abs. 2 Satz 5 des Einkommensteuergesetzes zu versteuernde Jahresbetrag für die Steuerklassen I, II und III im Sinne des § 38b des Einkommensteuergesetzes um den Kinderfreibetrag von 4 368 Euro sowie den Freibetrag für den Betreuungs- und Erziehungs- oder Ausbildungsbedarf von 2 640 Euro und für die Steuerklasse IV im Sinne des § 38b des Einkommensteuergesetzes um den Kinderfreibetrag von 2 184 Euro sowie den Freibetrag für den Betreuungs- und Erziehungs- oder Ausbildungsbedarf von 1 320 Euro für jedes Kind vermindert wird, für das eine Kürzung der Freibeträge für Kinder nach § 32 Abs. 6 Satz 4 des Einkommensteuergesetzes nicht in Betracht kommt. [2]Bei der Anwendung des § 39b des Einkommensteuergesetzes für die Ermittlung des Solidaritätszuschlages ist die auf der Lohnsteuerkarte eingetragene Zahl der Kinderfreibeträge maßgebend. [3]Bei Anwendung des § 39f des Einkommensteuergesetzes ist beim Steuerabzug vom laufenden Arbeitslohn die Lohnsteuer maßgebend, die sich bei Anwendung des nach § 39f Abs. 1 des Einkommensteuergesetzes ermittelten Faktors auf den nach den Sätzen 1 und 2 ermittelten Betrag ergibt.

(3) Der Solidaritätszuschlag ist von einkommensteuerpflichtigen Personen nur zu erheben, wenn die Bemessungsgrundlage nach Absatz 1 Nr. 1 und 2

1. in den Fällen des § 32a Abs. 5 oder 6 des Einkommensteuergesetzes 1 944 Euro,

2. in anderen Fällen 972 Euro

übersteigt.

(4) [1]Beim Abzug vom laufenden Arbeitslohn ist der Solidaritätszuschlag nur zu erheben, wenn die Bemessungsgrundlage im jeweiligen Lohnzahlungszeitraum

1. bei monatlicher Lohnzahlung
   a) in der Steuerklasse III mehr als 162 Euro und
   b) in den Steuerklassen I, II, IV bis VI mehr als 81 Euro,
2. bei wöchentlicher Lohnzahlung
   a) in der Steuerklasse III mehr als 37,80 Euro und
   b) in den Steuerklassen I, II, IV bis VI mehr als 18,90 Euro,
3. bei täglicher Lohnzahlung
   a) in der Steuerklasse III mehr als 5,40 Euro und
   b) in den Steuerklassen I, II, IV bis VI mehr als 2,70 Euro

beträgt. [2]§ 39b Abs. 4 des Einkommensteuergesetzes ist sinngemäß anzuwenden.

(5) Beim Lohnsteuer-Jahresausgleich ist der Solidaritätszuschlag nur zu ermitteln, wenn die Bemessungsgrundlage in Steuerklasse III mehr als 1 944 Euro und in den Steuerklassen I, II oder IV mehr als 972 Euro beträgt.

§ 4[1)] Zuschlagsatz

[1]Der Solidaritätszuschlag beträgt 5,5 Prozent der Bemessungsgrundlage. [2]Er beträgt nicht mehr als 20 Prozent des Unterschiedsbetrags zwischen der Bemessungsgrundlage und der nach § 3 Abs. 3 bis 5 jeweils maßgebenden Freigrenze. [3]Bruchteile eines Cents bleiben außer Ansatz.

§ 5 Doppelbesteuerungsabkommen

Werden auf Grund eines Abkommens zur Vermeidung der Doppelbesteuerung im Geltungsbereich dieses Gesetzes erhobene Steuern vom Einkommen ermäßigt, so ist diese Ermäßigung zuerst auf den Solidaritätszuschlag zu beziehen.

§ 6[2)] Anwendungsvorschrift

(1) § 2 in der Fassung des Gesetzes vom 18. Dezember 1995 (BGBl I S. 1959) ist ab dem Veranlagungszeitraum 1995 anzuwenden.

(2) Das Gesetz in der Fassung des Gesetzes vom 11. Oktober 1995 (BGBl I S. 1250) ist erstmals für den Veranlagungszeitraum 1996 anzuwenden.

(3) Das Gesetz in der Fassung des Gesetzes vom 21. November 1997 (BGBl I S. 2743) ist erstmals für den Veranlagungszeitraum 1998 anzuwenden.

(4) Das Gesetz in der Fassung des Gesetzes vom 23. Oktober 2000 (BGBl I S. 1433) ist erstmals für den Veranlagungszeitraum 2001 anzuwenden.

(5) Das Gesetz in der Fassung des Gesetzes vom 21. Dezember 2000 (BGBl I S. 1978) ist erstmals für den Veranlagungszeitraum 2001 anzuwenden.

(6) Das Solidaritätszuschlaggesetz 1995 in der Fassung des Artikels 6 des Gesetzes vom 19. Dezember 2000 (BGBl I S. 1790) ist erstmals für den Veranlagungszeitraum 2002 anzuwenden.

(7) § 1 Abs. 2a in der Fassung des Gesetzes zur Regelung der Bemessungsgrundlage für Zuschlagsteuern vom 21. Dezember 2000 (BGBl I S. 1978, 1979) ist letztmals für den Veranlagungszeitraum 2001 anzuwenden.

---

1) **Anm. d. Red.:** § 4 Sätze 1 und 2 i. d. F. des Art. 14 Nr. 2 JStG 2007 v. 13. 12. 2006 (BGBl I 2878).

2) **Anm. d. Red.:** § 6 i. d. F. des Art. 9 Nr. 2 Wachstumsbeschleunigungsgesetz v. 22. 12. 2009 (BGBl I 3950).

(8)[1] § 3 Abs. 2a in der Fassung des Gesetzes zur Regelung der Bemessungsgrundlage für Zuschlagsteuern vom 21. Dezember 2000 (BGBl I S. 1978, 1979) ist erstmals für den Veranlagungszeitraum 2002 anzuwenden.

(9) § 3 in der Fassung des Artikels 7 des Gesetzes vom 20. Dezember 2007 (BGBl I S. 3150) ist erstmals für den Veranlagungszeitraum 2008 anzuwenden.

(10) § 3 in der Fassung des Artikels 5 des Gesetzes vom 22. Dezember 2008 (BGBl I S. 2955) ist erstmals für den Veranlagungszeitraum 2009 anzuwenden.

(11) § 3 in der Fassung des Artikels 9 des Gesetzes vom 22. Dezember 2009 (BGBl I S. 3950) ist erstmals für den Veranlagungszeitraum 2010 anzuwenden.

1) **Anm. d. Red.:** Aufgrund eines redaktionellen Versehens des Gesetzgebers wurden offensichtlich in Abs. 8 die Änderungen des § 3 Abs. 2a SolZG durch das Zweite Gesetz zur Familienförderung v. 16. 8. 2001 (BGBl I 2074), das StÄndG 2001 v. 20. 12. 2001 (BGBl I 3794) und das Fünfte Gesetz zur Änderung des Steuerbeamten-Ausbildungsgesetzes und zur Änderung von Steuergesetzen v. 23. 7. 2002 (BGBl I 2715) nicht berücksichtigt.

Gesetz über die Besteuerung bei Auslandsbeziehungen (Außensteuergesetz)

v. 8. 9. 1972 (BGBl I S. 1713) mit späteren Änderungen

Das Außensteuergesetz (AStG) ist als Art. 1 des „Gesetzes zur Wahrung der steuerlichen Gleichmäßigkeit bei Auslandsbeziehungen und zur Verbesserung der steuerlichen Wettbewerbslage bei Auslandsinvestitionen" v. 8. 9. 1972 (BGBl I 1713) verkündet worden. — Die hier wiedergegebene (nichtamtliche) Fassung berücksichtigt die Änderungen des AStG durch Art. 4 Gesetz zur Reform des Erbschaftsteuer- und Schenkungsteuerrechts (ErbStRG) v. 17. 4. 1974 (BGBl I 933); Art. 11 Einführungsgesetz zum Einkommensteuerreformgesetz (EGEStRG) v. 21. 12. 1974 (BGBl I 3656); Art. 6 Einführungsgesetz zum Körperschaftsteuerreformgesetz (EGKStRG) v. 6. 9. 1976 (BGBl I 2641); Art. 3 Einführungsgesetz zur Abgabenordnung (EGAO) v. 14. 12. 1976 (BGBl I 3341); Art. 8 Gesetz zur Änderung des EStG, des KStG und anderer Gesetze v. 20. 8. 1980 (BGBl I 1545); Art. 8 Steuerentlastungsgesetz 1984 (StEntlG 1984) v. 22. 12. 1983 (BGBl I 1583); Art. 6 Steuerbereinigungsgesetz v. 14. 12. 1984 (BGBl I 1493); Anlage I Kap. IV Sachgebiet B Abschn. II Nr. 23 Einigungsvertragsgesetz v. 23. 9. 1990 (BGBl II 885, 978); Art. 17 Steueränderungsgesetz 1992 (StÄndG 1992) v. 25. 2. 1992 (BGBl I 297); Art. 7 Standortsicherungsgesetz (StandOG) v. 13. 9. 1993 (BGBl I 1569); Art. 12 Missbrauchsbekämpfungs- und Steuerbereinigungsgesetz (StMBG) v. 21. 12. 1993 (BGBl I 2310); Art. 4 Gesetz zur Änderung des Umwandlungssteuerrechts v. 28. 10. 1994 (BGBl I 3267); Art. 12 Jahressteuergesetz 1997 (JStG 1997) v. 20. 12. 1996 (BGBl I 2049, 2073); Art. 12 Steuersenkungsgesetz (StSenkG) v. 23. 10. 2000 (BGBl I 1433, 1464); Art. 9 Steuer-Euroglättungsgesetz (StEuglG) v. 19. 12. 2000 (BGBl I 1790); Art. 5 Unternehmenssteuerfortentwicklungsgesetz (UntStFG) v. 20. 12. 2001 (BGBl I 3858); Art. 11 Gesetz zum Abbau von Steuervergünstigungen und Ausnahmeregelungen (Steuervergünstigungsabbaugesetz – StVergAbG) v. 16. 5. 2003 (BGBl I 660); Art. 4 Gesetz zur Modernisierung des Investmentwesens und zur Besteuerung von Investmentvermögen (Investmentmodernisierungsgesetz) v. 15. 12. 2003 (BGBl I 2676); Art. 5 Gesetz zur Umsetzung der Protokollerklärung der Bundesregierung zur Vermittlungsempfehlung zum Steuervergünstigungsabbaugesetz v. 22. 12. 2003 (BGBl I 2840); Art. 11 Gesetz zur Umsetzung von EU-Richtlinien in nationales Steuerrecht und zur Änderung weiterer Vorschriften (Richtlinien-Umsetzungsgesetz – EURLUmsG) v. 9. 12. 2004 (BGBl I 3310, ber. 3843); Art. 7 Gesetz über steuerliche Begleitmaßnahmen zur Einführung der Europäischen Gesellschaft und zur Änderung weiterer steuerrechtlicher Vorschriften (SEStEG) v. 7. 12. 2006 (BGBl I 2782, ber. 2007 I 68); Art. 3 Gesetz zur Schaffung deutscher Immobilien-Aktiengesellschaften mit börsennotierten Anteilen v. 28. 5. 2007 (BGBl I 914); Art. 7 Unternehmensteuerreformgesetz 2008 v. 14. 8. 2007 (BGBl I 1912); Art. 24 Jahressteuergesetz 2008 (JStG 2008) v. 20. 12. 2007 (BGBl I 3150); Art. 9 Jahressteuergesetz 2009 (JStG 2009) v. 19. 12. 2008 (BGBl I 2794). **— Zur Anwendung siehe § 21.**

Nichtamtliche Fassung

Erster Teil: Internationale Verflechtungen

§ 1[1)2)] Berichtigung von Einkünften

(1) [1]Werden Einkünfte eines Steuerpflichtigen aus einer Geschäftsbeziehung zum Ausland mit einer ihm nahe stehenden Person dadurch gemindert, dass er seiner Einkünfteermittlung andere Bedingungen, insbesondere Preise (Verrechnungspreise), zugrunde legt, als sie voneinander unabhängige Dritte unter gleichen oder vergleichbaren Verhältnissen vereinbart hätten (Fremdvergleichsgrundsatz), sind seine Einkünfte unbeschadet anderer Vorschriften so anzusetzen, wie sie unter den zwischen voneinander unabhängigen Dritten vereinbarten Bedingungen angefallen wären. [2]Für die Anwendung des Fremdvergleichsgrundsatzes ist davon auszugehen, dass die voneinander unabhängigen Dritten alle wesentlichen Umstände der Geschäftsbeziehung kennen und nach den Grundsätzen ordentlicher und gewissenhafter Geschäftsleiter handeln. [3]Führt die Anwendung des Fremdvergleichsgrundsatzes zu weitergehenden Berichtigungen als die anderen Vorschriften, sind die weitergehenden Berichtigungen neben den Rechtsfolgen der anderen Vorschriften durchzuführen.

---

1) **Anm. d. Red.:** § 1 Abs. 1, 3 bis 5 i. d. F. des Art. 7 Nr. 1 Unternehmensteuerreformgesetz 2008 v. 14. 8. 2007 (BGBl I 1912).

2) **Anm. d. Red.:** Zur Anwendung des § 1 siehe § 21 Abs. 4 Satz 2, Abs. 11 Satz 1 und Abs. 16.

AStG

(2) Dem Steuerpflichtigen ist eine Person nahe stehend, wenn

1. die Person an dem Steuerpflichtigen mindestens zu einem Viertel unmittelbar oder mittelbar beteiligt (wesentlich beteiligt) ist oder auf den Steuerpflichtigen unmittelbar oder mittelbar einen beherrschenden Einfluss ausüben kann oder umgekehrt der Steuerpflichtige an der Person wesentlich beteiligt ist oder auf diese Person unmittelbar oder mittelbar einen beherrschenden Einfluss ausüben kann oder
2. eine dritte Person sowohl an der Person als auch an dem Steuerpflichtigen wesentlich beteiligt ist oder auf beide unmittelbar oder mittelbar einen beherrschenden Einfluss ausüben kann oder
3. die Person oder der Steuerpflichtige imstande ist, bei der Vereinbarung der Bedingungen einer Geschäftsbeziehung auf den Steuerpflichtigen oder die Person einen außerhalb dieser Geschäftsbeziehung begründeten Einfluss auszuüben oder wenn einer von ihnen ein eigenes Interesse an der Erzielung der Einkünfte des anderen hat.

(3) [1]Für eine Geschäftsbeziehung im Sinne des Absatzes 1 Satz 1 ist der Verrechnungspreis vorrangig nach der Preisvergleichsmethode, der Wiederverkaufspreismethode oder der Kostenaufschlagsmethode zu bestimmen, wenn Fremdvergleichswerte ermittelt werden können, die nach Vornahme sachgerechter Anpassungen im Hinblick auf die ausgeübten Funktionen, die eingesetzten Wirtschaftsgüter und die übernommenen Chancen und Risiken (Funktionsanalyse) für diese Methoden uneingeschränkt vergleichbar sind; mehrere solche Werte bilden eine Bandbreite. [2]Sind solche Fremdvergleichswerte nicht zu ermitteln, sind eingeschränkt vergleichbare Werte nach Vornahme sachgerechter Anpassungen der Anwendung einer geeigneten Verrechnungspreismethode zugrunde zu legen. [3]Sind in den Fällen des Satzes 2 mehrere eingeschränkt vergleichbare Fremdvergleichswerte feststellbar, ist die sich ergebende Bandbreite einzuengen. [4]Liegt der vom Steuerpflichtigen für seine Einkünfteermittlung verwendete Wert in den Fällen des Satzes 1 außerhalb der Bandbreite oder in den Fällen des Satzes 2 außerhalb der eingeengten Bandbreite, ist der Median maßgeblich. [5]Können keine eingeschränkt vergleichbaren Fremdvergleichswerte festgestellt werden, hat der Steuerpflichtige für seine Einkünfteermittlung einen hypothetischen Fremdvergleich unter Beachtung des Absatzes 1 Satz 2 durchzuführen. [6]Dazu hat er auf Grund einer Funktionsanalyse und innerbetrieblicher Planrechnungen den Mindestpreis des Leistenden und den Höchstpreis des Leistungsempfängers zu ermitteln (Einigungsbereich); der Einigungsbereich wird von den jeweiligen Gewinnerwartungen (Gewinnpotenzialen) bestimmt. [7]Es ist der Preis im Einigungsbereich der Einkünfteermittlung zugrunde zu legen, der dem Fremdvergleichsgrundsatz mit der höchsten Wahrscheinlichkeit entspricht; wird kein anderer Wert glaubhaft gemacht, ist der Mittelwert des Einigungsbereichs zugrunde zu legen. [8]Ist der vom Steuerpflichtigen zugrunde gelegte Einigungsbereich unzutreffend und muss deshalb von einem anderen Einigungsbereich ausgegangen werden, kann auf eine Einkünfteberichtigung verzichtet werden, wenn der vom Steuerpflichtigen zugrunde gelegte Wert innerhalb des anderen Einigungsbereichs liegt. [9]Wird in den Fällen des Satzes 5 eine Funktion einschließlich der dazugehörigen Chancen und Risiken und der mitübertragenen oder überlassenen Wirtschaftsgüter und sonstigen Vorteile verlagert (Funktionsverlagerung), hat der Steuerpflichtige den Einigungsbereich auf der Grundlage einer Verlagerung der Funktion als Ganzes (Transferpaket) unter Berücksichtigung funktions- und risikoadäquater Kapitalisierungszinssätze zu bestimmen. [10]In den Fällen des Satzes 9 ist die Bestimmung von Verrechnungspreisen für alle betroffenen einzelnen Wirtschaftsgüter und Dienstleistungen nach Vornahme sachgerechter Anpassungen anzuerkennen, wenn der Steuerpflichtige glaubhaft macht, dass keine wesentlichen immateriellen Wirtschaftsgüter und Vorteile mit der Funktion übergegangen sind oder zur Nutzung überlassen wurden oder dass das Gesamtergebnis der Einzelpreisbestimmungen, gemessen an der Preisbestimmung für das Transferpaket als Ganzes, dem Fremdvergleichsgrundsatz entspricht. [11]Sind in den Fällen der Sätze 5 und 9 wesentliche immaterielle Wirtschaftsgüter und Vorteile Gegenstand einer Geschäftsbeziehung und weicht die tatsächliche spätere Gewinnentwicklung erheblich von der Gewinnentwicklung ab, die der Verrechnungspreisbestimmung zugrunde lag, ist widerlegbar zu ver-

muten, dass zum Zeitpunkt des Geschäftsabschlusses Unsicherheiten im Hinblick auf die Preisvereinbarung bestanden und unabhängige Dritte eine sachgerechte Anpassungsregelung vereinbart hätten. [12]Wurde eine solche Regelung nicht vereinbart und tritt innerhalb der ersten zehn Jahre nach Geschäftsabschluss eine erhebliche Abweichung im Sinne des Satzes 11 ein, ist für eine deshalb vorzunehmende Berichtigung nach Absatz 1 Satz 1 einmalig ein angemessener Anpassungsbetrag auf den ursprünglichen Verrechnungspreis der Besteuerung des Wirtschaftsjahres zugrunde zu legen, das dem Jahr folgt, in dem die Abweichung eingetreten ist. [13]Um eine einheitliche Rechtsanwendung und die Übereinstimmung mit den internationalen Grundsätzen zur Einkunftsabgrenzung sicherzustellen, wird das Bundesministerium der Finanzen ermächtigt, mit Zustimmung des Bundesrates durch Rechtsverordnung Einzelheiten zur Anwendung des Fremdvergleichsgrundsatzes im Sinne des Absatzes 1 und der Sätze 1 bis 12 zu bestimmen.

(4) [1]Ist bei den in Absatz 1 genannten Einkünften in Fällen des § 162 Abs. 2 der Abgabenordnung eine Schätzung vorzunehmen, so ist mangels anderer geeigneter Anhaltspunkte eine durchschnittliche Umsatzrendite oder Verzinsung für das im Unternehmen eingesetzte Kapital anzusetzen, die unter Berücksichtigung der ausgeübten Funktionen, eingesetzten Wirtschaftsgüter und übernommenen Risiken zu erwarten ist. [2]Schätzungen nach § 162 Abs. 3 der Abgabenordnung bleiben unberührt.

(5) Geschäftsbeziehung im Sinne der Absätze 1 und 2 ist jede den Einkünften zugrunde liegende schuldrechtliche Beziehung, die keine gesellschaftsvertragliche Vereinbarung ist und entweder beim Steuerpflichtigen oder bei der nahe stehenden Person Teil einer Tätigkeit ist, auf die die §§ 13, 15, 18 oder § 21 des Einkommensteuergesetzes anzuwenden sind oder im Fall eines ausländischen Nahestehenden anzuwenden wären, wenn die Tätigkeit im Inland vorgenommen würde.

Zweiter Teil: Wohnsitzwechsel in niedrigbesteuernde Gebiete

§ 2[1)2)] Einkommensteuer

(1) [1]Eine natürliche Person, die in den letzten zehn Jahren vor dem Ende ihrer unbeschränkten Steuerpflicht nach § 1 Abs. 1 Satz 1 des Einkommensteuergesetzes als Deutscher insgesamt mindestens fünf Jahre unbeschränkt einkommensteuerpflichtig war und

1. in einem ausländischen Gebiet ansässig ist, in dem sie mit ihrem Einkommen nur einer niedrigen Besteuerung unterliegt, oder in keinem ausländischen Gebiet ansässig ist und
2. wesentliche wirtschaftliche Interessen im Geltungsbereich dieses Gesetzes hat,

ist bis zum Ablauf von zehn Jahren nach Ende des Jahres, in dem ihre unbeschränkte Steuerpflicht geendet hat, über die beschränkte Steuerpflicht im Sinne des Einkommensteuergesetzes hinaus beschränkt einkommensteuerpflichtig mit allen Einkünften im Sinne des § 2 Abs. 1 Satz 1 erster Halbsatz des Einkommensteuergesetzes, die bei unbeschränkter Einkommensteuerpflicht nicht ausländische Einkünfte im Sinne des § 34d des Einkommensteuergesetzes sind. [2]Für Einkünfte der natürlichen Person, die weder durch deren ausländische Betriebsstätte noch durch deren in einem ausländischen Staat tätigen ständigen Vertreter erzielt werden, ist für die Anwendung dieser Vorschrift das Bestehen einer inländischen Geschäftsleitungsbetriebsstätte der natürlichen Person anzunehmen, der solche Einkünfte zuzuordnen sind. [3]Satz 1 findet nur Anwendung für Veranlagungszeiträume, in denen die hiernach insgesamt beschränkt steuerpflichtigen Einkünfte mehr als 16 500 Euro betragen.

---

1) **Anm. d. Red.:** § 2 Abs. 1 und 5 i. d. F. des Art. 9 Nr. 1 JStG 2009 v. 19. 12. 2008 (BGBl I 2794); Abs. 2 i. d. F. des Art. 9 Nr. 1 StEuglG v. 19. 12. 2000 (BGBl I 1790); Abs. 3 i. d. F. des Art. 24 Nr. 1 und 13 JStG 2008 v. 20. 12. 2007 (BGBl I 3150).

2) **Anm. d. Red.:** Zur Anwendung des § 2 siehe § 21 Abs. 2, 6, 10 Satz 1 und Abs. 18 Satz 1.

(2) Eine niedrige Besteuerung im Sinne des Absatzes 1 Nr. 1 liegt vor, wenn

1. die Belastung durch die in dem ausländischen Gebiet erhobene Einkommensteuer – nach dem Tarif unter Einbeziehung von tariflichen Freibeträgen – bei einer in diesem Gebiet ansässigen unverheirateten natürlichen Person, die ein steuerpflichtiges Einkommen von 77 000 Euro bezieht, um mehr als ein Drittel geringer ist als die Belastung einer im Geltungsbereich dieses Gesetzes ansässigen natürlichen Person durch die deutsche Einkommensteuer unter sonst gleichen Bedingungen, es sei denn, die Person weist nach, dass die von ihrem Einkommen insgesamt zu entrichtenden Steuern mindestens zwei Drittel der Einkommensteuer betragen, die sie bei unbeschränkter Steuerpflicht nach § 1 Abs. 1 des Einkommensteuergesetzes zu entrichten hätte, oder
2. die Belastung der Person durch die in dem ausländischen Gebiet erhobene Einkommensteuer auf Grund einer gegenüber der allgemeinen Besteuerung eingeräumten Vorzugsbesteuerung erheblich gemindert sein kann, es sei denn, die Person weist nach, dass die von ihrem Einkommen insgesamt zu entrichtenden Steuern mindestens zwei Drittel der Einkommensteuer betragen, die sie bei unbeschränkter Steuerpflicht nach § 1 Abs. 1 des Einkommensteuergesetzes zu entrichten hätte.

(3) Eine Person hat im Sinne des Absatzes 1 Nr. 2 wesentliche wirtschaftliche Interessen im Geltungsbereich dieses Gesetzes, wenn

1. sie zu Beginn des Veranlagungszeitraums Unternehmer oder Mitunternehmer eines im Geltungsbereich dieses Gesetzes belegenen Gewerbebetriebs ist oder, sofern sie Kommanditist ist, mehr als 25 Prozent der Einkünfte im Sinne des § 15 Abs. 1 Satz 1 Nr. 2 des Einkommensteuergesetzes aus der Gesellschaft auf sie entfallen oder ihr eine Beteiligung im Sinne des § 17 Abs. 1 des Einkommensteuergesetzes an einer inländischen Kapitalgesellschaft gehört oder
2. ihre Einkünfte, die bei unbeschränkter Einkommensteuerpflicht nicht ausländische Einkünfte im Sinne des § 34c Abs. 1 des Einkommensteuergesetzes sind, im Veranlagungszeitraum mehr als 30 Prozent ihrer sämtlichen Einkünfte betragen oder 62 000 Euro übersteigen oder
3. zu Beginn des Veranlagungszeitraums ihr Vermögen, dessen Erträge bei unbeschränkter Einkommensteuerpflicht nicht ausländische Einkünfte im Sinne des § 34c Abs. 1 des Einkommensteuergesetzes wären, mehr als 30 Prozent ihres Gesamtvermögens beträgt oder 154 000 Euro übersteigt.

(4) Bei der Anwendung der Absätze 1 und 3 sind bei einer Person Gewerbebetriebe, Beteiligungen, Einkünfte und Vermögen einer ausländischen Gesellschaft im Sinne des § 5, an der die Person unter den dort genannten Voraussetzungen beteiligt ist, entsprechend ihrer Beteiligung zu berücksichtigen.

(5) [1]Ist Absatz 1 anzuwenden, so kommt der Steuersatz zur Anwendung, der sich für sämtliche Einkünfte der Person ergibt. [2]Auf Einkünfte, die dem Steuerabzug vom Kapitalertrag oder dem Steuerabzug auf Grund des § 50a des Einkommensteuergesetzes unterliegen, ist § 50 Abs. 2 des Einkommensteuergesetzes nicht anzuwenden.

(6) Weist die Person nach, dass die auf Grund der Absätze 1 und 5 zusätzlich zu entrichtende Steuer insgesamt zu einer höheren inländischen Steuer führt, als sie sie bei unbeschränkter Steuerpflicht und Wohnsitz ausschließlich im Geltungsbereich dieses Gesetzes zu entrichten hätte, so wird der übersteigende Betrag insoweit nicht erhoben, als er die Steuer überschreitet, die sich ohne Anwendung der Absätze 1 und 5 ergäbe.

§ 3[1] (weggefallen)

1) **Anm. d. Red.:** § 3 weggefallen gem. Art. 12 Nr. 1 JStG 1997 v. 20. 12. 1996 (BGBl I 2049).

§ 4[1)2)] Erbschaftsteuer

(1) War bei einem Erblasser oder Schenker zur Zeit der Entstehung der Steuerschuld § 2 Abs. 1 Satz 1 anzuwenden, so tritt bei Erbschaftsteuerpflicht nach § 2 Abs. 1 Nr. 3 des Erbschaftsteuergesetzes die Steuerpflicht über den dort bezeichneten Umfang hinaus für alle Teile des Erwerbs ein, deren Erträge bei unbeschränkter Einkommensteuerpflicht nicht ausländische Einkünfte im Sinne des § 34c Abs. 1 des Einkommensteuergesetzes wären.

(2) Absatz 1 findet keine Anwendung, wenn nachgewiesen wird, dass für die Teile des Erwerbs, die nach dieser Vorschrift über § 2 Abs. 1 Nr. 3 des Erbschaftsteuergesetzes hinaus steuerpflichtig wären, im Ausland eine der deutschen Erbschaftsteuer entsprechende Steuer zu entrichten ist, die mindestens 30 Prozent der deutschen Erbschaftsteuer beträgt, die bei Anwendung des Absatzes 1 auf diese Teile des Erwerbs entfallen würde.

§ 5[3)4)] Zwischengeschaltete Gesellschaften

(1) [1]Sind natürliche Personen, die in den letzten zehn Jahren vor dem Ende ihrer unbeschränkten Steuerpflicht nach § 1 Abs. 1 Satz 1 des Einkommensteuergesetzes als Deutscher insgesamt mindestens fünf Jahre unbeschränkt einkommensteuerpflichtig waren und die Voraussetzungen des § 2 Abs. 1 Satz 1 Nr. 1 erfüllen (Person im Sinne des § 2), allein oder zusammen mit unbeschränkt Steuerpflichtigen an einer ausländischen Gesellschaft im Sinne des § 7 beteiligt, so sind Einkünfte, mit denen diese Personen bei unbeschränkter Steuerpflicht nach den §§ 7, 8 und 14 steuerpflichtig wären und die nicht ausländische Einkünfte im Sinne des § 34c Abs. 1 des Einkommensteuergesetzes sind, diesen Personen zuzurechnen. [2]Liegen die Voraussetzungen des Satzes 1 vor, so sind die Vermögenswerte der ausländischen Gesellschaft, deren Erträge bei unbeschränkter Steuerpflicht nicht ausländische Einkünfte im Sinne des § 34c Abs. 1 des Einkommensteuergesetzes wären, im Fall des § 4 dem Erwerb entsprechend der Beteiligung zuzurechnen.

(2) Das Vermögen, das den nach Absatz 1 einer Person zuzurechnenden Einkünften zugrunde liegt, haftet für die von dieser Person für diese Einkünfte geschuldeten Steuern.

(3) § 18 findet entsprechende Anwendung.

Dritter Teil[5)]: Behandlung einer Beteiligung im Sinne des § 17 des Einkommensteuergesetzes bei Wohnsitzwechsel ins Ausland

§ 6[6)7)] Besteuerung des Vermögenszuwachses

(1) [1]Bei einer natürlichen Person, die insgesamt mindestens zehn Jahre nach § 1 Abs. 1 des Einkommensteuergesetzes unbeschränkt steuerpflichtig war und deren unbeschränkte Steuerpflicht durch Aufgabe des Wohnsitzes oder gewöhnlichen Aufenthalts endet, ist auf Anteile im Sinne des § 17 Abs. 1 Satz 1 des Einkommensteuergesetzes im Zeitpunkt der Beendigung der unbeschränkten Steuerpflicht § 17 des Einkommensteuergesetzes auch ohne Veräußerung anzuwenden, wenn im Übrigen für die Anteile zu die-

---

1) **Anm. d. Red.:** § 4 Abs. 2 i. d. F. des Art. 24 Nr. 13 JStG 2008 v. 20. 12. 2007 (BGBl I 3150).

2) **Anm. d. Red.:** Zur Anwendung des § 4 siehe § 21 Abs. 2 und 6.

3) **Anm. d. Red.:** § 5 Abs. 1 Satz 2 i. d. F. des Art. 12 Nr. 2 JStG 1997 v. 20. 12. 1996 (BGBl I 2049).

4) **Anm. d. Red.:** Zur Anwendung des § 5 siehe § 21 Abs. 2 und 6.

5) **Anm. d. Red.:** Überschrift i. d. F. des Art. 12 Nr. 2 StSenkG v. 23. 10. 2000 (BGBl I 1433).

6) **Anm. d. Red.:** § 6 Abs. 1 bis 4, 6 und 7 i. d. F. des Art. 7 Nr. 1 SEStEG v. 7. 12. 2006 (BGBl I 2782); Abs. 5 i. d. F. des Art. 9 Nr. 2 JStG 2009 v. 19. 12. 2008 (BGBl I 2794).

7) **Anm. d. Red.:** Zur Anwendung des § 6 siehe § 21 Abs. 6 Satz 1, Abs. 7 Satz 2, Abs. 8 und 13.

AStG

sem Zeitpunkt die Voraussetzungen dieser Vorschrift erfüllt sind. [2]Der Beendigung der unbeschränkten Steuerpflicht im Sinne des Satzes 1 stehen gleich

1. die Übertragung der Anteile durch ganz oder teilweise unentgeltliches Rechtsgeschäft unter Lebenden oder durch Erwerb von Todes wegen auf nicht unbeschränkt steuerpflichtige Personen oder
2. die Begründung eines Wohnsitzes oder gewöhnlichen Aufenthalts oder die Erfüllung eines anderen ähnlichen Merkmals in einem ausländischen Staat, wenn der Steuerpflichtige auf Grund dessen nach einem Abkommen zur Vermeidung der Doppelbesteuerung als in diesem Staat ansässig anzusehen ist, oder
3. die Einlage der Anteile in einen Betrieb oder eine Betriebsstätte des Steuerpflichtigen in einem ausländischen Staat oder
4. der Ausschluss oder die Beschränkung des Besteuerungsrechts der Bundesrepublik Deutschland hinsichtlich des Gewinns aus der Veräußerung der Anteile auf Grund anderer als der in Satz 1 oder der in den Nummern 1 bis 3 genannten Ereignisse.

[3]§ 17 Abs. 5 des Einkommensteuergesetzes und die Vorschriften des Umwandlungssteuergesetzes bleiben unberührt. [4]An Stelle des Veräußerungspreises (§ 17 Abs. 2 des Einkommensteuergesetzes) tritt der gemeine Wert der Anteile in dem nach Satz 1 oder 2 maßgebenden Zeitpunkt. [5]Die §§ 17 und 49 Abs. 1 Nr. 2 Buchstabe e des Einkommensteuergesetzes bleiben mit der Maßgabe unberührt, dass der nach diesen Vorschriften anzusetzende Gewinn aus der Veräußerung dieser Anteile um den nach den vorstehenden Vorschriften besteuerten Vermögenszuwachs zu kürzen ist.

(2) [1]Hat der unbeschränkt Steuerpflichtige die Anteile durch ganz oder teilweise unentgeltliches Rechtsgeschäft erworben, so sind für die Errechnung der nach Absatz 1 maßgebenden Dauer der unbeschränkten Steuerpflicht auch Zeiträume einzubeziehen, in denen der Rechtsvorgänger bis zur Übertragung der Anteile unbeschränkt steuerpflichtig war. [2]Sind die Anteile mehrmals nacheinander in dieser Weise übertragen worden, so gilt Satz 1 für jeden der Rechtsvorgänger entsprechend. [3]Zeiträume, in denen der Steuerpflichtige oder ein oder mehrere Rechtsvorgänger gleichzeitig unbeschränkt steuerpflichtig waren, werden dabei nur einmal angesetzt.

(3) [1]Beruht die Beendigung der unbeschränkten Steuerpflicht auf vorübergehender Abwesenheit und wird der Steuerpflichtige innerhalb von fünf Jahren seit Beendigung der unbeschränkten Steuerpflicht wieder unbeschränkt steuerpflichtig, so entfällt der Steueranspruch nach Absatz 1, soweit die Anteile in der Zwischenzeit nicht veräußert und die Tatbestände des Absatzes 1 Satz 2 Nr. 1 oder 3 nicht erfüllt worden sind und der Steuerpflichtige im Zeitpunkt der Begründung der unbeschränkten Steuerpflicht nicht nach einem Abkommen zur Vermeidung der Doppelbesteuerung als in einem ausländischen Staat ansässig gilt. [2]Das Finanzamt, das in dem nach Absatz 1 Satz 1 oder 2 maßgebenden Zeitpunkt nach § 19 der Abgabenordnung zuständig ist, kann diese Frist um höchstens fünf Jahre verlängern, wenn der Steuerpflichtige glaubhaft macht, dass berufliche Gründe für seine Abwesenheit maßgebend sind und seine Absicht zur Rückkehr unverändert fortbesteht. [3]Wird im Fall des Erwerbs von Todes wegen nach Absatz 1 Satz 2 Nr. 1 der Rechtsnachfolger des Steuerpflichtigen innerhalb von fünf Jahren seit Entstehung des Steueranspruchs nach Absatz 1 unbeschränkt steuerpflichtig, gilt Satz 1 entsprechend. [4]Ist der Steueranspruch nach Absatz 5 gestundet, gilt Satz 1 ohne die darin genannte zeitliche Begrenzung entsprechend, wenn

1. der Steuerpflichtige oder im Fall des Absatzes 1 Satz 2 Nr. 1 sein Rechtsnachfolger unbeschränkt steuerpflichtig werden oder
2. das Besteuerungsrecht der Bundesrepublik Deutschland hinsichtlich des Gewinns aus der Veräußerung der Anteile auf Grund eines anderen Ereignisses wieder begründet wird oder nicht mehr beschränkt ist.

(4) [1]Vorbehaltlich des Absatzes 5 ist die nach Absatz 1 geschuldete Einkommensteuer auf Antrag in regelmäßigen Teilbeträgen für einen Zeitraum von höchstens fünf Jahren seit Eintritt der ersten Fälligkeit gegen Sicherheitsleistung zu stunden, wenn ihre alsbaldige Einziehung mit erheblichen Härten für den Steuerpflichtigen verbunden wäre. [2]Die Stundung ist zu widerrufen, soweit die Anteile während des Stundungszeitraums ver-

äußert werden oder verdeckt in eine Gesellschaft im Sinne des § 17 Abs. 1 Satz 1 des Einkommensteuergesetzes eingelegt werden oder einer der Tatbestände des § 17 Abs. 4 des Einkommensteuergesetzes verwirklicht wird. [3]In Fällen des Absatzes 3 Satz 1 und 2 richtet sich der Stundungszeitraum nach der auf Grund dieser Vorschrift eingeräumten Frist; die Erhebung von Teilbeträgen entfällt; von der Sicherheitsleistung kann nur abgesehen werden, wenn der Steueranspruch nicht gefährdet erscheint.

(5) [1]Ist der Steuerpflichtige im Fall des Absatzes 1 Satz 1 Staatsangehöriger eines Mitgliedstaates der Europäischen Union oder eines anderen Staates, auf den das Abkommen über den Europäischen Wirtschaftsraum vom 3. Januar 1994 (ABl EG Nr. L 1 S. 3), zuletzt geändert durch den Beschluss des Gemeinsamen EWR-Ausschusses Nr. 91/2007 vom 6. Juli 2007 (ABl EU Nr. L 328 S. 40), in der jeweils geltenden Fassung anwendbar ist (Vertragsstaat des EWR-Abkommens), und unterliegt er nach der Beendigung der unbeschränkten Steuerpflicht in einem dieser Staaten (Zuzugsstaat) einer der deutschen unbeschränkten Einkommensteuerpflicht vergleichbaren Steuerpflicht, so ist die nach Absatz 1 geschuldete Steuer zinslos und ohne Sicherheitsleistung zu stunden. [2]Voraussetzung ist, dass die Amtshilfe und die gegenseitige Unterstützung bei der Beitreibung der geschuldeten Steuer zwischen der Bundesrepublik Deutschland und diesem Staat gewährleistet sind. [3]Die Sätze 1 und 2 gelten entsprechend, wenn

1. im Fall des Absatzes 1 Satz 2 Nr. 1 der Rechtsnachfolger des Steuerpflichtigen einer der deutschen unbeschränkten Einkommensteuerpflicht vergleichbaren Steuerpflicht in einem Mitgliedstaat der Europäischen Union oder einem Vertragsstaat des EWR-Abkommens unterliegt oder
2. im Fall des Absatzes 1 Satz 2 Nr. 2 der Steuerpflichtige einer der deutschen unbeschränkten Einkommensteuerpflicht vergleichbaren Steuerpflicht in einem Mitgliedstaat der Europäischen Union oder einem Vertragsstaat des EWR-Abkommens unterliegt und Staatsangehöriger eines dieser Staaten ist oder
3. im Fall des Absatzes 1 Satz 2 Nr. 3 der Steuerpflichtige die Anteile in einen Betrieb oder eine Betriebsstätte in einem anderen Mitgliedstaat der Europäischen Union oder einem anderen Vertragsstaat des EWR-Abkommens einlegt.

[4]Die Stundung ist zu widerrufen,

1. soweit der Steuerpflichtige oder sein Rechtsnachfolger im Sinne des Satzes 3 Nr. 1 Anteile veräußert oder verdeckt in eine Gesellschaft im Sinne des § 17 Abs. 1 Satz 1 des Einkommensteuergesetzes einlegt oder einer der Tatbestände des § 17 Abs. 4 des Einkommensteuergesetzes erfüllt wird;
2. soweit Anteile auf eine nicht unbeschränkt steuerpflichtige Person übergehen, die nicht in einem Mitgliedstaat der Europäischen Union oder einem Vertragsstaat des EWR-Abkommens einer der deutschen unbeschränkten Einkommensteuerpflicht vergleichbaren Steuerpflicht unterliegt;
3. soweit in Bezug auf die Anteile eine Entnahme oder ein anderer Vorgang verwirklicht wird, der nach inländischem Recht zum Ansatz des Teilwerts oder des gemeinen Werts führt;
4. wenn für den Steuerpflichtigen oder seinen Rechtsnachfolger im Sinne des Satzes 3 Nr. 1 durch Aufgabe des Wohnsitzes oder gewöhnlichen Aufenthalts keine Steuerpflicht nach Satz 1 mehr besteht.

[5]Ein Umwandlungsvorgang, auf den die §§ 11, 15 oder 21 des Umwandlungssteuergesetzes vom 7. Dezember 2006 (BGBl I S. 2782, 2791) in der jeweils geltenden Fassung anzuwenden sind, gilt auf Antrag nicht als Veräußerung im Sinne des Satzes 4 Nr. 1, wenn die erhaltenen Anteile bei einem unbeschränkt steuerpflichtigen Anteilseigner, der die Anteile nicht in einem Betriebsvermögen hält, nach § 13 Abs. 2, § 21 Abs. 2 des Umwandlungssteuergesetzes mit den Anschaffungskosten der bisherigen Anteile angesetzt werden könnten; für Zwecke der Anwendung des Satzes 4 und der Absätze 3, 6 und 7 treten insoweit die erhaltenen Anteile an die Stelle der Anteile im Sinne des Absatzes 1. [6]Ist im Fall des Satzes 1 oder Satzes 3 der Gesamtbetrag der Einkünfte ohne Einbeziehung des Vermögenszuwachses nach Absatz 1 negativ, ist dieser Vermögenszuwachs bei Anwendung des § 10d des Einkommensteuergesetzes nicht zu berücksichtigen. [7]Soweit ein Er-

AStG

eignis im Sinne des Satzes 4 eintritt, ist der Vermögenszuwachs rückwirkend bei der Anwendung des § 10d des Einkommensteuergesetzes zu berücksichtigen und in Anwendung des Satzes 6 ergangene oder geänderte Feststellungsbescheide oder Steuerbescheide sind aufzuheben oder zu ändern; § 175 Abs. 1 Satz 2 der Abgabenordnung gilt entsprechend.

(6) [1]Ist im Fall des Absatzes 5 Satz 4 Nr. 1 der Veräußerungsgewinn im Sinne des § 17 Abs. 2 des Einkommensteuergesetzes im Zeitpunkt der Beendigung der Stundung niedriger als der Vermögenszuwachs nach Absatz 1 und wird die Wertminderung bei der Einkommensbesteuerung durch den Zuzugsstaat nicht berücksichtigt, so ist der Steuerbescheid insoweit aufzuheben oder zu ändern; § 175 Abs. 1 Satz 2 der Abgabenordnung gilt entsprechend. [2]Dies gilt nur, soweit der Steuerpflichtige nachweist, dass die Wertminderung betrieblich veranlasst ist und nicht auf eine gesellschaftsrechtliche Maßnahme, insbesondere eine Gewinnausschüttung, zurückzuführen ist. [3]Die Wertminderung ist höchstens im Umfang des Vermögenszuwachses nach Absatz 1 zu berücksichtigen. [4]Ist die Wertminderung auf eine Gewinnausschüttung zurückzuführen und wird sie bei der Einkommensbesteuerung nicht berücksichtigt, ist die auf diese Gewinnausschüttung erhobene und keinem Ermäßigungsanspruch mehr unterliegende inländische Kapitalertragsteuer auf die nach Absatz 1 geschuldete Steuer anzurechnen.

(7) [1]Der Steuerpflichtige oder sein Gesamtrechtsnachfolger hat dem Finanzamt, das in dem in Absatz 1 genannten Zeitpunkt nach § 19 der Abgabenordnung zuständig ist, nach amtlich vorgeschriebenem Vordruck die Verwirklichung eines der Tatbestände des Absatzes 5 Satz 4 mitzuteilen. [2]Die Mitteilung ist innerhalb eines Monats nach dem meldepflichtigen Ereignis zu erstatten; sie ist vom Steuerpflichtigen eigenhändig zu unterschreiben. [3]In den Fällen des Absatzes 5 Satz 4 Nr. 1 und 2 ist der Mitteilung ein schriftlicher Nachweis über das Rechtsgeschäft beizufügen. [4]Der Steuerpflichtige hat dem nach Satz 1 zuständigen Finanzamt jährlich bis zum Ablauf des 31. Januar schriftlich seine am 31. Dezember des vorangegangenen Kalenderjahres geltende Anschrift mitzuteilen und zu bestätigen, dass die Anteile ihm oder im Fall der unentgeltlichen Rechtsnachfolge unter Lebenden seinem Rechtsnachfolger weiterhin zuzurechnen sind. [5]Die Stundung nach Absatz 5 Satz 1 kann widerrufen werden, wenn der Steuerpflichtige seine Mitwirkungspflicht nach Satz 4 nicht erfüllt.

Vierter Teil: Beteiligung an ausländischen Zwischengesellschaften

§ 7[1)2)] Steuerpflicht inländischer Gesellschafter

(1) Sind unbeschränkt Steuerpflichtige an einer Körperschaft, Personenvereinigung oder Vermögensmasse im Sinne des Körperschaftsteuergesetzes, die weder Geschäftsleitung noch Sitz im Geltungsbereich dieses Gesetzes hat und die nicht gemäß § 3 Abs. 1 des Körperschaftsteuergesetzes von der Körperschaftsteuerpflicht ausgenommen ist (ausländische Gesellschaft), zu mehr als der Hälfte beteiligt, so sind die Einkünfte, für die diese Gesellschaft Zwischengesellschaft ist, bei jedem von ihnen mit dem Teil steuerpflichtig, der auf die ihm zuzurechnende Beteiligung am Nennkapital der Gesellschaft entfällt.

(2) [1]Unbeschränkt Steuerpflichtige sind im Sinne des Absatzes 1 an einer ausländischen Gesellschaft zu mehr als der Hälfte beteiligt, wenn ihnen allein oder zusammen mit Personen im Sinne des § 2 am Ende des Wirtschaftsjahres der Gesellschaft, in dem sie die Einkünfte nach Absatz 1 bezogen hat (maßgebendes Wirtschaftsjahr), mehr als 50 Prozent der Anteile oder der Stimmrechte an der ausländischen Gesellschaft zuzurechnen sind. [2]Bei der Anwendung des vorstehenden Satzes sind auch Anteile oder

1) **Anm. d. Red.:** § 7 Abs. 2 und 6 i. d. F. des Art. 24 Nr. 2 JStG 2008 v. 20. 12. 2007 (BGBl I 3150); Abs. 6a eingefügt gem. Art. 11 Nr. 2 StVergAbG v. 16. 5. 2003 (BGBl I 660); Abs. 7 i. d. F. des Art. 11 Nr. 1 EURLUmsG v. 9. 12. 2004 (BGBl I 3310); Abs. 8 angefügt gem. Art. 3 Nr. 1 Gesetz zur Schaffung deutscher Immobilien-Aktiengesellschaften mit börsennotierten Anteilen v. 28. 5. 2007 (BGBl I 914).

2) **Anm. d. Red.:** Zur Anwendung des § 7 siehe § 21 Abs. 7 Sätze 1, 3 und 4, Abs. 10 Satz 2, Abs. 11 Satz 2, Abs. 12, 15 und 17 Satz 1.

Stimmrechte zu berücksichtigen, die durch eine andere Gesellschaft vermittelt werden, und zwar in dem Verhältnis, das den Anteilen oder Stimmrechten an der vermittelnden Gesellschaft zu den gesamten Anteilen oder Stimmrechten an dieser Gesellschaft entspricht; dies gilt entsprechend bei der Vermittlung von Anteilen oder Stimmrechten durch mehrere Gesellschaften. [3]Ist ein Gesellschaftskapital nicht vorhanden und bestehen auch keine Stimmrechte, so kommt es auf das Verhältnis der Beteiligungen am Vermögen der Gesellschaft an.

(3) Sind unbeschränkt Steuerpflichtige unmittelbar oder über Personengesellschaften an einer Personengesellschaft beteiligt, die ihrerseits an einer ausländischen Gesellschaft im Sinne des Absatzes 1 beteiligt ist, so gelten sie als an der ausländischen Gesellschaft beteiligt.

(4) [1]Einem unbeschränkt Steuerpflichtigen sind für die Anwendung der §§ 7 bis 14 auch Anteile oder Stimmrechte zuzurechnen, die eine Person hält, die seinen Weisungen so zu folgen hat oder so folgt, dass ihr kein eigener wesentlicher Entscheidungsspielraum bleibt. [2]Diese Voraussetzung ist nicht schon allein dadurch erfüllt, dass der unbeschränkt Steuerpflichtige an der Person beteiligt ist.

(5) Ist für die Gewinnverteilung der ausländischen Gesellschaft nicht die Beteiligung am Nennkapital maßgebend oder hat die Gesellschaft kein Nennkapital, so ist der Aufteilung der Einkünfte nach Absatz 1 der Maßstab für die Gewinnverteilung zugrunde zu legen.

(6) [1]Ist eine ausländische Gesellschaft Zwischengesellschaft für Zwischeneinkünfte mit Kapitalanlagecharakter im Sinne des Absatzes 6a und ist ein unbeschränkt Steuerpflichtiger an der Gesellschaft zu mindestens 1 Prozent beteiligt, sind diese Zwischeneinkünfte bei diesem Steuerpflichtigen in dem in Absatz 1 bestimmten Umfang steuerpflichtig, auch wenn die Voraussetzungen des Absatzes 1 im Übrigen nicht erfüllt sind. [2]Satz 1 ist nicht anzuwenden, wenn die den Zwischeneinkünften mit Kapitalanlagecharakter zugrunde liegenden Bruttoerträge nicht mehr als 10 Prozent der den gesamten Zwischeneinkünften zugrunde liegenden Bruttoerträge der ausländischen Zwischengesellschaft betragen und die bei einer Zwischengesellschaft oder bei einem Steuerpflichtigen hiernach außer Ansatz zu lassenden Beträge insgesamt 80 000 Euro nicht übersteigen. [3]Satz 1 ist auch anzuwenden bei einer Beteiligung von weniger als 1 Prozent, wenn die ausländische Gesellschaft ausschließlich oder fast ausschließlich Bruttoerträge erzielt, die Zwischeneinkünften mit Kapitalanlagecharakter zugrunde liegen, es sei denn, dass mit der Hauptgattung der Aktien der ausländischen Gesellschaft ein wesentlicher und regelmäßiger Handel an einer anerkannten Börse stattfindet.

(6a) Zwischeneinkünfte mit Kapitalanlagecharakter sind Einkünfte der ausländischen Zwischengesellschaft (§ 8), die aus dem Halten, der Verwaltung, Werterhaltung oder Werterhöhung von Zahlungsmitteln, Forderungen, Wertpapieren, Beteiligungen (mit Ausnahme der in § 8 Abs. 1 Nr. 8 und 9 genannten Einkünfte) oder ähnlichen Vermögenswerten stammen, es sei denn, der Steuerpflichtige weist nach, dass sie aus einer Tätigkeit stammen, die einer unter § 8 Abs. 1 Nr. 1 bis 6 fallenden eigenen Tätigkeit der ausländischen Gesellschaft dient, ausgenommen Tätigkeiten im Sinne des § 1 Abs. 1 Nr. 6 des Kreditwesengesetzes in der Fassung der Bekanntmachung vom 9. September 1998 (BGBl I S. 2776), das zuletzt durch Artikel 3 Abs. 3 des Gesetzes vom 22. August 2002 (BGBl I S. 3387) geändert worden ist, in der jeweils geltenden Fassung.

(7) Die Absätze 1 bis 6a sind nicht anzuwenden, wenn auf die Einkünfte, für die die ausländische Gesellschaft Zwischengesellschaft ist, die Vorschriften des Investmentsteuergesetzes in der jeweils geltenden Fassung anzuwenden sind, es sei denn, Ausschüttungen oder ausschüttungsgleiche Erträge wären nach einem Abkommen zur Vermeidung der Doppelbesteuerung von der inländischen Bemessungsgrundlage auszunehmen.

(8) Sind unbeschränkt Steuerpflichtige an einer ausländischen Gesellschaft beteiligt und ist diese an einer Gesellschaft im Sinne des § 16 des REIT-Gesetzes vom 28. Mai 2007 (BGBl I S. 914) in der jeweils geltenden Fassung beteiligt, gilt Absatz 1 unbeschadet des Umfangs der jeweiligen Beteiligung an der ausländischen Gesellschaft, es sei denn,

AStG

dass mit der Hauptgattung der Aktien der ausländischen Gesellschaft ein wesentlicher und regelmäßiger Handel an einer anerkannten Börse stattfindet.

§ 8[1)2)] Einkünfte von Zwischengesellschaften

(1) Eine ausländische Gesellschaft ist Zwischengesellschaft für Einkünfte, die einer niedrigen Besteuerung unterliegen und nicht stammen aus:

1. der Land- und Forstwirtschaft,
2. der Herstellung, Bearbeitung, Verarbeitung oder Montage von Sachen, der Erzeugung von Energie sowie dem Aufsuchen und der Gewinnung von Bodenschätzen,
3. dem Betrieb von Kreditinstituten oder Versicherungsunternehmen, die für ihre Geschäfte einen in kaufmännischer Weise eingerichteten Betrieb unterhalten, es sei denn, die Geschäfte werden überwiegend mit unbeschränkt Steuerpflichtigen, die nach § 7 an der ausländischen Gesellschaft beteiligt sind, oder solchen Steuerpflichtigen im Sinne des § 1 Abs. 2 nahe stehenden Personen betrieben,
4. dem Handel, soweit nicht
   a) ein unbeschränkt Steuerpflichtiger, der gemäß § 7 an der ausländischen Gesellschaft beteiligt ist, oder eine einem solchen Steuerpflichtigen im Sinne des § 1 Abs. 2 nahe stehende Person, die mit ihren Einkünften hieraus im Geltungsbereich dieses Gesetzes steuerpflichtig ist, der ausländischen Gesellschaft die Verfügungsmacht an den gehandelten Gütern oder Waren verschafft, oder
   b) die ausländische Gesellschaft einem solchen Steuerpflichtigen oder einer solchen nahe stehenden Person die Verfügungsmacht an den Gütern oder Waren verschafft,

   es sei denn, der Steuerpflichtige weist nach, dass die ausländische Gesellschaft einen für derartige Handelsgeschäfte in kaufmännischer Weise eingerichteten Geschäftsbetrieb unter Teilnahme am allgemeinen wirtschaftlichen Verkehr unterhält und die zur Vorbereitung, dem Abschluss und der Ausführung der Geschäfte gehörenden Tätigkeiten ohne Mitwirkung eines solchen Steuerpflichtigen oder einer solchen nahe stehenden Person ausübt,
5. Dienstleistungen, soweit nicht
   a) die ausländische Gesellschaft für die Dienstleistung sich eines unbeschränkt Steuerpflichtigen, der gemäß § 7 an ihr beteiligt ist, oder einer einem solchen Steuerpflichtigen im Sinne des § 1 Abs. 2 nahe stehenden Person bedient, die mit ihren Einkünften aus der von ihr beigetragenen Leistung im Geltungsbereich dieses Gesetzes steuerpflichtig ist, oder
   b) die ausländische Gesellschaft die Dienstleistung einem solchen Steuerpflichtigen oder einer solchen nahe stehenden Person erbringt, es sei denn, der Steuerpflichtige weist nach, dass die ausländische Gesellschaft einen für das Bewirken derartiger Dienstleistungen eingerichteten Geschäftsbetrieb unter Teilnahme am allgemeinen wirtschaftlichen Verkehr unterhält und die zu der Dienstleistung gehörenden Tätigkeiten ohne Mitwirkung eines solchen Steuerpflichtigen oder einer solchen nahe stehenden Person ausübt,
6. der Vermietung und Verpachtung, ausgenommen
   a) die Überlassung der Nutzung von Rechten, Plänen, Mustern, Verfahren, Erfahrungen und Kenntnissen, es sei denn, der Steuerpflichtige weist nach, dass die ausländische Gesellschaft die Ergebnisse eigener Forschungs- oder Entwick-

1) **Anm. d. Red.:** § 8 Abs. 1 Nr. 3 i. d. F. des Art. 8 Nr. 1 Gesetz v. 20. 8. 1980 (BGBl I 1545), Nr. 4 i. d. F. des Art. 5 Nr. 2 Gesetz v. 22. 12. 2003 (BGBl I 2840), Nr. 7 i. d. F. des Art. 12 Nr. 3 StMBG v. 21. 12. 1993 (BGBl I 2310), Nr. 8 angefügt gem. Art. 5 Nr. 3 UntStFG v. 20. 12. 2001 (BGBl I 3858), Nr. 9 und 10, Abs. 2 und 3 i. d. F. des Art. 24 Nr. 3 JStG 2008 v. 20. 12. 2007 (BGBl I 3150).

2) **Anm. d. Red.:** Zur Anwendung des § 8 siehe § 21 Abs. 7 Sätze 4 und 6, Abs. 9 Satz 1, Abs. 11 Satz 2, Abs. 14, 15 und 17 Sätze 1 und 2.

lungsarbeit auswertet, die ohne Mitwirkung eines Steuerpflichtigen, der gemäß § 7 an der Gesellschaft beteiligt ist, oder einer einem solchen Steuerpflichtigen im Sinne des § 1 Abs. 2 nahe stehenden Person unternommen worden ist,

b) die Vermietung oder Verpachtung von Grundstücken, es sei denn, der Steuerpflichtige weist nach, dass die Einkünfte daraus nach einem Abkommen zur Vermeidung der Doppelbesteuerung steuerbefreit wären, wenn sie von den unbeschränkt Steuerpflichtigen, die gemäß § 7 an der ausländischen Gesellschaft beteiligt sind, unmittelbar bezogen worden wären, und

c) die Vermietung oder Verpachtung von beweglichen Sachen, es sei denn, der Steuerpflichtige weist nach, dass die ausländische Gesellschaft einen Geschäftsbetrieb gewerbsmäßiger Vermietung oder Verpachtung unter Teilnahme am allgemeinen wirtschaftlichen Verkehr unterhält und alle zu einer solchen gewerbsmäßigen Vermietung oder Verpachtung gehörenden Tätigkeiten ohne Mitwirkung eines unbeschränkt Steuerpflichtigen, der gemäß § 7 an ihr beteiligt ist, oder einer einem solchen Steuerpflichtigen im Sinne des § 1 Abs. 2 nahe stehenden Person ausübt,

7. der Aufnahme und darlehensweisen Vergabe von Kapital, für das der Steuerpflichtige nachweist, dass es ausschließlich auf ausländischen Kapitalmärkten und nicht bei einer ihm oder der ausländischen Gesellschaft nahe stehenden Person im Sinne des § 1 Abs. 2 aufgenommen und außerhalb des Geltungsbereichs dieses Gesetzes gelegenen Betrieben oder Betriebsstätten, die ihre Bruttoerträge ausschließlich oder fast ausschließlich aus unter die Nummern 1 bis 6 fallenden Tätigkeiten beziehen, oder innerhalb des Geltungsbereichs dieses Gesetzes gelegenen Betrieben oder Betriebsstätten zugeführt wird,

8. Gewinnausschüttungen von Kapitalgesellschaften,

9. der Veräußerung eines Anteils an einer anderen Gesellschaft sowie aus deren Auflösung oder der Herabsetzung ihres Kapitals, soweit der Steuerpflichtige nachweist, dass der Veräußerungsgewinn auf Wirtschaftsgüter der anderen Gesellschaft entfällt, die anderen als den in Nummer 6 Buchstabe b, soweit es sich um Einkünfte einer Gesellschaft im Sinne des § 16 des REIT-Gesetzes handelt, oder § 7 Abs. 6a bezeichneten Tätigkeiten dienen; dies gilt entsprechend, soweit der Gewinn auf solche Wirtschaftsgüter einer Gesellschaft entfällt, an der die andere Gesellschaft beteiligt ist; Verluste aus der Veräußerung von Anteilen an der anderen Gesellschaft sowie aus deren Auflösung oder der Herabsetzung ihres Kapitals sind nur insoweit zu berücksichtigen, als der Steuerpflichtige nachweist, dass sie auf Wirtschaftsgüter zurückzuführen sind, die Tätigkeiten im Sinne der Nummer 6 Buchstabe b, soweit es sich um Einkünfte einer Gesellschaft im Sinne des § 16 des REIT-Gesetzes handelt, oder im Sinne des § 7 Abs. 6a dienen,

10. Umwandlungen, die ungeachtet des § 1 Abs. 2 und 4 des Umwandlungssteuergesetzes zu Buchwerten erfolgen könnten; das gilt nicht, soweit eine Umwandlung den Anteil an einer Kapitalgesellschaft erfasst, dessen Veräußerung nicht die Voraussetzungen der Nummer 9 erfüllen würde.

(2) [1]Ungeachtet des Absatzes 1 ist eine Gesellschaft, die ihren Sitz oder ihre Geschäftsleitung in einem Mitgliedstaat der Europäischen Union oder einem Vertragsstaat des EWR-Abkommens hat, nicht Zwischengesellschaft für Einkünfte, für die unbeschränkt Steuerpflichtige, die im Sinne des § 7 Abs. 2 an der Gesellschaft beteiligt sind, nachweisen, dass die Gesellschaft insoweit einer tatsächlichen wirtschaftlichen Tätigkeit in diesem Staat nachgeht. [2]Weitere Voraussetzung ist, dass zwischen der Bundesrepublik Deutschland und diesem Staat auf Grund der Richtlinie 77/799/EWG des Rates vom 19. Dezember 1977 über die gegenseitige Amtshilfe zwischen den zuständigen Behörden der Mitgliedstaaten im Bereich der direkten Steuern und der Mehrwertsteuer (ABl EG Nr. L 336 S. 15), die zuletzt durch die Richtlinie 2006/98/EWG des Rates vom 20. November 2006 (ABl EU Nr. L 363 S. 129) geändert worden ist, in der jeweils geltenden Fassung, oder einer vergleichbaren zwei- oder mehrseitigen Vereinbarung, Auskünfte erteilt werden, die erforderlich sind, um die Besteuerung durchzuführen. [3]Satz 1 gilt nicht für die

der Gesellschaft nach § 14 zuzurechnenden Einkünfte einer Untergesellschaft, die weder Sitz noch Geschäftsleitung in einem Mitgliedstaat der Europäischen Union oder einem Vertragsstaat des EWR-Abkommens hat. [4]Das gilt auch für Zwischeneinkünfte, die einer Betriebsstätte der Gesellschaft außerhalb der Europäischen Union oder der Vertragsstaaten des EWR-Abkommens zuzurechnen sind. [5]Der tatsächlichen wirtschaftlichen Tätigkeit der Gesellschaft sind nur Einkünfte der Gesellschaft zuzuordnen, die durch diese Tätigkeit erzielt werden und dies nur insoweit, als der Fremdvergleichsgrundsatz (§ 1) beachtet worden ist.

(3) [1]Eine niedrige Besteuerung im Sinne des Absatzes 1 liegt vor, wenn die Einkünfte der ausländischen Gesellschaft einer Belastung durch Ertragsteuern von weniger als 25 Prozent unterliegen, ohne dass dies auf einem Ausgleich mit Einkünften aus anderen Quellen beruht. [2]Eine niedrige Besteuerung im Sinne des Absatzes 1 liegt auch dann vor, wenn Ertragsteuern von mindestens 25 Prozent zwar rechtlich geschuldet, jedoch nicht tatsächlich erhoben werden.

§ 9[1)2)] Freigrenze bei gemischten Einkünften

Für die Anwendung des § 7 Abs. 1 sind Einkünfte, für die eine ausländische Gesellschaft Zwischengesellschaft ist, außer Ansatz zu lassen, wenn die ihnen zugrunde liegenden Bruttoerträge nicht mehr als 10 Prozent der gesamten Bruttoerträge der Gesellschaft betragen, vorausgesetzt, dass die bei einer Gesellschaft oder bei einem Steuerpflichtigen hiernach außer Ansatz zu lassenden Beträge insgesamt 80 000 Euro nicht übersteigen.

§ 10[3)4)] Hinzurechnungsbetrag

(1) [1]Die nach § 7 Abs. 1 steuerpflichtigen Einkünfte sind bei dem unbeschränkt Steuerpflichtigen mit dem Betrag, der sich nach Abzug der Steuern ergibt, die zu Lasten der ausländischen Gesellschaft von diesen Einkünften sowie von dem diesen Einkünften zugrunde liegenden Vermögen erhoben worden sind, anzusetzen (Hinzurechnungsbetrag). [2]Soweit die abzuziehenden Steuern zu dem Zeitpunkt, zu dem die Einkünfte nach Absatz 2 als zugeflossen gelten, noch nicht entrichtet sind, sind sie nur in den Jahren, in denen sie entrichtet werden, von den nach § 7 Abs. 1 steuerpflichtigen Einkünften abzusetzen. [3]Ergibt sich ein negativer Betrag, so entfällt die Hinzurechnung.

(2) [1]Der Hinzurechnungsbetrag gehört zu den Einkünften im Sinne des § 20 Abs. 1 Nr. 1 des Einkommensteuergesetzes und gilt unmittelbar nach Ablauf des maßgebenden Wirtschaftsjahrs der ausländischen Gesellschaft als zugeflossen. [2]Gehören Anteile an der ausländischen Gesellschaft zu einem Betriebsvermögen, so gehört der Hinzurechnungsbetrag zu den Einkünften aus Gewerbebetrieb, aus Land- und Forstwirtschaft oder aus selbständiger Arbeit und erhöht den nach dem Einkommen- oder Körperschaftsteuergesetz ermittelten Gewinn des Betriebs für das Wirtschaftsjahr, das nach dem Ablauf des maßgebenden Wirtschaftsjahrs der ausländischen Gesellschaft endet. [3]Auf den Hinzurechnungsbetrag sind § 3 Nr. 40 Satz 1 Buchstabe d, § 32d des Einkommensteuergesetzes und § 8b Abs. 1 des Körperschaftsteuergesetzes nicht anzuwenden. [4]§ 3c Abs. 2 des Einkommensteuergesetzes gilt entsprechend.

(3) [1]Die dem Hinzurechnungsbetrag zugrunde liegenden Einkünfte sind in entsprechender Anwendung der Vorschriften des deutschen Steuerrechts zu ermitteln; für die Ermittlung der Einkünfte aus Anteilen an einem inländischen oder ausländischen Investmentvermögen sind die Vorschriften des Investmentsteuergesetzes vom 15. Dezember 2003 (BGBl I S. 2676, 2724) in der jeweils geltenden Fassung sinngemäß anzuwen-

1) **Anm. d. Red.:** § 9 i. d. F. des Art. 24 Nr. 4 JStG 2008 v. 20. 12. 2007 (BGBl I 3150).

2) **Anm. d. Red.:** Zur Anwendung des § 9 siehe § 21 Abs. 7 Satz 4, Abs. 10 Satz 2 und Abs. 17 Satz 1.

3) **Anm. d. Red.:** § 10 Abs. 2 und 3 i. d. F. des Art. 24 Nr. 5 JStG 2008 v. 20. 12. 2007 (BGBl I 3150); Abs. 5 bis 7 weggefallen gem. Art. 11 Nr. 4 StVergAbG v. 16. 5. 2003 (BGBl I 660).

4) **Anm. d. Red.:** Zur Anwendung des § 10 siehe § 21 Abs. 3, 7 Sätze 1 und 4, Abs. 9, 10 Satz 2, Abs. 11 Satz 2, Abs. 12, 14 und 17 Satz 1.

den, sofern dieses Gesetz auf das Investmentvermögen anwendbar ist. [2]Eine Gewinnermittlung entsprechend den Grundsätzen des § 4 Abs. 3 des Einkommensteuergesetzes steht einer Gewinnermittlung nach § 4 Abs. 1 oder § 5 des Einkommensteuergesetzes gleich. [3]Bei mehreren Beteiligten kann das Wahlrecht für die Gesellschaft nur einheitlich ausgeübt werden. [4]Steuerliche Vergünstigungen, die an die unbeschränkte Steuerpflicht oder an das Bestehen eines inländischen Betriebs oder einer inländischen Betriebsstätte anknüpfen und die Vorschriften des § 4h des Einkommensteuergesetzes sowie der §§ 8a, 8b Abs. 1 und 2 des Körperschaftsteuergesetzes bleiben unberücksichtigt; dies gilt auch für die Vorschriften des Umwandlungssteuergesetzes, soweit Einkünfte aus einer Umwandlung nach § 8 Abs. 1 Nr. 10 hinzuzurechnen sind. [5]Verluste, die bei Einkünften entstanden sind, für die die ausländische Gesellschaft Zwischengesellschaft ist, können in entsprechender Anwendung des § 10d des Einkommensteuergesetzes, soweit sie die nach § 9 außer Ansatz zu lassenden Einkünfte übersteigen, abgezogen werden. [6]Soweit sich durch den Abzug der Steuern nach Absatz 1 ein negativer Betrag ergibt, erhöht sich der Verlust im Sinne des Satzes 5.

(4) Bei der Ermittlung der Einkünfte, für die die ausländische Gesellschaft Zwischengesellschaft ist, dürfen nur solche Betriebsausgaben abgezogen werden, die mit diesen Einkünften in wirtschaftlichem Zusammenhang stehen.

(5) bis (7) (weggefallen)

§ 11[1)2)] Veräußerungsgewinne

(1) Gewinne, die die ausländische Gesellschaft aus der Veräußerung der Anteile an einer anderen ausländischen Gesellschaft oder einer Gesellschaft im Sinne des § 16 des REIT-Gesetzes sowie aus deren Auflösung oder der Herabsetzung ihres Kapitals erzielt und für die die ausländische Gesellschaft Zwischengesellschaft ist, sind vom Hinzurechnungsbetrag auszunehmen, soweit die Einkünfte der anderen Gesellschaft oder einer dieser Gesellschaft nachgeordneten Gesellschaft aus Tätigkeiten im Sinne des § 7 Abs. 6a für das gleiche Kalenderjahr oder Wirtschaftsjahr oder für die vorangegangenen sieben Kalenderjahre oder Wirtschaftsjahre als Hinzurechnungsbetrag (§ 10 Abs. 2) der Einkommensteuer oder Körperschaftsteuer unterlegen haben, keine Ausschüttung dieser Einkünfte erfolgte und der Steuerpflichtige dies nachweist.

(2) und (3) (weggefallen)

§ 12[3)4)] Steueranrechnung

(1) [1]Auf Antrag des Steuerpflichtigen werden auf seine Einkommen- oder Körperschaftsteuer, die auf den Hinzurechnungsbetrag entfällt, die Steuern angerechnet, die nach § 10 Abs. 1 abziehbar sind. [2]In diesem Fall ist der Hinzurechnungsbetrag um diese Steuern zu erhöhen.

(2) Bei der Anrechnung sind die Vorschriften des § 34c Abs. 1 des Einkommensteuergesetzes und des § 26 Abs. 1 und 6 des Körperschaftsteuergesetzes entsprechend anzuwenden.

(3) [1]Steuern von den nach § 3 Nr. 41 des Einkommensteuergesetzes befreiten Gewinnausschüttungen werden auf Antrag im Veranlagungszeitraum des Anfalls der zugrunde liegenden Zwischeneinkünfte als Hinzurechnungsbetrag in entsprechender Anwendung des § 34c Abs. 1 und 2 des Einkommensteuergesetzes und des § 26 Abs. 1 und 6 des Kör-

---

1) **Anm. d. Red.:** § 11 Überschrift i. d. F., Abs. 2 und 3 weggefallen gem. Art. 5 Nr. 6 UntStFG v. 20. 12. 2001 (BGBl I 3858); Abs. 1 i. d. F. des Art. 9 Nr. 3 JStG 2009 v. 19. 12. 2008 (BGBl I 2794).

2) **Anm. d. Red.:** Zur Anwendung des § 11 siehe § 21 Abs. 7 Sätze 1, 4, 7, Abs. 11 Satz 2 und Abs. 15.

3) **Anm. d. Red.:** § 12 Abs. 1 i. d. F. des Art. 5 Nr. 7 UntStFG v. 20. 12. 2001 (BGBl I 3858); Abs. 2 i. d. F. des Art. 12 Nr. 6 StSenkG v. 23. 10. 2000 (BGBl I 1433); Abs. 3 i. d. F. des Art. 24 Nr. 6 JStG 2008 v. 20. 12. 2007 (BGBl I 3150).

4) **Anm. d. Red.:** Zur Anwendung des § 12 siehe § 21 Abs. 7 Sätze 4 und 5 und Abs. 17 Satz 3.

perschaftsteuergesetzes angerechnet oder abgezogen. ²Dies gilt auch dann, wenn der Steuerbescheid für diesen Veranlagungszeitraum bereits bestandskräftig ist.

§ 13[1] (weggefallen)

§ 14[2][3] Nachgeschaltete Zwischengesellschaften

(1) ¹Ist eine ausländische Gesellschaft allein oder zusammen mit unbeschränkt Steuerpflichtigen gemäß § 7 an einer anderen ausländischen Gesellschaft (Untergesellschaft) beteiligt, so sind für die Anwendung der §§ 7 bis 12 die Einkünfte der Untergesellschaft, die einer niedrigen Besteuerung unterlegen haben, der ausländischen Gesellschaft zu dem Teil, der auf ihre Beteiligung am Nennkapital der Untergesellschaft entfällt, zuzurechnen, soweit nicht nachgewiesen wird, dass die Untergesellschaft diese Einkünfte aus unter § 8 Abs. 1 Nr. 1 bis 7 fallenden Tätigkeiten oder Gegenständen erzielt hat oder es sich um Einkünfte im Sinne des § 8 Abs. 1 Nr. 8 bis 10 handelt oder dass diese Einkünfte aus Tätigkeiten stammen, die einer unter § 8 Abs. 1 Nr. 1 bis 6 fallenden eigenen Tätigkeit der ausländischen Gesellschaft dienen. ²Tätigkeiten der Untergesellschaft dienen nur dann einer unter § 8 Abs. 1 Nr. 1 bis 6 fallenden eigenen Tätigkeit der ausländischen Gesellschaft, wenn sie in unmittelbarem Zusammenhang mit dieser Tätigkeit stehen und es sich bei den Einkünften nicht um solche im Sinne des § 7 Abs. 6a handelt.

(2) Ist eine ausländische Gesellschaft gemäß § 7 an einer Gesellschaft im Sinne des § 16 des REIT-Gesetzes (Untergesellschaft) beteiligt, gilt Absatz 1, auch bezogen auf § 8 Abs. 3, sinngemäß.

(3) Absatz 1 ist entsprechend anzuwenden, wenn der Untergesellschaft weitere ausländische Gesellschaften nachgeschaltet sind.

(4) (weggefallen)

Fünfter Teil: Familienstiftungen

§ 15[4][5] Steuerpflicht von Stiftern, Bezugsberechtigten und Anfallsberechtigten

(1) ¹Vermögen und Einkommen einer Familienstiftung, die Geschäftsleitung und Sitz außerhalb des Geltungsbereichs dieses Gesetzes hat, werden dem Stifter, wenn er unbeschränkt steuerpflichtig ist, sonst den unbeschränkt steuerpflichtigen Personen, die bezugsberechtigt oder anfallsberechtigt sind, entsprechend ihrem Anteil zugerechnet. ²Dies gilt nicht für die Erbschaftsteuer.

(2) Familienstiftungen sind Stiftungen, bei denen der Stifter, seine Angehörigen und deren Abkömmlinge zu mehr als der Hälfte bezugsberechtigt oder anfallsberechtigt sind.

(3) Hat ein Unternehmer im Rahmen seines Unternehmens oder als Mitunternehmer oder eine Körperschaft, eine Personenvereinigung oder eine Vermögensmasse eine Stiftung errichtet, die Geschäftsleitung und Sitz außerhalb des Geltungsbereichs dieses Gesetzes hat, so wird die Stiftung wie eine Familienstiftung behandelt, wenn der Stifter, seine Gesellschafter, von ihm abhängige Gesellschaften, Mitglieder, Vorstandsmitglieder,

---

1) **Anm. d. Red.:** § 13 weggefallen gem. Art. 5 Nr. 8 UntStFG v. 20. 12. 2001 (BGBl I 3858).

2) **Anm. d. Red.:** § 14 Abs. 1 i. d. F. des Art. 24 Nr. 7 JStG 2008 v. 20. 12. 2007 (BGBl I 3150); Abs. 2 i. d. F. des Art. 3 Nr. 3 Gesetz zur Schaffung deutscher Immobilien-Aktiengesellschaften mit börsennotierten Anteilen v. 28. 5. 2007 (BGBl I 914); Abs. 3 i. d. F. des Art. 5 Nr. 9 UntStFG v. 20. 12. 2001 (BGBl I 3858); Abs. 4 weggefallen gem. Art. 11 Nr. 6 StVergAbG v. 16. 5. 2003 (BGBl I 660).

3) **Anm. d. Red.:** Zur Anwendung des § 14 siehe § 21 Abs. 7 Sätze 1 und 4, Abs. 11 Satz 2, Abs. 15 und 17 Satz 4.

4) **Anm. d. Red.:** § 15 Abs. 6 und 7 angefügt gem. Art. 9 Nr. 4 JStG 2009 v. 19. 12. 2008 (BGBl I 2794).

5) **Anm. d. Red.:** Zur Anwendung des § 15 siehe § 21 Abs. 18.

leitende Angestellte und Angehörige dieser Personen zu mehr als der Hälfte bezugsberechtigt oder anfallsberechtigt sind.

(4) Den Stiftungen stehen sonstige Zweckvermögen, Vermögensmassen und rechtsfähige oder nichtrechtsfähige Personenvereinigungen gleich.

(5) [1]Die §§ 5 und 12 sind entsprechend anzuwenden. [2]Im Übrigen finden, soweit Absatz 1 anzuwenden ist, die Vorschriften des Vierten Teils dieses Gesetzes keine Anwendung.

(6) Hat eine Familienstiftung Geschäftsleitung oder Sitz in einem Mitgliedstaat der Europäischen Union oder einem Vertragsstaat des EWR-Abkommens, ist Absatz 1 nicht anzuwenden, wenn

1. nachgewiesen wird, dass das Stiftungsvermögen der Verfügungsmacht der in den Absätzen 2 und 3 genannten Personen rechtlich und tatsächlich entzogen ist und
2. zwischen der Bundesrepublik Deutschland und dem Staat, in dem die Familienstiftung Geschäftsleitung oder Sitz hat, auf Grund der Richtlinie 77/799/EWG oder einer vergleichbaren zwei- oder mehrseitigen Vereinbarung, Auskünfte erteilt werden, die erforderlich sind, um die Besteuerung durchzuführen.

(7) [1]Das nach Absatz 1 zuzurechnende Einkommen ist in entsprechender Anwendung der Vorschriften des deutschen Steuerrechts zu ermitteln. [2]Ergibt sich ein negativer Betrag, entfällt die Zurechnung. [3]§ 10d des Einkommensteuergesetzes ist entsprechend anzuwenden.

AStG

Sechster Teil: Ermittlung und Verfahren

§ 16 Mitwirkungspflicht des Steuerpflichtigen

(1) Beantragt ein Steuerpflichtiger unter Berufung auf Geschäftsbeziehungen mit einer ausländischen Gesellschaft oder einer im Ausland ansässigen Person oder Personengesellschaft, die mit ihren Einkünften, die in Zusammenhang mit den Geschäftsbeziehungen zu dem Steuerpflichtigen stehen, nicht oder nur unwesentlich besteuert wird, die Absetzung von Schulden oder anderen Lasten oder von Betriebsausgaben oder Werbungskosten, so ist im Sinne des § 160 der Abgabenordnung der Gläubiger oder Empfänger erst dann genau bezeichnet, wenn der Steuerpflichtige alle Beziehungen offen legt, die unmittelbar oder mittelbar zwischen ihm und der Gesellschaft, Person oder Personengesellschaft bestehen und bestanden haben.

(2) Der Steuerpflichtige hat über die Richtigkeit und Vollständigkeit seiner Angaben und über die Behauptung, dass ihm Tatsachen nicht bekannt sind, auf Verlangen des Finanzamts gemäß § 95 der Abgabenordnung eine Versicherung an Eides statt abzugeben.

§ 17[1)] Sachverhaltsaufklärung

(1) [1]Zur Anwendung der Vorschriften der §§ 5 und 7 bis 15 haben Steuerpflichtige für sich selbst und im Zusammenwirken mit anderen die dafür notwendigen Auskünfte zu erteilen. [2]Auf Verlangen sind insbesondere

1. die Geschäftsbeziehungen zu offenbaren, die zwischen der Gesellschaft und einem so beteiligten unbeschränkt Steuerpflichtigen oder einer einem solchen im Sinne des § 1 Abs. 2 nahe stehenden Person bestehen,
2. die für die Anwendung der §§ 7 bis 14 sachdienlichen Unterlagen einschließlich der Bilanzen und der Erfolgsrechnungen vorzulegen. [2]Auf Verlangen sind diese Unterlagen mit dem im Staat der Geschäftsleitung oder des Sitzes vorgeschriebenen oder üblichen Prüfungsvermerk einer behördlich anerkannten Wirtschaftsprüfungsstelle oder vergleichbaren Stelle vorzulegen.

(2) Ist für die Ermittlung der Einkünfte, für die eine ausländische Gesellschaft Zwischengesellschaft ist, eine Schätzung nach § 162 der Abgabenordnung vorzunehmen, so

1) **Anm. d. Red.:** § 17 Abs. 2 i. d. F. des Art. 24 Nr. 13 JStG 2008 v. 20. 12. 2007 (BGBl I 3150).

ist mangels anderer geeigneter Anhaltspunkte bei der Schätzung als Anhaltspunkt von mindestens 20 Prozent des gemeinen Werts der von den unbeschränkt Steuerpflichtigen gehaltenen Anteile auszugehen; Zinsen und Nutzungsentgelte, die die Gesellschaft für überlassene Wirtschaftsgüter an die unbeschränkt Steuerpflichtigen zahlt, sind abzuziehen.

§ 18[1)2)] Gesonderte Feststellung von Besteuerungsgrundlagen

(1) [1]Die Besteuerungsgrundlagen für die Anwendung der §§ 7 bis 14 und § 3 Nr. 41 des Einkommensteuergesetzes werden gesondert festgestellt. [2]Sind an der ausländischen Gesellschaft mehrere unbeschränkt Steuerpflichtige beteiligt, so wird die gesonderte Feststellung ihnen gegenüber einheitlich vorgenommen; dabei ist auch festzustellen, wie sich die Besteuerungsgrundlagen auf die einzelnen Beteiligten verteilen. [3]Die Vorschriften der Abgabenordnung, mit Ausnahme des § 180 Abs. 3, und der Finanzgerichtsordnung über die gesonderte Feststellung von Besteuerungsgrundlagen sind entsprechend anzuwenden.

(2) [1]Für die gesonderte Feststellung ist das Finanzamt zuständig, das bei dem unbeschränkt Steuerpflichtigen für die Ermittlung der aus der Beteiligung bezogenen Einkünfte örtlich zuständig ist. [2]Ist die gesonderte Feststellung gegenüber mehreren Personen einheitlich vorzunehmen, so ist das Finanzamt zuständig, das nach Satz 1 für den Beteiligten zuständig ist, dem die höchste Beteiligung an der ausländischen Gesellschaft zuzurechnen ist. [3]Lässt sich das zuständige Finanzamt nach den Sätzen 1 und 2 nicht feststellen, so ist das Finanzamt zuständig, das zuerst mit der Sache befasst wird.

(3) [1]Jeder der an der ausländischen Gesellschaft beteiligten unbeschränkt Steuerpflichtigen und erweitert beschränkt Steuerpflichtigen hat eine Erklärung zur gesonderten Feststellung abzugeben; dies gilt auch, wenn nach § 8 Abs. 2 geltend gemacht wird, dass eine Hinzurechnung unterbleibt. [2]Diese Verpflichtung kann durch die Abgabe einer gemeinsamen Erklärung erfüllt werden. [3]Die Erklärung ist von dem Steuerpflichtigen oder von den in § 34 der Abgabenordnung bezeichneten Personen eigenhändig zu unterschreiben.

(4) Ist das Einkommen im Sinne des § 15 Abs. 1 mehreren Personen zuzurechnen, werden die Besteuerungsgrundlagen in entsprechender Anwendung der Absätze 1 bis 3 einheitlich und gesondert festgestellt.

Siebenter Teil: Schlussvorschriften

§ 19[3)] (weggefallen)

§ 20[4)5)] Bestimmungen über die Anwendung von Abkommen zur Vermeidung der Doppelbesteuerung

(1) Die Vorschriften der §§ 7 bis 18 und der Absätze 2 und 3 werden durch die Abkommen zur Vermeidung der Doppelbesteuerung nicht berührt.

(2) Fallen Einkünfte in der ausländischen Betriebsstätte eines unbeschränkt Steuerpflichtigen an und wären sie ungeachtet des § 8 Abs. 2 als Zwischeneinkünfte steuerpflichtig, falls diese Betriebsstätte eine ausländische Gesellschaft wäre, ist insoweit die

1) **Anm. d. Red.:** § 18 Abs. 1 i. d. F. des Art. 5 Nr. 10 UntStFG v. 20. 12. 2001 (BGBl I 3858); Abs. 3 i. d. F., Abs. 4 angefügt gem. Art. 24 Nr. 8 JStG 2008 v. 20. 12. 2007 (BGBl I 3150).

2) **Anm. d. Red.:** Zur Anwendung des § 18 siehe § 21 Abs. 5, 7 Satz 5, Abs. 17 Sätze 1 und 5.

3) **Anm. d. Red.:** § 19 weggefallen gem. Art. 24 Nr. 9 JStG 2008 v. 20. 12. 2007 (BGBl I 3150).

4) **Anm. d. Red.:** § 20 Abs. 1 i. d. F. des Art. 17 Nr. 9 StÄndG 1992 v. 25. 2. 1992 (BGBl I 297); Abs. 2 i. d. F. des Art. 24 Nr. 10 JStG 2008 v. 20. 12. 2007 (BGBl I 3150); Abs. 3 weggefallen gem. Art. 12 Nr. 3 JStG 1997 v. 20. 12. 1996 (BGBl I 2049).

5) **Anm. d. Red.:** Zur Anwendung des § 20 siehe § 21 Abs. 7 Sätze 1 und 4, Abs. 11 Satz 2 und Abs. 17 Satz 1.

Doppelbesteuerung nicht durch Freistellung, sondern durch Anrechnung der auf diese Einkünfte erhobenen ausländischen Steuern zu vermeiden.

(3) (weggefallen)

§ 21[1] Anwendungsvorschriften

(1) Die Vorschriften dieses Gesetzes sind, soweit in den folgenden Absätzen nichts anderes bestimmt ist, wie folgt anzuwenden:

1. für die Einkommensteuer und für die Körperschaftsteuer erstmals für den Veranlagungszeitraum 1972;
2. für die Gewerbesteuer erstmals für den Erhebungszeitraum 1972;
3. (weggefallen)
4. für die Erbschaftsteuer auf Erwerbe, bei denen die Steuerschuld nach dem Inkrafttreten dieses Gesetzes entstanden ist.

(2) Die Anwendung der §§ 2 bis 5 wird nicht dadurch berührt, dass die unbeschränkte Steuerpflicht der natürlichen Person bereits vor dem 1. Januar 1972 geendet hat.

(3) Soweit in Anwendung des § 10 Abs. 3 Wirtschaftsgüter erstmals zu bewerten sind, sind sie mit den Werten anzusetzen, die sich ergeben würden, wenn seit Übernahme der Wirtschaftsgüter durch die ausländische Gesellschaft die Vorschriften des deutschen Steuerrechts angewendet worden wären.

(4) [1]§ 13 Abs. 2 Nr. 2 ist erstmals anzuwenden

1. für die Körperschaftsteuer für den Veranlagungszeitraum 1984;
2. für die Gewerbesteuer für den Erhebungszeitraum 1984.

[2]§ 1 Abs. 4, § 13 Abs. 1 Satz 1 Nr. 1 Buchstabe b und Satz 2 in der Fassung des Artikels 17 des Gesetzes vom 25. Februar 1992 (BGBl I S. 297) sind erstmals anzuwenden:

1. für die Einkommensteuer und für die Körperschaftsteuer für den Veranlagungszeitraum 1992;
2. für die Gewerbesteuer für den Erhebungszeitraum 1992.

(5) § 18 Abs. 3 ist auch für Veranlagungszeiträume und Erhebungszeiträume vor 1985 anzuwenden, wenn die Erklärungen noch nicht abgegeben sind.

(6) [1]Bei der Anwendung der §§ 2 bis 6 für die Zeit nach dem 31. Dezember 1990 steht der unbeschränkten Steuerpflicht nach § 1 Abs. 1 Satz 1 des Einkommensteuergesetzes die unbeschränkte Steuerpflicht nach § 1 Abs. 1 des Einkommensteuergesetzes der Deutschen Demokratischen Republik in der Fassung vom 18. September 1970 (Sonderdruck Nr. 670 des Gesetzblattes) gleich. [2]Die Anwendung der §§ 2 bis 5 wird nicht dadurch berührt, dass die unbeschränkte Steuerpflicht der natürlichen Personen bereits vor dem 1. Januar 1991 geendet hat.

(7) [1]§ 7 Abs. 6, § 10 Abs. 6, § 11 Abs. 4 Satz 1, § 14 Abs. 4 Satz 5 und § 20 Abs. 2 in Verbindung mit § 10 Abs. 6 in der Fassung des Artikels 12 des Gesetzes vom 21. Dezember 1993 (BGBl I S. 2310) sind erstmals anzuwenden

1. für die Einkommen- und Körperschaftsteuer für den Veranlagungszeitraum,
2. mit Ausnahme des § 20 Abs. 2 und 3 für die Gewerbesteuer, für die der Teil des Hinzurechnungsbetrags, dem Einkünfte mit Kapitalanlagecharakter im Sinne des § 10 Abs. 6 Satz 3 zugrunde liegen, außer Ansatz bleibt, für den Erhebungszeitraum,

für den Zwischeneinkünfte mit Kapitalanlagecharakter im Sinne des § 10 Abs. 6 Satz 2 und 3 hinzuzurechnen sind, die in einem Wirtschaftsjahr der Zwischengesellschaft oder der Betriebsstätte entstanden sind, das nach dem 31. Dezember 1993 beginnt. [2]§ 6 Abs. 1 in der Fassung des Artikels 5 des Gesetzes vom 20. Dezember 2001 (BGBl I S. 3858) ist erstmals anzuwenden, wenn im Zeitpunkt der Beendigung der unbeschränkten Steuerpflicht auf Veräußerungen im Sinne des § 17 des Einkommensteuergesetzes § 3 Nr. 40

1) **Anm. d. Red.:** § 21 i. d. F. des Art. 9 Nr. 5 JStG 2009 v. 19. 12. 2008 (BGBl I 2794).

ASfG

Buchstabe c des Einkommensteuergesetzes anzuwenden wäre. [3]§ 7 Abs. 6 in der Fassung des Artikels 5 des Gesetzes vom 20. Dezember 2001 (BGBl I S. 3858) ist erstmals anzuwenden

1. für die Einkommen- und Körperschaftsteuer für den Veranlagungszeitraum,
2. für die Gewerbesteuer für den Erhebungszeitraum,

für den Zwischeneinkünfte hinzuzurechnen sind, die in einem Wirtschaftsjahr der Zwischengesellschaft entstanden sind, das nach dem 15. August 2001 beginnt. [4]§ 12 Abs. 2 in der Fassung des Artikels 12 des Gesetzes vom 23. Oktober 2000 (BGBl I S. 1433) sowie § 7 Abs. 7, § 8 Abs. 1 Nr. 8 und 9 und Abs. 3, § 9, § 10 Abs. 2, 3, 6, 7, § 11, § 12 Abs. 1, § 14 und § 20 Abs. 2 in der Fassung des Artikels 5 des Gesetzes vom 20. Dezember 2001 (BGBl I S. 3858) sind erstmals anzuwenden

1. für die Einkommen- und Körperschaftsteuer für den Veranlagungszeitraum,
2. für die Gewerbesteuer für den Erhebungszeitraum,

für den Zwischeneinkünfte hinzuzurechnen sind, die in einem Wirtschaftsjahr der Zwischengesellschaft oder der Betriebsstätte entstanden sind, das nach dem 31. Dezember 2000 beginnt. [5]§ 12 Abs. 3, § 18 Abs. 1 in der Fassung des Artikels 5 des Gesetzes vom 20. Dezember 2001 (BGBl I S. 3858) sind erstmals anzuwenden, wenn auf Gewinnausschüttungen § 3 Nr. 41 des Einkommensteuergesetzes in der Fassung des Artikels 1 des Gesetzes vom 20. Dezember 2001 (BGBl I S. 3858) anwendbar ist. [6]§ 8 Abs. 2 in der Fassung des Artikels 6 des Gesetzes vom 6. September 1976 (BGBl I S. 2641), § 13 in der Fassung des Artikels 17 des Gesetzes vom 25. Februar 1992 (BGBl I S. 297) sind letztmals anzuwenden

1. für die Einkommen- und Körperschaftsteuer für den Veranlagungszeitraum,
2. für die Gewerbesteuer für den Erhebungszeitraum,

für den Zwischeneinkünfte hinzuzurechnen sind, die in einem Wirtschaftsjahr der Zwischengesellschaft entstanden sind, das vor dem 1. Januar 2001 beginnt. [7]§ 11 in der Fassung des Artikels 12 des Gesetzes vom 21. Dezember 1993 (BGBl I S. 2310) ist auf Gewinnausschüttungen der Zwischengesellschaft oder auf Gewinne aus der Veräußerung der Anteile an der Zwischengesellschaft nicht anzuwenden, wenn auf die Ausschüttungen oder auf die Gewinne aus der Veräußerung § 8b Abs. 1 oder 2 des Körperschaftsteuergesetzes in der Fassung des Artikels 3 des Gesetzes vom 23. Oktober 2000 (BGBl I S. 1433) oder § 3 Nr. 41 des Einkommensteuergesetzes in der Fassung des Artikels 1 des Gesetzes vom 20. Dezember 2001 (BGBl I S. 3858) anwendbar ist.

(8) § 6 Abs. 3 Nr. 4 in der Fassung des Gesetzes vom 21. Dezember 1993 (BGBl I S. 2310) ist erstmals auf Einbringungen anzuwenden, die nach dem 31. Dezember 1991, und letztmals auf Einbringungen anzuwenden, die vor dem 1. Januar 1999 vorgenommen wurden.

(9) [1]§ 8 Abs. 1 Nr. 7 und § 10 Abs. 3 Satz 6 in der Fassung des Artikels 7 des Gesetzes vom 13. September 1993 (BGBl I S. 1569) sind erstmals anzuwenden

1. für die Einkommensteuer und Körperschaftsteuer für den Veranlagungszeitraum,
2. für die Gewerbesteuer für den Erhebungszeitraum,

für den Zwischeneinkünfte hinzuzurechnen sind, die in einem Wirtschaftsjahr der Zwischengesellschaft entstanden sind, das nach dem 31. Dezember 1991 beginnt. [2]§ 10 Abs. 3 Satz 1 in der Fassung dieses Gesetzes ist erstmals anzuwenden

1. für die Einkommensteuer und Körperschaftsteuer für den Veranlagungszeitraum,
2. für die Gewerbesteuer für den Erhebungszeitraum,

für den Zwischeneinkünfte hinzuzurechnen sind, die in einem Wirtschaftsjahr der Zwischengesellschaft entstanden sind, das nach dem 31. Dezember 1993 beginnt.

(10) [1]§ 2 Abs. 1 Satz 2, Abs. 2 Nr. 1 und Abs. 3 Nr. 2 und 3 sind in der Fassung des Artikels 9 des Gesetzes vom 19. Dezember 2000 (BGBl I S. 1790) erstmals für den Veranlagungszeitraum 2002 anzuwenden. [2]§ 7 Abs. 6 Satz 2, § 9 und § 10 Abs. 6 Satz 1 sind in der Fassung des Artikels 9 des Gesetzes vom 19. Dezember 2000 (BGBl I S. 1790) erstmals anzuwenden

1. für die Einkommensteuer und die Körperschaftsteuer für den Veranlagungszeitraum,
2. für die Gewerbesteuer für den Erhebungszeitraum,

für den Zwischeneinkünfte hinzuzurechnen sind, die in einem Wirtschaftsjahr der Zwischengesellschaft entstanden sind, das nach dem 31. Dezember 2001 beginnt.

(11) [1]§ 1 Abs. 4 in der Fassung des Artikels 11 des Gesetzes vom 16. Mai 2003 (BGBl I S. 660) ist erstmals für den Veranlagungszeitraum 2003 anzuwenden. [2]§ 7 Abs. 6 und 6a, § 8 Abs. 1 Nr. 9, §§ 10, 11, 14, 20 Abs. 2 in der Fassung des Artikels 11 des Gesetzes vom 16. Mai 2003 (BGBl I S. 660), § 7 Abs. 7, § 8 Abs. 1 Nr. 4 und § 14 Abs. 1 in der Fassung des Artikels 5 des Gesetzes vom 22. Dezember 2003 (BGBl I S. 2840) sind erstmals anzuwenden

1. für die Einkommen- und Körperschaftsteuer für den Veranlagungszeitraum,
2. für die Gewerbesteuer für den Erhebungszeitraum,

für den Zwischeneinkünfte hinzuzurechnen oder in einer Betriebsstätte angefallen sind, die in einem Wirtschaftsjahr der Zwischengesellschaft oder der Betriebsstätte entstanden sind, das nach dem 31. Dezember 2002 beginnt.

(12) § 10 Abs. 3 in der am 1. Januar 2004 geltenden Fassung, § 7 Abs. 7 in der Fassung des Artikels 11 des Gesetzes vom 9. Dezember 2004 (BGBl I S. 3310) sind erstmals anzuwenden

1. für die Einkommen- und Körperschaftsteuer für den Veranlagungszeitraum,
2. für die Gewerbesteuer für den Erhebungszeitraum,

für den Zwischeneinkünfte hinzuzurechnen oder in einer Betriebsstätte angefallen sind, die in einem Wirtschaftsjahr der Zwischengesellschaft oder der Betriebsstätte entstanden sind, das nach dem 31. Dezember 2003 beginnt.

(13) [1]§ 6 Abs. 1 in der Fassung des Artikels 7 des Gesetzes vom 7. Dezember 2006 (BGBl I S. 2782) ist erstmals für den Veranlagungszeitraum 2007 anzuwenden. [2]§ 6 Abs. 2 bis 7 in der Fassung des Gesetzes vom 7. Dezember 2006 (BGBl I S. 2782) ist in allen Fällen anzuwenden, in denen die Einkommensteuer noch nicht bestandskräftig festgesetzt ist.

(14) § 8 Abs. 1 Nr. 10 und § 10 Abs. 3 Satz 4 in der Fassung des Artikels 7 des Gesetzes vom 7. Dezember 2006 (BGBl I S. 2782) ist erstmals anzuwenden

1. für die Einkommen- und Körperschaftsteuer für den Veranlagungszeitraum,
2. für die Gewerbesteuer für den Erhebungszeitraum,

für den Zwischeneinkünfte hinzuzurechnen oder in einer Betriebsstätte angefallen sind, die in einem Wirtschaftsjahr der Zwischengesellschaft oder der Betriebsstätte entstanden sind, das nach dem 31. Dezember 2005 beginnt.

(15) § 7 Abs. 8, § 8 Abs. 1 Nr. 9, § 11 Abs. 1 und § 14 Abs. 2 in der Fassung des Artikels 3 des Gesetzes vom 28. Mai 2007 (BGBl I S. 914) sind erstmals anzuwenden für

1. die Einkommen- und Körperschaftsteuer für den Veranlagungszeitraum sowie
2. die Gewerbesteuer für den Erhebungszeitraum,

für den Zwischeneinkünfte hinzuzurechnen sind, die in einem Wirtschaftsjahr der Zwischengesellschaft oder der Betriebsstätte entstanden sind, das nach dem 31. Dezember 2006 beginnt.

(16) § 1 Abs. 1, 3 und 4 in der Fassung des Artikels 7 des Gesetzes vom 14. August 2007 (BGBl I S. 1912) ist erstmals für den Veranlagungszeitraum 2008 anzuwenden.

(17) [1]§ 7 Abs. 6 Satz 2, § 8 Abs. 2 und 3, §§ 9, 10 Abs. 2 Satz 3, § 18 Abs. 3 Satz 1 und § 20 Abs. 2 in der Fassung des Artikels 24 des Gesetzes vom 20. Dezember 2007 (BGBl I S. 3150) sind erstmals anzuwenden

1. für die Einkommen- und Körperschaftsteuer für den Veranlagungszeitraum,
2. für die Gewerbesteuer für den Erhebungszeitraum,

für den Zwischeneinkünfte hinzuzurechnen sind, die in einem Wirtschaftsjahr der Zwischengesellschaft oder der Betriebsstätte entstanden sind, das nach dem 31. Dezember

2007 beginnt. [2]§ 8 Abs. 1 Nr. 9 in der Fassung des Artikels 24 des Gesetzes vom 20. Dezember 2007 (BGBl I S. 3150) ist erstmals anzuwenden

1. für die Einkommen- und Körperschaftsteuer für den Veranlagungszeitraum,
2. für die Gewerbesteuer für den Erhebungszeitraum,

für den Zwischeneinkünfte hinzuzurechnen sind, die in einem Wirtschaftsjahr der Zwischengesellschaft oder der Betriebsstätte entstanden sind, das nach dem 31. Dezember 2006 beginnt. [3]§ 12 Abs. 3 Satz 1 in der Fassung des Artikels 24 des Gesetzes vom 20. Dezember 2007 (BGBl I S. 3150) ist erstmals für Zeiträume anzuwenden, für die § 12 Abs. 3 in der am 25. Dezember 2001 geltenden Fassung erstmals anzuwenden ist. [4]§ 14 Abs. 1 Satz 1 in der Fassung des Artikels 24 des Gesetzes vom 20. Dezember 2007 (BGBl I S. 3150) ist erstmals anzuwenden

1. für die Einkommen- und Körperschaftsteuer für den Veranlagungszeitraum,
2. für die Gewerbesteuer für den Erhebungszeitraum,

für den Zwischeneinkünfte hinzuzurechnen sind, die in einem Wirtschaftsjahr der Zwischengesellschaft oder der Betriebsstätte entstanden sind, das nach dem 31. Dezember 2005 beginnt. [5]§ 18 Abs. 4 in der am 29. Dezember 2007 geltenden Fassung ist für die Einkommen- und Körperschaftsteuer erstmals für den Veranlagungszeitraum 2008 anzuwenden.

(18) [1]§ 2 Abs. 1 und 5 und § 15 Abs. 6 in der Fassung des Artikels 9 des Gesetzes vom 19. Dezember 2008 (BGBl I S. 2794) sind für die Einkommen- und Körperschaftsteuer erstmals für den Veranlagungszeitraum 2009 anzuwenden. [2]§ 15 Abs. 7 in der Fassung des Artikels 9 des Gesetzes vom 19. Dezember 2008 (BGBl I S. 2794) ist in allen Fällen anzuwenden, in denen die Einkommen- und Körperschaftsteuer noch nicht bestandskräftig festgesetzt ist.

§ 22[1] Neufassung des Gesetzes

Das Bundesministerium der Finanzen kann den Wortlaut dieses Gesetzes in der jeweils geltenden Fassung im Bundesgesetzblatt bekannt machen.

1) **Anm. d. Red.:** § 22 i. d. F. des Art. 24 Nr. 12 JStG 2008 v. 20. 12. 2007 (BGBl I 3150).

Verordnung zur Anwendung des Fremdvergleichsgrundsatzes nach § 1 Abs. 1 des Außensteuergesetzes in Fällen grenzüberschreitender Funktionsverlagerungen (Funktionsverlagerungsverordnung – FVerlV)

v. 12. 8. 2008 (BGBl I S. 1680)

Amtliche Fassung

Auf Grund des § 1 Abs. 3 Satz 13 des Außensteuergesetzes vom 8. September 1972 (BGBl I S. 1713), der durch Artikel 7 des Gesetzes vom 14. August 2007 (BGBl I S. 1912) eingefügt worden ist, verordnet das Bundesministerium der Finanzen:

Abschnitt 1: Allgemeine Vorschriften

§ 1 Begriffsbestimmungen

(1) [1]Eine Funktion ist eine Geschäftstätigkeit, die aus einer Zusammenfassung gleichartiger betrieblicher Aufgaben besteht, die von bestimmten Stellen oder Abteilungen eines Unternehmens erledigt werden. [2]Sie ist ein organischer Teil eines Unternehmens, ohne dass ein Teilbetrieb im steuerlichen Sinn vorliegen muss.

(2) [1]Eine Funktionsverlagerung im Sinne des § 1 Abs. 3 Satz 9 des Außensteuergesetzes liegt vorbehaltlich der Absätze 6 und 7 vor, wenn ein Unternehmen (verlagerndes Unternehmen) einem anderen, nahe stehenden Unternehmen (übernehmendes Unternehmen) Wirtschaftsgüter und sonstige Vorteile sowie die damit verbundenen Chancen und Risiken überträgt oder zur Nutzung überlässt, damit das übernehmende Unternehmen eine Funktion ausüben kann, die bisher von dem verlagernden Unternehmen ausgeübt worden ist, und dadurch die Ausübung der betreffenden Funktion durch das verlagernde Unternehmen eingeschränkt wird. [2]Eine Funktionsverlagerung kann auch vorliegen, wenn das übernehmende Unternehmen die Funktion nur zeitweise übernimmt. [3]Geschäftsvorfälle, die innerhalb von fünf Wirtschaftsjahren verwirklicht werden, sind zu dem Zeitpunkt, zu dem die Voraussetzungen des Satzes 1 durch ihre gemeinsame Verwirklichung wirtschaftlich erfüllt sind, als einheitliche Funktionsverlagerung zusammenzufassen.

(3) Ein Transferpaket im Sinne des § 1 Abs. 3 Satz 9 des Außensteuergesetzes besteht aus einer Funktion und den mit dieser Funktion zusammenhängenden Chancen und Risiken sowie den Wirtschaftsgütern und Vorteilen, die das verlagernde Unternehmen dem übernehmenden Unternehmen zusammen mit der Funktion überträgt oder zur Nutzung überlässt, und den in diesem Zusammenhang erbrachten Dienstleistungen.

(4) Gewinnpotenziale im Sinne des § 1 Abs. 3 Satz 6 des Außensteuergesetzes sind die aus der verlagerten Funktion jeweils zu erwartenden Reingewinne nach Steuern (Barwert), auf die ein ordentlicher und gewissenhafter Geschäftsleiter im Sinne des § 1 Abs. 1 Satz 2 des Außensteuergesetzes aus der Sicht des verlagernden Unternehmens nicht unentgeltlich verzichten würde und für die ein solcher Geschäftsleiter aus der Sicht des übernehmenden Unternehmens bereit wäre, ein Entgelt zu zahlen.

(5) Immaterielle Wirtschaftsgüter und Vorteile sind in Fällen von Funktionsverlagerungen wesentlich im Sinne des § 1 Abs. 3 Satz 10 erste Alternative des Außensteuergesetzes, wenn sie für die verlagerte Funktion erforderlich sind und ihr Fremdvergleichspreis insgesamt mehr als 25 Prozent der Summe der Einzelpreise aller Wirtschaftsgüter und Vorteile des Transferpakets beträgt und dies unter Berücksichtigung der Auswirkungen der Funktionsverlagerung, die aus den Aufzeichnungen im Sinne des § 3 Abs. 2 Satz 2 hervorgehen, glaubhaft ist.

(6) [1]Eine Funktionsverlagerung im Sinne des Absatzes 2 liegt nicht vor, wenn es trotz Vorliegens der übrigen Voraussetzungen des Absatzes 2 Satz 1 innerhalb von fünf Jahren

nach Aufnahme der Funktion durch das nahe stehende Unternehmen zu keiner Einschränkung der Ausübung der betreffenden Funktion durch das in Absatz 2 Satz 1 zuerst genannte Unternehmen kommt (Funktionsverdoppelung). [2]Kommt es innerhalb dieser Frist zu einer solchen Einschränkung, liegt zum Zeitpunkt, in dem die Einschränkung eintritt, insgesamt eine einheitliche Funktionsverlagerung vor, es sei denn, der Steuerpflichtige macht glaubhaft, dass diese Einschränkung nicht in unmittelbarem wirtschaftlichen Zusammenhang mit der Funktionsverdoppelung steht.

(7) [1]Eine Funktionsverlagerung im Sinne des Absatzes 2 liegt ebenfalls nicht vor, wenn ausschließlich Wirtschaftsgüter veräußert oder zur Nutzung überlassen werden oder wenn nur Dienstleistungen erbracht werden, es sei denn, diese Geschäftsvorfälle sind Teil einer Funktionsverlagerung. [2]Entsprechendes gilt, wenn Personal im Konzern entsandt wird, ohne dass eine Funktion mit übergeht, oder wenn der Vorgang zwischen voneinander unabhängigen Dritten nicht als Veräußerung oder Erwerb einer Funktion angesehen würde.

§ 2 Anwendung der Regelungen zum Transferpaket

(1) [1]In Fällen von Funktionsverlagerungen, in denen die Preisbestimmung für das Transferpaket als Ganzes auf Grund uneingeschränkt oder eingeschränkt vergleichbarer Vergleichswerte erfolgen kann, ist vorrangig § 1 Abs. 3 Satz 1 bis 4 des Außensteuergesetzes anzuwenden. [2]Anderenfalls ist die Preisbestimmung für das Transferpaket entsprechend dem hypothetischen Fremdvergleich nach § 1 Abs. 3 Satz 5 und 6 des Außensteuergesetzes vorzunehmen. [3]§ 1 Abs. 3 Satz 10 erste Alternative des Außensteuergesetzes bleibt unberührt.

(2) [1]Übt das übernehmende Unternehmen die übergehende Funktion ausschließlich gegenüber dem verlagernden Unternehmen aus und ist das Entgelt, das für die Ausübung der Funktion und die Erbringung der entsprechenden Leistungen anzusetzen ist, nach der Kostenaufschlagsmethode zu ermitteln, ist davon auszugehen, dass mit dem übergehenden Transferpaket keine wesentlichen immateriellen Wirtschaftsgüter und Vorteile übertragen werden, so dass § 1 Abs. 3 Satz 10 erste Alternative des Außensteuergesetzes anwendbar ist. [2]Erbringt ein übernehmendes Unternehmen im Sinne des Satzes 1 die bisher ausschließlich gegenüber dem verlagernden Unternehmen erbrachten Leistungen eigenständig, ganz oder teilweise, gegenüber anderen Unternehmen zu Preisen, die höher sind als das Entgelt nach der Kostenaufschlagsmethode oder die entsprechend dem Fremdvergleichsgrundsatz höher anzusetzen sind, ist zum Zeitpunkt der erstmaligen Erbringung gegenüber den anderen Unternehmen für bisher unentgeltlich vom verlagernden Unternehmen für die Leistungserbringung zur Verfügung gestellte Wirtschaftsgüter und Vorteile ein Entgelt entsprechend § 3 zu verrechnen; die betreffenden Wirtschaftsgüter und Vorteile gelten als ein Transferpaket, soweit hierfür die sonstigen Voraussetzungen gegeben sind.

(3) [1]In Fällen, in denen nach § 1 Abs. 3 Satz 10 zweite Alternative des Außensteuergesetzes eine Verrechnungspreisermittlung für eine Funktionsverlagerung auf der Grundlage der Summe der Verrechnungspreise für die einzelnen betroffenen Wirtschaftsgüter und Vorteile anzuerkennen ist, sind sowohl der Einigungsbereich als auch der Wert für das Transferpaket als Ganzes nach § 1 Abs. 3 Satz 7 und 9 des Außensteuergesetzes zu ermitteln. [2]Die Summe der Einzelverrechnungspreise für die Wirtschaftsgüter und Vorteile, die vollständig zu erfassen sind, darf nur angesetzt werden, wenn sie im Einigungsbereich liegt und der Steuerpflichtige glaubhaft macht, dass sie dem Fremdvergleichsgrundsatz entspricht.

Abschnitt 2: Wert des Transferpakets und Ansatz der Verrechnungspreise für seine Bestandteile

§ 3 Wert des Transferpakets

(1) Ist in den Fällen des § 2 Abs. 1 Satz 2 der Wert für ein dem verlagernden Unternehmen zuzurechnendes Transferpaket als Ganzes zu bestimmen, muss dieser Wert, dem

Fremdvergleichsgrundsatz im Sinne des § 1 Abs. 1 des Außensteuergesetzes entsprechend, aus der Sicht der beteiligten Unternehmen in Übereinstimmung mit den Gewinnen stehen, die zum Zeitpunkt der Verlagerung aus der Ausübung der Funktion erwartet werden können und der Funktion zuzuordnen sind (Gewinnpotenziale).

(2) [1]Die jeweiligen Gewinnpotenziale sind unter Berücksichtigung aller Umstände des Einzelfalles auf der Grundlage einer Funktionsanalyse vor und nach der Funktionsverlagerung unter Berücksichtigung tatsächlich bestehender Handlungsmöglichkeiten zu ermitteln und beinhalten auch Standortvorteile oder -nachteile und Synergieeffekte. [2]Ausgangspunkt für die Berechnungen sind die Unterlagen, die Grundlage für die Unternehmensentscheidung waren, eine Funktionsverlagerung durchzuführen. [3]Für die Berechnung der jeweiligen Gewinnpotenziale und des Einigungsbereichs (§ 7) sind die dem Maßstab des § 1 Abs. 1 Satz 2 des Außensteuergesetzes entsprechenden Gewinnerwartungen der beteiligten Unternehmen, angemessene Kapitalisierungszinssätze (§ 5) und ein von den Umständen der Funktionsausübung abhängiger Kapitalisierungszeitraum (§ 6) zu Grunde zu legen.

§ 4 Bestandteile des Transferpakets

(1) Werden für einzelne Teile des Transferpakets unterschiedliche Vereinbarungen getroffen oder sind solche Vereinbarungen dem Fremdvergleichsgrundsatz entsprechend anzunehmen, sind für alle Teile des Transferpakets Verrechnungspreise anzusetzen, die insgesamt dem nach § 3 Abs. 1 bestimmten Wert des Transferpakets als Ganzes entsprechen.

(2) Bestehen Zweifel, ob hinsichtlich des Transferpakets oder einzelner Teile eine Übertragung oder eine Nutzungsüberlassung anzunehmen ist, wird auf Antrag des Steuerpflichtigen von einer Nutzungsüberlassung ausgegangen.

(3) In den Fällen des § 1 Abs. 6, in denen sich nachträglich herausstellt, dass eine Funktionsverlagerung vorliegt, sind die Verrechnungspreise für die Geschäftsvorfälle, die dazu geführt haben, dass eine Funktionsverlagerung vorliegt, dem Fremdvergleichsgrundsatz entsprechend so anzusetzen, dass sie zusammen mit den ursprünglich bestimmten Verrechnungspreisen dem nach § 3 Abs. 1 bestimmten Wert des Transferpakets als Ganzes entsprechen.

§ 5 Kapitalisierungszinssatz

[1]Zur Bestimmung des jeweils angemessenen Kapitalisierungszinssatzes ist unter Berücksichtigung der Steuerbelastung vom Zins für eine risikolose Investition auszugehen, auf den ein funktions- und risikoadäquater Zuschlag vorzunehmen ist. [2]Die Laufzeit der vergleichbaren risikolosen Investition richtet sich danach, wie lange die übernommene Funktion voraussichtlich ausgeübt wird. [3]Der Zuschlag ist so zu bemessen, dass er sowohl für das übernehmende als auch für das verlagernde Unternehmen die in vergleichbaren Fällen jeweils unternehmensübliche Risikobeurteilung berücksichtigt.

§ 6 Kapitalisierungszeitraum

Werden keine Gründe für einen bestimmten, von den Umständen der Funktionsausübung abhängigen Kapitalisierungszeitraum glaubhaft gemacht oder sind solche Gründe nicht ersichtlich, ist ein unbegrenzter Kapitalisierungszeitraum zu Grunde zu legen.

§ 7 Bestimmung des Einigungsbereichs

(1) [1]Für ein verlagerndes Unternehmen, das aus der Funktion Gewinne zu erwarten hat, ergibt sich die Untergrenze des Verhandlungsrahmens (Mindestpreis des Einigungsbereichs) im Sinne des § 1 Abs. 3 Satz 6 des Außensteuergesetzes aus dem Ausgleich für den Wegfall oder die Minderung des Gewinnpotenzials zuzüglich der gegebenenfalls anfallenden Schließungskosten. [2]Tatsächlich bestehende Handlungsmöglichkeiten, die das verlagernde Unternehmen als vom übernehmenden Unternehmen unabhängiges Unternehmen hätte, sind zu berücksichtigen, ohne die unternehmerische Dispositionsbefugnis des verlagernden Unternehmens in Frage zu stellen.

(2) In Fällen, in denen das verlagernde Unternehmen aus rechtlichen, tatsächlichen oder wirtschaftlichen Gründen nicht mehr dazu in der Lage ist, die Funktion mit eigenen Mitteln selbst auszuüben, entspricht der Mindestpreis dem Liquidationswert.

(3) [1]Verlagert ein Unternehmen eine Funktion, aus der es dauerhaft Verluste zu erwarten hat, wird der Verhandlungsrahmen für das verlagernde Unternehmen durch die zu erwartenden Verluste oder die gegebenenfalls anfallenden Schließungskosten begrenzt; maßgeblich ist der niedrigere absolute Betrag. [2]In solchen Fällen kann es dem Verhalten eines ordentlichen und gewissenhaften Geschäftsleiters entsprechen, zur Begrenzung von Verlusten ein Entgelt für die Funktionsverlagerung zu vereinbaren, das die anfallenden Schließungskosten nur teilweise deckt, oder eine Ausgleichszahlung an das übernehmende Unternehmen für die Übernahme der Verlustquelle zu leisten.

(4) [1]Das Gewinnpotenzial des übernehmenden Unternehmens aus der übernommenen Funktion ist regelmäßig die Obergrenze des Verhandlungsrahmens (Höchstpreis des Einigungsbereichs). [2]Tatsächlich bestehende Handlungsmöglichkeiten, die das übernehmende Unternehmen als vom verlagernden Unternehmen unabhängiges Unternehmen hätte, sind zu berücksichtigen, ohne die unternehmerische Dispositionsbefugnis des übernehmenden Unternehmens in Frage zu stellen.

(5) Auch in den Fällen der Absätze 2 und 3, in denen der Mindestpreis des verlagernden Unternehmens bei Null oder darunter liegt, ist nach dem Fremdvergleichsgrundsatz zu prüfen, ob ein unabhängiger Dritter nach § 1 Abs. 3 Satz 9 in Verbindung mit § 1 Abs. 3 Satz 7 des Außensteuergesetzes bereit wäre, einen Preis für die Übernahme der Funktion zu bezahlen.

§ 8 Schadenersatz-, Entschädigungs- und Ausgleichsansprüche

[1]Gesetzliche oder vertragliche Schadenersatz-, Entschädigungs- und Ausgleichsansprüche sowie Ansprüche, die voneinander unabhängigen Dritten zustünden, wenn ihre Handlungsmöglichkeiten vertraglich oder tatsächlich ausgeschlossen würden, können der Besteuerung einer Funktionsverlagerung zu Grunde gelegt werden, wenn der Steuerpflichtige glaubhaft macht, dass solche Dritte unter ähnlichen Umständen in vergleichbarer Art und Weise verfahren wären. [2]Der Steuerpflichtige muss zusätzlich glaubhaft machen, dass keine wesentlichen immateriellen Wirtschaftsgüter und Vorteile übertragen oder zur Nutzung überlassen worden sind, es sei denn, die Übertragung oder Überlassung ist zwingende Folge von Ansprüchen im Sinne des Satzes 1.

Abschnitt 3: Einzelheiten in Fällen nachträglicher Anpassungen

§ 9 Anpassungsregelung des Steuerpflichtigen

Eine Anpassungsregelung des Steuerpflichtigen, die nachträgliche Anpassungen im Sinne des § 1 Abs. 3 Satz 11 und 12 des Außensteuergesetzes ausschließt, liegt auch dann vor, wenn im Hinblick auf wesentliche immaterielle Wirtschaftsgüter und Vorteile Lizenzvereinbarungen getroffen werden, die die zu zahlende Lizenz vom Umsatz oder Gewinn des Lizenznehmers abhängig machen oder für die Höhe der Lizenz Umsatz und Gewinn berücksichtigen.

§ 10 Erhebliche Abweichung

[1]In den Fällen des § 1 Abs. 3 Satz 12 des Außensteuergesetzes liegt eine erhebliche Abweichung vor, wenn der unter Zugrundelegung der tatsächlichen Gewinnentwicklung zutreffende Verrechnungspreis außerhalb des ursprünglichen Einigungsbereichs liegt. [2]Der neue Einigungsbereich wird durch den ursprünglichen Mindestpreis und den neu ermittelten Höchstpreis des übernehmenden Unternehmens begrenzt. [3]Eine erhebliche Abweichung liegt auch vor, wenn der neu ermittelte Höchstpreis niedriger ist als der ursprüngliche Mindestpreis des verlagernden Unternehmens.

§ 11 Angemessene Anpassung

Eine Anpassung im Sinne des § 1 Abs. 3 Satz 12 des Außensteuergesetzes ist angemessen, wenn sie in den Fällen des § 10 Satz 1 dem Unterschiedsbetrag zwischen dem ursprünglichen und dem neu ermittelten Verrechnungspreis entspricht, oder wenn sie in den Fällen des § 10 Satz 3 dem Unterschiedsbetrag zwischen dem ursprünglichen Verrechnungspreis und dem Mittelwert zwischen dem neuen Höchstpreis des übernehmenden Unternehmens und dem ursprünglichen Mindestpreis des verlagernden Unternehmens entspricht.

Abschnitt 4: Schlussvorschriften

§ 12 Anwendungsvorschrift

Diese Verordnung ist erstmals für den Veranlagungszeitraum 2008 anzuwenden.

§ 13 Inkrafttreten

Diese Verordnung tritt mit Wirkung vom 1. Januar 2008 in Kraft.

FVerlV

Eigenheimzulagengesetz (EigZulG)

v. 26. 3. 1997 (BGBl I S. 735) mit späteren Änderungen

Die amtliche Neufassung des EigZulG v. 26. 3. 1997 (BGBl I 735) wurde inzwischen geändert durch Art. 2 Gesetz zur Änderung des § 42 Abs. 2 WoGG und des § 9 Abs. 3 und 4 EigZulG v. 16. 7. 1998 (BGBl I 1860); Art. 14 Steuerentlastungsgesetz 1999/2000/2002 v. 24. 3. 1999 (BGBl I 402, 494); Art. 5 Gesetz zur Familienförderung v. 22. 12. 1999 (BGBl I 2552); Art. 3 Gesetz zur Änderung des WoGG und anderer Gesetze v. 22. 12. 1999 (BGBl I 2671); Art. 11 Steuer-Euroglättungsgesetz (StEuglG) v. 19. 12. 2000 (BGBl I 1790); Art. 1 Gesetz zur Änderung des EigZulG und anderer Gesetze v. 19. 12. 2000 (BGBl I 1810); Art. 6 Haushaltsbegleitgesetz 2004 (HBeglG 2004) v. 29. 12. 2003 (BGBl I 3076, ber. 2004 I 69); Art. 1 Gesetz zur Abschaffung der Eigenheimzulage v. 22. 12. 2005 (BGBl I 3680); Art. 22 Jahressteuergesetz 2009 (JStG 2009) v. 19. 12. 2008 (BGBl I 2794). – **Zur Anwendung siehe § 19.**

Nichtamtliche Fassung

§ 1 Anspruchsberechtigter

Unbeschränkt Steuerpflichtige im Sinne des Einkommensteuergesetzes haben Anspruch auf eine Eigenheimzulage nach Maßgabe der folgenden Vorschriften.

§ 2[1)2)] Begünstigtes Objekt

[1]Begünstigt ist die Herstellung oder Anschaffung einer Wohnung in einem im Inland belegenen eigenen Haus oder einer im Inland belegenen eigenen Eigentumswohnung. [2]Nicht begünstigt ist eine Ferien- oder Wochenendwohnung oder eine Wohnung, für die Absetzungen für Abnutzung als Betriebsausgaben oder Werbungskosten im Rahmen der doppelten Haushaltsführung abgezogen werden oder § 52 Abs. 15 Satz 2 oder 3 oder Abs. 21 Satz 2 des Einkommensteuergesetzes gilt. [3]Nicht begünstigt sind auch eine Wohnung oder ein Anteil daran, die der Anspruchsberechtigte von seinem Ehegatten anschafft, wenn bei den Ehegatten im Zeitpunkt der Anschaffung die Voraussetzungen des § 26 Abs. 1 des Einkommensteuergesetzes vorliegen.

EigZulG

§ 3 Förderzeitraum

Der Anspruchsberechtigte kann die Eigenheimzulage im Jahr der Fertigstellung oder Anschaffung und in den sieben folgenden Jahren (Förderzeitraum) in Anspruch nehmen.

§ 4 Nutzung zu eigenen Wohnzwecken

[1]Der Anspruch besteht nur für Kalenderjahre, in denen der Anspruchsberechtigte die Wohnung zu eigenen Wohnzwecken nutzt. [2]Eine Nutzung zu eigenen Wohnzwecken liegt auch vor, soweit eine Wohnung unentgeltlich an einen Angehörigen im Sinne des § 15 der Abgabenordnung zu Wohnzwecken überlassen wird.

§ 5[3)4)] Einkunftsgrenze

[1]Der Anspruchsberechtigte kann die Eigenheimzulage ab dem Jahr in Anspruch nehmen (Erstjahr), in dem die Summe der positiven Einkünfte nach § 2 Abs. 2 des Einkommensteuergesetzes des Erstjahrs zuzüglich der Summe der positiven Einkünfte des vorangegangenen Jahrs (Vorjahr) 70 000 Euro nicht übersteigt. [2]Ehegatten, die im Erstjahr die Voraussetzungen des § 26 Abs. 1 des Einkommensteuergesetzes erfüllen, können die Eigenheimzulage ab dem Jahr in Anspruch nehmen, in dem die Summe der positiven Einkünfte der Eheleute nach § 2 Abs. 2 des Einkommensteuergesetzes des Erstjahrs zuzüglich der Summe der positiven Einkünfte der Eheleute des vorangegangenen Jahrs 140 000 Euro nicht übersteigt. [3]Für jedes Kind, für das im Erstjahr die Voraussetzungen

1) **Anm. d. Red.:** § 2 i. d. F. des Art. 6 Nr. 1 HBeglG 2004 v. 29. 12. 2003 (BGBl I 3076).

2) **Anm. d. Red.:** Zur Anwendung des § 2 siehe § 19 Abs. 8 Satz 1.

3) **Anm. d. Red.:** § 5 i. d. F. des Art. 6 Nr. 2 HBeglG 2004 v. 29. 12. 2003 (BGBl I 3076).

4) **Anm. d. Red.:** Zur Anwendung des § 5 siehe § 19 Abs. 3, 7, 8 Satz 1 und Abs. 10.

für die Inanspruchnahme der Kinderzulage nach § 9 Abs. 5 Satz 1 und 2 vorliegen, erhöhen sich die Beträge nach den Sätzen 1 und 2 um 30 000 Euro, in den Fällen des § 9 Abs. 5 Satz 3 um 15 000 Euro für jeden Anspruchsberechtigten.

§ 6[1] Objektbeschränkung

(1) [1]Der Anspruchsberechtigte kann die Eigenheimzulage nur für eine Wohnung oder einen Ausbau oder eine Erweiterung (Objekt) in Anspruch nehmen. [2]Ehegatten, bei denen die Voraussetzungen des § 26 Abs. 1 des Einkommensteuergesetzes vorliegen, können die Eigenheimzulage für insgesamt zwei Objekte beanspruchen, jedoch nicht gleichzeitig für zwei in räumlichem Zusammenhang belegene Objekte, wenn bei den Ehegatten im Zeitpunkt der Fertigstellung oder Anschaffung der Objekte die Voraussetzungen des § 26 Abs. 1 des Einkommensteuergesetzes vorliegen.

(2) [1]Sind mehrere Anspruchsberechtigte Eigentümer einer Wohnung, steht jeder Anteil an dieser Wohnung einer Wohnung gleich; Entsprechendes gilt bei dem Ausbau oder der Erweiterung der Wohnung. [2]Satz 1 ist nicht anzuwenden, wenn Ehegatten Eigentümer der Wohnung sind und bei den Ehegatten die Voraussetzungen des § 26 Abs. 1 des Einkommensteuergesetzes vorliegen. [3]Erwirbt im Fall des Satzes 2 ein Ehegatte infolge Erbfalls einen Miteigentumsanteil an der Wohnung hinzu, so kann er den auf diesen Anteil entfallenden Fördergrundbetrag nach § 9 Abs. 2 bis 4 weiter in der bisherigen Höhe in Anspruch nehmen. [4]Absatz 1 Satz 1 findet insoweit keine Anwendung. [5]Satz 3 gilt entsprechend, wenn im Fall des Satzes 2 während des Förderzeitraums die Voraussetzungen des § 26 Abs. 1 des Einkommensteuergesetzes wegfallen und ein Ehegatte den Anteil des anderen Ehegatten an der Wohnung erwirbt.

(3)[2] Der Eigenheimzulage stehen die erhöhten Absetzungen nach § 7b des Einkommensteuergesetzes in der jeweiligen Fassung ab Inkrafttreten des Gesetzes vom 16. Juni 1964 (BGBl I S. 353) und nach § 15 Abs. 1 bis 4 des Berlinförderungsgesetzes in der jeweiligen Fassung ab Inkrafttreten des Gesetzes vom 11. Juli 1977 (BGBl I S. 1213), die Abzugsbeträge nach § 10e des Einkommensteuergesetzes und nach § 15b des Berlinförderungsgesetzes in der jeweiligen Fassung ab Inkrafttreten des Gesetzes vom 15. Mai 1986 (BGBl I S. 730) sowie eine steuerliche Begünstigung von Aufwendungen für dasselbe selbstgenutzte Wohneigentum in einem anderen Staat gleich.

§ 7[3][4] Folgeobjekt

[1]Nutzt der Anspruchsberechtigte die Wohnung (Erstobjekt) nicht bis zum Ablauf des Förderzeitraums zu eigenen Wohnzwecken und kann er deshalb die Eigenheimzulage nicht mehr in Anspruch nehmen, kann er die Eigenheimzulage für ein weiteres Objekt (Folgeobjekt) beanspruchen. [2]Das Folgeobjekt ist ein eigenständiges Objekt im Sinne des § 2. [3]Der Förderzeitraum für das Folgeobjekt ist um die Kalenderjahre zu kürzen, in denen der Anspruchsberechtigte die Eigenheimzulage für das Erstobjekt in Anspruch hätte nehmen können; hat der Anspruchsberechtigte das Folgeobjekt in einem Jahr, in dem er das Erstobjekt noch zu eigenen Wohnzwecken genutzt hat, hergestellt oder angeschafft, so beginnt der Förderzeitraum für das Folgeobjekt mit Ablauf des Jahres, in dem der Anspruchsberechtigte das Erstobjekt letztmals zu eigenen Wohnzwecken genutzt hat. [4]Dem Erstobjekt im Sinne des Satzes 1 steht ein Erstobjekt im Sinne des § 7b Abs. 5 Satz 4 und § 10e Abs. 4 Satz 4 des Einkommensteuergesetzes sowie § 15 Abs. 1 und § 15b Abs. 1 des Berlinförderungsgesetzes gleich.

1) **Anm. d. Red.:** § 6 Abs. 2 und 3 i. d. F. des Art. 6 Nr. 3 HBeglG 2004 v. 29. 12. 2003 (BGBl I 3076).

2) **Anm. d. Red.:** Zur Anwendung des § 6 Abs. 3 siehe § 19 Abs. 8 Satz 1.

3) **Anm. d. Red.:** § 7 Satz 3 i. d. F. des Art. 6 Nr. 4 HBeglG 2004 v. 29. 12. 2003 (BGBl I 3076).

4) **Anm. d. Red.:** Zur Anwendung des § 7 siehe § 19 Abs. 8 Satz 1.

§ 8[1)2)] Bemessungsgrundlage

[1]Bemessungsgrundlage für den Fördergrundbetrag nach § 9 Abs. 2 sind die Herstellungskosten oder Anschaffungskosten der Wohnung zuzüglich der Anschaffungskosten für den dazugehörigen Grund und Boden sowie die Aufwendungen für Instandsetzungs- und Modernisierungsmaßnahmen, die innerhalb von zwei Jahren nach der Anschaffung an der Wohnung durchgeführt werden. [2]Zu den Aufwendungen gehören nicht die Aufwendungen für Erhaltungsarbeiten, die jährlich üblicherweise anfallen. [3]Werden Teile der Wohnung nicht zu eigenen Wohnzwecken genutzt, ist die Bemessungsgrundlage um den hierauf entfallenden Teil zu kürzen.

§ 9[3)4)] Höhe der Eigenheimzulage

(1) Die Eigenheimzulage umfasst den Fördergrundbetrag nach den Absätzen 2 bis 4 und die Kinderzulage nach Absatz 5.

(2) [1]Der Fördergrundbetrag beträgt jährlich 1 vom Hundert der Bemessungsgrundlage, höchstens 1 250 Euro. [2]Sind mehrere Anspruchsberechtigte Eigentümer einer Wohnung, kann der Anspruchsberechtigte den Fördergrundbetrag entsprechend seinem Miteigentumsanteil in Anspruch nehmen. [3]Der Fördergrundbetrag für die Herstellung oder Anschaffung einer Wohnung mindert sich jeweils um den Betrag, den der Anspruchsberechtigte im jeweiligen Kalenderjahr des Förderzeitraums für die Anschaffung von Genossenschaftsanteilen nach § 17 in Anspruch genommen hat.

(3) [1]Der Fördergrundbetrag nach Absatz 2 erhöht sich jährlich um 2 vom Hundert der Bemessungsgrundlage nach Satz 3, höchstens um 256 Euro. [2]Dies gilt nicht bei Ausbauten und Erweiterungen nach § 2 Abs. 2. [3]Bemessungsgrundlage sind

1. die Aufwendungen für den Einbau einer verbrennungsmotorisch oder thermisch angetriebenen Wärmepumpenanlage mit einer Leistungszahl von mindestens 1,3, einer Elektro-Wärmepumpenanlage mit einer Leistungszahl von mindestens 4,0, einer elektrischen Sole-Wasser-Wärmepumpenanlage mit einer Leistungszahl von mindestens 3,8, einer Solaranlage oder einer Anlage zur Wärmerückgewinnung einschließlich der Anbindung an das Heizsystem, wenn der Anspruchsberechtigte
   a) eine Wohnung, für deren Errichtung die Wärmeschutzverordnung vom 16. August 1994 (BGBl I S. 2121) gilt, hergestellt oder bis zum Ende des Jahres der Fertigstellung angeschafft, oder
   b) eine Wohnung nach Ablauf des Jahres der Fertigstellung angeschafft

   und die Maßnahme vor Beginn der Nutzung der Wohnung zu eigenen Wohnzwecken und vor dem 1. Januar 2003 abgeschlossen hat, oder
2. die Anschaffungskosten einer Wohnung, für deren Errichtung die Wärmeschutzverordnung vom 16. August 1994 (BGBl I S. 2121) gilt, und die der Anspruchsberechtigte bis zum Ende des zweiten auf das Jahr der Fertigstellung folgenden Jahres und vor dem 1. Januar 2003 angeschafft hat, soweit sie auf die in Nummer 1 genannten Maßnahmen entfallen.

(4) [1]Der Fördergrundbetrag nach Absatz 2 erhöht sich um jährlich 205 Euro, wenn

1. die Wohnung in einem Gebäude belegen ist, für dessen Errichtung die Wärmeschutzverordnung vom 16. August 1994 (BGBl I S. 2121) gilt und dessen Jahres-Heizwärmebedarf den danach geforderten Wert um mindestens 25 vom Hundert unterschreitet, und

---

1) **Anm. d. Red.:** § 8 Satz 1 und 2 i. d. F. des Art. 6 Nr. 5 HBeglG 2004 v. 29. 12. 2003 (BGBl I 3076).

2) **Anm. d. Red.:** Zur Anwendung des § 8 siehe § 19 Abs. 8 Satz 1.

3) **Anm. d. Red.:** § 9 Abs. 2, 5 und 6 i. d. F. des Art. 6 Nr. 6 HBeglG 2004 v. 29. 12. 2003 (BGBl I 3076); Abs. 3 und 4 i. d. F. des Art. 1 Nr. 1 und 2 Gesetz zur Änderung des EigZulG und anderer Gesetze v. 19. 12. 2000 (BGBl I 1810). — Eine Anpassung des § 9 Abs. 4 Satz 2 als Folge der Änderung des § 2 durch das HBeglG 2004 ist vom Gesetzgeber offensichtlich übersehen worden.

4) **Anm. d. Red.:** Zur Anwendung des § 9 siehe § 19 Abs. 4, 7, 8 Satz 1 und Abs. 10.

2. der Anspruchsberechtigte die Wohnung vor dem 1. Januar 2003 fertig gestellt oder vor diesem Zeitpunkt bis zum Ende des Jahres der Fertigstellung angeschafft hat.

[2]Dies gilt nicht bei Ausbauten und Erweiterungen nach § 2 Abs. 2. [3]Der Anspruchsberechtigte kann den Betrag nach Satz 1 nur in Anspruch nehmen, wenn er durch einen Wärmebedarfsausweis im Sinne des § 12 der Wärmeschutzverordnung nachweist, dass die Voraussetzungen des Satzes 1 Nr. 1 vorliegen.

(5) [1]Die Kinderzulage beträgt jährlich für jedes Kind, für das der Anspruchsberechtigte oder sein Ehegatte im jeweiligen Kalenderjahr des Förderzeitraums einen Freibetrag für Kinder nach § 32 Abs. 6 des Einkommensteuergesetzes oder Kindergeld erhält, 800 Euro. [2]Voraussetzung ist, dass das Kind im Förderzeitraum zum inländischen Haushalt des Anspruchsberechtigten gehört oder gehört hat. [3]Sind mehrere Anspruchsberechtigte Eigentümer einer Wohnung und haben sie zugleich für ein Kind Anspruch auf die Kinderzulage, ist bei jedem die Kinderzulage zur Hälfte anzusetzen. [4]Der Anspruchsberechtigte kann die Kinderzulage im Kalenderjahr nur für eine Wohnung in Anspruch nehmen. [5]Der Kinderzulage steht die Steuerermäßigung nach § 34f des Einkommensteuergesetzes gleich. [6]Absatz 2 Satz 3 ist entsprechend anzuwenden.

(6) [1]Die Summe der Fördergrundbeträge nach Absatz 2 und der Kinderzulagen nach Absatz 5 darf die Bemessungsgrundlage nach § 8 nicht überschreiten. [2]Sind mehrere Anspruchsberechtigte Eigentümer der Wohnung, darf die Summe der Beträge nach Satz 1 die auf den Anspruchsberechtigten entfallende Bemessungsgrundlage nicht überschreiten.

§ 10 Entstehung des Anspruchs auf Eigenheimzulage

Der Anspruch auf Eigenheimzulage entsteht mit Beginn der Nutzung der hergestellten oder angeschafften Wohnung zu eigenen Wohnzwecken, für jedes weitere Jahr des Förderzeitraums mit Beginn des Kalenderjahres, für das eine Eigenheimzulage festzusetzen ist.

§ 11[1)2)] Festsetzung der Eigenheimzulage

(1) [1]Die Eigenheimzulage wird für das Jahr, in dem erstmals die Voraussetzungen für die Inanspruchnahme der Eigenheimzulage vorliegen, und die folgenden Jahre des Förderzeitraums von dem für die Besteuerung des Anspruchsberechtigten nach dem Einkommen zuständigen Finanzamt festgesetzt. [2]Für die Höhe des Fördergrundbetrags nach § 9 Abs. 2 und die Zahl der Kinder nach § 9 Abs. 5 Satz 1 und 2 sind die Verhältnisse bei Beginn der Nutzung der hergestellten oder angeschafften Wohnung zu eigenen Wohnzwecken maßgeblich. [3]Liegen die Voraussetzungen für die Inanspruchnahme der Eigenheimzulage erst zu einem späteren Zeitpunkt vor, sind die Verhältnisse zu diesem Zeitpunkt maßgeblich. [4]Die Festsetzungsfrist für die Eigenheimzulage endet nicht vor Ablauf der Festsetzungsfrist für die Einkommensteuer der nach § 5 maßgebenden Jahre. [5]Ist der Ablauf der Festsetzungsfrist nach Satz 4 hinausgeschoben, verlängert sich die Festsetzungsfrist für die folgenden Jahre des Förderzeitraums um die gleiche Zeit.

(2) [1]Haben sich die Verhältnisse für die Höhe des Fördergrundbetrags nach § 9 Abs. 2 oder die Zahl der Kinder nach § 9 Abs. 5 Satz 1 und 2, die bei der zuletzt festgesetzten Eigenheimzulage zugrunde gelegt worden sind, geändert, ist die Eigenheimzulage neu festzusetzen (Neufestsetzung). [2]Neu festgesetzt wird mit Wirkung ab dem Kalenderjahr, für das sich die Abweichung bei der Eigenheimzulage ergibt.

(3) [1]Entfallen die Voraussetzungen nach den §§ 1, 2, 4 und 6 während eines Jahres des Förderzeitraums und kann der Anspruchsberechtigte die Eigenheimzulage nicht mehr in Anspruch nehmen, ist die Festsetzung mit Wirkung ab dem folgenden Kalenderjahr aufzuheben. [2]Liegen die Voraussetzungen für die Inanspruchnahme erneut vor, ist Absatz 1 entsprechend anzuwenden.

---

1) **Anm. d. Red.:** § 11 Abs. 4 i. d. F. des Art. 6 Nr. 7 HBeglG 2004 v. 29. 12. 2003 (BGBl I 3076).

2) **Anm. d. Red.:** Zur Anwendung des § 11 siehe § 19 Abs. 8 Satz 1.

(4) Der Bescheid über die Festsetzung der Eigenheimzulage ist aufzuheben oder zu ändern, wenn nachträglich bekannt wird, dass die Summe der positiven Einkünfte in den nach § 5 maßgebenden Jahren insgesamt die Einkunftsgrenze über- oder unterschreitet.

(5) [1]Materielle Fehler der letzten Festsetzung können durch Neufestsetzung oder durch Aufhebung der Festsetzung beseitigt werden. [2]Neu festgesetzt wird mit Wirkung ab dem Kalenderjahr, in dem der Fehler dem Finanzamt bekannt wird, bei einer Aufhebung oder einer Neufestsetzung zuungunsten des Anspruchsberechtigten jedoch frühestens mit Wirkung ab dem Kalenderjahr, in dem das Finanzamt aufhebt oder neu festsetzt. [3]Bei der Neufestsetzung oder Aufhebung der Festsetzung nach Satz 1 ist § 176 der Abgabenordnung entsprechend anzuwenden; dies gilt nicht für ein Kalenderjahr, das nach der Verkündung der maßgeblichen Entscheidung eines obersten Gerichts des Bundes beginnt.

(6) [1]Sind mehrere Anspruchsberechtigte Eigentümer einer Wohnung, kann die Bemessungsgrundlage nach § 8 und § 9 Abs. 3 gesondert und einheitlich festgestellt werden. [2]Die für die gesonderte Feststellung von Einkünften nach § 180 Abs. 1 Nr. 2 Buchstabe a der Abgabenordnung geltenden Vorschriften sind entsprechend anzuwenden. [3]Bei Ehegatten, die gemeinsam Eigentümer einer Wohnung sind, ist die Festsetzung der Zulage für Jahre des Förderzeitraums, in denen die Voraussetzungen des § 26 Abs. 1 des Einkommensteuergesetzes vorliegen, zusammen durchzuführen. [4]Die Eigenheimzulage ist neu festzusetzen, wenn die Voraussetzungen des § 26 Abs. 1 des Einkommensteuergesetzes während des Förderzeitraums entfallen oder eintreten.

§ 12 Antrag auf Eigenheimzulage

(1) Der Antrag auf Eigenheimzulage ist nach amtlichem Vordruck zu stellen und eigenhändig zu unterschreiben.

(2) Der Anspruchsberechtigte ist verpflichtet, dem zuständigen Finanzamt unverzüglich eine Änderung der Verhältnisse mitzuteilen, die zu einer Minderung oder dem Wegfall der Eigenheimzulage führen.

§ 13 Auszahlung

(1) [1]Für das Jahr der Bekanntgabe des Bescheids und die vorangegangenen Jahre ist die Eigenheimzulage innerhalb eines Monats nach Bekanntgabe des Bescheids, für jedes weitere Jahr des Förderzeitraums am 15. März auszuzahlen. [2]Ergibt sich auf Grund der Neufestsetzung eine Erhöhung der Eigenheimzulage, ist der Unterschiedsbetrag innerhalb eines Monats nach Bekanntgabe des Bescheids auszuzahlen. [3]Ist die Eigenheimzulage nach § 11 Abs. 6 Satz 3 für beide Ehegatten zusammen festgesetzt worden, wirkt die Auszahlung der Eigenheimzulage an einen Ehegatten auch für und gegen den anderen Ehegatten; dies gilt auch, wenn die Eigenheimzulage nach der Auszahlung nach § 11 Abs. 6 Satz 4 neu festgesetzt wird.

(2) Die Eigenheimzulage ist aus den Einnahmen an Einkommensteuer auszuzahlen.

§ 14 Rückforderung

Ergibt sich auf Grund der Neufestsetzung eine Minderung der Eigenheimzulage oder wird die Festsetzung aufgehoben, sind überzahlte Beträge innerhalb eines Monats nach Bekanntgabe des Bescheids zurückzuzahlen.

§ 15[1)] Anwendung der Abgabenordnung

(1) [1]Die für Steuervergütungen geltenden Vorschriften der Abgabenordnung sind entsprechend anzuwenden. [2]Dies gilt nicht für § 163 der Abgabenordnung. [3]In öffentlich-rechtlichen Streitigkeiten über die auf Grund dieses Gesetzes ergehenden Verwaltungsakte der Finanzbehörden ist der Finanzrechtsweg gegeben.

---

1) **Anm. d. Red.:** § 15 Abs. 2 i. d. F. des Art. 14 Nr. 1 Steuerentlastungsgesetz 1999/2000/2002 v. 24. 3. 1999 (BGBl I 402).

(2) Für die Verfolgung einer Straftat nach § 263 des Strafgesetzbuches, die sich auf die Eigenheimzulage bezieht, sowie die Begünstigung einer Person, die eine solche Straftat begangen hat, gelten die Vorschriften der Abgabenordnung über die Verfolgung von Steuerstraftaten entsprechend.

§ 16 Ertragsteuerliche Behandlung der Eigenheimzulage

[1]Die Eigenheimzulage gehört nicht zu den Einkünften im Sinne des Einkommensteuergesetzes. [2]Sie mindert nicht die steuerlichen Herstellungs- und Anschaffungskosten.

§ 17[1)2)] Eigenheimzulage bei Anschaffung von Genossenschaftsanteilen

[1]Der Anspruchsberechtigte kann die Eigenheimzulage einmal für die Anschaffung von Geschäftsanteilen in Höhe von mindestens 5 000 Euro an einer nach dem 1. Januar 1995 in das Genossenschaftsregister eingetragenen Genossenschaft (Genossenschaftsanteile) in Anspruch nehmen, wenn er spätestens im letzten Jahr des Förderzeitraums mit der Nutzung einer Genossenschaftswohnung zu eigenen Wohnzwecken beginnt. [2]Voraussetzung ist, dass die Satzung der Genossenschaft unwiderruflich den Genossenschaftsmitgliedern, die Förderung erhalten, das vererbliche Recht auf Erwerb des Eigentums an der von ihnen zu Wohnzwecken genutzten Wohnung für den Fall einräumt, dass die Mehrheit der in einem Objekt wohnenden Genossenschaftsmitglieder der Begründung von Wohnungseigentum und Veräußerung der Wohnungen schriftlich zugestimmt hat. [3]Bemessungsgrundlage ist die geleistete Einlage. [4]Der Fördergrundbetrag beträgt jährlich 3 vom Hundert der Bemessungsgrundlage, höchstens 1 200 Euro für jedes Jahr, in dem der Anspruchsberechtigte die Genossenschaftsanteile inne hat. [5]Die Kinderzulage beträgt für jedes Kind, für das die Voraussetzungen des § 9 Abs. 5 Satz 1 und 2 vorliegen, jährlich 250 Euro; haben beide Elternteile zugleich für ein Kind Anspruch auf die Kinderzulage, ist bei jedem die Kinderzulage zur Hälfte anzusetzen. [6]Die Summe der Fördergrundbeträge und der Kinderzulagen darf die Bemessungsgrundlage nicht überschreiten. [7]Der Anspruch auf Eigenheimzulage entsteht mit dem Jahr der Anschaffung der Genossenschaftsanteile. [8]Im Übrigen sind die §§ 1, 3, 5, 7 und 10 bis 16 entsprechend anzuwenden.

§ 18 Ermächtigung

Das Bundesministerium der Finanzen wird ermächtigt, den Wortlaut dieses Gesetzes in der jeweils geltenden Fassung satzweise nummeriert mit neuem Datum, unter neuer Überschrift und in neuer Paragraphenfolge bekannt zu machen und dabei Unstimmigkeiten des Wortlauts zu beseitigen und im Einvernehmen mit den obersten Finanzbehörden der Länder den Vordruck für den nach § 12 Abs. 1 vorgesehenen Antrag zu bestimmen.

§ 19[3)] Anwendungsbereich

(1) Dieses Gesetz ist erstmals anzuwenden, wenn der Anspruchsberechtigte im Fall der Herstellung nach dem 31. Dezember 1995 mit der Herstellung des Objekts begonnen oder im Fall der Anschaffung die Wohnung oder die Genossenschaftsanteile nach dem 31. Dezember 1995 auf Grund eines nach diesem Zeitpunkt rechtswirksam abgeschlossenen obligatorischen Vertrags oder gleichstehenden Rechtsakts angeschafft hat.

(2) [1]Das Gesetz kann auf Antrag des Anspruchsberechtigten auch angewandt werden, wenn der Anspruchsberechtigte

1. die Wohnung als Mieter auf Grund einer Veräußerungspflicht des Wohnungsunternehmens nach § 5 des Altschuldenhilfe-Gesetzes anschafft und der Zeitpunkt des

1) **Anm. d. Red.:** § 17 i. d. F. des Art. 6 Nr. 8 HBeglG 2004 v. 29. 12. 2003 (BGBl I 3076).

2) **Anm. d. Red.:** Zur Anwendung des § 17 siehe § 19 Abs. 6, 7 und 8 Satz 2.

3) **Anm. d. Red.:** § 19 i. d. F. des Art. 22 JStG 2009 v. 19. 12. 2008 (BGBl I 2794).

zugrunde liegenden rechtswirksam abgeschlossenen obligatorischen Vertrags oder gleichstehenden Rechtsakts nach dem 28. Juni 1995 liegt oder

2. im Fall der Herstellung nach dem 26. Oktober 1995 mit der Herstellung des Objekts begonnen oder im Fall der Anschaffung die Wohnung nach dem 26. Oktober 1995 auf Grund eines nach diesem Zeitpunkt rechtswirksam abgeschlossenen obligatorischen Vertrags oder gleichstehenden Rechtsakts angeschafft hat.

[2]Stellt der Anspruchsberechtigte den Antrag nach Satz 1, finden die §§ 10e, 10h und 34f des Einkommensteuergesetzes keine Anwendung. [3]Der Antrag ist unwiderruflich. [4]Er ist ausgeschlossen, wenn der Anspruchsberechtigte für das Objekt in einem Jahr Abzugsbeträge nach § 10e Abs. 1 bis 5 oder § 10h des Einkommensteuergesetzes, die Steuerermäßigung nach § 34f des Einkommensteuergesetzes in Anspruch genommen oder für Veranlagungszeiträume nach dem Veranlagungszeitraum 1994 Aufwendungen nach § 10e Abs. 6 oder § 10h Satz 3 des Einkommensteuergesetzes abgezogen hat.

(3) § 5 Satz 1 bis 3 in der Fassung des Gesetzes vom 22. Dezember 1999 (BGBl I S. 2671) ist erstmals anzuwenden, wenn der Anspruchsberechtigte im Fall der Herstellung nach dem 31. Dezember 1999 mit der Herstellung des Objekts begonnen oder im Fall der Anschaffung die Wohnung oder die Genossenschaftsanteile nach dem 31. Dezember 1999 auf Grund eines nach diesem Zeitpunkt rechtswirksam abgeschlossenen obligatorischen Vertrags oder gleichstehenden Rechtsakts angeschafft hat.

(4) § 9 Abs. 2 Satz 2 und Abs. 6 Satz 3 ist erstmals auf Ausbauten und Erweiterungen nach § 2 Abs. 2 anzuwenden, wenn der Anspruchsberechtigte mit der Herstellung nach dem 31. Dezember 1996 begonnen hat.

(5) Als Beginn der Herstellung gilt bei Objekten, für die eine Baugenehmigung erforderlich ist, der Zeitpunkt, in dem der Bauantrag gestellt wird; bei baugenehmigungsfreien Objekten, für die Bauunterlagen einzureichen sind, der Zeitpunkt, in dem die Bauunterlagen eingereicht werden.

(6) § 17 Satz 5 in der Fassung des Gesetzes vom 24. März 1999 (BGBl I S. 402) ist erstmals anzuwenden, wenn der Anspruchsberechtigte nach dem 31. Dezember 1998 einer Genossenschaft beigetreten ist.

(7) § 5 Satz 1 bis 3, § 9 Abs. 2 Satz 1 und 2, § 9 Abs. 5 Satz 1 und § 17 Satz 1, 4 und 5 in der Fassung des Artikels 11 des Gesetzes vom 19. Dezember 2000 (BGBl I S. 1790) und § 9 Abs. 3 Satz 1, § 9 Abs. 4 Satz 1 in der Fassung des Artikels 1 Nr. 2 des Gesetzes vom 19. Dezember 2000 (BGBl I S. 1810) sind erstmals anzuwenden auf nach dem 31. Dezember 2001 fertig gestellte oder angeschaffte Wohnungen, fertig gestellte Ausbauten und Erweiterungen oder angeschaffte Genossenschaftsanteile.

(8) [1]Die §§ 2, 5 und 6 Abs. 3 sowie die §§ 7, 8, 9 und 11 in der Fassung des Artikels 6 des Gesetzes vom 29. Dezember 2003 (BGBl I S. 3076) sind erstmals anzuwenden, wenn der Anspruchsberechtigte im Fall der Herstellung nach dem 31. Dezember 2003 mit der Herstellung des Objekts begonnen oder im Fall der Anschaffung die Wohnung nach dem 31. Dezember 2003 auf Grund eines nach diesem Zeitpunkt rechtswirksam abgeschlossenen obligatorischen Vertrags oder gleichstehenden Rechtsakts angeschafft hat. [2]§ 17 in der Fassung des Artikels 6 des Gesetzes vom 29. Dezember 2003 (BGBl I S. 3076) ist erstmals anzuwenden, wenn der Anspruchsberechtigte nach dem 31. Dezember 2003 einer Genossenschaft beigetreten ist.

(9) Dieses Gesetz ist letztmals anzuwenden, wenn der Anspruchsberechtigte im Fall der Herstellung vor dem 1. Januar 2006 mit der Herstellung des Objekts begonnen oder im Fall der Anschaffung die Wohnung auf Grund eines vor diesem Zeitpunkt rechtswirksam abgeschlossenen obligatorischen Vertrags oder gleichstehenden Rechtsakts angeschafft hat oder vor diesem Zeitpunkt einer Genossenschaft beigetreten ist.

(10) Für die Berechnung der Einkunftsgrenze (§ 5 Satz 3) und die Festsetzung der Kinderzulage (§ 9 Abs. 5) ist § 32 Abs. 4 Satz 1 Nr. 2, 3 und Abs. 5 Satz 1 des Einkommensteuergesetzes in der am 31. Dezember 2006 geltenden Fassung weiterhin anzuwenden.

Investitionszulagengesetz 2010 (InvZulG 2010)

v. 7. 12. 2008 (BGBl I S. 2350) mit späteren Änderungen

Das InvZulG 2010 ist als Art. 1 Gesetz zur Schaffung einer Nachfolgeregelung und Änderung des InvZulG 2007 v. 7. 12. 2008 (BGBl I 2350) verkündet worden und am 11. 12. 2008 in Kraft getreten. — Die hier wiedergegebene (nichtamtliche) Fassung berücksichtigt die Änderungen des InvZulG 2010 durch Art. 10 Gesetz zur Beschleunigung des Wirtschaftswachstums (Wachstumsbeschleunigungsgesetz) v. 22. 12. 2009 (BGBl I 3950).

Nichtamtliche Fassung

Inhaltsübersicht

InvZulG

§ 1 Anspruchsberechtigter, Fördergebiet

(1) [1]Steuerpflichtige im Sinne des Einkommensteuergesetzes und des Körperschaftsteuergesetzes, die im Fördergebiet begünstigte Investitionen im Sinne des § 2 vornehmen, haben Anspruch auf eine Investitionszulage. [2]Steuerpflichtige im Sinne des Körperschaftsteuergesetzes haben keinen Anspruch, soweit sie nach § 5 des Körperschaftsteuergesetzes von der Körperschaftsteuer befreit sind. [3]Bei Personengesellschaften und Gemeinschaften tritt an die Stelle des Steuerpflichtigen die Gesellschaft oder die Gemeinschaft als Anspruchsberechtigte.

(2) Fördergebiet sind die Länder Berlin, Brandenburg, Mecklenburg-Vorpommern, Sachsen, Sachsen-Anhalt und Thüringen.

§ 2[1)] Begünstigte Investitionen

(1) [1]Begünstigte Investitionen sind die Anschaffung und die Herstellung von neuen abnutzbaren beweglichen Wirtschaftsgütern des Anlagevermögens,

1. die zu einem Erstinvestitionsvorhaben im Sinne des Absatzes 3 gehören und
2. die mindestens fünf Jahre nach Beendigung des Erstinvestitionsvorhabens (Bindungszeitraum)
   a) zum Anlagevermögen eines Betriebs oder einer Betriebsstätte eines begünstigten Betriebs im Sinne des § 3 Abs. 1 des Anspruchsberechtigten im Fördergebiet gehören,
   b) in einer Betriebsstätte eines begünstigten Betriebs im Sinne des § 3 Abs. 1 des Anspruchsberechtigten im Fördergebiet verbleiben,
   c) in jedem Jahr zu nicht mehr als 10 Prozent privat genutzt werden.

1) **Anm. d. Red.:** § 2 Abs. 1 i. d. F. des Art. 10 Wachstumsbeschleunigungsgesetz v. 22. 12. 2009 (BGBl I 3950).

[2]Nicht begünstigt sind Luftfahrzeuge, Personenkraftwagen und geringwertige Wirtschaftsgüter im Sinne des § 6 Absatz 2 Satz 1 des Einkommensteuergesetzes. [3]Der Bindungszeitraum verringert sich auf drei Jahre, wenn die beweglichen Wirtschaftsgüter in einem begünstigten Betrieb verbleiben, der zusätzlich die Begriffsdefinition für kleine und mittlere Unternehmen im Sinne der Empfehlung der Kommission vom 6. Mai 2003 betreffend die Definition der Kleinstunternehmen sowie der kleinen und mittleren Unternehmen (ABl EU Nr. L 124 S. 36) im Zeitpunkt des Beginns des Erstinvestitionsvorhabens erfüllt. [4]Für den Anspruch auf Investitionszulage ist es unschädlich, wenn das begünstigte Wirtschaftsgut

1. innerhalb des Bindungszeitraums
   a) in das Anlagevermögen eines begünstigten Betriebs im Sinne des § 3 Abs. 1 eines mit dem Anspruchsberechtigten verbundenen Unternehmens im Fördergebiet übergeht oder
   b) in einem begünstigten Betrieb im Sinne des § 3 Abs. 1 eines mit dem Anspruchsberechtigten verbundenen Unternehmens im Fördergebiet verbleibt und
2. innerhalb des Bindungszeitraums dem geförderten Erstinvestitionsvorhaben eindeutig zugeordnet bleibt.

[5]Ersetzt der Anspruchsberechtigte ein begünstigtes bewegliches Wirtschaftsgut wegen rascher technischer Veränderungen vor Ablauf des jeweils maßgebenden Bindungszeitraums durch ein neues abnutzbares bewegliches Wirtschaftsgut, ist Satz 1 Nr. 2 mit der Maßgabe anzuwenden, dass für die verbleibende Zeit des jeweils maßgebenden Bindungszeitraums das Ersatzwirtschaftsgut an die Stelle des begünstigten beweglichen Wirtschaftsguts tritt. [6]Für die Einhaltung der Bindungsvoraussetzungen im Sinne des Satzes 1 Nr. 2 ist es unschädlich, wenn ein begünstigtes Wirtschaftsgut nach Ablauf seiner betriebsgewöhnlichen Nutzungsdauer und vor Ablauf des Bindungszeitraums aus dem Anlagevermögen ausscheidet. [7]Als Privatnutzung im Sinne des Satzes 1 Nr. 2 Buchstabe c gilt auch die Verwendung von Wirtschaftsgütern, die zu einer verdeckten Gewinnausschüttung nach § 8 Abs. 3 des Körperschaftsteuergesetzes führt.

(2) [1]Begünstigte Investitionen sind auch die Anschaffung neuer Gebäude, Eigentumswohnungen, im Teileigentum stehender Räume und anderer Gebäudeteile, die selbständige unbewegliche Wirtschaftsgüter sind (Gebäude), bis zum Ende des Jahres der Fertigstellung sowie die Herstellung neuer Gebäude, soweit die Gebäude zu einem Erstinvestitionsvorhaben im Sinne des Absatzes 3 gehören und mindestens fünf Jahre nach dem Abschluss des Investitionsvorhabens in einem begünstigten Betrieb im Sinne des § 3 Abs. 1 verwendet werden. [2]Im Fall der Anschaffung kann Satz 1 nur angewendet werden, wenn kein anderer Anspruchsberechtigter für das Gebäude Investitionszulage in Anspruch nimmt. [3]Absatz 1 Satz 3 und 4 gilt entsprechend.

(3) Erstinvestitionsvorhaben sind die

1. Errichtung einer neuen Betriebsstätte,
2. Erweiterung einer bestehenden Betriebsstätte,
3. Diversifizierung der Produktion einer Betriebsstätte in neue, zusätzliche Produkte,
4. grundlegende Änderung des Gesamtproduktionsverfahrens einer bestehenden Betriebsstätte oder
5. Übernahme eines Betriebs, der geschlossen worden ist oder geschlossen worden wäre, wenn der Betrieb nicht übernommen worden wäre und wenn die Übernahme durch einen unabhängigen Investor erfolgt.

§ 3 Begünstigte Betriebe

(1) [1]Begünstigte Betriebe sind:

1. Betriebe des verarbeitenden Gewerbes;
2. Betriebe der folgenden produktionsnahen Dienstleistungen:
   a) Rückgewinnung,
   b) Bautischlerei und Bauschlosserei,

c) Verlegen von Büchern und Zeitschriften; sonstiges Verlagswesen (ohne Software),
d) Erbringung von Dienstleistungen der Informationstechnologie,
e) Datenverarbeitung, Hosting und damit verbundene Tätigkeiten; Webportale,
f) Ingenieurbüros für bautechnische Gesamtplanung,
g) Ingenieurbüros für technische Fachplanung und Ingenieurdesign,
h) technische, physikalische und chemische Untersuchung,
i) Forschung und Entwicklung,
j) Werbung und Marktforschung,
k) Fotografie,
l) Reparatur von Telekommunikationsgeräten;

3. folgende Betriebe des Beherbergungsgewerbes:
a) Hotels, Gasthöfe und Pensionen,
b) Erholungs- und Ferienheime,
c) Jugendherbergen und Hütten,
d) Campingplätze.

[2]Die Zuordnung eines Betriebs zu dem verarbeitenden Gewerbe, den produktionsnahen Dienstleistungen und dem Beherbergungsgewerbe ist nach der vom Statistischen Bundesamt in 65189 Wiesbaden, Gustav-Stresemann-Ring 11, herausgegebenen Klassifikation der Wirtschaftszweige, Ausgabe 2008 (WZ 2008), vorzunehmen. [3]Hat ein Betrieb Betriebsstätten innerhalb und außerhalb des Fördergebiets, gelten für die Einordnung des Betriebs in das verarbeitende Gewerbe, die produktionsnahen Dienstleistungen oder das Beherbergungsgewerbe alle Betriebsstätten im Fördergebiet als ein Betrieb.

(2) [1]§ 2 Abs. 1 und 2 gilt für Erstinvestitionsvorhaben in Betriebsstätten in den in der Anlage 1 zu diesem Gesetz aufgeführten Teilen des Landes Berlin nur, wenn der anspruchsberechtigte begünstigte Betrieb im Sinne des Absatzes 1 im Zeitpunkt des Beginns des Erstinvestitionsvorhabens die Begriffsdefinition für kleine und mittlere Unternehmen im Sinne der Empfehlung der Kommission vom 6. Mai 2003 erfüllt. [2]§ 2 Abs. 1 und 2 gilt nur, soweit die Förderfähigkeit in den sensiblen Sektoren, die in der Anlage 2 zu diesem Gesetz aufgeführt sind, nicht eingeschränkt oder von vornherein ausgeschlossen ist.

InvZulG

§ 4 Investitionszeitraum

(1) Investitionen sind begünstigt, wenn sie zu einem Erstinvestitionsvorhaben im Sinne des § 2 Abs. 3 gehören, mit dem der Anspruchsberechtigte entweder

1. vor dem 1. Januar 2010,
2. nach dem 31. Dezember 2009 und vor dem 1. Januar 2011,
3. nach dem 31. Dezember 2010 und vor dem 1. Januar 2012,
4. nach dem 31. Dezember 2011 und vor dem 1. Januar 2013 oder
5. nach dem 31. Dezember 2012 und vor dem 1. Januar 2014

begonnen hat und die einzelne begünstigte Investition nach dem 31. Dezember 2009 und vor dem 1. Januar 2014 abgeschlossen wird oder nach dem 31. Dezember 2013 abgeschlossen wird, soweit vor dem 1. Januar 2014 Teilherstellungskosten entstanden oder im Fall der Anschaffung Teillieferungen erfolgt sind.

(2) [1]Ein Erstinvestitionsvorhaben ist begonnen, wenn mit der ersten hierzu gehörenden Einzelinvestition begonnen worden ist. [2]Außer in den Fällen des § 2 Abs. 3 Nr. 5 ist der Grundstückserwerb nicht als Investitionsbeginn anzusehen. [3]Die Investition ist in dem Zeitpunkt begonnen, in dem das Wirtschaftsgut bestellt oder mit seiner Herstellung begonnen worden ist. [4]Gebäude gelten in dem Zeitpunkt als bestellt, in dem über ihre Anschaffung ein rechtswirksam abgeschlossener obligatorischer Vertrag oder ein gleichstehender Rechtsakt vorliegt. [5]Als Beginn der Herstellung gilt bei Gebäuden der Abschluss eines der Ausführung zuzurechnenden Lieferungs- oder Leistungsvertrages oder die

Aufnahme von Bauarbeiten. [6]Investitionen sind in dem Zeitpunkt abgeschlossen, in dem die Wirtschaftsgüter angeschafft oder hergestellt sind.

§ 5 Bemessungsgrundlage

[1]Bemessungsgrundlage der Investitionszulage ist die Summe der Anschaffungs- und Herstellungskosten der im Wirtschaftsjahr oder Kalenderjahr abgeschlossenen begünstigten Investitionen, soweit sie die vor dem 1. Januar 2010 entstandenen Teilherstellungskosten oder den Teil der Anschaffungskosten, der auf die vor dem 1. Januar 2010 erfolgten Teillieferungen entfällt, übersteigen. [2]In die Bemessungsgrundlage können die im Wirtschaftsjahr oder Kalenderjahr geleisteten Anzahlungen auf Anschaffungskosten und die entstandenen Teilherstellungskosten einbezogen werden. [3]Das gilt für vor dem 1. Januar 2010 geleistete Anzahlungen auf Anschaffungskosten nur insoweit, als sie den Teil der Anschaffungskosten, der auf die vor dem 1. Januar 2010 erfolgten Teillieferungen entfällt, übersteigen. [4]In den Fällen der Sätze 2 und 3 dürfen im Wirtschaftsjahr oder Kalenderjahr der Anschaffung oder Herstellung der Wirtschaftsgüter die Anschaffungs- oder Herstellungskosten bei der Bemessung der Investitionszulage nur berücksichtigt werden, soweit sie die Anzahlungen, Teilherstellungskosten oder die Anschaffungskosten für Teillieferungen übersteigen. [5]§ 7a Abs. 2 Satz 3 bis 5 des Einkommensteuergesetzes gilt entsprechend. [6]Die Beschränkungen der Bemessungsgrundlage nach den Sätzen 1 und 3 gelten nur, soweit ein Anspruch auf Investitionszulage nach dem Investitionszulagengesetz 2007 besteht.

§ 6 Höhe der Investitionszulage

(1) Die Investitionszulage beträgt vorbehaltlich der Absätze 4 und 5 für begünstigte Investitionen eines Erstinvestitionsvorhabens

1. im Sinne des § 4 Abs. 1 Satz 1[1)] Nr. 1 — 12,5 Prozent,
2. im Sinne des § 4 Abs. 1 Satz 1[1)] Nr. 1, wenn es sich um Investitionen in Betriebsstätten in den in der Anlage 1 zu diesem Gesetz aufgeführten Teilen des Landes Berlin handelt und der anspruchsberechtigte begünstigte Betrieb im Zeitpunkt des Beginns des Erstinvestitionsvorhabens die Begriffsdefinition für mittlere Unternehmen im Sinne der Empfehlung der Kommission vom 6. Mai 2003 erfüllt, — 10 Prozent,
3. im Sinne des § 4 Abs. 1 Satz 1[1)] Nr. 2 — 10 Prozent,
4. im Sinne des § 4 Abs. 1 Satz 1[1)] Nr. 3 — 7,5 Prozent,
5. im Sinne des § 4 Abs. 1 Satz 1[1)] Nr. 4 — 5 Prozent,
6. im Sinne des § 4 Abs. 1 Satz 1[1)] Nr. 5 — 2,5 Prozent

der Bemessungsgrundlage.

(2) Erfüllt der anspruchsberechtigte begünstigte Betrieb im Zeitpunkt des Beginns des Erstinvestitionsvorhabens die Begriffsdefinition für kleine und mittlere Unternehmen im Sinne der Empfehlung der Kommission vom 6. Mai 2003, erhöht sich die Investitionszulage vorbehaltlich der Absätze 3 bis 5 für den Teil der Bemessungsgrundlage, der auf Investitionen im Sinne des § 2 Abs. 1 entfällt, bei Erstinvestitionsvorhaben

1. im Sinne des § 4 Abs. 1 Satz 1[1)] Nr. 1 — auf 25 Prozent,
2. im Sinne des § 4 Abs. 1 Satz 1[1)] Nr. 2 — auf 20 Prozent,
3. im Sinne des § 4 Abs. 1 Satz 1[1)] Nr. 1 und 2 im Rahmen eines großen Investitionsvorhabens im Sinne der Leitlinien für staatliche Beihilfen mit regionaler Zielsetzung

1) **Anm. d. Red.:** Redaktioneller Fehler des Gesetzgebers bei Verweis auf Satz 1, da § 4 Abs. 1 nur einen Satz enthält.

2007–2013 (ABl EU 2006 Nr. C 54 S. 13) in Betriebsstätten in den nicht in der Anlage 1 zu diesem Gesetz aufgeführten Teilen des Landes Berlin auf 15 Prozent,

4. im Sinne des § 4 Abs. 1 Satz 1[1] Nr. 3 auf 15 Prozent,
5. im Sinne des § 4 Abs. 1 Satz 1[1] Nr. 4 auf 10 Prozent,
6. im Sinne des § 4 Abs. 1 Satz 1[1] Nr. 5 auf 5 Prozent

der Bemessungsgrundlage.

(3) Abweichend von Absatz 2 erhöht sich die Investitionszulage in den in der Anlage 1 zu diesem Gesetz aufgeführten Teilen des Landes Berlin vorbehaltlich des Absatzes 5 für den Teil der Bemessungsgrundlage, der auf Investitionen im Sinne des § 2 Abs. 1 entfällt, bei Erstinvestitionsvorhaben

1. im Sinne des § 4 Abs. 1 Satz 1[1] Nr. 1 bis 3 auf 10 Prozent
   der Bemessungsgrundlage, wenn der anspruchsberechtigte begünstigte Betrieb im Zeitpunkt des Beginns des Erstinvestitionsvorhabens die Begriffsdefinition für mittlere Unternehmen im Sinne der Empfehlung der Kommission vom 6. Mai 2003 erfüllt,
2. im Sinne des § 4 Abs. 1 Satz 1[1] Nr. 1 auf 20 Prozent
   der Bemessungsgrundlage, wenn der anspruchsberechtigte begünstigte Betrieb im Zeitpunkt des Beginns des Erstinvestitionsvorhabens die Begriffsdefinition für kleine Unternehmen im Sinne der Empfehlung der Kommission vom 6. Mai 2003 erfüllt.

(4) Bei Investitionen, die zu einem großen Investitionsvorhaben gehören, auf das der multisektorale Regionalbeihilferahmen für große Investitionsvorhaben vom 19. März 2002 (ABl EG Nr. C 70 S. 8), zuletzt geändert durch die Mitteilung der Kommission vom 1. November 2003 (ABl EU Nr. C 263 S. 3), oder die Leitlinien für staatliche Beihilfen mit regionaler Zielsetzung 2007–2013 anzuwenden sind, sind die Absätze 1 und 2 nur insoweit anzuwenden, als der jeweils beihilferechtlich geltende Regionalförderhöchstsatz durch die Gewährung von Investitionszulagen nicht überschritten wird.

(5) [1]Für Investitionen eines Erstinvestitionsvorhabens in Betriebsstätten in den in der Anlage 1 zu diesem Gesetz aufgeführten Teilen des Landes Berlin gelten die Absätze 1 bis 3 nur, soweit die Investitionszulage für ein Erstinvestitionsvorhaben den Betrag von 7,5 Millionen Euro nicht überschreitet. [2]Eine höhere Investitionszulage kann nur dann festgesetzt werden, wenn eine Genehmigungsentscheidung der Kommission vor Festsetzung der Investitionszulage erteilt worden ist, in der eine höhere Beihilfeintensität festgelegt worden ist.

§ 7 Antrag auf Investitionszulage

(1) [1]Der Antrag ist bei dem für die Besteuerung des Anspruchsberechtigten nach dem Einkommen zuständigen Finanzamt zu stellen. [2]Ist eine Personengesellschaft oder Gemeinschaft Anspruchsberechtigter, so ist der Antrag bei dem Finanzamt zu stellen, das für die einheitliche und gesonderte Feststellung der Einkünfte zuständig ist.

(2) [1]Der Antrag ist nach amtlich vorgeschriebenem Vordruck zu stellen und vom Anspruchsberechtigten eigenhändig zu unterschreiben. [2]In dem Antrag sind die Investitionen, für die eine Investitionszulage beansprucht wird, so genau zu bezeichnen, dass ihre Feststellung bei einer Nachprüfung möglich ist.

§ 8 Gesonderte Feststellung

(1) [1]Werden die in einem Betrieb im Sinne des § 2 des Einkommensteuergesetzes erzielten Einkünfte nach § 180 Abs. 1 Nr. 2 Buchstabe b der Abgabenordnung gesondert festgestellt, sind die Bemessungsgrundlage und der Prozentsatz der Investitionszulage für Wirtschaftsgüter, die zum Anlagevermögen dieses Betriebs gehören, von dem für die ge-

1) **Anm. d. Red.:** Redaktioneller Fehler des Gesetzgebers bei Verweis auf Satz 1, da § 4 Abs. 1 nur einen Satz enthält.

sonderte Feststellung zuständigen Finanzamt gesondert festzustellen. [2]Die für die Feststellung erforderlichen Angaben sind in den Antrag nach § 7 Abs. 2 aufzunehmen.

(2) [1]Befindet sich das für die Besteuerung des Anspruchsberechtigten nach dem Einkommen zuständige Finanzamt außerhalb des Fördergebiets, sind die Bemessungsgrundlage und der Prozentsatz der Investitionszulage von dem Finanzamt im Fördergebiet gesondert festzustellen, in dessen Bezirk sich das Vermögen des Anspruchsberechtigten und, wenn dies für mehrere Finanzämter zutrifft, von dem Finanzamt im Fördergebiet, in dessen Bezirk sich der wertvollste Teil des Vermögens befindet. [2]Die für die Feststellung erforderlichen Angaben sind in den Antrag nach § 7 Abs. 2 aufzunehmen.

§ 9 Einzelnotifizierungspflichten, Genehmigungsvorbehalte sowie anzuwendende Rechtsvorschriften der Kommission der Europäischen Gemeinschaften

(1) Auf dieses Gesetz findet die Verordnung (EG) Nr. 800/2008 der Kommission vom 6. August 2008 zur Erklärung der Vereinbarkeit bestimmter Gruppen von Beihilfen mit dem Gemeinsamen Markt in Anwendung der Artikel 87 und 88 EG-Vertrag (allgemeine Gruppenfreistellungsverordnung) (ABl EU Nr. L 214 S. 3) Anwendung.

(2) Die Investitionszulage für Investitionen, die zu einem großen Investitionsvorhaben gehören, das die Anmeldungsvoraussetzungen des multisektoralen Regionalbeihilferahmens für große Investitionsvorhaben vom 16. Dezember 1997 (ABl EG 1998 Nr. C 107 S. 7), zuletzt geändert durch die Mitteilung der Kommission vom 11. August 2001 (ABl EG Nr. C 226 S. 1), oder des multisektoralen Regionalbeihilferahmens für große Investitionsvorhaben vom 19. März 2002 erfüllt, ist erst festzusetzen, wenn die Kommission die höchstzulässige Beihilfeintensität festgelegt hat.

(3) [1]Die Investitionszulage zugunsten großer Investitionsvorhaben im Sinne der Leitlinien für staatliche Beihilfen mit regionaler Zielsetzung 2007 – 2013 ist bei der Kommission anzumelden, wenn der Gesamtförderbetrag aus sämtlichen Quellen folgende Beträge überschreitet:

1. 22,5 Millionen Euro bei Erstinvestitionsvorhaben in Fördergebieten nach Artikel 87 Abs. 3 Buchstabe a des Vertrags zur Gründung der Europäischen Gemeinschaft mit 30 Prozent Beihilfehöchstintensität,
2. 11,25 Millionen Euro bei Erstinvestitionsvorhaben in Fördergebieten nach Artikel 87 Abs. 3 Buchstabe c des Vertrags zur Gründung der Europäischen Gemeinschaft mit 15 Prozent Beihilfehöchstintensität,
3. 15 Millionen Euro bei Erstinvestitionsvorhaben in Fördergebieten nach Artikel 87 Abs. 3 Buchstabe c des Vertrags zur Gründung der Europäischen Gemeinschaft mit 20 Prozent Beihilfehöchstintensität.

[2]Die Investitionszulage ist in diesen Fällen erst festzusetzen, wenn die Kommission die höchstzulässige Beihilfeintensität festgelegt hat.

(4) [1]Die Investitionszulage für Investitionen in den in der Anlage 2 Nr. 2 und 5 aufgeführten sensiblen Sektoren Fischerei- und Aquakultur sowie Schiffbau ist bei der Kommission einzeln anzumelden und erst nach Genehmigung durch die Kommission festzusetzen. [2]Die Investitionszulage für Investitionen in den in der Anlage 2 Nr. 1 und 4 aufgeführten sensiblen Sektoren Stahl- und Kunstfaserindustrie ist hingegen ausgeschlossen.

(5) Bei einem Unternehmen, das einer Rückforderungsanordnung auf Grund einer Entscheidung der Kommission über die Rückzahlung einer Beihilfe nicht Folge leistet, ist die Investitionszulage erst festzusetzen, wenn der Rückforderungsbetrag zurückgezahlt worden ist.

(6) Die Investitionszulage ist der Kommission zur Genehmigung vorzulegen und erst nach deren Genehmigung festzusetzen, wenn sie für ein Unternehmen in Schwierigkeiten bestimmt ist.

§ 10 Festsetzung und Auszahlung

Die Investitionszulage ist nach Ablauf des Wirtschaftsjahres oder Kalenderjahres festzusetzen und innerhalb eines Monats nach Bekanntgabe des Bescheids aus den Einnahmen an Einkommensteuer oder Körperschaftsteuer auszuzahlen.

§ 11 Zusammentreffen mit anderen Regionalbeihilfen

(1) [1]Trifft bei einem Erstinvestitionsvorhaben die Investitionszulage mit anderen Regionalbeihilfen oder „De-minimis"-Beihilfen im Sinne des Artikels 2 der Verordnung (EG) Nr. 1998/2006 der Kommission vom 15. Dezember 2006 über die Anwendung der Artikel 87 und 88 EG-Vertrag auf De-minimis-Beihilfen (ABl EU Nr. L 379 S. 5) zusammen, sind die in der Kommissionsentscheidung zur jeweils geltenden regionalen Fördergebietskarte genehmigten Förderhöchstintensitäten maßgeblich. [2]Der Anspruch auf Investitionszulage bleibt hiervon unberührt. [3]Die Einhaltung des Beihilfehöchstsatzes hat der jeweils andere Beihilfegeber sicherzustellen; sie ist Voraussetzung dafür, dass die Investitionszulage mit anderen Regionalbeihilfen zusammentreffen darf.

(2) [1]Trifft bei einem Erstinvestitionsvorhaben die Investitionszulage mit anderen Regionalbeihilfen zusammen, hat der Antragsteller entsprechend den Leitlinien für staatliche Beihilfen mit regionaler Zielsetzung oder den Leitlinien für staatliche Beihilfen mit regionaler Zielsetzung 2007 – 2013 einen beihilfefreien Eigenanteil in Höhe von mindestens 25 Prozent der Kosten des Erstinvestitionsvorhabens zu erbringen. [2]Die Überwachung der Einhaltung dieser Auflage obliegt dem jeweils anderen Beihilfegeber; sie ist Voraussetzung dafür, dass die Investitionszulage mit anderen Regionalbeihilfen zusammentreffen darf.

(3) [1]Trifft bei einem Erstinvestitionsvorhaben in den in der Anlage 1 zu diesem Gesetz aufgeführten Teilen des Landes Berlin die Investitionszulage mit anderen Regionalbeihilfen zusammen, darf der Gesamtbetrag der Beihilfe aus allen Quellen 7,5 Millionen Euro oder den in einer Genehmigungsentscheidung der Kommission festgelegten Betrag nicht übersteigen. [2]Die Überwachung der Einhaltung dieser Auflage obliegt dem jeweils anderen Beihilfegeber.

(4) In den Antrag nach § 7 Abs. 2 sind die Angaben aufzunehmen, die für die Feststellung der Voraussetzungen nach Absatz 1 bis 3 erforderlich sind.

§ 12 Verzinsung des Rückforderungsanspruchs

[1]Ist der Bescheid über die Investitionszulage aufgehoben oder zuungunsten des Anspruchsberechtigten geändert worden, ist der Rückzahlungsanspruch nach § 238 der Abgabenordnung vom Tag der Auszahlung der Investitionszulage, in den Fällen des § 175 Abs. 1 Satz 1 Nr. 2 der Abgabenordnung vom Tag des Eintritts des rückwirkenden Ereignisses an, zu verzinsen. [2]Die Festsetzungsfrist beginnt mit Ablauf des Kalenderjahres, in dem der Bescheid aufgehoben oder geändert worden ist.

§ 13 Ertragsteuerrechtliche Behandlung der Investitionszulage

[1]Die Investitionszulage gehört nicht zu den Einkünften im Sinne des Einkommensteuergesetzes. [2]Sie mindert nicht die steuerlichen Anschaffungs- und Herstellungskosten.

§ 14 Anwendung der Abgabenordnung

[1]Die für Steuervergütungen geltenden Vorschriften der Abgabenordnung sind mit Ausnahme des § 163 entsprechend anzuwenden. [2]In öffentlich-rechtlichen Streitigkeiten über die auf Grund dieses Gesetzes ergehenden Verwaltungsakte der Finanzbehörden ist der Finanzrechtsweg gegeben.

§ 15 Verfolgung von Straftaten

Für die Verfolgung einer Straftat nach den §§ 263 und 264 des Strafgesetzbuches, die sich auf die Investitionszulage bezieht, sowie der Begünstigung einer Person, die eine solche Straftat begangen hat, gelten die Vorschriften der Abgabenordnung über die Verfolgung von Steuerstraftaten entsprechend.

§ 16 Ermächtigungen

(1) Das Bundesministerium der Finanzen wird ermächtigt, durch Rechtsverordnung mit Zustimmung des Bundesrates weitere Bestimmungen zu § 9 zu erlassen und dabei insbesondere Einzelnotifizierungspflichten zu regeln, die sich aus den von den Organen der Europäischen Gemeinschaften erlassenen Rechtsvorschriften ergeben.

(2) Das Bundesministerium der Finanzen wird ermächtigt, zur Durchführung der von den Organen der Europäischen Gemeinschaften erlassenen Rechtsvorschriften die Liste der sensiblen Sektoren, in denen die Kommission die Förderfähigkeit ganz oder teilweise ausgeschlossen hat (Anlage 2), durch Rechtsverordnung mit Zustimmung des Bundesrates anzupassen.

§ 17 Bekanntmachungserlaubnis

Das Bundesministerium der Finanzen wird ermächtigt, den Wortlaut dieses Gesetzes in der jeweils geltenden Fassung mit neuem Datum bekannt zu machen.

Anlage 1 (zu § 1 Abs. 2)

Teile des Landes Berlin, die nach der Fördergebietskarte 2007 – 2013 (ABl EU 2006 Nr. C 295 S. 6) zum D-Fördergebiet Deutschlands gehören:

Verkehrszellen:

Bezirk Mitte (01)	007 1; 011 1; 011 2
Bezirk Friedrichshain-Kreuzberg (02)	114 1
Bezirk Pankow (03)	106 2; 107 2; 108 1; 157 1; 160 1; 161 3; 164 1
Bezirk Charlottenburg-Wilmersdorf (04)	018 1; 025 3; 026 1; 041 1; 043 2; 048 1
Bezirk Spandau (05)	027 2; 027 3; 027 4; 032 1; 032 2; 032 3; 032 4; 037 2; 038 1; 038 2; 039 1
Bezirk Steglitz-Zehlendorf (06)	049 2; 050 2; 050 3; 052 2; 052 3; 062 1; 063 4; 064 3
Bezirk Tempelhof-Schöneberg (07)	060 1; 070 2; 070 3; 070 4; 074 2
Bezirk Neukölln (08)	079 2; 080 4; 080 6; 082 1; 082 2; 083 3
Bezirk Treptow-Köpenick (09)	120 2; 124 1; 132 1; 138 1
Bezirk Marzahn-Hellersdorf (10)	181 2; 182 1; 184 1; 184 2; 184 3; 188 1; 193 1; 194 1; 194 2
Bezirk Lichtenberg (11)	147 1; 147 2; 149 1; 149 2; 152 1; 175 1
Bezirk Reinickendorf (12)	089 3; 089 4; 089 5; 090 1; 091 2; 092 1; 092 2; 093 1; 093 2; 095 1

Anlage 2 (zu § 3 Abs. 2 Satz 2)

Sensible Sektoren sind:

1. Stahlindustrie (Multisektoraler Regionalbeihilferahmen für große Investitionsvorhaben vom 19. März 2002 in Verbindung mit Anhang B sowie Leitlinien für staatliche Beihilfen mit regionaler Zielsetzung 2007 – 2013 in Verbindung mit Anhang I),
2. Schiffbau (Rahmenbestimmungen für Beihilfen an den Schiffbau (ABl EU 2003 Nr. C 317 S. 11, 2004 Nr. C 104 S. 71, 2006 Nr. C 260 S. 7)),

3. Kunstfaserindustrie (Multisektoraler Regionalbeihilferahmen für große Investitionsvorhaben vom 19. März 2002 in Verbindung mit Anhang D sowie Leitlinien für staatliche Beihilfen mit regionaler Zielsetzung 2007–2013 in Verbindung mit Anhang II),
4. Landwirtschaftssektor (Gemeinschaftsrahmen für staatliche Beihilfen im Agrarsektor (ABl EG 2000 Nr. C 28 S. 2, Nr. C 232 S. 17) sowie Rahmenregelung der Gemeinschaft für staatliche Beihilfen im Agrar- und Forstsektor 2007–2013 (ABl EU 2006 C 319 S. 1)),
5. Fischerei- und Aquakultursektor (Verordnung (EG) Nr. 104/2000 des Rates vom 17. Dezember 1999 über die gemeinsame Marktorganisation für Erzeugnisse der Fischerei und der Aquakultur (ABl EG 2000 Nr. L 17 S. 22, Nr. L 83 S. 35, 2002 Nr. L 6 S. 70), zuletzt geändert durch Verordnung (EG) Nr. 1759/2006 des Rates vom 28. November 2006 (ABl EU Nr. L 335 S. 3), sowie Leitlinien für die Prüfung Staatlicher Beihilfen im Fischerei- und Aquakultursektor (ABl EU 2004 Nr. C 229 S. 5)) und
6. Verkehrssektor (Verordnung (EWG) Nr. 1107/70 des Rates vom 4. Juni 1970 über Beihilfen im Eisenbahn-, Straßen- und Binnenschiffsverkehr (ABl EG Nr. L 130 S. 1) in der am 1. Januar 2006 geltenden Fassung sowie Mitteilung der Kommission „Leitlinien der Gemeinschaft für staatliche Beihilfen im Seeverkehr" (ABl EU 2004 Nr. C 13 S. 3) und Anwendung der Artikel 92 und 93 des EG-Vertrages sowie des Artikels 61 des EWR-Abkommens auf staatliche Beihilfen im Luftverkehr (ABl EG Nr. C 350 S. 5) vom 10. Dezember 1994).

Umwandlungssteuergesetz (UmwStG)

v. 7. 12. 2006 (BGBl I S. 2791) mit späteren Änderungen

Das UmwStG ist als Art. 6 Gesetz über steuerliche Begleitmaßnahmen zur Einführung der Europäischen Gesellschaft und zur Änderung weiterer steuerrechtlicher Vorschriften (SEStEG) v. 7. 12. 2006 (BGBl I 2782, 2791, ber. 2007 I 68) verkündet worden und am 13. 12. 2006 in Kraft getreten. — Die hier wiedergegebene (nichtamtliche) Fassung berücksichtigt die Änderungen des UmwStG durch Art. 5 Unternehmensteuerreformgesetz 2008 v. 14. 8. 2007 (BGBl I 1912); Art. 4 Jahressteuergesetz 2008 (JStG 2008) v. 20. 12. 2007 (BGBl I 3150); Art. 6 Jahressteuergesetz 2009 (JStG 2009) v. 19. 12. 2008 (BGBl I 2794); Art. 4 Gesetz zur Beschleunigung des Wirtschaftswachstums (Wachstumsbeschleunigungsgesetz) v. 22. 12. 2009 (BGBl I 3950). — **Zur Anwendung siehe § 27.**

Nichtamtliche Fassung

Inhaltsübersicht

Erster Teil: Allgemeine Vorschriften

§ 1 Anwendungsbereich und Begriffsbestimmungen

(1) [1]Der Zweite bis Fünfte Teil gilt nur für

1. die Verschmelzung, Aufspaltung und Abspaltung im Sinne der §§ 2, 123 Abs. 1 und 2 des Umwandlungsgesetzes von Körperschaften oder vergleichbare ausländische Vorgänge sowie des Artikels 17 der Verordnung (EG) Nr. 2157/2001 und des Artikels 19 der Verordnung (EG) Nr. 1435/2003;
2. den Formwechsel einer Kapitalgesellschaft in eine Personengesellschaft im Sinne des § 190 Abs. 1 des Umwandlungsgesetzes oder vergleichbare ausländische Vorgänge;
3. die Umwandlung im Sinne des § 1 Abs. 2 des Umwandlungsgesetzes, soweit sie einer Umwandlung im Sinne des § 1 Abs. 1 des Umwandlungsgesetzes entspricht sowie
4. die Vermögensübertragung im Sinne des § 174 des Umwandlungsgesetzes vom 28. Oktober 1994 (BGBl I S. 3210, 1995 I S. 428), das zuletzt durch Artikel 10 des Gesetzes vom 9. Dezember 2004 (BGBl I S. 3214) geändert worden ist, in der jeweils geltenden Fassung.

[2]Diese Teile gelten nicht für die Ausgliederung im Sinne des § 123 Abs. 3 des Umwandlungsgesetzes.

(2) [1]Absatz 1 findet nur Anwendung, wenn

1. beim Formwechsel der umwandelnde Rechtsträger oder bei den anderen Umwandlungen die übertragenden und die übernehmenden Rechtsträger nach den Rechtsvorschriften eines Mitgliedstaats der Europäischen Union oder eines Staates, auf den das Abkommen über den Europäischen Wirtschaftsraum Anwendung findet, gegründete Gesellschaften im Sinne des Artikels 48 des Vertrags zur Gründung der Europäischen Gemeinschaft oder des Artikels 34 des Abkommens über den Europäischen Wirtschaftsraum sind, deren Sitz und Ort der Geschäftsleitung sich innerhalb des Hoheitsgebiets eines dieser Staaten befinden oder
2. übertragender Rechtsträger eine Gesellschaft im Sinne der Nummer 1 und übernehmender Rechtsträger eine natürliche Person ist, deren Wohnsitz oder gewöhnlicher Aufenthalt sich innerhalb des Hoheitsgebiets eines der Staaten im Sinne der Nummer 1 befindet und die nicht auf Grund eines Abkommens zur Vermeidung der Doppelbesteuerung mit einem dritten Staat als außerhalb des Hoheitsgebiets dieser Staaten ansässig angesehen wird.

[2]Eine Europäische Gesellschaft im Sinne der Verordnung (EG) Nr. 2157/2001 und eine Europäische Genossenschaft im Sinne der Verordnung (EG) Nr. 1435/2003 gelten für die Anwendung des Satzes 1 als eine nach den Rechtsvorschriften des Staates gegründete Gesellschaft, in dessen Hoheitsgebiet sich der Sitz der Gesellschaft befindet.

(3) Der Sechste bis Achte Teil gilt nur für

1. die Verschmelzung, Aufspaltung und Abspaltung im Sinne der §§ 2 und 123 Abs. 1 und 2 des Umwandlungsgesetzes von Personenhandelsgesellschaften und Partnerschaftsgesellschaften oder vergleichbare ausländische Vorgänge;
2. die Ausgliederung von Vermögensteilen im Sinne des § 123 Abs. 3 des Umwandlungsgesetzes oder vergleichbare ausländische Vorgänge;
3. den Formwechsel einer Personengesellschaft in eine Kapitalgesellschaft oder Genossenschaft im Sinne des § 190 Abs. 1 des Umwandlungsgesetzes oder vergleichbare ausländische Vorgänge;
4. die Einbringung von Betriebsvermögen durch Einzelrechtsnachfolge in eine Kapitalgesellschaft, eine Genossenschaft oder Personengesellschaft sowie
5. den Austausch von Anteilen.

(4) [1]Absatz 3 gilt nur, wenn

1. der übernehmende Rechtsträger eine Gesellschaft im Sinne von Absatz 2 Satz 1 Nr. 1 ist und
2. in den Fällen des Absatzes 3 Nr. 1 bis 4
   a) beim Formwechsel der umwandelnde Rechtsträger, bei der Einbringung durch Einzelrechtsnachfolge der einbringende Rechtsträger oder bei den anderen Umwandlungen der übertragende Rechtsträger
      aa) eine Gesellschaft im Sinne von Absatz 2 Satz 1 Nr. 1 ist und, wenn es sich um eine Personengesellschaft handelt, soweit an dieser Körperschaften, Personenvereinigungen, Vermögensmassen oder natürliche Personen unmittelbar oder mittelbar über eine oder mehrere Personengesellschaften beteiligt sind, die die Voraussetzungen im Sinne von Absatz 2 Satz 1 Nr. 1 und 2 erfüllen, oder
      bb) eine natürliche Person im Sinne von Absatz 2 Satz 1 Nr. 2 ist

      oder
   b) das Recht der Bundesrepublik Deutschland hinsichtlich der Besteuerung des Gewinns aus der Veräußerung der erhaltenen Anteile nicht ausgeschlossen oder beschränkt ist.

[2]Satz 1 ist in den Fällen der Einbringung eines Betriebs, Teilbetriebs oder Mitunternehmeranteils in eine Personengesellschaft nach § 24 nicht anzuwenden.

(5) Soweit dieses Gesetz nichts anderes bestimmt, ist

1. Richtlinie 90/434/EWG

   die Richtlinie 90/434/EWG des Rates vom 23. Juli 1990 über das gemeinsame Steuersystem für Fusionen, Spaltungen, die Einbringung von Unternehmensanteilen und den Austausch von Anteilen, die Gesellschaften verschiedener Mitgliedstaaten betreffen (ABl EG Nr. L 225 S. 1), zuletzt geändert durch die Richtlinie 2005/19/EG des Rates vom 17. Februar 2005 (ABl EU Nr. L 58 S. 19), in der zum Zeitpunkt des steuerlichen Übertragungsstichtags jeweils geltenden Fassung;
2. Verordnung (EG) Nr. 2157/2001

   die Verordnung (EG) Nr. 2157/2001 des Rates vom 8. Oktober 2001 über das Statut der Europäischen Gesellschaft (SE) (ABl EG Nr. L 294 S. 1), zuletzt geändert durch die Verordnung (EG) Nr. 885/2004 des Rates vom 26. April 2004 (ABl EU Nr. L 168 S. 1), in der zum Zeitpunkt des steuerlichen Übertragungsstichtags jeweils geltenden Fassung;
3. Verordnung (EG) Nr. 1435/2003

   die Verordnung (EG) Nr. 1435/2003 des Rates vom 22. Juli 2003 über das Statut der Europäischen Genossenschaften (SCE) (ABl EU Nr. L 207 S. 1) in der zum Zeitpunkt des steuerlichen Übertragungsstichtags jeweils geltenden Fassung;

4. Buchwert
   der Wert, der sich nach den steuerrechtlichen Vorschriften über die Gewinnermittlung in einer für den steuerlichen Übertragungsstichtag aufzustellenden Steuerbilanz ergibt oder ergäbe.

§ 2[1] Steuerliche Rückwirkung

(1) [1]Das Einkommen und das Vermögen der übertragenden Körperschaft sowie des übernehmenden Rechtsträgers sind so zu ermitteln, als ob das Vermögen der Körperschaft mit Ablauf des Stichtags der Bilanz, die dem Vermögensübergang zu Grunde liegt (steuerlicher Übertragungsstichtag), ganz oder teilweise auf den übernehmenden Rechtsträger übergegangen wäre. [2]Das Gleiche gilt für die Ermittlung der Bemessungsgrundlagen bei der Gewerbesteuer.

(2) Ist die Übernehmerin eine Personengesellschaft, gilt Absatz 1 Satz 1 für das Einkommen und das Vermögen der Gesellschafter.

(3) Die Absätze 1 und 2 sind nicht anzuwenden, soweit Einkünfte auf Grund abweichender Regelungen zur Rückbeziehung eines in § 1 Abs. 1 bezeichneten Vorgangs in einem anderen Staat der Besteuerung entzogen werden.

(4)[2] [1]Der Ausgleich oder die Verrechnung eines Übertragungsgewinns mit verrechenbaren Verlusten, verbleibenden Verlustvorträgen, nicht ausgeglichenen negativen Einkünften, einem Zinsvortrag nach § 4h Absatz 1 Satz 5 des Einkommensteuergesetzes und einem EBITDA-Vortrag nach § 4h Absatz 1 Satz 3 des Einkommensteuergesetzes (Verlustnutzung) des übertragenden Rechtsträgers ist nur zulässig, wenn dem übertragenden Rechtsträger die Verlustnutzung auch ohne Anwendung der Absätze 1 und 2 möglich gewesen wäre. [2]Satz 1 gilt für negative Einkünfte des übertragenden Rechtsträgers im Rückwirkungszeitraum entsprechend.

Zweiter Teil: Vermögensübergang bei Verschmelzung auf eine Personengesellschaft oder auf eine natürliche Person und Formwechsel einer Kapitalgesellschaft in eine Personengesellschaft

§ 3 Wertansätze in der steuerlichen Schlussbilanz der übertragenden Körperschaft

(1) [1]Bei einer Verschmelzung auf eine Personengesellschaft oder natürliche Person sind die übergehenden Wirtschaftsgüter, einschließlich nicht entgeltlich erworbener und selbst geschaffener immaterieller Wirtschaftsgüter, in der steuerlichen Schlussbilanz der übertragenden Körperschaft mit dem gemeinen Wert anzusetzen. [2]Für die Bewertung von Pensionsrückstellungen gilt § 6a des Einkommensteuergesetzes.

(2) [1]Auf Antrag können die übergehenden Wirtschaftsgüter abweichend von Absatz 1 einheitlich mit dem Buchwert oder einem höheren Wert, höchstens jedoch mit dem Wert nach Absatz 1, angesetzt werden, soweit

1. sie Betriebsvermögen der übernehmenden Personengesellschaft oder natürlichen Person werden und sichergestellt ist, dass sie später der Besteuerung mit Einkommensteuer oder Körperschaftsteuer unterliegen, und
2. das Recht der Bundesrepublik Deutschland hinsichtlich der Besteuerung des Gewinns aus der Veräußerung der übertragenen Wirtschaftsgüter bei den Gesellschaftern der übernehmenden Personengesellschaft oder bei der natürlichen Person nicht ausgeschlossen oder beschränkt wird und
3. eine Gegenleistung nicht gewährt wird oder in Gesellschaftsrechten besteht.

1) **Anm. d. Red.:** § 2 Abs. 4 i. d. F. des Art. 4 Nr. 1 Wachstumsbeschleunigungsgesetz v. 22. 12. 2009 (BGBl I 3950).

2) **Anm. d. Red.:** Zur Anwendung des § 2 Abs. 4 siehe § 27 Abs. 9 und 10.

[2]Der Antrag ist spätestens bis zur erstmaligen Abgabe der steuerlichen Schlussbilanz bei dem für die Besteuerung der übertragenden Körperschaft zuständigen Finanzamt zu stellen.

(3) [1]Haben die Mitgliedstaaten der Europäischen Union bei Verschmelzung einer unbeschränkt steuerpflichtigen Körperschaft Artikel 10 der Richtlinie 90/434/EWG anzuwenden, ist die Körperschaftsteuer auf den Übertragungsgewinn gemäß § 26 des Körperschaftsteuergesetzes um den Betrag ausländischer Steuer zu ermäßigen, der nach den Rechtsvorschriften eines anderen Mitgliedstaats der Europäischen Union erhoben worden wäre, wenn die übertragenen Wirtschaftsgüter zum gemeinen Wert veräußert worden wären. [2]Satz 1 gilt nur, soweit die übertragenen Wirtschaftsgüter einer Betriebsstätte der übertragenden Körperschaft in einem anderen Mitgliedstaat der Europäischen Union zuzurechnen sind und die Bundesrepublik Deutschland die Doppelbesteuerung bei der übertragenden Körperschaft nicht durch Freistellung vermeidet.

§ 4[1)] Auswirkungen auf den Gewinn des übernehmenden Rechtsträgers

(1) [1]Der übernehmende Rechtsträger hat die auf ihn übergegangenen Wirtschaftsgüter mit dem in der steuerlichen Schlussbilanz der übertragenden Körperschaft enthaltenen Wert im Sinne des § 3 zu übernehmen. [2]Die Anteile an der übertragenden Körperschaft sind bei dem übernehmenden Rechtsträger zum steuerlichen Übertragungsstichtag mit dem Buchwert, erhöht um Abschreibungen, die in früheren Jahren steuerwirksam vorgenommen worden sind, sowie um Abzüge nach § 6b des Einkommensteuergesetzes und ähnliche Abzüge, höchstens mit dem gemeinen Wert, anzusetzen. [3]Auf einen sich daraus ergebenden Gewinn finden § 8b Abs. 2 Satz 4 und 5 des Körperschaftsteuergesetzes sowie § 3 Nr. 40 Satz 1 Buchstabe a Satz 2 und 3 des Einkommensteuergesetzes Anwendung.

(2)[2)] [1]Der übernehmende Rechtsträger tritt in die steuerliche Rechtsstellung der übertragenden Körperschaft ein, insbesondere bezüglich der Bewertung der übernommenen Wirtschaftsgüter, der Absetzungen für Abnutzung und der den steuerlichen Gewinn mindernden Rücklagen. [2]Verrechenbare Verluste, verbleibende Verlustvorträge, vom übertragenden Rechtsträger nicht ausgeglichene negative Einkünfte, ein Zinsvortrag nach § 4h Absatz 1 Satz 5 des Einkommensteuergesetzes und ein EBITDA-Vortrag nach § 4h Absatz 1 Satz 3 des Einkommensteuergesetzes gehen nicht über. [3]Ist die Dauer der Zugehörigkeit eines Wirtschaftsguts zum Betriebsvermögen für die Besteuerung bedeutsam, so ist der Zeitraum seiner Zugehörigkeit zum Betriebsvermögen der übertragenden Körperschaft dem übernehmenden Rechtsträger anzurechnen. [4]Ist die übertragende Körperschaft eine Unterstützungskasse, erhöht sich der laufende Gewinn des übernehmenden Rechtsträgers in dem Wirtschaftsjahr, in das der Umwandlungsstichtag fällt, um die von ihm, seinen Gesellschaftern oder seinen Rechtsvorgängern an die Unterstützungskasse geleisteten Zuwendungen nach § 4d des Einkommensteuergesetzes; § 15 Abs. 1 Satz 1 Nr. 2 Satz 2 des Einkommensteuergesetzes gilt sinngemäß. [5]In Höhe der nach Satz 4 hinzugerechneten Zuwendungen erhöht sich der Buchwert der Anteile an der Unterstützungskasse.

(3) Sind die übergegangenen Wirtschaftsgüter in der steuerlichen Schlussbilanz der übertragenden Körperschaft mit einem über dem Buchwert liegenden Wert angesetzt, sind die Absetzungen für Abnutzung bei dem übernehmenden Rechtsträger in den Fällen des § 7 Abs. 4 Satz 1 und Abs. 5 des Einkommensteuergesetzes nach der bisherigen Bemessungsgrundlage, in allen anderen Fällen nach dem Buchwert, jeweils vermehrt um den Unterschiedsbetrag zwischen dem Buchwert der einzelnen Wirtschaftsgüter und dem Wert, mit dem die Körperschaft die Wirtschaftsgüter in der steuerlichen Schlussbilanz angesetzt hat, zu bemessen.

1) **Anm. d. Red.:** § 4 Abs. 2 i. d. F. des Art. 4 Nr. 2 Wachstumsbeschleunigungsgesetz v. 22. 12. 2009 (BGBl I 3950); Abs. 6 und 7 i. d. F. des Art. 6 Nr. 2 JStG 2009 v. 19. 12. 2008 (BGBl I 2794).

2) **Anm. d. Red.:** Zur Anwendung des § 4 Abs. 2 siehe § 27 Abs. 5 und 10.

(4) [1]Infolge des Vermögensübergangs ergibt sich ein Übernahmegewinn oder Übernahmeverlust in Höhe des Unterschiedsbetrags zwischen dem Wert, mit dem die übergegangenen Wirtschaftsgüter zu übernehmen sind, abzüglich der Kosten für den Vermögensübergang und dem Wert der Anteile an der übertragenden Körperschaft (Absätze 1 und 2, § 5 Abs. 2 und 3). [2]Für die Ermittlung des Übernahmegewinns oder Übernahmeverlusts sind abweichend von Satz 1 die übergegangenen Wirtschaftsgüter der übertragenden Körperschaft mit dem Wert nach § 3 Abs. 1 anzusetzen, soweit an ihnen kein Recht der Bundesrepublik Deutschland zur Besteuerung des Gewinns aus einer Veräußerung bestand. [3]Bei der Ermittlung des Übernahmegewinns oder des Übernahmeverlusts bleibt der Wert der übergegangenen Wirtschaftsgüter außer Ansatz, soweit er auf Anteile an der übertragenden Körperschaft entfällt, die am steuerlichen Übertragungsstichtag nicht zum Betriebsvermögen des übernehmenden Rechtsträgers gehören.

(5) [1]Ein Übernahmegewinn erhöht sich und ein Übernahmeverlust verringert sich um einen Sperrbetrag im Sinne des § 50c des Einkommensteuergesetzes, soweit die Anteile an der übertragenden Körperschaft am steuerlichen Übertragungsstichtag zum Betriebsvermögen des übernehmenden Rechtsträgers gehören. [2]Ein Übernahmegewinn vermindert sich oder ein Übernahmeverlust erhöht sich um die Bezüge, die nach § 7 zu den Einkünften aus Kapitalvermögen im Sinne des § 20 Abs. 1 Nr. 1 des Einkommensteuergesetzes gehören.

(6)[1)] [1]Ein Übernahmeverlust bleibt außer Ansatz, soweit er auf eine Körperschaft, Personenvereinigung oder Vermögensmasse als Mitunternehmerin der Personengesellschaft entfällt. [2]Satz 1 gilt nicht für Anteile an der übertragenden Gesellschaft, die die Voraussetzungen des § 8b Abs. 7 oder des Abs. 8 Satz 1 des Körperschaftsteuergesetzes erfüllen. [3]In den Fällen des Satzes 2 ist der Übernahmeverlust bis zur Höhe der Bezüge im Sinne des § 7 zu berücksichtigen. [4]In den übrigen Fällen ist er in Höhe von 60 Prozent, höchstens jedoch in Höhe von 60 Prozent der Bezüge im Sinne des § 7 zu berücksichtigen; ein danach verbleibender Übernahmeverlust bleibt außer Ansatz. [5]Satz 4 gilt nicht für Anteile an der übertragenden Gesellschaft, die die Voraussetzungen des § 3 Nr. 40 Satz 3 und 4 des Einkommensteuergesetzes erfüllen; in diesen Fällen gilt Satz 3 entsprechend. [6]Ein Übernahmeverlust bleibt abweichend von den Sätzen 2 bis 5 außer Ansatz, soweit bei Veräußerung der Anteile an der übertragenden Körperschaft ein Veräußerungsverlust nach § 17 Abs. 2 Satz 6 des Einkommensteuergesetzes nicht zu berücksichtigen wäre oder soweit die Anteile an der übertragenden Körperschaft innerhalb der letzten fünf Jahre vor dem steuerlichen Übertragungsstichtag entgeltlich erworben wurden.

(7)[2)] [1]Soweit der Übernahmegewinn auf eine Körperschaft, Personenvereinigung oder Vermögensmasse als Mitunternehmerin der Personengesellschaft entfällt, ist § 8b des Körperschaftsteuergesetzes anzuwenden. [2]In den übrigen Fällen ist § 3 Nr. 40 sowie § 3c des Einkommensteuergesetzes anzuwenden.

§ 5 Besteuerung der Anteilseigner der übertragenden Körperschaft

(1) Hat der übernehmende Rechtsträger Anteile an der übertragenden Körperschaft nach dem steuerlichen Übertragungsstichtag angeschafft oder findet er einen Anteilseigner ab, so ist sein Gewinn so zu ermitteln, als hätte er die Anteile an diesem Stichtag angeschafft.

(2) Anteile an der übertragenden Körperschaft im Sinne des § 17 des Einkommensteuergesetzes, die an dem steuerlichen Übertragungsstichtag nicht zu einem Betriebsvermögen eines Gesellschafters der übernehmenden Personengesellschaft oder einer natürlichen Person gehören, gelten für die Ermittlung des Gewinns als an diesem Stichtag in das Betriebsvermögen des übernehmenden Rechtsträgers mit den Anschaffungskosten eingelegt.

(3) [1]Gehören an dem steuerlichen Übertragungsstichtag Anteile an der übertragenden Körperschaft zum Betriebsvermögen eines Anteilseigners, ist der Gewinn so zu ermit-

1) **Anm. d. Red.:** Zur Anwendung des § 4 Abs. 6 siehe § 27 Abs. 8.

2) **Anm. d. Red.:** Zur Anwendung des § 4 Abs. 7 siehe § 27 Abs. 8.

teln, als seien die Anteile an diesem Stichtag zum Buchwert, erhöht um Abschreibungen sowie um Abzüge nach § 6b des Einkommensteuergesetzes und ähnliche Abzüge, die in früheren Jahren steuerwirksam vorgenommen worden sind, höchstens mit dem gemeinen Wert, in das Betriebsvermögen des übernehmenden Rechtsträgers überführt worden. [2]§ 4 Abs. 1 Satz 3 gilt entsprechend.

§ 6 Gewinnerhöhung durch Vereinigung von Forderungen und Verbindlichkeiten

(1) [1]Erhöht sich der Gewinn des übernehmenden Rechtsträgers dadurch, dass der Vermögensübergang zum Erlöschen von Forderungen und Verbindlichkeiten zwischen der übertragenden Körperschaft und dem übernehmenden Rechtsträger oder zur Auflösung von Rückstellungen führt, so darf der übernehmende Rechtsträger insoweit eine den steuerlichen Gewinn mindernde Rücklage bilden. [2]Die Rücklage ist in den auf ihre Bildung folgenden drei Wirtschaftsjahren mit mindestens je einem Drittel gewinnerhöhend aufzulösen.

(2) [1]Absatz 1 gilt entsprechend, wenn sich der Gewinn eines Gesellschafters des übernehmenden Rechtsträgers dadurch erhöht, dass eine Forderung oder Verbindlichkeit der übertragenden Körperschaft auf den übernehmenden Rechtsträger übergeht oder dass infolge des Vermögensübergangs eine Rückstellung aufzulösen ist. [2]Satz 1 gilt nur für Gesellschafter, die im Zeitpunkt der Eintragung des Umwandlungsbeschlusses in das öffentliche Register an dem übernehmenden Rechtsträger beteiligt sind.

(3) [1]Die Anwendung der Absätze 1 und 2 entfällt rückwirkend, wenn der übernehmende Rechtsträger den auf ihn übergegangenen Betrieb innerhalb von fünf Jahren nach dem steuerlichen Übertragungsstichtag in eine Kapitalgesellschaft einbringt oder ohne triftigen Grund veräußert oder aufgibt. [2]Bereits erteilte Steuerbescheide, Steuermessbescheide, Freistellungsbescheide oder Feststellungsbescheide sind zu ändern, soweit sie auf der Anwendung der Absätze 1 und 2 beruhen.

§ 7 Besteuerung offener Rücklagen

[1]Dem Anteilseigner ist der Teil des in der Steuerbilanz ausgewiesenen Eigenkapitals abzüglich des Bestands des steuerlichen Einlagekontos im Sinne des § 27 des Körperschaftsteuergesetzes, der sich nach Anwendung des § 29 Abs. 1 des Körperschaftsteuergesetzes ergibt, in dem Verhältnis der Anteile zum Nennkapital der übertragenden Körperschaft als Einnahmen aus Kapitalvermögen im Sinne des § 20 Abs. 1 Nr. 1 des Einkommensteuergesetzes zuzurechnen. [2]Dies gilt unabhängig davon, ob für den Anteilseigner ein Übernahmegewinn oder Übernahmeverlust nach § 4 oder § 5 ermittelt wird.

§ 8 Vermögensübergang auf einen Rechtsträger ohne Betriebsvermögen

(1) [1]Wird das übertragene Vermögen nicht Betriebsvermögen des übernehmenden Rechtsträgers, sind die infolge des Vermögensübergangs entstehenden Einkünfte bei diesem oder den Gesellschaftern des übernehmenden Rechtsträgers zu ermitteln. [2]Die §§ 4, 5 und 7 gelten entsprechend.

(2) In den Fällen des Absatzes 1 sind § 17 Abs. 3 und § 22 Nr. 2 des Einkommensteuergesetzes nicht anzuwenden.

§ 9[1)2)] Formwechsel in eine Personengesellschaft

[1]Im Falle des Formwechsels einer Kapitalgesellschaft in eine Personengesellschaft sind die §§ 3 bis 8 und 10 entsprechend anzuwenden. [2]Die Kapitalgesellschaft hat für steuerliche Zwecke auf den Zeitpunkt, in dem der Formwechsel wirksam wird, eine Übertragungsbilanz, die Personengesellschaft eine Eröffnungsbilanz aufzustellen. [3]Die

1) **Anm. d. Red.:** § 9 i. d. F. des Art. 4 Nr. 3 Wachstumsbeschleunigungsgesetz v. 22. 12. 2009 (BGBl I 3950).

2) **Anm. d. Red.:** Zur Anwendung des § 9 siehe § 27 Abs. 10.

Bilanzen nach Satz 2 können auch für einen Stichtag aufgestellt werden, der höchstens acht Monate vor der Anmeldung des Formwechsels zur Eintragung in ein öffentliches Register liegt (Übertragungsstichtag); § 2 Absatz 3 und 4 gilt entsprechend.

§ 10[1] (weggefallen)

Dritter Teil: Verschmelzung oder Vermögensübertragung (Vollübertragung) auf eine andere Körperschaft

§ 11 Wertansätze in der steuerlichen Schlussbilanz der übertragenden Körperschaft

(1) [1]Bei einer Verschmelzung oder Vermögensübertragung (Vollübertragung) auf eine andere Körperschaft sind die übergehenden Wirtschaftsgüter, einschließlich nicht entgeltlich erworbener oder selbst geschaffener immaterieller Wirtschaftsgüter, in der steuerlichen Schlussbilanz der übertragenden Körperschaft mit dem gemeinen Wert anzusetzen. [2]Für die Bewertung von Pensionsrückstellungen gilt § 6a des Einkommensteuergesetzes.

(2) [1]Auf Antrag können die übergehenden Wirtschaftsgüter abweichend von Absatz 1 einheitlich mit dem Buchwert oder einem höheren Wert, höchstens jedoch mit dem Wert nach Absatz 1, angesetzt werden, soweit

1. sichergestellt ist, dass sie später bei der übernehmenden Körperschaft der Besteuerung mit Körperschaftsteuer unterliegen und
2. das Recht der Bundesrepublik Deutschland hinsichtlich der Besteuerung des Gewinns aus der Veräußerung der übertragenen Wirtschaftsgüter bei der übernehmenden Körperschaft nicht ausgeschlossen oder beschränkt wird und
3. eine Gegenleistung nicht gewährt wird oder in Gesellschaftsrechten besteht.

[2]Anteile an der übernehmenden Körperschaft sind mindestens mit dem Buchwert, erhöht um Abschreibungen sowie um Abzüge nach § 6b des Einkommensteuergesetzes und ähnliche Abzüge, die in früheren Jahren steuerwirksam vorgenommen worden sind, höchstens mit dem gemeinen Wert, anzusetzen. [3]Auf einen sich daraus ergebenden Gewinn findet § 8b Abs. 2 Satz 4 und 5 des Körperschaftsteuergesetzes Anwendung.

(3) § 3 Abs. 2 Satz 2 und Abs. 3 gilt entsprechend.

§ 12 Auswirkungen auf den Gewinn der übernehmenden Körperschaft

(1) [1]Die übernehmende Körperschaft hat die auf sie übergegangenen Wirtschaftsgüter mit dem in der steuerlichen Schlussbilanz der übertragenden Körperschaft enthaltenen Wert im Sinne des § 11 zu übernehmen. [2]§ 4 Abs. 1 Satz 2 und 3 gilt entsprechend.

(2) [1]Bei der übernehmenden Körperschaft bleibt ein Gewinn oder ein Verlust in Höhe des Unterschieds zwischen dem Buchwert der Anteile an der übertragenden Körperschaft und dem Wert, mit dem die übergegangenen Wirtschaftsgüter zu übernehmen sind, abzüglich der Kosten für den Vermögensübergang, außer Ansatz. [2]§ 8b des Körperschaftsteuergesetzes ist anzuwenden, soweit der Gewinn im Sinne des Satzes 1 abzüglich der anteilig darauf entfallenden Kosten für den Vermögensübergang, dem Anteil der übernehmenden Körperschaft an der übertragenden Körperschaft entspricht. [3]§ 5 Abs. 1 gilt entsprechend.

(3) Die übernehmende Körperschaft tritt in die steuerliche Rechtsstellung der übertragenden Körperschaft ein; § 4 Abs. 2 und 3 gilt entsprechend.

(4) § 6 gilt sinngemäß für den Teil des Gewinns aus der Vereinigung von Forderungen und Verbindlichkeiten, der der Beteiligung der übernehmenden Körperschaft am Grund- oder Stammkapital der übertragenden Körperschaft entspricht.

1) **Anm. d. Red.:** § 10 weggefallen gem. Art. 4 Nr. 2 JStG 2008 v. 20. 12. 2007 (BGBl I 3150).

(5) Im Falle des Vermögensübergangs in den nicht steuerpflichtigen oder steuerbefreiten Bereich der übernehmenden Körperschaft gilt das in der Steuerbilanz ausgewiesene Eigenkapital abzüglich des Bestands des steuerlichen Einlagekontos im Sinne des § 27 des Körperschaftsteuergesetzes, der sich nach Anwendung des § 29 Abs. 1 des Körperschaftsteuergesetzes ergibt, als Einnahme im Sinne des § 20 Abs. 1 Nr. 1 des Einkommensteuergesetzes.

§ 13 Besteuerung der Anteilseigner der übertragenden Körperschaft

(1) Die Anteile an der übertragenden Körperschaft gelten als zum gemeinen Wert veräußert und die an ihre Stelle tretenden Anteile an der übernehmenden Körperschaft gelten als mit diesem Wert angeschafft.

(2) [1]Abweichend von Absatz 1 sind auf Antrag die Anteile an der übernehmenden Körperschaft mit dem Buchwert der Anteile an der übertragenden Körperschaft anzusetzen, wenn

1. das Recht der Bundesrepublik Deutschland hinsichtlich der Besteuerung des Gewinns aus der Veräußerung der Anteile an der übernehmenden Körperschaft nicht ausgeschlossen oder beschränkt wird oder
2. die Mitgliedstaaten der Europäischen Union bei einer Verschmelzung Artikel 8 der Richtlinie 90/434/EWG anzuwenden haben; in diesem Fall ist der Gewinn aus einer späteren Veräußerung der erworbenen Anteile ungeachtet der Bestimmungen eines Abkommens zur Vermeidung der Doppelbesteuerung in der gleichen Art und Weise zu besteuern, wie die Veräußerung der Anteile an der übertragenden Körperschaft zu besteuern wäre. [2]§ 15 Abs. 1a Satz 2 des Einkommensteuergesetzes ist entsprechend anzuwenden.

[2]Die Anteile an der übernehmenden Körperschaft treten steuerlich an die Stelle der Anteile an der übertragenden Körperschaft. [3]Gehören die Anteile an der übertragenden Körperschaft nicht zu einem Betriebsvermögen, treten an die Stelle des Buchwerts die Anschaffungskosten.

§ 14 (weggefallen)

UmwStG

Vierter Teil: Aufspaltung, Abspaltung und Vermögensübertragung (Teilübertragung)

§ 15[1)] Aufspaltung, Abspaltung und Teilübertragung auf andere Körperschaften

(1) [1]Geht Vermögen einer Körperschaft durch Aufspaltung oder Abspaltung oder durch Teilübertragung auf andere Körperschaften über, gelten die §§ 11 bis 13 vorbehaltlich des Satzes 2 und des § 16 entsprechend. [2]§ 11 Abs. 2 und § 13 Abs. 2 sind nur anzuwenden, wenn auf die Übernehmerinnen ein Teilbetrieb übertragen wird und im Falle der Abspaltung oder Teilübertragung bei der übertragenden Körperschaft ein Teilbetrieb verbleibt. [3]Als Teilbetrieb gilt auch ein Mitunternehmeranteil oder die Beteiligung an einer Kapitalgesellschaft, die das gesamte Nennkapital der Gesellschaft umfasst.

(2) [1]§ 11 Abs. 2 ist auf Mitunternehmeranteile und Beteiligungen im Sinne des Absatzes 1 nicht anzuwenden, wenn sie innerhalb eines Zeitraums von drei Jahren vor dem steuerlichen Übertragungsstichtag durch Übertragung von Wirtschaftsgütern, die kein Teilbetrieb sind, erworben oder aufgestockt worden sind. [2]§ 11 Abs. 2 ist ebenfalls nicht anzuwenden, wenn durch die Spaltung die Veräußerung an außenstehende Personen vollzogen wird. [3]Das Gleiche gilt, wenn durch die Spaltung die Voraussetzungen für eine

---

1) **Anm. d. Red.:** § 15 Abs. 3 i. d. F. des Art. 4 Nr. 4 Wachstumsbeschleunigungsgesetz v. 22. 12. 2009 (BGBl I 3950).

Veräußerung geschaffen werden. [4]Davon ist auszugehen, wenn innerhalb von fünf Jahren nach dem steuerlichen Übertragungsstichtag Anteile an einer an der Spaltung beteiligten Körperschaft, die mehr als 20 Prozent der vor Wirksamwerden der Spaltung an der Körperschaft bestehenden Anteile ausmachen, veräußert werden. [5]Bei der Trennung von Gesellschafterstämmen setzt die Anwendung des § 11 Abs. 2 außerdem voraus, dass die Beteiligungen an der übertragenden Körperschaft mindestens fünf Jahre vor dem steuerlichen Übertragungsstichtag bestanden haben.

(3)[1)] Bei einer Abspaltung mindern sich verrechenbare Verluste, verbleibende Verlustvorträge, nicht ausgeglichene negative Einkünfte, ein Zinsvortrag nach § 4h Absatz 1 Satz 5 des Einkommensteuergesetzes und ein EBITDA-Vortrag nach § 4h Absatz 1 Satz 3 des Einkommensteuergesetzes der übertragenden Körperschaft in dem Verhältnis, in dem bei Zugrundelegung des gemeinen Werts das Vermögen auf eine andere Körperschaft übergeht.

§ 16 Aufspaltung oder Abspaltung auf eine Personengesellschaft

[1]Soweit Vermögen einer Körperschaft durch Aufspaltung oder Abspaltung auf eine Personengesellschaft übergeht, gelten die §§ 3 bis 8, 10 und 15 entsprechend. [2]§ 10 ist für den in § 40 Abs. 2 Satz 3 des Körperschaftsteuergesetzes bezeichneten Teil des Betrags im Sinne des § 38 des Körperschaftsteuergesetzes anzuwenden.

Fünfter Teil: Gewerbesteuer

§ 17 (weggefallen)

§ 18[2)] Gewerbesteuer bei Vermögensübergang auf eine Personengesellschaft oder auf eine natürliche Person sowie bei Formwechsel in eine Personengesellschaft

(1) [1]Die §§ 3 bis 9 und 16 gelten bei Vermögensübergang auf eine Personengesellschaft oder auf eine natürliche Person sowie bei Formwechsel in eine Personengesellschaft auch für die Ermittlung des Gewerbeertrags. [2]Der maßgebende Gewerbeertrag der übernehmenden Personengesellschaft oder natürlichen Person kann nicht um Fehlbeträge des laufenden Erhebungszeitraums und die vortragsfähigen Fehlbeträge der übertragenden Körperschaft im Sinne des § 10a des Gewerbesteuergesetzes gekürzt werden.

(2) [1]Ein Übernahmegewinn oder Übernahmeverlust ist nicht zu erfassen. [2]In Fällen des § 5 Abs. 2 ist ein Gewinn nach § 7 nicht zu erfassen.

(3)[3)] [1]Wird der Betrieb der Personengesellschaft oder der natürlichen Person innerhalb von fünf Jahren nach der Umwandlung aufgegeben oder veräußert, unterliegt ein Aufgabe- oder Veräußerungsgewinn der Gewerbesteuer, auch soweit er auf das Betriebsvermögen entfällt, das bereits vor der Umwandlung im Betrieb der übernehmenden Personengesellschaft oder der natürlichen Person vorhanden war. [2]Satz 1 gilt entsprechend, soweit ein Teilbetrieb oder ein Anteil an der Personengesellschaft aufgegeben oder veräußert wird. [3]Der auf den Aufgabe- oder Veräußerungsgewinnen im Sinne der Sätze 1 und 2 beruhende Teil des Gewerbesteuer-Messbetrags ist bei der Ermäßigung der Einkommensteuer nach § 35 des Einkommensteuergesetzes nicht zu berücksichtigen.

§ 19 Gewerbesteuer bei Vermögensübergang auf eine andere Körperschaft

(1) Geht das Vermögen der übertragenden Körperschaft auf eine andere Körperschaft über, gelten die §§ 11 bis 15 auch für die Ermittlung des Gewerbeertrags.

(2) Für die vortragsfähigen Fehlbeträge der übertragenden Körperschaft im Sinne des § 10a des Gewerbesteuergesetzes gelten § 12 Abs. 3 und § 15 Abs. 3 entsprechend.

---

1) **Anm. d. Red.:** Zur Anwendung des § 15 Abs. 3 siehe § 27 Abs. 5 und 10.

2) **Anm. d. Red.:** § 18 Abs. 3 i. d. F. des Art. 4 Nr. 3 JStG 2008 v. 20. 12. 2007 (BGBl I 3150).

3) **Anm. d. Red.:** Zur Anwendung des § 18 Abs. 3 siehe § 27 Abs. 7.

Sechster Teil: Einbringung von Unternehmensteilen in eine Kapitalgesellschaft oder Genossenschaft und Anteilstausch

§ 20[1] Einbringung von Unternehmensteilen in eine Kapitalgesellschaft oder Genossenschaft

(1) Wird ein Betrieb oder Teilbetrieb oder ein Mitunternehmeranteil in eine Kapitalgesellschaft oder eine Genossenschaft (übernehmende Gesellschaft) eingebracht und erhält der Einbringende dafür neue Anteile an der Gesellschaft (Sacheinlage), gelten für die Bewertung des eingebrachten Betriebsvermögens und der neuen Gesellschaftsanteile die nachfolgenden Absätze.

(2) [1]Die übernehmende Gesellschaft hat das eingebrachte Betriebsvermögen mit dem gemeinen Wert anzusetzen; für die Bewertung von Pensionsrückstellungen gilt § 6a des Einkommensteuergesetzes.[2]Abweichend von Satz 1 kann das übernommene Betriebsvermögen auf Antrag einheitlich mit dem Buchwert oder einem höheren Wert, höchstens jedoch mit dem Wert im Sinne des Satzes 1, angesetzt werden, soweit

1. sichergestellt ist, dass es später bei der übernehmenden Körperschaft der Besteuerung mit Körperschaftsteuer unterliegt,
2. die Passivposten des eingebrachten Betriebsvermögens die Aktivposten nicht übersteigen; dabei ist das Eigenkapital nicht zu berücksichtigen,
3. das Recht der Bundesrepublik Deutschland hinsichtlich der Besteuerung des Gewinns aus der Veräußerung des eingebrachten Betriebsvermögens bei der übernehmenden Gesellschaft nicht ausgeschlossen oder beschränkt wird.

[3]Der Antrag ist spätestens bis zur erstmaligen Abgabe der steuerlichen Schlussbilanz bei dem für die Besteuerung der übernehmenden Gesellschaft zuständigen Finanzamt zu stellen. [4]Erhält der Einbringende neben den Gesellschaftsanteilen auch andere Wirtschaftsgüter, deren gemeiner Wert den Buchwert des eingebrachten Betriebsvermögens übersteigt, hat die übernehmende Gesellschaft das eingebrachte Betriebsvermögen mindestens mit dem gemeinen Wert der anderen Wirtschaftsgüter anzusetzen.

(3) [1]Der Wert, mit dem die übernehmende Gesellschaft das eingebrachte Betriebsvermögen ansetzt, gilt für den Einbringenden als Veräußerungspreis und als Anschaffungskosten der Gesellschaftsanteile. [2]Ist das Recht der Bundesrepublik Deutschland hinsichtlich der Besteuerung des Gewinns aus der Veräußerung des eingebrachten Betriebsvermögens im Zeitpunkt der Einbringung ausgeschlossen und wird dieses auch nicht durch die Einbringung begründet, gilt für den Einbringenden insoweit der gemeine Wert des Betriebsvermögens im Zeitpunkt der Einbringung als Anschaffungskosten der Anteile. [3]Soweit neben den Gesellschaftsanteilen auch andere Wirtschaftsgüter gewährt werden, ist deren gemeiner Wert bei der Bemessung der Anschaffungskosten der Gesellschaftsanteile von dem sich nach den Sätzen 1 und 2 ergebenden Wert abzuziehen. [4]Umfasst das eingebrachte Betriebsvermögen auch einbringungsgeborene Anteile im Sinne von § 21 Abs. 1 in der Fassung der Bekanntmachung vom 15. Oktober 2002 (BGBl I S. 4133, 2003 I S. 738), geändert durch Artikel 3 des Gesetzes vom 16. Mai 2003 (BGBl I S. 660), gelten die erhaltenen Anteile insoweit auch als einbringungsgeboren im Sinne von § 21 Abs. 1 in der Fassung der Bekanntmachung vom 15. Oktober 2002 (BGBl I S. 4133, 2003 I S. 738), geändert durch Artikel 3 des Gesetzes vom 16. Mai 2003 (BGBl I S. 660).

(4) [1]Auf einen bei der Sacheinlage entstehenden Veräußerungsgewinn ist § 16 Abs. 4 des Einkommensteuergesetzes nur anzuwenden, wenn der Einbringende eine natürliche Person ist, es sich nicht um die Einbringung von Teilen eines Mitunternehmeranteils handelt und die übernehmende Gesellschaft das eingebrachte Betriebsvermögen mit dem gemeinen Wert ansetzt. [2]In diesen Fällen ist § 34 Abs. 1 und 3 des Einkommensteuer-

1) **Anm. d. Red.:** § 20 Abs. 6 i. d. F. des Art. 6 Nr. 3 JStG 2009 v. 19. 12. 2008 (BGBl I 2794); Abs. 9 i. d. F. des Art. 4 Nr. 5 Wachstumsbeschleunigungsgesetz v. 22. 12. 2009 (BGBl I 3950).

gesetzes nur anzuwenden, soweit der Veräußerungsgewinn nicht nach § 3 Nr. 40 Satz 1 in Verbindung mit § 3c Abs. 2 des Einkommensteuergesetzes teilweise steuerbefreit ist.

(5) [1]Das Einkommen und das Vermögen des Einbringenden und der übernehmenden Gesellschaft sind auf Antrag so zu ermitteln, als ob das eingebrachte Betriebsvermögen mit Ablauf des steuerlichen Übertragungsstichtags (Absatz 6) auf die Übernehmerin übergegangen wäre. [2]Dies gilt hinsichtlich des Einkommens und des Gewerbeertrags nicht für Entnahmen und Einlagen, die nach dem steuerlichen Übertragungsstichtag erfolgen. [3]Die Anschaffungskosten der Anteile (Absatz 3) sind um den Buchwert der Entnahmen zu vermindern und um den sich nach § 6 Abs. 1 Nr. 5 des Einkommensteuergesetzes ergebenden Wert der Einlagen zu erhöhen.

(6)[1)] [1]Als steuerlicher Übertragungsstichtag (Einbringungszeitpunkt) darf in den Fällen der Sacheinlage durch Verschmelzung im Sinne des § 2 des Umwandlungsgesetzes der Stichtag angesehen werden, für den die Schlussbilanz jedes der übertragenden Unternehmen im Sinne des § 17 Abs. 2 des Umwandlungsgesetzes aufgestellt ist; dieser Stichtag darf höchstens acht Monate vor der Anmeldung der Verschmelzung zur Eintragung in das Handelsregister liegen. [2]Entsprechendes gilt, wenn Vermögen im Wege der Sacheinlage durch Aufspaltung, Abspaltung oder Ausgliederung nach § 123 des Umwandlungsgesetzes auf die übernehmende Gesellschaft übergeht. [3]In anderen Fällen der Sacheinlage darf die Einbringung auf einen Tag zurückbezogen werden, der höchstens acht Monate vor dem Tag des Abschlusses des Einbringungsvertrags liegt und höchstens acht Monate vor dem Zeitpunkt liegt, an dem das eingebrachte Betriebsvermögen auf die übernehmende Gesellschaft übergeht. [4]§ 2 Abs. 3 und 4 gilt entsprechend.

(7) § 3 Abs. 3 ist entsprechend anzuwenden.

(8) Ist eine gebietsfremde einbringende oder erworbene Gesellschaft im Sinne von Artikel 3 der Richtlinie 90/434/EWG als steuerlich transparent anzusehen, ist auf Grund Artikel 10a der Richtlinie 90/434/EWG die ausländische Steuer, die nach den Rechtsvorschriften des anderen Mitgliedstaats der Europäischen Union erhoben worden wäre, wenn die einer in einem anderen Mitgliedstaat belegenen Betriebsstätte zuzurechnenden eingebrachten Wirtschaftsgüter zum gemeinen Wert veräußert worden wären, auf die auf den Einbringungsgewinn entfallende Körperschaftsteuer oder Einkommensteuer unter entsprechender Anwendung von § 26 Abs. 6 des Körperschaftsteuergesetzes und von den §§ 34c und 50 Abs. 6 des Einkommensteuergesetzes anzurechnen.

(9)[2)] Ein Zinsvortrag nach § 4h Absatz 1 Satz 5 des Einkommensteuergesetzes und ein EBITDA-Vortrag nach § 4h Absatz 1 Satz 3 des Einkommensteuergesetzes des eingebrachten Betriebs gehen nicht auf die übernehmende Gesellschaft über.

§ 21 Bewertung der Anteile beim Anteilstausch

(1) [1]Werden Anteile an einer Kapitalgesellschaft oder einer Genossenschaft (erworbene Gesellschaft) in eine Kapitalgesellschaft oder Genossenschaft (übernehmende Gesellschaft) gegen Gewährung neuer Anteile an der übernehmenden Gesellschaft eingebracht (Anteilstausch), hat die übernehmende Gesellschaft die eingebrachten Anteile mit dem gemeinen Wert anzusetzen. [2]Abweichend von Satz 1 können die eingebrachten Anteile auf Antrag mit dem Buchwert oder einem höheren Wert, höchstens jedoch mit dem gemeinen Wert, angesetzt werden, wenn die übernehmende Gesellschaft nach der Einbringung auf Grund ihrer Beteiligung einschließlich der eingebrachten Anteile nachweisbar unmittelbar die Mehrheit der Stimmrechte an der erworbenen Gesellschaft hat (qualifizierter Anteilstausch); § 20 Abs. 2 Satz 3 gilt entsprechend. [3]Erhält der Einbringende neben den Gesellschaftsanteilen auch andere Wirtschaftsgüter, deren gemeiner Wert den Buchwert der eingebrachten Anteile übersteigt, hat die übernehmende Gesellschaft die eingebrachten Anteile mindestens mit dem gemeinen Wert der anderen Wirtschaftsgüter anzusetzen.

---

1) **Anm. d. Red.:** Zur Anwendung des § 20 Abs. 6 siehe § 27 Abs. 9.

2) **Anm. d. Red.:** Zur Anwendung des § 20 Abs. 9 siehe § 27 Abs. 5 und 10.

(2) [1]Der Wert, mit dem die übernehmende Gesellschaft die eingebrachten Anteile ansetzt, gilt für den Einbringenden als Veräußerungspreis der eingebrachten Anteile und als Anschaffungskosten der erhaltenen Anteile. [2]Abweichend von Satz 1 gilt für den Einbringenden der gemeine Wert der eingebrachten Anteile als Veräußerungspreis und als Anschaffungskosten der erhaltenen Anteile, wenn für die eingebrachten Anteile nach der Einbringung das Recht der Bundesrepublik Deutschland hinsichtlich der Besteuerung des Gewinns aus der Veräußerung dieser Anteile ausgeschlossen oder beschränkt ist; dies gilt auch, wenn das Recht der Bundesrepublik Deutschland hinsichtlich der Besteuerung des Gewinns aus der Veräußerung der erhaltenen Anteile ausgeschlossen oder beschränkt ist. [3]Auf Antrag gilt in den Fällen des Satzes 2 unter den Voraussetzungen des Absatzes 1 Satz 2 der Buchwert oder ein höherer Wert, höchstens der gemeine Wert, als Veräußerungspreis der eingebrachten Anteile und als Anschaffungskosten der erhaltenen Anteile, wenn

1. das Recht der Bundesrepublik Deutschland hinsichtlich der Besteuerung des Gewinns aus der Veräußerung der erhaltenen Anteile nicht ausgeschlossen oder beschränkt ist oder
2. der Gewinn aus dem Anteilstausch auf Grund Artikel 8 der Richtlinie 90/434/EWG nicht besteuert werden darf; in diesem Fall ist der Gewinn aus einer späteren Veräußerung der erhaltenen Anteile ungeachtet der Bestimmungen eines Abkommens zur Vermeidung der Doppelbesteuerung in der gleichen Art und Weise zu besteuern, wie die Veräußerung der Anteile an der erworbenen Gesellschaft zu besteuern gewesen wäre; § 15 Abs. 1a Satz 2 des Einkommensteuergesetzes ist entsprechend anzuwenden.

[4]Der Antrag ist spätestens bis zur erstmaligen Abgabe der Steuererklärung bei dem für die Besteuerung des Einbringenden zuständigen Finanzamt zu stellen. [5]Haben die eingebrachten Anteile beim Einbringenden nicht zu einem Betriebsvermögen gehört, treten an die Stelle des Buchwerts die Anschaffungskosten. [6]§ 20 Abs. 3 Satz 3 und 4 gilt entsprechend.

(3) [1]Auf den beim Anteilstausch entstehenden Veräußerungsgewinn ist § 17 Abs. 3 des Einkommensteuergesetzes nur anzuwenden, wenn der Einbringende eine natürliche Person ist und die übernehmende Gesellschaft die eingebrachten Anteile nach Absatz 1 Satz 1 oder in den Fällen des Absatzes 2 Satz 2 der Einbringende mit dem gemeinen Wert ansetzt; dies gilt für die Anwendung von § 16 Abs. 4 des Einkommensteuergesetzes unter der Voraussetzung, dass eine im Betriebsvermögen gehaltene Beteiligung an einer Kapitalgesellschaft eingebracht wird, die das gesamte Nennkapital der Kapitalgesellschaft umfasst. [2]§ 34 Abs. 1 des Einkommensteuergesetzes findet keine Anwendung.

UmwStG

§ 22[1)2)] Besteuerung des Anteilseigners

(1) [1]Soweit in den Fällen einer Sacheinlage unter dem gemeinen Wert (§ 20 Abs. 2 Satz 2) der Einbringende die erhaltenen Anteile innerhalb eines Zeitraums von sieben Jahren nach dem Einbringungszeitpunkt veräußert, ist der Gewinn aus der Einbringung rückwirkend im Wirtschaftsjahr der Einbringung als Gewinn des Einbringenden im Sinne von § 16 des Einkommensteuergesetzes zu versteuern (Einbringungsgewinn I); § 16 Abs. 4 und § 34 des Einkommensteuergesetzes sind nicht anzuwenden. [2]Die Veräußerung der erhaltenen Anteile gilt insoweit als rückwirkendes Ereignis im Sinne von § 175 Abs. 1 Satz 1 Nr. 2 der Abgabenordnung. [3]Einbringungsgewinn I ist der Betrag, um den der gemeine Wert des eingebrachten Betriebsvermögens im Einbringungszeitpunkt nach Abzug der Kosten für den Vermögensübergang den Wert, mit dem die übernehmende Gesellschaft dieses eingebrachte Betriebsvermögen angesetzt hat, übersteigt, vermindert um jeweils ein Siebtel für jedes seit dem Einbringungszeitpunkt abgelaufene Zeitjahr. [4]Der Einbringungsgewinn I gilt als nachträgliche Anschaffungskosten der erhaltenen Anteile. [5]Umfasst das eingebrachte Betriebsvermögen auch Anteile an Kapitalgesell-

1) **Anm. d. Red.:** § 22 Abs. 2 i. d. F. des Art. 6 Nr. 4 JStG 2009 v. 19. 12. 2008 (BGBl I 2794).

2) **Anm. d. Red.:** Zur Anwendung des § 22 siehe § 27 Abs. 4.

schaften oder Genossenschaften, ist insoweit § 22 Abs. 2 anzuwenden; ist in diesen Fällen das Recht der Bundesrepublik Deutschland hinsichtlich der Besteuerung des Gewinns aus der Veräußerung der erhaltenen Anteile ausgeschlossen oder beschränkt, sind daneben auch die Sätze 1 bis 4 anzuwenden. [6]Die Sätze 1 bis 5 gelten entsprechend, wenn

1. der Einbringende die erhaltenen Anteile unmittelbar oder mittelbar unentgeltlich auf eine Kapitalgesellschaft oder eine Genossenschaft überträgt,
2. der Einbringende die erhaltenen Anteile entgeltlich überträgt, es sei denn er weist nach, dass die Übertragung durch einen Vorgang im Sinne des § 20 Abs. 1 oder § 21 Abs. 1 oder auf Grund vergleichbarer ausländischer Vorgänge zu Buchwerten erfolgte,
3. die Kapitalgesellschaft, an der die Anteile bestehen, aufgelöst und abgewickelt wird oder das Kapital dieser Gesellschaft herabgesetzt und an die Anteilseigner zurückgezahlt wird oder Beträge aus dem steuerlichen Einlagekonto im Sinne des § 27 des Körperschaftsteuergesetzes ausgeschüttet oder zurückgezahlt werden,
4. der Einbringende die erhaltenen Anteile durch einen Vorgang im Sinne des § 21 Abs. 1 oder einen Vorgang im Sinne des § 20 Abs. 1 oder auf Grund vergleichbarer ausländischer Vorgänge zum Buchwert in eine Kapitalgesellschaft oder eine Genossenschaft eingebracht hat und diese Anteile anschließend unmittelbar oder mittelbar veräußert oder durch einen Vorgang im Sinne der Nummer 1 oder 2 unmittelbar oder mittelbar übertragen werden, es sei denn, er weist nach, dass diese Anteile zu Buchwerten übertragen wurden (Ketteneinbringung),
5. der Einbringende die erhaltenen Anteile in eine Kapitalgesellschaft oder eine Genossenschaft durch einen Vorgang im Sinne des § 20 Abs. 1 oder einen Vorgang im Sinne des § 21 Abs. 1 oder auf Grund vergleichbarer ausländischer Vorgänge zu Buchwerten einbringt und die aus dieser Einbringung erhaltenen Anteile anschließend unmittelbar oder mittelbar veräußert oder durch einen Vorgang im Sinne der Nummer 1 oder 2 unmittelbar oder mittelbar übertragen werden, es sei denn er weist nach, dass die Einbringung zu Buchwerten erfolgte, oder
6. für den Einbringenden oder die übernehmende Gesellschaft im Sinne der Nummer 4 die Voraussetzungen im Sinne von § 1 Abs. 4 nicht mehr erfüllt sind.

[7]Satz 4 gilt in den Fällen des Satzes 6 Nr. 4 und 5 auch hinsichtlich der Anschaffungskosten der auf einer Weitereinbringung dieser Anteile (§ 20 Abs. 1 und § 21 Abs. 1 Satz 2) zum Buchwert beruhenden Anteile.

(2) [1]Soweit im Rahmen einer Sacheinlage (§ 20 Abs. 1) oder eines Anteilstausches (§ 21 Abs. 1) unter dem gemeinen Wert eingebrachte Anteile innerhalb eines Zeitraums von sieben Jahren nach dem Einbringungszeitpunkt durch die übernehmende Gesellschaft unmittelbar oder mittelbar veräußert werden und soweit beim Einbringenden der Gewinn aus der Veräußerung dieser Anteile im Einbringungszeitpunkt nicht nach § 8b Abs. 2 des Körperschaftsteuergesetzes steuerfrei gewesen wäre, ist der Gewinn aus der Einbringung im Wirtschaftsjahr der Einbringung rückwirkend als Gewinn des Einbringenden aus der Veräußerung von Anteilen zu versteuern (Einbringungsgewinn II); § 16 Abs. 4 und § 34 des Einkommensteuergesetzes sind nicht anzuwenden. [2]Absatz 1 Satz 2 gilt entsprechend. [3]Einbringungsgewinn II ist der Betrag, um den der gemeine Wert der eingebrachten Anteile im Einbringungszeitpunkt nach Abzug der Kosten für den Vermögensübergang den Wert, mit dem der Einbringende die erhaltenen Anteile angesetzt hat, übersteigt, vermindert um jeweils ein Siebtel für jedes seit dem Einbringungszeitpunkt abgelaufene Zeitjahr. [4]Der Einbringungsgewinn II gilt als nachträgliche Anschaffungskosten der erhaltenen Anteile. [5]Sätze 1 bis 4 sind nicht anzuwenden, soweit der Einbringende die erhaltenen Anteile veräußert hat; dies gilt auch in den Fällen von § 6 des Außensteuergesetzes vom 8. September 1972 (BGBl I S. 1713), das zuletzt durch Artikel 7 des Gesetzes vom 7. Dezember 2006 (BGBl I S. 2782) geändert worden ist, in der jeweils geltenden Fassung, wenn und soweit die Steuer nicht gestundet wird. [6]Sätze 1 bis 5 gelten entsprechend, wenn die übernehmende Gesellschaft die eingebrachten Anteile ihrerseits durch einen Vorgang nach Absatz 1 Satz 6 Nr. 1 bis 5 weiter überträgt oder für

diese die Voraussetzungen nach § 1 Abs. 4 nicht mehr erfüllt sind. [7]Absatz 1 Satz 7 ist entsprechend anzuwenden.

(3) [1]Der Einbringende hat in den dem Einbringungszeitpunkt folgenden sieben Jahren jährlich spätestens bis zum 31. Mai den Nachweis darüber zu erbringen, wem mit Ablauf des Tages, der dem maßgebenden Einbringungszeitpunkt entspricht,

1. in den Fällen des Absatzes 1 die erhaltenen Anteile und die auf diesen Anteilen beruhenden Anteile und
2. in den Fällen des Absatzes 2 die eingebrachten Anteile und die auf diesen Anteilen beruhenden Anteile

zuzurechnen sind. [2]Erbringt er den Nachweis nicht, gelten die Anteile im Sinne des Absatzes 1 oder des Absatzes 2 an dem Tag, der dem Einbringungszeitpunkt folgt oder der in den Folgejahren diesem Kalendertag entspricht, als veräußert.

(4) Ist der Veräußerer von Anteilen nach Absatz 1

1. eine juristische Person des öffentlichen Rechts, gilt in den Fällen des Absatzes 1 der Gewinn aus der Veräußerung der erhaltenen Anteile als in einem Betrieb gewerblicher Art dieser Körperschaft entstanden,
2. von der Körperschaftsteuer befreit, gilt in den Fällen des Absatzes 1 der Gewinn aus der Veräußerung der erhaltenen Anteile als in einem wirtschaftlichen Geschäftsbetrieb dieser Körperschaft entstanden.

(5) Das für den Einbringenden zuständige Finanzamt bescheinigt der übernehmenden Gesellschaft auf deren Antrag die Höhe des zu versteuernden Einbringungsgewinns, die darauf entfallende festgesetzte Steuer und den darauf entrichteten Betrag; nachträgliche Minderungen des versteuerten Einbringungsgewinns sowie die darauf entfallende festgesetzte Steuer und der darauf entrichtete Betrag sind dem für die übernehmende Gesellschaft zuständigen Finanzamt von Amts wegen mitzuteilen.

(6) In den Fällen der unentgeltlichen Rechtsnachfolge gilt der Rechtsnachfolger des Einbringenden als Einbringender im Sinne der Absätze 1 bis 5 und der Rechtsnachfolger der übernehmenden Gesellschaft als übernehmende Gesellschaft im Sinne des Absatzes 2.

(7) Werden in den Fällen einer Sacheinlage (§ 20 Abs. 1) oder eines Anteilstauschs (§ 21 Abs. 1) unter dem gemeinen Wert stille Reserven auf Grund einer Gesellschaftsgründung oder Kapitalerhöhung von den erhaltenen oder eingebrachten Anteilen oder von auf diesen Anteilen beruhenden Anteilen auf andere Anteile verlagert, gelten diese Anteile insoweit auch als erhaltene oder eingebrachte Anteile oder als auf diesen Anteilen beruhende Anteile im Sinne des Absatzes 1 oder 2 (Mitverstrickung von Anteilen).

§ 23[1)2)] Auswirkungen bei der übernehmenden Gesellschaft

(1) Setzt die übernehmende Gesellschaft das eingebrachte Betriebsvermögen mit einem unter dem gemeinen Wert liegenden Wert (§ 20 Abs. 2 Satz 2, § 21 Abs. 1 Satz 2) an, gelten § 4 Abs. 2 Satz 3 und § 12 Abs. 3 erster Halbsatz entsprechend.

(2) [1]In den Fällen des § 22 Abs. 1 kann die übernehmende Gesellschaft auf Antrag den versteuerten Einbringungsgewinn im Wirtschaftsjahr der Veräußerung der Anteile oder eines gleichgestellten Ereignisses (§ 22 Abs. 1 Satz 1 und Satz 6 Nr. 1 bis 6) als Erhöhungsbetrag ansetzen, soweit der Einbringende die auf den Einbringungsgewinn entfallende Steuer entrichtet hat und dies durch Vorlage einer Bescheinigung des zuständigen Finanzamts im Sinne von § 22 Abs. 5 nachgewiesen wurde; der Ansatz des Erhöhungsbetrags bleibt ohne Auswirkung auf den Gewinn. [2]Satz 1 ist nur anzuwenden, soweit das eingebrachte Betriebsvermögen in den Fällen des § 22 Abs. 1 noch zum Betriebsvermögen der übernehmenden Gesellschaft gehört, es sei denn, dieses wurde zum gemeinen Wert übertragen. [3]Wurden die veräußerten Anteile auf Grund einer Einbringung von An-

1) **Anm. d. Red.:** § 23 Abs. 1 i. d. F. des Art. 6 Nr. 5 JStG 2009 v. 19. 12. 2008 (BGBl I 2794).

2) **Anm. d. Red.:** Zur Anwendung des § 23 siehe § 27 Abs. 4.

teilen nach § 20 Abs. 1 oder § 21 Abs. 1 (§ 22 Abs. 2) erworben, erhöhen sich die Anschaffungskosten der eingebrachten Anteile in Höhe des versteuerten Einbringungsgewinns, soweit der Einbringende die auf den Einbringungsgewinn entfallende Steuer entrichtet hat; Satz 1 und § 22 Abs. 1 Satz 7 gelten entsprechend.

(3) [1]Setzt die übernehmende Gesellschaft das eingebrachte Betriebsvermögen mit einem über dem Buchwert, aber unter dem gemeinen Wert liegenden Wert an, gilt § 12 Abs. 3 erster Halbsatz entsprechend mit der folgenden Maßgabe:

1. Die Absetzungen für Abnutzung oder Substanzverringerung nach § 7 Abs. 1, 4, 5 und 6 des Einkommensteuergesetzes sind vom Zeitpunkt der Einbringung an nach den Anschaffungs- oder Herstellungskosten des Einbringenden, vermehrt um den Unterschiedsbetrag zwischen dem Buchwert der einzelnen Wirtschaftsgüter und dem Wert, mit dem die Kapitalgesellschaft die Wirtschaftsgüter ansetzt, zu bemessen.
2. Bei den Absetzungen für Abnutzung nach § 7 Abs. 2 des Einkommensteuergesetzes tritt im Zeitpunkt der Einbringung an die Stelle des Buchwerts der einzelnen Wirtschaftsgüter der Wert, mit dem die Kapitalgesellschaft die Wirtschaftsgüter ansetzt.

[2]Bei einer Erhöhung der Anschaffungskosten oder Herstellungskosten auf Grund rückwirkender Besteuerung des Einbringungsgewinns (Absatz 2) gilt dies mit der Maßgabe, dass an die Stelle des Zeitpunkts der Einbringung der Beginn des Wirtschaftsjahrs tritt, in welches das die Besteuerung des Einbringungsgewinns auslösende Ereignis fällt.

(4) Setzt die übernehmende Gesellschaft das eingebrachte Betriebsvermögen mit dem gemeinen Wert an, gelten die eingebrachten Wirtschaftsgüter als im Zeitpunkt der Einbringung von der Kapitalgesellschaft angeschafft, wenn die Einbringung des Betriebsvermögens im Wege der Einzelrechtsnachfolge erfolgt; erfolgt die Einbringung des Betriebsvermögens im Wege der Gesamtrechtsnachfolge nach den Vorschriften des Umwandlungsgesetzes, gilt Absatz 3 entsprechend.

(5) Der maßgebende Gewerbeertrag der übernehmenden Gesellschaft kann nicht um die vortragsfähigen Fehlbeträge des Einbringenden im Sinne des § 10a des Gewerbesteuergesetzes gekürzt werden.

(6) § 6 Abs. 1 und 3 gilt entsprechend.

Siebter Teil: Einbringung eines Betriebs, Teilbetriebs oder Mitunternehmeranteils in eine Personengesellschaft

§ 24[1)] Einbringung von Betriebsvermögen in eine Personengesellschaft

(1) Wird ein Betrieb oder Teilbetrieb oder ein Mitunternehmeranteil in eine Personengesellschaft eingebracht und wird der Einbringende Mitunternehmer der Gesellschaft, gelten für die Bewertung des eingebrachten Betriebsvermögens die Absätze 2 bis 4.

(2) [1]Die Personengesellschaft hat das eingebrachte Betriebsvermögen in ihrer Bilanz einschließlich der Ergänzungsbilanzen für ihre Gesellschafter mit dem gemeinen Wert anzusetzen; für die Bewertung von Pensionsrückstellungen gilt § 6a des Einkommensteuergesetzes.[2]Abweichend von Satz 1 kann das übernommene Betriebsvermögen auf Antrag mit dem Buchwert oder einem höheren Wert, höchstens jedoch mit dem Wert im Sinne des Satzes 1, angesetzt werden, soweit das Recht der Bundesrepublik Deutschland hinsichtlich der Besteuerung des eingebrachten Betriebsvermögens nicht ausgeschlossen oder beschränkt wird. [3]§ 20 Abs. 2 Satz 3 gilt entsprechend.

(3) [1]Der Wert, mit dem das eingebrachte Betriebsvermögen in der Bilanz der Personengesellschaft einschließlich der Ergänzungsbilanzen für ihre Gesellschafter angesetzt wird, gilt für den Einbringenden als Veräußerungspreis. [2]§ 16 Abs. 4 des Einkommensteuergesetzes ist nur anzuwenden, wenn das eingebrachte Betriebsvermögen mit dem

1) **Anm. d. Red.:** § 24 Abs. 6 angefügt gem. Art. 5 Nr. 4 Unternehmensteuerreformgesetz 2008 v. 14. 8. 2007 (BGBl I 1912).

gemeinen Wert angesetzt wird und es sich nicht um die Einbringung von Teilen eines Mitunternehmeranteils handelt; in diesen Fällen ist § 34 Abs. 1 und 3 des Einkommensteuergesetzes anzuwenden, soweit der Veräußerungsgewinn nicht nach § 3 Nr. 40 Satz 1 Buchstabe b in Verbindung mit § 3c Abs. 2 des Einkommensteuergesetzes teilweise steuerbefreit ist. [3]In den Fällen des Satzes 2 gilt § 16 Abs. 2 Satz 3 des Einkommensteuergesetzes entsprechend.

(4) § 23 Abs. 1, 3, 4 und 6 gilt entsprechend; in den Fällen der Einbringung in eine Personengesellschaft im Wege der Gesamtrechtsnachfolge gilt auch § 20 Abs. 5 und 6 entsprechend.

(5)[1] Soweit im Rahmen einer Einbringung nach Absatz 1 unter dem gemeinen Wert eingebrachte Anteile an einer Körperschaft, Personenvereinigung oder Vermögensmasse innerhalb eines Zeitraums von sieben Jahren nach dem Einbringungszeitpunkt durch die übernehmende Personengesellschaft veräußert oder durch einen Vorgang nach § 22 Abs. 1 Satz 6 Nr. 1 bis 5 weiter übertragen werden und der Einbringende keine durch § 8b Abs. 2 des Körperschaftsteuergesetzes begünstigte Person ist, ist § 22 Abs. 2, 3 und 5 bis 7 insoweit entsprechend anzuwenden, als der Gewinn aus der Veräußerung der eingebrachten Anteile auf einen von § 8b Abs. 2 des Körperschaftsteuergesetzes begünstigten Mitunternehmer entfällt.

(6)[2] § 20 Abs. 9 gilt entsprechend.

Achter Teil: Formwechsel einer Personengesellschaft in eine Kapitalgesellschaft oder Genossenschaft

§ 25 Entsprechende Anwendung des Sechsten Teils

[1]In den Fällen des Formwechsels einer Personengesellschaft in eine Kapitalgesellschaft oder Genossenschaft im Sinne des § 190 des Umwandlungsgesetzes vom 28. Oktober 1994 (BGBl I S. 3210, 1995 I S. 428), das zuletzt durch Artikel 10 des Gesetzes vom 9. Dezember 2004 (BGBl I S. 3214) geändert worden ist, in der jeweils geltenden Fassung oder auf Grund vergleichbarer ausländischer Vorgänge gelten §§ 20 bis 23 entsprechend. [2]§ 9 Satz 2 und 3 ist entsprechend anzuwenden.

UmwStG

Neunter Teil: Verhinderung von Missbräuchen

§ 26 (weggefallen)

Zehnter Teil: Anwendungsvorschriften und Ermächtigung

§ 27[3] Anwendungsvorschriften

(1) [1]Diese Fassung des Gesetzes ist erstmals auf Umwandlungen und Einbringungen anzuwenden, bei denen die Anmeldung zur Eintragung in das für die Wirksamkeit des jeweiligen Vorgangs maßgebende öffentliche Register nach dem 12. Dezember 2006 erfolgt ist. [2]Für Einbringungen, deren Wirksamkeit keine Eintragung in ein öffentliches Register voraussetzt, ist diese Fassung des Gesetzes erstmals anzuwenden, wenn das wirtschaftliche Eigentum an den eingebrachten Wirtschaftsgütern nach dem 12. Dezember 2006 übergegangen ist.

(2) [1]Das Umwandlungssteuergesetz in der Fassung der Bekanntmachung vom 15. Oktober 2002 (BGBl I S. 4133, 2003 I S. 738), geändert durch Artikel 3 des Gesetzes vom 16. Mai 2003 (BGBl I S. 660), ist letztmals auf Umwandlungen und Einbringungen anzu-

---

1) **Anm. d. Red.:** Zur Anwendung des § 24 Abs. 5 siehe § 27 Abs. 4.

2) **Anm. d. Red.:** Zur Anwendung des § 24 Abs. 6 siehe § 27 Abs. 5.

3) **Anm. d. Red.:** § 27 i. d. F. des Art. 4 Nr. 6 Wachstumsbeschleunigungsgesetz v. 22. 12. 2009 (BGBl I 3950).

wenden, bei denen die Anmeldung zur Eintragung in das für die Wirksamkeit des jeweiligen Vorgangs maßgebende öffentliche Register bis zum 12. Dezember 2006 erfolgt ist. [2]Für Einbringungen, deren Wirksamkeit keine Eintragung in ein öffentliches Register voraussetzt, ist diese Fassung letztmals anzuwenden, wenn das wirtschaftliche Eigentum an den eingebrachten Wirtschaftsgütern bis zum 12. Dezember 2006 übergegangen ist.

(3) Abweichend von Absatz 2 ist

1. § 5 Abs. 4 für einbringungsgeborene Anteile im Sinne von § 21 Abs. 1 mit der Maßgabe weiterhin anzuwenden, dass die Anteile zu dem Wert im Sinne von § 5 Abs. 2 oder Abs. 3 in der Fassung des Absatzes 1 als zum steuerlichen Übertragungsstichtag in das Betriebsvermögen des übernehmenden Rechtsträgers überführt gelten,
2. § 20 Abs. 6 in der am 21. Mai 2003 geltenden Fassung für die Fälle des Ausschlusses des Besteuerungsrechts (§ 20 Abs. 3) weiterhin anwendbar, wenn auf die Einbringung Absatz 2 anzuwenden war,
3. § 21 in der am 21. Mai 2003 geltenden Fassung für einbringungsgeborene Anteile im Sinne von § 21 Abs. 1, die auf einem Einbringungsvorgang beruhen, auf den Absatz 2 anwendbar war, weiterhin anzuwenden. [2]Für § 21 Abs. 2 Satz 1 Nr. 2 in der am 21. Mai 2003 geltenden Fassung gilt dies mit der Maßgabe, dass eine Stundung der Steuer gemäß § 6 Abs. 5 des Außensteuergesetzes in der Fassung des Gesetzes vom 7. Dezember 2006 (BGBl I S. 2782) unter den dort genannten Voraussetzungen erfolgt, wenn die Einkommensteuer noch nicht bestandskräftig festgesetzt ist; § 6 Abs. 6 und 7 des Außensteuergesetzes ist entsprechend anzuwenden.

(4) Abweichend von Absatz 1 sind §§ 22, 23 und 24 Abs. 5 nicht anzuwenden, soweit hinsichtlich des Gewinns aus der Veräußerung der Anteile oder einem gleichgestellten Ereignis im Sinne von § 22 Abs. 1 die Steuerfreistellung nach § 8b Abs. 4 des Körperschaftsteuergesetzes in der am 12. Dezember 2006 geltenden Fassung oder nach § 3 Nr. 40 Satz 3 und 4 des Einkommensteuergesetzes in der am 12. Dezember 2006 geltenden Fassung ausgeschlossen ist.

(5) [1]§ 4 Abs. 2 Satz 2, § 15 Abs. 3, § 20 Abs. 9 und § 24 Abs. 6 in der Fassung des Artikels 5 des Gesetzes vom 14. August 2007 (BGBl I S. 1912) sind erstmals auf Umwandlungen und Einbringungen anzuwenden, bei denen die Anmeldung zur Eintragung in das für die Wirksamkeit des jeweiligen Vorgangs maßgebende öffentliche Register nach dem 31. Dezember 2007 erfolgt ist. [2]Für Einbringungen, deren Wirksamkeit keine Eintragung in ein öffentliches Register voraussetzt, ist diese Fassung des Gesetzes erstmals anzuwenden, wenn das wirtschaftliche Eigentum an den eingebrachten Wirtschaftsgütern nach dem 31. Dezember 2007 übergegangen ist.

(6) [1]§ 10 ist letztmals auf Umwandlungen anzuwenden, bei denen der steuerliche Übertragungsstichtag vor dem 1. Januar 2007 liegt. [2]§ 10 ist abweichend von Satz 1 weiter anzuwenden in den Fällen, in denen ein Antrag nach § 34 Abs. 16 des Körperschaftsteuergesetzes in der Fassung des Artikels 3 des Gesetzes vom 20. Dezember 2007 (BGBl I S. 3150) gestellt wurde.

(7) § 18 Abs. 3 Satz 1 in der Fassung des Artikels 4 des Gesetzes vom 20. Dezember 2007 (BGBl I S. 3150) ist erstmals auf Umwandlungen anzuwenden, bei denen die Anmeldung zur Eintragung in das für die Wirksamkeit der Umwandlung maßgebende öffentliche Register nach dem 31. Dezember erfolgt ist.

(8) § 4 Abs. 6 Satz 4 bis 6 sowie § 4 Abs. 7 Satz 2 in der Fassung des Artikels 6 des Gesetzes vom 19. Dezember 2008 (BGBl I S. 2794) sind erstmals auf Umwandlungen anzuwenden, bei denen § 3 Nr. 40 des Einkommensteuergesetzes in der durch Artikel 1 Nr. 3 des Gesetzes vom 14. August 2007 (BGBl I S. 1912) geänderten Fassung für die Bezüge im Sinne des § 7 anzuwenden ist.

(9) [1]§ 2 Abs. 4 und § 20 Abs. 6 Satz 4 in der Fassung des Artikels 6 des Gesetzes vom 19. Dezember 2008 (BGBl I S. 2794) sind erstmals auf Umwandlungen und Einbringungen anzuwenden, bei denen der schädliche Beteiligungserwerb oder ein anderes die Verlustnutzung ausschließendes Ereignis nach dem 28. November 2008 eintritt. [2]§ 2 Abs. 4 und § 20 Abs. 6 Satz 4 in der Fassung des Artikels 6 des Gesetzes vom 19. Dezember 2008

(BGBl I S. 2794) gelten nicht, wenn sich der Veräußerer und der Erwerber am 28. November 2008 über den später vollzogenen schädlichen Beteiligungserwerb oder ein anderes die Verlustnutzung ausschließendes Ereignis einig sind, der übernehmende Rechtsträger dies anhand schriftlicher Unterlagen nachweist und die Anmeldung zur Eintragung in das für die Wirksamkeit des Vorgangs maßgebende öffentliche Register bzw. bei Einbringungen der Übergang des wirtschaftlichen Eigentums bis zum 31. Dezember 2009 erfolgt.

(10) § 2 Absatz 4 Satz 1, § 4 Absatz 2 Satz 2, § 9 Satz 3, § 15 Absatz 3 und § 20 Absatz 9 in der Fassung des Artikels 4 des Gesetzes vom 22. Dezember 2009 (BGBl I S. 3950) sind erstmals auf Umwandlungen und Einbringungen anzuwenden, deren steuerlicher Übertragungsstichtag in einem Wirtschaftsjahr liegt, für das § 4h Absatz 1, 4 Satz 1 und Absatz 5 Satz 1 und 2 des Einkommensteuergesetzes in der Fassung des Artikels 1 des Gesetzes vom 22. Dezember 2009 (BGBl I S. 3950) erstmals anzuwenden ist.

§ 28 Bekanntmachungserlaubnis

Das Bundesministerium der Finanzen wird ermächtigt, den Wortlaut dieses Gesetzes und der zu diesem Gesetz erlassenen Rechtsverordnungen in der jeweils geltenden Fassung satzweise nummeriert mit neuem Datum und in neuer Paragraphenfolge bekannt zu machen und dabei Unstimmigkeiten im Wortlaut zu beseitigen.

Körperschaftsteuergesetz (KStG)

v. 15. 10. 2002 (BGBl I S. 4145) mit späteren Änderungen

Die amtliche Neufassung des KStG v. 15. 10. 2002 (BGBl I 4145) wurde inzwischen geändert durch Art. 2 Gesetz zum Abbau von Steuervergünstigungen und Ausnahmeregelungen (Steuervergünstigungsabbaugesetz – StVergAbG) v. 16. 5. 2003 (BGBl I 660); Art. 6 Gesetz zur Neustrukturierung der Förderbanken des Bundes (Förderbankenneustrukturierungsgesetz) v. 15. 8. 2003 (BGBl I 1657); Art. 3 Zweites Gesetz zur Änderung steuerlicher Vorschriften (Steueränderungsgesetz 2003 – StÄndG 2003) v. 15. 12. 2003 (BGBl I 2645); Art. 3 Gesetz zur Umsetzung der Protokollerklärung der Bundesregierung zur Vermittlungsempfehlung zum Steuervergünstigungsabbaugesetz v. 22. 12. 2003 (BGBl I 2840); Art. 11 Haushaltsbegleitgesetz 2004 (HBeglG 2004) v. 29. 12. 2003 (BGBl I 3076, ber. 2004 I 69); Art. 2 Gesetz zur Anpassung der Vorschriften über die Amtshilfe im Bereich der Europäischen Union sowie zur Umsetzung der Richtlinie 2003/49/EG des Rates vom 3. Juni 2003 über eine gemeinsame Steuerregelung für Zahlungen von Zinsen und Lizenzgebühren zwischen verbundenen Unternehmen verschiedener Mitgliedstaaten (EG-Amtshilfe-Anpassungsgesetz) v. 2. 12. 2004 (BGBl I 3112); Art. 31 Gesetz zur Organisationsreform in der gesetzlichen Rentenversicherung (RVOrgG) v. 9. 12. 2004 (BGBl I 3242); Art. 3 Gesetz zur Umsetzung von EU-Richtlinien in nationales Steuerrecht und zur Änderung weiterer Vorschriften (Richtlinien-Umsetzungsgesetz – EURLUmsG) v. 9. 12. 2004 (BGBl I 3310, ber. 3843); Art. 4 Gesetz zur Änderung des Versicherungsaufsichtsgesetzes und anderer Gesetze v. 15. 12. 2004 (BGBl I 3416); Art. 2 Steueränderungsgesetz 2007 (StÄndG 2007) v. 19. 7. 2006 (BGBl I 1652); Art. 6 Gesetz zur Umsetzung der neu gefassten Bankenrichtlinie und der neu gefassten Kapitaladäquanzrichtlinie v. 17. 11. 2006 (BGBl I 2606); Art. 3 Gesetz über steuerliche Begleitmaßnahmen zur Einführung der Europäischen Gesellschaft und zur Änderung weiterer steuerrechtlicher Vorschriften (SEStEG) v. 7. 12. 2006 (BGBl I 2782, ber. 2007 I 68); Art. 4 Jahressteuergesetz 2007 (JStG 2007) v. 13. 12. 2006 (BGBl I 2878); Art. 2 Unternehmensteuerreformgesetz 2008 v. 14. 8. 2007 (BGBl I 1912); Art. 3 Gesetz zur weiteren Stärkung des bürgerschaftlichen Engagements v. 10. 10. 2007 (BGBl I 2332); Art. 3 Jahressteuergesetz 2008 (JStG 2008) v. 20. 12. 2007 (BGBl I 3150); Art. 4 Gesetz zur Modernisierung der Rahmenbedingungen für Kapitalbeteiligungen (MoRaKG) v. 12. 8. 2008 (BGBl I 1672); Art. 3 Jahressteuergesetz 2009 (JStG 2009) v. 19. 12. 2008 (BGBl I 2794); Art. 6 Gesetz zur Modernisierung und Entbürokratisierung des Steuerverfahrens (Steuerbürokratieabbaugesetz) v. 20. 12. 2008 (BGBl I 2850); Art. 6 Drittes Gesetz zum Abbau bürokratischer Hemmnisse insbesondere in der mittelständischen Wirtschaft (Drittes Mittelstandsentlastungsgesetz) v. 17. 3. 2009 (BGBl I 550); Art. 2 Gesetz zur Fortführung der Gesetzeslage 2006 bei der Entfernungspauschale v. 20. 4. 2009 (BGBl I 774); Art. 7 Gesetz zur verbesserten steuerlichen Berücksichtigung von Vorsorgeaufwendungen (Bürgerentlastungsgesetz Krankenversicherung) v. 16. 7. 2009 (BGBl I 1959); Art. 2 Gesetz zur Bekämpfung der Steuerhinterziehung (Steuerhinterziehungsbekämpfungsgesetz) v. 29. 7. 2009 (BGBl I 2302); Art. 2 Gesetz zur zur Beschleunigung des Wirtschaftswachstums (Wachstumsbeschleunigungsgesetz) v. 22. 12. 2009 (BGBl I 3950). **— Zur Anwendung siehe §§ 34 und 35.**

Nichtamtliche Fassung

Inhaltsübersicht

Erster Teil: Steuerpflicht

§ 1[1] Unbeschränkte Steuerpflicht

(1) Unbeschränkt körperschaftsteuerpflichtig sind die folgenden Körperschaften, Personenvereinigungen und Vermögensmassen, die ihre Geschäftsleitung oder ihren Sitz im Inland haben:

1) **Anm. d. Red.:** § 1 Abs. 1 Nr. 1 und 2 i. d. F. des Art. 3 Nr. 2 SEStEG v. 7. 12. 2006 (BGBl I 2782), Nr. 3 i. d. F. des Art. 3 Nr. 1 EURLUmsG v. 9. 12. 2004 (BGBl I 3310); Abs. 3 i. d. F. des Art. 3 Nr. 1a JStG 2008 v. 20. 12. 2007 (BGBl I 3150).

1. Kapitalgesellschaften (insbesondere Europäische Gesellschaften, Aktiengesellschaften, Kommanditgesellschaften auf Aktien, Gesellschaften mit beschränkter Haftung);
2. Genossenschaften einschließlich der Europäischen Genossenschaften;
3. Versicherungs- und Pensionsfondsvereine auf Gegenseitigkeit;
4. sonstige juristische Personen des privaten Rechts;
5. nichtrechtsfähige Vereine, Anstalten, Stiftungen und andere Zweckvermögen des privaten Rechts;
6. Betriebe gewerblicher Art von juristischen Personen des öffentlichen Rechts.

(2) Die unbeschränkte Körperschaftsteuerpflicht erstreckt sich auf sämtliche Einkünfte.

(3) Zum Inland im Sinne dieses Gesetzes gehört auch der der Bundesrepublik Deutschland zustehende Anteil am Festlandsockel, soweit dort Naturschätze des Meeresgrundes und des Meeresuntergrundes erforscht oder ausgebeutet werden oder dieser der Energieerzeugung unter Nutzung erneuerbarer Energien dient.

§ 2[1] Beschränkte Steuerpflicht

Beschränkt körperschaftsteuerpflichtig sind

1. Körperschaften, Personenvereinigungen und Vermögensmassen, die weder ihre Geschäftsleitung noch ihren Sitz im Inland haben, mit ihren inländischen Einkünften;
2.[2] sonstige Körperschaften, Personenvereinigungen und Vermögensmassen, die nicht unbeschränkt steuerpflichtig sind, mit den inländischen Einkünften, die dem Steuerabzug vollständig oder teilweise unterliegen; inländische Einkünfte sind auch
   a) die Entgelte, die den sonstigen Körperschaften, Personenvereinigungen oder Vermögensmassen dafür gewährt werden, dass sie Anteile an einer Kapitalgesellschaft mit Sitz oder Geschäftsleitung im Inland einem anderen überlassen und der andere, dem die Anteile zuzurechnen sind, diese Anteile oder gleichartige Anteile zurückzugeben hat,
   b) die Entgelte, die den sonstigen Körperschaften, Personenvereinigungen oder Vermögensmassen im Rahmen eines Wertpapierpensionsgeschäfts im Sinne des § 340b Abs. 2 des Handelsgesetzbuchs gewährt werden, soweit Gegenstand des Wertpapierpensionsgeschäfts Anteile an einer Kapitalgesellschaft mit Sitz oder Geschäftsleitung im Inland sind, und
   c) die in § 8b Abs. 10 Satz 2 genannten Einnahmen oder Bezüge, die den sonstigen Körperschaften, Personenvereinigungen oder Vermögensmassen als Entgelt für die Überlassung von Anteilen an einer Kapitalgesellschaft mit Sitz oder Geschäftsleitung im Inland gewährt gelten.

§ 3 Abgrenzung der Steuerpflicht bei nichtrechtsfähigen Personenvereinigungen und Vermögensmassen sowie bei Realgemeinden

(1) Nichtrechtsfähige Personenvereinigungen, Anstalten, Stiftungen und andere Zweckvermögen sind körperschaftsteuerpflichtig, wenn ihr Einkommen weder nach diesem Gesetz noch nach dem Einkommensteuergesetz unmittelbar bei einem anderen Steuerpflichtigen zu versteuern ist.

(2) [1]Hauberg-, Wald-, Forst- und Laubgenossenschaften und ähnliche Realgemeinden, die zu den in § 1 bezeichneten Steuerpflichtigen gehören, sind nur insoweit körperschaftsteuerpflichtig, als sie einen Gewerbebetrieb unterhalten oder verpachten, der

1) **Anm. d. Red.:** § 2 Nr. 2 i. d. F. des Art. 2 Nr. 2 Unternehmensteuerreformgesetz 2008 v. 14. 8. 2007 (BGBl I 1912).

2) **Anm. d. Red.:** Zur Anwendung des § 2 Nr. 2 siehe § 34 Abs. 2a.

KStG

über den Rahmen eines Nebenbetriebs hinausgeht. [2]Im Übrigen sind ihre Einkünfte unmittelbar bei den Beteiligten zu versteuern.

§ 4[1)] Betriebe gewerblicher Art von juristischen Personen des öffentlichen Rechts

(1) [1]Betriebe gewerblicher Art von juristischen Personen des öffentlichen Rechts im Sinne des § 1 Abs. 1 Nr. 6 sind vorbehaltlich des Absatzes 5 alle Einrichtungen, die einer nachhaltigen wirtschaftlichen Tätigkeit zur Erzielung von Einnahmen außerhalb der Land- und Forstwirtschaft dienen und die sich innerhalb der Gesamtbetätigung der juristischen Person wirtschaftlich herausheben. [2]Die Absicht, Gewinn zu erzielen, und die Beteiligung am allgemeinen wirtschaftlichen Verkehr sind nicht erforderlich.

(2) Ein Betrieb gewerblicher Art ist auch unbeschränkt steuerpflichtig, wenn er selbst eine juristische Person des öffentlichen Rechts ist.

(3) Zu den Betrieben gewerblicher Art gehören auch Betriebe, die der Versorgung der Bevölkerung mit Wasser, Gas, Elektrizität oder Wärme, dem öffentlichen Verkehr oder dem Hafenbetrieb dienen.

(4) Als Betrieb gewerblicher Art gilt die Verpachtung eines solchen Betriebs.

(5) [1]Zu den Betrieben gewerblicher Art gehören nicht Betriebe, die überwiegend der Ausübung der öffentlichen Gewalt dienen (Hoheitsbetriebe). [2]Für die Annahme eines Hoheitsbetriebs reichen Zwangs- oder Monopolrechte nicht aus.

(6) [1]Ein Betrieb gewerblicher Art kann mit einem oder mehreren anderen Betrieben gewerblicher Art zusammengefasst werden, wenn

1. sie gleichartig sind,
2. zwischen ihnen nach dem Gesamtbild der tatsächlichen Verhältnisse objektiv eine enge wechselseitige technisch-wirtschaftliche Verflechtung von einigem Gewicht besteht oder
3. Betriebe gewerblicher Art im Sinne des Absatzes 3 vorliegen.

[2]Ein Betrieb gewerblicher Art kann nicht mit einem Hoheitsbetrieb zusammengefasst werden.

§ 5[2)] Befreiungen

(1) Von der Körperschaftsteuer sind befreit

1. das Bundeseisenbahnvermögen, die Monopolverwaltungen des Bundes, die staatlichen Lotterieunternehmen und der Erdölbevorratungsverband nach § 2 Abs. 1 des Erdölbevorratungsgesetzes vom 25. Juli 1978 (BGBl I S. 1073);
2.[3)] die Deutsche Bundesbank, die Kreditanstalt für Wiederaufbau, die Landwirtschaftliche Rentenbank, die Bayerische Landesanstalt für Aufbaufinanzierung, die Investitionsbank Hessen, die Niedersächsische Gesellschaft für öffentliche Finanzierung mit beschränkter Haftung, die Bremer Aufbau-Bank GmbH, die Landeskreditbank Baden-Württemberg – Förderbank, die Bayerische Landesbodenkreditanstalt, die Investitionsbank Berlin, die Hamburgische Wohnungsbaukreditanstalt, die NRW.Bank, die Wohnungsbauförderungsanstalt Nordrhein-Westfalen – Anstalt der NRW.Bank –, die Investitions- und Förderbank Niedersachsen, die Saarländische Investitionskreditbank Aktiengesellschaft, die Investitionsbank Schleswig-Holstein,

---

1) **Anm. d. Red.:** § 4 Abs. 6 angefügt gem. Art. 3 Nr. 2 JStG 2009 v. 19. 12. 2008 (BGBl I 2794).

2) **Anm. d. Red.:** § 5 Abs. 1 Nr. 2 und Abs. 2 i. d. F. des Art. 3 Nr. 3 JStG 2009 v. 19. 12. 2008 (BGBl I 2794); Abs. 1 Nr. 3, 5, 10, 14 und 20 i. d. F. des Art. 4 Nr. 2, 11 und 12 JStG 2007 v. 13. 12. 2006 (BGBl I 2878), Nr. 8 i. d. F. des Art. 31 Nr. 1 RVOrgG v. 9. 12. 2004 (BGBl I 3242), Nr. 12 i. d. F. des Art. 3 Nr. 1b JStG 2008 v. 20. 12. 2007 (BGBl I 3150), Nr. 16 i. d. F. des Art. 4 Nr. 1 Gesetz zur Änderung des Versicherungsaufsichtsgesetzes und anderer Gesetze v. 15. 12. 2004 (BGBl I 3416), Nr. 23 angefügt gem. Art. 3 Nr. 2 StÄndG 2003 v. 15. 12. 2003 (BGBl I 2645).

3) **Anm. d. Red.:** Zur Anwendung des § 5 Abs. 1 Nr. 2 siehe § 34 Abs. 3.

die Investitionsbank des Landes Brandenburg, die Sächsische Aufbaubank – Förderbank –, die Thüringer Aufbaubank, die Investitionsbank Sachsen-Anhalt – Anstalt der Norddeutschen Landesbank – Girozentrale –, die Investitions- und Strukturbank Rheinland-Pfalz, das Landesförderinstitut Mecklenburg-Vorpommern – Geschäftsbereich der Norddeutschen Landesbank Girozentrale –, die Landestreuhandstelle Hessen – Bank für Infrastruktur – rechtlich unselbständige Anstalt in der Landesbank Hessen-Thüringen Girozentrale und die Liquiditäts-Konsortialbank Gesellschaft mit beschränkter Haftung;

2a. die Bundesanstalt für vereinigungsbedingte Sonderaufgaben;

3. rechtsfähige Pensions-, Sterbe- und Krankenkassen, die den Personen, denen die Leistungen der Kasse zugute kommen oder zugute kommen sollen (Leistungsempfängern), einen Rechtsanspruch gewähren, und rechtsfähige Unterstützungskassen, die den Leistungsempfängern keinen Rechtsanspruch gewähren,

   a) wenn sich die Kasse beschränkt

      aa) auf Zugehörige oder frühere Zugehörige einzelner oder mehrerer wirtschaftlicher Geschäftsbetriebe oder

      bb) auf Zugehörige oder frühere Zugehörige der Spitzenverbände der freien Wohlfahrtspflege (Arbeiterwohlfahrt-Bundesverband e. V., Deutscher Caritasverband e. V., Deutscher Paritätischer Wohlfahrtsverband e. V., Deutsches Rotes Kreuz, Diakonisches Werk – Innere Mission und Hilfswerk der Evangelischen Kirche in Deutschland sowie Zentralwohlfahrtsstelle der Juden in Deutschland e. V.) einschließlich ihrer Untergliederungen, Einrichtungen und Anstalten und sonstiger gemeinnütziger Wohlfahrtsverbände oder

      cc) auf Arbeitnehmer sonstiger Körperschaften, Personenvereinigungen und Vermögensmassen im Sinne der §§ 1 und 2; den Arbeitnehmern stehen Personen, die sich in einem arbeitnehmerähnlichen Verhältnis befinden, gleich;

      zu den Zugehörigen oder Arbeitnehmern rechnen jeweils auch deren Angehörige;

   b) wenn sichergestellt ist, dass der Betrieb der Kasse nach dem Geschäftsplan und nach Art und Höhe der Leistungen eine soziale Einrichtung darstellt.. [2]Diese Voraussetzung ist bei Unterstützungskassen, die Leistungen von Fall zu Fall gewähren, nur gegeben, wenn sich diese Leistungen mit Ausnahme des Sterbegeldes auf Fälle der Not oder Arbeitslosigkeit beschränken;

   c) wenn vorbehaltlich des § 6 die ausschließliche und unmittelbare Verwendung des Vermögens und der Einkünfte der Kasse nach der Satzung und der tatsächlichen Geschäftsführung für die Zwecke der Kasse dauernd gesichert ist;

   d) wenn bei Pensions-, Sterbe- und Krankenkassen am Schluss des Wirtschaftsjahrs, zu dem der Wert der Deckungsrückstellung versicherungsmathematisch zu berechnen ist, das nach den handelsrechtlichen Grundsätzen ordnungsmäßiger Buchführung unter Berücksichtigung des Geschäftsplans sowie der allgemeinen Versicherungsbedingungen und der fachlichen Geschäftsunterlagen im Sinne des § 5 Abs. 3 Nr. 2 Halbsatz 2 des Versicherungsaufsichtsgesetzes auszuweisende Vermögen nicht höher ist als bei einem Versicherungsverein auf Gegenseitigkeit die Verlustrücklage und bei einer Kasse anderer Rechtsform der dieser Rücklage entsprechende Teil des Vermögens. [2]Bei der Ermittlung des Vermögens ist eine Rückstellung für Beitragsrückerstattung nur insoweit abziehbar, als den Leistungsempfängern ein Anspruch auf die Überschussbeteiligung zusteht. [3]Übersteigt das Vermögen der Kasse den bezeichneten Betrag, so ist die Kasse nach Maßgabe des § 6 Abs. 1 bis 4 steuerpflichtig; und

   e) wenn bei Unterstützungskassen am Schluss des Wirtschaftsjahrs das Vermögen ohne Berücksichtigung künftiger Versorgungsleistungen nicht höher ist als das um 25 Prozent erhöhte zulässige Kassenvermögen. [2]Für die Ermittlung des tatsächlichen und des zulässigen Kassenvermögens gilt § 4d des Einkommensteuergesetzes. [3]Übersteigt das Vermögen der Kasse den in Satz 1 bezeichneten Betrag, so ist die Kasse nach Maßgabe des § 6 Abs. 5 steuerpflichtig;

KStG

4. kleinere Versicherungsvereine auf Gegenseitigkeit im Sinne des § 53 des Versicherungsaufsichtsgesetzes, wenn
   a) ihre Beitragseinnahmen im Durchschnitt der letzten drei Wirtschaftsjahre einschließlich des im Veranlagungszeitraum endenden Wirtschaftsjahrs die durch Rechtsverordnung festzusetzenden Jahresbeträge nicht überstiegen haben oder
   b) sich ihr Geschäftsbetrieb auf die Sterbegeldversicherung beschränkt und die Versicherungsvereine nach dem Geschäftsplan sowie nach Art und Höhe der Leistungen soziale Einrichtungen darstellen;
5. Berufsverbände ohne öffentlich-rechtlichen Charakter sowie kommunale Spitzenverbände auf Bundes- oder Landesebene einschließlich ihrer Zusammenschlüsse, wenn der Zweck dieser Verbände nicht auf einen wirtschaftlichen Geschäftsbetrieb gerichtet ist. [2]Die Steuerbefreiung ist ausgeschlossen,
   a) soweit die Körperschaften oder Personenvereinigungen einen wirtschaftlichen Geschäftsbetrieb unterhalten oder
   b) wenn die Berufsverbände Mittel von mehr als 10 Prozent der Einnahmen für die unmittelbare oder mittelbare Unterstützung oder Förderung politischer Parteien verwenden.

   [3]Die Sätze 1 und 2 gelten auch für Zusammenschlüsse von juristischen Personen des öffentlichen Rechts, die wie die Berufsverbände allgemeine ideelle und wirtschaftliche Interessen ihrer Mitglieder wahrnehmen. [4]Verwenden Berufsverbände Mittel für die unmittelbare oder mittelbare Unterstützung oder Förderung politischer Parteien, beträgt die Körperschaftsteuer 50 Prozent der Zuwendungen;
6. Körperschaften oder Personenvereinigungen, deren Hauptzweck die Verwaltung des Vermögens für einen nichtrechtsfähigen Berufsverband der in Nummer 5 bezeichneten Art ist, sofern ihre Erträge im Wesentlichen aus dieser Vermögensverwaltung herrühren und ausschließlich dem Berufsverband zufließen;
7. politische Parteien im Sinne des § 2 des Parteiengesetzes und ihre Gebietsverbände sowie kommunale Wählervereinigungen und ihre Dachverbände. [2]Wird ein wirtschaftlicher Geschäftsbetrieb unterhalten, so ist die Steuerbefreiung insoweit ausgeschlossen;
8. [1] öffentlich-rechtliche Versicherungs- und Versorgungseinrichtungen von Berufsgruppen, deren Angehörige auf Grund einer durch Gesetz angeordneten oder auf Gesetz beruhenden Verpflichtung Mitglieder dieser Einrichtung sind, wenn die Satzung der Einrichtung die Zahlung keiner höheren jährlichen Beiträge zulässt als das Zwölffache der Beiträge, die sich bei einer Beitragsbemessungsgrundlage in Höhe der doppelten monatlichen Beitragsbemessungsgrenze in der allgemeinen Rentenversicherung ergeben würden. [2]Ermöglicht die Satzung der Einrichtung nur Pflichtmitgliedschaften sowie freiwillige Mitgliedschaften, die unmittelbar an eine Pflichtmitgliedschaft anschließen, so steht dies der Steuerbefreiung nicht entgegen, wenn die Satzung die Zahlung keiner höheren jährlichen Beiträge zulässt als das Fünfzehnfache der Beiträge, die sich bei einer Beitragsbemessungsgrundlage in Höhe der doppelten monatlichen Beitragsbemessungsgrenze in der allgemeinen Rentenversicherung ergeben würden;
9. Körperschaften, Personenvereinigungen und Vermögensmassen, die nach der Satzung, dem Stiftungsgeschäft oder der sonstigen Verfassung und nach der tatsächlichen Geschäftsführung ausschließlich und unmittelbar gemeinnützigen, mildtätigen oder kirchlichen Zwecken dienen (§§ 51 bis 68 der Abgabenordnung). [2]Wird ein wirtschaftlicher Geschäftsbetrieb unterhalten, ist die Steuerbefreiung insoweit ausgeschlossen. [3]Satz 2 gilt nicht für selbst bewirtschaftete Forstbetriebe;
10. Erwerbs- und Wirtschaftsgenossenschaften sowie Vereine, soweit sie
    a) Wohnungen herstellen oder erwerben und sie den Mitgliedern auf Grund eines Mietvertrags oder auf Grund eines genossenschaftlichen Nutzungsvertrags zum

1) **Anm. d. Red.:** Zur Anwendung des § 5 Abs. 1 Nr. 8 siehe § 34 Abs. 3a.

Gebrauch überlassen; den Wohnungen stehen Räume in Wohnheimen im Sinne des § 15 des Zweiten Wohnungsbaugesetzes gleich,

b) im Zusammenhang mit einer Tätigkeit im Sinne des Buchstabens a Gemeinschaftsanlagen oder Folgeeinrichtungen herstellen oder erwerben und sie betreiben, wenn sie überwiegend für Mitglieder bestimmt sind und der Betrieb durch die Genossenschaft oder den Verein notwendig ist.

[2]Die Steuerbefreiung ist ausgeschlossen, wenn die Einnahmen des Unternehmens aus den in Satz 1 nicht bezeichneten Tätigkeiten 10 Prozent der gesamten Einnahmen übersteigen;

11. (weggefallen)

12. die von den zuständigen Landesbehörden begründeten oder anerkannten gemeinnützigen Siedlungsunternehmen im Sinne des Reichssiedlungsgesetzes in der jeweils aktuellen Fassung oder entsprechender Landesgesetze, soweit diese Landesgesetze nicht wesentlich von den Bestimmungen des Reichssiedlungsgesesetzes abweichen, und im Sinne der Bodenreformgesetze der Länder, soweit die Unternehmen im ländlichen Raum Siedlungs-, Agrarstrukturverbesserungs- und Landentwicklungsmaßnahmen mit Ausnahme des Wohnungsbaus durchführen. [2]Die Steuerbefreiung ist ausgeschlossen, wenn die Einnahmen des Unternehmens aus den in Satz 1 nicht bezeichneten Tätigkeiten die Einnahmen aus den in Satz 1 bezeichneten Tätigkeiten übersteigen;

13. (weggefallen)

14. Erwerbs- und Wirtschaftsgenossenschaften sowie Vereine, soweit sich ihr Geschäftsbetrieb beschränkt

a) auf die gemeinschaftliche Benutzung land- und forstwirtschaftlicher Betriebseinrichtungen oder Betriebsgegenstände,

b) auf Leistungen im Rahmen von Dienst- oder Werkverträgen für die Produktion land- und forstwirtschaftlicher Erzeugnisse für die Betriebe der Mitglieder, wenn die Leistungen im Bereich der Land- und Forstwirtschaft liegen; dazu gehören auch Leistungen zur Erstellung und Unterhaltung von Betriebsvorrichtungen, Wirtschaftswegen und Bodenverbesserungen,

c) auf die Bearbeitung oder die Verwertung der von den Mitgliedern selbst gewonnenen land- und forstwirtschaftlichen Erzeugnisse, wenn die Bearbeitung oder die Verwertung im Bereich der Land- und Forstwirtschaft liegt, oder

d) auf die Beratung für die Produktion oder Verwertung land- und forstwirtschaftlicher Erzeugnisse der Betriebe der Mitglieder.

[2]Die Steuerbefreiung ist ausgeschlossen, wenn die Einnahmen des Unternehmens aus den in Satz 1 nicht bezeichneten Tätigkeiten 10 Prozent der gesamten Einnahmen übersteigen. [3]Bei Genossenschaften und Vereinen, deren Geschäftsbetrieb sich überwiegend auf die Durchführung von Milchqualitäts- und Milchleistungsprüfungen oder auf die Tierbesamung beschränkt, bleiben die auf diese Tätigkeiten gerichteten Zweckgeschäfte mit Nichtmitgliedern bei der Berechnung der 10-Prozentgrenze außer Ansatz;

15. der Pensions-Sicherungs-Verein Versicherungsverein auf Gegenseitigkeit,

a) wenn er mit Erlaubnis der Versicherungsaufsichtsbehörde ausschließlich die Aufgaben des Trägers der Insolvenzsicherung wahrnimmt, die sich aus dem Gesetz zur Verbesserung der betrieblichen Altersversorgung vom 19. Dezember 1974 (BGBl I S. 3610) ergeben, und

b) wenn seine Leistungen nach dem Kreis der Empfänger sowie nach Art und Höhe den in den §§ 7 bis 9, 17 und 30 des Gesetzes zur Verbesserung der betrieblichen Altersversorgung bezeichneten Rahmen nicht überschreiten;

16.[1] Körperschaften, Personenvereinigungen und Vermögensmassen, die als Entschädigungseinrichtungen im Sinne des Einlagensicherungs- und Anlegerentschädigungsgesetzes vom 16. Juli 1998 (BGBl I S. 1842) oder als Sicherungseinrichtung eines Verbandes der Kreditinstitute nach ihrer Satzung oder sonstigen Verfassung ausschließlich den Zweck haben, bei Gefahr für die Erfüllung der Verpflichtungen eines Kreditinstituts im Sinne des § 1 Abs. 1 des Gesetzes über das Kreditwesen oder eines Finanzdienstleistungsinstituts im Sinne des § 1 Abs. 1a Satz 2 Nr. 1 bis 4 des Gesetzes über das Kreditwesen Hilfe zu leisten. [2]Voraussetzung ist, dass das Vermögen und etwa erzielte Überschüsse nur zur Erreichung des gesetzlichen oder satzungsmäßigen Zwecks verwendet werden. [3]Die Sätze 1 und 2 gelten entsprechend für Sicherungsfonds im Sinne der §§ 126 und 127 des Versicherungsaufsichtsgesetzes sowie für Einrichtungen zur Sicherung von Einlagen bei Wohnungsgenossenschaften mit Spareinrichtung. [4]Die Steuerbefreiung ist für wirtschaftliche Geschäftsbetriebe ausgeschlossen, die nicht ausschließlich auf die Erfüllung der begünstigten Aufgaben gerichtet sind;

17. Bürgschaftsbanken (Kreditgarantiegemeinschaften), deren Tätigkeit sich auf die Wahrnehmung von Wirtschaftsförderungsmaßnahmen insbesondere in Form der Übernahme und Verwaltung von staatlichen Bürgschaften und Garantien oder von Bürgschaften und Garantien mit staatlichen Rückbürgschaften oder auf der Grundlage staatlich anerkannter Richtlinien gegenüber Kreditinstituten, Versicherungsunternehmen, Leasinggesellschaften und Beteiligungsgesellschaften für Kredite, Leasingforderungen und Beteiligungen an mittelständischen Unternehmen zu ihrer Gründung und zur Erhaltung und Förderung ihrer Leistungsfähigkeit beschränkt. [2]Voraussetzung ist, dass das Vermögen und etwa erzielte Überschüsse nur zur Erreichung des in Satz 1 genannten Zwecks verwendet werden;

18. Wirtschaftsförderungsgesellschaften, deren Tätigkeit sich auf die Verbesserung der sozialen und wirtschaftlichen Struktur einer bestimmten Region durch Förderung der Wirtschaft, insbesondere durch Industrieansiedlung, Beschaffung neuer Arbeitsplätze und der Sanierung von Altlasten beschränkt, wenn an ihnen überwiegend Gebietskörperschaften beteiligt sind. [2]Voraussetzung ist, dass das Vermögen und etwa erzielte Überschüsse nur zur Erreichung des in Satz 1 genannten Zwecks verwendet werden;

19. Gesamthafenbetriebe im Sinne des § 1 des Gesetzes über die Schaffung eines besonderen Arbeitgebers für Hafenarbeiter vom 3. August 1950 (BGBl I S. 352), soweit sie Tätigkeiten ausüben, die in § 2 Abs. 1 dieses Gesetzes bestimmt und nach § 2 Abs. 2 dieses Gesetzes genehmigt worden sind. [2]Voraussetzung ist, dass das Vermögen und etwa erzielte Überschüsse nur zur Erfüllung der begünstigten Tätigkeiten verwendet werden. [3]Wird ein wirtschaftlicher Geschäftsbetrieb unterhalten, dessen Tätigkeit nicht ausschließlich auf die Erfüllung der begünstigten Tätigkeiten gerichtet ist, ist die Steuerbefreiung insoweit ausgeschlossen;

20. Zusammenschlüsse von juristischen Personen des öffentlichen Rechts, von steuerbefreiten Körperschaften oder von steuerbefreiten Personenvereinigungen,
    a) deren Tätigkeit sich auf den Zweck beschränkt, im Wege des Umlageverfahrens die Versorgungslasten auszugleichen, die den Mitgliedern aus Versorgungszusagen gegenüber ihren Arbeitnehmern erwachsen,
    b) wenn am Schluss des Wirtschaftsjahrs das Vermögen nicht höher ist als 60 Prozent der im Wirtschaftsjahr erbrachten Leistungen an die Mitglieder;

21. die nicht in der Rechtsform einer Körperschaft des öffentlichen Rechts errichteten Arbeitsgemeinschaften Medizinischer Dienst der Krankenversicherung im Sinne des § 278 des Fünften Buches Sozialgesetzbuch und der Medizinische Dienst der Spitzenverbände der Krankenkassen im Sinne des § 282 des Fünften Buches Sozialgesetzbuch, soweit sie die ihnen durch Gesetz zugewiesenen Aufgaben wahrnehmen.

1) **Anm. d. Red.:** Zur Anwendung des § 5 Abs. 1 Nr. 16 siehe § 34 Abs. 3b.

[2]Voraussetzung ist, dass das Vermögen und etwa erzielte Überschüsse nur zur Erreichung der in Satz 1 genannten Zwecke verwendet werden;

22. gemeinsame Einrichtungen der Tarifvertragsparteien im Sinne des § 4 Abs. 2 des Tarifvertragsgesetzes vom 25. August 1969 (BGBl I S. 1323), die satzungsmäßige Beiträge auf der Grundlage des § 186a des Arbeitsförderungsgesetzes vom 25. Juni 1969 (BGBl I S. 582) oder tarifvertraglicher Vereinbarungen erheben und Leistungen ausschließlich an die tarifgebundenen Arbeitnehmer des Gewerbezweigs oder an deren Hinterbliebene erbringen, wenn sie dabei zu nicht steuerbegünstigten Betrieben derselben oder ähnlicher Art nicht in größerem Umfang in Wettbewerb treten, als es bei Erfüllung ihrer begünstigten Aufgaben unvermeidlich ist. [2]Wird ein wirtschaftlicher Geschäftsbetrieb unterhalten, dessen Tätigkeit nicht ausschließlich auf die Erfüllung der begünstigten Tätigkeiten gerichtet ist, ist die Steuerbefreiung insoweit ausgeschlossen;

23.[1] die Auftragsforschung öffentlich-rechtlicher Wissenschafts- und Forschungseinrichtungen; ist die Tätigkeit auf die Anwendung gesicherter wissenschaftlicher Erkenntnisse, die Übernahme von Projektträgerschaften sowie wirtschaftliche Tätigkeiten ohne Forschungsbezug gerichtet, ist die Steuerbefreiung insoweit ausgeschlossen.

(2)[2] Die Befreiungen nach Absatz 1 und nach anderen Gesetzen als dem Körperschaftsteuergesetz gelten nicht

1. für inländische Einkünfte, die dem Steuerabzug vollständig oder teilweise unterliegen; Entsprechendes gilt für die in § 32 Abs. 3 Satz 1 zweiter Halbsatz genannten Einkünfte,
2. für beschränkt Steuerpflichtige im Sinne des § 2 Nr. 1, es sei denn, es handelt sich um Steuerpflichtige im Sinne des Absatzes 1 Nr. 9, die nach den Rechtsvorschriften eines Mitgliedstaats der Europäischen Union oder nach den Rechtsvorschriften eines Staates, auf den das Abkommen über den Europäischen Wirtschaftsraum vom 3. Januar 1994 (ABl EG Nr. L 1 S. 3), zuletzt geändert durch den Beschluss des Gemeinsamen EWR-Ausschusses Nr. 91/2007 vom 6. Juli 2007 (ABl EU Nr. L 328 S. 40), in der jeweiligen Fassung Anwendung findet, gegründete Gesellschaften im Sinne des Artikels 48 des Vertrags zur Gründung der Europäischen Gemeinschaft oder des Artikels 34 des Abkommens über den Europäischen Wirtschaftsraum sind, deren Sitz und Ort der Geschäftsleitung sich innerhalb des Hoheitsgebiets eines dieser Staaten befindet, und mit diesen Staaten ein Amtshilfeabkommen besteht,
3. soweit § 38 Abs. 2 anzuwenden ist.

§ 6 Einschränkung der Befreiung von Pensions-, Sterbe-, Kranken- und Unterstützungskassen

(1) Übersteigt am Schluss des Wirtschaftsjahrs, zu dem der Wert der Deckungsrückstellung versicherungsmathematisch zu berechnen ist, das Vermögen einer Pensions-, Sterbe- oder Krankenkasse im Sinne des § 5 Abs. 1 Nr. 3 den in Buchstabe d dieser Vorschrift bezeichneten Betrag, so ist die Kasse steuerpflichtig, soweit ihr Einkommen anteilig auf das übersteigende Vermögen entfällt.

(2) Die Steuerpflicht entfällt mit Wirkung für die Vergangenheit, soweit das übersteigende Vermögen innerhalb von 18 Monaten nach dem Schluss des Wirtschaftsjahrs, für das es festgestellt worden ist, mit Zustimmung der Versicherungsaufsichtsbehörde zur Leistungserhöhung, zur Auszahlung an das Trägerunternehmen, zur Verrechnung mit Zuwendungen des Trägerunternehmens, zur gleichmäßigen Herabsetzung künftiger Zuwendungen des Trägerunternehmens oder zur Verminderung der Beiträge der Leistungsempfänger verwendet wird.

---

1) **Anm. d. Red.:** Zur Anwendung des § 5 Abs. 1 Nr. 23 siehe § 34 Abs. 3c.

2) **Anm. d. Red.:** Zur Anwendung des § 5 Abs. 2 siehe § 34 Abs. 2, 2a, 4 Satz 1 und Abs. 5a.

(3) Wird das übersteigende Vermögen nicht in der in Absatz 2 bezeichneten Weise verwendet, so erstreckt sich die Steuerpflicht auch auf die folgenden Kalenderjahre, für die der Wert der Deckungsrückstellung nicht versicherungsmathematisch zu berechnen ist.

(4) [1]Bei der Ermittlung des Einkommens der Kasse sind Beitragsrückerstattungen oder sonstige Vermögensübertragungen an das Trägerunternehmen außer in den Fällen des Absatzes 2 nicht abziehbar. [2]Das Gleiche gilt für Zuführungen zu einer Rückstellung für Beitragsrückerstattung, soweit den Leistungsempfängern ein Anspruch auf die Überschussbeteiligung nicht zusteht.

(5) [1]Übersteigt am Schluss des Wirtschaftsjahrs das Vermögen einer Unterstützungskasse im Sinne des § 5 Abs. 1 Nr. 3 den in Buchstabe e dieser Vorschrift bezeichneten Betrag, so ist die Kasse steuerpflichtig, soweit ihr Einkommen anteilig auf das übersteigende Vermögen entfällt. [2]Bei der Ermittlung des Einkommens sind Vermögensübertragungen an das Trägerunternehmen nicht abziehbar.

(6) [1]Auf den Teil des Vermögens einer Pensions-, Sterbe-, Kranken- oder Unterstützungskasse, der am Schluss des Wirtschaftsjahrs den in § 5 Abs. 1 Nr. 3 Buchstabe d oder e bezeichneten Betrag übersteigt, ist Buchstabe c dieser Vorschrift nicht anzuwenden. [2]Bei Unterstützungskassen gilt dies auch, soweit das Vermögen vor dem Schluss des Wirtschaftsjahrs den in § 5 Abs. 1 Nr. 3 Buchstabe e bezeichneten Betrag übersteigt.

Zweiter Teil: Einkommen

Erstes Kapitel: Allgemeine Vorschriften

§ 7 Grundlagen der Besteuerung

(1) Die Körperschaftsteuer bemisst sich nach dem zu versteuernden Einkommen.

(2) Zu versteuerndes Einkommen ist das Einkommen im Sinne des § 8 Abs. 1, vermindert um die Freibeträge der §§ 24 und 25.

(3) [1]Die Körperschaftsteuer ist eine Jahressteuer. [2]Die Grundlagen für ihre Festsetzung sind jeweils für ein Kalenderjahr zu ermitteln. [3]Besteht die unbeschränkte oder beschränkte Steuerpflicht nicht während eines ganzen Kalenderjahrs, so tritt an die Stelle des Kalenderjahrs der Zeitraum der jeweiligen Steuerpflicht.

(4) [1]Bei Steuerpflichtigen, die verpflichtet sind, Bücher nach den Vorschriften des Handelsgesetzbuchs zu führen, ist der Gewinn nach dem Wirtschaftsjahr zu ermitteln, für das sie regelmäßig Abschlüsse machen. [2]Weicht bei diesen Steuerpflichtigen das Wirtschaftsjahr, für das sie regelmäßig Abschlüsse machen, vom Kalenderjahr ab, so gilt der Gewinn aus Gewerbebetrieb als in dem Kalenderjahr bezogen, in dem das Wirtschaftsjahr endet. [3]Die Umstellung des Wirtschaftsjahrs auf einen vom Kalenderjahr abweichenden Zeitraum ist steuerlich nur wirksam, wenn sie im Einvernehmen mit dem Finanzamt vorgenommen wird.

§ 8[1)] Ermittlung des Einkommens

(1)[2)] [1]Was als Einkommen gilt und wie das Einkommen zu ermitteln ist, bestimmt sich nach den Vorschriften des Einkommensteuergesetzes und dieses Gesetzes. [2]Bei Betrieben gewerblicher Art im Sinne des § 4 sind die Absicht, Gewinn zu erzielen, und die Beteiligung am allgemeinen wirtschaftlichen Verkehr nicht erforderlich. [3]Bei den inländischen öffentlich-rechtlichen Rundfunkanstalten beträgt das Einkommen aus dem Geschäft der Veranstaltung von Werbesendungen 16 Prozent der Entgelte (§ 10 Abs. 1 des Umsatzsteuergesetzes) aus Werbesendungen.

---

1) **Anm. d. Red.:** § 8 Abs. 1 i. d. F., Abs. 7 bis 10 angefügt gem. Art. 3 Nr. 4 JStG 2009 v. 19. 12. 2008 (BGBl I 2794); Abs. 2 i. d. F. des Art. 3 Nr. 3 SEStEG v. 7. 12. 2006 (BGBl I 2782); Abs. 3 i. d. F. des Art. 4 Nr. 3 JStG 2007 v. 13. 12. 2006 (BGBl I 2878); Abs. 4 weggefallen gem. Art. 2 Nr. 4 Unternehmensteuerreformgesetz 2008 v. 14. 8. 2007 (BGBl I 1912).

2) **Anm. d. Red.:** Zur Anwendung des § 8 Abs. 1 siehe § 34 Abs. 6 Satz 1.

(2) Bei unbeschränkt Steuerpflichtigen im Sinne des § 1 Abs. 1 Nr. 1 bis 3 sind alle Einkünfte als Einkünfte aus Gewerbebetrieb zu behandeln.

(3)[1] [1]Für die Ermittlung des Einkommens ist es ohne Bedeutung, ob das Einkommen verteilt wird. [2]Auch verdeckte Gewinnausschüttungen sowie Ausschüttungen jeder Art auf Genussrechte, mit denen das Recht auf Beteiligung am Gewinn und am Liquidationserlös der Kapitalgesellschaft verbunden ist, mindern das Einkommen nicht. [3]Verdeckte Einlagen erhöhen das Einkommen nicht. [4]Das Einkommen erhöht sich, soweit eine verdeckte Einlage das Einkommen des Gesellschafters gemindert hat. [5]Satz 4 gilt auch für eine verdeckte Einlage, die auf einer verdeckten Gewinnausschüttung einer dem Gesellschafter nahe stehenden Person beruht und bei der Besteuerung des Gesellschafters nicht berücksichtigt wurde, es sei denn, die verdeckte Gewinnausschüttung hat bei der leistenden Körperschaft das Einkommen nicht gemindert. [6]In den Fällen des Satzes 5 erhöht die verdeckte Einlage nicht die Anschaffungskosten der Beteiligung.

(4) (weggefallen)

(5) Bei Personenvereinigungen bleiben für die Ermittlung des Einkommens Beiträge, die auf Grund der Satzung von den Mitgliedern lediglich in ihrer Eigenschaft als Mitglieder erhoben werden, außer Ansatz.

(6) Besteht das Einkommen nur aus Einkünften, von denen lediglich ein Steuerabzug vorzunehmen ist, so ist ein Abzug von Betriebsausgaben oder Werbungskosten nicht zulässig.

(7)[2] [1]Die Rechtsfolgen einer verdeckten Gewinnausschüttung im Sinne des Absatzes 3 Satz 2 sind

1. bei Betrieben gewerblicher Art im Sinne des § 4 nicht bereits deshalb zu ziehen, weil sie ein Dauerverlustgeschäft ausüben;
2. bei Kapitalgesellschaften nicht bereits deshalb zu ziehen, weil sie ein Dauerverlustgeschäft ausüben. [2]Satz 1 gilt nur bei Kapitalgesellschaften, bei denen die Mehrheit der Stimmrechte unmittelbar oder mittelbar auf juristische Personen des öffentlichen Rechts entfällt und nachweislich ausschließlich diese Gesellschafter die Verluste aus Dauerverlustgeschäften tragen.

[2]Ein Dauerverlustgeschäft liegt vor, soweit aus verkehrs-, umwelt-, sozial-, kultur-, bildungs- oder gesundheitspolitischen Gründen eine wirtschaftliche Betätigung ohne kostendeckendes Entgelt unterhalten wird oder in den Fällen von Satz 1 Nr. 2 das Geschäft Ausfluss einer Tätigkeit ist, die bei juristischen Personen des öffentlichen Rechts zu einem Hoheitsbetrieb gehört.

KStG

(8)[3] [1]Werden Betriebe gewerblicher Art zusammengefasst, ist § 10d des Einkommensteuergesetzes auf den Betrieb gewerblicher Art anzuwenden, der sich durch die Zusammenfassung ergibt. [2]Nicht ausgeglichene negative Einkünfte der einzelnen Betriebe gewerblicher Art aus der Zeit vor der Zusammenfassung können nicht beim zusammengefassten Betrieb gewerblicher Art abgezogen werden. [3]Ein Rücktrag von Verlusten des zusammengefassten Betriebs gewerblicher Art auf die einzelnen Betriebe gewerblicher Art vor Zusammenfassung ist unzulässig. [4]Ein bei einem Betrieb gewerblicher Art vor der Zusammenfassung festgestellter Verlustvortrag kann nach Maßgabe des § 10d des Einkommensteuergesetzes vom Gesamtbetrag der Einkünfte abgezogen werden, den dieser Betrieb gewerblicher Art nach Beendigung der Zusammenfassung erzielt. [5]Die Einschränkungen der Sätze 2 bis 4 gelten nicht, wenn gleichartige Betriebe gewerblicher Art zusammengefasst oder getrennt werden.

(9)[4] [1]Wenn für Kapitalgesellschaften Absatz 7 Satz 1 Nr. 2 zur Anwendung kommt, sind die einzelnen Tätigkeiten der Gesellschaft nach folgender Maßgabe Sparten zuzuordnen:

---

1) **Anm. d. Red.:** Zur Anwendung des § 8 Abs. 3 siehe § 34 Abs. 6 Satz 2.

2) **Anm. d. Red.:** Zur Anwendung des § 8 Abs. 7 siehe § 34 Abs. 6 Sätze 4 bis 6 und 12.

3) **Anm. d. Red.:** Zur Anwendung des § 8 Abs. 8 siehe § 34 Abs. 6 Sätze 7 und 8.

4) **Anm. d. Red.:** Zur Anwendung des § 8 Abs. 9 siehe § 34 Abs. 6 Sätze 9 bis 11.

1. Tätigkeiten, die als Dauerverlustgeschäfte Ausfluss einer Tätigkeit sind, die bei juristischen Personen des öffentlichen Rechts zu einem Hoheitsbetrieb gehören, sind jeweils gesonderten Sparten zuzuordnen;
2. Tätigkeiten, die nach § 4 Abs. 6 Satz 1 zusammenfassbar sind oder aus den übrigen, nicht in Nummer 1 bezeichneten Dauerverlustgeschäften stammen, sind jeweils gesonderten Sparten zuzuordnen, wobei zusammenfassbare Tätigkeiten jeweils eine einheitliche Sparte bilden;
3. alle übrigen Tätigkeiten sind einer einheitlichen Sparte zuzuordnen.

[2]Für jede sich hiernach ergebende Sparte ist der Gesamtbetrag der Einkünfte getrennt zu ermitteln. [3]Die Aufnahme einer weiteren, nicht gleichartigen Tätigkeit führt zu einer neuen, gesonderten Sparte; Entsprechendes gilt für die Aufgabe einer solchen Tätigkeit. [4]Ein negativer Gesamtbetrag der Einkünfte einer Sparte darf nicht mit einem positiven Gesamtbetrag der Einkünfte einer anderen Sparte ausgeglichen oder nach Maßgabe des § 10d des Einkommensteuergesetzes abgezogen werden. [5]Er mindert jedoch nach Maßgabe des § 10d des Einkommensteuergesetzes die positiven Gesamtbeträge der Einkünfte, die sich in dem unmittelbar vorangegangenen und in den folgenden Veranlagungszeiträumen für dieselbe Sparte ergeben. [6]Liegen die Voraussetzungen des Absatzes 7 Satz 1 Nr. 2 Satz 2 ab einem Zeitpunkt innerhalb eines Veranlagungszeitraums nicht mehr vor, sind die Sätze 1 bis 5 ab diesem Zeitpunkt nicht mehr anzuwenden; hiernach nicht ausgeglichene oder abgezogene negative Beträge sowie verbleibende Verlustvorträge aus den Sparten, in denen Dauerverlusttätigkeiten ausgeübt werden, entfallen. [7]Liegen die Voraussetzungen des Absatzes 7 Satz 1 Nr. 2 Satz 2 erst ab einem bestimmten Zeitpunkt innerhalb eines Veranlagungszeitraums vor, sind die Sätze 1 bis 5 ab diesem Zeitpunkt anzuwenden; ein bis zum Eintritt der Voraussetzungen entstandener Verlust kann nach Maßgabe des § 10d des Einkommensteuergesetzes abgezogen werden; ein danach verbleibender Verlust ist der Sparte zuzuordnen, in denen keine Dauerverlustgeschäfte ausgeübt werden.

(10) [1]Bei Einkünften aus Kapitalvermögen ist § 2 Abs. 5b Satz 1 des Einkommensteuergesetzes nicht anzuwenden. [2]§ 32d Abs. 2 Satz 1 Nr. 1 Satz 1 und Nr. 3 Satz 1 und Satz 3 bis 6 des Einkommensteuergesetzes ist entsprechend anzuwenden; in diesen Fällen ist § 20 Abs. 6 und 9 des Einkommensteuergesetzes nicht anzuwenden.

§ 8a[1)2)] Betriebsausgabenabzug für Zinsaufwendungen bei Körperschaften (Zinsschranke)

(1) [1]§ 4h Abs. 1 Satz 2 des Einkommensteuergesetzes ist mit der Maßgabe anzuwenden, dass anstelle des maßgeblichen Gewinns das maßgebliche Einkommen tritt. [2]Maßgebliches Einkommen ist das nach den Vorschriften des Einkommensteuergesetzes und dieses Gesetzes ermittelte Einkommen mit Ausnahme der §§ 4h und 10d des Einkommensteuergesetzes und des § 9 Abs. 1 Nr. 2 dieses Gesetzes. [3]§ 8c gilt für den Zinsvortrag nach § 4h Absatz 1 Satz 5 des Einkommensteuergesetzes mit der Maßgabe entsprechend, dass stille Reserven im Sinne des § 8c Absatz 1 Satz 7 nur zu berücksichtigen sind, soweit sie die nach § 8c Absatz 1 Satz 6 abziehbaren nicht genutzten Verluste übersteigen. [4]Auf Kapitalgesellschaften, die ihre Einkünfte nach § 2 Abs. 2 Nr. 2 des Einkommensteuergesetzes ermitteln, ist § 4h des Einkommensteuergesetzes sinngemäß anzuwenden.

(2) § 4h Abs. 2 Satz 1 Buchstabe b des Einkommensteuergesetzes ist nur anzuwenden, wenn die Vergütungen für Fremdkapital an einen zu mehr als einem Viertel unmittelbar oder mittelbar am Grund- oder Stammkapital beteiligten Anteilseigner, eine diesem nahe stehende Person (§ 1 Abs. 2 des Außensteuergesetzes vom 8. September 1972 – BGBl I S. 1713 –, das zuletzt durch Artikel 3 des Gesetzes vom 28. Mai 2007 – BGBl I S. 914 – geändert worden ist, in der jeweils geltenden Fassung) oder einen Dritten, der auf den zu

1) **Anm. d. Red.:** § 8a Abs. 1 i. d. F. des Art. 2 Nr. 1 Wachstumsbeschleunigungsgesetz v. 22. 12. 2009 (BGBl I 3950); Abs. 2 und 3 i. d. F. des Art. 2 Nr. 5 Unternehmensteuerreformgesetz 2008 v. 14. 8. 2007 (BGBl I 1912).

2) **Anm. d. Red.:** Zur Anwendung des § 8a siehe § 34 Abs. 2, 4 Satz 1 und Abs. 6a.

mehr als einem Viertel am Grund- oder Stammkapital beteiligten Anteilseigner oder eine diesem nahe stehende Person zurückgreifen kann, nicht mehr als 10 Prozent der die Zinserträge übersteigenden Zinsaufwendungen der Körperschaft im Sinne des § 4h Abs. 3 des Einkommensteuergesetzes betragen und die Körperschaft dies nachweist.

(3) [1]§ 4h Abs. 2 Satz 1 Buchstabe c des Einkommensteuergesetzes ist nur anzuwenden, wenn die Vergütungen für Fremdkapital der Körperschaft oder eines anderen demselben Konzern zugehörenden Rechtsträgers an einen zu mehr als einem Viertel unmittelbar oder mittelbar am Kapital beteiligten Gesellschafter einer konzernzugehörigen Gesellschaft, eine diesem nahe stehende Person (§ 1 Abs. 2 des Außensteuergesetzes) oder einen Dritten, der auf den zu mehr als einem Viertel am Kapital beteiligten Gesellschafter oder eine diesem nahe stehende Person zurückgreifen kann, nicht mehr als 10 Prozent der die Zinserträge übersteigenden Zinsaufwendungen des Rechtsträgers im Sinne des § 4h Abs. 3 des Einkommensteuergesetzes betragen und die Körperschaft dies nachweist. [2]Satz 1 gilt nur für Zinsaufwendungen aus Verbindlichkeiten, die in dem voll konsolidierten Konzernabschluss nach § 4h Abs. 2 Satz 1 Buchstabe c des Einkommensteuergesetzes ausgewiesen sind und bei Finanzierung durch einen Dritten einen Rückgriff gegen einen nicht zum Konzern gehörenden Gesellschafter oder eine diesem nahe stehende Person auslösen.

§ 8b[1)2)] Beteiligung an anderen Körperschaften und Personenvereinigungen

(1) [1]Bezüge im Sinne des § 20 Abs. 1 Nr. 1, 2, 9 und 10 Buchstabe a des Einkommensteuergesetzes bleiben bei der Ermittlung des Einkommens außer Ansatz. [2]Satz 1 gilt für sonstige Bezüge im Sinne des § 20 Abs. 1 Nr. 1 Satz 2 des Einkommensteuergesetzes und der Einnahmen im Sinne des § 20 Abs. 1 Nr. 9 zweiter Halbsatz sowie des § 20 Abs. 1 Nr. 10 Buchstabe a zweiter Halbsatz des Einkommensteuergesetzes nur, soweit sie das Einkommen der leistenden Körperschaft nicht gemindert haben (§ 8 Abs. 3 Satz 2). [3]Sind die Bezüge im Sinne des Satzes 1 nach einem Abkommen zur Vermeidung der Doppelbesteuerung von der Bemessungsgrundlage für die Körperschaftsteuer auszunehmen, gilt Satz 2 ungeachtet des Wortlauts des Abkommens für diese Freistellung entsprechend. [4]Satz 2 gilt nicht, soweit die verdeckte Gewinnausschüttung das Einkommen einer dem Steuerpflichtigen nahe stehenden Person erhöht hat und § 32a des Körperschaftsteuergesetzes auf die Veranlagung dieser nahe stehenden Person keine Anwendung findet. [5]Bezüge im Sinne des Satzes 1 sind auch Einnahmen aus der Veräußerung von Dividendenscheinen und sonstigen Ansprüchen im Sinne des § 20 Abs. 2 Satz 1 Nr. 2 Buchstabe a des Einkommensteuergesetzes sowie Einnahmen aus der Abtretung von Dividendenansprüchen oder sonstigen Ansprüchen im Sinne des § 20 Abs. 2 Satz 2 des Einkommensteuergesetzes.

(2) [1]Bei der Ermittlung des Einkommens bleiben Gewinne aus der Veräußerung eines Anteils an einer Körperschaft oder Personenvereinigung, deren Leistungen beim Empfänger zu Einnahmen im Sinne des § 20 Abs. 1 Nr. 1, 2, 9 und 10 Buchstabe a des Einkommensteuergesetzes gehören, oder an einer Organgesellschaft im Sinne der §§ 14, 17 oder 18 außer Ansatz. [2]Veräußerungsgewinn im Sinne des Satzes 1 ist der Betrag, um den der Veräußerungspreis oder der an dessen Stelle tretende Wert nach Abzug der Veräußerungskosten den Wert übersteigt, der sich nach den Vorschriften über die steuerliche Gewinnermittlung im Zeitpunkt der Veräußerung ergibt (Buchwert). [3]Satz 1 gilt entsprechend für Gewinne aus der Auflösung oder der Herabsetzung des Nennkapitals oder aus dem Ansatz des in § 6 Abs. 1 Satz 1 Nr. 2 Satz 3 des Einkommensteuergesetzes bezeichne-

1) **Anm. d. Red.:** § 8b Abs. 1 und 5 i. d. F. des Art. 4 Nr. 4 und 11 JStG 2007 v. 13. 12. 2006 (BGBl I 2878); Abs. 2 i. d. F., Abs. 4 weggefallen gem. Art. 3 Nr. 4 SEStEG v. 7. 12. 2006 (BGBl I 2782); Abs. 3 i. d. F. des Art. 3 Nr. 2 JStG 2008 v. 20. 12. 2007 (BGBl I 3150); Abs. 7 i. d. F. des Art. 6 Gesetz zur Umsetzung der neu gefassten Bankenrichtlinie und der neu gefassten Kapitaladäquanzrichtlinie v. 17. 11. 2006 (BGBl I 2606); Abs. 8 angefügt gem. Art. 3 Nr. 2 Gesetz v. 22. 12. 2003 (BGBl I 2840); Abs. 9 angefügt gem. Art. 3 Nr. 3 EURLUmsG v. 9. 12. 2004 (BGBl I 3310); Abs. 10 i. d. F. des Art. 3 Nr. 5 JStG 2009 v. 19. 12. 2008 (BGBl I 2794).

2) **Anm. d. Red.:** Zur Anwendung des § 8b siehe § 34 Abs. 2, 4 Satz 1, Abs. 7 und 7a.

ten Werts. [4]Die Sätze 1 und 3 gelten nicht, soweit der Anteil in früheren Jahren steuerwirksam auf den niedrigeren Teilwert abgeschrieben und die Gewinnminderung nicht durch den Ansatz eines höheren Werts ausgeglichen worden ist. [5]Satz 4 gilt außer für Gewinne aus dem Ansatz mit dem Wert, der sich nach § 6 Abs. 1 Nr. 2 Satz 3 des Einkommensteuergesetzes ergibt, auch für steuerwirksam vorgenommene Abzüge nach § 6b des Einkommensteuergesetzes und ähnliche Abzüge. [6]Veräußerung im vorstehenden Sinne ist auch die verdeckte Einlage.

(3) [1]Von dem jeweiligen Gewinn im Sinne des Absatzes 2 Satz 1, 3 und 6 gelten 5 Prozent als Ausgaben, die nicht als Betriebsausgaben abgezogen werden dürfen. [2]§ 3c Abs. 1 des Einkommensteuergesetzes ist nicht anzuwenden. [3]Gewinnminderungen, die im Zusammenhang mit dem in Absatz 2 genannten Anteil entstehen, sind bei der Ermittlung des Einkommens nicht zu berücksichtigen. [4]Zu den Gewinnminderungen im Sinne des Satzes 3 gehören auch Gewinnminderungen im Zusammenhang mit einer Darlehensforderung oder aus der Inanspruchnahme von Sicherheiten, die für ein Darlehen hingegeben wurden, wenn das Darlehen oder die Sicherheit von einem Gesellschafter gewährt wird, der zu mehr als einem Viertel unmittelbar oder mittelbar am Grund- oder Stammkapital der Körperschaft, der das Darlehen gewährt wurde, beteiligt ist oder war. [5]Dies gilt auch für diesem Gesellschafter nahestehende Personen im Sinne des § 1 Abs. 2 des Außensteuergesetzes oder für Gewinnminderungen aus dem Rückgriff eines Dritten auf den zu mehr als einem Viertel am Grund- oder Stammkapital beteiligten Gesellschafter oder eine diesem nahestehende Person auf Grund eines der Gesellschaft gewährten Darlehens. [6]Die Sätze 4 und 5 sind nicht anzuwenden, wenn nachgewiesen wird, dass auch ein fremder Dritter das Darlehen bei sonst gleichen Umständen gewährt oder noch nicht zurückgefordert hätte; dabei sind nur die eigenen Sicherungsmittel der Gesellschaft zu berücksichtigen. [7]Die Sätze 4 bis 6 gelten entsprechend für Forderungen aus Rechtshandlungen, die einer Darlehensgewährung wirtschaftlich vergleichbar sind. [8]Gewinne aus dem Ansatz einer Darlehensforderung mit dem nach § 6 Abs. 1 Nr. 2 Satz 3 des Einkommensteuergesetzes maßgeblichen Wert bleiben bei der Ermittlung des Einkommens außer Ansatz, soweit auf die vorangegangene Teilwertabschreibung Satz 3 angewendet worden ist.

(4) (weggefallen)

(5) [1]Von den Bezügen im Sinne des Absatzes 1, die bei der Ermittlung des Einkommens außer Ansatz bleiben, gelten 5 Prozent als Ausgaben, die nicht als Betriebsausgaben abgezogen werden dürfen. [2]§ 3c Abs. 1 des Einkommensteuergesetzes ist nicht anzuwenden.

(6) [1]Die Absätze 1 bis 5 gelten auch für die dort genannten Bezüge, Gewinne und Gewinnminderungen, die dem Steuerpflichtigen im Rahmen des Gewinnanteils aus einer Mitunternehmerschaft zugerechnet werden, sowie für Gewinne und Verluste, soweit sie bei der Veräußerung oder Aufgabe eines Mitunternehmeranteils auf Anteile im Sinne des Absatzes 2 entfallen. [2]Die Absätze 1 bis 5 gelten für Bezüge und Gewinne, die einem Betrieb gewerblicher Art einer juristischen Person des öffentlichen Rechts über andere juristische Personen des öffentlichen Rechts zufließen, über die sie mittelbar an der leistenden Körperschaft, Personenvereinigung oder Vermögensmasse beteiligt ist und bei denen die Leistungen nicht im Rahmen eines Betriebs gewerblicher Art erfasst werden, und damit in Zusammenhang stehende Gewinnminderungen entsprechend.

(7) [1]Die Absätze 1 bis 6 sind nicht auf Anteile anzuwenden, die bei Kreditinstituten und Finanzdienstleistungsinstituten nach § 1a des Kreditwesengesetzes dem Handelsbuch zuzurechnen sind. [2]Gleiches gilt für Anteile, die von Finanzunternehmen im Sinne des Gesetzes über das Kreditwesen mit dem Ziel der kurzfristigen Erzielung eines Eigenhandelserfolges erworben werden. [3]Satz 2 gilt auch für Kreditinstitute, Finanzdienstleistungsinstitute und Finanzunternehmen mit Sitz in einem anderen Mitgliedstaat der Europäischen Gemeinschaft oder in einem anderen Vertragsstaat des EWR-Abkommens.

(8) [1]Die Absätze 1 bis 7 sind nicht anzuwenden auf Anteile, die bei Lebens- und Krankenversicherungsunternehmen den Kapitalanlagen zuzurechnen sind. [2]Satz 1 gilt nicht für Gewinne im Sinne des Absatzes 2, soweit eine Teilwertabschreibung in früheren Jah-

ren nach Absatz 3 bei der Ermittlung des Einkommens unberücksichtigt geblieben ist und diese Minderung nicht durch den Ansatz eines höheren Werts ausgeglichen worden ist. [3]Gewinnminderungen, die im Zusammenhang mit den Anteilen im Sinne des Satzes 1 stehen, sind bei der Ermittlung des Einkommens nicht zu berücksichtigen, wenn das Lebens- oder Krankenversicherungsunternehmen die Anteile von einem verbundenen Unternehmen (§ 15 des Aktiengesetzes) erworben hat, soweit ein Veräußerungsgewinn für das verbundene Unternehmen nach Absatz 2 in der Fassung des Artikels 3 des Gesetzes vom 23. Oktober 2000 (BGBl I S. 1433) bei der Ermittlung des Einkommens außer Ansatz geblieben ist. [4]Für die Ermittlung des Einkommens sind die Anteile mit den nach handelsrechtlichen Vorschriften ausgewiesenen Werten anzusetzen, die bei der Ermittlung der nach § 21 abziehbaren Beträge zu Grunde gelegt wurden. [5]Entsprechendes gilt für Pensionsfonds.

(9) Die Absätze 7 und 8 gelten nicht für Bezüge im Sinne des Absatzes 1, auf die die Mitgliedstaaten der Europäischen Union Artikel 4 Abs. 1 der Richtlinie 90/435/EWG des Rates vom 23. Juli 1990 über das gemeinsame Steuersystem der Mutter- und Tochtergesellschaften verschiedener Mitgliedstaaten (ABl EG Nr. L 225 S. 6, Nr. L 266 S. 20, 1997 Nr. L 16 S. 98), zuletzt geändert durch die Richtlinie 2003/123/EG des Rates vom 22. Dezember 2003 (ABl EU 2004 Nr. L 7 S. 41), anzuwenden haben.

(10) [1]Überlässt eine Körperschaft (überlassende Körperschaft) Anteile, auf die bei ihr Absatz 7 oder 8 anzuwenden ist oder auf die bei ihr aus anderen Gründen die Steuerfreistellungen der Absätze 1 und 2 oder vergleichbare ausländische Vorschriften nicht anzuwenden sind, an eine andere Körperschaft, bei der auf die Anteile Absatz 7 oder 8 nicht anzuwenden ist, und hat die andere Körperschaft, der die Anteile zuzurechnen sind, diese oder gleichartige Anteile zurückzugeben, dürfen die für die Überlassung gewährten Entgelte bei der anderen Körperschaft nicht als Betriebsausgabe abgezogen werden. [2]Überlässt die andere Körperschaft für die Überlassung der Anteile Wirtschaftsgüter an die überlassende Körperschaft, aus denen diese Einnahmen oder Bezüge erzielt, gelten diese Einnahmen oder Bezüge als von der anderen Körperschaft bezogen und als Entgelt für die Überlassung an die überlassende Körperschaft gewährt. [3]Absatz 3 Satz 1 und 2 sowie Absatz 5 sind nicht anzuwenden. [4]Die Sätze 1 bis 3 gelten auch für Wertpapierpensionsgeschäfte im Sinne des § 340b Abs. 2 des Handelsgesetzbuchs.[5]Die Sätze 1 bis 4 gelten nicht, wenn die andere Körperschaft keine Einnahmen oder Bezüge aus den ihr überlassenen Anteilen erzielt. [6]Die Sätze 1 bis 5 gelten entsprechend, wenn die Anteile an eine Personengesellschaft oder von einer Personengesellschaft überlassen werden, an der die überlassende oder die andere Körperschaft unmittelbar oder mittelbar über eine Personengesellschaft oder mehrere Personengesellschaften beteiligt ist. [7]In diesen Fällen gelten die Anteile als an die Körperschaft oder von der Körperschaft überlassen. [8]Die Sätze 1 bis 7 gelten nicht, soweit § 2 Nr. 2 zweiter Halbsatz oder § 5 Abs. 2 Nr. 1 zweiter Halbsatz auf die überlassende Körperschaft Anwendung findet. [9]Als Anteil im Sinne der Sätze 1 bis 8 gilt auch der Investmentanteil im Sinne von § 1 Abs. 1 des Investmentsteuergesetzes vom 15. Dezember 2003 (BGBl I S. 2676, 2724), das zuletzt durch Artikel 23 des Gesetzes vom 20. Dezember 2007 (BGBl I S. 3150) geändert worden ist, in der jeweils geltenden Fassung, soweit daraus Einnahmen erzielt werden, auf die § 8b anzuwenden ist.

§ 8c[1)2)] Verlustabzug bei Körperschaften

(1) [1]Werden innerhalb von fünf Jahren mittelbar oder unmittelbar mehr als 25 Prozent des gezeichneten Kapitals, der Mitgliedschaftsrechte, Beteiligungsrechte oder der Stimmrechte an einer Körperschaft an einen Erwerber oder diesem nahe stehende Personen übertragen oder liegt ein vergleichbarer Sachverhalt vor (schädlicher Beteiligungserwerb), sind insoweit die bis zum schädlichen Beteiligungserwerb nicht aus-

1) **Anm. d. Red.:** § 8c Abs. 1 und 1a i. d. F. des Art. 2 Nr. 2 Wachstumsbeschleunigungsgesetz v. 22. 12. 2009 (BGBl I 3950). — § 8c Abs. 2 i. d. F. des Art. 4 Nr. 1 i. V. mit Art. 8 Abs. 2 MoRaKG v. 12. 8. 2008 (BGBl I 1672) tritt wegen der Negativentscheidung der EU-Kommission v. 30. 9. 2009 – C2/2009 nicht in Kraft; von einer Wiedergabe wurde daher abgesehen.

2) **Anm. d. Red.:** Zur Anwendung des § 8c siehe § 34 Abs. 7b und 7c.

KStG

geglichenen oder abgezogenen negativen Einkünfte (nicht genutzte Verluste) nicht mehr abziehbar. [2]Unabhängig von Satz 1 sind bis zum schädlichen Beteiligungserwerb nicht genutzte Verluste vollständig nicht mehr abziehbar, wenn innerhalb von fünf Jahren mittelbar oder unmittelbar mehr als 50 Prozent des gezeichneten Kapitals, der Mitgliedschaftsrechte, Beteiligungsrechte oder der Stimmrechte an einer Körperschaft an einen Erwerber oder diesem nahe stehende Personen übertragen werden oder ein vergleichbarer Sachverhalt vorliegt. [3]Als ein Erwerber im Sinne der Sätze 1 und 2 gilt auch eine Gruppe von Erwerbern mit gleichgerichteten Interessen. [4]Eine Kapitalerhöhung steht der Übertragung des gezeichneten Kapitals gleich, soweit sie zu einer Veränderung der Beteiligungsquoten am Kapital der Körperschaft führt. [5]Ein schädlicher Beteiligungserwerb liegt nicht vor, wenn an dem übertragenden und an dem übernehmenden Rechtsträger dieselbe Person zu jeweils 100 Prozent mittelbar oder unmittelbar beteiligt ist. [6]Ein nicht abziehbarer nicht genutzter Verlust kann abweichend von Satz 1 und Satz 2 abgezogen werden, soweit er bei einem schädlichen Beteiligungserwerb im Sinne des Satzes 1 die anteiligen und bei einem schädlichen Beteiligungserwerb im Sinne des Satzes 2 die gesamten, zum Zeitpunkt des schädlichen Beteiligungserwerbs vorhandenen stillen Reserven des inländischen Betriebsvermögens der Körperschaft nicht übersteigt. [7]Stille Reserven im Sinne des Satzes 6 sind der Unterschiedsbetrag zwischen dem anteiligen oder bei einem schädlichen Beteiligungserwerb im Sinne des Satzes 2 dem gesamten in der steuerlichen Gewinnermittlung ausgewiesenen Eigenkapital und dem auf dieses Eigenkapital jeweils entfallenden gemeinen Wert der Anteile an der Körperschaft, soweit diese im Inland steuerpflichtig sind. [8]Bei der Ermittlung der stillen Reserven ist nur das Betriebsvermögen zu berücksichtigen, das der Körperschaft ohne steuerrechtliche Rückwirkung, insbesondere ohne Anwendung des § 2 Absatz 1 des Umwandlungssteuergesetzes, zuzurechnen ist.

(1a) [1]Für die Anwendung des Absatzes 1 ist ein Beteiligungserwerb zum Zweck der Sanierung des Geschäftsbetriebs der Körperschaft unbeachtlich. [2]Sanierung ist eine Maßnahme, die darauf gerichtet ist, die Zahlungsunfähigkeit oder Überschuldung zu verhindern oder zu beseitigen und zugleich die wesentlichen Betriebsstrukturen zu erhalten.

[3]Die Erhaltung der wesentlichen Betriebsstrukturen setzt voraus, dass

1. die Körperschaft eine geschlossene Betriebsvereinbarung mit einer Arbeitsplatzregelung befolgt oder

2. die Summe der maßgebenden jährlichen Lohnsummen der Körperschaft innerhalb von fünf Jahren nach dem Beteiligungserwerb 400 Prozent der Ausgangslohnsumme nicht unterschreitet; § 13a Absatz 1 Satz 3 und 4 und Absatz 4 des Erbschaftsteuer- und Schenkungsteuergesetzes gilt sinngemäß; oder

3. der Körperschaft durch Einlagen wesentliches Betriebsvermögen zugeführt wird. [2]Eine wesentliche Betriebsvermögenszuführung liegt vor, wenn der Körperschaft innerhalb von zwölf Monaten nach dem Beteiligungserwerb neues Betriebsvermögen zugeführt wird, das mindestens 25 Prozent des in der Steuerbilanz zum Schluss des vorangehenden Wirtschaftsjahrs enthaltenen Aktivvermögens entspricht. [3]Wird nur ein Anteil an der Körperschaft erworben, ist nur der entsprechende Anteil des Aktivvermögens zuzuführen. [4]Der Erlass von Verbindlichkeiten durch den Erwerber oder eine diesem nahestehende Person steht der Zuführung neuen Betriebsvermögens gleich, soweit die Verbindlichkeiten werthaltig sind. [5]Leistungen der Kapitalgesellschaft, die innerhalb von drei Jahren nach der Zuführung des neuen Betriebsvermögens erfolgen, mindern den Wert des zugeführten Betriebsvermögens. [6]Wird dadurch die erforderliche Zuführung nicht mehr erreicht, ist Satz 1 nicht mehr anzuwenden.

[4]Keine Sanierung liegt vor, wenn die Körperschaft ihren Geschäftsbetrieb im Zeitpunkt des Beteiligungserwerbs im Wesentlichen eingestellt hat oder nach dem Beteiligungserwerb ein Branchenwechsel innerhalb eines Zeitraums von fünf Jahren erfolgt.

§ 9[1)2)] Abziehbare Aufwendungen

(1) Abziehbare Aufwendungen sind auch:

1. bei Kommanditgesellschaften auf Aktien und bei vergleichbaren Kapitalgesellschaften der Teil des Gewinns, der an persönlich haftende Gesellschafter auf ihre nicht auf das Grundkapital gemachten Einlagen oder als Vergütung (Tantieme) für die Geschäftsführung verteilt wird;
2. vorbehaltlich des § 8 Abs. 3 Zuwendungen (Spenden und Mitgliedsbeiträge) zur Förderung steuerbegünstigter Zwecke im Sinne der §§ 52 bis 54 der Abgabenordnung an eine inländische juristische Person des öffentlichen Rechts oder an eine inländische öffentliche Dienststelle oder an eine nach § 5 Abs. 1 Nr. 9 steuerbefreite Körperschaft, Personenvereinigung oder Vermögensmasse insgesamt bis zu
   1. 20 Prozent des Einkommens oder
   2. 4 Promille der Summe der gesamten Umsätze und der im Kalenderjahr aufgewendeten Löhne und Gehälter.

   [2]Nicht abziehbar sind Mitgliedsbeiträge an Körperschaften, die
   1. den Sport (§ 52 Abs. 2 Nr. 21 der Abgabenordnung),
   2. kulturelle Betätigungen, die in erster Linie der Freizeitgestaltung dienen,
   3. die Heimatpflege und Heimatkunde (§ 52 Abs. 2 Nr. 22 der Abgabenordnung) oder
   4. Zwecke im Sinne des § 52 Abs. 2 Nr. 23 der Abgabenordnung

   fördern.

   [3]Abziehbare Zuwendungen, die die Höchstbeträge nach Satz 1 überschreiten, sind im Rahmen der Höchstbeträge in den folgenden Veranlagungszeiträumen abzuziehen. [4]§ 10d Abs. 4 des Einkommensteuergesetzes gilt entsprechend.

(2) [1]Als Einkommen im Sinne dieser Vorschrift gilt das Einkommen vor Abzug der in Absatz 1 Nr. 2 bezeichneten Zuwendungen und vor dem Verlustabzug nach § 10d des Einkommensteuergesetzes.[2]Als Zuwendung im Sinne dieser Vorschrift gilt auch die Zuwendung von Wirtschaftsgütern mit Ausnahme von Nutzungen und Leistungen. [3]Der Wert der Zuwendung ist nach § 6 Absatz 1 Nummer 4 Satz 1 und 4 des Einkommensteuergesetzes zu ermitteln. [4]Aufwendungen zugunsten einer Körperschaft, die zum Empfang steuerlich abziehbarer Zuwendungen berechtigt ist, sind nur abziehbar, wenn ein Anspruch auf die Erstattung der Aufwendungen durch Vertrag oder Satzung eingeräumt und auf die Erstattung verzichtet worden ist. [5]Der Anspruch darf nicht unter der Bedingung des Verzichts eingeräumt worden sein.

(3) [1]Der Steuerpflichtige darf auf die Richtigkeit der Bestätigung über Spenden und Mitgliedsbeiträge vertrauen, es sei denn, dass er die Bestätigung durch unlautere Mittel oder falsche Angaben erwirkt hat oder dass ihm die Unrichtigkeit der Bestätigung bekannt oder infolge grober Fahrlässigkeit nicht bekannt war. [2]Wer vorsätzlich oder grob fahrlässig eine unrichtige Bestätigung ausstellt oder wer veranlasst, dass Zuwendungen nicht zu den in der Bestätigung angegebenen steuerbegünstigten Zwecken verwendet werden (Veranlasserhaftung), haftet für die entgangene Steuer. [3]In den Fällen der Veranlasserhaftung ist vorrangig der Zuwendungsempfänger (inländische juristische Person des öffentlichen Rechts oder inländische öffentliche Dienststelle oder nach § 5 Abs. 1 Nr. 9 des Körperschaftsteuergesetzes steuerbefreite Körperschaft, Personenvereinigung oder Vermögensmasse) in Anspruch zu nehmen; die in diesen Fällen für den Zuwendungsempfänger handelnden natürlichen Personen sind nur in Anspruch zu nehmen, wenn die entgangene Steuer nicht nach § 47 der Abgabenordnung erloschen ist und Vollstreckungsmaßnahmen gegen den Zuwendungsempfänger nicht erfolgreich sind; § 10b

---

1) **Anm. d. Red.:** § 9 Abs. 1 i. d. F. des Art. 3 Nr. 1 Gesetz zur weiteren Stärkung des bürgerschaftlichen Engagements v. 10. 10. 2007 (BGBl I 2332); Abs. 2 i. d. F. des Art. 2 Nr. 1 Gesetz zur Fortführung der Gesetzeslage 2006 bei der Entfernungspauschale v. 20. 4. 2009 (BGBl I 774); Abs. 3 i. d. F. des Art. 3 Nr. 6 JStG 2009 v. 19. 12. 2008 (BGBl I 2794).

2) **Anm. d. Red.:** Zur Anwendung des § 9 siehe § 34 Abs. 8a.

Abs. 4 Satz 5 des Einkommensteuergesetzes gilt entsprechend. [4]Diese ist mit 30 Prozent des zugewendeten Betrags anzusetzen.

§ 10 Nichtabziehbare Aufwendungen

Nichtabziehbar sind auch:

1. die Aufwendungen für die Erfüllung von Zwecken des Steuerpflichtigen, die durch Stiftungsgeschäft, Satzung oder sonstige Verfassung vorgeschrieben sind. [2]§ 9 Abs. 1 Nr. 2 bleibt unberührt,
2. die Steuern vom Einkommen und sonstige Personensteuern sowie die Umsatzsteuer für Umsätze, die Entnahmen oder verdeckte Gewinnausschüttungen sind, und die Vorsteuerbeträge auf Aufwendungen, für die das Abzugsverbot des § 4 Abs. 5 Satz 1 Nr. 1 bis 4 und 7 oder Abs. 7 des Einkommensteuergesetzes gilt; das gilt auch für die auf diese Steuern entfallenden Nebenleistungen,
3. in einem Strafverfahren festgesetzte Geldstrafen, sonstige Rechtsfolgen vermögensrechtlicher Art, bei denen der Strafcharakter überwiegt, und Leistungen zur Erfüllung von Auflagen oder Weisungen, soweit die Auflagen oder Weisungen nicht lediglich der Wiedergutmachung des durch die Tat verursachten Schadens dienen,
4. die Hälfte der Vergütungen jeder Art, die an Mitglieder des Aufsichtsrats, Verwaltungsrats, Grubenvorstands oder andere mit der Überwachung der Geschäftsführung beauftragte Personen gewährt werden.

§ 11[1)] Auflösung und Abwicklung (Liquidation)

(1) [1]Wird ein unbeschränkt Steuerpflichtiger im Sinne des § 1 Abs. 1 Nr. 1 bis 3 nach der Auflösung abgewickelt, so ist der im Zeitraum der Abwicklung erzielte Gewinn der Besteuerung zugrunde zu legen. [2]Der Besteuerungszeitraum soll drei Jahre nicht übersteigen.

(2) Zur Ermittlung des Gewinns im Sinne des Absatzes 1 ist das Abwicklungs-Endvermögen dem Abwicklungs-Anfangsvermögen gegenüberzustellen.

(3) Abwicklungs-Endvermögen ist das zur Verteilung kommende Vermögen, vermindert um die steuerfreien Vermögensmehrungen, die dem Steuerpflichtigen in dem Abwicklungszeitraum zugeflossen sind.

(4) [1]Abwicklungs-Anfangsvermögen ist das Betriebsvermögen, das am Schluss des der Auflösung vorangegangenen Wirtschaftsjahrs der Veranlagung zur Körperschaftsteuer zugrunde gelegt worden ist. [2]Ist für den vorangegangenen Veranlagungszeitraum eine Veranlagung nicht durchgeführt worden, so ist das Betriebsvermögen anzusetzen, das im Fall einer Veranlagung nach den steuerrechtlichen Vorschriften über die Gewinnermittlung auszuweisen gewesen wäre. [3]Das Abwicklungs-Anfangsvermögen ist um den Gewinn eines vorangegangenen Wirtschaftsjahrs zu kürzen, der im Abwicklungszeitraum ausgeschüttet worden ist.

(5) War am Schluss des vorangegangenen Veranlagungszeitraums Betriebsvermögen nicht vorhanden, so gilt als Abwicklungs-Anfangsvermögen die Summe der später geleisteten Einlagen.

(6) Auf die Gewinnermittlung sind im Übrigen die sonst geltenden Vorschriften anzuwenden.

(7) Unterbleibt eine Abwicklung, weil über das Vermögen des unbeschränkt Steuerpflichtigen im Sinne des § 1 Abs. 1 Nr. 1 bis 3 das Insolvenzverfahren eröffnet worden ist, sind die Absätze 1 bis 6 sinngemäß anzuwenden.

1) **Anm. d. Red.:** § 11 Abs. 1 und 7 i. d. F. des Art. 3 Nr. 6 SEStEG v. 7. 12. 2006 (BGBl I 2782).

§ 12[1)2)] Verlust oder Beschränkung des Besteuerungsrechts der Bundesrepublik Deutschland

(1) Wird bei der Körperschaft, Personenvereinigung oder Vermögensmasse das Besteuerungsrecht der Bundesrepublik Deutschland hinsichtlich des Gewinns aus der Veräußerung oder der Nutzung eines Wirtschaftsguts ausgeschlossen oder beschränkt, gilt dies als Veräußerung oder Überlassung des Wirtschaftsguts zum gemeinen Wert; § 4 Abs. 1 Satz 4, § 4g und § 15 Abs. 1a des Einkommensteuergesetzes gelten entsprechend.

(2) [1]Wird das Vermögen einer beschränkt steuerpflichtigen Körperschaft, Personenvereinigung oder Vermögensmasse als Ganzes auf eine andere Körperschaft desselben ausländischen Staates durch einen Vorgang übertragen, der einer Verschmelzung im Sinne des § 2 des Umwandlungsgesetzes vom 28. Oktober 1994 (BGBl I S. 3210, 1995 I S. 428), das zuletzt durch Artikel 10 des Gesetzes vom 9. Dezember 2004 (BGBl I S. 3214) geändert worden ist, in der jeweils geltenden Fassung vergleichbar ist, sind die übergehenden Wirtschaftsgüter abweichend von Absatz 1 mit dem Buchwert anzusetzen, soweit

1. sichergestellt ist, dass sie später bei der übernehmenden Körperschaft der Besteuerung mit Körperschaftsteuer unterliegen,
2. das Recht der Bundesrepublik Deutschland hinsichtlich der Besteuerung der übertragenen Wirtschaftsgüter bei der übernehmenden Körperschaft nicht beschränkt wird,
3. eine Gegenleistung nicht gewährt wird oder in Gesellschaftsrechten besteht und
4. wenn der übernehmende und der übertragende Rechtsträger nicht die Voraussetzungen des § 1 Abs. 2 Satz 1 und 2 des Umwandlungssteuergesetzes vom 7. Dezember 2006 (BGBl I S. 2782, 2791) in der jeweils geltenden Fassung erfüllen.

[2]Wird das Vermögen einer Körperschaft durch einen Vorgang im Sinne des Satzes 1 auf eine andere Körperschaft übertragen, gilt § 13 des Umwandlungssteuergesetzes für die Besteuerung der Anteilseigner der übertragenden Körperschaft entsprechend.

(3) [1]Verlegt eine Körperschaft, Vermögensmasse oder Personenvereinigung ihre Geschäftsleitung oder ihren Sitz und scheidet sie dadurch aus der unbeschränkten Steuerpflicht in einem Mitgliedstaat der Europäischen Union oder einem Staat aus, auf den das Abkommen über den Europäischen Wirtschaftsraum Anwendung findet, gilt sie als aufgelöst, und § 11 ist entsprechend anzuwenden. [2]Gleiches gilt, wenn die Körperschaft, Vermögensmasse oder Personenvereinigung auf Grund eines Abkommens zur Vermeidung der Doppelbesteuerung infolge der Verlegung ihres Sitzes oder ihrer Geschäftleitung als außerhalb des Hoheitsgebietes der in Satz 1 genannten Staaten ansässig anzusehen ist. [3]An die Stelle des zur Verteilung kommenden Vermögens tritt der gemeine Wert des vorhandenen Vermögens.

§ 13 Beginn und Erlöschen einer Steuerbefreiung

(1) Wird eine steuerpflichtige Körperschaft, Personenvereinigung oder Vermögensmasse von der Körperschaftsteuer befreit, so hat sie auf den Zeitpunkt, in dem die Steuerpflicht endet, eine Schlussbilanz aufzustellen.

(2) Wird eine von der Körperschaftsteuer befreite Körperschaft, Personenvereinigung oder Vermögensmasse steuerpflichtig und ermittelt sie ihren Gewinn durch Betriebsvermögensvergleich, so hat sie auf den Zeitpunkt, in dem die Steuerpflicht beginnt, eine Anfangsbilanz aufzustellen.

(3) [1]In der Schlussbilanz im Sinne des Absatzes 1 und in der Anfangsbilanz im Sinne des Absatzes 2 sind die Wirtschaftsgüter vorbehaltlich des Absatzes 4 mit den Teilwerten anzusetzen. [2]Wohnungsunternehmen und Organe der staatlichen Wohnungspolitik (Wohnungsunternehmen) im Sinne des § 5 Abs. 1 Nr. 10 und 11 des Körperschaftsteuer-

1) **Anm. d. Red.:** § 12 Abs. 1 i. d. F. des Art. 3 Nr. 3 JStG 2008 v. 20. 12. 2007 (BGBl I 3150); Abs. 2 und 3 i. d. F. des Art. 3 Nr. 7 SEStEG v. 7. 12. 2006 (BGBl I 2782).

2) **Anm. d. Red.:** Zur Anwendung des § 12 siehe § 34 Abs. 8.

gesetzes 1984 in der Fassung der Bekanntmachung vom 10. Februar 1984 (BGBl I S. 217) dürfen den Verlust aus der Vermietung und Verpachtung der Gebäude oder Gebäudeteile, die in der Anfangsbilanz mit dem Teilwert (Ausgangswert) angesetzt worden sind (Abschreibungsverlust), mit anderen Einkünften aus Gewerbebetrieb oder mit Einkünften aus anderen Einkunftsarten nur ausgleichen oder nach § 10d des Einkommensteuergesetzes nur abziehen, soweit er den Unterschiedsbetrag zwischen den Absetzungen für Abnutzung nach dem Ausgangswert und nach den bis zum Zeitpunkt des Beginns der Steuerpflicht entstandenen Anschaffungs- oder Herstellungskosten der Gebäude oder Gebäudeteile übersteigt. [3]Nicht zum Abschreibungsverlust rechnen Absetzungen für Abnutzung, soweit sie sich nach Anschaffungs- oder Herstellungskosten bemessen, die nach dem Zeitpunkt des Beginns der Steuerpflicht entstanden sind. [4]Der Abschreibungsverlust, der nicht nach Satz 2 ausgeglichen oder abgezogen werden darf, vermindert sich um das Doppelte der im Wirtschaftsjahr anfallenden aktivierungspflichtigen Aufwendungen (begünstigtes Investitionsvolumen) für die zum Anlagevermögen des Wohnungsunternehmens gehörenden abnutzbaren unbeweglichen Wirtschaftsgüter. [5]Übersteigt das begünstigte Investitionsvolumen im Wirtschaftsjahr den Abschreibungsverlust, der nicht nach Satz 2 ausgeglichen oder abgezogen werden darf, erhöht es bis zu einem Betrag in Höhe des nicht nach Satz 2 ausgeglichenen oder abgezogenen Abschreibungsverlustes des vorangegangenen Wirtschaftsjahrs das begünstigte Investitionsvolumen dieses Wirtschaftsjahrs; ein darüber hinausgehendes begünstigtes Investitionsvolumen erhöht das begünstigte Investitionsvolumen der folgenden Wirtschaftsjahre (Vortragsvolumen). [6]Ein nach Satz 4 verbleibender Abschreibungsverlust, der nicht ausgeglichen oder abgezogen werden darf, mindert den Gewinn aus der Vermietung und Verpachtung von Gebäuden und Gebäudeteilen (Mietgewinn) im laufenden Wirtschaftsjahr oder in späteren Wirtschaftsjahren. [7]Die Minderung in einem späteren Wirtschaftsjahr ist nur zulässig, soweit der Abschreibungsverlust in einem vorangegangenen Wirtschaftsjahr nicht berücksichtigt werden konnte (verbleibender Abschreibungsverlust). [8]Der am Schluss des Wirtschaftsjahrs verbleibende Abschreibungsverlust und das Vortragsvolumen sind gesondert festzustellen; § 10d Abs. 4 des Einkommensteuergesetzes gilt sinngemäß. [9]Die Sätze 2 bis 8 gelten entsprechend für

1. Organträger, soweit dem Organträger der Abschreibungsverlust oder der Mietgewinn des Wohnungsunternehmens zuzurechnen ist,
2. natürliche Personen und Körperschaften, Personenvereinigungen oder Vermögensmassen, die an dem Wohnungsunternehmen still beteiligt sind, wenn sie als Unternehmer (Mitunternehmer) anzusehen sind,
3. natürliche Personen und Körperschaften, Personenvereinigungen oder Vermögensmassen, die dem Wohnungsunternehmen nahe stehen, soweit ihnen Gebäude oder Gebäudeteile des Wohnungsunternehmens, die in der Anfangsbilanz mit dem Ausgangswert angesetzt worden sind, unentgeltlich übertragen werden,
4. natürliche Personen und Körperschaften, Personenvereinigungen oder Vermögensmassen, soweit sie bei Vermögensübertragungen nach dem Umwandlungssteuergesetz Gebäude oder Gebäudeteile des Wohnungsunternehmens, die in der Anfangsbilanz mit dem Ausgangswert angesetzt worden sind, mit einem unter dem Teilwert liegenden Wert ansetzen.

[10]Soweit Gebäude oder Gebäudeteile des Wohnungsunternehmens oder eines Rechtsträgers nach Satz 9, die in der Anfangsbilanz des Wohnungsunternehmens mit dem Ausgangswert angesetzt worden sind, entgeltlich und in den Fällen des Satzes 9 Nr. 4 mit einem anderen als dem Buchwert an andere Wohnungsunternehmen oder Rechtsträger nach Satz 9 übertragen werden, gilt als Veräußerungsgewinn der Unterschiedsbetrag zwischen dem Veräußerungspreis nach Abzug der Veräußerungskosten und dem Wert, der sich für das Gebäude oder den Gebäudeteil im Zeitpunkt der Veräußerung aus dem Ansatz mit den Anschaffungs- oder Herstellungskosten, vermindert um die Absetzungen für Abnutzung nach § 7 des Einkommensteuergesetzes, ergibt. [11]Die Sätze 2 bis 10 gelten nicht für Wohnungsunternehmen, die nach § 5 Abs. 1 Nr. 10 steuerbefreit sind.

(4) [1]Beginnt die Steuerbefreiung auf Grund des § 5 Abs. 1 Nr. 9, sind die Wirtschaftsgüter, die der Förderung steuerbegünstigter Zwecke im Sinne des § 9 Abs. 1 Nr. 2 dienen,

in der Schlussbilanz mit den Buchwerten anzusetzen. [2]Erlischt die Steuerbefreiung, so ist in der Anfangsbilanz für die in Satz 1 bezeichneten Wirtschaftsgüter der Wert anzusetzen, der sich bei ununterbrochener Steuerpflicht nach den Vorschriften über die steuerliche Gewinnermittlung ergeben würde.

(5) Beginnt oder erlischt die Steuerbefreiung nur teilweise, so gelten die Absätze 1 bis 4 für den entsprechenden Teil des Betriebsvermögens.

(6) [1]Gehören Anteile an einer Kapitalgesellschaft nicht zu dem Betriebsvermögen der Körperschaft, Personenvereinigung oder Vermögensmasse, die von der Körperschaftsteuer befreit wird, so ist § 17 des Einkommensteuergesetzes auch ohne Veräußerung anzuwenden, wenn die übrigen Voraussetzungen dieser Vorschrift in dem Zeitpunkt erfüllt sind, in dem die Steuerpflicht endet. [2]Als Veräußerungspreis gilt der gemeine Wert der Anteile. [3]Im Falle des Beginns der Steuerpflicht gilt der gemeine Wert der Anteile als Anschaffungskosten der Anteile. [4]Die Sätze 1 und 2 gelten nicht in den Fällen des Absatzes 4 Satz 1.

Zweites Kapitel: Sondervorschriften für die Organschaft

§ 14[1)2)] Aktiengesellschaft oder Kommanditgesellschaft auf Aktien als Organgesellschaft

(1) [1]Verpflichtet sich eine Europäische Gesellschaft, Aktiengesellschaft oder Kommanditgesellschaft auf Aktien mit Geschäftsleitung und Sitz im Inland (Organgesellschaft) durch einen Gewinnabführungsvertrag im Sinne des § 291 Abs. 1 des Aktiengesetzes, ihren ganzen Gewinn an ein einziges anderes gewerbliches Unternehmen abzuführen, so ist das Einkommen der Organgesellschaft, soweit sich aus § 16 nichts anderes ergibt, dem Träger des Unternehmens (Organträger) zuzurechnen, wenn die folgenden Voraussetzungen erfüllt sind:

1. [1]Der Organträger muss an der Organgesellschaft vom Beginn ihres Wirtschaftsjahrs an ununterbrochen in einem solchen Maße beteiligt sein, dass ihm die Mehrheit der Stimmrechte aus den Anteilen an der Organgesellschaft zusteht (finanzielle Eingliederung). [2]Mittelbare Beteiligungen sind zu berücksichtigen, wenn die Beteiligung an jeder vermittelnden Gesellschaft die Mehrheit der Stimmrechte gewährt.
2. [1]Der Organträger muss eine unbeschränkt steuerpflichtige natürliche Person oder eine nicht steuerbefreite Körperschaft, Personenvereinigung oder Vermögensmasse im Sinne des § 1 mit Geschäftsleitung im Inland sein. [2]Organträger kann auch eine Personengesellschaft im Sinne des § 15 Abs. 1 Nr. 2 des Einkommensteuergesetzes mit Geschäftsleitung im Inland sein, wenn sie eine Tätigkeit im Sinne des § 15 Abs. 1 Nr. 1 des Einkommensteuergesetzes ausübt. [3]Die Voraussetzung der Nummer 1 muss im Verhältnis zur Personengesellschaft selbst erfüllt sein.
3. [1]Der Gewinnabführungsvertrag muss auf mindestens fünf Jahre abgeschlossen und während seiner gesamten Geltungsdauer durchgeführt werden. [2]Eine vorzeitige Beendigung des Vertrags durch Kündigung ist unschädlich, wenn ein wichtiger Grund die Kündigung rechtfertigt. [3]Die Kündigung oder Aufhebung des Gewinnabführungsvertrags auf einen Zeitpunkt während des Wirtschaftsjahrs der Organgesellschaft wirkt auf den Beginn dieses Wirtschaftsjahrs zurück.
4. Die Organgesellschaft darf Beträge aus dem Jahresüberschuss nur insoweit in die Gewinnrücklagen (§ 272 Abs. 3 des Handelsgesetzbuchs) mit Ausnahme der gesetzlichen Rücklagen einstellen, als dies bei vernünftiger kaufmännischer Beurteilung wirtschaftlich begründet ist.

KStG

1) **Anm. d. Red.:** § 14 Abs. 1 i. d. F. des Art. 3 Nr. 8 SEStEG v. 7. 12. 2006 (BGBl I 2782); Abs. 2 weggefallen gem. Art. 3 Nr. 7 JStG 2009 v. 19. 12. 2008 (BGBl I 2794); Abs. 3 angefügt gem. Art. 3 Nr. 4 EURLUmsG v. 9. 12. 2004 (BGBl I 3310); Abs. 4 angefügt gem. Art. 3 Nr. 3a JStG 2008 v. 20. 12. 2007 (BGBl I 3150).

2) **Anm. d. Red.:** Zur Anwendung des § 14 siehe § 34 Abs. 9.

5. Ein negatives Einkommen des Organträgers bleibt bei der inländischen Besteuerung unberücksichtigt, soweit es in einem ausländischen Staat im Rahmen einer der deutschen Besteuerung des Organträgers entsprechenden Besteuerung berücksichtigt wird.

[2]Das Einkommen der Organgesellschaft ist dem Organträger erstmals für das Kalenderjahr zuzurechnen, in dem das Wirtschaftsjahr der Organgesellschaft endet, in dem der Gewinnabführungsvertrag wirksam wird.

(2) (weggefallen)

(3) [1]Mehrabführungen, die ihre Ursache in vororganschaftlicher Zeit haben, gelten als Gewinnausschüttungen der Organgesellschaft an den Organträger. [2]Minderabführungen, die ihre Ursache in vororganschaftlicher Zeit haben, sind als Einlage durch den Organträger in die Organgesellschaft zu behandeln. [3]Mehrabführungen nach Satz 1 und Minderabführungen nach Satz 2 gelten in dem Zeitpunkt als erfolgt, in dem das Wirtschaftsjahr der Organgesellschaft endet. [4]Der Teilwertansatz nach § 13 Abs. 3 Satz 1 ist der vororganschaftlichen Zeit zuzurechnen.

(4) [1]Für Minder- und Mehrabführungen, die ihre Ursache in organschaftlicher Zeit haben, ist in der Steuerbilanz des Organträgers ein besonderer aktiver oder passiver Ausgleichsposten in Höhe des Betrags zu bilden, der dem Verhältnis der Beteiligung des Organträgers am Nennkapital der Organgesellschaft entspricht. [2]Im Zeitpunkt der Veräußerung der Organbeteiligung sind die besonderen Ausgleichsposten aufzulösen. [3]Dadurch erhöht oder verringert sich das Einkommen des Organträgers. [4]§ 3 Nr. 40, § 3c Abs. 2 des Einkommensteuergesetzes und § 8b dieses Gesetzes sind anzuwenden. [5]Der Veräußerung gleichgestellt sind insbesondere die Umwandlung der Organgesellschaft auf eine Personengesellschaft oder eine natürliche Person, die verdeckte Einlage der Beteiligung an der Organgesellschaft und die Auflösung der Organgesellschaft. [6]Minder- oder Mehrabführungen im Sinne des Satzes 1 liegen insbesondere vor, wenn der an den Organträger abgeführte Gewinn von dem Steuerbilanzgewinn der Organgesellschaft abweicht und diese Abweichung in organschaftlicher Zeit verursacht ist.

§ 15[1)2)] Ermittlung des Einkommens bei Organschaft

[1]Bei der Ermittlung des Einkommens bei Organschaft gilt abweichend von den allgemeinen Vorschriften Folgendes:

1. Ein Verlustabzug im Sinne des § 10d des Einkommensteuergesetzes ist bei der Organgesellschaft nicht zulässig.
2. [1]§ 8b Abs. 1 bis 6 dieses Gesetzes sowie § 4 Abs. 6 des Umwandlungssteuergesetzes sind bei der Organgesellschaft nicht anzuwenden. [2]Sind in dem dem Organträger zugerechneten Einkommen Bezüge, Gewinne oder Gewinnminderungen im Sinne des § 8b Abs. 1 bis 3 dieses Gesetzes oder mit solchen Beträgen zusammenhängende Ausgaben im Sinne des § 3c Abs. 2 des Einkommensteuergesetzes oder ein Übernahmeverlust im Sinne des § 4 Abs. 6 des Umwandlungssteuergesetzes enthalten, sind § 8b dieses Gesetzes, § 4 Abs. 6 des Umwandlungssteuergesetzes sowie § 3 Nr. 40 und § 3c Abs. 2 des Einkommensteuergesetzes bei der Ermittlung des Einkommens des Organträgers anzuwenden. [3]Satz 2 gilt nicht, soweit bei der Organgesellschaft § 8b Abs. 7, 8 oder 10 anzuwenden ist.
3. [1]§ 4h des Einkommensteuergesetzes ist bei der Organgesellschaft nicht anzuwenden. [2]Organträger und Organgesellschaften gelten als ein Betrieb im Sinne des § 4h des Einkommensteuergesetzes. [3]Sind in dem dem Organträger zugerechneten Einkommen der Organgesellschaften Zinsaufwendungen und Zinserträge im Sinne des § 4h Abs. 3 des Einkommensteuergesetzes enthalten, sind diese bei Anwendung des § 4h Abs. 1 des Einkommensteuergesetzes beim Organträger einzubeziehen.

1) **Anm. d. Red.:** § 15 i. d. F. des Art. 3 Nr. 8 JStG 2009 v. 19. 12. 2008 (BGBl I 2794).

2) **Anm. d. Red.:** Zur Anwendung des § 15 siehe § 34 Abs. 2, 4 Satz 1 und Abs. 10.

4. [1]§ 8 Abs. 3 Satz 2 und Abs. 7 ist bei der Organgesellschaft auf Dauerverlustgeschäfte im Sinne des § 8 Abs. 7 Satz 2 nicht anzuwenden. [2]Sind in dem dem Organträger zugerechneten Einkommen Verluste aus Dauerverlustgeschäften im Sinne des § 8 Abs. 7 Satz 2 enthalten, ist § 8 Abs. 3 Satz 2 und Abs. 7 bei der Ermittlung des Einkommens des Organträgers anzuwenden.
5. [1]§ 8 Abs. 9 ist bei der Organgesellschaft nicht anzuwenden. [2]Sind in dem dem Organträger zugerechneten Einkommen Einkommen einer Kapitalgesellschaft enthalten, auf die § 8 Abs. 7 Satz 1 Nr. 2 anzuwenden ist, ist § 8 Abs. 9 bei der Ermittlung des Einkommens des Organträgers anzuwenden.

[2]Nummer 2 gilt entsprechend für Gewinnanteile aus der Beteiligung an einer ausländischen Gesellschaft, die nach den Vorschriften eines Abkommens zur Vermeidung der Doppelbesteuerung von der Besteuerung auszunehmen sind.

§ 16[1)2)] Ausgleichszahlungen

[1]Die Organgesellschaft hat ihr Einkommen in Höhe von 20/17 der geleisteten Ausgleichszahlungen selbst zu versteuern. [2]Ist die Verpflichtung zum Ausgleich vom Organträger erfüllt worden, so hat die Organgesellschaft 20/17 der geleisteten Ausgleichszahlungen anstelle des Organträgers zu versteuern.

§ 17 Andere Kapitalgesellschaften als Organgesellschaft

[1]Die §§ 14 bis 16 gelten entsprechend, wenn eine andere als die in § 14 Abs. 1 Satz 1 bezeichnete Kapitalgesellschaft mit Geschäftsleitung und Sitz im Inland sich wirksam verpflichtet, ihren ganzen Gewinn an ein anderes Unternehmen im Sinne des § 14 abzuführen. [2]Weitere Voraussetzung ist, dass

1. eine Gewinnabführung den in § 301 des Aktiengesetzes genannten Betrag nicht überschreitet und
2. eine Verlustübernahme entsprechend den Vorschriften des § 302 des Aktiengesetzes vereinbart wird.

§ 18[3)] Ausländische Organträger

[1]Verpflichtet sich eine Organgesellschaft, ihren ganzen Gewinn an ein ausländisches gewerbliches Unternehmen, das im Inland eine im Handelsregister eingetragene Zweigniederlassung unterhält, abzuführen, so ist das Einkommen der Organgesellschaft den beschränkt steuerpflichtigen Einkünften aus der inländischen Zweigniederlassung zuzurechnen, wenn

1. der Gewinnabführungsvertrag unter der Firma der Zweigniederlassung abgeschlossen ist und
2. die für die finanzielle Eingliederung erforderliche Beteiligung zum Betriebsvermögen der Zweigniederlassung gehört.

[2]Im Übrigen gelten die Vorschriften der §§ 14 bis 17 sinngemäß.

§ 19 Steuerabzug bei dem Organträger

(1) Sind bei der Organgesellschaft die Voraussetzungen für die Anwendung besonderer Tarifvorschriften erfüllt, die einen Abzug von der Körperschaftsteuer vorsehen, und unterliegt der Organträger der Körperschaftsteuer, so sind diese Tarifvorschriften beim Organträger so anzuwenden, als wären die Voraussetzungen für ihre Anwendung bei ihm selbst erfüllt.

---

1) **Anm. d. Red.:** § 16 i. d. F. des Art. 2 Nr. 9 Unternehmensteuerreformgesetz 2008 v. 14. 8. 2007 (BGBl I 1912).

2) **Anm. d. Red.:** Zur Anwendung des § 16 siehe § 34 Abs. 2, 4 Satz 1 und Abs. 10a.

3) **Anm. d. Red.:** Zur Anwendung des § 18 siehe § 34 Abs. 2 und 4 Satz 1.

KStG

(2) Unterliegt der Organträger der Einkommensteuer, so gilt Absatz 1 entsprechend, soweit für die Einkommensteuer gleichartige Tarifvorschriften wie für die Körperschaftsteuer bestehen.

(3) [1]Ist der Organträger eine Personengesellschaft, so gelten die Absätze 1 und 2 für die Gesellschafter der Personengesellschaft entsprechend. [2]Bei jedem Gesellschafter ist der Teilbetrag abzuziehen, der dem auf den Gesellschafter entfallenden Bruchteil des dem Organträger zuzurechnenden Einkommens der Organgesellschaft entspricht.

(4) Ist der Organträger ein ausländisches Unternehmen im Sinne des § 18, so gelten die Absätze 1 bis 3 entsprechend, soweit die besonderen Tarifvorschriften bei beschränkt Steuerpflichtigen anwendbar sind.

(5) Sind in dem Einkommen der Organgesellschaft Betriebseinnahmen enthalten, die einem Steuerabzug unterlegen haben, so ist die einbehaltene Steuer auf die Körperschaftsteuer oder die Einkommensteuer des Organträgers oder, wenn der Organträger eine Personengesellschaft ist, anteilig auf die Körperschaftsteuer oder die Einkommensteuer der Gesellschafter anzurechnen.

Drittes Kapitel: Sondervorschriften für Versicherungsunternehmen, Pensionsfonds und Bausparkassen

§ 20 Schwankungsrückstellungen, Schadenrückstellungen

(1) Für die Bildung der Rückstellungen zum Ausgleich des schwankenden Jahresbedarfs sind insbesondere folgende Voraussetzungen erforderlich:

1. Es muss nach den Erfahrungen in dem betreffenden Versicherungszweig mit erheblichen Schwankungen des Jahresbedarfs zu rechnen sein.
2. [1]Die Schwankungen des Jahresbedarfs dürfen nicht durch die Prämien ausgeglichen werden. [2]Sie müssen aus den am Bilanzstichtag bestehenden Versicherungsverträgen herrühren und dürfen nicht durch Rückversicherungen gedeckt sein.

(2) [1]Bei Rückstellungen für noch nicht abgewickelte Versicherungsfälle (§ 341g des Handelsgesetzbuchs) sind die Erfahrungen im Sinne des § 6 Abs. 1 Nr. 3a Buchstabe a des Einkommensteuergesetzes für jeden Versicherungszweig zu berücksichtigen, für den nach aufsichtsrechtlichen Vorschriften eine gesonderte Gewinn- und Verlustrechnung aufzustellen ist. [2]Die Summe der einzelbewerteten Schäden des Versicherungszweiges ist um den Betrag zu mindern (Minderungsbetrag), der wahrscheinlich insgesamt nicht zur Befriedigung der Ansprüche für die Schäden benötigt wird.

§ 21[1)2)] Beitragsrückerstattungen

(1) Beitragsrückerstattungen, die für das selbst abgeschlossene Geschäft auf Grund des Jahresergebnisses oder des versicherungstechnischen Überschusses gewährt werden, sind abziehbar

1. in der Lebens- und Krankenversicherung bis zu dem nach handelsrechtlichen Vorschriften ermittelten Jahresergebnis für das selbst abgeschlossene Geschäft, erhöht um die für Beitragsrückerstattungen aufgewendeten Beträge, soweit die Beträge das Jahresergebnis gemindert haben und die hierfür verwendeten Überschüsse dem Grunde nach steuerpflichtig und nicht steuerbefreit sind, und gekürzt um den Betrag, der sich aus der Auflösung einer Rückstellung nach Absatz 2 Satz 2 ergibt, sowie um den Nettoertrag des nach steuerlichen Vorschriften über die Gewinnermittlung anzusetzenden Betriebsvermögens am Beginn des Wirtschaftsjahrs; für Pensionsfonds gilt Entsprechendes. [2]Als Nettoertrag gilt der Ertrag aus langfristiger Kapitalanlage, der anteilig auf das Betriebsvermögen entfällt, nach Abzug der entsprechenden abziehbaren und nichtabziehbaren Betriebsausgaben;

1) **Anm. d. Red.:** § 21 Abs. 1 i. d. F. des Art. 3 Nr. 9 JStG 2009 v. 19. 12. 2008 (BGBl I 2794).

2) **Anm. d. Red.:** Zur Anwendung des § 21 siehe § 34 Abs. 7 Sätze 8, 11 und Abs. 10b.

2. in der Schaden- und Unfallversicherung bis zur Höhe des Überschusses, der sich aus der Beitragseinnahme nach Abzug aller anteiligen abziehbaren und nichtabziehbaren Betriebsausgaben einschließlich der Versicherungsleistungen, Rückstellungen und Rechnungsabgrenzungsposten ergibt. [2]Der Berechnung des Überschusses sind die auf das Wirtschaftsjahr entfallenden Beitragseinnahmen und Betriebsausgaben des einzelnen Versicherungszweiges aus dem selbst abgeschlossenen Geschäft für eigene Rechnung zugrunde zu legen.

(2) [1]Zuführungen zu einer Rückstellung für Beitragsrückerstattung sind insoweit abziehbar, als die ausschließliche Verwendung der Rückstellung für diesen Zweck durch die Satzung oder durch geschäftsplanmäßige Erklärung gesichert ist. [2]Die Rückstellung ist vorbehaltlich des Satzes 3 aufzulösen, soweit sie höher ist als die Summe der in den folgenden Nummern 1 bis 4 bezeichneten Beträge:

1. die Zuführungen innerhalb des am Bilanzstichtag endenden Wirtschaftsjahrs und der zwei vorangegangenen Wirtschaftsjahre,
2. der Betrag, dessen Ausschüttung als Beitragsrückerstattung vom Versicherungsunternehmen vor dem Bilanzstichtag verbindlich festgelegt worden ist,
3. in der Krankenversicherung der Betrag, dessen Verwendung zur Ermäßigung von Beitragserhöhungen im folgenden Geschäftsjahr vom Versicherungsunternehmen vor dem Bilanzstichtag verbindlich festgelegt worden ist,
4. in der Lebensversicherung der Betrag, der für die Finanzierung der auf die abgelaufenen Versicherungsjahre entfallenden Schlussgewinnanteile erforderlich ist; für Pensionsfonds gilt Entsprechendes.

[3]Eine Auflösung braucht nicht zu erfolgen, soweit an die Versicherten Kleinbeträge auszuzahlen wären und die Auszahlung dieser Beträge mit einem unverhältnismäßig hohen Verwaltungsaufwand verbunden wäre.

(3) § 6 Abs. 1 Nr. 3a des Einkommensteuergesetzes ist nicht anzuwenden.

§ 21a Deckungsrückstellungen

(1) [1]§ 6 Abs. 1 Nr. 3a Buchstabe e des Einkommensteuergesetzes ist von Versicherungsunternehmen und Pensionsfonds mit der Maßgabe anzuwenden, dass Deckungsrückstellungen im Sinne des § 341f des Handelsgesetzbuchs mit dem sich für die zugrunde liegenden Verträge aus der Bestimmung in Verbindung mit § 25 der Verordnung über die Rechnungslegung von Versicherungsunternehmen oder in Verbindung mit der auf Grund des § 116 des Versicherungsaufsichtsgesetzes zu erlassenden Rechtsverordnung ergebenden Höchstzinssatz oder einem niedrigeren zulässigerweise verwendeten Zinssatz abgezinst werden können. [2]Für die von Schaden- und Unfallversicherungsunternehmen gebildeten Renten-Deckungsrückstellungen kann der Höchstzinssatz, der sich aus § 2 der Deckungsrückstellungsverordnung ergibt, oder ein niedrigerer zulässigerweise verwendeter Zinssatz zugrunde gelegt werden.

(2) Soweit die in Absatz 1 genannten versicherungsrechtlichen Bestimmungen auf Versicherungsunternehmen mit Sitz in einem anderen Mitgliedstaat der Europäischen Gemeinschaft oder in einem anderen Vertragsstaat des EWR-Abkommens keine Anwendung finden, können diese entsprechend verfahren.

§ 21b[1)][2)] Zuteilungsrücklage bei Bausparkassen

[1]Bausparkassen im Sinne des § 1 Abs. 1 des Gesetzes über Bausparkassen können Mehrerträge im Sinne des § 6 Abs. 1 Satz 2 des Gesetzes über Bausparkassen in eine den steuerlichen Gewinn mindernde Zuteilungsrücklage einstellen. [2]Diese Rücklage darf 3 Prozent der Bauspareinlagen nicht übersteigen. [3]Soweit die Voraussetzungen für die Auflösung des Sonderpostens im Sinne des § 6 Abs. 1 Satz 2 des Gesetzes über Bausparkassen nach der Rechtsverordnung erfüllt sind, die auf Grund der Ermächtigungsvor-

---

1) **Anm. d. Red.:** § 21b Satz 2 i. d. F. des Art. 4 Nr. 11 JStG 2007 v. 13. 12. 2006 (BGBl I 2878).

2) **Anm. d. Red.:** Zur Anwendung des § 21b siehe § 34 Abs. 11.

schrift des § 10 Satz 1 Nr. 9 des Gesetzes über Bausparkassen erlassen wird, ist die Rücklage gewinnerhöhend aufzulösen.

Viertes Kapitel: Sondervorschriften für Genossenschaften

§ 22 Genossenschaftliche Rückvergütung

(1) [1]Rückvergütungen der Erwerbs- und Wirtschaftsgenossenschaften an ihre Mitglieder sind nur insoweit als Betriebsausgaben abziehbar, als die dafür verwendeten Beträge im Mitgliedergeschäft erwirtschaftet worden sind. [2]Zur Feststellung dieser Beträge ist der Überschuss

1. bei Absatz- und Produktionsgenossenschaften im Verhältnis des Wareneinkaufs bei Mitgliedern zum gesamten Wareneinkauf,
2. bei den übrigen Erwerbs- und Wirtschaftsgenossenschaften im Verhältnis des Mitgliederumsatzes zum Gesamtumsatz

aufzuteilen. [3]Der hiernach sich ergebende Gewinn aus dem Mitgliedergeschäft bildet die obere Grenze für den Abzug. [4]Überschuss im Sinne des Satzes 2 ist das um den Gewinn aus Nebengeschäften geminderte Einkommen vor Abzug der genossenschaftlichen Rückvergütungen und des Verlustabzugs.

(2) [1]Voraussetzung für den Abzug nach Absatz 1 ist, dass die genossenschaftliche Rückvergütung unter Bemessung nach der Höhe des Umsatzes zwischen den Mitgliedern und der Genossenschaft bezahlt ist und dass sie

1. auf einem durch die Satzung der Genossenschaft eingeräumten Anspruch des Mitglieds beruht oder
2. durch Beschluss der Verwaltungsorgane der Genossenschaft festgelegt und der Beschluss den Mitgliedern bekannt gegeben worden ist oder
3. in der Generalversammlung beschlossen worden ist, die den Gewinn verteilt.

[2]Nachzahlungen der Genossenschaft für Lieferungen oder Leistungen und Rückzahlungen von Unkostenbeiträgen sind wie genossenschaftliche Rückvergütungen zu behandeln.

Dritter Teil: Tarif; Besteuerung bei ausländischen Einkunftsteilen

§ 23[1)2)] Steuersatz

(1) Die Körperschaftsteuer beträgt 15 Prozent des zu versteuernden Einkommens.

(2) Wird die Einkommensteuer auf Grund der Ermächtigung des § 51 Abs. 3 des Einkommensteuergesetzes herabgesetzt oder erhöht, so ermäßigt oder erhöht sich die Körperschaftsteuer entsprechend.

§ 24[3)] Freibetrag für bestimmte Körperschaften

[1]Vom Einkommen der steuerpflichtigen Körperschaften, Personenvereinigungen oder Vermögensmassen ist ein Freibetrag von 5 000 Euro, höchstens jedoch in Höhe des Einkommens, abzuziehen. [2]Satz 1 gilt nicht

1. für Körperschaften und Personenvereinigungen, deren Leistungen bei den Empfängern zu den Einnahmen im Sinne des § 20 Abs. 1 Nr. 1 oder 2 des Einkommensteuergesetzes gehören,
2. für Vereine im Sinne des § 25.

1) **Anm. d. Red.:** § 23 Abs. 1 i. d. F. des Art. 2 Nr. 10 Unternehmensteuerreformgesetz 2008 v. 14. 8. 2007 (BGBl I 1912).

2) **Anm. d. Red.:** Zur Anwendung des § 23 siehe § 34 Abs. 11a.

3) **Anm. d. Red.:** § 24 i. d. F. des Art. 6 Nr. 1 Drittes Mittelstandsentlastungsgesetz v. 17. 3 2009 (BGBl I 550).

§ 25[1] Freibetrag für Erwerbs- und Wirtschaftsgenossenschaften sowie Vereine, die Land- und Forstwirtschaft betreiben

(1)[2] [1]Vom Einkommen der steuerpflichtigen Genossenschaften sowie der steuerpflichtigen Vereine, deren Tätigkeit sich auf den Betrieb der Land- und Forstwirtschaft beschränkt, ist ein Freibetrag in Höhe von 15 000 Euro, höchstens jedoch in Höhe des Einkommens, im Veranlagungszeitraum der Gründung und in den folgenden neun Veranlagungszeiträumen abzuziehen. [2]Voraussetzung ist, dass

1. die Mitglieder der Genossenschaft oder dem Verein Flächen zur Nutzung oder für die Bewirtschaftung der Flächen erforderliche Gebäude überlassen und
2. a) bei Genossenschaften das Verhältnis der Summe der Werte der Geschäftsanteile des einzelnen Mitglieds zu der Summe der Werte aller Geschäftsanteile,
   b) bei Vereinen das Verhältnis des Werts des Anteils an dem Vereinsvermögen, der im Fall der Auflösung des Vereins an das einzelne Mitglied fallen würde, zu dem Wert des Vereinsvermögens

nicht wesentlich von dem Verhältnis abweicht, in dem der Wert der von dem einzelnen Mitglied zur Nutzung überlassenen Flächen und Gebäude zu dem Wert der insgesamt zur Nutzung überlassenen Flächen und Gebäude steht.

(2) Absatz 1 Satz 1 gilt auch für steuerpflichtige Genossenschaften sowie für steuerpflichtige Vereine, die eine gemeinschaftliche Tierhaltung im Sinne des § 51a des Bewertungsgesetzes betreiben.

§ 26[3] Besteuerung ausländischer Einkunftsteile

(1) Bei unbeschränkt Steuerpflichtigen, die mit ausländischen Einkünften in dem Staat, aus dem die Einkünfte stammen, zu einer der deutschen Körperschaftsteuer entsprechenden Steuer herangezogen werden, ist die festgesetzte und gezahlte und um einen entstandenen Ermäßigungsanspruch gekürzte ausländische Steuer auf die deutsche Körperschaftsteuer anzurechnen, die auf die Einkünfte aus diesem Staat entfällt.

(2) bis (5) (weggefallen)

(6)[4] [1]Vorbehaltlich der Sätze 2 und 3 sind § 34c Abs. 1 Satz 2 bis 5 und Abs. 2 bis 7 des Einkommensteuergesetzes und § 50 Abs. 6 des Einkommensteuergesetzes entsprechend anzuwenden; in den Fällen des § 8b Abs. 1 Satz 2 und 3 sind vorbehaltlich der Sätze 2 und 3 § 34c Abs. 1 bis 3 und 6 Satz 6 des Einkommensteuergesetzes und § 50 Abs. 6 des Einkommensteuergesetzes entsprechend anzuwenden. [2]Bei der Anwendung des § 34c Abs. 1 Satz 2 des Einkommensteuergesetzes ist der Berechnung der auf die ausländischen Einkünfte entfallenden inländischen Körperschaftsteuer die Körperschaftsteuer zugrunde zu legen, die sich ohne Anwendung der §§ 37 und 38 ergibt. [3]Bei der entsprechenden Anwendung des § 34c Abs. 2 des Einkommensteuergesetzes ist die ausländische Steuer abzuziehen, soweit sie auf ausländische Einkünfte entfällt, die bei der Ermittlung der Einkünfte nicht außer Ansatz bleiben. [4]Soweit die in Artikel 6 der Richtlinie 2003/49/EG des Rates vom 3. Juni 2003 über eine gemeinsame Steuerregelung für Zahlungen von Zinsen und Lizenzgebühren zwischen verbundenen Unternehmen verschiedener Mitgliedstaaten (ABl EU Nr. L 157 S. 49), zuletzt geändert durch die Richtlinie 2004/76/EG des Rates vom 29. April 2004 zur Änderung der Richtlinie 2003/49/EG (ABl EU Nr. L 157 S. 106, Nr. L 195 S. 33), festgelegten Sätze der Quellensteuer für Zinsen und Lizenzgebühren, die aus Griechenland, Lettland, Litauen, Polen, Portugal, Slowakei, Spanien oder der Tschechischen Republik stammen, niedriger sind als die in den Abkommen zur Vermeidung der Doppelbesteuerung mit diesen Staaten dafür festgelegten Sätze, ist auf Grund des § 34c Abs. 6 in Verbindung mit § 34c Abs. 1 des Einkommensteuergesetzes die

1) **Anm. d. Red.:** § 25 i. d. F. des Art. 6 Nr. 2 Drittes Mittelstandsentlastungsgesetz v. 17. 3 2009 (BGBl I 550).

2) **Anm. d. Red.:** Zur Anwendung des § 25 Abs. 1 siehe § 34 Abs. 11b.

3) **Anm. d. Red.:** § 26 Abs. 1 und 6 i. d. F. des Art. 4 Nr. 5 JStG 2007 v. 13. 12. 2006 (BGBl I 2878).

4) **Anm. d. Red.:** Zur Anwendung des § 26 Abs. 6 siehe § 34 Abs. 2, 4 Satz 1 und Abs. 11c.

KStG

Quellensteuer höchstens zu den nach den Richtlinien festgelegten Sätzen anzurechnen. [5]§ 34c Abs. 6 Satz 3 des Einkommensteuergesetzes ist bei den aus einem Mitgliedstaat der Europäischen Union stammenden Einkünften auch auf Einkünfte anzuwenden, die nach den Richtlinien nicht besteuert werden können. [6]Eine Zahlung, die von einem Unternehmen der in Satz 3 genannten Staaten oder von einer in diesen Staaten gelegenen Betriebsstätte eines Unternehmens eines Mitgliedstaates der Europäischen Union als Schuldner erfolgt, gilt als aus dem betreffenden Mitgliedstaat der Europäischen Union stammend, wenn die Einkünfte nach Artikel 6 der Richtlinie in dem Mitgliedstaat der Europäischen Union besteuert werden können. [7]Soweit ein Abkommen zur Vermeidung der Doppelbesteuerung mit einem dieser Staaten bei Zinsen oder Lizenzgebühren die Anrechnung einer als gezahlt geltenden Steuer vorsieht, ist die Anrechnung bei den unter die Richtlinie fallenden Zinsen und Lizenzgebühren letztmals für den Veranlagungszeitraum zu gewähren, in dem dieser Staat nach Artikel 6 der Richtlinie hierauf noch Quellensteuern erheben kann. [8]Werden die aus den in Satz 3 genannten Staaten stammenden Zinsen oder Lizenzgebühren an eine in der Bundesrepublik Deutschland gelegene Betriebsstätte eines Unternehmens eines anderen Mitgliedstaates der Europäischen Union gezahlt, sind bei Anwendung des § 50 Abs. 6 des Einkommensteuergesetzes die Zinsen und Lizenzgebühren als ausländische Einkünfte anzusehen. [9]Eine Steueranrechnung erfolgt höchstens zu den in Artikel 6 der Richtlinie genannten Sätzen. [10]Die Sätze 1 bis 8 sind im Fall der Besteuerung nach Artikel 15 Abs. 2 Satz 2 des Abkommens zwischen der Europäischen Gemeinschaft und der Schweizerischen Eidgenossenschaft über Regelungen, die den in der Richtlinie 2003/48/EG des Rates im Bereich der Besteuerung von Zinserträgen festgelegten Regelungen gleichwertig sind (ABl EU 2004 Nr. L 385 S. 30), entsprechend anzuwenden.

Vierter Teil: Nicht in das Nennkapital geleistete Einlagen und Entstehung und Veranlagung

§ 27[1)][2)] Nicht in das Nennkapital geleistete Einlagen

(1)[3)] [1]Die unbeschränkt steuerpflichtige Kapitalgesellschaft hat die nicht in das Nennkapital geleisteten Einlagen am Schluss jedes Wirtschaftsjahrs auf einem besonderen Konto (steuerliches Einlagekonto) auszuweisen. [2]Das steuerliche Einlagekonto ist ausgehend von dem Bestand am Ende des vorangegangenen Wirtschaftsjahrs um die jeweiligen Zu- und Abgänge des Wirtschaftsjahrs fortzuschreiben. [3]Leistungen der Kapitalgesellschaft mit Ausnahme der Rückzahlung von Nennkapital im Sinne des § 28 Abs. 2 Satz 2 und 3 mindern das steuerliche Einlagekonto unabhängig von ihrer handelsrechtlichen Einordnung nur, soweit sie den auf den Schluss des vorangegangenen Wirtschaftsjahrs ermittelten ausschüttbaren Gewinn übersteigen (Einlagenrückgewähr). [4]Der Bestand des steuerlichen Einlagekontos kann durch Leistungen nicht negativ werden; Absatz 6 bleibt unberührt. [5]Als ausschüttbarer Gewinn gilt das um das gezeichnete Kapital geminderte in der Steuerbilanz ausgewiesene Eigenkapital abzüglich des Bestands des steuerlichen Einlagekontos.

(2) [1]Der unter Berücksichtigung der Zu- und Abgänge des Wirtschaftsjahrs ermittelte Bestand des steuerlichen Einlagekontos wird gesondert festgestellt. [2]Der Bescheid über die gesonderte Feststellung ist Grundlagenbescheid für den Bescheid über die gesonder-

1) **Anm. d. Red.:** § 27 Abs. 1 und 6 i. d. F. des Art. 3 Nr. 3b JStG 2008 v. 20. 12. 2007 (BGBl I 3150); Abs. 2, 5 und 7 i. d. F., Abs. 8 angefügt gem. Art. 3 Nr. 10 SEStEG v. 7. 12. 2006 (BGBl I 2782, ber. 2007 I 68).

2) **Anm. d. Red.:** Zur Anwendung des § 27 siehe § 34 Abs. 2 und 4 Satz 1.

3) **Anm. d. Red.:** Bisheriger Satz 5 „Ist für die Leistung der Kapitalgesellschaft die Minderung des Einlagekontos bescheinigt worden, bleibt die der Bescheinigung zugrunde gelegte Verwendung unverändert." ist aufgehoben worden gem. Art. 3 Nr. 10 Buchst. a SEStEG v. 7. 12. 2006 (BGBl I 2782), denn der dortige Hinweis auf einen (nicht vorhandenen) aufzuhebenden Satz 6 statt auf Satz 5 beruht offensichtlich auf einem redaktionellen Versehen des Gesetzgebers; zu den Regelungen zur Bescheinigung der Einlagenrückgewähr siehe jetzt Abs. 5.

te Feststellung zum folgenden Feststellungszeitpunkt. [3]Bei Eintritt in die unbeschränkte Steuerpflicht ist der zum Zeitpunkt des Eintritts in die Steuerpflicht vorhandene Bestand der nicht in das Nennkapital geleisteten Einlagen gesondert festzustellen; der gesondert festgestellte Bestand gilt als Bestand des steuerlichen Einlagekontos am Ende des vorangegangenen Wirtschaftsjahrs. [4]Kapitalgesellschaften haben auf den Schluss jedes Wirtschaftsjahrs Erklärungen zur gesonderten Feststellung von Besteuerungsgrundlagen abzugeben. [5]Die Erklärungen sind von den in § 34 der Abgabenordnung bezeichneten Personen eigenhändig zu unterschreiben.

(3) [1]Erbringt eine Kapitalgesellschaft für eigene Rechnung Leistungen, die nach Absatz 1 Satz 3 als Abgang auf dem steuerlichen Einlagekonto zu berücksichtigen sind, so ist sie verpflichtet, ihren Anteilseignern die folgenden Angaben nach amtlich vorgeschriebenem Muster zu bescheinigen:

1. den Namen und die Anschrift des Anteilseigners,
2. die Höhe der Leistungen, soweit das steuerliche Einlagekonto gemindert wurde,
3. den Zahlungstag.

[2]Die Bescheinigung braucht nicht unterschrieben zu werden, wenn sie in einem maschinellen Verfahren ausgedruckt worden ist und den Aussteller erkennen lässt.

(4) [1]Ist die in Absatz 1 bezeichnete Leistung einer Kapitalgesellschaft von der Vorlage eines Dividendenscheins abhängig und wird sie für Rechnung der Kapitalgesellschaft durch ein inländisches Kreditinstitut erbracht, so hat das Institut dem Anteilseigner eine Bescheinigung mit den in Absatz 3 Satz 1 bezeichneten Angaben nach amtlich vorgeschriebenem Muster zu erteilen. [2]Aus der Bescheinigung muss ferner hervorgehen, für welche Kapitalgesellschaft die Leistung erbracht wird. [3]Die Sätze 1 und 2 gelten entsprechend, wenn anstelle eines inländischen Kreditinstituts eine inländische Zweigniederlassung eines der in § 53b Abs. 1 oder 7 des Gesetzes über das Kreditwesen genannten Institute oder Unternehmen die Leistung erbringt.

(5) [1]Ist für eine Leistung der Kapitalgesellschaft die Minderung des Einlagekontos zu niedrig bescheinigt worden, bleibt die der Bescheinigung zugrunde gelegte Verwendung unverändert. [2]Ist für eine Leistung bis zum Tag der Bekanntgabe der erstmaligen Feststellung im Sinne des Absatzes 2 zum Schluss des Wirtschaftsjahrs der Leistung eine Steuerbescheinigung im Sinne des Absatzes 3 nicht erteilt worden, gilt der Betrag der Einlagenrückgewähr als mit 0 Euro bescheinigt. [3]In den Fällen der Sätze 1 und 2 ist eine Berichtigung oder erstmalige Erteilung von Steuerbescheinigungen im Sinne des Absatzes 3 nicht zulässig. [4]In anderen Fällen ist die auf den überhöht ausgewiesenen Betrag der Einlagenrückgewähr entfallende Kapitalertragsteuer durch Haftungsbescheid geltend zu machen; § 44 Abs. 5 Satz 1 zweiter Halbsatz des Einkommensteuergesetzes gilt insoweit nicht. [5]Die Steuerbescheinigungen können berichtigt werden. [6]Die Feststellung im Sinne des Absatzes 2 für das Wirtschaftsjahr, in dem die entsprechende Leistung erfolgt ist, ist an die der Kapitalertragsteuerhaftung nach Satz 4 zugrunde gelegte Einlagenrückgewähr anzupassen.

(6) Minderabführungen erhöhen und Mehrabführungen mindern das Einlagekonto einer Organgesellschaft, wenn sie ihre Ursache in organschaftlicher Zeit haben.

(7) Die vorstehenden Absätze gelten sinngemäß für andere unbeschränkt steuerpflichtige Körperschaften und Personenvereinigungen, die Leistungen im Sinne des § 20 Abs. 1 Nr. 1, 9 oder Nr. 10 des Einkommensteuergesetzes gewähren können.

(8) [1]Eine Einlagenrückgewähr können auch Körperschaften oder Personenvereinigungen erbringen, die in einem anderen Mitgliedstaat der Europäischen Union der unbeschränkten Steuerpflicht unterliegen, wenn sie Leistungen im Sinne des § 20 Abs. 1 Nr. 1 oder 9 des Einkommensteuergesetzes gewähren können. [2]Die Einlagenrückgewähr ist in entsprechender Anwendung der Absätze 1 bis 6 und der §§ 28 und 29 zu ermitteln. [3]Der als Leistung im Sinne des Satzes 1 zu berücksichtigende Betrag wird auf Antrag der Körperschaft oder Personenvereinigung für den jeweiligen Veranlagungszeitraum gesondert festgestellt. [4]Der Antrag ist nach amtlich vorgeschriebenem Vordruck bis zum Ende des Kalenderjahrs zu stellen, das auf das Kalenderjahr folgt, in dem die Leistung erfolgt ist. [5]Zuständig für die gesonderte Feststellung ist die Finanzbehörde, die im Zeit-

KStG

punkt der Abgabe des Antrags nach § 20 der Abgabenordnung für die Besteuerung nach dem Einkommen örtlich zuständig ist. [6]Bei Körperschaften oder Personenvereinigungen, für die im Zeitpunkt der Antragstellung nach § 20 der Abgabenordnung keine Finanzbehörde zuständig ist, ist abweichend von Satz 5 das Bundeszentralamt für Steuern zuständig. [7]Im Antrag sind die für die Berechnung der Einlagenrückgewähr erforderlichen Umstände darzulegen. [8]In die Bescheinigung nach Absatz 3 ist das Aktenzeichen der nach Satz 5 oder 6 zuständigen Behörde aufzunehmen. [9]Soweit Leistungen nach Satz 1 nicht gesondert festgestellt worden sind, gelten sie als Gewinnausschüttung, die beim Anteilseigner zu Einnahmen im Sinne des § 20 Abs. 1 Nr. 1 oder 9 des Einkommensteuergesetzes führen.

§ 28[1)2)] Umwandlung von Rücklagen in Nennkapital und Herabsetzung des Nennkapitals

(1) [1]Wird das Nennkapital durch Umwandlung von Rücklagen erhöht, so gilt der positive Bestand des steuerlichen Einlagekontos als vor den sonstigen Rücklagen umgewandelt. [2]Maßgeblich ist dabei der sich vor Anwendung des Satzes 1 ergebende Bestand des steuerlichen Einlagekontos zum Schluss des Wirtschaftsjahrs der Rücklagenumwandlung. [3]Enthält das Nennkapital auch Beträge, die ihm durch Umwandlung von sonstigen Rücklagen mit Ausnahme von aus Einlagen der Anteilseigner stammenden Beträgen zugeführt worden sind, so sind diese Teile des Nennkapitals getrennt auszuweisen und gesondert festzustellen (Sonderausweis). [4]§ 27 Abs. 2 gilt entsprechend.

(2) [1]Im Fall der Herabsetzung des Nennkapitals oder der Auflösung der Körperschaft wird zunächst der Sonderausweis zum Schluss des vorangegangenen Wirtschaftsjahrs gemindert; ein übersteigender Betrag ist dem steuerlichen Einlagekonto gutzuschreiben, soweit die Einlage in das Nennkapital geleistet ist. [2]Die Rückzahlung des Nennkapitals gilt, soweit der Sonderausweis zu mindern ist, als Gewinnausschüttung, die beim Anteilseigner zu Bezügen im Sinne des § 20 Abs. 1 Nr. 2 des Einkommensteuergesetzes führt. [3]Ein den Sonderausweis übersteigender Betrag ist vom positiven Bestand des steuerlichen Einlagekontos abzuziehen. [4]Soweit der positive Bestand des steuerlichen Einlagekontos für den Abzug nach Satz 3 nicht ausreicht, gilt die Rückzahlung des Nennkapitals ebenfalls als Gewinnausschüttung, die beim Anteilseigner zu Bezügen im Sinne des § 20 Abs. 1 Nr. 2 des Einkommensteuergesetzes führt.

(3) Ein Sonderausweis zum Schluss des Wirtschaftsjahrs vermindert sich um den positiven Bestand des steuerlichen Einlagekontos zu diesem Stichtag; der Bestand des steuerlichen Einlagekontos vermindert sich entsprechend.

§ 29[3)4)] Kapitalveränderungen bei Umwandlungen

(1) In Umwandlungsfällen im Sinne des § 1 des Umwandlungsgesetzes gilt das Nennkapital der übertragenden Kapitalgesellschaft und bei Anwendung des Absatzes 2 Satz 3 und des Absatzes 3 Satz 3 zusätzlich das Nennkapital der übernehmenden Kapitalgesellschaft als in vollem Umfang nach § 28 Abs. 2 Satz 1 herabgesetzt.

(2) [1]Geht das Vermögen einer Kapitalgesellschaft durch Verschmelzung nach § 2 des Umwandlungsgesetzes auf eine unbeschränkt steuerpflichtige Körperschaft über, so ist der Bestand des steuerlichen Einlagekontos dem steuerlichen Einlagekonto der übernehmenden Körperschaft hinzuzurechnen. [2]Eine Hinzurechnung des Bestands des steuerlichen Einlagekontos nach Satz 1 unterbleibt im Verhältnis des Anteils des Übernehmers an dem übertragenden Rechtsträger. [3]Der Bestand des Einlagekontos des Überneh-

1) **Anm. d. Red.:** § 28 Abs. 2 i. d. F. des Art. 3 Nr. 11 SEStEG v. 7. 12. 2006 (BGBl I 2782).

2) **Anm. d. Red.:** Zur Anwendung des § 28 siehe § 34 Abs. 2 und 4 Satz 1.

3) **Anm. d. Red.:** § 29 Abs. 1 i. d. F. des Art. 3 Nr. 7 EURLUmsG v. 9. 12. 2004 (BGBl I 3310); Abs. 5 i. d. F., Abs. 6 angefügt gem. Art. 3 Nr. 12 SEStEG v. 7. 12. 2006 (BGBl I 2782).

4) **Anm. d. Red.:** Zur Anwendung des § 29 siehe § 34 Abs. 2 und 4.

mers mindert sich anteilig im Verhältnis des Anteils des übertragenden Rechtsträgers am Übernehmer.

(3) [1]Geht Vermögen einer Kapitalgesellschaft durch Aufspaltung oder Abspaltung im Sinne des § 123 Abs. 1 und 2 des Umwandlungsgesetzes auf eine unbeschränkt steuerpflichtige Körperschaft über, so ist der Bestand des steuerlichen Einlagekontos der übertragenden Kapitalgesellschaft einer übernehmenden Körperschaft im Verhältnis der übergehenden Vermögensteile zu dem bei der übertragenden Kapitalgesellschaft vor dem Übergang bestehenden Vermögen zuzuordnen, wie es in der Regel in den Angaben zum Umtauschverhältnis der Anteile im Spaltungs- und Übernahmevertrag oder im Spaltungsplan (§ 126 Abs. 1 Nr. 3, § 136 des Umwandlungsgesetzes) zum Ausdruck kommt. [2]Entspricht das Umtauschverhältnis der Anteile nicht dem Verhältnis der übergehenden Vermögensteile zu dem bei der übertragenden Kapitalgesellschaft vor der Spaltung bestehenden Vermögen, ist das Verhältnis der gemeinen Werte der übergehenden Vermögensteile zu dem vor der Spaltung vorhandenen Vermögen maßgebend. [3]Für die Entwicklung des steuerlichen Einlagekontos des Übernehmers gilt Absatz 2 Satz 2 und 3 entsprechend. [4]Soweit das Vermögen durch Abspaltung auf eine Personengesellschaft übergeht, mindert sich das steuerliche Einlagekonto der übertragenden Kapitalgesellschaft in dem Verhältnis der übergehenden Vermögensteile zu dem vor der Spaltung bestehenden Vermögen.

(4) Nach Anwendung der Absätze 2 und 3 ist für die Anpassung des Nennkapitals der umwandlungsbeteiligten Kapitalgesellschaften § 28 Abs. 1 und 3 anzuwenden.

(5) Die vorstehenden Absätze gelten sinngemäß für andere unbeschränkt steuerpflichtige Körperschaften und Personenvereinigungen, die Leistungen im Sinne des § 20 Abs. 1 Nr. 1, 9 und 10 des Einkommensteuergesetzes gewähren können.

(6) [1]War für die übertragende Körperschaft oder Personenvereinigung ein Einlagekonto bisher nicht festzustellen, tritt für die Anwendung der vorstehenden Absätze an die Stelle des Einlagekontos der Bestand der nicht in das Nennkapital geleisteten Einlagen zum Zeitpunkt des Vermögensübergangs. [2]§ 27 Abs. 8 gilt entsprechend.

§ 30 Entstehung der Körperschaftsteuer

Die Körperschaftsteuer entsteht

1. für Steuerabzugsbeträge in dem Zeitpunkt, in dem die steuerpflichtigen Einkünfte zufließen,
2. für Vorauszahlungen mit Beginn des Kalendervierteljahrs, in dem die Vorauszahlungen zu entrichten sind, oder, wenn die Steuerpflicht erst im Laufe des Kalenderjahrs begründet wird, mit Begründung der Steuerpflicht,
3. für die veranlagte Steuer mit Ablauf des Veranlagungszeitraums, soweit nicht die Steuer nach Nummer 1 oder 2 schon früher entstanden ist.

KStG

§ 31[1)2)] Steuererklärungspflicht, Veranlagung und Erhebung der Körperschaftsteuer

(1) [1]Auf die Durchführung der Besteuerung einschließlich der Anrechnung, Entrichtung und Vergütung der Körperschaftsteuer sowie die Festsetzung und Erhebung von Steuern, die nach der veranlagten Körperschaftsteuer bemessen werden (Zuschlagsteuern), sind die Vorschriften des Einkommensteuergesetzes entsprechend anzuwenden, soweit dieses Gesetz nichts anderes bestimmt. [2]Wird der Gewinn durch Bestandsvergleich ermittelt, sind bei der Festsetzung der Vorauszahlungen die Änderungen durch das Unternehmensteuerreformgesetz 2008 vom 14. August 2007 (BGBl I S. 1912) zu berücksichtigen, wenn der Steuerpflichtige dies nach amtlich vorgeschriebenem Vordruck bean-

1) **Anm. d. Red.:** § 31 Abs. 1 i. d. F. des Art. 2 Nr. 11 Unternehmensteuerreformgesetz 2008 v. 14. 8. 2007 (BGBl I 1912); Abs. 1a eingefügt gem. Art. 6 Nr. 1 Steuerbürokratieabbaugesetz v. 20. 12. 2008 (BGBl I 2850).

2) **Anm. d. Red.:** Zur Anwendung des § 31 siehe § 34 Abs. 13a.

tragt oder das Finanzamt den Steuerpflichtigen zur Abgabe des Vordrucks auffordert. ³Die sich im Zuge der Festsetzung ergebenden einzelnen Körperschaftsteuerbeträge sind jeweils zu Gunsten des Steuerpflichtigen auf volle Euro-Beträge zu runden. ⁴§ 37b des Einkommensteuergesetzes findet entsprechende Anwendung.

(1a)[1] *¹Die Körperschaftsteuererklärung und die Erklärung zur gesonderten Feststellung von Besteuerungsgrundlagen sind nach amtlich vorgeschriebenem Datensatz durch Datenfernübertragung zu übermitteln. ²Auf Antrag kann die Finanzbehörde zur Vermeidung unbilliger Härten auf eine elektronische Übermittlung verzichten; in diesem Fall sind die Erklärungen nach amtlich vorgeschriebenem Vordruck abzugeben und vom gesetzlichen Vertreter des Steuerpflichtigen eigenhändig zu unterschreiben.*

(2) Bei einem vom Kalenderjahr abweichenden Wirtschaftsjahr gilt § 37 Abs. 1 des Einkommensteuergesetzes mit der Maßgabe, dass die Vorauszahlungen auf die Körperschaftsteuer bereits während des Wirtschaftsjahrs zu entrichten sind, das im Veranlagungszeitraum endet.

§ 32[2] Sondervorschriften für den Steuerabzug

(1) Die Körperschaftsteuer für Einkünfte, die dem Steuerabzug unterliegen, ist durch den Steuerabzug abgegolten,

1. wenn die Einkünfte nach § 5 Abs. 2 Nr. 1 von der Steuerbefreiung ausgenommen sind oder
2. wenn der Bezieher der Einkünfte beschränkt steuerpflichtig ist und die Einkünfte nicht in einem inländischen gewerblichen oder land- oder forstwirtschaftlichen Betrieb angefallen sind.

(2)[3] Die Körperschaftsteuer ist nicht abgegolten,

1. wenn bei dem Steuerpflichtigen während eines Kalenderjahrs sowohl unbeschränkte Steuerpflicht als auch beschränkte Steuerpflicht im Sinne des § 2 Nr. 1 bestanden hat; in diesen Fällen sind die während der beschränkten Steuerpflicht erzielten Einkünfte in eine Veranlagung zur unbeschränkten Körperschaftsteuerpflicht einzubeziehen;
2. für Einkünfte, die dem Steuerabzug nach § 50a Abs. 1 Nr. 1, 2 oder Nr. 4 des Einkommensteuergesetzes unterliegen, wenn der Gläubiger der Vergütungen eine Veranlagung zur Körperschaftsteuer beantragt;
3. soweit der Steuerpflichtige wegen der Steuerabzugsbeträge in Anspruch genommen werden kann oder
4. soweit § 38 Abs. 2 anzuwenden ist.

(3)[4] ¹Von den inländischen Einkünften im Sinne des § 2 Nr. 2 zweiter Halbsatz ist ein Steuerabzug vorzunehmen; Entsprechendes gilt, wenn die inländischen Einkünfte im Sinne des § 2 Nr. 2 zweiter Halbsatz von einer nach § 5 Abs. 1 oder nach anderen Gesetzen als dem Körperschaftsteuergesetz steuerbefreiten Körperschaft, Personenvereinigung oder Vermögensmasse erzielt werden. ²Der Steuersatz beträgt 15 Prozent des Entgelts. ³Die für den Steuerabzug von Kapitalerträgen im Sinne des § 43 Abs. 1 Satz 1 Nr. 1 geltenden Vorschriften des Einkommensteuergesetzes mit Ausnahme des § 44 Abs. 2 und § 44a Abs. 8 des Einkommensteuergesetzes sind entsprechend anzuwenden. ⁴Der Steuerabzug ist bei Einnahmen oder Bezügen im Sinne des § 2 Nr. 2 zweiter Halbsatz Buchstabe c von der anderen Körperschaft im Sinne des § 8b Abs. 10 Satz 2 vorzunehmen. ⁵In Fällen des Satzes 4 hat die überlassende Körperschaft der anderen Körperschaft den zur

1) **Anm. d. Red.:** Kursiver Abs. 1a ist gem. § 34 Abs. 13a Satz 2 erstmals für den Veranlagungszeitraum 2011 anzuwenden.

2) **Anm. d. Red.:** § 32 Überschrift und Abs. 2 i. d. F., Abs. 4 angefügt gem. Art. 3 Nr. 10 JStG 2009 v. 19. 12. 2008 (BGBl I 2794); Abs. 3 angefügt gem. Art. 2 Nr. 12 Unternehmensteuerreformgesetz 2008 v. 14. 8. 2007 (BGBl I 1912).

3) **Anm. d. Red.:** Zur Anwendung des § 32 Abs. 2 siehe § 34 Abs. 2 und 4 Satz 1.

4) **Anm. d. Red.:** Zur Anwendung des § 32 Abs. 3 siehe § 34 Abs. 13b.

Deckung der Kapitalertragsteuer notwendigen Betrag zur Verfügung zu stellen; § 44 Abs. 1 Satz 8 und 9 des Einkommensteuergesetzes gilt entsprechend.

(4) [1]Absatz 2 Nr. 2 gilt nur für beschränkt steuerpflichtige Körperschaften, Personenvereinigungen oder Vermögensmassen im Sinne des § 2 Nr. 1, die nach den Rechtsvorschriften eines Mitgliedstaats der Europäischen Union oder nach den Rechtsvorschriften eines Staates, auf den das Abkommen über den Europäischen Wirtschaftsraum vom 3. Januar 1994 (ABl EG Nr. L 1 S. 3), zuletzt geändert durch den Beschluss des Gemeinsamen EWR-Ausschusses Nr. 91/2007 vom 6. Juli 2007 (ABl EU Nr. L 328 S. 40), in der jeweiligen Fassung Anwendung findet, gegründete Gesellschaften im Sinne des Artikels 48 des Vertrags zur Gründung der Europäischen Gemeinschaft oder des Artikels 34 des Abkommens über den Europäischen Wirtschaftsraum sind, deren Sitz und Ort der Geschäftsleitung sich innerhalb des Hoheitsgebiets eines dieser Staaten befindet. [2]Europäische Gesellschaften sowie Europäische Genossenschaften gelten für die Anwendung des Satzes 1 als nach den Rechtsvorschriften des Staates gegründete Gesellschaften, in dessen Hoheitsgebiet sich der Sitz der Gesellschaften befindet.

§ 32a[1)2)] Erlass, Aufhebung oder Änderung von Steuerbescheiden bei verdeckter Gewinnausschüttung oder verdeckter Einlage

(1) [1]Soweit gegenüber einer Körperschaft ein Steuerbescheid hinsichtlich der Berücksichtigung einer verdeckten Gewinnausschüttung erlassen, aufgehoben oder geändert wird, kann ein Steuerbescheid oder ein Feststellungsbescheid gegenüber dem Gesellschafter, dem die verdeckte Gewinnausschüttung zuzurechnen ist, oder einer diesem nahe stehenden Person erlassen, aufgehoben oder geändert werden. [2]Die Festsetzungsfrist endet insoweit nicht vor Ablauf eines Jahres nach Unanfechtbarkeit des Steuerbescheides der Körperschaft. [3]Die Sätze 1 und 2 gelten auch für verdeckte Gewinnausschüttungen an Empfänger von Bezügen im Sinne des § 20 Abs. 1 Nr. 9 und 10 Buchstabe a des Einkommensteuergesetzes.

(2) [1]Soweit gegenüber dem Gesellschafter ein Steuerbescheid oder ein Feststellungsbescheid hinsichtlich der Berücksichtigung einer verdeckten Einlage erlassen, aufgehoben oder geändert wird, kann ein Steuerbescheid gegenüber der Körperschaft, welcher der Vermögensvorteil zugewendet wurde, aufgehoben, erlassen oder geändert werden. [2]Absatz 1 Satz 2 gilt entsprechend.

Fünfter Teil: Ermächtigungs- und Schlussvorschriften

§ 33[3)4)] Ermächtigungen

(1) Die Bundesregierung wird ermächtigt, zur Durchführung dieses Gesetzes mit Zustimmung des Bundesrates durch Rechtsverordnung

1. zur Wahrung der Gleichmäßigkeit bei der Besteuerung, zur Beseitigung von Unbilligkeiten in Härtefällen und zur Vereinfachung des Besteuerungsverfahrens den Umfang der Steuerbefreiungen nach § 5 Abs. 1 Nr. 3 und 4 näher zu bestimmen. [2]Dabei können
   a) zur Durchführung des § 5 Abs. 1 Nr. 3 Vorschriften erlassen werden, nach denen die Steuerbefreiung nur eintritt,
      aa) wenn die Leistungsempfänger nicht überwiegend aus dem Unternehmer oder seinen Angehörigen, bei Gesellschaften aus den Gesellschaftern und ihren Angehörigen bestehen,

1) **Anm. d. Red.:** § 32a eingefügt gem. Art. 4 Nr. 7 JStG 2007 v. 13. 12. 2006 (BGBl I 2878).

2) **Anm. d. Red.:** Zur Anwendung des § 32a siehe § 34 Abs. 13c.

3) **Anm. d. Red.:** § 33 Abs. 1 Nr. 2 i. d. F. des Art. 2 Steuerhinterziehungsbekämpfungsgesetz v. 29. 7. 2009 (BGBl I 2302).

4) **Anm. d. Red.:** Zur Anwendung des § 33 siehe § 34 Abs. 2 und 4 Satz 1.

bb) wenn bei Kassen mit Rechtsanspruch der Leistungsempfänger die Rechtsansprüche und bei Kassen ohne Rechtsanspruch der Leistungsempfänger die laufenden Kassenleistungen und das Sterbegeld bestimmte Beträge nicht übersteigen, die dem Wesen der Kasse als soziale Einrichtung entsprechen,

cc) wenn bei Auflösung der Kasse ihr Vermögen satzungsmäßig nur für soziale Zwecke verwendet werden darf,

dd) wenn rechtsfähige Pensions-, Sterbe- und Krankenkassen der Versicherungsaufsicht unterliegen,

ee) wenn bei rechtsfähigen Unterstützungskassen die Leistungsempfänger zu laufenden Beiträgen oder Zuschüssen nicht verpflichtet sind und die Leistungsempfänger oder die Arbeitnehmervertretungen des Betriebs oder der Dienststelle an der Verwaltung der Beträge, die der Kasse zufließen, beratend mitwirken können;

b) zur Durchführung des § 5 Abs. 1 Nr. 4 Vorschriften erlassen werden

aa) über die Höhe der für die Inanspruchnahme der Steuerbefreiung zulässigen Beitragseinnahmen,

bb) nach denen bei Versicherungsvereinen auf Gegenseitigkeit, deren Geschäftsbetrieb sich auf die Sterbegeldversicherung beschränkt, die Steuerbefreiung unabhängig von der Höhe der Beitragseinnahmen auch eintritt, wenn die Höhe des Sterbegeldes insgesamt die Leistung der nach § 5 Abs. 1 Nr. 3 steuerbefreiten Sterbekassen nicht übersteigt und wenn der Verein auch im Übrigen eine soziale Einrichtung darstellt;

2. Vorschriften zu erlassen

a) über die Kleinbeträge, um die eine Rückstellung für Beitragsrückerstattung nach § 21 Abs. 2 nicht aufgelöst zu werden braucht, wenn die Auszahlung dieser Beträge an die Versicherten mit einem unverhältnismäßig hohen Verwaltungsaufwand verbunden wäre;

b) über die Herabsetzung oder Erhöhung der Körperschaftsteuer nach § 23 Abs. 2;

c) nach denen bei Anschaffung oder Herstellung von abnutzbaren beweglichen und bei Herstellung von abnutzbaren unbeweglichen Wirtschaftsgütern des Anlagevermögens auf Antrag ein Abzug von der Körperschaftsteuer für den Veranlagungszeitraum der Anschaffung oder Herstellung bis zur Höhe von 7,5 Prozent der Anschaffungs- oder Herstellungskosten dieser Wirtschaftsgüter vorgenommen werden kann. [2]§ 51 Abs. 1 Nr. 2 Buchstabe s des Einkommensteuergesetzes gilt entsprechend;

d) nach denen Versicherungsvereine auf Gegenseitigkeit von geringerer wirtschaftlicher Bedeutung, die eine Schwankungsrückstellung nach § 20 Abs. 1 nicht gebildet haben, zum Ausgleich des schwankenden Jahresbedarfs zu Lasten des steuerlichen Gewinns Beträge der nach § 37 des Versicherungsaufsichtsgesetzes zu bildenden Verlustrücklage zuführen können;

e) die die Steuerbefreiung nach § 8b Absatz 1 Satz 1 und Absatz 2 Satz 1 sowie vergleichbare Vorschriften in Abkommen zur Vermeidung der Doppelbesteuerung von der Erfüllung besonderer Nachweis- und Mitwirkungspflichten abhängig machen, wenn außerhalb des Geltungsbereichs dieses Gesetzes ansässige Beteiligte oder andere Personen nicht wie inländische Beteiligte bei Vorgängen innerhalb des Geltungsbereichs dieses Gesetzes zur Mitwirkung bei der Ermittlung des Sachverhalts herangezogen werden können. [2]Die besonderen Nachweis- und Mitwirkungspflichten können sich auf die Angemessenheit der zwischen nahestehenden Personen im Sinne des § 1 Absatz 2 des Außensteuergesetzes in ihren Geschäftsbeziehungen vereinbarten Bedingungen und die Bevollmächtigung der Finanzbehörde, im Namen des Steuerpflichtigen mögliche Auskunftsansprüche gegenüber den von der Finanzbehörde benannten Kreditinstituten außergerichtlich und gerichtlich geltend zu machen, erstrecken. [3]Die besonderen Nachweis- und Mitwirkungspflichten auf der Grundlage dieses Buchstabens gelten nicht, wenn die außerhalb des Geltungsbereichs dieses Gesetzes ansässigen Beteiligten oder anderen Personen in einem Staat oder Gebiet ansässig sind, mit dem ein Abkommen besteht, das die Erteilung von Auskünften entsprechend Artikel 26 des Musterabkommens der OECD zur Vermeidung der Doppelbesteuerung auf dem Gebiet der Steuern vom Einkommen und vom Vermögen in der Fassung von 2005 vorsicht oder der Staat oder das Gebiet Auskünfte in einem vergleichbaren Umfang erteilt oder die Bereitschaft zu einer entsprechenden Auskunftserteilung besteht.

(2) Das Bundesministerium der Finanzen wird ermächtigt,

1. im Einvernehmen mit den obersten Finanzbehörden der Länder Muster der in den §§ 27 und 37 vorgeschriebenen Bescheinigungen zu bestimmen;
2. den Wortlaut dieses Gesetzes und der zu diesem Gesetz erlassenen Durchführungsverordnungen in der jeweils geltenden Fassung mit neuem Datum, unter neuer Überschrift und in neuer Paragrafenfolge bekannt zu machen und dabei Unstimmigkeiten des Wortlauts zu beseitigen.

§ 34[1)] Schlussvorschriften

(1) Diese Fassung des Gesetzes gilt, soweit in den folgenden Absätzen nichts anderes bestimmt ist, erstmals für den Veranlagungszeitraum 2009.

(2) Das Körperschaftsteuergesetz in der Fassung des Artikels 3 des Gesetzes vom 23. Oktober 2000 (BGBl I S. 1433) ist bei vom Kalenderjahr abweichenden Wirtschaftsjahren erstmals für den Veranlagungszeitraum 2002 anzuwenden, wenn das erste im Veranlagungszeitraum 2001 endende Wirtschaftsjahr vor dem 1. Januar 2001 beginnt.

(2a) § 2 Nr. 2 und § 5 Abs. 2 Nr. 1 in der Fassung des Artikels 2 des Gesetzes vom 14. August 2007 (BGBl I S. 1912) sind erstmals auf Entgelte anzuwenden, die nach dem 17. August 2007 zufließen.

(3) [1]§ 5 Abs. 1 Nr. 2 ist für die Landestreuhandstelle Hessen – Bank für Infrastruktur – rechtlich unselbständige Anstalt in der Landesbank Hessen-Thüringen Girozentrale erstmals für den Veranlagungszeitraum 2007 sowie für die Investitions- und Förderbank Niedersachsen erstmals für den Veranlagungszeitraum 2008 anzuwenden. [2]Die Steuerbefreiung nach § 5 Abs. 1 Nr. 2 in der bis zum 24. Dezember 2008 geltenden Fassung ist für die Investitions- und Förderbank Niedersachsen GmbH sowie für die Niedersächsische Landestreuhandstelle – Norddeutsche Landesbank Girozentrale – letztmals für den Veranlagungszeitraum 2007 anzuwenden.

KStG

(3a) § 5 Abs. 1 Nr. 8 in der Fassung des Artikels 31 des Gesetzes vom 9. Dezember 2004 (BGBl I S. 3242) ist erstmals für den Veranlagungszeitraum 2005 anzuwenden.

(3b) § 5 Abs. 1 Nr. 16 in der am 21. Dezember 2004 geltenden Fassung ist erstmals für den Veranlagungszeitraum 2005 anzuwenden.

(3c) § 5 Abs. 1 Nr. 23 in der Fassung des Artikels 3 des Gesetzes vom 15. Dezember 2003 (BGBl I S. 2645) ist auch in Veranlagungszeiträumen vor 2003 anzuwenden.

(4) [1]§ 5 Abs. 2, § 8a Abs. 1, die §§ 8b, 15, 16 und 18, § 26 Abs. 6, die §§ 27, 28 und 29, § 32 Abs. 2, § 33 Abs. 1 und 2, §§ 35, 36, 37, 38 und 39 sowie § 40 Abs. 3 des Körperschaftsteuergesetzes in der Fassung des Artikels 2 des Gesetzes vom 20. Dezember 2001 (BGBl I S. 3858) sind, soweit in den folgenden Absätzen nichts anderes bestimmt ist, erstmals für den Veranlagungszeitraum anzuwenden, für den erstmals das Körperschaftsteuergesetz in der Fassung des Artikels 3 des Gesetzes vom 23. Oktober 2000 (BGBl I S. 1433) anzuwenden ist. [2]§ 29 des Körperschaftsteuergesetzes in der Fassung des Gesetzes vom 14. Juli 2000 (BGBl I S. 1034) wird mit Wirkung ab diesem Veranlagungszeitraum nicht mehr angewendet.

1) **Anm. d. Red.:** § 34 i. d. F. des Art. 2 Nr. 3 Wachstumsbeschleunigungsgesetz v. 22. 12. 2009 (BGBl I 3950). — § 34 Abs. 6 Satz 4 ff. und Abs. 7b i. d. F. des Art. 4 Nr. 2 i. V. mit Art. 8 Abs. 2 MoRaKG v. 12. 8. 2008 (BGBl I 1672) tritt wegen der Negativentscheidung der EU-Kommission v. 30. 9. 2009 – C2/2009 nicht in Kraft; von einer Wiedergabe wurde daher abgesehen.

(5) [1]Erwerbs- und Wirtschaftsgenossenschaften sowie Vereine können bis zum 31. Dezember 1991, in den Fällen des § 54 Abs. 4 des Körperschaftsteuergesetzes in der Fassung des Artikels 9 des Gesetzes vom 18. Dezember 1989 (BGBl I S. 2212) bis zum 31. Dezember 1992 oder, wenn es sich um Erwerbs- und Wirtschaftsgenossenschaften oder Vereine in dem in Artikel 3 des Einigungsvertrages genannten Gebiet handelt, bis zum 31. Dezember 1993 durch schriftliche Erklärung auf die Steuerbefreiung nach § 5 Abs. 1 Nr. 10 und 14 des Körperschaftsteuergesetzes in der Fassung des Artikels 4 des Gesetzes vom 14. Juli 2000 (BGBl I S. 1034) verzichten, und zwar auch für den Veranlagungszeitraum 1990. [2]Die Körperschaft ist mindestens für fünf aufeinander folgende Kalenderjahre an die Erklärung gebunden. [3]Die Erklärung kann nur mit Wirkung vom Beginn eines Kalenderjahrs an widerrufen werden. [4]Der Widerruf ist spätestens bis zur Unanfechtbarkeit der Steuerfestsetzung des Kalenderjahrs zu erklären, für das er gelten soll.

(5a) § 5 Abs. 2 Nr. 2 in der Fassung des Artikels 3 des Gesetzes vom 19. Dezember 2008 (BGBl I S. 2794) ist auch für Veranlagungszeiträume vor 2009 anzuwenden.

(6) [1]§ 8 Abs. 1 Satz 2 in der Fassung des Artikels 3 des Gesetzes vom 19. Dezember 2008 (BGBl I S. 2794) ist auch für Veranlagungszeiträume vor 2009 anzuwenden. [2]§ 8 Abs. 3 Satz 4 bis 6 in der Fassung des Artikels 4 des Gesetzes vom 13. Dezember 2006 (BGBl I S. 2878) ist erstmals auf verdeckte Einlagen anzuwenden, die nach dem 18. Dezember 2006 getätigt wurden. [3]§ 8 Abs. 4 in der am 23. Dezember 2001 geltenden Fassung ist neben § 8c des Körperschaftsteuergesetzes in der Fassung des Artikels 2 des Gesetzes vom 14. August 2007 (BGBl I S. 1912) letztmals anzuwenden, wenn mehr als die Hälfte der Anteile an einer Kapitalgesellschaft innerhalb eines Zeitraums von fünf Jahren übertragen werden, der vor dem 1. Januar 2008 beginnt, und der Verlust der wirtschaftlichen Identität vor dem 1. Januar 2013 eintritt. [4]§ 8 Abs. 7 in der Fassung des Artikels 3 des Gesetzes vom 19. Dezember 2008 (BGBl I S. 2794) ist auch für Veranlagungszeiträume vor 2009 anzuwenden. [5]Ist im Einzelfall vor dem 18. Juni 2008 bei der Einkommensermittlung nach anderen Grundsätzen als nach § 8 Abs. 7 in der Fassung des Artikels 3 des Gesetzes vom 19. Dezember 2008 (BGBl I S. 2794) verfahren worden, so sind diese Grundsätze insoweit letztmals für den Veranlagungszeitraum 2011 maßgebend. [6]Entfällt nach dem 18. Juni 2008 erstmals die Mehrheit der Stimmrechte nicht mehr unmittelbar oder mittelbar auf juristische Personen des öffentlichen Rechts oder tragen trotz Bestehens des Stimmrechtserfordernisses nach diesem Tag erstmals auch andere als diese Gesellschafter die Verluste aus den Dauerverlustgeschäften, ist Satz 5 für Veranlagungszeiträume vor 2012 nicht mehr anzuwenden. [7]§ 8 Abs. 8 in der Fassung des Artikels 3 des Gesetzes vom 19. Dezember 2008 (BGBl I S. 2794) ist erstmals für den Veranlagungszeitraum 2009 anzuwenden. [8]Der zum 31. Dezember 2008 für einen Betrieb gewerblicher Art, der durch eine Zusammenfassung entstanden war, festgestellte Verlustvortrag, gilt als in diesem Betrieb gewerblicher Art entstanden. [9]§ 8 Abs. 9 in der Fassung des Artikels 3 des Gesetzes vom 19. Dezember 2008 (BGBl I S. 2794) ist erstmals für den Veranlagungszeitraum 2009 anzuwenden. [10]Ein auf den Schluss des Veranlagungszeitraums 2008 festgestellter Verlustvortrag ist sachgerecht nach Maßgabe des § 8 Abs. 9 aufzuteilen, die sich hiernach ergebenden jeweiligen Beträge gelten als Ausgangsbetrag bei der Anwendung des § 10d des Einkommensteuergesetzes in dem folgenden Veranlagungszeitraum. [11]Für den Verlustrücktrag nach Maßgabe des § 10d des Einkommensteuergesetzes in den Veranlagungszeitraum 2008 ist die Summe der sich im Veranlagungszeitraum 2009 ergebenden Beträge aus den einzelnen Sparten maßgebend. [12]Nach Inkrafttreten des Artikels 4 des Gesetzes vom 12. August 2008 (BGBl I S. 1672) ist Satz 9 mit der Maßgabe anzuwenden, dass an die Stelle der Angabe „Satz 5" die Angabe „Satz 8" tritt.

(6a) [1]§ 8a in der Fassung des Artikels 3 des Gesetzes vom 22. Dezember 2003 (BGBl I S. 2840) ist erstmals für das Wirtschaftsjahr anzuwenden, das nach dem 31. Dezember 2003 beginnt. [2]§ 8a Abs. 1 Satz 2 in der in Satz 1 genannten Fassung ist nicht anzuwenden, wenn die Rückgriffsmöglichkeit des Dritten allein auf der Gewährträgerhaftung einer Gebietskörperschaft oder einer anderen Einrichtung des öffentlichen Rechts gegenüber den Gläubigern eines Kreditinstituts für Verbindlichkeiten beruht, die bis zum 18. Juli 2001 vereinbart waren; Gleiches gilt für bis zum 18. Juli 2005 vereinbarte Verbindlichkeiten, wenn deren Laufzeit nicht über den 31. Dezember 2015 hinausgeht. [3]§ 8a in der Fassung des Artikels 2 des Gesetzes vom 14. August 2007 (BGBl I S. 1912) ist erstmals für Wirtschaftsjahre anzuwenden, die nach dem 25. Mai 2007 beginnen und nicht vor dem 1. Januar 2008 enden. [4]§ 8a Abs. 2 und 3 in der in Satz 3 genannten Fassung ist nicht anzuwenden, wenn die Rückgriffsmöglichkeit des Dritten allein auf der Gewährträgerhaftung einer Gebietskörperschaft oder einer anderen Einrichtung des öffentlichen Rechts gegenüber den Gläubigern eines Kreditinstituts für Verbindlichkeiten beruht, die bis zum 18. Juli 2001 vereinbart waren; Gleiches gilt für bis zum 18. Juli 2005 vereinbarte Verbindlichkeiten, wenn deren Laufzeit nicht über den 31. Dezember 2015 hinausgeht. [5]§ 8a Absatz 1 Satz 1 in der Fassung des Artikels 2 des Gesetzes vom 22. Dezember 2009 (BGBl I S. 3950) ist erstmals für Wirtschaftsjahre anzuwenden, die nach dem 31. Dezember 2009 enden. [6]§ 8a Absatz 1 Satz 3 in der Fassung des Artikels 2 des Gesetzes vom 22. Dezember 2009 (BGBl I S. 3950) ist erstmals auf schädliche Beteiligungserwerbe nach dem 31. Dezember 2009 anzuwenden.

(7) [1]§ 8b ist erstmals anzuwenden für

1. Bezüge im Sinne des § 20 Abs. 1 Nr. 1 und 2 des Einkommensteuergesetzes, auf die bei der ausschüttenden Körperschaft der Vierte Teil des Körperschaftsteuergesetzes in der Fassung des Artikels 4 des Gesetzes vom 14. Juli 2000 (BGBl I S. 1034) nicht mehr anzuwenden ist;
2. Gewinne und Gewinnminderungen im Sinne des § 8b Abs. 2 und 3 nach Ablauf des ersten Wirtschaftsjahrs der Gesellschaft, an der die Anteile bestehen, das dem letzten Wirtschaftsjahr folgt, das in dem Veranlagungszeitraum endet, in dem das Körperschaftsteuergesetz in der Fassung des Artikels 4 des Gesetzes vom 14. Juli 2000 (BGBl I S. 1034) letztmals anzuwenden ist.

[2]Bis zu den in Satz 1 genannten Zeitpunkten ist § 8b des Körperschaftsteuergesetzes in der Fassung des Artikels 4 des Gesetzes vom 14. Juli 2000 (BGBl I S. 1034) weiter anzuwenden. [3]Bei der Gewinnermittlung für Wirtschaftsjahre, die nach dem 15. August 2001 enden, gilt Folgendes:

[4]§ 8b Abs. 2 des Körperschaftsteuergesetzes in der Fassung des Artikels 4 des Gesetzes vom 14. Juli 2000 (BGBl I S. 1034) ist mit der Maßgabe anzuwenden, dass über Satz 2 der Vorschrift hinausgehend auch Gewinnminderungen aus Teilwertabschreibungen nicht zu berücksichtigen sind, soweit die Anteile von einem verbundenen Unternehmen (§ 15 des Aktiengesetzes) erworben worden sind. [5]Die Wertminderung von Anteilen an Kapitalgesellschaften, die die Voraussetzungen für die Anwendung des § 8b Abs. 2 des Körperschaftsteuergesetzes in der Fassung des Artikels 4 des Gesetzes vom 14. Juli 2000 (BGBl I S. 1034) im Zeitpunkt der Wertminderung nicht oder nicht mehr erfüllen, ist in Höhe des Teils der Anschaffungskosten der Anteile nicht zu berücksichtigen, der bei der Veräußerung der Anteile durch einen früheren Anteilseigner nach § 8b Abs. 2 Satz 1 des Körperschaftsteuergesetzes in der Fassung des Artikels 4 des Gesetzes vom 14. Juli 2000 (BGBl I S. 1034) oder nach § 8b Abs. 2 Satz 1 des Körperschaftsteuergesetzes in der Fassung des Artikels 4 des Gesetzes vom 20. Dezember 2000 (BGBl I S. 1850) bei der Ermittlung des Einkommens außer Ansatz geblieben ist. [6]Die Wertminderung von Anteilen an inländischen oder ausländischen Kapitalgesellschaften ist nicht zu berücksichtigen, soweit sie auf eine Wertminderung im Sinne der Sätze 4 und 5 von Anteilen an nachgeordneten Kapitalgesellschaften zurückzuführen ist. [7]§ 8b Abs. 4 Satz 2 Nr. 2 letzter Halbsatz des Körperschaftsteuergesetzes in der Fassung des Artikels 2 des Gesetzes vom 20. Dezember 2001 (BGBl I S. 3858) ist erstmals auf Veräußerungen anzuwenden, die nach dem 15. August 2001 erfolgen.

[8]§ 8b Abs. 8 und § 21 Abs. 1 Nr. 1 Satz 1 sind anzuwenden:

1. in der Fassung des Artikels 3 des Gesetzes vom 22. Dezember 2003 (BGBl I S. 2840) erstmals für den Veranlagungszeitraum 2004, bei vom Kalenderjahr abweichenden Wirtschaftsjahren erstmals für den Veranlagungszeitraum 2005;
2. auf einheitlichen, bis zum 30. Juni 2004 zu stellenden, unwiderruflichen Antrag bereits für die Veranlagungszeiträume 2001 bis 2003, bei vom Kalenderjahr abweichenden Wirtschaftsjahren für die Veranlagungszeiträume 2002 bis 2004 (Rückwirkungszeitraum). [2]Dabei ist § 8b Abs. 8 in folgender Fassung anzuwenden:

KStG

„(8) [1]Die Absätze 1 bis 7 sind anzuwenden auf Anteile, die bei Lebens- und Krankenversicherungsunternehmen den Kapitalanlagen zuzurechnen sind, mit der Maßgabe, dass die Bezüge, Gewinne und Gewinnminderungen zu 80 Prozent bei der Ermittlung des Einkommens zu berücksichtigen sind. [2]Satz 1 gilt nicht für Gewinne im Sinne des Absatzes 2, soweit eine Teilwertabschreibung in früheren Jahren nach Absatz 3 bei der Ermittlung des Einkommens unberücksichtigt geblieben ist und diese Minderung nicht durch den Ansatz eines höheren Werts ausgeglichen worden ist. [3]Gewinnminderungen, die im Zusammenhang mit den Anteilen im Sinne des Satzes 1 stehen, sind bei der Ermittlung des Einkommens nicht zu berücksichtigen, wenn das Lebens- oder Krankenversicherungsunternehmen die Anteile von einem verbundenen Unternehmen (§ 15 des Aktiengesetzes) erworben hat, soweit ein Veräußerungsgewinn für das verbundene Unternehmen nach Absatz 2 in der Fassung des Artikels 3 des Gesetzes vom 23. Oktober 2000 (BGBl I S. 1433) bei der Ermittlung des Einkommens außer Ansatz geblieben ist. [4]Für die Ermittlung des Einkommens sind die Anteile mit den nach handelsrechtlichen Vorschriften ausgewiesenen Werten anzusetzen, die bei der Ermittlung der nach § 21 abziehbaren Beträge zu Grunde gelegt wurden. [5]Negative Einkünfte des Rückwirkungszeitraums dürfen nicht in Veranlagungszeiträume außerhalb dieses Zeitraums rück- oder vorgetragen werden. [6]Auf negative Einkünfte des Rückwirkungszeitraums ist § 14 Abs. 1 nicht anzuwenden. [7]Entsprechendes gilt für Pensionsfonds."

[9]§ 8b Abs. 10 in der Fassung des Artikels 2 des Gesetzes vom 14. August 2007 (BGBl I S. 1912) ist erstmals ab dem Veranlagungszeitraum 2007 anzuwenden. [10]§ 8b Abs. 9 ist für den Veranlagungszeitraum 2004 in der folgenden Fassung anzuwenden:

„(9) Die Absätze 7 und 8 gelten nicht für Bezüge im Sinne des Absatzes 1, auf die die Mitgliedstaaten der Europäischen Union Artikel 4 Abs. 1 der Richtlinie 90/435/EWG des Rates vom 23. Juli 1990 über das gemeinsame Steuersystem der Mutter- und Tochtergesellschaften verschiedener Mitgliedstaaten (ABl EG Nr. L 225 S. 6, Nr. L 266 S. 20, 1997 Nr. L 16 S. 98), zuletzt geändert durch Akte über die Beitrittsbedingungen und die Anpassungen der Verträge – Beitritt der Tschechischen Republik, der Republik Estland, der Republik Zypern, der Republik Lettland, der Republik Litauen, der Republik Ungarn, der Republik Malta, der Republik Polen, der Republik Slowenien und der Slowakischen Republik (ABl EU 2003 Nr. L 236 S. 33), anzuwenden haben."

[11]§ 21 Abs. 1 Nr. 1 Satz 1 in der Fassung des Artikels 3 des Gesetzes vom 9. Dezember 2004 (BGBl I S. 3310) ist erstmals für den Veranlagungszeitraum 2004 anzuwenden. [12]§ 8b Abs. 1 Satz 2 bis 4 in der Fassung des Artikels 4 des Gesetzes vom 13. Dezember 2006 (BGBl I S. 2878) ist erstmals auf Bezüge im Sinne des § 8b Abs. 1 Satz 1 anzuwenden, die nach dem 18. Dezember 2006 zugeflossen sind.

(7a) § 8b Abs. 4 in der am 12. Dezember 2006 geltenden Fassung ist für Anteile weiter anzuwenden, die einbringungsgeboren im Sinne des § 21 des Umwandlungssteuergesetzes in der am 12. Dezember 2006 geltenden Fassung sind, und für Anteile im Sinne des § 8b Abs. 4 Satz 1 Nr. 2, die auf einer Übertragung bis zum 12. Dezember 2006 beruhen.

(7b) [1]§ 8c in der Fassung des Artikels 2 des Gesetzes vom 14. August 2007 (BGBl I S. 1912) findet erstmals für den Veranlagungszeitraum 2008 und auf Anteilsübertragungen nach dem 31. Dezember 2007 Anwendung. [2]§ 8c Absatz 1 in der Fassung des Artikels 2 des Gesetzes vom 22. Dezember 2009 (BGBl I S. 3950) ist erstmals auf schädliche Beteiligungserwerbe nach dem 31. Dezember 2009 anzuwenden.

(7c) [1]§ 8c Absatz 1a in der Fassung des Artikels 2 des Gesetzes vom 22. Dezember 2009 (BGBl I S. 3950) findet erstmals für den Veranlagungszeitraum 2008 und auf Anteilsübertragungen nach dem 31. Dezember 2007 Anwendung. [2]Erfüllt ein nach dem 31. Dezember 2007 erfolgter Beteiligungserwerb die Voraussetzungen des § 8c Absatz 1a, bleibt er bei Anwendung des § 8c Absatz 1 Satz 1 und 2 unberücksichtigt.

(8) [1]§ 12 Abs. 2 in der Fassung des Artikels 2 des Gesetzes vom 20. Dezember 2001 (BGBl I S. 3858) ist erstmals auf Vermögensübertragungen anzuwenden, die nach dem 31. Dezember 2001 vorgenommen werden. [2]§ 12 Abs. 1 und 3 in der Fassung des Artikels 3 des Gesetzes vom 7. Dezember 2006 (BGBl I S. 2782) sind erstmals für nach dem 31. De-

zember 2005 endende Wirtschaftsjahre anzuwenden. [3]§ 12 Abs. 2 in der Fassung des Artikels 3 des Gesetzes vom 7. Dezember 2006 (BGBl I S. 2782) ist erstmals auf Vorgänge anzuwenden, die nach dem 12. Dezember 2006 zur Eintragung in ein öffentliches Register angemeldet werden. [4]§ 12 Abs. 2 Satz 2 in der in Satz 1 genannten Fassung ist letztmals auf Vorgänge anzuwenden, die bis zum 13. Dezember 2006 zur Eintragung in ein öffentliches Register angemeldet werden. [5]§ 12 Abs. 1 in der Fassung des Artikels 3 des Gesetzes vom 20. Dezember 2007 (BGBl I S. 3150) ist erstmals für Wirtschaftsjahre anzuwenden, die nach dem 31. Dezember 2005 enden.

(8a) [1]§ 9 Abs. 1 Nr. 2 und Abs. 2 in der Fassung des Artikels 3 des Gesetzes vom 10. Oktober 2007 (BGBl I S. 2332) gilt erstmals für Zuwendungen, die im Veranlagungszeitraum 2007 geleistet werden. [2]Auf Antrag des Steuerpflichtigen ist auf Zuwendungen, die im Veranlagungszeitraum 2007 geleistet werden, § 9 Abs. 1 Nr. 2 in der bis zum 31. Dezember 2006 geltenden Fassung anzuwenden. [3]§ 9 Abs. 3 Satz 3 in der Fassung des Artikels 3 des Gesetzes vom 10. Oktober 2007 (BGBl I S. 2332) gilt erstmals für Zuwendungen, die im Veranlagungszeitraum 2007 geleistet werden. [4]§ 9 Absatz 2 Satz 3 in der Fassung des Artikels 2 des Gesetzes vom 20. April 2009 (BGBl I S. 774) gilt erstmals für Zuwendungen, die im Veranlagungszeitraum 2007 geleistet werden.

(9) § 14 ist anzuwenden:

1. für den Veranlagungszeitraum 2000 und frühere Veranlagungszeiträume in folgender Fassung:

„(1) Verpflichtet sich eine Aktiengesellschaft oder Kommanditgesellschaft auf Aktien mit Geschäftsleitung und Sitz im Inland (Organgesellschaft) durch einen Gewinnabführungsvertrag im Sinne des § 291 Abs. 1 des Aktiengesetzes, ihren ganzen Gewinn an ein einziges anderes inländisches gewerbliches Unternehmen abzuführen, so ist das Einkommen der Organgesellschaft, soweit sich aus § 16 nichts anderes ergibt, dem Träger des Unternehmens (Organträger) zuzurechnen, wenn die folgenden Voraussetzungen erfüllt sind:

1. [1]Der Organträger muss an der Organgesellschaft vom Beginn ihres Wirtschaftsjahrs an ununterbrochen und unmittelbar in einem solchen Maße beteiligt sein, dass ihm die Mehrheit der Stimmrechte aus den Anteilen an der Organgesellschaft zusteht (finanzielle Eingliederung). [2]Eine mittelbare Beteiligung genügt, wenn jede der Beteiligungen, auf denen die mittelbare Beteiligung beruht, die Mehrheit der Stimmrechte gewährt.
2. [1]Die Organgesellschaft muss von dem in Nummer 1 bezeichneten Zeitpunkt an ununterbrochen nach dem Gesamtbild der tatsächlichen Verhältnisse wirtschaftlich und organisatorisch in das Unternehmen des Organträgers eingegliedert sein. [2]Die organisatorische Eingliederung ist stets gegeben, wenn die Organgesellschaft durch einen Beherrschungsvertrag im Sinne des § 291 Abs. 1 des Aktiengesetzes die Leitung ihres Unternehmens dem Unternehmen des Organträgers unterstellt oder wenn die Organgesellschaft eine nach den Vorschriften der §§ 319 bis 327 des Aktiengesetzes eingegliederte Gesellschaft ist. [3]Der Beherrschungsvertrag muss zu Beginn des Wirtschaftsjahrs der Organgesellschaft, für das die organisatorische Eingliederung auf Grund des Vertrags erstmals bestehen soll, abgeschlossen sein und durchgeführt werden und bis zum Ende des folgenden Wirtschaftsjahrs wirksam werden.
3. [1]Der Organträger muss eine unbeschränkt steuerpflichtige natürliche Person oder eine nicht steuerbefreite Körperschaft, Personenvereinigung oder Vermögensmasse im Sinne des § 1 mit Geschäftsleitung und Sitz im Inland oder eine Personengesellschaft im Sinne des § 15 Abs. 1 Nr. 2 des Einkommensteuergesetzes mit Geschäftsleitung und Sitz im Inland sein. [2]An der Personengesellschaft dürfen nur Gesellschafter beteiligt sein, die mit dem auf sie entfallenden Teil des zuzurechnenden Einkommens im Geltungsbereich dieses Gesetzes der Einkommensteuer oder der Körperschaftsteuer unterliegen. [3]Sind ein oder mehrere Gesellschafter der Personengesellschaft beschränkt einkommensteuerpflichtig, so muss die Voraussetzung der Nummer 1 im Verhältnis zur Personengesellschaft selbst erfüllt

KStG

sein. [4]Das Gleiche gilt, wenn an der Personengesellschaft eine oder mehrere Körperschaften, Personenvereinigungen oder Vermögensmassen beteiligt sind, die ihren Sitz oder ihre Geschäftsleitung nicht im Inland haben.

4. [1]Der Gewinnabführungsvertrag muss bis zum Ende des Wirtschaftsjahrs der Organgesellschaft, für das Satz 1 erstmals angewendet werden soll, auf mindestens fünf Jahre abgeschlossen und bis zum Ende des folgenden Wirtschaftsjahrs wirksam werden. [2]Er muss während seiner gesamten Geltungsdauer durchgeführt werden. [3]Eine vorzeitige Beendigung des Vertrags durch Kündigung ist unschädlich, wenn ein wichtiger Grund die Kündigung rechtfertigt. [4]Die Kündigung oder Aufhebung des Gewinnabführungsvertrags auf einen Zeitpunkt während des Wirtschaftsjahrs der Organgesellschaft wirkt auf den Beginn dieses Wirtschaftsjahrs zurück.
5. Die Organgesellschaft darf Beträge aus dem Jahresüberschuss nur insoweit in die Gewinnrücklagen (§ 272 Abs. 3 des Handelsgesetzbuchs) mit Ausnahme der gesetzlichen Rücklagen einstellen, als dies bei vernünftiger kaufmännischer Beurteilung wirtschaftlich begründet ist.

(2) [1]Schließen sich mehrere gewerbliche Unternehmen im Sinne des Absatzes 1 Nr. 3, die gemeinsam im Verhältnis zur Organgesellschaft die Voraussetzungen des Absatzes 1 Nr. 1 erfüllen, in der Rechtsform einer Personengesellschaft lediglich zum Zwecke der einheitlichen Willensbildung gegenüber der Organgesellschaft zusammen, ist die Personengesellschaft als gewerbliches Unternehmen anzusehen, wenn jeder Gesellschafter der Personengesellschaft ein gewerbliches Unternehmen unterhält. [2]Der Personengesellschaft ist das Einkommen der Organgesellschaft vorbehaltlich des § 16 zuzurechnen, wenn zusätzlich zu den Voraussetzungen nach Absatz 1

1. jeder Gesellschafter der Personengesellschaft an der Organgesellschaft vom Beginn ihres Wirtschaftsjahrs an ununterbrochen beteiligt ist und den Gesellschaftern die Mehrheit der Stimmrechte im Sinne des Absatzes 1 Nr. 1 an der Organgesellschaft zusteht,
2. die Personengesellschaft vom Beginn des Wirtschaftsjahrs der Organgesellschaft an ununterbrochen besteht,
3. der Gewinnabführungsvertrag mit der Personengesellschaft abgeschlossen ist und im Verhältnis zu dieser Gesellschaft die Voraussetzungen des Absatzes 1 Nr. 4 erfüllt sind,
4. durch die Personengesellschaft gewährleistet ist, dass der koordinierte Wille der Gesellschafter in der Geschäftsführung der Organgesellschaft tatsächlich durchgesetzt wird und
5. die Organgesellschaft jedes der gewerblichen Unternehmen der Gesellschafter der Personengesellschaft nach Maßgabe des Absatzes 1 Nr. 2 in der Fassung des Artikels 4 des Gesetzes vom 14. Juli 2000 (BGBl I S. 1034) wirtschaftlich fördert oder ergänzt.“;

2. die Absätze 1 und 2 in der Fassung des Artikels 2 des Gesetzes vom 20. Dezember 2001 (BGBl I S. 3858) für die Veranlagungszeiträume 2001 und 2002;
3. Absatz 1 Satz 2 in der Fassung des Artikels 2 des Gesetzes vom 16. Mai 2003 (BGBl I S. 660) im Veranlagungszeitraum 2002, wenn der Gewinnabführungsvertrag nach dem 20. November 2002 abgeschlossen wird. [2]In den Fällen, in denen der Gewinnabführungsvertrag vor dem 21. November 2002 abgeschlossen worden ist, gilt Absatz 1 Nr. 3 des Körperschaftsteuergesetzes in der Fassung der Bekanntmachung vom 15. Oktober 2002 (BGBl I S. 4144);
4. Absatz 3 in der Fassung des Artikels 3 des Gesetzes vom 9. Dezember 2004 (BGBl I S. 3310) ist erstmals für Mehrabführungen von Organgesellschaften anzuwenden, deren Wirtschaftsjahr nach dem 31. Dezember 2003 endet;
5. Absatz 4 in der Fassung des Artikels 3 des Gesetzes vom 20. Dezember 2007 (BGBl I S. 3150) ist auch für Veranlagungszeiträume vor 2008 anzuwenden;

6. Absatz 2 in der am 24. Dezember 2008 geltenden Fassung ist letztmals anzuwenden, wenn das Wirtschaftsjahr der Organgesellschaft vor dem 1. Januar 2009 endet. [2]Abweichend von Satz 1 ist auf gemeinsamen Antrag der Organgesellschaft und des Organträgers § 14 Abs. 1 auf Organgesellschaften, die Lebens- oder Krankenversicherungsunternehmen sind und deren Wirtschaftsjahr nach dem 31. Dezember 2007 endet, anzuwenden mit der Maßgabe, dass für den Organträger und die Organgesellschaft § 21 in der Fassung des Artikels 3 des Gesetzes vom 19. Dezember 2008 (BGBl I S. 2794) erstmals ab dem Veranlagungszeitraum 2008 anzuwenden ist.

(10) [1]§ 15 Nr. 2 ist bei der Ermittlung des Einkommens des Organträgers anzuwenden, wenn die Ermittlung des dem Organträger zuzurechnenden Einkommens der Organgesellschaft nach dem Körperschaftsteuergesetz in der Fassung des Artikels 3 des Gesetzes vom 23. Oktober 2000 (BGBl I S. 1433), zuletzt geändert durch Artikel 2 des Gesetzes vom 20. Dezember 2001 (BGBl I S. 3858), vorzunehmen ist. [2]§ 15 Satz 1 Nr. 2 in der am 12. Dezember 2006 geltenden Fassung ist weiter anzuwenden, soweit in dem dem Organträger zuzurechnenden Einkommen der Organgesellschaft ein Übernahmegewinn im Sinne des § 4 Abs. 7 des Umwandlungssteuergesetzes in der am 21. Mai 2003 geltenden Fassung enthalten ist. [3]§ 15 Satz 1 Nr. 3 in der Fassung des Artikels 2 des Gesetzes vom 14. August 2007 (BGBl I S. 1912) ist erstmals für Wirtschaftsjahre anzuwenden, die nach dem 25. Mai 2007 beginnen und nicht vor dem 1. Januar 2008 enden. [4]§ 15 Satz 1 Nr. 4 in der Fassung des Artikels 3 des Gesetzes vom 19. Dezember 2008 (BGBl I S. 2794) ist auch für Veranlagungszeiträume vor 2009 anzuwenden; Absatz 6 Satz 5 und 6 gilt entsprechend. [5]§ 15 Satz 1 Nr. 5 in der Fassung des Artikels 3 des Gesetzes vom 19. Dezember 2008 (BGBl I S. 2794) ist erstmals für Veranlagungszeiträume ab 2009 anzuwenden. [6]Nach Inkrafttreten des Artikels 4 des Gesetzes vom 12. August 2008 (BGBl I S. 1672) ist Satz 4 mit der Maßgabe anzuwenden, dass an die Stelle der Angabe „Satz 5 und 6" die Angabe „Satz 8 und 9" tritt.

(10a) § 16 in der Fassung des Artikels 2 des Gesetzes vom 14. August 2007 (BGBl I S. 1912) ist erstmals für den Veranlagungszeitraum 2008 anzuwenden.

(10b) [1]§ 21 in der Fassung des Artikels 3 des Gesetzes vom 19. Dezember 2008 (BGBl I S. 2794) ist erstmals für den Veranlagungszeitraum 2009 anzuwenden. [2]In den Fällen des Absatzes 9 Satz 1 Nr. 6 Satz 2 in der Fassung des Artikels 3 des Gesetzes vom 19. Dezember 2008 (BGBl I S. 2794) ist § 21 in der Fassung des Artikels 3 des Gesetzes vom 19. Dezember 2008 (BGBl I S. 2794) erstmals für den Veranlagungszeitraum 2008 anzuwenden.

KStG

(11) [1]§ 21b Satz 3 ist letztmals für das Wirtschaftsjahr anzuwenden, das nach dem 31. Dezember 2002 endet. [2]Eine Rücklage, die am Schluss des letzten vor dem 1. Januar 1999 endenden Wirtschaftsjahrs zulässigerweise gebildet ist, ist in den folgenden fünf Wirtschaftsjahren mit mindestens je einem Fünftel gewinnerhöhend aufzulösen.

(11a) § 23 in der Fassung des Artikels 2 des Gesetzes vom 14. August 2007 (BGBl I S. 1912) ist erstmals für den Veranlagungszeitraum 2008 anzuwenden.

(11b) § 25 Abs. 1 Satz 1 in der Fassung des Artikels 11 des Gesetzes vom 29. Dezember 2003 (BGBl I S. 3076) ist erstmals für den Veranlagungszeitraum 2004 anzuwenden.

(11c) [1]§ 26 Abs. 6 in der Fassung des Artikels 2 des Gesetzes vom 2. Dezember 2004 (BGBl I S. 3112) ist erstmals ab dem Veranlagungszeitraum 2004 anzuwenden. [2]§ 26 Abs. 6 in der Fassung des Artikels 2 des Gesetzes vom 19. Juli 2006 (BGBl I S. 1652) ist erstmals ab dem Veranlagungszeitraum 2005 anzuwenden. [3]§ 26 Abs. 6 Satz 1 erster Halbsatz in Verbindung mit Satz 3 in der Fassung des Artikels 4 des Gesetzes vom 13. Dezember 2006 (BGBl I S. 2878) ist für alle Veranlagungszeiträume anzuwenden, soweit Steuerbescheide noch nicht bestandskräftig sind. [4]§ 26 Abs. 6 Satz 1 zweiter Halbsatz in der Fassung des Artikels 4 des Gesetzes vom 13. Dezember 2006 (BGBl I S. 2878) ist erstmals auf ausländische Quellensteuern anzuwenden, die von Bezügen im Sinne des § 8b Abs. 1 Satz 1 erhoben wurden, die nach dem 18. Dezember 2006 zugeflossen sind.

(12) [1]Die Vorschriften des Vierten Teils des Körperschaftsteuergesetzes in der Fassung des Artikels 4 des Gesetzes vom 14. Juli 2000 (BGBl I S. 1034) sind letztmals anzuwenden

1. für Gewinnausschüttungen, die auf einem den gesellschaftsrechtlichen Vorschriften entsprechenden Gewinnverteilungsbeschluss für ein abgelaufenes Wirtschaftsjahr

beruhen und die in dem ersten Wirtschaftsjahr erfolgen, das in dem Veranlagungszeitraum endet, für den das Körperschaftsteuergesetz in der Fassung des Artikels 3 des Gesetzes vom 23. Oktober 2000 (BGBl I S. 1433) erstmals anzuwenden ist;

2. für andere Ausschüttungen und sonstige Leistungen, die in dem Wirtschaftsjahr erfolgen, das dem in Nummer 1 genannten Wirtschaftsjahr vorangeht.

[2]Für unbeschränkt steuerpflichtige Körperschaften und Personenvereinigungen, deren Leistungen bei den Empfängern zu den Einnahmen im Sinne des § 20 Abs. 1 Nr. 1 oder 2 des Einkommensteuergesetzes in der Fassung des Artikels 1 des Gesetzes vom 23. Oktober 2000 (BGBl I S. 1433), dieses wiederum geändert durch Artikel 2 des Gesetzes vom 19. Dezember 2000 (BGBl I S. 1812), gehören, beträgt die Körperschaftsteuer 45 Prozent der Einnahmen im Sinne des § 20 Abs. 1 Nr. 1 oder 2 des Einkommensteuergesetzes in der Fassung des Artikels 1 des Gesetzes vom 23. Oktober 2000 (BGBl I S. 1433), dieses wiederum geändert durch Artikel 2 des Gesetzes vom 19. Dezember 2000 (BGBl I S. 1812), zuzüglich der darauf entfallenden Einnahmen im Sinne des § 20 Abs. 1 Nr. 3 des Einkommensteuergesetzes in der Fassung des Artikels 1 des Gesetzes vom 23. Oktober 2000 (BGBl I S. 1433), dieses wiederum geändert durch Artikel 2 des Gesetzes vom 19. Dezember 2000 (BGBl I S. 1812), für die der Teilbetrag im Sinne des § 54 Abs. 11 Satz 1 des Körperschaftsteuergesetzes in der Fassung des Artikels 4 des Gesetzes vom 14. Juli 2000 (BGBl I S. 1034) als verwendet gilt. [3]§ 44 Abs. 1 Satz 1 Nr. 6 Satz 3 des Körperschaftsteuergesetzes in der Fassung des Artikels 4 des Gesetzes vom 14. Juli 2000 (BGBl I S. 1034) gilt entsprechend. [4]Die Körperschaftsteuer beträgt höchstens 45 Prozent des zu versteuernden Einkommens. [5]Die Sätze 2 bis 4 gelten nicht für steuerbefreite Körperschaften und Personenvereinigungen im Sinne des § 5 Abs. 1 Nr. 9, soweit die Einnahmen in einem wirtschaftlichen Geschäftsbetrieb anfallen, für den die Steuerbefreiung ausgeschlossen ist. [6]Die Körperschaftsteuer beträgt 40 Prozent der Einnahmen im Sinne des § 20 Abs. 1 Nr. 1 und 2 des Einkommensteuergesetzes in der Fassung des Artikels 1 des Gesetzes vom 23. Oktober 2000 (BGBl I S. 1433), dieses wiederum geändert durch Artikel 2 des Gesetzes vom 19. Dezember 2000 (BGBl I S. 1812), zuzüglich der darauf entfallenden Einnahmen im Sinne des § 20 Abs. 1 Nr. 3 des Einkommensteuergesetzes in der Fassung des Artikels 1 des Gesetzes vom 23. Oktober 2000 (BGBl I S. 1433), dieses wiederum geändert durch Artikel 2 des Gesetzes vom 19. Dezember 2000 (BGBl I S. 1812), für die der Teilbetrag im Sinne des § 30 Abs. 1 Nr. 1 des Körperschaftsteuergesetzes in der Fassung des Artikels 4 des Gesetzes vom 14. Juli 2000 (BGBl I S. 1034) als verwendet gilt. [7]Die Körperschaftsteuer beträgt höchstens 40 Prozent des zu versteuernden Einkommens abzüglich des nach den Sätzen 2 bis 4 besteuerten Einkommens. [8]Die Sätze 3 und 5 gelten entsprechend.

(13) [1]§ 28 Abs. 4 des Körperschaftsteuergesetzes in der Fassung des Artikels 4 des Gesetzes vom 14. Juli 2000 (BGBl I S. 1034) gilt auch, wenn für eine Gewinnausschüttung zunächst der in § 54 Abs. 11 Satz 1 des Körperschaftsteuergesetzes in der Fassung des Artikels 4 des Gesetzes vom 14. Juli 2000 (BGBl I S. 1034) genannte Teilbetrag als verwendet gegolten hat. [2]Ist für Leistungen einer Kapitalgesellschaft nach § 44 oder § 45 des Körperschaftsteuergesetzes in der Fassung des Artikels 4 des Gesetzes vom 14. Juli 2000 (BGBl I S. 1034) Eigenkapital im Sinne des § 54 Abs. 11 Satz 1 des Körperschaftsteuergesetzes in der Fassung des Artikels 4 des Gesetzes vom 14. Juli 2000 (BGBl I S. 1034) bescheinigt worden, bleibt die der Bescheinigung zugrunde gelegte Verwendung unverändert, wenn später eine höhere Leistung gegen den Teilbetrag nach § 54 Abs. 11 Satz 1 des Körperschaftsteuergesetzes in der Fassung des Artikels 4 des Gesetzes vom 14. Juli 2000 (BGBl I S. 1034) verrechnet werden könnte.

(13a) [1]§ 31 Abs. 1 Satz 2 in der Fassung des Artikels 2 des Gesetzes vom 14. August 2007 (BGBl I S. 1912) ist erstmals für den Veranlagungszeitraum 2008 anzuwenden. [2]§ 31 Abs. 1a in der Fassung des Artikels 6 des Gesetzes vom 20. Dezember 2008 (BGBl I S. 2850) ist erstmals für den Veranlagungszeitraum 2011 anzuwenden.

(13b) [1]§ 32 Abs. 3 in der Fassung des Artikels 2 des Gesetzes vom 14. August 2007 (BGBl I S. 1912) ist erstmals auf Einkünfte anzuwenden, die nach dem 17. August 2007 zufließen. [2]Für Einkünfte, die nach dem 17. August 2007 und vor dem 1. Januar 2008 zufließen, ist § 32 Abs. 3 mit der Maßgabe anzuwenden, dass der Steuersatz 10 Prozent beträgt.

(13c) [1]§ 32a in der Fassung des Artikels 4 des Gesetzes vom 13. Dezember 2006 (BGBl I S. 2878) ist erstmals anzuwenden, wenn nach dem 18. Dezember 2006 ein Steuerbescheid erlassen, aufgehoben oder geändert wird. [2]Bei Aufhebung oder Änderung gilt dies auch dann, wenn der aufzuhebende oder zu ändernde Steuerbescheid vor dem 18. Dezember 2006 erlassen worden ist.

(13d) [1]§ 37 Abs. 2a Nr. 1 in der Fassung des Artikels 2 des Gesetzes vom 16. Mai 2003 (BGBl I S. 660) ist nicht für Gewinnausschüttungen anzuwenden, die vor dem 21. November 2002 beschlossen worden sind und die nach dem 11. April 2003 und vor dem 1. Januar 2006 erfolgen. [2]Für Gewinnausschüttungen im Sinne des Satzes 1 und für Gewinnausschüttungen, die vor dem 12. April 2003 erfolgt sind, gilt § 37 Abs. 2 des Körperschaftsteuergesetzes in der Fassung der Bekanntmachung vom 15. Oktober 2002 (BGBl I S. 4144). [3]§ 37 in der Fassung des Artikels 6 des Gesetzes vom 20. Dezember 2008 (BGBl I S. 2850) ist erstmals im Kalenderjahr 2008 anzuwenden.

(13e) [1]§ 38 Abs. 1 in der Fassung des Artikels 4 des Gesetzes vom 13. Dezember 2006 (BGBl I S. 2878) gilt nur für Genossenschaften, die zum Zeitpunkt der erstmaligen Anwendung des Körperschaftsteuergesetzes in der Fassung des Artikels 3 des Gesetzes vom 23. Oktober 2000 (BGBl I S. 1433) bereits bestanden haben. [2]Die Regelung ist auch für Veranlagungszeiträume vor 2007 anzuwenden. [3]Ist in den Fällen des § 40 Abs. 5 und 6 in der Fassung des Artikels 3 des Gesetzes vom 7. Dezember 2006 (BGBl I S. 2782) die Körperschaftsteuerfestsetzung unter Anwendung des § 38 der am 27. Dezember 2007 geltenden Fassung vor dem 28. Dezember 2007 erfolgt, sind die §§ 38 und 40 Abs. 5 und 6 weiter anzuwenden. [4]§ 38 Abs. 4 bis 9 in der Fassung des Artikels 3 des Gesetzes vom 20. Dezember 2007 (BGBl I S. 3150) ist insoweit nicht anzuwenden.

(14) [1]Auf Liquidationen, deren Besteuerungszeitraum im Jahr 2001 endet, ist erstmals das Körperschaftsteuergesetz in der Fassung des Artikels 3 des Gesetzes vom 23. Oktober 2000 (BGBl I S. 1433) anzuwenden. [2]Bei Liquidationen, die über den 31. Dezember 2000 hinaus fortdauern, endet der Besteuerungszeitraum nach § 11 auf Antrag der Körperschaft oder Personenvereinigung, der bis zum 30. Juni 2002 zu stellen ist, mit Ablauf des 31. Dezember 2000. [3]Auf diesen Zeitpunkt ist ein steuerlicher Zwischenabschluss zu fertigen. [4]Für den danach beginnenden Besteuerungszeitraum ist Satz 1 anzuwenden. [5]In den Fällen des Satzes 2 gelten Liquidationsraten, andere Ausschüttungen und sonstige Leistungen, die in dem am 31. Dezember 2000 endenden Besteuerungszeitraum gezahlt worden sind, als sonstige Leistungen im Sinne des Absatzes 12 Satz 1 Nr. 2 und des § 36 Abs. 2 Satz 1. [6]§ 40 Abs. 3 in der Fassung der Bekanntmachung vom 15. Oktober 2002 (BGBl I S. 4144) ist letztmals für Liquidationen anzuwenden, die vor dem 13. Dezember 2006 abgeschlossen worden sind.

(15) § 40 in der Fassung des Artikels 3 des Gesetzes vom 7. Dezember 2006 (BGBl I S. 2782) ist erstmals auf Umwandlungen anzuwenden, bei denen die Anmeldung zur Eintragung in ein öffentliches Register nach dem 12. Dezember 2006 erfolgt ist.

(16) [1]§ 38 und § 40 in der am 27. Dezember 2007 geltenden Fassung sowie § 10 des Umwandlungssteuergesetzes vom 7. Dezember 2006 (BGBl I S. 2782, 2791) sind auf Antrag weiter anzuwenden für

1. Körperschaften oder deren Rechtsnachfolger, an denen unmittelbar oder mittelbar zu mindestens 50 Prozent
   a) juristische Personen des öffentlichen Rechts aus Mitgliedstaaten der Europäischen Union oder aus Staaten, auf die das Abkommen über den Europäischen Wirtschaftsraum Anwendung findet oder
   b) Körperschaften, Personenvereinigungen oder Vermögensmassen im Sinne des § 5 Abs. 1 Nr. 9

   alleine oder gemeinsam beteiligt sind und

2. Erwerbs- und Wirtschaftsgenossenschaften,

die ihre Umsatzerlöse überwiegend durch Verwaltung und Nutzung eigenen zu Wohnzwecken dienenden Grundbesitzes, durch Betreuung von Wohnbauten oder durch die Errichtung und Veräußerung von Eigenheimen, Kleinsiedlungen oder Eigentumswohnungen erzielen, sowie für steuerbefreite Körperschaften.

²Der Antrag ist unwiderruflich und kann von der Körperschaft bis zum 30. September 2008 bei dem für die Besteuerung zuständigen Finanzamt gestellt werden. ³Die Körperschaften oder deren Rechtsnachfolger müssen die Voraussetzungen nach Satz 1 ab dem 1. Januar 2007 bis zum Ende des Zeitraums im Sinne des § 38 Abs. 2 Satz 3 erfüllen. ⁴Auf den Schluss des Wirtschaftsjahres, in dem die Voraussetzungen des Satzes 1 nach Antragstellung erstmals nicht mehr vorliegen, wird der Endbetrag nach § 38 Abs. 1 letztmals ermittelt und festgestellt. ⁵Die Festsetzung und Erhebung des Körperschaftsteuererhöhungsbetrags richtet sich nach § 38 Abs. 4 bis 9 in der Fassung des Artikels 3 des Gesetzes vom 20. Dezember 2007 (BGBl I S. 3150) mit der Maßgabe, dass als Zahlungszeitraum im Sinne des § 38 Abs. 6 Satz 1 die verbleibenden Wirtschaftsjahre des Zeitraums im Sinne des § 38 Abs. 2 Satz 3 gelten. ⁶Die Sätze 4 und 5 gelten entsprechend, soweit das Vermögen der Körperschaft oder ihres Rechtsnachfolgers durch Verschmelzung nach § 2 des Umwandlungsgesetzes oder Auf- oder Abspaltung im Sinne des § 123 Abs. 1 und 2 des Umwandlungsgesetzes ganz oder teilweise auf eine andere Körperschaft übergeht und diese keinen Antrag nach Satz 2 gestellt hat. ⁷§ 40 Abs. 6 in der am 27. Dezember 2007 geltenden Fassung ist nicht anzuwenden.

§ 35[1] Sondervorschriften für Körperschaften, Personenvereinigungen oder Vermögensmassen in dem in Artikel 3 des Einigungsvertrages genannten Gebiet

Soweit ein Verlust einer Körperschaft, Personenvereinigung oder Vermögensmasse, die am 31. Dezember 1990 ihre Geschäftsleitung oder ihren Sitz in dem in Artikel 3 des Einigungsvertrages genannten Gebiet und im Jahre 1990 keine Geschäftsleitung und keinen Sitz im bisherigen Geltungsbereich des Körperschaftsteuergesetzes hatte, aus dem Veranlagungszeitraum 1990 auf das Einkommen eines Veranlagungszeitraums, für das das Körperschaftsteuergesetz in der Fassung des Artikels 3 des Gesetzes vom 23. Oktober 2000 (BGBl I S. 1433) erstmals anzuwenden ist, oder eines nachfolgenden Veranlagungszeitraums vorgetragen wird, ist das steuerliche Einlagekonto zu erhöhen.

Sechster Teil: Sondervorschriften für den Übergang vom Anrechnungsverfahren zum Halbeinkünfteverfahren

§ 36[2][3] Endbestände

(1) Auf den Schluss des letzten Wirtschaftsjahrs, das in dem Veranlagungszeitraum endet, für den das Körperschaftsteuergesetz in der Fassung der Bekanntmachung vom 22. April 1999 (BGBl I S. 817), zuletzt geändert durch Artikel 4 des Gesetzes vom 14. Juli 2000 (BGBl I S. 1034), letztmals anzuwenden ist, werden die Endbestände der Teilbeträge des verwendbaren Eigenkapitals ausgehend von den gemäß § 47 Abs. 1 Satz 1 Nr. 1 des Körperschaftsteuergesetzes in der Fassung der Bekanntmachung vom 22. April 1999 (BGBl I S. 817), das zuletzt durch Artikel 4 des Gesetzes vom 14. Juli 2000 (BGBl I S. 1034) geändert worden ist, festgestellten Teilbeträgen gemäß den nachfolgenden Absätzen ermittelt.

1) **Anm. d. Red.:** Zur Anwendung des § 35 siehe § 34 Abs. 2 und 4 Satz 1.

2) **Anm. d. Red.:** § 36 Abs. 2 und 3 i. d. F. des Art. 4 Nr. 11 JStG 2007 v. 13. 12. 2006 (BGBl I 2878).

3) **Anm. d. Red.:** Zur Anwendung des § 36 siehe § 34 Abs. 2 und 4 Satz 1.

(2) [1]Die Teilbeträge sind um die Gewinnausschüttungen, die auf einem den gesellschaftsrechtlichen Vorschriften entsprechenden Gewinnverteilungsbeschluss für ein abgelaufenes Wirtschaftsjahr beruhen und die in dem in Absatz 1 genannten Wirtschaftsjahr folgenden Wirtschaftsjahr erfolgen, sowie um andere Ausschüttungen und sonstige Leistungen, die in dem in Absatz 1 genannten Wirtschaftsjahr erfolgen, zu verringern. [2]Die Regelungen des Vierten Teils des Körperschaftsteuergesetzes in der Fassung der Bekanntmachung vom 22. April 1999 (BGBl I S. 817), das zuletzt durch Artikel 4 des Gesetzes vom 14. Juli 2000 (BGBl I S. 1034) geändert worden ist, sind anzuwenden. [3]Der Teilbetrag im Sinne des § 54 Abs. 11 Satz 1 des Körperschaftsteuergesetzes in der Fassung der Bekanntmachung vom 22. April 1999 (BGBl I S. 817), das zuletzt durch Artikel 4 des Gesetzes vom 14. Juli 2000 (BGBl I S. 1034) geändert worden ist, erhöht sich um die Einkommensteile, die nach § 34 Abs. 12 Satz 2 bis 5 einer Körperschaftsteuer von 45 Prozent unterlegen haben, und der Teilbetrag, der nach dem 31. Dezember 1998 einer Körperschaftsteuer in Höhe von 40 Prozent ungemildert unterlegen hat, erhöht sich um die Beträge, die nach § 34 Abs. 12 Satz 6 bis 8 einer Körperschaftsteuer von 40 Prozent unterlegen haben, jeweils nach Abzug der Körperschaftsteuer, der sie unterlegen haben.

(3) [1]Ein positiver belasteter Teilbetrag im Sinne des § 54 Abs. 11 Satz 1 des Körperschaftsteuergesetzes in der Fassung der Bekanntmachung vom 22. April 1999 (BGBl I S. 817), das zuletzt durch Artikel 4 des Gesetzes vom 14. Juli 2000 (BGBl I S. 1034) geändert worden ist, ist dem Teilbetrag, der nach dem 31. Dezember 1998 einer Körperschaftsteuer in Höhe von 40 Prozent ungemildert unterlegen hat, in Höhe von $^{27}/_{22}$ seines Bestands hinzuzurechnen. [2]In Höhe von $^{5}/_{22}$ dieses Bestands ist der Teilbetrag im Sinne des § 30 Abs. 2 Nr. 2 des Körperschaftsteuergesetzes in der Fassung der Bekanntmachung vom 22. April 1999 (BGBl I S. 817), das zuletzt durch Artikel 4 des Gesetzes vom 14. Juli 2000 (BGBl I S. 1034) geändert worden ist, zu verringern.

(4) Ist die Summe der unbelasteten Teilbeträge im Sinne des § 30 Abs. 2 Nr. 1 bis 3 in der Fassung des Artikels 4 des Gesetzes vom 14. Juli 2000 (BGBl I S. 1034) nach Anwendung der Absätze 2 und 3 negativ, sind diese Teilbeträge zunächst untereinander und danach mit den mit Körperschaftsteuer belasteten Teilbeträgen in der Reihenfolge zu verrechnen, in der ihre Belastung zunimmt.

KStG

(5) [1]Ist die Summe der unbelasteten Teilbeträge im Sinne des § 30 Abs. 2 Nr. 1 bis 3 in der Fassung des Artikels 4 des Gesetzes vom 14. Juli 2000 (BGBl I S. 1034) nach Anwendung der Absätze 2 und 3 nicht negativ, sind zunächst die Teilbeträge im Sinne des § 30 Abs. 2 Nr. 1 und 3 in der Fassung des Artikels 4 des Gesetzes vom 14. Juli 2000 (BGBl I S. 1034) zusammenzufassen. [2]Ein sich aus der Zusammenfassung ergebender Negativbetrag ist vorrangig mit einem positiven Teilbetrag im Sinne des § 30 Abs. 2 Nr. 2 in der Fassung des Artikels 4 des Gesetzes vom 14. Juli 2000 (BGBl I S. 1034) zu verrechnen. [3]Ein negativer Teilbetrag im Sinne des § 30 Abs. 2 Nr. 2 in der Fassung des Artikels 4 des Gesetzes vom 14. Juli 2000 (BGBl I S. 1034) ist vorrangig mit dem positiven zusammengefassten Teilbetrag im Sinne des Satzes 1 zu verrechnen.

(6) [1]Ist einer der belasteten Teilbeträge negativ, sind diese Teilbeträge zunächst untereinander zu verrechnen. [2]Ein sich danach ergebender Negativbetrag mindert vorrangig den nach Anwendung des Absatzes 5 verbleibenden positiven Teilbetrag im Sinne des § 30 Abs. 2 Nr. 2 in der Fassung des Artikels 4 des Gesetzes vom 14. Juli 2000 (BGBl I S. 1034); ein darüber hinausgehender Negativbetrag mindert den positiven zusammengefassten Teilbetrag nach Absatz 5 Satz 1.

(7) Die Endbestände sind getrennt auszuweisen und werden gesondert festgestellt; dabei sind die verbleibenden unbelasteten Teilbeträge im Sinne des § 30 Abs. 2 Nr. 1 und 3 des Körperschaftsteuergesetzes in der Fassung der Bekanntmachung vom 22. April 1999 (BGBl I S. 817), das zuletzt durch Artikel 4 des Gesetzes vom 14. Juli 2000 (BGBl I S. 1034) geändert worden ist, in einer Summe auszuweisen.

§ 37[1)2)] Körperschaftsteuerguthaben und Körperschaftsteuerminderung

(1) [1]Auf den Schluss des Wirtschaftsjahrs, das dem in § 36 Abs. 1 genannten Wirtschaftsjahr folgt, wird ein Körperschaftsteuerguthaben ermittelt. [2]Das Körperschaftsteuerguthaben beträgt 1/6 des Endbestands des mit einer Körperschaftsteuer von 40 Prozent belasteten Teilbetrags.

(2) [1]Das Körperschaftsteuerguthaben mindert sich vorbehaltlich des Absatzes 2a um jeweils 1/6 der Gewinnausschüttungen, die in den folgenden Wirtschaftsjahren erfolgen und die auf einem den gesellschaftsrechtlichen Vorschriften entsprechenden Gewinnverteilungsbeschluss beruhen. [2]Satz 1 gilt für Mehrabführungen im Sinne des § 14 Abs. 3 entsprechend. [3]Die Körperschaftsteuer des Veranlagungszeitraums, in dem das Wirtschaftsjahr endet, in dem die Gewinnausschüttung erfolgt, mindert sich bis zum Verbrauch des Körperschaftsteuerguthabens um diesen Betrag, letztmalig in dem Veranlagungszeitraum, in dem das 18. Wirtschaftsjahr endet, das auf das Wirtschaftsjahr folgt, auf dessen Schluss nach Absatz 1 das Körperschaftsteuerguthaben ermittelt wird. [4]Das verbleibende Körperschaftsteuerguthaben ist auf den Schluss der jeweiligen Wirtschaftsjahre, letztmals auf den Schluss des 17. Wirtschaftsjahrs, das auf das Wirtschaftsjahr folgt, auf dessen Schluss nach Absatz 1 das Körperschaftsteuerguthaben ermittelt wird, fortzuschreiben und gesondert festzustellen. [5]§ 27 Abs. 2 gilt entsprechend.

(2a) Die Minderung ist begrenzt

1. für Gewinnausschüttungen, die nach dem 11. April 2003 und vor dem 1. Januar 2006 erfolgen, jeweils auf 0 Euro;
2. für Gewinnausschüttungen, die nach dem 31. Dezember 2005 erfolgen, auf den Betrag, der auf das Wirtschaftsjahr der Gewinnausschüttung entfällt, wenn das auf den Schluss des vorangegangenen Wirtschaftsjahrs festgestellte Körperschaftsteuerguthaben gleichmäßig auf die einschließlich des Wirtschaftsjahrs der Gewinnausschüttung verbleibenden Wirtschaftsjahre verteilt wird, für die nach Absatz 2 Satz 3 eine Körperschaftsteuerminderung in Betracht kommt.

(3) [1]Erhält eine unbeschränkt steuerpflichtige Körperschaft oder Personenvereinigung, deren Leistungen bei den Empfängern zu den Einnahmen im Sinne des § 20 Abs. 1 Nr. 1 oder 2 des Einkommensteuergesetzes in der Fassung des Artikels 1 des Gesetzes vom 20. Dezember 2001 (BGBl I S. 3858) gehören, Bezüge, die nach § 8b Abs. 1 bei der Einkommensermittlung außer Ansatz bleiben und die bei der leistenden Körperschaft zu einer Minderung der Körperschaftsteuer geführt haben, erhöht sich bei ihr die Körperschaftsteuer und das Körperschaftsteuerguthaben um den Betrag der Minderung der Körperschaftsteuer bei der leistenden Körperschaft. [2]Satz 1 gilt auch, wenn der Körperschaft oder Personenvereinigung die entsprechenden Bezüge einer Organgesellschaft zugerechnet werden, weil sie entweder Organträger ist oder an einer Personengesellschaft beteiligt ist, die Organträger ist. [3]Im Fall des § 4 des Umwandlungssteuergesetzes sind die Sätze 1 und 2 entsprechend anzuwenden. [4]Die leistende Körperschaft hat der Empfängerin die folgenden Angaben nach amtlich vorgeschriebenem Muster zu bescheinigen:

1. den Namen und die Anschrift des Anteilseigners,
2. die Höhe des in Anspruch genommenen Körperschaftsteuerminderungsbetrags,
3. den Zahlungstag.

[5]§ 27 Abs. 3 Satz 2, Abs. 4 und 5 gilt entsprechend. [6]Die Sätze 1 bis 4 gelten nicht für steuerbefreite Körperschaften und Personenvereinigungen im Sinne des § 5 Abs. 1 Nr. 9, soweit die Einnahmen in einem wirtschaftlichen Geschäftsbetrieb anfallen, für den die Steuerbefreiung ausgeschlossen ist.

---

1) **Anm. d. Red.:** § 37 Abs. 1 und 2a i. d. F. des Art. 4 Nr. 9 und 11 JStG 2007 v. 13. 12. 2006 (BGBl I 2878); Abs. 2 i. d. F. des Art. 3 Nr. 10 EURLUmsG v. 9. 12. 2004 (BGBl I 3310); Abs. 4 i. d. F. des Art. 3 Nr. 5 JStG 2008 v. 20. 12. 2007 (BGBl I 3150); Abs. 5 und 6 i. d. F. des Art. 6 Nr. 3 Steuerbürokratieabbaugesetz v. 20. 12. 2008 (BGBl I 2850); Abs. 7 angefügt gem. Art. 3 Nr. 14 SEStEG v. 7. 12. 2006 (BGBl I 2782).

2) **Anm. d. Red.:** Zur Anwendung des § 37 siehe § 34 Abs. 2, 4 Satz 1 und Abs. 13d.

(4) [1]Das Körperschaftsteuerguthaben wird letztmalig auf den 31. Dezember 2006 ermittelt. [2]Geht das Vermögen einer unbeschränkt steuerpflichtigen Körperschaft durch einen der in § 1 Abs. 1 des Umwandlungssteuergesetzes vom 7. Dezember 2006 (BGBl I S. 2782, 2791) in der jeweils geltenden Fassung genannten Vorgänge, bei denen die Anmeldung zur Eintragung in ein öffentliches Register nach dem 12. Dezember 2006 erfolgt, ganz oder teilweise auf einen anderen Rechtsträger über, wird das Körperschaftsteuerguthaben bei der übertragenden Körperschaft letztmalig auf den vor dem 31. Dezember 2006 liegenden steuerlichen Übertragungsstichtag ermittelt. [3]Wird das Vermögen einer Körperschaft oder Personenvereinigung im Rahmen einer Liquidation im Sinne des § 11 nach dem 12. Dezember 2006 und vor dem 1. Januar 2007 verteilt, wird das Körperschaftsteuerguthaben letztmalig auf den Stichtag ermittelt, auf den die Liquidationsschlussbilanz erstellt wird. [4]Die Absätze 1 bis 3 sind letztmals auf Gewinnausschüttungen und als ausgeschüttet geltende Beträge anzuwenden, die vor dem 1. Januar 2007 oder bis zu dem nach Satz 2 maßgebenden Zeitpunkt erfolgt sind. [5]In Fällen der Liquidation sind die Absätze 1 bis 3 auf Abschlagszahlungen anzuwenden, die bis zum Stichtag erfolgt sind, auf den das Körperschaftsteuerguthaben letztmalig ermittelt wird.

(5) [1]Die Körperschaft hat innerhalb eines Auszahlungszeitraums von 2008 bis 2017 einen Anspruch auf Auszahlung des Körperschaftsteuerguthabens in zehn gleichen Jahresbeträgen. [2]Der Anspruch entsteht mit Ablauf des 31. Dezember 2006 oder des nach Absatz 4 Satz 2 oder Satz 3 maßgebenden Tages. [3]Der Anspruch wird für den gesamten Auszahlungszeitraum festgesetzt. [4]Der Anspruch ist jeweils am 30. September auszuzahlen. [5]Für das Jahr der Bekanntgabe des Bescheids und die vorangegangenen Jahre ist der Anspruch innerhalb eines Monats nach Bekanntgabe des Bescheids auszuzahlen, wenn die Bekanntgabe des Bescheids nach dem 31. August 2008 erfolgt. [6]Abweichend von Satz 1 ist der festgesetzte Anspruch in einem Betrag auszuzahlen, wenn das festgesetzte Körperschaftsteuerguthaben nicht mehr als 1 000 Euro beträgt. [7]Der Anspruch ist nicht verzinslich. [8]Die Festsetzungsfrist für die Festsetzung des Anspruchs läuft nicht vor Ablauf des Jahres ab, in dem der letzte Jahresbetrag fällig geworden ist oder ohne Anwendung des Satzes 6 fällig geworden wäre. [9]§ 10d Abs. 4 Satz 4 und 5 des Einkommensteuergesetzes gilt sinngemäß. [10]Auf die Abtretung oder Verpfändung des Anspruchs ist § 46 Abs. 4 der Abgabenordnung nicht anzuwenden.

(6) [1]Wird der Bescheid über die Festsetzung des Anspruchs nach Absatz 5 aufgehoben oder geändert, wird der Betrag, um den der Anspruch, der sich aus dem geänderten Bescheid ergibt, die Summe der Auszahlungen, die bis zur Bekanntgabe des neuen Bescheids geleistet worden sind, übersteigt, auf die verbleibenden Fälligkeitstermine des Auszahlungszeitraums verteilt. [2]Abweichend von Satz 1 ist der übersteigende Betrag in einer Summe auszuzahlen, wenn er nicht mehr als 1 000 Euro beträgt und auf die vorangegangene Festsetzung Absatz 5 Satz 6 oder dieser Satz angewendet worden ist. [3]Ist die Summe der Auszahlungen, die bis zur Bekanntgabe des neuen Bescheids geleistet worden sind, größer als der Auszahlungsanspruch, der sich aus dem geänderten Bescheid ergibt, ist der Unterschiedsbetrag innerhalb eines Monats nach Bekanntgabe des Bescheids zu entrichten.

(7) [1]Erträge und Gewinnminderungen der Körperschaft, die sich aus der Anwendung des Absatzes 5 ergeben, gehören nicht zu den Einkünften im Sinne des Einkommensteuergesetzes. [2]Die Auszahlung ist aus den Einnahmen an Körperschaftsteuer zu leisten.

KStG

§ 38[1)2)] Körperschaftsteuererhöhung

(1) [1]Ein positiver Endbetrag im Sinne des § 36 Abs. 7 aus dem Teilbetrag im Sinne des § 30 Abs. 2 Nr. 2 in der Fassung des Artikels 4 des Gesetzes vom 14. Juli 2000 (BGBl I S. 1034) ist auch zum Schluss der folgenden Wirtschaftsjahre fortzuschreiben und geson-

1) **Anm. d. Red.:** § 38 Abs. 1 i. d. F. des Art. 4 Nr. 10 JStG 2007 v. 13. 12. 2006 (BGBl I 2878); Abs. 2 i. d. F. des Art. 2 Nr. 7 StVergAbG v. 16. 5. 2003 (BGBl I 660); Abs. 4 bis 10 angefügt gem. Art. 3 Nr. 6 JStG 2008 v. 20. 12. 2007 (BGBl I 3150).

2) **Anm. d. Red.:** Zur Anwendung des § 38 siehe § 34 Abs. 2, 4 Satz 1, Abs. 13e und 16.

dert festzustellen. [2]§ 27 Abs. 2 gilt entsprechend. [3]Der Betrag verringert sich jeweils, soweit er als für Leistungen verwendet gilt. [4]Er gilt als für Leistungen verwendet, soweit die Summe der Leistungen, die die Gesellschaft im Wirtschaftsjahr erbracht hat, den um den Bestand des Satzes 1 verminderten ausschüttbaren Gewinn (§ 27) übersteigt. [5]Maßgeblich sind die Bestände zum Schluss des vorangegangenen Wirtschaftsjahrs. [6]Die Rückzahlung von Geschäftsguthaben an ausscheidende Mitglieder von Genossenschaften stellt, soweit es sich dabei nicht um Nennkapital im Sinne des § 28 Abs. 2 Satz 2 handelt, keine Leistung im Sinne der Sätze 3 und 4 dar. [7]Satz 6 gilt nicht, soweit der unbelastete Teilbetrag im Sinne des Satzes 1 nach § 40 Abs. 1 oder Abs. 2 infolge der Umwandlung einer Körperschaft, die nicht Genossenschaft im Sinne des § 34 Abs. 13d ist, übergegangen ist.

(2) [1]Die Körperschaftsteuer des Veranlagungszeitraums, in dem das Wirtschaftsjahr endet, in dem die Leistungen erfolgen, erhöht sich um $^{3}/_{7}$ des Betrags der Leistungen, für die ein Teilbetrag aus dem Endbetrag im Sinne des Absatzes 1 als verwendet gilt. [2]Die Körperschaftsteuererhöhung mindert den Endbetrag im Sinne des Absatzes 1 bis zu dessen Verbrauch. [3]Satz 1 ist letztmals für den Veranlagungszeitraum anzuwenden, in dem das 18. Wirtschaftsjahr endet, das auf das Wirtschaftsjahr folgt, auf dessen Schluss nach § 37 Abs. 1 Körperschaftsteuerguthaben ermittelt werden.

(3) [1]Die Körperschaftsteuer wird nicht erhöht, soweit eine von der Körperschaftsteuer befreite Körperschaft Leistungen an einen unbeschränkt steuerpflichtigen, von der Körperschaftsteuer befreiten Anteilseigner oder an eine juristische Person des öffentlichen Rechts vornimmt. [2]Der Anteilseigner ist verpflichtet, der ausschüttenden Körperschaft seine Befreiung durch eine Bescheinigung des Finanzamts nachzuweisen, es sei denn, er ist eine juristische Person des öffentlichen Rechts. [3]Das gilt nicht, soweit die Leistung auf Anteile entfällt, die in einem wirtschaftlichen Geschäftsbetrieb gehalten werden, für den die Befreiung von der Körperschaftsteuer ausgeschlossen ist, oder in einem nicht von der Körperschaftsteuer befreiten Betrieb gewerblicher Art.

(4) [1]Der Endbetrag nach Absatz 1 wird letztmalig auf den 31. Dezember 2006 ermittelt und festgestellt. [2]Wird das Vermögen einer Körperschaft oder Personenvereinigung im Rahmen einer Liquidation im Sinne des § 11 nach dem 31. Dezember 2006 verteilt, wird der Endbetrag im Sinne des Satzes 1 letztmalig auf den Schluss des letzten vor dem 1. Januar 2007 endenden Besteuerungszeitraums festgestellt. [3]Bei über den 31. Dezember 2006 hinaus fortdauernden Liquidationen endet der Besteuerungszeitraum nach § 11 auf Antrag der Körperschaft oder Personenvereinigung mit Ablauf des 31. Dezember 2006. [4]Die Absätze 1 bis 3 sind letztmals auf Leistungen anzuwenden, die vor dem 1. Januar 2007 oder dem nach Satz 2 maßgebenden Zeitpunkt erfolgt sind.

(5) [1]Der Körperschaftsteuererhöhungsbetrag beträgt 3/100 des nach Absatz 4 Satz 1 festgestellten Endbetrags. [2]Er ist begrenzt auf den Betrag, der sich nach den Absätzen 1 bis 3 als Körperschaftsteuererhöhung ergeben würde, wenn die Körperschaft oder Personenvereinigung ihr am 31. Dezember 2006 oder an dem nach Absatz 4 Satz 2 maßgebenden Zeitpunkt bestehendes Eigenkapital laut Steuerbilanz für eine Ausschüttung verwenden würde. [3]Ein Körperschaftsteuererhöhungsbetrag ist nur festzusetzen, wenn er 1 000 Euro übersteigt.

(6) [1]Die Körperschaft oder deren Rechtsnachfolger hat den sich nach Absatz 5 ergebenden Körperschaftsteuererhöhungsbetrag innerhalb eines Zeitraums von 2008 bis 2017 in zehn gleichen Jahresbeträgen zu entrichten (Zahlungszeitraum). [2]Satz 1 gilt nicht für Körperschaften oder Personenvereinigungen, die sich am 31. Dezember 2006 bereits in Liquidation befanden. [3]Der Anspruch entsteht am 1. Januar 2007. [4]Der Körperschaftsteuererhöhungsbetrag wird für den gesamten Zahlungszeitraum festgesetzt. [5]Der Jahresbetrag ist jeweils am 30. September fällig. [6]Für das Jahr der Bekanntgabe des Bescheids und die vorangegangenen Jahre ist der Jahresbetrag innerhalb eines Monats nach Bekanntgabe des Bescheids fällig, wenn die Bekanntgabe des Bescheids nach dem 31. August 2008 erfolgt. [7]In den Fällen des Satzes 2 ist der gesamte Anspruch innerhalb eines Monats nach Bekanntgabe des Bescheids fällig. [8]Der Anspruch ist nicht verzinslich. [9]Die Festsetzungsfrist für die Festsetzung des Körperschaftsteu-

ererhöhungsbetrags läuft nicht vor Ablauf des Jahres ab, in dem der letzte Jahresbetrag fällig geworden ist.

(7) [1]Auf Antrag kann die Körperschaft oder deren Rechtsnachfolger abweichend von Absatz 6 Satz 1 den Körperschaftsteuererhöhungsbetrag in einer Summe entrichten. [2]Der Antrag kann letztmals zum 30. September 2015 gestellt werden. [3]Anstelle des jeweiligen Jahresbetrags ist zu dem Zahlungstermin, der auf den Zeitpunkt der Antragstellung folgt, der zu diesem Termin nach Absatz 6 Satz 4 fällige Jahresbetrag zuzüglich der noch nicht fälligen Jahresbeträge abgezinst mit einem Zinssatz von 5,5 Prozent zu entrichten. [4]Mit der Zahlung erlischt der gesamte Anspruch. [5]Die Sätze 3 und 4 sind in den Fällen des Absatzes 6 Satz 6, des Absatzes 8 und des Absatzes 9 Satz 1 und 2 von Amts wegen anzuwenden.

(8) Bei Liquidationen, die nach dem 31. Dezember 2006 beginnen, werden alle entstandenen und festgesetzten Körperschaftsteuererhöhungsbeträge an dem 30. September fällig, der auf den Zeitpunkt der Erstellung der Liquidationseröffnungsbilanz folgt.

(9) [1]Geht das Vermögen einer unbeschränkt steuerpflichtigen Körperschaft oder Personenvereinigung durch einen der in § 1 Abs. 1 Nr. 1 des Umwandlungssteuergesetzes vom 7. Dezember 2006 (BGBl I S. 2782, 2791) in der jeweils geltenden Fassung genannten Vorgänge ganz oder teilweise auf eine nicht unbeschränkt steuerpflichtige Körperschaft oder Personenvereinigung über oder verlegt eine unbeschränkt steuerpflichtige Körperschaft oder Personenvereinigung ihren Sitz oder Ort der Geschäftsleitung und endet dadurch ihre unbeschränkte Steuerpflicht, werden alle entstandenen und festgesetzten Körperschaftsteuererhöhungsbeträge an dem 30. September fällig, der auf den Zeitpunkt des Vermögensübergangs oder des Wegzugs folgt. [2]Ist eine Festsetzung nach Absatz 6 noch nicht erfolgt, ist der gesamte Anspruch innerhalb eines Monats nach Bekanntgabe des Bescheids fällig. [3]Satz 1 gilt nicht, wenn der übernehmende Rechtsträger in einem anderen Mitgliedstaat der Europäischen Union unbeschränkt steuerpflichtig ist oder die Körperschaft oder Personenvereinigung in den Fällen des Wegzugs in einem anderen Mitgliedstaat der Europäischen Union unbeschränkt steuerpflichtig wird.

(10) § 37 Abs. 6 und 7 gilt entsprechend.

§ 39[1)2)] Einlagen der Anteilseigner und Sonderausweis

KStG

(1) Ein sich nach § 36 Abs. 7 ergebender positiver Endbetrag des Teilbetrags im Sinne des § 30 Abs. 2 Nr. 4 des Körperschaftsteuergesetzes in der Fassung der Bekanntmachung vom 22. April 1999 (BGBl I S. 817), das zuletzt durch Artikel 4 des Gesetzes vom 14. Juli 2000 (BGBl I S. 1034) geändert worden ist, wird als Anfangsbestand des steuerlichen Einlagekontos im Sinne des § 27 erfasst.

(2) Der nach § 47 Abs. 1 Satz 1 Nr. 2 in der Fassung des Artikels 4 des Gesetzes vom 14. Juli 2000 (BGBl I S. 1034) zuletzt festgestellte Betrag wird als Anfangsbestand in die Feststellung nach § 28 Abs. 1 Satz 3 einbezogen.

§ 40[3)] (weggefallen)

1) **Anm. d. Red.:** § 39 Abs. 2 i. d. F. des Art. 3 Nr. 11 EURLUmsG v. 9. 12. 2004 (BGBl I 3310).

2) **Anm. d. Red.:** Zur Anwendung des § 39 siehe § 34 Abs. 2 und 4 Satz 1.

3) **Anm. d. Red.:** § 40 weggefallen gem. Art. 3 Nr. 7 JStG 2008 v. 20. 12. 2007 (BGBl I 3150).

Körperschaftsteuer-Durchführungsverordnung (KStDV)

v. 22. 2. 1996 (BGBl I S. 365) mit späteren Änderungen

Die amtliche Neufassung der KStDV v. 22. 2. 1996 (BGBl I 365) wurde inzwischen geändert durch Art. 5 Steuer-Euroglättungsgesetz (StEuglG) v. 19. 12. 2000 (BGBl I 1790). — **Zur Anwendung siehe § 6.**

Nichtamtliche Fassung

Zu § 5 Abs. 1 Nr. 3 des Gesetzes

§ 1 Allgemeines

Rechtsfähige Pensions-, Sterbe-, Kranken- und Unterstützungskassen sind nur dann eine soziale Einrichtung im Sinne des § 5 Abs. 1 Nr. 3 Buchstabe b des Gesetzes, wenn sie die folgenden Voraussetzungen erfüllen:

1. Die Leistungsempfänger dürfen sich in der Mehrzahl nicht aus dem Unternehmer oder dessen Angehörigen und bei Gesellschaften in der Mehrzahl nicht aus den Gesellschaftern oder deren Angehörigen zusammensetzen.
2. Bei Auflösung der Kasse darf ihr Vermögen vorbehaltlich der Regelung in § 6 des Gesetzes satzungsmäßig nur den Leistungsempfängern oder deren Angehörigen zugute kommen oder für ausschließlich gemeinnützige oder mildtätige Zwecke verwendet werden.
3. Außerdem müssen bei Kassen mit Rechtsanspruch der Leistungsempfänger die Voraussetzungen des § 2, bei Kassen ohne Rechtsanspruch der Leistungsempfänger die Voraussetzungen des § 3 erfüllt sein.

§ 2[1)] Kassen mit Rechtsanspruch der Leistungsempfänger

(1) Bei rechtsfähigen Pensions- oder Sterbekassen, die den Leistungsempfängern einen Rechtsanspruch gewähren, dürfen die jeweils erreichten Rechtsansprüche der Leistungsempfänger vorbehaltlich des Absatzes 2 die folgenden Beträge nicht übersteigen:

als Pension	25 769 Euro	jährlich,
als Witwengeld	17 179 Euro	jährlich,
als Waisengeld	5 154 Euro	jährlich für jede Halbwaise,
	10 308 Euro	jährlich für jede Vollwaise,
als Sterbegeld	7 669 Euro	als Gesamtleistung.

(2) [1]Die jeweils erreichten Rechtsansprüche, mit Ausnahme des Anspruchs auf Sterbegeld, dürfen in nicht mehr als 12 vom Hundert aller Fälle auf höhere als die in Absatz 1 bezeichneten Beträge gerichtet sein. [2]Dies gilt in nicht mehr als 4 vom Hundert aller Fälle uneingeschränkt. [3]Im Übrigen dürfen die jeweils erreichten Rechtsansprüche die folgenden Beträge nicht übersteigen:

als Pension	38 654 Euro	jährlich,
als Witwengeld	25 769 Euro	jährlich,
als Waisengeld	7 731 Euro	jährlich für jede Halbwaise,
	15 461 Euro	jährlich für jede Vollwaise.

1) **Anm. d. Red.:** § 2 i. d. F. des Art. 5 Nr. 1 StEuglG v. 19. 12. 2000 (BGBl I 1790).

KStDV

§ 3 Kassen ohne Rechtsanspruch der Leistungsempfänger

Rechtsfähige Unterstützungskassen, die den Leistungsempfängern keinen Rechtsanspruch gewähren, müssen die folgenden Voraussetzungen erfüllen:

1. Die Leistungsempfänger dürfen zu laufenden Beiträgen oder zu sonstigen Zuschüssen nicht verpflichtet sein.
2. Den Leistungsempfängern oder den Arbeitnehmervertretungen des Betriebs oder der Dienststelle muss satzungsgemäß und tatsächlich das Recht zustehen, an der Verwaltung sämtlicher Beträge, die der Kasse zufließen, beratend mitzuwirken.
3. Die laufenden Leistungen und das Sterbegeld dürfen die in § 2 bezeichneten Beträge nicht übersteigen.

Zu § 5 Abs. 1 Nr. 4 des Gesetzes

§ 4[1] Kleinere Versicherungsvereine

Kleinere Versicherungsvereine auf Gegenseitigkeit im Sinne des § 53 des Gesetzes über die Beaufsichtigung der privaten Versicherungsunternehmungen in der im Bundesgesetzblatt Teil III, Gliederungsnummer 7631-1, veröffentlichten bereinigten Fassung, zuletzt geändert durch das Gesetz vom 18. Dezember 1975 (BGBl I S. 3139), sind von der Körperschaftsteuer befreit, wenn

1. ihre Beitragseinnahmen im Durchschnitt der letzten drei Wirtschaftsjahre einschließlich des im Veranlagungszeitraum endenden Wirtschaftsjahrs die folgenden Jahresbeträge nicht überstiegen haben:
   a) 797 615 Euro bei Versicherungsvereinen, die die Lebensversicherung oder die Krankenversicherung betreiben,
   b) 306 775 Euro bei allen übrigen Versicherungsvereinen oder
2. sich ihr Geschäftsbetrieb auf die Sterbegeldversicherung beschränkt und sie im Übrigen die Voraussetzungen des § 1 erfüllen.

Zu § 26 Abs. 3 des Gesetzes

§ 5 Entwicklungsländer

Entwicklungsländer im Sinne des § 26 Abs. 3 des Gesetzes sind die in der Anlage zu dieser Verordnung genannten Staaten.

Schlussvorschrift

§ 6[2] Anwendungszeitraum

Die Körperschaftsteuer-Durchführungsverordnung in der Fassung des Artikels 5 des Gesetzes vom 19. Dezember 2000 (BGBl I S. 1790) ist erstmals für den Veranlagungszeitraum 2002 anzuwenden.

§ 7 (Inkrafttreten)

1) **Anm. d. Red.:** § 4 i. d. F. des Art. 5 Nr. 2 StEuglG v. 19. 12. 2000 (BGBl I 1790).

2) **Anm. d. Red.:** § 6 i. d. F. des Art. 5 Nr. 3 StEuglG v. 19. 12. 2000 (BGBl I 1790).

Anlage (zu § 5)

Entwicklungsländer sind folgende Staaten:

Islamischer Staat Afghanistan
Republik Albanien
Demokratische Volksrepublik Algerien
Republik Angola
Antigua und Barbuda
Republik Äquatorialguinea
Äthiopien
Staat Bahrain
Barbados
Belize
Republik Benin
Königreich Bhutan
Republik Bolivien
Republik Botsuana
Burkina Faso
Republik Burundi
Republik Chile
Republik Costa Rica
Commonwealth Dominica
Dominikanische Republik
Republik Dschibuti
Republik El Salvador
Republik Fidschi
Gabunische Republik
Republik Gambia
Republik Ghana
Grenada
Griechische Republik
Republik Guatemala
Republik Guinea
Republik Guinea-Bissau
Kooperative Republik Guyana
Republik Haiti
Republik Honduras
Republik Irak
Republik Jemen
Haschemitisches Königreich Jordanien
Kambodscha
Republik Kamerun
Republik Kap Verde
Republik Kasachstan
Republik Kirgisistan
Kiribati
Republik Kolumbien
Islamische Bundesrepublik Komoren
Republik Kongo
Demokratische Volksrepublik Korea
Republik Kuba
Demokratische Volksrepublik Laos
Königreich Lesotho
Libanesische Republik
Sozialistische Libysch-Arabische Volks-Dschamahirija
Republik Madagaskar
Republik Malawi
Republik Malediven
Republik Mali
Islamische Republik Mauretanien
Vereinigte Mexikanische Staaten
Mongolei
Republik Mosambik
Union Myanmar
Republik Namibia
Republik Nauru
Königreich Nepal
Republik Nicaragua
Republik Niger
Bundesrepublik Nigeria
Sultanat Oman
Republik Panama
Unabhängiger Staat Papua-Neuguinea
Republik Paraguay
Republik Peru
Republik Ruanda
Salomonen
Demokratische Republik São Tomé und Prìncipe
Königreich Saudi-Arabien
Republik Senegal
Republik Seychellen
Republik Sierra Leone
Demokratische Republik Somalia
Föderation St. Kitts und Nevis
St. Lucia
St. Vincent und die Grenadinen
Republik Sudan
Republik Suriname
Königreich Swasiland
Arabische Republik Syrien
Republik Tadschikistan
Taiwan
Vereinigte Republik Tansania
Republik Togo
Königreich Tonga
Republik Tschad
Turkmenistan
Tuvalu
Republik Uganda
Republik Usbekistan
Republik Vanuatu
Republik Venezuela
Sozialistische Republik Vietnam
Unabhängiger Staat Westsamoa
Republik Zaire
Zentralafrikanische Republik

Gewerbesteuergesetz (GewStG)

v. 15. 10. 2002 (BGBl I S. 4168) mit späteren Änderungen

Die amtliche Neufassung des GewStG v. 15. 10. 2002 (BGBl I 4168) wurde inzwischen geändert durch Art. 4 Gesetz zum Abbau von Steuervergünstigungen und Ausnahmeregelungen (Steuervergünstigungsabbaugesetz – StVergAbG) v. 16. 5. 2003 (BGBl I 660); Art. 3 Gesetz zur Förderung von Kleinunternehmern und zur Verbesserung der Unternehmensfinanzierung (Kleinunternehmerförderungsgesetz) v. 31. 7. 2003 (BGBl I 1550); Art. 7 Gesetz zur Neustrukturierung der Förderbanken des Bundes (Förderbankenneustrukturierungsgesetz) v. 15. 8. 2003 (BGBl I 1657); Art. 4 Zweites Gesetz zur Änderung steuerlicher Vorschriften (Steueränderungsgesetz 2003 – StÄndG 2003) v. 15. 12. 2003 (BGBl I 2645); Art. 4 Gesetz zur Umsetzung der Protokollerklärung der Bundesregierung zur Vermittlungsempfehlung zum Steuervergünstigungsabbaugesetz v. 22. 12. 2003 (BGBl I 2840); Art. 2 Gesetz zur Änderung des GewStG und anderer Gesetze v. 23. 12. 2003 (BGBl I 2922); Art. 50 Gesetz zur Einordnung des Sozialhilferechts in das Sozialgesetzbuch v. 27. 12. 2003 (BGBl I 3022); Art. 12 Haushaltsbegleitgesetz 2004 (HBeglG 2004) v. 29. 12. 2003 (BGBl I 3076, ber. 2004 I 69); Art. 32 Gesetz zur Organisationsreform in der gesetzlichen Rentenversicherung (RVOrgG) v. 9. 12. 2004 (BGBl I 3242); Art. 4 Gesetz zur Umsetzung von EU-Richtlinien in nationales Steuerrecht und zur Änderung weiterer Vorschriften (Richtlinien-Umsetzungsgesetz – EURLUmsG) v. 9. 12. 2004 (BGBl I 3310, ber. 3843); Art. 4 Gesetz zu dem Dritten Zusatzprotokoll vom 4. Juni 2004 zum Abkommen vom 16. Juni 1959 zwischen der Bundesrepublik Deutschland und dem Königreich der Niederlande zur Vermeidung der Doppelbesteuerung auf dem Gebiete der Steuern vom Einkommen und vom Vermögen sowie verschiedener sonstiger Steuern und zur Regelung anderer Fragen auf steuerlichem Gebiete v. 15. 12. 2004 (BGBl II 1653); Art. 4 Gesetz über steuerliche Begleitmaßnahmen zur Einführung der Europäischen Gesellschaft und zur Änderung weiterer steuerrechtlicher Vorschriften (SEStEG) v. 7. 12. 2006 (BGBl I 2782, ber. 2007 I 68); Art. 5 Jahressteuergesetz 2007 (JStG 2007) v. 13. 12. 2006 (BGBl I 2878); Art. 3 Unternehmensteuerreformgesetz 2008 v. 14. 8. 2007 (BGBl I 1912); Art. 4 Gesetz zur weiteren Stärkung des bürgerschaftlichen Engagements v. 10. 10. 2007 (BGBl I 2332); Art. 5 Jahressteuergesetz 2008 (JStG 2008) v. 20. 12. 2007 (BGBl I 3150); Art. 5 Gesetz zur Modernisierung der Rahmenbedingungen für Kapitalbeteiligungen (MoRaKG) v. 12. 8. 2008 (BGBl I 1672); Art. 4 Jahressteuergesetz 2009 (JStG 2009) v. 19. 12. 2008 (BGBl I 2794); Art. 7 Gesetz zur Modernisierung und Entbürokratisierung des Steuerverfahrens (Steuerbürokratieabbaugesetz) v. 20. 12. 2008 (BGBl I 2850); Art. 6a Drittes Gesetz zum Abbau bürokratischer Hemmnisse insbesondere in der mittelständischen Wirtschaft (Drittes Mittelstandsentlastungsgesetz) v. 17. 3. 2009 (BGBl I 550); Art. 3 Gesetz zur Beschleunigung des Wirtschaftswachstums (Wachstumsbeschleunigungsgesetz) v. 22. 12. 2009 (BGBl I 3950). — **Zur Anwendung siehe § 36.**

Nichtamtliche Fassung

Inhaltsübersicht

Abschnitt I: Allgemeines

§ 1[1)] Steuerberechtigte

Die Gemeinden erheben eine Gewerbesteuer als Gemeindesteuer.

§ 2[2)] Steuergegenstand

(1) [1]Der Gewerbesteuer unterliegt jeder stehende Gewerbebetrieb, soweit er im Inland betrieben wird. [2]Unter Gewerbebetrieb ist ein gewerbliches Unternehmen im Sinne des Einkommensteuergesetzes zu verstehen. [3]Im Inland betrieben wird ein Gewerbebetrieb, soweit für ihn im Inland oder auf einem in einem inländischen Schiffsregister eingetragenen Kauffahrteischiff eine Betriebsstätte unterhalten wird.

(2)[3)] [1]Als Gewerbebetrieb gilt stets und in vollem Umfang die Tätigkeit der Kapitalgesellschaften (insbesondere Europäische Gesellschaften, Aktiengesellschaften, Kommanditgesellschaften auf Aktien, Gesellschaften mit beschränkter Haftung), Genossenschaften einschließlich Europäischer Genossenschaften sowie der Versicherungs- und Pensionsfondsvereine auf Gegenseitigkeit. [2]Ist eine Kapitalgesellschaft Organgesellschaft im Sinne der §§ 14, 17 oder 18 des Körperschaftsteuergesetzes, so gilt sie als Betriebsstätte des Organträgers.

(3) Als Gewerbebetrieb gilt auch die Tätigkeit der sonstigen juristischen Personen des privaten Rechts und der nichtrechtsfähigen Vereine, soweit sie einen wirtschaftlichen Geschäftsbetrieb (ausgenommen Land- und Forstwirtschaft) unterhalten.

(4) Vorübergehende Unterbrechungen im Betrieb eines Gewerbes, die durch die Art des Betriebs veranlasst sind, heben die Steuerpflicht für die Zeit bis zur Wiederaufnahme des Betriebs nicht auf.

(5) [1]Geht ein Gewerbebetrieb im Ganzen auf einen anderen Unternehmer über, so gilt der Gewerbebetrieb als durch den bisherigen Unternehmer eingestellt. [2]Der Gewerbebetrieb gilt als durch den anderen Unternehmer neu gegründet, wenn er nicht mit einem bereits bestehenden Gewerbebetrieb vereinigt wird.

(6) Inländische Betriebsstätten von Unternehmen, deren Geschäftsleitung sich in einem ausländischen Staat befindet, mit dem kein Abkommen zur Vermeidung der Doppelbesteuerung besteht, unterliegen nicht der Gewerbesteuer, wenn und soweit

1) **Anm. d. Red.:** § 1 i. d. F. des Art. 2 Nr. 1 Gesetz zur Änderung des GewStG und anderer Gesetze v. 23. 12. 2003 (BGBl I 2922).

2) **Anm. d. Red.:** § 2 Abs. 2 i. d. F. des Art. 5 Nr. 1 JStG 2007 v. 13. 12. 2006 (BGBl I 2878); Abs. 7 i. d. F. des Art. 5 Nr. 01 JStG 2008 v. 20. 12. 2007 (BGBl I 3150).

3) **Anm. d. Red.:** Zur Anwendung des § 2 Abs. 2 siehe § 36 Abs. 2 Sätze 1 bis 4.

1. die Einkünfte aus diesen Betriebsstätten im Rahmen der beschränkten Einkommensteuerpflicht steuerfrei sind und
2. der ausländische Staat Unternehmen, deren Geschäftsleitung sich im Inland befindet, eine entsprechende Befreiung von den der Gewerbesteuer ähnlichen oder ihr entsprechenden Steuern gewährt, oder in dem ausländischen Staat keine der Gewerbesteuer ähnlichen oder ihr entsprechenden Steuern bestehen.

(7)[1] Zum Inland im Sinne dieses Gesetzes gehört auch
1. der der Bundesrepublik Deutschland zustehende Anteil am Festlandsockel, soweit dort Naturschätze des Meeresgrundes und des Meeresuntergrundes erforscht oder ausgebeutet werden oder dieser der Energieerzeugung unter Nutzung erneuerbarer Energien dient, und
2. der nicht zur Bundesrepublik Deutschland gehörende Teil eines grenzüberschreitenden Gewerbegebiets, das nach den Vorschriften eines Abkommens zur Vermeidung der Doppelbesteuerung als solches bestimmt ist.

§ 2a Arbeitsgemeinschaften

[1]Als Gewerbebetrieb gilt nicht die Tätigkeit der Arbeitsgemeinschaften, deren alleiniger Zweck in der Erfüllung eines einzigen Werkvertrags oder Werklieferungsvertrags besteht. [2]Die Betriebsstätten der Arbeitsgemeinschaften gelten insoweit anteilig als Betriebsstätten der Beteiligten.

§ 3[2] Befreiungen

Von der Gewerbesteuer sind befreit
1. das Bundeseisenbahnvermögen, die Monopolverwaltungen des Bundes, die staatlichen Lotterieunternehmen, die zugelassenen öffentlichen Spielbanken mit ihren der Spielbankabgabe unterliegenden Tätigkeiten und der Erdölbevorratungsverband nach § 2 Abs. 1 des Erdölbevorratungsgesetzes in der Fassung der Bekanntmachung vom 8. Dezember 1987 (BGBl I S. 2509);
2.[3] die Deutsche Bundesbank, die Kreditanstalt für Wiederaufbau, die Landwirtschaftliche Rentenbank, die Bayerische Landesanstalt für Aufbaufinanzierung, die Investitionsbank Hessen, die Niedersächsische Gesellschaft für öffentliche Finanzierungen mit beschränkter Haftung, die Bremer Aufbau-Bank GmbH, die Landeskreditbank Baden-Württemberg – Förderbank, die Bayerische Landesbodenkreditanstalt, die Investitionsbank Berlin, die Hamburgische Wohnungsbaukreditanstalt, die NRW.Bank, die Wohnungsbauförderungsanstalt Nordrhein-Westfalen – Anstalt der NRW.Bank –, die Investitions- und Förderbank Niedersachsen, die Saarländische Investitionskreditbank Aktiengesellschaft, die Investitionsbank Schleswig-Holstein, die Investitionsbank des Landes Brandenburg, die Sächsische Aufbaubank – Förderbank –, die Thüringer Aufbaubank, die Investitionsbank Sachsen-Anhalt – Anstalt der Norddeutschen Landesbank – Girozentrale –, die Investitions- und Strukturbank Rheinland-Pfalz, das Landesförderinstitut Mecklenburg-Vorpommern – Geschäftsbereich der Norddeutschen Landesbank Girozentrale –, die Landestreuhandstelle Hessen – Bank für Infrastruktur – rechtlich unselbständige Anstalt in der Landesbank Hessen-Thüringen Girozentrale und die Liquiditäts-Konsortialbank Gesellschaft mit beschränkter Haftung;
3. die Bundesanstalt für vereinigungsbedingte Sonderaufgaben;
4. (weggefallen)

GewStG

1) **Anm. d. Red.:** Zur Anwendung des § 2 Abs. 7 siehe § 36 Abs. 2 Satz 5.

2) **Anm. d. Red.:** § 3 Nr. 2 und 17 i. d. F. des Art. 4 Nr. 1 JStG 2009 v. 19. 12. 2008 (BGBl I 2794); Nr. 11 i. d. F. des Art. 32 Nr. 1 RVOrgG v. 9. 12. 2004 (BGBl I 3242); Nr. 20 i. d. F. des Art. 5 Nr. 7 JStG 2007 v. 13. 12. 2006 (BGBl I 2878); Nr. 23 i. d. F. des Art. 5 Nr. 1 MoRaKG v. 12. 8. 2008 (BGBl I 1672); Nr. 24 i. d. F., Nr. 30 angefügt gem. Art. 4 Nr. 1 StÄndG 2003 v. 15. 12. 2003 (BGBl I 2645).

3) **Anm. d. Red.:** Zur Anwendung des § 3 Nr. 2 siehe § 36 Abs. 3.

5. Hauberg-, Wald-, Forst- und Laubgenossenschaften und ähnliche Realgemeinden. [2]Unterhalten sie einen Gewerbebetrieb, der über den Rahmen eines Nebenbetriebs hinausgeht, so sind sie insoweit steuerpflichtig;
6. Körperschaften, Personenvereinigungen und Vermögensmassen, die nach der Satzung, dem Stiftungsgeschäft oder der sonstigen Verfassung und nach der tatsächlichen Geschäftsführung ausschließlich und unmittelbar gemeinnützigen, mildtätigen oder kirchlichen Zwecken dienen (§§ 51 bis 68 der Abgabenordnung). [2]Wird ein wirtschaftlicher Geschäftsbetrieb – ausgenommen Land- und Forstwirtschaft – unterhalten, ist die Steuerfreiheit insoweit ausgeschlossen;
7. Hochsee- und Küstenfischerei, wenn sie mit weniger als sieben im Jahresdurchschnitt beschäftigten Arbeitnehmern oder mit Schiffen betrieben wird, die eine eigene Triebkraft von weniger als 100 Pferdekräften haben;
8. Erwerbs- und Wirtschaftsgenossenschaften sowie Vereine im Sinne des § 5 Abs. 1 Nr. 14 des Körperschaftsteuergesetzes, soweit sie von der Körperschaftsteuer befreit sind;
9. rechtsfähige Pensions-, Sterbe-, Kranken- und Unterstützungskassen im Sinne des § 5 Abs. 1 Nr. 3 des Körperschaftsteuergesetzes, soweit sie die für eine Befreiung von der Körperschaftsteuer erforderlichen Voraussetzungen erfüllen;
10. Körperschaften oder Personenvereinigungen, deren Hauptzweck die Verwaltung des Vermögens für einen nichtrechtsfähigen Berufsverband im Sinne des § 5 Abs. 1 Nr. 5 des Körperschaftsteuergesetzes ist, wenn ihre Erträge im Wesentlichen aus dieser Vermögensverwaltung herrühren und ausschließlich dem Berufsverband zufließen;
11. öffentlich-rechtliche Versicherungs- und Versorgungseinrichtungen von Berufsgruppen, deren Angehörige auf Grund einer durch Gesetz angeordneten oder auf Gesetz beruhenden Verpflichtung Mitglieder dieser Einrichtungen sind, wenn die Satzung der Einrichtung die Zahlung keiner höheren jährlichen Beiträge zulässt als das Zwölffache der Beiträge, die sich bei einer Beitragsbemessungsgrundlage in Höhe der doppelten monatlichen Beitragsbemessungsgrenze in der allgemeinen Rentenversicherung ergeben würden. [2]Sind nach der Satzung der Einrichtung nur Pflichtmitgliedschaften sowie freiwillige Mitgliedschaften, die unmittelbar an eine Pflichtmitgliedschaft anschließen, möglich, so steht dies der Steuerbefreiung nicht entgegen, wenn die Satzung die Zahlung keiner höheren jährlichen Beiträge zulässt als das Fünfzehnfache der Beiträge, die sich bei einer Beitragsbemessungsgrundlage in Höhe der doppelten monatlichen Beitragsbemessungsgrenze in der allgemeinen Rentenversicherung ergeben würden;
12. Gesellschaften, bei denen die Gesellschafter als Unternehmer (Mitunternehmer) anzusehen sind, sowie Erwerbs- und Wirtschaftsgenossenschaften, soweit die Gesellschaften und die Erwerbs- und Wirtschaftsgenossenschaften eine gemeinschaftliche Tierhaltung im Sinne des § 51a des Bewertungsgesetzes betreiben;
13. private Schulen und andere allgemein bildende oder berufsbildende Einrichtungen, soweit ihre Leistungen nach § 4 Nr. 21 des Umsatzsteuergesetzes von der Umsatzsteuer befreit sind;
14. Erwerbs- und Wirtschaftsgenossenschaften sowie Vereine, deren Tätigkeit sich auf den Betrieb der Land- und Forstwirtschaft beschränkt, wenn die Mitglieder der Genossenschaft oder dem Verein Flächen zur Nutzung oder für die Bewirtschaftung der Flächen erforderliche Gebäude überlassen und
    a) bei Genossenschaften das Verhältnis der Summe der Werte der Geschäftsanteile des einzelnen Mitglieds zu der Summe der Werte aller Geschäftsanteile,
    b) bei Vereinen das Verhältnis des Werts des Anteils an dem Vereinsvermögen, der im Fall der Auflösung des Vereins an das einzelne Mitglied fallen würde, zu dem Wert des Vereinsvermögens

    nicht wesentlich von dem Verhältnis abweicht, in dem der Wert der von dem einzelnen Mitglied zur Nutzung überlassenen Flächen und Gebäude zu dem Wert der insgesamt zur Nutzung überlassenen Flächen und Gebäude steht;

15. Erwerbs- und Wirtschaftsgenossenschaften sowie Vereine im Sinne des § 5 Abs. 1 Nr. 10 des Körperschaftsteuergesetzes, soweit sie von der Körperschaftsteuer befreit sind;
16. (weggefallen)
17.[1] die von den zuständigen Landesbehörden begründeten oder anerkannten gemeinnützigen Siedlungsunternehmen im Sinne des Reichssiedlungsgesetzes in der jeweils aktuellen Fassung oder entsprechender Landesgesetze, soweit diese Landesgesetze nicht wesentlich von den Bestimmungen des Reichssiedlungsgesetzes abweichen, und im Sinne der Bodenreformgesetze der Länder, soweit die Unternehmen im ländlichen Raum Siedlungs-, Agrarstrukturverbesserungs- und Landentwicklungsmaßnahmen mit Ausnahme des Wohnungsbaus durchführen. [2]Die Steuerbefreiung ist ausgeschlossen, wenn die Einnahmen des Unternehmens aus den in Satz 1 nicht bezeichneten Tätigkeiten die Einnahmen aus den in Satz 1 bezeichneten Tätigkeiten übersteigen;
18. (weggefallen)
19. der Pensions-Sicherungs-Verein Versicherungsverein auf Gegenseitigkeit, wenn er die für eine Befreiung von der Körperschaftsteuer erforderlichen Voraussetzungen erfüllt;
20. Krankenhäuser, Altenheime, Altenwohnheime, Pflegeheime, Einrichtungen zur vorübergehenden Aufnahme pflegebedürftiger Personen und Einrichtungen zur ambulanten Pflege kranker und pflegebedürftiger Personen, wenn
    a) diese Einrichtungen von juristischen Personen des öffentlichen Rechts betrieben werden oder
    b) bei Krankenhäusern im Erhebungszeitraum die in § 67 Abs. 1 oder 2 der Abgabenordnung bezeichneten Voraussetzungen erfüllt worden sind oder
    c)[2] bei Altenheimen, Altenwohnheimen und Pflegeheimen im Erhebungszeitraum mindestens 40 Prozent der Leistungen den in § 61 Abs. 1 des Zwölften Buches Sozialgesetzbuch oder den in § 53 Nr. 2 der Abgabenordnung genannten Personen zugute gekommen sind oder
    d) bei Einrichtungen zur vorübergehenden Aufnahme pflegebedürftiger Personen und bei Einrichtungen zur ambulanten Pflege kranker und pflegebedürftiger Personen im Erhebungszeitraum die Pflegekosten in mindestens 40 Prozent der Fälle von den gesetzlichen Trägern der Sozialversicherung oder Sozialhilfe ganz oder zum überwiegenden Teil getragen worden sind;
21. Entschädigungs- und Sicherungseinrichtungen im Sinne des § 5 Abs. 1 Nr. 16 des Körperschaftsteuergesetzes, soweit sie von der Körperschaftsteuer befreit sind;
22. Bürgschaftsbanken (Kreditgarantiegemeinschaften), wenn sie von der Körperschaftsteuer befreit sind;
23.[3] Unternehmensbeteiligungsgesellschaften, die nach dem Gesetz über Unternehmensbeteiligungsgesellschaften anerkannt sind. [2]Für Unternehmensbeteiligungsgesellschaften im Sinne des § 25 Abs. 1 des Gesetzes über Unternehmensbeteiligungsgesellschaften haben der Widerruf der Anerkennung und der Verzicht auf die Anerkennung Wirkung für die Vergangenheit, wenn nicht Aktien der Unternehmensbeteiligungsgesellschaft öffentlich angeboten worden sind; Entsprechendes gilt, wenn eine solche Gesellschaft nach § 25 Abs. 3 des Gesetzes über Unternehmensbeteiligungsgesellschaften die Anerkennung als Unternehmensbeteiligungsgesellschaft verliert. [3]Für offene Unternehmensbeteiligungsgesellschaften im Sinne des § 1a Abs. 2 Satz 1 des Gesetzes über Unternehmensbeteiligungsgesellschaften haben der Widerruf der Anerkennung und der Verzicht auf die Anerkennung inner-

1) **Anm. d. Red.:** Zur Anwendung des § 3 Nr. 17 siehe § 36 Abs. 3a.
2) **Anm. d. Red.:** Zur Anwendung des § 3 Nr. 20 Buchst. c siehe § 36 Abs. 3b.
3) **Anm. d. Red.:** Zur Anwendung des § 3 Nr. 23 siehe § 36 Abs. 3c.

GewStG

halb der in § 7 Abs. 1 Satz 1 des Gesetzes über Unternehmensbeteiligungsgesellschaften genannten Frist Wirkung für die Vergangenheit. [4]Bescheide über die Anerkennung, die Rücknahme oder den Widerruf der Anerkennung und über die Feststellung, ob Aktien der Unternehmensbeteiligungsgesellschaft im Sinne des § 25 Abs. 1 des Gesetzes über Unternehmensbeteiligungsgesellschaften öffentlich angeboten worden sind, sind Grundlagenbescheide im Sinne der Abgabenordnung; die Bekanntmachung der Aberkennung der Eigenschaft als Unternehmensbeteiligungsgesellschaft nach § 25 Abs. 3 des Gesetzes über Unternehmensbeteiligungsgesellschaften steht einem Grundlagenbescheid gleich;

24.[1)] die folgenden Kapitalbeteiligungsgesellschaften für die mittelständische Wirtschaft, soweit sich deren Geschäftsbetrieb darauf beschränkt, im öffentlichen Interesse mit Eigenmitteln oder mit staatlicher Hilfe Beteiligungen zu erwerben, wenn der von ihnen erzielte Gewinn ausschließlich und unmittelbar für die satzungsmäßigen Zwecke der Beteiligungsfinanzierung verwendet wird: Mittelständische Beteiligungsgesellschaft Baden-Württemberg GmbH, Kapitalbeteiligungsgesellschaft für die mittelständische Wirtschaft Bayerns mbH, MBG Mittelständische Beteiligungsgesellschaft Hessen GmbH, Mittelständische Beteiligungsgesellschaft Niedersachsen (MBG) mbH, Kapitalbeteiligungsgesellschaft für die mittelständische Wirtschaft in Nordrhein-Westfalen mbH, MBG Mittelständische Beteiligungsgesellschaft Rheinland-Pfalz mbH, Wagnisfinanzierungsgesellschaft für Technologieförderung in Rheinland-Pfalz mbH (WFT), Saarländische Kapitalbeteiligungsgesellschaft mbH, Gesellschaft für Wagniskapital Mittelständische Beteiligungsgesellschaft Schleswig-Holstein Gesellschaft mit beschränkter Haftung – MBG, Technologie-Beteiligungs-Gesellschaft mbH der Deutschen Ausgleichsbank, bgb Beteiligungsgesellschaft Berlin mbH für kleine und mittlere Betriebe, Mittelständische Beteiligungsgesellschaft Berlin-Brandenburg mbH, Mittelständische Beteiligungsgesellschaft Mecklenburg-Vorpommern mbH, Mittelständische Beteiligungsgesellschaft Sachsen mbH, Mittelständische Beteiligungsgesellschaft Sachsen-Anhalt mbH, Wagnisbeteiligungsgesellschaft Sachsen-Anhalt mbH, IBG Beteiligungsgesellschaft Sachsen-Anhalt mbH, Mittelständische Beteiligungsgesellschaft Thüringen (MBG) mbH;

25. Wirtschaftsförderungsgesellschaften, wenn sie von der Körperschaftsteuer befreit sind;

26. Gesamthafenbetriebe im Sinne des § 1 des Gesetzes über die Schaffung eines besonderen Arbeitgebers für Hafenarbeiter vom 3. August 1950 (BGBl S. 352), soweit sie von der Körperschaftsteuer befreit sind;

27. Zusammenschlüsse im Sinne des § 5 Abs. 1 Nr. 20 des Körperschaftsteuergesetzes, soweit sie von der Körperschaftsteuer befreit sind;

28. die Arbeitsgemeinschaften Medizinischer Dienst der Krankenversicherung im Sinne des § 278 des Fünften Buches Sozialgesetzbuch und der Medizinische Dienst der Spitzenverbände der Krankenkassen im Sinne des § 282 des Fünften Buches Sozialgesetzbuch, soweit sie von der Körperschaftsteuer befreit sind;

29. gemeinsame Einrichtungen im Sinne des § 5 Abs. 1 Nr. 22 des Körperschaftsteuergesetzes, soweit sie von der Körperschaftsteuer befreit sind;

30.[2)] die Auftragsforschung im Sinne des § 5 Abs. 1 Nr. 23 des Körperschaftsteuergesetzes, soweit sie von der Körperschaftsteuer befreit ist.

§ 4[3)] Hebeberechtigte Gemeinde

(1) [1]Die stehenden Gewerbebetriebe unterliegen der Gewerbesteuer in der Gemeinde, in der eine Betriebsstätte zur Ausübung des stehenden Gewerbes unterhalten wird. [2]Befinden sich Betriebsstätten desselben Gewerbebetriebs in mehreren Gemeinden oder er-

1) **Anm. d. Red.:** Zur Anwendung des § 3 Nr. 24 siehe § 36 Abs. 4.

2) **Anm. d. Red.:** Zur Anwendung des § 3 Nr. 30 siehe § 36 Abs. 4a.

3) **Anm. d. Red.:** § 4 Abs. 3 angefügt gem. Art. 4 Nr. 2 Gesetz v. 15. 12. 2004 (BGBl II 1653).

streckt sich eine Betriebsstätte über mehrere Gemeinden, so wird die Gewerbesteuer in jeder Gemeinde nach dem Teil des Steuermessbetrags erhoben, der auf sie entfällt.

(2) Für Betriebsstätten in gemeindefreien Gebieten bestimmt die Landesregierung durch Rechtsverordnung, wer die nach diesem Gesetz den Gemeinden zustehenden Befugnisse ausübt.

(3) [1]Für Betriebsstätten im nicht zur Bundesrepublik Deutschland gehörenden Teil eines grenzüberschreitenden Gewerbegebiets im Sinne des § 2 Abs. 7 Nr. 2 ist die Gemeinde hebeberechtigt, in der der zur Bundesrepublik Deutschland gehörende Teil des grenzüberschreitenden Gewerbegebiets liegt. [2]Liegt der zur Bundesrepublik Deutschland gehörende Teil in mehreren Gemeinden, gilt Absatz 2 entsprechend.

§ 5 Steuerschuldner

(1) [1]Steuerschuldner ist der Unternehmer. [2]Als Unternehmer gilt der, für dessen Rechnung das Gewerbe betrieben wird. [3]Ist die Tätigkeit einer Personengesellschaft Gewerbebetrieb, so ist Steuerschuldner die Gesellschaft. [4]Wird das Gewerbe in der Rechtsform einer Europäischen wirtschaftlichen Interessenvereinigung mit Sitz im Geltungsbereich der Verordnung (EWG) Nr. 2137/85 des Rates vom 25. Juli 1985 über die Schaffung einer Europäischen wirtschaftlichen Interessenvereinigung (EWIV) – ABl EG Nr. L 199 S. 1 – betrieben, sind abweichend von Satz 3 die Mitglieder Gesamtschuldner.

(2) [1]Geht ein Gewerbebetrieb im Ganzen auf einen anderen Unternehmer über (§ 2 Abs. 5), so ist der bisherige Unternehmer bis zum Zeitpunkt des Übergangs Steuerschuldner. [2]Der andere Unternehmer ist von diesem Zeitpunkt an Steuerschuldner.

§ 6 Besteuerungsgrundlage

Besteuerungsgrundlage für die Gewerbesteuer ist der Gewerbeertrag.

Abschnitt II: Bemessung der Gewerbesteuer

§ 7[1)2)] Gewerbeertrag

[1]Gewerbeertrag ist der nach den Vorschriften des Einkommensteuergesetzes oder des Körperschaftsteuergesetzes zu ermittelnde Gewinn aus dem Gewerbebetrieb, der bei der Ermittlung des Einkommens für den dem Erhebungszeitraum (§ 14) entsprechenden Veranlagungszeitraum zu berücksichtigen ist, vermehrt und vermindert um die in den §§ 8 und 9 bezeichneten Beträge. [2]Zum Gewerbeertrag gehört auch der Gewinn aus der Veräußerung oder Aufgabe

1. des Betriebs oder eines Teilbetriebs einer Mitunternehmerschaft,
2. des Anteils eines Gesellschafters, der als Unternehmer (Mitunternehmer) des Betriebs einer Mitunternehmerschaft anzusehen ist,
3. des Anteils eines persönlich haftenden Gesellschafters einer Kommanditgesellschaft auf Aktien,

soweit er nicht auf eine natürliche Person als unmittelbar beteiligter Mitunternehmer entfällt. [3]Der nach § 5a des Einkommensteuergesetzes ermittelte Gewinn und das nach § 8 Abs. 1 Satz 3 des Körperschaftsteuergesetzes ermittelte Einkommen gelten als Gewerbeertrag nach Satz 1. [4]§ 3 Nr. 40 und § 3c Abs. 2 des Einkommensteuergesetzes sind bei der Ermittlung des Gewerbeertrags einer Mitunternehmerschaft anzuwenden, soweit an der Mitunternehmerschaft natürliche Personen unmittelbar oder mittelbar über eine oder mehrere Personengesellschaften beteiligt sind; im Übrigen ist § 8b des Körperschaftsteuergesetzes anzuwenden. [5]Bei der Ermittlung des Gewerbeertrags einer Kapitalgesellschaft, auf die § 8 Abs. 7 Satz 1 Nr. 2 des Körperschaftsteuergesetzes anzuwenden ist, ist § 8 Abs. 9 Satz 1 bis 3 des Körperschaftsteuergesetzes entsprechend anzuwen-

1) **Anm. d. Red.:** § 7 i. d. F. des Art. 4 Nr. 2 JStG 2009 v. 19. 12. 2008 (BGBl I 2794).

2) **Anm. d. Red.:** Zur Anwendung des § 7 siehe § 36 Abs. 5.

den; ein sich danach bei der jeweiligen Sparte im Sinne des § 8 Abs. 9 Satz 1 des Körperschaftsteuergesetzes ergebender negativer Gewerbeertrag darf nicht mit einem positiven Gewerbeertrag aus einer anderen Sparte im Sinne des § 8 Abs. 9 Satz 1 des Körperschaftsteuergesetzes ausgeglichen werden. [6]§ 50d Abs. 10 des Einkommensteuergesetzes ist bei der Ermittlung des Gewerbeertrags entsprechend anzuwenden.

§ 8[1)2)] Hinzurechnungen

Dem Gewinn aus Gewerbebetrieb (§ 7) werden folgende Beträge wieder hinzugerechnet, soweit sie bei der Ermittlung des Gewinns abgesetzt worden sind:

1. Ein Viertel der Summe aus
   a) Entgelten für Schulden. [2]Als Entgelt gelten auch der Aufwand aus nicht dem gewöhnlichen Geschäftsverkehr entsprechenden gewährten Skonti oder wirtschaftlich vergleichbaren Vorteilen im Zusammenhang mit der Erfüllung von Forderungen aus Lieferungen und Leistungen vor Fälligkeit sowie die Diskontbeträge bei der Veräußerung von Wechsel- und anderen Geldforderungen. [3]Soweit Gegenstand der Veräußerung eine Forderung aus einem schwebenden Vertragsverhältnis ist, gilt die Differenz zwischen dem Wert der Forderung aus dem schwebenden Vertragsverhältnis, wie ihn die Vertragsparteien im Zeitpunkt des Vertragsschlusses der Veräußerung zugrunde gelegt haben, und dem vereinbarten Veräußerungserlös als bei der Ermittlung des Gewinns abgesetzt,
   b) Renten und dauernden Lasten. [2]Pensionszahlungen auf Grund einer unmittelbar vom Arbeitgeber erteilten Versorgungszusage gelten nicht als dauernde Last im Sinne des Satzes 1,
   c) Gewinnanteilen des stillen Gesellschafters,
   d) einem Fünftel der Miet- und Pachtzinsen (einschließlich Leasingraten) für die Benutzung von beweglichen Wirtschaftsgütern des Anlagevermögens, die im Eigentum eines anderen stehen,
   e) der Hälfte der Miet- und Pachtzinsen (einschließlich Leasingraten) für die Benutzung der unbeweglichen Wirtschaftsgüter des Anlagevermögens, die im Eigentum eines anderen stehen, und
   f) einem Viertel der Aufwendungen für die zeitlich befristete Überlassung von Rechten (insbesondere Konzessionen und Lizenzen, mit Ausnahme von Lizenzen, die ausschließlich dazu berechtigen, daraus abgeleitete Rechte Dritten zu überlassen). [2]Eine Hinzurechnung nach Satz 1 ist nicht vorzunehmen auf Aufwendungen, die nach § 25 des Künstlersozialversicherungsgesetzes Bemessungsgrundlage für die Künstlersozialabgabe sind,

   soweit die Summe den Betrag von 100 000 Euro übersteigt;
2. und 3. (weggefallen)
4. die Gewinnanteile, die an persönlich haftende Gesellschafter einer Kommanditgesellschaft auf Aktien auf ihre nicht auf das Grundkapital gemachten Einlagen oder als Vergütung (Tantieme) für die Geschäftsführung verteilt worden sind;
5. die nach § 3 Nr. 40 des Einkommensteuergesetzes oder § 8b Abs. 1 des Körperschaftsteuergesetzes außer Ansatz bleibenden Gewinnanteile (Dividenden) und die diesen gleichgestellten Bezüge und erhaltenen Leistungen aus Anteilen an einer Körperschaft, Personenvereinigung oder Vermögensmasse im Sinne des Körperschaftsteuergesetzes, soweit sie nicht die Voraussetzungen des § 9 Nr. 2a oder 7 erfüllen, nach Abzug der mit diesen Einnahmen, Bezügen und erhaltenen Leistungen in wirtschaftlichem Zusammenhang stehenden Betriebsausgaben, soweit sie nach § 3c Abs. 2 des

1) **Anm. d. Red.:** § 8 Nr. 1 i. d. F. des Art. 3 Nr. 1 Wachstumsbeschleunigungsgesetz v. 22. 12. 2009 (BGBl I 3950); Nr. 2, 3 und 7 weggefallen, Nr. 5 i. d. F. des Art. 3 Nr. 1 Unternehmensteuerreformgesetz 2008 v. 14. 8. 2007 (BGBl I 1912).

2) **Anm. d. Red.:** Zur Anwendung des § 8 siehe § 36 Abs. 5a, 5b und 6.

Einkommensteuergesetzes und § 8b Abs. 5 und 10 des Körperschaftsteuergesetzes unberücksichtigt bleiben. [2]Dies gilt nicht für Gewinnausschüttungen, die unter § 3 Nr. 41 Buchstabe a des Einkommensteuergesetzes fallen;

6. und 7. (weggefallen)
8. die Anteile am Verlust einer in- oder ausländischen offenen Handelsgesellschaft, einer Kommanditgesellschaft oder einer anderen Gesellschaft, bei der die Gesellschafter als Unternehmer (Mitunternehmer) des Gewerbebetriebs anzusehen sind;
9. die Ausgaben im Sinne des § 9 Abs. 1 Nr. 2 des Körperschaftsteuergesetzes;
10. Gewinnminderungen, die
    a) durch Ansatz des niedrigeren Teilwerts des Anteils an einer Körperschaft oder
    b) durch Veräußerung oder Entnahme des Anteils an einer Körperschaft oder bei Auflösung oder Herabsetzung des Kapitals der Körperschaft

    entstanden sind, soweit der Ansatz des niedrigeren Teilwerts oder die sonstige Gewinnminderung auf Gewinnausschüttungen der Körperschaft, um die der Gewerbeertrag nach § 9 Nr. 2a, 7 oder 8 zu kürzen ist, oder organschaftliche Gewinnabführungen der Körperschaft zurückzuführen ist;
11. (weggefallen)
12. ausländische Steuern, die nach § 34c des Einkommensteuergesetzes oder nach einer Bestimmung, die § 34c des Einkommensteuergesetzes für entsprechend anwendbar erklärt, bei der Ermittlung der Einkünfte abgezogen werden, soweit sie auf Gewinne oder Gewinnanteile entfallen, die bei der Ermittlung des Gewerbeertrags außer Ansatz gelassen oder nach § 9 gekürzt werden.

§ 8a[1)] (weggefallen)

§ 9[2)] Kürzungen

Die Summe des Gewinns und der Hinzurechnungen wird gekürzt um

1.[3)] 1,2 Prozent des Einheitswerts des zum Betriebsvermögen des Unternehmers gehörenden und nicht von der Grundsteuer befreiten Grundbesitzes; maßgebend ist der Einheitswert, der auf den letzten Feststellungszeitpunkt (Hauptfeststellungs-, Fortschreibungs- oder Nachfeststellungszeitpunkt) vor dem Ende des Erhebungszeitraums (§ 14) lautet. [2]An Stelle der Kürzung nach Satz 1 tritt auf Antrag bei Unternehmen, die ausschließlich eigenen Grundbesitz oder neben eigenem Grundbesitz eigenes Kapitalvermögen verwalten und nutzen oder daneben Wohnungsbauten betreuen oder Einfamilienhäuser, Zweifamilienhäuser oder Eigentumswohnungen im Sinne des Ersten Teils des Wohnungseigentumsgesetzes in der im Bundesgesetzblatt Teil III, Gliederungsnummer 403-1, veröffentlichten bereinigten Fassung, zuletzt geändert durch Artikel 28 des Gesetzes vom 14. Dezember 1984 (BGBl I S. 1493), errichten und veräußern, die Kürzung um den Teil des Gewerbeertrags, der auf die Verwaltung und Nutzung des eigenen Grundbesitzes entfällt. [3]Satz 2 gilt entsprechend, wenn in Verbindung mit der Errichtung und Veräußerung von Eigentumswohnungen Teileigentum im Sinne des Wohnungseigentumsgesetzes errichtet und veräußert wird und das Gebäude zu mehr als $66^2/_3$ Prozent Wohnzwecken dient. [4]Betreut ein Unternehmen auch Wohnungsbauten oder veräußert es auch Einfamilien-

GewStG

1) **Anm. d. Red.:** § 8a weggefallen gem. Art. 2 Nr. 2 Gesetz zur Änderung des GewStG und anderer Gesetze v. 23. 12. 2003 (BGBl I 2922).

2) **Anm. d. Red.:** § 9 Nr. 1, 2a und 5 i. d. F. des Art. 4 Nr. 3 JStG 2009 v. 19. 12. 2008 (BGBl I 2794); Nr. 2 i. d. F., Nr. 10 weggefallen gem. Art. 2 Nr. 3 Gesetz zur Änderung des GewStG und anderer Gesetze v. 23. 12. 2003 (BGBl I 2922); Nr. 3 i. d. F. des Art. 5 Nr. 3 und 7 JStG 2007 v. 13. 12. 2006 (BGBl I 2878); Nr. 7 i. d. F. des Art. 5 Nr. 1 JStG 2008 v. 20. 12. 2007 (BGBl I 3150); Nr. 8 i. d. F., Nr. 4 weggefallen gem. Art. 3 Nr. 2 Unternehmensteuerreformgesetz 2008 v. 14. 8. 2007 (BGBl I 1912).

3) **Anm. d. Red.:** Zur Anwendung des § 9 Nr. 1 siehe § 36 Abs. 6a.

häuser, Zweifamilienhäuser oder Eigentumswohnungen, so ist Voraussetzung für die Anwendung des Satzes 2, dass der Gewinn aus der Verwaltung und Nutzung des eigenen Grundbesitzes gesondert ermittelt wird. [5]Die Sätze 2 und 3 gelten nicht,

1. wenn der Grundbesitz ganz oder zum Teil dem Gewerbebetrieb eines Gesellschafters oder Genossen dient,

1a. soweit der Gewerbeertrag Vergütungen im Sinne des § 15 Abs. 1 Satz 1 Nr. 2 Satz 1 des Einkommensteuergesetzes enthält, die der Gesellschafter von der Gesellschaft für seine Tätigkeit im Dienst der Gesellschaft oder für die Hingabe von Darlehen oder für die Überlassung von Wirtschaftsgütern, mit Ausnahme der Überlassung von Grundbesitz, bezogen hat oder

2. soweit der Gewerbeertrag Gewinne aus der Aufdeckung stiller Reserven aus dem Grundbesitz enthält, der innerhalb von drei Jahren vor der Aufdeckung der stillen Reserven zu einem unter dem Teilwert liegenden Wert in das Betriebsvermögen des aufdeckenden Gewerbebetriebs überführt oder übertragen worden ist, und soweit diese Gewinne auf bis zur Überführung oder Übertragung entstandenen stillen Reserven entfallen.

[6]Eine Kürzung nach den Sätzen 2 und 3 ist ausgeschlossen für den Teil des Gewerbeertrags, der auf Veräußerungs- oder Aufgabegewinne im Sinne des § 7 Satz 2 Nr. 2 und 3 entfällt;

2.[1] die Anteile am Gewinn einer in- oder ausländischen offenen Handelsgesellschaft, einer Kommanditgesellschaft oder einer anderen Gesellschaft, bei der die Gesellschafter als Unternehmer (Mitunternehmer) des Gewerbebetriebs anzusehen sind, wenn die Gewinnanteile bei der Ermittlung des Gewinns angesetzt worden sind. [2]Satz 1 ist bei Lebens- und Krankenversicherungsunternehmen nicht anzuwenden; für Pensionsfonds gilt Entsprechendes;

2a.[2] die Gewinne aus Anteilen an einer nicht steuerbefreiten inländischen Kapitalgesellschaft im Sinne des § 2 Abs. 2, einer Kredit- oder Versicherungsanstalt des öffentlichen Rechts, einer Erwerbs- und Wirtschaftsgenossenschaft oder einer Unternehmensbeteiligungsgesellschaft im Sinne des § 3 Nr. 23, wenn die Beteiligung zu Beginn des Erhebungszeitraums mindestens 15 Prozent des Grund- oder Stammkapitals beträgt und die Gewinnanteile bei Ermittlung des Gewinns (§ 7) angesetzt worden sind. [2]Ist ein Grund- oder Stammkapital nicht vorhanden, so ist die Beteiligung an dem Vermögen, bei Erwerbs- und Wirtschaftsgenossenschaften die Beteiligung an der Summe der Geschäftsguthaben, maßgebend. [3]Im unmittelbaren Zusammenhang mit Gewinnanteilen stehende Aufwendungen mindern den Kürzungsbetrag, soweit entsprechende Beteiligungserträge zu berücksichtigen sind; insoweit findet § 8 Nr. 1 keine Anwendung. [4]Nach § 8b Abs. 5 des Körperschaftsteuergesetzes nicht abziehbare Betriebsausgaben sind keine Gewinne aus Anteilen im Sinne des Satzes 1. [5]Satz 1 ist bei Lebens- und Krankenversicherungsunternehmen auf Gewinne aus Anteilen, die den Kapitalanlagen zuzurechnen sind, nicht anzuwenden; für Pensionsfonds gilt Entsprechendes;

2b. die nach § 8 Nr. 4 dem Gewerbeertrag einer Kommanditgesellschaft auf Aktien hinzugerechneten Gewinnanteile, wenn sie bei der Ermittlung des Gewinns (§ 7) angesetzt worden sind;

3. den Teil des Gewerbeertrags eines inländischen Unternehmens, der auf eine nicht im Inland belegene Betriebsstätte entfällt. [2]Bei Unternehmen, die ausschließlich den Betrieb von eigenen oder gecharterten Handelsschiffen im internationalen Verkehr zum Gegenstand haben, gelten 80 Prozent des Gewerbeertrags als auf eine nicht im Inland belegene Betriebsstätte entfallend. [3]Ist Gegenstand eines Betriebs nicht ausschließlich der Betrieb von Handelsschiffen im internationalen Verkehr, so gelten 80 Prozent des Teils des Gewerbeertrags, der auf den Betrieb von Handelsschiffen im

1) **Anm. d. Red.:** Zur Anwendung des § 9 Nr. 2 siehe § 36 Abs. 7.

2) **Anm. d. Red.:** Zur Anwendung des § 9 Nr. 2a siehe § 36 Abs. 8.

internationalen Verkehr entfällt, als auf eine nicht im Inland belegene Betriebsstätte entfallend; in diesem Fall ist Voraussetzung, dass dieser Teil gesondert ermittelt wird. [4]Handelsschiffe werden im internationalen Verkehr betrieben, wenn eigene oder gecharterte Handelsschiffe im Wirtschaftsjahr überwiegend zur Beförderung von Personen und Gütern im Verkehr mit oder zwischen ausländischen Häfen, innerhalb eines ausländischen Hafens oder zwischen einem ausländischen Hafen und der freien See eingesetzt werden. [5]Für die Anwendung der Sätze 2 bis 4 gilt § 5a Abs. 2 Satz 2 des Einkommensteuergesetzes entsprechend;

4. (weggefallen)

5.[1)] die aus den Mitteln des Gewerbebetriebs geleisteten Zuwendungen (Spenden und Mitgliedsbeiträge) zur Förderung steuerbegünstigter Zwecke im Sinne der §§ 52 bis 54 der Abgabenordnung an eine inländische juristische Person des öffentlichen Rechts oder an eine inländische öffentliche Dienststelle oder an eine nach § 5 Abs. 1 Nr. 9 des Körperschaftsteuergesetzes steuerbefreite Körperschaft, Personenvereinigung oder Vermögensmasse bis zur Höhe von insgesamt 20 Prozent des um die Hinzurechnungen nach § 8 Nr. 9 erhöhten Gewinns aus Gewerbebetrieb (§ 7) oder 4 Promille der Summe der gesamten Umsätze und der im Wirtschaftsjahr aufgewendeten Löhne und Gehälter. [2]Überschreiten die geleisteten Zuwendungen die Höchstsätze nach Satz 1, kann die Kürzung im Rahmen der Höchstsätze nach Satz 1 in den folgenden Erhebungszeiträumen vorgenommen werden. [3]Einzelunternehmen und Personengesellschaften können auf Antrag neben der Kürzung nach Satz 1 eine Kürzung um die im Erhebungszeitraum in den Vermögensstock einer Stiftung des öffentlichen Rechts oder einer nach § 5 Abs. 1 Nr. 9 des Körperschaftsteuergesetzes steuerbefreiten Stiftung des privaten Rechts geleisteten Spenden in diesem und in den folgenden neun Erhebungszeiträumen bis zu einem Betrag von 1 Million Euro vornehmen. [4]Der besondere Kürzungsbetrag nach Satz 3 kann der Höhe nach innerhalb des Zehnjahreszeitraums nur einmal in Anspruch genommen werden. [5]Eine Kürzung nach den Sätzen 1 bis 4 ist ausgeschlossen, soweit auf die geleisteten Zuwendungen § 8 Abs. 3 des Körperschaftsteuergesetzes anzuwenden ist oder soweit Mitgliedsbeiträge an Körperschaften geleistet werden, die

   1. den Sport (§ 52 Abs. 2 Nr. 21 der Abgabenordnung),
   2. kulturelle Betätigungen, die in erster Linie der Freizeitgestaltung dienen,
   3. die Heimatpflege und Heimatkunde (§ 52 Abs. 2 Nr. 22 der Abgabenordnung) oder
   4. Zwecke im Sinne des § 52 Abs. 2 Nr. 23 der Abgabenordnung

   fördern. [6]§ 10b Abs. 3 und 4 Satz 1 sowie § 10d Abs. 4 des Einkommensteuergesetzes und § 9 Abs. 2 Satz 2 bis 5 und Abs. 3 Satz 1 des Körperschaftsteuergesetzes gelten entsprechend. [7]Wer vorsätzlich oder grob fahrlässig eine unrichtige Bestätigung über Spenden und Mitgliedsbeiträge ausstellt oder wer veranlasst, dass entsprechende Zuwendungen nicht zu den in der Bestätigung angegebenen steuerbegünstigten Zwecken verwendet werden (Veranlasserhaftung), haftet für die entgangene Gewerbesteuer. [8]In den Fällen der Veranlasserhaftung ist vorrangig der Zuwendungsempfänger (inländische juristische Person des öffentlichen Rechts oder inländische öffentliche Dienststelle oder nach § 5 Abs. 1 Nr. 9 des Körperschaftsteuergesetzes steuerbefreite Körperschaft, Personenvereinigung oder Vermögensmasse) in Anspruch zu nehmen; die in diesen Fällen für den Zuwendungsempfänger handelnden natürlichen Personen sind nur in Anspruch zu nehmen, wenn die entgangene Steuer nicht nach § 47 der Abgabenordnung erloschen ist und Vollstreckungsmaßnahmen gegen den Zuwendungsempfänger nicht erfolgreich sind; § 10b Abs. 4 Satz 5 des Einkommensteuergesetzes gilt entsprechend. [9]Der Haftungsbetrag ist mit 15 Prozent der Zuwendungen anzusetzen und fließt der für den Spendenempfänger zuständigen Gemeinde zu, die durch sinngemäße Anwendung des § 20 der Abgabenordnung bestimmt wird. [10]Der Haftungsbetrag wird durch Haftungsbescheid des Finanzamts

GewStG

1) **Anm. d. Red.:** Zur Anwendung des § 9 Nr. 5 siehe § 36 Abs. 8b.

festgesetzt; die Befugnis der Gemeinde zur Erhebung der entgangenen Gewerbesteuer bleibt unberührt. [11]§ 184 Abs. 3 der Abgabenordnung gilt sinngemäß;

6. (weggefallen)

7.[1] die Gewinne aus Anteilen an einer Kapitalgesellschaft mit Geschäftsleitung und Sitz außerhalb des Geltungsbereichs dieses Gesetzes, an deren Nennkapital das Unternehmen seit Beginn des Erhebungszeitraums ununterbrochen mindestens zu 15 Prozent beteiligt ist (Tochtergesellschaft) und die ihre Bruttoerträge ausschließlich oder fast ausschließlich aus unter § 8 Abs. 1 Nr. 1 bis 6 des Außensteuergesetzes fallenden Tätigkeiten und aus Beteiligungen an Gesellschaften bezieht, an deren Nennkapital sie mindestens zu einem Viertel unmittelbar beteiligt ist, wenn die Beteiligungen ununterbrochen seit mindestens zwölf Monaten vor dem für die Ermittlung des Gewinns maßgebenden Abschlussstichtag bestehen und das Unternehmen nachweist, dass
   1. diese Gesellschaften Geschäftsleitung und Sitz in demselben Staat wie die Tochtergesellschaft haben und ihre Bruttoerträge ausschließlich oder fast ausschließlich aus den unter § 8 Abs. 1 Nr. 1 bis 6 des Außensteuergesetzes fallenden Tätigkeiten beziehen oder
   2. die Tochtergesellschaft die Beteiligungen in wirtschaftlichem Zusammenhang mit eigenen unter Absatz 1 Nr. 1 bis 6 fallenden Tätigkeiten hält und die Gesellschaft, an der die Beteiligung besteht, ihre Bruttoerträge ausschließlich oder fast ausschließlich aus solchen Tätigkeiten bezieht,

   wenn die Gewinnanteile bei der Ermittlung des Gewinns (§ 7) angesetzt worden sind; das gilt auch für Gewinne aus Anteilen an einer Gesellschaft, die die in der Anlage 2 zum Einkommensteuergesetz genannten Voraussetzungen des Artikels 2 der Richtlinie 90/435/EWG des Rates vom 23. Juli 1990 über das gemeinsame Steuersystem der Mutter- und Tochtergesellschaften verschiedener Mitgliedstaaten (ABl EG Nr. L 225 S. 6, Nr. L 266 S. 20, 1997 Nr. L 16 S. 98), zuletzt geändert durch Richtlinie 2006/98/EG des Rates vom 20. November 2006 (ABl EU Nr. L 363 S. 129), erfüllt, weder Geschäftsleitung noch Sitz im Inland hat und an deren Nennkapital das Unternehmen zu Beginn des Erhebungszeitraums mindestens zu einem Zehntel beteiligt ist. [2]§ 9 Nr. 2a Satz 3 gilt entsprechend. [3]§ 9 Nr. 2a Satz 4 gilt entsprechend. [4]Bezieht ein Unternehmen, das über eine Tochtergesellschaft mindestens zu 15 Prozent an einer Kapitalgesellschaft mit Geschäftsleitung und Sitz außerhalb des Geltungsbereichs dieses Gesetzes (Enkelgesellschaft) mittelbar beteiligt ist, in einem Wirtschaftsjahr Gewinne aus Anteilen an der Tochtergesellschaft und schüttet die Enkelgesellschaft zu einem Zeitpunkt, der in dieses Wirtschaftsjahr fällt, Gewinne an die Tochtergesellschaft aus, so gilt auf Antrag des Unternehmens das Gleiche für den Teil der von ihm bezogenen Gewinne, der der nach seiner mittelbaren Beteiligung auf das Unternehmen entfallenden Gewinnausschüttung der Enkelgesellschaft entspricht. [5]Hat die Tochtergesellschaft in dem betreffenden Wirtschaftsjahr neben den Gewinnanteilen einer Enkelgesellschaft noch andere Erträge bezogen, so findet Satz 4 nur Anwendung für den Teil der Ausschüttung der Tochtergesellschaft, der dem Verhältnis dieser Gewinnanteile zu der Summe dieser Gewinnanteile und der übrigen Erträge entspricht, höchstens aber in Höhe des Betrags dieser Gewinnanteile. [6]Die Anwendung des Satzes 4 setzt voraus, dass
   1. die Enkelgesellschaft in dem Wirtschaftsjahr, für das sie die Ausschüttung vorgenommen hat, ihre Bruttoerträge ausschließlich oder fast ausschließlich aus unter § 8 Abs. 1 Nr. 1 bis 6 des Außensteuergesetzes fallenden Tätigkeiten oder aus unter Satz 1 Nr. 1 fallenden Beteiligungen bezieht und
   2. die Tochtergesellschaft unter den Voraussetzungen des Satzes 1 am Nennkapital der Enkelgesellschaft beteiligt ist.

   [7]Die Anwendung der vorstehenden Vorschriften setzt voraus, dass das Unternehmen alle Nachweise erbringt, insbesondere

1) **Anm. d. Red.:** Zur Anwendung des § 9 Nr. 7 siehe § 36 Abs. 8 Sätze 1 bis 6 und Abs. 8c.

1. durch Vorlage sachdienlicher Unterlagen nachweist, dass die Tochtergesellschaft ihre Bruttoerträge ausschließlich oder fast ausschließlich aus unter § 8 Abs. 1 Nr. 1 bis 6 des Außensteuergesetzes fallenden Tätigkeiten oder aus unter Satz 1 Nr. 1 und 2 fallenden Beteiligungen bezieht,
2. durch Vorlage sachdienlicher Unterlagen nachweist, dass die Enkelgesellschaft ihre Bruttoerträge ausschließlich oder fast ausschließlich aus unter § 8 Abs. 1 Nr. 1 bis 6 des Außensteuergesetzes fallenden Tätigkeiten oder aus unter Satz 1 Nr. 1 fallenden Beteiligungen bezieht,
3. den ausschüttbaren Gewinn der Tochtergesellschaft oder Enkelgesellschaft durch Vorlage von Bilanzen und Erfolgsrechnungen nachweist; auf Verlangen sind diese Unterlagen mit dem im Staat der Geschäftsleitung oder des Sitzes vorgeschriebenen oder üblichen Prüfungsvermerk einer behördlich anerkannten Wirtschaftsprüfungsstelle oder einer vergleichbaren Stelle vorzulegen.

[8]Die Sätze 1 bis 7 sind bei Lebens- und Krankenversicherungsunternehmen auf Gewinne aus Anteilen, die den Kapitalanlagen zuzurechnen sind, nicht anzuwenden; für Pensionsfonds gilt Entsprechendes;

8.[1)] die Gewinne aus Anteilen an einer ausländischen Gesellschaft, die nach einem Abkommen zur Vermeidung der Doppelbesteuerung unter der Voraussetzung einer Mindestbeteiligung von der Gewerbesteuer befreit sind, wenn die Beteiligung mindestens 15 Prozent beträgt und die Gewinnanteile bei der Ermittlung des Gewinns (§ 7) angesetzt worden sind; ist in einem Abkommen zur Vermeidung der Doppelbesteuerung eine niedrigere Mindestbeteiligungsgrenze vereinbart, ist diese maßgebend. [2]§ 9 Nr. 2a Satz 3 gilt entsprechend. [3]§ 9 Nr. 2a Satz 4 gilt entsprechend. [4]Satz 1 ist bei Lebens- und Krankenversicherungsunternehmen auf Gewinne aus Anteilen, die den Kapitalanlagen zuzurechnen sind, nicht anzuwenden; für Pensionsfonds gilt Entsprechendes.

9. und 10. (weggefallen)

§ 10 Maßgebender Gewerbeertrag

(1) Maßgebend ist der Gewerbeertrag, der in dem Erhebungszeitraum bezogen worden ist, für den der Steuermessbetrag (§ 14) festgesetzt wird.

(2) Weicht bei Unternehmen, die Bücher nach den Vorschriften des Handelsgesetzbuchs zu führen verpflichtet sind, das Wirtschaftsjahr, für das sie regelmäßig Abschlüsse machen, vom Kalenderjahr ab, so gilt der Gewerbeertrag als in dem Erhebungszeitraum bezogen, in dem das Wirtschaftsjahr endet.

§ 10a[2)3)] Gewerbeverlust

[1]Der maßgebende Gewerbeertrag wird bis zu einem Betrag in Höhe von 1 Million Euro um die Fehlbeträge gekürzt, die sich bei der Ermittlung des maßgebenden Gewerbeertrags für die vorangegangenen Erhebungszeiträume nach den Vorschriften der §§ 7 bis 10 ergeben haben, soweit die Fehlbeträge nicht bei der Ermittlung des Gewerbeertrags für die vorangegangenen Erhebungszeiträume berücksichtigt worden sind. [2]Der 1 Million Euro übersteigende maßgebende Gewerbeertrag ist bis zu 60 Prozent um nach Satz 1 nicht berücksichtigte Fehlbeträge der vorangegangenen Erhebungszeiträume zu kürzen. [3]Im Fall des § 2 Abs. 2 Satz 2 kann die Organgesellschaft den maßgebenden Gewerbeertrag nicht um Fehlbeträge kürzen, die sich vor dem rechtswirksamen Abschluss des Gewinnabführungsvertrags ergeben haben. [4]Bei einer Mitunternehmerschaft ist der sich für die Mitunternehmerschaft insgesamt ergebende Fehlbetrag den Mitunternehmern entsprechend dem sich aus dem Gesellschaftsvertrag ergebenden allgemeinen Gewinnverteilungsschlüssel zuzurechnen; Vorabgewinnanteile sind nicht zu berücksichtigen.

1) **Anm. d. Red.:** Zur Anwendung des § 9 Nr. 8 siehe § 36 Abs. 8 Sätze 1 bis 6.

2) **Anm. d. Red.:** § 10a i. d. F. des Art. 4 Nr. 4 JStG 2009 v. 19. 12. 2008 (BGBl I 2794).

3) **Anm. d. Red.:** Zur Anwendung des § 10a siehe § 36 Abs. 9.

[5]Für den Abzug der den Mitunternehmern zugerechneten Fehlbeträge nach Maßgabe der Sätze 1 und 2 ist der sich für die Mitunternehmerschaft insgesamt ergebende maßgebende Gewerbeertrag sowie der Höchstbetrag nach Satz 1 den Mitunternehmern entsprechend dem sich aus dem Gesellschaftsvertrag für das Abzugsjahr ergebenden allgemeinen Gewinnverteilungsschlüssel zuzurechnen; Vorabgewinnanteile sind nicht zu berücksichtigen. [6]Die Höhe der vortragsfähigen Fehlbeträge ist gesondert festzustellen. [7]Vortragsfähige Fehlbeträge sind die nach der Kürzung des maßgebenden Gewerbeertrags nach Satz 1 und 2 zum Schluss des Erhebungszeitraums verbleibenden Fehlbeträge. [8]Im Fall des § 2 Abs. 5 kann der andere Unternehmer den maßgebenden Gewerbeertrag nicht um die Fehlbeträge kürzen, die sich bei der Ermittlung des maßgebenden Gewerbeertrags des übergegangenen Unternehmens ergeben haben. [9]§ 8 Abs. 8 und 9 Satz 5 bis 7 des Körperschaftsteuergesetzes ist entsprechend anzuwenden. [10]Auf die Fehlbeträge ist § 8c des Körperschaftsteuergesetzes entsprechend anzuwenden; dies gilt auch für den Fehlbetrag einer Mitunternehmerschaft, soweit dieser

1. einer Körperschaft unmittelbar oder
2. einer Mitunternehmerschaft, soweit an dieser eine Körperschaft unmittelbar oder mittelbar über eine oder mehrere Personengesellschaften beteiligt ist,

zuzurechnen ist.

§ 11[1)] Steuermesszahl und Steuermessbetrag

(1) [1]Bei der Berechnung der Gewerbesteuer ist von einem Steuermessbetrag auszugehen. [2]Dieser ist durch Anwendung eines Prozentsatzes (Steuermesszahl) auf den Gewerbeertrag zu ermitteln. [3]Der Gewerbeertrag ist auf volle 100 Euro nach unten abzurunden und

1. bei natürlichen Personen sowie bei Personengesellschaften um einen Freibetrag in Höhe von 24 500 Euro,
2. bei Unternehmen im Sinne des § 2 Abs. 3 und des § 3 Nr. 5, 6, 8, 9, 15, 17, 21, 26, 27, 28 und 29 sowie bei Unternehmen von juristischen Personen des öffentlichen Rechts um einen Freibetrag in Höhe von 5 000 Euro,

höchstens jedoch in Höhe des abgerundeten Gewerbeertrags, zu kürzen.

(2)[2)] Die Steuermesszahl für den Gewerbeertrag beträgt 3,5 Prozent.

(3) [1]Die Steuermesszahlen ermäßigen sich auf 56 Prozent bei Hausgewerbetreibenden und ihnen nach § 1 Abs. 2 Buchstabe b und d des Heimarbeitsgesetzes in der im Bundesgesetzblatt Teil III, Gliederungsnummer 804-1, veröffentlichten bereinigten Fassung, zuletzt geändert durch Artikel 4 des Gesetzes vom 13. Juli 1988 (BGBl I S. 1034), gleichgestellten Personen. [2]Das Gleiche gilt für die nach § 1 Abs. 2 Buchstabe c des Heimarbeitsgesetzes gleichgestellten Personen, deren Entgelte (§ 10 Abs. 1 des Umsatzsteuergesetzes) aus der Tätigkeit unmittelbar für den Absatzmarkt im Erhebungszeitraum 25 000 Euro nicht übersteigen.

Abschnitt III

§§ 12 und 13 (weggefallen)

Abschnitt IV: Steuermessbetrag

§ 14 Festsetzung des Steuermessbetrags

[1]Der Steuermessbetrag wird für den Erhebungszeitraum nach dessen Ablauf festgesetzt. [2]Erhebungszeitraum ist das Kalenderjahr. [3]Besteht die Gewerbesteuerpflicht

1) **Anm. d. Red.:** § 11 Abs. 1 i. d. F. des Art. 6a Drittes Mittelstandsentlastungsgesetz v. 17. 3. 2009 (BGBl I 550); Abs. 2 i. d. F. des Art. 3 Nr. 4 Unternehmensteuerreformgesetz 2008 v. 14. 8. 2007 (BGBl I 1912); Abs. 3 i. d. F. des Art. 5 Nr. 7 JStG 2007 v. 13. 12. 2006 (BGBl I 2878).

2) **Anm. d. Red.:** Zur Anwendung des § 11 Abs. 2 siehe § 36 Abs. 9a.

nicht während eines ganzen Kalenderjahrs, so tritt an die Stelle des Kalenderjahrs der Zeitraum der Steuerpflicht (abgekürzter Erhebungszeitraum).

§ 14a[1)2)] Steuererklärungspflicht

[1]Der Steuerschuldner (§ 5) hat für steuerpflichtige Gewerbebetriebe eine Erklärung zur Festsetzung des Steuermessbetrags und in den Fällen des § 28 außerdem eine Zerlegungserklärung nach amtlich vorgeschriebenem Datensatz durch Datenfernübertragung zu übermitteln. [2]Auf Antrag kann die Finanzbehörde zur Vermeidung unbilliger Härten auf eine elektronische Übermittlung verzichten; in diesem Fall ist die Erklärung nach amtlich vorgeschriebenem Vordruck abzugeben und vom Steuerschuldner oder von den in § 34 der Abgabenordnung bezeichneten Personen eigenhändig zu unterschreiben.

§ 14b Verspätungszuschlag

[1]Ein nach § 152 der Abgabenordnung zu entrichtender Verspätungszuschlag fließt der Gemeinde zu. [2]Sind mehrere Gemeinden an der Gewerbesteuer beteiligt, so fließt der Verspätungszuschlag der Gemeinde zu, in der sich die Geschäftsleitung am Ende des Erhebungszeitraums befindet. [3]Befindet sich die Geschäftsleitung im Ausland, so fließt der Verspätungszuschlag der Gemeinde zu, in der sich die wirtschaftlich bedeutendste Betriebsstätte befindet. [4]Auf den Verspätungszuschlag ist der Hebesatz der Gemeinde nicht anzuwenden.

§ 15 Pauschfestsetzung

Wird die Einkommensteuer oder die Körperschaftsteuer in einem Pauschbetrag festgesetzt, so kann die für die Festsetzung zuständige Behörde im Einvernehmen mit der Landesregierung oder der von ihr bestimmten Behörde auch den Steuermessbetrag in einem Pauschbetrag festsetzen.

Abschnitt V: Entstehung, Festsetzung und Erhebung der Steuer

§ 16[3)] Hebesatz

(1) Die Steuer wird auf Grund des Steuermessbetrags (§ 14) mit einem Prozentsatz (Hebesatz) festgesetzt und erhoben, der von der hebeberechtigten Gemeinde (§§ 4, 35a) zu bestimmen ist.

(2) Der Hebesatz kann für ein Kalenderjahr oder mehrere Kalenderjahre festgesetzt werden.

(3) [1]Der Beschluss über die Festsetzung oder Änderung des Hebesatzes ist bis zum 30. Juni eines Kalenderjahrs mit Wirkung vom Beginn dieses Kalenderjahrs zu fassen. [2]Nach diesem Zeitpunkt kann der Beschluss über die Festsetzung des Hebesatzes gefasst werden, wenn der Hebesatz die Höhe der letzten Festsetzung nicht überschreitet.

(4) [1]Der Hebesatz muss für alle in der Gemeinde vorhandenen Unternehmen der gleiche sein. [2]Er beträgt 200 Prozent, wenn die Gemeinde nicht einen höheren Hebesatz bestimmt hat. [3]Wird das Gebiet von Gemeinden geändert, so kann die Landesregierung oder die von ihr bestimmte Stelle für die von der Änderung betroffenen Gebietsteile auf eine bestimmte Zeit verschiedene Hebesätze zulassen. [4]In den Fällen des Satzes 3 sind

---

1) **Anm. d. Red.:** § 14a i. d. F. des Art. 7 Nr. 1 Steuerbürokratieabbaugesetz v. 20. 12. 2008 (BGBl I 2850). – Die kursiven Sätze 1 und 2 sind gem. § 36 Abs. 9b erstmals für den Erhebungszeitraum 2011 anzuwenden; die Sätze 1 bis 3 der Vorfassung lauten: „[1]Für steuerpflichtige Gewerbebetriebe ist eine Erklärung zur Festsetzung des Steuermessbetrags und in den Fällen des § 28 außerdem eine Zerlegungserklärung abzugeben. [2]Zur Abgabe verpflichtet ist der Steuerschuldner (§ 5). [3]Die Erklärungen müssen von ihm oder von den in § 34 der Abgabenordnung bezeichneten Personen eigenhändig unterschrieben werden."

2) **Anm. d. Red.:** Zur Anwendung des § 14a siehe § 36 Abs. 9b.

3) **Anm. d. Red.:** § 16 Abs. 1 i. d. F. des Art. 5 Nr. 10 JStG 2007 v. 13. 12. 2006 (BGBl I 2878); Abs. 4 i. d. F. des Art. 4 Nr. 5 JStG 2009 v. 19. 12. 2008 (BGBl I 2794).

die §§ 28 bis 34 mit der Maßgabe anzuwenden, dass an die Stelle mehrerer Gemeinden die Gebietsteile der Gemeinde mit verschiedenen Hebesätzen treten.

(5) In welchem Verhältnis die Hebesätze für die Grundsteuer der Betriebe der Land- und Forstwirtschaft, für die Grundsteuer der Grundstücke und für die Gewerbesteuer zueinander stehen müssen, welche Höchstsätze nicht überschritten werden dürfen und inwieweit mit Genehmigung der Gemeindeaufsichtsbehörde Ausnahmen zugelassen werden können, bleibt einer landesrechtlichen Regelung vorbehalten.

§ 17 (weggefallen)

§ 18 Entstehung der Steuer

Die Gewerbesteuer entsteht, soweit es sich nicht um Vorauszahlungen (§ 21) handelt, mit Ablauf des Erhebungszeitraums, für den die Festsetzung vorgenommen wird.

§ 19[1] Vorauszahlungen

(1) [1]Der Steuerschuldner hat am 15. Februar, 15. Mai, 15. August und 15. November Vorauszahlungen zu entrichten. [2]Gewerbetreibende, deren Wirtschaftsjahr vom Kalenderjahr abweicht, haben die Vorauszahlungen während des Wirtschaftsjahrs zu entrichten, das im Erhebungszeitraum endet. [3]Satz 2 gilt nur, wenn der Gewerbebetrieb nach dem 31. Dezember 1985 gegründet worden oder infolge Wegfalls eines Befreiungsgrundes in die Steuerpflicht eingetreten ist oder das Wirtschaftsjahr nach diesem Zeitpunkt auf einen vom Kalenderjahr abweichenden Zeitraum umgestellt worden ist.

(2) Jede Vorauszahlung beträgt grundsätzlich ein Viertel der Steuer, die sich bei der letzten Veranlagung ergeben hat.

(3)[2] [1]Die Gemeinde kann die Vorauszahlungen der Steuer anpassen, die sich für den Erhebungszeitraum (§ 14) voraussichtlich ergeben wird. [2]Die Anpassung kann bis zum Ende des 15. auf den Erhebungszeitraum folgenden Kalendermonats vorgenommen werden; bei einer nachträglichen Erhöhung der Vorauszahlungen ist der Erhöhungsbetrag innerhalb eines Monats nach Bekanntgabe des Vorauszahlungsbescheids zu entrichten. [3]Das Finanzamt kann bis zum Ende des 15. auf den Erhebungszeitraum folgenden Kalendermonats für Zwecke der Gewerbesteuer-Vorauszahlungen den Steuermessbetrag festsetzen, der sich voraussichtlich ergeben wird. [4]An diese Festsetzung ist die Gemeinde bei der Anpassung der Vorauszahlungen nach den Sätzen 1 und 2 gebunden. [5]Wird der Gewinn durch Bestandsvergleich ermittelt, sind bei der Festsetzung des Messbetrags für Zwecke der Gewerbesteuer-Vorauszahlungen die Änderungen durch das Unternehmensteuerreformgesetz 2008 vom 14. August 2007 (BGBl I S. 1912) zu berücksichtigen, wenn der Steuerpflichtige dies nach amtlich vorgeschriebenem Vordruck beim Finanzamt beantragt oder das Finanzamt den Steuerpflichtigen zur Abgabe des Vordrucks auffordert.

(4) Wird im Laufe des Erhebungszeitraums ein Gewerbebetrieb neu gegründet oder tritt ein bereits bestehender Gewerbebetrieb infolge Wegfalls des Befreiungsgrundes in die Steuerpflicht ein, so gilt für die erstmalige Festsetzung der Vorauszahlungen Absatz 3 entsprechend.

(5) [1]Die einzelne Vorauszahlung ist auf den nächsten vollen Betrag in Euro nach unten abzurunden. [2]Sie wird nur festgesetzt, wenn sie mindestens 50 Euro beträgt.

§ 20 Abrechnung über die Vorauszahlungen

(1) Die für einen Erhebungszeitraum (§ 14) entrichteten Vorauszahlungen werden auf die Steuerschuld für diesen Erhebungszeitraum angerechnet.

(2) Ist die Steuerschuld größer als die Summe der anzurechnenden Vorauszahlungen, so ist der Unterschiedsbetrag, soweit er den im Erhebungszeitraum und nach § 19 Abs. 3

1) **Anm. d. Red.:** § 19 Abs. 3 i. d. F. des Art. 3 Nr. 5 Unternehmensteuerreformgesetz 2008 v. 14. 8. 2007 (BGBl I 1912).

2) **Anm. d. Red.:** Zur Anwendung des § 19 Abs. 3 siehe § 36 Abs. 9c.

Satz 2 nach Ablauf des Erhebungszeitraums fällig gewordenen, aber nicht entrichteten Vorauszahlungen entspricht, sofort, im Übrigen innerhalb eines Monats nach Bekanntgabe des Steuerbescheids zu entrichten (Abschlusszahlung).

(3) Ist die Steuerschuld kleiner als die Summe der anzurechnenden Vorauszahlungen, so wird der Unterschiedsbetrag nach Bekanntgabe des Steuerbescheids durch Aufrechnung oder Zurückzahlung ausgeglichen.

§ 21 Entstehung der Vorauszahlungen

Die Vorauszahlungen auf die Gewerbesteuer entstehen mit Beginn des Kalendervierteljahrs, in dem die Vorauszahlungen zu entrichten sind, oder, wenn die Steuerpflicht erst im Laufe des Kalendervierteljahrs begründet wird, mit Begründung der Steuerpflicht.

§§ 22 bis 27 (weggefallen)

Abschnitt VI: Zerlegung

§ 28[1] Allgemeines

(1) [1]Sind im Erhebungszeitraum Betriebsstätten zur Ausübung des Gewerbes in mehreren Gemeinden unterhalten worden, so ist der Steuermessbetrag in die auf die einzelnen Gemeinden entfallenden Anteile (Zerlegungsanteile) zu zerlegen. [2]Das gilt auch in den Fällen, in denen eine Betriebsstätte sich über mehrere Gemeinden erstreckt hat oder eine Betriebsstätte innerhalb eines Erhebungszeitraums von einer Gemeinde in eine andere Gemeinde verlegt worden ist.

(2) [1]Bei der Zerlegung sind die Gemeinden nicht zu berücksichtigen, in denen

1. Verkehrsunternehmen lediglich Gleisanlagen unterhalten,
2. sich nur Anlagen befinden, die der Weiterleitung fester, flüssiger oder gasförmiger Stoffe sowie elektrischer Energie dienen, ohne dass diese dort abgegeben werden,
3. Bergbauunternehmen keine oberirdischen Anlagen haben, in welchen eine gewerbliche Tätigkeit entfaltet wird.
4. (weggefallen)

[2]Dies gilt nicht, wenn dadurch auf keine Gemeinde ein Zerlegungsanteil oder der Steuermessbetrag entfallen würde.

GewStG

§ 29[2] Zerlegungsmaßstab

(1) Zerlegungsmaßstab ist

1. vorbehaltlich der Nummer 2 das Verhältnis, in dem die Summe der Arbeitslöhne, die an die bei allen Betriebsstätten (§ 28) beschäftigten Arbeitnehmer gezahlt worden sind, zu den Arbeitslöhnen steht, die an die bei den Betriebsstätten der einzelnen Gemeinden beschäftigten Arbeitnehmer gezahlt worden sind;
2. bei Betrieben, die Anlagen zur Erzeugung von Windenergie betreiben, zu drei Zehntel das in Nummer 1 bezeichnete Verhältnis und zu sieben Zehntel das Verhältnis, in dem die Summe der steuerlich maßgebenden Ansätze des Sachanlagevermögens mit Ausnahme der Betriebs- und Geschäftsausstattung, der geleisteten Anzahlungen und der Anlagen im Bau in allen Betriebsstätten (§ 28) zu dem Ansatz in den einzelnen Betriebsstätten steht.

---

1) **Anm. d. Red.:** § 28 Abs. 2 Satz 1 Nr. 4 weggefallen gem. Art. 2 Nr. 6 Gesetz zur Änderung des GewStG und anderer Gesetze v. 23. 12. 2003 (BGBl I 2922).

2) **Anm. d. Red.:** § 29 Abs. 1 i. d. F. des Art. 4 Nr. 6 JStG 2009 v. 19. 12. 2008 (BGBl I 2794).

(2) Bei der Zerlegung nach Absatz 1 sind die Arbeitslöhne anzusetzen, die in den Betriebsstätten der beteiligten Gemeinden (§ 28) während des Erhebungszeitraums (§ 14) erzielt oder gezahlt worden sind.

(3) Bei Ermittlung der Verhältniszahlen sind die Arbeitslöhne auf volle 1 000 Euro abzurunden.

§ 30 Zerlegung bei mehrgemeindlichen Betriebsstätten

Erstreckt sich die Betriebsstätte auf mehrere Gemeinden, so ist der Steuermessbetrag oder Zerlegungsanteil auf die Gemeinden zu zerlegen, auf die sich die Betriebsstätte erstreckt, und zwar nach der Lage der örtlichen Verhältnisse unter Berücksichtigung der durch das Vorhandensein der Betriebsstätte erwachsenden Gemeindelasten.

§ 31 Begriff der Arbeitslöhne für die Zerlegung

(1) [1]Arbeitslöhne sind vorbehaltlich der Absätze 2 bis 5 die Vergütungen im Sinne des § 19 Abs. 1 Nr. 1 des Einkommensteuergesetzes, soweit sie nicht durch andere Rechtsvorschriften von der Einkommensteuer befreit sind. [2]Zuschläge für Mehrarbeit und für Sonntags-, Feiertags- und Nachtarbeit gehören unbeschadet der einkommensteuerlichen Behandlung zu den Arbeitslöhnen.

(2) Zu den Arbeitslöhnen gehören nicht Vergütungen, die an Personen gezahlt worden sind, die zu ihrer Berufsausbildung beschäftigt werden.

(3) In den Fällen des § 3 Nr. 5, 6, 8, 9, 12, 13, 15, 17, 21, 26, 27, 28 und 29 bleiben die Vergütungen an solche Arbeitnehmer außer Ansatz, die nicht ausschließlich oder überwiegend in dem steuerpflichtigen Betrieb oder Teil des Betriebs tätig sind.

(4) [1]Nach dem Gewinn berechnete einmalige Vergütungen (z. B. Tantiemen, Gratifikationen) sind nicht anzusetzen. [2]Das Gleiche gilt für sonstige Vergütungen, soweit sie bei dem einzelnen Arbeitnehmer 50 000 Euro übersteigen.

(5) Bei Unternehmen, die nicht von einer juristischen Person betrieben werden, sind für die im Betrieb tätigen Unternehmer (Mitunternehmer) insgesamt 25 000 Euro jährlich anzusetzen.

§ 32 (weggefallen)

§ 33 Zerlegung in besonderen Fällen

(1) [1]Führt die Zerlegung nach den §§ 28 bis 31 zu einem offenbar unbilligen Ergebnis, so ist nach einem Maßstab zu zerlegen, der die tatsächlichen Verhältnisse besser berücksichtigt. [2]In dem Zerlegungsbescheid hat das Finanzamt darauf hinzuweisen, dass bei der Zerlegung Satz 1 angewendet worden ist.

(2) Einigen sich die Gemeinden mit dem Steuerschuldner über die Zerlegung, so ist der Steuermessbetrag nach Maßgabe der Einigung zu zerlegen.

§ 34 Kleinbeträge

(1) [1]Übersteigt der Steuermessbetrag nicht den Betrag von 10 Euro, so ist er in voller Höhe der Gemeinde zuzuweisen, in der sich die Geschäftsleitung befindet. [2]Befindet sich die Geschäftsleitung im Ausland, so ist der Steuermessbetrag der Gemeinde zuzuweisen, in der sich die wirtschaftlich bedeutendste der zu berücksichtigenden Betriebsstätten befindet.

(2) [1]Übersteigt der Steuermessbetrag zwar den Betrag von 10 Euro, würde aber nach den Zerlegungsvorschriften einer Gemeinde ein Zerlegungsanteil von nicht mehr als 10 Euro zuzuweisen sein, so ist dieser Anteil der Gemeinde zuzuweisen, in der sich die Geschäftsleitung befindet. [2]Absatz 1 Satz 2 ist entsprechend anzuwenden.

(3) [1]Wird der Zerlegungsbescheid geändert oder berichtigt, würde sich dabei aber der Zerlegungsanteil einer Gemeinde um nicht mehr als 10 Euro erhöhen oder ermäßigen, so ist der Betrag der Erhöhung oder Ermäßigung bei dem Zerlegungsanteil der Gemeinde

zu berücksichtigen, in der sich die Geschäftsleitung befindet. [2]Absatz 1 Satz 2 ist entsprechend anzuwenden.

§ 35 (weggefallen)

Abschnitt VII: Gewerbesteuer der Reisegewerbebetriebe

§ 35a

(1) Der Gewerbesteuer unterliegen auch die Reisegewerbebetriebe, soweit sie im Inland betrieben werden.

(2) [1]Reisegewerbebetrieb im Sinne dieses Gesetzes ist ein Gewerbebetrieb, dessen Inhaber nach den Vorschriften der Gewerbeordnung und den Ausführungsbestimmungen dazu entweder einer Reisegewerbekarte bedarf oder von der Reisegewerbekarte lediglich deshalb befreit ist, weil er einen Blindenwaren-Vertriebsausweis (§ 55a Abs. 1 Nr. 4 der Gewerbeordnung) besitzt. [2]Wird im Rahmen eines einheitlichen Gewerbebetriebs sowohl ein stehendes Gewerbe als auch ein Reisegewerbe betrieben, so ist der Betrieb in vollem Umfang als stehendes Gewerbe zu behandeln.

(3) Hebeberechtigt ist die Gemeinde, in der sich der Mittelpunkt der gewerblichen Tätigkeit befindet.

(4) Ist im Laufe des Erhebungszeitraums der Mittelpunkt der gewerblichen Tätigkeit von einer Gemeinde in eine andere Gemeinde verlegt worden, so hat das Finanzamt den Steuermessbetrag nach den zeitlichen Anteilen (Kalendermonaten) auf die beteiligten Gemeinden zu zerlegen.

Abschnitt VIII: Änderung des Gewerbesteuermessbescheids von Amts wegen

§ 35b[1)]

GewStG

(1) [1]Der Gewerbesteuermessbescheid oder Verlustfeststellungsbescheid ist von Amts wegen aufzuheben oder zu ändern, wenn der Einkommensteuerbescheid, der Körperschaftsteuerbescheid oder ein Feststellungsbescheid aufgehoben oder geändert wird und die Aufhebung oder Änderung den Gewinn aus Gewerbebetrieb berührt. [2]Die Änderung des Gewinns aus Gewerbebetrieb ist insoweit zu berücksichtigen, als sie die Höhe des Gewerbeertrags oder des vortragsfähigen Gewerbeverlustes beeinflusst. [3]§ 171 Abs. 10 der Abgabenordnung gilt sinngemäß.

(2)[2)] [1]Zuständig für die Feststellung des vortragsfähigen Gewerbeverlustes ist das für den Erlass des Gewerbesteuermessbescheids zuständige Finanzamt. [2]Verlustfeststellungsbescheide sind zu erlassen, aufzuheben oder zu ändern, soweit sich die Besteuerungsgrundlagen ändern und deshalb der Gewerbesteuermessbescheid für denselben Erhebungszeitraum zu erlassen, aufzuheben oder zu ändern ist. [3]Dies gilt entsprechend, wenn der Erlass, die Aufhebung oder die Änderung des Messbescheids mangels steuerlicher Auswirkung unterbleibt. [4]Die Feststellungsfrist endet nicht, bevor die Festsetzungsfrist für den Erhebungszeitraum abgelaufen ist, auf dessen Schluss der vortragsfähige Gewerbeverlust gesondert festzustellen ist; § 181 Abs. 5 der Abgabenordnung ist nur anzuwenden, wenn die zuständige Finanzbehörde die Feststellung des vortragsfähigen Gewerbeverlustes pflichtwidrig unterlassen hat.

---

1) **Anm. d. Red.:** § 35b Abs. 2 i. d. F. des Art. 5 Nr. 3 JStG 2008 v. 20. 12. 2007 (BGBl I 3150).

2) **Anm. d. Red.:** Zur Anwendung des § 35b Abs. 2 siehe § 36 Abs. 10.

Abschnitt IX: Durchführung

§ 35c[1] Ermächtigung

(1) Die Bundesregierung wird ermächtigt, mit Zustimmung des Bundesrates

1. zur Durchführung des Gewerbesteuergesetzes Rechtsverordnungen zu erlassen
   a) über die Abgrenzung der Steuerpflicht,
   b) über die Ermittlung des Gewerbeertrags,
   c) über die Festsetzung der Steuermessbeträge, soweit dies zur Wahrung der Gleichmäßigkeit der Besteuerung und zur Vermeidung von Unbilligkeiten in Härtefällen erforderlich ist,
   d) über die Zerlegung des Steuermessbetrags,
   e) über die Abgabe von Steuererklärungen unter Berücksichtigung von Freibeträgen und Freigrenzen;
2. Vorschriften durch Rechtsverordnung zu erlassen
   a) über die sich aus der Aufhebung oder Änderung von Vorschriften dieses Gesetzes ergebenden Rechtsfolgen, soweit dies zur Wahrung der Gleichmäßigkeit bei der Besteuerung oder zur Beseitigung von Unbilligkeiten in Härtefällen erforderlich ist,
   b) (weggefallen)
   c) über die Steuerbefreiung der Einnehmer einer staatlichen Lotterie,
   d) über die Steuerbefreiung bei bestimmten kleineren Versicherungsvereinen auf Gegenseitigkeit im Sinne des § 53 des Versicherungsaufsichtsgesetzes, wenn sie von der Körperschaftsteuer befreit sind,
   e)[2] über die Beschränkung der Hinzurechnung von Entgelten für Schulden und ihnen gleichgestellte Beträge (§ 8 Nr. 1 Buchstabe a) bei Kreditinstituten nach dem Verhältnis des Eigenkapitals zu Teilen der Aktivposten und bei Gewerbebetrieben, die nachweislich ausschließlich unmittelbar oder mittelbar Kredite oder Kreditrisiken, die einem Kreditinstitut oder einem in § 3 Nr. 2 genannten Gewerbebetrieb aus Bankgeschäften entstanden sind, erwerben und Schuldtitel zur Refinanzierung des Kaufpreises für den Erwerb solcher Kredite oder zur Refinanzierung von für die Risikoübernahmen zu stellenden Sicherheiten ausgeben,
   f)[3] über die Beschränkung der Hinzurechnung von Entgelten für Schulden und ihnen gleichgestellte Beträge (§ 8 Nr. 1 Buchstabe a) bei Finanzdienstleistungsinstituten, die nachweislich ausschließlich Finanzdienstleistungen im Sinne des § 1 Abs. 1a Satz 2 des Gesetzes über das Kreditwesen tätigen,
   g) über die Festsetzung abweichender Vorauszahlungstermine.

(2) Das Bundesministerium der Finanzen wird ermächtigt, den Wortlaut dieses Gesetzes und der zu diesem Gesetz erlassenen Rechtsverordnungen in der jeweils geltenden Fassung satzweise nummeriert mit neuem Datum und in neuer Paragrafenfolge bekannt zu machen und dabei Unstimmigkeiten im Wortlaut zu beseitigen.

---

1) **Anm. d. Red.:** § 35c Abs. 1 Nr. 2 Buchst. e i. d. F. des Art. 3 Nr. 6 Unternehmensteuerreformgesetz 2008 v. 14. 8. 2007 (BGBl I 1912), Buchst. f eingefügt gem. Art. 4 Nr. 7 JStG 2009 v. 19. 12. 2008 (BGBl I 2794).

2) **Anm. d. Red.:** Zur Anwendung des § 35c Abs. 1 Nr. 2 Buchst. e siehe § 36 Abs. 10a Satz 1.

3) **Anm. d. Red.:** Zur Anwendung des § 35c Abs. 1 Nr. 2 Buchst. f siehe § 36 Abs. 10a Satz 2.

Abschnitt X: Schlussvorschriften

§ 36[1] Zeitlicher Anwendungsbereich

(1) Die vorstehende Fassung dieses Gesetzes ist, soweit in den folgenden Absätzen nichts anderes bestimmt ist, erstmals für den Erhebungszeitraum 2010 anzuwenden.

(2) [1]§ 2 Abs. 2 Satz 1 in der Fassung des Artikels 5 des Gesetzes vom 13. Dezember 2006 (BGBl I S. 2878) ist erstmals für den Erhebungszeitraum 2006 anzuwenden. [2]§ 2 Abs. 2 Satz 2 ist für den Erhebungszeitraum 2001 in folgender Fassung anzuwenden:

„Ist eine Kapitalgesellschaft in ein einziges anderes inländisches gewerbliches Unternehmen in der Weise eingegliedert, dass die Voraussetzungen des § 14 Nr. 1 des Körperschaftsteuergesetzes in der Fassung des Artikels 4 des Gesetzes vom 20. Dezember 2000 (BGBl I S. 1850) und des § 14 Nr. 2 und 3 des Körperschaftsteuergesetzes in der Fassung des Artikels 4 des Gesetzes vom 14. Juli 2000 (BGBl I S. 1034) erfüllt sind, so gilt sie als Betriebsstätte des anderen Unternehmens."

[3]§ 2 Abs. 2 Satz 3 des Gewerbesteuergesetzes in der Fassung des Artikels 7 des Gesetzes vom 20. Dezember 2001 (BGBl I S. 3794) ist letztmals für den Erhebungszeitraum 2001 anzuwenden. [4]§ 2 Abs. 2 Satz 3 in der Fassung des Artikels 4 des Gesetzes vom 20. Dezember 2001 (BGBl I S. 3858) ist auch für Erhebungszeiträume vor 2002 anzuwenden. [5]§ 2 Abs. 7 Nr. 1 in der Fassung des Artikels 5 des Gesetzes vom 20. Dezember 2007 (BGBl I S. 3150) ist erstmals ab dem Erhebungszeitraum 2008 anzuwenden.

(3) [1]§ 3 Nr. 2 ist für die Landestreuhandstelle Hessen – Bank für Infrastruktur – rechtlich unselbständige Anstalt in der Landesbank Hessen-Thüringen Girozentrale erstmals für den Erhebungszeitraum 2007 sowie für die Investitions- und Förderbank Niedersachsen erstmals für den Erhebungszeitraum 2008 anzuwenden. [2]Die Steuerbefreiung nach § 3 Nr. 2 in der bis zum 24. Dezember 2008 geltenden Fassung ist für die Investitions- und Förderbank Niedersachsen GmbH sowie für die Niedersächsische Landestreuhandstelle – Norddeutsche Landesbank Girozentrale – letztmals für den Erhebungszeitraum 2007 anzuwenden.

(3a) § 3 Nr. 17 in der Fassung des Artikels 4 des Gesetzes vom 19. Dezember 2008 (BGBl I S. 2794) ist erstmals für den Erhebungszeitraum 2008 anzuwenden.

(3b) § 3 Nr. 20 Buchstabe c in der Fassung des Artikels 50 des Gesetzes vom 27. Dezember 2003 (BGBl I S. 3022) ist erstmals ab dem Erhebungszeitraum 2005 anzuwenden.

(3c) § 3 Nr. 23 in der Fassung des Artikels 5 des Gesetzes vom 12. August 2008 (BGBl I S. 1672) ist erstmals für den Erhebungszeitraum 2008 anzuwenden.

(4) § 3 Nr. 24 ist für die Wagnisbeteiligungsgesellschaft Sachsen-Anhalt mbH erstmals für den Erhebungszeitraum 1996 und für die IBG Beteiligungsgesellschaft Sachsen-Anhalt mbH erstmals für den Erhebungszeitraum 2000 anzuwenden.

(4a) § 3 Nr. 30 in der Fassung des Artikels 4 des Gesetzes vom 15. Dezember 2003 (BGBl I S. 2645) ist auch in Erhebungszeiträumen vor 2003 anzuwenden.

(5) [1]§ 7 in der Fassung des Artikels 4 des Gesetzes vom 19. Dezember 2008 (BGBl I S. 2794) ist erstmals für den Erhebungszeitraum 2009 anzuwenden. [2]§ 7 Satz 6 in der Fassung des Artikels 4 des Gesetzes vom 19. Dezember 2008 (BGBl I S. 2794) ist auch für Erhebungszeiträume vor 2009 anzuwenden.

(5a) § 8 in der Fassung des Artikels 3 des Gesetzes vom 14. August 2007 (BGBl I S. 1912) ist erstmals für den Erhebungszeitraum 2008 anzuwenden.

(5b) § 8 Nr. 1 in der Fassung des Artikels 5 des Gesetzes vom 20. Dezember 2007 (BGBl I S. 3150) ist erstmals ab dem Erhebungszeitraum 2008 anzuwenden.

(6) § 8 Nr. 5 in der Fassung des Artikels 3 des Gesetzes vom 14. August 2007 (BGBl I S. 1912) ist erstmals ab dem Erhebungszeitraum 2007 anzuwenden.

1) **Anm. d. Red.:** § 36 i. d. F. des Art. 3 Nr. 2 Wachstumsbeschleunigungsgesetz v. 22. 12. 2009 (BGBl I 3950).

GewStG

(6a) [1]§ 9 Nr. 1 Satz 1 in der Fassung des Artikels 3 des Gesetzes vom 14. August 2007 (BGBl I S. 1912) ist erstmals für den Erhebungszeitraum 2008 anzuwenden. [2]§ 9 Nr. 1 Satz 5 Nr. 1a in der Fassung des Artikels 4 des Gesetzes vom 19. Dezember 2008 (BGBl I S. 2794) ist erstmals auf Vergütungen anzuwenden, die nach dem 18. Juni 2008 erstmals vereinbart worden sind; eine wesentliche Änderung einer vor diesem Zeitpunkt getroffenen Vereinbarung über die Vergütungen gilt als neue Vereinbarung.

(7) [1]§ 9 Nr. 2 in der am 1. Januar 2004 geltenden Fassung ist erstmals für den Erhebungszeitraum 2004 anzuwenden. [2]Ist ein Antrag nach § 34 Abs. 7 Satz 8 Nr. 2 des Körperschaftsteuergesetzes in der am 1. Januar 2004 geltenden Fassung gestellt worden, sind die Vorschriften bereits ab dem Erhebungszeitraum 2001, bei vom Kalenderjahr abweichenden Wirtschaftsjahren ab dem Erhebungszeitraum 2002 anzuwenden. [3]In den Fällen des Satzes 2 dürfen Fehlbeträge des Rückwirkungszeitraums nicht in Erhebungszeiträume außerhalb dieses Zeitraums vorgetragen werden. [4]Auf Fehlbeträge des Rückwirkungszeitraums ist § 14 Abs. 1 des Körperschaftsteuergesetzes nicht anzuwenden.

(7a) (weggefallen)

(8) [1]§ 9 Nr. 2a, 7 und 8 in der am 1. Januar 2004 geltenden Fassung sind erstmals für den Erhebungszeitraum 2004 anzuwenden. [2]Ist ein Antrag nach § 34 Abs. 7 Satz 8 Nr. 2 des Körperschaftsteuergesetzes in der am 1. Januar 2004 geltenden Fassung gestellt worden, sind die Vorschriften bereits ab dem Erhebungszeitraum 2001, bei vom Kalenderjahr abweichenden Wirtschaftsjahren ab dem Erhebungszeitraum 2002 anzuwenden. [3]In den Fällen des Satzes 2 dürfen Fehlbeträge des Rückwirkungszeitraums nicht in Erhebungszeiträume außerhalb dieses Zeitraums vorgetragen werden. [4]Auf Fehlbeträge des Rückwirkungszeitraums ist § 14 Abs. 1 des Körperschaftsteuergesetzes nicht anzuwenden. [5]§ 9 Nr. 2a, 7 und 8 in der Fassung des Artikels 5 des Gesetzes vom 13. Dezember 2006 (BGBl I S. 2878) ist erstmals für den Erhebungszeitraum 2006 anzuwenden; § 9 Nr. 2a Satz 4, Nr. 7 Satz 3 und Nr. 8 Satz 3 in der Fassung des Artikels 5 des Gesetzes vom 13. Dezember 2006 (BGBl I S. 2878) ist auch für Erhebungszeiträume vor 2006 anzuwenden. [6]§ 9 Nr. 2a, 7 und 8 in der Fassung des Artikels 3 des Gesetzes vom 14. August 2007 (BGBl I S. 1912) ist erstmals für den Erhebungszeitraum 2008 anzuwenden. [7]§ 9 Nr. 2a in der Fassung des Artikels 4 des Gesetzes vom 19. Dezember 2008 (BGBl I S. 2794) ist erstmals für den Erhebungszeitraum 2008 anzuwenden.

(8a) § 9 Nr. 4 in der am 1. Januar 2007 geltenden Fassung ist letztmals für den Erhebungszeitraum 2007 anzuwenden.

(8b) [1]§ 9 Nr. 5 in der Fassung des Artikels 4 des Gesetzes vom 10. Oktober 2007 (BGBl I S. 2332) gilt erstmals für Zuwendungen, die im Erhebungszeitraum 2007 geleistet werden. [2]Auf Antrag des Steuerpflichtigen ist auf Zuwendungen, die im Erhebungszeitraum 2007 geleistet werden, § 9 Nr. 5 in der bis zum 31. Dezember 2006 geltenden Fassung anzuwenden.

(8c) § 9 Nr. 7 in der Fassung des Artikels 5 des Gesetzes vom 20. Dezember 2007 (BGBl I S. 3150) ist auch in Erhebungszeiträumen vor 2007 anzuwenden.

(9) [1]§ 10a Satz 4 und 5 in der Fassung des Artikels 5 des Gesetzes vom 13. Dezember 2006 (BGBl I S. 2878) ist auch für Erhebungszeiträume vor 2007 anzuwenden. [2]§ 10a Satz 8 in der Fassung des Artikels 5 des Gesetzes vom 13. Dezember 2006 (BGBl I S. 2878) ist neben § 10a Satz 8 in der Fassung des Artikels 3 des Gesetzes vom 14. August 2007 (BGBl I S. 1912) letztmals anzuwenden, wenn mehr als die Hälfte der Anteile an einer Kapitalgesellschaft innerhalb eines Zeitraums von fünf Jahren übertragen werden, der vor dem 1. Januar 2008 beginnt, und der Verlust der wirtschaftlichen Identität vor dem 1. Januar 2013 eintritt. [3]Im Fall einer Übertragung von mehr als der Hälfte der Anteile an einer Zielgesellschaft im Sinne des § 2 Abs. 3 des Wagniskapitalbeteiligungsgesetzes in der Fassung des Artikels 1 des Gesetzes vom 12. August 2008 (BGBl I S. 1672) in der jeweils geltenden Fassung durch eine Wagniskapitalbeteiligungsgesellschaft (§ 2 Abs. 1 des Wagniskapitalbeteiligungsgesetzes) ist § 10a Satz 10 mit der Maßgabe anzuwenden, dass ein nach Satz 2 nicht genutzter Fehlbetrag anteilig abgezogen werden kann, soweit er auf stille Reserven des steuerpflichtigen, inländischen Betriebsvermögens der Zielgesellschaft entfällt. [4]Gleiches gilt im Fall eines unmittelbaren schädli-

chen Beteiligungserwerbs an einer Zielgesellschaft von einer Wagniskapitalbeteiligungsgesellschaft durch einen Erwerber, der keine Wagniskapitalbeteiligungsgesellschaft ist, wenn

1. die Zielgesellschaft bei Erwerb der Beteiligung ein Eigenkapital von nicht mehr als 20 Millionen Euro aufweist oder
2. die Zielgesellschaft bei Erwerb der Beteiligung ein Eigenkapital von nicht mehr als 100 Millionen Euro aufweist und die den Betrag von 20 Millionen Euro übersteigende Erhöhung des Eigenkapitals auf den Jahresüberschüssen der der Veräußerung vorangegangenen vier Geschäftsjahre beruht;

der Zeitraum zwischen Anschaffung und Veräußerung der Beteiligung an der Zielgesellschaft durch die Wagniskapitalbeteiligungsgesellschaft darf vier Jahre nicht unterschreiten. [5]Der nach Satz 3 abziehbare Fehlbetrag kann im Jahr des Wegfalls der wirtschaftlichen Identität zu einem Fünftel im Rahmen des Verlustabzugs nach § 10a Satz 1 und 2 abgezogen werden; dieser Betrag erhöht sich in den folgenden vier Jahren um je ein weiteres Fünftel des abziehbaren Fehlbetrages. [6]§ 10a Satz 9 in der Fassung des Artikels 5 des Gesetzes vom 12. August 2008 (BGBl I S. 1672) ist erstmals für den Erhebungszeitraum 2008 und auf Anteilsübertragungen nach dem 31. Dezember 2007 anzuwenden. [7]§ 10a Satz 7 in der Fassung des Artikels 5 des Gesetzes vom 20. Dezember 2007 (BGBl I S. 3150) gilt auch für Erhebungszeiträume vor 2007. [8]§ 10a Satz 9 in der Fassung des Artikels 4 des Gesetzes vom 19. Dezember 2008 (BGBl I S. 2794) ist erstmals für den Erhebungszeitraum 2009 anzuwenden; § 34 Abs. 6 Satz 8 und 10 des Körperschaftsteuergesetzes gilt entsprechend. [9]Nach Inkrafttreten des Artikels 4 des Gesetzes vom 12. August 2008 (BGBl I S. 1672) ist Satz 8 mit der Maßgabe anzuwenden, dass an die Stelle der Angabe „Satz 8 und 10" die Angabe „Satz 11 und 13" tritt. [10]§ 10a Satz 10 in der Fassung des Artikels 4 des Gesetzes vom 19. Dezember 2008 (BGBl I S. 2794) ist erstmals auf schädliche Beteiligungserwerbe nach dem 28. November 2008 anzuwenden, deren sämtliche Erwerbe und gleichgestellte Rechtsakte nach dem 28. November 2008 stattfinden.

(9a) § 11 Abs. 2 in der Fassung des Artikels 3 des Gesetzes vom 14. August 2007 (BGBl I S. 1912) ist erstmals für den Erhebungszeitraum 2008 anzuwenden.

(9b) § 14a in der Fassung des Artikels 7 des Gesetzes vom 20. Dezember 2008 (BGBl I S. 2850) ist erstmals für den Erhebungszeitraum 2011 anzuwenden.

(9c) § 19 Abs. 3 Satz 5 in der Fassung des Artikels 3 des Gesetzes vom 14. August 2007 (BGBl I S. 1912) ist erstmals für den Erhebungszeitraum 2008 anzuwenden.

(10) § 35b Abs. 2 Satz 4 in der Fassung des Artikels 5 des Gesetzes vom 13. Dezember 2006 (BGBl I S. 2878) gilt für alle bei Inkrafttreten dieses Gesetzes[1)] noch nicht abgelaufenen Feststellungsfristen.

(10a) [1]§ 35c Abs. 1 Nr. 2 Buchstabe e in der Fassung des Artikels 3 des Gesetzes vom 14. August 2007 (BGBl I S. 1912) ist erstmals für den Erhebungszeitraum 2008 anzuwenden. [2]§ 35c Abs. 1 Nr. 2 Buchstabe f in der Fassung des Artikels 4 des Gesetzes vom 19. Dezember 2008 (BGBl I S. 2794) ist erstmals für den Erhebungszeitraum 2008 anzuwenden.

§ 37 (weggefallen)

1) **Anm. d. Red.:** Tag des Inkrafttretens: 19. 12. 2006.

Gewerbesteuer-Durchführungsverordnung (GewStDV)

v. 15. 10. 2002 (BGBl I S. 4181) mit späteren Änderungen

Die amtliche Neufassung der GewStDV v. 15. 10. 2002 (BGBl I 4181) wurde inzwischen geändert durch Art. 5 Gesetz zum Abbau von Steuervergünstigungen und Ausnahmeregelungen (Steuervergünstigungsabbaugesetz – StVergAbG) v. 16. 5. 2003 (BGBl I 660); Art. 4 Gesetz zur Förderung von Kleinunternehmern und zur Verbesserung der Unternehmensfinanzierung (Kleinunternehmerförderungsgesetz) v. 31. 7. 2003 (BGBl I 1550); Art. 5 Gesetz über steuerliche Begleitmaßnahmen zur Einführung der Europäischen Gesellschaft und zur Änderung weiterer steuerrechtlicher Vorschriften (SEStEG) v. 7. 12. 2006 (BGBl I 2782, ber. 2007 I 68); Art. 6 Jahressteuergesetz 2007 (JStG 2007) v. 13. 12. 2006 (BGBl I 2878); Art. 4 Unternehmensteuerreformgesetz 2008 v. 14. 8. 2007 (BGBl I 1912); Art. 6 Jahressteuergesetz 2008 (JStG 2008) v. 20. 12. 2007 (BGBl I 3150); Art. 5 Jahressteuergesetz 2009 (JStG 2009) v. 19. 12. 2008 (BGBl I 2794); Art. 6b Drittes Gesetz zum Abbau bürokratischer Hemmnisse insbesondere in der mittelständischen Wirtschaft (Drittes Mittelstandsentlastungsgesetz) v. 17. 3. 2009 (BGBl I 550); Art. 17 Gesetz zur verbesserten steuerlichen Berücksichtigung von Vorsorgeaufwendungen (Bürgerentlastungsgesetz Krankenversicherung) v. 16. 7. 2009 (BGBl I 1959). — **Zur Anwendung siehe § 36.**

Nichtamtliche Fassung

Zu § 2 des Gesetzes

§ 1 Stehender Gewerbebetrieb

Stehender Gewerbebetrieb ist jeder Gewerbebetrieb, der kein Reisegewerbebetrieb im Sinne des § 35a Abs. 2 des Gesetzes ist.

§ 2[1)] Betriebe der öffentlichen Hand

(1)[2)] [1]Unternehmen von juristischen Personen des öffentlichen Rechts sind gewerbesteuerpflichtig, wenn sie als stehende Gewerbebetriebe anzusehen sind; für den Umfang des Unternehmens ist § 4 Abs. 6 Satz 1 des Körperschaftsteuergesetzes entsprechend anzuwenden. [2]Das gilt auch für Unternehmen, die der Versorgung der Bevölkerung mit Wasser, Gas, Elektrizität oder Wärme, dem öffentlichen Verkehr oder dem Hafenbetrieb dienen.

(2) [1]Unternehmen von juristischen Personen des öffentlichen Rechts, die überwiegend der Ausübung der öffentlichen Gewalt dienen (Hoheitsbetriebe), gehören unbeschadet der Vorschrift des Absatzes 1 Satz 2 nicht zu den Gewerbebetrieben. [2]Für die Annahme eines Hoheitsbetriebs reichen Zwangs- oder Monopolrechte nicht aus.

GewStDV

§ 3 (weggefallen)

§ 4 Aufgabe, Auflösung und Insolvenz

(1) Ein Gewerbebetrieb, der aufgegeben oder aufgelöst wird, bleibt Steuergegenstand bis zur Beendigung der Aufgabe oder Abwicklung.

(2) Die Gewerbesteuerpflicht wird durch die Eröffnung des Insolvenzverfahrens über das Vermögen des Unternehmers nicht berührt.

§ 5 Betriebsstätten auf Schiffen

Ein Gewerbebetrieb wird gewerbesteuerlich insoweit nicht im Inland betrieben, als für ihn eine Betriebsstätte auf einem Kauffahrteischiff unterhalten wird, das im so genannten regelmäßigen Liniendienst ausschließlich zwischen ausländischen Häfen verkehrt, auch wenn es in einem inländischen Schiffsregister eingetragen ist.

---

1) **Anm. d. Red.:** § 2 Abs. 1 i. d. F. des Art. 5 Nr. 1 JStG 2009 v. 19. 12. 2008 (BGBl I 2794).

2) **Anm. d. Red.:** Zur Anwendung des § 2 Abs. 1 siehe § 36 Abs. 2.

§ 6 Binnen- und Küstenschifffahrtsbetriebe

Bei Binnen- und Küstenschifffahrtsbetrieben, die feste örtliche Anlagen oder Einrichtungen zur Ausübung des Gewerbes nicht unterhalten, gilt eine Betriebsstätte in dem Ort als vorhanden, der als Heimathafen (Heimatort) im Schiffsregister eingetragen ist.

§ 7 (weggefallen)

§ 8 Zusammenfassung mehrerer wirtschaftlicher Geschäftsbetriebe

Werden von einer sonstigen juristischen Person des privaten Rechts oder einem nichtrechtsfähigen Verein (§ 2 Abs. 3 des Gesetzes) mehrere wirtschaftliche Geschäftsbetriebe unterhalten, so gelten sie als ein einheitlicher Gewerbebetrieb.

§ 9 (weggefallen)

Zu § 3 des Gesetzes

§§ 10 bis 12 (weggefallen)

§ 12a Kleinere Versicherungsvereine

Kleinere Versicherungsvereine auf Gegenseitigkeit im Sinne des § 53 des Versicherungsaufsichtsgesetzes sind von der Gewerbesteuer befreit, wenn sie nach § 5 Abs. 1 Nr. 4 des Körperschaftsteuergesetzes von der Körperschaftsteuer befreit sind.

§ 13 Einnehmer einer staatlichen Lotterie

Die Tätigkeit der Einnehmer einer staatlichen Lotterie unterliegt auch dann nicht der Gewerbesteuer, wenn sie im Rahmen eines Gewerbebetriebs ausgeübt wird.

Zu § 4 des Gesetzes

§ 14 (weggefallen)

§ 15 Hebeberechtigte Gemeinde bei Gewerbebetrieben auf Schiffen und bei Binnen- und Küstenschifffahrtsbetrieben

Hebeberechtigte Gemeinde für die Betriebsstätten auf Kauffahrteischiffen, die in einem inländischen Schiffsregister eingetragen sind und nicht im so genannten regelmäßigen Liniendienst ausschließlich zwischen ausländischen Häfen verkehren, und für die in § 6 bezeichneten Binnen- und Küstenschifffahrtsbetriebe ist die Gemeinde, in der der inländische Heimathafen (Heimatort) des Schiffes liegt.

Zu den §§ 7, 8 und 9 des Gesetzes

§ 16 Gewerbeertrag bei Abwicklung und Insolvenz

(1) Der Gewerbeertrag, der bei einem in der Abwicklung befindlichen Gewerbebetrieb im Sinne des § 2 Abs. 2 des Gesetzes im Zeitraum der Abwicklung entstanden ist, ist auf die Jahre des Abwicklungszeitraums zu verteilen.

(2) Das gilt entsprechend für Gewerbebetriebe, wenn über das Vermögen des Unternehmens ein Insolvenzverfahren eröffnet worden ist.

§§ 17 und 18 (weggefallen)

Zu § 8 des Gesetzes

§ 19[1)2)] Schulden bestimmter Unternehmen

(1) [1]Bei Kreditinstituten im Sinne des § 1 Abs. 1 des Gesetzes über das Kreditwesen sind nur Entgelte für Schulden und den Entgelten gleichgestellte Beträge anzusetzen, die dem Betrag der Schulden entsprechen, um den der Ansatz der zum Anlagevermögen gehörenden Grundstücke, Gebäude, Betriebs- und Geschäftsausstattung, Schiffe, Anteile an Kreditinstituten und sonstigen Unternehmen sowie der Forderungen aus Vermögenseinlagen als stiller Gesellschafter und aus Genussrechten das Eigenkapital überschreitet; hierunter fallen nicht Gegenstände, über die Leasingverträge abgeschlossen worden sind. [2]Dem Anlagevermögen nach Satz 1 sind Forderungen gegen ein Unternehmen hinzuzurechnen, mit dem eine organschaftliche Verbindung nach § 2 Abs. 2 Satz 2 des Gesetzes besteht und das nicht zu den Kreditinstituten oder Unternehmen gehört, auf die Satz 1 und die Absätze 2 und 3 anzuwenden sind.

(2) [1]Voraussetzung für die Anwendung des Absatzes 1 ist, dass im Durchschnitt aller Monatsausweise des Wirtschaftsjahrs des Kreditinstituts nach § 25 des Gesetzes über das Kreditwesen oder entsprechender Statistiken die Aktivposten aus Bankgeschäften und dem Erwerb von Geldforderungen die Aktivposten aus anderen Geschäften überwiegen. [2]In den Vergleich sind Aktivposten aus Anlagen nach Absatz 1 nicht einzubeziehen.

(3) Die vorstehenden Bestimmungen gelten entsprechend

1. für Pfandleiher im Sinne der Pfandleiherverordnung in der Fassung der Bekanntmachung vom 1. Juni 1976 (BGBl I S. 1334) in der jeweils geltenden Fassung;
2. für Gewerbebetriebe, die nachweislich ausschließlich unmittelbar oder mittelbar Kredite oder Kreditrisiken aus Bankgeschäften im Sinne des § 1 Abs. 1 Satz 2 Nr. 2, 3 und 8 des Kreditwesengesetzes in der Fassung des Artikels 27 des Gesetzes vom 19. Dezember 2008 (BGBl I S. 2794) von Kreditinstituten im Sinne des § 1 des Kreditwesengesetzes oder von in § 3 Nr. 2 des Gesetzes genannten Gewerbebetrieben erwerben und Schuldtitel zur Refinanzierung des Kaufpreises für den Erwerb solcher Kredite oder zur Refinanzierung von für die Risikoübernahmen zu stellenden Sicherheiten ausgeben; die Refinanzierung durch Aufnahme von Darlehen von Gewerbebetrieben im Sinne der Nummer 3 an der Stelle der Ausgabe von Schuldtiteln ist unschädlich;
3. für Gewerbebetriebe, die nachweislich ausschließlich Schuldtitel bezogen auf die in Nummer 2 bezeichneten Kredite oder Kreditrisiken ausgeben und an Gewerbebetriebe im Sinne der Nummer 2 Darlehen gewähren, oder
4. für Finanzdienstleistungsinstitute im Sinne des § 1 Abs. 1a des Kreditwesengesetzes, die mit Ausnahme der Unternehmen im Sinne des § 2 Abs. 6 Nr. 17 des Kreditwesengesetzes nicht der Ausnahmeregelung des § 2 Abs. 6 des Kreditwesengesetzes unterliegen und die nachweislich ausschließlich Finanzdienstleistungen im Sinne des § 1 Abs. 1a Satz 2 des Kreditwesengesetzes tätigen.

Zu § 9 des Gesetzes

§ 20 Grundbesitz

(1) [1]Die Frage, ob und inwieweit im Sinne des § 9 Nr. 1 des Gesetzes Grundbesitz zum Betriebsvermögen des Unternehmers gehört, ist nach den Vorschriften des Einkommensteuergesetzes oder des Körperschaftsteuergesetzes zu entscheiden. [2]Maßgebend ist dabei der Stand zu Beginn des Kalenderjahrs.

---

1) **Anm. d. Red.:** § 19 i. d. F. des Art. 5 Nr. 2 JStG 2009 v. 19. 12. 2008 (BGBl I 2794).

2) **Anm. d. Red.:** Zur Anwendung des § 19 siehe § 36 Abs. 3.

(2) Gehört der Grundbesitz nur zum Teil zum Betriebsvermögen im Sinne des Absatzes 1, so ist der Kürzung nach § 9 Nr. 1 des Gesetzes nur der entsprechende Teil des Einheitswerts zugrunde zu legen.

§ 21 (weggefallen)

Zu § 11 des Gesetzes

§ 22 Hausgewerbetreibende und ihnen gleichgestellte Personen

[1]Betreibt ein Hausgewerbetreibender oder eine ihm gleichgestellte Person noch eine andere gewerbliche Tätigkeit und sind beide Tätigkeiten als eine Einheit anzusehen, so ist § 11 Abs. 3 des Gesetzes nur anzuwenden, wenn die andere Tätigkeit nicht überwiegt. [2]Die Vergünstigung gilt in diesem Fall für den gesamten Gewerbeertrag.

§§ 23 und 24 (weggefallen)

Zu § 14a des Gesetzes[1)]

§ 25[2)] Gewerbesteuererklärung

(1) Eine Gewerbesteuererklärung ist abzugeben

1. für alle gewerbesteuerpflichtigen Unternehmen, deren Gewerbeertrag im Erhebungszeitraum den Betrag von 24 500 Euro überstiegen hat;
2. für Kapitalgesellschaften (Aktiengesellschaften, Kommanditgesellschaften auf Aktien, Gesellschaften mit beschränkter Haftung), wenn sie nicht von der Gewerbesteuer befreit sind;
3. für Genossenschaften einschließlich Europäischer Genossenschaften und für Versicherungsvereine auf Gegenseitigkeit, wenn sie nicht von der Gewerbesteuer befreit sind. [2]Für sonstige juristische Personen des privaten Rechts und für nichtrechtsfähige Vereine ist eine Gewerbesteuererklärung nur abzugeben, soweit diese Unternehmen einen wirtschaftlichen Geschäftsbetrieb – ausgenommen Land- und Forstwirtschaft – unterhalten, dessen Gewerbeertrag im Erhebungszeitraum den Betrag von 5 000 Euro überstiegen hat;
4. für Unternehmen von juristischen Personen des öffentlichen Rechts, wenn sie als stehende Gewerbebetriebe anzusehen sind und ihr Gewerbeertrag im Erhebungszeitraum den Betrag von 5 000 Euro überstiegen hat;
5. für Unternehmen im Sinne des § 3 Nr. 5, 6, 8, 9, 15, 17, 21, 26, 27, 28 und 29 des Gesetzes nur, wenn sie neben der von der Gewerbesteuer befreiten Tätigkeit auch eine der Gewerbesteuer unterliegende Tätigkeit ausgeübt haben und ihr steuerpflichtiger Gewerbeertrag im Erhebungszeitraum den Betrag von 5 000 Euro überstiegen hat;
6. für Unternehmen, für die zum Schluss des vorangegangenen Erhebungszeitraums vortragsfähige Fehlbeträge gesondert festgestellt worden sind;
7. für alle gewerbesteuerpflichtigen Unternehmen, für die vom Finanzamt eine Gewerbesteuererklärung besonders verlangt wird.

(2) [1]Die Steuererklärung ist spätestens an dem von den obersten Finanzbehörden der Länder bestimmten Zeitpunkt abzugeben. [2]Für die Erklärung sind die amtlichen Vordrucke zu verwenden. [3]Das Recht des Finanzamts, schon vor diesem Zeitpunkt Angaben zu verlangen, die für die Besteuerung von Bedeutung sind, bleibt unberührt.

---

1) **Anm. d. Red.:** Zwischenüberschrift i. d. F. des Art. 6 JStG 2008 v. 20. 12. 2007 (BGBl I 3150).

2) **Anm. d. Red.:** § 25 Abs. 1 Nr. 3 bis 5 i. d. F. des Art. 6b Nr. 1 Drittes Mittelstandsentlastungsgesetz v. 17. 3. 2009 (BGBl I 550).

§§ 26 bis 28 (weggefallen)

Zu § 19 des Gesetzes

§ 29[1] Anpassung und erstmalige Festsetzung der Vorauszahlungen

(1) [1]Setzt das Finanzamt nach § 19 Abs. 3 Satz 3 des Gesetzes einen Steuermessbetrag für Zwecke der Gewerbesteuer-Vorauszahlungen fest, so braucht ein Zerlegungsbescheid nicht erteilt zu werden. [2]Die hebeberechtigten Gemeinden können an dem Steuermessbetrag in demselben Verhältnis beteiligt werden, nach dem die Zerlegungsanteile in dem unmittelbar vorangegangenen Zerlegungsbescheid festgesetzt sind. [3]Das Finanzamt hat in diesem Fall gleichzeitig mit der Festsetzung des Steuermessbetrags den hebeberechtigten Gemeinden mitzuteilen

1. den Prozentsatz, um den sich der Steuermessbetrag gegenüber dem in der Mitteilung über die Zerlegung (§ 188 Abs. 1 der Abgabenordnung) angegebenen Steuermessbetrag erhöht oder ermäßigt, oder den Zerlegungsanteil,
2. den Erhebungszeitraum, für den die Änderung erstmals gilt.

(2) [1]In den Fällen des § 19 Abs. 4 des Gesetzes hat das Finanzamt erforderlichenfalls den Steuermessbetrag für Zwecke der Gewerbesteuer-Vorauszahlungen zu zerlegen. [2]Das Gleiche gilt in den Fällen des § 19 Abs. 3 des Gesetzes, wenn an den Vorauszahlungen nicht dieselben Gemeinden beteiligt sind, die nach dem unmittelbar vorangegangenen Zerlegungsbescheid beteiligt waren. [3]Bei der Zerlegung sind die mutmaßlichen Arbeitslöhne des Erhebungszeitraums anzusetzen, für den die Festsetzung der Vorauszahlungen erstmals gilt.

§ 30 Verlegung von Betriebsstätten

[1]Wird eine Betriebsstätte in eine andere Gemeinde verlegt, so sind die Vorauszahlungen in dieser Gemeinde von dem auf die Verlegung folgenden Fälligkeitstag ab zu entrichten. [2]Das gilt nicht, wenn in der Gemeinde, aus der die Betriebsstätte verlegt wird, mindestens eine Betriebsstätte des Unternehmens bestehen bleibt.

§§ 31 bis 33 (weggefallen)

Zu § 34 des Gesetzes

§ 34 Kleinbeträge bei Verlegung der Geschäftsleitung

Hat das Unternehmen die Geschäftsleitung im Laufe des Erhebungszeitraums in eine andere Gemeinde verlegt, so ist der Kleinbetrag der Gemeinde zuzuweisen, in der sich die Geschäftsleitung am Ende des Erhebungszeitraums befindet.

Zu § 35a des Gesetzes

§ 35 Reisegewerbebetriebe

(1) [1]Der Mittelpunkt der gewerblichen Tätigkeit befindet sich in der Gemeinde, von der aus die gewerbliche Tätigkeit vorwiegend ausgeübt wird. [2]Das ist in der Regel die Gemeinde, in der sich der Wohnsitz des Reisegewerbetreibenden befindet. [3]In Ausnahmefällen ist Mittelpunkt eine auswärtige Gemeinde, wenn die gewerbliche Tätigkeit von dieser Gemeinde (z. B. von einem Büro oder Warenlager) aus vorwiegend ausgeübt wird. [4]Ist der Mittelpunkt der gewerblichen Tätigkeit nicht feststellbar, so ist die Gemeinde hebeberechtigt, in der der Unternehmer polizeilich gemeldet oder meldepflichtig ist.

(2) Eine Zerlegung des Steuermessbetrags auf die Gemeinden, in denen das Gewerbe ausgeübt worden ist, unterbleibt.

1) **Anm. d. Red.:** § 29 i. d. F. des Art. 6 JStG 2007 v. 13. 12. 2006 (BGBl I 2878).

(3) [1]Der Steuermessbetrag ist im Fall des § 35a Abs. 4 des Gesetzes nach dem Anteil der Kalendermonate auf die hebeberechtigten Gemeinden zu zerlegen. [2]Kalendermonate, in denen die Steuerpflicht nur während eines Teils bestanden hat, sind voll zu rechnen. [3]Der Anteil für den Kalendermonat, in dem der Mittelpunkt der gewerblichen Tätigkeit verlegt worden ist, ist der Gemeinde zuzuteilen, in der sich der Mittelpunkt in diesem Kalendermonat die längste Zeit befunden hat.

Schlussvorschriften

§ 36[1)] Zeitlicher Anwendungsbereich

(1) Die vorstehende Fassung dieser Verordnung ist, soweit in den folgenden Absätzen nichts anderes bestimmt ist, erstmals für den Erhebungszeitraum 2009 anzuwenden.

(2) § 2 Absatz 1 in der Fassung des Artikels 5 des Gesetzes vom 19. Dezember 2008 (BGBl I S. 2794) ist auch für Erhebungszeiträume vor 2009 anzuwenden.

(3) [1]§ 19 in der Fassung des Artikels 5 des Gesetzes vom 19. Dezember 2008 (BGBl I S. 2794) ist erstmals für den Erhebungszeitraum 2008 anzuwenden. [2]Weist das Unternehmen im Sinne des § 64j Absatz 2 des Kreditwesengesetzes nicht spätestens mit der Abgabe der Erklärung zur Festsetzung des Steuermessbetrags für den Erhebungszeitraum 2009 nach, dass die Anzeige nach § 64j Absatz 2 des Kreditwesengesetzes bei der Bundesanstalt für Finanzdienstleistungsaufsicht vorliegt, ist § 19 auf das Unternehmen ab dem Erhebungszeitraum 2008 nicht anzuwenden; das Nichterbringen des Nachweises gilt als rückwirkendes Ereignis im Sinne des § 175 Absatz 1 Satz 1 Nummer 2 der Abgabenordnung.

1) **Anm. d. Red.:** § 36 i. d. F. des Art. 17 Bürgerentlastungsgesetz Krankenversicherung v. 16. 7. 2009 (BGBl I 1959).

Umsatzsteuergesetz (UStG)

v. 21. 2. 2005 (BGBl I S. 388) mit späteren Änderungen

Die amtliche Neufassung des UStG v. 21. 2. 2005 (BGBl I 388) wurde inzwischen geändert durch Art. 4 Abs. 31 Gesetz zur Neuorganisation der Bundesfinanzverwaltung und zur Schaffung eines Refinanzierungsregisters v. 22. 9. 2005 (BGBl I 2809); Art. 2 Gesetz zur steuerlichen Förderung von Wachstum und Beschäftigung v. 26. 4. 2006 (BGBl I 1091); Art. 2 Gesetz zur Eindämmung missbräuchlicher Steuergestaltungen v. 28. 4. 2006 (BGBl I 1095); Art. 4 Haushaltsbegleitgesetz 2006 (HBeglG 2006) v. 29. 6. 2006 (BGBl I 1402); Art. 8 Erstes Gesetz zum Abbau bürokratischer Hemmnisse insbesondere in der mittelständischen Wirtschaft v. 22. 8. 2006 (BGBl I 1970); Art. 7 Jahressteuergesetz 2007 (JStG 2007) v. 13. 12. 2006 (BGBl I 2878); Art. 28 Abs. 2 Zweites Gesetz zum Abbau bürokratischer Hemmnisse insbesondere in der mittelständischen Wirtschaft v. 7. 9. 2007 (BGBl I 2246); Art. 7 Gesetz zur weiteren Stärkung des bürgerschaftlichen Engagements v. 10. 10. 2007 (BGBl I 2332); Art. 8 Jahressteuergesetz 2008 (JStG 2008) v. 20. 12. 2007 (BGBl I 3150); Art. 7 Jahressteuergesetz 2009 (JStG 2009) v. 19. 12. 2008 (BGBl I 2794); Art. 8 Gesetz zur Modernisierung und Entbürokratisierung des Steuerverfahrens (Steuerbürokratieabbaugesetz) v. 20. 12. 2008 (BGBl I 2850); Art. 8 Gesetz zur verbesserten steuerlichen Berücksichtigung von Vorsorgeaufwendungen (Bürgerentlastungsgesetz Krankenversicherung) v. 16. 7. 2009 (BGBl I 1959); Art. 5 Gesetz zur Beschleunigung des Wirtschaftswachstums (Wachstumsbeschleunigungsgesetz) v. 22. 12. 2009 (BGBl I 3950). — **Zur Anwendung siehe §§ 27 und 28.**

Nichtamtliche Fassung

Inhaltsübersicht

Erster Abschnitt: Steuergegenstand und Geltungsbereich

§ 1[1] Steuerbare Umsätze

(1) Der Umsatzsteuer unterliegen die folgenden Umsätze:

1. die Lieferungen und sonstigen Leistungen, die ein Unternehmer im Inland gegen Entgelt im Rahmen seines Unternehmens ausführt. [2]Die Steuerbarkeit entfällt nicht, wenn der Umsatz auf Grund gesetzlicher oder behördlicher Anordnung ausgeführt wird oder nach gesetzlicher Vorschrift als ausgeführt gilt;
2. und 3. (weggefallen)
4. die Einfuhr von Gegenständen im Inland oder in den österreichischen Gebieten Jungholz und Mittelberg (Einfuhrumsatzsteuer);
5. der innergemeinschaftliche Erwerb im Inland gegen Entgelt.

(1a) [1]Die Umsätze im Rahmen einer Geschäftsveräußerung an einen anderen Unternehmer für dessen Unternehmen unterliegen nicht der Umsatzsteuer. [2]Eine Geschäftsveräußerung liegt vor, wenn ein Unternehmen oder ein in der Gliederung eines Unternehmens gesondert geführter Betrieb im Ganzen entgeltlich oder unentgeltlich übereignet oder in eine Gesellschaft eingebracht wird. [3]Der erwerbende Unternehmer tritt an die Stelle des Veräußerers.

(2) [1]Inland im Sinne dieses Gesetzes ist das Gebiet der Bundesrepublik Deutschland mit Ausnahme des Gebiets von Büsingen, der Insel Helgoland, der Freizonen des Kontrolltyps I nach § 1 Abs. 1 Satz 1 des Zollverwaltungsgesetzes (Freihäfen), der Gewässer und Watten zwischen der Hoheitsgrenze und der jeweiligen Strandlinie sowie der deutschen Schiffe und der deutschen Luftfahrzeuge in Gebieten, die zu keinem Zollgebiet

1) **Anm. d. Red.:** § 1 Abs. 3 i. d. F. des Art. 8 Nr. 2 JStG 2008 v. 20. 12. 2007 (BGBl I 3150).

gehören. [2]Ausland im Sinne dieses Gesetzes ist das Gebiet, das danach nicht Inland ist. [3]Wird ein Umsatz im Inland ausgeführt, so kommt es für die Besteuerung nicht darauf an, ob der Unternehmer deutscher Staatsangehöriger ist, seinen Wohnsitz oder Sitz im Inland hat, im Inland eine Betriebsstätte unterhält, die Rechnung erteilt oder die Zahlung empfängt.

(2a) [1]Das Gemeinschaftsgebiet im Sinne dieses Gesetzes umfasst das Inland im Sinne des Absatzes 2 Satz 1 und die Gebiete der übrigen Mitgliedstaaten der Europäischen Gemeinschaft, die nach dem Gemeinschaftsrecht als Inland dieser Mitgliedstaaten gelten (übriges Gemeinschaftsgebiet). [2]Das Fürstentum Monaco gilt als Gebiet der Französischen Republik; die Insel Man gilt als Gebiet des Vereinigten Königreichs Großbritannien und Nordirland. [3]Drittlandsgebiet im Sinne dieses Gesetzes ist das Gebiet, das nicht Gemeinschaftsgebiet ist.

(3) [1]Folgende Umsätze, die in den Freihäfen und in den Gewässern und Watten zwischen der Hoheitsgrenze und der jeweiligen Strandlinie bewirkt werden, sind wie Umsätze im Inland zu behandeln:

1. die Lieferungen und die innergemeinschaftlichen Erwerbe von Gegenständen, die zum Gebrauch oder Verbrauch in den bezeichneten Gebieten oder zur Ausrüstung oder Versorgung eines Beförderungsmittels bestimmt sind, wenn die Gegenstände
   a) nicht für das Unternehmen des Abnehmers erworben werden, oder
   b) vom Abnehmer ausschließlich oder zum Teil für eine nach § 4 Nr. 8 bis 27 steuerfreie Tätigkeit verwendet werden;
2. die sonstigen Leistungen, die
   a) nicht für das Unternehmen des Leistungsempfängers ausgeführt werden, oder
   b) vom Leistungsempfänger ausschließlich oder zum Teil für eine nach § 4 Nr. 8 bis 27 steuerfreie Tätigkeit verwendet werden;
3. die Lieferungen im Sinne des § 3 Abs. 1b und die sonstigen Leistungen im Sinne des § 3 Abs. 9a;
4. die Lieferungen von Gegenständen, die sich im Zeitpunkt der Lieferung
   a) in einem zollamtlich bewilligten Freihafen-Veredelungsverkehr oder in einer zollamtlich besonders zugelassenen Freihafenlagerung oder
   b) einfuhrumsatzsteuerrechtlich im freien Verkehr befinden;
5. die sonstigen Leistungen, die im Rahmen eines Veredelungsverkehrs oder einer Lagerung im Sinne der Nummer 4 Buchstabe a ausgeführt werden;
6. (weggefallen)
7. der innergemeinschaftliche Erwerb eines neuen Fahrzeugs durch die in § 1a Abs. 3 und § 1b Abs. 1 genannten Erwerber.

[2]Lieferungen und sonstige Leistungen an juristische Personen des öffentlichen Rechts sowie deren innergemeinschaftlicher Erwerb in den bezeichneten Gebieten sind als Umsätze im Sinne der Nummern 1 und 2 anzusehen, soweit der Unternehmer nicht anhand von Aufzeichnungen und Belegen das Gegenteil glaubhaft macht.

§ 1a Innergemeinschaftlicher Erwerb

(1) Ein innergemeinschaftlicher Erwerb gegen Entgelt liegt vor, wenn die folgenden Voraussetzungen erfüllt sind:

1. Ein Gegenstand gelangt bei einer Lieferung an den Abnehmer (Erwerber) aus dem Gebiet eines Mitgliedstaates in das Gebiet eines anderen Mitgliedstaates oder aus dem übrigen Gemeinschaftsgebiet in die in § 1 Abs. 3 bezeichneten Gebiete, auch wenn der Lieferer den Gegenstand in das Gemeinschaftsgebiet eingeführt hat,
2. der Erwerber ist
   a) ein Unternehmer, der den Gegenstand für sein Unternehmen erwirbt, oder
   b) eine juristische Person, die nicht Unternehmer ist oder die den Gegenstand nicht für ihr Unternehmen erwirbt,

und

3. die Lieferung an den Erwerber
   a) wird durch einen Unternehmer gegen Entgelt im Rahmen seines Unternehmens ausgeführt und
   b) ist nach dem Recht des Mitgliedstaates, der für die Besteuerung des Lieferers zuständig ist, nicht auf Grund der Sonderregelung für Kleinunternehmer steuerfrei.

(2) [1]Als innergemeinschaftlicher Erwerb gegen Entgelt gilt das Verbringen eines Gegenstands des Unternehmens aus dem übrigen Gemeinschaftsgebiet in das Inland durch einen Unternehmer zu seiner Verfügung, ausgenommen zu einer nur vorübergehenden Verwendung, auch wenn der Unternehmer den Gegenstand in das Gemeinschaftsgebiet eingeführt hat. [2]Der Unternehmer gilt als Erwerber.

(3) Ein innergemeinschaftlicher Erwerb im Sinne der Absätze 1 und 2 liegt nicht vor, wenn die folgenden Voraussetzungen erfüllt sind:

1. Der Erwerber ist
   a) ein Unternehmer, der nur steuerfreie Umsätze ausführt, die zum Ausschluss vom Vorsteuerabzug führen,
   b) ein Unternehmer, für dessen Umsätze Umsatzsteuer nach § 19 Abs. 1 nicht erhoben wird,
   c) ein Unternehmer, der den Gegenstand zur Ausführung von Umsätzen verwendet, für die die Steuer nach den Durchschnittssätzen des § 24 festgesetzt ist, oder
   d) eine juristische Person, die nicht Unternehmer ist oder die den Gegenstand nicht für ihr Unternehmen erwirbt,

   und
2. der Gesamtbetrag der Entgelte für Erwerbe im Sinne des Absatzes 1 Nr. 1 und des Absatzes 2 hat den Betrag von 12 500 Euro im vorangegangenen Kalenderjahr nicht überstiegen und wird diesen Betrag im laufenden Kalenderjahr voraussichtlich nicht übersteigen (Erwerbsschwelle).

(4) [1]Der Erwerber kann auf die Anwendung des Absatzes 3 verzichten. [2]Der Verzicht ist gegenüber dem Finanzamt zu erklären und bindet den Erwerber mindestens für zwei Kalenderjahre.

(5) [1]Absatz 3 gilt nicht für den Erwerb neuer Fahrzeuge und verbrauchsteuerpflichtiger Waren. [2]Verbrauchsteuerpflichtige Waren im Sinne dieses Gesetzes sind Mineralöle, Alkohol und alkoholische Getränke sowie Tabakwaren.

§ 1b Innergemeinschaftlicher Erwerb neuer Fahrzeuge

(1) Der Erwerb eines neuen Fahrzeugs durch einen Erwerber, der nicht zu den in § 1a Abs. 1 Nr. 2 genannten Personen gehört, ist unter den Voraussetzungen des § 1a Abs. 1 Nr. 1 innergemeinschaftlicher Erwerb.

(2) [1]Fahrzeuge im Sinne dieses Gesetzes sind

1. motorbetriebene Landfahrzeuge mit einem Hubraum von mehr als 48 Kubikzentimetern oder einer Leistung von mehr als 7,2 Kilowatt;
2. Wasserfahrzeuge mit einer Länge von mehr als 7,5 Metern;
3. Luftfahrzeuge, deren Starthöchstmasse mehr als 1 550 Kilogramm beträgt.

[2]Satz 1 gilt nicht für die in § 4 Nr. 12 Satz 2 und Nr. 17 Buchstabe b bezeichneten Fahrzeuge.

(3) Ein Fahrzeug gilt als neu, wenn das

1. Landfahrzeug nicht mehr als 6 000 Kilometer zurückgelegt hat oder wenn seine erste Inbetriebnahme im Zeitpunkt des Erwerbs nicht mehr als sechs Monate zurückliegt;
2. Wasserfahrzeug nicht mehr als 100 Betriebsstunden auf dem Wasser zurückgelegt hat oder wenn seine erste Inbetriebnahme im Zeitpunkt des Erwerbs nicht mehr als drei Monate zurückliegt;

3. Luftfahrzeug nicht länger als 40 Betriebsstunden genutzt worden ist oder wenn seine erste Inbetriebnahme im Zeitpunkt des Erwerbs nicht mehr als drei Monate zurückliegt.

§ 1c Innergemeinschaftlicher Erwerb durch diplomatische Missionen, zwischenstaatliche Einrichtungen und Streitkräfte der Vertragsparteien des Nordatlantikvertrags

(1) [1]Ein innergemeinschaftlicher Erwerb im Sinne des § 1a liegt nicht vor, wenn ein Gegenstand bei einer Lieferung aus dem Gebiet eines anderen Mitgliedstaates in das Inland gelangt und die Erwerber folgende Einrichtungen sind, soweit sie nicht Unternehmer sind oder den Gegenstand nicht für ihr Unternehmen erwerben:

1. im Inland ansässige ständige diplomatische Missionen und berufskonsularische Vertretungen,
2. im Inland ansässige zwischenstaatliche Einrichtungen oder
3. im Inland stationierte Streitkräfte anderer Vertragsparteien des Nordatlantikvertrags.

[2]Diese Einrichtungen gelten nicht als Erwerber im Sinne des § 1a Abs. 1 Nr. 2. [3]§ 1b bleibt unberührt.

(2) Als innergemeinschaftlicher Erwerb gegen Entgelt im Sinne des § 1a Abs. 2 gilt das Verbringen eines Gegenstands durch die deutschen Streitkräfte aus dem übrigen Gemeinschaftsgebiet in das Inland für den Gebrauch oder Verbrauch dieser Streitkräfte oder ihres zivilen Begleitpersonals, wenn die Lieferung des Gegenstands an die deutschen Streitkräfte im übrigen Gemeinschaftsgebiet oder die Einfuhr durch diese Streitkräfte nicht der Besteuerung unterlegen hat.

§ 2 Unternehmer, Unternehmen

(1) [1]Unternehmer ist, wer eine gewerbliche oder berufliche Tätigkeit selbständig ausübt. [2]Das Unternehmen umfasst die gesamte gewerbliche oder berufliche Tätigkeit des Unternehmers. [3]Gewerblich oder beruflich ist jede nachhaltige Tätigkeit zur Erzielung von Einnahmen, auch wenn die Absicht, Gewinn zu erzielen, fehlt oder eine Personenvereinigung nur gegenüber ihren Mitgliedern tätig wird.

(2) Die gewerbliche oder berufliche Tätigkeit wird nicht selbständig ausgeübt,

1. soweit natürliche Personen, einzeln oder zusammengeschlossen, einem Unternehmen so eingegliedert sind, dass sie den Weisungen des Unternehmers zu folgen verpflichtet sind;
2. wenn eine juristische Person nach dem Gesamtbild der tatsächlichen Verhältnisse finanziell, wirtschaftlich und organisatorisch in das Unternehmen des Organträgers eingegliedert ist (Organschaft). [2]Die Wirkungen der Organschaft sind auf Innenleistungen zwischen den im Inland gelegenen Unternehmensteilen beschränkt. [3]Diese Unternehmensteile sind als ein Unternehmen zu behandeln. [4]Hat der Organträger seine Geschäftsleitung im Ausland, gilt der wirtschaftlich bedeutendste Unternehmensteil im Inland als der Unternehmer.

(3) [1]Die juristischen Personen des öffentlichen Rechts sind nur im Rahmen ihrer Betriebe gewerblicher Art (§ 1 Abs. 1 Nr. 6, § 4 des Körperschaftsteuergesetzes) und ihrer land- oder forstwirtschaftlichen Betriebe gewerblich oder beruflich tätig. [2]Auch wenn die Voraussetzungen des Satzes 1 nicht gegeben sind, gelten als gewerbliche oder berufliche Tätigkeit im Sinne dieses Gesetzes

1. (weggefallen)
2. die Tätigkeit der Notare im Landesdienst und der Ratschreiber im Land Baden-Württemberg, soweit Leistungen ausgeführt werden, für die nach der Bundesnotarordnung die Notare zuständig sind;
3. die Abgabe von Brillen und Brillenteilen einschließlich der Reparaturarbeiten durch Selbstabgabestellen der gesetzlichen Träger der Sozialversicherung;

4. die Leistungen der Vermessungs- und Katasterbehörden bei der Wahrnehmung von Aufgaben der Landesvermessung und des Liegenschaftskatasters mit Ausnahme der Amtshilfe;
5. die Tätigkeit der Bundesanstalt für Landwirtschaft und Ernährung, soweit Aufgaben der Marktordnung, der Vorratshaltung und der Nahrungsmittelhilfe wahrgenommen werden.

§ 2a Fahrzeuglieferer

[1]Wer im Inland ein neues Fahrzeug liefert, das bei der Lieferung in das übrige Gemeinschaftsgebiet gelangt, wird, wenn er nicht Unternehmer im Sinne des § 2 ist, für diese Lieferung wie ein Unternehmer behandelt. [2]Dasselbe gilt, wenn der Lieferer eines neuen Fahrzeugs Unternehmer im Sinne des § 2 ist und die Lieferung nicht im Rahmen des Unternehmens ausführt.

§ 3[1)] Lieferung, sonstige Leistung

(1) Lieferungen eines Unternehmers sind Leistungen, durch die er oder in seinem Auftrag ein Dritter den Abnehmer oder in dessen Auftrag einen Dritten befähigt, im eigenen Namen über einen Gegenstand zu verfügen (Verschaffung der Verfügungsmacht).

(1a) [1]Als Lieferung gegen Entgelt gilt das Verbringen eines Gegenstands des Unternehmens aus dem Inland in das übrige Gemeinschaftsgebiet durch einen Unternehmer zu seiner Verfügung, ausgenommen zu einer nur vorübergehenden Verwendung, auch wenn der Unternehmer den Gegenstand in das Inland eingeführt hat. [2]Der Unternehmer gilt als Lieferer.

(1b) [1]Einer Lieferung gegen Entgelt werden gleichgestellt

1. die Entnahme eines Gegenstands durch einen Unternehmer aus seinem Unternehmen für Zwecke, die außerhalb des Unternehmens liegen;
2. die unentgeltliche Zuwendung eines Gegenstands durch einen Unternehmer an sein Personal für dessen privaten Bedarf, sofern keine Aufmerksamkeiten vorliegen;
3. jede andere unentgeltliche Zuwendung eines Gegenstands, ausgenommen Geschenke von geringem Wert und Warenmuster für Zwecke des Unternehmens.

[2]Voraussetzung ist, dass der Gegenstand oder seine Bestandteile zum vollen oder teilweisen Vorsteuerabzug berechtigt haben.

(2) (weggefallen)

(3) [1]Beim Kommissionsgeschäft (§ 383 des Handelsgesetzbuchs) liegt zwischen dem Kommittenten und dem Kommissionär eine Lieferung vor. [2]Bei der Verkaufskommission gilt der Kommissionär, bei der Einkaufskommission der Kommittent als Abnehmer.

(4) [1]Hat der Unternehmer die Bearbeitung oder Verarbeitung eines Gegenstands übernommen und verwendet er hierbei Stoffe, die er selbst beschafft, so ist die Leistung als Lieferung anzusehen (Werklieferung), wenn es sich bei den Stoffen nicht nur um Zutaten oder sonstige Nebensachen handelt. [2]Das gilt auch dann, wenn die Gegenstände mit dem Grund und Boden fest verbunden werden.

(5) [1]Hat ein Abnehmer dem Lieferer die Nebenerzeugnisse oder Abfälle, die bei der Bearbeitung oder Verarbeitung des ihm übergebenen Gegenstands entstehen, zurückzugeben, so beschränkt sich die Lieferung auf den Gehalt des Gegenstands an den Bestandteilen, die dem Abnehmer verbleiben. [2]Das gilt auch dann, wenn der Abnehmer an Stelle der bei der Bearbeitung oder Verarbeitung entstehenden Nebenerzeugnisse oder Abfälle Gegenstände gleicher Art zurückgibt, wie sie in seinem Unternehmen regelmäßig anfallen.

(5a) Der Ort der Lieferung richtet sich vorbehaltlich der §§ 3c, 3e, 3f und 3g nach den Absätzen 6 bis 8.

1) **Anm. d. Red.:** § 3 Abs. 9 i. d. F. des Art. 8 Nr. 3 JStG 2008 v. 20. 12. 2007 (BGBl I 3150).

(6) [1]Wird der Gegenstand der Lieferung durch den Lieferer, den Abnehmer oder einen vom Lieferer oder vom Abnehmer beauftragten Dritten befördert oder versendet, gilt die Lieferung dort als ausgeführt, wo die Beförderung oder Versendung an den Abnehmer oder in dessen Auftrag an einen Dritten beginnt. [2]Befördern ist jede Fortbewegung eines Gegenstands. [3]Versenden liegt vor, wenn jemand die Beförderung durch einen selbständigen Beauftragten ausführen oder besorgen lässt. [4]Die Versendung beginnt mit der Übergabe des Gegenstands an den Beauftragten. [5]Schließen mehrere Unternehmer über denselben Gegenstand Umsatzgeschäfte ab und gelangt dieser Gegenstand bei der Beförderung oder Versendung unmittelbar vom ersten Unternehmer an den letzten Abnehmer, ist die Beförderung oder Versendung des Gegenstands nur einer der Lieferungen zuzuordnen. [6]Wird der Gegenstand der Lieferung dabei durch einen Abnehmer befördert oder versendet, der zugleich Lieferer ist, ist die Beförderung oder Versendung der Lieferung an ihn zuzuordnen, es sei denn, er weist nach, dass er den Gegenstand als Lieferer befördert oder versendet hat.

(7) [1]Wird der Gegenstand der Lieferung nicht befördert oder versendet, wird die Lieferung dort ausgeführt, wo sich der Gegenstand zur Zeit der Verschaffung der Verfügungsmacht befindet. [2]In den Fällen des Absatzes 6 Satz 5 gilt Folgendes:

1. Lieferungen, die der Beförderungs- oder Versendungslieferung vorangehen, gelten dort als ausgeführt, wo die Beförderung oder Versendung des Gegenstands beginnt.
2. Lieferungen, die der Beförderungs- oder Versendungslieferung folgen, gelten dort als ausgeführt, wo die Beförderung oder Versendung des Gegenstands endet.

(8) Gelangt der Gegenstand der Lieferung bei der Beförderung oder Versendung aus dem Drittlandsgebiet in das Inland, gilt der Ort der Lieferung dieses Gegenstands als im Inland gelegen, wenn der Lieferer oder sein Beauftragter Schuldner der Einfuhrumsatzsteuer ist.

(8a) (weggefallen)

(9) [1]Sonstige Leistungen sind Leistungen, die keine Lieferungen sind. [2]Sie können auch in einem Unterlassen oder im Dulden einer Handlung oder eines Zustands bestehen. [3]In den Fällen der §§ 27 und 54 des Urheberrechtsgesetzes führen die Verwertungsgesellschaften und die Urheber sonstige Leistungen aus.

(9a) Einer sonstigen Leistung gegen Entgelt werden gleichgestellt

1. die Verwendung eines dem Unternehmen zugeordneten Gegenstands, der zum vollen oder teilweisen Vorsteuerabzug berechtigt hat, durch einen Unternehmer für Zwecke, die außerhalb des Unternehmens liegen, oder für den privaten Bedarf seines Personals, sofern keine Aufmerksamkeiten vorliegen;
2. die unentgeltliche Erbringung einer anderen sonstigen Leistung durch den Unternehmer für Zwecke, die außerhalb des Unternehmens liegen, oder für den privaten Bedarf seines Personals, sofern keine Aufmerksamkeiten vorliegen.

(10) Überlässt ein Unternehmer einem Auftraggeber, der ihm einen Stoff zur Herstellung eines Gegenstands übergeben hat, an Stelle des herzustellenden Gegenstands einen gleichartigen Gegenstand, wie er ihn in seinem Unternehmen aus solchem Stoff herzustellen pflegt, so gilt die Leistung des Unternehmers als Werkleistung, wenn das Entgelt für die Leistung nach Art eines Werklohns unabhängig vom Unterschied zwischen dem Marktpreis des empfangenen Stoffs und dem des überlassenen Gegenstands berechnet wird.

(11) Wird ein Unternehmer in die Erbringung einer sonstigen Leistung eingeschaltet und handelt er dabei im eigenen Namen, jedoch für fremde Rechnung, gilt diese Leistung als an ihn und von ihm erbracht.

(12) [1]Ein Tausch liegt vor, wenn das Entgelt für eine Lieferung in einer Lieferung besteht. [2]Ein tauschähnlicher Umsatz liegt vor, wenn das Entgelt für eine sonstige Leistung in einer Lieferung oder sonstigen Leistung besteht.

§ 3a[1] Ort der sonstigen Leistung

(1) [1]Eine sonstige Leistung wird vorbehaltlich der Absätze 2 bis 7 und der §§ 3b, 3e und 3f an dem Ort ausgeführt, von dem aus der Unternehmer sein Unternehmen betreibt. [2]Wird die sonstige Leistung von einer Betriebsstätte ausgeführt, gilt die Betriebsstätte als der Ort der sonstigen Leistung.

(2) [1]Eine sonstige Leistung, die an einen Unternehmer für dessen Unternehmen ausgeführt wird, wird vorbehaltlich der Absätze 3 bis 7 und der §§ 3b, 3e und 3f an dem Ort ausgeführt, von dem aus der Empfänger sein Unternehmen betreibt. [2]Wird die sonstige Leistung an die Betriebsstätte eines Unternehmers ausgeführt, ist stattdessen der Ort der Betriebsstätte maßgebend. [3]Die Sätze 1 und 2 gelten entsprechend bei einer sonstigen Leistung an eine nicht unternehmerisch tätige juristische Person, der eine Umsatzsteuer-Identifikationsnummer erteilt worden ist.

(3) Abweichend von den Absätzen 1 und 2 gilt:

1. [1]Eine sonstige Leistung im Zusammenhang mit einem Grundstück wird dort ausgeführt, wo das Grundstück liegt. [2]Als sonstige Leistungen im Zusammenhang mit einem Grundstück sind insbesondere anzusehen:
   a) sonstige Leistungen der in § 4 Nr. 12 bezeichneten Art,
   b) sonstige Leistungen im Zusammenhang mit der Veräußerung oder dem Erwerb von Grundstücken,
   c) sonstige Leistungen, die der Erschließung von Grundstücken oder der Vorbereitung, Koordinierung oder Ausführung von Bauleistungen dienen.
2. [1]Die kurzfristige Vermietung eines Beförderungsmittels wird an dem Ort ausgeführt, an dem dieses Beförderungsmittel dem Empfänger tatsächlich zur Verfügung gestellt wird. [2]Als kurzfristig im Sinne das Satzes 1 gilt eine Vermietung über einen ununterbrochenen Zeitraum
   a) von nicht mehr als 90 Tagen bei Wasserfahrzeugen,
   b) von nicht mehr als 30 Tagen bei anderen Beförderungsmitteln.
3. Die folgenden sonstigen Leistungen werden dort ausgeführt, wo sie vom Unternehmer tatsächlich erbracht werden:
   a) kulturelle, künstlerische, wissenschaftliche, unterrichtende, sportliche, unterhaltende oder ähnliche Leistungen, wie Leistungen im Zusammenhang mit Messen und Ausstellungen, einschließlich der Leistungen der jeweiligen Veranstalter sowie die damit zusammenhängenden Tätigkeiten, die für die Ausübung der Leistungen unerlässlich sind,
   b) die Abgabe von Speisen und Getränken zum Verzehr an Ort und Stelle (Restaurationsleistung), wenn diese Abgabe nicht an Bord eines Schiffs, in einem Luftfahrzeug oder in einer Eisenbahn während einer Beförderung innerhalb des Gemeinschaftsgebiets erfolgt,
   c) Arbeiten an beweglichen körperlichen Gegenständen und die Begutachtung dieser Gegenstände für einen Empfänger, der weder ein Unternehmer ist, für dessen Unternehmen die Leistung ausgeführt wird, noch eine nicht unternehmerisch tätige juristische Person, der eine Umsatzsteuer-Identifikationsnummer erteilt worden ist.
4. Eine Vermittlungsleistung an einen Empfänger, der weder ein Unternehmer ist, für dessen Unternehmen die Leistung bezogen wird, noch eine nicht unternehmerisch tätige juristische Person, der eine Umsatzsteuer-Identifikationsnummer erteilt worden ist, wird an dem Ort erbracht, an dem der vermittelte Umsatz als ausgeführt gilt.

(4) [1]Ist der Empfänger einer der in Satz 2 bezeichneten sonstigen Leistungen weder ein Unternehmer, für dessen Unternehmen die Leistung bezogen wird, noch eine nicht unternehmerisch tätige juristische Person, der eine Umsatzsteuer-Identifikationsnummer

1) **Anm. d. Red.:** § 3a i. d. F. des Art. 7 Nr. 2 JStG 2009 v. 19. 12. 2008 (BGBl I 2794).

erteilt worden ist, und hat er seinen Wohnsitz oder Sitz im Drittlandsgebiet, wird die sonstige Leistung an seinem Wohnsitz oder Sitz ausgeführt. [2]Sonstige Leistungen im Sinne des Satzes 1 sind:

1. die Einräumung, Übertragung und Wahrnehmung von Patenten, Urheberrechten, Markenrechten und ähnlichen Rechten;
2. die sonstigen Leistungen, die der Werbung oder der Öffentlichkeitsarbeit dienen, einschließlich der Leistungen der Werbungsmittler und der Werbeagenturen;
3. die sonstigen Leistungen aus der Tätigkeit als Rechtsanwalt, Patentanwalt, Steuerberater, Steuerbevollmächtigter, Wirtschaftsprüfer, vereidigter Buchprüfer, Sachverständiger, Ingenieur, Aufsichtsratsmitglied, Dolmetscher und Übersetzer sowie ähnliche Leistungen anderer Unternehmer, insbesondere die rechtliche, wirtschaftliche und technische Beratung;
4. die Datenverarbeitung;
5. die Überlassung von Informationen einschließlich gewerblicher Verfahren und Erfahrungen;
6. a) die sonstigen Leistungen der in § 4 Nr. 8 Buchstabe a bis h und Nr. 10 bezeichneten Art sowie die Verwaltung von Krediten und Kreditsicherheiten,
   b) die sonstigen Leistungen im Geschäft mit Gold, Silber und Platin. [2]Das gilt nicht für Münzen und Medaillen aus diesen Edelmetallen;
7. die Gestellung von Personal;
8. der Verzicht auf Ausübung eines der in Nummer 1 bezeichneten Rechte;
9. der Verzicht, ganz oder teilweise eine gewerbliche oder berufliche Tätigkeit auszuüben;
10. die Vermietung beweglicher körperlicher Gegenstände, ausgenommen Beförderungsmittel;
11. die sonstigen Leistungen auf dem Gebiet der Telekommunikation;
12. die Rundfunk- und Fernsehdienstleistungen;
13. die auf elektronischem Weg erbrachten sonstigen Leistungen;
14. die Gewährung des Zugangs zu Erdgas- und Elektrizitätsnetzen und die Fernleitung, die Übertragung oder Verteilung über diese Netze sowie die Erbringung anderer damit unmittelbar zusammenhängender sonstiger Leistungen.

(5) Ist der Empfänger einer in Absatz 4 Satz 2 Nr. 13 bezeichneten sonstigen Leistung weder ein Unternehmer, für dessen Unternehmen die Leistung bezogen wird, noch eine nicht unternehmerisch tätige juristische Person, der eine Umsatzsteuer-Identifikationsnummer erteilt worden ist, und hat er seinen Wohnsitz oder Sitz im Gemeinschaftsgebiet, wird die sonstige Leistung abweichend von Absatz 1 dort ausgeführt, wo er seinen Wohnsitz oder Sitz hat, wenn die sonstige Leistung von einem Unternehmer ausgeführt wird, der im Drittlandsgebiet ansässig ist oder dort eine Betriebsstätte hat, von der die Leistung ausgeführt wird.

UStG

(6) [1]Erbringt ein Unternehmer, der sein Unternehmen von einem im Drittlandsgebiet liegenden Ort aus betreibt,

1. eine in Absatz 3 Nr. 2 bezeichnete Leistung oder die langfristige Vermietung eines Beförderungsmittels,
2. eine in Absatz 4 Satz 2 Nr. 1 bis 10 bezeichnete Leistung an eine im Inland ansässige juristische Person des öffentlichen Rechts, soweit sie nicht Unternehmer ist und ihr keine Umsatzsteuer-Identifikationsnummer erteilt worden ist, oder
3. eine in Absatz 4 Satz 2 Nr. 11 und 12 bezeichnete Leistung,

ist diese Leistung abweichend von Absatz 1, Absatz 3 Nr. 2 oder Absatz 4 Satz 1 als im Inland ausgeführt zu behandeln, wenn sie dort genutzt oder ausgewertet wird. [2]Wird die Leistung von einer Betriebsstätte eines Unternehmers ausgeführt, gilt Satz 1 entsprechend, wenn die Betriebsstätte im Drittlandsgebiet liegt.

(7) [1]Vermietet ein Unternehmer, der sein Unternehmen vom Inland aus betreibt, kurzfristig ein Schienenfahrzeug, einen Kraftomnibus oder ein ausschließlich zur Beförderung von Gegenständen bestimmtes Straßenfahrzeug, ist diese Leistung abweichend von Absatz 3 Nr. 2 als im Drittlandsgebiet ausgeführt zu behandeln, wenn die Leistung an einen im Drittlandsgebiet ansässigen Unternehmer erbracht wird, das Fahrzeug für dessen Unternehmen bestimmt ist und im Drittlandsgebiet genutzt wird. [2]Wird die Vermietung des Fahrzeugs von einer Betriebsstätte eines Unternehmers ausgeführt, gilt Satz 1 entsprechend, wenn die Betriebsstätte im Inland liegt.

§ 3b[1)] Ort der Beförderungsleistungen und der damit zusammenhängenden sonstigen Leistungen

(1) [1]Eine Beförderung einer Person wird dort ausgeführt, wo die Beförderung bewirkt wird. [2]Erstreckt sich eine solche Beförderung nicht nur auf das Inland, fällt nur der Teil der Leistung unter dieses Gesetz, der auf das Inland entfällt. [3]Die Sätze 1 und 2 gelten entsprechend für die Beförderung von Gegenständen, die keine innergemeinschaftliche Beförderung eines Gegenstands im Sinne des Absatzes 3 ist, wenn der Empfänger weder ein Unternehmer, für dessen Unternehmen die Leistung bezogen wird, noch eine nicht unternehmerisch tätige juristische Person ist, der eine Umsatzsteuer-Identifikationsnummer erteilt worden ist. [4]Die Bundesregierung kann mit Zustimmung des Bundesrates durch Rechtsverordnung zur Vereinfachung des Besteuerungsverfahrens bestimmen, dass bei Beförderungen, die sich sowohl auf das Inland als auch auf das Ausland erstrecken (grenzüberschreitende Beförderungen),

1. kurze inländische Beförderungsstrecken als ausländische und kurze ausländische Beförderungsstrecken als inländische angesehen werden;
2. Beförderungen über kurze Beförderungsstrecken in den in § 1 Abs. 3 bezeichneten Gebieten nicht wie Umsätze im Inland behandelt werden.

(2) Das Beladen, Entladen, Umschlagen und ähnliche mit der Beförderung eines Gegenstands im Zusammenhang stehende Leistungen an einen Empfänger, der weder ein Unternehmer ist, für dessen Unternehmen die Leistung bezogen wird, noch eine nicht unternehmerisch tätige juristische Person ist, der eine Umsatzsteuer-Identifikationsnummer erteilt worden ist, werden dort ausgeführt, wo sie vom Unternehmer tatsächlich erbracht werden.

(3) Die Beförderung eines Gegenstands, die in dem Gebiet eines Mitgliedstaates beginnt und in dem Gebiet eines anderen Mitgliedstaates endet (innergemeinschaftliche Beförderung eines Gegenstands), an einen Empfänger, der weder ein Unternehmer ist, für dessen Unternehmen die Leistung bezogen wird, noch eine nicht unternehmerisch tätige juristische Person, der eine Umsatzsteuer-Identifikationsnummer erteilt worden ist, wird an dem Ort ausgeführt, an dem die Beförderung des Gegenstands beginnt.

§ 3c Ort der Lieferung in besonderen Fällen

(1) [1]Wird bei einer Lieferung der Gegenstand durch den Lieferer oder einen von ihm beauftragten Dritten aus dem Gebiet eines Mitgliedstaates in das Gebiet eines anderen Mitgliedstaates oder aus dem übrigen Gemeinschaftsgebiet in die in § 1 Abs. 3 bezeichneten Gebiete befördert oder versendet, so gilt die Lieferung nach Maßgabe der Absätze 2 bis 5 dort als ausgeführt, wo die Beförderung oder Versendung endet. [2]Das gilt auch, wenn der Lieferer den Gegenstand in das Gemeinschaftsgebiet eingeführt hat.

(2) Absatz 1 ist anzuwenden, wenn der Abnehmer

1. nicht zu den in § 1a Abs. 1 Nr. 2 genannten Personen gehört oder
2. a) ein Unternehmer ist, der nur steuerfreie Umsätze ausführt, die zum Ausschluss vom Vorsteuerabzug führen, oder

1) **Anm. d. Red.:** § 3b i. d. F. des Art. 7 Nr. 2 JStG 2009 v. 19. 12. 2008 (BGBl I 2794).

b) ein Kleinunternehmer ist, der nach dem Recht des für die Besteuerung zuständigen Mitgliedstaates von der Steuer befreit ist oder auf andere Weise von der Besteuerung ausgenommen ist, oder

c) ein Unternehmer ist, der nach dem Recht des für die Besteuerung zuständigen Mitgliedstaates die Pauschalregelung für landwirtschaftliche Erzeuger anwendet, oder

d) eine juristische Person ist, die nicht Unternehmer ist oder die den Gegenstand nicht für ihr Unternehmen erwirbt,

und als einer der in den Buchstaben a bis d genannten Abnehmer weder die maßgebende Erwerbsschwelle überschreitet noch auf ihre Anwendung verzichtet. [2]Im Fall der Beendigung der Beförderung oder Versendung im Gebiet eines anderen Mitgliedstaates ist die von diesem Mitgliedstaat festgesetzte Erwerbsschwelle maßgebend.

(3) [1]Absatz 1 ist nicht anzuwenden, wenn bei dem Lieferer der Gesamtbetrag der Entgelte, der den Lieferungen in einen Mitgliedstaat zuzurechnen ist, die maßgebliche Lieferschwelle im laufenden Kalenderjahr nicht überschreitet und im vorangegangenen Kalenderjahr nicht überschritten hat. [2]Maßgebende Lieferschwelle ist

1. im Fall der Beendigung der Beförderung oder Versendung im Inland oder in den in § 1 Abs. 3 bezeichneten Gebieten der Betrag von 100 000 Euro;
2. im Fall der Beendigung der Beförderung oder Versendung im Gebiet eines anderen Mitgliedstaates der von diesem Mitgliedstaat festgesetzte Betrag.

(4) [1]Wird die maßgebende Lieferschwelle nicht überschritten, gilt die Lieferung auch dann am Ort der Beendigung der Beförderung oder Versendung als ausgeführt, wenn der Lieferer auf die Anwendung des Absatzes 3 verzichtet. [2]Der Verzicht ist gegenüber der zuständigen Behörde zu erklären. [3]Er bindet den Lieferer mindestens für zwei Kalenderjahre.

(5) [1]Die Absätze 1 bis 4 gelten nicht für die Lieferung neuer Fahrzeuge. [2]Absatz 2 Nr. 2 und Absatz 3 gelten nicht für die Lieferung verbrauchsteuerpflichtiger Waren.

§ 3d Ort des innergemeinschaftlichen Erwerbs

[1]Der innergemeinschaftliche Erwerb wird in dem Gebiet des Mitgliedstaates bewirkt, in dem sich der Gegenstand am Ende der Beförderung oder Versendung befindet. [2]Verwendet der Erwerber gegenüber dem Lieferer eine ihm von einem anderen Mitgliedstaat erteilte Umsatzsteuer-Identifikationsnummer, gilt der Erwerb so lange in dem Gebiet dieses Mitgliedstaates als bewirkt, bis der Erwerber nachweist, dass der Erwerb durch den in Satz 1 bezeichneten Mitgliedstaat besteuert worden ist oder nach § 25b Abs. 3 als besteuert gilt, sofern der erste Abnehmer seiner Erklärungspflicht nach § 18a Abs. 4 Satz 1 Nr. 3 nachgekommen ist.

UStG

§ 3e[1] Ort der Lieferungen und Restaurationsleistungen während einer Beförderung an Bord eines Schiffs, in einem Luftfahrzeug oder in einer Eisenbahn

(1) Wird ein Gegenstand an Bord eines Schiffs, in einem Luftfahrzeug oder in einer Eisenbahn während einer Beförderung innerhalb des Gemeinschaftsgebiets geliefert oder dort eine sonstige Leistung ausgeführt, die in der Abgabe von Speisen und Getränken zum Verzehr an Ort und Stelle (Restaurationsleistung) besteht, gilt der Abgangsort des jeweiligen Beförderungsmittels im Gemeinschaftsgebiet als Ort der Lieferung oder der sonstigen Leistung.

(2) [1]Als Beförderung innerhalb des Gemeinschaftsgebiets im Sinne des Absatzes 1 gilt die Beförderung oder der Teil der Beförderung zwischen dem Abgangsort und dem Ankunftsort des Beförderungsmittels im Gemeinschaftsgebiet ohne Zwischenaufenthalt

1) **Anm. d. Red.:** § 3e i. d. F. des Art. 7 Nr. 3 JStG 2009 v. 19. 12. 2008 (BGBl I 2794).

außerhalb des Gemeinschaftsgebiets. [2]Abgangsort im Sinne des Satzes 1 ist der erste Ort innerhalb des Gemeinschaftsgebiets, an dem Reisende in das Beförderungsmittel einsteigen können. [3]Ankunftsort im Sinne des Satzes 1 ist der letzte Ort innerhalb des Gemeinschaftsgebiets, an dem Reisende das Beförderungsmittel verlassen können. [4]Hin- und Rückfahrt gelten als gesonderte Beförderungen.

§ 3f Ort der unentgeltlichen Lieferungen und sonstigen Leistungen

[1]Lieferungen im Sinne des § 3 Abs. 1b und sonstige Leistungen im Sinne des § 3 Abs. 9a werden an dem Ort ausgeführt, von dem aus der Unternehmer sein Unternehmen betreibt. [2]Werden diese Leistungen von einer Betriebsstätte ausgeführt, gilt die Betriebsstätte als Ort der Leistungen.

§ 3g Ort der Lieferung von Gas oder Elektrizität

(1) [1]Bei einer Lieferung von Gas über das Erdgasnetz oder von Elektrizität an einen Unternehmer, dessen Haupttätigkeit in Bezug auf den Erwerb dieser Gegenstände in deren Lieferung besteht und dessen eigener Verbrauch dieser Gegenstände von untergeordneter Bedeutung ist, gilt als Ort dieser Lieferung der Ort, wo der Abnehmer sein Unternehmen betreibt. [2]Wird die Lieferung an die Betriebsstätte eines Unternehmers im Sinne des Satzes 1 ausgeführt, so ist stattdessen der Ort der Betriebsstätte maßgebend.

(2) [1]Bei einer Lieferung von Gas über das Erdgasnetz oder von Elektrizität an andere als die in Absatz 1 bezeichneten Abnehmer gilt als Ort der Lieferung der Ort, wo der Abnehmer die Gegenstände tatsächlich nutzt oder verbraucht. [2]Soweit die Gegenstände von diesem Abnehmer nicht tatsächlich genutzt oder verbraucht werden, gelten sie als an dem Ort genutzt oder verbraucht, wo der Abnehmer seinen Sitz, eine Betriebsstätte, an die die Gegenstände geliefert werden, oder seinen Wohnsitz hat.

(3) Auf Gegenstände, deren Lieferungsort sich nach Absatz 1 oder Absatz 2 bestimmt, sind die Vorschriften des § 1a Abs. 2 und § 3 Abs. 1a nicht anzuwenden.

Zweiter Abschnitt: Steuerbefreiungen und Steuervergütungen

§ 4[1)] Steuerbefreiungen bei Lieferungen und sonstigen Leistungen

Von den unter § 1 Abs. 1 Nr. 1 fallenden Umsätzen sind steuerfrei:

1. a) die Ausfuhrlieferungen (§ 6) und die Lohnveredelungen an Gegenständen der Ausfuhr (§ 7),
   b) die innergemeinschaftlichen Lieferungen (§ 6a);
2. die Umsätze für die Seeschifffahrt und für die Luftfahrt (§ 8);
3. die folgenden sonstigen Leistungen:
   a) die grenzüberschreitenden Beförderungen von Gegenständen, die Beförderungen im internationalen Eisenbahnfrachtverkehr und andere sonstige Leistungen, wenn sich die Leistungen
      aa) unmittelbar auf Gegenstände der Ausfuhr beziehen oder auf eingeführte Gegenstände beziehen, die im externen Versandverfahren in das Drittlandsgebiet befördert werden, oder
      bb) auf Gegenstände der Einfuhr in das Gebiet eines Mitgliedstaates der Europäischen Gemeinschaft beziehen und die Kosten für die Leistungen in der Bemessungsgrundlage für diese Einfuhr enthalten sind. [2]Nicht befreit sind die

1) **Anm. d. Red.:** § 4 Nr. 6, 8, 23, 25 und 28 i. d. F. des Art. 8 Nr. 4 JStG 2008 v. 20. 12. 2007 (BGBl I 3150); Nr. 7, 14, 16 und 27 i. d. F. des Art. 7 Nr. 4 JStG 2009 v. 19. 12. 2008 (BGBl I 2794); Nr. 9 i. d. F. des Art. 2 Gesetz zur Eindämmung missbräuchlicher Steuergestaltungen v. 28. 4. 2006 (BGBl I 1095); Nr. 19 i. d. F. des Art. 28 Abs. 2 Zweites Gesetz zum Abbau bürokratischer Hemmnisse insbesondere in der mittelständischen Wirtschaft v. 7. 9. 2007 (BGBl I 2246).

Beförderungen der in § 1 Abs. 3 Nr. 4 Buchstabe a bezeichneten Gegenstände aus einem Freihafen in das Inland,

b) die Beförderungen von Gegenständen nach und von den Inseln, die die autonomen Regionen Azoren und Madeira bilden,

c) sonstige Leistungen, die sich unmittelbar auf eingeführte Gegenstände beziehen, für die zollamtlich eine vorübergehende Verwendung in den in § 1 Abs. 1 Nr. 4 bezeichneten Gebieten bewilligt worden ist, wenn der Leistungsempfänger ein ausländischer Auftraggeber (§ 7 Abs. 2) ist. [2]Dies gilt nicht für sonstige Leistungen, die sich auf Beförderungsmittel, Paletten und Container beziehen.

[2]Die Vorschrift gilt nicht für die in den Nummern 8, 10 und 11 bezeichneten Umsätze und für die Bearbeitung oder Verarbeitung eines Gegenstands einschließlich der Werkleistung im Sinne des § 3 Abs. 10. [3]Die Voraussetzungen der Steuerbefreiung müssen vom Unternehmer nachgewiesen sein. [4]Das Bundesministerium der Finanzen kann mit Zustimmung des Bundesrates durch Rechtsverordnung bestimmen, wie der Unternehmer den Nachweis zu führen hat;

4. die Lieferungen von Gold an Zentralbanken;

4a. die folgenden Umsätze:

a) die Lieferungen der in der Anlage 1 bezeichneten Gegenstände an einen Unternehmer für sein Unternehmen, wenn der Gegenstand der Lieferung im Zusammenhang mit der Lieferung in ein Umsatzsteuerlager eingelagert wird oder sich in einem Umsatzsteuerlager befindet. [2]Mit der Auslagerung eines Gegenstands aus einem Umsatzsteuerlager entfällt die Steuerbefreiung für die der Auslagerung vorangegangene Lieferung, den der Auslagerung vorangegangenen innergemeinschaftlichen Erwerb oder die der Auslagerung vorangegangene Einfuhr; dies gilt nicht, wenn der Gegenstand im Zusammenhang mit der Auslagerung in ein anderes Umsatzsteuerlager im Inland eingelagert wird. [3]Eine Auslagerung ist die endgültige Herausnahme eines Gegenstands aus einem Umsatzsteuerlager. [4]Der endgültigen Herausnahme steht gleich der sonstige Wegfall der Voraussetzungen für die Steuerbefreiung sowie die Erbringung einer nicht nach Buchstabe b begünstigten Leistung an den eingelagerten Gegenständen,

b) die Leistungen, die mit der Lagerung, der Erhaltung, der Verbesserung der Aufmachung und Handelsgüte oder der Vorbereitung des Vertriebs oder Weiterverkaufs der eingelagerten Gegenstände unmittelbar zusammenhängen. [2]Dies gilt nicht, wenn durch die Leistungen die Gegenstände so aufbereitet werden, dass sie zur Lieferung auf der Einzelhandelsstufe geeignet sind.

[2]Die Steuerbefreiung gilt nicht für Leistungen an Unternehmer, die diese zur Ausführung von Umsätzen verwenden, für die die Steuer nach den Durchschnittssätzen des § 24 festgesetzt ist. [3]Die Voraussetzungen der Steuerbefreiung müssen vom Unternehmer eindeutig und leicht nachprüfbar nachgewiesen sein. [4]Umsatzsteuerlager kann jedes Grundstück oder Grundstücksteil im Inland sein, das zur Lagerung der in Anlage 1 genannten Gegenstände dienen soll und von einem Lagerhalter betrieben wird. [5]Es kann mehrere Lagerorte umfassen. [6]Das Umsatzsteuerlager bedarf der Bewilligung des für den Lagerhalter zuständigen Finanzamts. [7]Der Antrag ist schriftlich zu stellen. [8]Die Bewilligung ist zu erteilen, wenn ein wirtschaftliches Bedürfnis für den Betrieb des Umsatzsteuerlagers besteht und der Lagerhalter die Gewähr für dessen ordnungsgemäße Verwaltung bietet;

4b. die einer Einfuhr vorangehende Lieferung von Gegenständen, wenn der Abnehmer oder dessen Beauftragter den Gegenstand der Lieferung einführt. [2]Dies gilt entsprechend für Lieferungen, die den in Satz 1 genannten Lieferungen vorausgegangen sind. [3]Die Voraussetzungen der Steuerbefreiung müssen vom Unternehmer eindeutig und leicht nachprüfbar nachgewiesen sein;

5. die Vermittlung

a) der unter die Nummer 1 Buchstabe a, Nummern 2 bis 4b und Nummern 6 und 7 fallenden Umsätze,

b) der grenzüberschreitenden Beförderungen von Personen mit Luftfahrzeugen oder Seeschiffen,

c) der Umsätze, die ausschließlich im Drittlandsgebiet bewirkt werden,

d) der Lieferungen, die nach § 3 Abs. 8 als im Inland ausgeführt zu behandeln sind.

²Nicht befreit ist die Vermittlung von Umsätzen durch Reisebüros für Reisende. ³Die Voraussetzungen der Steuerbefreiung müssen vom Unternehmer nachgewiesen sein. ⁴Das Bundesministerium der Finanzen kann mit Zustimmung des Bundesrates durch Rechtsverordnung bestimmen, wie der Unternehmer den Nachweis zu führen hat;

6. a) die Lieferungen und sonstigen Leistungen der Eisenbahnen des Bundes auf Gemeinschaftsbahnhöfen, Betriebswechselbahnhöfen, Grenzbetriebsstrecken und Durchgangsstrecken an Eisenbahnverwaltungen mit Sitz im Ausland,

b) (weggefallen)

c) die Lieferungen von eingeführten Gegenständen an im Drittlandsgebiet, ausgenommen Gebiete nach § 1 Abs. 3, ansässige Abnehmer, soweit für die Gegenstände zollamtlich eine vorübergehende Verwendung in den in § 1 Abs. 1 Nr. 4 bezeichneten Gebieten bewilligt worden ist und diese Bewilligung auch nach der Lieferung gilt. ²Nicht befreit sind die Lieferungen von Beförderungsmitteln, Paletten und Containern,

d) Personenbeförderungen im Passagier- und Fährverkehr mit Wasserfahrzeugen für die Seeschifffahrt, wenn die Personenbeförderungen zwischen inländischen Seehäfen und der Insel Helgoland durchgeführt werden,

e) die Abgabe von Speisen und Getränken zum Verzehr an Ort und Stelle im Verkehr mit Wasserfahrzeugen für die Seeschifffahrt zwischen einem inländischen und ausländischen Seehafen und zwischen zwei ausländischen Seehäfen. ²Inländische Seehäfen im Sinne des Satzes 1 sind auch die Freihäfen und Häfen auf der Insel Helgoland;

7. die Lieferungen, ausgenommen Lieferungen neuer Fahrzeuge im Sinne des § 1b Abs. 2 und 3, und die sonstigen Leistungen

a) an andere Vertragsparteien des Nordatlantikvertrags, die nicht unter die in § 26 Abs. 5 bezeichneten Steuerbefreiungen fallen, wenn die Umsätze für den Gebrauch oder Verbrauch durch die Streitkräfte dieser Vertragsparteien, ihr ziviles Begleitpersonal oder für die Versorgung ihrer Kasinos oder Kantinen bestimmt sind und die Streitkräfte der gemeinsamen Verteidigungsanstrengung dienen,

b) an die in dem Gebiet eines anderen Mitgliedstaates stationierten Streitkräfte der Vertragsparteien des Nordatlantikvertrags, soweit sie nicht an die Streitkräfte dieses Mitgliedstaates ausgeführt werden,

c) an die in dem Gebiet eines anderen Mitgliedstaates ansässigen ständigen diplomatischen Missionen und berufskonsularischen Vertretungen sowie deren Mitglieder und

d) an die in dem Gebiet eines anderen Mitgliedstaates ansässigen zwischenstaatlichen Einrichtungen sowie deren Mitglieder.

²Der Gegenstand der Lieferung muss in den Fällen des Satzes 1 Buchstabe b bis d in das Gebiet des anderen Mitgliedstaates befördert oder versendet werden. ³Für die Steuerbefreiungen nach Satz 1 Buchstabe b bis d sind die in dem anderen Mitgliedstaat geltenden Voraussetzungen maßgebend. ⁴Die Voraussetzungen der Steuerbefreiungen müssen vom Unternehmer nachgewiesen sein. ⁵Bei den Steuerbefreiungen nach Satz 1 Buchstabe b bis d hat der Unternehmer die in dem anderen Mitgliedstaat geltenden Voraussetzungen dadurch nachzuweisen, dass ihm der Abnehmer eine von der zuständigen Behörde des anderen Mitgliedstaates oder, wenn er hierzu ermächtigt ist, eine selbst ausgestellte Bescheinigung nach amtlich vorgeschriebenem Muster aushändigt. ⁶Das Bundesministerium der Finanzen kann mit Zustimmung des Bundesrates durch Rechtsverordnung bestimmen, wie der Unternehmer die übrigen Voraussetzungen nachzuweisen hat;

8. a) die Gewährung und die Vermittlung von Krediten,
   b) die Umsätze und die Vermittlung der Umsätze von gesetzlichen Zahlungsmitteln. [2]Das gilt nicht, wenn die Zahlungsmittel wegen ihres Metallgehalts oder ihres Sammlerwerts umgesetzt werden,
   c) die Umsätze im Geschäft mit Forderungen, Schecks und anderen Handelspapieren sowie die Vermittlung dieser Umsätze, ausgenommen die Einziehung von Forderungen,
   d) die Umsätze und die Vermittlung der Umsätze im Einlagengeschäft, im Kontokorrentverkehr, im Zahlungs- und Überweisungsverkehr und das Inkasso von Handelspapieren,
   e) die Umsätze im Geschäft mit Wertpapieren und die Vermittlung dieser Umsätze, ausgenommen die Verwahrung und die Verwaltung von Wertpapieren,
   f) die Umsätze und die Vermittlung der Umsätze von Anteilen an Gesellschaften und anderen Vereinigungen,
   g) die Übernahme von Verbindlichkeiten, von Bürgschaften und anderen Sicherheiten sowie die Vermittlung dieser Umsätze,
   h) die Verwaltung von Investmentvermögen nach dem Investmentgesetz und die Verwaltung von Versorgungseinrichtungen im Sinne des Versicherungsaufsichtsgesetzes,
   i) die Umsätze der im Inland gültigen amtlichen Wertzeichen zum aufgedruckten Wert;
   j) und k) (weggefallen)
9. a) die Umsätze, die unter das Grunderwerbsteuergesetz fallen,
   b) die Umsätze, die unter das Rennwett- und Lotteriegesetz fallen. [2]Nicht befreit sind die unter das Rennwett- und Lotteriegesetz fallenden Umsätze, die von der Rennwett- und Lotteriesteuer befreit sind oder von denen diese Steuer allgemein nicht erhoben wird;
10. a) die Leistungen auf Grund eines Versicherungsverhältnisses im Sinne des Versicherungsteuergesetzes. [2]Das gilt auch, wenn die Zahlung des Versicherungsentgelts nicht der Versicherungsteuer unterliegt,
    b) die Leistungen, die darin bestehen, dass anderen Personen Versicherungsschutz verschafft wird;
11. die Umsätze aus der Tätigkeit als Bausparkassenvertreter, Versicherungsvertreter und Versicherungsmakler;

11a. die folgenden vom 1. Januar 1993 bis zum 31. Dezember 1995 ausgeführten Umsätze der Deutschen Bundespost TELEKOM und der Deutsche Telekom AG:
   a) die Überlassung von Anschlüssen des Telefonnetzes und des diensteintegrierenden digitalen Fernmeldenetzes sowie die Bereitstellung der von diesen Anschlüssen ausgehenden Verbindungen innerhalb dieser Netze und zu Mobilfunkendeinrichtungen,
   b) die Überlassung von Übertragungswegen im Netzmonopol des Bundes,
   c) die Ausstrahlung und Übertragung von Rundfunksignalen einschließlich der Überlassung der dazu erforderlichen Sendeanlagen und sonstigen Einrichtungen sowie das Empfangen und Verteilen von Rundfunksignalen in Breitbandverteilnetzen einschließlich der Überlassung von Kabelanschlüssen;

11b. die unmittelbar dem Postwesen dienenden Umsätze der Deutsche Post AG;

12. a)[1] die Vermietung und die Verpachtung von Grundstücken, von Berechtigungen, für die die Vorschriften des bürgerlichen Rechts über Grundstücke gelten, und von staatlichen Hoheitsrechten, die Nutzungen von Grund und Boden betreffen,

1) **Anm. d. Red.:** Zur Anwendung des § 4 Nr. 12 Buchst. a siehe § 27 Abs. 6.

USTG

b) die Überlassung von Grundstücken und Grundstücksteilen zur Nutzung auf Grund eines auf Übertragung des Eigentums gerichteten Vertrags oder Vorvertrags,

c) die Bestellung, die Übertragung und die Überlassung der Ausübung von dinglichen Nutzungsrechten an Grundstücken.

[2]Nicht befreit sind die Vermietung von Wohn- und Schlafräumen, die ein Unternehmer zur kurzfristigen Beherbergung von Fremden bereithält, die Vermietung von Plätzen für das Abstellen von Fahrzeugen, die kurzfristige Vermietung auf Campingplätzen und die Vermietung und die Verpachtung von Maschinen und sonstigen Vorrichtungen aller Art, die zu einer Betriebsanlage gehören (Betriebsvorrichtungen), auch wenn sie wesentliche Bestandteile eines Grundstücks sind;

13. die Leistungen, die die Gemeinschaften der Wohnungseigentümer im Sinne des Wohnungseigentumsgesetzes in der im Bundesgesetzblatt Teil III, Gliederungsnummer 403-1, veröffentlichten bereinigten Fassung, in der jeweils geltenden Fassung an die Wohnungseigentümer und Teileigentümer erbringen, soweit die Leistungen in der Überlassung des gemeinschaftlichen Eigentums zum Gebrauch, seiner Instandhaltung, Instandsetzung und sonstigen Verwaltung sowie der Lieferung von Wärme und ähnlichen Gegenständen bestehen;

14.[1] a) Heilbehandlungen im Bereich der Humanmedizin, die im Rahmen der Ausübung der Tätigkeit als Arzt, Zahnarzt, Heilpraktiker, Physiotherapeut, Hebamme oder einer ähnlichen heilberuflichen Tätigkeit durchgeführt werden. [2]Satz 1 gilt nicht für die Lieferung oder Wiederherstellung von Zahnprothesen (aus Unterpositionen 9021 21 und 9021 29 00 des Zolltarifs) und kieferorthopädischen Apparaten (aus Unterposition 9021 10 des Zolltarifs), soweit sie der Unternehmer in seinem Unternehmen hergestellt oder wiederhergestellt hat;

b) Krankenhausbehandlungen und ärztliche Heilbehandlungen einschließlich der Diagnostik, Befunderhebung, Vorsorge, Rehabilitation, Geburtshilfe und Hospizleistungen sowie damit eng verbundene Umsätze, die von Einrichtungen des öffentlichen Rechts erbracht werden. [2]Die in Satz 1 bezeichneten Leistungen sind auch steuerfrei, wenn sie von

aa) zugelassenen Krankenhäusern nach § 108 des Fünften Buches Sozialgesetzbuch,

bb) Zentren für ärztliche Heilbehandlung und Diagnostik oder Befunderhebung, die an der vertragsärztlichen Versorgung nach § 95 des Fünften Buches Sozialgesetzbuch teilnehmen oder für die Regelungen nach § 115 des Fünften Buches Sozialgesetzbuch gelten,

cc) Einrichtungen, die von den Trägern der gesetzlichen Unfallversicherung nach § 34 des Siebten Buches Sozialgesetzbuch an der Versorgung beteiligt worden sind,

dd) Einrichtungen, mit denen Versorgungsverträge nach den §§ 111 und 111a des Fünften Buches Sozialgesetzbuch bestehen,

ee) Rehabilitationseinrichtungen, mit denen Verträge nach § 21 des Neunten Buches Sozialgesetzbuch bestehen,

ff) Einrichtungen zur Geburtshilfe, für die Verträge nach § 134a des Fünften Buches Sozialgesetzbuch gelten, oder

gg) Hospizen, mit denen Verträge nach § 39a Abs. 1 des Fünften Buches Sozialgesetzbuch bestehen,

erbracht werden und es sich ihrer Art nach um Leistungen handelt, auf die sich die Zulassung, der Vertrag oder die Regelung nach dem Sozialgesetzbuch jeweils bezieht, oder

1) **Anm. d. Red.:** Zur Anwendung des § 4 Nr. 14 siehe § 27 Abs. 1a.

hh) von Einrichtungen nach § 138 Abs. 1 Satz 1 des Strafvollzugsgesetzes erbracht werden;

c) Leistungen nach den Buchstaben a und b, die von Einrichtungen nach § 140b Abs. 1 des Fünften Buches Sozialgesetzbuch erbracht werden, mit denen Verträge zur integrierten Versorgung nach § 140a des Fünften Buches Sozialgesetzbuch bestehen;

d) sonstige Leistungen von Gemeinschaften, deren Mitglieder Angehörige der in Buchstabe a bezeichneten Berufe oder Einrichtungen im Sinne des Buchstaben b sind, gegenüber ihren Mitgliedern, soweit diese Leistungen für unmittelbare Zwecke der Ausübung der Tätigkeiten nach Buchstabe a oder Buchstabe b verwendet werden und die Gemeinschaft von ihren Mitgliedern lediglich die genaue Erstattung des jeweiligen Anteils an den gemeinsamen Kosten fordert;

15. die Umsätze der gesetzlichen Träger der Sozialversicherung, der gesetzlichen Träger der Grundsicherung für Arbeitsuchende nach dem Zweiten Buch Sozialgesetzbuch sowie der Arbeitsgemeinschaften nach § 44b Abs. 1 des Zweiten Buches Sozialgesetzbuch, der örtlichen und überörtlichen Träger der Sozialhilfe sowie der Verwaltungsbehörden und sonstigen Stellen der Kriegsopferversorgung einschließlich der Träger der Kriegsopferfürsorge

a) untereinander,

b) an die Versicherten, die Bezieher von Leistungen nach dem Zweiten Buch Sozialgesetzbuch, die Empfänger von Sozialhilfe oder die Versorgungsberechtigten. [2]Das gilt nicht für die Abgabe von Brillen und Brillenteilen einschließlich der Reparaturarbeiten durch Selbstabgabestellen der gesetzlichen Träger der Sozialversicherung;

15a. die auf Gesetz beruhenden Leistungen der Medizinischen Dienste der Krankenversicherung (§ 278 SGB V) und des Medizinischen Dienstes der Spitzenverbände der Krankenkassen (§ 282 SGB V) untereinander und für die gesetzlichen Träger der Sozialversicherung und deren Verbände;

16. die mit dem Betrieb von Einrichtungen zur Betreuung oder Pflege körperlich, geistig oder seelisch hilfsbedürftiger Personen eng verbundenen Leistungen, die von

a) juristischen Personen des öffentlichen Rechts,

b) Einrichtungen, mit denen ein Vertrag nach § 132 des Fünften Buches Sozialgesetzbuch besteht,

c) Einrichtungen, mit denen ein Vertrag nach § 132a des Fünften Buches Sozialgesetzbuch, § 72 oder § 77 des Elften Buches Sozialgesetzbuch besteht oder die Leistungen zur häuslichen Pflege oder zur Heimpflege erbringen und die hierzu nach § 26 Abs. 5 in Verbindung mit § 44 des Siebten Buches Sozialgesetzbuch bestimmt sind,

d) Einrichtungen, die Leistungen der häuslichen Krankenpflege oder Haushaltshilfe erbringen und die hierzu nach § 26 Abs. 5 in Verbindung mit den §§ 32 und 42 des Siebten Buches Sozialgesetzbuch bestimmt sind,

e) Einrichtungen, mit denen eine Vereinbarung nach § 111 des Neunten Buches Sozialgesetzbuch besteht,

f) Einrichtungen, die nach § 142 des Neunten Buches Sozialgesetzbuch anerkannt sind,

g) Einrichtungen, soweit sie Leistungen erbringen, die landesrechtlich als niedrigschwellige Betreuungsangebote nach § 45b des Elften Buches Sozialgesetzbuch anerkannt sind,

h) Einrichtungen, mit denen eine Vereinbarung nach § 75 des Zwölften Buches Sozialgesetzbuch besteht,

i) Einrichtungen, mit denen ein Vertrag nach § 16 des Zweiten Gesetzes über die Krankenversicherung der Landwirte, nach § 53 Abs. 2 Nr. 1 in Verbindung mit § 10 des Gesetzes über die Alterssicherung der Landwirte oder nach § 143e Abs. 4

Nr. 2 in Verbindung mit § 54 Abs. 2 des Siebten Buches Sozialgesetzbuch über die Gewährung von häuslicher Krankenpflege oder Haushaltshilfe, besteht,

j) Einrichtungen, die aufgrund einer Landesrahmenempfehlung nach § 2 der Frühförderungsverordnung als fachlich geeignete interdisziplinäre Frühförderstellen anerkannt sind, oder

k) Einrichtungen, bei denen im vorangegangenen Kalenderjahr die Betreuungs- oder Pflegekosten in mindestens 40 Prozent der Fälle von den gesetzlichen Trägern der Sozialversicherung oder der Sozialhilfe oder der für die Durchführung der Kriegopferversorgung zuständigen Versorgungsverwaltung einschließlich der Träger der Kriegsopferfürsorge ganz oder zum überwiegenden Teil vergütet worden sind,

erbracht werden. [2]Leistungen im Sinne des Satzes 1, die von Einrichtungen nach den Buchstaben b bis k erbracht werden, sind befreit, soweit es sich ihrer Art nach um Leistungen handelt, auf die sich die Anerkennung, der Vertrag oder die Vereinbarung nach Sozialrecht oder die Vergütung jeweils bezieht;

17. a) die Lieferungen von menschlichen Organen, menschlichem Blut und Frauenmilch,

b) die Beförderungen von kranken und verletzten Personen mit Fahrzeugen, die hierfür besonders eingerichtet sind;

18. die Leistungen der amtlich anerkannten Verbände der freien Wohlfahrtspflege und der der freien Wohlfahrtspflege dienenden Körperschaften, Personenvereinigungen und Vermögensmassen, die einem Wohlfahrtsverband als Mitglied angeschlossen sind, wenn

a) diese Unternehmer ausschließlich und unmittelbar gemeinnützigen, mildtätigen oder kirchlichen Zwecken dienen,

b) die Leistungen unmittelbar dem nach der Satzung, Stiftung oder sonstigen Verfassung begünstigten Personenkreis zugute kommen und

c) die Entgelte für die in Betracht kommenden Leistungen hinter den durchschnittlich für gleichartige Leistungen von Erwerbsunternehmen verlangten Entgelten zurückbleiben.

[2]Steuerfrei sind auch die Beherbergung, Beköstigung und die üblichen Naturalleistungen, die diese Unternehmer den Personen, die bei den Leistungen nach Satz 1 tätig sind, als Vergütung für die geleisteten Dienste gewähren;

18a. die Leistungen zwischen den selbständigen Gliederungen einer politischen Partei, soweit diese Leistungen im Rahmen der satzungsgemäßen Aufgaben gegen Kostenerstattung ausgeführt werden;

19. a) die Umsätze der Blinden, die nicht mehr als zwei Arbeitnehmer beschäftigen. [2]Nicht als Arbeitnehmer gelten der Ehegatte, die minderjährigen Abkömmlinge, die Eltern des Blinden und die Lehrlinge. [3]Die Blindheit ist nach den für die Besteuerung des Einkommens maßgebenden Vorschriften nachzuweisen. [4]Die Steuerfreiheit gilt nicht für die Lieferungen von Energieerzeugnissen im Sinne des § 1 Abs. 2 und 3 des Energiesteuergesetzes und Branntweinen, wenn der Blinde für diese Erzeugnisse Energiesteuer oder Branntweinabgaben zu entrichten hat, und für Lieferungen im Sinne der Nummer 4a Satz 1 Buchstabe a Satz 2,

b) die folgenden Umsätze der nicht unter Buchstabe a fallenden Inhaber von anerkannten Blindenwerkstätten und der anerkannten Zusammenschlüsse von Blindenwerkstätten im Sinne des § 143 des Neunten Buches Sozialgesetzbuch:

aa) die Lieferungen von Blindenwaren und Zusatzwaren,

bb) die sonstigen Leistungen, soweit bei ihrer Ausführung ausschließlich Blinde mitgewirkt haben;

20. a) die Umsätze folgender Einrichtungen des Bundes, der Länder, der Gemeinden oder der Gemeindeverbände: Theater, Orchester, Kammermusikensembles, Chöre, Museen, botanische Gärten, zoologische Gärten, Tierparks, Archive, Büchereien

sowie Denkmäler der Bau- und Gartenbaukunst. [2]Das Gleiche gilt für die Umsätze gleichartiger Einrichtungen anderer Unternehmer, wenn die zuständige Landesbehörde bescheinigt, dass sie die gleichen kulturellen Aufgaben wie die in Satz 1 bezeichneten Einrichtungen erfüllen. [3]Museen im Sinne dieser Vorschrift sind wissenschaftliche Sammlungen und Kunstsammlungen,

b) die Veranstaltung von Theatervorführungen und Konzerten durch andere Unternehmer, wenn die Darbietungen von den unter Buchstabe a bezeichneten Theatern, Orchestern, Kammermusikensembles oder Chören erbracht werden;

21. a) die unmittelbar dem Schul- und Bildungszweck dienenden Leistungen privater Schulen und anderer allgemein bildender oder berufsbildender Einrichtungen,
    aa) wenn sie als Ersatzschulen gemäß Artikel 7 Abs. 4 des Grundgesetzes staatlich genehmigt oder nach Landesrecht erlaubt sind oder
    bb) wenn die zuständige Landesbehörde bescheinigt, dass sie auf einen Beruf oder eine vor einer juristischen Person des öffentlichen Rechts abzulegende Prüfung ordnungsgemäß vorbereiten,

    b) die unmittelbar dem Schul- und Bildungszweck dienenden Unterrichtsleistungen selbständiger Lehrer
    aa) an Hochschulen im Sinne der §§ 1 und 70 des Hochschulrahmengesetzes und öffentlichen allgemein bildenden oder berufsbildenden Schulen oder
    bb) an privaten Schulen und anderen allgemein bildenden oder berufsbildenden Einrichtungen, soweit diese die Voraussetzungen des Buchstabens a erfüllen;

21a. (weggefallen)

22. a) die Vorträge, Kurse und anderen Veranstaltungen wissenschaftlicher oder belehrender Art, die von juristischen Personen des öffentlichen Rechts, von Verwaltungs- und Wirtschaftsakademien, von Volkshochschulen oder von Einrichtungen, die gemeinnützigen Zwecken oder dem Zweck eines Berufsverbandes dienen, durchgeführt werden, wenn die Einnahmen überwiegend zur Deckung der Kosten verwendet werden,

    b) andere kulturelle und sportliche Veranstaltungen, die von den in Buchstabe a genannten Unternehmern durchgeführt werden, soweit das Entgelt in Teilnehmergebühren besteht;

23. die Gewährung von Beherbergung, Beköstigung und der üblichen Naturalleistungen durch Einrichtungen, wenn sie überwiegend Jugendliche für Erziehungs-, Ausbildungs- oder Fortbildungszwecke oder für Zwecke der Säuglingspflege bei sich aufnehmen, soweit die Leistungen an die Jugendlichen oder an die bei ihrer Erziehung, Ausbildung, Fortbildung oder Pflege tätigen Personen ausgeführt werden. [2]Jugendliche im Sinne dieser Vorschrift sind alle Personen vor Vollendung des 27. Lebensjahres. [3]Steuerfrei sind auch die Beherbergung, Beköstigung und die üblichen Naturalleistungen, die diese Unternehmer den Personen, die bei den Leistungen nach Satz 1 tätig sind, als Vergütung für die geleisteten Dienste gewähren. [4]Die Sätze 1 bis 3 gelten nicht, soweit eine Leistung der Jugendhilfe des Achten Buches Sozialgesetzbuch erbracht wird;

24. die Leistungen des Deutschen Jugendherbergswerkes, Hauptverband für Jugendwandern und Jugendherbergen e. V., einschließlich der diesem Verband angeschlossenen Untergliederungen, Einrichtungen und Jugendherbergen, soweit die Leistungen den Satzungszwecken unmittelbar dienen oder Personen, die bei diesen Leistungen tätig sind, Beherbergung, Beköstigung und die üblichen Naturalleistungen als Vergütung für die geleisteten Dienste gewährt werden. [2]Das Gleiche gilt für die Leistungen anderer Vereinigungen, die gleiche Aufgaben unter denselben Voraussetzungen erfüllen;

25. Leistungen der Jugendhilfe nach § 2 Abs. 2 des Achten Buches Sozialgesetzbuch und die Inobhutnahme nach § 42 des Achten Buches Sozialgesetzbuch, wenn diese Leistungen von Trägern der öffentlichen Jugendhilfe oder anderen Einrichtungen mit so-

zialem Charakter erbracht werden. [2]Andere Einrichtungen mit sozialem Charakter im Sinne dieser Vorschrift sind

a) von der zuständigen Jugendbehörde anerkannte Träger der freien Jugendhilfe, die Kirchen und Religionsgemeinschaften des öffentlichen Rechts sowie die amtlich anerkannten Verbände der freien Wohlfahrtspflege,

b) Einrichtungen, soweit sie

aa) für ihre Leistungen eine im Achten Buch Sozialgesetzbuch geforderte Erlaubnis besitzen oder nach § 44 oder § 45 Abs. 1 Nr. 1 und 2 des Achten Buches Sozialgesetzbuch einer Erlaubnis nicht bedürfen,

bb) Leistungen erbringen, die im vorangegangenen Kalenderjahr ganz oder zum überwiegenden Teil durch Träger der öffentlichen Jugendhilfe oder Einrichtungen nach Buchstabe a vergütet wurden oder

cc) Leistungen der Kindertagespflege erbringen, für die sie nach § 24 Abs. 5 des Achten Buches Sozialgesetzbuch vermittelt werden können.

[3]Steuerfrei sind auch

a) die Durchführung von kulturellen und sportlichen Veranstaltungen, wenn die Darbietungen von den von der Jugendhilfe begünstigten Personen selbst erbracht oder die Einnahmen überwiegend zur Deckung der Kosten verwendet werden und diese Leistungen in engem Zusammenhang mit den in Satz 1 bezeichneten Leistungen stehen,

b) die Beherbergung, Beköstigung und die üblichen Naturalleistungen, die diese Einrichtungen den Empfängern der Jugendhilfeleistungen und Mitarbeitern in der Jugendhilfe sowie den bei den Leistungen nach Satz 1 tätigen Personen als Vergütung für die geleisteten Dienste gewähren;

26. die ehrenamtliche Tätigkeit,

a) wenn sie für juristische Personen des öffentlichen Rechts ausgeübt wird oder

b) wenn das Entgelt für diese Tätigkeit nur in Auslagenersatz und einer angemessenen Entschädigung für Zeitversäumnis besteht;

27. a) die Gestellung von Mitgliedern geistlicher Genossenschaften und Angehörigen von Mutterhäusern für gemeinnützige, mildtätige, kirchliche oder schulische Zwecke,

b) die Gestellung von land- und forstwirtschaftlichen Arbeitskräften durch juristische Personen des privaten oder des öffentlichen Rechts für land- und forstwirtschaftliche Betriebe (§ 24 Abs. 2) mit höchstens drei Vollarbeitskräften zur Überbrückung des Ausfalls des Betriebsinhabers oder dessen voll mitarbeitenden Familienangehörigen wegen Krankheit, Unfalls, Schwangerschaft, eingeschränkter Erwerbsfähigkeit oder Todes sowie die Gestellung von Betriebshelfern an die gesetzlichen Träger der Sozialversicherung;

28. die Lieferungen von Gegenständen, für die der Vorsteuerabzug nach § 15 Abs. 1a ausgeschlossen ist oder wenn der Unternehmer die gelieferten Gegenstände ausschließlich für eine nach den Nummern 8 bis 27 steuerfreie Tätigkeit verwendet hat.

§ 4a Steuervergütung

(1) [1]Körperschaften, die ausschließlich und unmittelbar gemeinnützige, mildtätige oder kirchliche Zwecke verfolgen (§§ 51 bis 68 der Abgabenordnung), und juristischen Personen des öffentlichen Rechts wird auf Antrag eine Steuervergütung zum Ausgleich der Steuer gewährt, die auf der an sie bewirkten Lieferung eines Gegenstands, seiner Einfuhr oder seinem innergemeinschaftlichen Erwerb lastet, wenn die folgenden Voraussetzungen erfüllt sind:

1. Die Lieferung, die Einfuhr oder der innergemeinschaftliche Erwerb des Gegenstands muss steuerpflichtig gewesen sein.

2. Die auf die Lieferung des Gegenstands entfallende Steuer muss in einer nach § 14 ausgestellten Rechnung gesondert ausgewiesen und mit dem Kaufpreis bezahlt worden sein.
3. Die für die Einfuhr oder den innergemeinschaftlichen Erwerb des Gegenstands geschuldete Steuer muss entrichtet worden sein.
4. Der Gegenstand muss in das Drittlandsgebiet gelangt sein.
5. Der Gegenstand muss im Drittlandsgebiet zu humanitären, karitativen oder erzieherischen Zwecken verwendet werden.
6. Der Erwerb oder die Einfuhr des Gegenstands und seine Ausfuhr dürfen von einer Körperschaft, die steuerbegünstigte Zwecke verfolgt, nicht im Rahmen eines wirtschaftlichen Geschäftsbetriebs und von einer juristischen Person des öffentlichen Rechts nicht im Rahmen eines Betriebs gewerblicher Art (§ 1 Abs. 1 Nr. 6, § 4 des Körperschaftsteuergesetzes) oder eines land- und forstwirtschaftlichen Betriebs vorgenommen worden sein.
7. Die vorstehenden Voraussetzungen müssen nachgewiesen sein.

[2]Der Antrag ist nach amtlich vorgeschriebenem Vordruck zu stellen, in dem der Antragsteller die zu gewährende Vergütung selbst zu berechnen hat.

(2) Das Bundesministerium der Finanzen kann mit Zustimmung des Bundesrates durch Rechtsverordnung näher bestimmen,
1. wie die Voraussetzungen für den Vergütungsanspruch nach Absatz 1 Satz 1 nachzuweisen sind und
2. in welcher Frist die Vergütung zu beantragen ist.

§ 4b Steuerbefreiung beim innergemeinschaftlichen Erwerb von Gegenständen

Steuerfrei ist der innergemeinschaftliche Erwerb
1. der in § 4 Nr. 8 Buchstabe e und Nr. 17 Buchstabe a sowie der in § 8 Abs. 1 Nr. 1 und 2 bezeichneten Gegenstände;
2. der in § 4 Nr. 4 bis 4b und Nr. 8 Buchstabe b und i sowie der in § 8 Abs. 2 Nr. 1 und 2 bezeichneten Gegenstände unter den in diesen Vorschriften bezeichneten Voraussetzungen;
3. der Gegenstände, deren Einfuhr (§ 1 Abs. 1 Nr. 4) nach den für die Einfuhrumsatzsteuer geltenden Vorschriften steuerfrei wäre;
4. der Gegenstände, die zur Ausführung von Umsätzen verwendet werden, für die der Ausschluss vom Vorsteuerabzug nach § 15 Abs. 3 nicht eintritt.

§ 5 Steuerbefreiungen bei der Einfuhr

(1) Steuerfrei ist die Einfuhr
1. der in § 4 Nr. 8 Buchstabe e und Nr. 17 Buchstabe a sowie der in § 8 Abs. 1 Nr. 1, 2 und 3 bezeichneten Gegenstände;
2. der in § 4 Nr. 4 und Nr. 8 Buchstabe b und i sowie der in § 8 Abs. 2 Nr. 1, 2 und 3 bezeichneten Gegenstände unter den in diesen Vorschriften bezeichneten Voraussetzungen;
3. der Gegenstände, die von einem Schuldner der Einfuhrumsatzsteuer im Anschluss an die Einfuhr unmittelbar zur Ausführung von innergemeinschaftlichen Lieferungen (§ 4 Nr. 1 Buchstabe b, § 6a) verwendet werden; der Schuldner der Einfuhrumsatzsteuer hat das Vorliegen der Voraussetzungen des § 6a Abs. 1 bis 3 nachzuweisen;
4. der in der Anlage 1 bezeichneten Gegenstände, die im Anschluss an die Einfuhr zur Ausführung von steuerfreien Umsätzen nach § 4 Nr. 4a Satz 1 Buchstabe a Satz 1 verwendet werden sollen; der Schuldner der Einfuhrumsatzsteuer hat die Voraussetzungen der Steuerbefreiung nachzuweisen;

5. der in der Anlage 1 bezeichneten Gegenstände, wenn die Einfuhr im Zusammenhang mit einer Lieferung steht, die zu einer Auslagerung im Sinne des § 4 Nr. 4a Satz 1 Buchstabe a Satz 2 führt, und der Lieferer oder sein Beauftragter Schuldner der Einfuhrumsatzsteuer ist; der Schuldner der Einfuhrumsatzsteuer hat die Voraussetzungen der Steuerbefreiung nachzuweisen;
6. von Erdgas über das Erdgasnetz und von Elektrizität.

(2) Das Bundesministerium der Finanzen kann durch Rechtsverordnung, die nicht der Zustimmung des Bundesrates bedarf, zur Erleichterung des Warenverkehrs über die Grenze und zur Vereinfachung der Verwaltung Steuerfreiheit oder Steuerermäßigung anordnen

1. für Gegenstände, die nicht oder nicht mehr am Güterumsatz und an der Preisbildung teilnehmen;
2. für Gegenstände in kleinen Mengen oder von geringem Wert;
3. für Gegenstände, die nur vorübergehend ausgeführt worden waren, ohne ihre Zugehörigkeit oder enge Beziehung zur inländischen Wirtschaft verloren zu haben;
4. für Gegenstände, die nach zollamtlich bewilligter Veredelung in Freihäfen eingeführt werden;
5. für Gegenstände, die nur vorübergehend eingeführt und danach unter zollamtlicher Überwachung wieder ausgeführt werden;
6. für Gegenstände, für die nach zwischenstaatlichem Brauch keine Einfuhrumsatzsteuer erhoben wird;
7. für Gegenstände, die an Bord von Verkehrsmitteln als Mundvorrat, als Brenn-, Treib- oder Schmierstoffe, als technische Öle oder als Betriebsmittel eingeführt werden;
8. für Gegenstände, die weder zum Handel noch zur gewerblichen Verwendung bestimmt und insgesamt nicht mehr wert sind, als in Rechtsakten des Rates oder der Kommission der Europäischen Gemeinschaften über die Verzollung zum Pauschalsatz festgelegt ist, soweit dadurch schutzwürdige Interessen der inländischen Wirtschaft nicht verletzt werden und keine unangemessenen Steuervorteile entstehen. [2]Es hat dabei Rechtsakte des Rates oder der Kommission der Europäischen Gemeinschaften zu berücksichtigen.

(3) Das Bundesministerium der Finanzen kann durch Rechtsverordnung, die nicht der Zustimmung des Bundesrates bedarf, anordnen, dass unter den sinngemäß anzuwendenden Voraussetzungen von Rechtsakten des Rates oder der Kommission der Europäischen Gemeinschaften über die Erstattung oder den Erlass von Einfuhrabgaben die Einfuhrumsatzsteuer ganz oder teilweise erstattet oder erlassen wird.

§ 6[1)] Ausfuhrlieferung

(1) [1]Eine Ausfuhrlieferung (§ 4 Nr. 1 Buchstabe a) liegt vor, wenn bei einer Lieferung

1. der Unternehmer den Gegenstand der Lieferung in das Drittlandsgebiet, ausgenommen Gebiete nach § 1 Abs. 3, befördert oder versendet hat oder
2. der Abnehmer den Gegenstand der Lieferung in das Drittlandsgebiet, ausgenommen Gebiete nach § 1 Abs. 3, befördert oder versendet hat und ein ausländischer Abnehmer ist oder
3. der Unternehmer oder der Abnehmer den Gegenstand der Lieferung in die in § 1 Abs. 3 bezeichneten Gebiete befördert oder versendet hat und der Abnehmer
   a) ein Unternehmer ist, der den Gegenstand für sein Unternehmen erworben hat und dieser nicht ausschließlich oder nicht zum Teil für eine nach § 4 Nr. 8 bis 27 steuerfreie Tätigkeit verwendet werden soll, oder

1) **Anm. d. Red.:** § 6 Abs. 1 i. d. F. des Art. 7 Nr. 5 JStG 2009 v. 19. 12. 2008 (BGBl I 2794).

b) ein ausländischer Abnehmer, aber kein Unternehmer ist und der Gegenstand in das übrige Drittlandsgebiet gelangt.

[2]Der Gegenstand der Lieferung kann durch Beauftragte vor der Ausfuhr bearbeitet oder verarbeitet worden sein.

(2) [1]Ausländischer Abnehmer im Sinne des Absatzes 1 Satz 1 Nr. 2 und 3 ist

1. ein Abnehmer, der seinen Wohnort oder Sitz im Ausland, ausgenommen die in § 1 Abs. 3 bezeichneten Gebiete, hat, oder
2. eine Zweigniederlassung eines im Inland oder in den in § 1 Abs. 3 bezeichneten Gebieten ansässigen Unternehmers, die ihren Sitz im Ausland, ausgenommen die bezeichneten Gebiete, hat, wenn sie das Umsatzgeschäft im eigenen Namen abgeschlossen hat.

[2]Eine Zweigniederlassung im Inland oder in den in § 1 Abs. 3 bezeichneten Gebieten ist kein ausländischer Abnehmer.

(3) Ist in den Fällen des Absatzes 1 Satz 1 Nr. 2 und 3 der Gegenstand der Lieferung zur Ausrüstung oder Versorgung eines Beförderungsmittels bestimmt, so liegt eine Ausfuhrlieferung nur vor, wenn

1. der Abnehmer ein ausländischer Unternehmer ist und
2. das Beförderungsmittel den Zwecken des Unternehmens des Abnehmers dient.

(3a) Wird in den Fällen des Absatzes 1 Satz 1 Nr. 2 und 3 der Gegenstand der Lieferung nicht für unternehmerische Zwecke erworben und durch den Abnehmer im persönlichen Reisegepäck ausgeführt, liegt eine Ausfuhrlieferung nur vor, wenn

1. der Abnehmer seinen Wohnort oder Sitz im Drittlandsgebiet, ausgenommen Gebiete nach § 1 Abs. 3, hat und
2. der Gegenstand der Lieferung vor Ablauf des dritten Kalendermonats, der auf den Monat der Lieferung folgt, ausgeführt wird.

(4) [1]Die Voraussetzungen der Absätze 1, 3 und 3a sowie die Bearbeitung oder Verarbeitung im Sinne des Absatzes 1 Satz 2 müssen vom Unternehmer nachgewiesen sein. [2]Das Bundesministerium der Finanzen kann mit Zustimmung des Bundesrates durch Rechtsverordnung bestimmen, wie der Unternehmer die Nachweise zu führen hat.

(5) Die Absätze 1 bis 4 gelten nicht für die Lieferungen im Sinne des § 3 Abs. 1b.

§ 6a Innergemeinschaftliche Lieferung

(1) [1]Eine innergemeinschaftliche Lieferung (§ 4 Nr. 1 Buchstabe b) liegt vor, wenn bei einer Lieferung die folgenden Voraussetzungen erfüllt sind:

1. Der Unternehmer oder der Abnehmer hat den Gegenstand der Lieferung in das übrige Gemeinschaftsgebiet befördert oder versendet;
2. der Abnehmer ist
   a) ein Unternehmer, der den Gegenstand der Lieferung für sein Unternehmen erworben hat,
   b) eine juristische Person, die nicht Unternehmer ist oder die den Gegenstand der Lieferung nicht für ihr Unternehmen erworben hat, oder
   c) bei der Lieferung eines neuen Fahrzeugs auch jeder andere Erwerber

   und
3. der Erwerb des Gegenstands der Lieferung unterliegt beim Abnehmer in einem anderen Mitgliedstaat den Vorschriften der Umsatzbesteuerung.

[2]Der Gegenstand der Lieferung kann durch Beauftragte vor der Beförderung oder Versendung in das übrige Gemeinschaftsgebiet bearbeitet oder verarbeitet worden sein.

(2) Als innergemeinschaftliche Lieferung gilt auch das einer Lieferung gleichgestellte Verbringen eines Gegenstands (§ 3 Abs. 1a).

(3) [1]Die Voraussetzungen der Absätze 1 und 2 müssen vom Unternehmer nachgewiesen sein. [2]Das Bundesministerium der Finanzen kann mit Zustimmung des Bundesrates durch Rechtsverordnung bestimmen, wie der Unternehmer den Nachweis zu führen hat.

(4) [1]Hat der Unternehmer eine Lieferung als steuerfrei behandelt, obwohl die Voraussetzungen nach Absatz 1 nicht vorliegen, so ist die Lieferung gleichwohl als steuerfrei anzusehen, wenn die Inanspruchnahme der Steuerbefreiung auf unrichtigen Angaben des Abnehmers beruht und der Unternehmer die Unrichtigkeit dieser Angaben auch bei Beachtung der Sorgfalt eines ordentlichen Kaufmanns nicht erkennen konnte. [2]In diesem Fall schuldet der Abnehmer die entgangene Steuer.

§ 7 Lohnveredelung an Gegenständen der Ausfuhr

(1) [1]Eine Lohnveredelung an einem Gegenstand der Ausfuhr (§ 4 Nr. 1 Buchstabe a) liegt vor, wenn bei einer Bearbeitung oder Verarbeitung eines Gegenstands der Auftraggeber den Gegenstand zum Zweck der Bearbeitung oder Verarbeitung in das Gemeinschaftsgebiet eingeführt oder zu diesem Zweck in diesem Gebiet erworben hat und

1. der Unternehmer den bearbeiteten oder verarbeiteten Gegenstand in das Drittlandsgebiet, ausgenommen Gebiete nach § 1 Abs. 3, befördert oder versendet hat oder
2. der Auftraggeber den bearbeiteten oder verarbeiteten Gegenstand in das Drittlandsgebiet befördert oder versendet hat und ein ausländischer Auftraggeber ist oder
3. der Unternehmer den bearbeiteten oder verarbeiteten Gegenstand in die in § 1 Abs. 3 bezeichneten Gebiete befördert oder versendet hat und der Auftraggeber
   a) ein ausländischer Auftraggeber ist oder
   b) ein Unternehmer ist, der im Inland oder in den bezeichneten Gebieten ansässig ist und den bearbeiteten oder verarbeiteten Gegenstand für Zwecke seines Unternehmens verwendet.

[2]Der bearbeitete oder verarbeitete Gegenstand kann durch weitere Beauftragte vor der Ausfuhr bearbeitet oder verarbeitet worden sein.

(2) Ausländischer Auftraggeber im Sinne des Absatzes 1 Satz 1 Nr. 2 und 3 ist ein Auftraggeber, der die für den ausländischen Abnehmer geforderten Voraussetzungen (§ 6 Abs. 2) erfüllt.

(3) Bei Werkleistungen im Sinne des § 3 Abs. 10 gilt Absatz 1 entsprechend.

(4) [1]Die Voraussetzungen des Absatzes 1 sowie die Bearbeitung oder Verarbeitung im Sinne des Absatzes 1 Satz 2 müssen vom Unternehmer nachgewiesen sein. [2]Das Bundesministerium der Finanzen kann mit Zustimmung des Bundesrates durch Rechtsverordnung bestimmen, wie der Unternehmer die Nachweise zu führen hat.

(5) Die Absätze 1 bis 4 gelten nicht für die sonstigen Leistungen im Sinne des § 3 Abs. 9a Nr. 2.

§ 8[1)] Umsätze für die Seeschifffahrt und für die Luftfahrt

(1) Umsätze für die Seeschifffahrt (§ 4 Nr. 2) sind:

1. die Lieferungen, Umbauten, Instandsetzungen, Wartungen, Vercharterungen und Vermietungen von Wasserfahrzeugen für die Seeschifffahrt, die dem Erwerb durch die Seeschifffahrt oder der Rettung Schiffbrüchiger zu dienen bestimmt sind (aus Positionen 8901 und 8902 00, aus Unterposition 8903 92 10, aus Position 8904 00 und aus Unterposition 8906 90 10 des Zolltarifs);
2. die Lieferungen, Instandsetzungen, Wartungen und Vermietungen von Gegenständen, die zur Ausrüstung der in Nummer 1 bezeichneten Wasserfahrzeuge bestimmt sind;

1) **Anm. d. Red.:** § 8 Abs. 1 i. d. F. des Art. 7 Nr. 4 JStG 2007 v. 13. 12. 2006 (BGBl I 2878).

3. die Lieferungen von Gegenständen, die zur Versorgung der in Nummer 1 bezeichneten Wasserfahrzeuge bestimmt sind. [2]Nicht befreit sind die Lieferungen von Bordproviant zur Versorgung von Wasserfahrzeugen der Küstenfischerei;
4. die Lieferungen von Gegenständen, die zur Versorgung von Kriegsschiffen (Unterposition 8906 10 00 des Zolltarifs) auf Fahrten bestimmt sind, bei denen ein Hafen oder ein Ankerplatz im Ausland und außerhalb des Küstengebiets im Sinne des Zollrechts angelaufen werden soll;
5. andere als die in den Nummern 1 und 2 bezeichneten sonstigen Leistungen, die für den unmittelbaren Bedarf der in Nummer 1 bezeichneten Wasserfahrzeuge, einschließlich ihrer Ausrüstungsgegenstände und ihrer Ladungen, bestimmt sind.

(2) Umsätze für die Luftfahrt (§ 4 Nr. 2) sind:

1. die Lieferungen, Umbauten, Instandsetzungen, Wartungen, Vercharterungen und Vermietungen von Luftfahrzeugen, die zur Verwendung durch Unternehmer bestimmt sind, die im entgeltlichen Luftverkehr überwiegend grenzüberschreitende Beförderungen oder Beförderungen auf ausschließlich im Ausland gelegenen Strecken und keine nach § 4 Nr. 17 Buchstabe b steuerfreien Beförderungen durchführen;
2. die Lieferungen, Instandsetzungen, Wartungen und Vermietungen von Gegenständen, die zur Ausrüstung der in Nummer 1 bezeichneten Luftfahrzeuge bestimmt sind;
3. die Lieferungen von Gegenständen, die zur Versorgung der in Nummer 1 bezeichneten Luftfahrzeuge bestimmt sind;
4. andere als die in den Nummern 1 und 2 bezeichneten sonstigen Leistungen, die für den unmittelbaren Bedarf der in Nummer 1 bezeichneten Luftfahrzeuge, einschließlich ihrer Ausrüstungsgegenstände und ihrer Ladungen, bestimmt sind.

(3) [1]Die in den Absätzen 1 und 2 bezeichneten Voraussetzungen müssen vom Unternehmer nachgewiesen sein. [2]Das Bundesministerium der Finanzen kann mit Zustimmung des Bundesrates durch Rechtsverordnung bestimmen, wie der Unternehmer den Nachweis zu führen hat.

§ 9 Verzicht auf Steuerbefreiungen

(1) Der Unternehmer kann einen Umsatz, der nach § 4 Nr. 8 Buchstabe a bis g, Nr. 9 Buchstabe a, Nr. 12, 13 oder 19 steuerfrei ist, als steuerpflichtig behandeln, wenn der Umsatz an einen anderen Unternehmer für dessen Unternehmen ausgeführt wird.

(2)[1)] [1]Der Verzicht auf Steuerbefreiung nach Absatz 1 ist bei der Bestellung und Übertragung von Erbbaurechten (§ 4 Nr. 9 Buchstabe a), bei der Vermietung oder Verpachtung von Grundstücken (§ 4 Nr. 12 Satz 1 Buchstabe a) und bei den in § 4 Nr. 12 Satz 1 Buchstabe b und c bezeichneten Umsätzen nur zulässig, soweit der Leistungsempfänger das Grundstück ausschließlich für Umsätze verwendet oder zu verwenden beabsichtigt, die den Vorsteuerabzug nicht ausschließen. [2]Der Unternehmer hat die Voraussetzungen nachzuweisen.

(3) [1]Der Verzicht auf Steuerbefreiung nach Absatz 1 ist bei Lieferungen von Grundstücken (§ 4 Nr. 9 Buchstabe a) im Zwangsversteigerungsverfahren durch den Vollstreckungsschuldner an den Ersteher bis zur Aufforderung zur Abgabe von Geboten im Versteigerungstermin zulässig. [2]Bei anderen Umsätzen im Sinne von § 4 Nr. 9 Buchstabe a kann der Verzicht auf Steuerbefreiung nach Absatz 1 nur in dem gemäß § 311b Abs. 1 des Bürgerlichen Gesetzbuchs notariell zu beurkundenden Vertrag erklärt werden.

1) **Anm. d. Red.:** Zur Anwendung des § 9 Abs. 2 siehe § 27 Abs. 2.

Dritter Abschnitt: Bemessungsgrundlagen

§ 10 Bemessungsgrundlage für Lieferungen, sonstige Leistungen und innergemeinschaftliche Erwerbe

(1) [1]Der Umsatz wird bei Lieferungen und sonstigen Leistungen (§ 1 Abs. 1 Nr. 1 Satz 1) und bei dem innergemeinschaftlichen Erwerb (§ 1 Abs. 1 Nr. 5) nach dem Entgelt bemessen. [2]Entgelt ist alles, was der Leistungsempfänger aufwendet, um die Leistung zu erhalten, jedoch abzüglich der Umsatzsteuer. [3]Zum Entgelt gehört auch, was ein anderer als der Leistungsempfänger dem Unternehmer für die Leistung gewährt. [4]Bei dem innergemeinschaftlichen Erwerb sind Verbrauchsteuern, die vom Erwerber geschuldet oder entrichtet werden, in die Bemessungsgrundlage einzubeziehen. [5]Bei Lieferungen und dem innergemeinschaftlichen Erwerb im Sinne des § 4 Nr. 4a Satz 1 Buchstabe a Satz 2 sind die Kosten für die Leistungen im Sinne des § 4 Nr. 4a Satz 1 Buchstabe b und die vom Auslagerer geschuldeten oder entrichteten Verbrauchsteuern in die Bemessungsgrundlage einzubeziehen. [6]Die Beträge, die der Unternehmer im Namen und für Rechnung eines anderen vereinnahmt und verausgabt (durchlaufende Posten), gehören nicht zum Entgelt.

(2) [1]Werden Rechte übertragen, die mit dem Besitz eines Pfandscheins verbunden sind, so gilt als vereinbartes Entgelt der Preis des Pfandscheins zuzüglich der Pfandsumme. [2]Beim Tausch (§ 3 Abs. 12 Satz 1), bei tauschähnlichen Umsätzen (§ 3 Abs. 12 Satz 2) und bei Hingabe an Zahlungs statt gilt der Wert jedes Umsatzes als Entgelt für den anderen Umsatz. [3]Die Umsatzsteuer gehört nicht zum Entgelt.

(3) (weggefallen)

(4) [1]Der Umsatz wird bemessen

1. bei dem Verbringen eines Gegenstands im Sinne des § 1a Abs. 2 und des § 3 Abs. 1a sowie bei Lieferungen im Sinne des § 3 Abs. 1b nach dem Einkaufspreis zuzüglich der Nebenkosten für den Gegenstand oder für einen gleichartigen Gegenstand oder mangels eines Einkaufspreises nach den Selbstkosten, jeweils zum Zeitpunkt des Umsatzes;
2. bei sonstigen Leistungen im Sinne des § 3 Abs. 9a Nr. 1 nach den bei der Ausführung dieser Umsätze entstandenen Ausgaben, soweit sie zum vollen oder teilweisen Vorsteuerabzug berechtigt haben. [2]Zu diesen Ausgaben gehören auch die Anschaffungs- oder Herstellungskosten eines Wirtschaftsguts, soweit das Wirtschaftsgut dem Unternehmen zugeordnet ist und für die Erbringung der sonstigen Leistung verwendet wird. [3]Betragen die Anschaffungs- oder Herstellungskosten mindestens 500 Euro, sind sie gleichmäßig auf einen Zeitraum zu verteilen, der dem für das Wirtschaftsgut maßgeblichen Berichtigungszeitraum nach § 15a entspricht;
3. bei sonstigen Leistungen im Sinne des § 3 Abs. 9a Nr. 2 nach den bei der Ausführung dieser Umsätze entstandenen Ausgaben. [2]Satz 1 Nr. 2 Sätze 2 und 3 gilt entsprechend.

[2]Die Umsatzsteuer gehört nicht zur Bemessungsgrundlage.

(5) Absatz 4 gilt entsprechend für

1. Lieferungen und sonstige Leistungen, die Körperschaften und Personenvereinigungen im Sinne des § 1 Abs. 1 Nr. 1 bis 5 des Körperschaftsteuergesetzes, nichtrechtsfähige Personenvereinigungen sowie Gemeinschaften im Rahmen ihres Unternehmens an ihre Anteilseigner, Gesellschafter, Mitglieder, Teilhaber oder diesen nahe stehende Personen sowie Einzelunternehmer an ihnen nahe stehende Personen ausführen;
2. Lieferungen und sonstige Leistungen, die ein Unternehmer an sein Personal oder dessen Angehörige auf Grund des Dienstverhältnisses ausführt,

wenn die Bemessungsgrundlage nach Absatz 4 das Entgelt nach Absatz 1 übersteigt.

(6) [1]Bei Beförderungen von Personen im Gelegenheitsverkehr mit Kraftomnibussen, die nicht im Inland zugelassen sind, tritt in den Fällen der Beförderungseinzelbesteuerung (§ 16 Abs. 5) an die Stelle des vereinbarten Entgelts ein Durchschnittsbeförderungs-

entgelt. [2]Das Durchschnittsbeförderungsentgelt ist nach der Zahl der beförderten Personen und der Zahl der Kilometer der Beförderungsstrecke im Inland (Personenkilometer) zu berechnen. [3]Das Bundesministerium der Finanzen kann mit Zustimmung des Bundesrates durch Rechtsverordnung das Durchschnittsbeförderungsentgelt je Personenkilometer festsetzen. [4]Das Durchschnittsbeförderungsentgelt muss zu einer Steuer führen, die nicht wesentlich von dem Betrag abweicht, der sich nach diesem Gesetz ohne Anwendung des Durchschnittsbeförderungsentgelts ergeben würde.

§ 11 Bemessungsgrundlage für die Einfuhr

(1) Der Umsatz wird bei der Einfuhr (§ 1 Abs. 1 Nr. 4) nach dem Wert des eingeführten Gegenstands nach den jeweiligen Vorschriften über den Zollwert bemessen.

(2) [1]Ist ein Gegenstand ausgeführt, in einem Drittlandsgebiet für Rechnung des Ausführers veredelt und von diesem oder für ihn wieder eingeführt worden, so wird abweichend von Absatz 1 der Umsatz bei der Einfuhr nach dem für die Veredelung zu zahlenden Entgelt oder, falls ein solches Entgelt nicht gezahlt wird, nach der durch die Veredelung eingetretenen Wertsteigerung bemessen. [2]Das gilt auch, wenn die Veredelung in einer Ausbesserung besteht und an Stelle eines ausgebesserten Gegenstands ein Gegenstand eingeführt wird, der ihm nach Menge und Beschaffenheit nachweislich entspricht. [3]Ist der eingeführte Gegenstand vor der Einfuhr geliefert worden und hat diese Lieferung nicht der Umsatzsteuer unterlegen, so gilt Absatz 1.

(3) Dem Betrag nach Absatz 1 oder 2 sind hinzuzurechnen, soweit sie darin nicht enthalten sind:

1. die im Ausland für den eingeführten Gegenstand geschuldeten Beträge an Einfuhrabgaben, Steuern und sonstigen Abgaben;
2. die auf Grund der Einfuhr im Zeitpunkt des Entstehens der Einfuhrumsatzsteuer auf den Gegenstand entfallenden Beträge an Einfuhrabgaben im Sinne des Artikels 4 Nr. 10 der Verordnung (EWG) Nr. 2913/92 des Rates zur Festlegung des Zollkodex der Gemeinschaften vom 12. Oktober 1992 (ABl EG Nr. L 302 S. 1) in der jeweils geltenden Fassung und an Verbrauchsteuern außer der Einfuhrumsatzsteuer, soweit die Steuern unbedingt entstanden sind;
3. die auf den Gegenstand entfallenden Kosten für die Vermittlung der Lieferung und die Kosten der Beförderung sowie für andere sonstige Leistungen bis zum ersten Bestimmungsort im Gemeinschaftsgebiet;
4. die in Nummer 3 bezeichneten Kosten bis zu einem weiteren Bestimmungsort im Gemeinschaftsgebiet, sofern dieser im Zeitpunkt des Entstehens der Einfuhrumsatzsteuer bereits feststeht.

(4) Zur Bemessungsgrundlage gehören nicht Preisermäßigungen und Vergütungen, die sich auf den eingeführten Gegenstand beziehen und die im Zeitpunkt des Entstehens der Einfuhrumsatzsteuer feststehen.

(5) Für die Umrechnung von Werten in fremder Währung gelten die entsprechenden Vorschriften über den Zollwert der Waren, die in Rechtsakten des Rates oder der Kommission der Europäischen Gemeinschaften festgelegt sind.

USt G

Vierter Abschnitt: Steuer und Vorsteuer

§ 12[1)] Steuersätze

(1) Die Steuer beträgt für jeden steuerpflichtigen Umsatz 19 Prozent der Bemessungsgrundlage (§§ 10, 11, 25 Abs. 3 und § 25a Abs. 3 und 4).

(2) Die Steuer ermäßigt sich auf 7 Prozent für die folgenden Umsätze:

1) **Anm. d. Red.:** § 12 Abs. 1 i. d. F. des Art. 4 Nr. 1 HBeglG 2006 v. 29. 6. 2006 (BGBl I 1402); Abs. 2 i. d. F. des Art. 5 Nr. 1 Wachstumsbeschleunigungsgesetz v. 22. 12. 2009 (BGBl I 3950).

1. die Lieferungen, die Einfuhr und den innergemeinschaftlichen Erwerb der in der Anlage 2 bezeichneten Gegenstände;
2. die Vermietung der in der Anlage 2 bezeichneten Gegenstände;
3. die Aufzucht und das Halten von Vieh, die Anzucht von Pflanzen und die Teilnahme an Leistungsprüfungen für Tiere;
4. die Leistungen, die unmittelbar der Vatertierhaltung, der Förderung der Tierzucht, der künstlichen Tierbesamung oder der Leistungs- und Qualitätsprüfung in der Tierzucht und in der Milchwirtschaft dienen;
5. (weggefallen)
6. die Leistungen aus der Tätigkeit als Zahntechniker sowie die in § 4 Nr. 14 Buchstabe a Satz 2 bezeichneten Leistungen der Zahnärzte;
7. a) die Eintrittsberechtigung für Theater, Konzerte und Museen sowie die den Theatervorführungen und Konzerten vergleichbaren Darbietungen ausübender Künstler,
   b) die Überlassung von Filmen zur Auswertung und Vorführung sowie die Filmvorführungen, soweit die Filme nach § 6 Abs. 3 Nr. 1 bis 5 des Gesetzes zum Schutze der Jugend in der Öffentlichkeit oder nach § 14 Abs. 2 Nr. 1 bis 5 des Jugendschutzgesetzes vom 23. Juli 2002 (BGBl I S. 2730, 2003 I S. 476) in der jeweils geltenden Fassung gekennzeichnet sind oder vor dem 1. Januar 1970 erstaufgeführt wurden,
   c) die Einräumung, Übertragung und Wahrnehmung von Rechten, die sich aus dem Urheberrechtsgesetz ergeben,
   d) die Zirkusvorführungen, die Leistungen aus der Tätigkeit als Schausteller sowie die unmittelbar mit dem Betrieb der zoologischen Gärten verbundenen Umsätze;
8. a) die Leistungen der Körperschaften, die ausschließlich und unmittelbar gemeinnützige, mildtätige oder kirchliche Zwecke verfolgen (§§ 51 bis 68 der Abgabenordnung). [2]Das gilt nicht für Leistungen, die im Rahmen eines wirtschaftlichen Geschäftsbetriebs ausgeführt werden. [3]Für Leistungen, die im Rahmen eines Zweckbetriebs ausgeführt werden, gilt Satz 1 nur, wenn der Zweckbetrieb nicht in erster Linie der Erzielung zusätzlicher Einnahmen durch die Ausführung von Umsätzen dient, die in unmittelbarem Wettbewerb mit dem allgemeinen Steuersatz unterliegenden Leistungen anderer Unternehmer ausgeführt werden, oder wenn die Körperschaft mit diesen Leistungen ihrer in den §§ 66 bis 68 der Abgabenordnung bezeichneten Zweckbetriebe ihre steuerbegünstigten satzungsgemäßen Zwecke selbst verwirklicht,
   b) die Leistungen der nichtrechtsfähigen Personenvereinigungen und Gemeinschaften der in Buchstabe a Satz 1 bezeichneten Körperschaften, wenn diese Leistungen, falls die Körperschaften sie anteilig selbst ausführten, insgesamt nach Buchstabe a ermäßigt besteuert würden;
9. die unmittelbar mit dem Betrieb der Schwimmbäder verbundenen Umsätze sowie die Verabreichung von Heilbädern. [2]Das Gleiche gilt für die Bereitstellung von Kureinrichtungen, soweit als Entgelt eine Kurtaxe zu entrichten ist;
10. die Beförderungen von Personen im Schienenbahnverkehr, im Verkehr mit Oberleitungsomnibussen, im genehmigten Linienverkehr mit Kraftfahrzeugen, im Verkehr mit Taxen, mit Drahtseilbahnen und sonstigen mechanischen Aufstiegshilfen aller Art und im genehmigten Linienverkehr mit Schiffen sowie die Beförderungen im Fährverkehr
    a) innerhalb einer Gemeinde oder
    b) wenn die Beförderungsstrecke nicht mehr als 50 Kilometer beträgt;*)
11. die Vermietung von Wohn- und Schlafräumen, die ein Unternehmer zur kurzfristigen Beherbergung von Fremden bereithält, sowie die kurzfristige Vermietung von

*) **Amtl. Anm.:** Siehe § 28 Abs. 4.

Campingflächen. [2]Satz 1 gilt nicht für Leistungen, die nicht unmittelbar der Vermietung dienen, auch wenn diese Leistungen mit dem Entgelt für die Vermietung abgegolten sind.

§ 13 Entstehung der Steuer

(1) Die Steuer entsteht

1. für Lieferungen und sonstige Leistungen
   a) bei der Berechnung der Steuer nach vereinbarten Entgelten (§ 16 Abs. 1 Satz 1) mit Ablauf des Voranmeldungszeitraums, in dem die Leistungen ausgeführt worden sind. [2]Das gilt auch für Teilleistungen. [3]Sie liegen vor, wenn für bestimmte Teile einer wirtschaftlich teilbaren Leistung das Entgelt gesondert vereinbart wird. [4]Wird das Entgelt oder ein Teil des Entgelts vereinnahmt, bevor die Leistung oder die Teilleistung ausgeführt worden ist, so entsteht insoweit die Steuer mit Ablauf des Voranmeldungszeitraums, in dem das Entgelt oder das Teilentgelt vereinnahmt worden ist,
   b) bei der Berechnung der Steuer nach vereinnahmten Entgelten (§ 20) mit Ablauf des Voranmeldungszeitraums, in dem die Entgelte vereinnahmt worden sind,
   c) in den Fällen der Beförderungseinzelbesteuerung nach § 16 Abs. 5 in dem Zeitpunkt, in dem der Kraftomnibus in das Inland gelangt,
   d) in den Fällen des § 18 Abs. 4c mit Ablauf des Besteuerungszeitraums nach § 16 Abs. 1a Satz 1, in dem die Leistungen ausgeführt worden sind;
2. für Leistungen im Sinne des § 3 Abs. 1b und 9a mit Ablauf des Voranmeldungszeitraums, in dem diese Leistungen ausgeführt worden sind;
3. im Fall des § 14c Abs. 1 in dem Zeitpunkt, in dem die Steuer für die Lieferung oder sonstige Leistung nach Nummer 1 Buchstabe a oder Buchstabe b entsteht, spätestens jedoch im Zeitpunkt der Ausgabe der Rechnung;
4. im Fall des § 14c Abs. 2 im Zeitpunkt der Ausgabe der Rechnung;
5. im Fall des § 17 Abs. 1 Satz 6 mit Ablauf des Voranmeldungszeitraums, in dem die Änderung der Bemessungsgrundlage eingetreten ist;
6. für den innergemeinschaftlichen Erwerb im Sinne des § 1a mit Ausstellung der Rechnung, spätestens jedoch mit Ablauf des dem Erwerb folgenden Kalendermonats;
7. für den innergemeinschaftlichen Erwerb von neuen Fahrzeugen im Sinne des § 1b am Tag des Erwerbs;
8. im Fall des § 6a Abs. 4 Satz 2 in dem Zeitpunkt, in dem die Lieferung ausgeführt wird;
9. im Fall des § 4 Nr. 4a Satz 1 Buchstabe a Satz 2 mit Ablauf des Voranmeldungszeitraums, in dem der Gegenstand aus einem Umsatzsteuerlager ausgelagert wird.

(2) Für die Einfuhrumsatzsteuer gilt § 21 Abs. 2.

(3) (weggefallen)

§ 13a Steuerschuldner

(1) Steuerschuldner ist in den Fällen

1. des § 1 Abs. 1 Nr. 1 und des § 14c Abs. 1 der Unternehmer;
2. des § 1 Abs. 1 Nr. 5 der Erwerber;
3. des § 6a Abs. 4 der Abnehmer;
4. des § 14c Abs. 2 der Aussteller der Rechnung;
5. des § 25b Abs. 2 der letzte Abnehmer;
6. des § 4 Nr. 4a Satz 1 Buchstabe a Satz 2 der Unternehmer, dem die Auslagerung zuzurechnen ist (Auslagerer); daneben auch der Lagerhalter als Gesamtschuldner, wenn

er entgegen § 22 Abs. 4c Satz 2 die inländische Umsatzsteuer-Identifikationsnummer des Auslagerers oder dessen Fiskalvertreters nicht oder nicht zutreffend aufzeichnet.

(2) Für die Einfuhrumsatzsteuer gilt § 21 Abs. 2.

§ 13b[1)2)] Leistungsempfänger als Steuerschuldner

(1) [1]Für folgende steuerpflichtige Umsätze entsteht die Steuer mit Ausstellung der Rechnung, spätestens jedoch mit Ablauf des der Ausführung der Leistung folgenden Kalendermonats:

1. Werklieferungen und sonstige Leistungen eines im Ausland ansässigen Unternehmers;
2. Lieferungen sicherungsübereigneter Gegenstände durch den Sicherungsgeber an den Sicherungsnehmer außerhalb des Insolvenzverfahrens;
3. Umsätze, die unter das Grunderwerbsteuergesetz fallen;
4. Werklieferungen und sonstige Leistungen, die der Herstellung, Instandsetzung, Instandhaltung, Änderung oder Beseitigung von Bauwerken dienen, mit Ausnahme von Planungs- und Überwachungsleistungen. [2]Nummer 1 bleibt unberührt;
5. Lieferungen von Gas und Elektrizität eines im Ausland ansässigen Unternehmers unter den Bedingungen des § 3g.

[2]§ 13 Abs. 1 Nr. 1 Buchstabe a Satz 2 und 3 gilt entsprechend. [3]Wird in den in den Sätzen 1 und 2 genannten Fällen das Entgelt oder ein Teil des Entgelts vereinnahmt, bevor die Leistung oder die Teilleistung ausgeführt worden ist, entsteht insoweit die Steuer mit Ablauf des Voranmeldungszeitraums, in dem das Entgelt oder das Teilentgelt vereinnahmt worden ist.

(2) [1]In den in Absatz 1 Satz 1 Nr. 1 bis 3 genannten Fällen schuldet der Leistungsempfänger die Steuer, wenn er ein Unternehmer oder eine juristische Person des öffentlichen Rechts ist; in den in Absatz 1 Satz 1 Nr. 5 genannten Fällen schuldet der Leistungsempfänger die Steuer, wenn er ein Unternehmer ist. [2]In den in Absatz 1 Satz 1 Nr. 4 Satz 1 genannten Fällen schuldet der Leistungsempfänger die Steuer, wenn er ein Unternehmer ist, der Leistungen im Sinne des Absatzes 1 Satz 1 Nr. 4 Satz 1 erbringt. [3]Die Sätze 1 und 2 gelten auch, wenn die Leistung für den nichtunternehmerischen Bereich bezogen wird. [4]Die Sätze 1 bis 3 gelten nicht, wenn bei dem Unternehmer, der die Umsätze ausführt, die Steuer nach § 19 Abs. 1 nicht erhoben wird.

(3) Die Absätze 1 und 2 finden keine Anwendung, wenn die Leistung des im Ausland ansässigen Unternehmers besteht

1. in einer Personenbeförderung, die der Beförderungseinzelbesteuerung (§ 16 Abs. 5) unterlegen hat,
2. in einer Personenbeförderung, die mit einem Taxi durchgeführt worden ist,
3. in einer grenzüberschreitenden Personenbeförderung im Luftverkehr,
4. in der Einräumung der Eintrittsberechtigung für Messen, Ausstellungen und Kongresse im Inland oder
5. in einer sonstigen Leistung einer Durchführungsgesellschaft an im Ausland ansässige Unternehmer, soweit diese Leistung im Zusammenhang mit der Veranstaltung von Messen und Ausstellungen im Inland steht.

(4) [1]Ein im Ausland ansässiger Unternehmer im Sinne des Absatzes 1 Satz 1 Nr. 1 und 5 ist ein Unternehmer, der weder im Inland noch auf der Insel Helgoland oder in einem der in § 1 Abs. 3 bezeichneten Gebiete einen Wohnsitz, seinen Sitz, seine Geschäftsleitung oder eine Betriebsstätte hat; hat der Unternehmer im Inland eine Betriebsstätte und führt er einen Umsatz nach Absatz 1 Satz 1 Nr. 1 oder Nr. 5 aus, gilt er hinsichtlich

---

1) **Anm. d. Red.:** § 13b Abs. 3 i. d. F. des Art. 7 Nr. 6 JStG 2007 v. 13. 12. 2006 (BGBl I 2878); Abs. 4 i. d. F. des Art. 7 Nr. 7 JStG 2009 v. 19. 12. 2008 (BGBl I 2794).

2) **Anm. d. Red.:** Zur Anwendung des § 13b siehe § 27 Abs. 4.

dieses Umsatzes als im Ausland ansässig, wenn der Umsatz nicht von der Betriebsstätte ausgeführt wird. [2]Maßgebend ist der Zeitpunkt, in dem die Leistung ausgeführt wird. [3]Ist es zweifelhaft, ob der Unternehmer diese Voraussetzungen erfüllt, schuldet der Leistungsempfänger die Steuer nur dann nicht, wenn ihm der Unternehmer durch eine Bescheinigung des nach den abgabenrechtlichen Vorschriften für die Besteuerung seiner Umsätze zuständigen Finanzamts nachweist, dass er kein Unternehmer im Sinne des Satzes 1 ist.

(5) Bei der Berechnung der Steuer sind die §§ 19 und 24 nicht anzuwenden.

(6) Das Bundesministerium der Finanzen kann mit Zustimmung des Bundesrates durch Rechtsverordnung bestimmen, unter welchen Voraussetzungen zur Vereinfachung des Besteuerungsverfahrens in den Fällen, in denen ein anderer als der Leistungsempfänger ein Entgelt gewährt (§ 10 Abs. 1 Satz 3), der andere an Stelle des Leistungsempfängers Steuerschuldner nach Absatz 2 ist.

§ 13c[1] Haftung bei Abtretung, Verpfändung oder Pfändung von Forderungen

(1) [1]Soweit der leistende Unternehmer den Anspruch auf die Gegenleistung für einen steuerpflichtigen Umsatz im Sinne des § 1 Abs. 1 Nr. 1 an einen anderen Unternehmer abgetreten und die festgesetzte Steuer, bei deren Berechnung dieser Umsatz berücksichtigt worden ist, bei Fälligkeit nicht oder nicht vollständig entrichtet hat, haftet der Abtretungsempfänger nach Maßgabe des Absatzes 2 für die in der Forderung enthaltene Umsatzsteuer, soweit sie im vereinnahmten Betrag enthalten ist. [2]Ist die Vollziehung der Steuerfestsetzung in Bezug auf die in der abgetretenen Forderung enthaltene Umsatzsteuer gegenüber dem leistenden Unternehmer ausgesetzt, gilt die Steuer insoweit als nicht fällig. [3]Soweit der Abtretungsempfänger die Forderung an einen Dritten abgetreten hat, gilt sie in voller Höhe als vereinnahmt.

(2) [1]Der Abtretungsempfänger ist ab dem Zeitpunkt in Anspruch zu nehmen, in dem die festgesetzte Steuer fällig wird, frühestens ab dem Zeitpunkt der Vereinnahmung der abgetretenen Forderung. [2]Bei der Inanspruchnahme nach Satz 1 besteht abweichend von § 191 der Abgabenordnung kein Ermessen. [3]Die Haftung ist der Höhe nach begrenzt auf die im Zeitpunkt der Fälligkeit nicht entrichtete Steuer. [4]Soweit der Abtretungsempfänger auf die nach Absatz 1 Satz 1 festgesetzte Steuer Zahlungen im Sinne des § 48 der Abgabenordnung geleistet hat, haftet er nicht.

(3) [1]Die Absätze 1 und 2 gelten bei der Verpfändung oder der Pfändung von Forderungen entsprechend. [2]An die Stelle des Abtretungsempfängers tritt im Fall der Verpfändung der Pfandgläubiger und im Fall der Pfändung der Vollstreckungsgläubiger.

§ 13d[2] (weggefallen)

§ 14[3] Ausstellung von Rechnungen

(1)[4] [1]Rechnung ist jedes Dokument, mit dem über eine Lieferung oder sonstige Leistung abgerechnet wird, gleichgültig, wie dieses Dokument im Geschäftsverkehr bezeichnet wird. [2]Rechnungen sind auf Papier oder vorbehaltlich der Zustimmung des Empfängers auf elektronischem Weg zu übermitteln.

(2)[5] [1]Führt der Unternehmer eine Lieferung oder eine sonstige Leistung nach § 1 Abs. 1 Nr. 1 aus, gilt Folgendes:

1. führt der Unternehmer eine steuerpflichtige Werklieferung (§ 3 Abs. 4 Satz 1) oder sonstige Leistung im Zusammenhang mit einem Grundstück aus, ist er verpflichtet,

UStG

1) **Anm. d. Red.:** Zur Anwendung des § 13c siehe § 27 Abs. 7.

2) **Anm. d. Red.:** § 13d weggefallen gem. Art. 8 Nr. 5 JStG 2008 v. 20. 12. 2007 (BGBl I 3150).

3) **Anm. d. Red.:** § 14 Abs. 2 und 3 i. d. F. des Art. 8 Nr. 1 Steuerbürokratieabbaugesetz v. 20. 12. 2008 (BGBl I 2850); Abs. 4 i. d. F. des Art. 7 Nr. 7 JStG 2007 v. 13. 12. 2006 (BGBl I 2878).

4) **Anm. d. Red.:** Zur Anwendung des § 14 Abs. 1 siehe § 27 Abs. 4 Satz 1.

5) **Anm. d. Red.:** Zur Anwendung des § 14 Abs. 2 siehe § 27 Abs. 15.

innerhalb von sechs Monaten nach Ausführung der Leistung eine Rechnung auszustellen;

2. führt der Unternehmer eine andere als die in Nummer 1 genannte Leistung aus, ist er berechtigt, eine Rechnung auszustellen. [2]Soweit er einen Umsatz an einen anderen Unternehmer für dessen Unternehmen oder an eine juristische Person, die nicht Unternehmer ist, ausführt, ist er verpflichtet, innerhalb von sechs Monaten nach Ausführung der Leistung eine Rechnung auszustellen. [3]Eine Verpflichtung zur Ausstellung einer Rechnung besteht nicht, wenn der Umsatz nach § 4 Nr. 8 bis 28 steuerfrei ist. [4]§ 14a bleibt unberührt.

[2]Unbeschadet der Verpflichtungen nach Satz 1 Nr. 1 und 2 Satz 2 kann eine Rechnung von einem in Satz 1 Nr. 2 bezeichneten Leistungsempfänger für eine Lieferung oder sonstige Leistung des Unternehmers ausgestellt werden, sofern dies vorher vereinbart wurde (Gutschrift). [3]Die Gutschrift verliert die Wirkung einer Rechnung, sobald der Empfänger der Gutschrift dem ihm übermittelten Dokument widerspricht. [4]Eine Rechnung kann im Namen und für Rechnung des Unternehmers oder eines in Satz 1 Nr. 2 bezeichneten Leistungsempfängers von einem Dritten ausgestellt werden.

(3)[1)] Bei einer auf elektronischem Weg übermittelten Rechnung müssen die Echtheit der Herkunft und die Unversehrtheit des Inhalts gewährleistet sein durch

1. eine qualifizierte elektronische Signatur oder eine qualifizierte elektronische Signatur mit Anbieter-Akkreditierung nach dem Signaturgesetz vom 16. Mai 2001 (BGBl I S. 876), das durch Artikel 2 des Gesetzes vom 16. Mai 2001 (BGBl I S. 876) geändert worden ist, in der jeweils geltenden Fassung, oder
2. elektronischen Datenaustausch (EDI) nach Artikel 2 der Empfehlung 94/820/EG der Kommission vom 19. Oktober 1994 über die rechtlichen Aspekte des elektronischen Datenaustauschs (ABl EG Nr. L 338 S. 98), wenn in der Vereinbarung über diesen Datenaustausch der Einsatz von Verfahren vorgesehen ist, die die Echtheit der Herkunft und die Unversehrtheit der Daten gewährleisten.

(4) [1]Eine Rechnung muss folgende Angaben enthalten:

1. den vollständigen Namen und die vollständige Anschrift des leistenden Unternehmers und des Leistungsempfängers,
2. die dem leistenden Unternehmer vom Finanzamt erteilte Steuernummer oder die ihm vom Bundeszentralamt für Steuern erteilte Umsatzsteuer-Identifikationsnummer,
3. das Ausstellungsdatum,
4. eine fortlaufende Nummer mit einer oder mehreren Zahlenreihen, die zur Identifizierung der Rechnung vom Rechnungsaussteller einmalig vergeben wird (Rechnungsnummer),
5. die Menge und die Art (handelsübliche Bezeichnung) der gelieferten Gegenstände oder den Umfang und die Art der sonstigen Leistung,
6. den Zeitpunkt der Lieferung oder sonstigen Leistung; in den Fällen des Absatzes 5 Satz 1 den Zeitpunkt der Vereinnahmung des Entgelts oder eines Teils des Entgelts, sofern der Zeitpunkt der Vereinnahmung feststeht und nicht mit dem Ausstellungsdatum der Rechnung übereinstimmt,
7. das nach Steuersätzen und einzelnen Steuerbefreiungen aufgeschlüsselte Entgelt für die Lieferung oder sonstige Leistung (§ 10) sowie jede im Voraus vereinbarte Minderung des Entgelts, sofern sie nicht bereits im Entgelt berücksichtigt ist,
8. den anzuwendenden Steuersatz sowie den auf das Entgelt entfallenden Steuerbetrag oder im Fall einer Steuerbefreiung einen Hinweis darauf, dass für die Lieferung oder sonstige Leistung eine Steuerbefreiung gilt, und
9. in den Fällen des § 14b Abs. 1 Satz 5 einen Hinweis auf die Aufbewahrungspflicht des Leistungsempfängers.

1) **Anm. d. Red.:** Zur Anwendung des § 14 Abs. 3 siehe § 27 Abs. 15.

[2]In den Fällen des § 10 Abs. 5 sind die Nummern 7 und 8 mit der Maßgabe anzuwenden, dass die Bemessungsgrundlage für die Leistung (§ 10 Abs. 4) und der darauf entfallende Steuerbetrag anzugeben sind. [3]Unternehmer, die § 24 Abs. 1 bis 3 anwenden, sind jedoch auch in diesen Fällen nur zur Angabe des Entgelts und des darauf entfallenden Steuerbetrags berechtigt.

(5) [1]Vereinnahmt der Unternehmer das Entgelt oder einen Teil des Entgelts für eine noch nicht ausgeführte Lieferung oder sonstige Leistung, gelten die Absätze 1 bis 4 sinngemäß. [2]Wird eine Endrechnung erteilt, sind in ihr die vor Ausführung der Lieferung oder sonstigen Leistung vereinnahmten Teilentgelte und die auf sie entfallenden Steuerbeträge abzusetzen, wenn über die Teilentgelte Rechnungen im Sinne der Absätze 1 bis 4 ausgestellt worden sind.

(6) Das Bundesministerium der Finanzen kann mit Zustimmung des Bundesrates zur Vereinfachung des Besteuerungsverfahrens durch Rechtsverordnung bestimmen, in welchen Fällen und unter welchen Voraussetzungen

1. Dokumente als Rechnungen anerkannt werden können,
2. die nach Absatz 4 erforderlichen Angaben in mehreren Dokumenten enthalten sein können,
3. Rechnungen bestimmte Angaben nach Absatz 4 nicht enthalten müssen,
4. eine Verpflichtung des Unternehmers zur Ausstellung von Rechnungen mit gesondertem Steuerausweis (Absatz 4) entfällt oder
5. Rechnungen berichtigt werden können.

§ 14a[1)] Zusätzliche Pflichten bei der Ausstellung von Rechnungen in besonderen Fällen

(1) Führt der Unternehmer eine sonstige Leistung im Sinne des § 3a Abs. 2 im Inland aus und schuldet für diese Leistung der Leistungsempfänger die Steuer nach § 13b Abs. 1 Satz 1 Nr. 1 und Abs. 2 Satz 1, ist er zur Ausstellung einer Rechnung verpflichtet, in der auch die Umsatzsteuer-Identifikationsnummer des Unternehmers und die des Leistungsempfängers anzugeben sind.

(2) Führt der Unternehmer eine Lieferung im Sinne des § 3c im Inland aus, ist er zur Ausstellung einer Rechnung verpflichtet.

(3) [1]Führt der Unternehmer eine innergemeinschaftliche Lieferung aus, ist er zur Ausstellung einer Rechnung verpflichtet. [2]Darin sind auch die Umsatzsteuer-Identifikationsnummer des Unternehmers und die des Leistungsempfängers anzugeben. [3]Satz 1 gilt auch für Fahrzeuglieferer (§ 2a). [4]Satz 2 gilt nicht in den Fällen der §§ 1b und 2a.

(4)[2)] [1]Eine Rechnung über die innergemeinschaftliche Lieferung eines neuen Fahrzeugs muss auch die in § 1b Abs. 2 und 3 bezeichneten Merkmale enthalten. [2]Das gilt auch in den Fällen des § 2a.

(5)[3)] [1]Führt der Unternehmer eine Leistung im Sinne des § 13b Abs. 1 aus, für die der Leistungsempfänger nach § 13b Abs. 2 die Steuer schuldet, ist er zur Ausstellung einer Rechnung verpflichtet. [2]In der Rechnung ist auch auf die Steuerschuldnerschaft des Leistungsempfängers hinzuweisen. [3]Die Vorschrift über den gesonderten Steuerausweis in einer Rechnung (§ 14 Abs. 4 Satz 1 Nr. 8) findet keine Anwendung.

(6) [1]In den Fällen der Besteuerung von Reiseleistungen (§ 25) und der Differenzbesteuerung (§ 25a) ist in der Rechnung auch auf die Anwendung dieser Sonderregelungen hinzuweisen. [2]In den Fällen des § 25 Abs. 3 und des § 25a Abs. 3 und 4 findet die Vorschrift über den gesonderten Steuerausweis in einer Rechnung (§ 14 Abs. 4 Satz 1 Nr. 8) keine Anwendung.

USt G

1) **Anm. d. Red.:** § 14a Abs. 1 i. d. F. des Art. 7 Nr. 8 JStG 2009 v. 19. 12. 2008 (BGBl I 2794).

2) **Anm. d. Red.:** Zur Anwendung des § 14a Abs. 4 siehe § 27 Abs. 4 Satz 1.

3) **Anm. d. Red.:** Zur Anwendung des § 14a Abs. 5 siehe § 27 Abs. 4 Satz 1.

(7) [1]Wird in einer Rechnung über eine Lieferung im Sinne des § 25b Abs. 2 abgerechnet, ist auch auf das Vorliegen eines innergemeinschaftlichen Dreiecksgeschäfts und die Steuerschuldnerschaft des letzten Abnehmers hinzuweisen. [2]Dabei sind die Umsatzsteuer-Identifikationsnummer des Unternehmers und die des Leistungsempfängers anzugeben. [3]Die Vorschrift über den gesonderten Steuerausweis in einer Rechnung (§ 14 Abs. 4 Satz 1 Nr. 8) findet keine Anwendung.

§ 14b[1)] Aufbewahrung von Rechnungen

(1) [1]Der Unternehmer hat ein Doppel der Rechnung, die er selbst oder ein Dritter in seinem Namen und für seine Rechnung ausgestellt hat, sowie alle Rechnungen, die er erhalten oder die ein Leistungsempfänger oder in dessen Namen und für dessen Rechnung ein Dritter ausgestellt hat, zehn Jahre aufzubewahren. [2]Die Rechnungen müssen für den gesamten Zeitraum lesbar sein. [3]Die Aufbewahrungsfrist beginnt mit dem Schluss des Kalenderjahres, in dem die Rechnung ausgestellt worden ist; § 147 Abs. 3 der Abgabenordnung bleibt unberührt. [4]Die Sätze 1 bis 3 gelten auch

1. für Fahrzeuglieferer (§ 2a);
2. in den Fällen, in denen der letzte Abnehmer die Steuer nach § 13a Abs. 1 Nr. 5 schuldet, für den letzten Abnehmer;
3. in den Fällen, in denen der Leistungsempfänger die Steuer nach § 13b Abs. 2 schuldet, für den Leistungsempfänger.

[5]In den Fällen des § 14 Abs. 2 Satz 1 Nr. 1 hat der Leistungsempfänger die Rechnung, einen Zahlungsbeleg oder eine andere beweiskräftige Unterlage zwei Jahre gemäß den Sätzen 2 und 3 aufzubewahren, soweit er

1. nicht Unternehmer ist oder
2. Unternehmer ist, aber die Leistung für seinen nichtunternehmerischen Bereich verwendet.

(2) [1]Der im Inland oder in einem der in § 1 Abs. 3 bezeichneten Gebiete ansässige Unternehmer hat alle Rechnungen im Inland oder in einem der in § 1 Abs. 3 bezeichneten Gebiete aufzubewahren. [2]Handelt es sich um eine elektronische Aufbewahrung, die eine vollständige Fernabfrage (Online-Zugriff) der betreffenden Daten und deren Herunterladen und Verwendung gewährleistet, darf der Unternehmer die Rechnungen auch im übrigen Gemeinschaftsgebiet, in einem der in § 1 Abs. 3 bezeichneten Gebiete, im Gebiet von Büsingen oder auf der Insel Helgoland aufbewahren. [3]Der Unternehmer hat dem Finanzamt den Aufbewahrungsort mitzuteilen, wenn er die Rechnungen nicht im Inland oder in einem der in § 1 Abs. 3 bezeichneten Gebiete aufbewahrt. [4]Der nicht im Inland oder in einem der in § 1 Abs. 3 bezeichneten Gebiete ansässige Unternehmer hat den Aufbewahrungsort der nach Absatz 1 aufzubewahrenden Rechnungen im Gemeinschaftsgebiet, in den in § 1 Abs. 3 bezeichneten Gebieten, im Gebiet von Büsingen oder auf der Insel Helgoland zu bestimmen. [5]In diesem Fall ist er verpflichtet, dem Finanzamt auf dessen Verlangen alle aufzubewahrenden Rechnungen und Daten oder die an deren Stelle tretenden Bild- und Datenträger unverzüglich zur Verfügung zu stellen. [6]Kommt er dieser Verpflichtung nicht oder nicht rechtzeitig nach, kann das Finanzamt verlangen, dass er die Rechnungen im Inland oder in einem der in § 1 Abs. 3 bezeichneten Gebiete aufbewahrt.

(3) Ein im Inland oder in einem der in § 1 Abs. 3 bezeichneten Gebiete ansässiger Unternehmer ist ein Unternehmer, der in einem dieser Gebiete einen Wohnsitz, seinen Sitz, seine Geschäftsleitung oder eine Zweigniederlassung hat.

(4) [1]Bewahrt ein Unternehmer die Rechnungen im übrigen Gemeinschaftsgebiet elektronisch auf, können die zuständigen Finanzbehörden die Rechnungen für Zwecke der Umsatzsteuerkontrolle über Online-Zugriff einsehen, herunterladen und verwenden. [2]Es muss sichergestellt sein, dass die zuständigen Finanzbehörden die Rechnungen unverzüglich über Online-Zugriff einsehen, herunterladen und verwenden können.

1) **Anm. d. Red.:** § 14b Abs. 5 angefügt gem. Art. 7 Nr. 9 JStG 2009 v. 19. 12. 2008 (BGBl I 2794).

(5) Will der Unternehmer die Rechnungen außerhalb des Gemeinschaftsgebiets elektronisch aufbewahren, gilt § 146 Abs. 2a der Abgabenordnung.

§ 14c Unrichtiger oder unberechtigter Steuerausweis

(1) [1]Hat der Unternehmer in einer Rechnung für eine Lieferung oder sonstige Leistung einen höheren Steuerbetrag, als er nach diesem Gesetz für den Umsatz schuldet, gesondert ausgewiesen (unrichtiger Steuerausweis), schuldet er auch den Mehrbetrag. [2]Berichtigt er den Steuerbetrag gegenüber dem Leistungsempfänger, ist § 17 Abs. 1 entsprechend anzuwenden. [3]In den Fällen des § 1 Abs. 1a und in den Fällen der Rückgängigmachung des Verzichts auf die Steuerbefreiung nach § 9 gilt Absatz 2 Satz 3 bis 5 entsprechend.

(2) [1]Wer in einer Rechnung einen Steuerbetrag gesondert ausweist, obwohl er zum gesonderten Ausweis der Steuer nicht berechtigt ist (unberechtigter Steuerausweis), schuldet den ausgewiesenen Betrag. [2]Das Gleiche gilt, wenn jemand wie ein leistender Unternehmer abrechnet und einen Steuerbetrag gesondert ausweist, obwohl er nicht Unternehmer ist oder eine Lieferung oder sonstige Leistung nicht ausführt. [3]Der nach den Sätzen 1 und 2 geschuldete Steuerbetrag kann berichtigt werden, soweit die Gefährdung des Steueraufkommens beseitigt worden ist. [4]Die Gefährdung des Steueraufkommens ist beseitigt, wenn ein Vorsteuerabzug beim Empfänger der Rechnung nicht durchgeführt oder die geltend gemachte Vorsteuer an die Finanzbehörde zurückgezahlt worden ist. [5]Die Berichtigung des geschuldeten Steuerbetrags ist beim Finanzamt gesondert schriftlich zu beantragen und nach dessen Zustimmung in entsprechender Anwendung des § 17 Abs. 1 für den Besteuerungszeitraum vorzunehmen, in dem die Voraussetzungen des Satzes 4 eingetreten sind.

§ 15[1)] Vorsteuerabzug

(1)[2)] [1]Der Unternehmer kann die folgenden Vorsteuerbeträge abziehen:

1. die gesetzlich geschuldete Steuer für Lieferungen und sonstige Leistungen, die von einem anderen Unternehmer für sein Unternehmen ausgeführt worden sind. [2]Die Ausübung des Vorsteuerabzugs setzt voraus, dass der Unternehmer eine nach den §§ 14, 14a ausgestellte Rechnung besitzt. [3]Soweit der gesondert ausgewiesene Steuerbetrag auf eine Zahlung vor Ausführung dieser Umsätze entfällt, ist er bereits abziehbar, wenn die Rechnung vorliegt und die Zahlung geleistet worden ist;
2. die entrichtete Einfuhrumsatzsteuer für Gegenstände, die für sein Unternehmen nach § 1 Abs. 1 Nr. 4 eingeführt worden sind;
3. die Steuer für den innergemeinschaftlichen Erwerb von Gegenständen für sein Unternehmen;
4. die Steuer für Leistungen im Sinne des § 13b Abs. 1, die für sein Unternehmen ausgeführt worden sind. [2]Soweit die Steuer auf eine Zahlung vor Ausführung dieser Leistungen entfällt, ist sie abziehbar, wenn die Zahlung geleistet worden ist;
5. die nach § 13a Abs. 1 Nr. 6 geschuldete Steuer für Umsätze, die für sein Unternehmen ausgeführt worden sind.

[2]Nicht als für das Unternehmen ausgeführt gilt die Lieferung, die Einfuhr oder der innergemeinschaftliche Erwerb eines Gegenstands, den der Unternehmer zu weniger als 10 Prozent für sein Unternehmen nutzt.

(1a) [1]Nicht abziehbar sind Vorsteuerbeträge, die auf Aufwendungen, für die das Abzugsverbot des § 4 Abs. 5 Satz 1 Nr. 1 bis 4, 7 oder des § 12 Nr. 1 des Einkommensteuergesetzes gilt, entfallen. [2]Dies gilt nicht für Bewirtungsaufwendungen, soweit § 4 Abs. 5 Satz 1 Nr. 2 des Einkommensteuergesetzes einen Abzug angemessener und nachgewiesener Aufwendungen ausschließt.

---

1) **Anm. d. Red.:** § 15 Abs. 1a, 2 und 3 i. d. F. des Art. 7 Nr. 8 JStG 2007 v. 13. 12. 2006 (BGBl I 2878); Abs. 4b i. d. F. des Art. 7 Nr. 10 JStG 2009 v. 19. 12. 2008 (BGBl I 2794).

2) **Anm. d. Red.:** Zur Anwendung des § 15 Abs. 1 siehe § 27 Abs. 4 Satz 1.

USt G

(1b) (weggefallen)

(2) [1]Vom Vorsteuerabzug ausgeschlossen ist die Steuer für die Lieferungen, die Einfuhr und den innergemeinschaftlichen Erwerb von Gegenständen sowie für die sonstigen Leistungen, die der Unternehmer zur Ausführung folgender Umsätze verwendet:

1. steuerfreie Umsätze;
2. Umsätze im Ausland, die steuerfrei wären, wenn sie im Inland ausgeführt würden.
3. (weggefallen)

[2]Gegenstände oder sonstige Leistungen, die der Unternehmer zur Ausführung einer Einfuhr oder eines innergemeinschaftlichen Erwerbs verwendet, sind den Umsätzen zuzurechnen, für die der eingeführte oder innergemeinschaftlich erworbene Gegenstand verwendet wird.

(3) Der Ausschluss vom Vorsteuerabzug nach Absatz 2 tritt nicht ein, wenn die Umsätze

1. in den Fällen des Absatzes 2 Satz 1 Nr. 1
   a) nach § 4 Nr. 1 bis 7, § 25 Abs. 2 oder nach den in § 26 Abs. 5 bezeichneten Vorschriften steuerfrei sind oder
   b) nach § 4 Nr. 8 Buchstabe a bis g oder Nr. 10 Buchstabe a steuerfrei sind und sich unmittelbar auf Gegenstände beziehen, die in das Drittlandsgebiet ausgeführt werden;
2. in den Fällen des Absatzes 2 Satz 1 Nr. 2
   a) nach § 4 Nr. 1 bis 7, § 25 Abs. 2 oder nach den in § 26 Abs. 5 bezeichneten Vorschriften steuerfrei wären oder
   b) nach § 4 Nr. 8 Buchstabe a bis g oder Nr. 10 Buchstabe a steuerfrei wären und der Leistungsempfänger im Drittlandsgebiet ansässig ist.

(4) [1]Verwendet der Unternehmer einen für sein Unternehmen gelieferten, eingeführten oder innergemeinschaftlich erworbenen Gegenstand oder eine von ihm in Anspruch genommene sonstige Leistung nur zum Teil zur Ausführung von Umsätzen, die den Vorsteuerabzug ausschließen, so ist der Teil der jeweiligen Vorsteuerbeträge nicht abziehbar, der den zum Ausschluss vom Vorsteuerabzug führenden Umsätzen wirtschaftlich zuzurechnen ist. [2]Der Unternehmer kann die nicht abziehbaren Teilbeträge im Wege einer sachgerechten Schätzung ermitteln. [3]Eine Ermittlung des nicht abziehbaren Teils der Vorsteuerbeträge nach dem Verhältnis der Umsätze, die den Vorsteuerabzug ausschließen, zu den Umsätzen, die zum Vorsteuerabzug berechtigen, ist nur zulässig, wenn keine andere wirtschaftliche Zurechnung möglich ist.

(4a) Für Fahrzeuglieferer (§ 2a) gelten folgende Einschränkungen des Vorsteuerabzugs:

1. Abziehbar ist nur die auf die Lieferung, die Einfuhr oder den innergemeinschaftlichen Erwerb des neuen Fahrzeugs entfallende Steuer.
2. Die Steuer kann nur bis zu dem Betrag abgezogen werden, der für die Lieferung des neuen Fahrzeugs geschuldet würde, wenn die Lieferung nicht steuerfrei wäre.
3. Die Steuer kann erst in dem Zeitpunkt abgezogen werden, in dem der Fahrzeuglieferer die innergemeinschaftliche Lieferung des neuen Fahrzeugs ausführt.

(4b)[1)] Für Unternehmer, die nicht im Gemeinschaftsgebiet ansässig sind und die nur Steuer nach § 13b Abs. 2 schulden, gelten die Einschränkungen des § 18 Abs. 9 Sätze 4 und 5 entsprechend.

(5) Das Bundesministerium der Finanzen kann mit Zustimmung des Bundesrates durch Rechtsverordnung nähere Bestimmungen darüber treffen,

1. in welchen Fällen und unter welchen Voraussetzungen zur Vereinfachung des Besteuerungsverfahrens für den Vorsteuerabzug auf eine Rechnung im Sinne des § 14 oder auf einzelne Angaben in der Rechnung verzichtet werden kann,

---

1) **Anm. d. Red.:** Zur Anwendung des § 15 Abs. 4b siehe § 27 Abs. 4 Satz 1.

2. unter welchen Voraussetzungen, für welchen Besteuerungszeitraum und in welchem Umfang zur Vereinfachung oder zur Vermeidung von Härten in den Fällen, in denen ein anderer als der Leistungsempfänger ein Entgelt gewährt (§ 10 Abs. 1 Satz 3), der andere den Vorsteuerabzug in Anspruch nehmen kann, und
3. wann in Fällen von geringer steuerlicher Bedeutung zur Vereinfachung oder zur Vermeidung von Härten bei der Aufteilung der Vorsteuerbeträge (Absatz 4) Umsätze, die den Vorsteuerabzug ausschließen, unberücksichtigt bleiben können oder von der Zurechnung von Vorsteuerbeträgen zu diesen Umsätzen abgesehen werden kann.

§ 15a[1)2)] Berichtigung des Vorsteuerabzugs

(1) [1]Ändern sich bei einem Wirtschaftsgut, das nicht nur einmalig zur Ausführung von Umsätzen verwendet wird, innerhalb von fünf Jahren ab dem Zeitpunkt der erstmaligen Verwendung die für den ursprünglichen Vorsteuerabzug maßgebenden Verhältnisse, ist für jedes Kalenderjahr der Änderung ein Ausgleich durch eine Berichtigung des Abzugs der auf die Anschaffungs- oder Herstellungskosten entfallenden Vorsteuerbeträge vorzunehmen. [2]Bei Grundstücken einschließlich ihrer wesentlichen Bestandteile, bei Berechtigungen, für die die Vorschriften des bürgerlichen Rechts über Grundstücke gelten, und bei Gebäuden auf fremdem Grund und Boden tritt an die Stelle des Zeitraums von fünf Jahren ein Zeitraum von zehn Jahren.

(2) [1]Ändern sich bei einem Wirtschaftsgut, das nur einmalig zur Ausführung eines Umsatzes verwendet wird, die für den ursprünglichen Vorsteuerabzug maßgebenden Verhältnisse, ist eine Berichtigung des Vorsteuerabzugs vorzunehmen. [2]Die Berichtigung ist für den Besteuerungszeitraum vorzunehmen, in dem das Wirtschaftsgut verwendet wird.

(3) [1]Geht in ein Wirtschaftsgut nachträglich ein anderer Gegenstand ein und verliert dieser Gegenstand dabei seine körperliche und wirtschaftliche Eigenart endgültig oder wird an einem Wirtschaftsgut eine sonstige Leistung ausgeführt, gelten im Fall der Änderung der für den ursprünglichen Vorsteuerabzug maßgebenden Verhältnisse die Absätze 1 und 2 entsprechend. [2]Soweit im Rahmen einer Maßnahme in ein Wirtschaftsgut mehrere Gegenstände eingehen oder an einem Wirtschaftsgut mehrere sonstige Leistungen ausgeführt werden, sind diese zu einem Berichtigungsobjekt zusammenzufassen. [3]Eine Änderung der Verhältnisse liegt dabei auch vor, wenn das Wirtschaftsgut für Zwecke, die außerhalb des Unternehmens liegen, aus dem Unternehmen entnommen wird, ohne dass dabei nach § 3 Abs. 1b eine unentgeltliche Wertabgabe zu besteuern ist.

(4) [1]Die Absätze 1 und 2 sind auf sonstige Leistungen, die nicht unter Absatz 3 Satz 1 fallen, entsprechend anzuwenden. [2]Die Berichtigung ist auf solche sonstigen Leistungen zu beschränken, für die in der Steuerbilanz ein Aktivierungsgebot bestünde. [3]Dies gilt jedoch nicht, soweit es sich um sonstige Leistungen handelt, für die der Leistungsempfänger bereits für einen Zeitraum vor Ausführung der sonstigen Leistung den Vorsteuerabzug vornehmen konnte. [4]Unerheblich ist, ob der Unternehmer nach den §§ 140, 141 der Abgabenordnung tatsächlich zur Buchführung verpflichtet ist.

(5) [1]Bei der Berichtigung nach Absatz 1 ist für jedes Kalenderjahr der Änderung in den Fällen des Satzes 1 von einem Fünftel und in den Fällen des Satzes 2 von einem Zehntel der auf das Wirtschaftsgut entfallenden Vorsteuerbeträge auszugehen. [2]Eine kürzere Verwendungsdauer ist entsprechend zu berücksichtigen. [3]Die Verwendungsdauer wird nicht dadurch verkürzt, dass das Wirtschaftsgut in ein anderes einbezogen wird.

(6) Die Absätze 1 bis 5 sind auf Vorsteuerbeträge, die auf nachträgliche Anschaffungs- oder Herstellungskosten entfallen, sinngemäß anzuwenden.

(7) Eine Änderung der Verhältnisse im Sinne der Absätze 1 bis 3 ist auch beim Übergang von der allgemeinen Besteuerung zur Nichterhebung der Steuer nach § 19 Abs. 1

1) **Anm. d. Red.:** § 15a Abs. 3 und 4 i. d. F. des Art. 8 Nr. 1 Erstes Gesetz zum Abbau bürokratischer Hemmnisse insbesondere in der mittelständischen Wirtschaft v. 22. 8. 2006 (BGBl I 1970).

2) **Anm. d. Red.:** Zur Anwendung des § 15a siehe § 27 Abs. 11 und 12.

und umgekehrt und beim Übergang von der allgemeinen Besteuerung zur Durchschnittssatzbesteuerung nach den §§ 23, 23a oder 24 und umgekehrt gegeben.

(8) Eine Änderung der Verhältnisse liegt auch vor, wenn das noch verwendungsfähige Wirtschaftsgut, das nicht nur einmalig zur Ausführung eines Umsatzes verwendet wird, vor Ablauf des nach den Absätzen 1 und 5 maßgeblichen Berichtigungszeitraums veräußert oder nach § 3 Abs. 1b geliefert wird und dieser Umsatz anders zu beurteilen ist als die für den ursprünglichen Vorsteuerabzug maßgebliche Verwendung.

(9) Die Berichtigung nach Absatz 8 ist so vorzunehmen, als wäre das Wirtschaftsgut in der Zeit von der Veräußerung oder Lieferung im Sinne des § 3 Abs. 1b bis zum Ablauf des maßgeblichen Berichtigungszeitraums unter entsprechend geänderten Verhältnissen weiterhin für das Unternehmen verwendet worden.

(10) [1]Bei einer Geschäftsveräußerung (§ 1 Abs. 1a) wird der nach den Absätzen 1 und 5 maßgebliche Berichtigungszeitraum nicht unterbrochen. [2]Der Veräußerer ist verpflichtet, dem Erwerber die für die Durchführung der Berichtigung erforderlichen Angaben zu machen.

(11) Das Bundesministerium der Finanzen kann mit Zustimmung des Bundesrates durch Rechtsverordnung nähere Bestimmungen darüber treffen,

1. wie der Ausgleich nach den Absätzen 1 bis 9 durchzuführen ist und in welchen Fällen zur Vereinfachung des Besteuerungsverfahrens, zur Vermeidung von Härten oder nicht gerechtfertigten Steuervorteilen zu unterbleiben hat;
2. dass zur Vermeidung von Härten oder eines nicht gerechtfertigten Steuervorteils bei einer unentgeltlichen Veräußerung oder Überlassung eines Wirtschaftsguts
   a) eine Berichtigung des Vorsteuerabzugs in entsprechender Anwendung der Absätze 1 bis 9 auch dann durchzuführen ist, wenn eine Änderung der Verhältnisse nicht vorliegt,
   b) der Teil des Vorsteuerbetrags, der bei einer gleichmäßigen Verteilung auf den in Absatz 9 bezeichneten Restzeitraum entfällt, vom Unternehmer geschuldet wird,
   c) der Unternehmer den nach den Absätzen 1 bis 9 oder Buchstabe b geschuldeten Betrag dem Leistungsempfänger wie eine Steuer in Rechnung stellen und dieser den Betrag als Vorsteuer abziehen kann.

Fünfter Abschnitt: Besteuerung

§ 16[1)] Steuerberechnung, Besteuerungszeitraum und Einzelbesteuerung

(1) [1]Die Steuer ist, soweit nicht § 20 gilt, nach vereinbarten Entgelten zu berechnen. [2]Besteuerungszeitraum ist das Kalenderjahr. [3]Bei der Berechnung der Steuer ist von der Summe der Umsätze nach § 1 Abs. 1 Nr. 1 und 5 auszugehen, soweit für sie die Steuer in dem Besteuerungszeitraum entstanden und die Steuerschuldnerschaft gegeben ist. [4]Der Steuer sind die nach § 6a Abs. 4 Satz 2, nach § 14c sowie nach § 17 Abs. 1 Satz 6 geschuldeten Steuerbeträge hinzuzurechnen.

(1a) [1]Macht ein nicht im Gemeinschaftsgebiet ansässiger Unternehmer von § 18 Abs. 4c Gebrauch, ist Besteuerungszeitraum das Kalendervierteljahr. [2]Bei der Berechnung der Steuer ist von der Summe der Umsätze nach § 3a Abs. 5 auszugehen, die im Gemeinschaftsgebiet steuerbar sind, soweit für sie in dem Besteuerungszeitraum die Steuer entstanden und die Steuerschuldnerschaft gegeben ist. [3]Absatz 2 ist nicht anzuwenden.

(2) [1]Von der nach Absatz 1 berechneten Steuer sind die in den Besteuerungszeitraum fallenden, nach § 15 abziehbaren Vorsteuerbeträge abzusetzen. [2]§ 15a ist zu berücksichtigen. [3]Die Einfuhrumsatzsteuer ist von der Steuer für den Besteuerungszeitraum abzusetzen, in dem sie entrichtet worden ist. [4]Die bis zum 16. Tag nach Ablauf des Besteuerungszeitraums zu entrichtende Einfuhrumsatzsteuer kann bereits von der Steuer für diesen Besteuerungszeitraum abgesetzt werden, wenn sie in ihm entstanden ist.

1) **Anm. d. Red.:** § 16 Abs. 1a i. d. F. des Art. 7 Nr. 11 JStG 2009 v. 19. 12. 2008 (BGBl I 2794).

(3) Hat der Unternehmer seine gewerbliche oder berufliche Tätigkeit nur in einem Teil des Kalenderjahres ausgeübt, so tritt dieser Teil an die Stelle des Kalenderjahres.

(4) Abweichend von den Absätzen 1, 2 und 3 kann das Finanzamt einen kürzeren Besteuerungszeitraum bestimmen, wenn der Eingang der Steuer gefährdet erscheint oder der Unternehmer damit einverstanden ist.

(5) [1]Bei Beförderungen von Personen im Gelegenheitsverkehr mit Kraftomnibussen, die nicht im Inland zugelassen sind, wird die Steuer, abweichend von Absatz 1, für jeden einzelnen steuerpflichtigen Umsatz durch die zuständige Zolldienststelle berechnet (Beförderungseinzelbesteuerung), wenn eine Grenze zum Drittlandsgebiet überschritten wird. [2]Zuständige Zolldienststelle ist die Eingangszollstelle oder Ausgangszollstelle, bei der der Kraftomnibus in das Inland gelangt oder das Inland verlässt. [3]Die zuständige Zolldienststelle handelt bei der Beförderungseinzelbesteuerung für das Finanzamt, in dessen Bezirk sie liegt (zuständiges Finanzamt). [4]Absatz 2 und § 19 Abs. 1 sind bei der Beförderungseinzelbesteuerung nicht anzuwenden.

(5a) Beim innergemeinschaftlichen Erwerb neuer Fahrzeuge durch andere Erwerber als die in § 1a Abs. 1 Nr. 2 genannten Personen ist die Steuer abweichend von Absatz 1 für jeden einzelnen steuerpflichtigen Erwerb zu berechnen (Fahrzeugeinzelbesteuerung).

(5b) [1]Auf Antrag des Unternehmers ist nach Ablauf des Besteuerungszeitraums an Stelle der Beförderungseinzelbesteuerung (Absatz 5) die Steuer nach den Absätzen 1 und 2 zu berechnen. [2]Die Absätze 3 und 4 gelten entsprechend.

(6) [1]Werte in fremder Währung sind zur Berechnung der Steuer und der abziehbaren Vorsteuerbeträge auf Euro nach den Durchschnittskursen umzurechnen, die das Bundesministerium der Finanzen für den Monat öffentlich bekannt gibt, in dem die Leistung ausgeführt oder das Entgelt oder ein Teil des Entgelts vor Ausführung der Leistung (§ 13 Abs. 1 Nr. 1 Buchstabe a Satz 4) vereinnahmt wird. [2]Ist dem leistenden Unternehmer die Berechnung der Steuer nach vereinnahmten Entgelten gestattet (§ 20), so sind die Entgelte nach den Durchschnittskursen des Monats umzurechnen, in dem sie vereinnahmt werden. [3]Das Finanzamt kann die Umrechnung nach dem Tageskurs, der durch Bankmitteilung oder Kurszettel nachzuweisen ist, gestatten. [4]Macht ein nicht im Gemeinschaftsgebiet ansässiger Unternehmer von § 18 Abs. 4c Gebrauch, hat er zur Berechnung der Steuer Werte in fremder Währung nach den Kursen umzurechnen, die für den letzten Tag des Besteuerungszeitraums nach Absatz 1a Satz 1 von der Europäischen Zentralbank festgestellt worden sind. [5]Sind für diesen Tag keine Umrechnungskurse festgestellt worden, hat der Unternehmer die Steuer nach den für den nächsten Tag nach Ablauf des Besteuerungszeitraums nach Absatz 1a Satz 1 von der Europäischen Zentralbank festgestellten Umrechnungskursen umzurechnen.

(7) Für die Einfuhrumsatzsteuer gelten § 11 Abs. 5 und § 21 Abs. 2.

§ 17[1)] Änderung der Bemessungsgrundlage

(1)[2)] [1]Hat sich die Bemessungsgrundlage für einen steuerpflichtigen Umsatz im Sinne des § 1 Abs. 1 Nr. 1 geändert, hat der Unternehmer, der diesen Umsatz ausgeführt hat, den dafür geschuldeten Steuerbetrag zu berichtigen. [2]Ebenfalls ist der Vorsteuerabzug bei dem Unternehmer, an den dieser Umsatz ausgeführt wurde, zu berichtigen. [3]Dies gilt nicht, soweit er durch die Änderung der Bemessungsgrundlage wirtschaftlich nicht begünstigt wird. [4]Wird in diesen Fällen ein anderer Unternehmer durch die Änderung der Bemessungsgrundlage wirtschaftlich begünstigt, hat dieser Unternehmer seinen Vorsteuerabzug zu berichtigen. [5]Die Sätze 1 bis 4 gelten in den Fällen des § 1 Abs. 1 Nr. 5 und des § 13b sinngemäß. [6]Die Berichtigung des Vorsteuerabzugs kann unterbleiben, soweit ein dritter Unternehmer den auf die Minderung des Entgelts entfallenden Steuerbetrag an das Finanzamt entrichtet; in diesem Fall ist der dritte Unternehmer Schuldner

1) **Anm. d. Red.:** § 17 Abs. 2 i. d. F. des Art. 7 Nr. 12 JStG 2009 v. 19. 12. 2008 (BGBl I 2794).

2) **Anm. d. Red.:** Zur Anwendung des § 17 Abs. 1 siehe § 27 Abs. 4 Satz 1.

der Steuer. [7]Die Berichtigungen nach den Sätzen 1 und 2 sind für den Besteuerungszeitraum vorzunehmen, in dem die Änderung der Bemessungsgrundlage eingetreten ist. [8]Die Berichtigung nach Satz 4 ist für den Besteuerungszeitraum vorzunehmen, in dem der andere Unternehmer wirtschaftlich begünstigt wird.

(2) Absatz 1 gilt sinngemäß, wenn

1. das vereinbarte Entgelt für eine steuerpflichtige Lieferung, sonstige Leistung oder einen steuerpflichtigen innergemeinschaftlichen Erwerb uneinbringlich geworden ist. [2]Wird das Entgelt nachträglich vereinnahmt, sind Steuerbetrag und Vorsteuerabzug erneut zu berichtigen;
2. für eine vereinbarte Lieferung oder sonstige Leistung ein Entgelt entrichtet, die Lieferung oder sonstige Leistung jedoch nicht ausgeführt worden ist;
3. eine steuerpflichtige Lieferung, sonstige Leistung oder ein steuerpflichtiger innergemeinschaftlicher Erwerb rückgängig gemacht worden ist;
4. der Erwerber den Nachweis im Sinne des § 3d Satz 2 führt;
5. Aufwendungen im Sinne des § 15 Abs. 1a getätigt werden.

(3) [1]Ist Einfuhrumsatzsteuer, die als Vorsteuer abgezogen worden ist, herabgesetzt, erlassen oder erstattet worden, so hat der Unternehmer den Vorsteuerabzug entsprechend zu berichtigen. [2]Absatz 1 Satz 7 gilt sinngemäß.

(4) Werden die Entgelte für unterschiedlich besteuerte Lieferungen oder sonstige Leistungen eines bestimmten Zeitabschnitts gemeinsam geändert (z. B. Jahresboni, Jahresrückvergütungen), so hat der Unternehmer dem Leistungsempfänger einen Beleg zu erteilen, aus dem zu ersehen ist, wie sich die Änderung der Entgelte auf die unterschiedlich besteuerten Umsätze verteilt.

§ 18[1)] Besteuerungsverfahren

(1)[2)] [1]Der Unternehmer hat bis zum 10. Tag nach Ablauf jedes Voranmeldungszeitraums eine Voranmeldung nach amtlich vorgeschriebenem Datensatz durch Datenfernübertragung nach Maßgabe der Steuerdaten-Übermittlungsverordnung zu übermitteln, in der er die Steuer für den Voranmeldungszeitraum (Vorauszahlung) selbst zu berechnen hat. [2]Auf Antrag kann das Finanzamt zur Vermeidung von unbilligen Härten auf eine elektronische Übermittlung verzichten; in diesem Fall hat der Unternehmer eine Voranmeldung nach amtlich vorgeschriebenem Vordruck abzugeben. [3]§ 16 Abs. 1 und 2 und § 17 sind entsprechend anzuwenden. [4]Die Vorauszahlung ist am 10. Tag nach Ablauf des Voranmeldungszeitraums fällig.

(2) [1]Voranmeldungszeitraum ist das Kalendervierteljahr. [2]Beträgt die Steuer für das vorangegangene Kalenderjahr mehr als 7 500 Euro, ist der Kalendermonat Voranmeldungszeitraum. [3]Beträgt die Steuer für das vorangegangene Kalenderjahr nicht mehr als 1 000 Euro, kann das Finanzamt den Unternehmer von der Verpflichtung zur Abgabe der Voranmeldungen und Entrichtung der Vorauszahlungen befreien. [4]Nimmt der Unternehmer seine berufliche oder gewerbliche Tätigkeit auf, ist im laufenden und folgenden Kalenderjahr Voranmeldungszeitraum der Kalendermonat.

(2a) [1]Der Unternehmer kann an Stelle des Kalendervierteljahres den Kalendermonat als Voranmeldungszeitraum wählen, wenn sich für das vorangegangene Kalenderjahr ein Überschuss zu seinen Gunsten von mehr als 7 500 Euro ergibt. [2]In diesem Fall hat der Unternehmer bis zum 10. Februar des laufenden Kalenderjahres eine Voranmeldung für den ersten Kalendermonat abzugeben. [3]Die Ausübung des Wahlrechts bindet den Unternehmer für dieses Kalenderjahr.

---

1) **Anm. d. Red.:** § 18 Abs. 1, 2 und 2a i. d. F. des Art. 8 Nr. 2 Steuerbürokratieabbaugesetz v. 20. 12. 2008 (BGBl I 2850); Abs. 4c, 4d, 9 und 10 i. d. F. des Art. 7 Nr. 13 JStG 2009 v. 19. 12. 2008 (BGBl I 2794).

2) **Anm. d. Red.:** Zur Anwendung des § 18 Abs. 1 siehe § 27 Abs. 9.

(3) [1]Der Unternehmer hat für das Kalenderjahr oder für den kürzeren Besteuerungszeitraum eine Steuererklärung nach amtlich vorgeschriebenem Vordruck abzugeben, in der er die zu entrichtende Steuer oder den Überschuss, der sich zu seinen Gunsten ergibt, nach § 16 Abs. 1 bis 4 und § 17 selbst zu berechnen hat (Steueranmeldung). [2]In den Fällen des § 16 Abs. 3 und 4 ist die Steueranmeldung binnen einem Monat nach Ablauf des kürzeren Besteuerungszeitraums abzugeben. [3]Die Steueranmeldung muss vom Unternehmer eigenhändig unterschrieben sein.

(4) [1]Berechnet der Unternehmer die zu entrichtende Steuer oder den Überschuss in der Steueranmeldung für das Kalenderjahr abweichend von der Summe der Vorauszahlungen, so ist der Unterschiedsbetrag zugunsten des Finanzamts einen Monat nach dem Eingang der Steueranmeldung fällig. [2]Setzt das Finanzamt die zu entrichtende Steuer oder den Überschuss abweichend von der Steueranmeldung für das Kalenderjahr fest, so ist der Unterschiedsbetrag zugunsten des Finanzamts einen Monat nach der Bekanntgabe des Steuerbescheids fällig. [3]Die Fälligkeit rückständiger Vorauszahlungen (Absatz 1) bleibt von den Sätzen 1 und 2 unberührt.

(4a)[1)] [1]Voranmeldungen (Absätze 1 und 2) und eine Steuererklärung (Absätze 3 und 4) haben auch die Unternehmer und juristischen Personen abzugeben, die ausschließlich Steuer für Umsätze nach § 1 Abs. 1 Nr. 5, § 13b Abs. 2 oder § 25b Abs. 2 zu entrichten haben, sowie Fahrzeuglieferer (§ 2a). [2]Voranmeldungen sind nur für die Voranmeldungszeiträume abzugeben, in denen die Steuer für diese Umsätze zu erklären ist. [3]Die Anwendung des Absatzes 2a ist ausgeschlossen.

(4b) Für Personen, die keine Unternehmer sind und Steuerbeträge nach § 6a Abs. 4 Satz 2 oder nach § 14c Abs. 2 schulden, gilt Absatz 4a entsprechend.

(4c) [1]Ein nicht im Gemeinschaftsgebiet ansässiger Unternehmer, der als Steuerschuldner ausschließlich Umsätze nach § 3a Abs. 5 im Gemeinschaftsgebiet erbringt und in keinem anderen Mitgliedstaat für Zwecke der Umsatzsteuer erfasst ist, kann abweichend von den Absätzen 1 bis 4 für jeden Besteuerungszeitraum (§ 16 Abs. 1a Satz 1) eine Steuererklärung auf amtlich vorgeschriebenem Vordruck bis zum 20. Tag nach Ablauf jedes Besteuerungszeitraums abgeben, in der er die Steuer selbst zu berechnen hat; die Steuererklärung ist dem Bundeszentralamt für Steuern elektronisch zu übermitteln. [2]Die Steuer ist am 20. Tag nach Ablauf des Besteuerungszeitraums fällig. [3]Die Ausübung des Wahlrechts hat der Unternehmer auf dem amtlich vorgeschriebenen, elektronisch zu übermittelnden Dokument dem Bundeszentralamt für Steuern anzuzeigen, bevor er Umsätze nach § 3a Abs. 5 im Gemeinschaftsgebiet erbringt. [4]Das Wahlrecht kann nur mit Wirkung vom Beginn eines Besteuerungszeitraums an widerrufen werden. [5]Der Widerruf ist vor Beginn des Besteuerungszeitraums, für den er gelten soll, gegenüber dem Bundeszentralamt für Steuern auf elektronischem Weg zu erklären. [6]Kommt der Unternehmer seinen Verpflichtungen nach den Sätzen 1 bis 3 oder § 22 Abs. 1 wiederholt nicht oder nicht rechtzeitig nach, schließt ihn das Bundeszentralamt für Steuern von dem Besteuerungsverfahren nach Satz 1 aus. [7]Der Ausschluss gilt ab dem Besteuerungszeitraum, der nach dem Zeitpunkt der Bekanntgabe des Ausschlusses gegenüber dem Unternehmer beginnt.

(4d) Die Absätze 1 bis 4 gelten nicht für Unternehmer, die im Inland im Besteuerungszeitraum (§ 16 Abs. 1 Satz 2) als Steuerschuldner ausschließlich elektronische Dienstleistungen nach § 3a Abs. 5 erbringen und diese Umsätze in einem anderen Mitgliedstaat erklären sowie die darauf entfallende Steuer entrichten.

(5) In den Fällen der Beförderungseinzelbesteuerung (§ 16 Abs. 5) ist abweichend von den Absätzen 1 bis 4 wie folgt zu verfahren:

1. Der Beförderer hat für jede einzelne Fahrt eine Steuererklärung nach amtlich vorgeschriebenem Vordruck in zwei Stücken bei der zuständigen Zolldienststelle abzugeben.
2. [1]Die zuständige Zolldienststelle setzt für das zuständige Finanzamt die Steuer auf beiden Stücken der Steuererklärung fest und gibt ein Stück dem Beförderer zurück,

1) **Anm. d. Red.**: Zur Anwendung des § 18 Abs. 4a siehe § 27 Abs. 4 Satz 1.

USTG

der die Steuer gleichzeitig zu entrichten hat. [2]Der Beförderer hat dieses Stück mit der Steuerquittung während der Fahrt mit sich zu führen.

3. [1]Der Beförderer hat bei der zuständigen Zolldienststelle, bei der er die Grenze zum Drittlandsgebiet überschreitet, eine weitere Steuererklärung in zwei Stücken abzugeben, wenn sich die Zahl der Personenkilometer (§ 10 Abs. 6 Satz 2), von der bei der Steuerfestsetzung nach Nummer 2 ausgegangen worden ist, geändert hat. [2]Die Zolldienststelle setzt die Steuer neu fest. [3]Gleichzeitig ist ein Unterschiedsbetrag zugunsten des Finanzamts zu entrichten oder ein Unterschiedsbetrag zugunsten des Beförderers zu erstatten. [4]Die Sätze 2 und 3 sind nicht anzuwenden, wenn der Unterschiedsbetrag weniger als 2,50 Euro beträgt. [5]Die Zolldienststelle kann in diesen Fällen auf eine schriftliche Steuererklärung verzichten.

(5a) [1]In den Fällen der Fahrzeugeinzelbesteuerung (§ 16 Abs. 5a) hat der Erwerber, abweichend von den Absätzen 1 bis 4, spätestens bis zum 10. Tag nach Ablauf des Tages, an dem die Steuer entstanden ist, eine Steuererklärung nach amtlich vorgeschriebenem Vordruck abzugeben, in der er die zu entrichtende Steuer selbst zu berechnen hat (Steueranmeldung). [2]Die Steueranmeldung muss vom Erwerber eigenhändig unterschrieben sein. [3]Gibt der Erwerber die Steueranmeldung nicht ab oder hat er die Steuer nicht richtig berechnet, so kann das Finanzamt die Steuer festsetzen. [4]Die Steuer ist am 10. Tag nach Ablauf des Tages fällig, an dem sie entstanden ist.

(5b) [1]In den Fällen des § 16 Abs. 5b ist das Besteuerungsverfahren nach den Absätzen 3 und 4 durchzuführen. [2]Die bei der Beförderungseinzelbesteuerung (§ 16 Abs. 5) entrichtete Steuer ist auf die nach Absatz 3 Satz 1 zu entrichtende Steuer anzurechnen.

(6) [1]Zur Vermeidung von Härten kann das Bundesministerium der Finanzen mit Zustimmung des Bundesrates durch Rechtsverordnung die Fristen für die Voranmeldungen und Vorauszahlungen um einen Monat verlängern und das Verfahren näher bestimmen. [2]Dabei kann angeordnet werden, dass der Unternehmer eine Sondervorauszahlung auf die Steuer für das Kalenderjahr zu entrichten hat.

(7) [1]Zur Vereinfachung des Besteuerungsverfahrens kann das Bundesministerium der Finanzen mit Zustimmung des Bundesrates durch Rechtsverordnung bestimmen, dass und unter welchen Voraussetzungen auf die Erhebung der Steuer für Lieferungen von Gold, Silber und Platin sowie sonstige Leistungen im Geschäft mit diesen Edelmetallen zwischen Unternehmern, die an einer Wertpapierbörse im Inland mit dem Recht zur Teilnahme am Handel zugelassen sind, verzichtet werden kann. [2]Das gilt nicht für Münzen und Medaillen aus diesen Edelmetallen.

(8) (weggefallen)

(9)[1)] [1]Zur Vereinfachung des Besteuerungsverfahrens kann das Bundesministerium der Finanzen mit Zustimmung des Bundesrates durch Rechtsverordnung die Vergütung der Vorsteuerbeträge (§ 15) an im Ausland ansässige Unternehmer, abweichend von § 16 und von den Absätzen 1 bis 4, in einem besonderen Verfahren regeln. [2]Dabei kann auch angeordnet werden,

1. dass die Vergütung nur erfolgt, wenn sie eine bestimmte Mindesthöhe erreicht,
2. innerhalb welcher Frist der Vergütungsantrag zu stellen ist,
3. in welchen Fällen der Unternehmer den Antrag eigenhändig zu unterschreiben hat,
4. wie und in welchem Umfang Vorsteuerbeträge durch Vorlage von Rechnungen und Einfuhrbelegen nachzuweisen sind,
5. dass der Bescheid über die Vergütung der Vorsteuerbeträge elektronisch erteilt wird,
6. wie und in welchem Umfang der zu vergütende Betrag zu verzinsen ist.

[3]Einem Unternehmer, der im Gemeinschaftsgebiet ansässig ist und Umsätze ausführt, die zum Teil den Vorsteuerabzug ausschließen, wird die Vorsteuer höchstens in der Höhe vergütet, in der er in dem Mitgliedstaat, in dem er ansässig ist, bei Anwendung eines Pro-rata-Satzes zum Vorsteuerabzug berechtigt wäre. [4]Einem Unternehmer, der nicht im

1) **Anm. d. Red.:** Zur Anwendung des § 18 Abs. 9 siehe § 27 Abs. 14.

Gemeinschaftsgebiet ansässig ist, wird die Vorsteuer nur vergütet, wenn in dem Land, in dem der Unternehmer seinen Sitz hat, keine Umsatzsteuer oder ähnliche Steuer erhoben oder im Fall der Erhebung im Inland ansässigen Unternehmern vergütet wird. [5]Von der Vergütung ausgeschlossen sind bei Unternehmern, die nicht im Gemeinschaftsgebiet ansässig sind, die Vorsteuerbeträge, die auf den Bezug von Kraftstoffen entfallen. [6]Die Sätze 4 und 5 gelten nicht für Unternehmer, die nicht im Gemeinschaftsgebiet ansässig sind, soweit sie im Besteuerungszeitraum (§ 16 Abs. 1 Satz 2) als Steuerschuldner ausschließlich elektronische Leistungen nach § 3a Abs. 5 im Gemeinschaftsgebiet erbracht und für diese Umsätze von § 18 Abs. 4c Gebrauch gemacht haben oder diese Umsätze in einem anderen Mitgliedstaat erklärt sowie die darauf entfallende Steuer entrichtet haben; Voraussetzung ist, dass die Vorsteuerbeträge im Zusammenhang mit elektronischen Leistungen nach § 3a Abs. 5 stehen.

(10) Zur Sicherung des Steueranspruchs in Fällen des innergemeinschaftlichen Erwerbs neuer motorbetriebener Landfahrzeuge und neuer Luftfahrzeuge (§ 1b Abs. 2 und 3) gilt Folgendes:

1. Die für die Zulassung oder die Registrierung von Fahrzeugen zuständigen Behörden sind verpflichtet, den für die Besteuerung des innergemeinschaftlichen Erwerbs neuer Fahrzeuge zuständigen Finanzbehörden ohne Ersuchen Folgendes mitzuteilen:
   a) bei neuen motorbetriebenen Landfahrzeugen die erstmalige Ausgabe von Fahrzeugbriefen oder die erstmalige Zuteilung eines amtlichen Kennzeichens bei zulassungsfreien Fahrzeugen. [2]Gleichzeitig sind die in Nummer 2 Buchstabe a bezeichneten Daten und das zugeteilte amtliche Kennzeichen oder, wenn dieses noch nicht zugeteilt worden ist, die Nummer des Fahrzeugbriefs zu übermitteln,
   b) bei neuen Luftfahrzeugen die erstmalige Registrierung dieser Luftfahrzeuge. [2]Gleichzeitig sind die in Nummer 3 Buchstabe a bezeichneten Daten und das zugeteilte amtliche Kennzeichen zu übermitteln. [3]Als Registrierung im Sinne dieser Vorschrift gilt nicht die Eintragung eines Luftfahrzeugs in das Register für Pfandrechte an Luftfahrzeugen.
2. In den Fällen des innergemeinschaftlichen Erwerbs neuer motorbetriebener Landfahrzeuge (§ 1b Abs. 2 Satz 1 Nr. 1 und Abs. 3 Nr. 1) gilt Folgendes:
   a) [1]Bei der erstmaligen Ausgabe eines Fahrzeugbriefs im Inland oder bei der erstmaligen Zuteilung eines amtlichen Kennzeichens für zulassungsfreie Fahrzeuge im Inland hat der Antragsteller die folgenden Angaben zur Übermittlung an die Finanzbehörden zu machen:
      aa) den Namen und die Anschrift des Antragstellers sowie das für ihn zuständige Finanzamt (§ 21 der Abgabenordnung),
      bb) den Namen und die Anschrift des Lieferers,
      cc) den Tag der Lieferung,
      dd) den Tag der ersten Inbetriebnahme,
      ee) den Kilometerstand am Tag der Lieferung,
      ff) die Fahrzeugart, den Fahrzeughersteller, den Fahrzeugtyp und die Fahrzeug-Identifizierungsnummer,
      gg) den Verwendungszweck.

      [2]Der Antragsteller ist zu den Angaben nach Satz 1 Doppelbuchstabe aa und bb auch dann verpflichtet, wenn er nicht zu den in § 1a Abs. 1 Nr. 2 und § 1b Abs. 1 genannten Personen gehört oder wenn Zweifel daran bestehen, ob die Eigenschaften als neues Fahrzeug im Sinne des § 1b Abs. 3 Nr. 1 vorliegen. [3]Die Zulassungsbehörde darf den Fahrzeugbrief oder bei zulassungsfreien Fahrzeugen den Nachweis über die Zuteilung des amtlichen Kennzeichens (§ 18 Abs. 5 der Straßenverkehrs-Zulassungs-Ordnung) erst aushändigen, wenn der Antragsteller die vorstehenden Angaben gemacht hat.

UStG

b) [1]Ist die Steuer für den innergemeinschaftlichen Erwerb nicht entrichtet worden, hat die Zulassungsbehörde auf Antrag des Finanzamts den Fahrzeugschein oder bei zulassungsfreien Fahrzeugen den Nachweis über die Zuteilung des amtlichen Kennzeichens (§ 18 Abs. 5 der Straßenverkehrs-Zulassungs-Ordnung) einzuziehen und das amtliche Kennzeichen zu entstempeln. [2]An Stelle der Einziehung des Nachweises über die Zuteilung des amtlichen Kennzeichens bei zulassungsfreien Fahrzeugen kann auch der Vermerk über die Zuteilung des amtlichen Kennzeichens für ungültig erklärt werden. [3]Die Zulassungsbehörde trifft die hierzu erforderlichen Anordnungen durch schriftlichen Verwaltungsakt (Abmeldungsbescheid). [4]Das Finanzamt kann die Abmeldung von Amts wegen auch selbst vornehmen, wenn die Zulassungsbehörde das Verfahren noch nicht eingeleitet hat. [5]Satz 3 gilt entsprechend. [6]Das Finanzamt teilt die durchgeführte Abmeldung unverzüglich der Zulassungsbehörde mit und händigt dem Fahrzeughalter die vorgeschriebene Bescheinigung über die Abmeldung aus. [7]Die Durchführung der Abmeldung von Amts wegen richtet sich nach dem Verwaltungsverfahrensgesetz. [8]Für Streitigkeiten über Abmeldungen von Amts wegen ist der Verwaltungsrechtsweg gegeben.

3. In den Fällen des innergemeinschaftlichen Erwerbs neuer Luftfahrzeuge (§ 1b Abs. 2 Satz 1 Nr. 3 und Abs. 3 Nr. 3) gilt Folgendes:

a) [1]Bei der erstmaligen Registrierung in der Luftfahrzeugrolle hat der Antragsteller die folgenden Angaben zur Übermittlung an die Finanzbehörden zu machen:
   - aa) den Namen und die Anschrift des Antragstellers sowie das für ihn zuständige Finanzamt (§ 21 der Abgabenordnung),
   - bb) den Namen und die Anschrift des Lieferers,
   - cc) den Tag der Lieferung,
   - dd) das Entgelt (Kaufpreis),
   - ee) den Tag der ersten Inbetriebnahme,
   - ff) die Starthöchstmasse,
   - gg) die Zahl der bisherigen Betriebsstunden am Tag der Lieferung,
   - hh) den Flugzeughersteller und den Flugzeugtyp,
   - ii) den Verwendungszweck.

[2]Der Antragsteller ist zu den Angaben nach Satz 1 Doppelbuchstabe aa und bb auch dann verpflichtet, wenn er nicht zu den in § 1a Abs. 1 Nr. 2 und § 1b Abs. 1 genannten Personen gehört oder wenn Zweifel daran bestehen, ob die Eigenschaften als neues Fahrzeug im Sinne des § 1b Abs. 3 Nr. 3 vorliegen. [3]Das Luftfahrt-Bundesamt darf die Eintragung in der Luftfahrzeugrolle erst vornehmen, wenn der Antragsteller die vorstehenden Angaben gemacht hat.

b) [1]Ist die Steuer für den innergemeinschaftlichen Erwerb nicht entrichtet worden, so hat das Luftfahrt-Bundesamt auf Antrag des Finanzamts die Betriebserlaubnis zu widerrufen. [2]Es trifft die hierzu erforderlichen Anordnungen durch schriftlichen Verwaltungsakt (Abmeldungsbescheid). [3]Die Durchführung der Abmeldung von Amts wegen richtet sich nach dem Verwaltungsverfahrensgesetz. [4]Für Streitigkeiten über Abmeldungen von Amts wegen ist der Verwaltungsrechtsweg gegeben.

(11) [1]Die für die Steueraufsicht zuständigen Zolldienststellen wirken an der umsatzsteuerlichen Erfassung von Personenbeförderungen mit nicht im Inland zugelassenen Kraftomnibussen mit. [2]Sie sind berechtigt, im Rahmen von zeitlich und örtlich begrenzten Kontrollen die nach ihrer äußeren Erscheinung nicht im Inland zugelassenen Kraftomnibusse anzuhalten und die tatsächlichen und rechtlichen Verhältnisse festzustellen, die für die Umsatzsteuer maßgebend sind, und die festgestellten Daten den zuständigen Finanzbehörden zu übermitteln.

(12) [1]Im Ausland ansässige Unternehmer (§ 13b Abs. 4), die grenzüberschreitende Personenbeförderungen mit nicht im Inland zugelassenen Kraftomnibussen durchführen,

haben dies vor der erstmaligen Ausführung derartiger auf das Inland entfallender Umsätze (§ 3b Abs. 1 Satz 2) bei dem für die Umsatzbesteuerung zuständigen Finanzamt anzuzeigen, soweit diese Umsätze nicht der Beförderungseinzelbesteuerung (§ 16 Abs. 5) unterliegen oder der Leistungsempfänger die Steuer für derartige Umsätze nicht nach § 13b Abs. 2 Satz 1 oder Satz 3 schuldet. [2]Das Finanzamt erteilt hierüber eine Bescheinigung. [3]Die Bescheinigung ist während jeder Fahrt mitzuführen und auf Verlangen den für die Steueraufsicht zuständigen Zolldienststellen vorzulegen. [4]Bei Nichtvorlage der Bescheinigung können diese Zolldienststellen eine Sicherheitsleistung nach den abgabenrechtlichen Vorschriften in Höhe der für die einzelne Beförderungsleistung voraussichtlich zu entrichtenden Steuer verlangen. [5]Die entrichtete Sicherheitsleistung ist auf die nach Absatz 3 Satz 1 zu entrichtende Steuer anzurechnen.

§ 18a[1)] Zusammenfassende Meldung

(1)[2)] [1]Der Unternehmer im Sinne des § 2 hat bis zum 10. Tag nach Ablauf jedes Kalendervierteljahres (Meldezeitraum), in dem er innergemeinschaftliche Warenlieferungen ausgeführt hat, dem Bundeszentralamt für Steuern eine Meldung nach amtlich vorgeschriebenem Datensatz durch Datenfernübertragung nach Maßgabe der Steuerdaten-Übermittlungsverordnung zu übermitteln, in der er die Angaben nach Absatz 4 zu machen hat. [2]Dies gilt auch, wenn er im übrigen Gemeinschaftsgebiet steuerpflichtige sonstige Leistungen ausgeführt hat, für die der in einem anderen Mitgliedstaat ansässige Leistungsempfänger die Steuer dort schuldet, oder Lieferungen im Sinne des § 25b Abs. 2 ausgeführt hat. [3]Satz 1 gilt nicht für Unternehmer, die § 19 Abs. 1 anwenden. [4]Auf Antrag kann das Finanzamt zur Vermeidung unbilliger Härten auf eine elektronische Übermittlung verzichten; in diesem Fall hat der Unternehmer eine Meldung nach amtlich vorgeschriebenem Vordruck abzugeben. [5]§ 150 Abs. 8 der Abgabenordnung gilt entsprechend. [6]Soweit das Finanzamt nach § 18 Abs. 1 Satz 1 auf eine elektronische Übermittlung der Voranmeldung verzichtet hat, gilt dies auch für die Zusammenfassende Meldung. [7]Sind dem Unternehmer die Fristen für die Abgabe der Voranmeldungen um einen Monat verlängert worden (§§ 46 bis 48 der Durchführungsverordnung), gilt diese Fristverlängerung für die Übermittlung der Zusammenfassenden Meldung entsprechend. [8]Für die Anwendung dieser Vorschrift gelten auch nichtselbständige juristische Personen im Sinne des § 2 Abs. 2 Nr. 2 als Unternehmer. [9]Die Landesfinanzbehörden übermitteln dem Bundeszentralamt für Steuern die erforderlichen Angaben zur Bestimmung der Unternehmer, die nach Satz 1 zur Abgabe der Zusammenfassenden Meldung verpflichtet sind. [10]Diese Angaben dürfen nur zur Sicherstellung der Abgabe der Zusammenfassenden Meldung verwendet werden. [11]Das Bundeszentralamt für Steuern übermittelt den Landesfinanzbehörden die Angaben aus den Zusammenfassenden Meldungen, soweit diese für steuerliche Kontrollen benötigt werden.

(2) Eine innergemeinschaftliche Warenlieferung im Sinne dieser Vorschrift ist

1. eine innergemeinschaftliche Lieferung im Sinne des § 6a Abs. 1 mit Ausnahme der Lieferungen neuer Fahrzeuge an Abnehmer ohne Umsatzsteuer-Identifikationsnummer;
2. eine innergemeinschaftliche Lieferung im Sinne des § 6a Abs. 2.

(3) (weggefallen)

(4) [1]Die Zusammenfassende Meldung muss folgende Angaben enthalten:

1. für innergemeinschaftliche Warenlieferungen im Sinne des Absatzes 2 Nr. 1
   a) die Umsatzsteuer-Identifikationsnummer jedes Erwerbers, die ihm in einem anderen Mitgliedstaat erteilt worden ist und unter der die innergemeinschaftlichen Warenlieferungen an ihn ausgeführt worden sind, und

1) **Anm. d. Red.:** § 18a Abs. 1 i. d. F. des Art. 8 Nr. 3 Steuerbürokratieabbaugesetz v. 20. 12. 2008 (BGBl I 2850); Abs. 4, 5, 6 und 8 i. d. F. des Art. 7 Nr. 14 JStG 2009 v. 19. 12. 2008 (BGBl I 2794).

2) **Anm. d. Red.:** Zur Anwendung des § 18a Abs. 1 siehe § 27 Abs. 13.

b) für jeden Erwerber die Summe der Bemessungsgrundlagen der an ihn ausgeführten innergemeinschaftlichen Warenlieferungen;

2. für innergemeinschaftliche Warenlieferungen im Sinne des Absatzes 2 Nr. 2
   a) die Umsatzsteuer-Identifikationsnummer des Unternehmers in den Mitgliedstaaten, in die er Gegenstände verbracht hat, und
   b) die darauf entfallende Summe der Bemessungsgrundlagen;
3. für im übrigen Gemeinschaftsgebiet ausgeführte steuerpflichtige sonstige Leistungen, für die der in einem anderen Mitgliedstaat ansässige Leistungsempfänger die Steuer dort schuldet,
   a) die Umsatzsteuer-Identifikationsnummer jedes Leistungsempfängers, die ihm in einem anderen Mitgliedstaat erteilt worden ist und unter der die steuerpflichtigen sonstigen Leistungen an ihn erbracht wurden, und
   b) für jeden Leistungsempfänger die Summe der Bemessungsgrundlagen der an ihn erbrachten steuerpflichtigen sonstigen Leistungen;
4. für Lieferungen im Sinne des § 25b Abs. 2
   a) die Umsatzsteuer-Identifikationsnummer eines jeden letzten Abnehmers, die diesem in dem Mitgliedstaat erteilt worden ist, in dem die Versendung oder Beförderung beendet worden ist,
   b) für jeden letzten Abnehmer die Summe der Bemessungsgrundlagen der an ihn ausgeführten Lieferungen und
   c) einen Hinweis auf das Vorliegen eines innergemeinschaftlichen Dreiecksgeschäfts.

[2]§ 16 Abs. 6 und § 17 sind sinngemäß anzuwenden.

(5) [1]Die Angaben nach Absatz 4 Nr. 1 bis 3 sind für den Meldezeitraum zu machen, in dem die Rechnung für die innergemeinschaftliche Warenlieferung oder die im übrigen Gemeinschaftsgebiet ausgeführte steuerpflichtige sonstige Leistung, für die der in einem anderen Mitgliedstaat ansässige Leistungsempfänger die Steuer dort schuldet, ausgestellt wird, spätestens jedoch für den Meldezeitraum, in dem der auf die Ausführung der innergemeinschaftlichen Warenlieferung oder der im übrigen Gemeinschaftsgebiet steuerpflichtigen sonstigen Leistung an in einem anderen Mitgliedstaat ansässigen Leistungsempfänger, für die der die Steuer dort schuldet, folgende Monat endet. [2]Die Angaben für Lieferungen im Sinne des § 25b Abs. 2 sind für den Meldezeitraum zu machen, in dem diese Lieferungen ausgeführt worden sind.

(6) [1]Hat das Finanzamt den Unternehmer von der Verpflichtung zur Abgabe der Voranmeldungen und Entrichtung der Vorauszahlungen befreit (§ 18 Abs. 2 Satz 3), kann er die Zusammenfassende Meldung abweichend von Absatz 1 bis zum 10. Tag nach Ablauf jedes Kalenderjahres abgeben, in dem er innergemeinschaftliche Warenlieferungen ausgeführt hat oder im übrigen Gemeinschaftsgebiet steuerpflichtige sonstige Leistungen ausgeführt hat, für die der in einem anderen Mitgliedstaat ansässige Leistungsempfänger die Steuer dort schuldet, wenn

1. die Summe seiner Lieferungen und sonstigen Leistungen im vorangegangenen Kalenderjahr 200 000 Euro nicht überstiegen hat und im laufenden Kalenderjahr voraussichtlich nicht übersteigen wird,
2. die Summe seiner innergemeinschaftlichen Warenlieferungen oder im übrigen Gemeinschaftsgebiet ausgeführten steuerpflichtigen sonstigen Leistungen, für die der in einem anderen Mitgliedstaat ansässige Leistungsempfänger die Steuer dort schuldet, im vorangegangenen Kalenderjahr 15 000 Euro nicht überstiegen hat und im laufenden Kalenderjahr voraussichtlich nicht übersteigen wird und
3. es sich bei den in Nummer 2 bezeichneten Warenlieferungen nicht um Lieferungen neuer Fahrzeuge an Abnehmer mit Umsatzsteuer-Identifikationsnummer handelt.

[2]Absatz 5 gilt entsprechend.

(7) Erkennt der Unternehmer nachträglich, dass eine von ihm abgegebene Zusammenfassende Meldung unrichtig oder unvollständig ist, so ist er verpflichtet, die ursprüngliche Zusammenfassende Meldung innerhalb von drei Monaten zu berichtigen.

(8) [1]Auf die Zusammenfassenden Meldungen sind ergänzend die für Steuererklärungen geltenden Vorschriften der Abgabenordnung anzuwenden. [2]§ 152 Abs. 2 der Abgabenordnung ist mit der Maßgabe anzuwenden, dass der Verspätungszuschlag 1 Prozent der Summe aller nach Absatz 4 Satz 1 Nr. 1 Buchstabe b, Nr. 2 Buchstabe b und Nr. 3 Buchstabe b zu meldenden Bemessungsgrundlagen für innergemeinschaftliche Warenlieferungen im Sinne des Absatzes 2 und im übrigen Gemeinschaftsgebiet ausgeführte steuerpflichtige sonstige Leistungen, für die der in einem anderen Mitgliedstaat ansässige Leistungsempfänger die Steuer dort schuldet, nicht übersteigen und höchstens 2 500 Euro betragen darf.

(9) [1]Zur Erleichterung und Vereinfachung der Abgabe und Verarbeitung von Zusammenfassenden Meldungen kann das Bundesministerium der Finanzen durch Rechtsverordnung mit Zustimmung des Bundesrates bestimmen, dass die Zusammenfassende Meldung auf maschinell verwertbaren Datenträgern oder durch Datenfernübertragung übermittelt werden kann. [2]Dabei können insbesondere geregelt werden:

1. die Voraussetzungen für die Anwendung des Verfahrens;
2. das Nähere über Form, Inhalt, Verarbeitung und Sicherung der zu übermittelnden Daten;
3. die Art und Weise der Übermittlung der Daten;
4. die Zuständigkeit für die Entgegennahme der zu übermittelnden Daten;
5. die Mitwirkungspflichten Dritter bei der Erhebung, Verarbeitung und Übermittlung der Daten;
6. der Umfang und die Form der für dieses Verfahren erforderlichen besonderen Erklärungspflichten des Unternehmers.

[3]Zur Regelung der Datenübermittlung kann in der Rechtsverordnung auf Veröffentlichungen sachverständiger Stellen verwiesen werden; hierbei sind das Datum der Veröffentlichung, die Bezugsquelle und eine Stelle zu bezeichnen, bei der die Veröffentlichung archivmäßig gesichert niedergelegt ist.

§ 18b[1)] Gesonderte Erklärung innergemeinschaftlicher Lieferungen und bestimmter sonstiger Leistungen im Besteuerungsverfahren

[1]Der Unternehmer im Sinne des § 2 hat für jeden Voranmeldungs- und Besteuerungszeitraum in den amtlich vorgeschriebenen Vordrucken (§ 18 Abs. 1 bis 4) die Bemessungsgrundlagen folgender Umsätze gesondert zu erklären:

1. seiner innergemeinschaftlichen Lieferungen,
2. seiner im übrigen Gemeinschaftsgebiet ausgeführten steuerpflichtigen sonstigen Leistungen, für die der in einem anderen Mitgliedstaat ansässige Leistungsempfänger die Steuer dort schuldet, und
3. seiner Lieferungen im Sinne des § 25b Abs. 2.

[2]Die Angaben sind in dem Voranmeldungszeitraum zu machen, in dem die Rechnung für einen in Satz 1 Nr. 1 oder Nr. 2 genannten Umsatz ausgestellt wird, spätestens jedoch in dem Voranmeldungszeitraum, in dem der auf die Ausführung dieses Umsatzes folgende Monat endet. [3]Die Angaben für Umsätze im Sinne des Satzes 1 Nr. 3 sind in dem Voranmeldungszeitraum zu machen, in dem diese Lieferungen ausgeführt worden sind. [4]§ 16 Abs. 6 und § 17 sind sinngemäß anzuwenden. [5]Erkennt der Unternehmer nachträglich vor Ablauf der Festsetzungsfrist, dass in einer von ihm abgegebenen Voranmeldung (§ 18 Abs. 1) die Angaben zu Umsätzen im Sinne des Satzes 1 unrichtig oder unvollständig sind, ist er verpflichtet, die ursprüngliche Voranmeldung unverzüglich zu berichtigen. [6]Die Sätze 2 bis 5 gelten für die Steuererklärung (§ 18 Abs. 3 und 4) entsprechend.

1) **Anm. d. Red.:** § 18b i. d. F. des Art. 7 Nr. 15 JStG 2009 v. 19. 12. 2008 (BGBl I 2794).

USt G

§ 18c Meldepflicht bei der Lieferung neuer Fahrzeuge

[1]Zur Sicherung des Steueraufkommens durch einen Austausch von Auskünften mit anderen Mitgliedstaaten kann das Bundesministerium der Finanzen mit Zustimmung des Bundesrates durch Rechtsverordnung bestimmen, dass Unternehmer (§ 2) und Fahrzeuglieferer (§ 2a) der Finanzbehörde ihre innergemeinschaftlichen Lieferungen neuer Fahrzeuge an Abnehmer ohne Umsatzsteuer-Identifikationsnummer melden müssen. [2]Dabei können insbesondere geregelt werden:

1. die Art und Weise der Meldung;
2. der Inhalt der Meldung;
3. die Zuständigkeit der Finanzbehörden;
4. der Abgabezeitpunkt der Meldung.
5. (weggefallen)

§ 18d Vorlage von Urkunden

[1]Die Finanzbehörden sind zur Erfüllung der Auskunftsverpflichtung nach der Verordnung (EG) Nr. 1798/2003 des Rates vom 7. Oktober 2003 über die Zusammenarbeit der Verwaltungsbehörden auf dem Gebiet der Mehrwertsteuer und zur Aufhebung der Verordnung (EWG) Nr. 218/92 (ABl EU Nr. L 264 S. 1) berechtigt, von Unternehmern die Vorlage der jeweils erforderlichen Bücher, Aufzeichnungen, Geschäftspapiere und anderen Urkunden zur Einsicht und Prüfung zu verlangen. [2]§ 97 Abs. 3 der Abgabenordnung gilt entsprechend. [3]Der Unternehmer hat auf Verlangen der Finanzbehörde die in Satz 1 bezeichneten Unterlagen vorzulegen.

§ 18e[1)] Bestätigungsverfahren

Das Bundeszentralamt für Steuern bestätigt auf Anfrage

1. dem Unternehmer im Sinne des § 2 die Gültigkeit einer Umsatzsteuer-Identifikationsnummer sowie den Namen und die Anschrift der Person, der die Umsatzsteuer-Identifikationsnummer von einem anderen Mitgliedstaat erteilt wurde;
2. dem Lagerhalter im Sinne des § 4 Nr. 4a die Gültigkeit der inländischen Umsatzsteuer-Identifikationsnummer sowie den Namen und die Anschrift des Auslagerers oder dessen Fiskalvertreters.

§ 18f Sicherheitsleistung

[1]Bei Steueranmeldungen im Sinne von § 18 Abs. 1 und 3 kann die Zustimmung nach § 168 Satz 2 der Abgabenordnung im Einvernehmen mit dem Unternehmer von einer Sicherheitsleistung abhängig gemacht werden. [2]Satz 1 gilt entsprechend für die Festsetzung nach § 167 Abs. 1 Satz 1 der Abgabenordnung, wenn sie zu einer Erstattung führt.

§ 18g[2)3)] Abgabe des Antrags auf Vergütung von Vorsteuerbeträgen in einem anderen Mitgliedstaat

[1]Ein im Inland ansässiger Unternehmer, der Anträge auf Vergütung von Vorsteuerbeträgen entsprechend der Richtlinie 2008/9/EG des Rates vom 12. Februar 2008 zur Regelung der Erstattung der Mehrwertsteuer gemäß der Richtlinie 2006/112/EG an nicht im Mitgliedstaat der Erstattung, sondern in einem anderen Mitgliedstaat ansässige Steuerpflichtige (ABl EU Nr. L 44 S. 23) in einem anderen Mitgliedstaat stellen kann, hat diesen Antrag nach amtlich vorgeschriebenem Datensatz durch Datenfernübertragung nach Maßgabe der Steuerdaten-Übermittlungsverordnung dem Bundeszentralamt für

---

1) **Anm. d. Red.:** § 18e i. d. F. des Art. 4 Abs. 31 Nr. 3 Gesetz zur Neuorganisation der Bundesfinanzverwaltung und zur Schaffung eines Refinanzierungsregisters v. 22. 9. 2005 (BGBl I 2809).

2) **Anm. d. Red.:** § 18g eingefügt gem. Art. 7 Nr. 16 JStG 2009 v. 19. 12. 2008 (BGBl I 2794).

3) **Anm. d. Red.:** Zur Anwendung des § 18g siehe § 27 Abs. 14.

Steuern zu übermitteln. [2]In diesem hat er die Steuer für den Vergütungszeitraum selbst zu berechnen.

§ 19 Besteuerung der Kleinunternehmer

(1)[1)] [1]Die für Umsätze im Sinne des § 1 Abs. 1 Nr. 1 geschuldete Umsatzsteuer wird von Unternehmern, die im Inland oder in den in § 1 Abs. 3 bezeichneten Gebieten ansässig sind, nicht erhoben, wenn der in Satz 2 bezeichnete Umsatz zuzüglich der darauf entfallenden Steuer im vorangegangenen Kalenderjahr 17 500 Euro nicht überstiegen hat und im laufenden Kalenderjahr 50 000 Euro voraussichtlich nicht übersteigen wird. [2]Umsatz im Sinne des Satzes 1 ist der nach vereinnahmten Entgelten bemessene Gesamtumsatz, gekürzt um die darin enthaltenen Umsätze von Wirtschaftsgütern des Anlagevermögens. [3]Satz 1 gilt nicht für die nach § 13a Abs. 1 Nr. 6, § 13b Abs. 2, § 14c Abs. 2 und § 25b Abs. 2 geschuldete Steuer. [4]In den Fällen des Satzes 1 finden die Vorschriften über die Steuerbefreiung innergemeinschaftlicher Lieferungen (§ 4 Nr. 1 Buchstabe b, § 6a), über den Verzicht auf Steuerbefreiungen (§ 9), über den gesonderten Ausweis der Steuer in einer Rechnung (§ 14 Abs. 4), über die Angabe der Umsatzsteuer-Identifikationsnummern in einer Rechnung (§ 14a Abs. 1, 3 und 7) und über den Vorsteuerabzug (§ 15) keine Anwendung.

(2) [1]Der Unternehmer kann dem Finanzamt bis zur Unanfechtbarkeit der Steuerfestsetzung (§ 18 Abs. 3 und 4) erklären, dass er auf die Anwendung des Absatzes 1 verzichtet. [2]Nach Eintritt der Unanfechtbarkeit der Steuerfestsetzung bindet die Erklärung den Unternehmer mindestens für fünf Kalenderjahre. [3]Sie kann nur mit Wirkung vom Beginn eines Kalenderjahres an widerrufen werden. [4]Der Widerruf ist spätestens bis zur Unanfechtbarkeit der Steuerfestsetzung des Kalenderjahres, für das er gelten soll, zu erklären.

(3) [1]Gesamtumsatz ist die Summe der vom Unternehmer ausgeführten steuerbaren Umsätze im Sinne des § 1 Abs. 1 Nr. 1 abzüglich folgender Umsätze:

1. der Umsätze, die nach § 4 Nr. 8 Buchstabe i, Nr. 9 Buchstabe b und Nr. 11 bis 28 steuerfrei sind;
2. der Umsätze, die nach § 4 Nr. 8 Buchstabe a bis h, Nr. 9 Buchstabe a und Nr. 10 steuerfrei sind, wenn sie Hilfsumsätze sind.

[2]Soweit der Unternehmer die Steuer nach vereinnahmten Entgelten berechnet (§ 13 Abs. 1 Nr. 1 Buchstabe a Satz 4 oder § 20), ist auch der Gesamtumsatz nach diesen Entgelten zu berechnen. [3]Hat der Unternehmer seine gewerbliche oder berufliche Tätigkeit nur in einem Teil des Kalenderjahres ausgeübt, so ist der tatsächliche Gesamtumsatz in einen Jahresgesamtumsatz umzurechnen. [4]Angefangene Kalendermonate sind bei der Umrechnung als volle Kalendermonate zu behandeln, es sei denn, dass die Umrechnung nach Tagen zu einem niedrigeren Jahresgesamtumsatz führt.

(4) [1]Absatz 1 gilt nicht für die innergemeinschaftlichen Lieferungen neuer Fahrzeuge. [2]§ 15 Abs. 4a ist entsprechend anzuwenden.

§ 20[2)] Berechnung der Steuer nach vereinnahmten Entgelten

(1) [1]Das Finanzamt kann auf Antrag gestatten, dass ein Unternehmer,

1. dessen Gesamtumsatz (§ 19 Abs. 3) im vorangegangenen Kalenderjahr nicht mehr als 250 000 Euro betragen hat, oder
2. der von der Verpflichtung, Bücher zu führen und auf Grund jährlicher Bestandsaufnahmen regelmäßig Abschlüsse zu machen, nach § 148 der Abgabenordnung befreit ist, oder

---

1) **Anm. d. Red.:** Zur Anwendung des § 19 Abs. 1 siehe § 27 Abs. 4 Satz 1.

2) **Anm. d. Red.:** § 20 Abs. 1 i. d. F. des Art. 2 Gesetz zur steuerlichen Förderung von Wachstum und Beschäftigung v. 26. 4. 2006 (BGBl I 1091); Abs. 2 i. d. F. des Art. 8 Bürgerentlastungsgesetz Krankenversicherung v. 16. 7. 2009 (BGBl I 1959).

3. soweit er Umsätze aus einer Tätigkeit als Angehöriger eines freien Berufs im Sinne des § 18 Abs. 1 Nr. 1 des Einkommensteuergesetzes ausführt,

die Steuer nicht nach den vereinbarten Entgelten (§ 16 Abs. 1 Satz 1), sondern nach den vereinnahmten Entgelten berechnet. [2]Erstreckt sich die Befreiung nach Satz 1 Nr. 2 nur auf einzelne Betriebe des Unternehmers und liegt die Voraussetzung nach Satz 1 Nr. 1 nicht vor, so ist die Erlaubnis zur Berechnung der Steuer nach den vereinnahmten Entgelten auf diese Betriebe zu beschränken. [3]Wechselt der Unternehmer die Art der Steuerberechnung, so dürfen Umsätze nicht doppelt erfasst werden oder unversteuert bleiben.

(2) Vom 1. Juli 2009 bis zum 31. Dezember 2011 gilt Absatz 1 Satz 1 Nummer 1 mit der Maßgabe, dass an die Stelle des Betrags von 250 000 Euro der Betrag von 500 000 Euro tritt.

§ 21 Besondere Vorschriften für die Einfuhrumsatzsteuer

(1) Die Einfuhrumsatzsteuer ist eine Verbrauchsteuer im Sinne der Abgabenordnung.

(2) Für die Einfuhrumsatzsteuer gelten die Vorschriften für Zölle sinngemäß; ausgenommen sind die Vorschriften über den aktiven Veredelungsverkehr nach dem Verfahren der Zollrückvergütung und über den passiven Veredelungsverkehr.

(2a) [1]Abfertigungsplätze im Ausland, auf denen dazu befugte deutsche Zollbedienstete Amtshandlungen nach Absatz 2 vornehmen, gehören insoweit zum Inland. [2]Das Gleiche gilt für ihre Verbindungswege mit dem Inland, soweit auf ihnen einzuführende Gegenstände befördert werden.

(3) Die Zahlung der Einfuhrumsatzsteuer kann ohne Sicherheitsleistung aufgeschoben werden, wenn die zu entrichtende Steuer nach § 15 Abs. 1 Satz 1 Nr. 2 in voller Höhe als Vorsteuer abgezogen werden kann.

(4) [1]Entsteht für den eingeführten Gegenstand nach dem Zeitpunkt des Entstehens der Einfuhrumsatzsteuer eine Zollschuld oder eine Verbrauchsteuer oder wird für den eingeführten Gegenstand nach diesem Zeitpunkt eine Verbrauchsteuer unbedingt, so entsteht gleichzeitig eine weitere Einfuhrumsatzsteuer. [2]Das gilt auch, wenn der Gegenstand nach dem in Satz 1 bezeichneten Zeitpunkt bearbeitet oder verarbeitet worden ist. [3]Bemessungsgrundlage ist die entstandene Zollschuld oder die entstandene oder unbedingt gewordene Verbrauchsteuer. [4]Steuerschuldner ist, wer den Zoll oder die Verbrauchsteuer zu entrichten hat. [5]Die Sätze 1 bis 4 gelten nicht, wenn derjenige, der den Zoll oder die Verbrauchsteuer zu entrichten hat, hinsichtlich des eingeführten Gegenstands nach § 15 Abs. 1 Satz 1 Nr. 2 zum Vorsteuerabzug berechtigt ist.

(5) Die Absätze 2 bis 4 gelten entsprechend für Gegenstände, die nicht Waren im Sinne des Zollrechts sind und für die keine Zollvorschriften bestehen.

§ 22[1)] Aufzeichnungspflichten

(1)[2)] [1]Der Unternehmer ist verpflichtet, zur Feststellung der Steuer und der Grundlagen ihrer Berechnung Aufzeichnungen zu machen. [2]Diese Verpflichtung gilt in den Fällen des § 13a Abs. 1 Nr. 2 und 5, des § 13b Abs. 2 und des § 14c Abs. 2 auch für Personen, die nicht Unternehmer sind. [3]Ist ein land- und forstwirtschaftlicher Betrieb nach § 24 Abs. 3 als gesondert geführter Betrieb zu behandeln, so hat der Unternehmer Aufzeichnungspflichten für diesen Betrieb gesondert zu erfüllen. [4]In den Fällen des § 18 Abs. 4c und 4d sind die erforderlichen Aufzeichnungen auf Anfrage des Bundeszentralamtes für Steuern auf elektronischem Weg zur Verfügung zu stellen.

(2)[3)] Aus den Aufzeichnungen müssen zu ersehen sein:

---

1) **Anm. d. Red.:** § 22 Abs. 1 i. d. F. des Art. 4 Abs. 31 Nr. 2 Gesetz zur Neuorganisation der Bundesfinanzverwaltung und zur Schaffung eines Refinanzierungsregisters v. 22. 9. 2005 (BGBl I 2809); Abs. 4b i. d. F. des Art. 7 Nr. 17 JStG 2009 v. 19. 12. 2008 (BGBl I 2794); Abs. 4e i. d. F. des Art. 8 Nr. 6 JStG 2008 v. 20. 12. 2007 (BGBl I 3150).

2) **Anm. d. Red.:** Zur Anwendung des § 22 Abs. 1 siehe § 27 Abs. 4 Satz 1.

3) **Anm. d. Red.:** Zur Anwendung des § 22 Abs. 2 siehe § 27 Abs. 4 Satz 1.

1. die vereinbarten Entgelte für die vom Unternehmer ausgeführten Lieferungen und sonstigen Leistungen. [2]Dabei ist ersichtlich zu machen, wie sich die Entgelte auf die steuerpflichtigen Umsätze, getrennt nach Steuersätzen, und auf die steuerfreien Umsätze verteilen. [3]Dies gilt entsprechend für die Bemessungsgrundlagen nach § 10 Abs. 4, wenn Lieferungen im Sinne des § 3 Abs. 1b, sonstige Leistungen im Sinne des § 3 Abs. 9a sowie des § 10 Abs. 5 ausgeführt werden. [4]Aus den Aufzeichnungen muss außerdem hervorgehen, welche Umsätze der Unternehmer nach § 9 als steuerpflichtig behandelt. [5]Bei der Berechnung der Steuer nach vereinnahmten Entgelten (§ 20) treten an die Stelle der vereinbarten Entgelte die vereinnahmten Entgelte. [6]Im Fall des § 17 Abs. 1 Satz 6 hat der Unternehmer, der die auf die Minderung des Entgelts entfallende Steuer an das Finanzamt entrichtet, den Betrag der Entgeltsminderung gesondert aufzuzeichnen;
2. die vereinnahmten Entgelte und Teilentgelte für noch nicht ausgeführte Lieferungen und sonstige Leistungen. [2]Dabei ist ersichtlich zu machen, wie sich die Entgelte und Teilentgelte auf die steuerpflichtigen Umsätze, getrennt nach Steuersätzen, und auf die steuerfreien Umsätze verteilen. [3]Nummer 1 Satz 4 gilt entsprechend;
3. die Bemessungsgrundlage für Lieferungen im Sinne des § 3 Abs. 1b und für sonstige Leistungen im Sinne des § 3 Abs. 9a Nr. 1. [2]Nummer 1 Satz 2 gilt entsprechend;
4. die wegen unrichtigen Steuerausweises nach § 14c Abs. 1 und wegen unberechtigten Steuerausweises nach § 14c Abs. 2 geschuldeten Steuerbeträge;
5. die Entgelte für steuerpflichtige Lieferungen und sonstige Leistungen, die an den Unternehmer für sein Unternehmen ausgeführt worden sind, und die vor Ausführung dieser Umsätze gezahlten Entgelte und Teilentgelte, soweit für diese Umsätze nach § 13 Abs. 1 Nr. 1 Buchstabe a Satz 4 die Steuer entsteht, sowie die auf die Entgelte und Teilentgelte entfallenden Steuerbeträge;
6. die Bemessungsgrundlagen für die Einfuhr von Gegenständen (§ 11), die für das Unternehmen des Unternehmers eingeführt worden sind, sowie die dafür entrichtete oder in den Fällen des § 16 Abs. 2 Satz 4 zu entrichtende Einfuhrumsatzsteuer;
7. die Bemessungsgrundlagen für den innergemeinschaftlichen Erwerb von Gegenständen sowie die hierauf entfallenden Steuerbeträge;
8. in den Fällen des § 13b Abs. 1 und 2 beim Leistungsempfänger die Angaben entsprechend den Nummern 1 und 2. [2]Der Leistende hat die Angaben nach den Nummern 1 und 2 gesondert aufzuzeichnen;
9. die Bemessungsgrundlage für Umsätze im Sinne des § 4 Nr. 4a Satz 1 Buchstabe a Satz 2 sowie die hierauf entfallenden Steuerbeträge.

(3) [1]Die Aufzeichnungspflichten nach Absatz 2 Nr. 5 und 6 entfallen, wenn der Vorsteuerabzug ausgeschlossen ist (§ 15 Abs. 2 und 3). [2]Ist der Unternehmer nur teilweise zum Vorsteuerabzug berechtigt, so müssen aus den Aufzeichnungen die Vorsteuerbeträge eindeutig und leicht nachprüfbar zu ersehen sein, die den zum Vorsteuerabzug berechtigenden Umsätzen ganz oder teilweise zuzurechnen sind. [3]Außerdem hat der Unternehmer in diesen Fällen die Bemessungsgrundlagen für die Umsätze, die nach § 15 Abs. 2 und 3 den Vorsteuerabzug ausschließen, getrennt von den Bemessungsgrundlagen der übrigen Umsätze, ausgenommen die Einfuhren und die innergemeinschaftlichen Erwerbe, aufzuzeichnen. [4]Die Verpflichtung zur Trennung der Bemessungsgrundlagen nach Absatz 2 Nr. 1 Satz 2, Nr. 2 Satz 2 und Nr. 3 Satz 2 bleibt unberührt.

(4) In den Fällen des § 15a hat der Unternehmer die Berechnungsgrundlagen für den Ausgleich aufzuzeichnen, der von ihm in den in Betracht kommenden Kalenderjahren vorzunehmen ist.

(4a) Gegenstände, die der Unternehmer zu seiner Verfügung vom Inland in das übrige Gemeinschaftsgebiet verbringt, müssen aufgezeichnet werden, wenn

1. an den Gegenständen im übrigen Gemeinschaftsgebiet Arbeiten ausgeführt werden,
2. es sich um eine vorübergehende Verwendung handelt, mit den Gegenständen im übrigen Gemeinschaftsgebiet sonstige Leistungen ausgeführt werden und der Unternehmer in dem betreffenden Mitgliedstaat keine Zweigniederlassung hat oder

3. es sich um eine vorübergehende Verwendung im übrigen Gemeinschaftsgebiet handelt und in entsprechenden Fällen die Einfuhr der Gegenstände aus dem Drittlandsgebiet vollständig steuerfrei wäre.

(4b) Gegenstände, die der Unternehmer von einem im übrigen Gemeinschaftsgebiet ansässigen Unternehmer mit Umsatzsteuer-Identifikationsnummer zur Ausführung einer sonstigen Leistung im Sinne des § 3a Abs. 3 Nr. 3 Buchstabe c erhält, müssen aufgezeichnet werden.

(4c) [1]Der Lagerhalter, der ein Umsatzsteuerlager im Sinne des § 4 Nr. 4a betreibt, hat Bestandsaufzeichnungen über die eingelagerten Gegenstände und Aufzeichnungen über Leistungen im Sinne des § 4 Nr. 4a Satz 1 Buchstabe b Satz 1 zu führen. [2]Bei der Auslagerung eines Gegenstands aus dem Umsatzsteuerlager muss der Lagerhalter Name, Anschrift und die inländische Umsatzsteuer-Identifikationsnummer des Auslagerers oder dessen Fiskalvertreters aufzeichnen.

(4d) [1]Im Fall der Abtretung eines Anspruchs auf die Gegenleistung für einen steuerpflichtigen Umsatz an einen anderen Unternehmer (§ 13c) hat

1. der leistende Unternehmer den Namen und die Anschrift des Abtretungsempfängers sowie die Höhe des abgetretenen Anspruchs auf die Gegenleistung aufzuzeichnen;
2. der Abtretungsempfänger den Namen und die Anschrift des leistenden Unternehmers, die Höhe des abgetretenen Anspruchs auf die Gegenleistung sowie die Höhe der auf den abgetretenen Anspruch vereinnahmten Beträge aufzuzeichnen. [2]Sofern der Abtretungsempfänger die Forderung oder einen Teil der Forderung an einen Dritten abtritt, hat er zusätzlich den Namen und die Anschrift des Dritten aufzuzeichnen.

[2]Satz 1 gilt entsprechend bei der Verpfändung oder der Pfändung von Forderungen. [3]An die Stelle des Abtretungsempfängers tritt im Fall der Verpfändung der Pfandgläubiger und im Fall der Pfändung der Vollstreckungsgläubiger.

(4e) [1]Wer in den Fällen des § 13c Zahlungen nach § 48 der Abgabenordnung leistet, hat Aufzeichnungen über die entrichteten Beträge zu führen. [2]Dabei sind auch Name, Anschrift und die Steuernummer des Schuldners der Umsatzsteuer aufzuzeichnen.

(5) Ein Unternehmer, der ohne Begründung einer gewerblichen Niederlassung oder außerhalb einer solchen von Haus zu Haus oder auf öffentlichen Straßen oder an anderen öffentlichen Orten Umsätze ausführt oder Gegenstände erwirbt, hat ein Steuerheft nach amtlich vorgeschriebenem Vordruck zu führen.

(6) Das Bundesministerium der Finanzen kann mit Zustimmung des Bundesrates durch Rechtsverordnung

1. nähere Bestimmungen darüber treffen, wie die Aufzeichnungspflichten zu erfüllen sind und in welchen Fällen Erleichterungen bei der Erfüllung dieser Pflichten gewährt werden können, sowie
2. Unternehmer im Sinne des Absatzes 5 von der Führung des Steuerhefts befreien, sofern sich die Grundlagen der Besteuerung aus anderen Unterlagen ergeben, und diese Befreiung an Auflagen knüpfen.

§ 22a Fiskalvertretung

(1) Ein Unternehmer, der weder im Inland noch in einem der in § 1 Abs. 3 genannten Gebiete seinen Wohnsitz, seinen Sitz, seine Geschäftsleitung oder eine Zweigniederlassung hat und im Inland ausschließlich steuerfreie Umsätze ausführt und keine Vorsteuerbeträge abziehen kann, kann sich im Inland durch einen Fiskalvertreter vertreten lassen.

(2) Zur Fiskalvertretung sind die in § 3 Nr. 1 bis 3 und § 4 Nr. 9 Buchstabe c des Steuerberatungsgesetzes genannten Personen befugt.

(3) Der Fiskalvertreter bedarf der Vollmacht des im Ausland ansässigen Unternehmers.

§ 22b Rechte und Pflichten des Fiskalvertreters

(1) [1]Der Fiskalvertreter hat die Pflichten des im Ausland ansässigen Unternehmers nach diesem Gesetz als eigene zu erfüllen. [2]Er hat die gleichen Rechte wie der Vertretene.

(2) [1]Der Fiskalvertreter hat unter der ihm nach § 22d Abs. 1 erteilten Steuernummer eine Steuererklärung (§ 18 Abs. 3 und 4) abzugeben, in der er die Besteuerungsgrundlagen für jeden von ihm vertretenen Unternehmer zusammenfasst. [2]Dies gilt für die Zusammenfassende Meldung entsprechend.

(3) [1]Der Fiskalvertreter hat die Aufzeichnungen im Sinne des § 22 für jeden von ihm vertretenen Unternehmer gesondert zu führen. [2]Die Aufzeichnungen müssen Namen und Anschrift der von ihm vertretenen Unternehmer enthalten.

§ 22c Ausstellung von Rechnungen im Fall der Fiskalvertretung

Die Rechnung hat folgende Angaben zu enthalten:

1. den Hinweis auf die Fiskalvertretung;
2. den Namen und die Anschrift des Fiskalvertreters;
3. die dem Fiskalvertreter nach § 22d Abs. 1 erteilte Umsatzsteuer-Identifikationsnummer.

§ 22d Steuernummer und zuständiges Finanzamt

(1) Der Fiskalvertreter erhält für seine Tätigkeit eine gesonderte Steuernummer und eine gesonderte Umsatzsteuer-Identifikationsnummer nach § 27a, unter der er für alle von ihm vertretenen im Ausland ansässigen Unternehmen auftritt.

(2) Der Fiskalvertreter wird bei dem Finanzamt geführt, das für seine Umsatzbesteuerung zuständig ist.

§ 22e Untersagung der Fiskalvertretung

(1) Die zuständige Finanzbehörde kann die Fiskalvertretung der in § 22a Abs. 2 mit Ausnahme der in § 3 des Steuerberatungsgesetzes genannten Person untersagen, wenn der Fiskalvertreter wiederholt gegen die ihm auferlegten Pflichten nach § 22b verstößt oder ordnungswidrig im Sinne des § 26a handelt.

(2) Für den vorläufigen Rechtsschutz gegen die Untersagung gelten § 361 Abs. 4 der Abgabenordnung und § 69 Abs. 5 der Finanzgerichtsordnung.

Sechster Abschnitt: Sonderregelungen

§ 23 Allgemeine Durchschnittssätze

(1) Das Bundesministerium der Finanzen kann mit Zustimmung des Bundesrates zur Vereinfachung des Besteuerungsverfahrens für Gruppen von Unternehmern, bei denen hinsichtlich der Besteuerungsgrundlagen annähernd gleiche Verhältnisse vorliegen und die nicht verpflichtet sind, Bücher zu führen und auf Grund jährlicher Bestandsaufnahmen regelmäßig Abschlüsse zu machen, durch Rechtsverordnung Durchschnittssätze festsetzen für

1. die nach § 15 abziehbaren Vorsteuerbeträge oder die Grundlagen ihrer Berechnung oder
2. die zu entrichtende Steuer oder die Grundlagen ihrer Berechnung.

(2) Die Durchschnittssätze müssen zu einer Steuer führen, die nicht wesentlich von dem Betrag abweicht, der sich nach diesem Gesetz ohne Anwendung der Durchschnittssätze ergeben würde.

(3) [1]Der Unternehmer, bei dem die Voraussetzungen für eine Besteuerung nach Durchschnittssätzen im Sinne des Absatzes 1 gegeben sind, kann beim Finanzamt bis zur Unanfechtbarkeit der Steuerfestsetzung (§ 18 Abs. 3 und 4) beantragen, nach den fest-

gesetzten Durchschnittssätzen besteuert zu werden. [2]Der Antrag kann nur mit Wirkung vom Beginn eines Kalenderjahres an widerrufen werden. [3]Der Widerruf ist spätestens bis zur Unanfechtbarkeit der Steuerfestsetzung des Kalenderjahres, für das er gelten soll, zu erklären. [4]Eine erneute Besteuerung nach Durchschnittssätzen ist frühestens nach Ablauf von fünf Kalenderjahren zulässig.

§ 23a[1)] Durchschnittssatz für Körperschaften, Personenvereinigungen und Vermögensmassen im Sinne des § 5 Abs. 1 Nr. 9 des Körperschaftsteuergesetzes

(1) [1]Zur Berechnung der abziehbaren Vorsteuerbeträge (§ 15) wird für Körperschaften, Personenvereinigungen und Vermögensmassen im Sinne des § 5 Abs. 1 Nr. 9 des Körperschaftsteuergesetzes, die nicht verpflichtet sind, Bücher zu führen und auf Grund jährlicher Bestandsaufnahmen regelmäßig Abschlüsse zu machen, ein Durchschnittssatz von 7 Prozent des steuerpflichtigen Umsatzes, mit Ausnahme der Einfuhr und des innergemeinschaftlichen Erwerbs, festgesetzt. [2]Ein weiterer Vorsteuerabzug ist ausgeschlossen.

(2) Der Unternehmer, dessen steuerpflichtiger Umsatz, mit Ausnahme der Einfuhr und des innergemeinschaftlichen Erwerbs, im vorangegangenen Kalenderjahr 35 000 Euro überstiegen hat, kann den Durchschnittssatz nicht in Anspruch nehmen.

(3) [1]Der Unternehmer, bei dem die Voraussetzungen für die Anwendung des Durchschnittssatzes gegeben sind, kann dem Finanzamt spätestens bis zum 10. Tag nach Ablauf des ersten Voranmeldungszeitraums eines Kalenderjahres erklären, dass er den Durchschnittssatz in Anspruch nehmen will. [2]Die Erklärung bindet den Unternehmer mindestens für fünf Kalenderjahre. [3]Sie kann nur mit Wirkung vom Beginn eines Kalenderjahres an widerrufen werden. [4]Der Widerruf ist spätestens bis zum 10. Tag nach Ablauf des ersten Voranmeldungszeitraums dieses Kalenderjahres zu erklären. [5]Eine erneute Anwendung des Durchschnittssatzes ist frühestens nach Ablauf von fünf Kalenderjahren zulässig.

§ 24[2)] Durchschnittssätze für land- und forstwirtschaftliche Betriebe

(1) [1]Für die im Rahmen eines land- und forstwirtschaftlichen Betriebs ausgeführten Umsätze wird die Steuer vorbehaltlich der Sätze 2 bis 4 wie folgt festgesetzt:

1. für die Lieferungen von forstwirtschaftlichen Erzeugnissen, ausgenommen Sägewerkserzeugnisse, auf 5,5 Prozent,
2. für die Lieferungen der in der Anlage 2 nicht aufgeführten Sägewerkserzeugnisse und Getränke sowie von alkoholischen Flüssigkeiten, ausgenommen die Lieferungen in das Ausland und die im Ausland bewirkten Umsätze, und für sonstige Leistungen, soweit in der Anlage 2 nicht aufgeführte Getränke abgegeben werden, auf 19 Prozent,
3. für die übrigen Umsätze im Sinne des § 1 Abs. 1 Nr. 1 auf 10,7 Prozent

der Bemessungsgrundlage. [2]Die Befreiungen nach § 4 mit Ausnahme der Nummern 1 bis 7 bleiben unberührt; § 9 findet keine Anwendung. [3]Die Vorsteuerbeträge werden, soweit sie den in Satz 1 Nr. 1 bezeichneten Umsätzen zuzurechnen sind, auf 5,5 Prozent, in den übrigen Fällen des Satzes 1 auf 10,7 Prozent der Bemessungsgrundlage für diese Umsätze festgesetzt. [4]Ein weiterer Vorsteuerabzug entfällt. [5]§ 14 ist mit der Maßgabe anzuwenden, dass der für den Umsatz maßgebliche Durchschnittssatz in der Rechnung zusätzlich anzugeben ist.

---

1) **Anm. d. Red.:** § 23a Abs. 2 i. d. F. des Art. 7 Gesetz zur weiteren Stärkung des bürgerschaftlichen Engagements v. 10. 10. 2007 (BGBl I 2332).

2) **Anm. d. Red.:** § 24 Abs. 1 i. d. F. des Art. 8 Nr. 7 JStG 2008 v. 20. 12. 2007 (BGBl I 3150).

(2) [1]Als land- und forstwirtschaftlicher Betrieb gelten

1. die Landwirtschaft, die Forstwirtschaft, der Wein-, Garten-, Obst- und Gemüsebau, die Baumschulen, alle Betriebe, die Pflanzen und Pflanzenteile mit Hilfe der Naturkräfte gewinnen, die Binnenfischerei, die Teichwirtschaft, die Fischzucht für die Binnenfischerei und Teichwirtschaft, die Imkerei, die Wanderschäferei sowie die Saatzucht;
2. Tierzucht- und Tierhaltungsbetriebe, soweit ihre Tierbestände nach den §§ 51 und 51a des Bewertungsgesetzes zur landwirtschaftlichen Nutzung gehören.

[2]Zum land- und forstwirtschaftlichen Betrieb gehören auch die Nebenbetriebe, die dem land- und forstwirtschaftlichen Betrieb zu dienen bestimmt sind. [3]Ein Gewerbebetrieb kraft Rechtsform gilt auch dann nicht als land- und forstwirtschaftlicher Betrieb, wenn im Übrigen die Merkmale eines land- und forstwirtschaftlichen Betriebs vorliegen.

(3) Führt der Unternehmer neben den in Absatz 1 bezeichneten Umsätzen auch andere Umsätze aus, so ist der land- und forstwirtschaftliche Betrieb als ein in der Gliederung des Unternehmens gesondert geführter Betrieb zu behandeln.

(4) [1]Der Unternehmer kann spätestens bis zum 10. Tag eines Kalenderjahres gegenüber dem Finanzamt erklären, dass seine Umsätze vom Beginn des vorangegangenen Kalenderjahres an nicht nach den Absätzen 1 bis 3, sondern nach den allgemeinen Vorschriften dieses Gesetzes besteuert werden sollen. [2]Die Erklärung bindet den Unternehmer mindestens für fünf Kalenderjahre; im Fall der Geschäftsveräußerung ist der Erwerber an diese Frist gebunden. [3]Sie kann mit Wirkung vom Beginn eines Kalenderjahres an widerrufen werden. [4]Der Widerruf ist spätestens bis zum 10. Tag nach Beginn dieses Kalenderjahres zu erklären. [5]Die Frist nach Satz 4 kann verlängert werden. [6]Ist die Frist bereits abgelaufen, so kann sie rückwirkend verlängert werden, wenn es unbillig wäre, die durch den Fristablauf eingetretenen Rechtsfolgen bestehen zu lassen.

§ 25 Besteuerung von Reiseleistungen

(1) [1]Die nachfolgenden Vorschriften gelten für Reiseleistungen eines Unternehmers, die nicht für das Unternehmen des Leistungsempfängers bestimmt sind, soweit der Unternehmer dabei gegenüber dem Leistungsempfänger im eigenen Namen auftritt und Reisevorleistungen in Anspruch nimmt. [2]Die Leistung des Unternehmers ist als sonstige Leistung anzusehen. [3]Erbringt der Unternehmer an einen Leistungsempfänger im Rahmen einer Reise mehrere Leistungen dieser Art, so gelten sie als eine einheitliche sonstige Leistung. [4]Der Ort der sonstigen Leistung bestimmt sich nach § 3a Abs. 1. [5]Reisevorleistungen sind Lieferungen und sonstige Leistungen Dritter, die den Reisenden unmittelbar zugute kommen.

(2) [1]Die sonstige Leistung ist steuerfrei, soweit die ihr zuzurechnenden Reisevorleistungen im Drittlandsgebiet bewirkt werden. [2]Die Voraussetzung der Steuerbefreiung muss vom Unternehmer nachgewiesen sein. [3]Das Bundesministerium der Finanzen kann mit Zustimmung des Bundesrates durch Rechtsverordnung bestimmen, wie der Unternehmer den Nachweis zu führen hat.

(3) [1]Die sonstige Leistung bemisst sich nach dem Unterschied zwischen dem Betrag, den der Leistungsempfänger aufwendet, um die Leistung zu erhalten, und dem Betrag, den der Unternehmer für die Reisevorleistungen aufwendet. [2]Die Umsatzsteuer gehört nicht zur Bemessungsgrundlage. [3]Der Unternehmer kann die Bemessungsgrundlage statt für jede einzelne Leistung entweder für Gruppen von Leistungen oder für die gesamten innerhalb des Besteuerungszeitraums erbrachten Leistungen ermitteln.

(4) [1]Abweichend von § 15 Abs. 1 ist der Unternehmer nicht berechtigt, die ihm für die Reisevorleistungen gesondert in Rechnung gestellten sowie die nach § 13b geschuldeten Steuerbeträge als Vorsteuer abzuziehen. [2]Im Übrigen bleibt § 15 unberührt.

(5) Für die sonstigen Leistungen gilt § 22 mit der Maßgabe, dass aus den Aufzeichnungen des Unternehmers zu ersehen sein müssen:

1. der Betrag, den der Leistungsempfänger für die Leistung aufwendet,
2. die Beträge, die der Unternehmer für die Reisevorleistungen aufwendet,

3. die Bemessungsgrundlage nach Absatz 3 und
4. wie sich die in den Nummern 1 und 2 bezeichneten Beträge und die Bemessungsgrundlage nach Absatz 3 auf steuerpflichtige und steuerfreie Leistungen verteilen.

§ 25a[1] Differenzbesteuerung

(1) Für die Lieferungen im Sinne des § 1 Abs. 1 Nr. 1 von beweglichen körperlichen Gegenständen gilt eine Besteuerung nach Maßgabe der nachfolgenden Vorschriften (Differenzbesteuerung), wenn folgende Voraussetzungen erfüllt sind:

1. [1]Der Unternehmer ist ein Wiederverkäufer. [2]Als Wiederverkäufer gilt, wer gewerbsmäßig mit beweglichen körperlichen Gegenständen handelt oder solche Gegenstände im eigenen Namen öffentlich versteigert.
2. [1]Die Gegenstände wurden an den Wiederverkäufer im Gemeinschaftsgebiet geliefert. [2]Für diese Lieferung wurde
   a) Umsatzsteuer nicht geschuldet oder nach § 19 Abs. 1 nicht erhoben oder
   b) die Differenzbesteuerung vorgenommen.
3. Die Gegenstände sind keine Edelsteine (aus Positionen 7102 und 7103 des Zolltarifs) oder Edelmetalle (aus Positionen 7106, 7108, 7110 und 7112 des Zolltarifs).

(2) [1]Der Wiederverkäufer kann spätestens bei Abgabe der ersten Voranmeldung eines Kalenderjahres gegenüber dem Finanzamt erklären, dass er die Differenzbesteuerung von Beginn dieses Kalenderjahres an auch auf folgende Gegenstände anwendet:

1. Kunstgegenstände (Nummer 53 der Anlage 2), Sammlungsstücke (Nummer 49 Buchstabe f und Nummer 54 der Anlage 2) oder Antiquitäten (Position 9706 00 00 des Zolltarifs), die er selbst eingeführt hat, oder
2. Kunstgegenstände, wenn die Lieferung an ihn steuerpflichtig war und nicht von einem Wiederverkäufer ausgeführt wurde.

[2]Die Erklärung bindet den Wiederverkäufer für mindestens zwei Kalenderjahre.

(3) [1]Der Umsatz wird nach dem Betrag bemessen, um den der Verkaufspreis den Einkaufspreis für den Gegenstand übersteigt; bei Lieferungen im Sinne des § 3 Abs. 1b und in den Fällen des § 10 Abs. 5 tritt an die Stelle des Verkaufspreises der Wert nach § 10 Abs. 4 Satz 1 Nr. 1. [2]Die Umsatzsteuer gehört nicht zur Bemessungsgrundlage. [3]Im Fall des Absatzes 2 Satz 1 Nr. 1 gilt als Einkaufspreis der Wert im Sinne des § 11 Abs. 1 zuzüglich der Einfuhrumsatzsteuer. [4]Im Fall des Absatzes 2 Satz 1 Nr. 2 schließt der Einkaufspreis die Umsatzsteuer des Lieferers ein.

(4) [1]Der Wiederverkäufer kann die gesamten innerhalb eines Besteuerungszeitraums ausgeführten Umsätze nach dem Gesamtbetrag bemessen, um den die Summe der Verkaufspreise und der Werte nach § 10 Abs. 4 Satz 1 Nr. 1 die Summe der Einkaufspreise dieses Zeitraums übersteigt (Gesamtdifferenz). [2]Die Besteuerung nach der Gesamtdifferenz ist nur bei solchen Gegenständen zulässig, deren Einkaufspreis 500 Euro nicht übersteigt. [3]Im Übrigen gilt Absatz 3 entsprechend.

(5)[2] [1]Die Steuer ist mit dem allgemeinen Steuersatz nach § 12 Abs. 1 zu berechnen. [2]Die Steuerbefreiungen, ausgenommen die Steuerbefreiung für innergemeinschaftliche Lieferungen (§ 4 Nr. 1 Buchstabe b, § 6a), bleiben unberührt. [3]Abweichend von § 15 Abs. 1 ist der Wiederverkäufer in den Fällen des Absatzes 2 nicht berechtigt, die entrichtete Einfuhrumsatzsteuer, die gesondert ausgewiesene Steuer oder die nach § 13b Abs. 2 geschuldete Steuer für die an ihn ausgeführte Lieferung als Vorsteuer abzuziehen.

(6) [1]§ 22 gilt mit der Maßgabe, dass aus den Aufzeichnungen des Wiederverkäufers zu ersehen sein müssen

1. die Verkaufspreise oder die Werte nach § 10 Abs. 4 Satz 1 Nr. 1,
2. die Einkaufspreise und
3. die Bemessungsgrundlagen nach den Absätzen 3 und 4.

---

1) **Anm. d. Red.:** § 25a Abs. 2 i. d. F. des Art. 7 Nr. 10 JStG 2007 v. 13. 12. 2006 (BGBl I 2878).

2) **Anm. d. Red.:** Zur Anwendung des § 25a Abs. 5 siehe § 27 Abs. 4 Satz 1.

[2]Wendet der Wiederverkäufer neben der Differenzbesteuerung die Besteuerung nach den allgemeinen Vorschriften an, hat er getrennte Aufzeichnungen zu führen.

(7) Es gelten folgende Besonderheiten:

1. Die Differenzbesteuerung findet keine Anwendung
   a) auf die Lieferungen eines Gegenstands, den der Wiederverkäufer innergemeinschaftlich erworben hat, wenn auf die Lieferung des Gegenstands an den Wiederverkäufer die Steuerbefreiung für innergemeinschaftliche Lieferungen im übrigen Gemeinschaftsgebiet angewendet worden ist,
   b) auf die innergemeinschaftliche Lieferung eines neuen Fahrzeugs im Sinne des § 1b Abs. 2 und 3.
2. Der innergemeinschaftliche Erwerb unterliegt nicht der Umsatzsteuer, wenn auf die Lieferung der Gegenstände an den Erwerber im Sinne des § 1a Abs. 1 die Differenzbesteuerung im übrigen Gemeinschaftsgebiet angewendet worden ist.
3. Die Anwendung des § 3c und die Steuerbefreiung für innergemeinschaftliche Lieferungen (§ 4 Nr. 1 Buchstabe b, § 6a) sind bei der Differenzbesteuerung ausgeschlossen.

(8) [1]Der Wiederverkäufer kann bei jeder Lieferung auf die Differenzbesteuerung verzichten, soweit er Absatz 4 nicht anwendet. [2]Bezieht sich der Verzicht auf die in Absatz 2 bezeichneten Gegenstände, ist der Vorsteuerabzug frühestens in dem Voranmeldungszeitraum möglich, in dem die Steuer für die Lieferung entsteht.

§ 25b Innergemeinschaftliche Dreiecksgeschäfte

(1) [1]Ein innergemeinschaftliches Dreiecksgeschäft liegt vor, wenn

1. drei Unternehmer über denselben Gegenstand Umsatzgeschäfte abschließen und dieser Gegenstand unmittelbar vom ersten Lieferer an den letzten Abnehmer gelangt,
2. die Unternehmer in jeweils verschiedenen Mitgliedstaaten für Zwecke der Umsatzsteuer erfasst sind,
3. der Gegenstand der Lieferungen aus dem Gebiet eines Mitgliedstaates in das Gebiet eines anderen Mitgliedstaates gelangt und
4. der Gegenstand der Lieferungen durch den ersten Lieferer oder den ersten Abnehmer befördert oder versendet wird.

[2]Satz 1 gilt entsprechend, wenn der letzte Abnehmer eine juristische Person ist, die nicht Unternehmer ist oder den Gegenstand nicht für ihr Unternehmen erwirbt und die in dem Mitgliedstaat für Zwecke der Umsatzsteuer erfasst ist, in dem sich der Gegenstand am Ende der Beförderung oder Versendung befindet.

(2) Im Fall des Absatzes 1 wird die Steuer für die Lieferung an den letzten Abnehmer von diesem geschuldet, wenn folgende Voraussetzungen erfüllt sind:

1. Der Lieferung ist ein innergemeinschaftlicher Erwerb vorausgegangen,
2. der erste Abnehmer ist in dem Mitgliedstaat, in dem die Beförderung oder Versendung endet, nicht ansässig. [2]Er verwendet gegenüber dem ersten Lieferer und dem letzten Abnehmer dieselbe Umsatzsteuer-Identifikationsnummer, die ihm von einem anderen Mitgliedstaat erteilt worden ist als dem, in dem die Beförderung oder Versendung beginnt oder endet,
3. der erste Abnehmer erteilt dem letzten Abnehmer eine Rechnung im Sinne des § 14a Abs. 7, in der die Steuer nicht gesondert ausgewiesen ist, und
4. der letzte Abnehmer verwendet eine Umsatzsteuer-Identifikationsnummer des Mitgliedstaates, in dem die Beförderung oder Versendung endet.

(3) Im Fall des Absatzes 2 gilt der innergemeinschaftliche Erwerb des ersten Abnehmers als besteuert.

(4) Für die Berechnung der nach Absatz 2 geschuldeten Steuer gilt die Gegenleistung als Entgelt.

(5) Der letzte Abnehmer ist unter den übrigen Voraussetzungen des § 15 berechtigt, die nach Absatz 2 geschuldete Steuer als Vorsteuer abzuziehen.

(6) [1]§ 22 gilt mit der Maßgabe, dass aus den Aufzeichnungen zu ersehen sein müssen

1. beim ersten Abnehmer, der eine inländische Umsatzsteuer-Identifikationsnummer verwendet, das vereinbarte Entgelt für die Lieferung im Sinne des Absatzes 2 sowie der Name und die Anschrift des letzten Abnehmers;
2. beim letzten Abnehmer, der eine inländische Umsatzsteuer-Identifikationsnummer verwendet:
   a) die Bemessungsgrundlage der an ihn ausgeführten Lieferung im Sinne des Absatzes 2 sowie die hierauf entfallenden Steuerbeträge,
   b) der Name und die Anschrift des ersten Abnehmers.

[2]Beim ersten Abnehmer, der eine Umsatzsteuer-Identifikationsnummer eines anderen Mitgliedstaates verwendet, entfallen die Aufzeichnungspflichten nach § 22, wenn die Beförderung oder Versendung im Inland endet.

§ 25c Besteuerung von Umsätzen mit Anlagegold

(1) [1]Die Lieferung, die Einfuhr und der innergemeinschaftliche Erwerb von Anlagegold, einschließlich Anlagegold in Form von Zertifikaten über sammel- oder einzelverwahrtes Gold und über Goldkonten gehandeltes Gold, insbesondere auch Golddarlehen und Goldswaps, durch die ein Eigentumsrecht an Anlagegold oder ein schuldrechtlicher Anspruch auf Anlagegold begründet wird, sowie Terminkontrakte und im Freiverkehr getätigte Terminabschlüsse mit Anlagegold, die zur Übertragung eines Eigentumsrechts an Anlagegold oder eines schuldrechtlichen Anspruchs auf Anlagegold führen, sind steuerfrei. [2]Satz 1 gilt entsprechend für die Vermittlung der Lieferung von Anlagegold.

(2) Anlagegold im Sinne dieses Gesetzes sind:

1. Gold in Barren- oder Plättchenform mit einem von den Goldmärkten akzeptierten Gewicht und einem Feingehalt von mindestens 995 Tausendstel;
2. Goldmünzen, die einen Feingehalt von mindestens 900 Tausendstel aufweisen, nach dem Jahr 1800 geprägt wurden, in ihrem Ursprungsland gesetzliches Zahlungsmittel sind oder waren und üblicherweise zu einem Preis verkauft werden, der den Offenmarktwert ihres Goldgehalts um nicht mehr als 80 Prozent übersteigt.

(3) [1]Der Unternehmer, der Anlagegold herstellt oder Gold in Anlagegold umwandelt, kann eine Lieferung, die nach Absatz 1 Satz 1 steuerfrei ist, als steuerpflichtig behandeln, wenn sie an einen anderen Unternehmer für dessen Unternehmen ausgeführt wird. [2]Der Unternehmer, der üblicherweise Gold zu gewerblichen Zwecken liefert, kann eine Lieferung von Anlagegold im Sinne des Absatzes 2 Nr. 1, die nach Absatz 1 Satz 1 steuerfrei ist, als steuerpflichtig behandeln, wenn sie an einen anderen Unternehmer für dessen Unternehmen ausgeführt wird. [3]Ist eine Lieferung nach den Sätzen 1 oder 2 als steuerpflichtig behandelt worden, kann der Unternehmer, der diesen Umsatz vermittelt hat, die Vermittlungsleistung ebenfalls als steuerpflichtig behandeln.

(4) Bei einem Unternehmer, der steuerfreie Umsätze nach Absatz 1 ausführt, ist die Steuer für folgende an ihn ausgeführte Umsätze abweichend von § 15 Abs. 2 nicht vom Vorsteuerabzug ausgeschlossen:

1. die Lieferungen von Anlagegold durch einen anderen Unternehmer, der diese Lieferungen nach Absatz 3 Satz 1 oder 2 als steuerpflichtig behandelt;
2. die Lieferungen, die Einfuhr und der innergemeinschaftliche Erwerb von Gold, das anschließend von ihm oder für ihn in Anlagegold umgewandelt wird;
3. die sonstigen Leistungen, die in der Veränderung der Form, des Gewichts oder des Feingehalts von Gold, einschließlich Anlagegold, bestehen.

(5) Bei einem Unternehmer, der Anlagegold herstellt oder Gold in Anlagegold umwandelt und anschließend nach Absatz 1 Satz 1 steuerfrei liefert, ist die Steuer für an ihn ausgeführte Umsätze, die in unmittelbarem Zusammenhang mit der Herstellung oder

Umwandlung des Goldes stehen, abweichend von § 15 Abs. 2 nicht vom Vorsteuerabzug ausgeschlossen.

(6) Bei Umsätzen mit Anlagegold gelten zusätzlich zu den Aufzeichnungspflichten nach § 22 die Identifizierungs-, Aufzeichnungs- und Aufbewahrungspflichten des Geldwäschegesetzes mit Ausnahme der Identifizierungspflicht in Verdachtsfällen nach § 6 dieses Gesetzes entsprechend.

§ 25d Haftung für die schuldhaft nicht abgeführte Steuer

(1) [1]Der Unternehmer haftet für die Steuer aus einem vorangegangenen Umsatz, soweit diese in einer nach § 14 ausgestellten Rechnung ausgewiesen wurde, der Aussteller der Rechnung entsprechend seiner vorgefassten Absicht die ausgewiesene Steuer nicht entrichtet oder sich vorsätzlich außer Stande gesetzt hat, die ausgewiesene Steuer zu entrichten und der Unternehmer bei Abschluss des Vertrags über seinen Eingangsumsatz davon Kenntnis hatte oder nach der Sorgfalt eines ordentlichen Kaufmanns hätte haben müssen. [2]Trifft dies auf mehrere Unternehmer zu, so haften diese als Gesamtschuldner.

(2) [1]Von der Kenntnis oder dem Kennenmüssen ist insbesondere auszugehen, wenn der Unternehmer für seinen Umsatz einen Preis in Rechnung stellt, der zum Zeitpunkt des Umsatzes unter dem marktüblichen Preis liegt. [2]Dasselbe gilt, wenn der ihm in Rechnung gestellte Preis unter dem marktüblichen Preis oder unter dem Preis liegt, der seinem Lieferanten oder anderen Lieferanten, die am Erwerb der Ware beteiligt waren, in Rechnung gestellt wurde. [3]Weist der Unternehmer nach, dass die Preisgestaltung betriebswirtschaftlich begründet ist, finden die Sätze 1 und 2 keine Anwendung.

(3) [1]Örtlich zuständig für den Erlass des Haftungsbescheides ist das Finanzamt, das für die Besteuerung des Unternehmers zuständig ist. [2]Im Fall des Absatzes 1 Satz 2 ist jedes Finanzamt örtlich zuständig, bei dem der Vorsteueranspruch geltend gemacht wird.

(4) [1]Das zuständige Finanzamt hat zu prüfen, ob die Voraussetzungen für den Erlass des Haftungsbescheides vorliegen. [2]Bis zum Abschluss dieser Prüfung kann die Erteilung der Zustimmung im Sinne von § 168 Satz 2 der Abgabenordnung versagt werden. [3]Satz 2 gilt entsprechend für die Festsetzung nach § 167 Abs. 1 Satz 1 der Abgabenordnung, wenn sie zu einer Erstattung führt.

(5) Für den Erlass des Haftungsbescheides gelten die allgemeinen Grundsätze, mit Ausnahme des § 219 der Abgabenordnung.

Siebenter Abschnitt: Durchführung, Bußgeld-, Straf-, Verfahrens-, Übergangs- und Schlussvorschriften

§ 26 Durchführung

(1) [1]Die Bundesregierung kann mit Zustimmung des Bundesrates durch Rechtsverordnung zur Wahrung der Gleichmäßigkeit bei der Besteuerung, zur Beseitigung von Unbilligkeiten in Härtefällen oder zur Vereinfachung des Besteuerungsverfahrens den Umfang der in diesem Gesetz enthaltenen Steuerbefreiungen, Steuerermäßigungen und des Vorsteuerabzugs näher bestimmen sowie die zeitlichen Bindungen nach § 19 Abs. 2, § 23 Abs. 3 und § 24 Abs. 4 verkürzen. [2]Bei der näheren Bestimmung des Umfangs der Steuerermäßigung nach § 12 Abs. 2 Nr. 1 kann von der zolltariflichen Abgrenzung abgewichen werden.

(2) Das Bundesministerium der Finanzen kann mit Zustimmung des Bundesrates durch Rechtsverordnung den Wortlaut derjenigen Vorschriften des Gesetzes und der auf Grund dieses Gesetzes erlassenen Rechtsverordnungen, in denen auf den Zolltarif hingewiesen wird, dem Wortlaut des Zolltarifs in der jeweils geltenden Fassung anpassen.

(3) [1]Das Bundesministerium der Finanzen kann unbeschadet der Vorschriften der §§ 163 und 227 der Abgabenordnung anordnen, dass die Steuer für grenzüberschreitende Beförderungen von Personen im Luftverkehr niedriger festgesetzt oder ganz oder zum

Teil erlassen wird, soweit der Unternehmer keine Rechnungen mit gesondertem Ausweis der Steuer (§ 14 Abs. 4) erteilt hat. [2]Bei Beförderungen durch ausländische Unternehmer kann die Anordnung davon abhängig gemacht werden, dass in dem Land, in dem der ausländische Unternehmer seinen Sitz hat, für grenzüberschreitende Beförderungen im Luftverkehr, die von Unternehmern mit Sitz in der Bundesrepublik Deutschland durchgeführt werden, eine Umsatzsteuer oder ähnliche Steuer nicht erhoben wird.

(4) (weggefallen)

(5) Das Bundesministerium der Finanzen kann mit Zustimmung des Bundesrates durch Rechtsverordnung näher bestimmen, wie der Nachweis bei den folgenden Steuerbefreiungen zu führen ist:

1. Artikel III Nr. 1 des Abkommens zwischen der Bundesrepublik Deutschland und den Vereinigten Staaten von Amerika über die von der Bundesrepublik zu gewährenden Abgabenvergünstigungen für die von den Vereinigten Staaten im Interesse der gemeinsamen Verteidigung geleisteten Ausgaben (BGBl 1955 II S. 823);
2. Artikel 67 Abs. 3 des Zusatzabkommens zu dem Abkommen zwischen den Parteien des Nordatlantikvertrags über die Rechtsstellung ihrer Truppen hinsichtlich der in der Bundesrepublik Deutschland stationierten ausländischen Truppen (BGBl 1961 II S. 1183, 1218);
3. Artikel 14 Abs. 2 Buchstabe b und d des Abkommens zwischen der Bundesrepublik Deutschland und dem Obersten Hauptquartier der Alliierten Mächte, Europa, über die besonderen Bedingungen für die Einrichtung und den Betrieb internationaler militärischer Hauptquartiere in der Bundesrepublik Deutschland (BGBl 1969 II S. 1997, 2009).

(6) Das Bundesministerium der Finanzen kann dieses Gesetz und die auf Grund dieses Gesetzes erlassenen Rechtsverordnungen in der jeweils geltenden Fassung mit neuem Datum und unter neuer Überschrift im Bundesgesetzblatt bekannt machen.

§ 26a[1] Bußgeldvorschriften

(1) Ordnungswidrig handelt, wer vorsätzlich oder leichtfertig

1. entgegen § 14 Abs. 2 Satz 1 Nr. 1 oder 2 Satz 2 eine Rechnung nicht oder nicht rechtzeitig ausstellt,
2. entgegen § 14b Abs. 1 Satz 1, auch in Verbindung mit Satz 4, ein dort bezeichnetes Doppel oder eine dort bezeichnete Rechnung nicht oder nicht mindestens zehn Jahre aufbewahrt,
3. entgegen § 14b Abs. 1 Satz 5 eine dort bezeichnete Rechnung, einen Zahlungsbeleg oder eine andere beweiskräftige Unterlage nicht oder nicht mindestens zwei Jahre aufbewahrt,
4. entgegen § 18 Abs. 12 Satz 3 die dort bezeichnete Bescheinigung nicht oder nicht rechtzeitig vorlegt,
5. entgegen § 18a Abs. 1 Satz 1 und 2 in Verbindung mit Abs. 4 Satz 1, Abs. 5 oder Abs. 6 eine Zusammenfassende Meldung nicht, nicht richtig, nicht vollständig oder nicht rechtzeitig abgibt oder entgegen § 18a Abs. 7 eine Zusammenfassende Meldung nicht oder nicht rechtzeitig berichtigt,
6. einer Rechtsverordnung nach § 18c zuwiderhandelt, soweit sie für einen bestimmten Tatbestand auf die Bußgeldvorschrift verweist, oder
7. entgegen § 18d Satz 3 die dort bezeichneten Unterlagen nicht, nicht vollständig oder nicht rechtzeitig vorlegt.

(2) Die Ordnungswidrigkeit kann in den Fällen des Absatzes 1 Nr. 3 mit einer Geldbuße bis zu fünfhundert Euro, in den übrigen Fällen mit einer Geldbuße bis zu fünftausend Euro geahndet werden.

1) **Anm. d. Red.:** § 26a Abs. 1 i. d. F. des Art. 7 Nr. 18 JStG 2009 v. 19. 12. 2008 (BGBl I 2794).

§ 26b Schädigung des Umsatzsteueraufkommens

(1) Ordnungswidrig handelt, wer die in einer Rechnung im Sinne von § 14 ausgewiesene Umsatzsteuer zu einem in § 18 Abs. 1 Satz 3 oder Abs. 4 Satz 1 oder 2 genannten Fälligkeitszeitpunkt nicht oder nicht vollständig entrichtet.

(2) Die Ordnungswidrigkeit kann mit einer Geldbuße bis zu fünfzigtausend Euro geahndet werden.

§ 26c Gewerbsmäßige oder bandenmäßige Schädigung des Umsatzsteueraufkommens

Mit Freiheitsstrafe bis zu fünf Jahren oder mit Geldstrafe wird bestraft, wer in den Fällen des § 26b gewerbsmäßig oder als Mitglied einer Bande, die sich zur fortgesetzten Begehung solcher Handlungen verbunden hat, handelt.

§ 27[1)] Allgemeine Übergangsvorschriften

(1) [1]Änderungen dieses Gesetzes sind, soweit nichts anderes bestimmt ist, auf Umsätze im Sinne des § 1 Abs. 1 Nr. 1 und 5 anzuwenden, die ab dem Inkrafttreten der maßgeblichen Änderungsvorschrift ausgeführt werden. [2]Das gilt für Lieferungen und sonstige Leistungen auch insoweit, als die Steuer dafür nach § 13 Abs. 1 Nr. 1 Buchstabe a Satz 4, Buchstabe b oder § 13b Abs. 1 Satz 3 vor dem Inkrafttreten der Änderungsvorschrift entstanden ist. [3]Die Berechnung dieser Steuer ist für den Voranmeldungszeitraum zu berichtigen, in dem die Lieferung oder sonstige Leistung ausgeführt wird.

(1a) [1]§ 4 Nr. 14 ist auf Antrag auf vor dem 1. Januar 2000 erbrachte Umsätze aus der Tätigkeit als Sprachheilpädagoge entsprechend anzuwenden, soweit der Sprachheilpädagoge gemäß § 124 Abs. 2 des Fünften Buches Sozialgesetzbuch von den zuständigen Stellen der gesetzlichen Krankenkassen umfassend oder für bestimmte Teilgebiete der Sprachtherapie zur Abgabe von sprachtherapeutischen Heilmitteln zugelassen ist und die Voraussetzungen des § 4 Nr. 14 spätestens zum 1. Januar 2000 erfüllt. [2]Bestandskräftige Steuerfestsetzungen können insoweit aufgehoben oder geändert werden.

(2) § 9 Abs. 2 ist nicht anzuwenden, wenn das auf dem Grundstück errichtete Gebäude

1. Wohnzwecken dient oder zu dienen bestimmt ist und vor dem 1. April 1985 fertig gestellt worden ist,
2. anderen nichtunternehmerischen Zwecken dient oder zu dienen bestimmt ist und vor dem 1. Januar 1986 fertig gestellt worden ist,
3. anderen als in den Nummern 1 und 2 bezeichneten Zwecken dient oder zu dienen bestimmt ist und vor dem 1. Januar 1998 fertig gestellt worden ist,

und wenn mit der Errichtung des Gebäudes in den Fällen der Nummern 1 und 2 vor dem 1. Juni 1984 und in den Fällen der Nummer 3 vor dem 11. November 1993 begonnen worden ist.

(3) § 14 Abs. 1a in der bis zum 31. Dezember 2003 geltenden Fassung ist auf Rechnungen anzuwenden, die nach dem 30. Juni 2002 ausgestellt werden, sofern die zugrunde liegenden Umsätze bis zum 31. Dezember 2003 ausgeführt wurden.

(4) [1]Die §§ 13b, 14 Abs. 1, § 14a Abs. 4 und 5 Satz 3 Nr. 3, § 15 Abs. 1 Satz 1 Nr. 4 und Abs. 4b, § 17 Abs. 1 Satz 1, § 18 Abs. 4a Satz 1, § 19 Abs. 1 Satz 3, § 22 Abs. 1 Satz 2 und Abs. 2 Nr. 8, § 25a Abs. 5 Satz 3 in der jeweils bis zum 31. Dezember 2003 geltenden Fassung sind auch auf Umsätze anzuwenden, die vor dem 1. Januar 2002 ausgeführt worden sind, soweit das Entgelt für diese Umsätze erst nach dem 31. Dezember 2001 gezahlt worden ist. [2]Soweit auf das Entgelt oder Teile des Entgelts für nach dem 31. Dezember 2001 ausgeführte Umsätze vor dem 1. Januar 2002 das Abzugsverfahren nach § 18 Abs. 8 in der bis zum 31. Dezember 2001 geltenden Fassung angewandt worden ist, mindert sich die vom Leistungsempfänger nach § 13b geschuldete Steuer um die bisher im Abzugsverfahren vom leistenden Unternehmer geschuldete Steuer.

UStG

1) **Anm. d. Red.:** § 27 i. d. F. des Art. 8 Nr. 4 Steuerbürokratieabbaugesetz v. 20. 12. 2008 (BGBl I 2850).

(5) [1]§ 3 Abs. 9a Satz 2, § 15 Abs. 1b, § 15a Abs. 3 Nr. 2 und § 15a Abs. 4 Satz 2 in der jeweils bis 31. Dezember 2003 geltenden Fassung sind auf Fahrzeuge anzuwenden, die nach dem 31. März 1999 und vor dem 1. Januar 2004 angeschafft oder hergestellt, eingeführt, innergemeinschaftlich erworben oder gemietet worden sind und für die der Vorsteuerabzug nach § 15 Abs. 1b vorgenommen worden ist. [2]Dies gilt nicht für nach dem 1. Januar 2004 anfallende Vorsteuerbeträge, die auf die Miete oder den Betrieb dieser Fahrzeuge entfallen.

(6) Umsätze aus der Nutzungsüberlassung von Sportanlagen können bis zum 31. Dezember 2004 in eine steuerfreie Grundstücksüberlassung und in eine steuerpflichtige Überlassung von Betriebsvorrichtungen aufgeteilt werden.

(7) § 13c ist anzuwenden auf Forderungen, die nach dem 7. November 2003 abgetreten, verpfändet oder gepfändet worden sind.

(8) § 15a Abs. 1 Satz 1 und Abs. 4 Satz 1 in der Fassung des Gesetzes vom 20. Dezember 2001 (BGBl I S. 3794) ist auch für Zeiträume vor dem 1. Januar 2002 anzuwenden, wenn der Unternehmer den Vorsteuerabzug im Zeitpunkt des Leistungsbezugs auf Grund der von ihm erklärten Verwendungsabsicht in Anspruch genommen hat und die Nutzung ab dem Zeitpunkt der erstmaligen Verwendung mit den für den Vorsteuerabzug maßgebenden Verhältnissen nicht übereinstimmt.

(9) § 18 Abs. 1 Satz 1 ist erstmals auf Voranmeldungszeiträume anzuwenden, die nach dem 31. Dezember 2004 enden.

(10) § 4 Nr. 21a in der bis 31. Dezember 2003 geltenden Fassung ist auf Antrag auf vor dem 1. Januar 2005 erbrachte Umsätze der staatlichen Hochschulen aus Forschungstätigkeit anzuwenden, wenn die Leistungen auf einem Vertrag beruhen, der vor dem 3. September 2003 abgeschlossen worden ist.

(11) § 15a in der Fassung des Artikels 5 des Gesetzes vom 9. Dezember 2004 (BGBl I S. 3310) ist auf Vorsteuerbeträge anzuwenden, deren zugrunde liegende Umsätze im Sinne des § 1 Abs. 1 nach dem 31. Dezember 2004 ausgeführt werden.

(12) Auf Vorsteuerbeträge, deren zugrunde liegende Umsätze im Sinne des § 1 Abs. 1 nach dem 31. Dezember 2006 ausgeführt werden, ist § 15a Abs. 3 und 4 in der am 1. Januar 2007 geltenden Fassung anzuwenden.

(13) § 18a Abs. 1 Satz 1, 4 und 5 in der Fassung des Artikels 7 des Gesetzes vom 13. Dezember 2006 (BGBl I S. 2878) ist erstmals auf Meldezeiträume anzuwenden, die nach dem 31. Dezember 2006 enden.

(14) § 18 Abs. 9 in der Fassung des Artikels 7 des Gesetzes vom 19. Dezember 2008 (BGBl I S. 2794) und § 18g sind auf Anträge auf Vergütung von Vorsteuerbeträgen anzuwenden, die nach dem 31. Dezember 2009 gestellt werden.

(15) § 14 Abs. 2 Satz 1 Nr. 2 und § 14 Abs. 3 Nr. 2 in der jeweils ab 1. Januar 2009 geltenden Fassung sind auf alle Rechnungen über Umsätze anzuwenden, die nach dem 31. Dezember 2008 ausgeführt werden.

§ 27a[1)] Umsatzsteuer-Identifikationsnummer

(1) [1]Das Bundeszentralamt für Steuern erteilt Unternehmern im Sinne des § 2 auf Antrag eine Umsatzsteuer-Identifikationsnummer. [2]Abweichend von Satz 1 erteilt das Bundeszentralamt für Steuern Unternehmern, die § 19 Abs. 1 oder ausschließlich § 24 Abs. 1 bis 3 anwenden oder die nur Umsätze ausführen, die zum Ausschluss vom Vorsteuerabzug führen, auf Antrag eine Umsatzsteuer-Identifikationsnummer, wenn sie diese für innergemeinschaftliche Lieferungen oder innergemeinschaftliche Erwerbe benötigen. [3]Satz 2 gilt für juristische Personen, die nicht Unternehmer sind oder die Gegenstände nicht für ihr Unternehmen erwerben, entsprechend. [4]Im Fall der Organschaft wird auf Antrag für jede juristische Person eine eigene Umsatzsteuer-Identifikationsnummer erteilt. [5]Der Antrag auf Erteilung einer Umsatzsteuer-Identifikationsnummer

1) **Anm. d. Red.:** § 27a Abs. 1 und 2 i. d. F. des Art. 4 Abs. 31 Nr. 3 Gesetz zur Neuorganisation der Bundesfinanzverwaltung und zur Schaffung eines Refinanzierungsregisters v. 22. 9. 2005 (BGBl I 2809).

nach den Sätzen 1 bis 4 ist schriftlich zu stellen. [6]In dem Antrag sind Name, Anschrift und Steuernummer, unter der der Antragsteller umsatzsteuerlich geführt wird, anzugeben.

(2) [1]Die Landesfinanzbehörden übermitteln dem Bundeszentralamt für Steuern die für die Erteilung der Umsatzsteuer-Identifikationsnummer nach Absatz 1 erforderlichen Angaben über die bei ihnen umsatzsteuerlich geführten natürlichen und juristischen Personen und Personenvereinigungen. [2]Diese Angaben dürfen nur für die Erteilung einer Umsatzsteuer-Identifikationsnummer, für Zwecke der Verordnung (EG) Nr. 1798/2003 des Rates vom 7. Oktober 2003 über die Zusammenarbeit der Verwaltungsbehörden auf dem Gebiet der Mehrwertsteuer und zur Aufhebung der Verordnung (EWG) Nr. 218/92 (ABl EU Nr. L 264 S. 1), für die Umsatzsteuerkontrolle, für Zwecke der Amtshilfe zwischen den zuständigen Behörden anderer Staaten in Umsatzsteuersachen sowie für Übermittlungen an das Statistische Bundesamt nach § 2a des Statistikregistergesetzes verarbeitet oder genutzt werden. [3]Das Bundeszentralamt für Steuern übermittelt den Landesfinanzbehörden die erteilten Umsatzsteuer-Identifikationsnummern und die Daten, die sie für die Umsatzsteuerkontrolle benötigen.

§ 27b Umsatzsteuer-Nachschau

(1) [1]Zur Sicherstellung einer gleichmäßigen Festsetzung und Erhebung der Umsatzsteuer können die damit betrauten Amtsträger der Finanzbehörde ohne vorherige Ankündigung und außerhalb einer Außenprüfung Grundstücke und Räume von Personen, die eine gewerbliche oder berufliche Tätigkeit selbständig ausüben, während der Geschäfts- und Arbeitszeiten betreten, um Sachverhalte festzustellen, die für die Besteuerung erheblich sein können (Umsatzsteuer-Nachschau). [2]Wohnräume dürfen gegen den Willen des Inhabers nur zur Verhütung dringender Gefahren für die öffentliche Sicherheit und Ordnung betreten werden.

(2) Soweit dies zur Feststellung einer steuerlichen Erheblichkeit zweckdienlich ist, haben die von der Umsatzsteuer-Nachschau betroffenen Personen den damit betrauten Amtsträgern auf Verlangen Aufzeichnungen, Bücher, Geschäftspapiere und andere Urkunden über die der Umsatzsteuer-Nachschau unterliegenden Sachverhalte vorzulegen und Auskünfte zu erteilen.

(3) [1]Wenn die bei der Umsatzsteuer-Nachschau getroffenen Feststellungen hierzu Anlass geben, kann ohne vorherige Prüfungsanordnung (§ 196 der Abgabenordnung) zu einer Außenprüfung nach § 193 der Abgabenordnung übergegangen werden. [2]Auf den Übergang zur Außenprüfung wird schriftlich hingewiesen.

(4) Werden anlässlich der Umsatzsteuer-Nachschau Verhältnisse festgestellt, die für die Festsetzung und Erhebung anderer Steuern als der Umsatzsteuer erheblich sein können, so ist die Auswertung der Feststellungen insoweit zulässig, als ihre Kenntnis für die Besteuerung der in Absatz 1 genannten Personen oder anderer Personen von Bedeutung sein kann.

§ 28[1)] Zeitlich begrenzte Fassungen einzelner Gesetzesvorschriften

(1) bis (3) (weggefallen)

(4) § 12 Abs. 2 Nr. 10 gilt bis zum 31. Dezember 2011 in folgender Fassung:

„10. a) die Beförderungen von Personen mit Schiffen,

b) die Beförderungen von Personen im Schienenbahnverkehr, im Verkehr mit Oberleitungsomnibussen, im genehmigten Linienverkehr mit Kraftfahrzeugen, im Verkehr mit Taxen, mit Drahtseilbahnen und sonstigen mechanischen Aufstiegshilfen aller Art und die Beförderungen im Fährverkehr

aa) innerhalb einer Gemeinde oder

bb) wenn die Beförderungsstrecke nicht mehr als 50 Kilometer beträgt;“.

1) **Anm. d. Red.:** § 28 Abs. 4 i. d. F. des Art. 5 Nr. 2 Wachstumsbeschleunigungsgesetz v. 22. 12. 2009 (BGBl I 3950).

§ 29 Umstellung langfristiger Verträge

(1) [1]Beruht die Leistung auf einem Vertrag, der nicht später als vier Kalendermonate vor dem Inkrafttreten dieses Gesetzes abgeschlossen worden ist, so kann, falls nach diesem Gesetz ein anderer Steuersatz anzuwenden ist, der Umsatz steuerpflichtig, steuerfrei oder nicht steuerbar wird, der eine Vertragsteil von dem anderen einen angemessenen Ausgleich der umsatzsteuerlichen Mehr- oder Minderbelastung verlangen. [2]Satz 1 gilt nicht, soweit die Parteien etwas anderes vereinbart haben. [3]Ist die Höhe der Mehr- oder Minderbelastung streitig, so ist § 287 Abs. 1 der Zivilprozessordnung entsprechend anzuwenden.

(2) Absatz 1 gilt sinngemäß bei einer Änderung dieses Gesetzes.

Anlage 1[1)] (zu § 4 Nr. 4a)

Liste der Gegenstände, die der Umsatzsteuerlagerregelung unterliegen können

Lfd. Nr.	Warenbezeichnung	Zolltarif (Kapitel, Position, Unterposition)
1	Kartoffeln, frisch oder gekühlt	Position 0701
2	Oliven, vorläufig haltbar gemacht (z. B. durch Schwefeldioxid oder in Wasser, dem Salz, Schwefeldioxid oder andere vorläufig konservierend wirkende Stoffe zugesetzt sind), zum unmittelbaren Genuss nicht geeignet	Unterposition 0711 20
3	Schalenfrüchte, frisch oder getrocknet, auch ohne Schalen oder enthäutet	Positionen 0801 und 0802
4	Kaffee, nicht geröstet, nicht entkoffeiniert, entkoffeiniert	Unterpositionen 0901 11 00 und 0901 12 00
5	Tee, auch aromatisiert	Position 0902
6	Getreide	Positionen 1001 bis 1005, 1007 00 und 1008
7	Rohreis (Paddy-Reis)	Unterposition 1006 10
8	Ölsamen und ölhaltige Früchte	Positionen 1201 00 bis 1207
9	Pflanzliche Fette und Öle und deren Fraktionen, roh, auch raffiniert, jedoch nicht chemisch modifiziert	Positionen 1507 bis 1515
10	Rohzucker	Unterpositionen 1701 11 und 1701 12
11	Kakaobohnen und Kakaobohnenbruch, roh oder geröstet	Position 1801 00 00
12	Mineralöle (einschließlich Propan und Butan sowie Rohöle aus Erdöl)	Positionen 2709 00, 2710, Unterpositionen 2711 12 und 2711 13

1) **Anm. d. Red.:** Anlage 1 neu gefasst gem. Art. 7 Nr. 13 JStG 2007 v. 13. 12. 2006 (BGBl I 2878).

Lfd. Nr.	Warenbezeichnung	Zolltarif (Kapitel, Position, Unterposition)
13	Erzeugnisse der chemischen Industrie	Kapitel 28 und 29
14	Kautschuk, in Primärformen oder in Platten, Blättern oder Streifen	Positionen 4001 und 4002
15	Chemische Halbstoffe aus Holz, ausgenommen solche zum Auflösen; Halbstoffe aus Holz, durch Kombination aus mechanischem und chemischem Aufbereitungsverfahren hergestellt	Positionen 4703 bis 4705 00 00
16	Wolle, weder gekrempelt noch gekämmt	Position 5101
17	Silber, in Rohform oder Pulver	aus Position 7106
18	Gold, in Rohform oder als Pulver, zu nicht monetären Zwecken	Unterpositionen 7108 11 00 und 7108 12 00
19	Platin, in Rohform oder als Pulver	aus Position 7110
20	Eisen- und Stahlerzeugnisse	Positionen 7207 bis 7212, 7216, 7219, 7220, 7225 und 7226
21	Nicht raffiniertes Kupfer und Kupferanoden zum elektrolytischen Raffinieren; raffiniertes Kupfer und Kupferlegierungen, in Rohform; Kupfervorlegierungen; Draht aus Kupfer	Positionen 7402 00 00, 7403, 7405 00 00 und 7408
22	Nickel in Rohform	Position 7502
23	Aluminium in Rohform	Position 7601
24	Blei in Rohform	Position 7801
25	Zink in Rohform	Position 7901
26	Zinn in Rohform	Position 8001
27	Andere unedle Metalle, ausgenommen Waren daraus und Abfälle und Schrott	aus Positionen 8101 bis 8112

Die Gegenstände dürfen nicht für die Lieferung auf der Einzelhandelsstufe aufgemacht sein.

UStG

Anlage 2[1)] (zu § 12 Abs. 2 Nr. 1 und 2)

Liste der dem ermäßigten Steuersatz unterliegenden Gegenstände

Lfd. Nr.	Warenbezeichnung	Zolltarif (Kapitel, Position, Unterposition)
1	Lebende Tiere, und zwar	
	a) Pferde einschließlich reinrassiger Zuchttiere, ausgenommen Wildpferde,	aus Position 0101
	b) Maultiere und Maulesel,	aus Position 0101
	c) Hausrinder einschließlich reinrassiger Zuchttiere,	aus Position 0102
	d) Hausschweine einschließlich reinrassiger Zuchttiere,	aus Position 0103
	e) Hausschafe einschließlich reinrassiger Zuchttiere,	aus Position 0104
	f) Hausziegen einschließlich reinrassiger Zuchttiere,	aus Position 0104
	g) Hausgeflügel (Hühner, Enten, Gänse, Truthühner und Perlhühner),	Position 0105
	h) Hauskaninchen,	aus Position 0106
	i) Haustauben,	aus Position 0106
	j) Bienen,	aus Position 0106
	k) ausgebildete Blindenführhunde	aus Position 0106
2	Fleisch und genießbare Schlachtnebenerzeugnisse	Kapitel 2
3	Fische und Krebstiere, Weichtiere und andere wirbellose Wassertiere, ausgenommen Zierfische, Langusten, Hummer, Austern und Schnecken	aus Kapitel 3
4	Milch und Milcherzeugnisse; Vogeleier und Eigelb, ausgenommen ungenießbare Eier ohne Schale und ungenießbares Eigelb; natürlicher Honig	aus Kapitel 4
5	Andere Waren tierischen Ursprungs, und zwar	
	a) Mägen von Hausrindern und Hausgeflügel,	aus Position 0504 00 00
	b) (weggefallen)	
	c) rohe Knochen	aus Position 0506
6	Bulben, Zwiebeln, Knollen, Wurzelknollen und Wurzelstöcke, ruhend, im Wachstum oder in Blüte; Zichorienpflanzen und -wurzeln	Position 0601
7	Andere lebende Pflanzen einschließlich ihrer Wurzeln, Stecklinge und Pfropfreiser; Pilzmyzel	Position 0602
8	Blumen und Blüten sowie deren Knospen, geschnitten, zu Binde- oder Zierzwecken, frisch	aus Position 0603
9	Blattwerk, Blätter, Zweige und andere Pflanzenteile, ohne Blüten und Blütenknospen, sowie Gräser, Moose und Flechten, zu Binde- oder Zierzwecken, frisch	aus Position 0604
10	Gemüse, Pflanzen, Wurzeln und Knollen, die zu Ernährungszwecken verwendet werden, und zwar	
	a) Kartoffeln, frisch oder gekühlt,	Position 0701
	b) Tomaten, frisch oder gekühlt,	Position 0702 00 00

1) **Anm. d. Red.:** Anlage 2 neu gefasst gem. Art. 7 Nr. 14 JStG 2007 v. 13. 12. 2006 (BGBl I 2878); Nr. 40 i. d. F. des Art. 8 Nr. 10 JStG 2008 v. 20. 12. 2007 (BGBl I 3150).

Lfd. Nr.	Warenbezeichnung	Zolltarif (Kapitel, Position, Unterposition)
	c) Speisezwiebeln, Schalotten, Knoblauch, Porree/Lauch und andere Gemüse der Allium-Arten, frisch oder gekühlt,	Position 0703
	d) Kohl, Blumenkohl/Karfiol, Kohlrabi, Wirsingkohl und ähnliche genießbare Kohlarten der Gattung Brassica, frisch oder gekühlt,	Position 0704
	e) Salate (Lactuca sativa) und Chicorée (Cichorium-Arten), frisch oder gekühlt,	Position 0705
	f) Karotten und Speisemöhren, Speiserüben, Rote Rüben, Schwarzwurzeln, Knollensellerie, Rettiche und ähnliche genießbare Wurzeln, frisch oder gekühlt,	Position 0706
	g) Gurken und Cornichons, frisch oder gekühlt,	Position 0707 00
	h) Hülsenfrüchte, auch ausgelöst, frisch oder gekühlt,	Position 0708
	i) anderes Gemüse, frisch oder gekühlt,	Position 0709
	j) Gemüse, auch in Wasser oder Dampf gekocht, gefroren,	Position 0710
	k) Gemüse, vorläufig haltbar gemacht (z. B. durch Schwefeldioxid oder in Wasser, dem Salz, Schwefeldioxid oder andere vorläufig konservierend wirkende Stoffe zugesetzt sind), zum unmittelbaren Genuss nicht geeignet,	Position 0711
	l) Gemüse, getrocknet, auch in Stücke oder Scheiben geschnitten, als Pulver oder sonst zerkleinert, jedoch nicht weiter zubereitet,	Position 0712
	m) getrocknete, ausgelöste Hülsenfrüchte, auch geschält oder zerkleinert,	Position 0713
	n) Topinambur	aus Position 0714
11	Genießbare Früchte und Nüsse	Positionen 0801 bis 0813
12	Kaffee, Tee, Mate und Gewürze	Kapitel 9
13	Getreide	Kapitel 10
14	Müllereierzeugnisse, und zwar	
	a) Mehl von Getreide,	Positionen 1101 00 und 1102
	b) Grobgrieß, Feingrieß und Pellets von Getreide,	Position 1103
	c) Getreidekörner, anders bearbeitet; Getreidekeime, ganz, gequetscht, als Flocken oder gemahlen	Position 1104
15	Mehl, Grieß, Pulver, Flocken, Granulat und Pellets von Kartoffeln	Position 1105
16	Mehl, Grieß und Pulver von getrockneten Hülsenfrüchten sowie Mehl, Grieß und Pulver von genießbaren Früchten	aus Position 1106
17	Stärke	aus Position 1108
18	Ölsamen und ölhaltige Früchte sowie Mehl hiervon	Positionen 1201 00 bis 1208
19	Samen, Früchte und Sporen, zur Aussaat	Position 1209
20	(weggefallen)	

Lfd. Nr.	Warenbezeichnung	Zolltarif (Kapitel, Position, Unterposition)
21	Rosmarin, Beifuß und Basilikum in Aufmachungen für den Küchengebrauch sowie Dost, Minzen, Salbei, Kamilleblüten und Haustee	aus Position 1211
22	Johannisbrot und Zuckerrüben, frisch oder getrocknet, auch gemahlen; Steine und Kerne von Früchten sowie andere pflanzliche Waren (einschließlich nichtgerösteter Zichorienwurzeln der Varietät Cichorium intybus sativum) der hauptsächlich zur menschlichen Ernährung verwendeten Art, anderweit weder genannt noch inbegriffen; ausgenommen Algen, Tange und Zuckerrohr	aus Position 1212
23	Stroh und Spreu von Getreide sowie verschiedene zur Fütterung verwendete Pflanzen	Positionen 1213 00 00 und 1214
24	Pektinstoffe, Pektinate und Pektate	Unterposition 1302 20
25	(weggefallen)	
26	Genießbare tierische und pflanzliche Fette und Öle, auch verarbeitet, und zwar	
	a) Schweineschmalz, anderes Schweinefett und Geflügelfett,	aus Position 1501 00
	b) Fett von Rindern, Schafen oder Ziegen, ausgeschmolzen oder mit Lösungsmitteln ausgezogen,	aus Position 1502 00
	c) Oleomargarin,	aus Position 1503 00
	d) fette pflanzliche Öle und pflanzliche Fette sowie deren Fraktionen, auch raffiniert,	aus Positionen 1507 bis 1515
	e) tierische und pflanzliche Fette und Öle sowie deren Fraktionen, ganz oder teilweise hydriert, umgeestert, wiederverestert oder elaidiniert, auch raffiniert, jedoch nicht weiterverarbeitet, ausgenommen hydriertes Rizinusöl (sog. Opalwachs),	aus Position 1516
	f) Margarine; genießbare Mischungen und Zubereitungen von tierischen oder pflanzlichen Fetten und Ölen sowie von Fraktionen verschiedener Fette und Öle, ausgenommen Form- und Trennöle	aus Position 1517
27	(weggefallen)	
28	Zubereitungen von Fleisch, Fischen oder von Krebstieren, Weichtieren und anderen wirbellosen Wassertieren, ausgenommen Kaviar sowie zubereitete oder haltbar gemachte Langusten, Hummer, Austern und Schnecken	aus Kapitel 16
29	Zucker und Zuckerwaren	Kapitel 17
30	Kakaopulver ohne Zusatz von Zucker oder anderen Süßmitteln sowie Schokolade und andere kakaohaltige Lebensmittelzubereitungen	Positionen 1805 00 00 und 1806
31	Zubereitungen aus Getreide, Mehl, Stärke oder Milch; Backwaren	Kapitel 19

Lfd. Nr.	Warenbezeichnung	Zolltarif (Kapitel, Position, Unterposition)
32	Zubereitungen von Gemüse, Früchten, Nüssen oder anderen Pflanzenteilen, ausgenommen Frucht- und Gemüsesäfte	Positionen 2001 bis 2008
33	Verschiedene Lebensmittelzubereitungen	Kapitel 21
34	Wasser, ausgenommen — Trinkwasser, einschließlich Quellwasser und Tafelwasser, das in zur Abgabe an den Verbraucher bestimmten Fertigpackungen in den Verkehr gebracht wird, — Heilwasser und — Wasserdampf	aus Unterposition 2201 90 00
35	Milchmischgetränke mit einem Anteil an Milch oder Milcherzeugnissen (z. B. Molke) von mindestens 75 Prozent des Fertigerzeugnisses	aus Position 2202
36	Speiseessig	Position 2209 00
37	Rückstände und Abfälle der Lebensmittelindustrie; zubereitetes Futter	Kapitel 23
38	(weggefallen)	
39	Speisesalz, nicht in wässriger Lösung	aus Position 2501 00
40	a) handelsübliches Ammoniumcarbonat und andere Ammoniumcarbonate,	Unterposition 2836 99 17
	b) Natriumhydrogencarbonat (Natriumbicarbonat)	Unterposition 2836 30 00
41	D-Glucitol (Sorbit), auch mit Zusatz von Saccharin oder dessen Salzen	Unterpositionen 2905 44 und 2106 90
42	Essigsäure	Unterposition 2915 21 00
43	Natriumsalz und Kaliumsalz des Saccharins	aus Unterposition 2925 11 00
44	(weggefallen)	
45	Tierische oder pflanzliche Düngemittel mit Ausnahme von Guano, auch untereinander gemischt, jedoch nicht chemisch behandelt; durch Mischen von tierischen oder pflanzlichen Erzeugnissen gewonnene Düngemittel	aus Position 3101 00 00
46	Mischungen von Riechstoffen und Mischungen (einschließlich alkoholischer Lösungen) auf der Grundlage eines oder mehrerer dieser Stoffe, in Aufmachungen für den Küchengebrauch	aus Unterposition 3302 10
47	Gelatine	aus Position 3503 00
48	Holz, und zwar	

UStG

Lfd. Nr.	Warenbezeichnung	Zolltarif (Kapitel, Position, Unterposition)
	a) Brennholz in Form von Rundlingen, Scheiten, Zweigen, Reisigbündeln oder ähnlichen Formen,	Unterposition 4401 10 00
	b) Sägespäne, Holzabfälle und Holzausschuss, auch zu Pellets, Briketts, Scheiten oder ähnlichen Formen zusammengepresst	Unterposition 4401 30
49	Bücher, Zeitungen und andere Erzeugnisse des grafischen Gewerbes mit Ausnahme der Erzeugnisse, für die Beschränkungen als jugendgefährdende Trägermedien bzw. Hinweispflichten nach § 15 Abs. 1 bis 3 und 6 des Jugendschutzgesetzes in der jeweils geltenden Fassung bestehen, sowie der Veröffentlichungen, die überwiegend Werbezwecken (einschließlich Reisewerbung) dienen, und zwar	
	a) Bücher, Broschüren und ähnliche Drucke, auch in Teilheften, losen Bogen oder Blättern, zum Broschieren, Kartonieren oder Binden bestimmt, sowie Zeitungen und andere periodische Druckschriften kartoniert, gebunden oder in Sammlungen mit mehr als einer Nummer in gemeinsamem Umschlag (ausgenommen solche, die überwiegend Werbung enthalten),	aus Positionen 4901, 9705 00 00 und 9706 00 00
	b) Zeitungen und andere periodische Druckschriften, auch mit Bildern oder Werbung enthaltend (ausgenommen Anzeigenblätter, Annoncen-Zeitungen und dergleichen, die überwiegend Werbung enthalten),	aus Position 4902
	c) Bilderalben, Bilderbücher und Zeichen- oder Malbücher, für Kinder,	aus Position 4903 00 00
	d) Noten, handgeschrieben oder gedruckt, auch mit Bildern, auch gebunden,	aus Position 4904 00 00
	e) kartografische Erzeugnisse aller Art, einschließlich Wandkarten, topografischer Pläne und Globen, gedruckt,	aus Position 4905
	f) Briefmarken und dergleichen (z. B. Ersttagsbriefe, Ganzsachen) als Sammlungsstücke	aus Positionen 4907 00 und 9704 00 00
50	(weggefallen)	
51	Rollstühle und andere Fahrzeuge für Behinderte, auch mit Motor oder anderer Vorrichtung zur mechanischen Fortbewegung	Position 8713
52	Körperersatzstücke, orthopädische Apparate und andere orthopädische Vorrichtungen sowie Vorrichtungen zum Beheben von Funktionsschäden oder Gebrechen, für Menschen, und zwar	

Lfd. Nr.	Warenbezeichnung	Zolltarif (Kapitel, Position, Unterposition)
	a) künstliche Gelenke, ausgenommen Teile und Zubehör,	aus Unterposition 9021 31 00
	b) orthopädische Apparate und andere orthopädische Vorrichtungen einschließlich Krücken sowie medizinisch-chirurgischer Gürtel und Bandagen, ausgenommen Teile und Zubehör,	aus Unterposition 9021 10
	c) Prothesen, ausgenommen Teile und Zubehör,	aus Unterpositionen 9021 21, 9021 29 00 und 9021 39
	d) Schwerhörigengeräte, Herzschrittmacher und andere Vorrichtungen zum Beheben von Funktionsschäden oder Gebrechen, zum Tragen in der Hand oder am Körper oder zum Einpflanzen in den Organismus, ausgenommen Teile und Zubehör	Unterpositionen 9021 40 00 und 9021 50 00, aus Unterposition 9021 90
53	Kunstgegenstände, und zwar	
	a) Gemälde und Zeichnungen, vollständig mit der Hand geschaffen, sowie Collagen und ähnliche dekorative Bildwerke,	Position 9701
	b) Originalstiche, -schnitte und -steindrucke,	Position 9702 00 00
	c) Originalerzeugnisse der Bildhauerkunst, aus Stoffen aller Art	Position 9703 00 00
54	Sammlungsstücke,	
	a) zoologische, botanische, mineralogische oder anatomische, und Sammlungen dieser Art,	aus Position 9705 00 00
	b) von geschichtlichem, archäologischem, paläontologischem oder völkerkundlichem Wert,	aus Position 9705 00 00
	c) von münzkundlichem Wert, und zwar	
	aa) kursungültige Banknoten einschließlich Briefmarkengeld und Papiernotgeld,	aus Position 9705 00 00
	bb) Münzen aus unedlen Metallen,	aus Position 9705 00 00
	cc) Münzen und Medaillen aus Edelmetallen, wenn die Bemessungsgrundlage für die Umsätze dieser Gegenstände mehr als 250 Prozent des unter Zugrundelegung des Feingewichts berechneten Metallwerts ohne Umsatzsteuer beträgt	aus Positionen 7118, 9705 00 00 und 9706 00 00

UStG

Umsatzsteuer-Durchführungsverordnung (UStDV)

v. 21. 2. 2005 (BGBl I S. 435) mit späteren Änderungen

Die amtliche Neufassung der UStDV v. 21. 2. 2005 (BGBl I 435) wurde inzwischen geändert durch Art. 4 Abs. 32 Gesetz zur Neuorganisation der Bundesfinanzverwaltung und zur Schaffung eines Refinanzierungsregisters v. 22. 9. 2005 (BGBl I 2809); Art. 9 Erstes Gesetz zum Abbau bürokratischer Hemmnisse insbesondere in der mittelständischen Wirtschaft v. 22. 8. 2006 (BGBl I 1970); Art. 8 Jahressteuergesetz 2007 (JStG 2007) v. 13. 12. 2006 (BGBl I 2878); Art. 9 Jahressteuergesetz 2008 (JStG 2008) v. 20. 12. 2007 (BGBl I 3150); Art. 8 Jahressteuergesetz 2009 (JStG 2009) v. 19. 12. 2008 (BGBl I 2794); Art. 9 Gesetz zur Modernisierung und Entbürokratisierung des Steuerverfahrens (Steuerbürokratieabbaugesetz) v. 20. 12. 2008 (BGBl I 2850), Änderungen durch vorgenanntes Gesetz treten erst am 1. 1. 2011 in Kraft und sind in einer Fußnote ausgewiesen; Art. 7 Drittes Gesetz zum Abbau bürokratischer Hemmnisse insbesondere in der mittelständischen Wirtschaft (Drittes Mittelstandsentlastungsgesetz) v. 17. 3. 2009 (BGBl I 550). — **Zur Anwendung siehe § 74a.**

Nichtamtliche Fassung

Inhaltsübersicht

Zu § 3a des Gesetzes

§ 1[1)] (weggefallen)

Zu § 3b des Gesetzes

§ 2 Verbindungsstrecken im Inland

[1]Bei grenzüberschreitenden Beförderungen ist die Verbindungsstrecke zwischen zwei Orten im Ausland, die über das Inland führt, als ausländische Beförderungsstrecke anzusehen, wenn diese Verbindungsstrecke den nächsten oder verkehrstechnisch günstigsten Weg darstellt und der inländische Streckenanteil nicht länger als 30 Kilometer ist. [2]Dies gilt nicht für Personenbeförderungen im Linienverkehr mit Kraftfahrzeugen. [3]§ 7 bleibt unberührt.

§ 3 Verbindungsstrecken im Ausland

[1]Bei grenzüberschreitenden Beförderungen ist die Verbindungsstrecke zwischen zwei Orten im Inland, die über das Ausland führt, als inländische Beförderungsstrecke anzusehen, wenn der ausländische Streckenanteil nicht länger als zehn Kilometer ist. [2]Dies gilt nicht für Personenbeförderungen im Linienverkehr mit Kraftfahrzeugen. [3]§ 7 bleibt unberührt.

§ 4 Anschlussstrecken im Schienenbahnverkehr

Bei grenzüberschreitenden Personenbeförderungen mit Schienenbahnen sind anzusehen:

1. als inländische Beförderungsstrecken die Anschlussstrecken im Ausland, die von Eisenbahnverwaltungen mit Sitz im Inland betrieben werden, sowie Schienenbahnstrecken in den in § 1 Abs. 3 des Gesetzes bezeichneten Gebieten;
2. als ausländische Beförderungsstrecken die inländischen Anschlussstrecken, die von Eisenbahnverwaltungen mit Sitz im Ausland betrieben werden.

§ 5 Kurze Straßenstrecken im Inland

[1]Bei grenzüberschreitenden Personenbeförderungen im Gelegenheitsverkehr mit Kraftfahrzeugen sind inländische Streckenanteile, die in einer Fahrtrichtung nicht länger als zehn Kilometer sind, als ausländische Beförderungsstrecken anzusehen. [2]§ 6 bleibt unberührt.

§ 6 Straßenstrecken in den in § 1 Abs. 3 des Gesetzes bezeichneten Gebieten

Bei grenzüberschreitenden Personenbeförderungen mit Kraftfahrzeugen von und zu den in § 1 Abs. 3 des Gesetzes bezeichneten Gebieten sowie zwischen diesen Gebieten sind die Streckenanteile in diesen Gebieten als inländische Beförderungsstrecken anzusehen.

§ 7 Kurze Strecken im grenzüberschreitenden Verkehr mit Wasserfahrzeugen

(1) Bei grenzüberschreitenden Beförderungen im Passagier- und Fährverkehr mit Wasserfahrzeugen, die sich ausschließlich auf das Inland und die in § 1 Abs. 3 des Gesetzes bezeichneten Gebiete erstrecken, sind die Streckenanteile in den in § 1 Abs. 3 des Gesetzes bezeichneten Gebieten als inländische Beförderungsstrecken anzusehen.

(2) [1]Bei grenzüberschreitenden Beförderungen im Passagier- und Fährverkehr mit Wasserfahrzeugen, die in inländischen Häfen beginnen und enden, sind

1. ausländische Streckenanteile als inländische Beförderungsstrecken anzusehen, wenn die ausländischen Streckenanteile nicht länger als zehn Kilometer sind, und

1) **Anm. d. Red.:** § 1 weggefallen gem. Art. 8 Nr. 2 JStG 2009 v. 19. 12. 2008 (BGBl I 2794).

2. inländische Streckenanteile als ausländische Beförderungsstrecken anzusehen, wenn
   a) die ausländischen Streckenanteile länger als zehn Kilometer und
   b) die inländischen Streckenanteile nicht länger als 20 Kilometer sind.

[2]Streckenanteile in den in § 1 Abs. 3 des Gesetzes bezeichneten Gebieten sind in diesen Fällen als inländische Beförderungsstrecken anzusehen.

(3) Bei grenzüberschreitenden Beförderungen im Passagier- und Fährverkehr mit Wasserfahrzeugen für die Seeschifffahrt, die zwischen ausländischen Seehäfen oder zwischen einem inländischen Seehafen und einem ausländischen Seehafen durchgeführt werden, sind inländische Streckenanteile als ausländische Beförderungsstrecken anzusehen und Beförderungen in den in § 1 Abs. 3 des Gesetzes bezeichneten Gebieten nicht wie Umsätze im Inland zu behandeln.

(4) Inländische Häfen im Sinne dieser Vorschrift sind auch Freihäfen und die Insel Helgoland.

(5) Bei grenzüberschreitenden Beförderungen im Fährverkehr über den Rhein, die Donau, die Elbe, die Neiße und die Oder sind die inländischen Streckenanteile als ausländische Beförderungsstrecken anzusehen.

Zu § 4 Nr. 1 Buchstabe a und den §§ 6 und 7 des Gesetzes

Ausfuhrnachweis und buchmäßiger Nachweis bei Ausfuhrlieferungen und Lohnveredelungen an Gegenständen der Ausfuhr

§ 8 Grundsätze für den Ausfuhrnachweis bei Ausfuhrlieferungen

(1) [1]Bei Ausfuhrlieferungen (§ 6 des Gesetzes) muss der Unternehmer im Geltungsbereich dieser Verordnung durch Belege nachweisen, dass er oder der Abnehmer den Gegenstand der Lieferung in das Drittlandsgebiet befördert oder versendet hat (Ausfuhrnachweis). [2]Die Voraussetzung muss sich aus den Belegen eindeutig und leicht nachprüfbar ergeben.

(2) Ist der Gegenstand der Lieferung durch Beauftragte vor der Ausfuhr bearbeitet oder verarbeitet worden (§ 6 Abs. 1 Satz 2 des Gesetzes), so muss sich auch dies aus den Belegen nach Absatz 1 eindeutig und leicht nachprüfbar ergeben.

§ 9 Ausfuhrnachweis bei Ausfuhrlieferungen in Beförderungsfällen

(1) In den Fällen, in denen der Unternehmer oder der Abnehmer den Gegenstand der Lieferung in das Drittlandsgebiet befördert hat (Beförderungsfälle), soll der Unternehmer den Ausfuhrnachweis regelmäßig durch einen Beleg führen, der Folgendes enthält:

1. den Namen und die Anschrift des Unternehmers;
2. die handelsübliche Bezeichnung und die Menge des ausgeführten Gegenstands;
3. den Ort und den Tag der Ausfuhr;
4. eine Ausfuhrbestätigung der den Ausgang des Gegenstands aus dem Gemeinschaftsgebiet überwachenden Grenzzollstelle eines Mitgliedstaates.

(2) An die Stelle der Ausfuhrbestätigung nach Absatz 1 Nr. 4 tritt bei einer Ausfuhr im gemeinsamen oder gemeinschaftlichen Versandverfahren oder bei einer Ausfuhr mit Carnet TIR, wenn diese Verfahren nicht bei einer Grenzzollstelle beginnen,

1. eine Ausfuhrbestätigung der Abgangsstelle, die bei einer Ausfuhr im gemeinsamen oder im gemeinschaftlichen Versandverfahren nach Eingang des Rückscheins, bei einer Ausfuhr mit Carnet TIR nach Eingang der Erledigungsbestätigung erteilt wird, sofern sich daraus die Ausfuhr ergibt, oder
2. eine Abfertigungsbestätigung der Abgangsstelle in Verbindung mit einer Eingangsbescheinigung der Bestimmungsstelle im Drittlandsgebiet.

§ 10 Ausfuhrnachweis bei Ausfuhrlieferungen in Versendungsfällen

(1) In den Fällen, in denen der Unternehmer oder der Abnehmer den Gegenstand der Lieferung in das Drittlandsgebiet versendet hat (Versendungsfälle), soll der Unternehmer den Ausfuhrnachweis regelmäßig wie folgt führen:

1. durch einen Versendungsbeleg, insbesondere durch Frachtbrief, Konnossement, Posteinlieferungsschein oder deren Doppelstücke, oder
2. durch einen sonstigen handelsüblichen Beleg, insbesondere durch eine Bescheinigung des beauftragten Spediteurs oder durch eine Versandbestätigung des Lieferers. [2]Der sonstige Beleg soll enthalten:
   a) den Namen und die Anschrift des Ausstellers sowie den Tag der Ausstellung,
   b) den Namen und die Anschrift des Unternehmers sowie des Auftraggebers, wenn dieser nicht der Unternehmer ist,
   c) die handelsübliche Bezeichnung und die Menge des ausgeführten Gegenstands,
   d) den Ort und den Tag der Ausfuhr oder den Ort und den Tag der Versendung in das Drittlandsgebiet,
   e) den Empfänger und den Bestimmungsort im Drittlandsgebiet,
   f) eine Versicherung des Ausstellers, dass die Angaben in dem Beleg auf Grund von Geschäftsunterlagen gemacht wurden, die im Gemeinschaftsgebiet nachprüfbar sind,
   g) die Unterschrift des Ausstellers.

(2) Ist es dem Unternehmer in den Versendungsfällen nicht möglich oder nicht zumutbar, den Ausfuhrnachweis nach Absatz 1 zu führen, so kann er die Ausfuhr wie bei den Beförderungsfällen (§ 9) nachweisen.

§ 11 Ausfuhrnachweis bei Ausfuhrlieferungen in Bearbeitungs- und Verarbeitungsfällen

(1) In den Fällen, in denen der Gegenstand der Lieferung durch einen Beauftragten vor der Ausfuhr bearbeitet oder verarbeitet worden ist (Bearbeitungs- und Verarbeitungsfälle), soll der Unternehmer den Ausfuhrnachweis regelmäßig durch einen Beleg nach § 9 oder § 10 führen, der zusätzlich folgende Angaben enthält:

1. den Namen und die Anschrift des Beauftragten;
2. die handelsübliche Bezeichnung und die Menge des an den Beauftragten übergebenen oder versendeten Gegenstands;
3. den Ort und den Tag der Entgegennahme des Gegenstands durch den Beauftragten;
4. die Bezeichnung des Auftrags und der vom Beauftragten vorgenommenen Bearbeitung oder Verarbeitung.

(2) Ist der Gegenstand der Lieferung durch mehrere Beauftragte bearbeitet oder verarbeitet worden, so haben sich die in Absatz 1 bezeichneten Angaben auf die Bearbeitungen oder Verarbeitungen eines jeden Beauftragten zu erstrecken.

§ 12 Ausfuhrnachweis bei Lohnveredelungen an Gegenständen der Ausfuhr

Bei Lohnveredelungen an Gegenständen der Ausfuhr (§ 7 des Gesetzes) sind die Vorschriften über die Führung des Ausfuhrnachweises bei Ausfuhrlieferungen (§§ 8 bis 11) entsprechend anzuwenden.

§ 13 Buchmäßiger Nachweis bei Ausfuhrlieferungen und Lohnveredelungen an Gegenständen der Ausfuhr

(1) [1]Bei Ausfuhrlieferungen und Lohnveredelungen an Gegenständen der Ausfuhr (§§ 6 und 7 des Gesetzes) muss der Unternehmer im Geltungsbereich dieser Verordnung die Voraussetzungen der Steuerbefreiung buchmäßig nachweisen. [2]Die Voraussetzungen müssen eindeutig und leicht nachprüfbar aus der Buchführung zu ersehen sein.

(2) Der Unternehmer soll regelmäßig Folgendes aufzeichnen:

1. die handelsübliche Bezeichnung und die Menge des Gegenstands der Lieferung oder die Art und den Umfang der Lohnveredelung;
2. den Namen und die Anschrift des Abnehmers oder Auftraggebers;
3. den Tag der Lieferung oder der Lohnveredelung;
4. das vereinbarte Entgelt oder bei der Besteuerung nach vereinnahmten Entgelten das vereinnahmte Entgelt und den Tag der Vereinnahmung;
5. die Art und den Umfang einer Bearbeitung oder Verarbeitung vor der Ausfuhr (§ 6 Abs. 1 Satz 2, § 7 Abs. 1 Satz 2 des Gesetzes);
6. die Ausfuhr.

(3) In den Fällen des § 6 Abs. 1 Satz 1 Nr. 1 des Gesetzes, in denen der Abnehmer kein ausländischer Abnehmer ist, soll der Unternehmer zusätzlich zu den Angaben nach Absatz 2 aufzeichnen:

1. die Beförderung oder Versendung durch ihn selbst;
2. den Bestimmungsort.

(4) In den Fällen des § 6 Abs. 1 Satz 1 Nr. 3 des Gesetzes soll der Unternehmer zusätzlich zu den Angaben nach Absatz 2 aufzeichnen:

1. die Beförderung oder Versendung;
2. den Bestimmungsort;
3. in den Fällen, in denen der Abnehmer ein Unternehmer ist, auch den Gewerbezweig oder Beruf des Abnehmers und den Erwerbszweck.

(4a) In den Fällen des § 6 Abs. 1 Satz 1 Nr. 2 und 3 des Gesetzes, in denen der Abnehmer ein Unternehmer ist und er oder sein Beauftragter den Gegenstand der Lieferung im persönlichen Reisegepäck ausführt, soll der Unternehmer zusätzlich zu den Angaben nach Absatz 2 auch den Gewerbezweig oder Beruf des Abnehmers und den Erwerbszweck aufzeichnen.

(5) In den Fällen des § 6 Abs. 3 des Gesetzes soll der Unternehmer zusätzlich zu den Angaben nach Absatz 2 aufzeichnen:

1. den Gewerbezweig oder Beruf des Abnehmers;
2. den Verwendungszweck des Beförderungsmittels.

(6) In den Fällen des § 7 Abs. 1 Satz 1 Nr. 1 des Gesetzes, in denen der Auftraggeber kein ausländischer Auftraggeber ist, ist Absatz 3 und in den Fällen des § 7 Abs. 1 Satz 1 Nr. 3 Buchstabe b des Gesetzes Absatz 4 entsprechend anzuwenden.

§§ 14 bis 16 (weggefallen)

§ 17 Abnehmernachweis bei Ausfuhrlieferungen im nichtkommerziellen Reiseverkehr

In den Fällen des § 6 Abs. 3a des Gesetzes soll der Beleg nach § 9 zusätzlich folgende Angaben enthalten:

1. den Namen und die Anschrift des Abnehmers;
2. eine Bestätigung der den Ausgang des Gegenstands der Lieferung aus dem Gemeinschaftsgebiet überwachenden Grenzzollstelle eines Mitgliedstaates, dass die nach Nummer 1 gemachten Angaben mit den Eintragungen in dem vorgelegten Pass oder sonstigen Grenzübertrittspapier desjenigen übereinstimmen, der den Gegenstand in das Drittlandsgebiet verbringt.

Zu § 4 Nr. 1 Buchstabe b und § 6a des Gesetzes

§ 17a Nachweis bei innergemeinschaftlichen Lieferungen in Beförderungs- und Versendungsfällen

(1) [1]Bei innergemeinschaftlichen Lieferungen (§ 6a Abs. 1 des Gesetzes) muss der Unternehmer im Geltungsbereich dieser Verordnung durch Belege nachweisen, dass er oder der Abnehmer den Gegenstand der Lieferung in das übrige Gemeinschaftsgebiet befördert oder versendet hat. [2]Dies muss sich aus den Belegen eindeutig und leicht nachprüfbar ergeben.

(2) In den Fällen, in denen der Unternehmer oder der Abnehmer den Gegenstand der Lieferung in das übrige Gemeinschaftsgebiet befördert, soll der Unternehmer den Nachweis hierüber wie folgt führen:

1. durch das Doppel der Rechnung (§§ 14, 14a des Gesetzes),
2. durch einen handelsüblichen Beleg, aus dem sich der Bestimmungsort ergibt, insbesondere Lieferschein,
3. durch eine Empfangsbestätigung des Abnehmers oder seines Beauftragten sowie
4. in den Fällen der Beförderung des Gegenstands durch den Abnehmer durch eine Versicherung des Abnehmers oder seines Beauftragten, den Gegenstand der Lieferung in das übrige Gemeinschaftsgebiet zu befördern.

(3) Wird der Gegenstand der Lieferung vom Unternehmer oder Abnehmer im gemeinschaftlichen Versandverfahren in das übrige Gemeinschaftsgebiet befördert, kann der Unternehmer den Nachweis hierüber abweichend von Absatz 2 auch wie folgt führen:

1. durch eine Bestätigung der Abgangsstelle über die innergemeinschaftliche Lieferung, die nach Eingang des Rückscheins erteilt wird, sofern sich daraus die Lieferung in das übrige Gemeinschaftsgebiet ergibt, oder
2. durch eine Abfertigungsbestätigung der Abgangsstelle in Verbindung mit einer Eingangsbescheinigung der Bestimmungsstelle im übrigen Gemeinschaftsgebiet.

(4) [1]In den Fällen, in denen der Unternehmer oder der Abnehmer den Gegenstand der Lieferung in das übrige Gemeinschaftsgebiet versendet, soll der Unternehmer den Nachweis hierüber wie folgt führen:

1. durch das Doppel der Rechnung (§§ 14, 14a des Gesetzes) und
2. durch einen Beleg entsprechend § 10 Abs. 1.

[2]Ist es dem Unternehmer nicht möglich oder nicht zumutbar, den Versendungsnachweis nach Satz 1 zu führen, kann er den Nachweis auch nach den Absätzen 2 oder 3 führen.

§ 17b Nachweis bei innergemeinschaftlichen Lieferungen in Bearbeitungs- oder Verarbeitungsfällen

[1]Ist der Gegenstand der Lieferung vor der Beförderung oder Versendung in das übrige Gemeinschaftsgebiet durch einen Beauftragten bearbeitet oder verarbeitet worden (§ 6a Abs. 1 Satz 2 des Gesetzes), so muss der Unternehmer dies durch Belege eindeutig und leicht nachprüfbar nachweisen. [2]Der Nachweis soll durch Belege nach § 17a geführt werden, die zusätzlich die in § 11 Abs. 1 Nr. 1 bis 4 bezeichneten Angaben enthalten. [3]Ist der Gegenstand durch mehrere Beauftragte bearbeitet oder verarbeitet worden, ist § 11 Abs. 2 entsprechend anzuwenden.

USTDV

§ 17c[1] Buchmäßiger Nachweis bei innergemeinschaftlichen Lieferungen

(1) [1]Bei innergemeinschaftlichen Lieferungen (§ 6a Abs. 1 und 2 des Gesetzes) muss der Unternehmer im Geltungsbereich dieser Verordnung die Voraussetzungen der Steuerbefreiung einschließlich Umsatzsteuer-Identifikationsnummer des Abnehmers buchmäßig

1) **Anm. d. Red.:** § 17c Abs. 2 i. d. F. des Art. 8 Nr. 3 JStG 2009 v. 19. 12. 2008 (BGBl I 2794).

nachweisen. [2]Die Voraussetzungen müssen eindeutig und leicht nachprüfbar aus der Buchführung zu ersehen sein.

(2) Der Unternehmer soll regelmäßig Folgendes aufzeichnen:

1. den Namen und die Anschrift des Abnehmers;
2. den Namen und die Anschrift des Beauftragten des Abnehmers bei einer Lieferung, die im Einzelhandel oder in einer für den Einzelhandel gebräuchlichen Art und Weise erfolgt;
3. den Gewerbezweig oder Beruf des Abnehmers;
4. die handelsübliche Bezeichnung und die Menge des Gegenstands der Lieferung;
5. den Tag der Lieferung;
6. das vereinbarte Entgelt oder bei der Besteuerung nach vereinnahmten Entgelten das vereinnahmte Entgelt und den Tag der Vereinnahmung;
7. die Art und den Umfang einer Bearbeitung oder Verarbeitung vor der Beförderung oder der Versendung in das übrige Gemeinschaftsgebiet (§ 6a Abs. 1 Satz 2 des Gesetzes);
8. die Beförderung oder Versendung in das übrige Gemeinschaftsgebiet;
9. den Bestimmungsort im übrigen Gemeinschaftsgebiet.

(3) In den einer Lieferung gleichgestellten Verbringungsfällen (§ 6a Abs. 2 des Gesetzes) soll der Unternehmer Folgendes aufzeichnen:

1. die handelsübliche Bezeichnung und die Menge des verbrachten Gegenstands;
2. die Anschrift und die Umsatzsteuer-Identifikationsnummer des im anderen Mitgliedstaat belegenen Unternehmensteils;
3. den Tag des Verbringens;
4. die Bemessungsgrundlage nach § 10 Abs. 4 Satz 1 Nr. 1 des Gesetzes.

(4) In den Fällen, in denen neue Fahrzeuge an Abnehmer ohne Umsatzsteuer-Identifikationsnummer in das übrige Gemeinschaftsgebiet geliefert werden, soll der Unternehmer Folgendes aufzeichnen:

1. den Namen und die Anschrift des Erwerbers;
2. die handelsübliche Bezeichnung des gelieferten Fahrzeugs;
3. den Tag der Lieferung;
4. das vereinbarte Entgelt oder bei der Besteuerung nach vereinnahmten Entgelten das vereinnahmte Entgelt und den Tag der Vereinnahmung;
5. die in § 1b Abs. 2 und 3 des Gesetzes bezeichneten Merkmale;
6. die Beförderung oder Versendung in das übrige Gemeinschaftsgebiet;
7. den Bestimmungsort im übrigen Gemeinschaftsgebiet.

Zu § 4 Nr. 2 und § 8 des Gesetzes

§ 18 Buchmäßiger Nachweis bei Umsätzen für die Seeschifffahrt und für die Luftfahrt

[1]Bei Umsätzen für die Seeschifffahrt und für die Luftfahrt (§ 8 des Gesetzes) ist § 13 Abs. 1 und 2 Nr. 1 bis 4 entsprechend anzuwenden. [2]Zusätzlich soll der Unternehmer aufzeichnen, für welchen Zweck der Gegenstand der Lieferung oder die sonstige Leistung bestimmt ist.

Zu § 4 Nr. 3 des Gesetzes

§ 19 (weggefallen)

§ 20[1] Belegmäßiger Nachweis bei steuerfreien Leistungen, die sich auf Gegenstände der Ausfuhr oder Einfuhr beziehen

(1) [1]Bei einer Leistung, die sich unmittelbar auf einen Gegenstand der Ausfuhr bezieht oder auf einen eingeführten Gegenstand bezieht, der im externen Versandverfahren in das Drittlandsgebiet befördert wird (§ 4 Nr. 3 Satz 1 Buchstabe a Doppelbuchstabe aa des Gesetzes), muss der Unternehmer durch Belege die Ausfuhr oder Wiederausfuhr des Gegenstands nachweisen. [2]Die Voraussetzung muss sich aus den Belegen eindeutig und leicht nachprüfbar ergeben. [3]Die Vorschriften über den Ausfuhrnachweis in den §§ 9 bis 11 sind entsprechend anzuwenden.

(2) Bei einer Leistung, die sich auf einen Gegenstand der Einfuhr in das Gebiet eines Mitgliedstaates der Europäischen Gemeinschaft bezieht (§ 4 Nr. 3 Satz 1 Buchstabe a Doppelbuchstabe bb des Gesetzes), muss der Unternehmer durch Belege nachweisen, dass die Kosten für diese Leistung in der Bemessungsgrundlage für die Einfuhr enthalten sind.

(3) Der Unternehmer muss die Nachweise im Geltungsbereich dieser Verordnung führen.

§ 21[2] Buchmäßiger Nachweis bei steuerfreien Leistungen, die sich auf Gegenstände der Ausfuhr oder Einfuhr beziehen

[1]Bei einer Leistung, die sich auf einen Gegenstand der Ausfuhr, auf einen Gegenstand der Einfuhr in das Gebiet eines Mitgliedstaates der Europäischen Gemeinschaft oder auf einen eingeführten Gegenstand bezieht, der im externen Versandverfahren in das Drittlandsgebiet befördert wird (§ 4 Nr. 3 Satz 1 Buchstabe a des Gesetzes), ist § 13 Abs. 1 und Abs. 2 Nr. 1 bis 4 entsprechend anzuwenden. [2]Zusätzlich soll der Unternehmer aufzeichnen:

1. bei einer Leistung, die sich auf einen Gegenstand der Ausfuhr bezieht oder auf einen eingeführten Gegenstand bezieht, der im externen Versandverfahren in das Drittlandsgebiet befördert wird, dass der Gegenstand ausgeführt oder wiederausgeführt worden ist;
2. bei einer Leistung, die sich auf einen Gegenstand der Einfuhr in das Gebiet eines Mitgliedstaates der Europäischen Gemeinschaft bezieht, dass die Kosten für die Leistung in der Bemessungsgrundlage für die Einfuhr enthalten sind.

Zu § 4 Nr. 5 des Gesetzes

§ 22 Buchmäßiger Nachweis bei steuerfreien Vermittlungen

(1) Bei Vermittlungen im Sinne des § 4 Nr. 5 des Gesetzes ist § 13 Abs. 1 entsprechend anzuwenden.

(2) Der Unternehmer soll regelmäßig Folgendes aufzeichnen:

1. die Vermittlung und den vermittelten Umsatz;
2. den Tag der Vermittlung;
3. den Namen und die Anschrift des Unternehmers, der den vermittelten Umsatz ausgeführt hat;
4. das für die Vermittlung vereinbarte Entgelt oder bei der Besteuerung nach vereinnahmten Entgelten das für die Vermittlung vereinnahmte Entgelt und den Tag der Vereinnahmung.

---

1) **Anm. d. Red.:** § 20 Abs. 1 und 2 i. d. F. des Art. 8 Nr. 4 JStG 2009 v. 19. 12. 2008 (BGBl I 2794).

2) **Anm. d. Red.:** § 21 i. d. F. des Art. 8 Nr. 5 JStG 2009 v. 19. 12. 2008 (BGBl I 2794).

Zu § 4 Nr. 18 des Gesetzes

§ 23[1] Amtlich anerkannte Verbände der freien Wohlfahrtspflege

Die nachstehenden Vereinigungen gelten als amtlich anerkannte Verbände der freien Wohlfahrtspflege:

1. Diakonisches Werk der Evangelischen Kirche in Deutschland e. V.;
2. Deutscher Caritasverband e. V.;
3. Deutscher Paritätischer Wohlfahrtsverband – Gesamtverband e. V.;
4. Deutsches Rotes Kreuz e. V.;
5. Arbeiterwohlfahrt Bundesverband e. V.;
6. Zentralwohlfahrtsstelle der Juden in Deutschland e. V.;
7. Deutscher Blinden- und Sehbehindertenverband e. V.;
8. Bund der Kriegsblinden Deutschlands e. V.;
9. Verband deutscher Wohltätigkeitsstiftungen e. V.;
10. Bundesarbeitsgemeinschaft Selbsthilfe von Menschen mit Behinderung und chronischer Erkrankung und ihren Angehörigen e. V.;
11. Sozialverband VdK Deutschland e. V.

Zu § 4a des Gesetzes

§ 24 Antragsfrist für die Steuervergütung und Nachweis der Voraussetzungen

(1) [1]Die Steuervergütung ist bei dem zuständigen Finanzamt bis zum Ablauf des Kalenderjahres zu beantragen, das auf das Kalenderjahr folgt, in dem der Gegenstand in das Drittlandsgebiet gelangt. [2]Ein Antrag kann mehrere Ansprüche auf die Steuervergütung umfassen.

(2) Der Nachweis, dass der Gegenstand in das Drittlandsgebiet gelangt ist, muss in der gleichen Weise wie bei Ausfuhrlieferungen geführt werden (§§ 8 bis 11).

(3) [1]Die Voraussetzungen für die Steuervergütung sind im Geltungsbereich dieser Verordnung buchmäßig nachzuweisen. [2]Regelmäßig sollen aufgezeichnet werden:

1. die handelsübliche Bezeichnung und die Menge des ausgeführten Gegenstands;
2. der Name und die Anschrift des Lieferers;
3. der Name und die Anschrift des Empfängers;
4. der Verwendungszweck im Drittlandsgebiet;
5. der Tag der Ausfuhr des Gegenstands;
6. die mit dem Kaufpreis für die Lieferung des Gegenstands bezahlte Steuer oder die für die Einfuhr oder den innergemeinschaftlichen Erwerb des Gegenstands entrichtete Steuer.

Zu § 10 Abs. 6 des Gesetzes

§ 25 Durchschnittsbeförderungsentgelt

Das Durchschnittsbeförderungsentgelt wird auf 4,43 Cent je Personenkilometer festgesetzt.

1) **Anm. d. Red.:** § 23 i. d. F. des Art. 9 JStG 2008 v. 20. 12. 2007 (BGBl I 3150).

Zu § 12 Abs. 2 Nr. 1 des Gesetzes

§§ 26 bis 29 (weggefallen)

Zu § 12 Abs. 2 Nr. 7 Buchstabe d des Gesetzes

§ 30 Schausteller

Als Leistungen aus der Tätigkeit als Schausteller gelten Schaustellungen, Musikaufführungen, unterhaltende Vorstellungen oder sonstige Lustbarkeiten auf Jahrmärkten, Volksfesten, Schützenfesten oder ähnlichen Veranstaltungen.

Zu § 13b des Gesetzes

§ 30a Steuerschuldnerschaft bei unfreien Versendungen

[1]Lässt ein Absender einen Gegenstand durch einen im Ausland ansässigen Frachtführer oder Verfrachter unfrei zum Empfänger der Frachtsendung befördern oder eine solche Beförderung durch einen im Ausland ansässigen Spediteur unfrei besorgen, ist der Empfänger der Frachtsendung an Stelle des Leistungsempfängers Steuerschuldner nach § 13b Abs. 2 des Gesetzes, wenn

1. er ein Unternehmer oder eine juristische Person des öffentlichen Rechts ist,
2. er die Entrichtung des Entgelts für die Beförderung oder für ihre Besorgung übernommen hat und
3. aus der Rechnung über die Beförderung oder ihre Besorgung auch die in Nummer 2 bezeichnete Voraussetzung zu ersehen ist.

[2]Dies gilt auch, wenn die Leistung für den nichtunternehmerischen Bereich bezogen wird.

Zu § 14 des Gesetzes

§ 31 Angaben in der Rechnung

(1) [1]Eine Rechnung kann aus mehreren Dokumenten bestehen, aus denen sich die nach § 14 Abs. 4 des Gesetzes geforderten Angaben insgesamt ergeben. [2]In einem dieser Dokumente sind das Entgelt und der darauf entfallende Steuerbetrag jeweils zusammengefasst anzugeben und alle anderen Dokumente zu bezeichnen, aus denen sich die übrigen Angaben nach § 14 Abs. 4 des Gesetzes ergeben. [3]Die Angaben müssen leicht und eindeutig nachprüfbar sein.

(2) Den Anforderungen des § 14 Abs. 4 Satz 1 Nr. 1 des Gesetzes ist genügt, wenn sich auf Grund der in die Rechnung aufgenommenen Bezeichnungen der Name und die Anschrift sowohl des leistenden Unternehmers als auch des Leistungsempfängers eindeutig feststellen lassen.

(3) [1]Für die in § 14 Abs. 4 Satz 1 Nr. 1 und 5 des Gesetzes vorgeschriebenen Angaben können Abkürzungen, Buchstaben, Zahlen oder Symbole verwendet werden, wenn ihre Bedeutung in der Rechnung oder in anderen Unterlagen eindeutig festgelegt ist. [2]Die erforderlichen anderen Unterlagen müssen sowohl beim Aussteller als auch beim Empfänger der Rechnung vorhanden sein.

(4) Als Zeitpunkt der Lieferung oder sonstigen Leistung (§ 14 Abs. 4 Satz 1 Nr. 6 des Gesetzes) kann der Kalendermonat angegeben werden, in dem die Leistung ausgeführt wird.

(5) [1]Eine Rechnung kann berichtigt werden, wenn

a) sie nicht alle Angaben nach § 14 Abs. 4 oder § 14a des Gesetzes enthält oder
b) Angaben in der Rechnung unzutreffend sind.

[2]Es müssen nur die fehlenden oder unzutreffenden Angaben durch ein Dokument, das spezifisch und eindeutig auf die Rechnung bezogen ist, übermittelt werden. [3]Es gelten die gleichen Anforderungen an Form und Inhalt wie in § 14 des Gesetzes.

§ 32 Rechnungen über Umsätze, die verschiedenen Steuersätzen unterliegen

Wird in einer Rechnung über Lieferungen oder sonstige Leistungen, die verschiedenen Steuersätzen unterliegen, der Steuerbetrag durch Maschinen automatisch ermittelt und durch diese in der Rechnung angegeben, ist der Ausweis des Steuerbetrags in einer Summe zulässig, wenn für die einzelnen Posten der Rechnung der Steuersatz angegeben wird.

§ 33[1)] Rechnungen über Kleinbeträge

[1]Eine Rechnung, deren Gesamtbetrag 150 Euro nicht übersteigt, muss mindestens folgende Angaben enthalten:

1. den vollständigen Namen und die vollständige Anschrift des leistenden Unternehmers,
2. das Ausstellungsdatum,
3. die Menge und die Art der gelieferten Gegenstände oder den Umfang und die Art der sonstigen Leistung und
4. das Entgelt und den darauf entfallenden Steuerbetrag für die Lieferung oder sonstige Leistung in einer Summe sowie den anzuwendenden Steuersatz oder im Fall einer Steuerbefreiung einen Hinweis darauf, dass für die Lieferung oder sonstige Leistung eine Steuerbefreiung gilt.

[2]Die §§ 31 und 32 sind entsprechend anzuwenden. [3]Die Sätze 1 und 2 gelten nicht für Rechnungen über Leistungen im Sinne der §§ 3c, 6a und 13b des Gesetzes.

§ 34 Fahrausweise als Rechnungen

(1) [1]Fahrausweise, die für die Beförderung von Personen ausgegeben werden, gelten als Rechnungen im Sinne des § 14 des Gesetzes, wenn sie mindestens die folgenden Angaben enthalten:

1. den vollständigen Namen und die vollständige Anschrift des Unternehmers, der die Beförderungsleistung ausführt. [2]§ 31 Abs. 2 ist entsprechend anzuwenden,
2. das Ausstellungsdatum,
3. das Entgelt und den darauf entfallenden Steuerbetrag in einer Summe,
4. den anzuwendenden Steuersatz, wenn die Beförderungsleistung nicht dem ermäßigten Steuersatz nach § 12 Abs. 2 Nr. 10 des Gesetzes unterliegt, und
5. im Fall der Anwendung des § 26 Abs. 3 des Gesetzes einen Hinweis auf die grenzüberschreitende Beförderung von Personen im Luftverkehr.

[2]Auf Fahrausweisen der Eisenbahnen, die dem öffentlichen Verkehr dienen, kann an Stelle des Steuersatzes die Tarifentfernung angegeben werden.

(2) [1]Fahrausweise für eine grenzüberschreitende Beförderung im Personenverkehr und im internationalen Eisenbahn-Personenverkehr gelten nur dann als Rechnung im Sinne des § 14 des Gesetzes, wenn eine Bescheinigung des Beförderungsunternehmers oder seines Beauftragten darüber vorliegt, welcher Anteil des Beförderungspreises auf die Strecke im Inland entfällt. [2]In der Bescheinigung ist der Steuersatz anzugeben, der auf den auf das Inland entfallenden Teil der Beförderungsleistung anzuwenden ist.

(3) Die Absätze 1 und 2 gelten für Belege im Reisegepäckverkehr entsprechend.

1) **Anm. d. Red.:** § 33 i. d. F. des Art. 9 Erstes Gesetz zum Abbau bürokratischer Hemmnisse insbesondere in der mittelständischen Wirtschaft v. 22. 8. 2006 (BGBl I 1970).

Zu § 15 des Gesetzes

§ 35 Vorsteuerabzug bei Rechnungen über Kleinbeträge und bei Fahrausweisen

(1) Bei Rechnungen im Sinne des § 33 kann der Unternehmer den Vorsteuerabzug in Anspruch nehmen, wenn er den Rechnungsbetrag in Entgelt und Steuerbetrag aufteilt.

(2) [1]Absatz 1 ist für Rechnungen im Sinne des § 34 entsprechend anzuwenden. [2]Bei der Aufteilung in Entgelt und Steuerbetrag ist der Steuersatz nach § 12 Abs. 1 des Gesetzes anzuwenden, wenn in der Rechnung

1. dieser Steuersatz oder
2. eine Tarifentfernung von mehr als 50 Kilometern

angegeben ist. [3]Bei den übrigen Rechnungen ist der Steuersatz nach § 12 Abs. 2 des Gesetzes anzuwenden. [4]Bei Fahrausweisen im Luftverkehr kann der Vorsteuerabzug nur in Anspruch genommen werden, wenn der Steuersatz nach § 12 Abs. 1 des Gesetzes im Fahrausweis angegeben ist.

§§ 36 bis 39a (weggefallen)

§ 40 Vorsteuerabzug bei unfreien Versendungen

(1) [1]Lässt ein Absender einen Gegenstand durch einen Frachtführer oder Verfrachter unfrei zu einem Dritten befördern oder eine solche Beförderung durch einen Spediteur unfrei besorgen, so ist für den Vorsteuerabzug der Empfänger der Frachtsendung als Auftraggeber dieser Leistungen anzusehen. [2]Der Absender darf die Steuer für diese Leistungen nicht als Vorsteuer abziehen. [3]Der Empfänger der Frachtsendung kann diese Steuer unter folgenden Voraussetzungen abziehen:

1. Er muss im Übrigen hinsichtlich der Beförderung oder ihrer Besorgung zum Abzug der Steuer berechtigt sein (§ 15 Abs. 1 Satz 1 Nr. 1 des Gesetzes).
2. Er muss die Entrichtung des Entgelts zuzüglich der Steuer für die Beförderung oder für ihre Besorgung übernommen haben.
3. [1]Die in Nummer 2 bezeichnete Voraussetzung muss aus der Rechnung über die Beförderung oder ihre Besorgung zu ersehen sein. [2]Die Rechnung ist vom Empfänger der Frachtsendung aufzubewahren.

(2) Die Vorschriften des § 22 des Gesetzes sowie des § 35 Abs. 1 und § 63 dieser Verordnung gelten für den Empfänger der Frachtsendung entsprechend.

§§ 41 bis 42 (weggefallen)

§ 43 Erleichterungen bei der Aufteilung der Vorsteuern

Die den folgenden steuerfreien Umsätzen zuzurechnenden Vorsteuerbeträge sind nur dann vom Vorsteuerabzug ausgeschlossen, wenn sie diesen Umsätzen ausschließlich zuzurechnen sind:

1. Umsätze von Geldforderungen, denen zum Vorsteuerabzug berechtigende Umsätze des Unternehmers zugrunde liegen;
2. Umsätze von Wechseln, die der Unternehmer von einem Leistungsempfänger erhalten hat, weil er den Leistenden als Bürge oder Garantiegeber befriedigt. [2]Das gilt nicht, wenn die Vorsteuern, die dem Umsatz dieses Leistenden zuzurechnen sind, vom Vorsteuerabzug ausgeschlossen sind;
3. Lieferungen von gesetzlichen Zahlungsmitteln und im Inland gültigen amtlichen Wertzeichen sowie Einlagen bei Kreditinstituten, wenn diese Umsätze als Hilfsumsätze anzusehen sind.

Zu § 15a des Gesetzes

§ 44 Vereinfachungen bei der Berichtigung des Vorsteuerabzugs

(1) Eine Berichtigung des Vorsteuerabzugs nach § 15a des Gesetzes entfällt, wenn die auf die Anschaffungs- oder Herstellungskosten eines Wirtschaftsguts entfallende Vorsteuer 1 000 Euro nicht übersteigt.

(2) [1]Haben sich bei einem Wirtschaftsgut in einem Kalenderjahr die für den ursprünglichen Vorsteuerabzug maßgebenden Verhältnisse um weniger als 10 Prozentpunkte geändert, entfällt bei diesem Wirtschaftsgut für dieses Kalenderjahr die Berichtigung des Vorsteuerabzugs. [2]Das gilt nicht, wenn der Betrag, um den der Vorsteuerabzug für dieses Kalenderjahr zu berichtigen ist, 1 000 Euro übersteigt.

(3) Beträgt die auf die Anschaffungs- oder Herstellungskosten eines Wirtschaftsguts entfallende Vorsteuer nicht mehr als 2 500 Euro, so ist die Berichtigung des Vorsteuerabzugs für alle in Betracht kommenden Kalenderjahre einheitlich bei der Berechnung der Steuer für das Kalenderjahr vorzunehmen, in dem der maßgebliche Berichtigungszeitraum endet.

(4) [1]Übersteigt der Betrag, um den der Vorsteuerabzug bei einem Wirtschaftsgut für das Kalenderjahr zu berichtigen ist, nicht 6 000 Euro, so ist die Berichtigung des Vorsteuerabzugs nach § 15a des Gesetzes abweichend von § 18 Abs. 1 und 2 des Gesetzes erst im Rahmen der Steuerfestsetzung für den Besteuerungszeitraum durchzuführen, in dem sich die für den ursprünglichen Vorsteuerabzug maßgebenden Verhältnisse geändert haben. [2]Absatz 3 bleibt unberührt. [3]Wird das Wirtschaftsgut während des maßgeblichen Berichtigungszeitraums veräußert oder nach § 3 Abs. 1b des Gesetzes geliefert, so ist die Berichtigung des Vorsteuerabzugs für das Kalenderjahr der Lieferung und die folgenden Kalenderjahre des Berichtigungszeitraums abweichend von den Sätzen 1 und 2 bereits bei der Berechnung der Steuer für den Voranmeldungszeitraum (§ 18 Abs. 1 und 2 des Gesetzes) durchzuführen, in dem die Lieferung stattgefunden hat.

(5) Die Absätze 1 bis 4 sind bei einer Berichtigung der auf nachträgliche Anschaffungs- oder Herstellungskosten und auf die in § 15a Abs. 3 und 4 des Gesetzes bezeichneten Leistungen entfallenden Vorsteuerbeträge entsprechend anzuwenden.

§ 45 Maßgebliches Ende des Berichtigungszeitraums

[1]Endet der Zeitraum, für den eine Berichtigung des Vorsteuerabzugs nach § 15a des Gesetzes durchzuführen ist, vor dem 16. eines Kalendermonats, so bleibt dieser Kalendermonat für die Berichtigung unberücksichtigt. [2]Endet er nach dem 15. eines Kalendermonats, so ist dieser Kalendermonat voll zu berücksichtigen.

Zu den §§ 16 und 18 des Gesetzes

Dauerfristverlängerung

§ 46 Fristverlängerung

[1]Das Finanzamt hat dem Unternehmer auf Antrag die Fristen für die Abgabe der Voranmeldungen und für die Entrichtung der Vorauszahlungen (§ 18 Abs. 1, 2 und 2a des Gesetzes) um einen Monat zu verlängern. [2]Das Finanzamt hat den Antrag abzulehnen oder eine bereits gewährte Fristverlängerung zu widerrufen, wenn der Steueranspruch gefährdet erscheint.

§ 47 Sondervorauszahlung

(1) [1]Die Fristverlängerung ist bei einem Unternehmer, der die Voranmeldungen monatlich abzugeben hat, unter der Auflage zu gewähren, dass dieser eine Sondervorauszahlung auf die Steuer eines jeden Kalenderjahres entrichtet. [2]Die Sondervorauszahlung beträgt ein Elftel der Summe der Vorauszahlungen für das vorangegangene Kalenderjahr.

(2) [1]Hat der Unternehmer seine gewerbliche oder berufliche Tätigkeit nur in einem Teil des vorangegangenen Kalenderjahres ausgeübt, so ist die Summe der Vorauszahlungen dieses Zeitraums in eine Jahressumme umzurechnen. [2]Angefangene Kalendermonate sind hierbei als volle Kalendermonate zu behandeln.

(3) Hat der Unternehmer seine gewerbliche oder berufliche Tätigkeit im laufenden Kalenderjahr begonnen, so ist die Sondervorauszahlung auf der Grundlage der zu erwartenden Vorauszahlungen dieses Kalenderjahres zu berechnen.

§ 48[1)] Verfahren

(1) [1]Der Unternehmer hat die Fristverlängerung für die Abgabe der Voranmeldungen bis zu dem Zeitpunkt zu beantragen, an dem die Voranmeldung, für die die Fristverlängerung erstmals gelten soll, nach § 18 Abs. 1, 2 und 2a des Gesetzes abzugeben ist. [2]Der Antrag ist nach amtlich vorgeschriebenem Vordruck zu stellen. [3]In dem Antrag hat der Unternehmer, der die Voranmeldungen monatlich abzugeben hat, die Sondervorauszahlung (§ 47) selbst zu berechnen und anzumelden. [4]Gleichzeitig hat er die angemeldete Sondervorauszahlung zu entrichten.

(2) [1]Während der Geltungsdauer der Fristverlängerung hat der Unternehmer, der die Voranmeldungen monatlich abzugeben hat, die Sondervorauszahlung für das jeweilige Kalenderjahr bis zum gesetzlichen Zeitpunkt der Abgabe der ersten Voranmeldung zu berechnen, anzumelden und zu entrichten. [2]Absatz 1 Satz 2 gilt entsprechend.

(3) Das Finanzamt kann die Sondervorauszahlung festsetzen, wenn sie vom Unternehmer nicht oder nicht richtig berechnet wurde oder wenn die Anmeldung zu einem offensichtlich unzutreffenden Ergebnis führt.

(4) Die festgesetzte Sondervorauszahlung ist bei der Festsetzung der Vorauszahlung für den letzten Voranmeldungszeitraum des Besteuerungszeitraums anzurechnen, für den die Fristverlängerung gilt.

Verzicht auf die Steuererhebung

§ 49 Verzicht auf die Steuererhebung im Börsenhandel mit Edelmetallen

Auf die Erhebung der Steuer für die Lieferungen von Gold, Silber und Platin sowie für die sonstigen Leistungen im Geschäft mit diesen Edelmetallen wird verzichtet, wenn

1. die Umsätze zwischen Unternehmern ausgeführt werden, die an einer Wertpapierbörse im Inland mit dem Recht zur Teilnahme am Handel zugelassen sind,
2. die bezeichneten Edelmetalle zum Handel an einer Wertpapierbörse im Inland zugelassen sind und
3. keine Rechnungen mit gesondertem Ausweis der Steuer erteilt werden.

USt DV

§ 50 (weggefallen)

1) **Anm. d. Red.:** § 48 Abs. 4 i. d. F. des Art. 8 JStG 2007 v. 13. 12. 2006 (BGBl I 2878). – Gem. Art. 9 i. V. mit Art. 17 Satz 6 Steuerbürokratieabbaugesetz v. 20. 12. 2008 (BGBl I 2850) wird § 48 mit Wirkung v. 1. 1. 2011 wie folgt geändert:

1. Abs. 1 Satz 2 wird durch folgende Sätze ersetzt:
   „Der Antrag ist nach amtlich vorgeschriebenem Datensatz durch Datenfernübertragung nach Maßgabe der Steuerdaten-Übermittlungsverordnung zu übermitteln. Auf Antrag kann das Finanzamt zur Vermeidung von unbilligen Härten auf eine elektronische Übermittlung verzichten; in diesem Fall hat der Unternehmer einen Antrag nach amtlich vorgeschriebenem Vordruck zu stellen."
2. In Abs. 2 Satz 2 wird die Angabe „Absatz 1 Satz 2" durch die Angabe „Absatz 1 Satz 2 und 3" ersetzt.

Besteuerung im Abzugsverfahren

§§ 51 bis 58 (weggefallen)

Vergütung der Vorsteuerbeträge in einem besonderen Verfahren

§ 59[1)2)] Vergütungsberechtigte Unternehmer

[1]Die Vergütung der abziehbaren Vorsteuerbeträge (§ 15 des Gesetzes) an im Ausland ansässige Unternehmer ist abweichend von den §§ 16 und 18 Abs. 1 bis 4 des Gesetzes nach den §§ 60 bis 61a durchzuführen, wenn der Unternehmer im Vergütungszeitraum

1. im Inland keine Umsätze im Sinne des § 1 Abs. 1 Nr. 1 und 5 des Gesetzes oder nur steuerfreie Umsätze im Sinne des § 4 Nr. 3 des Gesetzes ausgeführt hat,
2. nur Umsätze ausgeführt hat, für die der Leistungsempfänger die Steuer schuldet (§ 13b des Gesetzes) oder die der Beförderungseinzelbesteuerung (§ 16 Abs. 5 und § 18 Abs. 5 des Gesetzes) unterlegen haben,
3. im Inland nur innergemeinschaftliche Erwerbe und daran anschließende Lieferungen im Sinne des § 25b Abs. 2 des Gesetzes ausgeführt hat oder
4. im Inland als Steuerschuldner nur Umsätze im Sinne des § 3a Abs. 5 des Gesetzes erbracht hat und von dem Wahlrecht nach § 18 Abs. 4c des Gesetzes Gebrauch gemacht hat oder diese Umsätze in einem anderen Mitgliedstaat erklärt sowie die darauf entfallende Steuer entrichtet hat.

[2]Ein im Ausland ansässiger Unternehmer im Sinne des Satzes 1 ist ein Unternehmer, der weder im Inland noch auf der Insel Helgoland oder in einem der in § 1 Abs. 3 des Gesetzes bezeichneten Gebiete einen Wohnsitz, seinen Sitz, seine Geschäftsleitung oder eine Betriebsstätte hat; maßgebend hierfür ist der Zeitpunkt, in dem die jeweilige Leistung an den Unternehmer ausgeführt wird.

§ 60[3)] Vergütungszeitraum

[1]Vergütungszeitraum ist nach Wahl des Unternehmers ein Zeitraum von mindestens drei Monaten bis zu höchstens einem Kalenderjahr. [2]Der Vergütungszeitraum kann weniger als drei Monate umfassen, wenn es sich um den restlichen Zeitraum des Kalenderjahres handelt. [3]In den Antrag für diesen Zeitraum können auch abziehbare Vorsteuerbeträge aufgenommen werden, die in vorangegangene Vergütungszeiträume des betreffenden Kalenderjahres fallen.

§ 61[4)5)] Vergütungsverfahren für im übrigen Gemeinschaftsgebiet ansässige Unternehmer

(1) Der im übrigen Gemeinschaftsgebiet ansässige Unternehmer hat den Vergütungsantrag nach amtlich vorgeschriebenem Datensatz durch Datenfernübertragung nach Maßgabe der Steuerdaten-Übermittlungsverordnung über das in dem Mitgliedstaat, in dem der Unternehmer ansässig ist, eingerichtete elektronische Portal dem Bundeszentralamt für Steuern zu übermitteln.

(2) [1]Die Vergütung ist binnen neun Monaten nach Ablauf des Kalenderjahres, in dem der Vergütungsanspruch entstanden ist, zu beantragen. [2]Der Unternehmer hat die Vergütung selbst zu berechnen. [3]Dem Vergütungsantrag sind auf elektronischem Weg die Rechnungen und Einfuhrbelege in Kopie beizufügen, wenn das Entgelt für den Umsatz oder die Einfuhr mindestens 1 000 Euro, bei Rechnungen über den Bezug von Kraftstof-

1) **Anm. d. Red.:** § 59 i. d. F. des Art. 8 Nr. 6 JStG 2009 v. 19. 12. 2008 (BGBl I 2794).

2) **Anm. d. Red.:** Zur Anwendung des § 59 siehe § 74a.

3) **Anm. d. Red.:** Zur Anwendung des § 60 siehe § 74a.

4) **Anm. d. Red.:** § 61 i. d. F. des Art. 8 Nr. 7 JStG 2009 v. 19. 12. 2008 (BGBl I 2794).

5) **Anm. d. Red.:** Zur Anwendung des § 61 siehe § 74a.

fen mindestens 250 Euro beträgt. [4]Bei begründeten Zweifeln an dem Recht auf Vorsteuerabzug in der beantragten Höhe kann das Bundeszentralamt für Steuern verlangen, dass die Vorsteuerbeträge durch Vorlage von Rechnungen und Einfuhrbelegen im Original nachgewiesen werden.

(3) [1]Die beantragte Vergütung muss mindestens 400 Euro betragen. [2]Das gilt nicht, wenn der Vergütungszeitraum das Kalenderjahr oder der letzte Zeitraum des Kalenderjahres ist. [3]Für diesc Vergütungszeiträume muss die beantragte Vergütung mindestens 50 Euro betragen.

(4) [1]Der Bescheid über die Vergütung von Vorsteuerbeträgen ist in elektronischer Form zu übermitteln. [2]§ 87a Abs. 4 Satz 2 der Abgabenordnung ist nicht anzuwenden.

(5) [1]Der nach § 18 Abs. 9 des Gesetzes zu vergütende Betrag ist zu verzinsen. [2]Der Zinslauf beginnt mit Ablauf von vier Monaten und zehn Werktagen nach Eingang des Vergütungsantrags beim Bundeszentralamt für Steuern. [3]Übermittelt der Antragsteller Kopien der Rechnungen oder Einfuhrbelege abweichend von Absatz 2 Satz 3 nicht zusammen mit dem Vergütungsantrag, sondern erst zu einem späteren Zeitpunkt, beginnt der Zinslauf erst mit Ablauf von vier Monaten und zehn Tagen nach Eingang dieser Kopien beim Bundeszentralamt für Steuern. [4]Hat das Bundeszentralamt für Steuern zusätzliche oder weitere zusätzliche Informationen angefordert, beginnt der Zinslauf erst mit Ablauf von zehn Werktagen nach Ablauf der Fristen in Artikel 21 der Richtlinie 2008/9/EG des Rates vom 12. Februar 2008 zur Regelung der Erstattung der Mehrwertsteuer gemäß der Richtlinie 2006/112/EG an nicht im Mitgliedstaat der Erstattung, sondern in einem anderen Mitgliedstaat ansässige Steuerpflichtige (ABl EU Nr. L 44 S. 23). [5]Der Zinslauf endet mit erfolgter Zahlung des zu vergütenden Betrages; die Zahlung gilt als erfolgt mit dem Tag der Fälligkeit, es sei denn, der Unternehmer weist nach, dass er den zu vergütenden Betrag später erhalten hat. [6]Wird die Festsetzung oder Anmeldung der Steuervergütung geändert, ist eine bisherige Zinsfestsetzung zu ändern; § 233a Abs. 5 der Abgabenordnung gilt entsprechend. [7]Für die Höhe und Berechnung der Zinsen gilt § 238 der Abgabenordnung. [8]Auf die Festsetzung der Zinsen ist § 239 der Abgabenordnung entsprechend anzuwenden.

(6) Ein Anspruch auf Verzinsung nach Absatz 5 besteht nicht, wenn der Unternehmer einer Mitwirkungspflicht nicht innerhalb einer Frist von einem Monat nach Zugang einer entsprechenden Aufforderung des Bundeszentralamtes für Steuern nachkommt.

§ 61a[1)2)] Vergütungsverfahren für nicht im Gemeinschaftsgebiet ansässige Unternehmer

(1) [1]Der nicht im Gemeinschaftsgebiet ansässige Unternehmer hat die Vergütung nach amtlich vorgeschriebenem Vordruck bei dem Bundeszentralamt für Steuern zu beantragen. [2]Abweichend von Satz 1 kann der Unternehmer den Vergütungsantrag nach amtlich vorgeschriebenem Datensatz durch Datenfernübertragung nach Maßgabe der Steuerdaten-Übermittlungsverordnung dem Bundeszentralamt für Steuern übermitteln.

(2) [1]Die Vergütung ist binnen sechs Monaten nach Ablauf des Kalenderjahres, in dem der Vergütungsanspruch entstanden ist, zu beantragen. [2]Der Unternehmer hat die Vergütung selbst zu berechnen. [3]Die Vorsteuerbeträge sind durch Vorlage von Rechnungen und Einfuhrbelegen im Original nachzuweisen. [4]Der Vergütungsantrag ist vom Unternehmer eigenhändig zu unterschreiben.

(3) [1]Die beantragte Vergütung muss mindestens 1 000 Euro betragen. [2]Das gilt nicht, wenn der Vergütungszeitraum das Kalenderjahr oder der letzte Zeitraum des Kalenderjahres ist. [3]Für diese Vergütungszeiträume muss die beantragte Vergütung mindestens 500 Euro betragen.

1) **Anm. d. Red.:** § 61a eingefügt gem. Art. 8 Nr. 8 JStG 2009 v. 19. 12. 2008 (BGBl I 2794).

2) **Anm. d. Red.:** Zur Anwendung des § 61a siehe § 74a.

(4) Der Unternehmer muss der zuständigen Finanzbehörde durch behördliche Bescheinigung des Staates, in dem er ansässig ist, nachweisen, dass er als Unternehmer unter einer Steuernummer eingetragen ist.

Sondervorschriften für die Besteuerung bestimmter Unternehmer

§ 62 Berücksichtigung von Vorsteuerbeträgen, Belegnachweis

(1) Ist bei den in § 59 genannten Unternehmern die Besteuerung nach § 16 und § 18 Abs. 1 bis 4 des Gesetzes durchzuführen, so sind hierbei die Vorsteuerbeträge nicht zu berücksichtigen, die nach § 59 vergütet worden sind.

(2) Die abziehbaren Vorsteuerbeträge sind in den Fällen des Absatzes 1 durch Vorlage der Rechnungen und Einfuhrbelege im Original nachzuweisen.

Zu § 22 des Gesetzes

§ 63 Aufzeichnungspflichten

(1) Die Aufzeichnungen müssen so beschaffen sein, dass es einem sachverständigen Dritten innerhalb einer angemessenen Zeit möglich ist, einen Überblick über die Umsätze des Unternehmers und die abziehbaren Vorsteuern zu erhalten und die Grundlagen für die Steuerberechnung festzustellen.

(2) [1]Entgelte, Teilentgelte, Bemessungsgrundlagen nach § 10 Abs. 4 und 5 des Gesetzes, nach § 14c des Gesetzes geschuldete Steuerbeträge sowie Vorsteuerbeträge sind am Schluss jedes Voranmeldungszeitraums zusammenzurechnen. [2]Im Fall des § 17 Abs. 1 Satz 6 des Gesetzes sind die Beträge der Entgeltsminderungen am Schluss jedes Voranmeldungszeitraums zusammenzurechnen.

(3) [1]Der Unternehmer kann die Aufzeichnungspflichten nach § 22 Abs. 2 Nr. 1 Satz 1, 3, 5 und 6, Nr. 2 Satz 1 und Nr. 3 Satz 1 des Gesetzes in folgender Weise erfüllen:

1. Das Entgelt oder Teilentgelt und der Steuerbetrag werden in einer Summe statt des Entgelts oder des Teilentgelts aufgezeichnet.
2. Die Bemessungsgrundlage nach § 10 Abs. 4 und 5 des Gesetzes und der darauf entfallende Steuerbetrag werden in einer Summe statt der Bemessungsgrundlage aufgezeichnet.
3. Bei der Anwendung des § 17 Abs. 1 Satz 6 des Gesetzes werden die Entgeltsminderung und die darauf entfallende Minderung des Steuerbetrags in einer Summe statt der Entgeltsminderung aufgezeichnet.

[2]§ 22 Abs. 2 Nr. 1 Satz 2, Nr. 2 Satz 2 und Nr. 3 Satz 2 des Gesetzes gilt entsprechend. [3]Am Schluss jedes Voranmeldungszeitraums hat der Unternehmer die Summe der Entgelte und Teilentgelte, der Bemessungsgrundlagen nach § 10 Abs. 4 und 5 des Gesetzes sowie der Entgeltsminderungen im Fall des § 17 Abs. 1 Satz 6 des Gesetzes zu errechnen und aufzuzeichnen.

(4) [1]Dem Unternehmer, dem wegen der Art und des Umfangs des Geschäfts eine Trennung der Entgelte und Teilentgelte nach Steuersätzen (§ 22 Abs. 2 Nr. 1 Satz 2 und Nr. 2 Satz 2 des Gesetzes) in den Aufzeichnungen nicht zuzumuten ist, kann das Finanzamt auf Antrag gestatten, dass er die Entgelte und Teilentgelte nachträglich auf der Grundlage der Wareneingänge oder, falls diese hierfür nicht verwendet werden können, nach anderen Merkmalen trennt. [2]Entsprechendes gilt für die Trennung nach Steuersätzen bei den Bemessungsgrundlagen nach § 10 Abs. 4 und 5 des Gesetzes (§ 22 Abs. 2 Nr. 1 Satz 3 und Nr. 3 Satz 2 des Gesetzes). [3]Das Finanzamt darf nur ein Verfahren zulassen, dessen steuerliches Ergebnis nicht wesentlich von dem Ergebnis einer nach Steuersätzen getrennten Aufzeichnung der Entgelte, Teilentgelte und sonstigen Bemessungsgrundlagen abweicht. [4]Die Anwendung des Verfahrens kann auf einen in der Gliederung des Unternehmens gesondert geführten Betrieb beschränkt werden.

(5) [1]Der Unternehmer kann die Aufzeichnungspflicht nach § 22 Abs. 2 Nr. 5 des Gesetzes in der Weise erfüllen, dass er die Entgelte oder Teilentgelte und die auf sie entfallen-

den Steuerbeträge (Vorsteuern) jeweils in einer Summe, getrennt nach den in den Eingangsrechnungen angewandten Steuersätzen, aufzeichnet. [2]Am Schluss jedes Voranmeldungszeitraums hat der Unternehmer die Summe der Entgelte und Teilentgelte und die Summe der Vorsteuerbeträge zu errechnen und aufzuzeichnen.

§ 64 Aufzeichnung im Fall der Einfuhr

Der Aufzeichnungspflicht nach § 22 Abs. 2 Nr. 6 des Gesetzes ist genügt, wenn die entrichtete oder in den Fällen des § 16 Abs. 2 Satz 4 des Gesetzes zu entrichtende Einfuhrumsatzsteuer mit einem Hinweis auf einen entsprechenden zollamtlichen Beleg aufgezeichnet wird.

§ 65 Aufzeichnungspflichten der Kleinunternehmer

[1]Unternehmer, auf deren Umsätze § 19 Abs. 1 Satz 1 des Gesetzes anzuwenden ist, haben an Stelle der nach § 22 Abs. 2 bis 4 des Gesetzes vorgeschriebenen Angaben Folgendes aufzuzeichnen:

1. die Werte der erhaltenen Gegenleistungen für die von ihnen ausgeführten Lieferungen und sonstigen Leistungen;
2. die sonstigen Leistungen im Sinne des § 3 Abs. 9a Nr. 2 des Gesetzes. [2]Für ihre Bemessung gilt Nummer 1 entsprechend.

[2]Die Aufzeichnungspflichten nach § 22 Abs. 2 Nr. 4, 7, 8 und 9 des Gesetzes bleiben unberührt.

§ 66 Aufzeichnungspflichten bei der Anwendung allgemeiner Durchschnittssätze

Der Unternehmer ist von den Aufzeichnungspflichten nach § 22 Abs. 2 Nr. 5 und 6 des Gesetzes befreit, soweit er die abziehbaren Vorsteuerbeträge nach einem Durchschnittssatz (§§ 69 und 70) berechnet.

§ 66a Aufzeichnungspflichten bei der Anwendung des Durchschnittssatzes für Körperschaften, Personenvereinigungen und Vermögensmassen im Sinne des § 5 Abs. 1 Nr. 9 des Körperschaftsteuergesetzes

Der Unternehmer ist von den Aufzeichnungspflichten nach § 22 Abs. 2 Nr. 5 und 6 des Gesetzes befreit, soweit er die abziehbaren Vorsteuerbeträge nach dem in § 23a des Gesetzes festgesetzten Durchschnittssatz berechnet.

§ 67 Aufzeichnungspflichten bei der Anwendung der Durchschnittssätze für land- und forstwirtschaftliche Betriebe

[1]Unternehmer, auf deren Umsätze § 24 des Gesetzes anzuwenden ist, sind für den land- und forstwirtschaftlichen Betrieb von den Aufzeichnungspflichten nach § 22 des Gesetzes befreit. [2]Ausgenommen hiervon sind die Bemessungsgrundlagen für die Umsätze im Sinne des § 24 Abs. 1 Satz 1 Nr. 2 des Gesetzes. [3]Die Aufzeichnungspflichten nach § 22 Abs. 2 Nr. 4, 7 und 8 des Gesetzes bleiben unberührt.

UStDV

§ 68[1)] Befreiung von der Führung des Steuerhefts

(1) Unternehmer im Sinne des § 22 Abs. 5 des Gesetzes sind von der Verpflichtung, ein Steuerheft zu führen, befreit,

1. wenn sie im Inland eine gewerbliche Niederlassung besitzen und ordnungsmäßige Aufzeichnungen nach § 22 des Gesetzes in Verbindung mit den §§ 63 bis 66 dieser Verordnung führen;

1) **Anm. d. Red.:** § 68 Abs. 1 i. d. F. des Art. 7 Drittes Mittelstandsentlastungsgesetz v. 17. 3. 2009 (BGBl I 550).

2. soweit ihre Umsätze nach den Durchschnittssätzen für land- und forstwirtschaftliche Betriebe (§ 24 Abs. 1 Satz 1 Nr. 1 und 3 des Gesetzes) besteuert werden;
3. soweit sie mit Zeitungen und Zeitschriften handeln;
4. soweit sie auf Grund gesetzlicher Vorschriften verpflichtet sind, Bücher zu führen, oder ohne eine solche Verpflichtung Bücher führen.

(2) In den Fällen des Absatzes 1 Nr. 1 stellt das Finanzamt dem Unternehmer eine Bescheinigung über die Befreiung von der Führung des Steuerhefts aus.

Zu § 23 des Gesetzes

§ 69 Festsetzung allgemeiner Durchschnittssätze

(1) [1]Zur Berechnung der abziehbaren Vorsteuerbeträge nach allgemeinen Durchschnittssätzen (§ 23 des Gesetzes) werden die in der Anlage bezeichneten Prozentsätze des Umsatzes als Durchschnittssätze festgesetzt. [2]Die Durchschnittssätze gelten jeweils für die bei ihnen angegebenen Berufs- und Gewerbezweige.

(2) Umsatz im Sinne des Absatzes 1 ist der Umsatz, den der Unternehmer im Rahmen der in der Anlage bezeichneten Berufs- und Gewerbezweige im Inland ausführt, mit Ausnahme der Einfuhr, des innergemeinschaftlichen Erwerbs und der in § 4 Nr. 8, 9 Buchstabe a, Nr. 10 und 21 des Gesetzes bezeichneten Umsätze.

(3) Der Unternehmer, dessen Umsatz (Absatz 2) im vorangegangenen Kalenderjahr 61 356 Euro überstiegen hat, kann die Durchschnittssätze nicht in Anspruch nehmen.

§ 70 Umfang der Durchschnittssätze

(1) [1]Die in Abschnitt A der Anlage bezeichneten Durchschnittssätze gelten für sämtliche Vorsteuerbeträge, die mit der Tätigkeit der Unternehmer in den in der Anlage bezeichneten Berufs- und Gewerbezweigen zusammenhängen. [2]Ein weiterer Vorsteuerabzug ist insoweit ausgeschlossen.

(2) [1]Neben den Vorsteuerbeträgen, die nach den in Abschnitt B der Anlage bezeichneten Durchschnittssätzen berechnet werden, können unter den Voraussetzungen des § 15 des Gesetzes abgezogen werden:

1. die Vorsteuerbeträge für Gegenstände, die der Unternehmer zur Weiterveräußerung erworben oder eingeführt hat, einschließlich der Vorsteuerbeträge für Rohstoffe, Halberzeugnisse, Hilfsstoffe und Zutaten;
2. die Vorsteuerbeträge
   a) für Lieferungen von Gebäuden, Grundstücken und Grundstücksteilen,
   b) für Ausbauten, Einbauten, Umbauten und Instandsetzungen bei den in Buchstabe a bezeichneten Gegenständen,
   c) für Leistungen im Sinne des § 4 Nr. 12 des Gesetzes.

[2]Das gilt nicht für Vorsteuerbeträge, die mit Maschinen und sonstigen Vorrichtungen aller Art in Zusammenhang stehen, die zu einer Betriebsanlage gehören, auch wenn sie wesentliche Bestandteile eines Grundstücks sind.

Zu § 24 Abs. 4 des Gesetzes

§ 71 Verkürzung der zeitlichen Bindungen für land- und forstwirtschaftliche Betriebe

[1]Der Unternehmer, der eine Erklärung nach § 24 Abs. 4 Satz 1 des Gesetzes abgegeben hat, kann von der Besteuerung des § 19 Abs. 1 des Gesetzes zur Besteuerung nach § 24 Abs. 1 bis 3 des Gesetzes mit Wirkung vom Beginn eines jeden folgenden Kalenderjahres an übergehen. [2]Auf den Widerruf der Erklärung ist § 24 Abs. 4 Satz 4 des Gesetzes anzuwenden.

Zu § 25 Abs. 2 des Gesetzes

§ 72 Buchmäßiger Nachweis bei steuerfreien Reiseleistungen

(1) Bei Leistungen, die nach § 25 Abs. 2 des Gesetzes ganz oder zum Teil steuerfrei sind, ist § 13 Abs. 1 entsprechend anzuwenden.

(2) Der Unternehmer soll regelmäßig Folgendes aufzeichnen:

1. die Leistung, die ganz oder zum Teil steuerfrei ist;
2. den Tag der Leistung;
3. die der Leistung zuzurechnenden einzelnen Reisevorleistungen im Sinne des § 25 Abs. 2 des Gesetzes und die dafür von dem Unternehmer aufgewendeten Beträge;
4. den vom Leistungsempfänger für die Leistung aufgewendeten Betrag;
5. die Bemessungsgrundlage für die steuerfreie Leistung oder für den steuerfreien Teil der Leistung.

(3) Absatz 2 gilt entsprechend für die Fälle, in denen der Unternehmer die Bemessungsgrundlage nach § 25 Abs. 3 Satz 3 des Gesetzes ermittelt.

Zu § 26 Abs. 5 des Gesetzes

§ 73 Nachweis der Voraussetzungen der in bestimmten Abkommen enthaltenen Steuerbefreiungen

(1) Der Unternehmer hat die Voraussetzungen der in § 26 Abs. 5 des Gesetzes bezeichneten Steuerbefreiungen wie folgt nachzuweisen:

1. bei Lieferungen und sonstigen Leistungen, die von einer amtlichen Beschaffungsstelle in Auftrag gegeben worden sind, durch eine Bescheinigung der amtlichen Beschaffungsstelle nach amtlich vorgeschriebenem Vordruck (Abwicklungsschein);
2. bei Lieferungen und sonstigen Leistungen, die von einer deutschen Behörde für eine amtliche Beschaffungsstelle in Auftrag gegeben worden sind, durch eine Bescheinigung der deutschen Behörde.

(2) [1]Zusätzlich zu Absatz 1 muss der Unternehmer die Voraussetzungen der Steuerbefreiungen im Geltungsbereich dieser Verordnung buchmäßig nachweisen. [2]Die Voraussetzungen müssen eindeutig und leicht nachprüfbar aus den Aufzeichnungen zu ersehen sein. [3]In den Aufzeichnungen muss auf die in Absatz 1 bezeichneten Belege hingewiesen sein.

(3) Das Finanzamt kann auf die in Absatz 1 Nr. 1 bezeichnete Bescheinigung verzichten, wenn die vorgeschriebenen Angaben aus anderen Belegen und aus den Aufzeichnungen des Unternehmers eindeutig und leicht nachprüfbar zu ersehen sind.

(4) Bei Beschaffungen oder Baumaßnahmen, die von deutschen Behörden durchgeführt und von den Entsendestaaten oder den Hauptquartieren nur zu einem Teil finanziert werden, gelten Absatz 1 Nr. 2 und Absatz 2 hinsichtlich der anteiligen Steuerbefreiung entsprechend.

Übergangs- und Schlussvorschriften

§ 74 (Änderungen der §§ 34, 67 und 68)

§ 74a[1] Übergangsvorschriften

Die §§ 59 bis 61 in der Fassung des Artikels 8 des Gesetzes vom 19. Dezember 2008 (BGBl I S. 2794) und § 61a sind auf Anträge auf Vergütung von Vorsteuerbeträgen anzuwenden, die nach dem 31. Dezember 2009 gestellt werden.

1) **Anm. d. Red.:** § 74a eingefügt gem. Art. 8 Nr. 9 JStG 2009 v. 19. 12. 2008 (BGBl I 2794).

§ 75 Berlin-Klausel (weggefallen)

§ 76 (Inkrafttreten)

Anlage (zu den §§ 69 und 70)

Abschnitt A: Durchschnittssätze für die Berechnung sämtlicher Vorsteuerbeträge (§ 70 Abs. 1)

I. Handwerk

1. **Bäckerei:** 5,4 % des Umsatzes. Handwerksbetriebe, die Frischbrot, Pumpernickel, Knäckebrot, Brötchen, sonstige Frischbackwaren, Semmelbrösel, Paniermehl und Feingebäck, darunter Kuchen, Torten, Tortenböden, herstellen und die Erzeugnisse überwiegend an Endverbraucher absetzen. Die Caféumsätze dürfen 10 Prozent des Umsatzes nicht übersteigen.
2. **Bau- und Möbeltischlerei:** 9,0 % des Umsatzes. Handwerksbetriebe, die Bauelemente und Bauten aus Holz, Parkett, Holzmöbel und sonstige Tischlereierzeugnisse herstellen und reparieren, ohne dass bestimmte Erzeugnisse klar überwiegen.
3. **Beschlag-, Kunst- und Reparaturschmiede:** 7,5 % des Umsatzes. Handwerksbetriebe, die Beschlag- und Kunstschmiedearbeiten einschließlich der Reparaturarbeiten ausführen.
4. **Buchbinderei:** 5,2 % des Umsatzes. Handwerksbetriebe, die Buchbindearbeiten aller Art ausführen.
5. **Druckerei:** 6,4 % des Umsatzes. Handwerksbetriebe, die folgende Arbeiten ausführen:
   1. Hoch-, Flach-, Licht-, Sieb- und Tiefdruck;
   2. Herstellung von Weichpackungen, Bild-, Abreiß- und Monatskalendern, Spielen und Spielkarten, nicht aber von kompletten Gesellschafts- und Unterhaltungsspielen;
   3. Zeichnerische Herstellung von Landkarten, Bauskizzen, Kleidermodellen u. Ä. für Druckzwecke.
6. **Elektroinstallation:** 9,1 % des Umsatzes. Handwerksbetriebe, die die Installation von elektrischen Leitungen sowie damit verbundener Geräte einschließlich der Reparatur- und Unterhaltungsarbeiten ausführen.
7. **Fliesen- und Plattenlegerei, sonstige Fußbodenlegerei und -kleberei:** 8,6 % des Umsatzes. Handwerksbetriebe, die Fliesen, Platten, Mosaik und Fußböden aus Steinholz, Kunststoffen, Terrazzo und ähnlichen Stoffen verlegen, Estricharbeiten ausführen sowie Fußböden mit Linoleum und ähnlichen Stoffen bekleben, einschließlich der Reparatur- und Instandhaltungsarbeiten.
8. **Friseure:** 4,5 % des Umsatzes. Damenfriseure, Herrenfriseure sowie Damen- und Herrenfriseure.
9. **Gewerbliche Gärtnerei:** 5,8 % des Umsatzes. Ausführung gärtnerischer Arbeiten im Auftrage anderer, wie Veredeln, Landschaftsgestaltung, Pflege von Gärten und Friedhöfen, Binden von Kränzen und Blumen, wobei diese Tätigkeiten nicht überwiegend auf der Nutzung von Bodenflächen beruhen.
10. **Glasergewerbe:** 9,2 % des Umsatzes. Handwerksbetriebe, die Glaserarbeiten ausführen, darunter Bau-, Auto-, Bilder- und Möbelarbeiten.
11. **Hoch- und Ingenieurhochbau:** 6,3 % des Umsatzes. Handwerksbetriebe, die Hoch- und Ingenieurhochbauten, aber nicht Brücken- und Spezialbauten, ausführen, einschließlich der Reparatur- und Unterhaltungsarbeiten.

12. **Klempnerei, Gas- und Wasserinstallation:** 8,4 % des Umsatzes. Handwerksbetriebe, die Bauklempnerarbeiten und die Installation von Gas- und Flüssigkeitsleitungen sowie damit verbundener Geräte einschließlich der Reparatur- und Unterhaltungsarbeiten ausführen.
13. **Maler- und Lackierergewerbe, Tapezierer:** 3,7 % des Umsatzes. Handwerksbetriebe, die folgende Arbeiten ausführen:
    1. Maler- und Lackiererarbeiten, einschließlich Schiffsmalerei und Entrostungsarbeiten. Nicht dazu gehört das Lackieren von Straßenfahrzeugen;
    2. Aufkleben von Tapeten, Kunststofffolien und Ähnlichem.
14. **Polsterei- und Dekorateurgewerbe:** 9,5 % des Umsatzes. Handwerksbetriebe, die Polsterer- und Dekorateurarbeiten einschließlich Reparaturarbeiten ausführen. Darunter fallen auch die Herstellung von Möbelpolstern und Matratzen mit fremdbezogenen Vollpolstereinlagen, Federkernen oder Schaumstoff- bzw. Schaumgummikörpern, die Polsterung fremdbezogener Möbelgestelle sowie das Anbringen von Dekorationen, ohne Schaufensterdekorationen.
15. **Putzmacherei:** 12,2 % des Umsatzes. Handwerksbetriebe, die Hüte aus Filz, Stoff und Stroh für Damen, Mädchen und Kinder herstellen und umarbeiten. Nicht dazu gehört die Herstellung und Umarbeitung von Huthalbfabrikaten aus Filz.
16. **Reparatur von Kraftfahrzeugen:** 9,1 % des Umsatzes. Handwerksbetriebe, die Kraftfahrzeuge, ausgenommen Ackerschlepper, reparieren.
17. **Schlosserei und Schweißerei:** 7,9 % des Umsatzes. Handwerksbetriebe, die Schlosser- und Schweißarbeiten einschließlich der Reparaturarbeiten ausführen.
18. **Schneiderei:** 6,0 % des Umsatzes. Handwerksbetriebe, die folgende Arbeiten ausführen:
    1. Maßfertigung von Herren- und Knabenoberbekleidung, von Uniformen und Damen-, Mädchen- und Kinderoberbekleidung, aber nicht Maßkonfektion;
    2. Reparatur- und Hilfsarbeiten an Erzeugnissen des Bekleidungsgewerbes.
19. **Schuhmacherei:** 6,5 % des Umsatzes. Handwerksbetriebe, die Maßschuhe, darunter orthopädisches Schuhwerk, herstellen und Schuhe reparieren.
20. **Steinbildhauerei und Steinmetzerei:** 8,4 % des Umsatzes. Handwerksbetriebe, die Steinbildhauer- und Steinmetzerzeugnisse herstellen, darunter Grabsteine, Denkmäler und Skulpturen einschließlich der Reparaturarbeiten.
21. **Stuckateurgewerbe:** 4,4 % des Umsatzes. Handwerksbetriebe, die Stuckateur-, Gipserei- und Putzarbeiten, darunter Herstellung von Rabitzwänden, ausführen.
22. **Winder und Scherer:** 2,0 % des Umsatzes. In Heimarbeit Beschäftigte, die in eigener Arbeitsstätte mit nicht mehr als zwei Hilfskräften im Auftrag von Gewerbetreibenden Garne in Lohnarbeit umspulen.
23. **Zimmerei:** 8,1 % des Umsatzes. Handwerksbetriebe, die Bauholz zurichten, Dachstühle und Treppen aus Holz herstellen sowie Holzbauten errichten und entsprechende Reparatur- und Unterhaltungsarbeiten ausführen.

II. Einzelhandel

1. **Blumen und Pflanzen:** 5,7 % des Umsatzes. Einzelhandelsbetriebe, die überwiegend Blumen, Pflanzen, Blattwerk, Wurzelstücke und Zweige vertreiben.
2. **Brennstoffe:** 12,5 % des Umsatzes. Einzelhandelsbetriebe, die überwiegend Brennstoffe vertreiben.
3. **Drogerien:** 10,9 % des Umsatzes. Einzelhandelsbetriebe, die überwiegend vertreiben: Heilkräuter, pharmazeutische Spezialitäten und Chemikalien, hygienische Artikel, Desinfektionsmittel, Körperpflegemittel, kosmetische Artikel, diätetische Nahrungsmittel, Säuglings- und Krankenpflegebedarf, Reformwaren, Schädlingsbekämpfungsmittel, Fotogeräte und Fotozubehör.

4. **Elektrotechnische Erzeugnisse, Leuchten, Rundfunk-, Fernseh- und Phonogeräte:** 11,7 % des Umsatzes. Einzelhandelsbetriebe, die überwiegend vertreiben:
Elektrotechnische Erzeugnisse, darunter elektrotechnisches Material, Glühbirnen und elektrische Haushalts- und Verbrauchergeräte, Leuchten, Rundfunk-, Fernseh-, Phono-, Tonaufnahme- und -wiedergabegeräte, deren Teile und Zubehör, Schallplatten und Tonbänder.
5. **Fahrräder und Mopeds:** 12,2 % des Umsatzes. Einzelhandelsbetriebe, die überwiegend Fahrräder, deren Teile und Zubehör, Mopeds und Fahrradanhänger vertreiben.
6. **Fische und Fischerzeugnisse:** 6,6 % des Umsatzes. Einzelhandelsbetriebe, die überwiegend Fische, Fischerzeugnisse, Krebse, Muscheln und ähnliche Waren vertreiben.
7. **Kartoffeln, Gemüse, Obst und Südfrüchte:** 6,4 % des Umsatzes. Einzelhandelsbetriebe, die überwiegend Speisekartoffeln, Gemüse, Obst, Früchte (auch Konserven) sowie Obst- und Gemüsesäfte vertreiben.
8. **Lacke, Farben und sonstiger Anstrichbedarf:** 11,2 % des Umsatzes. Einzelhandelsbetriebe, die überwiegend Lacke, Farben, sonstigen Anstrichbedarf, darunter Malerwerkzeuge, Tapeten, Linoleum, sonstigen Fußbodenbelag, aber nicht Teppiche, vertreiben.
9. **Milch, Milcherzeugnisse, Fettwaren und Eier:** 6,4 % des Umsatzes. Einzelhandelsbetriebe, die überwiegend Milch, Milcherzeugnisse, Fettwaren und Eier vertreiben.
10. **Nahrungs- und Genussmittel:** 8,3 % des Umsatzes. Einzelhandelsbetriebe, die überwiegend Nahrungs- und Genussmittel aller Art vertreiben, ohne dass bestimmte Warenarten klar überwiegen.
11. **Oberbekleidung:** 12,3 % des Umsatzes. Einzelhandelsbetriebe, die überwiegend vertreiben:
Oberbekleidung für Herren, Knaben, Damen, Mädchen und Kinder, auch in sportlichem Zuschnitt, darunter Berufs- und Lederbekleidung, aber nicht gewirkte und gestrickte Oberbekleidung, Sportbekleidung, Blusen, Hausjacken, Morgenröcke und Schürzen.
12. **Reformwaren:** 8,5 % des Umsatzes. Einzelhandelsbetriebe, die überwiegend vertreiben:
Reformwaren, darunter Reformnahrungsmittel, diätetische Lebensmittel, Kurmittel, Heilkräuter, pharmazeutische Extrakte und Spezialitäten.
13. **Schuhe und Schuhwaren:** 11,8 % des Umsatzes. Einzelhandelsbetriebe, die überwiegend Schuhe aus verschiedenen Werkstoffen sowie Schuhwaren vertreiben.
14. **Süßwaren:** 6,6 % des Umsatzes. Einzelhandelsbetriebe, die überwiegend Süßwaren vertreiben.
15. **Textilwaren verschiedener Art:** 12,3 % des Umsatzes. Einzelhandelsbetriebe, die überwiegend Textilwaren vertreiben, ohne dass bestimmte Warenarten klar überwiegen.
16. **Tiere und zoologischer Bedarf:** 8,8 % des Umsatzes. Einzelhandelsbetriebe, die überwiegend lebende Haus- und Nutztiere, zoologischen Bedarf, Bedarf für Hunde- und Katzenhaltung und dergleichen vertreiben.
17. **Unterhaltungszeitschriften und Zeitungen:** 6,3 % des Umsatzes. Einzelhandelsbetriebe, die überwiegend Unterhaltungszeitschriften, Zeitungen und Romanhefte vertreiben.
18. **Wild und Geflügel:** 6,4 % des Umsatzes. Einzelhandelsbetriebe, die überwiegend Wild, Geflügel und Wildgeflügel vertreiben.

III. Sonstige Gewerbebetriebe

1. **Eisdielen:** 5,8 % des Umsatzes. Betriebe, die überwiegend erworbenes oder selbst hergestelltes Speiseeis zum Verzehr auf dem Grundstück des Verkäufers abgeben.
2. **Fremdenheime und Pensionen:** 6,7 % des Umsatzes. Unterkunftsstätten, in denen jedermann beherbergt und häufig auch verpflegt wird.

3. **Gast- und Speisewirtschaften:** 8,7 % des Umsatzes. Gast- und Speisewirtschaften mit Ausschank alkoholischer Getränke (ohne Bahnhofswirtschaften).
4. **Gebäude- und Fensterreinigung:** 1,6 % des Umsatzes. Betriebe für die Reinigung von Gebäuden, Räumen und Inventar, einschließlich Teppichreinigung, Fensterputzen, Schädlingsbekämpfung und Schiffsreinigung. Nicht dazu gehören die Betriebe für Hausfassadenreinigung.
5. **Personenbeförderung mit Personenkraftwagen:** 6,0 % des Umsatzes. Betriebe zur Beförderung von Personen mit Taxis oder Mietwagen.
6. **Wäschereien:** 6,5 % des Umsatzes. Hierzu gehören auch Mietwaschküchen, Wäschedienst, aber nicht Wäscheverleih.

IV. Freie Berufe

1. a) **Bildhauer:** 7,0 % des Umsatzes,
   b) **Grafiker** (nicht Gebrauchsgrafiker): 5,2 % des Umsatzes,
   c) **Kunstmaler:** 5,2 % des Umsatzes.
2. **Selbständige Mitarbeiter bei Bühne, Film, Funk, Fernsehen und Schallplattenproduzenten:** 3,6 % des Umsatzes. Natürliche Personen, die auf den Gebieten der Bühne, des Films, des Hörfunks, des Fernsehens, der Schallplatten-, Bild- und Tonträgerproduktion selbständig Leistungen in Form von eigenen Darbietungen oder Beiträge zu Leistungen Dritter erbringen.
3. **Hochschullehrer:** 2,9 % des Umsatzes. Umsätze aus freiberuflicher Tätigkeit zur unselbständig ausgeübten wissenschaftlichen Tätigkeit.
4. **Journalisten:** 4,8 % des Umsatzes. Freiberuflich tätige Unternehmer, die in Wort und Bild überwiegend aktuelle politische, kulturelle und wirtschaftliche Ereignisse darstellen.
5. **Schriftsteller:** 2,6 % des Umsatzes. Freiberuflich tätige Unternehmer, die geschriebene Werke mit überwiegend wissenschaftlichem, unterhaltendem oder künstlerischem Inhalt schaffen.

Abschnitt B: Durchschnittssätze für die Berechnung eines Teils der Vorsteuerbeträge (§ 70 Abs. 2)

1. **Architekten:** 1,9 % des Umsatzes. Architektur-, Bauingenieur- und Vermessungsbüros, darunter Baubüros, statische Büros und Bausachverständige, aber nicht Film- und Bühnenarchitekten.
2. **Hausbandweber:** 3,2 % des Umsatzes. In Heimarbeit Beschäftigte, die in eigener Arbeitsstätte mit nicht mehr als zwei Hilfskräften im Auftrag von Gewerbetreibenden Schmalbänder in Lohnarbeit weben oder wirken.
3. **Patentanwälte:** 1,7 % des Umsatzes. Patentanwaltspraxis, aber nicht die Lizenz- und Patentverwertung.
4. **Rechtsanwälte und Notare:** 1,5 % des Umsatzes. Rechtsanwaltspraxis mit und ohne Notariat sowie das Notariat, nicht aber die Patentanwaltspraxis.
5. **Schornsteinfeger:** 1,6 % des Umsatzes.
6. **Wirtschaftliche Unternehmensberatung, Wirtschaftsprüfung:** 1,7 % des Umsatzes. Wirtschaftsprüfer, vereidigte Buchprüfer, Steuerberater und Steuerbevollmächtigte. Nicht dazu gehören Treuhandgesellschaften für Vermögensverwaltung.

Bewertungsgesetz (BewG)

v. 1. 2. 1991 (BGBl I S. 231) mit späteren Änderungen

Die amtliche Neufassung des BewG v. 1. 2. 1991 (BGBl I 231) wurde inzwischen geändert durch Art. 8 Steueränderungsgesetz 1991 (StÄndG 1991) v. 24. 6. 1991 (BGBl I 1322); Art. 13 Steueränderungsgesetz 1992 (StÄndG 1992) v. 25. 2. 1992 (BGBl I 297); Art. 3 Zinsabschlaggesetz v. 9. 11. 1992 (BGBl I 1853); Art. 24 Gesetz zur Umsetzung des Föderalen Konsolidierungsprogramms (FKPG) v. 23. 6. 1993 (BGBl I 944); Art. 9 Standortsicherungsgesetz (StandOG) v. 13. 9. 1993 (BGBl I 1569); Art. 14 Missbrauchsbekämpfungs- und Steuerbereinigungsgesetz (StMBG) v. 21. 12. 1993 (BGBl I 2310); Art. 28 Pflege-Versicherungsgesetz (PflegeVG) v. 26. 5. 1994 (BGBl I 1014, ber. 2797); Art. 26 Agrarsozialreformgesetz 1995 (ASRG 1995) v. 29. 7. 1994 (BGBl I 1890, 1941); Art. 12 Abs. 38 Postneuordnungsgesetz (PTNeuOG) v. 14. 9. 1994 (BGBl I 2325, 2388, ber. 1996 I 103); Art. 6 Entschädigungs- und Ausgleichsleistungsgesetz (EALG) v. 27. 9. 1994 (BGBl I 2624, ber. 1995 I 110); Art. 22 Jahressteuergesetz 1996 (JStG 1996) v. 11. 10. 1995 (BGBl I 1250, 1400, ber. 1996 I 714); Art. 6 Gesetz zur Neuregelung der steuerrechtlichen Wohneigentumsförderung v. 15. 12. 1995 (BGBl I 1783, ber. 1996 I 321); Art. 1 Jahressteuergesetz 1997 (JStG 1997) v. 20. 12. 1996 (BGBl I 2049); Art. 6 Gesetz zur Fortsetzung der Unternehmenssteuerreform v. 29. 10. 1997 (BGBl I 2590); Art. 2 Gesetz zur Anpassung stl. Vorschriften der Land- und Forstwirtschaft v. 29. 6. 1998 (BGBl I 1692); Art. 17 Steuer-Euroglättungsgesetz (StEuglG) v. 19. 12. 2000 (BGBl I 1790); Art. 20 Gesetz zur Reform des Wohnungsbaurechts v. 13. 9. 2001 (BGBl I 2376); Art. 105 Siebente Zuständigkeitsanpassungs-Verordnung v. 29. 10. 2001 (BGBl I 2785, 2806, ber. 2002 I 2972); Art. 1 Gesetz zur Änderung des BewG v. 10. 12. 2001 (BGBl I 3435); Art. 14 Steueränderungsgesetz 2001 (StÄndG 2001) v. 20. 12. 2001 (BGBl I 3794); Art. 115 Neunte Zuständigkeitsanpassungsverordnung v. 31. 10. 2006 (BGBl I 2407, ber. 2007 I 2149); Art. 8 Gesetz über steuerliche Begleitmaßnahmen zur Einführung der Europäischen Gesellschaft und zur Änderung weiterer steuerrechtlicher Vorschriften (SEStEG) v. 7. 12. 2006 (BGBl I 2782, ber. 2007 I 68); Art. 18 Jahressteuergesetz 2007 (JStG 2007) v. 13. 12. 2006 (BGBl I 2878); Art. 13a Nr. 1 Gesetz zur Umsetzung der Richtlinie über Märkte für Finanzinstrumente und der Durchführungsrichtlinie der Kommission (Finanzmarktrichtlinie-Umsetzungsgesetz) v. 16. 7. 2007 (BGBl I 1330); Art. 21 Jahressteuergesetz 2008 (JStG 2008) v. 20. 12. 2007 (BGBl I 3150); Art. 2 Gesetz zur Reform des Erbschaftsteuer- und Bewertungsrechts (Erbschaftsteuerreformgesetz – ErbStRG) v. 24. 12. 2008 (BGBl I 3018). **— Zur Anwendung siehe § 205.**

Nichtamtliche Fassung

Inhaltsübersicht

BewG

BewG

Erster Teil: Allgemeine Bewertungsvorschriften

§ 1 Geltungsbereich

(1) Die allgemeinen Bewertungsvorschriften (§§ 2 bis 16) gelten für alle öffentlich-rechtlichen Abgaben, die durch Bundesrecht geregelt sind, soweit sie durch Bundesfinanzbehörden oder durch Landesfinanzbehörden verwaltet werden.

(2) Die allgemeinen Bewertungsvorschriften gelten nicht, soweit im Zweiten Teil dieses Gesetzes oder in anderen Steuergesetzen besondere Bewertungsvorschriften enthalten sind.

§ 2 Wirtschaftliche Einheit

(1) [1]Jede wirtschaftliche Einheit ist für sich zu bewerten. [2]Ihr Wert ist im Ganzen festzustellen. [3]Was als wirtschaftliche Einheit zu gelten hat, ist nach den Anschauungen des Verkehrs zu entscheiden. [4]Die örtliche Gewohnheit, die tatsächliche Übung, die Zweckbestimmung und die wirtschaftliche Zusammengehörigkeit der einzelnen Wirtschaftsgüter sind zu berücksichtigen.

(2) Mehrere Wirtschaftsgüter kommen als wirtschaftliche Einheit nur insoweit in Betracht, als sie demselben Eigentümer gehören.

(3) Die Vorschriften der Absätze 1 und 2 gelten nicht, soweit eine Bewertung der einzelnen Wirtschaftsgüter vorgeschrieben ist.

§ 3 Wertermittlung bei mehreren Beteiligten

[1]Steht ein Wirtschaftsgut mehreren Personen zu, so ist sein Wert im Ganzen zu ermitteln. [2]Der Wert ist auf die Beteiligten nach dem Verhältnis ihrer Anteile zu verteilen, soweit nicht nach dem maßgebenden Steuergesetz die Gemeinschaft selbständig steuerpflichtig ist.

§ 3a[1)] (weggefallen)

§ 4 Aufschiebend bedingter Erwerb

Wirtschaftsgüter, deren Erwerb vom Eintritt einer aufschiebenden Bedingung abhängt, werden erst berücksichtigt, wenn die Bedingung eingetreten ist.

§ 5 Auflösend bedingter Erwerb

(1) [1]Wirtschaftsgüter, die unter einer auflösenden Bedingung erworben sind, werden wie unbedingt erworbene behandelt. [2]Die Vorschriften über die Berechnung des Kapitalwerts der Nutzungen von unbestimmter Dauer (§ 13 Abs. 2 und 3, § 14, § 15 Abs. 3) bleiben unberührt.

(2) [1]Tritt die Bedingung ein, so ist die Festsetzung der nicht laufend veranlagten Steuern auf Antrag nach dem tatsächlichen Wert des Erwerbs zu berichtigen. [2]Der Antrag ist bis zum Ablauf des Jahres zu stellen, das auf den Eintritt der Bedingung folgt.

§ 6 Aufschiebend bedingte Lasten

(1) Lasten, deren Entstehung vom Eintritt einer aufschiebenden Bedingung abhängt, werden nicht berücksichtigt.

(2) Für den Fall des Eintritts der Bedingung gilt § 5 Abs. 2 entsprechend.

1) **Anm. d. Red.:** § 3a weggefallen gem. Art. 1 Nr. 1 JStG 1997 v. 20. 12. 1996 (BGBl I 2049).

BewG

§ 7 Auflösend bedingte Lasten

(1) Lasten, deren Fortdauer auflösend bedingt ist, werden, soweit nicht ihr Kapitalwert nach § 13 Abs. 2 und 3, § 14, § 15 Abs. 3 zu berechnen ist, wie unbedingte abgezogen.

(2) Tritt die Bedingung ein, so ist die Festsetzung der nicht laufend veranlagten Steuern entsprechend zu berichtigen.

§ 8 Befristung auf einen unbestimmten Zeitpunkt

Die §§ 4 bis 7 gelten auch, wenn der Erwerb des Wirtschaftsguts oder die Entstehung oder der Wegfall der Last von einem Ereignis abhängt, bei dem nur der Zeitpunkt ungewiss ist.

§ 9 Bewertungsgrundsatz, gemeiner Wert

(1) Bei Bewertungen ist, soweit nichts anderes vorgeschrieben ist, der gemeine Wert zugrunde zu legen.

(2) [1]Der gemeine Wert wird durch den Preis bestimmt, der im gewöhnlichen Geschäftsverkehr nach der Beschaffenheit des Wirtschaftsgutes bei einer Veräußerung zu erzielen wäre. [2]Dabei sind alle Umstände, die den Preis beeinflussen, zu berücksichtigen. [3]Ungewöhnliche oder persönliche Verhältnisse sind nicht zu berücksichtigen.

(3) [1]Als persönliche Verhältnisse sind auch Verfügungsbeschränkungen anzusehen, die in der Person des Steuerpflichtigen oder eines Rechtsvorgängers begründet sind. [2]Das gilt insbesondere für Verfügungsbeschränkungen, die auf letztwilligen Anordnungen beruhen.

§ 10[1)] Begriff des Teilwerts

[1]Wirtschaftsgüter, die einem Unternehmen dienen, sind, soweit nichts anderes vorgeschrieben ist, mit dem Teilwert anzusetzen. [2]Teilwert ist der Betrag, den ein Erwerber des ganzen Unternehmens im Rahmen des Gesamtkaufpreises für das einzelne Wirtschaftsgut ansetzen würde. [3]Dabei ist davon auszugehen, dass der Erwerber das Unternehmen fortführt.

§ 11[2)] Wertpapiere und Anteile

(1) [1]Wertpapiere und Schuldbuchforderungen, die am Stichtag an einer deutschen Börse zum Handel im regulierten Markt zugelassen sind, werden mit dem niedrigsten am Stichtag für sie im regulierten Markt notierten Kurs angesetzt. [2]Liegt am Stichtag eine Notierung nicht vor, so ist der letzte innerhalb von 30 Tagen vor dem Stichtag im regulierten Markt notierte Kurs maßgebend. [3]Entsprechend sind die Wertpapiere zu bewerten, die in den Freiverkehr einbezogen sind.

(2) [1]Anteile an Kapitalgesellschaften, die nicht unter Absatz 1 fallen, sind mit dem gemeinen Wert anzusetzen. [2]Lässt sich der gemeine Wert nicht aus Verkäufen unter fremden Dritten ableiten, die weniger als ein Jahr zurückliegen, so ist er unter Berücksichtigung der Ertragsaussichten der Kapitalgesellschaft oder einer anderen anerkannten, auch im gewöhnlichen Geschäftsverkehr für nichtsteuerliche Zwecke üblichen Methode zu ermitteln; dabei ist die Methode anzuwenden, die ein Erwerber der Bemessung des Kaufpreises zu Grunde legen würde. [3]Die Summe der gemeinen Werte der zum Betriebsvermögen gehörenden Wirtschaftsgüter und sonstigen aktiven Ansätze abzüglich der zum Betriebsvermögen gehörenden Schulden und sonstigen Abzüge (Substanzwert) der

---

1) **Anm. d. Red.:** § 10 Satz 1 i. d. F. des Art. 13 Nr. 1 StÄndG 1992 v. 25. 2. 1992 (BGBl I 297).

2) **Anm. d. Red.:** § 11 Abs. 1 i. d. F. des Art. 13a Nr. 1 Finanzmarktrichtlinie-Umsetzungsgesetz v. 16. 7. 2007 (BGBl I 1330); Abs. 2 i. d. F. des Art. 2 Nr. 2 ErbStRG v. 24. 12. 2008 (BGBl I 3018); Abs. 2a weggefallen gem. Art. 6 Nr. 1 Gesetz zur Fortsetzung der Unternehmenssteuerreform v. 29. 10. 1997 (BGBl I 2590).

Gesellschaft darf nicht unterschritten werden; die §§ 99 und 103 sind anzuwenden. [4]Die §§ 199 bis 203 sind zu berücksichtigen.

(2a) (weggefallen)

(3) Ist der gemeine Wert einer Anzahl von Anteilen an einer Kapitalgesellschaft, die einer Person gehören, infolge besonderer Umstände (z. B. weil die Höhe der Beteiligung die Beherrschung der Kapitalgesellschaft ermöglicht) höher als der Wert, der sich auf Grund der Kurswerte (Absatz 1) oder der gemeinen Werte (Absatz 2) für die einzelnen Anteile insgesamt ergibt, so ist der gemeine Wert der Beteiligung maßgebend.

(4) Wertpapiere, die Rechte der Einleger (Anteilinhaber) gegen eine Kapitalanlagegesellschaft oder einen sonstigen Fonds verbriefen (Anteilscheine), sind mit dem Rücknahmepreis anzusetzen.

§ 12[1)] Kapitalforderungen und Schulden

(1) [1]Kapitalforderungen, die nicht in § 11 bezeichnet sind, und Schulden sind mit dem Nennwert anzusetzen, wenn nicht besondere Umstände einen höheren oder geringeren Wert begründen. [2]Liegen die besonderen Umstände in einer hohen, niedrigen oder fehlenden Verzinsung, ist bei der Bewertung vom Mittelwert einer jährlich vorschüssigen und jährlich nachschüssigen Zahlungsweise auszugehen.

(2) Forderungen, die uneinbringlich sind, bleiben außer Ansatz.

(3) [1]Der Wert unverzinslicher Forderungen oder Schulden, deren Laufzeit mehr als ein Jahr beträgt und die zu einem bestimmten Zeitpunkt fällig sind, ist der Betrag, der vom Nennwert nach Abzug von Zwischenzinsen unter Berücksichtigung von Zinseszinsen verbleibt. [2]Dabei ist von einem Zinssatz von 5,5 Prozent auszugehen.

(4) [1]Noch nicht fällige Ansprüche aus Lebens-, Kapital- oder Rentenversicherungen werden mit dem Rückkaufswert bewertet. [2]Rückkaufswert ist der Betrag, den das Versicherungsunternehmen dem Versicherungsnehmer im Falle der vorzeitigen Aufhebung des Vertragsverhältnisses zu erstatten hat. [3]Die Berechnung des Werts, insbesondere die Berücksichtigung von ausgeschütteten und gutgeschriebenen Gewinnanteilen kann durch Rechtsverordnung geregelt werden.

§ 13[2)] Kapitalwert von wiederkehrenden Nutzungen und Leistungen

(1) [1]Der Kapitalwert von Nutzungen oder Leistungen, die auf bestimmte Zeit beschränkt sind, ist mit dem aus Anlage 9a zu entnehmenden Vielfachen des Jahreswerts anzusetzen. [2]Ist die Dauer des Rechts außerdem durch das Leben einer oder mehrerer Personen bedingt, darf der nach § 14 zu berechnende Kapitalwert nicht überschritten werden.

(2) Immer währende Nutzungen oder Leistungen sind mit dem 18,6fachen des Jahreswerts, Nutzungen oder Leistungen von unbestimmter Dauer vorbehaltlich des § 14 mit dem 9,3fachen des Jahreswerts zu bewerten.

(3) [1]Ist der gemeine Wert der gesamten Nutzungen oder Leistungen nachweislich geringer oder höher, so ist der nachgewiesene gemeine Wert zugrunde zu legen. [2]Der Ansatz eines geringeren oder höheren Werts kann jedoch nicht darauf gestützt werden, dass mit einem anderen Zinssatz als 5,5 Prozent oder mit einer anderen als mittelschüssigen Zahlungsweise zu rechnen ist.

1) **Anm. d. Red.:** § 12 Abs. 1 i. d. F. des Art. 3 Nr. 2 Zinsabschlaggesetz v. 9. 11. 1992 (BGBl I 1853); Abs. 3 i. d. F. des Art. 18 Nr. 10 JStG 2007 v. 13. 12. 2006 (BGBl I 2878); Abs. 4 i. d. F. des Art. 2 Nr. 3 ErbStRG v. 24. 12. 2008 (BGBl I 3018).

2) **Anm. d. Red.:** § 13 Abs. 1 und 2 i. d. F. des Art. 3 Nr. 3 Zinsabschlaggesetz v. 9. 11. 1992 (BGBl I 1853); Abs. 3 i. d. F. des Art. 18 Nr. 10 JStG 2007 v. 13. 12. 2006 (BGBl I 2878).

§ 14[1] Lebenslängliche Nutzungen und Leistungen

(1) [1]Der Kapitalwert von lebenslänglichen Nutzungen und Leistungen ist mit dem Vielfachen des Jahreswerts nach Maßgabe der Sätze 2 bis 4 anzusetzen. [2]Die Vervielfältiger sind nach der Sterbetafel des Statistischen Bundesamtes zu ermitteln und ab dem 1. Januar des auf die Veröffentlichung der Sterbetafel durch das Statistische Bundesamt folgenden Kalenderjahres anzuwenden. [3]Der Kapitalwert ist unter Berücksichtigung von Zwischenzinsen und Zinseszinsen mit einem Zinssatz von 5,5 Prozent als Mittelwert zwischen dem Kapitalwert für jährlich vorschüssige und jährlich nachschüssige Zahlungsweise zu berechnen. [4]Das Bundesministerium der Finanzen stellt die Vervielfältiger für den Kapitalwert einer lebenslänglichen Nutzung oder Leistung im Jahresbetrag von einem Euro nach Lebensalter und Geschlecht der Berechtigten in einer Tabelle zusammen und veröffentlicht diese zusammen mit dem Datum der Veröffentlichung der Sterbetafel im Bundessteuerblatt.

(2) [1]Hat eine nach Absatz 1 bewertete Nutzung oder Leistung bei einem Alter

1.	bis zu 30 Jahren	nicht mehr als 10 Jahre,
2.	von mehr als 30 Jahren bis zu 50 Jahren	nicht mehr als 9 Jahre,
3.	von mehr als 50 Jahren bis zu 60 Jahren	nicht mehr als 8 Jahre,
4.	von mehr als 60 Jahren bis zu 65 Jahren	nicht mehr als 7 Jahre,
5.	von mehr als 65 Jahren bis zu 70 Jahren	nicht mehr als 6 Jahre,
6.	von mehr als 70 Jahren bis zu 75 Jahren	nicht mehr als 5 Jahre,
7.	von mehr als 75 Jahren bis zu 80 Jahren	nicht mehr als 4 Jahre,
8.	von mehr als 80 Jahren bis zu 85 Jahren	nicht mehr als 3 Jahre,
9.	von mehr als 85 Jahren bis zu 90 Jahren	nicht mehr als 2 Jahre,
10.	von mehr als 90 Jahren	nicht mehr als 1 Jahr

bestanden und beruht der Wegfall auf dem Tod des Berechtigten oder Verpflichteten, so ist die Festsetzung der nicht laufend veranlagten Steuern auf Antrag nach der wirklichen Dauer der Nutzung oder Leistung zu berichtigen. [2]§ 5 Abs. 2 Satz 2 gilt entsprechend. [3]Ist eine Last weggefallen, so bedarf die Berichtigung keines Antrags.

(3) Hängt die Dauer der Nutzung oder Leistung von der Lebenszeit mehrerer Personen ab und erlischt das Recht mit dem Tod des zuletzt Sterbenden, so ist das Lebensalter und das Geschlecht derjenigen Person maßgebend, für die sich der höchste Vervielfältiger ergibt; erlischt das Recht mit dem Tod des zuerst Sterbenden, so ist das Lebensalter und Geschlecht derjenigen Person maßgebend, für die sich der niedrigste Vervielfältiger ergibt.

(4) [1]Ist der gemeine Wert der gesamten Nutzungen oder Leistungen nachweislich geringer oder höher als der Wert, der sich nach Absatz 1 ergibt, so ist der nachgewiesene gemeine Wert zugrunde zu legen. [2]Der Ansatz eines geringeren oder höheren Werts kann jedoch nicht darauf gestützt werden, dass mit einer kürzeren oder längeren Lebensdauer, mit einem anderen Zinssatz als 5,5 Prozent oder mit einer anderen als mittelschüssigen Zahlungsweise zu rechnen ist.

§ 15[2] Jahreswert von Nutzungen und Leistungen

(1) Der einjährige Betrag der Nutzung einer Geldsumme ist, wenn kein anderer Wert feststeht, zu 5,5 Prozent anzunehmen.

(2) Nutzungen oder Leistungen, die nicht in Geld bestehen (Wohnung, Kost, Waren und sonstige Sachbezüge), sind mit den üblichen Mittelpreisen des Verbrauchsorts anzusetzen.

---

1) **Anm. d. Red.:** § 14 Abs. 1 i. d. F. des Art. 2 Nr. 4 ErbStRG v. 24. 12. 2008 (BGBl I 3018); Abs. 4 i. d. F. des Art. 18 Nr. 10 JStG 2007 v. 13. 12. 2006 (BGBl I 2878).

2) **Anm. d. Red.:** § 15 Abs. 1 i. d. F. des Art. 18 Nr. 10 JStG 2007 v. 13. 12. 2006 (BGBl I 2878).

(3) Bei Nutzungen oder Leistungen, die in ihrem Betrag ungewiss sind oder schwanken, ist als Jahreswert der Betrag zugrunde zu legen, der in Zukunft im Durchschnitt der Jahre voraussichtlich erzielt werden wird.

§ 16[1] Begrenzung des Jahreswerts von Nutzungen

Bei der Ermittlung des Kapitalwerts der Nutzungen eines Wirtschaftsguts kann der Jahreswert dieser Nutzungen höchstens den Wert betragen, der sich ergibt, wenn der für das genutzte Wirtschaftsgut nach den Vorschriften des Bewertungsgesetzes anzusetzende Wert durch 18,6 geteilt wird.

Zweiter Teil: Besondere Bewertungsvorschriften

§ 17[2] Geltungsbereich

(1) Die besonderen Bewertungsvorschriften sind nach Maßgabe der jeweiligen Einzelsteuergesetze anzuwenden.

(2) Die §§ 18 bis 94, 122 und 125 bis 132 gelten für die Grundsteuer und die §§ 121a und 133 zusätzlich für die Gewerbesteuer.

(3) [1]Soweit sich nicht aus den §§ 19 bis 150 etwas anderes ergibt, finden neben diesen auch die Vorschriften des Ersten Teils des Gesetzes (§§ 1 bis 16) Anwendung. [2]§ 16 findet auf die Grunderwerbsteuer keine Anwendung.

§ 18[3] Vermögensarten

Das Vermögen, das nach den Vorschriften des Zweiten Teils dieses Gesetzes zu bewerten ist, umfasst die folgenden Vermögensarten:

1. Land- und forstwirtschaftliches Vermögen (§§ 33 bis 67, § 31),
2. Grundvermögen (§§ 68 bis 94, § 31),
3. Betriebsvermögen (§§ 95 bis 109, § 31).
4. (weggefallen)

Erster Abschnitt: Einheitsbewertung

A. Allgemeines

§ 19[4] Feststellung von Einheitswerten

(1) Einheitswerte werden für inländischen Grundbesitz, und zwar für Betriebe der Land- und Forstwirtschaft (§§ 33, 48a und 51a), für Grundstücke (§§ 68 und 70) und für Betriebsgrundstücke (§ 99) festgestellt (§ 180 Abs. 1 Nr. 1 der Abgabenordnung).

(2) (weggefallen)

(3) In dem Feststellungsbescheid (§ 179 der Abgabenordnung) sind auch Feststellungen zu treffen

1. über die Art der wirtschaftlichen Einheit,
   a) bei Grundstücken auch über die Grundstücksart (§§ 72, 74 und 75),

---

1) **Anm. d. Red.:** § 16 i. d. F. des Art. 3 Nr. 5 Zinsabschlaggesetz v. 9. 11. 1992 (BGBl I 1853).

2) **Anm. d. Red.:** § 17 Abs. 1 und 3 i. d. F. des Art. 1 Nr. 3 JStG 1997 v. 20. 12. 1996 (BGBl I 2049); Abs. 2 i. d. F. des Art. 6 Nr. 2 Gesetz zur Fortsetzung der Unternehmenssteuerreform v. 29. 10. 1997 (BGBl I 2590).

3) **Anm. d. Red.:** § 18 Nr. 4 weggefallen gem. Art. 1 Nr. 4 JStG 1997 v. 20. 12. 1996 (BGBl I 2049).

4) **Anm. d. Red.:** § 19 Abs. 1 und 3 i. d. F. des Art. 6 Nr. 3 Gesetz zur Fortsetzung der Unternehmenssteuerreform v. 29. 10. 1997 (BGBl I 2590); Abs. 2 weggefallen, Abs. 4 i. d. F. des Art. 14 Nr. 2 StÄndG 2001 v. 20. 12. 2001 (BGBl I 3794).

b) bei Betriebsgrundstücken, die zu einem Gewerbebetrieb gehören, auch über den Gewerbebetrieb;

2. über die Zurechnung der wirtschaftlichen Einheit und bei mehreren Beteiligten über die Höhe ihrer Anteile.

(4) Feststellungen nach den Absätzen 1 und 3 erfolgen nur, wenn und soweit sie für die Besteuerung von Bedeutung sind.

§ 20[1)] Ermittlung des Einheitswerts

[1]Die Einheitswerte werden nach den Vorschriften dieses Abschnitts ermittelt. [2]Bei der Ermittlung der Einheitswerte ist § 163 der Abgabenordnung nicht anzuwenden; dies gilt nicht für Übergangsregelungen, die die oberste Finanzbehörde eines Landes im Einvernehmen mit den obersten Finanzbehörden der übrigen Länder trifft.

§ 21[2)] Hauptfeststellung

(1) Die Einheitswerte werden in Zeitabständen von je sechs Jahren allgemein festgestellt (Hauptfeststellung).

(2) [1]Der Hauptfeststellung werden die Verhältnisse zu Beginn des Kalenderjahrs (Hauptfeststellungszeitpunkt) zugrunde gelegt. [2]Die Vorschriften in § 35 Abs. 2 und den §§ 54 und 59 über die Zugrundelegung eines anderen Zeitpunkts bleiben unberührt.

§ 22[3)] Fortschreibungen

(1) Der Einheitswert wird neu festgestellt (Wertfortschreibung), wenn der in Deutscher Mark ermittelte und auf volle hundert Deutsche Mark abgerundete Wert, der sich für den Beginn eines Kalenderjahrs ergibt, von dem entsprechenden Wert des letzten Feststellungszeitpunkts nach oben um mehr als den zehnten Teil, mindestens aber um 5 000 Deutsche Mark, oder um mehr als 100 000 Deutsche Mark, nach unten um mehr als den zehnten Teil, mindestens aber um 500 Deutsche Mark, oder um mehr als 5 000 Deutsche Mark, abweicht.

(2) Über die Art oder Zurechnung des Gegenstandes (§ 19 Abs. 3 Nr. 1 und 2) wird eine neue Feststellung getroffen (Artfortschreibung oder Zurechnungsfortschreibung), wenn sie von der zuletzt getroffenen Feststellung abweicht und es für die Besteuerung von Bedeutung ist.

(3) [1]Eine Fortschreibung nach Absatz 1 oder Absatz 2 findet auch zur Beseitigung eines Fehlers der letzten Feststellung statt. [2]§ 176 der Abgabenordnung ist hierbei entsprechend anzuwenden. [3]Dies gilt jedoch nur für die Feststellungszeitpunkte, die vor der Verkündung der maßgeblichen Entscheidung eines obersten Gerichts des Bundes liegen.

(4) [1]Eine Fortschreibung ist vorzunehmen, wenn dem Finanzamt bekannt wird, dass die Voraussetzungen für sie vorliegen. [2]Der Fortschreibung werden vorbehaltlich des § 27 die Verhältnisse im Fortschreibungszeitpunkt zugrunde gelegt. [3]Fortschreibungszeitpunkt ist

1. bei einer Änderung der tatsächlichen Verhältnisse der Beginn des Kalenderjahrs, das auf die Änderung folgt;
2. in den Fällen des Absatzes 3 der Beginn des Kalenderjahrs, in dem der Fehler dem Finanzamt bekannt wird, bei einer Erhöhung des Einheitswerts jedoch frühestens der Beginn des Kalenderjahrs, in dem der Feststellungsbescheid erteilt wird.

---

1) **Anm. d. Red.:** § 20 i. d. F. des Art. 13 Nr. 4 StÄndG 1992 v. 25. 2. 1992 (BGBl I 297).

2) **Anm. d. Red.:** § 21 i. d. F. des Art. 6 Nr. 4 Gesetz zur Fortsetzung der Unternehmenssteuerreform v. 29. 10. 1997 (BGBl I 2590).

3) **Anm. d. Red.:** § 22 Abs. 1 i. d. F. des Art. 17 Nr. 2 StEuglG v. 19. 12. 2000 (BGBl I 1790); Abs. 4 i. d. F. des Art. 6 Nr. 5 Gesetz zur Fortsetzung der Unternehmenssteuerreform v. 29. 10. 1997 (BGBl I 2590).

[4]Die Vorschriften in § 35 Abs. 2 und den §§ 54 und 59 über die Zugrundelegung eines anderen Zeitpunkts bleiben unberührt.

§ 23[1)] Nachfeststellung

(1) Für wirtschaftliche Einheiten, für die ein Einheitswert festzustellen ist, wird der Einheitswert nachträglich festgestellt (Nachfeststellung), wenn nach dem Hauptfeststellungszeitpunkt (§ 21 Abs. 2)

1. die wirtschaftliche Einheit neu entsteht;
2. eine bereits bestehende wirtschaftliche Einheit erstmals zu einer Steuer herangezogen werden soll.
3. (weggefallen)

(2) [1]Der Nachfeststellung werden vorbehaltlich des § 27 die Verhältnisse im Nachfeststellungszeitpunkt zugrunde gelegt. [2]Nachfeststellungszeitpunkt ist in den Fällen des Absatzes 1 Nr. 1 der Beginn des Kalenderjahrs, das auf die Entstehung der wirtschaftlichen Einheit folgt, und in den Fällen des Absatzes 1 Nr. 2 der Beginn des Kalenderjahrs, in dem der Einheitswert erstmals der Besteuerung zugrunde gelegt wird. [3]Die Vorschriften in § 35 Abs. 2 und den §§ 54 und 59 über die Zugrundelegung eines anderen Zeitpunkts bleiben unberührt.

§ 24[2)] Aufhebung des Einheitswerts

(1) Der Einheitswert wird aufgehoben, wenn dem Finanzamt bekannt wird, dass

1. die wirtschaftliche Einheit wegfällt;
2. der Einheitswert der wirtschaftlichen Einheit infolge von Befreiungsgründen der Besteuerung nicht mehr zugrunde gelegt wird.
3. (weggefallen)

(2) Aufhebungszeitpunkt ist in den Fällen des Absatzes 1 Nr. 1 der Beginn des Kalenderjahrs, das auf den Wegfall der wirtschaftlichen Einheit folgt, und in den Fällen des Absatzes 1 Nr. 2 der Beginn des Kalenderjahrs, in dem der Einheitswert erstmals der Besteuerung nicht mehr zugrunde gelegt wird.

§ 24a Änderung von Feststellungsbescheiden

[1]Bescheide über Fortschreibungen oder Nachfeststellungen von Einheitswerten des Grundbesitzes können schon vor dem maßgebenden Feststellungszeitpunkt erteilt werden. [2]Sie sind zu ändern oder aufzuheben, wenn sich bis zu diesem Zeitpunkt Änderungen ergeben, die zu einer abweichenden Feststellung führen.

§ 25[3)] Nachholung einer Feststellung

(1) [1]Ist die Feststellungsfrist (§ 181 der Abgabenordnung) bereits abgelaufen, kann eine Fortschreibung (§ 22) oder Nachfeststellung (§ 23) unter Zugrundelegung der Verhältnisse vom Fortschreibungs- oder Nachfeststellungszeitpunkt mit Wirkung für einen späteren Feststellungszeitpunkt vorgenommen werden, für den diese Frist noch nicht abgelaufen ist. [2]§ 181 Abs. 5 der Abgabenordnung bleibt unberührt.

(2) Absatz 1 ist bei der Aufhebung des Einheitswerts (§ 24) entsprechend anzuwenden.

BewG

---

1) **Anm. d. Red.:** § 23 i. d. F. des Art. 6 Nr. 6 Gesetz zur Fortsetzung der Unternehmenssteuerreform v. 29. 10. 1997 (BGBl I 2590).

2) **Anm. d. Red.:** § 24 i. d. F. des Art. 6 Nr. 7 Gesetz zur Fortsetzung der Unternehmenssteuerreform v. 29. 10. 1997 (BGBl I 2590).

3) **Anm. d. Red.:** § 25 neu eingefügt gem. Art. 6 Nr. 8 Gesetz zur Fortsetzung der Unternehmenssteuerreform v. 29. 10. 1997 (BGBl I 2590).

§ 26[1] Umfang der wirtschaftlichen Einheit bei Ehegatten

Die Zurechnung mehrerer Wirtschaftsgüter zu einer wirtschaftlichen Einheit (§ 2) wird beim Grundbesitz im Sinne der §§ 33 bis 94, 99 und 125 bis 133 nicht dadurch ausgeschlossen, dass die Wirtschaftsgüter zum Teil dem einen, zum Teil dem anderen Ehegatten gehören.

§ 27[2] Wertverhältnisse bei Fortschreibungen und Nachfeststellungen

Bei Fortschreibungen und bei Nachfeststellungen der Einheitswerte für Grundbesitz sind die Wertverhältnisse im Hauptfeststellungszeitpunkt zugrunde zu legen.

§ 28[3] Erklärungspflicht

(1) Erklärungen zur Feststellung des Einheitswerts sind auf jeden Hauptfeststellungszeitpunkt abzugeben.

(2) [1]Die Erklärungen sind innerhalb der Frist abzugeben, die das Bundesministerium der Finanzen im Einvernehmen mit den obersten Finanzbehörden der Länder bestimmt. [2]Die Frist ist im Bundesanzeiger bekannt zu machen. [3]Fordert die Finanzbehörde zur Abgabe einer Erklärung auf einen Hauptfeststellungszeitpunkt oder auf einen anderen Feststellungszeitpunkt besonders auf (§ 149 Abs. 1 Satz 2 der Abgabenordnung), hat sie eine besondere Frist zu bestimmen, die mindestens einen Monat betragen soll.

(3) [1]Erklärungspflichtig ist derjenige, dem Grundbesitz zuzurechnen ist. [2]Er hat die Steuererklärung eigenhändig zu unterschreiben.

§ 29[4] Auskünfte, Erhebungen und Mitteilungen

(1) [1]Die Eigentümer von Grundbesitz haben der Finanzbehörde auf Anforderung alle Angaben zu machen, die sie für die Sammlung der Kauf-, Miet- und Pachtpreise braucht. [2]Bei dieser Erklärung ist zu versichern, dass die Angaben nach bestem Wissen und Gewissen gemacht sind.

(2) [1]Die Finanzbehörden können zur Vorbereitung einer Hauptfeststellung und zur Durchführung von Feststellungen der Einheitswerte des Grundbesitzes örtliche Erhebungen über die Bewertungsgrundlagen anstellen. [2]Das Grundrecht der Unverletzlichkeit der Wohnung (Artikel 13 des Grundgesetzes) wird insoweit eingeschränkt.

(3) [1]Die nach Bundes- oder Landesrecht zuständigen Behörden haben den Finanzbehörden die rechtlichen und tatsächlichen Umstände mitzuteilen, die ihnen im Rahmen ihrer Aufgabenerfüllung bekannt geworden sind und die für die Feststellung von Einheitswerten des Grundbesitzes, für die Feststellung von Grundbesitzwerten oder für die Grundsteuer von Bedeutung sein können; mitzuteilen sind auch diejenigen Umstände, die für die Erbschaftsteuer oder die Grunderwerbsteuer von Bedeutung sein können, sofern die Finanzbehörden dies anordnen. [2]Den Behörden stehen die Stellen gleich, die für die Sicherung der Zweckbestimmung der Wohnungen zuständig sind, die auf der Grundlage des Zweiten Wohnungsbaugesetzes, des Wohnungsbaugesetzes für das Saarland oder auf der Grundlage des Wohnraumförderungsgesetzes gefördert worden sind.

1) **Anm. d. Red.:** § 26 i. d. F. des Art. 6 Nr. 9 Gesetz zur Fortsetzung der Unternehmenssteuerreform v. 29. 10. 1997 (BGBl I 2590).

2) **Anm. d. Red.:** § 27 i. d. F. des Art. 3 Nr. 11 Zinsabschlaggesetz v. 9. 11. 1992 (BGBl I 1853).

3) **Anm. d. Red.:** § 28 Abs. 1 und 3 i. d. F des Art. 6 Nr. 10 Gesetz zur Fortsetzung der Unternehmenssteuerreform v. 29. 10. 1997 (BGBl I 2590); Abs. 2 i. d. F. des Art. 14 Nr. 12 StMBG v. 21. 12. 1993 (BGBl I 2310).

4) **Anm. d. Red.:** § 29 Abs. 1 und 2 i. d. F. des Art. 3 Nr. 13 Zinsabschlaggesetz v. 9. 11. 1992 (BGBl I 1853); Abs. 3 i. d. F. des Art. 14 Nr. 3 StÄndG 2001 v. 20. 12. 2001 (BGBl I 3794); Abs. 4 und 5 angefügt gem. Art. 22 Nr. 2 JStG 1996 v. 11. 10. 1995 (BGBl I 1250).

(4) [1]Die Grundbuchämter teilen den für die Feststellung des Einheitswerts zuständigen Finanzbehörden für die in Absatz 3 bezeichneten Zwecke mit

1. die Eintragung eines neuen Eigentümers oder Erbbauberechtigten sowie bei einem anderen als rechtsgeschäftlichen Erwerb auch die Anschrift des neuen Eigentümers oder Erbbauberechtigten; dies gilt nicht für die Fälle des Erwerbs nach den Vorschriften des Zuordnungsrechts,
2. die Eintragung der Begründung von Wohnungseigentum oder Teileigentum,
3. die Eintragung der Begründung eines Erbbaurechts, Wohnungserbbaurechts oder Teilerbbaurechts.

[2]In den Fällen der Nummern 2 und 3 ist gleichzeitig der Tag des Eingangs des Eintragungsantrags beim Grundbuchamt mitzuteilen. [3]Bei einer Eintragung aufgrund Erbfolge ist das Jahr anzugeben, in dem der Erblasser verstorben ist. [4]Die Mitteilungen können der Finanzbehörde über die für die Führung des Liegenschaftskatasters zuständige Behörde oder über eine sonstige Behörde, die das amtliche Verzeichnis der Grundstücke (§ 2 Abs. 2 der Grundbuchordnung) führt, zugeleitet werden.

(5) [1]Die mitteilungspflichtige Stelle hat die Betroffenen vom Inhalt der Mitteilung zu unterrichten. [2]Eine Unterrichtung kann unterbleiben, soweit den Finanzbehörden Umstände aus dem Grundbuch, den Grundakten oder aus dem Liegenschaftskataster mitgeteilt werden.

§ 30[1)] Abrundung

[1]Die in Deutscher Mark ermittelten Einheitswerte werden auf volle hundert Deutsche Mark nach unten abgerundet und danach in Euro umgerechnet. [2]Der umgerechnete Betrag wird auf volle Euro abgerundet.

§ 31 Bewertung von ausländischem Sachvermögen

(1) [1]Für die Bewertung des ausländischen land- und forstwirtschaftlichen Vermögens, Grundvermögens und Betriebsvermögens gelten die Vorschriften des Ersten Teils dieses Gesetzes, insbesondere § 9 (gemeiner Wert). [2]Nach diesen Vorschriften sind auch die ausländischen Teile einer wirtschaftlichen Einheit zu bewerten, die sich sowohl auf das Inland als auch auf das Ausland erstreckt.

(2) [1]Bei der Bewertung von ausländischem Grundbesitz sind Bestandteile und Zubehör zu berücksichtigen. [2]Zahlungsmittel, Geldforderungen, Wertpapiere und Geldschulden sind nicht einzubeziehen.

§ 32[2)] Bewertung von inländischem Sachvermögen

[1]Für die Bewertung des inländischen land- und forstwirtschaftlichen Vermögens, Grundvermögens und Betriebsvermögens gelten die Vorschriften der §§ 33 bis 109. [2]Nach diesen Vorschriften sind auch die inländischen Teile einer wirtschaftlichen Einheit zu bewerten, die sich sowohl auf das Inland als auch auf das Ausland erstreckt.

B. Land- und forstwirtschaftliches Vermögen

BewG

I. Allgemeines

§ 33 Begriff des land- und forstwirtschaftlichen Vermögens

(1) [1]Zum land- und forstwirtschaftlichen Vermögen gehören alle Wirtschaftsgüter, die einem Betrieb der Land- und Forstwirtschaft dauernd zu dienen bestimmt sind. [2]Betrieb der Land- und Forstwirtschaft ist die wirtschaftliche Einheit des land- und forstwirtschaftlichen Vermögens.

---

1) **Anm. d. Red.:** § 30 i. d. F. des Art. 17 Nr. 3 StEuglG v. 19. 12. 2000 (BGBl I 1790).

2) **Anm. d. Red.:** § 32 i. d. F. des Art. 14 Nr. 4 StÄndG 2001 v. 20. 12. 2001 (BGBl I 3794).

(2) Zu den Wirtschaftsgütern, die einem Betrieb der Land- und Forstwirtschaft dauernd zu dienen bestimmt sind, gehören insbesondere der Grund und Boden, die Wohn- und Wirtschaftsgebäude, die stehenden Betriebsmittel und ein normaler Bestand an umlaufenden Betriebsmitteln; als normaler Bestand gilt ein solcher, der zur gesicherten Fortführung des Betriebes erforderlich ist.

(3) Zum land- und forstwirtschaftlichen Vermögen gehören nicht

1. Zahlungsmittel, Geldforderungen, Geschäftsguthaben und Wertpapiere,
2. Geldschulden,
3. über den normalen Bestand hinausgehende Bestände (Überbestände) an umlaufenden Betriebsmitteln,
4. Tierbestände oder Zweige des Tierbestands und die hiermit zusammenhängenden Wirtschaftsgüter (z. B. Gebäude und abgrenzbare Gebäudeteile mit den dazugehörenden Flächen, Betriebsmittel), wenn die Tiere weder nach § 51 oder § 51a zur landwirtschaftlichen Nutzung noch nach § 62 zur sonstigen land- und forstwirtschaftlichen Nutzung gehören. [2]Die Zugehörigkeit der landwirtschaftlich genutzten Flächen zum land- und forstwirtschaftlichen Vermögen wird hierdurch nicht berührt.

§ 34 Betrieb der Land- und Forstwirtschaft

(1) Ein Betrieb der Land- und Forstwirtschaft umfasst

1. den Wirtschaftsteil,
2. den Wohnteil.

(2) Der Wirtschaftsteil eines Betriebs der Land- und Forstwirtschaft umfasst

1. die land- und forstwirtschaftlichen Nutzungen:
   a) die landwirtschaftliche Nutzung,
   b) die forstwirtschaftliche Nutzung,
   c) die weinbauliche Nutzung,
   d) die gärtnerische Nutzung,
   e) die sonstige land- und forstwirtschaftliche Nutzung;
2. die folgenden nicht zu einer Nutzung nach Nummer 1 gehörenden Wirtschaftsgüter:
   a) Abbauland (§ 43),
   b) Geringstland (§ 44),
   c) Unland (§ 45);
3. die Nebenbetriebe (§ 42).

(3) Der Wohnteil eines Betriebs der Land- und Forstwirtschaft umfasst die Gebäude und Gebäudeteile, soweit sie dem Inhaber des Betriebs, den zu seinem Haushalt gehörenden Familienangehörigen und den Altenteilern zu Wohnzwecken dienen.

(4) In den Betrieb sind auch dem Eigentümer des Grund und Bodens nicht gehörende Gebäude, die auf dem Grund und Boden des Betriebs stehen, und dem Eigentümer des Grund und Bodens nicht gehörende Betriebsmittel, die der Bewirtschaftung des Betriebs dienen, einzubeziehen.

(5) Ein Anteil des Eigentümers eines Betriebs der Land- und Forstwirtschaft an einem Wirtschaftsgut ist in den Betrieb einzubeziehen, wenn es mit dem Betrieb zusammen genutzt wird.

(6) In einen Betrieb der Land- und Forstwirtschaft, der von einer Gesellschaft oder Gemeinschaft des bürgerlichen Rechts betrieben wird, sind auch die Wirtschaftsgüter einzubeziehen, die einem oder mehreren Beteiligten gehören und dem Betrieb zu dienen bestimmt sind.

(6a) Einen Betrieb der Land- und Forstwirtschaft bildet auch die gemeinschaftliche Tierhaltung (§ 51a) einschließlich der hiermit zusammenhängenden Wirtschaftsgüter.

(7) [1]Einen Betrieb der Land- und Forstwirtschaft bilden auch Stückländereien. [2]Stückländereien sind einzelne land- und forstwirtschaftlich genutzte Flächen, bei denen die Wirtschaftsgebäude oder die Betriebsmittel oder beide Arten von Wirtschaftsgütern nicht dem Eigentümer des Grund und Bodens gehören.

§ 35 Bewertungsstichtag

(1) Für die Größe des Betriebs sowie für den Umfang und den Zustand der Gebäude und der stehenden Betriebsmittel sind die Verhältnisse im Feststellungszeitpunkt maßgebend.

(2) Für die umlaufenden Betriebsmittel ist der Stand am Ende des Wirtschaftsjahres maßgebend, das dem Feststellungszeitpunkt vorangegangen ist.

§ 36 Bewertungsgrundsätze

(1) Bei der Bewertung ist unbeschadet der Regelung, die in § 47 für den Wohnungswert getroffen ist, der Ertragswert zugrunde zu legen.

(2) [1]Bei der Ermittlung des Ertragswerts ist von der Ertragsfähigkeit auszugehen. [2]Ertragsfähigkeit ist der bei ordnungsmäßiger und schuldenfreier Bewirtschaftung mit entlohnten fremden Arbeitskräften gemeinhin und nachhaltig erzielbare Reinertrag. [3]Ertragswert ist das Achtzehnfache dieses Reinertrags.

(3) Bei der Beurteilung der Ertragsfähigkeit sind die Ertragsbedingungen zu berücksichtigen, soweit sie nicht unwesentlich sind.

§ 37 Ermittlung des Ertragswerts

(1) [1]Der Ertragswert der Nutzungen wird durch ein vergleichendes Verfahren (§§ 38 bis 41) ermittelt. [2]Das vergleichende Verfahren kann auch auf Nutzungsteile angewendet werden.

(2) Kann ein vergleichendes Verfahren nicht durchgeführt werden, so ist der Ertragswert nach der Ertragsfähigkeit der Nutzung unmittelbar zu ermitteln (Einzelertragswertverfahren).

§ 38 Vergleichszahl, Ertragsbedingungen

(1) Die Unterschiede der Ertragsfähigkeit der gleichen Nutzung in den verschiedenen Betrieben werden durch Vergleich der Ertragsbedingungen beurteilt und vorbehaltlich der §§ 55 und 62 durch Zahlen ausgedrückt, die dem Verhältnis der Reinerträge entsprechen (Vergleichszahlen).

(2) Bei dem Vergleich der Ertragsbedingungen sind zugrunde zu legen

1. die tatsächlichen Verhältnisse für:
   a) die natürlichen Ertragsbedingungen, insbesondere Bodenbeschaffenheit, Geländegestaltung, klimatische Verhältnisse,
   b) die folgenden wirtschaftlichen Ertragsbedingungen:
      aa) innere Verkehrslage (Lage für die Bewirtschaftung der Betriebsfläche),
      bb) äußere Verkehrslage (insbesondere Lage für die Anfuhr der Betriebsmittel und die Abfuhr der Erzeugnisse),
      cc) Betriebsgröße;
2. die in der Gegend als regelmäßig anzusehenden Verhältnisse für die in Nummer 1 Buchstabe b nicht bezeichneten wirtschaftlichen Ertragsbedingungen, insbesondere Preise und Löhne, Betriebsorganisation, Betriebsmittel.

(3) Bei Stückländereien sind die wirtschaftlichen Ertragsbedingungen nach Absatz 2 Nr. 1 Buchstabe b mit den regelmäßigen Verhältnissen der Gegend anzusetzen.

§ 39 Bewertungsstützpunkte

(1) [1]Zur Sicherung der Gleichmäßigkeit der Bewertung werden in einzelnen Betrieben mit gegendüblichen Ertragsbedingungen die Vergleichszahlen von Nutzungen und Nutzungsteilen vorweg ermittelt (Hauptbewertungsstützpunkte). [2]Die Vergleichszahlen der Hauptbewertungsstützpunkte werden vom Bewertungsbeirat (§§ 63 bis 66) vorgeschlagen und durch Rechtsverordnung festgesetzt. [3]Die Vergleichszahlen der Nutzungen und Nutzungsteile in den übrigen Betrieben werden durch Vergleich mit den Vergleichszahlen der Hauptbewertungsstützpunkte ermittelt. [4]§ 55 bleibt unberührt.

(2) [1]Die Hauptbewertungsstützpunkte können durch Landes-Bewertungsstützpunkte und Orts-Bewertungsstützpunkte als Bewertungsbeispiele ergänzt werden. [2]Die Vergleichszahlen der Landes-Bewertungsstützpunkte werden vom Gutachterausschuss (§ 67), die Vergleichszahlen der Orts-Bewertungsstützpunkte von den Landesfinanzbehörden ermittelt. [3]Die Vergleichszahlen der Landes-Bewertungsstützpunkte und Orts-Bewertungsstützpunkte können bekannt gegeben werden.

(3) [1]Zugepachtete Flächen, die zusammen mit einem Bewertungsstützpunkt bewirtschaftet werden, können bei der Ermittlung der Vergleichszahlen mit berücksichtigt werden. [2]Bei der Feststellung des Einheitswerts eines Betriebs, der als Bewertungsstützpunkt dient, sind zugepachtete Flächen nicht zu berücksichtigen (§ 2 Abs. 2).

§ 40[1)2)] Ermittlung des Vergleichswerts

(1) [1]Zum Hauptfeststellungszeitpunkt wird für die landwirtschaftliche, die weinbauliche und die gärtnerische Nutzung oder für deren Teile der 100 Vergleichszahlen entsprechende Ertragswert vorbehaltlich Absatz 2 durch besonderes Gesetz festgestellt. [2]Aus diesem Ertragswert wird der Ertragswert für die einzelne Nutzung oder den Nutzungsteil in den Betrieben mit Hilfe der Vergleichszahlen abgeleitet (Vergleichswert). [3]Der auf einen Hektar bezogene Vergleichswert ist der Hektarwert.

(2) Für die Hauptfeststellung auf den Beginn des Kalenderjahres 1964 betragen die 100 Vergleichszahlen entsprechenden Ertragswerte bei

der landwirtschaftlichen Nutzung	
ohne Hopfen und Spargel	37,26 DM
Hopfen	254,00 DM
Spargel	76,50 DM
der weinbaulichen Nutzung	200,00 DM
den gärtnerischen Nutzungsteilen	
Gemüse-, Blumen- und Zierpflanzenbau	108,00 DM
Obstbau	72,00 DM
Baumschulen	221,40 DM.

(3) [1]Die Hoffläche und die Gebäudefläche des Betriebs sind in die einzelne Nutzung einzubeziehen, soweit sie ihr dienen. [2]Hausgärten bis zur Größe von 10 Ar sind zur Hof- und Gebäudefläche zu rechnen. [3]Wirtschaftswege, Hecken, Gräben, Grenzraine und dergleichen sind in die Nutzung einzubeziehen, zu der sie gehören; dies gilt auch für Wasserflächen, soweit sie nicht Unland sind oder zur sonstigen land- und forstwirtschaftlichen Nutzung (§ 62) gehören.

(4) Das Finanzamt hat bei Vorliegen eines rechtlichen Interesses dem Steuerpflichtigen Bewertungsgrundlagen und Bewertungsergebnisse der Nutzung oder des Nutzungsteils von Bewertungsstützpunkten, die bei der Ermittlung der Vergleichswerte seines Betriebs herangezogen worden sind, anzugeben.

---

1) **Anm. d. Red.:** § 40 Abs. 5 i. d. F. des Art. 18 Nr. 10 JStG 2007 v. 13. 12. 2006 (BGBl I 2878).

2) **Anm. d. Red.:** Zur Anwendung des § 40 siehe § 205 Abs. 2.

(5) Zur Berücksichtigung der rückläufigen Reinerträge sind die nach Absätzen 1 und 2 ermittelten Vergleichswerte für Hopfen um 80 Prozent, für Spargel um 50 Prozent und für Obstbau um 60 Prozent zu vermindern; es ist jedoch jeweils mindestens ein Hektarwert von 1 200 Deutsche Mark anzusetzen.

§ 41[1)2)] Abschläge und Zuschläge

(1) Ein Abschlag oder ein Zuschlag am Vergleichswert ist zu machen,

1. soweit die tatsächlichen Verhältnisse bei einer Nutzung oder einem Nutzungsteil von den bei der Bewertung unterstellten regelmäßigen Verhältnissen der Gegend (§ 38 Abs. 2 Nr. 2) um mehr als 20 Prozent abweichen und
2. wenn die Abweichung eine Änderung des Vergleichswerts der Nutzung oder des Nutzungsteils um mehr als den fünften Teil, mindestens aber um 1 000 Deutsche Mark, oder um mehr als 10 000 Deutsche Mark bewirkt.

(2) Der Abschlag oder der Zuschlag ist nach der durch die Abweichung bedingten Minderung oder Steigerung der Ertragsfähigkeit zu bemessen.

(2a) Der Zuschlag wegen Abweichung des tatsächlichen Tierbestands von den unterstellten regelmäßigen Verhältnissen der Gegend ist bei Fortschreibungen (§ 22) oder Nachfeststellungen (§ 23) um 50 Prozent zu vermindern.

(3) Bei Stückländereien sind weder Abschläge für fehlende Betriebsmittel beim Eigentümer des Grund und Bodens noch Zuschläge für Überbestand an diesen Wirtschaftsgütern bei deren Eigentümern zu machen.

§ 42 Nebenbetriebe

(1) Nebenbetriebe sind Betriebe, die dem Hauptbetrieb zu dienen bestimmt sind und nicht einen selbständigen gewerblichen Betrieb darstellen.

(2) Die Nebenbetriebe sind gesondert mit dem Einzelertragswert zu bewerten.

§ 43 Abbauland

(1) Zum Abbauland gehören die Betriebsflächen, die durch Abbau der Bodensubstanz überwiegend für den Betrieb nutzbar gemacht werden (Sand-, Kies-, Lehmgruben, Steinbrüche, Torfstiche und dergleichen).

(2) Das Abbauland ist gesondert mit dem Einzelertragswert zu bewerten.

§ 44[3)4)] Geringstland

(1) Zum Geringstland gehören die Betriebsflächen geringster Ertragsfähigkeit, für die nach dem Bodenschätzungsgesetz keine Wertzahlen festzustellen sind.

(2) Geringstland ist mit einem Hektarwert von 50 Deutschen Mark zu bewerten.

§ 45 Unland

(1) Zum Unland gehören die Betriebsflächen, die auch bei geordneter Wirtschaftsweise keinen Ertrag abwerfen können.

(2) Unland wird nicht bewertet.

BewG

§ 46 Wirtschaftswert

[1]Aus den Vergleichswerten (§ 40 Abs. 1) und den Abschlägen und Zuschlägen (§ 41), aus den Einzelertragswerten sowie aus den Werten der nach den §§ 42 bis 44 gesondert

1) **Anm. d. Red.:** § 41 Abs. 1 und 2a i. d. F. des Art. 18 Nr. 10 JStG 2007 v. 13. 12. 2006 (BGBl I 2878).

2) **Anm. d. Red.:** Zur Anwendung des § 41 siehe § 205 Abs. 2.

3) **Anm. d. Red.:** § 44 Abs. 1 i. d. F. des Art. 1 Nr. 9 JStG 1997 v. 20. 12. 1996 (BGBl I 2049).

4) **Anm. d. Red.:** Zur Anwendung des § 44 siehe § 205 Abs. 2.

zu bewertenden Wirtschaftsgüter wird der Wert für den Wirtschaftsteil (Wirtschaftswert) gebildet. [2]Für seine Ermittlung gelten außer den Bestimmungen in den §§ 35 bis 45 auch die besonderen Vorschriften in den §§ 50 bis 62.

§ 47[1)] Wohnungswert

[1]Der Wert für den Wohnteil (Wohnungswert) wird nach den Vorschriften ermittelt, die beim Grundvermögen für die Bewertung der Mietwohngrundstücke im Ertragswertverfahren (§§ 71, 78 bis 82 und 91) gelten. [2]Bei der Schätzung der üblichen Miete (§ 79 Abs. 2) sind die Besonderheiten, die sich aus der Lage der Gebäude oder Gebäudeteile im Betrieb ergeben, zu berücksichtigen. [3]Der ermittelte Betrag ist um 15 Prozent zu vermindern.

§ 48 Zusammensetzung des Einheitswerts

Der Wirtschaftswert und der Wohnungswert bilden zusammen den Einheitswert des Betriebs.

§ 48a Einheitswert bestimmter intensiv genutzter Flächen

[1]Werden Betriebsflächen durch einen anderen Nutzungsberechtigten als den Eigentümer bewirtschaftet, so ist

1. bei der Sonderkultur Spargel (§ 52),
2. bei den gärtnerischen Nutzungsteilen Gemüse-, Blumen- und Zierpflanzenbau sowie Baumschulen (§ 61),
3. bei der Saatzucht (§ 62 Abs. 1 Nr. 6)

der Unterschiedsbetrag zwischen dem für landwirtschaftliche Nutzung maßgebenden Vergleichswert und dem höheren Vergleichswert, der durch die unter den Nummern 1 bis 3 bezeichneten Nutzungen bedingt ist, bei der Feststellung des Einheitswerts des Eigentümers nicht zu berücksichtigen und für den Nutzungsberechtigten als selbständiger Einheitswert festzustellen. [2]Ist ein Einheitswert für land- und forstwirtschaftliches Vermögen des Nutzungsberechtigten festzustellen, so ist der Unterschiedsbetrag in diesen Einheitswert einzubeziehen.

§ 49[2)] (weggefallen)

II. Besondere Vorschriften

a) Landwirtschaftliche Nutzung

§ 50 Ertragsbedingungen

(1) [1]Bei der Beurteilung der natürlichen Ertragsbedingungen (§ 38 Abs. 2 Nr. 1 Buchstabe a) ist von den Ergebnissen der Bodenschätzung nach dem Bodenschätzungsgesetz auszugehen. [2]Dies gilt auch für das Bodenartenverhältnis.

(2) Ist durch die natürlichen Verhältnisse ein anderes als das in der betreffenden Gegend regelmäßige Kulturartenverhältnis bedingt, so ist abweichend von § 38 Abs. 2 Nr. 2 das tatsächliche Kulturartenverhältnis maßgebend.

§ 51[3)] Tierbestände

(1) (weggefallen)

---

1) **Anm. d. Red.:** § 47 i. d. F. des Art. 18 Nr. 10 JStG 2007 v. 13. 12. 2006 (BGBl I 2878).

2) **Anm. d. Red.:** § 49 weggefallen gem. Art. 14 Nr. 6 StÄndG 2001 v. 20. 12. 2001 (BGBl I 3794).

3) **Anm. d. Red.:** § 51 Abs. 1 weggefallen, Abs. 2 und 5 i. d. F. des Art. 14 Nr. 7 StÄndG 2001 v. 20. 12. 2001 (BGBl I 3794); Abs. 1a eingefügt gem. Art. 2 Nr. 1 Gesetz zur Anpassung stl. Vorschriften der Land- und Forstwirtschaft v. 29. 6. 1998 (BGBl I 1692).

(1a) [1]Für Feststellungszeitpunkte ab dem 1. Januar 1999 gehören Tierbestände in vollem Umfang zur landwirtschaftlichen Nutzung, wenn im Wirtschaftsjahr

für die ersten	20 Hektar	nicht mehr als	10	Vieheinheiten,
für die nächsten	10 Hektar	nicht mehr als	7	Vieheinheiten,
für die nächsten	20 Hektar	nicht mehr als	6	Vieheinheiten,
für die nächsten	50 Hektar	nicht mehr als	3	Vieheinheiten
und für die weitere Fläche		nicht mehr als	1,5	Vieheinheiten

je Hektar der vom Inhaber des Betriebs regelmäßig landwirtschaftlich genutzten Flächen erzeugt oder gehalten werden. [2]Die Tierbestände sind nach dem Futterbedarf in Vieheinheiten umzurechnen. [3]Diese Zuordnung der Tierbestände steht einer Änderung der tatsächlichen Verhältnisse gleich, die im Kalenderjahr 1998 eingetreten ist; § 27 ist insoweit nicht anzuwenden.

(2) [1]Übersteigt die Anzahl der Vieheinheiten nachhaltig die in Absatz 1a bezeichnete Grenze, so gehören nur die Zweige des Tierbestands zur landwirtschaftlichen Nutzung, deren Vieheinheiten zusammen diese Grenze nicht überschreiten. [2]Zunächst sind mehr flächenabhängige Zweige des Tierbestands und danach weniger flächenabhängige Zweige des Tierbestands zur landwirtschaftlichen Nutzung zu rechnen. [3]Innerhalb jeder dieser Gruppen sind zuerst Zweige des Tierbestands mit der geringeren Anzahl von Vieheinheiten und dann Zweige mit der größeren Anzahl von Vieheinheiten zur landwirtschaftlichen Nutzung zu rechnen. [4]Der Tierbestand des einzelnen Zweiges wird nicht aufgeteilt.

(3) [1]Als Zweig des Tierbestands gilt bei jeder Tierart für sich

1. das Zugvieh,
2. das Zuchtvieh,
3. das Mastvieh,
4. das übrige Nutzvieh.

[2]Das Zuchtvieh einer Tierart gilt nur dann als besonderer Zweig des Tierbestands, wenn die erzeugten Jungtiere überwiegend zum Verkauf bestimmt sind. [3]Ist das nicht der Fall, so ist das Zuchtvieh dem Zweig des Tierbestands zuzurechnen, dem es überwiegend dient.

(4) [1]Der Umrechnungsschlüssel für Tierbestände in Vieheinheiten sowie die Gruppen der mehr oder weniger flächenabhängigen Zweige des Tierbestands sind aus den Anlagen 1 und 2 zu entnehmen. [2]Für die Zeit von einem nach dem 1. Januar 1964 liegenden Hauptfeststellungszeitpunkt an können der Umrechnungsschlüssel für Tierbestände in Vieheinheiten sowie die Gruppen der mehr oder weniger flächenabhängigen Zweige des Tierbestands durch Rechtsverordnung Änderungen der wirtschaftlichen Gegebenheiten, auf denen sie beruhen, angepasst werden.

(5) [1]Die Absätze 1a bis 4 gelten nicht für Pelztiere. [2]Pelztiere gehören nur dann zur landwirtschaftlichen Nutzung, wenn die erforderlichen Futtermittel überwiegend von den vom Inhaber des Betriebs landwirtschaftlich genutzten Flächen gewonnen sind.

§ 51a[1] Gemeinschaftliche Tierhaltung

(1) [1]Zur landwirtschaftlichen Nutzung gehört auch die Tierzucht und Tierhaltung von Erwerbs- und Wirtschaftsgenossenschaften (§ 97 Abs. 1 Nr. 2), von Gesellschaften, bei denen die Gesellschafter als Unternehmer (Mitunternehmer) anzusehen sind (§ 97 Abs. 1 Nr. 5), oder von Vereinen (§ 97 Abs. 2), wenn

1. alle Gesellschafter oder Mitglieder
   a) Inhaber eines Betriebs der Land- und Forstwirtschaft mit selbst bewirtschafteten regelmäßig landwirtschaftlich genutzten Flächen sind,

1) **Anm. d. Red.:** § 51a Abs. 1 und 4 i. d. F. Art. 14 Nr. 8 StÄndG 2001 v. 20. 12. 2001 (BGBl I 3794).

b) nach dem Gesamtbild der Verhältnisse hauptberuflich Land- und Forstwirte sind,

c) Landwirte im Sinne des § 1 Abs. 2 des Gesetzes über die Alterssicherung der Landwirte sind und dies durch eine Bescheinigung der zuständigen Alterskasse nachgewiesen wird und

d) die sich nach § 51 Abs. 1a für sie ergebende Möglichkeit zur landwirtschaftlichen Tiererzeugung oder Tierhaltung in Vieheinheiten ganz oder teilweise auf die Genossenschaft, die Gesellschaft oder den Verein übertragen haben;

2. die Anzahl der von der Genossenschaft, der Gesellschaft oder dem Verein im Wirtschaftsjahr erzeugten oder gehaltenen Vieheinheiten keine der nachfolgenden Grenzen nachhaltig überschreitet:

a) die Summe der sich nach Nummer 1 Buchstabe d ergebenden Vieheinheiten und

b) die Summe der Vieheinheiten, die sich nach § 51 Abs. 1a auf der Grundlage der Summe der von den Gesellschaftern oder Mitgliedern regelmäßig landwirtschaftlich genutzten Flächen ergibt;

3. die Betriebe der Gesellschafter oder Mitglieder nicht mehr als 40 km von der Produktionsstätte der Genossenschaft, der Gesellschaft oder des Vereins entfernt liegen.

[2]Die Voraussetzungen der Nummer 1 Buchstabe d und der Nummer 2 sind durch besondere, laufend zu führende Verzeichnisse nachzuweisen.

(2) Der Anwendung des Absatzes 1 steht es nicht entgegen, wenn die dort bezeichneten Genossenschaften, Gesellschaften oder Vereine die Tiererzeugung oder Tierhaltung ohne regelmäßig landwirtschaftlich genutzte Flächen betreiben.

(3) Von den in Absatz 1 bezeichneten Genossenschaften, Gesellschaften oder Vereinen regelmäßig landwirtschaftlich genutzte Flächen sind bei der Ermittlung der nach Absatz 1 Nr. 2 maßgebenden Grenzen wie Flächen von Gesellschaftern oder Mitgliedern zu behandeln, die ihre Möglichkeit zur landwirtschaftlichen Tiererzeugung oder Tierhaltung im Sinne des Absatzes 1 Nr. 1 Buchstabe d auf die Genossenschaft, die Gesellschaft oder den Verein übertragen haben.

(4) Bei dem einzelnen Gesellschafter oder Mitglied der in Absatz 1 bezeichneten Genossenschaften, Gesellschaften oder Vereine ist § 51 Abs. 1a mit der Maßgabe anzuwenden, dass die in seinem Betrieb erzeugten oder gehaltenen Vieheinheiten mit den Vieheinheiten zusammenzurechnen sind, die im Rahmen der nach Absatz 1 Nr. 1 Buchstabe d übertragenen Möglichkeiten erzeugt oder gehalten werden.

(5) Die Vorschriften des § 51 Abs. 2 bis 4 sind entsprechend anzuwenden.

§ 52 Sonderkulturen

Hopfen, Spargel und andere Sonderkulturen sind als landwirtschaftliche Nutzungsteile (§ 37 Abs. 1) zu bewerten.

b) Forstwirtschaftliche Nutzung

§ 53 Umlaufende Betriebsmittel

Eingeschlagenes Holz gehört zum normalen Bestand an umlaufenden Betriebsmitteln, soweit es den jährlichen Nutzungssatz nicht übersteigt; bei Betrieben, die nicht jährlich einschlagen (aussetzende Betriebe), tritt an die Stelle des jährlichen Nutzungssatzes ein den Betriebsverhältnissen entsprechender mehrjähriger Nutzungssatz.

§ 54 Bewertungsstichtag

Abweichend von § 35 Abs. 1 sind für den Umfang und den Zustand des Bestandes an nicht eingeschlagenem Holz die Verhältnisse am Ende des Wirtschaftsjahres zugrunde zu legen, das dem Feststellungszeitpunkt vorangegangen ist.

§ 55[1)2)] Ermittlung des Vergleichswerts

(1) Das vergleichende Verfahren ist auf Hochwald als Nutzungsteil (§ 37 Abs. 1) anzuwenden.

(2) Die Ertragsfähigkeit des Hochwaldes wird vorweg für Nachhaltsbetriebe mit regelmäßigem Alters- oder Vorratsklassenverhältnis ermittelt und durch Normalwerte ausgedrückt.

(3) [1]Normalwert ist der für eine Holzart unter Berücksichtigung des Holzertrags auf einen Hektar bezogene Ertragswert eines Nachhaltsbetriebs mit regelmäßigem Alters- oder Vorratsklassenverhältnis. [2]Die Normalwerte werden für Bewertungsgebiete vom Bewertungsbeirat vorgeschlagen und durch Rechtsverordnung festgesetzt. [3]Der Normalwert beträgt für die Hauptfeststellung auf den Beginn des Kalenderjahres 1964 höchstens 3 200 Deutsche Mark (Fichte, Ertragsklasse I A, Bestockungsgrad 1,0).

(4) [1]Die Anteile der einzelnen Alters- oder Vorratsklassen an den Normalwerten werden durch Prozentsätze ausgedrückt. [2]Für jede Alters- oder Vorratsklasse ergibt sich der Prozentsatz aus dem Verhältnis ihres Abtriebswerts zum Abtriebswert des Nachhaltsbetriebs mit regelmäßigem Alters- oder Vorratsklassenverhältnis. [3]Die Prozentsätze werden einheitlich für alle Bewertungsgebiete durch Rechtsverordnung festgesetzt. [4]Sie betragen für die Hauptfeststellung auf den Beginn des Kalenderjahres 1964 höchstens 260 Prozent der Normalwerte.

(5) [1]Ausgehend von den nach Absatz 3 festgesetzten Normalwerten wird für die forstwirtschaftliche Nutzung des einzelnen Betriebs der Ertragswert (Vergleichswert) abgeleitet. [2]Dabei werden die Prozentsätze auf die Alters- oder Vorratsklassen angewendet.

(6) Der Wert der einzelnen Alters- oder Vorratsklasse beträgt mindestens 50 Deutsche Mark je Hektar.

(7) Mittelwald und Niederwald sind mit 50 Deutsche Mark je Hektar anzusetzen.

(8) Zur Förderung der Gleichmäßigkeit der Bewertung wird, ausgehend von den Normalwerten des Bewertungsgebiets nach Absatz 3, durch den Bewertungsbeirat (§§ 63 bis 66) für den forstwirtschaftlichen Nutzungsteil Hochwald in einzelnen Betrieben mit gegendüblichen Ertragsbedingungen (Hauptbewertungsstützpunkte) der Vergleichswert vorgeschlagen und durch Rechtsverordnung festgesetzt.

(9) Zur Berücksichtigung der rückläufigen Reinerträge sind die nach Absatz 5 ermittelten Ertragswerte (Vergleichswerte) um 40 Prozent zu vermindern; die Absätze 6 und 7 bleiben unberührt.

c) Weinbauliche Nutzung

§ 56[3)] Umlaufende Betriebsmittel

(1) [1]Bei ausbauenden Betrieben zählen die Vorräte an Weinen aus der letzten und der vorletzten Ernte vor dem Bewertungsstichtag zum normalen Bestand an umlaufenden Betriebsmitteln. [2]Für die Weinvorräte aus der vorletzten Ernte vor dem Bewertungsstichtag gilt dies jedoch nur, soweit sie nicht auf Flaschen gefüllt sind.

(2) [1]Für Feststellungszeitpunkte ab dem 1. Januar 1996 zählen bei ausbauenden Betrieben die Vorräte an Weinen aus den Ernten der letzten fünf Jahre vor dem Bewertungsstichtag zum normalen Bestand an umlaufenden Betriebsmitteln. [2]Diese Zuordnung der Weinvorräte steht einer Änderung der tatsächlichen Verhältnisse gleich, die im Kalenderjahr 1995 eingetreten ist; § 27 ist insoweit nicht anzuwenden.

(3) Abschläge für Unterbestand an Weinvorräten sind nicht zu machen.

1) **Anm. d. Red.:** § 55 Abs. 4, 5 und 9 i. d. F. des Art. 18 Nr. 10, 11 und 12 JStG 2007 v. 13. 12. 2006 (BGBl I 2878).

2) **Anm. d. Red.:** Zur Anwendung des § 55 siehe § 205 Abs. 2.

3) **Anm. d. Red.:** § 56 i. d. F. des Art. 22 Nr. 3 JStG 1996 v. 11. 10. 1995 (BGBl I 1250).

§ 57 Bewertungsstützpunkte

Als Bewertungsstützpunkte dienen Weinbaulagen oder Teile von Weinbaulagen.

§ 58 Innere Verkehrslage

Bei der Berücksichtigung der inneren Verkehrslage sind abweichend von § 38 Abs. 2 Nr. 1 nicht die tatsächlichen Verhältnisse, sondern die in der Weinbaulage regelmäßigen Verhältnisse zugrunde zu legen; § 41 ist entsprechend anzuwenden.

d) Gärtnerische Nutzung

§ 59 Bewertungsstichtag

(1) Die durch Anbau von Baumschulgewächsen genutzte Betriebsfläche wird abweichend von § 35 Abs. 1 nach den Verhältnissen an dem 15. September bestimmt, der dem Feststellungszeitpunkt vorangegangen ist.

(2) Die durch Anbau von Gemüse, Blumen und Zierpflanzen genutzte Betriebsfläche wird abweichend von § 35 Abs. 1 nach den Verhältnissen an dem 30. Juni bestimmt, der dem Feststellungszeitpunkt vorangegangen ist.

§ 60 Ertragsbedingungen

(1) Bei der Beurteilung der natürlichen Ertragsbedingungen (§ 38 Abs. 2 Nr. 1 Buchstabe a) ist von den Ergebnissen der Bodenschätzung nach dem Bodenschätzungsgesetz auszugehen.

(2) Hinsichtlich der ertragsteigernden Anlagen, insbesondere der überdachten Anbauflächen, sind – abweichend von § 38 Abs. 2 Nr. 2 – die tatsächlichen Verhältnisse des Betriebs zugrunde zu legen.

§ 61 Anwendung des vergleichenden Verfahrens

Das vergleichende Verfahren ist auf Gemüse-, Blumen- und Zierpflanzenbau, auf Obstbau und auf Baumschulen als Nutzungsteile (§ 37 Abs. 1 Satz 2) anzuwenden.

e) Sonstige land- und forstwirtschaftliche Nutzung

§ 62 Arten und Bewertung der sonstigen land- und forstwirtschaftlichen Nutzung

(1) Zur sonstigen land- und forstwirtschaftlichen Nutzung gehören insbesondere

1. die Binnenfischerei,
2. die Teichwirtschaft,
3. die Fischzucht für Binnenfischerei und Teichwirtschaft,
4. die Imkerei,
5. die Wanderschäferei,
6. die Saatzucht.

(2) Für die Arten der sonstigen land- und forstwirtschaftlichen Nutzung werden im vergleichenden Verfahren abweichend von § 38 Abs. 1 keine Vergleichszahlen, sondern unmittelbare Vergleichswerte ermittelt.

III. Bewertungsbeirat, Gutachterausschuss

§ 63[1] Bewertungsbeirat

(1) Beim Bundesministerium der Finanzen wird ein Bewertungsbeirat gebildet.

(2) [1]Der Bewertungsbeirat gliedert sich in eine landwirtschaftliche Abteilung, eine forstwirtschaftliche Abteilung, eine Weinbauabteilung und eine Gartenbauabteilung. [2]Die Gartenbauabteilung besteht aus den Unterabteilungen für Gemüse-, Blumen- und Zierpflanzenbau, für Obstbau und für Baumschulen.

(3) (weggefallen)

§ 64[2] Mitglieder

(1) Dem Bewertungsbeirat gehören an

1. in jeder Abteilung und Unterabteilung:
   a) ein Beamter des Bundesministeriums der Finanzen als Vorsitzender,
   b) ein Beamter des Bundesministeriums für Ernährung, Landwirtschaft und Verbraucherschutz;
2. in der landwirtschaftlichen Abteilung und in der forstwirtschaftlichen Abteilung je zehn Mitglieder;
3. in der Weinbauabteilung acht Mitglieder;
4. in der Gartenbauabteilung vier Mitglieder mit allgemeiner Sachkunde, zu denen für jede Unterabteilung drei weitere Mitglieder mit besonderer Fachkenntnis hinzutreten.

(2) Nach Bedarf können weitere Mitglieder berufen werden.

(3) [1]Die Mitglieder nach Absatz 1 Nr. 2 bis 4 und nach Absatz 2 werden auf Vorschlag der obersten Finanzbehörden der Länder durch das Bundesministerium der Finanzen im Einvernehmen mit dem Bundesministerium für Ernährung, Landwirtschaft und Verbraucherschutz berufen. [2]Die Berufung kann mit Zustimmung der obersten Finanzbehörden der Länder zurückgenommen werden. [3]Scheidet eines der nach Absatz 1 Nr. 2 bis 4 berufenen Mitglieder aus, so ist ein neues Mitglied zu berufen. [4]Die Mitglieder müssen sachkundig sein.

(4) [1]Die nach Absatz 3 berufenen Mitglieder haben bei den Verhandlungen des Bewertungsbeirats ohne Rücksicht auf Sonderinteressen nach bestem Wissen und Gewissen zu verfahren. [2]Sie dürfen den Inhalt der Verhandlungen des Bewertungsbeirats sowie die Verhältnisse der Steuerpflichtigen, die ihnen im Zusammenhang mit ihrer Tätigkeit auf Grund dieses Gesetzes bekannt geworden sind, nicht unbefugt offenbaren und Geheimnisse, insbesondere Betriebs- oder Geschäftsgeheimnisse, nicht unbefugt verwerten. [3]Sie werden bei Beginn ihrer Tätigkeit von dem Vorsitzenden des Bewertungsbeirats durch Handschlag verpflichtet, diese Obliegenheiten gewissenhaft zu erfüllen. [4]Über diese Verpflichtung ist eine Niederschrift aufzunehmen, die von dem Verpflichteten mit unterzeichnet wird. [5]Auf Zuwiderhandlungen sind die Vorschriften über das Steuergeheimnis und die Strafbarkeit seiner Verletzung entsprechend anzuwenden.

§ 65[3] Aufgaben

Der Bewertungsbeirat hat die Aufgabe, Vorschläge zu machen

1. für die durch besonderes Gesetz festzusetzenden Ertragswerte (§ 40 Abs. 1),

1) **Anm. d. Red.:** § 63 Abs. 2 i. d. F. des Art. 14 Nr. 3 StMBG v. 21. 12. 1993 (BGBl I 2310); Abs. 3 weggefallen gem. Art. 21 JStG 2008 v. 20. 12. 2007 (BGBl I 3150).

2) **Anm. d. Red.:** § 64 Abs. 1 und 3 i. d. F. des Art. 115 Neunte Zuständigkeitsanpassungsverordnung v. 31. 10. 2006 (BGBl I 2407).

3) **Anm. d. Red.:** § 65 Nr. 3 i. d. F. des Art. 14 Nr. 5 StMBG v. 21. 12. 1993 (BGBl I 2310).

2. für die durch Rechtsverordnung festzusetzenden Vergleichszahlen (§ 39 Abs. 1) und Vergleichswerte (§ 55 Abs. 8) der Hauptbewertungsstützpunkte,
3. für die durch Rechtsverordnung festzusetzenden Normalwerte der forstwirtschaftlichen Nutzung für Bewertungsgebiete (§ 55 Abs. 3).

§ 66[1] Geschäftsführung

(1) [1]Der Vorsitzende führt die Geschäfte des Bewertungsbeirats und leitet die Verhandlungen. [2]Das Bundesministerium der Finanzen kann eine Geschäftsordnung für den Bewertungsbeirat erlassen.

(2) [1]Die einzelnen Abteilungen und Unterabteilungen des Bewertungsbeirats sind beschlussfähig, wenn mindestens zwei Drittel der Mitglieder anwesend sind. [2]Bei Abstimmung entscheidet die Stimmenmehrheit, bei Stimmengleichheit die Stimme des Vorsitzenden.

(3) [1]Der Bewertungsbeirat hat seinen Sitz am Sitz des Bundesministeriums der Finanzen. [2]Er hat bei Durchführung seiner Aufgaben die Ermittlungsbefugnisse, die den Finanzämtern nach der Abgabenordnung zustehen.

(4) [1]Die Verhandlungen des Bewertungsbeirats sind nicht öffentlich. [2]Der Bewertungsbeirat kann nach seinem Ermessen Sachverständige hören; § 64 Abs. 4 gilt entsprechend.

§ 67 Gutachterausschuss

(1) [1]Zur Förderung der Gleichmäßigkeit der Bewertung des land- und forstwirtschaftlichen Vermögens in den Ländern, insbesondere durch Bewertung von Landes-Bewertungsstützpunkten, wird bei jeder Oberfinanzdirektion ein Gutachterausschuss gebildet. [2]Bei jedem Gutachterausschuss ist eine landwirtschaftliche Abteilung zu bilden. [3]Weitere Abteilungen können nach Bedarf entsprechend der Gliederung des Bewertungsbeirats (§ 63) gebildet werden.

(2) Die landwirtschaftliche Abteilung des Gutachterausschusses übernimmt auch die Befugnisse des Landesschätzungsbeirats nach dem Bodenschätzungsgesetz.

(3) Dem Gutachterausschuss oder jeder seiner Abteilungen gehören an

1. der Oberfinanzpräsident oder ein von ihm beauftragter Angehöriger seiner Behörde als Vorsitzender,
2. ein von der für die Land- und Forstwirtschaft zuständigen obersten Landesbehörde beauftragter Beamter,
3. fünf sachkundige Mitglieder, die durch die für die Finanzverwaltung zuständige oberste Landesbehörde im Einvernehmen mit der für die Land- und Forstwirtschaft zuständigen obersten Landesbehörde berufen werden. [2]Die Berufung kann zurückgenommen werden. [3]§ 64 Abs. 2 und 4 gilt entsprechend. [4]Die Landesregierungen werden ermächtigt, durch Rechtsverordnung die zuständigen Behörden abweichend von Satz 1 zu bestimmen. [5]Sie können diese Ermächtigung auf oberste Landesbehörden übertragen.

(4) [1]Der Vorsitzende führt die Geschäfte des Gutachterausschusses und leitet die Verhandlungen. [2]Die Verhandlungen sind nicht öffentlich. [3]Für die Beschlussfähigkeit und die Abstimmung gilt § 66 Abs. 2 entsprechend.

1) **Anm. d. Red.:** § 66 Abs. 1 i. d. F. des Art. 14 Nr. 12 StMBG v. 21. 12. 1993 (BGBl I 2310).

C. Grundvermögen

I. Allgemeines

§ 68[1] Begriff des Grundvermögens

(1) Zum Grundvermögen gehören

1. der Grund und Boden, die Gebäude, die sonstigen Bestandteile und das Zubehör,
2. das Erbbaurecht,
3. das Wohnungseigentum, Teileigentum, Wohnungserbbaurecht und Teilerbbaurecht nach dem Wohnungseigentumsgesetz,

soweit es sich nicht um land- und forstwirtschaftliches Vermögen (§ 33) oder um Betriebsgrundstücke (§ 99) handelt.

(2) [1]In das Grundvermögen sind nicht einzubeziehen

1. Bodenschätze,
2. die Maschinen und sonstigen Vorrichtungen aller Art, die zu einer Betriebsanlage gehören (Betriebsvorrichtungen), auch wenn sie wesentliche Bestandteile sind.

[2]Einzubeziehen sind jedoch die Verstärkungen von Decken und die nicht ausschließlich zu einer Betriebsanlage gehörenden Stützen und sonstigen Bauteile wie Mauervorlagen und Verstrebungen.

§ 69 Abgrenzung des Grundvermögens vom land- und forstwirtschaftlichen Vermögen

(1) Land- und forstwirtschaftlich genutzte Flächen sind dem Grundvermögen zuzurechnen, wenn nach ihrer Lage, den im Feststellungszeitpunkt bestehenden Verwertungsmöglichkeiten oder den sonstigen Umständen anzunehmen ist, dass sie in absehbarer Zeit anderen als land- und forstwirtschaftlichen Zwecken, insbesondere als Bauland, Industrieland oder Land für Verkehrszwecke, dienen werden.

(2) Bildet ein Betrieb der Land- und Forstwirtschaft die Existenzgrundlage des Betriebsinhabers, so sind dem Betriebsinhaber gehörende Flächen, die von einer Stelle aus ordnungsgemäß nachhaltig bewirtschaftet werden, dem Grundvermögen nur dann zuzurechnen, wenn mit großer Wahrscheinlichkeit anzunehmen ist, dass sie spätestens nach zwei Jahren anderen als land- und forstwirtschaftlichen Zwecken dienen werden.

(3) [1]Flächen sind stets dem Grundvermögen zuzurechnen, wenn sie in einem Bebauungsplan als Bauland festgesetzt sind, ihre sofortige Bebauung möglich ist und die Bebauung innerhalb des Plangebiets in benachbarten Bereichen begonnen hat oder schon durchgeführt ist. [2]Satz 1 gilt nicht für die Hofstelle und für andere Flächen in unmittelbarem räumlichen Zusammenhang mit der Hofstelle bis zu einer Größe von insgesamt einem Hektar.

(4) Absatz 2 findet in den Fällen des § 55 Abs. 5 Satz 1 des Einkommensteuergesetzes keine Anwendung.

§ 70 Grundstück

(1) Jede wirtschaftliche Einheit des Grundvermögens bildet ein Grundstück im Sinne dieses Gesetzes.

(2) [1]Ein Anteil des Eigentümers eines Grundstücks an anderem Grundvermögen (z. B. an gemeinschaftlichen Hofflächen oder Garagen) ist in das Grundstück einzubeziehen, wenn alle Anteile an dem gemeinschaftlichen Grundvermögen Eigentümern von Grundstücken gehören, die ihren Anteil jeweils zusammen mit ihrem Grundstück nutzen. [2]Das gilt nicht, wenn das gemeinschaftliche Grundvermögen nach den Anschauungen des Verkehrs als selbständige wirtschaftliche Einheit anzusehen ist (§ 2 Abs. 1 Satz 3 und 4).

1) **Anm. d. Red.:** § 68 Abs. 2 Nr. 1 i. d. F. des Art. 3 Nr. 15 Zinsabschlaggesetz v. 9. 11. 1992 (BGBl I 1853).

(3) Als Grundstück im Sinne dieses Gesetzes gilt auch ein Gebäude, das auf fremdem Grund und Boden errichtet oder in sonstigen Fällen einem anderen als dem Eigentümer des Grund und Bodens zuzurechnen ist, selbst wenn es wesentlicher Bestandteil des Grund und Bodens geworden ist.

§ 71[1] Gebäude und Gebäudeteile für den Zivilschutz

Gebäude, Teile von Gebäuden und Anlagen, die zum Schutz der Bevölkerung sowie lebens- und verteidigungswichtiger Sachgüter vor der Wirkung von Angriffswaffen geschaffen worden sind, bleiben bei der Ermittlung des Einheitswerts außer Betracht, wenn sie im Frieden nicht oder nur gelegentlich oder geringfügig für andere Zwecke benutzt werden.

II. Unbebaute Grundstücke

§ 72 Begriff

(1) [1]Unbebaute Grundstücke sind Grundstücke, auf denen sich keine benutzbaren Gebäude befinden. [2]Die Benutzbarkeit beginnt im Zeitpunkt der Bezugsfertigkeit. [3]Gebäude sind als bezugsfertig anzusehen, wenn den zukünftigen Bewohnern oder sonstigen Benutzern zugemutet werden kann, sie zu benutzen; die Abnahme durch die Bauaufsichtsbehörde ist nicht entscheidend.

(2) Befinden sich auf einem Grundstück Gebäude, deren Zweckbestimmung und Wert gegenüber der Zweckbestimmung und dem Wert des Grund und Bodens von untergeordneter Bedeutung sind, so gilt das Grundstück als unbebaut.

(3) Als unbebautes Grundstück gilt auch ein Grundstück, auf dem infolge der Zerstörung oder des Verfalls der Gebäude auf die Dauer benutzbarer Raum nicht mehr vorhanden ist.

§ 73 Baureife Grundstücke

(1) Innerhalb der unbebauten Grundstücke bilden die baureifen Grundstücke eine besondere Grundstücksart.

(2) [1]Baureife Grundstücke sind unbebaute Grundstücke, wenn sie in einem Bebauungsplan als Bauland festgesetzt sind, ihre sofortige Bebauung möglich ist und die Bebauung innerhalb des Plangebiets in benachbarten Bereichen begonnen hat oder schon durchgeführt ist. [2]Zu den baureifen Grundstücken gehören nicht Grundstücke, die für den Gemeinbedarf vorgesehen sind.

III. Bebaute Grundstücke

a) Begriff und Bewertung

§ 74 Begriff

[1]Bebaute Grundstücke sind Grundstücke, auf denen sich benutzbare Gebäude befinden, mit Ausnahme der in § 72 Abs. 2 und 3 bezeichneten Grundstücke. [2]Wird ein Gebäude in Bauabschnitten errichtet, so ist der fertig gestellte und bezugsfertige Teil als benutzbares Gebäude anzusehen.

§ 75[2] Grundstücksarten

(1) Bei der Bewertung bebauter Grundstücke sind die folgenden Grundstücksarten zu unterscheiden:

1. Mietwohngrundstücke,

---

1) **Anm. d. Red.:** § 71 Überschrift i. d. F. des Art. 14 Nr. 9 StÄndG 2001 v. 20. 12. 2001 (BGBl I 3794).

2) **Anm. d. Red.:** § 75 Abs. 2 und 3 i. d. F. des Art. 18 Nr. 10 JStG 2007 v. 13. 12. 2006 (BGBl I 2878).

2. Geschäftsgrundstücke,
3. gemischt genutzte Grundstücke,
4. Einfamilienhäuser,
5. Zweifamilienhäuser,
6. sonstige bebaute Grundstücke.

(2) Mietwohngrundstücke sind Grundstücke, die zu mehr als achtzig Prozent, berechnet nach der Jahresrohmiete (§ 79), Wohnzwecken dienen mit Ausnahme der Einfamilienhäuser und Zweifamilienhäuser (Absätze 5 und 6).

(3) Geschäftsgrundstücke sind Grundstücke, die zu mehr als achtzig Prozent, berechnet nach der Jahresrohmiete (§ 79), eigenen oder fremden gewerblichen oder öffentlichen Zwecken dienen.

(4) Gemischt genutzte Grundstücke sind Grundstücke, die teils Wohnzwecken, teils eigenen oder fremden gewerblichen oder öffentlichen Zwecken dienen und nicht Mietwohngrundstücke, Geschäftsgrundstücke, Einfamilienhäuser oder Zweifamilienhäuser sind.

(5) [1]Einfamilienhäuser sind Wohngrundstücke, die nur eine Wohnung enthalten. [2]Wohnungen des Hauspersonals (Pförtner, Heizer, Gärtner, Kraftwagenführer, Wächter usw.) sind nicht mitzurechnen. [3]Eine zweite Wohnung steht, abgesehen von Satz 2, dem Begriff „Einfamilienhaus" entgegen, auch wenn sie von untergeordneter Bedeutung ist. [4]Ein Grundstück gilt auch dann als Einfamilienhaus, wenn es zu gewerblichen oder öffentlichen Zwecken mitbenutzt wird und dadurch die Eigenart als Einfamilienhaus nicht wesentlich beeinträchtigt wird.

(6) [1]Zweifamilienhäuser sind Wohngrundstücke, die nur zwei Wohnungen enthalten. [2]Die Sätze 2 bis 4 von Absatz 5 sind entsprechend anzuwenden.

(7) Sonstige bebaute Grundstücke sind solche Grundstücke, die nicht unter die Absätze 2 bis 6 fallen.

§ 76 Bewertung

(1) Der Wert des Grundstücks ist vorbehaltlich des Absatzes 3 im Wege des Ertragswertverfahrens (§§ 78 bis 82) zu ermitteln für

1. Mietwohngrundstücke,
2. Geschäftsgrundstücke,
3. gemischt genutzte Grundstücke,
4. Einfamilienhäuser,
5. Zweifamilienhäuser.

(2) Für die sonstigen bebauten Grundstücke ist der Wert im Wege des Sachwertverfahrens (§§ 83 bis 90) zu ermitteln.

(3) Das Sachwertverfahren ist abweichend von Absatz 1 anzuwenden

BewG

1. bei Einfamilienhäusern und Zweifamilienhäusern, die sich durch besondere Gestaltung oder Ausstattung wesentlich von den nach Absatz 1 zu bewertenden Einfamilienhäusern und Zweifamilienhäusern unterscheiden;
2. bei solchen Gruppen von Geschäftsgrundstücken und in solchen Einzelfällen bebauter Grundstücke der in § 75 Abs. 1 Nr. 1 bis 3 bezeichneten Grundstücksarten, für die weder eine Jahresrohmiete ermittelt noch die übliche Miete nach § 79 Abs. 2 geschätzt werden kann;
3. bei Grundstücken mit Behelfsbauten und bei Grundstücken mit Gebäuden in einer Bauart oder Bauausführung, für die ein Vervielfältiger (§ 80) in den Anlagen 3 bis 8 nicht bestimmt ist.

§ 77*) Mindestwert

[1]Der für ein bebautes Grundstück anzusetzende Wert darf nicht geringer sein als der Wert, mit dem der Grund und Boden allein als unbebautes Grundstück zu bewerten wäre. [2]Müssen Gebäude oder Gebäudeteile wegen ihres baulichen Zustands abgebrochen werden, so sind die Abbruchkosten zu berücksichtigen.

b) Verfahren

1. Ertragswertverfahren

§ 78 Grundstückswert

[1]Der Grundstückswert umfasst den Bodenwert, den Gebäudewert und den Wert der Außenanlagen. [2]Er ergibt sich durch Anwendung eines Vervielfältigers (§ 80) auf die Jahresrohmiete (§ 79) unter Berücksichtigung der §§ 81 und 82.

§ 79[1)] Jahresrohmiete

(1) [1]Jahresrohmiete ist das Gesamtentgelt, das die Mieter (Pächter) für die Benutzung des Grundstücks auf Grund vertraglicher Vereinbarungen nach dem Stand im Feststellungszeitpunkt für ein Jahr zu entrichten haben. [2]Umlagen und alle sonstigen Leistungen des Mieters sind einzubeziehen. [3]Zur Jahresrohmiete gehören auch Betriebskosten (z. B. Gebühren der Gemeinde), die durch die Gemeinde von den Mietern unmittelbar erhoben werden. [4]Nicht einzubeziehen sind Untermietzuschläge, Kosten des Betriebs der zentralen Heizungs-, Warmwasserversorgungs- und Brennstoffversorgungsanlage sowie des Fahrstuhls, ferner alle Vergütungen für außergewöhnliche Nebenleistungen des Vermieters, die nicht die Raumnutzung betreffen (z. B. Bereitstellung von Wasserkraft, Dampfkraft, Pressluft, Kraftstrom und dergleichen), sowie Nebenleistungen des Vermieters, die nur einzelnen Mietern zugute kommen.

(2) [1]Statt des Betrags nach Absatz 1 gilt die übliche Miete als Jahresrohmiete für solche Grundstücke oder Grundstücksteile,

1. die eigengenutzt, ungenutzt, zu vorübergehendem Gebrauch oder unentgeltlich überlassen sind,
2. die der Eigentümer dem Mieter zu einer um mehr als zwanzig Prozent von der üblichen Miete abweichenden tatsächlichen Miete überlassen hat.

[2]Die übliche Miete ist in Anlehnung an die Jahresrohmiete zu schätzen, die für Räume gleicher oder ähnlicher Art, Lage und Ausstattung regelmäßig gezahlt wird.

(3) und (4) (weggefallen)

(5) Bei Fortschreibungen und Nachfeststellungen gelten für die Höhe der Miete die Wertverhältnisse im Hauptfeststellungszeitpunkt.

§ 80 Vervielfältiger

(1) [1]Die Zahl, mit der die Jahresrohmiete zu vervielfachen ist (Vervielfältiger), ist aus den Anlagen 3 bis 8 zu entnehmen. [2]Der Vervielfältiger bestimmt sich nach der Grundstücksart, der Bauart und Bauausführung, dem Baujahr des Gebäudes sowie nach der Einwohnerzahl der Belegenheitsgemeinde im Hauptfeststellungszeitpunkt. [3]Erstreckt sich ein Grundstück über mehrere Gemeinden, so ist Belegenheitsgemeinde die Gemeinde, in der der wertvollste Teil des Grundstücks belegen ist. [4]Bei Umgemeindungen nach dem Hauptfeststellungszeitpunkt sind weiterhin die Einwohnerzahlen zugrunde zu le-

---

*) **Amtl. Anm.:** Nach Artikel 7 des Steueränderungsgesetzes 1969 vom 18. August 1969 (BGBl I 1211) ist § 77 im Hauptfeststellungszeitraum 1964 in folgender Fassung anzuwenden: „Der für ein bebautes Grundstück anzusetzende Wert darf nicht geringer sein als 50 vom Hundert des Werts, mit dem der Grund und Boden allein als unbebautes Grundstück zu bewerten wäre."

1) **Anm. d. Red.:** § 79 Abs. 2 i. d. F. des Art. 18 Nr. 10 JStG 2007 v. 13. 12. 2006 (BGBl I 2878); Abs. 3 und 4 weggefallen gem. Art. 14 Nr. 10 StÄndG 2001 v. 20. 12. 2001 (BGBl I 3794).

gen, die für die betroffenen Gemeinden oder Gemeindeteile im Hauptfeststellungszeitpunkt maßgebend waren.

(2) Die Landesregierungen werden ermächtigt, durch Rechtsverordnung zu bestimmen, dass Gemeinden oder Gemeindeteile in eine andere Gemeindegrößenklasse eingegliedert werden, als es ihrer Einwohnerzahl entspricht, wenn die Vervielfältiger wegen der besonderen wirtschaftlichen Verhältnisse in diesen Gemeinden oder Gemeindeteilen abweichend festgesetzt werden müssen (z. B. in Kurorten und Randgemeinden).

(3) Ist die Lebensdauer eines Gebäudes gegenüber der nach seiner Bauart und Bauausführung in Betracht kommenden Lebensdauer infolge baulicher Maßnahmen wesentlich verlängert oder infolge nicht behebbarer Baumängel und Bauschäden wesentlich verkürzt, so ist der Vervielfältiger nicht nach dem tatsächlichen Baujahr des Gebäudes, sondern nach dem um die entsprechende Zeit späteren oder früheren Baujahr zu ermitteln.

(4) [1]Befinden sich auf einem Grundstück Gebäude oder Gebäudeteile, die eine verschiedene Bauart oder Bauausführung aufweisen oder die in verschiedenen Jahren bezugsfertig geworden sind, so sind für die einzelnen Gebäude oder Gebäudeteile die nach der Bauart und Bauausführung sowie nach dem Baujahr maßgebenden Vervielfältiger anzuwenden. [2]Können die Werte der einzelnen Gebäude oder Gebäudeteile nur schwer ermittelt werden, so kann für das ganze Grundstück ein Vervielfältiger nach einem durchschnittlichen Baujahr angewendet werden.

§ 81[1)] Außergewöhnliche Grundsteuerbelastung

[1]Weicht im Hauptfeststellungszeitpunkt die Grundsteuerbelastung in einer Gemeinde erheblich von der in den Vervielfältigern berücksichtigten Grundsteuerbelastung ab, so sind die Grundstückswerte in diesen Gemeinden bis zu 10 Prozent zu ermäßigen oder zu erhöhen. [2]Die Prozentsätze werden durch Rechtsverordnung bestimmt.

§ 82[2)] Ermäßigung und Erhöhung

(1) [1]Liegen wertmindernde Umstände vor, die weder in der Höhe der Jahresrohmiete noch in der Höhe des Vervielfältigers berücksichtigt sind, so ist der sich nach den §§ 78 bis 81 ergebende Grundstückswert zu ermäßigen. [2]Als solche Umstände kommen z. B. in Betracht

1. ungewöhnlich starke Beeinträchtigungen durch Lärm, Rauch oder Gerüche,
2. behebbare Baumängel und Bauschäden und
3. die Notwendigkeit baldigen Abbruchs.

(2) [1]Liegen werterhöhende Umstände vor, die in der Höhe der Jahresrohmiete nicht berücksichtigt sind, so ist der sich nach den §§ 78 bis 81 ergebende Grundstückswert zu erhöhen. [2]Als solche Umstände kommen nur in Betracht

1. die Größe der nicht bebauten Fläche, wenn sich auf dem Grundstück keine Hochhäuser befinden; ein Zuschlag unterbleibt, wenn die gesamte Fläche bei Einfamilienhäusern oder Zweifamilienhäusern nicht mehr als 1 500 qm, bei den übrigen Grundstücksarten nicht mehr als das Fünffache der bebauten Fläche beträgt,
2. die nachhaltige Ausnutzung des Grundstücks für Reklamezwecke gegen Entgelt.

(3) [1]Die Ermäßigung nach Absatz 1 Nr. 1 und 2 oder die Erhöhung nach Absatz 2 darf insgesamt dreißig Prozent des Grundstückswerts (§§ 78 bis 81) nicht übersteigen. [2]Treffen die Voraussetzungen für die Ermäßigung nach Absatz 1 Nr. 1 und 2 und für die Erhöhung nach Absatz 2 zusammen, so ist der Höchstsatz nur auf das Ergebnis des Ausgleichs anzuwenden.

1) **Anm. d. Red.:** § 81 i. d. F. des Art. 18 Nr. 10 und 12 JStG 2007 v. 13. 12. 2006 (BGBl I 2878).

2) **Anm. d. Red.:** § 82 Abs. 3 i. d. F. des Art. 18 Nr. 10 JStG 2007 v. 13. 12. 2006 (BGBl I 2878).

2. Sachwertverfahren

§ 83 Grundstückswert

[1]Bei der Ermittlung des Grundstückswertes ist vom Bodenwert (§ 84), vom Gebäudewert (§§ 85 bis 88) und vom Wert der Außenanlagen (§ 89) auszugehen (Ausgangswert). [2]Der Ausgangswert ist an den gemeinen Wert anzugleichen (§ 90).

§ 84 Bodenwert

Der Grund und Boden ist mit dem Wert anzusetzen, der sich ergeben würde, wenn das Grundstück unbebaut wäre.

§ 85 Gebäudewert

[1]Bei der Ermittlung des Gebäudewertes ist zunächst ein Wert auf der Grundlage von durchschnittlichen Herstellungskosten nach den Baupreisverhältnissen des Jahres 1958 zu errechnen. [2]Dieser Wert ist nach den Baupreisverhältnissen im Hauptfeststellungszeitpunkt umzurechnen (Gebäudenormalherstellungswert). [3]Der Gebäudenormalherstellungswert ist wegen des Alters des Gebäudes im Hauptfeststellungszeitpunkt (§ 86) und wegen etwa vorhandener baulicher Mängel und Schäden (§ 87) zu mindern (Gebäudesachwert). [4]Der Gebäudesachwert kann in besonderen Fällen ermäßigt oder erhöht werden (§ 88).

§ 86[1)] Wertminderung wegen Alters

(1) [1]Die Wertminderung wegen Alters bestimmt sich nach dem Alter des Gebäudes im Hauptfeststellungszeitpunkt und der gewöhnlichen Lebensdauer von Gebäuden gleicher Art und Nutzung. [2]Sie ist in einem Prozentsatz des Gebäudenormalherstellungswertes auszudrücken. [3]Dabei ist von einer gleich bleibenden jährlichen Wertminderung auszugehen.

(2) Als Alter des Gebäudes gilt die Zeit zwischen dem Beginn des Jahres, in dem das Gebäude bezugsfertig geworden ist, und dem Hauptfeststellungszeitpunkt.

(3) [1]Als Wertminderung darf insgesamt kein höherer Betrag abgesetzt werden, als sich bei einem Alter von siebzig Prozent der Lebensdauer ergibt. [2]Dieser Betrag kann nur überschritten werden, wenn eine außergewöhnliche Wertminderung vorliegt.

(4) Ist die restliche Lebensdauer eines Gebäudes infolge baulicher Maßnahmen verlängert, so ist der nach dem tatsächlichen Alter errechnete Prozentsatz entsprechend zu mindern.

§ 87 Wertminderung wegen baulicher Mängel und Schäden

[1]Für bauliche Mängel und Schäden, die weder bei der Ermittlung des Gebäudenormalherstellungswertes noch bei der Wertminderung wegen Alters berücksichtigt worden sind, ist ein Abschlag zu machen. [2]Die Höhe des Abschlags richtet sich nach Bedeutung und Ausmaß der Mängel und Schäden.

§ 88 Ermäßigung und Erhöhung

(1) Der Gebäudesachwert kann ermäßigt oder erhöht werden, wenn Umstände tatsächlicher Art vorliegen, die bei seiner Ermittlung nicht berücksichtigt worden sind.

(2) Eine Ermäßigung kann insbesondere in Betracht kommen, wenn Gebäude wegen der Lage des Grundstücks, wegen unorganischen Aufbaus oder wirtschaftlicher Überalterung in ihrem Wert gemindert sind.

(3) Ein besonderer Zuschlag ist zu machen, wenn ein Grundstück nachhaltig gegen Entgelt für Reklamezwecke genutzt wird.

---

1) **Anm. d. Red.:** § 86 Abs. 1, 3 und 4 i. d. F. des Art. 18 Nr. 10 und 11 JStG 2007 v. 13. 12. 2006 (BGBl I 2878).

§ 89 Wert der Außenanlagen

[1]Der Wert der Außenanlagen (z. B. Umzäunungen, Wege- oder Platzbefestigungen) ist aus durchschnittlichen Herstellungskosten nach den Baupreisverhältnissen des Jahres 1958 zu errechnen und nach den Baupreisverhältnissen im Hauptfeststellungszeitpunkt umzurechnen. [2]Dieser Wert ist wegen des Alters der Außenanlagen im Hauptfeststellungszeitpunkt und wegen etwaiger baulicher Mängel und Schäden zu mindern; die Vorschriften der §§ 86 bis 88 gelten sinngemäß.

§ 90[1)] Angleichung an den gemeinen Wert

(1) Der Ausgangswert (§ 83) ist durch Anwendung einer Wertzahl an den gemeinen Wert anzugleichen.

(2) [1]Die Wertzahlen werden durch Rechtsverordnung unter Berücksichtigung der wertbeeinflussenden Umstände, insbesondere der Zweckbestimmung und Verwendbarkeit der Grundstücke innerhalb bestimmter Wirtschaftszweige und der Gemeindegrößen, im Rahmen von 85 bis 50 Prozent des Ausgangswertes festgesetzt. [2]Dabei können für einzelne Grundstücksarten oder Grundstücksgruppen oder Untergruppen in bestimmten Gebieten, Gemeinden oder Gemeindeteilen besondere Wertzahlen festgesetzt werden, wenn es die örtlichen Verhältnisse auf dem Grundstücksmarkt erfordern.

IV. Sondervorschriften

§ 91[2)] Grundstücke im Zustand der Bebauung

(1) Bei Grundstücken, die sich am Feststellungszeitpunkt im Zustand der Bebauung befinden, bleiben die nicht bezugsfertigen Gebäude oder Gebäudeteile (z. B. Anbauten oder Zubauten) bei der Ermittlung des Wertes außer Betracht.

(2) (weggefallen)

§ 92[3)] Erbbaurecht

(1) [1]Ist ein Grundstück mit einem Erbbaurecht belastet, so ist sowohl für die wirtschaftliche Einheit des Erbbaurechts als auch für die wirtschaftliche Einheit des belasteten Grundstücks jeweils ein Einheitswert festzustellen. [2]Bei der Ermittlung der Einheitswerte ist von einem Gesamtwert auszugehen, der für den Grund und Boden einschließlich der Gebäude und Außenanlagen festzustellen wäre, wenn die Belastung nicht bestünde. [3]Wird der Gesamtwert nach den Vorschriften über die Bewertung der bebauten Grundstücke ermittelt, so gilt jede wirtschaftliche Einheit als bebautes Grundstück der Grundstücksart, von der bei der Ermittlung des Gesamtwerts ausgegangen wird.

(2) Beträgt die Dauer des Erbbaurechts in dem für die Bewertung maßgebenden Zeitpunkt noch 50 Jahre oder mehr, so entfällt der Gesamtwert (Absatz 1) allein auf die wirtschaftliche Einheit des Erbbaurechts.

(3) [1]Beträgt die Dauer des Erbbaurechts in dem für die Bewertung maßgebenden Zeitpunkt weniger als 50 Jahre, so ist der Gesamtwert (Absatz 1) entsprechend der restlichen Dauer des Erbbaurechts zu verteilen. [2]Dabei entfallen auf

1. die wirtschaftliche Einheit des Erbbaurechts:
   der Gebäudewert und ein Anteil am Bodenwert;
   dieser beträgt bei einer Dauer des Erbbaurechts

unter 50 bis zu 40 Jahren	95 Prozent,
unter 40 bis zu 35 Jahren	90 Prozent,

1) **Anm. d. Red.:** § 90 Abs. 2 i. d. F. des Art. 18 Nr. 10 JStG 2007 v. 13. 12. 2006 (BGBl I 2878).

2) **Anm. d. Red.:** § 91 Abs. 2 weggefallen gem. Art. 1 Nr. 10 JStG 1997 v. 20. 12. 1996 (BGBl I 2049).

3) **Anm. d. Red.:** § 92 Abs. 3 i. d. F. des Art. 18 Nr. 10 JStG 2007 v. 13. 12. 2006 (BGBl I 2878); Abs. 5 und 7 i. d. F. des Art. 14 Nr. 12 StÄndG 2001 v. 20. 12. 2001 (BGBl I 3794).

unter 35 bis zu 30 Jahren	85 Prozent,
unter 30 bis zu 25 Jahren	80 Prozent,
unter 25 bis zu 20 Jahren	70 Prozent,
unter 20 bis zu 15 Jahren	60 Prozent,
unter 15 bis zu 10 Jahren	45 Prozent,
unter 10 bis zu 5 Jahren	25 Prozent,
unter 5 Jahren	0 Prozent;

2. die wirtschaftliche Einheit des belasteten Grundstücks:

   der Anteil am Bodenwert, der nach Abzug des in Nummer 1 genannten Anteils verbleibt.

[3]Abweichend von den Nummern 1 und 2 ist in die wirtschaftliche Einheit des belasteten Grundstücks ein Anteil am Gebäudewert einzubeziehen, wenn besondere Vereinbarungen es rechtfertigen. [4]Das gilt insbesondere, wenn bei Erlöschen des Erbbaurechts durch Zeitablauf der Eigentümer des belasteten Grundstücks keine dem Gebäudewert entsprechende Entschädigung zu leisten hat. [5]Geht das Eigentum an dem Gebäude bei Erlöschen des Erbbaurechts durch Zeitablauf entschädigungslos auf den Eigentümer des belasteten Grundstücks über, so ist der Gebäudewert entsprechend der in den Nummern 1 und 2 vorgesehenen Verteilung des Bodenwertes zu verteilen. [6]Beträgt die Entschädigung für das Gebäude beim Übergang nur einen Teil des Gebäudewertes, so ist der dem Eigentümer des belasteten Grundstücks entschädigungslos zufallende Anteil entsprechend zu verteilen. [7]Eine in der Höhe des Erbbauzinses zum Ausdruck kommende Entschädigung für den Gebäudewert bleibt außer Betracht. [8]Der Wert der Außenanlagen wird wie der Gebäudewert behandelt.

(4) Hat sich der Erbbauberechtigte durch Vertrag mit dem Eigentümer des belasteten Grundstücks zum Abbruch des Gebäudes bei Beendigung des Erbbaurechts verpflichtet, so ist dieser Umstand durch einen entsprechenden Abschlag zu berücksichtigen; der Abschlag unterbleibt, wenn vorauszusehen ist, dass das Gebäude trotz der Verpflichtung nicht abgebrochen werden wird.

(5) Das Recht auf den Erbbauzins ist nicht als Bestandteil des Grundstücks und die Verpflichtung zur Zahlung des Erbbauzinses nicht bei der Bewertung des Erbbaurechts zu berücksichtigen.

(6) [1]Bei Wohnungserbbaurechten oder Teilerbbaurechten ist der Gesamtwert (Absatz 1) in gleicher Weise zu ermitteln, wie wenn es sich um Wohnungseigentum oder um Teileigentum handeln würde. [2]Die Verteilung des Gesamtwertes erfolgt entsprechend Absatz 3.

(7) [1]Wertfortschreibungen für die wirtschaftlichen Einheiten des Erbbaurechts und des belasteten Grundstücks sind abweichend von § 22 Abs. 1 nur vorzunehmen, wenn der Gesamtwert, der sich für den Beginn eines Kalenderjahres ergibt, vom Gesamtwert des letzten Feststellungszeitpunkts um das in § 22 Abs. 1 bezeichnete Ausmaß abweicht. [2]§ 30 ist entsprechend anzuwenden. [3]Bei einer Änderung der Verteilung des Gesamtwerts nach Absatz 3 sind die Einheitswerte für die wirtschaftlichen Einheiten des Erbbaurechts und des belasteten Grundstücks ohne Beachtung von Wertfortschreibungsgrenzen fortzuschreiben.

§ 93[1)] Wohnungseigentum und Teileigentum

(1) [1]Jedes Wohnungseigentum und Teileigentum bildet eine wirtschaftliche Einheit. [2]Für die Bestimmung der Grundstücksart (§ 75) ist die Nutzung des auf das Wohnungseigentum und Teileigentum entfallenden Gebäudeteils maßgebend. [3]Die Vorschriften der §§ 76 bis 91 finden Anwendung, soweit sich nicht aus den Absätzen 2 und 3 etwas anderes ergibt.

1) **Anm. d. Red.:** § 93 Abs. 2 i. d. F. des Art. 18 Nr. 10 JStG 2007 v. 13. 12. 2006 (BGBl I 2878).

(2) [1]Das zu mehr als achtzig Prozent Wohnzwecken dienende Wohnungseigentum ist im Wege des Ertragswertverfahrens nach den Vorschriften zu bewerten, die für Mietwohngrundstücke maßgebend sind. [2]Wohnungseigentum, das zu nicht mehr als achtzig Prozent, aber zu nicht weniger als zwanzig Prozent Wohnzwecken dient, ist im Wege des Ertragswertverfahrens nach den Vorschriften zu bewerten, die für gemischt genutzte Grundstücke maßgebend sind.

(3) [1]Entsprechen die im Grundbuch eingetragenen Miteigentumsanteile an dem gemeinschaftlichen Eigentum nicht dem Verhältnis der Jahresrohmiete zueinander, so kann dies bei der Feststellung des Wertes entsprechend berücksichtigt werden. [2]Sind einzelne Räume, die im gemeinschaftlichen Eigentum stehen, vermietet, so ist ihr Wert nach den im Grundbuch eingetragenen Anteilen zu verteilen und bei den einzelnen wirtschaftlichen Einheiten zu erfassen.

§ 94 Gebäude auf fremdem Grund und Boden

(1) [1]Bei Gebäuden auf fremdem Grund und Boden ist der Bodenwert dem Eigentümer des Grund und Bodens und der Gebäudewert dem wirtschaftlichen Eigentümer des Gebäudes zuzurechnen. [2]Außenanlagen (z. B. Umzäunungen, Wegebefestigungen), auf die sich das wirtschaftliche Eigentum am Gebäude erstreckt, sind unbeschadet der Vorschriften in § 68 Abs. 2 in die wirtschaftliche Einheit des Gebäudes einzubeziehen. [3]Für die Grundstücksart des Gebäudes ist § 75 maßgebend; der Grund und Boden, auf dem das Gebäude errichtet ist, gilt als bebautes Grundstück derselben Grundstücksart.

(2) Für den Grund und Boden ist der Wert nach den für unbebaute Grundstücke geltenden Grundsätzen zu ermitteln; beeinträchtigt die Nutzungsbehinderung, welche sich aus dem Vorhandensein des Gebäudes ergibt, den Wert, so ist dies zu berücksichtigen.

(3) [1]Die Bewertung der Gebäude erfolgt nach § 76. [2]Wird das Gebäude nach dem Ertragswertverfahren bewertet, so ist von dem sich nach den §§ 78 bis 80 ergebenden Wert der auf den Grund und Boden entfallende Anteil abzuziehen. [3]Ist vereinbart, dass das Gebäude nach Ablauf der Miet- oder Pachtzeit abzubrechen ist, so ist dieser Umstand durch einen entsprechenden Abschlag zu berücksichtigen; der Abschlag unterbleibt, wenn vorauszusehen ist, dass das Gebäude trotz der Verpflichtung nicht abgebrochen werden wird.

D. Betriebsvermögen

§ 95[1)] Begriff des Betriebsvermögens

(1) Das Betriebsvermögen umfasst alle Teile eines Gewerbebetriebs im Sinne des § 15 Abs. 1 und 2 des Einkommensteuergesetzes, die bei der steuerlichen Gewinnermittlung zum Betriebsvermögen gehören.

(2) Als Gewerbebetrieb gilt unbeschadet des § 97 nicht die Land- und Forstwirtschaft, wenn sie den Hauptzweck des Unternehmens bildet.

(3) (weggefallen)

§ 96[2)] Freie Berufe

Dem Gewerbebetrieb steht die Ausübung eines freien Berufs im Sinne des § 18 Abs. 1 Nr. 1 des Einkommensteuergesetzes gleich; dies gilt auch für die Tätigkeit als Einnehmer

1) **Anm. d. Red.:** § 95 Abs. 1 i. d. F. des Art. 2 Nr. 5 ErbStRG v. 24. 12. 2008 (BGBl I 3018); Abs. 2 i. d. F. des Art. 13 Nr. 8 StÄndG 1992 v. 25. 2. 1992 (BGBl I 297); Abs. 3 weggefallen gem. Art. 14 Nr. 13 StÄndG 2001 v. 20. 12. 2001 (BGBl I 3794).

2) **Anm. d. Red.:** § 96 i. d. F. des Art. 13 Nr. 9 StÄndG 1992 v. 25. 2. 1992 (BGBl I 297).

BewG

einer staatlichen Lotterie, soweit die Tätigkeit nicht schon im Rahmen eines Gewerbebetriebs ausgeübt wird.

§ 97[1] Betriebsvermögen von Körperschaften, Personenvereinigungen und Vermögensmassen

(1) [1]Einen Gewerbebetrieb bilden insbesondere alle Wirtschaftsgüter, die den folgenden Körperschaften, Personenvereinigungen und Vermögensmassen gehören, wenn diese ihre Geschäftsleitung oder ihren Sitz im Inland haben:

1. Kapitalgesellschaften (Aktiengesellschaften, Kommanditgesellschaften auf Aktien, Gesellschaften mit beschränkter Haftung, Europäische Gesellschaften);
2. Erwerbs- und Wirtschaftsgenossenschaften;
3. Versicherungsvereinen auf Gegenseitigkeit;
4. Kreditanstalten des öffentlichen Rechts;
5. Gesellschaften im Sinne des § 15 Abs. 1 Nr. 2 und Abs. 3 oder § 18 Abs. 4 Satz 2 des Einkommensteuergesetzes.[2]Zum Gewerbebetrieb einer solchen Gesellschaft gehören auch die Wirtschaftsgüter, die im Eigentum eines Gesellschafters, mehrerer oder aller Gesellschafter stehen, und Schulden eines Gesellschafters, mehrerer oder aller Gesellschafter, soweit die Wirtschaftsgüter und Schulden bei der steuerlichen Gewinnermittlung zum Betriebsvermögen der Gesellschaft gehören (§ 95); diese Zurechnung geht anderen Zurechnungen vor.

[2]§ 34 Abs. 6a und § 51a bleiben unberührt.

(1a) Der gemeine Wert eines Anteils am Betriebsvermögen einer in § 97 Abs. 1 Satz 1 Nr. 5 genannten Personengesellschaft ist wie folgt zu ermitteln und aufzuteilen:

1. Der nach § 109 Abs. 2 ermittelte gemeine Wert des der Personengesellschaft gehörenden Betriebsvermögens (Gesamthandsvermögen) ist wie folgt aufzuteilen:
   a) die Kapitalkonten aus der Gesamthandsbilanz sind dem jeweiligen Gesellschafter vorweg zuzurechnen;
   b) der verbleibende Wert ist nach dem für die Gesellschaft maßgebenden Gewinnverteilungsschlüssel auf die Gesellschafter aufzuteilen; Vorabgewinnanteile sind nicht zu berücksichtigen.
2. [1]Für die Wirtschaftsgüter und Schulden des Sonderbetriebsvermögens eines Gesellschafters ist der gemeine Wert zu ermitteln. [2]Er ist dem jeweiligen Gesellschafter zuzurechnen.
3. Der Wert des Anteils eines Gesellschafters ergibt sich als Summe aus dem Anteil am Gesamthandsvermögen nach Nummer 1 und dem Wert des Sonderbetriebsvermögens nach Nummer 2.

(1b) [1]Der gemeine Wert eines Anteils an einer in § 97 Abs. 1 Satz 1 Nr. 1 genannten Kapitalgesellschaft bestimmt sich nach dem Verhältnis des Anteils am Nennkapital (Grund- oder Stammkapital) der Gesellschaft zum gemeinen Wert des Betriebsvermögens der Kapitalgesellschaft im Bewertungsstichtag. [2]Dies gilt auch, wenn das Nennkapital noch nicht vollständig eingezahlt ist. [3]Richtet sich die Beteiligung am Vermögen und am Gewinn der Gesellschaft auf Grund einer ausdrücklichen Vereinbarung der Gesellschafter nach der jeweiligen Höhe des eingezahlten Nennkapitals, bezieht sich der gemeine Wert nur auf das tatsächlich eingezahlte Nennkapital.

(2) Einen Gewerbebetrieb bilden auch die Wirtschaftsgüter, die den sonstigen juristischen Personen des privaten Rechts, den nichtrechtsfähigen Vereinen, Anstalten, Stif-

1) **Anm. d. Red.:** § 97 Abs. 1 i. d. F. des Art. 8 Nr. 2 SEStEG v. 7. 12. 2006 (BGBl I 2782); Abs. 1a i. d. F., Abs. 1b eingefügt und Abs. 3 weggefallen gem. Art. 2 Nr. 6 ErbStRG v. 24. 12. 2008 (BGBl I 3018); Abs. 2 i. d. F. des Art. 13 Nr. 10 StÄndG 1992 v. 25. 2. 1992 (BGBl I 297).

tungen und anderen Zweckvermögen gehören, soweit sie einem wirtschaftlichen Geschäftsbetrieb (ausgenommen Land- und Forstwirtschaft) dienen.

(3) (weggefallen)

§§ 98 und 98a[1] (weggefallen)

§ 99[2] Betriebsgrundstücke

(1) Betriebsgrundstück im Sinne dieses Gesetzes ist der zu einem Gewerbebetrieb gehörige Grundbesitz, soweit er, losgelöst von seiner Zugehörigkeit zu dem Gewerbebetrieb,

1. zum Grundvermögen gehören würde oder
2. einen Betrieb der Land- und Forstwirtschaft bilden würde.

(2) (weggefallen)

(3) Betriebsgrundstücke im Sinne des Absatzes 1 Nr. 1 sind wie Grundvermögen, Betriebsgrundstücke im Sinne des Absatzes 1 Nr. 2 wie land- und forstwirtschaftliches Vermögen zu bewerten.

§§ 100 bis 102[3] (weggefallen)

§ 103[4] Schulden und sonstige Abzüge

(1) Schulden und sonstige Abzüge, die nach § 95 Abs. 1 zum Betriebsvermögen gehören, werden vorbehaltlich des Absatzes 3 berücksichtigt, soweit sie mit der Gesamtheit oder einzelnen Teilen des Betriebsvermögens im Sinne dieses Gesetzes in wirtschaftlichem Zusammenhang stehen.

(2) Weist ein Gesellschafter in der Steuerbilanz Gewinnansprüche gegen eine von ihm beherrschte Gesellschaft aus, ist bei dieser ein Schuldposten in entsprechender Höhe abzuziehen.

(3) Rücklagen sind nur insoweit abzugsfähig, als ihr Abzug bei der Bewertung des Betriebsvermögens für Zwecke der Erbschaftsteuer durch Gesetz ausdrücklich zugelassen ist.

§§ 103a bis 108[5] (weggefallen)

§ 109[6] Bewertung

(1) [1]Das Betriebsvermögen von Gewerbebetrieben im Sinne des § 95 und das Betriebsvermögen von freiberuflich Tätigen im Sinne des § 96 ist jeweils mit dem gemeinen Wert anzusetzen. [2]Für die Ermittlung des gemeinen Werts gilt § 11 Abs. 2 entsprechend.

---

1) **Anm. d. Red.:** § 98 weggefallen gem. Art. 14 Nr. 15 StÄndG 2001 v. 20. 12. 2001 (BGBl I 3794); § 98a weggefallen gem. Art. 2 Nr. 7 ErbStRG v. 24. 12. 2008 (BGBl I 3018).

2) **Anm. d. Red.:** § 99 Abs. 1 i. d. F. des Art. 13 Nr. 12 StÄndG 1992 v. 25. 2. 1992 (BGBl I 297); Abs. 2 weggefallen gem. Art. 2 Nr. 7 ErbStRG v. 24. 12. 2008 (BGBl I 3018).

3) **Anm. d. Red.:** § 100 weggefallen gem. Art. 3 Nr. 17 Zinsabschlaggesetz v. 9. 11. 1992 (BGBl I 1853); §§ 101 und 102 weggefallen gem. Art. 6 Nr. 14 und 15 Gesetz zur Fortsetzung der Unternehmenssteuerreform v. 29. 10. 1997 (BGBl I 2590).

4) **Anm. d. Red.:** § 103 Abs. 1 und 2 i. d. F. des Art. 9 Nr. 5 StandOG v. 13. 9. 1993 (BGBl I 1569); Abs. 3 i. d. F. des Art. 14 Nr. 16 StÄndG 2001 v. 20. 12. 2001 (BGBl I 3794).

5) **Anm. d. Red.:** §§ 103a und 105 weggefallen gem. Art. 13 Nr. 16 und 18 StÄndG 1992 v. 25. 2. 1992 (BGBl I 297); § 104 weggefallen gem. Art. 2 Nr. 7 ErbStRG v. 24. 12. 2008 (BGBl I 3018); §§ 106 und 107 weggefallen gem. Art. 6 Nr. 16 und 17 Gesetz zur Fortsetzung der Unternehmenssteuerreform v. 29. 10. 1997 (BGBl I 2590).

6) **Anm. d. Red.:** § 109 i. d. F. des Art. 2 Nr. 8 ErbStRG v. 24. 12. 2008 (BGBl I 3018).

(2) [1]Der Wert eines Anteils am Betriebsvermögen einer in § 97 genannten Körperschaft, Personenvereinigung oder Vermögensmasse ist mit dem gemeinen Wert anzusetzen. [2]Für die Ermittlung des gemeinen Werts gilt § 11 Abs. 2 entsprechend.

§ 109a[1)] (weggefallen)

Zweiter Abschnitt[2)]: Sondervorschriften und Ermächtigungen

§§ 110 bis 120[3)] (weggefallen)

§ 121[4)] Inlandsvermögen

Zum Inlandsvermögen gehören:

1. das inländische land- und forstwirtschaftliche Vermögen;
2. das inländische Grundvermögen;
3. das inländische Betriebsvermögen. [2]Als solches gilt das Vermögen, das einem im Inland betriebenen Gewerbe dient, wenn hierfür im Inland eine Betriebsstätte unterhalten wird oder ein ständiger Vertreter bestellt ist;
4. Anteile an einer Kapitalgesellschaft, wenn die Gesellschaft Sitz oder Geschäftsleitung im Inland hat und der Gesellschafter entweder allein oder zusammen mit anderen ihm nahe stehenden Personen im Sinne des § 1 Abs. 2 des Außensteuergesetzes in der jeweils geltenden Fassung am Grund- oder Stammkapital der Gesellschaft mindestens zu einem Zehntel unmittelbar oder mittelbar beteiligt ist;
5. nicht unter Nummer 3 fallende Erfindungen, Gebrauchsmuster und Topographien, die in ein inländisches Buch oder Register eingetragen sind;
6. Wirtschaftsgüter, die nicht unter die Nummern 1, 2 und 5 fallen und einem inländischen Gewerbebetrieb überlassen, insbesondere an diesen vermietet oder verpachtet sind;
7. Hypotheken, Grundschulden, Rentenschulden und andere Forderungen oder Rechte, wenn sie durch inländischen Grundbesitz, durch inländische grundstücksgleiche Rechte oder durch Schiffe, die in ein inländisches Schiffsregister eingetragen sind, unmittelbar oder mittelbar gesichert sind. [2]Ausgenommen sind Anleihen und Forderungen, über die Teilschuldverschreibungen ausgegeben sind;
8. Forderungen aus der Beteiligung an einem Handelsgewerbe als stiller Gesellschafter und aus partiarischen Darlehen, wenn der Schuldner Wohnsitz oder gewöhnlichen Aufenthalt, Sitz oder Geschäftsleitung im Inland hat;
9. Nutzungsrechte an einem der in den Nummern 1 bis 8 genannten Vermögensgegenstände.

---

1) **Anm. d. Red.:** § 109a weggefallen gem. Art. 6 Nr. 19 Gesetz zur Fortsetzung der Unternehmenssteuerreform v. 29. 10. 1997 (BGBl I 2590).

2) **Anm. d. Red.:** Überschrift i. d. F. des Art. 1 Nr. 14 Buchst. a JStG 1997 v. 20. 12. 1996 (BGBl I 2049).

3) **Anm. d. Red.:** §§ 110, 111, Überschrift vor § 114, § 114 und §§ 116 bis 120 weggefallen gem. Art. 1 Nr. 14 Buchst. b, Nr. 15 bis 17 und 19 bis 24 JStG 1997 v. 20. 12. 1996 (BGBl I 2049); §§ 112 bis 113a und § 115 weggefallen gem. Art. 6 Nr. 20 bis 23 Gesetz zur Fortsetzung der Unternehmenssteuerreform v. 29. 10. 1997 (BGBl I 2590).

4) **Anm. d. Red.:** Überschrift vor § 121 weggefallen, § 121 Nr. 1 bis 3, 5 bis 9 i. d. F. des Art. 1 Nr. 14 Buchst. c und Nr. 25 JStG 1997 v. 20. 12. 1996 (BGBl I 2049); Nr. 4 i. d. F. des Art. 14 Nr. 18 StÄndG 2001 v. 20. 12. 2001 (BGBl I 3794).

§ 121a[1] Sondervorschrift für die Anwendung der Einheitswerte 1964

Während der Geltungsdauer der auf den Wertverhältnissen am 1. Januar 1964 beruhenden Einheitswerte des Grundbesitzes sind Grundstücke (§ 70) und Betriebsgrundstücke im Sinne des § 99 Abs. 1 Nr. 1 für die Gewerbesteuer mit 140 Prozent des Einheitswerts anzusetzen.

§ 121b[2] (weggefallen)

§ 122[3] Besondere Vorschriften für Berlin (West)

[1]§ 50 Abs. 1, § 60 Abs. 1 und § 67 gelten nicht für den Grundbesitz in Berlin (West). [2]Bei der Beurteilung der natürlichen Ertragsbedingungen und des Bodenartenverhältnisses ist das Bodenschätzungsgesetz sinngemäß anzuwenden.

§ 123[4] Ermächtigungen

Die Bundesregierung wird ermächtigt, mit Zustimmung des Bundesrates die in § 12 Abs. 4, § 21 Abs. 1, § 39 Abs. 1, § 51 Abs. 4, § 55 Abs. 3, 4 und 8, den §§ 81 und 90 Abs. 2 vorgesehenen Rechtsverordnungen zu erlassen.

§ 124[5] (weggefallen)

Dritter Abschnitt[6]: Vorschriften für die Bewertung von Vermögen in dem in Artikel 3 des Einigungsvertrages genannten Gebiet

A. Land- und forstwirtschaftliches Vermögen[7]

§ 125[8][9] Land- und forstwirtschaftliches Vermögen

(1) Einheitswerte, die für Betriebe der Land- und Forstwirtschaft nach den Wertverhältnissen vom 1. Januar 1935 festgestellt worden sind, werden ab dem 1. Januar 1991 nicht mehr angewendet.

(2) [1]Anstelle der Einheitswerte für Betriebe der Land- und Forstwirtschaft werden abweichend von § 19 Abs. 1 Ersatzwirtschaftswerte für das in Absatz 3 bezeichnete Vermögen ermittelt und ab 1. Januar 1991 der Besteuerung zugrunde gelegt. [2]Der Bildung des Ersatzwirtschaftswerts ist abweichend von § 2 und § 34 Abs. 1, 3 bis 6 und 7 eine Nutzungseinheit zugrunde zu legen, in die alle von derselben Person (Nutzer) regelmäßig selbst genutzten Wirtschaftsgüter des land- und forstwirtschaftlichen Vermögens im Sinne des § 33 Abs. 2 einbezogen werden, auch wenn der Nutzer nicht Eigentümer ist. [3]§ 26 ist sinngemäß anzuwenden. [4]Grundbesitz im Sinne des § 3 Abs. 1 Satz 1 Nr. 6 und

---

1) **Anm. d. Red.:** Überschrift vor § 121a weggefallen gem. Art. 1 Nr. 26 JStG 1997 v. 20. 12. 1996 (BGBl I 2049); § 121a i. d. F. des Art. 18 Nr. 10 JStG 2007 v. 13. 12. 2006 (BGBl I 2878). — Redaktionelles Versehen des Gesetzgebers bei der Änderungsanweisung in Art. 18 Nr. 10 JStG 2007 v. 13. 12. 2006 (BGBl I 2878): statt einer nicht möglichen Änderung des § 121 sollte offensichtlich § 121a geändert werden.

2) **Anm. d. Red.:** § 121b weggefallen gem. Art. 1 Nr. 28 JStG 1997 v. 20. 12. 1996 (BGBl I 2049).

3) **Anm. d. Red.:** § 122 i. d. F. des Art. 1 Nr. 29 JStG 1997 v. 20. 12. 1996 (BGBl I 2049).

4) **Anm. d. Red.:** § 123 i. d. F. des Art. 14 Nr. 19 StÄndG 2001 v. 20. 12. 2001 (BGBl I 3794).

5) **Anm. d. Red.:** § 124 weggefallen gem. Art. 1 Nr. 31 JStG 1997 v. 20. 12. 1996 (BGBl I 2049).

6) **Anm. d. Red.:** Überschrift i. d. F. des Art. 1 Nr. 32 JStG 1997 v. 20. 12. 1996 (BGBl I 2049).

7) **Anm. d. Red.:** Überschrift eingefügt gem. Art. 6 Nr. 24 Gesetz zur Fortsetzung der Unternehmenssteuerreform v. 29. 10. 1997 (BGBl I 2590).

8) **Anm. d. Red.:** § 125 Abs. 2 und 4 i. d. F. des Art. 14 Nr. 20 StÄndG 2001 v. 20. 12. 2001 (BGBl I 3794); Abs. 7 i. d. F. des Art. 18 Nr. 10 JStG 2007 v. 13. 12. 2006 (BGBl I 2878).

9) **Anm. d. Red.:** Zur Anwendung des § 125 siehe § 205 Abs. 2.

Satz 2 des Grundsteuergesetzes wird bei der Bildung des Ersatzwirtschaftswerts nicht berücksichtigt.

(3) [1]Zum land- und forstwirtschaftlichen Vermögen gehören abweichend von § 33 Abs. 2 nicht die Wohngebäude einschließlich des dazugehörigen Grund und Bodens. [2]Wohngrundstücke sind dem Grundvermögen zuzurechnen und nach den dafür geltenden Vorschriften zu bewerten.

(4) [1]Der Ersatzwirtschaftswert wird unter sinngemäßer Anwendung der §§ 35, 36, 38, 40, 42 bis 45, 50 bis 54, 56, 59, 60 Abs. 2 und § 62 in einem vereinfachten Verfahren ermittelt. [2]Bei dem Vergleich der Ertragsbedingungen sind abweichend von § 38 Abs. 2 Nr. 1 ausschließlich die in der Gegend als regelmäßig anzusehenden Verhältnisse zugrunde zu legen.

(5) Für die Ermittlung des Ersatzwirtschaftswerts sind die Wertverhältnisse maßgebend, die bei der Hauptfeststellung der Einheitswerte des land- und forstwirtschaftlichen Vermögens in der Bundesrepublik Deutschland auf den 1. Januar 1964 zugrunde gelegt worden sind.

(6) [1]Aus den Vergleichszahlen der Nutzungen und Nutzungsteile, ausgenommen die forstwirtschaftliche Nutzung und die sonstige land- und forstwirtschaftliche Nutzung, werden unter Anwendung der Ertragswerte des § 40 die Ersatzvergleichswerte als Bestandteile des Ersatzwirtschaftswerts ermittelt. [2]Für die Nutzungen und Nutzungsteile gelten die folgenden Vergleichszahlen:

1. Landwirtschaftliche Nutzung
   a) Landwirtschaftliche Nutzung ohne Hopfen und Spargel
   Die landwirtschaftliche Vergleichszahl in 100 je Hektar errechnet sich auf der Grundlage der Ergebnisse der Bodenschätzung unter Berücksichtigung weiterer natürlicher und wirtschaftlicher Ertragsbedingungen.
   b) Hopfen
   Hopfenbau-Vergleichszahl je Ar 40
   c) Spargel
   Spargelbau-Vergleichszahl je Ar 70
2. Weinbauliche Nutzung
   Weinbau-Vergleichszahlen je Ar:
   a) Traubenerzeugung (Nichtausbau) 22
   b) Fassweinausbau 25
   c) Flaschenweinausbau 30
3. Gärtnerische Nutzung
   Gartenbau-Vergleichszahlen je Ar:
   a) Nutzungsteil Gemüse-, Blumen- und Zierpflanzenbau:
      aa) Gemüsebau 50
      bb) Blumen- und Zierpflanzenbau 100
   b) Nutzungsteil Obstbau 50
   c) Nutzungsteil Baumschulen 60
   d) Für Nutzungsflächen unter Glas und Kunststoffplatten, ausgenommen Niederglas, erhöhen sich die vorstehenden Vergleichszahlen bei
      aa) Gemüsebau
         nicht heizbar . . . . um das 6fache,
         heizbar . . . . um das 8fache,
      bb) Blumen- und Zierpflanzenbau, Baumschulen
         nicht heizbar . . . . um das 4fache,
         heizbar . . . . um das 8fache.

(7) Für die folgenden Nutzungen werden unmittelbar Ersatzvergleichswerte angesetzt:

1. Forstwirtschaftliche Nutzung

   Der Ersatzvergleichswert beträgt 125 Deutsche Mark je Hektar.

2. Sonstige land- und forstwirtschaftliche Nutzung

   Der Ersatzvergleichswert beträgt bei

a) Binnenfischerei	2 Deutsche Mark je kg des nachhaltigen Jahresfangs,
b) Teichwirtschaft	
aa) Forellenteichwirtschaft	20 000 Deutsche Mark je Hektar,
bb) übrige Teichwirtschaft	1 000 Deutsche Mark je Hektar,
c) Fischzucht für Binnenfischerei und Teichwirtschaft	
aa) für Forellenteichwirtschaft	30 000 Deutsche Mark je Hektar,
bb) für übrige Binnenfischerei und Teichwirtschaft	1 500 Deutsche Mark je Hektar,
d) Imkerei	10 Deutsche Mark je Bienenkasten,
e) Wanderschäferei	20 Deutsche Mark je Mutterschaf,
f) Saatzucht	15 Prozent der nachhaltigen Jahreseinnahmen,
g) Weihnachtsbaumkultur	3 000 Deutsche Mark je Hektar,
h) Pilzanbau	25 Deutsche Mark je Quadratmeter,
i) Besamungsstationen	20 Prozent der nachhaltigen Jahreseinnahmen.

§ 126[1] Geltung des Ersatzwirtschaftswerts

(1) [1]Der sich nach § 125 ergebende Ersatzwirtschaftswert gilt für die Grundsteuer; er wird im Steuermessbetragsverfahren ermittelt. [2]Für eine Neuveranlagung des Grundsteuermessbetrags wegen Änderung des Ersatzwirtschaftswerts gilt § 22 Abs. 1 sinngemäß.

(2) [1]Für andere Steuern ist bei demjenigen, dem Wirtschaftsgüter des land- und forstwirtschaftlichen Vermögens zuzurechnen sind, der Ersatzwirtschaftswert oder ein entsprechender Anteil an diesem Wert anzusetzen. [2]Die Eigentumsverhältnisse und der Anteil am Ersatzwirtschaftswert sind im Festsetzungsverfahren der jeweiligen Steuer zu ermitteln.

§ 127 Erklärung zum Ersatzwirtschaftswert

(1) [1]Der Nutzer des land- und forstwirtschaftlichen Vermögens (§ 125 Abs. 2 Satz 2) hat dem Finanzamt, in dessen Bezirk das genutzte Vermögen oder sein wertvollster Teil liegt, eine Erklärung zum Ersatzwirtschaftswert abzugeben. [2]Der Nutzer hat die Steuererklärung eigenhändig zu unterschreiben.

(2) [1]Die Erklärung ist erstmals für das Kalenderjahr 1991 nach den Verhältnissen zum 1. Januar 1991 abzugeben. [2]§ 28 Abs. 2 gilt entsprechend.

§ 128[2] Auskünfte, Erhebungen, Mitteilungen, Abrundung

§ 29 und § 30 gelten bei der Ermittlung des Ersatzwirtschaftswerts sinngemäß.

---

1) **Anm. d. Red.:** § 126 Abs. 1 i. d. F. des Art. 14 Nr. 21 StÄndG 2001 v. 20. 12. 2001 (BGBl I 3794).

2) **Anm. d. Red.:** § 128 i. d. F. des Art. 14 Nr. 22 StÄndG 2001 v. 20. 12. 2001 (BGBl I 3794).

BewG

B. Grundvermögen[1]

§ 129[2] Grundvermögen

(1) Für Grundstücke gelten die Einheitswerte, die nach den Wertverhältnissen am 1. Januar 1935 festgestellt sind oder noch festgestellt werden (Einheitswerte 1935).

(2) Vorbehaltlich der §§ 129a bis 131 werden für die Ermittlung der Einheitswerte 1935 statt der §§ 27, 68 bis 94

1. §§ 10, 11 Abs. 1 und 2 und Abs. 3 Satz 2, §§ 50 bis 53 des Bewertungsgesetzes der Deutschen Demokratischen Republik in der Fassung vom 18. September 1970 (Sonderdruck Nr. 674 des Gesetzblattes),
2. § 3a Abs. 1, §§ 32 bis 46 der Durchführungsverordnung zum Reichsbewertungsgesetz vom 2. Februar 1935 (RGBl I S. 81), zuletzt geändert durch die Verordnung zur Änderung der Durchführungsverordnung zum Vermögensteuergesetz, der Durchführungsverordnung zum Reichsbewertungsgesetz und der Aufbringungsumlage-Verordnung vom 8. Dezember 1944 (RGBl I S. 338), und
3. die Rechtsverordnungen der Präsidenten der Landesfinanzämter über die Bewertung bebauter Grundstücke vom 17. Dezember 1934 (Reichsministerialblatt S. 785 ff.), soweit Teile des in Artikel 3 des Einigungsvertrages genannten Gebietes in ihrem Geltungsbereich liegen,

weiter angewandt.

§ 129a[3] Abschläge bei Bewertung mit einem Vielfachen der Jahresrohmiete

(1) Ist eine Ermäßigung wegen des baulichen Zustandes des Gebäudes (§ 37 Abs. 1, 3 und 4 der weiter anzuwendenden Durchführungsverordnung zum Reichsbewertungsgesetz) zu gewähren, tritt der Höchstsatz 50 Prozent anstelle des Höchstsatzes von 30 Prozent.

(2) [1]Der Wert eines Grundstücks, der sich aus dem Vielfachen der Jahresrohmiete ergibt, ist ohne Begrenzung auf 30 Prozent (§ 37 Abs. 3 der weiter anzuwendenden Durchführungsverordnung zum Reichsbewertungsgesetz) zu ermäßigen, wenn die Notwendigkeit baldigen Abbruchs besteht. [2]Gleiches gilt, wenn derjenige, der ein Gebäude auf fremdem Grund und Boden oder aufgrund eines Erbbaurechts errichtet hat, vertraglich zum vorzeitigen Abbruch verpflichtet ist.

§ 130 Nachkriegsbauten

(1) Nachkriegsbauten sind Grundstücke mit Gebäuden, die nach dem 20. Juni 1948 bezugsfertig geworden sind.

(2) [1]Soweit Nachkriegsbauten mit einem Vielfachen der Jahresrohmiete zu bewerten sind, ist für Wohnraum die ab Bezugsfertigkeit preisrechtlich zulässige Miete als Jahresrohmiete vom 1. Januar 1935 anzusetzen. [2]Sind Nachkriegsbauten nach dem 30. Juni 1990 bezugsfertig geworden, ist die Miete anzusetzen, die bei unverändertem Fortbestand der Mietpreisgesetzgebung ab Bezugsfertigkeit preisrechtlich zulässig gewesen wäre. [3]Enthält die preisrechtlich zulässige Miete Bestandteile, die nicht zur Jahresrohmiete im Sinne des § 34 der weiter anzuwendenden Durchführungsverordnung zum Reichsbewertungsgesetz gehören, sind sie auszuscheiden.

(3) Für Nachkriegsbauten der Mietwohngrundstücke, der gemischt genutzten Grundstücke und der mit einem Vielfachen der Jahresrohmiete zu bewertenden Geschäftsgrundstücke gilt einheitlich der Vervielfältiger neun.

---

1) **Anm. d. Red.:** Überschrift eingefügt gem. Art. 6 Nr. 25 Gesetz zur Fortsetzung der Unternehmenssteuerreform v. 29. 10. 1997 (BGBl I 2590).

2) **Anm. d. Red.:** § 129 Abs. 2 i. d. F. des Art. 6 Nr. 3 EALG v. 27. 9. 1994 (BGBl I 2624).

3) **Anm. d. Red.:** § 129a eingefügt gem. Art. 6 Nr. 4 EALG v. 27. 9. 1994 (BGBl I 2624); nunmehr i. d. F. des Art. 18 Nr. 10 JStG 2007 v. 13. 12. 2006 (BGBl I 2878).

§ 131[1] Wohnungseigentum und Teileigentum, Wohnungserbbaurecht und Teilerbbaurecht

(1) [1]Jedes Wohnungseigentum und Teileigentum bildet eine wirtschaftliche Einheit. [2]Für die Bestimmung der Grundstückshauptgruppe ist die Nutzung des auf das Wohnungseigentum und Teileigentum entfallenden Gebäudeteils maßgebend. [3]Die Vorschriften zur Ermittlung der Einheitswerte 1935 bei bebauten Grundstücken finden Anwendung, soweit sich nicht aus den Absätzen 2 und 3 etwas anderes ergibt.

(2) [1]Das zu mehr als 80 Prozent Wohnzwecken dienende Wohnungseigentum ist mit dem Vielfachen der Jahresrohmiete nach den Vorschriften zu bewerten, die für Mietwohngrundstücke maßgebend sind. [2]Wohnungseigentum, das zu nicht mehr als 80 Prozent, aber zu nicht weniger als 20 Prozent Wohnzwecken dient, ist mit dem Vielfachen der Jahresrohmiete nach den Vorschriften zu bewerten, die für gemischt genutzte Grundstücke maßgebend sind.

(3) [1]Entsprechen die im Grundbuch eingetragenen Miteigentumsanteile an dem gemeinschaftlichen Eigentum nicht dem Verhältnis der Jahresrohmiete zueinander, so kann dies bei der Feststellung des Wertes entsprechend berücksichtigt werden. [2]Sind einzelne Räume, die im gemeinschaftlichen Eigentum stehen, vermietet, so ist ihr Wert nach den im Grundbuch eingetragenen Anteilen zu verteilen und bei den einzelnen wirtschaftlichen Einheiten zu erfassen.

(4) [1]Bei Wohnungserbbaurechten oder Teilerbbaurechten gilt § 46 der weiter anzuwendenden Durchführungsverordnung zum Reichsbewertungsgesetz sinngemäß. [2]Der Gesamtwert ist in gleicher Weise zu ermitteln, wie wenn es sich um Wohnungseigentum oder um Teileigentum handelte. [3]Er ist auf den Wohnungserbbauberechtigten und den Bodeneigentümer entsprechend zu verteilen.

§ 132 Fortschreibung und Nachfeststellung der Einheitswerte 1935

(1) Fortschreibungen und Nachfeststellungen der Einheitswerte 1935 werden erstmals auf den 1. Januar 1991 vorgenommen, soweit sich aus den Absätzen 2 bis 4 nichts Abweichendes ergibt.

(2) [1]Für Mietwohngrundstücke und Einfamilienhäuser im Sinne des § 32 der weiter anzuwendenden Durchführungsverordnung zum Reichsbewertungsgesetz unterbleibt eine Feststellung des Einheitswerts auf den 1. Januar 1991, wenn eine ab diesem Zeitpunkt wirksame Feststellung des Einheitswerts für die wirtschaftliche Einheit nicht vorliegt und der Einheitswert nur für die Festsetzung der Grundsteuer erforderlich wäre. [2]Der Einheitswert für Mietwohngrundstücke und Einfamilienhäuser wird nachträglich auf einen späteren Feststellungszeitpunkt festgestellt, zu dem der Einheitswert erstmals für die Festsetzung anderer Steuern als der Grundsteuer erforderlich ist.

(3) Wird für Grundstücke im Sinne des Absatzes 2 ein Einheitswert festgestellt, gilt er für die Grundsteuer von dem Kalenderjahr an, das der Bekanntgabe des Feststellungsbescheids folgt.

(4) Änderungen der tatsächlichen Verhältnisse, die sich nur auf den Wert des Grundstücks auswirken, werden erst durch Fortschreibung auf den 1. Januar 1994 berücksichtigt, es sei denn, dass eine Feststellung des Einheitswerts zu einem früheren Zeitpunkt für die Festsetzung anderer Steuern als der Grundsteuer erforderlich ist.

§ 133[2] Sondervorschrift für die Anwendung der Einheitswerte 1935

[1]Die Einheitswerte 1935 der Betriebsgrundstücke sind für die Gewerbesteuer wie folgt anzusetzen:

1. Mietwohngrundstücke mit 100 Prozent des Einheitswerts 1935,
2. Geschäftsgrundstücke mit 400 Prozent des Einheitswerts 1935,

---

1) **Anm. d. Red.:** § 131 Abs. 2 i. d. F. des Art. 18 Nr. 10 JStG 2007 v. 13. 12. 2006 (BGBl I 2878).

2) **Anm. d. Red.:** § 133 i. d. F des Art. 18 Nr. 10 JStG 2007 v. 13. 12. 2006 (BGBl I 2878).

3. gemischt genutzte Grundstücke, Einfamilienhäuser und sonstige bebaute Grundstücke mit 250 Prozent des Einheitswerts 1935,
4. unbebaute Grundstücke mit 600 Prozent des Einheitswerts 1935.

[2]Bei Grundstücken im Zustand der Bebauung bestimmt sich die Grundstückshauptgruppe für den besonderen Einheitswert im Sinne des § 33a Abs. 3 der weiter anzuwendenden Durchführungsverordnung zum Reichsbewertungsgesetz nach dem tatsächlichen Zustand, der nach Fertigstellung des Gebäudes besteht.

C. Betriebsvermögen[1)]

§§ 134 bis 136[2)] (weggefallen)

§ 137[3)] Bilanzposten nach dem D-Markbilanzgesetz

Nicht zum Betriebsvermögen gehören folgende Bilanzposten nach dem D-Markbilanzgesetz:

1. das Sonderverlustkonto,
2. das Kapitalentwertungskonto und
3. das Beteiligungsentwertungskonto.

Vierter Abschnitt[4)]: Vorschriften für die Bewertung von Grundbesitz für die Grunderwerbsteuer ab 1. Januar 1997

A. Allgemeines

§ 138[5)] Feststellung von Grundbesitzwerten

(1) [1]Grundbesitzwerte werden unter Berücksichtigung der tatsächlichen Verhältnisse und der Wertverhältnisse zum Besteuerungszeitpunkt festgestellt. [2]§ 29 Abs. 2 und 3 gilt sinngemäß.

(2) Für die wirtschaftlichen Einheiten des land- und forstwirtschaftlichen Vermögens und für Betriebsgrundstücke im Sinne des § 99 Abs. 1 Nr. 2 sind die Grundbesitzwerte unter Anwendung der §§ 139 bis 144 zu ermitteln.

(3) [1]Für die wirtschaftlichen Einheiten des Grundvermögens und für Betriebsgrundstücke im Sinne des § 99 Abs. 1 Nr. 1 sind die Grundbesitzwerte unter Anwendung der §§ 68, 69 und 99 Abs. 2 und der §§ 139 und 145 bis 150 zu ermitteln. [2]§ 70 gilt mit der Maßgabe, dass der Anteil des Eigentümers eines Grundstücks an anderem Grundvermögen (beispielsweise an gemeinschaftlichen Hofflächen oder Garagen) abweichend von Absatz 2 Satz 1 dieser Vorschrift in das Grundstück einzubeziehen ist, wenn der Anteil zusammen mit dem Grundstück genutzt wird. [3]§ 20 Satz 2 ist entsprechend anzuwenden.

(4) Weist der Steuerpflichtige nach, dass der gemeine Wert der wirtschaftlichen Einheit im Besteuerungszeitpunkt niedriger ist als der nach den §§ 143, 145 bis 149 ermittelte Wert, ist der gemeine Wert als Grundbesitzwert festzustellen.

---

1) **Anm. d. Red.:** Überschrift eingefügt gem. Art. 6 Nr. 26 Gesetz zur Fortsetzung der Unternehmenssteuerreform v. 29. 10. 1997 (BGBl I 2590).

2) **Anm. d. Red.:** § 134 weggefallen gem. Art. 8 Nr. 2 StÄndG 1991 v. 24. 6. 1991 (BGBl I 1322); § 135 weggefallen gem. Art. 1 Nr. 34 JStG 1997 v. 20. 12. 1996 (BGBl I 2049); § 136 weggefallen gem. Art. 14 Nr. 23 StÄndG 2001 v. 20. 12. 2001 (BGBl I 3794).

3) **Anm. d. Red.:** § 137 angefügt gem. Art. 13 Nr. 30 StÄndG 1992 v. 25. 2. 1992 (BGBl I 297).

4) **Anm. d. Red.:** Vierter Abschnitt angefügt gem. Art. 1 Nr. 36 JStG 1997 v. 20. 12. 1996 (BGBl I 2049); Abschnittsüberschrift i. d. F. des Art. 2 Nr. 9 ErbStRG v. 24. 12. 2008 (BGBl I 3018).

5) **Anm. d. Red.:** § 138 i. d. F. des Art. 18 Nr. 1 JStG 2007 v. 13. 12. 2006 (BGBl I 2878).

§ 139[1] Abrundung

Die Grundbesitzwerte werden auf volle fünfhundert Euro nach unten abgerundet.

B. Land- und forstwirtschaftliches Vermögen

§ 140 Wirtschaftliche Einheit und Umfang des land- und forstwirtschaftlichen Vermögens

(1) [1]Der Begriff der wirtschaftlichen Einheit und der Umfang des land- und forstwirtschaftlichen Vermögens richten sich nach § 33. [2]Dazu gehören auch immaterielle Wirtschaftsgüter (zum Beispiel Brennrechte, Milchlieferrechte, Jagdrechte und Zuckerrübenlieferrechte), soweit sie einem Betrieb der Land- und Forstwirtschaft dauernd zu dienen bestimmt sind.

(2) Zu den Geldschulden im Sinne des § 33 Abs. 3 Nr. 2 gehören auch Pensionsverpflichtungen.

§ 141 Umfang des Betriebs der Land- und Forstwirtschaft

(1) Der Betrieb der Land- und Forstwirtschaft umfasst

1. den Betriebsteil,
2. die Betriebswohnungen,
3. den Wohnteil.

(2) [1]Der Betriebsteil umfasst den Wirtschaftsteil eines Betriebs der Land- und Forstwirtschaft (§ 34 Abs. 2), jedoch ohne die Betriebswohnungen (Absatz 3). [2]§ 34 Abs. 4 bis 7 ist bei der Ermittlung des Umfangs des Betriebsteils anzuwenden.

(3) Betriebswohnungen sind Wohnungen einschließlich des dazugehörigen Grund und Bodens, die einem Betrieb der Land- und Forstwirtschaft zu dienen bestimmt, aber nicht dem Wohnteil zuzurechnen sind.

(4) Der Wohnteil umfasst die Gebäude und Gebäudeteile im Sinne des § 34 Abs. 3 und den dazugehörigen Grund und Boden.

§ 142[2] Betriebswert

(1) [1]Der Wert des Betriebsteils (Betriebswert) wird unter sinngemäßer Anwendung der §§ 35 und 36 Abs. 1 und 2, der §§ 42, 43 und 44 Abs. 1 und der §§ 45, 48a, 51, 51a, 53, 54, 56, 59 und 62 Abs. 1 ermittelt. [2]Abweichend von § 36 Abs. 2 Satz 3 ist der Ertragswert das 18,6fache des Reinertrags.

(2) Der Betriebswert setzt sich zusammen aus den Einzelertragswerten für Nebenbetriebe (§ 42), das Abbauland (§ 43), die gemeinschaftliche Tierhaltung (§ 51a) und die in Nummer 5 nicht genannten Nutzungsteile der sonstigen land- und forstwirtschaftlichen Nutzung sowie den folgenden Ertragswerten:

1. landwirtschaftliche Nutzung:
   a) landwirtschaftliche Nutzung ohne Hopfen und Spargel:
   [2]Der Ertragswert ist auf der Grundlage der Ergebnisse der Bodenschätzung nach dem Bodenschätzungsgesetz zu ermitteln. [3]Er beträgt 0,35 Euro je Ertragsmesszahl;
   b) Nutzungsteil Hopfen — 57 Euro je Ar;
   c) Nutzungsteil Spargel — 76 Euro je Ar;
2. forstwirtschaftliche Nutzung:
   a) Nutzungsgrößen bis zu 10 Hektar, Nichtwirtschaftswald, Baumartengruppe Kiefer, Baumartengruppe Fichte bis zu

1) **Anm. d. Red.:** § 139 i. d. F. des Art. 14 Nr. 24 StÄndG 2001 v. 20. 12. 2001 (BGBl I 3794).

2) **Anm. d. Red.:** § 142 i. d. F. des Art. 14 Nr. 25 StÄndG 2001 v. 20. 12. 2001 (BGBl I 3794).

BewG

60 Jahren, Baumartengruppe Buche und sonstiges Laubholz bis zu 100 Jahren und Eiche bis zu 140 Jahren 0,26 Euro je Ar;

b) Baumartengruppe Fichte über 60 Jahren bis zu 80 Jahren und Plenterwald 7,50 Euro je Ar;

c) Baumartengruppe Fichte über 80 bis zu 100 Jahren 15 Euro je Ar;

d) Baumartengruppe Fichte über 100 Jahre 20 Euro je Ar;

e) Baumartengruppe Buche und sonstiges Laubholz über 100 Jahre 5 Euro je Ar;

f) Eiche über 140 Jahre 10 Euro je Ar;

3. weinbauliche Nutzung:

a) Traubenerzeugung und Fassweinausbau:

aa) in den Weinbaugebieten Ahr, Franken und Württemberg 36 Euro je Ar;

bb) in den übrigen Weinbaugebieten 18 Euro je Ar;

b) Flaschenweinausbau:

aa) in den Weinbaugebieten Ahr, Baden, Franken, Rheingau und Württemberg 82 Euro je Ar;

bb) in den übrigen Weinbaugebieten 36 Euro je Ar;

4. gärtnerische Nutzung:

a) Nutzungsteil Gemüse-, Blumen- und Zierpflanzenbau:

aa) Gemüsebau:

– Freilandflächen 56 Euro je Ar;

– Flächen unter Glas und Kunststoffen 511 Euro je Ar;

bb) Blumen- und Zierpflanzenbau:

– Freilandflächen 184 Euro je Ar;

– beheizbare Flächen unter Glas und Kunststoffen 1 841 Euro je Ar;

– nichtbeheizbare Flächen unter Glas und Kunststoffen 920 Euro je Ar;

b) Nutzungsteil Obstbau 20 Euro je Ar;

c) Nutzungsteil Baumschulen:

– Freilandflächen 164 Euro je Ar;

– Flächen unter Glas und Kunststoffen 1 329 Euro je Ar;

5. sonstige land- und forstwirtschaftliche Nutzung:

a) Nutzungsteil Wanderschäferei 10 Euro je Mutterschaf;

b) Nutzungsteil Weihnachtsbaumkultur 133 Euro je Ar;

6. Geringstland:

Der Ertragswert für Geringstland beträgt 0,26 Euro je Ar.

(3) [1]Für die nach § 13a des Erbschaftsteuergesetzes begünstigten Betriebe der Land- und Forstwirtschaft kann beantragt werden, den Betriebswert abweichend von Absatz 2 Nr. 1 bis 6 insgesamt als Einzelertragswert zu ermitteln. [2]Der Antrag ist bei Abgabe der Feststellungserklärung schriftlich zu stellen. [3]Die dafür notwendigen Bewertungsgrundlagen sind vom Steuerpflichtigen nachzuweisen.

(4) [1]In den Fällen des § 34 Abs. 4 ist der Betriebswert nach § 19 Abs. 3 Nr. 2 zu verteilen. [2]Bei der Verteilung wird für einen anderen Beteiligten als den Eigentümer des Grund und Bodens ein Anteil nicht festgestellt, wenn er weniger als 500 Euro beträgt. [3]Die Verteilung unterbleibt, wenn die Anteile der anderen Beteiligten zusammen weniger als 500 Euro betragen. [4]In den Fällen des § 34 Abs. 6 gelten die Sätze 1 bis 3 entsprechend. [5]Soweit der Betriebswert des Eigentümers des Grund und Bodens unter Berücksichtigung von § 48a festgestellt ist, findet in den Fällen des § 34 Abs. 4 eine Verteilung nicht statt.

§ 143[1] Wert der Betriebswohnungen und des Wohnteils

(1) Der Wert der Betriebswohnungen (§ 141 Abs. 3) und der Wert des Wohnteils (§ 141 Abs. 4) sind nach den Vorschriften zu ermitteln, die beim Grundvermögen für die Bewertung von Wohngrundstücken gelten (§§ 146 bis 150).

(2) In den Fällen des § 146 Abs. 6 ist für die Betriebswohnungen und für den Wohnteil bei Vorliegen der Voraussetzungen des Absatzes 3 jeweils höchstens das Fünffache der bebauten Fläche zugrunde zu legen.

(3) Zur Berücksichtigung von Besonderheiten, die sich im Falle einer räumlichen Verbindung der Betriebswohnungen und des Wohnteils mit der Hofstelle ergeben, sind deren Werte (§§ 146 bis 149) jeweils um 15 Prozent zu ermäßigen.

§ 144 Zusammensetzung des land- und forstwirtschaftlichen Grundbesitzwerts

Der Betriebswert, der Wert der Betriebswohnungen und der Wert des Wohnteils bilden zusammen den land- und forstwirtschaftlichen Grundbesitzwert.

C. Grundvermögen

I. Unbebaute Grundstücke

§ 145[2] Unbebaute Grundstücke

(1) [1]Unbebaute Grundstücke sind Grundstücke, auf denen sich keine benutzbaren Gebäude befinden. [2]Die Benutzbarkeit beginnt im Zeitpunkt der Bezugsfertigkeit. [3]Gebäude sind als bezugsfertig anzusehen, wenn den zukünftigen Bewohnern oder sonstigen Benutzern zugemutet werden kann, sie zu benutzen; die Abnahme durch die Bauaufsichtsbehörde ist nicht entscheidend.

(2) [1]Befinden sich auf dem Grundstück Gebäude, die auf Dauer keiner oder nur einer unbedeutenden Nutzung zugeführt werden können, gilt das Grundstück als unbebaut; als unbedeutend gilt eine Nutzung, wenn die hierfür erzielte Jahresmiete (§ 146 Abs. 2) oder die übliche Miete (§ 146 Abs. 3) weniger als 1 Prozent des nach Absatz 3 anzusetzenden Werts beträgt. [2]Als unbebautes Grundstück gilt auch ein Grundstück, auf dem infolge der Zerstörung oder des Verfalls der Gebäude auf Dauer benutzbarer Raum nicht mehr vorhanden ist.

(3) [1]Der Wert eines unbebauten Grundstücks bestimmt sich nach seiner Fläche und dem um 20 Prozent ermäßigten Bodenrichtwert (§ 196 des Baugesetzbuchs in der jeweils geltenden Fassung). [2]Die Bodenrichtwerte sind von den Gutachterausschüssen nach dem Baugesetzbuch zu ermitteln und den Finanzämtern mitzuteilen. [3]Bei der Wertermittlung ist stets der Bodenrichtwert anzusetzen, der vom Gutachterausschuss zuletzt zu ermitteln war. [4]Besteht für den Gutachterausschuss keine Verpflichtung, nach § 196 des Baugesetzbuchs einen Bodenrichtwert zu ermitteln, ist der Bodenwert aus den Werten vergleichbarer Flächen abzuleiten und um 20 Prozent zu ermäßigen.

BewG

II. Bebaute Grundstücke

§ 146[3] Bebaute Grundstücke

(1) Grundstücke, auf die die in § 145 Abs. 1 genannten Merkmale nicht zutreffen, sind bebaute Grundstücke.

---

1) **Anm. d. Red.:** § 143 Abs. 3 i. d. F des Art. 18 Nr. 10 JStG 2007 v. 13. 12. 2006 (BGBl I 2878).

2) **Anm. d. Red.:** § 145 i. d. F. des Art. 18 Nr. 2 JStG 2007 v. 13. 12. 2006 (BGBl I 2878).

3) **Anm. d. Red.:** § 146 Abs. 2 bis 5 i. d. F., bisheriger Abs. 7 aufgehoben und bisheriger Abs. 8 jetzt Abs. 7 gem. Art. 18 Nr. 3 und 10 JStG 2007 v. 13. 12. 2006 (BGBl I 2878).

(2) [1]Der Wert eines bebauten Grundstücks ist das 12,5fache der im Besteuerungszeitpunkt vereinbarten Jahresmiete, vermindert um die Wertminderung wegen des Alters des Gebäudes (Absatz 4). [2]Jahresmiete ist das Gesamtentgelt, das die Mieter (Pächter) für die Nutzung der bebauten Grundstücke aufgrund vertraglicher Vereinbarungen für den Zeitraum von zwölf Monaten zu zahlen haben. [3]Betriebskosten sind nicht einzubeziehen.

(3) [1]An die Stelle der Jahresmiete tritt die übliche Miete für solche Grundstücke oder Grundstücksteile,

1. die eigengenutzt, ungenutzt, zu vorübergehendem Gebrauch oder unentgeltlich überlassen sind,
2. die der Eigentümer dem Mieter zu einer um mehr als 20 Prozent von der üblichen Miete abweichenden tatsächlichen Miete überlassen hat.

[2]Die übliche Miete ist die Miete, die für nach Art, Lage, Größe, Ausstattung und Alter vergleichbare, nicht preisgebundene Grundstücke von fremden Mietern bezahlt wird; Betriebskosten (Absatz 2 Satz 3) sind hierbei nicht einzubeziehen. [3]Ungewöhnliche oder persönliche Verhältnisse bleiben dabei außer Betracht.

(4) [1]Die Wertminderung wegen Alters des Gebäudes beträgt für jedes Jahr, das seit Bezugsfertigkeit des Gebäudes bis zum Besteuerungszeitpunkt vollendet worden ist, 0,5 Prozent, höchstens jedoch 25 Prozent des Werts nach den Absätzen 2 und 3. [2]Sind nach Bezugsfertigkeit des Gebäudes bauliche Maßnahmen durchgeführt worden, die die gewöhnliche Nutzungsdauer des Gebäudes um mindestens 25 Jahre verlängert haben, ist bei der Wertminderung wegen Alters von einer der Verlängerung der gewöhnlichen Nutzungsdauer entsprechenden Bezugsfertigkeit auszugehen.

(5) Enthält ein bebautes Grundstück, das ausschließlich Wohnzwecken dient, nicht mehr als zwei Wohnungen, ist der nach den Absätzen 1 bis 4 ermittelte Wert um 20 Prozent zu erhöhen.

(6) Der für ein bebautes Grundstück nach den Absätzen 2 bis 5 anzusetzende Wert darf nicht geringer sein als der Wert, mit dem der Grund und Boden allein als unbebautes Grundstück nach § 145 Abs. 3 zu bewerten wäre.

(7) Die Vorschriften gelten entsprechend für Wohnungseigentum und Teileigentum.

§ 147[1)] Sonderfälle

(1) [1]Lässt sich für bebaute Grundstücke die übliche Miete (§ 146 Abs. 3) nicht ermitteln, bestimmt sich der Wert abweichend von § 146 nach der Summe des Werts des Grund und Bodens und des Werts der Gebäude. [2]Dies gilt insbesondere, wenn die Gebäude zur Durchführung bestimmter Fertigungsverfahren, zu Spezialnutzungen oder zur Aufnahme bestimmter technischer Einrichtungen errichtet worden sind und nicht oder nur mit erheblichem Aufwand für andere Zwecke nutzbar gemacht werden können.

(2) [1]Der Wert des Grund und Bodens ist gemäß § 145 mit der Maßgabe zu ermitteln, dass an Stelle des in § 145 Abs. 3 vorgesehenen Abschlags von 20 Prozent ein solcher von 30 Prozent tritt. [2]Der Wert der Gebäude bestimmt sich nach den ertragsteuerlichen Bewertungsvorschriften; maßgebend ist der Wert im Besteuerungszeitpunkt.

§ 148[2)] Erbbaurecht

(1) Ist das Grundstück mit einem Erbbaurecht belastet, ist bei der Ermittlung der Grundbesitzwerte für die wirtschaftliche Einheit des belasteten Grundstücks und für die wirtschaftliche Einheit des Erbbaurechts von dem Gesamtwert auszugehen, der sich für den Grund und Boden einschließlich der Gebäude vor Anwendung des § 139 ergäbe, wenn die Belastung nicht bestünde.

---

1) **Anm. d. Red.:** § 147 Abs. 2 i. d. F des Art. 18 Nr. 10 JStG 2007 v. 13. 12. 2006 (BGBl I 2878).

2) **Anm. d. Red.:** § 148 i. d. F. des Art. 18 Nr. 4 JStG 2007 v. 13. 12. 2006 (BGBl I 2878).

(2) Der Wert des Grund und Bodens entfällt auf die wirtschaftliche Einheit des belasteten Grundstücks.

(3) [1]Der Gebäudewert entfällt allein auf die wirtschaftliche Einheit des Erbbaurechts, wenn die Dauer dieses Rechts im Besteuerungszeitpunkt mindestens 40 Jahre beträgt oder der Eigentümer des belasteten Grundstücks bei Erlöschen des Erbbaurechts durch Zeitablauf eine dem Wert des Gebäudes entsprechende Entschädigung zu leisten hat. [2]Beträgt die Dauer des Erbbaurechts im Besteuerungszeitpunkt weniger als 40 Jahre und ist eine Entschädigung ausgeschlossen, ist der Gebäudewert zu verteilen. [3]Dabei entfallen auf die wirtschaftliche Einheit des Erbbaurechts bei einer Dauer dieses Rechts von

unter	40	bis zu	35 Jahren	90 Prozent
unter	35	bis zu	30 Jahren	85 Prozent
unter	30	bis zu	25 Jahren	80 Prozent
unter	25	bis zu	20 Jahren	70 Prozent
unter	20	bis zu	15 Jahren	60 Prozent
unter	15	bis zu	10 Jahren	50 Prozent
unter	10	bis zu	8 Jahren	40 Prozent
unter	8	bis zu	7 Jahren	35 Prozent
unter	7	bis zu	6 Jahren	30 Prozent
unter	6	bis zu	5 Jahren	25 Prozent
unter	5	bis zu	4 Jahren	20 Prozent
unter	4	bis zu	3 Jahren	15 Prozent
unter	3	bis zu	2 Jahren	10 Prozent
unter	2	Jahren bis zu 1 Jahr		5 Prozent
unter	1	Jahr		0 Prozent.

[4]Auf die wirtschaftliche Einheit des belasteten Grundstücks entfällt der verbleibende Teil des Gebäudewerts. [5]Beträgt die Entschädigung für das Gebäude beim Übergang nur einen Teil des gemeinen Werts, ist der dem Eigentümer des belasteten Grundstücks entschädigungslos zufallende Anteil entsprechend zu verteilen. [6]Eine in der Höhe des Erbbauzinses zum Ausdruck kommende Entschädigung für den gemeinen Wert des Gebäudes bleibt außer Betracht.

(4) [1]Bei den nach § 146 zu bewertenden Grundstücken beträgt der Gebäudewert 80 Prozent des nach § 146 Abs. 2 bis 5 ermittelten Werts; der verbleibende Teil des Gesamtwerts entspricht dem Wert des Grund und Bodens. [2]Bei bebauten Grundstücken im Sinne des § 147 Abs. 1 ist der Wert des Grund und Bodens nach § 147 Abs. 2 Satz 1 und der Gebäudewert nach § 147 Abs. 2 Satz 2 zu ermitteln.

(5) Für Wohnungserbbaurechte oder Teilerbbaurechte gelten die Absätze 1 bis 4 entsprechend.

(6) Das Recht auf den Erbbauzins wird weder als Bestandteil des Grundstücks noch als gesondertes Recht angesetzt; die Verpflichtung zur Zahlung des Erbbauzinses ist weder bei der Bewertung des Erbbaurechts noch als gesonderte Verpflichtung abzuziehen.

§ 148a[1] Gebäude auf fremdem Grund und Boden

(1) [1]Bei Gebäuden auf fremdem Grund und Boden ist § 148 Abs. 1 entsprechend anzuwenden. [2]Der Bodenwert ist dem Eigentümer des Grund und Bodens, der Gebäudewert dem Eigentümer des Gebäudes zuzurechnen.

(2) § 148 Abs. 4 und 6 ist entsprechend anzuwenden.

1) **Anm. d. Red.:** § 148a eingefügt gem. Art. 18 Nr. 5 JStG 2007 v. 13. 12. 2006 (BGBl I 2878).

§ 149[1] Grundstücke im Zustand der Bebauung

(1) [1]Ein Grundstück im Zustand der Bebauung liegt vor, wenn mit den Bauarbeiten begonnen wurde und Gebäude oder Gebäudeteile noch nicht bezugsfertig sind. [2]Der Zustand der Bebauung beginnt mit den Abgrabungen oder der Einbringung von Baustoffen, die zur planmäßigen Errichtung des Gebäudes führen.

(2) [1]Der Wert ist entsprechend § 146 unter Zugrundelegung der üblichen Miete zu ermitteln, die nach Bezugsfertigkeit des Gebäudes zu erzielen wäre. [2]Von diesem Wert sind 80 Prozent als Gebäudewert anzusetzen. [3]Dem Grundstückswert ohne Berücksichtigung der nicht bezugsfertigen Gebäude oder Gebäudeteile, ermittelt bei unbebauten Grundstücken nach § 145 Abs. 3 und bei bereits bebauten Grundstücken nach § 146, sind die nicht bezugsfertigen Gebäude oder Gebäudeteile mit dem Betrag als Gebäudewert hinzuzurechnen, der dem Verhältnis der bis zum Besteuerungszeitpunkt entstandenen Herstellungskosten zu den gesamten Herstellungskosten entspricht. [4]Dieser Wert darf den Wert des Grundstücks, der nach Bezugsfertigkeit des Gebäudes anzusetzen wäre, nicht übersteigen.

(3) Ist die übliche Miete nicht zu ermitteln, ist der Wert entsprechend § 147 zu ermitteln.

§ 150 Gebäude und Gebäudeteile für den Zivilschutz

Gebäude, Teile von Gebäuden und Anlagen, die wegen der in § 1 des Zivilschutzgesetzes bezeichneten Zwecke geschaffen worden sind und im Frieden nicht oder nur gelegentlich oder geringfügig für andere Zwecke benutzt werden, bleiben bei der Ermittlung des Grundstückswerts außer Betracht.

Fünfter Abschnitt[2]: Gesonderte Feststellungen

§ 151[3] Gesonderte Feststellungen

(1) [1]Gesondert festzustellen (§ 179 der Abgabenordnung) sind

1. Grundbesitzwerte (§§ 138, 157),
2. der Wert des Betriebsvermögens oder des Anteils am Betriebsvermögen (§§ 95, 96, 97),
3. der Wert von Anteilen an Kapitalgesellschaften im Sinne des § 11 Abs. 2,
4. der Wert von anderen als in den Nummern 1 bis 3 genannten Vermögensgegenständen und von Schulden, die mehreren Personen zustehen (§ 3),

wenn die Werte für die Erbschaftsteuer oder eine andere Feststellung im Sinne dieser Vorschrift von Bedeutung sind. [2]Die Entscheidung über eine Bedeutung für die Besteuerung trifft das für die Festsetzung der Erbschaftsteuer oder die Feststellung nach Satz 1 Nr. 2 bis 4 zuständige Finanzamt.

(2) In dem Feststellungsbescheid für Grundbesitzwerte sind auch Feststellungen zu treffen

1. über die Art der wirtschaftlichen Einheit,
2. über die Zurechnung der wirtschaftlichen Einheit und bei mehreren Beteiligten über die Höhe des Anteils, der für die Besteuerung oder eine andere Feststellung von Bedeutung ist; beim Erwerb durch eine Erbengemeinschaft erfolgt die Zurechnung in Vertretung der Miterben auf die Erbengemeinschaft. [2]Entsprechendes gilt für die Feststellungen nach Absatz 1 Satz 1 Nr. 2 bis 4.

---

1) **Anm. d. Red.:** § 149 i. d. F. des Art. 18 Nr. 6 JStG 2007 v. 13. 12. 2006 (BGBl I 2878).

2) **Anm. d. Red.:** Fünfter Abschnitt eingefügt gem. Art. 18 Nr. 7 JStG 2007 v. 13. 12. 2006 (BGBl I 2878).

3) **Anm. d. Red.:** § 151 Abs. 1 bis 3 i. d. F. des Art. 2 Nr. 10 ErbStRG v. 24. 12. 2008 (BGBl I 3018).

(3) [1]Gesondert festgestellte Werte im Sinne des Absatzes 1 Satz 1 Nr. 1 bis 3 sind einer innerhalb einer Jahresfrist folgenden Feststellung für dieselbe wirtschaftliche Einheit unverändert zu Grunde zu legen, wenn sich die für die erste Bewertung maßgeblichen Stichtagsverhältnisse nicht wesentlich geändert haben. [2]Der Erklärungspflichtige kann eine von diesem Wert abweichende Feststellung nach den Verhältnissen am Bewertungsstichtag durch Abgabe einer Feststellungserklärung beantragen.

(4) Ausländisches Vermögen unterliegt nicht der gesonderten Feststellung.

(5) [1]Grundbesitzwerte (Absatz 1 Satz 1 Nr. 1) sind auch festzustellen, wenn sie für die Grunderwerbsteuer von Bedeutung sind. [2]Absatz 1 Satz 2 gilt entsprechend. [3]Absatz 2 ist nicht anzuwenden.

§ 152 Örtliche Zuständigkeit

Für die gesonderten Feststellungen ist örtlich zuständig:

1. in den Fällen des § 151 Abs. 1 Satz 1 Nr. 1 das Finanzamt, in dessen Bezirk das Grundstück, das Betriebsgrundstück oder der Betrieb der Land- und Forstwirtschaft oder, wenn sich das Grundstück, das Betriebsgrundstück oder der Betrieb der Land- und Forstwirtschaft auf die Bezirke mehrerer Finanzämter erstreckt, der wertvollste Teil liegt;
2. in den Fällen des § 151 Abs. 1 Satz 1 Nr. 2 das Finanzamt, in dessen Bezirk sich die Geschäftsleitung des Gewerbebetriebs[1)], bei Gewerbebetrieben ohne Geschäftsleitung im Inland das Finanzamt, in dessen Bezirk eine Betriebsstätte – bei mehreren Betriebsstätten die wirtschaftlich bedeutendste – unterhalten wird, und bei freiberuflicher Tätigkeit das Finanzamt, von dessen Bezirk aus die Berufstätigkeit vorwiegend ausgeübt wird;
3. in den Fällen des § 151 Abs. 1 Satz 1 Nr. 3 das Finanzamt, in dessen Bezirk sich die Geschäftsleitung der Kapitalgesellschaft befindet, bei Kapitalgesellschaften ohne Geschäftsleitung im Inland oder, wenn sich der Ort der Geschäftsleitung nicht feststellen lässt, das Finanzamt, in dessen Bezirk die Kapitalgesellschaft ihren Sitz hat;
4. in den Fällen des § 151 Abs. 1 Satz 1 Nr. 4 das Finanzamt, von dessen Bezirk die Verwaltung des Vermögens ausgeht, oder, wenn diese im Inland nicht feststellbar ist, das Finanzamt, in dessen Bezirk sich der wertvollste Teil des Vermögens befindet.

§ 153[2)] Erklärungspflicht, Verfahrensvorschriften für die gesonderte Feststellung, Feststellungsfrist

(1) [1]Das Finanzamt kann von jedem, für dessen Besteuerung eine gesonderte Feststellung von Bedeutung ist, die Abgabe einer Feststellungserklärung verlangen. [2]Die Frist zur Abgabe der Feststellungserklärung muss mindestens einen Monat betragen.

(2) [1]Ist der Gegenstand der Feststellung mehreren Personen zuzurechnen oder ist eine Personengesellschaft oder Kapitalgesellschaft dessen Eigentümer, kann das Finanzamt auch von der Gemeinschaft oder Gesellschaft die Abgabe einer Feststellungserklärung verlangen. [2]Dies gilt auch, wenn Gegenstand der Feststellung ein Anteil am Betriebsvermögen ist.

(3) In den Fällen des § 151 Abs. 1 Satz 1 Nr. 3 kann das Finanzamt nur von der Kapitalgesellschaft die Abgabe einer Feststellungserklärung verlangen.

(4) [1]Der Erklärungspflichtige hat die Erklärung eigenhändig zu unterschreiben. [2]Hat ein Erklärungspflichtiger eine Erklärung zur gesonderten Feststellung abgegeben, sind andere Beteiligte insoweit von der Erklärungspflicht befreit.

(5) § 181 Abs. 1 und 5 der Abgabenordnung ist entsprechend anzuwenden.

1) **Anm. d. Red.:** Nr. 2 ist offensichtlich aufgrund der redaktionellen Formulierung des Gesetzgebers unvollständig durch das JStG 2007 v. 13. 12. 2006 (BGBl I 2878) gefasst worden; an dieser Stelle müsste das Wort „befindet" eingefügt werden.

2) **Anm. d. Red.:** § 153 Abs. 2 i. d. F. des Art. 2 Nr. 11 ErbStRG v. 24. 12. 2008 (BGBl I 3018).

§ 154[1] Beteiligte am Feststellungsverfahren

(1) Am Feststellungsverfahren sind beteiligt

1. diejenigen, denen der Gegenstand der Feststellung zuzurechnen ist,
2. diejenigen, die das Finanzamt zur Abgabe einer Feststellungserklärung aufgefordert hat.

(2) In den Fällen des § 151 Abs. 1 Satz 1 Nr. 3 ist der Feststellungsbescheid auch der Kapitalgesellschaft bekannt zu geben.

(3) [1]Soweit der Gegenstand der Feststellung einer Erbengemeinschaft in Vertretung der Miterben zuzurechnen ist, ist § 183 der Abgabenordnung entsprechend anzuwenden. [2]Bei der Bekanntgabe des Feststellungsbescheids ist darauf hinzuweisen, dass die Bekanntgabe mit Wirkung für und gegen alle Miterben erfolgt.

§ 155[2] Rechtsbehelfsbefugnis

[1]Zur Einlegung von Rechtsbehelfen gegen den Feststellungsbescheid sind die Beteiligten im Sinne des § 154 Abs. 1 sowie diejenigen befugt, für deren Besteuerung nach dem Grunderwerbsteuergesetz der Feststellungsbescheid von Bedeutung ist. [2]Soweit der Gegenstand der Feststellung einer Erbengemeinschaft in Vertretung der Miterben zuzurechnen ist, sind § 352 der Abgabenordnung und § 48 der Finanzgerichtsordnung entsprechend anzuwenden.

§ 156 Außenprüfung

Eine Außenprüfung zur Ermittlung der Besteuerungsgrundlagen ist bei jedem Beteiligten (§ 154 Abs. 1) zulässig.

Sechster Abschnitt[3]: Vorschriften für die Bewertung von Grundbesitz, von nicht notierten Anteilen an Kapitalgesellschaften und von Betriebsvermögen für die Erbschaftsteuer ab 1. Januar 2009

A. Allgemeines

§ 157 Feststellung von Grundbesitzwerten, von Anteilswerten und von Betriebsvermögenswerten

(1) [1]Grundbesitzwerte werden unter Berücksichtigung der tatsächlichen Verhältnisse und der Wertverhältnisse zum Bewertungsstichtag festgestellt. [2]§ 29 Abs. 2 und 3 gilt sinngemäß.

(2) Für die wirtschaftlichen Einheiten des land- und forstwirtschaftlichen Vermögens und für Betriebsgrundstücke im Sinne des § 99 Abs. 1 Nr. 2 sind die Grundbesitzwerte unter Anwendung der §§ 158 bis 175 zu ermitteln.

(3) [1]Für die wirtschaftlichen Einheiten des Grundvermögens und für Betriebsgrundstücke im Sinne des § 99 Abs. 1 Nr. 1 sind die Grundbesitzwerte unter Anwendung der §§ 159 und 176 bis 198 zu ermitteln. [2]§ 70 gilt mit der Maßgabe, dass der Anteil des Eigentümers eines Grundstücks an anderem Grundvermögen (zum Beispiel an gemeinschaftlichen Hofflächen oder Garagen) abweichend von Absatz 2 Satz 1 dieser Vorschrift in das Grundstück einzubeziehen ist, wenn der Anteil zusammen mit dem Grundstück genutzt wird. [3]§ 20 Satz 2 ist entsprechend anzuwenden.

---

1) **Anm. d. Red.:** § 154 Abs. 3 angefügt gem. Art. 2 Nr. 12 ErbStRG v. 24. 12. 2008 (BGBl I 3018).

2) **Anm. d. Red.:** § 155 i. d. F. des Art. 2 Nr. 13 ErbStRG v. 24. 12. 2008 (BGBl I 3018).

3) **Anm. d. Red.:** Sechster Abschnitt eingefügt gem. Art. 2 Nr. 14 ErbStRG v. 24. 12. 2008 (BGBl I 3018).

(4) [1]Der Wert von Anteilen an Kapitalgesellschaften im Sinne des § 11 Abs. 2 Satz 2 (Anteilswert) wird unter Berücksichtigung der tatsächlichen Verhältnisse und der Wertverhältnisse zum Bewertungsstichtag festgestellt. [2]Der Anteilswert ist unter Anwendung des § 11 Abs. 2 zu ermitteln.

(5) [1]Der Wert von Betriebsvermögen oder des Anteils am Betriebsvermögen im Sinne der §§ 95, 96 und 97 (Betriebsvermögenswert) wird unter Berücksichtigung der tatsächlichen Verhältnisse und der Wertverhältnisse zum Bewertungsstichtag festgestellt. [2]Der Betriebsvermögenswert ist unter Anwendung des § 109 Abs. 1 und 2 in Verbindung mit § 11 Abs. 2 zu ermitteln.

B. Land- und forstwirtschaftliches Vermögen

I. Allgemeines

§ 158 Begriff des land- und forstwirtschaftlichen Vermögens

(1) [1]Land- und Forstwirtschaft ist die planmäßige Nutzung der natürlichen Kräfte des Bodens zur Erzeugung von Pflanzen und Tieren sowie die Verwertung der dadurch selbst gewonnenen Erzeugnisse. [2]Zum land- und forstwirtschaftlichen Vermögen gehören alle Wirtschaftsgüter, die einem Betrieb der Land- und Forstwirtschaft zu diesem Zweck auf Dauer zu dienen bestimmt sind.

(2) [1]Die wirtschaftliche Einheit des land- und forstwirtschaftlichen Vermögens ist der Betrieb der Land- und Forstwirtschaft. [2]Wird ein Betrieb der Land- und Forstwirtschaft in Form einer Personengesellschaft oder Gemeinschaft geführt, sind in die wirtschaftliche Einheit auch die Wirtschaftsgüter einzubeziehen, die einem oder mehreren Beteiligten gehören, wenn sie dem Betrieb der Land- und Forstwirtschaft auf Dauer zu dienen bestimmt sind.

(3) [1]Zu den Wirtschaftsgütern, die der wirtschaftlichen Einheit Betrieb der Land- und Forstwirtschaft zu dienen bestimmt sind, gehören insbesondere

1. der Grund und Boden,
2. die Wirtschaftsgebäude,
3. die stehenden Betriebsmittel,
4. der normale Bestand an umlaufenden Betriebsmitteln,
5. die immateriellen Wirtschaftsgüter,
6. die Wohngebäude und der dazugehörende Grund und Boden.

[2]Als normaler Bestand an umlaufenden Betriebsmitteln gilt ein solcher, der zur gesicherten Fortführung des Betriebs erforderlich ist.

(4) Zum land- und forstwirtschaftlichen Vermögen gehören nicht

1. Grund und Boden sowie Gebäude und Gebäudeteile, die nicht land- und forstwirtschaftlichen Zwecken dienen,
2. Kleingartenland und Dauerkleingartenland,
3. Geschäftsguthaben, Wertpapiere und Beteiligungen,
4. über den normalen Bestand hinausgehende Bestände an umlaufenden Betriebsmitteln,
5. Tierbestände oder Zweige des Tierbestands und die hiermit zusammenhängenden Wirtschaftsgüter (zum Beispiel Gebäude und abgrenzbare Gebäudeteile mit den dazugehörenden Flächen, Betriebsmittel), wenn die Tiere weder zur landwirtschaftlichen Nutzung noch nach § 175 zu den übrigen land- und forstwirtschaftlichen Nutzungen gehören. [2]Die Zugehörigkeit der landwirtschaftlich genutzten Flächen zum land- und forstwirtschaftlichen Vermögen wird hierdurch nicht berührt,
6. Geldforderungen und Zahlungsmittel,
7. Pensionsverpflichtungen.

(5) Verbindlichkeiten gehören zum land- und forstwirtschaftlichen Vermögen, soweit sie nicht im unmittelbaren wirtschaftlichen Zusammenhang mit den in Absatz 4 genannten Wirtschaftsgütern stehen.

§ 159 Abgrenzung land- und forstwirtschaftlich genutzter Flächen zum Grundvermögen

(1) Land- und forstwirtschaftlich genutzte Flächen sind dem Grundvermögen zuzurechnen, wenn nach ihrer Lage, den am Bewertungsstichtag bestehenden Verwertungsmöglichkeiten oder den sonstigen Umständen anzunehmen ist, dass sie in absehbarer Zeit anderen als land- und forstwirtschaftlichen Zwecken, insbesondere als Bauland, Industrieland oder Land für Verkehrszwecke, dienen werden.

(2) Bildet ein Betrieb der Land- und Forstwirtschaft die Existenzgrundlage des Betriebsinhabers, so sind dem Betriebsinhaber gehörende Flächen, die von einer Stelle aus ordnungsgemäß nachhaltig bewirtschaftet werden, dem Grundvermögen nur dann zuzurechnen, wenn mit großer Wahrscheinlichkeit anzunehmen ist, dass sie spätestens nach zwei Jahren anderen als land- und forstwirtschaftlichen Zwecken dienen werden.

(3) [1]Flächen sind stets dem Grundvermögen zuzurechnen, wenn sie in einem Bebauungsplan als Bauland festgesetzt sind, ihre sofortige Bebauung möglich ist und die Bebauung innerhalb des Plangebiets in benachbarten Bereichen begonnen hat oder schon durchgeführt ist. [2]Satz 1 gilt nicht für die Hofstelle und für andere Flächen in unmittelbarem räumlichen Zusammenhang mit der Hofstelle bis zu einer Größe von insgesamt 1 Hektar.

§ 160 Betrieb der Land- und Forstwirtschaft

(1) Ein Betrieb der Land- und Forstwirtschaft umfasst

1. den Wirtschaftsteil,
2. die Betriebswohnungen und
3. den Wohnteil.

(2) [1]Der Wirtschaftsteil eines Betriebs der Land- und Forstwirtschaft umfasst

1. die land- und forstwirtschaftlichen Nutzungen:
   a) die landwirtschaftliche Nutzung,
   b) die forstwirtschaftliche Nutzung,
   c) die weinbauliche Nutzung,
   d) die gärtnerische Nutzung,
   e) die übrigen land- und forstwirtschaftlichen Nutzungen,
2. die Nebenbetriebe,
3. die folgenden nicht zu einer Nutzung nach den Nummern 1 und 2 gehörenden Wirtschaftsgüter:
   a) Abbauland,
   b) Geringstland,
   c) Unland.

[2]Der Anbau von Hopfen, Tabak und Spargel gehört nur zu den Sondernutzungen, wenn keine landwirtschaftliche Nutzung im Sinne des Satzes 1 Nr. 1 Buchstabe a vorliegt.

(3) Nebenbetriebe sind Betriebe, die dem Hauptbetrieb zu dienen bestimmt sind und nicht einen selbständigen gewerblichen Betrieb darstellen.

(4) Zum Abbauland gehören die Betriebsflächen, die durch Abbau der Bodensubstanz überwiegend für den Betrieb der Land- und Forstwirtschaft nutzbar gemacht werden (Sand-, Kies-, Lehmgruben, Steinbrüche, Torfstiche und dergleichen).

(5) Zum Geringstland gehören die Betriebsflächen geringster Ertragsfähigkeit, für die nach dem Bodenschätzungsgesetz vom 20. Dezember 2007 (BGBl I S. 3150, 3176) keine Wertzahlen festzustellen sind.

(6) Zum Unland gehören die Betriebsflächen, die auch bei geordneter Wirtschaftsweise keinen Ertrag abwerfen können.

(7) [1]Einen Betrieb der Land- und Forstwirtschaft bilden auch Stückländereien, die als gesonderte wirtschaftliche Einheit zu bewerten sind. [2]Stückländereien sind einzelne land- und forstwirtschaftlich genutzte Flächen, bei denen die Wirtschaftsgebäude oder die Betriebsmittel oder beide Arten von Wirtschaftsgütern nicht dem Eigentümer des Grund und Bodens gehören, sondern am Bewertungsstichtag für mindestens 15 Jahre einem anderen Betrieb der Land- und Forstwirtschaft zu dienen bestimmt sind.

(8) Betriebswohnungen sind Wohnungen, die einem Betrieb der Land- und Forstwirtschaft zu dienen bestimmt, aber nicht dem Wohnteil zuzurechnen sind.

(9) Der Wohnteil eines Betriebs der Land- und Forstwirtschaft umfasst die Gebäude und Gebäudeteile, die dem Inhaber des Betriebs, den zu seinem Haushalt gehörenden Familienangehörigen und den Altenteilern zu Wohnzwecken dienen.

§ 161 Bewertungsstichtag

(1) Für die Größe des Betriebs, für den Umfang und den Zustand der Gebäude sowie für die stehenden Betriebsmittel sind die Verhältnisse am Bewertungsstichtag maßgebend.

(2) Für die umlaufenden Betriebsmittel ist der Stand am Ende des Wirtschaftsjahres maßgebend, das dem Bewertungsstichtag vorangegangen ist.

§ 162 Bewertung des Wirtschaftsteils

(1) [1]Bei der Bewertung des Wirtschaftsteils ist der gemeine Wert zu Grunde zu legen. [2]Dabei ist davon auszugehen, dass der Erwerber den Betrieb der Land- und Forstwirtschaft fortführt. [3]Bei der Ermittlung des gemeinen Werts für den Wirtschaftsteil sind die land- und forstwirtschaftlichen Nutzungen, die Nebenbetriebe, das Abbau-, Geringst- und Unland jeweils gesondert mit ihrem Wirtschaftswert (§ 163) zu bewerten. [4]Dabei darf ein Mindestwert nicht unterschritten werden (§ 164).

(2) Der Wert des Wirtschaftsteils für einen Betrieb der Land- und Forstwirtschaft im Sinne des § 160 Abs. 7 wird nach § 164 ermittelt.

(3) [1]Wird ein Betrieb der Land- und Forstwirtschaft oder ein Anteil im Sinne des § 158 Abs. 2 Satz 2 innerhalb eines Zeitraums von 15 Jahren nach dem Bewertungsstichtag veräußert, erfolgt die Bewertung der wirtschaftlichen Einheit abweichend von den §§ 163 und 164 mit dem Liquidationswert nach § 166. [2]Dies gilt nicht, wenn der Veräußerungserlös innerhalb von sechs Monaten ausschließlich zum Erwerb eines anderen Betriebs der Land- und Forstwirtschaft oder eines Anteils im Sinne des § 158 Abs. 2 Satz 2 verwendet wird.

(4) [1]Sind wesentliche Wirtschaftsgüter (§ 158 Abs. 3 Satz 1 Nr. 1 bis 3 und 5) dem Betrieb der Land- und Forstwirtschaft innerhalb eines Zeitraumes von 15 Jahren nicht mehr auf Dauer zu dienen bestimmt, erfolgt die Bewertung der Wirtschaftsgüter abweichend von den §§ 163 und 164 mit dem jeweiligen Liquidationswert nach § 166. [2]Dies gilt nicht, wenn der Veräußerungserlös innerhalb von sechs Monaten ausschließlich im betrieblichen Interesse verwendet wird.

BewG

§ 163 Ermittlung der Wirtschaftswerte

(1) [1]Bei der Ermittlung der jeweiligen Wirtschaftswerte ist von der nachhaltigen Ertragsfähigkeit land- und forstwirtschaftlicher Betriebe auszugehen. [2]Ertragsfähigkeit ist der bei ordnungsmäßiger Bewirtschaftung gemeinhin und nachhaltig erzielbare Reingewinn. [3]Dabei sind alle Umstände zu berücksichtigen, die bei einer Selbstbewirtschaftung den Wirtschaftserfolg beeinflussen.

(2) [1]Der Reingewinn umfasst das ordentliche Ergebnis abzüglich eines angemessenen Lohnansatzes für die Arbeitsleistung des Betriebsinhabers und der nicht entlohnten Arbeitskräfte. [2]Die im unmittelbaren wirtschaftlichen Zusammenhang mit einem Betrieb der Land- und Forstwirtschaft stehenden Verbindlichkeiten sind durch den Ansatz der

Zinsaufwendungen abgegolten. [3]Zur Berücksichtigung der nachhaltigen Ertragsfähigkeit ist der Durchschnitt der letzten fünf abgelaufenen Wirtschaftsjahre vor dem Bewertungsstichtag zu Grunde zu legen.

(3) [1]Der Reingewinn für die landwirtschaftliche Nutzung bestimmt sich nach der Region, der maßgeblichen Nutzungsart (Betriebsform) und der Betriebsgröße nach der Europäischen Größeneinheit (EGE). [2]Zur Ermittlung der maßgeblichen Betriebsform ist das Klassifizierungssystem nach der Entscheidung 85/377/EWG der Kommission vom 7. Juni 1985 zur Errichtung eines gemeinschaftlichen Klassifizierungssystems der landwirtschaftlichen Betriebe (ABl EG Nr. L 220 S. 1), zuletzt geändert durch Entscheidung der Kommission vom 16. Mai 2003 (ABl EU Nr. L 127 S. 48), in der jeweils geltenden Fassung heranzuziehen. [3]Hierzu sind die Standarddeckungsbeiträge der selbst bewirtschafteten Flächen und der Tiereinheiten der landwirtschaftlichen Nutzung zu ermitteln und daraus die Betriebsform zu bestimmen. [4]Die Summe der Standarddeckungsbeiträge ist durch 1 200 Euro zu dividieren, so dass sich die Betriebsgröße in EGE ergibt, die einer der folgenden Betriebsgrößenklassen zuzuordnen ist:

1. Kleinbetriebe von 0 bis unter 40 EGE,
2. Mittelbetriebe von 40 bis 100 EGE,
3. Großbetriebe über 100 EGE.

[5]Das Bundesministerium der Finanzen veröffentlicht die maßgeblichen Standarddeckungsbeiträge im Bundessteuerblatt. [6]Der entsprechende Reingewinn ergibt sich aus der Spalte 4 der Anlage 14 in Euro pro Hektar landwirtschaftlich genutzter Fläche (EUR/ha LF).

(4) [1]Der Reingewinn für die forstwirtschaftliche Nutzung bestimmt sich nach den Flächen der jeweiligen Nutzungsart (Baumartengruppe) und den Ertragsklassen. [2]Die jeweilige Nutzungsart umfasst:

1. Die Baumartengruppe Buche, zu der auch sonstiges Laubholz einschließlich der Roteiche gehört,
2. die Baumartengruppe Eiche, zu der auch alle übrigen Eichenarten gehören,
3. die Baumartengruppe Fichte, zu der auch alle übrigen Nadelholzarten mit Ausnahme der Kiefer und der Lärche gehören,
4. die Baumartengruppe Kiefer und Lärchen mit Ausnahme der Weymouthskiefer,
5. die übrige Fläche der forstwirtschaftlichen Nutzung.

[3]Die Ertragsklassen bestimmen sich für

1. die Baumartengruppe Buche nach der von Schober für mäßige Durchforstung veröffentlichten Ertragstafel,
2. die Baumartengruppe Eiche nach der von Jüttner für mäßige Durchforstung veröffentlichten Ertragstafel,
3. die Baumartengruppe Fichte nach der von Wiedemann für mäßige Durchforstung veröffentlichten Ertragstafel,
4. die Baumartengruppe Kiefer nach der von Wiedemann für mäßige Durchforstung veröffentlichten Ertragstafel.

[4]Der nach den Sätzen 2 und 3 maßgebliche Reingewinn ergibt sich aus der Spalte 4 der Anlage 15 in Euro pro Hektar (EUR/ha).

(5) [1]Der Reingewinn für die weinbauliche Nutzung bestimmt sich nach den Flächen der jeweiligen Nutzungsart (Verwertungsform). [2]Er ergibt sich aus der Spalte 3 der Anlage 16.

(6) [1]Der Reingewinn für die gärtnerische Nutzung bestimmt sich nach dem maßgeblichen Nutzungsteil, der Nutzungsart und den Flächen. [2]Er ergibt sich aus der Spalte 4 der Anlage 17.

(7) Der Reingewinn für die Sondernutzungen Hopfen, Spargel, Tabak ergibt sich aus der Spalte 3 der Anlage 18.

(8) [1]Der Reingewinn für die sonstigen land- und forstwirtschaftlichen Nutzungen, für Nebenbetriebe sowie für Abbauland ist im Einzelertragswertverfahren zu ermitteln, soweit für die jeweilige Region nicht auf einen durch statistische Erhebungen ermittelten pauschalierten Reingewinn zurückgegriffen werden kann. [2]Der Einzelertragswert ermittelt sich aus dem betriebsindividuellen Ergebnis und dem Kapitalisierungszinssatz nach Absatz 11.

(9) Der Reingewinn für das Geringstland wird pauschal mit 5,40 Euro pro Hektar festgelegt.

(10) Der Reingewinn für das Unland beträgt 0 Euro.

(11) [1]Der jeweilige Reingewinn ist zu kapitalisieren. [2]Der Kapitalisierungszinssatz beträgt 5,5 Prozent und der Kapitalisierungsfaktor beträgt 18,6.

(12) Der kapitalisierte Reingewinn für die landwirtschaftliche, die forstwirtschaftliche, die weinbauliche, die gärtnerische Nutzung oder für deren Nutzungsteile, die Sondernutzungen und das Geringstland ist mit der jeweiligen Eigentumsfläche des Betriebs zum Bewertungsstichtag zu vervielfältigen, der dieser Nutzung zuzurechnen ist.

(13) [1]Die Hofflächen und die Flächen der Wirtschaftsgebäude sind dabei anteilig in die einzelnen Nutzungen einzubeziehen. [2]Wirtschaftswege, Hecken, Gräben, Grenzraine und dergleichen sind in die Nutzung einzubeziehen, zu der sie gehören; dies gilt auch für Wasserflächen, soweit sie nicht Unland sind oder zu den übrigen land- und forstwirtschaftlichen Nutzungen gehören.

(14) Das Bundesministerium der Finanzen wird ermächtigt, durch Rechtsverordnung mit Zustimmung des Bundesrates die Anlagen 14 bis 18 zu diesem Gesetz dadurch zu ändern, dass es die darin aufgeführten Reingewinne turnusmäßig an die Ergebnisse der Erhebungen nach § 2 des Landwirtschaftsgesetzes anpasst.

§ 164 Mindestwert

(1) Der Mindestwert des Wirtschaftsteils setzt sich aus dem Wert für den Grund und Boden sowie dem Wert der übrigen Wirtschaftsgüter zusammen und wird nach den Absätzen 2 bis 4 ermittelt.

(2) [1]Der für den Wert des Grund und Bodens im Sinne des § 158 Abs. 3 Satz 1 Nr. 1 zu ermittelnde Pachtpreis pro Hektar (ha) bestimmt sich nach der Nutzung, dem Nutzungsteil und der Nutzungsart des Grund und Bodens. [2]Bei der landwirtschaftlichen Nutzung ist dabei die Betriebsgröße in EGE nach § 163 Abs. 3 Satz 4 Nr. 1 bis 3 zu berücksichtigen. [3]Der danach maßgebliche Pachtpreis ergibt sich jeweils aus der Spalte 5 der Anlagen 14, 15 und 17 sowie aus der Spalte 4 der Anlagen 16 und 18 und ist mit den Eigentumsflächen zu vervielfältigen.

(3) Der Kapitalisierungszinssatz des regionalen Pachtpreises beträgt 5,5 Prozent und der Kapitalisierungsfaktor beträgt 18,6.

(4) [1]Der Wert für die übrigen Wirtschaftsgüter im Sinne des § 158 Abs. 3 Satz 1 Nr. 2 bis 5 (Besatzkapital) bestimmt sich nach der Nutzung, dem Nutzungsteil und der Nutzungsart des Grund und Bodens. [2]Bei der landwirtschaftlichen Nutzung ist dabei die Betriebsgröße in EGE nach § 163 Abs. 3 Satz 4 Nr. 1 bis 3 zu berücksichtigen. [3]Der danach maßgebliche Wert für das Besatzkapital ergibt sich jeweils aus der Spalte 6 der Anlagen 14, 15a und 17 sowie aus der Spalte 5 der Anlagen 16 und 18 und ist mit den selbst bewirtschafteten Flächen zu vervielfältigen.

BewG

(5) Der Kapitalisierungszinssatz für die übrigen Wirtschaftsgüter (§ 158 Abs. 3 Satz 1 Nr. 2 bis 5) beträgt 5,5 Prozent und der Kapitalisierungsfaktor beträgt 18,6.

(6) [1]Der kapitalisierte Wert für den Grund und Boden und der kapitalisierte Wert für die übrigen Wirtschaftsgüter sind um die damit in wirtschaftlichem Zusammenhang stehenden Verbindlichkeiten zu mindern. [2]Der Mindestwert, der sich hiernach ergibt, darf nicht weniger als 0 Euro betragen.

(7) Das Bundesministerium der Finanzen wird ermächtigt, durch Rechtsverordnung mit Zustimmung des Bundesrates die Anlagen 14 bis 18 zu diesem Gesetz dadurch zu ändern, dass es die darin aufgeführten Pachtpreise und Werte für das Besatzkapital tur-

nusmäßig an die Ergebnisse der Erhebungen nach § 2 des Landwirtschaftsgesetzes anpasst.

§ 165 Bewertung des Wirtschaftsteils mit dem Fortführungswert

(1) Der Wert des Wirtschaftsteils wird aus der Summe der nach § 163 zu ermittelnden Wirtschaftswerte gebildet.

(2) Der für einen Betrieb der Land- und Forstwirtschaft anzusetzende Wert des Wirtschaftsteils darf nicht geringer sein als der nach § 164 ermittelte Mindestwert.

(3) Weist der Steuerpflichtige nach, dass der gemeine Wert des Wirtschaftsteils niedriger ist als der nach den Absätzen 1 und 2 ermittelte Wert, ist dieser Wert anzusetzen; § 166 ist zu beachten.

§ 166 Bewertung des Wirtschaftsteils mit dem Liquidationswert

(1) Im Falle des § 162 Abs. 3 oder Abs. 4 ist der Liquidationswert nach Absatz 2 zu ermitteln und tritt mit Wirkung für die Vergangenheit an die Stelle des bisherigen Wertansatzes.

(2) Bei der Ermittlung des jeweiligen Liquidationswerts nach Absatz 1

1. ist der Grund und Boden im Sinne des § 158 Abs. 3 Satz 1 Nr. 1 mit den zuletzt vor dem Bewertungsstichtag ermittelten Bodenrichtwerten zu bewerten. [2]Zur Berücksichtigung der Liquidationskosten ist der ermittelte Bodenwert um 10 Prozent zu mindern;
2. sind die übrigen Wirtschaftsgüter im Sinne des § 158 Abs. 3 Satz 1 Nr. 2 bis 5 mit ihrem gemeinen Wert zu bewerten. [2]Zur Berücksichtigung der Liquidationskosten sind die ermittelten Werte um 10 Prozent zu mindern.

§ 167 Bewertung der Betriebswohnungen und des Wohnteils

(1) Die Bewertung der Betriebswohnungen und des Wohnteils erfolgt nach den Vorschriften, die für die Bewertung von Wohngrundstücken im Grundvermögen (§§ 182 bis 196) gelten.

(2) Für die Abgrenzung der Betriebswohnungen und des Wohnteils vom Wirtschaftsteil ist höchstens das Fünffache der jeweils bebauten Fläche zu Grunde zu legen.

(3) Zur Berücksichtigung von Besonderheiten, die sich im Falle einer engen räumlichen Verbindung von Wohnraum mit dem Betrieb ergeben, ist der Wert des Wohnteils und der Wert der Betriebswohnungen nach den Absätzen 1 und 2 um 15 Prozent zu ermäßigen.

(4) [1]Weist der Steuerpflichtige nach, dass der gemeine Wert des Wohnteils oder der Betriebswohnungen niedriger ist als der sich nach den Absätzen 1 bis 3 ergebende Wert, ist der gemeine Wert anzusetzen. [2]Für den Nachweis des niedrigeren gemeinen Werts gelten grundsätzlich die auf Grund des § 199 Abs. 1 des Baugesetzbuchs erlassenen Vorschriften.

§ 168 Grundbesitzwert des Betriebs der Land- und Forstwirtschaft

(1) Der Grundbesitzwert eines Betriebs der Land- und Forstwirtschaft besteht aus

1. dem Wert des Wirtschaftsteils (§ 160 Abs. 2),
2. dem Wert der Betriebswohnungen (§ 160 Abs. 8) abzüglich der damit im unmittelbaren wirtschaftlichen Zusammenhang stehenden Verbindlichkeiten,
3. dem Wert des Wohnteils (§ 160 Abs. 9) abzüglich der damit im unmittelbaren wirtschaftlichen Zusammenhang stehenden Verbindlichkeiten.

(2) Der Grundbesitzwert für Stückländereien als Betrieb der Land- und Forstwirtschaft (§ 160 Abs. 7) besteht nur aus dem Wert des Wirtschaftsteils.

(3) Der Grundbesitzwert für einen Anteil an einem Betrieb der Land- und Forstwirtschaft im Sinne des § 158 Abs. 2 Satz 2 ist nach den Absätzen 4 bis 6 aufzuteilen.

(4) [1]Der Wert des Wirtschaftsteils ist nach den beim Mindestwert (§ 164) zu Grunde gelegten Verhältnissen aufzuteilen. [2]Dabei ist

1. der Wert des Grund und Bodens und der Wirtschaftsgebäude oder ein Anteil daran (§ 158 Abs. 3 Satz 1 Nr. 1 und 2) dem jeweiligen Eigentümer zuzurechnen. [2]Im Falle des Gesamthandseigentums ist der Wert des Grund und Bodens nach der Höhe der gesellschaftsrechtlichen Beteiligung aufzuteilen;
2. der Wert der übrigen Wirtschaftsgüter (§ 158 Abs. 3 Satz 1 Nr. 3 bis 5) nach dem Wertverhältnis der dem Betrieb zur Verfügung gestellten Wirtschaftsgüter aufzuteilen. [2]Im Falle des Gesamthandseigentums ist der Wert der übrigen Wirtschaftsgüter nach der Höhe der gesellschaftsrechtlichen Beteiligung aufzuteilen;
3. der Wert der zu berücksichtigenden Verbindlichkeiten (§ 164 Abs. 4) dem jeweiligen Schuldner zuzurechnen. [2]Im Falle des Gesamthandseigentums ist der Wert der zu berücksichtigenden Verbindlichkeiten nach der Höhe der gesellschaftsrechtlichen Beteiligung aufzuteilen.

(5) [1]Der Wert für die Betriebswohnungen ist dem jeweiligen Eigentümer zuzurechnen. [2]Im Falle des Gesamthandseigentums ist der Wert nach der Höhe der gesellschaftsrechtlichen Beteiligung aufzuteilen.

(6) [1]Der Wert für den Wohnteil ist dem jeweiligen Eigentümer zuzurechnen. [2]Im Falle des Gesamthandseigentums ist der Wert nach der Höhe der gesellschaftsrechtlichen Beteiligung aufzuteilen.

II. Besonderer Teil

a) Landwirtschaftliche Nutzung

§ 169 Tierbestände

(1) [1]Tierbestände gehören in vollem Umfang zur landwirtschaftlichen Nutzung, wenn im Wirtschaftsjahr

für die ersten	20 Hektar	nicht mehr als	10	Vieheinheiten
für die nächsten	10 Hektar	nicht mehr als	7	Vieheinheiten
für die nächsten	20 Hektar	nicht mehr als	6	Vieheinheiten
für die nächsten	50 Hektar	nicht mehr als	3	Vieheinheiten
und für die weitere Fläche		nicht mehr als	1,5	Vieheinheiten

je Hektar der vom Inhaber des Betriebs regelmäßig landwirtschaftlich genutzten Flächen erzeugt oder gehalten werden. [2]Die Tierbestände sind nach dem Futterbedarf in Vieheinheiten umzurechnen.

(2) [1]Übersteigt die Anzahl der Vieheinheiten nachhaltig die in Absatz 1 bezeichnete Grenze, so gehören nur die Zweige des Tierbestands zur landwirtschaftlichen Nutzung, deren Vieheinheiten zusammen diese Grenze nicht überschreiten. [2]Zunächst sind mehr flächenabhängige Zweige des Tierbestands und danach weniger flächenabhängige Zweige des Tierbestands zur landwirtschaftlichen Nutzung zu rechnen. [3]Innerhalb jeder dieser Gruppen sind zuerst Zweige des Tierbestands mit der geringeren Anzahl von Vieheinheiten und dann Zweige mit der größeren Anzahl von Vieheinheiten zur landwirtschaftlichen Nutzung zu rechnen. [4]Der Tierbestand des einzelnen Zweiges wird nicht aufgeteilt.

(3) [1]Als Zweig des Tierbestands gilt bei jeder Tierart für sich

1. das Zugvieh,
2. das Zuchtvieh,
3. das Mastvieh und
4. das übrige Nutzvieh.

[2]Das Zuchtvieh einer Tierart gilt nur dann als besonderer Zweig des Tierbestands, wenn die erzeugten Jungtiere überwiegend zum Verkauf bestimmt sind. [3]Ist das nicht der Fall,

BewG

so ist das Zuchtvieh dem Zweig des Tierbestands zuzurechnen, dem es überwiegend dient.

(4) [1]Die Absätze 1 bis 3 gelten nicht für Pelztiere. [2]Pelztiere gehören nur dann zur landwirtschaftlichen Nutzung, wenn die erforderlichen Futtermittel überwiegend von den vom Inhaber des Betriebs landwirtschaftlich genutzter Flächen gewonnen werden.

(5) [1]Für die Umrechnung der Tierbestände in Vieheinheiten sowie für die Gruppen der mehr flächenabhängigen oder weniger flächenabhängigen Zweige des Tierbestands sind die in den Anlagen 19 und 20 aufgeführten Werte maßgebend. [2]Das Bundesministerium der Finanzen wird ermächtigt, durch Rechtsverordnung mit Zustimmung des Bundesrates die Anlagen 19 und 20 zu diesem Gesetz dadurch zu ändern, dass der darin aufgeführte Umrechnungsschlüssel und die Gruppen der Zweige eines Tierbestands an geänderte wirtschaftliche oder technische Entwicklungen angepasst werden können.

§ 170 Umlaufende Betriebsmittel

Bei landwirtschaftlichen Betrieben zählen die umlaufenden Betriebsmittel nur soweit zum normalen Bestand, als der Durchschnitt der letzten fünf Jahre nicht überschritten wird.

b) Forstwirtschaftliche Nutzung

§ 171 Umlaufende Betriebsmittel

[1]Eingeschlagenes Holz gehört zum normalen Bestand an umlaufenden Betriebsmitteln, soweit es den jährlichen Nutzungssatz nicht übersteigt. [2]Bei Betrieben, die nicht jährlich einschlagen (aussetzende Betriebe), tritt an die Stelle des jährlichen Nutzungssatzes ein den Betriebsverhältnissen entsprechender mehrjähriger Nutzungssatz.

§ 172 Abweichender Bewertungsstichtag

Bei der forstwirtschaftlichen Nutzung sind abweichend von § 161 Abs. 1 für den Umfang und den Zustand des Bestands an nicht eingeschlagenem Holz die Verhältnisse am Ende des Wirtschaftsjahres zu Grunde zu legen, das dem Bewertungsstichtag vorangegangen ist.

c) Weinbauliche Nutzung

§ 173 Umlaufende Betriebsmittel

(1) Bei ausbauenden Betrieben zählen die Vorräte an Weinen aus den Ernten der letzten fünf Jahre vor dem Bewertungsstichtag zum normalen Bestand an umlaufenden Betriebsmitteln.

(2) Abschläge für Unterbestand an Weinvorräten sind nicht zu machen.

d) Gärtnerische Nutzung

§ 174 Abweichende Bewertungsverhältnisse

(1) [1]Die durch Anbau von Baumschulgewächsen genutzte Betriebsfläche wird nach § 161 Abs. 1 bestimmt. [2]Dabei sind die zum 15. September feststellbaren Bewirtschaftungsverhältnisse zu Grunde zu legen, die dem Bewertungsstichtag vorangegangen sind.

(2) [1]Die durch Anbau von Gemüse, Blumen und Zierpflanzen genutzte Betriebsfläche wird nach § 161 Abs. 1 bestimmt. [2]Dabei sind die zum 30. Juni feststellbaren Bewirtschaftungsverhältnisse zu Grunde zu legen, die dem Bewertungsstichtag vorangegangen sind.

(3) Sind die Bewirtschaftungsverhältnisse nicht feststellbar, richtet sich die Einordnung der Flächen nach der vorgesehenen Nutzung.

e) Übrige land- und forstwirtschaftliche Nutzungen

§ 175 Übrige land- und forstwirtschaftliche Nutzungen

(1) Zu den übrigen land- und forstwirtschaftlichen Nutzungen gehören

1. die Sondernutzungen Hopfen, Spargel, Tabak und andere Sonderkulturen,
2. die sonstigen land- und forstwirtschaftlichen Nutzungen.

(2) Zu den sonstigen land- und forstwirtschaftlichen Nutzungen gehören insbesondere

1. die Binnenfischerei,
2. die Teichwirtschaft,
3. die Fischzucht für Binnenfischerei und Teichwirtschaft,
4. die Imkerei,
5. die Wanderschäferei,
6. die Saatzucht,
7. der Pilzanbau,
8. die Produktion von Nützlingen,
9. die Weihnachtsbaumkulturen.

C. Grundvermögen

I. Allgemeines

§ 176 Grundvermögen

(1) Zum Grundvermögen gehören

1. der Grund und Boden, die Gebäude, die sonstigen Bestandteile und das Zubehör,
2. das Erbbaurecht,
3. das Wohnungseigentum, Teileigentum, Wohnungserbbaurecht und Teilerbbaurecht nach dem Wohnungseigentumsgesetz,

soweit es sich nicht um land- und forstwirtschaftliches Vermögen (§§ 158 und 159) oder um Betriebsgrundstücke (§ 99) handelt.

(2) In das Grundvermögen sind nicht einzubeziehen

1. Bodenschätze,
2. die Maschinen und sonstigen Vorrichtungen aller Art, die zu einer Betriebsanlage gehören (Betriebsvorrichtungen), auch wenn sie wesentliche Bestandteile sind. [2]Einzubeziehen sind jedoch die Verstärkungen von Decken und die nicht ausschließlich zu einer Betriebsanlage gehörenden Stützen und sonstigen Bauteile wie Mauervorlagen und Verstrebungen.

§ 177 Bewertung

Den Bewertungen nach den §§ 179 und 182 bis 196 ist der gemeine Wert (§ 9) zu Grunde zu legen.

II. Unbebaute Grundstücke

§ 178 Begriff der unbebauten Grundstücke

(1) [1]Unbebaute Grundstücke sind Grundstücke, auf denen sich keine benutzbaren Gebäude befinden. [2]Die Benutzbarkeit beginnt im Zeitpunkt der Bezugsfertigkeit. [3]Gebäude sind als bezugsfertig anzusehen, wenn den zukünftigen Bewohnern oder sonstigen Benutzern zugemutet werden kann, sie zu benutzen; die Abnahme durch die Bauaufsichtsbehörde ist nicht entscheidend.

(2) [1]Befinden sich auf dem Grundstück Gebäude, die auf Dauer keiner Nutzung zugeführt werden können, gilt das Grundstück als unbebaut. [2]Als unbebaut gilt auch ein Grundstück, auf dem infolge von Zerstörung oder Verfall der Gebäude auf Dauer kein benutzbarer Raum mehr vorhanden ist.

§ 179 Bewertung der unbebauten Grundstücke

[1]Der Wert unbebauter Grundstücke bestimmt sich regelmäßig nach ihrer Fläche und den Bodenrichtwerten (§ 196 des Baugesetzbuchs). [2]Die Bodenrichtwerte sind von den Gutachterausschüssen nach dem Baugesetzbuch zu ermitteln und den Finanzämtern mitzuteilen. [3]Bei der Wertermittlung ist stets der Bodenrichtwert anzusetzen, der vom Gutachterausschuss zuletzt zu ermitteln war. [4]Lässt sich von den Gutachterausschüssen kein Bodenrichtwert nach § 196 des Baugesetzbuchs ermitteln, ist der Bodenwert aus den Werten vergleichbarer Flächen abzuleiten.

III. Bebaute Grundstücke

§ 180 Begriff der bebauten Grundstücke

(1) [1]Bebaute Grundstücke sind Grundstücke, auf denen sich benutzbare Gebäude befinden. [2]Wird ein Gebäude in Bauabschnitten errichtet, ist der fertiggestellte Teil als benutzbares Gebäude anzusehen.

(2) Als Grundstück im Sinne des Absatzes 1 gilt auch ein Gebäude, das auf fremdem Grund und Boden errichtet oder in sonstigen Fällen einem anderen als dem Eigentümer des Grund und Bodens zuzurechnen ist, selbst wenn es wesentlicher Bestandteil des Grund und Bodens geworden ist.

§ 181 Grundstücksarten

(1) Bei der Bewertung bebauter Grundstücke sind die folgenden Grundstücksarten zu unterscheiden:

1. Ein- und Zweifamilienhäuser,
2. Mietwohngrundstücke,
3. Wohnungs- und Teileigentum,
4. Geschäftsgrundstücke,
5. gemischt genutzte Grundstücke und
6. sonstige bebaute Grundstücke.

(2) [1]Ein- und Zweifamilienhäuser sind Wohngrundstücke, die bis zu zwei Wohnungen enthalten und kein Wohnungseigentum sind. [2]Ein Grundstück gilt auch dann als Ein- oder Zweifamilienhaus, wenn es zu weniger als 50 Prozent, berechnet nach der Wohn- oder Nutzfläche, zu anderen als Wohnzwecken mitbenutzt und dadurch die Eigenart als Ein- oder Zweifamilienhaus nicht wesentlich beeinträchtigt wird.

(3) Mietwohngrundstücke sind Grundstücke, die zu mehr als 80 Prozent, berechnet nach der Wohn- oder Nutzfläche, Wohnzwecken dienen, und nicht Ein- und Zweifamilienhäuser oder Wohnungseigentum sind.

(4) Wohnungseigentum ist das Sondereigentum an einer Wohnung in Verbindung mit dem Miteigentumsanteil an dem gemeinschaftlichen Eigentum, zu dem es gehört.

(5) Teileigentum ist das Sondereigentum an nicht zu Wohnzwecken dienenden Räumen eines Gebäudes in Verbindung mit dem Miteigentum an dem gemeinschaftlichen Eigentum, zu dem es gehört.

(6) Geschäftsgrundstücke sind Grundstücke, die zu mehr als 80 Prozent, berechnet nach der Wohn- und Nutzfläche, eigenen oder fremden betrieblichen oder öffentlichen Zwecken dienen und nicht Teileigentum sind.

(7) Gemischt genutzte Grundstücke sind Grundstücke, die teils Wohnzwecken, teils eigenen oder fremden betrieblichen oder öffentlichen Zwecken dienen und nicht Ein- und Zweifamilienhäuser, Mietwohngrundstücke, Wohnungseigentum, Teileigentum oder Geschäftsgrundstücke sind.

(8) Sonstige bebaute Grundstücke sind solche Grundstücke, die nicht unter die Absätze 2 bis 7 fallen.

(9) [1]Eine Wohnung ist die Zusammenfassung einer Mehrheit von Räumen, die in ihrer Gesamtheit so beschaffen sein müssen, dass die Führung eines selbständigen Haushalts möglich ist. [2]Die Zusammenfassung einer Mehrheit von Räumen muss eine von anderen Wohnungen oder Räumen, insbesondere Wohnräumen, baulich getrennte, in sich abgeschlossene Wohneinheit bilden und einen selbständigen Zugang haben. [3]Außerdem ist erforderlich, dass die für die Führung eines selbständigen Haushalts notwendigen Nebenräume (Küche, Bad oder Dusche, Toilette) vorhanden sind. [4]Die Wohnfläche muss mindestens 23 Quadratmeter (m^2) betragen.

§ 182 Bewertung der bebauten Grundstücke

(1) Der Wert der bebauten Grundstücke ist nach dem Vergleichswertverfahren (Absatz 2 und § 183), dem Ertragswertverfahren (Absatz 3 und §§ 184 bis 188) oder dem Sachwertverfahren (Absatz 4 und §§ 189 bis 191) zu ermitteln.

(2) Im Vergleichswertverfahren sind grundsätzlich zu bewerten

1. Wohnungseigentum,
2. Teileigentum,
3. Ein- und Zweifamilienhäuser.

(3) Im Ertragswertverfahren sind zu bewerten

1. Mietwohngrundstücke,
2. Geschäftsgrundstücke und gemischt genutzte Grundstücke, für die sich auf dem örtlichen Grundstücksmarkt eine übliche Miete ermitteln lässt.

(4) Im Sachwertverfahren sind zu bewerten

1. Grundstücke im Sinne des Absatzes 2, wenn kein Vergleichswert vorliegt,
2. Geschäftsgrundstücke und gemischt genutzte Grundstücke mit Ausnahme der in Absatz 3 Nr. 2 genannten Grundstücke,
3. sonstige bebaute Grundstücke.

§ 183 Bewertung im Vergleichswertverfahren

(1) [1]Bei Anwendung des Vergleichswertverfahrens sind Kaufpreise von Grundstücken heranzuziehen, die hinsichtlich der ihren Wert beeinflussenden Merkmale mit dem zu bewertenden Grundstück hinreichend übereinstimmen (Vergleichsgrundstücke). [2]Grundlage sind vorrangig die von den Gutachterausschüssen im Sinne der §§ 192 ff. des Baugesetzbuchs mitgeteilten Vergleichspreise.

(2) [1]Anstelle von Preisen für Vergleichsgrundstücke können von den Gutachterausschüssen für geeignete Bezugseinheiten, insbesondere Flächeneinheiten des Gebäudes, ermittelte und mitgeteilte Vergleichsfaktoren herangezogen werden. [2]Bei Verwendung von Vergleichsfaktoren, die sich nur auf das Gebäude beziehen, ist der Bodenwert nach § 179 gesondert zu berücksichtigen.

(3) Besonderheiten, insbesondere die den Wert beeinflussenden Belastungen privatrechtlicher und öffentlich-rechtlicher Art, werden im Vergleichswertverfahren nach den Absätzen 1 und 2 nicht berücksichtigt.

§ 184 Bewertung im Ertragswertverfahren

(1) Bei Anwendung des Ertragswertverfahrens ist der Wert der Gebäude (Gebäudeertragswert) getrennt von dem Bodenwert auf der Grundlage des Ertrags nach § 185 zu ermitteln.

(2) Der Bodenwert ist der Wert des unbebauten Grundstücks nach § 179.

(3) [1]Der Bodenwert und der Gebäudeertragswert (§ 185) ergeben den Ertragswert des Grundstücks. [2]Es ist mindestens der Bodenwert anzusetzen. [3]Sonstige bauliche Anlagen, insbesondere Außenanlagen, sind regelmäßig mit dem Ertragswert des Gebäudes abgegolten.

§ 185 Ermittlung des Gebäudeertragswerts

(1) [1]Bei der Ermittlung des Gebäudeertragswerts ist von dem Reinertrag des Grundstücks auszugehen. [2]Dieser ergibt sich aus dem Rohertrag des Grundstücks (§ 186) abzüglich der Bewirtschaftungskosten (§ 187).

(2) [1]Der Reinertrag des Grundstücks ist um den Betrag zu vermindern, der sich durch eine angemessene Verzinsung des Bodenwerts ergibt; dies ergibt den Gebäudereinertrag. [2]Der Verzinsung des Bodenwerts ist der Liegenschaftszinssatz (§ 188) zu Grunde zu legen. [3]Ist das Grundstück wesentlich größer, als es einer den Gebäuden angemessenen Nutzung entspricht, und ist eine zusätzliche Nutzung oder Verwertung einer Teilfläche zulässig und möglich, ist bei der Berechnung des Verzinsungsbetrags der Bodenwert dieser Teilfläche nicht zu berücksichtigen.

(3) [1]Der Gebäudereinertrag ist mit dem sich aus der Anlage 21 ergebenden Vervielfältiger zu kapitalisieren. [2]Maßgebend für den Vervielfältiger sind der Liegenschaftszinssatz und die Restnutzungsdauer des Gebäudes. [3]Die Restnutzungsdauer wird grundsätzlich aus dem Unterschiedsbetrag zwischen der wirtschaftlichen Gesamtnutzungsdauer, die sich aus der Anlage 22 ergibt, und dem Alter des Gebäudes am Bewertungsstichtag ermittelt. [4]Sind nach Bezugsfertigkeit des Gebäudes Veränderungen eingetreten, die die wirtschaftliche Gesamtnutzungsdauer des Gebäudes verlängert oder verkürzt haben, ist von einer der Verlängerung oder Verkürzung entsprechenden Restnutzungsdauer auszugehen. [5]Die Restnutzungsdauer eines noch nutzbaren Gebäudes beträgt regelmäßig mindestens 30 Prozent der wirtschaftlichen Gesamtnutzungsdauer.

§ 186 Rohertrag des Grundstücks

(1) [1]Rohertrag ist das Entgelt, das für die Benutzung des bebauten Grundstücks nach den am Bewertungsstichtag geltenden vertraglichen Vereinbarungen für den Zeitraum von zwölf Monaten zu zahlen ist. [2]Umlagen, die zur Deckung der Betriebskosten gezahlt werden, sind nicht anzusetzen.

(2) [1]Für Grundstücke oder Grundstücksteile,

1. die eigengenutzt, ungenutzt, zu vorübergehendem Gebrauch oder unentgeltlich überlassen sind,
2. die der Eigentümer dem Mieter zu einer um mehr als 20 Prozent von der üblichen Miete abweichenden tatsächlichen Miete überlassen hat,

ist die übliche Miete anzusetzen. [2]Die übliche Miete ist in Anlehnung an die Miete zu schätzen, die für Räume gleicher oder ähnlicher Art, Lage und Ausstattung regelmäßig gezahlt wird. [3]Betriebskosten sind nicht einzubeziehen.

§ 187 Bewirtschaftungskosten

(1) Bewirtschaftungskosten sind die bei gewöhnlicher Bewirtschaftung nachhaltig entstehenden Verwaltungskosten, Betriebskosten, Instandhaltungskosten und das Mietausfallwagnis; durch Umlagen gedeckte Betriebskosten bleiben unberücksichtigt.

(2) [1]Die Bewirtschaftungskosten sind nach Erfahrungssätzen anzusetzen. [2]Soweit von den Gutachterausschüssen im Sinne der §§ 192 ff. des Baugesetzbuchs keine geeigneten Erfahrungssätze zur Verfügung stehen, ist von den pauschalierten Bewirtschaftungskosten nach Anlage 23 auszugehen.

§ 188 Liegenschaftszinssatz

(1) Der Liegenschaftszinssatz ist der Zinssatz, mit dem der Verkehrswert von Grundstücken im Durchschnitt marktüblich verzinst wird.

(2) [1]Anzuwenden sind die von den Gutachterausschüssen im Sinne der §§ 192 ff. des Baugesetzbuchs ermittelten örtlichen Liegenschaftszinssätze. [2]Soweit von den Gutachterausschüssen keine geeigneten Liegenschaftszinssätze zur Verfügung stehen, gelten die folgenden Zinssätze:

1. 5 Prozent für Mietwohngrundstücke,
2. 5,5 Prozent für gemischt genutzte Grundstücke mit einem gewerblichen Anteil von bis zu 50 Prozent, berechnet nach der Wohn- und Nutzfläche,
3. 6 Prozent für gemischt genutzte Grundstücke mit einem gewerblichen Anteil von mehr als 50 Prozent, berechnet nach der Wohn- und Nutzfläche, und
4. 6,5 Prozent für Geschäftsgrundstücke.

§ 189 Bewertung im Sachwertverfahren

(1) [1]Bei Anwendung des Sachwertverfahrens ist der Wert der Gebäude (Gebäudesachwert) getrennt vom Bodenwert nach § 190 zu ermitteln. [2]Sonstige bauliche Anlagen, insbesondere Außenanlagen, und der Wert der sonstigen Anlagen sind regelmäßig mit dem Gebäudewert und dem Bodenwert abgegolten.

(2) Der Bodenwert ist der Wert des unbebauten Grundstücks nach § 179.

(3) [1]Der Bodenwert und der Gebäudesachwert (§ 190) ergeben den vorläufigen Sachwert des Grundstücks. [2]Dieser ist zur Anpassung an den gemeinen Wert mit einer Wertzahl nach § 191 zu multiplizieren.

§ 190 Ermittlung des Gebäudesachwerts

(1) [1]Bei der Ermittlung des Gebäudesachwerts ist von den Regelherstellungskosten des Gebäudes auszugehen. [2]Regelherstellungskosten sind die gewöhnlichen Herstellungskosten je Flächeneinheit. [3]Der Gebäuderegelherstellungswert ergibt sich durch Multiplikation der jeweiligen Regelherstellungskosten mit der Brutto-Grundfläche des Gebäudes. [4]Die Regelherstellungskosten sind in der Anlage 24 enthalten. [5]Das Bundesministerium der Finanzen wird ermächtigt, durch Rechtsverordnung mit Zustimmung des Bundesrates die Anlage 24 zu diesem Gesetz dadurch zu ändern, dass es die darin aufgeführten Regelherstellungskosten nach Maßgabe marktüblicher gewöhnlicher Herstellungskosten und des vom Statistischen Bundesamt veröffentlichten Baupreisindex aktualisiert, soweit dies zur Ermittlung des gemeinen Werts erforderlich ist.

(2) [1]Vom Gebäuderegelherstellungswert ist eine Alterswertminderung abzuziehen. [2]Diese wird regelmäßig nach dem Verhältnis des Alters des Gebäudes am Bewertungsstichtag zur wirtschaftlichen Gesamtnutzungsdauer nach Anlage 22 bestimmt. [3]Sind nach Bezugsfertigkeit des Gebäudes Veränderungen eingetreten, die die wirtschaftliche Gesamtnutzungsdauer des Gebäudes verlängert oder verkürzt haben, ist von einem entsprechenden früheren oder späteren Baujahr auszugehen. [4]Der nach Abzug der Alterswertminderung verbleibende Gebäudewert ist regelmäßig mit mindestens 40 Prozent des Gebäuderegelherstellungswerts anzusetzen.

§ 191 Wertzahlen

(1) Als Wertzahlen im Sinne des § 189 Abs. 3 sind die Sachwertfaktoren anzuwenden, die von den Gutachterausschüssen im Sinne der §§ 192 ff. des Baugesetzbuchs für das Sachwertverfahren bei der Verkehrswertermittlung abgeleitet wurden.

(2) Soweit von den Gutachterausschüssen keine geeigneten Sachwertfaktoren zur Verfügung stehen, sind die in der Anlage 25 bestimmten Wertzahlen zu verwenden.

IV. Sonderfälle

§ 192 Bewertung in Erbbaurechtsfällen

Ist das Grundstück mit einem Erbbaurecht belastet, sind die Werte für die wirtschaftliche Einheit Erbbaurecht (§ 193) und für die wirtschaftliche Einheit des belasteten Grundstücks (§ 194) gesondert zu ermitteln.

§ 193 Bewertung des Erbbaurechts

(1) Der Wert des Erbbaurechts ist im Vergleichswertverfahren nach § 183 zu ermitteln, wenn für das zu bewertende Erbbaurecht Vergleichskaufpreise oder aus Kaufpreisen abgeleitete Vergleichsfaktoren vorliegen.

(2) In allen anderen Fällen setzt sich der Wert des Erbbaurechts zusammen aus einem Bodenwertanteil nach Absatz 3 und einem Gebäudewertanteil nach Absatz 5.

(3) [1]Der Bodenwertanteil ergibt sich aus der Differenz zwischen

1. dem angemessenen Verzinsungsbetrag des Bodenwerts des unbelasteten Grundstücks nach Absatz 4 und
2. dem vertraglich vereinbarten jährlichen Erbbauzins.

[2]Der so ermittelte Unterschiedsbetrag ist über die Restlaufzeit des Erbbaurechts mit dem sich aus Anlage 21 ergebenden Vervielfältiger zu kapitalisieren.

(4) [1]Der angemessene Verzinsungsbetrag des Bodenwerts des unbelasteten Grundstücks ergibt sich durch Anwendung des Liegenschaftszinssatzes, der von den Gutachterausschüssen im Sinne der §§ 192 ff. des Baugesetzbuchs ermittelt wurde, auf den Bodenwert nach § 179. [2]Soweit von den Gutachterausschüssen keine geeigneten Liegenschaftszinssätze zur Verfügung stehen, gelten die folgenden Zinssätze:

1. 3 Prozent für Ein- und Zweifamilienhäuser und Wohnungseigentum, das wie Ein- und Zweifamilienhäuser gestaltet ist,
2. 5 Prozent für Mietwohngrundstücke und Wohnungseigentum, das nicht unter Nummer 1 fällt,
3. 5,5 Prozent für gemischt genutzte Grundstücke mit einem gewerblichen Anteil von bis zu 50 Prozent, berechnet nach der Wohn- und Nutzfläche, sowie sonstige bebaute Grundstücke,
4. 6 Prozent für gemischt genutzte Grundstücke mit einem gewerblichen Anteil von mehr als 50 Prozent, berechnet nach der Wohn- und Nutzfläche, und
5. 6,5 Prozent für Geschäftsgrundstücke und Teileigentum.

(5) [1]Der Gebäudewertanteil ist bei der Bewertung des bebauten Grundstücks im Ertragswertverfahren der Gebäudeertragswert nach § 185, bei der Bewertung im Sachwertverfahren der Gebäudesachwert nach § 190. [2]Ist der bei Ablauf des Erbbaurechts verbleibende Gebäudewert nicht oder nur teilweise zu entschädigen, ist der Gebäudewertanteil des Erbbaurechts um den Gebäudewertanteil des Erbbaugrundstücks nach § 194 Abs. 4 zu mindern.

§ 194 Bewertung des Erbbaugrundstücks

(1) Der Wert des Erbbaugrundstücks ist im Vergleichswertverfahren nach § 183 zu ermitteln, wenn für das zu bewertende Grundstück Vergleichskaufpreise oder aus Kaufpreisen abgeleitete Vergleichsfaktoren vorliegen.

(2) [1]In allen anderen Fällen bildet der Bodenwertanteil nach Absatz 3 den Wert des Erbbaugrundstücks. [2]Dieser ist um einen Gebäudewertanteil nach Absatz 4 zu erhöhen,

wenn der Wert des Gebäudes vom Eigentümer des Erbbaugrundstücks nicht oder nur teilweise zu entschädigen ist.

(3) [1]Der Bodenwertanteil ist die Summe des über die Restlaufzeit des Erbbaurechts abgezinsten Bodenwerts nach § 179 und der über diesen Zeitraum kapitalisierten Erbbauzinsen. [2]Der Abzinsungsfaktor für den Bodenwert wird in Abhängigkeit vom Zinssatz nach § 193 Abs. 4 und der Restlaufzeit des Erbbaurechts ermittelt; er ist Anlage 26 zu entnehmen. [3]Als Erbbauzinsen sind die am Bewertungsstichtag vereinbarten jährlichen Erbbauzinsen anzusetzen; sie sind mit dem sich aus Anlage 21 ergebenden Vervielfältiger zu kapitalisieren.

(4) Der Gebäudewertanteil des Erbbaugrundstücks entspricht dem Gebäudewert oder dem anteiligen Gebäudewert, der dem Eigentümer des Erbbaugrundstücks bei Beendigung des Erbbaurechts durch Zeitablauf entschädigungslos zufällt; er ist nach Maßgabe der Anlage 26 auf den Bewertungsstichtag abzuzinsen.

§ 195 Gebäude auf fremdem Grund und Boden

(1) In Fällen von Gebäuden auf fremdem Grund und Boden sind die Werte für die wirtschaftliche Einheit des Gebäudes auf fremdem Grund und Boden (Absatz 2) und die wirtschaftliche Einheit des belasteten Grundstücks (Absatz 3) gesondert zu ermitteln.

(2) [1]Das Gebäude auf fremdem Grund und Boden wird bei einer Bewertung im Ertragswertverfahren mit dem Gebäudeertragswert nach § 185, bei einer Bewertung im Sachwertverfahren mit dem Gebäudesachwert nach § 190 bewertet. [2]Ist der Nutzer verpflichtet, das Gebäude bei Ablauf des Nutzungsrechts zu beseitigen, ist bei der Ermittlung des Gebäudeertragswerts der Vervielfältiger nach Anlage 21 anzuwenden, der sich für die am Bewertungsstichtag verbleibende Nutzungsdauer ergibt. [3]§ 185 Abs. 3 Satz 5 ist nicht anzuwenden. [4]Ist in diesen Fällen der Gebäudesachwert zu ermitteln, bemisst sich die Alterswertminderung im Sinne des § 190 Abs. 2 Satz 1 bis 3 nach dem Alter des Gebäudes am Bewertungsstichtag und der tatsächlichen Gesamtnutzungsdauer. [5]§ 190 Abs. 2 Satz 4 ist nicht anzuwenden.

(3) [1]Der Wert des belasteten Grundstücks ist der auf den Bewertungsstichtag abgezinste Bodenwert nach § 179 zuzüglich des über die Restlaufzeit des Nutzungsrechts kapitalisierten Entgelts. [2]Der Abzinsungsfaktor für den Bodenwert wird in Abhängigkeit vom Zinssatz nach § 193 Abs. 4 und der Restlaufzeit des Nutzungsverhältnisses ermittelt; er ist Anlage 26 zu entnehmen. [3]Das über die Restlaufzeit des Nutzungsrechts kapitalisierte Entgelt ergibt sich durch Anwendung des Vervielfältigers nach Anlage 21 auf das zum Bewertungsstichtag vereinbarte jährliche Entgelt.

§ 196 Grundstücke im Zustand der Bebauung

(1) [1]Ein Grundstück im Zustand der Bebauung liegt vor, wenn mit den Bauarbeiten begonnen wurde und Gebäude und Gebäudeteile noch nicht bezugsfertig sind. [2]Der Zustand der Bebauung beginnt mit den Abgrabungen oder der Einbringung von Baustoffen, die zur planmäßigen Errichtung des Gebäudes führen.

(2) Die Gebäude oder Gebäudeteile im Zustand der Bebauung sind mit den bereits am Bewertungsstichtag entstandenen Herstellungskosten dem Wert des bislang unbebauten oder bereits bebauten Grundstücks hinzuzurechnen.

§ 197 Gebäude und Gebäudeteile für den Zivilschutz

Gebäude, Teile von Gebäuden und Anlagen, die wegen der in § 1 des Zivilschutzgesetzes vom 25. März 1997 (BGBl I S. 726), das zuletzt durch Artikel 2 des Gesetzes vom 27. April 2004 (BGBl I S. 630) geändert worden ist, in der jeweils geltenden Fassung bezeichneten Zwecke geschaffen worden sind und im Frieden nicht oder nur gelegentlich oder geringfügig für andere Zwecke benutzt werden, bleiben bei der Ermittlung des Grundbesitzwerts außer Betracht.

V. Nachweis des niedrigeren gemeinen Werts

§ 198 Nachweis des niedrigeren gemeinen Werts

[1]Weist der Steuerpflichtige nach, dass der gemeine Wert der wirtschaftlichen Einheit am Bewertungsstichtag niedriger ist als der nach den §§ 179, 182 bis 196 ermittelte Wert, so ist dieser Wert anzusetzen. [2]Für den Nachweis des niedrigeren gemeinen Werts gelten grundsätzlich die auf Grund des § 199 Abs. 1 des Baugesetzbuchs erlassenen Vorschriften.

D. Nicht notierte Anteile an Kapitalgesellschaften und Betriebsvermögen

§ 199 Anwendung des vereinfachten Ertragswertverfahrens

(1) Ist der gemeine Wert von Anteilen an einer Kapitalgesellschaft nach § 11 Abs. 2 Satz 2 unter Berücksichtigung der Ertragsaussichten der Kapitalgesellschaft zu ermitteln, kann das vereinfachte Ertragswertverfahren (§ 200) angewendet werden, wenn dieses nicht zu offensichtlich unzutreffenden Ergebnissen führt.

(2) Ist der gemeine Wert des Betriebsvermögens oder eines Anteils am Betriebsvermögen nach § 109 Abs. 1 und 2 in Verbindung mit § 11 Abs. 2 Satz 2 unter Berücksichtigung der Ertragsaussichten des Gewerbebetriebs oder der Gesellschaft zu ermitteln, kann das vereinfachte Ertragswertverfahren (§ 200) angewendet werden, wenn dieses nicht zu offensichtlich unzutreffenden Ergebnissen führt.

§ 200 Vereinfachtes Ertragswertverfahren

(1) Zur Ermittlung des Ertragswerts ist vorbehaltlich der Absätze 2 bis 4 der zukünftig nachhaltig erzielbare Jahresertrag (§§ 201 und 202) mit dem Kapitalisierungsfaktor (§ 203) zu multiplizieren.

(2) Können Wirtschaftsgüter und mit diesen in wirtschaftlichem Zusammenhang stehende Schulden aus dem zu bewertenden Unternehmen im Sinne des § 199 Abs. 1 oder 2 herausgelöst werden, ohne die eigentliche Unternehmenstätigkeit zu beeinträchtigen (nicht betriebsnotwendiges Vermögen), so werden diese Wirtschaftsgüter und Schulden neben dem Ertragswert mit dem eigenständig zu ermittelnden gemeinen Wert oder Anteil am gemeinen Wert angesetzt.

(3) Hält ein zu bewertendes Unternehmen im Sinne des § 199 Abs. 1 oder 2 Beteiligungen an anderen Gesellschaften, die nicht unter Absatz 2 fallen, so werden diese Beteiligungen neben dem Ertragswert mit dem eigenständig zu ermittelnden gemeinen Wert angesetzt.

(4) Innerhalb von zwei Jahren vor dem Bewertungsstichtag eingelegte Wirtschaftsgüter, die nicht unter die Absätze 2 und 3 fallen, und mit diesen im wirtschaftlichen Zusammenhang stehende Schulden werden neben dem Ertragswert mit dem eigenständig zu ermittelnden gemeinen Wert angesetzt.

§ 201 Ermittlung des Jahresertrags

(1) [1]Die Grundlage für die Bewertung bildet der zukünftig nachhaltig zu erzielende Jahresertrag. [2]Für die Ermittlung dieses Jahresertrags bietet der in der Vergangenheit tatsächlich erzielte Durchschnittsertrag eine Beurteilungsgrundlage.

(2) [1]Der Durchschnittsertrag ist regelmäßig aus den Betriebsergebnissen (§ 202) der letzten drei vor dem Bewertungsstichtag abgelaufenen Wirtschaftsjahre herzuleiten. [2]Das gesamte Betriebsergebnis eines am Bewertungsstichtag noch nicht abgelaufenen Wirtschaftsjahres ist anstelle des drittletzten abgelaufenen Wirtschaftsjahres einzube-

ziehen, wenn es für die Herleitung des künftig zu erzielenden Jahresertrags von Bedeutung ist. [3]Die Summe der Betriebsergebnisse ist durch drei zu dividieren und ergibt den Durchschnittsertrag. [4]Das Ergebnis stellt den Jahresertrag dar.

(3) [1]Hat sich im Dreijahreszeitraum der Charakter des Unternehmens nach dem Gesamtbild der Verhältnisse nachhaltig verändert oder ist das Unternehmen neu entstanden, ist von einem entsprechend verkürzten Ermittlungszeitraum auszugehen. [2]Bei Unternehmen, die durch Umwandlung, durch Einbringung von Betrieben oder Teilbetrieben oder durch Umstrukturierungen entstanden sind, ist bei der Ermittlung des Durchschnittsertrags von den früheren Betriebsergebnissen des Gewerbebetriebs oder der Gesellschaft auszugehen. [3]Soweit sich die Änderung der Rechtsform auf den Jahresertrag auswirkt, sind die früheren Betriebsergebnisse entsprechend zu korrigieren.

§ 202 Betriebsergebnis

(1) [1]Zur Ermittlung des Betriebsergebnisses ist von dem Gewinn im Sinne des § 4 Abs. 1 Satz 1 des Einkommensteuergesetzes auszugehen (Ausgangswert); dabei bleiben bei einem Anteil am Betriebsvermögen Ergebnisse aus den Sonderbilanzen und Ergänzungsbilanzen unberücksichtigt. [2]Der Ausgangswert ist noch wie folgt zu korrigieren:

1. Hinzuzurechnen sind
   a) Investitionsabzugsbeträge, Sonderabschreibungen oder erhöhte Absetzungen, Bewertungsabschläge, Zuführungen zu steuerfreien Rücklagen sowie Teilwertabschreibungen. [2]Es sind nur die normalen Absetzungen für Abnutzung zu berücksichtigen. [3]Diese sind nach den Anschaffungs- oder Herstellungskosten bei gleichmäßiger Verteilung über die gesamte betriebsgewöhnliche Nutzungsdauer zu bemessen. [4]Die normalen Absetzungen für Abnutzung sind auch dann anzusetzen, wenn für die Absetzungen in der Steuerbilanz vom Restwert auszugehen ist, der nach Inanspruchnahme der Sonderabschreibungen oder erhöhten Absetzungen verblieben ist;
   b) Absetzungen auf den Geschäfts- oder Firmenwert oder auf firmenwertähnliche Wirtschaftsgüter;
   c) einmalige Veräußerungsverluste sowie außerordentliche Aufwendungen;
   d) im Gewinn nicht enthaltene Investitionszulagen, soweit in Zukunft mit weiteren zulagebegünstigten Investitionen in gleichem Umfang gerechnet werden kann;
   e) der Ertragsteueraufwand (Körperschaftsteuer, Zuschlagsteuern und Gewerbesteuer);
   f) Aufwendungen, die im Zusammenhang stehen mit Vermögen im Sinne des § 200 Abs. 2 und 4, und übernommene Verluste aus Beteiligungen im Sinne des § 200 Abs. 2 bis 4;
2. abzuziehen sind
   a) gewinnerhöhende Auflösungsbeträge steuerfreier Rücklagen sowie Gewinne aus der Anwendung des § 6 Abs. 1 Nr. 1 Satz 4 und Nr. 2 Satz 3 des Einkommensteuergesetzes;
   b) einmalige Veräußerungsgewinne sowie außerordentliche Erträge;
   c) im Gewinn enthaltene Investitionszulagen, soweit in Zukunft nicht mit weiteren zulagebegünstigten Investitionen in gleichem Umfang gerechnet werden kann;
   d) ein angemessener Unternehmerlohn, soweit in der bisherigen Ergebnisrechnung kein solcher berücksichtigt worden ist. [2]Die Höhe des Unternehmerlohns wird nach der Vergütung bestimmt, die eine nicht beteiligte Geschäftsführung erhalten würde. [3]Neben dem Unternehmerlohn kann auch fiktiver Lohnaufwand für bislang unentgeltlich tätige Familienangehörige des Eigentümers berücksichtigt werden;

BewG

e) Erträge aus der Erstattung von Ertragsteuern (Körperschaftsteuer, Zuschlagsteuern und Gewerbesteuer);

f) Erträge, die im Zusammenhang stehen mit Vermögen im Sinne des § 200 Abs. 2 bis 4;

3. hinzuzurechnen oder abzuziehen sind auch sonstige wirtschaftlich nicht begründete Vermögensminderungen oder -erhöhungen mit Einfluss auf den zukünftig nachhaltig zu erzielenden Jahresertrag und mit gesellschaftsrechtlichem Bezug, soweit sie nicht nach den Nummern 1 und 2 berücksichtigt wurden.

(2) [1]In den Fällen des § 4 Abs. 3 des Einkommensteuergesetzes ist vom Überschuss der Betriebseinnahmen über die Betriebsausgaben auszugehen. [2]Absatz 1 Satz 2 Nr. 1 bis 3 gilt entsprechend.

(3) Zur Abgeltung des Ertragsteueraufwands ist ein positives Betriebsergebnis nach Absatz 1 oder Absatz 2 um 30 Prozent zu mindern.

§ 203 Kapitalisierungsfaktor

(1) Der in diesem Verfahren anzuwendende Kapitalisierungszinssatz setzt sich zusammen aus einem Basiszins und einem Zuschlag von 4,5 Prozent.

(2) [1]Der Basiszins ist aus der langfristig erzielbaren Rendite öffentlicher Anleihen abzuleiten. [2]Dabei ist auf den Zinssatz abzustellen, den die Deutsche Bundesbank anhand der Zinsstrukturdaten jeweils auf den ersten Börsentag des Jahres errechnet. [3]Dieser Zinssatz ist für alle Wertermittlungen auf Bewertungsstichtage in diesem Jahr anzuwenden. [4]Das Bundesministerium der Finanzen veröffentlicht den maßgebenden Zinssatz im Bundessteuerblatt.

(3) Der Kapitalisierungsfaktor ist der Kehrwert des Kapitalisierungszinssatzes.

Dritter Teil[1]: Schlussbestimmungen

§ 204 Bekanntmachung

Das Bundesministerium der Finanzen wird ermächtigt, den Wortlaut dieses Gesetzes und der zu diesem Gesetz erlassenen Rechtsverordnungen in der jeweils geltenden Fassung satzweise nummeriert bekannt zu machen.

§ 205 Anwendungsvorschriften

(1) Dieses Gesetz in der Fassung des Artikels 2 des Gesetzes vom 24. Dezember 2008 (BGBl I S. 3018) ist auf Bewertungsstichtage nach dem 31. Dezember 2008 anzuwenden.

(2) Soweit die §§ 40, 41, 44, 55 und 125 Beträge in Deutscher Mark enthalten, gelten diese nach dem 31. Dezember 2001 als Berechnungsgrößen fort.

1) **Anm. d. Red.:** Dritter Teil i. d. F. des Art. 2 Nr. 15 ErbStRG v. 24. 12. 2008 (BGBl I 3018).

Anlage 1

Umrechnungsschlüssel für Tierbestände in Vieheinheiten (VE) nach dem Futterbedarf

Tierart	1 Tier— … VE	Tierart	1 Tier— … VE
Pferde		**Schweine**	
Pferde unter 3 Jahren	0,70	Ferkel	0,02
Pferde 3 Jahre alt und älter	1,10	Läufer	0,06
		Zuchtschweine	0,33
Rindvieh		Mastschweine	0,16
Kälber und Jungvieh unter 1 Jahr	0,30		
Jungvieh 1 bis 2 Jahre alt	0,70	**Geflügel**	
Zuchtbullen	1,20	Legehennen (einschließlich einer normalen Aufzucht zur Ergänzung des Bestandes)	0,02
Zugochsen	1,20		
Kühe, Färsen, Masttiere	1,00	Zuchtenten	0,04
		Zuchtputen	0,04
Schafe		Zuchtgänse	0,04
Schafe unter 1 Jahr	0,05	Jungmasthühner	0,0017
Schafe 1 Jahr und älter	0,10	Junghennen	0,0017
		Mastenten	0,0033
Ziegen	0,08	Mastputen	0,0067
		Mastgänse	0,0067

Anlage 2

Gruppen der Zweige des Tierbestands nach der Flächenabhängigkeit

1. Mehr flächenabhängige Zweige des Tierbestands
   Pferdehaltung,
   Pferdezucht,
   Schafzucht,
   Schafhaltung,
   Rindviehzucht,
   Milchviehhaltung,
   Rindviehmast.

2. Weniger flächenabhängige Zweige des Tierbestands
   Schweinezucht,
   Schweinemast,
   Hühnerzucht,
   Entenzucht,
   Gänsezucht,
   Putenzucht,
   Legehennenhaltung,
   Junghühnermast,
   Entenmast,
   Gänsemast,
   Putenmast.

Anlage 3

Mietwohngrundstücke

Vervielfältiger

A. bei Massivbauten mit Mauerwerk aus Ziegelsteinen, Natursteinen, Kalksandsteinen, Schwemmsteinen oder ähnlichen Steinen sowie bei Stahl- und Stahlbetonskelettbauten außer bei solchen Bauten, die unter B fallen

	Gemeindegrößenklassen							
	bis 2 000	über 2 000 bis 5 000	über 5 000 bis 10 000	über 10 000 bis 50 000	über 50 000 bis 100 000	über 100 000 bis 200 000	über 200 000 bis 500 000	über 500 000 Einwohner
Altbauten								
vor 1895	7,2	6,9	5,8	5,8	5,7	5,5	5,4	5,3
1895 bis 1899	7,4	7,1	6,0	5,9	5,8	5,7	5,5	5,4
1900 bis 1904	7,8	7,5	6,2	6,2	6,0	5,9	5,7	5,6
1905 bis 1915	8,3	7,9	6,6	6,5	6,3	6,2	6,0	5,8
1916 bis 31. 3. 1924	8,7	8,4	6,9	6,7	6,5	6,4	6,2	6,1
Neubauten								
1. 4. 1924 bis 31. 12. 1934	9,8	8,5	8,3	8,2	8,0	7,8	7,7	7,5
1. 1. 1935 bis 20. 6. 1948	10,2	9,8	8,6	8,4	8,2	8,0	7,9	7,7
Nachkriegsbauten								
nach dem 20. 6. 1948	9,8	9,7	9,5	9,2	9,0	9,0	9,0	9,1

B. bei Holzfachwerkbauten mit Ziegelsteinausmauerung, Gebäuden aus großformatigen Bimsbetonplatten oder ähnlichen Platten sowie bei anderen eingeschossigen massiven Gebäuden in leichter Bauausführung

Altbauten								
vor 1908	6,6	6,3	5,3	5,4	5,3	5,2	5,1	5,0
1908 bis 1915	6,9	6,6	5,6	5,6	5,5	5,4	5,3	5,1
1916 bis 31. 3. 1924	7,7	7,4	6,1	6,1	6,0	5,8	5,7	5,5
Neubauten								
1. 4. 1924 bis 31. 12. 1934	9,0	8,7	7,7	7,6	7,5	7,3	7,2	7,0
1. 1. 1935 bis 20. 6. 1948	9,6	9,3	8,2	8,0	7,8	7,7	7,5	7,4
Nachkriegsbauten								
nach dem 20. 6. 1948	9,5	9,4	9,2	8,9	8,7	8,7	8,7	8,8

C. bei Holzfachwerkbauten mit Lehmausfachung und besonders haltbaren Holzbauten mit massiven Fundamenten

Altbauten								
vor dem 1. 4. 1924	5,7	5,5	4,7	4,9	4,8	4,7	4,6	4,5
Neubauten								
1. 4. 1924 bis 31. 12. 1934	7,3	7,0	6,4	6,4	6,3	6,2	6,1	6,0
1. 1. 1935 bis 20. 6. 1948	8,5	8,2	7,3	7,2	7,1	7,0	6,8	6,7
Nachkriegsbauten								
nach dem 20. 6. 1948	8,9	8,7	8,6	8,3	8,1	8,1	8,1	8,3

Anlage 4

Gemischt genutzte Grundstücke mit einem gewerblichen Anteil an der Jahresrohmiete bis zu 50 v. H.

Vervielfältiger

A. bei Massivbauten mit Mauerwerk aus Ziegelsteinen, Natursteinen, Kalksandsteinen, Schwemmsteinen oder ähnlichen Steinen sowie bei Stahl- und Stahlbetonskelettbauten außer bei solchen Bauten, die unter B fallen

	Gemeindegrößenklassen							
	bis 2 000	über 2 000 bis 5 000	über 5 000 bis 10 000	über 10 000 bis 50 000	über 50 000 bis 100 000	über 100 000 bis 200 000	über 200 000 bis 500 000	über 500 000 Einwohner
Altbauten								
vor 1895	7,6	7,3	6,4	6,4	6,1	6,0	5,9	6,1
1895 bis 1899	7,8	7,6	6,6	6,5	6,3	6,2	6,0	6,3
1900 bis 1904	8,2	7,9	6,9	6,8	6,5	6,4	6,3	6,4
1905 bis 1915	8,7	8,4	7,2	7,1	6,8	6,7	6,5	6,7
1916 bis 31. 3. 1924	9,1	8,8	7,6	7,4	7,1	6,9	6,8	6,9
Neubauten								
1. 4. 1924 bis 31. 12. 1934	10,2	9,6	8,4	8,1	8,0	7,8	7,7	7,8
1. 1. 1935 bis 20. 6. 1948	10,5	9,8	8,6	8,3	8,2	8,0	7,9	7,9
Nachkriegsbauten								
nach dem 20. 6. 1948	9,9	9,6	9,2	9,1	9,0	9,0	9,0	9,0

B. bei Holzfachwerkbauten mit Ziegelsteinausmauerung, Gebäuden aus großformatigen Bimsbetonplatten oder ähnlichen Platten sowie bei anderen eingeschossigen massiven Gebäuden in leichter Bauausführung

Altbauten								
vor 1908	7,0	6,7	5,9	6,0	5,7	5,6	5,5	5,8
1908 bis 1915	7,3	7,0	6,2	6,2	5,9	5,8	5,7	6,0
1916 bis 31. 3. 1924	8,1	7,8	6,8	6,7	6,4	6,3	6,2	6,4
Neubauten								
1. 4. 1924 bis 31. 12. 1934	9,3	8,8	7,7	7,6	7,5	7,3	7,2	7,3
1. 1. 1935 bis 20. 6. 1948	9,9	9,3	8,2	8,0	7,8	7,7	7,5	7,6
Nachkriegsbauten								
nach dem 20. 6. 1948	9,6	9,3	9,0	8,9	8,7	8,7	8,7	8,8

C. bei Holzfachwerkbauten mit Lehmausfachung und besonders haltbaren Holzbauten mit massiven Fundamenten

Altbauten								
vor dem 1. 4. 1924	6,1	5,9	5,2	5,4	5,2	5,1	5,0	5,4
Neubauten								
1. 4. 1924 bis 31. 12. 1934	7,7	7,2	6,4	6,5	6,4	6,3	6,1	6,4
1. 1. 1935 bis 20. 6. 1948	8,8	8,3	7,3	7,3	7,1	7,0	6,9	7,1
Nachkriegsbauten								
nach dem 20. 6. 1948	9,0	8,7	8,4	8,4	8,2	8,2	8,2	8,4

Anlage 5

Gemischt genutzte Grundstücke mit einem gewerblichen Anteil an der Jahresrohmiete von mehr als 50 v. H.

Vervielfältiger

A. bei Massivbauten mit Mauerwerk aus Ziegelsteinen, Natursteinen, Kalksandsteinen, Schwemmsteinen oder ähnlichen Steinen sowie bei Stahl- und Stahlbetonskelettbauten außer bei solchen Bauten, die unter B fallen

	Gemeindegrößenklassen							
	bis 2 000	über 2 000 bis 5 000	über 5 000 bis 10 000	über 10 000 bis 50 000	über 50 000 bis 100 000	über 100 000 bis 200 000	über 200 000 bis 500 000	über 500 000 Einwohner
Altbauten								
vor 1895	7,6	7,2	6,4	6,6	6,4	6,4	6,4	6,4
1895 bis 1899	7,8	7,4	6,6	6,8	6,5	6,5	6,5	6,5
1900 bis 1904	8,2	7,8	6,8	7,0	6,7	6,7	6,7	6,7
1905 bis 1915	8,6	8,2	7,1	7,2	7,0	7,0	7,0	7,0
1916 bis 31. 3. 1924	9,0	8,6	7,4	7,5	7,2	7,2	7,2	7,2
Neubauten								
1. 4. 1924 bis 31. 12. 1934	9,7	9,1	8,0	8,1	7,9	7,9	7,9	7,9
1. 1. 1935 bis 20. 6. 1948	10,0	9,4	8,2	8,3	8,1	8,1	8,1	8,1
Nachkriegsbauten								
nach dem 20. 6. 1948	9,6	9,3	8,9	8,9	8,7	8,8	8,8	8,8

B. bei Holzfachwerkbauten mit Ziegelsteinausmauerung, Gebäuden aus großformatigen Bimsbetonplatten oder ähnlichen Platten sowie bei anderen eingeschossigen massiven Gebäuden in leichter Bauausführung

Altbauten								
vor 1908	7,0	6,7	6,0	6,3	6,1	6,1	6,1	6,1
1908 bis 1915	7,3	7,0	6,2	6,5	6,2	6,2	6,2	6,2
1916 bis 31. 3. 1924	8,1	7,7	6,7	6,9	6,7	6,7	6,7	6,7
Neubauten								
1. 4. 1924 bis 31. 12. 1934	9,0	8,4	7,5	7,6	7,5	7,5	7,5	7,5
1. 1. 1935 bis 20. 6. 1948	9,5	8,9	7,8	7,9	7,8	7,8	7,8	7,8
Nachkriegsbauten								
nach dem 20. 6. 1948	9,3	9,0	8,6	8,7	8,5	8,6	8,6	8,6

C. bei Holzfachwerkbauten mit Lehmausfachung und besonders haltbaren Holzbauten mit massiven Fundamenten

Altbauten								
vor dem 1. 4. 1924	6,2	5,9	5,5	5,8	5,6	5,6	5,6	5,6
Neubauten								
1. 4. 1924 bis 31. 12. 1934	7,4	7,0	6,4	6,7	6,5	6,5	6,5	6,5
1. 1. 1935 bis 20. 6. 1948	8,5	8,0	7,2	7,3	7,2	7,2	7,2	7,2
Nachkriegsbauten								
nach dem 20. 6. 1948	8,8	8,5	8,1	8,2	8,1	8,2	8,2	8,2

Anlage 6

Geschäftsgrundstücke

Vervielfältiger

A. bei Massivbauten mit Mauerwerk aus Ziegelsteinen, Natursteinen, Kalksandsteinen, Schwemmsteinen oder ähnlichen Steinen sowie bei Stahl- und Stahlbetonskelettbauten außer bei solchen Bauten, die unter B fallen

	Gemeindegrößenklassen							
	bis 2 000	über 2 000 bis 5 000	über 5 000 bis 10 000	über 10 000 bis 50 000	über 50 000 bis 100 000	über 100 000 bis 200 000	über 200 000 bis 500 000	über 500 000 Einwohner
Altbauten								
vor 1895	7,8	7,5	6,7	6,9	6,8	6,8	6,8	6,8
1895 bis 1899	8,0	7,7	6,9	7,0	7,0	7,0	7,0	7,0
1900 bis 1904	8,3	7,9	7,1	7,2	7,1	7,1	7,1	7,1
1905 bis 1915	8,7	8,3	7,4	7,5	7,4	7,4	7,4	7,4
1916 bis 31. 3. 1924	9,0	8,6	7,7	7,8	7,6	7,6	7,6	7,6
Neubauten								
1. 4. 1924 bis 31. 12. 1934	9,4	9,0	8,0	8,0	8,0	8,0	8,0	8,0
1. 1. 1935 bis 20. 6. 1948	9,6	9,2	8,1	8,2	8,1	8,1	8,1	8,1
Nachkriegsbauten								
nach dem 20. 6. 1948	9,4	9,2	9,0	9,0	8,9	8,9	8,9	8,9

B. bei Holzfachwerkbauten mit Ziegelsteinausmauerung, Gebäuden aus großformatigen Bimsbetonplatten oder ähnlichen Platten sowie bei anderen eingeschossigen massiven Gebäuden in leichter Bauausführung

Altbauten								
vor 1908	7,3	7,0	6,3	6,5	6,5	6,5	6,5	6,5
1908 bis 1915	7,6	7,2	6,5	6,7	6,7	6,7	6,7	6,7
1916 bis 31. 3. 1924	8,2	7,8	7,0	7,2	7,1	7,1	7,1	7,1
Neubauten								
1. 4. 1924 bis 31. 12. 1934	8,8	8,4	7,5	7,6	7,6	7,6	7,6	7,6
1. 1. 1935 bis 20. 6. 1948	9,2	8,8	7,8	7,9	7,8	7,8	7,8	7,8
Nachkriegsbauten								
nach dem 20. 6. 1948	9,1	9,0	8,7	8,8	8,7	8,7	8,7	8,7

C. bei Holzfachwerkbauten mit Lehmausfachung und besonders haltbaren Holzbauten mit massiven Fundamenten

Altbauten								
vor dem 1. 4. 1924	6,6	6,3	5,7	6,0	6,1	6,1	6,1	6,1
Neubauten								
1. 4. 1924 bis 31. 12. 1934	7,5	7,2	6,5	6,7	6,8	6,8	6,8	6,8
1. 1. 1935 bis 20. 6. 1948	8,4	8,0	7,2	7,3	7,3	7,3	7,3	7,3
Nachkriegsbauten								
nach dem 20. 6. 1948	8,7	8,6	8,3	8,4	8,3	8,3	8,4	8,4

Anlage 7

Einfamilienhäuser

Vervielfältiger

A. bei Massivbauten mit Mauerwerk aus Ziegelsteinen, Natursteinen, Kalksandsteinen, Schwemmsteinen oder ähnlichen Steinen sowie bei Stahl- und Stahlbetonskelettbauten außer bei solchen Bauten, die unter B fallen

	Gemeindegrößenklassen							
	bis 2 000	über 2 000 bis 5 000	über 5 000 bis 10 000	über 10 000 bis 50 000	über 50 000 bis 100 000	über 100 000 bis 200 000	über 200 000 bis 500 000	über 500 000 Einwohner
Altbauten								
vor 1895	9,5	9,0	7,7	7,4	7,8	7,8	7,8	7,8
1895 bis 1899	9,8	9,3	7,9	7,6	8,0	8,0	8,0	8,0
1900 bis 1904	10,3	9,8	8,3	7,9	8,2	8,2	8,2	8,2
1905 bis 1915	11,0	10,4	8,7	8,4	8,6	8,6	8,6	8,6
1916 bis 31. 3. 1924	11,6	11,0	9,1	8,8	8,9	8,9	8,9	8,9
Neubauten								
1. 4. 1924 bis 31. 12. 1934	13,1	12,4	10,6	10,2	10,2	10,2	10,2	10,2
1. 1. 1935 bis 20. 6. 1948	13,5	12,9	10,9	10,5	10,4	10,4	10,4	10,4
Nachkriegsbauten								
nach dem 20. 6. 1948	13,0	12,4	12,0	11,8	11,8	11,8	11,8	11,9

B. bei Holzfachwerkbauten mit Ziegelsteinausmauerung, Gebäuden aus großformatigen Bimsbetonplatten oder ähnlichen Platten sowie bei anderen eingeschossigen massiven Gebäuden in leichter Bauausführung

Altbauten								
vor 1908	8,7	8,3	7,1	6,8	7,3	7,3	7,3	7,3
1908 bis 1915	9,1	8,7	7,4	7,1	7,6	7,6	7,6	7,6
1916 bis 31. 3. 1924	10,2	9,6	8,1	7,8	8,1	8,1	8,1	8,1
Neubauten								
1. 4. 1924 bis 31. 12. 1934	11,9	11,3	9,7	9,4	9,4	9,4	9,4	9,4
1. 1. 1935 bis 20. 6. 1948	12,7	12,1	10,3	9,9	9,9	9,9	9,9	9,9
Nachkriegsbauten								
nach dem 20. 6. 1948	12,5	11,9	11,5	11,4	11,4	11,4	11,4	11,5

C. bei Holzfachwerkbauten mit Lehmausfachung und besonders haltbaren Holzbauten mit massiven Fundamenten

Altbauten								
vor dem 1. 4. 1924	7,7	7,3	6,3	6,1	6,7	6,7	6,7	6,7
Neubauten								
1. 4. 1924 bis 31. 12. 1934	9,6	9,1	8,0	7,7	8,0	8,0	8,0	8,0
1. 1. 1935 bis 20. 6. 1948	11,1	10,6	9,2	8,9	9,0	9,0	9,0	9,0
Nachkriegsbauten								
nach dem 20. 6. 1948	11,5	10,9	10,6	10,6	10,6	10,6	10,6	10,8

Anlage 8

Zweifamilienhäuser
Vervielfältiger

A. bei Massivbauten mit Mauerwerk aus Ziegelsteinen, Natursteinen, Kalksandsteinen, Schwemmsteinen oder ähnlichen Steinen sowie bei Stahl- und Stahlbetonskelettbauten außer bei solchen Bauten, die unter B fallen

	Gemeindegrößenklassen							
	bis 2 000	über 2 000 bis 5 000	über 5 000 bis 10 000	über 10 000 bis 50 000	über 50 000 bis 100 000	über 100 000 bis 200 000	über 200 000 bis 500 000	über 500 000 Einwohner
Altbauten								
vor 1895	8,6	8,1	6,9	6,7	7,0	6,8	6,8	6,8
1895 bis 1899	8,8	8,4	7,1	6,9	7,1	7,0	7,0	7,0
1900 bis 1904	9,3	8,8	7,4	7,1	7,4	7,2	7,2	7,2
1905 bis 1915	9,8	9,3	7,8	7,5	7,7	7,5	7,5	7,5
1916 bis 31. 3. 1924	10,3	9,7	8,2	7,8	8,0	7,8	7,8	7,8
Neubauten								
1. 4. 1924 bis 31. 12. 1934	11,6	11,0	9,5	9,1	9,0	9,0	9,0	9,0
1. 1. 1935 bis 20. 6. 1948	11,9	11,3	9,7	9,3	9,2	9,2	9,2	9,2
Nachkriegsbauten								
nach dem 20. 6. 1948	11,4	11,0	10,6	10,5	10,5	10,5	10,5	10,5

B. bei Holzfachwerkbauten mit Ziegelsteinausmauerung, Gebäuden aus großformatigen Bimsbetonplatten oder ähnlichen Platten sowie bei anderen eingeschossigen massiven Gebäuden in leichter Bauausführung

Altbauten								
vor 1908	7,9	7,5	6,4	6,2	6,6	6,5	6,5	6,5
1908 bis 1915	8,3	7,8	6,7	6,4	6,8	6,7	6,7	6,7
1916 bis 31. 3. 1924	9,1	8,6	7,3	7,0	7,3	7,1	7,1	7,1
Neubauten								
1. 4. 1924 bis 31. 12. 1934	10,6	10,1	8,7	8,4	8,5	8,5	8,5	8,5
1. 1. 1935 bis 20. 6. 1948	11,2	10,7	9,2	8,9	8,8	8,8	8,8	8,8
Nachkriegsbauten								
nach dem 20. 6. 1948	11,0	10,6	10,2	10,1	10,1	10,1	10,1	10,2

C. bei Holzfachwerkbauten mit Lehmausfachung und besonders haltbaren Holzbauten mit massiven Fundamenten

Altbauten								
vor dem 1. 4. 1924	7,0	6,7	5,8	5,6	6,1	6,0	6,0	6,0
Neubauten								
1. 4. 1924 bis 31. 12. 1934	8,7	8,3	7,3	7,0	7,3	7,3	7,3	7,3
1. 1. 1935 bis 20. 6. 1948	10,0	9,5	8,3	8,0	8,1	8,1	8,1	8,1
Nachkriegsbauten								
nach dem 20. 6. 1948	10,2	9,8	9,5	9,5	9,5	9,5	9,5	9,7

Anlage 9[1] (weggefallen)

Anlage 9a[2] (zu § 13)

Kapitalwert einer wiederkehrenden, zeitlich beschränkten Nutzung oder Leistung im Jahresbetrag von einem Euro

Der Kapitalwert ist unter Berücksichtigung von Zwischenzinsen und Zinseszinsen mit 5,5 Prozent errechnet worden. Er ist der Mittelwert zwischen dem Kapitalwert für jährlich vorschüssige und jährlich nachschüssige Zahlungsweise.

Laufzeit in Jahren	Kapitalwert	Laufzeit in Jahren	Kapitalwert	Laufzeit in Jahren	Kapitalwert
1	0,974	26	14,038	51	17,464
2	1,897	27	14,280	52	17,528
3	2,772	28	14,510	53	17,588
4	3,602	29	14,727	54	17,645
5	4,388	30	14,933	55	17,699
6	5,133	31	15,129	56	17,750
7	5,839	32	15,314	57	17,799
8	6,509	33	15,490	58	17,845
9	7,143	34	15,656	59	17,888
10	7,745	35	15,814	60	17,930
11	8,315	36	15,963	61	17,969
12	8,856	37	16,105	62	18,006
13	9,368	38	16,239	63	18,041
14	9,853	39	16,367	64	18,075
15	10,314	40	16,487	65	18,106
16	10,750	41	16,602	66	18,136
17	11,163	42	16,710	67	18,165
18	11,555	43	16,813	68	18,192
19	11,927	44	16,910	69	18,217
20	12,279	45	17,003	70	18,242
21	12,613	46	17,090	71	18,264
22	12,929	47	17,173	72	18,286
23	13,229	48	17,252	73	18,307
24	13,513	49	17,326	74	18,326
25	13,783	50	17,397	75	18,345

1) **Anm. d. Red.:** Anlage 9 weggefallen gem. Art. 2 Nr. 16 ErbStRG v. 24. 12. 2008 (BGBl I 3018).

2) **Anm. d. Red.:** Anlage 9a i. d. F. des Art. 18 Nr. 10 JStG 2007 v. 13. 12. 2006 (BGBl I 2878).

Laufzeit in Jahren	Kapitalwert	Laufzeit in Jahren	Kapitalwert	Laufzeit in Jahren	Kapitalwert
76	18,362	86	18,495	96	18,572
77	18,379	87	18,505	97	18,578
78	18,395	88	18,514	98	18,583
79	18,410	89	18,523	99	18,589
80	18,424	90	18,531	100	18,593
81	18,437	91	18,539	101	18,598
82	18,450	92	18,546	mehr als 101	18,600
83	18,462	93	18,553		
84	18,474	94	18,560		
85	18,485	95	18,566		

Anlagen 10 bis 13[1)] (gegenstandslos)

1) **Anm. d. Red.:** Anlagen 10 bis 13 gegenstandslos durch Aufhebung des auf diese Anlagen verweisenden § 104 gem. Art. 2 Nr. 7 ErbStRG v. 24. 12. 2008 (BGBl I 3018).

Anlage 14[1] (zu § 163 Abs. 3, § 164 Abs. 2 und 4)

Landwirtschaftliche Nutzung

1	2	3	4	5	6
Region Land/ Reg.bezirk	Nutzungsart Betriebsform	Betriebsgröße	Rein-gewinn EUR/ ha LF	Pacht-preis EUR/ ha LF	Wert für das Besatz-kapital EUR/ ha LF
Schleswig-Holstein	Ackerbau	Kleinbetriebe 0 bis unter 40 EGE	–428	240	129
		Mittelbetriebe 40 bis 100 EGE	–19	286	90
		Großbetriebe über 100 EGE	124	338	78
	Milchvieh	Kleinbetriebe 0 bis unter 40 EGE	–572	161	241
		Mittelbetriebe 40 bis 100 EGE	–98	201	238
		Großbetriebe über 100 EGE	143	235	203
	Sonstiger Futterbau	Kleinbetriebe 0 bis unter 40 EGE	–535	122	160
		Mittelbetriebe 40 bis 100 EGE	–143	162	142
		Großbetriebe über 100 EGE	73	250	152
	Veredlung	Kleinbetriebe 0 bis unter 40 EGE	–917	338	343
		Mittelbetriebe 40 bis 100 EGE	–124	388	358
		Großbetriebe über 100 EGE	224	389	313
	Pflanzenbau-Verbund	Kleinbetriebe 0 bis unter 40 EGE	–586	201	161
		Mittelbetriebe 40 bis 100 EGE	–169	245	150
		Großbetriebe über 100 EGE	77	301	148
	Vieh-Verbund	Kleinbetriebe 0 bis unter 40 EGE	–833	214	188
		Mittelbetriebe 40 bis 100 EGE	–253	263	222
		Großbetriebe über 100 EGE	66	348	238
	Pflanzen- und Viehverbund	Kleinbetriebe 0 bis unter 40 EGE	–648	202	169
		Mittelbetriebe 40 bis 100 EGE	–136	243	172
		Großbetriebe über 100 EGE	68	302	153
Braunschweig	Ackerbau	Kleinbetriebe 0 bis unter 40 EGE	–456	226	121
		Mittelbetriebe 40 bis 100 EGE	–20	270	84
		Großbetriebe über 100 EGE	116	318	72
	Milchvieh	Kleinbetriebe 0 bis unter 40 EGE	–564	164	244
		Mittelbetriebe 40 bis 100 EGE	–96	203	241
		Großbetriebe über 100 EGE	144	238	205
	Sonstiger Futterbau	Kleinbetriebe 0 bis unter 40 EGE	–532	122	161
		Mittelbetriebe 40 bis 100 EGE	–143	162	143
		Großbetriebe über 100 EGE	73	250	152
	Veredlung	Kleinbetriebe 0 bis unter 40 EGE	–1 001	312	315
		Mittelbetriebe 40 bis 100 EGE	–136	354	326
		Großbetriebe über 100 EGE	206	359	287

1) **Anm. d. Red.:** Anlage 14 eingefügt gem. Art. 2 Nr. 17 ErbStRG v. 24. 12. 2008 (BGBl I 3018).

1	2	3	4	5	6
Region Land/ Reg.bezirk	Nutzungsart Betriebsform	Betriebsgröße	Rein-gewinn EUR/ ha LF	Pacht-preis EUR/ ha LF	Wert für das Besatz-kapital EUR/ ha LF
	Pflanzenbau-Verbund	Kleinbetriebe 0 bis unter 40 EGE	–617	190	153
		Mittelbetriebe 40 bis 100 EGE	–176	234	144
		Großbetriebe über 100 EGE	74	288	141
	Vieh-Verbund	Kleinbetriebe 0 bis unter 40 EGE	–868	205	180
		Mittelbetriebe 40 bis 100 EGE	–268	249	209
		Großbetriebe über 100 EGE	62	330	224
	Pflanzen- und Viehverbund	Kleinbetriebe 0 bis unter 40 EGE	–687	190	160
		Mittelbetriebe 40 bis 100 EGE	–146	227	160
		Großbetriebe über 100 EGE	64	281	142
Hannover	Ackerbau	Kleinbetriebe 0 bis unter 40 EGE	–461	224	119
		Mittelbetriebe 40 bis 100 EGE	–21	268	83
		Großbetriebe über 100 EGE	114	315	71
	Milchvieh	Kleinbetriebe 0 bis unter 40 EGE	–565	163	244
		Mittelbetriebe 40 bis 100 EGE	–97	203	240
		Großbetriebe über 100 EGE	144	237	205
	Sonstiger Futterbau	Kleinbetriebe 0 bis unter 40 EGE	–534	122	160
		Mittelbetriebe 40 bis 100 EGE	–143	161	142
		Großbetriebe über 100 EGE	73	249	152
	Veredlung	Kleinbetriebe 0 bis unter 40 EGE	–1 006	310	313
		Mittelbetriebe 40 bis 100 EGE	–137	352	325
		Großbetriebe über 100 EGE	205	357	286
	Pflanzenbau-Verbund	Kleinbetriebe 0 bis unter 40 EGE	–622	189	152
		Mittelbetriebe 40 bis 100 EGE	–178	234	143
		Großbetriebe über 100 EGE	73	286	140
	Vieh-Verbund	Kleinbetriebe 0 bis unter 40 EGE	–872	204	179
		Mittelbetriebe 40 bis 100 EGE	–269	248	208
		Großbetriebe über 100 EGE	62	328	223
	Pflanzen- und Viehverbund	Kleinbetriebe 0 bis unter 40 EGE	–691	189	159
		Mittelbetriebe 40 bis 100 EGE	–147	226	159
		Großbetriebe über 100 EGE	63	279	141
Lüneburg	Ackerbau	Kleinbetriebe 0 bis unter 40 EGE	–478	216	115
		Mittelbetriebe 40 bis 100 EGE	–21	258	80
		Großbetriebe über 100 EGE	110	304	69
	Milchvieh	Kleinbetriebe 0 bis unter 40 EGE	–578	160	238
		Mittelbetriebe 40 bis 100 EGE	–99	198	234
		Großbetriebe über 100 EGE	140	231	199
	Sonstiger Futterbau	Kleinbetriebe 0 bis unter 40 EGE	–536	121	160
		Mittelbetriebe 40 bis 100 EGE	–145	160	141
		Großbetriebe über 100 EGE	72	245	150

1	2	3	4	5	6
Region Land/ Reg.bezirk	Nutzungsart Betriebsform	Betriebsgröße	Rein-gewinn EUR/ ha LF	Pacht-preis EUR/ ha LF	Wert für das Besatz-kapital EUR/ ha LF
	Veredlung	Kleinbetriebe 0 bis unter 40 EGE	–1 011	309	311
		Mittelbetriebe 40 bis 100 EGE	–138	350	323
		Großbetriebe über 100 EGE	204	355	284
	Pflanzenbau-Verbund	Kleinbetriebe 0 bis unter 40 EGE	–632	186	149
		Mittelbetriebe 40 bis 100 EGE	–181	230	140
		Großbetriebe über 100 EGE	72	281	138
	Vieh-Verbund	Kleinbetriebe 0 bis unter 40 EGE	–880	202	178
		Mittelbetriebe 40 bis 100 EGE	–272	246	206
		Großbetriebe über 100 EGE	61	325	221
	Pflanzen- und Viehverbund	Kleinbetriebe 0 bis unter 40 EGE	–699	187	157
		Mittelbetriebe 40 bis 100 EGE	–149	222	156
		Großbetriebe über 100 EGE	62	275	139
Weser-Ems	Ackerbau	Kleinbetriebe 0 bis unter 40 EGE	–476	217	116
		Mittelbetriebe 40 bis 100 EGE	–21	261	81
		Großbetriebe über 100 EGE	113	315	71
	Milchvieh	Kleinbetriebe 0 bis unter 40 EGE	–577	160	239
		Mittelbetriebe 40 bis 100 EGE	–99	198	235
		Großbetriebe über 100 EGE	140	232	200
	Sonstiger Futterbau	Kleinbetriebe 0 bis unter 40 EGE	–540	120	158
		Mittelbetriebe 40 bis 100 EGE	–145	159	140
		Großbetriebe über 100 EGE	72	245	149
	Veredlung	Kleinbetriebe 0 bis unter 40 EGE	–966	323	326
		Mittelbetriebe 40 bis 100 EGE	–131	367	339
		Großbetriebe über 100 EGE	213	372	298
	Pflanzenbau-Verbund	Kleinbetriebe 0 bis unter 40 EGE	–622	190	152
		Mittelbetriebe 40 bis 100 EGE	–178	233	143
		Großbetriebe über 100 EGE	74	288	142
	Vieh-Verbund	Kleinbetriebe 0 bis unter 40 EGE	–862	207	181
		Mittelbetriebe 40 bis 100 EGE	–264	253	213
		Großbetriebe über 100 EGE	63	335	228
	Pflanzen- und Viehverbund	Kleinbetriebe 0 bis unter 40 EGE	–684	192	160
		Mittelbetriebe 40 bis 100 EGE	–144	230	162
		Großbetriebe über 100 EGE	64	286	144
Düsseldorf	Ackerbau	Kleinbetriebe 0 bis unter 40 EGE	–443	233	124
		Mittelbetriebe 40 bis 100 EGE	–20	281	87
		Großbetriebe über 100 EGE	123	338	77
	Milchvieh	Kleinbetriebe 0 bis unter 40 EGE	–548	169	251
		Mittelbetriebe 40 bis 100 EGE	–94	209	247
		Großbetriebe über 100 EGE	147	244	210

1	2	3	4	5	6
Region Land/ Reg.bezirk	Nutzungsart Betriebsform	Betriebsgröße	Rein-gewinn EUR/ ha LF	Pacht-preis EUR/ ha LF	Wert für das Besatz-kapital EUR/ ha LF
	Sonstiger Futterbau	Kleinbetriebe 0 bis unter 40 EGE	–492	132	174
		Mittelbetriebe 40 bis 100 EGE	–131	176	155
		Großbetriebe über 100 EGE	79	268	165
	Veredlung	Kleinbetriebe 0 bis unter 40 EGE	–964	323	327
		Mittelbetriebe 40 bis 100 EGE	–131	368	340
		Großbetriebe über 100 EGE	214	373	299
	Pflanzenbau-Verbund	Kleinbetriebe 0 bis unter 40 EGE	–593	198	159
		Mittelbetriebe 40 bis 100 EGE	–171	242	148
		Großbetriebe über 100 EGE	77	301	149
	Vieh-Verbund	Kleinbetriebe 0 bis unter 40 EGE	–824	215	190
		Mittelbetriebe 40 bis 100 EGE	–256	261	219
		Großbetriebe über 100 EGE	65	345	235
	Pflanzen- und Viehverbund	Kleinbetriebe 0 bis unter 40 EGE	–658	199	167
		Mittelbetriebe 40 bis 100 EGE	–140	237	167
		Großbetriebe über 100 EGE	66	294	149
Köln	Ackerbau	Kleinbetriebe 0 bis unter 40 EGE	–432	239	127
		Mittelbetriebe 40 bis 100 EGE	–19	288	90
		Großbetriebe über 100 EGE	127	348	80
	Milchvieh	Kleinbetriebe 0 bis unter 40 EGE	–566	163	243
		Mittelbetriebe 40 bis 100 EGE	–97	202	239
		Großbetriebe über 100 EGE	142	235	203
	Sonstiger Futterbau	Kleinbetriebe 0 bis unter 40 EGE	–493	132	174
		Mittelbetriebe 40 bis 100 EGE	–132	174	154
		Großbetriebe über 100 EGE	78	264	163
	Veredlung	Kleinbetriebe 0 bis unter 40 EGE	–962	324	327
		Mittelbetriebe 40 bis 100 EGE	–131	369	340
		Großbetriebe über 100 EGE	215	374	300
	Pflanzenbau-Verbund	Kleinbetriebe 0 bis unter 40 EGE	–586	200	161
		Mittelbetriebe 40 bis 100 EGE	–169	244	150
		Großbetriebe über 100 EGE	79	305	151
	Vieh-Verbund	Kleinbetriebe 0 bis unter 40 EGE	–829	214	189
		Mittelbetriebe 40 bis 100 EGE	–257	259	218
		Großbetriebe über 100 EGE	65	343	234
	Pflanzen- und Viehverbund	Kleinbetriebe 0 bis unter 40 EGE	–655	200	167
		Mittelbetriebe 40 bis 100 EGE	–139	238	168
		Großbetriebe über 100 EGE	67	296	149
Münster	Ackerbau	Kleinbetriebe 0 bis unter 40 EGE	–460	223	120
		Mittelbetriebe 40 bis 100 EGE	–21	264	83
		Großbetriebe über 100 EGE	113	309	70

1	2	3	4	5	6
Region Land/ Reg.bezirk	Nutzungsart Betriebsform	Betriebsgröße	Rein-gewinn EUR/ ha LF	Pacht-preis EUR/ ha LF	Wert für das Besatz-kapital EUR/ ha LF
	Milchvieh	Kleinbetriebe 0 bis unter 40 EGE	–554	167	249
		Mittelbetriebe 40 bis 100 EGE	–95	206	244
		Großbetriebe über 100 EGE	145	240	207
	Sonstiger Futterbau	Kleinbetriebe 0 bis unter 40 EGE	–493	132	174
		Mittelbetriebe 40 bis 100 EGE	–132	174	154
		Großbetriebe über 100 EGE	79	265	163
	Veredlung	Kleinbetriebe 0 bis unter 40 EGE	–1 014	308	310
		Mittelbetriebe 40 bis 100 EGE	–138	349	322
		Großbetriebe über 100 EGE	203	354	284
	Pflanzenbau-Verbund	Kleinbetriebe 0 bis unter 40 EGE	–613	191	154
		Mittelbetriebe 40 bis 100 EGE	–177	234	143
		Großbetriebe über 100 EGE	73	285	139
	Vieh-Verbund	Kleinbetriebe 0 bis unter 40 EGE	–848	208	184
		Mittelbetriebe 40 bis 100 EGE	–266	251	211
		Großbetriebe über 100 EGE	62	332	226
	Pflanzen- und Viehverbund	Kleinbetriebe 0 bis unter 40 EGE	–680	192	161
		Mittelbetriebe 40 bis 100 EGE	–147	225	159
		Großbetriebe über 100 EGE	63	278	141
Detmold	Ackerbau	Kleinbetriebe 0 bis unter 40 EGE	–450	229	122
		Mittelbetriebe 40 bis 100 EGE	–20	274	85
		Großbetriebe über 100 EGE	117	321	73
	Milchvieh	Kleinbetriebe 0 bis unter 40 EGE	–552	167	250
		Mittelbetriebe 40 bis 100 EGE	–95	207	245
		Großbetriebe über 100 EGE	146	241	208
	Sonstiger Futterbau	Kleinbetriebe 0 bis unter 40 EGE	–493	132	174
		Mittelbetriebe 40 bis 100 EGE	–132	174	154
		Großbetriebe über 100 EGE	79	265	164
	Veredlung	Kleinbetriebe 0 bis unter 40 EGE	–1 014	308	311
		Mittelbetriebe 40 bis 100 EGE	–138	349	322
		Großbetriebe über 100 EGE	204	355	284
	Pflanzenbau-Verbund	Kleinbetriebe 0 bis unter 40 EGE	–607	192	155
		Mittelbetriebe 40 bis 100 EGE	–175	237	145
		Großbetriebe über 100 EGE	74	290	142
	Vieh-Verbund	Kleinbetriebe 0 bis unter 40 EGE	–847	209	185
		Mittelbetriebe 40 bis 100 EGE	–265	252	211
		Großbetriebe über 100 EGE	62	333	226
	Pflanzen- und Viehverbund	Kleinbetriebe 0 bis unter 40 EGE	–677	193	162
		Mittelbetriebe 40 bis 100 EGE	–146	227	160
		Großbetriebe über 100 EGE	64	281	143

1	2	3	4	5	6
Region Land/ Reg.bezirk	Nutzungsart Betriebsform	Betriebsgröße	Reingewinn EUR/ ha LF	Pachtpreis EUR/ ha LF	Wert für das Besatzkapital EUR/ ha LF
Arnsberg	Ackerbau	Kleinbetriebe 0 bis unter 40 EGE	–439	235	126
		Mittelbetriebe 40 bis 100 EGE	–20	282	88
		Großbetriebe über 100 EGE	121	332	76
	Milchvieh	Kleinbetriebe 0 bis unter 40 EGE	–564	164	244
		Mittelbetriebe 40 bis 100 EGE	–97	202	240
		Großbetriebe über 100 EGE	143	235	204
	Sonstiger Futterbau	Kleinbetriebe 0 bis unter 40 EGE	–493	132	174
		Mittelbetriebe 40 bis 100 EGE	–132	174	154
		Großbetriebe über 100 EGE	78	263	163
	Veredlung	Kleinbetriebe 0 bis unter 40 EGE	–1 013	308	311
		Mittelbetriebe 40 bis 100 EGE	–138	349	322
		Großbetriebe über 100 EGE	204	355	284
	Pflanzenbau-Verbund	Kleinbetriebe 0 bis unter 40 EGE	–601	194	157
		Mittelbetriebe 40 bis 100 EGE	–173	239	147
		Großbetriebe über 100 EGE	75	294	144
	Vieh-Verbund	Kleinbetriebe 0 bis unter 40 EGE	–850	208	184
		Mittelbetriebe 40 bis 100 EGE	–266	251	210
		Großbetriebe über 100 EGE	62	331	226
	Pflanzen- und Viehverbund	Kleinbetriebe 0 bis unter 40 EGE	–674	194	163
		Mittelbetriebe 40 bis 100 EGE	–145	228	161
		Großbetriebe über 100 EGE	64	283	143
Darmstadt	Ackerbau	Kleinbetriebe 0 bis unter 40 EGE	–485	215	114
		Mittelbetriebe 40 bis 100 EGE	–21	261	80
		Großbetriebe über 100 EGE	113	318	71
	Milchvieh	Kleinbetriebe 0 bis unter 40 EGE	–607	152	227
		Mittelbetriebe 40 bis 100 EGE	–105	187	222
		Großbetriebe über 100 EGE	132	218	188
	Sonstiger Futterbau	Kleinbetriebe 0 bis unter 40 EGE	–537	121	159
		Mittelbetriebe 40 bis 100 EGE	–146	158	139
		Großbetriebe über 100 EGE	71	242	148
	Veredlung	Kleinbetriebe 0 bis unter 40 EGE	–926	336	340
		Mittelbetriebe 40 bis 100 EGE	–125	385	355
		Großbetriebe über 100 EGE	223	387	310
	Pflanzenbau-Verbund	Kleinbetriebe 0 bis unter 40 EGE	–617	193	153
		Mittelbetriebe 40 bis 100 EGE	–177	236	144
		Großbetriebe über 100 EGE	75	292	144
	Vieh-Verbund	Kleinbetriebe 0 bis unter 40 EGE	–850	210	184
		Mittelbetriebe 40 bis 100 EGE	–257	258	218
		Großbetriebe über 100 EGE	64	342	233

BewG

1	2	3	4	5	6
Region Land/ Reg.bezirk	Nutzungsart Betriebsform	Betriebsgröße	Rein-gewinn EUR/ ha LF	Pacht-preis EUR/ ha LF	Wert für das Besatz-kapital EUR/ ha LF
	Pflanzen- und Viehverbund	Kleinbetriebe 0 bis unter 40 EGE	–672	196	163
		Mittelbetriebe 40 bis 100 EGE	–141	236	166
		Großbetriebe über 100 EGE	65	293	146
Gießen	Ackerbau	Kleinbetriebe 0 bis unter 40 EGE	–492	212	112
		Mittelbetriebe 40 bis 100 EGE	–22	256	78
		Großbetriebe über 100 EGE	106	301	66
	Milchvieh	Kleinbetriebe 0 bis unter 40 EGE	–591	156	233
		Mittelbetriebe 40 bis 100 EGE	–102	193	228
		Großbetriebe über 100 EGE	136	225	194
	Sonstiger Futterbau	Kleinbetriebe 0 bis unter 40 EGE	–535	122	160
		Mittelbetriebe 40 bis 100 EGE	–145	159	141
		Großbetriebe über 100 EGE	72	245	150
	Veredlung	Kleinbetriebe 0 bis unter 40 EGE	–929	335	339
		Mittelbetriebe 40 bis 100 EGE	–125	384	354
		Großbetriebe über 100 EGE	221	384	309
	Pflanzenbau-Verbund	Kleinbetriebe 0 bis unter 40 EGE	–624	191	151
		Mittelbetriebe 40 bis 100 EGE	–179	234	142
		Großbetriebe über 100 EGE	72	286	138
	Vieh-Verbund	Kleinbetriebe 0 bis unter 40 EGE	–846	211	185
		Mittelbetriebe 40 bis 100 EGE	–256	260	219
		Großbetriebe über 100 EGE	64	343	234
	Pflanzen- und Viehverbund	Kleinbetriebe 0 bis unter 40 EGE	–673	196	163
		Mittelbetriebe 40 bis 100 EGE	–142	235	165
		Großbetriebe über 100 EGE	65	290	145
Kassel	Ackerbau	Kleinbetriebe 0 bis unter 40 EGE	–488	213	113
		Mittelbetriebe 40 bis 100 EGE	–22	256	79
		Großbetriebe über 100 EGE	108	304	67
	Milchvieh	Kleinbetriebe 0 bis unter 40 EGE	–584	158	236
		Mittelbetriebe 40 bis 100 EGE	–100	195	231
		Großbetriebe über 100 EGE	138	228	197
	Sonstiger Futterbau	Kleinbetriebe 0 bis unter 40 EGE	–534	122	160
		Mittelbetriebe 40 bis 100 EGE	–144	160	141
		Großbetriebe über 100 EGE	72	247	151
	Veredlung	Kleinbetriebe 0 bis unter 40 EGE	–928	335	339
		Mittelbetriebe 40 bis 100 EGE	–125	385	355
		Großbetriebe über 100 EGE	222	385	309
	Pflanzenbau-Verbund	Kleinbetriebe 0 bis unter 40 EGE	–621	192	152
		Mittelbetriebe 40 bis 100 EGE	–178	235	142
		Großbetriebe über 100 EGE	73	287	139

1	2	3	4	5	6
Region Land/ Reg.bezirk	Nutzungsart Betriebsform	Betriebsgröße	Rein-gewinn EUR/ ha LF	Pacht-preis EUR/ ha LF	Wert für das Besatz-kapital EUR/ ha LF
	Vieh-Verbund	Kleinbetriebe 0 bis unter 40 EGE	–843	212	185
		Mittelbetriebe 40 bis 100 EGE	–255	260	219
		Großbetriebe über 100 EGE	65	344	235
	Pflanzen- und Viehverbund	Kleinbetriebe 0 bis unter 40 EGE	–671	196	163
		Mittelbetriebe 40 bis 100 EGE	–141	236	165
		Großbetriebe über 100 EGE	65	291	146
Rheinland-Pfalz	Ackerbau	Kleinbetriebe 0 bis unter 40 EGE	–501	208	110
		Mittelbetriebe 40 bis 100 EGE	–22	253	77
		Großbetriebe über 100 EGE	109	306	68
	Milchvieh	Kleinbetriebe 0 bis unter 40 EGE	–588	157	234
		Mittelbetriebe 40 bis 100 EGE	–101	194	229
		Großbetriebe über 100 EGE	136	226	195
	Sonstiger Futterbau	Kleinbetriebe 0 bis unter 40 EGE	–535	122	160
		Mittelbetriebe 40 bis 100 EGE	–145	159	141
		Großbetriebe über 100 EGE	72	244	149
	Veredlung	Kleinbetriebe 0 bis unter 40 EGE	–1 003	311	314
		Mittelbetriebe 40 bis 100 EGE	–136	356	328
		Großbetriebe über 100 EGE	206	357	287
	Pflanzenbau-Verbund	Kleinbetriebe 0 bis unter 40 EGE	–641	185	147
		Mittelbetriebe 40 bis 100 EGE	–182	229	139
		Großbetriebe über 100 EGE	72	282	138
	Vieh-Verbund	Kleinbetriebe 0 bis unter 40 EGE	–879	203	178
		Mittelbetriebe 40 bis 100 EGE	–269	247	208
		Großbetriebe über 100 EGE	61	326	222
	Pflanzen- und Viehverbund	Kleinbetriebe 0 bis unter 40 EGE	–703	187	156
		Mittelbetriebe 40 bis 100 EGE	–148	224	157
		Großbetriebe über 100 EGE	62	277	139
Stuttgart	Ackerbau	Kleinbetriebe 0 bis unter 40 EGE	–481	216	115
		Mittelbetriebe 40 bis 100 EGE	–21	261	80
		Großbetriebe über 100 EGE	107	302	67
	Milchvieh	Kleinbetriebe 0 bis unter 40 EGE	–567	163	243
		Mittelbetriebe 40 bis 100 EGE	–98	201	238
		Großbetriebe über 100 EGE	141	233	202
	Sonstiger Futterbau	Kleinbetriebe 0 bis unter 40 EGE	–501	130	171
		Mittelbetriebe 40 bis 100 EGE	–135	171	151
		Großbetriebe über 100 EGE	77	259	160
	Veredlung	Kleinbetriebe 0 bis unter 40 EGE	–1 017	306	309
		Mittelbetriebe 40 bis 100 EGE	–138	350	323
		Großbetriebe über 100 EGE	203	352	282

1	2	3	4	5	6
Region Land/ Reg.bezirk	Nutzungsart Betriebsform	Betriebsgröße	Rein-gewinn EUR/ ha LF	Pacht-preis EUR/ ha LF	Wert für das Besatz-kapital EUR/ ha LF
	Pflanzenbau-Verbund	Kleinbetriebe 0 bis unter 40 EGE	–628	187	150
		Mittelbetriebe 40 bis 100 EGE	–180	232	141
		Großbetriebe über 100 EGE	71	282	136
	Vieh-Verbund	Kleinbetriebe 0 bis unter 40 EGE	–858	206	182
		Mittelbetriebe 40 bis 100 EGE	–267	250	210
		Großbetriebe über 100 EGE	62	329	224
	Pflanzen- und Viehverbund	Kleinbetriebe 0 bis unter 40 EGE	–690	190	159
		Mittelbetriebe 40 bis 100 EGE	–148	224	158
		Großbetriebe über 100 EGE	62	276	139
Karlsruhe	Ackerbau	Kleinbetriebe 0 bis unter 40 EGE	–500	208	110
		Mittelbetriebe 40 bis 100 EGE	–22	250	77
		Großbetriebe über 100 EGE	103	290	64
	Milchvieh	Kleinbetriebe 0 bis unter 40 EGE	–577	160	239
		Mittelbetriebe 40 bis 100 EGE	–100	197	233
		Großbetriebe über 100 EGE	138	229	197
	Sonstiger Futterbau	Kleinbetriebe 0 bis unter 40 EGE	–503	129	170
		Mittelbetriebe 40 bis 100 EGE	–136	169	150
		Großbetriebe über 100 EGE	76	256	158
	Veredlung	Kleinbetriebe 0 bis unter 40 EGE	–1 020	306	309
		Mittelbetriebe 40 bis 100 EGE	–138	349	322
		Großbetriebe über 100 EGE	202	351	282
	Pflanzenbau-Verbund	Kleinbetriebe 0 bis unter 40 EGE	–638	185	148
		Mittelbetriebe 40 bis 100 EGE	–183	228	138
		Großbetriebe über 100 EGE	69	276	133
	Vieh-Verbund	Kleinbetriebe 0 bis unter 40 EGE	–864	205	181
		Mittelbetriebe 40 bis 100 EGE	–268	248	209
		Großbetriebe über 100 EGE	61	326	222
	Pflanzen- und Viehverbund	Kleinbetriebe 0 bis unter 40 EGE	–697	188	157
		Mittelbetriebe 40 bis 100 EGE	–150	222	156
		Großbetriebe über 100 EGE	61	272	137
Freiburg	Ackerbau	Kleinbetriebe 0 bis unter 40 EGE	–499	208	110
		Mittelbetriebe 40 bis 100 EGE	–22	251	77
		Großbetriebe über 100 EGE	105	295	65
	Milchvieh	Kleinbetriebe 0 bis unter 40 EGE	–586	157	235
		Mittelbetriebe 40 bis 100 EGE	–101	193	229
		Großbetriebe über 100 EGE	136	224	193
	Sonstiger Futterbau	Kleinbetriebe 0 bis unter 40 EGE	–503	129	170
		Mittelbetriebe 40 bis 100 EGE	–136	168	149
		Großbetriebe über 100 EGE	76	255	157

1	2	3	4	5	6
Region Land/ Reg.bezirk	Nutzungsart Betriebsform	Betriebsgröße	Rein-gewinn EUR/ ha LF	Pacht-preis EUR/ ha LF	Wert für das Besatz-kapital EUR/ ha LF
	Veredlung	Kleinbetriebe 0 bis unter 40 EGE	–1 020	306	309
		Mittelbetriebe 40 bis 100 EGE	–138	349	322
		Großbetriebe über 100 EGE	202	351	282
	Pflanzenbau-Verbund	Kleinbetriebe 0 bis unter 40 EGE	–637	185	148
		Mittelbetriebe 40 bis 100 EGE	–183	229	138
		Großbetriebe über 100 EGE	70	278	135
	Vieh-Verbund	Kleinbetriebe 0 bis unter 40 EGE	–867	204	180
		Mittelbetriebe 40 bis 100 EGE	–269	247	208
		Großbetriebe über 100 EGE	61	325	222
	Pflanzen- und Viehverbund	Kleinbetriebe 0 bis unter 40 EGE	–698	188	157
		Mittelbetriebe 40 bis 100 EGE	–150	222	155
		Großbetriebe über 100 EGE	61	273	137
Tübingen	Ackerbau	Kleinbetriebe 0 bis unter 40 EGE	–484	215	114
		Mittelbetriebe 40 bis 100 EGE	–22	258	79
		Großbetriebe über 100 EGE	106	298	66
	Milchvieh	Kleinbetriebe 0 bis unter 40 EGE	–559	165	246
		Mittelbetriebe 40 bis 100 EGE	–96	204	241
		Großbetriebe über 100 EGE	144	237	205
	Sonstiger Futterbau	Kleinbetriebe 0 bis unter 40 EGE	–499	130	172
		Mittelbetriebe 40 bis 100 EGE	–134	172	152
		Großbetriebe über 100 EGE	77	261	161
	Veredlung	Kleinbetriebe 0 bis unter 40 EGE	–1 018	306	309
		Mittelbetriebe 40 bis 100 EGE	–138	350	323
		Großbetriebe über 100 EGE	202	352	282
	Pflanzenbau-Verbund	Kleinbetriebe 0 bis unter 40 EGE	–630	187	150
		Mittelbetriebe 40 bis 100 EGE	–181	232	140
		Großbetriebe über 100 EGE	70	280	135
	Vieh-Verbund	Kleinbetriebe 0 bis unter 40 EGE	–855	207	183
		Mittelbetriebe 40 bis 100 EGE	–266	251	211
		Großbetriebe über 100 EGE	62	330	225
	Pflanzen- und Viehverbund	Kleinbetriebe 0 bis unter 40 EGE	–690	190	159
		Mittelbetriebe 40 bis 100 EGE	–148	224	157
		Großbetriebe über 100 EGE	62	276	139
Oberbayern	Ackerbau	Kleinbetriebe 0 bis unter 40 EGE	–476	220	116
		Mittelbetriebe 40 bis 100 EGE	–21	268	81
		Großbetriebe über 100 EGE	109	312	68
	Milchvieh	Kleinbetriebe 0 bis unter 40 EGE	–556	166	248
		Mittelbetriebe 40 bis 100 EGE	–96	205	243
		Großbetriebe über 100 EGE	144	239	206

1	2	3	4	5	6
Region Land/ Reg.bezirk	Nutzungsart Betriebsform	Betriebsgröße	Rein-gewinn EUR/ ha LF	Pacht-preis EUR/ ha LF	Wert für das Besatz-kapital EUR/ ha LF
	Sonstiger Futterbau	Kleinbetriebe 0 bis unter 40 EGE	–493	132	174
		Mittelbetriebe 40 bis 100 EGE	–132	174	154
		Großbetriebe über 100 EGE	79	266	164
	Veredlung	Kleinbetriebe 0 bis unter 40 EGE	–942	330	334
		Mittelbetriebe 40 bis 100 EGE	–127	379	350
		Großbetriebe über 100 EGE	219	380	305
	Pflanzenbau-Verbund	Kleinbetriebe 0 bis unter 40 EGE	–610	194	155
		Mittelbetriebe 40 bis 100 EGE	–176	240	144
		Großbetriebe über 100 EGE	73	292	140
	Vieh-Verbund	Kleinbetriebe 0 bis unter 40 EGE	–819	217	191
		Mittelbetriebe 40 bis 100 EGE	–251	265	223
		Großbetriebe über 100 EGE	66	349	238
	Pflanzen- und Viehverbund	Kleinbetriebe 0 bis unter 40 EGE	–660	200	166
		Mittelbetriebe 40 bis 100 EGE	–140	238	167
		Großbetriebe über 100 EGE	66	293	147
Niederbayern	Ackerbau	Kleinbetriebe 0 bis unter 40 EGE	–468	224	118
		Mittelbetriebe 40 bis 100 EGE	–21	273	83
		Großbetriebe über 100 EGE	112	320	70
	Milchvieh	Kleinbetriebe 0 bis unter 40 EGE	–564	163	244
		Mittelbetriebe 40 bis 100 EGE	–97	202	239
		Großbetriebe über 100 EGE	142	235	203
	Sonstiger Futterbau	Kleinbetriebe 0 bis unter 40 EGE	–493	132	174
		Mittelbetriebe 40 bis 100 EGE	–132	174	154
		Großbetriebe über 100 EGE	78	265	163
	Veredlung	Kleinbetriebe 0 bis unter 40 EGE	–941	330	334
		Mittelbetriebe 40 bis 100 EGE	–127	380	350
		Großbetriebe über 100 EGE	219	380	305
	Pflanzenbau-Verbund	Kleinbetriebe 0 bis unter 40 EGE	–606	195	156
		Mittelbetriebe 40 bis 100 EGE	–174	241	146
		Großbetriebe über 100 EGE	74	295	142
	Vieh-Verbund	Kleinbetriebe 0 bis unter 40 EGE	–821	216	191
		Mittelbetriebe 40 bis 100 EGE	–252	264	223
		Großbetriebe über 100 EGE	65	348	237
	Pflanzen- und Viehverbund	Kleinbetriebe 0 bis unter 40 EGE	–658	200	167
		Mittelbetriebe 40 bis 100 EGE	–139	239	168
		Großbetriebe über 100 EGE	66	295	148
Oberpfalz	Ackerbau	Kleinbetriebe 0 bis unter 40 EGE	–484	217	114
		Mittelbetriebe 40 bis 100 EGE	–21	265	80
		Großbetriebe über 100 EGE	108	309	67

1	2	3	4	5	6
Region Land/ Reg.bezirk	Nutzungsart Betriebsform	Betriebsgröße	Rein-gewinn EUR/ ha LF	Pacht-preis EUR/ ha LF	Wert für das Besatz-kapital EUR/ ha LF
	Milchvieh	Kleinbetriebe 0 bis unter 40 EGE	–563	164	245
		Mittelbetriebe 40 bis 100 EGE	–97	202	239
		Großbetriebe über 100 EGE	142	235	203
	Sonstiger Futterbau	Kleinbetriebe 0 bis unter 40 EGE	–495	131	173
		Mittelbetriebe 40 bis 100 EGE	–133	173	153
		Großbetriebe über 100 EGE	78	264	163
	Veredlung	Kleinbetriebe 0 bis unter 40 EGE	–944	330	334
		Mittelbetriebe 40 bis 100 EGE	–127	379	349
		Großbetriebe über 100 EGE	218	379	304
	Pflanzenbau-Verbund	Kleinbetriebe 0 bis unter 40 EGE	–615	193	153
		Mittelbetriebe 40 bis 100 EGE	–177	238	143
		Großbetriebe über 100 EGE	73	291	140
	Vieh-Verbund	Kleinbetriebe 0 bis unter 40 EGE	–823	216	190
		Mittelbetriebe 40 bis 100 EGE	–252	264	222
		Großbetriebe über 100 EGE	65	347	237
	Pflanzen- und Viehverbund	Kleinbetriebe 0 bis unter 40 EGE	–664	199	165
		Mittelbetriebe 40 bis 100 EGE	–141	237	166
		Großbetriebe über 100 EGE	65	292	146
Oberfranken	Ackerbau	Kleinbetriebe 0 bis unter 40 EGE	–519	201	106
		Mittelbetriebe 40 bis 100 EGE	–23	242	74
		Großbetriebe über 100 EGE	100	286	63
	Milchvieh	Kleinbetriebe 0 bis unter 40 EGE	–556	166	248
		Mittelbetriebe 40 bis 100 EGE	–96	205	242
		Großbetriebe über 100 EGE	144	238	205
	Sonstiger Futterbau	Kleinbetriebe 0 bis unter 40 EGE	–496	131	172
		Mittelbetriebe 40 bis 100 EGE	–133	173	153
		Großbetriebe über 100 EGE	78	264	162
	Veredlung	Kleinbetriebe 0 bis unter 40 EGE	–947	329	332
		Mittelbetriebe 40 bis 100 EGE	–128	377	348
		Großbetriebe über 100 EGE	217	377	303
	Pflanzenbau-Verbund	Kleinbetriebe 0 bis unter 40 EGE	–631	188	150
		Mittelbetriebe 40 bis 100 EGE	–182	231	139
		Großbetriebe über 100 EGE	70	280	135
	Vieh-Verbund	Kleinbetriebe 0 bis unter 40 EGE	–824	215	190
		Mittelbetriebe 40 bis 100 EGE	–253	263	222
		Großbetriebe über 100 EGE	65	347	236
	Pflanzen- und Viehverbund	Kleinbetriebe 0 bis unter 40 EGE	–674	196	163
		Mittelbetriebe 40 bis 100 EGE	–143	233	163
		Großbetriebe über 100 EGE	64	286	144

1	2	3	4	5	6
Region Land/ Reg.bezirk	Nutzungsart Betriebsform	Betriebsgröße	Rein-gewinn EUR/ ha LF	Pacht-preis EUR/ ha LF	Wert für das Besatz-kapital EUR/ ha LF
Mittelfranken	Ackerbau	Kleinbetriebe 0 bis unter 40 EGE	–507	207	109
		Mittelbetriebe 40 bis 100 EGE	–23	251	76
		Großbetriebe über 100 EGE	101	292	63
	Milchvieh	Kleinbetriebe 0 bis unter 40 EGE	–552	167	250
		Mittelbetriebe 40 bis 100 EGE	–95	207	244
		Großbetriebe über 100 EGE	145	241	207
	Sonstiger Futterbau	Kleinbetriebe 0 bis unter 40 EGE	–495	131	173
		Mittelbetriebe 40 bis 100 EGE	–133	173	153
		Großbetriebe über 100 EGE	78	265	163
	Veredlung	Kleinbetriebe 0 bis unter 40 EGE	–946	329	333
		Mittelbetriebe 40 bis 100 EGE	–128	378	348
		Großbetriebe über 100 EGE	218	378	304
	Pflanzenbau-Verbund	Kleinbetriebe 0 bis unter 40 EGE	–626	190	151
		Mittelbetriebe 40 bis 100 EGE	–180	234	141
		Großbetriebe über 100 EGE	71	283	136
	Vieh-Verbund	Kleinbetriebe 0 bis unter 40 EGE	–822	216	190
		Mittelbetriebe 40 bis 100 EGE	–252	264	222
		Großbetriebe über 100 EGE	65	348	237
	Pflanzen- und Viehverbund	Kleinbetriebe 0 bis unter 40 EGE	–671	197	163
		Mittelbetriebe 40 bis 100 EGE	–142	235	164
		Großbetriebe über 100 EGE	65	288	145
Unterfranken	Ackerbau	Kleinbetriebe 0 bis unter 40 EGE	–488	214	113
		Mittelbetriebe 40 bis 100 EGE	–22	258	79
		Großbetriebe über 100 EGE	105	300	66
	Milchvieh	Kleinbetriebe 0 bis unter 40 EGE	–549	168	251
		Mittelbetriebe 40 bis 100 EGE	–94	208	246
		Großbetriebe über 100 EGE	146	242	209
	Sonstiger Futterbau	Kleinbetriebe 0 bis unter 40 EGE	–494	132	173
		Mittelbetriebe 40 bis 100 EGE	–132	174	154
		Großbetriebe über 100 EGE	79	267	164
	Veredlung	Kleinbetriebe 0 bis unter 40 EGE	–943	330	334
		Mittelbetriebe 40 bis 100 EGE	–127	379	349
		Großbetriebe über 100 EGE	218	379	304
	Pflanzenbau-Verbund	Kleinbetriebe 0 bis unter 40 EGE	–616	192	153
		Mittelbetriebe 40 bis 100 EGE	–178	236	143
		Großbetriebe über 100 EGE	72	287	138
	Vieh-Verbund	Kleinbetriebe 0 bis unter 40 EGE	–818	217	191
		Mittelbetriebe 40 bis 100 EGE	–251	265	223
		Großbetriebe über 100 EGE	66	349	238

1	2	3	4	5	6
Region Land/ Reg.bezirk	Nutzungsart Betriebsform	Betriebsgröße	Rein-gewinn EUR/ ha LF	Pacht-preis EUR/ ha LF	Wert für das Besatz-kapital EUR/ ha LF
	Pflanzen- und Viehverbund	Kleinbetriebe 0 bis unter 40 EGE	–664	198	165
		Mittelbetriebe 40 bis 100 EGE	–141	237	166
		Großbetriebe über 100 EGE	65	291	146
Schwaben	Ackerbau	Kleinbetriebe 0 bis unter 40 EGE	–466	224	118
		Mittelbetriebe 40 bis 100 EGE	–21	273	83
		Großbetriebe über 100 EGE	113	320	71
	Milchvieh	Kleinbetriebe 0 bis unter 40 EGE	–546	169	252
		Mittelbetriebe 40 bis 100 EGE	–94	210	248
		Großbetriebe über 100 EGE	148	244	211
	Sonstiger Futterbau	Kleinbetriebe 0 bis unter 40 EGE	–491	133	174
		Mittelbetriebe 40 bis 100 EGE	–131	176	156
		Großbetriebe über 100 EGE	79	269	165
	Veredlung	Kleinbetriebe 0 bis unter 40 EGE	–941	330	335
		Mittelbetriebe 40 bis 100 EGE	–127	380	350
		Großbetriebe über 100 EGE	219	380	305
	Pflanzenbau-Verbund	Kleinbetriebe 0 bis unter 40 EGE	–604	196	156
		Mittelbetriebe 40 bis 100 EGE	–174	242	146
		Großbetriebe über 100 EGE	74	296	143
	Vieh-Verbund	Kleinbetriebe 0 bis unter 40 EGE	–814	218	192
		Mittelbetriebe 40 bis 100 EGE	–250	266	224
		Großbetriebe über 100 EGE	66	351	239
	Pflanzen- und Viehverbund	Kleinbetriebe 0 bis unter 40 EGE	–656	201	167
		Mittelbetriebe 40 bis 100 EGE	–139	240	168
		Großbetriebe über 100 EGE	67	296	149
Saarland	Ackerbau	Kleinbetriebe 0 bis unter 40 EGE	–531	198	104
		Mittelbetriebe 40 bis 100 EGE	–24	240	73
		Großbetriebe über 100 EGE	98	284	61
	Milchvieh	Kleinbetriebe 0 bis unter 40 EGE	–589	157	234
		Mittelbetriebe 40 bis 100 EGE	–101	193	229
		Großbetriebe über 100 EGE	136	225	194
	Sonstiger Futterbau	Kleinbetriebe 0 bis unter 40 EGE	–538	121	159
		Mittelbetriebe 40 bis 100 EGE	–146	158	139
		Großbetriebe über 100 EGE	71	243	149
	Veredlung	Kleinbetriebe 0 bis unter 40 EGE	–953	327	330
		Mittelbetriebe 40 bis 100 EGE	–129	375	345
		Großbetriebe über 100 EGE	216	375	301
	Pflanzenbau-Verbund	Kleinbetriebe 0 bis unter 40 EGE	–648	185	146
		Mittelbetriebe 40 bis 100 EGE	–185	228	137
		Großbetriebe über 100 EGE	69	277	133

BewG

1	2	3	4	5	6
Region Land/ Reg.bezirk	Nutzungsart Betriebsform	Betriebsgröße	Rein-gewinn EUR/ ha LF	Pacht-preis EUR/ ha LF	Wert für das Besatz-kapital EUR/ ha LF
	Vieh-Verbund	Kleinbetriebe 0 bis unter 40 EGE	–860	208	182
		Mittelbetriebe 40 bis 100 EGE	–261	255	215
		Großbetriebe über 100 EGE	63	337	229
	Pflanzen- und Viehverbund	Kleinbetriebe 0 bis unter 40 EGE	–694	190	158
		Mittelbetriebe 40 bis 100 EGE	–146	229	160
		Großbetriebe über 100 EGE	63	281	141
Brandenburg	Ackerbau	Kleinbetriebe 0 bis unter 40 EGE	–566	88	97
		Mittelbetriebe 40 bis 100 EGE	–25	97	68
		Großbetriebe über 100 EGE	92	126	57
	Milchvieh	Kleinbetriebe 0 bis unter 40 EGE	–605	63	228
		Mittelbetriebe 40 bis 100 EGE	–104	74	223
		Großbetriebe über 100 EGE	133	97	190
	Sonstiger Futterbau	Kleinbetriebe 0 bis unter 40 EGE	–584	54	147
		Mittelbetriebe 40 bis 100 EGE	–160	44	127
		Großbetriebe über 100 EGE	66	51	137
	Veredlung	Kleinbetriebe 0 bis unter 40 EGE	–926	92	340
		Mittelbetriebe 40 bis 100 EGE	–125	92	355
		Großbetriebe über 100 EGE	222	92	310
	Pflanzenbau-Verbund	Kleinbetriebe 0 bis unter 40 EGE	–666	97	142
		Mittelbetriebe 40 bis 100 EGE	–189	81	134
		Großbetriebe über 100 EGE	68	104	131
	Vieh-Verbund	Kleinbetriebe 0 bis unter 40 EGE	–875	90	179
		Mittelbetriebe 40 bis 100 EGE	–261	34	214
		Großbetriebe über 100 EGE	63	86	230
	Pflanzen- und Viehverbund	Kleinbetriebe 0 bis unter 40 EGE	–704	59	156
		Mittelbetriebe 40 bis 100 EGE	–147	70	159
		Großbetriebe über 100 EGE	63	102	140
Mecklenburg-Vorpommern	Ackerbau	Kleinbetriebe 0 bis unter 40 EGE	–506	99	109
		Mittelbetriebe 40 bis 100 EGE	–23	111	76
		Großbetriebe über 100 EGE	102	146	64
	Milchvieh	Kleinbetriebe 0 bis unter 40 EGE	–601	64	229
		Mittelbetriebe 40 bis 100 EGE	–103	75	225
		Großbetriebe über 100 EGE	135	98	192
	Sonstiger Futterbau	Kleinbetriebe 0 bis unter 40 EGE	–569	54	150
		Mittelbetriebe 40 bis 100 EGE	–155	45	132
		Großbetriebe über 100 EGE	68	53	141
	Veredlung	Kleinbetriebe 0 bis unter 40 EGE	–919	91	342
		Mittelbetriebe 40 bis 100 EGE	–124	91	358
		Großbetriebe über 100 EGE	223	91	312

1	2	3	4	5	6
Region Land/ Reg.bezirk	Nutzungsart Betriebsform	Betriebsgröße	Rein-gewinn EUR/ ha LF	Pacht-preis EUR/ ha LF	Wert für das Besatz-kapital EUR/ ha LF
	Pflanzenbau-Verbund	Kleinbetriebe 0 bis unter 40 EGE	–635	100	148
		Mittelbetriebe 40 bis 100 EGE	–182	84	140
		Großbetriebe über 100 EGE	71	111	136
	Vieh-Verbund	Kleinbetriebe 0 bis unter 40 EGE	–862	91	181
		Mittelbetriebe 40 bis 100 EGE	–258	34	217
		Großbetriebe über 100 EGE	64	87	232
	Pflanzen- und Viehverbund	Kleinbetriebe 0 bis unter 40 EGE	–682	62	161
		Mittelbetriebe 40 bis 100 EGE	–143	74	164
		Großbetriebe über 100 EGE	65	108	144
Chemnitz	Ackerbau	Kleinbetriebe 0 bis unter 40 EGE	–475	105	116
		Mittelbetriebe 40 bis 100 EGE	–21	118	81
		Großbetriebe über 100 EGE	113	157	71
	Milchvieh	Kleinbetriebe 0 bis unter 40 EGE	–584	65	236
		Mittelbetriebe 40 bis 100 EGE	–100	76	232
		Großbetriebe über 100 EGE	138	100	197
	Sonstiger Futterbau	Kleinbetriebe 0 bis unter 40 EGE	–538	56	159
		Mittelbetriebe 40 bis 100 EGE	–145	47	141
		Großbetriebe über 100 EGE	72	56	150
	Veredlung	Kleinbetriebe 0 bis unter 40 EGE	–887	96	355
		Mittelbetriebe 40 bis 100 EGE	–120	96	370
		Großbetriebe über 100 EGE	232	96	324
	Pflanzenbau-Verbund	Kleinbetriebe 0 bis unter 40 EGE	–605	103	156
		Mittelbetriebe 40 bis 100 EGE	–174	86	146
		Großbetriebe über 100 EGE	76	116	145
	Vieh-Verbund	Kleinbetriebe 0 bis unter 40 EGE	–825	98	189
		Mittelbetriebe 40 bis 100 EGE	–249	35	225
		Großbetriebe über 100 EGE	67	90	242
	Pflanzen- und Viehverbund	Kleinbetriebe 0 bis unter 40 EGE	–654	66	168
		Mittelbetriebe 40 bis 100 EGE	–136	78	171
		Großbetriebe über 100 EGE	68	112	152
Dresden	Ackerbau	Kleinbetriebe 0 bis unter 40 EGE	–497	100	111
		Mittelbetriebe 40 bis 100 EGE	–22	112	78
		Großbetriebe über 100 EGE	107	148	67
	Milchvieh	Kleinbetriebe 0 bis unter 40 EGE	–583	65	236
		Mittelbetriebe 40 bis 100 EGE	–100	77	232
		Großbetriebe über 100 EGE	139	101	198
	Sonstiger Futterbau	Kleinbetriebe 0 bis unter 40 EGE	–543	56	158
		Mittelbetriebe 40 bis 100 EGE	–146	47	139
		Großbetriebe über 100 EGE	71	55	149

1	2	3	4	5	6
Region Land/ Reg.bezirk	Nutzungsart Betriebsform	Betriebsgröße	Rein-gewinn EUR/ ha LF	Pacht-preis EUR/ ha LF	Wert für das Besatz-kapital EUR/ ha LF
	Veredlung	Kleinbetriebe 0 bis unter 40 EGE	–890	95	354
		Mittelbetriebe 40 bis 100 EGE	–121	95	369
		Großbetriebe über 100 EGE	231	95	323
	Pflanzenbau-Verbund	Kleinbetriebe 0 bis unter 40 EGE	–618	101	153
		Mittelbetriebe 40 bis 100 EGE	–177	85	143
		Großbetriebe über 100 EGE	74	113	142
	Vieh-Verbund	Kleinbetriebe 0 bis unter 40 EGE	–830	96	188
		Mittelbetriebe 40 bis 100 EGE	–250	35	225
		Großbetriebe über 100 EGE	66	89	241
	Pflanzen- und Viehverbund	Kleinbetriebe 0 bis unter 40 EGE	–662	64	165
		Mittelbetriebe 40 bis 100 EGE	–138	76	169
		Großbetriebe über 100 EGE	67	110	150
Leipzig	Ackerbau	Kleinbetriebe 0 bis unter 40 EGE	–488	102	113
		Mittelbetriebe 40 bis 100 EGE	–22	115	79
		Großbetriebe über 100 EGE	109	151	68
	Milchvieh	Kleinbetriebe 0 bis unter 40 EGE	–566	68	243
		Mittelbetriebe 40 bis 100 EGE	–97	80	240
		Großbetriebe über 100 EGE	144	104	205
	Sonstiger Futterbau	Kleinbetriebe 0 bis unter 40 EGE	–540	56	158
		Mittelbetriebe 40 bis 100 EGE	–145	47	140
		Großbetriebe über 100 EGE	73	56	151
	Veredlung	Kleinbetriebe 0 bis unter 40 EGE	–889	95	354
		Mittelbetriebe 40 bis 100 EGE	–120	95	369
		Großbetriebe über 100 EGE	232	95	323
	Pflanzenbau-Verbund	Kleinbetriebe 0 bis unter 40 EGE	–613	102	154
		Mittelbetriebe 40 bis 100 EGE	–176	86	144
		Großbetriebe über 100 EGE	74	114	143
	Vieh-Verbund	Kleinbetriebe 0 bis unter 40 EGE	–823	97	190
		Mittelbetriebe 40 bis 100 EGE	–248	36	226
		Großbetriebe über 100 EGE	67	91	243
	Pflanzen- und Viehverbund	Kleinbetriebe 0 bis unter 40 EGE	–658	65	166
		Mittelbetriebe 40 bis 100 EGE	–137	78	171
		Großbetriebe über 100 EGE	68	113	151
Dessau	Ackerbau	Kleinbetriebe 0 bis unter 40 EGE	–506	99	109
		Mittelbetriebe 40 bis 100 EGE	–23	111	76
		Großbetriebe über 100 EGE	104	146	65
	Milchvieh	Kleinbetriebe 0 bis unter 40 EGE	–595	65	232
		Mittelbetriebe 40 bis 100 EGE	–102	76	228
		Großbetriebe über 100 EGE	136	100	195

1	2	3	4	5	6
Region Land/ Reg.bezirk	Nutzungsart Betriebsform	Betriebsgröße	Rein-gewinn EUR/ ha LF	Pacht-preis EUR/ ha LF	Wert für das Besatz-kapital EUR/ ha LF
	Sonstiger Futterbau	Kleinbetriebe 0 bis unter 40 EGE	–573	54	149
		Mittelbetriebe 40 bis 100 EGE	–155	44	131
		Großbetriebe über 100 EGE	68	53	141
	Veredlung	Kleinbetriebe 0 bis unter 40 EGE	–876	95	359
		Mittelbetriebe 40 bis 100 EGE	–118	95	376
		Großbetriebe über 100 EGE	234	95	327
	Pflanzenbau-Verbund	Kleinbetriebe 0 bis unter 40 EGE	–625	102	151
		Mittelbetriebe 40 bis 100 EGE	–179	85	142
		Großbetriebe über 100 EGE	72	112	139
	Vieh-Verbund	Kleinbetriebe 0 bis unter 40 EGE	–840	95	186
		Mittelbetriebe 40 bis 100 EGE	–249	35	225
		Großbetriebe über 100 EGE	66	90	241
	Pflanzen- und Viehverbund	Kleinbetriebe 0 bis unter 40 EGE	–665	63	165
		Mittelbetriebe 40 bis 100 EGE	–138	75	170
		Großbetriebe über 100 EGE	67	109	150
Halle	Ackerbau	Kleinbetriebe 0 bis unter 40 EGE	–477	105	115
		Mittelbetriebe 40 bis 100 EGE	–21	118	81
		Großbetriebe über 100 EGE	112	156	70
	Milchvieh	Kleinbetriebe 0 bis unter 40 EGE	–598	64	230
		Mittelbetriebe 40 bis 100 EGE	–102	75	226
		Großbetriebe über 100 EGE	136	99	193
	Sonstiger Futterbau	Kleinbetriebe 0 bis unter 40 EGE	–564	55	152
		Mittelbetriebe 40 bis 100 EGE	–152	45	134
		Großbetriebe über 100 EGE	69	54	143
	Veredlung	Kleinbetriebe 0 bis unter 40 EGE	–873	95	360
		Mittelbetriebe 40 bis 100 EGE	–118	95	377
		Großbetriebe über 100 EGE	235	95	328
	Pflanzenbau-Verbund	Kleinbetriebe 0 bis unter 40 EGE	–609	103	155
		Mittelbetriebe 40 bis 100 EGE	–175	86	145
		Großbetriebe über 100 EGE	75	116	144
	Vieh-Verbund	Kleinbetriebe 0 bis unter 40 EGE	–835	97	187
		Mittelbetriebe 40 bis 100 EGE	–248	35	226
		Großbetriebe über 100 EGE	67	90	242
	Pflanzen- und Viehverbund	Kleinbetriebe 0 bis unter 40 EGE	–654	64	167
		Mittelbetriebe 40 bis 100 EGE	–135	77	172
		Großbetriebe über 100 EGE	68	111	152
Magdeburg	Ackerbau	Kleinbetriebe 0 bis unter 40 EGE	–500	100	110
		Mittelbetriebe 40 bis 100 EGE	–22	112	77
		Großbetriebe über 100 EGE	107	147	67

1	2	3	4	5	6
Region Land/ Reg.bezirk	Nutzungsart Betriebsform	Betriebsgröße	Rein-gewinn EUR/ ha LF	Pacht-preis EUR/ ha LF	Wert für das Besatz-kapital EUR/ ha LF
	Milchvieh	Kleinbetriebe 0 bis unter 40 EGE	–611	62	225
		Mittelbetriebe 40 bis 100 EGE	–105	73	221
		Großbetriebe über 100 EGE	132	96	189
	Sonstiger Futterbau	Kleinbetriebe 0 bis unter 40 EGE	–572	54	150
		Mittelbetriebe 40 bis 100 EGE	–155	45	131
		Großbetriebe über 100 EGE	67	52	140
	Veredlung	Kleinbetriebe 0 bis unter 40 EGE	–876	95	359
		Mittelbetriebe 40 bis 100 EGE	–118	95	376
		Großbetriebe über 100 EGE	235	95	327
	Pflanzenbau-Verbund	Kleinbetriebe 0 bis unter 40 EGE	–622	102	152
		Mittelbetriebe 40 bis 100 EGE	–178	85	142
		Großbetriebe über 100 EGE	73	112	141
	Vieh-Verbund	Kleinbetriebe 0 bis unter 40 EGE	–844	96	185
		Mittelbetriebe 40 bis 100 EGE	–250	34	224
		Großbetriebe über 100 EGE	66	89	240
	Pflanzen- und Viehverbund	Kleinbetriebe 0 bis unter 40 EGE	–664	63	165
		Mittelbetriebe 40 bis 100 EGE	–137	74	170
		Großbetriebe über 100 EGE	67	107	150
Thüringen	Ackerbau	Kleinbetriebe 0 bis unter 40 EGE	–469	106	117
		Mittelbetriebe 40 bis 100 EGE	–21	119	82
		Großbetriebe über 100 EGE	114	158	72
	Milchvieh	Kleinbetriebe 0 bis unter 40 EGE	–587	65	235
		Mittelbetriebe 40 bis 100 EGE	–101	76	230
		Großbetriebe über 100 EGE	138	100	197
	Sonstiger Futterbau	Kleinbetriebe 0 bis unter 40 EGE	–537	56	159
		Mittelbetriebe 40 bis 100 EGE	–144	47	141
		Großbetriebe über 100 EGE	72	56	151
	Veredlung	Kleinbetriebe 0 bis unter 40 EGE	–839	99	375
		Mittelbetriebe 40 bis 100 EGE	–113	99	393
		Großbetriebe über 100 EGE	245	99	342
	Pflanzenbau-Verbund	Kleinbetriebe 0 bis unter 40 EGE	–591	105	160
		Mittelbetriebe 40 bis 100 EGE	–171	88	148
		Großbetriebe über 100 EGE	77	117	148
	Vieh-Verbund	Kleinbetriebe 0 bis unter 40 EGE	–801	101	195
		Mittelbetriebe 40 bis 100 EGE	–239	36	235
		Großbetriebe über 100 EGE	69	93	252
	Pflanzen- und Viehverbund	Kleinbetriebe 0 bis unter 40 EGE	–632	66	173
		Mittelbetriebe 40 bis 100 EGE	–131	79	179
		Großbetriebe über 100 EGE	70	112	157

1	2	3	4	5	6
Region Land/ Reg.bezirk	Nutzungsart Betriebsform	Betriebsgröße	Rein-gewinn EUR/ ha LF	Pacht-preis EUR/ ha LF	Wert für das Besatz-kapital EUR/ ha LF
Stadtstaaten	Ackerbau	Kleinbetriebe 0 bis unter 40 EGE	–487	213	113
		Mittelbetriebe 40 bis 100 EGE	–22	256	79
		Großbetriebe über 100 EGE	110	307	69
	Milchvieh	Kleinbetriebe 0 bis unter 40 EGE	–593	155	232
		Mittelbetriebe 40 bis 100 EGE	–102	192	228
		Großbetriebe über 100 EGE	136	225	194
	Sonstiger Futterbau	Kleinbetriebe 0 bis unter 40 EGE	–554	117	155
		Mittelbetriebe 40 bis 100 EGE	–150	154	136
		Großbetriebe über 100 EGE	70	238	145
	Veredlung	Kleinbetriebe 0 bis unter 40 EGE	–965	323	326
		Mittelbetriebe 40 bis 100 EGE	–131	368	340
		Großbetriebe über 100 EGE	214	372	298
	Pflanzenbau-Verbund	Kleinbetriebe 0 bis unter 40 EGE	–630	188	150
		Mittelbetriebe 40 bis 100 EGE	–180	231	141
		Großbetriebe über 100 EGE	73	284	140
	Vieh-Verbund	Kleinbetriebe 0 bis unter 40 EGE	–874	205	179
		Mittelbetriebe 40 bis 100 EGE	–266	251	211
		Großbetriebe über 100 EGE	62	332	226
	Pflanzen- und Viehverbund	Kleinbetriebe 0 bis unter 40 EGE	–691	190	159
		Mittelbetriebe 40 bis 100 EGE	–145	228	161
		Großbetriebe über 100 EGE	64	283	142

Anlage 15[1] (zu § 163 Abs. 4 und § 164 Abs. 2)

Forstwirtschaftliche Nutzung

1	2	3	4	5	6
Land	Nutzungsart Baumartengruppe	Ertragsklasse	Reingewinn EUR/ha	Pachtpreis EUR/ha	Wert für das Besatzkapital EUR/ha
Deutschland	Baumartengruppe Buche	I. Ertragsklasse und besser II. Ertragsklasse III. Ertragsklasse und schlechter	78 51 25	5,40	Anlage 15a
	Baumartengruppe Eiche	I. Ertragsklasse und besser II. Ertragsklasse III. Ertragsklasse und schlechter	90 58 17	5,40	Anlage 15a
	Baumartengruppe Fichte	I. Ertragsklasse und besser II. Ertragsklasse III. Ertragsklasse und schlechter	105 75 49	5,40	Anlage 15a
	Baumartengruppe Kiefer	I. Ertragsklasse und besser II. Ertragsklasse III. Ertragsklasse und schlechter	26 11 11	5,40	Anlage 15a
	Nichtwirtschaftswald Nichtholzbodenflächen Blößen		11	5,40	Anlage 15a

Anlage 15a[2] (zu § 164 Abs. 4)

Forstwirtschaftliche Nutzung

6										
Werte für das Besatzkapital nach Altersklassen in EUR/ha										
Altersklasse	I.	II.	III.	IV.	V.	VI.	VII.	VIII.	IX.	X.
Jahre	1–20	21–40	41–60	61–80	81–100	101–120	121–140	141–160	161–180	>180
Buche I. EKL. und besser	32,30	32,30	39,70	61,90	99,70	147,60	179,00	167,30	167,30	167,30
Buche II. EKL.	19,30	19,30	22,20	34,60	54,80	83,30	104,20	99,60	99,60	99,60
Buche III. EKL. und schlechter	6,70	6,70	7,00	12,20	21,30	33,70	45,10	44,60	44,60	44,60
Eiche I. EKL. und besser	38,30	38,50	45,90	60,90	80,20	102,50	129,30	155,40	177,70	200,40
Eiche II. EKL.	22,80	22,80	25,60	33,80	45,50	58,90	76,30	93,80	107,30	120,90
Eiche III. EKL. und schlechter	5,40	5,40	5,50	8,00	12,00	17,20	23,00	29,90	37,50	44,20
Fichte I. EKL. und besser	45,20	61,50	112,50	158,60	186,20	186,20	186,20	186,20	186,20	186,20
Fichte II. EKL.	30,70	35,90	68,30	102,60	123,80	133,60	133,60	133,60	133,60	133,60
Fichte III. EKL. und schlechter	18,40	18,90	34,90	59,20	77,70	88,40	88,40	88,40	88,40	88,40
Kiefer I. EKL. und besser	7,10	7,70	15,20	23,10	29,10	34,40	37,60	37,60	37,60	37,60
Kiefer II. EKL.	0,00	0,10	2,40	6,10	9,00	11,30	12,70	12,70	12,70	12,70
Kiefer III. EKL. und schlechter	0,00	0,00	1,10	5,20	8,80	11,20	12,70	12,70	12,70	12,70

1) **Anm. d. Red.:** Anlage 15 eingefügt gem. Art. 2 Nr. 17 ErbStRG v. 24. 12. 2008 (BGBl I 3018).

2) **Anm. d. Red.:** Anlage 15a eingefügt gem. Art. 2 Nr. 17 ErbStRG v. 24. 12. 2008 (BGBl I 3018).

Anlage 16[1] (zu § 163 Abs. 5 und § 164 Abs. 2 und 4)

Weinbauliche Nutzung

1	2	3	4	5
Land	Nutzungsart Verwertungsform	Reingewinn EUR/ha LF	Pachtpreis EUR/ha LF	Wert für das Besatzkapital EUR/ha LF
Deutschland	Flaschenweinerzeuger	–193	970	1 522
	Fassweinerzeuger	–759	589	588
	Traubenerzeuger	–1 252	859	509

Anlage 17[2] (zu § 163 Abs. 6 und § 164 Abs. 2 und 4)

Gärtnerische Nutzung

1	2	3	4	5	6
Land	Nutzungsteil	Nutzungsart	Reingewinn EUR/ha LF	Pachtpreis EUR/ha LF	Wert für das Besatzkapital EUR/ha LF
Deutschland	Gemüsebau	Freilandflächen	–1 365	657	484
		Flächen unter Glas und Kunststoffen	6 098	2 414	2 750
	Blumen- und Zierpflanzenbau	Freilandflächen	–108	1 044	1 393
		Flächen unter Glas und Kunststoffen	–6 640	5 516	6 895
	Baumschulen		894	223	2 359
	Obstbau		–379	325	426

Anlage 18[3] (zu § 163 Abs. 7 und § 164 Abs. 2 und 4)

Sondernutzungen

1	2	3	4	5
Land	Nutzungen	Reingewinn EUR/ha LF	Pachtpreis EUR/ha LF	Wert für das Besatzkapital EUR/ha LF
Deutschland	Hopfen	–414	492	348
	Spargel	–1 365	657	612
	Tabak	–820	492	129

1) **Anm. d. Red.:** Anlage 16 eingefügt gem. Art. 2 Nr. 17 ErbStRG v. 24. 12. 2008 (BGBl I 3018).

2) **Anm. d. Red.:** Anlage 17 eingefügt gem. Art. 2 Nr. 17 ErbStRG v. 24. 12. 2008 (BGBl I 3018).

3) **Anm. d. Red.:** Anlage 18 eingefügt gem. Art. 2 Nr. 17 ErbStRG v. 24. 12. 2008 (BGBl I 3018).

Anlage 19[1] (zu § 169 Abs. 5)

Umrechnungsschlüssel für Tierbestände in Vieheinheiten (VE) nach dem Futterbedarf

Alpakas:	0,08	VE
Damtiere:		
Damtiere unter 1 Jahr	0,04	VE
Damtiere 1 Jahr und älter	0,08	VE
Geflügel:		
Legehennen (einschließlich einer normalen Aufzucht zur Ergänzung des Bestandes)	0,02	VE
Legehennen aus zugekauften Junghennen	0,0183	VE
Zuchtputen, -enten, -gänse	0,04	VE
Kaninchen:		
Zucht- und Angorakaninchen	0,025	VE
Lamas:	0,1	VE
Pferde:		
Pferde unter drei Jahren und Kleinpferde	0,7	VE
Pferde drei Jahre und älter	1,1	VE
Rindvieh:		
Kälber und Jungvieh unter 1 Jahr (einschließlich Mastkälber, Starterkälber und Fresser)	0,3	VE
Jungvieh 1 bis 2 Jahre alt	0,7	VE
Färsen (älter als 2 Jahre)	1,0	VE
Masttiere (Mastdauer weniger als 1 Jahr)	1,0	VE
Kühe (einschließlich Mutter- und Ammenkühe mit den dazugehörigen Saugkälbern)	1,0	VE
Zuchtbullen, Zugochsen	1,2	VE
Schafe:		
Schafe unter 1 Jahr einschließlich Mastlämmer	0,05	VE
Schafe 1 Jahr und älter	0,1	VE
Schweine:		
Zuchtschweine (einschließlich Jungzuchtschweine über etwa 90 kg)	0,33	VE

1) **Anm. d. Red.:** Anlage 19 eingefügt gem. Art. 2 Nr. 17 ErbStRG v. 24. 12. 2008 (BGBl I 3018).

Strauße:		
Zuchttiere 14 Monate und älter	0,32	VE
Jungtiere/Masttiere unter 14 Monate	0,25	VE
Ziegen:	0,08	VE
Geflügel:		
Jungmasthühner		
(bis zu 6 Durchgänge je Jahr – schwere Tiere)	0,0017	VE
(mehr als 6 Durchgänge je Jahr – leichte Tiere)	0,0013	VE
Junghennen	0,0017	VE
Mastenten	0,0033	VE
Mastputen aus selbst erzeugten Jungputen	0,0067	VE
Mastputen aus zugekauften Jungputen	0,005	VE
Jungputen (bis etwa 8 Wochen)	0,0017	VE
Mastgänse	0,0067	VE
Kaninchen:		
Mastkaninchen	0,0025	VE
Rindvieh:		
Masttiere (Mastdauer 1 Jahr und mehr)	1	VE
Schweine:		
Leichte Ferkel (bis etwa 12 kg)	0,01	VE
Ferkel (über etwa 12 bis etwa 20 kg)	0,02	VE
Schwere Ferkel und leichte Läufer (über etwa 20 bis etwa 30 kg)	0,04	VE
Läufer (über etwa 30 bis etwa 45 kg)	0,06	VE
Schwere Läufer (über etwa 45 bis etwa 60 kg)	0,08	VE
Mastschweine	0,16	VE
Jungzuchtschweine bis etwa 90 kg	0,12	VE

Anlage 20[1] (zu § 169 Abs. 5)

Gruppen der Zweige des Tierbestands nach der Flächenabhängigkeit

1. Mehr flächenabhängige Zweige des Tierbestands

   Pferdehaltung,
   Pferdezucht,
   Schafzucht,
   Schafhaltung,
   Rindviehzucht,
   Milchviehhaltung,
   Rindviehmast.

1) **Anm. d. Red.:** Anlage 20 eingefügt gem. Art. 2 Nr. 17 ErbStRG v. 24. 12. 2008 (BGBl I 3018).

2. Weniger flächenabhängige Zweige des Tierbestands
   Schweinezucht,
   Schweinemast,
   Hühnerzucht,
   Entenzucht,
   Gänsezucht,
   Putenzucht,
   Legehennenhaltung,
   Junghühnermast,
   Entenmast,
   Gänsemast,
   Putenmast.

Anlage 21[1] (zu § 185 Abs. 3 Satz 1, § 193 Abs. 3 Satz 2, § 194 Abs. 3 Satz 3 und § 195 Abs. 2 Satz 2 und Abs. 3 Satz 3)

Vervielfältiger

Restnutzungsdauer; Restlaufzeit des Erbbaurechts bzw. des Nutzungsrechts (in Jahren)	Zinssatz										
	3 %	3,5 %	4 %	4,5 %	5 %	5,5 %	6 %	6,5 %	7 %	7,5 %	8 %
1	0,97	0,97	0,96	0,96	0,95	0,95	0,94	0,94	0,93	0,93	0,93
2	1,91	1,90	1,89	1,87	1,86	1,85	1,83	1,82	1,81	1,80	1,78
3	2,83	2,80	2,78	2,75	2,72	2,70	2,67	2,65	2,62	2,60	2,58
4	3,72	3,67	3,63	3,59	3,55	3,51	3,47	3,43	3,39	3,35	3,31
5	4,58	4,52	4,45	4,39	4,33	4,27	4,21	4,16	4,10	4,05	3,99
6	5,42	5,33	5,24	5,16	5,08	5,00	4,92	4,84	4,77	4,69	4,62
7	6,23	6,11	6,00	5,89	5,79	5,68	5,58	5,48	5,39	5,30	5,21
8	7,02	6,87	6,73	6,60	6,46	6,33	6,21	6,09	5,97	5,86	5,75
9	7,79	7,61	7,44	7,27	7,11	6,95	6,80	6,66	6,52	6,38	6,25
10	8,53	8,32	8,11	7,91	7,72	7,54	7,36	7,19	7,02	6,86	6,71
11	9,25	9,00	8,76	8,53	8,31	8,09	7,89	7,69	7,50	7,32	7,14
12	9,95	9,66	9,39	9,12	8,86	8,62	8,38	8,16	7,94	7,74	7,54
13	10,63	10,30	9,99	9,68	9,39	9,12	8,85	8,60	8,36	8,13	7,90
14	11,30	10,92	10,56	10,22	9,90	9,59	9,29	9,01	8,75	8,49	8,24
15	11,94	11,52	11,12	10,74	10,38	10,04	9,71	9,40	9,11	8,83	8,56
16	12,56	12,09	11,65	11,23	10,84	10,46	10,11	9,77	9,45	9,14	8,85
17	13,17	12,65	12,17	11,71	11,27	10,86	10,48	10,11	9,76	9,43	9,12
18	13,75	13,19	12,66	12,16	11,69	11,25	10,83	10,43	10,06	9,71	9,37
19	14,32	13,71	13,13	12,59	12,09	11,61	11,16	10,73	10,34	9,96	9,60
20	14,88	14,21	13,59	13,01	12,46	11,95	11,47	11,02	10,59	10,19	9,82
21	15,42	14,70	14,03	13,40	12,82	12,28	11,76	11,28	10,84	10,41	10,02
22	15,94	15,17	14,45	13,78	13,16	12,58	12,04	11,54	11,06	10,62	10,20
23	16,44	15,62	14,86	14,15	13,49	12,88	12,30	11,77	11,27	10,81	10,37
24	16,94	16,06	15,25	14,50	13,80	13,15	12,55	11,99	11,47	10,98	10,53
25	17,41	16,48	15,62	14,83	14,09	13,41	12,78	12,20	11,65	11,15	10,67
26	17,88	16,89	15,98	15,15	14,38	13,66	13,00	12,39	11,83	11,30	10,81
27	18,33	17,29	16,33	15,45	14,64	13,90	13,21	12,57	11,99	11,44	10,94
28	18,76	17,67	16,66	15,74	14,90	14,12	13,41	12,75	12,14	11,57	11,05
29	19,19	18,04	16,98	16,02	15,14	14,33	13,59	12,91	12,28	11,70	11,16
30	19,60	18,39	17,29	16,29	15,37	14,53	13,76	13,06	12,41	11,81	11,26
31	20,00	18,74	17,59	16,54	15,59	14,72	13,93	13,20	12,53	11,92	11,35
32	20,39	19,07	17,87	16,79	15,80	14,90	14,08	13,33	12,65	12,02	11,43
33	20,77	19,39	18,15	17,02	16,00	15,08	14,23	13,46	12,75	12,11	11,51
34	21,13	19,70	18,41	17,25	16,19	15,24	14,37	13,58	12,85	12,19	11,59
35	21,49	20,00	18,66	17,46	16,37	15,39	14,50	13,69	12,95	12,27	11,65

1) **Anm. d. Red.:** Anlage 21 eingefügt gem. Art. 2 Nr. 17 ErbStRG v. 24. 12. 2008 (BGBl I 3018).

Restnutzungsdauer; Restlaufzeit des Erbbaurechts bzw. des Nutzungsrechts (in Jahren)	Zinssatz										
	3 %	3,5 %	4 %	4,5 %	5 %	5,5 %	6 %	6,5 %	7 %	7,5 %	8 %
36	21,83	20,29	18,91	17,67	16,55	15,54	14,62	13,79	13,04	12,35	11,72
37	22,17	20,57	19,14	17,86	16,71	15,67	14,74	13,89	13,12	12,42	11,78
38	22,49	20,84	19,37	18,05	16,87	15,80	14,85	13,98	13,19	12,48	11,83
39	22,81	21,10	19,58	18,23	17,02	15,93	14,95	14,06	13,26	12,54	11,88
40	23,11	21,36	19,79	18,40	17,16	16,05	15,05	14,15	13,33	12,59	11,92
41	23,41	21,60	19,99	18,57	17,29	16,16	15,14	14,22	13,39	12,65	11,97
42	23,70	21,83	20,19	18,72	17,42	16,26	15,22	14,29	13,45	12,69	12,01
43	23,98	22,06	20,37	18,87	17,55	16,36	15,31	14,36	13,51	12,74	12,04
44	24,25	22,28	20,55	19,02	17,66	16,46	15,38	14,42	13,56	12,78	12,08
45	24,52	22,50	20,72	19,16	17,77	16,55	15,46	14,48	13,61	12,82	12,11
46	24,78	22,70	20,88	19,29	17,88	16,63	15,52	14,54	13,65	12,85	12,14
47	25,02	22,90	21,04	19,41	17,98	16,71	15,59	14,59	13,69	12,89	12,16
48	25,27	23,09	21,20	19,54	18,08	16,79	15,65	14,64	13,73	12,92	12,19
49	25,50	23,28	21,34	19,65	18,17	16,86	15,71	14,68	13,77	12,95	12,21
50	25,73	23,46	21,48	19,76	18,26	16,93	15,76	14,72	13,80	12,97	12,23
51	25,95	23,63	21,62	19,87	18,34	17,00	15,81	14,76	13,83	13,00	12,25
52	26,17	23,80	21,75	19,97	18,42	17,06	15,86	14,80	13,86	13,02	12,27
53	26,37	23,96	21,87	20,07	18,49	17,12	15,91	14,84	13,89	13,04	12,29
54	26,58	24,11	21,99	20,16	18,57	17,17	15,95	14,87	13,92	13,06	12,30
55	26,77	24,26	22,11	20,25	18,63	17,23	15,99	14,90	13,94	13,08	12,32
56	26,97	24,41	22,22	20,33	18,70	17,28	16,03	14,93	13,96	13,10	12,33
57	27,15	24,55	22,33	20,41	18,76	17,32	16,06	14,96	13,98	13,12	12,34
58	27,33	24,69	22,43	20,49	18,82	17,37	16,10	14,99	14,00	13,13	12,36
59	27,51	24,82	22,53	20,57	18,88	17,41	16,13	15,01	14,02	13,15	12,37
60	27,68	24,94	22,62	20,64	18,93	17,45	16,16	15,03	14,04	13,16	12,38
61	27,84	25,07	22,71	20,71	18,98	17,49	16,19	15,05	14,06	13,17	12,39
62	28,00	25,19	22,80	20,77	19,03	17,52	16,22	15,07	14,07	13,18	12,39
63	28,16	25,30	22,89	20,83	19,08	17,56	16,24	15,09	14,08	13,19	12,40
64	28,31	25,41	22,97	20,89	19,12	17,59	16,27	15,11	14,10	13,20	12,41
65	28,45	25,52	23,05	20,95	19,16	17,62	16,29	15,13	14,11	13,21	12,42
66	28,60	25,62	23,12	21,01	19,20	17,65	16,31	15,14	14,12	13,22	12,42
67	28,73	25,72	23,19	21,06	19,24	17,68	16,33	15,16	14,13	13,23	12,43
68	28,87	25,82	23,26	21,11	19,28	17,70	16,35	15,17	14,14	13,24	12,43
69	29,00	25,91	23,33	21,16	19,31	17,73	16,37	15,19	14,15	13,24	12,44
70	29,12	26,00	23,39	21,20	19,34	17,75	16,38	15,20	14,16	13,25	12,44
71	29,25	26,09	23,46	21,25	19,37	17,78	16,40	15,21	14,17	13,25	12,45
72	29,37	26,17	23,52	21,29	19,40	17,80	16,42	15,22	14,18	13,26	12,45
73	29,48	26,25	23,57	21,33	19,43	17,82	16,43	15,23	14,18	13,27	12,45
74	29,59	26,33	23,63	21,37	19,46	17,84	16,44	15,24	14,19	13,27	12,46
75	29,70	26,41	23,68	21,40	19,48	17,85	16,46	15,25	14,20	13,27	12,46
76	29,81	26,48	23,73	21,44	19,51	17,87	16,47	15,26	14,20	13,28	12,46
77	29,91	26,55	23,78	21,47	19,53	17,89	16,48	15,26	14,21	13,28	12,47
78	30,01	26,62	23,83	21,50	19,56	17,90	16,49	15,27	14,21	13,29	12,47
79	30,11	26,68	23,87	21,54	19,58	17,92	16,50	15,28	14,22	13,29	12,47
80	30,20	26,75	23,92	21,57	19,60	17,93	16,51	15,28	14,22	13,29	12,47
81	30,29	26,81	23,96	21,59	19,62	17,94	16,52	15,29	14,23	13,30	12,48
82	30,38	26,87	24,00	21,62	19,63	17,96	16,53	15,30	14,23	13,30	12,48
83	30,47	26,93	24,04	21,65	19,65	17,97	16,53	15,30	14,23	13,30	12,48
84	30,55	26,98	24,07	21,67	19,67	17,98	16,54	15,31	14,24	13,30	12,48
85	30,63	27,04	24,11	21,70	19,68	17,99	16,55	15,31	14,24	13,30	12,48
86	30,71	27,09	24,14	21,72	19,70	18,00	16,56	15,32	14,24	13,31	12,48
87	30,79	27,14	24,18	21,74	19,71	18,01	16,56	15,32	14,25	13,31	12,48
88	30,86	27,19	24,21	21,76	19,73	18,02	16,57	15,32	14,25	13,31	12,49
89	30,93	27,23	24,24	21,78	19,74	18,03	16,57	15,33	14,25	13,31	12,49
90	31,00	27,28	24,27	21,80	19,75	18,03	16,58	15,33	14,25	13,31	12,49
91	31,07	27,32	24,30	21,82	19,76	18,04	16,58	15,33	14,26	13,31	12,49
92	31,14	27,37	24,32	21,83	19,78	18,05	16,59	15,34	14,26	13,32	12,49

Restnutzungsdauer; Restlaufzeit des Erbbaurechts bzw. des Nutzungsrechts (in Jahren)	Zinssatz										
	3 %	3,5 %	4 %	4,5 %	5 %	5,5 %	6 %	6,5 %	7 %	7,5 %	8 %
93	31,20	27,41	24,35	21,85	19,79	18,06	16,59	15,34	14,26	13,32	12,49
94	31,26	27,45	24,37	21,87	19,80	18,06	16,60	15,34	14,26	13,32	12,49
95	31,32	27,48	24,40	21,88	19,81	18,07	16,60	15,35	14,26	13,32	12,49
96	31,38	27,52	24,42	21,90	19,82	18,08	16,60	15,35	14,26	13,32	12,49
97	31,44	27,56	24,44	21,91	19,82	18,08	16,61	15,35	14,27	13,32	12,49
98	31,49	27,59	24,46	21,92	19,83	18,09	16,61	15,35	14,27	13,32	12,49
99	31,55	27,62	24,49	21,94	19,84	18,09	16,61	15,35	14,27	13,32	12,49
100	31,60	27,66	24,50	21,95	19,85	18,10	16,62	15,36	14,27	13,32	12,49

In den Fällen anderer Zinssätze der Gutachterausschüsse ist der Vervielfältiger nach folgender Formel zu bilden:

$$\text{V (Vervielfältiger)} = \frac{1}{q^n} \times \frac{q^n - 1}{q - 1}$$

q = Zinsfaktor = 1 + p : 100
p = Zinssatz
n = Restnutzungsdauer/Restlaufzeit

Anlage 22[1] (zu § 185 Abs. 3 Satz 3, § 190 Abs. 2 Satz 2)

Wirtschaftliche Gesamtnutzungsdauer

Einfamilien- und Zweifamilienhäuser	80 Jahre
Mietwohngrundstücke	80 Jahre
Wohnungseigentum	80 Jahre
Geschäftsgrundstücke, gemischt genutzte Grundstücke und sonstige bebaute Grundstücke:	
Gemischt genutzte Grundstücke (mit Wohn- und Gewerbeflächen)	70 Jahre
Hochschulen (Universitäten)	70 Jahre
Saalbauten (Veranstaltungszentren)	70 Jahre
Kur- und Heilbäder	70 Jahre
Verwaltungsgebäude	60 Jahre
Bankgebäude	60 Jahre
Schulen	60 Jahre
Kindergärten (Kindertagesstätten)	60 Jahre
Altenwohnheime	60 Jahre
Personalwohnheime (Schwesternwohnheime)	60 Jahre
Hotels	60 Jahre
Sporthallen (Turnhallen)	60 Jahre
Kaufhäuser, Warenhäuser	50 Jahre
Ausstellungsgebäude	50 Jahre
Krankenhäuser	50 Jahre
Vereinsheime (Jugendheime, Tagesstätten)	50 Jahre

1) **Anm. d. Red.:** Anlage 22 eingefügt gem. Art. 2 Nr. 17 ErbStRG v. 24. 12. 2008 (BGBl I 3018).

Parkhäuser (offene Ausführung, Parkpaletten)	50 Jahre
Parkhäuser (geschlossene Ausführung)	50 Jahre
Tiefgaragen	50 Jahre
Funktionsgebäude für Sportanlagen (z. B. Sanitär- und Umkleideräume)	50 Jahre
Hallenbäder	50 Jahre
Industriegebäude, Werkstätten ohne Büro- und Sozialtrakt	50 Jahre
Industriegebäude, Werkstätten mit Büro- und Sozialtrakt	50 Jahre
Lagergebäude (Kaltlager)	50 Jahre
Lagergebäude (Warmlager)	50 Jahre
Lagergebäude (Warmlager mit Büro- und Sozialtrakt)	50 Jahre
Einkaufsmärkte, Großmärkte, Läden	40 Jahre
Tennishallen	40 Jahre
Reitsporthallen	40 Jahre

Teileigentum ist in Abhängigkeit von der baulichen Gestaltung den vorstehenden Gebäudeklassen zuzuordnen.

Anlage 23[1] (zu § 187 Abs. 2 Satz 2)

Pauschalierte Bewirtschaftungskosten für Verwaltung, Instandhaltung und Mietausfallwagnis in Prozent der Jahresmiete oder üblichen Miete (ohne Betriebskosten)

Restnutzungsdauer	Grundstücksart			
	1	2	3	4
	Mietwohngrundstück	gemischt genutztes Grundstück mit einem gewerblichen Anteil von bis zu 50 % (berechnet nach der Wohn- bzw. Nutzfläche)	gemischt genutztes Grundstück mit einem gewerblichen Anteil von mehr als 50 % (berechnet nach der Wohn- bzw. Nutzfläche)	Geschäftsgrundstück
≥ 60 Jahre	21	21		18
40 bis 59 Jahre	23	22		20
20 bis 39 Jahre	27	24		22
< 20 Jahre	29	26		23

1) **Anm. d. Red.:** Anlage 23 eingefügt gem. Art. 2 Nr. 17 ErbStRG v. 24. 12. 2008 (BGBl I 3018).

Anlage 24[1)] (zu § 190 Abs. 1 Satz 4 und 5)

Ermittlung des Gebäuderegelherstellungswerts

I. Begriff der Brutto-Grundfläche (BGF)

(1) Die Brutto-Grundfläche ist die Summe aus den Grundflächen aller Grundrissebenen eines Bauwerks mit Nutzungen nach DIN 277-2:2005-02, Tabelle 1, Nr. 1 bis Nr. 9, und aus deren konstruktiven Umschließungen. Für die Ermittlung der Brutto-Grundfläche (Summe aus Netto-Grundfläche und Konstruktions-Grundfläche) sind die äußeren Maße der Bauteile einschließlich Bekleidung, z. B. Putz, Außenschalen mehrschaliger Wandkonstruktionen in Höhe der Boden- bzw. Deckenbelagsoberkanten anzusetzen. Konstruktive und gestalterische Vor- und Rücksprünge, Fuß-Sockelleisten, Schrammborde und Unterschneidungen sowie vorstehende Teile von Fenster- und Türbekleidungen bleiben dabei unberücksichtigt.

(2) Nicht zur Brutto-Grundfläche gehören Flächen, die ausschließlich der Wartung, Inspektion und Instandsetzung von Baukonstruktionen und technischen Anlagen dienen, z. B. nicht nutzbare Dachflächen, fest installierte Dachleitern und -stege, Wartungsstege in abgehängten Decken.

II. Regelherstellungskosten (RHK)

Regelherstellungskosten 2007 (RHK 2007)
(einschließlich Baunebenkosten, Preisstand 1. 1. 2007)

1.	Ein- und Zweifamilienhäuser (EUR/m² BGF) Typisierte Gesamtnutzungsdauer = 80 Jahre																		
	Baujahr	*bis 1945*			*1946–1959*			*1960–1969*			*1970–1984*			*1985–1999*			*ab 2000*		
GKL	*Ausstattungsstandard*	*einf.*	*mittel*	*geh.*	*einf.*	*mittel*	*geh.*	*einf.*	*mittel*	*geh.*	*einf.*	*mittel*	*geh.*	*einf.*	*mittel*	*geh.*	*einf.*	*mittel*	*geh.*
	mit Keller																		
1.11	*Dachgeschoss ausgebaut*	580	630	740	620	680	800	670	720	850	710	770	900	760	820	970	790	860	1 010
1.12	*Dachgeschoss nicht ausgebaut*	520	570	660	560	610	720	600	650	760	640	690	810	680	740	870	720	770	910
1.13	*Flachdach*	590	630	740	630	680	800	680	730	850	720	770	900	770	830	960	800	870	1 010
	ohne Keller																		
1.21	*Dachgeschoss ausgebaut*	660	720	860	710	770	930	760	820	990	800	870	1 050	860	940	1 130	900	980	1 180
1.22	*Dachgeschoss nicht ausgebaut*	580	640	760	630	690	820	670	730	880	710	770	930	760	830	1 000	800	870	1 040
1.23	*Flachdach*	720	780	930	770	840	1 000	830	900	1 070	870	950	1 130	940	1 030	1 220	990	1070	1 270

2.	Wohnungseigentum (EUR/m² BGF) Typisierte Gesamtnutzungsdauer = 80 Jahre																		
	Baujahr	*bis 1945*			*1946–1959*			*1960–1969*			*1970–1984*			*1985–1999*			*ab 2000*		
GKL	*Ausstattungsstandard*	*einf.*	*mittel*	*geh.*	*einf.*	*mittel*	*geh.*	*einf.*	*mittel*	*geh.*	*einf.*	*mittel*	*geh.*	*einf.*	*mittel*	*geh.*	*einf.*	*mittel*	*geh.*
2.11	*Alle Gebäude*	680	680	690	680	720	780	730	760	830	770	810	880	830	870	950	870	910	990

Für Wohnungseigentum in Gebäuden, die wie Ein- und Zweifamilienhäuser gestaltet sind, werden die Regelherstellungskosten der Ein- und Zweifamilienhäuser zugrunde gelegt.
Umrechnungsfaktor Wohnfläche (WF) – Brutto-Grundfläche (BGF);
für Wohnungseigentum in Mehrfamilienwohnhäusern (Mietwohngrundstücke): BGF = 1,55 x WF

1) **Anm. d. Red.:** Anlage 24 eingefügt gem. Art. 2 Nr. 17 ErbStRG v. 24. 12. 2008 (BGBl I 3018).

3. Geschäftsgrundstücke, gemischt genutzte Grundstücke und sonstige bebaute Grundstücke (EUR/m² BGF)

3.1 Typisierte Gesamtnutzungsdauer = 70 Jahre

	Baujahr	*bis 1945*			*1946–1959*			*1960–1969*			*1970–1984*			*1985–1999*			*ab 2000*		
GKL	*Ausstattungsstandard*	*einf.*	*mittel*	*geh.*	*einf.*	*mittel*	*geh.*	*einf.*	*mittel*	*geh.*	*einf.*	*mittel*	*geh.*	*einf.*	*mittel*	*geh.*	*einf.*	*mittel*	*geh.*
3.11	*Gemischt genutzte Grundstücke (mit Wohn- und Gewerbeflächen)*	660	960	960	710	1 040	1 040	770	1 110	1 450	810	1 180	1 540	870	1 260	1 650	910	1 310	1 720
3.12	*Hochschulen*	1 430	1 430	1 710	1 540	1 540	1 830	1 640	1 640	1 960	1 740	1 740	2 080	1 870	1 870	2 230	1 940	1 940	2 330
3.13	*Saalbauten*	1 270	1 560	1 560	1 270	1 680	2 110	1 360	1 790	2 260	1 450	1 900	2 390	1 550	2 040	2 570	1 620	2 120	2 680
3.14	*Kur- und Heilbäder*	2 500	2 500	2 780	2 690	2 690	2 990	2 870	2 870	3 190	3 040	3 040	3 380	3 260	3 260	3 630	3 410	3 410	3 780

3.2 Typisierte Gesamtnutzungsdauer = 60 Jahre

	Baujahr	*bis 1945*			*1946–1959*			*1960–1969*			*1970–1984*			*1985–1999*			*ab 2000*		
GKL	*Ausstattungsstandard*	*einf.*	*mittel*	*geh.*	*einf.*	*mittel*	*geh.*	*einf.*	*mittel*	*geh.*	*einf.*	*mittel*	*geh.*	*einf.*	*mittel*	*geh.*	*einf.*	*mittel*	*geh.*
3.211	*Verwaltungsgebäude (ein- bis zweigeschossig, nicht unterkellert)*	950	950	950	950	1 110	1 360	1 010	1 190	1 460	1 080	1 260	1 540	1 160	1 350	1 650	1 210	1 410	1 720
3.212	*Verwaltungsgebäude (zwei- bis fünfgeschossig)*	1 260	1 260	1 510	1 140	1 350	1 630	1 220	1 450	1 740	1 290	1 540	1 850	1 380	1 640	1 980	1 440	1 710	2 060
3.213	*Verwaltungsgebäude (sechs- und mehrgeschossig)*	1 760	1 760	1 760	1 760	1 760	2 190	1 880	1 880	2 350	1 990	1 990	2 480	2 140	2 140	2 660	2 230	2 230	2 780
3.22	*Bankgebäude*	1 860	1 860	1 860	1 860	1 860	2 140	1 990	1 990	2 260	2 110	2 110	2 400	2 260	2 260	2 600	2 350	2 350	2 710
3.23	*Schulen*	1 030	1 170	1 270	1 110	1 260	1 370	1 190	1 350	1 460	1 260	1 430	1 550	1 350	1 530	1 670	1 410	1 600	1 730
3.24	*Kindergärten*	1 090	1 090	1 090	1 090	1 180	1 510	1 170	1 270	1 610	1 230	1 340	1 710	1 320	1 440	1 840	1 380	1 500	1 910
3.25	*Altenwohnheime*	920	1 080	1 190	990	1 160	1 280	1 060	1 240	1 370	1 120	1 310	1 450	1 200	1 410	1 560	1 250	1 470	1 620
3.26	*Personalwohnheime*	800	980	1 080	860	1 060	1 160	919	1 130	1 240	970	1 190	1 320	1 040	1 280	1 420	1 080	1 340	1 480
3.27	*Hotels*	880	1 150	1 490	950	1 230	1 600	1 010	1 320	1 710	1 080	1 400	1 810	1 150	1 500	1 940	1 200	1 570	2 020
3.28	*Sporthallen*	970	970	970	970	1 170	1 250	1 030	1 250	1 340	1 100	1 330	1 420	1 170	1 420	1 520	1 230	1 480	1 580

3.3 Typisierte Gesamtnutzungsdauer = 50 Jahre

	Baujahr	*bis 1945*			*1946–1959*			*1960–1969*			*1970–1984*			*1985–1999*			*ab 2000*		
GKL	*Ausstattungsstandard*	*einf.*	*mittel*	*geh.*	*einf.*	*mittel*	*geh.*	*einf.*	*mittel*	*geh.*	*einf.*	*mittel*	*geh.*	*einf.*	*mittel*	*geh.*	*einf.*	*mittel*	*geh.*
3.31	*Kaufhäuser, Warenhäuser*	950	1 120	1 490	1 020	1 210	1 600	1 100	1 290	1 720	1 160	1 370	1 820	1 250	1 470	1 950	1 300	1 530	2 030
3.32	*Ausstellungsgebäude*	1 450	1 450	1 450	1 450	1 450	1 450	1 550	1 550	1 550	1 640	1 640	2 070	1 760	1 760	2 210	1 840	1 840	2 310
3.33	*Krankenhäuser*	1 430	1 840	2 260	1 540	1 980	2 430	1 650	2 110	2 600	1 750	2 240	2 760	1 870	2 400	2 950	1 950	2 500	3 080
3.34	*Vereinsheime*	1 020	1 020	1 020	1 020	1 130	1 310	1 090	1 210	1 410	1 160	1 280	1 490	1 240	1 370	1 600	1 300	1 430	1 670
3.351	*Parkhäuser (offene Ausführung, Parkpaletten)*	490	490	490	490	490	490	530	530	530	560	560	560	590	590	590	620	620	620

BewG

3.352	*Parkhäuser (geschlossene Ausführung)*	610	610	610	610	610	610	650	650	650	690	690	690	740	740	740	780	780	780
3.353	*Tiefgaragen*	540	540	540	540	700	700	580	750	750	610	790	790	650	850	850	680	890	890
3.36	*Funktionsgebäude für Sportanlagen (z. B. Sanitär- und Umkleideräume)*	800	800	800	800	1 010	1 400	860	1 080	1 490	910	1 150	1 580	970	1 230	1 700	1 010	1 280	1 770
3.37	*Hallenbäder*	1 390	1 390	1 390	1 390	1 830	2 020	1 490	1 960	2 160	1 570	2 080	2 290	1 680	2 230	2 460	1 750	2 320	2 570
3.381	*Industriegebäude, Werkstätten ohne Büro- und Sozialtrakt*	450	450	450	450	630	740	500	670	780	520	720	840	560	770	910	610	800	940
3.382	*Industriegebäude, Werkstätten mit Büro- und Sozialtrakt*	660	660	660	660	850	980	700	910	1 040	740	970	1 120	780	1 040	1 190	840	1 090	1 260
3.391	*Lagergebäude (Kaltlager)*	390	390	390	390	740	740	430	800	800	460	830	830	490	900	900	520	950	950
3.392	*Lagergebäude (Warmlager)*	510	510	510	510	860	860	550	920	920	580	970	970	610	1 060	1 060	660	1 090	1 090
3.393	*Lagergebäude (Warmlager mit Büro- und Sozialtrakt)*	820	820	820	820	1 100	1 100	850	1 180	1 180	920	1 250	1 250	970	1 350	1 350	1 030	1 430	1 430

3.4 Typisierte Gesamtnutzungsdauer = 40 Jahre

	Baujahr	*bis 1945*			*1946–1959*			*1960–1969*			*1970–1984*			*1985–1999*			*ab 2000*		
GKL	*Ausstattungsstandard*	*einf.*	*mittel*	*geh.*	*einf.*	*mittel*	*geh.*	*einf.*	*mittel*	*geh.*	*einf.*	*mittel*	*geh.*	*einf.*	*mittel*	*geh.*	*einf.*	*mittel*	*geh.*
3.41	*Einkaufsmärkte, Großmärkte, Läden*	630	630	630	630	850	850	680	910	910	720	970	1 090	770	1 050	1 170	800	1 080	1 220
3.42	*Tennishallen*	520	520	520	520	610	610	550	650	650	580	690	790	630	740	850	650	770	890
3.43	*Reitsporthallen*	200	200	200	200	200	200	200	200	200	200	210	260	210	240	280	220	240	290

4. Kleingaragen und Carports (EUR/m² BGF)
Typisierte Gesamtnutzungsdauer = 50 Jahre

	Baujahr	*alle*
GKL	*Ausstattungsstandard*	*alle*
4.11	*Kleingaragen, freistehend*	290
4.12	*Carports*	170

5. Teileigentum

Teileigentum ist in Abhängigkeit von der baulichen Gestaltung den vorstehenden Gebäudeklassen zuzuordnen.

6. Auffangklausel

Regelherstellungskosten für nicht aufgeführte Gebäudeklassen sind aus den Regelherstellungskosten vergleichbarer Gebäudeklassen abzuleiten.

		III. Ausstattungsstandard		
		einfach	**mittel**	**gehoben**
Fassade	**Skelett-, Fachwerk-, Rahmenbau**	• einfache Wände, Holz-, Blech-, Faserzementbekleidung, Leichtbetonwände mit Wärmedämmung, Beton-Sandwich-Elemente, Ausfachung 15 bis 26 cm; • Verbretterung oder Blechverkleidung auf Holztragwerk P)*);	• Leichtbetonwände mit Wärmedämmung, Beton-Sandwich-Elemente, Ausfachung 15 bis 26 cm; • Stahlblech-Sandwichelemente auf Holz- oder Stahlrahmen, Lichtflächen aus Kunststoff-Doppelstegplatten P)*);	• Schwerbetonplatten, Verblendmauerwerk, Spaltklinker, Schwerbetonplatten, Ausfachung bis 40 cm, Glasverkleidung, Spaltklinker; • Stahlbetonstützen und Ziegelmauerwerk, Holzfenster, Holztüren und Holztore P)*);
	Massivbau	• Mauerwerk mit Putz oder mit Fugenglattstrich und Anstrich; • Betonwände M)*);	• Wärmedämmputz, Wärmedämmverbundsystem, Sichtmauerwerk mit Fugenglattstrich und Anstrich, Holzbekleidung, mittlerer Wärmedämmstandard; • Sichtbeton M)*);	• Verblendmauerwerk, Metallbekleidung, Vorhangfassade; Naturstein, hoher Wärmedämmstandard;
Fenster		• einfache Holz, Stahl, Einfachverglasung; • einfache Metallgitter M)*);	• hochwertige Holz, Kunststoff, Isolierverglasung; • begrünte Metallgitter, Glasbausteine M)*);	• Aluminium, Rollladen, Sonnenschutzvorrichtung, Wärmeschutzverglasung, raumhohe Verglasung, große Schiebeelemente, elektr. Rollladen, Schallschutzverglasung; • Sprossenfenster A)*); • begrünte Metallgitter, Glasbausteine M)*);
Dächer		• Wellfaserzement-, Blecheindeckung, Bitumen-, Kunststofffolienabdichtung; • Betondachpfannen (untere Preiskl.), Bitumen-, Kunststofffolienabdichtung, keine Wärmedämmung; • Holzbinder auf Stahl- oder Stahlbetonstützen, Faserzementwellplatten auf Holzpfetten P)*);	• Betondachpfannen (gehobene Preiskl.); • Betondachpfannen, mittlerer Wärmedämmstandard; • Papp-, PVC-, Blecheindeckung D)*); • Stahlblech-Sandwichelemente auf Holz- oder Stahlrahmen P)*);	• Tondachpfannen, Schiefer-, Metalleindeckung, Gasbetonfertigteile, Stegzementdielen, große Anzahl von Oberlichtern, Dachaus- und Dachaufbauten mit hohem Schwierigkeitsgrad, Dachausschnitte in Glas, hoher Wärmedämmstandard; • Papp-, PVC-, Blecheindeckung D)*); • Holzbinder, Pfetten, Sparren, Hartschaumdämmung, Betondachsteine, Tonpfannen P)*);
Sanitärinstallation		• einfache Toilettenanlagen [und Duschräume F)*)], Installation auf Putz; • 1 Bad mit WC, Installation auf Putz A) B) C)*); • WC und Bäderanlage geschossweise, Waschbecken im Raum, Installation auf Putz J) M) L)*);	• ausreichende Toilettenanlagen, Duschräume, Installation unter Putz; • 1 Bad mit WC, separates Gäste-WC, Installation unter Putz A) B) C)*); • mehrere WCs und Duschbäder je Geschoss, Installation unter Putz J) K) L)*); • tlw. Toiletten je Zimmer, Installation unter Putz I)*); • Sprinkleranlage, Strom- und Wasseranschluss, Löschwasserleitungen, Installation auf Putz M)*);	• gut ausgestattete Toilettenanlagen und Duschräume, großzügige Toilettenanlagen, Sanitäreinrichtungen, gehobener Standard; • 1–2 Bäder A) B) C)*); • je Zimmer ein Duschbad mit WC J) M) L)*); • je Raum ein Duschbad mit WC in guter Ausstattung I)*); • Düsenrohrberegnung, Toiletten und Duschanlagen P)*);
Innenwandbekleidung der Nassräume		• Ölfarbanstrich;	• Fliesensockel (1,50 m);	• Fliesen raumhoch, großformatige Fliesen, Naturstein, aufwendige Verlegung;

BewG

*) **Amtl. Anm.:** A) Ein- und Zweifamilienhäuser; B) Wohnungseigentum; C) Gemischt genutzte Grundstücke; D) Tennishallen; E) Sporthallen (Turnhallen); F) Hallenbäder; G) Kur- und Heilbäder; H) Kauf- und Warenhäuser, Einkaufsmärkte, Großmärkte, Läden, Ausstellungsgebäude; I) Krankenhäuser; J) Altenwohnheime; K) Hotels; L) Personal- und Schwesternwohnheime; M) Parkhäuser und Tiefgaragen; N) Industriegebäude, Werkstätten; O) Lagergebäude; P) Reitsporthallen

	III. Ausstattungsstandard		
	einfach	**mittel**	**gehoben**
Bodenbeläge	• Linoleum, PVC (jeweils untere Preiskl.), Holzdielen, Nadelfilz; • Beton oder Asphaltbeton, oberflächenbehandelt, Holzdielen[D)] [E)][*)]; • Rohbeton[M)][*)]; • Tretschicht als Schüttung auf gewachsenem Boden[P)][*)]; Nassräume: • PVC	• PVC, Linoleum (jeweils mittlere Preiskl.), Teppich, Fliesen; • Estrich oder Gussasphalt auf Beton, Teppichbelag, PVC, beschichteter Estrich, Gussasphalt[D)] [E)][*)]; • Estrich, Gussasphalt[D)][*)]; • Verbundpflaster ohne Unterbau[O)][*)]; • Tretschicht als Schüttung auf Tragschicht aus Lehm[P)][*)]; Nassräume: • Fliesen	• großformatige Fliesen, Parkett, Betonwerkstein, Naturstein, aufwendige Verlegung; • Fliesen[H)][*)]; • flächenstatische Fußbodenkonstruktion, Spezialteppich mit Gummigranulatauflage[D)][*)]; • Schwingboden[E)][*)]; • Estrich, Gussasphalt[M)][*)]; • Tretschicht als Schüttung auf Tragschicht aus Schotter und Sand/Lehm-Zwischenschicht[P)][*)]; Nassräume: • großformatige Fliesen, beschichtete Sonderfliesen
Innentüren	• Füllungstüren, Türblätter und Zargen gestrichen;	• Kunststoff-/Holztürblätter, Stahlzargen;	• beschichtete oder furnierte Türblätter und Zargen, Türblätter mit Edelholzfurnier, bessere Ausführung; Glasausschnitte, Glastüren; Holzzargen, massivere Ausführung, Einbruchschutz, Automatiktüren, rollstuhlgerechte Bedienung, Stiltüren;
Heizung	• Einzelöfen, elektr. Speicherheizung, Boiler für Warmwasser; Lufterhitzer mit Direktbefeuerung[D)] [E)] [F)] [G)][*)]; • keine[P)][*)];	• Zentralheizung mit Radiatoren (Schwerkraftheizung); Fernheizung; Mehrraum-Warmluft-Kachelofen; • Lufterhitzer mit Wärmetauscher mit zentraler Kesselanlage[I)][*)];	• Zentralheizung, Warmwasserbereitung zentral; Zentralheizung/Pumpenheizung mit Flachheizkörpern oder Fußbodenheizung; Sammelheizung mit separater Kesselanlage; Klima- oder Lüftungsanlage; Solaranlagen, aufwendige Heiztechnik; • Luftheizung mit Außenluft- und Umluftregelung, Luftqualitätsregeltechnik[D)] [E)] [F)] [G)][*)]; • WW-Zentralheizung in Nebenräumen, Lufterhitzer[P)][*)];
Elektroinstallation	• je Raum 1 Lichtauslass und 1–2 Steckdosen, Fernseh-/Radioanschluss, Installation auf Putz; • einfache Leuchten in Halle und WC[P)][*)];	• je Raum 1–2 Lichtauslässe und 2–4 (bzw. 6[I)][*)]) Steckdosen, Blitzschutz, Installation unter Putz, informationstechnische Anlagen; • hochwertige Leuchten in Halle und WC[P)][*)];	• je Raum mehrere Lichtauslässe und Steckdosen, informationstechnische Anlagen, Sicherheitseinrichtungen, Solaranlage, Fensterbankkanal mit EDV-Verkabelung, aufwendige Installation; • hochwertige Leuchten in Halle, WC, Reiterstübchen und Tribüne[P)][*)];

*) **Amtl. Anm.:** A) Ein- und Zweifamilienhäuser; B) Wohnungseigentum; C) Gemischt genutzte Grundstücke; D) Tennishallen; E) Sporthallen (Turnhallen); F) Hallenbäder; G) Kur- und Heilbäder; H) Kauf- und Warenhäuser, Einkaufsmärkte, Großmärkte, Läden, Ausstellungsgebäude; I) Krankenhäuser; J) Altenwohnheime; K) Hotels; L) Personal- und Schwesternwohnheime; M) Parkhäuser und Tiefgaragen; N) Industriegebäude, Werkstätten; O) Lagergebäude; P) Reitsporthallen

	III. Ausstattungsstandard		
	einfach	**mittel**	**gehoben**
Sonstige Einbauten	• Gemeinschaftsküche[K)][*)]; • zentrale Einrichtungen, Gastraum[L)][*)]; • Kochmöglichkeit, Spüle[N) O)][*)];	• Gemeinschaftseinrichtungen, Einbauküchen[L)][*)]; • Balkon je Raum, Brandmelder, Sprinkler, zentrale Einrichtungen: z. B. Konferenzräume, Schwimmbad, Sauna, zusätzl. Restaurant[K)][*)]; • Sauna[D) E)][*)]; • Solarien, Massageräume, Sauna, separates Kinderbecken, Imbiss, Therapieräume[F)][*)]; • Personenaufzug, Videoüberwachung, Rufanlagen, Brandmelder, Beschallung, Toilettenanlagen, Rauch- und Wärmeabzugsanlagen, mechanische Be- und Entlüftungsanlagen[P)][*)]; • Teeküche[N) O)][*)];	• Aufzugsanlage, Balkon je Raum, Pantry-Küche[L)][*)], Fitnessraum[L)][*)], zentrale Einrichtungen[J)][*)], Gemeinschaftsräume[J)][*)], Therapie- und Gymnastikräume[J)][*)]; • Aufzugsanlage, Müllschlucker, zentrale Einrichtungen: z. B. große Konferenzräume, Ballsäle, Sondereinrichtungen, z. B. Friseur[K)][*)]; • Restaurant, große Saunaanlage, Solarium[D) E)][*)]; • Sprungbecken, Wellenbad, Restaurant[F)][*)]; • Personenaufzug, Videoüberwachung, Rufanlagen, Brandmelder, Beschallung, Toilettenanlagen, Rauch- und Wärmeabzugsanlagen, mechanische Be- und Entlüftungsanlagen[D) F)][*)]; • Einbauküche, Aufenthaltsraum[N) O)][*)];

Anlage 25[1)] (zu § 191 Abs. 2)

Wertzahlen für Ein- und Zweifamilienhäuser nach § 181 Abs. 1 Nr. 1 BewG und Wohnungseigentum nach § 181 Abs. 1 Nr. 3 BewG

Vorläufiger Sachwert § 189 Abs. 3		Bodenrichtwert									
		bis									über
		15 EUR/m²	30 EUR/m²	50 EUR/m²	100 EUR/m²	150 EUR/m²	200 EUR/m²	300 EUR/m²	400 EUR/m²	500 EUR/m²	500 EUR/m²
bis	50 000 EUR	1,0	1,1	1,1	1,1	1,1	1,2	1,2	1,3	1,3	1,4
	100 000 EUR	0,9	1,0	1,0	1,1	1,1	1,1	1,2	1,2	1,3	1,3
	150 000 EUR	0,8	0,9	0,9	1,0	1,1	1,1	1,1	1,1	1,2	1,3
	200 000 EUR	0,7	0,8	0,8	0,9	1,0	1,0	1,1	1,1	1,2	1,2
	300 000 EUR	0,6	0,7	0,7	0,8	0,9	0,9	1,0	1,0	1,1	1,2
	400 000 EUR	0,5	0,6	0,6	0,7	0,8	0,8	0,9	1,0	1,0	1,1
	500 000 EUR	0,4	0,5	0,5	0,6	0,7	0,7	0,8	0,9	0,9	1,0
über	500 000 EUR	0,3	0,4	0,4	0,5	0,6	0,6	0,7	0,8	0,8	0,9

Wertzahlen für Teileigentum, Geschäftsgrundstücke, gemischt genutzte Grundstücke und sonstige bebaute Grundstücke nach § 181 Abs. 1 Nr. 3 bis 6 BewG

Vorläufiger Sachwert § 189 Abs. 3		
bis	500 000 EUR	0,9
	3 000 000 EUR	0,8
über	3 000 000 EUR	0,7

BewG

*) **Amtl. Anm.:** A) Ein- und Zweifamilienhäuser; B) Wohnungseigentum; C) Gemischt genutzte Grundstücke; D) Tennishallen; E) Sporthallen (Turnhallen); F) Hallenbäder; G) Kur- und Heilbäder; H) Kauf- und Warenhäuser, Einkaufsmärkte, Großmärkte, Läden, Ausstellungsgebäude; I) Krankenhäuser; J) Altenwohnheime; K) Hotels; L) Personal- und Schwesternwohnheime; M) Parkhäuser und Tiefgaragen; N) Industriegebäude, Werkstätten; O) Lagergebäude; P) Reitsporthallen

1) **Anm. d. Red.:** Anlage 25 eingefügt gem. Art. 2 Nr. 17 ErbStRG v. 24. 12. 2008 (BGBl I 3018).

Anlage 26[1] (zu § 194 Abs. 3 Satz 2 und Abs. 4 sowie § 195 Abs. 3 Satz 2)

Abzinsungsfaktoren

Restlaufzeit des Erbbaurechts bzw. des Nutzungsrechts (in Jahren)	Zinssatz										
	3 %	3,5 %	4 %	4,5 %	5 %	5,5 %	6 %	6,5 %	7 %	7,5 %	8 %
1	0,9709	0,9662	0,9615	0,9569	0,9524	0,9479	0,9434	0,9390	0,9346	0,9302	0,9259
2	0,9426	0,9335	0,9246	0,9157	0,9070	0,8985	0,8900	0,8817	0,8734	0,8653	0,8573
3	0,9151	0,9019	0,8890	0,8763	0,8638	0,8516	0,8396	0,8278	0,8163	0,8050	0,7938
4	0,8885	0,8714	0,8548	0,8386	0,8227	0,8072	0,7921	0,7773	0,7629	0,7488	0,7350
5	0,8626	0,8420	0,8219	0,8025	0,7835	0,7651	0,7473	0,7299	0,7130	0,6966	0,6806
6	0,8375	0,8135	0,7903	0,7679	0,7462	0,7252	0,7050	0,6853	0,6663	0,6480	0,6302
7	0,8131	0,7860	0,7599	0,7348	0,7107	0,6874	0,6651	0,6435	0,6227	0,6028	0,5835
8	0,7894	0,7594	0,7307	0,7032	0,6768	0,6516	0,6274	0,6042	0,5820	0,5607	0,5403
9	0,7664	0,7337	0,7026	0,6729	0,6446	0,6176	0,5919	0,5674	0,5439	0,5216	0,5002
10	0,7441	0,7089	0,6756	0,6439	0,6139	0,5854	0,5584	0,5327	0,5083	0,4852	0,4632
11	0,7224	0,6849	0,6496	0,6162	0,5847	0,5549	0,5268	0,5002	0,4751	0,4513	0,4289
12	0,7014	0,6618	0,6246	0,5897	0,5568	0,5260	0,4970	0,4697	0,4440	0,4199	0,3971
13	0,6810	0,6394	0,6006	0,5643	0,5303	0,4986	0,4688	0,4410	0,4150	0,3906	0,3677
14	0,6611	0,6178	0,5775	0,5400	0,5051	0,4726	0,4423	0,4141	0,3878	0,3633	0,3405
15	0,6419	0,5969	0,5553	0,5167	0,4810	0,4479	0,4173	0,3888	0,3624	0,3380	0,3152
16	0,6232	0,5767	0,5339	0,4945	0,4581	0,4246	0,3936	0,3651	0,3387	0,3144	0,2919
17	0,6050	0,5572	0,5134	0,4732	0,4363	0,4024	0,3714	0,3428	0,3166	0,2925	0,2703
18	0,5874	0,5384	0,4936	0,4528	0,4155	0,3815	0,3503	0,3219	0,2959	0,2720	0,2502
19	0,5703	0,5202	0,4746	0,4333	0,3957	0,3616	0,3305	0,3022	0,2765	0,2531	0,2317
20	0,5537	0,5026	0,4564	0,4146	0,3769	0,3427	0,3118	0,2838	0,2584	0,2354	0,2145
21	0,5375	0,4856	0,4388	0,3968	0,3589	0,3249	0,2942	0,2665	0,2415	0,2190	0,1987
22	0,5219	0,4692	0,4220	0,3797	0,3418	0,3079	0,2775	0,2502	0,2257	0,2037	0,1839
23	0,5067	0,4533	0,4057	0,3634	0,3256	0,2919	0,2618	0,2349	0,2109	0,1895	0,1703
24	0,4919	0,4380	0,3901	0,3477	0,3101	0,2767	0,2470	0,2206	0,1971	0,1763	0,1577
25	0,4776	0,4231	0,3751	0,3327	0,2953	0,2622	0,2330	0,2071	0,1842	0,1640	0,1460
26	0,4637	0,4088	0,3607	0,3184	0,2812	0,2486	0,2198	0,1945	0,1722	0,1525	0,1352
27	0,4502	0,3950	0,3468	0,3047	0,2678	0,2356	0,2074	0,1826	0,1609	0,1419	0,1252
28	0,4371	0,3817	0,3335	0,2916	0,2551	0,2233	0,1956	0,1715	0,1504	0,1320	0,1159
29	0,4243	0,3687	0,3207	0,2790	0,2429	0,2117	0,1846	0,1610	0,1406	0,1228	0,1073
30	0,4120	0,3563	0,3083	0,2670	0,2314	0,2006	0,1741	0,1512	0,1314	0,1142	0,0994
31	0,4000	0,3442	0,2965	0,2555	0,2204	0,1902	0,1643	0,1420	0,1228	0,1063	0,0920
32	0,3883	0,3326	0,2851	0,2445	0,2099	0,1803	0,1550	0,1333	0,1147	0,0988	0,0852
33	0,3770	0,3213	0,2741	0,2340	0,1999	0,1709	0,1462	0,1252	0,1072	0,0919	0,0789
34	0,3660	0,3105	0,2636	0,2239	0,1904	0,1620	0,1379	0,1175	0,1002	0,0855	0,0730
35	0,3554	0,3000	0,2534	0,2143	0,1813	0,1535	0,1301	0,1103	0,0937	0,0796	0,0676
36	0,3450	0,2898	0,2437	0,2050	0,1727	0,1455	0,1227	0,1036	0,0875	0,0740	0,0626
37	0,3350	0,2800	0,2343	0,1962	0,1644	0,1379	0,1158	0,0973	0,0818	0,0688	0,0580
38	0,3252	0,2706	0,2253	0,1878	0,1566	0,1307	0,1092	0,0914	0,0765	0,0640	0,0537
39	0,3158	0,2614	0,2166	0,1797	0,1491	0,1239	0,1031	0,0858	0,0715	0,0596	0,0497
40	0,3066	0,2526	0,2083	0,1719	0,1420	0,1175	0,0972	0,0805	0,0668	0,0554	0,0460
41	0,2976	0,2440	0,2003	0,1645	0,1353	0,1113	0,0917	0,0756	0,0624	0,0516	0,0426
42	0,2890	0,2358	0,1926	0,1574	0,1288	0,1055	0,0865	0,0710	0,0583	0,0480	0,0395
43	0,2805	0,2278	0,1852	0,1507	0,1227	0,1000	0,0816	0,0667	0,0545	0,0446	0,0365
44	0,2724	0,2201	0,1780	0,1442	0,1169	0,0948	0,0770	0,0626	0,0509	0,0415	0,0338
45	0,2644	0,2127	0,1712	0,1380	0,1113	0,0899	0,0727	0,0588	0,0476	0,0386	0,0313

1) **Anm. d. Red.:** Anlage 26 eingefügt gem. Art. 2 Nr. 17 ErbStRG v. 24. 12. 2008 (BGBl I 3018).

Restlaufzeit des Erbbaurechts bzw. des Nutzungsrechts (in Jahren)	Zinssatz										
	3 %	3,5 %	4 %	4,5 %	5 %	5,5 %	6 %	6,5 %	7 %	7,5 %	8 %
46	0,2567	0,2055	0,1646	0,1320	0,1060	0,0852	0,0685	0,0552	0,0445	0,0359	0,0290
47	0,2493	0,1985	0,1583	0,1263	0,1009	0,0807	0,0647	0,0518	0,0416	0,0334	0,0269
48	0,2420	0,1918	0,1522	0,1209	0,0961	0,0765	0,0610	0,0487	0,0389	0,0311	0,0249
49	0,2350	0,1853	0,1463	0,1157	0,0916	0,0725	0,0575	0,0457	0,0363	0,0289	0,0230
50	0,2281	0,1791	0,1407	0,1107	0,0872	0,0688	0,0543	0,0429	0,0339	0,0269	0,0213
51	0,2215	0,1730	0,1353	0,1059	0,0831	0,0652	0,0512	0,0403	0,0317	0,0250	0,0197
52	0,2150	0,1671	0,1301	0,1014	0,0791	0,0618	0,0483	0,0378	0,0297	0,0233	0,0183
53	0,2088	0,1615	0,1251	0,0970	0,0753	0,0586	0,0456	0,0355	0,0277	0,0216	0,0169
54	0,2027	0,1560	0,1203	0,0928	0,0717	0,0555	0,0430	0,0334	0,0259	0,0201	0,0157
55	0,1968	0,1508	0,1157	0,0888	0,0683	0,0526	0,0406	0,0313	0,0242	0,0187	0,0145
56	0,1910	0,1457	0,1112	0,0850	0,0651	0,0499	0,0383	0,0294	0,0226	0,0174	0,0134
57	0,1855	0,1407	0,1069	0,0814	0,0620	0,0473	0,0361	0,0276	0,0211	0,0162	0,0124
58	0,1801	0,1360	0,1028	0,0778	0,0590	0,0448	0,0341	0,0259	0,0198	0,0151	0,0115
59	0,1748	0,1314	0,0989	0,0745	0,0562	0,0425	0,0321	0,0243	0,0185	0,0140	0,0107
60	0,1697	0,1269	0,0951	0,0713	0,0535	0,0403	0,0303	0,0229	0,0173	0,0130	0,0099
61	0,1648	0,1226	0,0914	0,0682	0,0510	0,0382	0,0286	0,0215	0,0161	0,0121	0,0091
62	0,1600	0,1185	0,0879	0,0653	0,0486	0,0362	0,0270	0,0202	0,0151	0,0113	0,0085
63	0,1553	0,1145	0,0845	0,0625	0,0462	0,0343	0,0255	0,0189	0,0141	0,0105	0,0078
64	0,1508	0,1106	0,0813	0,0598	0,0440	0,0325	0,0240	0,0178	0,0132	0,0098	0,0073
65	0,1464	0,1069	0,0781	0,0572	0,0419	0,0308	0,0227	0,0167	0,0123	0,0091	0,0067
66	0,1421	0,1033	0,0751	0,0547	0,0399	0,0292	0,0214	0,0157	0,0115	0,0085	0,0062
67	0,1380	0,0998	0,0722	0,0524	0,0380	0,0277	0,0202	0,0147	0,0107	0,0079	0,0058
68	0,1340	0,0964	0,0695	0,0501	0,0362	0,0262	0,0190	0,0138	0,0100	0,0073	0,0053
69	0,1301	0,0931	0,0668	0,0480	0,0345	0,0249	0,0179	0,0130	0,0094	0,0068	0,0049
70	0,1263	0,0900	0,0642	0,0459	0,0329	0,0236	0,0169	0,0122	0,0088	0,0063	0,0046
71	0,1226	0,0869	0,0617	0,0439	0,0313	0,0223	0,0160	0,0114	0,0082	0,0059	0,0042
72	0,1190	0,0840	0,0594	0,0420	0,0298	0,0212	0,0151	0,0107	0,0077	0,0055	0,0039
73	0,1156	0,0812	0,0571	0,0402	0,0284	0,0201	0,0142	0,0101	0,0072	0,0051	0,0036
74	0,1122	0,0784	0,0549	0,0385	0,0270	0,0190	0,0134	0,0095	0,0067	0,0047	0,0034
75	0,1089	0,0758	0,0528	0,0368	0,0258	0,0180	0,0126	0,0089	0,0063	0,0044	0,0031
76	0,1058	0,0732	0,0508	0,0353	0,0245	0,0171	0,0119	0,0083	0,0058	0,0041	0,0029
77	0,1027	0,0707	0,0488	0,0337	0,0234	0,0162	0,0113	0,0078	0,0055	0,0038	0,0027
78	0,0997	0,0683	0,0469	0,0323	0,0222	0,0154	0,0106	0,0074	0,0051	0,0035	0,0025
79	0,0968	0,0660	0,0451	0,0309	0,0212	0,0146	0,0100	0,0069	0,0048	0,0033	0,0023
80	0,0940	0,0638	0,0434	0,0296	0,0202	0,0138	0,0095	0,0065	0,0045	0,0031	0,0021
81	0,0912	0,0616	0,0417	0,0283	0,0192	0,0131	0,0089	0,0061	0,0042	0,0029	0,0020
82	0,0886	0,0596	0,0401	0,0271	0,0183	0,0124	0,0084	0,0057	0,0039	0,0027	0,0018
83	0,0860	0,0575	0,0386	0,0259	0,0174	0,0118	0,0079	0,0054	0,0036	0,0025	0,0017
84	0,0835	0,0556	0,0371	0,0248	0,0166	0,0111	0,0075	0,0050	0,0034	0,0023	0,0016
85	0,0811	0,0537	0,0357	0,0237	0,0158	0,0106	0,0071	0,0047	0,0032	0,0021	0,0014
86	0,0787	0,0519	0,0343	0,0227	0,0151	0,0100	0,0067	0,0044	0,0030	0,0020	0,0013
87	0,0764	0,0501	0,0330	0,0217	0,0143	0,0095	0,0063	0,0042	0,0028	0,0019	0,0012
88	0,0742	0,0484	0,0317	0,0208	0,0137	0,0090	0,0059	0,0039	0,0026	0,0017	0,0011
89	0,0720	0,0468	0,0305	0,0199	0,0130	0,0085	0,0056	0,0037	0,0024	0,0016	0,0011
90	0,0699	0,0452	0,0293	0,0190	0,0124	0,0081	0,0053	0,0035	0,0023	0,0015	0,0010
91	0,0679	0,0437	0,0282	0,0182	0,0118	0,0077	0,0050	0,0032	0,0021	0,0014	0,0009
92	0,0659	0,0422	0,0271	0,0174	0,0112	0,0073	0,0047	0,0030	0,0020	0,0013	0,0008
93	0,0640	0,0408	0,0261	0,0167	0,0107	0,0069	0,0044	0,0029	0,0019	0,0012	0,0008
94	0,0621	0,0394	0,0251	0,0160	0,0102	0,0065	0,0042	0,0027	0,0017	0,0011	0,0007
95	0,0603	0,0381	0,0241	0,0153	0,0097	0,0062	0,0039	0,0025	0,0016	0,0010	0,0007
96	0,0586	0,0368	0,0232	0,0146	0,0092	0,0059	0,0037	0,0024	0,0015	0,0010	0,0006
97	0,0569	0,0355	0,0223	0,0140	0,0088	0,0056	0,0035	0,0022	0,0014	0,0009	0,0006

Restlaufzeit des Erbbaurechts bzw. des Nutzungsrechts (in Jahren)	Zinssatz										
	3 %	3,5 %	4 %	4,5 %	5 %	5,5 %	6 %	6,5 %	7 %	7,5 %	8 %
98	0,0552	0,0343	0,0214	0,0134	0,0084	0,0053	0,0033	0,0021	0,0013	0,0008	0,0005
99	0,0536	0,0332	0,0206	0,0128	0,0080	0,0050	0,0031	0,0020	0,0012	0,0008	0,0005
100	0,0520	0,0321	0,0198	0,0123	0,0076	0,0047	0,0029	0,0018	0,0012	0,0007	0,0005

In den Fällen anderer Zinssätze der Gutachterausschüsse ist der Abzinsungsfaktor nach folgender Formel zu bilden:

$$\text{Abzinsungsfaktor} = \frac{1}{q^n}$$

q = Zinsfaktor = 1 + p : 100
p = Zinssatz
n = Restlaufzeit

Erbschaftsteuer- und Schenkungsteuergesetz (ErbStG)

v. 27. 2. 1997 (BGBl I S. 379) mit späteren Änderungen

Die amtliche Neufassung des ErbStG v. 27. 2. 1997 (BGBl I 379) wurde inzwischen geändert durch Art. 10 Steuerentlastungsgesetz 1999/2000/2002 v. 24. 3. 1999 (BGBl I 402, 491); Art. 6 Gesetz zur weiteren stl. Förderung von Stiftungen v. 14. 7. 2000 (BGBl I 1034); Art. 19 Steuer-Euroglättungsgesetz (StEuglG) v. 19. 12. 2000 (BGBl I 1790); Art. 16 Steueränderungsgesetz 2001 (StÄndG 2001) v. 20. 12. 2001 (BGBl I 3794); Art. 2 Gesetz zur Modernisierung des Stiftungsrechts v. 15. 7. 2002 (BGBl I 2634); Art. 27 Drittes Gesetz zur Änderung verwaltungsverfahrensrechtlicher Vorschriften v. 21. 8. 2002 (BGBl I 3322); Art. 13 Haushaltsbegleitgesetz 2004 (HBeglG 2004) v. 29. 12. 2003 (BGBl I 3076, ber. 2004 I 69); Art. 8 Gesetz zur weiteren Stärkung des bürgerschaftlichen Engagements v. 10. 10. 2007 (BGBl I 2332); Art. 1 Gesetz zur Reform des Erbschaftsteuer- und Bewertungsrechts (Erbschaftsteuerreformgesetz – ErbStRG) v. 24. 12. 2008 (BGBl I 3018); Art. 6 Gesetz zur Beschleunigung des Wirtschaftswachstums (Wachstumsbeschleunigungsgesetz) v. 22. 12. 2009 (BGBl I 3950). — **Zur Anwendung siehe §§ 37 und 37a.**

Nichtamtliche Fassung

Inhaltsübersicht

I. Steuerpflicht

§ 1 Steuerpflichtige Vorgänge

(1) Der Erbschaftsteuer (Schenkungsteuer) unterliegen

1. der Erwerb von Todes wegen;
2. die Schenkungen unter Lebenden;
3. die Zweckzuwendungen;
4. das Vermögen einer Stiftung, sofern sie wesentlich im Interesse einer Familie oder bestimmter Familien errichtet ist, und eines Vereins, dessen Zweck wesentlich im Interesse einer Familie oder bestimmter Familien auf die Bindung von Vermögen gerichtet ist, in Zeitabständen von je 30 Jahren seit dem in § 9 Abs. 1 Nr. 4 bestimmten Zeitpunkt.

(2) Soweit nichts anderes bestimmt ist, gelten die Vorschriften dieses Gesetzes über die Erwerbe von Todes wegen auch für Schenkungen und Zweckzuwendungen, die Vorschriften über Schenkungen auch für Zweckzuwendungen unter Lebenden.

§ 2 Persönliche Steuerpflicht

(1) Die Steuerpflicht tritt ein

1. in den Fällen des § 1 Abs. 1 Nr. 1 bis 3, wenn der Erblasser zur Zeit seines Todes, der Schenker zur Zeit der Ausführung der Schenkung oder der Erwerber zur Zeit der Entstehung der Steuer (§ 9) ein Inländer ist, für den gesamten Vermögensanfall. [2]Als Inländer gelten
   a) natürliche Personen, die im Inland einen Wohnsitz oder ihren gewöhnlichen Aufenthalt haben,
   b) deutsche Staatsangehörige, die sich nicht länger als fünf Jahre dauernd im Ausland aufgehalten haben, ohne im Inland einen Wohnsitz zu haben,
   c) unabhängig von der Fünfjahresfrist nach Buchstabe b deutsche Staatsangehörige, die
      aa) im Inland weder einen Wohnsitz noch ihren gewöhnlichen Aufenthalt haben und
      bb) zu einer inländischen juristischen Person des öffentlichen Rechts in einem Dienstverhältnis stehen und dafür Arbeitslohn aus einer inländischen öffentlichen Kasse beziehen,

      sowie zu ihrem Haushalt gehörende Angehörige, die die deutsche Staatsangehörigkeit besitzen. [2]Dies gilt nur für Personen, deren Nachlass oder Erwerb in dem Staat, in dem sie ihren Wohnsitz oder ihren gewöhnlichen Aufenthalt haben, lediglich in einem der Steuerpflicht nach Nummer 3 ähnlichen Umfang zu einer Nachlass- oder Erbanfallsteuer herangezogen wird,
   d) Körperschaften, Personenvereinigungen und Vermögensmassen, die ihre Geschäftsleitung oder ihren Sitz im Inland haben;
2. in den Fällen des § 1 Abs. 1 Nr. 4, wenn die Stiftung oder der Verein die Geschäftsleitung oder den Sitz im Inland hat;
3. in allen anderen Fällen für den Vermögensanfall, der in Inlandsvermögen im Sinne des § 121 des Bewertungsgesetzes besteht. [2]Bei Inlandsvermögen im Sinne des § 121 Nr. 4 des Bewertungsgesetzes ist es ausreichend, wenn der Erblasser zur Zeit seines Todes oder der Schenker zur Zeit der Ausführung der Schenkung entsprechend der Vorschrift am Grund- oder Stammkapital der inländischen Kapitalgesellschaft beteiligt ist. [3]Wird nur ein Teil einer solchen Beteiligung durch Schenkung zugewendet, gelten die weiteren Erwerbe aus der Beteiligung, soweit die Voraussetzungen des § 14 erfüllt sind, auch dann als Erwerb von Inlandsvermögen, wenn im Zeitpunkt ihres Erwerbs die Beteiligung des Erblassers oder Schenkers weniger als ein Zehntel des Grund- oder Stammkapitals der Gesellschaft beträgt.

(2) Zum Inland im Sinne dieses Gesetzes gehört auch der der Bundesrepublik Deutschland zustehende Anteil am Festlandsockel, soweit dort Naturschätze des Meeresgrundes und des Meeresuntergrundes erforscht oder ausgebeutet werden.

§ 3[1] Erwerb von Todes wegen

(1) Als Erwerb von Todes wegen gilt

1. der Erwerb durch Erbanfall (§ 1922 des Bürgerlichen Gesetzbuchs), durch Vermächtnis (§§ 2147 ff. des Bürgerlichen Gesetzbuchs) oder auf Grund eines geltend gemachten Pflichtteilsanspruchs (§§ 2303 ff. des Bürgerlichen Gesetzbuchs);
2. der Erwerb durch Schenkung auf den Todesfall (§ 2301 des Bürgerlichen Gesetzbuchs). [2]Als Schenkung auf den Todesfall gilt auch der auf dem Ausscheiden eines Gesellschafters beruhende Übergang des Anteils oder des Teils eines Anteils eines Gesellschafters einer Personengesellschaft oder Kapitalgesellschaft bei dessen Tod auf die anderen Gesellschafter oder die Gesellschaft, soweit der Wert, der sich für seinen Anteil zur Zeit seines Todes nach § 12 ergibt, Abfindungsansprüche Dritter übersteigt. [3]Wird auf Grund einer Regelung im Gesellschaftsvertrag einer Gesellschaft mit beschränkter Haftung der Geschäftsanteil eines Gesellschafters bei dessen Tod eingezogen und übersteigt der sich nach § 12 ergebende Wert seines Anteils zur Zeit seines Todes Abfindungsansprüche Dritter, gilt die insoweit bewirkte Werterhöhung der Geschäftsanteile der verbleibenden Gesellschafter als Schenkung auf den Todesfall;
3. die sonstigen Erwerbe, auf die die für Vermächtnisse geltenden Vorschriften des bürgerlichen Rechts Anwendung finden;
4. jeder Vermögensvorteil, der auf Grund eines vom Erblasser geschlossenen Vertrags bei dessen Tode von einem Dritten unmittelbar erworben wird.

(2) Als vom Erblasser zugewendet gilt auch

1. der Übergang von Vermögen auf eine vom Erblasser angeordnete Stiftung. [2]Dem steht gleich die vom Erblasser angeordnete Bildung oder Ausstattung einer Vermögensmasse ausländischen Rechts, deren Zweck auf die Bindung von Vermögen gerichtet ist;
2. was jemand infolge Vollziehung einer vom Erblasser angeordneten Auflage oder infolge Erfüllung einer vom Erblasser gesetzten Bedingung erwirbt, es sei denn, dass eine einheitliche Zweckzuwendung vorliegt;
3. was jemand dadurch erlangt, dass bei Genehmigung einer Zuwendung des Erblassers Leistungen an andere Personen angeordnet oder zur Erlangung der Genehmigung freiwillig übernommen werden;
4. was als Abfindung für einen Verzicht auf den entstandenen Pflichtteilsanspruch oder für die Ausschlagung einer Erbschaft, eines Erbersatzanspruchs oder eines Vermächtnisses oder für die Zurückweisung eines Rechts aus einem Vertrag des Erblassers zugunsten Dritter auf den Todesfall oder anstelle eines anderen in Absatz 1 genannten Erwerbs gewährt wird;
5. was als Abfindung für ein aufschiebend bedingtes, betagtes oder befristetes Vermächtnis, für das die Ausschlagungsfrist abgelaufen ist, vor dem Zeitpunkt des Eintritts der Bedingung oder des Ereignisses gewährt wird;
6. was als Entgelt für die Übertragung der Anwartschaft eines Nacherben gewährt wird;
7. was der Vertragserbe oder der Schlusserbe eines gemeinschaftlichen Testaments oder der Vermächtnisnehmer wegen beeinträchtigender Schenkungen des Erblassers (§§ 2287, 2288 Abs. 2 des Bürgerlichen Gesetzbuchs) von dem Beschenkten nach den Vorschriften über die ungerechtfertigte Bereicherung erlangt.

1) **Anm. d. Red.:** § 3 i. d. F. des Art. 1 Nr. 2 ErbStRG v. 24. 12. 2008 (BGBl I 3018).

§ 4[1] Fortgesetzte Gütergemeinschaft

(1) Wird die Gütergemeinschaft beim Tod eines Ehegatten oder beim Tod eines Lebenspartners fortgesetzt (§§ 1483 ff. des Bürgerlichen Gesetzbuchs), wird dessen Anteil am Gesamtgut so behandelt, als wäre er ausschließlich den anteilsberechtigten Abkömmlingen angefallen.

(2) [1]Beim Tode eines anteilsberechtigten Abkömmlings gehört dessen Anteil am Gesamtgut zu seinem Nachlass. [2]Als Erwerber des Anteils gelten diejenigen, denen der Anteil nach § 1490 Satz 2 und 3 des Bürgerlichen Gesetzbuchs zufällt.

§ 5[2] Zugewinngemeinschaft

(1) [1]Wird der Güterstand der Zugewinngemeinschaft (§ 1363 des Bürgerlichen Gesetzbuchs, § 6 des Lebenspartnerschaftsgesetzes) durch den Tod eines Ehegatten oder den Tod eines Lebenspartners beendet und der Zugewinn nicht nach § 1371 Abs. 2 des Bürgerlichen Gesetzbuchs ausgeglichen, gilt beim überlebenden Ehegatten oder beim überlebenden Lebenspartner der Betrag, den er nach Maßgabe des § 1371 Abs. 2 des Bürgerlichen Gesetzbuchs als Ausgleichsforderung geltend machen könnte, nicht als Erwerb im Sinne des § 3. [2]Bei der Berechnung dieses Betrags bleiben von den Vorschriften der §§ 1373 bis 1383 und 1390 des Bürgerlichen Gesetzbuchs abweichende güterrechtliche Vereinbarungen unberücksichtigt. [3]Die Vermutung des § 1377 Abs. 3 des Bürgerlichen Gesetzbuchs findet keine Anwendung. [4]Wird der Güterstand der Zugewinngemeinschaft durch Ehevertrag oder Lebenspartnerschaftsvertrag vereinbart, gilt als Zeitpunkt des Eintritts des Güterstandes (§ 1374 Abs. 1 des Bürgerlichen Gesetzbuchs) der Tag des Vertragsabschlusses. [5]Soweit das Endvermögen des Erblassers bei der Ermittlung des als Ausgleichsforderung steuerfreien Betrags mit einem höheren Wert als dem nach den steuerlichen Bewertungsgrundsätzen maßgebenden Wert angesetzt worden ist, gilt höchstens der dem Steuerwert des Endvermögens entsprechende Betrag nicht als Erwerb im Sinne des § 3.

(2) Wird der Güterstand der Zugewinngemeinschaft in anderer Weise als durch den Tod eines Ehegatten oder eines Lebenspartners beendet oder wird der Zugewinn nach § 1371 Abs. 2 des Bürgerlichen Gesetzbuchs ausgeglichen, gehört die Ausgleichsforderung (§ 1378 des Bürgerlichen Gesetzbuchs) nicht zum Erwerb im Sinne der §§ 3 und 7.

§ 6[3] Vor- und Nacherbschaft

(1) Der Vorerbe gilt als Erbe.

(2) [1]Bei Eintritt der Nacherbfolge haben diejenigen, auf die das Vermögen übergeht, den Erwerb als vom Vorerben stammend zu versteuern. [2]Auf Antrag ist der Versteuerung das Verhältnis des Nacherben zum Erblasser zugrunde zu legen. [3]Geht in diesem Fall auch eigenes Vermögen des Vorerben auf den Nacherben über, sind beide Vermögensanfälle hinsichtlich der Steuerklasse getrennt zu behandeln. [4]Für das eigene Vermögen des Vorerben kann ein Freibetrag jedoch nur gewährt werden, soweit der Freibetrag für das der Nacherbfolge unterliegende Vermögen nicht verbraucht ist. [5]Die Steuer ist für jeden Erwerb jeweils nach dem Steuersatz zu erheben, der für den gesamten Erwerb gelten würde.

(3) [1]Tritt die Nacherbfolge nicht durch den Tod des Vorerben ein, gilt die Vorerbfolge als auflösend bedingter, die Nacherbfolge als aufschiebend bedingter Anfall. [2]In diesem Fall ist dem Nacherben die vom Vorerben entrichtete Steuer abzüglich desjenigen Steuerbetrags anzurechnen, welcher der tatsächlichen Bereicherung des Vorerben entspricht.

(4) Nachvermächtnisse und beim Tod des Beschwerten fällige Vermächtnisse oder Auflagen stehen den Nacherbschaften gleich.

1) **Anm. d. Red.:** § 4 Abs. 1 i. d. F. des Art. 1 Nr. 3 ErbStRG v. 24. 12. 2008 (BGBl I 3018).

2) **Anm. d. Red.:** § 5 i. d. F. des Art. 1 Nr. 4 ErbStRG v. 24. 12. 2008 (BGBl I 3018).

3) **Anm. d. Red.:** § 6 Abs. 4 i. d. F. des Art. 1 Nr. 5 ErbStRG v. 24. 12. 2008 (BGBl I 3018).

§ 7[1] Schenkungen unter Lebenden

(1) Als Schenkungen unter Lebenden gelten

1. jede freigebige Zuwendung unter Lebenden, soweit der Bedachte durch sie auf Kosten des Zuwendenden bereichert wird;
2. was infolge Vollziehung einer von dem Schenker angeordneten Auflage oder infolge Erfüllung einer einem Rechtsgeschäft unter Lebenden beigefügten Bedingung ohne entsprechende Gegenleistung erlangt wird, es sei denn, dass eine einheitliche Zweckzuwendung vorliegt;
3. was jemand dadurch erlangt, dass bei Genehmigung einer Schenkung Leistungen an andere Personen angeordnet oder zur Erlangung der Genehmigung freiwillig übernommen werden;
4. die Bereicherung, die ein Ehegatte oder ein Lebenspartner bei Vereinbarung der Gütergemeinschaft (§ 1415 des Bürgerlichen Gesetzbuchs) erfährt;
5. was als Abfindung für einen Erbverzicht (§§ 2346 und 2352 des Bürgerlichen Gesetzbuchs) gewährt wird;
6. (weggefallen)
7. was ein Vorerbe dem Nacherben mit Rücksicht auf die angeordnete Nacherbschaft vor ihrem Eintritt herausgibt;
8. der Übergang von Vermögen auf Grund eines Stiftungsgeschäfts unter Lebenden. [2]Dem steht gleich die Bildung oder Ausstattung einer Vermögensmasse ausländischen Rechts, deren Zweck auf die Bindung von Vermögen gerichtet ist;
9. was bei Aufhebung einer Stiftung oder bei Auflösung eines Vereins, dessen Zweck auf die Bindung von Vermögen gerichtet ist, erworben wird. [2]Dem steht gleich der Erwerb bei Auflösung einer Vermögensmasse ausländischen Rechts, deren Zweck auf die Bindung von Vermögen gerichtet ist, sowie der Erwerb durch Zwischenberechtigte während des Bestehens der Vermögensmasse. [3]Wie eine Auflösung wird auch der Formwechsel eines rechtsfähigen Vereins, dessen Zweck wesentlich im Interesse einer Familie oder bestimmter Familien auf die Bindung von Vermögen gerichtet ist, in eine Kapitalgesellschaft behandelt;
10. was als Abfindung für aufschiebend bedingt, betagt oder befristet erworbene Ansprüche, soweit es sich nicht um einen Fall des § 3 Abs. 2 Nr. 5 handelt, vor dem Zeitpunkt des Eintritts der Bedingung oder des Ereignisses gewährt wird.

(2) [1]Im Fall des Absatzes 1 Nr. 7 ist der Versteuerung auf Antrag das Verhältnis des Nacherben zum Erblasser zugrunde zu legen. [2]§ 6 Abs. 2 Satz 3 bis 5 gilt entsprechend.

(3) Gegenleistungen, die nicht in Geld veranschlagt werden können, werden bei der Feststellung, ob eine Bereicherung vorliegt, nicht berücksichtigt.

(4) Die Steuerpflicht einer Schenkung wird nicht dadurch ausgeschlossen, dass sie zur Belohnung oder unter einer Auflage gemacht oder in die Form eines lästigen Vertrags gekleidet wird.

(5) [1]Ist Gegenstand der Schenkung eine Beteiligung an einer Personengesellschaft, in deren Gesellschaftsvertrag bestimmt ist, dass der neue Gesellschafter bei Auflösung der Gesellschaft oder im Fall eines vorherigen Ausscheidens nur den Buchwert seines Kapitalanteils erhält, werden diese Bestimmungen bei der Feststellung der Bereicherung nicht berücksichtigt. [2]Soweit die Bereicherung den Buchwert des Kapitalanteils übersteigt, gilt sie als auflösend bedingt erworben.

(6) Wird eine Beteiligung an einer Personengesellschaft mit einer Gewinnbeteiligung ausgestattet, die insbesondere der Kapitaleinlage, der Arbeits- oder der sonstigen Leistung des Gesellschafters für die Gesellschaft nicht entspricht oder die einem fremden Dritten üblicherweise nicht eingeräumt würde, gilt das Übermaß an Gewinnbeteiligung als selbständige Schenkung, die mit dem Kapitalwert anzusetzen ist.

1) **Anm. d. Red.:** § 7 Abs. 1 und 7 i. d. F. des Art. 1 Nr. 6 ErbStRG v. 24. 12. 2008 (BGBl I 3018).

(7) [1]Als Schenkung gilt auch der auf dem Ausscheiden eines Gesellschafters beruhende Übergang des Anteils oder des Teils eines Anteils eines Gesellschafters einer Personengesellschaft oder Kapitalgesellschaft auf die anderen Gesellschafter oder die Gesellschaft, soweit der Wert, der sich für seinen Anteil zur Zeit seines Ausscheidens nach § 12 ergibt, den Abfindungsanspruch übersteigt. [2]Wird auf Grund einer Regelung im Gesellschaftsvertrag einer Gesellschaft mit beschränkter Haftung der Geschäftsanteil eines Gesellschafters bei dessen Ausscheiden eingezogen und übersteigt der sich nach § 12 ergebende Wert seines Anteils zur Zeit seines Ausscheidens den Abfindungsanspruch, gilt die insoweit bewirkte Werterhöhung der Anteile der verbleibenden Gesellschafter als Schenkung des ausgeschiedenen Gesellschafters. [3]Bei Übertragungen im Sinne des § 10 Abs. 10 gelten die Sätze 1 und 2 sinngemäß.

§ 8 Zweckzuwendungen

Zweckzuwendungen sind Zuwendungen von Todes wegen oder freigebige Zuwendungen unter Lebenden, die mit der Auflage verbunden sind, zugunsten eines bestimmten Zwecks verwendet zu werden, oder die von der Verwendung zugunsten eines bestimmten Zwecks abhängig sind, soweit hierdurch die Bereicherung des Erwerbers gemindert wird.

§ 9[1)2)] Entstehung der Steuer

(1) Die Steuer entsteht

1. bei Erwerben von Todes wegen mit dem Tode des Erblassers, jedoch
   a) für den Erwerb des unter einer aufschiebenden Bedingung, unter einer Betagung oder Befristung Bedachten sowie für zu einem Erwerb gehörende aufschiebend bedingte, betagte oder befristete Ansprüche mit dem Zeitpunkt des Eintritts der Bedingung oder des Ereignisses,
   b) für den Erwerb eines geltend gemachten Pflichtteilsanspruchs mit dem Zeitpunkt der Geltendmachung,
   c) im Fall des § 3 Abs. 2 Nr. 1 Satz 1 mit dem Zeitpunkt der Anerkennung der Stiftung als rechtsfähig und im Fall des § 3 Abs. 2 Nr. 1 Satz 2 mit dem Zeitpunkt der Bildung oder Ausstattung der Vermögensmasse,
   d) in den Fällen des § 3 Abs. 2 Nr. 2 mit dem Zeitpunkt der Vollziehung der Auflage oder der Erfüllung der Bedingung,
   e) in den Fällen des § 3 Abs. 2 Nr. 3 mit dem Zeitpunkt der Genehmigung,
   f) in den Fällen des § 3 Abs. 2 Nr. 4 mit dem Zeitpunkt des Verzichts oder der Ausschlagung,
   g) im Fall des § 3 Abs. 2 Nr. 5 mit dem Zeitpunkt der Vereinbarung über die Abfindung,
   h) für den Erwerb des Nacherben mit dem Zeitpunkt des Eintritts der Nacherbfolge,
   i) im Fall des § 3 Abs. 2 Nr. 6 mit dem Zeitpunkt der Übertragung der Anwartschaft,
   j) im Fall des § 3 Abs. 2 Nr. 7 mit dem Zeitpunkt der Geltendmachung des Anspruchs;
2. bei Schenkungen unter Lebenden mit dem Zeitpunkt der Ausführung der Zuwendung;
3. bei Zweckzuwendungen mit dem Zeitpunkt des Eintritts der Verpflichtung des Beschwerten;
4. in den Fällen des § 1 Abs. 1 Nr. 4 in Zeitabständen von je 30 Jahren seit dem Zeitpunkt des ersten Übergangs von Vermögen auf die Stiftung oder auf den Verein. [2]Fällt bei Stiftungen oder Vereinen der Zeitpunkt des ersten Übergangs von Ver-

1) **Anm. d. Red.:** § 9 Abs. 1 i. d. F. des Art. 1 Nr. 7 ErbStRG v. 24. 12. 2008 (BGBl I 3018).

2) **Anm. d. Red.:** Zur Anwendung des § 9 siehe § 37a Abs. 2.

mögen auf den 1. Januar 1954 oder auf einen früheren Zeitpunkt, entsteht die Steuer erstmals am 1. Januar 1984. [3]Bei Stiftungen und Vereinen, bei denen die Steuer erstmals am 1. Januar 1984 entsteht, richtet sich der Zeitraum von 30 Jahren nach diesem Zeitpunkt.

(2) In den Fällen der Aussetzung der Versteuerung nach § 25 Abs. 1 Buchstabe a gilt die Steuer für den Erwerb des belasteten Vermögens als mit dem Zeitpunkt des Erlöschens der Belastung entstanden.

II. Wertermittlung

§ 10[1] Steuerpflichtiger Erwerb

(1) [1]Als steuerpflichtiger Erwerb gilt die Bereicherung des Erwerbers, soweit sie nicht steuerfrei ist (§§ 5, 13, 13a, 13c, 16, 17 und 18). [2]In den Fällen des § 3 gilt unbeschadet Absatz 10 als Bereicherung der Betrag, der sich ergibt, wenn von dem nach § 12 zu ermittelnden Wert des gesamten Vermögensanfalls, soweit er der Besteuerung nach diesem Gesetz unterliegt, die nach den Absätzen 3 bis 9 abzugsfähigen Nachlassverbindlichkeiten mit ihrem nach § 12 zu ermittelnden Wert abgezogen werden. [3]Steuererstattungsansprüche des Erblassers sind zu berücksichtigen, wenn sie rechtlich entstanden sind (§ 37 Abs. 2 der Abgabenordnung). [4]Der unmittelbare oder mittelbare Erwerb einer Beteiligung an einer Personengesellschaft oder einer anderen Gesamthandsgemeinschaft, die nicht unter § 97 Abs. 1 Satz 1 Nr. 5 des Bewertungsgesetzes fällt, gilt als Erwerb der anteiligen Wirtschaftsgüter; die dabei übergehenden Schulden und Lasten der Gesellschaft sind bei der Ermittlung der Bereicherung des Erwerbers wie eine Gegenleistung zu behandeln. [5]Bei der Zweckzuwendung tritt an die Stelle des Vermögensanfalls die Verpflichtung des Beschwerten. [6]Der steuerpflichtige Erwerb wird auf volle 100 Euro nach unten abgerundet. [7]In den Fällen des § 1 Abs. 1 Nr. 4 tritt an die Stelle des Vermögensanfalls das Vermögen der Stiftung oder des Vereins.

(2) Hat der Erblasser die Entrichtung der von dem Erwerber geschuldeten Steuer einem anderen auferlegt oder hat der Schenker die Entrichtung der vom Beschenkten geschuldeten Steuer selbst übernommen oder einem anderen auferlegt, gilt als Erwerb der Betrag, der sich bei einer Zusammenrechnung des Erwerbs nach Absatz 1 mit der aus ihm errechneten Steuer ergibt.

(3) Die infolge des Anfalls durch Vereinigung von Recht und Verbindlichkeit oder von Recht und Belastung erloschenen Rechtsverhältnisse gelten als nicht erloschen.

(4) Die Anwartschaft eines Nacherben gehört nicht zu seinem Nachlass.

(5) Von dem Erwerb sind, soweit sich nicht aus den Absätzen 6 bis 9 etwas anderes ergibt, als Nachlassverbindlichkeiten abzugsfähig

1. die vom Erblasser herrührenden Schulden, soweit sie nicht mit einem zum Erwerb gehörenden Gewerbebetrieb, Anteil an einem Gewerbebetrieb, Betrieb der Land- und Forstwirtschaft oder Anteil an einem Betrieb der Land- und Forstwirtschaft in wirtschaftlichem Zusammenhang stehen und bereits bei der Bewertung der wirtschaftlichen Einheit berücksichtigt worden sind;
2. Verbindlichkeiten aus Vermächtnissen, Auflagen und geltend gemachten Pflichtteilen und Erbersatzansprüchen;
3. die Kosten der Bestattung des Erblassers, die Kosten für ein angemessenes Grabdenkmal, die Kosten für die übliche Grabpflege mit ihrem Kapitalwert für eine unbestimmte Dauer sowie die Kosten, die dem Erwerber unmittelbar im Zusammenhang mit der Abwicklung, Regelung oder Verteilung des Nachlasses oder mit der Erlangung des Erwerbs entstehen. [2]Für diese Kosten wird insgesamt ein Betrag von 10 300 Euro ohne Nachweis abgezogen. [3]Kosten für die Verwaltung des Nachlasses sind nicht abzugsfähig.

1) **Anm. d. Red.:** § 10 Abs. 1, 5 und 6 i. d. F., Abs. 10 angefügt gem. Art. 1 Nr. 8 ErbStRG v. 24. 12. 2008 (BGBl I 3018).

(6) [1]Nicht abzugsfähig sind Schulden und Lasten, soweit sie in wirtschaftlichem Zusammenhang mit Vermögensgegenständen stehen, die nicht der Besteuerung nach diesem Gesetz unterliegen. [2]Beschränkt sich die Besteuerung auf einzelne Vermögensgegenstände (§ 2 Abs. 1 Nr. 3, § 19 Abs. 2), sind nur die damit in wirtschaftlichem Zusammenhang stehenden Schulden und Lasten abzugsfähig. [3]Schulden und Lasten, die mit teilweise befreiten Vermögensgegenständen in wirtschaftlichem Zusammenhang stehen, sind nur mit dem Betrag abzugsfähig, der dem steuerpflichtigen Teil entspricht. [4]Schulden und Lasten, die mit nach § 13a befreitem Vermögen in wirtschaftlichem Zusammenhang stehen, sind nur mit dem Betrag abzugsfähig, der dem Verhältnis des nach Anwendung des § 13a anzusetzenden Werts dieses Vermögens zu dem Wert vor Anwendung des § 13a entspricht. [5]Schulden und Lasten, die mit nach § 13c befreitem Vermögen in wirtschaftlichem Zusammenhang stehen, sind nur mit dem Betrag abzugsfähig, der dem Verhältnis des nach Anwendung des § 13c anzusetzenden Werts dieses Vermögens zu dem Wert vor Anwendung des § 13c entspricht. [6]Haben sich Nutzungsrechte als Grundstücksbelastungen bei der Ermittlung des gemeinen Werts einer wirtschaftlichen Einheit des Grundbesitzes ausgewirkt, ist deren Abzug bei der Erbschaftsteuer ausgeschlossen.

(7) In den Fällen des § 1 Abs. 1 Nr. 4 sind Leistungen an die nach der Stiftungsurkunde oder nach der Vereinssatzung Berechtigten nicht abzugsfähig.

(8) Die von dem Erwerber zu entrichtende eigene Erbschaftsteuer ist nicht abzugsfähig.

(9) Auflagen, die dem Beschwerten selbst zugute kommen, sind nicht abzugsfähig.

(10) [1]Überträgt ein Erbe ein auf ihn von Todes wegen übergegangenes Mitgliedschaftsrecht an einer Personengesellschaft unverzüglich nach dessen Erwerb auf Grund einer im Zeitpunkt des Todes des Erblassers bestehenden Regelung im Gesellschaftsvertrag an die Mitgesellschafter und ist der Wert, der sich für seinen Anteil zur Zeit des Todes des Erblassers nach § 12 ergibt, höher als der gesellschaftsvertraglich festgelegte Abfindungsanspruch, so gehört nur der Abfindungsanspruch zum Vermögensanfall im Sinne des Absatzes 1 Satz 2. [2]Überträgt ein Erbe einen auf ihn von Todes wegen übergegangenen Geschäftsanteil an einer Gesellschaft mit beschränkter Haftung unverzüglich nach dessen Erwerb auf Grund einer im Zeitpunkt des Todes des Erblassers bestehenden Regelung im Gesellschaftsvertrag an die Mitgesellschafter oder wird der Geschäftsanteil auf Grund einer im Zeitpunkt des Todes des Erblassers bestehenden Regelung im Gesellschaftsvertrag von der Gesellschaft eingezogen und ist der Wert, der sich für seinen Anteil zur Zeit des Todes des Erblassers nach § 12 ergibt, höher als der gesellschaftsvertraglich festgelegte Abfindungsanspruch, so gehört nur der Abfindungsanspruch zum Vermögensanfall im Sinne des Absatzes 1 Satz 2.

§ 11 Bewertungsstichtag

Für die Wertermittlung ist, soweit in diesem Gesetz nichts anderes bestimmt ist, der Zeitpunkt der Entstehung der Steuer maßgebend.

§ 12[1)] Bewertung

(1) Die Bewertung richtet sich, soweit nicht in den Absätzen 2 bis 7 etwas anderes bestimmt ist, nach den Vorschriften des Ersten Teils des Bewertungsgesetzes (Allgemeine Bewertungsvorschriften) in der Fassung der Bekanntmachung vom 1. Februar 1991 (BGBl I S. 230), zuletzt geändert durch Artikel 2 des Gesetzes vom 24. Dezember 2008 (BGBl I S. 3018), in der jeweils geltenden Fassung.

(2) Anteile an Kapitalgesellschaften, für die ein Wert nach § 151 Abs. 1 Satz 1 Nr. 3 des Bewertungsgesetzes festzustellen ist, sind mit dem auf den Bewertungsstichtag (§ 11) festgestellten Wert anzusetzen.

1) **Anm. d. Red.:** § 12 i. d. F. des Art. 1 Nr. 9 ErbStRG v. 24. 12. 2008 (BGBl I 3018).

(3) Grundbesitz (§ 19 Abs. 1 des Bewertungsgesetzes) ist mit dem nach § 151 Abs. 1 Satz 1 Nr. 1 des Bewertungsgesetzes auf den Bewertungsstichtag (§ 11) festgestellten Wert anzusetzen.

(4) Bodenschätze, die nicht zum Betriebsvermögen gehören, werden angesetzt, wenn für sie Absetzungen für Substanzverringerung bei der Einkunftsermittlung vorzunehmen sind; sie werden mit ihren ertragsteuerlichen Werten angesetzt.

(5) Inländisches Betriebsvermögen, für das ein Wert nach § 151 Abs. 1 Satz 1 Nr. 2 des Bewertungsgesetzes festzustellen ist, ist mit dem auf den Bewertungsstichtag (§ 11) festgestellten Wert anzusetzen.

(6) Gehört zum Erwerb ein Anteil an Wirtschaftsgütern und Schulden, für die ein Wert nach § 151 Abs. 1 Satz 1 Nr. 4 des Bewertungsgesetzes festzustellen ist, ist der darauf entfallende Teilbetrag des auf den Bewertungsstichtag (§ 11) festgestellten Werts anzusetzen.

(7) Ausländischer Grundbesitz und ausländisches Betriebsvermögen werden nach § 31 des Bewertungsgesetzes bewertet.

§ 13[1)] Steuerbefreiungen

(1) Steuerfrei bleiben

1. a) Hausrat einschließlich Wäsche und Kleidungsstücke beim Erwerb durch Personen der Steuerklasse I, soweit der Wert insgesamt 41 000 Euro nicht übersteigt,
   b) andere bewegliche körperliche Gegenstände, die nicht nach Nummer 2 befreit sind, beim Erwerb durch Personen der Steuerklasse I, soweit der Wert insgesamt 12 000 Euro nicht übersteigt,
   c) Hausrat einschließlich Wäsche und Kleidungsstücke und andere bewegliche körperliche Gegenstände, die nicht nach Nummer 2 befreit sind, beim Erwerb durch Personen der Steuerklassen II und III, soweit der Wert insgesamt 12 000 Euro nicht übersteigt.

   [2]Beim Erwerb durch einen Lebenspartner ist anstelle der Befreiung nach Satz 1 Buchstabe c die Befreiung nach Satz 1 Buchstabe a und b anzuwenden. [3]Die Befreiung gilt nicht für Gegenstände, die zum land- und forstwirtschaftlichen Vermögen, zum Grundvermögen oder zum Betriebsvermögen gehören, für Zahlungsmittel, Wertpapiere, Münzen, Edelmetalle, Edelsteine und Perlen;
2. Grundbesitz oder Teile von Grundbesitz, Kunstgegenstände, Kunstsammlungen, wissenschaftliche Sammlungen, Bibliotheken und Archive
   a) mit 60 Prozent ihres Werts, jedoch Grundbesitz und Teile von Grundbesitz mit 85 Prozent ihres Werts, wenn die Erhaltung dieser Gegenstände wegen ihrer Bedeutung für Kunst, Geschichte oder Wissenschaft im öffentlichen Interesse liegt, die jährlichen Kosten in der Regel die erzielten Einnahmen übersteigen und die Gegenstände in einem den Verhältnissen entsprechenden Umfang den Zwecken der Forschung oder der Volksbildung nutzbar gemacht sind oder werden,
   b) in vollem Umfang, wenn die Voraussetzungen des Buchstabens a erfüllt sind und ferner
      aa) der Steuerpflichtige bereit ist, die Gegenstände den geltenden Bestimmungen der Denkmalspflege zu unterstellen,
      bb) die Gegenstände sich seit mindestens 20 Jahren im Besitz der Familie befinden oder in dem Verzeichnis national wertvollen Kulturguts oder national wertvoller Archive nach dem Gesetz zum Schutz deutschen Kulturgutes gegen Abwanderung in der Fassung der Bekanntmachung vom 8. Juli 1999 (BGBl I S. 1754), zuletzt geändert durch Artikel 2 des Gesetzes vom 18. Mai 2007 (BGBl I S. 757, 2547), in der jeweils geltenden Fassung eingetragen sind.

1) **Anm. d. Red.:** § 13 Abs. 1 i. d. F. des Art. 1 Nr. 10 und 25 ErbStRG v. 24. 12. 2008 (BGBl I 3018).

²Die Steuerbefreiung fällt mit Wirkung für die Vergangenheit weg, wenn die Gegenstände innerhalb von zehn Jahren nach dem Erwerb veräußert werden oder die Voraussetzungen für die Steuerbefreiung innerhalb dieses Zeitraums entfallen;

3. Grundbesitz oder Teile von Grundbesitz, der für Zwecke der Volkswohlfahrt der Allgemeinheit ohne gesetzliche Verpflichtung zur Benutzung zugänglich gemacht ist und dessen Erhaltung im öffentlichen Interesse liegt, wenn die jährlichen Kosten in der Regel die erzielten Einnahmen übersteigen. ²Die Steuerbefreiung fällt mit Wirkung für die Vergangenheit weg, wenn der Grundbesitz oder Teile des Grundbesitzes innerhalb von zehn Jahren nach dem Erwerb veräußert werden oder die Voraussetzungen für die Steuerbefreiung innerhalb dieses Zeitraums entfallen;

4. ein Erwerb nach § 1969 des Bürgerlichen Gesetzbuchs;

4a. Zuwendungen unter Lebenden, mit denen ein Ehegatte dem anderen Ehegatten Eigentum oder Miteigentum an einem im Inland oder in einem Mitgliedstaat der Europäischen Union oder einem Staat des Europäischen Wirtschaftsraums belegenen bebauten Grundstück im Sinne des § 181 Abs. 1 Nr. 1 bis 5 des Bewertungsgesetzes verschafft, soweit darin eine Wohnung zu eigenen Wohnzwecken genutzt wird (Familienheim), oder den anderen Ehegatten von eingegangenen Verpflichtungen im Zusammenhang mit der Anschaffung oder der Herstellung des Familienheims freistellt. ²Entsprechendes gilt, wenn ein Ehegatte nachträglichen Herstellungs- oder Erhaltungsaufwand für ein Familienheim trägt, das im gemeinsamen Eigentum der Ehegatten oder im Eigentum des anderen Ehegatten steht. ³Die Sätze 1 und 2 gelten für Zuwendungen zwischen Lebenspartnern entsprechend;

4b. der Erwerb von Todes wegen des Eigentums oder Miteigentums an einem im Inland oder in einem Mitgliedstaat der Europäischen Union oder einem Staat des Europäischen Wirtschaftsraums belegenen bebauten Grundstück im Sinne des § 181 Abs. 1 Nr. 1 bis 5 des Bewertungsgesetzes durch den überlebenden Ehegatten oder den überlebenden Lebenspartner, soweit der Erblasser darin bis zum Erbfall eine Wohnung zu eigenen Wohnzwecken genutzt hat oder bei der er aus zwingenden Gründen an einer Selbstnutzung zu eigenen Wohnzwecken gehindert war und die beim Erwerber unverzüglich zur Selbstnutzung zu eigenen Wohnzwecken bestimmt ist (Familienheim). ²Ein Erwerber kann die Steuerbefreiung nicht in Anspruch nehmen, soweit er das begünstigte Vermögen auf Grund einer letztwilligen Verfügung des Erblassers oder einer rechtsgeschäftlichen Verfügung des Erblassers auf einen Dritten übertragen muss. ³Gleiches gilt, wenn ein Erbe im Rahmen der Teilung des Nachlasses begünstigtes Vermögen auf einen Miterben überträgt. ⁴Überträgt ein Erbe erworbenes begünstigtes Vermögen im Rahmen der Teilung des Nachlasses auf einen Dritten und gibt der Dritte dabei diesem Erwerber nicht begünstigtes Vermögen hin, das er vom Erblasser erworben hat, erhöht sich insoweit der Wert des begünstigten Vermögens des Dritten um den Wert des hingegebenen Vermögens, höchstens jedoch um den Wert des übertragenen Vermögens. ⁵Die Steuerbefreiung fällt mit Wirkung für die Vergangenheit weg, wenn der Erwerber das Familienheim innerhalb von zehn Jahren nach dem Erwerb nicht mehr zu Wohnzwecken selbst nutzt, es sei denn, er ist aus zwingenden Gründen an einer Selbstnutzung zu eigenen Wohnzwecken gehindert;

4c. der Erwerb von Todes wegen des Eigentums oder Miteigentums an einem im Inland oder in einem Mitgliedstaat der Europäischen Union oder einem Staat des Europäischen Wirtschaftsraums belegenen bebauten Grundstück im Sinne des § 181 Abs. 1 Nr. 1 bis 5 des Bewertungsgesetzes durch Kinder im Sinne der Steuerklasse I Nr. 2 und der Kinder verstorbener Kinder im Sinne der Steuerklasse I Nr. 2, soweit der Erblasser darin bis zum Erbfall eine Wohnung zu eigenen Wohnzwecken genutzt hat oder bei der er aus zwingenden Gründen an einer Selbstnutzung zu eigenen Wohnzwecken gehindert war, die beim Erwerber unverzüglich zur Selbstnutzung zu eigenen Wohnzwecken bestimmt ist (Familienheim) und soweit die Wohnfläche der Wohnung 200 Quadratmeter nicht übersteigt. ²Ein Erwerber kann die Steuerbefreiung nicht in Anspruch nehmen, soweit er das begünstigte Vermögen auf Grund einer letztwilligen Verfügung des Erblassers oder einer rechtsgeschäftlichen Verfügung des Erblassers auf einen Dritten übertragen muss. [3]Gleiches gilt, wenn ein Erbe im Rahmen der Teilung des Nachlasses begünstigtes Vermögen auf einen Miterben überträgt. [4]Überträgt ein Erbe erworbenes begünstigtes Vermögen im Rahmen der Teilung des Nachlasses auf einen Dritten und gibt der Dritte dabei diesem Erwerber nicht begünstigtes Vermögen hin, das er vom Erblasser erworben hat, erhöht sich insoweit der Wert des begünstigten Vermögens des Dritten um den Wert des hingegebenen Vermögens, höchstens jedoch um den Wert des übertragenen Vermögens. [5]Die Steuerbefreiung fällt mit Wirkung für die Vergangenheit weg, wenn der Erwerber das Familienheim innerhalb von zehn Jahren nach dem Erwerb nicht mehr zu Wohnzwecken selbst nutzt, es sei denn, er ist aus zwingenden Gründen an einer Selbstnutzung zu eigenen Wohnzwecken gehindert;

5. die Befreiung von einer Schuld gegenüber dem Erblasser, sofern die Schuld durch Gewährung von Mitteln zum Zweck des angemessenen Unterhalts oder zur Ausbildung des Bedachten begründet worden ist oder der Erblasser die Befreiung mit Rücksicht auf die Notlage des Schuldners angeordnet hat und diese auch durch die Zuwendung nicht beseitigt wird. [2]Die Steuerbefreiung entfällt, soweit die Steuer aus der Hälfte einer neben der erlassenen Schuld dem Bedachten anfallenden Zuwendung gedeckt werden kann;
6. ein Erwerb, der Eltern, Adoptiveltern, Stiefeltern oder Großeltern des Erblassers anfällt, sofern der Erwerb zusammen mit dem übrigen Vermögen des Erwerbers 41 000 Euro nicht übersteigt und der Erwerber infolge körperlicher oder geistiger Gebrechen und unter Berücksichtigung seiner bisherigen Lebensstellung als erwerbsunfähig anzusehen ist oder durch die Führung eines gemeinsamen Hausstands mit erwerbsunfähigen oder in der Ausbildung befindlichen Abkömmlingen an der Ausübung einer Erwerbstätigkeit gehindert ist. [2]Übersteigt der Wert des Erwerbs zusammen mit dem übrigen Vermögen des Erwerbers den Betrag von 41 000 Euro, wird die Steuer nur insoweit erhoben, als sie aus der Hälfte des die Wertgrenze übersteigenden Betrags gedeckt werden kann;
7. Ansprüche nach den folgenden Gesetzen in der jeweils geltenden Fassung:
   a) Lastenausgleichsgesetz,
   b) Flüchtlingshilfegesetz in der Fassung der Bekanntmachung vom 15. Mai 1971 (BGBl I S. 681), zuletzt geändert durch Artikel 6a des Gesetzes vom 21. Juli 2004 (BGBl I S. 1742),
   c) Allgemeines Kriegsfolgengesetz in der im Bundesgesetzblatt Teil III, Gliederungsnummer 653-1, veröffentlichten bereinigten Fassung, zuletzt geändert durch Artikel 127 der Verordnung vom 31. Oktober 2006 (BGBl I S. 2407),
   d) Gesetz zur Regelung der Verbindlichkeiten nationalsozialistischer Einrichtungen und der Rechtsverhältnisse an deren Vermögen vom 17. März 1965 (BGBl I S. 79), zuletzt geändert durch Artikel 2 Abs. 17 des Gesetzes vom 12. August 2005 (BGBl I S. 2354),
   e) Häftlingshilfegesetz, Strafrechtliches Rehabilitierungsgesetz sowie Bundesvertriebenengesetz,
   f) Vertriebenenzuwendungsgesetz vom 27. September 1994 (BGBl I S. 2624, 2635), zuletzt geändert durch Artikel 4 Abs. 43 des Gesetzes vom 22. September 2005 (BGBl I S. 2809),
   g) Verwaltungsrechtliches Rehabilitierungsgesetz in der Fassung der Bekanntmachung vom 1. Juli 1997 (BGBl I S. 1620), zuletzt geändert durch Artikel 2 des Gesetzes vom 21. August 2007 (BGBl I S. 2118), und
   h) Berufliches Rehabilitierungsgesetz in der Fassung der Bekanntmachung vom 1. Juli 1997 (BGBl I S. 1625), zuletzt geändert durch Artikel 3 des Gesetzes vom 21. August 2007 (BGBl I S. 2118);
8. Ansprüche auf Entschädigungsleistungen nach den folgenden Gesetzen in der jeweils geltenden Fassung:

a) Bundesentschädigungsgesetz in der im Bundesgesetzblatt Teil III, Gliederungsnummer 251-1, veröffentlichten bereinigten Fassung, zuletzt geändert durch Artikel 7 Abs. 4 des Gesetzes vom 26. März 2007 (BGBl I S. 358), sowie

b) Gesetz über Entschädigungen für Opfer des Nationalsozialismus im Beitrittsgebiet vom 22. April 1992 (BGBl I S. 906);

9. ein steuerpflichtiger Erwerb bis zu 20 000 Euro, der Personen anfällt, die dem Erblasser unentgeltlich oder gegen unzureichendes Entgelt Pflege oder Unterhalt gewährt haben, soweit das Zugewendete als angemessenes Entgelt anzusehen ist;

9a. Geldzuwendungen unter Lebenden, die eine Pflegeperson für Leistungen zur Grundpflege oder hauswirtschaftlichen Versorgung vom Pflegebedürftigen erhält, bis zur Höhe des nach § 37 des Elften Buches Sozialgesetzbuch gewährten Pflegegeldes oder eines entsprechenden Pflegegeldes aus privaten Versicherungsverträgen nach den Vorgaben des Elften Buches Sozialgesetzbuch (private Pflegepflichtversicherung) oder einer Pauschalbeihilfe nach den Beihilfevorschriften für häusliche Pflege;

10. Vermögensgegenstände, die Eltern oder Voreltern ihren Abkömmlingen durch Schenkung oder Übergabevertrag zugewandt hatten und die an diese Personen von Todes wegen zurückfallen;

11. der Verzicht auf die Geltendmachung des Pflichtteilsanspruchs oder des Erbersatzanspruchs;

12. Zuwendungen unter Lebenden zum Zwecke des angemessenen Unterhalts oder zur Ausbildung des Bedachten;

13. Zuwendungen an Pensions- und Unterstützungskassen im Sinne des § 5 Abs. 1 Nr. 3 des Körperschaftsteuergesetzes, wenn sie die für eine Befreiung von der Körperschaftsteuer erforderlichen Voraussetzungen erfüllen. [2]Ist eine Kasse nach § 6 des Körperschaftsteuergesetzes teilweise steuerpflichtig, ist auch die Zuwendung im gleichen Verhältnis steuerpflichtig. [3]Die Befreiung fällt mit Wirkung für die Vergangenheit weg, wenn die Voraussetzungen des § 5 Abs. 1 Nr. 3 des Körperschaftsteuergesetzes innerhalb von zehn Jahren nach der Zuwendung entfallen;

14. die üblichen Gelegenheitsgeschenke;

15. Anfälle an den Bund, ein Land oder eine inländische Gemeinde (Gemeindeverband) sowie solche Anfälle, die ausschließlich Zwecken des Bundes, eines Landes oder einer inländischen Gemeinde (Gemeindeverband) dienen;

16. Zuwendungen

a) an inländische Religionsgesellschaften des öffentlichen Rechts oder an inländische jüdische Kultusgemeinden,

b) an inländische Körperschaften, Personenvereinigungen und Vermögensmassen, die nach der Satzung, dem Stiftungsgeschäft oder der sonstigen Verfassung und nach ihrer tatsächlichen Geschäftsführung ausschließlich und unmittelbar kirchlichen, gemeinnützigen oder mildtätigen Zwecken dienen. [2]Die Befreiung fällt mit Wirkung für die Vergangenheit weg, wenn die Voraussetzungen für die Anerkennung der Körperschaft, Personenvereinigung oder Vermögensmasse als kirchliche, gemeinnützige oder mildtätige Institution innerhalb von zehn Jahren nach der Zuwendung entfallen und das Vermögen nicht begünstigten Zwecken zugeführt wird,

c) an ausländische Religionsgesellschaften, Körperschaften, Personenvereinigungen und Vermögensmassen der in den Buchstaben a und b bezeichneten Art unter der Voraussetzung, dass der ausländische Staat für Zuwendungen an deutsche Rechtsträger der in den Buchstaben a und b bezeichneten Art eine entsprechende Steuerbefreiung gewährt und das Bundesministerium der Finanzen dies durch förmlichen Austausch entsprechender Erklärungen mit dem ausländischen Staat feststellt;

17. Zuwendungen, die ausschließlich kirchlichen, gemeinnützigen oder mildtätigen Zwecken gewidmet sind, sofern die Verwendung zu dem bestimmten Zweck gesichert ist;
18. Zuwendungen an
    a) politische Parteien im Sinne des § 2 des Parteiengesetzes,
    b) Vereine ohne Parteicharakter, wenn
        aa) der Zweck des Vereins ausschließlich darauf gerichtet ist, durch Teilnahme mit eigenen Wahlvorschlägen an Wahlen auf Bundes-, Landes- oder Kommunalebene bei der politischen Willensbildung mitzuwirken, und
        bb) der Verein auf Bundes-, Landes- oder Kommunalebene bei der jeweils letzten Wahl wenigstens ein Mandat errungen oder der zuständigen Wahlbehörde oder dem zuständigen Wahlorgan angezeigt hat, dass er mit eigenen Wahlvorschlägen auf Bundes-, Landes- oder Kommunalebene an der jeweils nächsten Wahl teilnehmen will.

    [2]Die Steuerbefreiung fällt mit Wirkung für die Vergangenheit weg, wenn der Verein an der jeweils nächsten Wahl nach der Zuwendung nicht teilnimmt, es sei denn, dass der Verein sich ernsthaft um eine Teilnahme bemüht hat.

(2) [1]Angemessen im Sinne des Absatzes 1 Nr. 5 und 12 ist eine Zuwendung, die den Vermögensverhältnissen und der Lebensstellung des Bedachten entspricht. [2]Eine dieses Maß übersteigende Zuwendung ist in vollem Umfang steuerpflichtig.

(3) [1]Jede Befreiungsvorschrift ist für sich anzuwenden. [2]In den Fällen des Absatzes 1 Nr. 2 und 3 kann der Erwerber der Finanzbehörde bis zur Unanfechtbarkeit der Steuerfestsetzung erklären, dass er auf die Steuerbefreiung verzichtet.

§ 13a[1)2)] Steuerbefreiung für Betriebsvermögen, Betriebe der Land- und Forstwirtschaft und Anteile an Kapitalgesellschaften

(1) [1]Der Wert von Betriebsvermögen, land- und forstwirtschaftlichem Vermögen und Anteilen an Kapitalgesellschaften im Sinne des § 13b Abs. 4 bleibt insgesamt außer Ansatz (Verschonungsabschlag). [2]Voraussetzung ist, dass die Summe der maßgebenden jährlichen Lohnsummen (Absatz 4) des Betriebs, bei Beteiligungen an einer Personengesellschaft oder Anteilen an einer Kapitalgesellschaft des Betriebs der jeweiligen Gesellschaft, innerhalb von fünf Jahren nach dem Erwerb (Lohnsummenfrist) insgesamt 400 Prozent der Ausgangslohnsumme nicht unterschreitet (Mindestlohnsumme). [3]Ausgangslohnsumme ist die durchschnittliche Lohnsumme der letzten fünf vor dem Zeitpunkt der Entstehung der Steuer endenden Wirtschaftsjahre. [4]Satz 2 ist nicht anzuwenden, wenn die Ausgangslohnsumme 0 Euro beträgt oder der Betrieb nicht mehr als 20 Beschäftigte hat. [5]Unterschreitet die Summe der maßgebenden jährlichen Lohnsummen die Mindestlohnsumme, vermindert sich der nach Satz 1 zu gewährende Verschonungsabschlag mit Wirkung für die Vergangenheit in demselben prozentualen Umfang, wie die Mindestlohnsumme unterschritten wird.

(2) [1]Der nicht unter § 13b Abs. 4 fallende Teil des Vermögens im Sinne des § 13b Abs. 1 bleibt vorbehaltlich des Satzes 3 außer Ansatz, soweit der Wert dieses Vermögens insgesamt 150 000 Euro nicht übersteigt (Abzugsbetrag). [2]Der Abzugsbetrag von 150 000 Euro verringert sich, wenn der Wert dieses Vermögens insgesamt die Wertgrenze von 150 000 Euro übersteigt, um 50 Prozent des diese Wertgrenze übersteigenden Betrags. [3]Der Abzugsbetrag kann innerhalb von zehn Jahren für von derselben Person anfallende Erwerbe nur einmal berücksichtigt werden.

(3) [1]Ein Erwerber kann den Verschonungsabschlag (Absatz 1) und den Abzugsbetrag (Absatz 2) nicht in Anspruch nehmen, soweit er Vermögen im Sinne des § 13b Abs. 1 auf

1) **Anm. d. Red.:** § 13a Abs. 1, 5 und 8 i. d. F. des Art. 6 Nr. 1 Wachstumsbeschleunigungsgesetz v. 22. 12. 2009 (BGBl I 3950); Abs. 2, 3, 4, 6, 7 und 9 i. d. F. des Art. 1 Nr. 11 ErbStRG v. 24. 12. 2008 (BGBl I 3018).

2) **Anm. d. Red.:** Zur Anwendung des § 13a siehe § 37 Abs. 3.

ErbStG

Grund einer letztwilligen Verfügung des Erblassers oder einer rechtsgeschäftlichen Verfügung des Erblassers oder Schenkers auf einen Dritten übertragen muss. [2]Gleiches gilt, wenn ein Erbe im Rahmen der Teilung des Nachlasses Vermögen im Sinne des § 13b Abs. 1 auf einen Miterben überträgt.

(4) [1]Die Lohnsumme umfasst alle Vergütungen (Löhne und Gehälter und andere Bezüge und Vorteile), die im maßgebenden Wirtschaftsjahr an die auf den Lohn- und Gehaltslisten erfassten Beschäftigten gezahlt werden; außer Ansatz bleiben Vergütungen an solche Arbeitnehmer, die nicht ausschließlich oder überwiegend in dem Betrieb tätig sind. [2]Zu den Vergütungen zählen alle Geld- oder Sachleistungen für die von den Beschäftigten erbrachte Arbeit, unabhängig davon, wie diese Leistungen bezeichnet werden und ob es sich um regelmäßige oder unregelmäßige Zahlungen handelt. [3]Zu den Löhnen und Gehältern gehören auch alle von den Beschäftigten zu entrichtenden Sozialbeiträge, Einkommensteuern und Zuschlagsteuern auch dann, wenn sie vom Arbeitgeber einbehalten und von ihm im Namen des Beschäftigten direkt an den Sozialversicherungsträger und die Steuerbehörde abgeführt werden. [4]Zu den Löhnen und Gehältern zählen alle vom Beschäftigten empfangenen Sondervergütungen, Prämien, Gratifikationen, Abfindungen, Zuschüsse zu Lebenshaltungskosten, Familienzulagen, Provisionen, Teilnehmergebühren und vergleichbare Vergütungen. [5]Gehören zum Betriebsvermögen des Betriebs, bei Beteiligungen an einer Personengesellschaft und Anteilen an einer Kapitalgesellschaft des Betriebs der jeweiligen Gesellschaft, unmittelbar oder mittelbar Beteiligungen an Personengesellschaften, die ihren Sitz oder ihre Geschäftsleitung im Inland, einem Mitgliedstaat der Europäischen Union oder in einem Staat des Europäischen Wirtschaftsraums haben, oder Anteile an Kapitalgesellschaften, die ihren Sitz oder ihre Geschäftsleitung im Inland, einem Mitgliedstaat der Europäischen Union oder in einem Staat des Europäischen Wirtschaftsraums haben, wenn die unmittelbare oder mittelbare Beteiligung mehr als 25 Prozent beträgt, sind die Lohnsummen dieser Gesellschaften einzubeziehen zu dem Anteil, zu dem die unmittelbare und mittelbare Beteiligung besteht.

(5) [1]Der Verschonungsabschlag (Absatz 1) und der Abzugsbetrag (Absatz 2) fallen nach Maßgabe des Satzes 2 mit Wirkung für die Vergangenheit weg, soweit der Erwerber innerhalb von fünf Jahren (Behaltensfrist)

1. einen Gewerbebetrieb oder einen Teilbetrieb, einen Anteil an einer Gesellschaft im Sinne des § 15 Abs. 1 Satz 1 Nr. 2 und Abs. 3 oder § 18 Abs. 4 des Einkommensteuergesetzes, einen Anteil eines persönlich haftenden Gesellschafters einer Kommanditgesellschaft auf Aktien oder einen Anteil daran veräußert; als Veräußerung gilt auch die Aufgabe des Gewerbebetriebs. [2]Gleiches gilt, wenn wesentliche Betriebsgrundlagen eines Gewerbebetriebs veräußert oder in das Privatvermögen überführt oder anderen betriebsfremden Zwecken zugeführt werden oder wenn Anteile an einer Kapitalgesellschaft veräußert werden, die der Veräußerer durch eine Sacheinlage (§ 20 Abs. 1 des Umwandlungssteuergesetzes vom 7. Dezember 2006 (BGBl I S. 2782, 2791), geändert durch Artikel 5 des Gesetzes vom 14. August 2007 (BGBl I S. 1912), in der jeweils geltenden Fassung) aus dem Betriebsvermögen im Sinne des § 13b erworben hat oder ein Anteil an einer Gesellschaft im Sinne des § 15 Abs. 1 Satz 1 Nr. 2 und Abs. 3 oder § 18 Abs. 4 des Einkommensteuergesetzes oder ein Anteil daran veräußert wird, den der Veräußerer durch eine Einbringung des Betriebsvermögens im Sinne des § 13b in eine Personengesellschaft (§ 24 Abs. 1 des Umwandlungssteuergesetzes) erworben hat;
2. das land- und forstwirtschaftliche Vermögen im Sinne des § 168 Abs. 1 Nr. 1 des Bewertungsgesetzes und selbst bewirtschaftete Grundstücke im Sinne des § 159 des Bewertungsgesetzes veräußert. [2]Gleiches gilt, wenn das land- und forstwirtschaftliche Vermögen dem Betrieb der Land- und Forstwirtschaft nicht mehr dauernd zu dienen bestimmt ist oder wenn der bisherige Betrieb innerhalb der Behaltensfrist als Stückländerei zu qualifizieren wäre oder Grundstücke im Sinne des § 159 des Bewertungsgesetzes nicht mehr selbst bewirtschaftet werden;
3. als Inhaber eines Gewerbebetriebs, Gesellschafter einer Gesellschaft im Sinne des § 15 Abs. 1 Nr. 2 und Abs. 3 oder § 18 Abs. 4 des Einkommensteuergesetzes oder per-

sönlich haftender Gesellschafter einer Kommanditgesellschaft auf Aktien bis zum Ende des letzten in die Fünfjahresfrist fallenden Wirtschaftsjahres Entnahmen tätigt, die die Summe seiner Einlagen und der ihm zuzurechnenden Gewinne oder Gewinnanteile seit dem Erwerb um mehr als 150 000 Euro übersteigen; Verluste bleiben unberücksichtigt. [2]Gleiches gilt für Inhaber eines begünstigten Betriebs der Land- und Forstwirtschaft oder eines Teilbetriebs oder eines Anteils an einem Betrieb der Land- und Forstwirtschaft. [3]Bei Ausschüttungen an Gesellschafter einer Kapitalgesellschaft ist sinngemäß zu verfahren;

4. Anteile an Kapitalgesellschaften im Sinne des § 13b ganz oder teilweise veräußert; eine verdeckte Einlage der Anteile in eine Kapitalgesellschaft steht der Veräußerung der Anteile gleich. [2]Gleiches gilt, wenn die Kapitalgesellschaft innerhalb der Frist aufgelöst oder ihr Nennkapital herabgesetzt wird, wenn diese wesentliche Betriebsgrundlagen veräußert und das Vermögen an die Gesellschafter verteilt wird; Satz 1 Nr. 1 Satz 2 gilt entsprechend;
5. im Fall des § 13b Abs. 1 Nr. 3 Satz 2 die Verfügungsbeschränkung oder die Stimmrechtsbündelung aufgehoben wird.

[2]Der Wegfall des Verschonungsabschlags beschränkt sich in den Fällen des Satzes 1 Nr. 1, 2, 4 und 5 auf den Teil, der dem Verhältnis der im Zeitpunkt der schädlichen Verfügung verbleibenden Behaltensfrist einschließlich des Jahres, in dem die Verfügung erfolgt, zur gesamten Behaltensfrist ergibt. [3]In den Fällen des Satzes 1 Nr. 1, 2 und 4 ist von einer Nachversteuerung abzusehen, wenn der Veräußerungserlös innerhalb der nach § 13b Abs. 1 begünstigten Vermögensart verbleibt. [4]Hiervon ist auszugehen, wenn der Veräußerungserlös innerhalb von sechs Monaten in entsprechendes Vermögen investiert wird, das nicht zum Verwaltungsvermögen im Sinne des § 13b Abs. 2 gehört.

(6) [1]Der Erwerber ist verpflichtet, dem für die Erbschaftsteuer zuständigen Finanzamt innerhalb einer Frist von sechs Monaten nach Ablauf der Lohnsummenfrist das Unterschreiten der Lohnsummengrenze im Sinne des Absatzes 1 Satz 2 anzuzeigen. [2]In den Fällen des Absatzes 5 ist der Erwerber verpflichtet, dem für die Erbschaftsteuer zuständigen Finanzamt den entsprechenden Sachverhalt innerhalb einer Frist von einem Monat, nach dem der jeweilige Tatbestand verwirklicht wurde, anzuzeigen. [3]Die Festsetzungsfrist für die Steuer endet nicht vor dem Ablauf des vierten Jahres, nachdem die Finanzbehörde von dem Unterschreiten der Lohnsummengrenze (Absatz 1 Satz 2) oder dem Verstoß gegen die Behaltensregelungen (Absatz 5) Kenntnis erlangt. [4]Die Anzeige ist eine Steuererklärung im Sinne der Abgabenordnung. [5]Sie ist schriftlich abzugeben. [6]Die Anzeige hat auch dann zu erfolgen, wenn der Vorgang zu keiner Besteuerung führt.

(7) Soweit nicht inländisches Vermögen zum begünstigten Vermögen im Sinne des § 13b gehört, hat der Steuerpflichtige nachzuweisen, dass die Voraussetzungen für die Begünstigung im Zeitpunkt der Entstehung der Steuer und während der gesamten in den Absätzen 2 und 5 genannten Zeiträume bestehen.

(8) Der Erwerber kann unwiderruflich erklären, dass die Steuerbefreiung nach den Absätzen 1 bis 7 in Verbindung mit § 13b nach folgender Maßgabe gewährt wird:

1. In Absatz 1 Satz 2 tritt an die Stelle der Lohnsummenfrist von fünf Jahren eine Lohnsummenfrist von sieben Jahren und an die Stelle der maßgebenden Lohnsumme von 400 Prozent eine maßgebende Lohnsumme von 700 Prozent;
2. in Absatz 5 tritt an die Stelle der Behaltensfrist von fünf Jahren eine Behaltensfrist von sieben Jahren;
3. in § 13b Abs. 2 Satz 1 tritt an die Stelle des Prozentsatzes für das Verwaltungsvermögen von 50 Prozent ein Prozentsatz von 10 Prozent;
4. in § 13b Abs. 4 tritt an die Stelle des Prozentsatzes für die Begünstigung von 85 Prozent ein Prozentsatz von 100 Prozent.

(9) Die Absätze 1 bis 8 gelten in den Fällen des § 1 Abs. 1 Nr. 4 entsprechend.

§ 13b[1] Begünstigtes Vermögen

(1) Zum begünstigten Vermögen gehören vorbehaltlich Absatz 2

1. der inländische Wirtschaftsteil des land- und forstwirtschaftlichen Vermögens (§ 168 Abs. 1 Nr. 1 des Bewertungsgesetzes) mit Ausnahme der Stückländereien (§ 168 Abs. 2 des Bewertungsgesetzes) und selbst bewirtschaftete Grundstücke im Sinne des § 159 des Bewertungsgesetzes sowie entsprechendes land- und forstwirtschaftliches Vermögen, das einer Betriebsstätte in einem Mitgliedstaat der Europäischen Union oder in einem Staat des Europäischen Wirtschaftsraums dient;
2. inländisches Betriebsvermögen (§§ 95 bis 97 des Bewertungsgesetzes) beim Erwerb eines ganzen Gewerbebetriebs, eines Teilbetriebs, eines Anteils an einer Gesellschaft im Sinne des § 15 Abs. 1 Satz 1 Nr. 2 und Abs. 3 oder § 18 Abs. 4 des Einkommensteuergesetzes, eines Anteils eines persönlich haftenden Gesellschafters einer Kommanditgesellschaft auf Aktien oder eines Anteils daran und entsprechendes Betriebsvermögen, das einer Betriebsstätte in einem Mitgliedstaat der Europäischen Union oder in einem Staat des Europäischen Wirtschaftsraums dient;
3. Anteile an Kapitalgesellschaften, wenn die Kapitalgesellschaft zur Zeit der Entstehung der Steuer Sitz oder Geschäftsleitung im Inland oder in einem Mitgliedstaat der Europäischen Union oder in einem Staat des Europäischen Wirtschaftsraums hat und der Erblasser oder Schenker am Nennkapital dieser Gesellschaft zu mehr als 25 Prozent unmittelbar beteiligt war (Mindestbeteiligung). [2]Ob der Erblasser oder Schenker die Mindestbeteiligung erfüllt, ist nach der Summe der dem Erblasser oder Schenker unmittelbar zuzurechnenden Anteile und der Anteile weiterer Gesellschafter zu bestimmen, wenn der Erblasser oder Schenker und die weiteren Gesellschafter untereinander verpflichtet sind, über die Anteile nur einheitlich zu verfügen oder ausschließlich auf andere derselben Verpflichtung unterliegende Anteilseigner zu übertragen und das Stimmrecht gegenüber nichtgebundenen Gesellschaftern einheitlich auszuüben.

(2) [1]Ausgenommen bleibt Vermögen im Sinne des Absatzes 1, wenn das land- und forstwirtschaftliche Vermögen oder das Betriebsvermögen der Betriebe oder der Gesellschaften zu mehr als 50 Prozent aus Verwaltungsvermögen besteht. [2]Zum Verwaltungsvermögen gehören

1. Dritten zur Nutzung überlassene Grundstücke, Grundstücksteile, grundstücksgleiche Rechte und Bauten. [2]Eine Nutzungsüberlassung an Dritte ist nicht anzunehmen, wenn
   a) der Erblasser oder Schenker sowohl im überlassenden Betrieb als auch im nutzenden Betrieb allein oder zusammen mit anderen Gesellschaftern einen einheitlichen geschäftlichen Betätigungswillen durchsetzen konnte oder als Gesellschafter einer Gesellschaft im Sinne des § 15 Abs. 1 Satz 1 Nr. 2 und Abs. 3 oder § 18 Abs. 4 des Einkommensteuergesetzes den Vermögensgegenstand der Gesellschaft zur Nutzung überlassen hatte, und diese Rechtsstellung auf den Erwerber übergegangen ist, soweit keine Nutzungsüberlassung an einen weiteren Dritten erfolgt;
   b) die Nutzungsüberlassung im Rahmen der Verpachtung eines ganzen Betriebs erfolgt, welche beim Verpächter zu Einkünften nach § 2 Abs. 1 Nr. 2 bis 3 des Einkommensteuergesetzes führt und
      aa) der Verpächter des Betriebs im Zusammenhang mit einer unbefristeten Verpachtung den Pächter durch eine letztwillige Verfügung oder eine rechtsgeschäftliche Verfügung als Erben eingesetzt hat oder
      bb) die Verpachtung an einen Dritten erfolgt, weil der Beschenkte im Zeitpunkt der Steuerentstehung den Betrieb noch nicht führen kann, und die Verpachtung auf höchstens zehn Jahre befristet ist; hat der Beschenkte das 18. Lebensjahr noch nicht vollendet, beginnt die Frist mit der Vollendung des 18. Lebensjahres.

1) **Anm. d. Red.:** § 13b eingefügt gem. Art. 1 Nr. 12 ErbStRG v. 24. 12. 2008 (BGBl I 3018).

[2]Dies gilt nicht für verpachtete Betriebe, die vor ihrer Verpachtung die Voraussetzungen als begünstigtes Vermögen nach Absatz 1 und Satz 1 nicht erfüllt haben und für verpachtete Betriebe, deren Hauptzweck in der Überlassung von Grundstücken, Grundstücksteilen, grundstücksgleichen Rechten und Bauten an Dritte zur Nutzung besteht, die nicht unter Buchstabe d fallen;

c) sowohl der überlassende Betrieb als auch der nutzende Betrieb zu einem Konzern im Sinne des § 4h des Einkommensteuergesetzes gehören, soweit keine Nutzungsüberlassung an einen weiteren Dritten erfolgt;

d) die überlassenen Grundstücke, Grundstücksteile, grundstücksgleiche Rechte und Bauten zum Betriebsvermögen, zum gesamthänderisch gebundenen Betriebsvermögen einer Personengesellschaft oder zum Vermögen einer Kapitalgesellschaft gehören und der Hauptzweck des Betriebs in der Vermietung von Wohnungen im Sinne des § 181 Abs. 9 des Bewertungsgesetzes besteht, dessen Erfüllung einen wirtschaftlichen Geschäftsbetrieb (§ 14 der Abgabenordnung) erfordert;

e) Grundstücke, Grundstücksteile, grundstücksgleiche Rechte und Bauten an Dritte zur land- und forstwirtschaftlichen Nutzung überlassen werden;

2. Anteile an Kapitalgesellschaften, wenn die unmittelbare Beteiligung am Nennkapital dieser Gesellschaften 25 Prozent oder weniger beträgt und sie nicht dem Hauptzweck des Gewerbebetriebs eines Kreditinstitutes oder eines Finanzdienstleistungsinstitutes im Sinne des § 1 Abs. 1 und 1a des Kreditwesengesetzes in der Fassung der Bekanntmachung vom 9. September 1998 (BGBl I S. 2776), das zuletzt durch Artikel 24 des Gesetzes vom 23. Oktober 2008 (BGBl I S. 2026) geändert worden ist, oder eines Versicherungsunternehmens, das der Aufsicht nach § 1 Abs. 1 Nr. 1 des Versicherungsaufsichtsgesetzes in der Fassung der Bekanntmachung vom 17. Dezember 1992 (BGBl 1993 I S. 2), das zuletzt durch Artikel 6 Abs. 2 des Gesetzes vom 17. Oktober 2008 (BGBl I S. 1982) geändert worden ist, unterliegt, zuzurechnen sind. [2]Ob diese Grenze unterschritten wird, ist nach der Summe der dem Betrieb unmittelbar zuzurechnenden Anteile und der Anteile weiterer Gesellschafter zu bestimmen, wenn die Gesellschafter untereinander verpflichtet sind, über die Anteile nur einheitlich zu verfügen oder sie ausschließlich auf andere derselben Verpflichtung unterliegende Anteilseigner zu übertragen und das Stimmrecht gegenüber nichtgebundenen Gesellschaftern nur einheitlich ausüben;
3. Beteiligungen an Gesellschaften im Sinne des § 15 Abs. 1 Satz 1 Nr. 2 und Abs. 3 oder § 18 Abs. 4 des Einkommensteuergesetzes und an entsprechenden Gesellschaften im Ausland sowie Anteile an Kapitalgesellschaften, die nicht unter Nummer 2 fallen, wenn bei diesen Gesellschaften das Verwaltungsvermögen mehr als 50 Prozent beträgt;
4. Wertpapiere sowie vergleichbare Forderungen, wenn sie nicht dem Hauptzweck des Gewerbebetriebs eines Kreditinstitutes oder eines Finanzdienstleistungsinstitutes im Sinne des § 1 Abs. 1 und 1a des Kreditwesengesetzes in der Fassung der Bekanntmachung vom 9. September 1998 (BGBl I S. 2776), das zuletzt durch Artikel 24 des Gesetzes vom 23. Oktober 2008 (BGBl I S. 2026) geändert worden ist, oder eines Versicherungsunternehmens, das der Aufsicht nach § 1 Abs. 1 Nr. 1 des Versicherungsaufsichtsgesetzes in der Fassung der Bekanntmachung vom 17. Dezember 1992 (BGBl 1993 I S. 2), das zuletzt durch Artikel 6 Abs. 2 des Gesetzes vom 17. Oktober 2008 (BGBl I S. 1982) geändert worden ist, unterliegt, zuzurechnen sind;
5. Kunstgegenstände, Kunstsammlungen, wissenschaftliche Sammlungen, Bibliotheken und Archive, Münzen, Edelmetalle und Edelsteine, wenn der Handel mit diesen Gegenständen oder deren Verarbeitung nicht der Hauptzweck des Gewerbebetriebs ist.

[3]Kommt Satz 1 nicht zur Anwendung, gehört solches Verwaltungsvermögen im Sinne des Satzes 2 Nr. 1 bis 5 nicht zum begünstigten Vermögen im Sinne des Absatzes 1, welches dem Betrieb im Besteuerungszeitpunkt weniger als zwei Jahre zuzurechnen war. [4]Der Anteil des Verwaltungsvermögens am gemeinen Wert des Betriebs bestimmt sich nach dem Verhältnis der Summe der gemeinen Werte der Einzelwirtschaftsgüter des Verwal-

tungsvermögens zum gemeinen Wert des Betriebs; für Grundstücksteile des Verwaltungsvermögens ist der ihnen entsprechende Anteil am gemeinen Wert des Grundstücks anzusetzen. [5]Bei Betrieben der Land- und Forstwirtschaft ist als Vergleichsmaßstab der Wert des Wirtschaftsteils (§ 168 Abs. 1 Nr. 1 des Bewertungsgesetzes) anzuwenden.

(3) [1]Überträgt ein Erbe erworbenes begünstigtes Vermögen im Rahmen der Teilung des Nachlasses auf einen Dritten und gibt der Dritte dabei diesem Erwerber nicht begünstigtes Vermögen hin, das er vom Erblasser erworben hat, erhöht sich insoweit der Wert des begünstigten Vermögens des Dritten um den Wert des hingegebenen Vermögens, höchstens jedoch um den Wert des übertragenen Vermögens. [2]Soweit zum Vermögen der Kapitalgesellschaft Vermögensgegenstände gehören, die nach Absatz 2 Satz 1 Nr. 1 Satz 2 und Nr. 2 Satz 2 nicht in das begünstigte Vermögen einzubeziehen sind, ist der Teil des Anteilswerts nicht begünstigt, der dem Verhältnis der Summe der Werte der nicht einzubeziehenden Vermögensgegenstände zum Wert des gesamten Vermögens der Kapitalgesellschaft entspricht.

(4) Begünstigt sind 85 Prozent des in Absatz 1 genannten Vermögens.

§ 13c[1] Steuerbefreiung für zu Wohnzwecken vermietete Grundstücke

(1) Grundstücke im Sinne des Absatzes 3 sind mit 90 Prozent ihres Werts anzusetzen.

(2) [1]Ein Erwerber kann den verminderten Wertansatz nicht in Anspruch nehmen, soweit er erworbene Grundstücke auf Grund einer letztwilligen Verfügung des Erblassers oder einer rechtsgeschäftlichen Verfügung des Erblassers oder Schenkers auf einen Dritten übertragen muss. [2]Gleiches gilt, wenn ein Erbe im Rahmen der Teilung des Nachlasses Vermögen im Sinne des Absatzes 3 auf einen Miterben überträgt. [3]Überträgt ein Erbe erworbenes begünstigtes Vermögen im Rahmen der Teilung des Nachlasses auf einen Dritten und gibt der Dritte dabei diesem Erwerber nicht begünstigtes Vermögen hin, das er vom Erblasser erworben hat, erhöht sich insoweit der Wert des begünstigten Vermögens des Dritten um den Wert des hingegebenen Vermögens, höchstens jedoch um den Wert des übertragenen Vermögens.

(3) Der verminderte Wertansatz gilt für bebaute Grundstücke oder Grundstücksteile, die

1. zu Wohnzwecken vermietet werden,
2. im Inland, in einem Mitgliedstaat der Europäischen Union oder in einem Staat des Europäischen Wirtschaftsraums belegen sind,
3. nicht zum begünstigten Betriebsvermögen oder begünstigten Vermögen eines Betriebs der Land- und Forstwirtschaft im Sinne des § 13a gehören.

(4) Die Absätze 1 bis 3 gelten in den Fällen des § 1 Abs. 1 Nr. 4 entsprechend.

III. Berechnung der Steuer

§ 14[2][3] Berücksichtigung früherer Erwerbe

(1) [1]Mehrere innerhalb von zehn Jahren von derselben Person anfallende Vermögensvorteile werden in der Weise zusammengerechnet, dass dem letzten Erwerb die früheren Erwerbe nach ihrem früheren Wert zugerechnet werden. [2]Von der Steuer für den Gesamtbetrag wird die Steuer abgezogen, die für die früheren Erwerbe nach den persönlichen Verhältnissen des Erwerbers und auf der Grundlage der geltenden Vorschriften zur Zeit des letzten Erwerbs zu erheben gewesen wäre. [3]Anstelle der Steuer nach Satz 2 ist die tatsächlich für die in die Zusammenrechnung einbezogenen früheren Erwerbe zu entrichtende Steuer abzuziehen, wenn diese höher ist. [4]Die Steuer, die sich für den letzten Erwerb ohne Zusammenrechnung mit früheren Erwerben ergibt, darf durch den Ab-

1) **Anm. d. Red.:** § 13c eingefügt gem. Art. 1 Nr. 12 ErbStRG v. 24. 12. 2008 (BGBl I 3018).

2) **Anm. d. Red.:** § 14 i. d. F. des Art. 1 Nr. 13 und 25 ErbStRG v. 24. 12. 2008 (BGBl I 3018).

3) **Anm. d. Red.:** Zur Anwendung des § 14 siehe § 37a Abs. 4.

zug der Steuer nach Satz 2 oder Satz 3 nicht unterschritten werden. [5]Erwerbe, für die sich nach den steuerlichen Bewertungsgrundsätzen kein positiver Wert ergeben hat, bleiben unberücksichtigt.

(2) [1]Führt der Eintritt eines Ereignisses mit Wirkung für die Vergangenheit zu einer Veränderung des Werts eines früheren, in die Zusammenrechnung einzubeziehenden Erwerbs, endet die Festsetzungsfrist für die Änderung des Bescheids über die Steuerfestsetzung für den späteren Erwerb nach § 175 Abs. 1 Satz 1 Nr. 2 der Abgabenordnung nicht vor dem Ende der für eine Änderung des Bescheids für den früheren Erwerb maßgebenden Festsetzungsfrist. [2]Dasselbe gilt für den Eintritt eines Ereignisses mit Wirkung für die Vergangenheit, soweit es lediglich zu einer Änderung der anrechenbaren Steuer führt.

(3) Die durch jeden weiteren Erwerb veranlasste Steuer darf nicht mehr betragen als 50 Prozent dieses Erwerbs.

§ 15[1] Steuerklassen

(1) Nach dem persönlichen Verhältnis des Erwerbers zum Erblasser oder Schenker werden die folgenden drei Steuerklassen unterschieden:

Steuerklasse I:

1. der Ehegatte,
2. die Kinder und Stiefkinder,
3. die Abkömmlinge der in Nummer 2 genannten Kinder und Stiefkinder,
4. die Eltern und Voreltern bei Erwerben von Todes wegen;

Steuerklasse II:

1. die Eltern und Voreltern, soweit sie nicht zur Steuerklasse I gehören,
2. die Geschwister,
3. die Abkömmlinge ersten Grades von Geschwistern,
4. die Stiefeltern,
5. die Schwiegerkinder,
6. die Schwiegereltern,
7. der geschiedene Ehegatte;

Steuerklasse III:

alle übrigen Erwerber und die Zweckzuwendungen.

(1a) Die Steuerklassen I und II Nr. 1 bis 3 gelten auch dann, wenn die Verwandtschaft durch Annahme als Kind bürgerlich-rechtlich erloschen ist.

(2) [1]In den Fällen des § 3 Abs. 2 Nr. 1 und des § 7 Abs. 1 Nr. 8 ist der Besteuerung das Verwandtschaftsverhältnis des nach der Stiftungsurkunde entferntest Berechtigten zu dem Erblasser oder Schenker zugrunde zu legen, sofern die Stiftung wesentlich im Interesse einer Familie oder bestimmter Familien im Inland errichtet ist. [2]In den Fällen des § 7 Abs. 1 Nr. 9 Satz 1 gilt als Schenker der Stifter oder derjenige, der das Vermögen auf den Verein übertragen hat, und in den Fällen des § 7 Abs. 1 Nr. 9 Satz 2 derjenige, der die Vermögensmasse im Sinne des § 3 Abs. 2 Nr. 1 Satz 2 oder § 7 Abs. 1 Nr. 8 Satz 2 gebildet oder ausgestattet hat. [3]In den Fällen des § 1 Abs. 1 Nr. 4 wird der doppelte Freibetrag nach § 16 Abs. 1 Nr. 2 gewährt; die Steuer ist nach dem Prozentsatz der Steuerklasse I zu berechnen, der für die Hälfte des steuerpflichtigen Vermögens gelten würde.

(3) [1]Im Falle des § 2269 des Bürgerlichen Gesetzbuchs und soweit der überlebende Ehegatte oder der überlebende Lebenspartner an die Verfügung gebunden ist, ist auf Antrag der Versteuerung das Verhältnis des Schlusserben oder Vermächtnisnehmers zum zuerst verstorbenen Ehegatten oder dem zuerst verstorbenen Lebenspartner zugrunde

1) **Anm. d. Red.:** § 15 Abs. 2 und 3 i. d. F. des Art. 1 Nr. 14 und 26 ErbStRG v. 24. 12. 2008 (BGBl I 3018).

zu legen, soweit sein Vermögen beim Tod des überlebenden Ehegatten oder des überlebenden Lebenspartners noch vorhanden ist. [2]§ 6 Abs. 2 Satz 3 bis 5 gilt entsprechend.

§ 16[1)] Freibeträge

(1) Steuerfrei bleibt in den Fällen des § 2 Abs. 1 Nr. 1 der Erwerb

1. des Ehegatten in Höhe von 500 000 Euro;
2. der Kinder im Sinne der Steuerklasse I Nr. 2 und der Kinder verstorbener Kinder im Sinne der Steuerklasse I Nr. 2 in Höhe von 400 000 Euro;
3. der Kinder der Kinder im Sinne der Steuerklasse I Nr. 2 in Höhe von 200 000 Euro;
4. der übrigen Personen der Steuerklasse I in Höhe von 100 000 Euro;
5. der Personen der Steuerklasse II in Höhe von 20 000 Euro;
6. des Lebenspartners in Höhe von 500 000 Euro;
7. der übrigen Personen der Steuerklasse III in Höhe von 20 000 Euro.

(2) An die Stelle des Freibetrags nach Absatz 1 tritt in den Fällen des § 2 Abs. 1 Nr. 3 ein Freibetrag von 2 000 Euro.

§ 17[2)] Besonderer Versorgungsfreibetrag

(1) [1]Neben dem Freibetrag nach § 16 Abs. 1 Nr. 1 wird dem überlebenden Ehegatten und neben dem Freibetrag nach § 16 Abs. 1 Nr. 6 dem überlebenden Lebenspartner ein besonderer Versorgungsfreibetrag von 256 000 Euro gewährt. [2]Der Freibetrag wird bei Ehegatten oder bei Lebenspartnern, denen aus Anlass des Todes des Erblassers nicht der Erbschaftsteuer unterliegende Versorgungsbezüge zustehen, um den nach § 14 des Bewertungsgesetzes zu ermittelnden Kapitalwert dieser Versorgungsbezüge gekürzt.

(2) [1]Neben dem Freibetrag nach § 16 Abs. 1 Nr. 2 wird Kindern im Sinne der Steuerklasse I Nr. 2 (§ 15 Abs. 1) für Erwerbe von Todes wegen ein besonderer Versorgungsfreibetrag in folgender Höhe gewährt:

1. bei einem Alter bis zu 5 Jahren in Höhe von 52 000 Euro;
2. bei einem Alter von mehr als 5 bis zu 10 Jahren in Höhe von 41 000 Euro;
3. bei einem Alter von mehr als 10 bis zu 15 Jahren in Höhe von 30 700 Euro;
4. bei einem Alter von mehr als 15 bis zu 20 Jahren in Höhe von 20 500 Euro;
5. bei einem Alter von mehr als 20 Jahren bis zur Vollendung des 27. Lebensjahrs in Höhe von 10 300 Euro.

[2]Stehen dem Kind aus Anlass des Todes des Erblassers nicht der Erbschaftsteuer unterliegende Versorgungsbezüge zu, wird der Freibetrag um den nach § 13 Abs. 1 des Bewertungsgesetzes zu ermittelnden Kapitalwert dieser Versorgungsbezüge gekürzt. [3]Bei der Berechnung des Kapitalwerts ist von der nach den Verhältnissen am Stichtag (§ 11) voraussichtlichen Dauer der Bezüge auszugehen.

§ 18[3)] Mitgliederbeiträge

[1]Beiträge an Personenvereinigungen, die nicht lediglich die Förderung ihrer Mitglieder zum Zweck haben, sind steuerfrei, soweit die von einem Mitglied im Kalenderjahr der Vereinigung geleisteten Beiträge 300 Euro nicht übersteigen. [2]§ 13 Abs. 1 Nr. 16 und 18 bleibt unberührt.

---

1) **Anm. d. Red.:** § 16 i. d. F. des Art. 1 Nr. 15 ErbStRG v. 24. 12. 2008 (BGBl I 3018).

2) **Anm. d. Red.:** § 17 Abs. 1 i. d. F. des Art. 1 Nr. 16 ErbStRG v. 24. 12. 2008 (BGBl I 3018); Abs. 2 i. d. F. des Art. 19 Nr. 5 StEuglG v. 19. 12. 2000 (BGBl I 1790).

3) **Anm. d. Red.:** § 18 i. d. F. des Art. 19 Nr. 6 StEuglG v. 19. 12. 2000 (BGBl I 1790).

§ 19[1] Steuersätze

(1) Die Erbschaftsteuer wird nach folgenden Prozentsätzen erhoben:

Wert des steuerpflichtigen Erwerbs (§ 10) bis einschließlich ... Euro	Prozentsatz in der Steuerklasse		
	I	II	III
75 000	7	15	30
300 000	11	20	30
600 000	15	25	30
6 000 000	19	30	30
13 000 000	23	35	50
26 000 000	27	40	50
über 26 000 000	30	43	50

(2) Ist im Fall des § 2 Abs. 1 Nr. 1 ein Teil des Vermögens der inländischen Besteuerung auf Grund eines Abkommens zur Vermeidung der Doppelbesteuerung entzogen, ist die Steuer nach dem Steuersatz zu erheben, der für den ganzen Erwerb gelten würde.

(3) Der Unterschied zwischen der Steuer, die sich bei Anwendung des Absatzes 1 ergibt, und der Steuer, die sich berechnen würde, wenn der Erwerb die letztvorhergehende Wertgrenze nicht überstiegen hätte, wird nur insoweit erhoben, als er

a) bei einem Steuersatz bis zu 30 Prozent aus der Hälfte,

b) bei einem Steuersatz über 30 Prozent aus drei Vierteln

des die Wertgrenze übersteigenden Betrags gedeckt werden kann.

§ 19a[2)3)] Tarifbegrenzung beim Erwerb von Betriebsvermögen, von Betrieben der Land- und Forstwirtschaft und von Anteilen an Kapitalgesellschaften

(1) Sind in dem steuerpflichtigen Erwerb einer natürlichen Person der Steuerklasse II oder III Betriebsvermögen, land- und forstwirtschaftliches Vermögen oder Anteile an Kapitalgesellschaften im Sinne des Absatzes 2 enthalten, ist von der tariflichen Erbschaftsteuer ein Entlastungsbetrag nach Absatz 4 abzuziehen.

(2) [1]Der Entlastungsbetrag gilt für den nicht unter § 13b Abs. 4 fallenden Teil des Vermögens im Sinne des § 13b Abs. 1. [2]Ein Erwerber kann den Entlastungsbetrag nicht in Anspruch nehmen, soweit er Vermögen im Sinne des Satzes 1 auf Grund einer letztwilligen Verfügung des Erblassers oder einer rechtsgeschäftlichen Verfügung des Erblassers oder Schenkers auf einen Dritten übertragen muss. [3]Gleiches gilt, wenn ein Erbe im Rahmen der Teilung des Nachlasses Vermögen im Sinne des Satzes 1 auf einen Miterben überträgt.

(3) Der auf das Vermögen im Sinne des Absatzes 2 entfallende Anteil an der tariflichen Erbschaftsteuer bemisst sich nach dem Verhältnis des Werts dieses Vermögens nach Anwendung des § 13a und nach Abzug der mit diesem Vermögen in wirtschaftlichem Zusammenhang stehenden abzugsfähigen Schulden und Lasten (§ 10 Absatz 5 und 6) zum Wert des gesamten Vermögensanfalls im Sinne des § 10 Absatz 1 Satz 1 und 2 nach Abzug der mit diesem Vermögen in wirtschaftlichem Zusammenhang stehenden abzugsfähigen Schulden und Lasten (§ 10 Absatz 5 und 6).

(4) [1]Zur Ermittlung des Entlastungsbetrags ist für den steuerpflichtigen Erwerb zunächst die Steuer nach der tatsächlichen Steuerklasse des Erwerbers zu berechnen und

1) **Anm. d. Red.:** § 19 Abs. 1 i. d. F. des Art. 6 Nr. 2 Wachstumsbeschleunigungsgesetz v. 22. 12. 2009 (BGBl I 3950); Abs. 3 i. d. F. des Art. 1 Nr. 25 ErbStRG v. 24. 12. 2008 (BGBl I 3018).

2) **Anm. d. Red.:** § 19a Abs. 1, 2 und 4 i. d. F. des Art. 1 Nr. 18 ErbStRG v. 24. 12. 2008 (BGBl I 3018); Abs. 3 und 5 i. d. F. des Art. 6 Nr. 3 Wachstumsbeschleunigungsgesetz v. 22. 12. 2009 (BGBl I 3950).

3) **Anm. d. Red.:** Zur Anwendung des § 19a siehe § 37 Abs. 3 Satz 1.

nach Maßgabe des Absatzes 3 aufzuteilen. [2]Für den steuerpflichtigen Erwerb ist dann die Steuer nach Steuerklasse I zu berechnen und nach Maßgabe des Absatzes 3 aufzuteilen. [3]Der Entlastungsbetrag ergibt sich als Unterschiedsbetrag zwischen der auf Vermögen im Sinne des Absatzes 2 entfallenden Steuer nach den Sätzen 1 und 2.

(5) [1]Der Entlastungsbetrag fällt mit Wirkung für die Vergangenheit weg, soweit der Erwerber innerhalb von fünf Jahren gegen die Behaltensregelungen des § 13a verstößt. [2]In den Fällen des § 13a Absatz 8 tritt an die Stelle der Frist nach Satz 1 eine Frist von sieben Jahren. [3]Die Festsetzungsfrist für die Steuer endet nicht vor dem Ablauf des vierten Jahres, nachdem die Finanzbehörde von dem Verstoß gegen die Behaltensregelungen Kenntnis erlangt. [4]§ 13a Abs. 6 Satz 4 bis 6 gilt entsprechend.

IV. Steuerfestsetzung und Erhebung

§ 20[1)] Steuerschuldner

(1) [1]Steuerschuldner ist der Erwerber, bei einer Schenkung auch der Schenker, bei einer Zweckzuwendung der mit der Ausführung der Zuwendung Beschwerte und in den Fällen des § 1 Abs. 1 Nr. 4 die Stiftung oder der Verein. [2]In den Fällen des § 3 Abs. 2 Nr. 1 Satz 2 und § 7 Abs. 1 Nr. 8 Satz 2 ist die Vermögensmasse Erwerber und Steuerschuldner, in den Fällen des § 7 Abs. 1 Nr. 8 Satz 2 ist Steuerschuldner auch derjenige, der die Vermögensmasse gebildet oder ausgestattet hat.

(2) Im Falle des § 4 sind die Abkömmlinge im Verhältnis der auf sie entfallenden Anteile, der überlebende Ehegatte oder der überlebende Lebenspartner für den gesamten Steuerbetrag Steuerschuldner.

(3) Der Nachlass haftet bis zur Auseinandersetzung (§ 2042 des Bürgerlichen Gesetzbuchs) für die Steuer der am Erbfall Beteiligten.

(4) Der Vorerbe hat die durch die Vorerbschaft veranlasste Steuer aus den Mitteln der Vorerbschaft zu entrichten.

(5) Hat der Steuerschuldner den Erwerb oder Teile desselben vor Entrichtung der Erbschaftsteuer einem anderen unentgeltlich zugewendet, haftet der andere in Höhe des Werts der Zuwendung persönlich für die Steuer.

(6) [1]Versicherungsunternehmen, die vor Entrichtung oder Sicherstellung der Steuer die von ihnen zu zahlende Versicherungssumme oder Leibrente in ein Gebiet außerhalb des Geltungsbereichs dieses Gesetzes zahlen oder außerhalb des Geltungsbereichs dieses Gesetzes wohnhaften Berechtigten zur Verfügung stellen, haften in Höhe des ausgezahlten Betrags für die Steuer. [2]Das Gleiche gilt für Personen, in deren Gewahrsam sich Vermögen des Erblassers befindet, soweit sie das Vermögen vorsätzlich oder fahrlässig vor Entrichtung oder Sicherstellung der Steuer in ein Gebiet außerhalb des Geltungsbereichs dieses Gesetzes bringen oder außerhalb des Geltungsbereichs dieses Gesetzes wohnhaften Berechtigten zur Verfügung stellen.

(7) Die Haftung nach Absatz 6 ist nicht geltend zu machen, wenn der in einem Steuerfall in ein Gebiet außerhalb des Geltungsbereichs dieses Gesetzes gezahlte oder außerhalb des Geltungsbereichs dieses Gesetzes wohnhaften Berechtigten zur Verfügung gestellte Betrag 600 Euro nicht übersteigt.

§ 21 Anrechnung ausländischer Erbschaftsteuer

(1) [1]Bei Erwerbern, die in einem ausländischen Staat mit ihrem Auslandsvermögen zu einer der deutschen Erbschaftsteuer entsprechenden Steuer – ausländische Steuer – herangezogen werden, ist in den Fällen des § 2 Abs. 1 Nr. 1, sofern nicht die Vorschriften eines Abkommens zur Vermeidung der Doppelbesteuerung anzuwenden sind, auf Antrag die festgesetzte, auf den Erwerber entfallende, gezahlte und keinem Ermäßigungs-

1) **Anm. d. Red.:** § 20 Abs. 1 i. d. F. des Art. 10 Nr. 7 Steuerentlastungsgesetz 1999/2000/2002 v. 24. 3. 1999 (BGBl I 402); Abs. 2 i. d. F. des Art. 1 Nr. 19 ErbStRG v. 24. 12. 2008 (BGBl I 3018); Abs. 7 i. d. F. des Art. 19 Nr. 9 StEuglG v. 19. 12. 2000 (BGBl I 1790).

anspruch unterliegende ausländische Steuer insoweit auf die deutsche Erbschaftsteuer anzurechnen, als das Auslandsvermögen auch der deutschen Erbschaftsteuer unterliegt. [2]Besteht der Erwerb nur zum Teil aus Auslandsvermögen, ist der darauf entfallende Teilbetrag der deutschen Erbschaftsteuer in der Weise zu ermitteln, dass die für das steuerpflichtige Gesamtvermögen einschließlich des steuerpflichtigen Auslandsvermögens sich ergebende Erbschaftsteuer im Verhältnis des steuerpflichtigen Auslandsvermögens zum steuerpflichtigen Gesamtvermögen aufgeteilt wird. [3]Ist das Auslandsvermögen in verschiedenen ausländischen Staaten belegen, ist dieser Teil für jeden einzelnen ausländischen Staat gesondert zu berechnen. [4]Die ausländische Steuer ist nur anrechenbar, wenn die deutsche Erbschaftsteuer für das Auslandsvermögen innerhalb von fünf Jahren seit dem Zeitpunkt der Entstehung der ausländischen Erbschaftsteuer entstanden ist.

(2) Als Auslandsvermögen im Sinne des Absatzes 1 gelten,

1. wenn der Erblasser zur Zeit seines Todes Inländer war: alle Vermögensgegenstände der in § 121 des Bewertungsgesetzes genannten Art, die auf einen ausländischen Staat entfallen, sowie alle Nutzungsrechte an diesen Vermögensgegenständen;
2. wenn der Erblasser zur Zeit seines Todes kein Inländer war: alle Vermögensgegenstände mit Ausnahme des Inlandsvermögens im Sinne des § 121 des Bewertungsgesetzes sowie alle Nutzungsrechte an diesen Vermögensgegenständen.

(3) [1]Der Erwerber hat den Nachweis über die Höhe des Auslandsvermögens und über die Festsetzung und Zahlung der ausländischen Steuer durch Vorlage entsprechender Urkunden zu führen. [2]Sind diese Urkunden in einer fremden Sprache abgefasst, kann eine beglaubigte Übersetzung in die deutsche Sprache verlangt werden.

(4) Ist nach einem Abkommen zur Vermeidung der Doppelbesteuerung die in einem ausländischen Staat erhobene Steuer auf die Erbschaftsteuer anzurechnen, sind die Absätze 1 bis 3 entsprechend anzuwenden.

§ 22[1)] Kleinbetragsgrenze

Von der Festsetzung der Erbschaftsteuer ist abzusehen, wenn die Steuer, die für den einzelnen Steuerfall festzusetzen ist, den Betrag von 50 Euro nicht übersteigt.

§ 23 Besteuerung von Renten, Nutzungen und Leistungen

(1) [1]Steuern, die von dem Kapitalwert von Renten oder anderen wiederkehrenden Nutzungen oder Leistungen zu entrichten sind, können nach Wahl des Erwerbers statt vom Kapitalwert jährlich im Voraus von dem Jahreswert entrichtet werden. [2]Die Steuer wird in diesem Fall nach dem Steuersatz erhoben, der sich nach § 19 für den gesamten Erwerb einschließlich des Kapitalwerts der Renten oder anderen wiederkehrenden Nutzungen oder Leistungen ergibt.

(2) [1]Der Erwerber hat das Recht, die Jahressteuer zum jeweils nächsten Fälligkeitstermin mit ihrem Kapitalwert abzulösen. [2]Für die Ermittlung des Kapitalwerts im Ablösungszeitpunkt sind die Vorschriften der §§ 13 und 14 des Bewertungsgesetzes anzuwenden. [3]Der Antrag auf Ablösung der Jahressteuer ist spätestens bis zum Beginn des Monats zu stellen, der dem Monat vorausgeht, in dem die nächste Jahressteuer fällig wird.

ErbStG

§ 24[2)] Verrentung der Steuerschuld in den Fällen des § 1 Abs. 1 Nr. 4

[1]In den Fällen des § 1 Abs. 1 Nr. 4 kann der Steuerpflichtige verlangen, dass die Steuer in 30 gleichen jährlichen Teilbeträgen (Jahresbeträgen) zu entrichten ist. [2]Die Summe der Jahresbeträge umfasst die Tilgung und die Verzinsung der Steuer; dabei ist von einem Zinssatz von 5,5 Prozent auszugehen.

---

1) **Anm. d. Red.:** § 22 i. d. F. des Art. 19 Nr. 10 StEuglG v. 19. 12. 2000 (BGBl I 1790).

2) **Anm. d. Red.:** § 24 i. d. F. des Art. 1 Nr. 25 ErbStRG v. 24. 12. 2008 (BGBl I 3018).

§ 25[1] (weggefallen)

§ 26[2] Ermäßigung der Steuer bei Aufhebung einer Familienstiftung oder Auflösung eines Vereins

In den Fällen des § 7 Abs. 1 Nr. 9 ist auf die nach § 15 Abs. 2 Satz 2 zu ermittelnde Steuer die nach § 15 Abs. 2 Satz 3 festgesetzte Steuer anteilsmäßig anzurechnen

a) mit 50 Prozent, wenn seit der Entstehung der anrechenbaren Steuer nicht mehr als zwei Jahre,

b) mit 25 Prozent, wenn seit der Entstehung der anrechenbaren Steuer mehr als zwei Jahre, aber nicht mehr als vier Jahre vergangen sind.

§ 27[3)4)] Mehrfacher Erwerb desselben Vermögens

(1) Fällt Personen der Steuerklasse I von Todes wegen Vermögen an, das in den letzten zehn Jahren vor dem Erwerb bereits von Personen dieser Steuerklasse erworben worden ist und für das nach diesem Gesetz eine Steuer zu erheben war, ermäßigt sich der auf dieses Vermögen entfallende Steuerbetrag vorbehaltlich des Absatzes 3 wie folgt:

um … Prozent	wenn zwischen den beiden Zeitpunkten der Entstehung der Steuer liegen
50	nicht mehr als 1 Jahr
45	mehr als 1 Jahr, aber nicht mehr als 2 Jahre
40	mehr als 2 Jahre, aber nicht mehr als 3 Jahre
35	mehr als 3 Jahre, aber nicht mehr als 4 Jahre
30	mehr als 4 Jahre, aber nicht mehr als 5 Jahre
25	mehr als 5 Jahre, aber nicht mehr als 6 Jahre
20	mehr als 6 Jahre, aber nicht mehr als 8 Jahre
10	mehr als 8 Jahre, aber nicht mehr als 10 Jahre

(2) Zur Ermittlung des Steuerbetrags, der auf das begünstigte Vermögen entfällt, ist die Steuer für den Gesamterwerb in dem Verhältnis aufzuteilen, in dem der Wert des begünstigten Vermögens zu dem Wert des steuerpflichtigen Gesamterwerbs ohne Abzug des dem Erwerber zustehenden Freibetrags steht.

(3) Die Ermäßigung nach Absatz 1 darf den Betrag nicht überschreiten, der sich bei Anwendung der in Absatz 1 genannten Prozentsätze auf die Steuer ergibt, die der Vorerwerber für den Erwerb desselben Vermögens entrichtet hat.

§ 28[5)6)] Stundung

(1) [1]Gehört zum Erwerb Betriebsvermögen oder land- und forstwirtschaftliches Vermögen, ist dem Erwerber die darauf entfallende Erbschaftsteuer auf Antrag bis zu zehn Jahren zu stunden, soweit dies zur Erhaltung des Betriebs notwendig ist. [2]Die §§ 234 und 238 der Abgabenordnung sind anzuwenden; bei Erwerben von Todes wegen erfolgt diese Stundung zinslos. [3]§ 222 der Abgabenordnung bleibt unberührt.

(2) Absatz 1 findet in den Fällen des § 1 Abs. 1 Nr. 4 entsprechende Anwendung.

1) **Anm. d. Red.:** § 25 weggefallen gem. Art. 1 Nr. 20 ErbStRG v. 24. 12. 2008 (BGBl I 3018).

2) **Anm. d. Red.:** § 26 i. d. F. des Art. 1 Nr. 25 ErbStRG v. 24. 12. 2008 (BGBl I 3018).

3) **Anm. d. Red.:** § 27 Abs. 1 und 3 i. d. F. des Art. 1 Nr. 25 und 27 ErbStRG v. 24. 12. 2008 (BGBl I 3018).

4) **Anm. d. Red.:** Zur Anwendung des § 27 siehe § 37a Abs. 5.

5) **Anm. d. Red.:** § 28 Abs. 3 angefügt gem. Art. 1 Nr. 28 ErbStRG v. 24. 12. 2008 (BGBl I 3018).

6) **Anm. d. Red.:** Zur Anwendung des § 28 siehe § 37a Abs. 6.

(3) [1]Gehört zum Erwerb begünstigtes Vermögen im Sinne des § 13c Abs. 3, ist dem Erwerber die darauf entfallende Erbschaftsteuer auf Antrag bis zu zehn Jahren zu stunden, soweit er die Steuer nur durch Veräußerung dieses Vermögens aufbringen kann. [2]Satz 1 gilt entsprechend, wenn zum Erwerb ein Ein- oder Zweifamilienhaus oder Wohneigentum gehört, das der Erwerber nach dem Erwerb zu eigenen Wohnzwecken nutzt, längstens für die Dauer der Selbstnutzung. [3]Nach Aufgabe der Selbstnutzung ist die Stundung unter den Voraussetzungen des Satzes 1 weiter zu gewähren. [4]Die Stundung endet in den Fällen der Sätze 1 bis 3, soweit das erworbene Vermögen Gegenstand einer Schenkung im Sinne des § 7 ist. [5]Absatz 1 Satz 2 und 3 gilt entsprechend.

§ 29[1)] Erlöschen der Steuer in besonderen Fällen

(1) Die Steuer erlischt mit Wirkung für die Vergangenheit,

1. soweit ein Geschenk wegen eines Rückforderungsrechts herausgegeben werden musste;
2. soweit die Herausgabe gemäß § 528 Abs. 1 Satz 2 des Bürgerlichen Gesetzbuchs abgewendet worden ist;
3. soweit in den Fällen des § 5 Abs. 2 unentgeltliche Zuwendungen auf die Ausgleichsforderung angerechnet worden sind (§ 1380 Abs. 1 des Bürgerlichen Gesetzbuchs). [2]Entsprechendes gilt, wenn unentgeltliche Zuwendungen bei der Berechnung des nach § 5 Abs. 1 steuerfreien Betrags berücksichtigt werden;
4. soweit Vermögensgegenstände, die von Todes wegen (§ 3) oder durch Schenkung unter Lebenden (§ 7) erworben worden sind, innerhalb von 24 Monaten nach dem Zeitpunkt der Entstehung der Steuer (§ 9) dem Bund, einem Land, einer inländischen Gemeinde (Gemeindeverband) oder einer inländischen Stiftung zugewendet werden, die nach der Satzung, dem Stiftungsgeschäft oder der sonstigen Verfassung und nach ihrer tatsächlichen Geschäftsführung ausschließlich und unmittelbar als gemeinnützig anzuerkennenden steuerbegünstigten Zwecken im Sinne der §§ 52 bis 54 der Abgabenordnung mit Ausnahme der Zwecke, die nach § 52 Abs. 2 Nr. 23 der Abgabenordnung gemeinnützig sind, dient. [2]Dies gilt nicht, wenn die Stiftung Leistungen im Sinne des § 58 Nr. 5 der Abgabenordnung an den Erwerber oder seine nächsten Angehörigen zu erbringen hat oder soweit für die Zuwendung die Vergünstigung nach § 10b des Einkommensteuergesetzes, § 9 Abs. 1 Nr. 2 des Körperschaftsteuergesetzes oder § 9 Nr. 5 des Gewerbesteuergesetzes in Anspruch genommen wird. [3]Für das Jahr der Zuwendung ist bei der Einkommensteuer oder Körperschaftsteuer und bei der Gewerbesteuer unwiderruflich zu erklären, in welcher Höhe die Zuwendung als Spende zu berücksichtigen ist. [4]Die Erklärung ist für die Festsetzung der Erbschaftsteuer oder Schenkungsteuer bindend.

(2) Der Erwerber ist für den Zeitraum, für den ihm die Nutzungen des zugewendeten Vermögens zugestanden haben, wie ein Nießbraucher zu behandeln.

§ 30[2)] Anzeige des Erwerbs

(1) Jeder der Erbschaftsteuer unterliegende Erwerb (§ 1) ist vom Erwerber, bei einer Zweckzuwendung vom Beschwerten binnen einer Frist von drei Monaten nach erlangter Kenntnis von dem Anfall oder von dem Eintritt der Verpflichtung dem für die Verwaltung der Erbschaftsteuer zuständigen Finanzamt schriftlich anzuzeigen.

(2) Erfolgt der steuerpflichtige Erwerb durch ein Rechtsgeschäft unter Lebenden, ist zur Anzeige auch derjenige verpflichtet, aus dessen Vermögen der Erwerb stammt.

(3) [1]Einer Anzeige bedarf es nicht, wenn der Erwerb auf einer von einem deutschen Gericht, einem deutschen Notar oder einem deutschen Konsul eröffneten Verfügung von Todes wegen beruht und sich aus der Verfügung das Verhältnis des Erwerbers zum Erb-

1) **Anm. d. Red.:** § 29 Abs. 1 i. d. F. des Art. 1 Nr. 21 ErbStRG v. 24. 12. 2008 (BGBl I 3018).

2) **Anm. d. Red.:** § 30 Abs. 1 i. d. F. des Art. 27 Nr. 1 Gesetz v. 21. 8. 2002 (BGBl I 3322); Abs. 3 i. d. F. des Art. 1 Nr. 22 ErbStRG v. 24. 12. 2008 (BGBl I 3018).

lasser unzweifelhaft ergibt; das gilt nicht, wenn zum Erwerb Grundbesitz, Betriebsvermögen, Anteile an Kapitalgesellschaften, die nicht der Anzeigepflicht nach § 33 unterliegen, oder Auslandsvermögen gehört. [2]Einer Anzeige bedarf es auch nicht, wenn eine Schenkung unter Lebenden oder eine Zweckzuwendung gerichtlich oder notariell beurkundet ist.

(4) Die Anzeige soll folgende Angaben enthalten:

1. Vorname und Familienname, Beruf, Wohnung des Erblassers oder Schenkers und des Erwerbers;
2. Todestag und Sterbeort des Erblassers oder Zeitpunkt der Ausführung der Schenkung;
3. Gegenstand und Wert des Erwerbs;
4. Rechtsgrund des Erwerbs wie gesetzliche Erbfolge, Vermächtnis, Ausstattung;
5. persönliches Verhältnis des Erwerbers zum Erblasser oder zum Schenker wie Verwandtschaft, Schwägerschaft, Dienstverhältnis;
6. frühere Zuwendungen des Erblassers oder Schenkers an den Erwerber nach Art, Wert und Zeitpunkt der einzelnen Zuwendung.

§ 31[1)] Steuererklärung

(1) [1]Das Finanzamt kann von jedem an einem Erbfall, an einer Schenkung oder an einer Zweckzuwendung Beteiligten ohne Rücksicht darauf, ob er selbst steuerpflichtig ist, die Abgabe einer Erklärung innerhalb einer von ihm zu bestimmenden Frist verlangen. [2]Die Frist muss mindestens einen Monat betragen.

(2) Die Erklärung hat ein Verzeichnis der zum Nachlass gehörenden Gegenstände und die sonstigen für die Feststellung des Gegenstands und des Werts des Erwerbs erforderlichen Angaben zu enthalten.

(3) In den Fällen der fortgesetzten Gütergemeinschaft kann das Finanzamt die Steuererklärung allein von dem überlebenden Ehegatten oder dem überlebenden Lebenspartner verlangen.

(4) [1]Sind mehrere Erben vorhanden, sind sie berechtigt, die Steuererklärung gemeinsam abzugeben. [2]In diesem Fall ist die Steuererklärung von allen Beteiligten zu unterschreiben. [3]Sind an dem Erbfall außer den Erben noch weitere Personen beteiligt, können diese im Einverständnis mit den Erben in die gemeinsame Steuererklärung einbezogen werden.

(5) [1]Ist ein Testamentsvollstrecker oder Nachlassverwalter vorhanden, ist die Steuererklärung von diesem abzugeben. [2]Das Finanzamt kann verlangen, dass die Steuererklärung auch von einem oder mehreren Erben mitunterschrieben wird.

(6) Ist ein Nachlasspfleger bestellt, ist dieser zur Abgabe der Steuererklärung verpflichtet.

(7) [1]Das Finanzamt kann verlangen, dass eine Steuererklärung auf einem Vordruck nach amtlich bestimmtem Muster abzugeben ist, in der der Steuerschuldner die Steuer selbst zu berechnen hat. [2]Der Steuerschuldner hat die selbst berechnete Steuer innerhalb eines Monats nach Abgabe der Steuererklärung zu entrichten.

§ 32 Bekanntgabe des Steuerbescheids an Vertreter

(1) [1]In den Fällen des § 31 Abs. 5 ist der Steuerbescheid abweichend von § 122 Abs. 1 Satz 1 der Abgabenordnung dem Testamentsvollstrecker oder Nachlassverwalter bekannt zu geben. [2]Diese Personen haben für die Bezahlung der Erbschaftsteuer zu sorgen. [3]Auf Verlangen des Finanzamts ist aus dem Nachlass Sicherheit zu leisten.

(2) [1]In den Fällen des § 31 Abs. 6 ist der Steuerbescheid dem Nachlasspfleger bekannt zu geben. [2]Absatz 1 Satz 2 und 3 ist entsprechend anzuwenden.

1) **Anm. d. Red.:** § 31 Abs. 3 i. d. F. des Art. 1 Nr. 23 ErbStRG v. 24. 12. 2008 (BGBl I 3018).

§ 33[1] Anzeigepflicht der Vermögensverwahrer, Vermögensverwalter und Versicherungsunternehmen

(1) [1]Wer sich geschäftsmäßig mit der Verwahrung oder Verwaltung fremden Vermögens befasst, hat diejenigen in seinem Gewahrsam befindlichen Vermögensgegenstände und diejenigen gegen ihn gerichteten Forderungen, die beim Tod eines Erblassers zu dessen Vermögen gehörten oder über die dem Erblasser zur Zeit seines Todes die Verfügungsmacht zustand, dem für die Verwaltung der Erbschaftsteuer zuständigen Finanzamt schriftlich anzuzeigen. [2]Die Anzeige ist zu erstatten:

1. in der Regel: innerhalb eines Monats, seitdem der Todesfall dem Verwahrer oder Verwalter bekannt geworden ist;
2. wenn der Erblasser zur Zeit seines Todes Angehöriger eines ausländischen Staats war und nach einer Vereinbarung mit diesem Staat der Nachlass einem konsularischen Vertreter auszuhändigen ist: spätestens bei der Aushändigung des Nachlasses.

(2) Wer auf den Namen lautende Aktien oder Schuldverschreibungen ausgegeben hat, hat dem Finanzamt schriftlich von dem Antrag, solche Wertpapiere eines Verstorbenen auf den Namen anderer umzuschreiben, vor der Umschreibung Anzeige zu erstatten.

(3) Versicherungsunternehmen haben, bevor sie Versicherungssummen oder Leibrenten einem anderen als dem Versicherungsnehmer auszahlen oder zur Verfügung stellen, hiervon dem Finanzamt schriftlich Anzeige zu erstatten.

(4) Zuwiderhandlungen gegen diese Pflichten werden als Steuerordnungswidrigkeit mit Geldbuße geahndet.

§ 34[2] Anzeigepflicht der Gerichte, Behörden, Beamten und Notare

(1) Die Gerichte, Behörden, Beamten und Notare haben dem für die Verwaltung der Erbschaftsteuer zuständigen Finanzamt schriftlich Anzeige zu erstatten über diejenigen Beurkundungen, Zeugnisse und Anordnungen, die für die Festsetzung einer Erbschaftsteuer von Bedeutung sein können.

(2) Insbesondere haben anzuzeigen:

1. die Standesämter:

   die Sterbefälle;
2. die Gerichte und die Notare:

   die Erteilung von Erbscheinen, Testamentsvollstreckerzeugnissen und Zeugnissen über die Fortsetzung der Gütergemeinschaft, die Beschlüsse über Todeserklärungen sowie die Anordnung von Nachlasspflegschaften und Nachlassverwaltungen;
3. die Gerichte, die Notare und die deutschen Konsuln:

   die eröffneten Verfügungen von Todes wegen, die abgewickelten Erbauseinandersetzungen, die beurkundeten Vereinbarungen der Gütergemeinschaft und die beurkundeten Schenkungen und Zweckzuwendungen.

§ 35[3] Örtliche Zuständigkeit

(1) [1]Örtlich zuständig für die Steuerfestsetzung ist in den Fällen, in denen der Erblasser zur Zeit seines Todes oder der Schenker zur Zeit der Ausführung der Zuwendung ein Inländer war, das Finanzamt, das sich bei sinngemäßer Anwendung des § 19 Abs. 1 und des § 20 der Abgabenordnung ergibt. [2]Im Fall der Steuerpflicht nach § 2 Abs. 1 Nr. 1 Buchstabe b richtet sich die Zuständigkeit nach dem letzten inländischen Wohnsitz oder gewöhnlichen Aufenthalt des Erblassers oder Schenkers.

ErbStG

1) **Anm. d. Red.:** § 33 Abs. 1 bis 3 i. d. F. des Art. 27 Nr. 1 Gesetz v. 21. 8. 2002 (BGBl I 3322).

2) **Anm. d. Red.:** § 34 Abs. 1 i. d. F. des Art. 27 Nr. 1 Gesetz v. 21. 8. 2002 (BGBl I 3322).

3) **Anm. d. Red.:** § 35 Abs. 3 i. d. F. des Art. 1 Nr. 24 ErbStRG v. 24. 12. 2008 (BGBl I 3018).

(2) Die örtliche Zuständigkeit bestimmt sich nach den Verhältnissen des Erwerbers, bei Zweckzuwendungen nach den Verhältnissen des Beschwerten, zur Zeit des Erwerbs, wenn

1. bei einer Schenkung unter Lebenden der Erwerber, bei einer Zweckzuwendung unter Lebenden der Beschwerte, eine Körperschaft, Personenvereinigung oder Vermögensmasse ist oder
2. der Erblasser zur Zeit seines Todes oder der Schenker zur Zeit der Ausführung der Zuwendung kein Inländer war. [2]Sind an einem Erbfall mehrere inländische Erwerber mit Wohnsitz oder gewöhnlichem Aufenthalt in verschiedenen Finanzamtsbezirken beteiligt, ist das Finanzamt örtlich zuständig, das zuerst mit der Sache befasst wird.

(3) [1]Bei Schenkungen und Zweckzuwendungen unter Lebenden von einer Erbengemeinschaft ist das Finanzamt zuständig, das für die Bearbeitung des Erbfalls zuständig ist. [2]Satz 1 gilt auch, wenn eine Erbengemeinschaft aus zwei Erben besteht und der eine Miterbe bei der Auseinandersetzung eine Schenkung an den anderen Miterben ausführt.

(4) In den Fällen des § 2 Abs. 1 Nr. 3 ist das Finanzamt örtlich zuständig, das sich bei sinngemäßer Anwendung des § 19 Abs. 2 der Abgabenordnung ergibt.

V. Ermächtigungs- und Schlussvorschriften

§ 36 Ermächtigungen

(1) Die Bundesregierung wird ermächtigt, mit Zustimmung des Bundesrates

1. zur Durchführung dieses Gesetzes Rechtsverordnungen zu erlassen, soweit dies zur Wahrung der Gleichmäßigkeit bei der Besteuerung, zur Beseitigung von Unbilligkeiten in Härtefällen oder zur Vereinfachung des Besteuerungsverfahrens erforderlich ist, und zwar über
   a) die Abgrenzung der Steuerpflicht,
   b) die Feststellung und die Bewertung des Erwerbs von Todes wegen, der Schenkungen unter Lebenden und der Zweckzuwendungen, auch soweit es sich um den Inhalt von Schließfächern handelt,
   c) die Steuerfestsetzung, die Anwendung der Tarifvorschriften und die Steuerentrichtung,
   d) die Anzeige- und Erklärungspflicht der Steuerpflichtigen,
   e) die Anzeige-, Mitteilungs- und Übersendungspflichten der Gerichte, Behörden, Beamten und Notare, der Versicherungsunternehmen, der Vereine und Berufsverbände, die mit einem Versicherungsunternehmen die Zahlung einer Versicherungssumme für den Fall des Todes ihrer Mitglieder vereinbart haben, der geschäftsmäßigen Verwahrer und Verwalter fremden Vermögens, auch soweit es sich um in ihrem Gewahrsam befindliche Vermögensgegenstände des Erblassers handelt, sowie derjenigen, die auf den Namen lautende Aktien oder Schuldverschreibungen ausgegeben haben;
2. Vorschriften durch Rechtsverordnung zu erlassen über die sich aus der Aufhebung oder Änderung von Vorschriften dieses Gesetzes ergebenden Rechtsfolgen, soweit dies zur Wahrung der Gleichmäßigkeit der Besteuerung oder zur Beseitigung von Unbilligkeiten in Härtefällen erforderlich ist.

(2) Das Bundesministerium der Finanzen wird ermächtigt, den Wortlaut dieses Gesetzes und der zu diesem Gesetz erlassenen Durchführungsverordnung in der jeweils geltenden Fassung satzweise nummeriert mit neuem Datum und neuer Paragraphenfolge bekannt zu machen und dabei Unstimmigkeiten des Wortlauts zu beseitigen.

§ 37[1] Anwendung des Gesetzes

(1) Dieses Gesetz in der Fassung des Artikels 6 des Gesetzes vom 22. Dezember 2009 (BGBl I S. 3950) findet auf Erwerbe Anwendung, für die die Steuer nach dem 31. Dezember 2009 entsteht.

(2) [1]In Erbfällen, die vor dem 31. August 1980 eingetreten sind, und für Schenkungen, die vor diesem Zeitpunkt ausgeführt worden sind, ist weiterhin § 25 in der Fassung des Gesetzes vom 17. April 1974 (BGBl I S. 933) anzuwenden, auch wenn die Steuer infolge Aussetzung der Versteuerung nach § 25 Abs. 1 Buchstabe a erst nach dem 30. August 1980 entstanden ist oder entsteht. [2]In Erbfällen, die vor dem 1. Januar 2009 eingetreten sind, und für Schenkungen, die vor diesem Zeitpunkt ausgeführt worden sind, ist weiterhin § 25 Abs. 1 Satz 3 und Abs. 2 in der Fassung der Bekanntmachung vom 27. Februar 1997 (BGBl I S. 378) anzuwenden.

(3) [1]Die §§ 13a und 19a Absatz 5 in der Fassung des Artikels 6 des Gesetzes vom 22. Dezember 2009 (BGBl I S. 3950) finden auf Erwerbe Anwendung, für die die Steuer nach dem 31. Dezember 2008 entsteht. [2]§ 13a in der Fassung des Artikels 6 des Gesetzes vom 22. Dezember 2009 (BGBl I S. 3950) ist nicht anzuwenden, wenn das begünstigte Vermögen vor dem 1. Januar 2011 von Todes wegen oder durch Schenkung unter Lebenden erworben wird, bereits Gegenstand einer vor dem 1. Januar 2007 ausgeführten Schenkung desselben Schenkers an dieselbe Person war und wegen eines vertraglichen Rückforderungsrechts nach dem 11. November 2005 herausgegeben werden musste.

(4) (weggefallen)

§ 37a Sondervorschriften aus Anlass der Herstellung der Einheit Deutschlands

(1) (weggefallen)

(2) [1]Für den Zeitpunkt der Entstehung der Steuerschuld ist § 9 Abs. 1 Nr. 1 auch dann maßgebend, wenn der Erblasser in dem in Artikel 3 des Einigungsvertrages genannten Gebiet vor dem 1. Januar 1991 verstorben ist, es sei denn, dass die Steuer nach dem Erbschaftsteuergesetz der Deutschen Demokratischen Republik vor dem 1. Januar 1991 entstanden ist. [2]§ 9 Abs. 2 gilt entsprechend, wenn die Versteuerung nach § 34 des Erbschaftsteuergesetzes (ErbStG) der Deutschen Demokratischen Republik in der Fassung vom 18. September 1970 (Sonderdruck Nr. 678 des Gesetzblattes) ausgesetzt wurde.

(3) (weggefallen)

(4) Als frühere Erwerbe im Sinne des § 14 gelten auch solche, die vor dem 1. Januar 1991 dem Erbschaftsteuerrecht der Deutschen Demokratischen Republik unterlegen haben.

(5) Als frühere Erwerbe desselben Vermögens im Sinne des § 27 gelten auch solche, für die eine Steuer nach dem Erbschaftsteuerrecht der Deutschen Demokratischen Republik erhoben wurde, wenn der Erwerb durch Personen im Sinne des § 15 Abs. 1 Steuerklasse I erfolgte.

(6) § 28 ist auch anzuwenden, wenn eine Steuer nach dem Erbschaftsteuerrecht der Deutschen Demokratischen Republik erhoben wird.

(7) [1]Ist in dem in Artikel 3 des Einigungsvertrages genannten Gebiet eine Steuerfestsetzung nach § 33 des Erbschaftsteuergesetzes der Deutschen Demokratischen Republik in der Weise erfolgt, dass die Steuer jährlich im Voraus von dem Jahreswert von Renten, Nutzungen oder Leistungen zu entrichten ist, kann nach Wahl des Erwerbers die Jahressteuer zum jeweils nächsten Fälligkeitstermin mit ihrem Kapitalwert abgelöst werden. [2]§ 23 Abs. 2 ist entsprechend anzuwenden.

(8) Wurde in Erbfällen, die vor dem 1. Januar 1991 eingetreten sind, oder für Schenkungen, die vor diesem Zeitpunkt ausgeführt worden sind, die Versteuerung nach § 34

1) **Anm. d. Red.:** § 37 i. d. F. des Art. 6 Nr. 4 Wachstumsbeschleunigungsgesetz v. 22. 12. 2009 (BGBl I 3950).

des Erbschaftsteuergesetzes der Deutschen Demokratischen Republik ausgesetzt, ist diese Vorschrift weiterhin anzuwenden, auch wenn die Steuer infolge der Aussetzung der Versteuerung erst nach dem 31. Dezember 1990 entsteht.

§§ 38 und 39 (weggefallen)

Erbschaftsteuer-Durchführungsverordnung (ErbStDV)

v. 8. 9. 1998 (BGBl I S. 2658) mit späteren Änderungen

Die amtliche Neufassung der ErbStDV v. 8. 9. 1998 (BGBl I 2658) wurde inzwischen geändert durch Art. 20 Steuer-Euroglättungsgesetz (StEuglG) v. 19. 12. 2000 (BGBl I 1790); Art. 3 Gesetz zur Modernisierung des Stiftungsrechts v. 15. 7. 2002 (BGBl I 2634); Art. 34 Drittes Gesetz zur Änderung verwaltungsverfahrensrechtlicher Vorschriften v. 21. 8. 2002 (BGBl I 3322); Art. 1 Verordnung zur Änderung der ErbStDV v. 2. 11. 2005 (BGBl I 3126); Art. 3 Abs. 2 Gesetz zur Reform des Personenstandsrechts (Personenstandsrechtsreformgesetz – PStRG) v. 19. 2. 2007 (BGBl I 122). – **Zur Anwendung siehe § 12.**

Nichtamtliche Fassung

Auf Grund des § 36 Abs. 1 Nr. 1 Buchstabe e des Erbschaftsteuer- und Schenkungsteuergesetzes in der Fassung der Bekanntmachung vom 27. Februar 1997 (BGBl I S. 378) verordnet die Bundesregierung:

Zu § 33 ErbStG

§ 1[1)] Anzeigepflicht der Vermögensverwahrer und der Vermögensverwalter

(1) [1]Wer zur Anzeige über die Verwahrung oder Verwaltung von Vermögen eines Erblassers verpflichtet ist, hat die Anzeige nach § 33 Abs. 1 des Gesetzes mit einem Vordruck nach Muster 1 zu erstatten. [2]Wird die Anzeige in einem maschinellen Verfahren erstellt, kann auf eine Unterschrift verzichtet werden. [3]Die Anzeigepflicht bezieht sich auch auf die für das Jahr des Todes bis zum Todestag errechneten Zinsen für Guthaben, Forderungen und Wertpapiere (Stückzinsen). [4]Die Anzeige ist bei dem für die Verwaltung der Erbschaftsteuer zuständigen Finanzamt (§ 35 des Gesetzes) einzureichen.

(2) Die Anzeigepflicht besteht auch dann, wenn an dem in Verwahrung oder Verwaltung befindlichen Wirtschaftsgut außer dem Erblasser auch noch andere Personen beteiligt sind.

(3) Befinden sich am Todestag des Erblassers bei dem Anzeigepflichtigen Wirtschaftsgüter in Gewahrsam, die vom Erblasser verschlossen oder unter Mitverschluss gehalten wurden (z. B. in Schließfächern), genügt die Mitteilung über das Bestehen eines derartigen Gewahrsams und, soweit er dem Anzeigepflichtigen bekannt ist, die Mitteilung des Versicherungswerts.

(4) Die Anzeige darf nur unterbleiben,

1. wenn es sich um Wirtschaftsgüter handelt, über die der Erblasser nur die Verfügungsmacht hatte, insbesondere als gesetzlicher Vertreter, Betreuer, Liquidator, Verwalter oder Testamentsvollstrecker, oder
2. wenn der Wert der anzuzeigenden Wirtschaftsgüter 2 500 Euro nicht übersteigt.

§ 2 Anzeigepflicht derjenigen, die auf den Namen lautende Aktien oder Schuldverschreibungen ausgegeben haben

Wer auf den Namen lautende Aktien oder Schuldverschreibungen ausgegeben hat, hat unverzüglich nach dem Eingang eines Antrags auf Umschreibung der Aktien oder Schuldverschreibungen eines Verstorbenen dem für die Verwaltung der Erbschaftsteuer zuständigen Finanzamt (§ 35 des Gesetzes) unter Hinweis auf § 33 Abs. 2 des Gesetzes anzuzeigen:

1. die Wertpapier-Kennnummer, die Stückzahl und den Nennbetrag der Aktien oder Schuldverschreibungen,
2. die letzte Anschrift des Erblassers, auf dessen Namen die Wertpapiere lauten,

ErbStDV

1) **Anm. d. Red.:** § 1 Abs. 1 und 4 i. d. F. des Art. 1 Nr. 1 Verordnung zur Änderung der ErbStDV v. 2. 11. 2005 (BGBl I 3126).

3. den Todestag des Erblassers und – wenn dem Anzeigepflichtigen bekannt – das Standesamt, bei dem der Sterbefall beurkundet worden ist,
4. den Namen, die Anschrift und, soweit dem Anzeigepflichtigen bekannt, das persönliche Verhältnis (Verwandtschaftsverhältnis) der Person, auf deren Namen die Wertpapiere umgeschrieben werden sollen.

§ 3[1)] Anzeigepflicht der Versicherungsunternehmen

(1) [1]Zu den Versicherungsunternehmen, die Anzeigen nach § 33 Abs. 3 des Gesetzes zu erstatten haben, gehören auch die Sterbekassen von Berufsverbänden, Vereinen und anderen Anstalten, soweit sie die Lebens-(Sterbegeld-) oder Leibrenten-Versicherung betreiben. [2]Die Anzeigepflicht besteht auch für Vereine und Berufsverbände, die mit einem Versicherungsunternehmen die Zahlung einer Versicherungssumme (eines Sterbegeldes) für den Fall des Todes ihrer Mitglieder vereinbart haben, wenn der Versicherungsbetrag an die Hinterbliebenen der Mitglieder weitergeleitet wird. [3]Ortskrankenkassen gelten nicht als Versicherungsunternehmen im Sinne der genannten Vorschrift.

(2) [1]Dem für die Verwaltung der Erbschaftsteuer zuständigen Finanzamt (§ 35 des Gesetzes) sind mit einem Vordruck nach Muster 2 alle Versicherungssummen oder Leibrenten, die einem anderen als dem Versicherungsnehmer auszuzahlen oder zur Verfügung zu stellen sind, und, soweit dem Anzeigepflichtigen bekannt, das persönliche Verhältnis (Verwandtschaftsverhältnis) der Person, an die die Auszahlung oder Zurverfügungstellung erfolgt, anzuzeigen. [2]Zu den Versicherungssummen rechnen insbesondere auch Versicherungsbeträge aus Sterbegeld-, Aussteuer- und ähnlichen Versicherungen. [3]Bei einem Wechsel des Versicherungsnehmers vor Eintritt des Versicherungsfalls sind der Rückkaufswert und die bis zum Wechsel eingezahlten Prämien oder Kapitalbeiträge sowie der Name und die Anschrift des neuen Versicherungsnehmers anzuzeigen.

(3) [1]Die Anzeige unterbleibt bei solchen Versicherungssummen, die auf Grund eines von einem Arbeitgeber für seine Arbeitnehmer abgeschlossenen Versicherungsvertrages bereits zu Lebzeiten des Versicherten (Arbeitnehmers) fällig und an diesen ausgezahlt werden. [2]Die Anzeige darf bei Kapitalversicherungen unterbleiben, wenn der auszuzahlende Betrag 1 200 Euro nicht übersteigt.

Zu § 34 ErbStG

§ 4[2)] Anzeigepflicht der Standesämter

(1) [1]Die Standesämter haben für jeden Kalendermonat die Sterbefälle jeweils durch Übersendung der Sterbeurkunde in zweifacher Ausfertigung binnen zehn Tagen nach Ablauf des Monats dem für die Verwaltung der Erbschaftsteuer zuständigen Finanzamt, in dessen Bezirk sich der Sitz des Standesamtes befindet, anzuzeigen. [2]Dabei ist die Ordnungsnummer (§ 5 Abs. 2) anzugeben, die das Finanzamt dem Standesamt zugeteilt hat. [3]Die in Satz 1 genannten Urkunden sind um Angaben zu den in Muster 3 genannten Fragen zu ergänzen, soweit diese Angaben bekannt sind.

(2) Sind in dem vorgeschriebenen Zeitraum Sterbefälle nicht beurkundet oder bekannt geworden, hat das Standesamt innerhalb von zehn Tagen nach Ablauf des Zeitraumes unter Angabe der Nummer der letzten Eintragung in das Sterberegister eine Fehlanzeige mit einem Vordruck nach Muster 4 zu übersenden.

(3) Die Oberfinanzdirektion kann anordnen,

1. dass die Anzeigen von einzelnen Standesämtern für einen längeren oder kürzeren Zeitraum als einen Monat übermittelt werden können,

1) **Anm. d. Red.:** § 3 Abs. 3 i. d. F. des Art. 20 Nr. 2 StEuglG v. 19. 12. 2000 (BGBl I 1790).

2) **Anm. d. Red.:** § 4 Abs. 1, 2 und 4 i. d. F. des Art. 3 Abs. 2 Nr. 1 PStRG v. 19. 2. 2007 (BGBl I 122).

2. dass die Standesämter die Sterbefälle statt der Anzeigen nach Absatz 1 und 2 durch eine Totenliste (Absatz 4) nach Muster 3 anzeigen können,
3. dass auf die zweite Ausfertigung der Sterbeurkunde verzichtet werden kann.

(4) [1]Totenlisten nach Absatz 3 Nr. 2 sind vorbehaltlich des Absatzes 3 Nr. 1 für jeden Kalendermonat aufzustellen. [2]In die Totenlisten sind einzutragen:
1. die Sterbefälle nach der Reihenfolge der Eintragungen in das Sterberegister,
2. die dem Standesamt sonst bekannt gewordenen Sterbefälle von Personen, die im Ausland verstorben sind und bei ihrem Tod einen Wohnsitz oder ihren gewöhnlichen Aufenthalt oder Vermögen im Bezirk des Standesamtes gehabt haben.

[3]Das Standesamt hat die Totenliste binnen zehn Tagen nach dem Ablauf des Zeitraumes, für den sie aufgestellt ist, nach der in dem Muster 3 vorgeschriebenen Anleitung abzuschließen und dem für die Verwaltung der Erbschaftsteuer zuständigen Finanzamt, in dessen Bezirk sich der Sitz des Standesamtes befindet, einzusenden. [4]Dabei ist die Ordnungsnummer (§ 5 Abs. 2) anzugeben, die das Finanzamt dem Standesamt zugeteilt hat. [5]Sind in dem vorgeschriebenen Zeitraum Sterbefälle nicht beurkundet worden oder bekannt geworden, hat das Standesamt innerhalb von zehn Tagen nach Ablauf des Zeitraumes diesem Finanzamt eine Fehlanzeige nach Muster 4 zu übersenden. [6]In der Fehlanzeige ist auch die Nummer der letzten Eintragung in das Sterberegister anzugeben.

§ 5 Verzeichnis der Standesämter

(1) [1]Die Landesregierungen oder die von ihnen bestimmten Stellen teilen den für ihr Gebiet zuständigen Oberfinanzdirektionen Änderungen des Bestandes oder der Zuständigkeit der Standesämter mit. [2]Von diesen Änderungen geben die Oberfinanzdirektionen den in Betracht kommenden Finanzämtern Kenntnis.

(2) Die Finanzämter geben jedem Standesamt ihres Bezirks eine Ordnungsnummer, die sie dem Standesamt mitteilen.

§ 6 Anzeigepflicht der Gerichte bei Todeserklärungen

(1) [1]Die Gerichte haben dem für die Verwaltung der Erbschaftsteuer zuständigen Finanzamt (§ 35 des Gesetzes) eine beglaubigte Abschrift der Beschlüsse über die Todeserklärung Verschollener oder über die Feststellung des Todes und der Todeszeit zu übersenden. [2]Wird ein solcher Beschluss angefochten oder eine Aufhebung beantragt, hat das Gericht dies dem Finanzamt anzuzeigen.

(2) Die Übersendung der in Absatz 1 genannten Abschriften kann bei Erbfällen von Kriegsgefangenen und ihnen gleichgestellten Personen sowie bei Erbfällen von Opfern der nationalsozialistischen Verfolgung unterbleiben, wenn der Zeitpunkt des Todes vor dem 1. Januar 1946 liegt.

§ 7[1)] Anzeigepflicht der Gerichte, Notare und sonstigen Urkundspersonen in Erbfällen

(1) [1]Die Gerichte haben dem für die Verwaltung der Erbschaftsteuer zuständigen Finanzamt (§ 35 des Gesetzes) beglaubigte Abschriften folgender Verfügungen und Schriftstücke mit einem Vordruck nach Muster 5 zu übersenden:
1. eröffnete Verfügungen von Todes wegen mit einer Mehrausfertigung der Niederschrift über die Eröffnungsverhandlung,
2. Erbscheine,
3. Testamentsvollstreckerzeugnisse,
4. Zeugnisse über die Fortsetzung von Gütergemeinschaften,

ErbStDV

1) **Anm. d. Red.:** § 7 Abs. 1 i. d. F. des Art. 34 Nr. 1 Gesetz v. 21. 8. 2002 (BGBl I 3322); Abs. 2 i. d. F. des Art. 3 Abs. 2 Nr. 2 PStRG v. 19. 2. 2007 (BGBl I 122); Abs. 4 Nr. 1 i. d. F. des Art. 20 Nr. 3 StEuglG v. 19. 12. 2000 (BGBl I 1790).

5. Beschlüsse über die Einleitung oder Aufhebung einer Nachlasspflegschaft oder Nachlassverwaltung,
6. beurkundete Vereinbarungen über die Abwicklung von Erbauseinandersetzungen.

[2]Eine elektronische Übermittlung der Anzeige ist ausgeschlossen. [3]Die Anzeige hat unverzüglich nach dem auslösenden Ereignis zu erfolgen. [4]Auf der Urschrift der Mitteilung oder Anzeige ist zu vermerken, wann und an welches Finanzamt die Abschrift übersandt worden ist.

(2) Jede Mitteilung oder Übersendung soll die folgenden Angaben enthalten:

1. den Namen, den Geburtstag, die letzte Anschrift, den Todestag und den Sterbeort des Erblassers,
2. das Standesamt, bei dem der Sterbefall beurkundet worden ist, und die Nummer des Sterberegisters.

(3) Soweit es den Gerichten bekannt ist, haben sie mitzuteilen:

1. den Beruf und den Familienstand des Erblassers,
2. den Güterstand bei verheirateten Erblassern,
3. die Anschriften der Beteiligten und das persönliche Verhältnis (Verwandtschaftsverhältnis) zum Erblasser,
4. die Höhe und die Zusammensetzung des Nachlasses in Form eines Verzeichnisses,
5. später bekannt gewordene Veränderungen in der Person der Erben oder Vermächtnisnehmer, insbesondere durch Fortfall von vorgesehenen Erben oder Vermächtnisnehmern.

(4) Die Übersendung der in Absatz 1 erwähnten Abschriften und die Erstattung der dort vorgesehenen Anzeigen dürfen unterbleiben,

1. wenn die Annahme berechtigt ist, dass außer Hausrat (einschließlich Wäsche und Kleidungsstücken) im Wert von nicht mehr als 5 200 Euro nur noch anderes Vermögen im reinen Wert von nicht mehr als 5 200 Euro vorhanden ist,
2. bei Erbfällen von Kriegsgefangenen und ihnen gleichgestellten Personen sowie bei Erbfällen von Opfern der nationalsozialistischen Verfolgung, wenn der Zeitpunkt des Todes vor dem 1. Januar 1946 liegt,
3. wenn der Erbschein lediglich zur Geltendmachung von Ansprüchen auf Grund des Lastenausgleichsgesetzes beantragt und dem Ausgleichsamt unmittelbar übersandt worden ist,
4. wenn seit dem Zeitpunkt des Todes des Erblassers mehr als zehn Jahre vergangen sind. [2]Das gilt nicht für Anzeigen über die Abwicklung von Erbauseinandersetzungen.

(5) Die vorstehenden Vorschriften gelten entsprechend für Notare (Bezirksnotare) und sonstige Urkundspersonen, soweit ihnen Geschäfte des Nachlassgerichts übertragen sind.

§ 8[1)] Anzeigepflicht der Gerichte, Notare und sonstigen Urkundspersonen bei Schenkungen und Zweckzuwendungen unter Lebenden

(1) [1]Die Gerichte haben dem für die Verwaltung der Erbschaftsteuer zuständigen Finanzamt (§ 35 des Gesetzes) eine beglaubigte Abschrift der Urkunde über eine Schenkung (§ 7 des Gesetzes) oder eine Zweckzuwendung unter Lebenden (§ 8 des Gesetzes) unter Angabe des der Kostenberechnung zugrunde gelegten Werts mit einem Vordruck nach Muster 6 zu übersenden. [2]Eine elektronische Übermittlung der Anzeige ist ausgeschlossen. [3]Enthält die Urkunde keine Angaben darüber, sind die Beteiligten über

1. das persönliche Verhältnis (Verwandtschaftsverhältnis) des Erwerbers zum Schenker und

1) **Anm. d. Red.:** § 8 Abs. 1 i. d. F. des Art. 34 Nr. 2 Gesetz v. 21. 8. 2002 (BGBl I 3322); Abs. 3 i. d. F. des Art. 20 Nr. 4 StEuglG v. 19. 12. 2000 (BGBl I 1790).

2. den Wert der Zuwendung

zu befragen und die Angaben in der Anzeige mitzuteilen. [4]Die Anzeige hat unverzüglich nach der Beurkundung zu erfolgen. [5]Auf der Urschrift der Urkunde ist zu vermerken, wann und an welches Finanzamt die Abschrift übersandt worden ist. [6]Die Gerichte haben bei der Beurkundung von Schenkungen und Zweckzuwendungen unter Lebenden die Beteiligten auf die mögliche Steuerpflicht hinzuweisen.

(2) Die Verpflichtungen nach Absatz 1 erstrecken sich auch auf Urkunden über Rechtsgeschäfte, die zum Teil oder der Form nach entgeltlich sind, bei denen aber Anhaltspunkte dafür vorliegen, dass eine Schenkung oder Zweckzuwendung unter Lebenden vorliegt.

(3) Die Übersendung einer beglaubigten Abschrift von Schenkungs- und Übergabeverträgen und die Mitteilung der in Absatz 1 vorgesehenen Angaben darf unterbleiben, wenn Gegenstand der Schenkung nur Hausrat (einschließlich Wäsche und Kleidungsstücke) im Wert von nicht mehr als 5 200 Euro und anderes Vermögen im reinen Wert von nicht mehr als 5 200 Euro ist.

(4) Die vorstehenden Vorschriften gelten entsprechend für Notare (Bezirksnotare) und sonstige Urkundspersonen.

§ 9[1] Anzeigepflicht der Auslandsstellen

[1]Die diplomatischen Vertreter und Konsuln des Bundes haben dem Bundesministerium der Finanzen anzuzeigen:

1. die ihnen bekannt gewordenen Sterbefälle von Deutschen ihres Amtsbezirks,
2. die ihnen bekannt gewordenen Zuwendungen ausländischer Erblasser oder Schenker an Personen, die im Inland einen Wohnsitz oder ihren gewöhnlichen Aufenthalt haben.

[2]Eine elektronische Übermittlung der Anzeige ist ausgeschlossen.

§ 10[2] Anzeigepflicht der Genehmigungsbehörden

[1]Die Behörden, die Stiftungen anerkennen oder Zuwendungen von Todes wegen und unter Lebenden an juristische Personen und dergleichen genehmigen, haben dem für die Verwaltung der Erbschaftsteuer zuständigen Finanzamt (§ 35 des Gesetzes) über solche innerhalb eines Kalendervierteljahres erteilten Anerkennungen oder Genehmigungen unmittelbar nach Ablauf des Vierteljahres eine Nachweisung zu übersenden. [2]Eine elektronische Übermittlung der Anzeige ist ausgeschlossen. [3]Die Verpflichtung erstreckt sich auch auf Rechtsgeschäfte der in § 8 Abs. 2 bezeichneten Art. [4]In der Nachweisung sind bei einem Anerkennungs- oder Genehmigungsfall anzugeben:

1. der Tag der Anerkennung oder Genehmigung,
2. die Anschriften des Erblassers (Schenkers) und des Erwerbers (bei einer Zweckzuwendung die Anschrift des mit der Durchführung der Zweckzuwendung Beschwerten),
3. die Höhe des Erwerbs (der Zweckzuwendung),
4. bei Erwerben von Todes wegen der Todestag und der Sterbeort des Erblassers,
5. bei Anerkennung einer Stiftung als rechtsfähig der Name, der Sitz (der Ort der Geschäftsleitung), der Zweck der Stiftung und der Wert des ihr gewidmeten Vermögens,
6. wenn bei der Anerkennung oder Genehmigung dem Erwerber Leistungen an andere Personen oder zu bestimmten Zwecken auferlegt oder wenn von dem Erwerber solche Leistungen zur Erlangung der Genehmigung freiwillig übernommen werden: Art und Wert der Leistungen, die begünstigten Personen oder Zwecke und das per-

ErbStDV

1) **Anm. d. Red.:** § 9 i. d. F. des Art. 3 Abs. 2 Nr. 3 PStRG v. 19. 2. 2007 (BGBl I 122).

2) **Anm. d. Red.:** § 10 i. d. F. des Art. 34 Nr. 4 Gesetz v. 21. 8. 2002 (BGBl I 3322).

sönliche Verhältnis (Verwandtschaftsverhältnis) der begünstigten Personen zum Erblasser (Schenker).

[5]Als Nachweisung kann eine beglaubigte Abschrift der der Stiftung zugestellten Urkunde über die Anerkennung als rechtsfähig dienen, wenn aus ihr die genannten Angaben zu ersehen sind.

§ 11 Anzeigen im automatisierten Verfahren

Die oberste Finanzbehörde eines Landes kann anordnen, dass die Anzeigen den Finanzämtern ihres Zuständigkeitsbereichs in einem automatisierten Verfahren erstattet werden können, soweit die Übermittlung der jeweils aufgeführten Angaben gewährleistet und die Richtigkeit der Datenübermittlung sichergestellt ist.

Schlussvorschriften

§ 12[1)] Anwendung der Verordnung

Diese Verordnung in der Fassung des Artikels 1 der Verordnung vom 2. November 2005 (BGBl I S. 3126) ist auf Erwerbe anzuwenden, für die die Steuer nach dem 31. Dezember 2005 entsteht.

§ 13 Inkrafttreten, Außerkrafttreten

[1]Diese Verordnung tritt am 1. August 1998 in Kraft. [2]Gleichzeitig tritt die Erbschaftsteuer-Durchführungsverordnung in der im Bundesgesetzblatt Teil III, Gliederungsnummer 611-8-1, veröffentlichten bereinigten Fassung, zuletzt geändert durch Artikel 3 des Gesetzes vom 20. Dezember 1996 (BGBl I S. 2049), außer Kraft.

1) **Anm. d. Red.:** § 12 i. d. F. des Art. 1 Nr. 2 Verordnung zur Änderung der ErbStDV v. 2. 11. 2005 (BGBl I 3126).

Grundsteuergesetz (GrStG)

v. 7. 8. 1973 (BGBl I S. 965) mit späteren Änderungen

Das GrStG ist als Art. 1 des Gesetzes zur Reform des GrSt-Rechts v. 7. 8. 1973 (BGBl I 965) verkündet worden. — Die hier wiedergegebene (nichtamtliche) Fassung berücksichtigt die Änderungen des GrStG durch Art. 15 EGAO v. 14. 12. 1976 (BGBl I 3341); Anlage I Kap. IV Sachgebiet B Abschn. II Nr. 30 Einigungsvertragsgesetz v. 23. 9. 1990 (BGBl II 885, 986); Art. 12 Standortsicherungsgesetz (StandOG) v. 13. 9. 1993 (BGBl I 1569); Art. 6 Abs. 56 Eisenbahnneuordnungsgesetz (ENeuOG) v. 27. 12. 1993 (BGBl I 2378, 2411, ber. 1994 I 2439); Art. 12 Abs. 43 Postneuordnungsgesetz (PTNeuOG) v. 14. 9. 1994 (BGBl I 2325, 2389, ber. 1996 I 103); Art. 9 Gesetz zur Fortsetzung der Unternehmenssteuerreform v. 29. 10. 1997 (BGBl I 2590); Art. 9 Nr. 5 Gesetz zur Änderung des Einführungsgesetzes zur Insolvenzordnung und anderer Gesetze (EGInsOÄndG) v. 19. 12. 1998 (BGBl I 3836); Art. 11 Steuerbereinigungsgesetz 1999 (StBereinG 1999) v. 22. 12. 1999 (BGBl I 2601); Art. 21 Steuer-Euroglättungsgesetz (StEuglG) v. 19. 12. 2000 (BGBl I 1790); Art. 29 Gesetz zur Umbenennung des Bundesgrenzschutzes in Bundespolizei v. 21. 6. 2005 (BGBl I 1818); Art. 6 Gesetz zur Beschleunigung der Umsetzung von Öffentlich Privaten Partnerschaften und zur Verbesserung gesetzlicher Rahmenbedingungen für Öffentlich Private Partnerschaften v. 1. 9. 2005 (BGBl I 2676); Art. 38 Jahressteuergesetz 2009 (JStG 2009) v. 19. 12. 2008 (BGBl I 2794). — **Zur Anwendung siehe §§ 38 und 40 bis 46.**

Nichtamtliche Fassung

Abschnitt I: Steuerpflicht

§ 1 Heberecht

(1) Die Gemeinde bestimmt, ob von dem in ihrem Gebiet liegenden Grundbesitz Grundsteuer zu erheben ist.

(2) Bestehen in einem Land keine Gemeinden, so stehen das Recht des Absatzes 1 und die in diesem Gesetz bestimmten weiteren Rechte dem Land zu.

(3) Für den in gemeindefreien Gebieten liegenden Grundbesitz bestimmt die Landesregierung durch Rechtsverordnung, wer die nach diesem Gesetz den Gemeinden zustehenden Befugnisse ausübt.

§ 2 Steuergegenstand

Steuergegenstand ist der Grundbesitz im Sinne des Bewertungsgesetzes:

1. die Betriebe der Land- und Forstwirtschaft (§§ 33, 48a und 51a des Bewertungsgesetzes). [2]Diesen stehen die in § 99 Abs. 1 Nr. 2 des Bewertungsgesetzes bezeichneten Betriebsgrundstücke gleich;
2. die Grundstücke (§§ 68, 70 des Bewertungsgesetzes). [2]Diesen stehen die in § 99 Abs. 1 Nr. 1 des Bewertungsgesetzes bezeichneten Betriebsgrundstücke gleich.

§ 3[1)] Steuerbefreiung für Grundbesitz bestimmter Rechtsträger

(1) [1]Von der Grundsteuer sind befreit

1. Grundbesitz, der von einer inländischen juristischen Person des öffentlichen Rechts für einen öffentlichen Dienst oder Gebrauch benutzt wird. [2]Ausgenommen ist der Grundbesitz, der von Berufsvertretungen und Berufsverbänden sowie von Kassenärztlichen Vereinigungen und Kassenärztlichen Bundesvereinigungen benutzt wird;

1a. (weggefallen)

2. Grundbesitz, der vom Bundeseisenbahnvermögen für Verwaltungszwecke benutzt wird;

GrStG

1) **Anm. d. Red.:** § 3 Abs. 1 Satz 1 Nr. 1a weggefallen, Abs. 3 i. d. F. des Art. 11 Nr. 1 StBereinG 1999 v. 22. 12. 1999 (BGBl I 2601); Abs. 1 Satz 1 Nr. 2 i. d. F. des Art. 6 Abs. 56 Nr. 1 ENeuOG v. 27. 12. 1993 (BGBl I 2378), Satz 1 Nr. 5 und Satz 2 i. d. F., Satz 1 Nr. 6 angefügt gem. Art. 12 Nr. 1 StandOG v. 13. 9. 1993 (BGBl I 1569), Satz 3 angefügt gem. Art. 6 Gesetz zur Beschleunigung der Umsetzung von Öffentlich Privaten Partnerschaften und zur Verbesserung gesetzlicher Rahmenbedingungen für Öffentlich Private Partnerschaften v. 1. 9. 2005 (BGBl I 2676).

3. Grundbesitz, der von
   a) einer inländischen juristischen Person des öffentlichen Rechts,
   b) einer inländischen Körperschaft, Personenvereinigung oder Vermögensmasse, die nach der Satzung, dem Stiftungsgeschäft oder der sonstigen Verfassung und nach ihrer tatsächlichen Geschäftsführung ausschließlich und unmittelbar gemeinnützigen oder mildtätigen Zwecken dient,

   für gemeinnützige oder mildtätige Zwecke benutzt wird;
4. Grundbesitz, der von einer Religionsgesellschaft, die Körperschaft des öffentlichen Rechts ist, einem ihrer Orden, einer ihrer religiösen Genossenschaften oder einem ihrer Verbände für Zwecke der religiösen Unterweisung, der Wissenschaft, des Unterrichts, der Erziehung oder für Zwecke der eigenen Verwaltung benutzt wird. ²Den Religionsgesellschaften stehen die jüdischen Kultusgemeinden gleich, die nicht Körperschaften des öffentlichen Rechts sind;
5. Dienstwohnungen der Geistlichen und Kirchendiener der Religionsgesellschaften, die Körperschaften des öffentlichen Rechts sind, und der jüdischen Kultusgemeinden. ²§ 5 ist insoweit nicht anzuwenden;
6. Grundbesitz der Religionsgesellschaften, die Körperschaften des öffentlichen Rechts sind, und der jüdischen Kultusgemeinden, der am 1. Januar 1987 und im Veranlagungszeitpunkt zu einem nach Kirchenrecht gesonderten Vermögen, insbesondere einem Stellenfonds gehört, dessen Erträge ausschließlich für die Besoldung und Versorgung der Geistlichen und Kirchendiener sowie ihrer Hinterbliebenen bestimmt sind. ²Ist in dem in Artikel 3 des Einigungsvertrages genannten Gebiet die Zugehörigkeit des Grundbesitzes zu einem gesonderten Vermögen im Sinne des Satzes 1 am 1. Januar 1987 nicht gegeben, reicht es insoweit aus, dass der Grundbesitz zu einem Zeitpunkt vor dem 1. Januar 1987 zu einem gesonderten Vermögen im Sinne des Satzes 1 gehörte. ³Die §§ 5 und 6 sind insoweit nicht anzuwenden.

²Der Grundbesitz muss ausschließlich demjenigen, der ihn für die begünstigten Zwecke benutzt, oder einem anderen nach den Nummern 1 bis 6 begünstigten Rechtsträger zuzurechnen sein. ³Satz 2 gilt nicht, wenn der Grundbesitz von einem nicht begünstigten Rechtsträger im Rahmen einer Öffentlich Privaten Partnerschaft einer juristischen Person des öffentlichen Rechts für einen öffentlichen Dienst oder Gebrauch überlassen wird und die Übertragung auf den Nutzer am Ende des Vertragszeitraums vereinbart ist.

(2) ¹Öffentlicher Dienst oder Gebrauch im Sinne dieses Gesetzes ist die hoheitliche Tätigkeit oder der bestimmungsgemäße Gebrauch durch die Allgemeinheit. ²Ein Entgelt für den Gebrauch durch die Allgemeinheit darf nicht in der Absicht, Gewinn zu erzielen, gefordert werden.

(3) Öffentlicher Dienst oder Gebrauch im Sinne dieses Gesetzes ist nicht anzunehmen bei Betrieben gewerblicher Art von juristischen Personen des öffentlichen Rechts im Sinne des Körperschaftsteuergesetzes.

§ 4[1] Sonstige Steuerbefreiungen

Soweit sich nicht bereits eine Befreiung nach § 3 ergibt, sind von der Grundsteuer befreit

1. Grundbesitz, der dem Gottesdienst einer Religionsgesellschaft, die Körperschaft des öffentlichen Rechts ist, oder einer jüdischen Kultusgemeinde gewidmet ist;
2. Bestattungsplätze;
3. a) die dem öffentlichen Verkehr dienenden Straßen, Wege, Plätze, Wasserstraßen, Häfen und Schienenwege sowie die Grundflächen mit den diesem Verkehr unmittelbar dienenden Bauwerken und Einrichtungen, zum Beispiel Brücken, Schleuseneinrichtungen, Signalstationen, Stellwerke, Blockstellen;

1) **Anm. d. Red.:** § 4 Nr. 3 Buchst. b i. d. F. des Art. 11 Nr. 2 StBereinG 1999 v. 22. 12. 1999 (BGBl I 2601); Nr. 6 i. d. F. des Art. 15 Nr. 1 EGAO v. 14. 12. 1976 (BGBl I 3341).

b) auf Verkehrsflughäfen und Verkehrslandeplätzen alle Flächen, die unmittelbar zur Gewährleistung eines ordnungsgemäßen Flugbetriebes notwendig sind und von Hochbauten und sonstigen Luftfahrthindernissen freigehalten werden müssen, die Grundflächen mit den Bauwerken und Einrichtungen, die unmittelbar diesem Betrieb dienen, sowie die Grundflächen ortsfester Flugsicherungsanlagen einschließlich der Flächen, die für einen einwandfreien Betrieb dieser Anlagen erforderlich sind;

c) die fließenden Gewässer und die ihren Abfluss regelnden Sammelbecken, soweit sie nicht unter Buchstabe a fallen;

4. die Grundflächen mit den im Interesse der Ordnung und Verbesserung der Wasser- und Bodenverhältnisse unterhaltenen Einrichtungen der öffentlich-rechtlichen Wasser- und Bodenverbände und die im öffentlichen Interesse staatlich unter Schau gestellten Privatdeiche;
5. Grundbesitz, der für Zwecke der Wissenschaft, des Unterrichts oder der Erziehung benutzt wird, wenn durch die Landesregierung oder die von ihr beauftragte Stelle anerkannt ist, dass der Benutzungszweck im Rahmen der öffentlichen Aufgaben liegt. [2]Der Grundbesitz muss ausschließlich demjenigen, der ihn benutzt, oder einer juristischen Person des öffentlichen Rechts zuzurechnen sein;
6. Grundbesitz, der für die Zwecke eines Krankenhauses benutzt wird, wenn das Krankenhaus in dem Kalenderjahr, das dem Veranlagungszeitpunkt (§ 13 Abs. 1) vorangeht, die Voraussetzungen des § 67 Abs. 1 oder 2 der Abgabenordnung erfüllt hat. [2]Der Grundbesitz muss ausschließlich demjenigen, der ihn benutzt, oder einer juristischen Person des öffentlichen Rechts zuzurechnen sein.

§ 5[1)] Zu Wohnzwecken benutzter Grundbesitz

(1) Dient Grundbesitz, der für steuerbegünstigte Zwecke (§§ 3 und 4) benutzt wird, zugleich Wohnzwecken, gilt die Befreiung nur für

1. Gemeinschaftsunterkünfte der Bundeswehr, der ausländischen Streitkräfte, der internationalen militärischen Hauptquartiere, der Bundespolizei, der Polizei und des sonstigen Schutzdienstes des Bundes und der Gebietskörperschaften sowie ihrer Zusammenschlüsse;
2. Wohnräume in Schülerheimen, Ausbildungs- und Erziehungsheimen sowie Prediger- und Priesterseminaren, wenn die Unterbringung in ihnen für die Zwecke des Unterrichts, der Ausbildung oder der Erziehung erforderlich ist. [2]Wird das Heim oder Seminar nicht von einem der nach § 3 Abs. 1 Nr. 1, 3 oder 4 begünstigten Rechtsträger unterhalten, so bedarf es einer Anerkennung der Landesregierung oder der von ihr beauftragten Stelle, dass die Unterhaltung des Heims oder Seminars im Rahmen der öffentlichen Aufgaben liegt;
3. Wohnräume, wenn der steuerbegünstigte Zweck im Sinne des § 3 Abs. 1 Nr. 1, 3 oder 4 nur durch ihre Überlassung erreicht werden kann;
4. Räume, in denen sich Personen für die Erfüllung der steuerbegünstigten Zwecke ständig bereithalten müssen (Bereitschaftsräume), wenn sie nicht zugleich die Wohnung des Inhabers darstellen.

(2) Wohnungen sind stets steuerpflichtig, auch wenn die Voraussetzungen des Absatzes 1 vorliegen.

§ 6 Land- und forstwirtschaftlich genutzter Grundbesitz

Wird Grundbesitz, der für steuerbegünstigte Zwecke (§§ 3 und 4) benutzt wird, zugleich land- und forstwirtschaftlich genutzt, so gilt die Befreiung nur für

1) **Anm. d. Red.:** § 5 Abs. 1 Nr. 1 i. d. F. des Art. 29 Gesetz zur Umbenennung des Bundesgrenzschutzes in Bundespolizei v. 21. 6. 2005 (BGBl I 1818).

1. Grundbesitz, der Lehr- oder Versuchszwecken dient;
2. Grundbesitz, der von der Bundeswehr, den ausländischen Streitkräften, den internationalen militärischen Hauptquartieren oder den in § 5 Abs. 1 Nr. 1 bezeichneten Schutzdiensten als Übungsplatz oder Flugplatz benutzt wird;
3. Grundbesitz, der unter § 4 Nr. 1 bis 4 fällt.

§ 7 Unmittelbare Benutzung für einen steuerbegünstigten Zweck

[1]Die Befreiung nach den §§ 3 und 4 tritt nur ein, wenn der Steuergegenstand für den steuerbegünstigten Zweck unmittelbar benutzt wird. [2]Unmittelbare Benutzung liegt vor, sobald der Steuergegenstand für den steuerbegünstigten Zweck hergerichtet wird.

§ 8 Teilweise Benutzung für einen steuerbegünstigten Zweck

(1) Wird ein räumlich abgegrenzter Teil des Steuergegenstandes für steuerbegünstigte Zwecke (§§ 3 und 4) benutzt, so ist nur dieser Teil des Steuergegenstandes steuerfrei.

(2) Dient der Steuergegenstand oder ein Teil des Steuergegenstandes (Absatz 1) sowohl steuerbegünstigten Zwecken (§§ 3 und 4) als auch anderen Zwecken, ohne dass eine räumliche Abgrenzung für die verschiedenen Zwecke möglich ist, so ist der Steuergegenstand oder der Teil des Steuergegenstandes nur befreit, wenn die steuerbegünstigten Zwecke überwiegen.

§ 9 Stichtag für die Festsetzung der Grundsteuer; Entstehung der Steuer

(1) Die Grundsteuer wird nach den Verhältnissen zu Beginn des Kalenderjahres festgesetzt.

(2) Die Steuer entsteht mit dem Beginn des Kalenderjahres, für das die Steuer festzusetzen ist.

§ 10 Steuerschuldner

(1) Schuldner der Grundsteuer ist derjenige, dem der Steuergegenstand bei der Feststellung des Einheitswerts zugerechnet ist.

(2) Derjenige, dem ein Erbbaurecht, ein Wohnungserbbaurecht oder ein Teilerbbaurecht zugerechnet ist, ist auch Schuldner der Grundsteuer für die wirtschaftliche Einheit des belasteten Grundstücks.

(3) Ist der Steuergegenstand mehreren Personen zugerechnet, so sind sie Gesamtschuldner.

§ 11[1)] Persönliche Haftung

(1) Neben dem Steuerschuldner haften der Nießbraucher des Steuergegenstandes und derjenige, dem ein dem Nießbrauch ähnliches Recht zusteht.

(2) [1]Wird ein Steuergegenstand ganz oder zu einem Teil einer anderen Person übereignet, so haftet der Erwerber neben dem früheren Eigentümer für die auf den Steuergegenstand oder Teil des Steuergegenstandes entfallende Grundsteuer, die für die Zeit seit dem Beginn des letzten vor der Übereignung liegenden Kalenderjahres zu entrichten ist. [2]Das gilt nicht für Erwerbe aus einer Insolvenzmasse und für Erwerbe im Vollstreckungsverfahren.

§ 12 Dingliche Haftung

Die Grundsteuer ruht auf dem Steuergegenstand als öffentliche Last.

1) **Anm. d. Red.:** § 11 Abs. 2 i. d. F. des Art. 9 Nr. 5 EGInsOÄndG v. 19. 12. 1998 (BGBl I 3836).

Abschnitt II: Bemessung der Grundsteuer

§ 13[1)] Steuermesszahl und Steuermessbetrag

(1) [1]Bei der Berechnung der Grundsteuer ist von einem Steuermessbetrag auszugehen. [2]Dieser ist durch Anwendung eines Tausendsatzes (Steuermesszahl) auf den Einheitswert oder seinen steuerpflichtigen Teil zu ermitteln, der nach dem Bewertungsgesetz im Veranlagungszeitpunkt (§ 16 Abs. 1, § 17 Abs. 3, § 18 Abs. 3) für den Steuergegenstand maßgebend ist.

(2) (weggefallen)

(3) In den Fällen des § 10 Abs. 2 ist der Berechnung des Steuermessbetrags die Summe der beiden Einheitswerte zugrunde zu legen, die nach § 92 des Bewertungsgesetzes festgestellt werden.

§ 14 Steuermesszahl für Betriebe der Land- und Forstwirtschaft

Für Betriebe der Land- und Forstwirtschaft beträgt die Steuermesszahl 6 vom Tausend.

§ 15[2)] Steuermesszahl für Grundstücke

(1) Die Steuermesszahl beträgt 3,5 vom Tausend.

(2) Abweichend von Absatz 1 beträgt die Steuermesszahl

1. für Einfamilienhäuser im Sinne des § 75 Abs. 5 des Bewertungsgesetzes mit Ausnahme des Wohnungseigentums und des Wohnungserbbaurechts einschließlich des damit belasteten Grundstücks 2,6 vom Tausend für die ersten 38 346,89 Euro des Einheitswerts oder seines steuerpflichtigen Teils und 3,5 vom Tausend für den Rest des Einheitswerts oder seines steuerpflichtigen Teils;
2. für Zweifamilienhäuser im Sinne des § 75 Abs. 6 des Bewertungsgesetzes 3,1 vom Tausend.

§ 16[3)] Hauptveranlagung

(1) [1]Die Steuermessbeträge werden auf den Hauptfeststellungszeitpunkt (§ 21 Abs. 2 des Bewertungsgesetzes) allgemein festgesetzt (Hauptveranlagung). [2]Dieser Zeitpunkt ist der Hauptveranlagungszeitpunkt.

(2) [1]Der bei der Hauptveranlagung festgesetzte Steuermessbetrag gilt vorbehaltlich der §§ 17 und 20 von dem Kalenderjahr an, das zwei Jahre nach dem Hauptveranlagungszeitpunkt beginnt. [2]Dieser Steuermessbetrag bleibt unbeschadet der §§ 17 und 20 bis zu dem Zeitpunkt maßgebend, von dem an die Steuermessbeträge der nächsten Hauptveranlagung wirksam werden. [3]Der sich nach den Sätzen 1 und 2 ergebende Zeitraum ist der Hauptveranlagungszeitraum.

(3) Ist die Festsetzungsfrist (§ 169 der Abgabenordnung) bereits abgelaufen, so kann die Hauptveranlagung unter Zugrundelegung der Verhältnisse vom Hauptveranlagungszeitpunkt mit Wirkung für einen späteren Veranlagungszeitpunkt vorgenommen werden, für den diese Frist noch nicht abgelaufen ist.

§ 17[4)] Neuveranlagung

(1) Wird eine Wertfortschreibung (§ 22 Abs. 1 des Bewertungsgesetzes) oder eine Artfortschreibung oder Zurechnungsfortschreibung (§ 22 Abs. 2 des Bewertungsgesetzes)

1) **Anm. d. Red.:** § 13 Abs. 2 weggefallen gem. Art. 6 Abs. 56 Nr. 2 ENeuOG v. 27. 12. 1993 (BGBl I 2378).

2) **Anm. d. Red.:** § 15 Abs. 2 i. d. F. des Art. 21 Nr. 1 StEuglG v. 19. 12. 2000 (BGBl I 1790).

3) **Anm. d. Red.:** § 16 Abs. 3 i. d. F. des Art. 15 Nr. 2 EGAO v. 14. 12. 1976 (BGBl I 3341).

4) **Anm. d. Red.:** § 17 Abs. 2 i. d. F. des Art. 15 Nr. 3 EGAO v. 14. 12. 1976 (BGBl I 3341).

durchgeführt, so wird der Steuermessbetrag auf den Fortschreibungszeitpunkt neu festgesetzt (Neuveranlagung).

(2) Der Steuermessbetrag wird auch dann neu festgesetzt, wenn dem Finanzamt bekannt wird, dass

1. Gründe, die im Feststellungsverfahren über den Einheitswert nicht zu berücksichtigen sind, zu einem anderen als dem für den letzten Veranlagungszeitpunkt festgesetzten Steuermessbetrag führen oder
2. die letzte Veranlagung fehlerhaft ist; § 176 der Abgabenordnung ist hierbei entsprechend anzuwenden; das gilt jedoch nur für Veranlagungszeitpunkte, die vor der Verkündung der maßgeblichen Entscheidung eines obersten Gerichts des Bundes liegen.

(3) [1]Der Neuveranlagung werden die Verhältnisse im Neuveranlagungszeitpunkt zugrunde gelegt. [2]Neuveranlagungszeitpunkt ist

1. in den Fällen des Absatzes 1 der Beginn des Kalenderjahres, auf den die Fortschreibung durchgeführt wird;
2. in den Fällen des Absatzes 2 Nr. 1 der Beginn des Kalenderjahres, auf den sich erstmals ein abweichender Steuermessbetrag ergibt. [2]§ 16 Abs. 3 ist entsprechend anzuwenden;
3. in den Fällen des Absatzes 2 Nr. 2 der Beginn des Kalenderjahres, in dem der Fehler dem Finanzamt bekannt wird, bei einer Erhöhung des Steuermessbetrags jedoch frühestens der Beginn des Kalenderjahres, in dem der Steuermessbescheid erteilt wird.

(4) Treten die Voraussetzungen für eine Neuveranlagung während des Zeitraums zwischen dem Hauptveranlagungszeitpunkt und dem Zeitpunkt des Wirksamwerdens der Steuermessbeträge (§ 16 Abs. 2) ein, so wird die Neuveranlagung auf den Zeitpunkt des Wirksamwerdens der Steuermessbeträge vorgenommen.

§ 18 Nachveranlagung

(1) Wird eine Nachfeststellung (§ 23 Abs. 1 des Bewertungsgesetzes) durchgeführt, so wird der Steuermessbetrag auf den Nachfeststellungszeitpunkt nachträglich festgesetzt (Nachveranlagung).

(2) Der Steuermessbetrag wird auch dann nachträglich festgesetzt, wenn der Grund für die Befreiung des Steuergegenstandes von der Grundsteuer wegfällt, der für die Berechnung der Grundsteuer maßgebende Einheitswert (§ 13 Abs. 1) aber bereits festgestellt ist.

(3) [1]Der Nachveranlagung werden die Verhältnisse im Nachveranlagungszeitpunkt zugrunde gelegt. [2]Nachveranlagungszeitpunkt ist

1. in den Fällen des Absatzes 1 der Beginn des Kalenderjahres, auf den der Einheitswert nachträglich festgestellt wird;
2. in den Fällen des Absatzes 2 der Beginn des Kalenderjahres, der auf den Wegfall des Befreiungsgrundes folgt. [2]§ 16 Abs. 3 ist entsprechend anzuwenden.

(4) Treten die Voraussetzungen für eine Nachveranlagung während des Zeitraums zwischen dem Hauptveranlagungszeitpunkt und dem Zeitpunkt des Wirksamwerdens der Steuermessbeträge (§ 16 Abs. 2) ein, so wird die Nachveranlagung auf den Zeitpunkt des Wirksamwerdens der Steuermessbeträge vorgenommen.

§ 19 Anzeigepflicht

[1]Jede Änderung in der Nutzung oder in den Eigentumsverhältnissen eines ganz oder teilweise von der Grundsteuer befreiten Steuergegenstandes hat derjenige anzuzeigen, der nach § 10 als Steuerschuldner in Betracht kommt. [2]Die Anzeige ist innerhalb von drei Monaten nach Eintritt der Änderung bei dem Finanzamt zu erstatten, das für die Festsetzung des Steuermessbetrags zuständig ist.

§ 20[1] Aufhebung des Steuermessbetrags

(1) Der Steuermessbetrag wird aufgehoben,

1. wenn der Einheitswert aufgehoben wird oder
2. wenn dem Finanzamt bekannt wird, dass
   a) für den ganzen Steuergegenstand ein Befreiungsgrund eingetreten ist oder
   b) der Steuermessbetrag fehlerhaft festgesetzt worden ist.

(2) Der Steuermessbetrag wird aufgehoben

1. in den Fällen des Absatzes 1 Nr. 1 mit Wirkung vom Aufhebungszeitpunkt (§ 24 Abs. 2 des Bewertungsgesetzes) an;
2. in den Fällen des Absatzes 1 Nr. 2 Buchstabe a mit Wirkung vom Beginn des Kalenderjahres an, der auf den Eintritt des Befreiungsgrundes folgt. ²§ 16 Abs. 3 ist entsprechend anzuwenden;
3. in den Fällen des Absatzes 1 Nr. 2 Buchstabe b mit Wirkung vom Beginn des Kalenderjahres an, in dem der Fehler dem Finanzamt bekannt wird.

(3) Treten die Voraussetzungen für eine Aufhebung während des Zeitraums zwischen dem Hauptveranlagungszeitpunkt und dem Zeitpunkt des Wirksamwerdens der Steuermessbeträge (§ 16 Abs. 2) ein, so wird die Aufhebung auf den Zeitpunkt des Wirksamwerdens der Steuermessbeträge vorgenommen.

§ 21 Änderung von Steuermessbescheiden

¹Bescheide über die Neuveranlagung oder die Nachveranlagung von Steuermessbeträgen können schon vor dem maßgebenden Veranlagungszeitpunkt erteilt werden. ²Sie sind zu ändern oder aufzuheben, wenn sich bis zu diesem Zeitpunkt Änderungen ergeben, die zu einer abweichenden Festsetzung führen.

§ 22[2] Zerlegung des Steuermessbetrags

(1) ¹Erstreckt sich der Steuergegenstand über mehrere Gemeinden, so ist der Steuermessbetrag vorbehaltlich des § 24 in die auf die einzelnen Gemeinden entfallenden Anteile zu zerlegen (Zerlegungsanteile). ²Für den Zerlegungsmaßstab gilt Folgendes:

1. ¹Bei Betrieben der Land- und Forstwirtschaft ist der auf den Wohnungswert entfallende Teil des Steuermessbetrags der Gemeinde zuzuweisen, in der sich der Wohnteil oder dessen wertvollster Teil befindet. ²Der auf den Wirtschaftswert entfallende Teil des Steuermessbetrags ist in dem Verhältnis zu zerlegen, in dem die auf die einzelnen Gemeinden entfallenden Flächengrößen zueinander stehen.
2. ¹Bei Grundstücken ist der Steuermessbetrag in dem Verhältnis zu zerlegen, in dem die auf die einzelnen Gemeinden entfallenden Flächengrößen zueinander stehen. ²Führt die Zerlegung nach Flächengrößen zu einem offenbar unbilligen Ergebnis, so hat das Finanzamt auf Antrag einer Gemeinde die Zerlegung nach dem Maßstab vorzunehmen, der nach bisherigem Recht zugrunde gelegt wurde. ³Dies gilt nur so lange, als keine wesentliche Änderung der tatsächlichen Verhältnisse eintritt; im Falle einer wesentlichen Änderung ist nach einem Maßstab zu zerlegen, der den tatsächlichen Verhältnissen besser Rechnung trägt.

³Einigen sich die Gemeinden mit dem Steuerschuldner über die Zerlegungsanteile, so sind diese maßgebend.

(2) Entfällt auf eine Gemeinde ein Zerlegungsanteil von weniger als fünfundzwanzig Euro, so ist dieser Anteil der Gemeinde zuzuweisen, der nach Absatz 1 der größte Zerlegungsanteil zusteht.

1) **Anm. d. Red.:** § 20 Abs. 1 Nr. 2 i. d. F. des Art. 15 Nr. 4 EGAO v. 14. 12. 1976 (BGBl I 3341).

2) **Anm. d. Red.:** § 22 Abs. 2 i. d. F. des Art. 21 Nr. 2 StEuglG v. 19. 12. 2000 (BGBl I 1790).

§ 23[1] Zerlegungsstichtag

(1) Der Zerlegung des Steuermessbetrags werden die Verhältnisse in dem Feststellungszeitpunkt zugrunde gelegt, auf den der für die Festsetzung des Steuermessbetrags maßgebende Einheitswert festgestellt worden ist.

(2) Ändern sich die Grundlagen für die Zerlegung, ohne dass der Einheitswert fortgeschrieben oder nachträglich festgestellt wird, so sind die Zerlegungsanteile nach dem Stand vom 1. Januar des folgenden Jahres neu zu ermitteln, wenn wenigstens bei einer Gemeinde der neue Anteil um mehr als ein Zehntel, mindestens aber um zehn Euro von ihrem bisherigen Anteil abweicht.

§ 24 Ersatz der Zerlegung durch Steuerausgleich

[1]Die Landesregierung kann durch Rechtsverordnung bestimmen, dass bei Betrieben der Land- und Forstwirtschaft, die sich über mehrere Gemeinden erstrecken, aus Vereinfachungsgründen an Stelle der Zerlegung ein Steuerausgleich stattfindet. [2]Beim Steuerausgleich wird der gesamte Steuermessbetrag der Gemeinde zugeteilt, in der der wertvollste Teil des Steuergegenstandes liegt (Sitzgemeinde); an dem Steueraufkommen der Sitzgemeinde werden die übrigen Gemeinden beteiligt. [3]Die Beteiligung soll annähernd zu dem Ergebnis führen, das bei einer Zerlegung einträte.

Abschnitt III: Festsetzung und Entrichtung der Grundsteuer

§ 25 Festsetzung des Hebesatzes

(1) Die Gemeinde bestimmt, mit welchem Hundertsatz des Steuermessbetrags oder des Zerlegungsanteils die Grundsteuer zu erheben ist (Hebesatz).

(2) Der Hebesatz ist für ein oder mehrere Kalenderjahre, höchstens jedoch für den Hauptveranlagungszeitraum der Steuermessbeträge festzusetzen.

(3) [1]Der Beschluss über die Festsetzung oder Änderung des Hebesatzes ist bis zum 30. Juni eines Kalenderjahres mit Wirkung vom Beginn dieses Kalenderjahres zu fassen. [2]Nach diesem Zeitpunkt kann der Beschluss über die Festsetzung des Hebesatzes gefasst werden, wenn der Hebesatz die Höhe der letzten Festsetzung nicht überschreitet.

(4) [1]Der Hebesatz muss jeweils einheitlich sein

1. für die in einer Gemeinde liegenden Betriebe der Land- und Forstwirtschaft;
2. für die in einer Gemeinde liegenden Grundstücke.

[2]Wird das Gebiet von Gemeinden geändert, so kann die Landesregierung oder die von ihr bestimmte Stelle für die von der Änderung betroffenen Gebietsteile auf eine bestimmte Zeit verschiedene Hebesätze zulassen.

§ 26[2] Koppelungsvorschriften und Höchsthebesätze

In welchem Verhältnis die Hebesätze für die Grundsteuer der Betriebe der Land- und Forstwirtschaft, für die Grundsteuer der Grundstücke und für die Gewerbesteuer zueinander stehen müssen, welche Höchstsätze nicht überschritten werden dürfen und inwieweit mit Genehmigung der Gemeindeaufsichtsbehörde Ausnahmen zugelassen werden können, bleibt einer landesrechtlichen Regelung vorbehalten.

§ 27 Festsetzung der Grundsteuer

(1) [1]Die Grundsteuer wird für das Kalenderjahr festgesetzt. [2]Ist der Hebesatz für mehr als ein Kalenderjahr festgesetzt, kann auch die jährlich zu erhebende Grundsteuer für die einzelnen Kalenderjahre dieses Zeitraums festgesetzt werden.

---

1) **Anm. d. Red.:** § 23 Abs. 2 i. d. F. des Art. 21 Nr. 3 StEuglG v. 19. 12. 2000 (BGBl I 1790).

2) **Anm. d. Red.:** § 26 i. d. F. des Art. 9 Gesetz zur Fortsetzung der Unternehmenssteuerreform v. 29. 10. 1997 (BGBl I 2590).

(2) Wird der Hebesatz geändert (§ 25 Abs. 3), so ist die Festsetzung nach Absatz 1 zu ändern.

(3) [1]Für diejenigen Steuerschuldner, die für das Kalenderjahr die gleiche Grundsteuer wie im Vorjahr zu entrichten haben, kann die Grundsteuer durch öffentliche Bekanntmachung festgesetzt werden. [2]Für die Steuerschuldner treten mit dem Tage der öffentlichen Bekanntmachung die gleichen Rechtswirkungen ein, wie wenn ihnen an diesem Tage ein schriftlicher Steuerbescheid zugegangen wäre.

§ 28[1)] Fälligkeit

(1) Die Grundsteuer wird zu je einem Viertel ihres Jahresbetrags am 15. Februar, 15. Mai, 15. August und 15. November fällig.

(2) Die Gemeinden können bestimmen, dass Kleinbeträge wie folgt fällig werden:

1. am 15. August mit ihrem Jahresbetrag, wenn dieser fünfzehn Euro nicht übersteigt;
2. am 15. Februar und 15. August zu je einer Hälfte ihres Jahresbetrags, wenn dieser dreißig Euro nicht übersteigt.

(3) [1]Auf Antrag des Steuerschuldners kann die Grundsteuer abweichend vom Absatz 1 oder Absatz 2 Nr. 2 am 1. Juli in einem Jahresbetrag entrichtet werden. [2]Der Antrag muss spätestens bis zum 30. September des vorangehenden Kalenderjahres gestellt werden. [3]Die beantragte Zahlungsweise bleibt so lange maßgebend, bis ihre Änderung beantragt wird; die Änderung muss spätestens bis zum 30. September des vorangehenden Jahres beantragt werden.

§ 29 Vorauszahlungen

Der Steuerschuldner hat bis zur Bekanntgabe eines neuen Steuerbescheids zu den bisherigen Fälligkeitstagen Vorauszahlungen unter Zugrundelegung der zuletzt festgesetzten Jahressteuer zu entrichten.

§ 30 Abrechnung über die Vorauszahlungen

(1) [1]Ist die Summe der Vorauszahlungen, die bis zur Bekanntgabe des neuen Steuerbescheids zu entrichten waren (§ 29), kleiner als die Steuer, die sich nach dem bekannt gegebenen Steuerbescheid für die vorausgegangenen Fälligkeitstage ergibt (§ 28), so ist der Unterschiedsbetrag innerhalb eines Monats nach Bekanntgabe des Steuerbescheids zu entrichten. [2]Die Verpflichtung, rückständige Vorauszahlungen schon früher zu entrichten, bleibt unberührt.

(2) Ist die Summe der Vorauszahlungen, die bis zur Bekanntgabe des neuen Steuerbescheids entrichtet worden sind, größer als die Steuer, die sich nach dem bekannt gegebenen Steuerbescheid für die vorangegangenen Fälligkeitstage ergibt, so wird der Unterschiedsbetrag nach Bekanntgabe des Steuerbescheids durch Aufrechnung oder Zurückzahlung ausgeglichen.

(3) Die Absätze 1 und 2 gelten entsprechend, wenn der Steuerbescheid aufgehoben oder geändert wird.

§ 31 Nachentrichtung der Steuer

Hatte der Steuerschuldner bis zur Bekanntgabe der Jahressteuer keine Vorauszahlungen nach § 29 zu entrichten, so hat er die Steuer, die sich nach dem bekannt gegebenen Steuerbescheid für die vorangegangenen Fälligkeitstage ergibt (§ 28), innerhalb eines Monats nach Bekanntgabe des Steuerbescheids zu entrichten.

GrStG

1) **Anm. d. Red.:** § 28 Abs. 2 i. d. F. des Art. 21 Nr. 4 StEuglG v. 19. 12. 2000 (BGBl I 1790).

Abschnitt IV: Erlass der Grundsteuer

§ 32 Erlass für Kulturgut und Grünanlagen

(1) Die Grundsteuer ist zu erlassen

1. für Grundbesitz oder Teile von Grundbesitz, dessen Erhaltung wegen seiner Bedeutung für Kunst, Geschichte, Wissenschaft oder Naturschutz im öffentlichen Interesse liegt, wenn die erzielten Einnahmen und die sonstigen Vorteile (Rohertrag) in der Regel unter den jährlichen Kosten liegen. [2]Bei Park- und Gartenanlagen von geschichtlichem Wert ist der Erlass von der weiteren Voraussetzung abhängig, dass sie in dem billigerweise zu fordernden Umfang der Öffentlichkeit zugänglich gemacht sind;
2. für öffentliche Grünanlagen, Spiel- und Sportplätze, wenn die jährlichen Kosten in der Regel den Rohertrag übersteigen.

(2) [1]Ist der Rohertrag für Grundbesitz, in dessen Gebäuden Gegenstände von wissenschaftlicher, künstlerischer oder geschichtlicher Bedeutung, insbesondere Sammlungen oder Bibliotheken, dem Zweck der Forschung oder Volksbildung nutzbar gemacht sind, durch die Benutzung zu den genannten Zwecken nachhaltig gemindert, so ist von der Grundsteuer der Hundertsatz zu erlassen, um den der Rohertrag gemindert ist. [2]Das gilt nur, wenn die wissenschaftliche, künstlerische oder geschichtliche Bedeutung der untergebrachten Gegenstände durch die Landesregierung oder die von ihr beauftragte Stelle anerkannt ist.

§ 33[1)] Erlass wegen wesentlicher Ertragsminderung

(1) [1]Ist bei Betrieben der Land- und Forstwirtschaft und bei bebauten Grundstücken der normale Rohertrag des Steuergegenstandes um mehr als 50 Prozent gemindert und hat der Steuerschuldner die Minderung des Rohertrags nicht zu vertreten, so wird die Grundsteuer in Höhe von 25 Prozent erlassen. [2]Beträgt die Minderung des normalen Rohertrags 100 Prozent, ist die Grundsteuer in Höhe von 50 Prozent zu erlassen. [3]Bei Betrieben der Land- und Forstwirtschaft und bei eigengewerblich genutzten bebauten Grundstücken wird der Erlass nur gewährt, wenn die Einziehung der Grundsteuer nach den wirtschaftlichen Verhältnissen des Betriebs unbillig wäre. [4]Normaler Rohertrag ist

1. bei Betrieben der Land- und Forstwirtschaft der Rohertrag, der nach den Verhältnissen zu Beginn des Erlasszeitraums bei ordnungsmäßiger Bewirtschaftung gemeinhin und nachhaltig erzielbar wäre;
2. bei bebauten Grundstücken die nach den Verhältnissen zu Beginn des Erlasszeitraums geschätzte übliche Jahresrohmiete.

(2) Bei eigengewerblich genutzten bebauten Grundstücken gilt als Minderung des normalen Rohertrags die Minderung der Ausnutzung des Grundstücks.

(3) Umfasst der Wirtschaftsteil eines Betriebs der Land- und Forstwirtschaft nur die forstwirtschaftliche Nutzung, so ist die Ertragsminderung danach zu bestimmen, in welchem Ausmaß eingetretene Schäden den Ertragswert der forstwirtschaftlichen Nutzung bei einer Wertfortschreibung mindern würden.

(4) [1]Wird nur ein Teil des Grundstücks eigengewerblich genutzt, so ist die Ertragsminderung für diesen Teil nach Absatz 2, für den übrigen Teil nach Absatz 1 zu bestimmen. [2]Umfasst der Wirtschaftsteil eines Betriebs der Land- und Forstwirtschaft nur zu einem Teil die forstwirtschaftliche Nutzung, so ist die Ertragsminderung für diesen Teil nach Absatz 3, für den übrigen Teil nach Absatz 1 zu bestimmen. [3]In den Fällen der Sätze 1 und 2 ist für den ganzen Steuergegenstand ein einheitlicher Hundertsatz der Ertragsminderung nach dem Anteil der einzelnen Teile am Einheitswert des Grundstücks oder am Wert des Wirtschaftsteils des Betriebs der Land- und Forstwirtschaft zu ermitteln.

1) **Anm. d. Red.:** § 33 Abs. 1 i. d. F. des Art. 38 Nr. 1 JStG 2009 v. 19. 12. 2008 (BGBl I 2794).

(5) Eine Ertragsminderung ist kein Erlassgrund, wenn sie für den Erlasszeitraum durch Fortschreibung des Einheitswerts berücksichtigt werden kann oder bei rechtzeitiger Stellung des Antrags auf Fortschreibung hätte berücksichtigt werden können.

§ 34 Verfahren

(1) [1]Der Erlass wird jeweils nach Ablauf eines Kalenderjahres für die Grundsteuer ausgesprochen, die für das Kalenderjahr festgesetzt worden ist (Erlasszeitraum). [2]Maßgebend für die Entscheidung über den Erlass sind die Verhältnisse des Erlasszeitraums.

(2) [1]Der Erlass wird nur auf Antrag gewährt. [2]Der Antrag ist bis zu dem auf den Erlasszeitraum folgenden 31. März zu stellen.

(3) [1]In den Fällen des § 32 bedarf es keiner jährlichen Wiederholung des Antrags. [2]Der Steuerschuldner ist verpflichtet, eine Änderung der maßgeblichen Verhältnisse der Gemeinde binnen drei Monaten nach Eintritt der Änderung anzuzeigen.

Abschnitt V: Übergangs- und Schlussvorschriften

§ 35[1] (weggefallen)

§ 36[2] Steuervergünstigung für abgefundene Kriegsbeschädigte

(1) [1]Der Veranlagung der Steuermessbeträge für Grundbesitz solcher Kriegsbeschädigten, die zum Erwerb oder zur wirtschaftlichen Stärkung ihres Grundbesitzes eine Kapitalabfindung auf Grund des Bundesversorgungsgesetzes in der Fassung der Bekanntmachung vom 22. Januar 1982 (BGBl I S. 21), zuletzt geändert durch die Verordnung vom 15. Juni 1999 (BGBl I S. 1328), erhalten haben, ist der um die Kapitalabfindung verminderte Einheitswert zugrunde zu legen. [2]Die Vergünstigung wird nur so lange gewährt, als die Versorgungsgebührnisse wegen der Kapitalabfindung in der gesetzlichen Höhe gekürzt werden.

(2) Die Steuervergünstigung nach Absatz 1 ist auch für ein Grundstück eines gemeinnützigen Wohnungs- oder Siedlungsunternehmens zu gewähren, wenn die folgenden Voraussetzungen sämtlich erfüllt sind:

1. Der Kriegsbeschädigte muss für die Zuweisung des Grundstücks die Kapitalabfindung an das Wohnungs- oder Siedlungsunternehmen bezahlt haben.
2. Er muss entweder mit dem Unternehmen einen Mietvertrag mit Kaufanwartschaft in der Weise abgeschlossen haben, dass er zur Miete wohnt, bis das Eigentum an dem Grundstück von ihm erworben ist, oder seine Rechte als Mieter müssen durch den Mietvertrag derart geregelt sein, dass das Mietverhältnis dem Eigentumserwerb fast gleichkommt.
3. Es muss sichergestellt sein, dass die Steuervergünstigung in vollem Umfang dem Kriegsbeschädigten zugute kommt.

(3) [1]Lagen die Voraussetzungen des Absatzes 1 oder des Absatzes 2 bei einem verstorbenen Kriegsbeschädigten zur Zeit seines Todes vor und hat seine Witwe das Grundstück ganz oder teilweise geerbt, so ist auch der Witwe die Steuervergünstigung zu gewähren, wenn sie in dem Grundstück wohnt. [2]Verheiratet sich die Witwe wieder, so fällt die Steuervergünstigung weg.

GrStG

1) **Anm. d. Red.:** § 35 weggefallen gem. Art. 11 Nr. 3 StBereinG 1999 v. 22. 12. 1999 (BGBl I 2601).

2) **Anm. d. Red.:** § 36 Abs. 1 i. d. F. des Art. 11 Nr. 4 StBereinG 1999 v. 22. 12. 1999 (BGBl I 2601).

§ 37[1] Sondervorschriften für die Hauptveranlagung 1974

(1) Auf den 1. Januar 1974 findet eine Hauptveranlagung der Grundsteuermessbeträge statt (Hauptveranlagung 1974).

(2) [1]Die Hauptveranlagung 1974 gilt mit Wirkung von dem am 1. Januar 1974 beginnenden Kalenderjahr an. [2]Der Beginn dieses Kalenderjahres ist der Hauptveranlagungszeitpunkt.

(3) Bei der Hauptveranlagung 1974 gilt Artikel 1 des Bewertungsänderungsgesetzes 1971 vom 27. Juli 1971 (Bundesgesetzbl. I S. 1157).

(4) (weggefallen)

§ 38[2] Anwendung des Gesetzes

Diese Fassung des Gesetzes gilt erstmals für die Grundsteuer des Kalenderjahres 2008.

§ 39[3] (weggefallen)

Abschnitt VI[4]: Grundsteuer für Steuergegenstände in dem in Artikel 3 des Einigungsvertrages genannten Gebiet ab dem Kalenderjahr 1991

§ 40 Land- und forstwirtschaftliches Vermögen

[1]Anstelle der Betriebe der Land- und Forstwirtschaft im Sinne des § 2 tritt das zu einer Nutzungseinheit zusammengefasste Vermögen im Sinne des § 125 Abs. 3 des Bewertungsgesetzes. [2]Schuldner der Grundsteuer ist abweichend von § 10 der Nutzer des land- und forstwirtschaftlichen Vermögens (§ 125 Abs. 2 des Bewertungsgesetzes). [3]Mehrere Nutzer des Vermögens sind Gesamtschuldner.

§ 41 Bemessung der Grundsteuer für Grundstücke nach dem Einheitswert

[1]Ist ein im Veranlagungszeitpunkt für die Grundsteuer maßgebender Einheitswert 1935 festgestellt oder festzustellen (§ 132 des Bewertungsgesetzes), gelten bei der Festsetzung des Steuermessbetrags abweichend von § 15 die Steuermesszahlen der weiter anwendbaren §§ 29 bis 33 der Grundsteuerdurchführungsverordnung vom 1. Juli 1937 (RGBl I S. 733). [2]Die ermäßigten Steuermesszahlen für Einfamilienhäuser gelten nicht für das Wohnungseigentum und das Wohnungserbbaurecht einschließlich des damit belasteten Grundstücks.

§ 42[5] Bemessung der Grundsteuer für Mietwohngrundstücke und Einfamilienhäuser nach der Ersatzbemessungsgrundlage

(1) Bei Mietwohngrundstücken und Einfamilienhäusern, für die ein im Veranlagungszeitpunkt für die Grundsteuer maßgebender Einheitswert 1935 nicht festgestellt oder festzustellen ist (§ 132 des Bewertungsgesetzes), bemisst sich der Jahresbetrag der Grundsteuer nach der Wohnfläche und bei anderweitiger Nutzung nach der Nutzfläche (Ersatzbemessungsgrundlage).

---

1) **Anm. d. Red.:** § 37 Abs. 1 i. d. F., Abs. 4 weggefallen gem. Art. 11 Nr. 5 StBereinG 1999 v. 22. 12. 1999 (BGBl I 2601).

2) **Anm. d. Red.:** § 38 i. d. F. des Art. 38 Nr. 2 JStG 2009 v. 19. 12. 2008 (BGBl I 2794).

3) **Anm. d. Red.:** § 39 weggefallen gem. Art. 11 Nr. 7 StBereinG 1999 v. 22. 12. 1999 (BGBl I 2601).

4) **Anm. d. Red.:** Abschn. VI angefügt gem. Anlage I Kap. IV Sachgebiet B Abschn. II Nr. 30 Buchst. c und d Einigungsvertragsgesetz v. 23. 9. 1990 (BGBl II 885, 986).

5) **Anm. d. Red.:** § 42 Abs. 2 und 3 i. d. F. des Art. 21 Nr. 6 StEuglG v. 19. 12. 2000 (BGBl I 1790).

(2) [1]Bei einem Hebesatz von 300 vom Hundert für Grundstücke beträgt der Jahresbetrag der Grundsteuer für das Grundstück

a) für Wohnungen, die mit Bad, Innen-WC und Sammelheizung ausgestattet sind, 1 Euro je m² Wohnfläche,
b) für andere Wohnungen 75 Cent je m² Wohnfläche,
c) je Abstellplatz für Personenkraftwagen in einer Garage 5 Euro.

[2]Für Räume, die anderen als Wohnzwecken dienen, ist der Jahresbetrag je m² Nutzfläche anzusetzen, der für die auf dem Grundstück befindlichen Wohnungen maßgebend ist.

(3) [1]Wird der Hebesatz abweichend von Absatz 2 festgesetzt, erhöhen oder vermindern sich die Jahresbeträge des Absatzes 2 in dem Verhältnis, in dem der festgesetzte Hebesatz für Grundstücke zu dem Hebesatz von 300 vom Hundert steht. [2]Der sich danach ergebende Jahresbetrag je m² Wohn- oder Nutzfläche wird auf volle Cent nach unten abgerundet.

(4) [1]Steuerschuldner ist derjenige, dem das Gebäude bei einer Feststellung des Einheitswerts gemäß § 10 zuzurechnen wäre. [2]Das gilt auch dann, wenn der Grund und Boden einem anderen gehört.

§ 43 Steuerfreiheit für neu geschaffene Wohnungen

(1) [1]Für Grundstücke mit neu geschaffenen Wohnungen, die nach dem 31. Dezember 1980 und vor dem 1. Januar 1992 bezugsfertig geworden sind oder bezugsfertig werden, gilt Folgendes:

1. Grundstücke mit Wohnungen, die vor dem 1. Januar 1990 bezugsfertig geworden sind, bleiben für den noch nicht abgelaufenen Teil eines zehnjährigen Befreiungszeitraums steuerfrei, der mit dem 1. Januar des Kalenderjahres beginnt, das auf das Jahr der Bezugsfertigkeit des Gebäudes folgt;
2. Grundstücke mit Wohnungen, die im Kalenderjahr 1990 bezugsfertig geworden sind, sind bis zum 31. Dezember 2000 steuerfrei;
3. Grundstücke mit Wohnungen, die im Kalenderjahr 1991 bezugsfertig werden, sind bis zum 31. Dezember 2001 steuerfrei.

[2]Dies gilt auch, wenn vor dem 1. Januar 1991 keine Steuerfreiheit gewährt wurde.

(2) Befinden sich auf einem Grundstück nur zum Teil steuerfreie Wohnungen im Sinne des Absatzes 1, gilt Folgendes:

1. [1]Wird die Grundsteuer nach dem Einheitswert bemessen (§ 41), bemisst sich der Steuermessbetrag für den sich aus Absatz 1 ergebenden Befreiungszeitraum nur nach dem Teil des jeweils maßgebenden Einheitswerts, der auf die steuerpflichtigen Wohnungen und Räume einschließlich zugehörigen Grund und Bodens entfällt. [2]Der steuerpflichtige Teil des Einheitswerts wird im Steuermessbetragsverfahren ermittelt.
2. Ist die Ersatzbemessungsgrundlage Wohn- oder Nutzfläche maßgebend (§ 42), bleibt während der Dauer des sich aus Absatz 1 ergebenden Befreiungszeitraums die Wohnfläche der befreiten Wohnungen bei Anwendung des § 42 außer Ansatz.

(3) [1]Einer Wohnung stehen An-, Aus- oder Umbauten gleich, die der Vergrößerung oder Verbesserung von Wohnungen dienen. [2]Voraussetzung ist, dass die Baumaßnahmen zu einer Wertfortschreibung geführt haben oder führen.

§ 44 Steueranmeldung

(1) Soweit die Grundsteuer nach der Wohn- oder Nutzfläche zu bemessen ist, hat der Steuerschuldner eine Steuererklärung nach amtlich vorgeschriebenem Vordruck abzugeben, in der er die Grundsteuer nach § 42 selbst berechnet (Steueranmeldung).

(2) [1]Der Steuerschuldner hat der Berechnung der Grundsteuer den Hebesatz zugrunde zu legen, den die Gemeinde bis zum Beginn des Kalenderjahres bekannt gemacht hat,

für das die Grundsteuer erhoben wird. [2]Andernfalls hat er die Grundsteuer nach dem Hebesatz des Vorjahres zu berechnen; für das Kalenderjahr 1991 gilt insoweit ein Hebesatz von 300 vom Hundert.

(3) [1]Die Steueranmeldung ist für jedes Kalenderjahr nach den Verhältnissen zu seinem Beginn bis zu dem Fälligkeitstag abzugeben, zu dem Grundsteuer für das Kalenderjahr nach § 28 erstmals fällig ist. [2]Für die Entrichtung der Grundsteuer gilt § 28 entsprechend.

§ 45 Fälligkeit von Kleinbeträgen

Hat der Rat der Stadt oder Gemeinde vor dem 1. Januar 1991 für kleinere Beträge eine Zahlungsweise zugelassen, die von § 28 Abs. 2 und 3 abweicht, bleibt die Regelung bestehen, bis sie aufgehoben wird.

§ 46 Zuständigkeit der Gemeinden

Die Festsetzung und Erhebung der Grundsteuer obliegt bis zu einer anderen landesrechtlichen Regelung den Gemeinden.

Grunderwerbsteuergesetz (GrEStG)

v. 26. 2. 1997 (BGBl I S. 419, ber. S. 1804) mit späteren Änderungen

Die amtliche Neufassung des GrEStG v. 26. 2. 1997 (BGBl I 419, ber. 1804) wurde inzwischen geändert durch Art. 15 Steuerentlastungsgesetz 1999/2000/2002 v. 24. 3. 1999 (BGBl I 402, 494); Art. 13 Steuer-Euroglättungsgesetz (StEuglG) v. 19. 12. 2000 (BGBl I 1790); Art. 13 Steueränderungsgesetz 2001 (StÄndG 2001) v. 20. 12. 2001 (BGBl I 3794); Art. 9 Fünftes Gesetz zur Änderung des Steuerbeamten-Ausbildungsgesetzes und zur Änderung von Steuergesetzen v. 23. 7. 2002 (BGBl I 2715); Art. 26 Drittes Gesetz zur Änderung verwaltungsverfahrensrechtlicher Vorschriften v. 21. 8. 2002 (BGBl I 3322); Art. 18 Gesetz zur Umsetzung von EU-Richtlinien in nationales Steuerrecht und zur Änderung weiterer Vorschriften (Richtlinien-Umsetzungsgesetz – EURLUmsG) v. 9. 12. 2004 (BGBl I 3310, ber. 3843); Art. 5 Gesetz zur Beschleunigung der Umsetzung von Öffentlich Privaten Partnerschaften und zur Verbesserung gesetzlicher Rahmenbedingungen für Öffentlich Private Partnerschaften v. 1. 9. 2005 (BGBl I 2676); Art. 10 Jahressteuergesetz 2008 (JStG 2008) v. 20. 12. 2007 (BGBl I 3150); Art. 13 Jahressteuergesetz 2009 (JStG 2009) v. 19. 12. 2008 (BGBl I 2794); Art. 7 Gesetz zur Beschleunigung des Wirtschaftswachstums (Wachstumsbeschleunigungsgesetz) v. 22. 12. 2009 (BGBl I 3950). – **Zur Anwendung siehe § 23.**

Nichtamtliche Fassung

Erster Abschnitt: Gegenstand der Steuer

§ 1[1)] Erwerbsvorgänge

(1) Der Grunderwerbsteuer unterliegen die folgenden Rechtsvorgänge, soweit sie sich auf inländische Grundstücke beziehen:

1. ein Kaufvertrag oder ein anderes Rechtsgeschäft, das den Anspruch auf Übereignung begründet;
2. die Auflassung, wenn kein Rechtsgeschäft vorausgegangen ist, das den Anspruch auf Übereignung begründet;
3. der Übergang des Eigentums, wenn kein den Anspruch auf Übereignung begründendes Rechtsgeschäft vorausgegangen ist und es auch keiner Auflassung bedarf. [2]Ausgenommen sind
   a) der Übergang des Eigentums durch die Abfindung in Land und die unentgeltliche Zuteilung von Land für gemeinschaftliche Anlagen im Flurbereinigungsverfahren sowie durch die entsprechenden Rechtsvorgänge im beschleunigten Zusammenlegungsverfahren und im Landtauschverfahren nach dem Flurbereinigungsgesetz in seiner jeweils geltenden Fassung,
   b) der Übergang des Eigentums im Umlegungsverfahren nach dem Baugesetzbuch in seiner jeweils geltenden Fassung, wenn der neue Eigentümer in diesem Verfahren als Eigentümer eines im Umlegungsgebiet gelegenen Grundstücks Beteiligter ist,
   c) der Übergang des Eigentums im Zwangsversteigerungsverfahren;
4. das Meistgebot im Zwangsversteigerungsverfahren;
5. ein Rechtsgeschäft, das den Anspruch auf Abtretung eines Übereignungsanspruchs oder der Rechte aus einem Meistgebot begründet;
6. ein Rechtsgeschäft, das den Anspruch auf Abtretung der Rechte aus einem Kaufangebot begründet. [2]Dem Kaufangebot steht ein Angebot zum Abschluss eines anderen Vertrags gleich, kraft dessen die Übereignung verlangt werden kann;
7. die Abtretung eines der in den Nummern 5 und 6 bezeichneten Rechte, wenn kein Rechtsgeschäft vorausgegangen ist, das den Anspruch auf Abtretung der Rechte begründet.

1) **Anm. d. Red.:** § 1 Abs. 2a i. d. F., Abs. 7 weggefallen gem. Art. 13 Nr. 1 StÄndG 2001 v. 20. 12. 2001 (BGBl I 3794); Abs. 3 und 6 i. d. F. des Art. 15 Nr. 1 Steuerentlastungsgesetz 1999/2000/2002 v. 24. 3. 1999 (BGBl I 402).

(2) Der Grunderwerbsteuer unterliegen auch Rechtsvorgänge, die es ohne Begründung eines Anspruchs auf Übereignung einem anderen rechtlich oder wirtschaftlich ermöglichen, ein inländisches Grundstück auf eigene Rechnung zu verwerten.

(2a)[1] [1]Gehört zum Vermögen einer Personengesellschaft ein inländisches Grundstück und ändert sich innerhalb von fünf Jahren der Gesellschafterbestand unmittelbar oder mittelbar dergestalt, dass mindestens 95 vom Hundert der Anteile am Gesellschaftsvermögen auf neue Gesellschafter übergehen, gilt dies als ein auf die Übereignung eines Grundstücks auf eine neue Personengesellschaft gerichtetes Rechtsgeschäft. [2]Bei der Ermittlung des Vomhundertsatzes bleibt der Erwerb von Anteilen von Todes wegen außer Betracht. [3]Hat die Personengesellschaft vor dem Wechsel des Gesellschafterbestandes ein Grundstück von einem Gesellschafter oder einer anderen Gesamthand erworben, ist auf die nach § 8 Abs. 2 Satz 1 Nr. 3 ermittelte Bemessungsgrundlage die Bemessungsgrundlage für den Erwerbsvorgang, für den auf Grund des § 5 Abs. 3 oder des § 6 Abs. 3 Satz 2 die Steuervergünstigung zu versagen ist, mit dem entsprechenden Betrag anzurechnen.

(3)[2] Gehört zum Vermögen einer Gesellschaft ein inländisches Grundstück, so unterliegen der Steuer, soweit eine Besteuerung nach Absatz 2a nicht in Betracht kommt, außerdem:

1. ein Rechtsgeschäft, das den Anspruch auf Übertragung eines oder mehrerer Anteile der Gesellschaft begründet, wenn durch die Übertragung unmittelbar oder mittelbar mindestens 95 vom Hundert der Anteile der Gesellschaft in der Hand des Erwerbers oder in der Hand von herrschenden und abhängigen Unternehmen oder abhängigen Personen oder in der Hand von abhängigen Unternehmen oder abhängigen Personen allein vereinigt werden würden;
2. die Vereinigung unmittelbar oder mittelbar von mindestens 95 vom Hundert der Anteile der Gesellschaft, wenn kein schuldrechtliches Geschäft im Sinne der Nummer 1 vorausgegangen ist;
3. ein Rechtsgeschäft, das den Anspruch auf Übertragung unmittelbar oder mittelbar von mindestens 95 vom Hundert der Anteile der Gesellschaft begründet;
4. der Übergang unmittelbar oder mittelbar von mindestens 95 vom Hundert der Anteile der Gesellschaft auf einen anderen, wenn kein schuldrechtliches Geschäft im Sinne der Nummer 3 vorausgegangen ist.

(4) Im Sinne des Absatzes 3 gelten

1. als Gesellschaften auch die bergrechtlichen Gewerkschaften und
2. als abhängig
   a) natürliche Personen, soweit sie einzeln oder zusammengeschlossen einem Unternehmen so eingegliedert sind, dass sie den Weisungen des Unternehmers in Bezug auf die Anteile zu folgen verpflichtet sind;
   b) juristische Personen, die nach dem Gesamtbild der tatsächlichen Verhältnisse finanziell, wirtschaftlich und organisatorisch in ein Unternehmen eingegliedert sind.

(5) Bei einem Tauschvertrag, der für beide Vertragsteile den Anspruch auf Übereignung eines Grundstücks begründet, unterliegt der Steuer sowohl die Vereinbarung über die Leistung des einen als auch die Vereinbarung über die Leistung des anderen Vertragsteils.

(6)[3] [1]Ein in Absatz 1, 2 oder 3 bezeichneter Rechtsvorgang unterliegt der Steuer auch dann, wenn ihm ein in einem anderen dieser Absätze bezeichneter Rechtsvorgang vorausgegangen ist. [2]Die Steuer wird jedoch nur insoweit erhoben, als die Bemessungs-

1) **Anm. d. Red.:** Zur Anwendung des § 1 Abs. 2a siehe § 23 Abs. 3, 6 Satz 2 und Abs. 7 Satz 1.

2) **Anm. d. Red.:** Zur Anwendung des § 1 Abs. 3 siehe § 23 Abs. 6 Satz 2.

3) **Anm. d. Red.:** Zur Anwendung des § 1 Abs. 6 siehe § 23 Abs. 6 Satz 1.

grundlage für den späteren Rechtsvorgang den Betrag übersteigt, von dem beim vorausgegangenen Rechtsvorgang die Steuer berechnet worden ist.

(7) (weggefallen)

§ 2[1] Grundstücke

(1)[2] [1]Unter Grundstücken im Sinne dieses Gesetzes sind Grundstücke im Sinne des bürgerlichen Rechts zu verstehen. [2]Jedoch werden nicht zu den Grundstücken gerechnet:

1. Maschinen und sonstige Vorrichtungen aller Art, die zu einer Betriebsanlage gehören,
2. Mineralgewinnungsrechte und sonstige Gewerbeberechtigungen,
3. das Recht des Grundstückseigentümers auf den Erbbauzins.

(2) Den Grundstücken stehen gleich

1. Erbbaurechte,
2. Gebäude auf fremdem Boden,
3. dinglich gesicherte Sondernutzungsrechte im Sinne des § 15 des Wohnungseigentumsgesetzes und des § 1010 des Bürgerlichen Gesetzbuchs.

(3) [1]Bezieht sich ein Rechtsvorgang auf mehrere Grundstücke, die zu einer wirtschaftlichen Einheit gehören, so werden diese Grundstücke als ein Grundstück behandelt. [2]Bezieht sich ein Rechtsvorgang auf einen oder mehrere Teile eines Grundstücks, so werden diese Teile als ein Grundstück behandelt.

Zweiter Abschnitt: Steuervergünstigungen

§ 3[3] Allgemeine Ausnahmen von der Besteuerung

Von der Besteuerung sind ausgenommen:

1. der Erwerb eines Grundstücks, wenn der für die Berechnung der Steuer maßgebende Wert (§ 8) 2 500 Euro nicht übersteigt;
2. der Grundstückserwerb von Todes wegen und Grundstücksschenkungen unter Lebenden im Sinne des Erbschaftsteuer- und Schenkungsteuergesetzes. [2]Schenkungen unter einer Auflage unterliegen der Besteuerung jedoch hinsichtlich des Werts solcher Auflagen, die bei der Schenkungsteuer abziehbar sind;
3. der Erwerb eines zum Nachlass gehörigen Grundstücks durch Miterben zur Teilung des Nachlasses. [2]Den Miterben steht der überlebende Ehegatte gleich, wenn er mit den Erben des verstorbenen Ehegatten gütergemeinschaftliches Vermögen zu teilen hat oder wenn ihm in Anrechnung auf eine Ausgleichsforderung am Zugewinn des verstorbenen Ehegatten ein zum Nachlass gehöriges Grundstück übertragen wird. [3]Den Miterben stehen außerdem ihre Ehegatten gleich;
4. der Grundstückserwerb durch den Ehegatten des Veräußerers;
5. der Grundstückserwerb durch den früheren Ehegatten des Veräußerers im Rahmen der Vermögensauseinandersetzung nach der Scheidung;
6. der Erwerb eines Grundstücks durch Personen, die mit dem Veräußerer in gerader Linie verwandt sind. [2]Den Abkömmlingen stehen die Stiefkinder gleich. [3]Den Verwandten in gerader Linie sowie den Stiefkindern stehen deren Ehegatten gleich;
7. der Erwerb eines zum Gesamtgut gehörigen Grundstücks durch Teilnehmer an einer fortgesetzten Gütergemeinschaft zur Teilung des Gesamtguts. [2]Den Teilnehmern an der fortgesetzten Gütergemeinschaft stehen ihre Ehegatten gleich;

1) **Anm. d. Red.:** § 2 Abs. 1 i. d. F. des Art. 13 Nr. 2 StÄndG 2001 v. 20. 12. 2001 (BGBl I 3794).

2) **Anm. d. Red.:** Zur Anwendung des § 2 Abs. 1 siehe § 23 Abs. 7 Satz 1.

3) **Anm. d. Red.:** § 3 Nr. 1 i, d. F. des Art. 13 Nr. 1 StEuglG v. 19. 12. 2000 (BGBl I 1790).

8. der Rückerwerb eines Grundstücks durch den Treugeber bei Auflösung des Treuhandverhältnisses. [2]Voraussetzung ist, dass für den Rechtsvorgang, durch den der Treuhänder den Anspruch auf Übereignung des Grundstücks oder das Eigentum an dem Grundstück erlangt hatte, die Steuer entrichtet worden ist. [3]Die Anwendung der Vorschrift des § 16 Abs. 2 bleibt unberührt.

§ 4[1)] Besondere Ausnahmen von der Besteuerung

Von der Besteuerung sind ausgenommen:

1.[2)] der Erwerb eines Grundstücks durch eine juristische Person des öffentlichen Rechts, wenn das Grundstück aus Anlass des Übergangs von öffentlich-rechtlichen Aufgaben oder aus Anlass von Grenzänderungen von der einen auf die andere juristische Person übergeht und nicht überwiegend einem Betrieb gewerblicher Art dient;
2. der Erwerb eines Grundstücks durch einen ausländischen Staat, wenn das Grundstück für die Zwecke von Botschaften, Gesandtschaften oder Konsulaten dieses Staates bestimmt ist und Gegenseitigkeit gewährt wird;
3. der Erwerb eines Grundstücks durch einen ausländischen Staat oder eine ausländische kulturelle Einrichtung, wenn das Grundstück für kulturelle Zwecke bestimmt ist und Gegenseitigkeit gewährt wird;
4. der Erwerb eines Grundstücks durch eine Kapitalgesellschaft, wenn das Grundstück vor dem 1. Januar 1999 nach den Vorschriften des Gesetzes über die Spaltung der von der Treuhandanstalt verwalteten Unternehmen vom 5. April 1991 (BGBl I S. 854) oder im Zusammenhang mit der Umstrukturierung der Treuhandanstalt im Wege der Übertragung von Beteiligungen durch die auf Grund des § 23a des Treuhandgesetzes erlassenen Rechtsverordnungen oder im Wege der Vermögenszuordnung nach dem Vermögenszuordnungsgesetz auf die Kapitalgesellschaft übergeht. [2]Ausgenommen ist der Übergang eines Grundstücks, das die Treuhandanstalt von Dritten erworben hat. [3]Dritte sind nicht Kapitalgesellschaften, deren Aktien oder Geschäftsanteile sich unmittelbar oder mittelbar mehrheitlich in der Hand der Treuhandanstalt befinden;
5. der Erwerb eines Grundstücks, das nach den Artikeln 21 und 22 des Einigungsvertrages in das Eigentum einer Kommune übergegangen ist, wenn der Erwerb vor dem 1. Januar 1999 durch eine Wohnungsgesellschaft erfolgt, deren Anteile sich ausschließlich in der Hand der übertragenden Kommunen befinden;
6. der Erwerb eines Grundstücks durch den Bund, ein Land, eine Gemeinde oder einen Gemeindeverband, wenn das Grundstück vor dem 1. Januar 1999 im Rahmen der Zuordnung des Verwaltungs- oder Finanzvermögens nach den Vorschriften der Artikel 21 und 22 des Einigungsvertrages übertragen wird;
7. der Erwerb eines Grundstücks durch eine Wohnungsgenossenschaft, wenn das Grundstück vor dem 1. Januar 1999 im Rahmen der Zuordnung nach § 1 Abs. 1 und 2 und § 2 des Wohnungsgenossenschafts-Vermögensgesetzes durch Zuordnungsbescheid nach § 1 Abs. 6 des Wohnungsgenossenschafts-Vermögensgesetzes übertragen wird;
8. der Erwerb eines in den Ländern Brandenburg, Mecklenburg-Vorpommern, Sachsen, Sachsen-Anhalt, Thüringen oder Berlin belegenen Grundstücks durch Verschmelzung oder Spaltung nach dem Umwandlungsgesetz oder durch einen Vorgang, der einer solchen Verschmelzung oder Spaltung entspricht, soweit an der Verschmel-

1) **Anm. d. Red.:** § 4 Nr. 1 i. d. F. des Art. 15 Nr. 2 Steuerentlastungsgesetz 1999/2000/2002 v. 24. 3. 1999 (BGBl I 402); Nr. 8 angefügt gem. Art. 18 EURLUmsG v. 9. 12. 2004 (BGBl I 3310); Nr. 9 angefügt gem. Art. 5 Nr. 2 Gesetz zur Beschleunigung der Umsetzung von Öffentlich Privaten Partnerschaften und zur Verbesserung gesetzlicher Rahmenbedingungen für Öffentlich Private Partnerschaften v. 1. 9. 2005 (BGBl I 2676).

2) **Anm. d. Red.:** Zur Anwendung des § 4 Nr. 1 siehe § 23 Abs. 5.

zung oder Spaltung nur Wohnungsgesellschaften oder Wohnungsgenossenschaften beteiligt sind, wenn die Verschmelzung oder Spaltung nach dem 31. Dezember 2003 und vor dem 1. Januar 2007 erfolgt;

9. der Erwerb eines Grundstücks von einer juristischen Person des öffentlichen Rechts sowie der Rückerwerb des Grundstücks durch die juristische Person des öffentlichen Rechts, wenn das Grundstück im Rahmen einer Öffentlich Privaten Partnerschaft für einen öffentlichen Dienst oder Gebrauch im Sinne des § 3 Abs. 2 des Grundsteuergesetzes benutzt wird und zwischen dem Erwerber und der juristischen Person des öffentlichen Rechts die Rückübertragung des Grundstücks am Ende des Vertragszeitraums vereinbart worden ist. [2]Die Ausnahme von der Besteuerung entfällt mit Wirkung für die Vergangenheit, wenn die juristische Person des öffentlichen Rechts auf die Rückübertragung des Grundstücks verzichtet oder das Grundstück nicht mehr für einen öffentlichen Dienst oder Gebrauch genutzt wird.

§ 5[1)] Übergang auf eine Gesamthand

(1) Geht ein Grundstück von mehreren Miteigentümern auf eine Gesamthand (Gemeinschaft zur gesamten Hand) über, so wird die Steuer nicht erhoben, soweit der Anteil des einzelnen am Vermögen der Gesamthand Beteiligten seinem Bruchteil am Grundstück entspricht.

(2) Geht ein Grundstück von einem Alleineigentümer auf eine Gesamthand über, so wird die Steuer in Höhe des Anteils nicht erhoben, zu dem der Veräußerer am Vermögen der Gesamthand beteiligt ist.

(3)[2)] Die Absätze 1 und 2 sind insoweit nicht anzuwenden, als sich der Anteil des Veräußerers am Vermögen der Gesamthand innerhalb von fünf Jahren nach dem Übergang des Grundstücks auf die Gesamthand vermindert.

§ 6[3)] Übergang von einer Gesamthand

(1) [1]Geht ein Grundstück von einer Gesamthand in das Miteigentum mehrerer an der Gesamthand beteiligter Personen über, so wird die Steuer nicht erhoben, soweit der Bruchteil, den der einzelne Erwerber erhält, dem Anteil entspricht, zu dem er am Vermögen der Gesamthand beteiligt ist. [2]Wird ein Grundstück bei der Auflösung der Gesamthand übertragen, so ist die Auseinandersetzungsquote maßgebend, wenn die Beteiligten für den Fall der Auflösung der Gesamthand eine vom Beteiligungsverhältnis abweichende Auseinandersetzungsquote vereinbart haben.

(2) [1]Geht ein Grundstück von einer Gesamthand in das Alleineigentum einer an der Gesamthand beteiligten Person über, so wird die Steuer in Höhe des Anteils nicht erhoben, zu dem der Erwerber am Vermögen der Gesamthand beteiligt ist. [2]Geht ein Grundstück bei der Auflösung der Gesamthand in das Alleineigentum eines Gesamthänders über, so gilt Absatz 1 Satz 2 entsprechend.

(3)[4)] [1]Die Vorschriften des Absatzes 1 gelten entsprechend beim Übergang eines Grundstücks von einer Gesamthand auf eine andere Gesamthand. [2]Absatz 1 ist insoweit nicht entsprechend anzuwenden, als sich der Anteil des Gesamthänders am Vermögen der erwerbenden Gesamthand innerhalb von fünf Jahren nach dem Übergang des Grundstücks von der einen auf die andere Gesamthand vermindert.

(4) [1]Die Vorschriften der Absätze 1 bis 3 gelten insoweit nicht, als ein Gesamthänder – im Fall der Erbfolge sein Rechtsvorgänger – innerhalb von fünf Jahren vor dem Erwerbsvorgang seinen Anteil an der Gesamthand durch Rechtsgeschäft unter Lebenden erworben hat. [2]Die Vorschriften der Absätze 1 bis 3 gelten außerdem insoweit nicht, als

1) **Anm. d. Red.:** § 5 Abs. 3 angefügt gem. Art. 15 Nr. 3 Steuerentlastungsgesetz 1999/2000/2002 v. 24. 3. 1999 (BGBl I 402).

2) **Anm. d. Red.:** Zur Anwendung des § 5 Abs. 3 siehe § 23 Abs. 6 Satz 2.

3) **Anm. d. Red.:** § 6 Abs. 3 i. d. F. des Art. 13 Nr. 3 StÄndG 2001 v. 20. 12. 2001 (BGBl I 3794).

4) **Anm. d. Red.:** Zur Anwendung des § 6 Abs. 3 siehe § 23 Abs. 7 Satz 1.

die vom Beteiligungsverhältnis abweichende Auseinandersetzungsquote innerhalb der letzten fünf Jahre vor der Auflösung der Gesamthand vereinbart worden ist.

§ 6a[1)2)] Steuervergünstigung bei Umstrukturierungen im Konzern

[1]Für einen nach § 1 Absatz 1 Nummer 3, Absatz 2a oder 3 steuerbaren Rechtsvorgang aufgrund einer Umwandlung im Sinne des § 1 Absatz 1 Nummer 1 bis 3 des Umwandlungsgesetzes wird die Steuer nicht erhoben; für die aufgrund einer Umwandlung übergehende Verwertungsbefugnis wird die Steuer nach § 1 Absatz 2 insoweit nicht erhoben. [2]Satz 1 gilt auch für entsprechende Umwandlungen aufgrund des Rechts eines Mitgliedstaats der Europäischen Union oder eines Staats, auf den das Abkommen über den Europäischen Wirtschaftsraum Anwendung findet. [3]Satz 1 gilt nur, wenn an dem Umwandlungsvorgang ausschließlich ein herrschendes Unternehmen und ein oder mehrere von diesem herrschenden Unternehmen abhängige Gesellschaften oder mehrere von einem herrschenden Unternehmen abhängige Gesellschaften beteiligt sind. [4]Im Sinne von Satz 3 abhängig ist eine Gesellschaft, an deren Kapital das herrschende Unternehmen innerhalb von fünf Jahren vor dem Rechtsvorgang und fünf Jahren nach dem Rechtsvorgang unmittelbar oder mittelbar oder teils unmittelbar, teils mittelbar zu mindestens 95 vom Hundert ununterbrochen beteiligt ist.

§ 7 Umwandlung von gemeinschaftlichem Eigentum in Flächeneigentum

(1) Wird ein Grundstück, das mehreren Miteigentümern gehört, von den Miteigentümern flächenweise geteilt, so wird die Steuer nicht erhoben, soweit der Wert des Teilgrundstücks, das der einzelne Erwerber erhält, dem Bruchteil entspricht, zu dem er am gesamten zu verteilenden Grundstück beteiligt ist.

(2) [1]Wird ein Grundstück, das einer Gesamthand gehört, von den an der Gesamthand beteiligten Personen flächenweise geteilt, so wird die Steuer nicht erhoben, soweit der Wert des Teilgrundstücks, das der einzelne Erwerber erhält, dem Anteil entspricht, zu dem er am Vermögen der Gesamthand beteiligt ist. [2]Wird ein Grundstück bei der Auflösung der Gesamthand flächenweise geteilt, so ist die Auseinandersetzungsquote maßgebend, wenn die Beteiligten für den Fall der Auflösung der Gesamthand eine vom Beteiligungsverhältnis abweichende Auseinandersetzungsquote vereinbart haben.

(3) [1]Die Vorschriften des Absatzes 2 gelten insoweit nicht, als ein Gesamthänder – im Fall der Erbfolge sein Rechtsvorgänger – seinen Anteil an der Gesamthand innerhalb von fünf Jahren vor der Umwandlung durch Rechtsgeschäft unter Lebenden erworben hat. [2]Die Vorschrift des Absatzes 2 Satz 2 gilt außerdem insoweit nicht, als die vom Beteiligungsverhältnis abweichende Auseinandersetzungsquote innerhalb der letzten fünf Jahre vor der Auflösung der Gesamthand vereinbart worden ist.

Dritter Abschnitt: Bemessungsgrundlage

§ 8[3)] Grundsatz

(1) Die Steuer bemisst sich nach dem Wert der Gegenleistung.

(2)[4)] [1]Die Steuer wird nach den Werten im Sinne des § 138 Abs. 2 bis 4 des Bewertungsgesetzes bemessen:

1. wenn eine Gegenleistung nicht vorhanden oder nicht zu ermitteln ist;
2. bei Umwandlungen auf Grund eines Bundes- oder Landesgesetzes, bei Einbringungen sowie bei anderen Erwerbsvorgängen auf gesellschaftsvertraglicher Grundlage;
3. in den Fällen des § 1 Abs. 2a und 3.

---

1) **Anm. d. Red.:** § 6a eingefügt gem. Art. 7 Nr. 1 Wachstumsbeschleunigungsgesetz v. 22. 12. 2009 (BGBl I 3950).

2) **Anm. d. Red.:** Zur Anwendung des § 6a siehe § 23 Abs. 8.

3) **Anm. d. Red.:** § 8 Abs. 2 i. d. F. des Art. 10 JStG 2008 v. 20. 12. 2007 (BGBl I 3150).

4) **Anm. d. Red.:** Zur Anwendung des § 8 Abs. 2 siehe § 23 Abs. 4 Satz 1 und Abs. 6 Satz 1.

[2]Erstreckt sich der Erwerbsvorgang auf ein noch zu errichtendes Gebäude oder beruht die Änderung des Gesellschafterbestandes im Sinne des § 1 Abs. 2a auf einem vorgefassten Plan zur Bebauung eines Grundstücks, ist der Wert des Grundstücks abweichend von § 138 Abs. 1 Satz 1 des Bewertungsgesetzes nach den tatsächlichen Verhältnissen im Zeitpunkt der Fertigstellung des Gebäudes maßgebend.

§ 9[1)] Gegenleistung

(1)[2)] Als Gegenleistung gelten

1. bei einem Kauf:
   der Kaufpreis einschließlich der vom Käufer übernommenen sonstigen Leistungen und der dem Verkäufer vorbehaltenen Nutzungen;
2. bei einem Tausch:
   die Tauschleistung des anderen Vertragsteils einschließlich einer vereinbarten zusätzlichen Leistung;
3. bei einer Leistung an Erfüllungs statt:
   der Wert, zu dem die Leistung an Erfüllungs statt angenommen wird;
4. beim Meistgebot im Zwangsversteigerungsverfahren:
   das Meistgebot einschließlich der Rechte, die nach den Versteigerungsbedingungen bestehen bleiben;
5. bei Abtretung der Rechte aus dem Meistgebot:
   die Übernahme der Verpflichtung aus dem Meistgebot. [2]Zusätzliche Leistungen, zu denen sich der Erwerber gegenüber dem Meistbietenden verpflichtet, sind dem Meistgebot hinzuzurechnen. [3]Leistungen, die der Meistbietende dem Erwerber gegenüber übernimmt, sind abzusetzen;
6. bei der Abtretung des Übereignungsanspruchs:
   die Übernahme der Verpflichtung aus dem Rechtsgeschäft, das den Übereignungsanspruch begründet hat, einschließlich der besonderen Leistungen, zu denen sich der Übernehmer dem Abtretenden gegenüber verpflichtet. [2]Leistungen, die der Abtretende dem Übernehmer gegenüber übernimmt, sind abzusetzen;
7. bei der Enteignung:
   die Entschädigung. [2]Wird ein Grundstück enteignet, das zusammen mit anderen Grundstücken eine wirtschaftliche Einheit bildet, so gehört die besondere Entschädigung für eine Wertminderung der nicht enteigneten Grundstücke nicht zur Gegenleistung; dies gilt auch dann, wenn ein Grundstück zur Vermeidung der Enteignung freiwillig veräußert wird.
8. (weggefallen)

(2) Zur Gegenleistung gehören auch

1. Leistungen, die der Erwerber des Grundstücks dem Veräußerer neben der beim Erwerbsvorgang vereinbarten Gegenleistung zusätzlich gewährt;
2. die Belastungen, die auf dem Grundstück ruhen, soweit sie auf den Erwerber kraft Gesetzes übergehen. [2]Zur Gegenleistung gehören jedoch nicht die auf dem Grundstück ruhenden dauernden Lasten. [3]Der Erbbauzins gilt nicht als dauernde Last;
3. Leistungen, die der Erwerber des Grundstücks anderen Personen als dem Veräußerer als Gegenleistung dafür gewährt, dass sie auf den Erwerb des Grundstücks verzichten;
4. Leistungen, die ein anderer als der Erwerber des Grundstücks dem Veräußerer als Gegenleistung dafür gewährt, dass der Veräußerer dem Erwerber das Grundstück überlässt.

1) **Anm. d. Red.:** § 9 Abs. 1 Nr. 8 weggefallen gem. Art. 15 Nr. 5 Steuerentlastungsgesetz 1999/2000/2002 v. 24. 3. 1999 (BGBl I 402).

2) **Anm. d. Red.:** Zur Anwendung des § 9 Abs. 1 siehe § 23 Abs. 6 Satz 1.

(3) Die Grunderwerbsteuer, die für den zu besteuernden Erwerbsvorgang zu entrichten ist, wird der Gegenleistung weder hinzugerechnet noch von ihr abgezogen.

§ 10 (weggefallen)

Vierter Abschnitt: Steuerberechnung

§ 11[1] Steuersatz, Abrundung

(1)[2] Die Steuer beträgt 3,5[3] vom Hundert.

(2) Die Steuer ist auf volle Euro nach unten abzurunden.

§ 12 Pauschbesteuerung

Das Finanzamt kann im Einvernehmen mit dem Steuerpflichtigen von der genauen Ermittlung des Steuerbetrags absehen und die Steuer in einem Pauschbetrag festsetzen, wenn dadurch die Besteuerung vereinfacht und das steuerliche Ergebnis nicht wesentlich geändert wird.

Fünfter Abschnitt: Steuerschuld

§ 13[4] Steuerschuldner

Steuerschuldner sind

1. regelmäßig:
   die an einem Erwerbsvorgang als Vertragsteile beteiligten Personen;
2. beim Erwerb kraft Gesetzes:
   der bisherige Eigentümer und der Erwerber;
3. beim Erwerb im Enteignungsverfahren:
   der Erwerber;
4. beim Meistgebot im Zwangsversteigerungsverfahren:
   der Meistbietende;
5.[5] bei der Vereinigung von mindestens 95 vom Hundert der Anteile an einer Gesellschaft in der Hand
   a) des Erwerbers:
      der Erwerber;
   b) mehrerer Unternehmen oder Personen:
      diese Beteiligten;
6.[6] bei Änderung des Gesellschafterbestandes einer Personengesellschaft:
   die Personengesellschaft.

§ 14 Entstehung der Steuer in besonderen Fällen

Die Steuer entsteht,

1. wenn die Wirksamkeit eines Erwerbsvorgangs von dem Eintritt einer Bedingung abhängig ist, mit dem Eintritt der Bedingung;
2. wenn ein Erwerbsvorgang einer Genehmigung bedarf, mit der Genehmigung.

---

1) **Anm. d. Red.:** § 11 Abs. 2 i. d. F. des Art. 13 Nr. 2 StEuglG v. 19. 12. 2000 (BGBl I 1790).

2) **Anm. d. Red.:** Zur Anwendung des § 11 Abs. 1 siehe § 23 Abs. 4 Satz 1.

3) **Anm. d. Red.:** Ab dem 1. 9. 2006 haben die Bundesländer gem. Art. 105 Abs. 2a Satz 2 GG die Befugnis erhalten, die Höhe des Steuersatzes selbst zu bestimmen.

4) **Anm. d. Red.:** § 13 Nr. 5 und 6 i. d. F. des Art. 15 Nr. 6 Steuerentlastungsgesetz 1999/2000/2002 v. 24. 3. 1999 (BGBl I 402).

5) **Anm. d. Red.:** Zur Anwendung des § 13 Nr. 5 siehe § 23 Abs. 6 Satz 2.

6) **Anm. d. Red.:** Zur Anwendung des § 13 Nr. 6 siehe § 23 Abs. 3 und 6 Satz 2.

§ 15 Fälligkeit der Steuer

[1]Die Steuer wird einen Monat nach der Bekanntgabe des Steuerbescheids fällig. [2]Das Finanzamt darf eine längere Zahlungsfrist setzen.

Sechster Abschnitt: Nichtfestsetzung der Steuer, Aufhebung oder Änderung der Steuerfestsetzung

§ 16[1)]

(1) Wird ein Erwerbsvorgang rückgängig gemacht, bevor das Eigentum am Grundstück auf den Erwerber übergegangen ist, so wird auf Antrag die Steuer nicht festgesetzt oder die Steuerfestsetzung aufgehoben,

1. wenn die Rückgängigmachung durch Vereinbarung, durch Ausübung eines vorbehaltenen Rücktrittsrechts oder eines Wiederkaufsrechts innerhalb von zwei Jahren seit der Entstehung der Steuer stattfindet;
2. wenn die Vertragsbedingungen nicht erfüllt werden und der Erwerbsvorgang deshalb auf Grund eines Rechtsanspruchs rückgängig gemacht wird.

(2) Erwirbt der Veräußerer das Eigentum an dem veräußerten Grundstück zurück, so wird auf Antrag sowohl für den Rückerwerb als auch für den vorausgegangenen Erwerbsvorgang die Steuer nicht festgesetzt oder die Steuerfestsetzung aufgehoben,

1. wenn der Rückerwerb innerhalb von zwei Jahren seit der Entstehung der Steuer für den vorausgegangenen Erwerbsvorgang stattfindet. [2]Ist für den Rückerwerb eine Eintragung in das Grundbuch erforderlich, so muss innerhalb der Frist die Auflassung erklärt und die Eintragung im Grundbuch beantragt werden;
2. wenn das dem Erwerbsvorgang zugrunde liegende Rechtsgeschäft nichtig oder infolge einer Anfechtung als von Anfang an nichtig anzusehen ist;
3. wenn die Vertragsbedingungen des Rechtsgeschäfts, das den Anspruch auf Übereignung begründet hat, nicht erfüllt werden und das Rechtsgeschäft deshalb auf Grund eines Rechtsanspruchs rückgängig gemacht wird.

(3) Wird die Gegenleistung für das Grundstück herabgesetzt, so wird auf Antrag die Steuer entsprechend niedriger festgesetzt oder die Steuerfestsetzung geändert,

1. wenn die Herabsetzung innerhalb von zwei Jahren seit der Entstehung der Steuer stattfindet;
2. wenn die Herabsetzung (Minderung) auf Grund des § 437 des Bürgerlichen Gesetzbuchs vollzogen wird.

(4)[2)] Tritt ein Ereignis ein, das nach den Absätzen 1 bis 3 die Aufhebung oder Änderung einer Steuerfestsetzung begründet, endet die Festsetzungsfrist (§§ 169 bis 171 der Abgabenordnung) insoweit nicht vor Ablauf eines Jahres nach dem Eintritt des Ereignisses.

(5)[3)] Die Vorschriften der Absätze 1 bis 4 gelten nicht, wenn einer der in § 1 Abs. 2, 2a und 3 bezeichneten Erwerbsvorgänge rückgängig gemacht wird, der nicht ordnungsgemäß angezeigt (§§ 18, 19) war.

1) **Anm. d. Red.:** § 16 Abs. 3 i. d. F. des Art. 9 Gesetz v. 23. 7. 2002 (BGBl I 2715); Abs. 4 i. d. F. des Art. 13 Nr. 4 StÄndG 2001 v. 20. 12. 2001 (BGBl I 3794).

2) **Anm. d. Red.:** Zur Anwendung des § 16 Abs. 4 siehe § 23 Abs. 6 Satz 2 und Abs. 7 Satz 1.

3) **Anm. d. Red.:** Zur Anwendung des § 16 Abs. 5 siehe § 23 Abs. 3.

Siebenter Abschnitt: Örtliche Zuständigkeit, Feststellung von Besteuerungsgrundlagen, Anzeigepflichten und Erteilung der Unbedenklichkeitsbescheinigung

§ 17[1)] Örtliche Zuständigkeit, Feststellung von Besteuerungsgrundlagen

(1) [1]Für die Besteuerung ist vorbehaltlich des Satzes 2 das Finanzamt örtlich zuständig, in dessen Bezirk das Grundstück oder der wertvollste Teil des Grundstücks liegt. [2]Liegt das Grundstück in den Bezirken von Finanzämtern verschiedener Länder, so ist jedes dieser Finanzämter für die Besteuerung des Erwerbs insoweit zuständig, als der Grundstücksteil in seinem Bezirk liegt.

(2) In den Fällen des Absatzes 1 Satz 2 sowie in Fällen, in denen sich ein Rechtsvorgang auf mehrere Grundstücke bezieht, die in den Bezirken verschiedener Finanzämter liegen, stellt das Finanzamt, in dessen Bezirk der wertvollste Grundstücksteil oder das wertvollste Grundstück oder der wertvollste Bestand an Grundstücksteilen oder Grundstücken liegt, die Besteuerungsgrundlagen gesondert fest.

(3)[2)] [1]Die Besteuerungsgrundlagen werden

1. bei Grundstückserwerben durch Umwandlungen auf Grund eines Bundes- oder Landesgesetzes durch das Finanzamt, in dessen Bezirk sich die Geschäftsleitung des Erwerbers befindet, und
2. in den Fällen des § 1 Abs. 2a und 3 durch das Finanzamt, in dessen Bezirk sich die Geschäftsleitung der Gesellschaft befindet,

gesondert festgestellt, wenn ein außerhalb des Bezirks dieser Finanzämter liegendes Grundstück oder ein auf das Gebiet eines anderen Landes sich erstreckender Teil eines im Bezirk dieser Finanzämter liegenden Grundstücks betroffen wird. [2]Befindet sich die Geschäftsleitung nicht im Geltungsbereich des Gesetzes und werden in verschiedenen Finanzamtsbezirken liegende Grundstücke oder in verschiedenen Ländern liegende Grundstücksteile betroffen, so stellt das nach Absatz 2 zuständige Finanzamt die Besteuerungsgrundlagen gesondert fest.

(3a) In die gesonderte Feststellung nach Absatz 2 und 3 sind nicht die Werte im Sinne des § 138 Abs. 2 bis 4 des Bewertungsgesetzes aufzunehmen, wenn die Steuer nach § 8 Abs. 2 zu bemessen ist.

(4) [1]Von der gesonderten Feststellung kann abgesehen werden, wenn

1. der Erwerb steuerfrei ist oder
2. die anteilige Besteuerungsgrundlage für den Erwerb des in einem anderen Land liegenden Grundstücksteils 2 500 Euro nicht übersteigt.

[2]Wird von der gesonderten Feststellung abgesehen, so ist in den Fällen der Nummer 2 die anteilige Besteuerungsgrundlage denen der anderen für die Besteuerung zuständigen Finanzämter nach dem Verhältnis ihrer Anteile hinzuzurechnen.

§ 18[3)] Anzeigepflicht der Gerichte, Behörden und Notare

(1) [1]Gerichte, Behörden und Notare haben dem zuständigen Finanzamt schriftlich Anzeige nach amtlich vorgeschriebenem Vordruck zu erstatten über

1. Rechtsvorgänge, die sie beurkundet oder über die sie eine Urkunde entworfen und darauf eine Unterschrift beglaubigt haben, wenn die Rechtsvorgänge ein Grundstück im Geltungsbereich dieses Gesetzes betreffen;

---

1) **Anm. d. Red.:** § 17 Abs. 3 i. d. F. des Art. 15 Nr. 8 Steuerentlastungsgesetz 1999/2000/2002 v. 24. 3. 1999 (BGBl I 402); Abs. 3a i. d. F. des Art. 13 JStG 2009 v. 19. 12. 2008 (BGBl I 2794); Abs. 4 i. d. F. des Art. 13 Nr. 3 StEuglG v. 19. 12. 2000 (BGBl I 1790).

2) **Anm. d. Red.:** Zur Anwendung des § 17 Abs. 3 siehe § 23 Abs. 3 und 6 Satz 1.

3) **Anm. d. Red.:** § 18 Abs. 1 i. d. F. des Art. 26 Nr. 1 Gesetz v. 21. 8. 2002 (BGBl I 3322).

2. Anträge auf Berichtigung des Grundbuchs, die sie beurkundet oder über die sie eine Urkunde entworfen und darauf eine Unterschrift beglaubigt haben, wenn der Antrag darauf gestützt wird, dass der Grundstückseigentümer gewechselt hat;
3. Zuschlagsbeschlüsse im Zwangsversteigerungsverfahren, Enteignungsbeschlüsse und andere Entscheidungen, durch die ein Wechsel im Grundstückseigentum bewirkt wird. [2]Die Anzeigepflicht der Gerichte besteht auch beim Wechsel im Grundstückseigentum auf Grund einer Eintragung im Handels-, Genossenschafts- oder Vereinsregister;
4. nachträgliche Änderungen oder Berichtigungen eines der unter den Nummern 1 bis 3 aufgeführten Vorgänge.

[2]Der Anzeige ist eine Abschrift der Urkunde über den Rechtsvorgang, den Antrag, den Beschluss oder die Entscheidung beizufügen. [3]Eine elektronische Übermittlung der Anzeige ist ausgeschlossen.

(2) [1]Die Anzeigepflicht bezieht sich auch auf Vorgänge, die ein Erbbaurecht oder ein Gebäude auf fremdem Boden betreffen. [2]Sie gilt außerdem für Vorgänge, die die Übertragung von Anteilen an einer Kapitalgesellschaft, einer bergrechtlichen Gewerkschaft, einer Personenhandelsgesellschaft oder einer Gesellschaft des bürgerlichen Rechts betreffen, wenn zum Vermögen der Gesellschaft ein im Geltungsbereich dieses Gesetzes liegendes Grundstück gehört.

(3) [1]Die Anzeigen sind innerhalb von zwei Wochen nach der Beurkundung oder der Unterschriftsbeglaubigung oder der Bekanntgabe der Entscheidung zu erstatten, und zwar auch dann, wenn die Wirksamkeit des Rechtsvorgangs vom Eintritt einer Bedingung, vom Ablauf einer Frist oder von einer Genehmigung abhängig ist. [2]Sie sind auch dann zu erstatten, wenn der Rechtsvorgang von der Besteuerung ausgenommen ist.

(4) Die Absendung der Anzeige ist auf der Urschrift der Urkunde, in den Fällen, in denen eine Urkunde entworfen und darauf eine Unterschrift beglaubigt worden ist, auf der zurückbehaltenen beglaubigten Abschrift zu vermerken.

(5) Die Anzeigen sind an das für die Besteuerung, in den Fällen des § 17 Abs. 2 und 3 an das für die gesonderte Feststellung zuständige Finanzamt zu richten.

§ 19[1)] Anzeigepflicht der Beteiligten

(1)[2)] [1]Steuerschuldner müssen Anzeige erstatten über

1. Rechtsvorgänge, die es ohne Begründung eines Anspruchs auf Übereignung einem anderen rechtlich oder wirtschaftlich ermöglichen, ein Grundstück auf eigene Rechnung zu verwerten;
2. formungültige Verträge über die Übereignung eines Grundstücks, die die Beteiligten unter sich gelten lassen und wirtschaftlich erfüllen;
3. den Erwerb von Gebäuden auf fremdem Boden;

3a. unmittelbare und mittelbare Änderungen des Gesellschafterbestandes einer Personengesellschaft, die innerhalb von fünf Jahren zum Übergang von 95 vom Hundert der Anteile am Gesellschaftsvermögen auf neue Gesellschafter geführt haben, wenn zum Vermögen der Personengesellschaft ein inländisches Grundstück gehört (§ 1 Abs. 2a);

4. schuldrechtliche Geschäfte, die auf die Vereinigung von mindestens 95 vom Hundert der Anteile einer Gesellschaft gerichtet sind, wenn zum Vermögen der Gesellschaft ein Grundstück gehört (§ 1 Abs. 3 Nr. 1);
5. die Vereinigung von mindestens 95 vom Hundert der Anteile einer Gesellschaft, zu deren Vermögen ein Grundstück gehört (§ 1 Abs. 3 Nr. 2);

---

1) **Anm. d. Red.:** § 19 Abs. 1 i. d. F. des Art. 13 Nr. 6 StÄndG 2001 v. 20. 12. 2001 (BGBl I 3794); Abs. 2 i. d. F. des Art. 7 Nr. 2 Wachstumsbeschleunigungsgesetz v. 22. 12. 2009 (BGBl I 3950); Abs. 5 i. d. F. des Art. 26 Nr. 2 Gesetz v. 21. 8. 2002 (BGBl I 3322).

2) **Anm. d. Red.:** Zur Anwendung des § 19 Abs. 1 siehe § 23 Abs. 3, 6 Satz 2 und Abs. 7 Satz 1.

6. Rechtsgeschäfte, die den Anspruch auf Übertragung von mindestens 95 vom Hundert der Anteile einer Gesellschaft begründen, wenn zum Vermögen der Gesellschaft ein Grundstück gehört (§ 1 Abs. 3 Nr. 3);
7. die Übertragung von mindestens 95 vom Hundert der Anteile einer Gesellschaft auf einen anderen, wenn zum Vermögen der Gesellschaft ein Grundstück gehört (§ 1 Abs. 3 Nr. 4);
8. Entscheidungen im Sinne von § 18 Abs. 1 Satz 1 Nr. 3. [2]Die Anzeigepflicht besteht auch beim Wechsel im Grundstückseigentum auf Grund einer Eintragung im Handels-, Genossenschafts- oder Vereinsregister.

[2]Sie haben auch alle Erwerbsvorgänge anzuzeigen, über die ein Gericht, eine Behörde oder ein Notar eine Anzeige nach § 18 nicht zu erstatten hat.

(2)[1)] Die in Absatz 1 bezeichneten Personen haben außerdem in allen Fällen Anzeige zu erstatten über

1. jede Erhöhung der Gegenleistung des Erwerbers durch Gewährung von zusätzlichen Leistungen neben der beim Erwerbsvorgang vereinbarten Gegenleistung;
2. Leistungen, die der Erwerber des Grundstücks anderen Personen als dem Veräußerer als Gegenleistung dafür gewährt, dass sie auf den Erwerb des Grundstücks verzichten;
3. Leistungen, die ein anderer als der Erwerber des Grundstücks dem Veräußerer als Gegenleistung dafür gewährt, dass der Veräußerer dem Erwerber das Grundstück überlässt;
4. Änderungen im Gesellschafterbestand einer Gesamthand bei Gewährung der Steuervergünstigung nach § 5 Abs. 1 und 2 oder § 6 Abs. 3 in Verbindung mit § 6 Abs. 1;

4a. Änderungen von Beherrschungsverhältnissen im Sinne des § 6a Satz 4;

5. Änderungen in der Nutzung oder den Verzicht auf Rückübertragung, wenn der Grundstückserwerb nach § 4 Nr. 9 von der Besteuerung ausgenommen war.

(3) Die Anzeigepflichtigen haben innerhalb von zwei Wochen, nachdem sie von dem anzeigepflichtigen Vorgang Kenntnis erhalten haben, den Vorgang anzuzeigen, und zwar auch dann, wenn der Vorgang von der Besteuerung ausgenommen ist.

(4) [1]Die Anzeigen sind an das für die Besteuerung, in den Fällen des § 17 Abs. 2 und 3 an das für die gesonderte Feststellung zuständige Finanzamt zu richten. [2]Ist über den anzeigepflichtigen Vorgang eine privatschriftliche Urkunde aufgenommen worden, so ist der Anzeige eine Abschrift der Urkunde beizufügen.

(5) [1]Die Anzeigen sind Steuererklärungen im Sinne der Abgabenordnung. [2]Sie sind schriftlich abzugeben. [3]Sie können gemäß § 87a der Abgabenordnung in elektronischer Form übermittelt werden.

§ 20 Inhalt der Anzeigen

(1) Die Anzeigen müssen enthalten:

1. Vorname, Zuname und Anschrift des Veräußerers und des Erwerbers, gegebenenfalls auch, ob und um welche begünstigte Person im Sinne des § 3 Nr. 3 bis 7 es sich bei dem Erwerber handelt;
2. die Bezeichnung des Grundstücks nach Grundbuch, Kataster, Straße und Hausnummer;
3. die Größe des Grundstücks und bei bebauten Grundstücken die Art der Bebauung;
4. die Bezeichnung des anzeigepflichtigen Vorgangs und den Tag der Beurkundung, bei einem Vorgang, der einer Genehmigung bedarf, auch die Bezeichnung desjenigen, dessen Genehmigung erforderlich ist;
5. den Kaufpreis oder die sonstige Gegenleistung (§ 9);

1) **Anm. d. Red.:** Zur Anwendung des § 19 Abs. 2 siehe § 23 Abs. 6 Satz 2, Abs. 7 Satz 1 und Abs. 8 Satz 1.

6. den Namen der Urkundsperson.

(2) Die Anzeigen, die sich auf Anteile an einer Gesellschaft beziehen, müssen außerdem enthalten:

1. die Firma und den Ort der Geschäftsleitung der Gesellschaft,
2. die Bezeichnung des oder der Gesellschaftsanteile.

§ 21 Urkundenaushändigung

Die Gerichte, Behörden und Notare dürfen Urkunden, die einen anzeigepflichtigen Vorgang betreffen, den Beteiligten erst aushändigen und Ausfertigungen oder beglaubigte Abschriften den Beteiligten erst erteilen, wenn sie die Anzeigen an das Finanzamt abgesandt haben.

§ 22[1)] Unbedenklichkeitsbescheinigung

(1) [1]Der Erwerber eines Grundstücks darf in das Grundbuch erst dann eingetragen werden, wenn eine Bescheinigung des für die Besteuerung zuständigen Finanzamts vorgelegt wird (§ 17 Abs. 1 Satz 1) oder Bescheinigungen der für die Besteuerung zuständigen Finanzämter (§ 17 Abs. 1 Satz 2) vorgelegt werden, dass der Eintragung steuerliche Bedenken nicht entgegenstehen. [2]Die obersten Finanzbehörden der Länder können im Einvernehmen mit den Landesjustizverwaltungen Ausnahmen hiervon vorsehen.

(2) [1]Das Finanzamt hat die Bescheinigung zu erteilen, wenn die Grunderwerbsteuer entrichtet, sichergestellt oder gestundet worden ist oder wenn Steuerfreiheit gegeben ist. [2]Es darf die Bescheinigung auch in anderen Fällen erteilen, wenn nach seinem Ermessen die Steuerforderung nicht gefährdet ist. [3]Das Finanzamt hat die Bescheinigung schriftlich zu erteilen. [4]Eine elektronische Übermittlung der Bescheinigung ist ausgeschlossen.

Achter Abschnitt: Übergangs- und Schlussvorschriften

§ 23[2)] Anwendungsbereich

(1) [1]Dieses Gesetz ist auf Erwerbsvorgänge anzuwenden, die nach dem 31. Dezember 1982 verwirklicht werden. [2]Es ist auf Antrag auch auf Erwerbsvorgänge anzuwenden, die vor dem 1. Januar 1983, jedoch nach dem Tag der Verkündung des Gesetzes, 22. Dezember 1982, verwirklicht werden.

(2) [1]Auf vor dem 1. Januar 1983 verwirklichte Erwerbsvorgänge sind vorbehaltlich des Absatzes 1 Satz 2 die bis zum Inkrafttreten dieses Gesetzes geltenden Vorschriften anzuwenden. [2]Dies gilt insbesondere, wenn für einen vor dem 1. Januar 1983 verwirklichten Erwerbsvorgang Steuerbefreiung in Anspruch genommen und nach dem 31. Dezember 1982 ein Nacherhebungstatbestand verwirklicht wurde.

(3) § 1 Abs. 2a, § 9 Abs. 1 Nr. 8, § 13 Nr. 6, § 16 Abs. 5, § 17 Abs. 3 Nr. 2 und § 19 Abs. 1 Nr. 3a in der Fassung des Gesetzes vom 20. Dezember 1996 (BGBl I S. 2049) sind erstmals auf Rechtsgeschäfte anzuwenden, die die Voraussetzungen des § 1 Abs. 2a in der Fassung des Gesetzes vom 20. Dezember 1996 (BGBl I S. 2049) nach dem 31. Dezember 1996 erfüllen.

(4) [1]§ 8 Abs. 2 und § 11 Abs. 1 in der Fassung des Gesetzes vom 20. Dezember 1996 (BGBl I S. 2049) sind erstmals auf Erwerbsvorgänge anzuwenden, die nach dem 31. Dezember 1996 verwirklicht werden. [2]§ 10 ist letztmals auf Erwerbsvorgänge anzuwenden, die vor dem 1. Januar 1997 verwirklicht werden.

---

1) **Anm. d. Red.:** § 22 Abs. 1 i. d. F. des Art. 15 Nr. 10 Steuerentlastungsgesetz 1999/2000/2002 v. 24. 3. 1999 (BGBl I 402); Abs. 2 i. d. F. des Art. 26 Nr. 3 Gesetz v. 21. 8. 2002 (BGBl I 3322).

2) **Anm. d. Red.:** § 23 i. d. F. des Art. 7 Nr. 3 Wachstumsbeschleunigungsgesetz v. 22. 12. 2009 (BGBl I 3950).

(5) § 4 Nr. 1 in der Fassung des Gesetzes vom 24. März 1999 (BGBl I S. 402) ist erstmals auf Erwerbsvorgänge anzuwenden, die nach dem 31. Dezember 1997 verwirklicht werden.

(6) [1]§ 1 Abs. 6, § 8 Abs. 2, § 9 Abs. 1 und § 17 Abs. 3 Satz 1 Nr. 1 in der Fassung des Gesetzes vom 24. März 1999 (BGBl I S. 402) sind erstmals auf Erwerbsvorgänge anzuwenden, die nach dem Tage der Verkündung des Gesetzes verwirklicht werden[1)]. [2]§ 1 Abs. 2a und 3, § 5 Abs. 3, § 13 Nr. 5 und 6, § 16 Abs. 4 und § 19 Abs. 1 Satz 1 Nr. 3a bis 7 und Abs. 2 Nr. 4 in der Fassung des Gesetzes vom 24. März 1999 (BGBl I S. 402) sind erstmals auf Erwerbsvorgänge anzuwenden, die nach dem 31. Dezember 1999 verwirklicht werden.

(7) [1]§ 1 Abs. 2a Satz 3, § 2 Abs. 1 Satz 2 Nr. 3, § 6 Abs. 3 Satz 2, § 16 Abs. 4, § 19 Abs. 1 Satz 1 Nr. 8 und § 19 Abs. 2 Nr. 4 in der Fassung des Gesetzes vom 20. Dezember 2001 (BGBl I S. 3794) sind erstmals auf Erwerbsvorgänge anzuwenden, die nach dem 31. Dezember 2001 verwirklicht werden. [2]§ 1 Abs. 7 ist letztmals auf Erwerbsvorgänge anzuwenden, die bis zum 31. Dezember 2001 verwirklicht werden.

(8) [1]Die §§ 6a und 19 Absatz 2 Nummer 4a in der Fassung des Artikels 7 des Gesetzes vom 22. Dezember 2009 (BGBl I S. 3950) sind erstmals auf Erwerbsvorgänge anzuwenden, die nach dem 31. Dezember 2009 verwirklicht werden. [2]§ 6a ist nicht anzuwenden, wenn ein im Zeitraum vom 1. Januar 2008 bis 31. Dezember 2009 verwirklichter Erwerbsvorgang rückgängig gemacht wird und deshalb nach § 16 Absatz 1 oder 2 die Steuer nicht zu erheben oder eine Steuerfestsetzung aufzuheben oder zu ändern ist.

§§ 24 bis 27 (weggefallen)

§ 28 (Inkrafttreten)

1) **Anm. d. Red.:** Tag der Verkündung: 31. 3. 1999.

Stichwortverzeichnis

Die Zahlen verweisen auf die Paragraphen bzw. Artikel des jeweiligen Gesetzes oder der entsprechenden Verordnung.

A

B

F

H

L

M

N

V

W

Z